Shriman MAHĀBHĀRATAM

Part VII

13. ANUŚĀSANPARVA 14. ĀŚVAMEDHIKAPARVA

15. ĀŚRAMAVĀSIKAPARVA 16. MAUSALAPARVA

17. MAHĀPRASTHĀNIKAPARVA 18. SVARGĀROHAṆAPARVA

WITH

Bharata Bhawadeepa By Nīalkaṇṭha.

NAG PUBLISHERS

11A/U.A. (POST OFFICE BUILDING) JAWAHAR NAGAR, DELHI-7.

This publication has been brought out with the financial assistance from the Govt. of India, Ministry of Human Resource Development.

[If any defect is found in this book please return per V.P.P. for postage expences for exchange of free of cost].

© **NAG PUBLISHERS**

(i) 11A/U.A. (POST OFFICE BUILDING), JAWAHAR NAGAR, DELHI-110 007

(ii) 8A/U.A.-3, JAWAHAR NAGAR, DELHI-110 007

(iii) JALALPUR MAFI (CHUNAR-MIRZAPUR) U.P.

ISBN 81-7081-189-9

I S B N : 81-7081-182-1 (7 Vols Set)

R E P R I N T
1988

PRICE Rs.   7 Vols. Set

PRINTED IN INDIA

Published by : NAG SHARAN SINGH FOR NAG PUBLISHERS
11A/U.A., Jawahar Nagar, Delhi-110 007 and Printed at New Gian Offset Printers
495. D.D.A. Complex, Shahzada Bagh Extn., Daya Basti, Delhi.

श्रीमन्महाभारतम्

सप्तम खण्ड

१३. अनुशासनपर्व　१४. आश्वमेधिकपर्व

१५. आश्रमवासिकपर्व　१६. मौसलपर्व

१७. महाप्रस्थानिकपर्व　१८. स्वर्गारोहणपर्व

चतुर्धरवंशावतंसश्रीमन्नीलकण्ठविरचितभारतभावदीपाख्यटीकया समेतम् ।

NAG PUBLISHERS

नाग प्रकाशक

११ ए/यू. ए., जवाहर नगर, दिल्ली-७

नाग पब्लिशर्स

१. ११ए/यू. ए. (पोस्ट आफिस बिल्डिंग),
जवाहरनगर, दिल्ली ११०००७

२. ८ए/यू. ए. ३ जवाहरनगर दिल्ली ११०००७

३. जलालपुरमाफी (चुनार-मिर्जापुर) उ० प्र०

पुनर्मुद्रित
१९८८

नागशरण सिंह द्वारा नाग पब्लिशर्स, जवाहर नगर, दिल्ली-७ के लिए प्रकाशित तथा न्यू ज्ञान आफसेट प्रिंटर्स, ४९५ डी० डी० ए० कम्पलेक्स, शाहजादा बाग एक्सटेंशन, दयाबस्ती, दिल्ली-३५ द्वारा मुद्रित।

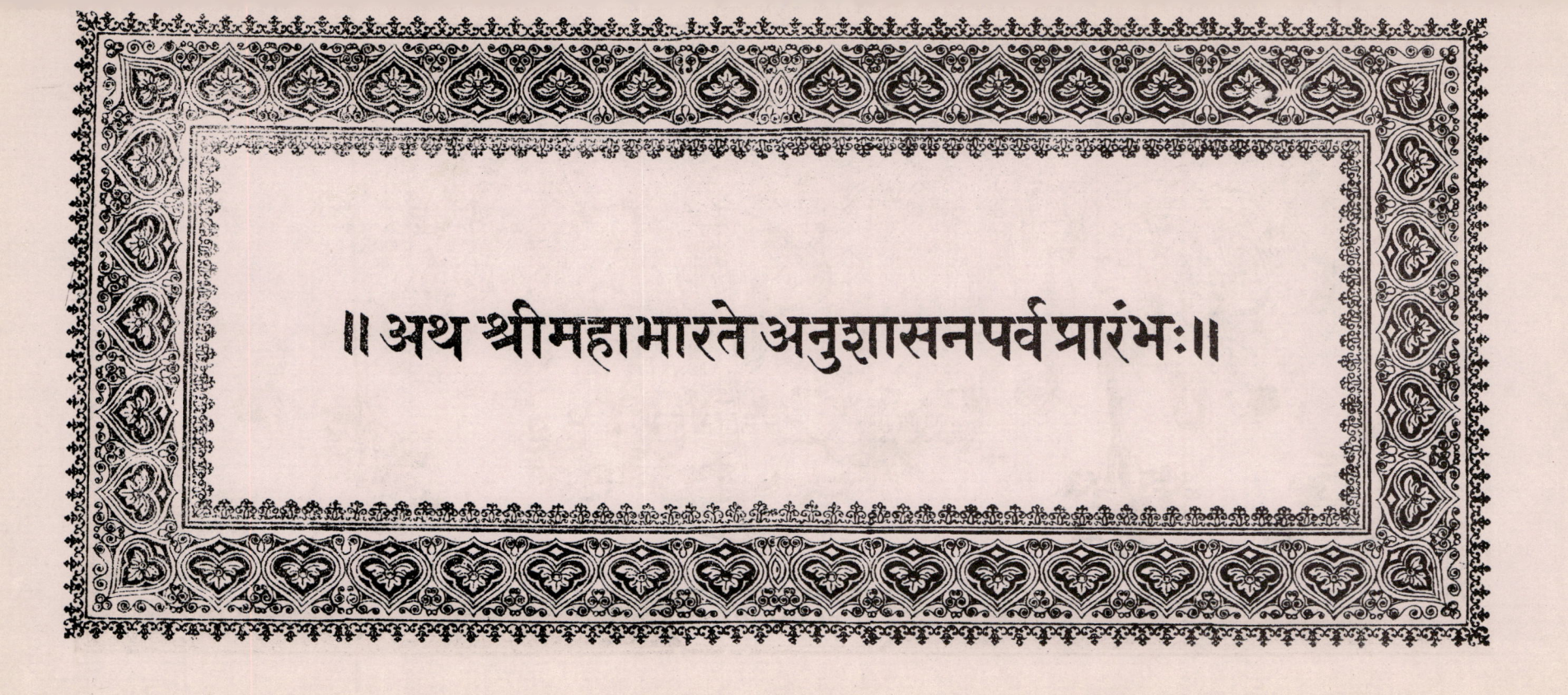

॥ अथ श्रीमहाभारते अनुशासनपर्व प्रारंभः ॥

अनुशासनपर्व. १३
अर्जुन
युयुत्सु
भीम.
विदुर
धर्म
नकुळ.
भीष्म.

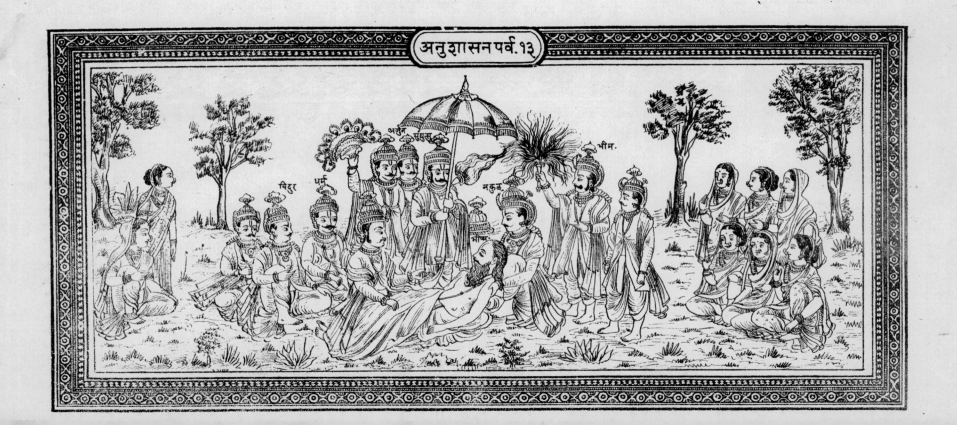

॥ महाभारतम् ॥

अनुशासनपर्व ।

–१३–

विषयानुक्रमणिका ।

अ० विषयः पृष्ठम्

१ 'शमो बहुविधाकारः (१) इत्यादिना हतान्भीष्मादीनुद्दिश्य विलपता युधिष्ठिरेण 'नूनं हि पापकर्माणः' (१३) इत्यादिना किल्बिषाद्यथा मुच्येम तथाऽनुशाधि इत्यनुयुक्तो भीष्मो मृत्युगौतमीकाललुब्धकपन्नगसंवादरूपमितिहासं व्याजहार । कस्याश्चिद्गौतम्याः पुत्रं घातितवन्तं सर्पं पाशेन बद्ध्वा तेन सह गौतमीसमीपमागत्य लुब्धकः 'अयं ते पुत्रहा पन्नगाधमः' (१९)इत्याद्युवाच। गौतमीलुब्धकयोः संवदतोर्गौतमी स्वस्य सर्पहननाभावाभिप्रायं प्रकटीचकार। सर्पलुब्धकयोः संवदतोर्गौतमीलुब्धकपन्नगसमीपमागतो मृत्युः पन्नगं प्रति 'प्रचोदितोऽहं कालेन' (५०) इत्याद्युवाच । सर्पश्च 'निर्दोषं दोषवन्तं वा' (५८) इत्यादिना मृत्युं प्रत्युक्त्वा लुब्धकं प्रति 'श्रुतं ते मृत्युभाषितम्' (६१) इत्याद्युक्तवतो लुब्धकस्य मृत्युना सह संवादे प्रवृत्ते समागतः कालो लुब्धकादीन् प्रति 'न ह्ययं नाप्ययं मृत्युः'(७०) इत्याद्याचष्ट। कालवाक्यं श्रुत्वा लुब्धकं प्रति 'नैव कालो न भुजगो न मृत्युरिह कारणम्। स्वकर्मभिरयं बालः कालेन निधनं गतः' (७८) इत्याद्युक्तवत्या गौतम्या वाक्यं श्रुत्वा मृत्युप्रभृतयः सर्वेऽपि स्वस्वस्थानानि जग्मुः।... ... ...१

२ 'केन मृत्युर्गृहस्थेन धर्ममाश्रित्य निर्जितः।इत्येतत्सर्वमाचक्ष्व तत्त्वेनापि च पार्थिव' (२) इति युधिष्ठिरेणानुयुक्तो भीष्म इक्ष्वाकुवंशविस्तारमभिधाय तद्वंश्याद्दुर्यो-

धनात्सुदर्शनानाम्न्याः कन्याया
जन्मादिवृत्तान्तमवदत् । सुदर्श-
नारूपेण मोहितोऽग्निर्ब्राह्मणरूपेण
तां याचमानो दुर्योधनेन प्रत्या-
ख्यातो विततेऽस्य यज्ञे विनाश-
मवाप । नष्टेऽग्नौ राजप्रार्थनया-
ग्नि शरणं गतैर्ब्राह्मणैस्तस्याभिप्रा-
यमवबुध्य ज्ञापितो राजा हृष्टः स-
न्नग्नेर्नित्यसान्निध्यरूपं शुल्कमवा-
प्य विधिपूर्वकं तस्मै कन्यां
ददौ । अग्नेः सकाशात्सुदर्शना-
यामुत्पन्नः सुदर्शन ओघवतो नृप-
स्यौघवतीं कन्यां परिणीय गृह-
स्थधर्मानाचरन् कदाचित् ' गृह-
स्थश्चावजेष्यामि मृत्युमित्येव'
(४१) इति प्रतिज्ञायौघवतीं प्रति
'अतिथेः प्रतिकूलं ते न कर्तव्यम्'
(४२)इत्याद्यादिश्य समिदाहरणा-
र्थं जगाम । सुदर्शनप्रतिज्ञाश्रव-
णेन तद्रन्ध्रान्वेषिणि मृत्यौ त-
स्मिन्समिदाहरणार्थं धर्मो ब्राह्म-
णरूपेण तद्गृहमागत्य 'प्रदानेनात्मं-
नो राज्ञि कर्तुमर्हसि मे प्रियम्'
(५४) इत्युवाच, सा च भर्तृवा-
क्यं स्मृत्वा तथाऽकरोत् । समि-
धो गृहीत्वा गृहमागत्यौघवती-
माह्वयति सुदर्शने लज्जया प्रत्यु-
त्तरमददत्यां तस्यामतिथिना निः-
शङ्कं लज्जाकारणे निवेदितेऽपि
ईर्ष्यारहितं यथा स्यात्तथा तदभि-
नन्दति सति तं प्रति धर्मः 'धर्मोऽ
हमस्मि भद्रं ते' (७९) इत्यादिना
स्वप्रत्यभिज्ञाकथनपूर्वकं ' विजि-
तश्च त्वया मृत्युः' इत्याद्युवाच ।
भीष्म 'एतत्ते कथितं पुत्र' (९४)
इत्यादिना गृहस्थस्यातिथि-
सत्कारं विना नान्यत्किमप्याचर-
णीयमित्याद्युवाच... ... .. ३

३ त्रिभिर्वर्णैर्यदि दुष्प्रापं ब्राह्मण्यं
तर्हि विश्वामित्रेण कथं तत्प्राप्तम् ?
इत्यादीन् प्रश्नांश्चकार युधि-
ष्ठिरः... ... ... ४

४ 'श्रूयतां पार्थ तत्त्वेन' (१) इत्या-
रभ्य क्षत्रियः सोऽप्यथ तथा ब्रह्म-
वंशस्य कारकः' (४८) इत्यन्तेन
ग्रन्थेन विश्वामित्रोपाख्यानमा-
ख्याय 'तस्य पुत्रा महात्मानः'
(४९) इत्यादिना गोत्रप्रवर्तकान्
मधुच्छन्दःप्रभृतींस्तत्पुत्रान्नामतो-
ऽकथयद्भीष्मः... ... ... ५

५ 'आनृशंस्यस्य भक्तजनस्य गुणान्
श्रोतुमिच्छामि' इति युधिष्ठिरेणा-
पृष्टो भीष्मो वासवशुकसंवादेति-
हासकथनेनोत्तरमाह स्म, काशि-
राजविषयस्थेन लुब्धकेन सविष-
बाणेन विद्धे महति वृक्षे शोषमा-
प्नुवत्यपि तत्कोटरस्थः शुको यदा
भक्त्या तं नाजहात्तदा तेन सह
शुष्यन्तं तं दृष्ट्वा चिंतयन्निन्द्रो
ब्राह्मणवेषेणागत्य ' कस्मादेनं न
त्यजसि' (१३) इति पप्रच्छ उत्तरं
ददतः शुकस्य ' अनतिक्रमणी-
यानि' (२१) इत्यादिकं वाक्यं
श्रुत्वा तुष्टेनेन्द्रेणोज्जीवितो वृक्षः
श्रीमत्तामवाप । शुकोऽप्यायुषोऽन्ते
स्वर्गमवाप... ... ...६

६ 'दैवे पुरुषकारे च किंस्विच्छ्रेष्ठतरं
भवेत्' (१) इति युधिष्ठिरप्रश्ने
भीष्मः पुरुषकारस्य श्रैष्ठ्यं प्रति-
पादयितुं वसिष्ठब्रह्मणोः संवाद-
रूपमितिहासं व्याजहार । दैव-
पुरुषकारयोः श्रेष्ठत्वविषये वसि-
ष्ठेन पृष्टो ब्रह्मा ' नाबीजं जायते
किञ्चित्' (५) इत्यादिना कर्मणः
श्रेष्ठत्वमभिधाय पुण्यपापकर्मणो-
र्गतिं ययातिप्रभृतिनिदर्शनं
दर्शयित्वा कर्मव्यतिरेकेण धना-
द्युपभोगाभावमभिदधाति स्म ६

७ 'कर्मणां च समस्तानां शुभानां
भरतर्षभ । फलानि महतां श्रेष्ठ
प्रब्रूहि परिपृच्छतः' (१) इति युधि-
ष्ठिरप्रश्ने भीष्मस्तान्युपदिश्य 'या
दुस्त्यजा दुर्मतिभिर्या न जीर्य-
ति जीर्यतः । योऽसौ प्राणान्तिको

रोगस्तां तृष्णां त्यजतः सुखम्' (२१) इत्यादिनाऽऽशात्यागमुपदिदेश... ... ...८

८ 'के पूज्याः के नमस्कार्याः' (१) इत्यादिके युधिष्ठिरप्रश्ने 'स्पृहयामि द्विजातिभ्यः' (३) इत्यादिना ब्राह्मणानां पूज्यत्वादिकमभ्यभाषत भीष्मः ९

९ 'ब्राह्मणेभ्यः प्रतिश्रुत्य ये न ददति तेषां का गतिः' (१) इति पृच्छन्तं युधिष्ठिरं प्रति प्रतिश्रुत्यादातुर्गतिमभिधातुं शृगालवानरसंवादरूपमितिहासमुदैरयद्भीष्मः। पूर्वजन्मनि सखिभावापन्नयोः केनचित्कर्मणा शृगालवानरयोनी प्राप्नुवतोः कदाचित् श्मशाने मृतमांसं भक्षयञ्शृगालो वानरेण 'किं त्वया पापकं पूर्वं कृतं कर्म सुदारुणम्' (११) इति पृष्टः सन् 'ब्राह्मणस्य प्रतिश्रुत्य न मया तदुपाहृतम्' (१२) इत्याद्युवाच। एवमेव शृगालेन पृष्टो वानरः 'सदा चाहं फलाहारो ब्राह्मणानां प्लवङ्गमः' (१५) इत्याद्याख्याय ब्राह्मणस्वं कदापि न हर्तव्यमित्याह स्म। इत्यभिधाय भीष्मो युधिष्ठिरं प्रति 'न हर्तव्यं विप्रधनं क्षन्तव्यं तेषु नित्यशः'(१८) इत्याद्युपदिदेश... ... ...९

१० 'हीनजातेरुपदेशं कुर्वतो दोषो भवति वा न वा' (१) इति युधिष्ठिरप्रश्ने राजपुरोहितसंवादरूपमितिहासं व्याहरन्नुत्तरमाह स्म भीष्मः। हिमालयस्य पार्श्वे पूर्वमेकदा ब्रह्माश्रमे तपस्यन्तं कुलपतिं प्रति कश्चिच्छूद्रः आगत्य 'त्वं मां प्रति धर्मान्वक्तुं प्रव्राजयितुं चार्हसि' (१५)इत्युवाच ततः कुलपतिना 'न शक्यमिह शूद्रेण लिंगमाश्रित्य वर्तितुम्' (१६) इत्यादिना प्रत्याख्यातः शूद्रः स्थानान्तरे आश्रमं निर्माय तत्र तपश्चचार। ततः कदाचिदृषिरेकस्तदाश्रम आजगाम। ततः स ऋषिः 'अहं श्राद्धं करोम्यनुगृहाण' (२७) इति शूद्रेण प्रार्थितः सन् पित्र्ये कर्मणि तमादिदेश। कालान्तरेण तपःप्रभावात्स शूद्रो राजाऽभूत् ब्राह्मणश्च तत्पुरोहितोऽभवत्। राजपुरोहितभावेन वर्तमानयोस्तयोः पुण्याहकर्मणि पुरोहितं दृष्ट्वा सर्वदा राजा हसन् पुरोहितेनैकान्ते पृष्टः पूर्वजन्मवृत्तान्तमाख्याय 'पुरोहितत्वमुत्सृज्य यतस्व त्वं पुनर्भवे' (६१) इत्याद्युपदिदेश। एवमुपशिशिक्षितो बहु धनं दत्वा राज्ञा विसर्जितः पुरोहितस्तीर्थादिषु ब्राह्मणेभ्यो गवादीनि दत्वा तपः कुर्वन्सिद्धिमवाप। इममितिहासमाख्याय भीष्मोऽधमं प्रत्युपदेशो न कर्तव्यः इत्याद्युपदिदेश १०

११ 'कीदृशे पुरुषे कीदृश्यां स्त्रियां वा लक्ष्मीर्वसति' (१) इति युधिष्ठिरेण पृष्टो भीष्मः श्रीरुक्मिणीसंवादरूपमितिहासं कथयति स्म। श्रीकृष्णाङ्कगता श्रीः रुक्मिण्या 'कानीह भूतान्युपसेवसे त्वम्' (४) इत्यादि पृष्टा सती 'वसामि नित्यं सुभगे प्रगल्भे' (६) इत्यादिना स्वनिवासयोग्यानि स्थानान्याचख्यौ... ... ...११

१२ 'स्त्रीपुंसयोः संप्रयोगे स्पर्शः कस्याधिको भवेत्' (१) इति युधिष्ठिरेण पृष्टो भीष्मो भंगास्वनशक्रसंवादरूपमितिहासं व्याहरन्नुत्तरमाह स्म--शक्रमायया स्त्रीत्वं प्राप्तो भङ्गास्वनश्चिन्तयन्पौरान्प्रति स्त्रीत्वप्राप्तिवृत्तान्तमाख्याय पुत्रेषु राज्यं न्यस्य वनं जगाम। राज्यं कुर्वत्सु भङ्गास्वनपुत्रेषु वैरमुत्पाद्य तान्नाशयामासेन्द्रस्तच्छ्रुत्वा शोचन्ती तापसी ब्राह्मणरूपिणा तेन पृष्टा स्वस्य पूर्ववृत्तान्तं कथयति स्म। पूर्ववृत्तान्तं कथ-

यित्वा प्रणामपूर्वकं क्षमां याचि-
त इन्द्रः प्रसन्नः सन् 'स्त्रीभावे जा-
तान्पुत्राञ्जीवयाम्युत पुरुषभावे
जातान्' (४३)इति पृष्टा स्त्रीभावे
जातान्पुत्रान्सञ्जीवयेत्युवाच ता-
पसी । 'स्त्रीभावे जातेषु पुत्रेषु
कथमभ्याधिकः स्नेहः' (४६) इती
न्द्रेण पृष्टा तापसी 'स्त्रियास्त्वभ्य-
धिकः स्नेहो न तथा पुरुषस्य'
(४७) इत्युवाच ।। तापसीवाक्येन
तुष्टो देवेन्द्रः सर्वान्पुत्रान्सञ्जीव्य
'पुनः स्त्रीत्वं पुरुषत्वं वा वृणु'(४९)
इति तेन उक्ता सा स्त्रीत्वमेव व-
व्रे । तत इन्द्रेण 'पुरुषत्वं कथं त्य-
क्त्वा स्त्रीत्वं चोदयसे' (५१) इति
पृष्टा सा 'स्त्रियाः पुरुषसंयोगे प्री-
तिरभ्यधिका सदा' (५२) इत्यु-
वाच... ... ...१२
१३ 'किं कर्तव्यं मनुष्येण लोकयात्रा-
हितार्थिना' (१) इत्यादिके युधि-
ष्ठिरप्रश्ने भीष्मः 'कायवाङ्मनोभि-
रशुभं कदापि न विधेयम्' (२-६)
इत्याद्युपदिदेश... ... ...१३
१४ 'त्वयाऽऽपगेय नामानि' (१)इत्या-
दिना महादेवस्य नामानि कथये-
त्यनुयुक्तो भीष्मः स्वस्य महादेव-
गुणकथनासामर्थ्यमुद्भाव्य तत्क-
थनार्थं श्रीकृष्णं प्रेरयति स्म। भी-
ष्मेण प्रेरितः श्रीकृष्णः श्रीमहादे-
वस्य माहात्म्यं कथयन् जाम्बव-
त्या पुत्रार्थं प्रार्थितस्य स्वस्योप-
मन्योराश्रमे गमनं कथयति स्म ।
तत्र गतं मां प्रत्युपमन्युर्महादेवमा-
राधय तत्प्रसादात्ते पुत्रो भवि-
ष्यति इत्युक्त्वा तस्य माहात्म्यं
कथयन् महादेवाराधनाद्धिरण्य-
कशिपुप्रभृतीनां वरलाभादिक-
माख्याय 'पुरा कृतयुगे तात ऋ-
षिरासीन्महायशाः' (१११) इत्या-
रभ्य 'ईशानः स वरान् दत्वा त-
त्रैवान्तरधीयत' (३६३) इत्यन्तेन
ग्रन्थेन जनन्युपदेशात्स्वस्य महा-
देवाराधनं, तत्स्तवनं, तुष्टात्तस्मा-
द्वरलाभादिकं चोदीर्य त्वमपि ष-
ष्ठे मासि षोडश वरान् सपत्नी-
कात्तस्मात्प्राप्स्यसि; जप्यमुपदे-
क्ष्यामीत्युक्त्वा मां दीक्षयामास,
उपमन्युना दत्तदीक्षस्य मम तप-
सा तुष्टः प्रत्यक्षमागतो महादेवो
'नमोऽस्तु ते शाश्वत सर्वयोने'
(४०७)इत्यादिना स्तुतः सन् 'वृ-
णीष्वाष्टौ वरान्कृष्ण' (४२९) इ-
त्याद्यभ्यधान्माम्... ... ...१६
१५ 'धर्मे दृढत्वम्' (२) इत्यादिषु म-
त्प्रार्थितेष्वष्टसु वरेषु शिवेन दत्ते-
षु तदनन्तरमुमापि मत्प्रार्थितान्
'द्विजेष्वकोपम्' (६) इत्यादीनष्ट
वरानदात् । तत उभयोरन्तर्हित-
योः सतोरुपमन्युर्मत्कथितं वरवृ-
त्तं श्रुत्वा 'नास्ति शर्वसमो देवः'
(११) इत्याद्युवाच... ... ...२३
१६ पूर्वं जप्यमुपदेक्ष्यामीत्यनेन प्रति-
ज्ञातं शिवसहस्रनामस्तोत्रमाख्या-
तुमुपोद्घाततया तण्डिनस्तपःकर-
णं 'पवित्राणां पवित्रस्त्वम्' (१२)
इत्यारभ्य 'यत्पुरा लोककृज्जगौ'
(६६) इत्यन्तेन तत्कृतं स्तवमभि-
धाय विशेषेण शिवदत्तवरादिकं
चाचष्टोपमन्युः... ... ...२३
१७ उपमन्युः सहस्रनाम्नां वेदसार-
त्वं ब्रह्मलोकात्प्रथमं तण्डिना प्रा-
प्तत्वात्तंडिकृतत्वादिकं चोदीर्य
'स्थिरः स्थाणुः' (३१) इत्यारभ्य
'श्रीवर्धनो जगत्' (१५३) इत्यन्तेन
तान्युपदिश्यैतत्प्रशंसापूर्वकं प्रा-
प्तिपरंपरां चाख्यायैतत्पाठफल-
मन्वाचष्ट... ... ...२५
१८ 'महायोगी ततः प्राह कृष्णद्वैपा-
यनो मुनिः । पठस्व पुत्र भद्रं ते
प्रीयतां ते महेश्वरः' (१) इत्यादि-
नाऽध्यायेन व्यासादीनां शिव-
माहात्म्यकथनं कृष्णस्य च तत्क-

थनपूर्वकं सहस्रनामपाठफलकथनं चाख्यातवान्वैशम्पायनः...३७

१९ 'यदिदं सहधर्मेति प्रोच्यते भरतर्षभ। पाणिग्रहणकाले तु स्त्रीणामेतत्कथं स्मृतम्' (१) इत्यादिके युधिष्ठिरप्रश्ने भीष्मो दिशाष्टावक्रसंवादरूपमितिहासमभिदधदुत्तरमाह स्म--वदान्यनामकः कश्चिदृषिः स्वकन्यां याचितुमागतायाष्टावक्राय 'उत्तरां दिशं गत्वा तत्र स्थितां वृद्धां स्त्रियं दृष्ट्वा ततो विनिवृत्तो मत्कन्यायाः पाणिं ग्रहीष्यसि' (२४) इत्यभ्यभाषत। वदान्यवाक्यान्निर्गतोऽष्टावक्र उत्तरस्यां हिमालयमारभ्य कैरातस्थानपर्यंतं गत्वा ततोऽधस्ताद्रमणीये वनोद्देशे काञ्चनगृहमपश्यत्। कुत्र मम वासो भवेदिति चिन्तनपूर्वकं काञ्चनगृहद्वार्यागतस्याष्टावक्रस्य 'अतिथिं समनुप्राप्तम्' (६७) इत्यादिकं वाक्यं श्रुत्वा पूर्वोक्ताद्गृहान्निर्गताः सप्त कन्या 'गृहं प्रविश' इत्यूचुस्तं प्रति। ततोन्तर्गृहगतोऽष्टावक्रः स्ववाक्यान्निर्गतासु कन्यासु निद्रां कुर्वंस्तत्र स्थितामेकाकिनीं वृद्धां प्रति 'रजन्यतिवर्तते त्वमपि स्वपिहि' (७६) इत्युवाच, तच्छ्रुत्वा सापि द्वितीये शयने सुष्वाप। रात्रौ शीतजामार्तिं व्यपदिश्याष्टावक्रशयनमारुह्य तमालिंग्य मां भजस्वेत्याद्युक्तवतीं 'परदारानहं भद्रे' (८८) इत्यादिना प्रत्याख्याय 'वत्स्येऽहं यावदुत्साहः' (९७) इत्यादिना तत्र निवासमंगीकृत्य 'देवतेयं गृहस्यास्य' (१००) इत्यादि चिन्तयंस्तां रात्रिमतिवाहयति स्म... ३९

२० ततः प्रभाते स्त्रिया आनीतेनोदकादिना स्नानादि विधाय रात्रौ शयने सुप्तेऽष्टावक्रे पुनस्तच्छयनमागताया वृद्धायास्तस्य चोक्तिप्रत्युक्तयः... ... ...४१

२१ 'न बिभेति कथं सा स्त्री शापाच्च परमद्युतेः' (१) इत्यादिके युधिष्ठिरप्रश्ने तदुत्तरमाह भीष्मः। 'रूपं विकुरुषे कथम्' (२) इत्यष्टावक्रेण पृष्टा वृद्धा 'जिज्ञासेयं प्रवृत्ता मे' (४) इत्यादिना त्वद्बुद्धिस्थिरीकरणार्थमागतां मामुत्तरां दिशं विद्धि स्त्रीणां चापलं त्वया दृष्टं, कन्यापित्रा प्रेषिताहं त्वामुपदिष्टवती, गच्छ इत्यद्युवाच। तच्छ्रुत्वा परावृत्तोऽष्टावक्रो वदान्यकन्यां परिणीय स्वाश्रमे सुखं वसति स्म... ... ... ४१

२२ 'किमाहुर्भरतश्रेष्ठ पात्रं विप्राः सनातनाः। ब्राह्मणं लिङ्गिनं चैव ब्राह्मणं वाऽप्यलिंगिनम्' (१) इति युधिष्ठिरप्रश्ने भीष्मः 'स्ववृत्तिमभिपन्नाय लिङ्गिने चेतराय च' (२) इत्यादिना ब्राह्मणानां पात्रत्वं तद्विषये पृथ्वीकाश्यपाग्निमार्कण्डेयानां मतं व्याजहार। 'यदि ते ब्राह्मणा लोके' (१६) इत्यादिनाऽध्यायशेषेण युधिष्ठिरभीष्मयोः प्रश्नोत्तराणि... ... ...४२

२३ 'श्राद्धकाले च दैवे च पित्र्येऽपि च पितामह। इच्छामीह त्वयाऽऽख्यातं विहितं यत्सुरर्षिभिः' (१) इति युधिष्ठिरप्रश्ने भीष्मो दैवादिकर्मणां कालम्, श्राद्धे योग्यायोग्यब्राह्मणान्, श्राद्धे अदेयं द्रव्यम्, श्राद्धावसाने ब्राह्मणदेयप्रतिवचने विशेषं, दातृप्रतिग्रहीत्रोर्धर्माधर्मौ च निरूपयति स्म। 'दैवं पित्र्यं वा केषु दत्तं महाफलम्' (४८) इति युधिष्ठिरप्रश्ने भीष्मो दानयोग्यं पात्रं, निरयस्वर्गयोः साधनभूतानि कर्माणि चाचष्ट ४३

२४ 'हिंसां विनाऽपि केन कर्मणा ब्रह्महत्या भवति' (१) इति युधिष्ठिरप्रश्ने ब्राह्मणघातिनो जनाब्य-

महाभारते—

रूपयन्द्वीप ४५

२५ 'पृथिव्यां यानि तीर्थानि तानि वक्तुमर्हसि' (१) इति युधिष्ठिरप्रश्ने भीष्मो गौतमगिरःसंवादमुखेन तान्यभ्यधात् ... ४६

२६ शरशय्याधिष्ठितं भीष्मं द्रष्टुमागतान्त्रिवसिष्टप्रभृतीनभिवाद्य युधिष्ठिरः 'के देशाः के जनपदाः' (२५) इत्यादि पप्रच्छ भीष्मं प्रति । भीष्मः शिलोञ्छवृत्तिसिद्धयोः संवादमुखेन सर्वप्रश्नोत्तराण्यभिधाय तद्दृष्टान्तेन युधिष्ठिरमुपदिदेश ४७

२७ युधिष्ठिरो भीष्मं प्रशस्य 'ब्राह्मण्यं प्राप्नुयादेन तन्मे ह्याख्यातुमर्हसि' (३) इति पप्रच्छ । भीष्मो ब्राह्मणस्य दुष्प्राप्यत्वमाख्याय बहुषु योनीषु भ्रमतः कर्मसमृद्धिजन्मनि तत्प्राप्यते इत्येतद्विषये मतंगगर्दभीसंवादरूपमितिहासं व्याजहार । गर्दभयुक्ते रथे स्थित्वा गच्छन् मतंगो गर्दभं नासिकायां प्रतोदेनातुदत्तदा दुःखव्याकुला गर्दभी 'मा शुचः पुत्र चाण्डालस्त्वद्धितिष्ठति' (११) इत्याद्युवाच गर्दभं प्रति । मतंगप्रश्नमुखेन स्वजन्मवृत्तान्तं तस्याः श्रुत्वा सगृहमागत्य स्वपित्रे निवेद्य तपश्चार । तपसा तुष्ट इन्द्रो ब्राह्मण्यं वृण्वानं तं प्रत्याचख्यौ ४८

२८ पुनर्ब्राह्मण्येप्सया कठोरं तपः कुर्वन्तं मतंगं प्रति पुनरिन्द्र आगत्य ब्राह्मण्यं प्राप्ते दौर्लभ्यं प्रत्यपादयत् ५०

२९ पुनस्तपः कुर्वन् मतंगः 'चण्डालयोनौ जातेन नावाप्यं वै कथञ्चन' (४) इतीन्द्रेणोक्तं 'किं मां तुदसि दुःखार्तम्' (१३) इत्याद्युवाच । वरार्थं प्रार्थितेनेन्द्रेण वृणीष्वेत्युक्तो मतंगः 'यथा कामविहारी स्याम्' (२२) इत्यादिकं वरं ययाचे । 'छन्दोदेव इति ख्यातः' (२४) इत्यादिना छन्दोदेवनाम्ना आसीद स्त्रीणां पूज्यो भविष्यसीति वरं दत्तेन्द्रोऽन्तर्दधे ५०

३० 'वीतहव्यश्च नृपतिः श्रुतो मे विप्रतां गतः । तदेव तावद्ब्राह्मण्ये श्रोतुमिच्छाम्यहं विभो' (३) इत्यादियुधिष्ठिरप्रश्ने तत्कथयति स्म भीष्मः । मनुवंशे शर्यातिमारभ्य प्रचलिते तत्र सुदेवस्य तनयो दिवोदासो राज्येऽभिषिक्तो वैतहव्यैः पराजितः पलायमानो भरद्वाजाश्रमं जगाम । तत्र गत्वा दिवोदासेन 'भगवन्वैतहव्यैर्मे युद्धे वंशः प्रणाशितः । अहमेकः परिच्छिन्नो भवन्तं शरणं गतः' (२६)इत्युक्तो भरद्वाजः पुत्रेष्टिं चकार । तत्रासादादिवोदासादुत्पन्नः प्रतर्दननामा पुत्रो जातमात्रस्त्रयोदशवर्षवयस्को वैतहव्यैः सह युद्धार्थं जगाम । वैतहव्यैः सह युद्धे प्रवृत्ते प्रतर्दनेन पराजितो वीतहव्यो भृगोराश्रमं जगाम । तमनुगच्छता प्रतर्दनेन 'विसृज वीतहव्यम्' (५०) इत्युक्तो भृगुः 'नात्र कश्चित्क्षत्रियः' (५३) इत्युवाच । भृगुवाक्यं श्रुत्वा 'मया स्वजातिस्त्याजितो वीतहव्यः' (५६) इति सहर्षं वदन् प्रतर्दनो भृगुणानुमोदितो यथागतमगच्छत् । भृगुवचनात्प्राप्तब्राह्मण्याद्वीतहव्याद्गृत्समदमारभ्य शौनकपर्यन्तां ब्राह्मणसृष्टिमभिधायैवमित्यादिनोपसंजहार भीष्मः ५१

३१ 'के पूज्या वै त्रिलोकेऽस्मिन्' (१) इति युधिष्ठिरेणानुयुक्तो भीष्मो नारदवासुदेवसंवादानुवादमुखेनोत्तरमभ्याचष्ट । ब्राह्मणान् संपूज्य बद्धाञ्जलिरुवाच श्रीकृष्णेन 'भगवन्काङ्क्षस्यसि' (३) इति

पृष्टो नमस्करणयोग्यान् निर्दिश्य
तेषां पूजनार्थमुपदिदेश ... ५२

३२ 'शरणागतं ये रक्षन्ति'(२)इत्यनेन
शरणागतरक्षकस्य किं फल-
मिति पृच्छति युधिष्ठिरे भीष्मः
श्येनकपोतीयाख्यानं विवृण्व-
न्नुत्तरमुदैरयत् । श्येनभयात्स्व-
समीपे शरणागतं कपोतं मोच-
यितुं वृषदर्भे राजनि श्येनं प्रार्थ-
यति स तं प्रति 'एतत्तुल्यं तुलया
धृतं स्वमांसं देहि'(२२) इत्युवाच।
तथा कर्तुं प्रवृत्तो राजा यदा स्व-
मांसं तत्पर्याप्तं नाभवत्तदा स्वं
देहं तुलायामधृत। तेन तुष्टैरिन्द्रा-
दिभिरमृतवर्षणेनोज्जीवितो राजा
विमानमारुह्य स्वर्गं जगाम ।
एतद्दृष्टान्तेनान्यस्यापि शरणागत-
रक्षकस्यैवं फलं भविष्यतीत्युक्त्वै-
तदाख्यानश्रवणपठनफलमपि—
व्यादिशद्भीष्मः ५३

३३ 'किं राज्ञः सर्वकृत्यानां गरीयः'
(१) इति पृच्छन्तं युधिष्ठिरं प्रति
भीष्मो ब्राह्मणपूजायाः कृत्यतमं
वक्तुं ब्राह्मणानां पूज्यत्वं विवृण्वन्
प्रशंसामाहस्म... ... ... ५४

३४ पुनर्ब्राह्मणानां माहात्म्यं कथयन्
भीष्मो 'मातरं सर्वभूतानाम्'(२१)
इत्यादिनाऽध्यायशेषेण वासुदेव-
पृथ्वीसंवादरूपमितिहासमाख्या-
यैतन्निदर्शनेन 'त्वमपि ब्राह्मणान्
पूजयेथाः' (३१) इत्युपदिदेश ५४

३५ 'जन्मनैव महाभागो ब्राह्मणो
नाम जायते । नमस्यः सर्वभूता-
नामतिथिः प्रसृताग्रभुक्' (१)इत्या-
दिनाऽध्यायेन ब्राह्मणानेव प्रशशंस
भीष्मः... ... ... ५५

३६ पुनर्ब्राह्मणप्रशंसामेव कुर्वन्नसुरा-
णामपि श्रीर्ब्राह्मणप्रसादलभ्येत्य-
भिप्रायेण शक्रशंबरसंवादरूप-
मितिहासं व्याजहार भीष्मः ५६

३७ 'अपूर्वश्च भवेत्पात्रम्' (१) इत्या-
दिना पात्रविशेषं पृच्छति युधि-
ष्ठिरे भीष्मः 'क्रिया भवति केषां-
चित्' इत्यादिना अपूर्वादीनां सर्वे-
षां पात्रत्वमाख्यातवान् ।'अपीड-
या च भूतानां इत्यादिना' दीय-
मानद्रव्याभिमानिनी देवता न
दुःखं कुर्यात्तादृशं पात्रं किमिति
पृच्छन्तं युधिष्ठिरं प्रति भीष्मः
'ऋत्विक्पुरोहिताचार्याः'(६)इत्य-
नेन मुख्यं तथाविधं पात्रमभिधाय
'अतोऽन्यथावर्तमानाः' (७) इत्या-
दिनाऽपात्रताबीजं च विवृत्य
'एवं नरो वर्तमानः' इत्यादिनो-
पसंजहार ५६

३८ 'स्त्रीणां स्वभावं श्रोतुमिच्छामि'
(१) इति युधिष्ठिरप्रश्ने तदुत्तरं व-
दन् भीष्मो नारदपंचचूडासंवाद-
मुदीरयति स्म । स्त्रीस्वभावं परि-
ज्ञातुं नारदेन पृष्टा पञ्चचूडा
स्त्रीणां स्वभावमकथयत् ... ५७

३९ 'इमे वै मानवा लोके'(१) इत्या-
दिना स्त्रीनिंदापूर्वकं 'कस्ताः
शक्तो रक्षितुं स्यात्' (१३) इति
युधिष्ठिरः पप्रच्छ... ... .. ५७

४० पूर्वाध्यायगतप्रश्नोत्तरं वदन्
भीष्मः स्त्रीणां स्वभावादिकं विवृ-
त्य 'प्रमदाश्च यथा सृष्टाः' (३)
इत्यादिना तासां सर्जनादिवि-
धानं सकारणमभिधाय तद्र-
क्षणस्याशक्यत्वं निरूप्य 'यथा
रक्षा कृता पूर्वम्'(१६)इत्यादिना
विपुलकृतगुरुस्त्रीरक्षणाख्यान—
माचख्यौ। देवशर्मा कश्चिद्दषिर्य-
ज्ञार्थमन्यत्र गच्छन् स्वभार्यां
रुचिनाम्नीमिन्द्राद्रक्षितुं स्वाशि-
ष्यं विपुलमादिश्येन्द्रस्य वञ्चकत्व-
त्वस्फुटीकरणार्थं तस्यानेकवि-
धानि रूपाणि व्याचख्यौ । गुरुवा-
क्यं श्रुत्वा रुचिरक्षणोपायं चिन्त-
यन् विपुलो योगधारणया तस्याः
शरीरमलक्षितः प्रविश्य सर्वाण्य-
ङ्गान्यरुणत्... ... ... ५८

४१ देवशर्मण आश्रममागत इन्द्रो

महाभारते-

विपुलयोगबलेन रुद्धाया रुच्या उत्थानादसामर्थ्यं दृष्ट्वा दिव्यचक्षुषा तच्छरीरे विपुलमालोक्य शापभीतः 'अजितेन्द्रिय दुर्बुद्धे' (२०) इत्यादिकं विपुलवाक्यं श्रुत्वान्तर्दधे। इन्द्रे गते मुहूर्तानन्तरं यज्ञं निवर्त्याश्रममागताय देवशर्मणे शरीरप्रवेशवर्ज्यं सर्वमिन्द्रवृत्तं निवेद्य भार्यामनिन्दितां न्यवेदयद्विपुलः। तेन तुष्टेन गुरुणा वरदानपूर्वकमनुज्ञातोऽनुत्तमं तपश्चार.........५९

४२. अथ कदाचिद्रुचिभगिन्या चित्ररथपत्न्या प्रभावत्या विवाहोत्सवार्थमाहूता रुचिर्गच्छन्ती मध्येमार्गं कस्याश्चिद्दिहायसा गच्छन्त्या अप्सरसः शरीरात्पतितानि दिव्यपुष्पाणि धृत्वा तद्गृहमगमत्। तया धृतानि पुष्पाणि दृष्टवत्या भगिन्या प्रेरिता सा भर्तारं व्यजिज्ञपत्। तद्वाक्यादेवशर्मा पुष्पा-

ण्यानेतुं स्वशिष्यं विपुलमादिदेश। गुरुणा प्रेरितो विपुलः पुष्पपतनदेशं गत्वा स्वतपःप्रभावात्पुष्पाण्यादाय परावृत्तः पथि विद्यमानस्य मिथुनस्य 'यद्यावयोर्मध्ये योऽनृतं ब्रूयात्स विपुलप्राप्यां गतिं गच्छेत्' (२१) इति शपथं श्रुत्वाग्रे गच्छन्नछन्नक्षैर्दर्श्यमानानां षण्णां पुरुषाणां तथैव शपथं श्रुत्वानुतप्तश्चैपानगरीमेत्य गुरवे पुष्पाणि ददाति स्म...५९

४३. मार्गे त्वया किं दृष्टमिति गुरुणा पृष्टो विपुलो 'ब्रह्मर्षे मिथुनं किं तत्के च ते पुरुषा विभो' (३) इत्याद्युवाच। शिष्योक्तिं श्रुत्वा देवशर्मा 'यद्वैतन्मिथुनं ते राज्ञ्यहनी, ये च ते पुरुषास्ते षड् ऋतवः; एत पुरुषस्य रहस्यकृतं जानन्ति' (७) इत्याद्याख्याय भार्यया शिष्येण च सह स्वर्गमास्थाय

मुमोद। भीष्म इदमाख्यानं मार्कण्डेयेन मां प्रति कथितमित्युक्त्वा स्त्रीणां रक्षणस्यावश्यकतदभ्युपदिश्य पुनः स्त्रीरक्षणस्याशक्यत्वमभिधाति स्म.........६०

४४. 'यन्मूलं सर्वधर्माणाम्' (१) इत्यादिके युधिष्ठिरप्रश्ने भीष्मः शीलवृत्तादिसम्पन्नाय कन्या देयेति प्रतिपाद्य ब्राह्मादीन् विवाहभेदान् ब्राह्मणादिवर्णानां विवाहसंख्यादिकं चाचष्ट। 'शुल्कमन्येन दत्तं स्यात्' (१९) इत्यादिके युधिष्ठिरप्रश्ने 'यत्किञ्चित्कर्म मानुष्यम्' (२१) इत्यादिनोत्तरं व्याजहार भीष्मः। कन्यायां प्राप्तशुल्कायाम्' (२८) इत्यादि पृच्छन्तं युधिष्ठिरं प्रति 'नैव निष्क्रयं शुल्कम्' (३१) इत्यादिना विवाहनिष्ठां प्रतिपाद्य 'अहं विचित्रवीर्यस्य' (३८) इत्यादिना वीर्यस्यापि शुल्कत्वं निरूप्य बाह्लीकेनो-

कं सत्यवज्जनसंवादं कथयति स्म भीष्मः...............६१

४५. 'कन्यायाः शुल्कं दत्त्वा तत्पतिनां गतश्चेत्तदा तस्याः का गतिः?' (१) इति युधिष्ठिरप्रश्ने 'याऽपुत्रकस्य ऋक्थस्य' (२) इत्यादिना तदुत्तरमभ्यभाषत भीष्मः। 'अथ केन प्रमाणेन' (१०) इत्यादिना कन्यायाः पितृभ्रनहारित्वविषयके युधिष्ठिरप्रश्ने 'यथैवात्मा तथा पुत्रः' (११) इत्यादिना तदुत्तरं कथयन्भीष्मः कन्यायाः पुत्रतुल्यत्वेन तस्यास्तत्पुत्रस्य दौहित्रस्य च धनहारित्वं प्रतिपाद्य विक्रयपूर्वकमासुरेण विधिना परिणीतायां कन्यायां तत्पुत्रो धनहारी नेत्युक्त्वाऽऽसुरविवाहनिन्दाविषये यमगीतां गाथामाह स्म...६२

४६. 'प्राचेतसस्य वचनम्' (१) इत्यादिना कन्याज्ञातयो धनं स्वयं न गृह्णन्ति किन्तु कन्यालङ्कारार्थं

अनुशासनपर्वविषयानुक्रमणिका। ९

विनियुञ्जते स न विक्रय इति प्रतिपाद्य 'पितृभिर्भ्रातृभिश्चैव' (३) इत्यादिना स्त्रियं प्रशशंस भीष्मः ६३

४७ 'यथा नरेण कर्तव्यम्' (३) इत्यादिना ब्राह्मणस्य वर्णचतुष्टयसम्बन्धिनीषु चतसृषु भार्यासूत्पन्नानां पुत्राणां कथं दायभागत्वमिति पृच्छति युधिष्ठिरे भीष्मस्तत्प्रकारं कथयित्वा तत्र शूद्रापुत्रस्य दशमभागहारित्वमाख्याय स्त्रीणां भर्तृदाय उपभोगफल इत्याद्याह स्म। 'शूद्रायां जातस्य कथं दशमो भागः' (२७) इति युधिष्ठिरेण पृष्टो भीष्मो 'दारा इत्युच्यते लोके नाम्नैकेन परन्तप। प्रोक्तेन चैव नाम्नाऽयं विशेषः सुमहान् भवेत्' (३०) इत्यादिना शूद्र्या अपि दारत्वाविशेषात्तत्पुत्रस्य दशमभागहारित्वमिति फलतोऽभिधाय युधिष्ठिरप्रश्नानुरोधेन क्षत्रियादीनामपि विभागनियमं व्याजहार... ... ... ६३

४८ 'अर्थाल्लोभाद्वा कामाद्वा' (१) इत्यादिना वर्णसंकरकारणकथनपूर्वकं संकरजातानां धर्म-कर्मविषयेऽनुयुञ्जाने युधिष्ठिरे भीष्मो 'भार्याश्च तस्रः' (४) इत्यादिना पारशवादि नामकथनपूर्वकं संकरजातीयानाख्याय तद्धर्माणामनियतत्वं प्रदर्श्य 'आनृशंस्यमनुक्रोशः' (३४) इत्यादिना तेषां साधारणधर्मानाभाष्य स्त्रीषु प्रसङ्गवर्जनमुपदिशति स्म। 'सङ्करयोनिजो नरः कथं ज्ञेयः' (३९) इति युधिष्ठिरप्रश्ने भीष्मः कर्मानुरोधेन योनिशुद्ध्यादिकं जानीयादित्याचष्ट... ... ...६५

४९ 'ब्रूहि तात कुरुश्रेष्ठ वर्णानां त्वं पृथक् पृथक्। कीदृश्याः कीदृशाश्चापि पुत्राः कस्य च के च ते' (१) इति युधिष्ठिरप्रश्ने भीष्म 'आत्मा पुत्रश्च विज्ञेयः' (३)इत्यादिना विंशतिप्रकारान् पुत्रान् प्रदर्श्य पुनः प्रश्नोत्तरभावेन तेषां स्वरूपादिकं वर्णयति स्म... ६७

५० 'दर्शने कीदृशः स्नेहः' (१) इत्यादिना परपीडादर्शने परैः सह संवासे च कीदृशः स्नेह आनृशंस्यं च कर्तव्यं तत् गवां माहात्म्यं चेति युधिष्ठिरेण कृते प्रश्नद्वये तन्त्रेणोभयोरुत्तरं वदन्नहुषच्यवनसंवादरूपमितिहासं व्याहरद्भीष्मः। द्वादशवर्षपर्यन्तं जले निरुध्य तपः कुर्वंश्च्यवनः कदाचिन्निषादैर्जालं प्रसार्य मत्स्यैः सहाकृष्टो व्याकुलान्मत्स्यानालोक्य कृपाविष्टो बभूव। च्यवनं दृष्ट्वा प्रसादं प्रार्थयन्तो निषादाः 'प्राणोत्सर्गं विसर्गं वा मत्स्यैर्यास्याम्यहं सह' (२५) इत्यादिकं तद्वाक्यं श्रुत्वा नहुषाय राज्ञे न्यवेदयन्... ... ६७

५१ निषादवाक्यं श्रुत्वा च्यवनसमीपमागत्य 'करवाणि प्रियं किं ते' (४)इत्याद्यभिदधानो नहुषो 'मूल्यं दत्वा निषादेभ्यो मां मोचय' (५) इति तेनोक्तो मूल्यत्वेन स्वराज्यं सर्वं कल्पयति स्म। 'समग्रमपि ते राज्यं न मम मूल्यमतोऽपि भूयः प्रकल्पय' (१३) इत्युक्तवति च्यवने तद्वाक्यं श्रुत्वा चिन्तयति नहुषे तं प्रति गवि जातो वनचरो मुनिरागत्य गां मूल्यत्वेन कल्पयेत्यब्रवीत्। गवि जातस्य मुनेरुपदेशाद्धृष्टेन नहुषेणागत्य 'उत्तिष्ठोत्तिष्ठ विप्रर्षे गवा क्रीतोऽसि भार्गव' (२५) इत्युक्तश्च्यवनस्तदङ्गीकृत्य गोमाहात्म्यं वर्णयामास। च्यवनप्रसादान्मत्स्यैः सह निषादेषु स्वर्गं गतेषु विस्मितो नहुषश्च्यवनगविजाताभ्यां वरं लब्ध्वा स्वकीयं पुरं जगाम... ... ... ६८

५२ 'संशयो मे महाप्राज्ञ' (१) इत्या-

दिना परशुरामविश्वामित्रयोरुत्प-
त्तिविषये पृष्टो भीष्मश्च्यवनकुशि-
कसंवादरूपमितिहासं कथयितुमा-
रेभे। च्यवनः स्ववंशे क्षत्रधार्मिणो
रामस्य जननं कुशिकवंशे ब्राह्म-
णस्य विश्वामित्रस्य जननं च पूर्व-
मेवागत्य कुशिकवंशं दग्धुकामः
कुशिकमागत्य त्वद्गृहे वस्तुमि-
च्छामीत्यवादीत्। तच्छ्रुत्वा कुशि-
केन मधुपर्कसमर्पणादिना सत्कृत्य
प्रार्थितश्च्यवनः 'अहं कंचिन्नि-
यममारप्स्ये' (२१) इत्याद्युवाच।
दंपतीभ्यां तदङ्गीकृत्य निवेदिते
गृहोद्देशे प्रवेशितश्च्यवनो रात्रौ
स्वाभिलषितमन्नं भुक्त्वा स्वप्स्या-
म्यहं युवाभ्यां पादसंवाहनं कार्यं
न चाहं बोधयितव्यः' (३१) इत्यु-
क्त्वा सुष्वाप, तौ च यथाज्ञप्तम-
कुरुताम्। एवमेकविंशतिदिना-
न्येकपार्श्वे सुप्तो निराहाराभ्यां
दम्पतीभ्यां सेव्यमानोऽकस्मादु-
त्थाय गृहान्निष्क्रम्य ताभ्यामनु-
गतो गच्छन्नकस्मादन्तर्हितो ब-
भूव ६९
५३ च्यवनेऽन्तर्हिते राजा किमक-
रोदिति युधिष्ठिरप्रश्ने भीष्मस्त-
दुत्तरमाह—अन्तर्हिते च्यवने तं
गवेषयन्तौ दम्पती श्रान्तौ यदा
स्वगृहमागत्य पश्यतस्तदा शयन-
स्थं तं दृष्ट्वा पूर्ववदेव तत्पादसंवा-
हनं चक्रतुः। पुनः प्रतिबुद्धश्च्यव-
नः स्वाज्ञया राजानीतामभ्यङ्गसा-
मग्रीमनादृत्यान्तर्धाय पुनः स्नातं
सिंहासनारूढमात्मानं दर्शयन्
राज्ञा प्रार्थनापूर्वकं समानीता-
न्नानाविधान्भोज्यपदार्थान् शय-
नासनादिभिः सह दाहयामास।
एवमप्यविकृतौ तौ दंपती दृष्ट्वा
'भार्यया सह त्वं मां सांग्रामिक-
रथेन वह' (२७) इत्याज्ञप्तेन राज्ञा
सज्जीकृते रथे आरुह्य तौ दंपती
धुर्यस्थाने संयोज्य गच्छन् कशा-
प्रहारादिकं सहन्तावपि निर्विका-
रौ तावालोच्य राज्ञोऽनेकविधं
वसु विततार। एवमप्यविकृतौ
तावालोक्य प्रसन्नश्च्यवनो 'रम-
णीये गंगातीरेऽद्य वसामि त्वं गृहं
गच्छ श्वो मामत्रैव द्रक्ष्यसि'(५७)
इत्युक्तो राजा भार्यया सह गृहं
गत्वा सुखं सुष्वाप ७०
५४ प्रातरुत्थितो राजा भार्यया
सह पूर्वसङ्केतिते वने यावदाग-
च्छति तावत्तस्मिन्वने दिव्यं प्रा-
सादं पर्वतसरिद्वृक्षप्रभृतीन् दि-
व्यभावसमन्वितान् दृष्ट्वा भार्यायै
तत्रत्यमाश्चर्यं कथयति स्म। अने-
केषु स्थलेषु दृश्यमानं पुनर्वनादि-
ना सहान्तर्हितमालोच्य विस्मि-
तं राजानमाहूय वरं याचस्वेत्यु-
वाच च्यवनः। कुशिकस्तु 'अग्नि-
मध्य इव त्वत्सन्निधौ वसन्नदग्धो
यच्च मे कुलं तत्त्वया त्रातमयमेव मे
वरः' (३७) इत्यभिधाय यदि प्रसन्न-
स्त्वं तर्हि मे कश्चित्संशयोऽस्ति तं
व्याख्यातुमर्हसीत्युवाच ... ७१
५५ 'वरश्च गृह्यतां मत्तः' (१) इत्या-
दि च्यवनवाक्यं श्रुत्वा 'यदि
प्रीतोऽसि भगवन्' (२) इत्यादि-
ना स्वगृहवासादिविषये कारणं
पृच्छति कुशिके च्यवनः 'शृणु स-
र्वमशेषेण' (१०) इत्यादिना तत्क-
थयित्वा 'एवमेतद्यथाऽऽत्थ त्वम्'
(३०)इत्यादिना त्वत्तस्तृतीयो ब्रा-
ह्मणो भविष्यतीत्याह। मे कुलं
विप्रत्वं कथमेष्यतीति पप्रच्छ कु-
शिकश्च्यवनम् ७१
५६ 'अवश्यं कथनीयं मे' इत्यादि-
ना च्यवनस्तत्कथयति सर्वम् ७२
५७ 'मुह्यामीव निशम्याद्य' (१) इ-
त्यादिना अनुतापपूर्वकं 'शरीरं
योक्तुमिच्छामि'(५) इत्यादि युधि-
ष्ठिरवाक्यं श्रुत्वा भीष्मो 'रहस्य-
मद्भुतं चैव' (७) इत्यादिना मर-

णानन्तरं यत्फलं येन साधनेन प्राप्यते तत्कथयामीति प्रतिजज्ञे। 'तपसा प्राप्यते स्वर्गः' (८) इत्यादिना तपःफलं 'पानीयस्य प्रदानेन' (२०) इत्यादिना पानीयदानादिफलं 'सुवर्णशृङ्गैस्तु' (२७) इत्यादिना गवादिदानफलं चाभ्यधाद्भीष्मः ७३

५८ 'आरामाणां तडागानाम्' (१) इत्यादिना आरामतडागादिकरणे फलं पृच्छति युधिष्ठिरे भीष्मस्तडागकरणफलमभिधाय 'अत ऊर्ध्वं प्रवक्ष्यामि' (२२) इत्यादिना षड्विधवृक्षजातीनां रोपणे फलं चोक्त्वा तडागारामयज्ञानां करणस्य स्वर्गावाप्तिरूपं फलमुपदिदेश ७३

५९ 'यानीमानि बहिर्वेद्याम्' (१) इत्यादिना दानानां मध्ये श्रेष्ठतमं दानं किमिति युधिष्ठिरानुयुक्तो भीष्मः 'अभयं सर्वभूतेभ्यः' (३) इत्यादिना श्रेष्ठानि दानान्यभिधाय दानपात्रत्वेन ब्राह्मणानां श्रैष्ठ्यं वर्णत्रयपूज्यत्वं चाभ्यभाषत ७४

६० आचरणादिना तुल्ययोर्याचमानायाचमानयोर्मध्ये कस्मै दानं श्रेष्ठमिति युधिष्ठिरेणानुयुक्तो भीष्मोऽयाचमानाय यद्दानं तच्छ्रेष्ठमित्याचख्यौ ७५

६१ 'दानयज्ञयोर्मध्ये परलोके महाफलं किम्' (१) इत्यादिके युधिष्ठिरप्रश्ने भीष्मो दानश्रैष्ठ्यकथनपूर्वकं 'सपृद्धः संप्रयच्छ त्वम्' (१२) इत्यादिना देयानि दानान्याख्याय राज्ञोऽवश्यकर्तव्यं चोपदिश्यारक्षतो राज्ञः पापचतुर्थांशभागित्वं जगाद... ... ... ७५

६२ 'इदं देयमिदं देयम्' (१) इत्यादिना बहुदेयानां राज्ञां किंस्विच्छ्रेष्ठं दानमिति युधिष्ठिरेणापृष्टो भीष्मो भूमिदानस्य श्रेष्ठत्वमभिदधत्तद्विषये भूमिगीता गाथाः शक्रबृहस्पतिसंवादरूपमितिहासं भूमिदानफलादिकं चाचष्ट ७६

६३ 'कानि दानानि लोकेऽस्मिन्' इत्यादिके युधिष्ठिरप्रश्ने भीष्मो नारदोपदिष्टमन्नदानस्य श्रेष्ठत्वमुपदिश्य त्वमप्येतत्कुर्वित्यभिधायान्नदानप्राप्यान् लोकान् कथयति स्म ७८

६४ 'नक्षत्रयोगस्येदानीं दानकल्पं ब्रवीहि मे' (१) इति पृच्छन्तं युधिष्ठिरं प्रति भीष्मो देवकीनारदसंवादेतिहासकथनमुखेन तमुपादिक्षत ७९

६५ सुवर्णादिदानफलानि ... ७९

६६ उपानद्दानविषये युधिष्ठिरप्रश्ने तत्फलमभिधाय पुनर्युधिष्ठिरप्रश्नानुरोधेन तिलोत्पत्तिकथनपूर्वकं तिलदानफलं ब्रह्मदत्तभूमिभागे देवानां यज्ञकथनपूर्वकं भूमिदानफलं गोदानफलमन्नदानफलं चाभ्यधाद्भीष्मः ... ८०

६७ विस्तरेणान्नादिदानफलं श्रोतुं युधिष्ठिरेण पृष्टो भीष्मस्तदब्रवीत १६४

६८ तिलादीनां दानफलश्रवणार्थं पुनर्युधिष्ठिरेणानुयुक्तो भीष्मस्तद्विषये यमब्राह्मणसंवादरूपमितिहासमाचख्यौ। मध्यदेशे गङ्गायमुनयोर्मध्ये पर्णशालाख्यग्रामे निवसन्तं शर्मिनामानं ब्राह्मणमानय, तन्निकटवासिनं तत्सदृशं तन्नामानं नानय' (७) इति यमाज्ञां गृहीत्वा निर्गतेन दूतेनाज्ञाविपरीतमानीतं ब्राह्मणं संपूज्य तत्प्रश्नानुरोधेन तिलदानादिमाहात्म्यमुपदिश्य तं विसर्जयति स्म यमः। पुनरानीतमभीष्टं शर्मिणं प्रतिपूज्य तथैवोपदिश्य विसर्जयित्वा दीपादिदानं प्रशशंस यमः ८१

६९ 'भूय एव कुरुश्रेष्ठ दानानां विधिमुत्तमम्। कथयस्व महाप्राज्ञ

भूमिदानं विशेषतः' (१) इत्यादिके युधिष्ठिरप्रश्ने गोभूमिसरस्वतीनां दाने तुल्यफलत्वमभिधाय गोदानं प्रशशंस। 'देयाः किंलक्षणा गावः' (१४) इत्यादिना किंलक्षणा देयाः कीदृशा न देया इत्यनुयुञ्जाने युधिष्ठिरे 'असद्वृत्ताय पापाय लुब्धायानृतवादिने। हव्यकव्यव्यपेताय न देया गौः कथञ्चन' (१५) इत्यादिनान्त्ययोरुत्तरमभिधाय ब्राह्मणस्वापहारे दोषमाह स्म... ... ...८२

७० ब्राह्मणस्वापहारविषये नृगोपाख्यानमाख्यायान्ते यादवान्प्रति 'ब्राह्मणस्वं न हर्तव्यम्' (३१) इत्यादिकं श्रीकृष्णेन कृतमुपदेशं कथयति स्म भीष्मः.........८२

७१ विस्तरेण गोदानफलं श्रोतुं युधिष्ठिरेण पृष्टो भीष्म उद्दालकनाचिकेतसंवादरूपमितिहासं व्याजहार। कदाचिदुद्दालको नियमं समाप्य 'नदीतीरे विस्मृतं मदीयमिध्मादिकमानय' (५) इत्याज्ञापयत्स्वपुत्रं नाचिकेतम्। स च नद्या प्लावितं तदनुपलभ्यागत्य 'तत्र तन्न पश्यामि' (६) इत्युवाच पितरम्। ततः स क्रुद्धेन पित्रा यमं पश्येत्याज्ञप्तो तं जगाम। ततः पिताऽनुतप्तः सन् यावदश्रूण्यमुञ्चत्तावद्यमेन सत्कारपूर्वकं विसर्जितो नाचिकेत आजगाम। ततः पित्रा पृष्टस्तत्रत्यं यमसंवादादिकं तत्र यमेनोक्तं गोदानमाहात्म्यं गवामभावे घृतधेन्वादिदानादिकं च व्याजहार नाचिकेतः ८३

७२ 'उक्तं ते गोप्रदानं वै' (१) इत्यादिनोक्तानुवादपूर्वकं गोप्रदातॄणां प्राप्यान् लोकान् ज्ञातुं युधिष्ठिरेण पृष्टो भीष्मः शक्रब्रह्मसंवादरूपमितिहासमाख्यत। 'स्वर्लोकवासिनां लक्ष्मीम्' (६) इत्यादिना 'कीदृशा गवां लोकाः (७) इत्यादीन् प्रश्नांश्चकारेन्द्रः... ... ... ८४

७३ एतत्प्रश्नाभिनन्दनपूर्वकमुत्तरं ददद्ब्रह्मा गोलोकं तत्र वसतां सुखं च निरूप्य तत्र गमनागमनाधिकारिणो गोप्रदानफलं, गोदानपात्रमनडुद्दानं तत्फलं चाख्यातवान् ८५

७४ 'जानन् यो गामपहरेत्' (१) इति शक्रप्रश्ने ब्रह्मा गवामपहारादौ दोषमभिधाय गोदाने दक्षिणात्वेन सुवर्णं देयमित्यब्रवीत्। भीष्म एतदाख्यानप्राप्तिपरम्परामाख्यायैतत्पठनफलं कथयति स्म युधिष्ठिरं प्रति... ... . ८६

७५ 'व्रतानां किं फलं प्रोक्तम्' (२) इत्यादिना युधिष्ठिरेण कृतानां प्रश्नानां भीष्मेण दत्तान्युत्तराणि ८६

७६ गोदानविधिश्रवणार्थं युधिष्ठिरेणानुयुक्तो भीष्मो गोदानं प्रशस्य तद्विधिमाख्याय गोदातुः फलं तद्विषये निदर्शनार्थमुशीनरादीनां गोदानेन स्वर्गप्राप्तिं चाभ्याचष्ट ८७

७७ 'गोप्रदानगुणान् सम्यक् पुनर्मे ब्रूहि भारत' (१) इति युधिष्ठिरेणानुयुक्तो भीष्मो 'वत्सलां गुणसम्पन्नाम्' (४) इत्यादिनोत्तरं वदन् कपिलादानस्य श्रैष्ठ्यमाह। कपिलादानस्य विशेषफलश्रवणार्थं युधिष्ठिरानुयोगे भीष्मस्तत्कथयन्कपिलाया गोरुत्पत्त्यादिविषये वृद्धकथितमितिहासमाह। अमृतं पिबता प्रजापतिना निर्मितया सुरभ्या सौरभेयीषु निर्मितासु तद्वत्ससुखनिर्गते फेने महादेवस्य शिरसि पतिते क्रुद्धं तं ध्वजवाहनयोर्वृषप्रदानेन पशुपतिं चक्रे प्रजापतिः। 'एवमव्यग्र-

वर्णानाम्' (३०) इत्यादिना कपिलादानमाहात्म्यमाख्यायोत्पत्त्याख्यानपठने फलं व्याजहार भीष्मः... ... ... ८८

७८ एतद्विषय एव भीष्मो वसिष्ठसौदाससंवादरूपमितिहासमाचष्ट। 'त्रैलोक्ये परमं पवित्रं किम्' (३) इति सौदासेन पृष्टो वसिष्ठो गवां परमपवित्रत्वं व्याहृत्य तद्दानफलमभिदधाति स्म... ८८

७९ श्रेष्ठत्वप्राप्त्यर्थं गवां तपश्चरणं ताभ्यः प्रजापतेर्वरदानं चाख्याय कपिलादिगोदानफलं कथयति स्म वसिष्ठः ८९

८० 'घृतक्षीरप्रदा गावः' (१) इत्यादिना पुनर्वसिष्ठेन कथितं गोदानमाहात्म्यं श्रुत्वा सौदासो ब्राह्मणेभ्योः बहु धनं दत्वा लोकानवापेत्याह भीष्मः ८९

८१ 'पवित्राणां पवित्रं यत' (१) इत्यादिके युधिष्ठिरप्रश्ने भीष्मो गवां परमपवित्रत्वं प्रतिपाद्य तद्विषये व्याससुकसंवादरूपमितिहासं व्याजहार ९०

८२ गवां पुरीषस्य पावित्र्यमुद्दिश्य युधिष्ठिरेणापृष्टो भीष्मो गोभिः श्रियाः संवादरूपमितिहासमभ्यधात। गोभिः 'काऽसि देवि कुतो वा त्वम्' (४) इति पृष्टा श्रीः स्ववृत्तान्तमाख्याय स्वनिवासार्थं स्थानमयाचत। गवां श्रियाश्चोक्तिप्रत्युक्त्यनन्तरमस्मच्छकृन्मूत्रयोर्निवस (२४) इति गोभिरुक्ता श्रीः सहर्षं तदङ्गीचकार ९१

८३ भीष्मः पुनर्गोदानं प्रशस्य गवां परमपवित्रत्वविषये पितामहशक्रसंवादरूपमितिहासमाचष्ट। 'गवां लोको देवानामुपरिष्टात्कृतः' (१३) इति शक्रेण पृष्टो ब्रह्मा दक्षदुहितुः सुरभ्यास्तपश्चरणं वरप्रदानादिकं चाचख्यौ तच्छ्रुत्वेन्द्रोऽपि गाः संमानयति स्म ९१

८४ 'उक्तं पितामहेनेदम्' (१) इत्यादिना पूर्वोक्तानुवादपूर्वकं सुवर्णस्योत्पत्त्यादिविषयके युधिष्ठिरानुयोगे भीष्मः सुवर्णोत्पत्तिकथनं प्रतिज्ञाय स्वस्य शांतनौ मृते तत्पिण्डदानार्थं गंगाद्वारगमनं पिण्डग्रहणार्थं भुवं भित्वा पित्रा निष्कासितो हस्तं शास्त्रविचारेणानादृत्य कृतं दर्भेषु पिण्डदानं तेन तुष्टानां पितृणां स्वप्ने दर्शनं तत्कथितं पित्रुद्धारफलकं स्वर्णदानं च कथयित्वा तदुपदेशेनाहं तथाऽकरवमित्युक्त्वैतद्विषये एव जामदग्न्यर्षिसंवादेतिहासमाह। जामदग्न्य एकविंशतिवारं निःक्षत्रियां पृथ्वीं विधाय पावनार्थं हयमेधेनेष्टाऽप्यात्मनोऽपावित्र्यं मन्वानो मुनीनापृच्छ्य तदनुज्ञया वसिष्ठादीन् प्रति स्वपावित्र्यसाधनं पप्रच्छ। वसिष्ठादयः प्रशंसापूर्वकं सर्वदानेभ्यः श्रेष्ठं सुवर्णदानं पावित्र्यहेतुत्वेनाभिधाय सुवर्णमाहात्म्यविषये इतिहासं कथयन्तो हिमालये शिवपार्वत्योर्विवाहे निर्वृत्ते तत उभयोः समागमे उत्पद्यमानादपत्यात्पराभवमाशङ्कमानैर्देवैः प्रार्थिते रुद्रे ऊर्ध्वरेतसि संपन्ने प्रजोत्पादननिरोधेन कुपितायाः पार्वत्या अग्निरहितान् देवान् प्रति प्रजोच्छेदरूपं शापं चाभ्यदधुः। रुद्रेण धृतं रेतः किञ्चिद्भुवि स्कन्नमग्नौ पतितं सद्ववृधे। एतस्मिन्काले तारकासुरतापिता देवा ब्रह्माणं शरणं जग्मुः ९२

८५ तारकासुरवृत्तान्तं श्रुतवता ब्रह्मणा 'हुताशनो न तत्रासीत' (८) इत्यादिना पार्वतीशापकालेऽग्निस्तत्र नासीदिति 'सोऽपत्यमुत्पाद्य युष्माकं कार्यं करिष्यति' (१२) इति कथितं श्रुत्वाऽग्निशो-

घार्थं देवा निर्जग्मुः। अग्निमन्वि-
ष्यन्तो देवा जलेऽश्वत्थे शमीगर्भे
चाग्निस्थितिं क्रमेणाख्यातवतोऽ-
ग्निशप्तान् मण्डूकाद्विरदशुकान्वर-
दानेनानुगृह्य शमीगर्भेऽग्निं दद-
शुः। 'ब्रूत यद्भवतां कार्यम्' (५०)
इत्याद्यग्निवाक्यं श्रुत्वा दैत्यवध-
समर्थापत्योत्पादनार्थं देवैः प्रार्थि-
तेनाग्निना गङ्गया मिश्रीभूय नि-
हितं गर्भं सोढुमसमर्था सा मेरु-
पर्वते तमुत्सृज्याग्निप्रश्नानुरोधेन
'जातरूपः स गर्भो वै' (७२)
इत्यादिना तद्वृत्तान्तमाख्यायान्त-
रधात्। अग्निरपि देवकार्यं विधा-
येष्टं देशं जगाम। स एव गर्भः
शरवणं प्राप्य वृद्धः सन् स्कन्न-
त्वात्स्कन्द इति कृत्तिकाभिः पो-
षितत्वात्कार्तिकेय इति गुहावा-
साद्गुहावास इति नामान्यवापेत्य-
भिधाय 'एवं सुवर्णमुत्पन्नम्' (८३)
इत्यादिना सुवर्णोत्पत्तिमुपसंज-
हार वसिष्ठः। 'अपि चेदं पुरा
राम श्रुतं मे ब्रह्मदर्शनम्' (८७)
इत्यादिना वारुणीं तनुं बिभ्रतो
युधिष्ठिरस्य यज्ञवृत्तान्तं तत्र प्र-
कारान्तरेणाग्नेः सकाशात्सुवर्णो-
त्पत्तिं चाभिधाय सुवर्णदानं प्र-
शस्य कार्तिकेयस्य सेनापतित्वेन
तत्कृतं तारकासुरवधवृत्तान्तं
वरणं चाचष्ट वसिष्ठः। एवं व-
सिष्ठेनोपदिष्टं सुवर्णदानं विधाय
जामदग्न्यो निष्किल्बिषोऽभव-
दित्याह भीष्मः ९३
८६ तारकासुरवधप्रकारं श्रोतुं यु-
धिष्ठिरेणापृष्टो भीष्मस्तं कथयति
स्म ९७
८७ श्राद्धविधिशुश्रूषया युधिष्ठि-
रेण प्रश्ने कृते भीष्मः श्राद्धविधिं
प्रशस्य प्रतिपदादितिथिषु श्राद्ध-
करणे फलानि कथयति स्म ९७
८८ 'किं स्विद्दत्तं पितृभ्यो वै' (१)
इत्यादिके युधिष्ठिरप्रश्ने भीष्मो
द्रव्यविशेषेण पितॄणां तृप्तिविशेष-
माख्याय 'अपि नः स्वकुले' (१२)
इत्यादिकाः पितृगीता गाथाः
कथयति स्म ९८
८९ भीष्मो यमेन शशबिन्दवे क-
थितानि कृत्तिकादिभरण्यन्तेषु
कर्तव्यानि काम्यानि श्राद्धानि
व्याजहार ९८
९० 'कीदृशेभ्यः प्रदातव्यम्' (१)
इत्यादिके युधिष्ठिरप्रश्ने श्राद्धे
वर्जनीयत्वेनापांक्तेयान्ब्राह्मणानु-
क्त्वा 'इमे तु भरतश्रेष्ठ'(२४) इत्या-
दिना पंक्तिपावनान्ब्राह्मणांश्चा-
भिधायोभयोः श्राद्धे नियोजने
दोषादोषावभ्यधाद्भीष्मः... ९८
९१ 'केन संकल्पितं श्राद्धम्' (१) इ-
त्यादिके युधिष्ठिरप्रश्ने भीष्मः श्रा-
द्धोत्पत्तिं कथयति स्म। स्वायं-
भुवस्यात्रेः पुत्रस्य दत्तात्रेयस्य
पुत्रो निमिः श्रीमन्नामानं स्वपुत्रं
मृतमुद्दिश्य शोचन् फलमूलादि-
भिरमावास्यायां श्राद्धं चकार।
कृत्वा चैतदद्यावधि ऋषिभिर-
नाचीर्णं मया चरितमिति चिन्त-
यानं तं प्रत्यत्रिरागत्य श्राद्धविधिं
श्राद्धभागार्हाणां देवानां नामान्य-
श्राद्धेयानि धान्यादीनि चाक-
थयत् ९९
९२ निमिप्रवर्तितं श्राद्धविधिं कुर्वा-
णेषु मुनिषु निवापान्नं निषेव्या-
जीर्णेन पीडिता देवाः पितरश्च
सोमप्रेरणया ब्रह्माणं गत्वा निवा-
पान्नेन वयं पीड्यामह इत्यूचुः।
ततोऽग्निर्युष्मच्छ्रेयो विधास्यती-
ति तद्वाक्यं श्रुतवतोऽग्नेः 'सहिता-
स्तात भोक्ष्यामः' (१०) इत्यादि
वाक्यं श्रुत्वा सर्वे विज्वरा अभ-
वन्। अतो हेतोः 'पूर्वमग्नये दद-
ति' (११) इत्यभिधाय पिण्डदान-
क्रमं चान्वाख्याय 'रजस्वला च

या नारी' (१५) इत्यादिना रजस्वलादर्शननिषेधादिकं कथयति स्म भीष्मः १००

९३ 'द्विजातयो व्रतोपेताः' (१) इत्यादिना युधिष्ठिरभीष्मयोरुक्तिप्रत्युक्त्योः प्रवृत्तयोः 'दातृप्रतिग्रहीत्रोर्वै को विशेषः पितामह' (१८) इति युधिष्ठिरप्रश्ने तदुत्तरं वदन् भीष्मो वृषादर्भे राज्ञः सप्तर्षीणां च संवादरूपमितिहासमाचष्ट। कश्यपात्रिवसिष्ठभरद्वाजगौतमविश्वामित्रजमदग्नयः सप्तर्षयोऽरुन्धती चेत्येते गण्डानाम्न्या दास्या पशुसखनामकपतिसहितया सह महत्यामनावृष्ट्यां क्षुधापीडिता भ्रमन्तः पूर्वं कस्मिंश्चिद्यज्ञे शैब्येन दक्षिणात्वेन दत्तं मृतं पुत्रं परिवार्य स्वशरीराणि रक्षितुं तमपचन्त। एतस्मिन्काले शैब्यो राजा वृषादर्भिरागत्य 'परिग्रहस्तारयति पुष्टिर्वै प्रतिगृह्यताम्। मयि यद्विद्यते वित्तं तच्छृणुध्वं तपोधनाः' (३०) इत्याद्युवाच। तच्छ्रुत्वा राजप्रतिग्रहं विनिन्द्य 'कुशलं सह दानेन' (३७) इत्यादिना राजोक्तं प्रत्याख्यायापक्वं राजपुत्रमांसं परित्यज्याहारकांक्षिणो निर्जग्मुः। राजाज्ञया तन्मंत्रिषु हिरण्यगर्भाण्युदुम्बरफलान्यर्पयत्सु तानि गुरूणि दृष्ट्वा इमान्युपधियुक्तानीत्युक्त्वा तानि परित्यज्य ययुः। राजा च मंत्रिभिराख्यातमिमं वृत्तान्तं श्रुत्वा क्रुद्धः सन्नभिचारेण कृत्यां निर्माय तेषां नामानि ज्ञात्वा सर्वान्मारयेत्यादिदेश तां प्रति। सा च राजाज्ञया यत्र वने सप्तर्षयो विचेरुस्तद्वनं जगाम। वने चरतो मुनीन् प्रति कश्चित्परिव्राट् शुना सहित आजगाम। तं दृष्ट्वाऽरुन्धत्या पृष्टास्ते तस्य परिव्राजः पीनत्वकारणान्याख्याय तेन प्रार्थितां स्वपरिचर्यामङ्गीकृत्य भ्रमन्तो घनवृक्षमध्यस्थां पद्मयुतां पद्मिनीं दृष्ट्वा तत्रागत्य तद्रक्षणकर्त्रीं राक्षसीं दृष्ट्वा का त्वमित्यादिप्रश्नपूर्वकं बिसान्ययाचन्त। तया राक्षस्या 'स्वस्वनामानि कथयित्वा यथेच्छं बिसान्याहरत' (८४) इत्युक्तास्ते सर्वे गण्डातत्पतिपशुसखसहिताः स्वस्वनामनिर्वचनान्याचख्युः। सा च नामार्थमनवबुद्ध्यानुजज्ञे। एवं शुनः सखेनापि स्वनाम्नि कथिते सत्यपि पुनः कथयेत्युक्तवतीं राक्षसीं त्रिदण्डप्रहारेण घातयति स्म सः। तत ऋषयो बिसान्याहृत्य तीरे निक्षिप्य तर्पणं कृत्वा बहिरागतास्तान्यपश्यन्तोऽभिशंकमानाः शपथांश्चक्रुः। तथैव शुनः सखस्य शपथं श्रुत्वा तस्मिन् बिसस्तैन्यमारोपयामासुः। सोऽपि तदङ्गीकृत्य 'अहं युष्मत्परीक्षार्थमागतो वृषादर्भिप्रयुक्तां कृत्यामहनं, मां वासवं वित्त, लोभपरित्यागेन संपादितान् लोकानवाप्नुत' (१४३) इत्याद्युवाच। ते चेन्द्रेण सह स्वर्गं जग्मुः। स्वधर्मनिष्ठः कुप्रतिग्रहपराङ्मुखो निषिद्धवर्जितो मुख्यं पात्रमित्यध्यायतात्पर्यम् १०१

९४ शपथेन निषिद्धार्थप्रकाशनविषये ब्रह्मर्षिराजर्ष्यादितीर्थयात्रेतिहासमकथयद्भीष्मः। प्रभासक्षेत्रे मिलिताः शुक्राङ्गिरःप्रभृतयो ब्रह्मर्षयो नारदप्रभृतयो देवर्षयः शिबिप्रभृतयो राजर्षयश्च पृथ्वीतीर्थयात्रां सङ्कल्प्य निर्गतास्तीर्थान्यटन्तो ब्रह्मसर एत्य तत्र बिसादीनि भुक्त्वाऽगस्त्यहृतं पुष्करमिन्द्रेण ह्रियमाणं ददृशुः। पुष्करमपश्यतागस्त्येनापहारशङ्क्या—याऽऽक्षिप्तेषु शुक्रप्रभृतिषु देवर्षिब्रह्मर्षिराजर्षिषु शपथान्विदधत्सु

हृष्ट इन्द्रः 'अध्वर्यवे दुहितरं ददातु' (४४) इत्याशीरूपं शपथमकरोत। 'आशीर्वादस्त्वया प्रोक्तः'(४६) इत्यादिनाऽगस्त्येन पुष्करं याच्यमान इन्द्रो 'न मया भगवँल्लोभात्' (४७) इत्यादिना क्षमापनपूर्वकं तस्मै तद्ददाति स्म। पुष्करप्राप्त्या हृष्टेऽगस्त्ये ते सर्वे तीर्थानि जग्मुः १०४

९५ श्राद्धादिषु छत्रोपानहदानं केन प्रवर्तितमित्यादिकेषु युधिष्ठिरप्रश्नेषु भीष्मस्तदुत्तराभिधानं प्रतिज्ञाय जमदग्निसूर्यसंवादरूपमितिहासमुवाच। पुरा किल जमदग्निर्धनुषा क्रीडन् संधाय संधाय शरान्मुमोच रेणुका च क्षिप्तान् क्षिप्तान् शरानानीय तस्मै प्रादात्। एवं क्रीडायां प्रवृत्तायां शरानानयन्ती रेणुका सूर्यतापव्याकुला किंञ्चिच्छायायां विश्रम्यागता क्रुद्धेन तेनाक्षिप्ता सती 'सूर्यतापतप्ताहं किञ्चिद्विश्राममकरवम्' (१७) ततः क्रुद्धो जमदग्निः सूर्यं हन्तुं बाणं यावत्संदधे तावद्भीतः सूर्यो ब्राह्मणरूपेणागत्य 'किं ते सूर्योऽपराध्यते' (२०) इत्यादिना तं प्रसादयामास............१०६

९६ जमदग्निसूर्ययोरुक्तिप्रत्युक्त्योः प्रचलितयोः सूर्यस्य 'अपकारिणं मां विद्धि' (७) इति वाक्यं श्रुत्वा प्रसन्नेन जमदग्निना 'यथा सुखगमः पन्थाः' (१२) तापनिवृत्त्युपाययोजने प्रेरितः सूर्यस्तस्मै छत्रं चर्मपादुके च दत्वा तद्दानं प्रशशंस। भीष्मश्चैतदाख्याय त्वमपि छत्रोपानहदानं कुर्वित्युपदिदेश युधिष्ठिरं प्रति। १०६

९७ गृहस्थधर्मं जिज्ञासोर्युधिष्ठिरस्य प्रश्ने भीष्मो वासुदेवपृथिवीसंवादरूपेतिहासं व्याहृत्य तमुपदिदेश १०७

९८ आलोकदानस्योत्पत्त्यादिशुश्रूषया युधिष्ठिरेण पृष्टो भीष्मस्तदुत्तरं कथयन् मनुसुवर्णर्षिसंवादरूपमितिहासमाचचक्षे। 'सुमनोभिर्देवतार्चनं कथमुत्पन्नम्' (९) इति सुवर्णर्षिणा पृष्टो मनुः शक्रबलिसंवादरूपेतिहासनिदर्शनेन तदुत्तरमाह स्म। 'सुमनोधूपदीपानां प्रदाने किं फलम्' (१५) इति बलिनाऽनुयुक्तः शक्रः सुमनसामुत्पत्त्यादिकमसुरादिप्रियत्वेन तद्भेदान् धूपानां नानाप्रकारान् दीपदानस्य फलादिकं बलिकर्मगुणांश्चाब्रवीत... ..१०७

९९ पुनः पुष्पादिदानफलशुश्रूषया युधिष्ठिरेण पृष्टो भीष्मोऽगस्त्यनहुषसंवादेतिहासं कथयन्नुत्तरमाह स्म। स्वर्गं गत्वा देवराज्यमनुप्राप्तो नहुषो दैवीर्मानुषीश्च क्रिया दीपदानादिकं च कुर्वन् देवेन्द्रोऽहमित्यभिमानमावहन् सर्वक्रियाभ्यो भ्रंशं प्राप्त ऋषीन् वाहयामास। ऋषिवाहनक्रमेणागस्त्यस्य पर्याये प्राप्ते भृगुस्तदाश्रममागत्य 'एवं वयमसत्कारम्' (१५) इत्याद्युवाच। अगस्त्येन नहुषस्य वरप्रदानादिकथनपूर्वकं तद्भ्रंशस्याशक्यत्वेऽभिहिते ततो भृगुः पुनस्तद्भ्रंशकरणं प्रतिजज्ञे १०८

१०० 'कथं वै स विपन्नश्च' (१) इत्यादिना युधिष्ठिरेणानुयुक्तो भीष्मो नहुषभ्रंशप्रकारं ब्रवीति स्म। वाहनार्थं नहुषेणाहूतोऽगस्त्यः स्वजटानिविष्टभृगुस्तं प्रत्यागत्य क्षिप्रं मां योजयेत्युवाच। ततो योजितेऽगस्त्ये तेन शिरसि पादेन ताडिते तत्रस्थो भृगुः 'सर्पो भूत्वा महीं गच्छ' (२५) इति तं शशाप। ततोऽगस्त्यद्वारा तेन प्रसादितो भृगुः शापान्तमभिधाय ब्रह्माणं प्रति जगाम। स च

अनुशासनपर्वविषयानुक्रमणिका। १७

तच्छ्रुत्वेन्द्रं स्वाराज्येऽभिषिषेच १०९

१०१ 'ब्राह्मणस्वापहारिणां का गतिः' (१) इति युधिष्ठिरानुयुक्तो भीष्मः क्षत्रबन्धुचाण्डालसंवादेतिहासकथनेन तदुत्तरमाह स्म। 'श्वखररजोव्याप्तशरीरस्त्वं गोरजोव्याप्तं शरीरं किमिति क्षालयसि' (३-४) इति राजन्येन पृष्टश्चाण्डालो गोग्रहे हतानां ब्राह्मणगवीनां दुग्धेन मिश्रीभूतेन रजसा व्याप्तं सोमं पिबतामृत्विजां दीक्षितस्य राज्ञश्च नरकपातं गोहर्तृपुरे वसतां दुग्धभोक्तॄणामल्पायुष्ट्वादिकं तत्र स्थितस्य ब्रह्मचारिणः स्वस्य तद्रजोमिश्रभिक्षाभक्षणेन चाण्डालत्वप्राप्तिं चाख्याय ब्रह्मस्वहरणदोषानुद्भाव्य चाण्डालयोनितः स्वमुक्त्युपायं प्रश्नमुखेन राज्ञः सकाशाच्छ्रुत्वा ब्राह्मणार्थे स्वशरीरं परित्यज्येष्टां गतिमवाप १०९

१०२ 'सुकृतिनामेके लोका उत भिन्नाः' (१) इति युधिष्ठिरेण पृष्टो भीष्मः कर्मानुरोधेन लोकानां नानात्वमभिधाय तदेव विवरीतुं गौतमवासवसंवादरूपमितिहासमाख्याय तन्मुखेन ब्रह्मलोकं गतमपि ब्राह्मणस्वं न मुञ्चतीति तात्पर्यविधयाऽऽह... ... ११०

१०३ 'दानं बहुविधाकारम्' (१) इत्यादिनोक्तानुवादपूर्वकं तपसां मध्ये यत्परं तत्कथयेति युधिष्ठिरेणानुयुक्तो भीष्मोऽनशनस्य परमतपस्त्वमाख्याय तद्विषये भगीरथब्रह्मणोः संवादं कथयति स्म। ब्रह्मलोकं गतो भगीरथः 'केन साधनेनात्र त्वमगाः' (७) 'निष्काणां वै ह्यददं ब्राह्मणेभ्यः शतम्' (८) इत्यादिना 'साधनान्तराणि निरस्यान्तेऽनशनं परमं तपः' (४२) एतदाख्याय भीष्मः 'तस्मादनशनैः' (४४) इत्यादिना युधिष्ठिरमुपदिदेश ११२

१०४ 'शतायुरुक्तः पुरुषः शतवीर्यश्च जायते' (१) इत्यादिना आयुष्मान् केन भवत्यल्पायुश्च केन भवतीत्यादिके युधिष्ठिरप्रश्ने भीष्मः 'आचाराल्लभते ह्यायुराचाराल्लभते श्रियम्। आचारात्कीर्तिमाप्नोति पुरुषः प्रेत्य चेह च' (६) इत्यादिना आचारस्यायुःश्रीकीर्तिकामहेतुत्वमनाचारस्यायुरादिनाशकत्वं चाभिधाय 'ब्राह्मे मुहूर्ते बुध्येत धर्मार्थौ चानुचिन्तयेत्। उत्थायाचम्य तिष्ठेत पूर्वां सन्ध्यां कृताञ्जलिः' (१६) इत्यादिनाऽऽचारलक्षणं प्रतिपादयन् मध्ये आयुरादिनाशहेतूनप्याख्यायान्ते 'एष ते लक्षणोद्देशः' (५४) इत्यादिनोपसंजहार। ११३

१०५ 'यथा ज्येष्ठः कनिष्ठेषु' (१) इत्यादिके युधिष्ठिरप्रश्ने 'ज्येष्ठवत्तात वर्तस्व' (२) इत्यादिना ज्येष्ठकनिष्ठयोर्वर्तनमभिदधाति स्म भीष्मः... ... ... ११६

१०६ 'सर्वेषामेव वर्णानाम्' (१) इत्यादिके युधिष्ठिरप्रश्ने भीष्मोऽङ्गिरसा कथितमुपवासविधिं व्याजहार ११६

१०७ 'पितामहेन विधिवद्यज्ञाः प्रोक्ता महात्मना। गुणाश्चैषां यथातथ्यं प्रेत्य चेह च सर्वशः' (१) इत्यादिनोक्तयज्ञानुवादपूर्वकं दरिद्राणामर्थन्यूनत्वादिविशिष्टानां कर्तुं योग्यं यज्ञतुल्यफलकं विधिं कथयेति युधिष्ठिरेणानुयुक्तो भीष्मो 'यस्तु कल्यं तथा सायं भुंजानो नान्तरा पिबेत्। अहिंसानिरतो नित्यं जुह्वानो जातवेदसम्' (६) इत्यादिनाऽध्यायशेषेण तथाविधमुपवासविधिं व्याजहार ११७

१०८ 'यद्वरं सर्वतीर्थानां, यत्र चैव परं

शौचं तन्मे व्याख्यातुमर्हसि '(१) इति युधिष्ठिरेण पृष्टो भीष्मो 'अगाधे विमले शुद्धे' (३) इत्यादिना प्रश्नद्वयस्योत्तरं जगाद १२०

१०९ 'सर्वेषामुपवासानां यच्छ्रेयः सुमहत्फलम् । यच्चाप्यसंशयं लोके तन्मे व्याख्यातुमर्हसि ' (१) इति युधिष्ठिरप्रश्ने तदुत्तरमभिधास्यन् भीष्मः स्वयंभुगीतकथनमुखेन मार्गशीर्षप्रभृतिद्वादशमासेषु केशवादिद्वादशनामभिरर्चनादि कथयित्वा 'अतःपरं नोपवासः' (१७) इत्यादिनोपसंजहार १२०

११० 'अङ्गानां रूपसौभाग्यम्' (१) इत्यादिके युधिष्ठिरप्रश्ने तदुत्तरं कथयन् भीष्मो 'मार्गशीर्षस्य मासस्य' (३) इत्यादिना चान्द्रव्रतमुपदिदेश १२०

१११ 'श्रोतुमिच्छामि मर्त्यानां संसारविधिमुत्तमम्' (१) इत्यादिषु युधिष्ठिरप्रश्नेषु भीष्मस्तत्कालमागच्छन्तं बृहस्पतिं दृष्ट्वैनमनुयुंक्ष्वेत्यब्रवीत्। तत आगतं बृहस्पतिं संपूज्य 'मर्त्यस्य कः सहायो वै' (९)इत्यादिना मर्त्यस्य कः सहायः को वैनं मृतमनुगच्छतीति पृच्छन्तं युधिष्ठिरं प्रति सः 'एकः प्रसूयते राजन्' (११) इत्यादिनाऽसहायत्वं प्रतिपाद्य 'धर्म एकोऽनुगच्छति' (१४)इत्युवाच। 'शरीरनिचयं ज्ञातुं बुद्धिस्तु मम जायते' (२०)इत्यादिना धर्मानुगमनमाक्षिपति युधिष्ठिरे 'पृथिवी वायुराकाशमापो ज्योतिर्मनोऽन्तगः। बुद्धिरात्मा च सहिता धर्मं पश्यन्ति नित्यदा' (२१) इत्यादिना तदुपपत्तिं व्याजहार बृहस्पतिः। 'कथं रेतः प्रवर्तते' (२७) इति युधिष्ठिरेणापृष्टो बृहस्पतिः 'अन्नमश्नन्ति यद्देवाः' (२८) इत्यादिना रेतःप्रादुर्भावादिकमाचचक्षे। 'जातः पुरुषो यथा प्रपद्यते तदुच्यताम्' (३१) इति युधिष्ठिरेण पृष्टो बृहस्पतिः 'आसन्नमात्रः पुरुषः' (३२) इत्यादिना तदुत्तरमाह स्म। 'जीवः स भगवन्कस्यः सुखदुःखे समश्नुते' (३४) इति युधिष्ठिरेण पृष्टो बृहस्पतिः 'कर्मणा येन येनेह यस्यां योनौ प्रजायते। जीवो मोहसमायुक्तस्तन्मे निगदतः शृणु' (४१) इत्यादिना जीवस्य सुखदुःखभागित्वमाख्याय कर्मानुरोधेन प्राप्यान् गतिविशेषानप्याचष्ट... ...१२१

११२ 'धर्मस्य गतिं श्रोतुमिच्छामि' (१) इति युधिष्ठिरेणानुयुक्तो बृहस्पतिः 'कृत्वा पापानि कर्माणि' (३) इत्यादिनाऽधर्मगतिमनूद्य धर्मगतिं प्रदर्श्य दानप्रशंसापूर्वकमन्नदानादिना शुभगतिप्राप्त्यादिकं व्याहार्षीत्... ... १२३

११३ 'अहिंसादीनां मध्ये किं श्रेयः' (१) इति पृच्छन्तं युधिष्ठिरं प्रति 'सर्वाण्येतानि धर्म्याणि' (२) इत्याद्यभिधाय स्वर्गं जगाम बृहस्पतिः १२४

११४ 'कर्मणा मनसा वाचा' हिंसां कुर्वन् कथं दुःखान्मुच्यते' (२-३) इति युधिष्ठिरेण पृष्टो भीष्मः 'चतुर्विधेयं निर्दिष्टा' (४) इत्यादिना अहिंसाधर्ममाख्याय मांसभक्षणानिषेधं तद्भक्षणे दोषं चाभ्यधात् १२४

११५ 'अहिंसा परमो धर्मः' (१) इत्यादिना इदानीमहिंसाधर्मं प्रतिपादयतः पूर्वं मांसैर्बहुविधैः श्राद्धविधिं प्रतिपादितवतश्च विरोधमुद्भाव्य 'दोषो भक्षयतः कः स्यात्' (३) इत्यादि पृच्छति युधिष्ठिरे भीष्मः 'मांसस्याभक्षणाद्राजन्' (७) इत्यादिना अहिंसाधर्मं प्रतिपादयन्मांसभक्षणाभक्षणयोर्दोषगुणावभ्यधात् १२४

११६ 'इमे वै मानवा लोके' (१) इत्यादिना मांसाभक्षणे ये गुणास्तद्भक्षणे ये च दोषास्तान् कथयेति पुनर्युधिष्ठिरप्रश्ने भीष्मः 'न मांसात्परमं किंचित्' (७) इत्यादिना मांसस्य गुणान् 'विवर्जिते तु बहवः' (१०) इत्यादिना तद्विवर्जने गुणांस्तद्भक्षणे बहून् दोषांश्चाभिधाय मृगयायां क्षत्रियाणां तद्भक्षणे दोषाभावं सर्वेषु दयावतः प्रशंसापूर्वकं मांसमभक्षयतः स्वर्गादिफलं च प्रतिपाद्य 'अहिंसा परमो धर्मः' (३८) इत्याद्युपदिदेश... ... ...१२६

११७ युद्धे मृतानां गतिज्ञानार्थं युधिष्ठिरेण पृष्टो भीष्मः 'समृद्धौ वाऽसमृद्धौ वा' (३) इत्यादिनाऽस्मिन्संसारे समायाताः प्राणिनो येन भावेन शुभे वाऽशुभे वा निरतास्तत्र कारणं कथयामीति प्रतिज्ञायैतद्विषये व्यासकीटसंवादरूपमितिहासमाह स्म। शकटमार्गे संत्रस्तो धावन् कीटः सर्वज्ञेन व्यासेन 'कीट संत्रस्तरूपोऽसि' (९) इति पृष्टः 'शकटो मां न हन्यादिति भयेन पलायनं करोमि' (११) इत्युवाच। पुनः 'कीटयोनौ ते कुतः सुखम्' (१५) इति व्यासेन पृष्टः स तद्योनावपि सुखं प्रतिपाद्य स्वस्य पूर्वजन्मनो वृत्तान्तं तत्स्मृतिकारणं चाख्याय स्वस्यागामिसुखं पप्रच्छ ... १२७

११८ 'शुभेन कर्मणा यद्वै' (१)इत्यादिना व्यासेनोपदिष्टः कीटश्चक्रेण भिन्नशरीरः क्षत्रियकुले जन्म प्राप। तत्रापि पुनर्व्यास आगत्य 'गोब्राह्मणकृते संग्रामे प्राणांस्त्यक्त्वा ब्राह्मण्यं प्राप्य ब्रह्मभूतो भविष्यसि' (२२-२३) इत्युवाच १२७

११९ व्यासप्रसादाद्राजत्वं प्राप्तः कीटस्तपस्यंस्तुष्टेन व्यासेन प्रजापालने नियुक्तस्तत्कुर्वंस्ततो वनं गतः प्रेत्य ब्राह्मण्यामवाप। तत्रापि व्यासोपदेशाद्धर्माचरणं कुर्वन्सनातनं ब्रह्म प्राप १२८

१२० 'विद्यातपोदानानां किं विशिष्यते' (१) इति युधिष्ठिरानुयुक्तो भीष्मो मैत्रेयव्याससंवादरूपेतिहासकथनमुखेनोत्तरमाह स्म। यदृच्छया चरन्व्यासः कदाचिद्वाराणस्यां मैत्रेयमागत्य तेन सत्कारपूर्वकं दत्तमन्नं भुक्त्वा विस्मितः सन्प्रातिष्ठत। तदा तेन विस्मयकारणं पृष्टस्तदाख्याय दानं प्रशशंस... ... ... १२८

१२१ व्यासादनुज्ञां संप्रार्थ्य भाषमाणो मैत्रेयः 'निर्दोषं निर्मलं चैवं वचनं दानसंहितम्' (४) इत्यादिना पात्रगुणाधीनत्वं दानफलस्याभिधाय 'तपः श्रुतं च योनिश्च' (७) इत्यादिना तात्पर्यविधया तपःश्रुते प्रशशंस १२९

१२२ व्यासो मैत्रेयप्रसंसापूर्वकम् 'अहं दानं प्रशंसामि' (५) इत्यादिना तपोविद्ये अपि प्रशस्य दानप्रशंसापूर्वकं पुनरुपदिदेश। मैत्रेयश्च तं प्रणम्य प्रदक्षिणीकृत्य च गमनमनुजज्ञे १२९

१२३ 'सत्स्त्रीणां समुदाचारम्' (१) इत्यादिना सत्स्त्रीसमुदाचारं पृच्छति युधिष्ठिरे भीष्मः सुमनानाम्न्याः कैकेय्याः शाण्डिल्याश्च संवादं द्वारीकृत्य तं व्याजहार १३०

१२४ 'सामदानयोर्मध्ये किं ज्यायः' (१) इति युधिष्ठिरेण पृष्टो भीष्मः साम्नो गुणानभिधाय तद्विषये केनचिद्रक्षसा धृतस्य साम प्रयोजयतो ब्राह्मणस्य 'केनास्मि हरिणः कृशः' (७) इति राक्षसप्रश्नोत्तरं दानाख्यानमाख्याति स्म १३०

१२५ 'श्रेयोर्थिना दरिद्रेण किं कर्तव्यम्' (१) इति युधिष्ठिरेणानुयु-

महाभारते—

को भीष्मः 'शृणुष्वावहितो राज-न् धर्मगुह्यानि भारत' (४) इत्या-दिना धर्मगुह्यानि कथयन् देव-दूतपितृसंवादमुखेन श्राद्धविधिं शक्रविद्युत्प्रभबृहस्पतिवाक्यानि तथा देवर्षिपितृसंवादमुखेन पितृतृप्तिप्रदं नीलवृषोत्सर्गं तद्वि-धिं चाचष्ट १३१

१२६ 'केन ते च भवेत्प्रीतिः' (१) इत्यादिनेन्द्रविष्णुसंवादमुखेन ब्राह्मणादिपूजनस्य विष्णुतुष्टि-हेतुत्वं बलदेववाक्यात्प्रातर्गवा-दिस्पर्शस्य पापनाशहेतुत्वं देवानां वाक्यादुपवासग्रहणव्रतसंकल्पा-दिविविधं धर्मवाक्यादतिथिपूजन-मग्निवाक्याद्ब्राह्मणाग्नीनां पाद-स्पर्शनिषेधं विश्वामित्रवाक्याद्वृ-क्षच्छायाश्राद्धमाहात्म्यं गोवाक्यात् 'बहुले समग्रे' (३८) इति मन्त्रेण गोवन्दनादिकं सप्तर्षिब्रह्मसंवाद-मुखेन दरिद्रस्य यज्ञफलप्राप्ति-

साधनं चाभिदधाति स्म भीष्मः १३२

१२७ विभावसुवाक्येन सोमस्यार्घ्य-दानादिकं, श्रीवाक्येन प्रकी-र्णभाजनादिवर्जनमंगिरोवाक्येन सुवर्चलामूलहस्तेन करङ्के संव-त्सरं दीपदानस्य प्रजावर्धकत्वं, गार्ग्यवाक्येनातिथ्यदीपदानादिकं, धौम्यवाक्येन भिन्नभाण्डा-दिवर्जनं, जमदग्निवाक्येन हृदय-शुद्धेः कर्मफलशुद्धिहेतुत्वं चाभ्य-धान्भीष्मः १३३

१२८ 'किञ्चिद्धर्मं प्रवक्ष्यामि' (१) इत्यादिना वायूक्तं मनुष्यसुखा-वहं धर्मरहस्यमब्रवीद्भीष्मः १३४

१२९ लोमशोक्तं परदारवर्जनादिकं धर्मरहस्यम् १३४

१३० अरुन्धतीकथितं कपिलादाना-दिकं धर्मरहस्यम्। ऋषीन्प्रति य-मेनाभिहितं चित्रगुप्तोक्तधर्मरह-स्यम् १३४

१३१ देवर्षिपितृप्रश्नानुरोधेन प्रम-थैः कथितं धर्मरहस्यम् १३५

१३२ रेणुकप्रश्नानुरोधेन दिग्गजैः कथितं धर्मरहस्यम् १३५

१३३ महादेवाभिहितं धर्मरहस्यम् १३५

१३४ स्कन्देनोपादिष्टं धर्मरहस्यं विष्णुकथितं सर्वधर्मरहस्यश्रवण-फलं च १३६

१३५ 'के भोज्या ब्राह्मणास्त्विह' (१) इत्यादिना युधिष्ठिरेणानुयुक्तो भी-ष्मो ब्राह्मणादीनां भोज्यानाख्याय शूद्राद्यन्नभोजने दोषानप्यभ्यधात् ... १३६

१३६ ब्राह्मणस्य हठ्यकठ्ययोः प्रतिग्रहे भोज्ये च प्रायश्चित्तानि शुश्रूषुर्यु-धिष्ठिरो यत्पृच्छत्तस्योत्तरं वद-न्भीष्मो घृतादिप्रतिग्रहप्रायश्चित्ता-न्याख्याय मृतकस्य तृतीयदि-भोजनादीनां तान्याचष्ट ... १३६

१३७ 'दानेन वर्ततेत्याह' (१) इत्या-दिना दानपतेसोमध्ये किं श्रेष्ठमि-त्यभिप्रायके युधिष्ठिरप्रश्ने भीष्मः 'शृणु यैर्धर्मनिरतैः' इत्यादिना दानं प्रशंसंस्तेनात्रेयादीनामुत्तम-लोकावाप्तिमाख्यत् १३७

१३८ 'दानं कतिविधं देयम्' (२) इत्यादिना युधिष्ठिरेण कृतेषु प्रश्नेषु भीष्मः 'शृणु तत्त्वेन कौन्तेय' (४) इत्यादिना दानस्य पञ्चविधत्व-कथनपूर्वकं तत्फलादिकं व्याज-हार ... १३८

१३९ 'पितामह महाप्राज्ञ' (१) इत्यादिना प्रशंसापूर्वकं युधिष्ठि-रेणोक्तो भीष्मस्तद्वाक्यं श्रुत्वा 'अस्य विष्णोः शंकरस्य च प्रभावं रुद्ररुद्राणीसंवादं च कथ-यामि' (८-९) इति प्रतिज्ञज्ञे । द्वादशवार्षिकं व्रतं चरन्तं श्रीकृ-ष्णं द्रष्टुं नारदादय आजग्मुः, ते च श्रीकृष्णेन सत्कृतास्तत्समीप-

अनुशासनपर्वविषयानुक्रमणिका। २१

उपाविश्य मधुरा धर्मसहिताः कथाश्चक्रुः। एतदन्तरेऽकस्माद्भगवन्नेत्रनिर्गतो वह्निः सर्वं पर्वतं दग्ध्वा भगवत्पादावस्पृशत्। भगवांश्चाग्निना दग्धं पर्वतं सौम्यैर्दृष्टिपातैः पुनः प्रकृतिस्थं चकार। एतदाश्चर्यदर्शनेन विस्मिता मुनयो भगवता विस्मयकारणं पृष्टाः सन्तः 'प्रथमं वह्नेर्निर्गमनादिकं ब्रूहि पश्चाद्यच्छ्रुतं यच्च दृष्टं तद्वक्ष्यामहे' (२६-२९) इत्यूचुः। भगवान्वासुदेवः 'व्रतचर्यापरीतस्य' (३२) इत्यादिना आत्मसमपुत्रलाभार्थं व्रतं चरितवतो ममायमात्मा मद्वक्त्रादाग्निरूपेण निःसृत्य ब्रह्माणं द्रष्टुं गतस्तेन 'तेजसोऽर्धेन पुत्रस्ते भवितेति वृषध्वजः' इत्युक्तो ममांतिकमागत्य शान्तोऽभूदित्याख्याय तान्प्रति यच्छ्रुतं यच्च वो दृष्टं तद्ब्रुवन्तु भवन्त इत्युवाच। तैश्च तत्कथयितुं प्रेरितो नारदो वक्तुमुपचक्रमे १३८

१४० पुण्ये हिमवति गिरौ तपश्चरन् महादेवो महर्षिभिरभिवंदितचरणः सभायामुपविवेश। तदोमा पार्श्वत आगत्य नर्मार्थं महादेवस्य नेत्रे पाणिभ्यां समावृणोत्। तदा सर्वस्मिँल्लोके नष्टालोकेऽकस्मात्तस्य ललाटे तृतीयं नेत्रं समभूत्। तत्तेजसा दग्धं हिमालयं पुनरुमाप्रार्थनया भगवान्प्रकृतिस्थं चक्रे। तत उमाप्रश्नानुरोधेन तृतीयनेत्रोत्पत्तिकारणादिकमभिधाय 'भगवन् केन ते वक्त्रम्' (४६) इत्यादिना पुनरुमयाऽनुयुक्तो महादेवस्तदाख्यातुमुपचक्रमे... १३९

१४१ उमया पृष्टो महादेवः 'तिलोत्तमा नाम पुरा' (१) इत्यादिना स्वस्य वक्त्रचतुष्टयप्रादुर्भावकारणं जटिलत्वनीलकण्ठत्वकारणे वृषभध्वजत्वकारणं चाख्यातवान्। 'निवासा बहुरूपास्ते' (१३) इत्यादिनोमया श्मशाननिवासकारणे पृष्टे महादेवो 'मेध्यान्वेषी' (१६) इत्यादिना तदब्रवीत्। 'धर्मः किंलक्षणः प्रोक्तः' (२३) इत्यादिना धर्मलक्षणे उमया पृष्टे महादेवः 'अहिंसा, सत्यवचनम्' (२५) इत्यादिना धर्मस्य पञ्चविधत्वमाख्याय पुनरुमाप्रश्नानुरोधेन 'रहस्यश्रवणं धर्मः' (३५) इत्यादिना चातुर्वर्ण्यधर्मानाचष्ट। सर्वसाधारणं धर्मं श्रोतुमुमया पृष्टो महेश्वरः 'ब्राह्मणा लोकसारेण' (६२) इत्यादिना ब्राह्मणधर्मकथनपुरःसरं त्रिवर्गसाधारणं धर्ममाख्याय मोक्षसाधनभूतं निवृत्तिधर्मं 'निवृत्तिलक्षणस्त्वन्यः' (८०) इत्यादिना बभाषे। ऋषिधर्मं ज्ञातुमुमया पृष्टो महेश्वरो 'हन्त तेऽहं प्रवक्ष्यामि' (९५) इत्यादिना तमब्रवीत् १४०

१४२ 'देशेषु रमणीयेषु' (१) इत्यादिना वानप्रस्थधर्मेषु मया पृष्टेषु महादेवः 'वानप्रस्थेषु यो धर्मः' (४) इत्यादिना तमुदैरयत्। 'ज्ञानगोष्ठीषु ये संसिद्धा वनवासिनः। स्वैरिणो दारसंयुक्तास्तेषां धर्मं कथय' (२०-२१) इत्युमयाऽनुयुक्तो महेश्वरः 'स्वैरिणस्तपसा देवि सर्वे दावविहारिणः' (२२) इत्यादिना तमभ्यधात्। 'आश्रमाभिरतास्ता पसादयः केन कर्मणा फलं प्राप्नुवन्ति' (३४) इत्यादिके उमाप्रश्ने 'उपवासव्रतैर्दान्ता' (३८) इत्यादिनोत्तरमाह स्म महादेवः १४२

१४३ 'केन कर्मविपाकेन वैश्यो गच्छति शूद्रताम्' (२) इत्यादिना केन कर्मविपाकेन वैश्यः शूद्रतां, क्षत्रियो वैश्यतां, द्विजः क्षत्रियतां, विप्रः शूद्रतां, क्षत्रियश्च शूद्रतां,

यातीत्यादिके उमाप्रश्ने 'ब्राह्मण्यं देवि दुष्प्रापम्' (६) इत्यादिना ब्राह्मणादिकर्मकथनपूर्वकं तत्तत्कर्मव्यत्ययादिना तत्तदन्नभक्षणादिना च प्रातिलोम्यं भवतीत्याह स्म महादेवः १४३

१४४ 'धर्माधर्मौ नृणां ब्रूहि' (१) इत्यादिनोमया कृतेषु प्रश्नेषु तदुत्तरं वदन्महादेवः 'देवि धर्मार्थतत्त्वज्ञे' (४) इत्यादिना कर्मबन्धनिवृत्तिहेतूनि कर्माण्यभिदधदर्थात्तद्विपरीतानि बन्धहेतूनीत्यभ्यधात्। 'वाचा तु बध्यते येन' (१८) इत्यादिनोमया पृष्टो महादेवः 'आत्महेतोः परार्थे वा' (१९) इत्यादिना बंधनिवृत्तिहेतुं वाचमभिदधदर्थात्तद्विपरीतां बन्धहेतुं व्याजहार। 'मनसा बध्यते येन' (२८) इत्यादिनोमया पृष्टो महादेवः 'मानसेनेह धर्मेण' (२९) इत्यादिना बन्धानिवृत्तिहेतून् मानसव्यापारानभिदधदर्थात्तद्विपरीतान्बन्धहेतूनवोचत्। 'केनायुर्लभते दीर्घम्' (४२) इत्यादिना दीर्घायुष्ट्वाल्पायुष्ट्वादिकारणे उमया पृष्टे महाहेवः 'हन्त तेऽहं प्रवक्ष्यामि' (४८) इत्यादिना तत्कथयाति स्म १४४

१४५ 'किंशीलः किंसमचारः' (१) इत्यादिना पार्वत्या पृष्टो महादेवः 'दाता ब्राह्मणसत्कर्ता' (२) इत्यादिना स्वर्गगामिनस्तत्प्रसंगेन निरयगामिनश्चाचष्ट। 'इमे मनुष्या दृश्यन्ते' (४३) इत्यादिना केन कर्मविशेषेण प्रज्ञावदादयो भवन्तीति पार्वतीप्रश्ने महादेवः 'ब्राह्मणान्वेदविदुषः' (४७) इत्यादिना तदुत्तरमाख्याय 'सावद्यं किंतु वै कर्म' (५४) इत्यादि पार्वतीप्रश्ने पुनस्तदुत्तरं पुनः 'अपरे स्वल्पविज्ञानाः' इत्यादिप्रश्ने तदुत्तरं चाचख्यौ १४५

१४६ स्त्रीधर्मान् ज्ञातुं महादेवेन पृष्टा पार्वती 'त्वद्दर्शनार्थमागताभिर्गंगादिभिः सह विचार्य कथयामि' (१३-१४) इत्यभिधाय ततो गङ्गयाऽनुज्ञाता सती स्त्रीधर्मान् कथयाति स्म १४६

१४७ 'वासुदेवस्य माहात्म्यं श्रोतुमिच्छामः' (१) इति मुनिभिः पृष्टो महादेवो ब्रह्माणमारभ्य वसुदेवपर्यन्तं वंशपरंपरामभिधाय वसुदेवात्कृष्णजन्मादिवृत्तान्तं चाख्याय 'तस्मात्स वाग्मी धर्मज्ञः' (४५) इत्यादिना नमस्यत्वादिकमवादीत् १४७

१४८ 'अथ व्योम्नि महाञ्शब्दः' (१) इत्यादिना नारदेन शिवपार्वतीसंवादकथनोपसंहारे कृते मुनयः श्रीकृष्णं प्रणम्य प्रदक्षिणीकृत्य जग्मुः। भीष्म एतत्सर्वमाख्याय 'सोऽयं नारायणः' (१९) इत्यादिना श्रीकृष्णमाहात्म्यमभिधाय 'भगवांश्चाप्यार्जवपरः' (३७) इत्यादिना युधिष्ठिरमुपादिश्य 'एतदत्यद्भुतं वृत्तम्' (५४) इत्यादिनोपसञ्जहार। एतदाकर्ण्य धृतराष्ट्रादयो जहृषुः १४८

१४९ 'किमेकं दैवतं लोके' (२) इत्यादिषु युधिष्ठिरप्रश्नेषु भीष्मः 'जगत्प्रभुं देवदेवम्' (४) इत्यादिनोत्तराण्यभिधाय 'विष्णोर्नामसहस्रं मे' (१२) इत्याद्युक्त्वा 'ॐ विश्वं विष्णुर्वषट्कारः' (२४) इत्यादिना विष्णुसहस्रनामान्याख्याय तच्छ्रवणादिफलं चाचख्यौ ... १५०

१५० 'किं जप्यं जपतो नित्यं भवेद्धर्मफलं महत्' (१) इत्यादिके युधिष्ठिरप्रश्ने भीष्मो 'व्यासप्रोक्तां सावित्रीं शृणु' (४) इत्युक्त्वा 'नमो वसिष्ठाय' (१०) इत्यारभ्य 'पापस्य सुकृतस्य च' (५८) इत्यन्तेन सावित्रीमुपादिश्य 'एतान्वै कल्यमुत्थाय' (५९) इत्यादिना

तत्पाठफलमब्रवीत् ... १५२
१५१ 'के पूज्याः के नमस्कार्याः' (१) इत्यादिना युधिष्ठिरेणानुयुक्तो भीष्मो 'ब्राह्मणानां परिभवः' (२) इत्यादिना प्रशंसापूर्वकं ब्राह्मणानां पूज्यत्वादिकमनुजगाद १५३
१५२ 'कां तु ब्राह्मणपूजायाम्' (१) इत्यादिना किं फलं कं च कर्मोदयं दृष्ट्वा ब्राह्मणानर्चयसीति युधिष्ठिरस्यानुयोगे भीष्मः 'अत्राप्युदाहरन्तीमम्' (२) इत्यादिना ब्राह्मणानां पूज्यत्वे पवनार्जुनसंवादेतिहासं कथयति स्म। दत्तात्रेयवरप्रदानेन लब्धसहस्रबाहुरर्जुनो वीर्यमदात् 'को वाऽस्ति सदृशो मम' (१२) इत्याद्युवाच। तद्वाक्यान्ते 'न त्वं मूढ विजानीषे' (१४) इत्याद्याकाशवाणीं श्रुत्वा 'कुर्यां भूतानि तुष्टोऽहम्' (१५) इत्यादिना तामाक्षिपन्तं तं प्रत्यन्तरिक्षस्थो वायुः 'त्यजैनं कलुषं भावम्' (२४) इत्याद्युवाच। तेन पुनः कस्त्वमित्युक्तो वायुरात्मानं कथयति स्म। स च पुनस्तं पप्रच्छ १५४
१५३ 'शृणु मूढ गुणान् कांश्चित्' (१) इत्यादिना कश्यपादिनिदर्शनकथनपूर्वकं ब्राह्मणान् प्रशशंस वायुः १५४
१५४ 'इमां भूमिं द्विजातिभ्यो दित्सुर्वै दक्षिणां पुरा' (१) इत्यादिनाङ्गराजेन द्विजातिभ्यो दाक्षिणात्वेन दीयमाना पृथ्वी क्रुद्धा सती स्थूलं स्वशरीरं त्यक्त्वा यदा ब्रह्मलोकं जगाम तदा कश्यपो महात्मा त्यक्तं देहं योगबलेन प्रविश्य दिव्यानि त्रिंशद्वर्षसहस्राणि स्वयं भूमिरभूत्। ततः प्रभृति भूः काश्यपी जज्ञे इत्याख्यायिकामाह वायुः। पुनर्वायुरुतथ्यकथां कथयन् वरुणकृतमुतथ्यभार्याहरणमुतथ्यप्रेषितस्य नारदस्य वरुणकृतं प्रत्याख्यानमुतथ्यदत्तं वरुणशापं शापभीतेन वरुणेन कृतमुतथ्याय तद्भार्यासमर्पणमुतथ्यकृतवरुणमोचनादिकं चाख्यायोतथ्यो वरः क्षत्रियो वा वर इति ब्रूहीत्युवाच १५५
१५५ तूष्णींभूते सहस्रार्जुने वायुर्देवप्रार्थनयाऽगस्त्येन स्वतेजसा कृतं दानवहननं तथा इन्द्रप्रार्थितेन वसिष्ठेन कृतं खलिदानवहननादिकं चाभिधाय वसिष्ठो वरः क्षत्रियो वा वर इति वदेत्यवादीत् १५६
१५६ तूष्णींभूतेऽर्जुने पुनर्वायुस्तमसि प्रवृत्ते दानवैर्युध्यमाना देवा यदा पराबभूवुस्तदेन्द्रप्रार्थनयाऽत्रिः सोमसूर्यात्मको भूत्वा दानवान्ददाह। तत्तेजसा देवा अपि तान् जघ्नुरित्युक्त्वा च्यवनेऽश्विनोः सोमग्रहं दातुं प्रवृत्ते तं हन्तुमिन्द्रेणोद्यतं वज्रं स्तम्भयित्वेन्द्रपराभवार्थं तत्कृतं मदासुरनिर्माणादिकं चाख्याय 'ब्रवीम्यहं ब्रूहि वा त्वं क्षत्रियं ब्राह्मणाद्वरम्' (३५) इत्युवाच ... १५६
१५७ तूष्णींभूतेऽर्जुने पुनर्वायुः 'मदास्यगतेषु देवेषु तत्काले च्यवनेन भूमौ हृतायां देवा ब्रह्माणं शरणं गत्वा द्यौः कपैराक्रान्ता भूश्च च्यवनेनाक्रान्ता' इत्याचख्युः। ततो ब्राह्मणान् शरणं गच्छतेति ब्रह्माज्ञया शरणमागत्य देवैः कपहननार्थं प्रार्थिता ब्राह्मणा ज्वालितानग्नीन् पृष्ट्वा कपान् जघ्नुरित्याद्याह स्म। वायूपदेशादर्जुनो 'जीवाम्यहं ब्राह्मणार्थम्' (२४) इत्याद्युवाच। वायुश्च तं प्रति ब्राह्मणान् क्षात्रधर्मेण इत्याद्युवाच १५७
१५८ 'ब्राह्मणानर्चसे राजन्' (१)

इत्यादिके युधिष्ठिरप्रश्ने भीष्मः
'एष ते केशवः सर्वमाख्यास्य-
ति महामतिः' (३) इत्याद्युक्त्वा
भगवन्माहात्म्यं व्याजहार १५७
१५९ 'ब्रूहि ब्राह्मणपूजायां व्युष्टिं त्वं
मधुसूदन। वेत्ता त्वमस्य चार्थस्य
वेद त्वां हि पितामहः' (१) इति
युधिष्ठिरेण पृष्टः कृष्णः 'प्रद्युम्नं
प्रति यदहमब्रुवं तत्कथयामि'
(३-६) इत्याह स्म। 'किं फलं
ब्राह्मणेष्वस्ति' (३) इत्यादि पृच्छ-
न्तं प्रद्युम्नं प्रति 'व्युष्टिं ब्राह्मणपू-
जायाम्' (७) इत्याद्युक्त्वा ब्राह्म-
णान् प्रशस्य 'अवसन्मद्गृहे तात
ब्राह्मणो हरिपिङ्गलः' (१४) इत्या-
द्यवोचम्। 'दुर्वाससं वासयेत्को
ब्राह्मणं सत्कृतं गृहे' (१६)इत्यादि-
गाथा गायन्तं दुर्वाससमहं स्वगृहे
ऽवासयं स च कदाचिद्बहूनां
सहस्राणामन्नं बुभुजे, कदाचित्स्व-
ल्पम्। कदाचित्स गृहान्निर्गतो
न पुनराजगाम। कदाचिद्गृहमा-
गत्य सशय्यास्तरणं गृहं दग्ध्वा
निर्गतः पुनरागत्य 'कृष्ण पाय-
समिच्छामि' (२२) इत्युवाच।
ततो मया निवेदितं पायसं
भुक्त्वा अवशिष्टेन पायसेनाङ्गा-
नि लिम्पस्व इति तेनाज्ञप्तोऽविमृ-
श्याङ्गानि न्यलेपयं तदनुज्ञया त्व-
न्मातृ रुक्मिण्या अप्यङ्गानि न्यले-
पयम्। उभावप्यावां रथे धुर्यवद्यो-
जयित्वा स्वयंरथारूढो रुक्मिणीं
प्रतोदेन तुदन् राजमार्गेण निर्ज-
गाम। व्रजति तस्मिन्श्रमाद्रुक्मि-
ण्यां स्खलितायां रथात्प्रस्कद्यो-
त्पथेन धावन्तं तमन्वहमप्यधा-
वम्। तदा जितक्रोधं मां दृष्ट्वा
सुप्रसन्नो मह्यं रुक्मिण्यै च वरान्
दत्त्वाऽन्तर्दधे। अहं च 'यत्किं-
चिद्ब्राह्मणो ब्रूयात्तत्सर्वं कुर्याम्'
(५१) इत्येतद्व्रतं कृत्वा गृहं प्रावि-
शम् १५८
१६० 'दुर्वाससः प्रसादाद्यद्विज्ञानं
प्राप्तं तदाख्यातुमर्हसि' (१)
इति युधिष्ठिरप्रश्ने प्रातः स्वेन
क्रियमाणं शतरुद्रीयजपं दक्ष-
यज्ञविध्वंसनप्रकारं, त्रिपुरहन-
नप्रकारं, चाचष्ट श्रीकृष्णः १५९
१६१ पुनः श्रीकृष्णो 'युधिष्ठिरमहा-
बाहो' (१) इत्यादिना रुद्रस्य महा-
भाग्यं निबोधेत्युक्त्वा तस्य घोर-
सौम्ये तनू निरूप्येश्वरादिनाम्नां
निर्वचनादिकं व्यवृणोत् ... १६०
१६२ 'निर्णयविषये प्रत्यक्षागमयो-
र्मध्ये किं कारणम्' (२) इति यु-
धिष्ठिरानुयोगे 'नास्त्यत्र संशयः
कश्चिदिति मे वर्तते मतिः। शृणु
वक्ष्यामि ते प्राज्ञ सम्यक्त्वं मेऽनु-
पृच्छसि' (३) इत्यादिनाऽऽगमब-
लीयस्त्वतात्पर्यकमुत्तरं जगाद
भीष्मः। प्रत्यक्षानुमानागमानां
मध्ये किं प्रबलं प्रमाण-
मिति युधिष्ठिरप्रश्ने भीष्मो 'धर्म-
स्य ह्रियमाणस्य' (११) इत्यादि-
ना वेदस्यैव मुख्यं प्रामाण्यं प्रत्य-
क्षानुमानयोर्व्यभिचारित्वादित्ये-
तत्तात्पर्यकमुत्तरमब्रवीत्। 'वेदप्र-
त्यक्षाचाररूपप्रमाणत्रैविध्ये धर्म-
स्यैकत्वं कथम्' (१७-१८) इति यु-
धिष्ठिरेण पृष्टो भीष्मो 'धर्मस्य
ह्रियमाणस्य बलवद्भिर्दुरात्म-
भिः। यद्येवं मन्यसे राजंस्त्रिधा
धर्मविचारणा' (१९) इत्यादिना
एक एव धर्मः प्रमाणत्रितयसंवा-
देन परीक्षणीय एत्येतत्तात्पर्यक-
मुत्तरमदात्। धर्ममसूयतां तत्प-
र्युपासकानां च गतिं पृष्टो भीष्मो
'रजसा तमसा चैव' (२८) इत्या-
दिना तां कथयति स्म। युधिष्ठिर-
स्यासाधुसाधुरूपादिजिज्ञासया
प्रश्ने 'दुराचाराश्च दुर्धर्षाः' (३३)
इत्यादिनोत्तरमभिदधदसाधून्
साधूंश्चाख्याय तेषामाचरणं चाह
भीष्मः... ... ... १६१

१६३ 'नाभागधेयः प्राप्नोति धनं सुबलवानपि' इत्याद्यभिदधानं युधिष्ठिरं प्रति भीष्मः ईहमानः समारम्भानित्यादिना सुखाद्यासौ प्रमाणं कर्मैवेति बुद्ध्वा स्थिरो भवेत्युवाच... ... ... १६२

१६४ 'कार्यते यच्च क्रियते' (१) इत्यादिनाऽध्यायेन धर्मप्रशंसापूर्वकं भीष्मस्योपदेशः... ... ... १६२

१६५ 'किं श्रेयः पुरुषस्येह किं कुर्वन्सुखमेधते। विपाप्मा स भवेत्केन किं वा कल्मषनाशनम्' (२) इति युधिष्ठिरानुयुक्तो भीष्मो 'अयं दैवतवंशो वै' (३) इत्यादिना त्रिसन्ध्यं पठनात्कल्मषहरं दैवतवंशं गङ्गादिनदीर्हिमवदादिपर्वतान्पूर्वादिदिगवस्थितान्यवक्रीतादिऋषीन् नृगादिराजर्षींश्चाकथयत १६३

१६६ जनमेजयस्य 'शरतल्पगते भीष्मे' (१) इत्यादिके प्रश्ने वैशम्पायनः 'अभून्मुहूर्तं स्तिमितम्' (४) इत्यादिना सर्वेषु तुष्णीं भूतेषु व्यासप्रेरितेन भीष्मेणानुज्ञातो युधिष्ठिरो धृतराष्ट्रादीन् पुरस्कृत्य हस्तिनापुरं जगामेत्याह स्म १६४

---

(२) भीष्मस्वर्गारोहणपर्व

१६७ युधिष्ठिरो हस्तिनापुरमागत्य नारीः सान्त्वयित्वा उदगयने प्रवृत्ते भीष्मसंस्कारार्थं सामग्रीसहितो निर्गत्य भीष्मं प्रति 'युधिष्ठिरोऽहं नृपते' (१९) इत्याद्युवाच। भीष्मो भारतादीन्दृष्ट्वा युधिष्ठिरं प्रति 'दिष्ट्या प्राप्तोऽसि कौन्तेय' (२६) इत्याद्यभिधाय धृतराष्ट्रं प्रति 'राजन्विहितधर्मोऽसि' (३०) इत्याद्युपदिश्य श्रीकृष्णं प्रति 'भगवन्देवदेवेश' (३७) इत्यादिना 'त्वयाऽहं समनुज्ञातो गच्छेयं परमां गतिम्' (४५) इत्यन्तमभ्यधात्। वसुलोकप्राप्त्यर्थं श्रीकृष्णेन प्रशंसापूर्वकमनुज्ञातो भीष्मः पाण्डवान्प्रति 'प्राणानुत्स्रष्टुमिच्छामि' (४९) इत्याद्युवाच... ... ...१६४

१६८ योगेन प्राणधारणां कृत्वा भीष्मे स्वर्गमारूढे युधिष्ठिरादयश्चन्दनादिना भीष्मशरीरं दाहेन संस्कृत्योदकदानार्थं गङ्गां जग्मुः। युधिष्ठिरादिभिरुदकदाने कृते उदकान्निर्गत्य भीष्मपराक्रमकथनपूर्वकं विलापं कुर्वती गङ्गा कृष्णव्यासाभ्यां बोधिता विशोका सती पुनर्जलं प्रविवेश। गङ्गयाऽनुज्ञाताश्च सर्वे न्यवर्तन्त १६५

॥ इत्यनुशासनपर्वविषयानुक्रमणिका समाप्ता ॥

॥ श्रीगणेशायनमः ॥ श्रीवेदव्यासायनमः ॥ यज्ज्योतिस्तमसःपरंमहदहोनिर्मायरूपाणितन्नामानिप्रविभज्यचव्यवहरत्येतैर्गुहायांगतम् ॥ आनंदैकरसंतदद्वयमथोतन्माययादेवकीकुन्तीसत्यवतीषुजन्मधृतवत्कृष्णत्रयंपातुनः ॥ १ ॥ गोपालनारायणलक्ष्मणार्यान्धीरेशगंगाधरनीलकंठान् ॥ चिन्तामणिंसांबशिवंचनत्वाव्याकुर्महेभारतदानधर्मान् ॥२ ॥ धर्मंत्रिषुद्रविणमष्टसुकाममोक्षावेकत्रपर्वणिनिरूपितवान्मुनीन्द्रः॥ तत्साधनानिसुबहूनिसहप्रमाणान्यत्रानुशासनिकपर्वणिवर्णितानि ॥ ३ ॥ तत्रपूर्वस्मिन्पर्वणिशोकतरणोपायःसम्यङ्निरूपितस्तथाऽपिदृष्टदुःखंनिदिध्यासनमंतरेणननिवर्ततइतितत्प्रधानंप्रकरणमारभमाणःपूर्वतात्कृताकृतसंतापनिमित्तंकर्तृत्वाभिमानंत्याजयितुंप्रथममध्यायमारभते । तत्रापियुक्तिशतेनापिकर्तृत्वाभिमानस्यदुस्त्यजत्वंयुधिष्ठिरप्रश्नमुखेनावतारयति युधिष्ठिरउवाचशमोबहुविधाकारइत्यादिना । शमः शोकतरणोपायः बहुविधःकालादृष्टेश्वराद्यधीनोऽयंलोकोनर्किंचित्कर्तुमीष्टइत्यादिविवेकप्रकारःबह्वाकारःसर्वसंकल्पसंन्यासादिस्वरूपः सूक्ष्मोनिर्विकल्पकउक्तः । तथाऽपितत्साक्षात्काराभावात्कृतंगोत्रव

श्रीगोपालकृष्णायनमः ॥ श्रीवेदव्यासायनमः ॥ नारायणंनमस्कृत्यनरंचैवनरोत्तमम् ॥ देवींसरस्वतींचैवततोजयमुदीरयेत् १ ॥ युधिष्ठिरउवाच ॥ शमोबहुविधाकारःसूक्ष्मउक्तःपितामह ॥ नचमेहृदयेशांतिरस्तिश्रुत्वेदमीदृशम् १ अस्मिन्नर्थेबहुविधाशांतिरुक्तापितामह ॥ स्वकृतेकानुशान्तिःस्याच्छमाद्बहुविधादपि २
शराचितशरीरंहितीव्रव्रणमुदीक्ष्यच ॥ शमंनोपलभेवीरदुष्कृतान्येवचिंतयन् ३ रुधिरेणावसिक्तांगंप्रस्रवंतंयथाऽचलम् ॥ त्वांदृष्ट्वापुरुषव्याघ्रसीदेवर्षास्विवांबुजम् ४
अतःकष्टतरंकिंनुमत्कृतेयत्पितामहः ॥ इमामवस्थांगमितःप्रत्यमित्रैरणाजिरे ५ तथाचान्येनृपतयःसहपुत्राःसबांधवाः ॥ मत्कृतेनिधनंप्राप्ताःकिंनुकष्टतरंततः ६
वयंहिधार्तराष्ट्राश्चकालमन्युवशंगताः ॥ कृत्वेदंनिंदितंकर्मप्राप्स्यामःकांगतिंनृप ७ इदंतुधार्तराष्ट्रस्यश्रेयोमन्येजनाधिप ॥ इमामवस्थांसंप्राप्तंयदसौत्वांनपश्यति ८
सोऽहंतवह्यन्तकरःसुहृद्वधकरस्तथा ॥ नशांतिमधिगच्छामिपश्यंस्त्वांदुःखितंक्षितौ ९ दुर्योधनोहिसमरेसहसैन्यःसहानुजः ॥ निहतःक्षत्रधर्मेऽस्मिन्दुरात्माकुलपांसनः १० नसपश्यतिदुष्टात्मात्वामद्यपतितंक्षितौ ॥ अतःश्रेयोमृतंमन्येनेहजीवितमात्मनः ११ अहंहिसमरेवीरगमितःशत्रुभिःक्षयम् ॥ अभविष्यंयदिपुरासहभ्रातृभिरच्युत १२ नत्वामेवंसुदुःखार्तमद्राक्षंसायकार्दितम् ॥ नूनंहिपापकर्माणोधात्रासृष्टाःस्महेनृप १३ अन्यस्मिन्नपिलोकेवैयथामुच्येमकिल्बिषात् ॥ तथा
प्रशाधिमांराजन्ममचेदिच्छसिप्रियम् १४ ॥ ॥ ॥ ॥

धार्त्र्यंपापंमांतपत्येवतस्मात्कर्तृत्वादिदोषमपनेतुंनिदिध्यासनाधिकारसिद्ध्यर्थंचेतःशुद्धिकरान्धर्मान्ब्रूहि यैर्विनापूर्वोक्तंसर्वंहृदयेनावतिष्ठतइत्यभिप्रायः १ अस्मिन्निति । यद्धिअचिन्तितमेवजायतेतत्कालादिकृतमितिमत्वानधीमतांशोकायभवति । यत्तुबुद्धिपूर्वंपापंकृतंतत्कथंमादृशान्आस्तिकान्शाब्दिकविवेकमात्रेणनतपेत् । अपरोक्षस्यकर्तृत्वादिप्रत्ययस्यपरोक्षेणाकर्तृत्वादिज्ञानेननिवर्तयितुमशक्यत्वादितिभावः २ एतदेवशोककारणंविवृणोति शरेति त्वामितिशेषः ३ सीदेसीदामि ४ मत्कृतेमन्निमित्तं प्रत्यमित्रैःअमित्राणांप्रतिकूलैरस्मदीयैरर्जुनशिखंडिप्रभृतिभिः ५ । ६ वयंहीति । हिश्चार्थे कालईश्वरः मन्युःक्रोधः कांगतिमूर्ध्वलोकंप्राप्स्यामोनकामपीत्यर्थः ७ अथशोकग्रस्तानामस्माकंत्वयमपिलोकोनष्टोनतुपरेषामित्याह इदंत्वित्यादिना ८ । ९ । १० । ११ अभविष्यंईश्वरश्चेत्स्याम १२ । १३ अन्यस्मिन्निति । जन्मांतरेऽपियेनकिल्बिषाद्रागादिदोषान्मुच्येमतादृशंधर्मंब्रूहि । शोकनाशकस्यतत्त्वज्ञानस्यानेकजन्मसाध्यत्वादितिभावः १४ ॥ ॥

यदुक्तंस्वकृतेकानुशांतिरितितत्राह परेति परतंत्रंकालादृष्टेश्वराधीनमात्मानंत्वंकथंकर्मणांहेतुंपुण्यपापयोःकारणमनुपश्यसि । नकथंचिदात्मनःकर्तृत्वंसंभवतीतिभावः । कुतस्तर्ह्यहंकरोमीत्यनुभवइत्या
शंक्याह सूक्ष्मंहीति । आत्मनःकर्तृत्ववदकर्तृत्वंनमानसप्रत्यक्षंकिंत्वतींद्रियम् । मनस्तुचक्षुरादिवदुष्टंसदन्यथासंतमात्मानमन्यथाप्रतिपद्यतइतिभावः १५ कर्मप्रयोजकंदेहेन्द्रियादिसंघातःप्रयोज्यस्तयोश्च
बीजांकुरवदन्योन्यंजन्यजनकत्वम् । परिशेषात्तुआत्मनोऽकर्तृत्वंसिद्ध्यतीत्यस्मिन्नर्थेआख्यायिकामाह अत्रापीति १६ । १७ । १८ । १९ हेतुमेवाह अग्नाविति २० गुरुंपापभारेणनरकेमज्जन
योग्यम् प्राप्तव्यंलोकम् २१ प्लवंतेदुःखार्णवंतरंति मज्जंतिचतत्रैव २२ हत्वेति । करणत्वंक्त्वार्थः भुक्त्वैवहितृप्तोनतुपीत्वेतिवत्एनंहत्वाएतस्यहननेनायंमेपुत्रोनामृतःस्यात्किंतुमृतःसमृतएव । अस्मिन्जीवतिते
तवकोयमत्ययोनाशःस्यान्नकोऽपीत्यर्थः उत्सर्गेप्राणोत्सर्गे मृत्योर्लोकंनरकं २३ सर्वार्तियुक्ताःसर्वेषांपीडयापीडिताः स्वस्थस्यैवनतुदुःखितस्य २४ शमेति । शमयुक्ताःकालेनैवायंनाशितइतिमत्वाशोकंत्यजंति ।

॥ भीष्मउवाच ॥ परतंत्रंकथंहेतुमात्मानमनुपश्यसि ॥ कर्मणांहिमहाभागसूक्ष्मंह्येतदतींद्रियम् १५ अत्राप्युदाहरन्तीममितिहासंपुरातनम् ॥ संवादंमृत्युगौतम्योः
काललुब्धकपन्नगैः १६ गौतमीनामकौन्तेयस्थविराशमसंयुता ॥ सर्पेणदष्टंस्वंपुत्रमपश्यद्गतचेतनम् १७ अथतंस्नायुपाशेनबद्ध्वासर्पममर्षितः ॥ लुब्धकोऽर्जुनको
नामगौतम्याःसमुपानयत् १८ सचाब्रवीदयंतेसपुत्रहापन्नगाधमः ॥ ब्रूहिक्षिप्रंमहाभागेवध्यतांकेनहेतुना १९ अग्नौप्रक्षिप्यतामेषच्छिद्यतांखंडशोऽपिवा ॥ नह्यं
यंबालहापापश्चिरंजीवितुमर्हति २० ॥ गौतम्युवाच ॥ विसृजैनमबुद्धिस्त्वमवध्योऽर्जुनकत्वया ॥ कोह्यात्मानंगुरुंकुर्यात्प्राप्तव्यमविचिन्तयन् २१ प्लवन्तेधर्मलघ
वोलोकेऽम्भसियथाप्लवाः॥ मज्जंतिपापगुरवःशस्त्रंस्कन्नमिवोदके२२हत्वाचैनंनामृतःस्यादयंमेजीवत्यस्मिन्कोऽत्ययःस्यादयंते ॥ अस्योत्सर्गेप्राणयुक्तस्यजंतोर्मृत्योर्लो
कंकोनुगच्छेदनंतम् २३ ॥ लुब्धकउवाच ॥ जानाम्यहंदेविगुणागुणज्ञेसर्वार्तियुक्तागुरवोभवंति॥ स्वस्थस्यैतेतूपदेशाभवंतितस्मात्क्षुद्रंसर्पमेनंहनिष्ये २४ शमार्थिनः
कालगतिंवदंतिसद्यःशुचंत्वर्थविदस्त्यजंति ॥ श्रेयःक्षयंशोचतिनित्यमोहात्तस्माच्छुचंमुंचहतेभुजंगे २५ ॥ गौतम्युवाच ॥ आर्तिर्नैवंविद्यतेऽस्मद्विधानांधर्मात्मानः
सर्वदासज्जनाहि ॥ नित्यायस्तोबालकोऽप्यस्यतस्मादीशेनाहंपन्नगस्यप्रमाथे २६ नब्राह्मणानांकोपोऽस्तिकुतःकोपाच्चयातनाम् ॥ मार्दवात्क्षम्यतांसाधोमुच्यतामे
षपन्नगः २७ ॥ ॥ लुब्धकउवाच ॥ ॥ हत्वालाभःश्रेयएवाव्ययःस्याल्लभ्योलाभ्यःस्याद्बलिभ्यःप्रशस्तः ॥ कालाल्लाभोयस्तुसत्योभवेतश्रेयो
लाभःकुत्सितेऽस्मिन्नतेस्यात् २८ ॥ ॥ ॥ ॥ ॥

अर्थविदःप्रतीकारज्ञाःशत्रुंहत्वैवसद्यःशोकंत्यजंतीत्यर्थः । अन्यस्तुश्रेयःक्षयंसुखनाशंनिसंमोहाच्छोचति २५ आर्तिःपुत्रशोकजापीडा नित्यायस्तोनित्यमृतः नईशेनसमर्थाऽस्मि २६ यातनांपीडांपर
स्यतेकुतःकुर्युर्नकुतश्चिदित्यर्थः मार्दवात्मार्दवमवलंब्य २७ श्रेयःपरलोकहितंतदेवाऽव्ययोलाभःसचशत्रून्हत्वैवलभ्यइत्यध्याहृत्ययोज्यम् । यथायजमानःपशुंनिघ्नन्पशुमात्मानंचस्वर्गंनयत्येवंशूरःपरंस्वंचे
त्यर्थः ततश्चलाभ्योलाभार्हःपुमांश्चबलिभ्यःसर्वेभ्यःप्रशस्तःश्रेष्ठश्चस्यात् । शत्रुवधाल्लोकत्रयेऽपिमान्योभवतीत्यर्थः । यस्त्वस्मिन्सर्पेकुत्सितेबह्वपकारिणिहंतव्येकालाल्लाभोऽस्यमरणादिष्टसिद्धिःसएवसत्यः ॥ १ ॥
शाश्वतःश्रेयोलाभः सचतेत्वैनंहंतुमनिच्छंत्यानस्यात् तस्माद्धंतव्यएवायमित्यर्थः २८ ॥ ॥ ॥ ॥

गृह्यनिगृह्य कामाप्तिरिष्टलाभः नमुक्त्वाद्दढंबध्वा नोऽस्माकमशत्रौभुजंगेकस्मादहंनक्षमेअपितुक्षमेएव मोक्षेणार्थश्रेयःकुर्यामेवेत्यर्थः २९ त्यजंतिनाशयंति ३० मेपुत्रकोजीवितंनसंप्राप्स्यते गुणंपुण्यं जीवंजीवंतम् ३१ शूलीयज्ञंहत्वेतिसंबंधः ३२ । ३३ संस्तभ्यधैर्यमालंब्य ३४ अचूचुदत्प्रेरितवान् ३५ किल्बिषंचेदस्तितर्हिप्रयोक्तुरेवनप्रयोज्यस्यममशरस्येवेत्यर्थः ३६ यदीति । प्रयोजकवत्प्र योज्योऽपिवधकारणत्वाद्वध्यएवेत्यर्थः ३७ मृदिति । यद्यपिदंडादिवत्त्वमन्यवशस्तथाऽपिचेतनत्वात्किल्बिषीत्यवश्यंवध्योऽसीत्यर्थः ३८ । ३९ सर्वइति । चेतनत्वेऽपिगजादिवत्परप्रेर्यत्वेनावश त्वाद्दंडादितुल्यत्वमेवममेत्यर्थः ४० अथवेति । तेऽप्यायुधादयोऽपि अयमर्थः आयुधंहिअयस्कांतवत्प्रहर्तारंप्रयोजयतिते नायुधकर्ताऽपिप्रयोजकस्तस्यचायंकारयिताप्रहर्तुकामःप्रयोजकइत्यन्योऽन्यप्र

॥ गौतम्युवाच ॥ कानुप्राप्तिर्गृह्यशत्रुंनिहत्यकाकामाप्तिःप्राप्यशत्रुंनमुक्त्वा ॥ कस्मात्सौम्याऽहंनक्षमेनोभुजंगेमोक्षार्यैवाकस्यहेतोर्नकुर्याम् २९ ॥ लुब्धकउवाच ॥ अस्मादेकाद्बहवोरक्षितव्यानैकोबहुभ्योगौतमिरक्षितव्यः ॥ कृतागसंधर्मविदस्त्यजंतिसरीसृपंपापमिमंजहित्वम् ३० ॥ गौतम्युवाच ॥ नास्मिन्हतेपन्नगेपुत्रको मेसंप्राप्स्यतेलुब्धकजीवितंवै ॥ गुणंचान्यंनास्यवधेप्रपश्येतस्मात्सर्पंलुब्धकमुंचजीवम् ३१ ॥ लुब्धकउवाच ॥ वृत्रंहत्वादेवराट्श्रेष्ठभाग्वैयज्ञंहत्वाभागमवाप चैव ॥ शूलीदेवोदेवव्रत्तंचरत्वंक्षिप्रंसर्पंजहिमाभूत्तेविशंका ३२ ॥ भीष्मउवाच ॥ असकृत्प्रोच्यमानाऽपिगौतमीभुजगंप्रति ॥ लुब्धकेनमहाभागापापेनैवाकरोन्म तिम् ३३ ईषदुच्छ्वसमानस्तुकृच्छ्रात्संस्तभ्यपन्नगः ॥ उत्ससर्जगिरंमंदांमानुषींपाशपीडितः ३४ ॥ सर्पउवाच ॥ कोन्वर्जुनकदोषोऽत्रविद्यतेममबालिश ॥ अस्व तंत्रंहिमांमृत्युर्विवशंयदचूचुदत् ३५ तस्यायंवचनाद्दष्टोनकोपेननकाम्यया ॥ तस्यतत्किल्बिषंलुब्धविद्यतेयदिकिल्बिषम् ३६ ॥ लुब्धकउवाच ॥ यद्यन्यवशगेने दंकृतंतेपन्नगाशुभम् ॥ कारणंवैत्वमप्यत्रतस्मात्त्वमपिकिल्बिषी ३७ मृत्पात्रस्यक्रियायांहिदंडचक्रादयोयथा ॥ कारणत्वेप्रकल्प्यंतेतथात्वमपिपन्नग ३८ किल्बिषी चापिमेवध्यःकिल्बिषीचासिपन्नग ॥ आत्मानंकारणंह्यत्रत्वमाख्यासिभुजंगम ३९ सर्पउवाच ॥ सर्वएतेह्यस्ववशादंडचक्रादयोयथा ॥ तथाऽहमपितस्मान्मेनै षदोषोमतस्तव ४० अथवामतमेतत्तेतेऽप्यन्योऽन्यप्रयोजकाः ॥ कार्यकारणसंदेहोभवत्यन्योन्यचोदनात् ४१ एवंसतिनदोषोमेनास्मिवध्योनकिल्बिषी ॥ किल्बि षंसमवायेस्यान्मन्यसेयदिकिल्बिषम् ४२ ॥ लुब्धकउवाच ॥ कारणंयदिनस्याद्वैनकर्तास्यास्त्वमप्युत ॥ विनाशकारणंत्वंचतस्माद्वध्योऽसिमेमतः ४३ असत्य पिकृतेकार्येनेहपन्नगलिप्यते ॥ तस्मान्नात्रैवहेतुःस्याद्वध्यःकिंबहुमन्यसे ४४ ॥ ॥ सर्पउवाच ॥ ॥ कार्याभावेक्रियानस्यात्सत्यसत्यपिकारणे ॥ तस्मा त्समेऽस्मिन्हेतौमेवाच्योहेतुर्विशेषतः ४५ ॥ ॥ ॥ ॥

योज्यत्वान्नकस्यचिद्धंतृत्वमित्यर्थः ४१ फलितमाह एवमिति । चेतनत्वाद्वध्यत्वंममचेन्मन्यसेतर्ह्येकस्मिन्वधकार्येसाक्षात्परंपरयाबहूनांप्रयोजकत्वमस्तीतिसर्वेषुयथाविभागंकिल्बिषंनमय्येवेत्यर्थः समवाये समुदाये ४२ कर्ताप्रस्तुतक्रियायां त्वमेववध्योसीत्यर्थः ४३ असतीति । यतःकृतेऽप्यसतिदुष्टेकार्येदोषेहेतुःकर्तानलिप्यतेतवमते । तस्माच्चोरादिरत्रैवराज्ञांवध्यःप्रायश्चित्तीचनस्यात् । तथाचशा स्त्रानर्थक्यंप्रेत्यखादंतितेचतानित्यादेरप्रामाण्यंचस्यादितिभावः ४४ कार्येति । कारणेकर्त्तरिसतिकुठारोद्यमनादिकार्येणछिदिक्रियाजायतेअसत्यपिकर्तरितरुशाखांतनिघर्षणकार्येणतज्जेनाग्निनाऽन दाहक्रियाजायते । तस्माच्छाखायाइवममापिकर्तृत्वमप्रयोजकत्वान्नदोषहेतुः विशेषाभावादित्यर्थः ४५ ॥ ॥ ॥

यदीति । कारणत्वेनप्रयोज्यकर्तृत्वेनतवमतोऽहंतर्हिशाखायावायुरिवममापिप्रयोगेप्रवर्तनेऽन्योऽस्तिकर्तासएवजंतुनाशनेकिल्बिषीभवेत् । वस्तुतस्तु वायोरिवतस्यापिनकिल्बिषित्वमितिभावः ४६ वध्य इति धीपूर्वकारीहिंस्रस्वभावस्त्वंकुतर्कैर्वृक्षसाधर्म्यमात्मनोब्रुवाणोदुर्बुद्धित्वाद्वध्योऽसीत्यर्थः ४७ एवमृत्विगादिवदन्यप्रेर्यत्वान्नाहंकिल्बिषीकिंतुममप्रयोजकएव शास्त्रफलंप्रयोक्तरीतिन्यायादितिसर्पउवाच यथेति ४८ यथास्तेनंगजोहंतिगजंचमहामात्रःप्रेरयतिमहामात्रंचप्रभुःप्रयुंक्तेप्रभुंचस्तेनापराधइतिस्तेनःस्वापराधेनैवहन्यतेनतत्रराजमहामात्रगजानांदोषगंधोऽस्ति । एवंभीष्मादीन्निघ्नतोऽपितवगजस्येवनदोषोऽस्तीतिशेषग्रंथतात्पर्यं । मृत्युःप्राणानामपहर्त्रीदेवता ४९ कालेनेश्वरेण ५० । ५१ कालात्मकाःकालस्यैवाऽऽत्मास्वभावोयेषांते कालानुसारिणइत्यर्थः ५२ । ५३ । ५४ । ५५ भावाभा

यद्यहंकारणत्वेनमतोलुब्धकतत्त्वतः ॥ अन्यःप्रयोगेस्यादत्रकिल्बिषीजन्तुनाशने ४६ ॥ लुब्धकउवाच ॥ वध्यस्त्वंममदुर्बुद्धेबालघातीनृशंसकृत् ॥ भाषसेकिंबहु पुनर्वध्यःसन्पन्नगाधम ४७ ॥ सर्पउवाच ॥ यथाहवींषिजुह्वानामखेवैलुब्धकर्त्विजः ॥ नफलंप्राप्नुवन्त्यत्रफलयोगेतथाह्यहम् ४८ ॥ भीष्मउवाच ॥ तथाब्रुवतितस्मिंस्तुपन्नगेमृत्युचोदिते ॥ आजगामततोमृत्युःपन्नगंचाब्रवीदिदम् ४९ ॥ मृत्युरुवाच ॥ प्रचोदितोऽहंकालेनपन्नगत्वामचूचुदम् ॥ विनाशहेतुर्नास्यत्वमहंनप्राणिनःशिशोः ५० यथावायुर्जलधरान्विकर्षतिततस्ततः ॥ तद्वज्जलदवत्सर्पकालस्याहंवशानुगः ५१ सात्विकाराजसाश्चैवतामसायेचकेचन ॥ भावाःकालात्मकाःसर्वेप्रवर्तन्तेहजन्तुषु ५२ जंगमाःस्थावराश्चैवदिविवायदिवाभुवि ॥ सर्वेकालात्मकाःसर्पकालात्मकमिदंजगत् ५३ प्रवृत्तयश्चलोकेऽस्मिंस्तथैवचनिवृत्तयः ॥ तासांविकृतयोयाश्चसर्वंकालात्मकंस्मृतम् ५४ आदित्यश्चन्द्रमाविष्णुरापोवायुःशतक्रतुः ॥ अग्निःखंपृथिवीमित्रःपर्जन्योवसवोऽदितिः ५५ सरितःसागराश्चैवभावाभावौचपन्नग ॥ सर्वेकालेनसृज्यंतेह्रियंतेचपुनःपुनः ५६ एवंज्ञात्वाकथंमांत्वंसदोषंसर्पमन्यसे ॥ अथचैवंगतेदोषेमयित्वमपिदोषवान् ५७ ॥ सर्पउवाच ॥ निर्दोषंदोषवंतंवानत्वांमृत्योब्रवीम्यहम् ॥ त्वयाऽहंचोदितइतिब्रवीम्येतावदेवतु ५८ यदिकालेतुदोषोऽस्तियदितत्रापिनेष्यते ॥ दोषोनैवपरीक्ष्योमेनह्यत्राधिकृतावयम् ५९ निर्मोक्षस्त्वस्यदोषस्यमयाकार्योयथातथा ॥ मृत्योरपिनदोषःस्यादितिमेऽत्रप्रयोजनम् ६० ॥ भीष्मउवाच ॥ सर्पोथाऽर्जुनकंप्राहश्रुतंतेमृत्युभाषितम् ॥ नानागसंमांपाशेनसंतापयितुमर्हसि ६१ ॥ लुब्धकउवाच ॥ मृत्योःश्रुतंमेवचनंतवचैवभुजंगम ॥ नैवतावददोषत्वंभवतित्वयिपन्नग ६२ मृत्युस्त्वंचैवहेतुर्हिबालस्यास्यविनाशने ॥ उभयंकारणंमन्येनकारणमकारणम् ६३ धिङ्मृत्युंचदुरात्मानंक्रूरंदुःखकरंसताम् ॥ त्वांचैवाहंवधिष्यामिपापंपापस्यकारणम् ६४ ॥ मृत्युरुवाच ॥ विवशौकालवशगावावांनिर्दिष्टकारिणौ ॥ नावांदोषेणगन्तव्यौयदिसम्यक्प्रपश्यसि ६५ ॥ ॥ ॥

वौऐश्वर्यानैश्वर्ये ५६ । ५७ । ५८ । ५९ । ६० । ६१ । ६२ आर्त्विज्यमित्यौडुलोमिरितिन्यायेनाऽऽत्मनेचयजमानायचयंकामंकामयतेतमागायतीतिश्रुतेश्चात्मवदृत्विजोऽपिफलांशभाक्त्वमतोमृत्युसर्पौवधस्यकारणंसंतौनअकारणंभवतइत्याह मृत्युरिति ६३ । ६४ आवांदोषेणद्वेषादिनायुक्तौत्वयानमंतव्यौ किंतुविवशावतःप्रतोरप्यावयोर्गजमहामात्रयोरिवनकिल्बिषमस्तीत्याहतुः विवशाविति । ऋत्विजोऽपिफलरागिणएवफलमस्ति नविरक्तस्येतिभावः ६५ ॥ ॥ ॥ ॥

युवामिति । भोमृत्युपन्नगौयदियुवांकालवशौतर्हिमेममतटस्थस्यपरोपकर्तरिहर्षःअपकर्त्रोश्चयुवयोरुपरिद्वेषोवायथास्यातांतथाब्रूतं एतदहंवेदितुमिच्छामीत्यध्याहारपूर्वकंयोज्यम् । एवंसर्वस्यपरवशत्वेऽप
कर्त्रपकर्त्रोःस्तुतिनिंदेनस्यातामितिभावः ६६ परमार्थतःपरिहारमाह येति । ईश्वराधीनोजनःसदसद्वाकुर्वाणोनस्तुत्योनवानिंद्यइतिभावः ६७ व्यवहारतस्तुमृत्युःपूर्वोक्तमेवपरिहारमाह तस्मादिति ।
दोषेणयुक्तावितिशेषः गंतव्यौज्ञातव्यौ योहिरागादिमान्हंतिसपापेनलिप्यतेतंप्रतिशास्त्रंप्रवर्तते यस्तुनतथानासौदोषभाग्भवति यथोक्तंभगवता 'यस्यनाहंकृतोभावोबुद्धिर्यस्यनलिप्यते ॥ हत्वाऽपिस
इमाँल्लोकान्नहंतिननिबध्यते'इति ६८ प्राणिकर्मानुरोधात्सदसद्वाफलंदददीश्वरस्तत्प्रयुक्ताअन्येवानवैषम्यादिभाजोभवंतीत्याह अथेत्यादिना । धर्मस्यार्थःफलंतत्रविषयेसर्वस्यकर्तुःपरवशत्वादधर्मवद्धर्मोऽपि

॥ लुब्धकउवाच ॥ युवामुभौकालवशौयदिमेमृत्युपन्नगौ ॥ हर्षक्रोधौयथास्यातामेतदिच्छामिवेदितुम् ६६ ॥ मृत्युरुवाच ॥ याकाचिदेवचेष्टास्यात्सर्वाकालप्रचोदिता ॥ पूर्वमेवैतदुक्तंहिमयालुब्धककालतः ६७ तस्मादुभौकालवशावावांनिर्दिष्टकारिणौ ॥ नावांदोषेणगन्तव्यौत्वयालुब्धककर्हिचित् ६८ ॥ भीष्मउवाच ॥ अथोपगम्यकालस्तुतस्मिन्धर्मार्थसंशये ॥ अब्रवीत्पन्नगंमृत्युंलुब्धंचार्जुनकंतथा ६९ ॥ कालउवाच ॥ नह्यहंनाप्ययंमृत्युर्नायंलुब्धकपन्नगः ॥ किल्बिषीजन्तुमरणेनवयंहिप्रयोजकाः ७० अकरोद्यदयंकर्मतन्नोऽर्जुनकचोदकम् ॥ विनाशहेतुर्नान्योऽस्यवध्यतेऽयंस्वकर्मणा ७१ यदनेनकृतंकर्मतेनायंनिधनंगतः ॥ विनाशहेतुःकर्मास्यसर्वेकर्मवशावयम् ७२ कर्मदायादवाँल्लोकःकर्मसम्बन्धलक्षणः ॥ कर्माणिचोदयन्तीहयथान्योन्यंतथावयम् ७३ यथामृत्पिंडतःकर्ताकुरुतेयद्यदिच्छति ॥ एवमात्मकृतंकर्ममानवःप्रतिपद्यते ७४ यथाछायातपौनित्यंसुसंबद्धौनिरंतरम् ॥ तथाकर्मचकर्ताचसंबद्धावात्मकर्मभिः ७५ एवंनाहंनवैमृत्युर्नसर्पोनतथाभवान् ॥ नचेयंब्राह्मणीवृद्धाशिशुरेवात्रकारणम् ७६ तस्मिंस्तथाब्रुवाणेतुब्राह्मणीगौतमीनृप ॥ स्वकर्मप्रत्ययाँल्लोकान्मत्वाऽर्जुनकमब्रवीत् ७७ ॥ गौतम्युवाच ॥ नैवकालोनभुजगोनमृत्युरिहकारणम् ॥ स्वकर्मभिरयंबालःकालेननिधनंगतः ७८ मयाचतत्कृतंकर्मयेनायंमेमृतःसुतः ॥ यातुकालस्तथामृत्युर्मुंचार्जुनकपन्नगम् ७९ ॥ भीष्मउवाच ॥ ततोयथागतंजग्मुर्मृत्युःकालोऽथपन्नगः ॥ अभूद्विशोकोऽर्जुनकोविशोकाचैवगौतमी ८० एतच्छ्रुत्वाशमंगच्छमाभूःशोकपरोनृप ॥ स्वकर्मप्रत्ययाँल्लोकान्सर्वेगच्छंतिवैनृप ८१ नैवत्वयाकृतंकर्मनापिदुर्योधनेनवै ॥ कालेनैतत्कृतंविद्धिनिहतायेनपार्थिवाः ८२ ॥ वैशंपायनउवाच ॥ इत्येतद्वचनंश्रुत्वाबभूवविगतज्वरः ॥ युधिष्ठिरोमहातेजाःपप्रच्छेदंचधर्मवित् ८३ ॥ इतिश्रीमहाभारतेअनुशासनिकेपर्वणि आनुशासनपर्वणि दानधर्मे गौतमीलुब्धकव्यालमृत्युकालसंवादे प्रथमोऽध्यायः ॥ १ ॥ ॥ ॥ ॥ ॥ ॥ ॥ ॥ ॥

किंफलंददातिनवेतिसंशयेच्छेत्तव्येअब्रवीत्कालः ६९ संगिनामेवधर्माधर्मफलंभवतिनत्वसंगानामस्माकमित्याशयवानाह नहीति ७० । ७१ । ७२ कर्मैवदायादःपुत्रवत्तारकंतद्वान् कर्मसंबंधःकर्म
फलयोगःतदेवलक्षणंपुण्यपापवत्ताज्ञापकंयस्यतथा ७३ । ७४ । ७५ । ७६ कर्मैवप्रत्ययःकारणंयेषांतान्लोकान्स्वर्गनरकादीन् ७७ । ७८ तत्कर्मपुत्रशोकप्रदम् ७९ । ८० आख्यायिकाफ
लमाहद्वाभ्यां एतदिति ८१ । ८२ । ८३ ॥इत्यनुशासनिकेपर्वणि नीलकंठीये भारतभावदीपे प्रथमोऽध्यायः ॥ १ ॥ ॥ ॥

अनिवार्यस्यापिमृत्योर्जयमूर्ध्वरेताःकरोतिगृहस्थस्त्वतिथिभक्त्यैवतंजयतीत्यातिथ्यप्रशंसार्थोऽयमध्यायः पितामहेत्यादिः १ धर्मेणैवाऽर्थःप्रयोजनंयत्र तादृशयाकथयासहितंकिंचिदाख्यानंश्रोतुमिच्छामीत्यर्थः २ तत्त्वेनयाथातथ्येन नत्वात्मवपोत्खननादिवदभूतार्थत्वेन ३ । ४ । ५ । ६ । ७ । ८ । ९ । १० । ११ । १२ । १३ । १४ दुर्गतोदरिद्रः १५ । १६ । १७ । १८ । १९ । २० चकमेका

॥ युधिष्ठिरउवाच ॥ पितामहमहाप्राज्ञसर्वशास्त्रविशारद ॥ श्रुतंमेमहदाख्यानमिदंमतिमतांवर १ भूयस्तुश्रोतुमिच्छामिधर्मार्थसहितंनृप ॥ कथ्यमानंत्वयाकिंचित्तन्मेव्याख्यातुमर्हसि २ केनमृत्युर्गृहस्थेनधर्ममाश्रित्यनिर्जितः ॥ इत्येतत्सर्वमाचक्ष्वतत्त्वेनापिचपार्थिव ३ ॥ भीष्मउवाच ॥ अत्राप्युदाहरंतीममितिहासंपुरातनम् ॥ यथामृत्युर्गृहस्थेनधर्ममाश्रित्यनिर्जितः ४ मनोःप्रजापतेराजन्निक्ष्वाकुरभवत्सुतः ॥ तस्यपुत्रशतंजज्ञेनृपतेःसूर्यवर्चसः ५ दशमस्तस्यपुत्रस्तुदशाश्वोनामभारत ॥ माहिष्मत्यामभूद्राजाधर्मात्मासत्यविक्रमः ६ दशाश्वस्यसुतस्त्वासीद्राजापरमधार्मिकः ॥ सत्येतपसिदानेचयस्यनित्यंरतंमनः ७ मदिराश्वइतिख्यातःपृथिव्यांपृथिवीपतिः ॥ धनुर्वेदेचवेदेचनिरतोयोऽभवत्सदा ८ मदिराश्वस्यपुत्रस्तुद्युतिमान्नामपार्थिवः ॥ महाभागोमहातेजामहासत्वोमहाबलः ९ पुत्रोद्युतिमतस्त्वासीद्राजापरमधार्मिकः ॥ सर्वलोकेषुविख्यातःसुवीरोनामनामतः १० धर्मात्माकोषवांश्चापिदेवराजइवापरः ॥ सुवीरस्यतुपुत्रोऽभूत्सर्वसंग्रामदुर्जयः ११ सदुर्जयइतिख्यातःसर्वशस्त्रभृतांवरः ॥ दुर्जयस्येंद्रवपुषःपुत्रोऽग्निसदृशद्युतिः १२ दुर्योधनोनाममहान्राजाराजर्षिसत्तमः ॥ तस्येंद्रसमवीर्यस्यसंग्रामेष्वनिवर्तिनः १३ विषयेवासवस्तस्यसम्यगेवप्रवर्षति ॥ रत्नैर्धनैश्चपशुभिःसस्यैश्चापिपृथग्विधैः १४ नगरंविषयश्चास्यप्रतिपूर्णस्तदाऽभवत् ॥ नतस्यविषयेचाभूत्कृपणोनापिदुर्गतः १५ व्याधितोवाकृशोवाऽपितस्मिन्नाभून्नरःक्वचित् ॥ सुदक्षिणोमधुरवागनसूयुर्जितेन्द्रियः ॥ धर्मात्माचानृशंसश्चविक्रांतोऽथाविकत्थनः १६ यज्वाचदांतोमेधावीब्रह्मण्यःसत्यसंगरः ॥ नचावमंतादाताचवेदवेदांगपारगः १७ तंनर्मदादेवनदीपुण्याशीतजलाशिवा ॥ चकमेपुरुषव्याघ्रंस्वेनभावेनभारत १८ तस्यांजज्ञेतदानद्यांकन्याराजीवलोचना ॥ नाम्नासुदर्शनाराजन्रूपेणचसुदर्शना १९ तादृग्रूपाननारीषुभूतपूर्वायुधिष्ठिर ॥ दुर्योधनसुतायादृगभवद्वरवर्णिनी २० तामग्निश्चकमेसाक्षाद्राजकन्यांसुदर्शनाम् ॥ भूत्वाचब्राह्मणोराजन्वरयामासतंनृपम् २१ दरिद्रश्चासवर्णश्चममायमितिपार्थिवः ॥ नदित्सतिसुतांतस्मैतांविप्रायसुदर्शनाम् २२ ततोऽस्यविततेयज्ञेनष्टोऽभूद्धव्यवाहनः ॥ ततःसुदुःखितोराजावाक्यमाहद्विजांस्तदा २३ दुष्कृतंममकिंनुस्याद्भवतांवाद्विजर्षभाः ॥ येननाशंजगामाग्निःकृतंकुपुरुषेष्विव २४ नह्यल्पंदुष्कृतंनोऽस्तियेनाग्निर्नाशमागतः ॥ भवतांचाथवामह्यंतत्त्वेनैतद्विमृश्यताम् २५ तत्रराज्ञोवचःश्रुत्वाविप्रास्तेभरतर्षभ ॥ नियतावाग्यताश्चैवपावकंशरणंययुः २६ तान्दर्शयामासतदाभगवान्हव्यवाहनः ॥ स्वंरूपंदीप्तिमत्कृत्वाशरदर्कसमद्युतिः २७ ततोमहात्मातानाहदहनोब्राह्मणर्षभान् ॥ वरयाम्यात्मनोर्थायदुर्योधनसुतामिति २८ ॥ ॥ ॥ ॥ ॥ ॥ ॥

मयामास २१ असवर्णोऽक्षत्रियः नदित्सतिनदातुमिच्छति २२ वितते‍ऽत्रेताग्निमाध्ये नष्टःअदर्शनंगतः २३ । २४ । २५ । २६ । २७ । २८ ॥ ॥

कल्यंप्रातः २९ । ३० । ३१ । ३२ दिशंदक्षिणांविजयत।विजेतुमिच्छता आहूतंनवंवासोयस्यास्ताम् ३३ । ३४ वसोर्धारांसंततांघृतधाराम् ३५ गर्भेपुत्रप्रदाने ३६ दृशाभ्यांदृग्भ्य।सहितंसदृशंव क्रंपूर्णेन्दोरेववक्रेउपमासादृश्यंयस्यपूर्णेन्दुसदृशोपमः ३७ । ३८ । ३९ । ४० गृहस्थश्चगृहस्थएव ४१ प्रतिज्ञामेवाह अतिथेरिति ४२ आत्मनःशरीरस्य ४३ । ४४ प्रमाणंहितज्ञापकम् ४५ । ४६

ततस्तेकल्यमुत्थायतस्मैराज्ञेन्यवेदयन् ॥ ब्राह्मणाविस्मिताःसर्वेयदुक्तंचित्रभानुना २९ ततःसराजातच्छ्रुत्वावचनंब्रह्मवादिनाम् ॥ अवाप्यपरमंहर्षंतथेतिप्राहबुद्धि
मान् ३० अयाचतचतंशुल्कंभगवन्तंविभावसुम् ॥ नित्यंसान्निध्यमिहतेचित्रभानोभवेदिति ३१ तमाहभगवानग्निरेवमस्त्वितिपार्थिवम् ॥ ततःसान्निध्यमद्यापि
माहिष्मत्यांविभावसोः ३२ दृष्टंहिसहदेवेनदिशंविजयतातदा ॥ ततस्तांसमलंकृत्यकन्यामाहतवाससम् ३३ ददौदुर्योधनोराजापावकायमहात्मने ॥ प्रतिजग्राहचा
ग्निस्तुराजकन्यांसुदर्शनाम् ३४ विधिनावेददृष्टेनवसोर्धारामिवाध्वरे ॥ तस्यारूपेणशीलेनकुलेनवपुषाश्रिया ३५ अभवत्प्रीतिमानग्निर्गर्भंचास्यामनोदधे ॥ तस्याः
समभवत्पुत्रोनाम्नाऽऽग्नेयःसुदर्शनः ३६ सुदर्शनस्तुरूपेणपूर्णेन्दुसदृशोपमः ॥ शिशुरेवाध्यगात्सर्वंपरंब्रह्मसनातनम् ३७ अथौघवान्नामनृपोनृगस्यासीत्पितामहः ॥
तस्याथौघवतीकन्यापुत्रश्चौघरथोऽभवत् ३८ तामोघवान्ददौतस्मैस्वयमोघवतींसुताम् ॥ सुदर्शनायविदुषेभार्यार्थेदेवरूपिणीम् ३९ सगृहस्थाश्रमरतस्तयासहसुद
र्शनः ॥ कुरुक्षेत्रेऽवसद्राजन्नोघवत्यासमन्वितः ४० गृहस्थश्चावजेष्यामिमृत्युमित्येवसप्रभो ॥ प्रतिज्ञामकरोद्धीमान्दीप्ततेजाविशांपते ४१ तामथौघवतींराजन्स
पावकसुतोऽब्रवीत् ॥ अतिथेःप्रतिकूलंतेनकर्तव्यंकथंचन ४२ येनयेनचतुष्येतनित्यमेवत्वयाऽतिथिः ॥ अप्यात्मनःप्रदानेननतेकार्याविचारणा ४३ एतद्व्रतंममस
दाहृदिसंपरिवर्तते ॥ गृहस्थानांचसुश्रोणिनातिथेर्विद्यतेपरम् ४४ प्रमाणंयदिवामोरुवचस्तेममशोभने ॥ इदंवचनमव्यग्राहृदित्वंधारयेःसदा ४५ निष्क्रान्तेमयिक
ल्याणितथासंनिहितेऽनघे ॥ नातिथिस्तेऽवमंतव्यःप्रमाणंयद्यहंतव ४६ तमब्रवीदोघवतीतथामूर्ध्निकृतांजलिः ॥ नमेत्वद्वचनात्किंचिन्नकर्तव्यंकथंचन ४७ जिगी
षमाणस्तुगृहेतदामृत्युःसुदर्शनम् ॥ पृष्ठतोऽन्वगमद्राजन्रंध्रान्वेषीतदासदा ४८ इध्मार्थंतुगतेतस्मिन्नग्निपुत्रेसुदर्शने ॥ अतिथिर्ब्राह्मणःश्रीमांस्तामाहौघवतींतदा ४९
आतिथ्यंकृतमिच्छामित्वयाऽद्यवरवर्णिनि ॥ प्रमाणंयदिधर्मस्तेगृहस्थाश्रमसंमतः ५० इत्युक्तातेनविप्रेणराजपुत्रीयशस्विनी ॥ विधिनाप्रतिजग्राहवेदोक्तेनविशां
पते ५१ आसनंचैवपाद्यंचतस्मैदत्वाद्विजातये ॥ प्रोवाचौघवतीविप्रंकेनार्थःकिंददामिते ५२ तामब्रवीत्ततोविप्रोराजपुत्रींसुदर्शनाम् ॥ त्वयाममार्थःकल्याणिनि
र्विशंकैतदाचर ५३ यदिप्रमाणंधर्मस्तेगृहस्थाश्रमसंमतः ॥ प्रदानेनात्मनोराज्ञिकर्तुमर्हसिमेप्रियम् ५४ सतयाछंद्यमानोऽन्यैरीप्सितैर्नृपकन्यया ॥ नान्यमात्मप्रदा
नात्सतस्यावव्रेवरंद्विजः ५५ सातुराजसुतास्मृत्वाभर्तुर्वचनमादितः ॥ तथेतिलज्जमानासातमुवाचद्विजर्षभम् ५६ ॥ ॥ ॥ ॥ ॥

किंचिन्नकर्तव्यमितिनअपितुकर्तव्यमेव ४७ पृष्ठतस्तस्याप्रत्यक्षंगृहेऽन्वगमत् सदागार्हस्थ्यकाले तदाइध्माहरणकाले ४८ ब्राह्मणस्तद्रूपीमृत्युः ४९ । ५० । ५१ । ५२ तामिति । एतद्व्रतप्रदानम् ५३ राज्ञिराजकन्ये ५४ छंद्यमानःप्रलोभ्यमानः ५५ भर्तुर्वचनं 'येनयेनतुतुष्येतनित्यमेवसदाऽतिथिः ॥ अप्यात्मनःप्रदानेननतेकार्याविचारणा' इतिपूर्वोक्तम् ५६ ॥ ॥

विवेशगृहमितिशेषः विहस्येत्यत्र रहःसइतिपाठःस्पष्टार्थः ५७ ऋषेरपीर्ष्यानासीदित्याह अथेति ५८। ५९। ६०। ६१। ६२। ६३ । ६४ अनयात्वद्भार्ययाछंद्यमानःप्रार्थ्यमानइतिवैपरीत्योक्तिः ६५ अनेनमैथुनरूपेणमामर्च्छतिमामायातिअनुरूपंस्त्रीदूषणानुगुणंदंडं ६६ कूटमुद्ररोलोहदंडः हीनप्रतिज्ञंत्यक्तातिथिव्रतम् ६७.६८।६९।७० ।७१।७२ गुणाःइंद्रियाणितदभिमानिन्योदेवताःपृथिव्याद्याइत्यर्थः ७३

ततोविहस्यविप्रर्षिःसाचैवाथविवेशह ॥ संस्मृत्यभर्तुर्वचनंगृहस्थाश्रमकांक्षिणः ५७ अथेध्मानमुपादायसपावकिरुपागमत् ॥ मृत्युनारौद्रभावेननित्यंबंधुरिवान्वितः
५८ ततस्त्वाश्रममागम्यसपावकसुतस्तदा ॥ तांव्याजहारौघवतींक्वासियातेतिचासकृत् ५९ तस्मैप्रतिवचःसातुभर्त्रेनप्रददौतदा ॥ कराभ्यांतेनविप्रेणस्पृष्टाभर्तृव्र
तासती ६० उच्छिष्टास्मीतिमन्वानालज्जिताभर्तुरेवच ॥ तूष्णींभूताऽभवत्साध्वीनचोवाचाथकिंचन ६१ अथतांपुनरेवेदंप्रोवाचससुदर्शनः ॥ क्वसासाध्वीक्वसाया
तागरीयःकिमतोमम ६२ पतिव्रतासत्यशीलानित्यंचैवार्जवेरता ॥ कथंनप्रत्युदेत्यद्यस्मयमानायथापुरा ६३ उटजस्थस्तुतंविप्रःप्रत्युवाचसुदर्शनम् ॥ अतिथिंवि
द्धिसंप्राप्तंब्राह्मणंपावकेचमाम् ६४ अनयाछंद्यमानोऽहंभार्ययातवसत्तम ॥ तैस्तैरतिथिसत्कारैर्ब्रह्मन्नेषावृतामया ६५ अनेनविधिनासेयंमामर्च्छतिशुभानना ॥ अनु
रूपंयदत्रान्यत्तद्भवान्कर्तुमर्हति ६६ कूटमुद्गरहस्तस्तुमृत्युस्तंवैसमन्वगात् ॥ हीनप्रतिज्ञमत्रैनंवधिष्यामीत्यचिन्तयन् ६७ सुदर्शनस्तुमनसाकर्मणाचक्षुषागिरा ॥
त्यक्तेर्ष्यस्त्यक्तमन्युश्चस्मयमानोऽब्रवीदिदम् ६८ सुरतंतेऽस्तुविप्राग्र्यप्रीतिर्हिपरमामम ॥ गृहस्थस्यहिधर्मोऽग्र्यःसंप्राप्तातिथिपूजनम् ६९ अतिथिःपूजितोयस्य
गृहस्थस्यतुगच्छति ॥ नान्यस्तस्मात्परोधर्मइतिप्राहुर्मनीषिणः ७० प्राणाहिममदाराश्चयच्चान्यद्विद्यतेवसु ॥ अतिथिभ्योमयादेयमितिमेव्रतमाहितम् ७१ निःसं
दिग्धंयथावाक्यमेतन्मेसमुदाहृतम् ॥ तेनाहंविप्रसत्येनस्वयमात्मानमालभे ७२ पृथिवीवायुराकाशमापोज्योतिश्चपंचमम् ॥ बुद्धिरात्मामनःकालोदिशश्चैवगुणा
दश ७३ नित्यमेवहिपश्यंतिदेहिनांदेहसंश्रिताः ॥ सुकृतंदुष्कृतंचापिकर्मधर्मभृतांवर ७४ यथैषानानृतावाणीमयाऽद्यसमुदीरिता ॥ तेनसत्येनमांदेवाःपालयंतुदहं
तुवा ७५ ततोनादःसमभवद्दिक्षुसर्वासुभारत ॥ असकृत्सत्यमित्येवंनैतन्मिथ्येतिसर्वतः ७६ उटजात्तुततस्तस्मान्निश्चक्रामसवैद्विजः ॥ वपुषाद्यांचभूमिंचव्याप्यवा
युरिवोद्यतः ७७ स्वरेणविप्रःशैक्षेणत्रीन्लोकाननुनादयन् ॥ उवाचचैनंधर्मज्ञंपूर्वमामंत्र्यनामतः ७८ धर्मोऽहमस्मिभद्रंतेजिज्ञासार्थंतवानघ ॥ प्राप्तःसत्यंचतेज्ञात्वा
प्रीतिर्मेपरमात्वयि ७९ विजितश्चत्वयामृत्युर्योऽयंत्वामनुगच्छति ॥ रन्ध्रान्वेषीतवसदात्वयाधृत्यावशीकृतः ८० नचास्तिशक्तिस्त्रैलोक्येकस्यचित्पुरुषोत्तम ॥
पतिव्रतामिमांसाध्वींतवोद्वीक्षितुमप्युत ८१ रक्षितात्वद्गुणैरेषापतिव्रतगुणैस्तथा ॥ अधृष्यायदियंब्रूयात्तथातन्नान्यथाभवेत् ८२ एषाहितपसास्वेनसंयुक्ताब्रह्मवा
दिनी ॥ पावनार्थंचलोकस्यसरिच्छ्रेष्ठाभविष्यति ८३ अर्धेनौघवतीनामत्वामर्धेनानुयास्यति ॥ शरीरेणमहाभागायोगोह्यस्यावशेस्थितः ८४ ॥ ॥

७४। ७५। ७६। ७७ शैक्षेणोदात्तादिधर्मवता ७८। ७९। ८०। ८१। ८२। ८३ अर्धेनेति। ओघवतीनामनदीभविष्यतीतिशेषः। योगोहीति। योगसिद्धेयमतःशरीरद्वयंकरिष्यतीत्यर्थः ८४

८५ । ८६ पंचेति । स्थूलभूतान्यतिक्रम्य आतिवाहिकान्सूक्ष्मभूतमयानलोकान्प्राप्स्यसीत्यर्थः ८७ राजन्नित्यृषिराजत्वाद्राज्ञ जामातृत्वाद्वासंबोधनम् ८८ । ८९ बुद्धिरित्यादावपिजितेत्यनुषंगः
९० आख्यायिकातात्पर्यमाह तस्मादिति ९१ ऋतुशतेनापिनतुल्यंकिंतुततोऽप्यधिकमित्यर्थः । यद्वा तत्क्रतुशतेनेतिप्रथमातृतीययोर्व्यत्यासः तेनक्रतुशतमपिनतुल्यमित्यर्थः ९२ सोऽतिथिःयोन
पूजयेत्तस्मैदुष्कृतंदत्वा ९३ । ९४ बुभूषताभूतिमिच्छता ९५ । ९६ ॥ इत्यानुशासनिकेपर्वणि नीलकंठीयेभारतभावदीपेद्वितीयोऽध्यायः ॥ २ ॥ ब्राह्मण्यमिति १ । २ । ३ । ४ । ५ ऋचीक

अनयासहलोकांश्चगन्ताऽसितपसाऽर्जितान् ॥ यत्रनावृत्तिमभ्येतिशाश्वतांस्तान्सनातनान् ८५ अनेनचैवदेहेनलोकांस्त्वमभिपत्स्यसे ॥ निर्जितश्चत्वयामृत्युरैश्वर्यं चतवोत्तमम् ८६ पञ्चभूतान्यतिक्रांतःस्ववीर्याच्चमनोजवः ॥ गृहस्थधर्मेणानेनकामक्रोधौचतेजितौ ८७ स्नेहोरागश्चतन्द्रीचमोहोद्रोहश्चकेवलः ॥ तवशुश्रूषयाराजन् राजपुत्र्याविनिर्जिताः ८८ ॥ भीष्मउवाच ॥ शुक्लानांतुसहस्रेणवाजिनांरथमुत्तमम् ॥ युक्तंप्रगृह्यभगवान्वासवोऽप्याजगामतम् ८९ मृत्युरात्माचलोकाश्चजिताभूतानिपंचच ॥ बुद्धिःकालोमनोव्योमकामक्रोधौतथैवच ९० तस्माद्गृहाश्रमस्थस्यनान्यद्दैवतमस्तिवै ॥ ऋतेऽतिथिंनरव्याघ्रमनसैतद्विचारय ९१ अतिथिःपूजितो यद्धिध्यायतेमनसाशुभम् ॥ नतत्क्रतुशतेनापितुल्यमाहुर्मनीषिणः ९२ पात्रंत्वतिथिमासाद्यशीलाढ्यंयोनपूजयेत् ॥ सदत्वादुष्कृतंतस्मैपुण्यमादायगच्छति ९३ एतत्तेकथितंपुत्रमयाऽऽख्यानमनुत्तमम् ॥ यथाहिविजितोमृत्युर्गृहस्थेनपुराऽभवत् ९४ धन्यंयशस्यमायुष्यमिदमाख्यानमुत्तमम् ॥ बुभूषताऽभिमंतव्यंसर्वदुश्चरितापहम् ९५ इदंयःकथयेद्विद्वानहन्यहनिभारत ॥ सुदर्शनस्यचरितंपुण्याँल्लोकानवाप्नुयात् ९६ ॥ इतिश्रीमहाभारतेआनुशासनिकेपर्वणिअनुशासनप० दानधर्मे सुदर्शनोपाख्यानेद्वितीयोऽध्यायः ॥ २ ॥

॥ युधिष्ठिरउवाच ॥ ब्राह्मण्यंयदिदुष्प्राप्यंत्रिभिर्वर्णैर्नराधिप ॥ कथंप्राप्तंमहाराजक्षत्रियेणमहात्मना १ विश्वामित्रेणधर्मात्मन्ब्राह्मणत्वंनरर्षभ ॥ श्रोतुमिच्छामितत्त्वेनतन्मेब्रूहिपितामह २ तेनह्यमितवीर्येणवसिष्ठस्यमहात्मनः ॥ हतंपुत्रशतंसद्यस्तपसाऽपिपितामह ३ यातुधानाश्चबहवोराक्षसास्तिग्मतेजसः ॥ मन्युनाऽऽविष्टदेहेनसृष्टाःकालांतकोपमाः ४ महान्कुशिकवंशश्चब्रह्मर्षिशतसंकुलः ॥ स्थापितोनरलोकेऽस्मिन्विद्वद्ब्राह्मणसंस्तुतः ५ ऋचीकस्यात्मजश्चैवशुनःशेपोमहातपाः ॥ विमोक्षितोमहासत्रात्पशुतामप्युपागतः ६ हरिश्चंद्रक्रतौदेवांस्तोषयित्वाऽऽत्मतेजसा ॥ पुत्रतामनुसंप्राप्तोविश्वामित्रस्यधीमतः ७ नाभिवादयतेज्येष्ठंदेवरातंनराधिप ॥ पुत्राःपंचाशदेवापिशप्ताःश्वपचतांगताः ८ त्रिशंकुर्बन्धुभिर्मुक्तऐक्ष्वाकःप्रीतिपूर्वकम् ॥ अवाक्शिरादिवंनीतो दक्षिणामाश्रितोदिशम् ९ विश्वामित्रस्यविपुलानदीदेवर्षिसेविता ॥ कौशिकीचशिवापुण्याब्रह्मर्षिसुरसेविता १० ॥ ॥

स्यात्मजइत्यत्रअजीगर्तात्मजइतिबोध्यं । 'सोऽजीगर्तंसौयवसिमृषिमशनयापरीतंबस्यह्वत्रयःपुत्राआसुःशुनःपुच्छःशुनःशेपःशुनोलांगूलः'इतिश्रुतेः शुनःशेपस्यपिताऽजीगर्तइत्यवगमात्कल्पांतराभिप्रायेणवाइदं ज्ञेयं ६ देवांस्तोषयित्वातैर्मोक्षितःसन्पुत्रतांविश्वामित्रस्यानुसंप्राप्तइतिसंबंधः ७ नाभिवादयतेननमस्कुर्वन्ति अनुस्वारलोपआर्षः देवरातंदेवैर्विश्वामित्रायदत्तं तेनचज्येष्ठंकृतंसंतंशप्तायेनेतिशेषः ८ बंधुभिर्मुक्तःवसिष्ठशापेनचांडालतांगतत्वात् दिवंयेननीतः ९ । १० ॥ ॥ ॥ ॥ ॥

पंचचूडाःवलयभेदायस्याःसा । 'चूडावलयभेदेस्यात्'इतिमेदिनी ११ । १२ । १३ वाग्भिरिति। त्रिशंकुंयाजयन्विश्वामित्रोवसिष्ठपुत्रैःशप्तःश्वपचस्ययाजकस्त्वंश्वपचोभविष्यसीतितंशापमृतं कर्तुंविश्वामित्रःकस्यांचिदापदिश्वजाघनींचौर्येणार्जयित्वापक्तुमारेभे तामिंद्रःश्येनरूपेणहृतवान्तावतैवायंशापान्मुक्तोववर्षचेंद्रइति । देवसेनानामग्रगःश्रेष्ठइंद्रः १४ ज्वलतितारारूपेण १५ । १६ १७ मतंगस्यब्राह्मण्यांशूद्राज्जातस्यचांडालस्ययथामहताऽपितपसाब्राह्मण्यमप्राप्यंजातंतथैवैतन्ममभाति । त्वंतुयथाजातंतथावदस्व १८ स्थानेयुक्तं कथंब्राह्मण्यंप्राप्तवान्विश्वामित्रइतिशेषः १९

तपोविघ्नकरीचैवपंचचूडासुसंमता ॥ रम्भानामाप्सराःशापाद्यस्यशैलत्वमागता ११ तथैवास्यभयाद्बद्ध्वावसिष्ठःसलिलेपुरा ॥ आत्मानंमज्जयन्श्रीमान्विपाशःपुनरुत्थितः १२ तदाप्रभृतिपुण्याहिविपाशाऽभून्महानदी ॥ विख्याताकर्मणातेनवसिष्ठस्यमहात्मनः १३ वाग्भिश्चभगवान्येनदेवसेनाग्रगःप्रभुः ॥ स्तुतःप्रीतमनाश्चासीच्छापाच्चैनममुंचत १४ ध्रुवस्यौत्तानपादस्यब्रह्मर्षीणांतथैवच ॥ मध्येज्वलतियोनित्यमुदीचीमाश्रितोदिशम् १५ तस्यैतानिचकर्माणितथाऽन्यानिचकौरव ॥ क्षत्रियस्येत्यतोजातमिदंकौतूहलंमम १६ किमेतदितितत्वेनप्रब्रूहिभरतर्षभ ॥ देहांतरमनासाद्यकथंसब्राह्मणोऽभवत् १७ एतत्तत्वेनमेतातसर्वमाख्यातुमर्हसि ॥ मतंगस्ययथातत्वंतथैवैतद्वदस्वमे १८ स्थानेमतंगोब्राह्मण्यंनालभद्भरतर्षभ ॥ चंडालयोनौजातोहिकथंब्राह्मण्यमाप्तवान् १९ ॥ इतिश्रीमहाभारतेआनुशासनिकेप० अनुशासनप० विश्वामित्रोपाख्यानेतृतीयोऽध्यायः ॥ ३ ॥ ॥ भीष्मउवाच ॥ श्रूयतांपार्थतत्वेनविश्वामित्रोयथापुरा ॥ ब्राह्मणत्वंगतस्तातब्रह्मर्षित्वंतथैवच १ भरतस्यान्वयेचैवाजमीढोनामपार्थिवः ॥ बभूवभरतश्रेष्ठयज्वाधर्मभृतांवरः २ तस्यपुत्रोमहानासीज्जन्हुर्नामनरेश्वरः ॥ दुहितृत्वमनुप्राप्तागंगायस्यमहात्मनः ३ तस्यात्मजस्तुल्यगुणःसिंधुद्वीपोमहायशाः ॥ सिंधुद्वीपाच्चराजर्षिर्बलाकाश्वोमहाबलः ४ वल्लभस्तस्यतनयःसाक्षाद्धर्मइवापरः ॥ कुशिकस्तस्यतनयःसहस्राक्षसमद्युतिः ५ कुशिकस्यात्मजःश्रीमान्गाधिर्नामजनेश्वरः ॥ अपुत्रःप्रसवेनार्थीवनवासमुपावसत् ६ कन्याजज्ञेसुतातस्यवनेनिवसतःसतः ॥ नाम्नासत्यवतीनामरूपेणाप्रतिमाभुवि ७ तांवव्रेभार्गवःश्रीमांश्च्यवनस्यात्मसंभवः ॥ ऋचीकइतिविख्यातोविपुलेतपसिस्थितः ८ सतांनप्रददौतस्मैऋचीकायमहात्मने ॥ दरिद्रइतिमत्वावैगाधिःशत्रुनिबर्हणः ९ प्रत्याख्यायपुनर्यातमब्रवीद्राजसत्तमः ॥ शुल्कंप्रदीयतांमह्यंततोवत्स्यसिमेसुताम् १०॥ ऋचीकउवाच ॥ किंप्रयच्छामिराजेन्द्रतुभ्यंशुल्कमहंनृप ॥ दुहितुर्ब्रूह्यसंसक्तोमाभूत्तत्रविचारणा ११ ॥ गाधिरुवाच ॥ चन्द्ररश्मिप्रकाशानांहयानांवातरंहसाम् ॥ एकतःश्यामकर्णानांसहस्रंदेहिभार्गव १२ ॥ ॥ भीष्मउवाच ॥ ततःसभृगुशार्दूलश्च्यवनस्यात्मजःप्रभुः ॥ अब्रवीद्वरुणंदेवमादित्यंपतिमंभसाम् १३ ॥ ॥ ॥

॥ इतिश्रीमहाभारते अनुशासनिकेपर्वणिअनु०नीलकंठीये भारतभावदीपे तृतीयोऽध्यायः ॥ ३ ॥ ॥ ॥ ॥ श्रूयतामिति। ब्राह्मणेष्वपिऋषित्वंमंत्रद्रष्टृत्वंगोत्रप्रवर्तकत्वंवा १ । २ । ३।४ वल्लभोनाम ५ प्रसवेनसोमाभिषवनिमित्तेन अर्थीपुत्रार्थी ६ सुतात्सोमाभिषवोपलक्षिताद्यज्ञात् ॥ वन्यद्रव्यविहिताच्चादृशीवनवासयोग्यैवकन्याजज्ञे ७ भार्गवोभृगोर्गोत्रापत्यम् ८ । ९ वत्स्यसिउद्वाहेनप्राप्स्यसि १० असंसक्तोनिःसंशयः ११ एकतःएकम् १२ आदित्यमदितेःपुत्रम् १३ ॥ ॥ ॥ ॥ ॥ ॥

१४ छंदइच्छा १५ । १६ । १७ । १८ । १९ । २० वरेणपुत्रंतेदास्यामीत्यनुग्रहेण २१ । २२ । २३ । २४ । २५ । २६ । २७ । २८ । २९ पूर्वोपपन्नायाभर्तुःसंबंधात्पूर्वमुपपन्नायाःगुरुत्वेनप्राप्तायास्त

एकतःश्यामकर्णानांहयानांचंद्रवर्चसाम् ॥ सहस्रंवातवेगानांभिक्षेत्वांदेवसत्तम १४ तथेतिवरुणोदेवआदित्योभृगुसत्तमम् ॥ उवाचयत्रतेच्छंदस्तत्रोत्थास्यंतिवाजिनः
१५ ध्यातमात्रमृचीकेनहयानांचंद्रवर्चसाम् ॥ गंगाजलात्समुत्तस्थौसहस्रंविपुलौजसाम् १६ अदूरेकान्यकुब्जस्यगंगायास्तीरमुत्तमम् ॥ अश्वतीर्थंतदद्यापिमानवैः
परिचक्ष्यते १७ ततोवैगाधयेतातसहस्रंवाजिनांशुभम् ॥ ऋचीकःप्रददौप्रीतःशुल्कार्थंतपतांवरः १८ ततःसविस्मितोराजागाधिःशापभयेनच ॥ ददौतांसमलंकृत्य
कन्यांभृगुसुतायवै १९ जग्राहविधिवत्पाणिंतस्याब्रह्मर्षिसत्तमः ॥ साचतंपतिमासाद्यपरंहर्षमवापह २० सतुतोषचब्रह्मर्षिस्तस्यावृत्तेनभारत ॥ छंदयामासचैवैनां
वरेणवरवर्णिनीम् २१ मात्रेतत्सर्वमाचख्यौसाकन्याराजसत्तम ॥ अथतामब्रवीन्मातासुतांकिंचिदवाङ्मुखीम् २२ ममापिपुत्रिभर्तातेप्रसादंकर्तुमर्हति ॥ अपत्यस्य
प्रदानेनसमर्थश्चमहातपाः २३ ततःसात्वरितंगत्वातत्सर्वंप्रत्यवेदयत ॥ मातुश्चिकीर्षितंराजन्नृचीकस्तामथाब्रवीत् २४ गुणवंतमपत्यंसाअचिराज्जनयिष्यति ॥
ममप्रसादात्कल्याणिमाभूत्तेप्रणयोऽन्यथा २५ तवचैवगुणश्लाघीपुत्रउत्पत्स्यतेमहान् ॥ अस्मद्वंशकरःश्रीमान्सत्यमेतद्ब्रवीमिते २६ ऋतुस्नाताचसाश्वत्थंत्वंचवृक्ष
मुदुंबरम् ॥ परिष्वजेथाःकल्याणिततएवमवाप्स्यथः २७ चरुद्वयमिदंचैवमंत्रपूतंशुचिस्मिते ॥ त्वंचसाचोपभुंजीतंततःपुत्राववाप्स्यथः २८ ततःसत्यवतीहृष्टामा
तरंप्रत्यभाषत ॥ यदृचीकेनकथितंतच्चाचख्यौचरुद्वयम् २९ तामुवाचततोमातासुतांसत्यवतींतदा ॥ पुत्रिपूर्वोपपन्नायाःकुरुष्ववचनंमम ३० भर्त्रायएषदत्तस्तेच
रुर्मंत्रपुरस्कृतः ॥ एनंप्रयच्छमह्यंत्वंमदीयंत्वंगृहाणच ३१ व्यत्यासंवृक्षयोश्चापिकरवावशुचिस्मिते ॥ यदिप्रमाणंवचनंममममातुरनिंदिते ३२ स्वमपत्यंविशिष्टंहिसर्व
इच्छत्यनाविलम् ॥ व्यक्तंभगवताचात्रकृतमेवंभविष्यति ३३ ततोमेत्वच्चरौभावःपादपेचसुमध्यमे ॥ कथंविशिष्टोभ्रातामेभवेदित्येवचिन्तय ३४ तथाचकृतवत्यौते
मातासत्यवतीचसा ॥ अथगर्भावनुप्राप्तेउभेतेवैयुधिष्ठिर ३५ दृष्ट्वागर्भमनुप्राप्तांभार्यांसचमहानृषिः ॥ उवाचतांसत्यवतींदुर्मनाभृगुसत्तमः ३६ व्यत्यासेनोपयुक्तस्ते
चरुर्व्यक्तंभविष्यति ॥ व्यत्यासःपादपेचापिसुव्यक्तंतेकृतःशुभे ३७ मयाहिविश्वंयद्ब्रह्मत्वच्चरौसन्निवेशितम् ॥ क्षत्रवीर्यंचसकलंचरौतस्यानिवेशितम् ३८ त्रैलोक्य
विख्यातगुणंत्वंविप्रंजनयिष्यसि ॥ साचक्षत्रंविशिष्टंवैततएतत्कृतंमया ३९ व्यत्यासस्तुकृतोयस्मात्त्वयामात्राचतेशुभे ॥ तस्मात्साब्राह्मणंश्रेष्ठंमातातेजनयिष्यति ४०
क्षत्रियंतूग्रकर्माणंत्वंभद्रेजनयिष्यसि ॥ नहितेतत्कृतंसाधुमातृस्नेहेनभाविनि ४१ साश्रुत्वाशोकसंतप्तापपातवरवर्णिनी ॥ भूमौसत्यवतीराजंश्छिन्नेवरुचिरालता
४२ प्रतिलभ्यचसासंज्ञांशिरसाप्रणिपत्यच ॥ उवाचभार्याभर्तारंगाधेयीभार्गवर्षभम् ४३ ॥ ॥ ॥ ॥

वभर्तृपेक्षयाऽहंगरीयसीत्यर्थः ३० । ३१ । ३२ । ३३ । ३४ । ३५ । ३६ । ३७ । ३८ । ३९ । ४० । ४१ । ४२ । ४३ ॥ ॥ ॥ ॥

क्षत्रियःक्षत्रियवदुग्रकर्मा ४४ । ४५ । ४६ । ४७ । ४८ । ४९ । ५० । ५१ । ५२ । ५३ । ५४ । ५५ । ५६ । ५७ । ५८ । ५९ । ६० विश्वामित्रात्मजाइतिक्षत्रियाद्ब्रह्मवादिनःकथमुत्पन्नाइ
त्याशंक्याह ऋचीकेनेति। चरौपूर्वंब्रह्मैवाहितमतःक्षत्रबीजोद्भवस्यापिब्राह्मण्यलाभोजातः बीजापेक्षयासंस्कारस्यबलवत्त्वात् तथाहि दावाग्निदग्धेभ्योवेत्रबीजेभ्यःकदलीकाण्डोत्पत्तिमुदाहरंति ' नब्राह्मण्यंक्ष

प्रसादयंत्यांभार्यायांमयिब्रह्मविदांवर ।। प्रसादंकुरुविप्रर्षेनमेस्यात्क्षत्रियःसुतः ४४ काममममोग्रकर्मावैपौत्रोभवितुमर्हति ।। नतुमेस्यात्सुतोब्रह्मन्नेषमेदीयतांवरः ४५
एवमस्त्वितिहोवाचस्वांभार्यांसुमहातपाः ।। ततःसाजनयामासजमदग्निंसुतंशुभम् ४६ विश्वामित्रंचाजनयद्गाधिभार्यायशस्विनी ।। ऋषेःप्रसादाद्राजेंद्रब्रह्मर्षेर्ब्रह्मवादि
नम् ४७ ततोब्राह्मणतांयातोविश्वामित्रोमहातपाः ।। क्षत्रियःसोऽप्यथतथाब्रह्मवंशस्यकारकः ४८ तस्यपुत्रामहात्मानोब्रह्मवंशविवर्धनाः ।। तपस्विनोब्रह्मविदोगो
त्रकर्त्तारएवच ४९ मधुच्छंदश्चभगवान्देवरातश्चवीर्यवान् ।। अक्षीणश्चशकुन्तश्चबभ्रुःकालपथस्तथा ५० याज्ञवल्क्यश्चविख्यातस्तथास्थूणोमहाव्रतः ।। उलूकोयम
दूतश्चतथार्षिःसैन्धवायनः ५१ वल्गुजंघश्चभगवान्गालवश्चमहानृषिः ।। ऋषिर्वज्रस्तथाख्यातःसालंकायनएवच ५२ लीलाढ्योनारदश्चैवतथाकूर्चामुखःस्मृतः ।।
वादुलिर्मुसलश्चैववक्षोग्रीवस्तथैवच ५३ आंघ्रिकोनैकदृक्चैवशिलायूपःशितःशुचिः।।चक्रकोमारुतंतव्योवातघ्नोऽथाश्वलायनः ५४ श्यामायनोऽथगार्ग्यश्चजाबालिःसु
श्रुतस्तथा ।। कारीषिरथसंश्रुत्यःपरपौरवतंतवः५५महानृषिश्चकपिलस्तथर्षिस्ताडकायनः।। तथैवचोपगहनस्तथर्षिश्चासुरायणः५६ मार्दमर्षिर्हिरण्याक्षोजंगारिर्बा
भ्रवायणिः ।। भूतिर्विभूतिःसूतश्चसुरकृत्तुतथैवच ५७ अरालिर्नाचिकश्चैवचांपेयोज्जयनौतथा ।। नवतंतुर्बकनखःसेयनोयतिरेवच ५८ अंभोरुहश्चारुमत्स्यःशिरीषी
चाथगार्दभिः ।। ऊर्जयोनिरुदापेक्षीनारदीचमहानृषिः ५९ विश्वामित्रात्मजाःसर्वेमुनयोब्रह्मवादिनः ।। तथैवक्षत्रियोराजन्विश्वामित्रोमहातपाः६० ऋचीकेनाहितंब्रह्म
परमेतद्युधिष्ठिर ।। एतत्तेसर्वमाख्यातंतत्त्वेनभरतर्षभ ६१ विश्वामित्रस्यवैजन्मसोमसूर्याग्नितेजसः।। यत्रयत्रचसंदेहोभूयस्तेराजसत्तम ।। तत्रतत्रचमांब्रूहिच्छेत्तास्मित
वसंशयान् ६२ ।। इतिश्रीमहाभारतेआनुशासनिकेपर्वणिअनु० दानधर्मेविश्वामित्रोपाख्यानेचतुर्थोऽध्यायः ।। ४ ।। ।। युधिष्ठिरउवाच ।। आनृशंस्यस्यधर्मज्ञगुणा
न्भक्तजनस्यच ।। श्रोतुमिच्छामिधर्मज्ञतन्मेब्रूहिपितामह १ ।। भीष्मउवाच ।। अत्राप्युदाहरंतीममितिहासंपुरातनम् ।। वासवस्यचसंवादंशुकस्यचमहात्मनः २
विषयेकाशिराजस्यग्रामान्निष्क्रम्यलुब्धकः ।। सविषंकांडमादायमृगयामासवैमृगम् ३ तत्रचामिषलुब्धेनलुब्धकेनमहावने ।। अविदूरेमृगान्दृष्ट्वाबाणःप्रतिसमाहितः
४ तेनदुर्वारितास्त्रेणनिमित्तचपलेषुणा।। महान्वनतरुस्तत्रविद्धोमृगजिघांसया ५ सतीक्ष्णविषदिग्धेनशरेणातिबलात्क्षतः ।। उत्सृज्यफलपत्राणिपादपःशोषमागतः ६

त्रियाद्यैस्तपःकोट्याऽपिलभ्यते ॥ विश्वामित्रस्यतत्प्राप्तिर्मात्राब्रह्मौदनाशनात्' ६१ । ६२ इतिआनुशासनिकेपर्वणिनी० भा० चतुर्थोऽध्यायः ॥ ४ ॥ एवंदुष्प्रापमपिब्राह्मण्यमानृशंस्यंविनाव्यर्थमित्याशयवाना
नृशंस्याध्यायमारभते आनृशंस्यस्येति १ । २ विषयेदेशे कांडंबाणम् ३ तत्रमृगयायाम् ४ दुर्वारितास्त्रेणदुर्वार्यशस्त्रेणनिमित्ताल्लक्ष्याच्चपलश्चलितइषुर्यस्यतेन ५ दिग्धेनलिप्तेन ६

७ । ८ । ९ द्विजःपक्षी आनृशंस्यंपरदुःखेनदुःखित्वम् १० चित्यमाश्चर्यं सर्वेषांनृतिर्यगादीनांसर्वत्रजातौसर्वेकृपानैष्ठुर्यादिकम् ११ । १२ दाक्षेयीदक्षदौहित्रीशुकीनाम १३ तपसाज्ञानदृष्ट्या १४
१५ तांप्रीतिंवृक्षेतवसौहार्दम् १६ । १७ । १८ । १९ । २० । २१ । २२ अनुक्रोशश्चकृपायित्वा वैफल्यंजन्मनइतिशेषः २३ । २४ संशयात्संशयंप्राप्य अतःसंशयच्छेत्तृत्वात् २५ अद्यअसाम

तस्मिन्वृक्षेतथाभूतेकोटरेषुचिरोषितः ॥ नजहातिशुकोवासंतस्यभक्त्यावनस्पतेः ७ निष्प्रचारोनिराहारोग्लानःशिथिलवागपि ॥ कृतज्ञःसहवृक्षेणधर्मात्मासोऽप्यशुष्यत ८ तमुदारंमहासत्वमतिमानुषचेष्टितम् ॥ समदुःखसुखंदृष्ट्वाविस्मितःपाकशासनः ९ ततश्चिंतामुपगतःशक्रःकथमयंद्विजः ॥ तिर्यग्योनावसंभाव्यमानृशंस्यमवस्थितः १० अथवानात्रचिन्त्यंहिअभवद्वासवस्यतु ॥ प्राणिनामपिसर्वेषांसर्वंसर्वत्रदृश्यते ११ ततोब्राह्मणवेषेणमानुषंरूपमास्थितः ॥ अवतीर्यमहींशक्रस्तंपक्षिणमुवाचह १२ शुकभोपक्षिणांश्रेष्ठदाक्षेयीसुप्रजात्वया ॥ पृच्छेत्वांशुकमेनंत्वंकस्मान्नत्यजसिद्रुमम् १३ अथपृष्टःशुकःप्राहमूर्ध्नासमभिवाद्यतम् ॥ स्वागतंदेवराजत्वंविज्ञातस्तपसामया १४ ततोदशशताक्षेणसाधुसाध्वितिभाषितम् ॥ अहोविज्ञानमित्येवंमनसापूजितस्ततः १५ तमेवंशुभकर्माणंशुकंपरमधार्मिकम् ॥ विजानन्नपितांप्रीतिंपप्रच्छबलसूदनः १६ निष्पत्रमफलंशुष्कमशरण्यंपतत्रिणाम् ॥ किमर्थंसेवसेवृक्षंयदामहदिदंवनम् १७ अन्येऽपिबहवोवृक्षाःपत्रसंछन्नकोटराः ॥ शुभाःपर्याप्तसंचाराविद्यंतेऽस्मिन्महावने १८ गतायुषमसामर्थ्यंक्षीणसारंहतश्रियम् ॥ विमृश्यप्रज्ञयाधीरजहीमंस्थविरंद्रुमम् १९ ॥ भीष्मउवाच ॥ तदुपश्रुत्यधर्मात्माशुकःशक्रेणभाषितम् ॥ सुदीर्घमतिनिःश्वस्यदीनोवाक्यमुवाचह २० अनतिक्रमणीयानिदैवतानिशचीपते ॥ यत्राभवत्तवप्रश्नस्तन्निबोधसुराधिप २१ अस्मिन्नहंद्रुमेजातःसाधुभिश्चगुणैर्युतः ॥ बालभावेनसंगुप्तःशत्रुभिश्चनधर्षितः २२ किमनुक्रोशवैफल्यमुत्पादयसिमेऽनघ ॥ आनृशंस्याभियुक्तस्यभक्तस्यानन्यगस्यच २३ अनुक्रोशोहिसाधूनांमहद्धर्मस्यलक्षणम् ॥ अनुक्रोशश्चसाधूनांसदाप्रीतिंप्रयच्छति २४ त्वमेवदैवतैःसर्वैःपृच्छ्यसेधर्मसंशयात् ॥ अतस्त्वंदेवदेवानामाधिपत्येप्रतिष्ठितः २५ नार्हसेमांसहस्राक्षद्रुमंत्याजयितुंचिरात् ॥ समर्थमुपजीव्येमंत्यजेयंकथमद्यवै २६ तस्यवाक्येनसौम्येनहर्षितःपाकशासनः ॥ शुकंप्रोवाचधर्मात्माआनृशंस्येनतोषितः २७ वरंवृणीष्वेतितदासचवव्रेवरंशुकः ॥ आनृशंस्यपरोनित्यंतस्यवृक्षस्यसंभवम् २८ विदित्वाचदृढांभक्तिंतांशुकेशीलसंपदम् ॥ प्रीतःक्षिप्रमथोवृक्षममृतेनावसिक्तवान् २९ ततःफलानिपत्राणिशाखाश्चापिमनोहराः ॥ शुकस्यदृढभक्तित्वाच्छ्रीमत्तांप्रापसद्रुमः ३० शुकश्चकर्मणातेनआनृशंस्यकृतेनवै ॥ आयुषोऽन्तेमहाराजप्रापशक्रसलोकताम् ३१ एवमेवमनुष्येन्द्रभक्तिमंतंसमाश्रितः ॥ सर्वार्थसिद्धिंलभतेशुकंप्राप्ययथाद्रुमः ३२ ॥ इतिश्रीम० आनु० अनुशा० दानधर्मेशुकवासवसंवादेपंचमोऽध्यायः ॥ ५ ॥

॥ युधिष्ठिरउवाच ॥ पितामहमहाप्राज्ञसर्वशास्त्रविशारद ॥ दैवेपुरुषकारेचकिंस्वित्छ्रेष्ठतरंभवेत् १

र्थ्यकाले २६ । २७ संभवंसम्यगैश्वर्यंवरंवव्रे २८ । २९ । ३० आनृशंस्यफलमाह शुकश्चेति ३१ आख्यायिकातात्पर्यमाह एवमिति ३२ ॥ इतिअनुशासनिकेपर्वणिनीलकंठीये भारतभावदीपेपंचमोऽध्यायः ॥ ५ ॥ पितामहेत्यादिरध्यायोदैवमूलमपीदंसर्वंपुरुषकारादृतेनसिध्यतीत्यवश्यंपुरुषकारेभोगमोक्षार्थिनायतितव्यमित्येवंपरः । द्वयोःश्रेष्ठयोर्मध्येकिमतिश्रेष्ठमित्यर्थः १ ॥ ॥ ॥

२ दैवप्राक्कर्म मानुषंसांप्रतिकंकर्म ३ । ४ दैवश्रैष्ठ्यमाह नाबीजमिति ५ सुकृतेबीजभूतेसति ६ पुरुषकारश्रैष्ठ्यमाह यथेति ७ उद्यमापेक्षायामाह क्षेत्रमिति ८ सिद्धांतः कर्मणइत्यादिना निर्वृत्तिसिद्धिं ९ । १० । ११ कर्मदैवयोःप्राबल्यदौर्बल्येउपसंहरति प्राप्यतइति १२ । १३ । मानुष्यात्मानुष्यमुल्लंघ्य १४ । १५ लभतेश्रियमितिसर्वत्रसंबंधः १६ । १७ शिष्टाचारोऽपिकर्मणांप्राबल्येमानमित्याह येनेति १८ ननुनिश्चितं १९ अकृत्वेति । केवलंदैवंनिष्फलमित्यर्थः २० नतथेति । दैवदौस्थ्येऐहिकीहानिःसुसहा पुरुषकारदौस्थ्येतुपरलोकहानिर्दुरन्तेत्यर्थः अन्येनपापेन २१ अकृतेकर्माभावे

॥ भीष्मउवाच ॥ अत्राप्युदाहरन्तीममितिहासंपुरातनम् ॥ वसिष्ठस्यचसंवादंब्रह्मणश्चयुधिष्ठिर २ दैवमानुषयोःकिंस्वित्कर्मणोःश्रेष्ठमित्युत ॥ पुरावसिष्ठोभगवान् पितामहमपृच्छत ३ततःपद्मोद्भवोराजन्देवदेवःपितामहः ॥ उवाचमधुरंवाक्यमर्थवद्धेतुभूषितम् ४ ॥ ब्रह्मोवाच ॥ नाबीजंजायतेकिंचिन्नबीजेनविनाफलम् ॥ बीजाद्बीजंप्रभवतिबीजादेवफलंस्मृतम् ५ यादृशंवपतेबीजंक्षेत्रमासाद्यकर्षकः ॥ सुकृतेदुष्कृतेवापितादृशंलभतेफलम् ६ यथाबीजंविनाक्षेत्रमुप्तंभवति निष्फलम् ॥ तथापुरुषकारेणविनादैवंनसिध्यति ७ क्षेत्रंपुरुषकारस्तुदैवंबीजमुदाहृतम् ॥ क्षेत्रबीजसमायोगात्ततःसस्यंसमृद्ध्यते ८ कर्मणःफलनिर्वृत्तिंस्वयमश्नातिकारकः ॥ प्रत्यक्षंदृश्यतेलोकेकृतस्यापकृतस्यच ९ शुभेनकर्मणासौख्यंदुःखंपापेनकर्मणा ॥ कृतंफलतिसर्वत्रनाकृतंभुज्यतेक्वचित् १० कृतीसर्वत्र लभतेप्रतिष्ठांभाग्यसंयुताम् ॥ अकृतीलभतेभ्रष्टःक्षतेक्षारावसेचनम् ११ तपसारूपसौभाग्यंरत्नानिविविधानिच ॥ प्राप्यतेकर्मणासर्वंनदैवादकृतात्मना १२ तथास्वर्गश्चभोगश्चनिष्ठायाचमनीषिता ॥ सर्वंपुरुषकारेणकृतेनेहोपलभ्यते १३ ज्योतींषित्रिदशानागायक्षाश्चन्द्रार्कमारुताः ॥ सर्वेपुरुषकारेणमानुष्याद्देवतांगताः १४ अर्थोवामित्रवर्गोवाऐश्वर्यंवाकुलान्वितम् ॥ श्रीश्चापिदुर्लभाभोक्तुंतथैवाकृतकर्मभिः १५ शौचेनलभतेविप्रःक्षत्रियोविक्रमेणतु ॥ वैश्यःपुरुषकारेणशूद्रःशुश्रूषयाश्रियम् १६ नादातारंभजंत्यर्थानक्लीबंनापिनिष्क्रियम् ॥ नाकर्मशीलंनाशूरंतथानैवातपस्विनम् १७ येनलोकास्त्रयःसृष्टादैत्याःसर्वाश्चदेवताः ॥ सएषभगवान्विष्णुःसमुद्रेतप्यतेतपः १८ स्वंचेत्कर्मफलंनस्यात्सर्वमेवाफलंभवेत् ॥ लोकोदैवंसमालक्ष्यउदासीनोभवेन्नतु १९ अकृत्वामानुषंकर्मयोदैवमनुवर्तते ॥ वृथाश्राम्यतिसंप्राप्यपतिंक्लीबमिवांगना २० नतथामानुषेलोकेभयमस्तिशुभाशुभे ॥ यथात्रिदशलोकेहिभयमन्येनजायते २१ कृतःपुरुषकारस्तुदैवमेवानुवर्तते ॥ नदैवमकृतेकिंचित्कस्यचिद्दातुमर्हति २२ यथास्थानान्यनित्यानिदृश्यंतेदैवतेष्वपि ॥ कथंकर्मविनादैवंस्थास्यतिस्थापयिष्यतः २३ नदैवतानिलोकेऽस्मिन्व्यापारंयांतिकस्यचित् ॥ व्यासंगंजनयंत्युग्रमात्माभिभवशंकया २४ ॥ ॥ ॥ ॥

सति आकस्मिकनिधिलाभादावपिकिंचित्कर्मास्त्येवेतिभावः २२ यथेति । स्थानानिइंद्रादिलोका अप्यनित्याःदृश्यंते ताराःरूपिणांदेवानामधःपातदर्शनादित्यर्थः कर्मविनापुण्येनकर्मणाविना दैवंदेवसमूहःकथंस्थास्यतिदैवमपिकर्ममूलमेवेत्यर्थः २३ व्यापारंपुण्यरूपंयांत्यनुमोदंते उग्रंधर्मविघ्नकरं २४ ॥ ॥ ॥ ॥ ॥ ॥

विग्रहोवैरं तथाहिऋषीणांतपसिदेवाविघ्नमाचरंतिऋषयश्चच्यवनादयइंद्रादीनामभिभवंकुर्वंतीतिसौकन्येप्रसिद्धं यद्यप्येवंकर्मपरत्वंदेवर्षीणामस्तितथाप्यदैवंदैवाभावोनवर्कुशवयइत्यर्थः २५ अत्रमानमाह कथमिति । यतोयस्माद्दैवंप्रवर्ततेतस्यकर्मणोऽपिदैवंविनाकथमुत्पत्तिःस्यान्नकथमपिपुण्यंवतएवधर्मेप्रवर्ततेधर्माच्चपुण्यंवर्द्धते अन्यथासर्वेऽपिधर्मेप्रवर्तेरन्नित्यर्थः । एवंलोकवदेवस्वर्गेऽपिगुणाःभोग ःयथा बहुधनोभूयसावाणिज्येनभूयांसंलाभंलभतेनेतरइतिवदेतदितिभावः २६ आत्मेति । एवंप्रवृत्तेरपिदैवाधीनत्वेऽपिकर्मैवकर्तव्यमित्यर्थः कृतस्यपुण्यपापादेः २७ कृतमिति । पुण्यमपिपापेनप्रतिहन्यतेपाप मपिपुण्येनेतितयोःफलंयथोक्तंस्वर्गनरकंवानप्राप्नोतीत्यर्थः २८ शरणंगृहं यथाह्यस्तनोऽपराधःश्वस्तनेनसत्कारेणापनीयतेएवंदैवमपिपुण्यातिशयात्प्रतिहन्यतेइत्यर्थः २९ अत्रैवार्थेदृष्टांतानाह पुरेत्या

ऋषीणांदेवतानांचसदाभवतिविग्रहः ॥ कस्यवाचाद्यदैवंस्याद्यतोदैवंप्रवर्त्तते २५ कथंतस्यसमुत्पत्तिर्यतोदैवंप्रवर्तते ॥ एवंत्रिदशलोकेऽपिप्राप्यन्तेबहवोगुणाः २६ आत्मैवह्यात्मनोबंधुरात्मैवरिपुरात्मनः ॥ आत्मैवह्यात्मनःसाक्षीकृतस्याप्यकृतस्यच २७ कृतंचाप्यकृतंकिंचित्कृतेकर्मणिसिद्ध्यति ॥ सुकृतंदुष्कृतंकर्मनयथार्थंप्र पद्यते२८ देवानांशरणंपुण्यंसर्वपुण्यैरवाप्यते ॥ पुण्यशीलंनरंप्राप्यकिंदैवंप्रकरिष्यति २९ पुराययातिर्विभ्रष्टश्च्यावितःपतितःक्षितौ ॥ पुनरारोपितःस्वर्गंदौहित्रैःपुण्य कर्मभिः ३० पुरूरवाश्चराजर्षिर्द्विजैरभिहितःपुरा ॥ ऐलइत्यभिविख्यातःस्वर्गंप्राप्तोमहीपतिः ३१ अश्वमेधादिभिर्यज्ञैःसत्कृतःकोसलाधिपः ॥ महर्षिशापात्सौदा सःपुरुषादत्वमागतः ३२ अश्वत्थामाचरामश्चमुनिपुत्रौधनुर्धरौ ॥ नगच्छतःस्वर्गलोकंसुकृतेनेहकर्मणा ३३ वसुर्यज्ञशतैरिष्ट्वाद्वितीयइववासवः ॥ मिथ्याभिधाने नैकेनरसातलतलंगतः ३४ बलिर्वैरोचनिर्बद्धोधर्मपाशेनदैवतैः ॥ विष्णोःपुरुषकारेणपातालसदनःकृतः ३५ शक्रस्योद्गम्यचरणंप्रस्थितोजनमेजयः ॥ द्विजस्त्रीणां वधंकृत्वाकिंदैवेननवारितः ३६ अज्ञानाद्ब्राह्मणंहत्वास्पृष्टोबालवधेनच ॥ वैशंपायनविप्रर्षिःकिंदैवेननवारितः ३७ गोप्रदानेनमिथ्याचब्राह्मणेभ्योमहामखे ॥ पुरा नृगश्चराजर्षिःकृकलासत्वमागतः ३८ धुंधुमारश्चराजर्षिःसत्रेष्वेवजरांगतः ॥ प्रीतिदायंपरित्यज्यसुष्वापसगिरिव्रजे ३९ पांडवानांहृतंराज्यंधार्त्तराष्ट्रैर्महाबलैः ॥ पुनःप्रत्याहृतंचैवनदैवाद्भुजसंश्रयात् ४० तपोनियमसंयुक्तामुनयःसंशितव्रताः ॥ किंतेदैवबलाच्छापमुत्सृजंतेनकर्मणा ४१ पापमुत्सृजतेलोकेसर्वंप्राप्यसुदुर्लभम् ॥ लोभमोहसमापन्नंनदैवंत्रायतेनरम् ४२ यथाग्निःपवनोद्धूतःसुसूक्ष्मोऽपिमहान्भवेत् ॥ तथाकर्मसमायुक्तंदैवंसाधुविवर्धते ४३ यथातैलक्षयाद्दीपःप्रह्रासमुपग च्छति ॥ तथाकर्मक्षयाद्दैवंप्रह्रासमुपगच्छति ४४ ॥ ॥ ॥ ॥ ॥ ॥

दिना ३० । ३१ विपर्ययेपिदृष्टांतमाह अश्वेति ३२ । ३३ मिथ्याभिधानेनपशुयज्ञश्रुतिरप्रमाणमित्येवंरूपेण रसातलस्यभूमेस्तलमधोभागं ३४ । ३५ पापमपितेजीयसांनदोषायेत्याह शक्रस्येतिद्वाभ्यां । चरणंद्विजस्त्रीदूषणरूपंकर्मकृत्वाप्रस्थितःइतिसंबंधः ३६ । ३७ पुण्यमपिकेषांचिन्नत्राणायेत्याह गोप्रदानेनेति । कृकलासत्वंसरठत्वं ३८ प्रीतिदायंदेवैर्दत्तंवरं सुष्वापसत्रफलं नाप्तवानित्यर्थः ३९ नदैवात्प्रत्याहृतमपितुभुजसंश्रयादेवेत्यर्थः ४० किंदैवबलाच्छापमुत्सृजंतेकर्मणानअपितुकर्मणैवोत्सृजंतेनतुदैवबलादित्यर्थः ४१ पापंपापिनंप्रतिसर्वमैश्वर्यादिकंगुणजातंलोकेप्राप्य उपेत्यापितमुत्सृजतेइतियोजना तथाचाभाणकः दैवेनदत्तंकर्मणानाश्रितमिति । एतदेवस्पष्टयति लोभेति ४२ दैवस्यकर्माधीनत्वमाहद्वाभ्यां यथेति ४३ । ४४

कर्महीनःपाकरत्यादावप्रवृत्तः सुनिहितंपातालस्थंनिधिं नित्ययुक्तःअंजनादिसाधनोद्युक्तः ४५ व्ययएवगुणःस्वभावोयस्यतंरिक्तं व्ययगतमितिपाठेऽपिसएवार्थः निर्धनत्वान्नरैस्त्यक्तमपिसाधुं
कर्मणासदाचारेणनिमित्तेनश्रद्धैकप्रियादेवाःसंश्रयंते स्वस्वभागार्थमुपजीवंतीत्यर्थः ततश्चश्रेष्ठैःफलैरेतंयोजयंतीत्याह भवतीति । विशिष्टत्वमेवाह । बह्विति समृद्ध्याउपेतं गृहाणिगृहं बहुत्वमार्षं
पितृवनभवनाभंश्मशानगृहतुल्यं अमराणांअमरैः ४६ विकर्माकर्महीनः नचफलतिफलंतृप्त्यादिकंनप्राप्नोति नापिकेवलंदैवंविमार्गगामिनंनरंव्यपनयतिविमार्गादन्यत्रनयति अतएवदैवेप्रभुत्वंनास्ति
किंतुदैवंकर्तृकर्मसंयातिपुरुषकारमनुसरति गुरुंशिष्यइवेत्यर्थः । अतएवपुरुषकारोयत्रयत्रविषयेसंचितःसम्यगनुष्ठितस्तत्रतत्रदैवंनयतिआविर्भावयति । पुरुषकारेणसिद्धेर्थेलोकोदैवानुकूल्यादेतत्सि
द्धमितिवदतीत्यर्थः । गुरुमित्यत्र अनुपहतमदीनंकामकारेणदैवमितिपाठे कामकारेणइच्छयायत्रपुरुषकारःसंचितस्तत्रैवदैवमदीनमनुपहतंचेतिनयतिज्ञापयतीत्यर्थः ४७ संदृश्यसम्यक्प्रयोगज
दृष्ट्याऽनुभूय ४८ ननुकृषिपर्जन्यन्यायेनदैवापेक्षाकर्मसिद्धिर्नकर्मापेक्षंदैवमितिप्रत्यक्षंतत्कथंविपरीतमुच्यतइत्याशंक्याह अभीति । दैवस्यप्राक्कर्मणःअभ्युत्थानंव्यापारोद्विविधः संचितरूपेणाव

विपुलमपिधनौघंप्राप्यभोगान्स्त्रियोवापुरुषइहनशक्तःकर्महीनोहिभोक्तुम् ॥ सुनिहितमपिचार्थंदैवतैरक्ष्यमाणंपुरुषइहमहात्माप्राप्नुतेनित्ययुक्तः ४५ व्ययगुणमपिसा
धुंकर्मणासंश्रयन्तेभवतिमनुजलोकाद्देवलोकोविशिष्टः ॥ बहुतरसुसमृद्ध्यामानुषाणांगृहाणिपितृवनभवनाभंदृश्यतेचामराणाम् ४६ नचफलतिविकर्माजीवलोकेनदैवं
व्यपनयतिविमार्गेनास्तिदैवेप्रभुत्वम् ॥ गुरुमिवकृतमग्र्यंकर्मसंयातिदैवंनयतिपुरुषकारःसंचितस्तत्रतत्र ४७ एतत्तेसर्वमाख्यातंमयावैमुनिसत्तम ॥ फलंपुरुषकारस्य
सदासंदृश्यतत्त्वतः ४८ अभ्युत्थानेनदैवस्यसमारब्धेनकर्मणा ॥ विधिनाकर्मणाचैवस्वर्गमार्गमवाप्नुयात् ॥ ४९ ॥ इतिश्रीमहाभारतेअनुशास० आनुशा० दान
धर्मेदैवपुरुषकारनिर्देशेषष्ठोऽध्यायः ॥ ६ ॥ ॥ युधिष्ठिरउवाच ॥ ॥ कर्मणांचसमस्तानांशुभानांभरतर्षभ ॥ फलानिमहतांश्रेष्ठप्रब्रूहिपरिपृच्छतः १
॥ भीष्मउवाच ॥ ॥ हंततेकथयिष्यामियन्मांपृच्छसिभारत ॥ रहस्यंयदृषीणांतुतच्छृणुष्वयुधिष्ठिर ॥ यागतिःप्राप्यतेयेनप्रेत्यभावेचिरेप्सिता २ येनयेनशरी
रेणयद्यत्कर्मकरोतियः ॥ तेनतेनशरीरेणतत्तत्फलमुपाश्नुते ३ यस्यांयस्यामवस्थायांयत्करोतिशुभाशुभम् ॥ तस्यांतस्यामवस्थायांभुंक्तेजन्मनिजन्मनि ४ ननश्यति
कृतंकर्मसदापञ्चेन्द्रियैरिह ॥ तेह्यस्यसाक्षिणोनित्यंषष्ठआत्मातथैवच ५ ॥ ॥ ॥ ॥ ॥

स्थानंएकः भोगार्थसमारंभरूपोद्वितीयः । तत्रसमारब्धेनउत्थानेनतदनुकूलेनकर्मणाचऐहिकंफलमाप्नुयात् । विधिनाशास्त्रेणकर्मणाचतदनुसारिणास्वर्गमार्गमवाप्नुयात् । दैवाधीनोभोगःकर्मा
धीनःसंचयइतिनिष्कर्षः । कृष्यादावपिदैवप्रतीक्षणंकापुरुषकर्म सेचनादिनाऽपिफलस्योत्पादयितुंशक्यत्वादितिभावः ॥ ४९ ॥ ॥ इतिश्रीम० अनुशास० नी० भा० षष्ठोऽध्यायः ॥ ६ ॥
अद्भिपन्गौतमीवारीन्ज्ञात्वादुःखंस्वदोषजं ॥ दत्त्वाऽपिदारानतिथीन्सुदर्शनइवार्घयन् ॥ १ ॥ ब्राह्मण्यंदुर्लभंजानन्विश्वामित्रनिदर्शनात् ॥ आनृशंस्यपरोधर्मइतियःशुकवत्स्थितः ॥ २ ॥
दैवेनरक्ष्यतेदेहइतिधर्मेऽतियत्नवान् ॥ धर्माधिकारीषट्सूक्तोधर्मोऽथमुनिनोच्यते ॥ ३ ॥ धर्मात्सुखंभवतीत्युक्तंतत्रकोधर्मःकिंफलमितिजिज्ञासुर्युधिष्ठिरउवाच कर्मणामिति १ गतिःफलं येनकर्मणा
प्रेत्यभावेमरणोत्तरंदेहांतरप्राप्तौ २ येनेति । मनसाकृतस्यकर्मणःफलंमनसैवस्वप्नादौभुंक्ते कायेनकृतस्यफलंकायेनैवभुंक्ते जाग्रदादावित्यर्थः ३ अवस्थायांबाल्ययौवनादिरूपायां अपघ्नापदिवा ४
नेति । नाशोनैष्फल्यं अस्यकर्तुःसाक्षिणामभावेहिकृतंदृष्टैवस्यान्नतुतत्सत्त्वेइतिभावः ५

दद्यादभ्यागतायेतिशेषः६ महदपरिमितं ७ वानप्रस्थधर्माणांफलान्याह स्थंडिलेष्वित्यादिना ८ योगात्मनियोगयुक्तचित्ते ९ । १.० एकशायीब्रह्मचर्यवान् ११ । १२ वीराआसतेऽस्मिन्नितिवीरासनंरण देशंउपेत्यवीरशय्यांतत्रदीर्घनिद्रांचप्राप्य वीरस्थानंस्वर्गलोकं यउपागतोभवतितस्याक्षयालोकाइत्यर्थः १३ आज्ञामविच्छिन्नामितिशेषः तपसाकृच्छ्रादिनाजीवितमायुः १४।१५ शाकदीक्षायांशाकमात्राशन नियमे १६ स्त्रियःस्त्रियंत्यक्त्वेत्यर्थः क्रतुंसंकल्पं सत्यसंकल्पत्वमितियावत् दीक्षयायज्ञेन १७ सदाग्निःअविच्छिन्नाग्निहोत्रः मनुंगायत्र्यादिमंत्रं पाठांतरेमेरुसाधनंतपोविशेषः अनाशकेहितमितमेध्याशनेऽनश

चक्षुर्दद्यान्मनोदद्याद्वाचंदद्याच्चसूनृताम् ॥ अनुव्रजेदुपासीतसयज्ञःपंचदक्षिणः ६ योदद्यादपरिक्लिष्टमन्नमध्वनिवर्त्तते ॥ श्रान्तायादृष्टपूर्वायतस्यपुण्यफलंम हत् ७ स्थंडिलेषुशयानानांगृहाणिशयनानिच ॥ चीरवल्कलसंवीतेवासांस्याभरणानिच ८ वाहनानिचयानानियोगात्मनितपोधने ॥ अग्नीनुपशयानस्यराज्ञः पौरुषमेवच ९ रसानांप्रतिसंहारेसौभाग्यमनुगच्छति ॥ आमिषप्रतिसंहारेपशून्पुत्रांश्चविन्दति १० अवाक्शिरास्तुयोलम्बेदुदवासंचयोवसेत् ॥ सततंचै कशायीयःसलभेतेप्सितांगतिम् ११ पाद्यमासनमेवाथदीपमन्नंप्रतिश्रयम् ॥ दद्यादतिथिपूजार्थंसयज्ञःपंचदक्षिणः १२ वीरासनंवीरशय्यांवीरस्थानमुपागतः ॥ अक्षयास्तस्यवैलोकाःसर्वकामगमास्तथा १३ धनंलभेतदानेनमौनेनाज्ञांविशांपते ॥ उपभोगांश्चतपसाब्रह्मचर्येणजीवितम् १४ रूपमैश्वर्यमारोग्यमहिंसाफ लमश्नुते ॥ फलमूलाशिनोराज्यंस्वर्गःपर्णाशिनांभवेत् १५ प्रायोपवेशिनोराजन्सर्वत्रसुखमुच्यते ॥ गवाढ्यःशाकदीक्षायांस्वर्गगामीतृणाशनः १६ स्त्रियस्त्रि षवणंस्नात्वावायुंपीत्वाक्रतुंलभेत् ॥ स्वर्गंसत्येनलभतेदीक्षयाकुलमुत्तमम् १७ सलिलाशीभवेद्यस्तुसदाग्निःसंस्कृतोद्विजः ॥ मनुंसाधयतोराज्यंनाकपृष्ठमनाश के १८ उपवासंचदीक्षायामभिषेकंचपार्थिव ॥ कृत्वाद्वादशवर्षाणिवीरस्थानाद्विशिष्यते १९ अधीत्यसर्ववेदान्वैसद्योदुःखाद्विमुच्यते ॥ मानसंहिचरन्धर्मं स्वर्गलोकमुपाश्नुते २० यादुस्त्यजादुर्मतिभिर्यानजीर्यतिजीर्यतः ॥ योऽसौप्राणांतिकोरोगस्तांतृष्णांत्यजतःसुखम् २१ यथाधेनुसहस्रेषुवत्सोविंदतिमातरम् ॥ एवंपूर्वकृतंकर्मकर्त्तारमनुगच्छति २२ अचोद्यमानानियथापुष्पाणिचफलानिच ॥ स्वकालंनातिवर्तन्तेतथाकर्मपुराकृतम् २३ जीर्यंतिजीर्यतःकेशादन्ताजी र्यंतिजीर्यतः ॥ चक्षुःश्रोत्रेचजीर्येतेतृष्णैकानतुजीर्यते २४ येनप्रीणातिपितरंतेनप्रीतःप्रजापतिः ॥ प्रीणातिमातरंयेनपृथिवीतेनपूजिता ॥ येनप्रीणात्यु पाध्यायंतेनस्याद्ब्रह्मपूजितम् २५ सर्वेतस्यादृताधर्मायस्यैतेत्रयआदृताः ॥ अनादृतास्तुयस्यैतेसर्वास्तस्याफलाःक्रियाः २६ ॥ वैशंपायनउवाच ॥ भीष्मस्यैतद्व चःश्रुत्वाविस्मिताःकुरुपुंगवाः ॥ आसन्प्रहृष्टमनसःप्रीतिमन्तोऽभवंस्तदा २७ ॥ ॥

नेवा १८ द्वादशवार्षिक्यांदीक्षायांउपवासंव्रतार्थेक्षीराद्याहारं व्रतंच 'पयोब्राह्मणस्यव्रतंयवागूराजन्यस्यामिक्षावैश्यस्य' इतिश्रुतिप्रसिद्धं अभिषेकंद्वादशवार्षिकंतीर्थाटनंवा वीरस्थानात्स्वर्गादपिविशिष्यते ब्रह्मलोकप्रदमेतत्द्वयमित्यर्थः १९ कायिकंधर्ममुक्त्वावाचिकमाह अधीत्येति २० मानसंधर्मंविवृणोति येति २१ । २२ । २३ । २४ । २५ । २६ । २७ ॥ ॥

मंत्रोच्चारणंजिगीषाद्यर्थंवृथा । सोमाभिषवोदक्षिणांविनावृथा । होमोमंत्रंविनावृथा । एतैस्त्रिभिर्यत्पापंतत्सर्वंमिथ्यावादिनोभवतीत्यर्थः २८ प्राप्तौप्राप्त्यर्थं २९ ॥ इतिअनुशासनपर्वणिनीलकंठीये भारतभावदीपेसप्तमोऽध्यायः ॥ ७ ॥ केपूज्याइत्यादिनापूर्वोक्तधर्मान्विवृणोति तत्रापिचक्षुर्दद्यादित्यादिनाआतिथ्यंकर्त्तव्यमुक्तंतद्विवृणोत्यध्यायेन १ यदमुत्रेहचहितंतद्वदेतिशेषः २ ब्रह्मआनंदात्मा । स्वर्गःसत्यसंकल्पत्वादिसिद्धिः । तपःस्वाध्यायौसाधनंयस्यस्वर्गस्य 'यस्तमात्मानमनुविद्यविजानातिसर्वांश्चलोकानाप्नोतिसर्वांश्चकामान्' इतिश्रुतेः सस्वप्रत्ययः ३ । ४ अक्षरंब्रह्मतद्विदां ५ हंस

यन्मन्त्रेभवतिवृथोपयुज्यमानेयत्सोमेभवतिवृथाभिषूयमाणे ॥ यच्चाग्नौभवतिवृथाभिहूयमानेतत्सर्वंभवतिवृथाभिधीयमाने २८ इत्येतदृषिणाप्रोक्तमुक्तवानस्मियद्विभो ॥ शुभाशुभफलप्राप्तौकिमतःश्रोतुमिच्छसि २९ ॥ इतिश्रीमहाभारतेअनुशास॰ आनुशासनि॰ दानधर्मेकर्मफलिकोपाख्यानेसप्तमोऽध्यायः ॥ ७ ॥ युधिष्ठिर उवाच ॥ केपूज्याःकेनमस्कार्याःकान्नमस्यामिभारत ॥ एतन्मेसर्वमाचक्ष्वयेभ्यःस्पृहयसेनृप १ उत्तमापद्गतस्यापियत्रतेवर्त्ततेमनः ॥ मनुष्यलोकेसर्वस्मिन्यदमुत्रेहचाप्युत २ ॥ भीष्मउवाच ॥ स्पृहयामिद्विजातिभ्योयेषांब्रह्मपरंधनम् ॥ येषांस्वप्रत्ययःस्वर्गस्तपःस्वाध्यायसाधनम् ३ येषांबालाश्चवृद्धाश्चपितृपैतामहींधुरम् ॥ उद्वहंतिनसीदंतितेभ्योवैस्पृहयाम्यहम् ४ विद्यास्वभिविनीतानांदांतानांमृदुभाषिणाम् ॥ श्रुतवृत्तोपपन्नानांसदाक्षरविदांसताम् ५ संसत्सुवदतांतातहंसानामिवसंघशः ॥ मंगल्यरूपारुचिरादिव्यजीमूतनिःस्वनाः ६ सम्यगुच्चरितावाचःश्रूयन्तेहियुधिष्ठिर ॥ शुश्रूषमाणेनृपतौप्रेत्यचेहसुखावहाः ७ येचापितेषांश्रोतारःसदासदसिसंमताः ॥ विज्ञानगुणसंपन्नास्तेभ्यश्चस्पृहयाम्यहम् ८ सुसंस्कृतानिप्रयताःशुचीनिगुणवंतिच ॥ ददत्यन्नानितृप्त्यर्थंब्राह्मणेभ्योयुधिष्ठिर ९ येचापिसततंराजंस्तेभ्यश्चस्पृहयाम्यहम् ॥ शक्यंह्येवाहवेयोद्धुंनदातुमनसूयितम् १० शूरावीराश्चशतशःसंतिलोकेयुधिष्ठिर ॥ येषांसंख्यायमानानांदानशूरोविशिष्यते ११ धन्यःस्यांयद्यहंभूयःसौम्यब्राह्मणकोऽपिवा ॥ कुलेजातोधर्मगतिस्तपोविद्यापरायणः १२ नमेत्वत्तःप्रियतरोलोकेऽस्मिन्पांडुनंदन ॥ त्वत्तश्चापिप्रियतराब्राह्मणाभरतर्षभ १३ यथाममप्रियतमास्त्वत्तोविप्राःकुरूत्तम ॥ तेनसत्येनगच्छेयंलोकान्यत्रसशांतनुः १४ नमेपिताप्रियतरोब्राह्मणेभ्यस्तथाभवत् ॥ नमेपितुःपितावापियेचान्येऽपिसुहृज्जनाः १५ नहिमेवृजिनंकिंचिद्विद्यतेब्राह्मणेष्विह ॥ अणुवायदिवास्थूलंविद्यतेसाधुकर्मसु १६ कर्मणामनसावापिवाचावापिपरंतप ॥ यन्मेकृतंब्राह्मणेभ्यस्तेनाद्यनतपाम्यहम् १७ ब्रह्मण्यइतिमामाहुस्तयावाचाऽस्मितोषितः ॥ एतदेवपवित्रेभ्यःसर्वेभ्यःपरमंस्मृतम् १८ पश्यामिलोकानमलाञ्छुचीन्ब्राह्मणयायिनः ॥ तेषुमेतातगन्तव्यमह्नायचचिरायच १९ ॥ ॥

सादृश्यंक्षीरनीरयोरिवात्मानात्मनोर्विवेचनात् ६ नृपतौनृपतेःसमीपेउच्चरिताः ७ । ८ । ९ । अनसूयितंअसूयावर्ज्यंयथास्यात्तया १० । ११ ब्राह्मणकःकुत्सितब्राह्मणोऽपियद्यहंस्यांतर्हिधन्यःकिमुतकुलेजातः १२ । १३ । १४ । १५ वृजिनंसंकटंफलाशेतियावत् पूज्यत्वादेवतान्पूजयामिनतुफलायेत्यर्थः १६ तेनब्राह्मणाराधनेन अद्यशरपंजरस्थोऽपिनतपामिनव्यथांप्राप्नोमीतिस्वानुभवंदर्शयति १७ ब्रह्मण्योब्रह्मजातौआसक्तः १८ यायिनोऽनुचरस्यमे १९ ॥ ॥ ॥ ॥

२० । २१ । २२ । २३ । २४ तेजमइति । ब्राह्मणाद्बिभ्येतनतुतत्रतेजस्तपसीस्वीयेप्रकाशयेदित्यर्थः तेजःक्रोधबलं तपोयोगबलम् २५ तयोस्तपस्तेजसोर्ब्राह्मणक्षत्रियस्थयोर्व्यवसायःफलमभिभव रूपंशीघ्रंतीव्रंतथापितपस्विनएवेतरान्हन्युर्नतेजस्विनइत्यर्थः २६ भूयइतिल्यब्लोपेपंचमी अकोपनंब्राह्मणंप्राप्ययद्भूयःबहुतरंउभयंतपस्तेजआख्यंस्यात तद्दत्तंखंडितंभवतीतिशेषः क्षमावत्सुप्रयुक्तंतत्तेजो बह्वपितूलराशिवत्सद्योनश्यतीत्यर्थः । उभयतउभयंचेत्शेषंकुर्यान्नतद्दत्तशेषंशेषयेदित्यन्वयः द्वाभ्यांअन्योन्यस्मिन्प्रयुक्तंतेजआदिद्वयंननिःशेषंनश्यतिकिंतुशेषम् । क्षमावताखंडितस्यतस्यात्रशिष्टंतुनशेष

यथाभर्त्राश्रयोधर्मःस्त्रीणांलोकेयुधिष्ठिर ॥ सदेवःसागतिर्नान्याक्षत्रियस्यतथाद्विजाः २०क्षत्रियःशतवर्षीचदशवर्षीद्विजोत्तमः ॥ पितापुत्रौचविज्ञेयौतयोर्हिब्राह्मणोगुरुः २१नारीतुपत्यभावेवैदेवरंकुरुतेपतिम् ॥ पृथिवीब्राह्मणालाभेक्षत्रियंकुरुतेपतिम् २२ पुत्रवच्चततोरक्ष्याउपास्यागुरुवच्चते ॥ अग्निवच्चोपचर्यावैब्राह्मणाःकुरुसत्तम २३ ऋजून्सतःसत्यशीलान्सर्वभूतहितेरतान् ॥ आशीविषानिवक्रुद्धान्द्विजान्परिचरेत्सदा २४ तेजसस्तपसश्चैवनित्यंबिभ्येद्युधिष्ठिर ॥ उभेचैतेपरित्याज्येतेजश्चैवतप स्तथा २५ व्यवसायस्तयोःशीघ्रमुभयोरेवविद्यते ॥ हन्युःक्रुद्धामहाराजब्राह्मणायेतपस्विनः २६ भूयःस्यादुभयंदत्तंब्राह्मणाद्यदकोपनात् ॥ कुर्यादुभयतः शेषंदत्तशेषंनशेषयेत् २७ दंडपाणिर्यथागोषुपालोनित्यंहिरक्षयेत् ॥ ब्राह्मणान्ब्रह्मचतथाक्षत्रियःपरिपालयेत् २८ पितेवपुत्रान्रक्षेथाब्राह्मणान्धर्मचेतसः ॥ गृहेचैषामवेक्षेथाःकिंस्विदस्तीतिजीवनम् २९ ॥ इतिश्रीमहाभारतेअनुशासनपर्वणिआनुशासनिकेपर्वणिदानधर्मेअष्टमोऽध्यायः ॥ ८ ॥ ॥ युधिष्ठिरउवाच॥ ब्राह्मणानांतुयेलोकाःप्रतिश्रुत्यपितामह ॥ नप्रयच्छंतिमोहात्तेकेभवंतिमहाद्युते १ एतन्मेतत्त्वतोब्रूहिधर्मंधर्मभृतांवर ॥ प्रतिश्रुत्यदुरात्मानोनप्रयच्छंति येनराः २ ॥ भीष्मउवाच ॥ योनदद्यात्प्रतिश्रुत्यस्वल्पंवायदिवाबहु ॥ आशास्तस्यहताःसर्वाःक्लीबस्येवप्रजाफलम् ३ यांरात्रिंजायतेजीवोयांरात्रिंचविनश्यति ॥ एतस्मिन्नंतरेयद्यत्सुकृतंतस्यभारत ४ यच्चतस्यहुतंकिंचिद्दत्तंवाभरतर्षभ ॥ तपस्तप्तमथोवापिसर्वंतस्योपहन्यते ५ अथैतद्वचनंप्राहुर्धर्मशास्त्रविदोजनाः ॥ निशम्यभरतश्रेष्ठबुद्ध्यापरमयुक्तया ६ अपिचोदाहरंतीमंधर्मशास्त्रविदोजनाः ॥ अश्वानांश्यामकर्णानांसहस्रेणसमुच्यते ७ अत्रैवोदाहरंतीममितिहासंपुरातनम् ॥ शृगालस्यचसंवादंवानरस्यचभारत ८ तौसखायौपुराह्यास्तांमानुषत्वेपरंतप ॥ अन्यांयोनिंसमापन्नौशार्गालींवानरींतथा ९ ततःपरासून्खादंतंशृगालंवा नरोऽब्रवीत् ॥ श्मशानमध्येसंप्रेक्ष्यपूर्वजातिमनुस्मरन् १० किंत्वयापापकंपूर्वंकृतंकर्मसुदारुणम् ॥ यस्त्वंश्मशानेमृतकान्पूतिकानत्सिकुत्सितान् ११ एवमुक्तःप्रत्यु वाचशृगालोवानरंतदा ॥ ब्राह्मणस्यप्रतिश्रुत्यनमयातदुपाहृतम् १२ ॥ ॥ ॥ ॥

येन्नशिष्यतेअपितुनिःशेषमेवनश्यतीत्यर्थः २७ । २८ अस्तीति । अभावेतद्देयमित्यर्थः २९ ॥ इतिअनुशासनपर्वणिनी० भा० अष्टमोऽध्यायः ॥ ८ ॥ ॥ ब्राह्मणानामिति १ । २ । ३ । ४ ५ निशम्यविचार्य ६ अपिचेति । तत्रप्रायश्चित्तंसहस्रश्यामकर्णदानंअशक्यमनुष्ठातुमतएतत्पापंदुर्जरमितिभावः ७ अत्रैवप्रतिश्रुतस्यअप्रदानेविषये ८ । ९ । १० । ११ । १२ ॥

१.३ । १.४ । १.५ ब्रुवतोऽध्यापकस्यकथांकथयतोमुखातश्रुतम १.६ श्रुतश्चायमितिहासःकृष्णस्यव्यासस्य नृगकथांकथयतोवासुदेवस्यत्रामुखातश्रुतोऽयमर्थः १.७ । १८ आशावंध्याशा १.९ । २० अक्षय्यंपित्रर्थमुद्दिष्टंदानंभुंक्तेइत्यक्षय्यभुगग्निः २१ अगदसंकाशःचिकित्सकतुल्यः २२ शांतिरिष्टेनशांत्याहितेनक्षेमेण । 'रिष्टंक्षेमे'इतिमेदिनी २३ । २४ । २५ । २६ इतःअस्मिन्लोकेब्राह्मणएव दानपात्रमितिप्रघट्टकार्थः २७ तीर्थमपिब्राह्मणएवेत्याह महदिति २८ ॥ इति० अनुशासनपर्वणि नीलकंठीये भारतभावदीपे नवमोऽध्यायः ॥ ९ ॥ ॥ मित्रसौहार्देत्यध्यायेननीचाय

तत्कृतेपापकांयोनिमापन्नोऽस्मिप्लवंगम ॥ तस्मादेवंविधंभक्ष्यंभक्षयामिबुभुक्षितः १३ ॥ भीष्मउवाच ॥ शृगालोवानरंप्राहपुनरेवनरोत्तम ॥ किंत्वयापातकंकर्म कृतंयेनासिवानरः १४ ॥ वानरउवाच ॥ सदाचाहंफलाहारोब्राह्मणानांप्लवंगमः ॥ तस्मान्नब्राह्मणस्वंतुहर्तव्यंविदुषासदा ॥ सममंविवादोमोक्तव्योदातव्यंचप्रतिश्रुतम् १५ ॥ भीष्मउवाच ॥ इत्येतद्ब्रुवतोराजन्ब्राह्मणस्यमयाश्रुतम् ॥ कथांकथयतःपुण्यांधर्मज्ञस्यपुरातनीम् १६ श्रुतश्चापिमयाभूयःकृष्णस्यापिविशांपते ॥ कथांकथयतःपूर्वंब्राह्मणंप्रतिपांडव १७ नहर्तव्यंविप्रधनंक्षंतव्यंतेषुनित्यशः ॥ बालाश्चनावमंतव्यादरिद्राःकृपणाअपि १८ एवमेवचमांनित्यंब्राह्मणाःसंदिशंतिवै ॥ प्रतिश्रुत्यभवेद्देयंनाशाकार्याद्विजोत्तमे १९ ब्राह्मणोह्याशयापूर्वंकृतयापृथिवीपते ॥ सुसमिद्धोयथादीप्तःपावकस्तद्विधःस्मृतः २० यंनिरीक्षेतसंक्रुद्धआशयापूर्वजातया ॥ प्रदहेच्चहितंराजन्कक्षमक्षय्यभुग्यथा २१ सएवहियदातुष्टोवचसाप्रतिनंदति ॥ भवत्यगदसंकाशोविषयेतस्यभारत २२ पुत्रान्पौत्रान्पशूंश्चैव बांधवान्सचिवांस्तथा ॥ पुरंजनपदंचैवशांतिरिष्टेनपोषयेत् २३ एतद्धिपरमंतेजोब्राह्मणस्येहदृश्यते ॥ सहस्रकिरणस्येवसवितुर्धरणीतले २४ तस्माद्दातव्यमेवेहप्रतिश्रुत्ययुधिष्ठिर ॥ यदीच्छेच्छोभनांजातिंप्राप्तुंभरतसत्तम २५ ब्राह्मणस्यहिदत्तेनध्रुवंस्वर्गोह्यनुत्तमः ॥ शक्यःप्राप्तुंविशेषेणदानंहिमहतीक्रिया २६ इतोदत्तेनजीवंतिदेवताःपितरस्तथा ॥ तस्माद्दानानिदेयानिब्राह्मणेभ्योविजानता २७ महद्धिभरतश्रेष्ठब्राह्मणस्तीर्थमुच्यते ॥ वेलायांनतुकस्यांचिद्गच्छेद्विप्रोह्यपूजितः २८ ॥ इतिश्रीम० अ०आनु० दानधर्मेशृगालवानरसंवादेनवमोऽध्यायः ॥ ९ ॥ ॥ युधिष्ठिरउवाच ॥ मित्रसौहार्दयोगेनउपदेशंकरोतियः ॥ जात्याऽधरस्यराजर्षेदोषस्तस्यभवेन्नवा १ एतदिच्छामितत्त्वेनव्याख्यातुंवैपितामह ॥ सूक्ष्मागतिर्हिधर्मस्ययत्रमुह्यंतिमानवाः २ ॥ भीष्मउवाच ॥ अत्रतेवर्तयिष्यामिशृणुराजन्यथाक्रमम् ॥ ऋषीणांवदतांपूर्वंश्रुतमासीद्यथापुरा ३ उपदेशोनकर्तव्योजातिहीनस्यकस्यचित् ॥ उपदेशेमहान्दोषउपाध्यायस्यभाष्यते ४ निदर्शनमिदंराजञ्शृणुमेभरतर्षभ ॥ दुरुक्तवचनेराजन्यथापूर्वंयुधिष्ठिर ५ ब्रह्माश्रमपदेवृत्तंपार्श्वेहिमवतःशुभे ॥ तत्राश्रमपदंपुण्यंनानावृक्षगणायुतम् ६ नानागुल्मलताकीर्णंमृगद्विजनिषेवितम् ॥ सिद्धचारणसंयुक्तंरम्यंपुष्पितकाननम् ७ व्रतिभिर्बहुभिःकीर्णंतापसैरुपसेवितम् ॥ ब्राह्मणैश्चमहाभागैःसूर्यज्वलनसन्निभैः ८

धर्मरहस्यंनदद्यादित्युक्तम । मित्रमुपकारमपेक्ष्योपकर्त्ता । सुहृदुपकारमनपेक्ष्योपकर्त्ता । लोभात्कृपयावेत्यर्थः १ । २ । ३ उपाध्यायस्योपदेशकर्तुः भाष्यतेनशूद्रायमतिंदद्यादित्यादिशास्त्रेण ४ दुरुक्तंदुःखस्थंनीचंप्रतिउक्तंवचनं ५ । ६ । ७ व्रतिभिर्ब्रह्मचारिभिः तापसैर्वानप्रस्थैः ८
॥ ॥ ॥

९ यतिभिःसंन्यासिभिः १० दयान्वितःसर्वभूताभयदानेनप्रव्रज्यांकृतवानित्यर्थः ११ दीक्षांनियमम् १२ तपस्येतपःकरिष्ये १३ वक्तुमधिगंतुं वजगतास्तित्यस्यरूपं प्रव्राजयितुंविधिवत्तस्त्वोचितंकर्मत्या जयितुम् १४ । १५ लिंगंसंन्यासिचिन्हं सेवकस्यतत्रप्रव्रज्यानधिकारान्नयुक्तम् १६ । १७ । १८ आत्ममनःप्रियंविक्षेपकस्यशुश्रूषाख्यस्यस्वधर्मस्यत्यागंलिंगधारणानधिकारेऽपित्यागमात्रेसर्वस्याधिका

नियमव्रतसंपन्नैःसमाकीर्णंतपस्विभिः ॥ दीक्षितैर्भरतश्रेष्ठयताहारैःकृतात्मभिः ९ तपोध्ययनघोषैश्चनादितंभरतर्षभ ॥ वालखिल्यैश्चबहुभिर्यतिभिश्चनिषेवितम् १० तत्रकश्चित्समुत्साहंकृत्वाशूद्रोदयान्वितः ॥ आगतोह्याश्रमपदंपूजितश्चतपस्विभिः ११ तांस्तुदृष्ट्वामुनिगणान्देवकल्पान्महौजसः ॥ विविधांवहतोदीक्षांसंप्रा हृष्यतभारत १२ अथास्यबुद्धिरभवत्तपस्येभरतर्षभ ॥ ततोऽब्रवीत्कुलपतिंपादौसंगृह्यभारत १३ भवत्प्रसादादिच्छामिधर्मंवक्तुंद्विजर्षभ ॥ तन्मांत्वंभगवन्वक्तुंप्रव्रा जयितुमर्हसि १४ वर्णावरोऽहंभगवन्शूद्रोजात्याऽस्मिसत्तम ॥ शुश्रूषांकर्तुमिच्छामिप्रपन्नायप्रसीदमे १५॥ कुलपतिरुवाच ॥ नशक्यमिहशूद्रेणलिंगमाश्रित्यवर्त्ति तुम् ॥ आस्यतांयदितेबुद्धिःशुश्रूषानिरतोभव १६ शुश्रूषयापरांल्लोकानवाप्स्यसिनसंशयः १७ ॥ भीष्मउवाच ॥ एवमुक्तस्तुमुनिनासशूद्रोचिंतयन्नृप ॥ कथमत्र मयाकार्यंश्रद्धाधर्मपराचमे १८ विज्ञातमेवंभवतुकरिष्येप्रियमात्मनः ॥ गत्वाऽऽश्रमपदाद्दूरमुटजंकृतवांस्तुसः १९ तत्रवेदींचभूमिंचदेवतायतनानिच ॥ निवेश्यभर तश्रेष्ठनियमस्थोऽभवन्मुनिः २० अभिषेकांश्चनियमान्देवतायतनेषुच ॥ बलिंचकृत्वाहुत्वाचदेवतांचाप्यपूजयत् २१ संकल्पनियमोपेतःफलाहारोजितेंद्रियः ॥ नित्यंसन्निहिताभिस्तुओषधीभिःफलैस्तथा २२ अतिथीन्पूजयामासयथावत्समुपागतान् ॥ एवंहिसुमहान्कालेव्यत्यक्रामततस्यवै २३ अथास्यमुनिरागच्छत्संग त्यावैतमाश्रमम् ॥ संपूज्यस्वागतेनर्षिंविधिवत्समतोषयत् २४ अनुकूलाःकथाःकृत्वायथागतमपृच्छत ॥ ऋषिःपरमतेजस्वीधर्मात्मासंशितव्रतः २५ एवंसुबहुश स्तस्यशूद्रस्यभरतर्षभ ॥ सोऽगच्छदाश्रममृषिःशूद्रंद्रष्टुंनरर्षभ २६ अथतंतापसंशूद्रःसोऽब्रवीद्भरतर्षभ ॥ पितृकार्यंकरिष्यामितत्रमेऽनुग्रहंकुरु २७ बाढमित्येवतं विप्रउवाचभरतर्षभ ॥ शुचिर्भूत्वासशूद्रस्तुतस्यर्षेःपाद्यमानयत् २८ अथदर्भांश्चवन्याश्चओषधीर्भरतर्षभ ॥ पवित्रमासनंचैवबृसींचसमुपानयत् २९ अथदक्षिणमा वृत्यबृसींचरमशैर्षिकोम् ॥ कृतामन्यायतोदृष्ट्वातंशूद्रमृषिरब्रवीत् ३० कुरुष्वैतांपूर्वशीर्षांभवांश्चोदङ्मुखःशुचिः ॥ सचतत्कृतवान्शूद्रःसर्वंयदृषिरब्रवीत् ३१ यथोपदिष्टंमेधावीदर्भार्घादियथातथम् ॥ हव्यकव्यविधिंकृत्स्नमुक्तंतेनतपस्विना ३२ ऋषिणापितृकार्येचसचधर्मपथेस्थितः ॥ पितृकार्येकृतेचापिविसृष्टःसजगा म ह ३३ अथदीर्घस्यकालस्यसतप्यन्शूद्रतापसः ॥ वनेपंचत्वमगमत्सुकृतेनचतेनवै ३४ अजायतमहाराजवंशेसचमहाद्युतिः ॥ तथैवसऋषिस्तातकालधर्ममवा पह ३५ पुरोहितकुलेविप्रआजातोभरतर्षभ ॥ एवंतौतत्रसंभूतावुभौशूद्रमुनीतदा ३६ ॥ ॥ ॥ ॥

रात् उटजंपर्णशालाम् १९ वेदींपूजार्थं भूमिंशयनाद्यर्थम् २० अभिषेकान्त्रिसंध्यंस्नानानि २१ संकल्पस्यनियमोनिग्रहः चित्तवृत्तिनिरोधइतियावत् तेनउपेतः २२ । २३ । २४ । २५ २६ । २७ । २८ । २९ बृसींचरमशैर्षिकीं आसनकूर्चंपश्चिमाग्रम् ३० । ३१ । ३२ । ३३ । ३४ । ३५ । ३६ ॥ ॥ ॥ ॥

३७ वेदेऋग्वेदादित्रये कल्पप्रयोगेसूत्रोक्तयज्ञप्रयोगे ३८। ३९।४०।४१। ४२ ।४३ । ४४।४५।४६।४७। ४८ ।४९ । ५० । ५१ । ५२ । ५३ । ५४ । ५५ । ५६ । ५७

क्रमेणवर्धितौचापिविद्यासुकुशलावुभौ ॥ अथर्ववेदेवेदेचबभूवर्षिःसुनिष्ठितः ॥ कल्पप्रयोगेचोत्पन्नेज्योतिषेचपरंगतः ३७ सांख्येचैवपराप्रीतिस्तस्यचैवंव्यवर्धत ॥
पितर्युपरतेचापिकृतशौचस्तुपार्थिवः ३८ अभिषिक्तःप्रकृतिभीराजपुत्रःसपार्थिवः ॥ अभिषिक्तेनसऋषिरभिषिक्तःपुरोहितः ३९ सतंपुरोधायसुखमवसद्भरतर्षभ ॥
राज्यंशशासधर्मेणप्रजाश्चपरिपालयन् ४० पुण्याहवाचनेनित्यंधर्मकार्येषुचासकृत ॥ उत्स्मयन्प्राहसच्चापिदृष्ट्वाराजापुरोहितम् ४१ एवंसबहुशोराजन्पुरोधसमुपाहस
त् ॥ लक्षयित्वापुरोधास्तुबहुशस्तंनराधिपम् ४२ उत्स्मयन्तंचसततंदृष्ट्वाऽसौमन्युमाविशत् ॥ अथशून्येपुरोधास्तुसहराज्ञासमागतः ४३ कथाभिरनुकूलाभीराजानं
चाभ्यरोचयत् ॥ ततोऽब्रवीन्नरेन्द्रंसपुरोधाभरतर्षभ ४४ वरमिच्छाम्यहंत्वेकंत्वयादत्तंमहाद्युते ४५ ॥ राजोवाच ॥ वराणांतेशतंदद्यांकिंबतैकंद्विजोत्तम ॥ स्नेहाच्चब
हुमानाच्चनास्त्यदेयंहिमेतव४६॥पुरोहितउवाच॥ एकंवैवरमिच्छामियदितुष्टोऽसिपार्थिव॥ प्रतिजानीहितावत्त्वंसत्यंयद्वदनानृतम् ४७॥ भीष्मउवाच॥ बाढमित्येवतं
राजाप्रत्युवाचयुधिष्ठिर ॥ यदिज्ञास्यामिवक्ष्यामिअजानन्नतुसंवदे ४८ ॥ पुरोहितउवाच ॥ पुण्याहवाचनेनित्यंधर्मकृत्येषुचासकृत् ॥ शांतिहोमेषुचसदाकिंत्वंहससि
वीक्ष्यमाम् ४९ सव्रीडंवैभवतिहिमनोमेहसतात्वया ॥ कामयाशापितोराजन्नान्यथावक्तुमर्हसि ५० सुव्यक्तंकारणंह्यत्रनतेहास्यमकारणम् ॥ कौतूहलंमेसुभृशंतत्त्वे
नकथयस्वमे ५१ ॥ राजोवाच ॥ एवमुक्तेत्वयाविप्रयदवाच्यंभवेदपि ॥ अवश्यमेववक्तव्यंशृणुष्वैकमनाद्विज ५२ पूर्वदेहेयथावृत्तंतन्निबोधद्विजोत्तम ॥ जातिंस्म
राम्यहंब्रह्मन्नवधानेनमेशृणु ५३ शूद्रोऽहमभवंपूर्वंतापसोभृशसंयुतः ॥ ऋषिरुग्रतपास्त्वंचतदाऽभूर्द्विजसत्तम ५४ प्रीयताहितदाब्रह्मन्ममानुग्रहबुद्धिना ॥ पितृकार्ये
त्वयापूर्वमुपदेशःकृतोऽनघ ५५ बृस्यांदर्भेषुहव्येचकव्येचमुनिसत्तम ॥ एतेनकर्मदोषेणपुरोधास्त्वमजायथाः ५६ अहंराजाचविप्रेन्द्रपश्यकालस्यपर्ययम् ॥ मत्कृत
स्योपदेशस्यत्वयाऽवाप्तमिदंफलम् ५७ एतस्मात्कारणाद्ब्रह्मन्प्रहसेत्वांद्विजोत्तम ॥ नत्वांपरिभवन्ब्रह्मन्प्रहसामिगुरुर्भवान् ५८ विपर्ययेणमेमन्युस्तेनसंतप्यतेमनः ॥
जातिंस्मराम्यहंतुभ्यमतस्त्वांप्रहसामिवै ५९ एवंतवोग्रंहितपउपदेशेननाशितम् ॥ पुरोहितत्वमुत्सृज्ययतस्वत्वंपुनर्भवे ६० इतस्त्वमधमामन्यांमायोनिंप्राप्स्यसे
द्विज ॥ गृह्यतांद्रविणंविप्रपूतात्माभवसत्तम ६१ ॥ भीष्मउवाच ॥ ततोविसृष्टोराज्ञातुविप्रोदानान्यनेकशः ॥ ब्राह्मणेभ्योददौवित्तंभूमिंग्रामांश्चसर्वशः ६२ कृच्छ्रा
णिचीर्त्वाचततोयथोक्तानिद्विजोत्तमैः ॥ तीर्थानिचापिगत्वावैदानानिविविधानिच ६३ दत्वागाश्चैवविप्रेभ्यःपूतात्माभवदात्मवान् ॥ तमेवचाश्रमं
गत्वाचचारविपुलंतपः ६४ ॥ ॥ ॥ ॥ ॥ ॥ ॥

मत्कृतस्यमद्यंकृतस्य ५८। ५९ विपर्ययेणशूद्रोऽप्यहंजातिस्मरोजातः मुनिरपित्वंपुरोहितोजातइतिवैपरीत्येन मन्युर्दैन्यं ६० भवेभवनिमित्तं ६१। ६२। ६३। ६४ ॥ ॥ ॥ ॥

६५ । ६६ । ६७ । ६८ । ६९ । ७० । ७१ । ७२ सत्यानृतेनवाणिज्येनधनलोभेनेत्यर्थः । सत्यानृतंतुवाणिज्यमितिस्मृतिः ७३ विनिश्चयंनिश्चेतव्यं । ७४ ७५ । ॥ इतिअ॰ नी॰ भा॰ दशमोऽध्यायः ॥ १० ॥ कीदृशेइतिश्रीमत्येनेवददातीतिश्रीकरान्योगान्कथयितुमध्यायः । श्रीःरूपौदार्यादिशोभातद्युतापत्राधनसमृद्धिःश्रीःपद्मेत्युच्यते १ पर्यपृच्छतश्रियमित्यपकृष्यते २

ततःसिद्धिंपरांप्राप्तोब्राह्मणोराजसत्तम ॥ संमतश्चाभवत्तेषामाश्रमेतन्निवासिनाम् ६५ एवंप्राप्तोमहत्कृच्छ्रमृषिःसत्तपसत्तम ॥ ब्राह्मणेननवक्तव्यंतस्माद्वर्णावरेजने ६६ ब्राह्मणाःक्षत्रियावैश्यास्त्रयोवर्णाद्विजातयः ॥ एतेषुकथयन्राजन्ब्राह्मणोनप्रदुष्यति ६७ तस्मात्सद्भिर्नवक्तव्यंकस्यचित्किंचिदग्रतः ॥ सूक्ष्मागतिर्हिधर्मस्यदुर्ज्ञेयाह्यकृतात्मभिः ६८ तस्मान्मौनेनमुनयोदीक्षांकुर्वंसिचादृताः ॥ दुरुक्तस्यभयाद्राजन्नाभाषन्तेचकिंचन ६९ धार्मिकागुणसंपन्नाःसत्यार्जवसमन्विताः ॥ दुरुक्तवाचाभिहितैःप्राप्नुवन्तीहदुष्कृतम् ७० उपदेशोनकर्त्तव्यःकदाचिदपिकस्यचित् ॥ उपदेशाद्धितत्पापंब्राह्मणःसमवाप्नुयात् ७१ विमृश्यतस्मात्प्राज्ञेनवक्तव्यंधर्ममिच्छता ॥ सत्यानृतेनहिकृतउपदेशोहिनस्तिहि ७२ वक्तव्यमिहपृष्टेनविनिश्चित्यविनिश्चयम् ॥ सचोपदेशःकर्त्तव्योयेनधर्ममवाप्नुयात् ७३ एतत्तेसर्वमाख्यातमुपदेशकृतेमया ॥ महान्क्लेशोहिभवतितस्मान्नोपदिशेदिह ७४ ॥ इतिश्रीम॰ अ॰ आ॰ दानधर्मेशूद्रमुनिसंवादेदशमोऽध्यायः ॥ १० ॥ ॥ युधिष्ठिरउवाच ॥ कीदृशेपुरुषेतातस्त्रीषुवाभरतर्षभ ॥ श्रीःपद्मावसतेनित्यंतन्मेब्रूहिपितामह १ ॥भीष्मउवाच ॥ अत्रतेवर्णयिष्यामियथावृत्तंयथाश्रुतम् ॥ रुक्मीणीदेवकीपुत्रसन्निधौपर्यपृच्छत २ नारायणस्यांकगतांज्वलंतींदृष्ट्वाश्रियंपद्मसमानवर्णाम् ॥ कौतूहलाद्विस्मितचारुनेत्रापप्रच्छमातामकरध्वजस्य ३ कानीहभूतान्युपसेवसेत्वंसंतिष्ठसेकानिचसेवसेत्वम् ॥ तानित्रिलोकेश्वरभूतकांतेतत्त्वेनमेब्रूहिमहर्षिकल्पे ४ एवंतदाश्रीरभिभाष्यमाणादेव्यासमक्षंगरुडध्वजस्य ॥ उवाचवाक्यंमधुराभिधानंमनोहरंचंद्रमुखीप्रसन्ना ५ ॥ श्रीरुवाच ॥ ॥ वसामिनित्यंसुभगेप्रगल्भेदक्षेनरेकर्मणिवर्त्तमाने ॥ अक्रोधनेदेवपरेकृतज्ञेजितेंद्रियेनित्यमुदीर्णसत्वे ६ नाकर्मशीलेपुरुषेवसामिननास्तिकेसांकरिकेकृतघ्ने ॥ नभिन्नवृत्तेननृशंसवर्णेनचापिचौरेनगुरुष्वसूये ७ येचाल्पतेजोबलसत्वमानाःक्लिश्यंतिकुप्यंतिचयत्रतत्र ॥ नचैवतिष्ठामितथाविधेषुनरेषुसंगुप्तमनोरथेषु ८ यश्चात्मनिप्रार्थयतेनकिंचिद्यश्चस्वभावोपहतांतरात्मा ॥ तेष्वल्पसंतोषपरेषुनित्यंनरेषुनाहंनिवसामिसम्यक् ९ स्वधर्मशीलेषुचधर्मवित्सुवृद्धोपसेवानिरतेचदान्ते ॥ कृतात्मनिक्षांतिपरेसमर्थेक्षांतासुदांतासुयथाऽबलासु ॥ सत्यस्वभावार्जवसंयुतासुवसामिदेवद्विजपूजिकासु १० प्रकीर्णभांडामनपेक्ष्यकारिणींसदाचभर्तुःप्रतिकूलवादिनीम् ११ परस्यवेश्माभिरतामलज्जामेवंविधांतांपरिवर्जयामि ॥ पापामचोक्षामवलेहिनींचव्यपेतधैर्यांकलहप्रियांच १२

३ उपसेवसेगजतुरगादिरूपेण संतिष्ठसेधैर्यौदार्यसौंदर्यशौर्यादिरूपेणपुरुषेवससि ४ देव्याःरुक्मिण्या ५ प्रगल्भेवाग्मिनि दक्षेअनलसे देवपरेदेवाराधननिष्ठे ६ नृशंसवर्णेनिष्ठुराक्षरभाषिणि असूयेअसूयावति ७ तेजःशौर्यं सत्वंबुद्धिः यत्रतत्रविशिष्टपुरुषे संगुप्तमनोरथेषुअन्यत्ध्यायंत्यन्यद्दर्शयंतितादृशेषु ८ स्वभावेत्यादेर्मौढ्योपहतचित्तइत्यर्थः ९ स्वधर्मेतिसार्द्धश्लोकः १० । ११ पापांनिर्दयां अचोक्षांअशुचिं अवलेहिनींसृक्किणीलेलिहानांसदाक्रुद्धामित्यर्थः १२ ॥ ॥ ॥ ॥ ॥ ॥ ॥ ॥ ॥

यानादिपुरमणीयेषुसर्वेषुवसामीत्यर्थः १३।१४। १५। १६। १७ यस्मिन्निति । लक्ष्मींप्राप्तुमुपायाएतइत्यर्थः १८ । १९ भावेनआदरेण शरीरभूताशरीरवती २० नाहमिति । नारायणादन्यत्रधर्मादिवृद्धिरूपेणैववसामिनशरीरेणेत्यर्थः २१ ॥ इतिश्रीमहाभारते अनुशासनपर्वणि नीलकंठीये भारतभावदीपे एकादशोध्यायः ॥ ११ ॥ ॥ स्त्रीपुंसयोरिति । पूर्वाध्यायांतेसत्त्वर्द्धतेधर्मयशो

निद्राभिभूतांसततंशयानामेवंविधांतांपरिवर्जयामि ॥ सत्यासुनित्यंप्रियदर्शनासुसौभाग्ययुक्तासुगुणान्वितासु १३ वसामिनारीषुपतिव्रतासुकल्याणशीलासुविभूषितासु ॥ यानेषुकन्यासुविभूषणेषुयज्ञेषुमेघेषुचवृष्टिमत्सु १४ वसामिफुल्लासुचपद्मिनीषुनक्षत्रवीथीषुचशारदीषु ॥ गजेषुगोष्ठेषुतथाऽऽसनेषुसरःसुफुल्लोत्पलपंकजेषु १५ नदीषुहंसस्वननादितासुक्रौंञ्चावघुष्टस्वरशोभितासु ॥ विकीर्णकूलद्रुमराजितासुतपस्विसिद्धद्विजसेवितासु १६ वसामिनित्यंसुबहूदकासुसिंहैर्गजैश्चाकुलितोदकासु ॥ मत्तेगजेगोवृषभेनरेंद्रेसिंहासनेसत्पुरुषेषुनित्यम् १७ यस्मिन्गृहेहूयतेहव्यवाड्वा? यस्मिन्नजनोहव्यभुजंजुहोतिगोब्राह्मणंचार्चतिदेवताश्च ॥ कालेचपुष्पैर्बलयःक्रियंतेतस्मिन्गृहेनित्यमुपैमिवासम् १८ स्वाध्यायनित्येषुसदाद्विजेषुक्षत्रेचधर्माभिरतेसदैव ॥ वैश्येचकृष्याभिरतेवसामिशूद्रेचशुश्रूषणनित्ययुक्ते १९ नारायणेत्वेकमनावसामिसर्वेणभावेनशरीरभूता ॥ तस्मिन्नहिधर्मःसुमहान्निविष्टोब्रह्मण्यताचात्रतथाप्रियत्वम् २० नाहंशरीरेणवसामिदेविनैवंमयाशक्यमिहाभिधातुम् ॥ भावेनयस्मिन्निवसामिपुंसिसवर्धतेधर्मयशोर्थकामैः २१ ॥ इतिश्रीमहाभारते अनुशासनप० आनुशास० दानधर्मेश्रीरुक्मिणीसंवादेएकादशोऽध्यायः ॥ ११ ॥ ॥ ॥

॥ युधिष्ठिरउवाच ॥ स्त्रीपुंसयोःसंप्रयोगेस्पर्शःकस्याधिकोभवेत् ॥ एतस्मिन्संशयेराजन्यथावद्वक्तुमर्हसि १ ॥ भीष्मउवाच ॥ अत्राप्युदाहरंतीममितिहासंपुरातनम् ॥ भंगास्वनेनशक्रस्ययथावैरमभूत्पुरा २पुराभंगास्वनोनामराजर्षिरतिधार्मिकः॥ अपुत्रःपुरुषव्याघ्रपुत्रार्थंयज्ञमाहरत् ३अग्निष्टुतंसराजर्षिरिन्द्रद्विष्टंमहाबलः ॥ प्रायश्चित्तेषुमर्त्यानांपुत्रकामेषुचेष्यते ४ इंद्रोज्ञात्वातुतंयज्ञंमहाभागःसुरेश्वरः ॥ अंतरंतस्यराजर्षेरन्विच्छन्नियतात्मनः ५ नचैवास्यांतरंराजन्सददर्शमहात्मनः ॥ कस्यचित्त्वथकालस्यमृगयांगतवान्नृपः ६ इदमंतरमित्येवशक्रोनृपममोहयत् ॥ एकाश्वेनचराजर्षिर्भ्रान्तइंद्रेणमोहितः ७ नदिशोऽविंदतनृपःक्षुत्पिपासार्दितस्तदा ॥ इतश्चेतश्चवैराजन्श्रमतृष्णान्वितोनृप ८ सरोऽपश्यत्सुरुचिरंपूर्णंपरमवारिणा ॥ सोऽवगाह्यसरस्तातपाययामासवाजिनम् ९ अथपीतोदकंसोऽश्वंवृक्षेबद्ध्वानृपोत्तमः ॥ अवगाह्यततःस्नातस्तत्रस्त्रीत्वमवाप्तवान् १० आत्मानंस्त्रीकृतंदृष्ट्वाव्रीडितोनृपसत्तमः ॥ चिंतानुगतसर्वात्माव्याकुलेंद्रियचेतनः ११ आरोहिष्येकथंत्वश्वंकथंयास्यामिवैपुरम् ॥ इष्टेनाग्निष्टुताचापिपुत्राणांशतमौरसम् १२ जातंमहाबलानांमेतान्प्रवक्ष्यामिकिंत्वहम् ॥ दारेषुचात्मकीयेषुपौरजानपदेषुच १३

र्थकामैरितिकामसुखवृद्धिरपिलक्ष्मीवत्स्वस्तीत्युक्तंतत्रस्त्रीपुंसुपमर्थेक्षयाकामसुखवृद्धिरस्तीतिलक्ष्मीकामेनकामिन्यःप्रीतिमत्योलक्ष्मीबुद्ध्यापूजनीयाइत्यध्यायतात्पर्यम् । स्पर्शःवैषयिकंसुखम् १ । २ । ३ वैरमूलमाहाग्निष्टुतमिति त्रिगुणितोऽग्निष्टोमोऽग्निष्टुत्तत्राग्निरेवस्तूयतेसच 'पुत्रंददातिदाशुषे 'इतिमंत्रवर्णात्पुत्रप्रदःक्रतुःसचेन्द्रद्विष्टस्तत्रेन्द्रस्यप्राधान्याभावात् ४ यज्ञंकृतमितिशेषः ५ । ६ । ७ । ८ ९ । १० । ११ । १२ । १३ ॥ ॥ ॥ ॥ ॥ ॥ ॥ ॥

मृदुत्वादयःस्त्रीगुणाआगताः १४ कर्कशत्वादयःपुरुषगुणानष्टाः केननिमित्तेनमेममस्त्रीत्वमभवदितिसंबंधः १५ । १६ स्त्रीकृतःइंद्रेणस्त्रीत्वंप्रापितः १७ । १८ । १९ । २० । २१ । २२

मृदुत्वंचतनुत्वंचविक्लवत्वंतथैवच ॥ स्त्रीगुणाऋषिभिःप्रोक्ताधर्मतत्त्वार्थदर्शिभिः १४ व्यायामेकर्कशत्वंचवीर्यंचपुरुषेगुणाः ॥ पौरुषंविप्रनष्टंवैस्त्रीत्वंकेनापिमेऽभ
वत १५ स्त्रीभावात्पुनरश्वंतंकथमारोढुमुत्सहे ॥ महतात्वथयत्नेनआरुह्याश्वंनराधिपः १६ पुनरायात्पुरंतातस्त्रीकृतोनृपसत्तमः ॥ पुत्रादाराश्चभृत्याश्चपौरजा
नपदाश्चते १७ किंत्विदंत्विितिविज्ञायविस्मयंपरमंगताः ॥ अथोवाचसराजर्षिःस्त्रीभूतोवदतांवरः १८ मृगयामस्मिनिर्यातोबलैःपरिवृतोदृढम् ॥ उद्भ्रांतः
प्राविशंघोरामटवींदैवचोदितः १९ अटव्यांचसुघोरायांतृष्णार्त्तोनष्टचेतनः ॥ सरःसुरुचिरप्रख्यमपश्यंपक्षिभिर्वृतम् २० तत्रावगाढःस्त्रीभूतोदैवेनाहंकृतः
पुरा ॥ नामगोत्राणिचाभाष्यदाराणांमंत्रिणांतथा २१ आहपुत्रांस्ततःसोऽथस्त्रीभूतःपार्थिवोत्तमः ॥ संप्रीत्याभुज्यतांराज्यंवनंयास्यामिपुत्रकाः २२ एवमु
क्त्वापुत्रशतंवनमेवजगामह ॥ गत्वाचैवाश्रमंसातुतापसंप्रत्यपद्यत २३ तापसेनास्यपुत्राणामाश्रमेष्वभवच्छतम् ॥ अथसाऽऽदायतान्सर्वान्पूर्वपुत्रानभाषत
२४ पुरुषत्वेसुतायूयंस्त्रीत्वेचेमेशतंसुताः ॥ एकत्रभुज्यतांराज्यंभ्रातृभावेनपुत्रकाः २५ सहिताभ्रातरस्तेऽथराज्यंबुभुजिरेतदा ॥ तान्दृष्ट्वाभ्रातृभावेनभुंजानान्
राज्यमुत्तमम् २६ चिंतयामासदेवेन्द्रोमन्युनाथपरिप्लुतः ॥ उपकारोऽस्यराजर्षेःकृतोनापकृतंमया २७ ततोब्राह्मणरूपेणदेवराजःशतक्रतुः ॥ भेदयामास
तान्गत्वानगरंवैनृपात्मजान् २८ भ्रातृणांनास्तिसौभ्रात्रंयेऽप्येकस्यपितुःसुताः ॥ राज्यहेतोर्विवदिताःकश्यपस्यसुरासुराः २९ यूयंभंगास्वनापत्यास्ताप
सस्येतरेसुताः ॥ कश्यपस्यसुराश्चैवअसुराश्चसुतास्तथा ३० युष्माकंपैतृकंराज्यंभुज्यतेतापसात्मजैः ॥ इंद्रेणभेदितास्तेतुयुद्धेऽन्योन्यमपातयन् ३१ तच्छ्रुत्वा
तापसीचापिसंतप्ताप्ररुरोदह ॥ ब्राह्मणच्छद्मनाभ्येत्यतामिन्द्रोऽथान्वपृच्छत ३२ केनदुःखेनसंतप्तारोदिषित्वंवरानने ॥ ब्राह्मणंततोदृष्ट्वासास्त्रीकरुणमब्रवीत
३३ पुत्राणांद्वेशतेब्रह्मन्कालेनविनिपातिते ॥ अहंराजाऽभवंविप्रतत्रपूर्वंशतंमम ३४ समुत्पन्नंस्वरूपाणांपुत्राणांब्राह्मणोत्तम ॥ कदाचिन्मृगयांयातउद्भ्रां
तोगहनेवने ३५ अवगाढश्चसरसिस्त्रीभूतोब्राह्मणोत्तम ॥ पुत्रान्राज्येप्रतिष्ठाप्यवनमस्मिततोगतः ३६ स्त्रियाश्चमेपुत्रशतंतापसेनमहात्मना ॥ आश्रमेजनितं
ब्रह्मन्नीतंतन्नगरंमया ३७ तेषांचवैरमुत्पन्नंकालयोगेनवैद्विज ॥ एतच्छोचाम्यहंब्रह्मन्दैवेनसमभिप्लुता ३८ इंद्रस्तांदुःखितांदृष्ट्वाअब्रवीत्परुषंवचः ॥ पुरा
सुदुःसहंभद्रेममदुःखंत्वयाकृतम् ३९ इंद्रद्विष्टेनयजतामामनाहूयधिष्ठितम् ॥ इंद्रोऽहमस्मिदुर्बुद्धेवैरंतेपातितंमया ४० इन्द्रंदृष्ट्वातुराजर्षिःपादयोःशिरसागतः ॥
प्रसीदत्रिदशश्रेष्ठपुत्रकामेनसक्रतुः ४१ इष्टस्त्रिदशशार्दूलतत्रमेक्षन्तुमर्हसि ॥ प्रणिपातेनतस्येन्द्रःपरितुष्टोवरंददौ ४२ ॥ ॥

प्रत्यपद्यतभर्तृत्वेनस्वीकृतवती २३ । २४ । २५ । २६ स्त्रीत्वदानेनद्विगुणितपुत्रप्राप्तिरूपउपकारएवजातोनस्त्रीत्वकृतोऽपकारइत्यर्थः २७ । २८ । २९ । ३० । ३१ । ३२ । ३३।३४ स्वरूपाणां
स्वस्यैवरूपंयेषांतेषां ३५ । ३६ स्त्रियाःस्त्रीभूतस्यमेमम ३७ । ३८ । ३९ इंद्रद्विष्टेनअग्निष्टुतायज्ञेन अधिष्ठितंक्रतूनितिशेषः ४० । ४१ । ४२ ॥

४३ । ४४ । ४५ । ४६ ४७ । ४८ । ४९ । ५० । ५१ अध्यायतात्पर्यमाह स्त्रियाइति ५२ । ५३ । ५४ ॥ इतिअनुशासन० नीलकंठीयेभारतभावदीपे द्वादशोऽध्यायः ॥ १२ ॥ तदेवं
गौतमीसुदर्शनशुकप्रभृतीनामाख्यानैर्यदृच्छोपगतेपुदुःखेष्वनुद्विग्नमनाअतिथिभक्तआनृशंस्यादिधर्मवान्श्रियंप्राप्नोति तस्याश्चफलंकामःइंद्रियप्रीतिरूपःसाचस्त्रीणामेवभूयसीपुंसस्त्वल्पतरेत्येतावताग्रंथेनोक्तं ।
तमिमंकामंतुच्छीकृत्यपरमसुखावाप्तिकामस्यपूर्वोक्तानुद्वेगादीनुपासीनस्यवक्ष्यमाणविधिनापरमेश्वरमाराधयिष्यतोहेयंदोषजातंवक्तुमयमध्यायआरभ्यते किमिति । लोकयात्राऐहिकशिष्टव्यवहारःहितंचपार
लौकिकंश्रेयस्तदर्थिनाकिंकर्तव्यंकिमवश्यमनुष्ठेयं लोकयात्रांलोकद्वयश्रेयःसाधनम् १ कर्मपथान्स्वाभाविककर्ममार्गान् २ प्राणातिपातोहिंसा ३ असत्प्रलापंग्राम्यवार्त्तादि । पारुष्यंनिष्ठुरभाषणं ।

पुत्रास्तेकतमेराजन्जीवंत्वेतत्प्रचक्ष्वमे ॥ स्त्रीभूतस्यहियेजाताःपुरुषस्याथयेऽभवन् ४३ तापसीतुततःशक्रमुवाचप्रयतांजलिः ॥ स्त्रीभूतस्यहियेपुत्रास्तेमेजीवं
तुवासव ४४ इंद्रस्तुविस्मितोदृष्ट्वास्त्रियंपप्रच्छतांपुनः ॥ पुरुषोत्पादितायेतेकथंद्वेष्याःसुतास्तव ४५ स्त्रीभूतस्यहियेजाताःस्नेहस्तेभ्योऽधिकःकथम् ॥ कारणंश्रोतु
मिच्छामितन्मेवक्तुमिहार्हसि ४६ ॥ स्त्र्युवाच ॥ स्त्रियास्त्वभ्यधिकःस्नेहोनतथापुरुषस्यवै ॥ तस्मात्तेशक्रजीवंतुयेजाताःस्त्रीकृतस्यवै ४७ ॥ भीष्मउवाच ॥
एवमुक्तस्ततस्त्विन्द्रःप्रीतोवाक्यमुवाचह ॥ सर्वएवेहजीवंतुपुत्रास्तेसत्यवादिनि ४८ वरंचवृणुराजेन्द्रयंत्वमिच्छसिसुव्रत ॥ पुरुषत्वमथस्त्रीत्वंमत्तोयदभिकांक्षसे
४९ ॥ स्त्र्युवाच ॥ स्त्रीत्वमेववृणेशक्रपुंस्त्वंनेच्छामिवासव ॥ एवमुक्तस्तुदेवेंद्रस्तांस्त्रियंप्रत्युवाचह ५० पुरुषत्वंकथंत्यक्त्वास्त्रीत्वंचोदयसेविभो ॥ एवमुक्तःप्रत्यु
वाचस्त्रीभूतोराजसत्तमः ५१ स्त्रियापुरुषसंयोगेप्रीतिरभ्यधिकासदा ॥ एतस्मात्कारणाच्छक्रस्त्रीत्वमेववृणोम्यहम् ५२ रमिताभ्यधिकंस्त्रीत्वेसत्यंवैदेवसत्तम ॥
स्त्रीभावेनहितुष्यामिगम्यतांत्रिदशाधिप ५३ एवमस्त्वितिचोक्त्वातामापृच्छ्यत्रिदिवंगतः ॥ एवंस्त्रियामहाराजअधिकाप्रीतिरुच्यते ५४ ॥ इतिश्रीम० अनु
शासन० आनुशास० दानधर्मेभंगास्वनोपाख्यानेद्वादशोऽध्यायः ॥ १२ ॥ ॥ युधिष्ठिरउवाच ॥ किंकर्तव्यंमनुष्येणलोकयात्राहितार्थिना ॥ कथंवैलोक
यात्रांतुकिंशीलश्चसमाचरेत् १ ॥ भीष्मउवाच ॥ कायेनत्रिविधंकर्मवाचाचापिचतुर्विधम् ॥ मनसात्रिविधंचैवदशकर्मपथांस्त्यजेत् २ प्राणातिपातःस्तै
न्यंचपरदारानथापिच ॥ त्रीणिपापानिकायेनसर्वतःपरिवर्जयेत् ३ असत्प्रलापंपारुष्यंपैशुन्यमनृतंतथा ॥ चत्वारिवाचाराजेन्द्रनजल्पेन्नानुचिंतयेत् ४ अनभि
ध्यापरस्वेषुसर्वसत्वेषुसौहृदम् ॥ कर्मणांफलमस्तीतित्रिविधंमनसाचरेत् ५ तस्माद्वाक्कायमनसानाचरेदशुभंनरः ॥ शुभाशुभान्याचरन्हितस्यतस्याश्नुते
फलम् ६ ॥ इतिश्रीमहाभारतेअनुशासनपर्वणिआनुशासनिकेपर्वणिदानधर्मेलोकयात्राकथनेत्रयोदशोऽध्यायः ॥ १३ ॥ ॥

पैशुन्यंराजद्वारादौपरदोषसूचनं । अनृतंमिथ्यावादःपरपीडाकरः । मनसाऽध्येवंवदिष्यामीतिनानुचिंतयेत् ४ अनभिध्येतिश्लोकेनपरद्रव्येष्वभिध्यानंपरस्यानिष्टचिंतनंवेदवादेषुनास्तिक्यमितित्रीणि
त्याज्यानिलक्षयेत् । दशत्यजेदित्युपक्रमात् ५ शुभमहिंसाद्यास्तिक्यांतं अशुभंहिंसादिनास्तिक्यांतं फलमभयदुःखादिस्वर्गनरकांतम् ६ ॥ इतिअनुशासनपर्वणिनीलकंठीयेभारतभावदीपेत्रयोदशोऽध्यायः ॥ १३ ॥

अशुभानिपरित्यज्यशुभान्याचरतायज्ञप्तव्यंतज्ज्ञाननन्स्त्वयमेवपृच्छति त्वयेति । आपगेयगांगेय पितामहस्यापिईशायअंतर्यामिणे सर्वत्रपष्ठ्यर्थेचतुर्थी । शंसुखंभवत्यस्मादित्यानंदाणेत्यर्थः १ बभ्रवे
विशालाय । बभ्रुर्वैश्वानरइत्यादिर्विशालेपिंगलेऽन्यवदितिमेदिनी । महाभाग्यमैश्वर्यं गुरावित्यादिःसप्तम्यपिषष्ठ्यर्थे अव्यक्तंजगत्कारणमव्याकृताख्यंतस्ययोनयेउत्पत्तिप्रलयस्थानाय २ योहीति ।
सर्वगतःसर्वोपादानत्वात् सर्वत्रनदृश्यतेदृङ्मात्रशरीरत्वादात्मत्वाच्च ३ ब्रह्माविराट्जिष्णुःसूत्रात्मासुरेशःप्राज्ञस्तेषांस्रष्टाउपादानंप्रभुर्निमित्तं उपासतेस्वस्वोपाधित्यागेनाधिगच्छंति ४ प्रकृतीनांपंचत
न्मात्राहंकारमहदव्यक्तानांविश्वकारणानांपुरुषस्यजीवात्भोक्तुरित्यर्थः पंचम्यर्थेषष्ठी । 'इंद्रियाणिपराण्याहुरिन्द्रियेभ्यःपरंमनः ॥ मनसस्तुपराबुद्धिर्बुद्धेरात्मामहान्परः ॥ महतःपरमव्यक्तमव्यक्तात्पु
रुषःपरः ॥ पुरुषान्नपरंकिंचित्साकाष्ठासापरागतिः'इति 'आत्मेन्द्रियमनोयुक्तंभोक्तेत्याहुर्मनीषिणः' इतिचश्रुतेभ्यस्तत्त्वेभ्यःपरःनिष्कलः । चिन्त्यतेनाकिंचिदपिचिंतयेदितिस्मृतेःसर्वचिंतात्यागेनप्राप्यते
योगविद्भिः योगोबुध्याद्यसंगस्तद्विद्भिः अक्षरमपरिणामि परमंब्रह्मअत्यंतंपरिच्छेदत्रयशून्यं तदेवअसदव्याकृतदृश्यंकारणं सद्रज्जुसर्पवद्भासमानमप्यसदनिर्वचनीयमित्यर्थः ५ प्रकृतिमायां पुरुषंतत्र

॥ युधिष्ठिरउवाच ॥ ॥ त्वयाऽऽपगेयनामानिश्रुतानीहजगत्पतेः ॥ पितामहेशायविभोनामान्याचक्ष्वशंभवे १ बभ्रवेविश्वरूपायमहाभाग्यंचतत्त्वतः ॥
सुरासुरगुरौदेवेशंकरेऽव्यक्तयोनये ॥ २ ॥ ॥ भीष्मउवाच ॥ ॥ अशक्तोऽहंगुणान्वक्तुंमहादेवस्यधीमतः ॥ योहिसर्वगतोदेवोनचसर्वत्रदृश्यते ३ ब्रह्म
विष्णुसुरेशानांस्रष्टाचप्रभुरेवच ॥ ब्रह्मादयःपिशाचांतायंहिदेवाउपासते ४ प्रकृतीनांपरत्वेनपुरुषस्यचयःपरः ॥ चिंत्यतेयोयोगविद्भिर्ऋषिभिस्तत्त्वदर्शिभिः ॥ अक्ष
रंपरमंब्रह्मअसच्चसदसच्चयः ५ प्रकृतिंपुरुषंचैवक्षोभयित्वास्वतेजसा ॥ ब्रह्माणमसृजत्तस्मादेवदेवःप्रजापतिः ६ कोहिशक्तोगुणान्वक्तुंदेवदेवस्यधीमतः ॥ गर्भजन्म
जरायुक्तोमर्त्योमृत्युसमन्वितः ७ कोहिशक्तोभवंज्ञातुंमद्विधःपरमेश्वरम् ॥ ऋतेनारायणात्पुत्रशंखचक्रगदाधरात् ८ एषविद्वान्गुणश्रेष्ठोविष्णुःपरमदुर्जयः ॥ दिव्य
चक्षुर्महातेजावीक्ष्यतेयोगचक्षुषा ९ रुद्रभक्त्यातुकृष्णेनजगद्व्याप्तंमहात्मना ॥ तंप्रसाद्यतदादेवंबदर्यांकिलभारत १० अर्थात्प्रियतरत्वंचसर्वलोकेषुवैतदा ॥ प्राप्त
वानेवराजेन्द्रसुवर्णाक्षान्महेश्वरात् ११ पूर्णंवर्षसहस्रंतुतप्तवानेषमाधवः ॥ प्रसाद्यवरदंदेवंचराचरगुरुंशिवम् १२ युगेयुगेतुकृष्णेनतोषितोवैमहेश्वरः ॥ भक्त्या
परमयाचैवप्रीतश्चैवमहात्मनः १३ ॥ ॥ ॥ ॥ ॥ ॥ ॥

प्रतिबिंबितंचैतन्यं मायाशबलमव्याकृतमित्यर्थः । क्षोभयित्वाप्राणिकर्मानुरोधेनसाम्यावस्थातःप्रच्याव्यस्वतेजसास्वसत्तास्फूर्तिप्रदानेनब्रह्माणंमहांतमसृजत् तस्मान्महतःसकाशाद्देवानांसूर्यादीनांदेवःस्वा
मीप्रजापतिश्चतुर्मुखोऽभवदितिशेषः ६ यःअसृजत्तस्यगुणान्वक्तुंकःशक्तइतियोजना । धीमतः धियाबुद्ध्याऽहमितिसतोज्ञातोऽहंप्रत्ययगम्योजीवइत्यर्थः । नहिबुद्ध्यादिपरिच्छिन्नस्तदगोचरंब्रह्मपरिच्छे
त्तुमीष्टइत्यर्थः ७ । ८ । ९ भक्त्याआराधनेनव्योमाद्यष्टमूर्तेर्ध्यानेनतद्भावंगत्वाजगद्व्याप्तमित्यर्थः १० अर्थादिति । अर्थ्यतइत्यर्थोभोग्यवस्तुजातं तावत्प्रियंततोऽपिप्रियतरःप्रत्यगात्मातत्त्वंसर्वेषामंत
रात्मत्वंप्राप्तइत्यर्थः । ब्रह्मविद्ब्रह्मैवभवतीतिश्रुतेस्तादात्म्यंप्राप्तइतिभावः । अत्रादितिपाठेऽपिसएवार्थः । सुवर्णाक्षाद्दिव्यदृष्टेः ११ शिवंप्रसाद्यतप्तवान् तपोऽपिशिवप्रसादंविनाकर्तुंदुष्करमित्यर्थः
१२ तोषोऽलंबुद्धिःप्रीतिःप्रसादोन्मुखत्वंतदुभयंप्रापितः १३ ॥ ॥ ॥ ॥

॥ १४ ॥

पुत्रःसांबस्तत्प्राप्त्यर्थंतपस्यन् १४ यस्मादैश्वर्यात् नमत्यैर्भिरीश्वरंभक्ताइतिनामानिशांभवान्मंत्रान् व्याख्यातुमर्थतोविवरीतुं तत्रहेतुः १५ यतोगुणान्वक्तुंशक्तइति विभूतिमैश्वर्यंकार्त्स्न्येनगुणज्ञानंतु
'आत्मनोवाअरेदर्शनेनश्रवणेनमत्याविज्ञानेनेदंसर्वंविदितं'इतिश्रुतेरात्मज्ञस्यैवभवति तथाविभोऽयमेवनत्वन्यइत्यर्थः १६ । १७ विष्णुरूपायेत्यनेनशिवाभिन्नोविष्णुरेवशिवस्यगुणान्वक्तुमीष्टे तयोरैक्या
त्स्यात् भिन्नत्वेतुलोकेऽपीतरगुणानितरोनजानातिकिमुतईश्वरस्येतिभावः । विश्वरूपायेतिपाठेऽपिविश्वंविष्णुरेव 'नारायणःसर्वमिदंपुराणःनारायणएवेदंसर्वं । विश्वंविष्णुः'इत्यादिश्रुतिस्मृतिभ्यः
पृच्छदपृच्छत् १८ नाम्नामिति । यद्यपिमोक्षधर्मेषुशिवसहस्रनामस्तोत्रमुक्तमतएतत्कथनमनर्थकप्रायंतथापितत्रचतुरधिकानिषट्शतानिनामानिसंति तेषामुक्तसंख्यापूरणमपितत्रैवत्रिसुपर्णंतथाब्रह्मयजु
षांशतरुद्रियमितिवाक्याच्चत्रैवश्रुतात्रिसुपर्णशतरुद्रियाभ्यामुक्तमतस्तत्स्तोत्रंमोक्षाधिकारपाठात्वेदमंत्रगर्भितत्वाच्चनात्रैवर्णिकस्यब्रह्मलोकांतफलार्थिनोध्येयंयुक्तमितिएतद्दानधर्मप्रसंगात्काम्यम् । 'वेदान्
कृत्स्नान्ब्राह्मणःप्राप्नुयाच्चजपेन्नृपःपार्थमहींचकृत्स्नाम् ॥ वैश्योलाभंप्राप्नुयान्नैपुणंचशूद्रोगतिंप्रेत्यतथासुखंच'इत्युपसंहारात्सर्ववर्णाधिकारिकंचततःपृथक्पठितम् । एवंविश्वंविष्णुर्वषट्कारइत्यादिविष्णु

ऐश्वर्ययादृशंतस्यजगद्योनेर्महात्मनः ॥ तदयंदृष्टवान्साक्षात्पुत्रार्थेहरिरच्युतः १४ यस्मात्परतरंचैवनान्यंपश्यामिभारत ॥ व्याख्यातुंदेवदेवस्यशक्तोनामान्यशेषतः
१५ एषशक्तोमहाबाहुर्वक्तुंभगवतोगुणान् ॥ विभूतिंचैवकार्त्स्न्येनसत्यांमाहेश्वरींनृप १६ ॥ ॥ वैशंपायनउवाच ॥ ॥ एवमुक्त्वातदाभीष्मोवासुदेवं
महायशाः ॥ भवमाहात्म्यसंयुक्तमिदमाहपितामहः १७ ॥ ॥ भीष्मउवाच ॥ ॥ सुरासुरगुरोदेवविष्णोत्वंवक्तुमर्हसि ॥ शिवायविष्णुरूपाययन्मांपृच्छद्यु
धिष्ठिरः १८ नाम्नांसहस्रंदेवस्यतंडिनाब्रह्मयोनिना ॥ निवेदितंब्रह्मलोकेब्रह्मणोयत्पुराऽभवत् १९ द्वैपायनप्रभृतयस्तथाचेमेतपोधनाः ॥ ऋषयःसुव्रतादांताःशृण्व
न्तुगदतस्तव २० ध्रुवायनंदिनेहोत्रेगोप्त्रेविश्वसृजेऽग्नये ॥ महाभाग्यंविभोर्ब्रूहिमुंडिनेऽथकपर्दिने २१ ॥ ॥ वासुदेवउवाच ॥ ॥ नगतिःकर्मणांशक्यावे
त्तुमीशस्यतत्त्वतः ॥ हिरण्यगर्भप्रमुखादेवाःसेंद्रामहर्षयः २२ नविदुर्यस्यभवनमादित्याःसूक्ष्मदर्शिनः ॥ सकथंनरमात्रेणशक्योज्ञातुंसतांगतिः २३ तस्याहमसुरघ्न
स्यकांश्चिद्भगवतोगुणान् ॥ भवतांकीर्त्तयिष्यामिव्रतेशाययथातथम् २४ ॥ ॥ वैशंपायनउवाच ॥ ॥ एवमुक्त्वातुभगवान्गुणांस्तस्यमहात्मनः ॥
उपस्पृश्यशुचिर्भूत्वाकथयामासधीमतः २५ ॥ ॥ ॥ ॥ ॥ ॥

सहस्रनामापिज्ञेयं तत्रापि शूद्रःसुखमवाप्नुयादित्ययंतेस्मरणात् नतेनैतद्व्यर्थमितिपुनरत्रापिशिवाराधनमुक्तमित्याशयः १९ । २० ध्रुवायकूटस्थाय नंदिनेआनंदमयाय होत्रेकर्तृरूपाय विज्ञान
मयाय गोप्त्रेकर्मफलप्रदानद्वारारक्षित्रे विश्वसृजेदक्षादिरूपाय अग्नयेगार्हपत्यादिरूपाय षष्ठ्यर्थेचतुर्थ्यः महाभाग्यमैश्वर्यं मुंडिनेवस्तुतोनिश्चूडाय कपर्दिनेउपाधितश्चूडावते अयंभावः 'तदाद्रष्टुः
स्वरूपेऽवस्थानं । वृत्तिसारूप्यमितरत्र'इतियोगसूत्राभ्यांयदासर्वासांचित्तवृत्तीनामभावस्तदाचितिर्निश्चूडेवस्वरूपमात्रेणावतिष्ठते यदातुतत्तद्वृत्तिसारूप्यंभजतेतदाचूडावतीविशेषविज्ञानरूपाभवतीतितदिदमुक्तं
मुंडिनेऽथकपर्दिनेइति २१ । २२ भवनंहार्दाकाशाख्यं 'शंभुराकाशमध्य'इतिश्रुतेः आदित्याइन्द्रियाख्यादेवाः । निधनमादिवेतिपाठेलयमुदयंचेत्यर्थः २३ व्रतेशायव्रतपूर्वकाणांयज्ञादीनांफल
प्रदात्रे २४ धीमतःधियाब्रह्मविद्ययाप्रतोज्ञातः २५ ॥ ॥ ॥ ॥

॥ १४ ॥

गीतासु तमेवचाद्यंपुरुषंप्रपद्येतमेवशरणंगच्छेतिप्रोक्तायकपर्दिनेसगुणायैव । निर्गुणस्यतुगौणानांनाम्नामभावादित्यर्थः२६ यद्दर्शनं सुदुष्करंदुर्लभं समाधिनायोगेन २७ । २८ । २९ । ३० । ३१ आ
राध्येति । आराध्यस्यमाहात्म्यंवासुदेवउवाच शुश्रूषध्वमित्यादिना । ननुमन्मनाभवमामेवशरणंव्रजेतिस्वस्यैवोपेयत्वंवदतःकथमन्यआराध्यःस्यादितिचेन्न । मामेवविजानीहीतिवत्शास्त्रदृष्ट्यापरमात्मनोऽप्यस्म
दर्थत्वोपपत्तेर्मामुपास्वेतिवदतइंद्रस्येवदेवस्योपेयत्वाभावात् उपाधिनिष्कृष्टस्योपेयत्वंत्वस्मदादिसाधारणंनवासुदेवस्योत्कर्षमर्हतीतिशैवाः । वस्तुतस्तुयत्सर्वोपाधिशून्यंब्रह्मअस्मदाद्यंतरतरंतद्देवसुख्यमस्म

॥ वासुदेवउवाच ॥ शुश्रूषध्वंब्राह्मणेंद्रास्त्वंचतातयुधिष्ठिर ॥ त्वंचापगेयनामानिशृणुष्वेहकपर्दिने २६ यदवाप्तंचमेपूर्वंसांबहेतोःसुदुष्करम् ॥ यथावद्भगवान् दृष्टोमयापूर्वंसमाधिना २७ शंबरेनिहतेपूर्वंरौक्मिणेयेनधीमता ॥ अतीतेद्वादशेवर्षेजांबवत्यब्रवीद्धिमाम् २८ प्रद्युम्नचारुदेष्णादीन्रुक्मिण्यावीक्ष्यपुत्रकान् ॥ पुत्रार्थिनीमामुपेत्यवाक्यमाहयुधिष्ठिर २९ शूरंबलवतांश्रेष्ठंकांतरूपमकल्मषम् ॥ आत्मतुल्यंममसुतंप्रयच्छाच्युतमाचिरम् ३० नहितेऽप्राप्यमस्तीहत्रिषुलोकेषुकिंचन ॥ लोकान्सृजेस्त्वमपरानिच्छन्यदुकुलोद्वह ३१ त्वयाद्वादशवर्षाणिव्रतीभूतेनशुष्यता ॥ आराध्यपशुभर्तारंरुक्मिण्यांजनिताःसुताः ३२ चारुदेष्णःसुचारुश्चचारुवेशोयशोधरः ॥ चारुश्रवाश्चारुयशाःप्रद्युम्नःशंभुरेवच ३३ यथातेजनिताःपुत्रारुक्मिण्यांचारुविक्रमाः ॥ तथाममापितनयंप्रयच्छमधुसूदन ३४ इत्येवंचोदितोदेव्यातामवोचंसुमध्यमाम् ॥ अनुजानीहिमांराज्ञिकरिष्येवचनंतव ३५ साचमामब्रवीद्गच्छशिवायविजयायच ॥ ब्रह्माशिवःकाश्यपश्चनद्योदेवामनोनुगाः ३६ क्षेत्रौषध्योयज्ञवाहाश्छंदांस्यृषिगणाध्वराः ॥ समुद्रादक्षिणास्तोभाऋक्षाणिपितरोग्रहाः ३७ देवपत्न्योदेवकन्यादेवमातरएवच ॥ मन्वंतराणिगावश्चचंद्रमाःसविताहरिः ३८ सावित्रीब्रह्मविद्याचऋतवोवत्सरास्तथा ॥ क्षणालवामुहूर्ताश्चनिमेषायुगपर्ययाः ३९ रक्षंतुसर्वत्रगतंत्वांयादवसुखायच ॥ अरिष्टंगच्छपंथानमप्रमत्तोभवानघ ४० एवंकृतस्वस्त्ययनस्तयाऽहंततोऽभ्यनुज्ञायनरेंद्रपुत्रीं ॥ पितुःसमीपंनरसत्तमस्यमातुश्चराज्ञश्चतथाऽऽहुकस्य ४१ गत्वासमावेद्ययदब्रवीन्मांविद्याधरेंद्रस्यसुताभृशार्त्ता ॥ तानभ्यनुज्ञायतदाऽतिदुःखाद्गदंतथैवातिबलंचरामम् ॥ अथोचतुःप्रीतियुतौतदानींतपःसमृद्धिर्भवतोऽस्त्वविघ्नम् ४२ प्राप्यानुज्ञांगुरुजनादहंतार्क्ष्यमचिंतयम् ॥ सोऽवहद्धिमवंतंमांप्राप्यचैनंव्यसर्जयम् ४३ तत्राहमद्भुतान्भावानपश्यंगिरिसत्तमे ॥ क्षेत्रंचतपसांश्रेष्ठंपश्याम्यद्भुतमुत्तमम् ४४ दिव्यंवैयाघ्रपद्यस्यउपमन्योर्महात्मनः ॥ पूजितंदेवगंधर्वैर्ब्राह्मयालक्ष्म्यासमावृतम् ४५ धवककुभकदंबनारिकेलैःकुरबककेतकजंबुपाटलाभिः ॥ वटवरुणकवत्सनाभबिल्वैःसरलकपित्थप्रियालसालतालैः ४६

च्छब्दालंबनंवासुदेवशब्दितंमाययामानुषवद्भूत्वास्वप्राप्त्युपायभूतमुपास्यरूपमात्मनःस्वशास्त्रतत्त्वंस्वयमेवलोकानुग्रहार्थमुपदिशतीतिनतयोर्भेदगंधोऽपीति ३२ । ३३ तेत्वया ३४ । ३५ । ३६ यज्ञ
वाहाइतिच्छंदसामेवविशेषणं छंदांसिवैदेवेभ्योहव्यमूह्वेतिब्राह्मणात् तेषांयज्ञवाहत्वसिद्धिः । स्तोभाःसामपूरणान्यक्षराणिहुंमाइत्यादीनि ३७ । ३८ । ३९ । ४० नरेंद्रपुत्रींऋक्षराजस्यजांबवतोदुहितरं
कपींद्रेत्यपिपाठः पत्नीमितिपाठेहेनरेंद्रेतिसंबोधनं ४१ अभ्यनुज्ञायस्थितंमामितिशेषः अथोचतुरित्यर्थः ४२ । ४३ तपसांधर्माणांतपस्विनांवा ४४ । ४५ । ४६

म.भा.टी. ॥ १२ ॥

४७ । ४८ भस्मराशिभिरिति भस्मच्छन्नैरग्निभिः ४९।५०।५१।५२।५३।५४।५५ संप्रक्षालैःमैक्ष्यादिभिश्चित्तशोधनंकुर्वद्भिः ५६ गोचारिणोगोवन्मुखेनैवचरंतःहस्तव्यापारशून्याइत्यर्थः मरीचिपाश्चंद्ररश्मिपानेनैवजीवंतः ५७।५८ तांस्तान्महतइतिपाठेवहतइत्यध्याहारः ५९ । ६० क्रीडंतीति । अहिंसाप्रतिष्ठायांतत्संनिधौवैरत्यागइतियोगसूत्रात्सर्पनकुलादीनांवैरत्यागलिंगेनतत्रस्थानांमुनीनामत्यंतमहिमाऽत्रि

बदरीकुंदपुन्नागैरशोकाम्रातिमुक्तकैः ॥ मधूकैःकोविदारैश्चचंपकैःपनसैस्तथा ४७ वन्यैर्बहुविधैर्वृक्षैःफलपुष्पप्रदैर्युतम् ॥ पुष्पगुल्मलताकीर्णंकदलीषंडशोभितम् ४८ नानाशकुनिसंभोज्यैःफलैर्वृक्षैरलंकृतम् ॥ यथास्थानविनिक्षिप्तैर्भूषितंभस्मराशिभिः ४९ रुरुवानरशार्दूलसिंहद्वीपिसमाकुलम् ॥ कुरंगबर्हिणाकीर्णंमार्जारभुजगावृतम् ॥ पूगैश्चमृगजातीनांमहिषर्क्षनिषेवितम् ५० सकृत्प्रभिन्नैश्चगजैर्विभूषितंप्रहृष्टनानाविधपक्षिसेवितम् ॥ सुपुष्पितैर्गंधधरप्रकाशैर्महीरुहाणांचवनैर्विचित्रैः ५१ नानापुष्परजोमिश्रोगजदानाधिवासितः ॥ दिव्यस्त्रीगीतबहुलोमारुतोऽभिमुखोववौ ५२ धारानिनादैर्विहगप्रणादैःशुभैस्तथाबृंहितैःकुंजराणाम् ॥ गीतैस्तथाकिन्नराणामुदारैःशुभैःस्वनैःसामगानांचवीर ५३ अचिंत्यंमनसाऽप्यन्यैःसरोभिःसमलंकृतम् ॥ विशालैश्चाग्निशरणैर्भूषितंकुसुमावृतैः ५४ विभूषितंपुण्यपवित्रतोययासदाचजुष्टंनृपजन्हुकन्यया ॥ विभूषितंधर्मभृतांवरिष्ठैर्महात्मभिर्वह्निसमानकल्पैः ५५ वाय्वाहारैरंबुपैर्जप्यनित्यैःसंप्रक्षालैर्योगिभिर्ध्याननित्यैः ॥ धूमप्राशैरूष्मपैःक्षीरपैश्चसंजुष्टंचब्राह्मणेन्द्रैःसमंतात् ५६ गोचारिणोऽथाश्मकुट्टादन्तोलूखलिकास्तथा ॥ मरीचिपाःफेनपाश्चतथैवमृगचारिणः ५७ अश्वत्थफलभक्षाश्चतथाह्युदकशायिनः ॥ चीरचर्मांबरधरास्तथावल्कलधारिणः ५८ सुदुःखान्नियमांस्तांस्तान्वहतःसुतपोधनान् ॥ पश्यन्मुनीन्बहुविधान्प्रवेष्टुमुपचक्रमे ५९ सुपूजितंदेवगणैर्महात्मभिःशिवादिभिर्भारतपुण्यकर्मभिः ॥ रराजतच्चाश्रममंडलंसदादिवीवराजन्शशिमंडलंयथा ६० क्रीडंतिसर्पैर्नकुलामृगैर्व्याघ्राश्चमित्रवत् ॥ प्रभावाद्दीप्ततपसांसंनिकर्षान्महात्मनाम् ६१ तत्राश्रमपदेश्रेष्ठेसर्वभूतमनोरमे ॥ सेवितेद्विजशार्दूलैर्वेदवेदांगपारगैः ६२ नानानियमविख्यातैरृषिभिःसुमहात्मभिः ॥ प्रविशन्नेवचापश्यंजटाचीरधरंप्रभुम् ६३ तेजसातपसाचैवदीप्यमानंयथाऽनलम् ॥ शिष्यैरनुगतंशांतंयुवानंब्राह्मणर्षभम् ६४ शिरसावंदमानंमामुपमन्युरभाषत ६५ स्वागतंपुंडरीकाक्षसफलानितपांसिनः ॥ यःपूज्यःपूजयसिमांद्रष्टव्योद्रष्टुमिच्छसि ६६ तमहंप्रांजलिर्भूत्वामृगपक्षिष्वथाग्निषु ॥ धर्मेचशिष्यवर्गेचसमपृच्छमनामयम् ६७ ततोमांभगवानाहसाम्नापरमवल्गुना ॥ लप्स्यसेतनयंकृष्णआत्मतुल्यमसंशयम् ६८ तपःसुमहदास्थायतोषयेशानमीश्वरम् ॥ इहदेवःसपत्नीकःसमाक्रीडत्यधोक्षज ६९ इहैनंदैवतश्रेष्ठंदेवाःसर्षिगणाःपुरा ॥ तपसाब्रह्मचर्येणसत्येनचदमेनच ७० तोषयित्वाशुभान्कामान्प्राप्तवंतोजनार्दन ॥ तेजसांतपसांचैवनिधिःसभगवानिह ७१ शुभाशुभान्वितान्भावान्विसृजन्संक्षिपन्नपि ॥ आस्तेदेव्यासदाचिंत्योयंप्रार्थयसिशत्रुहन् ७२ हिरण्यकशिपुर्योऽभूद्दानवोमेरुकंपनः ॥ तेनसर्वामरैश्वर्यंशर्वात्प्राप्तंसमार्बुदम् ७३ ॥ ॥ ॥

यमनियमनिष्ठावत्त्वंदर्शितं ६१ । ६२ नियमाःअंबुपानादयस्तैरेवाम्बुपैःक्षीरपैरित्यादिनामभिःख्यातैःप्रविशन्नेवापश्यमुपमन्युमितिशेषः ६३।६४।६५ पूज्यःसगुणःद्रष्टव्योनिर्गुणः ६६।६७।६८।६९।७०।७१ भावान्शमकामादीन्चित्ताभिप्रायान्सृजन्क्षिपन्नित्यनेनांतर्यामित्वंदर्शितं ७२ समानांसंवत्सराणामर्बुदंसमार्बुदम् ७३ ॥ ॥

७४ ग्रहस्यमंदारनाम्नः ७५ भगवतामहादेवेन ७६ उत्पादितंतस्यैवदैत्यस्यहननार्थं ७७ नद्रष्टुंशक्यंदुर्दर्शत्वात् ७८ जीर्णंजीर्णत्वगतज्यर्थमित्यर्थः ७९ वरदत्तस्यसर्वशस्त्रावध्यस्त्वंभवेतिदत्त
वरस्य ८० अर्द्यमानाःसुराअसुरेंद्रान्जघ्नुस्तेऽन्योन्यंकलहमकुर्वन्नित्यर्थः ८१ । ८२ । ८३ । ८४ । ८५ योगश्चंद्रसूर्यपर्जन्यपृथिव्यादिसृष्टिसामर्थ्यं शाश्वतंबलंब्रह्मत्रियोत्थम ८६ । ८७ आ
त्मानंहिरण्यगर्भआविश्याभवदाविष्टोऽभूत् सूत्रात्मनोध्यानंकुर्वन्नित्यर्थः ८८ । ८९ । ९० । ९१ । ९२ । ९३ सप्तकपालेनत्र्यंबकदैवत्येनहेतुना देवैःसप्तकपालेनरुद्रमिष्ट्वाआपोनिर्मिताइत्यर्थः

तस्यैवपुत्रप्रवरोमंदारोनामविश्रुतः ॥ महादेववराच्छक्रंवर्षार्बुदमयोधयत् ७४ विष्णोश्चक्रंचतद्घोरंवज्रमाखंडलस्यच ॥ शीर्णंपुराऽभवत्तातग्रहस्यांगेषुकेशव ७५
यत्तद्भगवतापूर्वंदत्तंचक्रंतवानघ ॥ जलांतरचरंहत्वादैत्यंचबलगर्वितम् ७६ उत्पादितंवृषांकेनदीप्तज्वलनसन्निभम् ॥ दत्तंभगवतातुभ्यंदुर्धर्षंतेजसाऽद्भुतम् ७७
नशक्यंद्रष्टुमन्येनवर्जयित्वापिनाकिनम् ॥ सुदर्शनंभवत्येवंभवेनोक्तंतदातुतत् ७८ सुदर्शनंतदातस्यलोकेनामप्रतिष्ठितम् ॥ तज्जीर्णमभवत्तातग्रहस्यांगेषुकेशव ७९
ग्रहस्यातिबलस्यांगेवरदत्तस्यधीमतः ॥ नशस्त्राणिवहंत्यंगेचक्रवज्रशतान्यपि ८० अर्द्यमानाश्चविबुधाग्रहेणसुबलीयसा ॥ शिवदत्तवरान्जघ्नुरसुरेंद्रान्सुराभृशम् ८१
तुष्टोविद्युत्प्रभस्यापित्रिलोकेश्वरतांददौ ॥ शतंवर्षसहस्राणांसर्वलोकेश्वरोऽभवत् ८२ ममैवानुचरोनित्यंभविताऽसीतिचाब्रवीत् ॥ तथापुत्रसहस्राणामयुतंचददौप्रभुः
८३ कुशद्वीपंचसददौराज्येनभगवानजः ॥ तथाशतमुखोनामधात्रासृष्टोमहासुरः ८४ येनवर्षशतंसाग्रमात्ममांसैर्हुतोऽनलः ॥ तंप्राहभगवांस्तुष्टःकिंकरोमीति
शंकरः ८५ तंवैशतमुखःप्राहयोगोभवतुमेऽद्भुतः ॥ बलंचदैवतश्रेष्ठशाश्वतंसंप्रयच्छमे ८६ तथेतिभगवानाहतस्यतद्वचनंप्रभुः ॥ स्वायंभुवःक्रतुश्चापिपुत्रार्थमभवत्पुरा
८७ आविश्ययोगेनात्मानंत्रीणिवर्षशतान्यपि ॥ तस्यचोपददौपुत्रान्सहस्रंक्रतुसंमितान् ८८ योगेश्वरंदेवगीतंवेत्थकृष्णनसंशयः ॥ याज्ञवल्क्यइतिख्यातऋषिः
परमधार्मिकः ८९ आराध्यसमहादेवंप्राप्तवानतुलंयशः ॥ वेदव्यासश्चयोगात्मापराशरसुतोमुनिः ९० सोऽपिशंकरमाराध्यप्राप्तवानतुलंयशः॥ वालखिल्यामघवता
ह्यवज्ञाताःपुराकिल ९१ तैःक्रुद्धैर्भगवान्रुद्रस्तपसातोषितोह्यभूत् ॥ तांश्चापिदैवतश्रेष्ठःप्राहप्रीतोजगत्पतिः ९२ सुपर्णंसोमहर्त्तारंतपसोत्पादयिष्यथ ॥ महादेव
स्यरोषाच्चआपोनष्टाःपुराऽभवन् ९३ ताश्चसप्तकपालेनदेवैरन्याःप्रवर्त्तिताः ॥ ततःपानीयमभवत्प्रसन्नेत्र्यंबकेभुवि ९४ अत्रेर्भार्याऽपिभर्त्तारंसंत्यज्यब्रह्मवादिनी ॥
नाहंतस्यमुनेर्भूयोवशगास्यांकथंचन ९५ इत्युक्त्वासामहादेवमगच्छच्छरणंकिल ॥ निराहाराभयादत्रेस्त्रीणिवर्षशतान्यपि ९६ अशेतमुसलेष्वेवप्रसादार्थंभवस्यसा ॥
तामब्रवीद्धसन्देवोभवितावैसुतस्तव ९७ विनाभर्त्राचरुद्रेणभविष्यतिनसंशयः ॥ वंशेतवैवनाम्नातुख्यातिंयास्यतिचेप्सिताम् ९८ विकर्णश्चमहादेवंतथाभक्तसुखा
वहम् ॥ प्रसाद्यभगवान्सिद्धिंप्राप्तवान्मधुसूदन ९९ ॥ ॥ ॥ ॥ ॥ ॥ ॥

देवेनेतिपाठेइंद्रेण ९४ अत्रेरिति । पतिद्वेषिण्योऽपिस्त्रियोमहादेवंप्राप्यकृतकृत्याभवंतीतिभावः ९५ । ९६ मुसलेष्वयोग्रेषुकाष्ठकीलेषु । ‘अयोग्रेमुसलेमतम्’ इतिविश्वलोचनः ९७ विनेति ।
चरुद्रःचरोर्द्रवःमंडइतियावत् चरशब्दपूर्वाद्दयतेरन्येभ्योऽपिदृश्यतइतिडः भर्तारंविनाऽपिचरुद्रवपानमात्रेणतवपुत्रोभविष्यतीत्यर्थः तवैवनाम्नाआनसूयवइति ९८ । ९९ ॥

१०० ।१। २ । ३ । ४ । ५ । ६ । ७ । ८ । ९ । ११० । ११ । १२ । १३ । १४ । १५ । १६ । १७ । १८ । १९ । १२० । २१ । २२ । २३ पावनानांपवनाशिनाम्

शाकल्यःसंशितात्मावैनववर्षशतान्यपि ॥ आराधयामासभवंमनोयज्ञेनकेशव १०० तंचाहभगवांस्तुष्टोग्रंथकारोभविष्यसि ॥ वत्साक्षयाचतेकीर्तिस्त्रैलोक्येवै
भविष्यति १ अक्षयंचकुलंतेऽस्तुमहर्षिभिरलंकृतम् ॥ भविष्यतिद्विजश्रेष्ठःसूत्रकर्तासुतस्तव २ सावर्णिश्चापिविख्यातऋषिरासीत्कृतेयुगे ॥ इहतेनतपस्तप्तं
षष्टिवर्षशतान्यथ ३ तमाहभगवान्रुद्रःसाक्षात्तुष्टोऽस्मितेऽनघ ॥ ग्रंथकृल्लोकविख्यातोभविताऽस्यजरामरः ४ शक्रेणतुपुरादेवोवाराणस्यांजनार्दन ॥ आरा
धितोऽभूद्भक्तेनदिग्वासाभस्मगुंठितः ५ आराध्यसमहादेवंदेवराज्यमवाप्तवान् ॥ नारदेनतुभक्त्याऽसौभवआराधितःपुरा ६ तस्यतुष्टोमहादेवोजगौदेवगुरु
गुरुः ॥ तेजसातपसाकीर्त्यात्वत्समोनभविष्यति ७ गीतेनवादितव्येननित्यंमामनुयास्यसि ॥ मयापिचतथादृष्टोदेवदेवःपुराविभो ८ साक्षात्पशुपतिस्तात
तच्चापिशृणुमाधव ॥ यदर्थंचमयादेवःप्रयतेनतथाविभो ९ प्रबोधितोमहातेजास्तंचापिशृणुविस्तरम् ॥ यदवाप्तंचमेपूर्वंदेवदेवान्महेश्वरात् ११० तत्सर्वंनिखिले
नाद्यकथयिष्यामितेऽनघ ॥ पुराकृतयुगेतातऋषिरासीन्महायशाः ११ व्याघ्रपादइतिख्यातोवेदवेदांगपारगः ॥ तस्याहमभवंपुत्रोधौम्यश्चापिममानुजः १२
कस्यचित्त्वथकालस्यधौम्येनसहमाधव ॥ आगच्छमाश्रमंक्रीडन्मुनीनांभावितात्मनाम् १३ तत्रापिचमयादृष्टादुह्यमानापयस्विनी ॥ लक्षितंचमयाक्षीरं
स्वादुतोह्यमृतोपमम् १४ ततोऽहमब्रुवंबाल्याज्जननीमात्मनस्तथा ॥ क्षीरोदनसमायुक्तंभोजनंहिप्रयच्छमे १५ अभावाच्चैवदुग्धस्यदुःखिताजननीतदा ॥
ततःपिष्टंसमालोड्यतोयेनसहमाधव १६ आवयोःक्षीरमित्येवपानार्थंसमुपानयत् ॥ अथगव्यंपयस्तातकदाचित्प्राशितंमया १७ पित्राऽहंयज्ञकालेहिनीतो
ज्ञातिकुलंमहत् ॥ तत्रसाक्षरतेदेवीदिव्यागौःसुरनंदिनी १८ तस्याहंतत्पयःपीत्वारसेनह्यमृतोपमम् ॥ ज्ञात्वाक्षीरगुणांश्चैवउपलभ्यहिसंभवम् १९ सच
पिष्टरसस्तातनमेप्रीतिमुपावहत् ॥ ततोऽहमब्रुवंबाल्याज्जननीमात्मनस्तदा १२० नेदंक्षीरोदनंमातर्यत्त्वंमेदत्तवत्यसि ॥ ततोमामब्रवीन्मातादुःखशोकसम
न्विता २१ पुत्रस्नेहात्परिष्वज्यमूर्ध्निचाघ्रायमाधव ॥ कुतःक्षीरोदनंवत्समुनीनांभावितात्मनाम् २२ वनेनिवसतांनित्यंकंदमूलफलाशिनाम् ॥ आस्थि
तानांनदींदिव्यांवालखिल्यैर्निषेविताम् २३ कुतःक्षीरंवनस्थानांमुनीनांगिरिवासिनाम् ॥ पावनानांवनाशानांवनाश्रमनिवासिनाम् २४ ग्राम्याहारनिवृत्ता
नामारण्यफलभोजिनाम् ॥ नास्तिपुत्रपयोऽरण्येसुरभीगोत्रवर्जिते २५ नदीगह्वरशैलेषुतीर्थेषुविविधेषुच ॥ तपसाजप्यनित्यानांशिवोनःपरमागतिः २६ अ
प्रसाद्यविरूपाक्षंवरदंस्थाणुमव्ययम् ॥ कुतःक्षीरोदनंवत्ससुखानिवसनानिच २७ तंप्रपद्यसदावत्ससर्वभावेनशंकरम् ॥ तत्प्रसादाच्चकामेभ्यःफलंप्राप्स्यसि
पुत्रक २८ जनन्यास्तद्वचःश्रुत्वातदाप्रभृतिशत्रुहन् ॥ प्रांजलिःप्रणतोभूत्वाइदमंबामचोदयम् १२९ ॥ ॥ ॥ ॥

वनाशानां अब्भक्षाणां २४ । २५ । २६ । २७ प्रपद्यप्रपन्नोभव २८ । १२९ ॥ ॥ ॥ ॥ ॥ ॥ ॥ ॥

१३० । ३१ । ३२ । ३३ दुर्विज्ञेयःशास्त्रतोऽपिज्ञातुमशक्यः । दुराधारःशास्त्राद्ज्ञातोऽपिमनसिधर्तुमशक्यः दुराबाधःध्रियमाणोऽपिलयविक्षेपादिविघ्नैःसंकटः । यतोदुरंतकःदुष्टान्यंतकानि
वंधकानियस्मिन्‌विघ्नाभावेपिदुर्ग्राह्यः । दिव्यविषयवैवश्येनपरवैराग्याभावावसत्यपिवैराग्येदुर्दृश्यः । अत्मनीवप्रकृतावपिचेतसोलयस्यसंभवात् ३४ एवंनिर्विशेषरूपस्यदुर्ज्ञेयत्वमुक्त्वासवि

कोऽयमंबमहादेवःसकथंचप्रसीदति ॥ कुत्रवावसतेदेवोद्रष्टव्योवाकथंचन १३० तुष्यतेवाकथंशर्वोरूपंतस्यचकीदृशम् ॥ कथंज्ञेयःप्रसन्नोवादर्शयेज्जननीमम ३१ एवमुक्तातदाकृष्णमातामेसुतवत्सला ॥ मूर्धन्याघ्रायगोविंदसबाष्पाकुललोचना ३२ प्रमार्जंतीचगात्राणिममवैमधुसूदन ॥ दैन्यमालंब्यजननीइदमाहसुरोत्तम ३३ ॥ अम्बोवाच ॥ दुर्विज्ञेयोमहादेवोदुराधारोदुरंतकः ॥ दुराबाधश्चदुर्ग्राह्योदुर्दृश्योह्यकृतात्मभिः ३४ यस्यरूपाण्यनेकानिप्रवदंतिमनीषिणः ॥ स्थानानिचविचित्राणिप्रसादाश्चाप्यनेकशः ३५ कोहितत्त्वेनतद्वेदईशस्यचरितंशुभम् ॥ कृतवान्यानिरूपाणिदेवदेवःपुराकिल ॥ क्रीडतेचतथाशर्वःप्रसीदति यथाचवै ३६ हृदिस्थःसर्वभूतानांविश्वरूपोमहेश्वरः ॥ भक्तानामनुकंपार्थंदर्शनंचयथाश्रुतम् ३७ मुनीनांब्रुवतांदिव्यमीशानचरितंशुभम् ॥ कृतवान्यानिरूपाणिकथितानिदिवौकसैः ३८ अनुग्रहार्थंविप्राणांशृणुवत्ससमासतः ॥ तानितेकीर्तयिष्यामियन्मांत्वंपरिपृच्छसि ३९ ॥ अम्बोवाच ॥ ब्रह्मविष्णुसुरेन्द्राणांरुद्रादित्याश्विनामपि ॥ विश्वेषामपिदेवानांवपुर्धारयतेभवः ४० नराणांदेवनारीणांतथाप्रेतपिशाचयोः ॥ किरातशबराणांचजलजानामनेकशः ४१ करोतिभगवान्रूपमाटव्यशबराण्यपि ॥ कूर्मोमत्स्यस्तथाशंखःप्रवालांकुरभूषणः ४२ यक्षराक्षससर्पाणांदैत्यदानवयोरपि ॥ वपुर्धारयतेदेवोभूयश्चबिलवासिनाम् ४३ व्याघ्रसिंहमृगाणांचतरक्ष्वृक्षपतत्रिणाम् ॥ उलूकश्वशृगालानांरूपाणिकुरुतेऽपिच ४४ हंसकाकमयूराणांकृकलासकसारसाम् ॥ रूपाणिचबलाकानांगृध्रचक्रांगयोरपि ४५ करोतिवासरूपाणिधारयत्यपिपर्वतम् ॥ गोरूपंचमहादेवोहस्त्यश्वोष्ट्रखराकृतिः ४६ छागशार्दूलरूपश्चअनेकमृगरूपधृत् ॥ अंडजानांचदिव्यानांवपुर्धारयतेभवः ४७ दंडीछत्रीचकुंडीचद्विजानांवारणस्तथा ॥ षण्मुखोवैबहुमुखस्त्रिनेत्रोबहुशीर्षकः ४८ अनेककटिपादश्चअनेकोदरवक्त्रधृत् ॥ अनेकपाणिपार्श्वश्चअनेकगणसंवृतः ४९ ऋषिगंधर्वरूपश्चसिद्धचारणरूपधृत् ॥ भस्मपांडुरगात्रश्चचंद्रार्धकृतभूषणः ५० अनेकरावसंघुष्टश्चानेकस्तुतिसंस्कृतः ॥ सर्वभूतांतकःसर्वःसर्वलोकप्रतिष्ठितः ५१ सर्वलोकांतरात्माचसर्वगःसर्ववाद्यपि ॥ सर्वत्रभगवान्ज्ञेयोहृदिस्थःसर्वदेहिनाम् ५२ योहियंकामयेत्कामंयस्मिन्नर्थेऽर्च्यते पुनः ॥ तत्सर्ववेत्तिदेवेशस्तंप्रपद्ययदीच्छसि ५३ नंदतेकुप्यतेचापितथाहुंकारयत्यपि ॥ चक्रीशूलीगदापाणिर्मुसलीखड्गपट्टिशी १५४ ॥

शेषमेवरूपमाह यस्यरूपाण्यनेकानीत्यादिना ३५ । ३६ । ३७ दिवौकसैर्देवैः ३८ अनुग्रहार्थमेवनीरूपस्यापिरूपधारणंनस्वतः ३९ ब्रह्मादिपुत्रिकांतमस्यैवरूपमित्याह
ब्रह्मेत्यादिना १४० । ४१ कूर्मोमत्स्यइत्यवतारांतराणामुपलक्षणं प्रवालांकुरभूषणोवसंतस्तेनकालोऽप्ययमेवेत्यर्थः ४२ । ४३ । ४४ । ४५ । ४६ । ४७ । ४८ । ४९ ५० । ५१
५२ । ५३ नंदतेआनंदयते कुप्यतेकोपंकरोति मित्रामित्ररूपेणाप्ययमेवानुगृह्णातितिगृह्णातिचेत्यर्थः १५४ ॥

भूधरःशेषनागः १५५ । ५६ । ५७ । ५८ । ५९ । ६० महाशेफोमहालिङ्गः ६१ सर्ववासकः सर्वस्याच्छादकः ६२ अरूपस्यनिष्कलस्य । आद्यरूपस्यमायाविनः । अतिरूपस्यनानाकार्याकारस्य । आद्यरूपिणोहिरण्यगर्भस्य । अनाद्यंकारणशून्यम् । अजस्यअंतकोवेदनकोऽपीत्यर्थः सस्यनाशकाभावादंतोनास्तीत्यर्थः ६३ अयमेवप्रत्यगात्मेत्याह हृदीति । अत्रहृदादिशब्दैःक्रमेणान्नमयप्राणमयमनोमयविज्ञानमयाःकोशाउच्यंते योगश्चिदचिद्ग्रंथिस्तदात्माआनंदमयःसएवयोगसंज्ञितोयोगीयुक्तःशुद्धस्त्वंपदार्थइत्यर्थः । ध्यानंयोगः । तत्परंशुद्धस्त्वंपदार्थावसानं । महेश्वरः

भूधरोनागमौञ्जीचनागकुंडलकुण्डली ॥ नागयज्ञोपवीतीचनागचर्मोत्तरच्छदः १५५ हसतेगायतेचैवनृत्यतेचमनोहरम् ॥ वादयत्यपिवाद्यानिविचित्राणिगणैर्युतः ५६ वल्गतेजृम्भतेचैवरुदतेरोदयत्यपि ॥ उन्मत्तमत्तरूपंचभाषतेचापिसुस्वरः ५७ अतीवहसतेरौद्रस्त्रासयन्नयनैर्जनम् ॥ जागर्त्तिचैवस्वपितिजृम्भतेच यथासुखम् ५८ जपतेजप्यतेचैवतपतेतप्यतेपुनः ॥ ददातिप्रतिगृह्णातियुंजतेध्यायतेऽपिच ५९ वेदीमध्येतथायूपेगोष्ठमध्येहुताशने ॥ दृश्यतेऽदृश्यतेचापिबालोवृद्धोयुवातथा ६० क्रीडतेऋषिकन्याभिर्ऋषिपत्नीभिरेवच ॥ ऊर्ध्वकेशोमहाशेफोनग्नोविकृतलोचनः ६१ गौरःश्यामस्तथाकृष्णःपांडुरोधूमलोहितः ॥ विकृताक्षोविशालाक्षोदिग्वासाःसर्ववासकः ६२ अरूपस्याद्यरूपस्यअतिरूपाद्यरूपिणः ॥ अनाद्यंतमजस्यांतंवेत्स्यतेकोऽस्यतत्त्वतः ६३ हृदिप्राणोमनोजीवोयोगात्मायोगसंज्ञितः ॥ ध्यानंतत्परमात्माचभावग्राह्योमहेश्वरः ६४ वादकोगायनश्चैवसहस्रशतलोचनः ॥ एकवक्त्रोद्विवक्त्रश्चत्रिवक्त्रोऽनेकवक्त्रकः ६५ तद्भक्तस्तद्गतोनित्यंतन्निष्ठस्तत्परायणः ॥ भजपुत्रमहादेवंततःप्राप्स्यसिचेप्सितम् ६६ जनन्यास्तद्वचःश्रुत्वातदाप्रभृतिशत्रुहन् ॥ ममभक्तिर्महादेवेनैष्ठिकीसमपद्यत ६७ ततोऽहंतपआस्थायतोषयामासशंकरम् ॥ एकंवर्षसहस्रंतुवामांगुष्ठाग्रविष्ठितः ६८ एकंवर्षशतंचैवफलाहारस्ततोऽभवम् ॥ द्वितीयंशीर्णपर्णाशीतृतीयंचांबुभोजनः ६९ शतानिसप्तचैवाहंवायुभक्षस्तदाभवम् ॥ एकंवर्षसहस्रंतुदिव्यमाराधितोमया ७० ततस्तुष्टोमहादेवःसर्वलोकेश्वरःप्रभुः ॥ एकभक्तइतिज्ञात्वाजिज्ञासांकुरुतेतदा ७१ शक्ररूपंसकृत्वातुसर्वैर्देवगणैर्वृतः ॥ सहस्राक्षस्तदाभूत्वावज्रपाणिर्महायशाः ७२ सुधावदातंरक्ताक्षंस्तब्धकर्णंमदोत्कटम् ॥ आवेष्टितकरंरौद्रंचतुर्दंष्ट्रंमहागजम् ७३ समास्थितःसभगवान्दीप्यमानःस्वतेजसा ॥ आजगामकिरीटीतुहारकेयूरभूषितः ७४ पांडुरेणातपत्रेणध्रियमाणेनमूर्धनि ॥ सेव्यमानोऽप्सरोभिश्चदिव्यगंधर्वनादितैः ७५ ततोमामाहदेवेन्द्रस्तुष्टस्तेऽहंद्विजोत्तम ॥ वरंवृणीष्वमत्तस्त्वंयत्तेमनसिवर्त्तते १७६

मायावीतत्पदार्थः । भावेनसूक्ष्मयाचेतोवृत्त्याग्राह्यः । किंद्वयत्वेन नेत्याह । आत्माप्रत्यग्रूपइत्यर्थः । एतेनायमात्माब्रह्मेतिमहावाक्यार्थोदर्शितः ६४ ब्रह्मदाशाब्रह्मदासाइत्यादिश्रुतेरर्थमाह वादकइति । वादकादिःसर्वोऽपिजीवोब्रह्मैवेत्यर्थः । एकवक्त्रःआनंदभुक्चेतोमुखःप्राज्ञस्तृतीयःपादइत्यर्थः । द्विवक्त्रःलिंगदेहोजीवश्चेतिद्विवक्त्रःसुखग्राहकोयस्यसतैजसः । त्रिवक्त्रःस्थूलदेहेनसार्द्धंपूर्वेद्वेचेत्रीणिवक्त्राणियस्यसविश्वः अनेकवक्त्रकोविराट् सएवसहस्रंशतानिलक्षमनंतमितियावत् यावंतिलोचनानियस्य ६५ ६६ । ६७ । ६८ । ६९ । ७०एकभक्तःमुख्योभक्तः ७१ । ७२ । ७३ । ७४ । ७५ । ७६

अभवसंधिरापे: ७७ । ७८ । ७९ पशुपतिवचनादित्यादेर्ग्रंथस्यतात्पर्यंपरमकारणस्यभगवतोमहादेवस्यानुग्रहेसतितिर्यग्योनिप्राप्तावपिभयंनास्तियथाकाकस्यभुशुंडस्य । इंद्रेणतुस्वयंनष्टप्रायेणदत्तंत्रैलो
क्यराज्यमपिमहाभयजनकंयथानहुषस्येति ८० मावाममैव भवानिभूयासं ८१ । ८२ । ८३ अनार्जवंवक्रं युगंकलियुगं ८४ । ८५ । ८६ । ८७ । ८८ । ८९ असारनास्तिसारोयस्मादन्यः
केवलानंदइत्यर्थस्तं ९० । ९१ कइति । ईशेईशस्यभवनेसत्तायांकोहेतुःकायुक्तिः ईशस्त्वेप्रमाणंनास्तीत्यर्थः । तत्रहेतुः कारणकारणेइति । कारणंहिकलशस्यकपालकुलालादिवत्जगतःपरमाणुमहेश्वरादि
कंवात्रिगुणात्मकंप्रधानंवाक्षीरादिवज्जगदाकारेणपरिणममाणंतादृशकार्यद्वाराऽनुमातुंशक्यं । कारणकारणंतुनक्वचित्प्रसिद्धंनापिकल्पयितुंशक्यंकारणकल्पनयैवअर्थापत्तिपरिक्षयादितिभावः । पुनःशक्रो

शक्रस्यतुवचःश्रुत्वानाहंप्रीतमनाऽभवम् ॥ अब्रुवंश्चतदाहृष्टोदेवराजमिदंवचः १७७ नाहंत्वत्तोवरंकांक्षेनान्यस्मादपिदैवतात् ॥ महादेवादृतेसौम्यसत्यमेतद्ब्रवीमिते
७८ सत्यंसत्यंहिनःशक्रवाक्यमेतत्सुनिश्चितम् ॥ नयन्महेश्वरंमुक्त्वाकथान्याममरोचते ७९ पशुपतिवचनाद्भवामिसद्यःकृमिरथवातरुरप्यनेकशाखः ॥ अपशुप
तिवरप्रसादजामेत्रिभुवनराज्यविभूतिरप्यनिष्टा ८० जन्मश्वपाकमध्येऽपिमेऽस्तुहरचरणवंदनरतस्य ॥ मावानीश्वरभक्तोभवानिभवनेऽपिशक्रस्य ८१ वाय्वम्बुभुजो
ऽपिसतोनरस्यदुःखक्षयःकुतस्तस्य ॥ भवतिहिसुरासुरगुरौयस्यनविश्वेश्वरेभक्तिः ८२ अलमन्याभिस्तेषांकथाभिरप्यन्यधर्मयुक्ताभिः ॥ येषांनक्षणमपिरुचितोह
रचरणस्मरणविच्छेदः ८३ हरचरणनिरतमतिनाभवितव्यमनार्जवंयुगंप्राप्य ॥ संसारभयंनभवतिहरभक्तिरसायनंपीत्वा ८४ दिवसंदिवसार्धंवामुहूर्तंवाक्षणंलवम् ॥
नह्यलब्धप्रसादस्यभक्तिर्भवतिशंकरे ८५ अपिकीटःपतंगोवाभवेयंशंकराज्ञया ॥ नतुशक्रत्वयादत्तंत्रैलोक्यमपिकामये ८६ श्वापिमहेश्वरवचनाद्भवामिसहिनःपरः
कामः ॥ त्रिदशगणराज्यमपिखलुनेच्छाम्यमहेश्वराज्ञप्तम् ८७ ननाकपृष्ठंनचदेवराज्यंनब्रह्मलोकंनचनिष्कलत्वम् ॥ नसर्वकामानखिलान्वृणोमिहरस्यदासत्वमहं
वृणोमि ८८ यावच्छशांकधवलामलबद्धमौलिर्नप्रीयतेपशुपतिर्भगवान्ममेशः ॥ तावज्जरामरणजन्मशताभिघातैर्दुःखानिदेहविहितानिसमुद्वहामि ८९ दिवसकर
शशांकवह्निदीप्तंत्रिभुवनसारमसारमाद्यमेकम् ॥ अजरममरमप्रसाद्यरुद्रंजगतिपुमानिहकोलभेतशांतिम् ९० यदिनामजन्मभूयोभवतिमदीयैःपुनर्दोषैः ॥ तस्मिंस्त
स्मिन्जन्मनिभवेभवेन्मेऽक्षयाभक्तिः ९१ ॥ शक्रउवाच ॥ कःपुनर्भवनेहेतुरीशेकारणकारणे ॥ येनशर्वादृतेऽन्यस्मात्प्रसादंनाभिकांक्षसि ९२ ॥ उपमन्युरुवाच ॥
सदसद्व्यक्तमव्यक्तंयमाहुर्ब्रह्मवादिनः ॥ नित्यमेकमनेकंचवरंतस्माद्वृणीमहे १९३ ॥ ॥ ॥ ॥

वाक्यालंकारेसप्तमीषष्ठ्यर्थे भवनेइतिभावल्युट् । येनयतोहेतोःशर्वात्शृणातिहिनस्तिप्रलयकालेकृत्स्नंसंहरतितस्मात्वरंकांक्षसि तस्मादाहोपशांत्यैवह्निमिवसंहर्तारंवरार्थमाराधयन्मूढोसीतिभावः ९२
एतद्रूपयन्नुपमन्युः सदसदिति । सदितिप्रवाहानादित्वंमीमांसकमतं । असदितिशून्यंमाध्यमिकमतं । व्यक्तंपरमाणवस्तार्किकमतं । अव्यक्तंप्रधानंसांख्यमतं । एतच्चतुष्कमपियदभिन्नमाहुस्तत्वनित्यमवि
नाशिएकमसंहतंपरमशिवाख्यं । अनेकंकार्यकारणात्मकं तस्माद्वरंवृणीमहे अयंभावः । यथाबीजशक्तेर्विलसितमंकुरकांडस्कंधशाखापल्लवपत्रपुष्पफलबीजांतंविकारउत्पत्तिप्रलयवान्तस्यचप्रकृतिरेकानित्या
सर्वविशेषशून्यापूर्वास्तिसाचबीजशक्तयस्पृष्टाऽनेकरूपाचभवति । एवमव्यक्तादिकंसर्वंबीजादिस्थानीयंयत्रलीयतेतत्परमशिवाख्यंतत्त्वंकारणकारणमस्तीतिनतदपन्होतुंशक्यमिति ९३

अचिन्तितंचिन्तयानिदृत्तं ज्ञेयमीशितव्यंचताभ्यांरहितंस्वरूपभूतमेवज्ञानैश्वर्यं परमंचात्मानं यस्मात्तमाहुर्ब्रह्मवादिनोऽतस्तस्माद्वरंवृणीमहे । इतरत्वज्ञानैश्वर्यंत्वनात्मभूतमित्यर्थः ९४ एतदेवाह ऐश्वर्य मिति । बीजंमायाशक्त्यवच्छिन्नंचैतन्यंतस्माज्जातंसकलमैश्वर्यंबीजसंभूतमीशेशितव्यसापेक्षं तच्चाव्ययं संसारप्रवाहाविच्छेदात् अतएतद्यस्माच्छिवादबीजात्बीजादन्यस्मान्मृत्सामान्यस्थानीयात्अनुत्पादितंत स्मादीश्वरग्रासस्तुरीयइतिश्रुतिप्रसिद्धात्वरंवृणीमहे तथाचश्रुतौ सर्वंह्येतद्ब्रह्मायमात्माब्रह्मेति समष्टिव्यष्टिब्रह्मणीउपक्षिप्यस्थूलसूक्ष्मकारणोपाधित्वसामान्यात्व्यष्टीःसमष्टिमंतर्भाव्यविश्वतैजसप्राज्ञान्चतु ष्पदआत्मनःत्रीन्पादान्निरूप्यप्राज्ञंतृतीयंपादंप्रक्रम्यएषसर्वेश्वरएषसर्वज्ञएषोऽन्तर्याम्येषयोनिःसर्वस्यप्रभवाप्ययौहिभूतानामितिप्राज्ञस्यैवंयोन्यपरपर्यायंबीजत्वमुक्तं । तथाचतुर्थंपादमबीजंसर्वोपाध्युपहित भिन्नंपंचदशभिर्विशेषणैःपृथग्दर्शयतिश्रुतिः 'नांतःप्रज्ञंनबहिःप्रज्ञंनोभयतःप्रज्ञंनप्रज्ञंनाप्रज्ञंनप्रज्ञाघनंअदृष्टमव्यवहार्यमग्राह्यमलक्षणमचिंत्यमव्यपदेश्यमेकात्मप्रत्ययसारंप्रपंचोपशमंशिवमद्वैतंचतुर्थंमन्यंतेस आत्मासविज्ञेयः'इति । अत्रजलचंद्रन्यायेनषडुपहितचैतन्यानिषडुपाधयश्चतेषांमध्येनांतःप्रज्ञमितिसमष्टिसूक्ष्मोपाध्युपहितस्यसूत्रात्मनोनिरासः । नबहिःप्रज्ञमितिविराजः । नोभयतःप्रज्ञमित्यात्मनोनि ष्कलत्वंसकलत्वंचजानतईश्वरस्य । नप्रज्ञमितिविशेषविज्ञानवतोविश्वस्य नाप्रज्ञमितिप्रज्ञभिन्नत्वेऽपितत्सदृशस्यतैजसस्य । नप्रज्ञानघनमितिप्राज्ञस्य । तथाअदृष्टमितिसर्वेन्द्रियग्राह्यस्यविराडुपाधेः । अव्यवहार्यमितिवाचिकव्यवहारार्हस्यसूत्रोपाधेः । अग्राह्यमितियोगिग्राह्यस्यईश्वरोपाधेः । अलक्षणमितिशिरःपाण्यादिलक्षणवतोविश्वोपाधेः । अचिंत्यमितिचिंतनमात्रनिर्दृत्तस्यतैजसोपाधेः । अव्य

अनादिमध्यपर्यंतंज्ञानैश्वर्यमचिंतितम् ॥ आत्मानंपरमंयस्माद्वरंतस्माद्वृणीमहे १९४ ऐश्वर्यंसकलंयस्मादनुत्पादितमव्ययम् ॥ अबीजाद्बीजसंभूतंवरंतस्माद्वृणी महे १९५ तमसःपरमंज्योतिस्तपस्तद्वृत्तिनांपरम् ॥ यंज्ञात्वानानुशोचंतिवरंतस्माद्वृणीमहे १९६ भूतभावनभावज्ञंसर्वभूताभिभावनम् ॥ सर्वगंसर्वदंदेवंपूजयामिपुरं दर १९७ हेतुवादैर्विनिर्मुक्तंसांख्ययोगार्थदंपरम् ॥ यमुपासंतितत्त्वज्ञावरंतस्माद्वृणीमहे १९८ मघवन्मघवात्मानंयंवदंतिसुरेश्वरम् ॥ सर्वभूतगुरुंदेवंवरंतस्माद्वृणीमहे १९९ यत्पूर्वमसृजद्देवंब्रह्माणंलोकभावनम् ॥ अण्डमाकाशमापूर्यवरंतस्माद्वृणीमहे २०० अग्निरापोऽनिलःपृथ्वीखंबुद्धिश्चमनोमहान् ॥ स्रष्टाचैषांभवेद्योऽन्यो ब्रूहिकःपरमेश्वरात् २०१ ॥ ॥ ॥ ॥ ॥ ॥ ॥

पदेश्यमितिअहमज्ञइतिव्यपदेशार्हस्यज्ञानस्यप्राज्ञोपाधेश्चनिरासः । एकात्मप्रत्ययसारमितिषण्णामुपहितानांप्रपंचोपशमइतिषण्णामुपाधीनामद्वैतमितिसर्वेषांनिरासः । शिवंसर्वबाधावधिभूतमानंदमात्रंपरिशि शिनष्टितस्माद्युक्तमुक्तंसकलमैश्वर्यमबीजादनुत्पादितंबीजसंभूतंचेति । तस्मात्कारणकारणस्यशिवस्यसत्वेयुक्तिःश्रुतिश्चप्रमाणमस्तीतिभावः ९५ । ९६ एवमीशस्यकारणत्वंनिरूप्येदानींकारणत्वंकार्यत्वंचनि रूपयतिभूतभावनेत्यादिना । भूतानांखादीनांजीवानांचभावनंरचनंभावमभिप्रायंसर्वज्ञंसर्वशक्तिंचेत्यर्थः ९७ यत्पुनरुक्तंईशसत्तायांकोहेतुरितितत्राह हेत्विति । कारणात्माऽपिश्रुतिंविनायुक्तिमात्रेणनसिद्ध्यति किंपुनःकारणकारणमित्याशयः। सांख्ययोगयोःसम्यगालोचनंसांख्यंवृत्तिनिरोधोयोगस्तयोरर्थःप्रयोजनंतत्त्वसाक्षात्कारस्तत्प्रदमतएवोपास्यं ९८ मघवतस्तवैव आत्मानंजीवानामंतरात्मानमित्यर्थः मघवात्मान मितिवर्णलोपआर्षः नांतमेववाप्रातिपदिकं ९९ यद्वस्तुमृत्स्थानीयंतदेवाकाशंबीजभूतमव्याकृतमापूर्यस्वसत्तयाव्याप्यतद्द्वारापांचभौतिकमंडंब्रह्मांडंस्रष्टातदंतर्ब्रह्माणमसृजदित्यन्वयः २०० अंडसृष्टिक्रममेवाह अग्निरिति । अग्न्यादिशब्दैरत्रपंचतन्मात्राणिशब्दतन्मात्रादीनिसूक्ष्मभूतान्युच्यंते । बुद्धिरित्यहंकारः । मनइत्यव्यक्तं एषांअंडोपादानभूतानाम् २०१ ॥ ॥ ॥ ॥

यत्रमनःशब्दितमव्यक्तमुक्तंतदेवमहच्छब्दिताभतिरहंकारादिकंचतदेवेत्यर्थः । एषांमनआदीनांपरमंपरायणंयोभवेत्सशिवादन्यःकोऽस्तीतियोजना यथाबीजशक्त्युपहितामृदेवघटःएवमज्ञानशक्त्युपहितः शिवएवसर्वं अतोघटस्यमृदिवसर्वस्यशिवएवपरायणमपीतिभावः २ ब्रह्मादिष्वपिजगत्कर्तृत्वसिद्धिःशिवप्रसादायत्तैवेत्याह स्रष्टारमिति । एतेनभौतिकार्थस्रष्टृत्वमपिशिवस्यैवेतिदार्शितं ३ भगवत्स्येकैकगुणप्रधानोपाधीनांब्रह्मविष्णुरुद्राणांस्रष्टरिसर्वगुणोपाधौतुर्यमूर्तौमहेश्वरेऽपियदुक्तमैश्वर्यंविद्यतेतदपिमहादेवादेवतेनप्राप्तमतःकस्तस्मात्परमेश्वरादन्यईश्वरोऽस्तीतिब्रूहि नकोप्यस्तीतिभावः ४ दितेःसुतान्हिरण्याक्षादीन् संपादितुंऐश्वर्येणयोजयितुं दैत्यादीनांचयत्परपीडानुग्रहसामर्थ्यंतत्सर्वमीश्वरायत्तमेवेतिभावः ५ । ६ यज्ञत्रिपुरयोरुत्पत्तौविनाशेचतथादैत्यादीनामुपरिआधिपत्यएत्यजित्वाअरिमर्दनःपरमेश्वरादन्यःकोऽस्तीतिपूर्वेणसंबंधः ७ किंचेति । देवप्रसादादेवैःपूजितंत्वांदृष्ट्वाबहुभिःसूक्तैःकिमितिद्वयोःसंबंधः ८ । ९ अव्यक्तेति । एषुलोकेषुसर्वगस्यव्यापकस्यइदमात्मकंव्याप्यंकृत्स्नंदृश्यंचेतनाचेतनादिसजीवंनिर्जीवमादिपदात्परोक्षंस्वर्गादिअहमर्थश्चदेहेन्द्रियादिःएतत्सर्वंभोग्यं महेश्वरात्महेश्वरानुग्रहात् अव्यक्तमुक्तकेशायजीवायजीवार्थंतस्यभोगायभवतीतिविद्धि हेशक्र अव्यक्तमस्पष्टंयथास्यात्तथा

मनोमतिरहंकारस्तन्मात्राणीन्द्रियाणिच ॥ ब्रूहिचैषांभवेच्छक्रकोऽन्योऽस्तिपरमंशिवात् २०२ स्रष्टारंभुवनस्येहवदंतीहपितामहम् ॥ आराध्यसतुदेवेशमश्नुतेमहतींश्रियम् ३ भगवत्युत्तमैश्वर्यंब्रह्मविष्णुपुरोगमम् ॥ विद्यतेवैमहादेवाद्ब्रूहिकःपरमेश्वरात् ४ दैत्यदानवमुख्यानामाधिपत्यारिमर्दनात् ॥ कोऽन्यःशक्नोतिदेवेशाद्दितेःसंपादितुंसुतान् ५ दिक्कालसूर्यतेजांसिग्रहवाय्विन्दुतारकाः ॥ विद्धित्वेतेमहादेवाद्ब्रूहिकःपरमेश्वरात् ६ अथोत्पत्तिविनाशेवायज्ञस्यत्रिपुरस्यवा ॥ दैत्यदानवमुख्यानामाधिपत्यारिमर्दनः ७ किंचात्रबहुभिःसूक्तैर्हेतुवादैःपुरंदरः ॥ सहस्रनयनंदृष्ट्वात्वामेवसुरसत्तम ८ पूजितंसिद्धगंधर्वैर्देवैश्चऋषिभिस्तदा ॥ देवदेवप्रसादेनतत्सर्वंकुशिकोत्तम ९ अव्यक्तमुक्तकेशायसर्वगस्येदमात्मकम् ॥ चेतनाचेतनाद्येषुशक्रविद्धिमहेश्वरात् २१० भुवाद्येषुमहांतेषुलोकालोकांतरेषुच ॥ द्वीपस्थानेषुमेरोश्चविभवेष्वंतरेषुच ११ भगवन्मघवन्देवंवदंतेतत्त्वदर्शिनः ॥ यदिदेवाःसुराःशक्रपश्यंत्यन्यांभवाकृतिम् १२ किंनगच्छंतिशरणंमर्दिताश्चासुरैःसुराः ॥ अभिघातेषुदेवानांसयक्षोरगरक्षसाम् १३ परस्परविनाशेषुस्वस्थानैश्वर्यदोभवः ॥ अंधकस्याथशुक्रस्यदुंदुभेर्महिषस्यच १४ यक्षेंद्रबलरक्षःसुनिवातकवचेषुच ॥ वरदानावघातायब्रूहिकोऽन्योमहेश्वरात् २१५ ॥ ॥ ॥ ॥ ॥ ॥

मुक्तः भ्रांतितिरोहितंनित्यमुक्तत्वमस्येत्यर्थः सचासौकेशःइवकेशःशिवांशइतिअव्यक्तमुक्तकेशः । यत्किंचिद्भोग्यंयःकश्चनजंतुःशिवादेवाप्नोतिनान्योभवदादिस्तत्प्रदइतिभावः २१० एष्वितिपदंव्याचष्टे भुवाद्येष्विति । भूरादिष्वितिद्रष्टव्यं तेनभूर्भुवःस्वर्महःशब्दितालोकाः'भूरितिवाअयंलोकः'इत्यादिश्रुतिप्रसिद्धाः । तथाआलोकाः'भूरितिवाअग्निःभूरितिवाऋचः'इत्यादिश्रुतिप्रसिद्धाः । तथाअंतराःभूरितिवैप्राणइत्याद्याःसूर्यचंद्रब्रह्माद्यंतास्तेषुविभवेषुदिव्यप्रदेषु । अथयदतःपरोदिवोज्योतिर्दीप्यतेविश्वतःपृष्ठेषुसर्वतःपृष्ठेष्वनुत्तमेषुलोकेष्वितिश्रुतंज्योतिःशब्दितंदेवंवदंते तत्त्वदर्शिनोवैदिकाइत्यर्थः सार्धःश्लोकः ११ भवाकृतिंभवतुल्यांमूर्तिंशरणं तामेवेतिशेषः १२ अभिघातेषुयुद्धेषुअन्योन्यंविनाशवत्सुऐश्वर्यंनास्तिकिंतुविनाशएवास्तीत्यर्थः अतःस्वस्थानेवाभिलक्ष्यभवऐश्वर्यदोभवतीतिभावः १३ १४ वरदानसहितोऽवघातोऽवमर्दनंतस्मैसमर्थइतिशेषः १५ ॥ ॥ ॥ ॥ ॥ ॥ ॥

सुरेति। रुद्रस्यरेतोवन्हौस्कन्नंतेनचदूरीकृतंसत्कनकत्वंप्राप्तमितिपुराणांतरस्थाकथासूचिता १६ दिग्वासाइति। विग्रहवतोपिशिवस्यचरितंनिरुपमंकिमुताविग्रहस्येतिशेषग्रंथतात्पर्यम् १७ श्मशानेद्वेअविमुक्ते मुक्तिस्थाने अधिलोकंवाराणसीअध्यात्मंभ्रूघ्राणमध्येकस्यक्रीडार्थंशाखेक्लृप्तेइतिशेषः १८। १९ घुष्यतेइति। अचलंकैलासं २२०। २१ विहितमज्ञातंसत्ज्ञापितं परंकारणमव्यक्तस्यापिकारणं २२ कर्मफलैःशरीरैस्तत्संबंधिभिःसुखदुःखैश्चहीनं। 'अशरीरंवावसंतंनप्रियाप्रियेस्पृशतः'इतिश्रुत्युक्तोऽयमर्थः २३ गुणिनईश्वरात्परंश्रेष्ठमतएवगुणहीनं। तथाप्ययस्कांतन्यायेनगुणाध्यक्षंगुणानांनियाम कंमाहेश्वरंमहेश्वरस्यापिपदंपदनीयं। ईश्वरग्रासइतिश्रुतेः २४ कारणस्येश्वरस्यगुरुंनियंतारं लोकश्चलोकांतश्चतयोःकारणं। अभूतंवर्त्तमानं २५ अक्षरंजीवस्ततोऽप्यक्षरंशिवःसएवाक्षराक्षरंअव्यक्तं प्रधानं यतउपादानादक्षरादिकंभवतितमहंकारणंब्रुवे २६ प्रत्यक्षमिति। लिंगंशिवमूर्तेर्ज्ञापकंविग्रहंभगेनांकितंप्रत्यक्षंपश्य। पिंडिकालिंगाकाराजलधाराचभगाकारेतिलौकिकंप्रत्यक्षं। शास्त्रीयंप्रत्यक्षं

सुरासुरगुरोर्वक्त्रेकस्यरेतःपुराहुतम् ॥ कस्यवान्यस्यरेतस्तद्येनहैमोगिरिःकृतः २१६ दिग्वासाःकीर्त्यतेकोऽन्योलोकेकश्चोर्ध्वरेतसः ॥ कस्यचार्धेस्थिता कांताअनंगःकेननिर्जितः १७ ब्रूहीन्द्रपरमंस्थानंकस्यदेवैःप्रशस्यते ॥ श्मशानेकस्यक्रीडार्थंनृत्येवाकोभिभाष्यते १८ कस्यैश्वर्यंसमानंचभूतैःकोवापिक्री डते ॥ कस्यतुल्यबलादेवगणाश्चैश्वर्यदर्पिताः १९ घुष्यतेह्यचलंस्थानंकस्यत्रैलोक्यपूजितम् ॥ वर्षतेतपतेकोऽन्योज्वलतेतेजसाचकः २२० कस्मादोष धिसंपत्तिःकोवाधारयतेवसु ॥ प्रकामंक्रीडतेकोवात्रैलोक्येसचराचरे २१ ज्ञानसिद्धिक्रियायोगैःसेव्यमानश्चयोगिभिः ॥ ऋषिगंधर्वसिद्धैश्चविहितंकारणं परम् २२ कर्मयज्ञक्रियायोगैःसेव्यमानःसुरासुरैः ॥ नित्यंकर्मफलैर्हीनंतमहंकारणंवदे २३ स्थूलंसूक्ष्ममनौपम्यमग्राह्यंगुणगोचरम् ॥ गुणहीनंगुणाध्यक्षं परंमाहेश्वरंपदम् २४ विश्वेशंकारणगुरुंलोकालोकांतकारणम् ॥ भूताभूतभविष्यच्चजनकंसर्वकारणम् २५ अक्षराक्षरमव्यक्तंविद्याविद्येकृताकृते ॥ धर्माधर्मौ यतःशक्रतमहंकारणंब्रुवे २६ प्रत्यक्षमिहदेवेन्द्रपश्यलिङ्गंभगांकितम् ॥ देवदेवेनरुद्रेणसृष्टिसंहारहेतुना १७ मात्रापूर्वममाख्यातंकारणंलोकलक्षणम् ॥ नास्तिचेशात्परंशक्रतंप्रपद्ययदीच्छसि २२८ ॥ ॥ ॥ ॥ ॥ ॥

तुश्रुतिःप्रामाण्यंप्रत्यनपेक्षत्वात्तच्च 'पदंयद्विष्णोरुपमंनिधायितेनपासिगुह्यंनामगोनाम्'इति। अस्यार्थः यद्यतोहेतोर्विष्णोःपदंस्थानंप्रतिमेतियावत् ततःकयुपस्थंविष्णुर्योनिंकल्पयत्वितिमंत्रवर्णात् उ पमंनिकटेस्थित्वामातिवेष्टयतीत्युपमंकृत्वानिधायिनिहितं अडभावश्छांदसः तेनहेतुना त्वंगोनामिंद्रियाणांमध्ये यद्गोप्यमवाच्यमिंद्रियंभगंलिंगंपासिरक्षसितन्नामचपासि। तत्रापिभगसंयोगाद्भगवानितितिना मधारयसिलिंगरूपत्वाच्चलिंगमितिविवेकः भगलिंगसमुदायेऽपिलिंगमितिनामच्छत्रिणोयांतीतिवल्लिंगसमवायादेवज्ञेयं तच्चभगांकितंलिंगंरुद्रात्मनाऽऽविर्भूतं २७ एतदेवविवृणोति मात्रेत्यादिना। लोको भगलिंगसंयोगजोयस्माद्दृश्यतेतस्मादस्यकारणमपितादृश्यमेवानुमेयमित्यर्थः लक्षणंज्ञापकं २८ ॥ ॥ ॥ ॥ ॥

प्रत्यक्षमितिसार्धं । संयोगलिङ्गोद्भवं भगलिङ्गयोः संयोगात्मकंयल्लिङ्गंतदुद्भवं । विकारोमायाभगं निर्गुणंचैतन्यं तयोर्गणःसमुदायईश्वरस्तत्सहितंसविकारनिर्गुणं । त्रैलोक्यं ब्रह्मादीनांरेतसाउद्भवोयस्यतत्तथा संधिरार्षः । ननुमनोःप्राक्सांकल्पिकीसृष्टिस्ततऊर्ध्वंमैथुनीस्मर्यतेतत्कथंब्रह्मादिरेतोद्भवमितितत्राह कामसहस्रकल्पितधियइति । तत्रापिकामइच्छातयासहसंभूयेच्छावताब्रह्ममहेंद्रादिनापुरुषेणधियोमात्राः पुत्रादयःकल्पिताइतिकामोयोनिःकामीबीजप्रदइत्यस्तिलिंगोद्भवत्वमित्यर्थः । अतस्तेब्रह्मादयोऽपीशाद्भगलिंगसंघातरूपात्परंकारणंस्वरूपमात्रंनशंसंति असंधिरार्षः । फलितमाह तमिति २९ शिष्टैरभ्यर्चनीयत्वादपिलिंगस्यकारणत्वमित्याह हेतुभिरिति २३० । ३१ । ३२ उक्तमर्थंनिगमयति नेति । ननुभगलिंगवत्पद्मचक्रवज्राणांशरीरावयवत्वाभावात्तदंकितत्वंप्रजास्वसक्तमेवकथंनिपिध्यतइतिचेत

प्रत्यक्षंननुतेसुरेशविदितंसंयोगलिङ्गोद्भवंत्रैलोक्यंसविकारनिर्गुणगणंब्रह्मादिरेतोद्भवम् ॥ यद्ब्रह्मेन्द्रहुताशविष्णुसहितादेवाश्चदैत्येश्वरानान्यत्कामसहस्रकल्पितधियः शंसंतिईशात्परम् ॥ तंदेवंसचराचरस्यजगतोव्याख्यातवेद्योत्तमंकामार्थीवरयामिसंयतमनामोक्षायसद्यःशिवम् २२९ हेतुभिर्वाकिमन्यैस्तैरीशःकारणकारणम् ॥ नशुश्रुमयदन्यस्यलिङ्गमभ्यर्चितंसुरैः २३० कस्यान्यस्यसुरैःसर्वैर्लिङ्गंमुक्त्वामहेश्वरम् ॥ अर्च्यतेऽर्चितपूर्वंवाब्रूहियद्यस्तितेश्रुतिः ३१ यस्यब्रह्माचविष्णुश्चत्वंचापिसहदैवतैः ॥ अर्चयध्वंसदालिंगंतस्माच्छ्रेष्ठतमोहिसः ३२ नपद्मांकानचक्रांकानवज्रांकायतःप्रजा ॥ लिंगांकाचभगांकाचतस्मान्माहेश्वरीप्रजा ३३ देव्याःकारणरूपभावजनिताःसर्वाभगांकाःस्त्रियोलिंगेनापिहरस्यसर्वपुरुषाःप्रत्यक्षचिन्हीकृताः ॥ योऽन्यत्कारणमीश्वरात्प्रवदतेदेव्याचयन्नांकितंत्रैलोक्येसचराचरेसतुपुमान्बाह्योभवेद्दुर्मतिः ३४ पुल्लिंगंसर्वमीशानंस्त्रीलिंगंविद्धिचाप्युमाम् ॥ द्वाभ्यांतनुभ्यांव्याप्तंहिचराचरमिदंजगत् ३५ तस्माद्वरमहंकांक्षेनिधनंवापिकौशिक ॥ गच्छवातिष्ठवाशक्रयथेष्टंबलसूदन ३६ काममेषवरोमेऽस्तुशापोवाथमहेश्वरात् ॥ नचान्यांदेवतांकांक्षेसर्वकामफलामपि ३७ एवमुक्त्वातुदेवेन्द्रंदुःखादाकुलितेंद्रियः ॥ नप्रसीदतिमेदेवःकिमेतदितिचिन्तयन् ३८ अथापश्यंक्षणेनैवतमेवैरावतंपुनः ॥ हंसकुन्देन्दुसदृशंमृणालरजतप्रभम् ३९ वृषरूपधरंसाक्षात्क्षीरोदमिवसागरम् ॥ कृष्णपुच्छंमहाकायंमधुपिंगललोचनम् २४० वज्रसारमयैःशृंगैर्निष्टप्तकनकप्रभैः ॥ सुतीक्ष्णैर्मृदुरक्ताग्रैरुत्किरन्तमिवावनिम् ४१ जांबूनदेनदाम्नाचसर्वतःसमलंकृतम् ॥ सुवक्त्रखुरनासंचसुवर्णसुकटीतटम् ४२ सुपार्श्वंविपुलस्कंधंसुरूपंचारुदर्शनम् ॥ ककुदंतस्यचाभातिस्कंधमापूर्यधिष्ठितम् ४३ तुषारगिरिकूटाभंसिताभ्रशिखरोपमम् ॥ तमास्थितश्चभगवान्देवदेवःसहोमया ४४ अशोभतमहादेवःपौर्णमास्यामिवोडुराट् ॥ तस्यतेजोभवोवह्निःसमेघःस्तनयित्नुमान् ४५ सहस्रमिवसूर्याणांसर्वमापूर्यधिष्ठितः ॥ ईश्वरःसुमहातेजाःसंवर्त्तकइवानलः २४६ ॥ ॥ ॥ ॥

शृणु एवंहिपुराणांतरेऽपाख्यायते कामंवध्वादिगंबरेभवानीशेभिक्षायटतिसतिकदाचिदृपिपत्न्यापतत्क्वेतत्त्वालिंगमप्रच्छादितमित्युक्तेशिवस्यलिंगंपतितं तेनचत्रैलोक्येव्याकुलीकृतेसतिचिरकामप्रतप्तयादेव्यायोनिरूपंगृहीत्वातल्लिंगंरुद्धमिति तेनतयोरपिपद्मादिवत्पृथग्भूतत्वाविशेषात्तदंकिताप्रजामाहेश्वर्येव अयंचभगलिंगयोःपृथग्भावःशूलंशूलाद्विनिष्कृष्येतिवददोषः अन्यथानिर्लिङ्गत्वमन्यजन्यत्वंवाप्रजायाआपद्येतेतिदिक् ३३।३४। ३५ ३६। ३७। ३८। ३९। ४०। ४१। ४२। ४३। ४४ समेघइति। मेघादीन्व्याप्यस्थितइत्यर्थः ४५ भूतानामितिकर्मणिषष्ठी २४६

म.भा.टी.

४७ । ४८ । ४९ । २५० शुक्लध्वजंशुक्लवृषभध्वजं ५१ । ५२ । ५३ । ५४ अस्त्राण्यष्टादशभुजस्थानितावंत्येवायुधानितेषांमध्येधनुःशरौशूलसर्पौपरशुश्चकंठोक्ताःखट्वांगखड्गचर्मपाशांकुशडमरुगदाशक्तिभि

॥ ७० ॥ युगांतेसर्वभूतानांदिधक्षुरिवचोद्यतः ॥ तेजसातुतदाव्याप्तंदुर्निरीक्ष्यंसमंततः २४७ पुनरुद्विग्नहृदयःकिमेतदितिचिंतयम् ॥ मुहूर्त्तमिवतत्तेजोव्याप्यसर्वादिशो अ०
दश ४८ प्रशांतंदिक्षुसर्वासुदेवदेवस्यमायया ॥ अथापश्यंस्थितंस्थाणुंभगवंतंमहेश्वरम् ४९ नीलकंठंमहात्मानमसक्तंतेजसांनिधिम् ॥ अष्टादशभुजंस्थाणुंसर्वाभर
णभूषितम् २५० शुक्लांबरधरंदेवंशुक्लमाल्यानुलेपनम् ॥ शुक्लध्वजमनाधृष्यंशुक्लयज्ञोपवीतिनम् ५१ गायद्भिर्नृत्यमानैश्चवादयद्भिश्चसर्वशः ॥ वृतंपार्श्वचरैर्दिव्यैरा ॥ १४ ॥
त्मतुल्यपराक्रमैः ५२ बालेंदुमुकुटंपांडुंशरच्चंद्रमिवोदितम् ॥ त्रिभिर्नेत्रैःकृतोद्योतंत्रिभिःसूर्यैरिवोदितैः ५३ अशोभतास्यदेवस्यमालागात्रेसितप्रभे ॥ जातरूपमयैः
पद्मैर्ग्रथितारत्नभूषिता ५४ मूर्तिमंतितथाऽस्त्राणिसर्वतेजोमयानिच ॥ मयादृष्टानिगोविंदभवस्यामिततेजसः ५५ इंद्रायुधसवर्णाभंधनुस्तस्यमहात्मनः ॥ पिनाक
मितिविख्यातमभवत्पन्नगोमहान् ५६ सप्तशीर्षोमहाकायस्तीक्ष्णदंष्ट्रोविषोल्बणः ॥ ज्यावेष्टितमहाग्रीवःस्थितःपुरुषविग्रहः ५७ शरश्चसूर्यसंकाशःकालानलसम
द्युतिः ॥ एतदस्त्रंमहाघोरंदिव्यंपाशुपतंमहत् ५८ अद्वितीयमनिर्देश्यंसर्वभूतभयावहम् ॥ सस्फुलिंगंमहाकायंविसृजंतमिवानलम् ५९ एकपादंमहादंष्ट्रंसहस्रशिर
सोदरम् । सहस्रभुजजिह्वाक्षमुद्गिरंतमिवानलम् २६० ब्राह्मान्नारायणाच्चैंद्रादाग्नेयादपिवारुणात् ॥ यद्विशिष्टंमहाबाहोसर्वशस्त्रविघातनम् ६१ येनतत्त्रिपुरंदग्ध्वाक्ष
णाद्भस्मीकृतंपुरा ॥ शरेणैकेनगोविंदमहादेवेनलीलया ६२ निर्ददाहेतचयत्कृत्स्नंत्रैलोक्यंसचराचरम् ॥ महेश्वरभुजोत्सृष्टंनिमेषार्धान्नसंशयः ६३ नावध्योयस्यलोके
ऽस्मिन्ब्रह्मविष्णुसुरेष्वपि ॥ तदहंदृष्टवांस्तत्रआश्चर्यमिदमुत्तमम् ६४ गुह्यमस्त्रवरंनान्यत्तत्तुल्यमधिकंहिवा ॥ यत्तच्छूलमितिख्यातंसर्वलोकेषुशूलिनः ६५ दारये
द्यांमहींकृत्स्नांशोषयेद्वामहोदधिम् ॥ संहरेद्वाजगत्कृत्स्नंविसृष्टंशूलपाणिना ६६ यौवनाश्वोहतोयेनमांधातासबलःपुरा ॥ चक्रवर्तीमहातेजास्त्रिलोकविजयीनृपः
६७ महाबलोमहावीर्यःशक्रतुल्यपराक्रमः ॥ करस्थेनैवगोविंदलवणस्येहरक्षसः ६८ तच्छूलमतितीक्ष्णाग्रंसुभीमंलोमहर्षणम् ॥ त्रिशिखांभ्रुकुटिंकृत्वातर्जमानमि
वस्थितम् ६९ विधूमंसार्चिषंकृष्णंकालसूर्यमिवोदितम् ॥ सर्पहस्तमनिर्देश्यंपाशहस्तमिवांतकम् २७० दृष्टवानस्मिगोविंदतदस्त्रंरुद्रसन्निधौ ॥ परशुस्तीक्ष्णधार
श्चदत्तोरामस्ययःपुरा ७१ महादेवेनतुष्टेनक्षत्रियाणांक्षयंकरः ॥ कार्तवीर्योहतोयेनचक्रवर्तीमहामृधे ७२ त्रिःसप्तकृत्वःपृथिवीयेननिःक्षत्रियाकृता ॥ जामदग्न्येनगो
विंदरामेणाक्लिष्टकर्मणा ७३ दीप्तधारःसुरौद्रास्यःसर्पकंठाग्रधिष्ठितः ॥ अभवच्छूलिनोऽभ्याशेदीप्तवन्हिशतोपमः ७४ असंख्येयानिचास्त्राणितस्यदिव्यानिधीमतः ॥
प्राधान्यतोमयैतानिकीर्तितानितवानघ ७५ सव्यदेशेतुदेवस्यब्रह्मालोकपितामहः ॥ दिव्यंविमानमास्थायहंससुयुक्तंमनोजवम् २७६

दिपालतोमरमुसलमुद्गरादीनियथासंभवंग्रंथांतरतोऽवगम्यानि ५५ । ५६ । ५७ । ५८ । ५९ । ६० । ६१ । ६२ । ६३ । ६४ । ६५ । ६६ । ६७ । ६८ । ६९ । ७० । ७१ । ७२ । ७३ । ७४ । ७५ । ७६

७७ । ७८ । ७९ । २८० । ८१ रथंतरज्येष्ठेसामनी ८२ । ८३ । ८४ । ८५ । ८६ । ८७ । ८८ । ८९ । २९० शुक्लंकर्माहिंसारहितोध्यानादिधर्मः

वामपार्श्वंगतश्चापितथानारायणःस्थितः ॥ वैनतेयंसमारुह्यशंखचक्रगदाधरः २७७ स्कंदोमयूरमास्थायस्थितोदेव्याःसमीपतः ॥ शक्तिघंटेसमादायद्वितीयइव पावकः ७८ पुरस्ताच्चैवदेवस्यनंदिंपश्याम्यवस्थितम् ॥ शूलंविष्टभ्यतिष्ठंतंद्वितीयमिवशंकरम् ७९ स्वायंभुवाद्यामनवोभृग्वाद्याऋषयस्तथा ॥ शक्राद्यादेवताश्चैवसर्वएवसमभ्ययुः २८० सर्वभूतगणाश्चैवमातरोविविधाःस्थिताः ॥ तेऽभिवाद्यमहात्मानंपरिवार्यसमंततः ८१ अस्तुवन्विविधैःस्तोत्रैर्महादेवंसुरास्तदा ॥ ब्रह्माभवंतदाऽस्तौषीद्रथंतरमुदीरयन् ८२ ज्येष्ठसाम्नाचदेवेशंजगौनारायणस्तदा ८३ गृणन्ब्रह्मपरंशक्रःशतरुद्रियमुत्तमम् ॥ ब्रह्मानारायणश्चैवदेवराजश्चकौशिकः ८४ अशोभंतमहात्मानस्त्रयस्त्रयइवाग्नयः ॥ तेषांमध्यगतोदेवोरराजभगवाञ्छिवः ८५ शरदभ्रविनिर्मुक्तःपरिधिस्थइवांशुमान् ॥ अयुतानिचचंद्रार्कानपश्यंदिविकेशव ८६ ततोऽहमस्तुवंदेवंविश्वस्यजगतःपतिम् ॥ उपमन्युरुवाच ॥ नमोदेवाधिदेवायमहादेवायतेनमः ८७ शक्ररूपायशक्रायशक्रवेषधरायच ॥ नमस्तेवज्रहस्तायपिंगलायारुणायच ८८ पिनाकपाणयेनित्यंशंखशूलधरायच ॥ नमस्तेकृष्णवासायकृष्णकुंचितमूर्धजे ८९ कृष्णाजिनोत्तरीयायकृष्णाष्टमिरतायच ॥ शुक्लवर्णायशुक्लायशुक्लांबरधरायच २९० शुक्लभस्मावलिप्तायशुक्लकर्मरतायच ॥ नमोऽस्तुरक्तवर्णायरक्तांबरधरायच ९१ रक्तध्वजपताकायरक्तस्रगनुलेपिने ॥ नमोऽस्तुपीतवर्णायपीतांबरधरायच ९२ नमोऽस्तूच्छ्रितछत्रायकिरीटवरधारिणे ॥ अर्धहारार्धकेयूरअर्धकुंडलकर्णिने ९३ नमःपवनवेगायनमोदेवायवैनमः ॥ सुरेंद्रायमुनींद्रायमहेंद्रायनमोऽस्तुते ९४ नमःपद्मार्धमालायउत्पलैर्मिश्रितायच ॥ अर्धचंदनलिप्तायअर्धस्रगनुलेपिने ९५ नमआदित्यवक्त्रायआदित्यनयनायच ॥ नमआदित्यवर्णायआदित्यप्रतिमायच ९६ नमःसोमायसौम्यायसौम्यवक्त्रधरायच ॥ सौम्यरूपायमुख्यायसौम्यदंष्ट्राविभूषिणे ९७ नमःश्यामायगौरायअर्धपीतार्धपांडवे ॥ नारीनरशरीरायस्त्रीपुंसायनमोऽस्तुते ९८ नमोवृषभवाहायगजेंद्रगमनायच ॥ दुर्गमायनमस्तुभ्यमगम्यागमनायच २९९ नमोऽस्तुगणगीतायगणवृंदरतायच ॥ गणानुयातमार्गायगणनित्यव्रतायच ३०० नमःश्वेताभ्रवर्णायसंध्यारागप्रभायच ॥ अनुद्दिष्टाभिधानायस्वरूपायनमोऽस्तुते १ नमोरक्ताग्रवासायरक्तसूत्रधरायच ॥ रक्तमालाविचित्रायरक्तांबरधरायच २ मणिभूषितमूर्धायनमश्चंद्रार्धभूषिणे ॥ विचित्रमणिमूर्धायकुसुमाष्टधरायच ३ नमोऽग्निमुखनेत्रायसहस्रशशिलोचने ॥ अग्निरूपायकांतायनमोस्तुगहनायच ४ खचरायनमस्तुभ्यंगोचराभिरतायच ॥ भूचरायभुवनायअनंतायशिवायच ५ नमोदिग्वाससेनित्यमधिवाससुवाससे ॥ नमोजगन्निवासायप्रतिपत्तिसुखायच ३०६ ॥ ॥ ॥

९१ । ९२ । ९३ । ९४ मिश्रितार्यार्मिश्रितमालाय ९५ । ९६ । ९७ । ९८ । ९९ । ३०० । १ । २ । ३ । ४ । ५ अधिवासेनपुष्पादिवासनावासिततयासुवाससे प्रतिपत्तिर्ज्ञानंसुखंयतउभयात्मने ३०६

म.भा.टी. ॥ २१ ॥

मुकुटेमुकुटाय ७ त्रीणिनेत्राणीवनेत्राणिलोकयात्रानिर्वाहकानिअग्निचन्द्रसूर्याख्यानिनेत्राणियस्यतस्मैत्रिनेत्रनेत्राय लोचनेलोचनाय ८ शंयोर्यज्ञसाद्गुण्यकर्य्यादेवतायाःअभिस्रवंतायप्रसादरूपाय

अनु० ११ अ० १४

नित्यमुद्वद्धमुकुटेमहाकेयूरधारिणे ॥ सर्पकण्ठोपहारायविचित्राभरणायच ३०७ नमस्त्रिनेत्रनेत्रायसहस्रशतलोचने ॥ स्त्रीपुंसायनपुंसायनमःसांख्याययोगिने ८
शंयोरभिस्रवंतायअथर्वायनमोनमः ॥ नमःसर्वार्तिनाशायनमःशोकहरायच ९ नमोमेघनिनादायबहुमायाधरायच ॥ बीजक्षेत्राभिपालायस्रष्टारायनमोनमः
१० नमःसुरासुरेशायविश्वेशायनमोनमः ॥ नमःपवनवेगायनमःपवनरूपिणे ११ नमःकांचनमालायगिरिमालायवैनमः ॥ नमःसुरारिमालायचण्डवेगायवैनमः १२
ब्रह्मशिरोपहर्त्तायमहिषघ्नायवैनमः ॥ नमःस्त्रीरूपधारायायज्ञविध्वंसनायच १३ नमस्त्रिपुरहर्त्तायायज्ञविध्वंसनायच ॥ नमःकामांगनाशायकालदंडधरा
यच १४ नमःस्कन्दविशाखायब्रह्मदण्डायवैनमः ॥ नमोभवायशर्वायविश्वरूपायवैनमः १५ ईशानायभवघ्नायनमोऽस्त्वन्धकघातिने ॥ नमोविश्वायमायायाचिं
त्याचिंत्यायवैनमः १६ त्वंनोगतिश्चश्रेष्ठश्चत्वमेवहृदयंतथा ॥ त्वंब्रह्मासर्वदेवानांरुद्राणांनीललोहितः १७ आत्माचसर्वभूतानांसांख्येपुरुषउच्यते ॥ ऋषभस्त्वं
पवित्राणांयोगिनांनिष्कलःशिवः १८ गृहस्थस्त्वमाश्रमिणामीश्वराणांमहेश्वरः ॥ कुबेरःसर्वयक्षाणांक्रतूनांविष्णुरुच्यते १९ पर्वतानांभवान्मेरुर्नक्षत्राणांचचं
द्रमाः ॥ वसिष्ठस्त्वमृषीणांचग्रहाणांसूर्यउच्यते ३२० आरण्यानांपशूनांचसिंहस्त्वंपरमेश्वरः ॥ ग्राम्याणांगोवृषश्चासिभवाँल्लोकप्रपूजितः २१ आदित्यानां
भवान्विष्णुर्वसूनांचैवपावकः ॥ पक्षिणांवैनतेयस्त्वमनंतोभुजगेषुच २२ सामवेदश्चवेदानांयजुषांशतरुद्रियम् ॥ सनत्कुमारोयोगानांसांख्यानांकपिलोह्यसि
२३ शक्रोऽसिमरुतांदेवपितॄणांहव्यवाडसि ॥ ब्रह्मलोकश्चलोकानांगतीनांमोक्षउच्यसे २४ क्षीरोदःसागराणांचशैलानांहिमवान्गिरिः ॥ वर्णानांब्राह्मणश्चासिवि
प्राणांदीक्षितोद्विजः २५ आदिस्त्वमसिलोकानांसंहर्त्ताकालएवच ॥ यच्चान्यदपिलोकेवैसर्वतेजोधिकंस्मृतम् २६ तत्सर्वंभगवानेवइतिमेनिश्चितामतिः ॥ न
मस्तेभगवन्देवनमस्तेभक्तवत्सल २७ योगेश्वरनमस्तेऽस्तुनमस्तेविश्वसंभव ॥ प्रसीदममभक्तस्यदीनस्यकृपणस्यच २८ अनैश्वर्येणयुक्तस्यगतिर्भवसना
तन ॥ यच्चापराधंकृतवानज्ञात्वापरमेश्वर २९ मद्भक्तइतिदेवेशतत्सर्वंक्षंतुमर्हसि ॥ मोहितश्चास्मिदेवेशत्वयारूपविपर्ययात् ३३० नार्घ्यंतेनमयादत्तंपाद्यं
चापिमहेश्वर ॥ एवंस्तुत्वाऽहमीशानंपाद्यमर्घ्यंचभक्तितः ३१ कृतांजलिपुटोभूत्वासर्वंतस्मैन्यवेदयम् ॥ ततःशीतांबुसंयुक्तादिव्यगंधसमन्विता ३२ पुष्पवृष्टिः
शुभातातपपातममर्मूर्धनि ॥ दुंदुभिश्चतदादिव्यस्ताडितोदेवकिंकरैः ॥ ववौचमारुतःपुण्यःशुचिगंधःसुखावहः ३३ ततःप्रीतोमहादेवःसपत्नीकोवृषध्वजः ॥
अब्रवीत्त्रिदशांस्तत्रहर्षयन्निवमांतदा ३३४ ॥ ॥ ॥ ॥

९ स्रष्टाराय औणादिकःसृजेस्तारन् स्रष्ट्रेइत्यर्थः १० । ११ गिरिमालायगिरौक्रीडापराय १२ । १३ हर्त्तायहर्त्रे १४ । १५ मायायमायाविने १६ गतिःप्राप्यंस्थानं श्रेष्ठःपूज्यतमः ब्रह्मादिस्तव विभूतिर्विशेषाभिव्यक्तिस्थानं १७ । १८ । १९ । २० । २१ । २२ । २३ । २४ । २५ । २६ । २७ । २८ । २९ । ३० । ३१ । ३२ । ३३ । ३४

३५।३६ कामेभ्यःकामान्काम्यमानान्अर्थान् ३७।३८।३९।४०।४१।४२।४३।४४ एवंपुरोवर्तिमूर्तिरूपं यद्अजंअनाविर्भूतंअक्षरंव्यापकंज्ञानंतद्देव इतिएवंप्रकारेणख्यातंमथांगतंविशेषंविशिष्टंदेवतांतरसपेक्ष

पश्यध्वंत्रिदशाःसर्वेउपमन्योर्महात्मनः ॥ मयिभक्तिंपरांनित्यमेकभावादवस्थिताम् ३३५ एवमुक्तास्तदाकृष्णसुरास्तेशूलपाणिना ॥ ऊचुःप्रांजलयःसर्वेन मस्कृत्वावृषध्वजम् ३६ भगवन्देवदेवेशलोकनाथजगत्पते ॥ लभतांसर्वकामेभ्यःफलंत्वत्तोद्विजोत्तमः ३७ एवमुक्तस्ततःशर्वःसुरैर्ब्रह्मादिभिस्तथा ॥ आहमां भगवानीशःप्रहसन्निवशंकरः ३८ ॥ भगवानुवाच ॥ वत्सोपमन्योतुष्टोऽस्मिपश्यमांमुनिपुंगव ॥ दृढभक्तोसिविप्रर्षेमयाजिज्ञासितोह्यसि ३९ अनयाचैवभ क्त्यातेअत्यर्थंप्रीतिमानहम् ॥ तस्मात्सर्वान्ददाम्यद्यकामांस्तवयथेप्सितान् ३४० एवमुक्तस्यचैवाथमहादेवेनधीमता ॥ हर्षादश्रूण्यवर्तंतरोमहर्षस्त्वजायत ४१ अब्रुवंचतदादेवंहर्षगद्गदयागिरा ॥ जानुभ्यामवनींगत्वाप्रणम्यचपुनःपुनः ४२ अद्यजातोह्यहंदेवसफलंजन्मचाद्यमे ॥ सुरासुरगुरुर्देवोयत्तिष्ठतिममाग्रतः ४३ यंनपश्यंतिचैवाद्धादेवाह्यमितविक्रमम् ॥ तमहंदृष्टवान्देवंकोऽन्योधन्यतरोमया ४४ एवंध्यायंतिविद्वांसःपरंतत्त्वंसनातनम् ॥ तद्विशेषमतिख्यातंयदजंज्ञा नमक्षरम् ४५ सएषभगवान्देवःसर्वसत्त्वादिरव्ययः ॥ सर्वतत्त्वविधानज्ञःप्रधानपुरुषःपरः ४६ योसृजद्दक्षिणादंगाद्ब्रह्माणंलोकसंभवम् ॥ वामपार्श्वात्तथा विष्णुंलोकरक्षार्थमीश्वरः ४७ युगांतेचैवसंप्राप्तेरुद्रमीशोऽसृजत्प्रभुः ॥ सरुद्रःसंहरन्कृत्स्नंजगत्स्थावरजंगमम् ४८ कालोभूत्वामहातेजाःसंवर्त्तकइवानलः ॥ युगांतेसर्वभूतानिग्रसन्निवव्यवस्थितः ४९ एषदेवोमहादेवोजगत्सृष्ट्वाचराचरम् ॥ कल्पांतेचैवसर्वेषांस्मृतिमाक्षिप्यतिष्ठति ३५० सर्वगःसर्वभूतात्मासर्वभूतभ वोद्भवः ॥ आस्तेसर्वगतोनित्यमदृश्यःसर्वदैवतैः ५१ यदिदेयोवरोमह्यंयदितुष्टोसिमेप्रभो ॥ भक्तिर्भवतुमेनित्यंत्वयिदेवसुरेश्वर ५२ अतीतानागतंचैववर्त्तमा नंचयद्विभो ॥ जानीयामितिमेबुद्धिःप्रसादात्सुरसत्तम ५३ क्षीरोदनंचभुंजीयामक्षयंसहबांधवैः ॥ आश्रमेचसदाऽस्माकंसान्निध्यंपरमस्तुते ५४ एवमु क्तःसमांप्राहभगवाँल्लोकपूजितः ॥ महेश्वरोमहातेजाश्चराचरगुरुःशिवः ५५ ॥ श्रीभगवानुवाच ॥ अजरश्चामरश्चैवभवत्वंदुःखवर्जितः ॥ यशस्वीतेजसायु क्तोदिव्यज्ञानसमन्वितः ५६ ऋषीणामभिगम्यश्चमत्प्रसादाद्भविष्यसि ॥ शीलवान्गुणसंपन्नःसर्वज्ञःप्रियदर्शनः ५७ अक्षयंयौवनंतेऽस्तुतेजश्चैवानलोप मम् ॥ क्षीरोदःसागरश्चैवयत्रयत्रेच्छसिप्रियम् ५८ तत्रतेभविताकामंसान्निध्यंपयसोनिधेः ॥ क्षीरोदनंचभुंक्ष्वत्वममृतेनसमन्वितम् ५९ बंधुभिःसहितःक ल्पंततोमामुपयास्यसि ॥ अक्षयाबांधवाश्चैवकुलंगोत्रंचतेसदा ३६० भविष्यतिद्विजश्रेष्ठमयिभक्तिश्चशाश्वती ॥ सान्निध्यंचाश्रमेनित्यंकरिष्यामिद्विजोत्तम ६१ तिष्ठवत्सयथाकामंनोत्कंठांचकरिष्यसि ॥ स्मृतस्त्वयापुनर्विप्रकरिष्यामिचदर्शनम् ६२ एवमुक्त्वासभगवान्सूर्यकोटिसमप्रभः ॥ ईशानः सवरान्दत्वातत्रैवांतरधीयत ३६३ ॥ ॥ ॥

यासनातनमितिमूर्त्तेरपिनित्यत्वंव्यवहारापेक्षयाप्रोक्तं ४५।४६।४७।४८।४९।५०।५१।५२।५३।५४।५५।५६।५७।५८।५९।६०।६१।६२।३६३ ॥ ॥ ॥

३६४ । ६५ । ६६ । ६७ । ६८ । ६९ । ३७० । ७१ षोडशवरान्सपत्नीकान्महेश्वरात् तत्राप्यष्टौमहेश्वरात् परिशेषादष्टौपत्नीतइतिषोडशेत्यर्थः यद्वाऽष्टौपत्नीतःप्रार्थिताः अष्टौतयास्वयंदत्ताइतिषोडशअष्टौचेत्यर्थः ७२ । ७३ एतान्इहस्थान्मुनीन्समनुध्यातवान्कृपयाआलोकितवान् एतेष्वपिदयावांस्त्वयिआत्मनिदयांकथंनकरिष्यतीत्यर्थः ७४ । ७५ । ७६ । ७७ । ७८ । ३७९ तेजोवर्ण

एवंदृष्टोमयाकृष्णदेवदेवःसमाधिना ॥ तदवाप्तंचमेसर्वंयदुक्तंतेनधीमता ३६४ प्रत्यक्षंचैवतेकृष्णपश्यसिद्धान्व्यवस्थितान् ॥ ऋषीन्विद्याधरान्यक्षान्गन्धर्वाप्सरसस्तथा ६५ पश्यवृक्षलतागुल्मान्सर्वपुष्पफलप्रदान् ॥ सर्वर्तुकुसुमैर्युक्तान्सुखपत्रान्सुगंधिनः ६६ सर्वमेतन्महाबाहोदिव्यभावसमन्वितम् ॥ प्रसादाद्देवदेवस्यईश्वरस्यमहात्मनः ६७ ॥ वासुदेवउवाच ॥ एतच्छ्रुत्वावचस्तस्यप्रत्यक्षमिवदर्शनम् ॥ विस्मयंपरमंगत्वाअब्रुवंतंमहामुनिम् ६८ धन्यस्त्वमसिविप्रेन्द्रकस्त्वदन्योऽस्तिपुण्यकृत् ॥ यस्यदेवाधिदेवस्तेसान्निध्यंकुरुतेऽऽश्रमे ६९ अपितावन्ममाप्येवंदद्यात्सभगवाञ्छिवः ॥ दर्शनंमुनिशार्दूलप्रसादंचापिशंकरः ३७० ॥ उपमन्युरुवाच ॥ द्रक्ष्यसेपुण्डरीकाक्षमहादेवंनसंशयः ॥ अचिरेणैवकालेनयथादृष्टोमयाऽनघ ७१ चक्षुषाचैवदिव्येनपश्याम्यमितविक्रमम् ॥ षष्ठेमासिमहादेवंद्रक्ष्यसेपुरुषोत्तम ७२ षोडशाष्टौवरांश्चापिप्राप्स्यसित्वंमहेश्वरात् ॥ सपत्नीकाद्यदुश्रेष्ठसत्यमेतद्ब्रवीमिते ७३ अतीतानागतंचैववर्तमानंचनित्यशः ॥ विदितंमेमहाबाहोप्रसादात्तस्यधीमतः ७४ एतान्सहस्रशश्चान्यान्समनुध्यातवान्हरः ॥ कस्मात्प्रसादंभगवान्नकुर्यात्तवमाधव ७५ त्वादृशेनहिदेवानांश्लाघनीयःसमागमः ॥ ब्रह्मण्येनानृशंसेनश्रद्दधानेनचाप्युत ७६ जप्यंतुतेप्रदास्यामियेनद्रक्ष्यसिशंकरम् ॥ श्रीकृष्णउवाच ॥ अब्रुवंतमहंब्रह्मन्त्वत्प्रसादान्महामुने ७७ द्रक्ष्येदितिजसंघानांमर्दनंत्रिदशेश्वरम् ॥ एवंकथयतस्तस्यमहादेवाश्रितांकथाम् ७८ दिनान्यष्टौततोजग्मुर्मुहूर्तमिवभारत ॥ दिनेऽष्टमेतुविप्रेणदीक्षितोहंयथाविधि ७९ दण्डीमुण्डीकुशीचीरीघृताक्तोमेखलीकृतः ॥ मासमेकंफलाहारोद्वितीयंसलिलाशनः ३८० तृतीयंचचतुर्थंचपंचमंचानिलाशनः ॥ एकपादेनतिष्ठंश्चऊर्ध्वबाहुरतंद्रितः ८१ तेजःसूर्यसहस्रस्यअपश्यंदिविभारत ॥ तस्यमध्यगतंचापितेजसःपांडुनंदन ८२ इन्द्रायुधपिनद्धांगंविद्युन्मालागवाक्षकम् ॥ नीलशैलचयप्रख्यंबलाकाभूषितांबरम् ८३ तत्रस्थितश्चभगवान्देव्यासहमहाद्युतिः ॥ तपसातेजसाकान्त्यादीप्तयासहभार्यया ८४ रराजभगवांस्तत्रदेव्यासहमहेश्वरः ॥ सोमेनसहितःसूर्योयथामेघस्थितस्तथा ८५ संहृष्टरोमाकौन्तेयविस्मयोत्फुल्ललोचनः ॥ अपश्यंदेवसंघानांगतिमार्तिहरंहरम् ८६ किरीटिनंगदिनंशूलपाणिंव्याघ्राजिनंजटिलंदंडपाणिम् ॥ पिनाकिनंवज्रिणंतीक्ष्णदंष्ट्रंशुभांगदंव्यालयज्ञोपवीतम् ८७ दिव्यांमालामुरसाऽनेकवर्णांसमुद्वहंतंगुल्फदेशावलंबाम् ॥ चंद्रंयथापरिविष्टंससंध्यंवर्षात्ययेतद्वदपश्यमेनम् ८८ प्रमथानांगणैश्चैवसमंतात्परिवारितम् ॥ शरदीवसुदुष्प्रेक्ष्यंपरिविष्टंदिवाकरम् ३८९

पति इंद्रेति यस्यतेजसोमध्येऽनेकानींद्रधनूंषिविद्युतोनीलमेघाःश्वेतमेघाश्चपर्वतवलाकाकाराभांतितादृशंचित्ररूपंतेजइत्यर्थः ८०।८१ । ८२ । ८३ । रराजेति । नीलेतेजसिसोमसूर्यप्रभौभवानीशंकरौश्वतिभात इत्यर्थः ८४ । ८५ । ८६ । ८७ परिविष्टंपरिवेषवंतम् ८८ । ३८९ ॥ ॥ ॥ ॥

३९८ विश्वाभिः ब्रह्मपरत्वेनस्तुतिरेवकृत्स्नस्तुतिः इतरातुएकदेशस्तुतिरित्यर्थः विश्वदेवंसर्वेश्वरं ९१ । ९२ । ९३ पृथिव्यादयोऽत्रमूर्तिमंतोज्ञेयाः ९४ । ९५ । ९६ । ९७ । ९८ । ९९
४०० ॥ १ । २ । ३ । ४ । ५ । ६ शाश्वतोऽपरिणामीसन्सर्वयोनिः ब्रह्मणोवेदस्याधिपःस्तव्यः तपःचित्तेंद्रियाणामैकाग्र्यं ७ धाताईश्वरः त्वष्टारूपनिर्माता विधाताधर्माधर्मरूपंकर्म ८
स्थावराणिचिरकालस्थायीनिमहदादीनि चराणिस्थूलभूतादीनि चराचरंलोकप्रसिद्धं ९ वायवःपंचप्राणाः सप्ताग्नयःगार्हपत्यदक्षिणाग्न्याहवनीयसभ्यावसथ्याःपंचश्रौताः स्मार्त्तःषष्ठः लौकिकः

एकादशशतान्येवंरुद्राणांवृषवाहनम् ॥ अस्तुवंनियतात्मानंकर्मभिःशुभकर्मिणम् ३९० आदित्यावसवःसाध्याविश्वेदेवास्तथाऽश्विनौ ॥ विश्वाभिस्तुतिभि र्देवंविश्वदेवंसमस्तुवन् ९१ शतक्रतुश्चभगवान्विष्णुश्चादितिनंदनौ ॥ ब्रह्मारथंतरंसामईरयंतिभवांतिके ९२ योगीश्वराःसुबहवोयोगदंपितरंगुरुम् ॥ ब्रह्मर्ष यश्चससुतास्तथादेवर्षयश्चवै ९३ पृथिवीचान्तरिक्षंचनक्षत्राणिग्रहास्तथा ॥ मासार्धमासाऋतवोरात्रिःसंवत्सराःक्षणाः ९४ मुहूर्त्ताश्चनिमेषाश्चतथैवयुगप र्ययाः ॥ दिव्याराजन्नमस्यंतिविद्याःसत्वविदस्तथा ९५ सनत्कुमारोदेवाश्चइतिहासास्तथैवच ॥ मरीचिरङ्गिराअत्रिःपुलस्त्यःपुलहःक्रतुः ९६ मनवःसप्त सोमश्चअथर्वासबृहस्पतिः ॥ भृगुर्दक्षःकश्यपश्चवसिष्ठःकाश्यपएवच ९७ छन्दांसिदीक्षायज्ञाश्चदक्षिणाःपावकोहविः ॥ यज्ञोपगानिद्रव्याणिमूर्तिमंतियुधिष्ठिर ९८ प्रजानांपालकाःसर्वेसरितःपन्नगानगाः ॥ देवानांमातरःसर्वादेवपत्न्यःसकन्यकाः ९९ सहस्राणिमुनीनांचअयुतान्यर्बुदानिच ॥ नमस्यंतिप्रभुंशांतंपर्व ताःसागरादिशः ४०० गंधर्वाप्सरसश्चैवगीतवादित्रकोविदाः ॥ दिव्यतालेषुगायंतःस्तुवंतिभवमद्भुतम् १ विद्याधरादानवाश्चगुह्यकाराक्षसास्तथा ॥ सर्वा णिचैवभूतानिस्थावराणिचराणिच ॥ नमस्यंतिमहाराजवाङ्मनःकर्मभिर्विभुम् २ पुरस्ताद्धिष्ठितःशर्वोममासीत्त्रिदशेश्वरः ॥ पुरस्ताद्धिष्ठितंदृष्ट्वाममेशानं चभारत ३ सप्रजापतिशक्रांतंजगन्मामभ्युदैक्षत ॥ ईक्षितुंचमहादेवंनमेशक्तिरभूत्तदा ४ ततोमामब्रवीद्देवःपश्यकृष्णवदस्वच ॥ त्वयाह्याराधितश्चाहंशत शोऽथसहस्रशः ५ त्वत्समोनास्तिमेकश्चित्त्रिषुलोकेषुवैप्रियः ॥ शिरसावंदितेदेवेदेवीप्रीताह्युमातदा ॥ ततोऽहमब्रुवंस्थाणुंस्तुतंब्रह्मादिभिःसुरैः ६ ॥ कृष्णउवाच ॥ नमोऽस्तुतेशाश्वतसर्वयोनेब्रह्माधिपंत्वामृषयोवदंति ॥ तपश्चसत्वंचरजस्तमश्चत्वामेवसत्यंचवदंतिसंतः ७ त्वंवैब्रह्माचरुद्रश्चवरुणोऽग्निर्मनुर्भवः ॥ धातात्वष्टावि धाताचत्वंप्रभुःसर्वतोमुखः ८ त्वत्तोजातानिभूतानिस्थावराणिचराणिच ॥ त्वयासृष्टमिदंकृत्स्नंत्रैलोक्यंसचराचरम् ९ यानींद्रियाणीहमनश्चकृत्स्नंयेवायवःसप्तत थैवचाग्नयः ॥ येदेवसंस्थास्तवदेवताश्चतस्मात्परंत्वामृषयोवदंति ४१० वेदाश्चयज्ञाःसोमश्चदक्षिणापावकोहविः ॥ यज्ञोपगंचयत्किंचिद्भगवांस्तदसंशयम् ४११

सप्तमः । यद्वा सप्तवायवआवहाद्याअंतरिक्षेयेभुवआदीन्सत्यांतान्लोकान्धारयंति । अग्नयआदित्यादिज्योतींषि एतेसर्वेऽन्येचयेदेवसंस्थादेवेसूत्रात्मनिसंस्थासमाप्तिर्येषांतेतथा । स्तवदेवताः स्तुतियोग्यादेवास्तस्मादेतेषांसमुदायात्परंवाचामगोचररूपादिहीनंत्वामृषयोवदंति ४१० स्रुक्स्रुवसमित्कुशदेशकालादिकंयज्ञोपयोगि ४११

सिद्धिर्योगपरिपाकः तदर्पणीतस्यत्वत्स्वरूपस्यप्रापिका ४१२ । १३ कृतिःक्रियाविकारस्तत्फलभूतोहर्षादिः प्रणयस्तदभावः प्रधीयतेऽस्मिन्सर्वमितिप्रधानंवासनाबीजमज्ञानंतदेवाव्ययंमनसो योनिश्च 'अन्नमयंसौम्यमनः' इतिश्रुतेरन्नस्यापिमनोयोनित्वमुपष्टंभकत्वमात्रेणनतुमुख्यमितिवक्तुंपरमेतियोनिविशेषणं प्रभावऐश्वर्यं शाश्वतःअकर्मजः १४ हिरण्मयःचिज्ज्योतीरूपःगण्यंते संख्यायंतइतिगणास्तत्त्वान्यव्यक्तादीनितेषामादिः जीविताश्रयःनदीसमुद्रवज्जीवस्यप्राप्यंस्थानं १५ महानिति । महदाद्यैश्चतुर्दशभिःपर्यायशब्दैःवेदेमहानात्माभवानेवविभाव्यतेविचार्यते वेदार्थविद्भिः एतैःशब्दैस्त्वांविदाबुद्ध्वामोहंसंसारमूलमज्ञानंनियच्छतिनितरांनाशयति १६ । १७ हृदयंहृदयस्थः क्षेत्रंमहाभूतादिधृत्यंततज्ज्ञस्तत्प्रकाशकः ऋषिभिर्मंत्रैःस्तुतः स्तुतिमेवाह

इष्टंदत्तमधीतंचव्रतानिनियमाश्चये ॥ ह्रीःकीर्तिःश्रीर्द्युतिस्तुष्टिःसिद्धिश्चैवतदर्पणी ४१२ कामःक्रोधोभयंलोभोमदःस्तंभोऽथमत्सरः ॥ आधयोव्याधयश्चैव भगवंस्तनवस्तव १३ कृतिर्विकारःप्रणयःप्रधानंबीजमव्ययम् ॥ मनसःपरमायोनिःप्रभावश्चापिशाश्वतः १४ अव्यक्तःपावनोऽचिन्त्यःसहस्रांशुर्हिरण्मयः ॥ आदिर्गणानांसर्वेषांभवान्वैजीविताश्रयः १५ महानात्मामतिर्ब्रह्माविश्वःशंभुःस्वयंभुवः ॥ बुद्धिःप्रज्ञोपलब्धिश्चसंवित्ख्यातिर्धृतिःस्मृतिः १६ पर्यायवाचकैः शब्दैर्महानात्माविभाव्यते ॥ त्वांबुद्ध्वाब्राह्मणोविद्वान्नमोहंविनियच्छति १७ हृदयंसर्वभूतानांक्षेत्रज्ञस्त्वमृषिस्तुतः ॥ सर्वतःपाणिपादस्त्वंसर्वतोक्षिशिरोमुखः १८ सर्वतःश्रुतिमाँल्लोकेसर्वमावृत्यतिष्ठसि ॥ फलंत्वमसितिग्मांशोर्निमेषादिषुकर्मसु १९ त्वंवैप्रभार्चिःपुरुषःसर्वस्यहृदिसंश्रितः ॥ अणिमामहिमाप्राप्तिरीशानोज्योतिरव्ययः ४२० त्वयिबुद्धिर्मतिर्लोकाःप्रपन्नाःसंश्रिताश्चये ॥ ध्यानिनोनित्ययोगाश्चसत्यसत्वाजितेन्द्रियाः २१ यस्त्वांध्रुवंवेदयतेगुहाशयंप्रभुंपुराणं पुरुषंचविग्रहम् ॥ हिरण्मयंबुद्धिमतांपरांगतिंसबुद्धिमान्बुद्धिमतीत्यतिष्ठति २२ विदित्वासप्तसूक्ष्माणिषडङ्गंत्वांचमूर्तितः ॥ प्रधानविधियोगस्थस्त्वामेव विशतेबुधः २३ एवमुक्तेमयापार्थभवेचार्तिविनाशने ॥ चराचरंजगत्सर्वंसिंहनादंतदाऽकरोत् २४ तंविप्रसंघाश्चसुरासुराश्चनागाःपिशाचाःपितरोवयांसि ॥ रक्षोगणाभूतगणाश्चसर्वेमहर्षयश्चैवतदाप्रणेमुः २५ ममूर्ध्निचदिव्यानांकुसुमानांसुगंधिनाम् ॥ राशयोनिपतंतिस्मवायुश्चसुसुखोववौ २६ निरीक्ष्यभगवान् देवींह्युमांमांचजगद्धितः ॥ शतक्रतुंचाभिवीक्ष्यस्वयंमामाहशंकरः २७ विद्मःकृष्णपरांभक्तिमस्मासुतवशत्रुहन् ॥ क्रियतामात्मनःश्रेयःप्रीतिर्हित्वयिमेपरा ४२८

सर्वतइति १८ तिग्मांशोःकर्मसुफलंस्वर्गनुखंचत्वमसि १९ तिग्मांशोःप्रभार्चिश्च । आणिमादुर्लक्ष्यसन्मात्रं । महिमात्रिविधपरिच्छेदशून्यंसत्तामात्रं अत्रप्रकृत्यर्थोदुर्लक्ष्यत्वादिःप्रत्ययार्थःसत्त्वे निर्विवेकः ४२० सत्यसत्वाःसत्यसंकल्पाः २१ यइति । वेदयतेजानातिज्ञात्वाशिष्यान्ज्ञापयतीतिवा विग्रहंविशिष्टानुभवरूपंनिष्कलज्ञप्तिमात्रमित्यर्थः २२ विदित्वोपास्य सप्तसूक्ष्माणिमहदहंकारपंचतन्मात्राणि । षडंगं 'सर्वज्ञतातृप्तिरनादिबोधःस्वतंत्रतानित्यमलुप्तशक्तिः ॥ अनंतशक्तिश्चविभोर्विभुज्ञाःषडाहुरंगानिमहेश्वरस्य' इत्यंगषट्कमुक्तं प्रधानंचित्तसत्त्वंतस्यआत्माभिमतत्वेन नित्यंगृहीतस्यपृथक्त्वेनाज्ञातस्यज्ञापनंविधिः सत्वस्यपुरुषाद्भिन्नत्वेनज्ञानंतद्यस्मात्तादृशोयोगेवृत्तिनिरोधस्तत्रस्थस्तन्मात्रनिष्ठस्त्वांनिष्कलंविशतेआरोहक्रमेणयोगीभूम्यादीनिमहदंतानितत्त्वानिजित्वाजयसाधनंधीसत्त्वमप्यात्मनःपृथक्त्वेनज्ञात्वाप्रत्यक्तत्त्वमात्रनिष्ठोनिर्लीनेमत्वेपरंब्रह्मसंपद्यतइत्यर्थः २३ । २४ । २५ । २६ । २७ । ४२८ ॥ २३ ॥

४२९ मेघवाहनइंद्ररूपीमहादेवस्तस्यमाहात्म्यप्रतिपादकंपर्वमेघवाहनपर्व तत्रायमध्यायः ॥ ॥ इति अनुशासनपर्वणिनी० भा० चतुर्दशोध्यायः ॥ १४ ॥ ॥ ॥ मूर्ध्नेति। सन्नि
चयेस्थितमितिशेषः १ योगेनसहितंप्रियत्वमितिद्वौवरौ २ धारिणीपोषिका ३ । ४ । ५ । ६ एवंभविष्यतीतिप्रार्थितान्वरानभ्यनुज्ञायस्वयंभवानीवराष्टकंददाति तत्रामरप्रभावेतिसंबोधनेनै
कोवरःसूचितः । नाहंमृषाजातुवदेइतित्वमपिमृषामावदेतिद्वितीयः । षोडशसहस्रभार्याइतितृतीयः । तासुप्रियत्वमितिचतुर्थःपूर्वोक्तात्सर्वप्रियत्वादन्यः । अक्षयंधनधान्यादीत्यर्थादितिपंचमः ७

वृणीष्वाष्टौवरान्कृष्णदातास्मितवसत्तम ॥ ब्रूहियादवशार्दूलयानिच्छसिसुदुर्लभान् ॥४२९ ॥ ॥ इतिश्रीमहाभारते अनुशा० आनुशा० मेघवाहनपर्वाख्याने
चतुर्दशोऽध्यायः ॥ १४ ॥ कृष्णउवाच ॥ ॥ मूर्ध्नानिपत्यनियतस्तेजःसन्निचयेततः ॥ परमंहर्षमागत्यभगवंतमथाब्रुवम् १ धर्मेदृढत्वंयुधिशत्रुघातंयशस्त
थाऽग्र्यंपरमंबलंच ॥ योगप्रियत्वंतवसन्निकर्षंवृणेसुतानांचशतंशतानि २ एवमस्त्वितितद्वाक्यंमयोक्तःप्राहशंकरः ॥ ततोमांजगतोमाताधारिणीसर्वपावनी ३ उवा
चोमाप्रणिहिताशर्वाणीतपसांनिधिः ॥ दत्तोभगवतापुत्रःसांबोनामतवानघ ४ मत्तोऽप्यष्टौवरानिष्टान्गृहाणत्वंददामिते ॥ प्रणम्यशिरसासाचमयोक्तापांडुनंदन ५
द्विजेष्वकोपंपितृतःप्रसादंशतंसुतानांपरमंचभोगम् ॥ कुलेप्रीतिंमातृतश्चप्रसादंशमप्राप्तिंप्रवृणेचापिदाक्ष्यम् ६ ॥ उमोवाच ॥ एवंभविष्यत्यमरप्रभावनाहंमृषाजा
तुवदेकदाचित् ॥ भार्यासहस्राणिचषोडशैवतासुप्रियत्वंचतथाऽक्षयंच ७ प्रीतिंचाग्र्यांबांधवानांसकाशाद्ददामितेऽहंवपुषःकाम्यतांच ॥ भोक्ष्यन्तेवैसप्ततिंवैशतानिगृहे
तुभ्यमतिथीनांचनित्यम् ८ ॥ ॥ वासुदेवउवाच ॥ एवंदत्वावरान्देवोममदेवीचभारत ॥ अंतर्हितःक्षणेतस्मिन्सगणोभीमपूर्वज ९ एतदत्यद्भुतंपूर्वंब्राह्मणायातितेजसे ॥ उपमन्यवेमयाकृत्स्नंव्याख्यातंपार्थिवोत्तम ॥ नमस्कृत्वातुसप्राहदेवदेवायसुव्रत १० ॥ उपमन्युरुवाच ॥ नास्तिशर्वसमोदेवोनास्तिशर्वसमागतिः ॥
नास्तिशर्वसमोदानेनास्तिशर्वसमोरणे ११ ॥ इतिश्रीमहाभारतेअनुशा० आनुशा० मेघवाहनपर्वाख्यानेपंचदशोऽध्यायः ॥ १५ ॥ ॥ उपमन्युरुवाच ॥
ऋषिरासीत्कृतेताततंडिरित्येवविश्रुतः ॥ दशवर्षसहस्राणितेनदेवःसमाधिना १ आराधितोऽभूद्भक्तेनतस्योदर्कंनिशामय ॥ सदृष्टवान्महादेवमस्तौषीच्चस्तवैर्विभुम् २
इतितंडिस्तपोयोगात्परमात्मानमव्ययम् ॥ चिंतयित्वामहात्मानमिदमाहसुविस्मितः ३ यंपठंतिसदासांख्याश्चिन्तयंतिचयोगिनः ॥ परंप्रधानंपुरुषमधिष्ठातारमी
श्वरम् ४ उत्पत्तौचविनाशेचकारणंयंविदुर्बुधाः ॥ देवासुरमुनीनांचपरंयस्मान्नविद्यते ५ अजंतमहमीशानमनादिनिधनंप्रभुम् ॥ अत्यंतसुखिनंदेवमनघंशरणंव्रजे ६
एवंब्रुवन्नेवतदाददर्शतपसांनिधिम् ॥ तमव्ययमनौपम्यमचिंत्यंशाश्वतंध्रुवम् ७ ॥ ॥ ॥ ॥

अन्यत्रयंस्पष्टार्थं । एवंचोपक्रमस्थानांषोडशाष्टानांवचनमुपपद्यते ८ । ९ । १० । ११ इति अनुशासनपर्वणिनीलकंठीये भारतभावदीपे पंचदशोऽध्यायः ॥ १५ ॥ ऋषिरिति । अयमध्या
योयत्पूर्वमुपमन्युनाकृष्णंप्रत्युक्तंजप्यंतुतेप्रदास्यामीतितज्जप्यंशिवसहस्रनामस्तोत्रंविवक्षुरुपमन्युमुखेनतदुपोद्घातार्थमारभ्यते समाधिनाध्याननयोगेन १ उदर्कंफलोदयं २ इदंवक्ष्यमाणप्रकारेण ३ । ४ । ५
६ यंपठंतीत्यादिश्लोकत्रयंध्यानबलात्तंडिनादृष्टंतदुच्चारणस्यफलमाह एवमिति । अन्योऽप्येतैःश्लोकैःस्तुवन्वक्ष्यमाणरूपमीश्वरंपश्यतीतिभावः । शाश्वतंशश्वद्भवं ध्रुवंकूटस्थं ७

निष्कलत्वादेर्व्याख्यानंनिर्गुणत्वादि अक्षरमविनाशि ८ मनोमयंमनसोधर्मैःकर्तृत्वादिभिर्विशीकृतंजलचंद्रवत् ९ । १० यइतिसार्धःश्लोकः। योदेवआत्मानंप्राणवंतंजीवरूपिणंकृत्वा तत्रावृत्तेजीवेमनोरूपंज्यो
तिर्भूत्वाजीवस्थितंबभूव तंदेवंदृष्ट्वातुष्टावेतिसंबंधः ११ पवित्राणांपावनानांगंगादीनामपिपावनम् १२ तेजसांचक्षुरादीनामपितेजःप्रकाशकम् १३ भूरिकल्याणंमोक्षस्तत्प्रद परंसत्यमत्यंतमबाध्यम् १४
१५ । १६ तिस्रस्तनवःकालाद्याएवब्रह्मविष्णुरुद्रावा १७ अधीति । अत्रसप्तभिरधिपौरुषादिसंहिताभिःकृत्स्नंहेयमुपादेयंचत्वमेवेतिकथ्यते तथाहि पुरुषःशिरःपाण्यादिमान्देहस्तमधिकृत्यप्रवृत्तंवि
ज्ञानमधिपौरुषंतत्रच'मातापूर्वरूपं पितोत्तररूपं प्रजासंधिः प्रजननंसंधानं'इतिश्रुतौक्षेत्रबीजरूपाभ्यांमातापितृभ्यांसकाशादन्योन्यमिथुनीभावेननिमित्तेनांकुररूपाप्रजाजायतेएवंप्रकृतिपुरुषाभ्यांजगदिति
तत्रमिथुनीभावस्याभावेनब्रह्मचर्येणप्रजावज्जगन्नोत्पद्यतइतिपुंप्रकृत्योर्विवेकमिच्छताउपस्थनिग्रहःकर्तव्यइतिविधीयते । एवमध्यात्ममात्मनिदेहे 'अधराहनुःपूर्वरूपं उत्तराहनुरुत्तररूपं वाक्संधिः
जिह्वासंधानम्'इतिश्रुतौजिह्वानिग्रहेणतूष्णींभावोऽपिपूर्वोक्तविवेकार्थंविधीयते । अन्यथावागादीन्प्रवर्त्तयतोविवेकोनसंपद्यतेऽपितुसंसारएवानवच्छिन्नोऽनुतन्यतेइतिएताःसंहितावेदितव्याः । तथाअ

निष्कलंसकलंब्रह्मनिर्गुणंगुणगोचरम् ॥ योगिनांपरमानंदमक्षरंमोक्षसंज्ञितम् ८ मनोरिन्द्राग्निमरुतांविश्वस्यब्रह्मणोगतिम् ॥ अग्राह्यमचलंशुद्धंबुद्धिग्राह्यंमनोमयम् ९
दुर्विज्ञेयमसंख्येयंदुष्प्रापमकृतात्मभिः ॥ योनिंविश्वस्यजगतस्तमसःपरतःपरम् १० यःप्राणवंतमात्मानंज्योतिर्जीवस्थितंमनः ॥ तंदेवंदर्शनाकांक्षीबहून्वर्षगणा
नृषिः ११ तपस्युग्रेस्थितोभूत्वादृष्ट्वातुष्टावचेश्वरम् ॥ तंडिरुवाच ॥ पवित्राणांपवित्रस्त्वंगतिर्गतिमतांवर १२ अत्युग्रंतेजसांतेजस्तपसांपरमंतपः ॥ विश्वावसुहि
रण्याक्षपुरुहूतनमस्कृत १३ भूरिकल्याणदविभोपरंसत्यंनमोऽस्तुते ॥ जातीमरणभीरूणांयतीनांयततांविभो १४ निर्वाणदसहस्रांशोनमस्तेऽस्तुसुखाश्रय ॥ ब्रह्मा
शतक्रतुर्विष्णुर्विश्वेदेवामहर्षयः १५ नविदुस्त्वांतुतत्त्वेनकुतोवेत्स्यामहेवयम् ॥ त्वत्तःप्रवर्त्ततेसर्वंत्वयिसर्वंप्रतिष्ठितम् १६ कालाख्यःपुरुषाख्यश्चब्रह्माख्यश्चत्वमे
वहि ॥ तनवस्तेस्मृतास्तिस्रःपुराणज्ञैःसुरर्षिभिः १७ अधिपौरुषमध्यात्ममधिभूताधिदैवतम् ॥ अधिलोकाधिविज्ञानमधियज्ञस्त्वमेवहि १८ त्वांविदित्वाऽऽत्मदेह
स्थंदुर्विदंदैवतैरपि ॥ विद्वांसोयांतिनिर्मुक्ताःपरंभावमनामयम् १९ अनिच्छतस्तवविभोजन्ममृत्युरनेकतः ॥ द्वारंतुस्वर्गमोक्षाणामाक्षेप्तात्वंददासिच २० त्वंवैस्वर्ग
श्चमोक्षश्चकामःक्रोधस्त्वमेवच ॥ सत्वंरजस्तमश्चैवअधश्चोर्ध्वंत्वमेवहि २१ ब्रह्माभवश्चविष्णुश्चस्कन्देन्द्रौसवितायमः ॥ वरुणेन्दूमनुर्धाताविधातात्वंधनेश्वरः २२ भूर्वा
युःसलिलाग्निश्चखंवाग्बुद्धिःस्थितिर्मतिः ॥ कर्मसत्यानृतेचोभेत्वमेवास्तिचनास्तिच २३ ॥ ॥ ॥ ॥ ॥

धिभूताधिदैवतंभूतानांदेहाद्यारंभकाणांदेवतानांप्राणचक्षुराद्यधिष्ठात्रीणांभूतदेवतानांचान्योन्याश्रयेणमिथुनीभावेनावस्थानंसंसारस्तन्मूलंचाधिलोकाधिविज्ञानंलोक्यतइतिलोकोभूतमात्रादशशब्दादयोवि
षयाः विज्ञानंप्रज्ञामात्राःदशश्रोत्रादीनींद्रियाणिज्ञानकरणानिउभयेषांमिथुनीभावोयदिभूतमात्रानस्युर्नप्रज्ञामात्राःस्युर्यदिप्रज्ञामात्रानस्युर्नभूतमात्राःस्युर्नह्यन्यतरतोरूपंकिंचनसिद्ध्यतीतिश्रुतिप्रसिद्धः ।
ततश्च ब्रह्मचर्यपूर्वकंवागादिनिग्रहेक्रियमाणेजीवब्रह्मणोर्भेदहेतूनामधिभूताधिदैवानामनुत्पत्तेरधियज्ञोघटनाशेघटाकाशमहाकाशयोरिवतयोःसंगतिकरणेएकीभावलक्षणोयज्ञोमोक्षापरनामासिध्यति एतत्सर्व
त्वमेवेतिश्लोकार्थः १८ । १९ तत्रत्वामनिच्छतःज्ञातुमितिशेषः जन्ममृत्युश्चानेकतोऽनंतःपुनःपुनर्भवतीत्यर्थः २० । २१ अस्तिचनास्तिचेतिरज्जुभुजंगाभप्रतीतितोऽस्तिस्वतोनास्तिताद्दशंजग
त्कारणमज्ञानमुच्यते २२ । २३ ॥ ॥ ॥ ॥ ॥ ॥

विश्वाविश्वपरःकार्यकारणाभ्यामन्यः भावःसत्तामात्ररूपः चिंत्याचिंत्यश्चचिंत्यःसोपाधिकरूपेणाचिंत्योनिरुपाधिकेन २४ । २५ । २६ अचेतसाअज्ञानेनयत्परंदेवंनविद्मःअतोमूढाःस्म २७ । २८ । २९ । ३० देहकृच्यज्ञादिः देहभृद्देहपोषकोऽन्नादिः देहीजीवः देहभुग्देहसंहर्त्ताप्राणोलिंगशरीरंतस्यानादित्वेऽपितत्कर्तृत्वंतदाविर्भावनिमित्तत्वंदृष्टिसृष्टिन्यायेनमुख्यंवाज्ञेयं ३१ । ३२ । ३३ अष्टाभिःभूम्यंबुवन्हिवायुव्योमसूर्यचंद्रयजमानाख्याभिः ३४ । ३५ अयमिति सत्यमव्यभिचारिवेदोक्तकर्मफलंस्वर्गःसतांऊर्ध्वरेतसांपरंस्वर्लोकादुपरिमहर्लोकादि अपवर्गःक्रममुक्तिस्थानंब्रह्मलोकाख्यं मुक्तानांविदेहाख्यानांयोगिविशेषाणांकैवल्यंमुख्यामुक्तिः ३६ गुहायांशास्त्रेगोपितः तत्रहेतुमाह देवेति। उक्तोऽपिसुखेनज्ञेयोमाभूदितिभंग्यंतरेणनिरूपितः ब्रह्माद्यैर्मंत्रव्याख्यातृभिः तथाहि चत्वारिशृंगेतिमंत्रोया

इंद्रियाणींद्रियार्थाश्चप्रकृतिभ्यःपरंध्रुवम् ॥ विश्वाविश्वपरोभावश्चिंत्याचिंत्यस्त्वमेवहि २४ यच्चैतत्परमंब्रह्मयच्चतत्परमंपदम् ॥ यागतिःसांख्ययोगानांसभवान्नात्रसंशयः २५ नूनमद्यकृतार्थाःस्मनूनंप्राप्ताःसतांगतिम् ॥ यांगतिंप्रार्थयन्तीहज्ञाननिर्मलबुद्धयः २६ अहोमूढाःस्मसुचिरमिमंकालमचेतसा ॥ यन्नविद्मःपरंदेवंशाश्वतंयंविदुर्बुधाः २७ सेयमासादितासाक्षात्त्वद्भक्तिर्जन्मभिर्मया ॥ भक्तानुग्रहकृद्देवोयंज्ञात्वाऽमृतमश्नुते २८ देवासुरमुनीनांतुयच्चगुह्यंसनातनम् ॥ गुहायांनिहितंब्रह्मदुर्विज्ञेयंमुनेरपि २९ सएषभगवान्देवःसर्वकृत्सर्वतोमुखः ॥ सर्वात्मासर्वदर्शीचसर्वगःसर्ववेदिता ३० देहकृद्देहभृद्देहीदेहभुग्देहिनांगतिः ॥ प्राणकृत्प्राणभृत्प्राणीप्राणदःप्राणिनांगतिः ३१ अध्यात्मगतिरिष्टानांध्यायिनामात्मवेदिनाम् ॥ अपुनर्भवकामानांयागतिःसोऽयमीश्वरः ३२ अयंचसर्वभूतानांशुभाशुभगतिप्रदः ॥ अयंचजन्ममरणेविदध्यात्सर्वजन्तुषु ॥ अयंसंसिद्धिकामानांयागतिःसोऽयमीश्वरः ३३ भूराद्यान्सर्वभुवनानुत्पाद्यसदिवौकसः ॥ दधातिदेवस्तनुभिरष्टाभिर्योबिभर्तिच ३४ अतःप्रवर्त्ततेसर्वमस्मिन्सर्वंप्रतिष्ठितम् ॥ अस्मिंश्चप्रलयंयातिअयमेकःसनातनः ३५ अयंससत्यकामानांसत्यलोकःपरंसताम् ॥ अपवर्गश्चमुक्तानांकैवल्यंचात्मवेदिनाम् ३६ अयंब्रह्मादिभिःसिद्धैर्गुहायांगोपितःप्रभुः ॥ देवासुरमनुष्याणामप्रकाशोभवेदिति ३७ तंत्वांदेवासुरनरास्तत्त्वेननविदुर्भवम् ॥ मोहिताःखल्वनेनैवहृदिस्थेनाप्रकाशिना ३८ येचैनंप्रतिपद्यंतेभक्तियोगेनभाविताः ॥ तेषामेवात्मनाऽऽत्मानंदर्शयत्येषहृच्छयः ३९ यंज्ञात्वानपुनर्जन्ममरणंचापिविद्यते ॥ यंविदित्वापरंवेद्यंवेदितव्यंनविद्यते ४० यंलब्ध्वापरमंलाभंनाधिकंमन्यतेबुधः ॥ यांसूक्ष्मांपरमांप्राप्तिंगच्छन्नव्ययमक्षयम् ४१ यंसांख्यागुणतत्त्वज्ञाःसांख्यशास्त्रविशारदाः ॥ सूक्ष्मज्ञानतराःसूक्ष्मंज्ञात्वामुच्यंतिबन्धनैः ४२ यंचवेदविदोवेद्यंवेदांतेचप्रतिष्ठितम् ॥ प्राणायामपरानित्यंयंविशंतिजपंतिच ४३

स्केनयज्ञपरतयापतंजलिनाशब्दपरतयागौतमेनतटस्थेश्वरपरतयाचव्याख्यातः वस्तुतस्त्वध्यात्मपरोऽस्तीतिस्पष्टं ३७ अनेनाहंकारेण अप्रकाशिनाजडेन जडानृतरूपस्याप्यस्यचित्सद्रूपेणत्वयैवप्रकाशःसत्ताचभवतीतिभावः तथाचमंत्रवर्णः 'अयंरोचयदरुचोरुचानोऽयंवासयद्व्युतेनपूर्वीः' इति अयमात्मारोचयत्प्रकाशयति अरुचःअप्रकाशानहंकारादीन् रुचानःस्वयंप्रकाशमानःअयमात्मापूर्वीःअहमादिसृज्यानिर्विविशेषतःपृथक्विविक्ततयाऋतेनस्वसत्तयावासयदाच्छादयति अनृतानप्येतान्स्वसत्त्वयैवसत्तावतःकरोतिरज्जुरिवसर्पादीनितिमंत्रपदानामर्थः ३८ । ३९ । ४० गच्छन्गच्छतितंबुधः ४१ सूक्ष्मंलिंगंज्ञानेनतरंत्यतिक्रम्यगच्छंतितेसूक्ष्मज्ञानतराः । सूक्ष्माज्ञानेतिपाठे प्रकृतिंतीर्त्वागताइत्यर्थः सूक्ष्मंपुरुषं ४२ । ४३

४४ । ४५ दिव्योलाभऐंद्रं अदिव्योलाभःसार्वभौमत्वं ४६ अनुशंसंतीतिपाठःस्वच्छः तत्त्वेअनारोपितेरूपेविषयेकथयंति ४७ त्रिधापाकयज्ञत्रयेश्रौतस्मार्त्तध्यानयज्ञैरित्यर्थः ४८ ऋतंयज्ञः सत्यंत
त्फलं योनिःश्रद्धासत्ये ४९ यज्ञपतेःश्रोत्रादिभावेनरात्र्यादीनिनिरूपयति रात्रीति ५० । ५१ कालस्ययोनिमेवाह चंद्रेति ५२ सद्भूम्यंबुतेजांसि असद्वाय्वाकाशौ ५३ अष्टौभूमिरापोऽनलो
वायुःखंमनोबुद्धिरहंकारश्च परोमायावी अस्यमायाविनः भागमंशं कृत्स्नंप्रपंचजातं ५४ एतस्मात्परमंआनंदमयादीश्वरादपिपरंशुद्धमानंदमानंदमात्रंतदेवशाश्वतंतेनपूर्वेषामशाश्वतत्वंदर्शितं ५५
ध्यानंपरंपदंपदप्रापकं ५६ सेति । साकाष्ठासापरागतिरितिश्रुतिप्रसिद्धा ५७ निर्वृतिःसुखं ५८ श्रुतिरितिश्रोत्रादिजन्याऽनुभूतिः इष्टानांयोगिनांअध्यात्मगतिःप्रत्यक्प्रावण्यरूपागतिः विदुषामहं

ओंकाररथमारुह्यतेविशंतिमहेश्वरम् ॥ अयंसदेवयानानामादित्योद्वारमुच्यते ४४ अयंचपितृयानानांचन्द्रमाद्वारमुच्यते ॥ एषकाष्ठादिशश्चैवसंवत्सरयुगा
दिच ४५ दिव्यादिव्यःपरोलाभअयनेदक्षिणोत्तरे ॥ एनंप्रजापतिःपूर्वमाराध्यबहुभिःस्तवैः ४६ प्रजार्थंवरयामासनीललोहितसंज्ञितम् ॥ ऋग्भिर्यमनुशासं
तितत्त्वेकर्मणिबह्वृचाः ४७ यजुर्भिर्यंत्रिधावेद्यंजुह्वत्यध्वर्यवोऽध्वरे ॥ सामभिर्यंचगायंतिसामगाःशुद्धबुद्धयः ४८ ऋतंसत्यंपरंब्रह्मस्तुवंत्याथर्वणाद्विजाः ॥ यज्ञ
स्यपरमायोनिःपतिश्चायंपरःस्मृतः ४९ रात्र्यहःश्रोत्रनयनःपक्षमासशिरोभुजः ॥ ऋतुवीर्यस्तपोधैर्योह्यब्दगुह्योरुपादवान् ५० मृत्युर्यमोहुताशश्चकालःसंहारवे
गवान् ॥ कालस्यपरमायोनिःकालश्चायंसनातनः ५१ चंद्रादित्यौसनक्षत्रौग्रहाश्चसहवायुना ॥ ध्रुवःसप्तर्षयश्चैवभुवनाःसप्तएवच ५२ प्रधानंमहदव्यक्तं
विशेषांतंसवैकृतम् ॥ ब्रह्मादिस्तम्बपर्यन्तंभूतादिसदसच्चयत् ५३ अष्टौप्रकृतयश्चैवप्रकृतिभ्यश्चयःपरः ॥ अस्यदेवस्ययद्भागंकृत्स्नंसंपरिवर्त्तते ५४ एतत्परम
मानंदंयत्तच्छाश्वतमेवच ॥ एषागतिर्विरक्तानामेषभावःपरःसताम् ५५ एतत्पदमनुद्विग्नमेतद्ब्रह्मसनातनम् ॥ शास्त्रवेदांगविदुषामेतद्ध्यानंपरंपदम् ५६
इयंसापरमाकाष्ठाइयंसापरमाकला ॥ इयंसापरमासिद्धिरियंसापरमागतिः ५७ इयंसापरमाशांतिरियंसानिर्वृतिःपरा ॥ यंप्राप्यकृतकृत्याःस्मइत्यमन्यंतयो
गिनः ५८ इयंतुष्टिरियंसिद्धिरियंश्रुतिरियंस्मृतिः ॥ अध्यात्मगतिरिष्टानांविदुषांप्राप्तिरव्यया ५९ यजतांकामयानानांमखैर्विपुलदक्षिणैः ॥ यागतिर्यज्ञशीलानां
सागतिस्त्वंनसंशयः ६० सम्यग्योगजपैःशांतिर्नियमैर्देहतापनैः ॥ तप्यतांयागतिर्देवपरमासागतिर्भवान् ६१ कर्मन्यासकृतानांचविरक्तानांततस्ततः ॥
यागतिर्ब्रह्मसदनेसागतिस्त्वंसनातन ६२ अपुनर्भवकामानांवैराग्येवर्ततांचया ॥ प्रकृतीनांलयानांचसागतिस्त्वंसनातन ६३ ज्ञानविज्ञानयुक्तानांनिरुपाख्या
निरंजना ॥ कैवल्यायागतिर्देवपरमासागतिर्भवान् ६४ वेदशास्त्रपुराणोक्ताःपंचैतागतयःस्मृताः ॥ त्वत्प्रसादाद्धिलभ्यन्तेनलभ्यन्तेऽन्यथाविभो ६५

ब्रह्मास्मीतिजानतां अव्ययाअपुनरावर्तिनीप्राप्तिः ५९ परमांगतिमपरमांगतिपूर्विकांव्याचष्टे यजतामिति । यज्ञशीलानांगतिःस्वर्गादिलोकः ६० योगजपादिपराणांतपस्विनांनक्षत्रलोकाख्यापरमाभास्वतींगतिर्द्वि
तीया ६१ संन्यासिनांब्रह्मलोकःपुनरावृत्तिरूपागतिस्तृतीया ६२ प्रकृतीनांयेलयमभ्यस्यंतितेषांदहरादिरूपकारणब्रह्मोपासकानामपुनरावृत्तिरूपागतिश्चतुर्थी ६३ ज्ञानेति । निष्कलब्रह्मविदांमोक्षाख्यायां
गतिःसाभवान् पूर्वास्तुगतयोऽनात्मभूताइतिभावः ६४ । ६५ ॥ ॥ ॥ ॥

६६ । ६७ ततोब्रह्मादयस्त्वांनविदुरितिवाक्यात् ६८ । ६९ सूत्रकर्तातांडिनइतियजुर्वेदेशाखाविशेषस्तत्रकल्पसूत्रकर्ता ७० । ७१ । ७२ । ७३ प्रथितानिमयातुभ्यं येषांमध्येएकमुपदिष्टंतानि सर्वाणित्वंशृणु सिद्धयेमोक्षांतसकलप्राप्तये ७४ । ७५ देवेशोब्रह्मायानिनामानिमहात्मनेपुराप्राहगुह्यानितानीमानिनामानिदेवप्रसादात्तंडिःप्राहमह्यमितिशेषः ॥ ७६ ॥ इतिअनु०नीलकंठीयेभार

इतितंडिस्तपोराशिस्तुष्टावेशानमात्मना ॥ जगौचपरमंब्रह्मयत्पुरालोककृज्जगौ ६६ ॥ उपमन्युरुवाच ॥ एवंस्तुतोमहादेवस्तंडिनाब्रह्मवादिना ॥ उवाच भगवान्देवउमयासहितःप्रभुः ६७ ब्रह्माशतक्रतुर्विष्णुर्विश्वेदेवामहर्षयः ॥ नविदुस्त्वामितिततस्तुष्टःप्रोवाचतंशिवः ६८ ॥ श्रीभगवानुवाच ॥ अक्षयश्चा व्ययश्चैवभवितादुःखवर्जितः ॥ यशस्वीतेजसायुक्तोदिव्यज्ञानसमन्वितः ६९ ऋषीणामभिगम्यश्चसूत्रकर्तासुतस्तव ॥ मत्प्रसादाद्द्विजश्रेष्ठभविष्यतिनसं शयः ७० कंवाकामंददाम्यद्यब्रूहियद्वत्सकांक्षसे ॥ प्रांजलिःसउवाचेदंत्वयिभक्तिर्दृढाऽस्तुमे ७१ ॥ उपमन्युरुवाच ॥ एतान्दत्वावरान्देवोवंद्यमानःसुरर्षि भिः ॥ स्तूयमानश्चविबुधैस्तत्रैवांतरधीयत ७२ अंतर्हितेभगवतिसानुगेयादवेश्वर ॥ ऋषिराश्रममागम्यममैतत्प्रोक्तवानिह ७३ यानिचप्रथितान्यादौतंडि राख्यातवान्मम ॥ नामानिमानवश्रेष्ठतानित्वंशृणुसिद्धये ७४ दशनामसहस्राणिदेवेष्वाहपितामहः ॥ शर्वस्यशास्त्रेषुतथादशनामशतानिच ७५ गुह्यानी मानिनामानितंडिर्भगवतोऽच्युत ॥ देवप्रसादाद्देवेशःपुराप्राहमहात्मने ७६ ॥ इतिश्रीमहाभारतेअनुशासनपर्वणिआनुशासनिकेपर्वणिमेघवाहनपर्वाख्याने षोडशोऽध्यायः ॥ १६ ॥ ॥ वासुदेवउवाच ॥ ततःसप्रयतोभूत्वाममतातयुधिष्ठिर ॥ प्रांजलिःप्राहविप्रर्षिर्नामसंग्रहमादितः १ ॥ उपमन्युरुवाच ॥ ब्रह्मप्रोक्तैर्ऋषिप्रोक्तैर्वेदवेदांगसंभवैः ॥ सर्वलोकेषुविख्यातंस्तुत्यंस्तोष्यामिनामभिः २ महद्भिर्विहितैःसत्यैःसिद्धैःसर्वार्थसाधकैः ॥ ऋषिणातंडिनाभक्त्याकृतै र्वेदकृतात्मना ३ यथोक्तैःसाधुभिःख्यातैर्मुनिभिस्तत्त्वदर्शिभिः ॥ प्रवरंप्रथमंस्वर्ग्यंसर्वभूतहितंशुभम् ४ श्रुतैःसर्वत्रजगतिब्रह्मलोकावतारितैः ॥ सत्यैस्तत्प रमंब्रह्मब्रह्मप्रोक्तंसनातनम् ५ वक्ष्येयदुकुलश्रेष्ठशृणुष्वावहितोमम ॥ वरयैनंभवंदेवंभक्तस्त्वंपरमेश्वरम् ६ तेनतेश्रावयिष्यामियत्तद्ब्रह्मसनातनम् ॥ नशक्यं विस्तरात्कृत्स्नंवक्तुंसर्वस्यकेनचित् ७ युक्तेनापिविभूतीनामपिवर्षशतैरपि ॥ यस्यादिर्मध्यमंतंचसुरैरपिनगम्यते ८ कस्तस्यशक्नुयाद्वक्तुंगुणान्कार्त्स्न्येनमाधव ॥ किंतुदेवस्यमहतःसंक्षिप्तार्थपदाक्षरम् ९ शक्तितश्चरितंवक्ष्येप्रसादात्तस्यधीमतः ॥ अप्राप्यतुततोऽनुज्ञांनशक्यःस्तोतुमीश्वरः १० यदातेनाभ्यनुज्ञातःस्तुतो वैसतदामया ॥ अनादिनिधनस्याहंजगद्योनेर्महात्मनः ११ नाम्नांकंचित्समुद्देशंवक्ष्याम्यव्यक्तयोनिनः ॥ वरदस्यवरेण्यस्यविश्वरूपस्यधीमतः १२ शृणुनाम्नां चयंकृष्णयदुक्तंपद्मयोनिना ॥ दशनामसहस्राणियान्याहप्रपितामहः १३ तानिनिर्मथ्यमनसादध्नोघृतमिवोद्धृतम् ॥ गिरेःसारंयथाहेमपुष्पसारंयथामधु १४

तभावदीपेषोडशोऽध्यायः ॥ १६ ॥ ततइति १ । २ सत्यैरन्वर्थैःवेदेकृतात्मनादत्तचित्तेनकृतैःवेदात्पृथक्कृतैः ३ यथोक्तैरिति । स्तुत्यंसिंहावलोकनन्यायेनविशिनष्टि प्रवरमित्यर्धेन ४ श्रुते रिति । ब्रह्मप्रोक्तैःवेदोक्तैः ५ वरयप्रार्थय उपसन्नोभव एनंमंत्रात्मकमीश्वरंलब्धुं ६ तेनविधिना ७ युक्तेनप्रबद्धेन ८ । ९ । १० । ११ योनिनःयोनेःब्रह्मणइतिशेषः १२ । १३ । १४

१५ । १६ । १७ । १८ इदमिति । एतज्जपएवध्यानादिफलप्रदइत्यर्थः १९ यंस्तवं सकृदधिगमेनाप्यस्यपरमांगतिंगच्छेत्तैवेत्यर्थः पवित्रंपापनाशकं मेध्यंयज्ञादिफलप्रदं मंगलमभ्युदय
करं उत्तमंकल्याणंपरमानंदरूपं २० । २१ । २२ । २३ । २४ । ब्रह्मणांविदानांवाचामपियोवागित्यर्थः । पराणामिंद्रियार्थमनोबुद्धिमहदव्यक्तानामपियःपरःपुरुषइत्यर्थः २५ तेजसां
चक्षुरादीनामपियच्चक्षु । तपसांपुण्यानांगंगादीनामपियत्पुण्यंशांतानामुपरतचित्तानामपिआत्यंतिकीउपरतिर्मोक्षाख्या । द्युतीनांज्ञानानांवृत्तिरूपाणामपिज्ञानंसाक्षिरूपमनुव्यवसायापरपर्यायं २६
दांतानांजितेंद्रियाणांमध्येऽत्यंतंजितेंद्रियः । धीमतांज्ञानिनांधीःआत्माअनुभवरूपंज्ञानं । देवानांपूज्यानामपिपूज्यः । ऋषीणांकाव्यकर्तॄणामपिकाव्यकर्त्तावेदकर्तृत्वात् २७ यज्ञानांयज्ञभोक्तॄणांयज्ञः
यज्ञस्यआराधनस्यभोक्ता । शिवानांकल्याणानामपिकल्याणं । रुणद्धियैनमितिवारोदित्यनेनवारौत्यनेनवारवणंवारुत्अज्ञानंवाविपर्ययोवाशोकोवादुःखंवारुतंद्रावयतीतिरुद्रःज्ञानमानंदोवातेषामप्या

घृतात्सारंयथामंडस्तथैतत्सारमुद्धृतम् ॥ सर्वपापापहमिदंचतुर्वेदसमन्वितम् १५ प्रयत्नेनाधिगंतव्यंधार्यंचप्रयतात्मना ॥ मांगल्यंपौष्टिकंचैवरक्षोघ्नंपावनंमहत्
१६ इदंभक्तायदातव्यंश्रद्दधानास्तिकायच ॥ नाश्रद्दधानरूपायनास्तिकायाजितात्मने १७ यश्चाभ्यसूयतेदेवंकारणात्मानमीश्वरम् ॥ सकृष्णनरकंयातिसहपूर्वैः
सहात्मजैः १८ इदंध्यानमिदंयोगमिदंध्येयमनुत्तमम् ॥ इदंजप्यमिदंज्ञानंरहस्यमिदमुत्तमम् १९ यंज्ञात्वाअंतकालेऽपिगच्छेतपरमांगतिम् ॥ पवित्रंमंगलंमेध्यंक
ल्याणमिदमुत्तमम् २० इदंब्रह्मापुराकृत्वासर्वलोकपितामहः ॥ सर्वस्तवानांराजत्वेदिव्यानांसमकल्पयत् २१ तदाप्रभृतिचैवायमीश्वरस्यमहात्मनः ॥ स्तवराजइ
तिख्यातोजगत्यमरपूजितः २२ ब्रह्मलोकादयंस्वर्गेस्तवराजोऽवतारितः ॥ यतस्तंडिःपुराप्रापतेनतंडिकृतोऽभवत् २३ स्वर्गाच्चैवात्रभूर्लोकंतंडिनाह्यवतारितः ॥
सर्वमंगलमांगल्यंसर्वपापप्रणाशनम् २४ निगदिष्येमहाबाहोस्तवानामुत्तमंस्तवम् ॥ ब्रह्मणामपियद्ब्रह्मपराणामपियत्परम् २५ तेजसामपियत्तेजस्तपसामपिय
त्तपः ॥ शांतानामपियःशांतोद्युतीनामपियाद्युतिः २६ दान्तानामपियोदान्तोधीमतामपियाचधीः ॥ देवानामपियोदेवऋषीणामपियस्त्वृषिः २७ यज्ञानामपियो
यज्ञःशिवानामपियःशिवः ॥ रुद्राणामपियोरुद्रःप्रभाप्रभवतामपि २८ योगिनामपियोयोगीकारणानांचकारणम् ॥ यतोलोकाःसंभवंतिनभवंतियतःपुनः २९
सर्वभूतात्मभूतस्यहरस्यामिततेजसः ॥ अष्टोत्तरसहस्रंतुनाम्नांशर्वस्यमेशृणु ॥ यच्छ्रुत्वामनुजव्याघ्रसर्वान्कामानवाप्स्यसि ३० स्थिरःस्थाणुःप्रभुर्भीमःप्रवरोवरदो
वरः ॥ सर्वात्मासर्वविख्यातःसर्वःसर्वकरोभवः १२ ॥ ३१ ॥ ॥ ॥ ॥ ॥ ॥

नंदः । प्रभवतामीश्वराणामपिप्रभाऐश्वर्यं २८ योगिनांब्रह्मादीनामपियोयोगीध्येयसंकल्पमात्रेणस्रष्टा । कारणानामव्यक्तादीनांकारणंनिष्कलं २९ । ३० यद्यप्यत्रसहस्रनामस्तोत्रेनाम्नांशब्दतोऽ
र्थतश्चपौनरुक्त्यमस्तितथाऽप्यर्थैक्येपिशब्दभेदात्क्वचित्क्वचित्शब्दैक्येऽप्यर्थभेदाच्चापौनरुक्त्यंद्रष्टव्यमपूर्वार्थत्वात् । नहिसर्वात्मपदोच्चारणजन्यमपूर्वंविश्वात्मपदोच्चारणादुत्पद्यते । अन्यथाअग्नयेजुष्टंनिर्वपामीत्य
ग्नयेजुष्टमितिउच्चारणेऽपितदपूर्वोत्पत्त्यापत्तेर्विधिगतएवशब्दःप्रयोक्तव्यइतिमीमांसकमुद्राभंगःस्यात् । अर्थभेदेऽपिशब्दैक्यंनपौनरुक्त्यावहंइंद्रशब्दस्यान्यार्थस्याप्यैंद्र्यागार्हपत्यमुपतिष्ठतेतिविधानाद्येगेना
ग्निपरत्वप्रदर्शनात् । तथाचशब्दैक्येऽप्यर्थैक्यंनास्तितथावयमस्यांव्याख्यायांप्रदर्शयिष्यामः । तिष्ठतीतिस्थिरः तिष्ठंत्यस्मिन्निितिस्थाणुश्च । अजिरशिशिरेत्यादिनास्थाणुरितिचतिष्ठतेःकिरच्
टिलोपौनुप्रत्ययश्चविधीयते । स्थिरःअचंचलःकूटस्थःनित्यः १ स्थाणुःगृहस्तंभवत्सर्वाश्रयः यथोक्तं । ‘संसारमंडपस्यास्यमूलस्तंभायशंभवे’इति २ प्रभुःईश्वरोऽन्तर्यामीत्यर्थः प्रकृष्टंभवनं

सत्तायस्येतिवापरमार्थसत्यइत्यर्थः प्रकर्षेणभावयतिविश्वंरचयतिजानातिवाविश्वकर्त्तासर्वज्ञोवेत्यर्थः । विप्रसंभ्योड्वसंज्ञायामितिप्रपूर्वाद्भवतेर्डुः । पाचकपाठकादिवद्गुणशब्दोऽयंनतुसंज्ञाशब्दः । एवमुत्तरत्रापिज्ञेयं ३ भीमःसंहर्त्ता बिभेत्यस्माज्जगदितिव्युत्पत्तेः । भीमादयोपादानेइतिसूत्रात्सिद्धिः ४ प्रवरःश्रेष्ठःप्रकर्षेणभोगमोक्षकामैर्वरणीयः ५ अतएववरदःइष्टप्रदः । आतोऽनुपसर्गे कइतिसुपपूर्वाद्ददातेःकः ६ वरःवृणोत्याच्छादयतिसर्वमितिवरः पचाद्यच् ७ सर्वात्मा सृतमनेनेतिसर्वःसचात्माचेतिसर्वात्माव्यापकःप्रत्यग्रूपःप्राणभृन्मात्रस्यांतरात्मेत्यर्थः । सर्वनिघृष्वे त्यादिनासर्त्तेर्वन्नतत्वंनिपात्यते । आप्नोतिसर्वंभोग्यंस्वार्थत्वेनलभतेआदत्तेस्वीकरोत्यत्तिभुंक्तेअततिसततमेकरूपेणवर्त्ततइतिचआत्मा तथाचस्मृतिः 'यच्चाप्नोतियदादत्तेयच्चात्तिविषयानयं ॥ यच्चास्यसंततोभावस्तस्मादात्मेतिगीयते'इति ८ सर्वविख्यातः सर्वत्रदेशेकालेचसर्वेषांप्राणिनांवाविख्यातः प्रत्यक्त्वेनप्रसिद्धः ९ सर्वःव्यापकः 'सर्वंसमाप्नोषिततोऽसिसर्वः' इतिभगवद्वचनात् १० सर्वंकरोतीतिसर्वकरःविश्वस्यकर्त्ता । एतेननामद्वयेनोपादानत्वंनिमित्तत्वंचोक्तं ११ अतएवभवत्यस्मादनन्यापेक्षाद्विश्वमितिभवत्यस्मिन्प्रलयइतिवाभवः सर्वस्योत्पत्तिप्रलयस्थानं । ऋदोरबित्यप् भवत्यस्तीतिसत्तार्थाद्भवतेःपचाद्यच् । सत्तामात्रस्वरूपइत्यर्थः १२ ॥ ३१ ॥ जटी जटझटसंघातेऽस्मात्पचाद्यचिकेशानांसंघातोजटातद्वान् १३ चर्मी चर्मव्याघ्रस्यगजस्य वाकृत्तिस्तद्वान् १४ शिखंडी मयूरशिखावत्जटासंनिवेशोपरिकृतोजटाग्रगुच्छःशिखंडस्तद्वान् १५ सर्वजगदंगमवयवभूतंयस्यससर्वांगःविराडित्यर्थः १६ सर्वभावनोविश्वकर्ता १७ हरः हरतिसर्वंसंहरतीतिहरः हरतेःपचाद्यच् १८ हरिणाक्षःमृगनेत्रः १९ सर्वाणिभूतानिहरतीतिसर्वभूतहरः । हरतेरनुद्यमनेऽजित्यच् २० प्रभुःप्रकर्षेणभवतेप्राप्नोतिविश्वंभोग्यत्वेनेतिसर्वभोक्ता ।

जटीचर्मीशिखंडीचसर्वांगःसर्वभावनः ॥ हरश्चहरिणाक्षश्चसर्वभूतहरःप्रभुः ९ ॥ ३२ ॥ प्रवृत्तिश्चनिवृत्तिश्चनियतःशाश्वतोध्रुवः ॥ श्मशानवासीभग वान्खचरोगोचरोऽर्दनः १० ॥ ३३ ॥ अभिवाद्योमहाकर्मातपस्वीभूतभावनः ॥ उन्मत्तवेषप्रच्छन्नःसर्वलोकप्रजापतिः ६ ॥ ३४ ॥

पूर्ववत्डुः २१ ॥ ३२ ॥ प्रवृत्तिः प्रकर्षेणकुर्वद्रूपतयावर्तनंप्रवृत्तिः २२ निकर्षेणनिरुद्यमतयावर्त्तनंनिवृत्तिः । निपूर्वाद्वृतुवर्त्तनेऽस्मात्स्त्रियांक्तिन् २३ यतन्तेविषयग्रहणायस्वयंप्रवर्त्ततेता नियतानिइंद्रियाणि । यतीप्रयत्नेऽस्मात्पचाद्यच् । निगृहीतानियतानियेनसःनियतस्तपस्वीत्यर्थः २४ शाश्वतःशश्वद्भवः नित्यइत्यर्थः २५ ध्रुवःअचलः २६ श्मशानवासी श्मानः शवाःमृतजीवाःशेरतेऽस्मिन् पुनरुत्थानवर्जितंशयनंकुर्वन्त्यस्मिन्नितिश्मशानंवाराणसीतत्रवस्तुंशीलमस्यसश्मशानवासी । शवदाहस्थलेतुश्मशानशब्दोगौणः । नहितन्मृतानांदेहानांदेहिनांवामृद्भस्मीभूतानांयातनावशानांवासुषुप्तिवद्विश्रांतिस्थानं देहानांजडत्वेनविश्रांत्यनर्हत्वात् देहिनांशरीरांतरधारिणांविश्रांत्यभावात् । वाराणस्यांमृतास्तुनपुनःसंसरन्तीतिसहस्रशःप्रमाणान्यस्मत्कृतेऽविमुक्तनिरुक्तिसारेद्रष्टव्यानि २७ भगवान् 'ऐश्वर्यस्यसमग्रस्यज्ञानस्ययशसःश्रियः । वैराग्यस्यचधर्मस्यषण्णांभगइतीगना' इतिस्मृतानिभगानिविद्यंतेऽस्मिन्नितिभगवान् २८ खचरः हार्दाकाशचारी । दहरोस्मिन्नंतराकाशस्तस्मिन्यदंतस्तदन्वेष्टव्यंशंभुराकाशमध्यइतिश्रुतिप्रसिद्धः चरेष्टः २९ गोचरः गोषुइंद्रियेषुविषयतयाचरतीतिवागोभिःकरणैर्वाचरतिविषयान्भुंक्तइतिवा गोचरः । सर्वात्मत्वात्सर्वेंद्रियगम्यः इंद्रियद्वाराविषयभुगितिवार्थः ३० अर्दयतिजनंपापिनंपीडयतिकालांतकरूपेणेत्यर्दनः । नंद्यादित्वाल्ल्युः ३१ ॥ ३३ अभिवाद्यःसर्वेषांनमस्कार्यः स्तुत्योवा ३२ महत्सृष्ट्यादिकंकर्मास्येतिमहाकर्मा ३३ तपएवस्वंधनंतद्वान्तपस्वी ३४ भूतानिखादीनिभावयतिसंकल्पमात्रेणसृजतीतिभूतभावनः ३५ उन्मत्तवेषेणदिग्वाससत्वादिरूपेण प्रच्छन्नोदुर्ज्ञेयः ३६ लोकाःस्थानानिप्रजास्तत्रनिवसंतश्चेतनाःसर्वासांलोकप्रजानांपतिःस्वामी ३७ ॥ ३४ ॥ ॥ ॥ ॥ ॥ ॥

महदपरिच्छेद्यंरूपमस्यसमहारूपः ३८ महान्कायःस्थूलंरूपंवैराजंयस्यसमहाकायः ३९ वृषोधर्मस्तद्रूपोवृषरूपः ४० महच्चतद्यशश्चमहायशाः । 'तस्यनाममहद्यशः' इतिश्रुतेः परमेश्वरः ४१ महात्मामहामनाः ४२ सर्वाणिभूतान्यात्मामनःसंकल्पमात्रंयस्यससर्वभूतात्मातदीक्षणमात्रत्वात्सर्वस्व ४३ विश्वंरूपमस्यविश्वस्मिन्रूप्यतेप्रकटीभवतीतिवाविश्वरूपः ४४ महाहनुःमहत्यौविश्वग्रासमर्थेहनूअधरोत्तरेमुखफलकेयस्यसमहाहनुः ४५ ॥ ३५ ॥ लोकपालःइंद्रादिरूपः ४६ अंतर्हितात्मा अविद्याकल्पितेनाहंकारादिनातिरोहिताखंडैकरसस्वभावः सर्पेणेवरज्जुः ४७ प्रसादःअभिरतिरानंदइतियावत् ४८ हयगर्दभिः हयमश्वंगर्दभींचस्वयोनित्वेनआचक्षतेताअश्वगर्दभ्यःअश्वतर्यःताःरथस्थंवहंत्येनमितिहयगर्दभिः । क्विंतात्कर्तरिक्विप् ततइञ्द्वद्धयभावश्चार्षः । 'रुद्रोवाएषयदग्निः। अश्वतरीरथेनाग्निराजिमधावत्' इतिश्रुतिभ्यामग्निरूपीदेवोऽश्वतरीरथवाहनइतिगम्यते ४९ पवित्रं पवेरिवपवेःसंसारवज्रपातात्त्रायतइतिपवित्रं ५० अतएवमहान्पूज्यः ५१ नियमः शौचसंतोषतपःस्वाध्यायेश्वरप्रणिधानाख्यैर्नियमैःप्राप्यतेइतिनियमः ५२ नियमैस्तैरेवआश्रितःनारायणदक्षिणामूर्त्यादिरूपेणनियमानामाश्रयभूतइत्यर्थः ५३ ॥ ३६ ॥ सर्वकर्मासकलशिल्पाचार्योविश्वकर्मा ५४ स्वयंभूतःनित्यसिद्धः ५५ अतएवआदिःसर्वस्मात्प्रथमः ५६ आदिकरःहिरण्यगर्भस्रष्टा । सवैशरीरीप्रथमइतिश्रुतेस्तस्यादित्वं ५७ निधिःपद्मशंखादिरूपोऽक्षयैश्वर्यइत्यर्थः ५८ सहस्राक्षःअनंतकरचरणादिमान् 'सर्वतःपाणिपादंतत्सर्वतोक्षिशिरोमुखं' इत्यादिशास्त्रात् । देवेंद्रोवा सर्वस्यतदभिन्नत्वात् । ब्रह्मैवेदंसर्वमित्यादिश्रुतेः ५९ विशालानिअतीतादिप्रकाशकत्वेनविपुलान्यक्षाणिइंद्रियाणियस्यसःविशालाक्षः ६० सोमश्चंद्रः लता

महारूपोमहाकायोवृषरूपोमहायशाः ॥ महात्मासर्वभूतात्माविश्वरूपोमहाहनुः ८ ॥ ३५ लोकपालोऽन्तर्हितात्माप्रसादोहयगर्दभिः ॥
पवित्रंचमहांश्चैवनियमोनियमाश्रितः ८ ॥ ३६ ॥ सर्वकर्मास्वयंभूतआदिरादिकरोनिधिः ॥ सहस्राक्षोविशालाक्षःसोमोनक्षत्रसाधकः ९ ॥ ३७ ॥
चंद्रःसूर्यःशनिःकेतुर्ग्रहोग्रहपतिर्वरः ॥ अत्रिरत्र्यानमस्कर्तामृगबाणार्पणोऽनघः ११ ॥ ३८ ॥ महातपाघोरतपाअदीनोदीनसाधकः ॥
संवत्सरकरोमंत्रःप्रमाणंपरमंतपः ८ ॥ ३९ ॥ योगीयोज्योमहाबीजोमहारेतामहाबलः ॥ सुवर्णरेताःसर्वज्ञःसुबीजोबीजवाहनः ९ ॥ ४० ॥

रूपंयज्ञियंहविर्वा । यत्पुरुषेणहविषेतितस्यैवहविष्ट्वदर्शनात् ६१ नक्षत्रसाधकः । 'सुकृतांवाएतानिज्योतींषियन्नक्षत्राणि' इतिश्रुतेराकाशेदीप्यमानानिशरीराणिनक्षत्राणितेषांसाधकःइष्टादिकारिणांसोमलोकेदिव्यशरीरलाभस्यदर्शनात् ६२ ॥ ३७॥ चंद्रः ६३ सूर्यः ६४ शनिः ६५ केतुश्चप्रसिद्धः ६६ चंद्रार्कौगृह्णातीतिग्रहोराहुः ६७ ग्रहाणांपतिःक्रूरत्वात्मंगलः ६८ वरोवरणीयःपूज्योबृहस्पतिःसएवशुक्रः । बृहस्पतिर्हिशुक्रोभूत्वेतिमैत्रायणीयश्रुतौशुक्रस्यबृहस्पत्यवतारत्वश्रवणात् ६९ अत्रिःअत्रिगोत्रापत्यत्वाद्बुधः तेनसर्वग्रहस्वरूपीत्यर्थः ७० अत्र्याःअत्रिपत्न्याःअनसूयायाःनमस्कर्ता दत्तदुर्वासोरूपेणतत्पुत्रत्वात् ७१ मृगबाणार्पणः मृगरूपधारिणियज्ञेबाणंअर्पयतीतितथा ७२ अनघः यज्ञघ्नोऽपिनिष्पापः तेजीयस्त्वात्स्वतंत्रत्वाच्च ७३ ॥ ३८ महद्विश्वसृष्टिक्षमंतपआलोचनंयस्यसमहातपाः 'सऐक्षतलोकानुसृजाइति सइमाँल्लोकानसृजत' इतिश्रुतेः ७४ घोरंविश्वसंहारक्षमंतपोयस्येतिघोरतपाः । 'योह्येवप्रभवःसएवाप्ययः' इतिश्रुतेः ७५ अदीनःमहामनाःसुग्रीवबिभीषणादिभ्यःप्रणतिमात्रेणराज्यप्रदः ७६ दीनसाधकःदीनानांशरणागतानामिष्टसाधकः ७७ संवत्सरस्यकरःकर्ताकालचक्रप्रवर्त्तकोध्रुवादिज्योतिर्गणरूपः ७८ मंत्रः मननात्त्रायतइतिप्रणवादिरूपः ७९ प्रमाणंवेदशास्त्रादिरूपः ८० परमंतपः 'अयंतुपरमोधर्मोयद्योगेनात्मदर्शनम्' इतियाज्ञवल्क्योक्तोधर्मः ८१ ॥ ३९ ॥ योगीयोगनिष्ठः ८२ योज्योयोगेब्रह्मणिप्रविलापनीयः ८३ महाबीजःकारणस्यापिकारणं ८४ महारेताः महत् जडानृतस्यापिअव्यक्तस्यस्फूर्तिसत्ताप्रदंरेतःप्रतिबिंबोयस्यसमहारेताः ८५ अतएवमहाबलःउत्कृष्टसामर्थ्यः ८६ सुवर्णरेताः 'अपएवससर्जाग्रेतासुवीर्यमवासृजत् ॥ तदंडमभवद्धैमंसहस्रांशुसमप्रभम्'—

इतिस्कांदाद्वहिरण्मयब्रह्मांडस्रष्टाअग्निरूपेणसुवर्णरेताएववा ८७ सर्वज्ञःमायाद्दस्यासर्वंजानन्सर्वश्चासौज्ञश्चेतिवा ८८ सुबीजः सुष्ठुअविकारीबीजभूतःसर्वकारणंभवतीत्यर्थः ८९ बीजवाहनः बीजं अविद्याकामकर्मात्मकंतदेववाहनंइहलोकपरलोकेसंचारार्थंयस्येतितथा यथोक्तम् 'आत्मानंरथिनंविद्धिशरीरंरथमेवतु'इतिशरीरपदमत्राव्यक्तपरमितिसिद्धांतः ९० ॥ ४० ॥ दशबाहुःस्पष्टम् ९१ अनिमिषो'नहिद्रष्टुर्दृष्टेर्विपरिलोपोविद्यतेऽविनाशित्वात्' इतिश्रुतेःक्षणमपिदृग्लोपहीनः ९२ नीलकंठःत्रैलोक्यसंहारक्षमस्यहालाहलस्यकण्ठधारणान्नीलकण्ठःपरमकारुणिकः ९३ अतएवउमापतिःउमा हैमवतीतिकेनोपनिषत्प्रसिद्धाब्रह्मविद्याउमातस्याःपतिःप्रदाता पक्षेपार्वतीशः ९४ विश्वानिरूपाणियस्माज्जायंतेसविश्वरूपः ९५ स्वयंश्रेष्ठःस्वयमनागंतुकंश्रेष्ठत्वंप्रशस्यतमत्वंयस्यसतथा ९६ बल वीरःबलेनसामर्थ्येनवीरोविक्रांतःत्रिपुरपातनाद्यनन्यसाध्यकर्मकर्ता ९७ अबलःनिःसामर्थ्यःचेतनप्रयुक्तिविनाचलनाक्षमःगण्यतेसंख्यायतइतिगणस्तत्त्वसमूहः पंचविंशतिजडतत्त्वात्मेत्यर्थः स्वयंतुष ड्विंशः तत्त्वानिचसांख्यसम्मत्यां अव्यक्तंमहान्अहंकारःपंचतन्मात्राणिएकादशेन्द्रियाणिपंचमहाभूतानिपंचविंशोभोक्तेति ९८ ॥ ४१ ॥ एवंभूतस्यापिगणस्यकर्तापतिर्नियंताचेतिगणकर्ता ९९ गणपतिश्चउच्यते १०० इतिप्रथमंशतकम् ॥ दिग्वासाः दारुकावनेमुनिपत्नीमोहनार्थंनग्नत्वंधृतमितिज्ञेयं वस्तुतस्तुदिशांअनंतानामपिवासइववासआच्छादकः तथाचश्रुतिः 'ईशावास्यमिदंसर्वंयत्किं चजगत्यांजगत्'इति । ईशाईश्वरेणावास्यमाच्छादनीयमिति १०१ कामःस्मरोऽभिलाषोवातद्रूपः १०२ मंत्रान्इषेत्वादीन्पाठतोऽर्थतश्चवेत्तीतिवातैर्वित्वेदनमस्येतिवामंत्रवित् । 'यस्यज्ञानमयंतपः । नावेदविन्मनुतेतंबृहंतं' इतिश्रुतिभ्याम् १०३ परमोमंत्रःआत्मतत्त्वालोचनरूपोविचारः १०४ तस्यअध्यारोपापवादात्मकत्वात्तदनुगुणंनामद्वयं सर्वभावकरःजगत्कारणमित्यर्थः १०५ हरःतत्प्र

दशबाहुस्त्वनिमिषोनीलकंठउमापतिः ॥ विश्वरूपःस्वयंश्रेष्ठोबलवीरोऽबलोगणः ८ ॥ ४१ ॥ गणकर्तागणपतिर्दिग्वासाःकामएवच ॥ मंत्रवित्परमोमंत्रःसर्व
भावकरोहरः ९ ॥ ४२ ॥ कमंडलुधरोधन्वीबाणहस्तःकपालवान् ॥ अशनीशतघ्नीखड्गीपट्टिशीचायुधीमहान् १० ॥ ४३ ॥ स्रुवहस्तःसुरूपश्चतेजस्तेजस्क
रोनिधिः ॥ उष्णीषीचसुवक्त्रश्चउदग्रोविनतस्तथा ८ ॥ ४४ ॥ दीर्घश्चहरिकेशश्चसुतीर्थःकृष्णएवच ॥ शृगालरूपःसिद्धार्थोमुंडःसर्वशुभंकरः ८ ॥ ४५ ॥

विलापनस्थानंसर्वभावनःहरइतिचपूर्वकालरूपेणसर्वकर्तृत्वसंहर्तृत्वेउक्तेइदानींतत्त्वदृष्ट्येतिभेदः । तथाहि चतुर्विधःप्रलयः प्राकृतोब्रह्मावसानेमहदंतानांकार्याणांनाशः । दैनंदिनोब्रह्मदिनावसानेत्रै लोक्यनाशः । नित्योऽस्मदादिसुषुप्तौसर्वनाशः । एतेत्रयःसबीजाइतिउत्पत्तिमंतः । आत्यंतिकस्तुतत्त्वज्ञानेनसकारणस्यकार्यस्यनाशः पुनरुत्पत्तिहीनोमोक्षाख्यइतिशास्त्रप्रसिद्धिः १०६ ॥ ४२ ॥ दशबाहुरित्युक्तानांबाहूनामायुधान्याह कमंडलुधरः १०७ धन्वीधनुष्मान् १०८ बाणहस्तः १०९ कपालवान् ब्रह्मणःशिरश्छित्त्वातत्कपालंधारयतीत्यर्थः ११० अशनिर्वज्रंतद्वान् ११ शत घ्नीशक्तिस्तद्वान् १२ उभयत्रव्रीह्यादिभ्यश्चेतिमत्वर्थीयइनिः खड्गी १३ पट्टिशःखड्गविशेषस्तद्वान् १४ आयुधंस्वस्यासाधारणंशूलंतद्वान्शूलीत्यर्थः १५ महान्पूज्यः १६ ॥ ४३ ॥ स्रुवोय ज्ञपात्रंतद्धस्तः १७ सुरूपःशोभनरूपः १८ तेजस्तेजस्वी १९ तेजस्करोनिधिःभक्तानांकांतिप्रदोनिधिरिवनिधिरनुच्छेद्यः १२० उष्णीषीशिरोवेष्टनवान् २१ सुवक्त्रः २२ उदग्रःऊर्जितरूपः २३ विनतःविनयवान् २४ ॥ ४४ ॥ दीर्घःअत्युच्चः २५ हरिकेशः हरयइंद्रियाण्येवकेशाइवकेशारश्मयोयस्यसहरिकेशःइंद्रियद्वारातत्तदर्थप्रकाशकर्ता । यद्वा हरिश्चकश्चईशश्चतेषांसमाहारः त्रिमूर्तिरित्यर्थः २६ शोभनश्चासौतीर्थंचसुतीर्थःमहागुरुः । क्लेशकर्मविपाकाशयैरपरामृष्टःपुरुषविशेषईश्वरस्तस्यवाचकःप्रणवःसपूर्वेषामपिगुरुरितिपतंजलिस्मरणात् २७ कृष्णः 'कृषिर्भूवाचकः शब्दोणश्चनिर्वृतिवाचकः ॥ तयोरैक्यंपरंब्रह्मकृष्णइत्यभिधीयते'इतिश्रुतेरानंदसन्मात्रइत्यर्थः । ब्रह्मोत्तरखंडेवागोपशिशुंप्रतिमहादेवेनतवान्वयेसप्तमोऽहंभविष्यामीतिवरदानान्महादेवस्यैवावतारःकृष्ण इत्यवगमात् २८ शृगालरूपःवणिजाऽवमानितंब्राह्मणंप्रायोपविष्टंसांत्वितुमिंद्रेणैतद्रूपंधृतमितिमोक्षधर्मेषूपाख्यायतेऽनेनशृगालरूपइंद्रस्तदभिन्नइत्यर्थः २९ सिद्धार्थःसिद्धाएवनतुसाध्याअर्थाअर्थनीयाः

पदार्थायस्य १३० मुंडःपरिव्राट् ३१ अतएवसर्वशुभंकरःसर्वभूताभयप्रदः ३२ ॥ ४५ ॥ अजःअजातः ब्रह्मादिष्वजत्वमापेक्षिकंदेवेष्वमरत्ववत् । 'हिरण्यगर्भःसमवर्तताग्रेभूतस्यजातःपतिरेकआसीत्' ॥ 'विष्णुरित्थापरममस्यविद्वान्जातोबृहन्नभिपातितृतीयं' इतिब्रह्मविष्ण्वादिषुजातइतिविशेषणात् । अजातइत्येनंकश्चिद्भीरुःप्रपद्यते'रुद्रयत्तेदक्षिणंमुखंतेनमांपाहि'इतिरुद्रेएवाजातत्वदर्शनात् ३३ बहुरूपः स्पष्टं ३४ गंधधारीकुंकुमकस्तूर्यादिसुरभिद्रव्यधर्ता ३५ कपर्दीकंजलंपिबतीतिकपः ऋतिःसौत्रोधातुःस्पर्धायामैश्वर्येचास्ति ऋत्स्पर्धनैश्वर्ययोरितिबोपदेवः अस्माद्भावेक्विप् ऋतमैश्वर्यंददाती तिऋद्दः कपश्चासौऋद्दश्चेतिसमासः आद्गुणः कपर्दःमहादेवस्यहिजटाजूटेनस्वर्गात्पतंतीगंगाप्रथमंपीतापश्चाद्भगीरथप्रार्थनयातस्यानिर्गमनसामर्थ्यंचदत्तमतःसकपर्दस्तद्वान्महेश्वरःकपर्दी ३६ ऊर्ध्व-रेताःअविप्लुतब्रह्मचर्यः ३७ तत्रहेतुःऊर्ध्वलिंगः अधोलिंगोहिरेतःसिंचतिनतूर्ध्वलिंगः ३८ अत्रापिहेतुःऊर्ध्वशायीउत्तानशयः ३९ एतेननामत्रयेणउमयाशिवोनग्रस्तोनचस्पृष्टः यतःअसंग इत्यर्थत्रयंदर्शितं एवंसत्यपिनभएवआकाशशब्दिताशक्तिरेवस्थलंआवासोयस्यसनभःस्थलः यथोक्तमभियुक्तैः 'शक्तिःशरीरमधिदैवतमंतरात्माज्ञानंक्रियाकरणमासनजालमिच्छा ॥ ऐश्वर्यमायतनमावरणानिचत्वंकिंकिंनयद्भवसिदेविशशांकमौलेः' इति १४० ॥ ४६ ॥ त्रिजटी ४१ चीरवासाः स्पष्टे द्वे ४२ रुद्रः 'प्राणावावरुद्राएतेहीदंसर्वंरोदयंति' इतिश्रुतेः सर्वेषांप्राणरूपः ४३ सेनापतिः ४४ विभुर्व्यापी ४५ अहश्चरोदेवादिः ४६ नक्तंचरोराक्षसादिस्तदुभयरूपः ४७ तिग्ममन्युःतीक्ष्णक्रोधः ४८ सुवर्चसः सुतरांवर्चोऽध्ययनतपआदिजंतेजोयस्मिन् समासांतोऽच्आर्षः

अजश्चबहुरूपश्चगंधधारीकपर्द्यपि ॥ ऊर्ध्वरेताऊर्ध्वलिंगऊर्ध्वशायीनभःस्थलः ८ ॥ ४६ ॥ त्रिजटीचीरवासाश्चरुद्रःसेनापतिर्विभुः ॥ अहश्चरोनक्तंचरस्तिग्ममन्युःसुवर्चसः ९ ॥ ४७ ॥ गजहादैत्यहाकालोलोकधातागुणाकरः ॥ सिंहशार्दूलरूपश्चआर्द्रचर्मांबरावृतः ७ ॥ ४८ ॥ कालयोगीमहानादःसर्वकामश्चतुष्पथः ॥ निशाचरःप्रेतचारीभूतचारीमहेश्वरः ८ ॥ ४९ ॥ बहुभूतोबहुधरःस्वर्भानुरमितोगतिः ॥ नृत्यप्रियोनित्यनर्तोनर्तकःसर्वलालसः ९ ॥ ५० ॥ घोरोमहातपाःपाशोनित्योगिरिरुहोनभः ॥ सहस्रहस्तोविजयोव्यवसायोह्यतंद्रितः ॥ १० ॥ ५१ ॥ ॥ ॥ ॥ ॥

४९ ॥ ४७ ॥ गजहा 'वाराणस्यांपुरायातोगजरूपीमहासुरः । अघ्नेतंकुंजरंभीममधृष्यमपिशंकरः' इतिस्कांदेउपाख्यानात्गजासुरहंता १५० दैत्यहा ५१ कालःमृत्युःसंवत्सरादिर्वा ५२ लोकधातालोकानामीश्वरः ५३ गुणानांदीनदयालुत्वज्ञानैश्वर्यादीनामाकरःखनिः ५४ सिंहशार्दूलरूपःसर्वहिंस्रपशुरूपः ५५ आर्द्रचर्मगजकृत्तिस्तदेवांबरंतेनावृतः ५६ ॥ ४८ ॥ कालवंचकोयोगीकालयोगी ५७ महानादःअनाहतध्वनिरूपःसचहंसोपनिषत्प्रसिद्धः ५८ सर्वेकामाविषयाअस्मिन्निति सर्वकामः 'अस्मिन्सर्वेकामाःसमाहिताः'इतिश्रुतिः ५९ चतुष्पथः चत्वारःउपासनार्थंपंथानोऽस्यसतथा तेचविश्वतैजसप्राज्ञशिवध्यानरूपाः १६० निशाचरःवेतालादिः ६१ प्रेतैर्भूतैश्चसहचरतीतिप्रेतचारी ६२ भूतचारी ६३ महेश्वरःइंद्रादिभ्यईश्वरेभ्योमहान् ६४ ॥ ४९ ॥ बहुभूतः 'सच्चत्यच्चाभवदिति सत्यंचानृतंचसत्यमभवत्'इत्यंतेनश्रुतमस्यबहुभवनं ६५ बहुधरःमहतःप्रपंचस्यधर्ता ६६ स्वर्भानुःमूलाज्ञानरूपस्तमःशब्दितोराहुः ६७ अमितःअनंतःभूमेत्यर्थः ६८ गतिःमुक्तप्राप्यः ६९ नृत्यप्रियःतांडवेश्वरश्चिदंबरमूर्तिः १७० नित्यःसंततःनर्तोनर्तनंयस्यनित्यनर्तः ७१ नर्तकःनर्तयिता ७२ सर्वेषुलालसाप्रीतिरस्यविश्वबंधुरित्यर्थः ७३ ॥ ५० ॥ घोरःशिवस्यद्वेतन्वौघोराऽन्याक्षुत्तृषादिरघोराऽन्यासंतोषादिस्तद्रूपत्वाद्घोरः ७४ महातपाः महत्सृष्टिसंहारक्षमंतपआलोचनंयस्य ७५ पाशयतिस्वमाययाबध्नातीतिपाशः ७६ नित्यःध्वंसरहितः ७७ गिरिरुहःपर्वतारूढःकैलासवासीत्यर्थः ७८ नभःव्योमवदसंगः ७९ सहस्रहस्तः ८० विजयः ८१ व्यवसायोनिश्चयउद्योगोवाजयहेतुः ८२ अतएवातंद्रितःतंद्रातमोमयीवृत्तिःप्रवृत्तिनिरोधिनीतद्रहितः । अनिंदितइतिपाठेव्यवसायस्यविशेषणम् १८३ ॥ ५१ ॥ ॥

अधर्षणःअप्रकंप्यः ८४ धर्षणात्माभयरूपः ८५ यज्ञहाबलियज्ञघ्नः बौद्धावताररूपेणवायज्ञघ्नः 'विश्वंभूतंभुवनंचित्रंबहुधाजातंजायमानंचयत् । सर्वोह्येषरुद्रस्तस्मैरुद्रायनमोअस्तु' इतिमंत्रवर्णे नविष्ण्वाद्यनन्यत्वाच्छिवस्यतद्विवक्षयेदमुक्तं ८६ कामनाशकःस्मरस्यभक्तकामप्रदत्वेनइच्छायावानाशकः ८७ दक्षयागापहारी स्पष्टं ८८ सुसहःसौम्यः ८९ मध्यमईषत्सौम्यः १९० ॥ ५२ ॥ तेजो पहारीअतिक्रूरः ९१ बलहाइंद्ररूपेणबलनामानंदैत्यंहंतीतितथा ९२ मुदितःकारणरूपेणनित्यमानंदयुक्तः ९३ अर्थःधनरूपेणार्थनीयः ९४ अजितःसंग्रामादौकृष्णेनतुबाणासुरयुद्धेशिवाज्ञयैवशिवोजितो नस्वबलेन यथाभीष्मेणकृष्णःस्वप्रतिज्ञांसमर्थयताऽनृतःकृतःभक्तपारवश्यदर्शनायतद्वत् एतच्चपुराणेप्रसिद्धं ९५ अवरःनास्तिवरोवरणीयोयस्मादन्यइत्यवरः ९६ गंभीरघोषोदुन्दुभिसमुद्रादिरूपेण ९७ गंभीरोदुरवगाहतात्पर्योविदरूपेण ९८ गंभीरमगाधंपरैरनासादिततलंबलंसेनाशारीरंसामर्थ्यंवावाहनंवृषभश्चधर्मरूपीयस्यसः गंभीरबलवाहनः ९९ ॥ ५३ ॥ न्यग्रोधरूपःन्यक्नीचैःरोहतीति'ऊर्ध्वमूलो ह्यवाक्शाखःएषोऽश्वत्थःसनातनः'इतिश्रुतिप्रसिद्धःसंसारवृक्षः २०० ॥ इतिद्वितीयंशतकं ॥ न्यग्रोधःवटरूपःवटनिकटवासीदक्षिणामूर्तिरूपइत्यर्थः । मार्कंडेयदृष्टोवाएकार्णवस्थोवटस्तच्छायीबालकृष्णरूपी महाविष्णुर्वा १ वृक्षस्यकर्णइवकर्णःएकदेशःपर्णंतत्रस्थितिर्यस्यसवृक्षकर्णस्थितिः वृक्षकल्पस्थितिरितिपाठेयथैकस्माद्बीजादेकोवटस्ततोऽनंतानिबीजानितेभ्यस्तावंतोवटाइतिउत्तरोत्तरवृद्धिमतःकार्यस्यानं त्यंतत्कल्पाततईषन्न्यूनास्थितिःसंसारवृक्षपालनंयस्यसः न्यूनत्वंज्ञानेन । भर्जितेबीजेपुनःप्ररोहासंभवादभर्जितेचतस्यानिवार्यत्वादितिसूचयितुंकल्पम् । मार्कंडेयस्यापिएकार्णवेब्रह्मण्येकदेशेसंसारवटो ऽल्पोऽप्यनंतप्ररोहोस्तीतिभगवतास्वमायारूपंवटव्याजेनप्रदर्शितम् अत्र 'शिवोमहेश्वरश्चैवरुद्रोविष्णुःपितामहः । संसारबंधुःसर्वज्ञःपरमात्मेतिमुख्यतः । नामाष्टकमिदंतस्यप्रतिपादकमीशितुः'इतिशैवे । विष्णुपितामहयोरपिशिवादनन्यत्वात्तद्वाचिभिरपिशब्दैःशिवएवाभिधीयतइतिदर्शनात् । हरिवंशेकैलासयात्रायाम् 'नामानितवगोविंदयानिलोकेमहांतिच । तान्येवममनामानिनात्रकार्याविचारणा'

अधर्षणोधर्षणात्मायज्ञहाकामनाशकः ॥ दक्षयागापहारीचसुसहोमध्यमस्तथा ७ ॥ ५२ ॥ तेजोपहारीबलहामुदितोऽर्थोजितोऽवरः ॥ गंभीरघो
षोगंभीरोगंभीरबलवाहनः ९ ॥ ५३ ॥ न्यग्रोधरूपोन्यग्रोधोवृक्षकर्णस्थितिर्विभुः ॥ सुतीक्ष्णदशनश्चैवमहाकायोमहाननः ७ ॥ ५४ ॥ विष्वक्से
नोहरिर्यज्ञःसंयुगापीडवाहनः ॥ तीक्ष्णतापश्चहर्यश्वःसहायःकर्मकालवित् ८ ॥ ५५ ॥ ॥ ॥ ॥ ॥ ॥

इतिशिववचनाच्च । सर्वस्मिन्पुराणेशिवपर्यायैर्विष्णुपर्यायैर्वाएकएवईश्वरोऽभिधीयते । शिवविष्ण्वोर्भेदमुत्तमानुत्तमभावंचकल्पयत पाषंडिनःशिरसिपततुवज्रपातः यथोक्तंसूतसंहितायाम् 'ब्रह्माणं केशवंविष्णुंभेदभावेनमोहिताः । पश्यंत्येकंनजानंतिपाषंडोपहताजनाः'इति अतएवमाताधातापितामहःरुद्रोबहुशिराबभ्रुरितिविष्णुनामसुब्रह्मरुद्रनामानिपठ्यंते । तथामहादेवोऽव्ययोहरिःगणनाथः प्रजापतिरितिशिवनामसुविष्णुप्रजापतिनामानि । इतरेषामितरत्रगौणमुख्यवृत्तिभेदेनप्रवृत्तिरितिकल्पनायाउदाहृतशैवस्कांदवाक्यबाधितत्वेनानुत्थानात् 'योदेवानांनामधाएकएवनामानिसर्वाणि यमाविशंति । एकंसंतंबहुधाकल्पयंति । एकंसद्विप्राबहुधावदंत्यग्निंयमंमातरिश्वानमाहुः' इत्याद्यागमबहिर्भूतत्वाच्चैतेउपेक्ष्याएवेतिदिक् निपुणतरमुपपादितमेतदादिपर्वण्युपोद्घाते २ विभुःविवि धरूपेणहरिहरदुर्गागणेशार्काग्निवाय्वादिरूपेणभक्तानामनुग्रहायभवतीतिविभुः ३ सुतीक्ष्णाःअनेकब्रह्मांडचणकचर्वणक्षमादशनायस्यसुतीक्ष्णदशनः ४ महाकायः ५ महाननइतितदनुगुणेशरीर मुखेअनुवर्णिते ६ ॥ ५४ ॥ विष्वक्विषुसर्वतःअंचंतिपलायंतेयस्यप्रयाणोद्योगेदैत्यानांसेनाइतिविष्वक्सेनः सर्वतःपूज्यतेसेनायस्येतिवा अंचुगतिपूजनयोरितिधातुः ७ हरिः गजेंद्रमोक्षणेआप दंहरतीतिहरिः सर्वसंहर्तावा ८ यज्ञःसृष्टिबीजभूतः तथाचश्रुतिः 'अग्नौप्रास्ताहुतिःसम्यगादित्यमुपतिष्ठते । आदित्याज्जायतेवृष्टिर्वृष्टेरन्नंततःप्रजाः'इति ९ संयुगेसंग्रामेआपीडइवआपीडो ध्वजभूतंवाहनंवृषरूपंयस्यवृषरूपोध्वजएववाहनमपीत्यर्थः २१० तीक्ष्णतापोऽग्निस्तदात्मा ११ हरयःअतिवेगवाहिनःअश्वायस्यसहर्यश्वःसूर्यस्तदात्मा १२ सहायःजीवस्यसखा । 'द्वासुपर्णास युजासखाया'इतिमंत्रवर्णात् १३ कर्मणांदर्शादीनांकालंयथोक्तंवेत्तीतिकर्मकालवित् १४ ॥ ५५ ॥ ॥ ॥ ॥ ॥ ॥ ॥ ॥

अनु० १३ अ० ॥ १७ ॥

विष्णुनाप्रसादितश्चक्रलाभार्थमितिविष्णुप्रसादितः १५ यज्ञःविष्णुरूपी'यज्ञोवैविष्णुः'इतिश्रुतेः १६ समुद्रः १७ वडवामुखःवन्हिविशेषोयःसामुद्रंजलंनित्यंशोषयति १८ हुताशनसहायोवायुः १९ प्रशांतात्मानिस्तरंगसागरस्वरूपः २२० हुताशनोऽग्निः २१ ॥ ५६ ॥ सएवउग्रतेजाःदुःसहस्पर्शः २२ महातेजाःविश्वतःप्रकाशः २३ जन्येसंग्रामेसाधुर्जन्यः २४ यतोविजयकालवित्तेनशूरोऽपिकालज्ञानाभावेपराजितोभवतीतिगम्यते २५ ज्योतिषांग्रहनक्षत्राणामयनंगमनंवर्ण्यतेतच्छास्त्रंज्योतिषामयनंकालवित्कालरूपश्चेतिनामद्वयार्थः २६ सिद्धिर्जयरूपा २७ सर्वकालादिकंविग्रहोदेहोयस्य ससर्वविग्रहः । संधीतिपाठेसंधिविग्रहयानासनादिरूपः २८ ॥ ५७ ॥ शिखीशिखावानगृहस्थः २९ मुंडीतद्रहितःसंन्यासी एतेननैष्ठिकब्रह्मचारिणोऽपिग्रहणं दंडीतिपाठेऽपिपालाशंवैणवंचदंडंधारयतस्तादेव २३० जटीजटावानवानप्रस्थः ३१ ज्वालीज्वालावान्अर्चिरादिमार्गःशिखिप्रभृतिभिःप्रार्थ्यः ३२ मूर्तौशरीरेजायतेआविर्भवतीतिमूर्तिजः ३३ मूर्धगःमूर्धनिसहस्रारेवागच्छतीतिमूर्धगः ३४ बलीबलवान् वलीतिपाठेवलिमान्वृद्धः ३५ वेणुपणवतालाख्यावाद्यविशेषास्तद्वान्वेणवी ३६ पणवी ३७ ताली ३८ खलंधान्यस्थानंतद्वान् ३९ कालकटंकटः कालस्ययमस्यकटोवेष्टकःआवरणमीश्वरीयामायातामपिकटत्यावृणोतीतिकालकटंकटः कटेवर्षावरणयोरितिधातुः शालेतिपाठेवृक्षाणामावरकोवायुस्तस्याप्यावरकोव्योमरूपी २४० ॥ ५८ ॥ नक्षत्रविग्रहंग्रहतारादिशरीरंकालचक्रंतदनुसारिणीमतिर्यस्यसदैवज्ञोवा । पाठांतरेगमयतिचालयतिवानक्षत्रविग्रहगमःमतिर्वा ४१ गुणेषुगुणकार्येषुविषयेषुबुद्धिर्यस्यजीवरूपीत्यर्थः ४२ लीयतेऽस्मिन्सर्वमितिलयईश्वरः ४३ अगमःअचंचलःकूटस्थश्चिन्मात्रः यमइतिपाठेऽपितयोर्यमयिताऽयस्कांततुल्यःसएव ४४ प्रजापतिःविराट् ४५ अतएवविश्वबाहुःविश्वेषांबाहवएवबाहवोयस्यसतथा ४६ विभागःविभज्यतेपृथक्क्रियते

विष्णुप्रसादितोयज्ञःसमुद्रोवडवामुखः ॥ हुताशनसहायश्चप्रशांतात्माहुताशनः ७ ॥ ५६ ॥ उग्रतेजामहातेजाजन्योविजयकालवित् ॥ ज्योतिषामयनंसिद्धिःसर्वविग्रहएवच ७ ॥ ५७ ॥ शिखीमुंडीजटीज्वालीमूर्तिजोमूर्द्धगोबली ॥ वेणवीपणवीतालीखलीकालकटंकटः १२ ॥ ५८ ॥ नक्षत्रविग्रहमतिर्गुणबुद्धिर्लयोऽगमः प्रजापतिर्विश्वबाहुर्विभागःसर्वगोऽमुखः ९ ॥ ५९ ॥ विमोचनःसुसरणोहिरण्यकवचोद्भवः ॥ मेढ्रजोवलचारीचमहीचारीस्रुतस्तथा ७ ॥ ६० ॥ सर्वतूर्यनिनादीचसर्वातोद्यपरिग्रहः ॥ व्यालरूपोगुहावासीगुहोमालीतरंगवित् ७ ॥ ६१ ॥ त्रिदशस्त्रिकालधृत्कर्मसर्वबंधविमोचनः ॥ बंधनस्त्वसुरेन्द्राणांयुधिशत्रुविनाशनः ५॥६२ ॥

इतिव्यष्टिकार्यरूपः ४७ सर्वगःसमष्टिकार्यरूपः ४८ अतएवअमुखःभोगसाधनहीनःअभोक्तेतियावत् । सर्वतोमुखइतिपाठेत्वेकंनाम ४९ ॥ ५९ ॥ विमोचनःसंसारमोचकः २५० सुसरणः सुप्रापः । सुशरणइतिपाठेशोभनंशरणंरक्षितृत्वंयस्यअपुनरावृत्तिग्रहमित्यर्थः ५१ हिरण्यकवचःहरतीतिहिरण्यंमायातद्विकारभूतंकवचमिवकवचमावरकंशरीरं 'हिरण्मयेनपात्रेणसत्यस्यापिहितंमुखं' इतिश्रुतेस्तत्रउद्भवआविर्भावोयस्यसहिरण्यकवचोद्भवः ५२ मेढ्रजःमेढ्रेलिंगेआविर्भवतीतिमेढ्रजः ५३ वलचारीवनेचरःशबरः 'देवावैवलेगाःपर्यपश्यन्निति'ब्राह्मणाद्वलशब्दस्यवनवाचित्वं ५४ महींकृत्स्नांचरतीतिमहीचारी ५५ स्रुतःसर्वत्रगतःप्राप्तः कर्मणिक्तः ५६ ॥ ६० ॥ सर्वतूर्यनिनादीस्पष्टं ५७ सर्वातोद्यपरिग्रहःआतोद्याःप्रतोदनार्हाजीवपशवस्तेएवसर्वेपरिग्रहःकुटुंबंयस्यपशुपतिरित्यर्थः ५८ व्यालरूपःशेषात्मा ५९ गुहावासीयोगीजैगीषव्यादिः २६० गुहःकार्तिकेयः ६१ मालीवनमालाधारी ६२ तरंगवित्तरंगतुल्यानिविषयसुखानिविंदतिलभतेइतितथातरंगवित् ६३ ॥ ६१ ॥ त्रिदशःतिस्रोदशाःजन्मस्थितिनाशाःप्राणिनांयस्मादिति ६४ त्रिकालजातंवस्तुधारयतीतिःत्रिकालधृत् यथोक्तं 'अनागतमतीतंचभविष्यत्स्थूलमण्वपि । तथादूरमदूरंचनिमेषःकल्पइत्यपि । चिदात्मनिस्थितान्येवपश्यमायाविजृंभितं'इति ६५ कर्माणिसंचितक्रियमाणानिबंधाश्चाविद्याकामात्मकास्तेभ्योमोचयतीतिकर्मसर्वबंधविमोचनः ६६ बंधनस्त्वसुरेंद्राणांवामनरूपेणबलेर्बन्धकर्ता बहुवचनंकल्पभेदाभिप्रायं ६७ युधिशत्रुविनाशनःस्पष्टार्थम् ६८ ॥ ६२ ॥ ॥ ॥ ॥ ॥ ॥ ॥

॥ २९ ॥

सांख्यप्रसादः आत्मानात्मविवेकः सांख्यं तेनैव प्रसीदतीति ज्ञानैकलभ्य इत्यर्थः १ अथवा सांख्यज्ञानप्रदो दत्तात्रेय इत्यर्थः ६९ दुर्वासास्तस्यैव सोदर्यो रुद्रांशः २७० सर्वसाधुनिषेवित इति ब्राह्मणानां राजा सोम उक्तः ७१ प्रस्कंदनः ब्रह्मादीनामपि च्यावयिता । मन्येत्वाच्यवनमच्युतानामिति मंत्रवर्णः ७२ विभागज्ञः प्राणिनां यथोचितं तत्तत्कर्मफलानां विभाजकः ७३ अतएवातुल्यः 'नत्वत्समोऽस्त्यभ्यधिकः कुतोऽन्यः' इति गीतावचनात् ७४ यज्ञविभागवित् यज्ञियानां हविषां विभागाभिज्ञः ७५ ॥ ६३ सर्वत्र वासो वसतिस्थानमस्य सर्ववासः ७६ सर्वचारी ७७ दुर्वासाः दुःस्थं आर्द्रगजकृत्तिरूपं वासो यस्य दुर्लभं वा वासो यस्य अनंतपारत्वादिति दुर्वासाः ७८ वासवः ७९ अमरः २८० हैमो हिमस्यायं समूहो हैमो हिमालयरूपी ८१ हेमकरो जांबूनदस्य सुवर्णस्य कर्ता जंबूद्वीपचिन्हभूतो जंबूवृक्षस्तस्य हि फलं प्रस्कन्नं सुवर्णत्वं भजतीत्युपाख्यायते पुराणेषु ८२ अयज्ञो निष्कर्मा ८३ अथच सर्वधारी सकलकर्मफलधर्ता ८४ धराणां दिग्गजशेषकूर्मादीनामप्युत्तमः अनन्याधारः सन् तैः सर्वैः सहितस्य ब्रह्मांडस्य धर्ता ८५ ॥ ६४ लोहिताक्षः रक्तनेत्रः ८६ महांति विश्वव्यापकान्यक्षाणींद्रियाणि यस्य स महाक्षः ८७ विजयावहः अक्षोपलक्षितो रथो यस्य स विजयाक्षः ८८ विशारदः पंडितः ८९ संग्रहः संगृह्णाति बाणादीन् दासान् स्वीकरोतीति संग्रहः २९० निग्रहः निगृह्णाति इंद्रादीनुत्सिक्तान् दंडयतीति निग्रहः ९१ अतएव कर्ता ९२ सर्पा एव चीरस्य वस्त्रस्य निवासनं विष्टंभकं यस्य स सर्पचीरनिवासनः वसुस्तंभेऽस्य रूपं ९३ ॥ ६५ ॥ मुख्यः परमः ९४ अमुख्यः अवमः देवानामित्यर्थः 'अग्निर्वै देवानामवमो विष्णुः परमस्तदंतरेण सर्वा अन्या देवताः' इति ब्राह्मणात् सर्वदेवतामय इत्यर्थः ९५ देहः उपचितः अत्यंतपुष्ट इति यावत् ९६ काहला

सांख्यप्रसादो दुर्वासाः सर्वसाधुनिषेवितः ॥ प्रस्कन्दनो विभागज्ञो अतुल्यो यज्ञभागवित् ७ ॥ ६३ ॥ सर्ववासः सर्वचारी दुर्वासा वासवोऽमरः ॥ हैमो हेमकरो यज्ञः सर्वधारी धरोत्तमः ९ ॥ ६४ ॥ लोहिताक्षो महाक्षश्च विजयाक्षो विशारदः ॥ संग्रहो निग्रहः कर्ता सर्पचीरनिवासनः ८ ॥ ६५ ॥ मुख्योऽमुख्यश्च देहश्च काहलिः सर्वकामदः ॥ सर्वकालप्रसादश्च सुबलो बलरूपधृत् ८ ॥ ६६ ॥ सर्वकामवरश्चैव सर्वदः सर्वतोमुखः ॥ आकाशनिर्विरूपश्च निपाती ह्यवशः खगः ७ ॥ ६७ ॥ ॥ ॥ ॥ ॥

वाद्यविशेषस्तद्वान् काहलिः आर्षत्वादिञ्प्रत्ययः देहारिरित्यपि पठंति ९७ सर्वकामदः ९८ सर्वकालप्रसादः ९९ सुबलः शोभनं परपीडापहारि बलं सामर्थ्यं यस्य दयानिधिरित्यर्थः ३०० ॥ इति तृतीयं शतकं ॥ बलो बलरामस्तद्रूपधारी बलरूपधृत् बलं च रूपं च तयोर्धर्ता वा १ ॥ ६६ ॥ सर्वकामवरः सर्वेषां काम्यमानानां वरः श्रेष्ठो मोक्ष इत्यर्थः २ सर्वदः स्पष्टं ३ सर्वतोमुख इति सर्वतः पाणिपादत्वादेरुपलक्षणं ४ आकाशनिर्विरूपश्च आकाशादिव निर्गच्छंति विविधानि रूपाण्यस्मादिति सतथा अनेन 'वायुरभ्रं विद्युत्स्तनयित्नुरशरीराण्येतानि तद्यथैतान्यमुष्मादाकाशात्समुत्थाय परं ज्योतीरूपं संपद्य स्वेन रूपेणाभिनिष्पद्यंत एवमेवैष संप्रसादोऽस्माच्छरीरात्समुत्थाय परं ज्योतीरूपं संपद्य स्वेन रूपेणाभिनिष्पद्यते स उत्तमः पुरुषः' इति श्रुतेरर्थो दर्शितः । स च यथा आकाशतादात्म्यं प्राप्ता वाय्वादयोऽशरीरा अविभाव्यमानस्वरूपाः संतोऽपि प्रावृडारंभे ततः पृथग्भूय स्वेन रूपेणोपसंपन्ना भूत्वा निर्वाणदीपवत् परं ज्योतिरात्मत्वाभिनिष्पन्ना भवंत्येवं देहतादात्म्यापन्नः संप्रसादाख्यो जीवो देहात्पृथगविभाव्यमानस्वरूपोऽपि ध्यानकाले देहांतरवद्देहाद्व्युत्थाय स्वेनापहतपाप्मत्वादिगुणाष्टकयुक्तेन रूपेणाभिनिष्पन्नस्तद्वदेव परं ज्योतिर्निर्विशेषं ब्रह्माभिमुख्येन प्रत्यगभेदेन निष्पद्यत इति ५ देहगर्ते निपतितुं तत्तादात्म्यं प्राप्तुं शीलमस्येति निपाती ६ अतएवावशः देहसंबंधादपरिहार्यदुःखादिसंबंधः ७ खगः हार्दाकाशगः शुद्धेन रूपेणेत्यर्थः हार्दाकाश एव तावदसंगस्तदंतर्गतस्तु सुतरामसंगः सन् निपाती अवशश्च भवत्यहो मोहस्य माहात्म्यमपारमिति भावः ८ ॥ ६७ ॥

रौद्ररूपोमहाभैरवः ९ अंशुर्देवताभेदः ३१० आदित्यस्तत्सहचारीभगापरनामादेवः 'तस्याअंशुश्चभगश्चाजायेताम्'इतिब्राह्मणात् ११ बहुरश्मिःसूर्यएव १२ शोभनंवर्चस्तेजःसुवर्चसंतद्वान्सुवर्चसी १३ वसुवेगःवासयतिस्थापयत्येतत्सर्वमात्मनीतिवसुर्वायुः 'वायुर्वैवैतान्संवृङ्क्ते'इतिश्रुतेः तस्यवेगइववेगोयस्यसतथा १४ महावेगस्ततोऽप्यधिकवेगः १५ मनोवेगः मनसोऽप्यधिकवेगः 'मनसोजवीयः'इतिमंत्रवर्णात् १६ निशाचरःनिशेवनिशाअविद्यातयाचरतिविषयान्भुंक्तेसतथा १७ ॥ ६८ ॥ सर्वेषुशरीरेषुवसतीतिसर्ववासी १८ श्रियासहवसतीतिश्रियावासी अलुक्समासः श्रीरत्र'ऋचःसामानियजूंषिसाहिश्रीरमृतासताम्'इतिश्रुत्युक्तविद्याग्राह्या १९ अतएवउपदेशकरः ३२० अकरःउपदेशमपितूष्णींभावेनास्थानं यथोक्तं 'चित्रंवटतरोर्मूलेवृद्धाःशिष्यागुरुर्युवा । गुरोस्तुमौनंव्याख्यानंशिष्यास्तुच्छिन्नसंशयाः'इति बाष्कलिनाचबाध्वः पृष्टःपुनःपुनस्तूष्णींभूतएवस्थित्वातृतीयेप्रश्नेप्राह ब्रूमःखलुत्वंतुनविजानास्युपशांतोऽयमात्मेति २१ अकरत्वादेवमुनिर्मौनवान् २२ आत्मनिजीवेनिश्चित्यदेहादुपाधेर्वानिर्गत्यआलोचयतीत्यात्मनिरालोकः २३ संभग्नःसम्यक्सेवितः भजसेवायामित्यस्यरूपंनतुभंजेः २४ अतएवसहस्रदः अनंतस्यधनादेर्दाता २५ ॥ ६९ ॥ पक्षीगरुत्मान् २६ पक्षरूपःमित्ररूपेणसहायः २७ अतिदीप्तःकोटिसूर्यप्रतीकाशःशत्रुतेजोभिभावकः २८ अतएवसर्वासांविशांप्रजानांपतिःसार्वभौमः २९ उन्मादयतीत्युन्मादोमोहकः ३३० यतःमदनःअनंगः ३१ कामःकाम्यमानःस्त्र्यादिविषयरूपः ३२ अश्वत्थःसंसारवृक्षःकामप्रदोवावृक्षएव ३३ अर्थकरःधनादिप्रदः ३४ यशःकीर्तिप्रदश्च ३५ ॥ ७० ॥ वामदेवः वामानांकर्मफलानांदेवइवदेवोराजाविभाजकः ३६ वामःकर्मफलरूपः विषयसंपर्कजानंदमात्रस्वरूपइत्यर्थः ३७ प्राक्सर्वेषामाद्यः ३८ दक्षिणश्चत्रैलोक्याक्रमणसमर्थः ३९ वामनःबलिबंधनकर्ता ३४० सिद्धयोगीसनत्कुमारादिः ४१ महर्षिर्वसिष्ठादिः ४२ सिद्धार्थः ऋषभदत्तात्रेयादिः ४३ सिद्धश्चासौसाधकश्चज्ञानोत्तरंसंन्यासमभीप्सन्याज्ञवल्क्यादिर्विद्वत्संन्यासी ४४ ॥ ७१ ॥ भिक्षुर्लिंगधारीहंसः ४५ भिक्षुरूपःअलिंगःपरमहंसः ४६ अतएवविपणोनिर्व्यवहारःदंडादिरहितः ४७ मृदुःसर्वभूताभयदाता ४८ अव्ययःनिर्विकारःमानापमानादिप्राप्तावपिहर्षविषादशून्यः ४९ महासेनःकार्तिकेयोदेवसेनापतिः ३५० विशाखस्ततएवइंद्रेणवज्रप्रहारेकृतेजातस्तत्सहायः ५१ षष्टिभागःषष्टिस्तत्त्वानियस्यभागोभोज्यमतिथिभागइतिवत्सषष्टिभागः । तानिचजागरितस्थानइत्यादिनामांडूक्यादौप्रसिद्धानि यथाजाग्रदवस्था बहिर्मुखंप्रज्ञानं सप्तशब्दादयः पंचमंतव्यबोद्धव्याभ्यांसहिताःस्वसंकल्पोत्थाविषयाः एकोनविंशतिर्भोगद्वाराणिदशेंद्रियाणिपंचप्राणमनोबुद्ध्यहंकारचित्तानिचेतिस्थूलंभोग्यंशब्दाद्याश्रयभूतमितिएकोनत्रिंशत् तथास्वप्नावस्थामंतर्मुखंप्रज्ञानंवासनामयाश्चइतरेसर्वेसूक्ष्मभोग्यांताएकोनत्रिंशदेव । तथासुषुप्तंस्थानंचेतश्चसूक्ष्मतरंसुखमितिषष्टिः भोग्यवर्गःयस्तुभोक्तासमाक्षीआनन्दरूपोऽस्यामवस्थायांप्रत्यगानंदसूक्ष्माभिश्चेतोवृत्तिभिर्भुंक्तेइतिषष्टिभागः ५२ गवामिंद्रियाणांपतिश्चालकः ५३ ॥ ७२ ॥ ॥ ॥ ॥ ॥

रौद्ररूपोंऽशुरादित्योबहुरश्मिःसुवर्चसी ॥ वसुवेगोमहावेगोमनोवेगोनिशाचरः ९ ॥ ६८ ॥ सर्ववासीश्रियावासीउपदेशकरोऽकरः ॥ मुनिरात्मनिरालोकःसंभग्नश्चसहस्रदः ८ ॥ ६९ ॥ पक्षीचपक्षरूपश्चअतिदीप्तोविशांपतिः ॥ उन्मादोमदनःकामोह्यश्वत्थोऽर्थकरोयशः १० ॥ ७० ॥ वामदेवश्चवामश्चप्राग्दक्षिणश्चवामनः ॥ सिद्धयोगीमहर्षिश्चसिद्धार्थःसिद्धसाधकः ९ ॥ ७१ ॥ भिक्षुश्चभिक्षुरूपश्चविपणोमृदुरव्ययः ॥ महासेनोविशाखश्चषष्टिभागोगवांपतिः ९ ॥ ७२ ॥ ॥ ॥ ॥ ॥

वज्रहस्तःपर्वतभेत्ताशक्रः ५४ विष्कंभोविस्तारस्तद्वान्विष्कंभी ५५ चमूस्तंभनोदैत्यसेनास्तंभनकृत् ५६ वृत्तंयुद्धेरथेनमंडलानांकरणमावृत्तंपरसेनांभित्त्वापुनरक्षतेनआगमनंतयोःकरःकर्त्तावृत्तावृत्त
करः । कृतावृत्तेतिपाठेनिष्कपटमावृत्तकर्त्ता ५७ तालःसंसारसिंधोस्तलमाधारंस्थानंवेत्तीतितालःशुद्धब्रह्मवित् ५८ मधुर्वसंतः ५९ मधुकःकोयष्टिकाख्यःपक्षीतद्वल्लोचनेयस्यसमधुकलोचनः । मध्वे
वमधुकंक्षौद्रंतद्वर्त्पिंगनेत्रइतिवा ३६० ॥ ७३ ॥ वाचस्पतिदेवपुरोहितमनुजातःवाचस्पत्यःपुरोहितकर्मकर्त्ता 'बृहस्पतिर्हवैदेवानांपुरोहितस्तमन्वन्येमनुष्यराज्ञांपुरोहिताः'इतिब्राह्मणेबृहस्पतिंयःसुभृतं
बिभर्तीतिमंत्रस्थबृहस्पतिपदस्यव्याख्यानात् ६१ वाजसनःशाखाविशेषप्रवर्तकोऽध्वर्युकर्मकर्ता ६२ नित्यमाश्रमपूजितःस्पष्टं ६३ ब्रह्मचारीब्रह्मणिचरतीतिब्रह्मनिष्ठः ६४ लोकेषुब्राह्मणादिगृहेषुच
रतिभक्षयतीतिलोकचारीभिक्षुः ६५ सर्वचारीसर्वगः 'यएवंवेदाहंब्रह्मास्मीतिसइदंसर्वंभवति' इतिश्रुतेरात्मज्ञानात्सार्वात्म्यंप्राप्तइत्यर्थः ६६ विचारविद्विपरीतंचरणमंतर्मुखतयागमनंतद्वेत्ता ६७ ॥
७४ ॥ ईष्टेइतीशानोनियंताऽन्तर्यामीत्यर्थः लटःशानच् ६८ ईश्वरःअश्नोतिव्याप्नोतीति अश्नोतेराशुकर्मणिवरट्चेत्युणादिसूत्रेणअशूङ्व्याप्तावित्यस्माद्वरट्चात्क्लिशेरीचोपधायाइतिपूर्वसूत्रादनुवृत्त्या
उपधायाईत्वंच ६९ कालःकलयतिसर्वेषांपुण्यपापादिकंतत्तत्फलप्रदानार्थंसंख्यातीतिकालःचित्रगुप्तात्मा ३७० निशाचारीब्राह्मयांनिशायांमहाप्रलयरूपायामपिचरतिप्रत्यगानंदमनुभवतीतिनिशाचारी
७१ पातिरक्षतीतिपिनाकोधनुर्विशेषस्तद्वान्पिनाकी । पिनाकादयश्चेतिपातेरित्वमाकप्रत्ययोनुडागमश्चनिपात्यते ७२ निमित्तंलक्ष्यंदैत्यादिस्तत्रस्थस्तदंतर्यामी ७३ निमित्तंतद्रूपश्चविश्वरूपत्वात् ७४

वज्रहस्तश्चविष्कंभीचमूस्तंभनएवच ॥ वृत्तावृत्तकरस्तालोमधुर्मधुकलोचनः ७ ॥ ७३ ॥ वाचस्पत्योवाजसनोनित्यमाश्रमपूजितः ॥ ब्रह्मचारीलोकचारीसर्वचारी
विचारवित् ७ ॥ ७४ ॥ ईशानईश्वरःकालोनिशाचारीपिनाकवान् ॥ निमित्तस्थोनिमित्तंचनंदिर्नन्दिकरोहरिः १० ॥ ७५ ॥ नंदीश्वरश्चनंदीचनंदनोनंदिवर्द्धनः ॥
भगहारीनिहंताचकालोब्रह्मापितामहः ९ ॥ ७६ ॥ चतुर्मुखोमहालिंगश्चारुलिंगस्तथैवच ॥ लिंगाध्यक्षःसुराध्यक्षोयोगाध्यक्षोयुगावहः ७ ॥ ७७ ॥ बीजाध्यक्षो
बीजकर्त्ताअध्यात्मानुगतोबलः ॥ इतिहासःसकल्पश्चगौतमोऽथनिशाकरः ८ ॥ ७८ ॥ ॥ ॥ ॥ ॥

नंदिःसमृद्धिः 'एषास्यपरमासंपत्'इतिश्रुतेर्ज्ञानसंपद्रूपः ७५ नंदिकरःसंपत्करः ७६ हरिर्हनुमान्रामरूपस्यविष्णोःसहायः ७७ ॥ ७५ ॥ नंदीशिवस्यगणोवाहनंवातस्येश्वरः ७८ नंदीगणरूपश्च
७९ नंदनआनंदयिता ३८० नंदिवर्धनःदत्तायाअपिसंपदच्छेदकः ८१ भगानिइंद्रादीनामैश्वर्याणितान्यपिहरतीतिभगहारी ८२ निहंतामृत्युरूपेण ८३ कालःकलानांचतुःषष्टिसंमितानांनिवासः
कालः ८४ अतएवब्रह्माअतिशयेनमहान् ८५ पितामहःपितुर्विष्णोरपिपिता । इंदिरालोकमातामेतिलक्ष्म्यालोकमातृत्वस्यप्रसिद्धत्वेनतद्भर्तुर्विष्णोर्लोकपितृत्वात् ८६ ॥ ७६ ॥ चतुर्मुखोविधाता
८७ महत्सर्वदेवासुरादिपूज्यंलिंगमस्यसमहालिंगः ८८ चारुलिंगःरमणीयवेषः ८९ लिंगाध्यक्षः लीनमावृतमर्थंगमयंतीतिलिंगानिप्रत्यक्षादीनिप्रमाणानितेषामध्यक्षःप्रवृत्तिनिवृत्तिनियामकः ३९०
सुराध्यक्षः चक्षुरादिप्रमाणानामधिष्ठातारःसुरास्तेषामप्यध्यक्षः ९१ योगाध्यक्षःवेषामेवेंद्रियदेवतानांहार्दाकाशेएकीकरणंयोगः । अत्रह्येतेसर्वेएकंभवंतीतिश्रुतेः तस्याप्यध्यक्षः एतत्कृपयैवयोगःप्रा
प्यइत्यर्थः ९२ युगावहःयुगानिपुण्यपापतारतम्यवंतिकृतत्रेताद्वापरकलिसंज्ञान्यावहतिनिर्वर्त्तयतीतितथा ९३ ॥ ७७ ॥ बीजंधर्माधर्मौतयोरध्यक्षःफलदाताबीजाध्यक्षः ९४ बीजकर्तास्पष्टं ९५
अध्यात्मानुगतःआत्मानमधिकृत्यप्रवृत्तंशास्त्रमनुसरन्साधकइत्यर्थः ९६ बलःबलानिगृत्यादीनिवर्ततेऽस्मिन्निति बलः मत्वर्थीयार्शआद्यजंतं ९७ इतिहासोभारतादिः ९८ सकल्पःयज्ञकल्पकेनप्रयोगवि
धिविचारेणसहितोमीमांसान्यायसंघः ९९ गौतमस्तर्कशास्त्रप्रणेता ४०० ॥ इतिचतुर्थशतकं ॥ निशाकरश्चंद्रश्चांद्रव्याकरणप्रणेता १ ॥ ७८ ॥ ॥ ॥ ॥ ॥

दंभःदम्भातिशत्रून्दमयतीतितथा २ अदंभः नास्तिदंभोदमकोयस्य ३ वैदंभः दंभोधर्मध्वजित्वंतद्विरहितावैदंभास्तेषामयंस्वभूतोवैदंभः ४ वश्योभक्तपराधीनः ५ वशकरः अन्यान्वशेकर्तुंस मर्थः वंश्योवंशकरइतिपाठेस्पष्टोऽर्थः ६ कलिःअन्योन्यंदेवासुरादीनांवैरकर्ता ७ लोककर्त्तभौतिकचतुर्दशभुवननिर्माता ८ पशुपतिःब्रह्मादिस्तंबपर्यंतानांजीवपशूनांपतिःपालकः ९ महाकर्त्तापंच भूतानामपिस्रष्टा ४१० अनौषधःव्रीह्याद्यन्नजातीयरहितःअभोक्तेतियावत् ११ ॥ ७९ ॥ अक्षरमव्ययं १२ परमंब्रह्मअन्नाद्यवरब्रह्मापेक्षयापरममुत्कृष्टमानंदमात्रस्वरूपं १३ बलवत्बलाभिमा निदेवतारूपं १४ अतएवशक्नोतीतिशक्रःशतक्रतुशब्दावयवयोरंत्यवर्णयोर्लोपेनवाशक्रः १५ नीतिर्दंडश्चेषुदंडप्रणयनादिः १६ अनीतिस्तद्विपर्ययः १७ शुद्धात्माविमलचित्तः १८ शुद्धःदोषास्प र्शी १९ मान्यःमानार्हः २० गतागतःयातायातवान्संसारः २१ ॥ ८० ॥ बहुप्रसादः २२ सुस्वप्नःस्वप्नावस्थाभिमानीतैजसोऽप्ययमेव २३ दर्पणःदर्पणइवविश्वप्रतिबिंबदर्शनास्पदं २४ अमि त्रजित्बाह्याभ्यंतरशत्रुजित् २५ वेदकारो निःश्वसितमेतद्यदृग्वेदइत्यादिश्रुतेर्वेदानांकर्त्ता २६ मंत्रावेदादन्येतांत्रिकपौराणिकादेशभाषामयास्तेषांकर्त्तामंत्रकर्त्ता २७ विद्वान् २८ समरमर्दनःसमरेशत्रू णांमर्दनः २९ ॥ ८१ ॥ महांतोमेघाःप्रलयकालिकास्तेषुतदधिष्ठातृदेवतात्वेनवसतीतिमहामेघनिवासी ४३० महाघोरःप्रलयकर्तृत्वात् ३१ वशोसर्वमस्यास्तीतिवशी ३२ कृणोतिहिनस्तिजगदितिक

दंभोह्यदंभोवैदंभोवश्योवशकरःकलिः ॥ लोककर्तापशुपतिर्महाकर्ताह्यनौषधः १० ॥ ७९ ॥ अक्षरंपरमंब्रह्मबलवच्छक्रएवच ॥ नीतिर्ह्यनीतिःशुद्धात्माशुद्धोमान्यो गतागतः १० ॥ ८० ॥ बहुप्रसादःसुस्वप्नोदर्पणोऽथत्वमित्रजित् ॥ वेदकारोमंत्रकारोविद्वान्समरमर्दनः ८ ॥ ८१ ॥ महामेघनिवासीचमहाघोरोवशीकरः ॥ अग्निज्वालोमहाज्वालोअतिधूम्रोहुतोहविः ९ ॥ ८२ ॥ वृषणःशंकरोनित्यंवर्चस्वीधूमकेतनः ॥ नीलस्तथांगलुब्धश्चशोभनोनिरवग्रहः ८ ॥ ८३ ॥ स्वस्तिदः स्वस्तिभावश्चभागीभागकरोलघुः ॥ उत्संगश्चमहांगश्चमहागर्भपरायणः ८ ॥ ८४ ॥ कृष्णवर्णःसुवर्णश्चइंद्रियंसर्वदेहिनाम् ॥ महापादोमहाहस्तोमहाकायो महायशाः ७ ॥ ८५ ॥ महामूर्धामहामात्रोमहानेत्रोनिशालयः ॥ महांतकोमहाकर्णोमहोष्ठश्चमहाहनुः ८ ॥ ८६ ॥ ॥ ॥

रःसंहारकर्त्ता ३३ अग्नेरिवज्वालातेजोयस्यसोऽग्निज्वालः ३४ ततोऽपिमहाज्वालः ३५ अतिधूम्रःकालाग्निरूपेणसर्वदाहकालेऽत्यंतंधूम्रमयः ३६ हुतः आदिकर्मणिक्तःहोमेनप्रीतः ३७ हविः पयआदिरूपः ३८ ॥ ८२ ॥ वृषणःवर्षतिकर्मफलानीतिवृषणोधर्मः गुणाभावआर्षः । यद्वा वृषोधर्मोऽस्त्यस्मिन्निति वृषणः पामादित्वान्नप्रत्ययः ३९ शंकरःसुखप्रदः ४४० नित्यंवर्चस्वी ४१ धूमकेतनःवन्हिरूपः ४२ नीलःमरकतवर्णः ४३ तथेतिततएवहेतोःअंगलुब्धः अंगस्त्रीयोऽवयवःलिंगमितियावत् तत्रलुब्धःनीलेऽनीलेवालिंगेनित्यंसन्निहितइत्यर्थः ४४ शोभनःकल्याणहेतुः ४५ निरवग्रहःप्रतिबंधशून्योमनोरथवृष्टिकर्त्ता ४६ ॥ ८३ ॥ स्वस्तिदः ४७ स्वस्तिभावःसुतरांअस्तिभावःसत्तास्येतिस्वस्तिभावः ४८ भागीयज्ञेभागवान् ४९ भागकरःयज्ञियहविषांविभाजकः ४५० लघुःशीघ्रः ५१ उत्संगःअसंगः ५२ महांगःमहालिंगः ५३ महान्गर्भउत्पादनीयत्वेपरायणमवश्यंगम्यंयस्यसमहागर्भपरायणः प्रजननात्मकःकंदर्पइत्यर्थः ५४ ॥ ८४ ॥ कृष्णवर्णोविष्णुरू पेण ५५ सुवर्णःश्वेतवर्णःसांबरूपेण ५६ सर्वदेहिनामिंद्रियंसर्वेन्द्रियरूपः ५७ महापादः ५८ महाहस्तः ५९ महाकायः ४६० महायशाः ६१ ॥ ८५ ॥ महामूर्धा ६२ महामात्रःमहाप्रमाणः ६३ महानेत्रः ६४ निशालयःनिशेवनिशाअविद्यातस्यालयोयत्र ६५ महांतकःमृत्युमृत्युः ६६ महाकर्णः ६७ महोष्ठः ६८ महाहनुः ६९ ॥ ८६ ॥

महानासः ४७० महाकंबुर्महाकंठः ७१ महाग्रीवः ७२ श्मशानभाक् श्मनांशरीराणांशानंतनूकरणंभजतीतिश्मशानभाक्देहबंधच्छेत्तेतियावत् ७३ महावक्षाः रक्षइतिपाठेमहतीरक्षारक्षणंयस्यस
तथा ७४ महोरस्कः ७५ अंतरात्मा ७६ मृगालयःअंकाधिरोपितमृगइत्यर्थः ७७ ॥ ८७ ॥ लंबंतेऽस्मिन्ननेकानितरौफलानीवब्रह्मांडानीतिलंबनः ७८ लंबितोष्ठःप्रलयकालेविश्वंग्रसितुंलंबि
तौदीर्घीकृतौओष्ठौयेनसः ७९ महतीब्रह्मादिभिरप्यजय्यामायायस्यसमहामायः ४८० पयोनिधिःक्षीरसमुद्रः ८१ महादंतः ८२ महादंष्ट्रः ८३ महाजिव्हः ८४ महामुखः ८५ ॥ ८८ ॥ महा
नखःनरसिंहः ८६ महारोमावराहः ८७ महाकोशःमहोदरः ८८ महाजटः ८९ प्रसन्नः ४९० प्रसादःप्रसन्नता ९१ प्रत्ययोऽनुभवः ९२ गिरिसाधनःपर्वतएवसाधनंरणेजयहेतुर्यस्यगिरिधन्वे
त्यर्थः ९३ ॥ ८९ ॥ स्निह्यतीतिस्नेहनःपितृवत्प्रजासुस्नेहवान् ९४ अस्नेहनस्तद्विपरीतः ९५ अजितः ९६ महामुनिरत्यंतंमौनवान्मननशीलोवा ९७ वृक्षाकारः संसारवृक्षएवाकारोयस्य
९८ वृक्षकेतुः संसारवृक्षएवकेतुर्ज्ञापकोयस्य नहिदेहेंद्रियाण्यनुपादायब्रह्मजिज्ञासितुंशक्यं ९९ अनलोनास्तिअलंपूर्तिर्यस्यभुंजानस्यसोऽनलोऽग्निः ५०० इतिपंचमंशतकं ॥ वायुरेववाहनंदेशाद्देशांत
रंप्रतिगतेःसाधनंसवायुवाहनः १ ॥ ९० ॥ गंडइवगंडोभूमेरुच्छूनप्रदेशःक्षुद्रशैलास्तेषुलीयतेगच्छतीतिगंडली: गंडशब्दपूर्वाद्लीगतावस्मात्क्विप् विभक्तिलोपःसुपांसुलुगितिपूर्वसवर्णोवाआर्षः २

महानासोमहाकंबुर्महाग्रीवःश्मशानभाक् ॥ महावक्षामहोरस्कोह्यंतरात्मामृगालयः ८ ॥ ८७ ॥ लंबनोलंबितोष्ठश्चमहामायःपयोनिधिः ॥ महादंतोमहादंष्ट्रोम
हाजिह्वोमहामुखः ८ ॥ ८८ ॥ महानखोमहारोमामहाकेशोमहाजटः ॥ प्रसन्नश्चप्रसादश्चप्रत्ययोगिरिसाधनः ८ ॥ ८९ ॥ स्नेहनोऽस्नेहनश्चैवअजितश्चम
हामुनिः ॥ वृक्षाकारोवृक्षकेतुरनलोवायुवाहनः ८ ॥ ९० ॥ गंडलीमेरुधामाचदेवाधिपतिरेवच ॥ अथर्वशीर्षःसामास्यऋक्सहस्रामितेक्षणः ८ ॥ ९१ ॥ यजुः
पादभुजोगुह्यःप्रकाशोजंगमस्तथा ॥ अमोघार्थःप्रसादश्चअभिगम्यःसुदर्शनः ८ ॥ ९२ ॥ उपकारःप्रियःसर्वःकनकःकांचनच्छविः ॥ नाभिर्नंदिकरोभावःपुष्कर
स्थपतिःस्थिरः १० ॥ ९३ ॥ द्वादशस्त्रासनश्चाद्योयज्ञोयज्ञसमाहितः ॥ नक्तंकलिश्चकालश्चमकरःकालपूजितः १० ॥ ९४ ॥ ॥ ॥

मेरुधामा ३ देवाधिपतिः ४ अथर्वशीर्षः ५ सामास्यः ६ ऋक्सहस्रामितेक्षणः ७ ॥ ९१ ॥ यजुःपादभुजः ८ गुह्यःउपनिषद्देशः ९ प्रकाशः कर्मकांडः १० जंगमः नृपश्वादिरूपः
११ अर्थोऽर्थनंयाञ्चा अमोघोऽर्थोयत्रसःअमोघार्थः १२ प्रसादःप्रसीदतीतिदयालुः १३ अभिगम्यःसुखप्राप्यः १४ सुदर्शनःमंगलावहंदर्शनंयस्य १५ ॥ ९२ ॥ उपकारःप्रीणनरूपः १६
प्रियःसुखदायी १७ सर्वःसरत्यभिमुखआयातीतिसर्वः १८ कनकःस्वर्णादिप्रियवस्तुरूपः १९ कांचनच्छविः ५२० नाभिःभुवनस्यमध्यदेशः अयंयज्ञोभुवनस्यनाभिर्यज्ञरूपः अत्यूर्ध्वगतिहेतु
त्वाभावाद्यज्ञस्यनाभित्वं २१ नंदिकरःयज्ञफलसमृद्धिकर्त्ता २२ भावःक्रतुश्रद्धारूपः २३ पुष्करस्यब्रह्मांडस्यस्थपतिःस्वामी २४ स्थिरःस्थावरःपर्वतादिरूपः २५ ॥ ९३ ॥ द्वादशः नृणां
दशगर्भवासादयोदशास्तासांमृत्युर्दशमीस्वर्गएकादशीमोक्षोद्वादशीति द्वादशइतिसंसारापेक्षमोक्षउच्यते २६ त्रासनःआंतरालिकदशारूपेणभयजननः २७ आद्यःसंसारात्प्राचीनःशुद्धःआद्यंतमध्यरूपइ
तिनामत्रयार्थः २८ यज्ञःजीवेशयोःसंगतिकरणरूपोयोगः २९ अतएवयज्ञसमाहितःतत्रस्थस्तदेकलभ्यइत्यर्थः ५३० नक्तमिवनक्तमप्रकाशात्मामहामोहः ३१ कलिस्तत्कार्यभूतःकामक्रोधलोभादिरूपः
३२ कालस्तस्यापिकार्यंजन्ममरणप्रवाहःकालयतिसंवलयतीतियोगात् ३३ मकरःमकराकारंशिशुमारचक्रंकालस्यज्ञापकंतत्स्वरूपः ३४ कालेनमृत्युनापूजितःकालपूजितः ५३५ ॥ ९४ ॥

सगणःप्रमथादियुक्तः ५३६ गणकारःबाणादीन्भक्तान्स्वगणान्करोतीतिगणकारः ३७ भूतानांवाहमोयोगक्षेमनिर्वाहकोब्रह्मासारथिर्यस्यभूतवाहनसारथिः ३८ भस्मशयः । भसभर्त्सनदीप्त्योरिति जुहोत्यादिकाद्धातोरन्येभ्योऽपिदृश्यतइतिमनिन् बभस्तिभर्त्सयतिदोषान्भासयतिवाआत्मानमितिभस्म तथाचोक्तंवासिष्ठलैङ्गे 'भर्त्सनात्सर्वपापानांपाशानांचमहामुने । भस्मेतिकीर्त्यतेरक्षारोगाणांचाभिभर्त्सनात्'इति । तत्रैव 'बाह्यमोक्षेणकिंभस्मधारणंमोक्षलक्षणं ॥ भस्मनानित्ययुक्तस्यज्ञानमुत्पद्यतेऽचिरात्'इतिश्रुतावप्यथर्वशिरसि । अग्निरित्यादिनाभस्मगृहीत्वाऽभिमृज्यांगानिसंस्पृशेद्व्रतमेतत्पाशुपतंपशुपाशविमोक्षायेति । भस्मनिशेतेभस्मशयःतेनउद्धूलनादिकमपिकर्त्तव्यं । यथाहवृद्धशातातपः । 'स्तेयंकृत्वागुरुदारांश्चगत्वामद्यंपीत्वाब्रह्महत्यांचकृत्वा । भस्मच्छन्नोभस्मशय्यांशयानोरुद्राध्यायीमुच्यतेसर्वपापैः'इति ३९ भस्मगोप्ता भस्मनागोपायतिजगदितिभस्मगोप्ता वक्ष्यतिचात्रैव । ' रक्षार्थंमङ्गलार्थंचपवित्रार्थंचभामिनि । लांछनार्थंचभक्तानांभस्मदत्तंमयापुरा'इति ५४० भस्मभूतः एतच्चमंकणकनाम्निमुनौकराच्युतंशाकरसंदृष्ट्वानृत्यतिसतितन्नृत्योपशमार्थंमहादेवेनस्वमंगुलिंभित्त्वातज्जंभस्मदर्शितंतेनस्वस्यवपुःकेवलंभस्ममयमितिज्ञाप्यते ४१ तरुःकल्पवृक्षादिः ४२ गणःभृंगिरिटिनंदिकेश्वरादिस्तद्रूपः ४३ ॥ ९५ ॥ लोकाश्चतुर्दशभुवनानितेषांपालोलोकपालः ४४ अलोकःलोकातीतः ४५ महात्मापूर्णः ४६ सर्वपूजितः ४७ शुक्लःशुद्धः ४८ त्रिशुक्लःत्रीणिकायवाङ्मनांसिशुक्लानियस्य ४९ अतएवसंपन्नःकैवल्यंप्राप्तः ५५० शुचिःआगंतुकमपिमलंनस्पृशतिअसंगइत्यर्थः ५१ भूतैःपूर्वाचार्यैर्निषेवितःभूतनिषेवितः ५२ ॥ ९६ ॥ आश्रमेषुचतुर्षुधर्मरूपेणतिष्ठतीत्याश्रमस्थः ५३

सगणोगणकारश्चभूतवाहनसारथिः ॥ भस्मशयोभस्मगोप्ताभस्मभूतस्तरुर्गणः ८ ॥ ९५ ॥ लोकपालस्तथाऽलोकोमहात्मासर्वपूजितः ॥ शुक्लस्त्रिशुक्लः संपन्नःशुचिर्भूतनिषेवितः ९ ॥ ९६ ॥ आश्रमस्थःक्रियावस्थोविश्वकर्ममतिर्वरः ॥ विशालशाखस्ताम्रोष्ठोह्यंबुजालःसुनिश्चलः ८ ॥ ९७ ॥ कपिलःकपिशःशुक्लआयुश्चैवपरोऽपरः ॥ गंधर्वोह्यदितिस्तार्क्ष्यःसुविज्ञेयःसुशारदः ११ ॥ ९८ ॥ परश्वधायुधोदेवअनुकारीसुबांधवः ॥ तुंबवीणोमहाक्रोधऊर्ध्वरेताजलेशयः ८ ॥ ९९ ॥ उग्रोवंशकरोवंशोवंशनादोह्यनिंदितः ॥ सर्वांगरूपोमायावीसुहृदोह्यनिलोऽनलः १० ॥ १०० ॥ ॥ ॥

क्रियावस्थःधर्मस्यैवपूर्वरूपंक्रियायागादिस्तदवस्थापन्नः ५४ विश्वकर्ममतिःदेवशिल्पिनोयत्कौशलंतद्रूपइत्यर्थः ५५ वरःव्रियतइतिवरोलक्ष्म्यादिरूपः ५६ विशालशाखःदीर्घबाहुः । शाखापक्षांतरेबाहौ'इतिमेदिनी ५७ ताम्रोष्ठः ५८ अंबुजालःजलसमूहः सागरइत्यर्थः । ' जालंगवाक्षआनायेक्षारकेदंभवृंदयोः'इतिमेदिनी ५९ सुनिश्चलःपर्वतादिरूपः ५६० ॥ ९७ ॥ कपिलः ६१ कपिशः ६२ शुक्लइतित्रयोऽपिवर्णवाचिनस्तद्वान् ६३ आयुर्जीवनकालः ६४ परःप्राचीनः ६५ अपरोऽर्वाचीनः ६६ गंधर्वश्चित्ररथादिः ६७ अदितिर्देवमाता इयंवाअदितिरितिश्रुतेः पृथ्वीवा ६८ तार्क्ष्यःवैनतेयः ६९ सुविज्ञेयःसुखेनज्ञातुंयोग्यः ५७० सुशारदः शोभनधारक् ७१ ॥ ९८ ॥ परश्वधायुधः ७२ देवःविजिगीषुः ७३ अनुकारीभीष्मंहंतुमायुधंप्रक्षेप्तुमनुकरोतिवासोऽनुकारी ७४ शोभनश्चासौबान्धवश्चसुबांधवोऽर्जुनसखा ७५ तुंबवीणःतुंबीफलद्वययुक्तावीणायस्यसैवरुद्रवीणेतिलोकेप्रसिद्धा ७६ महाक्रोधःप्रलयकाले ७७ ऊर्ध्वरेताःउर्ध्वंदेवमनुष्येभ्यउपर्युपरितःप्रजाब्रह्मविष्ण्वादिरूपायस्यसः ७८ जलेशयःविष्णुरूपीशेषपर्यंकेजलशायी ७९ ॥ ९९ ॥ उग्रउत्कर्षेणग्रसतीत्युग्रः ५८० वंशकरः ८१ वंशश्चप्रसिद्धः ८२ वंशनादः ८३ अनिंदितः ८४ सर्वांगरूपःसर्वेष्वंगेषुरूपंसौंदर्यमस्यास्तीति 'रूपंस्वभावेसौंदर्ये'इतिमेदिनी ८५ मायावीमायाविशिष्टः मायिनंतुमहेश्वरमितिप्रसिद्धः ८६ सुहृदः अदंतत्वमार्षं प्रत्युपकारमनपेक्ष्यउपकर्ता ८७ अनिलःवायुः ८८ अनलोऽग्निः ५८९ ॥ १०० ॥ ॥ ॥ ॥ ॥ ॥ ॥ ॥ ॥

बध्नात्यनेनेतिबंधनःसंसारपाशः ५९० बंधकर्तासंसारनिर्माता ९१ सुबंधनविमोचनः सुतरांबंधनस्यमायापाशस्यमोचनकर्ता ९२ यज्ञारयोदैत्यास्तैःसहापिवमतीतिसयज्ञारिः ९३ कामारयोजित कामाःयोगिनः तैश्चसहास्तीतिसकामारिः ९४ महादंष्ट्रः ९५ महायुधः ९६ ॥ १०१ ॥ बहुधानिंदितः दारुकावनेऽतिकमनीयंरूपंधृत्वानग्नःसन्स्वयंपापिष्ठोऽस्मत्पत्नीनांचित्तंमोहयितुमागतोऽ स्तीतिसर्वैर्ऋषिभिर्निंदितः ९७ शृणातिहिनस्तिदारुकावनस्थान्मुनीन्मोहयतीतिशर्वः ९८ शंकरस्तेषामपिकुशलंकरेयस्यस्वाधीनंयस्येत्यर्थः ९९ शंकानांसमूहःशंकंतस्यरइवरःशंकरः सर्वसंशयदाहकः । 'रोऽर्ककामाग्निलेवन्हौ'इतिविश्वलोचनः । यैर्मुनिभिर्दारुकावनस्थैर्निंदितोयांश्चमोहितवान्तेषामेवकारुण्यात्कल्याणंसर्वसंशयोच्छेदंचतत्त्वज्ञानदानेनकृतवानितिनामचतुष्कतात्पर्यं ६०० इतिषष्ठंशतकं ॥ अधनःदिगंबरत्वात् १ एवमप्यमराणांईशःअमरेशः २ महादेवोदेवेंद्रादीनामपिपूज्यः यथोक्तंसांबपुराणे । 'पूज्यतेयःसुरैःसर्वैर्महांश्चैवप्रमाणतः ॥ महेतिधातुःपूजायांमहादेवस्ततःस्मृतः'इति ३ विश्वदेवः विश्वंविष्णुर्वषट्कारइतिवक्ष्यमाणत्वाद्विश्वंविष्णुस्तस्यापिदेवआराध्यः ४ सुरारिहा ५ ॥ २ ॥ अहिर्बुध्न्यःअहिःसर्पःतस्यविशेषणंबुध्न्यःबुध्नेमूलेसाधुरितिब्रह्मांडमूलंपातालंतत्रवर्ततइति यावत् शेषस्वरूपइत्यर्थः यथोक्तंविष्णुपुराणे । संकर्षणात्मकोरुद्रोनिष्क्रम्यात्तिजगत्त्रयं' इतिपदद्वयात्मकमेकंनाम ६ अनिलाभःवायुर्यथाअप्रत्यक्षोऽपिस्पर्शेनज्ञायतेएवमयंविषयरूपस्पर्शजन्यानुभवरूपः यथोक्तं । 'परागर्थप्रमेयेषुयाफलत्वेनसंमता ॥ संवित्सैवेहमेयोर्थोवेदांतोक्तिप्रमाणतः ' ७ चेकितानः कितज्ञानेअदादिःअस्माद्यङ्लुकिशानच् अतिशयेनचिकेत्तिजानातीतिचेकितानः युगपदशे षविशेषविज्ञानवानित्यर्थः ८ हविरिवहविस्तस्यैवभोक्तुर्भोग्यजातं । हरिरितिपाठेऽपितस्यैवहर्तव्यंबस्त्वितिसएवार्थः हृञऔणादिकःसर्वधातुभ्यइतिकर्मणिबाहुलकादिन् ९ अजैकपात् एकादशसुरुद्रेषुक

बंधनोबंधकर्ताचसुबंधनविमोचनः॥ सयज्ञारिःसकामारिर्महादंष्ट्रोमहायुधः॥१०१॥ बहुधानिंदितःशर्वःशंकरःशंकरोऽधनः॥ अमरेशोमहादेवोविश्वदेवःसुरारिहा ९॥ २ ॥ अहिर्बुध्न्योऽनिलाभश्चचेकितानोहविस्तथा ॥ अजैकपाच्चकापालीत्रिशंकुरजितःशिवः ९ ॥ ३ ॥ धन्वंतरिर्धूमकेतुःस्कंदोवैश्रवणस्तथा ॥ धाताशक्रश्चविष्णु श्चमित्रस्त्वष्टाध्रुवोधरः ११ ॥ ४ ॥ प्रभावःसर्वगोवायुरर्यमासवितारविः ॥ उषंगुश्चविधाताचमांधाताभूतभावनः ९ ॥ १०५ ॥ ॥ ॥

श्चित् ६१० कापालीकपालाभ्यांद्युपृथिवीरूपाभ्यांनिर्वृत्तंकापालंब्रह्मांडंतदस्यास्तीतिकापालीब्रह्मांडाधीशः ११ त्रिशंकुः त्रयोगुणाः शंकवःकीलाइवयस्यविष्टंभकाःसत्रिशंकुःसंसारी । 'नत दस्तिपृथिव्यांवादिविदेवेषुवापुनः ॥ सत्वंप्रकृतिजैर्मुक्तंयदेभिःस्यात्त्रिभिर्गुणैः' इतिगीतावचनात्सर्वजीवरूपइत्यर्थः १२ अजितःतैरेवशंकुभिरवशीकृतः १३ अतएवशिवःशुद्धःनिरुपाधिरित्यर्थः यथो क्तंवायुसंहितायां विशुद्धिःशिवतास्वतःइति १४ ॥ ३ ॥ धन्वंतरिःमहावैद्यः 'भिषक्तमंत्वाभिषजांशृणोमि'इतिमंत्रप्रसिद्धः १५ धूमकेतुरुत्पातविशेषः १६ स्कंदः १७ वैश्रवणः १८ धाता १९ शक्रः ६२० विष्णुः २१ मित्रः २२ त्वष्टा २३ ध्रुवः २४ धरः २५ ॥ ४ ॥ प्रभावःप्रभाबाह्योवसुः २६ सर्वगोवायुःसूत्रात्मा । 'वायुनावैगौतमसूत्रेणायंचलोकःपरश्चलोकःस र्वाणिचभूतानिसंदृब्धानि'इतिश्रुतेः पदद्वयात्मकमेकंनाम २७ अर्यमा २८ सविता २९ रविः ६३० उषंगुर्नृपविशेषःमांधातृसाहचर्यात् । यद्वा उपदाहेऽस्मादिगुपधज्ञाप्रीकिरःकइतिक त्ययेउ षंदाहकंगावःकिरणायस्येत्युषंगुः विभक्त्यलोपआर्षः वेदाःप्रमाणमितिवल्लिंगवचनभेदेऽपिपदयोःसामानाधिकरण्यं धन्वंतर्यादयःशब्दादेवताविशेषवाचिनःशिवेसार्वात्म्योपपादनार्थाएवेतिसर्वत्रज्ञेयं पुनरु क्तानामपितत्तद्यौगिकार्थभेदादपौनरुक्त्यंज्ञेयं । सत्यपिपौनरुक्त्येस्तुत्यर्थत्वान्नदोषः ३१ विधाताविविधप्रकारेणपोषकः ३२ मांधाताअस्मच्छद्वार्थंजीवंधयतिपाययतीतिमांधाताजीवस्यतृप्तिकरः ३३ भूतानांभावनंरज्ज्वामुरगस्येवास्मिन्नितिभूतभावनः ६३४ ॥ १०५ ॥ ॥ ॥ ॥ ॥ ॥ ॥ ॥

म.भा.टी. विभुः विविधरूपेणभवत्यस्तीतिविभुः भवतेःसत्तार्थकत्वात्पूर्ववत्डुप्रत्ययः ३५ वर्णान्श्वेतपीतादीन्विविधरूपेणभावयतीतिवर्णविभावी ‘ तस्मिन्शुक्लमुतनीलमाहुः’इत्यातिश्रुतेः एतदंतर्मुखानां अनु० १३
॥ ३३ ॥ नाडीमार्गगतंप्रत्यक्षम् । श्रुत्यंतरंच ‘ नीहारधूमार्कानिलानलानांखद्योतविद्युत्स्फटिकशशीनां ॥ एतानिरूपाणिपुरःसराणिब्रह्मण्यभिव्यक्तिकराणियोगे’इति ३६ सर्वकामगुणावहःतत्रैवांतर्मुखत्व
कालेसर्वान्कामान्काम्यमानान्विषयान्गुणांश्चशांतघोरमूढान्योगविघ्नकरान्सुखास्वादविक्षेपलयापरनामधेयान्ध्यायिभ्यआवहतिसाकल्येनप्रापयतीतितथा ३७ पद्मनाभःपद्मंविश्वस्यायतनंनाभौतत्रस्थेमणि अ०
पूरचक्रेऽस्यास्तीतिपद्मनाभः ‘ नाभ्यामुपरितिष्ठतिविश्वस्यायतनंमहत्’इतिश्रुतेः ३८ महागर्भःमहांतोब्रह्मादयोगर्भाउदरांतर्गतायस्यसतथा ३९ चंद्रवक्त्रःरम्यरूपः ६४० अनिलः ४१ अन
लश्च ४२ पूर्वभूतरूपेणोक्तावत्रतदभिमानिदेवतारूपाविितिविशेषः ६ बलवान् ४३ उपशांतः ४४ पुराणः ४५ स्पष्टार्थैनामत्रयं । पुण्यचंचुः पुण्येनज्ञातःतेनवित्तश्चंचुप्चणपावितिचंचुप् ४६ १७
ईलक्ष्मीरित्येकाक्षरंनाम ।‘ ईविषादेऽनुकंपायांलक्ष्म्यांपुनरनव्ययं’इतिमेदिनी ४७ कुरुकर्ताअत्रनामैकदेशग्रहणेननामग्रहणं भामासत्यभामेतिवत्कुरुपदेनकुरुक्षेत्रमुच्यते । तेनाविमुक्तंवैकुरुक्षेत्रमितिश्रुतेः
सर्वलोकप्रसिद्धेश्च तद्द्विविधंतयोःकर्मोपास्तिस्थानयोर्निर्माता ४८ कुरुवासीकुरुक्षेत्रद्वयवासी ४९ कुरुभूतःकुरुक्षेत्रद्वयात्मा ६५० गुणौषधःऐश्वर्यज्ञानवैराग्यधर्मादीनामौषधवदुद्दीपकः ५१ ॥ ७ ॥
सर्वाशयः सर्वेआशेरतेऽस्मिन्निति । अत्रह्येतेसर्वएकंभवंतीतिश्रुतेःसर्वस्यसुषुप्तिस्थाने प्राज्ञइत्यर्थः ५२ दर्भेषुअंतर्वेदिस्थबर्हिरूपेष्वासादितानिहवींषिचरतिभक्षयतीतिदर्भचारी ५३ सर्वेषांप्राणिनां

विभुर्वर्णविभावीचसर्वकामगुणावहः ॥ पद्मनाभोमहागर्भश्चन्द्रवक्त्रोऽनिलोऽनलः ८ ॥ ६ ॥ बलवांश्चोपशांतश्चपुराणःपुण्यचंचुरी ॥ कुरुकर्त्ताकुरुवासीकुरुभूतोगुणौ
षधः ९ ॥ ७ ॥ सर्वाशयोदर्भचारीसर्वेषांप्राणिनांपतिः ॥ देवदेवःसुखासक्तःसदसत्सर्वरत्नवित् ७ ॥ ८ ॥ कैलासगिरिवासीचहिमवद्गिरिसंश्रयः ॥ कूलहारीकूल
कर्त्ताबहुविद्योबहुप्रदः ६ ॥ ९ ॥ वणिजोवर्धकीवृक्षोबकुलश्चन्दनश्छदः ॥ सारग्रीवोमहाजत्रुरलोलश्चमहौषधः १० ॥ ११० ॥ सिद्धार्थकारीसिद्धार्थश्छन्दोव्याक
रणोत्तरः ॥ सिंहनादःसिंहदंष्ट्रःसिंहगःसिंहवाहनः ६ ॥ १११ ॥ प्रभावात्माजगत्कालस्थालोलोकहितस्तरुः ॥ सारङ्गोनवचक्रांगःकेतुमालीसभावनः ॥ ८ ॥ १२ ॥
भूतालयोभूतपतिरहोरात्रमनिंदितः ४ ॥ ११३ ॥ ॥ ॥ ॥ ॥ ॥ ॥ ॥ ॥ ॥

पतिः ५४ देवदेवः ५५ सुखासक्तः ५६ सत्कार्यम् ५७ असत्कारणम् ५८ सर्वरत्नवित्सर्वाणिरत्नानितत्तज्जातिषूत्कृष्टवस्तुनिविंदतेलभतेइतितथा ५९ ॥ ८ ॥ कैलासगिरिवासी ६६०
हिमवद्गिरिसंश्रयः ६१ कूलहारीमहाप्रवाहरूपेणतीरस्थद्रुमहारी ६२ कूलकर्ता पुष्करादीनांमहातटाकानांकर्ता । ‘ कूलंप्रतीरेसैन्यस्यपृष्ठेकूपतटाकयोः’इतिविश्वलोचनः ६३ बहुविद्यः ६४ बहुप्रदः
६५ ॥ ९ ॥ वणिजोवणिक् अकरांतत्वमार्षं ६६ वर्धकीतक्षा ६७ वृक्षस्तक्षणीयःसंसारवृक्षः ६८ बकुलःवृक्षविशेषः ६९ चंदनः ६७० छदःसप्तपर्णः ७१ सारग्रीवःदृढकंधरः ७२
महाजत्रुःजत्रुरत्रकंठस्कंधयोरधोऽस्थि ७३ अलोलः ७४ महौषधःव्रीहियवरूपः ७५ ॥ ११० ॥ सिद्धार्थकारी ७६ सिद्धार्थःपूर्वपक्षंनिरस्ययोनिष्पन्नोऽर्थःससिद्धार्थउच्यतेसएवसिद्धांतइतिप्र
सिद्धस्तस्यैवविशेषणंछंदोव्याकरणोत्तरइतिवेदव्याख्यानोपबृंहितइत्यर्थः ७७ सिंहनादः ७८ सिंहदंष्ट्रः ७९ सिंहगःसिंहारूढः ६८० सिंहवाहनःसिंहयुक्तंवाहनंरथोऽस्य ८१ ॥ १११ ॥ प्रभावा
त्माप्रकृष्टोभावःसत्तातद्रूपइत्यर्थः । ‘ प्राणावैसत्यंतेषामेषसत्यम्’इतिश्रुतेःसत्यस्यसत्यइत्यर्थः ८२ जगतःकालःग्रासकर्ताजगत्कालःसएवस्थालोभोजनपात्रंयस्य ८३ लोकहितः ८४ तरुस्तारकः ८५
सारंगःपक्षिविशेषः ८६ नवश्चासौचक्रांगोहंसश्चनवचक्रांगः ८७ केतुरिवकेतुःशिखातयामालतेशोभतेइतिकेतुमालीमयूरकुक्कुटादिपक्षिरूपः ८८ सभांधर्मपरीक्षास्थानंअवतीतिसभावनः ८९ ॥ ११२ ॥ ॥ ३३ ॥
भूतालयः ६९० भूतपतिः ९१ अहोरात्रं ९२ अनिंदितः ६९३ ॥ ११३ ॥ ॥ ॥ ॥ ॥ ॥ ॥

वाहिता वोढासर्वभूतानामित्युभयत्रसंबध्यते सर्वभूतानांवाहिर्तेत्येकंनाम ९४ सर्वभूतानांनिलयःसदनमित्यपरम् ९५ विभुःविगतंभूर्भुवनंयस्मादित्यजन्मा भावार्थेपूर्ववत्भवतेर्डुः ९६ भवः अस्तीतिभवः अस्तेःपचाद्यचिभूभावः ९७ अमोघःनैष्फल्यरहितः ९८ संयतःधारणाध्यानसमाधिमान् ९९ अश्वःउच्चैःश्रवादिरूपः ७०० इतिसप्तमंशतकं ॥ भोजयतीतिभोजनोऽन्नदाता १ अतएवप्राणधारणः २ ॥ १४ ॥ धृतिमान् ३ मतिमान् ४ दक्षःउत्साही ५ सत्कृतःआदृतः ६ युगाधिपःयुगशब्देनधर्माधर्मौलक्ष्येतेतयोःफलदः ७ गोपालिःइंद्रियाणांपालयिता ८ गोपतिःरश्मीनांपतिःसूर्यादिः ९ ग्रामःसमूहः ७१० गोचर्मवसनः ११ हरिःहरतिभक्तानांदुःखमितिहरिः १२ ॥ १५ ॥ हिरण्यबाहुःरमणीयबाहुः १३ प्रवेशिनामंतःप्रवेशशीलानांयोगिनांचिरकालंकाष्ठवत्स्थायिनांगुहाशरीरंतस्यरक्षकः १४ प्रकृष्टाःप्रकर्षेणतनूकृताःअरयःकामादयोयेनसप्रकृष्टारिःसाधकोत्तमः १५ महाहर्षः १६ जितकामः १७ जितेंद्रिय १८ ॥ १६ ॥ गांधारः स्वरविशेषः १९ सुवासःशोभनंवसतिस्थानंकैलासाख्यमस्य ७२० तपःसक्तः २१ रतिःप्रीतिरूपः २२ नरःनयतिप्रापयतिब्रह्मांडमितिनरोविराट् २३ महागीतः २४ महानृत्यः २५ अप्सरोगणसेवितः २६ ॥ १७ ॥ महान्केतुर्वृषरूपीयस्यसमहाकेतुः २७ महाधातुःमेरुपर्वतः २८ तस्यैवनैकसानुचरः अनेकशिखरसंचारी २९ चलःदुर्ग्रहः ७३० आवेदनीयःवाचामगोचरोऽ

वाहितासर्वभूतानांनिलयश्चविभुर्भवः ॥ अमोघःसंयतोह्यश्वोभोजनःप्राणधारणः ९ ॥ १४ ॥ धृतिमान्मतिमान्दक्षःसत्कृतश्चयुगाधिपः ॥ गोपालिर्गोपति
र्ग्रामोगोचर्मवसनोहरिः १० ॥ १५ ॥ हिण्यबाहुश्चतथागुहापालःप्रवेशिनाम् ॥ प्रकृष्टारिर्महाहर्षोजितकामोजितेंद्रियः ६ ॥ १६ ॥ गांधारश्चसुवासश्च
तपःसक्तोरतिर्नरः ॥ महागीतोमहानृत्योह्यप्सरोगणसेवितः ८ ॥ १७ ॥ महाकेतुर्महाधातुर्नैकसानुचरश्चलः ॥ आवेदनीयआदेशःसर्वगंधसुखावहः ७॥ १८
तोरणस्तारणोवातःपरिधीपतिखेचरः ॥ संयोगोवर्धनोवृद्धोअतिवृद्धोगुणाधिकः ९ ॥ १९ ॥ नित्यआत्मसहायश्चदेवासुरपतिःपतिः ॥ युक्तश्चयुक्तबाहुश्चदे
वोदिविसुपर्वणः ६ ॥ १२० ॥ आषाढश्चसुषाढश्चध्रुवोऽथहरिणोहरः ॥ वपुरावर्तमानेभ्योवसुश्रेष्ठोमहापथः ८ ॥ २१ ॥ ॥

पिगुरुभिरुपदेष्टुंशक्यः ३१ आदेशःसाक्षादुपदेशरूपः ३२ सर्वगंधसुखावहः युगपत्सर्वेषांगंधानांविषयस्पर्शानांसुखमावहतीतितथा ३३ ॥ १८ ॥ तोरणःपुरद्वारादिरूपः ३४ तारणःपरिखादौस्तारयतिजिगीषून् ३५ वातः ३६ परिधी परिधिरस्यास्तीतिपरिधीदुर्गरूपः ३७ पतिश्चासौखेचरश्चेतिखेचरेश्वरोगरुडः ३८ संयोगःवर्धनःवृद्धिहेतुभूतःसंयोगःस्त्रीपुंसयोःसंबंधः प्रजनश्चास्मिकंदर्पइत्युक्तः ३९ वृद्धोगुणाधिकःगुणैर्ज्ञानैश्वर्यादिभिरधिकत्वेनवृद्धइत्यर्थः नतुवलीपलितादिना यथोक्तं । 'विप्राणांज्ञानतोज्यैष्ठ्यंक्षत्रियाणांतुशौर्यतः ॥ वैश्यानांधनबाहुल्याच्छूद्राणांवयसाऽधिकः' इति ७४० अतिवृद्धः ४१ गुणाधिकः ४२ ॥ १९ ॥ नित्यआत्मसहायश्चेत्येकंनाम नित्यश्चासावात्मसहायश्चेतिसमासेविभक्त्यलोपआर्षः ४३ देवासुरपतिः ४४ पतिरर्थात्सर्वस्य ४५ युक्तसन्नद्धःसंग्रामादौ ४६ युक्तबाहुःशत्रुमर्दनयोग्यौबाहूयस्य ४७ देवोदिविसुपर्वणःदिविस्वर्गेयःसुपर्वाइंद्रसंज्ञोमहान्तस्यदेवआराधनीयः ४८ ॥ १२० ॥ आषाढः साहयतेःकर्तरिनिष्ठा आसमंतात्सर्वंसाहयतिसहनंकारयतीत्याषाढः सर्वसहनसामर्थ्यप्रदइत्यर्थः ४९ सुषाढःईषत्करंपूर्वोक्तंयस्यसःसुषाढः ७५० ध्रुवःअचंचलः ५१ हरिणःश्वेतःशुद्धइत्यर्थः ५२ हरःहंतीतिहाशूलस्तंरातिआदत्तेसहरः । हंतेःकर्तरिक्विप्तत्पूर्वाद्रातेःआतोनुपसर्गेकइतिकः हरःशूलीत्यर्थः ५३ वपुः वपुःप्रदाता आवर्तमानेभ्यःस्वर्गच्युतेभ्यः । वसुरितिपाठेसवकेभ्योधनप्रदइत्यर्थः ५४ वसुश्रेष्ठःधनादप्यधिकः । प्रेयोवित्तादितिश्रुतेः ५५ महापथःशिष्टाचाररूपः ७५६ ॥ १२१ ॥ ॥ ॥ ॥ ॥ ॥ ॥ ॥ ॥

शिरोहारीब्रह्मणःशिरश्छेत्ता विमर्शःविशेषेणविचारवान् विवेकेनैवब्रह्मशिरश्छिन्नंनतुक्रोधमात्रेणेतिभावः पदद्वयात्मकमेकंनाम ५७ सर्वलक्षणलक्षितः सामुद्रिकोक्तशुभलक्षणयुक्तः सर्वाणिलक्ष्यंते
ज्ञायंतेऽर्थजातानिएतैरितिप्रमाणानिलक्षणान्युच्यंते तैर्लक्ष्यतेनतुसाक्षात्क्रियतइत्यर्थः ५८ अक्षःरथसंधानदारु अतएवरथयोगीरथेनसंबद्धः ५९ सर्वयोगीसर्वसंस्पर्शीविभुत्वात् ७६० महाबलः
महांश्चासौबलश्चमहाबलः । बलशब्दान्मत्वर्थीयोऽर्शआद्यच्प्रत्ययः बलवान्वीरइत्यर्थः ६१ ॥ २२ ॥ समाम्नायोवेदः ६२ असमाम्नायस्तदन्यःस्मृतीतिहासपुराणागमादिः ६३ तीर्थदेवः ६४
महारथःपृथिवीस्यंदनः ६५ निर्जीवःअचेतनप्रपंचात्मा ६६ जीवनःअचेतनस्यापिदेहादेश्चैतन्यप्रदाता ६७ मंत्रःप्रणवादिर्मृतसंजीवनोवा ६८ शुभाक्षःशान्तदृष्टिः ६९ बहुकर्कशःसंहर्तृत्वात्
७७० ॥ २३ ॥ रत्नप्रभूतः प्रभूतानिबहूनिरत्नान्युत्तमवस्तून्यस्मिन्रत्नप्रभूतः । आहिताग्न्यादिवत्पूर्वनिपातः ७१ रक्तांगः ७२ महार्णवनिपानवित् निपानंकूपाद्धदिःपशूनांपाना
र्थंकृतंकुंडं महार्णवाएवसर्वेयस्यनिपानभूतास्तानशोषणीयानविंदतिलभतेइति ७३ मूलंसंसारतरोरधिष्ठानं ७४ विशालःअत्यंतंशोभमानः ७५ अमृतःसुधारूपः ७६ व्यक्ताव्यक्तःकार्यकार
णात्मा ७७ तपोनिधिर्महामुनिः ७८ ॥ २४ ॥ आरोहणःपरंपदमारुरुक्षुः ७९ अधिरोहस्तदेवअधिरूढः ७८० शीलधारीसदाचारः ८१ महायशाःपुण्यकीर्तिः ८२ सेनाकल्पःसेना

शिरोहारीविमर्शश्चसर्वलक्षणलक्षितः ॥ अक्षश्चरथयोगीचसर्वयोगीमहाबलः ५ ॥ २२ ॥ समाम्नायोऽसमाम्नायस्तीर्थदेवोमहारथः ॥ निर्जीवोजीवनो
मंत्रःशुभाक्षोबहुकर्कशः ९ ॥ २३ ॥ रत्नप्रभूतोरक्तांगोमहार्णवनिपानवित् ॥ मूलंविशालोह्यमृतोव्यक्ताव्यक्तस्तपोनिधिः ८ ॥ २४ ॥ आरोहणोऽ
धिरोहश्चशीलधारीमहायशाः ॥ सेनाकल्पोमहाकल्पोयोगोयुगकरोहरिः ९ ॥ २५ ॥ युगरूपोमहारूपोमहानागहनोवधः ॥ न्यायनिर्वपणःपादःपंडितो
ह्यचलोपमः ८ ॥ २६ ॥ बहुमालोमहामालःशशीहरसुलोचनः ॥ विस्तारोलवणःकूपस्त्रियुगःसफलोदयः ६ ॥ २७ ॥ त्रिलोचनोविषण्णांगोमणिवि
द्धोजटाधरः ॥ बिंदुर्विसर्गःसुमुखःशरःसर्वायुधःसहः १० ॥ १२८ ॥ ॥ ॥ ॥ ॥ ॥

याआकल्पःअलंकारःपराक्रमइत्यर्थः ८३ महाकल्पःदिव्यभूषणः ८४ योगश्चित्तवृत्तिनिरोधः ८५ युगानिकल्पादीनिकरोयस्यकल्पादिप्रदः ८६ हरतिशरीरंदेशाद्देशांतरंप्रतिनयतीतिहरिः
पादाभिमानिनीदेवताग्निर्विक्रमइत्यर्थः ८७ ॥ २५ ॥ युगरूपोधर्माधर्मतत्संकररूपः ८८ महारूपःमहांश्चासावरूपश्चेतितथा ८९ महानागहनःगजासुरघ्नः ७९० वधःमृत्युः ९१ न्याय
निर्वपणःन्याययुक्तंनिर्वपणंदानंयस्ययथाधर्ममनोरथप्रदः ९२ पादःपद्यतइतिगम्यः ९३ पंडितःपरोक्षज्ञानी ९४ अचलोपमोनिश्चलस्तत्त्वज्ञानीइत्यर्थः ९५ ॥ २६ ॥ बहुनिरत्रभिमालते
शोभतेइत्यनंतलीलः ९६ माहामालःमहतीआपादलंबिनीअम्लानत्वादिगुणयुक्तावामालायस्य ९७ शशीचंद्रःसएवहरसुलोचनः महादेवस्यशांतदृष्टिरूपः ९८ विस्तारोलवणःकूपः विशिष्टस्ता
रआच्छादनंयस्यसोऽतिविस्तीर्णोलवणःक्षाररसस्तादृशःकूपइवकूपःमहाकूपतुल्यःक्षारसमुद्ररूपीत्यर्थः त्रिपदमेकंनाम ९९ त्रियुगः कलिवर्हिर्मृतः ८०० इत्यष्टमंशतकं ॥ अतएवसफलोदयः १
॥ २७ ॥ त्रिलोचनःत्रीणिशास्त्राचार्यध्यानानिलोचनानिदर्शनसाधनानियस्यसत्रिलोचनः २ विषण्णांगःविशेषेणसन्नाःनिरन्वयमुच्छिन्नाःअंगाख्याभूम्यादयोऽष्टौमूर्तयोयस्य । अमूर्तेहिसूक्ष्मरूपेण
मूर्तीनामन्वयोऽस्तिततोऽप्ययमंतरंगःशुद्धोभूमेत्यर्थः ३ मणिविद्धःमणिपिधानार्थंकर्णदेशेविद्धःकृतच्छिद्रःकुंडलीत्यर्थः ४ जटाधरः ५ बिंदुरनुस्वारः ६ विसर्गोविसर्जनीयः ७ सुमुखोव्यक्तवर्णः
८ शरोबाणः ९ सर्वायुधः ८१० सहःसर्वंसहतेमर्षयतीतिसहः ११ ॥ १२८ ॥ ॥ ॥ ॥ ॥ ॥

निवेदनःनिहीनंसर्वद्वन्द्वुपरमेणवेदनंज्ञानंयस्य १२ सुखाजातःसुखरूपेणाऽऽजातोवृत्तिविलयेसत्याविर्भूतः १३ सुगंधारःशोभनोगंधारदेशोद्भवः १४ महाधनुःपिनाकधन्वा १५ गंधपालीगंधाःलेशाःसूक्ष्माःप्रपंचवासनास्ताःपालयतीतिगंधपाली सर्वप्राणिधीवासनामयइत्यर्थः सएवभगवान्ईश्वरःएकंनाम १६ उत्थानःसर्वकर्मणांउत्तिष्ठंत्यस्मादित्युत्थानः १७ ॥ २९ ॥ मंथानोविश्वविलोडनसमर्थोबहुलोनिरवधिर्वायुर्महान्प्रलयानिलइत्येकंनामत्रिपदं १८ सकलःपूर्णः १९ सर्वलोचनः सर्वद्रष्टा ८२० तलस्तालःकरतलोत्थएवतालवाद्यविशेषः २१ करावेवस्थालोभोजनभाजनंतदस्यास्तीतिकरस्थाली २२ ऊर्ध्वसंहननःश्रेष्ठोदृढशरीरश्चेत्यर्थः २३ महान्अत्युच्चः २४ ॥ १३० ॥ छत्रं २५ सुच्छत्रः २६ विख्यातोलोकः प्राणिभृन्मात्रप्रसिद्धःप्रकाशः २७ सर्वाश्रयःक्रमः सर्वस्यआश्रयःआधारभूतःक्रमःपादविक्षेपःत्रैविक्रमेणरूपेणपादाक्रांतजगत्त्रयइत्यर्थः २८ मुंडःमुंडितशिराः २९ अतएवविरूपः विकटरूपः ८३० विकृतःसर्वांविक्रियांप्राप्तः ३१ दंडी ३२ कुंडी ३३ विकुर्वणःकरोतीतिकुर्वाविगतःकुर्वायस्माद्विकुर्वणः कर्माप्राप्यइत्यर्थः समासांतआर्षः ३४ ॥ ३१ ॥ हर्यक्षःसिंहः ३५ ककुभःसर्वदिग्रूपः ३६ वज्री ३७ शतजिह्वः ३८ सहस्रपात्सहस्रमूर्धा ३९ देवेंद्रः ८४० सर्वदेवमयः ४१ गुरुः ४२ ॥ ३२ ॥ सहस्रबाहुः ४३ सर्वांगःसर्वमंगतिप्राप्नोतीतिसर्वांगः ४४ शरण्यःशरणायसाधुः ४५ सर्वलोककृत् ४६ पवित्रंपावनस्तीर्थादिरूपः ४७ त्रिककुन्मंत्रःत्रीणिककुंदीवककुंदिउच्चस्थानानिबीजशक्तिकीलकानियस्यतादृशोमंत्रः ४८ कनिष्ठःअदितिपुत्राणांमध्येयःकनिष्ठोवामनरूपीविष्णुस्तद्रूपः ४९ कृष्णपिंगलःहरिहरमूर्तिः

निवेदनःसुखाजातःसुगंधारोमहाधनुः ॥ गंधपालीचभगवानुत्थानःसर्वकर्मणाम् ४ ॥ १२९ ॥ मंथानोबहुलोवायुःसकलःसर्वलोचनः ॥ तलस्तालः
करस्थालीऊर्ध्वसंहननोमहान् ७ ॥ १३० ॥ छत्रंसुच्छत्रोविख्यातोलोकःसर्वाश्रयःक्रमः ॥ मुंडोविरूपोविकृतोदंडीकुंडीविकुर्वणः १० ॥ ३१ ॥ हर्य
क्षःककुभोवज्रीशतजिह्वःसहस्रपात् ॥ सहस्रमूर्धादेवेंद्रःसर्वदेवमयोगुरुः ९ ॥ ३२ ॥ सहस्रबाहुःसर्वांगःशरण्यःसर्वलोककृत् ॥ पवित्रंत्रिककुन्मंत्रःकनि
ष्ठःकृष्णपिंगलः ८ ॥ ३३ ॥ ब्रह्मदंडविनिर्माताशतघ्नीपाशशक्तिमान् ॥ पद्मगर्भोमहागर्भोब्रह्मगर्भोजलोद्भवः ६ ॥ १३४ ॥ ॥

विष्णुर्नारायणःकृष्णइतिकृष्णशब्दस्यहरौ ‘निधिभेदेकपौरुद्रेपिंगलःकपिलेन्यवत्’ इतिनानार्थकोशात्पिंगलशब्दस्यहरेचप्रसिद्धिदर्शनात् पुरुषंकृष्णपिंगलं दरिद्रंनीललोहितेत्यादिश्रुतेरप्ययमेवार्थः नीलग्रीवोविलोहितइतिलोहितपदेनरुद्रस्यापिग्रहणात् यदितुनीललोहितत्वंरुद्रस्यपूर्वंलोहितःपश्चान्नीलइतिकालभेदेनवाकंठेनीलःसर्वांगेलोहितइतिवावामांगेनीलोदक्षिणांगेलोहितइतिदेशभेदेनवाअवरकप्रकृत्यंशेननीलस्तत्प्रवर्तकपुरुषांशेनलोहितइतिगुणभेदेनवागृह्यते तदागुणवाचिनोःशब्दयोर्द्रव्यवाचित्वंतद्वत्त्वाच्चतदेकदेशवाचित्वमितिविप्रकृष्टार्थकल्पना । अस्माकंतुविलोहितकृष्णपदयोर्मुख्यवृत्त्यैवशिवकेशववाचित्वंदृष्टं तेनतत्पर्याययोर्नीलपिंगलपदयोरपिहरिहरवाचित्वंवक्तुंयुज्यते । तथाचकृष्णपिंगलपदेननीललोहितपदेनवाहरिहरावेवग्राह्यौ निर्णीतार्थकपदांतरसमभिव्याहारसामर्थ्यादनिर्णीतार्थकस्यापिपदस्यार्थोव्यवस्थापयितुंशक्यएवेतियुक्तमुत्पश्यामः । यद्यपिपूर्वत्राप्युक्तेष्वप्यर्थेषुकुशकाशावलंबनेनकिंचित्प्रमाणमुन्नेतुंशक्यंतथाऽपिऋजुमार्गेणसिद्ध्यत्यर्थेवक्रेणसाधनायोगात् शिवविष्णुनाम्नामन्योन्यस्मिन्प्रयोगदर्शनाच्च तयोरेकस्यैवव्यूहद्वयात्मत्वादत्रइदमेवव्याख्यानमिष्टं नचैवमिंद्राग्निपदवद्द्विवचनेनभाव्यं तत्पुरुषादिपदेष्विवकृष्णश्चासौपिंगलश्चेत्यभेदेनैवपदयोरन्वयोपपत्तौभेदसूचकद्विवचनायोगात् हरिहरयोरभेदस्यचप्रागेवप्रतिपादितत्वादितिदिक् तदयंसंग्रहः ८५० ॥ १३३ ॥ ब्रह्मदंडविनिर्माता ५१ शतघ्नीपाशशक्तिमान् ५२ पद्मगर्भोब्रह्मा ५३ महागर्भोमहान्गर्भोऽन्तरवकाशोयस्य ५४ ब्रह्मगर्भोवेदगर्भितः ५५ जलोद्भवःजलेसलिलएकोद्रष्टेतिश्रुतेरेकार्णवेउद्भवःआविर्भावोयस्यमायावीत्यर्थः ५६ ॥ १३४ ॥ ॥

॥ ३५ ॥ गभस्तिःरश्मिमान् ५७ ब्रह्मकृतवेदकर्ता ५८ ब्रह्मीवेदाध्यायी ५९ ब्रह्मवितवेदार्थवित ८६० ब्राह्मणोब्रह्मिष्ठः ६१ गतिर्ब्रह्मिष्ठानामेवपरायणं ६२ अनंतरूपमस्यसोऽनंतरूपः ६३ अतएव
नैकात्माअनेकशरीरधारी ६४ तिग्मतेजाःस्वयंभुवःब्रह्मणोदृष्ट्यातिग्मतेजाःदुःसहपराक्रमःस्वशिरश्छेदकत्वात ६५ ॥ ३५ ॥ ऊर्ध्वगात्माउपाधित्रयादुपरिगतआत्मास्वरूपंयस्य । 'सभूमिंसर्वतोवृत्वा
ऽत्यतिष्ठद्दशांगुलं'इतिश्रुतेः ६६ पशुपतिर्जीवानामीश्वरः ६७ वातरंहाः ६८ मनोजवः ६९ चंदनीचंदनालिप्तगात्रः ८७० पद्मनालाग्रःपद्मनालमस्याग्रेऽस्तीतितथा कदाचिद्ब्रह्मास्वाश्रयभू
तपद्मनालस्यांतंद्रक्ष्येइतिबुद्ध्यानालमार्गेणगच्छंस्तदादिनप्राप्तवानतोऽर्वाचीनस्यापिनालस्यांतोनदृष्टः किमुतनालक्षेत्रस्यभूस्थानीयस्येतिभावः ७१ सुरभ्युत्तरणः कदाचिद्विष्णुस्पर्धयाब्रह्माशिवस्यशि
रोदेशोमयादृष्टस्तत्रत्वयासाक्ष्यंदेयमितिकामधेनुमुक्तवान्साचब्रह्मभयादनृतंसाक्ष्यंदत्तवतीततोमहादेवेनशप्ताऽमेध्याशिनीतेसंततिर्भविष्यतीतितदिदमुक्तं सुरभिकामधेनुमूर्ध्वपदादधउत्तारयतीतिसुरभ्युत्तरणः
७२ एवंमूर्तिद्वयस्याप्यऽन्तोयेननदृष्टःसोऽप्ययमेवेत्याह नरइति नरातिआदत्तेप्राप्नोत्यंतमितिनरः आतोऽनुपसर्गेकः ७३ ॥ ३६ ॥ कर्णिकारपुष्पमयीमहतीस्रक्मालातद्वान्कर्णिकारमहास्रग्वी
७४ नीलमौलिःनीलमणिमयंकिरीटंमौलौयस्य ७५ पिनाककृत् पितःप्राप्तोनाकोद्यौर्येनसपिनाकः । पिगताविस्यतोनिष्ठातस्यलोपः । त्रिपुरासुरेणहृतःस्वर्गोदेवैर्यद्बलात्प्राप्तस्तन्महादेवस्यशैलेंद्र
रूपधनुःपिनाकस्तस्यधर्तापिनाकधृत् यथानमुचिफेनेनर्नानिघ्नतइंद्रस्यफेनेयथावज्रप्रवेशएवंशैलेऽपिपिनाकप्रवेशात्सोऽपिपिनाकइत्यर्थः ७६ उमाब्रह्मविद्यातस्याःपतिर्यथेष्टविनियोगात्स्वामी ७७ उमयातयैवब्रह्म

गभस्तिर्ब्रह्मकृद्ब्रह्मीब्रह्मविद्ब्राह्मणोगतिः ॥ अनन्तरूपोनैकात्मातिग्मतेजाःस्वयंभुवः ९ ॥ ३५ ॥ ऊर्ध्वगात्मापशुपतिर्वातरंहामनोजवः ॥ चंदनीपद्मनालाग्रः
सुरभ्युत्तरणोनरः ८ ॥३६॥ कर्णिकारमहास्रग्वीनीलमौलिःपिनाकधृत् ॥ उमापतिरुमाकांतोजान्हवीधृदुमाधवः ७ ॥३७॥ वरोवराहोवरदोवरेण्यःसुमहास्व
नः ॥ महाप्रसादोदमनःशत्रुहाश्वेतपिंगलः ८ ॥ ३८ ॥ पीतात्मापरमात्माचप्रयतात्माप्रधानधृत ॥ सर्वपार्श्वमुखस्त्र्यक्षोधर्मसाधारणोवरः ७ ॥ ३९ चराच
रात्मासूक्ष्मात्माअमृतोगोवृषेश्वरः ॥ साध्यर्षिर्वसुरादित्योविवस्वान्सवितामृतः ६ ॥ १४० ॥ ॥ ॥ ॥

विद्ययाकांतःक्रांमितोवशीकृतः ७८ जान्हवीधृत ७९ उमायाःशैलपुत्र्याःधवोभर्ताउमाधवः ८८० ॥ ३७ ॥ वरोवराहःआद्योभूमेरुद्धर्ता यज्ञरूपोवराहः ८१ वरैःश्रेष्ठैरूपैर्दयतेनानावतारैर्जगत्पा
लयतीतिवरदः ८२ अतएववरेण्योवरणीयः ८३ सुमहास्वनोवेदगर्जितोहयग्रीवः ८४ महाप्रसादः ८५ दमनइवसुरभित्वाद्दमनस्तत्पूज्यत्वाद्वा ८६ शत्रून्कामादीन्हंतीतिशत्रुहा ८७ श्वेत
पिंगलः अर्द्धनारीनटेश्वरोदक्षिणार्द्धेकर्पूरगौरः वामार्द्धेकनकपिंगलः । येतुश्वेतपिंगलपदस्यार्थंकृष्णपिंगलपदेनब्रुवतेतेश्वेतमपिकृष्णीकर्तुंसमर्थामहांतोभवंतीति ८८ ॥ ३८ ॥ पीतात्मासुवर्णवर्णश
रीरः 'यएषोंतरादित्योहिरण्मयःपुरुषोदृश्यतेहिरण्यश्मश्रुर्हिरण्यकेशआप्रणखात्सर्वएवसुवर्णः' इतिश्रुत्युक्तः ८९ परमात्माअन्नमयप्राणमयमनोमयविज्ञानमयानंदमयेभ्यःपंचभ्योऽपरमेभ्यआत्मभ्योऽन्यःषष्ठ
आनंदमात्रस्वरूपः ८९० प्रयतात्माशुद्धचित्तः ९१ प्रधानधृतत्रिगुणात्मकंजगत्तत्कारणंप्रधानाख्यमज्ञानंतदधिष्ठानभूतः ९२ सर्वपार्श्वमुखःचतसृषुदिक्षुऊर्ध्वंचमुखंयस्येतिपंचवक्त्रउक्तः ९३ त्र्यक्षःत्रीणिसोमसू
र्याग्निरूपाण्यक्षाणिनेत्राणियस्य ९४ धर्मसाधारणोवरःपुण्यानुरूपप्रसादात्मा ९५ ॥ ३९ ॥ चराचरात्मारलयोरैक्यात चलाचलात्मा 'द्वित्रिपंथाश्चलाचलः'इतिश्रुत्युक्तौयावावृत्त्यनावृत्तिमार्गौतद्रूपश्चराचरात्मा
कर्मानुरूपःप्रसादानुरूपोमार्गोऽप्ययमेवेतिनामद्वयार्थः ९६ सूक्ष्मात्मामार्गद्वयागोचरस्वरूपः ९७ अमृतोमरणवर्जितोनिष्कामोगोवृषःपृथिवीपतिर्धर्मः तस्यइश्वरःनिष्कामधर्मस्यामृतंमोक्षरूपंफलंदातुंसमर्थः ९८
साध्याःदेवानामपिदेवास्तेषामपिऋषिराचार्यःसाध्यर्षिः ८९९ वसुर्देवताविशेषः उपरिचरस्यराज्ञोव्याप्तत्त्वयर्थंतस्यैवविशेषणमादित्यइतिअदितेःपुत्रोवसुर्नामेत्यर्थः ९०० ॥ इतिनवमंशतकं ॥ विवस्वान् ॥ ३९ ॥

विशेषणवस्ते आच्छादयत्यनेनभुवनमितिविवःअंशुजालंतद्वान् सूयतेइतिसविता कृतोबहुलमितिवार्तिकास्कर्मणितृच्बाहुलकात् यज्ञेऽभिषूयमाणः अमृतःसोमःअंशुरंशुष्टेदेवसोमेतिमंत्रलिंगात् अपाम सोममृताअभूमइतिअमृतत्वसाधनत्वश्रुतेश्चसोमस्यविवस्वत्त्वममृतत्वंचज्ञेयंतेनत्रिपदमेकंनाम १ ॥ १४० ॥ व्यासःपुराणेतिहासादेःस्रष्टा २ सर्गस्तस्यैवसृज्यपुराणादिअस्यविशेषणेसुसंक्षेपोविस्तरइतिचसूत्रादिरूपोभाष्यादिरूपइत्यर्थःइदमपित्रिपदंनामएवंसतिहोमेएकैकनामजपेवाएवंमंत्रऊह्यः ओंसर्गायसुसंक्षेपायविस्तरायस्वाहेति ओंनमःसर्गायसुसंक्षेपायविस्तरायेतिचभूरग्नयेचपृथिव्यैचमहतेचस्वाहेतिवदनेकपदतोऽप्येकनामत्वंज्ञेयं ३ पर्ययोनरःपरितःअयतेव्याप्नोतीतिपर्ययःसचनरोजीवःसमष्टिजीवोवैश्वानरइत्यर्थः ४ ऋतुः ५ संवत्सरः ६ मासः ७ पक्षः ८ संख्यासमापनःऋत्वादिसंख्यासमाप्तिरूपःसंक्रांतिदर्शपूर्णमासादिरूपः ९ ॥ ४१ ॥ कलाः ९१० काष्ठाः ११ लवाः १२ मात्रा १३ मुहूर्ताहःक्षपाइतिसमस्तंनाम १४ क्षणाःऋत्वाद्याःकालावयवाःस्पष्टार्थाः १५ विश्वक्षेत्रंब्रह्मांडवृक्षस्यालवालंचिन्मात्रं १६ प्रजाबीजंप्रजानांबीजंमायाविशिष्टचैतन्यरूपमव्यक्तं १७ लिंगंमहत्तत्वं १८ आद्योनिर्गमःअंकुररूपीअहमितिप्रथमोऽध्यासः १९ ॥ ४२ ॥ सत्कार्यं ९२० असत्कारणं २१ व्यक्तमिंद्रियग्राह्यं २२ अव्यक्तमहंनजानामीत्यनुभवैकवेद्यमज्ञानं २३ पिता २४ माता २५ पितामहः २६ स्वर्गद्वारंतपः २७ प्रजाद्वारंरागः २८ मोक्षद्वारंवैराग्यं २९ त्रिविष्टपंस्वर्गसाधनधर्मः ९३० ॥ ४३ ॥ निर्वाणंमोक्षः ३१ ह्लादनःआनंदयिता एषह्येवानंदयतीतिश्रुतेः ३२ ब्रह्मलोकःसत्यलोकः ३३ परागतिस्ततोऽप्यधिकाग

व्यासःसर्गःसुसंक्षेपोविस्तरःपर्ययोनरः ॥ ऋतुःसंवत्सरोमासःपक्षःसंख्यासमापनः ८ ॥ ४१ ॥ कलाकाष्ठालवामात्रामुहूर्ताहःक्षपाःक्षणाः ॥ विश्वक्षेत्रंप्रजाबीजं लिंगमाद्यस्तुनिर्गमः ५ ॥ ४२ ॥ सदसद्व्यक्तमव्यक्तंपितामातापितामहः ॥ स्वर्गद्वारंप्रजाद्वारंमोक्षद्वारंत्रिविष्टपम् ११ ॥ ४३ ॥ निर्वाणंह्लादनश्चैवब्रह्मलोकःपरागतिः ॥ देवासुरविनिर्मातादेवासुरपरायणः ६ ॥ ४४ ॥ देवासुरगुरुर्देवोदेवासुरनमस्कृतः ॥ देवासुरमहामात्रोदेवासुरगणाश्रयः ५ ॥ ४५ ॥ देवासुरगणाध्यक्षोदेवासुरगणाग्रणीः ॥ देवातिदेवोदेवर्षिर्देवासुरवरप्रदः ५ ॥ ४६ ॥ देवासुरेश्वरोविश्वोदेवासुरमहेश्वरः ॥ सर्वदेवमयोऽचिंत्योदेवतात्माऽऽत्मसंभवः ७ ॥ ४७ ॥ उद्भिन्त्रिविक्रमोवैद्योविरजोनीरजोऽमरः ॥ ईड्योहस्तीश्वरोव्याघ्रोदेवसिंहोनरर्षभः ८ ॥ १४८ ॥ ॥ ॥

तिर्गंतव्यः ३४ देवासुरविनिर्माता ३५ देवासुरपरायणःपुंस्त्वमार्ष ३६ ॥ ४४ ॥ देवासुरगुरुःबृहस्पतिशुक्ररूपः ३७ देवोविजिगीषुः ३८ देवासुरनमस्कृतः ३९ देवासुरमहामात्रःमहामात्रःश्रेष्ठः ९४० देवासुरगणाश्रयःआश्रयणीयः ४१ ॥ ४५ ॥ देवासुरगणाध्यक्षइंद्रविरोचनादिरूपः ४२ देवासुरगणाग्रणीःस्वामिकार्तिकेयकेशिदैत्यरूपः ४३ देवातिदेवःइंद्रियाण्यतिक्रम्यस्वयमेवप्रकाशमानः ४४ देवार्षिर्नारदादिरूपः ४५ देवासुरवरप्रदोब्रह्मरुद्रादिरूपेण ॥ ४६ ॥ देवासुरेश्वरस्तेषामंतर्यामी ४७ विश्वःविशत्यस्मिन्नितिविश्वःजगद्गर्भेशयः ४८ देवासुरमहेश्वरःअंतर्यामिणईश्वरस्याप्यधिष्ठानमतोमहेश्वरः ४९ सर्वदेवमयः अग्निर्मूर्धाचक्षुषीचंद्रसूर्यावित्यादिश्रुतेः ९५० अचिंत्यःनास्तिचिंत्योऽन्योयस्ययस्माद्वा ५१ देवतात्मादेवतानामंतरात्माप्रत्यग्रूपः ५२ आत्मसंभवःस्वतःसिद्धः ५३ ॥ ४७ ॥ उद्भित्उद्भिद्याविर्भवतीतिवाफलंउद्भिनत्तीतिवास्थावररूपोयज्ञादिरूपोवा ५४ त्रिविक्रमःत्रीणिभुवनानिक्रमतइतिवामनः ५५ वैद्योविद्यावान् ५६ विरजःनिर्मलः ५७ नीरजःरजोगुणहीनः ५८ अमरःविनाशहीनः ५९ ईड्यःस्तुत्यः ९६० हस्तीश्वरःकालहस्तीश्वराख्यवायव्यलिंगरूपः ६१ व्याघ्रोव्याघ्रेश्वरनामकालिंगरूपः ६२ देवसिंहःदेवेषुपराक्रमी ६३ नरर्षभःनरेष्वपिश्रेष्ठः ६४ ॥ ४८ ॥ ॥ ॥ ॥ ॥ ॥ ॥ ॥ ॥

विबुधःविशेषेणप्राज्ञः ६५ अग्रवरःअग्रेवृणोतियज्ञभागादिकमित्यग्रवरः ६६ सूक्ष्मःदुर्लक्ष्यः ६७ सर्वदेवःतत्तद्देवतात्मकात्स्न्येनपरिसमाप्तः ६८ तपोमयःतपःप्रधानः ६९ सुयुक्तःसुतरां युक्तःसन्नद्धः ९७० शोभनःकल्याणः ७१ वज्रीवज्रायुधः ७२ प्रासानामायुधविशेषाणांप्रभवउत्पत्तिस्थानं ७३ अव्ययःनविविधेनरूपेणएतिप्राप्नोत्येनंसाधकइत्यव्ययःएकाग्रचित्तप्राप्यः एरच् प्रत्ययांतोयं ७४ ॥ ४९ ॥ गुहःकुमारः ७५ कांतःकस्यसुखस्यअंतःसीमाआनंदस्यपराकाष्ठेत्यर्थः ७६ निजःसर्गःसृज्यतइतिसर्गस्तस्यविशेषणंनिजःस्वस्मादनन्यः ७७ पवित्रंपविर्वज्रंत त्तुल्यंमृत्युदुःखंतस्मात्त्रायतइतिपवित्रं ७८ अतएवसर्वपावनःसर्वेषांब्रह्मादीनामपिशुद्धिकरः ७९ शृंगीःवृषभादिरूपः ९८० शृंगप्रियःपर्वतशिखराश्रयः ८१ बभ्रुःशनैश्चरः ८२ राजराजः कुबेरः ८३ निरामयःनिर्दोषः ८४ ॥ १५० अभिरामःप्रीतिजनकः ८५ सुरगणःदेवसंघरूपः ८६ विरामःसर्वोपरमरूपः ८७ सर्वसाधनःसर्वाणिआश्रमकर्माणियदवाप्तयेसाधनानियस्मिन्नि ति ८८ ललाटाक्षः ८९ विश्वदेवःविश्वैर्ब्रह्मांडकंदुकैर्दीव्यतिक्रीडतइति ९९० हरिणःमृगरूपः ९१ ब्रह्मवर्चसंविद्यातपःसमुद्भवंतेजःतद्वान् अर्शआद्यच्प्रत्ययांतोऽयं ९२ ॥ ५१ ॥ स्थावराणांपतिःहिमाचलादिरूपः ९३ नियमेंद्रियवर्धनःनियमैर्निग्रहैःकृत्वाइंद्रियाणांसमनस्कानांवर्धनोहिंसकःक्षीणमनालब्धसमाधिरित्यर्थः ९४ सिद्धार्थःनित्यसिद्धएवमोक्षोज्ञानापगममात्रेणकंठगतवि स्मृतचामीकरवदर्थोऽर्थनीयोयस्यससिद्धार्थःतत्वज्ञानार्थी ९५ अतएवसिद्धभूतार्थःपूर्वसिद्धःपश्चाद्भूतःसाधितःसिद्धभूतः पूर्वकालैकेतिसमासः सचासौअर्थश्चसिद्धभूतार्थःउक्तविधोमोक्षः ९६ अतएव अचिंत्यःचिंत्यादुपास्यादन्यःप्रत्यगात्मत्वात् 'तदेवब्रह्मत्वंविद्धिनेदंयदिदमुपासते'इतिश्रुतेश्च ९७ सत्यव्रतःसत्यंब्रह्मतदर्थान्येवव्रतानितपांसियस्य ९८ शुचिःनिर्मलचित्तः ९९ ॥ १५२ ॥ व्रता

विबुधोऽग्रवरःसूक्ष्मःसर्वदेवस्तपोमयः ॥ सुयुक्तःशोभनोवज्रीप्रासानांप्रभवोऽव्ययः १० ॥ ४९ ॥ गुहःकांतोनिजःसर्गःपवित्रंसर्वपावनः ॥ शृंगीशृंगप्रियोबभ्रू राजराजोनिरामयः ११ ॥ १५० ॥ अभिरामःसुरगणोविरामःसर्वसाधनः ॥ ललाटाक्षोविश्वदेवोहरिणोब्रह्मवर्चसः ८ ॥ ५१ ॥ स्थावराणांपतिश्चैवनियमेंद्रियव र्धनः ॥ सिद्धार्थःसिद्धभूतार्थोऽचिंत्यःसत्यव्रतःशुचिः ७ ॥ ५२ ॥ व्रताधिपःपरंब्रह्मभक्तानांपरमागतिः ॥ विमुक्तोमुक्ततेजाश्चश्रीमान्श्रीवर्धनोजगत् ९॥१५३॥

धिपःतत्तद्व्रतफलप्रदः १००० इतिदशमंशतकं ॥ परंविश्वतैजसप्राज्ञेभ्योऽपरब्रह्मभ्यःपरंतुरीयंशिवाख्यं । 'शिवमद्वैतंचतुर्थमन्यंते'इतिश्रुतिप्रसिद्धं १ अतएवब्रह्म देशतःकालतोवस्तुतश्चपरिच्छेद शून्यं । 'नेहनानास्तिकिंचन'इतिश्रुतेर्विश्वादीनामनृतत्वेनस्वगतभेदस्याप्यभावादखंडैकरसंवस्तुतन्मात्रं २ भक्तानांपरमागतिः भंजोआमर्दनेऽस्यरूपंभक्तानांविश्वादिषुपूर्वपूर्वस्यउत्तरस्मिन्नुत्तरस्मिन्प्रवि लापनलक्षणंआमर्दनंसैंधवखिल्यसलिलन्यायेनकुर्वतांपरमानिरतिशयागतिःकैवल्यरूपाविश्रांतिः ३ विमुक्तःदेहांतेविशेषेणमुक्तः ४ कुतोविमुक्तत्वमतआह मुक्ततेजाइति । तेजःपदेनात्रलिंगशरीरमुच्यते तन्मुक्तंतजोऽनेनेतितथा ५ मुक्ततेजस्त्वमपिकुतःयतःश्रीमान्योगैश्वर्यवान् तथाहि योगीजितमृत्युर्यथाकामंभीष्मवद्दिहैवतिष्ठतिब्रह्मलोकंवामूर्धन्यनाड्यागच्छति इहैवलिंगशरीरंकवचवद्वात्यक्त्वा विशुद्धंकैवल्यमाप्नोति ६ श्रीमत्त्वमपिकुतःयतःश्रीवर्धनः । 'ऋचःसामानियजूंषिसाहिश्रीरमृतासतां'इतिश्रुतेर्वेदत्रयरूपांश्रियंकर्मोपास्तिज्ञानकांडात्मिकांवर्धयतितत्तदुक्तार्थानुष्ठानेनसम्यक्परिपो पयतिसश्रीवर्धनः ७ जगत्अव्याकृतादिघटांतनश्वरवस्तुरूपःगच्छतिनित्यंरूपांतरंप्राप्नोतीतिजगदितिव्युत्पत्तेःप्रधानादीनामपिजगत्त्वं चलंगुणवृत्तमितिकापिलसिद्धांताच्च । एवंचयआदौस्थिरउ क्तःसएवजगदित्युक्तेस्थिरेभूमात्मनिजगत्कल्पितमित्युक्तंभवति 'तत्रश्चात्मैवेदंसर्वंब्रह्मैवेदंसर्वंतत्त्वमस्यहंब्रह्मास्म्ययमात्मा'इत्यादिशास्त्रसिद्धंब्रह्माद्वैतंप्रतिपादितंभवतीतिशिवम् १००८ ॥ इतिनाम्नामष्टा धिकंदशमंशतकंसमाप्तम् ॥ १५३ ॥ ॥ ॥ ॥ ॥ ॥ ॥ ॥

यथेति । बहूनांमध्येसहस्रंप्रधानानिनामान्युद्धृत्यस्तुतोऽसीत्यर्धस्यार्थः ५४ । ५५ । ५६ । ५७ । एतद्धीति । परमंब्रह्मउत्कृष्टाब्रह्मप्राप्तिसाधनभूताविद्या एतांजपन्परंब्रह्मकैवल्यमधिगच्छतीत्य ध्याहृत्ययोज्यं ५८ आत्मसंस्थाकरःआत्मनिप्रतीचिसंस्थाऽनन्यव्यापाररूपापरिसमाप्तिस्तांकरोति मोक्षप्रदइत्यर्थः ५९ तथैवेति । बहुभिर्जन्मभिरीशानंस्तवैःस्तुवंतस्तुष्यंतिचरमंतिचेतिप्रथमद्वितीयचतुर्थैस्त्रैरन्वयः १६० भक्त्याआराध्योऽयमितिनिश्चयेन भावेनप्रीत्या ६१ व्रजन्नित्याद्येकवचनानिबहुवचनार्थानि । सुपांसुलुगितिवाविभक्तेरार्षःसुः ६२ । ६३ । ६४ अनन्याअभेदेनशिवोऽ

यथाप्रधानंभगवानितिभक्त्यास्तुतोमया ॥ यन्नब्रह्मादयोदेवाविदुस्तत्त्वेनर्षयः १५४ स्तोतव्यमर्च्यंवंद्यंचकःस्तोष्यतिजगत्पतिम् ॥ भक्त्यात्वेवंपुरस्कृत्यमयायज्ञपतिर्विभुः ५५ ततोऽभ्यनुज्ञांसंप्राप्यस्तुतोमतिमतांवरः ॥ शिवमेभिःस्तुवन्देवंनामभिःपुष्टिवर्धनैः ५६ नित्ययुक्तःशुचिर्भक्तःप्राप्नोत्यात्मानमात्मना ५७ एतद्धिपरमंब्रह्मपरंब्रह्माधिगच्छति ॥ ऋषयश्चैवदेवाश्चस्तुवंत्येतेनतत्परम् ५८ स्तूयमानोमहादेवस्तुष्यतेनियतात्मभिः ॥ भक्तानुकंपीभगवानात्मसंस्थाकरोविभुः ५९ तथैवचमनुष्येषुयेमनुष्याःप्रधानतः ॥ आस्तिकाःश्रद्दधानाश्चबहुभिर्जन्मभिःस्तवैः १६० भक्त्याह्यनन्यमीशानंपरंदेवंसनातनम् ॥ कर्मणामनसावाचाभावेनामिततेजसः ६१ शयानाजाग्रमाणाश्चव्रजन्नुपविशंस्तथा ॥ उन्मिषन्निमिषंश्चैवचिंतयंतःपुनःपुनः ६२ शृण्वंतःश्रावयंतश्चकथयंतश्चतेभवम् ॥ स्तुवंतःस्तूयमानाश्चतुष्यंतिचरमंतिच ६३ जन्मकोटिसहस्रेषुनानासंसारयोनिषु ॥ जंतोर्विगतपापस्यभवेभक्तिःप्रजायते ६४ उत्पन्नाचभवेभक्तिरनन्यासर्वभावतः ॥ भाविनःकारणेचास्यसर्वयुक्तस्यसर्वथा ६५ एतद्देवेषुदुष्प्रापंमनुष्येषुनलभ्यते ॥ निर्विघ्नानिश्चलारुद्रेभक्तिरव्यभिचारिणी ६६ तस्यैवचप्रसादेनभक्तिरुत्पद्यतेनृणाम् ॥ येनयांतिपरांसिद्धिंतद्भागवतचेतसः ६७ येसर्वभावानुगताःप्रपद्यंतेमहेश्वरम् ॥ प्रपन्नवत्सलोदेवःसंसारात्तान्समुद्धरेत् ६८ एवमन्येविकुर्वंतिदेवाःसंसारमोचनम् ॥ मनुष्याणामृतेदेवंनान्याशक्तिस्तपोबलम् ६९ इतितेनेंद्रकल्पेनभगवान्सदसत्पतिः ॥ कृत्तिवासाःस्तुतःकृष्णतंडिनाशुभबुद्धिना १७० स्तवमेतंभगवतोब्रह्मास्वयमधारयत् ॥ गीयतेचसबुद्ध्येतब्रह्माशंकरसन्निधौ ७१ इदंपुण्यंपवित्रंचसर्वदापापनाशनम् ॥ योगदंमोक्षदंचैवस्वर्गदंतोषदंतथा ७२ एवमेतत्पठंतेयएकभक्त्यातुशंकरम् ॥ यागतिःसांख्ययोगानांव्रजंत्येतेतांगतिंतदा ७३ स्तवमेतंप्रयत्नेनसदारुद्रस्यसन्निधौ ॥ अब्दमेकंचरेद्भक्तःप्राप्नुयादीप्सितंफलम् ७४ एतद्रहस्यंपरमंब्रह्मणोहृदिसंस्थितम् ॥ ब्रह्माप्रोवाचशक्रायशक्रःप्रोवाचमृत्यवे १७५ ॥ ॥ ॥ ॥ ॥ ॥ ॥

हमस्मीतिभावनया । तथाचश्रुतिः । 'अथयोऽन्यांदेवतामुपास्तेऽन्योसावन्योऽहमस्मीतिनसवेदयथापशुरेवसदेवतानाम्'इतिभेदेनोपासनंनिंदति भवेशिवेकारणेभक्तिरस्यपुंसः भाविनोभाग्यात् सर्वयुक्तस्यसर्वसाधनवतः सर्वथासर्वैःप्रकारैरुत्पन्नाभवतीतिसंबंधः ६५ । ६६ । ६७ । ६८ एवमिति । संसारमोचनंदेवमृतेऽन्येदेवाःमनुष्याणांतपोबलंविकुर्वंतिनाशयंतीतिसंबंधः तेषांयतोऽन्याशक्तिर्नास्ति ६९ इतिहेतोःतेनतंडिना १७० गीयतेचसंस्तवोब्रह्मणाशंकरसन्निधावतस्तंब्रह्माब्राह्मणोबुद्ध्यतेजानीयात् ७१ स्पष्टार्थोग्रंथशेषः ७२ । ७३ । ७४ । ७५ ॥ ॥ ॥

७६ । ७७ । ७८ । ७९ । ८० । ८१। १८२ ॥ इतिअनुशासनपर्वणिनीलकंठीये भारतभावदीपे सप्तदशोऽध्यायः ॥ १७ ॥ महायोगीति । पठस्वस्तवमितिशेषः हेपुत्रयुधिष्ठिर १ । २ । ३ । ४ आलंबाय
नआलंबगोत्रः ५ । ६ हेपुत्र शतंपुत्राणामितिशेषः ७ विवादेवेदविपरीतवादे अग्निसहितैर्मुनिभिरुक्तइतिसंबंधः ८ तेनवेदविरोधजेन ९ । १० । ११ पितृतुल्याविभाज्येष्ठोभ्राता पितुःसमइतिस्मृतेर्ज्येष्ठाभ्रा

मृत्युःप्रोवाचरुद्रेभ्योरुद्रेभ्यस्तंडिमागमत् ॥ महतातपसाप्राप्तस्तंडिनाब्रह्मसद्मनि ७६ तंडिःप्रोवाचशुक्रायगौतमायचभार्गवः ॥ वैवस्वतायमनवेगौतमःप्राहमाधव
७७ नारायणायसाध्यायसमाधिष्ठायधीमते ॥ यमायप्राहभगवान्साध्योनारायणोऽच्युतः ७८ नाचिकेतायभगवानाहवैवस्वतोयमः ॥ मार्कंडेयायवार्ष्णेयनाचिके
तोऽभ्यभाषत ७९ मार्कंडेयान्मयाप्राप्तोनियमेनजनार्दन ॥ तवाप्यहममित्रघ्नस्तवंदद्यांह्यविश्रुतम् १८० स्वर्ग्यमारोग्यमायुष्यंधन्यंवेदेनसंमितम् ॥ नास्यविघ्नं
विकुर्वंतिदानवायक्षराक्षसाः ८१ पिशाचायातुधानावागुह्यकाभुजगाअपि ॥ यःपठेतशुचिःपार्थब्रह्मचारीजितेंद्रियः ॥ अभग्नयोगोवर्षंतुसोऽश्वमेधफलंलभेत् १८२
॥ इतिश्रीमहाभारते अनुशासनपर्वणि आनुशासनिकेप० दानधर्मेमहादेवसहस्रनामस्तोत्रे सप्तदशोऽध्यायः ॥ १७ ॥ वैशंपायनउवाच ॥ महायोगीततःप्राहकृष्ण
द्वैपायनोमुनिः ॥ पठस्वपुत्रभद्रंतेप्रीयतांतेमहेश्वरः १ पुरापुत्रमयामेरौतप्यतापरमंतपः ॥ पुत्रहेतोर्महाराजस्तवएषोऽनुकीर्तितः २ लब्धवानीप्सितान्कामानहंवै
पांडुनंदन ॥ तथात्वमपिशर्वाद्धिसर्वान्कामानवाप्स्यसि ३ कपिलश्चततःप्राहसांख्यर्षिर्देवसंमतः ॥ मयाजन्मान्यनेकानिभक्त्याचाराधितोभवः ४ प्रीतश्चभगवान्
ज्ञानंददौममभवांतकम् ॥ चारुशीर्षस्ततःप्राहशक्रस्यदयितःसखा ॥ आलंबायनइत्येवंविश्रुतःकरुणात्मकः ५ मयागोकर्णमासाद्यतपस्तप्त्वाशतंसमाः ॥ अयोनि
जानांदांतानांधर्मज्ञानांसुवर्चसाम् ६ अजराणामदुःखानांशतवर्षसहस्रिणाम् ॥ लब्धंपुत्रशतंशर्वात्पुरापांडुनृपात्मज ७ वाल्मीकिश्चाहभगवान्युधिष्ठिरमिदंवचः ॥
विवादेसाग्निमुनिभिर्ब्रह्मघ्नोवैभवानिति ८ उक्तःक्षणेनचाविष्टस्तेनाधर्मेणभारत ॥ सोऽहमीशानमनघममोघंशरणंगतः ९ मुक्तश्चास्मिततःपापैस्ततोदुःखविनाशनः
॥ आहमांत्रिपुरघ्नोवैयशस्तेऽग्र्यंभविष्यति १० जामदग्न्यश्चकौन्तेयमिदंधर्मभृतांवरः ॥ ऋषिमध्येस्थितःप्राहज्वलन्निवदिवाकरः ११ पितृविप्रवधेनाहमार्तोवैपांडवा
ग्रज ॥ शुचिर्भूत्वामहादेवंगतोस्मिशरणंनृप १२ नामभिश्चास्तुवंदेवंततस्तुष्टोऽभवद्भवः ॥ परशुंचततोदेवोदिव्यान्यस्त्राणिचैवमे १३ पापंचतेनभविताअजेयश्चभवि
ष्यसि ॥ नतेप्रभवितामृत्युरजरश्चभविष्यसि १४ आहमांभगवानेवंशिखंडीशिवविग्रहः ॥ तदवाप्तंचमेसर्वंप्रसादात्तस्यधीमतः १५ विश्वामित्रस्तदोवाचक्षत्रियोऽहंत
दाभवम् ॥ ब्राह्मणोऽहंभवानीतिमयाचाराधितोभवः १६ तत्प्रसादान्मयाप्राप्तंब्राह्मण्यंदुर्लभंमहत् ॥ असितोदेवलश्चैवप्राहपांडुसुतंनृपम् १७ शापाच्छक्रस्यकौन्तेय
विभोधर्मोऽनशत्तदा ॥ तन्मेधर्मंयशश्चाग्र्यमायुश्चैवाददत्प्रभुः १८ ऋषिर्गृत्समदोनामशक्रस्यदयितःसखा ॥ प्राहाजमीढंभगवान्बृहस्पतिसमद्युतिः १९

तरस्तेषांवधेन १२ । १३ । १४ शिखंडीकपर्दी शिवविग्रहःकल्याणशरीरः १५ । २६ । १७ शक्रस्यधर्मशास्त्रेकेचिदन्यथाकरणात्कुपितस्य प्रभुःप्रार्थितःसन्नितिशेषः १८ । १९ ॥ ॥

२० उच्चारितेअन्यथेतिशेषः २१ पापंवितथाभिनिवेशंत्यक्त्वा समीक्षस्वविचारय । अयज्ञवाहिनंनयज्ञंवहतितंपापमवाक्षरपाठजमपराधं २२ । २३ । २४ । २५ निधनेअंते सद्यएवेत्यर्थः २६ साम्यमैवषम्यंयुवयोर्मृत्समदशतक्रत्वोः २७ परमुत्कृष्टंयथास्यात्तथा २८ नमेमयासमःपंडितोऽस्तिविद्ययाहेतुना २९ । ३० अर्थाद्धर्मस्यफलंकामस्यमूलंचार्थःसर्वस्मात्प्रियस्ततोऽपिप्रियोऽन्तरात्मातत्तुल्यः

वरिष्ठोनामभगवांश्चाक्षुषस्यमनोःसुतः ॥ शतक्रतोरचिन्त्यस्यसत्रेवर्षसहस्रिके २० वर्तमानेऽब्रवीद्वाक्यंसाम्निन्युच्चारितेमया ॥ रथंतरेद्विजश्रेष्ठनसम्यगितिवर्तते २१ समीक्षस्वपुनर्बुद्ध्यापापंत्यक्त्वाद्विजोत्तम ॥ अयज्ञवाहिनंपापमकार्षीस्त्वंसुदुर्मते २२ एवमुक्त्वामहाक्रोधःप्राहशंभुंपुनर्वचः ॥ प्रज्ञयारहितोदुःखीनित्यभीतोवनेचरः २३ दशवर्षसहस्राणिदशाष्टौचशतानिच ॥ नष्टपानीयपवनेमृगैरन्यैश्चवर्जिते २४ अयज्ञीयद्रुमेदेशेरुरुसिंहनिषेविते ॥ भवितात्वंमृगःक्रूरोमहादुःखसमन्वितः २५ तस्यवाक्यस्यनिधनेपार्थजातोह्यहंमृगः ॥ ततोमांशरणंप्राप्तंप्राहयोगीमहेश्वरः २६ अजरश्चामरश्चैवभवितादुःखवर्जितः ॥ साम्यंममास्तुतेसौख्यंयुवयोर्वर्धतांक्रतुः २७ अनुग्रहानेवमेषकरोतिभगवान्विभुः ॥ परंधाताविधाताचसुखदुःखेचसर्वदा २८ अचिंत्यएषभगवान्कर्मणामनसागिरा ॥ नमेतातयुधिश्रेष्ठविद्ययापंडितःसमः २९ वासुदेवस्तदोवाचपुनर्मतिमतांवरः ॥ सुवर्णाक्षोमहादेवस्तपसातोषितोमया ३० ततोऽथभगवानाहप्रीतोमांवैयुधिष्ठिर ॥ अर्थात्प्रियतरःकृष्णमत्प्रसादाद्भविष्यसि ३१ अपराजितश्चयुद्धेषुतेजश्चैवानलोपमम् ॥ एवंसहस्रशश्चान्यान्महादेवोवरंददौ ३२ मणिमन्थेऽथशैलेवैपुरासंपूजितोमया ॥ वर्षायुतसहस्राणांसहस्रंशतमेवच ३३ ततोमांभगवान्प्रीतइदंवचनमब्रवीत् ॥ वरंवृणीष्वभद्रंतेयस्तेमनसिवर्तते ३४ ततःप्रणम्यशिरसाइदंवचनमब्रुवम् ॥ यदिप्रीतोमहादेवोभक्त्यापरमयाप्रभुः ३५ नित्यकालंतवेशानभक्तिर्भवतुमेस्थिरा ॥ एवमस्त्वितिभगवांस्तत्रोक्त्वान्तरधीयत ३६ ॥ जैगीषव्यउवाच ॥ ममाष्टगुणमैश्वर्यंदत्तंभगवतापुरा ॥ यत्नेनान्येनबलिनावाराणस्यांयुधिष्ठिर ३७ ॥ गर्गउवाच ॥ चतुःषष्ट्यंगमददत्कलाज्ञानंममाद्भुतम् ॥ सरस्वत्यास्तटेतुष्टोमनोयज्ञेनपांडव ३८ तुल्यंममसहस्रंतुसुतानांब्रह्मवादिनाम् ॥ आयुश्चैवसपुत्रस्यसंवत्सरशतायुतम् ३९ ॥ पराशरउवाच ॥ प्रसाद्येहपुराशर्वंमनसाऽचिन्तयंनृप ॥ महातपामहातेजामहायोगीमहायशाः ४० वेदव्यासःश्रियावासोब्राह्मणःकरुणान्वितः ॥ अप्यसावीप्सितःपुत्रोममस्याद्वैमहेश्वरात् ४१ इतिमत्वाहृदिमतंप्राहमांसुरसत्तमः ॥ मयिसंभावनायास्याःफलात्कृष्णोभविष्यति ४२ सावर्णस्यमनोःसर्गेसप्तर्षिश्चभविष्यति ॥ वेदानांचसवैवक्ताकुरुवंशकरस्तथा ४३ इतिहासस्यकर्ताचपुत्रस्तेजगतोहितः ॥ भविष्यतिमहेन्द्रस्यदयितःसमहामुनिः ४४ ॥ ॥ ॥ ॥

सर्वेषांभविष्यसीत्यर्थः ३१ । ३२ पुरापूर्वावतारे ३३ । ३४ । ३५ । ३६ । ३७ चतुःषष्टिरंगान्यवयवायस्यकलासमूहज्ञानस्यतत् मनोयज्ञेनमानसेनपूजनेन ३८ । ३९ । ४० । ४१ इतिममहृदिस्थितंमतंमत्वासुरसत्तमोमांप्राह त्वातवमयिसंभावनाएतस्मात्फलमहंप्राप्स्येइत्यस्याःफलाद्पुण्यात्तवकृष्णोनामपुत्रोभविष्यति ४२ । ४३ । ४४ ॥ ॥ ॥

४५ । ४६ । ४७ । ४८ पादाच्चतुर्थात् तपःशौचंदयासत्यमितिचत्वारोधर्मस्यपादास्तेषांचतुर्थात्सत्यादेवत्वान्मादाशरीरं ४९ । ५० । ५१ पितरंद्रक्ष्येइतिबुद्ध्याग्रहमागतः ५२ दुःखितावैधव्यदुःखेन ५३ ५४ । ५५ क्षयेगृहेविशप्रविश ५६ शरणाकुरून्वाय्वाघातेनवास्वयंवापक्वतयाफलानामधःपतनेनविशरणंशरणातत्प्रधानाःकुरवोऽन्नानिशरणाकुरवस्तान् । शृविशरणेऽस्मादन्नावेल्युः । 'कुरुर्नृपांतरेभक्ते'इ

अजरश्चामरश्चैवपराशरसुतस्तव ॥ एवमुक्त्वासभगवांस्तत्रैवांतरधीयत ४५ युधिष्ठिरमहायोगीवीर्यवानक्षयोऽव्ययः ॥ मांडव्यउवाच ॥ अचौरश्चौरशंकायांशूले भिन्नोह्यहंतदा ४६ तत्रस्थेनस्तुतोदेवःप्राहमांवैनरेश्वर ॥ मोक्षंप्राप्स्यसिशूलाच्चजीविष्यसिसमार्बुदम् ४७ रुजाशूलकृताचैवनतेविप्रभविष्यति ॥ आधिभिर्व्याधिभिश्चैववर्जितस्त्वंभविष्यसि ४८ पादाच्चतुर्थात्संभूतआत्मायस्मान्मुनेतव ॥ त्वंभविष्यस्यनुपमोजन्मवैसफलंकुरु ४९ तीर्थाभिषेकंसकलंत्वमविघ्नेनचाप्स्यसि ॥ स्वर्गंचैवाक्षयंविप्रविदधामितवोर्जितम् ५० एवमुक्त्वातुभगवान्वरेण्योवृषवाहनः ॥ महेश्वरोमहाराजकृत्तिवासामहाद्युतिः ५१ सगणोदैवतश्रेष्ठस्तत्रैवांतरधीयत ॥ गालवउवाच ॥ विश्वामित्राभ्यनुज्ञातोह्यहंपितरमागतः ५२ अब्रवीन्मांततोमातादुःखितारुदतीभृशम् ॥ कौशिकेनाभ्यनुज्ञातंपुत्रंवेदविभूषितम् ५३ नतातरुणंदांतंपितात्वांपश्यतेऽनघ ॥ श्रुत्वाजनन्यावचनंनिराशोगुरुदर्शने ५४ नियतात्मामहादेवमपश्यंसोऽब्रवीच्चमाम् ॥ पितामाताचतेत्वंचपुत्रमृत्युविवर्जिताः ५५ भविष्यथविशक्षिप्रंद्रष्टासिपितरंक्षये ॥ अनुज्ञातोभगवताग्रहंगत्वायुधिष्ठिर ५६ अपश्यंपितरंतातइष्टिंकृत्वाविनिःसृतम् ॥ उपस्पृश्यगृहीत्वेध्मंकुशांश्चशरणाकुरून् ५७ तान्विसृज्यचमांप्राहपितासास्राविलेक्षणः ॥ प्रणमंतंपरिष्वज्यमूर्ध्न्युपाघ्रायपांडव ५८ दिष्ट्याद्दष्टोऽसिमेपुत्रकृतविद्यइहागतः ॥ वैशंपायनउवाच ॥ एतान्यत्यद्भुतान्येवकर्माण्यथमहात्मनः ५९ प्रोक्तानिमुनिभिःश्रुत्वाविस्मयामासपांडवः ॥ ततःकृष्णोऽब्रवीद्वाक्यंपुनर्मतिमतांवरः ६० युधिष्ठिरंधर्मनिधिंपुरुहूतमिवेश्वरः ॥ वासुदेवउवाच ॥ उपमन्युर्मयिप्राहतपन्निवदिवाकरः ६१ अशुभैःपापकर्माणोयेनराःकलुषीकृताः ॥ ईशानंनप्रपद्यन्तेतमोराजसवृत्तयः ६२ ईश्वरंसंप्रपद्यंतेद्विजाभावितभावनाः ॥ सर्वथावर्तमानोऽपियोभक्तःपरमेश्वरे ६३ सदृशोऽरण्यवासीनांमुनीनांभावितात्मनाम् ॥ ब्रह्मत्वंकेशवत्वंवाशक्रत्वंवासुरैःसह ६४ त्रैलोक्यस्याधिपत्यंवातुष्टोरुद्रःप्रयच्छति ॥ मनसापिशिवंतातयेप्रपद्यंतिमानवाः ६५ विधूयसर्वपापानिदेवैःसहवसंतिते ॥ भित्त्वाभित्त्वाचकूलानिहुत्वासर्वमिदंजगत् ६६ यजेद्देवंविरूपाक्षंनसपापेनलिप्यते ॥ सर्वलक्षणहीनोऽपियुक्तोवासर्वपातकैः ६७ सर्वंतुदतितत्पापंभावयञ्छिवमात्मना ॥ कीटपक्षिपतंगानांतिरश्चामपिकेशव ६८ महादेवप्रपन्नानांनभयंविद्यतेक्वचित् ॥ एवमेवमहादेवंभक्तायेमानवाभुवि ६९ नतेसंसारवशगाइतिमेनिश्चितामतिः ॥ ततःकृष्णोऽब्रवीद्वाक्यंधर्मपुत्रंयुधिष्ठिरम् ७० ॥ ॥ ॥ ॥ ॥ ॥ ॥

तिमेदिनी भक्तओदनः ५७ सास्रत्वादाविलेईक्षणेयस्य ५८ । ५९ । ६० ईश्वरोविष्णुः ६१ । ६२ । ६३ । ६४ । ६५ कूलानिगृहतटाकादीनि । 'गृहेकूलंतटेकूपेसैन्यपृष्ठतटाकयोः'इतिमेदिनी ६६ । ६७ आत्मनाचित्तेन ६८ । ६९ । ७० ॥ ॥ ॥ ॥ ॥

आदित्यचंद्रावित्यादिर्सर्वशर्वाज्जातंविद्धीतिसप्तमस्थेनान्वयः ७१ सत्यंब्रह्मतत्त्वात्रेदक्रोवेदउपनिषत् प्राधान्यात्पृथक्कीर्तनं । वेदवाहाःवेदपाठकाः। हव्यंहविर्दैवोभागः ७२ । ७३ आज्यपाःसूक्ष्माब्रह्माकाराधीवृत्तिः ७४ धूमपाःधूमेनैवतृप्यंतः वाचाविरुद्धावाङ्नियमनशीलाः निर्माणमनेकधाभवनंयोगेनानेकशरीरधारणंतत्ररताः ७५ चिंत्यद्योताःसंकल्पितमात्रंवस्तुयेषांसद्यःपुरतःप्रकाशतेताद्दशाः ७६ ७७ तत्संभूताइति । भूमेःसकाशाद्बीजानीवाव्याकृताकाशाख्याईश्वरः भूतकृतोवियदादिस्रष्टारस्ततएवानंदमात्रशरीराच्चतुर्थात्संभूताः । तेचवरेण्याःउपासकैःशुद्धतत्त्वप्रेप्सुभिर्वरणीयाः पूर्वबीजाद्बीजांतरमिवानादौसृष्टिप्रवाहेपूर्वपूर्वस्मादीशादुत्तरउत्तरईशोभूमभूमावुत्पद्यतेइत्याशयेनोक्तं पुरातनीमिति । यथाबीजशक्त्याशुद्धायांभुविविद्यमानयावृक्षीक्रियतएवमीश्वरशक्त्याआनंदचिन्मात्रं

विष्णुरुवाच ॥ आदित्यचन्द्रावनिलानलौचद्यौर्भूमिरापोवसवोऽथविश्वे ॥ धातार्यमाशुक्रबृहस्पतीचरुद्राःससाध्यावरुणोऽथगोपः ७१ ब्रह्माशक्रोमारुतोब्रह्मसत्यंवेदायज्ञादक्षिणावेदवाहाः ॥ सोमोयष्टायच्चहव्यंहविश्वरक्षादीक्षासंयमायेचकेचित् ७२ स्वाहावौषड्ब्राह्मणाःसौरभेयीधर्मंचाग्र्यंकालचक्रंबलंच ॥ यशोदमोबुद्धिमतांस्थितिश्चशुभाशुभंयेमुनयश्चसप्त ७३ अग्र्यावुद्धिर्मनसादर्शनेचस्पर्शश्चाग्र्यःकर्मणांयाचसिद्धिः ॥ गणादेवानामूष्मपाःसोमपाश्चलेखाःसुयामास्तुषिताब्रह्मकायाः ७४ आभासुरागंधपाधूमपाश्चवाचाविरुद्धाश्चमनोविरुद्धाः ॥ शुद्धाश्चनिर्माणरताश्चदेवाःस्पर्शाशनादर्शपाआज्यपाश्च ७५ चिन्त्यद्योतायेचदेवेषुमुख्यायेचाप्यन्येदेवताश्चाजमीढ ॥ सुपर्णगंधर्वपिशाचदानवायक्षास्तथाचारणपन्नगाश्च ७६ स्थूलंसूक्ष्मंमृदुचाप्यसूक्ष्मंदुःखंसुखंदुःखमनन्तरंच ॥ सांख्यंयोगंतत्पराणांपरंचशर्वाज्जातंविद्धियत्कीर्तितंमे ७७ तत्संभूताभूतकृतोवरेण्याःसर्वेदेवाभुवनस्यास्यगोपाः ॥ आविश्येमांधरणींयेभ्यरक्षन्पुरातनींतस्यदेवस्यसृष्टिम् ७८ विचिन्वन्तस्तपसातत्स्थवीयःकिंचित्तत्त्वंप्राणहेतोर्नतोऽस्मि ॥ ददातुदेवःसवरानिहेष्टानभिष्टुतोनःप्रभुरव्ययःसदा ७९ इमंस्तवंसन्नियतेन्द्रियश्चभूत्वाशुचिर्यःपुरुषःपठेत ॥ अभग्नयोगोनियतोमासमेकंसंप्राप्नुयादश्वमेधफलंयत् ८० वेदान्कृत्स्नान्ब्राह्मणःप्राप्नुयात्तुजयेन्नृपःपार्थमहींचकृत्स्नाम् ॥ वैश्योलाभंप्राप्नुयान्नैपुणंचशूद्रोगतिंप्रेत्यतथासुखंच ८१ स्तवराजमिमंकृत्वारुद्रायदधिरेमनः ॥ सर्वदोषापहंपुण्यंपवित्रंचयशस्विनः ८२ ॥ ॥ ॥ ॥

वस्तुविश्वाकारंक्रियतइति । तेनशक्तिंविनाकथंकेवलादुत्पत्तिरित्यपास्तं शक्त्यनादित्वस्याभ्युपगमात् । एतेनबीजशक्तेर्भर्जनेनेवज्ञानेनजीवगताविद्याशक्तेर्विद्याग्निनादाहेसतिमुक्तानांपुनरनुत्पत्तिःकेवलीभावश्चव्याख्यातः ७८ यत्तपसाध्यानेनविचिन्वन्तःविचिन्वन्त्यालोचयन्तीश्वरंसूत्रंविराजंवातत्सर्वंततःस्थवीयःस्थूलतरमेव । अतःकारणात्प्राणहेतोर्जीवनार्थंमोक्षार्थंकिंचिद्वाङ्मनसयोरगोचरंतत्त्वंनतोऽस्मिशरणीभूयप्राप्तोस्मि । सएवेश्वरोभूत्वावरान्ददातु भूमिर्बीजाद्यात्मतांगत्वाजनांस्तर्पयतितद्वत् ७९ इमंभीष्मवाक्यादारभ्यैतावत्पर्यंतम् ८० । ८१ कृत्वाशरणीकृत्य रुद्रेयरुद्रे निदधिरेप्रविलापितवंतः ८२ ॥ ॥ ॥ ॥ ॥ ॥ ॥ ॥

८३ ॥ नामूर्तंमूर्तिभेदःकखमिवलिपिभिद्धेत्तुमीष्टेकथंचिद्धीजंचामूर्तभेदोध्वनिमिवकखभिद्यंजकान्यत्वजन्मा ॥ कोभिद्याद्बीजबीजंखमिवलिपिभिदामूर्तिभेदेनमंदस्तेनाद्वैतंचतुर्थंशिवमुपनिषदिज्ञातमात्मान
मीहे १ ॥ इतिअनुशासनपर्वणिनीलकंठीयेभारतभावदीपेदानधर्मेषुमेघवाहनोपाख्यानेअष्टादशोऽध्यायः ॥ १८ ॥ ॥ तमेवशरणंव्रजेत्यथतमेवचाद्यंपरंप्रपद्यइतिसूचितंविवृतवान्हरिःपूरुषम् ॥ अथै
तदुपलब्धयेविविधधर्मजातंवदन्विकुत्सयतियोषितःपरविरक्ततावाप्तये ॥१॥ ज्ञेयंवस्तुश्रुत्वातज्ज्ञानसाधनंधर्मंशुश्रूषुः सहोभौचरतांधर्मक्षौमेवसानौजायापती अग्निमादधीयातामितिधर्मपत्नीसाहित्यंशास्त्रेदृश्यमानमा
क्षिपति यदिदमिति । पाणिग्रहणात्प्राक्साहित्याभावात्सहोभाविवितिवाक्यंव्याकुप्येतेतिभावः १ धर्मविशेषएवसाहित्यमपेक्ष्यतेनसर्वत्रेत्याशंक्यधर्मंविकल्पयति आर्षइति । ऋषिभिर्मन्त्रैःप्रकाशितःश्रौतस्मा
र्तक्रियारूपआर्षः केवलंवेदविहितत्वाद्वा । प्राजापत्यःप्रजापतिनासंतानकर्मप्याप्रथितःनापुत्रस्यलोकोऽस्तीतिश्रुतत्वादकरणेऽनिष्टदर्शनाद्वा । आसुरःअसुषुरमंतेतेऽसुरास्तेषामयमासुरःकेवलमिंद्रियप्रीति
दर्शनाद्वासाहित्यमुक्तमित्यर्थः २ आद्यमाक्षिप्यसंदेहमाहार्धेन संदेहइति । अत्रदोषंस्पष्टयति इहैवसाहित्यंदंपत्योर्दृश्यतेपरलोकेतयोःसाहित्यंक्वनुनक्वापीत्यर्थः ३ एतदेवोपपादयतिपूर्वमितिसार्धेन सत्य

यावंत्यस्यशरीरेषुरोमकूपाणिभारत ॥ तावंत्यब्दसहस्राणिस्वर्गेवसतिमानवः ८३ ॥ इतिश्रीमहाभारतेअनुशासनपर्वणिअनुशा० दानधर्मेमेघवाहनपर्वाख्यानेअष्टा
दशोऽध्यायः ॥ १८ ॥ युधिष्ठिरउवाच ॥ यदिदंसहधर्मेतिप्रोच्यतेभरतर्षभ ॥ पाणिग्रहणकालेतुस्त्रीणामेतत्कथंस्मृतम् १ आर्षएषभवेद्धर्मःप्राजापत्योऽथवाऽऽ
सुरः ॥ यदेतत्सहधर्मेतिपूर्वमुक्तंमहर्षिभिः २ संदेहःसुमहानेषविरुद्धइतिमेमतिः ॥ इहयःसहधर्मोवैप्रेत्यायंविहितःक्वनु ३ स्वर्गोमृतानांभवतिसहधर्मःपितामह ॥
पूर्वमेकस्तुम्रियतेक्वचैकस्तिष्ठतेवद ४ नानाधर्मफलोपेतानानाकर्मनिवासिताः ॥ नानानिरयनिष्ठांतामानुषाबहवोयदा ५ अनृताःस्त्रियइत्येवंसूत्रकारोव्यवस्यति ॥
यदानृताःस्त्रियस्तातसहधर्मःकुतःस्मृतः ६ अनृताःस्त्रियइत्येवंवेदेष्वपिहिपठ्यते ॥ धर्मोऽयंपूर्विकासंज्ञाउपचारःक्रियाविधिः ७ गह्वरंप्रतिभात्येतन्ममचिंतयतोऽ
निशम् ॥ निःसंदेहमिदंसर्वंपितामहयथाश्रुति ८ यदेतद्यादृशंचैतद्यथाचैतत्प्रवर्तितम् ॥ निखिलेनमहाप्राज्ञभवानेतद्ब्रवीतुमे ९ ॥ भीष्मउवाच ॥ अत्राप्युदाहरंती
ममितिहासंपुरातनम् ॥ अष्टावक्रस्यसंवादंदिशयासहभारत १० निर्वेष्टुकामस्तुपुराअष्टावक्रोमहातपाः ॥ ऋषेरथवदान्यस्यववेकन्यांमहात्मनः ११ सुप्रभांनामवैना
म्नारूपेणाप्रतिमांभुवि ॥ गुणप्रभावशीलेनचारित्रेणचशोभनाम् १२ ॥ ॥ ॥ ॥ ॥ ॥

पिकर्मणिसाहित्येदंपत्योःस्वस्ववासनाभेदकृतोधर्मभेदोदुर्वारइत्यार्षप्रमाणंनिर्युक्तिकमित्यर्थः ४ । ५ प्रजार्थंसाहित्यमितिद्वितीयंपक्षंदूषयति अनृताःस्त्रियइति । सूत्रकारोधर्मप्रवक्ता'अनृतंसाहसंमायामूर्ख
त्वमतिलोभता'इतिस्त्रीधर्मानाह एवंचप्रजार्थंसाहित्यमप्यनुपपन्नं कुंडगोलकादीनामप्युत्पत्तिदर्शनात् ६ पूर्विकापूर्ववतीगौणीधर्मसंज्ञादांपत्यविधौ यथाभिक्षुकाणामयंधर्मोधूलिःपरगृहादितित्वदधर्मेऽपिधर्म
पदप्रयोगइत्यर्थः । तत्रचपाणिग्रहणादेर्वेदविहितत्वमपिश्येनादिवत्पुरुषेच्छामनुरुध्यैवनतुवस्तुतस्तस्यधर्मत्वमित्याह उपचारःक्रियाविधिरिति ७ गह्वरंगहनंदुर्बोधमित्यर्थः ८ । ९ कामुकयोःरागतः
प्राप्तोमिथुनीभावइतिनतत्रविधिरित्याख्यायिकामुखेनाह अत्रेत्यादिना । अयंभावः यथादर्शपूर्णमासात्पूर्वंप्रयुक्तमपांप्रणयनमाश्रित्यगोदोहनेनपशुकामस्यप्रणयेदित्यादिविधयःप्रवर्तन्ते । एवंरागप्रयु ॥ ३९ ॥
क्तंदारसंग्रहमाश्रित्यधर्मप्रजाविधयःप्रवर्तन्ते । नीरागस्यतुनदारसंग्रहोविधीयतेनतरांतदुत्तरकालीनाधर्मप्रजादिविधयइति दिशयादिगभिमानिदेवतया १० निर्वेष्टुकामःदारसंग्रहार्थी ११ । १२

१३ मनोजहारेत्यनेनभर्तुःकामुकत्वंप्रदर्श्यस्त्रियाःकामुकत्वंविवरीतुंकथामाह ऋषिरित्यादिना १४ । १५ । १६ तालैःकांस्यमयैर्वाद्यभांडैः शंपातालैःविद्युद्रदतिचपलैर्भ्रमणादियटितैर्गीतनृत्यक्रि

सातस्यदृष्ट्वैवमनोजहारशुभलोचना ॥ वनराजीयथाचित्रावसन्तेकुसुमाचिता १३ ऋषिस्तमाहदेयामेसुतातुभ्यंहितच्छृणु ॥ गच्छतावद्दिशंपुण्यामुत्तरांद्रक्ष्य सेततः १४ ॥ अष्टावक्रउवाच ॥ किंद्रष्टव्यंमयातत्रवक्तुमर्हतिमेभवान् ॥ तथेदानींमयाकार्यंयथावक्ष्यतिमांभवान् १५ ॥ वदान्यउवाच ॥ धनदंसमतिक्र म्यहिमवंतंतथपर्वतम् ॥ रुद्रस्यायतनंदृष्ट्वासिद्धचारणसेवितम् १६ संहृष्टैःपार्षदैर्जुष्टंनृत्यद्भिर्विविधाननैः ॥ दिव्यांगरागैःपैशाचैरन्यैर्नानाविधैःप्रभोः १७ पाणितालसुतालैश्चशंपातालैःसमैस्तथा ॥ संप्रहृष्टैःप्रनृत्यद्भिःशर्वस्तत्रनिषेव्यते १८ इष्टंकिलगिरौस्थानंतद्दिव्यमितिशुश्रुम ॥ नित्यंसंनिहितोदेवस्तथाते पार्षदाःस्मृताः १९ तत्रदेव्यातपस्तप्तंशंकरार्थंसुदुश्चरम् ॥ अतस्तदिष्टंदेवस्यतथोमायाइतिश्रुतिः २० पूर्वेतत्रमहापार्श्वेदेवस्योत्तरतस्तथा ॥ ऋतवःकाल रात्रिश्चयेदिव्यायेचमानुषाः २१ देवंचोपासतेसर्वेरूपिणःकिलतत्रह ॥ तदतिक्रम्यभवनंत्वयायातव्यमेवहि २२ ततोनीलंवनोद्देशंद्रक्ष्यसेमेघसन्निभम् ॥ र मणीयंमनोग्राहितत्रवैद्रक्ष्यसेस्त्रियम् २३ तपस्विनींमहाभागांवृद्धांदीक्षामनुष्ठिताम् ॥ द्रष्टव्यासात्वयातत्रसंपूज्याचैवयत्नतः २४ तांदृष्ट्वाविनिवृत्तस्त्वंततः पाणिंग्रहीष्यसि ॥ यद्येषसमयःसर्वःसाध्यतांतत्रगम्यताम् २५ ॥ अष्टावक्रउवाच ॥ तथास्तुसाधयिष्यामितत्रयास्याम्यसंशयम् ॥ यत्रत्वंवदसेसाधोभवान् भवतुसत्यवाक् २६ ॥ भीष्मउवाच ॥ ततोऽगच्छत्सभगवानुत्तरामुत्तरांदिशम् ॥ हिमवंतंगिरिश्रेष्ठंसिद्धचारणसेवितम् २७ सगत्वाद्विजशार्दूलोहिमवंतंमहा गिरिम् ॥ अभ्यगच्छन्नदींपुण्यांबाहुदांधर्मशालिनीम् २८ अशोकेविमलेतीर्थेस्नात्वावैतर्प्यदेवताः ॥ तत्रवासायशयनेकौशेसुखमुवासह २९ ततोरात्र्यांव्य तीतायांप्रातरुत्थायसद्विजः ॥ स्नात्वाप्रादुश्चकाराग्निंस्तुत्वाचैनंप्रधानतः ३० रुद्राणींरुद्रमासाद्यहृदेतत्रसमाश्वसत् ॥ विश्रांतश्चसमुत्थायकैलासमभितोययौ ३१ सोऽपश्यत्कांचनद्वारंदीप्यमानमिवश्रिया ॥ मन्दाकिनींचनलिनींधनदस्यमहात्मनः ३२ अथतेराक्षसाःसर्वेयेऽभिरक्षंतिपद्मिनीम् ॥ प्रत्युत्थिताभगवंतंमणि भद्रपुरोगमाः ३३ सतान्प्रत्यर्चयामासराक्षसान्भीमविक्रमान् ॥ निवेदयतमांक्षिप्रंधनदायेतिचाब्रवीत् ३४ तेराक्षसास्तथाराजन्भगवंतमथाब्रुवन् ॥ असौवै श्रवणोराजास्वयमायातितेऽन्तिकम् ३५ विदितोभगवानस्यकार्यमागमनस्ययत् ॥ पश्यैनंत्वंमहाभागंज्वलंतमिवतेजसा ३६ ततोवैश्रवणोऽभ्येत्यअष्टावक्रम निंदितम् ॥ विधिवत्कुशलंपृष्ट्वाततोब्रह्मर्षिमब्रवीत् ३७ सुखंप्राप्तोभवान्कच्चित्किंवामत्तश्चिकीर्षति ॥ ब्रूहिसर्वंकरिष्यामियन्मांवक्ष्यसिवैद्विज ३८ भवनंप्रवि शत्वंमेयथाकामंद्विजोत्तम ॥ सत्कृतःकृतकार्यश्चभवान्यास्यत्यविघ्नतः ३९ ॥ ॥ ॥ ॥ ॥

यामानविशेषैः समैर्भ्रमणादिरहितैस्तैरेव १७ । १८ । १९ । २० महापार्श्वेपर्वते २१ । २२ । २३ । २४ । २५ । २६ उत्तरांश्रेष्ठाम् २७ । २८ । २९ प्रधानतःप्रधानैर्वेदमंत्रैः ३० । ३१ । ३२ ३३ । ३४ । ३५ । ३६ । ३७ । ३८ । ३९ ॥ ॥ ॥ ॥ ॥ ॥ ॥ ॥ ॥

४० । ४१ भवच्छंदंभवदिच्छां ४२ । ४३ । ४४ । ४५ प्रनृत्ताप्सरसःपदार्थाभिनयोवाक्यार्थाभिनयश्चयत्रवर्ततेतत्प्रनृत्तंतत्क्रियाःअप्सरसःप्रनृत्ताप्सरसःमध्यमपदलोपीसमासः ४६
४७ । ४८ हार्यःहरतीतिहार्यः ४९ । ५० भगवान्अष्टावक्रः । 'उत्पत्तिंचनिरोधंचभूतानामागतिंगतिं ॥ वेत्तिविद्यामविद्यांचसवाच्योभगवानिति' । दिव्यैर्भोगैरजितोऽपिसर्व

॥ ४० ॥ प्राविशद्भवनंस्वंवैगृहीत्वातंद्विजोत्तमम् ॥ आसनंस्वंददौचैवपाद्यमर्घ्यंतथैवच ४० अथोपविष्टयोस्तत्रमणिभद्रपुरोगमाः ॥ निषेदुस्तत्रकौबेरायक्षगंधर्वकिन्नराः ४१
ततस्तेषांनिषण्णानांधनदोवाक्यमब्रवीत् ॥ भवच्छन्दंसमाज्ञायनृत्येरन्नप्सरोगणाः ४२ आतिथ्यंपरमंकार्यंशुश्रूषाभवतस्तथा ॥ संवर्ततामित्युवाचमुनिर्मधु
रयागिरा ४३ अथोर्वरामिश्रकेशीरंभाचैवोर्वशीतथा ॥ अलंबुषाघृताचीचचित्राचित्रांगदारुचिः ४४ मनोहरासुकेशीचसुमुखीहासिनीप्रभा ॥ विद्युताप्रशमीदां
ताविद्योतारतिरेवच ४५ एताश्चान्याश्चवैबह्व्यःप्रनृत्ताप्सरसःशुभाः ॥ अवादयंश्चगंधर्वावाद्यानिविविधानिच ४६ अथप्रवृत्तेगांधर्वेदिव्येऋषिरुपाविशत् ॥ दि
व्यंसंवत्सरंतत्रारमतैषमहातपाः ४७ ततोवैश्रवणोराजाभगवंतमुवाचह ॥ साग्रःसंवत्सरोजातोविप्रेहतवपश्यतः ४८ हार्योऽयंविषयोब्रह्मन्गांधर्वोनामनामतः ॥
छन्दतोवर्ततांविप्रयथावदतिवाभवान् ४९ अतिथिःपूजनीयस्त्वमिदंचभवतोगृहम् ॥ सर्वमाज्ञाप्यतामाशुपरवंतोवयंत्वयि ५० अथवैश्रवणंप्रीतोभगवान्प्रत्यभा
षत ॥ अर्चितोऽस्मियथान्यायंगमिष्यामिधनेश्वर ५१ प्रीतोऽस्मिसदृशंचैवतवसर्वंधनाधिप ॥ तवप्रसादाद्भगवन्महर्षेश्चमहात्मनः ५२ नियोगादद्ययास्यामि
वृद्धिमानृद्धिमान्भव ॥ अथनिष्क्रम्यभगवान्प्रययावुत्तरामुखः ५३ कैलासंमंदरंहैमंसर्वाननुचचारह ॥ ताननतीत्यमहाशैलान्कैरातंस्थानमुत्तमम् ५४ प्रदक्षिणंत
थाचक्रेप्रयतःशिरसानतः ॥ धरणीमवतीर्याथपूतात्माऽसौतदाऽभवत् ५५ सतंप्रदक्षिणंकृत्वात्रिःशैलंचोत्तरामुखः ॥ समेनभूमिभागेनययौप्रीतिपुरस्कृतः ५६
ततोऽपरंवनोद्देशंरमणीयमपश्यत ॥ सर्वर्तुभिर्मूलफलैःपक्षिभिश्चसमन्वितैः ५७ रमणीयैर्वनोद्देशैस्तत्रतत्रविभूषितम् ॥ तत्राश्रमपदंदिव्यंददर्शभगवानथ ५८
शैलांश्चविविधाकारान्कांचनान्रत्नभूषितान् ॥ मणिभूमौनिविष्टाश्चपुष्करिण्यस्तथैवच ५९ अन्यान्यपिसुरम्याणिपश्यतःसुबहून्यथ ॥ भृशंतस्यमनोरेमेमह
र्षेर्भावितात्मनः ६० सतत्रकांचनंदिव्यंसर्वरत्नमयंगृहम् ॥ ददर्शाद्भुतसंकाशंधनदस्यगृहाद्वरम् ६१ महांतोयत्रविविधामणिकांचनपर्वताः ॥ विमानानिच
रम्याणिरत्नानिविविधानिच ६२ मंदारपुष्पैःसंकीर्णातथामंदाकिनींनदीम् ॥ स्वयंप्रभाश्चमणयोवज्रैर्भूमिश्चभूषिता ६३ नानाविधैश्चभवनैर्विचित्रमणितोरणैः ॥
मुक्ताजालविनिक्षिप्तैर्मणिरत्नविभूषितैः ६४ मनोदृष्टिहरैरम्यैःसर्वतःसंवृतंशुभैः ॥ ऋषिभिश्चावृतंतत्रआश्रमंतंमनोहरम् ६५ ततस्तस्याभवच्चिंताकुत्रवासोभ
वेदिति ॥ अथद्वारंसमभितोगत्वास्थित्वाततोऽब्रवीत् ६६ ॥ ॥ ॥ ॥ ॥ ॥ ४० ॥

ज्ञोऽपिवदान्यकन्यालाभार्थंदिगंतंप्रतिगतइतिअहोकष्टंकामपिशाचोदुर्जयइतिभावः ५१ । वृद्धिरुपचयस्तद्वान्ऋद्धिःसंपत्तद्वान् ५२ । ५३ कैरातंकिरातवेषधारिणोमहादेवस्य ५४
धरणीमवतीर्येत्यनेनाकाशमार्गेणाष्टावक्रोगच्छतीतिगम्यते ५५ । ५६ । ५७ । ५८ । ५९ । ६० । ६१ । ६२ । ६३ । ६४ । ६५ । ६६ ॥ ॥ ॥ ॥

६७ सप्तइतरदिग्देवताः ६८ । ६९ । ७० उत्तराधिष्ठात्रीतुदेवतामुख्याऽष्टमीसैवजरायुक्ता ७१ । ७२ । ७३ प्रज्ञाताअत्यन्तंज्ञानवती प्रशान्तानिर्जितचित्ता ७४ । ७५ । ७६ अथेति । अतिवृद्धाया अपिस्त्रियइयंगतिःकिमुवक्तव्यंयुवत्याअधैर्यमिति ७७ । ७८ उपागूहदालिंगितवती ७९ अकामतोऽनिच्छातःस्वभावतइत्यर्थः पुरुषतःपुरुषंप्राप्यस्त्रीणांधृतिर्धैर्यमन्यापरकीयाऽस्ति पुंयोगेस्त्री

अतिथिंसमनुप्राप्तमभिजानन्तुयेऽत्रवै ॥ अथकन्याःपरिव्रताग्रहात्तस्माद्विनिर्गताः ६७ नानारूपाःसप्तविभोकन्याःसर्वामनोहराः ॥ यांयामपश्यत्कन्यांवैसासातस्य मनोहरत् ६८ नचशक्तोवारयितुंमनोऽस्याथावसीदति ॥ ततोधृतिःसमुत्पन्नातस्यविप्रस्यधीमतः ६९ अथतंप्रमदाःप्राहुर्भगवान्प्रविशत्विति ॥ सचतासांसुरूपे णतस्यैवभवनस्यहि ७० कौतूहलंसमाविष्टःप्रविवेशगृहंद्विजः ॥ तत्रापश्यज्जरायुक्तामरजोम्बरधारिणीम् ७१ वृद्धांपर्यंकमासीनांसर्वाभरणभूषिताम् ॥ स्वस्तीति तेनचैवोक्तासास्त्रीप्रत्यवदत्तदा ७२ प्रत्युत्थायचतंविप्रमास्यतामित्युवाचह ॥ अष्टावक्रउवाच ॥ सर्वाःस्वानालयान्यांतुएकामामुपतिष्ठतु ७३ प्रज्ञातायाप्रशांता याशेषागच्छंतुछंदतः ॥ ततःप्रदक्षिणीकृत्यकन्यास्तास्तमृषिंतदा ७४ निश्चक्रमुर्गृहात्तस्मात्सावृद्धाथव्यतिष्ठत ॥ अथतांसंविशन्प्राहशयनेभास्वरेतदा ७५ त्वयापिसुप्यतांभद्रेरजनीह्यतिवर्तते ॥ संलापात्तेनविप्रेणतथासातत्रभाषिता ७६ द्वितीयेशयनेदिव्येसंविवेशमहाप्रभे ॥ अथसावेपमानांगीनिमित्तंशीतजंतदा ७७ व्यपदिश्यमहर्षेर्वैशयनंव्यवरोहत ॥ स्वागतेनागतांतांतुभगवानभ्यभाषत ७८ सोपागूहद्भुजाभ्यांतुऋषिंप्रीत्यानरर्षभ ॥ निर्विकारमृषिंचापिकाष्ठकुड्योपमंतदा ७९ दुःखिताप्रेक्ष्यसंजल्पमकार्षीदृषिणासह ॥ ब्रह्मन्नकामतोऽन्यास्तिस्त्रीणांपुरुषतोधृतिः ८० कामेनमोहिताचाहंत्वांभजंतीभजस्वमाम् ॥ प्रहृष्टोभवविप्रर्षेसमा गच्छमयासह ८१ उपगूहचमांविप्रकामार्ताऽहंभृशंत्वयि ॥ एतद्धितवधर्मात्मंस्तपसःपूज्यतेफलम् ८२ प्रार्थितंदर्शनादेवभजमानांभजस्वमाम् ॥ ममचेदंधनंसर्वं यच्चान्यदपिपश्यसि ८३ प्रभुस्त्वंभवसर्वत्रमयिचैवनसंशयः ॥ सर्वान्कामान्विधास्यामिरमस्वसहितोमया ८४ रमणीयेवनेविप्रसर्वकामफलप्रदे ॥ त्वद्वशाहंभवि ष्यामिरंस्यसेचमयासह ८५ सर्वान्कामानुपाश्नोमोयेदिव्यायेचमानुषाः ॥ नातःपरंहिनारीणांविद्यतेचकदाचन ८६ यथापुरुषसंसर्गःपरमेतद्धिनःफलम् ॥ आत्मच्छन्देनवर्तन्तेनार्योमन्मथचोदिताः ८७ नचदह्यंतिगच्छंत्यःसुतप्तैरपिपांसुभिः ॥ अष्टावक्रउवाच ॥ परदारानहंभद्रेनगच्छेयंकथंचन ८८ दूषितंधर्मशास्त्रज्ञैः परदाराभिमर्शनम् ॥ भद्रेनिर्वेष्टुकाममंमांविद्धिसत्येनवैशपे ८९ विषयेष्वनभिज्ञोऽहंधर्मार्थंकिलसंततिः ॥ एवंलोकान्गमिष्यामिपुत्रैरितिनसंशयः ९० भद्रेधर्मं विजानीहिज्ञात्वाचोपरमस्वह ॥ स्त्र्युवाच ॥ नानिलोऽग्निर्नवरुणोनचान्येत्रिदशाद्विज ९१ प्रियाःस्त्रीणांयथाकामोरतिशीलाहियोषितः ॥ सहस्रेकिलनारीणांप्रा प्येतैकाकदाचन ९२ ॥ ॥ ॥ ॥ ॥ ॥ ॥

णांधृतिःस्वकीयासर्वथानास्तीत्यर्थः ८० प्रहृष्टःकामुकोभव ८१ उपगूहआलिंगस्व ८२ । ८३ । ८४ । ८५ । ८६ । ८७ । ८८ । ८९ अनभिज्ञोऽप्रीतिमान् ९० । ९१ एकारतिशीलेतिशेषः ९२

९३ लीलायंत्यःलीलांरतिमात्मनइच्छंत्यः । अभाषत नैताइत्यादिसार्धश्लोकम ९४ एकाग्रःस्त्र्यादिदोषान्अनुसंदधानः स्त्रियंप्रतिआस्यतांतूष्णींस्थीयतां रुचितःरुचिंप्राप्यछंदःइच्छाभवतीतिअभा
षत त्वंरुचिज्ञामामिच्छसिअहंत्वरुचिज्ञोनत्वांस्प्रष्टुमिच्छामीतिभावः एवमपियत्कार्यंकर्तव्यंतवतन्मेब्रवीहि ९५ द्रक्ष्यसेस्पर्शसुखंज्ञास्यसे ९६ । ९७ । ९८ । रूपेविरागितावैराग्यवती
दृष्टिर्नारमत्वनेरेमे ९९ । १०० । १ । २ । ३ ॥ इतिअनुशासनपर्वणिनीलकंठीयेभारतभावदीपेऊनविंशोऽध्यायः ॥ १९ ॥ ॥ ॥ अथसास्त्रीत्यादेरध्यायस्यतात्पर्यंकुत्सितताया

तथाशतसहस्रेषुयदिकाचित्पतिव्रता ॥ नैताजानंतिपितरंनकुलंनचमातरम् ९३ नभ्रातॄन्नचभर्तारंनचपुत्रान्नदेवरान् ॥ लीलायंत्यःकुलंघ्नंतिकूलानीवसरिद्वराः ॥
दोषान्सर्वांश्चमत्वाऽऽशुप्रजापतिरभाषत ९४ ॥ भीष्मउवाच ॥ ततःसऋषिरेकाग्रस्तांस्त्रियंप्रत्यभाषत ॥ आस्यतांरुचितश्छंदःकिंचकार्यंब्रवीहिमे ९५ सास्त्रीप्रोवा
चभगवन्द्रक्ष्यसेदेशकालतः ॥ वसतावन्महाभागकृतकृत्योभविष्यसि ९६ ब्रह्मर्षिस्तामथोवाचसतथेतियुधिष्ठिर ॥ वत्स्येऽहंयावदुत्साहोभवत्यानात्रसंशयः ९७ अथ
र्षिरभिसंप्रेक्ष्यस्त्रियंतांजरयाऽर्दिताम् ॥ चिंतांपरमिकांभेजेसंतप्तइवचाभवत् ९८ यद्यदंगंहिसोऽपश्यत्तस्याविप्रर्षभस्तदा ॥ नारमत्तत्रतत्रास्यदृष्टीरूपविरागिता ९९
देवतेयंगृहस्यास्यशापात्किंनुविरूपिता ॥ अस्याश्चकारणंवेत्तुंनयुक्तंसहसामया १०० इतिचिंताविविक्तस्यतमर्थंज्ञातुमिच्छतः ॥ व्यगच्छत्तदहःशेषंमनसाव्याकु
लेनतु १ अथसास्त्रीतथोवाचभगवन्पश्यवैरवेः ॥ रूपंसंध्याभ्ररक्तंकिमुपस्थाप्यतांतव २ सउवाचततस्तांस्त्रींस्नानोदकमिहानय ॥ उपासिष्येततःसंध्यांवाग्यतो
नियतेंद्रियः १०३॥ ॥ इतिश्रीमहाभारतेअनुशासनपर्वणिआनुशासनिकेपर्वणिअष्टावक्रदिक्संवादेऊनविंशोऽध्यायः ॥ १९ ॥ ॥ भीष्मउवाच ॥ अथसास्त्रीत
मुवाचबाढमेवंभवत्विति ॥ तैलंदिव्यमुपादायस्नानशाटीमुपानयत् १ अनुज्ञाताचमुनिनासास्त्रीतेनमहात्मना ॥ अथास्यतैलेनांगानिसर्वाण्येवाभ्यमृक्षत २ शनै
श्चोत्सादितस्तत्रस्नानशालामुपागमत् ॥ भद्रासनंततश्चित्रंऋषिरन्वगमन्नवम् ३ अथोपविष्टश्चयदातस्मिन्भद्रासनेतदा ॥ स्नापयामासशनकैस्तमृषिंसुखहस्तवत् ४
दिव्यंचविधिवच्चक्रेसोपचारंमुनेस्तदा ॥ सतेनसुसुखोष्णेनतस्याहस्तसुखेनच ५ व्यतीतांरजनींकृत्स्नांनाजानात्समहाव्रतः ॥ ततउत्थायसमुनिस्तदापरमविस्मितः
६ पूर्वस्यांदिशिसूर्यंचसोऽपश्यदुदितंदिवि ॥ तस्यबुद्धिरियंकिंनुमोहस्तत्त्वमिदंभवेत् ७ अथोपास्यसहस्रांशुंकिंकरोमीत्युवाचताम् ॥ साचामृतरसप्रख्यमृषेरन्नमुपा
हरत् ८ तस्यस्वादुतयाऽन्नस्यनप्रभूतंचकारसः ॥ व्यगमच्चाप्यहःशेषंततःसंध्याऽगमत्पुनः ९ अथसास्त्रीभगवंतंसुप्यतामित्यचोदयत् ॥ तत्रवैशयनेदिव्येतस्यत
स्याश्चकल्पिते १० पृथक्चैवतथासुप्तौसास्त्रीसचमुनिस्तदा ॥ तथार्धरात्रेसास्त्रीतुशयनंतदुपागमत् ११ ॥ अष्टावक्रउवाच ॥ नभद्रेपरदारेषुमनोमेसंप्रसज्जति ॥
उत्तिष्ठभद्रेभद्रंतेस्वपस्ववैविरमस्वच १२ ॥ ॥ ॥ ॥ ॥ ॥

जीर्णाया अपिस्त्रियाःकरस्पर्शमात्रेणविरक्तोऽपिविज्ञानवानप्यष्टावक्रोऽतीतंकालंनबुबुधे काकथायुवत्यांरतिसक्तामूढागतमायुरवभोत्स्यंतइति १ अभ्यमृक्षताभ्यंजितवती २ उत्सादितः
चालितः ३ । ४ । ५ नाजानात्नज्ञातवान् ६ । ७ । ८ नप्रभूतंचकारपूर्णमितिनाभ्यवददित्यर्थः स्पर्शासक्तोगतांरात्रिमिवरसासक्तोगतंदिनमपिनाबुध्यतेतिभावः ९ । १० । ११ । १२

सेति । स्वातंत्र्यान्ममनतवपारदार्यदोषोऽस्तीत्यर्थः धर्मच्छलंपरपुरुषप्रलोभनं १३ नास्तीति । अप्रदत्तांत्वांनकामयेइत्यर्थः १४ । १५ दोषाःकामक्रोधादयः यथेच्छकंस्वैरिणम् १६ । १७।१८ स्वतंत्रामात्मप्रदानेइतिशेषः योधर्मःपाणिग्रहणादिसंस्कारोमयिमन्निमित्तंसोऽस्तु १९ । २० । २१ विजहिमामानाशय २२ यथेति । अहमात्मदृष्टांतेनत्वांस्मरातुरांवेद्मित्वमपिस्वदृष्टांतेनमांतथा भूतंविद्धीतिभावः तुभ्यंतवसंगमश्रद्धेत्युभयत्रशेषः किंतस्यमयाकन्यार्थिनाप्रार्थितस्यतत्कर्तृकाइयंजिज्ञासाममपरीक्षाकिमयंसाधुरसाधुर्वेत्युतकिंनेतिकाकुः विघ्नएवायंकिंनभवेदपितुविघ्नएवेत्यर्थः २३ विघ्नत्वमेवाह आश्चर्यमिति । पूर्वमतिजीर्णत्वेनदृष्ट्वापुनःकन्येवदृश्यतइतिमायारूपमाश्चर्यम् २४ एतदेवाह किमिति । अत्रास्मिन्विषयेकिमुत्तरंश्रेष्ठतरं पूर्वपरिगृहीतस्यात्यागःउतएतस्याःस्वीकारःकर्तव्य

॥ भीष्मउवाच ॥ सातदातेनविप्रेणतथाधृत्यानिवर्तिता ॥ स्वतंत्राऽस्मीत्युवाचर्षिंनधर्मच्छलमस्तिते १३ ॥ अष्टावक्रउवाच ॥ नास्तिस्वतंत्रतास्त्रीणामस्वतंत्राहियोषितः ॥ प्रजापतिमतंह्येतन्नस्त्रीस्वातंत्र्यमर्हति १४ ॥ स्त्र्युवाच ॥ बाधतेमैथुनंविप्रममभक्तिंचपश्यवै ॥ अधर्मंप्राप्स्यसेविप्रयन्मांत्वंनाभिनंदसि १५ ॥ अष्टावक्रउवाच ॥ हरंतिदोषजातानिनरंजातंयथेच्छकम् ॥ प्रभवामिसदाधृत्याभद्रेस्वंशयनंव्रज १६ ॥ स्त्र्युवाच ॥ शिरसाप्रणमेविप्रप्रसादंकर्तुमर्हसि ॥ भूमौनिपतमानायाःशरणंभवमेऽनघ १७ यदिवादोषजातंत्वंपरदारेषुपश्यसि ॥ आत्मानंस्पर्शयाम्यद्यपाणिंगृह्णीष्वमेद्विज १८ नदोषोभविताचैवसत्येनैतद्ब्रवीम्यहम् ॥ स्वतंत्रांमांविजानीहियोधर्मःसोऽस्तुवैमयि ॥ त्वय्यावेशितचित्ताचस्वतंत्राऽस्मिभजस्वमाम् १९ ॥ अष्टावक्रउवाच ॥ स्वतंत्रात्वंकथंभद्रेब्रूहिकारणमत्रवै ॥ नास्तित्रिलोकेस्त्रीकाचिद्यावैस्वातंत्र्यमर्हति २० पितारक्षतिकौमारेभर्तारक्षतियौवने ॥ पुत्राश्चस्थाविरेकालेनास्तिस्त्रीणांस्वतंत्रता २१ ॥ स्त्र्युवाच ॥ कौमारंब्रह्मचर्यंमेकन्यैवास्मिनसंशयः ॥ पत्नींकुरुष्वमांविप्रश्रद्धांविजहिमामम २२ ॥ अष्टावक्रउवाच ॥ यथाममतथातुभ्यंयथातुभ्यंतथामम ॥ जिज्ञासेयमृषेस्तस्यविघ्नःसत्यंनुकिंभवेत् २३ आश्चर्यंपरमंहीदंकिंतुश्रेयोहिमेभवेत् ॥ दिव्याभरणवस्त्राहिकन्येयंमामुपस्थिता २४ किंत्वस्याःपरमंरूपंजीर्णमासीत्कथंपुनः ॥ कन्यारूपमिहाद्यैवंकिमिवात्रोत्तरंभवेत् २५ यथापरंशक्तिधृतेर्नव्युत्थास्येकथंचन ॥ नरोचतेहिव्युत्थानंसत्येनासादयाम्यहम् २६ ॥ इतिश्रीमहाभारते अनुशासनप० आनु० अष्टावक्रदिक्संवादेविंशोऽध्यायः ॥ २० ॥

॥ युधिष्ठिरउवाच ॥ नबिभेतिकथंसास्त्रीशापाच्चपरमद्युतेः ॥ कथंनिवृत्तोभगवांस्तद्भवान्प्रब्रवीतुमे १ ॥ भीष्मउवाच ॥ अष्टावक्रोऽन्वपृच्छत्तांरूपंविकुरुषेकथम् ॥ नचानृतंतेवक्तव्यंब्रूहिब्राह्मणकाम्यया २ ॥ ॥ स्त्र्युवाच ॥ ॥ द्यावापृथिव्योर्यत्रैषाकाम्याब्राह्मणसत्तम ॥ शृणुष्वावहितःसर्वंयदिदंसत्यविक्रम ३ ॥ ॥ ॥ ॥ ॥ ॥ ॥

इतिभावः २५ स्वमतमाह यथेति । शक्तिःकामदमनसामर्थ्यं धृतिःपूर्वप्राप्तस्यात्यागः तदुभयंधृत्वानव्युत्थास्येऽस्याःस्वीकारंनकरिष्ये व्युत्थानंधर्मातिक्रमंममनरोचते किंतुसत्येनासादयाम्यहं दारानितिशेषः २६ ॥ इतिअनुशासनपर्वणिनीलकंठीयेभारतभावदीपेविंशोऽध्यायः ॥ २० ॥ ॥ नबिभेतीति १ विकुरुषेऽन्यथाऽन्यथाकरोषि ब्राह्मणकाम्ययाब्राह्मणमानलिप्सया २ द्यावापृथिव्योःदिविपृथिव्यांचयत्रस्थीयतेतत्रैषाकाम्यास्त्रीपुंसयोरन्योन्याभिलाषरूपाइच्छाऽस्ति मोक्षादन्यत्रिष्कामपदंनास्तीत्यर्थः ३ ॥ ॥

मेमया तवत्वां ४ । ५ । ६ । ७ । ८ साकाम्याऽनतिक्रमणीया ९ । १० ऋषिणावदान्येन ११ । १२ । १३ । १४ । १५ । १६ । १७ । १८ यथाकृषिकृतामे
वराजदेयंभवत्येवंस्त्रीमतामेवदैवंपित्र्यंचऋणमापततिस्त्रीमत्त्वंतुकामकृतंचनवैधमितिस्त्रयभावेऽयंकस्यापिऋणीनभवतीतिप्रघट्टकार्थः १९ ॥ इतिअनुशासनपर्वणिनीलकंठीयेभारतभावदीपेएकविंशोऽध्यायः
॥ २१ ॥ एवंगार्हस्थ्यहेतुंकाममुक्त्वागृहस्थोचितान्दानधर्मान्वक्तुंश्रोतुंपात्रादिगुणान्पृच्छतिकिमित्यादिना । ब्राह्मणंब्रह्मविदं लिंगिनंब्रह्मचारिणंसंन्यासिनंचदंडादिलिंगवंतं १ स्ववृत्तिंजीवनार्थस्वो

जिज्ञासेयंप्रयुक्तामेस्थिरीकर्तुंतवानघ ॥ अव्युत्थानेनतेलोकाजिताःसत्यपराक्रम ४ उत्तरांमांदिशंविद्धिदृष्टंस्त्रीचापलंचते ॥ स्थविराणामपिस्त्रीणांबाधतेमैथुनज्वरः
५ तुष्टःपितामहस्तेऽद्यतथादेवाःसवासवाः ॥ सत्वंयेनचकार्येणसंप्राप्तोभगवानिह ६ प्रेषितस्तेनविप्रेणकन्यापित्राद्धिजर्षभ ॥ तवोपदेशंकर्तुंवैतच्चसर्वंकृतंमया ७
क्षेमैर्गमिष्यसिगृहंश्रमश्चनभविष्यति ॥ कन्यांप्राप्स्यसितांविप्रपुत्रिणीचभविष्यति ८ काम्ययापृष्टवांस्त्वंमांततोव्याहृतमुत्तमम् ॥ अनतिक्रमणीयासाकृत्स्नैर्लोकै
स्त्रिभिःसदा ९ गच्छस्वसुकृतंकृत्वाकिंचान्यच्छ्रोतुमिच्छसि ॥ यावद्ब्रवीमिविप्रर्षेअष्टावक्रयथातथम् १० ऋषिणाप्रसादिताचास्मितवहेतोर्द्विजर्षभ ॥ तस्यसंमा
ननार्थंमेत्वयिवाक्यंप्रभाषितम् ११ ॥ भीष्मउवाच ॥ श्रुत्वातुवचनंतस्याःसविप्रःप्रांजलिःस्थितः ॥ अनुज्ञातस्तयाचापिस्वगृहंपुनराव्रजत् १२ गृहमागत्यविश्रां
तःस्वजनंपरिपृच्छ्यच ॥ अभ्यगच्छत्ततंविप्रंन्यायतःकुरुनंदन १३ पृष्टश्चतेनविप्रेणदृष्टंत्वेतन्निदर्शनम् ॥ प्राहविप्रंतदाविप्रःसुप्रीतेनांतरात्मना १४ भवतासमनु
ज्ञातःप्रस्थितोगंधमादनम् ॥ तस्यचोत्तरतोदेशेदृष्टंमेदैवतंमहत् १५ तयाचाहमनुज्ञातोभवांश्चापिप्रकीर्तितः ॥ श्रावितश्चापितद्वाक्यंगृहंचाभ्यागतःप्रभो १६
तमुवाचतदाविप्रःसुतांप्रतिगृहाणमे ॥ नक्षत्रविधियोगेनपात्रंहिपरमंभवान् १७॥ भीष्मउवाच ॥ अष्टावक्रस्तथेत्युक्त्वाप्रतिगृह्यचतांप्रभो ॥ कन्यांपरमधर्मात्माप्रीति
मांश्चाभवत्तदा १८ कन्यांतांप्रतिगृह्यैवभार्यांपरमशोभनाम् ॥ उवासमुदितस्तत्रस्वाश्रमेविगतज्वरः १९ ॥ इतिश्रीमहाभारतेअनुशासनपर्वणिआनुशासनिकेपर्व
णिअष्टावक्रदिक्संवादेएकविंशोऽध्यायः ॥ २१ ॥ ॥ युधिष्ठिरउवाच ॥ किमाहुर्भरतश्रेष्ठपात्रंविप्राःसनातनाः ॥ ब्राह्मणंलिंगिनंचैवब्राह्मणंवाऽप्यलिंगिनम्
१ ॥ भीष्मउवाच ॥ स्ववृत्तिमभिपन्नायलिंगिनेचेतरायच ॥ देयमाहुर्महाराजउभावेतौतपस्विनौ २ ॥ युधिष्ठिरउवाच ॥ श्रद्धयापरयाऽपूतोयःप्रयच्छेद्विजातये ॥
हव्यंकव्यंतथादानंकोदोषःस्यात्पितामह ३ ॥ भीष्मउवाच ॥ श्रद्धापूतोनरस्तातदुर्दान्तोऽपिनसंशयः ॥ पूतोभवतिसर्वत्रकिमुतत्वंमहाद्युते ४ ॥ युधिष्ठिरउवाच ॥
नब्राह्मणंपरीक्षेतदैवेषुसततंनरः ॥ कव्यप्रदानेतुबुधाःपरीक्ष्यंब्राह्मणंविदुः ५ ॥ ॥ ॥ ॥

चितांवृत्तिं अभिपन्नायशरणीकुर्वते । लिंगीअलिंगीवास्वधर्मसेवीयःसएवतपस्वीपात्रंचेत्यर्थः २ स्वधर्मनिष्ठत्वंपात्रगुणमुक्त्वाश्रद्धावत्त्वंदातृगुणमाह श्रद्धयेतिद्वाभ्यां । अपूतोऽपिपरयाश्रद्धयायदिप्रयच्छतित
र्हितस्यदातुरपूतत्वप्रयुक्तःकोदोषःस्यात्त्वंवद ३ श्रद्धैवास्यपूतत्वंकरोतीत्यर्थः ४ नेति । श्रद्धैवपूतत्वकर्त्रीचेत्कव्येपात्रपरीक्षानविधेयास्यादित्याशयः ५ ॥ ॥ ॥

देवानांसमूहाद्देवात्श्रद्धादिभ्यइत्यर्थः हव्यंदैवंकर्मसिध्यतिफलदंभवतिनतुब्राह्मणगुणादितिभावः इज्यंतेदेवाइतिशेषः दैवंकर्मदेवानुग्रहादेवपूर्णंभवति । श्रद्धामात्रप्रियत्वाद्देवानामितिभावः ६ पित्र्यं तुकर्मब्राह्मणानुग्रहादेवपूर्णंभवतीतितत्रानुग्रहकर्तरितपोबलमावश्यकमित्याशयेनाह ब्राह्मणानिति । लोकेषुपितृपितामहादिषुपूजनीयेषुब्रह्मिष्ठेष्वेवब्राह्मण्यमस्तीतिविद्यादित्यर्थः । 'अग्निमुखावैदेवाःपाणि मुखाःपितरः' इत्याश्वलायनोदाहृतश्रुतेःश्रौतःस्मार्तऔदर्योवाऽग्निःस्वतःशुद्धोदेवांस्तर्पयति पाणिस्तुसत्कर्मवानेवपितॄंस्तर्पयितुंशक्नोतिनान्यथेतिकव्येष्वावश्यकीपात्रपरीक्षेतिभावः ७ कथंकेनहेतुनाऽपू र्वादीनांपंचानांपात्रत्वमितिप्रश्नार्थः ८ उत्तरेतुत्रयःअपूर्वसंबंधितपस्विनःकुलीनत्वादिगुणसप्तकयुक्ताएवपात्रत्वंभजंतेपरिशेषात् । यज्ञशीलविद्वांसौकर्मकृद्वैद्यपदोदितौकुलीनत्वादिगुणपंचकयुक्तावेव । एतेषांगुणानामभावेपात्रत्वंनकस्यापीत्यर्थः ९ एतदेवशिष्टसंमत्याद्रढयति तत्रेति । तेजसांतेजस्विनांसर्वज्ञानामितियावत् १० लेष्टुःपांसुपिंडः त्रिभिरेववर्ष्टत्तिर्जीवनंयस्यांसाब्राह्मीसंपत्तस्यांत्रिवृत्त्यांया जनाध्यापनप्रतिग्रहैरेवजीवतिसमहान् एतेनकुलीनत्वंवैद्यत्वंचसंगृहीतम् ११ ह्रीमत्त्वऋजुत्वेशीलपदेनसंगृह्णाति सर्वेचेति १२ आनृशंस्यंकर्मकृत्त्वंचसंगृह्णाति अधीयानइति । सत्यंयज्ञादिकमव्यभि

॥ भीष्मउवाच ॥ नब्राह्मणःसाधयतेहव्यंदैवात्प्रसिद्ध्यति ॥ देवप्रसादादिज्यंतेयजमानैर्नसंशयः ६ ब्राह्मणान्भरतश्रेष्ठसततंब्रह्मवादिनः ॥ मार्कंडेयःपुराप्राहपि तिलोकेषुबुद्धिमान् ७ ॥ युधिष्ठिरउवाच ॥ अपूर्वोऽप्यथवाविद्वान्संबंधीवाथयाभवेत् ॥ तपस्वीयज्ञशीलोवाकथंपात्रंभवेत्तुसः ८ ॥ भीष्मउवाच ॥ कुलीनःकर्म कृद्वैद्यस्तथैवाप्यानृशंस्यवान् ॥ ह्रीमानृजुःसत्यवादीपात्रंपूर्वेचयेत्रयः ९ तत्रेमंशृणुमेपार्थचतुर्णांतेजसांमतम् ॥ पृथिव्याःकाश्यपस्याग्नेर्मार्कंडेयस्यचैवहि १० ॥ पृथिव्युवाच ॥ यथामहार्णवेक्षिप्तःक्षिप्रंलेष्टुर्विनश्यति ॥ तथादुश्चरितंसर्वंत्रिवृत्त्यांचनिमज्जति ११ ॥ काश्यपउवाच ॥ सर्वेचवेदाःसहषड्भिरंगैःसांख्यंपुराणं चकुलेचजन्म ॥ नैतानिसर्वाणिगतिर्भवंतिशीलव्यपेतस्यनृपद्विजस्य १२ ॥ अग्निरुवाच ॥ अधीयानःपंडितंमन्यमानोयोविद्ययाहंतियशःपरेषाम् ॥ प्रभ्रश्यतेऽ सौचरतेनसत्यंलोकास्तस्यह्यंतवंतोभवंति १३ ॥ मार्कंडेयउवाच ॥ अश्वमेधसहस्रंचसत्यंचतुलयाधृतम् ॥ नाभिजानामियज्ञस्यसत्यस्यार्धमवाप्नुयात् १४ ॥ भीष्मउवाच ॥ इत्युक्त्वातेजग्मुराशुचत्वारोऽमिततेजसः ॥ पृथिवीकाश्यपोऽग्निश्चप्रकृष्टायुश्चभार्गवः १५ ॥ युधिष्ठिरउवाच ॥ यदितेब्राह्मणालोकेव्रतिनोभुंजते हविः ॥ दत्तंब्राह्मणकामायकथंतत्सुकृतंभवेत् १६ ॥ भीष्मउवाच ॥ आदिष्टिनोयेराजेंद्रब्राह्मणावेदपारगाः ॥ भुंजतेब्रह्मकामायव्रतलुप्ताभवंतिते १७ ॥

चरितफलंकर्मनचरतेनकरोति १३ अश्वमेधेतिसत्यसंग्रहः एतेषांगुणानामेकतमस्याप्यभावेपात्रत्वंनभवतीतिचतुर्णामपिमतंनतुचत्वारिपृथङ्मतानि उपक्रमेतेजसांमतमित्येकवचनाद्देतेचविसंवादादर्शना दितिभावः १४ । १५ व्रतिनोब्रह्मचारिणः कथंतत्सुकृतमितितदीयव्रतनाशात्स्वीयंश्राद्धंदुष्यतिनवेतिप्रश्नः १६ आदिष्टंद्वादशवर्षाणिब्रह्मचर्यंचरेतिगुर्वादेशस्तद्वन्तःभोक्तुरेवव्रतंलुप्यतेनतुदातात्प्रत्य वैति अपितु 'कर्मनिष्ठास्तपोनिष्ठाःपंचाग्निब्रह्मचारिणः ॥ पितृमातृपराश्चैवब्राह्मणाःश्राद्धसंपदः'इति 'व्रतस्थमपिदौहित्रंश्राद्धेयत्नेनभोजयेत्' इतिचस्मरणात्पुण्यभागेवभवतीतिभावः । एतेनश्रा द्धादन्यत्रलोभादिप्रदर्शनेनपरव्रतंनाशयतोदानेऽपिकिंचिद्वैगुण्यंजायतइतिगम्यते अतएव 'मनसापात्रमुद्दिश्यजलमध्येजलंक्षिपेत् ॥ दातातत्फलमाप्नोतिप्रतिग्राहीनदोषभाक्'इतिपात्रादरार्थकल्पांतरंस्म र्यते । अन्यथैतन्नस्मर्येतनाप्येवंयुधिष्ठिरेणाशंक्येतेतिदिक् १७ ॥ ॥ ॥ ॥

अन्तोनिष्ठा अनेकांतमनेकफलाकारमित्यर्थः पात्रगुणानामनंतत्वात्केगुणानियमेनपात्रतायानिमित्तंतानेवसंक्षेपेणब्रूहीतिप्रश्नार्थः १८ उत्तरमाहत्रिभिः अहिंसेति १९ । २० । २१ मेदादीनांसवि
ष्ठांभुंक्तेइतिसंबंधः मेदागोमहिष्यादीनांमृतानांमांसमश्नंतः पुल्कसायेब्राह्मणादीनपिस्वभावादेवहिंसंति । अन्तेवसायिनश्चर्मकारादयः । कृतमकृतंवापरकीयंपापंकर्मयेप्रकाशयंतिब्राह्मणादयोऽपितेभेदा
दितुल्याएवेतितेषामपीतिपदार्थः २२ वैश्वदेवंतत्संबंधिनंहंतकारं ब्रह्मचारिणेइतिसंन्यासिनोऽप्युपलक्षणम 'यतिश्चब्रह्मचारीचपक्वान्नस्वामिनावुभौ'इतिस्मृतेः अशुभानितिच्छेदः २३ परंश्रेष्ठम् २४

॥ युधिष्ठिरउवाच ॥ अनेकांतंबहुद्वारंधर्ममाहुर्मनीषिणः ॥ किंनिमित्तंभवेदत्रतन्मेब्रूहिपितामह १८ ॥ भीष्मउवाच ॥ अहिंसासत्यमक्रोधआनृशंस्यंदमस्तथा ॥
आर्जवंचैवराजेन्द्रनिश्चितंधर्मलक्षणम् १९ येतुधर्मंप्रशंसंतश्चरंतिपृथिवीमिमाम् ॥ अनाचरंतस्तद्धर्मंसंकरेऽभिरताःप्रभो २० तेभ्योहिरण्यंरत्नंवागामश्वंवाददा
तियः ॥ दशवर्षाणिविष्ठांसभुंक्तेनिरयमास्थितः २१ मेदानांपुल्कसानांचतथैवांतेवसायिनाम् ॥ कृतंकर्माकृतंवापिरागमोहेनजल्पताम् २२ वैश्वदेवंचयेमूढाविप्राय
ब्रह्मचारिणे ॥ ददतेनहराजेंद्रतेलोकान्भुंजतेऽशुभान् २३ ॥ युधिष्ठिरउवाच ॥ किंपरंब्रह्मचर्यंचकिंपरंधर्मलक्षणम् ॥ किंचश्रेष्ठतमंशौचंतन्मेब्रूहिपितामह २४
॥ भीष्मउवाच ॥ ब्रह्मचर्यात्परंतातमधुमांसस्यवर्जनम् ॥ मर्यादायांस्थितोधर्मःशमश्चैवास्यलक्षणम् २५ ॥ युधिष्ठिरउवाच ॥ कस्मिन्कालेचरेद्धर्मंकस्मिन्कालेऽ
र्थमाचरेत् ॥ कस्मिन्कालेसुखीचस्यात्तन्मेब्रूहिपितामह २६ ॥ भीष्मउवाच ॥ कल्यमर्थंनिषेवेतततोधर्ममनंतरम् ॥ पश्चात्कामंनिषेवेतनचगच्छेत्प्रसंगिताम् २७
ब्राह्मणांश्चैवमन्येतगुरूंश्चाप्यभिपूजयेत् ॥ सर्वभूतानुलोमश्चमृदुशीलःप्रियंवदः २८ अधिकारेयदनृतंयच्चराजसुपैशुनम् ॥ गुरोश्चालीककरणंतुल्यंतद्ब्रह्महत्यया २९
प्रहरेन्ननरेन्द्रेषुनहन्याद्गांतथैवच ॥ भ्रूणहत्यासमंचैवउभयंयोनिषेवते ३० नाग्निंपरित्यजेज्जातुनचवेदान्परित्यजेत् ॥ नचब्राह्मणमाक्रोशेत्सर्वंतद्ब्रह्महत्यया ३१
॥ युधिष्ठिरउवाच ॥ कीदृशाःसाधवोविप्राःकेभ्योदत्तंमहाफलम् ॥ कीदृशानांचभोक्तव्यंतन्मेब्रूहिपितामह ३२ ॥ भीष्मउवाच ॥ अक्रोधनाधर्मपराःसत्यनित्याद
मेरताः ॥ तादृशाःसाधवोविप्रास्तेभ्योदत्तंमहाफलम् ३३ अमानिनःसर्वसहादृढार्थाविजितेंद्रियाः ॥ सर्वभूतहितामैत्रास्तेभ्योदत्तंमहाफलम् ३४ अलुब्धाःशुचयो
वैद्याह्रीमंतःसत्यवादिनः ॥ स्वकर्मनिरतायेचतेभ्योदत्तंमहाफलम् ३५ सांगांश्चचतुरोवेदानधीतेयोद्विजर्षभः ॥ षड्भ्यःप्रवृत्तःकर्मभ्यस्तंपात्रमृषयोविदुः ३६
येत्वेवंगुणजातीयास्तेभ्योदत्तंमहाफलम् ॥ सहस्रगुणमाप्नोतिगुणार्हायप्रदायकः ३७ प्रज्ञाश्रुताभ्यांवृत्तेनशीलेनचसमन्वितः ॥ तारयेतकुलंसर्वमेकोऽपीहद्विजर्षभः
३८ गामश्वंवित्तमन्नंवातद्विधेप्रतिपादयेत् ॥ द्रव्याणिचान्यानितथाप्रेत्यभावेनशोचति ३९ ॥ ॥ ॥ ॥

शमोविषयेभ्यइंद्रियाणांनिवृत्तिरेतदेवश्रेष्ठतरंशौचंधर्मस्यलक्षणंमर्यादांतर्गतम् २५ कल्यंपूर्वाह्णे २६ । २७ । २८ । २९ । ३० । ३१ । ३२ । ३३ । ३४ । ३५ षड्भ्यःअनुपदोक्तैर्मधुमांसवर्जनम
र्यादापालनशौचैःसहाध्ययनयागदानेभ्यः तान्यनुष्ठातुंप्रवृत्तइत्यर्थः ३६ । ३७ । ३८ नशोचतिप्रतिपादयन् ३९ ॥ ॥ ॥ ॥

द्विजोत्तमोनिर्दोषः एतेपूर्वोक्तागुणाश्चतत्रयदिलभ्यंतेतर्हितारयेतेतिकिमु ४० निशम्यज्ञात्वा ईदृशपात्रप्राप्तौसमीपस्थस्याल्पगुणस्यातिक्रमेऽपिदोषोनास्तीतिभावः ४१ ॥ इतिअनुशासन पर्वणिनीलकंठीयेभारतभावदीपे द्वाविंशोऽध्यायः ॥ २२ ॥ ॥ ॥ ॥ ॥ ॥ श्राद्धेति । कालादौविहितंविशेषमितिशेषः १ । २ उपपत्तिभिरादरादिभिर्युक्तःसन् ३ । ४ । ५ क्षुतंक्षुतेनदूषितम् ६ निरोंकारेणाऽननुज्ञातेनशूद्रेणवा ७ परिभुक्तंदेवातिथिपितृबालकादीन्वर्जयित्वाभुक्तंस्वेनैव ८ । ९ आज्याहुतिंपात्राभिघारणंविना १० त्रिसर्गस्यब्राह्मणेदानस्यपात्रभूते ११ पतिताःमहापातकेनजातिबहिर्भूताः केतनंनिमंत्रणम् १२ श्वित्रीश्वेतकुष्ठी कुष्ठीमंडलकुष्ठी यक्ष्महतोमहारोगी अपस्मारीग्रहग्रस्तः १३ देवलकादेवा

तारयेतकुलंसर्वमेकोऽपीहद्विजोत्तमः ॥ किमंगपुनरेवैतेतस्मात्पात्रंसमाचरेत् ४० निशम्यचगुणोपेतंब्राह्मणंसाधुसंमतम् ॥ दूरादानाय्यसत्कृत्यसर्वतश्चापिपूजयेत् ४१ ॥ इतिश्रीमहाभारतेअनुशासनपर्वणिआनुशास० बहुप्राश्निकेद्वाविंशोऽध्यायः ॥ २२ ॥ ॥ युधिष्ठिरउवाच ॥ श्राद्धकालेचदैवेचपित्र्येऽपिचपितामह ॥ इच्छामीहत्वयाऽऽख्यातंविहितंयत्सुरर्षिभिः १॥ भीष्मउवाच ॥ दैवंपौर्वाह्णिकंकुर्यादपराह्णेतुपैतृकम् ॥ मंगलाचारसंपन्नःकृतशौचःप्रयत्नवान् २ मनुष्याणांतुमध्याह्नेप्रपद्यादुपपत्तिभिः ॥ कालहीनंतुयद्दानंतंभागंरक्षसांविदुः ३ लंघितंचावलीढंचकालपूर्वंचयत्कृतम् ॥ रजस्वलाभिर्दृष्टंचतंभागंरक्षसांविदुः ४ अवघुष्टंचयद्भुक्तमव्रतेनचभारत ॥ परामृष्टंशुनाचैवतंभागंरक्षसांविदुः ५ केशकीटावपतितंक्षुतंश्वभिरवेक्षितम् ॥ रुदितंचावधूतंचतंभागंरक्षसांविदुः ६ निरोंकारेणयद्भुक्तंसशस्त्रेणचभारत ॥ दुरात्मनाचयद्भुक्तंतंभागंरक्षसांविदुः ७ परोच्छिष्टंचयद्भुक्तंपरिभुक्तंचयद्भवेत् ॥ दैवेपित्र्येचसततंतंभागंरक्षसांविदुः ८ मंत्रहीनंक्रियाहीनंयच्छ्राद्धंपरिविष्यते ॥ त्रिभिर्वर्णैर्नरश्रेष्ठतंभागंरक्षसांविदुः ९ आज्याहुतिंविनाचैवयत्किंचित्परिविष्यते ॥ दुराचारैश्चयद्भुक्तंतंभागंरक्षसांविदुः १० येभागारक्षसांप्रोक्तास्तउक्ताभरतर्षभ ॥ अतऊर्ध्वंविसर्गस्यपरीक्षांब्राह्मणेशृणु ११ यावंतःपतिताविप्राजडोन्मत्तास्तथैवच ॥ दैवेवाऽप्यथपित्र्येवाराजन्नार्हंतिकेतनम् १२ श्वित्रीक्लीबश्चकुष्ठीचतथायक्ष्महतश्चयः ॥ अपस्मारीचयश्चांधोराजन्नार्हंतिकेतनम् १३ चिकित्सकादेवलकावृथानियमधारिणः ॥ सोमविक्रयिणश्चैवराजन्नार्हंतिकेतनम् १४ गायनानर्तकाश्चैवप्लवकावादकास्तथा ॥ कथकायोधकाश्चैवराजन्नार्हंतिकेतनम् १५ होतारोवृषलानांचवृषलाध्यापकास्तथा ॥ तथावृषलशिष्याश्चराजन्नार्हंतिकेतनम् १६ अनुयोक्ताचयोविप्रअनुयुक्तश्चभारत ॥ नार्हतस्तावपिश्राद्धंब्रह्मविक्रयिणौहितौ १७ अग्रणीर्यःकृतःपूर्वंवर्णावरपरिग्रहः ॥ ब्राह्मणःसर्वविद्योऽपिराजन्नार्हंतिकेतनम् १८ अनग्नयश्चयेविप्रामृतनिर्यातकाश्चये ॥ स्तेनाश्चपतिताश्चैवराजन्नार्हंतिकेतनम् १९ ॥ ॥ ॥

र्चनवृत्तिजीविनः वृथानियमधारिणोदंभवंतः १४ प्लवकाःकूर्दनपराः कथकाःवृथालापिनः योधकाःमल्लाः १५ वृषलानांशूद्राणांहोतारोयाजकाः वृषलशिष्याःशूद्रदासाः १६ अनुयोक्ताभृतकाध्यापकः अनुयुक्तोभृतकाध्येता १७ वर्णावरपरिग्रहःशूद्रापतिः १८ अनग्नयःश्रौतस्मार्तकर्मरहिताः 'येचापेताःस्वकर्मभ्यःस्तेनास्तेपरिकीर्तिताः ॥ कर्मणादेहदोषैश्चयोनितश्चैवकुत्सिताः ॥ पतितांस्तान्विजानीयान्महापातकिनश्चये'इतिस्तेनपतितौयमोक्तौवाग्राह्यौ १९ ॥

गणपूर्वाः ग्रामण्यः पुत्रिकापूर्वपुत्राः अस्यामुत्पन्नः पुत्रो मदीय इति नियमेन या दीयते तस्यां च यो जातः स पुत्रिकापूर्वपुत्रः स पितृगोत्राद्भ्रष्टो मातृगोत्रोपजीवित्वान्निंद्यः २० ऋणकर्ता वृद्ध्यर्थं धनप्रयोक्ता कुसीदी नामा वार्धुषिकः 'समर्घं धान्यमादाय महर्घं यः प्रयच्छति ॥ स वै वार्धुषिको नाम हव्यकव्यबहिष्कृतः' इति स्मृतिप्रसिद्धः २१ स्त्रीपूर्वाः स्त्रीजिताः स्त्रीपण्योपजीविनो वा कांडपृष्ठो 'वेश्यापतिः कांडपृष्ठः सद्भिरेव निगद्यते' इति यमेन व्याख्यातः । अजपाः संध्यावंदनहीनाः २२ अनुग्रहं निषिद्धानामपि केनचिद्गुणेनाभ्यनुज्ञानं २३ । २४ वणिजं वणिग्वृत्तिं २५ । २६ । २७ उदितः आढ्यः अस्तमितो दरिद्रः पूर्वाह्णे लाभकाले आढ्यः सायं तस्य व्यये दरिद्रः एवं प्रातरलाभकालेऽस्तमितः मध्याह्ने लाभे सति उदितः अल्पदोषो विद्वत्त्वादिविशेषगुणरहितः अदाता वा २८

अपरिज्ञानपूर्वाश्च गणपूर्वाश्च भारत ॥ पुत्रिकापूर्वपुत्राश्च श्राद्धे नार्हंति केतनम् २० ऋणकर्ता च यो राजन्यश्च वार्धुषिको नरः ॥ प्राणिविक्रयवृत्तिश्च राजन्नार्हति केतनम् २१ स्त्रीपूर्वाः कांडपृष्ठाश्च यावंतो भरतर्षभ ॥ अजपा ब्राह्मणाश्चैव श्राद्धे नार्हंति केतनम् २२ श्राद्धे दैवे च निर्दिष्टो ब्राह्मणो भरतर्षभ ॥ दातुः प्रतिग्रहीतुश्च शृणुष्वानुग्रहं पुनः २३ चीर्णव्रता गुणैर्युक्ता भवेयुर्येऽपि कर्षकाः ॥ सावित्रीज्ञाः क्रियावंतस्ते राजन्केतनक्षमाः २४ क्षात्रधर्मिणमप्याजौ केतयेत्कुलजं द्विजम् ॥ न त्वेव वणिजं तात श्राद्धे च परिकल्पयेत् २५ अग्निहोत्री च यो विप्रो ग्रामवासी च यो भवेत् ॥ अस्तेनश्चातिथिज्ञश्च स राजन्केतनक्षमः २६ सावित्रीं जपते यस्तु त्रिकालं भ[रत]र्षभ ॥ भिक्षावृत्तिः क्रियावांश्च स राजन्केतनक्षमः २७ उदितास्तमितो यश्च तथैवास्तमितोदितः ॥ अहिंस्रश्चाल्पदोषश्च स राजन्केतनक्षमः २८ अकल्कको ह्यतर्कश्च ब्राह्मणो भरतर्षभ ॥ संसर्गे भैक्ष्यवृत्तिश्च स राजन्केतनक्षमः २९ अव्रती कितवः स्तेनः प्राणिविक्रयिको वणिक् ॥ पश्चाच्च पीतवान्सोमं स राजन्केतनक्षमः ३० अर्जयित्वा धनं पूर्वं दारुणैरपि कर्मभिः ॥ भवेत्सर्वातिथिः पश्चात्स राजन्केतनक्षमः ३१ ब्रह्मविक्रयनिर्दिष्टं स्त्रिया यच्चार्जितं धनम् ॥ अदेयं पितृविप्रेभ्यो यच्च क्लैब्यादुपार्जितम् [३]२ क्रियमाणेऽपवर्गे च यो द्विजो भरतर्षभ ॥ न व्याहरति यद्युक्तं तस्याधर्मो गवानृतम् ३३ श्राद्धस्य ब्राह्मणः कालः प्राप्तं दधि घृतं तथा ॥ सोमक्षयश्च मांसं च यदारण्यं युधिष्ठिर ३४ श्राद्धापवर्गे विप्रस्य स्वधा वै मुदिता भवेत् ॥ क्षत्रियस्यापि यो ब्रूयात्प्रीयंतां पितरस्त्विति ३५ अपवर्गे तु वैश्यस्य श्राद्धकर्मणि भारत ॥ अक्षय्यमभिधातव्यं स्वस्ति शूद्रस्य भारत ३६ पुण्याहवाचनं दैवं ब्राह्मणस्य विधीयते ॥ एतदेव निरोंकारं क्षत्रियस्य विधीयते ३७ वैश्यस्य दैवे वक्तव्यं प्रीयंतां देवता इति ॥ कर्मणामानुपूर्व्येण विधिपूर्वं कृतं शृणु ३८ जातकर्मादिकाः सर्वास्त्रिषु वर्णेषु भारत ॥ ब्रह्मक्षत्रे हि मंत्रोक्ता वैश्यस्य च युधिष्ठिर ३९ ॥ ॥ ॥ ॥

अकल्कको दांभिकः अपापो वा 'कल्कः पापे च दंभे च' इति कोशः । अकल्पक इति पाठे स्वेच्छया धर्माधर्मकल्पकः अतर्कोऽहैतुकः शुष्कतर्कपरः संसर्गे संगत्य र्हे[?]ग[?] ज्ञाते भैक्ष्यवृत्तिः २९ कितवो धूर्तः ३० सर्वदेवतादिकमतिथिरेव यस्य स सर्वातिथिः ३१ ब्रह्म वेदः क्लैब्याद्दीनभाषणेन मिथ्याशपथादिना वा ३२ अपवर्गे श्राद्धसमाप्तौ हीयमाण इति पाठे लज्ज[मा]नः युक्तं अस्तु स्वधेत्यादि वचनं गवानृतं अनृतगोशपथस्य पापं ३३ सोमक्षयो दर्शः आरण्यं मृगादिमांसं च यदा प्राप्तं तदैव श्राद्धस्य कालः ३४ स्वधोच्यतामिति प्रदात्रा उक्ते अस्तु स्वधेति ब्राह्म[णो] वदेत् एवमुत्तरत्र मुदिता प्रीतिकरी पितॄणामित्यर्थात् ३५ । ३६ पुण्येति । पुण्याहं भवंतो ब्रुवंत्विति यजमानेन प्रोक्ते ओं पुण्याहमस्त्विति ब्राह्मणा ब्रूयुः दैवं सोंकारम् ३७ दैवे [ओं]कारस्थाने प्रीयंतां देवताः पुण्याहमस्त्विति मति वदेदित्यर्थः कृतं क्रियामनुष्ठानक्रममिति यावत् वैश्यस्य च मंत्रोक्ता इत्यनुषंगः ३८ । ३९ ॥ ॥ ॥

रशनामेखला मौंजीमुंजमयी मौर्वीधनुर्ज्या बाल्वजीबल्वजस्तृणविशेषस्तन्मयी ४० धर्मोदातुरधर्मःप्रतिग्रहीतुरितितावुभौशृणु तत्राधर्ममेवसामान्यतआह ब्राह्मणस्येति । एककार्षापणार्थेअनृतव
कुर्वब्राह्मणस्ययावानधर्मोभवतिसएवचतुर्गुणःक्षत्रियस्याष्टगुणोवैश्यस्यतावन्मात्रार्थेभवतीत्यर्थः । सार्धश्लोकः ४१ नेति । यःपूर्वस्यनिमंत्रयितुरश्नातिसज्यायान् परस्याश्नन्यवीयान् तत्रब्राह्मणे
नकेतितःसन्यदियवीयान्भवेत्तर्हिहिंसथापशुहिंसायाःपूर्णपापंप्राप्नुयात् । क्षत्रियादिनाकेतितःसन्यदियवीयान्स्यात्तर्हिहिंसथापशुहिंसायाअर्धंपापंप्राप्नुयादितिश्लोकद्वयार्थः ४२ । ४३ । ४४ आशौ
चःजननमरणाशौचवान् ४५ अर्थेनप्रयोजनेनतीर्थयात्राव्यपदेशेनजीविकाद्यर्थीयोधनंलिप्सेत्योवाकर्मार्थंमेभिक्षांदेहीत्यामंत्रयतिदातारमभिमुखीकरोतितस्यापिअनृतंगवानृतमेवस्मृतं ४६ वेदव्रतंचारि

विप्रस्यरशनामौंजीमौर्वीराजन्यगामिनी ॥ बाल्वजीह्येववैश्यस्यधर्मएषयुधिष्ठिर ४० दातुःप्रतिग्रहीतुश्चधर्माधर्माविमौशृणु ॥ ब्राह्मणस्यानृतेऽधर्मःप्रोक्तःपात
कसंज्ञितः ॥ चतुर्गुणःक्षत्रियस्यवैश्यस्याष्टगुणःस्मृतः ४१ नान्यत्रब्राह्मणोऽश्नीयात्पूर्वंविप्रेणकेतितः ॥ यवीयान्पशुहिंसायांतुल्यधर्माभवेत्सहि ४२ तथाराजन्य
वैश्याभ्यांयद्यश्नीयात्तुकेतितः ॥ यवीयान्पशुहिंसायांभागार्धंसमवाप्नुयात् ४३ दैवंवाऽप्यथवापित्र्यंयोऽश्नीयाद्ब्राह्मणादिषु ॥ अस्नातोब्राह्मणोराजंस्तस्याधर्मो
गवानृतम् ४४ आशौचोब्राह्मणोराजन्योऽश्नीयाद्ब्राह्मणादिषु ॥ ज्ञानपूर्वमथोलोभात्तस्याधर्मोगवानृतम् ४५ अर्थेनान्येनयोलिप्सेत्कर्मार्थंचैवभारत ॥ आमंत्र
यतिराजेंद्रतस्याधर्मोऽनृतंस्मृतम् ४६ अवेदव्रतचारित्रास्त्रिभिर्वर्णैर्युधिष्ठिर ॥ मंत्रवत्परिविष्यंतेतस्याधर्मोगवानृतम् ४७ ॥ युधिष्ठिरउवाच ॥ पित्र्यंवाऽप्यथवा
दैवंदीयतेयत्पितामह ॥ एतदिच्छाम्यहंज्ञातुंदत्तंकेषुमहाफलम् ४८ ॥ भीष्मउवाच ॥ येषांदाराःप्रतीक्षंतेसुवृष्टिमिवकर्षकाः ॥ उच्छेषपरिशेषंहितान्भोजययु
धिष्ठिर ४९ चारित्रनिरताराजन्येकृशाःकृशवृत्तयः ॥ अर्थिनश्चोपगच्छंतितेषुदत्तंमहाफलम् ५० तद्भक्तास्तद्गृहाराजंस्तद्बलास्तदपाश्रयाः ॥ अर्थिनश्चभवंत्यर्थेते
षुदत्तंमहाफलम् ५१ तस्करेभ्यःपरेभ्योवायेभयार्तायुधिष्ठिर ॥ अर्थिनोभोक्तुमिच्छंतितेषुदत्तंमहाफलम् ५२ अकल्ककस्यविप्रस्यरौक्ष्यात्करकृतात्मनः ॥ बटवो
यस्यभिक्षंतितेभ्योदत्तंमहाफलम् ५३ हृतस्वाहृतदाराश्चयेविप्रादेशसंप्लवे ॥ अर्थार्थमभिगच्छंतितेभ्योदत्तंमहाफलम् ५४ व्रतिनोनियमस्थाश्चयेविप्राःश्रुतसं
मताः ॥ तत्समाप्त्यर्थमिच्छंतितेभ्योदत्तंमहाफलम् ५५ अत्युत्क्रांताश्चधर्मेषुपाषंडसमयेषुच ॥ कृशप्राणाःकृशधनास्तेभ्योदत्तंमहाफलम् ५६ ॥

त्रंचयेषांनास्तिते येनमंत्रवत्मंत्रयुक्तंयथास्यात्तथाश्राद्धेपरिविष्यंतेतस्य ४७ । ४८ भोजनपात्रेऽवशिष्टमुच्छेषःतेनसहितंपरिशेषंस्थाल्यामवशिष्टंप्रतीक्षंते येषांपाकपर्याप्तमेवधान्यादिकमस्तिनकुसू
लादौतान्भोजय ४९ । ५० तद्भक्ताःचारित्रमेवभक्तोऽन्नंतद्वज्जीवनंयेषांते तद्गृहाःतदेवगृहेरूयादौयेषांते बलंइहलोकेदोषाभिभवसामर्थ्यं अपाश्रयःपरलोकगमनालंबनं अर्थेप्रयोजनेसत्येवा
र्थिनोभवंतिनसंग्रहार्थं ५१ । ५२ रौक्ष्यादारिद्र्यात् करेकृतःआत्मेवात्माजीवनमन्नं हस्तेगृहीतान्नस्यबटवःक्षुधार्ताःमह्यंदेहीतियाचंतेतेभ्योऽतिदरिद्रेभ्यः ५३ कृतेतिपाठेऽपिकृतंहिंसितंदूरीकृतं
हृतमित्येवार्थः ५४ । ५५ चःपादपूरणार्थः पाषंडानांसमयोमर्यादायेषुधर्मेषुतत्रअत्युत्क्रांताःअत्यंसंततोदूरेस्थिताः ५६ ॥ ॥ ॥ ॥

भुक्काऽन्नमेवस्पृहयंतिनस्वादु अतएवनचतुर्थी स्वादुत्वेनानीप्सितत्वादन्नस्य किंतुगर्तापूरणंयथाकथंचित्कर्तव्यंतच्चस्वयमेवेश्वरेणकर्तव्यमित्याशयवंतइत्यर्थः ५७ । ५८ । ५९ अभयाथभयानवृ
त्तिरूपंप्रयोजनम् ६० अभिमार्शिनोजाराः प्रयोक्तारःहर्त्रभिमार्शिनोर्दूताः ६१ परेषांदोषस्येतिशेषः ६२ । ६३ । ६४ आशायाश्छेदमित्येकदेशानुषंगः कुर्वतीतिशेषः ६५ सूचकाराजगामिपै
शुन्यवादिनः सेतुःआर्यमर्यादा ६६ पाषंडाःवेदविरोधिनःशाक्यादयः दूषकाःसतांनिंदकाः समयानांधर्मसंकेतानां प्रत्यवसिताःआरूढपतिताः ६७ विषमाःजनविरोधिनोव्यवहारादयोयेषांते

कृतसर्वस्वहरणानिर्दोषाःप्रभविष्णुभिः ॥ स्पृहयंतिचभुक्त्वाऽन्नंतेषुदत्तंमहाफलम् ५७ तपस्विनस्तपोनिष्ठास्तेषांभैक्षचराश्चये ॥ अर्थिनःकिंचिदिच्छंतितेषुदत्तंमहा
फलम् ५८ महाफलविधिर्दानेश्रुतस्तेभरतर्षभ ॥ निरयंयेनगच्छंतिस्वर्गंचैवहितच्छृणु ५९ गुर्वर्थमभयार्थंवावर्जयित्वायुधिष्ठिर ॥ येऽनृतंकथयंतिस्मतेवैनिरयगा
मिनः ६० परदाराभिहर्तारःपरदाराभिमर्शिनः ॥ परदारप्रयोक्तारस्तेवैनिरयगामिनः ६१ येपरस्वापहर्तारःपरस्वानांचनाशकाः ॥ सूचकाश्चपरेषांयेतेवैनिरयगामिनः
६२ प्रपाणांचसभानांचसंक्रमाणांचभारत ॥ अगाराणांचभेत्तारोनरानिरयगामिनः ६३ अनाथांप्रमदांबालांवृद्धांभीतांतपस्विनीम् ॥ वंचयंतिनरायेचतेवैनिरयगामिनः
६४ वृत्तिच्छेदंगृहच्छेदंदारच्छेदंचभारत ॥ मित्रच्छेदंतथाऽऽशायास्तेवैनिरयगामिनः ६५ सूचकाःसेतुभेत्तारःपरवृत्त्युपजीवकाः ॥ अकृतज्ञाश्चमित्राणांतेवैनिरय
गामिनः ६६ पाषंडादूषकाश्चैवसमयानांचदूषकाः ॥ येप्रत्यवसिताश्चैवतेवैनिरयगामिनः ६७ विषमव्यवहाराश्चविषमाश्चैववृद्धिषु ॥ लाभेषुविषमाश्चैवतेवैनिरयगा
मिनः ६८ द्यूतसंव्यवहाराश्चनिष्परीक्षाश्चमानवाः ॥ प्राणिहिंसाप्रवृत्ताश्चतेवैनिरयगामिनः ६९ कृताशंकृतनिर्देशंकृतभक्तंकृतश्रमम् ॥ भेदैर्येव्यपकर्षंतितेवैनिरय
गामिनः ७० पर्यश्नंतिचयेदारानग्निभृत्यातिथींस्तथा ॥ उत्सन्नपितृदेवेज्यास्तेवैनिरयगामिनः ७१ वेदविक्रयिणश्चैववेदानांचैवदूषकाः ॥ वेदानांलेखकाश्चैवतेवैनिर
यगामिनः ७२ चातुराश्रम्यबाह्याश्चश्रुतिबाह्याश्चयेनराः ॥ विकर्मभिश्चजीवंतितेवैनिरयगामिनः ७३ केशविक्रयिकाराजन्विषविक्रयिकाश्चये ॥ क्षीरविक्रयिका
श्चैवतेवैनिरयगामिनः ७४ ब्राह्मणानांगवांचैवकन्यानांचयुधिष्ठिर ॥ येऽन्तरंयांतिकार्येषुतेवैनिरयगामिनः ७५ शस्त्रविक्रयिकाश्चैवकर्तारश्चयुधिष्ठिर ॥ शल्यानांधनु
षांचैवतेवैनिरयगामिनः ७६ शिलाभिःशंकुभिर्वापिश्वभ्रैर्वाभरतर्षभ ॥ येमार्गमनुरुंधंतितेवैनिरयगामिनः ७७ उपाध्यायांश्चभृत्यांश्चभक्तांश्चभरतर्षभ ॥ येत्यजंत्यविकारां
स्त्रींस्तेवैनिरयगामिनः ७८ अप्राप्तदमकाश्चैवनासानांवेधकाश्चये ॥ बंधकाश्चपशूनांयेतेवैनिरयगामिनः ७९ ॥ ॥ ॥

६८ । ६९ कृताशंदासमर्थिनंवा कृतनिर्देशंनिर्देशःतुभ्यमिदंदास्यामीतिप्रतिज्ञासाकृतायस्मैइतिसमासः भक्तंवेतनं व्यपकर्षंतिपत्युःसकाशाद्दूरीकुर्वन्ति ७० पर्यश्नंतिपरित्यज्याश्नंति ७१ । ७२
विकर्मभिःस्वस्यनिषिद्धैःकर्मभिः ७३ केशाश्चामरकंबलादयः ७४ अंतरंयांतिअंतरायाभवंति ७५ कर्तारःशस्त्रशल्यादीनां ७६ । ७७ । ७८ अप्राप्तःअदांतः 'प्राप्तंलब्धेसमंजसे'इतिमेदिनी पशू
नांयुगेनगोण्याअंडमर्दनेनवाबलवीर्ययोर्नाशकाअप्राप्तदमकाः ७९. ॥ ॥ ॥ ॥ ॥

८० । ८१ । ८२ ८३ सर्वेष्विति । येब्राह्मणातिक्रमंनकुर्वंतितेस्वर्गगामिनइत्यर्थः ८४ । ८५ । ८६ आबाधात्संकटात ८७ । ८८ मधुक्षौद्रं ८९ कर्तारःपालनकर्तारः ९० कुटुंबानां दातारःपरविवाहकर्तारः ९१ । ९२ । ९३ ९४ आराधनेनइतरान्सुखयंतितेतथा ९५ । ९६ । ९७ । द्रव्याणांवधवलंकारादीनां प्रेष्याणांदासीदासानां ९८ । ९९ । १०० । १ । २ दानस्यप्र

अगोप्तारश्चराजानोबलिषड्भागतस्कराः॥ समर्थाश्चाप्यदातारस्तेवैनिरयगामिनः ८० क्षांतान्दांतांस्तथाप्राज्ञान्दीर्घकालंसहोषितान्॥ त्यजंतिकृतकृत्यायेतेवैनिरयगामिनः ८१ बालानामथवृद्धानांदासानांचैवयेनराः ॥ अदत्वाभक्षयंत्यग्रेतेवैनिरयगामिनः ८२ एतपूर्वेविनिर्दिष्टाःप्रोक्तानिरयगामिनः ॥ भागिनःस्वर्गलोकस्यवक्ष्यामिभरतर्षभ ८३ सर्वेष्वेवतुकार्येषुदैवपूर्वेषुभारत ॥ हंतिपुत्रान्पशून्कृत्स्नान्ब्राह्मणातिक्रमःकृतः ८४ दानेनतपसाचैवसत्येनचयुधिष्ठिर ॥ येधर्ममनुवर्ततेतेनराःस्वर्गगामिनः ८५ शुश्रूषाभिस्तपोभिश्चविद्यामादायभारत ॥ येप्रतिग्रहनिःस्नेहास्तेनराःस्वर्गगामिनः ८६ भयात्पापात्तथाबाधाद्दारिद्याद्व्याधिधर्षणात् ॥ यत्कृतेप्रतिमुच्यंतेतेनराःस्वर्गगामिनः ८७ क्षमावंतश्चधीराश्चधर्मकार्येषुचोत्थिताः ॥ मंगलाचारसंपन्नाःपुरुषाःस्वर्गगामिनः ८८ निवृत्तामधुमांसेभ्यःपरदारेभ्यएवच ॥ निवृत्ताश्चैवमद्येभ्यस्तेनराःस्वर्गगामिनः ८९ आश्रमाणांचकर्तारःकुलानांचैवभारत ॥ देशानांनगराणांचतेनराःस्वर्गगामिनः ९० वस्त्राभरणदातारोभक्तपानान्नदास्तथा ॥ कुटुंबानांचदातारःपुरुषाःस्वर्गगामिनः ९१ सर्वहिंसानिवृत्ताश्चनराःसर्वसहाश्चये ॥ सर्वस्याश्रयभूताश्चतेनराःस्वर्गगामिनः ९२ मातरंपितरंचैवशुश्रूषंतिजितेंद्रियाः ॥ भ्रातृणांचैवसस्नेहास्तेनराःस्वर्गगामिनः ९३ आढ्याश्चबलवंतश्चयौवनस्थाश्चभारत ॥ येवैजितेन्द्रियाधीरास्तेनराःस्वर्गगामिनः ९४ अपराधिषुसस्नेहामृदवोमृदुवत्सलाः ॥ आराधनसुखाश्चापिपुरुषाःस्वर्गगामिनः ९५ सहस्रपरिवेष्टारस्तथैवचसहस्रदाः ॥ त्रातारश्चसहस्राणांतेनराःस्वर्गगामिनः ९६ सुवर्णस्यचदातारोगवांचभरतर्षभ ॥ यानानांवाहनानांचतेनराःस्वर्गगामिनः ९७ वैवाहिकानांद्रव्याणांप्रेष्याणांचयुधिष्ठिर ॥ दातारोवाससांचैवतेनराःस्वर्गगामिनः ९८ विहारावसथोद्यानकूपारामसभाप्रपाः ॥ वप्राणांचैवकर्तारस्तेनराःस्वर्गगामिनः ९९ निवेशनानांक्षेत्राणांवसतीनांचभारत ॥ दातारःप्रार्थितानांचतेनराःस्वर्गगामिनः १०० रसानांचाथबीजानांधान्यानांचयुधिष्ठिर ॥ स्वयमुत्पाद्यदातारःपुरुषाःस्वर्गगामिनः १ यस्मिंस्तस्मिन्कुलेजाताबहुपुत्राःशतायुषः ॥ सानुक्रोशाजितक्रोधाःपुरुषाःस्वर्गगामिनः २ एतदुक्तममुत्रार्थंदैवंपित्र्यंचभारत ॥ दानधर्मंचदानस्ययत्पूर्वमृषिभिःकृतम् १०३ ॥ इतिश्रीमहाभारतेअनुशासनपर्वणिआनुशासनिकेप० दानधर्मेस्वर्गनरकगामिवर्णनेत्रयोविंशोऽध्यायः ॥ २३ ॥ युधिष्ठिरउवाच ॥ इदंमेतत्त्वतोराजन्वक्तुमर्हसिभारत ॥ अहिंसयित्वाऽपिकथंब्रह्महत्याविधीयते ॥ १ ॥ भीष्मउवाच ॥ व्यासमामंत्र्यराजेंद्रपुरायत्पृष्टवानहम् ॥ तत्तेऽहंसंप्रवक्ष्यामितदिहैकमनाःश्रृणु ॥ २ ॥

र्पणस्यदानंचतद्धर्मंचेतिशोधकोधर्मः 'स्याद्धर्ममस्त्रियाम' इत्यमरः अमुत्रार्थंपरलोकफलं ३ ॥ इतिअनुशासनपर्वणिनी० भा० त्रयोविंशोऽध्यायः ॥ २३ ॥ इदंमेइत्यध्यायःस्पष्टार्थः १ । २

३ । ४ । ५ । ६ । ७ । ८ । ९ । १० । ११ । १२ ॥ इतिअनुशासनपर्वणिनीलकंठीयेभारतभावदीपेचतुर्विंशोऽध्यायः ॥ २४ ॥ तीर्थानामित्यध्यायस्यतात्पर्यंदरिद्राणांबाह्यधर्मसाधनंतीर्थाटनादन्यन्ना
स्तीति श्रोतुमिच्छामितीर्थानीत्यर्थात् १ । २ तीर्थवंशंतीर्थसंघम् ३ । ४ तीर्थेभ्यःतीर्थान्युद्दिश्यपावनानिनवेतिधर्मसंशयोऽस्ति ५ प्रेत्यभावेजन्मांतरे ६ मुनिवद्भवेत्मुनीनांगतिलभेतेत्यर्थः ७ नदींसिंधुम्

चतुर्थस्त्वंवसिष्ठस्यतत्त्वमाख्याहिमेमुने ॥ आहिंसयित्वाकेनेहब्रह्महत्याविधीयते ३ इतिपृष्टोमयाराजन्पराशरशरीरजः ॥ अब्रवीन्निपुणोधर्मेनिःसंशयमनुत्तमम्
४ ब्राह्मणंस्वयमाहूयभिक्षार्थेकृशवृत्तिनम् ॥ ब्रूयान्नास्तीतियःपश्चात्तंविद्याद्ब्रह्मघातिनम् ५ मध्यस्थस्येहविप्रस्ययोऽनूचानस्यभारत ॥ वृत्तिंहरतिदुर्बुद्धिस्तंवि
द्याद्ब्रह्मघातिनम् ६ गोकुलस्यतृषार्तस्यजलार्थेवसुधाधिप ॥ उत्पादयतियोविघ्नंतंविद्याद्ब्रह्मघातिनम् ७ यःप्रवृत्तांश्रुतिंसम्यक्शास्त्रंवामुनिभिःकृतम् ॥ दूषयत्यन
भिज्ञायतंविद्याद्ब्रह्मघातिनम् ८ आत्मजांरूपसंपन्नांमहतींसदृशेवरे ॥ नप्रयच्छतियःकन्यांतंविद्याद्ब्रह्मघातिनम् ९ अधर्मनिरतोमूढोमिथ्यायोवैद्विजातिषु ॥
दद्यान्मर्मातिगंशोकंतंविद्याद्ब्रह्मघातिनम् १० चक्षुषाविप्रहीणस्यपंगुलस्यजडस्यवा ॥ हरेतयोवैसर्वस्वंतंविद्याद्ब्रह्मघातिनम् ११ आश्रमेवावनेवाऽपिग्रामेवायदिवा
पुरे ॥ अग्निंसमुत्सृजेन्मोहात्तंविद्याद्ब्रह्मघातिनम् १२ ॥ इतिश्रीमहाभारतेअनुशासनपर्वणिअनुशास०दानधर्मेब्रह्मघ्नकथनेचतुर्विंशोऽध्यायः ॥ २४ ॥ युधिष्ठिर
उवाच ॥ तीर्थानांदर्शनंश्रेयःस्नानंचभरतर्षभ ॥ श्रवणंचमहाप्राज्ञश्रोतुमिच्छामितत्त्वतः १ पृथिव्यांयानितीर्थानिपुण्यानिभरतर्षभ ॥ वक्तुमर्हसिमेतानिश्रोताऽ
स्मिनियतंप्रभो २ ॥ भीष्मउवाच ॥ इममंगिरसाप्रोक्तंतीर्थवंशंमहाद्युते ॥ श्रोतुमर्हसिभद्रंतेप्राप्स्यसेधर्ममुत्तमम् ३ तपोवनगतंविप्रमभिगम्यमहामुनिम् ॥ पप्र
च्छांगिरसंधीरंगौतमःसंशितव्रतः ४ अस्तिमेभगवन्कश्चित्तीर्थेभ्योधर्मसंशयः ॥ तत्सर्वंश्रोतुमिच्छामितन्मेशंसमहामुने ५ उपस्पृश्यफलंकिंस्यात्तेषुतीर्थेषुवैमुने ॥
प्रेत्यभावेमहाप्राज्ञतद्यथाऽस्तितथावद ६ ॥ अंगिराउवाच ॥ सप्ताहंचंद्रभागांवैवितस्तामूर्मिमालिनीम् ॥ विगाह्यवैनिराहारोनिर्मलोमुनिवद्भवेत् ७ काश्मीरमंड
लेनद्योयाःपतंतिमहानदम् ॥ तानदीःसिंधुमासाद्यशीलवान्स्वर्गमाप्नुयात् ८ पुष्करंचप्रभासंचनैमिषंसागरोदकम् ॥ देविकामिंद्रमार्गंचस्वर्णबिंदुंविगाह्यच ९ विबो
ध्यतेविमानस्थःसोऽप्सरोभिरभिष्टुतः ॥ हिरण्यबिंदुंविक्षोभ्यप्रयतश्चाभिवाद्यच १० कुशेशयंचदेवंतंधूयतेतस्यकिल्बिषम् ॥ इंद्रतोयांसमासाद्यगंधमादनसन्निधौ ११
करतोयांकुरंगेचत्रिरात्रोपोषितोनरः ॥ अश्वमेधमवाप्नोतिविगाह्यप्रयतःशुचिः १२ गंगाद्वारेकुशावर्तेबिल्वकेनीलपर्वते ॥ तथाकनखलेस्नात्वाधूतपाप्मादिवंव्रजेत्
१३ अपांह्रदउपस्पृश्यवाजिमेधफलंलभेत् ॥ ब्रह्मचारीजितक्रोधःसत्यसंधस्त्वहिंसकः १४ यत्रभागीरथीगंगापततेदिशमुत्तराम् ॥ महेश्वरस्यत्रिस्थानेयोनरस्त्वभि
षिच्यते १५ एकमासंनिराहारःसपश्यतिहिदेवताः ॥ सप्तगंगेत्रिगंगेचइंद्रमार्गेचतर्पयन् १६ ॥ ॥ ॥ ॥

८ । ९ । १० । ११ । १२ गंगाद्वारादयोऽत्रब्रह्मगिरौगोदावर्यनुगताएवग्राह्याः भागीरथीमाहात्म्यस्यअग्रेस्वातंत्र्येणवर्ण्यमानत्वात् १३ । १४ त्रिस्थानेस्वर्गमृत्युपाताले १५ । १६ ॥

१७ । १८ । १९ । २० रूपवर्चसोःसमाहारःरूपवर्चस्कंवर्चस्तेजः २१ । २२ । २३ । २४ । २५ त्रसानांजंगमानाम् २६ । २७ । २८ । २९ अंतर्धानफलं गंधर्वादिभोगम ३० । ३१ । ३२ । ३३
३४ । ३५ । ३६ । ३७ । ३८ । ३९ । ४० । ४१ गयायांगयांतर्गतेऽश्मपृष्ठेप्रेतशिलायामेकांब्रह्महत्यांव्यपोह्यनिरविंदेनिश्चितोऽविंदोऽलाभोयत्रतस्मिन्सुखगंधहीनेप्रेतपर्वतेद्वितीयांब्रह्महत्यांनिरस्यक्रौं

सुधांवैलभतेभोक्तुंयोनरोजायतेपुनः ॥ महाश्रमउपस्पृश्ययोऽग्निहोत्रपरःशुचिः १७ एकमासंनिराहारःसिद्धिंमासेनसव्रजेत् ॥ महाह्रदउपस्पृश्यभृगुतुंगेत्वलो
लुपः १८ त्रिरात्रोपोषितोभूत्वामुच्यतेब्रह्महत्यया ॥ कन्याकूपउपस्पृश्यबलाकायांकृतोदकः १९ देवेषुलभतेकीर्त्तियशसाचविराजते २० देविकायामुपस्पृ
श्यतथासुंदरिकाह्रदे ॥ अश्विन्यांरूपवर्चस्कंप्रेत्यवैलभतेनरः २१ महागंगामुपस्पृश्यकृत्तिकांगारकेतथा ॥ पक्षमेकंनिराहारःस्वर्गमाप्नोतिनिर्मलः २२ वैमानि
कउपस्पृश्यकिंकिणीकाश्रमेतथा ॥ निवासेऽप्सरसांदिव्येकामचारीमहीयते २३ कालिकाश्रममासाद्यविपाशायांकृतोदकः ॥ ब्रह्मचारीजितक्रोधस्त्रिरात्रंमुच्यते
भवात् २४ आश्रमेकृत्तिकानांतुस्नात्वायस्तर्पयेत्पितॄन् ॥ तोषयित्वामहादेवंनिर्मलःस्वर्गमाप्नुयात् २५ महापुरउपस्पृश्यत्रिरात्रोपोषितःशुचिः ॥ त्रसानां
स्थावराणांचद्विपदानांभयंत्यजेत् २६ देवदारुवनेस्नात्वाधूतपाप्माकृतोदकः ॥ देवलोकमवाप्नोतिसप्तरात्रोषितःशुचिः २७ शरस्तम्बेकुशस्तम्बेद्रोणशर्मपदेतथा॥
अपांप्रपतनासेवीसेव्यतेसोऽप्सरोगणैः २८ चित्रकूटेजनस्थानेतथामंदाकिनीजले ॥ विगाह्यवैनिराहारोराजलक्ष्म्यानिषेव्यते २९ श्यामायास्त्वाश्रमंगत्वाउषि
त्वाचाभिषिच्यच ॥ एकपक्षंनिराहारस्त्वंतर्धानफलंलभेत् ३० कौशिकींतुसमासाद्यवायुभक्षस्त्वलोलुपः ॥ एकविंशतिरात्रेणस्वर्गमारोहतेनरः ३१ मतंगवा
प्यांयःस्नायादेकरात्रेणसिध्यति ॥ विगाहतिह्यनालंबमंधकंवैसनातनम् ३२ नैमिषेस्वर्गतीर्थेचउपस्पृश्यजितेंद्रियः ॥ फलंपुरुषमेधस्यलभेन्मासंकृतोदकः ३३
गंगाह्रदउपस्पृश्यतथाचैवोत्पलावने ॥ अश्वमेधमवाप्नोतितत्रमासंकृतोदकः ३४ गंगायमुनयोस्तीर्थेतथाकालंजरेगिरौ ॥ दशाश्वमेधानाप्नोतितत्रमासंकृतोदकः
३५ षष्टिह्रदउपस्पृश्यचान्नदानाद्विशिष्यते ॥ दशतीर्थसहस्राणितिस्रःकोटयस्तथाऽपराः ३६ समागच्छंतिमाघ्यांतुप्रयागेभरतर्षभ ॥ माघमासंप्रयागेतुनियतःसं
शितव्रतः ३७ स्नात्वातुभरतश्रेष्ठनिर्मलःस्वर्गमाप्नुयात् ॥ मरुद्गणउपस्पृश्यपितॄणामाश्रमेशुचिः ३८ वैवस्वतस्यतीर्थेचतीर्थभूतोभवेन्नरः ॥ तथाब्रह्मसरोगत्वाभा
गीरथ्यांकृतोदकः ३९ एकमासंनिराहारःसोमलोकमवाप्नुयात् ४० उत्पातकेनरःस्नात्वाअष्टावक्रेकृतोदकः ॥ द्वादशाहंनिराहारोनरमेधफलंलभेत् ४१ अश्मपृष्ठे
गयायांचनिरविंदेचपर्वते ॥ तृतीयांक्रौञ्चपद्यांचब्रह्महत्यांविशुध्यते ४२ कलविंकउपस्पृश्यविद्याच्चबहुशोजलम् ॥ अग्नेःपुरेनरःस्नात्वाविशालायांकृतोदकः ४३
देवह्रदउपस्पृश्यब्रह्मभूतोविराजते ४४ पुनरावर्तनंदांचमहानंदांचसेव्यवै ॥ नंदनेसेव्यतेदांतस्त्वप्सरोभिरहिंसकः ४५ उर्वशींकृत्तिकायोगेगत्वाचैवसमाहितः ॥
लौहित्येविधिवत्स्नात्वापुंडरीकफलंलभेत् ४६ ॥ ॥ ॥ ॥ ॥

चपदीतिसर्वेषांविष्णुपदादीनामुपलक्षणं तेषुतृतीयांब्रह्महत्यांसकृद्गयांगतएवविशुध्यतेहत्यांनाशयित्वापूतोभवति ४२ । ४३ । ४४ । ४५ उर्वशीमुर्वशीतीर्थम् कृत्तिकायोगेकार्तिक्यांपौर्णमास्याम् ४६

४७ । ४८ । ४९ । ५० । ५१ कुमारीःकुमारीसंज्ञकंतीर्थम् ५२ । ५३ । ५४ । ५५ । ५६ । ५७ । ५८ । ५९ । ६० । ६१ । ६२ शरीरमिति । विधिपूर्वकमात्मश्राद्धादिकंकृत्वा अनाशकेअनशनव्र
तेकृतेसतिबुद्धिपूर्वकमत्रैवशरीरमुत्सृजेत् तीव्ररोगाद्यनभिभूतस्याप्येतन्मरणंविधीयते अध्रुवमितिवाक्यशेषात् तदपिवेदांतगस्यज्ञाततत्त्वस्यशरीरधारणेप्रयोजनमपश्यतएव इतरेषांत्विहमरणंरो

रामह्रदउपस्पृश्यविपाशायांकृतोदकः ॥ द्वादशाहंनिराहारःकल्मषाद्विप्रमुच्यते ४७ महाह्रदउपस्पृश्यशुद्धेनमनसानरः ॥ एकमासंनिराहारोजमदग्निगतिंलभेत् ४८
विंध्येसंताप्यचात्मानंसत्यसंधस्त्वहिंसकः ॥ विनयात्तपआस्थायमासेनैकेनसिध्यति ४९ नर्मदायामुपस्पृश्यतथाशूर्पारकोदके ॥ एकपक्षंनिराहारोराजपुत्रोविधीयते
५० जंबूमार्गेत्रिभिर्मासैःसंयतःसुसमाहितः ॥ अहोरात्रेणचैकेनसिद्धिंसमधिगच्छति ५१ कोकामुखेविगाह्याथगत्वाचांजलिकाश्रमम् ॥ शाकभक्षश्चीरवासाःकुमा
रीर्विन्दतेदश ५२ वैवस्वतस्यसदनंनसगच्छेत्कदाचन ॥ यस्यकन्याह्रदेवासोदेवलोकंसगच्छति ५३ प्रभासेत्वेकरात्रेणअमावास्यांसमाहितः ॥
सिध्यतेतुमहाबाहोयोनरोजायतेऽमरः ५४ उज्जानकउपस्पृश्यआर्ष्टिषेणस्यचाश्रमे ॥ पिंगायाश्चाश्रमेस्नात्वासर्वपापैःप्रमुच्यते ५५ कुल्यायांसमु
पस्पृश्यजप्त्वाचैवाघमर्षणम् ॥ अश्वमेधमवाप्नोतित्रिरात्रोपोषितोनरः ५६ पिंडारकउपस्पृश्यएकरात्रोषितोनरः ॥ अग्निष्टोममवाप्नोतिप्रभातांशर्वरींशुचिः
५७ तथाब्रह्मसरोगत्वाधर्मारण्योपशोभितम् ॥ पुंडरीकमवाप्नोतिउपस्पृश्यनरःशुचिः ५८ मैनाकेपर्वतेस्नात्वातथासंध्यामुपास्यच ॥ कामंजित्वाच
वैमासंसर्वयज्ञफलंलभेत् ५९ कालोदकंनंदिकुंडंतथाचोत्तरमानसम् ॥ अभ्येत्ययोजनशताद्भ्रूणहाविप्रमुच्यते ६० नंदीश्वरस्यमूर्तिंतुदृष्ट्वामुच्येतकिल्बिषैः ॥
स्वर्गमार्गेनरःस्नात्वाब्रह्मलोकंसगच्छति ६१ विख्यातोहिमवान्पुण्यःशंकरश्वशुरोगिरिः ॥ आकरःसर्वरत्नानांसिद्धचारणसेवितः ६२ शरीरमुत्सृजेत्तत्रविधिपूर्व
मनाशके ॥ अध्रुवंजीवितंज्ञात्वायोवैवेदांतगोद्विजः ६३ अभ्यर्च्यदेवतास्तत्रनमस्कृत्यमुनींस्तथा ॥ ततःसिद्धोदिवंगच्छेद्ब्रह्मलोकंसनातनम् ६४ कामंक्रोधंचलोभं
चयोजित्वातीर्थमावसेत् ॥ नतेनकिंचिन्नप्राप्तंतीर्थाभिगमनाद्भवेत् ६५ यान्यगम्यानितीर्थानिदुर्गाणिविषमाणिच ॥ मनसातानिगम्यानिसर्वतीर्थसमीक्षया ६६
इदंमेध्यमिदंपुण्यमिदंस्वर्ग्यमनुत्तमम् ॥ इदंरहस्यंवेदानामाप्लाव्यंपावनंतथा ६७ इदंदद्याद्द्विजातीनांसाधोरात्महितस्यच ॥ सुहृदांचजपेत्कर्णेशिष्यस्यानुगतस्यच
६८ दत्तवान्गौतमस्यैतदंगिराबैमहातपाः ॥ अंगिराःसमनुज्ञातःकाश्यपेनचधीमता ६९ महर्षीणामिदंजप्यंपावनानांतथोत्तमम् ॥ जपंश्चाभ्युत्थितःशश्वन्निर्मलः
स्वर्गमाप्नुयात् ७० इदंयश्चापिशृणुयाद्रहस्यंत्वंगिरोमतम् ॥ उत्तमेचकुलेजन्मलभेज्जातीश्चसंस्मरेत् ७१ ॥ इतिश्रीमहाभारतेअनुशासनपर्वणिआनुशास०दानधर्मे
आंगिरसतीर्थयात्रायांपंचविंशोऽध्यायः ॥ २५ ॥ ॥ ॥ ॥ ॥

गादिमहानिमित्तेसत्येवमहापातकप्रायश्चित्तार्थंवाउचितंनान्यथेतिव्याख्यातंप्रागेववनपर्वणि ६३ । ६४ । ६५ । ६६ इदंतीर्थसेवनं मेध्यंयज्ञफलप्रदं पुण्यंपापघ्नं अतएवस्वर्ग्यम् आप्लाव्यंआप्लवःस्नान
मित्यर्थः आभाष्यमितिपाठेरहस्यत्वाद्वाच्यं स्त्रार्थेष्यञ् ६७ । ६८ समनुज्ञातःप्रार्थितः काश्यपेनएतद्विज्ञातुकामेनेतिशेषः ६९ । ७० । ७१ ॥ इतिअनुशासनपर्वणिनीलकंठीयेभारतभावदीपेपंच
विंशोऽध्यायः ॥ २५ ॥ ॥ ॥ ॥ ॥ ॥ ॥ ॥ ॥ ॥ ॥ ॥ ॥

बृहस्पतीत्यध्यायःसर्वतीर्थश्रेष्ठांगंगांकथयितुंप्रवर्ततेइतोऽन्यत्तीर्थांतरंनास्तीतिस्पष्टयन् १ यदाऽपृच्छत्तदैवाजग्मुरितिद्वितीयेनयत्तदोरध्याहारेणान्वयः यस्यप्रश्नमात्रेणसिद्धानांदर्शनंभवतिकिमुततद्दर्शना

वैशंपायनउवाच ॥ बृहस्पतिसमंबुद्ध्याक्षमयाब्रह्मणःसमम् ॥ पराक्रमेशक्रसममादित्यसमतेजसम् १ गांगेयमर्जुनेनाजौनिहतंभूरितेजसम् ॥ भ्रातृभिःसहितोऽ
न्यैश्चपर्यपृच्छद्युधिष्ठिरः २ शयानंवीरशयनेकालाकांक्षिणमच्युतम् ॥ आजग्मुर्भरतश्रेष्ठंद्रष्टुकामामहर्षयः ३ अत्रिर्वसिष्ठोऽथभृगुःपुलस्त्यःपुलहःक्रतुः ॥ अंगि
रागौतमोऽगस्त्यःसुमतिःसुयतात्मवान् ४ विश्वामित्रःस्थूलगिराःसंवर्तःप्रमतिर्दमः ॥ बृहस्पत्युशनोव्यासाश्च्यवनःकाश्यपोध्रुवः ५ दुर्वासाजमदग्निश्चमार्कंडे
योऽथगालवः ॥ भरद्वाजोऽथरैभ्यश्चयवक्रीतस्त्रितस्तथा ६ स्थूलाक्षःशबलाक्षश्चकण्वोमेधातिथिःकृशः ॥ नारदःपर्वतश्चैववसुधन्वाथैकतोद्विजः ७ नितंभूर्भुवनो
धौम्यःशतानंदोऽकृतव्रणः ॥ जामदग्न्यस्तथारामःकचश्चेत्येवमादयः ८ समागतामहात्मानोभीष्मंद्रष्टुंमहर्षयः ॥ तेषांमहात्मनांपूजामागतानांयुधिष्ठिरः ९ भ्रातृ
भिःसहितश्चक्रेयथावदनुपूर्वशः ॥ तेपूजिताःसुखासीनाःकथाश्चक्रुर्महर्षयः १० भीष्माश्रिताःसुमधुराःसर्वेंद्रियमनोहराः ॥ भीष्मस्तेषांकथाःश्रुत्वाऋषीणांभाविता
त्मनाम् ११ मेनेदिविष्ठमात्मानंतुष्ट्यापरमयायुतः ॥ ततस्तेभीष्ममामंत्र्यपांडवांश्चमहर्षयः १२ अंतर्धानंगताःसर्वेसर्वेषामेवपश्यताम् ॥ तानृषीन्सुमहाभागानं
तर्धानगतानपि १३ पांडवास्तुष्टुवुःसर्वेप्रणेमुश्चमुहुर्मुहुः ॥ प्रसन्नमनसःसर्वेगांगेयंकुरुसत्तमम् १४ उपतस्थुर्यथोद्यंतमादित्यंमंत्रकोविदाः ॥ प्रभावात्तपसस्तेषामृषी
णांवीक्ष्यपांडवाः १५ प्रकाशंतोदिशःसर्वाविस्मयंपरमंययुः ॥ महाभाग्यंपरंतेषामृषीणामनुचिंत्यते ॥ पांडवाःसहभीष्मेणकथाश्चक्रुस्तदाश्रयाः १६ ॥ वैशंपायन
उवाच ॥ कथांतेशिरसापादौस्पृष्ट्वाभीष्मस्यपांडवः ॥ धर्म्यंधर्मसुतःप्रश्नंपर्यपृच्छद्युधिष्ठिरः १७ ॥ युधिष्ठिरउवाच ॥ केदेशाःकेजनपदाआश्रमाःकेचपर्वताः ॥
प्रकृष्टाःपुण्यतःकाश्चज्ञेयानद्यःपितामह १८ ॥ भीष्मउवाच ॥ अत्राप्युदाहरंतीममितिहासंपुरातनम् ॥ शिलोंच्छवृत्तेःसंवादंसिद्धस्यचयुधिष्ठिर १९ इमांकश्चित्प
रिक्रम्यपृथिवींशैलभूषणाम् ॥ असकृद्द्विपदांश्रेष्ठःश्रेष्ठस्यगृहमेधिनः २० शिलवृत्तेर्गृहंप्राप्तःसतेनविधिनाऽर्चितः ॥ उवासरजनींतत्रसुमुखःसुखभागृषिः २१ शिलवृ
त्तिस्तुयत्कृत्यंप्रातस्तत्कृतवाञ्छुचिः ॥ कृतकृत्यमुपातिष्ठत्सिद्धंतमतिथिंतदा २२ तौसमेत्यमहात्मानौसुखासीनौकथाःशुभाः ॥ चक्रतुर्वेदसंबद्धास्तच्छेषकृत
लक्षणाः २३ शिलवृत्तिःकथांतेतुसिद्धमामंत्र्ययत्नतः ॥ प्रश्नंपप्रच्छमेधावीयन्मांत्वंपरिपृच्छसि २४ ॥ शिलवृत्तिरुवाच ॥ केदेशाःकेजनपदाःकेऽऽश्रमाःकेचपर्व
ताः ॥ प्रकृष्टाःपुण्यतःकाश्चज्ञेयानद्यस्तदुच्यताम् २५ ॥ सिद्धउवाच ॥ तेदेशास्तेजनपदास्तेऽऽश्रमास्तेचपर्वताः ॥ येषांभागीरथीगंगामध्येनैतिसरिद्वरा २६ तप
साब्रह्मचर्येणयज्ञैस्त्यागेनवापुनः ॥ गतितांनलभेजंतुर्गंगांसंसेव्ययांलभेत् २७ ॥ ॥ ॥ ॥

दिनेतिभावः २ । ३ । ४ । ५ । ६ । ७ । ८ । ९ । १० । ११ । १२ । १३ । १४ । १५ महाभाग्यंयोगैश्वर्यंखेचरत्वांतर्धानशक्त्यादिसिद्धिमत्त्वम् १६ । १७ देशाःभूमिभागाःजनप
दाःमहाजननिवासस्थानानि आश्रमाःऋषिस्थानानि १८ । १९ । २० । २१ । २२ । २३ । २४ आश्रमाइत्याकारस्यपूर्वरूपमार्षम् २५ तेदेशाइतिप्रकृष्टाःपुण्यतइत्यनुषंगः २६ । २७

म.भा.टी. ॥ ४८ ॥

गात्राण्यस्थीनि न्यस्तानिगंगायाम् २८ । २९ । ३० व्युष्टिःपुण्यवृद्धिः 'व्युष्टिःफलेसमृद्धौच'इतिमेदिनी ३१ । ३२ । ३३ । ३४ । ३५ । ३६ । ३७ गवांनिर्हारआहारनिर्गमनमार्गस्ततो निर्मुक्तंयावकंयवविकारस्तस्मात् गांयवानादयित्वातच्छकृदंतर्गतान्यवान्पक्त्वाभुंजानोयावकव्रतीत्युच्यते ३८ इंदुव्रतंचांद्रायणं ३९ । ४० । ४१ धूयतेदूरेजायतेभस्मीभूयापिनशिष्यतेइत्यर्थः ४२ । ४३

स्पृष्टानियेषांगांगेयैस्तोयैर्गात्राणिदेहिनाम् ॥ न्यस्तानिनपुनस्तेषांत्यागःस्वर्गाद्विधीयते २८ सर्वाणियेषांगांगेयैस्तोयैःकार्याणिदेहिनाम् ॥ गांत्यक्त्वामानवा
विप्रदिवितिष्ठंतितेजनाः २९ पूर्वेवयसिकर्माणिकृत्वापापानियेनराः ॥ पश्चाद्गंगांनिषेवंतेतेऽपियांत्युत्तमांगतिम् ३० स्नातानांशुचिभिस्तोयैर्गांगेयैःप्रयतात्म
नाम् ॥ व्युष्टिर्भवतियापुंसांनसाक्रतुशतैरपि ३१ यावदस्थिमनुष्यस्यगंगातोयेषुतिष्ठति ॥ तावद्वर्षसहस्राणिस्वर्गलोकेमहीयते ३२ अपहत्यतमस्तीव्रंयथाभात्युद
येरविः ॥ तथाऽपहत्यपाप्मानंभातिगंगाजलोक्षितः ३३ विसोमाइवशर्वर्योविपुष्पास्तरवोयथा ॥ तद्वद्देशादिशश्चैवहीनागंगाजलैःशिवैः ३४ वर्णाश्रमायथासर्वे
धर्मज्ञानविवर्जिताः ॥ क्रतवश्चयथाऽसोमास्तथागंगांविनाजगत् ३५ यथाहीनंनभोऽर्केणभूःशैलैःखंचवायुना ॥ तथादेशादिशश्चैवगंगाहीनानसंशयः ३६ त्रिषु
लोकेषुयेकेचित्प्राणिनःसर्वएवते ॥ तर्प्यमाणाःपरांतृप्तिंयांतिगंगाजलैःशुभैः ३७ यस्तुसूर्येणनिष्टप्तंगांगेयंपिबतेजलम् ॥ गवांनिर्हारनिर्मुक्ताद्यावकात्तद्विशिष्यते
३८ इंदुव्रतसहस्रंतुयश्चरेत्कायशोधनम् ॥ पिबेद्यश्चापिगंगांभःसमौस्यातांनवासमौ ३९ तिष्ठेद्युगसहस्रंतुपदेनैकेनयःपुमान् ॥ मासमेकंतुगंगायांसमौस्यातांनवा
समौ ४० लंबतेऽवाक्शिरायस्तुयुगानामयुतंपुमान् ॥ तिष्ठेद्यथेष्टंयश्चापिगंगायांसविशिष्यते ४१ अग्नौप्रास्तंप्रधूयेतयथातूलंद्विजोत्तम ॥ तथागंगावगाढस्यसर्वं
पापंप्रधूयते ४२ भूतानामिहसर्वेषांदुःखोपहतचेतसाम् ॥ गतिमन्वेषमाणानांनगंगासदृशीगतिः ४३ भवंतिनिर्विषाःसर्पायथाताक्ष्यस्यदर्शनात् ॥ गंगायादर्शना
त्तद्वत्सर्वपापैःप्रमुच्यते ४४ अप्रतिष्ठाश्चयेकेचिदधर्मशरणाश्चये ॥ तेषांप्रतिष्ठागंगेहशरणंशर्मवर्मच ४५ प्रकृष्टैरशुभैर्ग्रस्तानन्नेकैःपुरुषाधमान् ॥ पततोनरकेगंगासं
श्रितान्प्रेत्यतारयेत् ४६ तेसंविभक्तामुनिभिर्नूनंदेवैःसवासवैः ॥ येऽभिगच्छंतिसततंगंगांमतिमतांवर ४७ विनयाचारहीनाश्चअशिवाश्चनराधमाः ॥ तेभवंतिशिवा
विप्रयेवैगंगामुपाश्रिताः ४८ यथासुराणाममृतंपितॄणांचयथास्वधा ॥ सुधायथाचनागानांतथागंगाजलंनृणाम् ४९ उपासतेयथाबालामातरंक्षुधयाऽर्दिताः ॥ श्रेय
स्कामास्तथागंगामुपासंतीहदेहिनः ५० स्वायंभुवंयथास्थानंसर्वेषांश्रेष्ठमुच्यते ॥ स्नातानांसरितांश्रेष्ठागंगातद्वदिहोच्यते ५१ यथोपजीविनांधेनुर्देवादीनांधरा
स्मृता ॥ तथोपजीविनांगंगासर्वप्राणभृतामिह ५२ देवाःसोमार्कसंस्थानियथासत्रादिभिर्मखैः ॥ अमृतान्युपजीवंतितथागंगाजलंनराः ५३ जान्हवीपुलिनोत्थाभिः
सिकताभिःसमुक्षितम् ॥ आत्मानंमन्यतेलोकोदिविष्ठमिवशोभितम् ५४ ॥ ॥ ॥ ॥ ॥ ॥ ॥

४४ । ४५ । ४६ । ४७ । ४८ । ४९ । ५० । ५१ । ५२ सोमसंस्थान्यमृतानिदेवाउपजीवंतीति 'प्रथमांपिबतेवन्हिर्द्वितीयांपिबतेरविः'इत्यादिनास्पष्टं अर्कसंस्थानीत्यपिच्छांदोग्येरोहितादीनिपंचामृ तान्यास्वाद्यउपजीवंतीतिप्रसिद्धम् ५३ । ५४ ॥ ॥ ॥ ॥ ॥ ॥ ॥ ॥ ॥ ॥

५५ । ५६ व्यसनैःद्यूतपानादिव्यसनजैर्दुःखैः । ५७ । ५८ । ५९ कामान्भोगान् ६० । ६१ । ६२ । ६३ । ६४ । ६५ । ६६ । ६७ । उपस्थितांनित्यंसेविताम् ६८ । ६९ । ७० भयेभ्योघोरेभ्योव्याघ्रादिभ्यः पिशाचादिभ्योवा पापेभ्योब्रह्मवधादिभ्यः ७१ । ७२ । ७३ दिविदेवानामितिशेषः देवेशोराजेंद्रः ७४ । ७५ आरण्यश्चारण्योतृतीयस्यामितोदिवीतिश्रुतेरर

जाह्नवीतीरसंभूतांमृदंमूर्ध्नाबिभर्तियः ॥ बिभर्तिरूपंसोऽर्कस्यतमोनाशायनिर्मलम् ५५ गंगोर्मिभिरथोदिग्धःपुरुषंपवनोयदा ॥ स्पृशतेसोऽस्यपाप्मानंसद्य एवापकर्षति ५६ व्यसनैरभितप्तस्यनरस्यविनशिष्यतः ॥ गंगादर्शनजाप्रीतिर्व्यसनान्यपकर्षति ५७ हंसारावैःकोकरवैरवैरन्यैश्चपक्षिणाम् ॥ पस्पर्धगंगा गंधर्वान्पुलिनैश्चशिलोच्चयान् ५८ हंसादिभिःसुबहुभिर्विविधैःपक्षिभिर्वृताम् ॥ गंगांगोकुलसंबाधांदृष्ट्वास्वर्गोऽपिविस्मृतः ५९ नसाप्रीतिर्दिविष्ठस्यसर्वकामा नुपाश्नतः ॥ संभवेद्यापराप्रीतिर्गंगायाःपुलिनेनृणाम् ६० वाङ्मनःकर्मजैर्ग्रस्तःपापैरपिपुमानिह ॥ वीक्ष्यगंगांभवेत्पूतोअत्रमेनास्तिसंशयः ६१ सप्तावरान् सप्तपरान्पितॄंस्तेभ्यश्चयेपरे ॥ पुमांस्तारयतेगंगांवीक्ष्यस्पृष्ट्वाऽवगाह्यच ६२ श्रुताऽभिलषितापीतास्पृष्टादृष्टावगाहिता ॥ गंगातारयतेनृणामुभौवंशौविशेषतः ६३ दर्शनात्स्पर्शनात्पानात्तथागंगेतिकीर्तनात् ॥ पुनात्यपुण्यान्पुरुषाञ्छतशोऽथसहस्रशः ६४ यइच्छेत्सफलंजन्मजीवितंश्रुतमेवच ॥ सपितॄंस्तर्पयेद्गंगामभिगम्यसुरांस्त था ६५ नसुतैर्नचवित्तेनकर्मणानचतत्फलम् ॥ प्राप्नुयात्पुरुषोत्यंतंगंगांप्राप्ययदाप्नुयात् ६६ जात्यंधैरिहतुल्यास्तेमृतैःपंगुभिरेवच ॥ समर्थायेनपश्यंतिगंगांपु ण्यजलांशिवाम् ६७ भूतभव्यभविष्यज्ञैर्महर्षिभिरुपस्थिताम् ॥ देवैःसेन्द्रैश्चकोगंगांनोपसेवेतमानवः ६८ वानप्रस्थैर्गृहस्थैश्चयतिभिर्ब्रह्मचारिभिः ॥ विद्यावद्भिः श्रितांगंगांपुमान्कोनामनाश्रयेत् ६९ उत्क्रामद्भिश्चयःप्राणैःप्रयतःशिष्टसंमतः ॥ चिंतयेन्मनसागंगांसगतिंपरमांलभेत् ७० नभयेभ्योभयंतस्यनपापेभ्योनराजतः ॥ आदेहपतनाद्गंगामुपास्तेयःपुमानिह ७१ महापुण्यांचगगनात्पतंतींवैमहेश्वरः ॥ दधारशिरसागंगांतामेवदिविसेवते ७२ अलंकृतास्त्रयोलोकाःपथिभिर्विमलै स्त्रिभिः ॥ यस्तुतस्याजलंसेवेत्कृतकृत्यःपुमान्भवेत् ७३ दिविज्योतिर्यथाऽऽदित्यःपितॄणांचैवचंद्रमाः ॥ देवेशश्चयथानृणांगंगाचसरितांतथा ७४ मात्रापित्रासुतै र्दारैर्विमुक्तस्यधनेनवा ॥ नभवेद्धितथादुःखंयथागंगावियोगजम् ७५ नारण्यैर्नेष्टविषयैर्नसुतैर्नधनागमैः ॥ तथाप्रसादोभवतिगंगांवीक्ष्ययथाभवेत् ७६ पूर्णमिंदुंयथा दृष्ट्वानृणांदृष्टिःप्रसीदति ॥ तथात्रिपथगांदृष्ट्वानृणांदृष्टिःप्रसीदति ७७ तद्भावस्तद्गतमनास्तन्निष्ठस्तत्परायणः ॥ गंगांयोऽनुगतोभक्त्यासतस्याःप्रियतांव्रजेत् ७८

ण्याख्यसरोद्वयवान्ब्रह्मलोकोऽरण्यस्तत्रभवैरारण्यैर्विषयैः इष्टंयागादितत्प्राप्यैरिष्टविषयैःस्वर्ग्यैः ७६ । ७७ तद्भावस्तस्यामेवभावःश्रद्धायस्यसतथा । धर्मेश्रद्धावानपिस्त्रीपुत्रादिमनाभवतितद्व्यावृत्त्यर्थं तद्गतमनाइति । श्रद्धामनश्चकादाचित्केऽपियागादौभवतिनत्वाराध्यदेवतायामिवतत्रनैरंतर्येणनितरांस्थितिर्भवतितदर्थंतन्निष्ठइति त्रयमपिस्वर्गाद्यर्थंकस्यचिद्भवतितथानभवतिकिंतुपरायणंप्राप्यमपिगंगैव यस्यसतत्परायणः एवंभूत्वायोऽनुगतःअनुसृतः भक्त्याआराध्यत्वज्ञानेन सगंगायाःप्रियोभवेत् ७८ ॥ ॥ ॥ ॥ ॥ ॥

७९ भस्माख्यान्भस्मीभूतान् ८० इद्धाःनिर्दोषत्वेनदीप्ताः ८१ पयोघृतेयागीयेहविषीसमृद्धिर्यागफलंतद्वतीं यागादिजंपुण्यंतत्फलंस्वर्गादिचगंगाप्राप्त्यैवलभ्यतइत्यर्थः ८२ बृहतींश्रेष्ठा विश्वंदेवा
दीनांरूपंसौभाग्यंययाप्राप्यतेसाविश्वरूपा ८३ ऊर्क्अन्नपश्वादिः ऊर्जेतिभागुरिमताट्टाप् तत्प्रदामित्यर्थः मधुकर्मफलंब्रह्मवातत्प्रदांमधुमतीं ८४ योगंगामितिशेषः तयागंगयाभाविताःमहत्त्वंगताः
देवाः स्पर्शनदर्शनेनगंगायाएव ८५ दक्षांतारणसमर्थां पृश्निंविष्णुमातरं बृहतींवाचं वाग्वैबृहतीतिश्रुतेः भागिनींभगानामैश्वर्यादीनांषण्णांसमूहोभागंतद्वतीं विभावरींप्रकाशिकां ८६ ख्यातिःपुण्य
त्वकीर्तिः सेव्यनिषेव्य ८७ गंगांदृष्ट्वाइयंगंगेत्यन्यान्गंगांदर्शयतःपुरुषस्यनियतंनियमेनगंगैवप्रतिष्ठासंसारावसानहेतुर्भवति गुहस्यकार्तिकेयस्यरुक्मस्यस्वर्णस्यचगर्भयोषागर्भधारिणीस्त्री वियतःस

भूस्थैःखस्थैर्दिविष्ठैश्चभूतैरुच्चावचैरपि ॥ गंगाविगाह्यासततमेतत्कार्यतमंसताम् ७९ विश्वलोकेषुपुण्यत्वाद्गंगायाःप्रथितंयशः ॥ यत्पुत्रान्सगरस्येतोभस्माख्याननय
द्दिवम् ८० वाय्वीरिताभिःसुमनोहराभिर्द्रुताभिरत्यर्थसमुत्थिताभिः ॥ गंगोर्मिभिर्भानुमतीभिरिद्धाःसहस्ररश्मिप्रतिमाभवंति ८१ पयस्विनींघृतिनीमत्युदारांसमृ
द्धिनींवेगिनींदुर्विगाह्याम् ॥ गंगांगत्वायैःशरीरंविसृष्टंगताधीरास्तेविबुधैःसमत्वम् ८२ अंधान्जडान्द्रव्यहीनांश्चगंगायशस्विनीबृहतीविश्वरूपा ॥ देवैःसेन्द्रैर्मुनिभि
र्मानवैश्चनिषेवितासर्वकामैर्युनक्ति ८३ ऊर्जावतींमहापुण्यांमधुमतींत्रिवर्त्मगाम् ॥ त्रिलोकगोप्त्रींयेगंगांसंश्रितास्तेदिवंगताः ८४ योवत्स्यतिद्रक्ष्यतिवापिमर्त्यस्तस्मै
प्रयच्छंतिसुखानिदेवाः ॥ तद्भाविताःस्पर्शनदर्शनेनइष्टांगतिंतस्यसुरादिशंति ८५दक्षांपृश्निंबृहतींविप्रकृष्टांशिवामृद्धांभागिनींसुप्रसन्नाम् ॥ विभावरींसर्वभूतप्रतिष्ठांगं
गांगतायेत्रिदिवंगतास्ते ८६ ख्यातिर्यस्याःखंदिवंगांचनित्यंपुरादिशोविदिशश्चावतस्थे ॥ तस्याजलंसेव्यसरिद्वरायामर्त्याःसर्वेकृतकृत्याभवंति ८७ इयंगंगेतिनियतं
प्रतिष्ठागुहस्यरुक्मस्यचगर्भयोषा ॥ प्रातस्त्रिवर्गाघृतवहाविपाप्मागंगावतीर्णावियतोविश्वतोया ८८ सुतावनीध्रस्यहरस्यभार्यादिवोभुवश्चापिकृतानुरूपा ॥ भव्या
पृथिव्यांभागिनीचापिराजन्गंगालोकानांपुण्यदावैत्रयाणाम् ८९ मधुस्रवाघृतधाराघृतार्चिर्महोर्मिभिःशोभिताब्राह्मणैश्च ॥ दिवश्च्युताशिरसाऽऽप्ताशिवेनगंगाऽवनीध्रा
त्रिदिवस्यमाता ९० योनिर्वरिष्ठाविरजावितन्वीशय्याचिरावारिवहायशोदा ॥ विश्वावतीचाकृतिरिष्टसिद्धागंगोक्षितानांभुवनस्यपंथाः ९१ ॥ ॥

काशात्प्रातरवतीर्णा तेनास्यांप्रातःस्नानमतिप्रशस्तमितिसूचितं त्रिवर्गाधर्मार्थकामदा घृतवहाजलवाहिनी विश्वतोयाविश्वप्रियतोया ८८ अवनीध्रस्यमेरोर्हिमवतोवापर्वतस्य कृतमनुरूपमलंका
रोययासाकृतानुरूपा ८९ मधुस्रवाधर्मद्रवा घृतधारातेजोधाराघृतार्चिराज्यस्येवाऽर्चिर्वर्चोयस्याःसा ‘ घृतंदीप्ताज्यवारिषु’इतिविश्वलोचनः अवनीध्रात्पृथिवींप्राप्तेतिशेषः ९० वरिष्ठायोनिःपरम
कारणं विरजानिर्मला वितन्वीविशेषेणतन्वीसूक्ष्मा शय्यादीर्घनिद्रातल्पः मरणंजान्हवीतटइतिवचनात् अचिराशीघ्रा विश्वावतीविश्वमवंतीपालयंती नुमभावआर्षः । आकृतिःसत्तासामान्यरूपा ।
‘आकृतिस्तुस्त्रियांरूपेसामान्यवपुषोरपि’इतिमेदिनी इष्टसिद्धाइष्टाःसिद्धाःयस्यासासिद्धानामिष्टाइतिवा उक्षितानांस्नातानां भुवनस्यस्वर्गस्य ९१ ॥ ॥ ॥

क्षांत्यादित्रयेमह्यातुल्येतिसंबंधः गुहस्यकुमारस्यसंमता ब्रह्मण्यतयाब्राह्मणजात्यनुग्राहकतया ९२ मनसापिप्रपन्नाः किमुतसाक्षात् ९३ जननीवोपास्येतिसंबंधः अवेक्ष्यनश्वरानितिशेषः ९४ उस्राधनुम मृतदुघामितियावत् मिषतींपश्यंतींसर्वज्ञामित्यर्थः इरावतीमन्नवतीं 'इरातुमदिरावादिभारत्यन्नभूमिषु' इतिविश्वलोचनः । धारिणीमित्यत्ररेवतीमितिपाठेमातरं । 'रेवतीहरिभार्यायांतासभिन्मातृभेदयोः' इतिमेदिनी । ब्रह्मणोऽपिकांतांचेतोहरां सिद्धिर्मोक्षः ९५ सविभून्सेश्वरान् गांपृथ्वीम् ९६ गुणानांगंगायाइतिशेषः ९७ । ९८ मदुक्तान्गंगागुणान्ज्ञात्वावागादिभिःस्तोत्रध्यानस्नानादिषुश्रद्

क्षांत्यामह्यागोपनेधारणेचदीप्त्याकृशानोस्तपनस्यचैव ॥ तुल्यागंगासंमताब्राह्मणानांगुहस्यब्रह्मण्यतयाचनित्यम् ९२ ऋषिष्टुतांविष्णुपदींपुराणांसुपुण्यतोयांम नसाऽपिलोके ॥ सर्वात्मनाजाह्नवींयेप्रपन्नास्तेब्रह्मणःसदनंसंप्रयाताः ९३ लोकानवेक्ष्यजननीवपुत्रान्सर्वात्मनासर्वगुणोपपन्नान् ॥ तत्स्थानकंब्राह्ममभीप्समानै र्गंगासदैवात्मवशैरुपास्या ९४ उस्रांपुष्टांमिषतींविश्वभोज्यामिरावतींधारिणींभूधराणाम् ॥ शिष्टाश्रयाममृतांब्रह्मकांतांगंगांश्रयेदात्मवान्सिद्धिकामः ९५ प्रसा द्यदेवान्सविभून्समस्तान्भगीरथस्तपसोग्रेणगंगाम् ॥ गामानयत्तामभिगम्यशश्वत्पुंसांभयंनेहचामुत्रविद्यात् ९६ उदाहृतःसर्वथातेगुणानांमयैकदेशःप्रसमीक्ष्यबु द्ध्या ॥ शक्तिर्नमेकाचिदिहास्तिवक्तुंगुणान्सर्वान्परिमातुंतथैव ९७ मेरोःसमुद्रस्यचसर्वरत्नैःसंख्योपलानामुदकस्यवापि ॥ वक्तुंशक्यंनेहगंगाजलानांगुणाख्यानंप रिमातुंतथैव ९८ तस्मादेतान्परयाश्रद्धयोक्तान्गुणान्सर्वान्जान्हवीयान्सदैव ॥ भवेद्वाचामनसाकर्मणाचभक्त्यायुक्तःश्रद्धयाश्रद्दधानः ९९ लोकानिमांस्त्रीन्यशसा वितत्यसिद्धिंप्राप्यमहतींतांदुरापाम् ॥ गंगाकृतानचिरेणैवलोकान्यथेष्टमिष्टान्विहरिष्यसित्वम् १०० तवममचगुणैर्महानुभावाजुषतुमतिंसततंस्वधर्मयुक्तैः ॥ अभिमतजनवत्सलाहिगंगाजगतियुनक्तिसुखैश्चभक्तिमंतम् १ ॥ भीष्मउवाच ॥ इतिपरममतिर्गुणानशेषान्शिलरतयेत्रिपथानुयोगरूपान् ॥ बहुविधमनुशास्यत थ्यरूपान्गगनतलंद्युतिमान्विवेशसिद्धः २ शिलवृत्तिस्तुसिद्धस्यवाक्यैःसंबोधितस्तदा ॥ गंगामुपास्यविधिवत्सिद्धिंप्रापसुदुर्लभाम् ३ तथात्वमपिकौंतेयभक्त्या परमयायुतः ॥ गंगामभ्येहिसततंप्राप्स्यसेसिद्धिमुत्तमाम् ४ ॥ वैशंपायनउवाच ॥ श्रुत्वेतिहासंभीष्मोक्तंगंगायाःस्तवसंयुतम् ॥ युधिष्ठिरःपरांप्रीतिमगच्छद्भ्रा तृभिःसह ५ इतिहासमिमंपुण्यंशृणुयाद्यःपठेतवा ॥ गंगायाःस्तवसंयुक्तंसमुच्येत्सर्वकिल्बिषैः १०६ ॥ इतिश्रीमहाभारतेअनुशासनपर्वणिआनुशासनिकेपर्वणि दानधर्मेगंगामाहात्म्यकथनेषड्विंशोऽध्यायः २६ ॥ ॥ युधिष्ठिरउवाच ॥ प्रज्ञाश्रुताभ्यांवृत्तेनशीलेनचयथाभवान् ॥ गुणैश्चविविधैःसर्वैर्वयसाचसमन्वितः १

धानोभवेदितिसंबंधः ९९ गंगाकृतान्गंगासेवनप्राप्तान् इष्टान्संकल्पसिद्धान् । पाठांतरंयथेष्टंमृष्टंमधुरंयथास्यात्तथा १०० महानुभावागंगामतिंजुषतुप्रीणातु गंगादर्शनादिनामतिःप्रसीदत्वित्यर्थः अभिम तःश्रद्धालुः १ । २ । ३ । ४ । ५ । १०६ ॥ ॥ इतिअनुशासनपर्वणिनीलकंठीयेभारतभावदीपे षड्विंशोऽध्यायः २६ ॥ तुल्यागंगासंमताब्राह्मणानामितिब्रह्मविदांकृतकृत्यानामपिगंगापूज्यत्वेन संमतेत्युक्तं तेनब्राह्मण्यंमहदितिमत्वापृच्छति प्रज्ञेति । वृत्तमाचारः शीलंविनयः १ ॥ ॥ ॥ ॥

२ । ३ चेदिच्छेत्तर्हिकेनप्राप्नुयात्तदित्यनुषज्यव्याख्येयोऽयमर्थः ४ । ५ पर्यायेआवृत्तौजन्मनाम् ६ । ७ तुल्यवर्णःअन्यवर्णजोऽपिजातकर्मादिसंस्कारयोगात्तुल्यवर्णत्वंगतः नामप्रसिद्धं ८ यज्ञकारः यज्ञंकारयन्आर्त्विज्यंकुर्वन्नित्यर्थः प्रायादग्निचयनार्थमिष्टकाआनेतुमित्यर्थाद्गम्यते ९ बालमशिक्षितम् १० । ११ आवापइतिपाठेआलवालं पितृमातृतुल्यइत्यर्थः 'आवापोभांडचयनेपरिक्षेपालवालयोः'

भवान्विशिष्टोबुद्ध्याचप्रज्ञयातपसातथा ॥ तस्माद्भवंतंपृच्छामिधर्मंधर्मभृतांवर २ नान्यस्त्वदन्योलोकेषुप्रष्टव्योऽस्तिनराधिप ॥ क्षत्रियोयदिवावैश्यःशूद्रोवा
राजसत्तम ३ ब्राह्मण्यंप्राप्नुयात्केनतन्मेव्याख्यातुमर्हसि ॥ तपसावासुमहताकर्मणावाश्रुतेनवा ॥ ब्राह्मण्यमथचेदिच्छेत्तन्मेब्रूहिपितामह ४ ॥ भीष्मउवाच ॥
ब्राह्मण्यंतातदुष्प्राप्यंवर्णैःक्षत्रादिभिस्त्रिभिः ॥ परंहिसर्वभूतानांस्थानमेतद्युधिष्ठिर ५ बह्वीस्तुसंसरन्योनीर्जायमानःपुनःपुनः ॥ पर्यायेतातकस्मिंश्चिद्ब्राह्मणोना
मजायते ६ अत्राप्युदाहरंतीममितिहासंपुरातनम् ॥ मतंगस्यचसंवादंगर्दभ्याश्चयुधिष्ठिर ७ द्विजातेःकस्यचित्ताततुल्यवर्णःसुतस्त्वभूत् ॥ मतंगोनामनाम्नावैसर्वैः
समुदितोगुणैः ८ सयज्ञकारःकौन्तेयपित्रोत्सृष्टःपरंतप ॥ प्रायाद्गर्दभयुक्तेनरथेनाप्याशुगामिना ९ सबालंगर्दभंराजन्वहन्तंमातुरंतिके ॥ निरविध्यत्प्रतोदेननासिका
यांपुनःपुनः १० तत्रतीव्रंव्रणंदृष्ट्वागर्दभीपुत्रगृद्धिनी ॥ उवाचमाशुचःपुत्रचांडालस्त्वधितिष्ठति ११ ब्राह्मणेदारुणंनास्तिमैत्रोब्राह्मणउच्यते ॥ आचार्यःसर्वभूतानांशा
स्ताकिंप्रहरिष्यति १२ अयंतुपापप्रकृतिर्बालेनकुरुतेदयाम् ॥ स्वयोनिंमानयत्येषभावोभावंनियच्छति १३ एतच्छ्रुत्वामतंगस्तुदारुणंरासभीवचः ॥ अवतीर्यरथा
त्तूर्णंरासभींप्रत्यभाषत १४ ब्रूहिरासभिकल्याणिमाताम्येनदूषिता ॥ कथंमांवेत्सिचंडालंक्षिप्रंरासभिशंसमे १५ कथंमांवेत्सिचंडालंब्राह्मण्यंयेननश्यते ॥ तत्त्वेनैं
तन्महाप्राज्ञेब्रूहिसर्वमशेषतः १६ गर्दभ्युवाच ॥ ब्राह्मण्यांवृषलेनत्वंमत्तायांनापितेनह ॥ जातस्त्वमसिचांडालोब्राह्मण्यंतेनतेऽनशत् १७ एवमुक्तोमतंगस्तुप्रति
प्रायाद्गृहंप्रति ॥ तमागतमभिप्रेक्ष्यपितावाक्यमथाब्रवीत् १८ मयात्वंयज्ञसंसिद्धौनियुक्तोगुरुकर्मणि ॥ कस्मात्प्रतिनिवृत्तोऽसिकच्चिन्नकुशलंतव १९ ॥ मतंगउ
वाच ॥ अन्त्ययोनिरयोनिर्वाकथंसकुशलीभवेत् ॥ कुशलंतुकुतस्तस्ययस्येयंजननीपितः २० ब्राह्मण्यांवृषलाज्जातंपितर्वेदयतीवमाम् ॥ अमानुषीगर्दभीयंतस्मा
त्तप्स्येतपोमहत् २१ एवमुक्त्वासपितरंप्रतस्थेकृतनिश्चयः ॥ ततोगत्वामहारण्यमतपत्सुमहत्तपः २२ ततःसतापयामासविबुधांस्तपसाऽन्वितः ॥ मतंगःसुखसं
प्रेप्सुःस्थानंसुचरितादपि २३ तंतथातपसायुक्तमुवाचहरिवाहनः ॥ मतंगतप्स्यसेकिंत्वंभोगानुत्सृज्यमानुषान् २४ ॥

इतिमेदिनी १२ बालेत्वयि भावःजातिस्वभावः भावंबुद्धिंनियच्छतिमार्गांतरादपकर्षति १३ । १४ । १५ ब्राह्मण्यंलोकदृश्यं नश्यतेअंतर्धीयते येनलक्षणेन तत्कथंयतोमांचण्डालंवेत्सि १६ अनशत्नष्टंक्रूरत्व लिंगेन १७ । १८ । संसिद्धौसंसिद्ध्यर्थं १९ अंत्ययोनिश्चंडालजातिः अयोनिस्तदन्यःकुत्सितयोनिः तयोर्हीनकर्मतयाकुशलित्वंनास्तीत्यर्थः २० । २१ । २२ सुचरितात्तपसश्चहेतोःस्थानंब्राह्मण्यं सुखेनप्रेप्सुर्विबुधांस्तापयामासेतिसंबंधः २३ हरिवाहनइंद्रः २४ ॥ ॥ ॥ ॥ ॥

२५ । २६ । २७ । २८ श्रेष्ठतास्वपमर्थंब्राह्मण्यंतपःनातिवर्ततेनवशीकर्तुमर्हति २९ । ३० ॥ इतिअनुशासनपर्वणि नीलकंठीयेभारतभावदीपेसप्तविंशोध्यायः ॥ २७ ॥ एवमुक्तइति १
२ । ३ । ४ । ५ । ६ । ७ । ८ । ९ । १० कांडपृष्ठतांशस्त्रजीवित्वं । 'शस्त्राजीवीकांडपृष्ठः'इत्यमरः 'देश्यापतिःकांडपृष्ठःसद्भिरेवनिगद्यते'इतियमः ११ जपतांगायत्रीमात्रसेविनांकुलेजन्मेति

वरंददामितेहंतवृणीष्वत्वंयदिच्छसि ॥ यच्चाप्यवाप्यंहृदितेसर्वंतद्ब्रूहिमाचिरम् २५ ॥ मतंगउवाच ॥ ब्राह्मण्यंकामयानोऽहमिदमारब्धवांस्तपः ॥ गच्छेयंतदवा
प्येहवरएषवृतोमया २६ ॥ भीष्मउवाच ॥ एतच्छ्रुत्वातुवचनंतमुवाचपुरंदरः ॥ मतंगदुर्लभमिदंविप्रत्वंप्रार्थ्यतेत्वया २७ ब्राह्मण्यंप्रार्थयानस्त्वमप्राप्यमकृता
त्मभिः ॥ विनशिष्यसिदुर्बुद्धेतदुपारममाचिरम् २८ श्रेष्ठतांसर्वभूतेषुतपोर्थंनातिवर्तते ॥ तदग्र्यंप्रार्थयानस्त्वमचिराद्विनशिष्यसि २९ देवतासुरमर्त्येषुयत्पवित्रंप
रंस्मृतम् ॥ चंडालयोनौजातेननतत्प्राप्यंकथंचन ३० ॥ इतिश्रीमहाभारतेअनुशासनपर्वणि आनुशासनिकेपर्वणि दानधर्मेइंद्रमतंगसंवादेसप्तविंशोऽध्यायः ॥
॥ २७ ॥ ॥ ॥ ॥ भीष्मउवाच ॥ एवमुक्तोमतंगस्तुसंशितात्मायतव्रतः ॥ अतिष्ठदेकपादेनवर्षाणांशतमच्युतः १ तमुवाचततःशक्रःपुनरेवमहायशाः ॥
ब्राह्मण्यंदुर्लभंतातप्रार्थयानोनलप्स्यसे २ मतंगपरमंस्थानंप्रार्थयन्विनशिष्यसि ॥ माकृथाःसाहसंपुत्रनैषधर्मपथस्तव ३ नहिशक्यंत्वयाप्राप्तुंब्राह्मण्यमिहदुर्मते ॥
अप्राप्यंप्रार्थयानोहिनचिराद्विनशिष्यसि ४ मतंगपरमंस्थानंवार्यमाणोऽसकृन्मया ॥ चिकीर्षस्येवतपसासर्वथानभविष्यसि ५ तिर्यग्योनिगतःसर्वोमानुष्यंयदिग
च्छति ॥ सजायतेपुल्कसोवाचंडालोवाऽप्यसंशयः ६ पुल्कसःपापयोनिर्वायःकश्चिदिहलक्ष्यते ॥ सतस्यामेवसुचिरंमतंगपरिवर्तते ७ ततोदशशतेकालेलभतेशूद्र
तामपि ॥ शूद्रयोनावपिततोबहुशःपरिवर्तते ८ ततस्त्रिंशद्गुणेकालेलभतेवैश्यतामपि ॥ वैश्यतायांचिरंकालंतत्रैवपरिवर्तते ९ ततःषष्टिगुणेकालेराजन्योनामजायते
॥ ततःषष्टिगुणेकालेलभतेब्रह्मबंधुताम् १० ब्रह्मबंधुश्चिरंकालंततस्तुपरिवर्तते ॥ ततस्तुद्विशतेकालेलभतेकांडपृष्ठताम् ११ कांडपृष्ठश्चिरंकालंतत्रैवपरिवर्तते ॥
ततस्तुत्रिशतेकालेलभतेजपतामपि १२ तंचप्राप्यचिरंकालंतत्रैवपरिवर्तते ॥ ततश्चतुःशतेकालेश्रोत्रियोनामजायते ॥ श्रोत्रियत्वेचिरंकालंतत्रैवपरिवर्तते १३
तदेवंशोकहर्षौतुकामद्वेषौचपुत्रक ॥ अतिमानातिवादौचप्रविशेतेद्विजाधमम् १४ तांश्चेज्जयतिशत्रून्सतदाप्राप्नोतिसद्गतिम् ॥ अथतेवैजयंत्येनंतालाग्रादिवपात्यते
१५ मतंगसंप्रधार्यैवंयदहंत्वामचूचुदम् ॥ वृणीष्वकाममन्यंत्वंब्राह्मण्यंहिसुदुर्लभम् १६ ॥ इतिश्रीमहाभारतेअनुशासनपर्वणिआनुशासनिकेप० दानधर्मेइंद्रमतंगसंवादे
अष्टाविंशोऽध्यायः ॥ २८ ॥ ॥ ॥ ॥ ॥ ॥ ॥ भीष्मउवाच ॥ एवमुक्तोमतंगस्तुसंशितात्मायतव्रतः ॥ सहस्रमेकपादेनततोध्यानेव्यतिष्ठत १
तंसहस्रवरेकालेशक्रोद्रष्टुमुपागमत् ॥ तदेवचपुनर्वाक्यमुवाचबलवृत्रहा २ ॥ ॥ ॥ ॥ ॥

शेषः १२ श्रोत्रियःअधीतवेदः १३ तत्तदाश्रोत्रियत्वलाभेऽपि १४ तेशोकादयःएनंश्रोत्रियं पात्यतेअत्यंतंनीचयोनिंप्राप्नोतीत्यर्थः १५ । १६ ॥ इतिअनुशासनपर्वणि नीलकंठीयेभारत
भावदीपे अष्टाविंशोऽध्यायः ॥ २८ ॥ ॥ ॥ ॥ ॥ एवमुक्तइति । सहस्रंवत्सरान् १ । २ ॥ ॥ ॥ ॥ ॥

३ । ४ । ५ । ६ अभिद्रुत्यगत्वा ७ दुर्लभतरमपिपरिपंथिभिःकामाद्यैश्चोरैःसंवृतमतोदुःसंरक्ष्यमपीत्यर्थः ८ पूजयन्ब्राह्मणमितिशेषः ९ ब्राह्मणेभ्यस्तद्द्वारादेवादयस्तृप्यं
तीत्यर्थः १० यद्यद्वांछतितत्तत्कुरुते ११ । १२ । १३ लब्ध्वाऽपिनबुभूषसेनप्राप्नोषि मादृशोऽपितपस्विनिकारुण्याभावात्त्वमाशयसीतिभावः १४ दुर्लभंब्राह्मण्यंप्राप्यापिनानु

॥ मतंगउवाच ॥ इदंवर्षसहस्रंवैब्रह्मचारीसमाहितः ॥ अतिष्ठमेकपादेनब्राह्मण्यंनाप्नुयांकथम् ३ ॥ शक्रउवाच ॥ चंडालयोनौजातेननावाप्यंवैकथंचन ॥ अन्यंका
मंवृणीष्वत्वंमावृथातेऽस्त्वयंश्रमः ४ एवमुक्तोमतंगस्तुभृशंशोकपरायणः ॥ अध्यतिष्ठद्गयांगत्वासोंगुष्ठेनशतंसमाः ५ सुदुर्वहंवहन्योगंकृशोधमनिसंततः ॥ त्वगः
स्थिभूतोधर्मात्मासपपातेतिनःश्रुतम् ६ तंपतंतमभिद्रुत्यपरिजग्राहवासवः ॥ वराणामीश्वरोदातासर्वभूतहितेरतः ७ ॥ शक्रउवाच ॥ मतंगब्राह्मणत्वंतेविरुद्धमिह
दृश्यते ॥ ब्राह्मण्यंदुर्लभतरंसंवृतंपरिपंथिभिः ८ पूजयन्सुखमाप्नोतिदुःखमाप्नोत्यपूजयन् ॥ ब्राह्मणःसर्वभूतानांयोगक्षेमसमर्पिता ९ ब्राह्मणेभ्योनुतृप्यंतेपितरोदेव
तास्तथा ॥ ब्राह्मणःसर्वभूतानांमतंगपरउच्यते १० ब्राह्मणःकुरुतेतद्धियथायद्यच्चवांच्छति ॥ बह्वीःस्तुसंविशन्योनीर्जायमानःपुनःपुनः ११ पर्यायेतातकस्मिंश्चिद्ब्रा
ह्मण्यमिहविंदति ॥ तदुत्सृज्येहदुष्प्रापंब्राह्मण्यमकृतात्मभिः १२ अन्यंवरंवृणीष्वत्वंदुर्लभोऽयंहितेवरः ॥ मतंगउवाच ॥ किंमांतुदसिदुःखार्तंमृतंमारयसेचमाम्
१३ त्वांतुशोचामियोलब्ध्वाब्राह्मण्यंनबुभूषसे ॥ ब्राह्मण्यंयदिदुष्प्रापंत्रिभिर्वर्णैःशतक्रतो १४ सुदुर्लभंसदाऽवाप्यनानुतिष्ठंतिमानवाः ॥ यःपापेभ्यःपापतमस्तेषामं
धमएवसः १५ ब्राह्मण्यंयोनजानीतेधनंलब्ध्वेवदुर्लभम् ॥ दुष्प्रापंखलुविप्रत्वंप्राप्तंदुरनुपालनम् १६ दुरवापमवाप्यैतन्नानुतिष्ठंतिमानवाः ॥ एकारामोह्यहंशक्रनिर्द्वं
द्वोनिष्परिग्रहः १७ अहिंसादममास्थायकथंनार्हामिविप्रताम् ॥ दैवंतुकथमेतद्वैयदहंमातृदोषतः १८ एतामवस्थांसंप्राप्तोधर्मज्ञःसन्पुरंदर ॥ नूनंदैवंनशक्यंहिपौरु
षेणातिवर्तितुम् १९ यदर्थंयत्नवानेवनलभेविप्रतांविभो ॥ एवंगतेतुधर्मज्ञदातुमर्हसिमेवरम् २० यदितेऽहमनुग्राह्यःकिंचिद्वासुकृतंमम ॥ वैशंपायनउवाच ॥
वृणीष्वेतितदाप्राहततस्तंबलवृत्रहा २१ चोदितस्तुमहेन्द्रेणमतंगःप्राब्रवीदिदम् ॥ यथाकामविहारीस्यांकामरूपीविहंगमः २२ ब्रह्मक्षत्राविरोधेनपूजांचप्राप्नुयामहम्
यथाममाक्षयाकीर्तिर्भवेच्चापिपुरंदर २३ कर्तुमर्हसितद्देवशिरसात्वांप्रसादये ॥ शक्रउवाच ॥ छंदोदेवइतिख्यातःस्त्रीणांपूज्योभविष्यसि २४ कीर्तिश्चतेऽतुलावत्सत्रिषु
लोकेषुयास्यति ॥ एवंतस्मैवरंदत्वावासवोऽन्तरधीयत २५ ॥ ॥ ॥

तिष्ठंतितदुचितान् 'शमोदमस्तपःशौचंक्षांतिरार्जवमेवच । ज्ञानंविज्ञानमास्तिक्यंब्रह्मकर्मस्वभावजम्' इतिभगवदुक्तान्नसेवंते अतःप्राप्तमपिदुःसंरक्ष्यमितिभावः १५ नजानीतेरक्षितुमितिशेषः १६
१७ दैवंप्राक्कर्म यद्यतः १८ एतांअब्राह्मणत्वरूपाम् १९ । २० । २१ । २२ । २३ । २४ । २५ ॥ ॥ ॥ ॥ ॥

एततपरंएतस्माद्देवताभावात्परंश्रेष्ठं 'तपसादेवभावोऽपिलब्धुंशक्योनविप्रता । इत्येतत्कथयामासमतंगकथयामुनिः'इति २६ इतिअनुशासनपर्वणिनीलकंठीये भारतभावदीपेएकोनत्रिंशोऽध्यायः ॥ २९ ॥

॥ ॥ ॥ ॥ श्रुतमिति १ । २ । ३ । ४ । ५ । ६ तस्यशर्यातेरन्ववायेवत्सस्यपुत्रौद्वौराजानावितियोजना ७ । ८ । ९ । १० वीतहव्यदायादैःहैहयस्यैवनामांतरंवीतहव्यइतित

प्राणांस्त्यक्त्वामतंगोपिसंप्राप्तःस्थानमुत्तमम् ॥ एवमेतत्परंस्थानंब्राह्मण्यंनामभारत ॥ तच्चदुष्प्रापमिहवैमहेंद्रवचनंयथा २६ ॥ इतिश्रीमहाभारतेअनुशासनपर्वणिआनुशासनिकेप० दानधर्मेइंद्रमतंगसंवादेएकोनत्रिंशोऽध्यायः ॥ २९ ॥ ॥ ॥ युधिष्ठिरउवाच ॥ श्रुतंमेमहदाख्यानमेतत्कुरुकुलोद्वह ॥ सुदुष्प्रापंयद्ब्रवीषिब्राह्मण्यंवदतांवर १ विश्वामित्रेणचपुराब्राह्मण्यंप्राप्तमित्युत ॥ श्रूयतेवदसेतच्चदुष्प्रापमितिसत्तम २ वीतहव्यश्चनृपतिःश्रुतोमेविप्रतांगतः ॥ तदेवतावद्गांगेयश्रोतुमिच्छाम्यहंविभो ३ सकेनकर्मणाप्राप्तोब्राह्मण्यंराजसत्तमः ॥ वरेणतपसावापितन्मेव्याख्यातुमर्हसि ४ ॥ भीष्मउवाच ॥ शृणुराजन्यथाराजावीतहव्योमहायशाः ॥ राजर्षिर्दुर्लभंप्राप्तोब्राह्मण्यंलोकसत्कृतम् ५ मनोर्महात्मनस्तातप्रजाधर्मेणशासतः ॥ बभूवपुत्रोधर्मात्माशर्यातिरितिविश्रुतः ६ तस्यान्ववायेद्वौराजन्राजानौसंबभूवतुः ॥ हैहयस्तालजंघश्चवत्सस्यजयतांवर ७ हैहयस्यतुराजेंद्रदशस्त्रीषुभारत ॥ शतंबभूवपुत्राणांशूराणामनिवर्तिनाम् ८ तुल्यरूपप्रभावानांबलिनांयुद्धशालिनाम् ॥ धनुर्वेदेचवेदेचसर्वत्रैवकृतश्रमाः ९ काशिष्वपिनृपोराजन्दिवोदासपितामहः ॥ हर्यश्वइतिविख्यातोबभूवजयतांवरः १० सवीतहव्यदायादैरागत्यपुरुषर्षभ ॥ गंगायमुनयोर्मध्येसंग्रामेविनिपातितः ११ तंतुहत्वानरपतिंहैहयास्तेमहारथाः ॥ प्रतिजग्मुःपुरींरम्यांवत्सानामकुतोभयाः १२ हर्यश्वस्यचदायादःकाशिराजोऽभ्यषिच्यत ॥ सुदेवोदेवसंकाशःसाक्षाद्धर्मइवापरः १३ सपालयामासमहींधर्मात्माकाशिनंदनः ॥ तैर्वीतहव्यैरागत्ययुधिसर्वैर्विनिर्जितः १४ तमथाजौविनिर्जित्यप्रतिजग्मुर्यथागतम् ॥ सौदेवस्त्वथकाशीशोदिवोदासोऽभ्यषिच्यत १५ दिवोदासस्तुविज्ञायवीर्यंतेषांयतात्मनाम् ॥ वाराणसींमहातेजानिर्ममेशक्रशासनात् १६ विप्रक्षत्रियसंबाधांवैश्यशूद्रसमाकुलाम् ॥ नैकद्रव्योच्चयवतींसमृद्धविपणापणाम् १७ गंगायाउत्तरेकूलेवप्रांतेराजसत्तम ॥ गोमत्यादक्षिणेकूलेशक्रस्येवामरावतीम् १८ तत्रतंराजशार्दूलंनिवसंतंमहीपतिम् ॥ आगत्यहैहयाभूयःपर्यधावंतभारत १९ सनिष्क्रम्यददौयुद्धंतेभ्योराजामहाबलः ॥ देवासुरसमंघोरंदिवोदासोमहाद्युतिः २० सतुयुद्धेमहाराजदिनानांदशतीर्दश ॥ हतवाहनभूयिष्ठस्ततोदैन्यमुपागमत् २१ हतयोधस्ततोराजन्क्षीणकोशश्चभूमिपः ॥ दिवोदासःपुरींत्यक्त्वापलायनपरोऽभवत् २२ गत्वाऽऽश्रमपदंरम्यंभरद्वाजस्यधीमतः ॥ जगामशरणंराजाकृतांजलिररिंदम २३ तमुवाचभरद्वाजोज्येष्ठःपुत्रोबृहस्पतेः ॥ पुरोधाःशीलसंपन्नोदिवोदासंमहीपतिम् २४ ॥ ॥ ॥ ॥ ॥ ॥ ॥

त्पुत्रैः ११ वत्सानांवत्सवंश्यानांराज्ञां १२ । १३ । १४ । १५ । १६ । १७ वप्रान्तेतटसमीपे 'वप्रस्थानेपुमानस्त्रीरेणुक्षेत्रेचयेतटे' इतिमेदिनी १८ । १९ । २० दशतीर्दशसहस्रमित्यर्थः षष्टिसप्ततिनवतिवद्दशतिशब्दोऽपिदशगुणितान्दशाब्रूते २१ । २२ । २३ । २४ ॥ ॥ ॥ ॥ ॥ ॥

२५ परिद्यूनःसर्वतोनिरस्तः २६ । २७ । २८ । २९ । ३० संद्यो वद्दधेत्रयोदशवार्षिकोऽभूत्सद्यश्चवेदान्जगौ ३१ योगेनयोगबलेन लोक्यंलोकेषुसर्वेषुविद्यमानं तस्मिन्देशेप्रतर्दनदेहेसमाविशत्समावेशित

किमागमनकृत्यंतेसर्वंप्रब्रूहिमेनृप ॥ यत्तेप्रियंतत्करिष्येनमेऽत्रास्तिविचारणा २५ ॥ राजोवाच ॥ भगवन्वैतहव्यैर्मेयुद्धेवंशःप्रणाशितः ॥ अहमेकःपरिद्यूनोभवं
तंशरणंगतः २६ शिष्यस्नेहेनभगवंस्त्वंमांरक्षितुमर्हसि ॥ एकशेषःकृतोवंशोममतैःपापकर्मभिः २७ तमुवाचमहाभागोभरद्वाजःप्रतापवान् ॥ नभेतव्यंनभेत
व्यंसौदेवव्येतुतेभयम् २८ अहमिष्टिंकरिष्यामिपुत्रार्थंतेविशांपते ॥ वीतहव्यसहस्राणियेनत्वंप्रहरिष्यसि २९ ततइष्टिंचकारर्षिस्तस्यवैपुत्रकामिकीम् ॥
अथास्यतनयोजज्ञेप्रतर्दनइतिश्रुतः ३० सजातमात्रोववृधेसमाःसद्यस्त्रयोदश ॥ वेदंचापिजगौकृत्स्नंधनुर्वेदंचभारत ३१ योगेनचसमाविष्टोभरद्वाजेनधीमता ॥
तेजोलौक्यंससंगृह्यतस्मिन्देशेसमाविशत् ३२ ततःसकवचीधन्वीस्तूयमानःसुरर्षिभिः ॥ बंदिभिर्वंद्यमानश्चबभौसूर्यइवोदितः ३३ सरथीबद्धनिस्त्रिंशोबभौदी
प्तइवानलः ॥ प्रययौसधनुर्धुन्वन्खड्गीचर्मीशरासनी ३४ तंदृष्ट्वापरमंहर्षंसुदेवतनयोययौ ॥ मेनेचमनसादग्धान्वैतहव्यान्सपार्थिवः ३५ ततोऽसौयौवराज्येच
स्थापयित्वाप्रतर्दनम् ॥ कृतकृत्यंतदाऽऽत्मानंसराजाअभ्यनंदत ३६ ततस्तुवैतहव्यानांवधायसमहीपतिः ॥ पुत्रंप्रस्थापयामासप्रतर्दनमरिंदमम् ३७ सरथःस
तुसंतीर्यगंगामाशुपराक्रमी ॥ प्रययौवीतहव्यानांपुरींपरपुरंजयः ३८ वैतहव्यास्तुसंश्रुत्यरथघोषंसमुद्धतम् ॥ निर्ययुर्नगराकारैरथैःपररथारुजैः ३९ निष्क्रम्य
तेनरव्याघ्रादंशिताश्चित्रयोधिनः ॥ प्रतर्दनंसमाजग्मुःशरवर्षैरुदायुधाः ४० शस्त्रैश्चविविधाकारैरथौघैश्चयुधिष्ठिर ॥ अभ्यवर्षंतराजानंहिमवंतमिवांबुदाः ४१ अ
स्त्रैरस्त्राणिसंवार्यतेषांराजाप्रतर्दनः ॥ जघानतान्महातेजावज्रानलसमैःशरैः ४२ कृत्तोत्तमांगास्तेराजन्भल्लैःशतसहस्रशः ॥ अपतन्रुधिरार्द्रांगानिकृत्ताइवकिंशु
काः ४३ हतेषुतेषुसर्वेषुवीतहव्यःसुतेष्वथ ॥ प्राद्रवन्नगरंहित्वाभृगोराश्रममप्युत ४४ ययौभृगुंचशरणंवीतहव्योनराधिपः ॥ अभयंचददौतस्मैराज्ञेराजन्भृगुस्त
दा ४५ अथानुपदमेवाशुतत्रागच्छत्प्रतर्दनः ॥ सप्राप्यचाश्रमपदंदिवोदासात्मजोऽब्रवीत् ४६ भोभोकेऽत्राश्रमेसंतिभृगोःशिष्यामहात्मनः ॥ द्रष्टुमिच्छेमुनिमहं
तस्याचक्षतमामिति ४७ सतंविदित्वातुभृगुर्निश्चक्रामाश्रमात्तदा ॥ पूजयामासचततोविधिनानृपसत्तमम् ४८ उवाचचैनंराजेन्द्रकिंकार्यंब्रूहिपार्थिव ॥ सचो
वाचनृपस्तस्मैयदागमनकारणम् ४९ ॥ राजोवाच ॥ अयंब्रह्मन्नितोराजावीतहव्योविसर्ज्यताम् ॥ तस्यपुत्रैर्हिमेब्रह्मन्कृत्स्नोवंशःप्रणाशितः ५० उत्सादितश्च
विषयःकाशीनांरत्नसंचयः ॥ एतस्यवीर्यदृप्तस्यहतंपुत्रशतंमया ५१ अस्येदानींवधाद्ब्रह्मन्भविष्याम्यनृणःपितुः ॥ तमुवाचकृपाविष्टोभृगुर्धर्मभृतांवरः ५२ नेहा
स्तिक्षत्रियःकश्चित्सर्वेहीमेद्विजातयः ॥ एतत्तुवचनंश्रुत्वाभृगोस्तथ्यंप्रतर्दनः ५३ ॥ ॥ ॥

वान् ३२ । ३३ । ३४ । ३५ । ३६ । ३७ । ३८ । ३९ । ४० । ४१ । ४२ । ४३ । ४४ । ४५ । ४६ तस्यतंप्रतिमामागतनाचक्षतकथयत ४७ । ४८ । ४९ । ५० । ५१ । ५२ । ५३

५४ । ५५ । ५६ आख्यायिकातात्पर्यमाह भृगोरिति ५७ । ५८ श्रुतिः । 'तदुगार्त्समदमेतेनवैगृत्समदइंद्रस्यप्रियंधामोपागच्छत्'इत्यादिका ५९ । ६० । ६१ । ६२ । ६३ । ६४ । ६५ । ६६
६७ ॥ इतिअनुशासनपर्वणिनीलकंठीयेभारतभावदीपेत्रिंशोऽध्यायः ॥ ३० ॥ ॥ केपूज्याइति । ब्राह्मण्यस्यदुष्प्रापत्वंविप्रानुग्रहैकलभ्यत्वंचोक्त्वापूज्यत्वहेतून्साधारणानसाधारणान्स्वधर्मानाहानेनाध्यायेन १ । २ । ३ तेषुमानवेषुबहुमानपरःसन्कान्नमस्यसीतियोज्यम् ४ । ५ । ६ । ७ महार्हान्महतःन्महान् अर्हःपूजायेषाम् अतिपूज्यानित्यर्थः ८ अविकत्थनाःश्लाघाहीनाः ९ सत्यंधर्मंचयजंतिपूजयंति क्षितिंगाश्चयजंतिब्राह्मणेभ्यःप्रयच्छंति 'यजदेवपूजासंगतिकरणदानेषु'एतेऽर्थायथासंभवमिहग्राह्याः १० । ११ ॥ ॥

पादावुपस्पृश्यशनैःप्रहृष्टोवाक्यमब्रवीत् ॥ एवमप्यस्मिभगवन्कृतकृत्योनसंशयः ५४ यएषराजवीर्येणस्वजातिंत्याजितोमया ॥ अनुजानीहिमांब्रह्मन्ध्यायस्वचशिवेनमाम् ५५ त्याजितोहिमयाजातिमेवराजाभृगूद्वह ॥ ततस्तेनाभ्यनुज्ञातोययौराजाप्रतर्दनः ५६ यथागतंमहाराजमुक्त्वाविषमिवोरगः ॥ भृगोर्वचनमात्रेणसचब्रह्मर्षितांगतः ५७ वीतहव्योमहाराजब्रह्मवादित्वमेवच ॥ तस्यगृत्समदःपुत्रोरूपेणेन्द्रइवापरः ५८ शक्रस्त्वमितियोदैत्यैर्निगृहीतःकिलाभवत् ॥ ऋग्वेदेवर्ततेचाग्र्याश्रुतिर्यस्यमहात्मनः ५९ यत्रगृत्समदोराजन्ब्राह्मणैःसमहीयते ॥ सब्रह्मचारीविप्रर्षिःश्रीमान्गृत्समदोऽभवत् ६० पुत्रोगृत्समदस्यापिसुचेताअभवद्विजः ॥ वर्चाःसुतेजसःपुत्रोविहव्यस्तस्यचात्मजः ६१ विहव्यस्यतुपुत्रस्तुवितत्यस्तस्यचात्मजः ॥ वितत्यस्यसुतःसत्यःसंतःसत्यस्यचात्मजः ६२ श्रवास्तस्यसुतश्चर्षिःश्रवसश्चाभवत्तमः ॥ तमसश्चप्रकाशोऽभूत्तनयोद्विजसत्तमः ॥ प्रकाशस्यचवागिंद्रोबभूवजयतांवरः ६३ तस्यात्मजश्चप्रमितिर्वेदवेदांगपारगः ॥ घृताच्यांतस्यपुत्रस्तुरुरुर्नामोदपद्यत ६४ प्रमद्वरायांतुरुरोःपुत्रःसमुदपद्यत ॥ शुनकोनामविप्रर्षिर्यस्यपुत्रोऽथशौनकः ६५ एवंविप्रत्वमगमद्वीतहव्योनराधिपः ॥ भृगोःप्रसादाद्राजेन्द्रक्षत्रियःक्षत्रियर्षभ ६६ तथैवकथितोवंशोमयागार्त्समदस्तव ॥ विस्तरेणमहाराजकिमन्यदनुपृच्छसि ६७ ॥ इतिश्रीमहाभारतेअनुशासनपर्वणि आनुशासनिकेप० दानधर्मेवीतहव्योपाख्यानंनामात्रिंशोऽध्यायः ॥ ३० ॥ ॥ युधिष्ठिरउवाच ॥ केपूज्यावैत्रिलोकेऽस्मिन्मानवाभरतर्षभ ॥ विस्तरेणतदाचक्ष्वनहितृप्यामिकथ्यतः
१ ॥ भीष्मउवाच ॥ अत्राप्युदाहरंतीममितिहासंपुरातनम् ॥ नारदस्यचसंवादंवासुदेवस्यचोभयोः २ नारदंप्रांजलिंदृष्ट्वापूजयानंद्विजर्षभान् ॥ केशवःपरिपप्रच्छभगवन्कान्नमस्यसि ३ बहुमानपरस्तेषुभगवन्यान्नमस्यसि ॥ शक्यंचेच्छ्रोतुमस्माभिर्ब्रूह्येतद्धर्मवित्तम ४ ॥ नारदउवाच ॥ शृणुगोविंदयानेतान्पूजयाम्यरिमर्दन ॥ त्वत्तोऽन्यःकःपुमाँल्लोकेश्रोतुमेतदिहार्हति ५ वरुणंवायुमादित्यंपर्जन्यंजातवेदसम् ॥ स्थाणुंस्कंदंतथालक्ष्मींविष्णुंब्रह्माणमेवच ६ वाचस्पतिंचंद्रमसमपःपृथ्वींसरस्वतीम् ॥ सततंयेनमस्यंतितान्नमस्याम्यहंविभो ७ तपोधनान्वेदविदोनित्यंवेदपरायणान् ॥ महार्हान्वृष्णिशार्दूलसदासंपूजयाम्यहम् ८ अभुक्त्वादेवकार्याणिकुर्वतेयेऽविकत्थनाः ॥ संतुष्टाश्चक्षमायुक्तास्तान्नमस्याम्यहंविभो ९ सम्यग्यजंतियेचेष्टीःक्षांतादांताजितेंद्रियाः ॥ सत्यंधर्मंक्षितिंगाश्चतान्नमस्यामियादव १० येवैतपसिवर्तन्तेवनेमूलफलाशनाः ॥ असंचयाःक्रियावंतस्तान्नमस्यामियादव ११ ॥ ॥ ॥ ॥ ॥

१२ । १३ आपृष्ठतापात्यावन्मध्यान्हम् १४ स्वाध्यायेब्रह्मयज्ञेमंत्रजपेवा १५ । १६ । १७ निर्ह्रीकाःदिगंबराःकौपीनमात्रमपिपरिग्रहंनकुर्वंतीत्यर्थः १८ । १९ कपोतवृत्तयःकणशआदायेसंग्रहंनकुर्वं तीत्यर्थः २० त्रिवर्गोधर्मार्थकामाःकृत्येषुकर्तुंयोग्येषुकर्मसुवर्ततेउत्तममध्यमाधमभावेनवर्ततेनतुहीयतेअधममध्यमोत्तमभावेनेत्यर्थः २१ अलोलुपाइत्यनेनधर्ममपेक्ष्यअर्थानादरउक्तः । पुण्यशी

येभृत्यभरणेशक्ताःसततंचातिथिव्रताः ॥ भुंजतेदेवशेषाणितान्नमस्यामियादव १२ येवेदंप्राप्यदुर्धर्षावाग्मिनोब्रह्मचारिणः ॥ याजनाध्यापनेयुक्तानित्यंता न्पूजयाम्यहम् १३ प्रसन्नहृदयाश्चैवसर्वसत्वेषुनित्यशः ॥ आपृष्ठतापात्स्वाध्यायेयुक्तास्तान्पूजयाम्यहम् १४ गुरुप्रसादेस्वाध्यायेयतंतोयेस्थिरव्रताः ॥ शुश्रूषवोऽनसूयंतस्तान्नमस्यामियादव १५ सुव्रतामुनयोयेचब्राह्मणाःसत्यसंगराः ॥ वोढारोहव्यकव्यानांतान्नमस्यामियादव १६ भैक्ष्यचर्यासुनिरताः कृशागुरुकुलाश्रयाः ॥ निःसुखानिर्धनायेतुतान्नमस्यामियादव १७ निर्ममानिष्प्रतिद्वंद्वानिर्ह्रीकानिष्प्रयोजनाः ॥ येवेदंप्राप्यदुर्धर्षावाग्मिनोब्रह्मवादिनः १८ अहिंसानिरतायेचयेचसत्यव्रतानराः ॥ दांताःशमपराश्चैवतान्नमस्यामिकेशव १९ देवतातिथिपूजायांयुक्तायेगृहमेधिनः ॥ कपोतवृत्तयोनित्यंतान्नम स्यामियादव २० येषांत्रिवर्गःकृत्येषुवर्ततेनोपहीयते ॥ शिष्टाचारप्रवृत्ताश्चतान्नमस्याम्यहंसदा २१ ब्राह्मणाःश्रुतसंपन्नायेत्रिवर्गमनुष्ठिताः ॥ अलोलुपाः पुण्यशीलास्तान्नमस्यामिकेशव २२ अब्भक्षावायुभक्षाश्चसुधाभक्षाश्चयेसदा ॥ व्रतैश्चविविधैर्युक्तास्तान्नमस्यामिमाधव २३ अयोनीनग्नियोनींश्चब्रह्म योनींस्तथैवच ॥ सर्वभूतात्मयोनींश्चतान्नमस्याम्यहंसदा २४ नित्यमेतान्नमस्यामिकृष्णलोककरानृषीन् ॥ लोकज्येष्ठान्कुलज्येष्ठांस्तमोघ्नान्लोकभास्क रान् २५ तस्मात्त्वमपिवार्ष्णेयद्विजान्पूजयनित्यदा ॥ पूजिताःपूजनार्हाहिसुखंदास्यंतितेऽनघ २६ अस्मिन्लोकेसदाह्येतेपरत्रचसुखप्रदाः ॥ चरन्तेमा न्यमानावैप्रदास्यंतिसुखंतव २७ येसर्वातिथयोनित्यंगोषुचब्राह्मणेषुच ॥ नित्यंसत्येचाभिरतादुर्गाण्यतितरंतिते २८ नित्यंशमपरायेचतथायेचानसूय काः ॥ नित्यस्वाध्यायिनोयेचदुर्गाण्यतितरंतिते २९ सर्वान्देवान्नमस्यंतियेचैकंवेदमाश्रिताः ॥ श्रद्दधानाश्चदांताश्चदुर्गाण्यतितरन्तिते ३० तथैवविप्र प्रवरान्नमस्कृत्ययतव्रताः ॥ भवंतियेदानरतादुर्गाण्यतितरंतिते ३१ तपस्विनश्चयेनित्यंकौमारब्रह्मचारिणः ॥ तपसाभावितात्मानोदुर्गाण्यतितरंतिते ३२ देवतातिथिभृत्यानांपितॄणांचार्चनेरताः ॥ शिष्टान्नभोजिनोयेचदुर्गाण्यतितरंतिते ३३ अग्निमाधायविधिवत्प्रणताधारयंतिये ॥ प्राप्ताःसोमाहुतिंचैवदुर्गा ण्यतितरंतिते ३४ मातापित्रोर्गुरुषुचसम्यग्वर्ततियेसदा ॥ यथात्वंवृष्णिशार्दूलेत्युक्त्वैवंविररामसः ३५ ॥ ॥ ॥

लाइत्यनेनधर्मव्यतिरिक्तकामपरिहारउक्तः । ऋतौभार्यामुपेयादित्येतावानेवकामोधर्ममयोनान्यः २२ सुधावैश्वदेवशेषः २३ अयोनीन्अकृतदारान् अग्नियोनीन्दाराग्निहोत्रयुतान् ब्रह्मणोवेद स्ययोनीन्आश्रयभूतान् २४ । २५ । २६ । २७ । २८ । २९ सर्वानिति । स्वाध्यायेसर्वेयज्ञाअंतर्भवन्तीत्यर्थः ३० भिक्षुचर्येतिद्वौश्लोकौपुनःपाठादुपेक्षितौगौडैः ३१ । ३२ । ३३ । ३४ । ३५

३६ ॥ इतिअनुशासनपर्वणिनीलकंठीयेभारतभावदीपे एकात्रिंशोऽध्यायः ॥ ३१ ॥ ॥ पितामहेत्यादेरध्यायस्यपक्षिमात्रस्यापिस्वशरीरदानेनरक्षणंकार्यं किमुतपूर्वोक्तानांपूज्यानामर्थादिनेतितात्प
र्यम् १ । २ । ३ प्रपात्यमानःआकाशादितिशेषः वृषदर्भमौशीनरंशिबिम् ४ । ५ । ६ नवंनीलंचयदुत्पलंतस्याऽऽपीडइवालंकारभूतश्चारुर्वर्णोयस्य ७ । ८ । ९ अतिक्रांतंगतप्रायजीवितं १० अस्यमद्भक्ष्यस्या

तस्मात्त्वमपिकौन्तेयपितृदेवद्विजातिथीन् ॥ सम्यक्पूजयसेनित्यंगतिमिष्टामवाप्स्यसि ३६ ॥ इतिश्रीमहाभारतेअनुशासनपर्वणि आनुशासनिकेपर्वणिदानधर्मे
कृष्णनारदसंवादेएकात्रिंशत्तमोऽध्यायः ३१ ॥ ॥ युधिष्ठिरउवाच ॥ पितामहमहाप्राज्ञसर्वशास्त्रविशारद ॥ त्वत्तोऽहंश्रोतुमिच्छामिधर्मंभरतसत्तम १
शरणागतंयेरक्षंतिभूतग्रामंचतुर्विधम् ॥ किंतस्यभरतश्रेष्ठफलंभवतितत्त्वतः २ ॥ भीष्मउवाच ॥ इदंशृणुमहाप्राज्ञधर्मपुत्रमहायशः ॥ इतिहासंपुरावृत्तंशरणार्थंमहा
फलम् ३ प्रपात्यमानःश्येनेनकपोतःप्रियदर्शनः ॥ वृषदर्भंमहाभागंनरेन्द्रंशरणंगतः ४ सतंदृष्ट्वाविशुद्धात्मात्रासादंकमुपागतम् ॥ आश्वास्याश्वसिहीत्याहनतेऽस्ति
भयमंडज ५ भयंतेसुमहत्कस्मात्कुत्रकिंवाकृतंत्वया ॥ येनत्वमिहसंप्राप्तोविसंज्ञोभ्रांतचेतनः ६ नवनीलोत्पलापीडचारुवर्णसुदर्शन ॥ दाडिमाशोकपुष्पाक्षमात्रस
स्वाभयंतव ७ मत्सकाशमनुप्राप्तंनत्वांकश्चित्समुत्सहेत् ॥ मनसाग्रहणंकर्तुंरक्षाध्यक्षपुरस्कृतम् ८ काशिराज्यंतदद्यैवत्वदर्थंजीवितंतथा ॥ त्यजेयंभवविस्रब्धःकपो
तनभयंतव ९ ॥ श्येनउवाच ॥ ममैतद्विहितंभक्ष्यंनराजंस्त्रातुमर्हसि ॥ अतिक्रांतंचप्राप्तंचप्रयत्नाच्चोपपादितम् १० मांसंचरुधिरंचास्यमज्जामेदश्चमेहितम् ॥ परितोष
करोह्येषममभाऽस्याग्रतोभव ११ तृष्णामेबाधतेऽत्युग्राक्षुधानिर्दहतीवमाम् ॥ मुंचैनंनहिशक्ष्यामिराजन्मंदयितुंक्षुधाम् १२ मयाह्यनुसृतोह्येषमत्पक्षनखविक्षतः ॥
किंचिदुच्छ्वासनिःश्वासंनराजन्गोप्तुमर्हसि १३ यदिस्वविषयेराजन्प्रभुस्त्वंरक्षणेनृणाम् ॥ खेचरस्यतृषार्तस्यनत्वंप्रभुरथोत्तम १४ यदिवैरिषुभृत्येषुस्वजनव्यवहा
रयोः ॥ विषयेष्विंद्रियाणांचआकाशेमापराक्रम १५ प्रभुत्वंहिपराक्रम्यसम्यक्पक्षहरेषुते ॥ यदित्वमिहधर्मार्थीमामपिद्रष्टुमर्हसि १६ ॥ भीष्मउवाच ॥ श्रुत्वाश्ये
नस्यतद्वाक्यंराजर्षिर्विस्मयंगतः ॥ संभाव्यचैनंतद्वाक्यंतदर्थीप्रत्यभाषत १७ ॥ राजोवाच ॥ गोवृषोवावराहोवामृगोवामहिषोऽपिवा ॥ त्वदर्थमद्यक्रियतांक्षुधाप्र
शमनायते १८ शरणागतंनत्यजेयमितिमेव्रतमाहितम् ॥ नमुंचतिममांगानिद्विजोऽयंपश्यवैद्विज १९ ॥ श्येनउवाच ॥ नवराहंनचोक्षाणंनचान्यान्विविधान्द्वि
जान् ॥ भक्षयामिमहाराजकिमन्नाद्येनतेनमे २० यस्तुमेविहितोभक्ष्यःस्वयंदेवैःसनातनः ॥ श्येनाःकपोतान्खादंतिस्थितिरेषासनातनी २१ उशीनरकपोतेतुयदि
स्नेहस्तवानघ ॥ ततस्त्वंमेप्रयच्छाद्यस्वमांसंतुलयाधृतम् २२ ॥ राजोवाच ॥ महाननुग्रहोमेऽद्ययस्त्वमेवमिहात्थमाम् ॥ बाढमेवकरिष्यामीत्युक्त्वाऽसौराजसत्तमः २३

ग्रतोन्तरायभूतोमाभव ११ तृष्णाएतद्रुधिरपिपासा १२ । १३ । १४ यदिवैर्यादिषुपराक्रमसेतद्युक्तं नत्वाकाशेआकाशचारिषु १५ पक्षहरेष्वाज्ञाभंगिषुशत्रुषुमामशत्रुमपिजीवनहरणेनबाधमानस्यतवधर्मार्थिनो
ऽप्यधर्मोभविष्यतीतिभावः १६ एनंश्येनंतद्वाक्यंचसंभाव्यस्तुत्वा तदर्थीकपोतार्थी १७ । १८ । १९ । २० । २१ । २२ । २३ ॥ ॥ ॥ ॥

२४ । २५ । २६ । २७ अशनैःशीघ्रं २८ मांसक्षयंमांसालयंशरीरम् २९ । ३० । ३१ नृत्तःनृत्येनतोषितःएवमुपगीतः ३२ । ३३ । ३४ । ३५ साधुवृत्तःसुशीलः सद्वृत्तंशिष्टाचारंस्वव्याजेनसुतरांनिष्कप
टेन ३६ । ३७ । अस्यांकथायांविधेयमाह योऽपीति ३८ । ३९ ॥ इतिअनुशासनपर्वणिनीलकंठीयेभारतभावदीपेद्वात्रिंशोऽध्यायः ॥ ३२ ॥ ॥ किंराज्ञइत्यध्यायस्यतात्पर्यंस्पष्टं १. अनुष्ठानमारा

उत्कृत्योत्कृत्यमांसानितुलयासमतोलयत् ॥ अन्तःपुरेततस्तस्यस्त्रियोरत्नविभूषिताः २४ हाहाभूताविनिष्क्रांताःश्रुत्वापरमदुःखिताः ॥ तासांरुदितशब्देनमंत्रिभृ
त्यजनस्यच २५ बभूवसुमहान्नादोमेघगंभीरनिःस्वनः ॥ निरुद्धंगगनंसर्वंव्यभ्रंमेघैःसमंततः २६ महीप्रचलिताचासीत्तस्यसत्येनकर्मणा ॥ सराजापार्श्वतश्चैवबाहु
भ्यामूरुतश्चयत् २७ तानिमांसानिसंछिद्यतुलांपूरयतेऽशनैः ॥ तथापिनसमस्तेनकपोतेनबभूवह २८ अस्थिभूतोयदाराजानिर्मांसोरुधिरस्रवः ॥ तुलांततःसमारू
ढःस्वंमांसक्षयमुत्सृजन् २९ ततःसेन्द्रास्त्रयोलोकास्तंनरेन्द्रमुपस्थिताः ॥ भेर्यश्चाकाशगैस्तत्रवादितादेवदुंदुभिः ३० अमृतेनावसिक्तश्चवृषदर्भोनरेश्वरः ॥ दिव्यैश्वसु
सुखैर्माल्यैरभिवृष्टःपुनःपुनः ३१ देवगंधर्वसंघातैरप्सरोभिश्चसर्वतः ॥ नृत्तश्चैवोपगीतश्चपितामहइवप्रभुः ३२ हेमप्रासादसंबाधंमणिकांचनतोरणम् ॥ सवैदूर्यम
णिस्तंभंविमानंसमधिष्ठितः ३३ सराजर्षिर्गतःस्वर्गंकर्मणातेनशाश्वतम् ॥ शरणागतेषुचैवंत्वंकुरुसर्वंयुधिष्ठिर ३४ भक्तानामनुरक्तानामाश्रितानांचरक्षिता ॥ दया
वान्सर्वभूतेषुपरत्रसुखमेधते ३५ साधुवृत्तोहियोराजासद्वृत्तमनुतिष्ठति ॥ किंनप्राप्तंभवेत्तेनस्वव्याजेनेहकर्मणा ३६ सराजर्षिर्विशुद्धात्माधीरःसत्यपराक्रमः ॥ काशी
नामीश्वरःख्यातस्त्रिषुलोकेषुकर्मणा ३७ योऽप्यन्यःकारयेदेवंशरणागतरक्षणम् ॥ सोऽपिगच्छेततामेवगतिंभरतसत्तम ३८ इदंवृत्तंहिराजर्षेर्वृषदर्भस्यकीर्तयन् ॥
पूतात्माविभवेल्लोकेशृणुयाद्यश्चनित्यशः ३९ ॥ इतिश्रीमहाभारतेअनुशासनपर्वणिआनुशासनिकेपर्वणिदानधर्मेद्वात्रिंशोऽध्यायः ॥ ३२ ॥ ॥ युधिष्ठिरउवाच ॥
किंराज्ञःसर्वकृत्यानांगरीयःस्यात्पितामह ॥ कुर्वन्किंकर्मनृपतिरुभौलोकौसमश्नुते १ ॥ भीष्मउवाच ॥ एतद्राज्ञःकृत्यतममभिषिक्तस्यभारत ॥ ब्राह्मणानामनुष्ठान
मत्यंतंसुखमिच्छता २ कर्तव्यंपार्थिवेन्द्रेणतथैवभरतर्षभ ॥ श्रोत्रियान्ब्राह्मणान्वृद्धान्नित्यमेवाभिपूजयेत् ३ पौरजानपदांश्चापिब्राह्मणांश्चबहुश्रुतान् ॥ सांत्वेनभोगदा
नेननमस्कारैस्तथाऽर्चयेत् ४ एतत्कृत्यतमंराज्ञोनित्यमेवोपलक्षयेत् ॥ यथाऽऽत्मानंयथापुत्रांस्तथैतान्प्रतिपालयेत् ५ येचाप्येषांपूज्यतमास्तान्दृढंप्रतिपूजयेत् ॥
तेषुशान्तेषुतद्राष्ट्रंसर्वमेवविराजते ६ तेपूज्यास्तेनमस्कार्यामान्यास्तेपितरोयथा ॥ तेष्वेवयात्रालोकानांभूतानामिववासवे ७ अभिचारैरुपायैश्चदहेयुरपिचेतसा ॥ निःशे
षंकुपिताःकुर्युरुग्राःसत्यपराक्रमाः ८ नांतमेषांप्रपश्यामिनदिशश्चाप्यपावृताः ॥ कुपिताःसमुदीक्षंतेदावेष्वग्निशिखाइव ९ ॥ ॥

धनं २ । ३ । ४ । ५ । एषांब्राह्मणानांमध्ये ६ वासवेपर्जन्ये ७ अभिचारैःश्येनादिभिः उपायैःकौलिकशास्त्रप्रसिद्धैः चेतसासंकल्पमात्रेण ८ अंतंनाशकरं दिशश्चैषांनाऽपावृताः सर्वत्राकुंठितागतिरेतेषा
मित्यर्थः अग्निशिखाइवदहंतः ९ ॥ ॥ ॥ ॥ ॥ ॥ ॥

एषांएभ्यः साहसिकाअकार्यकारिणोऽपिबिभ्यतिकिमुतविवेकिनः । छन्नाःकेचिज्जडभरतादयः । अपरेवसिष्ठादयः १० प्रसह्यकारिणोदुर्वासःप्रभृतयः । मृदवोगौतमादयःयेपादंचारेपिहिंसाभयात्पाद योरेवाक्षिचक्रुरित्यक्षपादत्वंगताः । अतिशठाअगस्त्यादयः वातापिजरयितुंमांसेलोलुपतांदर्शयंतः ११ कृषिंकुर्वतःउद्दालकगुर्वादयः । गोरक्ष्यंगुरोरेवउपमन्युप्रभृतयः । भैक्ष्यंदत्तात्रेयादयः । चौराःवाल्मीकिविश्वामित्रादयः । अनृताःकलहप्रियानारदादयः । नटनर्तकाभरतादयः १२ सर्वकर्मसहाःसमुद्रशोषणादावपिसमर्थाः १३ नानेति । स्वरूपप्रच्छादनार्थंलोकरक्षार्थंवानिषिद्धेनापिकर्मणावर्तमानाः

बिभ्यत्येषांसाहसिकागुणास्तेषामतीवहि ॥ कूपाइवतृणच्छन्नाविशुद्धाद्यौरिवापरे १० प्रसह्यकारिणःकेचित्कार्पासमृदवोपरे ॥ संतिचैषामतिशठास्तथैवान्येतपस्विनः ११ कृषिगोरक्ष्यमप्येकेभैक्ष्यमन्येऽप्यनुष्ठिताः ॥ चौराश्चान्येऽनृताश्चान्येतथान्येनटनर्तकाः १२ सर्वकर्मसहाश्चान्येपार्थिवेष्वितरेषुच ॥ विविधाकारयुक्ताश्चब्राह्मणाभरतर्षभ १३ नानाकर्मसुरक्तानांबहुकर्मोपजीविनाम् ॥ धर्मज्ञानांसतांतेषांनित्यमेवानुकीर्तयेत् १४ पितृणांदेवतानांचमनुष्योरगरक्षसाम् ॥ पुराप्येतेमहाभागाब्राह्मणावैजनाधिप १५ नैतेदेवैर्नपितृभिर्नगंधर्वैर्नराक्षसैः ॥ नासुरैर्नपिशाचैश्चशक्याजेतुंद्विजातयः १६ अदेवंदैवतंकुर्युर्दैवतंचाप्यदेवतम् ॥ यमिच्छेयुःसराजास्याद्योनेष्टःसपराभवेत् १७ परिवादंचयेकुर्युर्ब्राह्मणानामचेतसः ॥ सत्यंब्रवीमितेराजन्विनश्येयुर्नसंशयः १८ निंदाप्रशंसाकुशलाःकीर्त्यकीर्तिपरायणाः ॥ परिकुप्यंतितेराजन्सततंद्विषतांद्विजाः १९ ब्राह्मणायंप्रशंसंतिपुरुषःसप्रवर्धते ॥ ब्राह्मणैर्यःपराकृष्टःपराभूयात्क्षणाद्धिसः २० शकायवनकांबोजास्तास्ताःक्षत्रियजातयः ॥ वृषलत्वंपरिगताब्राह्मणानामदर्शनात् २१ द्राविडाश्चकलिंगाश्चपुलिंदाश्चाप्युशीनराः ॥ कोलिसर्पामहिषकास्तास्ताःक्षत्रियजातयः २२ वृषलत्वंपरिगताब्राह्मणानामदर्शनात् ॥ श्रेयान्पराजयस्तेभ्योनजयोजयतांवर २३ यस्तुसर्वमिदंहन्याद्ब्राह्मणंचनतत्समम् ॥ ब्रह्मवध्यामहान्दोषइत्याहुःपरमर्षयः २४ परिवादोद्विजातीनांनश्रोतव्यःकथंचन ॥ आसीताधोमुखस्तूष्णींसमुत्थायव्रजेत्तवा २५ नसजातोऽजनिष्यद्वापृथिव्यामिहकश्चन ॥ योब्राह्मणविरोधेनसुखंजीवितुमुत्सहेत् २६ दुर्ग्राह्योमुष्टिनावायुर्दुःस्पर्शःपाणिनाशशी ॥ दुर्धरापृथिवीराजन्दुर्जयाब्राह्मणाभुवि २७ ॥ इतिश्रीमहाभारतेअनुशासनपर्वणि आनुशासनिकेपर्वणि दानधर्मेब्राह्मणप्रशंसानामत्रयस्त्रिंशोऽध्यायः ॥ ३३ ॥ भीष्मउवाच ॥ ब्राह्मणानेवसततंभृशंसंपरिपूजयेत् ॥ एतेहिसोमराजानईश्वराःसुखदुःखयोः १ एतेभोगैरलंकारैरन्यैश्चैवकिमिच्छकैः ॥ सदापूज्यानमस्कारैरक्ष्याश्चपितृवन्नृपैः २ ततोराष्ट्रस्यशांतिर्हिभूतानामिववासवात् ॥ जायतांब्राह्मवर्चस्वीराष्ट्रेवैब्राह्मणःशुचिः ३

वस्तुतस्तुधर्मज्ञास्तेषांतान्नित्यमेवानुकीर्तयेत् १४ एतेपूज्याइतिशेषः यतोमहाभागाः १५ । १६ । १७ । १८।१९ परायणाःहेतवः २० अदर्शनादननुग्रहात् २१ । २२ । २३ । २४ । २५ । २६ । २७ ॥ इति अनुशासनपर्वणि नीलकंठीये भारतभावदीपेत्रयस्त्रिंशोध्यायः ॥ ३३ ॥ ॥ ब्राह्मणानित्याद्यध्यायत्रयेणदानपात्रत्वंब्राह्मणानामुच्यते । सोमोराजायेषांतेसोमराजानः १ किमिच्छसीतिप्रश्नपूर्वकंयत्तदिष्टंदीयतेतत्किमिच्छकम् २ । ३ ॥ ॥ ॥ ॥ ॥ ॥ ॥ ॥

म.भा.टी०
॥ ५५ ॥

४ । ५ । ६ । ७ । ८ । तेपिदातारोऽपि तदप्रदेयंद्रव्यं ९ । १० तद्यज्ञादिकंभूतगुत्पन्नं । 'अग्नौप्रास्ताहुतिःसम्यगादित्यमुपतिष्ठते ॥ आदित्याज्जायतेवृष्टिर्वृष्टेर
न्नंततःप्रजाः' इतिस्मृतेः ११ । १२ । १३ । १४ भूतात्मानोभूतःप्राप्तोवशीकृतआत्माचित्तंयैस्ते १५ । १६ । १७ । प्रक्षिप्येति । कुंभंपृथिवींब्राह्मणायप्रक्षिप्यदत्वापारगामिनंपरलोकहितंकर्मआरभेदाच

महारथश्चराजन्यएष्टव्यःशत्रुतापनः॥ ब्राह्मणंजातिसंपन्नंधर्मज्ञंसंशितव्रतम् ४ वासयेतगृहेराजन्नतस्मात्परमस्तिवै ॥ ब्राह्मणेभ्योहविर्दत्तंप्रतिगृह्णंतिदेवताः५ पितरंसर्व
भूतानांनैतेभ्योविद्यतेपरम् ॥ आदित्यश्चंद्रमावायुरापोभूरंबरंदिशः ६ सर्वेब्राह्मणमाविश्यसदाऽन्नमुपभुंजते ॥ नतस्याश्नंतिपितरोयस्यविप्रानभुंजते ७ देवाश्चाप्य
स्यनाश्नंतिपापस्यब्राह्मणद्विषः ॥ ब्राह्मणेषुतुतुष्टेषुप्रीयंतेपितरःसदा ८ तथैवदेवताराजन्नात्रकार्याविचारणा ॥ तथैवतेऽपिप्रीयंतेयेषांभवतितद्धविः ९ नचप्रेत्य
विनश्यंतिगच्छन्तिचपरांगतिम् ॥ येनयेनैवहविषाब्राह्मणांस्तर्पयेन्नरः १० तेनतेनैवप्रीयंतेपितरोदेवतास्तथा ॥ ब्राह्मणादेवतद्भूतंप्रभवंतियतःप्रजाः ११ यतश्चायंप्रभव
तिप्रेत्ययत्रचगच्छति ॥ वेदैषमार्गंस्वर्गस्यतथैवनरकस्यच १२ आगतानागतेचोभेब्राह्मणोद्विपदांवरः॥ ब्राह्मणोभरतश्रेष्ठस्वधर्मंचैववेदयः १३ येचैनमनुवर्तंतेतेनयां
तिपराभवम् ॥यद्ब्राह्मणमुखात्प्राप्तंप्रतिगृह्णंतिवैवचः १४भूतात्मानोमहात्मानस्तेनयांतिपराभवम् १५ क्षत्रियाणांप्रतपतांतेजसाचबलेनच ॥ ब्राह्मणेष्वेवशाम्यंतितेजां
सिचबलानिच १६ भृगवस्तालजंघांश्चनीपानांगिरसोऽजयन् ॥ भरद्वाजोवैतहव्यानैलांश्चभरतर्षभ १७ चित्रायुधांश्चाप्यजयन्नेतेकृष्णाजिनध्वजाः ॥ प्रक्षिप्याथचकुंभा
न्वैपारगामिनमारभेत् १८ यत्किंचित्कथ्यतेलोकेश्रूयतेपठ्यतेऽपिवा ॥ सर्वंतद्ब्राह्मणेष्वेवगूढोऽग्निरिवदारुषु १९ अत्राप्युदाहरंतीममितिहासंपुरातनम् ॥ संवा
दंवासुदेवस्यपृथ्व्याश्चभरतर्षभ २० ॥ वासुदेवउवाच ॥ मातरंसर्वभूतानांपृच्छेत्वांसंशयंशुभे ॥ केनस्वित्कर्मणापापंव्यपोहतिनरोगृही २१ ॥ पृथिव्युवाच ॥
ब्राह्मणानेवसेवेतपवित्रंह्येतदुत्तमम् ॥ ब्राह्मणान्सेवमानस्यरजःसर्वंप्रणश्यति ॥ अतोभूतिरतःकीर्तिरतोबुद्धिःप्रजायते २२ महारथश्चराजन्यएष्टव्यःशत्रुतापनः ॥
इतिमांनारदःप्राहसततंसर्वभूतये २३ ब्राह्मणंजातिसंपन्नंधर्मज्ञंसंश्रितंशुचिम् ॥ अपरेषांपरेषांचपरेभ्यश्चैवयेऽपरे २४ ब्राह्मणायंप्रशंसंतिसमनुष्यःप्रवर्धते ॥
अथयोब्राह्मणान्क्रुष्टःपराभवतिसोऽचिरात् २५ यथामहार्णवेक्षिप्तासीतानेष्टुर्विनश्यति ॥ तथादुश्चरितंसर्वंपराभावायकल्पते २६ पश्यचंद्रेकृतंलक्ष्मसमुद्रोलवणो
दकः ॥ तथाभगसहस्रेणमहेंद्रःपरिचिह्नितः २७ ॥ ॥ ॥ ॥ ॥ ॥

रेत् भानदीप्तिंकुर्वन्नुभयलोकेइतिशेषः १८ यत्किंचिदतीतानागतंव्यवहितंस्थूलसूक्ष्मंब्राह्मणेहार्दाकाशाख्यब्रह्मविदिकाष्ठाग्निवद्ध्याननिर्मथनादभिव्यज्यतइत्यर्थः १९ । २० । २१ रजः ध्यानेऽन्तराय
भूतोविक्षेपः भूतिरैश्वर्यं बुद्धिरात्मज्ञानंसार्धश्लोकः २२ । २३ अपरेब्राह्मणंसर्वभूतयेइच्छेदित्याहुरितिविपरिणामेनानुषंगः २४ क्रुष्टःक्रोशति कर्तरिक्तः २५ सीतानेष्टुर्लांगलभ्रष्टतिगतः
पांसुपिंडः । लोष्टोलेष्टुरितिकोशकाराअंतस्थादिमंशब्दंपठंति दुश्चरितंब्राह्मणद्रोहः २६ । २७ ॥ ॥ ॥ ॥ ॥ ॥

॥ ५५ ॥

२८ विधेयमाहब्राह्मणेत्यर्धेन २९ । ३० । ३१ ॥ इतिअ०नी०भा०चतुस्त्रिंशोऽध्यायः ३४॥ जन्मनेति । जन्मनैवसंस्कारात्मभावेऽपिब्राह्मणोनमस्यएव प्रसृतंप्रश्रितंपक्वमन्नंतत्स्त्राग्रभाक्तुमहः प्रसृताग्रभुक् १
सर्वेअर्थाःधर्मादयोयेभ्यस्ते सुमनसांदेवानांमुखमिवभूताःसुमनोमुखाः २ नोऽस्माकंद्विषतःशत्रून् तैरपूजिताब्राह्मणादारुणयुक्ताभिस्तवशत्रवोनश्यंत्वित्यादिभिर्गीर्भिः अभिध्यासुःअभिध्यायंतु अभिह

तेषामेवप्रभावेनसहस्रनयनोह्यसौ ॥ शतक्रतुःसमभवत्पश्यमाधवयादृशम् २८ इच्छन्कीर्तिंचभूतिंचलोकांश्चमधुसूदन ॥ ब्राह्मणानुमतेतिष्ठेत्पुरुषःशुचिरात्म
वान् २९ ॥ भीष्मउवाच ॥ इत्येतद्वचनंश्रुत्वामेदिन्यामधुसूदनः ॥ साधुसाध्वितिकौरव्यमेदिनींप्रत्यपूजयत् ३० एतांश्रुत्वोपमांपार्थप्रयतोब्राह्मणर्षभान् ॥
सततंपूजयेथास्त्वंततःश्रेयोऽभिपत्स्यसे ३१ ॥ इतिश्रीमहाभारतेअनुशासनपर्वणिआनुशासनिकेप०दानधर्मेपृथिवीवासुदेवसंवादेचतुस्त्रिंशोऽध्यायः ॥ ३४ ॥ भी
ष्मउवाच ॥ जन्मनैवमहाभागोब्राह्मणोनामजायते ॥ नमस्यःसर्वभूतानामतिथिःप्रसृताग्रभुक् १ सर्वार्थाःसुहृदस्तातब्राह्मणाःसुमनोमुखाः ॥ गीर्भिर्मंगलयुक्ताभि
रनुध्यायंतिपूजिताः २ सर्वान्नोद्विषतस्तातब्राह्मणाजातमन्यवः ॥ गीर्भिर्दारुणयुक्ताभिरभिध्यासुरपूजिताः ३ अत्रगाथाःपुरागीताःकीर्तयंतिपुराविदः ॥ सृष्ट्वा
द्विजातीन्धाताहियथापूर्वंसमादधत् ४ नचान्यदिहकर्तव्यंकिंचिदूर्ध्वंयथाविधि ॥ गुप्तागोपायतेब्रह्माश्रेयोवस्तेनशोभनम् ५ स्वमेवकुर्वतांकर्मश्रीर्वोब्राह्मीभवि
ष्यति ॥ प्रमाणंसर्वभूतानांप्रग्रहाश्चभविष्यथ ६ नशौद्रंकर्मकर्तव्यंब्राह्मणेनविपश्चिता ॥ शौद्रंहिकुर्वतःकर्मधर्मःसमुपरुध्यते ७ श्रीश्चबुद्धिश्चतेजश्चविभूति
श्चप्रतापिनी ॥ स्वाध्यायेचैवमाहात्म्यंविपुलंप्रतिपत्स्यते ८ हुत्वाचाहवनीयस्थंमहाभाग्येप्रतिष्ठिताः ॥ अग्रभोज्याःप्रसूतीनांश्रियाब्राह्मयाऽनुकल्पिताः ९
श्रद्धयापरयायुक्ताह्यनभिद्रोहलब्धया ॥ दमस्वाध्यायनिरताःसर्वान्कामानवाप्स्यथ १० यच्चैवमानुषेलोकेयच्चदेवेषुकिंचन ॥ सर्वंतुतपसासाध्यंज्ञानेननियमेनच
११ इत्येवंब्रह्मगीतास्तेसमाख्यातामयाऽनघ ॥ विप्राणामनुकंपार्थंतेनप्रोक्तंहिधीमता १२ भूयस्तेषांबलंमन्येयथाराज्ञस्तपस्विनः ॥ दुरासदाश्चचंडाश्चरभसाः
क्षिप्रकारिणः १३ संत्येषांसिंहसत्वाश्चव्याघ्रसत्वास्तथापरे ॥ वराहमृगसत्वाश्चजलसत्वास्तथापरे १४ सर्पस्पर्शसमाःकेचित्तथान्येमकरस्पृशः ॥ विभाष्यघाति
नःकेचित्तथाचक्षुर्हणोपरे १५ संतिचाशीविषसमाःसंतिमंदास्तथापरे ॥ विविधानीहवृत्तानिब्राह्मणानांयुधिष्ठिर १६ मेकलाद्राविडालाटाःपौण्ड्राःकान्वशिरास्तथा ॥
शौण्डिकादरदादार्वाश्चौराःशबरबर्बराः १७ किरातायवनाश्चैवतास्ताःक्षत्रियजातयः ॥ वृषलत्वमनुप्राप्ताब्राह्मणानाममर्षणात् १८ ॥

न्युरितिस्पष्टार्थःपाठः ३ समादधत्समाधिंनियमंकृतवान् ४ ब्रह्माब्राह्मणः वःशोभनंश्रेयस्तेनैव ५ स्वंकर्मब्राह्मणगोपनं प्रग्रहाःदमनक्षमारज्जवइव ६ शौद्रंकर्मसेवा कर्तव्यंकारयितव्यं कुर्वतःकारयतः ७
श्रीश्चेत्यादेःश्रियमित्यर्थः ८ आहवनीयस्थंदेवतागणं प्रसूतीनांशिशुभ्योऽप्यग्रेभोज्यंयेषांते ब्राह्म्याश्रियाविद्ययाऽनुकल्पिताःपात्रीभूताः ९ । १० । ११ । १२ भूयइति चंडत्वादिदोषवंतोऽपिपू
ज्याएवेत्यर्थः १३ । १४ । १५ । १६ । १७ अमर्षणाद्ब्राह्मणकोपासहनात् १८ ॥ ॥ ॥

१९ । २० । २१ । २२ तेभ्योरक्ष्यंस्वकुलमितिशेषः २३ ॥ इतिअनुशासनपर्वणिनीलकंठीयेभारतभावदीपेपंचत्रिंशोऽध्यायः ॥ ३५ ॥ ॥ अत्रापीत्यध्यायस्यतात्पर्यअसुराणामपिश्रीर्ब्राह्मणप्रसादलभ्यैवेति १ । २ । ३ । ४ । ५ । ६ मांमयिमधुंअमृततुल्यांविद्यांसमासिञ्चंति क्षौद्रंमधुपटलं मक्षिकामध्विवेत्याद्युत्त्यायोज्यं ७ समाधिंब्राह्मणेषुनिष्ठाम् ८ वागग्रेजिह्वाग्रेमृष्टंविधामृतंयेषांब्राह्मणानां

ब्राह्मणानांपरिभवादसुराःसलिलेशयाः ॥ ब्राह्मणानांप्रसादाच्चदेवाःस्वर्गनिवासिनः १९ अशक्यंस्प्रष्टुमाकाशमचाल्योहिमवान्गिरिः ॥ अधार्यासेतुनागंगादु
र्जयाब्राह्मणाभुवि २० नब्राह्मणविरोधेनशक्याशास्तुंवसुंधरा ॥ ब्राह्मणाहिमहात्मानोदेवानामपिदेवताः २१ तान्पूजयस्वसततंदानेनपरिचर्यया ॥ यदी
च्छसिमहींभोक्तुमिमांसागरमेखलाम् २२ प्रतिग्रहेणतेजोहिविप्राणांशाम्यतेऽनघ ॥ प्रतिग्रहंयेनेच्छेयुस्तेभ्योरक्ष्यंत्वयानृप २३ ॥ इतिश्रीमहाभारतेअनुशासन
पर्वणिआनुशासनिकेपर्वणिदानधर्मेब्राह्मणप्रशंसायांपंचत्रिंशोऽध्यायः ॥ ३५ ॥ ॥ भीष्मउवाच ॥ अत्राप्युदाहरंतीममितिहासंपुरातनम् ॥ शक्रशंबरसं
वादंतन्निबोधयुधिष्ठिर १ शक्रोह्यज्ञातरूपेणजटीभूत्वारजोगुणः ॥ विरूपंरथमास्थायप्रश्नंपप्रच्छशंबरम् २ ॥ शक्रउवाच ॥ केनशंबरवृत्तेनस्वजात्यानधि
तिष्ठसि ॥ श्रेष्ठंत्वांकेनमन्यन्तेतद्वैप्रब्रूहितत्त्वतः ३ ॥ शंबरउवाच ॥ नासूयामियदाविप्रान्ब्राह्ममेवचमेमतम् ॥ शास्त्राणिवदतोविप्रान्संमन्यामियथासुखम् ४
श्रुत्वाचनावजानामिनापराध्यामिकर्हिचित् ॥ अभ्यर्च्याम्यनुपृच्छामिपादौगृह्णामिधीमताम् ५ तेविश्रब्धाःप्रभाषन्तेसंपृच्छन्तेचमांसदा ॥ प्रमत्तेष्वप्रमत्तो
ऽस्मिसदासुप्तेषुजागृमि ६ तेमांशास्त्रपथेयुक्तंब्रह्मण्यमनसूयकम् ॥ समासिंचंतिशास्तारःक्षौद्रंमध्विवमक्षिकाः ७ यच्चभाषंतिसंतुष्टास्तच्चगृह्णामिमेधया ॥
समाधिमात्मनोनित्यमनुलोममचिंतयम् ८ सोऽहंवागग्रमृष्टानांरसानामवलेहकः ॥ स्वजात्यानधितिष्ठामिनक्षत्राणीवचंद्रमाः ९ एतत्पृथिव्याममृतमेतच्चक्षु
रनुत्तमम् ॥ यद्ब्राह्मणमुखाच्छास्त्रमिहश्रुत्वाप्रवर्तते १० एतत्कारणमाज्ञायदृष्ट्वादेवासुरंपुरा ॥ युद्धंपितामेहृष्टात्माविस्मितःसमपद्यत ११ दृष्ट्वाचब्राह्मणानां
तुमहिमानंमहात्मनाम् ॥ पर्यपृच्छत्कथममीसिद्धाइतिनिशाकरम् १२ ॥ सोमउवाच ॥ ब्राह्मणास्तपसासर्वेसिध्यंतेवाग्बलाःसदा ॥ भुजवीर्याश्चराजानो
वागस्त्राश्चद्विजातयः १३ प्रणवंचाप्यधीयीतब्राह्मीर्दुर्वसतीर्वसन् ॥ निर्मन्युरपिनिर्वाणोयतिःस्यात्समदर्शनः १४ अपिचज्ञानसंपन्नःसर्वान्वेदान्पितुर्गृहे ॥
श्लाघमानइवाधीयाद्ग्राम्यइत्येवतंविदुः १५ भूमिरेतौनिगिरतिसर्पोबिलशयानिव ॥ राजानंचाप्ययोद्धारंब्राह्मणंचाप्रवासिनम् १६ अभिमानःश्रियंहंतिपुर
षस्याल्पमेधसः ॥ गर्भेणदुष्यतेकन्यागृहवासेनचद्विजः १७ ॥ ॥ ॥

रसानामुक्तिसुधानां ९ । १० । ११ । १२ । १३ ब्राह्मीर्वेदार्थाःदुर्वसतीःगुरुकुलवासक्लेशात् अपिअपिवा सतिवैराग्येयतिःस्यात्नैष्ठिकब्रह्मचर्याद्वापारिव्राज्यमेवकुर्यादित्यर्थः १४ पितुर्गृहेवेदाध्ययनंनिंदतिअपीति १५ अप्रवासिनंवेदार्थंग्रामांतरेवासमकुर्वाणं १६ । १७ ॥ ॥ ॥

१८ । १९ ॥ इतिअनुशासनपर्वणिनीलकंठीयेभारतभावदीपेषट्त्रिंशोऽध्यायः ॥ ३६ ॥ ॥ अपूर्वश्चेत्यध्यायोब्राह्मणेष्वपिपात्रविशेषपरीक्षार्थः १ तत्राऽपूर्वश्चिरोषितोदूरादागतश्च पात्रंतेषांमध्येकश्चिद्यज्ञार्थंकश्चिद्गुरुदक्षिणार्थंकश्चित्कुटुंबभरणार्थमितिएवंरूपाक्रियाकेषांचित्पात्रत्वेप्रधानंभवतिकेषांचित्पांशुव्रतंमौनंपारिव्राज्यमिति । तथाक्रियामौनयोस्तारतम्यादेषां तारतम्यंनस्वरूपतइत्याह क्रियेति । दद्यामःददामइत्येवंवक्तव्यंनत्वेतेषुकंचित्प्रत्याचक्षीतेत्यर्थः २ । ३ । ४ दत्तंप्रदेयवस्त्वभिमानिनीदेवता नसंतपेत्यथातादृशायदेयंनान्यस्मैस्मर्यतेहि । 'नष्टशौचेव्रतभ्रष्टेविप्रेवेदविवर्जिते । दीयमानंरुदत्यन्नंकिंमयादुष्कृतंकृतम्'इति अतःकस्तादृशइतिप्रश्नः ५ मुख्यंपात्रंविशेषेणश्रुतवंतोऽनसूयकाइति ६ । ७ । ८

इत्येतन्मेपिताश्रुत्वासोमादद्भुतदर्शनात् ॥ ब्राह्मणान्पूजयामासतथैवाहंमहाव्रतान् १८ ॥ भीष्मउवाच ॥ श्रुत्वैतद्वचनंशक्रोदानवेंद्रमुखाच्च्युतम् ॥ द्विजान्संपूजयामासमहेंद्रत्वमवापच १९ ॥ इतिश्रीमहाभारतेअनुशासनपर्वणिआनुशासनिकेपर्वणिदानधर्मेब्राह्मणप्रशंसायामिंद्रशम्बरसंवादेषट्त्रिंशोऽध्यायः ॥ ३६ ॥

॥ युधिष्ठिरउवाच ॥ अपूर्वश्चभवेत्पात्रमथवापिचिरोषितः ॥ दूरादभ्यागतंचापिकिंपात्रंस्यात्पितामह १ ॥ भीष्मउवाच ॥ क्रियाभवतिकेषांचित्पांशुव्रतमुत्तमम् ॥ योयोयाचेतयत्किंचित्सर्वंदद्यामइत्यपि २ अपीडयन्भृत्यवर्गमित्येवमनुशुश्रुम ॥ पीडयन्भृत्यवर्गंहिआत्मानमपकर्षति ३ अपूर्वंभावयेत्पात्रंयच्चापिस्याच्चिरोषितम् ॥ दूरादभ्यागतंचापितत्पात्रंचविदुर्बुधाः ४ ॥ युधिष्ठिरउवाच ॥ अपीडयाचभूतानांधर्मस्याहिंसयातथा ॥ पात्रंविद्यात्तुतत्त्वेनयस्मैदत्तंनसंतपेत् ५ भीष्मउवाच ॥ ऋत्विक्पुरोहिताचार्याःशिष्यसंबंधिबांधवाः ॥ सर्वेपूज्याश्चमान्याश्चश्रुतवंतोऽनसूयकाः ६ अतोऽन्यथावर्तमानाःसर्वेनार्हन्तिसत्क्रियाम् ॥ तस्मान्नित्यंपरीक्षेतपुरुषान्प्रणिधायवै ७ अक्रोधःसत्यवचनमहिंसादमआर्जवम् ॥ अद्रोहोऽनभिमानश्चह्रीस्तितिक्षादमःशमः ८ यस्मिन्नेतानिदृश्यंतेनचाकार्याणिभारत ॥ स्वभावतोनिविष्टानितत्पात्रंमानमर्हति ९ तथाचिरोषितंचापिसंप्रत्यागतमेवच ॥ अपूर्वंचैवपूर्वंचतत्पात्रंमानमर्हति १० अप्रामाण्यंचवेदानांशास्त्राणांचाभिलंघनम् ॥ अव्यवस्थाचसर्वत्रएतन्नाशनमात्मनः ११ भवेत्पंडितमानीयोब्राह्मणोवेदनिंदकः ॥ आन्वीक्षिकींतर्कविद्यामनुरक्तोनिरर्थिकाम् १२ हेतुवादान्ब्रुवन्सत्सुविजेताऽहेतुवादिकः ॥ अक्रोष्टाचातिवक्ताचब्राह्मणानांसदैवहि १३ सर्वाभिशंकीमूढश्चबालःकटुकवागपि ॥ बोद्धव्यस्तादृशस्तातनरंश्वानंहितंविदुः १४ यथाश्वाभषितुंचैवहंतुंचैवावसज्जते ॥ एवंसंभाषणार्थायसर्वशास्त्रवधायच १५ लोकयात्राचद्रष्टव्याधर्मश्चात्महितानिच ॥ एवंनरोवर्तमानःशाश्वतीर्वर्धतेसमाः १६ ऋणमुन्मुच्यदेवानामृषीणांचतथैवच ॥ पितॄणामथविप्राणामतिथीनांचपंचमम् १७ ॥ ॥ ॥

९ तथाअक्रोधादिगुणविशिष्टं १० अपात्रताबीजमाह अप्रामाण्यमिति । आत्मनःपात्रतायाइतिशेषः ११ निरर्थिकांश्रुतिविरोधित्वेनमोक्षानुपयोगिनीम् १२ हेतुवादान्ब्रुवन्युक्त्याजगत्कारणगोष्ठीःकुर्वन्नपि अहेतुवादिकःशास्त्रोक्तहेतुवादविरोधात् १३ बोद्धव्यःअस्पृश्यत्वेनेतिशेषः तत्रहेतुमाह श्वानंहितंविदुः शिष्टाइतिशेषः १४ एतदेवोपपादयति यथेति १५ लोकयात्राशिष्टाचारादिव्यवहारः धर्मःश्रुतिस्मृत्युक्तः आत्महितानिशमदमादीनि १६ देवानामृणंयज्ञेनऋषीणांवेदाधिगमेनपितॄणांप्रजोत्पादनेनविप्राणांदानमानेनातिथीनांवैश्वदेवांतेआगतानांसम्यगातिथ्येनचोन्मुच्याऽपाकृत्य कर्माणिकुर्वन्नित्युत्तरेणान्वयः १७ ॥ ॥ ॥ ॥ ॥ ॥ ॥ ॥ ॥ ॥

पर्यायेणयथाक्रमेण सुविनीतेनसुशिक्षितेनकर्मणायत्नेन कर्माणियज्ञादीनि १८ ॥ इतिअनुशासनपर्वणिनीलकंठीयेभारतभावदीपे सप्तत्रिंशोऽध्यायः ॥ ३७ ॥ ॥ ॥ पूर्वमेवदाहनपर्व
णिवेद्यंवस्तूक्तंतद्वेदनंधर्मबलादेवभवतीतियज्ञादिधर्मोवक्तव्यः सचकामकारविहितदारपरिग्रहाधीनइत्यष्टावक्रादिक्संवादेप्रदर्शितः तत्रापि 'ऋत्विगात्माधनंजायाशुद्धंयस्यचतुष्टयं ॥ तस्याग्निहोत्रंस्वर्गायन
रकायेतरस्यच'इतिस्मृतेर्यज्ञांगभूतात्मशुद्धिर्ऋत्विक्शुद्धिश्चतीर्थब्राह्मणमाहात्म्याभ्यामुक्ता अथस्त्रीशुद्धिर्द्रव्यशुद्धिश्चमहताप्रबंधेनप्रस्‍ यते तत्रतावदस्मिन्नध्यायेस्त्रीदोषानेवदर्शयति स्त्रीणामित्यादिना । लघुचि

पर्यायेणविशुद्धेनसुविनीतेनकर्मणा ॥ एवंगृहस्थःकर्माणिकुर्वन्धर्मान्नहीयते १८ ॥ इतिश्रीमहाभारतेअनुशासनपर्वणि आनुशासनिकेपर्वणिदानधर्मेपात्रपरीक्षायां
सप्तत्रिंशोऽध्यायः ॥ ३७ ॥ ॥ युधिष्ठिरउवाच ॥ स्त्रीणांस्वभावमिच्छामिश्रोतुंभरतसत्तम ॥ स्त्रियोहिमूलंदोषाणांलघुचित्ताहिताःस्मृताः १ ॥ भीष्मउवाच॥
अत्राप्युदाहरंतीममितिहासंपुरातनम् ॥ नारदस्यचसंवादंपुंश्चल्यापंचचूडया २ लोकाननुचरन्सर्वान्देवर्षिर्नारदःपुरा ॥ ददर्शाप्सरसंब्राह्मींपंचचूडामनिंदिताम् ३
तांदृष्ट्वाचारुसर्वांगींपप्रच्छाप्सरसंमुनिः ॥ संशयोहृदिकश्चिन्मेब्रूहितन्मेसुमध्यमे ४ ॥ भीष्मउवाच ॥ एवमुक्ताऽथसाविप्रंप्रत्युवाचाथनारदम् ॥ विषयेसतिवक्ष्या
मिसमर्थांमन्यसेचमाम् ५ ॥ नारदउवाच ॥ नत्वामविषयेभद्रेनियोक्ष्यामिकथंचन ॥ स्त्रीणांस्वभावमिच्छामित्वत्तःश्रोतुंवरानने ६ ॥ भीष्मउवाच ॥ एतच्छ्रुत्वा
वचस्तस्यदेवर्षेरप्सरोत्तमा ॥ प्रत्युवाचनशक्ष्यामिस्त्रीसतीनिंदितुंस्त्रियः ७ विदितास्तेस्त्रियोयाश्चयादृशाश्चस्वभावतः ॥ नमामर्हसिदेवर्षेनियोक्तुंकार्यईदृशे ८ तामु
वाचसदेवर्षिःसत्यंवदसुमध्यमे ॥ मृषावादेभवेद्दोषःसत्येदोषोनविद्यते ९ इत्युक्तासाकृतमतिरभवच्चारुहासिनी ॥ स्त्रीदोषाञ्छाश्वतान्सत्यान्भाषितुंसंप्रचक्रमे १०
॥ पंचचूडोवाच ॥ कुलीनारूपवत्यश्चनाथवत्यश्चयोषितः ॥ मर्यादासुनतिष्ठंतिसदोषःस्त्रीषुनारद ११ नस्त्रीभ्यःकिंचिदन्यद्वैपापीयस्तरमस्तिवै ॥ स्त्रियोहिमूलंदो
षाणांतथात्वमपिवेत्थह १२ समाज्ञातानृद्धिमतःप्रतिरूपान्वशेस्थितान् ॥ पतीनंतरमासाद्यनालंनार्यःप्रतीक्षितुम् १३ असद्धर्मस्त्वयंस्त्रीणामस्माकंभवतिप्रभो ॥
पापीयसोनरान्यद्वैलज्जांत्यक्त्वाभजामहे १४ स्त्रियंहियःप्रार्थयतेसन्निकर्षंचगच्छति ॥ ईषच्चकुरुतेसेवांतमेवेच्छंतियोषितः १५ अनर्थित्वान्मनुष्याणांभयात्परिजन
स्यच ॥ मर्यादायाममर्यादाःस्त्रियस्तिष्ठंतिभर्तृषु १६ नासांकश्चिदगम्योऽस्तिनासांवयसिनिश्चयः ॥ विरूपंरूपवंतंवापुमानित्येवभुंजते १७ नभयान्नाप्यनुक्रोशा
न्नार्थहेतोःकथंचन ॥ नज्ञातिकुलसंबंधात्स्त्रियस्तिष्ठंतिभर्तृषु १८ यौवनेवर्तमानानांमृष्टाभरणवाससाम् ॥ नारीणांस्वैरवृत्तीनांस्पृहयंतिकुलस्त्रियः १९ याश्चशश्वद्ब
हुमतारक्ष्यंतेदयिताःस्त्रियः ॥ अपिताःसंप्रसज्जंतेकुब्जांधजडवामनैः २० पंगुष्वथचदेवर्षेयेचान्येकुत्सितानराः ॥ स्त्रीणामगम्योलोकेऽस्मिन्नास्तिकश्चिन्महामुने२१
यदिपुंसांगतिर्ब्रह्मन्कथंचिन्नोपपद्यते ॥ अप्यन्योन्यंप्रवर्ततेनहितिष्ठंतिभर्तृषु २२ ॥ ॥ ॥

त्ताःवायुवच्चलचित्ताः १ । २ ब्राह्मींब्रह्मलोकस्थां ३ । ४ । ५ विषयेवक्तुंयोग्यत्वे ६ । ७ । ८ । ९ कृतमतिर्वक्ष्यामीतिकृतनिश्चयाऽभवत् १० । ११ । १२ । १३ । १४
१५ । १६ । १७ । १८ । १९ । २० । २१ गतिःप्राप्तिः अन्योन्यंकृत्रिमालिंगधारिण्योभूत्वामैथुनार्थंप्रवर्तंते एतच्चलोकप्रसिद्धं भर्तृषुदूरस्थेषुइतिशेषः नहितिष्ठंतिधैर्येइतिशेषः २२

२३ चलस्वभावाःसालावृकाणांहृदयान्येताइतिश्रुतेर्यथावृकविशेषाःअत्यहंनवंनवंमांसमिच्छंतिह्यस्तनेनरमंतएवंस्त्रियःपुरुषमित्यर्थः २४ काष्ठानांकाष्ठैः २५।२६।२७। २८ अंतकादिवत्सद्योनाशकाइत्यर्थः २९ यतइति। वन्ह्यौष्ण्यवत्स्वाभाविकाएतेस्त्रीणांदोषाइत्यर्थः यथोक्तंनीतौ'अनृतंसाहसंमायामूर्खत्वमतिलोभता ॥ अशौचंनिर्दयत्वंचस्त्रीणांदोषाःस्वभावजाः'इति कामश्चाष्टगुणःस्मृतःइतिच ३० ॥ इति

अलाभात्पुरुषाणांहिभयात्परिजनस्यच ॥ वधबंधभयाच्चापिस्वयंगुप्ताभवंतिताः २३ चलस्वभावादुःसेव्यादुर्ग्राह्याभावतस्तथा ॥ प्राज्ञस्यपुरुषस्येहयथा वाचस्तथास्त्रियः २४ नाग्निस्तृप्यतिकाष्ठानांनापगानांमहोदधिः ॥ नांतकःसर्वभूतानांनपुंसांवामलोचनाः २५ इदमन्यच्चदेवर्षेरहस्यंसर्वयोषिताम् ॥ दृष्ट्वैव पुरुषंहृद्यंयोनिःप्रक्लिद्यतेस्त्रियाः २६ कामानामपिदातारंकर्तारंमनसांप्रियम् ॥ रक्षितारंनमृष्यंतिस्वभर्तारमलंस्त्रियः २७ नकामभोगान्विपुलान्नालंकारान्नसं श्रयान् ॥ तथैवबहुमन्यंतेयथारत्यामनुग्रहम् २८ अंतकःपवनोमृत्युःपातालंवडवामुखम् ॥ क्षुरधाराविषंसर्पोवह्निरित्येकतःस्त्रियः २९ यतश्चभूतानिम हांतिपंचयतश्चलोकाविहिताविधात्रा ॥ यतःपुमांसःप्रमदाश्चनिर्मितास्तदैवदोषाःप्रमदासुनारद ॥ ३० ॥ इतिश्रीमहाभारतेअनुशासनपर्वणिआनुशासनिकेपर्व णिदानधर्मेपंचचूडानारदसंवादेअष्टत्रिंशोऽध्यायः ॥ ३८ ॥ ॥ युधिष्ठिरउवाच ॥ ॥ इमेवैमानवालोकेस्त्रीषुसज्जंत्यभीक्ष्णशः ॥ मोहेनपरमाविष्टादैव स्पष्टेनपार्थिव १ स्त्रियश्चपुरुषेष्वेवप्रत्यक्षंलोकसाक्षिकम् ॥ अत्रमेसंशयस्तीव्रोहृदिसंपरिवर्तते २ कथमासांनराःसंगंकुर्वतेकुरुनंदन ॥ स्त्रियोवाकेषु रज्यंतेविरज्यंतेचताःपुनः ३ इतिताःपुरुषव्याघ्रकथंशक्यास्तुरक्षितुम् ॥ प्रमदाःपुरुषेणेहतन्मेव्याख्यातुमर्हसि ४ एताहिरममाणास्तुवंचयंतीहमानवान् ॥ नचासांमुच्यतेकश्चित्पुरुषोहस्तमागतः ५ गावोनवतृणानीवगृह्णंत्येतानवंनवम् ॥ शंबरस्यचयामायामायायानमुचेरपि ६ बलेःकुंभीनसेश्चैवसर्वास्तायोषि तोविदुः ॥ हसंतंप्रहसंत्येतारुदंतंप्ररुदंतिच ७ अप्रियंप्रियवाक्यैश्चगृह्णतेकालयोगतः ॥ उशनावेदयच्छास्त्रंयच्चवेदबृहस्पतिः ८ स्त्रीबुद्ध्यानविशिष्येततास्तुरक्ष्याः कथंनरैः ॥ अनृतंसत्यमित्याहुःसत्यंचापितथाऽनृतम् ९ इतियास्ताःकथंवीरसंरक्ष्याःपुरुषैरिह ॥ स्त्रीणांबुद्ध्यर्थनिष्कर्षादर्थशास्त्राणिशत्रुहन् १० बृहस्पतिप्र भृतिभिर्मन्येसद्भिःकृतानिवै ॥ संपूज्यमानाःपुरुषैर्विकुर्वंतिमनोनृषु ११ अपास्ताश्चतथाराजन्विकुर्वंतिमनःस्त्रियः ॥ इमाःप्रजामहाबाहोधार्मिक्यइतिनःश्रुतम् १२ सत्कृतासत्कृताश्चापिविकुर्वंतिमनःसदा ॥ कस्ताःशक्तोरक्षितुंस्यादितिमेसंशयोमहान् १३ ॥ ॥ ॥

अनुशासनपर्वणिनीलकंठीये भारतभावदीपे अष्टत्रिंशोऽध्यायः ॥ ३८ ॥ ॥ ॥ ॥ इमइति। एवंस्वभावदुष्टाअपिस्त्रियःपरेभ्योदुःसंरक्ष्याइत्याख्यायिकातात्पर्यं १।२।३।४।५।६ ७।८।९ स्त्रीणामिति स्त्रीबुद्धिमनुसृत्यैवबृहस्पत्यादिभिर्वचनाशास्त्रंप्रवर्तितमित्युक्तिः १० एताःपूजिताधिकृतावातुल्यवद्धिकारंजनयंतीत्यर्थः ११ एतदेवाह इमाइति। इमाःस्त्रीरूपाःधार्मिक्यइतिश्रु तिमाः'सावित्र्यादिषुदृष्टम् १२ अनुभवस्तुनतथेत्याह सत्कृतेति १३ ॥ ॥ ॥ ॥ ॥

१.४ ॥ इतिअनुशासनपर्वणिनीलकंठीयेभारतभावदीपएकोनचत्वारिंशोऽध्यायः ॥ ३९ ॥ ॥ एवमेवेत्यध्यायस्यतात्पर्यंनानारूपेभ्योविटेभ्योयोगबलेनैवस्वभावचपलाःस्त्रियःसंरक्षितुंशक्या

तथाब्रूहिमहाभागकुरूणांवंशवर्धन ॥ यदिशक्याकुरुश्रेष्ठरक्षातासांकदाचन ॥ कर्तुंवाकृतपूर्वावातन्मेव्याख्यातुमर्हसि १४ ॥ इतिश्रीमहाभारतेअनुशासनपर्व
णिआनुशासनिकेप०दानधर्मेस्त्रीस्वभावकथनेएकोनचत्वारिंशोऽध्यायः ॥ ३९ ॥ ॥ ॥ ॥ भीष्मउवाच ॥ एवमेवमहाबाहोनात्रमिथ्याऽस्तिकिंचन ॥
यथाब्रवीषिकौरव्यनारींप्रतिजनाधिप १ अत्रतेवर्तयिष्यामिइतिहासंपुरातनम् ॥ यथारक्षाकृतापूर्वंविपुलेनमहात्मना २ प्रमदाश्चयथासृष्टाब्रह्मणाभरतर्षभ ॥
यदर्थंतच्चतेतातप्रवक्ष्यामिनराधिप ३ नहिस्त्रीभ्यःपरंपुत्रपापीयःकिंचिदस्तिवै ॥ अग्निर्हिप्रमदादीप्तोमायाश्चमयजाविभो ४ क्षुरधाराविषंसर्पोवह्निरित्येकतः
स्त्रियः ॥ प्रजाइमामहाबाहोधार्मिकयइतिनःश्रुतम् ५ स्वयंगच्छंतिदेवत्वंततोदेवानियाद्भयम् ॥ अथाभ्यगच्छन्देवास्तेपितामहमरिंदम ६ निवेद्यमानसंचापितू
ष्णीमासन्नधोमुखाः ॥ तेषामंतर्गतंज्ञात्वादेवानांसपितामहः ७ मानवानांप्रमोहार्थंकृत्यानार्योऽसृजत्प्रभुः ॥ पूर्वसर्गेतुकौन्तेयसाध्व्योनार्यइहाभवन् ८ असा
ध्व्यस्तुसमुत्पन्नाःकृत्याःसर्गात्प्रजापतेः ॥ ताभ्यःकामान्यथाकामंप्रादाद्धिसपितामहः ९ ताःकामलुब्धाःप्रमदाःप्रबाधंतेनरान्सदा ॥ क्रोधंकामस्यदेवेशः
सहायंचासृजत्प्रभुः १० असज्जंतप्रजाःसर्वाःकामक्रोधवशंगताः ॥ नचस्त्रीणांक्रियाःकाश्चिदितिधर्मोव्यवस्थितः ११ निरिंद्रियाह्यशास्त्राश्चस्त्रियोऽनृतमितिश्रुतिः ॥
शय्यासनमलंकारमन्नपानमनार्यताम् १२ दुर्वाग्भावंरतिंचैवददौस्त्रीभ्यःप्रजापतिः ॥ नतासांरक्षणंशक्यंकर्तुंपुंसाकथंचन १३ अपिविश्वकृतातातकुत
स्तुपुरुषैरिह ॥ वाचाचवधबंधैर्वाक्लेशैर्वाविविधैस्तथा १४ नशक्यारक्षितुंनार्यस्ताहिनित्यमसंयताः ॥ इदंतुपुरुषव्याघ्रपुरस्ताच्छ्रुतवानहम् १५ यथार
क्षाकृतापूर्वंविपुलेनगुरुस्त्रियाः ॥ ऋषिरासीन्महाभागोदेवशर्मेतिविश्रुतः १६ तस्यभार्यारुचिर्नामरूपेणाऽसदृशीभुवि ॥ तस्यारूपेणसंमत्तादेवगंधर्वदानवाः
१७ विशेषेणतुराजेंद्रवृत्रहापाकशासनः ॥ नारीणांचरितज्ञश्चदेवशर्मामहामुनिः १८ यथाशक्तियथोत्साहंभार्यांतामभ्यरक्षत ॥ पुरंदरंचजानीतेपरस्त्रीकामचा
रिणम् १९ तस्माद्बलेनभार्यायारक्षणंसचकारह ॥ सकदाचिदृषिस्तातयज्ञंकर्तुमनास्तदा २० भार्यासंरक्षणंकार्यंकथंस्यादित्यचिंतयत् ॥ रक्षाविधानंमनसाससं
चिंत्यमहातपाः २१ आहूयदयितंशिष्यंविपुलंप्राहभार्गवम् ॥ देवशर्मोवाच ॥ यज्ञकारोगमिष्यामिरुचिंचेमांसुरेश्वरः २२ यतःप्रार्थयतेनित्यंतांरक्षस्वयथा
बलम् ॥ अप्रमत्तेनतेभाव्यंसदाप्रतिपुरंदरम् २३ सहिरूपाणिकुरुतेविविधानिभृगूत्तम ॥ भीष्मउवाच ॥ इत्युक्तोविपुलस्तेनतपस्वीनियतेंद्रियः २४ सदैवोग्र
तपाराजन्नग्न्यर्कसदृशद्युतिः ॥ धर्मज्ञःसत्यवादीचतथेतिप्रत्यभाषत २५ ॥ ॥ ॥

नान्यथेति १ । २ । ३ । ४ । ५ । ६ । ७ । ८ । ९ । १० । ११ । १२ । १३ । १४ । १५ । १६ । १७ । १८ । १९ । २० । २१ । २२ । २३ । २४ । २५

२६ । २७ । २८ । २९ । ३० । ३१ । ३२ । ३३ । ३४ । ३५ । ३६ । ३७ । ३८ । ३९ । ४० । ४१ । ४२ । ४३ । ४४ । ४५ । ४६ । ४७ । ४८

पुनश्चेदंमहाराजपप्रच्छप्रस्थितंगुरुम् ॥ विपुलउवाच ॥ कानिरूपाणिशक्रस्यभवंत्यागच्छतोमुने ३६ वपुस्तेजश्चकीदृग्वैतन्मेव्याख्यातुमर्हसि ॥ भीष्मउवाच ॥
ततःसभगवांस्तस्मैविपुलायमहात्मने २७ आचचक्षेयथातत्त्वंमायांशक्रस्यभारत ॥ देवशर्मोवाच ॥ बहुमायःसविप्रर्षेभगवान्पाकशासनः २८ तांस्तान्विकुरुतेभावा
न्बहूनथमुहुर्मुहुः ॥ किरीटवज्रधृग्धन्वीमुकुटीबद्धकुंडलः २९ भवत्यथमुहूर्तेनचंडालसमदर्शनः ॥ शिखीजटीचीरवासाःपुनर्भवतिपुत्रकः ३० बृहच्छरीरश्चपुनश्ची
रवासाःपुनःकृशः ॥ गौरंश्यामंचकृष्णंचवर्णंविकुरुतेपुनः ३१ विरूपोरूपवांश्चैवयुवावृद्धस्तथैवच ॥ ब्राह्मणःक्षत्रियश्चैववैश्यःशूद्रस्तथैवच ३२ प्रतिलोमोऽनुलो
मश्चभवत्यथशतक्रतुः ॥ शुकवायसरूपीचहंसकोकिलरूपवान् ३३ सिंहव्याघ्रगजानांचरूपंधारयतेपुनः ॥ दैवंदैत्यमथोराज्ञांवपुर्धारयतेऽपिच ३४ अकृशोवायुभ
ग्नांगःशकुनिर्विकृतस्तथा ॥ चतुष्पाद्बहुरूपश्चपुनर्भवतिबालिशः ३५ मक्षिकामशकादीनांवपुर्धारयतेऽपिच ॥ नशक्यमस्यग्रहणंकर्तुंविपुलकेनचित् ३६ अपिवि
श्वकृतातातयेनसृष्टमिदंजगत् ॥ पुनरन्तर्हितःशक्रोदृश्यतेज्ञानचक्षुषा ३७ वायुभूतश्चसपुनर्देवराजोभवत्युत ॥ एवंरूपाणिसततंकुरुतेपाकशासनः ३८ तस्माद्विपुलय
त्नेनरक्षेमांतनुमध्यमाम् ॥ यथारुचिंनावलिहेद्देवेन्द्रोभृगुसत्तम ३९ क्रतावुपहितेन्यस्तंहविःश्ववदुरात्मवान् ॥ एवमाख्यायसमुनिर्यज्ञकारोऽगमत्तदा ४० देवशर्मो
महाभागस्ततोभरतसत्तम ॥ विपुलस्तुवचःश्रुत्वागुरोश्चिंतामुपेयिवान् ४१ रक्षांचपरमांचक्रेदेवराजान्महाबलात् ॥ किंनुशक्यंमयाकर्तुंगुरुदाराभिरक्षणे ४२ मायावी
हिसुरेन्द्रोसौदुर्धर्षश्चापिवीर्यवान् ॥ नापिधायाश्रमंशक्योरक्षितुंपाकशासनः ४३ उटजंवातथाह्यस्यनानाविधसरूपता ॥ वायुरूपेणवाशक्रोगुरुपत्नींप्रधर्षयेत् ४४
तस्मादिमांसंप्रविश्यरुचिंस्थास्येहमद्यवै ॥ अथवापौरुषेणेयंनशक्यारक्षितुंमया ४५ बहुरूपोहिभगवाँच्छ्रूयतेपाकशासनः ॥ सोऽहंयोगबलादेनांरक्षिष्येपाकशास
नात् ४६ गात्राणिगात्रैरस्याहंसंप्रवेक्ष्येहिरक्षितुम् ॥ यद्युच्छिष्टामिमांपत्नीमद्यपश्यतिमेगुरुः ४७ शप्स्यत्यसंशयंकोपाद्दिव्यज्ञानोमहातपाः ॥ नचेयंरक्षितुंशक्या
यथाऽन्याप्रमदान्नृभिः ४८ मायावीहिसुरेन्द्रोऽसावहोप्राप्तोस्मिसंशयम् ॥ अवश्यंकरणीयंहिगुरोरिहहिशासनम् ४९ यदित्वेतदहंकुर्यामाश्चर्यंस्यात्कृतंमया ॥
योगेनाथप्रवेशोहिगुरुपत्न्याःकलेवरे ॥ एवमेवशरीरेऽस्यानिवत्स्यामिसमाहितः ५० असक्तःपद्मपत्रस्थोजलबिंदुर्यथाचलः ५१ निर्मुक्तस्यरजोरूपान्नापराधोभवे
न्मम ॥ यथाहिशून्यांपथिकःसभामध्यावसेत्पथि ५२ तथाद्यावासयिष्यामिगुरुपत्न्याःकलेवरम् ॥ एवमेवशरीरेऽस्यानिवत्स्यामिसमाहितः ५३ इत्येवंधर्ममालो
क्यवेदवेदांश्चसर्वशः ॥ तपश्चविपुलंदृष्ट्वागुरोरात्मनएवच ५४ इतिनिश्चित्यमनसारक्षांप्रतिसभार्गवः ॥ अन्वतिष्ठत्परंयत्नंयथातच्छृणुपार्थिव ५५ ॥ ॥

४९ । ५० । ५१ । ५२ । ५३ । ५४ । ५५ ॥ ॥ ॥ ॥ ॥ ॥

म.भा.टी. ॥ ५३ । ५७ । ५८ । ५९ । ६० ॥ इतिअनुशासनपर्वणिनीलकंठीयेभारतभावदीपेचत्वारिंशोऽध्यायः ॥ ४० ॥ ॥१।२।३।४।५ । ६ । ७ । ८ । ९ । १० । ११ । १२ अनु० १३

॥ ५९ ॥ गुरुपत्नींसमासीनोविपुलःसमहातपाः ॥ उपासीनामनिंद्यांगींयथार्थेसमलोभयत ५६ नेत्राभ्यांनेत्रयोरस्यारश्मिसंयोज्यरश्मिभिः ॥ विवेशविपुलःकायमाकाशंपव अ०
नोयथा ५७ लक्षणंलक्षणेनैववदनंवदनेनच ॥ अविचेष्टन्नतिष्ठद्वैछायेवांतर्हितोमुनिः ५८ ततोविष्टभ्यविपुलोगुरुपत्न्याःकलेवरम् ॥ उवासरक्षणेयुक्तोनच
सातमबुद्ध्यत ५९ यंकालंनागतोराजन्गुरुस्तस्यमहात्मनः ॥ क्रतुंसमाप्यस्वगृहंतंकालंसोऽभ्यरक्षत ६० ॥ इतिश्रीमहाभारतेअनुशासनपर्वणिआनुशासनिकेपर्व ॥ ४१ ॥
णिदानधर्मेविपुलोपाख्यानेचत्वारिंशोऽध्यायः ॥ ४० ॥ ॥ भीष्मउवाच ॥ ततःकदाचिद्देवेन्द्रोदिव्यरूपवपुर्धरः ॥ इदमंतरमित्येवमभ्यगात्तमथाश्रमम् १
रूपमप्रतिमंकृत्वालोभनीयंजनाधिपः ॥ दर्शनीयतमोभूत्वाप्रविवेशतमाश्रमम् २ सददर्शतमासीनंविपुलस्यकलेवरम् ॥ निश्चेष्टंस्तब्धनयनंयथाऽऽलेख्यगतंतथा ३
रुचिंचरुचिरापांगींपीनश्रोणिपयोधराम् ॥ पद्मपत्रविशालाक्षींसंपूर्णेंदुनिभाननाम् ४ सातमालोक्यसहसाप्रत्युत्थातुमियेषह ॥ रूपेणविस्मिताकोऽसीत्यथवक्तुमिवे
च्छती ५ उत्थातुकामातुसतीविष्टब्धाविपुलेनसा ॥ निगृहीतामनुष्येंद्रनशशाकविचेष्टितुम् ६ तामाबभाषेदेवेन्द्रःसाम्नापरमवल्गुना ॥ त्वदर्थमागतंविद्धिदेवेंद्रंमांशु
चिस्मिते ७ क्लिश्यमानमनंगेनत्वत्संकल्पभवेनह ॥ तत्संप्राप्तंहिमांसुभ्रुपुराकालोऽतिवर्तते ८ तमेवंवादिनंशक्रंशुश्रावविपुलोमुनिः ॥ गुरुपत्न्याःशरीरस्थोददर्श
त्रिदशाधिपम् ९ नशशाकचसाराजन्प्रत्युत्थातुमनिंदिता ॥ वक्तुंचनाशकद्राजन्विष्टब्धाविपुलेनसा १० आकारंगुरुपत्न्यास्तुसविज्ञायभृगूद्वहः ॥ निजग्राहमहाते
जायोगेनबलवत्प्रभो ११ बबंधयोगबंधैश्चतस्याःसर्वेंद्रियाणिसः ॥ तांनिर्विकारांदृष्ट्वातुपुनरेवशचीपतिः १२ उवाचव्रीडितोराजंस्तांयोगबलमोहिताम् ॥ एह्येहीतित
तःसातुप्रतिवक्तुमियेषतम् १३ सतांवाचंगुरोःपत्न्याविपुलःपर्यवर्तयत् ॥ भोःकिमागमनेकृत्यमितितस्यास्तुनिःसृता १४ वक्त्राच्छशांकसदृशाद्वाणीसंस्कारभूषणा ॥
व्रीडितासातुतद्वाक्यमुक्त्वापरवशातदा १५ पुरंदरश्चतत्रस्थोबभूवविमनाभृशम् ॥ सतद्वैकृतमालक्ष्यदेवराजोविशांपते १६ अवैक्षतसहस्राक्षस्तदादिव्येनचक्षुषा ॥
सददर्शमुनिंतस्याःशरीरांतरगोचरम् १७ प्रतिबिंबमिवादर्शेगुरुपत्न्याःशरीरगम् ॥ सतंघोरेणतपसायुक्तंदृष्ट्वापुरंदरः १८ प्रावेपतसुसंत्रस्तःशापभीतस्तदाविभो ॥
विमुच्यगुरुपत्नींतुविपुलःसुमहातपाः ॥ स्वकलेवरमाविश्यशक्रंभीतमथाब्रवीत् १९ ॥ विपुलउवाच ॥ अजितेंद्रियदुर्बुद्धेपापात्मकपुरंदर ॥ नचिरंपूजयिष्यंतिदे
वास्त्वांमानुषास्तथा २० किंनुतद्विस्मृतंशक्रनतन्मनसितेस्थितम् ॥ गौतमेनासियन्मुक्तोभगांकपरिचिन्हितः २१ जानेत्वांबालिशमतिमकृतात्मानमस्थिरम् ॥
मयेयंरक्ष्यतेमूढगच्छपापयथागतम् २२ नाहंत्वामद्यमूढात्मन्दहेयंहिस्वतेजसा ॥ कृपायमानस्तुनतेदग्धुमिच्छामिवासव २३ ॥ ॥ ॥

२४ । २५ । २६ । २७ । २८ । २९ । ३० । ३१ । ३२ । ३३ । ३४ । ३५ । ३६ ॥ इतिअनुशासनपर्वणिनीलकंठीयेभारतभावदीपेएकचत्वारिंशोऽध्यायः ॥ ४१ ॥ ॥ विपुलस्त्वित्यध्याय

सचघोरतमोधीमान्गुरुस्त्वांपापचेतसम् ॥ दृष्ट्वात्वांनिर्दहेदद्यक्रोधदीप्तेनचक्षुषा २४ नैवंतुशक्रकर्तव्यंपुनर्मान्याश्चतेद्विजाः ॥ मागमःससुतामात्यःक्षयंब्रह्मबला
र्दितः २५ अमरोस्मीतियद्बुद्धिंसमास्थायप्रवर्तसे ॥ मावमंस्थानतपसानसाध्यंनामकिंचन २६ ॥ ॥ भीष्मउवाच ॥ तच्छ्रुत्वावचनंशक्रोविपुलस्यमहात्मनः ॥
अकिंचिदुक्त्वाव्रीडार्तस्तत्रैवांतरधीयत २७ मुहूर्तयातेतस्मिंस्तुदेवशर्मामहातपाः ॥ कृत्वायज्ञंयथाकाममाजगामस्वमाश्रमम् २८ आगतेथगुरौराजन्विपुलःप्रिय
कर्मकृत् ॥ रक्षितांगुरवेभार्यांन्यवेदयदनिंदिताम् २९ अभिवाद्यचशांतात्मासगुरुंगुरुवत्सलः ॥ विपुलःपर्युपातिष्ठद्यथापूर्वमशंकितः ३० विश्रांतायततस्तस्मैसहा
सीनायभार्यया ॥ निवेदयामासतदाविपुलःशक्रकर्मतत् ३१ तच्छ्रुत्वासमुनिस्तुष्टोविपुलस्यप्रतापवान् ॥ बभूवशीलवृत्ताभ्यांतपसानियमेनच ३२ विपुलस्यगुरौ
वृत्तिंभक्तिमात्मनितत्प्रभुः ॥ धर्मेचस्थिरतांदृष्ट्वासाधुसाध्वित्यभाषत ३३ प्रतिलभ्यचधर्मात्माशिष्यंधर्मपरायणम् ॥ वरेणच्छंदयामासदेवशर्मामहामतिः ३४
स्थितिंचधर्मेजग्राहसतस्माद्गुरुवत्सलः ॥ अनुज्ञातश्चगुरुणाचचारानुत्तमंतपः ३५ तथैवदेवशर्मापिसभार्यःसमहातपाः ॥ निर्भयोबलवृत्रघ्नाच्चचारविजनेवने ३६
॥ इतिश्रीमहाभारतेअनुशासनपर्वणिआनुशास० दानधर्मेविपुलोपाख्यानेएकचत्वारिंशोऽध्यायः ॥ ४१ ॥ ॥ भीष्मउवाच ॥ विपुलस्त्वकरोत्तीव्रंतपःकृ
त्वागुरोर्वचः ॥ तपोयुक्तमथात्मानममन्यतसवीर्यवान् १ सतेनकर्मणास्पर्धन्पृथिवींपृथिवीपते ॥ चचारगतभीःप्रीतोलब्धकीर्तिर्वरोनृप २ उभौलोकौजितौचापि
तथैवामन्यतप्रभुः ॥ कर्मणातेनकौरव्यतपसाविपुलेनच ३ अथकालेव्यतिक्रान्तेकस्मिंश्चित्कुरुनंदन ॥ रुच्याभगिन्याआदानंप्रभूतधनधान्यवत् ४ एतस्मिन्नेवका
लेतुदिव्याकाचिद्वरांगना ॥ बिभ्रतीपरमंरूपंजगामाथविहायसा ५ तस्याःशरीरात्पुष्पाणिपतितानिमहीतले ॥ तस्याश्रमस्याविदूरेदिव्यगंधानिभारत ६ तान्य
गृह्णात्ततोराजन्रुचिर्ललितलोचना ॥ तदानिमंत्रकस्तस्याअंगेभ्यःक्षिप्रमागमत् ७ तस्याहिभगिनीतातज्येष्ठानाम्नाप्रभावती ॥ भार्याचित्ररथस्याथबभूवांगेश्वर
स्यवै ८ पिनह्यतानिपुष्पाणिकेशेषुवरवर्णिनी ॥ आमंत्रितातोऽगच्छद्रुचिरंगपतेर्गृहम् ९ पुष्पाणितानिदृष्ट्वातुतदांगेंद्रवरांगना ॥ भगिनींचोदयामासपुष्पार्थे
चारुलोचना १० साभर्त्रेसर्वमाचष्टरुचिःसुरुचिरानना ॥ भगिन्याभाषितंसर्वमृषिस्तच्चाभ्यनंदत ११ ततोविपुलमानाय्यदेवशर्मामहातपाः ॥ पुष्पार्थेचोदया
मासगच्छगच्छेतिभारत १२ विपुलस्तुगुरोर्वाक्यमविचार्यमहातपाः ॥ सतथेत्यब्रवीद्राजंस्तंचदेशंजगामह १३ यस्मिन्देशेतुतान्यासन्पतितानिनभस्तलात् ॥
अम्लानान्यपितत्रासन्कुसुमान्यपराण्यपि १४ ॥ ॥ ॥ ॥ ॥

स्यतात्पर्यंपद्मपत्रांबुवदसंगस्यापियोगिनोमातुरपिस्पर्शमात्रादोषोभवतीतिगुरावशुभमपिकर्मानिवेद्यनस्थातव्यमितिच १ । २ । ३ । आदीयतेऽस्मिन्बांधवैर्दत्तंउपायनादिकंसआदानंविवाहा
द्युत्सवः प्रभूतंबहुधनादिकंयत्र ४ । ५ । ६ निमंत्रकःआकारणार्थदूतः ७ । ८ । ९ । चोदयामासमदर्थमप्येतानिपुष्पाण्यानयेतिप्रेरितवती १० । ११ । १२ । १३ । १४

१५ । १६ परिवर्ततमितिपुंस्त्वमात्मनेपदाभावश्चार्षः १७ तत्पदेइतरस्यपदेपासुपुन्यक्तेआकर्षणेनविवर्तयन् विषमतांनयन् १८ नेतिनेत्यन्योन्यवचंदूषयंतावित्यर्थः अयंभावःमिथुनस्थेऽर्केशीघ्रंगच्छं तौरात्रिमहर्देवताशीघ्रंगच्छसीतिलोकदृष्ट्यापर्यनुयुंक्ते । रात्रिस्तुस्वमानेनैवाहंगच्छामिनशीघ्रमितिपरिहरति । एवमुभावपिसत्यवादिनौनानृतंशपथंचक्रतुरिति १९ । २० । २१ अयंमिथुनस्यप

सततस्तानिजग्राहदिव्यानिरुचिराणिच ॥ प्राप्तानिस्वेनतपसादिव्यगंधानिभारत १५ संप्राप्यतानिप्रीतात्मागुरोर्वचनकारकः ॥ तदाजगामतूर्णंचचंपांचंपकमालि
नीम् १६ सवनेनिर्जनेतातददर्शमिथुनंनृणाम् ॥ चक्रवत्परिवर्ततंगृहीत्वापाणिनाकरम् १७ तत्रैकस्तूर्णमगमत्तत्पदेचविवर्तयन् ॥ एकस्तुनतदाराजंश्चक्रतुःकलहं
ततः १८ त्वंशीघ्रंगच्छसीत्येकोऽब्रवीन्नेतितथाऽपरः ॥ नेतिनेतिचतौराजन्परस्परमथोचतुः १९ तयोर्विस्पर्धतोरेवंशपथोयमभूत्तदा ॥ सहसोद्दिश्यविपुलंततोवा
क्यमथोचतुः २० आवयोरनृतंप्राहयस्तस्याभूद्द्विजस्यवै ॥ विपुलस्यपरेलोकेयागतिःसाभवेदिति २१ एतच्छ्रुत्वातुविपुलोविषण्णवदनोऽभवत् ॥ एवंतीव्रतपाश्चा
हंकष्टश्चायंपरिश्रमः २२ मिथुनस्यास्यकिंमेस्यात्कृतंपापंयथागतिः ॥ अनिष्टासर्वभूतानांकीर्तिताऽनेनमेऽद्यवै २३ एवंसंचिंतयन्नेवविपुलोराजसत्तम ॥ अवाङ्
मुखोदीनमनादध्यौदुष्कृतमात्मनः २४ ततःषडन्यान्पुरुषानक्षैःकांचनराजतैः ॥ अपश्यद्दीव्यमानान्वैलोभहर्षान्वितांस्तथा २५ कुर्वतःशपथंतेनयःकृतोमिथुने
नतु ॥ विपुलंवैसमुद्दिश्यतेऽपिवाक्यमथाब्रुवन् २६ लोभमास्थाययोऽस्माकंविषमंकर्तुमुत्सहेत् ॥ विपुलस्यपरेलोकेयागतिस्तामवाप्नुयात् २७ एतच्छ्रुत्वातुविपुलो
नापश्यद्धर्मसंकरम् ॥ जन्मप्रभृतिकौरव्यकृतपूर्वमथात्मनः २८ संप्रदध्यौतथाराजन्नग्नावग्निरिवाहितः ॥ दह्यमानेनमनसाशापंश्रुत्वातथाविधम् २९ तस्यचिंतयत
स्तातबह्व्योदिननिशाययुः ॥ इदमासीन्मनसिचरुच्यारक्षणकारितम् ३० लक्षणंलक्षणेनैववदनंवदनेनच ॥ विधायनमयाचोक्तंसत्यमेतद्गुरोस्तथा ३१ एतदात्म
निकौरव्यदुष्कृतंविपुलस्तदा ॥ अमन्यतमहाभागतथातच्चनसंशयः ३२ सचंपांनगरीमेत्यपुष्पाणिगुरवेददौ ॥ पूजयामासचगुरुंविधिवत्सगुरुप्रियः ३३ ॥ इतिश्री
महाभारतेअनुशासनपर्वणिआनुशास० दानधर्मेविपुलोपाख्यानेद्विचत्वारिंशोऽध्यायः ॥ ४२ ॥ ॥ भीष्मउवाच ॥ तमागतमभिप्रेक्ष्यशिष्यंवाक्यमथाब्रवीत् ॥
देवशर्मामहातेजायत्तच्छृणुजनाधिप १ देवशर्मोवाच ॥ किंतेविपुलदृष्टंवैतस्मिन्शिष्यमहावने ॥ तेत्वांजानंतिविपुलआत्माचरुचिरेवच २ ॥ विपुलउवाच ॥
ब्रह्मर्षेमिथुनंकिंतत्केचतेपुरुषाविभो ॥ येमांजानंतितत्त्वेनयन्मांत्वंपरिपृच्छसि ३ ॥ ॥ ॥ ॥

रिश्रमःकष्टइत्यन्वयः गतिरनिष्टेतिसार्धः २२ । २३ । २४ षड्ऋतवोदीव्यमानान्अन्योन्यंजेतुमिच्छंतः । वसंतादयोहिवृषादीन्समराशीनभिसंधायायंमदीयोऽयंमदीयइतिविवदंतेतेऽपिमतभेदान्ना नृतवादिनः । मीनादिर्वसंतइतिपक्षेहिवृषोग्रीष्मांतर्गतः मेषादिपक्षेवसंतांतर्गतइति २४ । २५ । २६ । २७ । २८ । २९ रुच्याःगुरुभार्यायाः ३० लक्षणंस्त्रीपुंसयोरसाधारणंचिन्हंविधायैकी कृत्य पिधायेतिपाठेऽपिसएवार्थः ३१ । ३२ । ३३ ॥ इतिअनुशासनपर्वणिनीलकंठीयेभारतभावदीपेद्विचत्वारिंशोऽध्यायः ॥ ४२ ॥ ॥ ॥ तमागतमित्यध्यायेनपूर्वोक्तार्थविवरण पूर्वकमाख्यायिकार्थमुपसंहरति १ तेत्वया २ । ३ ॥ ॥ ॥ ॥ ॥ ॥ ॥ ॥

४ । ५ । ६ त्वयायथागुरुपत्नीरक्षणंकृतंतथानकल्पितमितिपापकृतोयथाल्लोकास्त्वथातवभविष्यंतीत्याह तथवेति ७ । ८ हर्षस्मितंहर्षेणगर्वितं ९ । १० । ११ उपसंहारमुखेनाह तेनेति । तेनैवाऽन्वाख्यानेनैव १२ अशक्येतिच्छेदः १३ । १४ । १५ । १६ । १७ । १८ । १९ । २० सहजैःपाणिपादरेखादिभिः २१ । २२ यःसंगमेतिसएवाप्रियोनामनास्तीतियोजना २३ कृत्याःप्राणग्रा

देवशर्मोवाच ॥ यद्वैतन्मिथुनंब्रह्मन्नहोरात्रंहिविद्धितत् ॥ चक्रवत्परिवर्तेतत्तत्तेजानातिदुष्कृतम् ४ येचतेपुरुषाविप्रअक्षैर्दीव्यंतिहृष्टवत् ॥ ऋतूंस्तानभिजानीहितेतेजानंतिदुष्कृतम् ५ नमांकश्चिद्विजानीतइतिकृत्वानविश्वसेत् ॥ नरोरहसिपापात्मापापकंकर्मवैद्विज ६ कुर्वाणंहिनरंकर्मपापंरहसिसर्वदा ॥ पश्यंतिऋतवश्चापितथादिननिशेऽप्युत ७ तथैवहिभवेयुस्तेलोकाःपापकृतोयथा ॥ कृत्वानाचक्षतःकर्ममतत्त्वयथाकृतम् ८ तेत्वांहर्षस्मितंदृष्ट्वागुरोःकर्मानिवेदकम् ॥ स्मारयंतस्तथाप्राहुस्तेयथाश्रुतवान्भवान् ९ अहोरात्रंविजानातिऋतवश्चापिनित्यशः ॥ पुरुषेपापकंकर्मशुभंवाशुभकर्मिणः १० तत्त्वयाममयत्कर्मव्यभिचाराद्भयात्मकम् ॥ नाख्यातमितिजानंतस्तेत्वामाहुस्तथाद्विज ११ तेनैवहिभवेयुस्तेलोकाःपापकृतोयथा ॥ कृत्वानाचक्षतःकर्ममयच्चत्वयाकृतम् १२ त्वयाऽशक्याचदुर्वृत्त्यारक्षितुंप्रमदाद्विज ॥ नचत्वंकृतवान्किंचिदतःप्रीतोऽस्मितेनते १३ यदित्वहंत्वांदुर्वृत्तमद्राक्षंद्विजसत्तम ॥ शपेयंत्वामहंक्रोधान्नमेऽत्रास्ति विचारणा १४ सज्जंतिपुरुषेनार्यःपुंसांसोऽर्थश्चपुष्कलः ॥ अन्यथारक्षतःशापोऽभविष्यत्तेमतिश्चमे १५ रक्षिताचत्वयापुत्रममचापिनिवेदिता ॥ अहंतेप्रीतिमांस्तातस्वस्थःस्वर्गंगमिष्यसि १६ इत्युक्त्वाविपुलंप्रीतोदेवशर्मामहानृषिः ॥ मुमोदस्वर्गमास्थायसहभार्यःसशिष्यकः १७ इदमाख्यातवांश्चापिममाख्यानंमहामुनिः ॥ मार्कंडेयःपुराराजन्गंगाकूलेकथान्तरे १८ तस्माद्ब्रवीमिपार्थत्वांस्त्रियोरक्ष्याःसदैवच ॥ उभयंदृश्यतेतासुसततंसाध्वसाधुच १९ स्त्रियःसाध्व्योमहाभागाःसंमतालोकमातरः ॥ धारयंतिमहींराजन्निमांसवनकाननाम् २० असाध्व्यश्चापिदुर्वृत्ताःकुलघ्नाःपापनिश्चयाः ॥ विज्ञेयालक्षणैर्दुष्टैःस्वगात्रसहजैर्नृप २१ एवमेतासुरक्षावैशक्याकर्तुंमहात्मभिः ॥ अन्यथाराजशार्दूलनशक्यारक्षितुंस्त्रियः २२ एताहिमनुजव्याघ्रतीक्ष्णास्तीक्ष्णपराक्रमाः ॥ नासामस्तिप्रियोनाममैथुनेसंगमेतियः २३ एताःकृत्याश्चकार्याश्चकृताश्चभरतर्षभ ॥ नचैकस्मिन्नरमंत्येताःपुरुषेपांडुनंदन २४ नासांस्नेहोनरैःकार्यस्तथैवेर्ष्याजनेश्वर ॥ खेदमास्थायभुंजीतधर्ममास्थायचैवह २५ निहन्यादन्यथाकुर्वन्नरःकौरवनंदन ॥ सर्वथाराजशार्दूलमुक्तिःसर्वत्रपूज्यते २६ तेनैकेनतुरक्षावैविपुलेनकृतास्त्रियाः ॥ नान्यःशक्तस्त्रिलोकेऽस्मिन्रक्षितुंनृपयोषितम् २७ ॥ इतिश्रीमहाभारतेअनुशासनपर्वणिआनुशासनिकेप० दानधर्मेविपुलोपाख्यानेत्रिचत्वारिंशोऽध्यायः ॥ ४३ ॥

हिदेवतारूपाः कार्याःकृताश्चपूर्वमेकेनकृताःस्वीकृताअपिपश्चादन्येनापिकर्तुंयोग्याःव्यभिचारिण्यः प्राणग्राहिण्यश्चेत्यर्थः २४ खेदमास्थायअप्रीत्याविष्टिगृहीतवत्भुंजीतनतुप्रीत्या धर्मंऋतुकालानुरोधं २५ निहन्यात्वधंप्राप्नुयात् मुक्तिरनासक्तिः युक्तिरितिपाठेसमाधिः २६ । २७ ॥ इतिअनुशासनपर्वणिनीलकंठीयेभारतभावदीपेत्रिचत्वारिंशोऽध्यायः ॥ ४३ ॥ ॥ ॥ ॥

यन्मूलमिति १ । २ योनिमातृतःपितृतश्चशुद्धि ३ अत्रब्राह्मइत्यनेनार्षदैवयोरपिग्रहणं ब्राह्मणयोग्याएतेविवाहाः यदाहाश्वलायनः । ‘अलंकृत्यकन्यामुदकपूर्वांदद्यादेषब्राह्मोविवाहः । ऋत्विजे विततेकर्मणिदद्यादलंकृत्यसदैवः । गोमिथुनंदत्वोपयच्छेतसआर्षः’इति । एवंउक्तगुणवंतमावाह्यविवाहयोग्यमावहेदाकारयेत् । ततश्चानुकूलतोधनदानादिनाऽभिमुखीकृतायदद्यात् अयंचतुर्थः प्राजापत्योब्राह्मणानांक्षत्रियाणांचप्रशस्ततरोद्वितीयत्वेनात्रगण्यते ४ वरवध्वोरन्योन्यप्रीत्यायोविवाहःसगांधर्वस्तृतीयः आत्मेत्यादिसार्धश्लोकः ५ । ६ आसुरंचतुर्थमाह धनेनेति ७ हत्वेति राक्षसःपंचमः अत्रैवप्रमत्तानांबंधूनांकन्याहरणात्पैशाचोहरणसामान्यादंतर्भवति ८ त्रयोब्राह्मक्षात्रगांधर्वाः । द्वौआसुरराक्षसौ । तत्राप्यासुरःस्वरूपेणराक्षसांतर्गतःपैशाचश्चात्यंतंनकर्तव्यौअर्थाद्राक्षसःकर्तव्यःक्षत्रियाणामित्यर्थः ९ दमयंतीस्वयंवरेब्राह्मक्षात्रयोर्मिश्रत्वं रुक्मिणीविवाहोराक्षसगांधर्वमिश्रः सुभद्रायास्तुक्षात्रराक्षसमिश्रइत्याद्यूह्यं १० तिस्रइति । सर्वेषांशूद्रावर्ज्याइतरयोरुत्कृष्टवर्णा

॥ युधिष्ठिरउवाच ॥ यन्मूलंसर्वधर्माणांस्वजनस्यगृहस्यच ॥ पितृदेवातिथीनांचतन्मेब्रूहिपितामह १ अयंहिसर्वधर्माणांधर्मश्चिंत्यतमोमतः ॥ कीदृशस्य प्रदेयास्यात्कन्येतिवसुधाधिप २ ॥ भीष्मउवाच ॥ शीलवृत्तेसमाज्ञायविद्यांयोनिंचकर्मच ॥ सद्भिरेवंप्रदातव्याकन्यागुणयुतेवरे ३ ब्राह्मणानांसतामेष ब्राह्मोधर्मोयुधिष्ठिर ॥ आवाह्यमावहेदेवंयोदद्यादनुकूलतः ४ शिष्टानांक्षत्रियाणांचधर्मएषसनातनः ॥ आत्माभिप्रेतमुत्सृज्यकन्याभिप्रेतएवयः ५ अभिप्रेताचयायस्यतस्मैदेयायुधिष्ठिर ॥ गांधर्वमितितंधर्मंप्राहुर्वेदविदोजनाः ६ धनेनबहुधाक्रीत्वासंप्रलोभ्यचबांधवान् ॥ असुराणांनृपैतंवैधर्ममाहुर्मनीषिणः ॥ ७ हत्वाच्छित्त्वाचशीर्षाणिरुदतांरुदतींगृहात् ॥ प्रसह्यहरणंताताराक्षसोविधिरुच्यते ८ पंचानांतुत्रयोधर्म्याद्वावधर्म्यौयुधिष्ठिर ॥ पैशाचश्चासुरश्चैवनकर्तव्यौकथंचन ९ ब्राह्मःक्षात्रोऽथगांधर्वएतेधर्म्यानरर्षभ ॥ पृथग्वायदिवामिश्राःकर्तव्यानात्रसंशयः १० तिस्रोभार्याब्राह्मणस्यद्वेभार्येक्षत्रियस्यतु ॥ वैश्यःस्वजात्यांविंदेततास्वपत्यंसमंभवेत् ११ ब्राह्मणीतुभवेज्ज्येष्ठाक्षत्रियाक्षत्रियस्यतु ॥ रत्यर्थमपिशूद्रास्यान्नेत्याहुरपरेजनाः १२ अपत्यजन्मशूद्रायांनप्रशंसंतिसाधवः ॥ शूद्रायांजनयन्विप्रःप्रायश्चित्तीविधीयते १३ त्रिंशद्वर्षोदशवर्षांभार्यांविंदेतनग्निकाम् ॥ एकविंशतिवर्षोवासप्तवर्षामवाप्नुयात् १४ यस्यास्तुनभवेद्भ्रातापितावाभरतर्षभ ॥ नोपयच्छेततांजातुपुत्रिकाधर्मिणोहिसा १५ त्रीणिवर्षाण्युदीक्षेतकन्याऋतुमतीसती ॥ चतुर्थेत्वथसंप्राप्तेस्वयंभर्तारमर्जयेत् १६ प्रजानहीयतेतस्यारतिश्चभरतर्षभ ॥ अतोऽन्यथावर्तमानाभवेद्वाच्याप्रजापतेः १७ ॥ ॥ ॥ ॥ ॥ ॥ ॥ ॥ ॥ ॥

चवर्ज्येतिज्ञेयम् ११ वैश्यस्यत्वेकैवभार्येतिसैवज्येष्ठाउक्ताभ्योऽधिका । शूद्राऽपिचतुर्णामपिस्यात्साचरत्यर्थमेवनतुधर्मप्रजार्थं अपरेयाज्ञवल्क्यादयोनेत्याहुः यथा ‘यदुच्यतेद्विजातीनांशूद्राद्दारोपसंग्रहः । नैतन्ममनतंयस्मात्तत्रात्माजायतेस्फुटम्’ इतितदुक्तेः १२ स्वमतंतिस्रइत्यत्रसूचितंस्फुटीकरोति अपत्येति १३ नग्निकामेकवाससंअजातस्त्रीव्यंजनामितियावत् । ‘नग्नःस्यादेकवासा’ इतिस्मृतिः ॥ यस्यादशमेऽपिवर्षेकुचोद्भेदस्तत्प्रतिषेधार्थमेतद्विशेषणम् १४ पुत्रिकाधर्मिणीहिसाइत्यत्रपुत्रिकाधर्मशंकयेतिमनुःपपाठ यस्याःपिताइयमेवदुहितामपुत्रस्थानेइत्यभिप्रायवान्वेतिनज्ञायतेतांनोपयच्छेदिति तद्व्याख्यातारः १५ । १६ वाच्यानिंद्याभवेत् १७ ॥ ॥ ॥ ॥ ॥ ॥ ॥ ॥ ॥

असपिंडेति । अत्रचकारद्वयादुभयमुभयत्रानुषज्यव्याचक्षते यामातुरसपिंडाथसगोत्राचेतिकेचित् अन्येतु 'एकत्वंसागताभर्तुःपिंडेगोत्रेचसूतके' इतिवचनान्मातुर्गोत्रांतराभावाद्यामातुरसपिंडाइत्येव ग्राह्यं नत्वत्राप्यसगोत्रेतिविशेषणंयोज्यमिति । अन्येतुयस्यामातास्वपित्रापुत्रत्वेनकल्पितातस्यामातुरसगोत्रत्वविवक्षयाएतद्व्याख्यानमिति तत्रसापिंड्यनिवृत्तिसंग्रहश्लोकः 'वध्वावरस्यवातातःकूटस्थाद्यदिसप्तमः । पंचमीचेत्तयोर्मातातत्सापिंड्यंनिवर्तते' इति असगोत्रामित्यत्रअसमानार्षगोत्रामितिद्रष्टव्यं असमानार्षगोत्रजामितिस्मृतेः आर्षविषयेप्रतिप्रसवश्चस्मर्यते 'पंचानांत्रिषुसामान्यादविवाहस्त्रिषुद्वयोः । भृग्वंगिरोगणेष्वेवंशेषेष्वेकोऽपिवारयेत्' इतिअनुगच्छेत विवाहमनुमैथुनायएतामेवगच्छेत् । एतेनास्यश्लोकस्यमनुपठितमुत्तरार्धं 'साप्रशस्ताद्विजातीनांदारकर्मणिमैथुने' इंनितद्व्याख्यातं अत्रमातृपितृसंबंधात्सवर्णैवदारकर्मणियज्ञादौमैथुनेचप्रशस्ता एवंसतिपुनर्मैथुनग्रहणंस्मृत्यंतरेदृष्टार्थत्वान्मैथुनेस्मृतंसर्वासांसाधारण्यंनिवर्तितुं । मैथुनेऽपियज्ञादाविवसवर्णैवमुख्यानतुतस्याइतरसाधारण्यमिति एतदेवाभिसंधायात्रोक्तमित्येतामनुगच्छेतेति । येतुमैथुनस्यपृथग्ग्रहणाद्दारकर्मपदेनतद्व्यतिरिक्तेयज्ञादावेवसवर्णायाःप्राधान्यंमैथुनेस्वितरसाधारण्यमितिव्याचक्षतेतदनेनविरुध्यते । हीनवर्णायांजातस्या

असपिंडाचयामातुरसगोत्राचयापितुः ॥ इत्येतामनुगच्छेततंधर्मंमनुरब्रवीत् १८ ॥ युधिष्ठिरउवाच ॥ शुल्कमन्येनदत्तंस्याद्ददानीत्याहचापरः ॥ बलादन्यः प्रभाषेतधनमन्यःप्रदर्शयेत् १९ पाणिग्रहीताचान्यःस्यात्कस्यभार्यापितामह ॥ तत्त्वंजिज्ञासमानानांचक्षुर्भवतुनोभवान् २० ॥ भीष्मउवाच ॥ यत्किंचित्कर्म मानुष्यंसंस्थानायप्रदृश्यते ॥ मंत्रवन्मंत्रितंतस्यमृषावादस्तुपातकः २१ भार्यापत्यृत्विगाचार्याःशिष्योपाध्यायएवच ॥ मृषोक्तेदंडमर्हंतिनेत्याहुरपरेजनाः २२ नह्यकामेनसंवासंमनुरेवंप्रशंसति ॥ अयशस्यमधर्म्यंचयन्मृषाधर्मकोपनम् २३ नैकांतोदोषएकस्मिंस्तदाकेनोपपद्यते ॥ धर्मतोयांप्रयच्छंतियांचक्रीणंतिभारत ॥ २४ बंधुभिःसमनुज्ञातेमंत्रहोमौप्रयोजयेत् ॥ तथासिध्यंतितेमंत्रानादत्तायाःकथंचन २५ यस्त्वत्रमंत्रसमयोभार्यापत्योर्मिथःकृतः ॥ तमेवाहुर्गरीयांसंयश्चासौज्ञातिभिःकृतः २६ देवदत्तांपतिर्भार्यांवेत्तिधर्मस्यशासनात् ॥ सदैवीमानुषींवाचमनृतांपर्युदस्यति २७ ॥ युधिष्ठिरउवाच ॥ कन्यायांप्राप्तशुल्कायांज्यायांश्चेदाव्रजेद्वरः ॥ धर्मकामार्थसंपन्नोवाच्यमत्रानृतंनवा २८ तस्मिन्नुभयतोदोषेकुर्वञ्छ्रेयःसमाचरेत् ॥ अयंनःसर्वधर्माणांधर्मश्चिंत्यतमोमतः २९ ॥ ॥ ॥

त्मनोऽपिहीनत्वापत्तेश्च तत्रात्माजायतेस्वयमितिवचनात् १८ शुल्कमितिपंचानांपक्षाणामुपन्यासः १९ । २० तत्रतृतीयचतुर्थौदातुर्नदोषावहावित्युपेक्ष्यद्वितीयेभार्यात्वानुत्पत्तिर्वक्तुर्दोषमात्रंचाह यत्किंचिदिति । मानुष्यंमानुषाणांहितंसांबंधिकंसंस्थानायइयमस्यभार्येत्यादिव्यवस्थार्थं । मंत्रवन्मंत्रितंविचारवद्भिःसर्वैरेकीभूयमंत्रितमियमस्मैदेयेतिविचारित तस्यमृषाकरणंपातकःपातयितुंभवतीत्यर्थः २१ मृषोक्तेतवाहंभार्येत्याद्युक्त्वापराद्धत्वौदंडंप्रायश्चित्तं २२ तत्रनेतिपक्षंनिंदंस्त्यागमंगीकरोति नहीति २३ नेति । प्रथमचरमपक्षयोर्यथेष्टमेकेनेतरबाधेऽपिनदोषोऽस्तीत्यर्थः । धर्मतःपाणिग्रहणविधितः प्रयच्छंतिबांधवाइतिशेषः तस्याहरणेनात्यंतंदोषःनापिगृहीतशुल्कायाइत्यर्थः २४ तत्राद्यमुपपादयति बंधुभिरिति । क्रीतायास्तुहरणेदोषाभावमग्रेवक्ष्यति २५ उभयसन्निपातेसिद्धान्तमाह यस्त्विति यद्यपिज्ञातिभिःकृतःसमयोगुरुस्तथापिमंत्रपूर्वकःसमयोगुरुतरइत्यर्थ २६ अत्रागमंमानमाह देवेति । देवःप्राक्कर्मईश्वरोवा वेत्तिलभते २७ । २८ उभयतोदोषेशिष्टातिक्रमात्बंधुसंमतिपूर्वकविक्रयातिक्रमाद्दोषेसतिकुर्वन्कर्ताश्रेयःप्रशस्ततरंकिंसमाचरेदित्यध्याहृत्ययोज्यं चिंत्यतमःसंदिग्धत्वेनविचार्यतमः २९ ॥ ॥ ॥ ॥ ॥ ॥

आचक्ष्व यतोनहितृप्यामितस्मात्कथ्यतामित्यादरसूचनार्थापुनरुक्तिः ३० नैवेति। तेनक्रेत्राशुल्कंमौल्यंनिष्ठाकरंस्त्रीत्वनिश्चयकरमितिज्ञात्वानाहृतंकिंतुक्रयार्थं नक्रयमात्रेणभार्यात्वंसिध्यतीत्यर्थः नापि शुल्कपराःददतिदानंकुर्वंतिअपितुविक्रीणंतितस्माद्याद्दच्छिकेऽस्मिन्क्रयविक्रयव्यवहारेकन्यापहारजोदोषोनास्तीत्यर्थः ३१ गुणैर्वयोधिकत्वादिभिः कन्यार्थालंकारग्रहणेनदोषोस्तीत्याहसार्धेन अलंकृत्वेति ३२ । ३३ नभाषितमित्येकंपदं येपूर्वंदास्यामीत्याहुर्येचनदास्यामीत्याहुर्येचअवश्यंदास्यामीतिवदंतितत्सर्वंनभाषितमनुक्तवदेवेत्यर्थः ३४ यस्मादेवंतस्मादापाणिग्रहणात्कन्यांयाचेतेतिमरुतांवरस्तेनततःपूर्वंविशिष्टवरार्थमपहारेऽपिनदोषइतिभावः यथोक्तं 'दत्तामपिहरेत्कन्यांश्रेयांश्चेद्वरआव्रजेत्' इति ३५ तत्कन्या कामोमूलंयस्यतस्माद्युत्तमदौहित्रार्थिनाश्रेयसेएवकन्याप्रदेयेतिभावः ३६ संवासाच्चिरपरिचयात् पाणयोःक्रयविक्रययोः ३७ वीर्यमपिशुल्कंभवतीत्यभिप्रायेणाह अहमिति। अंबिकांबालिकयोरेकत्वविवक्षयाद्वेइत्युक्तं ३८ प्राप्तशुल्कावीर्येणनिर्जिताऽपिकन्याअगृहीताअप्राप्त

तत्त्वंजिज्ञासमानानांचक्षुर्भवतुनोभवान् ॥ तदेतत्सर्वमाचक्ष्वनहितृप्यामिकथ्यताम् ३० ॥ भीष्मउवाच ॥ नैवनिष्ठाकरंशुल्कंज्ञात्वाऽऽसीत्तेननाहृतम् ॥ नहि शुल्कपराःसंतःकन्यांददतिकर्हिचित् ३१ अन्यैर्गुणैरुपेतंतुशुल्कंयाचंतिबांधवाः ॥ अलंकृत्वावहस्वेतियोदद्यादनुकूलतः ३२ यच्चतांचददत्येवंनशुल्कंविक्रयोनसः॥ प्रतिगृह्यभवेद्देयमेषधर्मःसनातनः ३३ दास्यामिभवतेकन्यामितिपूर्वंनभाषितम् ॥ येचाहुर्येचनाहुर्येयेचावश्यंवदंत्युत ३४ तस्मादाग्रहणात्पाणेर्याचयंतिपरस्परम् ॥ कन्यावरःपुरादत्तोमरुद्भिरितिनःश्रुतम् ३५ नानिष्टायप्रदातव्याकन्याइत्यृषिचोदितम् ॥ तन्मूलंकाममूलस्यप्रजनस्येतिमेमतिः ३६ समीक्ष्यचबहून्दोषान्संवासाद्विद्धिपाणयोः ॥ यथानिष्ठाकरंशुल्कंनजात्वासीत्तथाशृणु ३७ अहंविचित्रवीर्यस्यद्वेकन्येसमुदावहम् ॥ जित्वाचमागधान्सर्वान्काशीनथचकोसलान् ॥ ३८ गृहीतपाणिरेकाऽऽसीत्प्राप्तशुल्कापराऽभवत् ॥ कन्यागृहीतातत्रैवविसर्ज्याइतिमेपिता ३९ अब्रवीदितरांकन्यामावहेतिसकौरवः ॥ अप्यन्याननुपप्रच्छशंकमानःपितुर्वचः ४० अतीवह्यस्यधर्मेच्छापितुर्मेऽभ्यधिकाभवत् ॥ ततोऽहमब्रुवंराजन्नाचारेप्सुरिदंवचः ॥ आचारंतत्त्वतोवेत्तुमिच्छामिचपुनःपुनः ४१ ततोमयैवमुक्तेतुवाक्येधर्मभृतांवरः ॥ पितामममहाराजबाल्हीकोवाक्यमब्रवीत् ४२ यदिवःशुल्कतोनिष्ठानपाणिग्रहणात्तथा ॥ लाजांतरमुपासीतप्राप्तशुल्कइतिस्मृतिः ४३ नहिधर्मविदःप्राहुःप्रमाणंवाक्यतःस्मृतम्॥ येषांवैशुल्कतोनिष्ठानपाणिग्रहणात्तथा ४४ प्रसिद्धंभाषितंदानेनैषांप्रत्ययकंपुनः ॥ येमन्यंतेक्रयंशुल्कंनतेधर्मविदोनराः ४५

पाणिग्रहेयंअंबाविसर्ज्याउत्स्रष्टुंयोग्याइतिपितापितृव्योबाल्हीकोऽब्रवीदित्युत्तरेणान्वयः ३९ अनुपप्रच्छअनुपृष्टवानहं शंकमानइतिवैचित्र्यात्पारोक्ष्यमभिसंधायोत्तमपुरुषप्रयोगः बहुजगदकिलाहंतस्यमत्तापुरस्तादितिवत् ४० । ४१ । ४२ यदीति । प्राप्तंशुल्कंयेन पाठांतरेयस्याःसाकन्यापिताकन्यावालाजांतरंवरांतरमुपासीतइतियास्मृतिस्तर्हिबाध्येतेत्यध्याहृत्ययोजना लाजाःविध्नंनेहौम्यद्रव्यमस्यइतिलाजशब्दोऽर्शआद्यच्प्रत्ययांतः ४३ येषांशुल्कतोनिष्ठातेषांवाक्यतःवाक्यंप्रमाणंस्मृतमितिधर्मविदोनह्याहुरित्यन्वयः ४४ एवंबाधकसद्भावंसाधकाभावंचोक्त्वालोकेविरोधमप्याहार्धेन प्रसिद्धमिति। कन्यायादानमित्येवोच्यतेनतुक्रयोजययोर्वेति एषांशुल्कवादिनांप्रत्यायकंभार्यात्वज्ञापकंकिमपिनास्ति परिणयनादेवभार्याभवतिनशुल्कमात्रादितिलोकव्यवहारस्यस्पष्टत्वादित्यर्थः एतदेवोपपादयति यइति। क्रयमितिजयस्याप्युपलक्षणं ४५ ॥ ॥ ॥ ॥ ॥ ॥ ॥ ॥ ॥ ॥ ॥

४६ । ४७ । ४८ । ४९ । ५० जीवतइत्यनादरेषष्ठी जीवंतमपिशुल्कदमनादृत्य शिष्टाएवंयथेष्टदानंकुर्वतइत्यर्थः ५१ देवरमितियुगांतरधर्मः कलौदेवरात्सुतोत्पत्तेर्निषेधात् ५२ लिखंतीति । केषांचिन्मतेदेवरादयोऽलिखितांभ्रातृभार्यांलिखंत्येवसुरतेनयोजयंत्येव । अपरेषांमतेशनैर्मथराइयंप्रवृत्तिरैच्छिकीनतुवैधीत्यर्थः ५३ अस्मिन्पक्षद्वयेनियममाह तदिति । सर्वाणिमंगलानिहरिद्रास्नानादीनिमंत्राश्चप्राक्पाणिग्रहणीयायत्रनिष्पन्नास्तादृशमध्यंतरंकालव्यवधानंयत्रवर्ततेतत्रैवपूर्वोक्तौनियमविकल्पौप्रवर्ततेनतुपाणिग्रहणादूर्ध्वं तत्रसंकल्पपूर्वकंदत्तायाअपिकन्यायायोऽपहारस्तज्जन्योमृषावादःपातकोभवतिदातुर्नतुतावन्मात्रेणतस्यांभार्यात्वमुत्पन्नमित्यर्थः ५४ कदातर्हितदुत्पद्यतेऽतआह पाणीति । यत्रतुदानादूर्ध्वंसप्तमपदात्प्राक्भर्तुर्मरणंसगोत्रत्वादिज्ञानंवाजातंतत्रान्यस्मैदानेमृषावाददोषोऽपिनास्तीत्यर्थः ५५ देयंदानं एनंवक्ष्यमाणं तमेवाह अनुकूलामिति । अनुवंशांस्ववंशानुरूपां अयंभावः । यथाऽऽधानपावमानेष्टिभ्यांसमुच्चिताभ्यामग्नयउत्पद्यंतेनत्वेकैकेन एवंदानपाणिग्रहाभ्यांभार्यात्वमु

नचैतेभ्यःप्रदातव्यानवोढव्यातथाविधा ॥ नह्येवभार्याक्रेतव्यानविक्रय्याकथंचन ४६ येचक्रीणंतिदासींचविक्रीणंतितथैवच ॥ भवेत्तेषांतथानिष्ठालुब्धानांपापचेतसाम् ४७ अस्मिन्नर्थेसत्यवंतंपर्यपृच्छंतवैजनाः ॥ कन्यायाःप्राप्तशुल्कायाःशुल्कदःप्रशमंगतः ४८ पाणिग्रहीतावाऽन्यःस्यादत्रनोधर्मसंशयः ॥ तन्नश्छिंधिमहाप्राज्ञत्वंहिवैप्राहसंमतः ४९ तत्त्वंजिज्ञासमानानांचक्षुर्भवतुनोभवान् ॥ तानेवंब्रुवतःसर्वान्सत्यवान्वाक्यमब्रवीत् ५० यत्रेष्टंतत्रदेयास्यान्नात्रकार्याविचारणा ॥ कुर्वतेजीवतोऽप्येवंमृतेनैवास्तिसंशयः ५१ देवरंप्रविशेत्कन्यातप्येद्वाऽपितपःपुनः ॥ तमेवानुगताभूत्वापाणिग्राहस्यकाम्यया ५२ लिखंत्येवतुकेषांचिदपरेषांशनैरपि ॥ इतियेसंवदंत्यत्रतएतंनिश्चयंविदुः ५३ तत्पाणिग्रहणात्पूर्वमंतरंयत्रवर्तते ॥ सर्वमंगलमंत्रंवैमृषावादस्तुपातकः ५४ पाणिग्रहणमंत्राणांनिष्ठास्यात्सप्तमेपदे ॥ पाणिग्रहस्यभार्यास्याद्यस्यचाद्भिःप्रदीयते ५५ इतिदेयंवदंत्यत्रतएनंनिश्चयंविदुः ॥ अनुकूलामनुवंशांभ्रात्रादत्तामुपाग्निकाम् ॥ परिक्रम्ययथान्यायंभार्यांविन्देद्द्विजोत्तमः ५६ ॥ इतिश्रीमहाभारते अनुशासनपर्वणि आनुशासनि० दानधर्मेविवाहधर्मकथनेचतुश्चत्वारिंशोऽध्यायः ॥ ४४ ॥ युधिष्ठिरउवाच ॥ कन्यायाःप्राप्तशुल्कायाःपतिश्चेन्नास्तिकश्चन ॥ तत्रकाप्रतिपत्तिःस्यात्तन्मेब्रूहिपितामह १ ॥ भीष्मउवाच ॥ याऽपुत्रकस्यऋद्धस्यप्रतिपाल्यातदाभवेत् ॥ अथचेन्नाहरेच्छुल्कंक्रीताशुल्कप्रदस्यसा २ तस्यार्थेऽपत्यमीहेतयेनन्यायेनशक्नुयात् ॥ नतस्मान्मंत्रवत्कार्यंकश्चित्कुर्वीतकिंचन ३ स्वयंवृतेनसाऽऽज्ञप्तापित्रावैप्रत्यपद्यत ॥ तत्तस्यान्येप्रशंसंतिधर्मज्ञानेतरेजनाः ४ ॥ ॥ ॥ ॥ ॥ ॥ ॥ ॥

त्पद्यते । तत्राद्याभावेचौर्येणाहृतायानधर्मपत्नीत्वम् । परस्याभावेतुतस्यादासीत्वान्नकर्मसंबंधइति ५६ ॥ इति अनुशासनपर्वणिनीलकंठीये भारतभावदीपे चतुश्चत्वारिंशोऽध्यायः ॥ ४४ ॥
॥ ॥ कन्यायाइति । शुल्कदश्चेत्प्रोषितस्तद्भयादन्यश्चनवृणुतेतदातत्पित्राकिंकर्तव्यमितिप्रश्नार्थः १ याकन्यापितुःप्रतिपाल्यापिताचयदितत्शुल्कंपरपक्षीयेभ्यःपराहृत्यनदद्यात्तर्हिसाकन्याशुल्कप्रदस्यैवज्ञेयानतुपितुस्तस्याअन्यस्मैदातुमधिकारोऽस्तीत्यर्थः २ तस्यशुल्कदस्यार्थेन्यायेनउक्तमात्रेतसःक्रमेणपुत्रमीहेत सचास्यापुत्रस्यशुल्कदस्यचोपकारायभवति नतुतस्माच्छुल्कदादन्यःकश्चिन्मंत्रवत्कार्यंविधितस्तस्याःपाणिग्रहणंकुर्वीत ३ एवंप्राप्तशुल्कायाःकर्तव्यमुक्त्वाअप्राप्तशुल्कायास्तादृश्याःकागतिरित्यतआह स्वयमिति । पित्राआज्ञप्तासतिस्वयंवृतेनैवभर्त्रायोगंप्रत्यपद्यत तच्चइतरेधर्मज्ञानप्रशंसंति ४

तत्रहेतुः एतत्तुनापरेजातुचक्रुरिति अपरेपुनःशिष्टाचारत्वादिदमपिगरीयइत्याहुः ५ नेतरइत्यस्मिन्पक्षेशिष्टाचारंप्रमाणयति अस्मिन्निति ६ नसद्भिराचरितेमार्गेसतिपितरियत्कन्यावरमन्वेषयतिइदंवचनं नस्त्रीस्वातंत्र्यमर्हतीतिशास्त्रविरुद्धं कथमत्रशास्त्रार्थोवक्तव्यःप्रश्नःसंशयोवाअसंदिग्धत्वादस्यार्थस्यनायंसंशयउत्तिष्ठतीत्यर्थः उपालभेतउपालंभंकथंकुर्यादित्यर्थः ७ धर्मस्यस्त्रीणामस्वातंत्र्यलक्षणस्यधर्मस्यप्रदानंखंडनंयत्सआसुरोधर्मः एतांपद्धतिं पूर्वेषुवृद्धेषु कर्मसुविवाहेषु ८ स्वल्पोऽदृष्टसंधानरूपःसूक्ष्मःशास्त्रैकगम्यःसचसर्वांगोपसंहारमंतरेणनसिध्यति अतस्तंविनाकेवलरत्यर्थंयथाकथंचिद्दारान्नोद्वहेदित्यर्थः ९ पुंसांपुरुषैः तस्यअपुत्रस्य १० अन्योभ्रात्रादिः एतच्चासत्यांमातरिज्ञेयम् ११ मातुरिति । सत्यसतिवापुत्रेमातुर्यौतकंपृथक्कृतंधनंतत्पित्रादिभिर्दत्तंविवाहकालेवातस्यैयच्छ्वशुरादिभिर्दत्तंभर्त्रावालेखदभितिपृथग्दत्तंकर्तनाद्यर्जितंवातत्सर्वंकुमारीभागएवनपुत्राणामित्यर्थः तद्रिक्थंधनं मातुःपितुर्मातामहस्य १२ अत्रहेतुमाह ददातीति । यःपिंडदःसरिक्थहारीत्यर्थः पिंडार्थेइतिपाठेपिंडःअर्थ्यतेऽस्मि

एतत्तुनापरेचक्रुरपरेजातुसाधवः ॥ साधूनांपुनराचारोगरीयान्धर्मलक्षणः ५ अस्मिन्नेवप्रकरणेसुक्रतुर्वाक्यमब्रवीत् ॥ नप्ताविदेहराजस्यजनकस्यमहात्मनः ६ असदाचरितेमार्गेकथंस्यादनुकीर्तनम् ॥ अत्रप्रश्नःसंशयोवासतामेवमुपालभेत् ७ असदेवहिधर्मस्यप्रदानंधर्मआसुरः ॥ नानुशुश्रुमजात्वेतामिमांपूर्वेषुकर्मसु ८ भार्यापत्योर्हिसंबंधःस्त्रीपुंसोःस्वल्पएवतु ॥ रतिःसाधारणोधर्मइतिचाहसपार्थिवः ॥ ९ ॥ ॥ युधिष्ठिरउवाच ॥ अथकेनप्रमाणेनपुंसामादीयतेधनम् ॥ पुत्रवद्धिपितुस्तस्यकन्याभवितुमर्हति ॥ १० ॥ ॥ भीष्मउवाच ॥ ॥ यथैवात्मातथापुत्रःपुत्रेणदुहितासमा ॥ तस्यामात्मनितिष्ठंत्यांकथमन्योधनंहरेत् ११ मातुश्चयौतकंयत्स्यात्कुमारीभागएवसः ॥ दौहित्रएवतद्रिक्थमपुत्रस्यपितुर्हरेत् १२ ददातिहिसपिंडान्वैपितुर्मातामहस्यच ॥ पुत्रदौहित्रयोरेवविशेषोनास्तिधर्मतः १३ अन्यत्रजामयासार्धंप्रजानांपुत्रईहते ॥ दुहिताऽन्यत्रजातेनपुत्रेणापिविशिष्यते १४ दौहित्रकेणधर्मेणनात्रपश्यामिकारणम् ॥ विक्रीतासुहियेपुत्राभवंतिपितुरेवते १५ असूयवस्त्वधर्मिष्ठाःपरस्वादायिनःशठाः ॥ आसुराद्धिसंभूताधर्माद्विषमवृत्तयः १६ अत्रगाथायमोद्गीताःकीर्तयंतिपुराविदः ॥ धर्मज्ञाधर्मशास्त्रेषुनिबद्धाधर्मसेतुषु १७ योमनुष्यःस्वकंपुत्रंविक्रीयधनमिच्छति ॥ कन्यांवाजीवितार्थाययःशुल्केनप्रयच्छति १८ सप्तावरेमहाघोरेनिरयेकालसाह्वये ॥ स्वेदंमूत्रंपुरीषंचतस्मिन्मूढःसमश्नुते १९ आर्षेगोमिथुनंशुल्कंकेचिदाहुर्मृषैवतत् ॥ अल्पोवाबहुवाराजन्विक्रयस्तावदेवसः २० यद्यप्याचरितःकैश्चिन्नैषधर्मःसनातनः ॥ अन्येषामपिदृश्यंतेलोकतःसंप्रवृत्तयः २१ वश्यांकुमारींबलतोयेतांसमुपभुंजते ॥ एतेपापस्यकर्तारस्तमस्यंधेचशेरते २२ ॥ ॥ ॥ ॥

न्तत्रश्राद्धे १३ अन्यत्रेति । पुत्रवतोधनेविभजनीये जामयाकन्ययाऽपितामपेक्ष्येत्यर्थः । तत्रकन्यापूर्वंपुत्रीकृताततःपुत्रोऽपिजातस्तत्रपंचधाविभक्तस्यधनस्यद्वौकन्याऽर्हतित्रीन्पुत्रस्ततश्चकन्यामपेक्ष्यपुत्रःसार्धमंशमीहते अन्यत्रजातेनऔरसादन्येनदत्तक्रीतादिनास्वयंसंस्कृतेनपुत्रेणतमपेक्ष्यऔरसीकन्याविशिष्यते अत्रापिपंचानामंशानांत्रीन्कन्याहरेत्द्वौपुत्रइत्यर्थः १४ अत्रवक्ष्यमाणस्थले कारणंनिमित्तं तदेवस्थलमाह विक्रीतास्विति । अयमर्थः विक्रीतायाःकन्यायाःपुत्रोऽनौरसेऽपिपुत्रेसतिनदायभाग्भवतीति १५ आसुराद्विवाहात्कन्याक्रयपूर्वात् १६ अत्रआसुरविवाहनिंदायां १७ । १८ कालसाह्वयेकालसूत्राख्ये १९ । २० अन्येषांबलात्कन्याहरणशीलानांराक्षसानां २१ एतामपिनिंदति वश्यामिति । बलतोवश्यांनतुस्वच्छंदतइत्यर्थः २२ ॥ ॥

अन्योऽपिपशुरपि ॥ २३ ॥ ॥ इतिअनुशासनपर्वणिनीलकंठीये भारतभावदीपेपंचचत्वारिंशोऽध्यायः ॥ ४५ ॥ ॥ प्राचेतसस्यदक्षस्य ज्ञातयःकन्यापक्षीयाःस्वयंनाददतेऽथचकन्यालंकारार्थमिच्छंतिसविक्रयोनभवतीत्यर्थः १ । २ । ३ नरोचेतनकामयेत नप्रमोदयेत्कामुकंनकुर्यात् प्रजनःसंततिः ४ । ५ । ६ । ७ स्वल्पईषदायासेनअपनेयःकौपीनोगुह्याच्छादनपटोयासांसद्यो

अन्योऽप्यथनविक्रेयोमनुष्यःकिंपुनःप्रजाः ॥ अधर्ममूलैर्हिधनैस्तैर्नधर्मोऽथकश्चन ॥ २३ ॥ ॥ इतिश्रीमहाभारतेअनुशासनपर्वणि आनुशासनिकेप० दानधर्मेविवाहधर्मेयमगाथानामपंचचत्वारिंशोऽध्यायः ॥ ४५ ॥ ॥ भीष्मउवाच ॥ ॥ प्राचेतसस्यवचनंकीर्तयंतिपुराविदः ॥ यस्याःकिंचिन्नाददतेज्ञातयोनसविक्रयः १ अर्हणंतत्कुमारीणामानृशंस्यतमंचतत् ॥ सर्वंचप्रतिदेयंस्यात्कन्यायैतदशेषतः २ पितृभिर्भ्रातृभिश्चापिश्वशुरैरथदेवरैः ॥ पूज्याभूषयितव्याश्चबहुकल्याणमीप्सुभिः ३ यदिवैस्त्रीनरोचेतपुमांसंनप्रमोदयेत् ॥ अप्रमोदात्पुनःपुंसःप्रजनोनप्रवर्धते ४ पूज्यालालयितव्याश्चस्त्रियोनित्यंजनाधिप ॥ स्त्रियोयत्रचपूज्यंतेरमंतेतत्रदेवताः ५ अपूजिताश्चयत्रैताःसर्वास्तत्राफलाःक्रियाः ॥ तदाचैतत्कुलंनास्तियदाशोचंतिजामयः ६ जामीशप्तानिगेहानिनिकृत्तानीवकृत्यया ॥ नैवभांतिनवर्धंतेश्रियाहीनानिपार्थिव ७ स्त्रियःपुंसांपरिददेमनुर्जिगमिषुर्दिवम् ॥ अबलाःस्वल्पकौपीनाःसुहृदःसत्यजिष्णवः ८ ईर्षवोमानकामाश्चचंडाश्चसुहृदोऽबुधाः ॥ स्त्रियस्तुमानमर्हंतितामानयतमानवाः ९ स्त्रीप्रत्ययोहिवैधर्मोरतिभोगाश्चकेवलाः ॥ परिचर्यानमस्कारास्तदायत्ताभवंतुवः १० उत्पादनमपत्यस्यजातस्यपरिपालनम् ॥ प्रीत्यर्थंलोकयात्रायाःपश्यतस्त्रीनिबंधनम् ११ संमान्यमानाश्चैताहिसर्वकार्याण्यवाप्स्यथ ॥ विदेहराजदुहिताचात्रश्लोकमगायत १२ नास्तियज्ञक्रियाकाचिन्नश्राद्धंनोपवासकम् ॥ धर्मःस्वभर्तृशुश्रूषातयास्वर्गंजयंत्युत १३ पितारक्षतिकौमारेभर्तारक्षतियौवने ॥ पुत्राश्चस्थाविरेभावेनस्त्रीस्वातंत्र्यमर्हति १४ श्रियएताःस्त्रियोनामसत्कार्याभूतिमिच्छता ॥ पालितानिगृहीताचश्रीःस्त्रीभवतिभारत ॥ १५ ॥ इतिश्रीमहाभारतेअनुशासनपर्वणिआनुशासनिकेपर्वणिदानधर्मेविवाहधर्मेस्त्रीप्रशंसानामषट्चत्वारिंशोऽध्यायः ॥ ४६ ॥ ॥ युधिष्ठिरउवाच ॥ ॥ सर्वशास्त्रविधानज्ञराजधर्मविदुत्तम ॥ अतीवसंशयच्छेत्ताभवान्वैप्रथितःक्षितौ १ कश्चित्तुसंशयोमेऽस्तितन्मेब्रूहिपितामह ॥ जातेऽस्मिन्संशयेराजन्नान्यंपृच्छेमकंचन २ यथानरेणकर्तव्यंधर्ममार्गानुवर्तिना ॥ एतत्सर्वंमहाबाहोभवान्व्याख्यातुमर्हति ३ चतस्रोविहिताभार्याब्राह्मणस्यपितामह ॥ ब्राह्मणीक्षत्रियावैश्याशूद्राचरतिमिच्छतः ४ तत्रजातेषुपुत्रेषुसर्वासांकुरुसत्तम ॥ आनुपूर्व्येणकस्तेषांपित्र्यंदायादमर्हति ५ ॥ ॥ ॥ ॥ ॥ ॥ ॥

हार्याइत्यर्थः सुहृदःसौहार्दयुक्ताः । नबुध्यंतइत्यबुधाः ८ । ९ स्त्रीप्रत्ययःस्त्रीहेतुकः १० । ११ अत्रस्त्रीधर्मविषये १२ । १३ । १४ । १५ ॥ इतिअनुशासनपर्वणिनीलकंठीये भारतभावदीपेषट्चत्वारिंशोऽध्यायः ॥ ४६ ॥ ॥ ॥ ॥ सवर्ति १ । २ एवमृत्विगात्मस्त्रीशुद्धिमुक्त्वाधनशुद्ध्यर्थंदायविभागंप्रस्तौति ३ रतिमिच्छतएवविहितानतुधर्मे 'शूद्रांशयनमारोप्यब्राह्मणोयात्यधोगतिं ॥ अपत्यंजनयित्वाऽस्यांब्राह्मण्यादेवहीयते' इतिनिंदास्मरणात् ४ । ५ ॥ ॥ ॥ ॥ ॥ ॥ ॥

किंकियत्प्रमाणं ६ । ७ दृष्टांततःशास्त्रतः ८ अविहितमप्यनिषिद्धंचेत्तत्राह शूद्रामिति 'कूष्मांडैर्जुहुयाद्योऽपूतइवमन्येतयथास्तेनोयथाभ्रूणहैवमेषभवतियोयोनौरेतःसिंचति' इतिक्षत्रियायांवैश्यायां चोत्पन्नस्यसाक्षाद्वाकतिपयपुरुषव्यवधानाद्वाब्राह्मण्यलाभोदृश्यतेइतितयोरस्तियोनित्वं शूद्रायास्त्वतथात्वादयोनित्वं ततस्तस्यांरेतःसेकेप्रायश्चित्तीभवत्येव कूष्मांडैः'यद्देवादेवहेडनम्' इतियजुर्वेदप्रसिद्धै मंत्रविशेषैः अनेनैवविधिनावेदेनदृष्टेनकर्मणाप्रायश्चित्तमात्मनइच्छतिप्रायश्चित्तीयते अन्यथाऽधोगतिंयातीत्यर्थः ९ द्विगुणंप्रायश्चित्तं १० एकांशंमुख्यांशं ११ तेनैवब्राह्मणीपुत्रेणैव १२ । १३ १४ नित्यंसर्वदाअदेयंधनमस्यसनित्यादेयधनः अथापिअल्पमेकोंशः १५ । १६ अब्राह्मणंत्विति । दीर्घतमसःपुत्रेषुशूद्रायांजातेषुकाक्षीवदादिषुब्राह्मण्यादर्शनादितिभावः एवंचतस्यअमंत्रकाःसंस्का

केनवाकिंततोहार्यंपितृवित्तात्पितामह ॥ एतदिच्छामिकथितंविभागस्तेषुयःस्मृतः ६ ॥ भीष्मउवाच ॥ ब्राह्मणःक्षत्रियोवैश्यस्त्रयोवर्णाद्विजातयः ॥ एतेषुविहितोधर्मोब्राह्मणस्ययुधिष्ठिर ७ वैषम्यादथवालोभात्कामाद्वापिपरंतप ॥ ब्राह्मणस्यभवेच्छूद्रानतुदृष्टांततःस्मृता ८ शूद्रांशयनमारोप्यब्राह्मणोयात्यधोगतिम् ॥ प्रायश्चित्तीयतेचापिविधिदृष्टेनकर्मणा ९ तत्रजातेष्वपत्येषुद्विगुणंस्याद्युधिष्ठिर ॥ आपद्यमानमृक्थंतुसंप्रवक्ष्यामिभारत १० लक्षण्यंगोवृषोयानंयत्प्रधानतमं भवेत् ॥ ब्राह्मण्यास्तद्धरेत्पुत्रएकांशंवैपितुर्धनात् ११ शेषंतुदशधाकार्यंब्राह्मणस्वंयुधिष्ठिर ॥ तत्रतेनैवहर्तव्याश्चत्वारोंऽशाःपितुर्धनात् १२ क्षत्रियायास्तुयःपुत्रोब्राह्मणःसोऽप्यसंशयः ॥ सतुमातुर्विशेषेणत्रीनंशान्हर्तुमर्हति १३ वर्णेतृतीयेजातस्तुवैश्यायांब्राह्मणादपि ॥ द्विरंशस्तेनहर्तव्योब्राह्मणस्वाद्युधिष्ठिर १४ शूद्रायांब्राह्मणाज्जातोनित्यादेयधनःस्मृतः ॥ अल्पंचापिप्रदातव्यंशूद्रापुत्रायभारत १५ दशधाप्रविभक्तस्यधनस्यैषभवेत्क्रमः ॥ सवर्णासुतुजातानांसमान्भागान्प्रकल्पयेत् १६ अब्राह्मणंतुमन्यंतेशूद्रापुत्रमनैपुणात् ॥ त्रिषुवर्णेषुजातोहिब्राह्मणाद्ब्राह्मणोभवेत् १७ स्मृताश्चवर्णाश्चत्वारःपंचमोनाधिगम्यते ॥ हरेच्च दशमंभागंशूद्रापुत्रःपितुर्धनात् १८ तत्तुदत्तंहरेत्पित्रानादत्तंहर्तुमर्हति ॥ अवश्यंहिधनंदेयंशूद्रापुत्रायभारत १९ आनृशंस्यंपरोधर्मइतितस्मैप्रदीयते ॥ यत्रतत्रसमुत्पन्नंगुणायैवोपपद्यते २० यद्यप्येषसपुत्रःस्यादपुत्रोयदिवाभवेत् ॥ नाधिकंदशमाद्दद्याच्छूद्रापुत्रायभारत २१ त्रैवार्षिकाद्यदाभक्तादधिकंस्याद्द्विजस्यतु ॥ यजेततेनद्रव्येणनवृथासाधयेद्धनम् २२ त्रिसहस्रपरोदायःस्त्रियैदेयोधनस्यवै ॥ भर्त्रातच्चधनंदत्तंयथार्हंभोक्तुमर्हति २३ स्त्रीणांतुपतिदायाद्यमुपभोगफलंस्मृतम् ॥ नापहारंस्त्रियःकुर्युःपतिवित्तात्कथंचन २४ स्त्रियास्तुयद्धनंवैद्धित्तंपित्रादत्तंयुधिष्ठिर ॥ ब्राह्मण्यास्तद्धरेत्कन्यायथापुत्रस्तथाहिसा २५ साहिपुत्रसमाराजन्विहिताकुरुनंदन ॥ एवमेवसमुद्दिष्टोधर्मोवैभरतर्षभ ॥ एवंधर्ममनुस्मृत्यनवृथासाधयेद्धनम् २६ ॥ ॥ ॥ ॥ ॥

राअपिभवंति त्रिषुक्षत्रियादिषु एतच्चादायार्थमवध्यत्वार्थंचोक्तं विप्राद्वैश्यायांशूद्रायांचजातस्यमातृजातीयत्वस्यवक्ष्यमाणत्वात् १७ । १८ । १९ समुत्पन्नमानृशंस्यं २० यद्यपीति । एतेनबंधुषुअपुत्रात्सपुत्रोऽधिकंभागमर्हतीतिज्ञायते २१ वृथायज्ञादिप्रयोजनंविनानसाधयेत् प्रतिग्रहादिनावादायहरणेनवानलिप्सेत् २२ त्रीति । सहस्रत्रयाद्बहुवित्तवताऽपिस्त्रियोऽधिकोदायोनदेयइत्यर्थः तदपितथादत्तंचेवभर्त्राभोक्तुंशक्नोतिनत्वदत्तं २३ कुर्युःपुत्राइतिशेषः पतिवित्तात्पत्यादत्ताद्वित्तात् २४ २५ धर्मोविभागप्रकारः वृथाअन्यायेनसाधितैर्द्रव्यैःकृतमपियागादिनिष्फलंभवतीतिभावः २६

शूद्रायामिति । तस्यप्रागुक्तनित्यादेयधनत्वंतच्चानंतरोक्तदशमांशदानविधिनाविरुद्धमित्यर्थः २७ यदातिसृणामपिपुत्राब्राह्मणाएवतदाकिमर्थमेषांभागवैषम्यमितिद्वितीयआक्षेपः २८ । २९ आद्रियंते
त्रिवर्गार्थिभिरितिदारपदप्रवृत्तिनिमित्तमादरःसचभोगार्थायांशूद्रायामप्यस्त्यतस्तत्पुत्रोऽपिदायमर्हति यतश्चभर्तुरादरस्तासुवर्णक्रमेणयथायोग्यंतारतम्यक्रमेणक्रियतइतितत्पुत्राणांभागवैषम्यंचास्तीत्यभिप्रायवा
नाह प्रोक्तेनचैवेति । नामनिर्वचनमपेक्ष्यैवायंविशेषोऽस्तीत्यर्थः ३० विशेषमेवाह तिस्रइति । पश्चात्परिणीताविषयसाकनिष्ठाऽपिपितृगौरवाद्ब्राह्मणीयेवसर्वेषुलौकिकवैदिकेषुकार्येष्वाद्रियेतेत्यर्थः ३१

॥ युधिष्ठिरउवाच ॥ शूद्रायांब्राह्मणाज्जातोयद्यदेयधनःस्मृतः ॥ केनप्रतिविशेषेणदशमोऽप्यस्यदीयते २७ ब्राह्मण्यांब्राह्मणाज्जातोब्राह्मणःस्यान्नसंशयः ॥ क्षत्रिया
यांतथैवस्याद्वैश्यायामपिचैवहि २८ कस्मात्तुविषमंभागंभजेरन्नृपसत्तम ॥ यदासर्वेत्रयोवर्णास्त्वयोक्ताब्राह्मणाइति २९ ॥ भीष्मउवाच ॥ दाराइत्युच्यतेलोकेनाम्ना
केनपरंतप ॥ प्रोक्तेनचैवनाम्नाऽयंविशेषःसुमहान्भवेत् ३० तिस्रःकृत्वापुरोभार्याःपश्चाद्विन्देतब्राह्मणीम् ॥ साज्येष्ठासाचपूज्यास्यात्साचभार्यागरीयसी ३१ स्नानंप्रसाधनं
भर्तुर्दन्तधावनमंजनम् ॥ हव्यंकव्यंचयच्चान्यद्धर्मयुक्तंगृहेभवेत् ३२ नतस्यांजातुतिष्ठंत्यामन्यातत्कर्तुमर्हति ॥ ब्राह्मणीत्वेवकुर्याद्वाब्राह्मणस्ययुधिष्ठिर ३३ अन्नंपानंच
माल्यंचवासांस्याभरणानिच ॥ ब्राह्मण्यैतानिदेयानिभर्तुःसाहिगरीयसी ३४ मनुनाभिहितंशास्त्रंयच्चापिकुरुनंदन ॥ तत्राप्येषमहाराजदृष्टोधर्मःसनातनः ३५
अथचेदन्यथाकुर्याद्यदिकामाद्युधिष्ठिर ॥ यथाब्राह्मणचांडालःपूर्वदृष्टस्तथैवसः ३६ ब्राह्मण्याःसदृशःपुत्रःक्षत्रियायाश्चयोभवेत् ॥ राजन्विशेषोयस्त्वत्रवर्णयोरुभयो
रपि ३७ नतुजात्यासमालोकेब्राह्मण्याःक्षत्रियाभवेत् ॥ ब्राह्मण्याःप्रथमःपुत्रोभूयान्स्याद्राजसत्तम ३८ भूयोभूयोपिसंहार्यःपितृवित्ताद्युधिष्ठिर ॥ यथानस
दृशीजातुब्राह्मण्याःक्षत्रियाभवेत् ३९ क्षत्रियायास्तथावैश्यानजातुसदृशीभवेत् ॥ श्रीश्चराज्यंचकोशश्चक्षत्रियाणांयुधिष्ठिर ४० विहितंदृश्यतेराजन्साग
रांतांचमेदिनीम् ॥ क्षत्रियोहिस्वधर्मेणश्रियंप्राप्नोतिभूयसीम् ४१ राजादंडधरोराजन्रक्षानान्यत्रक्षत्रियात् ॥ ब्राह्मणाहिमहाभागादेवानामपिदेवताः ॥ तेषुरा
जन्प्रवर्तेतपूजयाविधिपूर्वकम् ४२ प्रणीतमृषिभिर्ज्ञात्वाधर्मंशाश्वतमव्ययम् ॥ लुप्यमानंस्वधर्मेणक्षत्रियोह्येषरक्षति ४३ दस्युभिर्ह्रियमाणंचधनंदारांश्चसर्वशः ॥
सर्वेषामेववर्णानांत्राताभवतिपार्थिवः ४४ भूयान्स्यात्क्षत्रियापुत्रोवैश्यापुत्रान्नसंशयः ॥ भूयस्तेनापिहर्तव्यंपितृवित्ताद्युधिष्ठिर ४५ ॥ युधिष्ठिरउवाच ॥ उक्तंतेविधि
वद्राजन्ब्राह्मणस्यपितामह ॥ इतरेषांतुवर्णानांकथंवैनियमोभवेत् ४६ ॥ ॥ ॥ ॥ ॥ ॥

३२ । ३३ । ३४ । ३५ ब्राह्मणचांडालोब्राह्मणक्षेत्रेशूद्राज्जातःपूर्वोक्तोमातंगस्तद्वत्ससतेनकर्मणाज्ञेयइत्यर्थः 'कर्मणाज्ञायतेजातिर्भोगेनज्ञायतेकृतं' इतिन्यायात् ३६ । ३७ । ३८ भूयोभूयो
पिअधिकमधिकंसंहार्यःसंविभजनीयः ३९ । ४० । ४१ । ४२ । ४३ । ४४ । ४५ उक्तंदायविभागादि नियमोदायविभागे अत्रापिक्षत्रियस्यषोढावैश्यस्यत्रेधाचधनंविभज्यैकैकांशहीना
इतरभागाउतविशेषोऽस्तीतिप्रष्टुरभिप्रायः ४६ ॥ ॥ ॥ ॥ ॥ ॥ ॥

४७ क्षत्रियाणांक्षत्रियस्त्रीणां एषएवक्रमोभर्त्तुःस्नानादिप्रदाने तस्यांसवर्णायांसत्यांहीनवर्णातन्नकुर्यादित्यर्थः ४८ युद्धेऽवहितेतद्रथगजायुधकवचादिकंयुद्धावहारिकम् ४९ । ५० । ५१ । ५२
५३ । ५४ शूद्रस्यादेयधनत्वेहेतुस्त्रिभिर्वर्णैर्जातइति ५५ । ५६ । ५७ । ५८ । ५९ । ६० । ६१ ॥ इति अनुशासनपर्वणिनीलकंठीये भारतभावदीपे सप्तचत्वारिंशोऽध्यायः ॥ ४७ ॥ ॥
एवमनुलोमजातिजानांपुत्राणांतारतम्यमुक्त्वाविलोमजातिजानामपितदाहाऽध्यायेन अर्थादिति । लोभात्कामाद्वोच्चमवर्णास्त्रीहीनवर्णानुगाभवतीतिप्रसिद्धंतेनगूढोत्पत्तिसंभवाद्वर्णानांनिश्चयोनजायते ननुकर्मणा
ज्ञायतेजातिरित्यभियुक्तैरुच्यतेएव ननिषेककालेदुर्मुहूर्तदुष्टवस्तुस्मरणादिनाऽपिनिमित्तेनाऽसतउत्पत्तिसंभवात् प्रच्छन्नविलोमजेष्वपिक्वचित्सदाचारदर्शनेनवर्णानामज्ञानाच्चावश्यंवर्णसंकरोभवत्येवेत्यर्थः

॥ भीष्मउवाच ॥ क्षत्रियस्यापिभार्येद्वेविहितेकुरुनंदन ॥ तृतीयाचभवेच्छूद्रानतुदृष्टांततःस्मृता ४७ एषएवक्रमोहिस्यात्क्षत्रियाणांयुधिष्ठिर ॥ अष्टधातुभवेत्का
र्यंक्षत्रियस्यजनाधिप ४८ क्षत्रियायाहरेत्पुत्रश्चतुरोंशान्पितुर्धनात् ॥ युद्धावहारिकंयच्चपितुःस्यात्सहरेत्तुतत् ४९ वैश्यापुत्रस्तुभागांस्त्रीन्शूद्रापुत्रस्तथाऽष्टमम् ॥
सोपिदत्तंहरेत्पित्रानादत्तंहर्तुमर्हति ५० एकैवहिभवेद्भार्यावैश्यस्यकुरुनंदन ॥ द्वितीयातुभवेच्छूद्रानतुदृष्टांततःस्मृता ५१ वैश्यस्यवर्तमानस्यवैश्यायांभरत
र्षभ ॥ शूद्रायांचापिकौन्तेयतयोर्विनियमःस्मृतः ५२ पंचधातुभवेत्कार्यंवैश्यस्वंभरतर्षभ ॥ तयोरपत्येवक्ष्यामिविभागंचजनाधिप ५३ वैश्यापुत्रेणहर्तव्याश्च
त्वारोंशाःपितुर्धनात् ॥ पंचमस्तुस्मृतोभागःशूद्रापुत्रायभारत ५४ सोपिदत्तंहरेत्पित्रानादत्तंहर्तुमर्हति ॥ त्रिभिर्वर्णैःसदाजातःशूद्रोऽदेयधनोभवेत् ५५ शूद्रस्यस्यात्सव
र्णैवभार्यानान्याकथंचन ॥ सममागाश्चपुत्राःस्युर्यदिपुत्रशतंभवेत् ५६ जातानांसमवर्णायाःपुत्राणामविशेषतः ॥ सर्वेषामेववर्णानांसमभागोधनात्स्मृतः ५७
ज्येष्ठस्यभागोज्येष्ठःस्यादेकांशोयःप्रधानतः ॥ एषदायविधिःपार्थपूर्वमुक्तःस्वयंभुवा ५८ समवर्णासुजातानांविशेषोस्त्यपरोनृप ॥ विवाहवैशिष्ट्यकृतःपूर्वपूर्वो
विशिष्यते ५९ हरेज्ज्येष्ठःप्रधानांशमेकंतुल्यासुतेष्वपि ॥ मध्यमोमध्यमंचैवकनीयांस्तुकनीयसम् ६० एवंजातिषुसर्वासुसवर्णःश्रेष्ठतांगतः ॥ महर्षिरपिचैतद्वै
मारीचःकाश्यपोऽब्रवीत् ६१ ॥ इतिश्रीमहाभारते अनुशासनपर्वणि आनुशासनिकेपर्वणिदानधर्मेरिक्थविभागोनामसप्तचत्वारिंशोऽध्यायः ॥ ४७ ॥ ॥
॥ युधिष्ठिरउवाच ॥ अर्थाल्लोभाद्वाकामाद्वावर्णानांचाप्यनिश्चयात् ॥ अज्ञानाद्वापिवर्णानांजायतेवर्णसंकरः १ तेषामेतेनविधिनाजातानांवर्णसंकरे ॥ कोधर्मःका
निकर्माणितन्मेब्रूहिपितामह २ ॥ भीष्मउवाच ॥ चातुर्वर्ण्यस्यकर्माणिचातुर्वर्ण्यंचकेवलम् ॥ असृजत्सहियज्ञार्थेपूर्वमेवप्रजापतिः ३ भार्याश्चतस्रोविप्रस्यद्वयो
रात्माप्रजायते ॥ आनुपूर्व्याद्द्वयोर्हीनौमातृजात्यौप्रसूयतः ४ ॥ ॥ ॥ ॥ ॥ ॥ ॥

१ एतेनोक्तेन विधिनाप्रकारेण २ तत्रप्रथमंचत्वारएववर्णायज्ञार्थंसृष्टास्तत्रशूद्राणांसेवाद्वारायज्ञार्थत्वंनतुसाक्षात् । 'तस्माच्छूद्रोयज्ञेऽनवक्लृप्तः' इतिश्रुतेः ३ आत्माब्राह्मणएवक्षत्रियायामपिजायतइत्यर्थः
सचकिंचिन्नीचः यदाहमनुः । 'स्त्रीष्वनंतरजातासुद्विजैरुत्पादितान्सुतान् । सदृशानेवतानाहुर्मातृदोषविगर्हितान्' इति मातृजात्यौवैश्यायांवैश्योऽम्बष्ठोनाम शूद्रायांशूद्रोनिषादोनामपारशवाख्योभवति
मनुः 'ब्राह्मणाद्वैश्यकन्यायामंबष्ठोनामजायते ॥ निषादःशूद्रकन्यायांयः पारशवउच्यते' इति ४ ॥ ॥ ॥ ॥ ॥ ॥

एतद्व्याचष्टे परमिति । शवात् 'पद्युवाएतत्श्मशानंयच्छूद्र' इतिश्रुतेः शवस्थानतुल्याच्छूद्रात्परमुत्कृष्टं पद्भ्यांयुतंपद्युपादयुक्तंजंगमंश्मशानंशूद्रइतिश्रुत्यर्थः ५ तंत्रमुपकरणं वयसाज्येष्ठोऽपिपारशवोद्वि
जस्यत्रिवर्णजस्ययवीयान्कनीयानेवेतिसंबंधः ६ वैश्यायामपिक्षत्रियात्क्षत्रियएवभवतीत्याह द्वयोरिति । उग्राःशूद्रविशेषाः ७ वैश्यात्शूद्रायामपिवैश्यएवभवतीत्याह द्वेइति ८ अतः स्वपितुरविशिष्टोना
धिकःसन्नधमःशूद्रोगुरूणांब्राह्मणादीनांदारप्रधर्षकश्चेत् बाह्यंचांडालादिं ९. विप्रायामिति सूतःसारथिःजातितःकर्मतश्च । सूतानामश्वसारथ्यमित्युक्तेः स्तोमक्रियास्तोत्रकरणंचराजादीनां
यथोक्तं । 'सूताःपौराणिकाःमताः' इति मौद्गल्यंस्त्रीकार्यमंतःपुररक्षणादितत्कारित्वं । 'वैदेहकानांस्त्रीकार्यम्' इत्युक्तेः अपवर्जितंसंस्कारानर्हं १० वध्यानांचोरादीनांशिरश्छेदादिकार्यकारिणंवध्यघ्नं
११ बंदीति 'मागधानांवणिक्पथः' इतिमनुः वाक्यंप्रस्तावसदृशीउक्तिः निषादस्तथाक्षत्तानाम यदाहमनुः । 'शूद्रादायोगवःक्षत्ताचांडालश्चाधमोनृणां । वैश्यराजन्यविप्रासुजायंतेवर्णसंकराः' इति
अस्यवृत्तिमनुरन्यामाह । 'क्षत्तुग्रपुल्कसानांतुविलोकोवधबंधनम्' इति अत्रमनुनानिषादोऽनुलोमजेषुक्षत्ताचप्रतिलोमजेषूक्तः । व्यासेनतुविपरीतमुक्तंविदुरेक्षत्तृशब्दंतत्रतत्रप्रयुंजानेन । अतएवशूद्र्यांनिषा

परंशवाद्ब्राह्मणस्यैवपुत्रःशूद्रापुत्रंपारशवंतमाहुः ॥ शुश्रूषकःस्वस्यकुलस्यसस्यात्स्वचारित्रंनित्यमथोनजह्यात् ५ सर्वानुपायानथसंप्रधार्यसमुद्धरेत्स्वस्यकुलस्यतं
त्रम् ॥ ज्येष्ठोयवीयानपियोद्विजस्यशुश्रूषयादानपरायणःस्यात् ६ तिस्रःक्षत्रियसंबंधाद्द्वयोरात्माऽस्यजायते ॥ हीनवर्णास्तृतीयायांशूद्राउग्राइतिस्मृतिः ७ द्वेचा
पिभार्येवैश्यस्यद्वयोरात्माऽस्यजायते ॥ शूद्राशूद्रस्यचाप्येकाशूद्रमेवप्रजायते ८ अतोऽविशिष्टस्त्वधमोगुरुदारप्रधर्षकः ॥ बाह्यंवर्णंजनयतिचातुर्वर्ण्यविगर्हितम् ९
विप्रायांक्षत्रियोबाह्यंसूतंस्तोमक्रियापरम् ॥ वैश्योवैदेहकंचापिमौद्गल्यमपवर्जितम् १० शूद्रश्चांडालमत्युग्रंवध्यघ्नंबाह्यवासिनम् ॥ ब्राह्मण्यांसंप्रजायंतइत्येतेकुलपां
सनाः॥ एतेमतिमतांश्रेष्ठवर्णसंकरजाःप्रभो ११ बंदीतुजायतेवैश्यान्मागधोवाक्यजीवनः ॥ शूद्रान्निषादोमत्स्यघ्नःक्षत्रियायांव्यतिक्रमात् १२ शूद्रादायोगवश्चापिवै
श्यायांग्राम्यधर्मिणः ॥ ब्राह्मणैरप्रतिग्राह्यस्तक्षास्वधनजीवनः १३ एतेऽपिसदृशान्वर्णान्जनयंतिस्वयोनिषु ॥ मातृजात्याःप्रसूयंतेह्यवराहीनयोनिषु १४ यथाच
तुर्षुवर्णेषुद्वयोरात्मास्यजायते ॥ आनंतर्यात्प्रजायंतेतथाबाह्याःप्रधानतः १५ तेचापिसदृशंवर्णंजनयंतिस्वयोनिषु ॥ परस्परस्यदारेषुजनयंतिविगर्हितान् १६ यथा
शूद्रोपिब्राह्मण्यांजंतुंबाह्यंप्रसूयते ॥ एवंबाह्यतराद्बाह्यश्चातुर्वर्ण्यात्प्रजायते १७ प्रतिलोमंतुवर्धंतेबाह्याद्बाह्यतरात्पुनः ॥ हीनाद्धीनाःप्रसूयंतेवर्णाःपंचदशैवतु १८ अग
म्यागमनाच्चैवजायतेवर्णसंकरः ॥ बाह्यानामनुजायंतेसैरंध्र्यांमागधेषुच ॥ प्रसाधनोपचारज्ञमदासंदासजीवनम् १९ ॥ ॥

दोजातःपारशवोऽपिवा । क्षत्रियामागधंवैश्यात्शूद्रात्क्षत्तारमेववा' इतियाज्ञवल्क्यउभयत्रवाशब्दंपठन्ननयोर्निषादत्वक्षत्तृत्वेसूचयति तेनविमातृशूद्रायांक्षत्ताशूद्रात्क्षत्रियायांनिषादइत्यपिसाधु १२ ग्राम्य
धर्मिणःग्राम्यधर्मोमैथुनंतद्वंतः तक्षावर्धकिः १३ एतेनवअंबष्ठपारशवोग्राःसूतवैदेहकचंडालाःमागधनिषादायोगवाःतेषांस्वयोनावनंतरयोनौचस्वात्मैवजायतेपूर्ववत् । व्यवहितनीचयोनौतुमातृजातीया
इतिश्लोकद्वयार्थः १४ ।१५ तेचापिसंकरजाअपिविगर्हितान्अधमादुत्तमायामुत्तमादधमायांवासूतांबष्ठादिवद्विगर्हितानेवजनयंतीत्यर्थः १६ । १७ । १८ पंचदशबाह्याउक्तास्तान्व्याचष्टे बाह्याना
मित्यादिना मागधेषुसैरंध्र्यामित्यभेदेनान्वयः । सैरंध्र्यकर्मव्याचष्टे प्रसाधनेति । प्रसाधनंराजादीनांपुंसामलंकरणंपुरुषैःसैरंध्रैः राजस्त्रीणांचसैरंध्रीभिरुपचारस्तेषांदिव्यांगरागाद्यर्पणेनस्तवादिनाचसंतोषणं
तदभिज्ञं अदासमितिसाभान्येनपुंसकं १९ ॥ ॥ ॥ ॥ ॥ ॥ ॥ ॥ ॥

अतःअन्नमागधविशेषैसैरंध्रयोनौ आयोगवमायोगवस्यापत्यंमैरंध्रंनामसूतेऽर्थादायोगवंसैरंध्रंवागुरावृत्तीतिमनुः । तस्यामेवमागध्यामरयकनामतःमाधुकमद्यकरकमतश्चपुत्रंवैदेहःसूते २० मद्गुरंमद्गुन्मीनविशेषा नरात्यादत्तंमद्गुरं दासंनामतः मृतपंश्मशानाधिकारिणं २१ एतेमागध्यामायोगवादिभ्यश्चतुर्भ्यःक्रमाज्जायंतेइत्युपसंहरति चतुरइति । एतेचत्वारोवागुरादिनाजीवंतीतितेमायोपजीविनःअन्येऽपिचत्वारो मागध्यांविश्रुताःसजातीयाउत्पद्यंतेतेषांनामानि मांसमित्यादि । मांसंमांसविक्रेतारंस्वादुकरंमांसस्यैवसंस्कारकं । क्षौद्रंसूदंशूद्रमितिपाठत्रयेऽपिशाकाद्यन्नपाककरं सौगंधमुक्तलक्षणंसैरंध्रं एकस्यैवमागधस्यैत द्वृत्तिचतुष्टयमुक्तमितिज्ञेयं २२ आयोगव्यांवैदेहकादिभ्योजातांस्त्रीन्भेदानाहसार्धद्वयेन वैदेहकादिति २३ । २४ क्षुद्रइति । निषाद्यांवैदेहकात्क्षुद्रोभेदः अंध्रश्चआरण्यपशुहिंसकौकारावराख्यश्चर्मका रश्चेतित्रयोभवंतीत्यर्थः २५ चंडालान्निपाद्यामेव त्वक्सारोवेणुः २६ आहिंडकइतिस्पष्टार्थौश्लोकौ २७ । २८ इतीति । अत्रमागध्यांआयोगववैदेहकनिषादचंडालैश्चत्वारस्तैरेवायोगव्यांस्वीयवर्जितैस्त्र योनिषाद्यांचंडालवैदेहाभ्यांद्वौवैदेह्यांचंडालनिषादाभ्यांद्वौनिषाद्यांचंडालात्पुक्कइतिद्वादशभेदाउक्ताः । ‘ शूद्राज्जातोनिषाद्यांतुसवैकुक्कुटकःस्मृतः । वैदेहकेनत्वंबष्ठ्यामुत्पन्नोवेनउच्यते’इतिद्वौ । ‘द्विजा

अतश्चायोगवंसूतेवागुरावंधजीवनम् ॥ मैरेयकंचवैदेहःसंप्रसूतेऽथमाधुकम् २० निषादोमद्गुरंसूतेदासंनावोपजीविनम् ॥ मृतपंचापिचांडालःश्वपाकमितिविश्रुतम् २१ चतुरोमागधीसूतेक्रूरान्मायोपजीविनः ॥ मांसंस्वादुकरंक्षौद्रंसौगंधमितिविश्रुतम् २२ वैदेहकाच्चपापिष्ठाक्रूरंमायोपजीविनम् ॥ निषादान्मद्रनाभंचखरयानप्रया यिनम् २३ चांडालात्पुल्कसंचापिखराश्वगजभोजिनम् ॥ मृतचैलप्रतिच्छन्नंभिन्नभाजनभोजिनम् २४ आयोगवीषुजायंतेहीनवर्णास्तुतेत्रयः ॥ क्षुद्रोवैदेहकादंध्रोब हिर्ग्रामप्रतिश्रयः २५ कारावरोनिषाद्यांतुचर्मकारःप्रसूयते ॥ चांडालात्पांडुसौपाकस्त्वक्सारव्यवहारवान् २६ आहिंडकोनिषादेनवैदेह्यांसंप्रसूयते ॥ चंडालेनतुसौ पाकश्चंडालसमवृत्तिमान् २७ निषादीचापिचांडालात्पुत्रमंतेवसायिनम् ॥ श्मशानगोचरंसूतेबाह्यैरपिबहिष्कृतम् २८ इत्येतेसंकरेजाताःपितृमातृव्यतिक्रमात् ॥ प्रच्छन्नावाप्रकाशावावेदितव्याःस्वकर्मभिः ॥ चतुर्णामेववर्णानांधर्मोनान्यस्यविद्यते २९ वर्णानांधर्महीनेषुसंख्यानास्तीहकस्यचित् ३० यदृच्छयोपसंपन्नैर्यज्ञसाधु बहिष्कृतैः ॥ बाह्याबाह्यैश्चजायंतेयथावृत्तियथाश्रयम् ३१ चतुष्पथश्मशानानिशैलांश्चान्यान्वनस्पतीन् ॥ कार्ष्णायसमलंकारंपरिगृह्यचनित्यशः ३२ वसेयुरेतेवि ज्ञातावर्तयंतःस्वकर्मभिः ॥ युंजंतोवाप्यलंकारांस्तथोपकरणानिच ३३ गोब्राह्मणायसाहाय्यंकुर्वाणावैनसंशयः ॥ आनृशंस्यमनुक्रोशःसत्यवाक्यंतथाक्षमा ३४

तयःसवर्णासुजनयंत्यव्रतांस्तुयान् । तान्सावित्रीपरिभ्रष्टान्व्रात्यानित्यभिनिर्देशेत्’इतिव्रात्यजातीयएकइत्येवंमनूक्तैस्त्रिभिःसहपंचदशसंकरजाताः । व्रात्यस्यापिधर्मसांकर्याद्देतेष्वेवगणना । प्रच्छन्नाअज्ञात योनयोऽपिपूर्वोक्तैःकर्मभिस्तेऽमुकयोनयइतिवेदितव्याः २९ चातुर्वर्ण्यस्यैवधर्माःशास्त्रविहिताःइतरेषांतुजातिभेदानांधर्मनियमइयत्ताचनास्ति तथाहि चतुर्भ्योवर्णेभ्यःषडनुलोमजाःषड्विलोमजाश्चेतिद्वा दश । तेभ्योपिषट्षष्टिरनुलोमजाःषट्षष्टिर्विलोमजाइतिद्वात्रिंशदधिकंशतंतेभ्यएवंप्रातिलोम्यानुलोम्यगणनायांतेभ्यस्तेभ्यश्चैवमनंताभेदाभवंति तेचसर्वेपंचदशस्वेवांतर्भवंतीतितावतामेवपरिगणनंकृतमित्यर्थः ३० यदृच्छयाजात्यनियमेनउपसंपन्नैर्मिथुनीभावंगतैर्यज्ञेभ्यःसाधुभ्यश्चबहिष्कृतैर्यथावृत्तियथाश्रयंजीविकांजातिविशेषंचयदृच्छयातत्तत्कर्मणाप्राप्ताइत्यर्थः ३१ । ३२ । ३३ तेषांसाधार णान्धर्मानाह गतिति ३४ ॥ ॥ ॥ ॥ ॥ ॥ ॥ ॥ ॥ ॥ ॥

३५ यथेति निहीनासुरेतःसेकंनकुर्यादितिभावः ३६ तदर्थमेवचौरेभ्यइवस्त्रीभ्यआत्मानंरक्षेदित्याहद्वाभ्यां अविद्वांसमिति ३७ । ३८ कलुषयोनिजंसंकरयोनिजं आर्यगृहेजातत्वादार्यरूपमिवभासमानमप्युत्पत्तितोऽनार्यं ३९ नानाभावैरार्येभ्यःपृथग्भूताभिश्चेष्टाभिःसमन्वितंनरंसंकरयोनिजंजानीयात् ४० अनार्यत्वादिष्वेकैकमपिकलुषयोनित्वव्यंजकंकिमुतद्वेत्रीणिसर्वाणिचेतिभावः ४१ प्रकृतियोनिं नियच्छतिगूहितुंशक्नोतीत्यर्थः ४२ व्याघ्रइत्युपलक्षणंबीजादेरपि यथातिर्यक्स्थावरादिकंबीजगुणंनत्यजत्येवंमनुष्योऽपीत्यर्थः ४३ संच्छन्नेसुगुप्तेऽपियस्यजन्मनीतिशेषःसःतच्छीलंसंकर

स्वशरीरैरपित्राणंबाह्यानांसिद्धिकारणम् ॥ भवंतिमनुजव्याघ्रतत्रमेनास्तिसंशयः ३५ यथोपदेशंपरिकीर्तितासुनरःप्रजायेतविचार्यबुद्धिमान् ॥ निहीनयोनिर्हिंसुतोऽवसादयेत्तितीर्षमाणंहियथोपलोजले ३६ अविद्वांसमलंलोकेविद्वांसमपिवापुनः ॥ नयंतिह्युत्पथंनार्यःकामक्रोधवशानुगम् ३७ स्वभावश्चैवनारीणांनराणामिहदूषणम् ॥ अत्यर्थंनप्रसज्जन्तेप्रमदासुविपश्चितः ३८ ॥ ॥ युधिष्ठिरउवाच ॥ ॥ वर्णापेतमविज्ञायनरंकलुषयोनिजम् ॥ आर्यरूपमिवानार्यंकथंविद्यामहेवयम् ३९ ॥ ॥ भीष्मउवाच ॥ ॥ योनिसंकलुषेजातंनानाभावसमन्वितम् ॥ कर्मभिःसज्जनाचीर्णैर्विज्ञेयायोनिशुद्धता ४० अनार्यत्वमनाचारःक्रूरत्वंनिष्क्रियात्मता ॥ पुरुषंव्यंजयंतीहलोकेकलुषयोनिजम् ४१ पित्र्यंवाभजतेशीलंमातृजंवातथोभयम् ॥ नकथंचनसंकीर्णःप्रकृतिंस्वांनियच्छति ४२ यथैवसदृशोरूपेमातापित्रोर्हिजायते ॥ व्याघ्रश्चित्रैस्तथायोनिंपुरुषःस्वांनियच्छति ४३ कुलेस्रोतसिसंच्छन्नेयस्यस्याद्योनिसंकरः ॥ संश्रयत्येवतच्छीलंनरोल्पमथवाबहु ४४ आर्यरूपसमाचारंचरंतंकृतकेपथि ॥ सुवर्णमन्यवर्णंवास्वशीलंशास्तिनिश्चये ४५ नानावृत्तेषुभूतेषुनानाकर्मरतेषुच॥जन्मवृत्तसमंलोकेसुश्लिष्टंनविरज्यते ४६ शरीरमिहसत्त्वेननतस्य[illegible]कृष्यते ॥ ज्येष्ठमध्यावरंसत्वंतुल्यसत्वंप्रमोदते ४७ ज्यायांसमपिशीलेनविहीनंनैवपूजयेत् ॥ अपिशूद्रंचधर्मज्ञंसद्वृत्तमभिपूजयेत् ॥ ४८ आत्मानमाख्यातिहिकर्मभिर्नरःसुशीलचारित्रकुलैःशुभाशुभैः ॥ प्रनष्टमप्याशुकुलंतथानरःपुनःप्रकाशंकुरुतेस्वकर्मतः ४९ योनिष्वेतासुसर्वासुसंकीर्णास्वितरासुच ॥ यत्रात्मानंनजनयेद्बुधस्तांपरिवर्जयेत् ॥ ५० ॥ ॥ इतिश्रीमहाभारतेअनुशासनपर्वणिआनुशासनिकेपर्वणिदानधर्मेविवाहधर्मे वर्णसंकरकथनेअष्टचत्वारिंशोऽध्यायः ॥ ४८ ॥ ॥ ॥ ॥ ॥ ॥ ॥ ॥

कर्तुःस्वभावं ४४ स्वस्यशीलंस्वभावोनिश्चयेकार्यस्यनिष्ठायांसुवर्णंशोभनवर्णमन्यवर्णंवापुरुषंशास्तिकथयति सुवर्णोबहिःक्रूरोऽपिकार्यकालेदयालुर्भवति दुर्वर्णश्चनित्यंमृदुरपिफलकालेदारुणोभवतीतिभावः ४५ सुश्लिष्टंशोभनवृत्तेननविरज्यतेउपचितंवृत्तंविहायजन्मान्यथातिष्ठतीत्यर्थः ४६ तस्यसंकरजस्यशरीरंसत्वेनशास्त्रीयबुद्ध्यानपरिकृष्यते ननीचमार्गादपकृष्यतेबीजगुणस्यप्राबल्यात् सत्त्वस्यकालभेदेनज्येष्ठत्वादिभावेऽपियत्तुल्यसत्वंशरीरारंभकंयत्सत्वंज्येष्ठाद्यन्यतमंतदेवप्रमोदतेअन्यत्पूत्पन्नमपिसत्वंशारदिकाभ्रवच्छीयतइतिभावः ॥ ४७ । ४८ । ४९ । ५० ॥ ॥ इति अनुशासनपर्वणिनीलकंठीये भारतभावदीपे अष्टचत्वारिंशोऽध्यायः ॥ ४८ ॥ ॥ ॥ ॥ ॥ ॥ ॥ ॥ ॥

पूर्वं ऋत्विक्शुद्धिज्ञानार्थमनार्यत्वमनाचारःक्रूरत्वंनिष्क्रियात्मतेतिसंकरजस्यलक्षणान्युक्तानि । इदानीं 'यन्मेमाताप्रममादयच्चचारानतुव्रतम । तन्मेरेतःपितावृङ्क्ताम्'इतिमंत्रलिंगात् मातापममादात्
कामकाराद्वायदननुव्रतंप्रतिकूलंपरस्यरेतसोधारणंचचारकृतवतीतद्रेतःमेममपितावृङ्क्तांस्त्रीयंकरोतु पालनसंस्कारादिकर्तृत्वात् । यथाउत्पततःपक्षिणोमुखात्पतितंबीजंपरक्षेत्रेअधिरूढंक्षेत्रपतेरेवनतुबीजप
तेस्तद्वत्। तथा 'अप्रमत्तारक्षततंतुमेतंमावःक्षेत्रेपरबीजान्यवाप्सुः । जनयितुःपुत्रोभवतिसांपरायेमोघंवेत्ताकुरुतेतंतुमेतम' इतिद्विविधशास्त्रश्रवणात् क्षेत्रजःपुत्रःसंस्कार्योनवेतिसंदिहानःपृच्छति
ब्रूहीति १ विप्रवादाःविविधाःप्रवादाःपूर्वोक्ताएव २ अत्रोत्तरमाह आत्मेति। अनंतरजःऔरसः निरुक्तजःस्वक्षेत्रेऽन्योरेतःसेकार्थमुक्तस्तज्जः प्रसृतोऽनिरुक्तोऽपियोलौल्यात्परक्षेत्रेरेतःसिंच
तितज्जःप्रसृतजः ३ तथापतितात्स्वभार्यायामेवजातः भार्यायाःतृतीयार्थेषष्ठी दत्तःपंचमः कृतःक्रीतःस्वयमुपायगम्योवाषष्ठः अध्यूढःयस्यमातागर्भवत्येवऊढातादृशःसप्तमः ४ षडपध्वंसजाव

॥ युधिष्ठिरउवाच ॥ ब्रूहितातकुरुश्रेष्ठवर्णानांत्वंपृथक्पृथक् ॥ कीदृश्यांकीदृशाश्चापिपुत्राःकस्यचकेचते १ विप्रवादाःसुबहवःश्रूयंतेपुत्रकारिताः ॥ अत्रनोमु
ह्यतांराजन्संशयंछेत्तुमर्हसि २ ॥ भीष्मउवाच ॥ आत्मापुत्रश्चविज्ञेयस्तस्यानंतरजश्चयः ॥ निरुक्तजश्चविज्ञेयःसुतःप्रसृतजस्तथा ३ पतितस्यतुभार्यायाभर्त्रा
सुसमवेतया ॥ तथादत्तकृतौपुत्रावध्यूढश्चतथाऽपरः ४ षडपध्वंसजाश्चापिकानीनापसदास्तथा ॥ इत्येतेवैसमाख्यातास्तान्विजानीहिभारत ५ ॥ युधिष्ठिर
उवाच ॥ षडपध्वंसजाःकेस्युःकेवाप्यपसदास्तथा ॥ एतत्सर्वंयथातत्त्वंव्याख्यातुंमेत्वमर्हसि ६ ॥ भीष्मउवाच ॥ त्रिषुवर्णेषुयेपुत्राब्राह्मणस्ययुधिष्ठिर ॥ वर्ण
योश्चद्वयोःस्यातांयौराजन्यस्यभारत ७ एकोद्विवर्णएवाथतथाऽत्रैवोपलक्षितः ॥ षडपध्वंसजास्तेहितथैवापसदान्शृणु ८ चांडलोव्रात्यवैद्यौचब्राह्मण्यांक्षत्रि
यासुच ॥ वैश्यायांचैवशूद्रस्यलक्ष्यंतेऽपसदास्त्रयः ९ मागधोवामकश्चैवद्वौवैश्यस्योपलक्षितौ ॥ ब्राह्मण्यांक्षत्रियायांचक्षत्रियस्यैकएवतु १० ब्राह्मण्यांलक्ष्यते
सूतइत्येतेऽपसदाःस्मृताः ॥ पुत्राह्येतेनशक्यंतेमिथ्याकर्तुंनराधिप ११ ॥ युधिष्ठिरउवाच ॥ क्षेत्रजंकेचिदेवाहुःसुतंकेचित्तुशुक्रजम् ॥ तुल्यावेतौसुतौकस्यतन्मे
ब्रूहिपितामह १२ ॥ भीष्मउवाच ॥ रेतजोवाभवेत्पुत्रस्त्यक्तोवाक्षेत्रजोभवेत् ॥ अध्यूढःसमयंभित्त्वेत्येतदेवनिबोधमे १३ ॥ युधिष्ठिरउवाच ॥ रेतजंविद्म
वैपुत्रंक्षेत्रजस्यागमःकथम् ॥ अध्यूढंविद्मवैपुत्रंभित्त्वातुसमयंकथम् १४ ॥ ॥ ॥ ॥ ॥ ॥

क्ष्यमाणाः कानीनःकन्यायांविवाहात्प्रागुत्पन्नश्चतुर्दशः अपसदाःवक्ष्यमाणाःषट् एतेविंशतिः तान्सर्वान्पुत्रानितिविजानीहि ५ । ६ । ७ परवर्णास्वनुलोमजाःषडपध्वंसजाः विलोम
जाअपसदाःषडितिज्ञेयम् ८ । ९ । १० मिथ्याकर्तुंमेतेपुत्रानभवंतीतिवक्तुंनशक्यंतइत्यर्थः अयंभावः । अप्रमत्तेतिश्रुतिरनौरसस्याप्राशस्त्यमात्रपरा । यन्मेमातेतिश्रुतिस्त्वनौरसस्यापिपुत्रत्व
मस्तीत्येवंपरेतिनकाश्चिद्विरोधः । तथाचाऽनौरसऔरसोवासुशीलःश्राद्धपरःपितॄणांस्वर्गायभवतिविपरीतस्तुनरकायेति ११ कस्यद्वयोःपित्रोःक्षेत्रपतिनिषेक्त्रोर्मध्येकस्यायंपुत्रः उभयोःपितृत्वाविशे
षादित्यर्थः १२ यथारेतोजऔरसःपुत्रएवंक्षेत्रजोऽपिबीजदेनत्यक्तश्चेत्स्त्रीणएवभवति एवमध्यूढोऽपिरेतःपतिनात्यक्तश्चेद्वोढुरेव अत्यक्तौतुद्वावपिरेतःप्रदस्यैवेत्यर्थः १३ एतदेवप्रश्नोत्तराभ्यांव्याचष्टे रेत
जमिति । आगमःपुत्रत्वप्रापकंशास्त्रंकथंकीदृशंसमयभेदश्चकथमित्यर्थः १४ ॥ ॥ ॥ ॥ ॥ ॥ ॥ ॥

कारणांतरेलोकापवादादिभयेसति १५ आगममुक्त्वासमयभेदमाह पुत्रेति । यांगर्भवतींकन्यांवृणीतेतत्रसपुत्रोवोढुरेवक्षेत्रजोनतुससेक्तुरात्मजः १६ अन्येतित्रलअनर्थकः परक्षेत्रेजातःपुत्रोऽमुकसदृशोऽमुकस दृशोयमितितदीयत्वेनलक्ष्यते हंतुंगूहितुं दृष्टांतप्रत्यक्षमेवोपगतोज्ञातः दृश्यतेचापिसारूप्यमितिस्मृतेः एवंचाध्यूढोवोढुःपुत्रकाम्याभावेरेतःपतेरेवभवतीत्युक्तम् १७ । १८ शुक्रक्षेत्रयोरन्यतरदपियत्रपुत्रत्वेप्रमा णंनलक्ष्यंभवतिसकृतकःपुत्रःकीदृशइत्यर्थः १९ । २० तस्यपोषयितुःपुत्रःसतद्वर्णःपोषयितृवर्णः २१ कथंकेनप्रकारेणकस्यवाऽयमितिज्ञातव्यंकथंवाऽस्यसंस्कारःप्रयोक्तव्यइतिप्रश्नः २२ सस्वामिव द्वर्णप्रपद्यतेअतःस्वामीतस्यात्मवत्संस्कारंकरोति २३ नन्वन्यवर्णत्वशंकायांकथमेतत्स्यादित्याशंक्याह तदिति । अन्यवर्णत्वनिश्चयेतद्गोत्रवर्णजेषुगोत्रादियोग्यमेवतस्यसंस्कारंस्वामीकुर्यात । अनिश्चयेतुये

॥ भीष्मउवाच ॥ ॥ आत्मजंपुत्रमुत्पाद्ययस्त्यजेत्कारणांतरे ॥ नतत्रकारणंरेतःसक्षेत्रस्वामिनोभवेत् १५ पुत्रकामोहिपुत्रार्थेयांवृणीतेविशांपते ॥ क्षेत्रजं तुप्रमाणंस्यान्नवैतत्रात्मजःसुतः १६ अन्यत्रक्षेत्रजःपुत्रोलक्ष्यतेभरतर्षभ ॥ नह्यात्माशक्यतेहंतुंदृष्टांतोपगतोह्यसौ १७ क्वचिच्चकृतकःपुत्रःसंग्रहादेवलक्ष्यते ॥ नतत्ररेतःक्षेत्रंवायत्रलक्ष्येतभारत १८ ॥ युधिष्ठिरउवाच ॥ कीदृशःकृतकःपुत्रःसंग्रहादेवलक्ष्यते ॥ शुक्रंक्षेत्रंप्रमाणंवायत्रलक्ष्यंनभारत १९ ॥ भीष्मउवाच ॥ मातापितृभ्यांयस्त्यक्तःपथियस्तंप्रकल्पयेत् ॥ नचास्यमातापितरौज्ञायेतांसहिकृत्रिमः २० अस्वामिकस्यस्वामित्वंयस्मिन्संप्रतिलक्ष्यते ॥ योवर्णःपोषयेत्तं चतद्वर्णस्तस्यजायते २१ ॥ ॥ युधिष्ठिरउवाच ॥ ॥ कथमस्यप्रयोक्तव्यःसंस्कारःकस्यवाकथम् ॥ देयाकन्याकथंचेतितन्मेब्रूहिपितामह २२ ॥ भीष्मउवाच ॥ ॥ आत्मवत्तस्यकुर्वीतसंस्कारंस्वामिवत्तथा ॥ त्यक्तोमातापितृभ्यांयःसवर्णंप्रतिपद्यते २३ तद्गोत्रबंधुजंतस्यकुर्यात्संस्कारमच्युत ॥ अथदेयातुकन्यास्यात्तद्वर्णस्ययुधिष्ठिर २४ संस्कर्तुर्वर्णगोत्रंचमातृवर्णविनिश्चये ॥ कानीनाध्यूढजौवापिविज्ञेयौपुत्रकिल्बिषौ २५ तावपिस्वाविवसुतौसंस्का र्यावितिनिश्चयः ॥ क्षेत्रजोवाप्यपसदोयेऽध्यूढास्तेषुचाप्युत २६ आत्मवद्वैप्रयुंजीरन्संस्कारान्ब्राह्मणादयः ॥ धर्मशास्त्रेषुवर्णानांनिश्चयोऽयंप्रदृश्यते २७ एतत्तेसर्वमाख्यातंकिंभूयःश्रोतुमिच्छसि ॥ २८ ॥ इतिश्रीमहाभारतेअनुशासनपर्वणिआनुशासनिकेप० दानधर्मेविवाहधर्मेपुत्रप्रतिनिधिकथनेएकोनपंचाश त्तमोध्यायः ॥ ४९ ॥ ॥ युधिष्ठिरउवाच ॥ ॥ दर्शनेकीदृशःस्नेहःसंवासेचपितामह ॥ महाभाग्यंगवांचैवतन्मेव्याख्यातुमर्हसि १ ॥ ॥ भीष्मउवाच ॥ हंततेकथयिष्यामिपुरावृत्तंमहाद्युते ॥ नहुषस्यचसंवादंमहर्षेश्च्यवनस्यच २ पुरामहर्षिश्च्यवनोभार्गवोभरतर्षभ ॥ उदवासकृतारंभोबभूवसमहाव्रतः ३

नसंस्कृतस्तस्यैववर्णोगोत्रंचसंस्कारसामर्थ्याद्भवतीत्यर्थः । अन्यगोत्रोऽपिसंस्कर्तुरेववर्णगोत्रेभजतइतिभावः २४ । २५ । २६ । २७ । २८ ॥ ॥ इतिअनुशासनपर्वणिनीलकंठीयेभारत भावदीपे एकोनपंचाशत्तमोऽध्यायः ॥ ४९ ॥ ॥ एवंयज्ञांगानांस्त्रीधनविजातमनांशुद्धिमुक्त्वायज्ञेदक्षिणात्वेनोपस्थितानांगवांमाहात्म्यंपृच्छतिदर्शनेइति । परपीडादर्शनेपरैःसहसंवासेचकीदृशः स्नेहआनृशंस्यंचकर्तव्यं गवांमाहात्म्यंचब्रूहीतिप्रश्नद्वयम् १ तस्योत्तरंवत्रेणाह हंततेत्यादिना २ । ३ ॥ ॥ ॥

४ । ५ । ६ । ७ । ८ ऊर्ध्वस्थितःउपविष्टः ९ । १० आसतःआसीनस्य ११ । १२ । १३ । १४ अभ्यकिरन्व्याप्तवंतः १५ । १६ । १७ । १८ । १९ शंखानांनखजंतुविशेषाणांनखानितैः

निहत्यमानंक्रोधंचप्रहर्षंशोकमेवच ॥ वर्षाणिद्वादशमुनिर्जलवासेधृतव्रतः ४ आदधत्सर्वभूतेषुविश्रंभंपरमंशुभम् ॥ जलेचरेषुसर्वेषुशीतरश्मिरिवप्रभुः ५ स्थाणुभूतःशुचिर्भूत्वादैवतेभ्यःप्रणम्यच ॥ गंगायमुनयोर्मध्येजलंसंप्रविवेशह ६ गंगायमुनयोर्वेगंसुभीमंभीमनिःस्वनम् ॥ प्रतिजग्राहशिरसावातवेगसमंजवे ७ गंगाचयमुनाचैवसरितश्चसरांसिच ॥ प्रदक्षिणमृषिंचक्रुर्नचैनंपर्यपीडयन् ८ अंतर्जलेषुसुष्वापकाष्ठभूतोमहामुनिः ॥ ततश्चोर्ध्वस्थितोधीमानभवद्भरतर्षभ ९ जलौकसांससत्वानांबभूवप्रियदर्शनः ॥ उपाजिघ्रंतचतदातस्योष्ठंहृष्टमानसाः १० तत्रतस्यासतःकालःसमतीतोऽभवन्महान् ॥ ततःकदाचित्समयेकस्मिंश्चिन्मत्स्यजीविनः ११ तंदेशंसमुपाजग्मुर्जालहस्तामहाद्युते ॥ निषादाबहवस्तत्रमत्स्योद्धरणनिश्चयाः १२ व्यायताबलिनःशूराःसलिलेष्वनिवर्तिनः ॥ अभ्याययुश्चतंदेशंनिश्चिताजालकर्मणि १३ जालंतेयोजयामासुर्निःशेषेणजनाधिप ॥ मत्स्योदकंसमासाद्यतदाभरतसत्तम १४ ततस्तेबहुभिर्योगैःकैवर्तामत्स्यकांक्षिणः ॥ गंगायमुनयोर्वारिजालैरभ्यकिरंस्ततः १५ जालंसुविततंतेषांनवसूत्रकृतंतथा ॥ विस्तारायामसंपन्नंयत्तत्रसलिलेऽक्षिपन् १६ ततस्तेसुमहच्चैवबलवच्चसुवर्तितम् ॥ अवतीर्यततःसर्वेजालंचकृषिरेतदा १७ अभीतरूपाःसंहृष्टाअन्योन्यवशवर्तिनः ॥ बबंधुस्तत्रमत्स्यांश्चतथाऽन्यान्जलचारिणः १८ तथामत्स्यैःपरिवृतंच्यवनंभृगुनंदनम् ॥ आकर्षयन्महाराजजालेनाथयदृच्छया १९ नदीशैवलदिग्धांगंहरिश्मश्रुजटाधरम् ॥ लग्नैःशंखनखैर्गात्रेक्रोडैश्चित्रैरिवार्पितम् २० तंजालेनोद्धृतंदृष्ट्वातेतदावेदपारगम् ॥ सर्वेप्रांजलयोदाशाःशिरोभिःप्रापतन्भुवि २१ परिखेदपरित्रासाज्जालस्याकर्षणेनच ॥ मत्स्याबभूवुर्व्यापन्नाःस्थलसंस्पर्शनेनच २२ समुनिस्तत्तदादृष्ट्वामत्स्यानांकदनंकृतम् ॥ बभूवकृपयाऽऽविष्टोनिःश्वसंश्चपुनःपुनः २३ ॥ निषादाऊचुः ॥ अज्ञानाद्यत्कृतंपापंप्रसादंतत्रनःकुरु ॥ करवामप्रियंकिंतेतन्नोब्रूहिमहामुने २४ इत्युक्तोमत्स्यमध्यस्थश्च्यवनोवाक्यमब्रवीत् ॥ योमेऽद्यपरमःकामस्तंशृणुध्वंसमाहिताः २५ प्राणोत्सर्गंविसर्गंवामत्स्यैर्यास्याम्यहंसह ॥ संवासान्नोत्सहेत्यक्तुंसलिलेऽध्युषितानहम् २६ इत्युक्तास्तेनिषादास्तुसुभृशंभयकंपिताः ॥ सर्वेविवर्णवदनानहुषायन्यवेदयन् २७ ॥ इतिश्रीमहाभारते अनुशासनपर्वणि आनुशासनिकेपर्वणि दानधर्मेच्यवनोपाख्यानेपंचाशत्तमोऽध्यायः ॥ ५० ॥ भीष्म उवाच ॥ नहुषस्तुततःश्रुत्वाच्यवनंतंतथागतम् ॥ त्वरितःप्रययौतत्रसहामात्यपुरोहितः १ शौचंकृत्वायथान्यायंप्रांजलिःप्रयतोनृपः ॥ आत्मानमाचचक्षेचच्यवनायमहात्मने २ अर्चयामासतंचापितस्यराज्ञःपुरोहितः ॥ सत्यव्रतंमहात्मानंदेवकल्पंविशांपते ३ ॥ ॥ ॥

२० । २१ । २२ । २३ । २४ । २५ । २६ । २७ ॥ इति अनुशासनपर्वणि आनुशासनिकेपर्वणि नीलकंठीयेभारतभावदीपे पंचाशत्तमोऽध्यायः ॥ ५० ॥ ॥ नहुषइति १ । २ । ३

४ । ५ । ६ । ७ । ८ । ९ । १० । ११ । १२ । १३ । १४ । १५ । १६ । १७ । १८ । १९ । २० । २१ । २२ । २३ । २४ । २५ । २६ । २७ । २८ । २९ । ३०

॥ नहुषउवाच ॥ ॥ करवाणिप्रियंकिंतेतन्मेब्रूहिद्विजोत्तम ॥ सर्वंकर्तास्मिभगवन्यद्यपिस्यात्सुदुष्करम् ४ ॥ ॥ च्यवनउवाच ॥ श्रमेणमहतायुक्ताःकै
वर्तामत्स्यजीविनः ॥ ममभूल्यंप्रयच्छैभ्योमत्स्यानांविक्रयैःसह ५ ॥ ॥ नहुषउवाच ॥ ॥ सहस्रंदीयतांमूल्यंनिषादेभ्यःपुरोहित ॥ निष्क्रयार्थेभगवतोयथा
ऽऽहभृगुनंदनः ६ ॥ ॥ च्यवनउवाच ॥ ॥ सहस्रंनाहमर्हामिकिंवात्वंमन्यसेनृप ॥ सदृशंदीयतांमूल्यंस्वबुद्ध्यानिश्चयंकुरु ७ ॥ ॥ नहुषउवाच ॥ सहस्राणां
शतंविप्रनिषादेभ्यःप्रदीयताम् ॥ स्यादिदंभगवन्मूल्यंकिंवाऽन्यन्मन्यतेभवान् ८ ॥ ॥ च्यवनउवाच ॥ ॥ नाहंशतसहस्रेणनिमेयःपार्थिवर्षभ ॥ दीयतांसदृ
शंमूल्यममात्यैःसहचिन्तय ९ ॥ ॥ नहुषउवाच ॥ ॥ कोटिःप्रदीयतांमूल्यंनिषादेभ्यःपुरोहित ॥ यदेतदपिनोमूल्यमतोभूयःप्रदीयताम् १० ॥ च्यवनउवाच
राजन्नार्हाम्यहंकोटिंभूयोवाऽपिमहाद्युते ॥ सदृशंदीयतांमूल्यंब्राह्मणैःसहचिंतय ११ ॥ ॥ नहुषउवाच ॥ ॥ अर्धराज्यंसमग्रंवानिषादेभ्यःप्रदीयताम् ॥ एत
न्मूल्यमहंमन्येकिंवाऽन्यन्मन्यसेद्विज १२ ॥ ॥ च्यवनउवाच ॥ ॥ अर्धराज्यंसमग्रंचमूल्यंनार्हामिपार्थिव ॥ सदृशंदीयतांमूल्यमृषिभिःसहचिंत्यताम् १३
॥ ॥ भीष्मउवाच ॥ ॥ महर्षेर्वचनंश्रुत्वानहुषोदुःखकर्शितः ॥ सचिंतयामासतदासहामात्यपुरोहितः १४ तत्रत्वन्योवनचरःकश्चिन्मूलफलाशनः ॥ नहुषस्य
समीपस्थोगविजातोऽभवन्मुनिः १५ सतमाभाष्यराजानमब्रवीद्द्विजसत्तमः ॥ तोषयिष्याम्यहंक्षिप्रंयथातुष्टोभविष्यति १६ नाहंमिथ्यावचोब्रूयांस्वैरेष्वपिकुतो
ऽन्यथा ॥ भवतोयदहंब्रूयांतत्कार्यमविशंकया १७ ॥ ॥ नहुषउवाच ॥ ॥ ब्रवीतुभगवान्मूल्यंमहर्षेःसदृशंभृगोः ॥ परित्रायस्वमामस्माद्विषयंचकुलंचमे १८
हन्याद्धिभगवान्क्रुद्धस्त्रैलोक्यमपिकेवलम् ॥ किंपुनर्मांतपोहीनंबाहुवीर्यपरायणम् १९ अगाधांभसिमग्नस्यसामात्यस्यसऋत्विजः ॥ प्लवोभवमहर्षेत्वंकुरुमूल्यवि
निश्चयम् २० ॥ भीष्मउवाच ॥ नहुषस्यवचःश्रुत्वागविजातःप्रतापवान् ॥ उवाचहर्षयन्सर्वानमात्यान्पार्थिवंचतम् २१ अनर्घेयामहाराजद्विजावर्णेषुचोत्तमाः ॥
गावश्चपुरुषव्याघ्रगौर्मूल्यंपरिकल्प्यताम् २२ नहुषस्तुततःश्रुत्वामहर्षेर्वचनंनृप ॥ हर्षेणमहतायुक्तःसहामात्यपुरोहितः २३ अभिगम्यभृगोःपुत्रंच्यवनंसंशितव्र
तम् ॥ इदंप्रोवाचनृपतेवाचासंतर्पयन्निव २४ ॥ नहुषउवाच ॥ उत्तिष्ठोत्तिष्ठविप्रर्षेगवाक्रीतोसिभार्गव ॥ एतन्मूल्यमहंमन्येतवधर्मभृतांवर २५ ॥ च्यवनउवाच ॥
उत्तिष्ठाम्येषराजेंद्रसम्यक्क्रीतोऽस्मितेनघ ॥ गोभिस्तुल्यंनपश्यामिधनंकिंचिदिहाच्युत २६ कीर्तनंश्रवणंदानंदर्शनंचापिपार्थिव ॥ गवांप्रशस्यतेवीरसर्वपापहरंशि
वम् २७ गावोलक्ष्म्याःसदामूलंगोषुपाप्मानविद्यते ॥ अन्नमेवसदागावोदेवानांपरमंहविः २८ स्वाहाकारवषट्कारौगोषुनित्यंप्रतिष्ठितौ ॥ गावोयज्ञस्यनेत्र्योवैत
थायज्ञस्यतामुखम् २९ अमृतंह्यव्ययंदिव्यंक्षरंतिचवहंतिच ॥ अमृतायतनंचैताःसर्वलोकनमस्कृताः ३० ॥ ॥ ॥

म.भा.टी. ३१ । ३२ । ३३ । ३४ । ३५ । ३६ । ३७ । ३८ । ३९ । ४० । ४१ । ४२ । ४३ । ४४ । ४५ । ४६ । ४७ । ४८ ॥ इति अनुशासनप० नी० भा० एकपंचाशत्तमोऽध्यायः ॥ ५१ ॥ संशयोमेइत्यादि

तेजसावपुषाचैवगावोवह्निसमाभुवि ॥ गावोहिसुमहत्तेजःप्राणिनांचसुखप्रदाः ३१ निविष्टंगोकुलंयत्रश्वासंमुंचतिनिर्भयम् ॥ विराजयतितंदेशंपापंचास्यापकर्षति
३२ गावःस्वर्गस्यसोपानंगावःस्वर्गेपिपूजिताः ॥ गावःकामदुहोदेव्योनान्यत्किंचित्परंस्मृतम् ३३ इत्येतद्गोषुमेप्रोक्तंमाहात्म्यंभरतर्षभ ॥ गुणैकदेशवचनंशक्यंपा
रायणंनतु ३४ ॥ ॥ निषादाऊचुः ॥ ॥ दर्शनंकथनंचैवसहास्माभिःकृतंमुने ॥ सतांसाप्तपदंमैत्रंप्रसादंनःकुरुप्रभो ३५ हवींषिसर्वाणियथाह्युपभुंक्तेहुता
शनः ॥ एवंत्वमपिधर्मात्मन्पुरुषाग्निःप्रतापवान् ३६ प्रसादयामहेविद्वन्भवंतंप्रणतावयम् ॥ अनुग्रहार्थमस्माकमियंगौःप्रतिगृह्यताम् ३७ च्यवनउवाच ॥ कृपण
स्यचयच्चक्षुर्मुनेराशीविषस्यच ॥ नरंसमूलंदहतिकक्षमग्निरिवज्वलन् ३८ प्रतिगृह्णामिवोधेनुंकैवर्तामुक्तकिल्बिषाः ॥ दिवंगच्छतवैक्षिप्रंमत्स्यैःसहजलोद्भवैः ३९
॥ ॥ भीष्मउवाच ॥ ॥ ततस्तस्यप्रभावात्तेमहर्षेर्भावितात्मनः ॥ निषादास्तेनवाक्येनसहमत्स्यैर्दिवंययुः ४० ततःसराजानहुषोविस्मितःप्रेक्ष्यधीवरान् ॥
आरोहमाणांस्त्रिदिवंमत्स्यांश्चभरतर्षभ ४१ ततस्तौगविजश्चैवच्यवनश्चभृगूद्वहः ॥ वराभ्यामनुरूपाभ्यांछंदयामासतुर्नृपम् ४२ ततोराजामहावीर्योनहुषःपृथिवी
पतिः ॥ परमित्यब्रवीत्प्रीतस्तदाभरतसत्तम ४३ ततोजग्राहधर्मेसस्थितिमिंद्रनिभोनृपः ॥ तथेतिचोदितःप्रीतस्तावृषीप्रत्यपूजयत् ४४ समाप्तदीक्षश्च्यवनस्ततो
गच्छत्स्वमाश्रमम् ॥ गविजश्चमहातेजाःस्वमाश्रमपदंययौ ४५ निषादाश्चदिवंजग्मुस्तेचमत्स्याजनाधिप ॥ नहुषोऽपिवरंलब्ध्वाप्रविवेशस्वकंपुरम् ४६ एतत्तेक
थितंतातयन्मांत्वंपरिपृच्छसि ॥ दर्शनेयादृशःस्नेहःसंवासेवायुधिष्ठिर ४७ महाभाग्यंगवांचैवतथाधर्मविनिश्चयम् ॥ किंभूयःकथ्यतांवीरकिंतेहृदिविवक्षितम् ४८
॥ इतिश्रीमहाभारतेअनुशासनपर्वणि आनुशासनिकेप० दानधर्मेच्यवनोपाख्याने एकपंचाशत्तमोऽध्यायः ॥ ५१ ॥ युधिष्ठिरउवाच ॥ ॥ संशयोमेमहाप्राज्ञ
सुमहान्सागरोपमः ॥ तंमेशृणुमहाबाहोश्रुत्वाव्याख्यातुमर्हसि १ कौतूहलंमेसुमहज्जामदग्न्यंप्रतिप्रभो ॥ रामंधर्मभृतांश्रेष्ठंतन्मेव्याख्यातुमर्हसि २ कथमेषसमुत्प
न्नोरामःसत्यपराक्रमः ॥ कथंब्रह्मर्षिवंशोयंक्षत्रधर्माव्यजायत ३ तदस्यसंभवंराजन्निखिलेनाऽनुकीर्तय ॥ कौशिकाच्चकथंवंशात्क्षत्राद्वैब्राह्मणोभवेत् ४ अहोप्रभावः
सुमहानासीद्वैसुमहात्मनः ॥ रामस्यचनरव्याघ्रविश्वामित्रस्यचैवहि ५ कथंपुत्रानतिक्रम्यतेषांनप्तृष्वथाभवत् ॥ एषदोषःसुतान्हित्वातत्त्वंव्याख्यातुमर्हसि ६ ॥
भीष्मउउवाच ॥ अत्राप्युदाहरंतीममितिहासंपुरातनम् ॥ च्यवनस्यचसंवादंकुशिकस्यचभारत ७ एतंदोषंपुरादृष्ट्वाभार्गवश्च्यवनस्तदा ॥ आगामिनंमहाबुद्धिःस्ववं
शेमुनिसत्तमः ८ निश्चित्यमनसासर्वंगुणदोषबलाबलम् ॥ दग्धुकामःकुलंसर्वंकुशिकानांतपोधनः ९ ॥ ॥ ॥ ॥

ग्रंथस्यकुशिकवद्ब्राह्मणभक्तिमतोवंशोद्विव्याब्राह्मणाउत्पद्यतइतितात्पर्यं १ । २ । ३ । ४ । ५ । ६ । ७ । ८ । ९ ॥ ॥ ॥ ॥ ॥ ॥ ६९ ॥

१० । ११ । १२ । १३ । १४ । १५ । १६ । १७ । १८ । १९ । २० । २१ । २२ । २३ । २४ । २५ । २६ । २७ । २८

च्यवनःसमनुप्राप्यकुशिकंवाक्यमब्रवीत् ॥ वस्तुमिच्छासमुत्पन्नात्वयासहममानघ १० ॥ कुशिकउवाच ॥ भगवन्सहधर्मोऽयंपंडितैरिहधार्यते ॥ प्रदानकाले
कन्यानामुच्यतेचसदाबुधैः ११ यत्तुतावदतिक्रांतंधर्मद्वारंतपोधन ॥ तत्कार्यंप्रकरिष्यामितदनुज्ञातुमर्हसि १२ ॥ भीष्मउवाच ॥ अथासनमुपादायच्यवन
स्यमहामुनेः ॥ कुशिकोभार्ययासार्धमाजगामयतोमुनिः १३ प्रगृह्यराजाभृंगारंपाद्यमस्मैन्यवेदयत् ॥ कारयामाससर्वाश्चक्रियास्तस्यमहात्मनः १४ ततःसराजा
च्यवनंमधुपर्कंयथाविधि ॥ ग्राहयामासचाव्यग्रोमहात्मानियतव्रतः १५ सत्कृत्यतंतथाविप्रमिदंपुनरथाब्रवीत् ॥ भगवन्परवंतौस्वोब्रूहिकिंकरवावहे १६ यदिराज्यं
यदिधनंयदिगाःसंशितव्रत ॥ यज्ञदानानिचतथाब्रूहिसर्वंददामिते १७ इदंगृहमिदंराज्यमिदंधर्मासनंचते ॥ राजात्वमसिशाध्युर्वीमहंतुपरवांस्त्वयि १८ एवमुक्तेत
तोवाक्येच्यवनोभार्गवस्तदा ॥ कुशिकंप्रत्युवाचेदंमुदापरमयायुतः १९ नराज्यंकामयेराजन्नधनंनचयोषितः ॥ नचगानचवैदेशान्नयज्ञंश्रूयतामिदम् २० निय
मंकिंचिदारप्स्येयुवयोर्यदिरोचते ॥ परिचर्योऽस्मियत्ताभ्यांयुवाभ्यामविशंकया २१ एवमुक्तेतदातेनदंपतीतौजहर्षतुः ॥ प्रत्यब्रूतांचतमृषिमेवमस्त्वितिभारत २२
अथतंकुशिकोहृष्टःप्रावेशयदनुत्तमम् ॥ गृहोद्देशंततस्तस्यदर्शनीयमदर्शयत् २३ इयंशय्याभगवतोयथाकाममिहोष्यताम् ॥ प्रयतिष्यावहेप्रीतिमाहर्तुंतेतपोधन
२४ अथसूर्योऽतिचक्रामतेषांसंवदतांतथा ॥ अथर्षिश्चोदयामासपानमन्नंतथैवच २५ तमपृच्छत्ततोराजाकुशिकःप्रणतस्तदा ॥ किमन्नजातमिष्टंतेकिमुपस्था
पयाम्यहम् २६ ततःसपरयाप्रीत्याप्रत्युवाचनराधिपम् ॥ औपपत्तिकमाहारंप्रयच्छस्वेतिभारत २७ तद्वचःपूजयित्वातुतथेत्याहसपार्थिवः ॥ यथोपपन्न
माहारंतस्मैप्रादाज्जनाधिप २८ ततःसभुक्त्वाभगवान्दंपतीप्राहधर्मवित् ॥ स्वप्तुमिच्छाम्यहंनिद्राबाधतेमामितिप्रभो २९ ततःशय्यागृहंप्राप्यभगवानृषिस
त्तमः ॥ संविवेशनरेशस्तुसपत्नीकःस्थितोऽभवत् ३० नप्रबोध्योऽस्मिसंसुप्तइत्युवाचाथभार्गवः ॥ संवाहितव्यौमेपादौजागृतव्यंचतेऽनिशम् ३१ अविशंक
स्तुकुशिकस्तथेत्येवाहधर्मवित् ॥ नप्रबोधयतांतौचदंपतीरजनीक्षये ३२ यथादेशंमहर्षेस्तुशुश्रूषापरमौतदा ॥ बभूवतुर्महाराजप्रयतावथदंपती ३३ ततःस
भगवान्विप्रःसमादिश्यनराधिपम् ॥ सुष्वापैकेनपार्श्वेनदिवसानेकविंशतिम् ३४ सतुराजानिराहारःसभार्यःकुरुनंदन ॥ पर्युपासततंहृष्टश्च्यवनाराधनेरतः
३५ भार्गवस्तुसमुत्तस्थौस्वयमेवतपोधनः ॥ अकिंचिदुक्त्वातुगृहान्निश्चक्राममहातपाः ३६ तमन्वगच्छतांतौचक्षुधितौश्रमकर्शितौ ॥ भार्यापतीमुनिश्रेष्ठस्ता
वेतौनावलोकयत् ३७ तयोस्तुप्रेक्षतोरेवभार्गवाणांकुलोद्वहः ॥ अंतर्हितोऽभूद्राजेंद्रततोराजाऽपतत्क्षितौ ३८ ॥ ॥

२९ । ३० । ३१ । ३२ । ३३ । ३४ । ३५ । ३६ । ३७ । ३८ ॥ ॥ ॥

३९ ॥ इति अनुशासनपर्वणिनीलकंठीये भारतभावदीपे द्विपंचाशत्तमोऽध्यायः ॥ ५२ ॥ तस्मिन्निति १ । २ । ३ । ४ । ५ । ६ । ७ । ८ । ९ । १० । ११ । १२ । १३ । १४ । १५ । १६

समुहूर्तंसमाश्वस्यसहदेव्यामहाद्युति ॥ पुनरन्वेषणेयत्नमकरोत्परमंतदा ३९ ॥ इतिश्रीमहाभारते अनुशानसपर्वणि आनुशासनिकेपर्वणि दानधर्मेच्यवनकुशि
कसंवादेद्विपंचाशत्तमोऽध्यायः ॥ ५२ ॥ युधिष्ठिरउवाच ॥ तस्मिन्नंतर्हितेविप्रेराजाकिमकरोत्तदा ॥ भार्याचास्यमहाभागातन्मेब्रूहिपितामह १ ॥ भीष्मउवाच ॥
अदृष्ट्वासमहीपालस्तमृषिंसहभार्यया ॥ परिश्रांतोनिववृतेव्रीडितोनष्टचेतनः २ सप्रविश्यपुरींदीनोनाभ्यभाषतकिंचन ॥ तदेवचिंतयामासच्यवनस्यविचेष्टितम् ३
अथशून्येनमनसाप्रविश्यस्वगृहंनृपः ॥ ददर्शशयनेतस्मिन्शयानंभृगुनंदनम् ४ विस्मितौतमृषिंदृष्ट्वातदाश्चर्यंविचिंत्यच ॥ दर्शनात्तस्यतुतदाविश्रांतौसंबभू
वतुः ५ यथास्थानंचतौस्थित्वाभूयस्तंसंववाहतुः ॥ अथापरेणपार्श्वेनसुष्वापसमहामुनिः ६ तेनैवचसकालेनप्रत्यबुद्ध्यतवीर्यवान् ॥ नचतौचक्रतुःकिंचि
द्विकारंभयशंकितौ ७ प्रतिबुद्धस्तुसमुनिस्तौप्रोवाचविशांपते ॥ तैलाभ्यंगोदीयतांमेस्नास्येऽहमितिभारत ८ तौतथेतिप्रतिश्रुत्यक्षुधितौश्रमकर्शितौ ॥
शतपाकेनतैलेनमहार्हेणोपतस्थतुः ९ ततःसुखासीनमृषिंवाग्यतौसंववाहतुः ॥ नचपर्याप्तमित्याहभार्गवःसुमहातपाः १० यदातौनिर्विकारौतुलक्षयामास
भार्गवः ॥ ततउत्थायसहसास्नानशालांविवेशह ११ क्लृप्तमेवतुतत्रासीत्स्नानीयंपार्थिवोचितम् ॥ असत्कृत्यचतत्सर्वंतत्रैवांतरधीयत १२ समुनिःपुनरेवाथ
नृपतेःपश्यतस्तदा ॥ नासूयांचक्रतुस्तौचदंपतीभरतर्षभ १३ अथस्नातःसभगवान्सिंहासनगतःप्रभुः ॥ दर्शयामासकुशिकंसभार्यंकुरुनंदनः १४ संहृष्टवदनो
राजासभार्यःकुशिकोमुनिम् ॥ सिद्धमन्नमितिप्रह्वोनिर्विकारोन्यवेदयत् १५ आनीयतामितिमुनिस्तंचोवाचनराधिपम् ॥ सराजासमुपाजह्रेतदन्नंसहभार्यया १६
मांसप्रकारान्विविधान्शाकानिविविधानिच ॥ वेसवारविकारांश्चपानकानिलघूनिच १७ रसालापूपकांश्चित्रान्मोदकानथखांडवान् ॥ रसान्नानाप्रकारांश्चवन्यं
चमुनिभोजनम् १८ फलानिचविचित्राणिराजभोज्यानिभूरिशः ॥ बदरेंगुदकाश्मर्यभल्लातकफलानिच १९ गृहस्थानांचयद्भोज्यंयच्चापिवनवासिनाम् ॥ सर्व
माहारयामासराजाशापभयात्ततः २० अथसर्वमुपन्यस्तमग्रतश्च्यवनस्यतत् ॥ ततःसर्वंसमानीयतच्चशय्यासनंमुनिः २१ वस्त्रैःशुभैरवच्छाद्यभोजनोपस्करैः
सह ॥ सर्वमादीपयामासच्यवनोभृगुनंदन २२ नचतौचक्रतुःक्रोधंदंपतीसुमहामती ॥ तयोःसंप्रेक्षतोरेवपुनरंतर्हितोऽभवत् २३ तथैवचसराजर्षिस्तस्थौतांरज
नींतदा ॥ सभार्योवाग्यतःश्रीमान्नचकोपंसमाविशत् २४ नित्यंसंस्कृतमन्नंतुविविधंराजवेश्मनि ॥ शयनानिचमुख्यानिपरिषेकाश्चपुष्कलाः २५ वस्त्रंचवि
विधाकारमभवत्समुपार्जितम् ॥ नशशाकततोद्रष्टुमंतरंच्यवनस्तदा २६ पुनरेवचविप्रर्षिःप्रोवाचकुशिकंनृपम् ॥ सभार्योमांरथेनाशुवहयत्रब्रवीम्यहम् २७

१७ । १८ । १९ । २० । २१ । २२ । २३ । २४ । २५ । २६ । २७ ॥ ॥ ॥ ॥ ॥ ॥ ॥

२८ । २९ । ३० । ३१ । ३२ । ३३ । ३४ । ३५ । ३६ । ३७ । ३८ । ३९ । ४० । ४१ । ४२ । ४३ । ४४ । ४५ । ४६ । ४७ । ४८ । ४९ । ५० । ५१ । ५२ । ५३ । ५४ । ५५ । ५६ । ५७

तथेतिचप्राहनृपोनिर्विशंकस्तपोधनम् ॥ क्रीडारथोऽस्तुभगवन्नुतसांग्रामिकोरथः २८ इत्युक्तःसमुनीराज्ञातेनहृष्टेनतद्वचः ॥ च्यवनःप्रत्युवाचेदंहृष्टःपरपुरंजयम्
२९ सज्जीकुरुरथंक्षिप्रंयस्तेसांग्रामिकोमतः ॥ सायुधःसपताकश्चसशक्तीकनकयष्टिमान् ३० किंकिणीस्वननिर्घोषोयुक्तस्तोरणकल्पनैः ॥ जांबूनदनिबद्धश्चप
रमेषुशतान्वितः ३१ ततःसतंतथेत्युक्त्वाकल्पयित्वामहारथम् ॥ भार्यांवामेधुरितदाचात्मानंदक्षिणेतथा ३२ त्रिदंडंवज्रसूच्यग्रंप्रतोदंतत्रचादधत् ॥ सर्वमेत
त्तथादत्वानृपोवाक्यमथाब्रवीत् ३३ भगवन्क्करथोयातुब्रवीतुभृगुनंदन ॥ यत्रवक्ष्यसिविप्रर्षेतत्रयास्यतितेरथः ३४ एवमुक्तस्तुभगवान्प्रत्युवाचाथतंनृपम् ॥
इतःप्रभृतियातव्यंपदकंपदकंशनैः ३५ श्रमोममयथानस्यात्तथामच्छंदचारिणौ ॥ सुसुखंचैववोढव्योजनःसर्वश्चपश्यतु ३६ नोत्सार्याःपथिकाःकेचित्तेभ्योदा
स्येवसुह्यहम् ॥ ब्राह्मणेभ्यश्चयेकामानर्थयिष्यंतिमांपथि ३७ सर्वान्दास्याम्यशेषेणधनंरत्नानिचैवहि ॥ क्रियतांनिखिलेनैतन्माविचारयपार्थिव ३८ तस्यत
द्वचनंश्रुत्वाराजाभृत्यांस्तथाऽब्रवीत् ॥ यद्यद्ब्रूयान्मुनिस्तत्तत्सर्वंदेयमशंकितैः ३९ ततोरत्नान्यनेकानिस्त्रियोयुग्यमजाविकम् ॥ कृताकृतंचकनकंगजेंद्राश्चाच
लोपमाः ४० अन्वगच्छंततमृषिंराजामात्याश्चसर्वशः ॥ हाहाभूतंचतत्सर्वमासीन्नगरमार्तवत् ४१ तौतीक्ष्णाग्रेणसहसाप्रतोदेनप्रतोदितौ ॥ पृष्ठेविद्धौकटे
चैवनिर्विकारौतमूहतुः ४२ वेपमानौनिराहारौपंचाशद्रात्रकर्शितौ ॥ कथंचिदूहतुर्वीरौदंपतीतंरथोत्तमम् ४३ बहुशोभृशविद्धौतौस्रवंतौचक्षतोद्भवम् ॥ द
दृशातेमहाराजपुष्पिताविवकिंशुकौ ४४ तौदृष्ट्वापौरवर्गस्तुभृशंशोकसमाकुलः ॥ अभिशापभयत्रस्तोनचकिंचिदुवाचह ४५ द्वंद्वशश्चाब्रुवन्सर्वेपश्यध्वंतपसो
बलम् ॥ क्रुद्धाअपिमुनिश्रेष्ठंवीक्षितुंनेहशक्नुमः ४६ अहोभगवतोवीर्यंमहर्षेर्भावितात्मनः ॥ राज्ञश्चापिसभार्यस्यधैर्यंपश्यतयादृशम् ४७ श्रांतावपिहिकृ
च्छ्रेणरथमेनंसमूहतुः ॥ नचैतयोर्विकारंवैददर्शभृगुनंदनः ४८ ॥ भीष्मउवाच ॥ ततःसनिर्विकारौतुदृष्ट्वाभृगुकुलोद्वहः ॥ वसुविश्राणयामासयथावैश्रवणस्त
था ४९ तत्रापिराजाप्रीतात्मायथादिष्टमथाकरोत् ॥ ततोऽस्यभगवान्प्रीतोबभूवमुनिसत्तमः ५० अवतीर्यरथश्रेष्ठाद्दंपतीतौमुमोचह ॥ विमोच्यचैतौविधिवत्त
तोवाक्यमुवाचह ५१ स्निग्धगंभीरयावाचाभार्गवःसुप्रसन्नया ॥ ददानिवांवरंश्रेष्ठंतंब्रूतामितिभारत ५२ सुकुमारौचतौविद्धौकराभ्यांमुनिसत्तमः ॥ पस्पर्शामृत
कल्पाभ्यांस्नेहाद्भरतसत्तम ५३ अथाब्रवीन्नृपोवाक्यंश्रमोनास्त्यावयोरिह ॥ विश्रांतौचप्रभावात्तेऊचतुस्तौतुभार्गवम् ५४ अथतौभगवान्प्राहप्रहृष्टश्च्यवनस्तदा ॥
नवृथाव्याहृतंपूर्वंयन्मयातद्भविष्यति ५५ रमणीयःसमुद्देशोगंगातीरमिदंशुभम् ॥ किंचित्कालंव्रतपरोनिवत्स्यामीहपार्थिव ५६ गम्यतांस्वपुरंपुत्रविश्रांतःपु
नरेष्यसि ॥ इहस्थंमांसभार्यस्त्वंद्रष्टासिश्वोनराधिप ॥ नचमन्युस्त्वयाकार्यःश्रेयस्तेसमुपस्थितम् ५७ ॥ ॥

यत्कांक्षितंहृदिस्थंतेतत्सर्वंहिभविष्यति ॥ इत्येवमुक्तःकुशिकःप्रहृष्टेनांतरात्मना ५८ प्रोवाचमुनिशार्दूलमिदंवचनमर्थवत् ॥ नमेमन्युर्महाभागपूतौस्वोभग
वंस्त्वया ५९ संवृत्तौयौवनस्थौस्वोवपुष्मंतौबलान्वितौ ॥ प्रतोदेनव्रणायेमेसभार्यस्यत्वयाकृताः ६० तान्नपश्यामिगात्रेषुस्वस्थोऽस्मिसहभार्यया ॥ इमांचदे
वींपश्यामिवपुषाऽप्सरसोपमाम् ६१ श्रियापरमयायुक्तांतथादृष्टापुरामया ॥ तवप्रसादसंवृत्तमिदंसर्वंमहामुने ६२ नैतच्चित्रंतुभगवंस्त्वयिसत्यपराक्रम ॥ इत्यु
क्तःप्रत्युवाचैनंकुशिकंच्यवनस्तदा ६३ आगच्छेथाःसभार्यश्चत्वमिहेतिनराधिप ॥ इत्युक्तःसमनुज्ञातोराजर्षिरभिवाद्यतम् ६४ प्रययौवपुषायुक्तोनगरंदेवराज
वत् ॥ ततएनमुपाजग्मुरमात्याःसपुरोहिताः ६५ बलस्थागणिकायुक्ताःसर्वाःप्रकृतयस्तथा ॥ तैर्वृतःकुशिकोराजाश्रियापरमयाज्वलन् ६६ प्रविवेशपुरंहृष्टः
पूज्यमानोऽथबंदिभिः ॥ ततःप्रविश्यनगरंकृत्वापौर्वाह्णिकोःक्रियाः ॥ भुक्त्वासभार्योरजानीमुवाससमहाद्युतिः ६७ ततस्तुतौनवमभिवीक्ष्ययौवनंपरस्परंविगत
रुजाविवामरौ ॥ ननंदतुःशयनगतौवपुर्धरौश्रियायुतौद्विजवरदत्तयातदा ६८ अथाप्यृषिर्भृगुकुलकीर्तिवर्धनस्तपोधनोवनमभिराममृद्धिमत् ॥ मनीषयाबहु
विधरत्नभूषितंससर्जयन्नपुरिशतक्रतोरपि ६९ ॥ इतिश्रीमहाभारते अनुशासनपर्वणि आनुशासनिकेप० दानधर्मेच्यवनकुशिकसंवादेत्रिपंचाशत्तमोऽध्यायः ॥
५३ ॥ ॥ ॥ भीष्मउवाच ॥ ततःसराजारात्र्यन्तेप्रतिबुद्धोमहामनाः ॥ कृतपूर्वाह्णिकःप्रायात्सभार्यस्तद्वनंप्रति १ ततोददर्शनृपतिःप्रासादंसर्वकां
चनम् ॥ मणिस्तंभसहस्राढ्यंगंधर्वनगरोपमम् ॥ तत्रदिव्यानभिप्रायान्ददर्शकुशिकस्तदा २ पर्वतान्रूप्यसानूंश्चनलिनीश्चसपंकजाः ॥ चित्रशालाश्चविवि
धास्तोरणानिचभारत ॥ शाद्वलोपचितांभूमिंतथाकांचनकुट्टिमाम् ३ सहकारान्प्रफुल्लांश्चकेतकोद्दालकान्वरान् ॥ अशोकान्सहकुंदांश्चफुल्लांश्चैवातिमुक्तकान्
४ चंपकांस्तिलकान्भव्यान्पनसान्वंजुलानपि ॥ पुष्पितान्कर्णिकारांश्चतत्रतत्रददर्शह ५ श्यामान्वारणपुष्पांश्चतथाऽष्टपदिकालताः ॥ तत्रतत्रपरिक्लृप्तादद
र्शसमहीपतिः ६ रम्यान्पद्मोत्पलधरान्सर्वर्तुकुसुमांस्तथा ॥ विमानप्रतिमांश्चापिप्रासादान्शैलसन्निभान् ७ शीतलानिचतोयानिक्वचिदुष्णानिभारत ॥ आस
नानिविचित्राणिशयनप्रवराणिच ८ पर्यंकान्रत्नसौवर्णान्परार्ध्यास्तरणावृतान् ॥ भक्ष्यंभोज्यमनंतंचतत्रतत्रोपकल्पितम् ९ वाणीवादाञ्छुकांश्चैवसारिकान्भृं
गराजकान् ॥ कोकिलाञ्छतपत्रांश्चसकोयष्टिककुक्कुभान् १० मयूरान्कुक्कुटांश्चापिदात्यूहान्जीवजीवकान् ॥ चकोरान्वानरान्हंसान्सारसांश्चक्रसाह्वयान् ११
समंततःप्रमुदितान्ददर्शसुमनोहरान् ॥ क्वचिदप्सरसांसंवान्गंधर्वाणांचपार्थिव १२ कांताभिरपरांस्तत्रपरिष्वक्तान्ददर्शह ॥ नददर्शचतान्भूयोददर्शचपुनर्नृपः
१३ गीतध्वनिंसुमधुरंतथैवाऽध्यापनध्वनिम् ॥ हंसान्सुमधुरांश्चापितत्रशुश्रावपार्थिवः १४ ॥ ॥ ॥

१५।१६।१७।१८।१९।२०।२१।२२।२३।२४।२५।२६।२७।२८।२९।३०।३१।३२।३३।३४।३५।३६।३७।३८।३९।४० ॥ इतिआ० नी० भार० चतुष्पंचाशत्तमोऽध्यायः ॥ ५४ ॥ वरश्चेति ॥ १।२

तंदृष्ट्वाऽत्यद्भुतंराजामनसाचिंतयत्तदा ॥ स्वप्नोयंचित्तविभ्रंशउताहोसत्यमेवतु १५ अहोसहशरीरेणप्राप्तोस्मिपरमांगतिम् ॥ उत्तरान्वाकुरून्पुण्यानथवाप्यमराव
तीम् १६ किंचेदंमहदाश्चर्यंसंपश्यामीत्यचिंतयत् ॥ एवंसंचिंतयन्नेवददर्शमुनिपुंगवम् १७ तस्मिन्विमानेसौवर्णेमणिस्तंभसमाकुले ॥ महार्हेशयनेदिव्येशया
नंभृगुनंदनम् १८ तमभ्ययात्प्रहर्षेणनरेंद्रःसहभार्यया ॥ अंतर्हितस्ततोभूयश्च्यवनःशयनंचतत् १९ ततोऽन्यस्मिन्वनोद्देशेपुनरेवददर्शतम् ॥ कौश्यांवृस्यांसमा
सीनंजपमानंमहाव्रतम् २० एवंयोगबलाद्विप्रोमोहयामासपार्थिवम् ॥ क्षणेनतद्वनंचैवतेचैवाप्सरसांगणाः २१ गंधर्वाःपादपाश्चैवसर्वमंतरधीयत ॥ निःशब्दम
भवच्चापिगंगाकूलंपुनर्नृप २२ कुशवल्मीकभूयिष्ठंबभूवचयथापुरा ॥ ततःसराजाकुशिकःसभार्यस्तेनकर्मणा २३ विस्मयंपरमंप्राप्तस्तद्दृष्ट्वामहदद्भुतम् ॥ ततः
प्रोवाचकुशिकोभार्यांहर्षसमन्वितः २४ पश्यभद्रेयथाभावाश्चित्रादृष्टाःसुदुर्लभाः ॥ प्रसादाद्भृगुमुख्यस्यकिमन्यत्रतपोबलात् २५ तपसातदवाप्यंहियत्तुशक्यंमनो
रथैः ॥ त्रैलोक्यराज्यादपिहितपएवविशिष्यते २६ तपसाहिसुतप्तेनशक्योमोक्षस्तपोबलात् ॥ अहोप्रभावोब्रह्मर्षेश्च्यवनस्यमहात्मनः २७ इच्छयैषतपो
वीर्यादन्याँल्लोकान्सृजेदपि ॥ ब्राह्मणाएवजायेरन्पुण्यवाग्बुद्धिकर्मणः २८ उत्सहेदिहकृत्वैवकोऽन्योवैच्यवनादृते ॥ ब्राह्मण्यंदुर्लभंलोकेराज्यंहिसुलभंनरैः २९
ब्राह्मण्यस्यप्रभावाद्धिरथेयुक्तौस्वधुर्यवत् ॥ इत्येवंचिंतयानःसविदितश्च्यवनस्यवै ३० संप्रेक्ष्योवाचनृपतिंक्षिप्रमागम्यतामिति ॥ इत्युक्तःसहभार्यस्तुसोऽभ्यगच्छ
न्महामुनिम् ३१ शिरसावंदनीयंतमवंदतचपार्थिवः ॥ तस्याशिषःप्रयुज्याथसमुनिस्तंनराधिपम् ॥ निषीदेत्यब्रवीद्धीमान्सांत्वयन्पुरुषर्षभः ३२ ततःप्रकृति
मापन्नोभार्गवोनृपतेनृप ॥ उवाचश्लक्ष्णयावाचातर्पयन्निवभारत ३३ राजन्सम्यग्जितानोहपंचपंचस्वयंत्वया ॥ मनःषष्ठानींद्रियाणिकृच्छ्रान्मुक्तोऽसितेनवै ३४
सम्यगाराधितःपुत्रत्वयाप्रवदतांवर ॥ नहितेवृजिनंकिंचित्सुसूक्ष्ममपिविद्यते ३५ अनुजानीहिमांराजन्गमिष्यामियथागतम् ॥ प्रीतोस्मितवराजेंद्रवरश्चप्रतिगृह्य
ताम् ३६ ॥ ॥ कुशिकउवाच ॥ ॥ अग्निमध्येगतेनेवभगवन्सन्निधौमया ॥ वर्तितंभृगुशार्दूलयन्नदग्धोऽस्मितद्बहु ३७ एषएववरोमुख्यःप्राप्तोमेभृगुनं
दन ॥ यत्प्रीतोसिमयाब्रह्मन्कुलंत्रातंचमेऽनघ ३८ एषमेऽनुग्रहोविप्रजीवितेचप्रयोजनम् ॥ एतद्राज्यफलंचैवतपसश्चफलंमम ३९ यदित्वंप्रीतिमान्विप्रमयिवै
भृगुनंदन ॥ अस्तिमेसंशयःकश्चित्तन्मेव्याख्यातुमर्हसि ॥ ४० ॥ ॥ इतिश्रीमहाभारते अनुशासनपर्वणिआनुशासनिकेप० दानधर्मेच्यवनकुशिकसंवादेच
तुष्पंचाशत्तमोऽध्यायः ॥ ५४ ॥ ॥ च्यवनउवाच ॥ ॥ वरश्चगृह्यतांमत्तोयश्चतेसंशयोहृदि ॥ तंप्रब्रूहिनरश्रेष्ठसर्वंसंपादयामिते १ ॥ ॥ कुशिकउवाच ॥
यदिप्रीतोऽसिभगवंस्ततोमेवदभार्गव ॥ कारणंश्रोतुमिच्छामिमद्गृहेवासकारितम् २ ॥ ॥

शयनंचैकपार्श्वेनदिवसानेकविंशतिम् ॥ अकिंचिदुक्त्वागमनंबहिश्चमुनिपुंगव ३ अंतर्धानमकस्माच्चपुनरेवचदर्शनम् ॥ पुनश्चशयनंविप्रदिवसानेकविंशतिम् ४ तै
लाभ्यक्तस्यगमनंभोजनंचगृहेमम ॥ समुपानीयविविधंयद्दग्धंजातवेदसा ५ निर्याणंचरथेनाशुसहसायत्कृतंत्वया ॥ धनानांचविसर्गश्चवनस्यापिचदर्शनम् ६ प्रा
सादानांबहूनांचकांचनानांमहामुने ॥ मणिविद्रुमपादानांपर्यंकाणांचदर्शनम् ७ पुनश्चादर्शनंतस्यश्रोतुमिच्छामिकारणम् ॥ अतीवह्यत्रमुह्यामिचिंतयानोभृगूद्वह
८ नचैवात्राधिगच्छामिसर्वस्यास्यविनिश्चयम् ॥ एतदिच्छामिकात्स्न्येंनसत्यंश्रोतुंतपोधन ९ ॥ ॥ च्यवनउवाच ॥ ॥ शृणुसर्वमशेषेणयदिदंयेनहेतुना ॥ न
हिशक्यमनाख्यातुमेवंपृष्टेनपार्थिव १० पितामहस्यवदतःपुरादेवसमागमे ॥ श्रुतवानस्मियद्राजंस्तन्मेनिगदतःशृणु ११ ब्रह्मक्षत्रविरोधेनभविताकुलसंकरः ॥
पौत्रस्तेभविताराजंस्तेजोवीर्यसमन्वितः १२ ततस्तेकुलनाशार्थमहंत्वांसमुपागतः ॥ चिकीर्षन्कुशिकोच्छेदंसंदिधक्षुःकुलंतव १३ ततोऽहमागम्यपुरेत्वामवोचंम
हीपते ॥ नियमंकंचिदारप्स्येशुश्रूषाक्रियतामिति १४ नचतेदुष्कृतंकिंचिदहमासादयंगृहे ॥ तेनजीवसिराजर्षेनभवेथास्त्वमन्यथा १५ एवंबुद्धिंसमास्थाय
दिवसानेकविंशतिम् ॥ सुप्तोऽस्मियदिमांकश्चिद्बोधयेदितिपार्थिव १६ यदात्वयासभार्येणसंसुप्तोनप्रबोधितः ॥ अहंतदैवतेप्रीतोमनसाराजसत्तम १७ उत्थाय
चास्मिनिष्क्रांतोयदिमांत्वंमहीपते ॥ पृच्छेःक्वयास्यसीत्येवंशपेयंत्वामितिप्रभो १८ अंतर्हितःपुनश्चास्मिपुनरेवचतेगृहे ॥ योगमास्थायसंसुप्तोदिवसानेकविंशति
म् १९ क्षुधितौमामसूयेथांश्रमाद्वेतिनराधिप ॥ एवंबुद्धिंसमास्थायकर्शितौवांक्षुधामया २० नचतेऽभूत्सुसूक्ष्मोऽपिमन्युर्मनसिपार्थिव ॥ सभार्यस्यनरश्रेष्ठतेनते
प्रीतिमानहम् २१ भोजनंचसमानाय्ययत्तदादीपितंमया ॥ क्रुद्ध्येथायदिमात्सर्यादितितन्मर्षितंचमे २२ ततोऽहंरथमारुह्यत्वामवोचंनराधिप ॥ सभार्योमांव
हस्वेतितच्चत्वंकृतवांस्तथा २३ अविशंकोनरपतेप्रीतोऽहंचापितेनह ॥ धनोत्सर्गेऽपिचकृतेनत्वांक्रोधःप्रधर्षयत् २४ ततःप्रीतेनतेराजन्पुनरेतत्कृतंतव ॥ सभार्य
स्यवनंभूयस्तद्विद्धिमनुजाधिप २५ प्रीत्यर्थंतवचैतन्मेस्वर्गसंदर्शनंकृतम् ॥ यत्तेवनेस्मिन्नृपतेदृष्टंदिव्यंनिदर्शनम् २६ स्वर्गोद्देशस्त्वयाराजन्सशरीरेणपार्थिव ॥
मुहूर्तमनुभूतोसौसभार्येणनृपोत्तम २७ निदर्शनार्थंतपसोधर्मस्यचनराधिप ॥ तत्रयाऽऽसीत्स्पृहाराजंस्तच्चापिविदितंमया २८ ब्राह्मण्यंकांक्षसेहित्वंतपश्चपृथिवी
पते ॥ अवमन्यनरेन्द्रत्वंदेवेन्द्रत्वंचपार्थिव २९ एवमेतद्यथाऽऽत्थत्वंब्राह्मण्यंताततदुर्लभम् ॥ ब्राह्मणेसतिचर्षित्वमृषित्वेचतपस्विता ३० भविष्यत्येपतेकामःकु
शिकात्कौशिकोद्विजः ॥ तृतीयंपुरुषंतुभ्यंब्राह्मणत्वंगमिष्यति ३१ वंशस्तेपार्थिवश्रेष्ठभृगूणामेवतेजसा ॥ पौत्रस्तेभवितावित्रतपस्वीपावकद्युतिः ३२ ॥ ७२ ॥

॥ ॥ ॥ ॥

३३ । ३४ । ३५ । ३६ । ३७ ॥ इति अनुशासनपर्वणि नीलकंठीये भारतभावदीपे पंचपंचाशत्तमोऽध्यायः ॥ ५५ ॥ अवश्यमिति ॥ १ । २ । ३ । ४ । ५ । ६ । ७ । ८ । ९ । १० । ११

यः सदेवमनुष्याणां भयमुत्पादयिष्यति ॥ त्रयाणामेवलोकानां सत्यमेतद्ब्रवीमिते ३३ वरंगृहाणराजर्षेयत्तेमनसिवर्तते ॥ तीर्थयात्रांगमिष्यामिपुराकालोऽभिवर्तते ३४
॥ कुशिकउवाच ॥ एषएववरोमेऽद्ययस्त्वंप्रीतोमहामुने ॥ भवत्वेतद्यथाऽऽत्थत्वंभवेत्पौत्रोममानघ ३५ ब्राह्मण्यंमेकुलस्यास्तुभगवन्नेषमेवरः ॥ पुनश्चाख्यातुमिच्छा
मिभगवन्विस्तरेणवै ३६ कथमेष्यतिविप्रत्वंकुलंमेभृगुनंदन ॥ कश्चासौभविताबंधुर्ममकश्चापिसंमतः ॥ ३७ ॥ इतिश्रीमहाभारतेअनुशासनपर्वणिआनुशासनि
केप० दानधर्मेच्यवनकुशिकसंवादेपंचपंचाशत्तमोऽध्यायः ॥ ५५ ॥ च्यवनउवाच ॥ अवश्यंकथनीयंमेतवैतन्नरपुंगव ॥ यदर्थंत्वाहमुच्छेत्तुंसंप्राप्तोमनुजाधिप १
भृगूणांक्षत्रियायाज्यानित्यमेतज्जनाधिप ॥ तेचभेदंगमिष्यंतिदैवयुक्तेनहेतुना २ क्षत्रियाश्चभृगून्सर्वान्वधिष्यंतिनराधिप ॥ आगर्भादनुकृंतंतोदैवदंडनिपीडिताः ३
ततउत्पत्स्यतेऽस्माकंकुलेगोत्रविवर्धनः ॥ ऊर्वोनाममहातेजाज्वलनार्कसमद्युतिः ४ सत्रैलोक्यविनाशायकोपाग्निंजनयिष्यति ॥ महींसपर्वतवनांयःकरिष्यतिभस्म
सात् ५ कंचित्कालंतुवह्निंचसएवशमयिष्यति ॥ समुद्रेवडवावक्त्रेप्रक्षिप्यमुनिसत्तमः ६ पुत्रंतस्यमहाराजऋचीकंभृगुनंदनम् ॥ साक्षात्कृत्स्नोधनुर्वेदःसमुपस्थास्य
तेऽनघ ७ क्षत्रियाणामभावायदैवयुक्तेनहेतुना ॥ सतुतंप्रतिगृह्यैवपुत्रेसंक्रामयिष्यति ८ जमदग्नौमहाभागेतपसाभावितात्मनि ॥ सचापिभृगुशार्दूलस्तंवेदंधारयि
ष्यति ९ कुलात्तुतवधर्मात्मन्कन्यांसोऽधिगमिष्यति ॥ उद्भावनार्थंभवतोवंशस्यभरतर्षभ १० गाधेर्दुहितरंप्राप्यपौत्रींतवमहातपाः ॥ ब्राह्मणंक्षत्रधर्माणंपुत्रमुत्पाद
यिष्यति ११ क्षत्रियंविप्रकर्माणंबृहस्पतिमिवौजसा ॥ विश्वामित्रंतवकुलेगाधेःपुत्रंसुधार्मिकम् १२ तपसामहतायुक्तंप्रदास्यतिमहाद्युते ॥ स्त्रियौतुकारणंतत्रपरिव
र्तेभविष्यतः १३ पितामहनियोगाद्वैनान्यथैतद्भविष्यति ॥ तृतीयेपुरुषेतुभ्यंब्राह्मणत्वमुपैष्यति ॥ भवितात्वंचसंबंधीभृगूणांभावितात्मनाम् १४ ॥ भीष्मउवाच ॥
कुशिकस्तुमुनेर्वाक्यंच्यवनस्यमहात्मनः ॥ श्रुत्वाहृष्टोऽभवद्राजावाक्यंचेदमुवाचह १५ एवमस्त्वितिधर्मात्मातदाभरतसत्तम ॥ च्यवनस्तुमहातेजाःपुनरेवनराधिपम्
१६ वरार्थंचोदयामासतमुवाचसपार्थिवः ॥ बाढमेवंकरिष्यामिकामंत्वत्तोमहामुने १७ ब्रह्मभूतंकुलंमेऽस्तुधर्मेचास्यमनोभवेत् १८ एवमुक्तस्तथेत्येवंप्रत्युक्त्वाच्यव
नोमुनिः ॥ अभ्यनुज्ञायनृपतिंतीर्थयात्रांययौतदा १९ एतत्तेकथितंसर्वमशेषेणमयानृप ॥ भृगूणांकुशिकानांचअभिसंबंधकारणम् २० यथोक्तमृषिणाचापितदात
दभवन्नृप ॥ जन्मरामस्यचमुनेर्विश्वामित्रस्यचैवहि ॥ २१ ॥ ॥ इतिश्रीमहाभारते अनुशासनपर्वणि आनुशासनिकेप० दानधर्मेच्यवनकुशिकसंवादे
षट्पंचाशत्तमोऽध्यायः ॥ ५६ ॥ ॥ ॥ ॥ ॥ ॥ ॥ ॥

१२ । १३ । १४ । १५ । १६ । १७ । १८ । १९ । २० आख्यायिकातात्पर्यंसंगृह्णाति यथोक्तमिति । ब्राह्मणस्यापिरामस्यक्रौर्यंक्षत्रियस्यापिविश्वामित्रस्यब्राह्मण्यमितिवैपरीत्यंप्राकृतऋषिसंकल्पानुसारादे
वनस्वभावविपर्ययोऽस्तीतिभावः ॥ २१ ॥ ॥ इतिअनुशासनपर्वणि नीलकंठीये भारतभावदीपे षट्पंचाशत्तमोऽध्यायः ॥५६॥ ॥ ॥ ॥

एवंब्रह्मण्यस्यातिश्रेष्ठत्वेऽपिदौर्लभ्यंक्षत्रियधर्मस्याहिंस्रत्वेनस्वस्यानिद्यत्वंमन्दानःशंकते मुह्यामीत्यादिना । त्वदुक्तंनिशम्यतस्यतात्पर्यंचिंतयानः १ । २ । ३ । ४ । ५ । ६ वीरधर्मस्यश्रैष्ठ्येऽपिविवक्षुस्तपआदीनां तावत्प्राशस्त्यंदर्शयन्भीष्मउवाच रहस्यमित्यादिना । यागतिःफलं येनसाधनेन प्रेत्यभावेमरणानंतरं ७ । ८ । ९ मौनेनजगदाज्ञाकारीभवतीत्यर्थःजीवितमायुः १० । ११ । १२ क्रतुंप्रजापतिंमा

॥ युधिष्ठिरउवाच ॥ मुह्यामीवनिशम्याद्यचिंतयानःपुनःपुनः ॥ हीनांपार्थिवसंघातैःश्रीमद्भिःपृथिवीमिमाम् १ प्राप्यराज्यानिशतशोमहींजित्वाऽथभारत ॥ कोटि
शःपुरुषान्हत्वापरितप्येपितामह २ काऽनुतासांवरस्त्रीणांसमवस्थाभविष्यति ॥ याहीनाःपतिभिःपुत्रैर्मातुलैर्भ्रातृभिस्तथा ३ वयंहितान्कुरून्हत्वाज्ञातींश्चसुहृदोऽ
पिवा ॥ अवाक्शीर्षाःपतिष्यामोनरकेनात्रसंशयः ४ शरीरंयोक्तुमिच्छामितपसोग्रेणभारत ॥ उपदिष्टमिहेच्छामितत्त्वतोऽहंविशांपते ५ ॥ वैशंपायनउवाच ॥ युधिष्ठिर
स्यतद्वाक्यंश्रुत्वाभीष्मोमहामनाः ॥ परीक्ष्यनिपुणंबुद्ध्यायुधिष्ठिरमभाषत ६ रहस्यमद्भुतंचैवशृणुवक्ष्यामियत्त्वयि ॥ यागतिःप्राप्यतेयेनप्रेत्यभावेविशांपते ७ तप
साप्राप्यतेस्वर्गस्तपसाप्राप्यतेयशः ॥ आयुःप्रकर्षोभोगाश्चलभ्यंतेतपसाविभो ८ ज्ञानंविज्ञानमारोग्यंरूपंसंपत्तथैवच ॥ सौभाग्यंचैवतपसाप्राप्यतेभरतर्षभ ९ धनं
प्राप्नोतितपसामौनेनाज्ञांप्रयच्छति ॥ उपभोगांस्तुदानेनब्रह्मचर्येणजीवितम् १० अहिंसायाःफलंरूपंदीक्षायाजन्मवैकुले ॥ फलमूलाशिनांराज्यंस्वर्गःपर्णाशिनांभ
वेत् ११ पयोभक्षोदिवंयातिदानेनद्रविणाधिकः ॥ गुरुशुश्रूषयाविद्यानित्यश्राद्धेनसंततिः १२ गवाढ्यःशाकदीक्षाभिःस्वर्गमाहुस्तृणाशिनाम् ॥ स्त्रियस्त्रिषवणंस्ना
त्वावायुंपीत्वाक्रतुंलभेत् १३ ॥ नित्यस्नायीभवेद्दक्षःसंध्येतुद्वेजपन्द्विजः ॥ मरुंसाधयतोराजन्नाकपृष्ठमनाशके १४ स्थंडिलेशयमानानांगृहाणिशयनानिच ॥ चीर
वल्कलवासोभिर्वासांस्याभरणानिच १५ शय्यासनानियानानियोगयुक्तेतपोधने ॥ अग्निप्रवेशेनियतंब्रह्मलोकेमहीयते १६ रसानांप्रतिसंहारात्सौभाग्यमिहविंदति
॥ आमिषप्रतिसंहारात्प्रजाह्यायुष्मतीभवेत् १७ उदवासंवसेद्यस्तुसनराधिपतिर्भवेत् ॥ सत्यवादीनरश्रेष्ठदैवतैःसहमोदते १८ कीर्तिर्भवतिदानेनतथाऽऽरोग्यमहिंसया
॥ द्विजशुश्रूषयाराज्यंद्विजत्वंचापिपुष्कलम् ॥ १९ पानीयस्यप्रदानेनकीर्तिर्भवतिशाश्वती ॥ अन्नस्यतुप्रदानेनतृप्यंतेकामभोगतः २० सांत्वदःसर्वभूतानांसर्वशो
कैर्विमुच्यते ॥ देवशुश्रूषयाराज्यंदिव्यंरूपंनियच्छति २१ दीपालोकप्रदानेनचक्षुष्मान्भवतेनरः ॥ प्रेक्षणीयप्रदानेनस्मृतिंमेधांचविंदति २२ गंधमाल्यप्रदानेनकी
र्तिर्भवतिपुष्कला ॥ केशश्मश्रूधारयतामग्र्याभवतिसंततिः २३ उपवासंचदीक्षांचअभिषेकंचपार्थिव ॥ कृत्वाद्वादशवर्षाणिवीरस्थानाद्विशिष्यते २४ दासीदासमलं
कारान्क्षेत्राणिचगृहाणिच ॥ ब्रह्मदेयांसुतांदत्वाप्राप्नोतिमनुजर्षभ २५ क्रतुभिश्चोपवासैश्चत्रिदिवंयातिभारत ॥ लभतेचशिवंज्ञानंफलपुष्पप्रदोनरः २६ सुवर्णशृंगै
स्तुविराजितानांगवांसहस्रस्यनरःप्रदानात् ॥ प्राप्नोतिपुण्यंदिविदेवलोकमित्येवमाहुर्दिविदेवसंघाः २७ ॥ ॥ ॥

णायामैःप्रजापतिलोकंप्राप्नोतीत्यर्थः १३ दक्षोऽपिप्रजापतिविशेषः मरुमनुदकं अनाशकमनाहारः १४ । १५ । १६ प्रतिसंहारात्त्यागात् १७ १८ । १९ । २० । २१ । २२ । २३ उपवासःसर्वभो गत्यागः दीक्षाजपादिनियमस्वीकारः अभिषेकस्त्रिषवणंस्नानं त्रयाणांसमुच्चयः २४ । २५ । शिवंबंधविच्छेदहेतुर्ज्ञानं फलपुष्पादिनापरमेश्वराराधनात्प्राप्यतइत्यर्थः २६ । २७

२८ । २९ । ३० । ३१ । ३२ नैवेशिकंगृहोपस्करंशय्यादि ३३। ३४ उपानहेत्वदन्तत्वमार्षं ३५ । ३६ । ३७ । ३८ अधिष्ठानवरंध्रुवपदं ३९ पक्षवर्तींमहाकुलोद्भवां । ४० तात्पर्य
माह पितामहस्येति अनवरःसमानः यस्मादपितामहाद ४१ तस्येति यज्ञादिष्वरुचिंवीरमार्गेचापेक्षांलेभेइत्यर्थः ४२ । ४३ । ४४ इतिअनुशासनपर्वणिनीलकंठीयेभारतभावदीपेसप्तपंचाशत्तमोऽध्यायः

प्रयच्छतेयःकपिलांसवत्सांकांस्योपदोहांकनकाग्रशृंगीम् ॥ तैस्तैर्गुणैःकामदुहास्यभूत्वानरंप्रदातारमुपैतिसागौः २८ यावंतिरोमाणिभवंतिधेन्वास्तावत्कालंप्राप्य सगोप्रदानात् ॥ पुत्रांश्चपौत्रांश्चकुलंचसर्वमासप्तमंतारयतेपरत्र २९ सदक्षिणांकांचनचारुशृंगींकांस्योपदोहांद्रविणोत्तरीयाम् ॥ धेनुंतिलानांददतोद्विजायलोका वसूनांसुलभाभवंति ३० स्वकर्मभिर्मानवंसंनिरुद्धंतीव्रांधकारेनरकेपतंतम् ॥ महार्णवेनौरिववायुयुक्तादानंगवांतारयतेपरत्र ३१ योब्रह्मदेयांतुददातिकन्यांभू मिप्रदानंचकरोतिविप्रे ॥ ददातिचान्नंविधिवच्चयश्चसलोकमाप्नोतिपुरंदरस्य ३२ नैवेशिकंसर्वगुणोपपन्नंददातिवैयस्तुनरोद्विजाय ॥ स्वाध्यायचारित्र्यगुणान्वि तायतस्याऽपिलोकाःकुरुषूत्तरेषु ३३ धुर्यप्रदानेनगवांतथावैलोकानवाप्नोतिनरोवसूनाम् ॥ स्वर्गायचाहुस्तुहिरण्यदानंततोविशिष्टंकनकप्रदानम् ३४ छत्रप्रदा नेनगृहंवरिष्ठंयानंतथोपानहसंप्रदाने ॥ वस्त्रप्रदानेनफलंस्वरूपंगंधप्रदानात्सुरभिर्नरःस्यात् ३५ पुष्पोपगंवाऽथफलोपगंवायःपादपंस्पर्शयतेद्विजाय ॥ सश्रीक मृद्धंबहुरत्नपूर्णंलभत्ययत्नोपगतंगृहंवै ३६ भक्ष्यान्नपानीयरसप्रदातासर्वान्समाप्नोतिरसान्प्रकामम् ॥ प्रतिश्रयाच्छादनसंप्रदाताप्राप्नोतितान्येवनसंशयोऽत्र ३७ स्रग्धूपगंधाननुलेपनानिस्नानानिमाल्यानिचमानवोयः ॥ दद्याद्द्विजेभ्यःसभवेदरोगस्तथाभिरूपश्चनरेंद्रलोके ३८ बीजैरशून्यंशयनैरुपेतंदद्याद्गृहंयःपुरुषोद्विजाय ॥ पुण्याभिरामंबहुरत्नपूर्णंलभत्यधिष्ठानवरंसराजन् ३९ सुगंधचित्रास्तरणोपधानंदद्यान्नरोयःशयनंद्विजाय ॥ रूपान्वितांपक्षवतींमनोज्ञांभार्यामयत्नोपगतांलभेत्सः ४० पितामहस्यानवरोवीरशायीभवेन्नरः ॥ नाधिकंविद्यतेयस्मादित्याहुःपरमर्षयः ४१ ॥ वैशंपायनउवाच ॥ तस्यतद्वचनंश्रुत्वाप्रीतात्माकुरुनंदनः ॥ नाश्र मेरोचयद्वासंवीरमार्गाऽभिकांक्षया ४२ ततोयुधिष्ठिरःप्राहपांडवान्पुरुषर्षभ ॥ पितामहस्ययद्वाक्यंतद्वोरोचत्वितिप्रभुः ४३ ततस्तुपांडवाःसर्वेद्रौपदीचयश स्विनी ॥ युधिष्ठिरस्यतद्वाक्यंबाढमित्यभ्यपूजयन् ४४ ॥ इतिश्रीमहाभारतेअनुशासनपर्वणिआनुशासनिकेपर्वणिदानधर्मेसप्तपंचाशत्तमोऽध्यायः ॥ ५७ ॥

युधिष्ठिरउवाच ॥ आरामाणांतडागानांयत्फलंकुरुपुंगव ॥ तदहंश्रोतुमिच्छामित्वत्तोऽद्यभरतर्षभ १ ॥ भीष्मउवाच ॥ सुप्रदर्शाबलवतीचित्राधातुविभूषिता ॥ उपेतासर्वभूतैश्चश्रेष्ठाभूमिरिहोच्यते २ तस्याःक्षेत्रविशेषाश्चतडागानांचबंधनम् ॥ औदकानिचसर्वाणिप्रवक्ष्याम्यनुपूर्वशः ३ तडागानांचवक्ष्यामिकृतानांचा पियेगुणाः ॥ त्रिषुलोकेषुसर्वत्रपूजनीयस्तडागवान् ४ ॥ ॥ ॥ ॥ ॥ ॥

५७ ॥ ॥ ॥ एवंविशोकीकृतःस्वस्थश्चराजासर्ववर्णसाधारणान्धनसाध्यान्धर्मांस्तावत्पृच्छतिआरामाणामिति १ बलवतीबहुसस्योत्पादिका २ औदकानिखातानितडागानि ३ त्रिषुपृ थिव्यंतरिक्षस्वर्गेषु तडागवान्तडागकृत ४ ॥ ॥ ॥

मित्राणांसदनमिवोपकारकंसस्योत्पादनादिना मैत्रंमित्रस्यसूर्यस्येदंप्रीतिकरं मित्राणांदेवानांविवर्धनंपोषकम् ५ क्षेत्रवृद्धिहेतुत्वात्तडागंमहाश्रयमुपलक्षयेदित्युत्तरेणापिसंबंधः ६ । ७ । ८ । ९ । १० ।
११ । १२ । १३ । १४ । १५ । १६ । १७ । १८ । १९ । २० । २१ । २२ वृक्षावटादयः गुल्माःकुशस्तंबादयः लताःवृक्षाद्यारूढाःपाटल्यादयः वल्ल्योभूम्यांप्रतताःकूश्मांडादयःत्वक्सारावेण्वाद

अथवामित्रसदनंमैत्रंमित्रविवर्धनम् ॥ कीर्तिसंजननंश्रेष्ठंतडागानांनिवेशनम् ५ धर्मस्यार्थस्यकामस्यफलमाहुर्मनीषिणः ॥ तडागसुकृतंदेशेक्षेत्रमेकंमहाश्रय
म् ६ चतुर्विधानांभूतानांतडागमुपलक्षयेत् ॥ तडागानिचसर्वाणिदिशंतिश्रियमुत्तमाम् ७ देवामनुष्यगंधर्वाःपितरोरगराक्षसाः ॥ स्थावराणिचभूतानिसंश्रयंति
जलाशयम् ८ तस्मात्तांस्तेप्रवक्ष्यामितडागेयेगुणाःस्मृताः ॥ याचतत्रफलावाप्तिर्ऋषिभिःसमुदाहृता ९ वर्षाकालेतडागेतुसलिलंयस्यतिष्ठति ॥ अग्निहोत्रफ
लंतस्यफलमाहुर्मनीषिणः १० शरत्कालेतुसलिलंतडागेयस्यतिष्ठति ॥ गोसहस्रस्यसप्रेत्यलभतेफलमुत्तमम् ११ हेमंतकालेसलिलंतडागेयस्यतिष्ठति ॥
सवैबहुसुवर्णस्ययज्ञस्यलभतेफलम् १२ यस्यवैशैशिरेकालेतडागेसलिलंभवेत् ॥ तस्याग्निष्टोमयज्ञस्यफलमाहुर्मनीषिणः १३ तडागंसुकृतंयस्यवसंतेतुमहा
श्रयम् ॥ अतिरात्रस्ययज्ञस्यफलंससमुपाश्नुते १४ निदाघकालेपानीयंतडागेयस्यतिष्ठति ॥ वाजिमेधफलंतस्यफलंवैमुनयोविदुः १५ सकुलंतारयेत्सर्वंयस्य
खातेजलाशये ॥ गावःपिबंतिसलिलंसाधवश्चनराःसदा १६ तडागेयस्यगावस्तुपिबंतितृषिताजलम् ॥ मृगपक्षिमनुष्याश्चसोऽश्वमेधफलंलभेत् १७ य
त्पिबंतिजलंतत्रस्नायंतेविश्रमंतिच ॥ तडागेयस्यतत्सर्वंप्रेत्यानंत्यायकल्पते १८ दुर्लभंसलिलंतातविशेषेणपरत्रवै ॥ पानीयस्यप्रदानेनप्रीतिर्भवतिशाश्वती
१९ तिलान्ददतपानीयंदीपान्ददतजाग्रत ॥ ज्ञातिभिःसहमोदध्वमेतत्प्रेत्यसुदुर्लभम् २० सर्वदानैर्गुरुतरंसर्वदानैर्विशिष्यते ॥ पानीयंनरशार्दूलतस्माद्दात
व्यमेवहि २१ एवमेतत्तडागस्यकीर्तितंफलमुत्तमम् ॥ अतऊर्ध्वंप्रवक्ष्यामिवृक्षाणामवरोपणम् २२ स्थावराणांचभूतानांजातयःषट्प्रकीर्तिताः ॥ वृक्षगुल्म
लतावल्ल्यस्त्वक्सारास्तृणजातयः २३ एताजात्यस्तुवृक्षाणांतेषांरोपेगुणास्त्विमे ॥ कीर्तिश्चमानुषेलोकेप्रेत्यचैवफलंशुभम् २४ लभतेनामलोकेचपितृभिश्चम
हीयते ॥ देवलोकेगतस्यापिनामतस्यननश्यति २५ अतीतानागतेचोभेपितृवंशंचभारत ॥ तारयेद्वृक्षरोपीचतस्माद्वृक्षांश्चरोपयेत् २६ तस्यपुत्राभवंत्येतेपा
दपानात्रसंशयः ॥ परलोकगतःस्वर्गंलोकांश्चाप्नोतिसोऽव्ययान् २७ पुष्पैःसुरगणान्वृक्षाःफलैश्चापितथापितॄन् ॥ छाययाचातिथिंतातपूजयंतिमहीरुहाः
२८ किन्नरोरगरक्षांसिदेवगंधर्वमानवाः ॥ तथाऋषिगणाश्चैवसंश्रयंतिमहीरुहान् २९ पुष्पिताःफलवन्तश्चतर्पयंतीहमानवान् ॥ वृक्षदंपुत्रवद्वृक्षास्तारयंतिपर
त्रतु ३० तस्मात्तडागेसद्वृक्षारोप्याःश्रेयोर्थिनासदा ॥ पुत्रवत्परिपाल्याश्चपुत्रास्तेधर्मतःस्मृताः ३१ तडागकृद्वृक्षरोपीइष्टयज्ञश्चयोद्विजः ॥ एतेस्वर्गेमहीयं
तेयेचान्येसत्यवादिनः ३२ ॥ ॥ ॥ ॥ ॥ ॥

यः तृणजातयःउलपादयः २३ । २४ । २५ । २६ । २७ । २८ । २९ । ३० पुत्रास्तेधर्मतःस्मृताइति । अपुत्रेणावश्यंपुत्रफलार्थिनातडागाआरामाश्चकर्तव्याइतिदर्शितम् ३१ । ३२

२३ ॥ इति अनुशासनपर्वणिनीलकंठीये भारतभावदीपे अष्टपंचाशत्तमोऽध्यायः ॥ ५८ ॥ ॥ दातारंकथंदानमन्वेतीतिपृच्छति यानीति । दातृप्रतिग्रहीत्रोःपरलोकेसंबंधाभावादिति भावः १ । २ अभयमिति । यथास्वयंकस्मैचिदभयंदीयतेव्यसनेवाऽनुग्रहःक्रियतेसपुनःकालेसतिसामर्थ्येआनृण्यार्थंस्वस्मैअभयंददात्यनुग्रहंचकरोतिएवंपरत्रापीत्यर्थः ३ यद्दत्वादत्तंमन्येतनत्विदंमदीयंदानमितिमन्यतेसआस्तिकः श्रद्धावान्दानफलंलभतइत्यर्थः ४ । ५ । ६ । ७ । ८ अभीमानादतिसमर्थोऽयमित्यभिमानंस्वमनस्येवकृत्वायाचमानम् ९ । १० कृशायेत्यादि

तस्मात्तडागंकुर्वीतआरामांश्चैवरोपयेत् ॥ यजेच्चविविधैर्यज्ञैःसत्यंचसततंवदेत् २३ ॥ इतिश्रीमहाभारते अनुशासनपर्वणिआनुशा० दानधर्मेआरामतडागमाहात्म्यवर्णनंनामअष्टपंचाशत्तमोऽध्यायः ॥ ५८ ॥ ॥ युधिष्ठिरउवाच ॥ यानीमानिबहिर्वेद्यांदानानिपरिचक्षते ॥ तेभ्योविशिष्टंकिंदानंमतंतेकुरुपुंगव १ कौतूहलंहिपरमंतत्रमेविद्यतेप्रभो ॥ दातारंदत्तमन्वेतियद्दानंतत्प्रचक्ष्वमे २ ॥ भीष्मउवाच ॥ अभयंसर्वभूतेभ्योव्यसनेचाप्यनुग्रहः ॥ यच्चाभिलषितंदद्यात्तृषितायाऽभियाचते ३ दत्तंमन्येतयद्दत्वातद्दानंश्रेष्ठमुच्यते ॥ दत्तंदातारमन्वेतियद्दानंभरतर्षभ ४ हिरण्यदानंगोदानंपृथिवीदानमेवच ॥ एतानिवैपवित्राणितारयंत्यपिदुष्कृतम् ५ एतानिपुरुषव्याघ्रसाधुभ्योदेहिनित्यदा ॥ दानानिहिनरंपापान्मोक्षयंतिनसंशयः ६ यद्यदिष्टतमंलोकेयच्चास्यदयितंगृहे ॥ तत्तद्गुणवतेदेयंतदेवाक्षयमिच्छता ७ प्रियाणिलभतेनित्यंप्रियदःप्रियकृत्तथा ॥ प्रियोभवतिभूतानामिहचैवपरत्रच ८ याचमानमभीमानादनासक्तमकिंचनम् ॥ योनार्चतियथाशक्तिसनृशंसोयुधिष्ठिर ९ अमित्रमपिचेद्दीनंशरणैषिणमागतम् ॥ व्यसनेयोऽनुगृह्णातिसवैपुरुषसत्तमः १० कृशायकृतविद्यायवृत्तिक्षीणायसीदते ॥ अपहन्यात्क्षुधांयस्तुनतेनपुरुषःसमः ११ क्रियानियमितान्साधून्पुत्रदारैश्चकर्शितान् ॥ अयाचमानान्कौंतेयसर्वोपायैर्निमंत्रयेत् १२ आशिषंयेनदेवेषुनचमर्त्येषुकुर्वते ॥ अर्हंतोनित्यसंतुष्टास्तथालब्धोपजीविनः १३ आशीविषसमेभ्यश्चतेभ्योरक्षस्वभारत ॥ तान्युक्तैरुपजिज्ञास्यतथाद्विजवरोत्तमान् १४ कृतैरावसथैर्नित्यंसप्रेष्यैःसपरिच्छदैः ॥ निमंत्रयेथाःकौरव्यसर्वकामसुखावहैः १५ यदितेप्रतिगृह्णीयुःश्रद्धापूतंयुधिष्ठिर ॥ कार्यमित्येवमन्वानाधार्मिकाःपुण्यकर्मिणः १६ विद्यास्नाताव्रतस्नाताव्यपाश्रित्यजीविनः ॥ गूढस्वाध्यायतपसोब्राह्मणाःसंशितव्रताः १७ तेषुशुद्धेषुदांतेषुस्वदारपरितोषिषु ॥ यत्करिष्यसिकल्याणंतत्तेलोकेयुधांपते १८ यथाऽग्निहोत्रंसुहुतंसायंप्रातर्द्विजातिना ॥ तथादत्तंद्विजातिभ्योभवत्यथयतात्मसु १९ एषतेविततोयज्ञःश्रद्धापूतःसदक्षिणः ॥ विशिष्टःसर्वयज्ञेभ्योददतस्तातवर्तताम् २० निवापदानसलिलस्तादृशेषुयुधिष्ठिर ॥ निवसन्पूजयंश्चैवतेष्वानृण्यंनियच्छति २१ ॥ ॥ ॥ ॥ ॥ ॥

चतुर्थीषष्ठ्यर्थे ११ क्रियानियमितान्स्वधर्मयंत्रितान् १२ । १३ येनार्थंदेवादीन्प्रार्थयंतेतेभ्यआत्मानंरक्षस्वेत्युक्तं तत्ररक्षणप्रकारमाह तानिति । युक्तैश्चारैः मुक्तैरितिपाठेलिप्सैर्नरैः उपजिज्ञास्यनिमंत्रयेथाइतिसंबंधः १४ आवसथैरावसथादिसमर्पणेन १५ कार्यमिति । धर्मार्थमेवधर्मंकुर्वंतिनतुफलांतरार्थमितिभावः १६ व्यपाश्रित्यप्रभोराश्रयमकृत्वाजीवितुंस्वभावः १७ । १८ । १९ ददतः दातुस्तववर्ततांसर्वदाऽस्तु २० यज्ञविशेषणंनिवापदानसलिलइति निवापःपितृतर्पणंतद्वद्देवदानादियस्मिन्सतथा तादृशेषुनिवसंस्तानाश्रित्यस्थितःसन्आनृण्यंदेवादीनां निवापोदानसदृशइतिपाठेदानंमहादानम् २१ ॥ ॥ ॥ ॥ ॥ ॥ ॥ ॥ ॥

२२ एतेदातारंनबहुमन्यंतेनिःस्पृहत्वात् तेभ्योनमोऽस्तुतथाऽभयमस्तु । तथोभयमितिपाठेतेभ्यस्तुष्टेभ्योरुष्टेभ्यश्चउभयंस्वर्गोनरकश्चभवतीतिशेषः २३ मृदवःशिष्येषुस्नेहवन्तःत्तेचतेब्रह्मधराश्चवेदधराः क्षात्रेणसंसृष्टमपिब्राह्मंतेजःशाम्यति शांतेद्विजेऽदीप्यमानमस्त्येवेत्यर्थः २४ मापर्यश्नीः परित्यज्यमाभुंक्ष्व २५ तेत्वया २६ ललंतुरमंताम् २७ अवक्षेप्तुंसमर्थितुम् २८ । २९ । ३० अवर्तिना

यएवंनैवकुप्यंतेनलुभ्यंतितृणेष्वपि ॥ तएवनःपूज्यतमायेचापिप्रियवादिनः २२ एतेनबहुमन्यंतेनप्रवर्तंतिचापरे ॥ पुत्रवत्परिपाल्यास्तेनमस्तेभ्यस्तथाऽभयम् २३
ऋत्विक्पुरोहिताचार्यामृदुब्रह्मधराहिते ॥ क्षात्रेणाऽपिहिसंसृष्टंतेजःशाम्यतिवैद्विजे २४ अस्तिमेबलवानस्मिराजाऽस्मीतियुधिष्ठिर ॥ ब्राह्मणान्माचपर्यश्नीर्वासोभि
रशनेनच २५ यच्छोभार्थंबलार्थंवावित्तमस्तितवाऽनघ ॥ तेनतेब्राह्मणाःपूज्याःस्वधर्ममनुतिष्ठता २६ नमस्कार्यास्तथाविप्रावर्तमानायथातथम् ॥ यथासुखंयथो
त्साहंललंतुत्वयिपुत्रवत् २७ कोह्यक्षयप्रसादानांसुहृदामल्पतोषिणाम् ॥ वृत्तिमर्हत्यवक्षेप्तुंत्वदन्यःकुरुसत्तम २८ यथापत्याश्रयोधर्मःस्त्रीणांलोकेसनातनः ॥ सदैव
सागतिर्नान्यातथाऽस्माकंद्विजातयः २९ यदिनोब्राह्मणास्तातसंत्यजेयुरपूजिताः ॥ पश्यंतोदारुणंकर्मसततंक्षत्रियेस्थितम् ३० अवेदानामयज्ञानामलोकानामवर्ति
नाम् ॥ कस्तेषांजीवितेनार्थस्त्वांविनाब्राह्मणाश्रयम् ३१ अत्रतेवर्तयिष्यामियथाधर्मंसनातनम् ॥ राजन्योब्राह्मणान्राजन्पुरापरिचचारह ३२ वैश्योराजन्यमित्येव
शूद्रोवैश्यमितिश्रुतिः ॥ दूराच्छूद्रेणोपचर्योब्राह्मणोऽग्निरिवज्वलन् ३३ संस्पर्शपरिचर्यस्तुवैश्येनक्षत्रियेणच ॥ मृदुभावान्सत्यशीलान्सत्यधर्मानुपालकान् ३४
आशीविषानिवक्रुद्धांस्तानुपाचरतद्विजान् ॥ अपरेषांपरेषांचपरेभ्यश्चापियेपरे ३५ क्षत्रियाणांप्रतपतांतेजसाचबलेनच ॥ ब्राह्मणेष्वेवशाम्यंतितेजांसिचतपांसिच
३६ नमेपिताप्रियतरोनत्वंतातततथाप्रियः ॥ नमेपितुःपिताराजन्नचात्मानचजीवितम् ३७ त्वत्तश्चमेप्रियतरःपृथिव्यांनास्तिकश्चन ॥ त्वत्तोऽपिमेप्रियतराब्राह्मणाभ
रतर्षभ ३८ ब्रवीमिसत्यमेतच्चयथाऽहंपांडुनंदन ॥ तेनसत्येनगच्छेयंलोकान्यत्रचशांतनुः ३९ पश्येयंचसतांल्लोकाञ्छुचीन्ब्रह्मपुरस्कृतान् ॥ तत्रमेतातगंतव्यमह्नाय
चचिरायच ४० सोऽहमेतादृशाँल्लोकान्दृष्ट्वाभरतसत्तम ॥ यन्मेकृतंब्राह्मणेषुनतप्स्येतेनपार्थिव ४१ ॥ इतिश्रीमहाभारतेअनुशासनपर्वणिआनुशासनिकेप० दानधर्मे
एकोनषष्टितमोऽध्यायः ॥ ५९ ॥ ॥ ॥ ॥ युधिष्ठिरउवाच ॥ ॥ यौचस्यातांचरणेनोपपन्नौयौविद्ययासदृशौजन्मनाच ॥ ताभ्यांदानंकतमस्मैविशिष्टम
याचमानायचयाचतेच १ ॥ ॥ भीष्मउवाच ॥ ॥ श्रेयोवैयाचतःपार्थदानमाहुरयाचते ॥ अर्हत्तमोवैधृतिमान्कृपणादधृतात्मनः २ क्षत्रियोरक्षणधृतिर्ब्रा
ह्मणोऽनर्थनाधृतिः ॥ ब्राह्मणोधृतिमान्विद्वान्देवान्प्रीणातितुष्टिमान् ३ ॥ ॥ ॥ ॥ ॥

मद्वृत्तीनां आर्योगुणः अकीर्तिनामितिपाठेत्रिह्यादित्वादिनिः अकीर्तिमताम् ३१ पुरापूर्वम् ३२ । ३३ । ३४ । ३५ । ३६ । ३७ । ३८ । ३९ । ४० । ४१ ॥ इति अनुशा
सनपर्वणिनीलकंठीये भारतभावदीपे एकोनषष्टितमोऽध्यायः ॥ ५९ ॥ ॥ यौचेति चरणेनाचरणेन १ अयाचतःश्रैष्ठ्यमाहद्वाभ्यां श्रेयइति २ अनर्थनाअयाच्ञा ३ ॥

याच्यंयाचनारूपंकर्म अनीशस्यदरिद्रस्याभिहारंतिरस्कारमाहुः यदायतःयाचंतियाचमानानिभूतानिदस्युवल्लोकानुद्वेजयंति ४ । ५ । ६ राष्ट्रान्नराष्ट्रं ७ । ८ । ९ ददिदित्यर्थः अयाचतामयाचमानानां उपागच्छन्समी पमुपसर्पन्दायान्धनादीन्ददवदाताभवेतिशेषः १० । ११ । १२ । १३ अपीति सोद्धरणान्स्वामिन्यागतेदास्यामीतियाचमानेभ्योबालकेभ्यआशाप्रदर्शनमुद्धरणंतत्सहितान् अतएवदारास्तेषांप्रतीक्षितंइ

याच्यमाहुरनीशस्यअभिहारंचभारत ॥ उद्वेजयंतियाचन्तिसदाभूतानिदस्युवत् ४ म्रियतेयाचमानोवैनजातुम्रियतेददत् ॥ ददत्संजीवयत्येनमात्मानंचयुधिष्ठिर ५ आनृशं स्यंपरोधर्मोयाचतेयत्प्रदीयते ॥ अयाचतःसीदमानान्सर्वोपायैर्निमंत्रयेत् ६ यदिवैतादृशाराष्ट्रान्वसेयुस्तेद्विजोत्तमाः ॥ भस्मच्छन्नानिवाग्नींस्तान्बुध्येथास्त्वंप्रयत्नतः ७ तपसादीप्यमानास्तेदहेयुःपृथिवीमपि ॥ अपूज्यमानाःकौरव्यपूजार्हास्तुतथाविधाः ८ पूज्याहिज्ञानविज्ञानतपोयोगसमन्विताः ॥ तेभ्यःपूजांप्रयुंजीथाब्राह्मणेभ्यः परंतप ९ ददद्बहुविधान्दायानुपागच्छन्नयाचताम् ॥ यदग्निहोत्रेसुहुतेसायंप्रातर्भवेत्फलम् १० विद्यावेदव्रतवतितद्दानफलमुच्यते ॥ विद्यावेदव्रतस्नातानव्यपाश्रय जीविनः ११ गूढस्वाध्यायतपसोब्राह्मणान्संशितव्रतान् ॥ कृतैरावसथैर्हृद्यैःसप्रेष्यैःसपरिच्छदैः १२ निमंत्रयेथाःकौरव्यकामैश्चान्यैर्द्विजोत्तमान् ॥ अपितेप्रतिगृह्णी युःश्रद्धोपेतंयुधिष्ठिर १३ कार्यमित्येवमन्वानाधर्मज्ञाःसूक्ष्मदर्शिनः ॥ अपितेब्राह्मणाभुक्त्वागताःसोद्धरणान्गृहान् १४ येषांदाराःप्रतीक्षंतेपर्जन्यमिवकर्षकाः ॥ अन्नानिप्रातःसवनेनियताब्रह्मचारिणः १५ ब्राह्मणास्तातभुंजानास्त्रेताग्निंप्रीणयंत्युत ॥ माध्यंदिनंतेसवनंददतस्तातवर्तताम् १६ गोहिरण्यानिवासांसितेनेंद्रःप्रीयतां तव ॥ तृतीयंसवनंतेवैवैश्वदेवंयुधिष्ठिर १७ यद्देवेभ्यःपितृभ्यश्चविप्रेभ्यश्चप्रयच्छसि ॥ अहिंसासर्वभूतेभ्यःसंविभागश्चभागशः १८ दमस्त्यागोधृतिःसत्यंभवत्यव भृथायते ॥ एषतेविततोयज्ञःश्रद्धापूतःसदक्षिणः १९ विशिष्टःसर्वयज्ञानांनित्यंतातप्रवर्तताम् २० ॥ इतिश्रीमहाभारतेअनुशासनपर्वणि आनुशासनिकेप० दान धर्मेषष्टितमोऽध्यायः ॥ ६० ॥ ॥ युधिष्ठिरउवाच ॥ दानंयज्ञःक्रियाचेहकिंस्वित्प्रेत्यमहाफलम् ॥ कस्यज्यायःफलंप्रोक्तंकीदृशेभ्यःकथंकदा १ एतदिच्छा मिविज्ञातुंयाथातथ्येनभारत ॥ विद्वन्जिज्ञासमानायदानधर्मान्प्रचक्ष्वमे २ अंतर्वेद्यांचयद्दत्तंश्रद्धयाचानृशंस्यतः ॥ किंस्विन्नैःश्रेयसंताततन्मेब्रूहिपितामह ३ ॥ ॥ भीष्मउवाच ॥ ॥ रौद्रंकर्मक्षत्रियस्यसततंतातवर्तते ॥ तस्यवैतानिकंकर्मदानंचैवेहपावनम् ४ नतुपापकृतांराज्ञांप्रतिगृह्णंतिसाधवः ॥ एतस्मात्का रणाद्यज्ञैर्यजेद्राजाऽऽप्तदक्षिणैः ५ अथचेत्प्रतिगृह्णीयुर्दद्यादहरहर्नृपः ॥ श्रद्धामास्थायपरमांपावनंह्येतदुत्तमम् ६ ब्राह्मणांस्तर्पयन्द्रव्यैस्ततोयज्ञेयतव्रतः ॥ मैत्रा न्साधून्वेदविदःशीलवृत्ततपोर्जितान् ७ ॥ ॥ ॥ ॥ ॥ ॥ ॥

त्युक्तम् १४ एषतेविततोयज्ञइतिप्रागुक्तंयज्ञंसवनत्रयकल्पनयाव्याचष्टे अन्नानीत्यादिना १५ । १६ । १७ । १८ । १९ । २० ॥ इति आनु० नी० भा० भा० षष्टितमोऽध्यायः ॥ ६० ॥ ॥ ॥ दानमिति । यज्ञःक्रियेत्येकंयज्ञरूपाक्रियेत्यर्थः कीदृशेभ्योदानंकथंयज्ञक्रियेतिकदेत्युभयत्रसंबंधः १ । २ आनृशंस्यतोबहिर्वेद्यांदानं ३ । ४ यज्ञाद्दानस्याधिक्यंवर्णयति नत्विति द्वाभ्यां ५ एतद्दानम् ६ तपोर्जितान्संधिरार्षः ७ ॥ ॥ ॥ ॥ ॥ ॥ ॥ ॥

यद्यदितेब्राह्मणास्तेतवनकारिष्यंतिप्रतिग्रहमितिशेषः ताहिंकृतंसुकृतंतेतवनभविष्यतितदासुकृतोत्पत्त्यर्थंयज्ञान्साधय ८ इष्टमिति । दानेयज्ञादिकमंतर्भवतियाज्ञिकेभ्योदत्तंचेत्तत्कृतस्ययज्ञस्यश्रेयोंऽशस्तवाधिभ
विष्यतीतिनयज्ञार्थमत्युत्सुकोऽभूरित्यर्थः ९ जनयिताप्रजापतिः १० धर्मान्पंचातिथिभिःसमेतएवभोक्ष्येइत्यादीन्येसंतःसंवर्धयंतितेसर्वस्वैर्भर्तव्याराज्ञातस्यराज्ञस्तेसंतोबहुकारिणोऽत्यंतमुपकर्तारोभवंति
११ । १२ । १३ देयाःदानानि व्युष्टिःसमृद्धिः १४ । १५ । १६ ब्रह्मणोभूयंभावोऽस्यास्तिसब्राह्मणोब्रह्मभूयस्तस्यभावोब्रह्मभूयत्वंब्राह्मणत्वम् १७ । १८ । १९ । २० यइ

यत्तेतेनकरिष्यंतिकृतंतेनभविष्यति ॥ यज्ञान्साधयसाधुभ्यःस्वाद्वन्नान्दक्षिणावतः ८ इष्टंदत्तंचमन्येथाआत्मानंदानकर्मणा ॥ पूजयेथाययजूकांस्तवाप्यंशोभवे
द्यथा ९ प्रजावतोभरेथाश्चब्राह्मणान्बहुकारिणः ॥ प्रजावांस्तेनभवतियथाजनयितातथा १० यावतःसाधुधर्मान्वैसन्तःसंवर्धयन्त्युत ॥ सर्वस्वैश्चापिभर्तव्यानरायेबहु
कारिणः ११ समृद्धःसंप्रयच्छत्वंब्राह्मणेभ्योयुधिष्ठिर ॥ धेनूरनडुहोऽन्नानिच्छत्रंवासांस्युपानहौ १२ आज्यानियजमानेभ्यस्तथाऽन्नानिचभारत ॥ अश्ववंतिचया
नानिवेश्मानिशयनानिच १३ एतेदेयाव्युष्टिमन्तोलघूपायाश्चभारत ॥ अजुगुप्सांश्चविज्ञायब्राह्मणान्वृत्तिकर्शितान् १४ उपच्छन्नंप्रकाशंवावृत्त्यातान्प्रतिपालयेत्
॥ राजसूयाश्वमेधाभ्यांश्रेयस्तत्क्षत्रियान्प्रति १५ एवंपापैर्विनिर्मुक्तस्त्वंपूतःस्वर्गमाप्स्यसि ॥ संचयित्वापुनःकोशंयद्राष्ट्रंपालयिष्यसि १६ तेनत्वंब्रह्मभूयत्वमावाप्स्य
सिधनानिच ॥ आत्मनश्चपरेषांचवृत्तिंसंरक्षभारत १७ पुत्रवच्चापिभृत्यान्स्वान्प्रजाश्चपरिपालय ॥ योगःक्षेमश्चतेनित्यंब्राह्मणेष्वस्तुभारत १८ तदर्थंजीवितंतेऽस्तु
मातेभ्योऽप्रतिपालनम् ॥ अनर्थोब्राह्मणस्यैषयद्वित्तनिचयोमहान् १९ श्रियाह्यभीक्ष्णंसंवासोदर्पयेत्संप्रमोहयेत् ॥ ब्राह्मणेषुप्रमूढेषुधर्मोविप्रणशेद्ध्रुवम् ॥ धर्मप्रणा
शेभूतानामभावःस्यान्नसंशयः २० योरक्षिभ्यःसंप्रदायराजाराष्ट्रंविलुंपति ॥ यज्ञेराष्ट्राद्धनंतस्मादानयध्वमितिब्रुवन् २१ यच्चादायतदाज्ञप्तंभीतंदत्तंसुदारुणम् ॥ यजे
द्राजानतंयज्ञंप्रशंसन्त्यस्यसाधवः २२ अपीडिताःसुसंवृद्धायेददत्यनुकूलतः ॥ तादृशेनाप्युपायेनयष्टव्यंनोद्यमाहृतैः २३ यदापरिनिषिच्येतनिहितोवैयथाविधि ॥ तदा
राजामहायज्ञैर्यजेतबहुदक्षिणैः २४ वृद्धबालधनंरक्ष्यमंधस्यकृपणस्यच ॥ नखातपूर्वंकुर्वीतनरुदन्तीधनंहरेत् २५ हृतंकृपणवित्तंहिराष्ट्रंहंतिनृपश्रियम् ॥ दद्याच्चमह
तोभोगान्क्षुद्भयंप्रणुदेत्सताम् २६ येषांस्वादूनिभोज्यानिसमवेक्ष्यंतिबालकाः ॥ नाश्नंतिविधिवत्तानिकिंनुपापतरंततः २७ यदितेतादृशोराष्ट्रेविद्वान्सीदेत्क्षुधा
द्विजः ॥ भ्रूणहत्यांचगच्छेथाःकृत्वापापमिवोत्तमम् २८ धिक्तस्यजीवितंराज्ञोराष्ट्रेयस्यावसीदति ॥ द्विजोऽन्योवामनुष्योऽपिशिबिराहवचोयथा २९

तियुग्मं योराजारक्षिभ्यःसंग्रहपरेभ्योधनंदत्वायज्ञेयज्ञार्थंधनमानयध्वमितिब्रुवन्राष्ट्रंविलुंपति २१ यच्चासौतद्धनिभिर्भीतंभययुक्तंयथास्यात्तथादत्तंप्रजाभ्यआदायसुदारुणंयथास्यात्तथायजेत्तंयज्ञंनप्रशंसन्ति
२२ उद्यमःप्रजापीडनात्मकोऽतियत्नः २३ निहितःप्रजानांनितरांहितोराजायदाप्रजाभिःपूर्णोद्रिक्ताभिर्निषिच्येतधनैरभिषिच्येत २४ खातपूर्वंधनंनकुर्वीत अनावृष्टौकूपोदकनिष्पादितैर्धान्यैर्जीवतां
धनंस्वाधीनंनकुर्वीतेत्यर्थः २५ । २६ । समवेक्ष्यंत्येवनतुलभंते २७ । २८ । २९ ॥ ॥ ॥ ॥ ॥ ॥ ॥

सहयुगपत् राजकंराजसमूहंप्रतिपक्षभूतंविंदते ३० । ३१ । ३२ । ३३ । ३४ सर्वंपापमेतिराजानं ३५ । ३६ । ३७ । ३८ ॥ इतिअनुशासनपर्वणिनीलकंठीये भारतभावदीपे एकषष्टितमोऽध्यायः ॥ ६१ ॥ इदमिति १ । २ कामानेवाह दोग्ध्रीति ३ । ४ । ५ प्रियंस्वपतिं ६ तदेवाह यइति ७ । ८ । ९ । १० । ११ । प्रियेणप्रियायवादनेतियोगात्तस्यादानमादानंवाकुर्व

यस्यस्मविषयेराज्ञःस्नातकःसीदतिक्षुधा ॥ अवृद्धिमेतितद्राष्ट्रंविंदतेसहराजकम् ३० क्रोशंत्योयस्यवैराष्ट्राद्ध्रियन्तेतरसास्त्रियः ॥ क्रोशतांपतिपुत्राणांमृतोऽसौनचजीवति ३१ अरक्षितारंहर्तारंविलोप्तारमनायकम् ॥ तंवैराजकलिंहन्युःप्रजाःसन्नह्यनिर्घृणम् ३२ अहंवोरक्षितेत्युक्त्वायोनरक्षतिभूमिपः ॥ ससंहत्यनिहंतव्यःश्वेवसोन्मादआतुरः ३३ पापंकुर्वन्तियत्किंचित्प्रजाराज्ञाह्यरक्षिताः ॥ चतुर्थंतस्यपापस्यराजाविंदतिभारत ३४ अथाहुःसर्वमेवेतिभूयोऽर्धमितिनिश्चयः ॥ चतुर्थंमतमस्माकंमनोःश्रुत्वानुशासनम् ३५ शुभंवायत्प्रकुर्वन्तिप्रजाराज्ञासुरक्षिताः ॥ चतुर्थंतस्यपुण्यस्यराजाचाप्नोतिभारत ३६ जीवन्तंत्वाऽनुजीवन्तुप्रजाःसर्वायुधिष्ठिर ॥ पर्जन्यमिवभूतानिमहाद्रुममिवांडजाः ३७ कुबेरमिवरक्षांसिशतक्रतुमिवामराः ॥ ज्ञातयस्त्वाऽनुजीवंतुसुहृदश्चपरंतप ३८ इतिश्रीमहाभारतेअनुशासनपर्वणिआनुशासनिकेपर्वणिदानधर्मेएकषष्टितमोऽध्यायः ॥ ६१ ॥ युधिष्ठिरउवाच ॥ इदंदेयमिदंदेयमितीयंश्रुतिरादरात् ॥ बहुदेयाश्चराजानःकिंस्विद्दानमनुत्तमम् १ ॥ भीष्मउवाच ॥ अतिदानानिसर्वाणिपृथिवीदानमुच्यते ॥ अचलाह्यक्षयाभूमिर्दोग्ध्रीकामानिहोत्तमान् २ दोग्ध्रीवासांसिरत्नानिपशून्व्रीहियवांस्तथा ॥ भूमिदःसर्वभूतेषुशाश्वतीरेधतेसमाः ३ यावद्भूमेरायुरिहतावद्भूमिदएधते ॥ नभूमिदानादस्तीहपरंकिंचिद्युधिष्ठिर ४ अप्यल्पंप्रददुःसर्वेपृथिव्याइतिनःश्रुतम् ॥ भूमिमेवददुःसर्वेभूमिंतेभुंजतेजनाः ५ स्वकर्मैवोपजीवंतिनराइहपरत्रच ॥ भूमिर्भूतिर्महादेवीदातारंकुरुतेप्रियम् ६ यएतांदक्षिणांदद्यादक्षयांराजसत्तम ॥ पुनर्नरत्वंसंप्राप्यभवेत्सपृथिवीपतिः ७ यथादानंतथाभोगइतिधर्मेषुनिश्चयः ॥ संग्रामेवातनुंजह्याद्दद्याद्वापृथिवीमिमाम् ८ इत्येतत्क्षत्रबंधूनांवदंतिपरमांश्रियम् ॥ पुनातिदत्तापृथिवीदातारमितिशुश्रुम ९ अपिपापसमाचारंब्रह्मघ्नमपिचानृतम् ॥ सैवपापंप्लावयतिसैवपापात्प्रमोचयेत १० अपिपापकृतांराज्ञांप्रतिगृह्णंतिसाधवः ॥ पृथिवींनान्यदिच्छंतिपावनंजननीयथा ११ नामास्याःप्रियदत्तेतिगुह्यंदेव्याःसनातनम् ॥ दानंवाऽप्यथवाऽऽदानंनामास्याःप्रथमंप्रियम् १२ यएतांविदुषेदद्यात्पृथिवींपृथिवीपतिः ॥ पृथिव्यामेतदिष्टंसराजाराज्यमितोव्रजेत् १३ पुनश्चासौजनिंप्राप्यराजवत्स्यान्नसंशयः ॥ तस्मात्प्राप्यैवपृथिवींदद्याद्विप्रायपार्थिवः १४ नाभूमिपतिनाभूमिरधिष्ठेयाकथंचन ॥ नचापात्रेणवाग्राह्यादत्तदानेनचाचरेत् १५ येचान्येभूमिमिच्छेयुःकुर्युरेवंनसंशयः ॥ यःसाधोर्भूमिमादत्तेनभूमिंविंदतेतुसः १६ भूमिंदत्वातुसाधुभ्योविंदतेभूमिमुत्तमाम् ॥ प्रेत्यचेहचधर्मात्मासंप्राप्नोतिमहद्यशः १७

नप्रियदत्तायाअस्याःप्रियोभवतीत्यर्थः नामेतिनामार्थउभयरूपउच्यते १२ एतत्पृथ्वीदानं १३ । १४ दत्तदानेदत्तदेशेनचाचरेन्नसंचरेत् नवागृहदेतंर्थानेनचाचरेदितिपाठेतुभूमिदानंदानांतरवन्नगृहनीयंकिंतुप्रख्यापयेदेवेत्याह नचेति । अंतर्धानेनचाचरेत् भूमिमुपविश्यदानमाचरेत् १५ । १६ । १७ ॥ ॥ ॥ ॥

शंसंत्युमुकदत्तेगृहेतिष्ठामइतिकथयंति १८ 'सप्तहस्तेनदंडेनत्रिंशदंडानिवर्तनं ॥ दशतान्येवगोचर्मदत्वास्वर्गेमहीयते ' १९ । २० । २१ आपंतदानांतरयद्भूमिदानेपुण्योत्पत्तौशंकैवनास्तीत्यर्थः २२ । २३ एताएतानि सुपोडादेशः वर्ततेत्यनुसरंति २४ । २५ । २६ वैंकिंकरःविपरीतंकुत्सितंचकरोतीतिविकिंकरःकालस्तत्संबंधीकालमृत्युरित्यर्थः २७ । २८ सत्रीसत्रकृत् २९

॥ ७७ ॥ यस्यविप्रास्तुशंसंतिसाधोर्भूमिंसदैवहि ॥ नतस्यशत्रवोराजन्प्रशंसंतिवसुंधराम् १८ यत्किंचित्पुरुषःपापंकुरुतेवृत्तिकर्शितः ॥ अपिगोचर्ममात्रेणभूमिदानेनपूयते अ०

१९ येऽपिसंकीर्णकर्माणोराजानोरौद्रकर्मिणः ॥ तेभ्यःपवित्रमाख्येयंभूमिदानमनुत्तमम् २० अल्पांतरमिदंशश्वत्पुराणामेनिरेजनाः ॥ योयजेताश्वमेधेन ॥ ६२ ॥

दद्याद्वासाधवेमहीम् २१ अपिचेत्सुकृतंकृत्वाशंकेरन्नपिपंडिताः ॥ अशक्यमेकमेवैतद्भूमिदानमनुत्तमम् २२ सुवर्णरजतंवस्त्रंमणिमुक्तावसूनिच ॥ सर्वमेतन्महा

प्राज्ञेददातिवसुधांददत् २३ तपोयज्ञःश्रुतंशीलमलोभःसत्यसंधता ॥ गुरुदैवतपूजाचएतावर्ततिभूमिदम् २४ भर्तुर्निःश्रेयसेयुक्तास्त्यक्तात्मानोरणेहताः ॥ ब्रह्म

लोकगताःसिद्धानातिक्रामंतिभूमिदम् २५ यथाजनित्रीस्वंपुत्रंक्षीरेणभरतेसदा ॥ अनुगृह्णातिदातारंतथासर्वरसैर्मही २६ मृत्युर्वैकिंकरोदंडस्तमोवह्निःसुदारुणः

॥ घोराश्चदारुणाःपाशानोपसर्पंतिभूमिदम् २७ पितॄंश्चपितृलोकस्थान्देवलो(केच)कांश्चदेवताः ॥ संतर्पयतिशांतात्मायोददातिवसुंधराम् २८ कृशायम्रियमाणाय

वृत्तिग्लानायसीदते ॥ भूमिंवृत्तिकरींदत्वासत्रीभवतिमानवः २९ यथाधावतिगौर्वत्संस्रवंतीवत्सलापयः ॥ एवमेवमहाभागभूमिर्भवतिभूमिदम् ३० फालकृष्टांम

हींदत्वासबीजांसफलामपि ॥ उदीर्णंवापिशरणंयथाभवतिकामदः ३१ ब्राह्मणंवृत्तिसंपन्नमाहिताग्निंशुचिव्रतम् ॥ नरःप्रतिग्राह्यमहींनयातिपरमापदम् ३२ यथा

चंद्रमसोवृद्धिरहन्यहनिजायते ॥ तथाभूमिकृतंदानंसस्येसस्येविवर्धते ३३ अत्रगाथाभूमिगीताःकीर्तयंतिपुराविदः ॥ याःश्रुत्वाजामदग्न्येनदत्ताभूःकाश्यपायवै ३४

मामेवादत्तमांदत्तमांदत्वामामवाप्स्यथ ॥ अस्मिन्लोकेपरेचैवतद्दत्तंजायतेपुनः ३५ यइमांव्याहृतिंवेदब्राह्मणोवेदसंमिताम् ॥ श्राद्धस्यक्रियमाणस्यब्रह्मभूयंसग

च्छति ३६ कृत्यानामधिशस्तानामरिष्टशमनंमहत् ॥ प्रायश्चित्तंमहींदत्वापुनात्युभयतोदश ३७ पुनातियइदंवेदवेदवादंतथैवच ॥ प्रकृतिःसर्वभूतानांभूमिर्वैश्वानरी

मता ३८ अभिषिच्यैवनृपतिंश्रावयेदिममागमम् ॥ यथाश्रुत्वामहींदद्यान्नादद्यात्साधुतश्चताम् ३९ सोऽयंकृत्स्नोब्राह्मणार्थोराजार्थश्चाप्यसंशयः ॥ राजाहिधर्म

कुशलःप्रथमंभूतिलक्षणम् ॥ ४० ॥ अथयेषामधर्मज्ञोराजाभवतिनास्तिकः ॥ नतेसुखंप्रबुध्यंतिनसुखंप्रस्वपंतिच ४१ सदाभवंतिचोद्विग्नास्तस्यदुश्चरितैर्नराः ॥

योगक्षेमाहिबहवोराष्ट्रंनास्याविशंतितत् ४२ अथयेषांपुनःप्राज्ञोराजाभवतिधार्मिकः ॥ सुखंतेप्रतिबुध्यन्तेसुसुखंप्रस्वपंतिच ४३ तस्यराज्ञःशुभैराज्यैःकर्मभिर्निर्वृता

नराः ॥ योगक्षेमेणवृष्ट्याचविवर्धन्तेस्वकर्मभिः ४४ ॥ ॥ ॥ ॥

३० उदीर्णंमहच्छरणंगृहं ३१ । ३२ । ३३ । ३४ । ३५ ब्रह्मभूयंबृहत्त्वंफलमितियावत् गच्छतिप्राप्नोति ३६ कृत्यानांमंत्रमयीनांमारणार्थशक्तीनांअधिशस्तानांप्रबलानांसंबंधियद

रिष्टंतच्छमनं ३७ इदंभूमिदानंयोवेद वादंभूमिवाक्यंयोवेद सोऽपिपुनातिदशपुरुषानितिशेषः ३८ । ३९ भूतिलक्षणमैश्वर्यसूचकं ४० । ४१ । ४२ । ४३ । ४४

४५ । ४६ । ४७ । ४८ । ४९ । ५० । ५१ । ५२ । ५३।५४।५५।५६ ।५७।५८ ।५९ । ६० । ६१ । ६२ । ६३ । ६४ । ६५ । ६६ । ६७ । ६८ । ६९ । ७० । ७१ । ७२ । ७३ क्षिपन्नहरन ७४

सकुलीनःसपुरुषःसबंधुःसचपुण्यकृत् ॥ सदातासचविक्रान्तोयोददातिवसुंधराम् ४५ आदित्याइवदीप्यन्तेतेजसाभुविमानवाः ॥ ददंतिवसुधांस्फीतांयेवेदवि
दुषिद्विजे ४६ यथासस्यानिरोहंतिप्रकीर्णानिमहीतले ॥ तथाकामाःप्ररोहंतिभूमिदानसमार्जिताः ४७ आदित्योवरुणोविष्णुर्ब्रह्मासोमोहुताशनः ॥ शूल
पाणिश्वभगवान्प्रतिनंदंतिभूमिदम् ४८ भूमौजायंतिपुरुषाभूमौनिष्ठांव्रजंतिच ॥ चतुर्विधोहिलोकोऽयंयोयंभूमिगुणात्मकः ४९ एषामातापिताचैवजगतःपृथिवी
पते ॥ नानयासदृशंभूतंकिंचिदस्तिजनाधिप ५० अत्राप्युदाहरन्तीममितिहासंपुरातनम् ॥ बृहस्पतेश्चसंवादमिंद्रस्यचयुधिष्ठिर ५१ इष्ट्वाक्रतुशतेनाथमहता
दक्षिणावता ॥ मघवावाग्विदांश्रेष्ठंपप्रच्छेदंबृहस्पतिम् ५२ ॥ मघवोवाच ॥ भगवन्केनदानेनस्वर्गतःसुखमेधते ॥ यदक्षयंमहार्घंचतद्ब्रूहिवदतांवर ५३
भीष्मउवाच ॥ इत्युक्तःससुरेन्द्रेणततोदेवपुरोहितः ॥ बृहस्पतिर्बृहत्तेजाःप्रत्युवाचशतक्रतुम् ५४ ॥ बृहस्पतिरुवाच ॥ सुवर्णदानंगोदानंभूमिदानंचवृत्रहन् ॥
दददेतान्महाप्राज्ञःसर्वपापैःप्रमुच्यते ५५ नभूमिदानाद्देवेन्द्रपरंकिंचिदितिप्रभो ॥ विशिष्टमितिमन्यामियथाप्राहुर्मनीषिणः ५६ येशूरानिहतायुद्धेस्वर्याता
रणगृद्धिनः ॥ सर्वेतेविबुधश्रेष्ठनातिक्रामंतिभूमिदम् ५७ भर्तुर्निःश्रेयसेयुक्तास्त्यक्तात्मानोरणेहताः ॥ ब्रह्मलोकगतायुक्तानातिक्रामंतिभूमिदम् ५८ पंच
पूर्वाहिपुरुषाःषडन्येवसुधांगताः ॥ एकादशददद्भूमिंपरित्रातीहमानवः ५९ रत्नोपकीर्णांवसुधांयोददातिपुरंदर ॥ समुक्तःसर्वकलुषैःस्वर्गलोकेमहीयते ६०
महींस्फीतांददद्राजन्सर्वकामगुणान्विताम् ॥ राजाधिराजोभवतितद्धिदानमनुत्तमम् ६१ सर्वकामसमायुक्तांकाश्यपींयःप्रयच्छति ॥ सर्वभूतानिमन्यन्तेमांद
दातीतिवासव ६२ सर्वकामदुघांधेनुंसर्वकामगुणान्विताम् ॥ ददातियःसहस्राक्षस्वर्गंयातिसमानवः ६३ मधुसर्पिःप्रवाहिण्यःपयोदधिवहास्तथा ॥ सरित
स्तर्पयंतीहसुरेंद्रवसुधाप्रदम् ६४ भूमिप्रदानान्नृपतिर्मुच्यतेसर्वकिल्बिषात् ॥ नहिभूमिप्रदानेनदानमन्यद्विशिष्यते ६५ ददातियःसमुद्रांतांपृथिवींशस्त्रनिर्जि
ताम् ॥ तंजनाःकथयन्तीहयावद्वर्ततिगौरियम् ६६ पुण्यामृद्धिरसांभूमिंयोददातिपुरंदर ॥ नतस्यलोकाःक्षीयन्तेभूमिदानगुणान्विताः ६७ सर्वदापार्थिवेने
हसततंभूतिमिच्छता ॥ भूर्देयाविधिवच्छक्रपात्रेसुखमभीप्सुना ६८ अपिकृत्वानरःपापंभूमिंदत्वाद्विजातये ॥ समुत्सृजतितत्पापंजीर्णांत्वचमिवोरगः ६९
सागरान्सरितःशैलान्काननानिचसर्वशः ॥ सर्वमेतन्नरःशक्रददातिवसुधांददत् ७० तडागान्युदपानानिस्रोतांसिचसरांसिच ॥ स्नेहान्सर्वरसांश्चैवददातिव
सुधांददत् ७१ ओषधीर्वीर्यसंपन्नान्नगान्पुष्पफलान्वितान् ॥ काननोपलशैलांश्चददातिवसुधांददत् ७२ अग्निष्टोमप्रभृतिभिरिष्ट्वाचस्वाप्तदक्षिणैः ॥ नतत्फलमवाप्नो
तिभूमिदानाद्यदश्नुते ७३ दातादशानुगृह्णातिदशहंतितथाक्षिपन् ॥ पूर्वदत्तांहरन्भूमिंनरकायोपगच्छति ७४ ॥ ॥ ॥

७५ । ७६ । ७७ स्पर्शितांदत्तां ७८ । ७९ । ८० । ८१ । ८२ । ८३ । ८४ । ८५ । ८६ । ८७ । ८८ । ८९ । ९० । ९१ । ९२ । ९३ । ९४ । ९५ । ९६ इतिअनुशासनपर्वणिनीलकंठीये

नददातिप्रतिश्रुत्यदत्वाऽपिचहरेत्तुयः ॥ सबद्धोवारुणैःपाशैस्तप्यतेमृत्युशासनात् ७५ आहिताग्निंसदायज्ञंकृशवृत्तिंप्रियातिथिम् ॥ येभजंतिद्विजश्रेष्ठंनोपसर्पं
तितेयमम् ७६ ब्राह्मणेष्वनृणीभूतःपार्थिवःस्यात्पुरंदर ॥ इतरेषांतुवर्णानांतारयेत्कृशदुर्बलान् ७७ नाच्छिंद्यात्स्पर्शितांभूमिंपरेणत्रिदशाधिप ॥ ब्राह्मणस्यसु
रश्रेष्ठकृशवृत्तेःकदाचन ७८ यथाऽश्रुपतितंतेषांदीनानामथसीदताम् ॥ ब्राह्मणानांहृतेक्षेत्रेहन्यात्त्रिपुरुषंकुलम् ७९ भूमिपालंच्युतंराष्ट्राद्यस्तुसंस्थापयेन्नरः ॥
तस्यवासःसहस्राक्षनाकपृष्ठेमहीयते ८० इक्षुभिःसंततांभूमिंयवगोधूमशालिनीम् ॥ गोऽश्ववाहनपूर्णांवाबाहुवीर्यादुपार्जिताम् ८१ निधिगर्भांददद्भूमिंसर्वरत्न
परिच्छदाम् ॥ अक्षयाँल्लभतेलोकान्भूमिसत्रंहितस्यतत् ८२ विधूयकलुषंसर्वंविरजाःसंमतःसताम् ॥ लोकेमहीयतेसद्भिर्योददातिवसुंधराम् ८३ यथाऽप्सुपतितः
शक्रतैलबिंदुर्विसर्पति ॥ तथाभूमिकृतंदानंसस्येसस्येविवर्धते ८४ येरणाग्रेमहीपालाःशूराःसमितिशोभनाः ॥ वध्यंतेऽभिमुखाःशक्रब्रह्मलोकंव्रजंतिते ८५
नृत्यगीतपरानार्योदिव्यमाल्यविभूषिताः ॥ उपतिष्ठंतिदेवेन्द्रतथाभूमिप्रदंदिवि ८६ मोदतेचसुखंस्वर्गेदेवगंधर्वपूजितः ॥ योददातिमहींसम्यग्विधिनेहद्विजातये
८७ शतमप्सरसश्चैवदिव्यमाल्यविभूषिताः ॥ उपतिष्ठन्तिदेवेन्द्रब्रह्मलोकेधराप्रदम् ८८ उपतिष्ठंतिपुण्यानिसदाभूमिप्रदंनरम् ॥ शंखंभद्रासनंछत्रंवराश्वावरवाहनम्
८९ भूमिप्रदानात्पुष्पाणिहिरण्यनिचयास्तथा ॥ आज्ञासदाऽप्रतिहताजयशब्दावसूनिच ९० भूमिदानस्यपुण्यानिफलंस्वर्गःपुरंदर ॥ हिरण्यपुष्पाश्चौषध्यः
कुशकांचनशाद्वलाः ९१ अमृतप्रसवांभूमिंप्राप्नोतिपुरुषोददत् ॥ नास्तिभूमिसमंदानंनास्तिमातृसमोगुरुः ॥ नास्तिसत्यसमोधर्मोनास्तिदानसमोनिधिः ९२
एतदांगिरसाच्छ्रुत्वावासवोवसुधामिमाम् ॥ वसुरत्नसमाकीर्णांददावांगिरसेतदा ९३ यइदंश्रावयेच्छ्राद्धेभूमिदानस्यसंभवम् ॥ नतस्यरक्षसांभागोनासुराणांभव
त्युत ९४ अक्षयंचभवेद्दत्तंपितृभ्यस्तन्नसंशयः ॥ तस्माच्छ्राद्धेष्विदंविद्वान्भुंजतःश्रावयेद्द्विजान् ९५ इत्येतत्सर्वदानानांश्रेष्ठमुक्तंतवानघ ॥ मयाभरतशार्दूल
किंभूयःश्रोतुमिच्छसि ९६ ॥ ॥ इतिश्रीमहाभारतेअनुशासनपर्वणि आनुशासनिकेपर्वणि दानधर्मेइंद्रबृहस्पतिसंवादेद्विषष्टितमोऽध्यायः ॥ ६२ ॥ ॥
युधिष्ठिरउवाच ॥ कानिदानानिलोकेऽस्मिन्दातुकामोमहीपतिः ॥ गुणाधिकेभ्योविप्रेभ्योदद्याद्भरतसत्तम १ केनतुष्यंतितेसद्यःकिंतुष्टाःप्रदिशंतिच ॥ शं
समेतन्महाबाहोफलंपुण्यकृतंमहत् २ दत्तंकिंफलवद्राजन्निहलोकेपरत्रच ॥ भवतःश्रोतुमिच्छामितन्मेविस्तरतोवद ३ ॥ भीष्मउवाच ॥ इममर्थंपुरापृष्टो
नारदोदेवदर्शनः ॥ यदुक्तवानसौवाक्यंतन्मेनिगदतःशृणु ४ ॥ नारदउवाच ॥ अन्नमेवप्रशंसंतिदेवाऋषिगणास्तथा ॥ लोकतंत्रंहिसंज्ञाश्चसर्वमन्नेप्रतिष्ठितं
५ अन्नेनसदृशंदानंनभूतंनभविष्यति ॥ तस्मादन्नंविशेषेणदातुमिच्छंतिमानवाः ६ ॥ ॥ ॥

भारतभावदीपेद्विषष्टितमोऽध्यायः ॥ ६२ ॥ ॥ कानीति १ । २ । ३ । ४ संज्ञाः बुद्धयः । ५ । ६ ॥ ॥ ॥

७ । ८ । ९ । १० । ११ । १२ । १३ । १४ । १५ । १६ । १७ । १८ । १९ । २० । २१ । २२ । २३ । २४ । २५ । २६ । २७ । २८ । २९ । ३० । ३१ । ३२ । ३३ । ३४ । ३५ । ३६ । ३७

अन्नमूर्जस्करंलोकेप्राणाश्चान्नेप्रतिष्ठिताः ॥ अन्नेनधार्यतेसर्वंविश्वंजगदिदंप्रभो ७ अन्नाद्गृहस्थालोकेऽस्मिन्भिक्षवस्तापसास्तथा ॥ अन्नाद्भवंतिवैप्राणाःप्रत्यक्षंनात्रसं
शयः ८ कुटुंबिनेसीदतेचब्राह्मणायमहात्मने ॥ दातव्यंभिक्षवेचान्नमात्मनोभूतिमिच्छता ९ ब्राह्मणायाभिरूपाययोदद्यादन्नमर्थिने ॥ विदधातिनिधिंश्रेष्ठंपारलौकि
कमात्मनः १० श्रांतमध्वनिवर्ततंवृद्धमर्हमुपस्थितम् ॥ अर्चयेद्भूतिमन्विच्छन्गृहस्थोगृहमागतम् ११ क्रोधमुत्पतितंहित्वासुशीलोवीतमत्सरः ॥ अन्नदःप्राप्नुते
राजन्दिविचेहचयत्सुखम् १२ नावमन्येदभिगतंनप्रणुद्यात्कदाचन ॥ अपिश्वपाकेशुनिवानदानंविप्रणश्यति १३ योदद्यादपरिक्लिष्टमन्नमध्वनिवर्तते ॥ आर्ताया
दृष्टपूर्वायसमहद्धर्ममाप्नुयात् १४ पितॄन्देवानृषीन्विप्रानतिथींश्चजनाधिप ॥ योनरःप्रीणयत्यन्नैस्तस्यपुण्यफलंमहत् १५ कृत्वाऽतिपातकंकर्मयोदद्यादन्नमर्थिने ॥
ब्राह्मणायविशेषेणनसपापेनमुह्यते १६ ब्राह्मणेष्वक्षयंदानमन्नंशूद्रेमहाफलम् ॥ अन्नदानंहिशूद्रेचब्राह्मणेचविशिष्यते १७ नपृच्छेद्गोत्रचरणंस्वाध्यायंदेशमेवच ॥
भिक्षितोब्राह्मणेनेहदद्यादन्नंप्रयाचितः १८ अन्नदस्यान्नवृक्षाश्चसर्वकामफलप्रदाः ॥ भवंतिचेहचामुत्रनृपतेनात्रसंशयः १९ आशंसंतेहिपितरःसुवृष्टिमिवकर्षकाः ॥
अस्माकमपिपुत्रोवापौत्रोवान्नंप्रदास्यति २० ब्राह्मणोहिमहद्भूतंस्वयंदेहीतियाचति ॥ अकामोवासकामोवादत्वापुण्यमवाप्नुयात् २१ ब्राह्मणःसर्वभूतानामतिथिःप्र
सृताग्रभुक् ॥ विप्रायदभिगच्छंतिभिक्षमाणागृहंसदा २२ सत्कृताश्चनिवर्तन्तेतदतीवप्रवर्धते ॥ महाभागेकुलेप्रेत्यजन्मचाप्नोतिभारत २३ दत्वात्वन्नंनरोलोकेतथा
स्थानमनुत्तमम् ॥ नित्यंमिष्टान्नदायीतुस्वर्गेवसतिसत्कृतः २४ अन्नंप्राणानराणांहिसर्वमन्नेप्रतिष्ठितम् ॥ अन्नदःपशुमान्पुत्रीधनवान्भोगवानपि २५ प्राणवांश्चाति
भवतिरूपवांश्चतथानृप ॥ अन्नदःप्राणदोलोकेसर्वदाप्रोच्यतेतुसः २६ अन्नंहिदत्वाऽतिथयेब्राह्मणाययथाविधि ॥ प्रदातासुखमाप्नोतिदैवतैश्चापिपूज्यते २७ ब्राह्म
णोहिमहद्भूतंक्षेत्रभूतंयुधिष्ठिर ॥ उप्यतेतत्रयद्बीजंतद्धिपुण्यफलंमहत् २८ प्रत्यक्षप्रीतिजननंभोक्तुर्दातुर्भवत्युत ॥ सर्वाण्यन्यानिदानानिपरोक्षफलवंत्युत २९ अन्ना
द्धिप्रसवंयांतिरतिरन्नाद्धिभारत ॥ धर्मार्थावन्नतोविद्धिरोगनाशंतथाऽन्नतः ३० अन्नंह्यमृतमित्याहपुराकल्पेप्रजापतिः ॥ अन्नंभुवंदिवंखंचसर्वमन्नेप्रतिष्ठितम् ३१ अन्न
प्रणाशेभिद्यंतेशरीरेपंचधातवः ॥ बलंबलवतोऽपीहप्रणश्यत्यन्नहानितः ३२ आवाहाश्चविवाहाश्चयज्ञाश्चान्नमृतेतथा ॥ निवर्ततेनरश्रेष्ठब्रह्मचात्रप्रलीयते ३३ अन्नतः
सर्वमेतद्धियत्किंचित्स्थाणुजंगमम् ॥ त्रिषुलोकेषुधर्मार्थमन्नंदेयमतोबुधैः ३४ अन्नदस्यमनुष्यस्यबलमोजोयशांसिच ॥ कीर्तिश्चवर्धतेशश्वत्त्रिषुलोकेषुपार्थिव ३५
मेघेषूर्ध्वंसन्निधत्तेप्राणानांपवनःपतिः ॥ तच्चमेघगतंवारिशक्रोवर्षतिभारत ३६ आदत्तेचरसान्भौमानादित्यःस्वगभस्तिभिः ॥ वायुरादित्यत
स्तांश्चरसान्देवःप्रवर्षति ३७ ॥ ॥ ॥ ॥ ॥

३८ । ३९ । ४० । ४१ । ४२ । ४३ । ४४ । ४५ । ४६ । ४७ । ४८ । ४९ । ५० । ५१ । ५२ ॥ इत्यनुशासनपर्वणिनीलकंठीयेभारतभावदीपेत्रिषष्टितमोऽध्यायः ॥ ६३ ॥ ॥ श्रुतंमेइति १ । २

तद्यदामेघतोवारिपतितंभवतिक्षितौ ॥ तदावसुमतीदेवीस्निग्धाभवतिभारत ३८ ततःसस्यानिरोहंतियेनवर्तयतेजगत् ॥ मांसमेदोऽस्थिशुक्राणांप्रादुर्भावस्ततः
पुनः ३९ संभवंतिततःशुक्रात्प्राणिनःपृथिवीपते ॥ अग्नीषोमौहितच्छुक्रंसृजतःपुष्यतश्चह ४० एवमन्नाद्धिसूर्यश्चपवनःशुक्रमेवच ॥ एकएवस्मृतोराशिस्ततोभूता
निजज्ञिरे ४१ प्राणान्ददातिभूतानांतेजश्चभरतर्षभ ॥ गृहमभ्यागतायाथयोदद्यादन्नमर्थिने ४२ ॥ भीष्मउवाच ॥ नारदेनैवमुक्तोऽहमदामन्नंसदानृप ॥ अनसूयुस्त्व
मप्यन्नंतस्माद्देहिगतज्वरः ४३ दत्वाऽन्नंविधिवद्राजन्विप्रेभ्यस्त्वमितिप्रभो ॥ यथावदनुरूपेभ्यस्ततःस्वर्गमवाप्स्यसि ४४ अन्नदानांहियेलोकास्तांस्त्वंशृणुजना
धिप ॥ भवनानिप्रकाशंतेदिवितेषांमहात्मनाम् ४५ तारासंस्थानिरूपाणिनानास्तंभान्वितानिच ॥ चंद्रमंडलशुभ्राणिकिंकिणीजालवंतिच ४६ तरुणादित्यवर्णा
निस्थावराणिचराणिच ॥ अनेकशतभौमानिसांतर्जलचराणिच ४७ वैडूर्यार्कप्रकाशानिरौप्यरुक्ममयानिच ॥ सर्वकामफलाश्चापिवृक्षाभवनसंस्थिताः ४८ वाप्यो
वीथ्यःसभाःकूपादीर्घिकाश्चैवसर्वशः ॥ घोषवंतिचयानानियुक्तान्यथसहस्रशः ४९ भक्ष्यभोज्यमयाःशैलावासांस्याभरणानिच ॥ क्षीरंस्रवंतिसरितस्तथाचैवान्नप
र्वताः ५० प्रासादाःपांडुराभ्राभाःशय्याश्चकांचनोज्ज्वलाः ॥ तान्यन्नदाःप्रपद्यंतेतस्मादन्नप्रदोभव ५१ एतेलोकाःपुण्यकृताअन्नदानांमहात्मनाम् ॥ तस्मादन्नंप्रय
त्नेनदातव्यंमानवैर्भुवि ५२ ॥ इतिश्रीमहाभारतेअनुशासनपर्वणि आनुशासनिकेप० दानधर्मेअन्नदानप्रशंसायांत्रिषष्टितमोऽध्यायः ६३ ॥ ॥ युधिष्ठिरउवाच ॥
श्रुतंमेभवतोवाक्यमन्नदानस्ययोविधिः ॥ नक्षत्रयोगस्येदानींदानकल्पंब्रवीहिमे १ ॥ भीष्मउवाच ॥ अत्राप्युदाहरंतीममितिहासंपुरातनम् ॥ देवक्याश्चैवसंवादं
महर्षेर्नारदस्यच २ द्वारकामनुसंप्राप्तंनारदंदेवदर्शनम् ॥ पप्रच्छेदंवचःप्रश्नंदेवकीधर्मदर्शनम् ३ तस्याःसंपृच्छमानायादेवर्षिर्नारदस्ततः ॥ आचष्टविधिवत्सर्वंत
च्छृणुष्वविशांपते ४॥ नारदउवाच ॥ कृत्तिकासुमहाभागेपायसेनससर्पिषा ॥ संतर्प्यब्राह्मणान्साधूँल्लोकानाप्नोत्यनुत्तमान् ५ रोहिण्यांप्रसृतैर्मार्गैर्माषैरन्नेनसर्पिषा ॥
पयोन्नपानंदातव्यमनृणार्थंद्विजातये ६ दोग्ध्रींदत्वासवत्सांतुनक्षत्रेसोमदैवते ॥ गच्छंतिमानुषाल्लोकात्स्वर्गलोकमनुत्तमम् ७ आर्द्रायांकृसरंदत्वातिलमिश्रमुपोषितः॥
नरस्तरतिदुर्गाणिक्षुरधारांश्चपर्वतान् ८ पूपान्पुनर्वसौदत्वातथैवान्नानिशोभने ॥ यशस्वीरूपसंपन्नोबह्वन्नोजायतेकुले ९ पुष्येणकनकंदत्वाकृतंवाऽकृतमेवच ॥ अ
नालोकेषुलोकेषुसोमवत्सविराजते १० आश्लेषायांतुयोरूप्यमृषभंवाप्रयच्छति ॥ ससर्पभयनिर्मुक्तःसंभवानधितिष्ठति ११ मघासुतिलपूर्णानिवर्धमानानिमा
नवः ॥ प्रदायपुत्रपशुमानिहप्रेत्यचमोदते १२ ॥ ॥ ॥ ॥ ॥ ॥

३ । ४ । ५ मार्गैर्मृगसंबंधिभिः ६ सौम्यनक्षत्रेमृगशिरसि ७ । ८ पूपान्पिष्टमयान्घृतपाचितपिंडान् ९ अनालोकेषुआलोकांतरवर्जितेषुस्वयंप्रकाशेष्वित्यर्थः १० । ११ । १२ ॥ ॥ ॥

फाणितंगोरसविकारः १३ ।१४।१५।१६।१७।१८ प्रासंगोधान्यादिपिधानयोग्यंचतुरस्रं १९।२०। २१ । २२।२३। २४। २५ उदमंथंउदकुंभयुक्तंसक्तुविकारं २६ ।२७। २८।२९

फल्गुनीपूर्वसमयेब्राह्मणानामुपोषितः ॥ भक्ष्यान्फाणितसंयुक्तान्दत्वासौभाग्यमृच्छति १३ घृतक्षीरसमायुक्तंविधिवत्षष्टिकौदनम् ॥ उत्तराविषयेदत्वास्वर्गलो
केमहीयते १४ यद्यत्प्रदीयतेदानमुत्तराविषयेनरैः ॥ महाफलमनंततद्भवतीतिविनिश्चयः १५ हस्तेहस्तिरथंदत्वाचतुर्युक्तमुपोषितः ॥ प्राप्नोतिपरमाँल्लो
कान्पुण्यकामसमन्वितान् १६ चित्रायांवृषभंदत्वापुण्यगंधांश्वभारत ॥ चरंत्यप्सरसांलोकेरमंतेनंदनेतथा १७ स्वात्यामथधनंदत्वायदिष्टतममात्मनः ॥
प्राप्नोतिलोकान्सशुभानिहचैवमहद्यशः १८ विशाखायामनड्वाहंधेनुंदत्वाचदुग्धदाम् ॥ सप्रासंगंचशकटंसधान्यंवस्त्रसंयुतम् १९ पितृन्देवांश्वप्रीणातिप्रेत्यचानं
त्यमश्नुते ॥ नचदुर्गाण्यवाप्नोतिस्वर्गलोकंचगच्छति २० दत्वायथोक्तंविप्रेभ्योवृत्तिमिष्टांसविंदति ॥ नरकादींश्वसंक्लेशान्नाप्नोतीतिविनिश्चयः २१ अनुराधासुप्रा
वारंवरान्नंसमुपोषितः ॥ दत्वायुगशतंचापिनरःस्वर्गेमहीयते २२ कालशाकंतुविप्रेभ्योदत्वामर्त्यःसमूलकम् ॥ ज्येष्ठायामृद्धिमिष्टांवैगतिमिष्टांसगच्छति २३
मूलेमूलफलंदत्वाब्राह्मणेभ्यःसमाहितः ॥ पितृन्प्रीणयतेचापिगतिमिष्टांचगच्छति २४ अथपूर्वास्वषाढासुदधिपात्राण्युपोषितः ॥ कुलवृत्तोपसंपन्नेब्राह्मणेवे
दपारगे २५ पुरुषोजायतेप्रेत्यकुलेसुबहुगोधने ॥ उदमंथंससर्पिष्कंप्रभूतमधिफाणितम् २६ दत्वोत्तरास्वषाढासुसर्वकामानवाप्नुयात् ॥ दुग्धंत्वभिजितेयोगेदत्वा
मधुघृतप्लुतम् ॥ धर्मनित्योमनीषिभ्यःस्वर्गलोकेमहीयते २७ श्रवणेकंबलंदत्वावस्त्रांतरितमेववा ॥ श्वेतेनयातियानेनस्वर्गलोकानसंवृतान् २८ गोप्रयुक्तं
धनिष्ठासुयानंदत्वासमाहितः ॥ वस्त्रराशिधनंसद्यःप्रेत्यराज्यंप्रपद्यते २९ गंधाञ्छतभिषायोगेदत्वासागुरुचंदनान् ॥ प्राप्नोत्यप्सरसांसंघान्प्रेत्यगंधांश्वशाश्वतान्
३० पूर्वाभाद्रपदायोगेराजमाषान्प्रदायतु ॥ सर्वभक्षफलोपेतःसवैप्रेत्यसुखीभवेत् ३१ औरभ्रमुत्तरायोगेयस्तुमांसंप्रयच्छति ॥ सपितृन्प्रीणयतिवैप्रेत्यचानं
त्यमश्नुते ३२ कांस्योपदोहनांधेनुंरेवत्यांयःप्रयच्छति ॥ साप्रेत्यकामानादायदातारमुपतिष्ठति ३३ रथमश्वसमायुक्तंदत्वाऽश्विन्यांनरोत्तमः ॥ हस्त्यश्वर
थसंपन्नेवर्चस्वीजायतेकुले ३४ भरणीषुद्विजातिभ्यस्तिलधेनुंप्रदायवै ॥ गाःसुप्रभूताःप्राप्नोतिनरःप्रेत्ययशस्तथा ३५ ॥ भीष्मउवाच ॥ इत्येषलक्षणोद्देशःप्रो
क्तोनक्षत्रयोगतः ॥ देवक्यानारदेनेहसास्नुषाभ्योऽब्रवीदिदम् ३६ ॥ इतिश्रीमहाभारतेअनुशासनपर्वणिआनुशासनिके० दानधर्मेनक्षत्रयोगदानंनामचतुःषष्टि
तमोऽध्यायः ॥ ६४ ॥ ॥ ॥ भीष्मउवाच ॥ सर्वान्कामान्प्रयच्छंतियेप्रयच्छंतिकांचनम् ॥ इत्येवंभगवानत्रिःपितामहसुतोऽब्रवीत् १ पवित्रमथचायु
ष्यंपितृणामक्षयंचतत् ॥ सुवर्णमनुजेन्द्रेणहरिश्वन्द्रेणकीर्तितम् २ ॥ ॥ ॥

३० । ३१ उरभ्रःपशुविशेषःअजोवा ३२ ।३३। ३४। ३५। ३६ ॥ इतिअनुशासनपर्वणिनीलकंठीयेभारतभावदीपेचतुःषष्टितमोऽध्यायः ६४ ॥ ॥ सर्वानिति १ ।२

१ येनवस्त्रेण धेनोः संपूर्णमाच्छादनं भवति तद्वस्त्रे यावन्तस्तिलाः पूर्यते सा तिलधेनुः ।

म.भा.टी.

 २ । ४ १ ५ । ६ । ७ । ८ । ९ । १० । ११ सोपच्छंदः सोपकरणः करकान्पात्रविशेषान् १२ अग्रंवृत्तिक्षेत्रादितदर्थं उत्कोचंविना उपस्पर्शनंदानं १३ । १४ । १५ । १६ । १७

अनु० १३

पानीयंपरमंदानंदानानांमनुरब्रवीत् ॥ तस्मात्कूपांश्चवापीश्चतडागानिचखानयेत् ३ अर्धंपापस्यहरतिपुरुषस्येहकर्मणः ॥ कूपःप्रवृत्तपानीयःसुप्रवृत्तश्चनि
त्यशः ४ सर्वंतारयतेवंशंयस्यखातेजलाशये ॥ गावःपिबंतिविप्राश्चसाधवश्चनराःसदा ५ निदाघकालेपानीयंयस्यतिष्ठत्यवारितम् ॥ सदुर्गंविपमंकृत्स्नंनकदा
चिदवाप्नुते ६ बृहस्पतेर्भगवतःपूष्णश्चैवभगस्यच ॥ अश्विनोश्चैववन्हेश्चप्रीतिर्भवतिसर्पिषा ७ परमंभेषजंह्येतद्यज्ञानामेतदुत्तमम् ॥ रसानामुत्तमंचैतत्फलानांचैत
दुत्तमम् ८ फलकामोयशस्कामःपुष्टिकामश्चनित्यदा ॥ घृतंदद्याद्द्विजातिभ्यःपुरुषःशुचिरात्मवान् ९ घृतंमासेआश्वयुजिविप्रेभ्योयःप्रयच्छति ॥ तस्मैप्रयच्छ
तोरूपंप्रीतौदेवाविहाश्विनौ १० पायसंसर्पिषामिश्रंद्विजेभ्योयःप्रयच्छति ॥ गृहंतस्यनरक्षांसिधर्षयंतिकदाचन ११ पिपासयानम्रियतेसोपच्छंदश्चजायते ॥
नप्राप्नुयाच्चव्यसनंकरकान्यःप्रयच्छति १२ प्रयतोब्राह्मणाग्रेयःश्रद्धयापरयायुतः ॥ उपस्पर्शनषड्भागंलभतेपुरुषःसदा १३ यःसाधनार्थंकाष्ठानिब्राह्मणेभ्यः
प्रयच्छति ॥ प्रतापनार्थंराजेंद्रवृत्तवद्भ्यःसदानरः १४ सिद्ध्यंत्यर्थाःसदातस्यकार्याणिविविधानिच ॥ उपर्युपरिशत्रूणांवपुषादीप्यतेचसः १५ भगवांश्चापिसं
प्रीतोवन्हिर्भवतिनित्यशः ॥ नतंत्यजंतिपशवःसंग्रामेचजयत्यपि १६ पुत्राञ्छ्रियंचलभतेयश्छत्रंसंप्रयच्छति ॥ नचक्षुर्व्याधिंलभतेयज्ञभागमथाश्नुते १७
निदाघकालेवर्षेवायश्छत्रंसंप्रयच्छति ॥ नास्यकश्चिन्मनोदाहःकदाचिदपिजायते १८ कृच्छ्रात्सविषमाच्चैवक्षिप्रंमोक्षमवाप्नुते ॥ प्रदानंसर्वदानानांशकटस्यविशां
पते ॥ एवमाहमहाभागःशांडिल्योभगवानृषिः १९ ॥ इतिश्रीमहाभारतेअनुशासनपर्वणि आनुशासनिकेपर्वणि दानधर्मेपंचषष्टितमोऽध्यायः ॥ ६५ ॥
॥ युधिष्ठिरउवाच ॥ दह्यमानायविप्राययःप्रयच्छत्युपानहौ ॥ यत्फलंतस्यभवतितन्मेब्रूहिपितामह १ ॥ भीष्मउवाच ॥ उपानहौप्रयच्छेद्योब्राह्मणेभ्यःसमा
हितः ॥ मर्दतेकंटकान्सर्वान्विषमान्निस्तरत्यपि २ सशत्रूणामुपरिचसंतिष्ठतियुधिष्ठिर ॥ यानंचाश्वतरीयुक्तंतस्यशुभ्रंविशांपते ३ उपतिष्ठतिकौन्तेयरौप्यकांच
नभूषितम् ॥ शकटंदम्यसंयुक्तंदत्तंभवतिचैवहि ४ ॥ युधिष्ठिरउवाच ॥ यत्फलंतिलदानेचभूमिदानेचकीर्तितम् ॥ गोदानेचान्नदानेचभूयस्तद्ब्रूहिकौरव ५
॥ भीष्मउवाच ॥ शृणुष्वममकौन्तेयतिलदानस्ययत्फलम् ॥ निशम्यचयथान्यायंप्रयच्छकुरुसत्तम ६ पितॄणांपरमंभोज्यंतिलाःसृष्टाःस्वयंभुवा ॥ तिलदानेन
वैतस्मात्पितृपक्षःप्रमोदते ७ माघमासेतिलान्यस्तुब्राह्मणेभ्यःप्रयच्छति ॥ सर्वसत्वसमाकीर्णंनरकंसनपश्यति ८ सर्वसत्रैश्चयजतेयस्तिलैर्यजतेपितॄन् ॥ नचा
कामेनदातव्यंतिलश्राद्धंकदाचन ९ महर्षेःकश्यपस्यैतेगात्रेभ्यःप्रसृतास्तिलाः ॥ ततोदिव्यंगताभावंप्रदानेषुतिलाःप्रभो १० ॥ ॥

१८ । १९ ॥ इतिअनुशासनपर्वणि नीलकंठीयेभारतभावदीपे पंचषष्टितमोऽध्यायः ॥ ६५ ॥ ॥ ॥ दह्यमानायेति १ । २ । ३ । ४ । ५ । ६ । ७ । ८ । ९ । १०

११।१२।१३।१४।१५।१६।१७।१८।१९।२०।२१।२२ इमंहिमवत्सन्निहितम् २३।२४ हिमवतिहिमवत्समीपेकुरुक्षेत्रे 'येषांकुरुक्षेत्रंवेदिरासीत्'इतिश्रुतेः २५।२६।२७।२८ प्रतिश्रयोवासार्थस्थलं २९ प्रधानंलोकं

पौष्टिकारूपदाश्चैवतथापापविनाशनाः ॥ तस्मात्सर्वप्रदानेभ्यस्तिलदानंविशिष्यते ११ आपस्तंबश्चमेधावीशंखश्चलिखितस्तथा ॥ महर्षिर्गौतमश्चापितिलदानैर्दि
वंगताः १२ तिलहोमरताविप्राःसर्वेसंयतमैथुनाः ॥ समागव्येनहविषाप्रवृत्तिषुचसंस्थिताः १३ सर्वेषामितिदानानांतिलदानंविशिष्यते ॥ अक्षयंसर्वदानानांतिल
दानमिहोच्यते १४ उच्छिन्नेतुपुराहव्येकुशिकर्षिःपरंतपः ॥ तिलैरग्नित्रयंहुत्वाप्राप्तवान्गतिमुत्तमाम् १५ इतिप्रोक्तंकुरुश्रेष्ठतिलदानमनुत्तमम् ॥ विधानंयेनवि
धिनातिलानामिहशस्यते १६ अतऊर्ध्वंनिबोधेदंदेवानांयष्टुमिच्छताम् ॥ समागमेमहाराजब्रह्मणावैस्वयंभुवा १७ देवाःसमेत्यब्रह्माणंभूमिभागेयियक्षवः ॥
शुभंदेशमयाचंतयजेमइतिपार्थिव १८ ॥ देवाऊचुः ॥ भगवंस्त्वंप्रभुर्भूमेःसर्वस्यत्रिदिवस्यच ॥ यजेमहिमहाभागयज्ञंभवदनुज्ञया १९ नाननुज्ञातभूमिर्हियज्ञस्य
फलमश्नुते ॥ त्वंहिसर्वस्यजगतःस्थावरस्यचरस्यच २० प्रभुर्भवसितस्मात्त्वंसमनुज्ञातुमर्हसि ॥ ब्रह्मोवाच ॥ ददानिमेदिनीभागंभवद्भ्योऽहंसुरर्षभाः २१ यस्मि
न्देशेकरिष्यध्वंयज्ञान्काश्यपनंदनाः ॥ देवाऊचुः ॥ भगवन्कृतकार्याःस्मयक्ष्महेस्वाप्तदक्षिणैः २२ इमंतुदेशंमुनयःपर्युपासंतिनित्यदा ॥ ततोऽगस्त्यश्चकण्वश्चभृ
गुरत्रिर्वृषाकपिः २३ असितोदेवलश्चैवदेवयज्ञमुपागमन् ॥ ततोदेवामहात्मानईजिरेयज्ञमच्युतम् २४ तथासमापयामासुर्यथाकालंसुरर्षभाः ॥ तइष्टयज्ञास्त्रिदशा
हिमवत्यचलोत्तमे २५ षष्ठमंशंक्रतोस्तस्यभूमिदानंप्रचक्रिरे ॥ प्रादेशमात्रंभूमेस्तुयोदद्यादनुपस्कृतम् २६ नसीदतिसकृच्छ्रेषुनचदुर्गाण्यवाप्नुते ॥ शीतवातातप
सहांगृहभूमिंसुसंस्कृताम् २७ प्रदायसुरलोकस्थःपुण्यांतेऽपिनचाल्यते ॥ मुदितोवसतिप्राज्ञःशक्रेणसहपार्थिव २८ प्रतिश्रयप्रदानाच्चसोऽपिस्वर्गेमहीयते ॥ अध्या
पककुलेजातःश्रोत्रियोनियतेंद्रियः २९ गृहेयस्यवसेत्तुष्टःप्रधानंलोकमश्नुते ॥ तथागवार्थेशरणंशीतवर्षसहंदृढम् ३० आसप्तमंतारयतिकुलंभरतसत्तम ॥ क्षेत्रभू
मिंददल्लोकेशुभांश्रियमवाप्नुयात् ३१ रत्नभूमिंप्रदद्यात्तुकुलवंशंप्रवर्धयेत् ॥ नचोषरांननिर्दग्धांमहींदद्यात्कथंचन ३२ नश्मशानपरीतांचनचपापनिषेविताम् ॥
पारक्येभूमिदेशेतुपितृणांनिर्वपेत्तुयः ३३ तद्भूमिंवापिपितृभिःश्राद्धकर्मविहन्यते ॥ तस्मात्क्रीत्वामहींदद्यात्स्वल्पामपिविचक्षणः ३४ पिंडःपितृभ्योदत्तोवैतस्यां
भवतिशाश्वतः ॥ अटवीपर्वताश्चैवनदीस्तीर्थानियानिच ३५ सर्वाण्यस्वामिकान्याहुर्नहितत्रपरिग्रहः ॥ इत्येतद्भूमिदानस्यफलमुक्तंविशांपते ३६ अतःपरंतुगो
दानंकीर्तयिष्यामितेऽनघ ॥ गावोऽधिकास्तपस्विभ्योयस्मात्सर्वेभ्यएवच ३७ तस्मान्महेश्वरोदेवस्तपस्ताभिःसहास्थितः ॥ ब्राह्मेलोकेवसंत्येताःसोमेनसहभारत
३८ यांतांब्रह्मर्षयःसिद्धाःप्रार्थयंतिपरांगतिम् ॥ पयसाहविषादध्नाशकृताचाथचर्मणा ३९ ॥ ॥ ॥ ॥ ॥ ॥ ॥

ब्रह्मलोकं ३०।३१।३२।३३ तद्भूमिंपरकीयांभूमिंवायोनिर्वपेत्पितृभिःपितृभ्योदद्यात्तर्हितच्छ्राद्धंतद्भूमिदानाख्यंकर्मचोभयंनिहन्यतेइत्यर्थोभवति ३४ तस्यांक्रीतायाम् ३५।३६।३७।३८।३९

अस्थिभिश्चोपकुर्वंतिशृंगैर्वालैश्चभारत ॥ नासांशीतातपौस्यातांसदैताःकर्मकुर्वते ४० नवर्षविषयंवापिदुःखमासांभवत्युत ॥ ब्राह्मणैःसहितायांतितस्मात्पारमकं
पदम् ४१ एकंगोब्राह्मणंतस्मात्प्रवदंतिमनीषिणः ॥ रंतिदेवस्ययज्ञेताःपशुत्वेनोपकल्पिताः ४२ अतश्चर्मण्वतीराजन्गोचर्मभ्यःप्रवर्तिता ॥ पशुत्वाच्चविनिर्मु
क्ताःप्रदानायोपकल्पिताः ४३ ताइमाविप्रमुख्येभ्योयोददातिमहीपते ॥ निस्तरेदापदंकृच्छ्रांविषमस्थोऽपिपार्थिव ४४ गवांसहस्रदःप्रेत्यनरकंनप्रपद्यते ॥ सर्वत्र
विजयंचापिलभतेमनुजाधिप ४५ अमृतंवैगवांक्षीरमित्याहत्रिदशाधिपः ॥ तस्माद्ददातियोधेनुममृतंसप्रयच्छति ४६ अग्नीनामव्ययंह्येतद्धौम्यंवेदविदोविदुः ॥
तस्माद्ददातियोधेनुंसहौम्यंसंप्रयच्छति ४७ स्वर्गोवैमूर्तिमानेषवृषभंयोगवांपतिम् ॥ विप्रेगुणयुतेदद्यात्सवैस्वर्गेमहीयते ४८ प्राणावैप्राणिनामेतेप्रोच्यंतेभरतर्षभ ॥
तस्माद्ददातियोधेनुंप्राणानेषप्रयच्छति ४९ गावःशरण्याभूतानामितिवेदविदोविदुः ॥ तस्माद्ददातियोधेनुंशरणंसंप्रयच्छति ५० नवधार्थप्रदातव्यानकीनाशेनना
स्तिके ॥ गांजीविनेनदातव्यातथागौर्भरतर्षभ ५१ ददत्सताद्दशानांवैनरोगांपापकर्मणाम् ॥ अक्षयंनरकंयातीत्येवमाहुर्महर्षयः ५२ नकृशांनापवत्सांवावंध्यांरो
गान्वितांतथा ॥ नव्यंगांनपरिश्रांतांदद्याद्गांब्राह्मणायवै ५३ दशगोसहस्रदोहिशक्रेणसहमोदते ॥ अक्षयाँल्लभतेलोकान्नरःशतसहस्रशः ५४ इत्येतद्गोप्रदानंचति
लदानंचकीर्तितम् ॥ तथाभूमिप्रदानंचशृणुष्वान्नेचभारत ५५ अन्नदानंप्रधानंहिकौन्तेयपरिचक्षते ॥ अन्नस्यहिप्रदानेनरंतिदेवोदिवंगतः ५६ श्रांतायक्षुधिता
यान्नंयःप्रयच्छतिभूमिप ॥ स्वायंभुवंमहत्स्थानंसगच्छतिनराधिप ५७ नहिरण्यैर्नवासोभिर्नान्यदानेनभारत ॥ प्राप्नुवंतिनराःश्रेयोयथाह्यन्नप्रदाःप्रभो ५८ अन्नं
वैप्रथमंद्रव्यमन्नंश्रीश्चपरामता ॥ अन्नात्प्राणःप्रभवतितेजोवीर्यंबलंतथा ५९ सद्योददातियश्चान्नंसदैकाग्रमनानरः ॥ नसदुर्गाण्यवाप्नोतीत्येवमाहपराशरः ६० अर्च
यित्वायथान्यायंदेवेभ्योऽन्नंनिवेदयेत् ॥ यदन्नाहिनराराजंस्तदन्नास्तस्यदेवताः ६१ कौमुदेशुक्लपक्षेतुयोऽन्नदानंकरोत्युत ॥ ससंतरतिदुर्गाणिप्रेत्यचानंत्यमश्नुते ६२ अभु
क्त्वाऽतिथयेचान्नंप्रयच्छेद्यःसमाहितः ॥ सवैब्रह्मविदांलोकान्प्राप्नुयाद्भरतर्षभ ६३ सुकृच्छ्रामापदंप्राप्तश्चान्नदःपुरुषस्तरेत् ॥ पापंतरतिचैवेहदुष्कृतंचापकर्षति ६४
इत्येतदन्नदानस्यतिलदानस्यचैवह ॥ भूमिदानस्यचफलंगोदानस्यचकीर्तितम् ६५ इतिश्रीमहाभारतेअनुशासनपर्वणि आनुशासनिकेपर्वणि दानधर्मेषट्षष्टितमो
ऽध्यायः ॥ ६६ ॥ ॥ युधिष्ठिरउवाच ॥ श्रुतंदानफलंतातयत्त्वयापरिकीर्तितम् ॥ अन्नदानंविशेषेणप्रशस्तमिहभारत १ पानीयदानमेवैतत्कथंचेहमहाफ
लम् ॥ इत्येतच्छ्रोतुमिच्छामिविस्तरेणपितामह २ ॥ ॥ ॥ ॥ ॥ ॥

॥ इतिअनुशासनपर्वणिनीलकंठीयेभारतभावदीपेषट्षष्टितमोऽध्यायः ॥ ६६ ॥ ॥ ॥ ॥ श्रुतमिति १ । २ ॥ ॥ ॥ ॥

३।४।५।६ ।७।८।९ ।१० । नीरजातेनजलोद्भवेनधान्यादिना । ११।१२ । १३ । १४ । १५ । १६ । १७ । १८ । १९ ॥ इतिअनुशासनपर्वणि नीलकंठीये

॥ भीष्मउवाच ॥ हंततेवर्तयिष्यामियथावद्भरतर्षभ ॥ गदतस्तन्ममाद्येहशृणुसत्यपराक्रम २ पानीयदानात्प्रभृतिसर्वंवक्ष्यामितेऽनघ ॥ यदन्नंयच्चपानीयंसंप्रदा
याश्नुतेनरः ४ नतस्मात्परमंदानंकिंचिदस्तीतिमेमनः ॥ अन्नात्प्राणभृतस्तातप्रवर्तंतेहिसर्वशः ५ तस्मादन्नंपरंलोकेसर्वलोकेषुकथ्यते ॥ अन्नाद्बलंचतेजश्चप्रा
णिनांवर्धतेसदा ६ अन्नदानमतस्तस्माच्छ्रेष्ठमाहप्रजापतिः ॥ सावित्र्याह्यपिकौंतेयश्रुतंतेवचनंशुभम् ७ यतश्चयद्यथाचैवदेवसत्रेमहामते ॥ अन्नेदत्तेनरेणेहप्राणा
दत्ताभवंत्युत ८ प्राणदानाद्धिपरमंनदानमिहविद्यते ॥ श्रुतंहितेमहाबाहोलोमशस्यापितद्वचः ९ प्राणान्दत्वाकपोताययत्प्राप्तंशिबिनापुरा ॥ तांगतिंलभतेद
त्वाद्विजस्यान्नंविशांपते १० तस्माद्विशिष्टांगच्छंतिप्राणदाइतिनःश्रुतम् ॥ अन्नंवापिप्रभवतिपानीयात्कुरुसत्तम ॥ नीरजातेनहिविनानकिंचित्संप्रवर्तते ११ नी
रजातश्चभगवान्सोमोग्रहगणेश्वरः ॥ अमृतंचसुधाचैवसुधाचैवामृतंतथा १२ अन्नौषध्योमहाराजवीरुधश्चजलोद्भवाः ॥ यतःप्राणभृतांप्राणाःसंभवंतिविशांपते
१३ देवानाममृतंह्यन्नंनागानांचसुधातथा ॥ पितॄणांचस्वधाप्रोक्तापशूनांचापिवीरुधः १४ अन्नमेवमनुष्याणांप्राणानाहुर्मनीषिणः ॥ तच्चसर्वंनरव्याघ्रपानीया
त्संप्रवर्तते १५ तस्मात्पानीयदानाद्वैनपरंविद्यतेक्वचित् ॥ तच्चदद्यान्नरोनित्यंयदीच्छेद्भूतिमात्मनः १६ धन्यंयशस्यमायुष्यंजलदानमिहोच्यते ॥ शत्रूंश्चाप्य
धिकौन्तेयसदातिष्ठतितोयदः १७ सर्वकामानवाप्नोतिकीर्तिंचैवहिशाश्वतीम् ॥ प्रेत्यचानंत्यमश्नातिपापेभ्यश्चप्रमुच्यते १८ तोयदोमनुजव्याघ्रस्वर्गंगत्वामहाद्युते ॥
अक्षयान्समवाप्नोतिलोकानित्यब्रवीन्मनुः १९ ॥ इतिश्रीमहाभारतेअनुशासनपर्वणि आनुशासनिकेपर्वणि दानधर्मेपानीयदानमाहात्म्येसप्तषष्टितमोऽध्यायः
॥ ६७ ॥ ॥ युधिष्ठिरउवाच ॥ तिलानांकीदृशंदानमथदीपस्यचैवहि ॥ अन्नानांवाससांचैवभूयएवब्रवीहिमे १ ॥ भीष्मउवाच ॥ अत्राप्युदाहरंतीममि
तिहासंपुरातनम् ॥ ब्राह्मणस्यचसंवादंयमस्यचयुधिष्ठिर २ मध्यदेशेमहान्ग्रामोब्राह्मणानांबभूवह ॥ गंगायमुनयोर्मध्येयामुनस्यगिरेरधः ३ पर्णशालेतिविख्या
तोरमणीयोनराधिप ॥ विद्वांसस्तत्रभूयिष्ठाब्राह्मणाश्चावसंस्तथा ४ अथप्राहयमःकंचित्पुरुषंकृष्णवाससम् ॥ रक्ताक्षमूर्ध्वरोमाणंकाकजंघाक्षिनासिकम् ५ ग
च्छत्वंब्राह्मणग्रामंततोगत्वातमानय ॥ अगस्त्यंगोत्रतश्चापिनामतश्चापिशर्मिणम् ६ शमेनिविष्टंविद्वांसमध्यापकमनावृतम् ॥ माचान्यमानयेथास्त्वंसगोत्रंत
स्यपार्श्वतः ७ सहितादृग्गुणस्तेनतुल्योऽध्ययनजन्मना ॥ अपत्येषुतथावृत्तेसमस्तेनैवधीमता ८ तमानययथोद्दिष्टंपूजाकार्याहितस्यवै ॥ सगत्वाप्रतिकूलंतच्च
कारयमशासनम् ९ तमाक्रम्यानयामासप्रतिषिद्धोयमेनयः ॥ तस्मैयमःसमुत्थायपूजांकृत्वाचवीर्यवान् १० प्रोवाचनीयतामेषसोऽन्यआनीयतामिति
एवमुक्तेतुवचनेधर्मराजेनसद्विजः ११ ॥ ॥ ॥ ॥

भारतभावदीपे सप्तषष्टितमोऽध्यायः ॥ ६७ ॥ ॥ तिलानामिति १ । २ । ३ । ४ । ५ । ६ । ७ । ८ । ९ । १० । ११ ॥ ॥ ॥

इहयमलोके १२ कालस्यविहितमायुःप्रमाणंनप्राप्नोमिनजानामि कालेनाप्रवर्तितंत्वामिहस्थापयितुंनशक्नोमीत्यर्थः १३ ब्रूहिपृच्छ १४ । १५ । १६ निर्वर्तयंतिसाधयंति १७ । १८ आलंभमं
सर्वतःस्पर्शनमुद्वर्तनमित्यर्थः १९ । २० । २१ । २२ । २३ । २४ । २५ । २६ । २७ । २८ रत्नेति । तस्मैरत्नदानंकर्तव्यंयस्तान्ताननिविक्रीययज्ञंकरोति एतद्धितस्याभयंकरंप्रतिग्रहविक्रयजदोषघ्नं

उवाचधर्मराजानंनिर्विण्णोऽध्ययनेनवै ॥ योमेकालोभवेच्छेषस्तंवसेयमिहाच्युत १२ ॥ यमउवाच ॥ नाहंकालस्यविहितंप्राप्नोमीहकथंचन ॥ योहिधर्मंचरति
वैतंतुजानामिकेवलम् १३ गच्छविप्रत्वमद्यैवआलयंस्वंमहाद्युते ॥ ब्रूहिसर्वंयथास्वैरंकरवाणिकिमच्युत १४ ॥ ब्राह्मणउवाच ॥ यत्तत्रकृत्वासुमहत्पुण्यंस्यात्तद्ब्रवी
हिमे ॥ सर्वस्यंहिप्रमाणंत्वंत्रैलोक्यस्यापिसत्तम १५ ॥ यमउवाच ॥ शृणुतत्त्वेनविप्रर्षेप्रदानविधिमुत्तमम् ॥ तिलाःपरमकंदानंपुण्यंचैवेहशाश्वतम् १६ ति
लाश्चसंप्रदातव्यायथाशक्तिद्विजर्षभ ॥ नित्यदानात्सर्वकामांस्तिलानिर्वर्तयंत्युत १७ तिलान्श्राद्धेप्रशंसंतिदानमेतद्ध्यनुत्तमम् ॥ तान्प्रयच्छस्वविप्रेभ्योविधि
दृष्टेनकर्मणा १८ वैशाख्यांपौर्णमास्यांतुतिलान्दद्याद्द्विजातिषु ॥ तिलाभक्षयितव्याश्चसदात्वालंभनंचतैः १९ कार्यंसततमिच्छद्भिःश्रेयःसर्वात्मनागृहे ॥ त
थाऽऽपःसर्वदादेयाःपेयाश्चैवनसंशयः २० पुष्करिण्यस्तडागानिकूपांश्चैवात्रखानयेत् ॥ एतत्सुदुर्लभतरमिहलोकेद्विजोत्तम २१ आपोनित्यंप्रदेयास्तेपुण्यंह्येत
दनुत्तमम् ॥ प्रपाश्चकार्यादानार्थंनित्यंतेद्विजसत्तम ॥ भुक्तेऽप्यन्नंप्रदेयंतुपानीयंवैविशेषतः २२ ॥ भीष्मउवाच ॥ इत्युक्तेसतदातेनयमदूतेनवैगृहान् ॥ नी
तश्चकारयामाससर्वंतद्यमशासनम् २३ नीत्वातंयमदूतोऽपिगृहीत्वाशर्मिणंतदा ॥ ययौसधर्मराजायन्यवेदयतचापितम् २४ तंधर्मराजोधर्मज्ञंपूजयित्वाप्रताप
वान् ॥ कृत्वाचसंविदंतेनविससर्जयथागतम् २५ तस्यापिचयमःसर्वमुपदेशंचकारह ॥ प्रेत्यैत्यचततःसर्वंचकारोक्तंयमेनतत् २६ तथाप्रशंसतेदीपान्यमःपितृ
हितेप्सया ॥ तस्माद्दीपप्रदोनित्यंसंतारयतिवैपितॄन् २७ दातव्याःसततंदीपास्तस्माद्भरतसत्तम ॥ देवतानांपितॄणांचचक्षुष्यंचात्मनांविभो २८ रत्नदानंचसु
महत्पुण्यमुक्तंजनाधिप ॥ यस्तान्विक्रीययजतेब्राह्मणोह्यभयंकरम् २९ यद्वैददातिविप्रेभ्योब्राह्मणःप्रतिगृह्यवै ॥ उभयोःस्यात्तदक्षय्यंदातुरादातुरेवच ३० यो
ददातिस्थितःस्थित्यांतादृशायप्रतिग्रहम् ॥ उभयोरक्षयंधर्मंतंमनुःप्राहधर्मवित् ३१ वाससांसंप्रदानेनस्वदारनिरतोनरः ॥ सुवस्त्रश्चसुवेषश्चभवतीत्यनुशुश्रुम
३२ गावःसुवर्णंचतथातिलाश्चैवानुवर्णिताः ॥ बहुशःपुरुषव्याघ्रवेदप्रामाण्यदर्शनात् ३३ विवाहांश्चैवकुर्वीतपुत्रानुत्पादयेतच ॥ पुत्रलाभोहिकौरव्यसर्वलाभा
द्विशिष्यते ३४ ॥ इतिश्रीमहाभारतेअनुशासनपर्वणि आनुशासनिकेपर्वणि दानधर्मे यमब्राह्मणसंवादेअष्टषष्टितमोऽध्यायः ॥ ६८ ॥ ॥ युधिष्ठिरउवाच ॥
भूयएवकुरुश्रेष्ठदानानांविधिमुत्तमम् ॥ कथयस्वमहाप्राज्ञभूमिदानंविशेषतः १ पृथिवींक्षत्रियोदद्याद्ब्राह्मणायेष्टिकर्मिणे ॥ विधिवत्प्रतिगृह्णीयान्नत्वन्योदातुमर्हति २

२९ । ३० । ३१ । ३२ । ३३ । ३४ ॥ इतिअनुशासनपर्वणि नीलकंठीये भारतभावदीपे अष्टषष्टितमोऽध्यायः ॥ ६८ ॥ ॥ ॥ भूयइति १ इष्टिकर्मिणेयाज्ञिकाय २

३ तुल्यनामानिगोपदवाच्यानि ४ । ५ देयंदानयोग्यं परंश्रेष्ठम् ६ । ७ । ८ प्रचोदनमिति गवांबलीवर्दानांकर्मसुयज्ञाद्यर्थेपुकृष्याद्यर्थेपुकर्षणादिपुवर्ततांप्रचोदनंप्रतोदेनप्रेरणंदेवैःकृतमितिनतत्रदोष इतिभावः तथापिपूर्वंयज्ञार्थमेवचोदनमक्षरंश्रेयस्करम् । अन्यत्कृष्याद्यर्थंतुततःपरंवैदिककर्षणमनुप्रवृत्तमभिधेयंवाच्यंनिंद्यमित्यर्थः तथाचस्मृतिः । हलांतंब्रह्मवर्चसमिति । तेनगोद्रोहकारित्वात्कृष्यर्थंकर्ष णंदोषावहमित्यर्थः ९ प्रचारेपलायने निवातेकठिनोपवेशने अभिवीक्षंत्योजलमलभमानाः १० । ११ आहारंतदीयतक्राद्याहरणमकृत्वा १२ । १३ । १४ । १५ । १६ । १७ । १८ । १९ वेदांत

सर्ववर्णैस्तुयच्छक्यंप्रदातुंफलकांक्षिभिः ॥ वेदेवायत्समाख्यातंतन्मेव्याख्यातुमर्हसि २ ॥ भीष्मउवाच ॥ तुल्यनामानिदेयानित्रीणितुल्यफलानिच ॥ सर्व कामफलानीहगावःपृथ्वीसरस्वती ४ योब्रूयाच्चापिशिष्यायधर्म्यांब्राह्मींसरस्वतीम् ॥ पृथिवीगोप्रदानाभ्यांतुल्यंसफलमश्नुते ५ तथैवगाःप्रशंसंतिनतुदेयंततःप रम् ॥ सन्निकृष्टफलास्ताहिलघ्वर्थाश्चयुधिष्ठिर ६ मातरःसर्वभूतानांगावःसर्वसुखप्रदाः ॥ वृद्धिमाकांक्षतानित्यंगावःकार्याःप्रदक्षिणाः ७ संताड्यानतुपादेनग वांमध्येनचव्रजेत् ॥ मंगलायतनंदेव्यस्तस्मात्पूज्याःसदैवहि ८ प्रचोदनंदेवकृतंगवांकर्मसुवर्ततााम् ॥ पूर्वमेवाक्षरंचान्यदभिधेयंततःपरम् ९ प्रचारेवानिवाते वाबुधोनोद्वेजयेतगाः ॥ तृषिताह्यभिवीक्षंत्योनरंहन्युःसबांधवम् १० पितृसद्मानिसततंदेवतायतनानिच ॥ पूयंतेशकृतायासांपूतंकिमधिकंततः ११ घासमुष्टिं परगवेदद्यात्संवत्सरंतुयः ॥ अकृत्वास्वयमाहारंव्रतंतत्सार्वकामिकम् १२ सहिपुत्रान्यशोर्थंचश्रियंचाप्यधिगच्छति ॥ नाशयत्यशुभंचैवदुःस्वप्नंचाप्यपोहति १३ ॥ युधिष्ठिरउवाच ॥ देयाःकिंलक्षणागावःकाश्चापिपरिवर्जयेत् ॥ कीदृशायप्रदातव्यानदेयाःकीदृशायच १४ ॥ भीष्मउवाच ॥ असद्वृत्तायपापायलुब्धा यानृतवादिने ॥ हव्यकव्यव्यपेतायनदेयागौःकथंचन १५ भिक्षवेबहुपुत्रायश्रोत्रियायाहिताग्नये ॥ दत्त्वादशगवांदातालोकानाप्नोत्यनुत्तमान् १६ यश्चैवधर्मं कुरुतेतस्यधर्मफलंचयत् ॥ सर्वस्यैवांशभाग्दातातन्निमित्तंप्रवृत्तयः १७ यश्चैनमुत्पादयतेयश्चैनंत्रायतेभयात् ॥ यश्चास्यकुरुतेवृत्तिंसर्वेतेपितरस्त्रयः १८ क ल्मषंगुरुशुश्रूषाहंतिमानोमहद्यशः ॥ अपुत्रतांत्रयःपुत्राअवृत्तिंदशधेनवः १९ वेदांतनिष्ठस्यबहुश्रुतस्यप्रज्ञानतृप्तस्यजितेंद्रियस्य ॥ शिष्टस्यदांतस्ययतस्यचै वभूतेषुनित्यंप्रियवादिनश्च २० यःक्षुद्भयाद्वैनविकर्मकुर्यान्मृदुश्चशांतोह्यतिथिप्रियश्च ॥ वृत्तिंद्विजायातिसृजेततस्मैयस्तुल्यशीलश्चसपुत्रदारः २१ शुभेपात्रे येगुणागोप्रदानेतावान्दोषोब्राह्मणस्वापहारे ॥ सर्वावस्थंब्राह्मणस्वापहारोदाराश्चैषांदूरतोवर्जनीयाः २२ ॥ इतिश्रीमहाभारते अनुशासनपर्वणि आनुशासनिकेप० दानधर्मेगोदानमा० एकोनसप्ततितमोऽध्यायः ॥ ६९ ॥ ॥ भीष्मउवाच ॥ अत्रैवकीर्त्यतेसद्भिर्ब्राह्मणस्वाभिमर्शने ॥ नृगेणसुमहत्कृच्छ्रंयदवाप्तं कुरूद्वह १ निविशंत्यांपुरापार्थद्वारवत्यामितिश्रुतिः ॥ अदृश्यतमहाकूपस्तृणवीरुत्समावृतः २ प्रयत्नंतत्रकुर्वाणास्तस्मात्कूपाज्जलार्थिनः ॥ श्रमेणमहतायु क्तास्तस्मिंस्तोयेसुसंवृते ३ ॥ ॥ ॥ ॥ ॥ ॥

निष्ठस्यवृत्तिमतिसृजेतेत्युत्तरेणान्वयः चतुर्थ्यर्थेषष्ठी २० यइति ब्राह्मणोयदिक्षुद्भयाद्विकर्मकरोतितर्हिराज्ञस्तत्पापमित्यर्थः २१ । २२ ॥ इतिअनुशासनपर्वणिनीलकंठीयेभारतभावदीपेएकोनसप्ततितमो ऽध्यायः ॥ ६९ ॥ अत्रैवेति १ । २ जलार्थिनस्तस्मिन्कूकलासंददृशुरित्यग्रिमेणान्वयः ३

४ । ५ । ६ । ७ । ८ । ९ । १० । ११ । १२ । १३ । १४ । १५ । १६ । १७ । १८ । १९ । २० । २१ । २२ अनृताब्राह्मणधेनोर्नाशात्तस्याएवत्वयाआदानात् २३ कृच्छ्रंचरिष्येपाप

दद्दशुस्तेमहाकायंकृकलासमवस्थितम् ॥ तस्यचोद्धरणेयत्नमकुर्वंस्तेसहस्रशः ४ प्रग्रहैश्चर्मपट्टैश्चतंबद्धापर्वतोपमम् ॥ नाशक्नुवन्समुद्धर्तुंततोजग्मुर्जनार्दनम्
५ खमावृत्योदपानस्यकृकलासःस्थितोमहान् ॥ तस्यनास्तिसमुद्धर्तेत्येतत्कृष्णेन्यवेदयन् ६ सवासुदेवेनसमुद्धृतश्चपृष्टश्चकार्यंनिजगादराजा ॥ नृगस्तदा
त्मानमथोन्यवेदयत्पुरातनंयज्ञसहस्रयाजिनम् ७ तथाब्रुवाणंतुतमाहमाधवःशुभंत्वयाकर्मकृतंनपापकम् ॥ कथंभवान्दुर्गतिमीदृशींगतोनरेन्द्रतद्ब्रूहिकिमेतदीदृ
शम् ८ शतंसहस्राणिगवांशतंपुनःपुनःशतान्यष्टशतायुतानि ॥ त्वयापुरादत्तमितीहशुश्रुमनृपद्विजेभ्यःक्वनुतद्गतंतव ९ नृगस्ततोऽब्रवीत्कृष्णंब्राह्मणस्याग्नि
होत्रिणः ॥ प्रोषितस्यपरिभ्रष्टागौरेकाममगोधने १० गवांसहस्रेसंख्यातातदासापशुभिर्मम ॥ साब्राह्मणायमेदत्ताप्रेत्यार्थमभिकांक्षता ११ अपश्यत्परिमा
र्गंश्चतांगांपरगृहेद्विजः ॥ ममेयमितिचोवाचब्राह्मणोयस्यसाऽभवत् १२ तावुभौसमनुप्राप्तौविवदन्तौभृशज्वरौ ॥ भवान्दाताभवान्हर्तेत्यथतौमामवोचताम्
१३ शतेनशतसंख्येनगवांविनिमयेनवै ॥ याचेप्रतिग्रहीतारंसतुमामब्रवीदिदम् १४ देशकालोपसंपन्नादोग्ध्रीशांताऽतिवत्सला ॥ स्वादुक्षीरप्रदाधन्याामम
नित्यंनिवेशने १५ कृशंचभरतेसागौर्ममपुत्रमपस्तनम् ॥ नसाशक्यामयादातुमित्युक्त्वासजगामह १६ ततस्तमपरंविप्रंयाचेविनिमयेनवै ॥ गवांशतसह
स्रंहितत्कृतेगृह्यतामिति १७ ॥ ब्राह्मणउवाच ॥ नराज्ञांप्रतिगृह्णामिशक्तोऽहंस्वस्यमार्गणे ॥ सैवगौर्दीयतांशीघ्रंममेतिमधुसूदन १८ रुक्ममश्वांश्चददतोरज
तस्यंदनांस्तथा ॥ नजग्राहययौचापितदासब्राह्मणर्षभः १९ एतस्मिन्नेवकालेतुचोदितःकालधर्मणा ॥ पितृलोकमहंप्राप्यधर्मराजमुपागमम् २० यमस्तु
पूजयित्वामांततोवचनमब्रवीत् ॥ नांतःसंख्यायतेराजंस्तवपुण्यस्यकर्मणः २१ अस्तिचैवकृतंपापमज्ञानात्तदपित्वया ॥ चरस्वपापंपश्चाद्वापूर्वंवात्वंयथेच्छसि
२२ रक्षिताऽस्मीतिचोक्तंतेप्रतिज्ञाचानृतातव ॥ ब्राह्मणस्वस्यचादानंद्विविधस्तेव्यतिक्रमः २३ पूर्वंकृच्छ्रंचरिष्येऽहंपश्चाच्छुभमितिप्रभो ॥ धर्मराजंब्रुवन्नेवंपति
तोऽस्मिमहीतले २४ अश्रौषंपतितश्चाहंयमस्योच्चैःप्रभाषतः ॥ वासुदेवःसमुद्धर्ताभवितातेजनार्दनः २५ पूर्णेवर्षसहस्रांतेक्षीणेकर्मणिदुष्कृते ॥ प्राप्स्यसे
शाश्वतान्लोकान्जितान्स्वेनैवकर्मणा २६ कूपेऽऽत्मानमधःशीर्षमपश्यंपतितश्चह ॥ तिर्यग्योनिमनुप्राप्तंनचमामजहात्स्मृतिः २७ त्वयातुतारितोऽस्म्यद्य
किमन्यत्रतपोबलात् ॥ अनुजानीहिमांकृष्णगच्छेयंदिवमद्यवै २८ अनुज्ञातःसकृष्णेननमस्कृत्यजनार्दनम् ॥ दिव्यमास्थायपंथानंययौदिवमरिंदमः २९
ततस्तस्मिन्दिवंयातेनृगेभरतसत्तम ॥ वासुदेवइमंश्लोकंजगादकुरुनंदन ३० ब्राह्मणस्वंनहर्तव्यंपुरुषेणविजानता ॥ ब्राह्मणस्वंहृतंहंतिनृगंब्राह्मणगौरिव ३१
सतांसमागमःसद्भिर्नाफलःपार्थविद्यते ॥ विमुक्तंनरकात्पश्यनृगंसाधुसमागमात् ३२ ॥ ॥ ॥

फलंभोक्ष्ये २४ । २५ । २६ त्मानंआत्मानं संधिरार्षः २७ । २८ । २९ । ३० । ३१ । ३२

३३ ॥ इति अनुशासनप० नी० भा० सप्ततितमोऽध्यायः ॥ ७० ॥ दत्तानामिति १ । २ । ३ । ४ अतिभोजनंभोजनसामग्रिकंशाकादि ५ । ६ । ७ गतसत्वोमृतः ८ । ९ । १० सस्यंशुष्य

प्रदानंफलवत्तत्रद्रोहस्तत्रतथाफलः ॥ अपचारंगवांतस्माद्वर्जयेतयुधिष्ठिर ३३ ॥ इतिश्रीमहाभारतेअनुशासनपर्वणि आनुशासनिकेपर्वणिदानधर्मेनृगोपाख्याने सप्ततितमोऽध्यायः ॥ ७० ॥ युधिष्ठिरउवाच ॥ दत्तानांफलसंप्राप्तिंगवांप्रब्रूहिमेऽनघ ॥ विस्तरेणमहाबाहोनहितृप्यामिकथ्यताम् १ ॥ भीष्मउवाच ॥ अत्राप्युदाहरंतीममितिहासंपुरातनम् ॥ ऋषेरुद्दालकेर्वाक्यंनाचिकेतस्यचोभयोः २ ऋषिरुद्दालकिर्दीक्षामुपगम्यततःसुतम् ॥ त्वंमामुपचरस्वेतिनाचिकेतमभाषत ३ समाप्तेनियमेतस्मिन्महर्षिःपुत्रमब्रवीत् ॥ उपस्पर्शनसक्तस्यस्वाध्यायाभिरतस्यच ४ इध्मादर्भाःसुमनसःकलशश्चातिभोजनम् ॥ विस्मृतंमेतदादाय नदीतीरादिहाव्रज ५ गत्वाऽनवाप्यतत्सर्वंनदीवेगसमाप्लुतम् ॥ नपश्यामितदित्येवंपितरंसोऽब्रवीन्मुनिः ६ क्षुत्पिपासाश्रमाविष्टोमुनिरुद्दालकिस्तदा ॥ यमंपश्येतितंपुत्रमशपत्समहातपाः ७ तथासपित्राऽभिहतोवाग्वज्रेणकृतांजलिः ॥ प्रसीदेतिब्रुवन्नेवगतसत्वोऽपतद्भुवि ८ नाचिकेतंपिताद्दृष्ट्वापतितंदुःखमूर्च्छितः ॥ किंमयाकृतमित्युक्त्वानिपपातमहीतले ९ तस्यदुःखपरीतस्यस्वंपुत्रमनुशोचतः ॥ व्यतीतंतदहःशेषंसाचोग्रातत्रशर्वरी १० पित्र्येणाश्रुप्रपातेननाचिकेतःकुरूद्वह ॥ प्रास्यंदच्छयनेकौश्येवृष्ट्यासस्यमिवाप्लुतम् ११ सपर्यपृच्छत्तंपुत्रंक्षीणंपर्यागतंपुनः ॥ दिव्यैर्गंधैःसमादिग्धंक्षीणस्वप्नमिवोत्थितम् १२ अपिपुत्रजितालोकाःशुभास्तेस्वेनकर्मणा ॥ दिष्ट्याचासिपुनःप्राप्तोनहितेमानुषंवपुः १३ प्रत्यक्षदर्शीसर्वस्यपित्राप्पृष्टोमहात्मना ॥ सतांवार्तांपितुर्मध्येमहर्षीणांन्यवेदयत् १४ कुर्वन्भवच्छासनमाशुयातोह्यहंविशालांरुचिरप्रभावाम् ॥ वैवस्वतींप्राप्यसभामपश्यंसहस्रशोयोजनहेमभासम् १५ दृष्ट्वैवमामभिमुखमापतंतंदेहीतिसह्यासनमादिदेश ॥ वैवस्वतोऽर्घ्यादिभिरर्हणैश्चभवत्कृतेपूजयामासमांसः १६ ततस्त्वहंतंशनकैरवोचंवृतःसदस्यैरभिपूज्यमानः ॥ प्राप्तोऽस्मितेविषयंधर्मराजलोकानर्होयानहंतान्विधत्स्व १७ यमोब्रवीन्मांनमृतोऽसिसौम्ययमंपश्येत्याहसत्वांतपस्वी ॥ पिताप्रदीप्ताग्निसमानतेजानतच्छक्यमनृतंविप्रकर्तुम् १८ दृष्टस्तेऽहंप्रतिगच्छस्वतातशोचत्यसौतवदेहस्यकर्ता ॥ ददानिकिंचापिमनःप्रणीतंप्रियातिथेस्तवकामान्वृणीष्व १९ तेनैवमुक्तस्तमहंप्रत्यवोचंप्राप्तोऽस्मितेविषयंदुर्निवर्त्यम् ॥ इच्छाम्यहंपुण्यकृतांसमृद्धाँल्लोकान्द्रष्टुंयदितेऽहंवरार्हः २० यानंसमारोप्यतुमांसदेवोवाहैर्युक्तंसुप्रभंभानुमत्तत् ॥ संदर्शयामासतदात्मलोकान्सर्वांस्तथापुण्यकृतांद्विजेंद्र २१ अपश्यंतत्रवेश्मानितैजसानिमहात्मनाम् ॥ नानासंस्थानरूपाणिसर्वरत्नमयानिच २२ चंद्रमंडलशुभ्राणिकिंकिणीजालवंतिच ॥ अनेकशतभौमानिसांतर्जलवनानिच २३ वैदूर्यार्कप्रकाशानिरूप्यरुक्ममयानिच ॥ तरुणादित्यवर्णानिस्थावराणिचराणिच २४ ॥ ॥ ॥ ॥ ॥

माणं ११ । १२ । १३ । १४ योजनेतिलुप्ततृतीयांतंपदं योजनैःसहस्रशःसंमितामितिशेषः १५ अस्मैआसनंदेहीतिस्वभृत्यमादिदेश १६ । १७ । १८ । १९ । २० । २१ । २२ अनेकशतानिभौमानिउपर्युपरिभूमिसमूहायेषुतानिप्रासादमंडलानि २३ । २४ ॥ ॥ ॥ ॥ ॥ ॥

२५ । २६ । २७ । २८ । २९ गवामंतरमन्योन्यंतारतम्यं अवह् ३० कृच्छ्रोत्सृष्टाःसंकटावनिरोधाद्विमुक्ताः पोषणार्थंदरिद्रागारादागताःतादृशीनांपालनंप्रशस्ततरमित्यर्थः ३१ तिस्रइति त्र्यह
मम्मात्राहारोभूमिशायीभूत्वाचतुर्थदिनमारभ्यत्र्यहमेकैकांगांदत्त्वागोरसैर्वर्त्तिंकुर्यात् एवंव्रतपूर्वकंगोत्रयंददतउक्तंवक्ष्यमाणंचफलंभवतीत्यर्थः ३२ । ३३ । ३४ वृद्धेग्लानेरोगिणिपथ्याशनार्थं संभ्र

भक्ष्यभोज्यमयान्शैलान्वासांसिशयनानिच ॥ सर्वकामफलांश्चैववृक्षान्भवनसंस्थितान् २५ नद्योवीथ्यःसभावाप्योदीर्घिकाश्चैवसर्वशः ॥ घोषवंतिचयाना
नियुक्तान्यथसहस्रशः २६ क्षीरस्रवावैसरितोगिरींश्चसर्पिस्तथाविमलंचापितोयम् ॥ वैवस्वतस्यानुमतांश्चदेशानदृष्टपूर्वान्सुबहूनपश्यम् २७ सर्वा
न्दृष्ट्वातदहंधर्मराजमवोचंवैप्रभविष्णुंपुराणम् ॥ क्षीरस्यैताःसर्पिषश्चैवनद्यःशश्वत्स्रोताःकस्यभोज्याःप्रदिष्टाः २८ यमोऽब्रवीद्विद्धिभोज्यास्त्वमेतायेदातारःसाधवो
गोरसानाम् ॥ अन्येलोकाःशाश्वतावीतशोकैःसमाकीर्णागोप्रदानेरतानाम् २९ नत्वेतासांदानमात्रंप्रशस्तंपात्रंकालोगोविशेषोविधिश्च ॥ ज्ञात्वादेयंविप्रग
वांतरंहिदुःखंज्ञातुंपावकादित्यभूतम् ३० स्वाध्यायवान्योऽतिमात्रंतपस्वीवैतानस्थोब्राह्मणःपात्रमासाम् ॥ कृच्छ्रोत्सृष्टाःपोषणाभ्यागताश्चद्वारैरेतैर्गोविशेषाः
प्रशस्ताः ३१ तिस्रोरात्र्यस्त्वद्भिरुपोष्यभूमौतृप्तागावस्तर्पितेभ्यःप्रदेयाः ॥ वत्सैःप्रीताःसुप्रजाःसोपचारास्त्र्यहंदत्त्वागोरसैर्वर्तितव्यम् ३२ दत्त्वाधेनुंसुव्रतांकांस्यदो
हांकल्याणवत्सामपलायिनींच ॥ यावंतिरोमाणिभवंतितस्यास्तावद्वर्षाण्यश्नुतेस्वर्गलोकम् ३३ तथाऽनड्वाहंब्राह्मणेभ्यःप्रदायदांतंधुर्यंबलवंतंयुवानम् ॥ कुलानु
जीव्यंवीर्यवंतंबृहंतंभुंक्तेलोकान्संमितान्धेनुदस्य ३४ गोषुक्षांतंगोशरण्यंकृतज्ञंवृत्तिग्लानंतादृशंपात्रमाहुः ॥ वृद्धेग्लानेसंभ्रमेवामहार्थेकृष्यर्थेवाहौम्यहेतोःप्रसू
त्याम् ३५ गुर्वर्थेवाबालपुष्ट्याभिषंगांगांवैदातुंदेशकालोऽविशिष्टः ॥ अंतर्ज्ञाताःसक्रयज्ञानलब्धाःप्राणक्रीतानिर्जितायौतकाश्च ३६ ॥ नाचिकेतउवाच ॥
श्रुत्वावैवस्वतवचस्तमहंपुनरब्रुवम् ॥ अभावेगोप्रदातॄणांकथंलोकान्हिगच्छति ३७ ततोऽब्रवीद्यमोधीमान्गोप्रदानपरांगतिम् ॥ गोप्रदानानुकल्पंतुगामृते
संतिगोप्रदाः ३८ अलाभेयोगवांदद्याद्घृतधेनुंयतव्रतः ॥ तस्यैताघृतवाहिन्यःक्षरन्तेवत्सलाइव ३९ घृतालाभेतुयोदद्यात्तिलधेनुंयतव्रतः ॥ सदुर्गात्तारि
तोधेन्वाक्षीरनद्यांप्रमोदते ४० तिलालाभेतुयोदद्याज्जलधेनुंयतव्रतः ॥ सकामप्रवहांशीतांनदीमेतामुपाश्नुते ४१ एवमेतानिमेतत्रधर्मराजोन्यदर्शयत् ॥ दृष्ट्वा
चपरमंहर्षमवापमहमच्युत ४२ निवेदयेचाहमिमंप्रियंतेक्रतुर्महानल्पधनप्रचारः ॥ प्राप्तोमयाताततमत्प्रसूतःप्रपत्स्यतेवेदविधिप्रवृत्तः ४३ शापोह्ययंभवतोऽनुग्रहा
यप्राप्तोमयातत्रदृष्टोयमोवै ॥ दानव्युष्टिंतत्रदृष्ट्वामहात्मन्निःसंदिग्धान्दानधर्मांश्चरिष्ये ४४ इदंचमामब्रवीद्धर्मराजःपुनःपुनःसंप्रहृष्टोमहर्षे ॥ दानेनयःप्रयतोऽभूत्स्त
दैवविशेषतोगोप्रदानंचकुर्यात् ४५ शुद्धोह्यर्थोनावमन्यस्वधर्मान्पात्रेदेयंदेशकालोपपन्ने ॥ तस्माद्गावस्तेनित्यमेवप्रदेयामाभूच्चतेसंशयःकश्चिदत्र ४६

मेदुर्भिक्षे महार्थेयज्ञाद्यर्थेच प्रसूत्यांपुत्रजन्मनि ३५ बालपुष्ट्याबालपुष्ट्यभिप्रायेणवा अंतःबहुदुग्धाःशांतेत्यादिगुणवत्त्वेनज्ञाताः क्रयलब्धाःज्ञानलब्धाः प्राणव्यत्ययेनक्रीताः यौतकाःपाणिग्रहणादिकालेश्व
शुरादिभ्यःप्राप्ताः ३६ । ३७ । ३८ । ३९ । ४० । ४१ । ४२ क्रतुःगोदानरूपः ४३ । ४४ । ४५ । ४६ ॥ ॥ ॥ ॥

४७ । ४८ प्रापणीयंगोःआहारादि ४९ गोप्रयुक्तंरथशकटादि ५० । ५१ हार्दंहृत्स्थं भक्ष्यपानकंडूयनादिकंकर्तुंनप्रतिनानुसरति ५२ । ५३ गवांसूर्यरश्मिसाम्यान्नादोदःसूर्यइत्याह प्राप्येति ५४

एताःपुराह्यददन्नित्यमेवशांतात्मानोदानपथेनिविष्टाः ॥ तपांस्युग्राण्यप्रतिशंकमानास्तेवैदानंप्रददुश्चैवशक्त्या ४७ कालेचशक्त्यामत्सरंवर्जयित्वाशुद्धात्मानः श्रद्धिनःपुण्यशीलाः ॥ दत्त्वागावोलोकममुंप्रपन्नादेदीप्यन्तेपुण्यशीलास्तुनाके ४८ एतद्दानंन्यायलब्धंद्विजेभ्यःपात्रेदत्तंप्रापणीयंपरीक्ष्य ॥ काम्याष्टम्यांवर्तितव्यं दशाहंरसैर्गवांशकृतापस्नवैर्वा ४९ देवव्रतीस्याद्वृषभप्रदानैर्वेदावाप्तिर्गोयुगस्यप्रदाने ॥ तीर्थावाप्तिर्गोप्रयुक्तप्रदानेपापोत्सर्गःकपिलायाःप्रदाने ५० गामप्येकां कपिलांसंप्रदायन्यायोपेतांकलुषाद्विप्रमुच्येत् ॥ गवांरसात्परमंनास्तिकिंचिद्गवांप्रदानंसुमहद्वदंति ५१ गावोलोकांस्तारयंतिक्षरंत्योगावश्चान्नंसंजनयंतिलोके ॥ यस्तंजानन्नगवांहार्दमेतिसवैगंतानिरयंपापचेताः ५२ यैस्तद्दत्तंगोसहस्रंशतंवादशार्धंवादशवासाधुवत्सम् ॥ अप्येकांवैसाधवेब्राह्मणायसाऽस्यामुष्मिन्पुण्यतीर्था नदीवै ५३ प्राप्त्यापुष्ट्यालोकसंरक्षणेनगावस्तुल्याःसूर्यपादैःपृथिव्याम् ॥ शब्दश्चैकःसंनतिश्चोपभोगास्तस्माद्गोदःसूर्यइवावभाति ५४ गुरुंशिष्योवरयेद्गो प्रदानेसवैगंतानियतंस्वर्गमेव ॥ विधिज्ञानांसुमहान्धर्मएषविधिंह्याद्यंविधयःसंविशंति ५५ इदंदानंन्यायलब्धंद्विजेभ्यःपात्रेदत्त्वाप्रापयेथाःपरीक्ष्य ॥ त्वय्याशंसंत्यमरामानवाश्चवयंचापिप्रसृतेपुण्यशीले ५६ इत्युक्तोऽहंधर्मराजंद्विजर्षेधर्मात्मानंशिरसाऽभिप्रणम्य ॥ अनुज्ञातस्तेनवैवस्वतेनप्रत्यागमंभगवत्पादमूलम् ॥ ५७ ॥ ॥ इतिश्रीमहाभारते अनुशासनपर्वणिआनुशासनिकेप० दानधर्मेयमवाक्यंनामएकसप्ततितमोऽध्यायः ॥ ७१ ॥ ॥ युधिष्ठिरउवाच ॥ ॥ उक्तंतेगोप्रदानंवैनाचिकेतमृषिंप्रति ॥ माहात्म्यमपिचैवोक्तमुद्देशेनगवांप्रभो १ नृगेणचमहद्दुःखमनुभूतंमहात्मना ॥ एकापराधादज्ञानात्पितामहमहामते २ द्वारवत्यांयथाचासौनिविशंत्यांसमुद्धृतः ॥ मोक्षहेतुरभूत्कृष्णस्तदप्यवधृतंमया ३ किंत्वस्तिममसंदेहोगवांलोकंप्रतिप्रभो ॥ तत्त्वतःश्रोतुमिच्छामिगोदायत्र वसंत्युत ४ ॥ ॥ भीष्मउवाच ॥ ॥ अत्राप्युदाहरन्तीममितिहासंपुरातनम् ॥ यथाऽपृच्छत्पद्मयोनिमेतद्देवशतक्रतुः ५ ॥ ॥ शक्रउवाच ॥ ॥ स्वर्लोकवासिनांलक्ष्मीमभिभूयस्वयाऽर्चिषा ॥ गोलोकवासिनःपश्येव्रजतःसंशयोऽत्रमे ६ कीदृशाभगवँल्लोकागवांतद्ब्रूहिमेऽनघ ॥ यानावसंतिदातारएतदिच्छामिवेदितुम् ७ कीदृशाःकिंफलाःकिंस्वित्परमस्तत्रकोगुणः ॥ कथंचपुरुषास्तत्रगच्छंतिविगतज्वराः ८ कियत्कालंप्रदानस्यदाताचफलमश्नुते ॥ कथंबहुविधंदानंस्यादल्पमपिवाकथम् ९ बह्वीनांकीदृशंदानमल्पानांवापिकीदृशम् ॥ अदत्त्वागोप्रदाःसंतिकेनवातच्चशंसमे १०

विधिर्गुर्वाराधनपरंविधयोगोदानविधयःसंविशंतीतिपुण्यंद्वैगुण्यमुक्तम् ५५ द्विजेभ्यस्त्रैवर्णिकेभ्योन्यायलब्धंदत्त्वासमर्प्यप्रापयेथाःनतुपोषणमात्रार्थंप्रापयेथाइत्यर्थः ५६ । ५७ ॥ इतिअनुशासनपर्वणि नीलकंठीये भारतभावदीपे एकसप्ततितमोऽध्यायः ॥ ७१ ॥ उक्तमिति १ । २ । ३ । ४ । ५ पश्येपश्यामि ६ । ७ कोगुणःसर्वाकिंस्वित्परमःकाष्ठास्वाःपराकाष्ठेत्यर्थः ८ । ९ । १०

११ । १२ ॥ इतिअनुशासनपर्वणि नीलकंठीयेभारतभावदीपे द्विसप्ततितमोऽध्यायः ॥ ७२ ॥ ॥ ॥ योऽयमिति १ । २ । ३ शरीरस्यन्यासःसमाधिकालेमोक्षःमरणे निर्म

कथंवाबहुदातास्यादल्पदात्रासमःप्रभो ॥ अल्पप्रदाताबहुदःकथंस्वित्स्यादिहेश्वर ११ कीदृशीदक्षिणाचैवगोप्रदानेविशिष्यते ॥ एतत्तथ्येनभगवन्ममशंसितु
महँसि ॥ १२ ॥ ॥ इतिश्रीमहाभारते अनुशासनपर्वणिआनुशासनिकेप० दानधर्मेगोप्रदानिकेद्विसप्ततितमोऽध्यायः ॥ ७२ ॥ ॥ पितामहउवाच ॥ ॥
योऽयंप्रश्नस्त्वयापृष्टोगोप्रदानादिकारितः ॥ नास्तिप्रष्टाऽस्तिलोकेऽस्मिंस्त्वत्तोऽन्योहिशतक्रतो १ संतिनानाविधालोकायांस्त्वंशक्रनपश्यसि ॥ पश्यामिया
नहंलोकान्नेकपत्न्यश्चयाःस्त्रियः २ कर्मभिश्चापिसुशुभैःसुव्रताऋषयस्तथा ॥ सशरीराहितान्यांतिब्राह्मणाःशुभबुद्धयः ३ शरीरन्यासमोक्षेणमनसानिर्मलेनच ॥
स्वप्नभूतांश्चताँल्लोकान्पश्यंतीहापिसुव्रताः ४ तेतुलोकाःसहस्राक्षशृणुयादृग्गुणान्विताः ॥ नतत्रक्रमतेकालोनजरानचपावकः ५ तथानास्त्यशुभंकिंचिन्नव्याधि
स्तत्रनक्लमः ॥ यद्यच्चगावोमनसातस्मिन्वांच्छंतिवासव ६ तत्सर्वंप्राप्नुवंतिस्मममप्रत्यक्षदर्शनात् ॥ कामगाःकामचारिण्यःकामात्कामांश्चभुंजते ७ वाप्यः
सरांसिसरितोविविधानिवनानिच ॥ गृहाणिपर्वताश्चैवयावद्द्रव्यंचकिंचन ८ मनोज्ञंसर्वभूतेभ्यःसर्वंतत्रप्रदृश्यते ॥ ईदृशाद्विपुलाल्लोकान्नास्तिलोकस्तथा
विधः ९ तत्रसर्वसहाःक्षांतावत्सलागुरुवर्तिनः ॥ अहंकारैर्विरहितायांतिशक्रनरोत्तमाः १० यःसर्वमांसानिनभक्षयीतपुमान्सदाभावितोधर्मयुक्तः ॥ मातापित्रो
रर्चितासत्ययुक्तःशुश्रूषिताब्राह्मणानामनिन्द्यः ११ अक्रोधनोगोषुतथाद्विजेषुधर्मेरतोगुरुशुश्रूषकश्च ॥ यावज्जीवंसत्यवृत्तेरतश्चदानेरतोयःक्षमीचापराधे १२
मृदुर्दांतोदेवपरायणश्चसर्वातिथिश्चापितथादयावान् ॥ ईदृग्गुणोमानवस्तंप्रयातिलोकंगवांशाश्वतंचाव्ययंच १३ नपारदारीपश्यतिलोकमेतंनवैगुरुघ्नोनमृषा
संप्रलापी ॥ सदाप्रवादीब्राह्मणेष्वात्तवैरोदोषैरेतैर्यश्चयुक्तोदुरात्मा १४ नमित्रध्रुङ्नैकृतिकःकृतघ्नःशठोऽनृजुर्धर्मविद्वेषकश्च ॥ नब्रह्महामनसाऽपिप्रपश्येद्गवां
लोकंपुण्यकृतांनिवासम् १५ एतत्तेसर्वमाख्यातंनिपुणेनसुरेश्वर ॥ गोप्रदानरतानांतुफलंशृणुशतक्रतो १६ दायाद्यलब्धैरर्थैर्योगाःक्रीत्वासंप्रयच्छति ॥ धर्मा
र्जितान्धनैःक्रीतान्सलोकानाप्नुतेऽक्षयान् १७ योवैद्यूतेधनंजित्वागाःक्रीत्वासंप्रयच्छति ॥ सदिव्यमयुतंशक्रवर्षाणांफलमश्नुते १८ दायाद्याद्याःस्मवैगावोन्या
यपूर्वैरुपार्जिताः ॥ प्रदद्यात्ताःप्रदातॄणांसंभवंत्यपिचध्रुवाः १९ प्रतिगृह्यतुयोदद्याद्गाःसंशुद्धेनचेतसा ॥ तस्यापीहाक्षयाँल्लोकान्ध्रुवान्विद्धिशचीपते २० जन्म
प्रभृतिसत्यंचयोब्रूयान्नियतेंद्रियः ॥ गुरुद्विजसहःक्षांतस्तस्यगोभिःसमागतिः २१ नजातुब्राह्मणोवाच्योयदवाच्यंशचीपते ॥ मनसागोषुनद्रुह्येद्गोवृत्तिर्गोऽनु
कल्पकः २२ सत्येधर्मेचनिरतस्तस्यशक्रफलंशृणु ॥ गोसहस्रेणसमितातस्यधेनुर्भवत्युत २३ ॥ ॥ ॥ ॥

लेनमनसायोगिनोन्यासेमोक्षेचताँल्लोकान्पश्यंति ४ । ५ । ६ । ७ । ८ । ९ । १० । ११ । १२ । १३ । १४ नैकृतिकोवंचकःशठःसमर्थोऽपिदारिद्र्यभाषी १५ । १६ । १७ । १८ । १९ । २० गुरु
र्णाद्विजानांवाऽपरार्धसहतेइतिगुरुद्विजसहः २१ गोवृत्तिरसंग्रहपरः । गवांघासादेरनुकल्पकःसंपादकोगोनुकल्पकः २२ । २३ ॥ ॥ ॥ ॥

२४ । २५ । २६ । २७ । २८ । २९ । ३० । ३१ । ३२ । ३३ । ३४ संदर्शयेत्पश्येत यावद्ब्रह्मांडेगोजातीयमस्तितावत्तत्रवसेदित्यर्थः ३५ । ३६ । ३७ । ३८ । ३९ । ४०

क्षत्रियस्यगुणैरेतैरपितुल्यफलंशृणु ॥ तस्यापिद्विजतुल्यागौर्भवतीतिविनिश्चयः २४ वैश्यस्यैतेयदिगुणास्तस्यपंचशतंभवेत् ॥ शूद्रस्यापिविनीतस्यचतुर्भागफलंस्मृतम् २५ एतच्चैनंयोऽनुतिष्ठेतयुक्तःसत्यैरतोगुरुशुश्रूषयाच ॥ दक्षःक्षांतोदेवतार्थीप्रशांतःशुचिर्बुद्धोधर्मशीलोऽनहंवाक् २६ महत्फलंप्राप्यतेसद्विजायदत्वादोग्ध्रींविधिनाऽनेनधेनुम् ॥ नित्यंदद्यादेकभक्तःसदाचसत्येस्थितोगुरुशुश्रूषिताच २७ वेदाध्यायीगोषुयोभक्तिमांश्चनित्यंदत्वायोऽभिनंदेतगाश्च ॥ आजातितोयश्चगवांनमेतइदंफलंशक्रनिबोधतस्य २८ यत्स्यादिष्ट्वाराजसूयेफलंतुयत्स्यादिष्ट्वाबहुनाकांचनेन ॥ एतत्तुल्यंफलमप्याहुरग्र्यंसर्वेसंतस्त्वृषयोयेचसिद्धाः२९ योऽग्रंभक्तंकिंचिदप्राश्यदद्याद्गोभ्योनित्यंगोव्रतीसत्यवादी ॥ शांतोलुब्धोगोसहस्रस्यपुण्यंसंवत्सरेणाप्नुयात्सत्यशीलः ३० यदेकभक्तमश्नीयाद्दद्यादेकंगवांचयत् ॥ दशवर्षाण्यनंतानिगोव्रतीगोऽनुकंपकः ३१ एकेनैवचभक्तेनयःक्रीत्वागांप्रयच्छति ॥ यावंतितस्यारोमाणिसंभवंतिशतक्रतो ३२ तावत्प्रदानात्सगवांफलमाप्नोतिशाश्वतम् ॥ ब्राह्मणस्यफलंहीदंक्षत्रियस्यतुवैशृणु ३३ पंचवार्षिकमेवंतुक्षत्रियस्यफलंस्मृतम् ॥ ततोऽर्धेनतुवैश्यस्यशूद्रोवैश्यार्धतःस्मृतः ३४ यश्चाऽऽत्मविक्रयंकृत्वागाःक्रीत्वासंप्रयच्छति ॥ यावत्संदर्शयेद्गांवैसतावत्फलमश्नुते ३५ रोम्णिरोम्णिमहाभागलोकाश्चास्याऽक्षयाःस्मृताः ॥ संग्रामेष्वर्जयित्वातुयोवैगाःसंप्रयच्छति ॥ आत्मविक्रयतुल्यास्ताःशाश्वताविद्धिकौशिक ३६ अभावेयोगवांदद्यात्तिलधेनुंयतव्रतः ॥ दुर्गात्सतारितोधेन्वाक्षीरनद्यांप्रमोदते ३७ नत्वेवासांदानमात्रंप्रशस्तंपात्रंकालोगोविशेषोविधिश्च ॥ कालज्ञानंविप्रगवांतरंहिदुःखंज्ञातुंपावकादित्यभूतम् ३८ स्वाध्यायाढ्यंशुद्धयोनिंप्रशांतंवैतानस्थंपापभीरुंबहुज्ञम् ॥ गोषुक्षांतंनातितीक्ष्णंशरण्यंवृत्तिग्लानंतादृशंपात्रमाहुः ३९ वृत्तिग्लानेसीदतिचातिमात्रंकृष्यर्थेवाहोम्यहेतोःप्रसूतेः ॥ गुर्वर्थेवाबालसंवृद्धयेवाधेनुंदद्याद्देशकालेविशिष्टे ४० अंतर्ज्ञाताःसक्रयज्ञानलब्धाःप्राणैःक्रीतास्तेजसायौतकाश्च ॥ कृच्छ्रोत्सृष्टाःपोषणाभ्यागताश्चद्वारैरेतैर्गोविशेषाःप्रशस्ताः ४१ बलान्विताःशीलवयोपपन्नाःसर्वाःप्रशंसंतिसुगंधवत्यः ॥ यथाहिगंगासरितांवरिष्ठातथार्जुनीनांकपिलावरिष्ठा ४२ तिस्रोरात्रीस्त्वद्भिरुपोष्यभूमौतृप्तागावस्तर्पितेभ्यःप्रदेयाः ॥ वत्सैःपुष्टैःक्षीरपैःसुप्रचारात्र्यहंदत्वागोरसैर्वर्तितव्यम् ४३ दत्वाधेनुंसुव्रतांसाधुदोहांकल्याणवत्सामपलायिनींच ॥ यावंतिरोमाणिभवंतितस्यास्तावंतिवर्षाणिभवंत्यमुत्र४४ तथाऽनड्वाहंब्राह्मणायप्रदायधुर्यंयुवानंबलिनंविनीतम् ॥ हलस्यवोढारमनंतवीर्यंप्राप्नोतिलोकान्दशधेनुदस्य ४५ कांतारेब्राह्मणान्गाश्चयःपरित्रातिकौशिक ॥ क्षणेनविप्रमुच्येततस्यपुण्यफलंशृणु ४६ अश्वमेधक्रतोस्तुल्यंफलंभवतिशाश्वतम् ॥ मृत्युकालेसहस्राक्षयांवृत्तिमनुकांक्षते ४७

४१ । ४२ अर्जुनीनांगवाम ४३ । ४४ । ४५ । ४६ । ४७ ॥ ॥ ॥

४८ । ४९ । ५० । ५१ इतिअनुशासनपर्वणिनीलकंठीये भारतभावदीपे त्रिसप्ततितमोऽध्यायः ॥ ७३ ॥ ॥ ॥ जानन्निति १ । २ विक्रयार्थं योनियुक्तेइतिशेषः ३ । ४ । ५ । ६

लोकान्बहुविधान्दिव्यान्यत्रास्यहृदिवर्तते ॥ तत्सर्वंसमवाप्नोतिकर्मणैतेनमानवः ४८ गोभिश्चसमनुज्ञातःसर्वत्रचमहीयते ॥ यस्त्वेतेनैवकल्पेनगांवनेष्वनुगच्छति ४९ तृणगोमयपर्णाशीनिःस्पृहोनियतःशुचिः ॥ अकामंतेनवस्तव्यंमुदितेनशतक्रतो ५० ममलोकेसुरैःसार्धंलोकेयत्रापिचेच्छति ५१ ॥ इतिश्रीमहाभारतेअनुशासनपर्वणिआनुशासनिकेपर्वणिदानधर्मेपितामहेंद्रसंवादेत्रिसप्ततितमोऽध्यायः ॥ ७३ ॥ ॥ ॥ इंद्रउवाच ॥ जानन्योगामपहरेद्विक्रीयाद्वाऽर्थकारणात् ॥ एतद्विज्ञातुमिच्छामिकनुतस्यगतिर्भवेत् १ ॥ पितामहउवाच ॥ भक्षार्थंविक्रयार्थंवायेऽपहारंहिकुर्वते ॥ दानार्थंब्राह्मणार्थायतत्रेदंश्रूयतांफलम् २ विक्रयार्थंहियोहिंस्याद्भक्षयेद्वानिरंकुशः ॥ घातयानंहिपुरुषंयेऽनुमन्येयुरर्थिनः ३ घातकःखादकोवापितथायश्चानुमन्यते ॥ यावंतितस्यारोमाणितावद्वर्षाणिमज्जति ४ येदोषायादृशाश्चैवद्विजयज्ञोपघातके ॥ विक्रयेचापहारेचतेदोषावैस्मृताःप्रभो ५ अपहृत्यतुयोगांवैब्राह्मणायप्रयच्छति ॥ यावद्दानफलंतस्यास्तावन्निरयमृच्छति ६ सुवर्णंदक्षिणामाहुर्गोप्रदानेमहाद्युते ॥ सुवर्णंपरमित्युक्तंदक्षिणार्थमसंशयम् ७ गोप्रदानात्तारयतेसप्तपूर्वांस्तथाऽपरान् ॥ सुवर्णंदक्षिणांकृत्वातावद्द्विगुणमुच्यते ८ सुवर्णंपरमंदानंसुवर्णंदक्षिणापरा ॥ सुवर्णंपावनंशक्रपावनानांपरंस्मृतम् ९ कुलानांपावनंप्राहुर्जातरूपंशतक्रतो ॥ एषामेदक्षिणाप्रोक्तासमासेनमहाद्युते १० ॥ भीष्मउवाच ॥ एतत्पितामहेनोक्तमिंद्रायभरतर्षभ ॥ इंद्रोदशरथायाऽऽहरामायाहपितातथा ११ राघवोऽपिप्रियभ्रात्रेलक्ष्मणाययशस्विने ॥ ऋषिभ्योलक्ष्मणेनोक्तमरण्येवसताप्रभो १२ पारंपर्यागतंचेदमृषयःसंशितव्रताः ॥ दुर्धरंधारयामासूराजानश्चैवधार्मिकाः १३ उपाध्यायेनगदितंममचेदंयुधिष्ठिर ॥ यइदंब्राह्मणोनित्यंवदेद्ब्राह्मणसंसदि १४ यज्ञेषुगोप्रदानेषुद्वयोरपिसमागमे ॥ तस्यलोकाःकिलाऽक्षय्यादैवतैःसहनित्यदा १५ इतिब्रह्मासभगवानुवाचपरमेश्वरः १६ इतिश्रीमहाभारतेअनुशा० आनुशासनिकेपर्वणिदानधर्मेचतुःसप्ततितमोऽध्यायः ॥ ७४ ॥ ॥ युधिष्ठिरउवाच ॥ विस्रंभितोऽहंभवताधर्मान्प्रवदताविभो ॥ प्रवक्ष्यामितुसंदेहंतन्मेब्रूहिपितामह १ व्रतानांकिंफलंप्रोक्तंकीदृशंवामहाद्युते ॥ नियमानांफलंकिंचस्वधीतस्यचकिंफलम् २ दत्तस्येहफलंकिंचवेदानांधारणेचकिम् ॥ अध्यापनेफलंकिंचसर्वमिच्छामिवेदितुम् ३ अप्रतिग्राहकेकिंचफलंलोकेपितामह ॥ तस्यकिंचफलंदृष्टंश्रुतंयस्तुप्रयच्छति ४ स्वकर्मनिरतानांचशूराणांचापिकिंफलम् ॥ शौचेचकिंफलंप्रोक्तंब्रह्मचर्येचकिंफलम् ५ पितृशुश्रूषणेकिंचमातृशुश्रूषणेतथा ॥ आचार्यगुरुशुश्रूषास्वनुक्रोशानुकंपने ६ एतत्सर्वमशेषेणपितामहयथातथम् ॥ वेत्तुमिच्छामिधर्मज्ञपरंकौतूहलंहिमे ७

७ । ८ । ९ । १० । ११ । १२ । १३ । १४ । १५ । १६ ॥ ॥ इतिअनुशासनपर्वणिनीलकंठीयेभारतभावदीपेचतुःसप्ततितमोऽध्यायः ॥ ७४ ॥ ॥ ॥ विस्रंभितइति १ । २ । ३ । ४ । ५ अनुक्रोशःपरदुःखेनदुःखितत्वं अनुकंपातत्प्रतीकारकरणम् ६ । ७ ॥ ॥ ॥

व्रतंएकभक्तादिनियमम ८ फलमैश्वर्यमेवमत्यक्षम ९ । १० । ११ । १२ । १३ । १४ । १५ । १६ । १७ । १८ । १९ । २० । २१ । २२ । २३ । २४ । २५ । २६ । २७ । २८

॥ भीष्मउवाच ॥ योव्रतंवैयथोद्दिष्टंतथासंप्रतिपद्यते ॥ अखंडंसम्यगारभ्यतस्यलोकाःसनातनाः ८ नियमानांफलंराजन्प्रत्यक्षमिहदृश्यते ॥ नियमानां
क्रतूनांचत्वयाऽवाप्तमिदंफलम् ९ स्वधीतस्यापिचफलंदृश्यतेऽमुत्रचेहच ॥ इहलोकेथवानित्यंब्रह्मलोकेचमोदते १० दमस्यतुफलंराजञ्छृणुत्वंविस्तरेणमे ॥
दांताःसर्वत्रसुखिनोदांताःसर्वत्रनिर्वृताः ११ यत्रेच्छागामिनोदांताःसर्वशत्रुनिषूदनाः ॥ प्रार्थयंतिचयद्दांतालभन्तेतन्नसंशयः १२ युज्यंतेसर्वकामैर्हिदांताः
सर्वत्रपांडव ॥ स्वर्गेयथाप्रमोदंतेतपसाविक्रमेणच १३ दानैर्यज्ञैश्चविविधैस्तथादांताःक्षमान्विताः ॥ दानाद्दमोविशिष्टोहिददत्किंचिद्द्विजातये १४ दाता
कुप्यतिनोदांतस्तस्माद्दानात्परंदमः ॥ यस्तुदद्यादकुप्यन्हितस्यलोकाःसनातनाः १५ क्रोधोहंतिहियद्दानंतस्माद्दानात्परंदमः ॥ अदृश्यानिमहाराजस्था
नान्ययुतशोदिवि १६ ऋषीणांसर्वलोकेषुयानीतोयांतिदेवताः ॥ दमेनयानिनृपतेगच्छंतिपरमर्षयः १७ कामयानामहत्स्थानंतस्माद्दानात्परंदमः ॥ अध्यापकः
परिक्लेशादक्षयंफलमश्नुते १८ विधिवत्पावकंहुत्वाब्रह्मलोकेनराधिप ॥ अधीत्यापिहियोवेदान्न्यायविद्भ्यःप्रयच्छति १९ गुरुकर्मप्रशंसीतुसोऽपिस्वर्गेमहीयते
॥ क्षत्रियोऽध्ययनेयुक्तोयजनेदानकर्मणि ॥ युद्धेयश्चपरित्रातासोऽपिस्वर्गेमहीयते २० वैश्यःस्वकर्मनिरतःप्रदानाल्लभतेमहत् ॥ शूद्रःस्वकर्मनिरतःस्वर्गं
शुश्रूषयाऽर्च्छति २१ शूराबहुविधाःप्रोक्तास्तेषामर्थांस्तुमेशृणु ॥ शूरान्वयानांनिर्दिष्टंफलंशूरस्यचैवहि २२ यज्ञशूरादमेशूराःसत्यशूरास्तथाऽपरे ॥ युद्ध
शूरास्तथैवोक्तादानशूराश्चमानवाः २३ सांख्यशूराश्चबहवोयोगशूरास्तथाऽपरे ॥ अरण्येगृहवासेचत्यागेशूरास्तथापरे २४ आर्जवेचतथाशूराःशमेवर्ततिमा
नवाः ॥ तैस्तैश्चनियमैःशूराबहवःसंतिचाऽपरे ॥ वेदाध्ययनशूराश्चशूराश्चाऽध्यापनेरताः २५ गुरुशुश्रूषयाशूराःपितृशुश्रूषयाऽपरे ॥ मातृशुश्रूषयाशूराभैक्ष्यशूरा
स्तथाऽपरे २६ अरण्येगृहवासेचशूराश्चाऽतिथिपूजने ॥ सर्वेयांतिपरान्लोकान्स्वकर्मफलनिर्जितान् २७ धारणंसर्ववेदानांसर्वतीर्थावगाहनम् ॥ सत्यंचब्रुवतो
नित्यंसमंवास्यान्नवासमम् २८ अश्वमेधसहस्रंचसत्यंचतुलयाधृतम् ॥ अश्वमेधसहस्राद्धिसत्यमेवविशिष्यते २९ सत्येनसूर्यस्तपतिसत्येनाऽग्निःप्रदीप्यते ॥
सत्येनमरुतोवांतिसर्वंसत्येप्रतिष्ठितम् ३० सत्येनदेवाःप्रीयंतेपितरोब्राह्मणास्तथा ॥ सत्यमाहुःपरोधर्मस्तस्मात्सत्यंनलंघयेत् ३१ मुनयःसत्यनिरतामुनयःसत्य
विक्रमाः ॥ मुनयःसत्यशपथास्तस्मात्सत्यंविशिष्यते ३२ सत्यवंतःस्वर्गलोकेमोदंतेभरतर्षभ ॥ दमःसत्यफलाऽवाप्तिरुक्तासर्वात्मनामया ३३ असंशयंविनीतात्मा
सर्वैस्वर्गेमहीयते ॥ ब्रह्मचर्यस्यचगुणंशृणुत्वंवसुधाधिप ३४ आजन्ममरणाद्यस्तुब्रह्मचारीभवेदिह ॥ नतस्यकिंचिदप्राप्यमितिविद्धिनराधिप ३५ बह्व्यःकोट्यस्त्वृ
षीणांतुब्रह्मलोकेवसंत्युत ॥ सत्येरतानांसततंदांतानामूर्ध्वरेतसाम् ३६ ॥ ॥ ॥ ॥ ॥

२९ । ३० । ३१ । ३२ । ३३ । ३४ । ३५ । ३६ ॥ ॥ ॥ ॥ ॥ ॥ ॥ ॥ ॥

३७ । ३८ । ३९ । ४० । ४१ ॥ इति अनुशासनपर्वणिनीलकंठीये भारतभावदीपे पंचसप्ततितमोऽध्यायः ॥ ७५ ॥ विधिमिति १ । २ योविधिरुत्पादितः ३ । ४ स्वकालमितिपाठे स्वकालंस्वस्यमृत्युमाकस्मिकंज्ञात्वा रोहिणींलोहितवर्णाम् ५ बहुलेइतिच्छेदःसंधिरार्षः ६ दिवंस्वर्गंशर्म ऐहिकंसुखंप्रयच्छत्वितिशेषः जगतीगौः । पशवोजगतीतिश्रुतेः । एवमनेनमंत्रे णगोष्ठंप्रपद्यगत्वामौनेनतत्रवासंकृत्वाद्वितीयेऽन्हिगोप्रदानकालएववाचंविसृजेत्इदंगोप्रदानस्यपूर्वांगंव्रतम् ७ समसख्योगाअनिवारयन्समव्रतःभूतलशायित्वदंशाद्यनिवारकत्वादिगुणयुक्तः ८ उत्सृष्टःवृष

ब्रह्मचर्यंदहेद्राजन्सर्वपापान्युपासितम् ॥ ब्राह्मणेनविशेषेणब्राह्मणोह्यग्निरुच्यते ३७ प्रत्यक्षंहितथाह्येतद्ब्राह्मणेषुतपस्विषु ॥ बिभेतिहियथाशक्रोब्रह्मचारि
प्रधर्षितः ३८ तद्ब्रह्मचर्यस्यफलमृषीणामिहदृश्यते ॥ मातापित्रोःपूजनेयोधर्मस्तमपिमेशृणु ३९ शुश्रूषतेयःपितरंनचासूयेत्कदाचन ॥ मातरंभ्रातरंवाऽ
पिगुरुमाचार्यमेवच ४० तस्यराजन्फलंविद्धिस्वर्लोकेस्थानमर्चितम् ॥ नचपश्येतनरकंगुरुशुश्रूषयाऽऽत्मवान् ४१ ॥ इतिश्रीमहाभारते अनुशासनपर्वणि
आनुशासनिकेप० दानधर्मेपंचसप्ततितमोऽध्यायः ॥ ७५ ॥ ॥ ॥ ॥ युधिष्ठिरउवाच ॥ विधिंगवांपरंश्रोतुमिच्छामिनृपतत्त्वतः ॥
येनतान्शाश्वताँल्लोकानर्थिनांप्राप्नुयादिह १ ॥ भीष्मउवाच ॥ नगोदानात्परंकिंचिद्विद्यतेवसुधाधिप ॥ गौर्हिन्यायागतादत्तासद्यस्तारयतेकुलम् २
सतामर्थेसम्यगुत्पादितोयःसवैक्लृप्तःसम्यगाभ्यःप्रजाभ्यः ॥ तस्मात्पूर्वंह्यादिकालप्रवृत्तंगोदानार्थंशृणुराजन्विधिंमे ३ पुरागोषूपनीतासुगोषुसंदिग्धदर्शिना ॥
मांधात्राप्रकृतंप्रश्नंबृहस्पतिरभाषत ४ द्विजातिमतिसत्कृत्यश्वःकालमभिवेद्यच ॥ गोदानार्थंप्रयुंजीतरोहिणींनियतव्रतः ५ आह्वानंचप्रयुंजीतसमंगेबहुले
तिच ॥ प्रविश्यचगवांमध्यमिमांश्रुतिमुदाहरेत् ६ गौर्मेमातावृषभःपितामेदिवंशर्मजगतीमेप्रतिष्ठा ॥ प्रपद्यैवंशर्वरीमुष्यगोषुपुनर्वाणीमुत्सृजेद्गोप्रदाने ७ सता
मेकांनिशांगोभिःसमसख्यःसमव्रतः ॥ ऐकात्म्यगमनात्सद्यःकलुषाद्विप्रमुच्यते ८ उत्सृष्टवृषवत्साहिप्रदेयासूर्यदर्शने ॥ त्रिदिवंप्रतिपत्तव्यमर्थवादाशिषस्तव
९ ऊर्जस्विन्यऊर्जमेधाश्चयज्ञेगर्भोऽमृतस्यजगतोस्यप्रतिष्ठा ॥ क्षितेरोहःप्रवहःशश्वदेवप्राजापत्याःसर्वमित्यर्थवादाः १० गावोममैनःप्रणुदंतुसौर्यास्तथासौम्याः
स्वर्गयानायसंतु ॥ आत्मानंमेमातृवच्चाश्रयंतुतथाऽनुक्ताःसंतुसर्वाशिषोमे ११ शोषोत्सर्गेकर्मभिर्देहमोक्षेसरस्वत्यःश्रेयसेसंप्रवृत्ताः ॥ यूयंनित्यंसर्वपुण्यो
पवाह्यांदिशध्वंमेगतिमिष्टांप्रसन्नाः १२ ॥ ॥ ॥ ॥ ॥ ॥ ॥

वत्सोययासार्धंसाउत्सृष्टवृषवत्सेतिगौडाः । त्वयादात्राप्रदेयात्रिदिवंचप्रतिपत्तव्यंमंतव्यम् । अर्थवादमंत्रोक्ताआशिषश्चतवभविष्यंतीतियोज्यम् ९ आशिषमेवाहऊर्जस्विन्यइति । 'ऊर्जस्तुकार्तिकोत्साहबले षुप्राणनेऽपिच'इतिमेदिनी । बलवत्यःउत्साहवत्योवाऊर्जस्विन्यःऊर्जमेधाःउपगतप्रज्ञाः । यज्ञेअमृतस्यतत्साधनस्यहविषोगर्भइवगर्भःक्षेत्रभूताः । क्षितेःऐश्वर्यस्यरोहः शश्वत्शाश्वतः क्षितेःप्रवहःप्रवाहरूपाश्च १० अनुक्ताःमंत्रद्वयेनउक्ताश्चआशिषोमेसंतु ११ शोषोत्सर्गेक्षयरोगोपतापापनये । 'शोषोयक्ष्मणिशोषणे'इतिमेदिनी क्षयरोगादिनिवृत्तौदेहमोक्षेचकर्मभिःपंचगव्यादिभिःसेविताःसत्यःसरस्व त्योनद्यइवश्रेयसेसंप्रवृत्ताः १२ ॥ ॥ ॥ ॥ ॥ ॥ ॥ ॥ ॥ ॥

येति । गवांस्वस्यचाभेदेनगोदानादात्मदानफलंलभ्यमित्यर्थः । मनश्च्युताःदातुर्ममत्वाभिमानाच्च्युताः । मनएवउपपन्नाः मदीयममतास्पदीभूताः । संधुक्षध्वंदातारंमांचइष्टैर्भोगैःप्रकाशयध्वम् १३ एवमिति । अयंश्लोकोदातृप्रतिग्रहीतृभ्यांक्रमेणार्धशःपठनीयइत्यर्थः १४ गोप्रदानीति । अर्घ्यंवस्त्रंवसुप्रदोऽपिगोप्रदानीतिवक्तव्यमितियोजना । योगोःप्रतिनिधित्वेनअर्घ्यंवस्त्रंसुवर्णंवाप्रयच्छति सोऽपिगोप्रदानीभवतीत्यर्थः । अर्घ्यंअर्घोव्यावहारिकंगोमूल्यम् । वस्त्रमपिआधानप्रकरणेबौधायनेनगोप्रतिनिधित्वेनोक्तम् । यावतीर्गादद्यात्तावंतिवासांसि तावदोदनान्वादद्यादिति सुवर्णंतुगो स्तुमात्रानविद्यतइतिश्रुतेरपरिमितं अर्घादिकंयावच्छक्तिदेयं तत्रअर्घगोप्रदानेइमांऊर्ध्वास्यांपाठांतरेऊधस्यांतुभ्यंसंप्रददेस्वंगृहाणेतिचोदयेत् वस्त्रधेनुंभवितव्येतिपाठांतरेनमितव्येतिवावसुधेनुंवैष्णवीतिकी र्तयेदित्यर्थः १५ । १६ गवादीनांगोप्रतिनिधीनामेवंतत्फलं प्रत्यक्षगोदानेगोप्रतिग्रहीतुर्गृहंगच्छंत्याअष्टमेपदेभवंति किमुतद्गृहगमनेतदीयबालकातिथ्यग्निहोत्रादीनांचिरकालनिर्वाहइतिभावः १७ गोद

याभवेयूयंसोऽहमद्यैवभावोयुष्मान्दत्त्वाचाहमात्मप्रदाता ॥ मनश्च्युतामनएवोपपन्नाःसंधुक्षध्वंसौम्यरूपोग्ररूपाः १३ एवंतस्याग्रेपूर्वमर्धंवदेतगवांदाताविधिवत्पू र्वदृष्टः ॥ प्रतिब्रूयाच्छेषमर्धंद्विजातिःप्रतिगृह्णन्वैगोप्रदानेविधिज्ञः १४ गोप्रदानीतिवक्तव्यमर्घ्यंवस्त्रंवसुप्रदः ॥ ऊर्ध्वास्याभवितव्याचवैष्णवीतिचचोदये त् १५ नामसंकीर्तयेत्तस्यायथासंख्योत्तरंसवै ॥ फलंषट्त्रिंशदष्टौचसहस्राणिचविंशतिः १६ एवमेतान्गुणान्विद्याद्गवादीनांयथाक्रमम् ॥ गोप्रदातासमाप्नोतिस मस्तानष्टमेक्रमे १७ गोदःशीलीनिर्भयश्चार्घदातानस्याद्दुःखीवसुदाताचकामम् ॥ उपस्योढाभारतेयश्चविद्वान्विख्यातास्तेवैष्णवाश्चंद्रलोकाः १८ गावैदत्त्वागोव्रती स्यात्त्रिरात्रंनिशांचैकांसंवसेतेहताभिः ॥ कामाष्टम्यांवर्तितव्यंत्रिरात्रंरसैर्वागोःशकृताप्रस्नवैर्वा १९ देवव्रतीस्याद्वृषभप्रदानेवेदावाप्तिर्गोयुगस्यप्रदाने ॥ तथागवां विधिमासाद्ययज्वालोकानग्र्यान्विंदतेनाविधिज्ञः २० कामान्सर्वान्पार्थिवानेकसंस्थान्योवैदद्यात्कामदुघांचधेनुम् ॥ सम्यक्ताःस्युर्हव्यकव्यौघवत्यस्तासामुक्ष्णां ज्यायसांसंप्रदानम् २१ नचाऽशिष्यायाव्रतायोपकुर्यान्नाऽश्रद्दधानायनवक्रबुद्धये ॥ गुह्योह्ययंसर्वलोकस्यधर्मोनेमंधर्मंयत्रतत्रप्रजल्पेत् २२ संतिलोकेश्रद्दधानामनु ष्याःसंतिक्षुद्राराक्षसामानुषेषु ॥ एषामेतद्दीयमानंह्यनिष्टंयेनास्तिक्यंचाश्रयंतेऽल्पपुण्याः २३ बार्हस्पत्यंवाक्यमेतन्निशम्ययेराजानोगोप्रदानानिदत्त्वा ॥ लोका न्प्राप्ताःपुण्यशीलाःप्रवृत्तास्तान्मेराजन्कीर्त्यमानान्निबोध २४ उशीनरोविष्वगश्वोनृगश्चभगीरथोविश्रुतोयौवनाश्वः ॥ मांधातावैमुचुकुंदश्चराजाभूरिद्युम्नोनैषधःसो मकश्च २५ पुरूरवाभरतश्चक्रवर्तीयस्यान्ववायेभरताःसर्वएव ॥ तथावीरोदाशरथिश्चरामोयेचाप्यन्येविश्रुताःकीर्तिमंतः २६ ॥ ॥

इति । शीलीशीलवान् अर्घदातानिर्भयइतिसंबंधः । निकृष्टत्वाद्वस्त्रदातुःफलंनोक्तम् । एवंत्रयाणामैहिकंफलमुक्त्वाआमुष्मिकंफलमाह उपस्योढेति उपस्थंप्रातःस्नानादिकर्मऊढंप्राप्तंयैः । 'उप स्योढःसविज्ञेयोब्रह्मदेयासुतस्तुयः' । भारतेविद्वान्भारतवेत्ता वैष्णवाःविष्णुभक्ताः चंद्रवल्लोकआलोकोयेषांएवंविख्याताःकथिताइतिकेचित् त्रयोऽपिवैष्णवाःविष्णुदत्ताश्चंद्रवदमृतस्रवाःलोकाः विदो विद्यंतेऽस्मिन्सविद्वान् १८ । १९ देवव्रतीब्रह्मचारीसूर्यमंडलभेत्ता २० एकसंस्थानेकीकृतान् गजग्रामादिसर्वंदानतुल्यमेकधेनुदानं किमुतबहूयोहव्यादिमत्योदेयाः तासांताभ्योऽधिकमिति शेषः उक्ष्णांप्रवराणाम् २१ उपकुर्यादेतत्कथनेन २२ । २३ । २४ । २५ । २६ ॥ ॥

२७ । २८ । २९ । ३० । ३१ ॥ इतिअनुशासनपर्वणिनीलकंठीयेभारतभावदीपेषट्सप्ततितमोऽध्यायः ॥ ७६ ॥ ततइति १ । २ । ३ । ४ । ५ । ६ । ७ । ८ । ९ । १० । ११ । १२ । १३

तथाराजापृथुकर्मादिलीपोदिवंप्राप्तोगोप्रदानैर्विधिज्ञः ॥ यज्ञैर्दानैस्तपसाराजधर्मैर्मांधाताऽभूद्गोप्रदानैश्चयुक्तः २७ तस्मात्पार्थत्वमपीमांमयोक्तांबार्हस्पतींभार
तींधारयस्व ॥ द्विजाग्र्येभ्यःसंप्रयच्छस्वप्रीतोगाःपुण्यावैप्राप्यराज्यंकुरूणाम २८ ॥ वैशंपायनउवाच ॥ तथासर्वंकृतवान्धर्मराजोभीष्मेणोक्तोविधिवद्गोप्र
दाने ॥ समांधातुर्वेददेवोपदिष्टंसम्यग्धर्मंधारयामासराजा २९ इतिनृपसततंगवांप्रदानेयवशकलान्सहगोमयैःपिबानः ॥ क्षितितलशयनःशिखीयतात्माऽवृषइ
वराजवृषस्तदाबभूव ३० नरपतिरभवत्सदैवताभ्यःप्रयतमनास्त्वभिसंस्तुवंश्चताःस्म ॥ नृपतिधुरिचगामयुक्तभूपस्तुरगवरैरगमच्चयत्रतत्र ३१ ॥ इतिश्री
महाभारतेअनुशासनपर्वणिआनुशासनिकेपर्वणिदानधर्मेगोदानकथनेषट्सप्ततितमोऽध्यायः ॥ ७६ ॥ ॥ वैशंपायनउवाच ॥ ततोयुधिष्ठिरोराजाभूयः
शांतनवंनृपम् ॥ गोदानविस्तरंधीमान्पप्रच्छविनयान्वितः १ युधिष्ठिरउवाच ॥ गोप्रदानगुणान्सम्यक्पुनर्मेब्रूहिभारत ॥ नहितृप्याम्यहंवीरशृण्वानोऽ
मृतमीदृशम् २ वैशंपायनउवाच ॥ इत्युक्तोधर्मराजेनतदाशांतनवोनृपः ॥ सम्यगाहगुणांस्तस्मैगोप्रदानस्यकेवलान् ३ ॥ भीष्मउवाच ॥ वत्स
लांगुणसंपन्नांतरुणींवस्त्रसंयुताम् ॥ दत्त्वेदृशींगांविप्रायसर्वपापैःप्रमुच्यते ४ असुर्यानामतेलोकागांदत्त्वातान्नगच्छति ॥ पीतोदकांजग्धतृणांनष्टक्षीरांनिरिंद्रि
याम् ५ जरारोगोपसंपन्नांजीर्णांवापीमिवाजलाम् ॥ दत्त्वातमःप्रविशतिद्विजंक्लेशेनयोजयेत् ६ रुष्टादुष्टाव्याधितादुर्बलावानोदातव्यायाश्चमूल्यैरदत्तैः ॥
क्लेशैर्विप्रंयोऽफलैःसंयुनक्तितस्यावीर्याश्चाफलाश्चैवलोकाः ७ बलान्विताःशीलवयोपपन्नाःसर्वेप्रशंसंतिसुगंधवत्यः ॥ यथाहिगंगासरितांवरिष्ठातथाऽर्जुनीनांकपि
लावरिष्ठा ८ ॥ युधिष्ठिरउवाच ॥ कस्मात्समानेबहुलाप्रदानेसद्भिःप्रशस्तंकपिलाप्रदानम् ॥ विशेषमिच्छामिमहाप्रभावंश्रोतुंसमर्थोऽस्मिभवान्प्रवक्तुम् ९
भीष्मउवाच ॥ वृद्धानांब्रुवतांतातश्रुतंमेयत्पुरातनम् ॥ वक्ष्यामितदशेषेणरोहिण्योनिर्मितायथा १० प्रजाःसृजेतिचादिष्टःपूर्वंदक्षःस्वयंभुवा ॥ असृजद्वृ
त्तिमेवाग्रेप्रजानांहितकाम्यया ११ यथाह्यमृतमाश्रित्यवर्तयंतिदिवौकसः ॥ तथावृत्तिंसमाश्रित्यवर्तयंतिप्रजाविभो १२ अचरेभ्यश्चभूतेभ्यश्चराःश्रेष्ठाःसदानराः
॥ ब्राह्मणाश्चततःश्रेष्ठास्तेषुयज्ञाःप्रतिष्ठिताः १३ यज्ञैरवाप्यतेसोमःसचगोषुप्रतिष्ठितः ॥ ततोदेवाःप्रमोदंतेपूर्वंवृत्तिस्ततःप्रजाः १४ प्रजातान्येवभूतानिप्रा
क्रोशन्वृत्तिकांक्षया ॥ वृत्तिदंचान्वपद्यंततृषिताःपितृमातृवत् १५ इतीदंमनसागत्वाप्रजासर्गार्थमात्मनः ॥ प्रजापतिस्तुभगवानमृतंप्रापिबत्तदा १६ स
गतस्तस्यतृप्तिंतुगंधंसुरभिमुद्गिरन् ॥ ददर्शोद्गारसंवृत्तांसुरभिंमुखजांसुताम् १७ साऽसृजत्सौरभेयीस्तुसुरभिर्लोकमातृकाः ॥ सुवर्णवर्णाःकपिलाःप्रजानांवृ
त्तिधेनवः १८ तासाममृतवर्णानांक्षरंतीनांसमंततः ॥ बभूवामृतजःफेनःस्रवंतीनामिवोर्मिजः १९ ॥ ॥ ॥

१४ । १५ । १६ । १७ । १८ । १९ ॥ ॥ ॥

२० । २१ । २२ । २३ । २४ । २५ । २६ । २७ । २८ । २९ । ३० । ३१ । ३२ । ३३ । ३४ । ३५ ॥ इति अनुशासनपर्वणिनीलकंठीये भारतभावदीपे सप्तसप्ततितमोऽध्यायः ॥ ७७ ॥

सवत्समुखविप्रष्टोभवस्यभुवितिष्ठतः ॥ शिरस्यवापतत्कुद्धःसतदेक्षतचम्प्रभुः २० ललाटप्रभवेणाक्ष्णारोहिर्णीप्रदहत्रिव ॥ तत्तेजस्तुततोरौद्रंकपिलास्ताविशां
पते २१ नानावर्णंत्वमनयन्मेघानिवदिवाकरः ॥ यास्तुतस्मादपक्रम्यसोममेवाभिसंश्रिताः २२ यथोत्पन्नाःस्ववर्णस्थास्तानीताश्चान्यवर्णताम् ॥ अथकुद्धं
महादेवंप्रजापतिरभाषत २३ अमृतेनावसिकस्त्वंनोच्छिद्रंविद्यतेगवाम् ॥ यथाद्यष्टमादायसोमोविस्यंदतेपुनः २४ तथाक्षीरंक्षरन्त्येतारोहिण्योऽमृतसंभवम् ॥
नदृष्यत्यनिलानाग्निनेसुवर्णेनोदधिः २५ नाम्रृतेनाष्टपीतंवत्सपीतानवत्सला ॥ इमान्लोकान्भरिष्यंतिहविषाप्रस्त्रवेणच २६ आसामैश्वर्यमिच्छंतिसर्वेऽष्ट
तमयंशुभम् ॥ वृषभंचददौत्स्मेसहगोभिःप्रजापतिः २७ प्रसाद्यामासमनस्तेनवृद्रःसभारत ॥ प्रीतश्चापिमहादेवश्चकारवृषभंतदा २८ ध्वजंचवाहनंचैव
तस्मात्सवृषभध्वजः ॥ ततोदेवैमहादेवस्तदापशुपतिःकृतः ॥ ईश्वरःसगवांमध्येत्वृषभांकःप्रकीर्तितः २९ एवमव्यग्रवर्णानांकपिलानांमहौजसाम् ॥ प्रदा
नेप्रथमःकल्पःसर्वासामेवकीर्तितः ३० लोकज्येष्ठालोकवृत्तिप्रवृत्तारुद्रोपेताःसोमविस्यंदभूताः ॥ सौम्याःपुण्याःकामदाःप्राणदाश्चगावेदेवास्सर्वकामप्रदाःस्यात् ३१
इदंगवांप्रभवंविधानमुत्तमंपठन्सदाशुचिरपिमंगलप्रियः ॥ विमुच्यतेकलिकलुषेणमानवःश्रियंसुतान्धनपशुमाप्नुयात्सदा ३२ हव्यंकव्यंतर्पणंशांतिकर्मयानंवासो
वृद्धबालस्यतुष्टिः ॥ एतान्सर्वान्गोप्रदानगुणान्वेदाताराजन्मुखादेसदेव ३३ ॥ वैशंपायनउवाच ॥ पितामहस्याथनिशम्यवाक्यंराजासहभ्रातृभिरजमीढः ॥
सुवर्णवर्णानदुहस्तथागाःपार्थोददौब्राह्मणसत्तमेभ्यः ३४ तथैवतेभ्योऽपिददौद्विजेभ्योगवांसहस्राणिशतानिचैव ॥ यज्ञान्समुद्दिश्यचदक्षिणार्थेलोकान्विजेतुंपर
मांचकीर्तिम् ३५ ॥ इतिश्रीमहाभारतेअनुशासनपर्वणिआनुशासनिकेपर्वणिदानधर्मेगोप्रभवकथनेसप्तसप्ततितमोऽध्यायः ॥ ७७ ॥ ॥ ॥ भीष्मउवाच ॥
एतस्मिन्नेवकालेतुवसिष्ठमृषिसत्तमम् ॥ इक्ष्वाकुवंशजोराजासौदासोवदतांवरः १ सर्वलोकचरंसिद्धंब्रह्मकोशंसनातनम् ॥ पुरोहितमभिप्रष्टुमभिवाद्योपचक्रमे
२ ॥ सौदासउवाच ॥ त्रैलोक्येभगवन्किंस्वित्पवित्रंकथ्यतेऽनघ ॥ यत्कीर्तयन्सदामर्त्यःप्राप्नुयात्पुण्यमुत्तमम् ३ ॥भीष्मउवाच ॥ तस्मैप्रोवाचवचनंप्रणता
यहितंतदा ॥ गवामुपनिषद्बिद्धिनमस्कुर्यगवांशुचिः ४ गावःसुरभिगंधिन्यस्तथागुग्गुलुगंधयः ॥ गावःप्रतिष्ठाभूतानांगावःस्वस्त्ययनंमहत् ५ गावोभूतं
चभव्यंचगावःपुष्टिःसनातनी ॥ गावोलक्ष्म्यास्तथामूलंगोप्रदत्तंनशयति ६ अन्नंहिपरमंगावोदेवानांपरमंहविः ॥ स्वाहाकारवषट्कारौगोषुनित्यप्रतिष्ठितौ
७ गावोयज्ञस्यहिफलंगोषुयज्ञाःप्रतिष्ठिताः ॥ गावोभविष्यंभूतंचगोषुयज्ञाःप्रतिष्ठिताः ८ सायंप्रातश्चसततंहोमकालेमहाद्युते ॥ गावोददतिवैहोम्यमृषिभ्यः
पुरुषर्षभ ९ यानिकानिचदुर्गाणिदुष्कृतानिकृतानिच ॥ तरंतिचैवपाप्मानंधेनुंयद्ददतिप्रभो १० ॥ ॥ ॥

एतस्मिन्निति १ । २ । ३ । ४ । ५ । ६ । ७ । ८ । ९ । १० ॥

२१ कीनाशःकर्षकःकृपणोवा १२ । १३ । १४ । १५ । १६ । १७ १८ । १९ गोसमृद्धिकरंकर्मव्रतपूर्वकमाह सार्द्रेइति । चर्मणिगोरेवसार्द्रेप्रोक्षणेनार्द्रीकृतेउपविश्येतिशेषः भूमावितिकांस्यनिवृत्तिः २०
जुहुयाद्धोमत्येत्यपकृष्यते । गोमाँअग्नेविमाँअश्वी इतिमंत्रोगोमती २१ । २२ । २३ । २४ । २५ ॥ इतिअनुशासनपर्वणिनीलकंठीयेभारतभावदीपेअष्टसप्ततितमोऽध्यायः ॥ ७८ ॥ शतमिति

एकांचदशगुर्दद्याद्दशदद्याच्चगोशती ॥ शतंसहस्रगुर्दद्यात्सर्वेतुल्यफलाहिते ११ अनाहिताग्निःशतगुरयज्वाचसहस्रगुः ॥ समृद्धोयश्चकीनाशोनार्घमर्हतितेत्र
यः १२ कपिलांयेप्रयच्छंतिसवत्सांकांस्यदोहनाम् ॥ सुव्रतांवस्त्रसंवीतामुभौलोकौजयंतिते १३ युवानमिंद्रियोपेतंशतेनशतयूथपम् ॥ गवेन्द्रंब्राह्मणेन्द्रायभू
रिशृंगमलंकृतम् १४ वृषभंयेप्रयच्छंतिश्रोत्रियायपरंतप ॥ ऐश्वर्यंतेऽधिगच्छंतिजायमानाःपुनःपुनः १५ नाकीर्तयित्वागाःसुप्यात्तासांसंस्मृत्यचोत्पतेत् ॥
सायंप्रातर्नमस्येच्चगास्ततःपुष्टिमाप्नुयात् १६ गवांमूत्रपुरीषस्यनोद्विजेतकथंचन ॥ नचासांमांसमश्नीयाद्गवांपुष्टिंतथाप्नुयात् १७ गाश्चसंकीर्तयन्नित्यंनावमन्ये
ततास्तथा ॥ अनिष्टंस्वप्नमालक्ष्यगांनरःसंप्रकीर्तयेत् १८ गोमयेनसदास्नायात्करीषेचापिसंविशेत् ॥ श्लेष्ममूत्रपुरीषाणिप्रतिघातंचवर्जयेत् १९ सार्द्रेचर्म
णिभुंजीतनिरीक्षेद्वारुणींदिशम् ॥ वाग्यतःसर्पिषाभूमौगवांपुष्टिंसदाऽश्नुते २० घृतेनजुहुयादग्निंघृतेनस्वस्तिवाचयेत् ॥ घृतंदद्याद्घृतंप्राशेद्गवांपुष्टिंसदाऽश्नु
ते २१ गोमत्याविद्ययाधेनुंतिलानामभिमंत्र्ययः ॥ सर्वरत्नमयींदद्यान्नसशोचेत्कृताकृते २२ गावोमामुपतिष्ठंतुहेमशृंग्यःपयोमुचः ॥ सुरभ्यःसौरभेय्यश्च
सरितःसागरंयथा २३ गावैपश्याम्यहंनित्यंगावःपश्यंतुमांसदा ॥ गावोऽस्माकंवयंतासांयतोगावस्ततोवयम् २४ एवंरात्रौदिवाचापिसमेषुविषमेषुच ॥ महा
भयेषुचनरःकीर्तयन्मुच्यतेभयात् ॥ २५ ॥ ॥ इतिश्रीमहाभारते अनुशासनपर्वणिआनुशास० दानधर्मेगोप्रदानिकेअष्टसप्ततितमोऽध्यायः ॥ ७८ ॥
॥ वसिष्ठउवाच ॥ शतंवर्षसहस्राणांतपस्तप्तंसुदुष्करम् ॥ गोभिःपूर्वंविसृष्टाभिर्गच्छेमश्रेष्ठतामिति १ लोकेऽस्मिन्दक्षिणानांचसर्वासांवयमुत्तमाः ॥ भवेम
नचलिप्येमदोषेणेतिपरंतप २ अस्मत्पुरीषस्नानेनजनःपूयेतसर्वदा ॥ शकृताचपवित्रार्थंकुर्वीरन्देवमानुषाः ३ तथासर्वाणिभूतानिस्थावराणिचराणिच ॥ प्रदा
तारश्चलोकान्नोगच्छेयुरितिमानद ४ ताभ्योवरंददौब्रह्मातपसोऽन्तेस्वयंप्रभुः ॥ एवंभवत्वितिप्रभुर्लोकांस्तारयतेतिच ५ उत्तस्थुःसिद्धकामास्ताभूतभव्यस्य
मातरः ॥ प्रातर्नमस्यास्तागावस्ततःपुष्टिमवाप्नुयात् ६ तपसोऽन्तेमहाराजगावोलोकपरायणाः ॥ तस्माद्गावोमहाभागाःपवित्रंपरमुच्यते ७ तथैवसर्वभूतानां
समतिष्ठंतमूर्धनि ॥ समानवत्सांकपिलांधेनुंदत्वापयस्विनीम् ॥ सुव्रतांवस्त्रसंवीतांब्रह्मलोकेमहीयते ८ लोहितांतुल्यवत्सांतुधेनुंदत्वापयस्विनीम् ॥ सुव्रतांवस्त्र
संवीतांसूर्यलोकेमहीयते ९ समानवत्सांशबलांधेनुंदत्वापयस्विनीम् ॥ सुव्रतांवस्त्रसंवीतांसोमलोकेमहीयते १० समानवत्सांश्वेतांतुधेनुंदत्वापयस्विनीम् ॥
सुव्रतांवस्त्रसंवीतामिंद्रलोकेमहीयते ११ समानवत्सांकृष्णांतुधेनुंदत्वापयस्विनीम् ॥ सुव्रतांवस्त्रसंवीतामग्निलोकेमहीयते १२ ॥ ॥

२ । ३ । ४ । ५ । ६ लोकपरःयणाबभूवुरितिशेषः ७ । ८ । ९ । १० । ११ । १२ ॥ ॥ ॥ ॥

१३ । १४ । १५ । १६ । १७ इतिकंठांप्रलंबगलकंबलां १८ । १९ । २० वैराटंवृद्धंपृष्ठंयस्य रटतिक्रंदत्यनेनेतिराटंक्षतंविगतंराटंयस्मात्तद्विराटं स्वार्थेतद्धितः २१ लीलांगंविलासितांगं २२।२३।२४।२५।२६

समानवत्सांधूम्रांतुधेनुंदत्वापयस्विनीम् ॥ सुव्रतांवस्त्रसंवीतांयाम्यलोकेमहीयते १३ अपांफेनसवर्णांतुसवत्सांकांस्यदोहनाम् ॥ प्रदायवस्त्रसंवीतांवरुणंलोकमाप्नुते १४ वातरेणुसवर्णांतुसवत्सांकांस्यदोहनाम् ॥ प्रदायवस्त्रसंवीतांवायुलोकेमहीयते १५ हिरण्यवर्णांपिंगाक्षींसवत्सांकांस्यदोहनाम् ॥ प्रदायवस्त्रसंवीतांकौबेरंलोकमश्नुते १६ पलालधूम्रवर्णांतुसवत्सांकांस्यदोहनाम् ॥ प्रदायवस्त्रसंवीतांपितृलोकेमहीयते १७ सवत्सांपीवरींदत्वाद्दतिकंठामलंकृताम् ॥ वैश्वदेवमसंबाधंस्थानंश्रेष्ठंप्रपद्यते १८ समानवत्सांगौरींतुधेनुंदत्वापयस्विनीम् ॥ सुव्रतांवस्त्रसंवीतांवसूनांलोकमाप्नुयात् १९ पांडुकंबलवर्णाभांसवत्सांकांस्यदोहनाम् ॥ प्रदायवस्त्रसंवीतांसाध्यानांलोकमाप्नुते २० वैराटपृष्ठमुक्षाणंसर्वरत्नैरलंकृतम् ॥ प्रददन्मरुतांलोकान्सराजन्प्रतिपद्यते २१ वयोपपन्नंलीलांगंसर्वरत्नसमन्वितम् ॥ गंधर्वाप्सरसांलोकान्दत्वाप्राप्नोतिमानवः २२ द्दतिकंठमनड्वाहंसर्वरत्नैरलंकृतम् ॥ दत्वाप्रजापतेर्लोकान्विशोकःप्रतिपद्यते २३ गोप्रदानरतोयातिभित्वाजलदसंचयान् ॥ विमानेनार्कवर्णेनदिविराजन्विराजते २४ तंचोरुवेषाःसुश्रोण्यःसहस्रंसुरयोषितः ॥ रमयंतिनरश्रेष्ठंगोप्रदानरतंनरम् २५ वीणानांवल्लकीनांचनूपुराणांचसिंजितैः ॥ हासैश्चहरिणाक्षीणांसुप्तःसुप्रतिबोध्यते २६ यावंतिरोमाणिभवंतिधेन्वास्तावंतिवर्षाणिमहीयतेसः ॥ स्वर्गच्युतश्चापिततोनृलोकेप्रसूयतेवैविपुलेगृहेसः ॥ २७ ॥

॥ इतिश्रीमहाभारते अनुशासनपर्वणिअनुशासनिकेपर्वणि दानधर्मेगोप्रदानिकेएकोनाशीतितमोऽध्यायः ॥ ७९ ॥

॥ वसिष्ठउवाच ॥ ॥ घृतक्षीरप्रदागावोघृतयोन्योघृतोद्भवाः ॥ घृतनद्योघृतावर्तास्तामेसंतुसदागृहे १ घृतंमेहृदयेनित्यंघृतंनाभ्यांप्रतिष्ठितम् ॥ घृतंसर्वेषुगात्रेषुघृतंमेमनसिस्थितम् २ गावोममाग्रतोनित्यंगावःपृष्ठतएवच ॥ गावोमेसर्वतश्चैवगवांमध्येवसाम्यहम् ३ इत्याचम्यजपेत्सायंप्रातश्चपुरुषःसदा ॥ यदह्नाकुरुतेपापंतस्मात्सपरिमुच्यते ४ प्रासादायत्रसौवर्णावसोर्धाराचयत्रसा ॥ गंधर्वाप्सरसोयत्रतत्रयांतिसहस्रदाः ५ नवनीतपंकाःक्षीरोदादधिशैवलसंकुलाः ॥ वहंतियत्रवैनद्यस्तत्रयांतिसहस्रदाः ६ गवांशतसहस्रंतुयःप्रयच्छेद्यथाविधि ॥ परांवृद्धिमवाप्याथस्वर्गलोकेमहीयते ७ दशचोभयतःपुत्रोमातापित्रोःपितामहान् ॥ दधातिसुकृतान्लोकान्पुनातिचकुलंनरः ८ धेन्वाःप्रमाणेनसमप्रमाणांधेनुंतिलानामपिचप्रदाय ॥ पानीयदाताचयमस्यलोकेनयातनांकांचिदुपैतितत्र ९ पवित्रमग्र्यंजगतःप्रतिष्ठादिवौकसांमातरोथाप्रमेयाः ॥ अन्वालभेद्दक्षिणतोव्रजेच्चदद्याच्चपात्रेप्रसमीक्ष्यकालम् १० धेनुंसवत्सांकपिलांभूरिशृंगींकांस्योपदोहांवसनोत्तरीयाम् ॥ प्रदायतांगाहतिदुर्विगाह्यांयाम्यांसभांवीतभयोमनुष्यः ११

२७ ॥ इतिअनुशासनपर्वणिनी० भारतभावदीपे एकोनाशीतितमोऽध्यायः ॥ ७९ ॥ घृतेति । घृतयोन्यःघृतयोनयः १।२।३।४वसोर्धारामंदाकिनी ५ । ६ । ७ । ८ पानीयदाताजलधेनुदाता ९ । १० । ११

१।२।१।३।१।४।१५।१६ भूमिदःसौदासोनामराजा १७ ॥ इतिअनु०नी०भा०अशीतितमोऽध्यायः ॥ ८० ॥ पवित्राणामिति । शिष्टंउक्तादन्यत् १।२ । ३ । ४ । ५ पुरागीतांपौराणींकथां ६ आह्निककृतःकृता

सुरूपाबहुरूपाश्चविश्वरूपाश्चमातरः ॥ गावोमामुपतिष्ठंतामितिनित्यंप्रकीर्तयेत् १२ नातःपुण्यतरंदानंनातःपुण्यतरंफलम् ॥ नातोविशिष्टंलोकेषुभूतंभवितुमर्ह
ति १३ त्वचालोम्नाऽथशृंगैर्वावालैःक्षीरेणमेदसा ॥ यज्ञंवहतिसंभूयकिमस्त्यभ्यधिकंततः १४ यथासर्वमिदंव्याप्तंजगत्स्थावरजंगमम् ॥ तांधेनुंशिरसावंदेभूत
भव्यस्यमातरम् १५ गुणवचनसमुच्चयैकदेशोनृवरमयैषगवांप्रकीर्तितस्ते ॥ नचपरमिहदानमस्तिगोभ्योभवतिनचापिपरायणंतथाऽन्यत् १६ ॥ ॥ भीष्मउवा
च ॥ ॥ वरमिदमितिभूमिदोविचिंत्यप्रवरमृषेर्वचनंततोमहात्मा ॥ व्यसृजतनियतात्मवान्द्विजेभ्यःसुबहुचगोधनमाप्तवांश्चलोकान् १७ ॥ इतिश्रीमहाभार
ते अनुशासनपर्वणिआनुशास० दानधर्मेगोप्रदानिकेऽशीतितमोऽध्यायः ॥ ८० ॥ ॥ युधिष्ठिरउवाच ॥ पवित्राणांपवित्रंयच्छिष्टंलोकेचयद्भवेत् ॥ पावनं
परमंचैवतन्मेब्रूहिपितामह १ ॥ भीष्मउवाच ॥ गावोमहार्थाःपुण्याश्चतारयंतिचमानवान् ॥ धारयंतिप्रजाश्चेमाहविषापयसातथा २ नहिपुण्यतमंकिंचिद्गो
भ्योभरतसत्तम ॥ एताःपुण्याःपवित्राश्चत्रिषुलोकेषुसत्तमाः ३ देवानामुपरिष्टाच्चगावःप्रतिवसंतिवै ॥ दत्त्वाचैतास्तारयतेयांतिस्वर्गंमनीषिणः ४ मांधाता
यौवनाश्वश्चययातिर्नहुषस्तथा ॥ गावैददंतःसततंसहस्रशतसंमिताः ५ गताःपरमकंस्थानंदेवैरपिसुदुर्लभम् ॥ अपिचात्रपुरागीतांकथयिष्यामितेऽनघ ६
ऋषीणामुत्तमंधीमान्कृष्णद्वैपायनंशुकः ॥ अभिवाद्याह्निककृतःशुचिःप्रयतमानसः ७ पितरंपरिपप्रच्छदृष्टलोकपरावरम् ॥ कोयज्ञःसर्वयज्ञानांवरिष्ठोऽभ्युपल
क्ष्यते ८ किंचकृत्वापरंस्थानंप्राप्नुवंतिमनीषिणः ॥ केनदेवाःपवित्रेणस्वर्गमश्नंतिवाविभो ९ किंचयज्ञस्ययज्ञत्वंक्वचयज्ञःप्रतिष्ठितः ॥ देवानामुत्तमंकिंच
किंचसत्रमितःपरम् १० पवित्राणांपवित्रंचयत्तद्ब्रूहिपितर्मम ॥ एतच्छ्रुत्वातुवचनंव्यासःपरमधर्मवित् ॥ पुत्रायाकथयत्सर्वंतत्त्वेनभरतर्षभ ११ ॥ व्यासउ
वाच ॥ गावःप्रतिष्ठाभूतानांतथागावःपरायणम् ॥ गावःपुण्याःपवित्राश्चगोधनंपावनंतथा १२ पूर्वमासन्नशृंगावैगावइत्यनुशुश्रुम ॥ शृंगार्थेसमुपासंतताःकि
लप्रभुमव्ययम् १३ ततोब्रह्मातुगाःप्रायमुपविष्टाःसमीक्ष्यह ॥ ईप्सितंप्रददौताभ्योगोभ्यःप्रत्येकशःप्रभुः १४ तासांशृंगाण्यजायंतयस्यायादृङ्मनोगतम् ॥ नाना
वर्णाःशृंगवंत्यस्ताव्यरोचंतपुत्रक १५ ब्रह्मणावरदत्तास्ताहव्यकव्यप्रदाःशुभाः ॥ पुण्याःपवित्राःसुभगादिव्यसंस्थानलक्षणाः १६ गावस्तेजोमहद्दिव्यंगवांदा
नंप्रशस्यते ॥ येचैताःसंप्रयच्छंतिसाधवोवीतमत्सराः १७ येवैसुकृतिनःप्रोक्ताःसर्वदानप्रदाश्चते ॥ गवांलोकंतथापुण्यमाप्नुवंतिचतेऽनघ १८ यत्रवृक्षामधुफलादि
व्यपुष्पफलोपगाः ॥ पुष्पाणिचसुगंधीनिदिव्यानिद्विजसत्तम १९ सर्वामणिमयीभूमिःसर्वकांचनवालुकाः ॥ सर्वर्तुसुखसंस्पर्शानिष्पंकानिरजाःशुभाः २०

ह्निकः ७।८।९।१०।११।१२ अशृंगाइत्यखुराइत्यस्याप्युपलक्षणं 'गावोवैसत्रमासतशफानशृंगाणिसिषासत्यस्तासांदशमेमासिशफाःशृंगाण्यजायंत'इतिश्रुतेः १३।१४।१५।१६।१७।१८।१९।२०

२१ । २२ । २३ उद्धूतपुलिनाः अंकुरिततीराः २४ । २५ । २६ नगाःवृक्षाः पत्ररथाःपक्षिणः २७ । २८ । २९ । ३० नाममात्रंजपेदितिसंबंधः युगंधराःसत्यादियुगंधार्यंतिताः ३१ प्राजापत्यं प्रजापतिनोक्तम् ३२ ।३३ । ३४ । ३५ । ३६ । ३७ जुहुयात्पूर्वोक्तगोमत्या ३८ निर्हृतैःगोमयनिर्गतैः ३९ । ४० । ४१ । ४२ । ४३ गोमतींगोमत्याऋचाप्रकाशितमर्थंवरंलभते ४४

रक्तोत्पलवनैश्चैवमणिखंडैर्हिरण्मयैः ॥ तरुणादित्यसंकाशैर्भांतितत्रजलाशयाः २१ महार्हमणिपत्रैश्चकांचनप्रभकेसरैः ॥ नीलोत्पलविमिश्रैश्चसरोभिर्बहुपंकजैः २२ करवीरवनैःफुल्लैःसहस्रावर्तसंवृतैः ॥ संतानकवनैःफुल्लैर्वृक्षैश्चसमलंकृताः २३ निर्मलाभिश्चमुक्ताभिर्मणिभिश्चमहाप्रभैः ॥ उद्धूतपुलिनास्तत्रजातरूपैश्च निम्नगाः २४ सर्वरत्नमयैश्चित्रैरवगाढाद्रुमोत्तमैः ॥ जातरूपमयैश्चान्यैर्हुताशनसमप्रभैः २५ सौवर्णागिरयस्तत्रमणिरत्नशिलोच्चयाः ॥ सर्वरत्नमयैर्भांतिशृंगैश्चारुभिरुच्छ्रितैः २६ नित्यपुष्पफलास्तत्रनगाःपत्ररथाकुलाः ॥ दिव्यगंधरसैःपुष्पैःफलैश्चभरतर्षभ २७ रमंतेपुण्यकर्माणस्तत्रनित्यंयुधिष्ठिर ॥ सर्वकामसमृद्धार्थानिःशोकागतमन्यवः २८ विमानेषुविचित्रेषुरमणीयेषुभारत ॥ मोदंतेपुण्यकर्माणोविहरंतोयशस्विनः २९ उपक्रीडंतितान्राजन्शुभाश्चाप्सरसांगणाः ॥ एतान्लोकानवाप्नोतिगांदत्वावैयुधिष्ठिर ३० येषामधिपतिःपूषामारुतोबलवान्बली ॥ ऐश्वर्येवरुणोराजानाममात्रंयुगंधराः ३१ सुरूपाबहुरूपाश्चविश्वरूपाश्चमातरः ॥ प्राजापत्यमितिब्रह्मन्जपेन्नित्यंयतव्रतः ३२ गाश्चशुश्रूषतेयश्चसमन्वेतिचसर्वशः ॥ तस्मैतुष्टाःप्रयच्छंतिवरानपिसुदुर्लभान् ३३ द्रुह्येन्नमनसावाऽपिगोषुनित्यंसुखप्रदः ॥ अर्चयेतसदाचैवनमस्कारैश्चपूजयेत् ३४ दांतःप्रीतमनानित्यंगवांव्युष्टिंतथाऽश्नुते ॥ त्र्यहमुष्णंपिबेन्मूत्रंत्र्यहमुष्णंपिबेत्पयः ३५ गवामुष्णंपयःपीत्वात्र्यहमुष्णंघृतंपिबेत् ॥ त्र्यहमुष्णंघृतंपीत्वावायुभक्षोभवेत्त्र्यहम् ३६ येनदेवाःपवित्रेणभुंजतेलोकमुत्तमम् ॥ यत्पवित्रंपवित्राणांतद्घृतंशिरसावहेत् ३७ घृतेनजुहुयादग्निंघृतेनस्वस्तिवाचयेत् ॥ घृतंप्राशेद्घृतंदद्याद्गवांपुष्टिंतथाऽश्नुते ३८ निर्हृतैश्चयवैर्गोभिर्मासंप्रश्रितयावकः ॥ ब्रह्महत्यासमंपापंसर्वमेतेनशुध्यते ३९ पराभवाच्चदैत्यानांदेवैःशौचमिदंकृतम् ॥ तेदेवत्वमपिप्राप्ताःसंसिद्धाश्चमहाबलाः ४० गावःपवित्राःपुण्याश्चपावनंपरमंमहत् ॥ ताश्चदत्वाद्विजातिभ्योनरःस्वर्गमुपाश्नुते ४१ गवांमध्येशुचिर्भूत्वागोमतींमनसाजपेत् ॥ पूताभिरद्भिराचम्यशुचिर्भवतिनिर्मलः ४२ अग्निमध्येगवांमध्येब्राह्मणानांचसंसदि ॥ विद्यावेदव्रतस्नाताब्राह्मणाःपुण्यकर्मिणः ४३ अध्यापयेरन्शिष्यान्वैगोमतींयज्ञसंमिताम् ॥ त्रिरात्रोपोषितोभूत्वागोमतींलभतेवरम् ४४ पुत्रकामश्चलभतेपुत्रंधनमथापिवा ॥ पतिकामाचभर्तारंसर्वकामांश्चमानवः ॥ गावस्तुष्टाःप्रयच्छंतिसेवितावैनसंशयः ४५ एवमेतामहाभागायज्ञियाःसर्वकामदाः ॥ रोहिण्यइतिजानीहिनैताभ्योविद्यतेपरम् ४६ इत्युक्तःसमहातेजाःशुकःपित्रामहात्मना ॥ पूजयमासगांनित्यंतस्मात्त्वमपिपूजय ४७ ॥ इतिश्रीम० अ० आनुशास० दानधर्मे गोप्रदानिके एकाशीतितमोऽध्यायः ॥ ८१ ॥

॥ युधिष्ठिरउवाच ॥ मयागवांपुरीषंवैश्रियाजुष्टमितिश्रुतम् ॥ एतदिच्छाम्यहंश्रोतुंसंशयोऽत्रपितामह १

४५ । ४६ । ४७ ॥ इतिअनुशासनपर्वणि नीलकंठीये भारतभावदीपे एकाशीतितमोऽध्यायः ॥ ८१ ॥ ॥ ॥ ॥ ॥ ॥ ॥ मयेति १

भीष्मउवाच ॥ अत्राप्युदाहरंतीममितिहासंपुरातनम् ॥ गोभिर्नृपेहसंवादंश्रियाभरसत्तम २ श्रीःकृत्वेहवपुःकांतंगोमध्येषुविवेशह ॥ गावोऽथविस्मितास्तस्या
दृष्ट्वारूपस्यसंपदम् ३ ॥ गावऊचुः ॥ काऽसिदेविकुतोवात्वंरूपेणाप्रतिमाभुवि ॥ विस्मिताःस्ममहाभागेतवरूपस्यसंपदा ४ इच्छामत्वांवयंज्ञातुंकात्वंक्वचग
मिष्यसि ॥ तत्त्वेनवरवर्णाभेसर्वमेतद्ब्रवीहिनः ५ ॥ श्रीरुवाच ॥ लोककांतास्मिभद्रंवःश्रीर्नामाऽहंपरिश्रुता ॥ मयादैत्याःपरित्यक्ताविनष्टाःशाश्वतीःसमाः
६ मयाऽभिपन्नादेवाश्चमोदंतेशाश्वतीःसमाः ॥ इंद्रोविवस्वान्सोमश्चविष्णुरापोऽग्निरेवच ७ मयाभिपन्नाःसिध्यंतेऋषयोदेवतास्तथा ॥ यान्नाविशाम्यहंगावस्ते
विनश्यंतिसर्वशः ८ धर्मश्चार्थश्चकामश्चमयाजुष्टाःसुखान्विताः ॥ एवंप्रभावांमांगावोविजानीतसुखप्रदाः ९ इच्छामिचापियुष्मासुवस्तुंसर्वासुनित्यदा ॥ आग
त्यप्रार्थयेयुष्माञ्छ्रीजुष्टाभवताऽथवै १० ॥ गावऊचुः ॥ अध्रुवाचपलाचत्वंसामान्याबहुभिःसह ॥ नत्वामिच्छामभद्रंतेगम्यतांयत्ररंस्यसे ११ वपुष्मंत्योवयंसर्वाः
किमस्माकंत्वयाऽद्यवै ॥ यथेष्टंगम्यतांतत्रकृतकार्यावयंत्वया १२ ॥ श्रीरुवाच ॥ किमेतद्वःक्षमंगावोयन्मांनेहाभिनंदथ ॥ नमांसंप्रतिगृह्णीध्वंकस्माद्वैदुर्लभां
सतीम् १३ सत्यंचलोकवादोऽयंलोकेचरतिसुव्रताः ॥ स्वयंप्राप्तेपरिभवोभवतीतिविनिश्चयः १४ महदुग्रंतपःकृत्वामांनिषेवंतिमानवाः ॥ देवदानवगंधर्वाःपि
शाचोरगराक्षसाः १५ प्रभावएषवोगावःप्रतिगृह्णीतमामिह ॥ नावमान्याह्यहंसौम्यास्त्रैलोक्येसचराचरे १६ ॥ गावऊचुः ॥ नावमन्यामहेदेविनत्वांपरिभवामहे ॥
अध्रुवाचलचित्ताऽसिततस्त्वांवर्जयामहे १७ बहुनाचकिमुक्तेनगम्यतांयत्रवांच्छसि ॥ वपुष्मन्त्योवयंसर्वाःकिमस्माकंत्वयाऽनघे १८ ॥ श्रीरुवाच ॥ अवज्ञा
ताभविष्यामिसर्वलोकस्यमानदाः ॥ प्रत्याख्यानेनयुष्माकंप्रसादःक्रियतांमम १९ महाभागाभवत्योवैशरण्याःशरणागताम् ॥ परित्रायंतुमांनित्यंभजमानाम
निंदिताम् २० माननामहमिच्छामिभवत्यःसततंशिवाः ॥ अप्येकांगेष्वधोवस्तुमिच्छामिचसुकुत्सिते २१ नवोऽस्तिकुत्सितंकिंचिदंगेष्वालक्ष्यतेऽनघाः ॥
पुण्याःपवित्राःसुभगाममादेशंप्रयच्छथ २२ वसेयंयत्रवोदेहेतन्मेव्याख्यातुमर्हथ ॥ एवमुक्तास्ततोगावःशुभाःकरुणवत्सलाः ॥ संमंत्र्यसहिताःसर्वाःश्रियमू
चुर्नराधिप २३ अवश्यंमाननाकार्यातवास्माभिर्यशस्विनि ॥ शकृन्मूत्रेनिवसत्वंपुण्यमेतद्धिनःशुभे २४ ॥ श्रीरुवाच ॥ दिष्ट्याप्रसादोयुष्माभिःकृतोमेऽनुग्र
हात्मकः ॥ एवंभवतुभद्रंवःपूजिताऽस्मिसुखप्रदाः २५ एवंकृत्वातुसमयंश्रीर्गोभिःसहभारत ॥ पश्यंतीनांततस्तासांतत्रैवांतरधीयत २६ एवंगोशकृतःपुत्रमाहा
त्म्यंतेऽनुवर्णितम् ॥ माहात्म्यंचगवांभूयःश्रूयतांगदतोमम २७ ॥ इतिश्रीमहाभारते अनुशा०आनुशास०दानधर्मेश्रीगोसंवादोनामद्व्यशीतितमोऽध्यायः ॥८२॥

इति अनुशासनपर्वणि नीलकंठीये भारतभावदीपे द्व्यशीतितमोऽध्यायः ॥ ८२ ॥ ॥ ॥

येचेति १।२।३।४।५।६। ७।८।९।१०। ११।१२।१३।१४।१५।१६।१७।१८।१९।२० वासवअकूटवाहिन्यःअमायाव्यवहारिण्यः २१ निवासार्थंकृतंनिवास

॥ भीष्मउवाच ॥ ॥ येचगांसंप्रयच्छंतिहुतशिष्टाशिनश्चये ॥ तेषांसत्राणियज्ञाश्चनित्यमेवयुधिष्ठिर १ ऋतेदधिघृतेनेहनयज्ञःसंप्रवर्तते ॥ तेनयज्ञस्ययज्ञ
त्वमतोमूलंचकथ्यते २ दानानामपिसर्वेषांगवांदानंप्रशस्यते ॥ गावःश्रेष्ठाःपवित्राश्चपावनंह्येतदुत्तमम् ३ पुष्ट्यर्थमेताःसेवेतशांत्यर्थमपिचैवह ॥ पयोदधिघृतं
चासांसर्वपापप्रमोचनम् ४ गावस्तेजःपरंप्रोक्तमिहलोकेपरत्रच ॥ नगोभ्यःपरमंकिंचित्पवित्रंभरतर्षभ ५ अत्राप्युदाहरंतीममितिहासंपुरातनम् ॥ पितामह
स्यसंवादमिंद्रस्यचयुधिष्ठिर ६ पराभूतेषुदैत्येषुशक्रस्त्रिभुवनेश्वरः ॥ प्रजाःसमुदिताःसर्वाःसत्यधर्मपरायणाः ७ अथर्षयःसगंधर्वाःकिन्नरोरगराक्षसाः ॥ देवासु
रसुपर्णाश्चप्रजानांपतयस्तथा ८ पर्युपासंतकौन्तेयकदाचिद्वैपितामहम् ॥ नारदःपर्वतश्चैवविश्वावसुर्हहाहुहूः ९ दिव्यतानेषुगायंतःपर्युपासंततंप्रभुम् ॥ तत्र
दिव्यानिपुष्पाणिप्रावहत्पवनस्तदा १० आजन्हुर्ऋतवश्चापिसुगंधीनिपृथक्पृथक् ॥ तस्मिन्देवसमावायेसर्वभूतसमागमे ११ दिव्यवादित्रसंघुष्टेदिव्यस्त्रीचा
रणावृते ॥ इंद्रःपप्रच्छदेवेशमभिवाद्यप्रणम्यच १२ देवानांभगवन्कस्माल्लोकेशानांपितामह ॥ उपरिष्टाद्गवांलोकएतदिच्छामिवेदितुम् १३ किंतपोब्रह्मचर्यं
वागोभिःकृतमिहेश्वर ॥ देवानामुपरिष्टाद्यद्वसंत्यरजसःसुखम् १४ ततःप्रोवाचब्रह्मातंशक्रंबलनिषूदनम् ॥ अवज्ञातास्त्वयानित्यंगावोबलनिषूदन १५ तेन
त्वमासांमाहात्म्यंनवेत्सिशृणुयत्प्रभो ॥ गवांप्रभावंपरमंमाहात्म्यंचसुरर्षभ १६ यज्ञांगंकथितागावोयज्ञएवचवासव ॥ एताभिश्चविनायज्ञोनवर्तेतकथंचन १७
धारयंतिप्रजाश्चैवपयसाहविषातथा ॥ एतासांतनयाश्चापिकृषियोगमुपासते १८ जनयंतिचधान्यानिबीजानिविविधानिच ॥ ततोयज्ञाःप्रवर्तंतेहव्यंकव्यंच
सर्वशः १९ पयोदधिघृतंचैवपुण्याश्चैताःसुराधिप ॥ वहंतिविविधान्भारान्क्षुत्तृष्णापरिपीडिताः २० मुनींश्चधारयंतीहप्रजाश्चैवापिकर्मणा ॥ वासवाकूटवा
हिन्यःकर्मणासुकृतेनच २१ उपरिष्टात्ततोऽस्माकंवसंत्येताःसदैवहि ॥ एवंतेकारणंशक्रनिवासकृतमद्यवै २२ गवांदेवोपरिष्टाद्धिसमाख्यातंशतक्रतो ॥ एता
हिवरदत्ताश्चवरदाश्चापिवासव २३ सुरभ्यःपुण्यकर्मिण्यःपावनाःशुभलक्षणाः ॥ यदर्थंगांगताश्चैवसुरभ्यःसुरसत्तम २४ तच्चमेशृणुकार्त्स्न्येनवदतोबलसूदन ॥
पुरादेवयुगेतातदेवेन्द्रेषुमहात्मसु २५ त्रीँल्लोँकाननुशासत्सुविष्णौगर्भत्वमागते ॥ अदित्यास्तप्यमानायास्तपोघोरंसुदुश्चरम् २६ पुत्रार्थममरश्रेष्ठपादेनैकेन
नित्यदा ॥ तांतुदृष्ट्वामहादेवींतप्यमानांमहत्तपः २७ दक्षस्यदुहितादेवीसुरभीनामनामतः ॥ अतप्यततपोघोरंहृष्टाधर्मपरायणा २८ कैलासशिखरेरम्येदेव
गंधर्वसेविते ॥ व्यतिष्ठदेकपादेनपरमंयोगमास्थिता २९ दशवर्षसहस्राणिदशवर्षशतानिच ॥ संतप्तास्तपसातस्यादेवाःसर्षिमहोरगाः ३० तत्रगत्वामया
सार्धंपर्युपासंततांशुभाम् ॥ अथाहमब्रुवंतत्रदेवींतांतपसान्विताम् ३१ ॥ ॥ ॥

कृतम् २२।२३।२४।२५।२६।२७।२८।२९।३०।३१ ॥ ॥

म.भा.टी. अनु० १३

३२ । ३३ । ३४ । ३५ । ३६ त्रयाणामुपरिष्टात्ब्रह्मलोकेऽइत्यर्थः ततःपरस्यतपःफलस्याभावात् तत्रैवचगोलोकःभूयवे 'तावांवास्तून्युश्मसिगमध्यैयत्रगावोभूरिशृंगाअयासः ॥ अत्राहतदुरु गायस्यवृष्णःपरमंपदमवभातिभूरि'इति ताताानिवांयुवयोरिंद्राविष्णवोर्नरनारायणयोःप्रसादाद्वास्तूनिस्थानानिउश्मसिकामयामहे गमध्यैगंतुंयत्रयेषुस्थानेषुगावःभूरिशृंगाःअत्यंतंमानवत्रः अयासः

॥ ९२ ॥ किमर्थंतप्यसेदेवितपोघोरमनिंदिते ॥ प्रीतस्तेऽहंमहाभागेतपसाऽनेनशोभने ३२ वरयस्ववरंदेविदाताऽस्मीतिपुरंदर ३३ ॥ ॥ सुरभ्युवाच ॥ ॥ वरेण
भगवन्मह्यंकृतंलोकपितामह ॥ एषएववरोमेऽद्ययत्प्रीतोऽसिममानघ ३४ ॥ ॥ ब्रह्मोवाच ॥ ॥ तामेवंब्रुवतींदेवींसुरभिंत्रिदशेश्वर ॥ प्रत्यब्रुवंयद्देवेंद्रत ॥ ८४ ॥
न्निबोधशचीपते ३५ अलोभकाम्ययादेवितपसाचशुभानने ॥ प्रसन्नोऽहंवरंतस्माद्मरत्वंददामिते ३६ त्रयाणामपिलोकानामुपरिष्टान्निवत्स्यसि ॥ मत्प्रसादा
च्चविख्यातोगोलोकःसंभविष्यति ३७ मानुषेषुचकुर्वाणाःप्रजाःकर्मशुभास्तव ॥ निवत्स्यंतिमहाभागेसर्वादुहितरश्चते ३८ मनसाचिंतिताभोगास्त्वयावैदिव्यमा
नुषाः ॥ यच्चसर्वंसुखंदेवितत्तेसंपत्स्यतेशुभे ३९ तस्यालोकाःसहस्राक्षसर्वकामसमन्विताः ॥ नतत्रक्रमतेमृत्युर्नजरानचपावकः ४० नदैवंनाशुभंकिंचिद्विद्यते
तत्रवासव ॥ तत्रदिव्यान्यरण्यानिदिव्यानिभवनानिच ४१ विमानानिसुयुक्तानिकामगानिचवासव ॥ ब्रह्मचर्येणतपसासत्येनचदमेनच ४२ दानैश्चविविधैः
पुण्यैस्तथातीर्थानुसेवनात् ॥ तपसामहताचैवसुकृतेनचकर्मणा ४३ शक्यःसमासादयितुंगोलोकःपुष्करेक्षण ॥ एतत्तेसर्वमाख्यातंमयाशक्रानुपृच्छते ४४
नतेपरिभवःकार्योगवामसुरसूदन ४५ ॥ भीष्मउवाच ॥ एतच्छ्रुत्वासहस्राक्षःपूजयामासनित्यदा ॥ गाश्चक्रेबहुमानंचतासुनित्यंयुधिष्ठिर ४६ एतत्तेसर्वमाख्या
तंपावनंचमहाद्युते ॥ पवित्रंपरमंचापिगवांमाहात्म्यमुत्तमम् ४७ कीर्तितंपुरुषव्याघ्रसर्वपापविमोचनम् ॥ यइदंकथयेन्नित्यंब्राह्मणेभ्यःसमाहितः ४८ हव्यक
व्येषुयज्ञेषुपितृकार्येषुचैवह ॥ सार्वकामिकमक्षय्यंपितॄंस्तस्योपतिष्ठते ४९ गोषुभक्तश्चलभतेयद्यदिच्छतिमानवः ॥ स्त्रियोऽपिभक्तायागोषुताश्चकाममवाप्नुयुः
५० पुत्रार्थीलभतेपुत्रंकन्यार्थीतामवाप्नुयात् ॥ धनार्थीलभतेवित्तंधर्मार्थीधर्ममाप्नुयात् ५१ विद्यार्थीचाप्नुयाद्विद्यांसुखार्थीप्राप्नुयत्सुखम् ॥ नाकिंचिद्दुर्लभं
चैवगवांभक्तस्यभारत ॥ ५२ ॥ इतिश्रीमहाभारतेअनुशासनपर्वणिआनुशासनिकेप० दानधर्मेगोलोकवर्णनेत्र्यशीतितमोऽध्यायः ॥ ८३ ॥ युधिष्ठिरउवाच ॥
उक्तंपितामहेनेदंगवांदानमनुत्तमम् ॥ विशेषेणनरेंद्राणामिहधर्ममवेक्षताम् १ राज्यंहिसततंदुःखंदुर्धरंचाकृतात्मभिः ॥ भूयिष्ठंचनरेन्द्राणांविद्यतेनशुभागतिः
२ पूयंतेतत्रनियतंप्रयच्छंतोवसुंधराम् ॥ सर्वेचकथिताधर्मास्त्वयामेकुरुनंदन ३

गतवत्रः अत्रअस्मिन्गोलोकेअहएवतत्प्रसिद्धंउरुगायस्यविष्णोर्वृष्णःकामपूरकस्यपरमंपदंसर्वोत्कृष्टंस्थानमवभातिबल्पमिवभातिभूरिअत्यंतं । सर्वेभ्योलोकेभ्यउपरिगोलोकइतिसिद्धंअन्यथाचतुर्थोब्र ह्मलोकएवाप्नोतिनचतस्यपरमपरत्वमस्तीतिमंत्रानुसाराद्ब्रह्मलोकएवगावःसंतीतिज्ञेयं ३७।३८। ३९। ४० । ४१ । ४२ । ४३ । ४४ । ४५ । ४६ । ४७ । ४८ । ४९ । ५० । ५१ ।
५२ ॥ इतिअनुशासनपर्वणि नीलकंठीयेभारतभावदीपे त्र्यशीतितमोऽध्यायः ॥ ८३ ॥ ॥ उक्तमिति १ नशुभाअशुभा २ पूयंतेशुद्ध्यंति ३

४ । ५ । ६ । ७ । ८ । ९ । १० । ११ । १२ । १३ । १४ । १५ । १६ । १७ । १८ । १९ । २० । २१ । २२ । २३ । २४ । २५ । २६ । २७ । २८ । २९ । ३० । ३१

एवमेवगवामुक्तंप्रदानंतेनृगेणह ॥ ऋषिणानाचिकेतेनपूर्वमेवनिदर्शितम् ४ वेदोपनिषदश्चैवसर्वकर्मसुदक्षिणाः ॥ सर्वक्रतुषुचोद्दिष्टंभूमिर्गावोऽथकांचनम् ५
तत्रश्रुतिस्तुपरमासुवर्णंदक्षिणेतिवै ॥ एतदिच्छाम्यहंश्रोतुंपितामहयथातथम् ६ किंसुवर्णंकथंजातंकस्मिन्कालेकिमात्मकम् ॥ किंदैवंकिंफलंचैवकस्माच्चपर
मुच्यते ७ कस्माद्दानंसुवर्णस्यपूजयंतिमनीषिणः ॥ कस्माच्चदक्षिणार्थंतद्यज्ञकर्मसुशस्यते ८ कस्माच्चपावनंश्रेष्ठंभूमेर्गोभ्यश्चकांचनम् ॥ परमंदक्षिणार्थेचत
द्ब्रवीहिपितामह ९ ॥ ॥ भीष्मउवाच ॥ ॥ शृणुराजन्नवहितोबहुकारणविस्तरम् ॥ जातरूपसमुत्पत्तिमनुभूतंचयन्मया १० पितामममहातेजाःशांतनु
र्निधनंगतः ॥ तस्यदित्सुरहंश्राद्धंगंगाद्वारमुपागमम् ११ तत्राऽऽगम्यपितुःपुत्रश्राद्धकर्मसमारभम् ॥ मातामेजाह्नवीचात्रसाहाय्यमकरोत्तदा १२ ततोऽग्र
तस्ततःसिद्धानुपवेश्यबहूनृषीन् ॥ तोयप्रदानात्प्रभृतिकार्याण्यहमथारभम् १३ तत्समाप्ययथोद्दिष्टंपूर्वंकर्मसमाहितः ॥ दातुंनिर्वपणंसम्यग्यथावदहमारभम्
१४ ततस्तंदर्भविन्यासंभित्वासुरुचिरांगदः ॥ प्रलंबाभरणोबाहुरुदतिष्ठद्विशांपते १५ तमुत्थितमहंदृष्ट्वापरंविस्मयमागमम् ॥ प्रतिग्रहीतासाक्षान्मेपितेतिभ
रतर्षभ १६ ततोमेपुनरेवासीत्संज्ञासंचिंत्यशास्त्रतः ॥ नायंवेदेषुविहितोविधिर्हस्तइतिप्रभो १७ पिंडोदेयोनरेणेहततोमतिरभून्मम ॥ साक्षान्नेहमनुष्यस्य
पिंडंहिपितरःक्वचित् १८ गृह्णंतिविहितंचेत्थंपिंडोदेयःकुशेष्विति ॥ ततोऽहंतदनादृत्यपितुर्हस्तनिदर्शनम् १९ शास्त्रप्रामाण्यसूक्ष्मंतुविधिंपिंडस्यसंस्मरन् ॥
ततोदर्भेषुतत्सर्वमददंभरतर्षभ २० शास्त्रमार्गानुसारेणतद्विद्धिमनुजर्षभ ॥ ततःसोन्तर्हितोबाहुःपितुर्ममजनाधिप २१ ततोमांदर्शयामासुःस्वप्नांतेपितरस्त
था ॥ प्रीयमाणास्तुमामूचुःप्रीताःस्मभरतर्षभ २२ विज्ञानेनतवानेनयन्नमुह्यसिधर्मतः ॥ त्वयाहिकुर्वताशास्त्रंप्रमाणमिहपार्थिव २३ आत्माधर्मःश्रुतंवेदाः
पितरश्चर्षिभिःसह ॥ साक्षात्पितामहोब्रह्मागुरवोऽथप्रजापतिः २४ प्रमाणमुपनीतावैस्थिताश्चनविचालिताः ॥ तदिदंसम्यगारब्धंत्वयाऽद्यभरतर्षभ २५
किंतुभूमेर्गवांचार्थेसुवर्णंदीयतामिति ॥ एवंवयंचधर्मज्ञसर्वेचास्मत्पितामहाः २६ पाविताभविष्यंतिपावनंहिपरंहितत् ॥ दशपूर्वान्दशैवान्यांस्तथासंतारयंतिते
२७ सुवर्णंयेप्रयच्छंतिएवंमत्पितरोऽब्रुवन् ॥ ततोऽहंविस्मितोराजन्प्रतिबुद्धोविशांपते २८ सुवर्णदानेऽकरवंमतिंचभरतर्षभ ॥ इतिहासमिमंचापिशृणुराजन्पु
रातनम् २९ जामदग्न्यंप्रतिविभोधन्यमायुष्यमेवच ॥ जामदग्न्येनरामेणतीव्ररोषान्वितेनवै ३० त्रिःसप्तकृत्वःपृथिवीकृतानिःक्षत्रियापुरा ॥ ततोजित्वामहीं
कृत्स्नांरामोराजीवलोचनः ३१ आजहारक्रतुंवीरोब्रह्मक्षत्रेणपूजितम् ॥ वाजिमेधंमहाराजसर्वकामसमन्वितम् ३२ पावनंसर्वभूतानांतेजोद्युतिविवर्धनम् ॥ विपाप्मा
चसतेजस्वीतेनक्रतुफलेनच ३३ नैवात्मनोऽथलघुतांजामदग्न्योऽध्यगच्छत ॥ सतुक्रतुवरेणेष्ट्वामहात्मादक्षिणावता ३४ ॥ ॥

३२ । ३३ । लघुतांनिष्पापतां ३४ ॥ ॥ ॥

३५।३६।३७।३८।३९।४०।४१ । ४२। ४३ । ४४ । ४५ । ४६ अजइति। अजादीनामग्न्यादिरूपत्वात्तद्दानंतल्लोकप्रदम् असुरराक्षसपदाभ्यामपितल्लोकः ४७ वराहश्चनिर्ऋतिःअस्यदानमल्पफलं इडादयो

पप्रच्छागमसंपन्नानृषीन्देवांश्चभार्गव ॥ पावनंयत्परंनृणामुग्रेकर्मणिवर्तताम् ३५ तदुच्यतांमहाभागाइतिजातघृणोऽब्रवीत् ॥ इत्युक्तावेदशास्त्रज्ञास्तमूचुस्तेमह
र्षयः ३६ रामविप्राःसत्क्रियंतांवेदप्रामाण्यदर्शनात् ॥ भूयश्चविप्रर्षिगणाःप्रष्टव्याःपावनंप्रति ३७ तेयद्ब्रूयुर्महाप्राज्ञास्तच्चैवसमुदाचर ॥ ततोवसिष्ठंदेवर्षिमगस्त्यम
थकाश्यपम् ३८ तमेवार्थंमहातेजाःपप्रच्छभृगुनंदनः ॥ जातामतिर्मेविप्रेंद्राःकथंपूयेयमित्युत ३९ केनवाकर्मयोगेनप्रदानेनेहकेनवा ॥ यदिवोऽनुग्रहकृताबु
द्धिर्मांप्रतिसत्तमाः ॥ प्रब्रूतपावनंकिंमेभवेदितितपोधनाः४० ॥ ऋषयऊचुः ॥ गाश्चभूमिंचवित्तंचदत्त्वेहभृगुनंदन ॥ पापकृत्पूयतेमर्त्यइतिभार्गवशुश्रुम ४१ अन्य
द्दानंतुविप्रर्षेश्रूयतांपावनंमहत् ॥ दिव्यमत्यद्भुताकारमपत्यंजातवेदसः ४२ दग्ध्वालोकान्पुरावीर्यात्संभूतमिहशुश्रुम ॥ सुवर्णमितिविख्यातंतद्ददत्सिद्धिमेष्यसि
४३ ततोऽब्रवीद्वसिष्ठस्तंभगवान्संशितव्रतः ॥ शृणुरामयथोत्पन्नंसुवर्णमनलप्रभम् ४४ फलंदास्यतितेयत्तुदानेपरमिहोच्यते ॥ सुवर्णयच्चयस्माच्चयथाचगुणवत्त
मम् ४५ तन्निबोधमहाबाहोसर्वंनिगदतोमम ॥ अग्नीषोमात्मकमिदंसुवर्णंविद्धिनिश्चये ४६ अजोऽग्निर्वरुणोमेषःसूर्योऽश्वइतिदर्शनम् ॥ कुंजराश्चमृगानागाम
हिषाश्चासुराइति ४७ कुक्कुटाश्चवराहाश्चराक्षसाभृगुनंदन ॥ इडागावःपयःसोमोभूमिरित्येवचस्मृतिः ४८ जगत्सर्वंचनिर्मथ्यतेजोराशिःसमुत्थितः ॥ सुवर्णमे
भ्योविप्रर्षेरत्नंपरममुत्तमम् ४९ एतस्मात्कारणाद्देवागंधर्वोरगराक्षसाः ॥ मनुष्याश्चपिशाचाश्चप्रयताधारयंतितत् ५० मुकुटैरंगदयुतैरलंकारैःपृथग्विधैः ॥
सुवर्णविकृतैस्तत्रविराजंतेभृगूत्तम ५१ तस्मात्सर्वपवित्रेभ्यःपवित्रंपरमंस्मृतम् ॥ भूमेर्गोभ्योऽथरत्नेभ्यस्तद्विद्धिमनुजर्षभ ५२ पृथिवींगाश्चदत्त्वेहयच्चान्यद
पिकिंचन ॥ विशिष्यतेसुवर्णस्यदानंपरमकंविभो ५३ अक्षयंपावनंचैवसुवर्णममरद्युते ॥ प्रयच्छद्विजमुख्येभ्यःपावनंह्येतदुत्तमम् ५४ सुवर्णमेवसर्वासुदक्षिणासु
विधीयते ॥ सुवर्णंयेप्रयच्छंतिसर्वदास्तेभवंत्युत ५५ देवतास्तेप्रयच्छंतियेसुवर्णंददत्यथ ॥ अग्निर्हिदेवताःसर्वाःसुवर्णंचतदात्मकम् ५६ तस्मात्सुवर्णंददतादत्ताः
सर्वाःस्मदेवताः ॥ भवंतिपुरुषव्याघ्रनह्यतःपरमंविदुः ५७ भूयएवचमाहात्म्यंसुवर्णस्यनिबोधमे ॥ गदतोममविप्रर्षेसर्वशस्त्रभृतांवर ५८ मयाश्रुतमिदंपूर्वंपुराणे
भृगुनंदन ॥ प्रजापतेःकथयतोयथान्यायंतुतस्यवै ५९ शूलपाणेर्भगवतोरुद्रस्यचमहात्मनः ॥ गिरौहिमवतिश्रेष्ठेतदाभृगुकुलोद्वह ६० देव्याविवाहेनिर्वृत्तेरुद्राण्या
भृगुनंदन ॥ समागमेभगवतोदेव्यासहमहात्मनः ६१ ततःसर्वेसमुद्विग्नादेवारुद्रमुपागमन् ॥ तेमहादेवमासीनंदेवींचवरदामुमाम् ६२ प्रसाद्यशिरसासर्वेरुद्रमूचुर्भृ
गूद्वह ॥ अयंसमागमोदेवोदेव्यासहतवानघ ६३ तपस्विनस्तपस्विन्यातेजस्विन्याऽतितेजसः ॥ अमोघतेजास्त्वंदेवदेवीचेयमुमातथा ६४ ॥

भूमिरूपाइतितद्दानंमहाफलं इडेतिइडावान्यज्ञः ४८ जगदिति। सुवर्णदानंब्रह्मांडदानतुल्यमितिभावः ४९।५० । ५१ । ५२ । ५३ । ५४ । ५५ । ५६ । ५७ । ५८ । ५९ । ६० । ६१ । ६२ । ६३ । ६४ ॥

अपत्यंयुवयोर्देवबलव्द्वविताविभो ॥ तन्नूनंत्रिषुलोकेषुनकिंचिच्छेषयिष्यति ६५ तदेभ्यःप्रणतेभ्यस्त्वंदेवेभ्यःपृथुलोचन ॥ वरंप्रयच्छलोकेशत्रैलोक्यहितकाम्यया ६६ अपत्यार्थंनिगृह्णीष्वतेजःपरमकंविभो ॥ त्रैलोक्यसारौहियुवांलोकंसंतापयिष्यथः ६७ तदपत्यंहियुवयोर्देवानभिभवेद्ध्रुवम् ॥ नहितेपृथिवीदेवीनचद्यौर्नदिवंविभो ६८ नेदंधारयितुंशक्तासमस्ताइतिमेमतिः ॥ तेजःप्रभावनिर्दग्धंतस्मात्सर्वमिदंजगत् ६९ तस्मात्प्रसादंभगवन्कर्तुमर्हसिनःप्रभो ॥ नदेव्यांसंभवेत्पुत्रोभवतःसुरसत्तम ॥ धैर्यादेवनिगृह्णीष्वतेजोज्वलितमुत्तमम् ७० इतितेषांकथयतांभगवान्वृषभध्वजः ॥ एवमस्त्वितिदेवांस्तान्विप्रर्षेप्रत्यभाषत ७१ इत्युक्त्वाचोर्ध्वमनयद्रेतोवृषभवाहनः ॥ ऊर्ध्वरेताःसमभवत्ततःप्रभृतिचापिसः ७२ रुद्राणीतिततःक्रुद्धाप्रजोच्छेदेतदाकृते ॥ देवानथाब्रवीत्तत्रस्त्रीभावात्परुषंवचः ७३ यस्मादपत्यकामोवैभर्तामेविनिवर्तितः ॥ तस्मात्सर्वेसुरायूयमनपत्याभविष्यथ ७४ प्रजोच्छेदोममकृतोयस्माद्युष्माभिरद्यवै ॥ तस्मात्प्रजावःखगमाःसर्वेषांनभविष्यति ७५ पावकस्तुनतत्रासीच्छापकालेभृगूद्वह ॥ देवादेव्यास्तथाशापादनपत्यास्ततोऽभवन् ७६ रुद्रस्तुतेजोऽप्रतिमंधारयामासवैतदा ॥ प्रस्कन्नंतुततस्तस्मात्किंचित्तत्रापतद्भुवि ७७ उत्पपाततदावह्नौववृधेचाद्भुतोपमम् ॥ तेजस्तेजसिसंयुक्तमात्मयोनित्वमागतम् ७८ एतस्मिन्नेवकालेतुदेवाःशक्रपुरोगमाः ॥ असुरस्तारकोनामतेनसंतापिताभृशम् ७९ आदित्यावसवोरुद्रामरुतोऽथाश्विनावपि ॥ साध्याश्चसर्वेसंत्रस्तादैतेयस्यपराक्रमात् ८० स्थानानिदेवतानांहिविमानानिपुराणिच ॥ ऋषीणांचाश्रमाश्चैवबभूवुरसुरैर्हृताः ८१ तेदीनमनसःसर्वेदेवताऋषयश्चये ॥ प्रजग्मुःशरणंदेवंब्रह्माणमजरंविभुम् ८२ ॥ इतिश्रीमहाभारते अनुशासनपर्वणि आनुशासनिकेपर्वणि दानधर्मेसुवर्णोत्पत्तिर्नाम चतुरशीतितमोऽध्यायः ॥ ८४ ॥ ॥ देवाऊचुः ॥ असुरस्तारकोनामत्वयादत्तवरःप्रभो ॥ सुरानृषींश्चक्लिश्नातिवधस्तस्यविधीयताम् १ तस्माद्भयंसमुत्पन्नमस्माकंवैपितामह ॥ परित्रायस्वनोदेवनह्यन्यागतिरस्तिनः २ ॥ ब्रह्मोवाच ॥ समोऽहंसर्वभूतानामधर्मंनेहरोचये ॥ हन्यतांतारकःक्षिप्रंसुरर्षिगणबाधिता ३ वेदाधर्माश्चनोच्छेदंगच्छेयुःसुरसत्तमाः ॥ विहितंपूर्वमेवाऽत्रमयावैव्येतुवोज्वरः ४ ॥ देवाऊचुः ॥ वरदानाद्भगवतोदैतेयोबलगर्वितः ॥ देवैर्नशक्यतेहंतुंसकथंप्रशमंव्रजेत् ५ सहिनैवस्मदेवानांनासुराणांनरक्षसाम् ॥ वध्यःस्यामितिजग्राहवरंत्वत्तःपितामह ६ देवाश्चशप्तारुद्राण्याप्रजोच्छेदेपुराकृते ॥ नभविष्यतिवोऽपत्यमितिसर्वेजगत्पते ७ ॥ ब्रह्मोवाच ॥ हुताशनोनतत्रासीच्छापकालेसुरोत्तमाः ॥ सउत्पादयिताऽपत्यंवधायत्रिदशद्विषाम् ८ तद्वैसर्वानतिक्रम्यदेवदानवराक्षसान् ॥ मानुषानथगंधर्वान्नागानथचपक्षिणः ९ अस्त्रेणामोघपातेनशक्त्यातंघातयिष्यति ॥ यतोवोभयमुत्पन्नंयेचान्येसुरशत्रवः १० ॥ ॥ ॥ ॥

असुरइति १ । २ । ३ । ४ । ५ । ६ । ७ । ८ । ९ । १० ॥ ॥ ॥

११ । १२ नष्टःअदर्शनंगतः १३ । १४ ननुसर्वेषुराइत्युद्दिश्यदेव्याःशापात्कथंवन्हौनशापःसतत्रनासीदितिचेत्तेनकिमित्यतआह महीति । वन्हेस्तेजस्वित्वाच्छापोदृश्यतेइतिभावः १५ कामःका म्यमानोवन्हिः संकल्पःअपत्यविषयस्तदर्थमभिरुचिः सर्वतोरोचमानोभवदस्तु १६ । १७ । १८ । १९ । २० । २१ नष्टमदर्शनंगतं आत्मनिजलेजलस्यतेजोजन्यत्वात् २२ । २३

सनातनोहिसंकल्पःकामइत्यभिधीयते ॥ रुद्रस्यतेजःप्रस्कन्नमग्नौनिपतितंचयत् ११ तत्तेजोऽग्निर्महद्भूतंद्वितीयमितिपावकम् ॥ वधार्थंदेवशत्रूणांगंगायांजनयि ष्यति १२ सतुनावापतंशापंनष्टःसहुतभुक्तदा ॥ तस्माद्वोभयहृद्देवाःसमुत्पत्स्यतिपावकिः १३ अन्विष्यतांवैज्वलनस्तथाचाद्यनियुज्यताम् ॥ तारकस्यवधो पायःकथितोवैमयाऽनघाः १४ नहितेजस्विनांशापास्तेजःसुप्रभवंतिवै ॥ बलान्यतिबलंप्राप्यदुर्बलानिभवन्तिवै १५ हन्यादवध्यान्वरदानपिचैवतपस्विनः ॥ संकल्पाभिरुचिःकामःसनातनतमोऽभवत् १६ जगत्पतिरनिर्देश्यःसर्वगःसर्वभावनः ॥ हृच्छयःसर्वभूतानांज्येष्ठोरुद्रादपिप्रभुः १७ अन्विष्यतांसतुक्षिप्रंतेजोरा शिर्हुताशनः ॥ सवोमनोगतंकामंदेवःसंपादयिष्यति १८ एतद्वाक्यमुपश्रुत्यततोदेवामहात्मनः ॥ जग्मुःसंसिद्धसंकल्पाःपर्येषंतोविभावसुम् १९ ततस्त्रैलो क्यमृषयोव्यचिन्वंतसुरैःसह ॥ कांक्षंतोदर्शनंवह्नेःसर्वेतद्गतमानसाः २० परेणतपसायुक्ताःश्रीमंतोलोकविश्रुताः ॥ लोकानन्वचरन्सिद्धाःसर्वएवभृगूत्तम २१ नष्टमात्मनिसंलीनंनाभिजग्मुर्हुताशनम् ॥ ततःसंजातसंत्रासानग्निदर्शनलालसान् २२ जलेचरःक्लांतमनास्तेजसाऽग्नेःप्रदीपितः ॥ उवाचदेवान्मंडूकोरसातलत लोत्थितः २३ रसातलतलेदेवावसत्यग्निरितिप्रभो ॥ संतापादिहसंप्राप्तःपावकप्रभवादहम् २४ ससंसुप्तोजलेदेवाभगवान्हव्यवाहनः ॥ अपःसंसृज्यतेजोभि स्तेनसंतापितावयम् २५ तस्यदर्शनमिष्टंवोयदिदेवाविभावसोः ॥ तत्रैनमधिगच्छध्वंकार्यंवोयदिवन्हिना २६ गम्यतांसाधयिष्यामोवयंह्यग्निभयात्सुराः ॥ एतावदुक्त्वामंडूकस्त्वरितोजलमाविशत् २७ हुताशनस्तुबुबुधेमंडूकस्यचपैशुनम् ॥ शशापसतमासाद्यनरसान्वेत्स्यसीतिवै २८ तंवैसंयुज्यशापेनमंडूकंत्वरितो ययौ ॥ अन्यत्रवासायविभुर्नचात्मानमदर्शयत् २९ देवास्त्वनुग्रहंचक्रुर्मंडूकानांभृगूत्तम ॥ यत्तच्छृणुमहाबाहोगदतोममसर्वशः ३० ॥ देवाऊचुः ॥ अग्नि शापादजिह्वापिरसज्ञानबहिष्कृताः ॥ सरस्वतींबहुविधांयूयमुच्चारयिष्यथ ३१ बिलवासंगतांश्चैवनिराहारानचेतसः ॥ गतासूनपिसंशुष्कान्भूमिःसंतारयि ष्यति ३२ तमोघनायामपिवैनिशायांविचरिष्यथ ॥ इत्युक्त्वातांस्ततोदेवाःपुनरेवमहीमिमाम् ३३ परीयुर्ज्वलनस्यार्थेनचाविंदन्हुताशनम् ॥ अथतान्द्वि रदःकश्चित्सुरेन्द्रद्विरदोपमः ३४ अश्वत्थस्थोऽग्निरित्येवमाहदेवान्भृगूद्वह ॥ शशापज्वलनःसर्वान्द्विरदान्क्रोधमूर्छितः ३५ प्रतीपाभवतांजिह्वाभवित्रीतिभृगू द्वह ॥ इत्युक्त्वानिःसृतोऽश्वत्थादग्निर्वारणसूचितः ॥ प्रविवेशशमीगर्भमथवह्निःसुषुप्सया ३६ अनुग्रहंतुनागानांयंचक्रुःशृणुतंप्रभो ॥ देवाभृगुकुलश्रेष्ठप्री त्यासत्यपराक्रमाः ३७ ॥ देवाऊचुः ॥ प्रतीपयाजिह्वयाऽपिसर्वाहारंकरिष्यथ ॥ वाचंचोच्चारयिष्यध्वमुच्चैरव्यंजिताक्षराम् ३८ ॥ ॥

२४ । २५ । २६ । २७ नरसानिति । रसनेन्द्रियहीनोभविष्यसीत्यर्थः २८ । २९ । ३० अजिह्वाअपीतिच्छेदः ३१ । ३२ । ३३ । ३४ । ३५ । ३६ । ३७ । ३८ ॥

॥ ९४ ॥

३९ । ४० । ४१ । ४२ । ४३ । ४४ । ४५ ऊष्मांऊष्माणं दाढुभाभ्यामितिमवंतावडाप् आधशयताआधशयानंन ४६ । ४७ । ४८ । ४९ । ५० । ५१ । ५२ । ५३ । ५४ । ५५ । ५६ । ५७

इत्युक्त्वापुनरेवाग्निमनुसस्रुर्दिवौकसः ॥ अश्वत्थान्निःसृतश्चाग्निःशमीगर्भमुपाविशत् ३९ शुकेनख्यापितोविप्रतंदेवाःसमुपाद्रवन् ॥ शशापशुकमग्निस्तुवाग्विहीनोभविष्यसि ४० जिह्वामावर्तयामासतस्यापिहुतभुक्तथा ॥ दृष्ट्वातुज्वलनंदेवाःशुकमूचुर्दयान्विताः ४१ भवितानत्वमत्यंतंशुकत्वेनष्टवागिति ॥ अवृत्तजिह्वस्यसतोवाक्यंकांतंभविष्यति ४२ बालस्येवप्रवृद्धस्यकलमव्यक्तमद्भुतम् ॥ इत्युक्त्वातंशमीगर्भेवह्निमालक्ष्यदेवताः ४३ तदेवायतनंचक्रुःपुण्यंसर्वक्रियास्वपि ॥ ततःप्रभृतिचाप्यग्निःशमीगर्भेषुदृश्यते ४४ उत्पादनेतथोपायमभिजग्मुश्चमानवाः ॥ आपोरसातलेयास्तुसंस्पृष्टाश्चित्रभानुना ४५ ताःपर्वतप्रस्रवणैरूष्मांमुंचन्तिभार्गव ॥ पावकेनाधिशयतासंतप्तास्तस्यतेजसा ४६ अथाग्निर्देवतादृष्ट्वाबभूवव्यथितस्तदा ॥ किमागमनमित्येवंतानपृच्छतपावकः ४७ तमूचुर्विबुधाःसर्वेतेचैवपरमर्षयः॥ त्वांनियोक्ष्यामहेकार्येतद्भवान्कर्तुमर्हति ४८ कृतेचतस्मिन्भवितातवाऽपिसुमहान्गुणः ४९ ॥ अग्निरुवाच ॥ ब्रूतयद्भवतांकार्यंकर्ताऽस्मितदहंसुराः ॥ भवतांतुनियोज्योऽस्मिमावोऽत्रास्तुविचारणा ५० ॥ देवाऊचुः ॥ असुरस्तारकोनामब्रह्मणोवरदर्पितः ॥ अस्मान्प्रबाधतेवीर्याद्वधस्तस्यविधीयताम् ५१ इमान्देवगणांस्तातप्रजापतिगणांस्तथा ॥ ऋषींश्चापिमहाभागपरित्रायस्वपावक ५२ अपत्यंतेजसायुक्तंप्रवीरंजनयप्रभो ॥ यद्भयंनोऽसुरात्तस्मान्नाशयेद्धव्यवाहन ५३ शप्तानांनोमहादेव्यानान्यदस्तिपरायणम् ॥ अन्यत्रभवतोवीर्यंतस्मात्त्रायस्वनःप्रभो ५४ इत्युक्तःसतथेत्युक्त्वाभगवान्हव्यवाहनः ॥ जगामाथदुराधर्षोगंगांभागीरथींप्रति ५५ तयाचाप्यभवन्मिश्रोगर्भश्चास्यादधेतदा ॥ ववृधेसतदागर्भःकक्षेकृष्णगतिर्यथा ५६ तेजसातस्यदेवस्यगंगाविह्वलचेतना ॥ संतापमगमत्तीव्रंसोढुंसानशशाकह ५७ आहितेज्वलनेनाथगर्भेतेजःसमन्विते ॥ गंगायामसुरःकश्चिद्भैरवंनादमानदत् ५८ अबुद्धिपतितेनाथनादेनविपुलेनसा ॥ वित्रस्तोद्भ्रांतनयनागंगाविप्लुतलोचना ५९ विसंज्ञानाशकद्गर्भंवोढुमात्मानमेवच ॥ सातुतेजःपरीतांगीकंपयंतीवजाह्नवी ६० उवाचज्वलनंविप्रतदागर्भबलोद्धुता ॥ तेनशक्ताऽस्मिभगवंस्तेजसोऽस्यविधारणे ६१ विमूढाऽस्मिकृताऽनेननमेस्वास्थ्यंयथापुरा ॥ विह्वलाचास्मिभगवंश्चेतोनष्टंचमेऽनघ ६२ धारणेनास्यशक्ताऽहंगर्भस्यतपतांवर ॥ उत्स्रक्ष्येहमिमंदुःखान्नतुकामात्कथंचन ६३ तेतेजसाऽस्तिसंस्पर्शोममदेवविभावसो ॥ आपदर्थेहिसंबंधःसुसूक्ष्मोऽपिमहाद्युते ६४ यदत्रगुणसंपन्नमितरद्वाहुताशन ॥ त्वय्येवतदहंमन्येधर्माधर्मौचकेवलौ ६५ तामुवाचततोवह्निर्धार्यतांधार्यतामिति ॥ गर्भोमत्तेजसायुक्तोमहागुणफलोदयः ६६ शक्ताह्यसिमहींकृत्स्नांवोढुंधारयितुंतथा ॥ नहितेकिंचिदप्राप्यमन्यतोधारणादृते ६७ सावह्निनावार्यमाणादेवैरपिसरिद्वरा ॥ समुत्ससर्जतंगर्भंमेरौगिरिवरेतदा ६८ ॥ ॥ ॥ ॥ ॥ ॥

३२ ५८ अबुद्धिपतितेनअकस्माज्जातेन ५९ । ६० । ६१ । ६२ । ६३ । ६४ । ६५ । ६६ । ६७ । ६८ ॥ ॥ ॥

रुद्रस्यअग्नेस्तेजस्तेनप्रधर्षिता 'रुद्रोवाएषयदग्निः' इतिश्रुतेः ६९ । ७० । ७१ । ७२ कदंबानांकदंबपुष्पाणां ७३ । ७४ । ७५ । ७६ । ७७ । ७८ । ७९ । ८० । ८१ । ८२ । ८३ । ८४ । ८५ । ८६

अ ९५ ॥ समर्थाधारणेचापिरुद्रतेजःप्रधर्षिता ॥ नाशकत्तंतदागर्भंसंधारयितुमोजसा ६९ सासमुत्सृज्यतंदुःखाद्दीप्तवैश्वानरप्रभम् ॥ दर्शयामासचाग्निस्तंतदागंगांभृगूद्व अ०

ह ७० पप्रच्छसरितांश्रेष्ठांकच्चिद्गर्भःसुखोदयः ॥ कीदृग्वर्णोऽपिवादेविकीदृग्रूपश्चदृश्यते ॥ तेजसाकेनवायुक्तःसर्वमेतद्ब्रवीहिमे ७१ ॥ गंगोवाच ॥ जात

रूपःसगर्भोवैतेजसात्वमिवानघ ॥ सुवर्णोविमलोदीप्तःपर्वतंचावभासयत् ७२ पद्मोत्पलविमिश्राणांह्रदानामिवशीतलः ॥ गंधोऽस्यसकदंबानांतुल्योवैतपतांवर ॥ ८५ ॥

७३ तेजसातस्यगर्भस्यभास्करस्येवरश्मिभिः ॥ यद्द्रव्यंपरिसंसृष्टंपृथिव्यांपर्वतेषुच ७४ तत्सर्वंकांचनीभूतंसमंतात्प्रत्यदृश्यत ॥ पर्यधावतशैलांश्चनदीःप्र

स्रवणानिच ७५ व्यादीपयंस्तेजसाचत्रैलोक्यंसचराचरम् ॥ एवंरूपःसभगवान्पुत्रस्तेहव्यवाहन ॥ सूर्यवैश्वानरसमःकांत्यासोमइवापरः ७६ एवमुक्त्वातु

सादेवीतत्रैवांतरधीयत ॥ पावकश्चापितेजस्वीकृत्वाकार्यंदिवौकसाम् ७७ जगामेष्टंततोदेशंतदाभार्गवनंदन ॥ एतैःकर्मगुणैर्लोकेनामाग्नेःपरिगीयते ७८ हि

रण्यरेताइतिवैऋषिभिर्विबुधैस्तथा ॥ पृथिवीचतदादेवीख्यातावसुमतीतिवै ७९ सतुगर्भोमहातेजागांगेयःपावकोद्भवः ॥ दिव्यंशरवणंप्राप्यववृधेऽद्भुतदर्शनः

८० ददृशुःकृत्तिकास्तंतुबालार्कसदृशद्युतिम् ॥ पुत्रत्वेताश्चतंबालंपुपुषुःस्तन्यविस्रवैः ८१ ततःसकार्त्तिकेयत्वमवापपरमद्युतिः ॥ स्कन्नत्वात्स्कंदतांवापिगु

हावासाद्गुहोऽभवत् ८२ एवंसुवर्णमुत्पन्नमपत्यंजातवेदसः ॥ तत्रजांबूनदंश्रेष्ठंदेवानामपिभूषणम् ८३ ततःप्रभृतिचाप्येतज्जातरूपमुदाहृतम् ॥ रत्नानामुत्त

मंरत्नंभूषणानांतथैवच ८४ पवित्रंचपवित्राणांमंगलानांचमंगलम् ॥ यत्सुवर्णंसभगवानग्निरीशःप्रजापतिः ८५ पवित्राणांपवित्रंहिकनकंद्विजसत्तमाः ॥ अ

ग्नीषोमात्मकंचैवजातरूपमुदाहृतम् ८६ ॥ वसिष्ठउवाच ॥ अपिचेदंपुरारामश्रुतंमेब्रह्मदर्शनम् ॥ पितामहस्ययद्वृत्तंब्रह्मणःपरमात्मनः ८७ देवस्यमहत

स्तातवारुणींबिभ्रतस्तनुम् ॥ ऐश्वर्येवारुणेरामरुद्रस्येशस्यवैप्रभो ८८ आजग्मुर्मुनयःसर्वेदेवाश्चाऽग्निपुरोगमाः ॥ यज्ञांगानिचसर्वाणिवषट्कारश्चमूर्तिमान्

८९ मूर्तिमंतिचसामानियजूंषिचसहस्रशः ॥ ऋग्वेदश्चागमत्तत्रपदक्रमविभूषितः ९० लक्षणानिस्वरास्तोभानिरुक्तंसुरपंक्तयः ॥ ओंकारश्चावसन्नेत्रेनिग्रहप्रग्रहौ

तथा ९१ वेदाश्चसोपनिषदोविद्यासावित्र्यथापिच ॥ भूतंभव्यंभविष्यंचदधारभगवान्शिवः ९२ संजुहावात्मनाऽऽत्मानंस्वयमेवतदाप्रभो ॥ यज्ञंचशोभया

मासबहुरूपंपिनाकधृक् ९३ द्यौर्नभःपृथिवीखंचतथाचैवैषभूपतिः ॥ सर्वविद्येश्वरःश्रीमानेषचापिविभावसुः ९४ एषब्रह्माशिवोरुद्रोवरुणोऽग्निःप्रजापतिः ॥

कीर्त्यतेभगवान्देवःसर्वभूतपतिःशिवः ९५ तस्ययज्ञःपशुपतेस्तपःक्रतवएवच ॥ दीक्षादीप्तव्रतादेवीदिशश्चसदिगीश्वराः ९६ देवपत्न्यश्चकन्याश्चदेवानांचैवमा

तरः ॥ आजग्मुःसहितास्तत्रतदाभृगुकुलोद्वह ९७ ॥ ॥ ॥ ॥ ॥ । ९५ ॥

देवस्यमहतइतिरुद्रस्येत्यर्थः ८७ । ८८ । ८९ । ९० । ९१ । ९२ । ९३ । ९४ । ९५ । ९६ । ९७ ॥ ॥ ॥ ॥

विस्पंदानकणान् ताभिःपतिताभीरेतःकणिकाभिःसहपांसून्संगृह्य ९८।९९ प्रादुर्भावश्चरमधातुः १०० । १ भूतग्रामंचतुर्विधंतत्तेजसस्तस्यत्रिगुणमयस्यरेतसःसंबंधीयस्तमोंशोरजोंशस्तस्मात्तैजसंप्रवृ
त्तिप्रधानंजंगममभूत् २ तमसस्तमोंऽशात्तामसंस्थावरं सत्वांशस्तूभयत्रानुगतउभयेषुसात्विकानांभावानांधर्महेतुत्वादीनांदर्शनात् सइति । ससत्वगुणस्तेजसःप्रकाशरूपायाबुद्धेःस्वरूपमित्यर्थः
बुद्धेस्तेजस्त्वंप्रकाशकत्वसाम्यान्मनोज्योतिरितिमंत्रलिंगाच्च । तस्यधीसत्वस्यचआकाशंआकाशादिकृत्स्नंविश्वंस्वरूपंतद्धिलब्धसत्वात्मकंतदात्मनापरिणमतइतिभावः ३ यस्मात्सर्वेषुभूतेषुतमोमयेषु

यज्ञंपशुपतेःप्रीतावरुणस्यमहात्मनः ॥ स्वयंभुवस्तुतादृष्ट्वारेतःसमपतद्भुवि ९८ तस्यशुक्रस्यविस्पंदान्पांसून्संगृह्यभूमितः ॥ प्रास्यत्पूषाकराभ्यांवैतस्मि
न्नेवहुताशने ९९ ततस्तस्मिन्संप्रवृत्तेसत्रेज्वलितपावके ॥ ब्रह्मणोजुह्वतस्तत्रप्रादुर्भावोबभूवह १०० स्कन्नमात्रंचतच्छुक्रंस्रुवेणपरिगृह्यसः ॥ आज्यव
न्मंत्रतश्चापिसोऽजुहोद्भृगुनंदन १ ततःसजनयामासभूतग्रामंचवीर्यवान् ॥ तस्यतत्तेजसस्तस्माज्जज्ञेलोकेषुतैजसम् २ तमसस्तामसाभावाव्यापिसत्वंतथोभ
यम् ॥ सगुणस्तेजसोनित्यस्तस्यचाकाशमेवच ३ सर्वभूतेषुचतथासत्वंतेजस्तथोत्तमम् ॥ शुक्रेहुतेऽग्नौतस्मिंस्तुप्रादुरासंस्त्रयःप्रभो ४ पुरुषावपुषायुक्ताः
स्वैःस्वैःप्रसवजैर्गुणैः ॥ भृगित्येवभृगुःपूर्वमंगारेभ्योऽङ्गिराभवत् ५ अंगारसंश्रयाच्चैवकविरित्यपरोऽभवत् ॥ सहज्वालाभिरुत्पन्नोभृगुस्तस्माद्भृगुःस्मृतः ६
मरीचिभ्योमरीचिस्तुमारीचःकश्यपोह्यभूत् ॥ अंगारेभ्योऽङ्गिरास्तातवालखिल्याःकुशोच्चयात् ७ अत्रैवात्रेतिचविभोजातमत्रिंवदंत्यपि ॥ तथाभस्मव्यपोहे
भ्योब्रह्मर्षिगणसंमताः ८ वैखानसाःसमुत्पन्नास्तपःश्रुतगुणेप्सवः ॥ अश्रुतोऽस्यसमुत्पन्नावश्विनौरूपसंमतौ ९ शेषाःप्रजानांपतयःस्रोतोभ्यस्तस्यजज्ञिरे ॥
ऋषयोरोमकूपेभ्यःस्वेदाच्छंदोबलान्मनः ११० एतस्मात्कारणादाहुरग्निःसर्वास्तुदेवताः ॥ ऋषयःश्रुतसंपन्नावेदप्रामाण्यदर्शनात् ११ यानिदारुणिनिर्या
सास्तेमासाःपक्षसंज्ञिताः ॥ अहोरात्रामुहूर्तांश्चपित्तंज्योतिश्चदारुणम् १२ रौद्रंलोहितमित्याहुर्लोहितात्कनकंस्मृतम् ॥ तन्मैत्रमितिविज्ञेयंधूमाच्चवसवः
स्मृताः १३ अर्चिषोयाश्चतेरुद्रास्तथाऽऽदित्यामहाप्रभाः ॥ उद्दिष्टास्तेतथांगारायेधिष्ण्येषुदिविस्थिताः १४ आदिकर्ताचलोकस्यतत्परंब्रह्मतद्ध्रुवम् ॥ सर्व
कामदमित्याहुस्तद्रहस्यमुवाचह १५ ततोऽब्रवीन्महादेवोवरुणःपवनात्मकः ॥ ममसत्रमिदंदिव्यमहंगृहपतिस्त्विह १६ त्रीणिपूर्वाण्यपत्यानिममतानिनसं
शयः ॥ इतिजानीतखगमाममयज्ञफलंहितत् ॥१७॥ अग्निरुवाच ॥ मदंगेभ्यःप्रसूतानिमदाश्रयकृतानिच ॥ ममैवतान्यपत्यानिवरुणोह्यवशात्मकः १८

जडेषुशरीरेषुसत्वंप्रकाशउत्तमंतेजःधर्मप्रवृत्तिश्चतत्सर्वंतस्माद्ब्रह्मणोहुतात्प्रजापतिशुक्राज्जज्ञिरेइत्यर्थः ४ प्रसवजैःकारणजैर्गुणैः तानेवाह भृगिति । भृज्जतिपाचयतीतिभृक्ज्वाला साक्षाज्ज्वालाइत्येवभृगु
रितिनाम ५ अंगाराश्रिताअल्पज्वालानिर्धूमास्ताभ्यःकविरभूदित्यर्थः भृगितिव्याचष्टे सहेति ६ । ७ अत्रैवकुशोच्चये अत्रअत्रैवेतिसंबंधः व्यपोहेभ्यःसमूहेभ्यः ८ अश्रुतःअश्रुसकाशात् ९
स्रोतोभ्यःश्रोत्रादींद्रियेभ्यः बलाद्वीर्यात् ११० एतस्मादग्निजत्वात् ११ निर्यासादारुण्यतालाक्षादयोवृक्षरसाः १२ । १३ दिविस्थिताःग्रहतारादयः धिष्ण्येषुस्थानेषु १४ । १५ । १६ त्रीणिभृ
ग्वंगिरःकविसंज्ञानि १७ अवशःआत्मावित्तंयस्यसोऽवशात्मकःभ्रान्तइत्यर्थः १८ ॥ ॥ ॥ ॥ ॥ ॥ ॥

म.भा.टी. ॥ ९६ ॥

१९। २०। २१। २२। २३। २४। २५। २६। २७। २८। २९। ३०। ३१ कवेःपुत्रावारुणाइत्यनेनस्वीयभागोऽपिकविर्ब्रह्मणावरुणायसमर्पितइत्युन्नेयं ३२। ३३। ३४। ३५। ३६। ३७

अथाब्रवील्लोकगुरुर्ब्रह्मालोकपितामहः ॥ ममैवतान्यपत्यानिममशुक्रंहुतंहितत् १९ अहंकर्ताहिसत्रस्यहोताशुक्रस्यचैवह ॥ यस्यबीजंफलंतस्यशुक्रंचेत्कारणं
मतम् १२० ततोऽब्रुवन्देवगणाःपितामहमुपेत्यवै ॥ कृतांजलिपुटाःसर्वेशिरोभिरभिवंद्यच २१ वयंचभगवन्सर्वेजगच्चसचराचरम् ॥ तवैवप्रसवाःसर्वेतस्मा
दग्निर्विभावसुः २२ वरुणश्चेश्वरोदेवोलभतांकाममीप्सितम् ॥ निसर्गाद्ब्रह्मणश्चापिवरुणोयादसांपतिः २३ जग्राहवैभृगुंपूर्वमपत्यंसूर्यवर्चसम् ॥ ईश्वरोऽङ्गिर
संचाग्निरपत्यार्थमकल्पयत् २४ पितामहस्त्वपत्यंवैकविंजग्राहतत्त्ववित् ॥ तदासवारुणःख्यातोभृगुःप्रसवकर्मकृत् २५ आग्नेयस्त्वंगिराःश्रीमान्कविर्ब्राह्मोमहा
यशाः ॥ भार्गवांगिरसौलोकेलोकसंतानलक्षणौ २६ एतेहिप्रसवाःसर्वेप्रजानांपतयस्त्रयः ॥ सर्वसंतानमेतेषामिदमित्युपधारय २७ भृगोस्तुपुत्राःसप्तासन्सर्वे
तुल्याभृगोर्गुणैः ॥ च्यवनोवज्रशीर्षश्चशुचिरौर्वस्तथैवच २८ शुक्रोवरेण्यश्चविभुःसवनश्चेतिसप्तते ॥ भार्गवावारुणाःसर्वेयेषांवंशेभवानपि २९ अष्टौचांगि
रसःपुत्रावारुणास्तेऽप्युदाहृताः ॥ बृहस्पतिरुतथ्यश्चपयस्यःशांतिरेवच १३० घोरोविरूपःसंवर्तःसुधन्वाचाष्टमःस्मृतः ॥ एतेऽष्टौवन्हिजाःसर्वेज्ञाननिष्ठा
निरामयाः ३१ ब्रह्मणस्तुकवेःपुत्रावारुणास्तेऽप्युदाहृताः ॥ अष्टौप्रसवजैर्युक्तागुणैर्ब्रह्मविदःशुभाः ३२ कविःकाव्यश्चधृष्णुश्चबुद्धिमानुशनास्तथा ॥ भृगुश्च
विरजाश्चैवकाशीचोग्रश्चधर्मवित् ३३ अष्टौकविसुताह्येतेसर्वमेभिर्जगत्ततम् ॥ प्रजापतयएतेहिप्रजाभागैरिहप्रजाः ३४ एवमंगिरसश्चैवकवेश्चप्रसवान्वयैः ॥
भृगोश्चभृगुशार्दूलवंशजैःसंततंजगत् ३५ वरुणश्चादितोविप्रजग्राहप्रभुरीश्वरः ॥ कविंतातभृगुंचापितस्मात्तौवारुणौस्मृतौ ३६ जग्राहांगिरसंदेवःशिखीतस्मा
द्धुताशनः ॥ तस्मादांगिरसाज्ञेयाःसर्वएवतदन्वयाः ३७ ब्रह्मापितामहःपूर्वंदेवताभिःप्रसादितः ॥ इमेनःसंतरिष्यंतिप्रजाभिर्जगतीश्वराः ३८ सर्वेप्रजानांप
तयःसर्वेचातितपस्विनः ॥ त्वत्प्रसादादिमंलोकंतारयिष्यंतिसांप्रतम् ३९ तथैववंशकर्तारस्तवतेजोविवर्धनाः ॥ भवेयुर्वेदविदुषःसर्वेचकृतिनस्तथा १४० दे
वपक्षचराःसौम्याःप्राजापत्यामहर्षयः ॥ आप्नुवंतितपश्चैवब्रह्मचर्यंपरंतथा ४१ सर्वेहिवयमेतेचतवैवप्रसवःप्रभो ॥ देवानांब्राह्मणानांचत्वंहिकर्तापितामह
४२ मारीचमादितःकृत्वासर्वेचैवाऽथभार्गवाः ॥ अपत्यानीतिसंप्रेक्ष्यक्षमयामपितामह ४३ तेत्वनेनैवरूपेणप्रजनिष्यंतिवैप्रजाः ॥ स्थापयिष्यंतिचात्मानंयु
गादिनिधनेतथा ४४ इत्युक्तःसतदातैस्तुब्रह्मालोकपितामहः ॥ तथेत्येवाऽब्रवीत्प्रीतस्तेऽपिजग्मुर्यथागतम् ४५ एवमेतत्पुरावृत्तंतस्ययज्ञेमहात्मनः ॥ देवश्रेष्ठ
स्यलोकादौवारुणींबिभ्रतस्तनुम् ४६ अग्निर्ब्रह्मापशुपतिःशर्वोरुद्रःप्रजापतिः ॥ अग्नेरपत्यमेतद्वैसुवर्णमितिधारणा ४७ ॥ ॥ ॥ ॥

नोऽस्मानसंतरिष्यंतिसंतारयिष्यंति ३८। ३९ विदुषोविद्वांसः १४०। ४१। ४२ क्षमयामस्वोत्कर्षार्थं अन्योन्याभिभवायनयतामहइत्यर्थः ४३ तेअनेनक्षमावता आदिनिधनेउत्पत्तिप्रलययोरंतराले ४४
४५ देवश्रेष्ठस्यरुद्रस्य ४६ धारणानिश्चयः ४७ ॥ ॥ ॥ ॥ ॥ ॥ ॥ ॥ ॥ ॥

वेदश्रुतिरिति । अग्नावनुगतेंतराआहुतीहिरण्यउत्तरांजुहुयादितिकल्पकारेणदर्शिता ४८ वल्मीकवपायांसान्नाय्यमितिदधिपयसोःसहहोमउक्तः । ब्राह्मणपाण्यजकर्णदर्भस्तंबाप्सुकाष्ठेष्वित्येतानिश्रुतौदृश्यंते ४९ शकटोर्वीतुश्रुत्यंतराज्ज्ञेया परस्यतीर्थादेरप्सु ५० । ५१ । ५२ राजराज्येनकुबेरत्वेन ५३ । ५४ । ५५ । ५६ । ५७ । ५८ तेभ्योलोकेभ्योनचक्षरति ५९ अग्निंश्रौतंस्मार्तंवासंजन यित्वाप्रातःप्रादुष्कृत्यउदयकालेदद्यात् १६० अग्निमिति । अग्न्यादित्ययोःप्रादुर्भूतयोरंतरालेकालेसुवर्णदानं । इष्टेनगुणेनभुविदिविप्रकाशमानेनरूपेणमयास्थेयमित्येवंरूपेणगुणेनअंतरालकालेनचगुणेन

अग्न्यभावेचकुरुतेवन्हिस्थानेषुकांचनम् ॥ जामदग्न्यःप्रमाणज्ञोवेदश्रुतिनिदर्शनात् ४८ कुशस्तंबेजुहोत्यग्निंसुवर्णेतत्रचस्थिते ॥ वल्मीकस्यवपायांचकर्णेवाऽजस्य दक्षिणे ४९ शकटोर्व्यांपरस्याप्सुब्राह्मणस्यकरेतथा ॥ हुतेप्रीतिकरीमृद्धिंभगवांस्तत्रमन्यते १५० तस्मादग्निपराःसर्वेदेवताइतिशुश्रुम ॥ ब्रह्मणोहिप्रभूतोग्निर ग्नेरपिचकांचनम् ५१ तस्माद्येवैप्रयच्छंतिसुवर्णंधर्मदर्शिनः ॥ देवतास्तेप्रयच्छंतिसमस्ताइतिनःश्रुतम् ५२ तस्यचातमसोलोकागच्छतःपरमांगतिम् ॥ स्वर्लो केराजराज्येनसोऽभिषिच्येतभार्गव ५३ आदित्योदयसंप्राप्तेविधिमंत्रपुरस्कृतम् ॥ ददातिकांचनंयोवैदुःस्वप्नंप्रतिहंतिसः ५४ ददात्युदितमात्रेयस्तस्यपाप्माविधू यते ॥ मध्यान्हेददतोरुक्मंहंतिपापमनागतम् ५५ ददातिपश्चिमांसंध्यांयःसुवर्णंयतव्रतः ॥ ब्रह्मवाय्वग्निसोमानांसालोक्यमुपयातिसः ५६ सेन्द्रेषुचैवलोकेषुप्रति ष्ठांविंदतेशुभाम् ॥ इहलोकेयशःप्राप्यशांतपाप्माचमोदते ५७ ततःसंपद्यतेऽन्येषुलोकेष्वप्रतिमःसदा ॥ अनावृतगतिश्चैवकामचारोभवत्युत ५८ नचक्षरतितेभ्यश्च यशश्चैवाप्नुतेमहत् ॥ सुवर्णमक्षयंदत्वालोकांश्चाप्नोतिपुष्कलान् ५९ यस्तुसंजनयित्वाग्निमादित्योदयनंप्रति ॥ दद्याद्वैव्रतमुद्दिश्यसर्वकामान्समश्नुते १६० अग्नि मित्येवतत्प्राहुःप्रदानंचसुखावहम् ॥ यथेष्टगुणसंवृत्तंप्रवर्तकमितिस्मृतम् ६१ एषासुवर्णस्योत्पत्तिःकथितातेमयाऽनघ ॥ कार्तिकेयस्यचविभोतद्विद्धिभृगुनंदन ६२ कार्तिकेयस्तुसंवृद्धःकालेनमहतातदा ॥ देवैःसेनापतित्वेनवृतःसेन्द्रैर्भृगूद्वह ६३ जघानतारकंचापिदैत्यमन्यांस्तथाऽसुरान् ॥ त्रिदशेंद्राज्ञयाब्रह्मँल्लोकानांहित काम्यया ६४ सुवर्णदानेचमयाकथितास्तेगुणाविभो ॥ तस्मात्सुवर्णंविप्रेभ्यःप्रयच्छददतांवर ६५ ॥ भीष्मउवाच ॥ इत्युक्तःसवसिष्ठेनजामदग्न्यःप्रताप वान् ॥ ददौसुवर्णंविप्रेभ्योव्यमुच्यतचकिल्बिषात् ६६ एतत्तेसर्वमाख्यातंसुवर्णस्यमहीपते ॥ प्रदानस्यफलंचैवजन्मचास्ययुधिष्ठिर ६७ तस्मात्त्वमपिविप्रे भ्यःप्रयच्छकनकंबहु ॥ ददत्सुवर्णंनृपतेकिल्बिषाद्विप्रमोक्ष्यसि १६८ ॥ इतिश्रीमहाभारते अनुशासनपर्वणिआनुशासनिकेपर्वणि दानधर्मे सुवर्णोत्पत्ति र्नामपंचाशीतितमोऽध्यायः ॥ ८५ ॥ ॥ ॥ ॥ ॥ ॥

संवृत्तंसमानंजातं एतच्चगुणज्ञानंप्रवर्तकं अग्निजत्वाद्धिरण्यमग्निः इतिशब्दःप्रकारार्थः 'हिरण्यंपुरस्कृत्यसायमुद्धरेत्'इतिसायमुद्धरणकालातिक्रमेमुर्यस्यहिरण्यपुरस्कारवचनाद्धिरण्यमादित्यत्वेनापिजानी यात् । अतस्तयोरंतरालेसुवर्णंददत्ताद्दृशमेवफलंप्राप्नोतीत्यर्थः ६१ एषेति । यथाकार्तिकेयःसर्वदेवानामजेयंदैत्यंनिहतवान् एवंतत्सोदरंसुवर्णमपिसर्वेषांधर्माणामजय्यंदुरितंनाशयतिलोकंचताद्दृशंजयती त्यर्थः ६२ । ६३ । ६४ । ६५ । ६६ । ६७ । १६८ ॥ इतिअनुशासनपर्वणिनीलकंठीये भारतभावदीपे पंचाशीतितमोऽध्यायः ॥ ८५ ॥ ॥ ॥

उक्ताइति। श्रुतिर्वेदः लक्षणंज्ञापकंयेषांतेश्रुतिलक्षणाः श्रुत्युक्ताइत्यर्थः १।२।३।४ विपन्नंकृत्यंयेषांते गंगयागर्भेत्यक्तेसतिनष्टकार्याः ५ चोदयामासुरित्यत्रहेतुमाह नेतिगर्भसंधारयितुमित्यपकृष्यते

॥ युधिष्ठिरउवाच ॥ उक्ताःपितामहेनेहसुवर्णस्यविधानतः ॥ विस्तरेणप्रदानस्ययेगुणाःश्रुतिलक्षणाः १ यत्तुकारणमुत्पत्तेःसुवर्णस्यप्रकीर्तितम् ॥ सकथंतारकः
प्राप्तोनिधनंतद्ब्रवीहिमे २ उक्तंसदैवतानांहिअवध्यइतिपार्थिव ॥ कथंतस्याभवन्मृत्युर्विस्तरेणप्रकीर्तय ३ एतदिच्छाम्यहंश्रोतुंत्वत्तःकुरुकुलोद्वह ॥ कार्त्स्न्येनता
रकवधंपरंकौतूहलंहिमे ४ ॥ भीष्मउवाच ॥ विपन्नकृत्याराजेंद्रदेवताऋषयस्तथा ॥ कृत्तिकाश्चोदयामासुरपत्यभरणायवै ५ नदेवतानांकाचिद्धिसमर्थाजातवेदसः
॥ एताहिशक्तास्तंगर्भंसंधारयितुमोजसा ६ षण्णांतासांततःप्रीतःपावकोगर्भधारणात् ॥ स्वेनतेजोविसर्गेणवीर्येणपरमेणच ७ तास्तुषट्कृत्तिकागर्भंपुपुषुर्जात
वेदसः ॥ षट्सुवर्त्मसुतेजोग्नेःसकलंनिहितंप्रभो ८ ततस्तावर्धमानस्यकुमारस्यमहात्मनः ॥ तेजसाऽभिपरीतांग्योनक्वचिच्छर्मलेभिरे ९ ततस्तेजःपरीतांग्यः
सर्वाःकालउपस्थिते ॥ समंगर्भंसुषुविरेकृत्तिकास्तंनरर्षभ १० ततस्तंषडधिष्ठानंगर्भमेकत्वमागतम् ॥ पृथिवीप्रतिजग्राहकार्तस्वरसमीपतः ११ सगर्भोदिव्य
संस्थानोदीप्तिमान्पावकप्रभः ॥ दिव्यंशरवणंप्राप्यववृधेप्रियदर्शनः १२ ददृशुःकृत्तिकास्तंतुबालमर्कसमद्युतिम् ॥ जातस्नेहाश्चसौहार्दात्पुपुषुःस्तन्यविस्रवैः १३
अभवत्कार्तिकेयःसत्रैलोक्येसचराचरे ॥ स्कन्नत्वात्स्कंदतांप्राप्तोगुहावासाद्गुहोऽभवत् १४ ततोदेवास्त्रयस्त्रिंशद्दिशश्चसदिगीश्वराः ॥ रुद्रोधाताचविष्णुश्चयमःपूषाऽ
र्यमाभगः १५ अंशोमित्रश्चसाध्याश्चवासवोवसवोऽश्विनौ ॥ आपोवायुर्नभश्चंद्रोनक्षत्राणिग्रहारविः १६ पृथग्भूतानिचान्यानियानिदेवार्पणानिवै ॥ आजग्मुस्ते
ऽद्भुतंद्रष्टुंकुमारंज्वलनात्मजम् १७ ऋषयस्तुष्टुवुश्चैवगंधर्वाश्चजगुस्तथा ॥ षडाननंकुमारंतुद्विषडक्षंद्विजप्रियम् १८ पीनांसंद्वादशभुजंपावकादित्यवर्चसम् ॥ शया
नंशरगुल्मस्थंदृष्ट्वादेवाःसहर्षिभिः १९ लेभिरेपरमंहर्षमेनिरेचासुरंहतम् ॥ ततोदेवाःप्रियाण्यस्यसर्वएवसमाहरन् २० क्रीडतःक्रीडनीयानिददुःपक्षिगणाश्चह ॥
सुपर्णोऽस्यददौपुत्रंमयूरंचित्रबर्हिणम् २१ राक्षसाश्चददुस्तस्मैवराहमहिषावुभौ ॥ कुक्कुटंचाग्निसंकाशंप्रददौवरुणःस्वयम् २२ चंद्रमाःप्रददौमेषमादित्योरुचिरां
प्रभाम् ॥ गवांमाताचगोदेवीददौशतसहस्रशः २३ छागमग्निर्गुणोपेतमिलापुष्पफलंबहु ॥ सुधन्वाशकटंचैवरथंचामितकूबरम् २४ वरुणोवारुणान्दिव्यान्सग
जान्प्रददौशुभान् ॥ सिंहान्सुरेन्द्रोव्याघ्रांश्चद्विपानन्यांश्चपक्षिणः २५ श्वापदांश्चबहून्घोरांश्छत्राणिविविधानिच ॥ राक्षसासुरसंघाश्चअनुजग्मुस्तमीश्वरम् २६
वर्धमानंतुतंदृष्ट्वाप्रार्थयामासतारकः ॥ उपायैर्बहुभिर्हन्तुंनाशकच्चापितंविभुम् २७ सैनापत्येनतंदेवाःपूजयित्वागुहालयम् ॥ शशंसुर्विप्रकारंतंतस्मैतारककारितम्
२८ सविवृद्धोमहावीर्योदेवसेनापतिःप्रभुः ॥ जघानामोघयाशक्त्यादानवंतारकंगुहः २९ ॥ ॥

पूर्वार्धेऽपि ६ प्रीतस्ताभिर्गरुडीरूपेणतद्रेतःपीत्वापोढागर्भेधृतेसतीतिशेषः ७ वर्त्मसुगर्भागमनमार्गेषुयोनिष्वित्यर्थः ८।९।१०।११।१२।१३।१४।१५।१६ देवेभ्योऽर्प्यंतेयैस्तानिऋग्य
जुःसामानिमूर्तिमंतिदेवार्पणानि १७।१८।१९।२०।२१।२२।२३।२४।२५।२६।२७।२८।२९ ॥ ॥

३० । ३१ । ३२ । ३३ । ३४ । ३५ ॥ इति अनुशासनपर्वणि नीलकंठीये भारतभावदीपे षडशीतितमोऽध्यायः ॥ ८६ ॥ ॥ चातुर्वर्ण्यस्येति १ । २ । ३ । ४ आदितःअमावास्यायांपश्चात्प्र तिपदि यद्वाग्नेंदर्शेपूर्वार्धेइष्टिःपश्चात्पितृयज्ञः ५ अन्वाहार्यंपश्चात्कर्तव्यमपि यस्मादेवंतस्मात्प्रथमकल्पितःसामान्यविधिः अमावास्यायांयदहश्चंद्रमसंनपश्यति तदहरपराह्णेपिंडपितृयज्ञंकुरुतइतिविशेष

तेनतस्मिन्कुमारेणक्रीडतानिहतेऽसुरे ॥ सुरेन्द्रःस्थापितोराज्येदेवानांपुनरीश्वरः ३० ससेनापतिरेवाथबभौस्कंदःप्रतापवान् ॥ ईशोगोप्ताचदेवानांप्रियकृच्छंकर स्यच ३१ हिरण्यमूर्तिर्भगवानेषएवचपावकिः ॥ सदाकुमारोदेवानांसैनापत्यमवाप्तवान् ३२ तस्मात्सुवर्णंमंगल्यंरत्नमक्षय्यमुत्तमम् ॥ सहजंकार्तिकेयस्यवह्ने स्तेजःपरंमतम् ३३ एवंरामायकौरव्यवसिष्ठोऽकथयत्पुरा ॥ तस्मात्सुवर्णदानायप्रयतस्वनराधिप ३४ रामःसुवर्णंदत्वाहिविमुक्तःसर्वकिल्बिषैः ॥ त्रिविष्टपेमह त्स्थानमवापासुलभंनरैः ३५ ॥ ॥ इतिश्रीमहाभारते अनुशासनपर्वणि आनुशास० दानधर्मे तारकवधोपाख्यानंनाम षडशीतितमोऽध्यायः ॥ ८६ ॥ ॥

युधिष्ठिरउवाच ॥ चातुर्वर्ण्यस्यधर्मात्मन्धर्माःप्रोक्तायथात्वया ॥ तथैवमेश्राद्धविधिंकृत्स्नंप्रब्रूहिपार्थिव १ ॥ वैशंपायनउवाच ॥ युधिष्ठिरेणैवमुक्तोभीष्मःशांतनव स्तदा ॥ इमंश्राद्धविधिंकृत्स्नंवक्तुंसमुपचक्रमे २ ॥ भीष्मउवाच ॥ शृणुष्वावहितोराजञ्छ्राद्धकर्मविधिंशुभम् ॥ धन्यंयशस्यंपुत्रीयंपितृयज्ञंपरंतप ३ देवासुर मनुष्याणांगंधर्वोरगरक्षसाम् ॥ पिशाचकिन्नराणांचपूज्यावैपितरःसदा ४ पितॄन्पूज्यादितःपश्चाद्देवतास्तर्पयंतिवै ॥ तस्मात्तान्सर्वयत्नेनपुरुषःपूजयेत्सदा ५ अन्वाहार्यंमहाराजपितॄणांश्राद्धमुच्यते ॥ तस्माद्विशेषविधिनाविधिःप्रथमकल्पितः ६ सर्वेष्वहःसुप्रीयंतेकृतेश्राद्धेपितामहाः ॥ प्रवक्ष्यामितुतेसर्वांस्तिथ्याति थ्यगुणागुणान् ७ येष्वहःसुकृतैःश्राद्धैर्यत्फलंप्राप्यतेऽनघ ॥ तत्सर्वंकीर्तयिष्यामियथावत्तन्निबोधमे ८ पितॄनर्च्यप्रतिपदिप्राप्नुयात्सुगृहेस्त्रियः ॥ अभिरूपप्र जायिन्योदर्शनीयाबहुप्रजाः ९ स्त्रियोद्वितीयांजायंतेतृतीयायांतुवाजिनः ॥ चतुर्थ्यांक्षुद्रपशवोभवंतिबहवोगृहे १० पंचम्यांबहवःपुत्राजायंतेकुर्वतांनृप ॥ कुर्वा णास्तुनराःषष्ठ्यांभवंतिद्युतिभागिनः ११ कृषिभागीभवेच्छ्राद्धंकुर्वाणःसप्तमींनृप ॥ अष्टम्यांतुप्रकुर्वाणोवाणिज्येलाभमाप्नुयात् १२ नवम्यांकुर्वतःश्राद्धंभवत्येक शफंबहु ॥ विवर्धन्तेतुदशमींगावःश्राद्धानिकुर्वतः १३ कुप्यभागीभवेन्मर्त्यःकुर्वन्नेकादशींनृप ॥ ब्रह्मवर्चस्विनःपुत्राजायंतेतस्यवेश्मनि १४ द्वादशीमीहमानस्य नित्यमेवप्रदृश्यते ॥ रजतंबहुवित्तंचसुवर्णंचमनोरमम् १५ ज्ञातीनांतुभवेच्छ्रेष्ठःकुर्वञ्छ्राद्धंत्रयोदशीम् ॥ अवश्यंतुयुवानोऽस्यप्रमीयंतेनरागृहे १६ युद्धभागीभवे न्मर्त्यःकुर्वञ्छ्राद्धंचतुर्दशीम् ॥ अमावास्यांतुनिर्वापावत्सर्वकामानवाप्नुयात् १७ कृष्णपक्षेदशम्यादौवर्जयित्वाचतुर्दशीम् ॥ श्राद्धकर्मणितिथ्यस्तुप्रशस्तानतथेतराः १८ यथाचैवापरःपक्षःपूर्वपक्षाद्विशिष्यते ॥ तथाश्राद्धस्यपूर्वाह्णादपराह्णोविशिष्यते १९ ॥ इ०श्रीम०अ०आ०प०दा०श्राद्धकल्पेसप्ताशीतितमोऽध्यायः ॥ ८७ ॥

विधिनाबाध्यतइत्यन्वाहार्यत्वमपिपितृयज्ञस्यभवतीत्यर्थः ६ तिथीनामतिथीनांचगुणानगुणांश्चप्रवक्ष्यामि ७ । ८ सुगृहेस्त्रियोभार्याः ९ स्त्रियोदुहितरः १० । ११ । १२ । १३ कुप्यंवस्त्रपात्रादि १४ । १५ चतुर्दशीश्राद्धंनिंदत्यवश्यमिति १६ । १७ दशम्यादौतिथिषट्के १८ । १९ ॥ इतिअनु० नी० भा० सप्ताशीतितमोऽध्यायः ॥ ८७ ॥ ॥ ॥ ॥

किंस्विदिति १ । २ । ३ । ४ । ५ । ६ पृषतश्चित्रमृगस्तदीयंपार्षतं रुरुःकृष्णमृगस्तदीयंरौरवम् ७ । ८ वाध्रीणसःवध्र्यास्यूतनासिकोमहोक्षःपक्षिविशेषोजविशेषश्चेत्यन्ये ९ पितृक्षयेमृततिथौ कालशाकं'चुका' इतिभाषयाप्रसिद्धं तत्सदृशमेवतदन्यदित्यन्ये लौहंकांचनवृक्षजंपुष्पादिशाकं छागोऽप्यानंत्यंतत्फलमितिविशेषः १० । ११ । १२ वीजितंपायसादिकंदद्यादितिपूर्वेणान्वयः १३ । १४ । १५ ॥ ॥

॥ युधिष्ठिरउवाच ॥ ॥ किंस्विद्दत्तंपितृभ्योवैभवत्यक्षयमीश्वर ॥ किंहविश्चिररात्रायकिमानंत्यायकल्पते १ ॥ ॥ भीष्मउवाच ॥ ॥ हवींषिश्राद्धकल्पेतु यानिश्राद्धविदोविदुः ॥ तानिमेशृणुकाम्यानिफलंचैवयुधिष्ठिर २ तिलैर्व्रीहियवैर्माषैरद्भिर्मूलफलैस्तथा ॥ दत्तेनमासंप्रीयन्तेश्राद्धेनपितरोनृप ३ वर्धमानतिलंश्रा द्धमक्षयंमनुरब्रवीत् ॥ सर्वेष्वेवतुभोज्येषुतिलाःप्राधान्यतःस्मृताः ४ द्वौमासौतुभवेत्तृप्तिर्मत्स्यैःपितृगणस्यह ॥ त्रीन्मासानाविकेनाहुश्चतुर्मासंशशेनह ५ आजेन मासान्प्रीयंतेपंचैवपितरोनृप ॥ वाराहेणतुषण्मासान्सप्तवैशाकुलेनतु ६ मासानष्टौपार्षतेनरौरवेणनवप्रभो ॥ गवयस्यतुमांसेनतृप्तिःस्याद्दशमासिकी ७ मांसे नेकादशप्रीतिःपितृणांमाहिषेणतु ॥ गव्येनदत्तेश्राद्धेतुसंवत्सरमिहोच्यते ८ यथागव्यंतथायुक्तंपायसंसर्पिषासह ॥ वाध्रीणसस्यमांसेनतृप्तिर्द्वादशवार्षिकी ९ आनंत्यायभवेद्दत्तंखड्गमांसंपितृक्षये ॥ कालशाकंचलौहंचाप्यानंत्यंछागउच्यते १० गाथाश्चाप्यत्रगायंतिपितृगीतायुधिष्ठिर ॥ सनत्कुमारोभगवान्पुरामय्यभ्य भाषत ११ अपिनःस्वकुलेजायाद्योनोदद्यात्त्रयोदशीम् ॥ मघासुसर्पिःसंयुक्तंपायसंदक्षिणायने १२ आजेनवाऽपिलौहेनमघास्वेवयतव्रतः ॥ हस्तिच्छायासुविधि वत्कर्णव्यजनवीजितम् १३ एष्टव्याबहवःपुत्रायद्येकोऽपिगयांव्रजेत् ॥ यत्रासौप्रथितोलोकेष्वक्षय्यकरणोवटः १४ आपोमूलंफलंमांसमन्नंवाऽपिपितृक्षये ॥ यत्किं चिन्मधुसंमिश्रंतदानंत्यायकल्पते १५ ॥ ॥ इतिश्रीमहाभारते अनुशासनपर्वणिआनुशासनिकेपर्वणि दानधर्मेश्राद्धकल्पेऽष्टाशीतितमोऽध्यायः ॥ ८८ ॥

॥ भीष्मउवाच ॥ यमस्तुयानिश्राद्धानिप्रोवाचशशबिंदवे ॥ तानिमेशृणुकाम्यानिनक्षत्रेषुपृथक्पृथक् १ श्राद्धंयःकृत्तिकायोगेकुर्वीतसततंनरः ॥ अग्नीनाधायसा पत्योयजेतविगतज्वरः २ अपत्यकामोरोहिण्यांतेजस्कामोमृगोत्तमे ॥ क्रूरकर्माददच्छ्राद्धमार्द्रायांमानवोभवेत् ३ धनकामोभवेन्मर्त्यःकुर्वञ्छ्राद्धंपुनर्वसौ ॥ पुष्टि कामोऽथपुष्येणश्राद्धमीहेतमानवः ४ आश्लेषायांददच्छ्राद्धंधीरान्पुत्रान्प्रजायते ॥ ज्ञातीनांतुभवेच्छ्रेष्ठोमघासुश्राद्धमावपन् ५ फल्गुनीषुददच्छ्राद्धंसुभगःश्राद्धदो भवेत् ॥ अपत्यभागुत्तरासुहस्तेनफलभाग्भवेत् ६ चित्रायांतुददच्छ्राद्धंलभेद्रूपवतःसुतान् ॥ स्वातियोगेपितृनर्च्यवाणिज्यमुपजीवति ७ बहुपुत्रोविशाखासुपुत्र मीहन्भवेन्नरः ॥ अनुराधासुकुर्वाणोराजचक्रंप्रवर्तयेत् ८ आधिपत्यंव्रजेन्मर्त्योज्येष्ठायामपवर्जयन् ॥ नरःकुरुकुलश्रेष्ठऋद्धोदमपुरःसरः ९ मूलेत्वारोग्यमृच्छेतयशो ऽऽषाढासुचोत्तमम् ॥ उत्तरासुत्वषाढासुवीतशोकश्चरेन्महीम् १० श्राद्धंत्वभिजिताकुर्वन्भिषक्सिद्धिमवाप्नुयात् ॥ श्रवणेषुददच्छ्राद्धंप्रेत्यगच्छेत्सतद्गतिम् ११

॥ इतिअनुशासनपर्वणि नी०भारतभावदीपे अष्टाशीतितमोऽध्यायः ॥ ८८ ॥ ॥ ॥ ॥ यमस्त्विति १ । २ । ३ । ४ । ५ फलभागिष्टार्थभाक् ६ । ७ । ८ । ९ । १० । ११

बारुणेशतभिषजि १२ । १३ । १४ । १५ इतिअनुशासनपर्वणिनीलकंठीयेभारतभावदीपेएकोननवतितमोऽध्यायः ॥ ८९ ॥ कीदृशेइति १ । २ देवताइति । अभाग्याद्देवतापूजनेपुश्रद्धांनकुर्वतीत्यर्थः विप्रान्पूजयंति उपेत्यउपस्थाय देवेभ्योदेवानुद्दिश्य सर्वेभ्योविप्रेभ्यः ३ । ४ पंक्तिदूषाःकाणादयःअपांक्तेयाःदुष्कर्माणःपंक्त्ययोग्याः ५ निराकृतिरध्ययनादिशून्यः वार्धुषिकोवृद्ध्यर्थंधनप्रयोक्ता ६ कुंडाशीभगभक्षः तैलिकस्तत्कर्मकृत् ७ । ८ पर्वकारोवेषांतरधारी 'पर्वक्लीबंमहाग्रंथप्रस्तावेलक्षणांतरे' इतिमेदिनी । सूचीपिशुनः अव्रतानांशूद्राणां कांडपृष्ठःशस्त्राजीवी ९ श्वभिःपरिक्रामेन्मृगयांकु

राज्यभागीधनिष्ठायांभवेतनियतंनरः ॥ नक्षत्रेवारुणेकुर्वन्भिषक्सिद्धिमवाप्नुयात् १२ पूर्वप्रोष्ठपदाःकुर्वन्बहून्विंदत्यजाविकान् ॥ उत्तरासुप्रकुर्वाणोविंदतेगाःसहस्रशः १३ बहुकुप्यकृतंवित्तंविंदतेरेवतींश्रितः ॥ अश्विनीष्वश्वान्विंदेतभरणीष्वायुरुत्तमम् १४ इमंश्राद्धविधिंश्रुत्वाशशबिंदुस्तथाऽकरोत् ॥ अक्लेशेनाजयच्चापिमहींसोऽनुशशासह ॥ १५ ॥ ॥ इतिश्रीमहाभारते अनुशासनपर्वणिआनुशासनिकेप० दानधर्मेश्राद्धकल्पे एकोननवतितमोऽध्यायः ॥ ८९ ॥ ॥
॥ युधिष्ठिरउवाच ॥ ॥ कीदृशेभ्यःप्रदातव्यंभवेच्छ्राद्धंपितामह ॥ द्विजेभ्यःकुरुशार्दूलतन्मेव्याख्यातुमर्हसि १ ॥ भीष्मउवाच ॥ ॥ ब्राह्मणान्नपरीक्षेतक्षत्रियोदानधर्मवित् ॥ दैवेकर्मणिपित्र्येतुन्याय्यमाहुःपरीक्षणम् २ देवताःपूजयंतीहदैवेनैवेहतेजसा ॥ उपेत्यतस्माद्देवेभ्यःसर्वेभ्योदापयेन्नरः ३ श्राद्धेत्वथमहाराजपरीक्षेद्ब्राह्मणान्बुधः ॥ कुलशीलवयोरूपैर्विद्ययाऽभिजनेनच ४ तेषामन्येपंक्तिदूषास्तथाऽन्येपंक्तिपावनाः ॥ अपांक्तेयास्तुयेराजन्कीर्तयिष्यामितान्शृणु ५ कितवोभ्रूणहायक्ष्मीपशुपालोनिराकृतिः ॥ ग्रामप्रेष्योवार्धुषिकोगायनःसर्वविक्रयी ६ अगारदाहीगरदःकुंडाशीसोमविक्रयी ॥ सामुद्रिकोराजभृत्यस्तैलिकःकूटकारकः ७ पित्राविवदमानश्चयस्यचोपपतिर्गृहे ॥ अभिशस्तस्तथास्तेनःशिल्पंयश्चोपजीवति ८ पर्वकारश्चसूचीचमित्रध्रुक्पारदारिकः ॥ अव्रतानामुपाध्यायःकांडपृष्ठस्तथैवच ९ श्वभिश्चयःपरिक्रामेद्यःशुनादष्टएवच ॥ परिवित्तिश्चयश्चस्याद्दुश्चर्मागुरुतल्पगः १० कुशीलवोदेवलकोनक्षत्रैर्यश्चजीवति ॥ ईदृशैर्ब्राह्मणैर्भुक्तमपांक्तेयैर्युधिष्ठिर ११ रक्षांसिगच्छतेहव्यमित्याहुर्ब्रह्मवादिनः ॥ श्राद्धंभुक्त्वात्वधीयीतवृषलीतल्पगश्चयः १२ पुरीषेतस्यतेमासंपितरस्तस्यशेरते ॥ सोमविक्रयिणेविष्ठाभिषजेपूयशोणितम् १३ नष्टंदेवलकेदत्तमप्रतिष्ठंचवार्धुषे ॥ यत्तुवाणिजकेदत्तंनेहनामुत्रतद्भवेत् १४ भस्मनीवहुतंहव्यंतथापौनर्भवेद्विजे ॥ येतुधर्मव्यपेतेषुचारित्रापगतेषुच ॥ हव्यंकव्यंप्रयच्छंतितेषांतत्प्रेत्यनश्यति १५ ज्ञानपूर्वंतुयेतेभ्यःप्रयच्छंत्यल्पबुद्धयः ॥ पुरीषंभुंजतेतस्यपितरःप्रेत्यनिश्चयः १६ एतानिमान्विजानीयादपांक्तेयान्द्विजाधमान् ॥ शूद्राणामुपदेशंचयेकुर्वंत्यल्पचेतसः १७ षष्टिंकाणःशतंषंढःश्वित्रीयावत्प्रपश्यति ॥ पंक्त्यांसमुपविष्टायांतावद्दूषयतेनृप १८ यद्वेष्टितशिराभुंक्तेयद्भुंक्तेदक्षिणामुखः ॥ सोपानत्कश्चयद्भुंक्तेसर्वंविद्यात्तदासुरम् १९ ॥ ॥

र्वन् १० कुशीलवःकुशीफालस्तेनकर्षणंलक्ष्यतेकृषीलवः लवश्छेदनंतदुपजीवीकाष्ठच्छेदनोपजीवी । 'कुशीफाले'इतिमेदिनी ११ । १२ तस्यैवपुरीषेतस्यपितरःशेरतेनत्वन्यस्यपुरीषे १३ । १४ । १५ १६ । १७ षष्टिंशतंपुरुषानितिशेषः १८ । १९ ॥ ॥ ॥ ॥ ॥

अमुरेंद्रायबलये २० परिस्तेआहृतदेशे २१ । २२ । २३ । २४ । २५ त्रिणाचिकेतस्त्रिणाचिकेताख्यमंत्राध्येता पंचगार्हपत्यादयआवसथ्यांताअग्नयोयस्य । त्रिसुपर्णंचतुष्कपर्दायुवतिःसुपेशाइतिबह्
चानांमंत्रत्रयंवाब्रह्ममेतुमामित्यादितैत्तिरीयप्रसिद्धंवा षडंगानिशिक्षादीनि २६ ब्रह्मदेयइति ।ब्रह्मवेदः परविद्यावा तदेवदेयंयेषांतेषामनुसंतानःपरंपरायामुत्पन्नःस्वयंचब्रह्मविदध्यापकोवाब्रह्मदेयानु

असूयताचयद्दत्तंयच्चश्रद्धाविवर्जितम् ॥ सर्वंतदसुरेंद्रायब्रह्माभागमकल्पयत् २० श्वानश्चपंक्तिदूषाश्चनावेक्षेरन्कथंचन ॥ तस्मात्परिस्तेदद्यात्तिलांश्चान्ववकीरयेत्
२१ तिलैर्विरहितंश्राद्धंकृतंक्रोधवशेनच ॥ यातुधानाःपिशाचाश्चविप्रलुंपंतितद्धविः २२ अपांक्तोयावतःपांक्तान्भुंजानाननुपश्यति ॥ तावत्फलाद्भ्रंशयतिदातारं
तस्यबालिशम् २३ इमेतुभरतश्रेष्ठविज्ञेयाःपंक्तिपावनाः ॥ येत्वतस्तान्प्रवक्ष्यामिपरीक्षस्वेहतान्द्विजान् २४ विद्यावेदव्रतस्नाताब्राह्मणाःसर्वएवहि ॥ सदाचारप
राश्चैवविज्ञेयाःसर्वपावनाः २५ पांक्तेयांस्तुप्रवक्ष्यामिज्ञेयास्तेपंक्तिपावनाः ॥ त्रिणाचिकेतःपंचाग्निस्त्रिसुपर्णःषडंगवित् २६ ब्रह्मदेयानुसंतानश्छंदोगोज्येष्ठसामगः
॥ मातापित्रोर्यश्चवश्यःश्रोत्रियोदशपूरुषः २७ ऋतुकालाभिगामीचधर्मपत्नीषुयःसदा ॥ वेदविद्याव्रतस्नातोविप्रःपंक्तिंपुनात्युत २८ अथर्वशिरसोऽध्येताब्रह्मचारी
यतव्रतः ॥ सत्यवादीधर्मशीलःस्वकर्मनिरतश्चसः २९ येचपुण्येषुतीर्थेषुअभिषेककृतश्रमाः ॥ मखेषुचसमंत्रेषुभवंत्यवभृतप्लुताः ३० अक्रोधनाह्यचपलाःक्षांतादां
ताजितेन्द्रियाः ॥ सर्वभूतहितायेचश्राद्धेष्वेतान्निमंत्रयेत् ३१ एतेषुदत्तमक्षय्यमेतेवैपंक्तिपावनाः ॥ इमेपरेमहाभागाविज्ञेयाःपंक्तिपावनाः ३२ यतयोमोक्षधर्मज्ञायो
गाःसुचरितव्रताः ॥ येचेतिहासंप्रयताःश्रावयंतिद्विजोत्तमान् ३३ येचभाष्यविदःकेचिद्येचव्याकरणेरताः ॥ अधीयतेपुराणंयेधर्मशास्त्राण्यथापिच ३४ अधी
त्यचयथान्यायंविधिवत्तस्यकारिणः ॥ उपपन्नोगुरुकुलेसत्यवादीसहस्रशः ३५ अग्र्याःसर्वेषुवेदेषुसर्वप्रवचनेषुच ॥ यावदेतेप्रपश्यंतिपंक्त्यास्तावत्पुनंत्युत ३६ ततो
हिपावनात्पंक्त्याःपंक्तिपावनउच्यते ॥ क्रोशादर्धतृतीयाच्चपावयेदेकएवहि ३७ ब्रह्मदेयानुसंतानइतिब्रह्मविदोविदुः ॥ अनृत्विगनुपाध्यायःसचेदग्रासनंव्रजेत् ३८
ऋत्विग्भिरभ्यनुज्ञातःपंक्त्याहरतिदुष्कृतम् ॥ अथचेद्वेदवित्सर्वैःपंक्तिदोषैर्विवर्जितः ३९ नचस्यात्पतितोराजन्पंक्तिपावनएवसः ॥ तस्मात्सर्वप्रयत्नेनपरीक्ष्यामं
त्रयेद्द्विजान् ४० स्वकर्मनिरतानन्यान्कुलेजातान्बहुश्रुतान् ॥ यस्यमित्रप्रधानानिश्राद्धानिचहवींषिच ॥ नप्रीणंतिपितॄन्देवान्स्वर्गंचनसगच्छति ४१ यश्चश्राद्धेकुरु
तेसंगतानिनदेवयानेनपथासयाति ॥ सवैमुक्तःपिप्पलंबंधनाद्वास्वर्गाल्लोकाच्च्यवतेश्राद्धमित्रः ४२ ॥ ॥ ॥

संतानः २७ । २८ । २९ । ३० । ३१ । ३२ । ३३ । ३४ । ३५ । ३६ । ३७ अयंऋत्विक्त्वादिगुणहीनोऽपिपंक्तिपावनएवेत्याह अनृत्विगिति ३८ ऋत्विग्भिरभ्यनुज्ञातइतिऋत्विग्भिरभ्यनुज्ञे
यएवसनत्वनृत्विक्त्वेनानुपाध्यायत्वेनोपेक्षणीयःअतःसपंक्त्यादुष्कृतंहरति अननुज्ञातइतिपाठेऽभिमानवशादननुज्ञातोऽपीतिज्ञेयं ३९ । ४० मित्रमेवप्रधानंनयोग्यत्वादिकंयेषुतानि । मित्रेष्वपियोग्यता
चेत्तत्परित्यागेदोषएवेतिभावः ४१ श्राद्धेननिमित्तेनसंगतानिसख्यानि पिप्पलंबंधनाद्वाबंधनादिव कर्मफलोपनिबंधनभूतात्स्वर्गाच्च्यवतेतत्रनगच्छतीत्यर्थः ४२ ॥ ॥ ॥

४३ । ४४ । ४५ संभोजनी अन्योन्यंदीयमानासापिशाचदक्षिणापिशाचदानतुल्यापिशाचाःस्वस्यभोजकायभोजयंतितद्वत् ४६ यांचदक्षिणामनृतेअपात्रेआवृणोतिप्रयच्छतिआवृइतिसुपठम् ४७ नभुनक्तिनपालयति आघातिनीहंत्री ४८ । ४९ । ५० । ५१ । ५२ । ५३ । ५४ ॥ इतिअनुशासनपर्वणिनीलकंठीयेभारतभावदीपेनवतितमोऽध्यायः ॥ ९० ॥ ॥ ॥ केनेति

तस्मान्मित्रंश्राद्धकृन्नाद्रियेतदद्यान्मित्रेभ्यःसंग्रहार्थंधनानि ॥ यन्मन्यतेनैवशत्रुंनमित्रंतंमध्यस्थंभोजयेद्धव्यकव्ये ४३ यथोषरेबीजमुप्तंनरोहेन्नचावप्ताप्राप्नुयात्द्बीजभागम् ॥ एवंश्राद्धंभुक्तमनर्हमाणैर्नेचहनामुत्रफलंददाति ४४ ब्राह्मणोह्यनधीयानस्तृणाग्निरिवशाम्यति ॥ तस्मैश्राद्धंनदातव्यंनहिभस्मनिहूयते ४५ संभोजनीनामपिशाचदक्षिणासानैवदेवान्नपितॄनुपैति ॥ इहैवसाभ्राम्यतिहीनपुण्याशालांतरेगौरिवनष्टवत्सा ४६ यथाऽग्नौशान्तेघृतमाजुहोतितन्नैवदेवान्नपितॄनुपैति ॥ तथादत्तंनर्तनेगायनेचयांचानृतेदक्षिणामावृणोति ४७ उभौहिनस्तिनभुनक्तिचैषायाचानृतेदक्षिणादीयतेवै ॥ आघातिनीगर्हितैषापतंतीतेषांप्रेतान्पातयेद्देवयानात् ४८ ऋषीणांसमयेनित्यंयेचरंतियुधिष्ठिर ॥ निश्चिताःसर्वधर्मज्ञास्तान्देवाब्राह्मणान्विदुः ४९ स्वाध्यायनिष्ठाऋषयोज्ञाननिष्ठास्तथैवच ॥ तपोनिष्ठाश्चबोद्धव्याःकर्मनिष्ठाश्चभारत ५० कव्यानिज्ञाननिष्ठेभ्यःप्रतिष्ठाप्यानिभारत ॥ तत्रयेब्राह्मणान्केचिन्ननिंदंतिहितेनराः ५१ येतुनिंदंतिजल्पेषुनताञ्छ्राद्धेषुभोजयेत् ॥ ब्राह्मणानिंदिताराजन्हन्युस्त्रेपुरुषंकुलम् ५२ वैखानसानांवचनमृषीणांश्रूयतेनृप ॥ दूरादेवपरीक्षेतब्राह्मणान्वेदपारगान् ५३ प्रियोवायदिवाद्वेष्यस्तेषांतुश्राद्धमावपेत् ॥ यःसहस्रंसहस्राणांभोजयेदनृतान्नरः ॥ एकस्तान्मंत्रवित्प्रीतःसर्वानर्हतिभारत ५४ ॥ इतिश्रीमहाभारते अनुशासनपर्वणिअनुशासनिकेपर्वणि दानधर्मेश्राद्धकल्पेनवतितमोध्यायः ॥ ९० ॥ युधिष्ठिरउवाच ॥ केनसंकल्पितंश्राद्धंकस्मिन्कालेकिमात्मकम् ॥ भृग्वंगिरसिकेकालेमुनिनाकतरेणवा १ कानिश्राद्धानिवर्ज्यानिकानिमूलफलानिच ॥ धान्यजात्यश्चकावर्ज्यास्तन्मेब्रूहिपितामह २ ॥ भीष्मउवाच ॥ यथाश्राद्धंसंप्रवृत्तंयस्मिन्कालेयदात्मकम् ॥ येनसंकल्पितंचैवतन्मेशृणुजनाधिप ३ स्वायंभुवोऽत्रिःकौरव्यपरमर्षिःप्रतापवान् ॥ तस्यवंशेमहाराजदत्तात्रेयइतिस्मृतः ४ दत्तात्रेयस्यपुत्रोऽभून्निमिर्नामतपोधनः ॥ निमेश्चाप्यभवत्पुत्रःश्रीमान्नामश्रियावृतः ५ पूर्णेवर्षसहस्रांतेसकृत्वादुष्करंतपः ॥ कालधर्मपरीतात्मानिधनंसमुपागतः ६ निमिस्तुकृत्वाशौचानिविधिदृष्टेनकर्मणा ॥ संतापमगमत्तीव्रंपुत्रशोकपरायणः ७ अथकृत्वोपहार्याणिचतुर्दश्यांमहामतिः ॥ तमेवगणयन्शोकंविरात्रेप्रत्यबुध्यत ८ तस्यासीत्प्रतिबुद्धस्यशोकेनव्यथितात्मनः ॥ मनःसंहृत्यविषयेबुद्धिर्विस्तारगामिनी ९ ततःसंचिंतयामासश्राद्धकल्पंसमाहितः ॥ यानितस्यैवभोज्यानिमूलानिचफलानिच १० उक्तानियानिचान्नानियानिचेष्टानितस्यह ॥ तानिसर्वाणिमनसाविनिश्चित्यतपोधनः ११ अमावास्यांमहाप्राज्ञोविप्रानानाय्यपूजितान् ॥ दक्षिणावर्तिकाःसवाबृसीःस्वयमथाकरोत् १२ ॥ ॥ ॥ ॥ ॥ ॥

भृग्वंगिरसकेयदाभृगवोंगिरश्चवर्ततेनान्ये १ श्राद्धानिश्राद्धेषुकानिकर्माणिवर्ज्यानि २ । ३ । ४ । ५ । ६ । ७ कृत्वाउपकल्प्य उपहार्याणिमृष्टान्नकशिपूपबर्हणादीनि विरात्रेप्रभाते ८ विषये अत्यंतबंधकेशोकेविषये मनःसंहृत्यशोकंत्यक्त्वेत्यर्थः तस्यबुद्धिर्विस्तारगामिनीआसीत्इतिसंबंधः ९ । १० । ११ दक्षिणावर्तिकाःप्रदक्षिणावर्तिताःबृसीःआसनानि १२ ॥ ॥

१३ । १४ । १५ श्रौतेपित्राद्युद्देशेनदृष्टोधर्मोलोकेपुत्रोद्देशेनापिस्वेच्छयाकल्पितइतिसंकरः १६ । १७ । १८ । १९ । २० । २१ । २२ । २३ । २४ । २५ । २६ । २७ तेप्रसिद्धाःपित्रा

सप्तविप्रांस्ततोभोज्येयुगपत्समुपानयत् ॥ ऋतेचलवणंभोज्यंश्यामाकान्नंददौप्रभुः १३ दक्षिणाग्रास्ततोदर्भाविष्टरेषुनिवेशिताः ॥ पादयोश्चैवविप्राणांयेत्वन्नमुप
भुंजते १४ कृत्वाचदक्षिणाग्रान्वैदर्भान्सप्रयतःशुचिः ॥ प्रददौश्रीमतःपिंडान्नामगोत्रमुदाहरन् १५ तत्कृत्वासमुनिश्रेष्ठोधर्मसंकरमात्मनः ॥ पश्चात्तापेनमहतात
प्यमानोऽभ्यचिंतयत् १६ अकृतंमुनिभिःपूर्वंकिंमयेदमनुष्ठितम् ॥ कथंनुशापेननमांदहेयुर्ब्राह्मणाइति १७ ततःसंचिंतयामासवंशकर्तारमात्मनः ॥ ध्यातमात्र
स्तथाचात्रिराजगामतपोधनः १८ अथात्रिस्तंतथादृष्ट्वापुत्रशोकेनकर्षितम् ॥ भृशमाश्वासयामासवाग्भिरिष्टाभिरव्ययः १९ निमेसंकल्पितस्तेऽयंपितृयज्ञस्त
पोधन ॥ मातेऽभूद्भीःपूर्वदृष्टोधर्मोयंब्रह्मणास्वयम् २० सोऽयंस्वयंभुविहितोधर्मःसंकल्पितस्त्वया ॥ ऋतेस्वयंभुवःकोऽन्यःश्राद्धेयंविधिमाहरेत् २१ अथाख्या
स्यामितेपुत्रश्राद्धेयंविधिमुत्तमम् ॥ स्वयंभुविहितंपुत्रतत्कुरुष्वनिबोधमे २२ कृत्वाऽग्नौकरणंपूर्वंमंत्रपूर्वंतपोधन ॥ ततोऽग्नयेऽथसोमायवरुणायचनित्यशः २३
विश्वेदेवाश्चयेनित्यंपितृभिःसहगोचराः ॥ तेभ्यःसंकल्पिताभागाःस्वयमेवस्वयंभुवा २४ स्तोतव्याचेहपृथिवीनिवापस्येहधारिणी ॥ वैष्णवीकाश्यपीचेतित
थैवेहाक्षयेतिच २५ उदकानयनेचैवस्तोतव्योवरुणोविभुः ॥ ततोऽग्निश्चैवसोमश्चआप्याय्याविहतेऽनघ २६ देवास्तुपितरोनाममनिर्मितायेस्वयंभुवा ॥ उष्णपायेम
हाभागास्तेषांभागःप्रकल्पितः २७ तेश्राद्धेनार्च्यमानावैविमुच्यंतेहकिल्बिषात् ॥ सप्तकःपितृवंशस्तुपूर्वंदृष्टःस्वयंभुवा २८ विश्वेचाग्निमुखादेवाःसंख्याताः
पूर्वमेवते ॥ तेषांनामानिवक्ष्यामिभागार्हाणांमहात्मनाम् २९ बलंधृतिर्विपाप्माचपुण्यकृत्पावनस्तथा ॥ पार्ष्णिक्षेमासमूहश्चदिव्यसानुस्तथैवच ३० विवस्वा
न्वीर्यवान्ह्रीमान्कीर्तिमान्कृतएवच ॥ जितात्मामुनिवीर्यश्चदीप्तरोमाभयंकरः ३१ अनुकर्माप्रतीतश्चप्रदाताऽप्यंशुमांस्तथा ॥ शैलाभःपरमक्रोधीधीरोष्णीभूपति
स्तथा ३२ स्रजोवज्रीवरीचैवविश्वेदेवाःसनातनाः ॥ विद्युद्वर्चाःसोमवर्चाःसूर्यश्रीश्चेतिनामतः ३३ सोमपःसूर्यसावित्रोदत्तात्मापुंडरीयकः ॥ उष्णीनाभोनभो
दश्चविश्वायुर्दीप्तिरेवच ३४ चमूहरःसुरेशश्चव्योमारिःशंकरोभवः ॥ ईशःकर्ताकृतिर्दक्षोभुवनोदिव्यकर्मकृत् ३५ गणितःपंचवीर्यश्चआदित्योरश्मिवांस्तथा ॥ स
प्तकृत्सोमवर्चाश्चविश्वकृत्कविरेवच ३६ अनुगोप्तासुगोप्ताचनप्ताचेश्वरएवच ॥ कीर्तितास्तेमहाभागाःकालस्यगतिगोचराः ३७ अश्राद्धेयानिधान्यानिकोद्रवाः
पुलकास्तथा ॥ हिंगुद्रव्येषुशाकेषुपलांडुंलशुनंतथा ३८ सौभांजनःकोविदारस्तथागृंजनकादयः ॥ कूश्मांडजात्यलाबुंचकृष्णंलवणमेवच ३९ ॥

दयः विमुच्यंतेकिल्बिषात्नरकादिरूपात् २८ । २९ । ३० । ३१ । ३२ । ३३ । ३४ । ३५ । ३६ । ३७ पुलकाःअसंपूर्णतंडुलयुक्तधान्यानि हिंगुद्रव्येषुशाकादिसंस्कारकद्रव्येषु पलांडुंलशुनंचशा
केषु ३८ सौभांजनादीन्वर्जयति सौभांजनःशिग्रुः गृंजनंविषदिग्धशस्त्रहतपशुमांसं 'अथगृंजनंविषदिग्धपशोर्मांसे' इति मेदिनी । कृष्णंलवणंगंधविडम् ३९ ॥ ॥ ॥

कृष्णाजाजीकृष्णाजीरकं विडःविड्लवणं शीतपाकीशाकविशेषः अंकुराद्यावंशकरीरादयः शृंगाटकं'शिंघाडा'इतिप्रसिद्धं ४० । ४१ सुदर्शनंशाकविशेषः ४२ । ४३ । ४४ ४५ ॥ इतिअनुशासनपर्वणिनीलकंठीयेभारतभावदीपेएकनवतितमोऽध्यायः ॥ ९१ ॥ एवंश्राद्धोत्पत्तिमुक्त्वातदंगभूतस्याग्नौकरणस्योत्पत्तिमाह तथेत्यादिना १ । २ । ३ । ४ । ५ । ६ । ७ । ८ । ९ । १० । ११ निवप्तेदत्ते संभ

ग्राम्यवाराहमांसंचयच्चैवाप्रोक्षितंभवेत् ॥ कृष्णाजाजीविडश्चैवशीतपाकीतथैवच ॥ अंकुराद्यास्तथावर्ज्याइहशृंगाटकानिच ४० वर्जयेल्लवणंसर्वंतथाजंबूफलानिच ॥ अवक्षुतावरुदितंतथाश्राद्धेचवर्जयेत् ४१ निवापेहव्यकव्येवोगर्हितंचसुदर्शनम् ॥ पितरश्चहिदेवाश्चनाभिनंदंतितद्धविः ४२ चांडालश्वपचौवर्ज्यौनिवापेसमुपस्थिते ॥ काषायवासाःकुष्ठीवापतितोब्रह्महाऽपिवा ४३ संकीर्णयोनिर्विप्रश्चसंबंधीपतितश्चयः ॥ वर्जनीयाबुधैरेतेनिवापेसमुपस्थिते ४४ इत्येवमुक्त्वाभगवान्स्ववंश्यंतमृषिंपुरा ॥ पितामहसभांदिव्यांजगामात्रिस्तपोधनः ४५ ॥ इति श्रीमहाभारते अनु० आनुशासनिके पर्वणि दानधर्मेश्राद्धकल्पे एकनवतितमोऽध्यायः ॥ ९१ ॥ ॥ भीष्मउवाच ॥ तथानिमौप्रवृत्तेतुसर्वएवमहर्षयः ॥ पितृयज्ञंतुकुर्वंतिविधिदृष्टेनकर्मणा १ ऋषयोधर्मनित्यास्तुकृत्वानिवपनान्युत ॥ तर्पणंचाप्यकुर्वंततीर्थांभोभिर्यतव्रताः २ निवापैर्दीयमानैश्चचातुर्वर्ण्येनभारत ॥ तर्पिताःपितरोदेवास्तत्रान्नंजरयंतिवै ३ अजीर्णेनत्वभिहन्यंतेतेदेवाःपितृभिःसह ॥ सोममेवाभ्यपद्यंततदाह्यन्नाभिपीडिताः ४ तेऽब्रुवन्सोममासाद्यपितरोजीर्णपीडिताः ॥ निवापान्नेनपीड्यामःश्रेयोनोऽत्रविधीयताम् ५ तान्सोमःप्रत्युवाचाथश्रेयश्चेदीप्सितंसुराः ॥ स्वयंभूसदनंयातसवःश्रेयोभिधास्यति ६ तेसोमवचनाद्देवाःपितृभिःसहभारत ॥ मेरुशृंगेसमासीनंपितामहमुपागमन् ७ पितरऊचुः ॥ निवापान्नेनभगवन्भृशंपीड्यामहेवयम् ॥ प्रसादंकुरुनोदेवश्रेयोनःसंविधीयताम् ८ इतितेषांवचःश्रुत्वास्वयंभूरिदमब्रवीत् ॥ एषमेपार्श्वतोवह्निर्युष्मच्छ्रेयोऽभिधास्यति ९ ॥ अग्निरुवाच ॥ सहितास्तातभोक्ष्यामोनिवापेसमुपस्थिते ॥ जरयिष्यथचाप्यन्नंमयासार्धंनसंशयः १० एतच्छ्रुत्वातुपितरस्ततस्तेविज्वराभवन् ॥ एतस्मात्कारणाच्चाग्नेःप्राक्तावद्दीयतेनृप ११ निवप्तेचाग्निपूर्वेवैनिवापेपुरुषर्षभ ॥ नब्रह्मराक्षसास्तंवैनिवापंधर्षयंत्युत १२ रक्षांसिचापवर्तंतेस्थितेदेवेहुताशने ॥ पूर्वंपिंडंपितुर्दद्यात्ततोदद्यात्पितामहे १३ प्रपितामहायचततएषश्राद्धविधिःस्मृतः ॥ ब्रूयात्श्राद्धेचसावित्रींपिंडेपिंडेसमाहितः १४ सोमायेतिचवक्तव्यंतथापितृमतेतिच ॥ रजस्वलाचयानारीव्यंगिताकर्णयोश्चया ॥ निवापेनोपतिष्ठेतसंग्राह्यानान्यवंशजा १५ जलंप्रतरमाणश्चकीर्तयेतपितामहान् ॥ नदीमासाद्यकुर्वीतपितॄणांपिंडतर्पणम् १६ पूर्वंस्ववंशजानांतुकृत्वाद्भिस्तर्पणंपुनः ॥ सुहृत्संबंधिवर्गाणांततोदद्याज्जलांजलिम् १७ कल्माषगोयुगेनाथयुक्तेनतरतोजलम् ॥ पितरोऽभिलषन्तेवैनावंचाप्यधिरोहिताः १८॥ ॥ ॥ ॥ ॥

सारणाभावआर्षःऔणादिकस्तन्प्रत्ययोवा १२ । १३ । १४ व्यंगिताव्रुटितानोपतिष्ठेततयानिवापोनद्रष्टव्यइत्यर्थः तथाअन्यवंशजाऽपिपाकार्थंनसंग्राह्या । १५ । १६ । १७ कल्माषेति। चित्रवर्णबलीवर्दपुच्छमाश्रित्यनदींतरतःसकाशात्ततपुच्छेनतर्पणंपितरोऽभिलषंते युक्तेनशकटेन १८ ॥ ॥ ॥ ॥

मासार्धेअमावास्यायां कृष्णपक्षस्येत्युक्तेर्नात्रशुक्लादिमासोविवक्षितः १९ । २० । २१ । २२ । २३ ॥ इति अनु० नी० भा० द्विनवतितमोऽध्यायः ॥ ९२ ॥ ॥ द्विजातयइति । दशाहादौव्रतोपेता
ब्राह्मणाब्राह्मणकामाययजमानस्यार्थेयदिभुंजतेतत्कथम् । स्वस्यव्रतलोपोवागरीयानुतब्राह्मणस्यकामभंगोवेतिप्रश्नार्थः १ वेदोक्तंयागांगभूतंव्रतंतेनरहिताःकामकारेणइच्छयाहेतुनाभुंजानाभोजनंकुर्वंतु
नाम । येतुव्रतोपेताभुंजतेतेलुप्तव्रताभवंति । तेषांव्रतलोपप्रायश्चित्तंव्रातपतीष्टिरूपंकर्तव्यंभवति । इतरस्यालाभेव्रतवंतोऽपिभुक्त्वाप्रायश्चित्तंकुर्वीरन्नतुश्राद्धंलुंपेरन्निति भावः २ तपस्विनःपात्रत्वमुक्तंतत्रतप

सदानाविजलंतज्ज्ञाःप्रयच्छंतिसमाहिताः ॥ मासार्धेकृष्णपक्षस्यकुर्यान्निर्वपणानिवै १९ पुष्टिरायुस्तथावीर्यंश्रीश्चैवपितृभक्तितः ॥ पितामहःपुलस्त्यश्चव
सिष्ठःपुलहस्तथा २० अंगिराश्चक्रतुश्चैवकश्यपश्चमहानृषिः ॥ एतेकुरुकुलश्रेष्ठमहायोगेश्वराःस्मृताः २१ एतेचपितरोराजन्नेषश्राद्धविधिःपरः ॥ प्रेतास्तु
पिंडसंबंधान्मुच्यंतेतेनकर्मणा २२ इत्येषापुरुषश्रेष्ठश्राद्धोत्पत्तिर्यथाऽऽगमम् ॥ व्याख्यातापूर्वनिर्दिष्टादानंवक्ष्याम्यतःपरम् २३ ॥ इतिश्रीमहाभारतेअनुशा
सनपर्वणि आनुशास॰दानधर्मेश्राद्धकल्पेद्विनवतितमोऽध्यायः ॥ ९२ ॥ युधिष्ठिरउवाच ॥ द्विजातयोव्रतोपेताहविस्तेयदिभुंजते ॥ अन्नंब्राह्मणकामायकथमेत
त्पितामह १ ॥ भीष्मउवाच ॥ अवेदोक्तव्रताश्चैवभुंजानाःकामकारणे ॥ वेदोक्तेषुतुभुंजानाव्रतलुप्तायुधिष्ठिर २ ॥ युधिष्ठिरउवाच ॥ यदिदंतपइत्याहुरुप
वासंपृथग्जनाः ॥ तपःस्यादेतदेवेहतपोऽन्यद्वाऽपिकिंभवेत् ३ ॥ भीष्मउवाच ॥ मासार्धमासोपवासाद्यत्तपोमन्यतेजनः ॥ आत्मतंत्रोपघातीयोनतपस्वीन
धर्मवित् ४ त्यागस्यचापिसंपत्तिःशिष्यतेतपउत्तमम् ॥ सदोपवासीचभवेद्ब्रह्मचारीतथैवच ५ मुनिश्चस्यात्सदाविप्रोवेदांश्चैवसदाजपेत् ॥ कुटुंबिकोधर्मका
मःसदाऽस्वप्नश्चमानवः ६ अमांसाशीसदाचस्यात्पवित्रंचसदापठेत् ॥ ऋतवादीसदाचस्यान्नियतश्चसदाभवेत् ७ विघसाशीसदाचस्यात्सदाचैवातिथिप्रियः
॥ अमृताशीसदाचस्यात्पवित्रीचसदाभवेत् ८ ॥ युधिष्ठिरउवाच ॥ कथंसदोपावासीस्याद्ब्रह्मचारीचपार्थिव ॥ विघसाशीकथंचस्यात्कथंचैवातिथिप्रियः ९
भीष्मउवाच ॥ अंतरासायमाशंचप्रातराशंचयोनरः ॥ सदोपवासीभवतियोनभुंक्तेऽन्तरापुनः १० भार्यांगच्छन्ब्रह्मचारीऋतौभवतिचैवह ॥ ऋतवादीसदाच
स्याद्दानशीलस्तुमानवः ११ अभक्षयन्वृथामांसममांसाशीभवत्युत ॥ दानंददत्पवित्रीस्यादस्वप्नश्चदिवाऽस्वपन् १२ भृत्यातिथिषुयोभुंक्तेभुक्तवत्सुनरःसदा
॥ अमृतंकेवलंभुंक्तेइतिविद्धियुधिष्ठिर १३ अभुक्तवत्सुनाश्नातिब्राह्मणेषुतुयोनरः ॥ अभोजनेनतेनास्यजितःस्वर्गोभवत्युत १४ देवेभ्यश्चपितृभ्यश्चसंश्रिते
भ्यस्तथैवच ॥ अवशिष्टानियोभुंक्तेतमाहुर्विघसाशिनम् १५ तेषांलोकाह्यपर्यंताःसदनेब्रह्मणःस्मृताः ॥ उपस्थिताह्यप्सरसोगंधर्वैश्चजनाधिप १६ देवता
तिथिभिःसार्धंपितृभिश्चोपभुंजते ॥ रमंतेपुत्रपौत्रैणतेषांगतिरनुत्तमा १७ ॥ ॥ ॥ ॥

सोरूपंपृच्छति यदिदमिति ३ आत्मतंत्रंशरीररूपंकुटुंबरूपंवातदुपघाती ४ त्यागस्येति । दानंवेदजपश्चपरमंतपइतिश्लोकद्वयार्थः ५ अस्वप्नःस्वधर्मेजागरूकः ६ । ७ । ८ । ९ यथोक्तभोजनद्वयव्यतिरेकेणम
ध्येयोनभुंक्तेससदोपवासीत्याह अन्तरेति १० । ११ वृथायज्ञादिनिमित्तंविना १२ । १३ । १४ । १५ । १६ । १७ ॥ ॥ ॥ ॥

१८ गुणवतिदातरिप्रतिग्रहीतुरल्पोदोषः १९ । २० । २१ गंडेतिनामतः २२ उपशिक्षंतःअर्जयंतः २३ । २४ । २५ दिष्टांतंमरणम् २६ । २७ आत्मानंशरीरंपरीप्सवोरक्षितुकामाः २८ । २९ पुष्टिः पुष्टिहेतुः ३० । ३१ । ३२ । ३३ । ३४ ब्राह्मणानक्षेत्रंब्राह्मणस्वरूपस्थानंदेवतासमूहः ' यावतीर्वैदेवतास्ताःसर्वावेदविदिब्राह्मणेवसंति 'इतिश्रुत्यर्थउक्तः ३५ । ३६ अन्येनपथा ३७ । ३८ । ३९

॥ युधिष्ठिरउवाच ॥ ब्राह्मणेभ्यःप्रयच्छंतिदानानिविविधानिच ॥ दातृप्रतिग्रहीत्रोर्वैकोविशेषःपितामह १८ ॥ भीष्मउवाच ॥ साधोर्यःप्रतिगृह्णीयात्तथैवासाधुतोद्विजः ॥ गुणवत्यल्पदोषःस्यान्निर्गुणेतुनिमज्जति १९ अत्राप्युदाहरंतीममितिहासंपुरातनम् ॥ वृषादर्भेश्चसंवादंसप्तर्षीणांचभारत २० कश्यपोऽत्रिर्वसिष्ठश्चभरद्वाजोऽथगौतमः ॥ विश्वामित्रोजमदग्निःसाध्वीचैवाप्यरुंधती २१ सर्वेषामथतेषांतुगंडाभूत्कर्मकारिका ॥ शूद्रःपशुसखश्चैवभर्ताचास्याबभूवह २२ तेचसर्वेतपस्यंतःपुराचेरुर्महीमिमाम् ॥ समाधिनोपशिक्षंतोब्रह्मलोकंसनातनम् २३ अथाभवदनावृष्टिर्महतीकुरुनंदन ॥ कृच्छ्रप्राणोभवद्यत्रलोकोऽयंवैक्षुधान्वितः २४ कस्मिंश्चिच्चपुरायज्ञेशैब्येनशिबिसूनुना ॥ दक्षिणार्थेऽथऋत्विग्भ्योदत्तःपुत्रःपुराकिल २५ अस्मिन्कालेऽथसोल्पायुर्दिष्टांतमगमत्प्रभुः ॥ तेतंक्षुधाभिसंतप्ताःपरिवार्योपतस्थिरे २६ याज्यात्मजमथोदृष्ट्वागतासुमृषिसत्तमाः ॥ अपचंततदास्थाल्यांक्षुधार्ताःकिलभारत २७ निरन्नेमर्त्यलोकेऽस्मिन्नात्मानंतेपरीप्सवः ॥ कृच्छ्रामापेदिरेवृत्तिमन्नहेतोस्तपस्विनः २८ अटमानोऽथतान्मार्गेपचमानान्महीपतिः ॥ राजाशैब्योवृषादर्भिःक्लिश्यमानान्ददर्शह २९ ॥ वृषादर्भिरुवाच ॥ प्रतिग्रहस्तारयतिपुष्टिर्वैप्रतिगृह्यताम् ॥ मयियद्विद्यतेवित्तंतच्छृणुध्वंतपोधनाः ३० प्रियोहिमेब्राह्मणोयाच्यमानोदद्यामहंवोश्वतरीसहस्रम् ॥ एकैकशःसवृषाःसंप्रसूताःसर्वेषांवैशीघ्रगाःश्वेतरोमाः ३१ कुलंभराननडुहःशतंशतान्धुर्याञ्छ्वेतान्सर्वशोऽहंददामि ॥ षष्ठौहीनांपीवराणांचतावदग्र्यागृष्ट्योधेनवःसुव्रताश्च ३२ वरान्ग्रामान्व्रीहिरसंयवांश्चरत्नंचान्यद्दुर्लभंकिंददानि ॥ नास्मिन्नभक्ष्येभावमेवंकुरुध्वंपुष्ट्यर्थंवःकिंप्रयच्छाम्यहंवै ३३ ॥ ऋषयऊचुः ॥ राजन्प्रतिग्रहोराज्ञांमध्वास्वादोविषोपमः ॥ तज्जानमानःकस्मात्त्वंकुरुषेनःप्रलोभनम् ३४ क्षेत्रंहिदैवतमिदंब्राह्मणान्समुपाश्रितम् ॥ अमलोह्येषतपसाप्रीतःप्रीणातिदेवताः ३५ अह्नापीहतपोजातुब्राह्मणस्योपजायते ॥ तद्दावइववनिर्दह्यात्प्राप्तोराजप्रतिग्रहः ३६ कुशलंसहदानेनराजन्नस्तुसदातव ॥ अर्थिभ्योदीयतांसर्वमित्युक्त्वाऽन्येनतेययुः ३७ अपक्वमेवतन्मांसमभूत्तेषांमहात्मनाम् ॥ अथहित्वाययुःसर्वेवनमाहारकांक्षिणः ३८ ततःप्रचोदिताराज्ञावनंगत्वाऽस्यमंत्रिणः ॥ प्रचीयोदुंबराणिस्मदातुंतेषांप्रचक्रिरे ३९ उदुंबराण्यथान्यानिहेमगर्भाण्युपाहरन् ॥ भृत्यास्तेषांततस्तानिप्रग्राहितुमुपाद्रवन् ४० गुरूणीतिविदित्वाथनग्राह्याण्यत्रिरब्रवीत् ॥ नस्महेमंदविज्ञानानस्महेमंदबुद्धयः ४१ हैमानीमानिजानीमःप्रतिबुद्धाःस्मजागृम ॥ इहह्येतदुपादत्तंप्रेत्यस्यात्कटुकोदयम् ॥ अप्रतिग्राह्यमेवैतत्प्रेत्येहचसुखेप्सुना ४२ ॥ वसिष्ठउवाच ॥ शतेननिष्कगणितंसहस्रेणचसंमितम् ॥ तथाबहुप्रतीच्छन्वैपापिष्ठांपततेगतिम् ४३ ॥ ॥ ॥ ॥

४० नस्महेनस्मः अस्तेरार्षस्तङ् ४१ । ४२ प्रतीच्छन्प्रतिगृह्णन् ४३

४४ तस्यलाभसुखस्यमात्राइयत्ता ४५ । ४६ कामस्तृष्णारूपः ४७ तद्धनंतपोधनम ४८ पक्षसंमतःपाक्षिकत्वेनगतः ४९ । ५० यदिति। यद्यतोहेतोःवैधर्मेविधर्मएववैधर्मः तस्मिँल्लोभादिदोषेसति परमुत्कृष्टंपदंनास्तिनलभ्यतेऽतस्तदलोभाख्यमेवधनंब्राह्मणाविदुः विनयःशिक्षातदर्थंशिक्षितुमितियावत् ५१ उपधिश्छलम् ५२ । ५३ । ५४ । ५५।५६।५७ ।५८ नामार्थमवधारय ५९

॥ कश्यपउवाच ॥ यत्पृथिव्यांव्रीहियवंहिरण्यंपशवःस्त्रियः ॥ सर्वंतन्नालमेकस्यतस्माद्विद्वान्शमंचरेत् ४४ ॥ भरद्वाजउवाच ॥ उत्पन्नस्यरुरोःशृंगंवर्धमानस्य
वर्धते ॥ प्रार्थनापुरुषस्येवतस्यमात्रानविद्यते ४५ ॥ गौतमउवाच ॥ नतल्लोकेद्रव्यमस्तियल्लोकंप्रतिपूरयेत् ॥ समुद्रकल्पःपुरुषोनकदाचनपूर्यते ४६ ॥
विश्वामित्रउवाच ॥ कामंकामयमानस्ययदाकामःसमृध्यते ॥ अथैनमपरःकामस्तृष्णाविध्यतिबाणवत् ४७ ॥ जमदग्निरुवाच ॥ प्रतिग्रहेसंयमोवैतपोधारयते
ध्रुवम् ॥ तद्धनंब्राह्मणस्येहलुभ्यमानस्यविस्रवेत् ४८ ॥ अरुंधत्युवाच ॥ धर्मार्थंसंचयोयोवैद्रव्याणांपक्षसंमतः ॥ तपःसंचयएवेहविशिष्टोद्रव्यसंचयात् ४९
॥ गंडोवाच ॥ उग्रादितोभयाद्यस्माद्बिभ्यतीमेममेश्वराः ॥ बलीयांसोदुर्बलवद्बिभेम्यहमतःपर ५० ॥ पशुसखउवाच ॥ यद्वैधर्मेपरंनास्तिब्राह्मणास्तद्धनं
विदुः ॥ विनयार्थंसुविद्वांसमुपासेयंयथातथम् ५१ ॥ ऋषयऊचुः ॥ कुशलंसहदानेनतस्मैयस्यप्रजाइमाः ॥ फलान्युपधियुक्तानियएवंनःप्रयच्छति ५२
॥ भीष्मउवाच ॥ इत्युक्त्वाहेमगर्भाणिहित्वातानिफलानिवै ॥ ऋषयोजग्मुरन्यत्रसर्वएवधृतव्रताः ५३ ॥ मंत्रिणऊचुः ॥ उपधिंशंकमानास्तेहित्वातानिफला
निवै ॥ ततोऽन्येनैवगच्छंतिविदितंतेऽस्तुपार्थिव ५४ इत्युक्तःसतुभृत्यैस्तैर्वृषादर्भिश्चुकोपह ॥ तेषांवैप्रतिकर्तुंचसर्वेषामगमद्गृहं ५५ सगत्वाऽऽहवनीयेऽग्नौतीव्रंनियम
मास्थितः ॥ जुहावसंस्कृतैर्मंत्रैरेकैकामाहुतिंनृपः ५६ तस्मादग्नेःसमुत्तस्थौकृत्यालोकभयंकरी ॥ तस्यानामवृषादर्भिर्यातुधानीत्यथाकरोत् ५७ साकृत्या
कालरात्रीवकृतांजलिरुपस्थिता ॥ वृषादर्भिंनरपतिंकिंकरोमीतिचाब्रवीत ५८ ॥ वृषादर्भिरुवाच ॥ ऋषीणांगच्छसप्तानामरुन्धत्यास्तथैवच ॥ दासीभर्तु
श्चदास्याश्चमनसानामधारय ५९ ज्ञात्वानामानिचैवैषांसर्वानेतान्विनाशय ॥ विनष्टेषुतथास्वैरंगच्छयत्रेप्सितंतव ६० सातथेतिप्रतिश्रुत्ययातुधानीस्वरूपिणी ॥
प्रगामतद्वनंयत्रविचेरुस्तेमहर्षयः ६१ ॥ भीष्मउवाच ॥ अथात्रिप्रमुखाराजन्वनेतस्मिन्महर्षयः ॥ व्यचरन्भक्षयंतोवैमूलानिचफलानिच ६२ अथापश्यन्सु
पीनांसपाणिपादमुखोदरं ॥ परिव्रजंतंस्थूलांगंपरिव्राजंशुनासह ६३ अरुंधतीतुतंदृष्ट्वासर्वांगोपचितंशुभम् ॥ भवितारोभवंतोवैनैवमित्यब्रवीदृषीन् ६४ ॥ वसि
ष्ठउवाच ॥ नैतस्येहयथास्माकमग्निहोत्रमनिर्हुतम् ॥ सायंप्रातश्चहोतव्यंतेनपीवान्शुनासह ६५ ॥ अत्रिरुवाच ॥ नैतस्येहयथाऽस्माकंक्षुधावीर्यंसमाहतम् ॥
कृच्छ्राधीतंप्रनष्टंचतेनपीवान्शुनासह ६६ ॥ विश्वामित्रउवाच ॥ नैतस्येहयथाऽस्माकंशश्वच्छास्त्रंजरद्गवः ॥ अलसःक्षुत्परोमूर्खस्तेनपीवान्शुनासह ६७

ज्ञात्वानामानुरूपं तेषांसामर्थ्यंपरीक्ष्यतान्विनाशय अन्यथात्वामेवतेविनाशयिष्यंतीतिभावः ६० । ६१ । ६२ । ६३ । ६४ कार्श्यस्यकारणंनित्यकर्मलोपइतिवसिष्ठस्यभावः ६५ क्षुदुःखंअ धीतनाशनंचेत्यत्रेः ६६ शास्त्रप्रतिपादितोजरन्क्षीयमाणोधर्मइतिविश्वामित्रस्य ६७ ॥ ॥ ॥ ॥ ॥

अन्नादिचिंतेतिजमदग्नेः ६८ बहुकुटुंबितेतिकश्यपस्य ६९ भार्यापवादः कृत्तिकास्वभिशापादितिभरद्वाजस्य ७० हीनवस्त्रत्वंगौतमस्यचमतं त्रिकौशेयं कुशारज्जुस्तयानिर्वृत्तंकौशेयंपाटित संधानं त्रीणिकौशेयानियस्मिन् 'कुशीफालेकुशारज्जुः'इतिमेदिनी रांकवंरंकोर्मृगविशेषस्यचर्मतदपित्रिवर्षीयमतिजीर्णं ७१ । ७२ परिचर्यांकरिष्यामिकुर्विसन्योन्यमुक्त्वेत्यर्थः ७३ एकरूप एवनिश्चयःकार्यंचयेषांते ७४ । ७५ । ७६ उपतीर्थमवतरणमार्गः ७७ । ७८ । ७९ । ८० । ८१ । ८२ । ८३ । ८४ नामार्थद्वारासामर्थ्यंज्ञात्वाअस्माकंवधैषिणीयमितिविज्ञा येत्यर्थः ८५ अरात्रिरिति । यदिदंसर्वंपाप्मनोत्रायततदिदं किंचतत्तस्मादत्रयइतिश्रुतौपाप्मनस्त्राताऽत्रिरित्यत्रिशब्दस्यनिर्वचनंतदेवशब्दांतरेणप्रदर्शयतियातुधानींविमोहयिष्यन् अरात्रिः

॥ जमदग्निरुवाच ॥ नैतस्येहयथाऽस्माकंभक्तमिंधनमेवच ॥ संचिंत्यंवार्षिकंचित्तेतेनपीवान्शुनासह ६८ ॥ कश्यपउवाच ॥ नैतस्येहयथाऽस्माकंचत्वा रश्चसहोदराः ॥ देहिदेहीतिभिक्षंतितेनपीवाञ्छुनासह ६९ ॥ भरद्वाजउवाच ॥ नैतस्येहयथाऽस्माकंब्रह्मबंधोरचेतसः ॥ शोकोभार्यापवादेनतेनपीवाञ्छुना सह ७० ॥ गौतमउवाच ॥ नैतस्येहयथाऽस्माकंत्रिकौशेयंचरांकवम् ॥ एकैकंवैत्रिवर्षीयंतेनपीवाञ्छुनासह ७१ ॥ भीष्मउवाच ॥ अथदृष्ट्वापरिव्राट्सता न्महर्षीञ्शुनासह ॥ अभिगम्ययथान्यायंपाणिस्पर्शमथाचरत् ७२ परिचर्यांवनेतांतुक्षुत्प्रतीघातकारिकाम् ॥ अन्योन्येननिवेद्याथप्रातिष्ठंतसहैवते ७३ ए कनिश्चयकार्याश्चव्यचरंतवनानिते ॥ आददानाःसमुद्धृत्यमूलानिचफलानिच ७४ कदाचिद्विचरन्तस्तेवृक्षैरविरलैर्वृताम् ॥ शुचिवारिप्रसन्नोदांददृशुःपद्मिनीं शुभाम् ७५ बालादित्यवपुःप्रख्यैःपुष्करैरुपशोभिताम् ॥ वैडूर्यवर्णसदृशैःपद्मपत्रैरथावृताम् ७६ नानाविधैश्चविहगैर्जलप्रकरसेविभिः ॥ एकद्वारामनादेयां सूपतीर्थामकर्दमाम् ७७ वृषादर्भिप्रयुक्तातुकृत्याविकृतदर्शना ॥ यातुधानीतिविख्यातापद्मिनींतामरक्षत ७८ पशुसखसहायास्तुबिसार्थंतेमहर्षयः ॥ पद्मिनीमभिजग्मुस्तेसर्वेकृत्याभिरक्षिताम् ७९ ततस्तेयातुधानींतांदृष्ट्वाविकृतदर्शनाम् ॥ स्थितांकमलिनीतीरेकृत्यामूचुर्महर्षयः ८० एकातिष्ठसिकाचत्वं कस्यार्थेकिंप्रयोजनम् ॥ पद्मिनीतीरमाश्रित्यब्रूहित्वंकिंचिकीर्षसि ८१ ॥ यातुधान्युवाच ॥ याऽस्मिसाऽस्म्यनुयोगोमेनकर्तव्यःकथंचन ॥ आरक्षिणींमां पद्मिन्यावित्तसर्वेतपोधनाः ८२ ॥ ऋषयऊचुः ॥ सर्वएवक्षुधार्ताःस्मनचान्यत्किंचिदस्तिनः ॥ भवत्याःसंमतेसर्वेगृह्णीयामबिसान्युत ८३ यातुधान्युवा च ॥ समयेनबिसानीतोगृह्णीध्वंकामकारतः ॥ एकैकोनाममेप्रोक्त्वाततोगृह्णीतमाचिरम् ८४ ॥ भीष्मउवाच ॥ विज्ञाययातुधानींतांकृत्यामृषिवधैषिणीम् ॥ अत्रिःक्षुधापरीतात्माततोवचनमब्रवीत् ८५ ॥ अत्रिरुवाच ॥ अरात्रिरत्रिःसारात्रिर्यांनाधीतेऽत्रिरद्यवै ॥ अरात्रिरत्रिरित्येवनाममेविद्धिशोभने ८६ ॥

अरयःकामादयःसंत्यस्मिन्नित्यरंपापंतस्मात्त्रायतत्यरात्रिः अरशब्दादलुप्तपंचमीकात्परस्यत्रायतेरुपरिक्विप्प्रत्ययः अरिशब्दान्मत्वर्थीयेऽर्शआद्यचियस्येतीकारलोपेअरमितिसिध्यतियस्मादरात्रिस्तस्मा दत्रिः । अत्तीत्यदमृत्युस्तस्मात्त्रायतइत्यत्रिरित्यत्राप्यवयवार्थेनपाप्मानं मृत्युमन्ववायानित्यादौमृत्युशब्दस्यपाप्मनिप्रयोगदर्शनात् । धर्मेणपापमपनुदतीतिधर्मोऽप्यत्रिःस्यादतआह सारात्रिर्यांनाधी तेत्रिरद्यवाइति वैनिश्चितं अद्यवर्तमानकालेयांत्रिस्त्रिवारंनाधीतेनाधिगच्छति । अतीतस्यहिपुत्रादेरनुत्पत्तावनागतत्वेनोत्पत्तौवर्तमानत्वेननाशेअतीतत्वेननान्वेतित्रिरधिगमोऽस्तितद्यत्रनास्तिसर्वंवर्त मानमेवभवतियत्रावस्थायांसाहार्दाकाशारूबजगत्कारणप्राप्तिःसर्वपाप्मोच्छेदिकासाऽरात्रिरुच्यते अत्रह्यतीतानागतंसर्वमस्तीतिश्रूयते । 'यच्चास्येहास्तियच्चनास्तिसर्वंतदत्रगत्वाविंदतइति अत्रहिसर्वेकामाःस—

माहिताइतिचयस्मादेवमरात्रिरास्मितस्मादत्रिरेवममनाम मन्त्रोऽपि 'यंवैसूर्यस्वर्भानुस्तमसाऽविध्यदासुरः अत्रयस्तमन्वविंदन्नह्यन्ये अशक्नुवन्निति सूर्यआत्माजगतस्तस्थुषश्च'इतिश्रुतेः । सूर्यपरंब्रह्म स्वर्भानुःराहुरूपोमृत्युरविध्यत्व्याप्तवान् तमसाअनात्मन्यात्मबुद्धिरूपयाअविद्ययेतिमन्त्रपदानामर्थः ८६ तदेतदत्रिस्त्वंमनसाऽपिदुर्धार्यमितिमत्वायातुधान्याह यथेति । तेत्वया मयिमत्समीपे अतीतानागतयोरपिवर्तमानकालेएवदर्शनंकामाद्यनुदयश्चेतिद्वयमत्यंतंतमःस्वभावयामयाप्राप्तुमशक्यमितिभावः । त्वामहंधर्षितुमशक्तेतित्वंगच्छअवतर पद्मिनींसरसीम् ८७ वसिष्ठोऽस्मीति । वसिष्ठःवायुश्चपृथिवीचवायुश्चांतरिक्षंचद्यौश्चादित्यश्चन्द्रमाश्चनक्षत्राणिचेतिवसवएतेषुहीदंसर्वंवसुहितमेतिहीदंसर्ववासयन्तेइतिश्रुतिप्रसिद्धाःवसवस्तेयस्यस्वाधीनाभवंतिसवसुमान्प्राप्ताणिमाद्यैश्वर्योमहायोगीअतिशयेनवसुमानिति वसिष्ठस्तादृशोऽहमस्मिअतिशयेनउरुरस्मिवसुमच्छब्दादिष्ठन्प्रत्ययेपरेमतुब्लोपेटिलोपेचवसिष्ठः उरुशब्दस्येष्ठनिवरादेशश्चप्रियस्थिरादिसूत्रेणज्ञेयः । सर्वंमद्वशेऽस्त्यहंतुनकस्यापिवशेऽस्मीतिनामद्वयार्थः । वासगृहेषुवासयोग्येषुगृहस्थाश्रमेषुसर्वेषामुपजीव्येषुवसेवसाम्यतोऽहंवस्तॄणांमध्येअतिश्रेष्ठइतिवसिष्ठोऽस्मि वस्तृशब्दादिष्ठनितृन्लोपेचवसिष्ठः सर्वेषामाश्रयभूतत्वान्ममांदेवारक्षंतीतिभावः ८८ । ८९ कुलमिति । कशाऽश्वताडनरज्जुस्तामर्हन्तितेकश्याअश्वाः अत्रचप्रकरणादिन्द्रियाणिहयानाहुरितिश्रुत्युक्तेरिन्द्रियाण्येवाश्वाःकश्यास्तदाश्रयत्वाच्छरीराण्यपिकश्यानि कुलंकुलमितिवीप्सायांद्विर्वचनंसर्वशरीरेष्वहमेवैकःकश्यपोनामद्विजोऽस्मि कश्यानिशरीराणिपातिरक्षतिपिबतिभुंक्तेपाययतिशोषयतिवाकश्यपइतियोगात्सर्वाणिशरीराणिप्रविश्यांतर्यामिरूपेणपालयामि जीवरूपेणतद्वारासुखदुःखादिकंभुंजेब्रह्म

॥ यातुधान्युवाच ॥ यथोदाहृतमेतत्तेमयिनाममहाद्युते ॥ दुर्धार्यमेतन्मनसागच्छावतरपद्मिनीम् ८७ ॥ वसिष्ठउवाच ॥ वसिष्ठोऽस्मिवरिष्ठोऽस्मिवसेवासगृहेष्वपि ॥ वसिष्ठत्वाच्चवासाच्चवसिष्ठइतिविद्धिमाम् ८८ ॥ यातुधान्युवाच ॥ नामनैरुक्तमेतत्तेदुःखव्याभाषिताक्षरम् ॥ नैतद्धारयितुंशक्यंगच्छावतरपद्मिनीम् ८९ ॥ कश्यपउवाच ॥ कुलंकुलंचकुवमःकुवमःकश्यपोद्विजः ॥ काश्यःकाशनिकाशत्वादेतन्मेनामधारय ९० ॥ यातुधान्युवाच ॥ यथोदाहृतमेतत्तेमयिनाममहाद्युते ॥ दुर्धार्यमेतन्मनसागच्छावतरपद्मिनीम् ९१ ॥ भरद्वाजउवाच ॥ भरेऽसुतान्भरेशिष्यान्भरेदेवान्भरेद्विजान् ॥ भरेभार्याभरेद्वाजंभरद्वाजोऽस्मिशोभने ९२ ॥

रूपेण तानिसर्वाणिस्वात्मनिप्रविलापयामीत्यर्थः । एवंसर्वमध्यात्मंमत्स्वरूपमित्युक्त्वाऽधिदैवमपिमत्स्वरूपमेवेत्याह कुवमःकुवमइति । कुःपृथिवीतस्यांवमतिवर्षतीतिकुवमआदित्यः । आदित्याज्जायतेवृष्टिरितिश्रुतेः पूर्ववद्द्विर्वचनम् । सर्वोऽप्यादित्योऽहमेव मत्पुत्रत्वात्सर्वेषामादित्यानामित्यर्थः । पाठांतरेकुपपीः कुंपातीतियोगात्कुपपीःसूर्यएव यापोःकिद्द्वेचेतिसूत्रेणपातेरीप्रत्ययेप्रकृतेर्द्वित्वेप्रत्ययस्यकित्वेचपपीरितिरूपं कुपपिरितिह्रस्वपाठेतुआदृगमहनजनेतिकिप्रत्ययेलिड्वद्भावेचकुपपिरितिसूर्यएव । कुपपइत्यकारांतपाठस्तुप्रामादिकः । यद्वा कुंपृथिवींपातीतिकुपंजलंपिबतीतिकुपपःसूर्यएवेति समाधेयम् । काश्योदीप्तिमान् तत्रहेतुःकाशनिकाशत्वात् बहुकालीनत्वेनकाशपुष्पसदृशःसर्वतःपलितश्चिरंतनस्तपसादीप्तोऽस्मीत्यर्थः ९० । ९१ प्रजावैवाजस्ताएषबिभर्तियद्बिभर्तितस्माद्भरद्वाजइतिश्रुत्यनुसारेणस्वनामाह भरेइति । अशिष्यानुशासितुमयोग्यानपिराक्षसान्शत्रूंश्चवशीकृत्यकरुणयापालयामि । तथाअसुतान्अपुत्रानुदासीनानपिदीनानदीनान्पालयामि । भार्या भार्येतिपुत्रभृत्यादेरुपलक्षणम् । ईदृग्विधोऽन्योऽपिवाजंवेगंशत्रूणांसाहसजंराभरेत्सपृथिवीवत्सर्वंसहोऽन्नप्रदश्चभवतीतितस्मादहमपितथाऽस्मीत्यर्थः द्वाजमितिच्छेदेतुद्वाभ्यांजातंसंकरजमित्यर्थः । ननु'माताभस्त्रापितुःपुत्रोयेनजातःसएवसः'इतिस्मृतेश्चर्मकोशतुल्यामातेत्यतःसर्वोऽप्येकजएवेतिनास्तिकश्चिद्द्वाजः । नहिद्वाभ्यांरेतःसेकाभ्यामेकोजायतइतिसंभवति सत्यं आवहनीयादीनामपिसंस्कारवतांसर्वेषांद्विविधंजन्म योनितःसंस्कारतश्च । तत्रसंकरोऽन्यस्माज्जातोऽन्येनस्वपुत्रइतिबुद्ध्यासंस्कृतइतिसएवद्वाजः । द्विर्जायतइतिद्विजोऽन्यः । द्वाभ्यांस्त्रीपुरुषाभ्यांजायतइत्यर्थेद्वाजादयोनिपात्यन्ते ततएवद्वाजाअपिसंतीतिव

शीवर्शनयसएकजत्वमितिमन्त्रेमन्योः संकल्पस्यएकजेतिविशेषणम् । द्वाजेतुबीजसंस्कारसंकरादवश्यंसंकल्पयोर्वाङ्मनसयोर्वापौर्वापर्यविरोधोभवतीतिविश्वासघातकादयोद्वाजाइतिज्ञेयं तदयंसंग्रहः 'कौशिकेक्रौर्यतपसीराधेयेशौर्यभीरुते ॥ खलेवाक्चित्तवैमत्येबीजसंस्कारसंकरात्'इति । भार्यामनन्याजइतिपाठेअनन्याअजामायातयैवजातोऽस्मिलोकहितार्थंनतुकर्मणेत्यर्थः ९२ । ९३ गोदमइति । गोपदार्थस्वर्गभूमिंचदमयतिवशीकरोतीतिगोदमः । तत्रहेतुः दमतइति दमेनइन्द्रियजयेनदमयतीतिजितेन्द्रियत्वादगांद्यांचदमितुंशक्तोस्मीत्यर्थः । अधूमः निर्धूमाग्नितुल्यः । अतएवादमः अन्येनदमितुमयोग्यः । तत्रहेतुः तेत्वयिसमदर्शनात्समस्यब्रह्मणोदर्शनात् । निर्दोषंहिसमंब्रह्मेतिभगवद्वचनात् । 'तस्यहदेवाश्चनाभूत्याईशतेआत्माह्येषांसंभवति'इतिश्रुतेः । तस्यब्रह्मविदोऽनैश्वर्यायदेवाश्चनदेवाअपिनईशतेनसमर्थाभवंतिकिमुतनिःसारायातुधानाइतिश्रुत्यर्थः । अत्रदकारस्थानेतकारंकृत्वागोतमइतिनिपात्यते । गोभिस्तमोममध्वस्तंजातमात्रस्यदेहतइतिपाठे देहतोमातुर्देहाज्जातमात्रस्यअकृततपसोपिममसूर्यतुल्यस्यगोभीरश्मिभिस्तमोन्धकारंध्वस्तं अतोऽहंगावः अतमाः तमोविरोधिनोयस्यसइतिव्युत्पत्त्यागोतमोऽस्मि त्वयावन्हिवद्दुःस्पर्शोऽहमित्यर्थः ९४ । ९५ विश्वेइति । विश्वशब्देनआधिदैवंब्रह्मांडस्थादेवाउच्यन्ते । अध्यात्मंचपिंडस्थानीन्द्रियाणितान्युभयानिमित्रभूतानियस्यसविश्वामित्रः । 'विश्वस्यहवैमित्रंविश्वामित्रआस'इतिश्रुतेः । मित्रेचर्षाविति विश्वपदान्तस्यदीर्घः गवामिन्द्रियाणाम् ९६ । ९७ जाजमद्यइति भूयोभूयोऽतिशयेनजमंतियुगपदनेकेषुयज्ञादिष्वनेकवारंपुनःपुनर्भक्षयन्तिहवींषितेजाजमन्तोदेवाः जमुभक्षणेयङ्लुकिशत्रंतस्यरूपं इज्यन्तेदेवताअस्मिन्निति यजोग्निः तेषांजानआविर्भावस्तस्मिन्नजिजायिषिजातोऽस्मि । जनेर्यङन्तात्सनिलुङ्यात्मनेपदेउत्तमपुरुषैकवचनं आर्षोऽडभावश्च इहलोकेअतोमांजिजाहिजानीहि अतोयोगात्मांजमदग्निरितिनामतोविद्धि । जाजमदित्यत्राद्यपदेप्रथमाक्षरलोपेद्वितीयस्याग्नित्वेजमदग्निरितिसिद्धम् । जिजाहीत्यपिज्ञाधातोर्यङ्लुकिजादेशेमध्यमैकवचनम् । ततोजाजमंतोऽग्निश्चास्मिन्सन्तीतिजमदग्निमान् ततोमतुब्लोपेनजमदग्निरितिपदं एतेनापिस्वस्याथर्षणीयत्वमुक्तम् जाजमद्यजजानाममृजामाऽऽहजिजायिषीतिपाठे जाजमद्यजेभ्योदेवाग्निभ्योजाताःसंपदोजाजमद्यजजास्ताश्चकृतकत्वात्नामनिश्चितं मृजाः मार्ज्यन्तइतिमृजानश्वराइतिमामामाहउक्तवान्वेदः अतोऽहंताःजिजायिषिजितवानस्मि । अस्मिन्पक्षेअभ्यासतद्विकाराभावात्आर्षम् जितलोकोऽहंत्वयाजेतुमशक्यइतिभावः ९८ । ९९ धरानिति । धरान्पर्वतान् धरित्रींभुवं वसून्देवान्धत्तेइतिव्युत्पत्त्यावसुधांदिवंचतिष्ठामिअधितिष्ठामि तत्रहेतुः भर्तुर्वसिष्ठस्यानंतरमव्यवधानेनमनोऽनुरुंधतीत्यरुषोऽतिकठिनान्धरादीन्दधातीत्यरुंधतीतिदकारलोपेनमुमागमेनचसिद्धम् । अनुरुन्धतीत्यत्रनुकारलोपेनवेति १०० ॥ ॥ ॥ ॥ ॥

॥ यातुधान्युवाच ॥ नामनैरुक्तमेतत्तेदुःखव्याभाषिताक्षरम् ॥ नैतद्धारयितुंशक्यंगच्छावतरपद्मिनीम् ९३ ॥ गौतमउवाच ॥ गोदमोदमतोऽधूमोऽदमस्तेसमदर्शनात् ॥ विद्धिमांगोतमंकृत्येयातुधानिनिबोधमाम् ९४ ॥ यातुधान्युवाच ॥ यथोदाहृतमेतत्तेमयिनाममहामुने ॥ नैतद्धारयितुंशक्यंगच्छावतरपद्मिनीम् ९५ ॥ विश्वामित्रउवाच ॥ विश्वेदेवाश्चमेमित्रंमित्रमस्मिगवांतथा ॥ विश्वामित्रमितिख्यातंयातुधानिनिबोधमाम् ९६ ॥ यातुधान्युवाच ॥ नामनैरुक्तमेतत्तेदुःखव्याभाषिताक्षरम् ॥ नैतद्धारयितुंशक्यंगच्छावतरपद्मिनीम् ९७ ॥ जमदग्निरुवाच ॥ जाजमद्यजजानेऽहंजिजाहीहजिजायिषि ॥ जमदग्निरितिख्यातस्ततोमांविद्धिशोभने ९८ ॥ ॥ यातुधान्युवाच ॥ ॥ यथोदाहृतमेतत्तेमयिनाममहामुने ॥ नैतद्धारयितुंशक्यंगच्छावतरपद्मिनीम् ९९ ॥ अरुंधत्युवाच ॥ धरान्धरित्रींवसुधांभर्तुस्तिष्ठाम्यनंतरम् ॥ मनोऽनुरुंधतीभर्तुरितिमांविद्ध्यरुंधतीम् १०० ॥ ॥ ॥ ॥

१ वक्रेति । गंडेतिनुमासहितस्यानुकरणं मामां अनलसंभवत्वमस्यावृषादर्भिणास्वधनमप्रतिगृह्णतामृषीणांवधार्थंस्वजटामग्नौहुत्वाततोऽस्याउत्पादितत्वादितिज्ञेयं २ । ३ पशून्जीवान्रंजामिरंजया मिमांममनामेत्यर्थः ४ । ५ श्वाधर्मःतत्सखायोमुनयःतेषांसखाशुनःसखसखःतम् ६ ।७ ।८ भस्मभस्मताम् ९ । १.१०। ११ कल्पशःसंघशः १२ । १३ । १४ समयंशपथं अत्रशपथव्याजेननिषिद्धान्युच्यंते१५

॥ यातुधान्युवाच ॥ नामनैरुक्तमेतत्तेदुःखव्याभाषिताक्षरम् ॥ नैतद्धारयितुंशक्यंगच्छावतरपद्मिनीम् १०१ ॥ गंडोवाच ॥ वक्रैकदेशेगंडेतिधातुमेतंप्रचक्षते ॥ तेनोन्नतेनगंडेतिविद्धिमाऽनलसंभवे २ ॥ यातुधान्युवाच ॥ नामनैरुक्तमेतत्तेदुःखव्याभाषिताक्षरम् ॥ नैतद्धारयितुंशक्यंगच्छावतरपद्मिनीम् ३ ॥ पशुसख उवाच ॥ पशून्रंजामिदृष्ट्वाऽहंपशूनांचसदासखा ॥ गौणंपशुसखेत्येवंविद्धिमामग्निसंभवे ४ ॥ यातुधान्युवाच ॥ नामनैरुक्तमेतत्तेदुःखव्याभाषिताक्षरम् ॥ नैतद्धारयितुंशक्यंगच्छावतरपद्मिनीम् ५ ॥ शुनःसखउवाच ॥ एभिरुक्तंयथानामनाहंवक्तुमिहोत्सहे ॥ शुनःसखसखायंमांयातुधान्युपधारय ६ ॥ यातुधान्युवाच ॥ नामनैरुक्तमेतत्तेवाक्यंसंदिग्धयागिरा ॥ तस्मात्पुनरिदानींत्वंब्रूहियन्नामतेद्विज ७ ॥ शुनःसखउवाच ॥ सकृदुक्तंमयानामनगृहीतंत्वयायदि ॥ तस्मात्त्रिदंडाभिहतागच्छभस्मेतिमाचिरम् ८ साब्रह्मदंडकल्पेनतेनमूर्ध्निहतातदा ॥ कृत्यापपातमेदिन्यांभस्मसाचजगामह ९ शुनःसखाचहत्वातांयातुधानींमहाबलाम् ॥ भुवित्रिदंडंविष्टभ्यशाद्वलेसमुपाविशत् ११० ततस्तेमुनयःसर्वेपुष्कराणिबिसानिच ॥ यथाकाममुपादायसमुत्तस्थुर्मुदान्विताः ११ श्रमेणमहताकृत्वातेबिसानिकलापशः ॥ तीरेनिक्षिप्यपद्मिन्यास्तर्पणंचक्रुरंभसा १२ अथोत्थायजलात्तस्मात्सर्वेतेसमुपागमन् ॥ नापश्यंश्चापितेतानिबिसानिपुरुषर्षभाः १३ ॥ ऋषयऊचुः ॥ केनक्षुधापरीतानामस्माकंपापकर्मणा ॥ नृशंसेनापनीतानिबिसान्याहारकांक्षिणाम् १४ तेशंकमानास्त्वन्योन्यंपप्रच्छुर्द्विजसत्तमाः ॥ तऊचुःसमयंसर्वेकुर्मइत्यरिकर्शन १५ तउक्त्वाबाढमित्येवंसर्वएवतदासमम् ॥ क्षुधार्ताःसुपरिश्रांताःशपथायोपचक्रमुः १६ ॥ अत्रिरुवाच ॥ सगांस्पृशतुपादेनसूर्यंचप्रतिमेहतु ॥ अनध्यायेष्वधीयीतबिसस्तैन्यंकरोतियः १७ ॥ वसिष्ठउवाच ॥ अनध्यायेपठेल्लोकेशुनःसपरिकर्षतु ॥ परिव्राट्कामवृत्तस्तुबिसस्तैन्यंकरोतियः १८ शरणागतंहंतुसवैस्वसुतांचोपजीवतु ॥ अर्थान्कांक्षतुकीनाशाद्बिसस्तैन्यंकरोतियः १९ ॥ कश्यपउवाच ॥ सर्वत्रसर्वंलपतुन्यासलोपंकरोतुच ॥ कूटसाक्षित्वमभ्येतुबिसस्तैन्यंकरोतियः १२० वृथामांसाशनश्चास्तुवृथादानंकरोतुच ॥ यातुस्त्रियंदिवाचैवबिसस्तैन्यंकरोतियः २१ ॥ भरद्वाजउवाच ॥ नृशंसस्त्यक्तधर्मास्तुस्त्रीषुज्ञातिषुगोषुच ॥ ब्राह्मणंचापिजयतांबिसस्तैन्यंकरोतियः २२ उपाध्यायमधःकृत्वाऋचोऽध्येतुयजूंषिच ॥ जुहोतुचसकक्षाग्नौबिसस्तैन्यंकरोतियः २३ ॥ जमदग्निरुवाच ॥ पुरीषमुत्सृजत्वप्सुहंतुगांचैवदुह्यतु ॥ अनृतौमैथुनंयातुबिसस्तैन्यंकरोतियः २४ द्वेष्योभार्योपजीवीस्याद्दूरबंधुश्चवैरवान् ॥ अन्योऽन्यस्यातिथिश्चास्तुबिसस्तैन्यंकरोतियः २५

१६ । १७ शुनःसारमेयान्परिकर्षतुक्रीडार्थंमृगयार्थंवा १८ स्वसुतांशुल्कग्रहणेन कीनाशात्कर्षकात् १९ । १२० वृथायागादिनिमित्तंविना वृथानटनर्तकादौ २१ जयतांयुद्धेवादेवा २२ कक्षाग्नौतत्रहिहुतं भस्मीभावमप्राप्यहोतुर्दोषकरमित्याशयः २३ । २४ । २५ ॥ ॥ ॥

२६ उदपानप्लवेणककूपैकजीवने २७।२८ ब्रह्मकूटोवेदराशिस्तस्याशुचित्वंदोषःऋद्धिमतोगर्वोभवतु कर्षकश्चमत्सरीचास्तु २९ ।१३० । ३१ ज्ञातीनां अनादरेषष्ठी ज्ञातीननादृत्येत्यर्थः अभोग्या योनिदूषिता ३२ । ३३ साधयित्वाअन्नंपक्त्वा विकर्मणाजारजातेनगर्भादिना ३४ । ३५ । ३६ । ३७ अयंभक्ष्यं यदुक्तंतन्नमिथ्येतिसंबंधः ३८ अंतर्हितानिअंतर्धानंप्रापितानि ३९ । १४० । ४१

॥ गौतमउवाच ॥ अधीत्यवेदांस्त्यजतुत्रीनग्नीनपविध्यतु ॥ विक्रीणातुतथासोमंबिसस्तैन्यंकरोतियः २६ उदपानप्लवेग्रामेब्राह्मणोवृषलीपतिः ॥ तस्यसालो
क्यतांयातुबिसस्तैन्यंकरोतियः २७ ॥ विश्वामित्रउवाच ॥ जीवतोवैगुरून्भृत्यान्भरंत्वस्यपरेजनाः ॥ अगतिर्बहुपुत्रःस्याद्बिसस्तैन्यंकरोतियः २८ अशुचिर्ब्र
ह्मकूटोस्तुऋद्ध्याचैवाप्यहंकृतः ॥ कर्षकोमत्सरीचास्तुबिसस्तैन्यंकरोतियः २९ वर्षाचरोऽस्तुभृतकोराज्ञश्चास्तुपुरोहितः ॥ अयाज्यस्यभवेदृत्विग्बिसस्तैन्यं
करोतियः १३० ॥ अरुंधत्युउवाच ॥ नित्यंपरिभवेच्छ्वश्रूंभर्तुर्भवतुदुर्मनाः ॥ एकास्वादुसमाश्नातुबिसस्तैन्यंकरोतिया ३१ ज्ञातीनांगृहमध्यस्थासक्तूनत्तुदिन
क्षये ॥ अभोग्यावीरसूरस्तुबिसस्तैन्यंकरोतिया ३२ ॥ गंडोवाच ॥ अनृतंभाषतुसदाबंधुभिश्चविरुध्यतु ॥ ददातुकन्यांशुल्केनबिसस्तैन्यंकरोतिया ३३
साधयित्वास्वयंप्राशेद्दास्येजीर्यतुचैवह ॥ विकर्मणाप्रमीयेतबिसस्तैन्यंकरोतिया ३४ ॥ पशुसखउवाच ॥ दासएवप्रजायेतामप्रसूतिरकिंचनः ॥ दैवतेष्व
नमस्कारोबिसस्तैन्यंकरोतियः ३५ ॥ शुनःसखउवाच ॥ अध्वर्यवेदुहितरंवाददातुच्छंदोगेवाचरितब्रह्मचर्ये ॥ आथर्वणंवेदमधीत्यविप्रःस्नायीतवायोहरतेबि
सानि ३६ ॥ ऋषयऊचुः ॥ इष्टमेतद्द्विजातीनांयोऽयंतेशपथःकृतः ॥ त्वयाकृतंबिसस्तैन्यंसर्वेषांनःशुनःसख ३७ ॥ शुनःसखउवाच ॥ न्यस्तमद्यंनप
श्यद्भिर्यदुक्तंकृतकर्मभिः ॥ सत्यमेतन्नमिथ्यैतद्बिसस्तैन्यंकृतंमया ३८ मयाह्यंतर्हितानीहबिसानीमानिपश्यत ॥ परीक्षार्थंभगवतांकृतमेवंमयाऽनघाः ३९
रक्षणार्थंचसर्वेषांभवतामहमागतः ॥ यातुधानीह्यतिक्रूराकृत्यैषावोवधैषिणी १४० वृषादर्भिप्रयुक्तैषानिहतामेतपोधनाः ॥ दुष्टाहिंस्यादियंपापायुष्मान्प्रत्यग्नि
संभवा ४१ तस्मादस्म्यागतोविप्रावासवंमांनिबोधत ॥ अलोभादक्षयालोकाःप्राप्तावैसार्वकामिकाः ४२ उत्तिष्ठध्वमितःक्षिप्रंतानवाप्नुतवैद्विजाः ४३ ॥ भी
ष्मउवाच ॥ ततोमहर्षयःप्रीतास्तथेत्युक्त्वापुरंदरम् ॥ सहैवत्रिदशेन्द्रेणसर्वेजग्मुस्त्रिविष्टपम् ४४ एवमेतमहात्मानोभोगैर्बहुविधैरपि ॥ क्षुधापरमयायुक्ताश्छं
द्यमानामहात्मभिः ४५ नैवलोभंतदाचक्रुस्ततःस्वर्गमवाप्नुवन् ॥ तस्मात्सर्वास्ववस्थासुनरोलोभंविवर्जयेत् ४६ एषधर्मःपरोराजंस्तस्माल्लोभंविवर्जयेत् ४७ इदं
नरःसुचरितंसमवायेषुकीर्तयन् ॥ अर्थभागीचभवतिनचदुर्गाण्यवाप्नुते ४८ प्रीयंतेपितरश्चास्यऋषयोदेवतास्तथा ॥ यशोधर्मार्थभागीचभवतिप्रेत्यमानवः १४९
॥ इतिश्रीमहाभारतेअनुशासनप० आनुशासनिकेप० दानधर्मेबिसस्तैन्योपाख्यानेत्रिनवतितमोऽध्यायः ॥ ९३ ॥ ॥ ॥ भीष्मउवाच ॥ अत्रैवोदाहरंतीम
मितिहासंपुरातनम् ॥ यद्वृत्तंतीर्थयात्रायांशपथंप्रतितच्छृणु १ ॥ ॥ ॥ ॥ ॥ ॥

४२।४३।४४।४५।४६।४७।४८ स्वधर्मनिष्ठःकुर्यात्प्रतिग्रहपराङ्मुखोनिषिद्धवर्जितोमुख्यंपात्रमित्यध्यायतात्पर्यम् ४९ ॥ इतिअ० नी० भा० त्रिनवतितमोऽध्यायः॥ ९३ ॥ अत्रशपथेनैवनिषिद्धार्थप्रकाशने १

पुष्करार्थइन्द्रेणस्तैन्यंकृतं मुनिभिःशपथाःकृताइत्यर्थः २ । ३ । ४ । ५ । ६ । ७ बिसमृणालयोः कमलकुमुदवदवांतरभेदोज्ञेयः ह्रियंतंह्रियमाणं ८ आदत्तमात्तं ९ अधर्मइतिच्छेदः १० । ११ ॥

पुष्करार्थेकृतंस्तैन्यंपुराभरतसत्तम ॥ राजर्षिभिर्महाराजतथैवचद्विजर्षिभिः २ ऋषयःसमेताःपश्चिमेवैप्रभासेसमागतामंत्रममंत्रयंत ॥ चरामसर्वांपृथिवींपुण्यती
र्थांतन्नःकामंहंतगच्छामसर्वे ३ शुक्रोऽङ्गिराश्चैवकविश्वविद्वांस्तथाह्यगस्त्योनारदपर्वतौच ॥ भृगुर्वसिष्ठःकश्यपोगौतमश्चविश्वामित्रोजमदग्निश्चराजन् ४ ऋ
षिस्तथागालवोऽथाष्टकश्चभारद्वाजोऽरुंधतीवालखिल्याः ॥ शिबिर्दिलीपोनहुषोंबरीषाराजाययातिर्धुंधुमारोऽथपूरुः ५ जग्मुःपुरस्कृत्यमहानुभावंशतक्रतुंवृत्र
हणंनरेन्द्राः ॥ तीर्थानिसर्वाणिपरिभ्रमंतोमाघ्यांययुःकौशिकींपुण्यतीर्थाम् ६ सर्वेषुतीर्थेष्ववधूतपापाजग्मुस्ततोब्रह्मसरःसुपुण्यम् ॥ देवस्यतीर्थेजलमग्निक
ल्पाविगाह्यतेभुक्तबिसप्रसूनाः ७ केचिद्बिसान्यखनंस्तत्रराजन्नन्येमृणालान्यखनंस्तत्रविप्राः ॥ अथापश्यन्पुष्करंतेह्रियंतंह्रदादगस्त्येनसमुद्धृतंतत् ८ ता
नाहसर्वानृषिमुख्यानगस्त्यःकेनादत्तंपुष्करंमेसुजातम् ॥ युष्मान्शंकेपुष्करंदीयतांमेनवैभवंतोहर्तुमर्हंतिपद्मम् ९ शृणोमिकालोहिंसतेधर्मवीर्यंसोयंप्राप्तोवर्तते
धर्मपीडा ॥ पुराऽधर्मोवर्ततेनेहयावत्तावद्गच्छामःसुरलोकंचिराय १० पुरावेदान्ब्राह्मणाग्राममध्येघुष्टस्वराव्रृषलान्श्रावयंति ॥ पुराराजाव्यवहारेणधर्मान्पश्य
त्यहंपरलोकंव्रजामि ११ पुरावरान्प्रत्यवरान्गरीयसोयावन्नरानावमंस्यंतिसर्वे ॥ तमोत्तरंयावदिदंनवर्ततेतावद्व्रजामिपरलोकंचिराय १२ पुराप्रपश्यामिपरे
णमर्त्यान्बलीयसादुर्बलान्भुज्यमानान् ॥ तस्माद्यास्यामिपरलोकंचिरायनह्युत्सहेद्रष्टुमिहजीवलोकम् १३ तमाहुरार्ताऋषयोमहर्षिंनतेवयंपुष्करंचोरयामः ॥
मिथ्याभिषंगोभवतानकार्यःशपामतीक्ष्णैःशपथैर्महर्षे १४ तेनिश्चितास्तत्रमहर्षयस्तुसंपश्यंतोधर्ममेतंनरेन्द्राः ॥ ततोऽशपंतशपथान्पर्ययेणसहैवतेपार्थिवपु
त्रपौत्रैः १५ ॥ भृगुरुवाच ॥ प्रत्याक्रोशेदिहाकुष्टस्ताडितःप्रतिताडयेत् ॥ खादेच्चपृष्ठमांसानियस्तेहरतिपुष्करम् १६ ॥ वसिष्ठउवाच ॥ अस्वाध्यायपरो
लोकेश्वानंचपरिकर्षतु ॥ पुरेचभिक्षुर्भवतुयस्तेहरतिपुष्करम् १७ ॥ कश्यपउवाच ॥ सर्वत्रसर्वंपणतुन्यासेलोभंकरोतुच ॥ कूटसाक्षित्वमभ्येतुयस्तेहरति
पुष्करम् १८ ॥ गौतमउवाच ॥ जीवत्वहंकृतोबुद्ध्याविषमेणासमेनसः ॥ कर्षकोमत्सरीचास्तुयस्तेहरतिपुष्करम् १९ ॥ अंगिराउवाच ॥ अशुचिर्ब्रह्मकूटो
स्तुश्वानंचपरिकर्षतु ॥ ब्रह्महाऽनिकृतिश्चास्तुयस्तेहरतिपुष्करम् २० धुंधुमारउवाच ॥ अकृतज्ञस्तुमित्राणांशूद्रायांचप्रजायतु ॥ एकःसंपन्नमश्नातुयस्ते
हरतिपुष्करम् २१ ॥ पूरुरुवाच ॥ चिकित्सायांप्रचरतुभार्ययाचैवपुष्यतु ॥ श्वशुरात्तस्यवृत्तिःस्याद्यस्तेहरतिपुष्करम् २२ ॥ दिलीपउवाच ॥ उदपानप्लवेग्रामे
ब्राह्मणोवृषलीपतिः॥ तस्यलोकान्सव्रजतुयस्तेहरतिपुष्करम् २३॥शुक्रउवाच ॥ वृथामांसंसमश्नातुदिवागच्छतुमैथुनम् ॥ प्रेष्योभवतुराज्ञश्चयस्तेहरतिपुष्करम् २४

प्रत्यवरान्मध्यमान् तमःअज्ञानं १२ । १३ । १४ । १५ । पृष्ठमांसानिपृष्ठवाहानांहयवृषभोष्ट्रादीनांमांसानि १६ भिक्षुःसंन्यासी १७ पणतुक्रयविक्रयंकरोतु सर्वमपण्यमपि १८ विगतःसमभावो यस्मात्तेनासमेनकामक्रोधादिना १९ अनिकृतिःअकृतप्रायश्चित्तः २० । २१ । २२ । २३ । २४ ॥ ॥ ॥ ॥ ॥

२५ । २६ । २७ अतिथिर्यतिः गृहसंस्थोगृहवासी कामवृत्तःयथेष्टचेष्टावान् २८ । २९ । ३० । ३१ । ३२ भृतोविंत्तेनक्रीतः भृतकोधान्यविक्रीतः वैश्यैःक्रीतःसन्अवर्षाद्दृष्टिनिबंधंकरोतु ३३ । ३४ । ३५

जमदग्निरुवाच ॥ अनध्यायेष्वधीयीतमित्रंश्राद्धेचभोजयेत् ॥ श्राद्धेशूद्रस्यचाश्नीयाद्यस्तेहरतिपुष्करम् २५ ॥ शिबिरुवाच ॥ अनाहिताग्निर्म्रियतांयज्ञेविघ्नंकरोतुच ॥ तपस्विभिर्विरुध्येच्चयस्तेहरतिपुष्करम् २६ ॥ ययातिरुवाच ॥ अनृतौचव्रतीचैवभार्यायांसप्रजायतु ॥ निराकरोतुवेदांश्चयस्तेहरतिपुष्करम् २७ ॥ नहुषउवाच ॥ अतिथिर्गृहसंस्थोऽस्तुकामवृत्तस्तुदीक्षितः ॥ विद्यांप्रयच्छतुभृतोयस्तेहरतिपुष्करम् २८ ॥ अंबरीषउवाच ॥ नृशंसस्त्यक्तधर्मोस्तुस्त्रीषुज्ञातिषुगोषुच ॥ निहंतुब्राह्मणंचापियस्तेहरतिपुष्करम् २९ ॥ नारदउवाच ॥ गृहज्ञानीबहिःशास्त्रंपठतांविस्वरंपदम् ॥ गरीयसोऽवजानातुयस्तेहरतिपुष्करम् ३० ॥ नाभागउवाच ॥ अनृतंभाषतुसदासद्भिश्चैवविरुध्यतु ॥ शुल्केनतुददत्कन्यांयस्तेहरतिपुष्करम् ३१ ॥ कविरुवाच ॥ पद्भ्यांसगांताडयतुसूर्यंचप्रतिमेहतु ॥ शरणागतंसंत्यजतुयस्तेहरतिपुष्करम् ३२ ॥ विश्वामित्रउवाच ॥ करोतुभृतकोऽवर्षाराज्ञश्चास्तुपुरोहितः ॥ ऋत्विगस्तुह्ययाज्यस्ययस्तेहरतिपुष्करम् ३३ ॥ पर्वतउवाच ॥ ग्रामेचाधिकृतःसोऽस्तुखरयानेनगच्छतु ॥ शुनःकर्षतुवृत्त्यर्थेयस्तेहरतिपुष्करम् ३४ ॥ भरद्वाजउवाच ॥ सर्वपापसमादानंनृशंसेचानृतेचयत् ॥ तत्तस्यास्तुसदापापंयस्तेहरतिपुष्करम् ३५ ॥अष्टकउवाच ॥ सराजास्त्वकृतप्रज्ञःकामवृत्तश्चपापकृत् ॥ अधर्मेणाभिशास्तूर्वींयस्तेहरतिपुष्करम् ३६ ॥ गालवउवाच ॥ पापिष्ठेभ्योह्यनर्घार्हःसनरोऽस्तुस्वपापकृत् ॥ दत्वादानंकीर्तयतुयस्तेहरतिपुष्करम् ॥ ३७ अरुंधत्युवाच ॥ श्वश्र्वाऽपवादंवदतुभर्तुर्भवतुदुर्मनाः ॥ एकास्वादुसमश्नातुयातेहरतिपुष्करम् ३८ ॥ वालखिल्याऊचुः ॥ एकपादेनवृत्त्यर्थंग्रामद्वारेसतिष्ठतु ॥ धर्मज्ञस्त्यक्तधर्माऽस्तुयस्तेहरतिपुष्करम् ३९ ॥ शुनःसखउवाच ॥ अग्निहोत्रमनादृत्यससुखंस्वपतुद्विजः ॥ परिव्राट्कामवृत्तोऽस्तुयस्तेहरतिपुष्करम् ४० ॥ सुरभ्युवाच ॥ वालजेननिदानेनकांस्यंभवतुदोहनम् ॥ दुह्येतपरवत्सेनयातेहरतिपुष्करम् ४१ ॥ भीष्मउवाच ॥ ततस्तुतैःशपथैःशप्यमानैर्नानाविधैर्बहुभिःकौरवेन्द्र ॥ सहस्राक्षोदेवराट्संप्रहृष्टःसमीक्ष्यतंकोपनंविप्रमुख्यम् ४२ अथाब्रवीन्मघवाप्रत्ययंस्वंसमाभाष्यतमृषिंजातरोषम् ॥ ब्रह्मर्षिदेवर्षिनृपर्षिमध्येयंतंनिबोधेहममाद्यराजन् ४३ ॥ शक्रउवाच ॥ अध्वर्यवेदुहितरंददातुछंदोगेवाचरितब्रह्मचर्ये ॥ अथर्वणंवेदमधीत्यविप्रःस्नायीतयःपुष्करमाददाति ४४ सर्वान्वेदानधीयीतपुण्यशीलोऽस्तुधार्मिकः ॥ ब्रह्मणःसदनंयातुयस्तेहरतिपुष्करम् ४५ ॥ अगस्त्यउवाच ॥ आशीर्वादस्त्वयाप्रोक्तःशपथोबलसूदन ॥ दीयतांपुष्करंमह्यमेषधर्मःसनातनः ४६ ॥ इंद्रउवाच ॥ नमयाभगवन्लोभाद्धृतंपुष्करमद्यवै ॥ धर्मास्तुश्रोतुकामेनहृतंनक्रोद्धुमर्हसि ४७ धर्मश्रुतिसमुत्कर्षोधर्मसेतुरनामयः ॥ आर्षोवैशाश्वतोनित्यमव्ययोऽयंमयाश्रुतः ४८ ॥ ॥

३६ पापिष्ठाएवअनर्घार्हाःअपूज्याः अयंतुततोऽप्यपूज्योऽस्तु यतःस्वपापकृतस्वेषुज्ञातिषुपापकृद्दराग्निदानादिनावधकृत् ३७ श्वश्र्वाअपवादमितिच्छेदः ३८ । ३९ । ४० वालजेननृकेशजेन बल्वजेनेतिपाठेबल्वजःबगईसंज्ञकस्तृणविशेषस्तज्जेम निदानंदोहनकालेगवांपादबंधनीरज्जुस्तेन ४१ । ४२ प्रत्ययमभिप्रायं ४३ । ४४ । ४५ । ४६ । ४७ धर्मश्रुतीनांसम्यगुत्कर्षः धर्मएवसेतुस्तरणोपायः ४८

४९ । ५० । ५१ । ५२ । ५३ । ५४ ॥ इतिअ० नी०भा०चतुर्नवतितमोऽध्यायः ॥ ९४ ॥ यदिदमिति १ पुण्यकेषुस्त्रीणांव्रतोत्सवेषु २ । ३ । ४ । ५ । ६ । ७ । ८ ज्येष्ठामूलेदक्षिणावर्तेभ्रममाणे

तदिदंगृह्यतांविद्वन्पुष्करंद्विजसत्तम ॥ अतिक्रमंमेभगवन्क्षंतुमर्हस्यनिंदित ४९ इत्युक्तःसमहेन्द्रेणतपस्वीकोपनोभृशम् ॥ जग्राहपुष्करंधीमान्प्रसन्नश्चाभव
न्मुनिः ५० प्रययुस्तेततोभूयस्तीर्थानिवनगोचराः ॥ पुण्येषुतीर्थेषुतथागात्राण्याप्लावयंतते ५१ आख्यानंयइदंयुक्तःपठेत्पर्वणिपर्वणि ॥ नमूर्खंजनयेत्पुत्रंन
भवेच्चनिराकृतिः ५२ नतमापत्स्पृशेत्काचिद्विज्वरोनजरावहः ॥ विरजाःश्रेयसायुक्तःप्रेत्यस्वर्गमवाप्नुयात् ५३ यश्चशास्त्रमधीयीतऋषिभिःपरिपालितम् ॥
सगच्छेद्ब्रह्मणोलोकमव्ययंचनरोत्तम ५४ ॥ इतिश्रीमहाभारतेअनुशासनपर्वणिआनुशासनिकेपर्वणिदानधर्मेशपथविधिर्नामचतुर्नवतितमोऽध्यायः ॥ ९४ ॥
युधिष्ठिरउवाच ॥ यदिदंश्राद्धकृत्येषुदीयतेभरतर्षभ ॥ छत्रंचोपानहौचैवकेनैतत्संप्रवर्तितम् १ कथंचैतत्समुत्पन्नंकिमर्थंचैवदीयते ॥ नकेवलंश्राद्धकृत्येपुण्य
केष्वपिदीयते २ बहुष्वपिनिमित्तेषुपुण्यमाश्रित्यदीयते ॥ एतद्विस्तरतोब्रह्मन्श्रोतुमिच्छामितत्त्वतः ३ ॥ भीष्मउवाच ॥ शृणुराजन्नवहितश्छत्रोपानहवि
स्तरम् ॥ यथैतत्प्रथितंलोकेयथाचैतत्प्रवर्तितम् ४ यथाचाक्षय्यतांप्राप्तंपुण्यतांचयथागतम् ॥ सर्वमेतदशेषेणप्रवक्ष्यामिनराधिप ५ जमदग्नेश्चसंवादंसूर्य
स्यचमहात्मनः ॥ पुरासभगवान्साक्षाद्धनुषाक्रीडयत्प्रभो ६ संधायसंधायशरांश्चिक्षेपकिलभार्गवः ॥ तान्क्षिप्तान्रेणुकासर्वांस्तस्येषून्दीप्ततेजसः ७ आनी
यसातदातस्मैप्रादादसकृदच्युत ॥ अथतेनसशब्देनज्यायाश्चैवशरस्यच ८ प्रहृष्टःसंप्रचिक्षेपसाचप्रत्याजहारतान् ॥ ततोमध्याह्नमारूढेज्येष्ठामूलेदिवाकरे ९
ससायकान्द्विजोमुक्त्वारेणुकामिदमब्रवीत् ॥ गच्छानयविशालाक्षिशरानेतान्धनुश्च्युतान् १० यावदेतान्पुनःसुभ्रुक्षिपामीतिजनाधिप ॥ सागच्छंत्यंतराछा
यांवृक्षमाश्रित्यभामिनी ११ तस्थौतस्याहिसंतप्तंशिरःपादौतथैवच ॥ स्थितासातुमुहूर्तंवैभर्तुःशापभयाच्छुभा १२ ययावानयितुंभूयःसायकानसितेक्षणा ॥
प्रत्याजगामचशरांस्तानादाययशस्विनी १३ सावैखिन्नासुचार्वंगीपद्भ्यांदुःखंनियच्छती ॥ उपाजगामभर्तारंभयाद्भर्तुःप्रवेपती १४ सतामृषिस्तदाक्रुद्धोवा
क्यमाहशुभाननाम् ॥ रेणुकेकिंचिरेणत्वमागतेतिपुनःपुनः १५ ॥ रेणुकोवाच ॥ शिरस्तावत्प्रदीप्तंमेपादौचैवतपोधन ॥ सूर्यतेजोनिरुद्धाऽहंवृक्षच्छायांसमा
श्रिता १६ एतस्मात्कारणाद्ब्रह्मंश्चिरायैतत्कृतंमया ॥ एतच्छ्रुत्वाममविभोमाकुधस्त्वंतपोधन १७ ॥ जमदग्निरुवाच ॥ अद्यैनंदीप्तकिरणंरेणुकेतवदुःखदम् ॥
शरैर्निपातयिष्यामिसूर्यमस्त्राग्नितेजसा १८ ॥ भीष्मउवाच ॥ सविस्फार्यधनुर्दिव्यंगृहीत्वाचशरान्बहून् ॥ अतिष्ठत्सूर्यमभितोयतोयातिततोमुखः १९ अथतं
प्रेक्ष्यसन्नद्धंसूर्योऽभ्येत्यतथाब्रवीत् ॥ द्विजरूपेणकौन्तेयकिंतेसूर्योऽपराध्यते २० आदत्तेरश्मिभिःसूर्योदिवितिष्ठंस्ततस्ततः ॥ रसंहृतंवैवर्षासुप्रवर्षतिदिवाकरः २१

भचक्रेज्येष्ठानांसमसूत्रेपतितंरोहिणीनक्षत्रंतदेवज्येष्ठानांमूलं यथाश्रुतार्थग्रहणंतुनज्येष्ठामूलस्थेऽर्केहेमंतेशिरःपाददाहस्यानवसरात् ९ । १० । ११ । १२ । १३ । १४ । १५ । १६ । १७ । १८ । १९ । २० । २१

२२।२३।२४।२५।२६।२७।२८ ॥ इतिअनुशासनपर्वणिनीलकंठीयेभारतभावदीपेपंचनवतितमोध्यायः ॥ ९५ ॥ ॥ एवमिति १।२।३।४।५।६।७।८।९।१०।११।१२।१३।१४।१५।१६।१७।१८।१९।२०।२१

ततोऽन्नंजायतेविप्रमनुष्याणांसुखावहम् ॥ अन्नंप्राणाइतियथावेदेषुपरिपठ्यते २२ अथाभ्रेषुनिगूढश्चरश्मिभिःपरिवारितः ॥ सप्तद्वीपानिमान्ब्रह्मन्वर्षेणाभिप्र
वर्षति २३ ततस्तदौषधीनांचवीरुधांपुष्पपत्रजम् ॥ सर्वंवर्षाभिनिर्वृत्तमन्नंसंभवतिप्रभो २४ जातकर्माणिसर्वाणिव्रतोपनयनानिच ॥ गोदानानिविवाहाश्चतथायज्ञ
समृद्धयः २५ शास्त्राणिदानानितथासंयोगावित्तसंचयाः ॥ अन्नतःसंप्रवर्तंतेयथात्वंवेत्थभार्गव २६ रमणीयानियावंतियावदारंभिकाणिच ॥ सर्वमन्नात्प्रभवतिवि
दितंकीर्तयामिते २७ सर्वंहिवेत्थविप्रत्वंयदेतत्कीर्तितंमया ॥ प्रसादयेत्वांविप्रर्षेकिंतेसूर्यंनिपात्यवै २८ ॥ इतिश्रीमहाभारतेअ० आनु० दानधर्मेछत्रोपानहोत्पत्ति
र्नामपंचनवतितमोऽध्यायः ॥ ९५ ॥ ॥ युधिष्ठिरउवाच ॥ एवंप्रयाचतितदाभास्करेमुनिसत्तमः ॥ जमदग्निर्महातेजाःकिंकार्यंप्रत्यपद्यत १ ॥ भीष्मउवाच ॥
सतथायाचमानस्यमुनिरग्निसमप्रभः ॥ जमदग्निःशमंनैवजगामकुरुनंदन २ ततःसूर्योमधुरयावाचातमिदमब्रवीत् ॥ कृतांजलिर्विप्ररूपीप्रणम्यैनंविशांपते ३
चलंनिमित्तंविप्रर्षेसदासूर्यस्यगच्छतः ॥ कथंचलंभेत्स्यसित्वंसदायांतंदिवाकरम् ४ ॥ जमदग्निरुवाच ॥ स्थिरंचापिचलंचापिजानेत्वांज्ञानचक्षुषा ॥ अवश्यं
विनयाधानंकार्यमद्यमयातव ५ मध्याह्नेवैनिमेषार्धंतिष्ठसित्वंदिवाकर ॥ तत्रभेत्स्यामिसूर्यत्वांनमेऽत्रास्तिविचारणा ६ ॥ सूर्यउवाच ॥ असंशयंमांविप्रर्षेभे
त्स्यसेधन्विनांवर ॥ अपकारिणंमांविद्धिभगवन्शरणागतम् ७ ॥ भीष्मउवाच ॥ ततःप्रहस्यभगवान्जमदग्निरुवाचतम् ॥ नभीःसूर्यत्वयाकार्याप्रणिपातगतो
ह्यसि ८ ब्राह्मणेष्वार्जवंयच्चस्थैर्यंचधरणीतले ॥ सौम्यतांचैवसोमस्यगांभीर्यंवरुणस्यच ९ दीप्तिमग्नेःप्रभांमेरोःप्रतापंतपनस्यच ॥ एतान्यतिक्रमेद्योवैसहन्या
च्छरणागतम् १० भवेत्सगुरुतल्पीचब्रह्महाचसवैभवेत् ॥ सुरापानंसकुर्याच्चयोहन्याच्छरणागतम् ११ एतस्यत्वपनीतस्यसमाधिंताताचिन्तय ॥ यथासुखगमः
पंथाभवेत्त्वद्रश्मिभावितः १२ ॥ भीष्मउवाच ॥ एतावदुक्त्वासतदातूष्णीमासीद्भृगूत्तमः ॥ अथसूर्योऽददत्तस्मैछत्रोपानहमाशुवै १३ ॥ सूर्यउवाच ॥ महर्षे
शिरसस्त्राणंछत्रंमद्रश्मिवारणम् ॥ प्रतिगृह्णीष्वपद्भ्यांचत्राणार्थंचर्मपादुके १४ अद्यप्रभृतिचैवेहलोकेसंप्रचरिष्यति ॥ पुण्यकेषुचसर्वेषुपरमक्षय्यमेवच १५ ॥ भीष्म
उवाच ॥ छत्रोपानहमेतत्तुसूर्येणैतत्प्रवर्तितम् ॥ पुण्यमेतदभिख्यातंत्रिषुलोकेषुभारत १६ तस्मात्प्रयच्छविप्रेषुच्छत्रोपानहमुत्तमम् ॥ धर्मस्तेषुमहान्भावी
नमेऽत्रास्तिविचारणा १७ छत्रंहिभरतश्रेष्ठयःप्रदद्याद्द्विजातये ॥ शुभ्रंशतशलाकंवैसप्रेत्यसुखमेधते १८ सशक्रलोकेवसतिपूज्यमानोद्विजातिभिः ॥ अप्सरो
भिश्चसततंदेवैश्चभरतर्षभ १९ दह्यमानायविप्राययःप्रयच्छत्युपानहौ ॥ स्नातकायमहाबाहोसंशितायद्विजातये २० सोऽपिलोकानवाप्नोतिदैवतैरभिपूजि
तान् ॥ गोलोकेसमुदायुक्तोवसतिप्रेत्यभारत २१ ॥ ॥ ॥ ॥ ॥

२२ ॥ इतिअनुशासनपर्वणिनीलकंठीयेभारतभावदीपेषण्णवतितमोऽध्यायः ॥ ९६ ॥ गार्हस्थ्यंगृहस्थयोग्यं १।२।३।४।५।६ बलिकर्मवैश्वदेवः तत्रप्रागग्रमेवग्राह्यं ७ । ८ । ९ । १० । ११ । १२ । १३ । १४

एतत्तेभरतश्रेष्ठमयाकात्स्न्र्येनकीर्तितम् ॥ छत्रोपानहदानस्यफलंभरतसत्तम २२ ॥ इतिश्रीमहाभारतेअनुशासनपर्वणिअनुशास० दानधर्मेछत्रोपानहदा
नप्रशंसानामषण्णवतितमोऽऽध्यायः ॥ ९६ ॥ ॥ ॥ युधिष्ठिरउवाच ॥ गार्हस्थ्यंधर्ममखिलंप्रब्रूहिभरतर्षभ ॥ ऋद्धिमाप्नोतिकिंकृत्वामनुष्यइहपार्थिव १
॥ भीष्मउवाच ॥ अत्रतेवर्तयिष्यामिपुरावृत्तंजनाधिप ॥ वासुदेवस्यसंवादंपृथिव्याश्चैवभारत २ संस्तुत्यपृथिवींदेवींवासुदेवःप्रतापवान् ॥ पप्रच्छभरतश्रेष्ठ
मांत्वंयत्पृच्छसेऽद्यवै ३ ॥ वासुदेवउवाच ॥ गार्हस्थ्यंधर्ममाश्रित्यमयावामद्विधेनवा ॥ किमवश्यंधरेकार्यंकिंवाकृत्वाकृतंभवेत् ४ ॥ पृथिव्युवाच ॥ ऋषयः
पितरोदेवामनुष्याश्चैवमाधव ॥ इज्याश्चैवार्चनीयाश्चयथाचैवनिबोधमे ५ सदायज्ञेनदेवाश्चसदाऽऽतिथ्येनमानुषाः ॥ छंदतश्चयथानित्यमर्हान्भुंजीतनि
त्यशः ६ तेनह्यृषिगणाःप्रीताभवंतिमधुसूदन ॥ नित्यमग्निंपरिचरेदभुक्त्वाबलिकर्मच ७ कुर्यात्तथैवदेवावैप्रीयंतेमधुसूदन ॥ कुर्यादहरहःश्राद्धमन्नाद्येनोदकेनच
८ पयोमूलफलैर्वापिपितॄणांप्रीतिमाहरन् ॥ सिद्धान्नाद्वैश्वदेवंवैकुर्यादग्नौयथाविधि ९ आग्नीषोमंवैश्वदेवंधान्वंतर्यमनंतरम् ॥ प्रजानांपतयेचैवपृथग्घोमोवि
धीयते १० तथैवचानुपूर्वेणबलिकर्मप्रयोजयेत् ॥ दक्षिणायांयमायेतिप्रतीच्यांवरुणायच ११ सोमायचाप्युदीच्यांवैवास्तुमध्येप्रजापतेः ॥ धन्वंतरेःप्रागु
दीच्यांप्राच्यांशक्रायमाधव १२ मनुष्येभ्यइतिप्राहुर्बलिंद्वारिगृहस्यवै ॥ मरुद्भ्योदैवतेभ्यश्चबलिमंतर्गृहेहरेत् १३ तथैवविश्वेदेवेभ्योबलिमाकाशतोहरेत् ॥
निशाचरेभ्योभूतेभ्योबलिंनक्तंतथाहरेत् १४ एवंकृत्वाबलिंसम्यग्दद्याद्भिक्षांद्विजायवै ॥ अलाभेब्राह्मणस्याग्नावन्नमुद्धृत्यनिक्षिपेत् १५ यदाश्राद्धंपितृभ्योऽपि
दातुमिच्छेतमानवः ॥ तदापश्चात्प्रकुर्वीतनिवृत्तेश्राद्धकर्मणि १६ पितॄन्संतर्पयित्वातुबलिंकुर्याद्विधानतः ॥ वैश्वदेवंततःकुर्यात्पश्चाद्ब्राह्मणवाचनम् १७ ततो
ऽन्नेनविशेषेणभोजयेदतिथीनपि ॥ अर्चापूर्वंमहाराजततःप्रीणातिमानवान् १८ अनित्यंहिस्थितोयस्मात्तस्मादतिथिरुच्यते ॥ आचार्यस्यपितुश्चैवसख्युरा
प्तस्यचातिथेः १९ इदमस्तिगृहेमह्यमितिनित्यंनिवेदयेत् ॥ तेयद्वदेयुस्तत्कुर्यादितिधर्मोविधीयते २० गृहस्थःपुरुषःकृष्णशिष्टाशीचसदाभवेत् ॥ राजर्त्विजं
स्नातकंचगुरुंश्वशुरमेवच २१ अर्चयेन्मधुपर्केणपरिसंवत्सरोषितान् ॥ श्वभ्यश्चश्वपचेभ्यश्चवयोभ्यश्चावपेद्भुवि २२ वैश्वदेवंहिनामैतत्सायंप्रातर्विधीयते ॥ एतां
स्तुधर्मान्गार्हस्थ्यान्यःकुर्यादनसूयकः ॥ सइहर्षिवरान्प्राप्यप्रेत्यलोकेमहीयते २३ ॥ ॥ भीष्मउवाच ॥ इतिभूमेर्वचःश्रुत्वावासुदेवःप्रतापवान् ॥ तथाचकारस
ततंत्वमप्येवंसदाऽऽचर २४ एतद्गृहस्थधर्मंत्वंचेष्टमानोजनाधिप ॥ इहलोकेयशःप्राप्यप्रेत्यस्वर्गमवाप्स्यसि २५ ॥ इतिश्रीमहाभारतेअनुशासनपर्वणिआनु
शास०दानधर्मेबलिदानविधिर्नामसप्तनवतितमोऽध्यायः ॥ ९७ ॥ ॥ ॥ ॥ ॥ ॥

१५ । १६ । १७ । १८ । १९ । २० । २१ । २२ । २३ । २४ । २५ ॥ इति अनुशासनपर्वणिनीलकंठीये भारतभावदीपे सप्तनवतितमोऽध्यायः ॥ ९७ ॥ ॥ ॥

आलोकेति १।२।३।४।५।६।७।८।९। ।१०।११।१२।१३।१४।१५ तपःवर्णाश्रमधर्मः धर्मोदयादिः वीरुधोलताः ओषध्योव्रीह्यादयः १६।१७।१८।१९।२०।२१

॥ युधिष्ठिरउवाच ॥ आलोकदानंनामैतत्कीदृशंभरतर्षभ ॥ कथमेतत्समुत्पन्नंफलंवातद्ब्रवीहिमे १॥ भीष्मउवाच ॥ अत्राप्युदाहरंतीममितिहासंपुरातनम् ॥ मनोः
प्रजापतेर्वादंसुवर्णस्यचभारत २ तपस्वीकश्चिदभवत्सुवर्णोनामभारत ॥ वर्णतोहेमवर्णःससुवर्णइतिपप्रथे ३ कुलशीलगुणोपेतःस्वाध्यायेचपरंगतः ॥ बहून्सु
वंशप्रभवान्समतीतःस्वकैर्गुणैः ४ सकदाचिन्मनुंविप्रोददर्शोपससर्पच ॥ कुशलप्रश्नमन्योन्यंतौचोभौतत्रचक्रतुः ५ ततस्तौसत्यसंकल्पौमेरौकांचनपर्वते ॥ रम
णीयेशिलापृष्ठेसहितौसंन्यषीदताम् ६ तत्रतौकथयंतौस्तांकथानानाविधाऽश्रयाः ॥ ब्रह्मर्षिदेवदैत्यानांपुराणानांमहात्मनाम् ७ सुवर्णस्त्वब्रवीद्वाक्यंमनुंस्वायं
भुवंप्रति ॥ हितार्थंसर्वभूतानांप्रश्नंमेवक्तुमर्हसि ८ सुमनोभिर्यदिज्यंतेदैवतानिप्रजेश्वर ॥ किमेतत्कथमुत्पन्नंफलंयोगंचशंसमे ९ ॥ मनुरुवाच ॥ अत्राप्युदाहरं
तीममितिहासंपुरातनम् ॥ शुक्रस्यचबलेश्चैवसंवादंवैमहात्मनोः १० बलेर्वैरोचनस्येहत्रैलोक्यमनुशासतः ॥ समीपमाजगामाशुशुक्रोभृगुकुलोद्वहः ११ तमर्घ्या
दिभिरभ्यर्च्यभार्गवंसोऽसुराधिपः ॥ निषसादासनेपश्चाद्विधिवद्भूरिदक्षिणः १२ कथेयमभवत्तत्रत्वयायापरिकीर्तिता ॥ सुमनोधूपदीपानांसंप्रदानेफलंप्रति १३
ततःपप्रच्छदैत्येन्द्रःकवीन्द्रंप्रश्नमुत्तमम् १४ ॥ बलिरुवाच ॥ सुमनोधूपदीपानांकिंफलंब्रह्मवित्तम ॥ प्रदानस्यद्विजश्रेष्ठतद्भवान्वक्तुमर्हति १५ ॥ शुक्रउवाच ॥
तपःपूर्वंसमुत्पन्नंधर्मस्तस्मादनंतरम् ॥ एतस्मिन्नंतरेचैववीरुदोषध्यएवच १६ सोमस्यात्माचबहुधासंभूतःपृथिवीतले ॥ अमृतंचविषंचैवयेचान्येतुल्यजातयः १७
अमृतंमनसःप्रीतिंसद्यस्तुष्टिंददातिच ॥ मनोग्लपयतेतीव्रंविषंगंधेनसर्वशः १८ अमृतंमंगलंविद्धिमहद्विषममंगलम् ॥ ओषध्योह्यमृतंसर्वाविषंतेजोऽग्निसंभवम् १९
मनोह्लादयतेयस्माच्छ्रियंचापिदधातिच ॥ तस्मात्सुमनसःप्रोक्तानरैःसुकृतकर्मभिः २० देवताभ्यःसुमनसोयोददातिनरःशुचिः ॥ तस्यतुष्यंतिवैदेवास्तुष्टाःपु
ष्टिंददत्यपि २१ यंयमुद्दिश्यदीयेरन्देवंसुमनसःप्रभो ॥ मंगलार्थंसतेनास्यप्रीतोभवतिदैत्यप २२ ज्ञेयास्तूग्राश्चसौम्याश्चतेजस्विन्यश्चताःपृथक् ॥ ओषध्योबहुवीर्या
हिबहुरूपास्तथैवच २३ यज्ञियानांचवृक्षाणामयज्ञीयान्निबोधमे ॥ आसुराणिचमाल्यानिदैवतेभ्योहितानिच २४ रक्षसामुरगाणांचयक्षाणांचतथाप्रियाः ॥ मनु
ष्याणांपितॄणांचकांतायास्त्वनुपूर्वशः २५ वन्याग्राम्याश्चेहतथाकृष्टोप्ताःपर्वताश्रयाः ॥ अकंटकाःकंटकिनोगंधरूपरसान्विताः २६ द्विविधोहिस्मृतोगंधइष्टोऽनिष्ट
श्चपुष्पजः ॥ इष्टगंधानिदेवानांपुष्पाणीतिविभावय २७ अकंटकानांवृक्षाणांश्वेतप्रायाश्चवर्णतः ॥ तेषांपुष्पाणिदेवानामिष्टानिसततंप्रभो २८ जलजानिचमाल्या
निपद्मादीनिचयानिवै ॥ गंधर्वनागयक्षेभ्यस्तानिदद्याद्विचक्षणः २९ ओषध्योरक्तपुष्पाश्चकटुकाःकंटकान्विताः ॥ शत्रूणामभिचारार्थमाथर्वेषुनिदर्शिताः ३०

३१ । ३२ । ३३ । ३४ । ३५ । ३६ । ३७ । ३८ निर्यासाः गुग्गुलुप्रभृतयः सारिणः काष्ठाग्निसंयोगान्निःसरंतः कृत्रिमाः अष्टगंधादयः ३९ । ४० । ४१ फाणिताश्च ते आसवेन तीव्रगंधेन संयुक्ताः देवदारुप्रभृतयस्तैः पाठांतरे फालिता विकसिता मल्लिकादयस्तासां रसैर्मकरंदैः गंधरससंयुक्तैर्दारवैः ४२ सद्यस्तुष्टिकरो गंधइतिशेषः वैहारिका विहारमात्रोपयुक्ताः ४३ । ४४ । ४५ ज्योतिर्दीपादितेजः कांतिः प्रकाशः कीर्तिः ४६ तमिस्रमंधकारः अंधंतमोनामनरकरूपं तथा दक्षिणायनमप्यंधंतमएव अतउत्तरायणे रात्रौ तमोनाशकं ज्योतिर्देयं नरकनिवृत्त्यर्थम् ४७ । ४८ । ४९ । ५० । ५१ हविषा घृतेन ओषधीरसैः तिलसर्षपादिस्नेहैः वसामेदोस्थीनि प्राण्यवयवास्तेषां निर्यासाः स्नेहाः वसादयः पृथग्वा निर्यासात् ५२ । ५३ । ५४ । ५५ । ५६ । ५७ ॥ ॥ ॥

तीक्ष्णवीर्यास्तु भूतानां दुरालंभाः सकंटकाः ॥ रक्तभूयिष्ठवर्णाश्च कृष्णाश्चैवोपहारयेत् ३१ मनोहृदयनंदिन्यो विशेषमधुराश्च याः ॥ चारुरूपाः सुमनसो मानुषाणां स्मृता विभो ३२ न तु श्मशानसंभूता देवतायतनोद्भवाः ॥ सन्नयेत्पुष्टियुक्तेषु विवाहेषु रहःसु च ३३ गिरिसानुरुहाः सौम्या देवानामुपपादयेत् ॥ प्रोक्षिताऽभ्युक्षिताः सौम्या यथायोग्यं यथास्मृति ३४ गंधेन देवास्तुष्यंति दर्शनाद्यक्षराक्षसाः ॥ नागाः समुपभोगेन त्रिभिरेतैस्तु मानुषाः ३५ सद्यः प्रीणाति देवान्वै ते प्रीता भावयंत्युत ॥ संकल्पसिद्धा मर्त्यानामीप्सितैश्च मनोरमैः ३६ प्रीताः प्रीणंति सततं मानिता मानयंति च ॥ अवज्ञातावधूताश्च निर्दहंत्यधमान्नरान् ३७ अत ऊर्ध्वं प्रवक्ष्यामि धूपदानविधेः फलम् ॥ धूपांश्च विविधान्साधूनसाधूंश्च निबोध मे ३८ निर्यासाः सारिणश्चैव कृत्रिमाश्चैव ते त्रयः ॥ इष्टोऽनिष्टो भवेद्गंधस्तन्मे विस्तरशः शृणु ३९ निर्यासाः सल्लकीवर्ज्या देवानां दयिताऽस्तु ते ॥ गुग्गुलुः प्रवरस्तेषां सर्वेषामिति निश्चयः ४० अगुरुः सारिणां श्रेष्ठो यक्षराक्षसभोगिनाम् ॥ दैत्यानां सल्लकीयश्च कांक्षितो यश्च तद्विधः ४१ अथ सर्जरसादीनां गंधैः पार्थिवदारवैः ॥ फाणितासवसंयुक्तैर्मनुष्याणां विधीयते ४२ देवदानवभूतानां सद्यस्तुष्टिकरः स्मृतः ॥ येऽन्ये वैहारिकास्तत्र मानुषाणामिति स्मृताः ४३ य एवोक्ताः सुमनसां प्रदाने गुणहेतवः ॥ धूपेष्वपि परिज्ञेयास्त एव प्रीतिवर्धनाः ४४ दीपदाने प्रवक्ष्यामि फलयोगमनुत्तमम् ॥ यथा येन यदा चैव प्रदेया यादृशाश्च ते ४५ ज्योतिस्तेजः प्रकाशं वाऽप्यूर्ध्वगं चाऽपि वर्ण्यते ॥ प्रदानं तेजसां तस्मात्तेजो वर्धयते नृणाम् ४६ अंधं तमस्तमिस्रं च दक्षिणायनमेव च ॥ उत्तरायणमेतस्माज्ज्योतिर्दानं प्रशस्यते ४७ यस्मादूर्ध्वगमेतत्तु तमसश्चैव भेषजम् ॥ तस्मादूर्ध्वगतेर्दाता भवेदत्रेति निश्चयः ४८ देवास्तेजस्विनो यस्मात्प्रभावंतः प्रकाशकाः ॥ तामसा राक्षसाश्चैव तस्माद्दीपः प्रदीयते ४९ आलोकदानाच्चक्षुष्मान्प्रभायुक्तो भवेन्नरः ॥ तान्दत्वा नोपहिंसेत न हरेन्नोपनाशयेत् ५० दीपहर्ता भवेदंधस्तमोगतिरसुप्रभः ॥ दीपप्रदः स्वर्गलोके दीपमालेव राजते ५१ हविषा प्रथमः कल्पो द्वितीयश्चौषधीरसैः ॥ वसामेदोस्थिनिर्यासैर्न कार्यः पुष्टिमिच्छता ५२ गिरिप्रपाते गहने चैत्यस्थाने चतुष्पथे ॥ दीपदानं भवेन्नित्यं य इच्छेद्भूतिमात्मनः ५३ कुलोद्योतो विशुद्धात्मा प्रकाशत्वं च गच्छति ॥ ज्योतिषां चैव सालोक्यं दीपदाता नरः सदा ५४ बलिकर्मसु वक्ष्यामि गुणान्कर्मफलोदयान् ॥ देवयक्षोरगनृणां भूतानामथ रक्षसाम् ५५ येषां नाग्रभुजो विप्रा देवतातिथिबालकाः ॥ राक्षसानेव तान्विद्धि निर्विशंकानमंगलान् ५६ तस्मादग्रं प्रयच्छेत देवेभ्यः प्रतिपूजितम् ॥ शिरसा प्रयतश्चापि हरेद्बलिमतंद्रितः ५७ ॥ ॥ ॥

५८ । ५९ । ६० लाजोल्लापिकभूषिताःउल्लापिकउपरिलापनम् ६१ । ६२ । ६३ । ६४ । ६५ । ६६ ॥ इतिअनुशासनपर्वणिनीलकंठीये भारतभावदीपे अष्टनवतितमोऽध्यायः ॥ ९८ ॥

गृह्णन्तिदेवतानित्यमाशंसंतिसदागृहान् ॥ बाह्याश्चागंतवोयेऽन्येयक्षराक्षसपन्नगाः ५८ इतोदत्तेनजीवन्तिदेवताःपितरस्तथा ॥ तेप्रीताःप्रीणयन्त्येनमायुषायश साधनैः ५९ बलयःसहपुष्पैस्तुदेवानामुपहारयेत् ॥ दधिदुग्धमयाःपुण्याःसुगंधाःप्रियदर्शनाः ६० कार्याःरुधिरमांसाढ्याबलयोयक्षरक्षसाम् ॥ सुरासवपुरस्का रालाजोल्लापिकभूषिताः ६१ नागानांदयितानित्यंपद्मोत्पलविमिश्रिताः ॥ तिलान्गुडसुसंपन्नान्भूतानामुपहारयेत् ६२ अग्रदाताऽग्रभोगीस्याद्बलवीर्यसमन्वि तः ॥ तस्मादग्रंप्रयच्छेतदेवेभ्यःप्रतिपूजितम् ६३ ज्वलंत्यहरहोवेश्मयाश्चास्यगृहदेवताः ॥ ताःपूज्याभूतिकामेनप्रस्तताग्रप्रदायिना ६४ इत्येतदसुरेन्द्रायकाव्यः प्रोवाचभार्गवः ॥ सुवर्णायमनुःप्राहसुवर्णोनारदायच ६५ नारदोऽपिमयिप्राहगुणानेतान्महाद्युते ॥ त्वमप्येतद्विदित्वेहसर्वमाचरपुत्रक ६६ ॥ इतिश्रीमहाभारते अनुशासनपर्वणिआनुशासनिकेप० दानधर्मेसुवर्णमनुसंवादोनामाष्टनवतितमोऽध्यायः ॥ ९८ ॥

॥ युधिष्ठिरउवाच ॥ ॥ श्रुतंमेभरतश्रेष्ठपुष्पधूपप्रदायिनाम् ॥ फलंबलिविधानेचतद्भूयोवक्तुमर्हसि १ धूपप्रदानस्यफलंप्रदीपस्यतथैवच ॥ बलयश्चकिमर्थंवैक्षिप्यन्तेगृहमेधिभिः २ ॥ भीष्मउवाच ॥ अत्राप्युदाहरन्तीममि तिहासंपुरातनम् ॥ नहुषस्यचसंवादमगस्त्यस्यभृगोस्तथा ३ नहुषोहिमहाराजराजर्षिःसुमहातपाः ॥ देवराज्यमनुप्राप्तःसुकृतेनेहकर्मणा ४ तत्रापिप्रयतोराजन्न हुषस्त्रिदिवेवसन् ॥ मानुषीश्चैवदिव्याश्चकुर्वाणोविविधाःक्रियाः ५ मानुष्यस्तत्रसर्वाःस्मक्रियास्तस्यमहात्मनः ॥ प्रवृत्तास्त्रिदिवेराजन्दिव्याश्चैवसनातनाः ६ अग्नि कार्याणिसमिधःकुशाःसुमनसस्तथा ॥ बलयश्चान्नलाजाभिर्धूपनंदीपकर्मच ७ सर्वंतस्यगृहेराज्ञःप्रावर्ततमहात्मनः ॥ जपयज्ञान्मनोयज्ञांस्त्रिदिवेऽपिचकारसः ८ देवानभ्यर्चयच्चापिविधिवत्ससुरेश्वरः ॥ सर्वानेवयथान्यायंयथापूर्वमरिन्दम ९ अथेन्द्रोऽहमितिज्ञात्वाअहंकारंसमाविशत् ॥ सर्वाश्चैवक्रियास्तस्यपर्यहीयंतभूप तेः १० सऋषीन्वाहयामासवरदानमदान्वितः ॥ परिहीनक्रीयश्चैवदुर्बलत्वमुपेयिवान् ११ तस्यवाहयतःकालोमुनिमुख्यांस्तपोधनान् ॥ अहंकाराभिभूतस्य सुमहानभ्यवर्तत १२ अथपर्यायशःसर्वान्वाहनायोपचक्रमे ॥ पर्यायश्चाप्यगस्त्यस्यसमपद्यतभारत १३ अथागत्यमहातेजाभृगुर्ब्रह्मविदांवरः ॥ अगस्त्यमा श्रमस्थंवैसमुपेत्येदमब्रवीत् १४ एवंवयमसत्कारंदेवेन्द्रस्यास्यदुर्मतेः ॥ नहुषस्यकिमर्थंवैमर्षयाममहामुने १५ ॥ अगस्त्यउवाच ॥ कथमेषमयाशक्यःशप्तुंयस्यम हामुने ॥ वरदेनवरोदत्तोभवतोविदितश्चसः १६ योमेदृष्टिपथंगच्छेत्समेवश्योभवेदिति ॥ इत्यनेनवरंदेवोयाचितोगच्छतादिवम् १७ एवंनदग्धःसमयाभवताचन संशयः ॥ अन्येनाप्यृषिमुख्येननदग्धोनचपातितः १८ ॥ ॥ ॥ ॥

श्रुतमिति १ । २ । ३ । ४ । ५ । ६ लाजाभिः आर्षश्चीत्वम ७ । ८ । ९ । १० । ११ । १२ । १३ । १४ । १५ । १६ । १७ । १८

१९ । २० । २१ । २२ । २३ । २४ । २५ । २६ । २७ । २८ । २९ ॥ इतिअनुशासनपर्वणिनीलकंठीये भारतभावदीपे नवनवतितमोऽध्यायः ॥ ९९ ॥ ॥ कथमिति ॥ १ । २ वत्सकाः

अमृतंचैवपानायदत्तमस्मैपुराविभो ॥ महात्मनातदर्थंचनास्मामिर्विनिपात्यते १९ प्रायच्छतवरंदेवःप्रजानांदुःखकारणम् ॥ द्विजेष्वधर्मयुक्तानिसकरोतिनराध
मः २० तत्रयत्प्राप्तकालंनस्तद्ब्रूहिवदतांवर ॥ भवांश्चापियथाब्रूयात्तत्कर्ताऽस्मिनसंशयः २१ ॥ भृगुरुवाच ॥ ॥ पितामहनियोगेनभवन्तंसोऽहमागतः ॥
प्रतिकर्तुंबलवतिनहुषेदैवमोहिते २२ अद्यहित्वांसुदुर्बुद्धीरथेयोक्ष्यतिदेवराट् ॥ अद्यैनमहमुद्वृत्तंकरिष्येऽनिन्द्रमोजसा २३ अद्येन्द्रंस्थापयिष्यामिपश्यतस्तेशतक्र
तुम् ॥ संचाल्यपापकर्माणमैन्द्रात्स्थानात्सुदुर्मतिम् २४ अद्यचासौकुदेवेन्द्रस्त्वांपदाधर्षयिष्यति ॥ दैवोपहतचित्तत्वादात्मनाशायमंदधीः २५ व्युत्क्रान्तधर्मं
तमहंधर्षणामर्षितोभृशम् ॥ अहिर्भवस्वेतिरुषाशप्स्येपापंद्विजद्रुहम् २६ ततएनंसुदुर्बुद्धिंधिक्शब्दाभिहतत्विषम् ॥ धरण्यांपातयिष्यामिपश्यतस्तेमहामुने २७
नहुषंपापकर्माणमैश्वर्यबलमोहितम् ॥ यथाचरोचतेतुभ्यंतथाकर्ताऽस्म्यहंमुने २८ एवमुक्तस्तुभृगुणामैत्रावरुणिरव्ययः ॥ अगस्त्यःपरमप्रीतोबभूवविगतज्वरः २९
॥ इतिश्रीमहाभारतेअनु० आनुशासनिकेपर्वणि दानधर्मेअगस्त्यभृगुसंवादोनामनवनवतितमोऽध्यायः ॥ ९९ ॥ ॥ युधिष्ठिरउवाच ॥ कथंवैसविपन्नश्चकथं
वैपातितोभुवि ॥ कथंचानिंद्रतांप्राप्तस्तद्भवान्वक्तुमर्हति १ ॥ भीष्मउवाच ॥ ॥ एवंतयोःसंवदतोःक्रियास्तस्यमहात्मनः ॥ सर्वाएवप्रवर्ततेयादिव्यायाश्च
मानुषीः २ तथैवदीपदानानिसर्वोपकरणानिवै ॥ बलिकर्मचयच्चान्यदुत्सकाश्चपृथग्विधाः ३ सर्वेतस्यसमुत्पन्नादेवेन्द्रस्यमहात्मनः ॥ देवलोकेनृलोकेचसदाचा
राबुधाःस्मृताः ४ तेचेद्भवंतिराजेन्द्रऋद्ध्यन्तेगृहमेधिनः ॥ धूपप्रदानैर्दीपैश्चनमस्कारैस्तथैवच ५ यथासिद्धस्यचान्नस्यग्रहायाग्रंप्रदीयते ॥ बलयश्चगृहोद्देशेअतः
प्रीयन्तिदेवताः ६ यथाचगृहिणस्तोषोभवेद्वैबलिकर्मणि ॥ तथाशतगुणाप्रीतिर्देवतानांप्रजायते ७ एवंधूपप्रदानंचदीपदानंचसाधवः ॥ प्रयच्छंतिनमस्कारैर्यु
क्तमात्मगुणावहम् ८ स्नानेनाद्भिश्चयत्कर्मक्रियतेवैविपश्चिता ॥ नमस्कारप्रयुक्तेनतेनप्रीयंतिदेवताः ९ पितरश्चमहाभागाऋषयश्चतपोधनाः ॥ गृह्याश्चदेवताः
सर्वाःप्रीयंतेविधिनार्चिताः १० इत्येतांबुद्धिमास्थायनहुषःसनरेश्वरः ॥ सुरेन्द्रत्वंमहत्प्राप्यकृतवानेतदद्भुतम् ११ कस्यचित्त्वथकालस्यभाग्यक्षयउपस्थिते ॥
सर्वमेतदवज्ञायकृतवानिदमीदृशम् १२ ततःसपरिहीणोऽभूत्सुरेन्द्रोबलदर्पतः ॥ धूपदीपोदकविधिंनयथावच्चकारह १३ ततोऽस्ययज्ञविषयोरक्षोभिःपर्यबध्यत ॥
अथागस्त्यमृषिश्रेष्ठंवाहनायाजुहावह १४ द्रुतंसरस्वतीकूलात्स्मयन्निवमहाबलः ॥ ततोभृगुर्महातेजामैत्रावरुणिमब्रवीत् १५ निमीलयस्वनयनेजटांयावद्विशा
मिते ॥ स्थाणुभूतस्यतस्याथजटांप्राविशदच्युतः १६ भृगुःससुमहातेजाःपातनायनृपस्यच ॥ ततःसदेवराट्प्राप्तस्तमृषिंवाहनायवै १७ ॥ ॥

पुत्रादेर्वार्षिकोत्सवाः । 'वत्सःपुत्रादिकोत्सवे'इतिमेदिनी ३ । ४ । ५ ग्रहायअतिथये ६ । ७ । ८ । ९ । १० । ११ । १२ । १३ । १४ । १५ । १६ । १७ ॥ ॥

१८ । १९ । २० । २१ । २२ । २३ पदाहतःपादेनहतवानसि २४ । २५ । २६ । २७ । २८ । २९ । ३० । ३१ । ३२ । ३३ । ३४ । ३५ । ३६ । ३७ । ३८ । ३९ । ४० । ४१

ततोऽगस्त्यःसुरपतिंवाक्यमाहविशांपते ॥ योजयस्वेतिमांक्षिप्रंकंचदेशंवहामिते १८ यत्रवक्ष्यसितत्रत्वांनयिष्यामिसुराधिप ॥ इत्युक्तोनहुषस्तेनयोजयामास
तंमुनिम् १९ भृगुस्तस्यजटान्तस्थोबभूवहृषितोभृशम् ॥ नचापिदर्शनंतस्यचकारसभृगुस्तदा २० वरदानप्रभावज्ञोनहुषस्यमहात्मनः ॥ नचुकोपतदाऽग
स्त्योयुक्तोऽपिनहुषेणवै २१ तंतुराजाप्रतोदेनचोदयामासभारत ॥ नचुकोपसधर्मात्माततःपादेनदेवराट् २२ अगस्त्यस्यतदाक्रुद्धोवामेनाभ्यहनच्छिरः ॥
तस्मिन्शिरस्यभिहतेसजटान्तर्गतोभृगुः २३ शशापबलवत्क्रुद्धोनहुषंपापचेतसम् ॥ यस्मात्पदाहतःक्रोधाच्छिरसीमंमहामुनिम् २४ तस्मादाशुमहींगच्छस
र्पोभूत्वासुदुर्मते ॥ इत्युक्तःसतदातेनसर्पोभूत्वापपातह २५ अदृष्टेनाथभृगुणाभूतलेभरतर्षभ ॥ भृगुंहियदिसोऽद्रक्ष्यन्नहुषःपृथिवीपते २६ नचशक्तोऽभविष्य
त्पातनेतस्यतेजसा ॥ सतुतैस्तैःप्रदानैश्चतपोभिर्नियमैस्तथा २७ पतितोऽपिमहाराजभूतलेस्मृतिमानभूत् ॥ प्रसादयामासभृगुंशापांतोमेभवेदिति २८ त
तोऽगस्त्यःकृपाविष्टःप्रासादयततंभृगुम् ॥ शापान्तार्थंमहाराजसचप्रादात्कृपान्वितः २९ ॥ भृगुरुवाच ॥ राजायुधिष्ठिरोनामभविष्यतिकुलोद्वहः ॥ सत्वांमोक्ष
यिताशापादित्युक्त्वाऽन्तरधीयत ३० अगस्त्योपिमहातेजाःकृत्वाकार्यंशतक्रतोः ॥ स्वमाश्रमपदंप्रायात्पूज्यमानोद्विजातिभिः ३१ नहुषोऽपित्वयाराजंस्तस्मा
च्छापात्समुद्धृतः ॥ जगामब्रह्मभवनंपश्यतस्तेजनाधिप ३२ तदासपातयित्वातंनहुषंभूतलेभृगुः ॥ जगामब्रह्मभवनंब्रह्मणेचन्यवेदयत् ३३ ततःशक्रंसमानाय्य
देवानाहपितामहः ॥ वरदानान्ममसुरानहुषोराज्यमाप्तवान् ३४ सचागस्त्येनक्रुद्धेनभ्रंशितोभूतलंगतः ॥ नचशक्यंविनाराज्ञासुरावर्तयितुंक्वचित् ३५ तस्मादयं
पुनःशक्रोदेवराज्येऽभिषिच्यताम् ॥ एवंसंभाषमाणंतुदेवाःपार्थपितामहम् ३६ एवमस्त्वितिसंहृष्टाःप्रत्यूचुस्तंनराधिप ॥ सोऽभिषिक्तोभगवतादेवराज्येचवासवः
३७ ब्रह्मणाराजशार्दूलयथापूर्वंव्यरोचत ॥ एवमेतत्पुरावृत्तंनहुषस्यव्यतिक्रमात् ३८ सचतैरेवसंसिद्धोनहुषःकर्मभिःपुनः ॥ तस्माद्दीपाःप्रदातव्याःसायंवैगृह
मेधिभिः ३९ दिव्यंचक्षुरवाप्नोतिप्रेत्यदीपस्यदायकः ॥ पूर्णचंद्रप्रतीकाशादीपदाश्चभवंत्युत ४० यावदक्षिनिमेषाणिज्वलंतेतावतीःसमाः ॥ रूपवान्बलवां
श्चापिनरोभवतिदीपदः ४१ ॥ इतिश्रीमहाभारते अनुशासनपर्वणिआनुशासनिकेपर्वणिअगस्त्यभृगुसंवादोनामशततमोऽध्यायः ॥ १०० ॥ ॥ युधिष्ठिरउवाच
॥ ब्राह्मणस्वानियेमंदाहरंतिभरतर्षभ ॥ नृशंसकारिणोमूढाःक्वतेगच्छंतिमानवाः १ ॥ भीष्मउवाच ॥ अत्राप्युदाहरंतीममितिहासंपुरातनम् ॥ चांडालस्यचसं
वादंक्षत्रबंधोश्चभारत २ ॥ राजन्यउवाच ॥ वृद्धरूपोऽसिचांडालबालवच्चविचेष्टसे ॥ श्वखराणांरजःसेवीकस्मादुद्विजसेगवाम् ३ ॥ ॥

३७ ॥ इति अनुशासनपर्वणि नीलकंठीये भारतभावदीपे शततमोऽध्यायः ॥ १०० ॥ ॥ ॥ ॥ ॥ ॥ ॥ ब्राह्मणस्वानीति १ । २ रजःसेवीरजोगुंठितः ३

गोरजसागोपरागेण यथापुष्पस्यपरागोरजःकणस्तदांदोलनेपरितःप्रसर्पतिएवंप्रचलंत्याधेनोरूधसःसकाशात्प्रसरंत्यःक्षीरविप्रुषोऽत्रपरागपर्यायेणरजःपदेनोच्यंते । तथाचमेदिनी'रजःक्लीबंगुणांतरे । आ र्तवेचपरागेचरेणुमात्रेचदृश्यते'इति ध्वस्तंव्याप्तंशरीरमितिशेषः विप्रुण्मात्रेणापिब्रह्मस्वेनदेहस्निग्धत्वंमाभूदितिभावः ४ ह्रियतीनांगोग्रहेकेनचिद्ब्राह्मणाह्रियमाणानांरजःक्षीरंकर्तृमार्गस्थवल्लीरूपंसोममुत्ध्वंसयामासनाशितवत् ५ । ६ तत्रगोहर्तॄणांपुरे ७ ताह्रतागावोविधुन्वतीःस्वस्वस्वामिवत्सवियोगार्त्याशरीरंकंपयंत्यःपरैःपीतेनस्वपयसातेषांपुत्रपौत्रान्दंपतीचजघ्नुःसद्योऽल्पायुषश्चक्रुः ८ तत्रदेशेकालेच ९ । १०

साधुभिर्गर्हितंकर्मचांडालस्यविधीयते ॥ कस्माद्गोरजसाध्वस्तमपांकुंडेनिषिंचसि ४ ॥ चांडालउवाच ॥ ब्राह्मणस्यगवांराजन्ह्रियतीनांरजःपुरा ॥ सोममुद्ध्वंसयामासतंसोमंयेऽपिबन्द्विजाः ५ दीक्षितश्चसराजाऽपिक्षिप्रंनरकमाविशत् ॥ सहतैर्याजकैःसर्वैर्ब्रह्मस्वमुपजीव्यतत् ६ येऽपितत्रापिबन्क्षीरंघृतंदधिचमानवाः ॥ ब्राह्मणाःसहराजन्याःसर्वेनरकमाविशन् ७ जघ्नुस्ताःपयसापुत्रांस्तथापौत्रान्विधुन्वतीः ॥ पशूनवेक्षमाणाश्चसाधुवृत्तेनदंपती ८ अहंतत्रावसंराजन्ब्रह्मचारीजितेन्द्रियः ॥ तासांमेरजसाध्वस्तंभैक्षमासीन्नराधिप ९ चांडालोऽहंततोराजन्भुक्त्वातदभवंनृप ॥ ब्रह्मस्वहारीचनृपःसोऽप्रतिष्ठांगतिंययौ १० तस्माद्धरेन्नविप्रस्वंकदाचिदपिकिंचन ॥ ब्रह्मस्वंरजसाध्वस्तंभुक्त्वामांपश्ययादृशम् ११ तस्मात्सोमोऽप्यविक्रेयःपुरुषेणविपश्चिता ॥ विक्रयंत्विहसोमस्यगर्हयंतिमनीषिणः १२ येचैनंक्रीणतेतातयेचविक्रीणतेजनाः ॥ तेतुवैवस्वतंप्राप्यरौरवंयांतिसर्वशः १३ सोमंतुरजसाध्वस्तंविक्रीणन्विधिपूर्वकम् ॥ श्रोत्रियोवार्धुषीभूत्वानचिरंसविनश्यति १४ नरकंत्रिंशतंप्राप्यस्वविष्ठामुपजीवति ॥ श्वचर्यामभिमानंचसखिदारेचविप्लवम् १५ तुलयाधारयन्धर्ममभिमान्यतिरिच्यते ॥ श्वानंवैपापिनंपश्यविवर्णंहरिणंकृशम् १६ अभिमानेनभूतानामिमांगतिमुपागतम् ॥ अहंवैविपुलेतातकुलेधनसमन्विते १७ अन्यस्मिन्जन्मनिविभोज्ञानविज्ञानपारगः ॥ अभवंतत्रजानानोह्येतान्दोषान्मदात्सदा १८ संरब्धएवभूतानांपृष्ठमांसमभक्षयम् ॥ सोऽहंतेनचवृत्तेनभोजनेनचतेनवै १९ इमामवस्थांसंप्राप्तःपश्यकालस्यपर्ययम् ॥ आदीप्तमिवचैलांतंभ्रमरैरिवचार्दितम् २० धावमानंसुसंरब्धंपश्यमांरजसाऽन्वितम् ॥ स्वाध्यायैस्तुमहत्पापंहरंतिगृहमेधिनः २१ दानैःपृथग्विधैश्चापियथाप्राहुर्मनीषिणः ॥ तथापापकृतंविप्रमाश्रमस्थंमहीपते २२ सर्वसंगविनिर्मुक्तंछंदांस्युत्तारयंत्युत ॥ अहंहिपापयोन्यांवैप्रसूतःक्षत्रियर्षभ ॥ निश्चयंनाधिगच्छामिकथंमुच्येयमित्युत २३ जातिस्मरत्वंचममकेनचित्पूर्वकर्मणा ॥ शुभेनयेनमोक्षंवैप्राप्तुमिच्छाम्यहंनृप २४ त्वमिमंसंप्रपन्नायसंशयंब्रूहिपृच्छते ॥ चांडालत्वात्कथमहंमुच्येयमितिसत्तम २५॥ राजन्यउवाच ॥ चांडालप्रतिजानीहियेनमोक्षमवाप्स्यसि ॥ ब्राह्मणार्थेत्यजन्प्राणान्गतिमिष्टामवाप्स्यसि २६ ॥

११ प्रसंगात्सोमविक्रयंनिंदति १२ एनंब्रह्मस्वस्पृष्टं १३ चिरंनविनश्यतीतिनअपितुचिरंनरकवासाभ्नश्यत्येव १४ श्वचर्यानीचसेवा १५ श्वचर्यादित्रयंतुलयाधारयंस्तुल्यंमन्वानोऽभिमानीधर्ममतिक्रम्यरिच्यतेऽतिरिक्तोभवति अभिमानीइतरद्वयापेक्षयाअत्यंतंपापीत्यर्थः १६ । १७ । १८ भूतानामुपरिसदासंरब्धएवकुपितएवेत्यन्वयः १९ भ्रमरैस्तीक्ष्णतुंडैरर्द्यमानमिवचेलांतवद्दह्यमानमिवक्लिश्यंतंमांपश्य २० २१ । २२ । २३ । २४ । २५ । २६ ॥ ॥ ॥ ॥ ॥ ॥

२७ । २८ रक्ष्यमेवनतुभक्ष्यम् २९ ॥ इति अनुशासनपर्वणि नीलकंठीये भारतभावदीपे एकोत्तरशततमोऽध्यायः ॥ १०१ ॥ एकेइति । विद्याभ्यासश्रद्धादितारतम्यात्कर्मफलतारतम्यमस्तितत्तनेतिप्रश्नार्थः

दत्वाशरीरंक्रव्याद्भ्योरणाग्रौद्विजहेतुकम् ॥ हुत्वाप्राणान्प्रमोक्षस्तेनान्यथामोक्षमर्हसि २७ ॥ भीष्मउवाच ॥ इत्युक्तःसतदातेनब्रह्मस्वार्थेपरंतप ॥ हुत्वारण मुखेप्राणान्गतिमिष्टामवापह २८ तस्माद्रक्ष्यंत्वयापुत्रब्रह्मस्वंभरतर्षभ ॥ यदीच्छसिमहाबाहोशाश्वतींगतिमात्मनः २९ ॥ इतिश्रीमहाभारतेअनु० आनुशा सनिकेप० दानधर्मेराजन्यचांडालसंवादोनामैकोत्तरशततमोऽध्यायः ॥ १०१ ॥ युधिष्ठिरउवाच ॥ एकेलोकाःसुकृतिनःसर्वेत्वाहोपितामह ॥ तत्रतत्रापिभिन्नास्ते तन्मेब्रूहिपितामह १ ॥ भीष्मउवाच ॥ ॥ कर्मभिःपार्थनानात्वंलोकानांयातिमानवाः ॥ पुण्यान्पुण्यकृतोयांतिपापान्पापकृतोनराः २ अत्राप्युदाहरंतीममिति हासंपुरातनम् ॥ गौतमस्यमुनेस्तातसंवादंवासवस्यच ३ ब्राह्मणोगौतमःकश्चिन्मृदुर्दान्तोजितेन्द्रियः ॥ महावनेहस्तिशिशुंपरिद्यूनममातृकम् ४ तंदृष्ट्वाजीवया माससानुक्रोशोधृतव्रतः ॥ सतुदीर्घेणकालेनबभूवातिबलोमहान् ५ तंप्रभिन्नंमहानागंप्रस्रुतंपर्वतोपमम् ॥ धृतराष्ट्रस्यरूपेणशक्रोजग्राहहस्तिनम् ६ ह्रियमाणं तुतंदृष्ट्वागौतमःसंशितव्रतः ॥ अभ्यभाषतराजानंधृतराष्ट्रंमहातपाः ७ मामेऽहार्षीर्हस्तिनंपुत्रमेनंदुःखात्पुष्टंधृतराष्ट्राकृतज्ञ ॥ मैत्रंसतांसप्तपदंवदंतिमित्रद्रोहोमैव राजन्स्पृशेत्त्वाम् ८ इध्मोदकप्रदातारंशून्यपालंममाश्रमे ॥ विनीतमाचार्यकुलेसुयुक्तंगुरुकर्मणि ९ शिष्टंदांतंकृतज्ञंचप्रियंचसततंमम ॥ नमेविक्रोशतोराजन्ह र्तुमर्हसिकुंजरम् १० ॥ धृतराष्ट्रउवाच ॥ गवांसहस्रंभवतेददानिदासीशतंनिष्कशतानिपंच ॥ अन्यच्चवित्तंविविधंमहर्षेकिंब्राह्मणस्येहगजेनकृत्यम् ११ ॥ गौतम उवाच ॥ तवैवगावोहिभवंतुराजन्दास्यःसनिष्काविविधंचरत्नम् ॥ अन्यच्चवित्तंविविधंनरेन्द्रकिंब्राह्मणस्येहधनेनकृत्यम् १२ ॥ धृतराष्ट्रउवाच ॥ ब्राह्मणानांहस्ति भिर्नास्तिकृत्यंराजन्यानांनागकुलानिविप्र ॥ स्वंवाहनंनयतोनास्त्यधर्मोनागश्रेष्ठंगौतमास्मान्निवर्त १३ ॥ गौतमउवाच ॥ यत्रप्रेतोनंदतिपुण्यकर्मायत्रप्रेतःशोच तेपापकर्मा ॥ वैवस्वतस्यसदनेमहात्मंस्तत्रत्वाहंहस्तिनंयातयिष्ये १४ ॥ धृतराष्ट्रउवाच ॥ येनिष्क्रियानास्तिकाःश्रद्दधानाःपापात्मानइंद्रियार्थेनिविष्टाः ॥ यम स्यतेयातनांप्राप्नुवंतिपरंगंताधृतराष्ट्रोनतत्र १५ ॥ गौतमउवाच ॥ वैवस्वतीसंयमनीजनानांयत्रानृतंनोच्यतेयत्रसत्यम् ॥ यत्राबलाबलिनंयातयंतितत्रत्वाऽहंहस्ति नंयातयिष्ये १६ ॥ धृतराष्ट्रउवाच ॥ ज्येष्ठांस्वसारंपितरंमातरंचयथाशत्रुंमदमत्ताश्चरंति ॥ तथाविधानामेषलोकोमहर्षेपरंगंताधृतराष्ट्रोनतत्र १७ ॥ गौतम उवाच ॥ मंदाकिनीवैश्रवणस्यराज्ञोमहाभागाभोगिजनप्रवेश्या ॥ गंधर्वयक्षैरप्सरोभिश्चजुष्टातत्रत्वाहंहस्तिनंयातयिष्ये १८ ॥ ॥

१ कर्मभिरिति पुण्यपापयोरिवपुण्यानामवांतरभेदोऽस्तीत्यर्थः २ । ३ । ४ । ५ । ६ । ७ । ८ । ९ । १० । ११ ब्राह्मणस्यब्राह्मणसंबंधिनाधनेन १२ । १३ यातयिष्येहस्तिनं स्वीयंफलंत्वत्तोग्रहीष्ये इत्यर्थः १४ । १५ । १६ । १७ । १८ ॥ ॥ ॥

१९ । २० । २१ । २२ । २३ । २४ अग्नियौनाधृष्टद्युम्नवदग्निरेवयौनंयोनिर्येषांते २५ । २६ । २७ । २८ । २९ । ३० क्षंतारःक्षमिणः सत्रीभूताभूतानामाच्छादनवद्रक्षकाः ३१ । ३२ । ३३

॥ धृतराष्ट्रउवाच ॥ अतिथिव्रताःसुव्रतायेजनावैप्रतिश्रयंददतिब्राह्मणेभ्यः ॥ शिष्टाशिनःसंविभज्याश्रितांश्चमंदाकिनींतेऽतिविभूषयंति १९ ॥ गौतमउवाच ॥ मेरो रग्रेयद्वनंभातिरम्यंसुपुष्पितंकिन्नरीगीतजुष्टम् ॥ सुदर्शनायत्रजंबूर्विशालातत्रत्वाहंहस्तिनंयातयिष्ये २० ॥ धृतराष्ट्रउवाच ॥ येब्राह्मणामृदवःसत्यशीलाबहुश्रु ताःसर्वभूताभिरामाः ॥ येऽधीयतेसेतिहासंपुराणंमध्वाहुत्याजुह्वतिवैद्विजेभ्यः २१ तथाविधानामेषलोकोमहर्षेपरंगंताधृतराष्ट्रोनतत्र ॥ यद्विद्यतेविदितंस्थानम स्तितद्ब्रूहित्वंत्वरितोह्येषयामि २२ ॥ गौतमउवाच ॥ सुपुष्पितंकिन्नरराजजुष्टंप्रियंवनंनंदनंनारदस्य ॥ गंधर्वाणामप्सरसांचशश्वत्तत्रत्वाऽहंहस्तिनंयातयिष्ये २३ धृतराष्ट्रउवाच ॥ येनृत्यगीतेकुशलाजनाःसदाह्ययाचमानाःसहिताश्चरंति ॥ तथाविधानामेषलोकोमहर्षेपरंगंताधृतराष्ट्रोनतत्र २४ ॥ गौतमउवाच ॥ यत्रोत्तराः कुरवोभांतिरम्यादेवैःसार्धंमोदमानानरेंद्र ॥ यत्राग्नियौनाश्चवसंतिलोकाअब्योनयःपर्वतयोनयश्च २५ यत्रशक्रोवर्षतिसर्वकामान्यत्रस्त्रियःकामचाराभवंति ॥ यत्रचेर्ष्या नास्तिनारीनराणांतत्रत्वाऽहंहस्तिनंयातयिष्ये २६ ॥ धृतराष्ट्रउवाच ॥ येसर्वभूतेषुनिवृत्तकामाअमांसादान्यस्तदंडाश्चरंति ॥ नहिंसंतिस्थावरंजंगमंचभूतानांये सर्वभूतात्मभूताः २७ निराशिषोनिर्ममावीतरागालाभालाभेतुल्यनिंदाप्रशंसाः ॥ तथाविधानामेषलोकोमहर्षेपरंगंताधृतराष्ट्रोनतत्र २८ गौतमउवाच ॥ ततोऽ परेभांतिलोकाःसनातनाःसुपुण्यगंधाविरजावीतशोकाः ॥ सोमस्यराज्ञःसदनेमहात्मनस्तत्रत्वाऽहंहस्तिनंयातयिष्ये २९ ॥ धृतराष्ट्रउवाच ॥ येदानशीलान्प्रतिगृण्ह तेसदानचाप्यर्थांश्चाददतेपरेभ्यः ॥ येषामदेयमर्हतेनास्तिकिंचित्सर्वातिथ्याःसुप्रसादाजनाश्च ३० येक्षंतारोनाभिजल्पंतिचान्यान्सत्रीभूताःसततंपुण्यशीलाः ॥ तथा विधानामेषलोकोमहर्षेपरंगंताधृतराष्ट्रोनतत्र ३१ ॥ गौतमउवाच ॥ ततोऽपरेभांतिलोकाःसनातनाविरजसोवितमस्काविशोकाः ॥ आदित्यदेवस्यपदंमहात्मन स्तत्रत्वाहंहस्तिनंयातयिष्ये ३२ ॥ धृतराष्ट्रउवाच ॥ स्वाध्यायशीलागुरुशुश्रूषणेरतास्तपस्विनःसुव्रताःसत्यसंधाः ॥ आचार्याणामप्रतिकूलभाषिणोनित्योत्थि तागुरुकर्मस्वचोद्याः ३३ तथाविधानामेषलोकोमहर्षेविशुद्धानांभावितोवाग्यतानाम् ॥ सत्येस्थितानांवेदविदांमहात्मनांपरंगंताधृतराष्ट्रोनतत्र ३४ ॥ गौतमउ वाच ॥ ततोऽपरेभांतिलोकाःसनातनाःसुपुण्यगंधाविरजाविशोकाः ॥ वरुणस्यराज्ञःसदनेमहात्मनस्तत्रत्वाऽहंहस्तिनंयातयिष्ये ३५ ॥ धृतराष्ट्रउवाच ॥ चातुर्मा स्यैर्येयजंतेजनाःसदातथेष्टीनांदशशतंप्राप्नुवंति ॥ येचाग्निहोत्रंजुह्वतिश्रद्दधानायथाऽऽम्नायंत्रीणिवर्षाणिविप्राः ३६ सुधारिणांधर्मधुरेमहात्मनांयथोदितेवर्त्मनिसु स्थितानाम् ॥ धर्मात्मनामुद्वहतांगतिंतांपरंगन्ताधृतराष्ट्रोनतत्र ३७ ॥ गौतमउवाच ॥ इंद्रस्यलोकाविरजाविशोकादुरन्वयाःकांक्षितामानवानाम् ॥ तस्याहंतेभवने भूरितेजसोराजन्निमंहस्तिनंयातयिष्ये ३८ ॥ ॥ ॥ ॥

३४ । ३५ । ३६ धर्मएवसुरःक्षुरस्तत्रसुष्ठुआत्मानंसंधारयंतितेसुधारिणस्तेषां धर्मधुरेइत्यपिपाठः ३७ । ३८ ॥ ॥ ॥

३९ । ४० । ४१ । ४२ । ४३ । ४४ । ४५ । ४६ । ४७ । ४८ । ४९ । ५० । ५१ । ५२ । ५३ । ५४ । ५५ । ५६ । ५७ । ५८ । ५९ । ६०

धृतराष्ट्रउवाच ॥ शतवर्षजीवीयश्चशूरोमनुष्योवेदाध्यायीयश्चयज्वाऽप्रमत्तः ॥ एतेसर्वेशक्रलोकंव्रजंतिपरंगताधृतराष्ट्रोनतत्र ३९ ॥ गौतमउवाच ॥ प्राजापत्याःसं
तिलोकामहांतोनाकस्यपृष्ठेपुष्कलावीतशोकाः ॥ मनीषिताःसर्वलोकोद्भवानांतत्रत्वाहंहस्तिनंयातयिष्ये ४० ॥ धृतराष्ट्रउवाच ॥ येराजानोराजसूयाभिषिक्ताध
र्मात्मानोरक्षितारःप्रजानाम् ॥ येचाश्वमेधावभृथेप्लुतांगास्तेषांलोकाधृतराष्ट्रोनतत्र ४१ ॥ गौतमउवाच ॥ ततःपरंभांतिलोकाःसनातनाःसुपुण्यगंधाविरजावीत
शोकाः ॥ तस्मिन्नहंदुर्लभेचाप्यधृष्येगवांलोकेहस्तिनंयातयिष्ये ४२ ॥ धृतराष्ट्रउवाच ॥ योगोसहस्रीशतदःसमांसमांगवांशतीदशदद्याच्चशक्त्या ॥ तथादश
भ्योयश्चदद्यादिहैकांपंचभ्योवादानशीलस्तथैकाम् ४३ येजीर्यंतेब्रह्मचर्येणविप्राब्राह्मींवाचंपरिरक्षंतिचैव ॥ मनस्विनस्तीर्थयात्रापरायणास्तेतत्रमोदंतिगवांनिवा
से ४४ प्रभासंमानसंतीर्थंपुष्कराणिमहत्सरः ॥ पुण्यंचनैमिषंतीर्थंबाहुदांकरतोयिनीम् ४५ गयांगयशिरश्चैवविपाशांस्थूलवालुकाम् ॥ कृष्णांगंगांपंचनदंमहाह्र
दमथापिच ४६ गोमतींकौशिकींपंपांमहात्मानोधृतव्रताः ॥ सरस्वतीदृषद्वत्यौयमुनांयेतुयांतिच ४७ तत्रतेदिव्यसंस्थानादिव्यमाल्यधराःशिवाः ॥ प्रयांतिपु
ण्यगंधाढ्याधृतराष्ट्रोनतत्रवै ४८ ॥ गौतमउवाच ॥ यत्रशीतभयंनास्तिनचोष्णभयमण्वपि ॥ नक्षुत्पिपासेनग्लानिर्नदुःखंनसुखंतथा ४९ नद्वेष्योनप्रियःकश्चि
न्नबंधुर्नरिपुस्तथा ॥ नजरामरणेतत्रनपुण्यंनचपातकम् ५० तस्मिन्विरजसिस्फीतेप्रज्ञासत्त्वव्यवस्थिते ॥ स्वयंभुभवनेपुण्येहस्तिनंमेप्रदास्यसि ५१ ॥ धृत
राष्ट्रउवाच ॥ निर्मुक्ताःसर्वसंगैर्येकृतात्मानोयतव्रताः ॥ अध्यात्मयोगसंस्थानैर्युक्ताःस्वर्गगतिंगताः ५२ तेब्रह्मभवनंपुण्यंप्राप्नुवंतीहसात्विकाः ॥ नतत्रधृतराष्ट्र
स्तेशक्योद्रष्टुंमहामुने ५३ ॥ गौतमउवाच ॥ रथंतरंयत्रबृहच्चगीयतेयत्रवेदीपुंडरीकैस्तृणोति ॥ यत्रोपयातिहरिभिःसोमपीथीतत्रत्वाहंहस्तिनंयातयिष्ये ५४
बुध्यामित्वांवृत्रहणंशतक्रतुंव्यतिक्रमंतंभुवनानिविश्वा ॥ कश्चिन्नवाचावृजिनंकदाचिदकार्षंतेमनसोऽभिषंगात् ५५ ॥ शतक्रतुरुवाच ॥ मघवाऽहंलोकपथंप्रजा
नामन्वागमंपरिवादेगजस्य ॥ तस्माद्भवान्प्रणतंमाऽनुशास्तुब्रवीषियत्तत्करवाणिसर्वम् ५६ ॥ गौतमउवाच ॥ श्वेतंकरेणुंममपुत्रंहिनागंयंमेऽहार्षीर्दशवर्षाणि
बालम् ॥ योमेवनेवसतोऽभूद्द्वितीयस्तमेवमेदेहिसुरेंद्रनागम् ५७ ॥ शतक्रतुरुवाच ॥ अयंसुतस्तेद्विजमुख्यनागआगच्छतित्वामभिवीक्षमाणः ॥ पादौचतेना
सिकयोपजिघ्रतेश्रेयोममाध्याहिनमश्चतेऽस्तु ५८ ॥ गौतमउवाच ॥ शिवंसदैवेहसुरेन्द्रतुभ्यंध्यायामिपूजांचसदाप्रयुंजे ॥ ममापित्वंशक्रशिवंददस्वत्वयादत्तंप्रति
गृह्णामिनागम् ५९ ॥ ॥ शतक्रतुरुवाच ॥ ॥ येषांवेदानिहितावैगुहायांमनीषिणांसत्यवतांमहात्मनाम् ॥ तेषांत्वयैकेनमहात्मनाऽस्मिन्बुद्धस्त
स्मात्प्रीतिमांस्तेऽहमद्य ६० ॥ ॥ ॥ ॥

६१ । ६२ ब्रह्मस्वंब्रह्मलोकेगतस्यापिनजीर्यतइत्यध्यायतात्पर्यम् ६३ ॥ इतिअनुशासनपर्वणिनीलकंठीयेभारतभावदीपेद्व्यधिकशततमोऽध्यायः ॥ १०२ ॥ ॥ ॥ दानमिति । अहिंसितमहिं
सा १ तपसःकृच्छ्रचांद्रायणादेर्बलादन्यत्किंबलवत्तरंविदितंनकिमप्यपितुतपसस्तपसांमध्येयत्परं २ लोकोभोग्यप्रदेशः ३ । ४ । ५ । ६ । ७ । ८ एकरात्रादयःक्रतुविशेषाः ९ नारीपुरंकन्या

हंतैहिब्राह्मणक्षिप्रंसहपुत्रेणहस्तिना ॥ त्वंहिप्राप्तुंशुभान्लोकानह्वायचचिरायच ६१ सगौतमंपुरस्कृत्यसहपुत्रेणहस्तिना ॥ दिवमाचक्रमेवज्रीसद्भिःसहदुरासदम्
६२ इदंयःशृणुयान्नित्यंयःपठेद्वाजितेन्द्रियः ॥ सयातिब्रह्मणोलोकंब्राह्मणोगौतमोयथा ६३ ॥ ॥ इतिश्री० अनु० आनु० दानधर्मेहस्तिकूटोनामद्व्यधिकशततमो
ऽध्यायः ॥ १०२ ॥ ॥ युधिष्ठिरउवाच ॥ दानंबहुविधाकारंशांतिःसत्यमहिंसितम् ॥ स्वदारतुष्टिश्चोक्तातेफलंदानस्यचैवयत् १ पितामहस्यविदितंकिमन्य
त्तपसोबलात् ॥ तपसोयत्परंतेऽद्यतन्नोव्याख्यातुमर्हसि २ ॥ भीष्मउवाच ॥ तपःप्रचक्षतेयावत्तावल्लोकोयुधिष्ठिर ॥ मतंममात्रकौन्तेयतपोनानशनात्परम् ३
अत्राप्युदाहरंतीममितिहासंपुरातनम् ॥ भगीरथस्यसंवादंब्रह्मणश्चमहात्मनः ४ अतीत्यसुरलोकंचगवांलोकंचभारत ॥ ऋषिलोकंचसोऽगच्छद्भगीरथइतिश्रुतम्
५ तंतुदृष्ट्वावचःप्राहब्रह्माराजन्भगीरथम् ॥ कथंभगीरथागास्त्वमिमंलोकंदुरासदम् ६ नहिदेवानगंधर्वानमनुष्याभगीरथ ॥ आयांत्यतप्ततपसःकथंवैत्वमिहा
गतः ७ ॥ भगीरथउवाच ॥ निष्काणांवैह्यददंब्राह्मणेभ्यःशतंसहस्राणिसदैवदानम् ॥ ब्राह्मंव्रतंनित्यमास्थायविद्धन्नत्वेवाहंतस्यफलादिहागाम् ८ दशैकरात्रा
न्दशपंचरात्रानेकादशैकादशकान्क्रतूंश्च ॥ ज्योतिष्टोमानांचशतंयदिष्टंफलेनतेनापिचनागतोऽहम् ९ यच्चावसंजान्हवीतीरनित्यःशतंसमास्तप्यमानस्तपोऽहम् ॥
अदांचतत्राश्वतरीसहस्रंनारीपुरंनचतेनाहमागाम् १० दशायुतानिचाश्वानांगोयुतानिचविंशतिम् ॥ पुष्करेषुद्विजातिभ्यःप्रादांशतसहस्रशः ११ सुवर्णच
न्द्रोत्तमधारिणीनांकन्योत्तमानामददंसहस्रम् ॥ षष्टिंसहस्राणिविभूषितानांजांबूनदैराभरणैर्नतेन १२ दशार्बुदान्यददंगोसवेज्यास्वेकैकशोदशगालोकनाथ ॥
समानवत्साःपयसासमन्विताःसुवर्णकांस्योपदुहानतेन १३ आप्तोर्यामेषुनियतमेकैकस्मिन्दशाददम् ॥ गृष्टीनांक्षीरदात्रीणांरोहिणीनांशतानिच १४ दोग्ध्री
णांवैगवांचापिप्रयुतानिदशैवह ॥ प्रादांदशगुणंब्रह्मन्नतेनाहमिहागतः १५ वाजिनांबाह्लिजातानामयुतान्यददंदश ॥ कर्कानांहेममालानांनचतेनाहमागतः
१६ कोटीश्चकांचनस्याष्टौप्रादांब्रह्मन्दशान्वहम् ॥ एकैकस्मिन्क्रतौतेनफलेनाहंनचागतः १७ वाजिनांश्यामकर्णानांहरितानांपितामह ॥ प्रादांहेमस्रजांब्रह्म
न्कोटीर्दशचसप्तच १८ ईषादंतान्महाकायान्कांचनस्रग्विभूषितान् ॥ पद्मिनोवैसहस्राणिप्रादांदशचसप्तच १९ अलंकृतानांदेवेशदिव्यैःकनकभूषणैः ॥
रथानांकांचनांगानांसहस्राण्यददंदश २० सप्तचान्यानियुक्तानिवाजिभिःसमलंकृतैः ॥ दक्षिणावयवाःकेचिद्वेदैर्येसंप्रकीर्तिताः २१ ॥ ॥

समूहमदां १० । ११ चंद्रोभूषणविशेषःनतेनाहमागामित्यनुवर्तते १२ एकैकशोब्राह्मणायदशगाः १३ आप्तोर्यामःसोमयागः १४ । १५ 'कर्कःकर्कोटकेवह्नौशुक्लाश्वेदर्पणेघटे'इतिमेदिनीकर्काणां
शुक्लाश्वानां १६ । १७ । १८ पद्मिनः पद्मचिह्नान् १९ । २० दक्षिणारूपायज्ञांगभूतादक्षिणावयवाः २१ ॥ ॥ ॥ ॥ ॥

२२ निष्ककंठानांयुद्धेजितानांराज्ञांसहस्रंविप्रेभ्योविप्रवचनाद्दक्षिणाअददमुत्सृष्टवान् २३ । २४ । २५ । २६ । २७ शम्याप्रथुबुध्नःकाष्ठदण्डः सबलेनाक्षिप्तोयावद्दूरंपततितावद्देशोयस्य वेदिकायाभवतितत्सम्याक्षेपोयागः तथासाद्यस्कादयोयागविशेषाः २८ । २९ । ३० । ३१ । ३२ कांचनमयानांवृक्षाणांचूतानां नानावर्णरत्नखचितानांवनमित्यर्थः ३३ । ३४ । ३५

वाजपेयेषुदशसुप्रादांतेष्वपिचाप्यहम् ॥ शक्रतुल्यप्रभावाणामिज्ययाविक्रमेणह २२ सहस्रंनिष्ककंठानामददंदक्षिणामहम् ॥ विजित्यभूपतीन्सर्वानर्थैरिष्ट्वा पितामह २३ अष्टभ्योराजसूयेभ्योनचतेनाहमागतः ॥ स्रोतश्चयावद्गंगायाश्छन्नमासीज्जगत्पते २४ दक्षिणाभिःप्रवृत्ताभिर्ममनागांचतत्कृते ॥ वाजिनां चसहस्रेद्वेसुवर्णशतभूषिते २५ वरंग्रामशतंचाहमेकैकस्यत्रिधाऽददम् ॥ तपस्वीनियताहारःशममास्थायवाग्यतः २६ दीर्घकालंहिमवतिगंगायाश्चदुरुत्स हाम् ॥ मूर्ध्नाधारांमहादेवःशिरसायामधारयत् ॥ नतेनाप्यहमागच्छंफलेनेहपितामह २७ शम्याक्षेपैरयजंयच्चदेवान्साद्यस्कानामयुतैश्चापियत्तत् ॥ त्रयो दशद्वादशाहैश्चदेवसपौण्डरीकान्नचतेषांफलेन २८ अष्टौसहस्राणिककुद्मिनामहंशुक्लर्षभाणामददंद्विजेभ्यः ॥ एकैकंवैकांचनंशृंगमेभ्यःपत्नीश्चैषामददंनिष्ककं ठीः २९ हिरण्यरत्ननिचयानददंरत्नपर्वतान् ॥ धनधान्यैःसमृद्धांश्चग्रामांश्चान्येसहस्रशः ३० शतंशतानांगृष्टीनामददंचाप्यतन्द्रितः ॥ इष्ट्वाऽनेकैर्महायज्ञै र्ब्राह्मणेभ्योनतेनच ३१ एकादशाहैरयजंदक्षिणैर्द्विर्द्वादशाहैरश्वमेधैश्चदेव ॥ आर्कायणैःषोडशभिश्चब्रह्मंस्तेषांफलेनेहनचागतोऽस्मि ३२ निष्कैककंठमददं योजनायतंतद्विस्तीर्णंकांचनपादपानाम् ॥ वनंचूतानांरत्नविभूषितानांनचैवतेषामागतोऽहंफलेन ३३ तुरायणंहिव्रतमप्यधृष्यमक्रोधनोऽकरवंत्रिंशतोऽब्दान् ॥ शतंगवामष्टशतानिचैवदिनेदिनेह्यददंब्राह्मणेभ्यः ३४ पयस्विनीनामथरोहिणीनांतथैवान्याननडुहोलोकनाथ ॥ प्रादांनित्यंब्राह्मणेभ्यःसुरेशनेहागतस्तेनफले नचाहम् ३५ त्रिंशदग्नीनहंब्रह्मन्नयजंयच्चनित्यदा ॥ अष्टाभिःसर्वमेधैश्चनरमेधैश्चसप्तभिः ३६ दशभिर्विश्वजिद्भिश्चशतैरष्टादशोत्तरैः ॥ नचैवतेषांदेवेशफले नाहमिहागमम् ३७ सरय्वांबाहुदायांचगंगायामथनैमिषे ॥ गवांशतानामयुतमददंनचतेनवै ३८ इन्द्रेणगुह्यंनिहितंवैगुहायांयद्भार्गवस्तपसेहाभ्यविंदत् ॥ जाज्वल्यमानमुशनस्तेजसेहतत्साधयामासमहंवरेण्य ३९ ततोमेब्राह्मणास्तुष्टास्तस्मिन्कर्मणिसाधिते ॥ सहस्रमृषयश्चासन्येवैतत्रसमागताः ४० उक्तस्तै रस्मिगच्छत्वंब्रह्मलोकमितिप्रभो ॥ प्रीतेनोक्तःसहस्रेणब्राह्मानामहंप्रभो ॥ इमंलोकमनुप्राप्तोमाभूत्तेऽत्रविचारणा ४१ कामंयथावद्विहितंविधात्राप्रष्टेनवाच्यं तुमयायथावत् ॥ तपोहिनान्यच्चानशनान्मतंमेनमोस्तुतेदेववरप्रसीद ४२ ॥ भीष्मउवाच ॥ इत्युक्तवंतंब्रह्मातुराजानंसभगीरथम् ॥ पूजयामासपूजा र्हंविधिदृष्टेनकर्मणा ४३ तस्मादनशनैर्युक्तोविप्रान्पूजयनित्यदा ॥ विप्राणांवचनात्सर्वंपरत्रेहचसिध्यति ४४ ॥ ॥ ॥

अग्नीनग्निचयनानि ३६ । ३७ । ३८ गुहायांनिहितंगोपितंगुह्यंयदनशनंतपसाअभ्यविंदत्आज्ञासीत् उशनस्तेजशाशुक्रस्यबलेनजाज्वल्यमानं तच्चवाक्यशेषात्सर्वभोगत्यागात्मकमनशनंसर्व भोगैर्ब्राह्मणानांसंतर्पणंच साधयामासमित्यार्थं ३९ । ४० । ४१ । ४२ । ४३ । ४४ ॥ ॥ ॥ ॥ ॥ ॥

४५॥ इति अनुशासनपर्वणिनीलकंठीयेभारतभावदीपेत्र्यधिकशततमोऽध्यायः ॥१०३॥ ॥ शतायुरिति १। २ । ३ । ४ वर्तयन्ननुतिष्ठन् ५ । ६ । ७ अलक्षणंकुष्टापस्मारादिविरुद्धंलक्षणम् ८ । ९ श्रवात्

वासोभिरन्नैर्गोभिश्चशुभैर्नैवेशिकैरपि ॥ शुभैःसुरगणैश्चापितोष्याएवद्विजास्तथा ॥ एतदेवपरंगुह्यमलोभेनसमाचर ॥ ४५ ॥ इतिश्रीमहाभारतेअनुशासनप०
आनुशासनिकेपर्वणि दानधर्मेब्रह्मभगीरथसंवादेत्र्यधिकशततमोऽध्यायः ॥ १०३ ॥ ॥ युधिष्ठिरउवाच ॥ ॥ शतायुरुक्तःपुरुषःशतवीर्यश्चजायते ॥
कस्मान्म्रियन्तेपुरुषाबालाअपिपितामह १ आयुष्मान्केनभवतिअल्पयुर्वाऽपिमानवः ॥ केनवालभतेकीर्तिंकेनवालभतेश्रियम् २ तपसाब्रह्मचर्येणजपहोमैस्त
थौषधैः ॥ कर्मणामनसावाचातन्मेब्रूहिपितामह ३ ॥ ॥ भीष्मउवाच ॥ अत्रतेऽहंप्रवक्ष्यामियन्मांत्वमनुपृच्छसि ॥ अल्पायुर्येनभवतिदीर्घायुर्वाऽपिमा
नवः ४ येनवालभतेकीर्तिंयेनवालभतेश्रियम् ॥ यथावर्तयन्पुरुषःश्रेयसासंप्रयुज्यते ५ आचाराल्लभतेह्यायुराचाराल्लभतेश्रियम् ॥ आचारात्कीर्तिमाप्नोतिपुरु
षःप्रेत्यचेहच ६ दुराचारोहिपुरुषोनेहायुर्विन्दतेमहत् ॥ त्रसंतियस्माद्भूतानितथापरिभवंतिच ७ तस्मात्कुर्यादिहाचारंयदिच्छेद्भूतिमात्मनः ॥ अपिपापशरी
रस्यआचारोहंत्यलक्षणम् ८ आचारलक्षणोधर्मःसंतश्चारित्रलक्षणाः ॥ साधूनांचयथावृत्तमेतदाचारलक्षणम् ९ अप्यदृष्टंश्रवादेवपुरुषंधर्मचारिणम् ॥ भूति
कर्माणिकुर्वाणंतंजनाःकुर्वतेप्रियम् १० येनास्तिकानिष्क्रियाश्चगुरुशास्त्राभिलंघिनः ॥ अधर्मज्ञादुराचारास्तेभवंतिगतायुषः ११ विशीलाभिन्नमर्यादानित्यं
संकीर्णमैथुनाः ॥ अल्पायुषोभवंतीहनरानिरयगामिनः १२ सर्वलक्षणहीनोपिसमुदाचारवान्नरः ॥ श्रद्दधानोऽनसूयश्चशतंवर्षाणिजीवति १३ अक्रोधनःसत्य
वादीभूतानामविहिंसकः ॥ अनसूयुरजिह्मश्चशतंवर्षाणिजीवति १४ लोष्टमर्दीतृणच्छेदीनखखादीचयोनरः ॥ नित्योच्छिष्टःसंकुसुकोनेहायुर्विन्दतेमहत् १५
ब्राह्मेमुहूर्तेबुध्येतधर्मार्थौचानुचिन्तयेत् ॥ उत्थायाचम्यतिष्ठेतपूर्वांसंध्यांकृतांजलिः १६ एवमेवापरांसंध्यांसमुपासीतवाग्यतः ॥ नेक्षेतादित्यमुद्यंतंनास्तंयांतं
कदाचन १७ नोपसृष्टंनवारिस्थंनमध्यंनभसोगतम् ॥ ऋषयोनित्यसंध्यत्वाद्दीर्घमायुरवाप्नुवन् १८ तस्मात्तिष्ठेत्सदापूर्वांपश्चिमांचैववाग्यतः ॥ येनपूर्वामुपासं
तेद्विजाःसंध्यांनपश्चिमाम् १९ सर्वांस्तान्धार्मिकोराजाशूद्रकर्माणिकारयेत् ॥ परदारानगंतव्याःसर्ववर्णेषुकर्हिचित् २० नहीदृशमनायुष्यंलोकेकिंचनविद्यते ॥
यादृशंपुरुषस्येहपरदारोपसेवनम् २१ यावंतोरोमकूपाःस्युःस्त्रीणांगात्रेषुनिर्मिताः ॥ तावद्वर्षसहस्राणिनरकंपर्युपासते २२ प्रसाधनंचकेशानामंजनंदंतधाव
नम् ॥ पूर्वाह्णएवकार्याणिदेवतानांचपूजनम् २३ पुरीषमूत्रेनोदीक्षेन्नाधितिष्ठेत्कदाचन ॥ नातिकल्यंनातिसायंनचमध्यंदिनेस्थिते २४ नाज्ञातैःसहगच्छेत
नैकोनवृषलैःसह ॥ पंथादेयोब्राह्मणायगोभ्योराजभ्यएवच २५ वृद्धायभारतप्तायगर्भिण्यैदुर्बलायच ॥ प्रदक्षिणंचकुर्वीतपरिज्ञातान्वनस्पतीन् २६ ॥

श्रवणात् तंपुरुषं जनाःसाधवः १० । ११ १२ । १३ । १४ संकुसुकोदुर्जनः अस्थिरश्च संकुसुकोऽस्थिरइत्यमरः१५ । १६। १७ उपसृष्टंराहुग्रस्तं १८ । १९ । २० । २१ । २२ । २३ । २४ । २५ । २६

२७ । २८ । २९ । ३० । ३१ । ३२ । ३३ । ३४ । ३५ । ३६ । ३७ नरिष्यतेनहिंस्यते ३८ । ३९ त्रीणिभोज्यानि अदृष्टंशूद्रौदक्यादिभिः ४० । ४१ । ४२ । ४३ । ४४ । ४५ नाभिगच्छेत्राजा

चतुष्पथान्प्रकुर्वीतसर्वानेवप्रदक्षिणान् ॥ मध्यंदिनेनिशाकालेअर्धरात्रेचसर्वदा २७ चतुष्पथंनसेवेतउभेसंध्येतथैवच ॥ उपानहौचवस्त्रंचधृतमन्यैर्नधारयेत् ॥ ब्रह्मचारीचनित्यंस्यात्पादंपादेननाक्रमेत् २८ अमावास्यांपौर्णमास्यांचतुर्दश्यांचसर्वशः ॥ अष्टम्यांसर्वपक्षाणांब्रह्मचारीसदाभवेत् २९ वृथामांसंनखादेतपृष्ठमांसंतथैवच ॥ अक्रोशंपरिवादंचपैशुन्यंचविवर्जयेत् ३० नारुंतुदःस्यान्ननृशंसवादीनहीनतःपरमभ्याददीत ॥ ययाऽस्यवाचापरउद्विजेतनतांवदेद्रुशतींपापलोक्याम् ३१ वाक्सायकावदनान्निष्पतंतियैराहतःशोचतिरात्र्यहानि ॥ परस्यवामर्मसुयेपतंतितान्पंडितोनावसृजेत्परेषु ३२ रोहतेसायकैर्विद्धंवनंपरशुनाहतम् ॥ वाचादुरुक्तंबीभत्संनसंरोहतिवाक्क्षतम् ३३ कर्णिनालीकनाराचान्निर्हरंतिशरीरतः ॥ वाक्शल्यस्तुननिर्हर्तुंशक्योहृदिशयोहिसः ३४ हीनांगानतिरिक्तांगान्विद्याहीनान्विगर्हितान् ॥ रूपद्रविणहीनांश्चसत्यहीनांश्चनाक्षिपेत् ३५ नास्तिक्यंवेदनिंदांचदेवतानांचकुत्सनम् ॥ द्वेषस्तंभोभिमानंचतैक्ष्ण्यंचपरिवर्जयेत् ३६ परस्यदंडंनोद्यच्छेत्क्रुद्धोनैनंनिपातयेत् ॥ अन्यत्रपुत्राच्छिष्याद्वाशिक्षार्थंताडनंस्मृतम् ३७ नब्राह्मणान्परिवदेन्नक्षत्राणिननिर्दिशेत् ॥ तिथिंपक्षस्यनब्रूयात्तथाऽस्यायुर्नरिष्यते ३८ कृत्वामूत्रपुरीषेतुरथ्यामाक्रम्यवापुनः ॥ पादप्रक्षालनंकुर्यात्स्वाध्यायेभोजनेतथा ३९ त्रीणिदेवाःपवित्राणिब्राह्मणानामकल्पयन् ॥ अदृष्टमद्भिर्निर्णिक्तंयच्चवाचाप्रशस्यते ४० संयावंकृसरंमांसंशष्कुलींपायसंतथा ॥ अत्मार्थंनप्रकर्तव्यंदेवार्थंतुप्रकल्पयेत् ४१ नित्यमग्निंपरिचरेद्भिक्षांदद्याच्चनित्यदा ॥ वाग्यतोदंतकाष्ठंचनित्यमेवसमाचरेत् ४२ नचाभ्युदितशायीस्यात्प्रायश्चित्तीतथाभवेत् ॥ मातापितरमुत्थायपूर्वमेवाभिवादयेत् ४३ आचार्यमथवाप्यन्यंतथाऽऽयुर्विन्दतेमहत् ॥ वर्जयेद्दंतकाष्ठानिवर्जनीयानिनित्यशः ४४ भक्षयेच्छास्त्रदृष्टानिपर्वस्वपिविवर्जयेत् ॥ उदङ्मुखश्चसततंशौचंकुर्यात्समाहितः ४५ अकृत्वादेवपूजांचनाचरेद्दंतधावनम् ॥ अकृत्वादेवपूजांचनाभिगच्छेत्कदाचन ॥ अन्यत्रतुगुरुंवृद्धंधार्मिकंवाविचक्षणम् ४६ अवलोक्योनचादर्शोमलिनोबुद्धिमत्तरैः ॥ नचाज्ञातांस्त्रियंगच्छेद्गर्भिणींवाकदाचन ४७ उदक्शिरानस्वपेततथाप्रत्यक्शिरानच ॥ प्राक्शिरास्तुस्वपेद्विद्वानथवादक्षिणाशिराः ४८ नभग्नेनावशीर्णेचशयनेप्रस्वपीतच ॥ नांतर्धानेनसंयुक्तेनचतिर्यक्कदाचन ४९ नचापिगच्छेत्कार्येणसमयाद्वापिनास्तिकैः ॥ आसनंतुपदाकृष्यनप्रसज्जेत्तथानरः ५० ननग्नःकर्हिचित्स्नायान्ननिशायांकदाचन ॥ स्नात्वाचनावमृज्येतगात्राणिसुविचक्षणः ५१ नचानुलिंपेदस्नात्वास्नात्वावासोननिर्धुनेत् ॥ नचैवार्द्राणिवासांसिनित्यंसेवेतमानवः ५२ स्रजश्चनावकृष्येतनबहिर्धारयीतच ॥ उदक्ययाचसंभाषांनकुर्वीतकदाचन ५३ ॥ ॥

दीनप्रति ४६ अज्ञातामृतुमतीत्वेनकामुकत्वेनवा ४७ । ४८ अंतर्धानेअत्यंतमंधकारे संयुक्तेइतरेणस्त्र्यादिना ४९ । ५० । ५१ । ५२ । ५३ ॥ ॥ ॥

५४ । ५५ प्रस्कंदयेदन्नशेषंकिंचित्त्यजेत् भुक्त्वाचमनसाऽग्निमुपस्पृशेत् ५६ ऋतंनिःश्रेयसमिच्छन्नितिशेषः ५७ प्राणान्नासादीन्यूर्ध्वच्छिद्राणि ५८ अवस्नातंस्नानजलं ५९ सावित्राणिमंत्रविशेषान् ६०

नोत्सृजेतपुरीषंचक्षेत्रेग्रामस्यचांतिके ॥ उभेमूत्रपुरीषेतुनाप्सुकुर्यात्कदाचन ५४ अन्नंबुभुक्षमाणस्तुत्रिर्मुखेनस्पृशेदपः ॥ भुक्त्वाचान्नंतथैवत्रिर्द्विःपुनःपरिमा
र्जयेत् ५५ प्राङ्मुखोनित्यमश्नीयाद्वाग्यतोऽन्नमकुत्सयन् ॥ प्रस्कंदयेच्चमनसाभुक्त्वाचाग्निमुपस्पृशेत् ५६ आयुष्यंप्राङ्मुखोभुंक्तेयशस्यंदक्षिणामुखः ॥ धन्यं
पश्चान्मुखोभुंक्तेऋतंभुंक्तेउदङ्मुखः ५७ अग्निमालभ्यतोयेनसर्वान्प्राणानुपस्पृशेत् ॥ गात्राणिचैवसर्वाणिनाभिंपाणितलेतथा ५८ नाधितिष्ठेत्तुषंजातुकेशभ
स्मकपालिकाः ॥ अन्यस्यचाप्यवस्नातंदूरतःपरिवर्जयेत् ५९ शांतिहोमांश्चकुर्वीतसावित्राणिचधारयेत् ॥ निषण्णश्चापिखादेतनतुगच्छन्कदाचन ६० मूत्रं
नोत्तिष्ठताकार्यंनभस्मनिनगोव्रजे ॥ आर्द्रपादस्तुभुंजीतनार्द्रपादस्तुसंविशेत् ६१ आर्द्रपादस्तुभुंजानोवर्षाणांजीवतेशतम् ॥ त्रीणितेजांसिनोच्छिष्टआलभेतक
दाचन ६२ अग्निंगांब्राह्मणंचैवतथाह्यायुर्नरिष्यते ॥ त्रीणितेजांसिनोच्छिष्टउदीक्षेतकदाचन ६३ सूर्याचंद्रमसौचैवनक्षत्राणिचसर्वशः ॥ ऊर्ध्वंप्राणाह्युत्क्रामं
तियूनःस्थविरआयति ६४ प्रत्युत्थानाभिवादाभ्यांपुनस्तान्प्रतिपद्यते ॥ अभिवादयीतवृद्धांश्चदद्याच्चैवासनंस्वयम् ६५ कृतांजलिरुपासीतगच्छंतंपृष्ठतोऽ
न्वियात् ॥ नचासीतासनेभिन्नेभिन्नकांस्यंचवर्जयेत् ६६ नैकवस्त्रेणभोक्तव्यंननग्नःस्नातुमर्हति ॥ स्वप्तव्यंनैवनग्नेननचोच्छिष्टोऽपिसंविशेत् ६७ उच्छिष्टोनस्पृ
शेच्छीर्षंसर्वेप्राणास्तदाऽऽश्रयाः ॥ केशग्रहंप्रहारांश्चशिरस्येतान्विवर्जयेत् ६८ नसंहताभ्यांपाणिभ्यांकंडूयेदात्मनःशिरः ॥ नचाभीक्ष्णंशिरःस्नायात्तथास्यायुर्न
रिष्यते ६९ शिरस्नातस्तुतैलैश्चनांगंकिंचिदपिस्पृशेत् ॥ तिलसृष्टंनचाश्नीयात्तथाऽस्यायुर्नरिष्यते ७० नाध्यापयेत्तथोच्छिष्टोनाधीयीतकदाचन ॥ वातेचपू
तिगंधेचमनसाऽपिनचिंतयेत् ७१ अत्रगाथायमोद्गीताःकीर्तयंतिपुराविदः ॥ आयुरस्यनिकृंतामिप्रजास्तस्याददेतथा ७२ उच्छिष्टोयःप्राद्रवतिस्वाध्यायंचा
धिगच्छति ॥ यश्चानध्यायकालेऽपिमोहादभ्यस्यतिद्विजः ७३ तस्यवेदःप्रणश्येतआयुश्चपरिहीयते ॥ तस्माद्युक्तोह्यनध्यायेनाधीयीतकदाचन ७४ प्रत्यादि
त्यंप्रत्यनलंप्रतिगांचप्रतिद्विजान् ॥ येमेहंतिचपंथानंतेभवंतिगतायुषः ७५ उभेमूत्रपुरीषेतुदिवाकुर्यादुदङ्मुखः ॥ दक्षिणाभिमुखोरात्रौतथाह्यायुर्नरिष्यते ७६ त्री
न्कृशान्नावजानीयाद्दीर्घमायुर्जिजीविषुः ॥ ब्राह्मणंक्षत्रियंसर्पंसर्वेह्याशीविषास्त्रयः ७७ दहत्याशीविषःक्रुद्धोयावत्पश्यतिचक्षुषा ॥ क्षत्रियोऽपिदहेत्क्रुद्धोयाव
त्स्पृशतितेजसा ७८ ब्राह्मणस्तुकुलंहन्यात्ध्यानेनावेक्षितेनच ॥ तस्मादेतत्त्रयंयत्नादुपसेवेतपंडितः ७९ गुरुणाचैवनिर्बन्धोनकर्तव्यःकदाचन ॥ अनुमा
न्यःप्रसाद्यश्चगुरुःक्रुद्धोयुधिष्ठिर ८० सम्यङ्मिथ्याप्रवृत्तेऽपिवर्तितव्यंगुराविह ॥ गुरुनिंदादहत्यायुर्मनुष्याणांनसंशयः ८१ दूरादावसथान्मूत्रंदूरात्पादावसेच
नम् ॥ उच्छिष्टोत्सर्जनंचैवदूरेकार्यंहितैषिणा ८२ ॥ ॥ ॥ ॥

६१।६२।६३।६४।६५ । ६६ । ६७ । ६८ । नरिष्यतेहिंस्यते ६९ तिलसृष्टंतिलसंयुक्तंसृष्टंभक्ष्यं ७० नचिंयेत्वेदम् ७१।७२।७३।७४।७५।७६।७७।७८।७९।८० मिथ्याप्रवृत्तेऽपिसम्यग्वर्तितव्यम् ८१ । ८२

८३ । ८४ विपर्ययमौचराधर्यं ८५ अपदशंदशाहीनं ८६ प्रियंगुःराजिका 'प्रियंगुस्त्रीराजिकाकणयोरपि'इतिमेदिनी ८७ पृथगिति । राजिकयाऽनुलेपनंकृत्वास्नात्वाचंदनाद्यन्यतमेनानुलेपनंकार्यमित्यर्थः तगरस्थगरंमहाराष्ट्राणांगांवबाणइतिप्रसिद्धं उपवासंब्रह्मचर्यं ८८ । ८९ आलीढयारजस्वलया परिकृतंसंपादितं नालीढंनापरिहितमितिपाठे आलीढंगवाद्याघ्रातमपरिहितंपरिषेचनहीनं उद्धृतसाराणिक्षी रादीनि प्रेक्षतेयाचकाय ९० मेधावीनापुरुषःअशुचेःसन्निकृष्टेनभुंजीत मेधावीअशुचेरितिगौडाः धर्मेषुश्राद्धादिषुप्रतिषिद्धान्भक्षान्पृष्ठतःश्राद्धाद्यभावेनभुंजीत ९१ । ९२ । ९३ ९४ वालेनकेशेनोपल

रक्तमाल्यंनधार्यस्याच्छुक्लंधार्यंतुपंडितैः ॥ वर्जयित्वातुकमलंतथाकुवलयंप्रभो ८३ रक्तंशिरसिधार्यंतुतथावानेयमित्यपि ॥ कांचनीयाऽपिमालायानसादुष्यति कर्हिचित् ८४ स्नातस्यवर्णकंनित्यमार्द्रंदद्याद्विशांपते ॥ विपर्ययंनकुर्वीतवाससोबुद्धिमान्नरः ८५ तथानान्यधृतंधार्यंनचापदशमेवच ॥ अन्यदेवभवेद्वासःशयनीये नरोत्तम ८६ अन्यद्रथ्यासुदेवानामर्चायामन्यदेवहि ॥ प्रियंगुचंदनाभ्यांचबिल्वेनतगरेणच ८७ पृथगेवानुलिंपेतकेसरेणचबुद्धिमान् ॥ उपवासंचकुर्वीतस्नातः शुचिरलंकृतः ८८ पर्वकालेषुसर्वेषुब्रह्मचारीसदाभवेत् ॥ समानमेकपात्रेतुभुंजेन्नान्नंजनेश्वर ८९ नालीढयापरिकृतंभक्षयीतकदाचन ॥ तथानोद्धृतसाराणिप्रेक्षते नाप्रदायच ९० नसंनिकृष्टेमेधावीनाशुचेर्नचसत्सुच ॥ प्रतिषिद्धान्नधर्मेषुभक्ष्यान्भुंजीतपृष्ठतः ९१ पिप्पलंचवटंचैवशणशाकंतथैवच ॥ उदुंबरंनखादेच्चभवार्थी पुरुषोत्तमः ९२ आजंगव्यंतथामांसंमायूरंचैववर्जयेत् ॥ वर्जयेच्छुष्कमांसंचतथापर्युषितंचयत् ९३ नपाणौलवणंविद्वान्प्राश्नीयान्नचरात्रिषु ॥ दधिसक्तू न्भुंजीतवृथामांसंचवर्जयेत् ९४ सायंप्रातश्चभुंजीतनांतरालेसमाहितः ॥ वालेनतुनभुंजीतपरश्राद्धंतथैवच ९५ वाग्यतोनैकवस्त्रश्चनासंविष्टःकदाचन ॥ भूमौसदै वनाश्नीयान्नानासीनोनशद्ववत् ९६ तोयपूर्वंप्रदायान्नमतिथिभ्योविशांपते ॥ पश्चाद्भुंजीतमेधावीनचाप्यन्यमनानरः ९७ समानमेकपंक्त्यांतुभोज्यमन्नंनरेश्वर ॥ विषंहालाहलंभुंक्तेयोऽप्रदायसुहृज्जनम् ९८ पानीयंपायसंसक्तून्दधिसर्पिर्मधून्यपि ॥ निरस्यशेषमन्येषांनप्रदेयंतुकस्यचित् ९९ भुंजानोमनुजव्याघ्रनैवशंकांसमाच रेत् ॥ दधिचाप्यनुपानंवैनकर्तव्यंभवार्थिना १०० आचम्यचैकहस्तेनपरिप्लाव्यंतथोदकम् ॥ अंगुष्ठंचरणस्याथदक्षिणस्यावसेचयेत् १ पाणिंमूर्ध्निसमाधायस्पृष्ट्वा चाग्निंसमाहितः ॥ ज्ञातिश्रैष्ठ्यमवाप्नोतिप्रयोगकुशलोनरः २ अद्भिःप्राणान्समालभ्यनाभिंपाणितलेतथा ॥ स्पृशंश्चैवप्रतिष्ठेतनचाप्यार्द्रेणपाणिना ३ अंगुष्ठस्यांतरा लेचब्राह्मंतीर्थमुदाहृतम् ॥ कनिष्ठिकायाःपश्चात्तुदेवतीर्थमिहोच्यते ४ अंगुष्ठस्यचयन्मध्यंप्रदेशिन्याश्चभारत ॥ तेनपित्र्याणिकुर्वीतस्पृष्ट्वाऽपोन्यायतःसदा १०५

क्षितं परश्राद्धंशत्रुश्राद्धं ९५ सदैवनसदानैवेतिसंबंधः ९६ । ९७ । ९८ निरस्यपानीयादीन्विहाय अन्येषांभक्षाणांशेषमन्यस्मैनदेयं पानीयादेरपिशेषंपुत्रादिभ्यएवदेयं पितुर्ज्येष्ठस्यचभ्रातुरुच्छिष्टंभो ज्यमितिस्मरणात् अन्येषांतद्भोजनस्यनिषेधात् गौडास्तुनिरस्यशेषमेतेषांनप्रदेयमितिपठंति तत्परिसंख्यापत्तेरुपेक्ष्यते ९९ शंकांजीर्येतिनवेति अन्नस्यापूतत्वाद्वाऽधिकत्वाच्छंकयानैवभोक्तव्यमित्यर्थः दधीति तक्रंत्वनुपानंकर्तव्यमेव 'यथेष्टंभुंक्ष्वमाभैषीस्तक्रंसलवणंपिब'इतितस्यदृष्टार्थत्वोक्तेः १०० कुत्रपरिप्लाव्यंतदाह अंगुष्ठमिति १ । २ प्राणान्नासादीन् ३ । ४ । ५

६।७।८।९।१०।११।१२।१३ एतेतैलपायिकादिवन्नपापायअभ्युदयायेत्यर्थः पारावतादयःसर्वेपक्षिविशेषाएव १४।१५।१६ शारणिकस्यरक्षणार्थिनः १७।१८।१९ प्रसाधनंकेशानांसंस्का
रादिकं २० पानीयस्यक्रियास्नानंनक्तंस्नायादितिगृहेरात्रौशिरःस्नाननिषेधः २१ पानानिपातुंयोग्यानीत्यर्थः चावदातानिइतिगौडपाठः अवदातानिनिर्मलान्यपिशेषाणिवर्जनीयानीत्यर्थः सौहित्य
मातृप्तिभोजनंपरस्यनकर्तव्यमात्मनश्चनसमाचरेत् २२ द्विजच्छेदंपक्षिवधंनकुर्वीत तर्हिपक्षिमांसमेवनभोक्तव्यमितिफलितमित्याशंक्याह भुक्त्वानसमाचरेदिति द्विजान्भुक्त्वाऽपितच्छेदंनसमाचरेत् क्रयक्री

परापवादंनब्रूयान्नाप्रियंचकदाचन ॥ नमन्युःकश्चिदुत्पाद्यःपुरुषेणभवार्थिना १०६ पतितैस्तुकथांनेच्छेद्दर्शनंचविवर्जयेत् ॥ संसर्गंचनगच्छेततथाऽऽयुर्विन्दतेम
हत् ७ नदिवामैथुनंगच्छेन्नकन्यांनचबंधकीम् ॥ नचास्नातांस्त्रियंगच्छेत्तथाऽऽयुर्विन्दतेमहत् ८ स्वेस्वेतीर्थेसमाचम्यकार्येसमुपकल्पिते ॥ त्रिःपीत्वाऽऽपोद्विः
प्रमृज्यकृतशौचोभवेन्नरः ९ इंद्रियाणिसकृत्स्पृश्यत्रिरभ्युक्ष्यचमानवः ॥ कुर्वीतपित्र्यंदैवंचवेददृष्टेनकर्मणा ११० ब्राह्मणार्थेचयच्छौचंतच्चमेशृणुकौरव ॥ पवि
त्रंचहितंचैवभोजनाद्यंतयोस्तथा ११ सर्वशौचेषुब्राह्मेणतीर्थेनसमुपस्पृशेत् ॥ निष्ठीव्यतुतथाक्षुत्वास्पृश्यापोहिशुचिर्भवेत् १२ वृद्धोज्ञातिस्तथामित्रंदरिद्रोयोभवे
दपि ॥ गृहेवासयितव्याऽऽस्तेधन्यमायुष्यमेवच १३ गृहेपारावताधन्याःशुकाश्चसहसारिकाः ॥ गृहेष्वेतेनपापायतथावैतैलपायिकाः ॥ उद्दीपकाश्चगृध्राश्चकपो
ताभ्रमरास्तथा १४ निविशेयुर्यदातत्रशांतिमेवतदाऽऽचरेत् ॥ अमंगल्यानिचैतानितथाऽऽक्रोशोमहात्मनाम् १५ महात्मनोऽतिगुह्यानिनवक्तव्यानिकर्हि
चित् ॥ अगम्याश्चनगच्छेतराज्ञःपत्नींसखीस्तथा १६ वैद्यानांबालवृद्धानांभृत्यानांचयुधिष्ठिर ॥ बंधूनांब्राह्मणानांचतथाशारणिकस्यच १७ संबंधिनांचराजे
न्द्रतथाऽऽयुर्विन्दतेमहत् ॥ ब्राह्मणस्थपतिभ्यांचनिर्मितंयन्निवेशनम् १८ तदावसेत्सदाप्राज्ञोभवार्थीमनुजेश्वर ॥ संध्यायांनस्वपेद्राजन्विद्यांनचसमाचरेत् १९ नभुं
जीतचमेधावीतथाऽऽयुर्विन्दतेमहत् ॥ नक्तंनकुर्यात्पित्र्याणिभुक्त्वाचैवप्रसाधनम् २० पानीयस्यक्रियानक्तंनकार्याभूतिमिच्छता ॥ वर्जनीयाश्चैवनित्यंसक्तवोनि
शिभारत २१ शेषाणिचैवपानानिपानीयंचापिभोजने ॥ सौहित्यंनचकर्तव्यंरात्रौनचसमाचरेत् २२ द्विजच्छेदंनकुर्वीतभुक्त्वानचसमाचरेत् ॥ महाकुलेप्रसूतांच
प्रशस्तांलक्षणैस्तथा २३ वयस्थांचमहाप्राज्ञःकन्यामावोढुमर्हति ॥ अपत्यमुत्पाद्यततःप्रतिष्ठाप्यकुलंतथा २४ पुत्राःप्रदेयाज्ञानेषुकुलधर्मेषुभारत ॥ कन्याचोत्पा
द्यदातव्याकुलपुत्रायधीमते २५ पुत्रानिवेश्याश्चकुलाद्भृत्यालभ्याश्चभारत ॥ शिरःस्नातोऽथकुर्वीतदैवंपित्र्यमथापिच २६ नक्षत्रेनचकुर्वीतयस्मिन्जातोभवे
न्नरः॥ नप्रोष्ठपदयोःकार्यंतथाऽग्नेयेचभारत २७ ॥ ॥ ॥ ॥ ॥

तमेवमांसंभक्ष्यंनतुस्वयंहिंसाकार्येत्यर्थः । मुक्त्वापालंसमाचरेदितिपाठे भोजनांतेतक्रंजलंवापेयमित्यर्थः २३।२४ ज्ञानेषुबहुज्ञाननिमित्तं पुत्रादेयाविद्वत्सुसमर्पणीयाः २५ कुलात्सत्कुलसंबंधेननिवेश्या
विवाह्याः लभ्यालंभनीयाः २६ आग्नेयेकृत्तिकायां २७ ॥ ॥ ॥ ॥ ॥

१ वडवागुळ इति भाषायाम्

प्रत्यरिस्वनक्षत्रादिनक्षत्रंयावद्गणयित्वानवभिर्भागेहृतेपंचमीताराप्रत्यरिः १२८ । २९ । ३० व्यंगिनींन्यूनांगीं व्यंगितांविरुद्धांगेनाधिकेनयुक्तां समार्षांसमानप्रवरां ३१ । ३२ अयोनिअज्ञा

दारुणेषुचसर्वेषुप्रत्यरिंचविवर्जयेत् ॥ ज्योतिषेयानिचोक्तानितानिपर्वाणिवर्जयेत् १२८ प्राङ्मुखःश्मश्रुकर्माणिकारयेत्सुसमाहितः ॥ उदङ्मुखोवाराजेंद्रतथा
ऽऽयुर्विन्दतेमहत् २९ परिवादंनचब्रूयात्परेषामात्मनस्तथा ॥ परिवादोह्यधर्मायप्रोच्यतेभरतर्षभ ३० वर्जयेद्व्यंगिनींनारींतथाकन्यांनरोत्तम ॥ समार्षांव्यंगितां
चैवमातुःस्वकुलजांतथा ३१ वृद्धांप्रव्रजितांचैवतथैवचपतिव्रताम् ॥ तथानिकृष्टवर्णांचवर्णोत्कृष्टांचवर्जयेत् ३२ अयोनिंचवियोनिंचनगच्छेतविचक्षणः ॥ पिं
गलांकुष्ठिनींनारींनत्वमुद्वोढुमर्हसि ३३ अपस्मारिकुलेजातांनिहीनांचापिवर्जयेत् ॥ श्वित्रिणांचकुलेजातांक्षयिणांमनुजेश्वर ३४ लक्षणैरन्वितायाचप्रशस्तायाच
लक्षणैः ॥ मनोज्ञांदर्शनीयांचतांभवान्वोढुमर्हति ३५ महाकुलेनिवेष्टव्यंसदृशेवायुधिष्ठिर ॥ अवरापतिताचैवनग्राह्याभूतिमिच्छता ३६ अग्नीनुत्पाद्य
यत्नेनक्रियाःसुविहिताश्चयाः ॥ वेदेचब्राह्मणैःप्रोक्तास्ताश्चसर्वाःसमाचरेत् ३७ नचेर्ष्यास्त्रीषुकर्तव्यारक्ष्यादाराश्चसर्वशः ॥ आनायुष्याभवेदीर्ष्यातस्मादीर्ष्यांविव
र्जयेत् ३८ अनायुष्यंदिवास्वप्नंतथाऽभ्युदितशायिना ॥ प्रगेनिशामाशुतथानैवोच्छिष्टाःस्वपंतिवै ३९ पारदार्यमनायुष्यंनापितोच्छिष्टतातथा ॥ यत्नतोवैन
कर्तव्यमभ्यासश्चैवभारत ४० संध्यायांचनभुंजीतनस्नायेन्नतथापठेत् ॥ प्रयतश्चभवेत्तस्यांनचकिंचित्समाचरेत् ४१ ब्राह्मणान्पूजयेच्चापितथास्नात्वानराधि
प ॥ देवांश्चप्रणमेत्स्नातोगुरूंश्चाप्यभिवादयेत् ४२ अनिमंत्रितोनगच्छेतयज्ञंगच्छेतदर्शकः ॥ अनर्चितोह्यनायुष्यंगमनंतत्रभारत ४३ नचैकेनपरिव्रज्यंन
गंतव्यंतथानिशि ॥ अनागतायांसंध्यायांपश्चिमायांगृहेवसेत् ४४ मातुःपितुर्गुरूणांचकार्यमेवानुशासनम् ॥ हितंचाप्यहितंचापिनविचार्यंनरर्षभ ४५ ध
नुर्वेदेचवेदेचयत्नःकार्योनराधिप ॥ हस्तिपृष्ठेऽश्वपृष्ठेचरथचर्यासुचैवह ४६ यत्नवान्भवराजेन्द्रयत्नवान्सुखमेधते ॥ अप्रधृष्यश्चशत्रूणांभृत्यानांस्वजनस्यच ४७
प्रजापालनयुक्तश्चनक्षतिंलभतेक्वचित् ॥ युक्तिशास्त्रंचतेज्ञेयंशब्दशास्त्रंचभारत ४८ गांधर्वशास्त्रंचकलाःपरिज्ञेयानराधिप ॥ पुराणमितिहासाश्चतथाऽऽख्या
नानियानिच ४९ महात्मनांचचरितंश्रोतव्यंनित्यमेवते ॥ पत्नीरजस्वलायाचनाभिगच्छेन्नचाह्वयेत् ५० स्नातांचतुर्थेदिवसेरात्रौगच्छेद्विचक्षणः ॥ पंचमेदि
वसेनारीषष्ठेऽहनिपुमान्भवेत् ५१ एतेनविधिनापत्नीमुपगच्छेतपंडितः ॥ ज्ञातिसंबंधिमित्राणिपूजनीयानिसर्वशः ५२ यष्टव्यंचयथाशक्तियज्ञैर्विविधदक्षिणैः ॥
अतऊर्ध्वमरण्यंचसेवितव्यंनराधिप ५३ एषतेलक्षणोद्देशआयुष्याणांप्रकीर्तितः ॥ शेषस्त्रैविद्यवृद्धेभ्यःप्रत्याहार्योयुधिष्ठिर ५४ आचारोभूतिजननआचारः
कीर्तिवर्धनः ॥ आचाराद्वर्धतेह्यायुराचारोहंत्यलक्षणम् ५५ आगमानांहिसर्वेषामाचारःश्रेष्ठउच्यते ॥ आचारप्रभवोधर्मोधर्मादायुर्विवर्धते १५६ ॥

तकुलां वियोनिंहीनकुलाम् ३३ । ३४ । ३५ । ३६ । ३७ । ३८ प्रगेसंध्यायां ३९ नापितोच्छिष्टताश्मश्रुकर्मोत्तरमस्नातता अभ्यासोऽध्ययनंच ४० । ४१ । ४२ दर्शकोद्रष्टा ४३ परिव्र
ज्यंदेशांतरेगंतव्यं ४४ । ४५ । ४६ । ४७ । ४८ । ४९ । ५० । ५१ । ५२ । ५३ आयुष्याणामायुष्कराणांकर्मणांउद्देशःसंक्षेपः ५४ । ५५ । १५६ ॥ ॥ ॥

५७ ॥ इतिअनुशासमपर्वणिनीलकंठीयेभारतभावदीपेचतुरधिकशततमोऽध्यायः ॥ १०४ ॥ ॥ ॥ यथेति १ याचशिष्यस्यगुरौवृत्तिस्तांबर्तस्व २ । ३ तेषांगुरूणाम् ४ कृतंमित्रम् अरयोन
राभेदयेयुः ५ । ६ यवीयसःकनिष्ठान् ७ विदुलस्यवेतसस्य । 'विदुलस्तुपुमानम्लवेतसेवेतसेऽपिच'इतिमेदिनी जनयितुःपितुः ८ । ९ । १० जंघाश्रमएवफलंधनंयस्य अध्वगःप्रवासी

एतद्यशस्यमायुष्यंस्वर्ग्यंस्वस्त्ययनंमहत् ॥ अनुकंप्यसर्ववर्णान्ब्रह्मणासमुदाहृतम् १५७ ॥ इतिश्रीमहाभारतेअनुशासनप० आनु० पर्वणि दानधर्मेआयुष्याख्याने
चतुरधिकशततमोऽध्यायः ॥ १०४ ॥ ॥ ॥ युधिष्ठिरउवाच ॥ यथाज्येष्ठःकनिष्ठेषुवर्तेतभरतर्षभ ॥ कनिष्ठाश्चयथाज्येष्ठेवर्तेरंस्तद्ब्रवीहिमे १ ॥ भीष्मउवाच ॥
ज्येष्ठवत्तातवर्तस्वज्येष्ठोऽसिसततंभवान् ॥ गुरोर्गरीयसीवृत्तिर्याचशिष्यस्यभारत २ नगुरावकृतप्रज्ञेशक्यंशिष्येणवर्तितुम् ॥ गुरोर्हिदीर्घदर्शित्वंयत्तच्छिष्यस्यभा
रत ३ अंधःस्यादंधवेलायांजडःस्यादपिवाबुधः ॥ परिहारेणतद्ब्रूयाद्यस्तेषांस्याद्व्यतिक्रमः ४ प्रत्यक्षंभिन्नहृदयाभेदयेयुःकृतंनराः ॥ श्रियाऽभितप्ताःकौन्तेयभेदका
मास्तथाऽरयः ५ ज्येष्ठःकुलंवर्धयतिविनाशयतिवापुनः ॥ हंतिसर्वमपिज्येष्ठःकुलंयत्रावजायते ६ अथयोविनिकुर्वीतज्येष्ठोभ्रातायवीयसः ॥ अज्येष्ठःस्यादभागश्च
नियम्योराजभिश्चसः ७ निकृतीहिनरोलोकान्पापान्गच्छत्यसंशयम् ॥ विदुलस्येवतत्पुष्पंमोघंजनयितुःस्मृतम् ८ सर्वानर्थःकुलेयत्रजायतेपापपूरुषः ॥ अकीर्तिं
जनयत्येवकीर्तिमंतर्दधातिच ९ सर्वेचापिविकर्मस्थाभागंनार्हंतिसोदराः ॥ नाप्रदायकनिष्ठेभ्योज्येष्ठःकुर्वीतयौतकम् १० अनुपघ्नन्पितुर्दायंजंघाश्रमफलोऽध्वगः ॥
स्वयमीहितलब्धंतुनाकामोदातुमर्हति ११भ्रातृणामविभक्तानामुत्थानमपिचेत्सह ॥ नपुत्रभागंविषमंपितादद्यात्कदाचन १२ नज्येष्ठोवाऽवमन्येतदुष्कृतःसुकृतोऽपि
वा ॥ यदिस्त्रीयद्यवरजःश्रेयश्चेत्तत्तदाचरेत् १३ धर्मंहिश्रेयइत्याहुरितिधर्मविदोजनाः ॥ दशाचार्यानुपाध्यायउपाध्यायान्पितादश १४ दशचैवपितॄन्मातास
र्वांवापृथिवीमपि ॥ गौरवेणाभिभवतिनास्तिमातृसमोगुरुः १५ मातागरीयसीयच्चतेनैतांमन्यतेजनः ॥ ज्येष्ठोभ्रातापितृसमोमृतेपितरिभारत १६ सह्येषांवृत्ति
दातास्यात्सचैतान्प्रतिपालयेत् ॥ कनिष्ठास्तंनमस्येरन्सर्वेछंदानुवर्तिनः १७ तमेवचोपजीवेरन्यथैवपितरंतथा ॥ शरीरमेतौसृजतःपितामाताचभारत १८
आचार्यशास्तायाजातिःसासत्यासाऽजराऽमरा ॥ ज्येष्ठामातृसमाचापिभगिनीभरतर्षभ १९ भ्रातुर्भार्याचतद्वत्स्याद्यस्याबाल्येस्तनंपिबेत् २० ॥ इतिश्रीमहा
भारतेअनुशासनपर्वणिअनुशासनिकेप० दानधर्मेज्येष्ठकनिष्ठवृत्तिर्नामपंचाधिकशततमोऽध्यायः ॥ १०५ ॥ ॥ युधिष्ठिरउवाच ॥ सर्वेषामेववर्णानांम्लेच्छानां
चपितामह ॥ उपवासेमतिरियंकारणंचनविद्महे १ ब्रह्मक्षत्रेणनियमाश्चर्तव्याइतिनःश्रुतम् ॥ उपवासेकथंतेषांकृत्यमस्तिपितामह २ नियमांश्चोपवासांश्चस
र्वेषांब्रूहिपार्थिव ॥ आप्नोतिकांगतिंतातउपवासपरायणः ३ उपवासःपरंपुण्यमुपवासःपरायणम् ॥ उपोष्यहनरश्रेष्ठकिंफलंप्रतिपद्यते ४ ॥ ॥

११ उत्थानंभोजनादौ विभागेबा १२ यदिस्त्रीयदिवाकनिष्ठोदुष्कृतस्तथाऽपितस्यश्रेयआचरेत् १३ । १४ । १५ । १६ । १७ । १८ । १९ । २० ॥ इतिअनुशासनपर्वणिनीलकंठीयेभारत
भावदीपेपंचाधिकशततमोऽध्यायः ॥ १०५ ॥ ॥ ॥ सर्वेषामिति १ । २ । ३ । ४ ॥ ॥ ॥ ॥

६ । ६ । ७ । ८ । ९ । १० ब्रह्मक्षत्रेत्रिरात्राधिकमुपोषणंनेष्टं द्विस्त्रिरात्रंषड्रात्रंसर्वेषां अथआश्रमांतरेकेचिन्निर्दिष्टं ११ व्युष्टिःफलम् १२ दिनस्यद्वेभक्तेतत्रचतुर्थस्यभक्तस्यक्षपणं द्विरात्रमभोजनमित्यर्थः

अधर्मान्मुच्यतेकेनधर्ममाप्नोतिवाकथम् ॥ स्वर्गंपुण्यंचलभतेकथंभरतसत्तम ५ उपोष्यचापिकिंतेनप्रदेयंस्यान्नराधिप ॥ धर्मेणचसुखानर्थाँल्लँभेद्येनब्रवीहितम् ६
॥ वैशंपायनउवाच ॥ एवंब्रुवाणंकौन्तेयंधर्मज्ञंधर्मतत्त्ववित् ॥ धर्मपुत्रमिदंवाक्यंभीष्मःशान्तनवोऽब्रवीत् ७ ॥ भीष्मउवाच ॥ इदंखलुमयाराजन्श्रुतमासीत्पुरा
तनम् ॥ उपवासविधौश्रेष्ठागुणायेभरतर्षभ ८ ऋषिमंगिरसंपूर्वंपृष्टवानस्मिभारत ॥ यथामांत्वंतथैवाहंपृष्टवांस्तंतपोधनम् ९ प्रश्नमेतंमयापृष्टोभगवानग्निसंभवः ॥
उपवासविधिंपुण्यमाचष्टभरतर्षभ १० ॥ अंगिराउवाच ॥ ब्रह्मक्षत्रेत्रिरात्रंतुविहितंकुरुनंदन ॥ द्विस्त्रिरात्रमथैकाहंनिर्दिष्टंपुरुषर्षभ ११ वैश्याःशूद्राश्चयन्मोहा
दुपवासंप्रचक्रिरे ॥ त्रिरात्रंवाद्विरात्रंवातयोर्व्युष्टिर्नविद्यते १२ चतुर्थभक्तक्षपणंवैश्येशूद्रेविधीयते ॥ त्रिरात्रंनतुधर्मज्ञैर्विहितंधर्मदर्शिभिः १३ पंचम्यांवाऽपिषष्ठ्यां
चपौर्णमास्यांचभारत ॥ उपोष्यएकभक्तेननियताऽऽत्माजितेन्द्रियः १४ क्षमावान्रूपसंपन्नःश्रुतवांश्चैवजायते ॥ नानपत्योभवेत्प्राज्ञोदरिद्रोवाकदाचन १५ यजि
ष्णुःपंचमींषष्ठींकुलेभोजयतेद्विजान् ॥ अष्टमीमथकौरव्यकृष्णपक्षेचतुर्दशीम् १६ उपोष्यव्याधिरहितोवीर्यवानभिजायते ॥ मार्गशीर्षंतुयोमासमेकभक्तेनसंक्षि
पेत् १७ भोजयेच्चद्विजान्शक्त्यासमुच्येद्व्याधिकिल्बिषैः ॥ सर्वकल्याणसंपूर्णःसर्वौषधिसमन्वितः १८ उपोष्यव्याधिरहितोवीर्यवानभिजायते ॥ कृषिभागीबहु
धनोबहुधान्यश्चजायते १९ पौषमासंतुकौन्तेयभक्तेनैकेनयःक्षिपेत् ॥ सुभगोदर्शनीयश्चयशोभागीचजायते २० माघंतुनियतोमासमेकभक्तेनयःक्षिपेत् ॥ श्रीम
त्कुलेज्ञातिमध्येसमहत्वंप्रपद्यते २१ भगदैवतमासंतुएकभक्तेनयःक्षिपेत् ॥ स्त्रीषुवल्लभतांयातिवश्याश्चास्यभवंतिताः २२ चैत्रंतुनियतोमासमेकभक्तेनयःक्षिपेत् ॥
सुवर्णमणिमुक्ताढ्येकुलेमहतिजायते २३ निस्तरेदेकभक्तेनवैशाखंयोजितेन्द्रियः ॥ नरोवायदिवानारीज्ञातीनांश्रेष्ठतांव्रजेत् २४ ज्येष्ठामूलंतुयोमासमेकभक्तेनसंक्षि
पेत् ॥ ऐश्वर्यमतुलंश्रेष्ठंपुमान्स्त्रीवाप्रपद्यते २५ आषाढमेकभक्तेनस्थित्वामासमतंद्रितः ॥ बहुधान्योबहुधनोबहुपुत्रश्चजायते २६ श्रावणंनियतोमासमेकभक्तेनयः
क्षिपेत् ॥ यत्रतत्राभिषेकेणयुज्यतेज्ञातिवर्धनः २७ प्रौष्ठपदंतुयोमासमेकाहारोभवेन्नरः ॥ गवाढ्यंस्फीतमचलमैश्वर्यंप्रतिपद्यते २८ तथैवाश्वयुजंमासमेकभक्तेनयः
क्षिपेत् ॥ मृजावान्वाहनाढ्यश्चबहुपुत्रश्चजायते २९ कार्तिकंतुनरोमासंयःकुर्यादेकभोजनम् ॥ शूरश्चबहुभार्यश्चकीर्तिमांश्चैवजायते ३० इतिमासानरव्याघ्रक्षिप
तांपरिकीर्तिताः ॥ तिथीनांनियमायेतुश्शृणुतानपिपार्थिव ३१ पक्षेपक्षेगतेयस्तुभक्तमश्नातिभारत ॥ गवाढ्योबहुपुत्रश्चबहुभार्यःसजायते ३२ मासिमासित्रि
रात्राणिकृत्वावर्षाणिद्वादश ॥ गणाधिपत्यंप्राप्नोतिनिःसपत्नमनाविलम् ३३ ॥ ॥ ॥ ॥

नतुत्रिरात्रंतेषामस्तीत्याह त्रीति १३ । १४ । १५ यजिष्णुर्देवतापूजनशीलः कुलेसएवमहानन्नदाताभवतीत्यर्थः १६ । १७ । १८ । १९ । २० । २१ । २२ । २३ । २४ ज्येष्ठामूलंज्येष्ठमासं २५
२६ । २७ । २८ । २९ । ३० । ३१ सर्वेषुमासेष्वेकैकस्मिन्पक्षेगतेद्वितीयपक्षेभक्तमेकभक्तमश्नाति ३२ । ३३ ॥ ॥ ॥ ॥

३४ । ३५ । ३६ । ३७ । ३८ । ३९ । ४० । ४१ । ४२ । ४३ । ४४ । ४५ । ४६ एकस्मिन्पक्षेगतेऽपरस्मिन्पक्षेऽश्नातिवर्षेचतदेवषण्मामाशनंभवति ४७ । ४८ । ४९ संवत्सरमिति एकैकस्मिन्संवत्सरेए

एतेतुनियमाःसर्वेकर्तव्याःशरदोदश ॥ द्वेचान्येभरतश्रेष्ठप्रवृत्तिमनुवर्त्तता ३४ यस्तुप्रातस्तथासायंभुंजानोनांतरापिबेत् ॥ अहिंसानिरतोनित्यंजुह्वानोजातवेद
सम् ३५ षड्भिःसवर्षैर्नृपतेसिध्यतेनात्रसंशयः ॥ अग्निष्टोमस्ययज्ञस्यफलंप्राप्नोतिमानवः ३६ अधिवासेसोऽप्सरसांनृत्यगीतविनादिते ॥ रमतेस्त्रीसहस्राढ्येसु
कृतीविरजोनरः ३७ तप्तकांचनवर्णाभंविमानमधिरोहति ॥ पूर्णंवर्षसहस्रंचब्रह्मलोकेमहीयते ३८ तत्क्षयादिहचागम्यमाहात्म्यंप्रतिपद्यते ॥ यस्तुसंवत्सरंपूर्ण
मेकाहारोभवेन्नरः ३९ अतिरात्रस्ययज्ञस्यसफलंसमुपाश्नुते ॥ दशवर्षसहस्राणिस्वर्गेचसमहीयते ४० तत्क्षयादिहचागम्यमाहात्म्यंप्रतिपद्यते ॥ यस्तुसंवत्सरं
पूर्णंचतुर्थभक्तमश्नुते ४१ अहिंसानिरतोनित्यंसत्यवाग्विजितेन्द्रियः ॥ वाजपेयस्ययज्ञस्यसफलंसमुपाश्नुते ४२ दशवर्षसहस्राणिस्वर्गलोकेमहीयते ॥ षष्ठेकालेतुकौ
न्तेयनरःसंवत्सरंक्षिपन् ४३ अश्वमेधस्ययज्ञस्यफलंप्राप्नोतिमानवः ॥ चक्रवाकप्रयुक्तेनविमानेनसगच्छति ४४ चत्वारिंशत्सहस्राणिवर्षाणांदिविमोदते ॥ अष्टमेन
तुभक्तेनजीवन्संवत्सरंनृप ४५ गवामयस्ययज्ञस्यफलंप्राप्नोतिमानवः ॥ हंससारसयुक्तेनविमानेनसगच्छति ४६ पंचाशतंसहस्राणिवर्षाणांदिविमोदते ॥ पक्षेप
क्षेगतेराजन्योऽश्नीयाद्वर्षमेवतु ४७ षण्मासानशनंतस्यभगवानंगिराऽब्रवीत् ॥ षष्टिर्वर्षसहस्राणिदिवमावसतेचसः ४८ वीणानांवल्लकीनांचवेणूनांचविशांपते ॥
सुघोषैर्मधुरैःशब्दैःसुप्तःसप्रतिबोध्यते ४९ संवत्सरमिहैकंतुमासिमासिपिबेदपः ॥ फलंविश्वजितस्तातप्राप्नोतिसनरोनृप ५० सिंहव्याघ्रप्रयुक्तेनविमानेनसग
च्छति ॥ सप्ततिंचसहस्राणिवर्षाणांदिविमोदते ५१ मासादूर्ध्वंनरव्याघ्रनोपवासोविधीयते ॥ विधिंत्वनशनस्याहुःपार्थधर्मविदोजनाः ५२ अनार्तोव्याधिरहि
तोगच्छेदनशनंतुयः ॥ पदेपदेयज्ञफलंसप्राप्नोतिनसंशयः ५३ दिवंहंसप्रयुक्तेनविमानेनसगच्छति ॥ शतंवर्षसहस्राणांमोदतेसदिविप्रभो ५४ शतंचाप्सरसःक
न्यारमयंत्यपितंनरम् ॥ आर्तोवाव्याधितोवाऽपिगच्छेदनशनंतुयः ५५ शतंवर्षसहस्राणांमोदतेसदिविप्रभो ॥ कांचीनूपुरशब्देनसुप्तश्चैवप्रबोध्यते ५६ सहस्र
हंसयुक्तेनविमानेनतुगच्छति ॥ सगत्वास्त्रीशताकीर्णेरमतेभरतर्षभ ५७ क्षीणस्याप्यायनंदृष्टंक्षतस्यक्षतरोहणम् ॥ व्याधितस्यौषधग्रामःक्रुद्धस्यचप्रसादनम् ५८
दुःखितस्यार्थमानाभ्यांदुःखानांप्रतिषेधनम् ॥ नचैतेस्वर्गकामस्यरोचन्तेसुखमेधसः ५९ अतःसकामसंयुक्तेविमानेहेमसन्निभे ॥ रमतेस्त्रीशताकीर्णेपुरुषोऽलंकृतः
शुचिः ६० स्वस्थःसफलसंकल्पःसुखीविगतकल्मषः ॥ अनश्नन्देहमुत्सृज्यफलंप्राप्नोतिमानवः ६१ बालसूर्यप्रतीकाशेविमानेहेमवर्चसि ॥ वैदूर्यमुक्ताखचितेवी
णामुरजनादिते ६२ पताकादीपिकाकीर्णेदिव्यघंटानिनादिते ॥ स्त्रीसहस्रानुचरितेसनरःसुखमेधते ६३ ॥ ॥ ॥

कमेकंमासंजलमात्राहारोभवेदितिवाक्यार्थः यथाश्रुतार्थग्रहणेजीवनाशप्रसंगात् ५० । ५१ । ५२ । ५३ । ५४ । ५५ । ५६ । ५७ । ५८ । ५९ स्वर्गकामस्यक्षीणत्वाद्यवस्थांप्राप्तस्याप्यायनादयोनरोचंते
अपितुतज्जंदुःखंसहमानएवसस्वतपोवर्धयतीत्यर्थः ६० । ६१ । ६२ । ६३ ॥ ॥ ॥

६४ ।६५ । ६६।६७ ।६८। ६९ । ७० । ७१ वियोनिजानांपक्ष्यादीनांरुतंशब्दंविजानतेविजानीते ७२ ॥ इति अनुशासनपर्वणि नी० भा० षडधिकशततमोऽध्यायः ॥ १०६ ॥ पितामहेनेति १ । २

यावंतिरोमकूपाणितस्यगात्रेषुपांडव ॥ तावन्त्येवसहस्राणिवर्षाणांदिविमोदते ६४ नास्तिवेदात्परंशास्त्रंनास्तिमातृसमोगुरुः ॥ नधर्मात्परमोलाभस्तपोनानशनात्परम् ६५ ब्राह्मणेभ्यःपरंनास्तिपावनंदिविचेहच ॥ उपवासैस्तथातुल्यंतपःकर्मनविद्यते ६६ उपोष्यविधिवद्देवास्त्रिदिवंप्रतिपेदिरे ॥ ऋषयश्चपरांसिद्धिमुपवासैरवाप्नुवन् ६७ दिव्यवर्षसहस्राणिविश्वामित्रेणधीमता ॥ क्षांतमेकेनभक्तेनतेनविप्रत्वमागतः ६८ च्यवनोजमदग्निश्चवसिष्ठोगौतमोभृगुः ॥ सर्वएवदिवंप्राप्ताःक्षमावंतोमहर्षयः ६९ इदमंगिरसापूर्वंमहर्षिभ्यःप्रदर्शितम् ॥ यःप्रदर्शयतेनित्यंनसदुःखमवाप्नुते ७० इमंतुकौन्तेययथाक्रमंविधिंप्रवर्तितंह्यंगिरसामहर्षिणा ॥ पठेच्चयोवैशृणुयाच्चनित्यदानविद्यतेतस्यनरस्यकिल्बिषम् ७१ विमुच्यतेचापिससर्वसंकरैर्नचास्यदोषैरभिभूयतेमनः ॥ वियोनिजानांचविजानतेरुतंध्रुवांचकीर्तिंलभतेनरोत्तमः ७२ ॥ इतिश्रीमहाभारते अनुशास० आनुशासनिकेपर्वणिदानधर्मेउपवासविधौषडधिकशततमोऽध्यायः ॥ १०६ ॥ ॥ युधिष्ठिरउवाच ॥ पितामहेनविधिवद्यज्ञाःप्रोक्तामहात्मना ॥ गुणाश्चैषांयथातथ्यंप्रेत्यचेहचसर्वशः १ नतेशक्यादरिद्रेणयज्ञाःप्राप्तुंपितामह ॥ बहूपकरणायज्ञानानासंभारविस्तराः २ पार्थिवैराजपुत्रैर्वाशक्याःप्राप्तुंपितामह ॥ नार्थन्यूनैरवगुणैरेकात्मभिरसंहतैः ३ योदरिद्रैरपिविधिःशक्यःप्राप्तुंसदाभवेत् ॥ अर्थन्यूनैरवगुणैरेकात्मभिरसंहतैः ४ तुल्योयज्ञफलैरेतैस्तन्मेब्रूहिपितामह ॥ भीष्मउवाच ॥ इदमंगिरसाप्रोक्तमुपवासफलात्मकम् ५ विधिंयज्ञफलैस्तुल्यंतन्निबोधयुधिष्ठिर ॥ यस्तुकल्यंतथासायंभुंजानोनांतरापिबेत् ६ अहिंसानिरतोनित्यंजुह्वानोजातवेदसम् ॥ षड्भिरेवसवर्षैस्तुसिध्यतेनात्रसंशयः ७ तप्तकांचनवर्णंचविमानंलभतेनरः ॥ देवस्त्रीणामधीवासेनृत्यगीतनिनादिते ८ प्राजापत्येवसेत्पद्मंवर्षाणामग्निसंनिभे ॥ त्रीणिवर्षाणियःप्राशेत्सततंत्वेकभोजनम् ९ धर्मपत्नीरतोनित्यमग्निष्टोमफलंलभेत् ॥ यज्ञंबहुसुवर्णंवावासवप्रियमाचरेत् १० सत्यवाग्दानशीलश्चब्रह्मण्यश्चानसूयकः ॥ क्षांतोदांतोजितक्रोधःसगच्छतिपरांगतिम् ११ पांडुराभ्रप्रतीकाशेविमानेहंसलक्षणे ॥ द्वेसमाप्तेततःपद्मेसोऽप्सरोभिर्वसेत्सह १२ द्वितीयेदिवसेयस्तुप्राश्नीयादेकभोजनम् ॥ सदाद्वादशमासांस्तुजुह्वानोजातवेदसम् १३ अग्निकार्यपरोनित्यंनित्यंकल्यप्रबोधनः ॥ अग्निष्टोमस्ययज्ञस्यफलंप्राप्नोतिमानवः १४ हंससारसयुक्तंचविमानंलभतेनरः ॥ इंद्रलोकेचवसतेवरस्त्रीभिःसमावृतः १५ तृतीयेदिवसेयस्तुप्राश्नीयादेकभोजनम् ॥ सदाद्वादशमासांस्तुजुह्वानोजातवेदसम् १६ अग्निकार्यपरोनित्यंनित्यंकल्यप्रबोधनः ॥ अतिरात्रस्ययज्ञस्यफलंप्राप्नोत्यनुत्तमम् १७ मयूरहंससयुक्तंचविमानंलभतेनरः ॥ सप्तर्षीणांसदालोकेसोऽप्सरोभिर्वसेत्सह १८ ॥ ॥ ॥ ॥

अवगुणैर्निर्गुणैः एकात्मभिरेकाकिभिः अतएवासंहतैरसहायैः ३ । ४ । ५ कल्यंप्रातः ६ । ७ । ८ ।९।१० । ११ समाप्तेसंपूर्णेद्वेपद्मेवर्षाणितिशेषः शतकोटयएकंपद्म १२ । १३।१४।१५।१६।१७।१८

निवर्त्तनंनियमेनवर्तनं १९ । २० । २१ । २२ । २३ । २४ आवर्तनानिवर्षाणिचत्वारिद्वादशचेतिषोडशपद्मानि २५ तथाशराग्निरितिपंचत्रिंशत् एवमेकपंचाशत्पद्मानि २६ । २७ । २८ । २९ । ३०

निवर्तनंचतत्रास्यत्रीणिपद्मानिवैविभुः ॥ दिवसेयश्चतुर्थेतुप्राश्नीयादेकभोजनम् १९ सदाद्वादशमासान्वैजुह्वानोजातवेदसम् ॥ वाजपेयस्ययज्ञस्यफलंप्राप्नोत्य
नुत्तमम् २० इंद्रकन्याभिरूढंचविमानंलभतेनरः ॥ सागरस्यचपर्यंतेवासवंलोकमावसेत् २१ देवराजस्यचक्रीडांनित्यकालमवेक्षते ॥ दिवसेपंचमेयस्तुप्राश्नीयादे
कभोजनम् २२ सदाद्वादशमासांस्तुजुह्वानोजातवेदसम् ॥ अलुब्धःसत्यवादीचब्रह्मण्यश्चाविहिंसकः २३ अनसूयुरपापस्थोद्वादशाहफलंलभेत् ॥ जांबूनदम
यंदिव्यंविमानंहंसलक्षणम् २४ सूर्यमालासमाभासमारोहेत्पांडुरंगृहम् ॥ आवर्तनानिचत्वारितथापद्मानिद्वादश २५ शराग्निपरिमाणंचतत्राऽसौवसतेसुखम् ॥
दिवसेयस्तुषष्ठेवैमुनिःप्राशेतभोजनम् २६ सदाद्वादशमासान्वैजुह्वानोजातवेदसम् ॥ सदात्रिषवणस्नायीब्रह्मचार्यनसूयकः २७ गवांमेधस्ययज्ञस्यफलंप्राप्नोत्यनुत्त
मम् ॥ अग्निज्वालासमाभासंहंसबर्हिणसेवितम् २८ शातकुंभसमायुक्तंसाधयेद्यानमुत्तमम् ॥ तथैवाप्सरसामंकेप्रतिसुप्तःप्रबोध्यते २९ नूपुराणांनिनादेनमेखला
नांचनिःस्वनैः ॥ कोटीसहस्रंवर्षाणांत्रीणिकोटिशतानिच ३० पद्मान्यष्टादशतथापताकेद्वेतथैवच ॥ अयुतानिचपंचाशदृक्षचर्मशतस्यच ३१ लोम्नांप्रमाणेनसमंब्रह्म
लोकेमहीयते ॥ दिवसेसप्तमेयस्तुप्राश्नीयादेकभोजनम् ३२ सदाद्वादशमासान्वैजुह्वानोजातवेदसम् ॥ सरस्वतींगोपयानोब्रह्मचर्यंसमाचरन् ३३ सुमनोवर्णकंचै
वमधुमांसंचवर्जयन् ॥ पुरुषोमरुतांलोकमिंद्रलोकंचगच्छति ३४ तत्रतत्रहिसिद्धार्थोदेवकन्याभिरर्च्यते ॥ फलंबहुसुवर्णस्ययज्ञस्यलभतेनरः ३५ संख्यामतिगुणां
चापितेषुलोकेषुमोदते ॥ यस्तुसंवत्सरंक्षांतोभुंक्तेऽहन्यष्टमेनरः ३६ देवकार्यपरोनित्यंजुह्वानोजातवेदसम् ॥ पौण्डरीकस्ययज्ञस्यफलंप्राप्नोत्यनुत्तमम् ३७ पद्म
वर्णनिभंचैवविमानमधिरोहति ॥ कृष्णाःकनकगौर्यश्चनार्यःश्यामास्तथाऽपराः ३८ वयोरूपविलासिन्योलभतेनात्रसंशयः ॥ यस्तुसंवत्सरंभुंक्तेनवमेनवमेऽहनि
३९ सदाद्वादशमासान्वैजुह्वानोजातवेदसम् ॥ अश्वमेधसहस्रस्यफलंप्राप्नोत्यनुत्तमम् ४० पुंडरीकप्रकाशंचविमानंलभतेनरः ॥ दीप्तसूर्याऽग्नितेजोभिर्दिव्यमालाभि
रेवच ४१ नीयतेरुद्रकन्याभिःसोऽन्तरिक्षंसनातनम् ॥ अष्टादशसहस्राणिवर्षाणांकल्पमेवच ४२ कोटीशतसहस्रंचतेषुलोकेषुमोदते ॥ यस्तुसंवत्सरंभुंक्तेदशाहे
वैगतेगते ४३ सदाद्वादशमासान्वैजुह्वानोजातवेदसम् ॥ ब्रह्मकन्यानिवासेचसर्वभूतमनोहरे ४४ अश्वमेधसहस्रस्यफलंप्राप्नोत्यनुत्तमम् ॥ रूपवत्यश्चतंकन्यारमयंति
सनातनम् ४५ नीलोत्पलनिभैर्वर्णैरक्तोत्पलनिभैस्तथा ॥ विमानंमंडलावर्तमावर्तगहनाकुलम् ४६ सागरोर्मिप्रतीकाशंसलभेद्यानमुत्तमम् ॥ विचित्रमणिमाला
भिर्नादितंशंखनिःस्वनैः ४७ स्फाटिकैर्वज्रसारैश्चस्तंभैःसुकृतवेदिकम् ॥ आरोहतिमहद्यानंहंससारसनादितम् ४८ ॥ ॥ ॥

ऊर्ध्वत्वसामान्यात्पताकामहापद्माख्यसंख्याविशेषः ३१ । ३२ । ३३ सुमनोवर्णकंस्रक्चंदनादि ३४ । ३५ । ३६ । ३७ । ३८ । ३९ । ४० । ४१ । ४२ । ४३ । ४४ । ४५ । ४६ । ४७ । ४८

४९ । ५० । ५१ । ५२ । ५३ । ५४ । ५५ । ५६ । ५७ । ५८ । ५९ । ६० । ६१ । ६२ । ६३ । ६४ । ६५ । ६६ । ६७ । ६८ । ६९ । ७० । ७१।७२।७३।७४।७५।७६।७७।७८।७९।८०।८१।

एकादशेतुदिवसेयःप्राप्तेप्राशतेहविः ॥ सदाद्वादशमासांस्तुजुह्वानोजातवेदसम् ४९ परस्त्रियंनाभिलषेद्वाचाथमनसाऽपिवा ॥ अनृतंचनभाषेतमातापित्रोःकृते ऽपिवा ५० अभिगच्छेन्महादेवंविमानस्थंमहाबलम् ॥ अश्वमेधसहस्रस्यफलंप्राप्नोत्यनुत्तमम् ५१ स्वायंभुवंचपश्येतविमानंसमुपस्थितम् ॥ कुमार्यःकांचना भासारूपवत्योनयंतितम् ५२ रुद्राणांतमधीवासंदिविदिव्यंमनोहरम् ॥ वर्षाण्यपरिमेयानियुगांताग्निसमप्रभः ५३ कोटीशतसहस्रंचदशकोटिशतानिच ॥ रुद्रंनित्यंप्रणमतेदेवदानवसंमतम् ५४ सतस्मैदर्शनंप्राप्तोदिवसेदिवसेभवेत् ॥ दिवसेद्वादशेयस्तुप्राप्तेवैप्राशतेहविः ५५ सदाद्वादशमासान्वैसर्वमेधफलंलभेत् ॥ आदित्यंद्वादशेतस्यविमानंसंविधीयते ५६ मणिमुक्ताप्रवालैश्चमहार्हैरुपशोभितम् ॥ हंसभासापरिक्षिप्तंनागवीथीसमाकुलम् ५७ मयूरैश्चक्रवाकैश्चकूजद्भिरुप शोभितम् ॥ अट्टैर्महद्भिःसंयुक्तंब्रह्मलोकेप्रतिष्ठितम् ५८ नित्यमावसथंराजन्नरनारीसमावृतम् ॥ ऋषिरेवंमहाभागस्त्वंगिराप्राहधर्मवित् ५९ त्रयोदशेतुदिवसे प्राप्तेयःप्राशतेहविः ॥ सदाद्वादशमासान्वैदेवसत्रफलंलभेत् ६० रक्तपद्मोदयंनामविमानंसाधयेन्नरः ॥ जातरूपप्रयुक्तंचरत्नसंचयभूषितम् ६१ देवकन्याभिरा कीर्णंदिव्याभरणभूषितम् ॥ पुण्यगंधोदयंदिव्यंवायव्यैरुपशोभितम् ६२ तत्रशंकुपताकेद्वेयुगांतंकल्पमेवच ॥ अयुतायुतंतथापद्मंसमुद्रंचतथावसेत् ६३ गीतगंधर्वघोषैश्चभेरीपणवनिःस्वनैः ॥ सदाप्रह्लादितस्ताभिर्देवकन्याभिरिज्यते ६४ चतुर्दशेतुदिवसेयःपूर्णेप्राशतेहविः ॥ सदाद्वादशमासांस्तुमहामेधफलंल भेत ६५ अनिर्देश्यवयोरूपादेवकन्याःस्वलंकृताः ॥ मृष्टतप्तांगदधराविमानैरुपयांतितम् ६६ कलहंसविनिर्घोषैर्नूपुराणांचनिःस्वनैः ॥ कांचीनांचसमुत्क र्षैस्तत्रतत्रनिबोध्यते ६७ देवकन्यानिवासेचतस्मिन्वसतिमानवः ॥ जाह्नवीवालुकाकीर्णपूर्णसंवत्सरंनरः ६८ यस्तुपक्षेगतेभुंक्तेएकभक्तंजितेन्द्रियः ॥ सदाद्वा दशमासांस्तुजुह्वानोजातवेदसम् ६९ राजसूयसहस्रस्यफलंप्राप्नोत्यनुत्तमम् ॥ यानमारोहतेदिव्यंहंसबर्हिणसेवितम् ७० मणिमंडलकैश्चित्रंजातरूपसमावृतम् ॥ दिव्याभरणशोभाभिर्वरस्त्रीभिरलंकृतम् ७१ एकस्तंभंचतुर्द्वारंसप्तभौमंसुमंगलम् ॥ वैजयंतीसहस्रैश्चशोभितंगीतनिःस्वनैः ७२ दिव्यंदिव्यगुणोपेतंविमानम धिरोहति ॥ मणिमुक्ताप्रवालैश्चभूषितंवैद्युतप्रभम् ७३ वसेद्युगसहस्रंचखड्गकुंजरवाहनः ॥ षोडशेदिवसेप्राप्तेयःकुर्यादेकभोजनम् ७४ सदाद्वादशमासान्वैसोम यज्ञफलंलभेत् ॥ सोमकन्यानिवासेषुसोऽध्यावसतिनित्यशः ७५ सौम्यगंधानुलिप्तश्चकामकारगतिर्भवेत् ॥ सुदर्शनाभिर्नारीभिर्मधुराभिस्तथैवच ७६ अर्च्यते वैविमानस्थःकामभोगैश्चसेव्यते ॥ फलंपद्मशतप्रख्यंमहाकल्पंदशाधिकम् ७७ आवर्तनानिचत्वारिसाधयेच्चाप्यसौनरः ॥ दिवसेसप्तदशमेयःप्राप्तेप्राशतेहविः ॥ ७८ सदाद्वादशमासान्वैजुह्वानोजातवेदसम् ॥ स्थानंवारुणमैन्द्रंचरौद्रंवाप्यधिगच्छति ७९ मारुतौशनसेचैवब्रह्मलोकंसगच्छति ॥ तत्रदैवतकन्याभिरासनेनोप चर्यते ८० भूर्भुवंचापिदेवर्षिविश्वरूपमवेक्षते ॥ तत्रदेवाधिदेवस्यकुमार्योरमयंतितम् ८१ ॥ ॥ ॥

८२।८३।८४।८५।८६ सुधाअमृतं अमृतंदेवभोग्यंतदुपमं ८७ ८८।८९।९०।९१।९२।९३।९४।९५।९६।९७।९८।९९।१००।१।२।३।४।५।६।७।८।९।१०।११।१२ ॥

द्वात्रिंशद्रूपधारिण्योमधुराःसमलंकृताः ॥ चंद्रादित्यावुभौयावद्गगनेचरतःप्रभो ८२ तावच्चरत्यसौधीरःसुधामृतरसाशनः ॥ अष्टादशेयोदिवसेप्राश्नीयादेकभोजनम् ८३ सदाद्वादशमासान्वैसप्तलोकान्सपश्यति ॥ रथैःसनंदिघोषैश्चपृष्ठतःसोऽनुगम्यते ८४ देवकन्याधिरूढैस्तुभ्राजमानैःस्वलंकृतैः ॥ व्याघ्रसिंहप्रयुक्तंच मेघस्वननिनादितम् ८५ विमानमुत्तमंदिव्यंसुसुखीह्यधिरोहति ॥ तत्रकल्पसहस्रंसकन्याभिःसहमोदते ८६ सुधारसंचभुंजीतअमृतोपममुत्तमम् ॥ एकोनविंशतिदिनेयोभुंक्तेएकभोजनम् ८७ सदाद्वादशमासान्वैसप्तलोकान्सपश्यति ॥ उत्तमंलभतेस्थानमप्सरोगणसेवितम् ८८ गंधर्वैरुपगीतंचविमानंसूर्यवर्चसम् ॥ तत्रामरवरस्त्रीभिर्मोदतेविगतज्वरः ८९ दिव्यांबरधरःश्रीमानयुतानांशतंशतम् ॥ पूर्णेऽथविंशेदिवसेयोभुंक्तेह्येकभोजनम् ९० सदाद्वादशमासांस्तुसत्यवादीधृतव्रतः ॥ अमांसाशीब्रह्मचारीसर्वभूतहितेरतः ९१ सलोकान्विपुलान्रम्यानादित्यानामुपाश्नुते ॥ गंधर्वैरप्सरोभिश्चदिव्यमाल्यानुलेपनैः ९२ विमानैःकांचनैर्हृद्यैःपृष्ठतश्चाऽनुगम्यते ॥ एकविंशेतुदिवसेयोभुंक्तेह्येकभोजनम् ९३ सदाद्वादशमासान्वैजुह्वानोजातवेदसम् ॥ लोकमौशनसंदिव्यंशक्रलोकंचगच्छति ९४ अश्विनोर्मरुतांचैवसुखेष्वभिरतःसदा ॥ अनभिज्ञश्चदुःखानांविमानवरमास्थितः ९५ सेव्यमानोवरस्त्रीभिःक्रीडत्यमरवत्प्रभुः ॥ द्वाविंशेदिवसेप्राप्तेयोभुंक्तेह्येकभोजनम् ९६ सदाद्वादशमासान्वैजुह्वानोजातवेदसम् ॥ अहिंसानिरतोधीमान्सत्यवागनसूयकः ९७ लोकान्वसूनामाप्नोतिदिवाकरसमप्रभः ॥ कामचारीसुधाहारोविमानवरमास्थितः ९८ रमतेदेवकन्याभिर्दिव्याभरणभूषितः ॥ त्रयोविंशेतुदिवसेप्राशेद्यस्त्वेकभोजनम् ९९ सदाद्वादशमासांस्तुमिताहारोजितेन्द्रियः ॥ वायोरुशनसश्चैवरुद्रलोकंचगच्छतिः १०० कामचारीकामगमःपूज्यमानोऽप्सरोगणैः ॥ अनेकयुगपर्यंतंविमानवरमास्थितः १ रमतेदेवकन्याभिर्दिव्याभरणभूषितः ॥ चतुर्विंशेतुदिवसेयःप्राप्तेप्राशतेहविः २ सदाद्वादशमासांश्चजुह्वानोजातवेदसम् ॥ आदित्यानामधीवासेमोदमानोवसेच्चिरम् ३ दिव्यमाल्यांबरधरोदिव्यगंधाऽनुलेपनः ॥ विमानेकांचनेदिव्येहंसयुक्तेमनोरमे ४ रमतेदेवकन्यानांसहस्रैरयुतैस्तथा ॥ पंचविंशेतुदिवसेयःप्राशेदेकभोजनम् ५ सदाद्वादशमासांस्तुपुष्कलंयानमारुहेत् ॥ सिंहव्याघ्रप्रयुक्तैस्तुमेघनिःस्वननादितैः ६ सरथैर्नंदिघोषैश्चपृष्ठतोह्यनुगम्यते ॥ देवकन्यासमारूढैःकांचनैर्विमलैःशुभैः ७ विमानमुत्तमंदिव्यमास्थायसुमनोहरम् ॥ तत्रकल्पसहस्रंवैवसतेस्त्रीशतावृते ८ सुधारसंचोपजीवन्नमृतोपममुत्तमम् ॥ षड्विंशेदिवसेयस्तुप्रकुर्यादेकभोजनम् ९ सदाद्वादशमासांस्तुनियतोनियताऽशनः ॥ जितेन्द्रियोवीतरागोजुह्वानोजातवेदसम् ११० सप्राप्नोतिमहाभागःपूज्यमानोऽप्सरोगणैः ॥ सप्तानांमरुतांलोकान्वसूनांचापिसोऽश्नुते ११ विमानैःस्फाटिकैर्दिव्यैःसर्वरत्नैरलंकृतैः ॥ गंधर्वैरप्सरोभिश्चपूज्यमानःप्रमोदते ११२ ॥ ॥ ॥

१३।१४।१५।१६।१७।१८।१९।२०।२१।२२।२३।२४।२५ ।२६।२७ २८। २९। ३०। ३१ ।३२।३३।३४।३५।३६।३७।३८ अभ्रंमेघस्तस्यावकाशआकाशंतच्छीलस्तद्वन्निर्मलः ३९ । ४० । ४१ । ४२ । ४३

द्वेयुगानांसहस्रेतुदिव्येदिव्येनतेजसा ॥ सप्तविंशेऽथदिवसेयःकुर्यादेकभोजनम् ११३ सदाद्वादशमासांस्तुजुह्वानोजातवेदसम् ॥ फलंप्राप्नोतिविपुलंदेवलोकेचपू
ज्यते १४ अमृताशीवसंस्तत्रसवितृष्णःप्रमोदते ॥ देवर्षिचरितंराजन्राजर्षिभिरनुष्ठितम् १५ अध्यावसतिदिव्यात्माविमानवरमास्थितः ॥ स्त्रीभिर्मनोभिरा
माभीरममाणोमदोत्कटः १६ युगकल्पसहस्राणित्रीण्यावसतिवैसुखम् ॥ योऽष्टाविंशेतुदिवसेप्राश्नीयादेकभोजनम् १७ सदाद्वादशमासांस्तुजितात्माविजिते
न्द्रियः ॥ फलंदेवर्षिचरितंविपुलंसमुपाश्नुते १८ भोगवांस्तेजसाभातिसहस्रांशुरिवामलः ॥ सुकुमार्यश्चनार्यस्तंरममाणाःसुवर्चसः १९ पीनस्तनोरुजघनादि
व्याभरणभूषिताः ॥ रमयंतिमनःकांतेविमानेसूर्यसन्निभे १२० सर्वकामगमेदिव्येकल्पायुतशतंसमाः ॥ एकोनत्रिंशेदिवसेयःप्राशेदेकभोजनम् २१ सदाद्वादश
मासान्वैसत्यव्रतपरायणः ॥ तस्यलोकाःशुभादिव्यादेवराजर्षिपूजिताः २२ विमानंसूर्यचन्द्राभंदिव्यंसमधिगच्छति ॥ जातरूपमयंयुक्तंसर्वरत्नसमन्वितम् ॥
२३ अप्सरोगणसंपूर्णंगंधर्वैरभिनादितम् ॥ तत्रचैनंशुभानार्योदिव्याभरणभूषिताः २४ मनोभिरामामधुरारमयंतिमदोत्कटाः ॥ भोगवांस्तेजसायुक्तोवैश्वानर
समप्रभः २५ दिव्योदिव्येनवपुषाभ्राजमानइवामरः ॥ वसूनांमरुतांचैवसाध्यानामश्विनोस्तथा २६ रुद्राणांचतथालोकंब्रह्मलोकंचगच्छति ॥ यस्तुमासेगते
भुंक्तेएकभक्तंशमात्मकः २७ सदाद्वादशमासान्वैब्रह्मलोकमवाप्नुयात् ॥ सुधारसकृताहारःश्रीमान्सर्वमनोहरः २८ तेजसावपुषालक्ष्म्याभ्राजतेरश्मिवानिव ॥
दिव्यमाल्यांबरधरोदिव्यगंधानुलेपनः २९ सुखेष्वभिरतोभोगीदुःखानामविजानकः ॥ स्वयंप्रभाभिर्नारीभिर्विमानस्थोमहीयते १३० रुद्रदेवर्षिकन्याभिःसत
तंचाभिपूज्यते ॥ नानारमणरूपाभिर्नानारागाभिरेवच ३१ नानामधुरभाषाभिर्नानारतिभिरेवच ॥ विमानेगगनाकारेसूर्यवैदूर्यसन्निभे ३२ पृष्ठतःसोमसंका
शेउदर्केचाभ्रसन्निभे ॥ दक्षिणायांतुरक्ताभेअधस्तान्नीलमंडले ३३ उर्ध्वंविचित्रसंकाशेनैकोवसतिपूजितः ॥ यावद्वर्षसहस्रंवैजंबुद्वीपेप्रवर्षति ३४ तावत्संवत्सराः
प्रोक्ताब्रह्मलोकेऽस्यधीमतः ॥ विप्रुषश्चैवयावंत्योनिपतंतिनभस्तलात् ३५ वर्षासुवर्षतस्तावन्निवसत्यमरप्रभः ॥ मासोपवासीवर्षैस्तुदशभिःस्वर्गमुत्तमम् ३६
महर्षित्वमथाऽऽसाद्यसशरीरगतिर्भवेत् ॥ मुनिर्दान्तोजितक्रोधोजितशिश्नोदरःसदा ३७ जुह्वन्नग्नींश्चनियतःसंध्योपासनसेविता ॥ बहुभिर्नियमैरेवंशुचिरश्नाति
योनरः ३८ अभ्रावकाशशीलश्चतस्यभानोरिवत्विषः ॥ दिवंगत्वाशरीरेणस्वेनराजन्यथाऽमरः ३९ स्वर्गंपुण्यंयथाकाममुपभुंक्तेतथाविधः ॥ एषतेभरतश्रेष्ठयज्ञा
नांविधिरुत्तमः १४० व्याख्यातोह्याऽऽनुपूर्व्येणउपवासफलात्मकः ॥ दरिद्रैर्मनुजैःपार्थप्राप्तंयज्ञफलंयथा ४१ उपवासानिमान्कृत्वागच्छेच्चपरमांगतिम् ॥
देवद्विजातिपूजायांरतोभरतसत्तम ४२ उपवासविधिस्त्वेषविस्तरेणप्रकीर्तितः ॥ नियतेष्वप्रमत्तेषुशौचवत्सुमहात्मसु १४३ ॥ ॥

१४५ ॥ इति अनुशासनपर्वणिनीलकंठीये भारतभावदीपे सप्ताधिकशततमोऽध्यायः ॥ १०७ ॥ ॥ ॥ यदिति १ । २ । ३ । ४ । ५ । ६ । ७ । ८ । ९ । १० । ११ । १२ । १३

दंभद्रोहनिवृत्तेषुकृतबुद्धिषुभारत ॥ अचलेष्वप्रकंपेषुमातेऽभूदत्रसंशयः १४४ ॥ इतिश्रीमहाभारतेअनुशासनपर्वणिआनुशासनिकेपर्वणि दानधर्मेउपवास
विधिर्नामसप्ताधिकशततमोऽध्यायः ॥ १०७ ॥ ॥ युधिष्ठिरउवाच ॥ यद्वरंसर्वतीर्थानांतन्मेब्रूहिपितामह ॥ यत्रचैवपरंशौचंतन्मेव्याख्यातुमर्हसि १
॥ भीष्मउवाच ॥ सर्वाणिखलुतीर्थानिगुणवंतिमनीषिणः ॥ यत्तुतीर्थंचशौचंचतन्मेशृणुसमाहितः २ अगाधेविमलेशुद्धेसत्यतोयेधृतिह्रदे ॥ स्नातव्यंमानसे
तीर्थेसत्वमालंब्यशाश्वतम् ३ तीर्थशौचमनर्थित्वमार्जवंसत्यमार्दवम् ॥ अहिंसासर्वभूतानामानृशंस्यंदमःशमः ४ निर्ममानिरहंकारानिर्द्वंद्वानिष्परिग्रहाः ॥
शुचयस्तीर्थभूतास्तेयेभैक्ष्यमुपभुंजते ५ तत्त्ववित्त्वनहंबुद्धिस्तीर्थप्रवरमुच्यते ॥ शौचलक्षणमेतत्तेसर्वत्रैवान्ववेक्षतः ६ रजस्तमःसत्वमथोयेषांनिर्धौतमात्मनः ॥
शौचाशौचसमायुक्ताःस्वकार्यपरिमार्गिणः ७ सर्वत्यागेष्वभिरताःसर्वज्ञाःसमदर्शिनः ॥ शौचेनवृत्तशौचार्थास्तेतीर्थाःशुचयश्चये ८ नोदकक्लिन्नगात्रस्तुस्नातइ
त्यभिधीयते ॥ सस्नातोयोदमस्नातःसबाह्याभ्यंतरःशुचिः ९ अतीतेष्वनपेक्षायेप्राप्तेष्वर्थेषुनिर्ममाः ॥ शौचमेवपरंतेषांयेषांनोत्पद्यतेस्पृहा १० प्रज्ञानंशौचमे
वेहशरीरस्यविशेषतः ॥ तथानिष्किंचनत्वंचमनसश्चप्रसन्नता ११ वृत्तशौचंमनःशौचंतीर्थशौचमतःपरम् ॥ ज्ञानोत्पन्नंचयच्छौचंतच्छौचंपरमंस्मृतम् १२
मनसाचप्रदीप्तेनब्रह्मज्ञानजलेनच ॥ स्नातियोमानसेतीर्थेतत्स्नानंतत्त्वदर्शिनः १३ समारोपितशौचस्तुनित्यंभावसमाहितः ॥ केवलंगुणसंपन्नःशुचिरेवनरः
सदा १४ शरीरस्थानितीर्थानिप्रोक्तान्येतानिभारत ॥ पृथिव्यांयानितीर्थानिपुण्यानिशृणुतान्यपि १५ शरीरस्ययथोद्देशाःशुचयःपरिकीर्तिताः ॥ तथापृ
थिव्याभागाश्चपुण्यानिसलिलानिच १६ कीर्तनाच्चैवतीर्थस्यस्नानाच्चपितृतर्पणात् ॥ धुनंतिपापंतीर्थेषुतेप्रयांतिसुखंदिवम् १७ परिग्रहाच्चसाधूनांपृथिव्या
श्चैवतेजसा ॥ अतीवपुण्यभागास्तेसलिलस्यचतेजसा १८ मनसश्चपृथिव्याश्चपुण्यास्तीर्थास्तथाऽपरे ॥ उभयोरेवयःस्नायात्ससिद्धिंशीघ्रमाप्नुयात् १९
यथाबलंक्रियाहीनंक्रियावाबलवर्जिता ॥ नेहसाधयतेकार्यंसमायुक्तातुसिध्यति २० एवंशरीरशौचेनतीर्थशौचेनचान्वितः ॥ शुचिःसिद्धिमवाप्नोतिद्विविधंशौ
चमुत्तमम् २१ ॥ इतिश्रीमहाभारते अनुशासनपर्वणिआनुशासनिकेपर्वणि दानधर्मेशौचानुपृच्छानामाष्टाधिकशततमोऽध्यायः ॥ १०८ ॥ ॥
॥ युधिष्ठिरउवाच ॥ ॥ सर्वेषामुपवासानांयच्छ्रेयःसुमहत्फलम् ॥ यच्चाप्यसंशयंलोकेतन्मेत्वंवक्तुमर्हसि १ ॥ भीष्मउवाच ॥ शृणुराजन्यथागीतंस्वयमेवस्व
यंभुवा ॥ यत्कृत्वानिर्वृतोभूयात्पुरुषोनाऽत्रसंशयः २ द्वादश्यांमार्गशीर्षेतुअहोरात्रेणकेशवम् ॥ अर्च्याश्वमेधंप्राप्नोतिदुष्कृतंचास्यनश्यति ३ ॥

१४ । १५ । १६ । १७ । १८ । १९ । २० । २१ ॥ इतिअनुशासनपर्वणिनीलकंठीये भारतभावदीपे अष्टाधिकशततमोऽध्यायः ॥ १०८ ॥ सर्वेषामिति १ । २ अर्च्यअभ्यर्च्य ३ ॥

४ । ५ । ६ । ७ । ८ । ९ । १० । ११ । १२ । १३ । १४ । १५ तद्भावमुपेन्द्रं उपेन्द्रताद्रात्म्यं कीटभृंगन्यायेन ध्यानेनाधिगच्छति १६ । १७ ॥ इतिअ० नी० भा० नवाधिकशततमोऽध्यायः ॥ १०९ ॥
शरतल्पगतमिति १ । २ इष्टकामनासिद्ध्यर्थं चांद्रव्रतमाह मार्गेति । मार्गशीर्षशुद्धप्रतिपदि मूलनक्षत्रयोगे सतीदं चांद्रंव्रतमारभेत् तत्र चंद्रावयवेषु नक्षत्राणि न्यसेत् पादौ मूलेनेत्यादिना स्वदेवतासहितेन मूलेन चंद्रस्य पादौ कल्पयेदित्यर्थः । एवं रोहिण्यादिभिः सदेवताभिर्जंघादयः कल्पनीयाः सर्वत्र विभक्तिव्यत्यय आर्षः ३ आषाढयोरिति आषाढाद्वयं फाल्गुनीद्वयं भाद्रपदाद्वयं च ज्ञेयम् ४ । ५ । ६ । ७ । ८ अत्रायंप्रयोगः

तथैवपौषमासेतुपूज्योनारायणेतिच ॥ वाजपेयमवाप्नोतिसिद्धिंचपरमांव्रजेत् ४ अहोरात्रेणद्वादश्यांमाघमासेतुमाधवम् ॥ राजसूयमवाप्नोतिकुलंचैवसमुद्धरेत् ५ तथैवफाल्गुनेमासिगोविंदेतिचपूजयन् ॥ अतिरात्रमवाप्नोतिसोमलोकंचगच्छति ६ अहोरात्रेणद्वादश्यांचैत्रेविष्णुरितिस्मरन् ॥ पौण्डरीकमवाप्नोतिदेवलोकंचगच्छति ७ वैशाखमासेद्वादश्यांपूजयन्मधुसूदनम् ॥ अग्निष्टोममवाप्नोतिसोमलोकंचगच्छति ८ अहोरात्रेणद्वादश्यांज्येष्ठेमासित्रिविक्रमम् ॥ गवांमेधमवाप्नोतिअप्सरोभिश्चमोदते ९ आषाढेमासिद्वादश्यांवामनेतिचपूजयन् ॥ नरमेधमवाप्नोतिपुण्यंचलभतेमहत् १० अहोरात्रेणद्वादश्यांश्रावणेमासिश्रीधरम् ॥ पंचयज्ञानवाप्नोतिविमानस्थश्चमोदते ११ तथाभाद्रपदेमासिहृषीकेशेतिपूजयन् ॥ सौत्रामणिमवाप्नोतिपूतात्माभवतेचहि १२ द्वादश्यामाश्विनेमासिपद्मनाभेतिचार्चयन् ॥ गोसहस्रफलंपुण्यंप्राप्नुयान्नाऽत्रसंशयः १३ द्वादश्यांकार्तिकेमासिपूज्यदामोदरेतिच ॥ गवांयज्ञमवाप्नोतिपुमान्स्त्रीवानसंशयः १४ अर्चयेत्पुंडरीकाक्षमेवंसंवत्सरंतुयः ॥ जातिस्मरत्वंप्राप्नोतिविंद्याद्बहुसुवर्णकम् १५ अहन्यहनितद्भावमुपेन्द्रंयोऽधिगच्छति ॥ समाप्तेभोजयेद्विप्रानथवादापयेद्घृतम् १६ अतःपरंनोपवासोभवतीतिविनिश्चयः ॥ उवाचभगवान्विष्णुःस्वयमेवपुरातनम् ॥ १७ ॥ ॥ इतिश्रीमहाभारते अनुशासनपर्वणिआनुशासनिकेपर्वणि दानधर्मेविष्णोर्द्वादशकंनामनवाधिकशततमोऽध्यायः ॥ १०९ ॥ ॥ वैशंपायनउवाच ॥ ॥ शरतल्पगतंभीष्मंवृद्धंकुरुपितामहम् ॥ उपगम्यमहाप्राज्ञःपर्यपृच्छद्युधिष्ठिरः १ ॥ युधिष्ठिरउवाच ॥ ॥ अंगानांरूपसौभाग्यंप्रियंचैवकथंभवेत् ॥ धर्मार्थकामसंयुक्तःसुखभागीकथंभवेत् २ ॥ भीष्मउवाच ॥ मार्गशीर्षस्यमासस्य चंद्रेमूलेनसंयुते ॥ पादौमूलेनराजेन्द्रजंघायामथरोहिणीम् ३ अश्विन्यांसक्थिनीचैवऊरूचाषाढयोस्तथा ॥ गुह्यंतुफाल्गुनीविद्यात्कृत्तिकाकटिकास्तथा ४ नाभिंभाद्रपदेविद्याद्रेवत्यामक्षिमंडलम् ॥ पृष्ठमेवधनिष्ठासुअनुराधोत्तरास्तथा ५ बाहुभ्यांतुविशाखासुहस्तौहस्तेननिर्दिशेत् ॥ पुनर्वस्वंगुलीराजन्नाश्लेषासुनखास्तथा ६ ग्रीवांज्येष्ठाचराजेन्द्रश्रवणेनतुकर्णयोः ॥ मुखंपुष्येणदानेनदंतोष्ठौस्वातिरुच्यते ७ हासंशतभिषांचैवमघांचैवाथनासिकाम् ॥ नेत्रेमृगशिरोविद्याल्ललाटेमित्रमेवतु ८ भरण्यांतुशिरोविद्यात्केशानाद्रीनराधिप ॥ समाप्तेतुघृतंदद्याद्ब्राह्मणेवेदपारगे ९ ॥ ॥ ॥ ॥

पुण्याहवाचनादिपूर्वकंइष्टकाम्यार्थंव्रतंस्वीकृत्यचंद्रमात्मानंचचंद्राभिन्नंध्यात्वातदवयवेषुतत्तद्देवतासहितानिनक्षत्राणिविन्यस्यतत्तन्मंत्रैस्तेषामाराधनंजपहोमादिनाप्रत्यहंकर्तव्यं एवंपौर्णमासीपर्यंतंकृत्वासमाप्तेव्रते होमशेषंघृतमाचार्यायनिवेदयेत् । समाप्तेतुघृतंदद्यादित्यनेनघृतमेवहोमद्रव्यंज्ञायते ९ ॥ ॥ ॥ ॥

एवंकुर्वन्विकलांगोऽपिपौर्णमास्यांसकलांगोभवति एतत्सदृष्टांतमाह परिपूर्णांगइति १० ॥ इति अनुशासनपर्वणिनीलकंठीये भारतभावदीपे दशाधिकशततमोऽध्यायः ॥ ११० ॥ पितामहेति १ । २ । ३

म.भा.टी० सुभगोदर्शनीयश्चज्ञानभाग्यथजायते ॥ जायतेपरिपूर्णांगःपौर्णमास्येवचंद्रमाः १० ॥ इतिश्रीमहाभारतेअनु० आनुशासनिकेपर्वणिदानधर्मेदशाधिकशततमोऽ अनु०१३
॥१२१॥ ध्यायः ॥ ११० ॥ युधिष्ठिरउवाच ॥ पितामहमहाप्राज्ञसर्वशास्त्रविशारद ॥ श्रोतुमिच्छामिमर्त्यानांसंसारविधिमुत्तमम् १ केनवृत्तेनराजेन्द्रवर्तमानानराभुवि ॥ अ०
प्राप्नुवंत्युत्तमंस्वर्गंकथंचनरकंनृप २ मृतंशरीरमुत्सृज्यकाष्ठलोष्टसमंजनाः ॥ प्रयांत्यमुंलोकमितःकोवैताननुगच्छति ३ ॥ भीष्मउवाच ॥ अयमायातिभगवान् ॥१११॥
बृहस्पतिरुदारधीः ॥ पृच्छैनंसुमहाभागमेतद्गुह्यंसनातनम् ४ नैतदन्येनशक्यंहिवक्तुंकेनचिदद्यवै ॥ वक्ताबृहस्पतिसमोनह्यन्योविद्यतेक्वचित् ५ ॥ वैशंपायन
उवाच ॥ तयोःसंवदतोरेवंपार्थगांगेययोस्तदा ॥ आजगामविशुद्धात्मानाकपृष्ठाद्बृहस्पतिः ६ ततोराजासमुत्थायधृतराष्ट्रपुरोगमः ॥ पूजामनुपमांचक्रेसर्वेतेचसभा
सदः ७ ततोधर्मसुतोराजाभगवंतंबृहस्पतिम् ॥ उपगम्ययथान्यायंप्रश्नंपप्रच्छतत्त्वतः ८ ॥ युधिष्ठिरउवाच ॥ भगवन्सर्वधर्मज्ञसर्वशास्त्रविशारद ॥ मर्त्यस्यकः
सहायोवैपितामातासुतोगुरुः ९ ज्ञातिसंबंधिवर्गश्चमित्रवर्गस्तथैवच ॥ मृतंशरीरमुत्सृज्यकाष्ठलोष्टसमंजनाः १० गच्छंत्यमुत्रलोकंवैकएनमनुगच्छति ॥ बृहस्प
तिरुवाच ॥ एकःप्रसूयतेराजन्नेकएवविनश्यति ११ एकस्तरतिदुर्गाणिगच्छत्येकस्तुदुर्गतिम् ॥ असहायःपितामातातथाभ्रातासुतोगुरुः १२ ज्ञातिसंबन्धिवर्गश्च
मित्रवर्गस्तथैवच ॥ मृतंशरीरमुत्सृज्यकाष्ठलोष्टसमंजनाः १३ मुहूर्तमिवरोदित्वाततोयांतिपराङ्मुखाः ॥ तैस्तच्छरीरमुत्सृष्टंधर्मएकोऽनुगच्छति १४ तस्मा
द्धर्मःसहायश्चसेवितव्यःसदानृभिः ॥ प्राणीधर्मसमायुक्तोगच्छेत्स्वर्गगतिंपराम् १५ तथैवाधर्मसंयुक्तोनरकंचोपपद्यते ॥ तस्मान्न्यायागतैरर्थैर्धर्मंसेवेतपंडितः १६
धर्मएकोमनुष्याणांसहायःपारलौकिकः ॥ लोभान्मोहादनुक्रोशाद्भयाद्वाप्यबहुश्रुतः १७ नरःकरोत्यकार्याणिपरार्थेलोभमोहितः ॥ धर्मश्चार्थश्चकामश्चत्रितयंजीविते
फलम् १८ एतत्त्रयमवाप्तव्यमधर्मपरिवर्जितम् ॥ ॥ युधिष्ठिरउवाच ॥ श्रुतंभगवतोवाक्यंधर्मयुक्तंपरंहितम् १९ शरीरनिचयंज्ञातुंबुद्धिस्तुममजायते ॥ मृतं
शरीरंहिनृणांसूक्ष्ममव्यक्ततांगतम् २० अचक्षुर्विषयंप्राप्तंकथंधर्मोऽनुगच्छति ॥ बृहस्पतिरुवाच ॥ पृथिवीवायुराकाशमापोज्योतिर्मनोंतगः २१ बुद्धिरात्माचस
हिताधर्मंपश्यंतिनित्यदा ॥ प्राणिनामिहसर्वेषांसाक्षिभूतानिशाऽनिशम् २२ एतैश्चसहधर्मोऽपितंजीवमनुगच्छति ॥ त्वगस्थिमांसंशुक्रंचशोणितंचमहामते २३
शरीरंवर्जयंत्येतेजीवितेनविवर्जितम् ॥ ततोधर्मसमायुक्तःप्राप्नुतेजीवएवहि २४ ततोऽस्यकर्मपश्यंतिशुभंवायदिवाऽशुभम् ॥ देवताःपंचभूतस्थाःकिंभूयःश्रोतुमिच्छसि
२५ ततोधर्मसमायुक्तःसजीवःसुखमेधते ॥ इहलोकेपरेचैवकिंभूयःकथयामिते २६ ॥ ॥ ॥

४ । ५ । ६ । ७ । ८ । ९ । १० । ११ । १२ । १३ । १४ । १५ । १६ । १७ । १८ । १९ शरीरस्यनिचयंसंचयमवस्थितिमितियावत् २० अन्तगोयमः अंतायगच्छतीतियोगात् २१ आत्मासाक्षी ॥१२१॥
निशेतिदिवसस्याप्युपलक्षणं २२ एतैःसहधर्मोऽपूर्वरूपोजीवमनुगच्छति २३ । २४ । २५ । २६ ॥ ॥ ॥

ननुभूतसूक्ष्मवत्फलसूक्ष्मावस्थारूपमपूर्वंजीवमनुगच्छतु रेतस्तुमूलएवस्थूलतरंकथमेनमाप्नोतिइत्याशंकते तदिति २७ सजीवोपूर्वेणभूतैश्चमिश्रितोवायुद्वारावृष्टित्वंप्राप्यान्नरूपेणपरिणम्यरेतोरूपीभवतीत्या
ह अन्नमिति । २८ । २९ । ३० कथंसूक्ष्मतमस्यपुरुषस्यस्थूलतरेणरेतसातादात्म्यं सत्यपिसंसर्गेअभ्रवाय्वोरिवभवतीत्याशंकतेआख्यातमिति ३१ भूतावेशन्यायेनपुरुषैस्तैस्तैर्भूतैरेतोद्वाराशरीराकारत्वंप्राप्तैःसहसं
गमात्रेणाभिभूयतेतादात्म्येनचवर्धते संगाभावेतुनसुप्तसमाध्यादावित्याह आसन्नेति ३२ ततस्तादात्म्याभिमानरूपादभिभवादयंकर्तृत्वादिमान्भवतितदाऽस्यकर्मादिकंदेवाःपश्यंति ३३ स्थूलदेहसंगाद्युज्यतामस्य

॥ युधिष्ठिरउवाच ॥ तद्दर्शितंभगवतायथाधर्मोऽनुगच्छति ॥ एतत्तुज्ञातुमिच्छामिकथंरेतःप्रवर्तते २७ ॥ बृहस्पतिरुवाच ॥ अन्नमश्नंतियद्देवाःशरीरस्थानरे
श्वर ॥ पृथिवीवायुराकाशमापोज्योतिर्मनस्तथा २८ ततस्तृप्तेषुराजेन्द्रतेषुभूतेषुपंचसु ॥ मनःषष्ठेषुशुद्धात्मन्रेतःसंपद्यतेमहत् २९ ततोगर्भःसंभवतिश्ले
षात्स्त्रीपुंसयोर्नृप ॥ एतत्तेसर्वमाख्यातंभूयःकिंश्रोतुमिच्छसि ३० ॥ युधिष्ठिरउवाच ॥ आख्यातंमेभगवतागर्भःसंजायतेतथा ॥ यथाजातस्तुपुरुषःप्रपद्यति
तदुच्यताम् ३१॥ बृहस्पतिरुवाच ॥ आसन्नमात्रःपुरुषस्तैर्भूतैरभिभूयते ॥ विप्रयुक्तश्चतैर्भूतैःपुनर्यात्यपरांगतिम् ३२ सर्वभूतसमायुक्तःप्राप्नुतेजीवएवहि ॥ ततोऽस्यक
र्मपश्यंतिशुभंवायदिवाऽशुभम् ॥ देवताःपंचभूतस्थाःकिंभूयःश्रोतुमिच्छसि ३३ ॥ युधिष्ठिरउवाच ॥ त्वगस्थिमांसमुत्सृज्यतैश्चभूतैर्विवर्जितः ॥ जीवःसभग
वन्क्वस्थःसुखदुःखेसमश्नुते ३४ ॥ बृहस्पतिरुवाच ॥ जीवःकर्मसमायुक्तःशीघ्रंरेतस्त्वमागतः ॥ स्त्रीणांपुष्पंसमासाद्यसूतेकालेनभारत ३५ यमस्यपुरुषैःक्लेशं
यमस्यपुरुषैर्वधम् ॥ दुःखंसंसारचक्रंचनरःक्लेशंसविंदति ३६ इहलोकेसचप्राणीजन्मप्रभृतिपार्थिव ॥ सुकृतंकर्मवैभुंक्तेधर्मस्यफलमाश्रितः ३७ यदिधर्मंय
थाशक्तिजन्मप्रभृतिसेवते ॥ ततःसपुरुषोभूत्वासेवतेनित्यदासुखम् ३८ अथांतरातुधर्मस्याप्यधर्ममुपसेवते ॥ सुखस्यानंतरंदुःखंसजीवोऽप्यधिगच्छति ३९
अधर्मेणसमायुक्तोयमस्यविषयंगतः ॥ महद्दुःखंसमासाद्यतिर्यग्योनौप्रजायते ४० कर्मणायेनयेनेहयस्यांयोनौप्रजायते ॥ जीवोमोहसमायुक्तस्तन्मेनिगद
तःशृणु ४१ यदेतदुच्यतेशास्त्रेसेतिहासेचछंदसि ॥ यमस्यविषयंघोरंमर्त्योलोकःप्रपद्यते ४२ इहस्थानानिपुण्यानिदेवतुल्यानिभूपते ॥ तिर्यग्योन्यतिरिक्ता
निगतिमंतिचसर्वशः ४३ यमस्यभवनेदिव्येब्रह्मलोकसमेगुणैः ॥ कर्मभिर्नियतैर्बद्धोजंतुर्दुःखान्युपाश्नुते ४४ येनयेनतुभावेनकर्मणापुरुषोगतिम् ॥ प्रया
तिपरुषांघोरांतत्तेवक्ष्याम्यतःपरम् ४५ अधीत्यचतुरोवेदान्द्विजोमोहसमन्वितः ॥ पतितात्प्रतिगृह्याथखरयोनौप्रजायते ४६ खरोजीवतिवर्षाणिदशपंचच
भारत ॥ खरोमृतोबलीवर्दःसप्तवर्षाणिजीवति ४७ ॥ ॥ ॥ ॥

कर्तृत्वंतद्वाहेतुकथमस्यसुखादिसंगइत्याशंकते त्वगिति ३४ स्थूलदेहनाशक्षणएवसरेतस्त्वंशुक्रक्रमेणसूक्ष्मशरीरभावमेति ततःस्त्रीणांपुष्पंसमासाद्येत्यादिस्पष्टं तद्यथातृणजलायूकाअन्यत्तृणमाक्रम्यपूर्वंजहातिएव
मेतदितिज्ञेयम् ३५ यमस्येति । गर्भत्वमप्राप्तःसूक्ष्मशरीरावच्छिन्नस्तीव्रपापयोगाद्यातनांलभतइत्यर्थः ३६।३७ । ३८ ।३९ । ४० । ४१ । ४२ । ४३ । ४४ । ४५ । ४६ । ४७ ॥

बलीवर्दोमृतश्चापिजायतेब्रह्मराक्षसः ॥ ब्रह्मरक्षश्चमासांस्त्रींस्ततोजायतिब्राह्मणः ४८ पतितंयाजयित्वातुकृमियोनौप्रजायते ॥ तत्रजीवतिवर्षाणिदशपंच
चभारत ४९ कृमिभावाद्विमुक्तस्तुततोजायतिगर्दभः ॥ गर्दभःपंचवर्षाणिपंचवर्षाणिसूकरः ५० कुकुटःपंचवर्षाणिपंचवर्षाणिजंबुकः ॥ श्वावर्षमेकंभवति
ततोजायतिमानवः ५१ उपाध्यायस्ययःपापंशिष्यःकुर्याद्बुद्धिमान् ॥ सजीवइहसंसारांस्त्रीनाप्नोतिनसंशयः ५२ प्राक्श्वाभवतिराजेन्द्रततःक्रव्यात्ततःखरः ॥
ततःप्रेतःपरिक्लिष्टःपश्चाज्जायतिब्राह्मणः ५३ मनसाऽपिगुरोर्भार्यांयःशिष्योयातिपापकृत् ॥ सउग्रान्प्रैतिसंसारानधर्मेणेहचेतसा ५४ श्वयोनौतुससंभूतस्त्रीणिव
र्षाणिजीवति ॥ तत्रापिनिधनंप्राप्तःकृमियोनौप्रजायते ५५ कृमिभावमनुप्राप्तोवर्षमेकंतुजीवति ॥ ततस्तुनिधनंप्राप्तोब्रह्मयोनौप्रजायते ५६ यदिपुत्रसमंशि
ष्यंगुरुर्हन्यादकारणे ॥ आत्मनःकामकारेणसोऽपिहिंस्रःप्रजायते ५७ पितरंमातरंचैवयस्तुपुत्रोऽवमन्यते ॥ सोऽपिराजन्मृतोजंतुःपूर्वंजायेतगर्दभः ५८ गर्द
भत्वंतुसंप्राप्यदशवर्षाणिजीवति ॥ संवत्सरंतुकुंभीरस्ततोजायेतमानवः ५९ पुत्रस्यमातापितरौयस्यरुष्टावुभावपि ॥ गुर्वपध्यानतःसोऽपिमृतोजायतिगर्दभः
६० खरोजीवतिमासांस्तुदशश्वाचचतुर्दश ॥ बिडालःसप्तमासांस्तुततोजायतिमानवः ६१ मातापितरावाक्रुश्यसारिकःसंप्रजायते ॥ ताडयित्वातुतावेवजा
यतेकच्छपोनृप ६२ कच्छपोदशवर्षाणित्रीणिवर्षाणिशल्यकः ॥ व्यालोभूत्वाचषण्मासांस्ततोजायतिमानुषः ६३ भर्तृपिंडमुपाश्नन्यीराजद्विष्टानिसेवते ॥
सोऽपिमोहसमापन्नोमृतोजायतिवानरः ६४ वानरोदशवर्षाणिपंचवर्षाणिमूषिकः ॥ श्वाऽथभूत्वातुषण्मासांस्ततोजायतिमानुषः ६५ न्यासापहर्तातुनरोयम
स्यविषयंगतः ॥ संसाराणांशतंगत्वाकृमियोनौप्रजायते ६६ तत्रजीवतिवर्षाणिदशपंचचभारत ॥ दुष्कृतस्यक्षयंकृत्वाततोजायतिमानुषः ६७ असूयको
नरश्चापिमृतोजायतिशार्ङ्गकः ॥ विश्वासहर्तातुनरोमीनोजायतिदुर्मतिः ६८ भूत्वामीनोऽष्टवर्षाणिमृगोजायतिभारत ॥ मृगस्तुचतुरोमासांस्ततश्छागःप्रजायते
६९ छागस्तुनिधनंप्राप्यपूर्णसंवत्सरेततः ॥ कीटःसंजायतेजंतुस्ततोजायतिमानुषः ७० धान्यान्यवांस्तिलान्माषान्कुलत्थान्सर्षपांश्चणान् ॥ कलायानथ
मुद्गांश्चगोधूमानतसीस्तथा ७१ सस्यस्यान्यस्यहर्ताचमोहाज्जंतुरचेतनः ॥ संजायतेमहाराजमूषिकोनिरपत्रपः ७२ ततःप्रेत्यमहाराजमृतोजायतिसूकरः ॥
सूकरोजातमात्रस्तुरोगेणम्रियतेनृप ७३ श्वाततोजायतेमूढःकर्मणातेनपार्थिव ॥ भूत्वाश्वापंचवर्षाणिततोजायतिमानवः ७४ परदाराभिमर्शंतुकृत्वाजायतिवै
वृकः ॥ श्वाशृगालस्ततोगृध्रोव्यालःकंकोबकस्तथा ७५ भ्रातुर्भार्यांतुपापात्मायोधर्षयतिमोहितः ॥ पुंस्कोकिलत्वमाप्नोतिसोऽपिसंवत्सरंनृप ७६ सखि
भार्यांगुरोर्भार्यांराजभार्यांतथैवच ॥ प्रधर्षयित्वाकामायमृतोजायतिसूकरः ७७ ॥ ॥ ॥ ॥१२२॥

७८ । ७९ । ८० । ८१ । ८२ । ८३ । ८४ । ८५ । ८६ । ८७ । ८८ । ८९ । ९० । ९१ । ९२ । ९३ । ९४ । ९५ । ९६ । ९७ । ९८ । ९९ निष्पावंराजमाषं हलगोलकःदीर्घपुच्छोगोलं

सूकरःपंचवर्षाणिदशवर्षाणिश्वाविधः ॥ बिडालःपंचवर्षाणिदशवर्षाणिकुक्कुटः ७८ पिपीलिकस्तुमासांस्त्रीन्कीटःस्यान्मासमेवतु ॥ एतानासाद्यसंसारान्कृमि
योनौप्रजायते ७९ तत्रजीवतिमासांस्तुकृमियोनौचतुर्दश ॥ ततोऽधर्मक्षयंकृत्वापुनर्जायतिमानवः ८० उपस्थितेविवाहेतुयज्ञेदानेऽपिवाविभो ॥ मोहात्करो
तियोविघ्नंसमृतोजायतेकृमिः ८१ कृमिर्जीवतिवर्षाणिदशपंचचभारत ॥ अधर्मस्यक्षयंकृत्वाततोजायतिमानवः ८२ पूर्वंदत्वातुयःकन्यांद्वितीयेदातुमिच्छति ॥
सोऽपिराजन्मृतोजंतुःकृमियोनौप्रजायते ८३ तत्रजीवतिवर्षाणित्रयोदशयुधिष्ठिर ॥ अधर्मसंक्षयेयुक्तस्ततोजायतिमानवः ८४ देवकार्यमकृत्वातुपितृकार्यमथापि
वा ॥ अनिर्वाप्यसमश्नन्वैमृतोजायतिवायसः ८५ वायसःशतवर्षाणिततोजायतिकुक्कुटः ॥ जायतेव्यालकश्चापिमासंतस्मात्तुमानुषः ८६ ज्येष्ठंपितृसमंचापि
भ्रातरंयोऽवमन्यते ॥ सोऽपिमृत्युमुपागम्यक्रौंचयोनौप्रजायते ८७ क्रौंचोजीवतिवर्षंतुततोजायतिचीरकः ॥ ततोनिधनमापन्नोमानुषत्वमुपाश्नुते ८८ वृषलोब्रा
ह्मणींगत्वाकृमियोनौप्रजायते ॥ ततःसंप्राप्यनिधनंजायतेसूकरःपुनः ८९ सूकरोजातमात्रस्तुरोगेणम्रियतेनृप ॥ श्वाततोजायतेमूढःकर्मणातेनपार्थिव ९०
श्वाभूत्वाकृतकर्मासौजायतेमानुषस्ततः ॥ तत्रापत्यंसमुत्पाद्यमृतोजायतिमूषिकः ९१ कृतघ्नस्तुमृतोराजन्यमस्यविषयंगतः ॥ यमस्यपुरुषैःक्रुद्धैर्वधंप्राप्नोतिदा
रुणम् ९२ दंडंसमुद्गरंशूलमग्निकुंभंचदारुणम् ॥ असिपत्रवनंघोरंवालुकंकूटशाल्मलीम् ९३ एताश्चान्याश्चबह्वीश्चयमस्यविषयंगतः ॥ यातनाःप्राप्यतत्रोग्रा
स्ततोवध्यतिभारत ९४ ततोहतःकृतघ्नःसतत्रोग्रैर्भरतर्षभ ॥ संसारचक्रमासाद्यकृमियोनौप्रजायते ९५ कृमिर्भवतिवर्षाणिदशपंचचभारत ॥ ततोगर्भंसमासाद्य
तत्रैवम्रियतेशिशुः ९६ ततोगर्भशतैर्जन्तुर्बहुभिःसंप्रपद्यते ॥ संसारांश्चबहून्गत्वाततस्तिर्यक्षुजायते ९७ ततोदुःखमनुप्राप्यबहुवर्षगणानिह ॥ अपुनर्भवसंयुक्तस्त
तःकूर्मःप्रजायते ९८ दधिहृत्वाबकश्चापिप्लवोमत्स्यानसंस्कृतान् ॥ चोरयित्वातुदुर्बुद्धिर्मधुदंशःप्रजायते ९९ फलंवामूलकंहृत्वाअपूपंवापिपीलिकाः ॥ चोर
यित्वाचनिष्पावंजायतेहलगोलकः १०० पायसंचोरयित्वातुतित्तिरित्वमवाप्नुते ॥ हृत्वापिष्टमयंपूपंकुंभोलूकःप्रजायते १ अयोहृत्वातुदुर्बुद्धिर्वायसोजायतेनरः ॥
कांस्यंहृत्वातुदुर्बुद्धिर्हारितोजायतेनरः २ राजतंभाजनंहृत्वाकपोतःसंप्रजायते ॥ हृत्वातुकांचनंभांडंकृमियोनौप्रजायते ३ पत्रोर्णंचोरयित्वातुकृकलत्वंनिगच्छ
ति ॥ कौशिकंतुततोहृत्वानरोजायतिवर्तकः ४ अंशुकंचोरयित्वातुशुकोजायतिमानवः ॥ चोरयित्वादुकूलंतुमृतोहंसःप्रजायते ५ क्रौंचःकार्पासिकंहृत्वामृतो
जायतिमानवः ॥ चोरयित्वानरःपट्टंत्वाविकंचैवभारत ६ क्षौमंचवस्त्रमादायशशोजंतुःप्रजायते ॥ वर्णान्हृत्वातुपुरुषोमृतोजायतिबर्हिणः १०७ ॥

रूपीकीटविशेषः १०० कुंभोलूकउलूकजातिभेदः १ हारितःपक्षिविशेषः २ । ३ पत्रोर्णंधौतकौशेयम् ४ । ५ । ६ वर्णान्हरितालादीन् १०७ ॥ ॥ ॥

१०८ । ९ । ११० । ११ । १२ । १३ । १४ । १५ । १६ । १७ । १८ । १९ । १२० । २१ काकमद्गुःशृंगवानजलपक्षी २२ । २३ । २४ । २५ । २६ । २७ । २८ । २९ । १३० । ३१ । ३२

हृत्वारक्तानिवस्त्राणिजायतेजीवजीवकः ॥ वर्णकादींस्तथागंधांश्चोरयित्वेहमानवः १०८ चुच्छुंदरित्वमाप्नोतिराजन्लोभपरायणः ॥ तत्रजीवतिवर्षाणिततोद
शचपंचच ९ अधर्मस्यक्षयंगत्वाततोजायतिमानुषः ॥ चोरयित्वापयश्चापिबलाकासंप्रजायते ११० यस्तुचोरयतेतैलंनरोमोहसमन्वितः ॥ सोऽपिराजन्मृतो
जंतुस्तैलपायीप्रजायते ११ अशस्त्रंपुरुषंहत्वासशस्त्रःपुरुषाधमः ॥ अर्थार्थीयदिवावैरीसमृतोजायतेखरः १२ खरोजीवतिवर्षेद्वेततःशस्त्रेणवध्यते ॥ समृतो
मृगयोनौतुनित्योद्विग्नोऽभिजायते १३ मृगोवध्यतिशस्त्रेणगतेसंवत्सरेतुसः ॥ हतोमृगस्ततोमीनःसोऽपिजालेनबध्यते १४ मासेचतुर्थेसंप्राप्तेश्वापदःसंप्रजा
यते ॥ श्वापदोदशवर्षाणिद्वीपीवर्षाणिपंचच १५ ततस्तुनिधनंप्राप्तःकालपर्यायचोदितः ॥ अधर्मस्यक्षयंकृत्वाततोजायतिमानुषः १६ स्त्रियंहत्वातुदुर्बुद्धि
र्यमस्यविषयंगतः ॥ बहून्क्लेशान्समासाद्यसंसारांश्चैवविंशतिम् १७ ततःपश्चान्महाराजकृमियोनौप्रजायते ॥ कृमिर्विंशतिवर्षाणिभूत्वाजायतिमानुषः १८
भोजनंचोरयित्वातुमक्षिकाजायतेनरः ॥ मक्षिकासंघवशगोबहून्मासान्भवत्युत १९ बतःपापक्षयंकृत्वामानुषत्वमवाप्नुते ॥ धान्यंहृत्वातुपुरुषोलोमशःसंप्रजाय
ते १२० तथापिण्याकसंमिश्रमशनंचोरयेन्नरः ॥ सजायतेबभ्रुसमोदारुणोमूषिकोनरः २१ दशन्वैमानुषान्नित्यंपापात्मासविशांपते ॥ घृतंहृत्वातुदुर्बुद्धिःकाक
मद्गुःप्रजायते २२ मत्स्यमांसमथोहृत्वाकाकोजायतिदुर्मतिः ॥ लवणंचोरयित्वातुचिरिकाकःप्रजायते २३ विश्वासेनतुनिक्षिप्तंयोविनिन्होतिमानवः ॥ सगता
युर्नरस्तातमत्स्ययोनौप्रजायते २४ मत्स्ययोनिमनुप्राप्यमृतोजायतिमानुषः ॥ मानुषत्वमनुप्राप्यक्षीणायुरुपपद्यते २५ पापानितुनराःकृत्वातिर्यग्जा
यंतिभारत ॥ नचात्मनःप्रमाणंतेधर्मंजानंतिकिंचन २६ येपापानिनराःकृत्वानिरस्यंतिव्रतैःसदा ॥ सुखदुःखसमायुक्ताव्यथितास्तेभवंत्युत २७ असंवासाःप्र
जायंतेम्लेच्छाश्चापिनसंशयः ॥ नराःपापसमाचारालोभमोहसमन्विताः २८ वर्जयंतिचपापानिजन्मप्रभृतियेनराः ॥ अरोगारूपवंतस्तेधनिनश्चभवंत्युत २९
स्त्रियोऽप्येतेनकल्पेनकृत्वापापमवाप्नुयुः ॥ एतेषामेवजंतुनांभार्यात्वमुपयांतिताः १३० परस्वहरणेदोषाःसर्वएवप्रकीर्तिताः ॥ एतद्विलेशमात्रेणकथितं
तेमयाऽनघ ३१ अपरस्मिन्कथायोगेभूयःश्रोष्यसिभारत ॥ एतन्मयामहाराजब्रह्मणोगदतःपुरा ३२ सुरर्षीणांश्रुतंमध्येपृष्टश्चापियथातथम् ॥ मयाऽपित
च्चकात्स्न्येंनयथावदनुवर्णितम् ॥ एतच्छ्रुत्वामहाराजधर्मेकुरुमनःसदा १३३ ॥ ॥ इतिश्रीमहाभारतेअनुशासनपर्वणिआनुशासनिकेप० दानधर्मेसंसारचक्रंनाम
एकादशाधिकशततमोऽध्यायः ॥ १११ ॥ ॥ युधिष्ठिरउवाच ॥ अधर्मस्यगतिर्ब्रह्मन्कथितामेत्वयाऽनघ ॥ धर्मस्यतुगतिंश्रोतुमिच्छामिवदतांवर १ कृत्वा
कर्माणिपापानिकथंयांतिशुभांगतिम् ॥ कर्मणाचकृतेनेहकेनयांतिशुभांगतिम् २ ॥ ॥ ॥ ॥ ॥

१३३ ॥ इतिअनुशासनपर्वणिनीलकंठीयेभारतभावदीपेएकादशाधिकशततमोऽध्यायः ॥ १११ ॥ ॥ ॥ अधर्मस्येति १ । २ ॥ ॥ ॥

३ । ४ । ५ । ६ । ७ । ८ । ९ । १० । ११ । १२ । १३ । १४ । १५ । १६ । १७ । १८ । १९ । २० । २१ । २२ । २३ । २४ । २५ । २६ । २७ । २८ ; २९।३०।३१॥ इतिअनुशासनप

बृहस्पतिरुवाच ॥ कृत्वापापानिकर्माणिअधर्मवशमागतः ॥ मनसाविपरीतेननिरयंप्रतिपद्यते ३ मोहादधर्मंयःकृत्वापुनःसमनुतप्यते ॥ मनःसमाधिसंयुक्तोनस सेवेतदुष्कृतम् ४ यथायथामनस्तस्यदुष्कृतंकर्मगर्हते ॥ तथातथाशरीरंतुतेनाधर्मेणमुच्यते ५ यदिव्याहरतेराजन्विप्राणांधर्मवादिनाम् ॥ ततोऽधर्मकृताक्षिप्रम पवादात्प्रमुच्यते ६ यथायथानरःसम्यगधर्ममनुभाषते ॥ समाहितेनमनसाविमुच्येततथातथा ७ भुजंगइवनिर्मोकात्पूर्वभुक्ताज्जरान्वितात् ॥ दत्त्वाविप्रस्यदानानि विविधानिसमाहितः ८ मनःसमधिसंयुक्तःसुगतिंप्रतिपद्यते ॥ प्रदानानितुवक्ष्यामियानिदत्त्वायुधिष्ठिर ९ नरःकृत्वाऽप्यकार्याणिततोधर्मेणयुज्यते ॥ सर्वेषामेव दानानामन्नंश्रेष्ठमुदाहृतम् ॥ पूर्वमन्नंप्रदातव्यमृजुनाधर्ममिच्छता १० प्राणाह्यन्नंमनुष्याणांतस्माज्जंतुश्चजायते ॥ अन्नेप्रतिष्ठितोलोकस्तस्मादन्नंप्रशस्यते ११ अन्न मेवप्रशंसंतिदेवर्षिपितृमानवाः ॥ अन्नस्यहिप्रदानेननरंतिदेवोदिवंगतः १२ न्यायलब्धंप्रदातव्यंद्विजातिभ्योऽन्नमुत्तमम् ॥ स्वाध्यायंसमुपेतेभ्यःप्रहृष्टेनांतरात्मना १३ यस्यह्यन्नमुपाश्नंतिब्राह्मणानांशतंदश ॥ हृष्टेनमनसादत्तंनसतिर्यग्गतिर्भवेत् १४ ब्राह्मणानांसहस्राणिदशभोज्यनरर्षभ ॥ नरोऽधर्मात्प्रमुच्येतयोगेष्वभिरतः सदा १५ भैक्ष्येणान्नंसमाहृत्यविप्रोवेदपुरस्कृतः ॥ स्वाध्यायनिरतेविप्रेदत्वेहसुखमेधते १६ अहिंसन्ब्राह्मणस्वानिन्यायेनपरिपाल्यच ॥ क्षत्रियस्तरसाप्राप्तमन्नं योवैप्रयच्छति १७ द्विजेभ्योवेदवृद्धेभ्यःप्रयतःसुसमाहितः ॥ तेनापोहतिधर्मात्मन्दुष्कृतंकर्मपांडव १८ षड्भागपरिशुद्धंचकृषेर्भागमुपार्जितम् ॥ वैश्योददद्द्विजा तिभ्यःपापेभ्यःपरिमुच्यते १९ अवाप्यप्राणसंदेहंकार्कश्येनसमार्जितम् ॥ अन्नंदत्वाद्विजातिभ्यःशूद्रःपापात्प्रमुच्यते २० औरसेनबलेनान्नमर्जयित्वाऽविहिंसकः ॥ यःप्रयच्छतिविप्रेभ्योनसदुर्गाणिपश्यति २१ न्यायेनैवाप्तमन्नंतुनरोहर्षसमन्वितः ॥ द्विजेभ्योवेदवृद्धेभ्योदत्वापापात्प्रमुच्यते २२ अन्नमूर्जस्करंलोकेदत्वोर्जस्वीभ वेन्नरः ॥ सतांपंथानमावृत्यसर्वपापैःप्रमुच्यते २३ दानवद्भिःकृतःपंथायेनयांतिमनीषिणः ॥ तेहिप्राणस्यदातारस्तेभ्योधर्मःसनातनः २४ सर्वावस्थंमनुष्येणन्या येनान्नमुपार्जितम् ॥ कार्यंपात्रागतंनित्यमन्नंहिपरमागतिः २५ अन्नस्यहिप्रदानेननरोरौद्रंनसेवते ॥ तस्मादन्नंप्रदातव्यमन्यायपरिवर्जितम् २६ यतेद्ब्राह्मणपूर्वंहि भोक्तुमन्नंगृहीसदा ॥ अवंध्यंदिवसंकुर्यादन्नदानेनमानवः २७ भोजयित्वादशशतंनरोवेदविदांनृप ॥ न्यायविद्धर्मविदुषामितिहासविदांतथा २८ नयातिनरकंघोरं संसारांश्चनसेवते ॥ सर्वकामसमायुक्तःप्रेत्यचाप्यश्नुतेसुखम् २९ एवंखलुसमायुक्तोरमतेविगतज्वरः ॥ रूपवान्कीर्तिमांश्चैवधनवांश्चोपपद्यते ३० एतत्तेसर्वमा ख्यातमन्नदानफलंमहत् ॥ मूलमेतत्तुधर्माणांप्रदानानांचभारत ३१ ॥ इतिश्रीम० अ० आ० पर्वणि दानधर्मेसंसारचक्रेद्वादशाधिकशततमोऽध्यायः ॥ ११२ ॥ ॥

र्वणिनीलकंठीयेभारतभावदीपेद्वादशाधिकशततमोऽध्यायः ॥ ११२ ॥ ॥ ॥ ॥ ॥

॥१२४॥

अहिंसेति १ । २ । ३ त्रीन्दोषान्कामक्रोधलोभान्सर्वलोकेषुनिधाय न्यस्यतुस्वात्मनि कामक्रोधौचाद्धोभं ४ । ५ । ६ सर्वेषांभूतानामात्मभूतस्याऽऽत्मदुःखेनेवपरदुःखेनाप्युद्विजतःसर्वभूतान्यात्मत्वेनतस्वदृशापश्यतोमार्गे देवाःमुह्यंति सव्यापकोभूत्वामुच्यतइत्यर्थः अपदस्यगत्यागतिहीनत्वान्मार्गसूचकपदरहितस्यपदैषिणःस्थानैषिणोबहिर्मुखाइत्यर्थः ७ । ८ । ९ यथेति हिंसितोहिनस्तिपालितःपालयतितस्मात्पालयेद्देवनोहिंसयेदित्यर्थः १० । ११ ॥ इतिअनुशासनपर्वणिनीलकंठीयेभारतभावदीपेत्रयोदशाधिकशततमोध्यायः ॥ ११३ ॥ ततइति १ । २ । ३ मनसावचसाकर्मणाभक्षणेनेतिचतुर्विधाहिंसा । तत्रैकेनत्यक्तासर्वात्म

॥ युधिष्ठिरउवाच ॥ ॥ अहिंसावैदिकंकर्मध्यानमिन्द्रियसंयमः ॥ तपोऽथगुरुशुश्रूषाकिंश्रेयःपुरुषंप्रति १ ॥ बृहस्पतिरुवाच ॥ ॥ सर्वाण्येतानिधर्म्याणिपृथग्द्वाराणिसर्वशः ॥ शृणुसंकीर्त्यमानानिषडेवभरतर्षभ २ हन्तनिःश्रेयसंजन्तोरहंवक्ष्याम्यनुत्तमम् ॥ अहिंसापाश्रयंधर्मंयःसाधयतिवैनरः ३ त्रीन्दोषान्सर्वभूतेषुनिधायपुरुषःसदा ॥ कामक्रोधौचसंयम्यततःसिद्धिमवाप्नुते ४ अहिंसकानिभूतानिदंडेनविनिहंतियः ॥ आत्मनःसुखमन्विच्छन्सप्रेत्यनसुखीभवेत् ५ आत्मोपमस्तुभूतेषुयोवैभवतिपूरुषः ॥ न्यस्तदंडोजितक्रोधःसप्रेत्यसुखमेधते ६ सर्वभूतात्मभूतस्यसर्वभूतानिपश्यतः ॥ देवाऽपिमार्गेमुह्यंतिअपदस्यपदैषिणः ७ नतत्परस्यसंदध्यात्प्रतिकूलंयदाऽऽत्मनः ॥ एषसंक्षेपतोधर्मःकामादन्यःप्रवर्तते ८ प्रत्याख्यानेचदानेचसुखदुःखेप्रियाप्रिये ॥ आत्मौपम्येनपुरुषःप्रमाणमभिगच्छति ९ यथापरःप्रक्रमतेपरेषुतथाऽपरेप्रक्रमंतेपरस्मिन् ॥ तथैववतेऽस्तूपमाजीवलोकेयथाधर्मोनैपुणेनोपदिष्टः १० ॥ वैशंपायनउवाच ॥ ॥ इत्युक्त्वातंसुरगुरुर्धर्मराजंयुधिष्ठिरम् ॥ दिवमाचक्रमेधीमान्पश्यतामेवनस्तदा ११ ॥ इतिश्रीमहाभारते अनुशासनपर्वणि आनुशासनिकेपर्वणि दानधर्मेसंसारचक्रसमाप्तौ त्रयोदशाधिकशततमोऽध्यायः ॥ ११३ ॥ ॥ वैशंपायनउवाच ॥ ततोयुधिष्ठिरोराजाशरतल्पेपितामहम् ॥ पुनरेवमहातेजाःपप्रच्छवदतांवरः १ ॥ युधिष्ठिरउवाच ॥ ॥ ऋषयोब्राह्मणादेवाःप्रशंसंतिमहामते ॥ अहिंसालक्षणंधर्मंवेदप्रामाण्यदर्शनात् २ कर्मणामनुजःकुर्वन्हिंसांपार्थिवसत्तम ॥ वाचाचमनसाचैवकथंदुःखात्प्रमुच्यते ३ ॥ भीष्मउवाच ॥ चतुर्विधेयंनिर्दिष्टाह्यहिंसाब्रह्मवादिभिः ॥ एकैकतोऽपिविभ्रष्टानभवत्यरिसूदन ४ यथासर्वश्चतुष्पाद्वैत्रिभिःपादैर्नतिष्ठति ॥ तथैवेयंमहीपालकारणैःप्रोच्यतेत्रिभिः ५ यथानागपदेऽन्यानिपदानिपदगामिनाम् ॥ सर्वाण्येवापिधीयंतेपदजातानिकौञ्जरे ६ एवंलोकेष्वहिंसातुनिर्दिष्टाधर्मतःपुरा ॥ कर्मणालिप्यतेजंतुर्वाचाचमनसाऽपिच ७ पूर्वंतुमनसात्यक्त्वातथावाचाऽथकर्मणा ॥ नभक्षयतियोमांसंत्रिविधंसविमुच्यते ८ त्रिकारणंतुनिर्दिष्टंश्रूयतेब्रह्मवादिभिः ॥ मनोवाचितथाऽऽस्वादेदोषाह्येषुप्रतिष्ठिताः ९ नभक्षयन्त्यतोमांसंतपोयुक्तामनीषिणः ॥ दोषांस्तुभक्षणेराजन्मांसस्येहनिबोधमे १० ॥

नात्यक्तानभवति । नह्यभक्षयतोऽसंकल्पयतोऽन्यमांसंभोक्ष्येइत्यवदतःअकुर्वतोवाहिंसाकेनचिदंशेनभवति ४ तत्रदृष्टांतमाह यथेति । एकेनपादेनविनात्रिभिःपादैःपशुरिवेयमप्येकेनांशेनहीनाअंशत्रयेणनतिष्ठतीत्यर्थः ५ यथेतिनागपदेगजपदेक्षुद्रपदानामिवसर्वेषांधर्माणांसमावेशोभवतिअहिंसायां । कौञ्जरेपदेदत्तेसतिसर्वाणिपदानियथाऽपिधीयंतेएवंहिंसायांसर्वेधर्माःपिधीयंते ६ । ७ । ८ । ९ । १०

॥१२४॥

११ पित्रिति यथास्त्रीपुंयोगेनांतरीयकंपुत्रजन्मैवंहिंसकस्यभूयिष्ठंपापयोनौजन्मेत्यर्थः १२ । १३ । १४ । १५।१६ । जीवितंहीति । यथास्वमांसार्पणाच्छिबिरूर्ध्वंगतःएवंपरमांसादनादधोगच्छतीत्यर्थः १७

पुत्रमांसोपमंजानन्खादतेयोविचक्षणः ॥ मांसंमोहसमायुक्तःपुरुषःसोऽधमःस्मृतः ११ पितृमातृसमायोगेपुत्रत्वंजायतेयथा ॥ हिंसांकृत्वाऽवशःपापोभूयिष्ठंजायतेतथा १२ रसंचप्रतिजिह्वायाज्ञानंप्रज्ञायतेयथा ॥ तथाशास्त्रेषुनियतंरागोह्यास्वादिताद्भवेत् १३ संस्कृताऽसंस्कृताःपक्वालवणाऽलवणास्तथा ॥ प्रजायंतेयथाभावास्तथाचित्तंनिरुध्यते १४ भेरीमृदंगशब्दांश्चतंत्रीशब्दांश्चपुष्कलान् ॥ निषेविष्यंतिवैमंदामांसभक्षाःकथंनराः १५ अचिंतितमनिर्दिष्टमसंकल्पितमेवच ॥ रसगृद्ध्याऽभिभूतायेप्रशंसंतिफलार्थिनः १६ प्रशंसाह्येवमांसस्यदोषकर्मफलान्विता ॥ जीवितंहिपरित्यज्यबहवःसाधवोजनाः १७ स्वमांसैःपरमांसानिपरिपाल्यदिवंगताः १८ एवमेषामहाराजचतुर्भिःकारणैर्वृता ॥ अहिंसातवनिर्दिष्टासर्वधर्मानुसंहिता १९ ॥ इतिश्रीमहाभारतेअनुशासनप० आनुशासनिकेपर्वणि दानधर्मेमांसवर्जनकथनेचतुर्दशाधिकशततमोऽध्यायः॥११४॥ ॥ युधिष्ठिरउवाच ॥ अहिंसापरमोधर्मइत्युक्तंबहुशस्त्वया ॥ श्राद्धेषुचभवानाहपितृनामिषकांक्षिणः १ मांसैर्बहुविधैःप्रोक्तस्त्वयाश्राद्धविधिःपुरा ॥ अहत्वाचकुतोमांसमेवमेतद्विरुध्यते २ जातोनःसंशयोधर्मेमांसस्यपरिवर्जने ॥ दोषोभक्षयतःकःस्यात्कश्चाभक्षयतोगुणः ३ हत्वाभक्षयतोवापिपरेणोपहृतस्यवा ॥ हन्याद्वायःपरस्यार्थेक्रीत्वावाभक्षयेन्नरः ४ एतदिच्छामितत्त्वेनकथ्यमानंत्वयाऽनघ ॥ निश्चयेनचिकीर्षामिधर्ममेतंसनातनम् ५ कथमायुरवाप्नोतिकथंभवतिसत्ववान् ॥ कथमव्यंगतामेतिलक्षण्योजायतेकथम् ६ ॥ भीष्मउवाच ॥ मांसस्याभक्षणाद्राजन्योधर्मःकुरुनंदन ॥ तन्मेशृणुयथातत्त्वंयथाऽस्यविधिरुत्तमः ७ रूपमव्यंगतामायुर्बुद्धिंसत्त्वंबलंस्मृतिम् ॥ प्राप्तुकामैर्नरैर्हिंसावार्जितावैमहात्मभिः ॥ ८ ऋषीणामत्रसंवादोबहुशःकुरुनंदन ॥ बभूवतेषांतुमतंयत्तच्छृणुयुधिष्ठिर ९ योयजेताश्वमेधेनमासिमासियतव्रतः ॥ वर्जयेन्मधुमांसंचसममेतद्युधिष्ठिर १० सप्तर्षयोवालखिल्यास्तथैवचमरीचिपाः ॥ अमांसभक्षणंराजन्प्रशंसंतिमनीषिणः ११ नभक्षयतियोमांसंनचहन्यान्नघातयेत् ॥ तन्मित्रंसर्वभूतानांमनुःस्वायंभुवोऽब्रवीत् १२ अधृष्यःसर्वभूतानांविश्वास्यःसर्वजंतुषु ॥ साधूनांसंमतोनित्यंभवेन्मांसंविवर्जयन् १३ स्वमांसंपरमांसेनयोवर्धयितुमिच्छति ॥ नारदःप्राहधर्मात्मानियतंसोऽवसीदति १४ ददातियजतेचापितपस्वीचभवत्यपि ॥ मधुमांसनिवृत्त्येतिप्राहचैवंबृहस्पतिः १५ मासिमास्यश्वमेधेनयोयजेतशतंसमाः ॥ नखादतिचयोमांसंसममेतन्मतंमम १६ सदायजतिसत्रेणसदादानंप्रयच्छति ॥ सदातपस्वीभवतिमधुमांसविवर्जनात् १७ सर्वेवेदानतत्कुर्युःसर्वेयज्ञाश्चभारत ॥ योभक्षयित्वामांसानिपश्चादपिनिवर्तते १८

१८ । १९ ॥ इतिअनुशासनपर्वणिनीलकंठीयेभारतभावदीपे चतुर्दशाधिकशततमोऽध्यायः ॥ ११४ ॥ ॥ अहिंसेति १ । २ । ३ । ४ । ५ । ६ । ७ । ८ । ९ । १० । ११ । १२ । १३ । १४
१५ । १६ । १७ सर्वेइति । नहिक्रतुस्तनोवेदस्तथातद्बोधिताध्वज्ञाश्चपुरुषंहिंसायांप्रवर्तयंति किंतुपरिसंख्याविधयानिवृत्तिमेवबोधयंतीत्यर्थः १८ ॥ ॥ ॥

१९ । २० । २१ । २२ । २३ । २४ । २५ । २६ । २७ । २८ । २९ । ३० । ३१ । ३२ । ३३ व्यालमृगाःमांसादपशवः ३४ । ३५ । ३६ । ३७ । ३८ । ३९ । ४० हन्यंतंहन्यमानं ४१ । ४२

दुष्करंचरसज्ञानेमांसस्यपरिवर्जनम् ॥ चर्तुंव्रतमिदंश्रेष्ठंसर्वप्राण्यभयप्रदम् १९ सर्वभूतेषुयोविद्वान्ददात्यभयदक्षिणाम् ॥ दाताभवतिलोकेसप्राणानांनात्रसंशयः
२० एवंवैपरमंधर्मंप्रशंसंतिमनीषिणः ॥ प्राणायथाऽऽत्मनोऽभीष्टाभूतानामपिवैतथा २१ आत्मौपम्येनमंतव्यंबुद्धिमद्भिःकृतात्मभिः ॥ मृत्युतोभयमस्तीति
विदुषांभूतिमिच्छताम् २२ किंपुनर्हन्यमानानांतरसाजीवितार्थिनाम् ॥ अरोगाणामपापानांपापैर्मांसोपजीविभिः २३ तस्माद्विद्धिमहाराजमांसस्यपरिवर्जनम् ॥
धर्मस्यायतनंश्रेष्ठंस्वर्गस्यचसुखस्यच २४ अहिंसापरमोधर्मस्तथाऽहिंसापरंतपः ॥ अहिंसापरमंसत्यंयतोधर्मःप्रवर्तते २५ नहिमांसंतृणात्काष्ठादुपलाद्वापिजा
यते ॥ हत्वाजंतुंततोमांसंतस्माद्दोषस्तुभक्षणे २६ स्वाहास्वधाऽमृतभुजोदेवाःसत्यार्जवप्रियाः ॥ क्रव्यादान्राक्षसान्विद्धिजिह्मानृतपरायणान् २७ कांतारे
ष्वथघोरेषुदुर्गेषुगहनेषुच ॥ रात्रावहनिसंध्यासुचत्वरेषुसभासुच २८ उद्यतेषुचशस्त्रेषुमृगव्यालहतेषुच ॥ अमांसभक्षणेराजन्भयमन्यैर्नगच्छति २९ शरण्यः
सर्वभूतानांविश्वास्यःसर्वजंतुषु ॥ अनुद्वेगकरोलोकेनचाप्युद्विजतेसदा ३० यदिचेत्खादकोनस्यान्नतदाघातकोभवेत् ॥ घातकःखादकार्थायतद्घातयतिवैनरः ३१
अभक्ष्यमेतदितिवैइतिहिंसानिवर्तते ॥ खादकार्थमतोहिंसामृगादीनांप्रवर्तते ३२ यस्माद्ग्रसतिचैवायुर्हिंसकानांमहाद्युते ॥ तस्माद्विवर्जयेन्मांसंयइच्छेद्भूतिमा
त्मनः ३३ त्रातारंनाधिगच्छंतिरौद्राःप्राणिविहिंसकाः ॥ उद्वेजनीयाभूतानांयथाव्यालमृगास्तथा ३४ लोभाद्वाबुद्धिमोहाद्वाबलवीर्यार्थमेवच ॥ संसर्गादथपापा
नामधर्मरुचितान्नृणाम् ३५ स्वमांसंपरमांसेनयोवर्धयितुमिच्छति ॥ उद्विग्नवासोवसतियत्रयत्राभिजायते ३६ धन्यंयशस्यमायुष्यंस्वर्ग्यंस्वस्त्ययनंमहत् ॥ मांस
स्याभक्षणंप्राहुर्नियताःपरमर्षयः ३७ इदंतुखलुकौन्तेयश्रुतमासीत्पुरामया ॥ मार्कंडेयस्यवदतोयेदोषामांसभक्षणे ३८ योहिखादतिमांसानिप्राणिनांजीवितैषि
णाम् ॥ हतानांवामृतानांवायथाहंतातथैवसः ३९ धनेनक्रयिकोहंतिखादकश्चोपभोगतः ॥ घातकोवधबंधाभ्यामित्येषत्रिविधोवधः ४० अखादन्ननुमोदंश्चभावदोषे
णमानवः ॥ योऽनुमोदतिहन्यंतंसोऽपिदोषेणलिप्यते ४१ अधृष्यःसर्वभूतानामायुष्मान्निरुजःसदा ॥ भवत्यभक्षयन्मांसंदयावान्प्राणिनामिह ४२ हिरण्यदानैर्गो
दानैर्भूमिदानैश्चसर्वशः ॥ मांसस्याभक्षणेधर्मोविशिष्टइतिनःश्रुतिः ४३ अप्रोक्षितंवृथामांसंविधिहीनंनभक्षयेत् ॥ भक्षयन्निरयंयातिनरोनास्त्यत्रसंशयः ४४ प्रोक्षिता
भ्युक्षितंमांसंतथाब्राह्मणकाम्यया ॥ अल्पदोषमिहज्ञेयंविपरीतेतुलिप्यते ४५ खादकस्यकृतेजंतून्योहन्यात्पुरुषाधमः ॥ महादोषतरस्तत्रघातकोनतुखादकः ४६
इज्यायज्ञश्रुतिकृतैर्योमार्गैरबुधोऽधमः ॥ हन्याज्जंतून्मांसगृध्नुःसवैनरकभाङ्नरः ४७ ॥ ॥ ॥ ॥ ॥ ॥ ॥

४३ । ४४ । ४५ । ४६ इज्यादेवपूजा यज्ञोऽश्वमेधादिस्तदर्थश्रुतिकृतैर्मार्गैरुपायैरबुधोयज्ञोपनिषदमजानन्मांसगृध्नुःकेवलंयज्ञव्याजेनमांसंभोक्तुकामः ४७ ॥ ॥

४८ । ४९ । ५० । ५१ । ५२ । ५३ । ५४ । ५५ व्रीहिमयःपशुःपुरोडाशादिरूपः तथतदुत्क्रांतमेधाअमेध्याःपशवःइत्युक्त्वातस्मादाहुःपुरोडाशसत्रंलोक्यमितिब्राह्मणात ५६ । ५७

भक्षयित्वाऽपियोमांसंपश्चादपिनिवर्तते ॥ तस्यापिसुमहान्धर्मोयःपापाद्विनिवर्तते ४८ आहर्ताचानुमंताचविशस्ताक्रयविक्रयी ॥ संस्कर्ताचोपभोक्ताचखादकाःसर्वएवते ४९ इदमन्यत्तुवक्ष्यामिप्रमाणंविधिनिर्मितम् ॥ पुराणमृषिभिर्जुष्टंवेदेषुपरिनिष्ठितम् ५० प्रवृत्तिलक्षणोधर्मःप्रजार्थिभिरुदाहृतः ॥ यथोक्तंराजशार्दूलनतुतन्मोक्षकांक्षिणाम् ५१ हविर्यत्संस्कृतंमंत्रैःप्रोक्षिताभ्युक्षितंशुचि ॥ वेदोक्तेनप्रमाणेनपितॄणांप्रक्रियासुच ५२ अतोऽन्यथावृथामांसमभक्ष्यंमनुरब्रवीत् ॥ अस्वर्ग्यमयशस्यंचरक्षोवद्भरतर्षभ ५३ विधिहीनंनरःपूर्वंमांसंराजन्नभक्षयेत् ॥ अप्रोक्षितंवृथामांसंविधिहीनंनभक्षयेत् ५४ यइच्छेत्पुरुषोऽत्यंतमात्मानंनिरुपद्रवम् ॥ सवर्जयेतमांसानिप्राणिनामिहसर्वशः ५५ श्रूयतेहिपुराकल्पेनृणांव्रीहिमयःपशुः ॥ येनायजंतयज्वानःपुण्यलोकपरायणाः ५६ ऋषिभिःसंशयंपृष्टोवसुश्चेदिपतिःपुरा ॥ अभक्ष्यमपिमांसंयःप्राहभक्ष्यमितिप्रभो ५७ आकाशादवनिंप्राप्तस्ततःसपृथिवीपतिः ॥ एतदेवपुनश्चोक्त्वाविवेशधरणीतलम् ५८ प्रजानांहितकामेनत्वगस्त्येनमहात्मना ॥ आरण्याःसर्वदैवत्याःप्रोक्षितास्तपसामृगाः ५९ क्रियाह्येवंनहीयंतेपितृदैवतसंश्रिताः ॥ प्रीयंतेपितरश्चैवन्यायतोमांसतर्पिताः ६० इदंतुशृणुराजेन्द्रकीर्त्यमानंमयाऽनघ ॥ अभक्षणेसर्वसुखंमांसस्यमनुजाधिप ६१ यस्तुवर्षशतंपूर्णंतपस्तप्येत्सुदारुणम् ॥ यश्चैववर्जयेन्मांसंसममेतन्मतंमम ६२ कौमुदेतुविशेषेणशुक्लपक्षेनराधिप ॥ वर्जयेन्मधुमांसानिधर्मोह्यत्रविधीयते ६३ चतुरोवार्षिकान्मासान्योमांसंपरिवर्जयेत् ॥ चत्वारिभद्राण्याप्नोतिकीर्तिमायुर्यशोबलम् ६४ अथवामासमेकंवैसर्वमांसान्यभक्षयन् ॥ अतीत्यसर्वदुःखानिसुखंजीवेन्निरामयः ६५ वर्जयंतिहिमांसानिमासशःपक्षशोऽपिवा ॥ तेषांहिंसानिवृत्तानांब्रह्मलोकोविधीयते ६६ मांसंतुकौमुदंपक्षंवर्जितंपार्थराजभिः ॥ सर्वभूतात्मभूतस्थैर्विदितार्थपरावरैः ६७ नाभागेनांबरीषेणगयेनचमहात्मना ॥ आयुनाथानरण्येनदिलीपरघुपूरुभिः ६८ कार्तवीर्यानिरुद्धाभ्यांनहुषेणययातिना ॥ नृगेणविष्वगश्वेनतथैवशशबिंदुना ६९ युवनाश्वेनचतथाशिबिनौशीनरेणच ॥ मुचकुंदेनमांधात्राहरिश्चन्द्रेणवाविभो ७० सत्यंवदतमाऽसत्यंसत्यंधर्मःसनातनः ॥ हरिश्चन्द्रश्चरतिवैदिविसत्येनचन्द्रवत् ७१ श्येनचित्रेणराजेन्द्रसोमकेनवृकेणच ॥ रैवतेरंतिदेवेनवसुनासृंजयेनच ७२ एतैश्चान्यैश्चराजेन्द्रकृपेणभरतेनच ॥ दुष्यन्तेनकरूषेणरामालर्कनरैस्तथा ॥ विरूपाश्वेननिमिनाजनकेनचधीमता ७३ ऐलेनपृथुनाचैववीरसेनेनचैवह ॥ इक्ष्वाकुणाशंभुनाचश्वेतेनसगरेणच ७४ ॥ ॥ ॥

अभक्ष्यमपिमांसंभक्ष्यमित्याहातःपपातेत्यर्थः ५८ आरण्याःप्रोक्षिताइति पर्यग्निकृतानारण्यानुत्सृजंतीतिश्रुतेरारण्यैर्यज्ञंकृत्वापितेषांवधोनकृतइत्यर्थः ५९ । ६० । ६१ । ६२ । ६३ । ६४ ।
६५ । ६६ । ६७ । ६८ । ६९ । ७० । ७१ । ७२ । ७३ । ७४ ॥ ॥ ॥ ॥

७५ । ७६ । ७७ । ७८ । ७९ । ८० । ८१ । ८२ । ८३ । ८४।८५ ॥ इति अनुशासनपर्वणि नीलकंठीये भारतभावदीपे पंचदशाधिकशततमोऽध्यायः ॥ ११५ ॥ ॥ इमेइति १ । २ । ३ । ४

अजेनधुंधुनाचैवतथैवचसुबाहुना ॥ हर्यश्वेनचराजेन्द्रक्षुपेणभरतेनच ७५ एतैश्चान्यैश्चराजेन्द्रपुरामांसंनभक्षितम् ॥ शारदंकौमुदंमासंततस्तेस्वर्गमाप्नुवन्
७६ ब्रह्मलोकेचतिष्ठंतिज्वलमानाःश्रियाऽन्विताः ॥ उपास्यमानागंधर्वैःस्त्रीसहस्रसमन्विताः ७७ तदेतदुत्तमंधर्ममहिंसाधर्मलक्षणम् ॥ येचरंतिमहात्मानो
नाकपृष्ठेवसंतिते ७८ मधुमांसंचयेनित्यंवर्जयंतीहधार्मिकाः ॥ जन्मप्रभृतिमद्यंचसर्वेतेमुनयःस्मृताः ७९ इमंधर्ममांसादंयश्चरेच्छ्रावयीतवा ॥ अपिचेत्सुदु
राचारोनजातुनिरयंव्रजेत् ८० पठेद्वायइदंराजञ्छृणुयाद्वाप्यभीक्ष्णशः ॥ अमांसभक्षणविधिंपवित्रमृषिपूजितम् ८१ विमुक्तःसर्वपापेभ्यःसर्वकामैर्महीयते ॥
विशिष्टतांज्ञातिषुचलभतेनात्रसंशयः ८२ आपन्नश्चापदोमुच्येद्बद्धोमुच्येतबंधनात् ॥ मुच्येत्तथाऽऽतुरोरोगादुःखान्मुच्येतदुःखितः ८३ तिर्यग्योनिंनगच्छे
तरूपवांश्चभवेन्नरः ॥ ऋद्धिमान्वैकुरुश्रेष्ठप्राप्नुयाच्चमहद्यशः ८४ एतत्तेकथितंराजन्मांसस्यपरिवर्जने ॥ प्रवृत्तौचनिवृत्तौचविधानमृषिनिर्मितम् ८५
॥ इतिश्रीमहाभारतेअनुशासनपर्वणिअनुशास० दानधर्मेमांसभक्षणनिषेधेपंचदशाधिकशततमोऽध्यायः ॥ ११५ ॥ ॥ युधिष्ठिरउवाच ॥ इमेवैमानवा
लोकेनृशंसामांसगृद्धिनः ॥ विसृज्यविविधान्भक्ष्यान्महारक्षोगणाइव १ अपूपान्विविधाकारान्शाकानिविविधानिच ॥ खांडवान्रसयोगान्नतथेच्छंतियथाऽऽ
मिषम् २ तत्रमेबुद्धिरत्रैवविषयेपरिमुह्यते ॥ नमन्येरसतःकिंचिन्मांसतोऽस्तीतिकिंचन ३ तदिच्छामिगुणान्श्रोतुंमांसस्याभक्षणेप्रभो ॥ भक्षणेचैवयेदोषा
स्तांश्चैवपुरुषर्षभ ४ सर्वंतत्त्वेनधर्मज्ञयथावदिहधर्मतः ॥ किंचाभक्ष्यमभक्ष्यंवासर्वमेतद्वदस्वमे ५ यथैतद्यादृशंचैवगुणायेचास्यवर्जने ॥ दोषाभक्षयतोयेऽपि
तन्मेब्रूहिपितामह ६ ॥ भीष्मउवाच ॥ एवमेतन्महाबाहोयथावदसिभारत ॥ नमांसात्परमंकिंचिद्रसतोविद्यतेभुवि ७ क्षतक्षीणाभितप्तानांग्राम्यधर्मरता
त्मनाम् ॥ अध्वनाकर्शितानांचनमांसाद्विद्यतेपरम् ८ सद्योवर्धयतिप्राणान्पुष्टिमग्र्यांदधातिच ॥ नभक्ष्योऽभ्यधिकःकश्चिन्मांसादस्तिपरंतप ९ विवर्जि
तेतुबहवोगुणाःकौरवनंदन ॥ येभवंतिमनुष्याणांतान्मेनिगदतःश्रृणु १० स्वमांसंपरमांसेनयोवर्धयितुमिच्छति ॥ नास्तिक्षुद्रतरस्तस्मात्सनृशंसतरोनरः
११ नहिप्राणात्प्रियतरंलोकेकिंचनविद्यते ॥ तस्माद्दयांनरःकुर्याद्यथाऽऽत्मनितथापरे १२ शुक्राच्चतातसंभूतिर्मांसस्येहनसंशयः ॥ भक्षणेतुमहान्दोषोनिवृ
त्त्यापुण्यमुच्यते १३ विधिनावेददृष्टेनतद्भुक्त्वेहनदुष्यति ॥ यज्ञार्थेपशवःसृष्टाइत्यपिश्रूयतेश्रुतिः १४ अतोऽन्यथाप्रवृत्तानांराक्षसोविधिरुच्यते ॥
क्षत्रियाणांतुयोदृष्टोविधिस्तमपिमेशृणु १५ ॥ ॥ ॥ ॥ ॥

५ । ६ । ७ । ८ । ९ । १० । ११ । १२ । १३ । १४ । १५ ॥ ॥ ॥ ॥

आरण्याइति । यजमानेनउत्सृष्टानामप्यारण्यानांराज्ञामृगयायांवधोन्याय्यएव उत्सृष्टपशोर्जीवनेतत्तद्देवतायास्तृप्त्ययोगात् । अतएवकपिंजलानालभेतेत्यत्राधिकानामालंभेदोषप्रसंगान्त्रित्वेनैवशास्त्रार्थस्यानुष्ठितत्वाद्बहुत्वस्यत्रित्वेपर्यवसानमुक्तम् । अन्यथाकपिंजलानामारण्यत्वेनपर्यग्निकरणांतेउत्सृष्टानांवधस्याप्रसक्तेरधिकानामालंभेदोषोनप्रसज्येत । तथाचयदिव्यधिकानुत्सृजेत्तर्हितद्वधेउत्सृष्टःपापंयदित्रीनेवतर्हिअधिकवधेहेतुःपापमितिसिद्धेतदिदमुक्तम् । 'आरण्याःसर्वदैवत्याःसर्वशःप्रोक्षितामृगाः ॥ अगस्त्येनपुराराजन्मृगयायेनपूज्यते'इति सर्वशइतिउत्पन्नमात्रस्यग्रहणम् १६ किंचहन्यमानात्पशोःस्ववधस्या

वीर्येणोपार्जितंमांसंयथाभुंजन्नदुष्यति ॥ आरण्याःसर्वदैवत्याःसर्वशःप्रोक्षितामृगाः १६ अगस्त्येनपुराराजन्मृगयायेनपूज्यते ॥ नात्मानमपरित्यज्यमृगया नामविद्यते १७ समतामुपसंगम्यभूतंहन्यतिहंतिवा ॥ अतोराजर्षयःसर्वेमृगयांयांतिभारत १८ नहिलिप्यंतिपापेननचैतत्पातकंविदुः ॥ नह्यतःसदृशंकिंचि दिहलोकेपरत्रच १९ यत्सर्वेष्विहभूतेषुदयाकौरवनंदन ॥ नभयंविद्यतेजातुनरस्येहदयावतः २० दयावतामिमेलोकाःपरेचापितपस्विनाम् ॥ अहिंसालक्ष णोधर्मइतिधर्मविदोविदुः २१ यदहिंसात्मकंकर्मतत्कुर्यादात्मवान्नरः ॥ पितृदैवतयज्ञेषुप्रोक्षितंहविरुच्यते २२ अभयंसर्वभूतेभ्योयोददातिदयापरः ॥ अभयं तस्यभूतानिददतीत्यनुशुश्रुम २३ क्षतंचस्खलितंचैवपतितंकृष्टमाहतम् ॥ सर्वभूतानिरक्षंतिसमेषुविषमेषुच २४ नैनंव्यालमृगाघ्नंतिनपिशाचानराक्षसाः ॥ मुच्यतेभयकालेषुमोक्षयेद्योभयेपरान् २५ प्राणदानात्परंदानंनभूतंनभविष्यति ॥ नह्यात्मनःप्रियतरंकिंचिदस्तीहनिश्चितम् २६ अनिष्टंसर्वभूतानांमरणंनामभा रत ॥ मृत्युकालेहिभूतानांसद्योजायतिवेपथुः २७ जातिजन्मजरादुःखैर्नित्यंसंसारसागरे ॥ जंतवःपरिवर्तन्तेमरणादुद्विजन्तिच २८ गर्भवासेषुपच्यंतेक्षारा म्लकटुकैरसैः ॥ मूत्रस्वेदपुरीषाणांपरुषैर्भृशदारुणैः २९ जाताश्चाप्यवशास्तत्रच्छिद्यमानाःपुनःपुनः ॥ याच्यमानाश्चदृश्यंतेविवशामांसगृद्धिनः ३० कुंभीपाकेचपच्यन्तेतांतांयोनिमुपागताः ॥ आक्रम्यमार्यमाणाश्चभ्राम्यंतेवैपुनःपुनः ३१ नात्मनोऽस्तिप्रियतरःपृथिवीमनुसृत्यह ॥ तस्मात्प्राणिषुसर्वेषुदयावा नात्मवान्भवेत् ३२ सर्वमांसानियोराजन्यावज्जीवंनभक्षयेत् ॥ स्वर्गेसविपुलंस्थानंप्राप्नुयान्नात्रसंशयः ३३ येभक्षयंतिमांसानिभूतानांजीवितैषिणाम् ॥ भ क्ष्यन्तेतेऽपिभूतैस्तैरितिमेनास्तिसंशयः ३४ मांसंभक्षयतेयस्माद्भक्षयिष्येतमप्यहम् ॥ एतन्मांसस्यमांसत्वमनुबुद्ध्यस्वभारत ३५ घातकोवध्यतेनित्यंतथा वध्यतिभक्षिता ॥ आक्रोष्टाक्रुध्यतेराजंस्तथाद्वेष्यत्वमाप्नुते ३६ ॥ ॥ ॥ ॥

पिसंभवात्प्राणपणेनेयंक्रियमाणामृगयानदोषायेत्याह नात्मानमिति १७ हन्यतेभूतमनेनभूतंचैनंहंति १८ एवंप्रवृत्तिमार्गमुक्त्वावस्तुतत्त्वमाह नहीति । नहिअगस्त्यवद्युगपत्सर्वेषांपशूनामालंभप्रोक्षणादिकमिदानींतनेनकर्तुंशक्यमतोऽप्रोक्षितानांवधेदोषएव । नापिप्राणपणत्वेनमृगयायाअदोषत्वं । तस्कराणामपितथानिर्दोषत्वप्रसंगादितिहिशब्देनसूचितं १९ । २० । २१ । २२ । २३ । २४ । २५ । २६ २७ । २८ जातिर्गर्भेजन्म २९ । ३० । ३१ । ३२ । ३३ । ३४ मांसःपूर्वजन्मनिभक्षितवानतएवतस्यमांसमहंभक्षयिष्यामीतिव्यवहारान्मांसपदनिरुक्तिः ३५ । ३६ ॥

३७ । ३८ । ३९ । ४० । ४१ । ४२ ॥ इतिअनुशासनपर्वणि नीलकंठीयेभारतभावदीपे षोडशाधिकशततमोऽध्यायः ॥ ११६ ॥ ॥ अकामाइति १ । २ । ३ । ४ । ५ । ६ । ७ । ८ । ९

येनयेनशरीरेणयद्यत्कर्मकरोतियः ॥ तेनतेनशरीरेणतत्तत्फलमुपाश्नुते ३७ अहिंसापरमोधर्मस्तथाऽहिंसापरोदमः ॥ अहिंसापरमंदानमहिंसापरमंतपः ३८
अहिंसापरमोयज्ञस्तथाऽहिंसापरंफलम् ॥ अहिंसापरमंमित्रमहिंसापरमंसुखम् ३९ सर्वयज्ञेषुवादानंसर्वतीर्थेषुवाऽऽलुतम् ॥ सर्वदानफलंवाऽपिनैतत्तुल्य
महिंसया ४० अहिंस्रस्यतपोऽक्षय्यमहिंस्रोयजतेसदा ॥ अहिंस्रःसर्वभूतानांयथामातायथापिता ४१ एतत्फलमहिंसायाभूयश्चकुरुपुंगव ॥ नहिशक्यागु
णावक्तुमपिवर्षशतैरपि ४२ ॥ इति श्रीमहाभारते अनुशासनपर्वणि आनुशास० दानधर्मेअहिंसाफलकथनेषोडशाधिकशततमोऽध्यायः ॥ ११६ ॥ ॥
॥ युधिष्ठिरउवाच ॥ आकामाश्चसकामाश्चयेहताःस्ममहामृधे ॥ कांगातिंप्रतिपन्नास्तेतन्मेब्रूहिपितामह १ दुःखंप्राणपरित्यागःपुरुषाणांमहामृधे ॥ जानासि
त्वंमहाप्राज्ञप्राणत्यागंसुदुष्करम् २ समृद्धोवाऽसमृद्धोवाऽशुभेवायदिवाऽशुभे ॥ कारणंतत्रमेब्रूहिसर्वज्ञोह्यसिमेमतः ३ ॥ भीष्मउवाच ॥ समृद्धोवाऽसमृद्धोवाशुभे
वायदिवाऽशुभे ॥ संसारेऽस्मिन्समायाताःप्राणिनःपृथिवीपते ४ निरतायेनभावेनतत्रमेशृणुकारणम् ॥ सम्यक्चायमनुप्रश्नस्त्वयोक्तस्तुयुधिष्ठिर ५ अत्रतेवर्त
यिष्यामिपुरावृत्तमिदंनृप ॥ द्वैपायनस्यसंवादंकीटस्यचयुधिष्ठिर ६ ब्रह्मभूतश्चरन्विप्रःकृष्णद्वैपायनःपुरा ॥ ददर्शकीटंधावन्तंशीघ्रंशकटवर्त्मनि ७ गतिज्ञः
सर्वभूतानांभाषाज्ञश्चशरीरिणाम् ॥ सर्वज्ञःसतदादृष्ट्वाकीटंवचनमब्रवीत् ८ ॥ व्यासउवाच ॥ कीटसंत्रस्तरूपोऽसित्वरितश्चैवलक्ष्यसे ॥ क्वधावसितदाचक्ष्व
कुतस्तेभयमागतम् ९ ॥ कीटउवाच ॥ शकटस्यास्यमहतोघोषंश्रुत्वाभयंमम ॥ आगतंवैमहाबुद्धेस्वनएषहिदारुणः १० श्रूयतेनचमांहन्यादितिह्यस्मादप
क्रमे ॥ श्वसतांचशृणोम्येनंगोपुत्राणांप्रतोद्यताम् ११ वहतांसुमहाभारंसन्निकर्षेस्वनंप्रभो ॥ नृणांचसंवाहयतांश्रूयतेविविधःस्वनः १२ श्रोतुमस्मद्विधेनै
षनशक्यःकीटयोनिना ॥ तस्मादतिक्रमाम्येषभयादस्मात्सुदारुणात् १३ दुःखंहिमृत्युर्भूतानांजीवितंचसुदुर्लभम् ॥ अतोभीतःपलायामिगच्छेयंनासुखंसु
खात् १४ ॥ भीष्मउवाच ॥ इत्युक्तःसतुतंप्राहकुतःकीटसुखंतव ॥ मरणंतेसुखंमन्येतिर्यग्योनौतुवर्तसे १५ शब्दंस्पर्शंरसंगंधंभोगांश्चोच्चावचान्बहून् ॥
नाभिजानासिकीटत्वंश्रेयोमरणमेवते १६ ॥ कीटउवाच ॥ सर्वत्रनिरतोजीवइतश्चापिसुखंमम ॥ चिंतयामिमहाप्राज्ञतस्मादिच्छामिजीवितुम् १७ इहापि
विषयःसर्वोयथादेहंप्रवर्तितः ॥ मानुषाःस्थैर्यजाश्चैवपृथग्भोगाविशेषतः १८ अहमासंमनुष्योवैशूद्रोबहुधनःप्रभो ॥ अब्रह्मण्योनृशंसश्चकदर्योवृद्धिजीवनः १९
वाक्तीक्ष्णोनिकृतिप्रज्ञोद्वेष्टाविश्वस्यसर्वशः ॥ मिथ्याकृतोऽपिविधिनापरस्वहरणेरतः २० ॥ ॥ ॥

१० । ११ । १२ । १३ । १४ । १५ । १६ । १७ इहेति । मानुषाणांस्थैर्यजानांस्थावराणांचविशेषतोभोगाःसंति जंगमानांतुसाधारण्येनैवसर्वविषयजंसुखंदुःखंवाऽस्तीत्यर्थः १८ । १९ । २० ॥

पर्यशितःभृत्यादीन्परित्यज्याशनंकृतवानस्मीत्यर्थः २१ । २२ । २३ । २४ नबुभूषकः अनैश्वर्यमिच्छन् २५ । २६ । २७ । २८ । २९ ॥ इतिअनुशासनपर्वणिनीलकंठीयेभारतभावदीपेसप्तदशाधिकशततमोऽध्यायः ॥ ११७ ॥ ॥ ॥ शुभेनयेननमुह्यसेतन्ममैवकर्म १ । २ । ३ तिर्यगाइत्यत्रवर्णलोपआर्षः सिद्धाइत्यर्थः धर्मोऽपिमनुष्येषुमूढेषुकामार्थःकाम्यएवास्तिनतु

भृत्यातिथिजनश्चापिगृहेपर्यशितोमया ॥ मात्सर्यात्स्वादुकामेननृशंसेनबुभुक्षता २१ देवार्थंपितृयज्ञार्थमन्नंश्रद्धाहृतंमया ॥ नदत्तमर्थकामेनदेयमन्नंपुराकिल
२२ गुप्तंशरणमाश्रित्यभयेषुशरणागताः ॥ अकस्मात्तेमयात्यक्तानत्राताअभयैषिणः २३ धनंधान्यंप्रियान्दारान्यानंवासस्तथाद्भुतम् ॥ श्रियंदृष्ट्वामनुष्याणा
मसूयामिनिरर्थकम् २४ ईर्ष्युःपरसुखंदृष्ट्वाअन्यस्यनबुभूषकः ॥ त्रिवर्गहंताचान्येषामात्मकामानुवर्तकः २५ नृशंसगुणभूयिष्ठंपुराकर्मकृतंमया ॥ स्मृत्वा
तदनुतप्येऽहंहित्वाप्रियमिवात्मजम् २६ शुभानांनाभिजानामिकृतानांकर्मणांफलम् ॥ माताचपूजितावृद्धाब्राह्मणश्चार्चितोमया २७ सकृज्जातिगुणोपेतःसंग
त्यागृहमागतः ॥ अतिथिःपूजितोब्रह्मंस्तेनमांनाजहात्स्मृतिः २८ कर्मणापुनरेवाहंसुखमागामिलक्षये ॥ तच्छ्रोतुमहमिच्छामित्वत्तःश्रेयस्तपोधन २९
॥ इतिश्रीमहाभारतेअनुशासनपर्वणिअनुशास० दानधर्मेकीटोपाख्यानेसप्तदशाधिकशततमोऽध्यायः ॥ ११७ ॥ व्यासउवाच ॥ शुभेनकर्मणायद्वैतिर्यग्योनौ
नमुह्यसे ॥ ममैवकीटतत्कर्मयेनत्वंनप्रमुह्यसे १ अहंत्वांदर्शनादेवतारयामितपोबलात् ॥ तपोबलाद्धिबलवद्बलमन्यन्नविद्यते २ जानामिपापैःस्वकृतैर्गतंत्वांकी
टकीटताम् ॥ अवाप्स्यसिपुनर्धर्मंधर्मंतुयदिमन्यसे ३ कर्मभूमिकृतंदेवाभुंजतेतिर्यगाश्चये ॥ धर्मोऽपिहिमनुष्येषुकामार्थश्चतथागुणाः ४ वाग्बुद्धिपाणिपादै
श्चव्यपेतस्यविपश्चितः ॥ किंहास्यतिमनुष्यस्यमंदस्यापिहिजीवतः ५ जीवन्हिकुरुतेपूजांविप्राग्र्यःशशिसूर्ययोः ॥ ब्रुवन्नपिकथांपुण्यांतत्रकीटत्वमेष्यसि ६
गुणभूतानिभूतानितत्रत्वमुपभोक्ष्यसे ॥ तत्रतेऽहंविनेष्यामिब्रह्मत्वंयत्रवैष्यसि ७ सतथेतिप्रतिश्रुत्यकीटोवर्त्मन्यतिष्ठत ॥ शकटोव्रजंश्चसुमहानागतश्चयदृच्छ
या ८ चक्राक्रमेणभिन्नश्चकीटःप्राणान्मुमोचह ॥ संभूतःक्षत्रियकुलेप्रसादादमितौजसः ९ तमृषिंद्रष्टुमगमत्सर्वास्वन्यासुयोनिषु ॥ श्वाविद्गोधावराहाणांतथैवमृग
पक्षिणाम् १० श्वपाकशूद्रवैश्यानांक्षत्रियाणांचयोनिषु ॥ सकीटएवमाभाष्यऋषिणासत्यवादिना ॥ प्रतिस्मृत्याथजग्राहपादौमूर्ध्निकृतांजलिः ११
॥ कीटउवाच ॥ ॥ इदंतदतुलंस्थानमीप्सितंदशभिर्गुणैः ॥ यदहंप्राप्यकीटत्वमागतोराजपुत्रताम् १२ वहंतिमामतिबलाकुंजराहेममालिनः ॥ स्यंद
नेषुचकांबोजायुक्ताःपरमवाजिनः १३ उष्ट्राश्वतरयुक्तानियानानिचवहंतिमाम् ॥ सबांधवःसहामात्यश्चाश्नामिपिशितौदनम् १४

निष्कामः एवंगुणाअपिकामार्थाएव ४ वागिति कर्मणिषष्ठी वागादिहीनंबुधमबुधंवाजीवंतंनरंकिंहास्यतिकिंत्यक्ष्यतिनकिमपि । सर्वैःपुरुषार्थैरयंत्यक्तइत्यर्थः ५ जीवन्हीति । हेकीटयत्रविप्राग्र्यस्तत्रत्वमेष्यसि ६ गुणेति । तत्रविमत्वेत्वंभूतानिभोक्ष्यसेतत्रयोनौतेतुभ्यमहंब्रह्मविनेष्यामिब्रह्मविद्यांदास्यामि यत्रवात्वमेष्यसिवांछसितत्रत्वांनेष्यामीतियोजना ७ । ८ । ९ । १० सइति । यत्रयत्रगंतुंमनसाइच्छितवान्तत्रतत्रऋषिमेवददर्शेत्यर्थः ११ । १२ । १३ । १४ ॥ ॥ ॥ ॥

१५ ।१६ ।१७ ।१८ ।१९ ।२० ।२१ गोब्राह्मणकृते ... ब्राह्मण्यमवाप्स्यसीतियोजना २२ ।२३ ।२४ ॥ इतिअनुशासनपर्वणिनीलकंठीयेभारतभावदीपेअष्टादशाधिकशततमो

गृहेषुस्वनिवासेषुसुखेषुशयनेषुच ॥ वराहेंषुमहाभागस्वपामिचसुपूजितः १५ सर्वेष्वपररात्रेषुसूतमागधबंदिनः ॥ स्तुवंतिमांयथादेवामहेन्द्रंप्रियवादिनः १६ प्र
सादात्सत्यसंधस्यभवतोऽमिततेजसः ॥ यदहंकीटतांप्राप्यसंप्राप्तोराजपुत्रताम् १७ नमस्तेऽस्तुमहाप्राज्ञकिंकरोमिप्रशाधिमाम् ॥ त्वत्तपोबलनिर्दिष्टमिदंह्यधिगतं
मया १८ ॥ व्यासउवाच ॥ अर्चितोऽहंत्वयाराजन्वाग्भिरद्ययदृच्छया ॥ अद्यतेकीटतांप्राप्यस्मृतिर्जाताजुगुप्सिता १९ नतुनाशोऽस्तिपापस्ययस्त्वयोपचि
तःपुरा ॥ शूद्रेणार्थप्रधानेननृशंसेनाततायिना २० ममतेदर्शनंप्राप्तंतच्चवैसुकृतंत्वया ॥ तिर्यग्योनौस्मजातेनममचाभ्यर्चनात्तथा २१ इतस्त्वंराजपुत्रत्वा
द्ब्राह्मण्यंसमवाप्स्यसि ॥ गोब्राह्मणकृतेप्राणान्हुत्वाऽऽत्मानंरणाजिरे २२ राजपुत्रसुखंप्राप्यक्रतूंश्चैवाप्तदक्षिणान् ॥ अथमोदिष्यसेस्वर्गेब्रह्मभूतोऽव्ययःसुखी २३
तिर्यग्योन्याःशूद्रतामभ्युपैतिशूद्रोवैश्यंक्षत्रियत्वंचवैश्यः ॥ वृत्तश्लाघीक्षत्रियोब्राह्मणत्वंस्वर्गंपुण्यंब्राह्मणःसाधुवृत्तः २४ ॥ इ० अनु० आनु० दानधर्मेकीटोपा
ख्यानेअष्टादशाधिकशततमोऽध्यायः ॥ ११८ ॥ ॥ भीष्मउवाच ॥ क्षत्रधर्ममनुप्राप्तःस्मरन्नेवचवीर्यवान् ॥ त्यक्त्वासकीटतांराजंश्चचारविपुलंतपः १ तस्यधर्मा
र्थविदुषोदृष्ट्वातद्विपुलंतपः ॥ आजगामद्विजश्रेष्ठःकृष्णद्वैपायनस्तदा २ ॥ व्यासउवाच ॥ क्षात्रंदेवव्रतंकीटभूतानांपरिपालनम् ॥ क्षात्रंदेवव्रतंध्यायंस्ततोविप्र
त्वमेष्यसि ३ पाहिसर्वाःप्रजाःसम्यक्शुभाशुभविदात्मवान् ॥ शुभैःसंविभजन्कामैरशुभानांचपावनैः ४ आत्मवान्भवसुप्रीतःस्वधर्माचरणेरतः ॥ क्षात्रींतनुंसमु
त्सृज्यततोविप्रत्वमेष्यसि ५ ॥ भीष्मउवाच ॥ सोऽप्यरण्यमनुप्राप्यपुनरेवयुधिष्ठिर ॥ महर्षेर्वचनंश्रुत्वाप्रजाधर्मेणपालयच ६ अचिरेणैवकालेनकीटःपार्थिवसत्त
म ॥ प्रजापालनधर्मेणप्रेत्यविप्रत्वमागतः ७ ततस्तंब्राह्मणंदृष्ट्वापुनरेवमहायशाः ॥ आजगाममहाप्राज्ञःकृष्णद्वैपायनस्तदा ८ ॥ व्यासउवाच ॥ भोभोब्रह्म
र्षभश्रीमन्माव्यथिष्ठाःकथंचन ॥ शुभकृच्छुभयोनीषुपापकृत्पापयोनिषु ९ उपपद्यतिधर्मज्ञयथापापफलोपगम् ॥ तस्मान्मृत्युभयात्कीटमाव्यथिष्ठाःकथंच
न १० धर्मलोपभयंतेस्यात्तस्माद्धर्मंचरोत्तमम् ॥ ॥ कीटउवाच ॥ सुखात्सुखतरंप्राप्तोभगवंस्त्वत्कृतेह्यहम् ११ धर्ममूलांश्रियंप्राप्यपाप्मानष्टइहाद्यमे ॥
भीष्मउवाच ॥ भगवद्वचनात्कीटोब्राह्मण्यंप्राप्यदुर्लभम् १२ अकरोत्पृथिवींराजन्यज्ञयूपशतांकिताम् ॥ ततःसालोक्यमगमद्ब्रह्मणोब्रह्मवित्तमः १३ अवाप
चपदंकीटःपार्थब्रह्मसनातनम् ॥ स्वकर्मफलनिर्वृत्तंव्यासस्यवचनात्तदा १४ तेऽपियस्मात्प्रभावेणहताःक्षत्रियपुंगवाः ॥ संप्राप्तास्तेगतिंपुण्यांतस्मान्माशोच
पुत्रक १५ ॥ इतिश्रीमहाभारते अनुशासनपर्वणि आनुशासनिकेपर्वणि दानधर्मे कीटोपाख्याने एकोनविंशत्यधिकशततमोऽध्यायः ॥ ११९ ॥ ॥

ध्यायः ॥ ११८ ॥ ॥ क्षत्रेति १ ।२ ।३ ।४ ।५ ।६ ।७ ।८ ।९ ।१० ।११ ।१२ ।१३ ।१४ ।१५ ॥ इतिअनु० नी० भा० एकोनविंशत्यधिकशततमोऽध्यायः ॥ ११९ ॥ ॥

विद्यातपोभ्यामिति १ । २ मैत्रेयमपिअज्ञातचरितंचरंतमित्यर्थः स्वंईरयतिधर्मायप्रेरयतिस्वैरिणीमुनिश्रेणीतस्याःकुलेगृहे ३ । ४ अस्मयतविस्मयंप्राप्तवान् ५ कुतश्चतेप्रमोदइतिसंबंधः ६ एतदात्मनस्त
पोभाग्यंतवमहाभाग्यंतेत्वांपृच्छामि । आश्चर्यदर्शनंविनाविस्मयोनभवतीतिभावः ७ पृथगिति । पृथगात्माउपाधिपरिच्छिन्नोजीवः सुखात्माअनुपाधिकंब्रह्म पंचम्यर्थेषष्ठी ततःपृथगाचरतस्तवजीवन्मुक्तस्य
मुक्तामुक्तोभयात्मनोऽपेक्षयाऽहमात्मानमल्पांतरंमन्ये । यतस्त्वंमद्भाग्यंदृष्ट्वाविस्मितोसि अतोऽहंत्वत्तोल्पांतरोस्मीत्यात्मानमनुमिनोमीत्यर्थः । अन्वयादमित्रवंश्यत्वात् विशिष्टमपीतरेभ्यः ८ अतिच्छे
दोऽत्यंतमंतरंमशकेनसमुद्रशोषणमिव । अतिच्छंदमितिपाठेऽपिसएवार्थः । अतिवादस्तस्यैवार्थस्यकथनंलोकेताभ्यांविस्मयोमेऽभवत् । इदंस्थानंक्रतुशतंविनानप्राप्यतइतिवेदवचनमसत्यंजलमात्रदानेनतव

॥ युधिष्ठिरउवाच ॥ विद्यातपोभ्यांदानाच्चकिमेतेषांविशिष्यते ॥ पृच्छामित्वांसतांश्रेष्ठतन्मेब्रूहिपितामह १ ॥ भीष्मउवाच ॥ अत्राप्युदाहरंतीममितिहासंपुरा
तनम् ॥ मैत्रेयस्यचसंवादंकृष्णद्वैपायनस्यच २ कृष्णद्वैपायनोराजन्नज्ञातचरितंचरन् ॥ वाराणस्यामुपातिष्ठन्मैत्रेयंस्वैरिणीकुले ३ तमुपस्थितमासीनंज्ञात्वा
समुनिसत्तमम् ॥ अर्चित्वाभोजयामासमैत्रेयोऽशनमुत्तमम् ४ तदन्नमुत्तमंभुक्त्वागुणवत्सार्वकामिकम् ॥ प्रतिष्ठमानोस्मयतप्रीतःकृष्णोमहामनाः ५ तमुत्स्मयंतं
संप्रेक्ष्यमैत्रेयःकृष्णमब्रवीत् ॥ कारणंब्रूहिधर्मात्मन्व्यस्मयिष्ठाःकुतश्चते ६ तपस्विनोधृतिमतःप्रमोदःसमुपागतः ॥ एतत्पृच्छामितेविद्वन्नभिवाद्यप्रणम्यच ॥
आत्मनश्चतपोभाग्यंमहाभाग्यंतवेहच ७ पृथगाचरतस्तातपृथगात्मसुखात्मनोः ॥ अल्पांतरमहंमन्येविशिष्टमपिचान्वयात् ८ ॥ व्यासउवाच ॥
अतिच्छेदातिवादाभ्यांस्मयोऽयंसमुपागतः ॥ असत्यंवेदवचनंकस्माद्वेदोऽनृतंवदेत् ९ त्रीण्येवतुपदान्याहुःपुरुषस्योत्तमंव्रतम् ॥ नद्रुह्येच्चैवदद्याच्चसत्यंचैवपरंवदेत्
१० इतिवेदोक्तमृषिभिःपुरस्तात्परिकल्पितम् ॥ इदानींचैवनःकृत्यंपुरस्ताच्चपरिश्रुतम् ११ अल्पोऽपिताद्दृशादायोभवत्युतमहाफलः ॥ तृषितायचतेदत्तंहृदये
नानसूयता १२ तृषितस्तृषितायत्वंदत्त्वैतद्दर्शनंमम ॥ अजैषीर्महतोलोकान्महायज्ञैरिवप्रभो १३ ततोदानपवित्रेणप्रीतोऽस्मितपसैवच ॥ पुण्यस्यैवहितेसत्त्वं
पुण्यस्यैवचदर्शनम् १४ पुण्यस्यैवाभिगंधस्तेमन्येकर्मविधानजम् ॥ अधिकंमार्जनात्तातततथाचैवानुलेपनात् १५ शुभंसर्वपवित्रेभ्योदानमेवपरंद्विज ॥ नोचेत्सर्व
पवित्रेभ्योदानमेवपरंभवेत् १६ यानीमान्युत्तमानीहवेदोक्तानिप्रशंससि ॥ तेषांश्रेष्ठतरंदानमितिमेनात्रसंशयः १७ दानकृद्भिःकृतःपंथायेनयांतिमनीषिणः ॥ तेहि
प्राणस्यदातारस्तेषुधर्मःप्रतिष्ठितः १८ यथावेदाःस्वधीताश्चयथाचेन्द्रियसंयमः ॥ सर्वत्यागोयथाचेहतथादानमनुत्तमम् १९ ॥ ॥

तत्प्राप्तिदर्शनात् देशकालपात्रश्रद्धाविशेषादल्पमपिमहत्तमत्वंजलमौक्तिकन्यायेनप्राप्नोतीतिदर्शनात् कस्माद्वेदोऽनृतंवदेदितिउक्तं ९ पदानिपदनीयानि एतदेवत्रयमुत्तमंव्रतं १० नःअस्माभिरपिकृ
त्यमवश्यकर्तव्यम् ११ दायोदानं १२ त्वंमहतोलोकानजैषीरित्येतन्ममदर्शनंप्रत्यक्षंतेनाहंविस्मितोस्मीतिभावः एतदर्शनमितिपाठेस्पष्टोऽर्थः १३ धर्मतपोदानानिपुण्यत्रयेदृष्टांताइत्याह पुण्यस्यैवेति
१४ मार्जनात्तीर्थस्नानात् अनुलेपनाद्वेदव्रतसमापनात् १५ । १६ । १७ । १८ । १९ ॥ ॥ ॥ ॥ ॥ ॥

२० । २१ । २२ । २३ त्रिविधानीत्यस्यांत्यंपादंव्याचष्टे नवृत्तमिति । तस्यब्रह्मनिष्ठस्ययज्ञादीनिपुण्यंद्रोहादीनिपापंततोन्यत्नपुण्यंनचपापकमिति स्वकर्मनिर्वृत्तंपुण्यंपापंचनमन्यतइत्यर्थः २४ । २५ २६ त्वंतुपुण्यस्यैवाधिकारीत्याह रमस्वेति २७ ॥ इति अनुशासनपर्वणि नीलकंठीये भारतभावदीपे विंशत्यधिकशततमोऽध्यायः ॥ १२० ॥ ॥ ॥ ॥ ॥ एवमिति १

त्वंहितातमहाबुद्धेसुखमेष्यसिशोभनम् ॥ सुखात्सुखतरप्राप्तिमाप्नुतेमतिमान्नरः २० तन्नःप्रत्यक्षमेवेदमुपलभ्यमसंशयम् ॥ श्रीमंतःप्राप्नुवंत्यर्थान्दानंयज्ञंतथासुखम् २१ सुखादेवपरंदुःखंदुःखादप्यपरंसुखम् ॥ दृश्यतेहिमहाप्राज्ञनियतंवैस्वभावतः २२ त्रिविधानीहवृत्तानिनरस्याहुर्मनीषिणः ॥ पुण्यमन्यत्पापमन्यन्नपुण्यंनचपापकम् २३ नवृत्तंमन्यतेतस्यमन्यतेनचपातकम् ॥ तथास्वकर्मनिर्वृत्तंनपुण्यंनचपापकम् २४ यज्ञदानतपःशीलानरावैपुण्यकर्मिणः ॥ येऽभिद्रुह्यंतिभूतानितेवैपापकृतोजनाः २५ द्रव्याण्याददतेचैवदुःखंयांतिपतंतिच ॥ ततोऽन्यत्कर्मयत्किंचिन्नपुण्यंनचपातकम् २६ रमस्वैधस्वमोदस्वदेहिचैवयजस्वच ॥ नत्वामभिभविष्यंतिवैद्यानचतपस्विनः २७ ॥ ॥ इतिश्रीमहाभारते अनुशास० आनुशासनिकेपर्वणिदानधर्मे मैत्रेयभिक्षायां विंशत्यधिकशततमोऽध्यायः ॥ १२० ॥ ॥ ॥ ॥ भीष्मउवाच ॥ ॥ एवमुक्तःप्रत्युवाचमैत्रेयःकर्मपूजकः ॥ अत्यंतश्रीमतिकुलेजातःप्राज्ञोबहुश्रुतः १ ॥ ॥ मैत्रेयउवाच ॥ ॥ असंशयंमहाप्राज्ञयथैवात्थतथैवतत् ॥ अनुज्ञातश्चभवताकिंचिद्ब्रूयामहंविभो २ ॥ व्यासउवाच ॥ ॥ यद्यदिच्छसिमैत्रेययावद्यावद्यथायथा ॥ ब्रूहितत्त्वंमहाप्राज्ञशुश्रूषेवचनंतव ३ ॥ मैत्रेयउवाच ॥ निर्दोषंनिर्मलंचैवंवचनंदानसंहितम् ॥ विद्यातपोभ्यांहिभवान्भावितात्मानसंशयः ४ भवतोभावितात्मत्वाल्लाभोऽयंसुमहान्मम ॥ भूयोबुद्ध्यानुपश्यामिसुसमृद्धतपाइव ५ अपिनोदर्शनादेवभवतोभ्युदयोभवेत् ॥ मन्येभवत्प्रसादोऽयंतद्धिकर्मस्वभावतः ६ तपःश्रुतंचयोनिश्चाप्येतद्ब्राह्मण्यकारणम् ॥ त्रिभिर्गुणैःसमुदितस्ततोभवतिवैद्विजः ७ अस्मिंस्तृप्तेचतृप्यंतेपितरोदैवतानिच ॥ नहिश्रुतवतांकिंचिदधिकंब्राह्मणादृते ८ अंधंस्यात्तमएवेदंनप्रज्ञायेताकिंचन ॥ चातुर्वर्ण्यंनवर्तेतधर्माधर्मावृतानृते ९ यथाहिसुलभेक्षेत्रेफलंविंदतिमानवः ॥ एवंदत्वाश्रुतवतिफलंदातासमश्नुते १० ब्राह्मणश्चेन्नविंदेतश्रुतवृत्तोपसंहितः ॥ प्रतिग्रहीतादानस्यमोघंस्याद्धनिनांधनम् ११ अदन्नविद्वान्हन्त्यन्नमद्यमानंचहंतितम् ॥ तंचान्नंपातियश्चान्नंसहंताहन्यतेऽबुधः १२

२ । ३ पात्रगुणाद्दानस्यमहाफलत्वंमैत्रेयआह निर्दोषमितिद्वाभ्याम् ४ । ५ भवतोदर्शनान्नोऽस्माकमभ्युदयोभवेदितियोजना ६ श्रुतंशास्त्रज्ञानम् ७ ब्राह्मणादृतेइदमंधंतमएवस्यात्ततोवर्णधर्मादिकंतेनविनानप्रज्ञायेतेतिसंबंधः ८ । ९ । १० । ११ अदन्निति तमदंतं सोऽबुधः अदतोऽन्नस्यचताद्दशस्यहंता स्वयमपिहन्यतेदोषेणेत्यर्थः । तच्चान्नंपातियश्चान्नमितिपाठे तच्चान्नमद्यमानंसत्तमत्तारंहंतीतिपूर्वेणान्वयः यश्चान्नंसचतस्यहंतामूर्खस्ताभ्यांहताभ्यामयमबुधोदाताहन्यतइत्यर्थः १२ ॥ ॥ ॥ ॥

प्रभुरिति। 'यतिश्चब्रह्मचारीचपक्वान्नस्वामिनावुभौ' इतिस्मृतेर्विद्वानन्नमदंस्तस्यप्रभुर्भवतिईश्वरत्वात्क्षेत्रभूतःसन्पुनर्जनयतिदात्रेऽनेकगुणितंप्रयच्छतीत्यर्थः । सचदातुरन्नाज्जायतेप्रजारूपेणगृहस्थश्चेत्तत्रयस्यान्नं तस्यसंततिरितिसूक्ष्मोव्यतिक्रमोऽस्तितेनगृहस्थःपरपाकंनाश्नीयादितिगम्यते १३ यदेवेति । प्रतिग्रहीत्रभावेऽन्नस्यवृद्धिर्नस्यात् वृद्ध्यभावेदातुर्दानेप्रवृत्तिर्नस्यादितिदातृप्रतिग्रहीतारौचक्रवल्लोकतंत्रंवहतइत्यर्थः १४ । १५ । १६ । १७ ॥ इतिअनुशासनपर्वणिनीलकंठीये भारतभावदीपे एकविंशत्यधिशततमोऽध्यायः१२१॥ एवमिति १ आर्यगुणान्प्रभुगुणान् २ वर्तयिष्यामिकथयिष्यामि ३ । ४ । ५

प्रभुर्ह्यन्नमदन्विद्वान्पुनर्जनयतीश्वरः ॥ सचान्नाज्जायतेतस्मात्सूक्ष्मएषव्यतिक्रमः १३ यदेवददतःपुण्यंतदेवप्रतिगृह्णतः ॥ नह्येकचक्रंवर्ततेइत्येवमृषयोविदुः १४ यत्रवैब्राह्मणाःसंतिश्रुतवृत्तोपसंहिताः ॥ तत्रदानफलंपुण्यमिहचामुत्रचाश्नुते १५ येयोनिशुद्धाःसततंतपस्यभिरताभृशम् ॥ दानाध्ययनसंपन्नास्तेवैपूज्यतमाःसदा १६ तैर्हिसद्भिःकृतःपंथास्तेनयातोनमुह्यते ॥ तेहिस्वर्गस्यनेतारोयज्ञवाहाःसनातनाः १७ ॥ इतिश्रीमहाभारते अनुशासनपर्वणि आनुशासनिकेपर्वणि दानधर्मेमैत्रेयभिक्षायांएकविंशत्यधिकशततमोऽध्यायः ॥ १२१ ॥ भीष्मउवाच ॥ एवमुक्तःसभगवान्मैत्रेयंप्रत्यभाषत ॥ दिष्ट्यैवंत्वंविजानासिदिष्ट्याते बुद्धिरीदृशी १ लोकोह्यार्यगुणानेवभूयिष्ठंतुप्रशंसति ॥ रूपमानवयोमानश्रीमानाश्चाप्यसंशयम् २ दिष्ट्यानाभिभवंतित्वां दैवस्तेऽयमनुग्रहः ॥ यत्तेभृशतरंदानाद्वर्तयिष्यामितच्छृणु ३ यानीहागमशास्त्राणियाश्चकाश्चित्प्रवृत्तयः ॥ तानिवेदंपुरस्कृत्यप्रवृत्तानियथाक्रमम् ४ अहंदानंप्रशंसामिभवानपितपःश्रुते ॥ तपःपवित्रंवेदस्यतपःस्वर्गस्यसाधनम् ५ तपसामहदाप्नोतिविद्ययाचेतिनःश्रुतम् ॥ तपसैवचापनुदेद्यच्चान्यदपिदुष्कृतम् ६ यद्यद्धिकिंचित्संधायपुरुषस्तप्यतेतपः ॥ सर्वमेतदवाप्नोतिविद्ययाचेतिनःश्रुतम् ७ दुरन्वयंदुष्प्रधर्षंदुरापंदुरतिक्रमम् ॥ सर्वं वैतपसाऽभ्येतितपोहिबलवत्तरम् ८ सुरापोऽसंमतादायीभ्रूणहागुरुतल्पगः ॥ तपसातरतेसर्वमेनसश्चप्रमुच्यते ९ सर्वविद्यस्तुचक्षुष्मानपियादृशतादृशम् ॥ तपस्विनंतथैवाहुस्ताभ्यांकार्यंसदानमः १० सर्वेपूज्याःश्रुतधनास्तथैवचतपस्विनः ॥ दानप्रदाःसुखंप्रेत्यप्राप्नुवंतीहचश्रियम् ११ इमंचब्रह्मलोकंचलोकंचबलवत्तरम् ॥ अन्नदानैःसुकृतिनःप्रतिपद्यंतिलौकिकाः १२ पूजिताःपूजयंत्येतेमानितामानयंतिच ॥ अदातायत्रयत्रैतिसर्वतःसंप्रणूयते १३ अकर्ताचैवकर्ताचलभंतेयस्ययादृशम् ॥ यदिचोर्ध्वंयदिवाधोवास्वान्लोकानभियास्यति १४ प्राप्स्यसित्वन्नपानानियानिवांछसिकानिचित् ॥ मेधाव्यसिकुलेजातःश्रुतवानानृशंसवान् १५ कौमारचारीव्रतवान्मैत्रेयनिरतोभव ॥ एतद्गृहाणप्रथमंप्रशस्तंगृहमेधिनाम् १६ योभर्तावासितातुष्टोभर्तुस्तुष्टाचवासिता ॥ यस्मिन्नेवंकुलेसर्वंकल्याणंतत्रवर्तते १७ अद्भिर्गात्रान्मलमिवतमोऽग्निप्रभयायथा ॥ दानेनतपसाचैवसर्वपापमपोहति १८ ॥

६ । ७ । ८ असंमतादायीयथाचपरप्रतिग्रहमभिमन्यतेस्तेनोभवतीतिस्मृतेःस्तेनः ९ यःसर्ववित्सचक्षुष्मान् यादृशतादृशमपितपस्विनंतथैवचक्षुष्मंतमेवाहुःताभ्यांसर्ववित्तपस्विभ्यां १० । ११ । १२ १३ । १४ । १५ कौमारचारीप्रथमवयाः १६ वासितास्त्री १७ । १८ ॥ ॥ ॥ ॥

१९ । २० ॥ इतिअनुशासनपर्वणिनीलकंठीयेभारतभावदीपेद्वाविंशत्यधिकशततमोऽध्यायः ॥ १२२ ॥ ॥ ॥ ॥ सत्स्त्रीणामिति १ । २ । ३ । ४ । ५ । ६ । ७ । ८

स्वस्तिप्राप्नुहिमैत्रेयगृहान्साधुव्रजाम्यहम् ॥ एतन्मनसिकर्तव्यंश्रेयएवंभविष्यति १९ तंप्रणम्याथमैत्रेयःकृत्वाचापिप्रदक्षिणम् ॥ स्वस्तिप्राप्नोतुभगवानित्यु
वाचकृतांजलिः २० ॥ इतिश्रीमहाभारतेअनुशासनपर्वणिआनुशास० दानधर्मेमैत्रेयभिक्षायांद्वाविंशत्यधिकशततमोऽध्यायः ॥ १२२ ॥ युधिष्ठिरउवाच ॥
सत्स्त्रीणांसमुदाचारंसर्वधर्मविदांवर ॥ श्रोतुमिच्छाम्यहंत्वत्तस्तन्मेब्रूहिपितामह १ ॥ भीष्मउवाच ॥ सर्वज्ञांसर्वतत्त्वज्ञांदेवलोकेमनस्विनीम् ॥ कैकयीसुमनानाम
शांडिलींपर्यपृच्छत २ केनवृत्तेनकल्याणिसमाचारेणकेनवा ॥ विधूयसर्वपापानिदेवलोकंत्वमागता ३॥ हुताशनशिखेवत्वंज्वलमानास्वतेजसा ॥ सुताताराधि
पस्येवप्रभयादिवमागता ४ अरजांसिचवस्त्राणिधारयंतीगतक्लमा ॥ विमानस्थाशुभाभासिसहस्रगुणमोजसा ५ नत्वमल्पेनतपसादानेननियमेनवा ॥ इमंलोक
मनुप्राप्तात्वंहितत्त्वंवदस्वमे ६ इतिपृष्टासुमनयामधुरंचारुहासिनी ॥ शांडिलीनिभृतंवाक्यंसुमनामिदमब्रवीत् ७ नाहंकाषायवसनानापिवल्कलधारिणी ॥ न
चमुंडाचजटिलाभूत्वादेवत्वमागता ८ अहितानिचवाक्यानिसर्वाणिपरुषाणिच ॥ अप्रमत्ताचभर्तारंकदाचिन्नाहमब्रुवम् ९ देवतानांपितृणांचब्राह्मणानांच
पूजने ॥ अप्रमत्तासदायुक्ताश्वश्रूश्वशुरवर्तिनी १० पैशून्येनप्रवर्तामिनममैतन्मनोगतम् ॥ अद्वारेनचतिष्ठामिचिरंनकथयामिच ११ असद्वाहसितंकिंचि
दहितंवाऽपिकर्मणा ॥ रहस्यमरहस्यंवानप्रवर्तामिसर्वथा १२ कार्यार्थेनिर्गतंचापिभर्तारंगृहमागतम् ॥ आसनेनोपसंयोज्यपूजयामिसमाहिता १३ यदन्नंना
भिजानातियद्भोज्यंनाभिनंदति ॥ भक्ष्यंवायदिवालेह्यंतत्सर्वंवर्जयाम्यहम् १४ कुटुंबार्थेसमानीतंयत्किंचित्कार्यमेवतु ॥ प्रातरुत्थायतत्सर्वंकारयामिकरोमि
च १५ प्रवासंयदिमेयातिभर्ताकार्येणकेनचित् ॥ मंगलैर्बहुभिर्युक्ताभवामिनियतातदा १६ अंजनंरोचनांचैवस्नानंमाल्यानुलेपनम् ॥ प्रसाधनंचनिष्क्रांतेनाभि
नंदामिभर्तरि १७ नोत्थापयामिभर्तारंसुखसुप्तमहंसदा ॥ आंतरेष्वपिकार्येषुतेनतुष्यतिमेमनः १८ नायासयामिभर्तारंकुटुंबार्थेऽपिसर्वदा ॥ गुप्तगुह्यासदा
चास्मिसुसंमृष्टनिवेशना १९ इमंधर्मपथंनारीपालयंतीसमाहिता ॥ अरुंधतीवनारीणांस्वर्गलोकेमहीयते २० ॥ भीष्मउवाच ॥ एतदाख्यायसादेवीसुमना
यैतपस्विनी ॥ पतिधर्मंमहाभागाजगामादर्शनंतदा २१ यश्चेदंपांडवाख्यानंपठेत्पर्वणिपर्वणि ॥ सदेवलोकंसंप्राप्यनंदनेससुखीवसेत् २२ ॥ इतिश्रीमहा
भारतेअनुशासनपर्वणिआनुशास० दानधर्मेशांडिलीसुमनासंवादेत्रयोविंशत्यधिकशततमोऽध्यायः ॥ १२३ ॥ ॥ ॥

९ । १० । ११ । १२ । १३ । १४ । १५ मंगलैर्नियतेतिमंगलसूत्रमात्रंधारयामिनतुतांबूलादीनीत्यर्थः १६ । १७ । १८ । १९ । २० । २१ । २२ ॥ इतिअनुशासनपर्वणिनीलकं
ठीयेभारतभावदीपेत्रयोविंशत्यधिकशततमोऽध्यायः ॥ १२३ ॥ ॥ ॥ ॥ ॥

साम्नीति १ । २ । ३ । ४ । ५ । ६ हरिणःपांडुरवर्णः ७ । ८ । ९ । १० । ११ । १२ । १३ । १४।१५ । १६ । १७ । १८ । १९ । २० । २१ । २२ । २३ ।२४ । २५ । २६। २७ । २८।२९।३०

॥ युधिष्ठिरउवाच ॥ साम्निचापिप्रदानेचज्यायःकिंभवतोमतम् ॥ प्रब्रूहिभरतश्रेष्ठयदत्रव्यतिरिच्यते १ ॥ भीष्मउवाच ॥ साम्नाप्रसाद्यतेकश्चिद्दानेनचतथा
परः ॥ पुरुषप्रकृतिंज्ञात्वातयोरेकतरंभजेत् २ गुणांस्तुशृणुमेराजन्सांत्वस्यभरतर्षभ ॥ दारुणान्यपिभूतानिसांत्वेनाराधयेद्यथा ३ अत्राप्युदाहरंतीममितिहासं
पुरातनम् ॥ गृहीत्वारक्षसामुक्तोद्विजातिःकाननेयथा ४ कश्चिद्वाग्बुद्धिसंपन्नोब्राह्मणोविजनेवने ॥ गृहीतःकृच्छ्रमापन्नोरक्षसाभक्षयिष्यता ५ सबुद्धिश्रुतिसं
पन्नस्तंदृष्ट्वाऽतीवभीषणम् ॥ सामैवास्मिन्प्रयुयुजेनमुमोहनविव्यथे ६ रक्षस्तुवाचंसंपूज्यप्रश्नंपप्रच्छतंद्विजम् ॥ मोक्ष्यसेब्रूहिमेप्रश्नंकेनास्मिहरिणःकृशः ७
मुहूर्तमथसंचिंत्यब्राह्मणस्तस्यरक्षसः ॥ आभिर्गाथाभिरव्यग्रःप्रश्नंप्रतिजगादह ८ ॥ ब्राह्मणउवाच ॥ विदेशस्थोविलोकस्थोविनानूनंसुहृज्जनैः ॥ विषयान
तुलान्भुंक्षेतेनासिहरिणःकृशः ९ नूनंमित्राणितेरक्षःसाधूपचरितान्यपि ॥ स्वदोषादपरज्यन्तेतेनासिहरिणःकृशः १० धनैश्वर्याधिकाःस्तब्धास्त्वद्गुणैःपरमावराः ॥
अवजानंतिनूनंत्वांतेनासिहरिणःकृशः ११ गुणवान्विगुणानन्यान्नूनंपश्यसिसत्कृतान् ॥ प्राज्ञोऽप्राज्ञान्विनीतात्मातेनासिहरिणःकृशः १२ अवृत्त्याक्लिश्यमानोऽ
पिवृत्त्युपायान्विगर्हयन् ॥ माहात्म्याद्व्यथसेनूनंतेनासिहरिणःकृशः १३ संपीड्यात्मानमार्यत्वात्त्वयाकश्चिदुपस्कृतः ॥ जितंत्वांमन्यतेसाधोतेनासिहरिणःकृशः
१४ क्लिश्यमानान्विमार्गेषुकामक्रोधावृतात्मनः ॥ मन्येत्वंध्यायसिजनांस्तेनासिहरिणःकृशः १५ प्रज्ञासंभावितोनूनमप्रज्ञैरुपसंहितः ॥ हीयमानोऽसिदुर्वृत्तै
स्तेनासिहरिणःकृशः १६ नूनंमित्रमुखःशत्रुःकश्चिदार्यवदाचरन् ॥ वंचयित्वागतस्त्वांवैतेनासिहरिणःकृशः १७ प्रकाशार्थगतिर्नूनंरहस्यकुशलःकृती ॥ तज्ज्ञैर्न
पूज्यसेनूनंतेनासिहरिणःकृशः १८ असत्स्वपिनिविष्टेषुब्रुवतोमुक्तसंशयम् ॥ गुणास्तेनविराजंतेतेनासिहरिणःकृशः १९ धनबुद्धिश्रुतैर्हीनःकेवलंतेजसाऽन्वितः ॥
महत्प्रार्थयसेनूनंतेनासिहरिणःकृशः २० तपःप्रणिहितात्मानंमन्येत्वारण्यकांक्षिणम् ॥ बांधवानाभिनंदंतितेनासिहरिणःकृशः २१ इष्टभार्यस्यतेनूनंप्रातिवेश्यो
महाधनः ॥ युवासुललितःकामीतेनासिहरिणःकृशः २२ नूनमर्थवतांमध्येतववाक्यमनुत्तमम् ॥ नभातिकालेऽभिहितंतेनासिहरिणःकृशः २३ दृढपूर्वश्रुतंमूर्खं
कुपितंहृदयप्रियम् ॥ अनुनेतुंनशक्नोषितेनासिहरिणःकृशः २४ नूनमासंजयित्वात्वांकृत्यकस्मिंश्चिदीप्सिते ॥ कश्चिदर्थयतेनित्यंतेनासिहरिणःकृशः २५ नूनं
त्वांसुगुणैर्युक्तंपूजयानंसुहृद्ध्रुवम् ॥ ममार्थइतिजानीतेतेनासिहरिणःकृशः २६ अंतर्गतमभिप्रायंनूनंनेच्छसिलज्जया ॥ विवेक्तुंप्राप्तिशैथिल्यात्तेनासिहरिणःकृशः
२७ नानाबुद्धिरुचोलोकेमनुष्यान्नूनमिच्छसि ॥ ग्रहीतुंस्वगुणैःसर्वांस्तेनासिहरिणःकृशः २८ अविद्वान्भीरुरल्पार्थोविद्याविक्रमदानजम् ॥ यशःप्रार्थयसेनूनंतेना
सिहरिणःकृशः २९ चिराभिलषितंकिंचित्फलमप्राप्तमेवते ॥ कृतमन्यैरपहृतंतेनासिहरिणःकृशः ३० ॥ ॥ ॥

३१ । ३२ । ३३ । ३४ । ३५ । ३६ । ३७ । ३८ अनात्मविषयिणीचिंत्तापांडुत्वकृशत्वहेतुः दानाभावेसामैवजीवनोपायइत्यध्यायतात्पर्यं ३९ ॥ इति अनुशासनपर्वणिनीलकंठीये भारतभावदीपेचतुर्विं
शत्यधिकशततमोऽध्यायः ॥ १२४ ॥ ॥ ॥ जन्मेति १ । २ । ३ । ४ यमेनप्राप्तमितिशेषः ५ । ६ । ७ । ८ दशानांपशूनांसूनावधोयत्रसापशुघ्नजातिर्दशसूना चक्रंचक्रवान्तैलिकः ध्वजःसुरापायी

नूनमात्मकृतंदोषमपश्यन्किंचिदात्मनः ॥ अकारणेऽभिशप्तोऽसितेनासिहरिणःकृशः ३१ साधून्गृहस्थान्दृष्ट्वाचतथासाधून्वनेचरान् ॥ मुक्तांश्चावसथेसक्तांस्तेना
सिहरिणःकृशः ३२ सुहृदांदुःखमार्तानांनप्रमोक्ष्यसिहानिजम् ॥ अलमर्थगुणैर्हीनंतेनासिहरिणःकृशः ३३ धर्म्यमर्थ्यंचकाम्यंचकालेचाभिहितंवचः ॥ नप्रतीयंतितेनू
नंतेनासिहरिणःकृशः ३४ दत्तानकुशलैरर्थान्मनीषीसंजिजीविषुः ॥ प्राप्यवर्तयसेनूनंतेनासिहरिणःकृश ३५ पापान्प्रवर्धतोदृष्ट्वाकल्याणानवसीदतः ॥ ध्रुवंगर्हयसे
नित्यंतेनासिहरिणःकृशः ३६ परस्परविरुद्धानांप्रियंनूनंचिकीर्षसि ॥ सुहृदामुपरोधेनतेनासिहरिणःकृशः ३७ श्रोत्रियांश्चविकर्मस्थान्प्राज्ञांश्चाप्यजितेन्द्रियान् ॥
मन्येऽनुध्यायसिजनांस्तेनासिहरिणःकृशः ३८ एवंसंपूजितंरक्षोविप्रंतंप्रत्यपूजयत् ॥ सखाऽयमकरोच्चैनंसंयोज्यार्थैर्मुमोचह ३९ ॥ इतिश्रीमहाभारतेअनुशासनपर्वणि
आनुशास० दानधर्मेहरिणकृशकाख्यानेचतुर्विंशत्यधिकशततमोऽध्यायः ॥ १२४ ॥ ॥ ॥ ॥ युधिष्ठिरउवाच ॥ जन्ममानुष्यकंप्राप्यकर्मक्षेत्रंसुदुर्लभम् ॥
श्रेयोर्थिनादरिद्रेणकिंकर्तव्यंपितामह १ दानानामुत्तमंयच्चदेयंयच्चयथायथा ॥ मान्यान्पूज्यांश्चगांगेयरहस्यंवक्तुमर्हसि २ ॥ वैशंपायनउवाच ॥ एवंपृष्टोनरेन्द्रेणपां
डवेनयशस्विना ॥ धर्माणांपरमंगुह्यंभीष्मःप्रोवाचपार्थिवम् ३ भीष्मउवाच ॥ शृणुष्वावहितोराजन्धर्मगुह्यानिभारत ॥ यथाहिभगवान्व्यासःपुराकथितवान्मयि
४ देवगुह्यमिदंराजन्यमेनाक्लिष्टकर्मणा ॥ नियमस्थेनयुक्तेनतपसोमहतःफलम् ५ येनयःप्रीयतेदेवःप्रीयंतेपितरस्तथा ॥ ऋषयःप्रमथाःश्रीश्चचित्रगुप्तोदिशांगजाः
६ ऋषिधर्मःस्मृतोयत्रसरहस्योमहाफलः ॥ महादानफलंचैवसर्वयज्ञफलंतथा ७ यश्चैतदेवंजानीयाज्ज्ञात्वावाकुरुतेऽनघ ॥ ॥ सदोषोऽदोषवांश्चेहतैर्गुणैःसहयु
ज्यते ८ दशसूनासमंचक्रंदशचक्रसमोध्वजः ॥ दशध्वजसमावेश्यादशवेश्यासमोनृपः ९ अर्धेनैतानिसर्वाणिनृपतिःकथ्यतेऽधिकः ॥ त्रिवर्गसहितंशास्त्रंपवित्रंपुण्य
लक्षणम् १० धर्मव्याकरणंपुण्यंरहस्यश्रवणंमहत् ॥ श्रोतव्यंधर्मसंयुक्तंविहितंत्रिदशैःस्वयम् ११ पितॄणांयत्रगुह्यानिप्रोच्यंतेश्राद्धकर्मणि ॥ देवतानांचसर्वेषांरह
स्यंकथ्यतेऽखिलम् १२ ऋषिधर्मःस्मृतोयत्रसरहस्योमहाफलः ॥ महायज्ञफलंचैवसर्वदानफलंतथा १३ येपठंतिसदामर्त्यायेषांचैवोपतिष्ठति ॥ श्रुत्वाच
फलमाचष्टेस्वयंनारायणःप्रभुः १४ ॥ ॥ ॥ ॥

नृपःक्षुद्रोराजा ९ अधिकोनृपतिस्त्वेतानिसर्वाण्यर्धेनतुलयन्कथ्यते । एतच्चतारतम्यंप्रतिग्रहार्थमुच्यते । एवंदुष्प्रतिग्रहपराङ्मुखेनत्रिवर्गशास्त्रंधर्मार्थकामशास्त्राणिज्ञेयानि १० तत्राप्यर्थकामयोःप्रसिद्धत्वा
द्धर्मशास्त्राण्येवश्रोतव्यानीत्याह धर्मेत्यादिना ११ । १२ । १३ पठंतिशास्त्रं उपतिष्ठतिसम्यक्स्फुरत्याचष्टेचयःसस्वयंनारायणएवेतिज्ञातव्यः १४ ॥ ॥ ॥

एवंस्तुत्वाशास्त्रमारभते गवांफलमितिशास्त्रसंक्षेपः १५ श्रोतारइतिद्वाभ्यांश्रद्धाप्रशंसा १६ । १७ । १८ सनरान्सहर्षीन्प्राप्तःप्रष्टुमितिशेषः १९ । २० । २१ पूज्यसंपूज्य २२ । २३ । २४ । २५

गवांफलंतीर्थफलंयज्ञानांचैवयत्फलम् ॥ एतत्फलमवाप्नोतियोनरोऽतिथिपूजकः १५ श्रोतारःश्रद्दधानाश्चयेषांशुद्धंचमानसम् ॥ तेषांव्यक्तंजितालोकाः
श्रद्दधानेनसाधुना १६ मुच्यतेकिल्बिषाच्चैवनसपापेनलिप्यते ॥ धर्मंचलभतेनित्यंप्रेत्यलोकगतोनरः १७ कस्यचित्त्वथकालस्यदेवदूतोयदृच्छया ॥ स्थि
तोह्यंतर्हितोभूत्वापर्यभाषतवासवम् १८ यौतौकामगुणोपेतावश्विनौभिषजांवरौ ॥ आज्ञयाऽहंतयोःप्राप्तःसनरान्पितृदेवतान् १९ कस्माद्धिमैथुनंश्राद्धेदा
तुर्भोक्तुश्चवर्जितम् ॥ किमर्थंचत्रयःपिण्डाःप्रविभक्ताःपृथक्पृथक् २० प्रथमःकस्यदातव्योमध्यमःक्वचगच्छति ॥ उत्तरश्चस्मृतःकस्यएतदिच्छामिवेदितुम् २१
श्रद्दधानेनदूतेनभाषितंधर्मसंहितम् ॥ पूर्वस्थास्त्रिदशाःसर्वेपितरःपूज्यखेचरम् २२ ॥ पितरऊचुः ॥ स्वागतंतेऽस्तुभद्रंतेश्रूयतांखेचरोत्तम ॥ गूढार्थःपरमः
प्रश्नोभवतासमुदीरितः २३ श्राद्धंदत्वाचभुक्त्वाचपुरुषोयःस्त्रियंव्रजेत् ॥ पितरस्तस्यतंमासंतस्मिन्रेतसिशेरते २४ प्रविभागंतुपिंडानांप्रवक्ष्याम्यनुपूर्वशः ॥
पिण्डोह्यधस्ताद्गच्छंस्तुअपआविश्यभावयेत् २५ पिण्डंतुमध्यमंतत्रपत्नीत्वेकासमश्नुते ॥ पिण्डस्तृतीयोयस्तेषांतंदद्याज्जातवेदसि २६ एषश्राद्धविधिःप्रो
क्तोयथाधर्मोनलुप्यते ॥ पितरस्तस्यतुष्यंतिप्रहृष्टमनसःसदा २७ प्रजाविवर्धतेचास्यअक्षयंचोपतिष्ठति ॥ देवदूतउवाच ॥ आनुपूर्व्येणपिण्डानांप्रविभागः
पृथक्पृथक् २८ पितॄणांत्रिषुसर्वेषांनिरुक्तंकथितंत्वया ॥ एकःसमुद्धृतःपिण्डोह्यधस्तात्कस्यगच्छति २९ कंवाप्रीणयतेदेवंकथंतारयतेपितॄन् ॥ मध्यमंतुत
दापत्नीभुंक्तेनुज्ञातमेवहि ३० किमर्थंपितरस्तस्यकव्यमेवचभुंजते ॥ अत्रयस्त्वन्तिमःपिण्डोगच्छतेजातवेदसम् ३१ भवतेकागतिस्तस्यकंवासमनुगच्छति ॥
एतदिच्छाम्यहंश्रोतुंपिण्डेषुत्रिषुयागतिः ३२ फलंवृत्तिंचमार्गंचयश्चैनंप्रतिपद्यते ॥ पितरऊचुः ॥ सुमहानेषप्रश्नोवैयस्त्वयासमुदीरितः ३३ रहस्यमद्भुतंचा
पिपृष्टाःस्मगगनेचर ॥ एतदेवप्रशंसंतिदेवाश्चमुनयस्तथा ३४ तेप्येवंनाभिजानंतिपितृकार्यविनिश्चयम् ॥ वर्जयित्वामहात्मानंचिरजीविनमुत्तमम् ३५
(पितृभक्तस्तुयोविप्रोवरलब्धोमहायशाः ॥ त्रयाणामपिपिण्डानांश्रुत्वाभगवतोगतिम् ३६ देवदूतेनयःपृष्टःश्राद्धस्यविधिनिश्चयः ॥) गतिंत्रयाणांपिण्डानांशृणु
ष्वावहितोमम ३७ अपोगच्छतियोह्यत्रशशिनंह्येषप्रीणयेत् ॥ शशीप्रीणयतेदेवान्पितॄंश्चैवमहामते ३८ भुंक्तेतुपत्नीयंचैषामनुज्ञातातुमध्यमम् ॥ पुत्रकामाय
पुत्रंतुप्रयच्छंतिपितामहाः ३९ हव्यवाहेतुयःपिण्डोदीयतेतन्निबोधमे ॥ पितरस्तेनतृप्यंतिप्रीताःकामान्दिशंतिच ४० एतत्तेकथितंसर्वंत्रिषुपिण्डेषुयागतिः ॥
ऋत्विग्योयजमानस्यपितृत्वमनुगच्छति ४१ ॥ ॥ ॥ ॥ ॥

२६ । २७ । २८ । २९ । ३० । ३१ । ३२ । ३३ । ३४ चिरजीविनंमार्कण्डेयं ३५ । ३६ । ३७ । ३८ । ३९ । ४० यतःऋत्विक्श्राद्धभोक्तायजमानस्यपितृत्वंगच्छतिततस्मादन्यात्मतांग
तःस्वस्त्रियंनगच्छेत्पारदार्यदोषतुल्यंह्येतदित्यर्थः ४१ ॥ ॥ ॥ ॥

एतच्चवरणमारभ्यद्रष्टव्यमित्याशयेनाह शुचिनेति ४२ । ४३ । ४४ । ४५ । ४६ । ४७ । ४८ । ४९ । ५० । ५१ बटकषायेणवटजटाकषायेण प्रियंगुःराजसर्षपः षष्टिकान्षष्टिरात्रेणपक्वंधान्यं

तस्मिन्नहनिमन्यंतेपरिहार्यंहिमैथुनम् ॥ शुचिनातुसदाश्राद्धंभोक्तव्यंखेचरोत्तम ४२ येमयाकथितादोषास्तेतथास्युर्नचान्यथा ॥ तस्मात्स्नातःशुचिःक्षांतः
श्राद्धंभुंजीतवैद्विजः ४३ प्रजाश्चविवर्धंतेचास्ययश्चैवंसंप्रयच्छति ॥ ततोविद्युत्प्रभोनामऋषिराहमहातपाः ४४ आदित्यतेजसातस्यतुल्यंरूपंप्रकाशते ॥ सचधर्म
रहस्यानिश्रुत्वाशक्रमथाब्रवीत् ४५ तिर्यग्योनिगतान्सत्वान्मर्त्याहिंसंतिमोहिताः ॥ कीटान्पिपीलिकान्सर्पान्मेषान्सम्टगपक्षिणः ४६ किल्बिषंसुबहुप्राप्ताः
किंस्विदेषांप्रतिक्रिया ॥ ततोदेवगणाःसर्वेऋषयश्चतपोधनाः ४७ पितरश्चमहाभागाःपूजयंतिस्मतंमुनिम् ॥ शक्रउवाच ॥ कुरुक्षेत्रंगयांगंगांप्रभासंपुष्कराणि
च ४८ एतानिमनसाध्यात्वाअवगाहेत्ततोजलम् ॥ तथामुच्यतिपापेनराहुणाचन्द्रमायथा ४९ त्र्यहंस्नातःसभवतिनिराहारश्चवर्तते ॥ स्पृशतेयोगवांपृष्ठंवाल
धिंचनमस्यति ५० ततोविद्युत्प्रभोवाक्यमभ्यभाषतवासवम् ॥ अयंसूक्ष्मतरोधर्मस्तंनिबोधशतक्रतो ५१ घृष्टोवटकषायेणअनुलिप्तःप्रियंगुणा ॥ क्षीरेण
षष्टिकान्भुक्त्वासर्वपापैःप्रमुच्यते ५२ श्रूयतांचापरंगुह्यंरहस्यमृषिचिंतितम् ॥ श्रुतंमेभाषमाणस्यस्थाणोःस्थानेबृहस्पतेः ५३ रुद्रेणसहदेवेशतन्निबोधशचीपते ॥
पर्वतारोहणंकृत्वाएकपादोविभावसुम् ५४ निरीक्षेतनिराहारऊर्ध्वबाहुःकृतांजलिः ॥ तपसामहतायुक्तउपवासफलंलभेत् ५५ रश्मिभिस्तापितोऽर्कस्यसर्वपापमपो
हति ॥ ग्रीष्मकालेऽथवाशीतेएवंपापमपोहति ५६ ततःपापात्प्रमुक्तस्यद्युतिर्भवतिशाश्वती ॥ तेजसासूर्यवद्दीप्तोभ्राजतेसोमवत्पुनः ५७ मध्येत्रिदशवर्गस्यदेवरा
जःशतक्रतुः ॥ उवाचमधुरंवाक्यंबृहस्पतिमनुत्तमम् ५८ धर्मगुह्यंतुभगवन्मानुषाणांसुखावहम् ॥ सरहस्याश्चयेदोषास्तान्यथावदुदीरय ५९ ॥ बृहस्पतिरुवाच ॥
प्रतिमेहंतियेसूर्यमनिलंद्विषतेचये ॥ हव्यवाहप्रदीप्तेचसमिधंयेनजुह्वति ६० बालवत्सांचयेधेनुंदुहंतिक्षीरकारणात् ॥ तेषांदोषान्प्रवक्ष्यामितान्निबोधशचीपते
६१ भानुमाननिलश्चैवहव्यवाहश्चवासव ॥ लोकानांमातरश्चैवगावःसृष्टाःस्वयंभुवा ६२ लोकांस्तारयितुंशक्तामर्त्येष्वेतेषुदेवताः ॥ सर्वेभवंतःशृण्वंतुएकैकंधर्मनि
श्चयम् ६३ वर्षाणिषडशीतिंतुदुर्वृत्ताःकुलपांसनाः ॥ स्त्रियःसर्वाश्चदुर्वृत्ताःप्रतिमेहंतियारविम् ६४ अनिलद्वेषिणःशक्रगर्भस्थाच्यवतेप्रजा ॥ हव्यवाहस्यदीप्त
स्यसमिधंयेनजुह्वति ६५ अग्निकार्येषुवैतेषांहव्यंनाश्नातिपावकः ॥ क्षीरंतुबालवत्सानांयेपिबंतीहमानवाः ६६ नतेषांक्षीरपाःकेचिज्जायंतेकुलवर्धनाः ॥ प्रजा
क्षयेणयुज्यंतेकुलवंशक्षयेणच ६७ एवमेतत्पुरादृष्टंकुलवृद्धैर्द्विजातिभिः ॥ तस्माद्वर्ज्यानिवर्ज्यानिकार्यंकार्यंचनित्यशः ६८ भूतिकामेनमर्त्येनसत्यमेतद्ब्रवीमिते ॥
ततःसर्वामहाभागदेवताःसमरुद्गणाः ६९ ऋषयश्चमहाभागाःपृच्छंतिस्मपितॄंस्ततः ॥ पितरःकेनतुष्यंतिमर्त्यानामल्पचेतसाम् ७० ॥ ॥

५२ । ५३ विभावसुंसूर्यं । ५४ । ५५ । ५६ । ५७ । ५८ । ५९ । ६० । ६१ । ६२ । ६३ । ६४ । ६५ । ६६ । ६७ । ६८ । ६९ । ७० ॥ ॥

७१ । ७२ । ७३ । ७४ । ७५ । ७६ । ७७ । ७८ । ७९ । ८० । ८१ । ८२ । ८३ । ८४ ॥ इतिअनुशासनपर्वणिनीलकंठीयेभारतभावदीपेपंचविंशाधिकशततमोऽध्यायः ॥ १२५ ॥ केनेति

अक्षयंचकथंदानंभवच्चैवोर्ध्वदेहिकम् ॥ आनृण्यंवाकथंमर्त्यागच्छेयुःकेनकर्मणा ७१ एतदिच्छामहेश्रोतुंपरंकौतूहलंहिनः ॥ पितरऊचुः ॥ न्यायतोवैमहाभागाः
संशयःसमुदाहृतः ७२ श्रूयतांयेनतुष्यामोमर्त्यानांसाधुकर्मणाम् ॥ नीलषंडप्रमोक्षेणअमावस्यांतिलोदकैः ७३ वर्षासुदीपकैश्चैवपितृणामनृणोभवेत् ॥ अक्षयं
निर्व्यलीकंचदानमेतन्महाफलम् ७४ अस्माकंपरितोषश्चअक्षयःपरिकीर्त्यते ॥ श्रद्दधानाश्चयेमर्त्याआहरिष्यंतिसंततिम् ७५ दुर्गात्तेतारयिष्यंतिनरकात्प्रपि
तामहान् ॥ पितृणांभाषितंश्रुत्वाहृष्टरोमातपोधनः ७६ वृद्धगार्ग्योमहातेजास्तानेवंवाक्यमब्रवीत् ॥ केगुणानीलषंडस्यप्रमुक्तस्यतपोधनाः ७७ वर्षासुदीपदा
नेनतथैवचतिलोदकैः ॥ पितरऊचुः ॥ नीलषंडस्यलांगूलंतोयमभ्युद्धरेद्यदि ७८ षष्टिंवर्षसहस्राणिपितरस्तेनतर्पिताः ॥ यस्तुशृंगगतंपंककूलादुद्धृत्यतिष्ठति ७९
पितरस्तेनगच्छंतिसोमलोकमसंशयम् ॥ वर्षासुदीपदानेनशशिवच्छोभतेनरः ८० तमोरूपंनतस्यास्तिदीपकंयःप्रयच्छति ॥ अमावास्यांतुयेमर्त्याःप्रयच्छं
तितिलोदकम् ८१ पात्रमौदुंबरंगृह्यमधुमिश्रंतपोधन ॥ कृतंभवतितैःश्राद्धंसरहस्यंयथार्थवत् ८२ हृष्टपुष्टमनास्तेषांप्रजाभवतिनित्यदा ॥ कुलवंशस्यवृद्धि
स्तुपिंडदस्यफलंभवेत् ॥ श्रद्दधानस्तुयःकुर्यात्पितृणामनृणोभवेत् ८३ एवमेषसमुद्दिष्टःश्राद्धकालक्रमस्तथा ॥ विधिःपात्रंफलंचैवयथावदनुकीर्तितम् ॥ ८४ ॥
इतिश्रीमहाभारते अनुशासनपर्वणि आनुशास० दानधर्मेपितृरहस्यंनामपंचविंशत्यधिकशततमोऽध्यायः ॥ १२५ ॥ भीष्मउवाच ॥ केनतेचभवेत्प्रीतिःकथंतु
ष्टिंतुगच्छसि ॥ इतिपृष्टःसुरेन्द्रेणप्रोवाचहरिरीश्वरः १ ॥ विष्णुरुवाच ॥ ब्राह्मणानांपरीवादोममविद्वेषणंमहत् ॥ ब्राह्मणैःपूजितैर्नित्यंपूजितोऽहंनसंशयः २
नित्याभिवाद्याविप्रेंद्राभुक्त्वापादौतथाऽऽत्मनः ॥ तेषांतुष्यामिमर्त्यानांयश्चक्रेचबलिंहरेत् ३ वामनंब्राह्मणंदृष्ट्वावराहंचजलोत्थितम् ॥ उद्धृतांधरणींचैवमूर्ध्नाधारय
तेतुयः ४ नतेषामशुभंकिंचित्कल्मषंचोपपद्यते ॥ अश्वत्थंरोचनांगांचपूजयेद्योनरःसदा ५ पूजितंचजगत्तेनसदेवासुरमानुषम् ॥ तेनरूपेणतेषांचपूजांगृह्णामित
त्त्वतः ६ पूजाममैषानास्त्यन्यायावल्लोकाःप्रतिष्ठिताः ॥ अन्यथाहिवृथामर्त्याःपूजयंत्यल्पबुद्धयः ७ नाहंतत्प्रतिगृह्णामिनसातुष्टिकरीमम ८ इंद्रउवाच ॥ चक्रंपादौ
वराहंचब्राह्मणंचापिवामनम् ॥ उद्धृतांधरणींचैवकिमर्थंत्वंप्रशंससि ९ भवान्सृजतिभूतानिभवान्संहरतिप्रजाः ॥ प्रकृतिःसर्वभूतानांसमर्त्यानांसनातनी १० ॥
भीष्मउवाच ॥ संप्रहस्यततोविष्णुरिदंवचनमब्रवीत् ॥ चक्रेणनिहतादैत्याःपद्भ्यांऽऽक्रांतावसुंधरा ११ वाराहंरूपमास्थायहिरण्याक्षोनिपातितः ॥ वामनंरूपमा
स्थायजितोराजामयाबलिः १२ परितुष्टोभवाम्येवंमानुषाणांमहात्मनाम् ॥ तन्मांयेपूजयिष्यंतिनास्तितेषांपराभवः १३ ॥ ॥

१ । २ पादौस्त्रीयाश्चप्यभिवाद्यौसंध्यायांशिष्टाचारात् चक्रेगोमयोपलिप्तेमंडलेसुदर्शनमंत्रेणपूजिते ३ । ४ । ५ । ६ । ७ । ८ । ९ । १० । ११ । १२ । १३ ॥ ॥

अपिवाब्राह्मणंदृष्ट्वाब्रह्मचारिणमागतम् ॥ ब्राह्मणाग्न्याहुतिंदत्वाअमृतंतस्यभोजनम् १४ ऐन्द्रींसंध्यामुपासित्वाआदित्याभिमुखःस्थितः ॥ सर्वतीर्थेषुसस्नातोमु
च्यतेसर्वकिल्बिषैः १५ एतद्वःकथितंगुह्यमखिलेनतपोधनाः ॥ संशयंपृच्छमानानांकिंभूयःकथयाम्यहम् १६ ॥ बलदेवउवाच ॥ ॥ श्रूयतांपरमंगुह्यंमानुषाणां
सुखावहम् ॥ अजानंतोयदबुधाःक्लिश्यंतेभूतपीडिताः १७ कल्यउत्थाययोमर्त्यःस्पृशेद्गां वैघृतंदधि ॥ सर्षपंचप्रियंगुंचकल्मषात्प्रतिमुच्यते १८ भूतानिचै
वसर्वाणिअग्रतःपृष्ठतोऽपिवा ॥ उच्छिष्टंवाऽपिच्छिद्रेषुवर्जयंतितपोधनाः १९ ॥ ॥ देवाऊचुः ॥ ॥ प्रगृह्यौदुंबरंपात्रंतोयपूर्णउदङ्मुखः ॥ उपवासंतुगृह्णीयाद्य
द्वासंकल्पयेद्व्रतम् २० देवतास्तस्यतुष्यंतिकामिकंचापिसिध्यति ॥ अन्यथाहिवृथामर्त्याःकुर्वंतेस्वल्पबुद्धयः २१ उपवासेबलौचापिताम्रपात्रंविशिष्यते ॥
बलिर्भिक्षातथाऽर्घ्यंचपितॄणांचतिलोदकम् २२ ताम्रपात्रेणदातव्यमन्यथाऽल्पफलंभवेत् ॥ गुह्यमेतत्समुद्दिष्टंयथातुष्यंतिदेवताः २३ ॥ धर्मउवाच ॥ राज
पौरुषिकेविप्रेघांटिकेपरिचारिके ॥ गोरक्षकेवाणिजकेतथाकारुकुशीलवे २४ मित्रद्रुह्यनधीयानेयश्चस्याद्वृषलीपतिः ॥ एतेषुदैवंपित्र्यंवानदेयंस्यात्कथंचन २५
पिंडदास्तस्यहीयंतेनचप्रीणातिवैपितॄन् ॥ अतिथिर्यस्यभग्नाशोगृहात्प्रतिनिवर्तते २६ पितरस्तस्यदेवाश्चअग्नयश्चतथैवहि ॥ निराशाःप्रतिगच्छंतिअतिथेर
प्रतिग्रहात् २७ स्त्रीघ्नैर्गोघ्नैःकृतघ्नैश्चब्रह्मघ्नैर्गुरुतल्पगैः ॥ तुल्यदोषोभवत्येभिर्यस्यातिथिरनर्चितः २८ ॥ अग्निरुवाच ॥ पादमुद्यम्ययोमर्त्यःस्पृशेद्गाश्चसुदुर्मतिः ॥
ब्राह्मणंवामहाभागंदीप्यमानंतथाऽनलम् २९ तस्यदोषान्प्रवक्ष्यामितच्छृणुध्वंसमाहिताः ॥ दिवंस्पृशत्यशब्दोऽस्यत्रस्यंतिपितरश्चवै ३० वैमनस्यंचदेवानां
कृतंभवतिपुष्कलम् ॥ पावकश्चमहातेजाहव्यंनप्रतिगृह्णाति ३१ आजन्मनांशतंचैवनरकेपच्यतेतुसः ॥ निष्कृतिंचनतस्यापिअनुमन्यंतिकर्हिचित् ३२
तस्माद्गावोनपादेनस्प्रष्टव्यावैकदाचन ॥ ब्राह्मणश्चमहातेजादीप्यमानस्तथाऽनलः ३३ श्रद्दधानेनमर्त्येनआत्मनोहितमिच्छता ॥ एतेदोषामयाप्रोक्तास्त्रिषु
यःपादमुत्सृजेत् ३४ ॥ विश्वामित्रउवाच ॥ श्रूयतांपरमंगुह्यंरहस्यंधर्मसंहितम् ॥ परमान्नेनयोदद्यापितॄणामौपहारिकम् ३५ गजच्छायायांपूर्वस्यांकुतपेदक्षि
णामुखः ॥ यदाभाद्रपदेमासिभवतेबहुलेमघा ३६ श्रूयतांतस्यदानस्ययादृशोगुणविस्तरः ॥ कृतंतेनमहच्छ्राद्धंवर्षाणीहत्रयोदश ३७ ॥ गावऊचुः ॥ बहुलेसमं
गेह्यकुतोभयेचक्षेमेचसख्येवहिभूयसीच ॥ यथापुराब्रह्मपुरेसवत्साशतक्रतोर्वज्रधरस्ययज्ञे ३८ भूयश्चयाविष्णुपदेस्थितायाविभावसोश्चापिपथेस्थितायाः ॥ देवा
श्चसर्वेसहनारदेनप्रकुर्वतेसर्वसहेतिनाम ३९ मंत्रेणैतेनाभिवंदेतयो वैविमुच्यतेपापकृतेनकर्मणा ॥ लोकानवाप्नोतिपुरंदरस्यगवांफलंचंद्रमसोद्युतिंच ४० ॥

॥१३३॥

४१ । ४२ । ४३ । ४४ । ४५ । ४६ । ४७ । ४८ । ४९ । ५० ॥ ॥ इति अनुशासनपर्वणि नीलकंठीये भारतभावदीपे षड्विंशाधिकशततमोऽध्यायः ॥ १२६ ॥ ॥

एतंहिमंत्रंत्रिदशाभिजुष्टंपठेतयःपर्वसुगोष्ठमध्ये ॥ नतस्यपापंनभयंनशोकःसहस्रनेत्रस्यचयातिलोकम् ४१ ॥ भीष्मउवाच ॥ अथसप्तमहाभागाऋषयोलोक
विश्रुताः ॥ वसिष्ठप्रमुखाःसर्वेब्रह्माणंपद्मसंभवम् ४२ प्रदक्षिणमभिक्रम्यसर्वेप्रांजलयःस्थिताः ॥ उवाचवचनंतेषांवसिष्ठोब्रह्मवित्तमः ४३ सर्वप्राणिहितंप्रश्नं
ब्रह्मक्षत्रेविशेषतः ॥ द्रव्यहीनाःकथंमर्त्यादरिद्राःसाधुवर्तिनः ४४ प्राप्नुवंतीहयज्ञस्यफलंकेनचकर्मणा ॥ एतच्छ्रुत्वावचस्तेषांब्रह्मावचनमब्रवीत् ४५ ॥ ब्रह्मो
वाच ॥ अहोप्रश्नोमहाभागागूढार्थःपरमःशुभः ॥ सूक्ष्मःश्रेयांश्चमर्त्यानांभवद्भिःसमुदाहृतः ४६ श्रूयतांसर्वमाख्यास्येनिखिलेनतपोधनाः ॥ यथायज्ञ
फलंमर्त्योलभतेनात्रसंशयः ४७ पौषमासस्यशुक्लेवैयदायुज्येतरोहिणी ॥ तेननक्षत्रयोगेनआकाशशयनोभवेत् ४८ एकवस्त्रःशुचिःस्नातःश्रद्दधानःसमाहितः ॥
सोमस्यरश्मयःपीत्वामहायज्ञफलंलभेत् ४९ एतद्वःपरमंगुह्यंकथितंद्विजसत्तमाः ॥ यन्मांभवंतःपृच्छंतिसूक्ष्मतत्त्वार्थदर्शिनः ५० ॥ इतिश्रीमहाभारते
अनुशासनपर्वणि आनुशास० दानधर्मेदेवरहस्येषड्विंशत्यधिकशततमोऽध्यायः ॥ १२६ ॥ ॥ विभावसुरुवाच ॥ सलिलस्यांजलिंपूर्णमक्षताश्चघृतो
त्तराः ॥ सोमस्योत्तिष्ठमानस्यतज्जलंचाक्षतांश्चतान् १ स्थितोह्यभिमुखोमर्त्यःपौर्णमास्यांबलिंहरेत् ॥ अग्निकार्यंकृतंतेनहुताश्चास्याग्नयस्त्रयः २ वनस्प
तिंचयोहन्यादमावास्यामबुद्धिमान् ॥ अपिह्येकेनपत्रेणलिप्यतेब्रह्महत्यया ३ दंतकाष्ठंतुयःखादेदमावास्यामबुद्धिमान् ॥ हिंसितश्चंद्रमास्तेनपितरश्चोद्विजंति
च ४ हव्यंनतस्यदेवाश्चप्रतिगृह्णंतिपर्वसु ॥ कुप्यंतेपितरश्चास्यकुलेवंशोऽस्यहीयते ५ ॥ श्रीरुवाच ॥ प्रकीर्णंभाजनंयत्रभिन्नभांडमथासनम् ॥ योषितश्चैवह
न्यन्तेकश्मलोपहतेगृहे ६ देवताःपितरश्चैवउत्सवेपर्वणीषुवा ॥ निराशाःप्रतिगच्छंतिकश्मलोपहताद्गृहात् ७ ॥ अंगिराउवाच ॥ यस्तुसंवत्सरंपूर्णंदद्याद्दीपंक
रंजके ॥ सुवर्चलामूलहस्तःप्रजातस्यविवर्धते ८ ॥ गार्ग्यउवाच ॥ आतिथ्यंसततंकुर्याद्दीपंदद्यात्प्रतिश्रये ॥ वर्जयानोदिवास्वापंनचमांसानिभक्षयेत् ९
गोब्राह्मणंनहिंस्याच्चपुष्कराणिचकीर्तयेत् ॥ एषश्रेष्ठतमोधर्मःसरहस्योमहाफलः १० अपिक्रतुशतैरिष्ट्वाक्षयंगच्छतितद्धविः ॥ नतुक्षीयंतितेधर्माःश्रद्दधानैः
प्रयोजिताः ११ इदंचपरमंगुह्यंसरहस्यंनिबोधत ॥ श्राद्धकल्पेचदैवेचतैर्थिकेपर्वणीषुच १२ रजस्वलाचयानारीश्वित्रिकाऽपुत्रिकाचया ॥ एताभिश्चक्षुषादृष्टंह
विर्नाश्नंतिदेवताः १३ शुक्लवासाःशुचिर्भूत्वाब्राह्मणान्स्वस्तिवाचयेत् ॥ कीर्तयेद्भारतंचैवतथास्यादक्षयंहविः १४ ॥ धौम्यउवाच ॥ भिन्नभांडंचखट्वांच
कुक्कुटंशुनकंतथा ॥ अप्रशस्तानिसर्वाणियश्चवृक्षोगृहेरुहः १५ ॥ ॥ ॥ ॥

 सलिलस्येति १ । २ । ३ । ४ । ५ । ६ । ७ करंजसुवर्चलेवृक्षवल्लिविशेषौ ८ । ९ । १० । ११ । १२ अपुत्रिकेतिच्छेदः १३ । १४ । १५

सत्वंवृश्चिकसर्पादि नरोपयेतगृहेइतिशेषः १६ । १७ । १८ । १९ ॥ इतिश्रनुशासनपर्वणिनीलकंठीयेभारतभावदीपेसप्तविंशाधिकशततमोऽध्यायः ॥ १२७ ॥ किंचिदिति १ । २ । ३ । ४

भिन्नभांडेकलिंप्राहुःखट्वायांतुधनक्षयः ॥ कुकुटेशुनकेचैवहविर्नाश्नंतिदेवताः ॥ वृक्षमूलेध्रुवंसत्वंतस्माद्वृक्षंनरोपयेत् १६ ॥ जमदग्निरुवाच ॥ योयजेदश्वमेधे
नवाजपेयशतेनह ॥ अवाक्शिरावालंबेतसत्रंवास्फीतमाहरेत् १७ नयस्यहृदयंशुद्धंनरकंसध्रुवंव्रजेत् ॥ तुल्यंयज्ञश्चसत्यंचहृदयस्यचशुद्धता १८ शुद्धेनम
नसादत्वासक्तुप्रस्थंद्विजातये ॥ ब्रह्मलोकमनुप्राप्तःपर्याप्तंतन्निदर्शनम् १९ ॥ इति श्रीमहाभारतेअनु० आनुशासनिकेपर्वणि दानधर्मेदेवरहस्ये सप्तविंशाधिक
शततमोऽध्यायः ॥ १२७ ॥ ॥ वायुरुवाच ॥ किंचिद्धर्मंप्रवक्ष्यामिमानुषाणांसुखावहम् ॥ सरहस्याश्चयेदोषास्तान्शृणुध्वंसमाहिताः १ आग्निकार्यंचकर्त
व्यंपरमान्नेनभोजनम् ॥ दीपकश्चापिकर्तव्यःपितृणांसतिलोदकः २ एतेनविधिनामर्त्यःश्रद्दधानःसमाहितः ॥ चतुरोवार्षिकान्मासान्योददातितिलोदकम् ३
भोजनंचयथाशक्त्याब्राह्मणेवेदपारगे ॥ पशुबंधशतस्येहफलंप्राप्नोतिपुष्कलम् ४ इदंचैवापरंगुह्यमप्रशस्तंनिबोधत ॥ अग्नेस्तुवृषलोनेताहविर्मूढाश्चयोषितः
५ मन्यतेधर्मएवेतिसचाधर्मेणलिप्यते ॥ अग्नयस्तस्यकुप्यंतिशूद्रयोनिंसगच्छति ६ पितरश्चनतुष्यंतिसहदेवैर्विशेषतः ॥ प्रायश्चित्तंतुयत्तत्रब्रुवतस्तन्निबो
धमे ७ यत्कृत्वातुनरःसम्यक्सुखीभवतिविज्वरः ॥ गवांमूत्रपुरीषेणपयसाचघृतेनच ८ अग्निकार्यंत्र्यहंकुर्यान्निराहारःसमाहितः ॥ ततःसंवत्सरेपूर्णेप्रति
गृह्णन्तिदेवताः ९ हृष्यंतिपितरश्चास्यश्राद्धकालउपस्थिते ॥ एषह्यधर्मोधर्मश्चसरहस्यःप्रकीर्तितः १० मर्त्यानांस्वर्गकामानांप्रेत्यस्वर्गसुखावहः ११
॥ इतिश्रीमहाभारतेअनु० आनुशासनिकेपर्वणि दानधर्मे देवरहस्येअष्टाविंशाधिकशततमोऽध्यायः ॥ १२८ ॥ ॥ ॥ ॥ लोमशउवाच ॥ परदारेषुये
सक्ताअकृत्वादारसंग्रहम् ॥ निराशाःपितरस्तेषांश्राद्धकालेभवंतिवै १ परदाररतिर्यश्चयश्चवंध्यामुपासते ॥ ब्रह्मस्वंहरतेयश्चसमदोषाभवंतिते २ असंभाष्या
भवंत्येतेपितृणांनात्रसंशयः ॥ देवताःपितरश्चैषांनाभिनंदंतितद्धविः ३ तस्मात्परस्यवैदारांस्त्यजेद्वंध्यांचयोषितम् ॥ ब्रह्मस्वंहिनहर्तव्यमात्मनोहितमिच्छ
ता ४ श्रूयतांचापरंगुह्यंरहस्यंधर्मसंहितम् ॥ श्रद्दधानेनकर्तव्यंगुरूणांवचनंसदा ५ द्वादश्यांपौर्णमास्यांचमासिमासिघृताक्षतम् ॥ ब्राह्मणेभ्यःप्रयच्छेतत
स्यपुण्यंनिबोधत ६ सोमश्चवर्धतेतेनसमुद्रश्चमहोदधिः ॥ अश्वमेधचतुर्भागंफलंसृजतिवासवः ७ दानेनैतेनतेजस्वीवीर्यवांश्चभवेन्नरः ॥ प्रीतश्चभगवान्सो
मइष्टान्कामान्प्रयच्छति ८ श्रूयतांचापरोधर्मःसरहस्योमहाफलः ॥ इदंकलियुगंप्राप्यमनुष्याणांसुखावहः ९ कल्यमुत्थाययोमर्त्यःस्नातःशुक्लेनवाससा ॥
तिलपात्रंप्रयच्छेतब्राह्मणेभ्यःसमाहितः १० ॥ ॥ ॥ ॥ ॥

अग्नेररणीस्थस्यप्रत्यक्षस्यवावैदिकस्यनेतादेशांतरप्रापकोयदिशूद्रःस्यात्तर्हियोषितःहविषासोमाज्यपयःप्रभृतिनायज्ञावशिष्टेनइडादिस्थानीयेनमूढाःस्युस्तर्हितस्यदोषः ५ । ६ प्रायश्चित्तंचवक्ष्यामीतिशेषः
७ । ८ । ९ । १० । ११ इति अनुशासनपर्वणिनीलकंठीयेभारतभावदीपेअष्टाविंशाधिकशततमोऽध्यायः ॥ १२८ ॥ परदारेष्विति १ । २ । ३ । ४ । ५ । ६ । ७ । ८ । ९ । १०

११ । १२ । १३ । १४ । १५ ॥ इतिअनुशासनपर्वणि नीलकंठीयेभारतभावदीपेऊनत्रिंशधिकशततमोऽध्यायः ॥ १२९ ॥ ॥ ततइति १ । २ । ३ प्रयोक्तव्याधर्मावाच्याः ४ । ५ । ६ । ७

तिलोदकंचयोदद्यात्पितॄणांमधुनासह ॥ दीपकंकृसरंचैवश्रूयतांतस्ययत्फलम् ११ तिलपात्रेफलंप्राहभगवान्पाकशासनः ॥ गोप्रदानंचयःकुर्याद्भूमिदानंचशा
श्वतम् १२ आग्निष्टोमंचयोयज्ञंयजेतबहुदक्षिणम् ॥ तिलपात्रंसहैतेनसमंमन्यंतिदेवताः १३ तिलोदकंसदाश्राद्धेमन्यंतेपितरोऽक्षयम् ॥ दीपेचकृसरेचैवतुष्यंतेऽ
स्यपितामहाः १४ स्वर्गेचपितृलोकेचपितृदेवाभिपूजितम् ॥ एवमेतन्मयोद्दिष्टमृषिदृष्टंपुरातनम् १५ ॥ इतिश्रीमहाभारतेअनुशासनप० आनुशासनिकेपर्वणि
दानधर्मेलोमशरहस्येऊनत्रिंशाधिकशततमोऽध्यायः ॥ १२९ ॥ भीष्मउवाच ॥ ततस्त्वृषिगणाःसर्वेपितरश्चसदेवताः ॥ अरुंधतींतपोवृद्धामपृच्छंतसमाहिताः १
समानशीलांवीर्येणवसिष्ठस्यमहात्मनः ॥ त्वत्तोधर्मरहस्यानिश्रोतुमिच्छामहेवयम् ॥ यत्तेगुह्यतमंभद्रेतत्प्रभाषितुमर्हसि २ ॥ अरुंधत्युवाच ॥ तपोवृद्धिर्मया
प्राप्ताभवतांस्मरणेनवै ॥ भवतांचप्रसादेनधर्मान्वक्ष्यामिशाश्वतान् ३ सगुह्यान्सरहस्यांश्चतान्शृणुध्वमशेषतः ॥ श्रद्दधानेप्रयोक्तव्यायस्यशुद्धंतथामनः ४ अश्र
द्दधानोमानीचब्रह्महागुरुतल्पगः ॥ असंभाष्याहिचत्वारोनैषांधर्मप्रकाशयेत् ५ अहन्यहनियोदद्यात्कपिलांद्वादशीःसमाः ॥ मासिमासिचसत्रेणयोयजेतसदानरः ६
गवांशतसहस्रंचयोदद्याज्ज्येष्ठपुष्करे ॥ नतद्धर्मफलंतुल्यमतिथिर्यस्यतुष्यति ७ श्रूयतांचाऽपरोधर्मोमनुष्याणांसुखावहः ॥ श्रद्दधानेनकर्तव्यःसरहस्योमहाफलः
८ कल्यमुत्थायगोमध्येगृह्यदर्भान्सहोदकान् ॥ निषिंचेतगवांशृंगेमस्तकेनचतज्जलम् ९ प्रतीच्छेतनिराहारस्तस्यधर्मफलंशृणु ॥ श्रूयंतेयानितीर्थानित्रि
षुलोकेषुकानिचित् १० सिद्धचारणजुष्टानिसेवितानिमहर्षिभिः ॥ अभिषेकःसमस्तेषांगवांशृंगोदकस्यच ११ साधुसाध्वितिचोद्दिष्टंदैवतैःपितृभिस्तथा ॥ भूतै
श्चैवसुसंहृष्टैःपूजितासाऽप्यरुंधती १२ ॥ पितामहउवाच ॥ अहोधर्मोमहाभागेसरहस्यउदाहृतः ॥ वरंददामितेधन्येतपस्तेवर्धतांसदा १३ ॥ यमउवाच ॥ रम
णीयाकथादिव्यायुष्मत्तोयामयाश्रुता ॥ श्रूयतांचित्रगुप्तस्यभाषितंममचप्रियम् १४ रहस्यंधर्मसंयुक्तंशक्यंश्रोतुंमहर्षिभिः ॥ श्रद्दधानेनमर्त्येनआत्मनोहितमि
च्छता १५ नहिपुण्यंतथापापंकृतंकिंचिद्विनश्यति ॥ पर्वकालेचयत्किंचिदादित्यंचाधितिष्ठति १६ प्रेतलोकंगतेमर्त्येतत्तत्सर्वंविभावसुः ॥ प्रतिजानातिपुण्यात्मा
तच्चतत्रोपयुज्यते १७ किंचिद्धर्मंप्रवक्ष्यामिचित्रगुप्तमतंशुभम् ॥ पानीयंचैवदीपंचदातव्यंसततंतथा १८ उपानहौचच्छत्रंचकपिलाचयथायथम् ॥ पुष्करेकपि
लादेयाब्राह्मणेवेदपारगे १९ अग्निहोत्रंचयत्नेनसर्वशःप्रतिपालयेत् ॥ अयंचैवाऽपरोधर्मश्चित्रगुप्तेनभाषितः २० फलमस्यपृथक्त्वेनश्रोतुमर्हंतिसत्तमाः ॥
प्रलयंसर्वभूतैस्तुगंतव्यंकालपर्ययात् २१ ॥ ॥ ॥ ॥ ॥ ॥ ॥

८ । ९ । १० । ११ । १२ । १३ । १४ । १५ । १६ प्रतिजानातिअर्पयति उपयुज्यतेपुण्यपापकर्ता १७ । १८ । १९ । २० प्रकृष्टोलयोऽदर्शनंयस्मात्तत्प्रलयंमरणम् २१ ॥ ॥

२२ । २३ । २४ । २५ । २६ । २७ । २८ । २९ । ३० । ३१। ३२। ३३ ३४ । ३५। ३६ । ३७ । ३८। ३९ ।४० ॥ इतिअनुशासनपर्वणिनीलकंठीयेभारतभावदीपे त्रिंशदधिकशततमोऽध्यायः ॥१३०॥

तत्रदुर्गमनुप्राप्ताःक्षुत्तृष्णापरिपीडिताः ॥ दह्यमानाविपच्यंतेनतत्रास्तिपलायनम् २२ अंधकारंतमोघोरंप्रविशंत्यल्पबुद्धयः ॥ तत्रधर्मंप्रवक्ष्यामियेनदुर्गाणिसं
तरेत् २३ अल्पव्ययंमहार्थंचप्रेत्यचैवसुखोदयम् ॥ पानीयस्यगुणादिव्याःप्रेतलोकेविशेषतः २४ तत्रपुण्योदकानामनदीतेषांविधीयते ॥ अक्षय्यंसलिलंतत्र
शीतलंह्यमृतोपमम् २५ सतत्रतोयंपिबतिपानीयंयःप्रयच्छति ॥ प्रदीपस्यप्रदानेनश्रूयतांगुणविस्तरः २६ तमोन्धकारंनियतंदीपदोनप्रपश्यति ॥ प्रभांचास्यप्र
यच्छंतिसोमभास्करपावकाः २७ देवताश्चानुमन्यंतेविमलाःसर्वतोदिशः ॥ द्योततेचयथाऽऽदित्यःप्रेतलोकगतोनरः २८ तस्माद्दीपःप्रदातव्यःपानीयंचविशे
षतः ॥ कपिलांयेप्रयच्छंतिब्राह्मणेवेदपारगे २९ पुष्करेचविशेषेणश्रूयतांतस्ययत्फलम् ॥ गोशतंसवृषंतेनदत्तंभवतिशाश्वतम् ३० पापंकर्मचयत्किंचिद्ब्रह्महत्या
समंभवेत् ॥ शोधयेत्कपिलाह्येकाप्रदत्तंगोशतंयथा ३१ तस्मात्तुकपिलादेयाकौमुद्यांज्येष्ठपुष्करे ॥ नतेषांविषमंकिंचिन्नदुःखंनचकंटकाः ३२ उपानहौचयोद
द्यात्पात्रभूतेद्विजोत्तमे ॥ छत्रदानेसुखांछायांलभतेपरलोकगः ३३ नहिदत्तस्यदानस्यनाशोऽस्तीहकदाचन ॥ चित्रगुप्तमतंश्रुत्वाहृष्टरोमाविभावसुः ३४ उवाच
देवताःसर्वाःपितॄंश्चैवमहाद्युतिः ॥ श्रुतंहिचित्रगुप्तस्यधर्मगुह्यंमहात्मनः ३५ श्रद्दधानाश्चयेमर्त्याब्राह्मणेषुमहात्मसु ॥ दानमेतत्प्रयच्छंतिनतेषांविद्यते
भयम् ३६ धर्मदोषास्त्विमेपंचयेषांनास्तीहनिष्कृतिः ॥ असंभाष्याअनाचारावर्जनीयानराधमाः ३७ ब्रह्महाचैवगोघ्नश्चपरदाररतश्चयः ॥ अश्रद्दधानश्चनरःस्त्रियं
यश्चोपजीवति ३८ प्रेतलोकगताह्येतेनरकेपापकर्मिणः ॥ पच्यंतेवैयथामीनाःपूयशोणितभोजनाः ३९ असंभाष्याःपितॄणांचदेवानांचैवपंचते ॥ स्नातकानांच
विप्राणांयेचाऽन्येचतपोधनाः ४० ॥ इतिश्रीम० अनुशासनपर्वणिआनुशास० दानधर्मे अरुंधतीचित्रगुप्तरहस्ये त्रिंशदधिकशततमोऽध्यायः ॥ १३० ॥ ॥
॥ भीष्मउवाच ॥ ततःसर्वेमहाभागादेवाश्चपितरश्चह ॥ ऋषयश्चमहाभागाःप्रमथान्वाक्यमब्रुवन् १ भवंतोवैमहाभागाअपरोक्षनिशाचराः ॥ उच्छिष्टानशुचीन्क्षु
द्रान्कथंहिंसथमानवान् २ केचस्मृताःप्रतीघातायेनमर्त्यान्नहिंसथ ॥ रक्षोघ्नानिचकानिस्युर्यैर्गृहेषुप्रणश्यथ ॥ श्रोतुमिच्छामयुष्माकंसर्वमेतन्निशाचराः ३ ॥ प्रमथा
ऊचुः ॥ मैथुनेनसदोच्छिष्टाःकृतेचैवाऽधरोत्तरे ॥ मोहान्मांसानिखादेतवृक्षमूलेचयःस्वपेत् ४ आमिषंशीर्षतोयस्यपादतोयश्चसंविशेत् ॥ ततउच्छिष्टकाःसर्वेबहु
च्छिद्राश्चमानवाः ५ उदकेचाप्यऽमेध्यानिश्लेष्माणंचप्रमुंचति ॥ एतेमक्ष्याश्चवध्याश्चमानुषानात्रसंशयः ६ एवंशीलसमाचारान्धर्षयामोहिमानवान् ॥ श्रूयतां
चप्रतीघातान्यैर्नशक्नुमहिंसितुम् ७ गोरोचनासमालंभोवचाहस्तश्चयोभवेत् ॥ घृताक्षतंचयोदद्यान्मस्तकेतत्परायणः ८ ॥ ॥

ततःसर्वेइति १ । २ । ३ अधरोत्तरेकांते अधरउत्तरःश्रेष्ठोयत्रश्रेष्ठस्यावमानेकृतेसति ४ । ५ आमिषंमांसंशिरसिदधानः पादतःशय्यायांपादस्थानेशिरःकृत्वायःसंविशेत् ६ । ७ । ८

९ । १० तरक्षोर्व्याघ्रस्य गिरिकच्छपः पर्वतदरीशायीस्थलकूर्मः ११ । १२ ॥ इति अनुशासनपर्वणिनीलकंठीये भारतभावदीपे एकत्रिंशदधिकशततमोऽध्यायः ॥ १३१ ॥ ॥ ततइति १

येचमांसंनखादंतितान्नशक्तुमहिंसितुम् ॥ यस्यचाग्निर्गृहेनित्यंदिवारात्रौचदीप्यते ९ तरक्षोश्चर्मदंष्ट्राश्वतथैवगिरिकच्छपः ॥ आज्यधूमोबिडालश्चच्छागःकृष्णोऽथपिंगलः १० येषामेतानितिष्ठंतिगृहेषुगृहमेधिनाम् ॥ तान्यधृष्याण्यगाराणिपिशिताशैःसुदारुणैः ११ लोकानस्मद्विधायेचविचरंतियथासुखम् ॥ तस्मादेतानिगेहेषुरक्षोघ्नानिविशांपते ॥ एतद्वःकथितंसर्वंयत्रवःसंशयोमहान् १२ ॥ ॥ इतिश्रीमहाभारते अनुशासनपर्वणि आनुशासनिकेपर्वणि दानधर्मेप्रमथरहस्येएकत्रिंशदधिकशततमोऽध्यायः १३१ ॥ ॥ भीष्मउवाच ॥ ॥ ततःपद्मप्रतीकाशःपद्मोद्भूतःपितामहः ॥ उवाचवचनंदेवान्वासवंचशचीपतिम् १ अयंमहाबलोनागोरसातलचरोबली ॥ तेजस्वीरेणुकोनाममहासत्वपराक्रमः २ अतितेजस्विनःसर्वेमहावीर्यामहागजाः ॥ धारयंतिमहींकृत्स्नांसशैलवनकाननाम् ३ भवद्भिःसमनुज्ञातोरेणुकस्तान्महागजान् ॥ धर्मगुह्यानिसर्वाणिगत्वापृच्छतुतत्रवै ४ पितामहवचःश्रुत्वातेदेवारेणुकंतदा ॥ प्रेषयामासुरव्यग्रायत्रतेधरणीधराः ५ ॥ रेणुकउवाच ॥ ॥ अनुज्ञातोऽस्मिदेवैश्वपितृभिश्चमहाबलाः ॥ धर्मगुह्यानियुष्माकंश्रोतुमिच्छामितत्त्वतः ॥ कथयध्वंमहाभागायद्वस्तत्त्वंमनीषितम् ६ ॥ दिग्गजाऊचुः ॥ ॥ कार्तिकेमासिचाऽश्लेषाबहुलस्याष्टमीशिवा ॥ तेननक्षत्रयोगेनयोददातिगुडौदनम् ७ इमंमंत्रंजपन्श्राद्धेयताहारोह्यकोपनः ॥ बलदेवप्रभृतयोयेनागाबलवत्तराः ८ अनंताद्याक्षयानित्यंभोगिनःसुमहाबलाः ॥ तेषांकुलोद्भवायेचमहाभूताभुजंगमाः ९ तेमेबलिंप्रयच्छंतुबलतेजोभिवृद्धये ॥ यदानारायणःश्रीमानुज्जहारवसुंधराम् १० तद्बलंतस्यदेवस्यधरामुद्धरतस्तथा ॥ एवमुक्त्वाबलिंतत्रवल्मीकेतुनिवेदयेत् ११ गजेन्द्रकुसुमाकीर्णंनीलवस्त्रानुलेपनम् ॥ निर्वपेत्तंतुवल्मीकेअस्तंयातेदिवाकरे १२ एवंतुष्टास्ततःसर्वेअधस्ताद्भारपीडिताः ॥ श्रमंतंनाववुध्यामोधारयंतोवसुंधराम् १३ एवंमन्यामहेसर्वेभारार्तानिरपेक्षिणः ॥ ब्राह्मणःक्षत्रियोवैश्यःशूद्रोवाय्युपोषितः १४ एवंसंवत्सरंकृत्वादानंबहुफलंलभेत् ॥ वल्मीकेबलिमादायतन्नोबहुफलंमतम् १५ येचनागामहावीर्यास्त्रिषुलोकेषुकृत्स्नशः ॥ कृतातिथ्याभवेयुस्तेशतंवर्षाणितत्त्वतः १६ दिग्गजानांचतछ्रुत्वादेवताःपितरस्तथा ॥ ऋषयश्चमहाभागाःपूजयंतिस्मरेणुकम् १७ ॥ इतिश्रीमहाभारतेअनुशासनपर्वणिअनुशासनिकेपर्वणिदानधर्मेदिग्गजानांरहस्येद्वात्रिंशदधिकशततमोऽध्यायः ॥ १३२ ॥ ॥ महेश्वरउवाच ॥ ॥ सारमुद्धृत्ययुष्माभिःसाधुधर्मउदाहृतः ॥ धर्मगुह्यमिदंमत्तःशृणुध्वंसर्वएवह १ येषांधर्माश्रितावुद्धिःश्रद्दधानाश्चयेनराः ॥ तेषांस्यादुपदेष्टव्यःसरहस्योमहाफलः २ निरुद्विग्नस्तुयोदद्यान्मासमेकंगवाह्निकम् ॥ एकभक्तंतथाऽश्रीयाच्छ्रुयतांतस्ययत्फलम् ३ ॥ ॥

नागोमजः २।३।४।५।६।७ । ८ । ९ । १० । ११। १२। १३ । १४ । १५ । १६ । १७ ॥ ॥ इतिअनुशासनपर्वणिनीलकंठीयेभारतभावदीपेद्वात्रिंशदधिकशततमोऽध्यायः ॥ १३२ ॥ सारमिति १ । २ । ३

४।५।६।७।८।९ ॥ इति अनुशासनपर्वणिनीलकंठीये भारतभावदीपे त्रयस्त्रिंशदधिकशततमोऽध्यायः ॥ १३३ ॥ ॥ ममापीति १।२।३।४।५।६।७।८।९।१०।११

इमागावोमहाभागाःपवित्रंपरमंस्मृताः ॥ त्रीन्लोकान्धारयंतिस्मसदेवासुरमानुषान् ४ तासुचैवमहापुण्यंशुश्रूषाचमहाफलम् ॥ अहन्यहनिधर्मेणयुज्यतेवैगवा
ह्निकः ५ मयाह्येताह्यनुज्ञाताःपूर्वमासन्कृतेयुगे ॥ ततोऽहमनुनीतोवैब्रह्मणापद्मयोनिना ६ तस्माद्व्रजस्थानगतस्तिष्ठत्युपरिमेवृषः ॥ रमेऽहंसहगोभिश्चतस्मा
त्पूज्याःसदैवताः ७ महाप्रभावावरदावरंदद्युरुपासिताः ॥ तागावोऽस्यानुमन्यंतेसर्वकर्मसुयत्फलम् ८ तस्यतत्रचतुर्भागोयोददातिगवाह्निकम् ९ ॥ इतिश्री
महाभारतेअनुशासनपर्वणिआनुशासनिकेपर्वणि दानधर्मेमहादेवरहस्ये त्रयस्त्रिंशदधिकशततमोऽध्यायः ॥ १३३ ॥ ॥ स्कंदउवाच ॥ ॥ ममाप्यनुमतो
धर्मस्तंशृणुध्वंसमाहिताः ॥ नीलषंडस्यशृंगाभ्यांगृहीत्वामृत्तिकांतुयः १ अभिषेकंत्र्यहंकुर्यात्तस्यधर्मंनिबोधत ॥ शोधयेदशुभंसर्वमाधिपत्यंपरत्रच २ यावच्च
जायतेमर्त्यस्तावच्छूरोभविष्यति ॥ इदंचाप्यऽपरंगुह्यंसरहस्यंनिबोधत ३ प्रगृह्यौदुंबरंपात्रंपक्वान्नंमधुनासह ॥ सोमस्योत्तिष्ठमानस्यपौर्णमास्यांबलिंहरेत् ४
तस्यधर्मफलंनित्यंश्रद्दधानानिबोधत ॥ साध्यारुद्रास्तथाऽऽदित्याविश्वेदेवास्तथाश्विनौ ५ मरुतोवसवश्चैवप्रतिगृह्णंतितंबलिम् ॥ सोमश्चवर्धतेतेनसमुद्रश्चमहोदधिः
६ एषधर्मोमयोद्दिष्टःसरहस्यःसुखावहः ७ ॥ ॥ विष्णुरुवाच ॥ ॥ धर्मगुह्यानिसर्वाणिदेवतानांमहात्मनाम् ॥ ऋषीणांचैवगुह्यानियःपठेदाह्निकंसदा ८
शृणुयाद्वाऽनसूयुर्यःश्रद्दधानःसमाहितः ॥ नास्यविघ्नःप्रभवतिभयंचास्यनविद्यते ९ येचधर्माःशुभाःपुण्याःसरहस्याउदाहृताः ॥ तेषांधर्मफलंतस्ययःपठेत
जितेन्द्रियः १० नास्यपापंप्रभवतिनचपापेनलिप्यते ॥ पठेद्वाश्रावयेद्वाऽपिश्रुत्वावालभतेफलम् ११ भुंजतेपितरोदेवाहव्यंकव्यमथाक्षयम् ॥ श्रावयंश्चापि
विप्रेन्द्रान्पर्वसुप्रयतोनरः १२ ऋषीणांदेवतानांचपितृणांचैवनित्यदा ॥ भवत्यभिमतःश्रीमान्धर्मेषुप्रयतःसदा १३ कृत्वाऽपिपापकंकर्ममहापातकवर्जितम् ॥
रहस्यधर्मंश्रुत्वेमंसर्वपापैःप्रमुच्यते १४ ॥ ॥ भीष्मउवाच ॥ ॥ एतद्धर्मरहस्यंवैदेवतानांनराधिप ॥ व्यासोद्दिष्टंमयाप्रोक्तंसर्वदेवनमस्कृतम् १५ पृथिवी
रत्नसंपूर्णाज्ञानंचेदमनुत्तमम् ॥ इदमेवततःश्राव्यमितिमन्येतधर्मवित् १६ नाश्रद्दधानायननास्तिकायननष्टधर्मायननिर्घृणाय ॥ नहेतुदुष्टायगु
रुद्विषेवानानात्मभूतायनिवेद्यमेतत् ॥ १७ ॥ ॥ इतिश्रीमहाभारते अनुशासनपर्वणि आनुशासनिकेपर्वणि दानधर्मेस्कंददेवरहस्येचतुस्त्रिंशदधिकशततमोऽ
ध्यायः ॥ १३४ ॥ ॥ युधिष्ठिरउवाच ॥ ॥ केभोज्याब्राह्मणस्येहकेभोज्याःक्षत्रियस्यह ॥ तथावैश्यस्यकेभोज्याःकेशूद्रस्यचभारत १ ॥ भीष्मउवाच ॥
ब्राह्मणाब्राह्मणस्येहभोज्यायेचैवक्षत्रियाः ॥ वैश्याश्चापितथाभोज्याःशूद्राश्चपरिवर्जिताः २ ॥ ॥

१२।१३।१४।१५।१६।१७ ॥ इतिअनुशासनपर्वणि नीलकंठीये भारतभावदीपे चतुस्त्रिंशदधिकशततमोऽध्यायः ॥ १३४ ॥ ॥ केभोज्या भोज्यास्त्वाः १।२ ॥

३ वैश्याभोज्याभोजनीयाः ४ । ५ । ६ नकेवलंशूद्रान्नमेववर्ज्यंकिंतुशूद्रस्यकर्मनिष्ठायांसेवायांवर्तमानोविकर्मस्थोविशिष्टकर्मस्थःसंध्यावंदनादियुक्तोऽपिपच्यतेनरकेइतिशेषः ७ । ८ । ९ । १० कांडपृष्ठोऽ

ब्राह्मणाःक्षत्रियावैश्याभोज्यावैक्षत्रियस्यह ॥ वर्जनीयास्तुवैशूद्राःसर्वभक्षाविकर्मिणः ३ वैश्यास्तुभोज्याविप्राणांक्षत्रियाणांतथैवच ॥ नित्याग्नयोविविक्ताश्चचातुर्मास्यरताश्चये ४ शूद्राणामथयोभुंक्तेसभुंक्तेपृथिवीमलम् ॥ मलंनृणांसपिबतिमलंभुंक्तेजनस्यच ५ शूद्राणांयस्तथाभुंक्तेसभुंक्तेपृथिवीमलम् ॥ पृथिवीमलमश्नंतियेद्विजाःशूद्रभोजिनः ६ शूद्रस्यकर्मनिष्ठायांविकर्मस्थोऽपिपच्यते ॥ ब्राह्मणःक्षत्रियोवैश्योविकर्मस्थश्चपच्यते ७ स्वाध्यायनिरताविप्रास्तथास्वस्त्ययनेनृणाम् ॥ रक्षणेक्षत्रियंप्राहुर्वैश्यंपुष्ट्यर्थमेवच ८ करोतिकर्मयद्वैश्यस्तद्गत्वाह्युपजीवति ॥ कृषिगोरक्ष्यवाणिज्यमकुत्सावैश्यकर्मणि ९ शूद्रकर्मतुयःकुर्यादवहायस्वकर्मच ॥ सविज्ञेयोयथाशूद्रोनचभोज्यःकदाचन १० चिकित्सकःकांडपृष्ठःपुराध्यक्षःपुरोहितः ॥ सांवत्सरोवृथाध्यायीसर्वेतेशूद्रसंमिताः ११ शूद्रकर्मस्वथैतेषुयोभुंक्तेनिरपत्रपः ॥ अभोज्यभोजनंभुक्त्वाभयंप्राप्नोतिदारुणम् १२ कुलंवीर्यंचतेजश्चतिर्यग्योनित्वमेवच ॥ सम्प्रयातियथाश्वावैनिष्क्रियोधर्मवर्जितः १३ भुंक्तेचिकित्सकस्यान्नंतदन्नंचपुरीषवत् ॥ पुंश्चल्यन्नंचमूत्रंस्यात्कारुकान्नंचशोणितम् १४ विद्योपजीविनोऽन्नंचयोभुंक्तेसाधुसंमतः ॥ तदप्यन्नंयथाशौद्रंतत्साधुःपरिवर्जयेत् १५ वचनीयस्ययोभुंक्तेतमाहुःशोणितंह्रदम् ॥ पिशुनंभोजनंभुक्त्वाब्रह्महत्यासमंविदुः १६ असत्कृतमवज्ञातंनभोक्तव्यंकदाचन १७ व्याधिंकुलक्षयंचैवक्षिप्रंप्राप्नोतिब्राह्मणः ॥ नगरीरक्षिणोभुंक्तेश्वपचप्रवणोभवेत् १८ गोघ्नेचब्राह्मणघ्नेचसुरापेगुरुतल्पगे ॥ भुक्त्वाऽन्नंजायतेविप्रोरक्षसांकुलवर्धनः १९ न्यासापहारिणोभुक्त्वाकृतघ्नेक्लीबवर्तिनि ॥ जायतेशबरावासेमध्यदेशबहिष्कृते २० अभोज्याश्चैवभोज्याश्चमयाप्रोक्तायथाविधि ॥ किमन्यदद्यकौन्तेयमत्तस्त्वंश्रोतुमिच्छसि २१ इतिश्रीमहाभारतेअनु० आनुशासनिकेपर्वणि दानधर्मे भोज्याभोज्यान्नकथनंनाम पंचत्रिंशदधिकशततमोऽध्यायः ॥ १३५ ॥ युधिष्ठिरउवाच ॥ उक्तास्तुभवताभोज्यास्तथाऽभोज्याश्चसर्वशः ॥ अत्रमेप्रश्नसंदेहस्तन्मेवदपितामह १ ब्राह्मणानांविशेषेणहव्यकव्यप्रतिग्रहे ॥ नानाविधेषुभोज्येषुप्रायश्चित्तानिशंसमे २ ॥ भीष्मउवाच ॥ हंतवक्ष्यामितेराजन्ब्राह्मणानांमहात्मनाम् ॥ प्रतिग्रहेषुभोज्येचमुच्यतेयेनपाप्मनः ३ घृतप्रतिग्रहेचैवसावित्रीसमिदाहुतिः ॥ तिलप्रतिग्रहेचैवसममेतद्युधिष्ठिर ४ मांसप्रतिग्रहेचैवमधुनोलवणस्यच ॥ आदित्योदयनंस्थित्वापूतोभवतिब्राह्मणः ५ कांचनंप्रतिगृह्याथजपमानोगुरुश्रुतिम् ॥ कृष्णायसंचविवृतंधारयन्मुच्यतेद्विजः ६ ॥ ॥ ॥ ॥ ॥ ॥ ॥

धमः ११ । १२ । १३ । १४ । १५ पिशुनंतत्संबंधि १६ । १७ नगरीरक्षतिनस्य १८ । १९ । २० । २१ ॥ इतिअनु० नी० भा० पंचत्रिंशदधिकशततमोऽध्यायः ॥ १३५ ॥ उक्ताइति १ । २
३ सावित्रीसमिदाहुतिरितिसर्वत्रसंबध्यते ४ आदित्योदयनंतत्पर्यंतंस्थित्वा ५ विवृतंलोकप्रत्यक्षंधारयन् ६ ॥ ॥ ॥

७ । ८ । ९ । १० ग्रहसूतकयोः कारागारस्थाशौचवतोः ११ । १२ नचसंध्यामुपासीतेत्यत्रअस्नातइतिशेषः नसंकिरेदितिपुनर्भोजनंनकुर्यादित्यर्थः १३ अश्नीयुरित्यर्थमितिसंबंधेऽपराह्णेक्षुद्बोधात्तस्य मध्यमश्नंत्वित्यर्थः केतिताःनिमंत्रिताः १४ । १५ हविरन्नं १६ दशरात्रेदशरात्राविधिमृतस्याश्नतः एवमेवप्रायश्चित्तानीत्यर्थः सावित्रींजपन्रैवतीमितिरैवतंसाम । इष्टिंपवित्रेष्टिं । कूश्मांडंयद्देवादे

॥१३७॥ एवंप्रतिगृहीतेऽथधनेवस्त्रेतथास्त्रियाम् ॥ एवमेवनरश्रेष्ठसुवर्णस्यप्रतिग्रहे ७ अन्नप्रतिग्रहेचैवपायसेक्षुरसेतथा ॥ इक्षुतैलपवित्राणांत्रिसंध्येऽप्सुनिमज्जनम् ८ व्रीहौपुष्पेफलेचैवजलेपिष्टमयेतथा ॥ यावकेदधिदुग्धेचसावित्रींशतशोन्विताम् ९ उपानहौचच्छत्रंचप्रतिगृह्यौर्ध्वदेहिके ॥ जपेच्छतंसमायुक्तस्तेनमुच्येतपाप्मना १० क्षेत्रप्रतिग्रहेचैवग्रहसूतकयोस्तथा ॥ त्रीणिरात्राण्युपोषित्वातेनपापाद्विमुच्यते ११ कृष्णपक्षेतुयःश्राद्धंपितॄणामश्नुतेद्विजः ॥ अन्नमेतदहोरात्रात्पूतोभवतिब्राह्मणः १२ नचसंध्यामुपासीतनचजाप्यंप्रवर्तयेत् ॥ नसंकिरेत्तदन्नंचततःपूयेतब्राह्मणः १३ इत्यर्थमपराह्णेतुपितॄणांश्राद्धमुच्यते ॥ यथोक्तानांयदश्नीयुर्ब्राह्मणाःपूर्वकेतिताः १४ मृतकस्यतृतीयाहेब्राह्मणोयोऽन्नमश्नुते ॥ सत्रिवेलंसमुन्मज्यद्वादशाहेनशुध्यति १५ द्वादशाहेव्यतीतेतुकृतशौचोविशेषतः ॥ ब्राह्मणेभ्योहविर्दत्वामुच्यतेतेनपाप्मना १६ मृतस्यदशरात्रेणप्रायश्चित्तानिदापयेत् ॥ सावित्रींरैवतीमिष्टिंकूश्मांडमघमर्षणम् १७ मृतकस्यत्रिरात्रेयःसमुद्दिष्टेसमश्नुते ॥ सप्तत्रिषवणंस्नात्वापूतोभवतिब्राह्मणः १८ सिद्धिमाप्नोतिविपुलामापदंचैवनाप्नुयात् १९ यस्तुशूद्रैःसमश्नीयाद्ब्राह्मणोप्येकभोजने ॥ अशौचंविधिवत्तस्यशौचमत्रविधीयते २० यस्तुवैश्यैःसहाश्नीयाद्ब्राह्मणोप्येकभोजने ॥ सवैत्रिरात्रंदीक्षित्वामुच्यतेतेनकर्मणा २१ क्षत्रियैःसहयोऽश्नीयाद्ब्राह्मणोप्येकभोजने ॥ आप्लुतःसहवासोभिस्तेनमुच्येतपाप्मना २२ शूद्रस्यतुकुलंहंतिवैश्यस्यपशुबांधवान् ॥ क्षत्रियस्यश्रियंहंतिब्राह्मणस्यसुवर्चसम् २३ प्रायश्चित्तंचशांतिंचजुहुयात्तेनमुच्यते ॥ सावित्रींरैवतीमिष्टिंकूश्मांडमघमर्षणम् २४ तथोच्छिष्टमथाऽन्योन्यंसंप्राशन्नात्रसंशयः ॥ रोचनाविरजारात्रिर्मंगलालंभनानिच २५ ॥ इतिश्रीमहाभारतेअनु० आनुशासनिकेपर्वणिदानधर्मेप्रायश्चित्तविधिर्नामषट्त्रिंशदधिकशततमोऽध्यायाः ॥ १३६ ॥ ॥ ॥ ॥ युधिष्ठिरउवाच ॥ दानेनवर्ततेत्याहतपसाचैवभारत ॥ तदेतन्मेमनोदुःखंव्यपोहत्वंपितामह ॥ किंस्वित्पृथिव्यांह्येतन्मेभवाञ्छंसितुमर्हति १ ॥ भीष्मउवाच ॥ शृणुयैर्धर्मनिरतैस्तपसाभावितात्मभिः ॥ लोकाह्यसंशयंप्राप्तादानपुण्यरतैर्नृपैः २ सत्कृतश्चतथाऽऽत्रेयःशिष्येभ्योब्रह्मनिर्गुणम् ॥ उपदिश्यतदाराजन्गतोलोकाननुत्तमान् ३ शिबिरौशीनरःप्राणान्प्रियस्यतनयस्यच ॥ ब्राह्मणार्थमुपाकृत्यनाकपृष्ठमितोगतः ४ ॥ ॥ ॥ ॥ ॥ ॥ ॥

वहेत्यन्नमित्यनुवाकपंचकं अघमर्षणंजलेमज्जंश्चदशप्रणवसंयुक्तगायत्र्याःऋतंचेतितृचस्यवात्रिर्जपः प्रायश्चित्तानीतिबहुवचनात्सर्वेषांसमुच्चयः १७ । १८ । १९ अशौचंप्रायश्चित्ताभावएव २० । २१ । २२ २३ । २४ विरजादूर्वा रात्रिर्हरिद्रेतिविश्वः २५ ॥ इतिअनुशासनपर्वणिनीलकंठीयेभारतभावदीपेषट्त्रिंशदधिकशततमोऽध्यायः ॥ १३६ ॥ ॥ दानतपसोर्मध्येपृथिव्यांकिंश्रेष्ठमितिपृच्छति दानेनेतिसार्धेन । वर्ततेस्वर्गेइतिशेषः संशयरार्थः १ तयोर्दानमेवप्रशंसति शृण्वित्यादिना २ । ३ । ४ ॥ ॥ ॥ ॥

५ । ६ । ७ । ८ सावित्रःकर्णः ९ । १० । ११ मनसोमनःसंकल्पादप्यधिकान् १२ देवराट्भूदेवराड्वसिष्ठः १३ । १४ न्यासंदानरूपेणस्थापनम् १५ । १६ अनुज्ञाप्यदत्वा १७ । १८

प्रतर्दनःकाशिपतिःप्रदायतनयंस्वकम् ॥ ब्राह्मणायातुलांकीर्तिमिहचामुत्रचाऽश्नुते ५ रंतिदेवश्चसांकृत्योवसिष्ठायमहात्मने ॥ अर्घ्यंप्रदार्यविधिवल्लेभेलोकाननुत्त
मान् ६ दिव्यंशतशलाकंचयज्ञार्थंकांचनंशुभम् ॥ छत्रंदेवावृधोदत्वाब्राह्मणायास्थितोदिवम् ७ भगवानंबरीषश्चब्राह्मणायामितौजसे ॥ प्रदायसकलंराष्ट्रंसुरलोक
मवाप्तवान् ८ सावित्रःकुंडलंदिव्यंयानंचजनमेजयः ॥ ब्राह्मणायचगांदत्वागतोलोकाननुत्तमान् ९ वृषादर्भिश्चराजर्षीरत्नानिविविधानिच ॥ रम्यांश्चावसथा
न्दत्वाद्विजेभ्योदिवमागतः १० निमीराष्ट्रंचवैदर्भिःकन्यांदत्वामहात्मने ॥ अगस्त्यायगतःस्वर्गंसपुत्रपशुबांधवः ११ जामदग्न्यश्चविप्रायभूमिंदत्वामहायशाः ॥
रामोऽक्षयांस्तथालोकान्जगामनसोऽधिकान् १२ अवर्षतिचपर्जन्येसर्वभूतानिदेवराट् ॥ वसिष्ठोजीवयामासयेनयातोऽक्षयांगतिम् १३ रामोदाशरथिश्चैव
हुत्वायज्ञेषुवैवसु ॥ सगतोह्यक्षयान्लोकान्यस्यलोकेमहद्यशः १४ कक्षसेनश्चराजर्षिर्वसिष्ठायमहात्मने ॥ न्यासंयथावत्संन्यस्यजगामसुमहायशाः १५ करंध
मस्यपौत्रस्तुमरुत्तोऽविक्षितःसुतः ॥ कन्यामांगिरसेदत्वादिवमाशुजगामसः १६ ब्रह्मदत्तस्यपांचाल्योराजाधर्मभृतांवरः ॥ निधिंशंखमनुज्ञाप्यजगामपरमां
गतिम् १७ राजामित्रसहश्चैववसिष्ठायमहात्मने ॥ मदयंतींप्रियांभार्यांदत्वाचत्रिदिवंगतः १८ मनोःपुत्रश्चसुद्युम्नोलिखितायमहात्मने ॥ दंडमुद्धृत्यधर्मेणगतो
लोकाननुत्तमान् १९ सहस्रचित्योराजर्षिःप्राणानिष्टान्महायशाः ॥ ब्राह्मणार्थेपरित्यज्यगतोलोकाननुत्तमान् २० सर्वकामैश्चसंपूर्णंदत्वावेश्महिरण्मयम् ॥ मौ
द्गल्यायगतःस्वर्गंशतद्युम्नोमहीपतिः २१ भक्ष्यभोज्यस्यचकृतान्राशयःपर्वतोपमान् ॥ शांडिल्यायपुरादत्वासुमन्युर्दिवमास्थितः २२ नाम्नाचद्युतिमान्नाम
शाल्वराजोमहाद्युतिः ॥ दत्वाराज्यमृचीकायगतोलोकाननुत्तमान् २३ मदिराश्वश्चराजर्षिर्दत्वाकन्यांसुमध्यमाम् ॥ हिरण्यहस्तायगतोलोकान्देवैरधिष्ठितान्
२४ लोमपादश्चराजर्षिःशांतांदत्वासुतांप्रभुः ॥ ऋष्यशृंगायविपुलैःसर्वैःकामैरयुज्यत २५ कौत्सायदत्वाकन्यांतुहंसींनामयशस्विनीम् ॥ गतोऽक्षयानतोलो
कान्राजर्षिश्चभगीरथः २६ दत्वाशतसहस्रंतुगवांराजाभगीरथः ॥ सवत्सानांकोहलायगतोलोकाननुत्तमान् २७ एतेचान्येचबहवोदानेनतपसाचह ॥ युधिष्ठि
रगताःस्वर्गंनिवर्तन्तेपुनःपुनः २८ तेषांप्रतिष्ठिताकीर्तिर्यावत्स्थास्यतिमेदिनी ॥ गृहस्थैर्दानतपसायैर्लोकावैविनिर्जिताः २९ शिष्टानांचरितंह्येतत्कीर्तितंमेयुधि
ष्ठिर ॥ दानयज्ञप्रजासर्गैरेतेहिदिवमास्थिताः ३० दत्वातुसततंतेऽस्तुकौरवाणांधुरंधर ॥ दानयज्ञक्रियायुक्ताबुद्धिर्धर्मोपचायिनी ३१ ॥

दंडंचोरयोग्यंहस्तच्छेदरूपम् १९ । २० । २१ । २२ । २३ । २४ । २५ । २६ । २७ । २८ । २९ । ३० । ३१ ॥ ॥ ॥ ॥

३२ ॥ इतिअनुशासनपर्वणिनीलकंठीये भारतभावदीपे सप्तत्रिंशदधिशततमोऽध्यायः ॥ १३७ ॥ ॥ श्रुतमिति १ । २ । ३ । ४ । ५ धर्मादानंव्याचष्टे इहेति ६ अर्थादित्यस्यलक्षणमाह
ददातीति ७ । ८ । ९ । १० । ११ ॥ इतिअनुशासनपर्वणिनीलकंठीयेभारतभावदीपेअष्टत्रिंशदधिकशततमोऽध्यायः ॥ १३८ ॥ ॥ ॥ पितामहेत्यध्यायद्वयंस्पष्टार्थमेकएवप्रभुःपर्वतस्य

यत्रतेनृपशार्दूलसंदेहोवैभविष्यति ॥ श्वःप्रभातेहिवक्ष्यामिसंध्याहिसमुपस्थिता ३२ ॥ इतिश्रीमहाभारते अनुशासनपर्वणिआनुशासनिकेपर्वणि दानधर्मेसप्तत्रिंशदधिकशततमोऽध्यायः ॥ १३७ ॥ ॥ युधिष्ठिरउवाच ॥ ॥ श्रुतंमेभवतस्तातसत्यव्रतपराक्रम ॥ दानधर्मेणमहतायेप्राप्तास्त्रिदिवंनृपाः १ इमांस्तु श्रोतुमिच्छामिधर्मान्धर्मभृतांवर ॥ दानंकतिविधंदेयंकिंतस्यचफलंभवेत् २ कथंकेभ्यश्चधर्म्यंचदानंदातव्यमिष्यते ॥ कैःकारणैःकतिविधंश्रोतुमिच्छामितत्त्वतः ३ ॥ ॥ भीष्मउवाच ॥ ॥ शृणुतत्त्वेनकौन्तेयदानंप्रतिममानघ ॥ यथादानंप्रदातव्यंसर्ववर्णेषुभारत ४ धर्मादर्थाद्भयात्कामात्कारुण्यादितिभारत ॥ दानंपंचविधंज्ञेयंकारणैर्यैर्निबोधतत् ५ इहकीर्तिमवाप्नोतिप्रेत्यचानुत्तमंसुखम् ॥ इतिदानंप्रदातव्यंब्राह्मणेभ्योऽनसूयता ६ ददातिवादास्यतिवामह्यंदत्तमनेनवा ॥ इत्यर्थिभ्योनिशम्यैवसर्वंदातव्यमर्थिने ७ नास्याहंनमदीयोऽयंपापंकुर्याद्विमानितः ॥ इतिदद्याद्भयादेवदृढंमूढायपंडितः ८ प्रियोमेऽयंप्रियोऽस्याहमितिसंप्रेक्ष्यबुद्धिमान् ॥ वयस्यायैवमक्लिष्टंदानंदद्यादतंद्रितः ९ दीनश्चयाचतेचायमल्पेनापिहितुष्यति ॥ इतिदद्याद्दरिद्रायकारुण्यादितिसर्वथा १० इतिपंचविधंदानंपुण्यकीर्तिविवर्धनम् ॥ यथाशक्त्याप्रदातव्यमेवमाहप्रजापतिः ११ ॥ इतिश्रीमहाभारते अनुशासनपर्वणिआनुशासनिकेपर्वणि दानधर्मेअष्टत्रिंशदधिकशततमोऽध्यायः ॥ १३८ ॥ ॥ युधिष्ठिरउवाच ॥ ॥ पितामहमहाप्राज्ञसर्वशास्त्रविशारद ॥ आगमैर्बहुभिःस्फीतोभवान्नःप्रवरेकुले १ त्वत्तोधर्मार्थसंयुक्तमायत्यांचसुखोदयम् ॥ आश्चर्यभूतंलोकस्यश्रोतुमिच्छाम्यरिन्दम २ अयंचकालःसंप्राप्तोदुर्लभोज्ञातिबांधवैः ॥ शास्ताचनहिनःकश्चित्त्वामृतेपुरुषर्षभ ३ यदितेऽहमनुग्राह्योभ्रातृभिःसहितोऽनघ ॥ वक्तुमर्हसिनःप्रश्नंयत्त्वांपृच्छामिपार्थिव ४ अयंनारायणःश्रीमान्सर्वपार्थिवसंमतः ॥ भवंतंबहुमानेनप्रश्रयेणचसेवते ५ अस्यचैवसमक्षंत्वंपार्थिवानांचसर्वशः ॥ भ्रातॄणांचप्रियार्थंमेस्नेहाद्भाषितुमर्हसि ६ ॥ ॥ वैशंपायनउवाच ॥ ॥ तस्यतद्वचनंश्रुत्वास्नेहादागतसंभ्रमः ॥ भीष्मोभागीरथीपुत्रइदंवचनमब्रवीत ७ ॥ ॥ भीष्मउवाच ॥ ॥ अहंतेकथयिष्यामिकथामतिमनोहराम् ॥ अस्यविष्णोःपुराराजन्प्रभावोयोमयाश्रुतः ८ यश्चगोवृषभांकस्यप्रभावस्तंचमेशृणु ॥ रुद्राण्याःसंशयोयश्चदंपत्योस्तंचमेशृणु ९ व्रतंचचारधर्मात्माकृष्णोद्वादशवार्षिकम् ॥ दीक्षितंचागतौद्रष्टुमुभौनारदपर्वतौ १० कृष्णद्वैपायनश्चैवधौम्यश्चजपतांवरः ॥ देवलःकाश्यपश्चैवहस्तिकाश्यपएवच ११ ॥ ॥ ॥

दाहकउल्लासकश्चसएववैष्णवैर्विष्णुरित्यधिगतःपूर्वाध्याये माहेश्वरैर्महेश्वरइत्युत्तराध्याये । अत्रैव'नेत्रेमेसंवृतेदेवित्वयाबाल्यादनिंदिते ॥ नष्टालोकस्तदालोकःक्षणेनसमपद्यत'इतिमहेश्वरवचनेनशिवमूर्तेर्ब्रह्मांडस्यचाभेदोदर्शितः १ । २ । ३ । ४ । ५ । ६ । ७ । ८ दंपत्योःरुद्राणीरुद्रयोस्तंसंवादम् ९ । १० । ११ ॥ ॥ ॥

१२ । १३ । १४ । १५ । १६ । १७ । १८ । १९ । २० । २१ । २२ । २३ । २४ । २५ । २६ २७ । २८ । २९ । ३० । ३१ । ३२ । ३३ । ३४ । ३५ । ३६ । ३७ । ३८ । ३९ । ४० । ४१

अपरेचर्षयःसंतोदीक्षादमसमन्विताः ॥ शिष्यैरनुगताःसिद्धैर्देवकल्पैस्तपोधनैः १२ तेषामतिथिसत्कारमर्चनीयंकुलोचितम् ॥ देवकीतनयःप्रीतोदेवकल्प
मकल्पयत् १३ हरितेषुसुवर्णेषुबार्हिष्केषुनवेषुच ॥ उपोपविविशुःप्रीताविस्तरेषुमहर्षयः १४ कथाश्चकुस्ततस्तेतुमधुराधर्मसंहिताः ॥ राजर्षीणांसुराणां
चयेवसंतितपोधनाः १५ ततोनारायणंतेजोव्रतचर्येन्धनोत्थितम् ॥ वक्त्रान्निःसृत्यकृष्णस्यवह्निरद्भुतकर्मणः १६ सोऽग्निर्ददाहतंशैलंसद्रुमंसलताक्षुपम् ॥ सप
क्षिमृगसंघातंसश्वापदसरीसृपम् १७ मृगैश्चविविधाकारैर्हाहाभूतमचेतनम् ॥ शिखरंतस्यशैलस्यमथितंदीनदर्शनम् १८ सतुवह्निर्महाज्वालोदग्ध्वासर्वमशे
षतः ॥ विष्णोःसमीपआगम्यपादौशिष्यवदस्पृशत् १९ ततोविष्णुर्गिरिंदृष्ट्वानिर्दग्धमरिकर्शनः ॥ सौम्यैर्दृष्टिनिपातैस्तंपुनःप्रकृतिमानयत् २० तथैव
सगिरिर्भूयःप्रपुष्पितलताद्रुमः ॥ सपक्षिगणसंघुष्टःसश्वापदसरीसृपः २१ तमद्भुतमचिंत्यंचदृष्ट्वामुनिगणस्तदा ॥ विस्मितोहृष्टरोमाचबभूवास्राविलेक्षणः
२२ ततोनारायणोदृष्ट्वातानृषीन्विस्मयान्वितान् ॥ प्रश्रितंमधुरंस्निग्धंपप्रच्छवदतांवरः २३ किमर्थमृषिपूगस्यत्यक्तसंगस्यनित्यशः ॥ निर्ममस्यागमव
तोविस्मयःसमुपागतः २४ एतन्मेसंशयंसर्वंयाथातथ्यमनिंदिताः ॥ ऋषयोवक्तुमर्हंतिनिश्चितार्थंतपोधनाः २५ ॥ ऋषयऊचुः ॥ भवान्विसृजतेलोकान्
भवान्संहरतेपुनः ॥ भवान्शीतंभवानुष्णंभवानेवचवर्षति २६ पृथिव्यांयानिभूतानिस्थावराणिचराणिच ॥ तेषांपितात्वंमातात्वंप्रभुःप्रभवएवच २७ एवं
नोविस्मयकरंसंशयंमधुसूदन ॥ त्वमेवार्हसिकल्याणवक्तुंवह्नेर्विनिर्गमम् २८ ततोविगतसंत्रासावयमप्यरिकर्शन ॥ यच्छ्रुतंयच्चदृष्टंनस्तत्प्रवक्ष्यामहेहरे २९
॥ वासुदेवउवाच ॥ ॥ एतद्वैष्णवंतेजोममवक्त्राद्विनिःसृतम् ॥ कृष्णवर्त्मायुगांताभोयेनाऽयंमथितोगिरिः ३० ऋषयश्चार्तिमापन्नाजितक्रोधाजिते
न्द्रियाः ॥ भवंतोव्यथिताश्चासन्देवकल्पास्तपोधनाः ३१ व्रतचर्यापरीतस्यतपस्विव्रतसेवया ॥ ममवह्निःसमुद्भूतोनवैव्यथितुमर्हथ ३२ व्रतंचर्तुमि
हायातस्त्वहंगिरिमिमंशुभम् ॥ पुत्रंचात्मसमंवीर्येतपसालब्धुमागतः ३३ ततोममात्मायोदेहेसोऽग्निर्भूत्वाविनिःसृतः ॥ गतश्चवरदंद्रष्टुंसर्वलोकपितामहम् ॥
३४ तेनचात्मानुशिष्टोमेपुत्रत्वेमुनिसत्तमाः ॥ तेजसोऽर्धेनपुत्रस्तेभवितेतिवृषध्वजः ३५ सोऽयंवह्निरुपागम्यपादमूलेममांतिकम् ॥ शिष्यवत्परिचर्यार्थे
शांतःप्रकृतिमागतः ३६ एतदेवरहस्यंवःपद्मनाभस्यधीमतः ॥ मयाप्रोक्तंसमासेननभीःकार्यातपोधनाः ३७ सर्वत्रगतिरव्यग्राभवतांदीर्घदर्शनात् ॥ तप
स्विव्रतसंदीप्ताज्ञानविज्ञानशोभिताः ३८ यच्छ्रुतंयच्चवोदृष्टंदिविवायदिवाभुवि ॥ आश्चर्यंपरमंकिंचित्तद्भवंतोब्रुवंतुमे ३९ तस्यामृतनिकाशस्यवाङ्मधोरस्ति
मेस्पृहा ॥ भवद्भिःकथितस्येहतपोवननिवासिभिः ४० यद्यप्यहमदृष्टंवोदिव्यमद्भुतदर्शनम् ॥ दिविवाभुविवाकिंचित्पश्याम्यमरदर्शनाः ४१ ॥

प्रकृतिःसाममपरानक्कचित्प्रतिहन्यते ॥ नचात्मगतमैश्वर्यमाश्चर्यंप्रतिभातिमे ४२ श्रद्धेयःकथितोह्यर्थःसज्जनश्रवणंगतः ॥ चिरंतिष्ठतिमेदिन्यांशैलेलेख्यमिवा
र्पितम् ४३ तदहंसज्जनमुखान्निःसृतंतत्समागमे ॥ कथयिष्याम्यहमहोबुद्धिदीपकरंनृणाम् ४४ ततोमुनिगणाःसर्वेविस्मिताःकृष्णसन्निधौ ॥ नेत्रैःपद्मदलप्रख्यै
रपश्यंस्तंजनार्दनम् ४५ वर्धयन्तस्तथैवाऽन्येपूजयन्तस्तथाऽपरे ॥ वाग्भिर्ऋग्भूषितार्थाभिःस्तुवंतोमधुसूदनम् ४६ ततोमुनिगणाःसर्वेनारदंदेवदर्शनम् ॥
तदानियोजयामासुर्वचनेवाक्यकोविदम् ४७ ॥ मुनयऊचुः ॥ यदाऽऽश्चर्यमचिन्त्यंचगिरौहिमवतिप्रभो ॥ अनुभूतंमुनिगणैस्तीर्थयात्रापरैर्मुने ४८ तद्भवानृषिसं
घस्यहितार्थंसर्वमादितः ॥ यथादृष्टंहृषीकेशेसर्वमाख्यातुमर्हसि ४९ एवमुक्तःसमुनिभिर्नारदोभगवान्मुनिः ॥ कथयामासदेवर्षिःपूर्ववृत्तामिमांकथाम् ५०
॥ इतिश्रीमहाभारतेअनुशासनपर्वणिआनुशासनिके० दानधर्मेऊनचत्वारिंशदधिकशततमोऽध्यायः ॥ १३९ ॥ ॥ भीष्मउवाच ॥ ततोनारायणसुहृ
न्नारदोभगवानृषिः ॥ शंकरस्योमयासार्धंसंवादंप्रत्यभाषत १ ॥ नारदउवाच ॥ तपश्चचारधर्मात्माधृषभांकःसुरेश्वरः ॥ पुण्येगिरौहिमवतिसिद्धचारणसेविते २
नानौषधियुतेरम्येनानापुष्पसमाकुले ॥ अप्सरोगणसंकीर्णेभूतसंघनिषेविते ३ तत्रदेवोमुदायुक्तोभूतसंघशतैर्वृतः ॥ नानारूपैर्विरूपैश्चदिव्यैरद्भुतदर्शनैः ४
सिंहव्याघ्रगजप्रख्यैःसर्वजातिसमन्वितैः ॥ क्रोष्टुकद्वीपिवदनैर्ऋक्षर्षभमुखैस्तथा ५ उलूकवदनैर्भीमैर्वृककश्येनमुखैस्तथा ॥ नानावर्णमृगमुखैःसर्वजातिसमन्वितैः ६
किन्नरैर्यक्षगंधर्वरक्षोभूतगणैस्तथा ॥ दिव्यपुष्पसमाकीर्णंदिव्यज्वालासमाकुलम् ७ दिव्यचंदनसंयुक्तंदिव्यधूपेनधूपितम् ॥ तत्सदोवृषभांकस्यदिव्यवादित्रनादितम्
८ मृदंगपणवोद्घुष्टंशंखभेरीनिनादितम् ॥ नृत्यद्भिर्भूतसंघैश्चबर्हिणैश्चसमंततः ९ प्रनृत्ताप्सरसंदिव्यंदेवर्षिगणसेवितम् ॥ दृष्टिकांतमनिर्देश्यंदिव्यमद्भुतदर्श
नम् १० सगिरिस्तपसातस्यगिरिशस्यव्यरोचत ॥ स्वाध्यायपरमैर्विप्रैर्ब्रह्मघोषोनिनादितः ११ षट्पदैरुपगीतैश्चमाधवाप्रतिमोगिरिः ॥ तन्महोत्सवसंकाशं
भीमरूपधरंततः १२ दृष्ट्वामुनिगणस्यासीत्पराप्रीतिर्जनार्दन ॥ मुनयश्चमहाभागाःसिद्धाश्चैवोर्ध्वरेतसः १३ मरुतोवसवःसाध्याविश्वेदेवाःसवासवाः ॥ यक्षाना
गाःपिशाचाश्चलोकपालाहुताशनाः १४ वाताःसर्वेमहाभूतास्तत्रैवासन्समागताः ॥ ऋतवःसर्वपुष्पैश्चव्यकिरंतमहाद्भुतैः १५ ओषध्योज्वलमानाश्चद्योतयंति
स्मतद्वनम् ॥ विहंगाश्चमुदायुक्ताःप्रानृत्यन्व्यनदंश्चह १६ गिरिपृष्ठेषुरम्येषुव्याहरंतोजनप्रियाः ॥ तत्रदेवोगिरितटेदिव्यधातुविभूषिते १७ पर्यंकइवविभ्राजन्नुप
विष्टोमहामनाः ॥ व्याघ्रचर्मांबरधरःसिंहचर्मोत्तरच्छदः १८ व्यालयज्ञोपवीतीचलोहितांगदभूषणः ॥ हरिश्मश्रुर्जटीभीमोभयकर्तासुरद्विषाम् १९ अभयःसर्वभू
तानांभक्तानांवृषभध्वजः ॥ दृष्ट्वामहर्षयःसर्वेशिरोभिरवनिंगताः २० ॥ ॥ ॥ ॥

२१ । २२ । २३ । २४ । २५ । २६ । २७ । २८ । २९ । ३० । ३१ । ३२ । ३३ । ३४ । ३५ । ३६ । ३७ । ३८ । ३९ । ४० । ४१ । ४२ । ४३ । ४४ । ४५ । ४६ । ४७ । ४८ । ४९ । ५०

विमुक्ताःसर्वपापेभ्यःशांताविगतकल्मषाः ॥ तस्यभूतपतेःस्थानंभीमरूपधरंबभौ २१ अप्रधृष्यतरंचैवमहोरगसमाकुलम् ॥ क्षणेनैवाभवत्सर्वमद्भुतंमधुसूदन
२२ तत्सदोवृषभांकस्यभीमरूपधरंबभौ ॥ तमभ्ययाच्छैलसुताभूतस्त्रीगणसंवृता २३ हरतुल्यांबरधरासमानव्रतधारिणी ॥ बिभ्रतीकलशंरौक्मंसर्वतीर्थज
लोद्भवम् २४ गिरिस्रवाभिःसर्वाभिःपृष्ठतोनुगताशुभा ॥ पुष्पवृष्ट्याभिवर्षन्तीगंधैर्बहुविधैस्तथा ॥ सेवंतीहिमवत्पार्श्वंहरपार्श्वमुपागमत् २५ ततःस्मयंतीपा
णिभ्यांनर्मार्थंचारुहासिनी ॥ हरनेत्रेशुभेदेवीसहसासासमावृणोत् २६ संवृताभ्यांतुनेत्राभ्यांतमोभूतमचेतनम् ॥ निर्होमंनिर्वषट्कारंजगद्वैसहसाऽभवत् २७
जनश्चविमनाःसर्वोऽभवत्त्राससमन्वितः ॥ निमीलितेभूतपतौनष्टसूर्यइवाभवत् २८ ततोवितिमिरोलोकःक्षणेनसमपद्यत ॥ ज्वालाचमहतीदीप्ताल्ललाटात्तस्य
निःसृता २९ तृतीयंचास्यसंभूतंनेत्रमादित्यसन्निभम् ॥ युगांतसदृशंदीप्तंयेनासौमथितोगिरिः ३० ततोगिरिसुतादृष्ट्वादीप्ताग्निसदृशेक्षणम् ॥ हरंप्रणम्यशि
रसाददर्शायतलोचना ३१ दह्यमानेवनेतस्मिन्ससालसरलद्रुमे ॥ सचंदनवरेरम्येदिव्यौषधिविदीपिते ३२ मृगयूथैर्द्रुतैर्भीतैर्हरपार्श्वमुपागतैः ॥ शरणंचाप्य
विंदद्भिस्तत्सदःसंकुलंबभौ ३३ ततोनभस्पृशञ्ज्वालोविद्युल्लोलाग्निरुल्बणः ॥ द्वादशादित्यसदृशोयुगांताग्निरिवापरः ३४ क्षणेनतेननिर्दग्धोहिमवानभव
न्नगः ॥ सधातुशिखराभोगोदीप्तदग्धलतौषधिः ३५ तंदृष्ट्वामथितंशैलंशैलराजसुतााततः ॥ भगवंतंप्रपन्नावैसांजलिप्रग्रहास्थिता ३६ उमांशर्वस्तदादृष्ट्वास्त्री
भावगतमार्दवाम् ॥ पितुर्दैन्यमनिच्छंतीप्रीत्यापश्यत्तदागिरिम् ३७ क्षणेनहिमवान्सर्वःप्रकृतिस्थःसुदर्शनः ॥ प्रहृष्टविहगश्चैवसुपुष्पितवनद्रुमः ३८ प्रकृति
स्थंगिरिंदृष्ट्वाप्रीतादेवंमहेश्वरम् ॥ उवाचसर्वलोकानांपतिंशिवमनिंदिता ३९ ॥ उमोवाच ॥ भगवन्सर्वभूतेशशूलपाणेमहाव्रत ॥ संशयोमेमहान्जातस्त
न्मेव्याख्यातुमर्हसि ४० किमर्थंतेललाटेवैतृतीयंनेत्रमुत्थितम् ॥ किमर्थंचगिरिर्दग्धःसपक्षिगणकाननः ४१ किमर्थंचपुनर्देवप्रकृतिस्थस्त्वयाकृतः ॥ तथै
वद्रुमसंछन्नःकृतोऽयंतेपितामम ४२ ॥ महेश्वरउवाच ॥ नेत्रेमेसंवृतेदेवित्वयाबाल्यादनिंदिते ॥ नष्टालोकस्तदालोकःक्षणेनसमपद्यत ४३ नष्टादित्येतथा
लोकेतमोभूतेनगात्मजे ॥ तृतीयंलोचनंदीप्तंसृष्टंमेरक्षताप्रजाः ४४ तस्यचाक्ष्णोमहत्तेजोयेनायंमथितोगिरिः ॥ त्वत्प्रियार्थंचमेदेविप्रकृतिस्थःपुनःकृतः ४५
॥ उमोवाच ॥ भगवन्केनतेवक्त्रंचंद्रवत्प्रियदर्शनम् ॥ पूर्वंतथैवश्रीकांतमुत्तरंपश्चिमंतथा ४६ दक्षिणंचमुखंरौद्रंकेनोर्ध्वंकपिलाजटाः ॥ केनकंठश्चतेनीलो
बर्हिबर्हनिभःकृतः ४७ हस्तेदेवपिनाकंतेसततंकेनतिष्ठति ॥ जटिलोब्रह्मचारीचकिमर्थमसिनित्यदा ४८ एतन्मेसंशयंसर्वंवक्तुमर्हसिवैप्रभो ॥ सधर्मचारिणीचाहं
 भक्ताचेतिवृषध्वज ४९ ॥ भीष्मउवाच ॥ एवमुक्तःसभगवान्शैलपुत्र्यापिनाकधृत् ॥ तस्याधृत्याचबुद्ध्याचप्रीतिमानभवत्प्रभुः ५० ॥

५१ ॥ इतिश्रीमहाभारतेअनुशासनपर्वणिनीलकंठीये भारतभावदीपे चत्वारिंशदधिकशततमोऽध्यायः ॥ १४० ॥ एवंशंभोःकृष्णादनन्यत्वंजगदात्मत्वंचोक्त्वा चतुर्मुखादनन्यत्वंचाह तिलोत्तमेत्यादिना १ । २ । ३ । ४ पूर्वेणवदनेनेत्यादिनासकलदिक्पालात्माऽप्यहमेवैकः ५ । ६ एवंभूतोऽपिस्वात्मभूतलोकरक्षार्थंतपआयुधंचधारयामीत्याह जटिलइति ७ इंद्रेणेति। एवमहंदासानामतिक्रमंसोढ्वातत्कीर्त्यर्थंनीलकंठमपिधारयामीतिस्वस्यपरमकारुणिकत्वंचदर्शितम् ८।९ सुरभीमिति । वाचंधेनुमुपासीततस्याश्चत्वारःस्तनाःस्वाहाकारःस्वधाकारोहंतकारोवषट्कारइतिवाग्धेनोश्चतुर्भिःस्तनैःपुष्टोधर्मोगोवृषस्तस्यफलभूतंपरंवैराग्यविवेकादिकंफेनस्थानीयंयदाप्रत्यक्तत्वोपगंभवतितदावाग्धेनोःपारमार्थिकंप्रामाण्यमपन्हूयतेव्यावहारिकमेवतत्स्थाप्यतेसोऽयंगवांविवर्णभावः । धर्मश्चैवंभूतस्यजीवन्मुक्तस्वरूपस्सूचकोध्वजइवतस्य

ततस्तामब्रवीद्देवःसुभगेश्रूयतामिति ॥ हेतुभिर्यैर्ममैतानिरूपाणिरुचिरानने ५१ ॥ इतिश्रीमहाभारतेअनुशासनपर्वणिआनुशासनिके० दानधर्मेउमामहेश्वरसंवादोनामचत्वारिंशदधिकशततमोऽध्यायः ॥ १४० ॥ ॥ ॥ ॥ श्रीभगवानुवाच ॥ तिलोत्तमानामपुराब्रह्मणायोषिदुत्तमा ॥ तिलंतिलंसमुद्धृत्यरत्नानांनिर्मिताशुभा १ साऽभ्यगच्छतमांदेविरूपेणाप्रतिमाभुवि ॥ प्रदक्षिणंलोभयतीमांशुभेरुचिरानना २ यतोयतःसासुदतीमामुपाधावदंतिके ॥ ततस्ततोमुखंचारुममदेविविनिर्गतम् ३ तांदिदृक्षुरहंयोगाच्चतुर्मूर्तित्वमागतः ॥ चतुर्मुखश्चसंवृत्तोदर्शयन्योगमुत्तमम् ४ पूर्वेणवदनेनाहमिंद्रत्वमनुशास्मिह ॥ उत्तरेणत्वयासार्धंरमाम्यहमनिंदिते ५ पश्चिमंमेमुखंसौम्यंसर्वप्राणिसुखावहम् ॥ दक्षिणंभीमसंकाशंरौद्रंसंहरतिप्रजाः ६ जटिलोब्रह्मचारीचलोकानांहितकाम्यया ॥ देवकार्यार्थसिद्ध्यर्थंपिनाकंमेकरेस्थितम् ७ इन्द्रेणचपुरावज्रंक्षिप्तंश्रीकांक्षिणामम ॥ दग्ध्वाकंठंतुतद्यातंतेनश्रीकंठतामम ८ ॥ उमोवाच ॥ ॥ वाहनेष्वन्न्यसर्वेषुश्रीमत्स्वन्येषुसत्तम ॥ कथंचवृषभोदेववाहनत्वमुपागतः ९ ॥ महेश्वरउवाच ॥ ॥ सुरभीमसृजद्ब्रह्मादेवधेनुंपयोमुचम् ॥ सासृष्टाबहुधाजाताक्षरमाणापयोऽमृतम् १० तस्यावत्समुखोत्सृष्टःफेनोमद्गात्रमागतः ॥ ततोदग्धामयागावोनानावर्णत्वमागताः ११ ततोऽहंलोकगुरुणाशमंनीतोर्थवेदिना ॥ वृषंचैनंध्वजार्थंमेददौवाहनमेवच १२ ॥ उमोवाच ॥ निवासाबहुरूपास्तेदिविसर्वगुणान्विताः ॥ तांश्चसंत्यज्यभगवन्श्मशानेरमसेकथम् १३ केशास्थिकलिलेभीमेकपालघटसंकुले ॥ गृध्रगोमायुबहुलेचिताग्निशतसंकुले १४ अशुचौमांसकलिलेवसाशोणितकर्दमे ॥ विकीर्णान्त्रास्थिनिचयेशिवानादविनादिते १५ ॥ महेश्वरउवाच ॥ मेध्यान्वेषीमहींकृत्स्नांविचराम्यनिशंसदा ॥ नचमेध्यतरंकिंचिच्छ्मशानादिहलक्ष्यते १६ ॥ ॥ ॥ ॥

विदिद्दृश्यतइतिप्रघट्टकार्थः १० । ११।१२ निवासाइति । पूर्वंमैत्रेयभिक्षायांवाराणस्यामज्ञातैर्मुमुक्षुभिर्वस्तव्यमितिव्यासवाक्येनसूचितं । अग्रेचकाश्यांशवदर्शनाच्छिवदर्शनंसंवर्तवासेनसूच्यते । पूर्वंमाऽल्पयाभिक्षयादत्तयामैत्रेयस्यानंतपुण्योत्पत्तिवचनेनवाराणस्याःपुण्यक्षेत्रत्वमुक्तं । अग्रेचकाश्यांशवदर्शनाच्छिवदर्शनस्यान्यथासिद्धिसूचनेनात्रमृतानांशरीरंशिवलिंगमयंभवतीतिचोक्तं । संप्रतिरुद्र्यामहाश्मशानत्वेनावगतमत्रपवित्रत्वेनतदेवप्रदृश्यते मेध्यान्वेषीत्यादिना । मेधायांधीवृत्तौ विदितंमेध्यंब्रह्मतत्प्राप्तिकामैरिदंश्मशानमुपास्यतइतिवचनाच्चान्यत्श्मशानंरुद्रावासइतिज्ञेयम् १३ । १४ । १५ । १६

१७ । १८ । १९ योगजधर्मंवृषंवाराणसींश्मशानंचसेवितुमशक्तानांतपआदिकंविधातुंभगवन्नित्यादिग्रंथःप्रवर्तते २० तपोवेषः तपःसूचकोवेषोनखलोमजटाधारित्वादिः २१ । २२ । २३ । २४ । २५

तेनमेसर्ववासानांश्मशानेरमतेमनः ॥ न्यग्रोधशाखासंछन्नेनिर्भुग्नस्रग्विभूषिते १७ तत्रचैवरमंतीमेभूतसंघाःशुचिस्मिते ॥ नचभूतगणैर्देविविनाऽहंवस्तुमुत्स
हे १८ एषवासोहिमेमेध्यःस्वर्गीयश्चमतःशुभे ॥ पुण्यःपरमकश्चैवमेध्यकामैरुपास्यते १९ ॥ उमोवाच ॥ भगवन्सर्वभूतेशसर्वधर्मविदांवर ॥ पिनाकपाणे
वरदसंशयोमेमहानयम् २० अयंमुनिगणःसर्वस्तपस्तेपइतिप्रभो ॥ तपोवेषकरोलोकेभ्रमतेविविधाकृतिः २१ अस्यचैवर्षिसंघस्यममचप्रियकाम्यया ॥ एवं
ममेहसंदेहंवक्तुमर्हस्यरिंदम २२ धर्मःकिंलक्षणःप्रोक्तःकथंवाचरितुंनरैः ॥ शक्योधर्ममविंदद्भिर्धर्मज्ञवदमेप्रभो २३ ॥ नारदउवाच ॥ ततोमुनिगणःसर्वस्तां
देवींप्रत्यपूजयत् ॥ वाग्भिर्ऋग्भूषितार्थाभिःस्तवैश्चार्थविशारदैः २४ ॥ महेश्वरउवाच ॥ अहिंसासत्यवचनंसर्वभूतानुकंपनम् ॥ शमोदानंयथाशक्तिगार्हस्थ्योध
र्मउत्तमः २५ परदारेष्वसंसर्गोन्यासस्त्रीपरिरक्षणम् ॥ अदत्तादानविरमोमधुमांसस्यवर्जनम् २६ एषपंचविधोधर्मोबहुशाखःसुखोदयः ॥ देहिभिर्धर्मपरमैश्चर्तव्योधर्म
संभवः २७ ॥ उमोवाच ॥ भगवन्संशयःपृष्टस्तन्मेशंसितुमर्हसि ॥ चातुर्वर्ण्यस्ययोधर्मःस्वेस्वेवर्णेगुणावहः २८ब्राह्मणेकीदृशोधर्मःक्षत्रियेकीदृशोऽभवत् ॥ वैश्येकिंल
क्षणोधर्मःशूद्रेकिंलक्षणोभवेत् २९ ॥ महेश्वरउवाच ॥ न्यायतस्तेमहाभागेसंशयःसमुदीरितः ॥ भूमिदेवामहाभागाःसदालोकेद्विजातयः ३० उपवासःसदाधर्मोब्राह्म
णस्यनसंशयः ॥ सहिधर्मार्थसंपन्नोब्रह्मभूयायकल्पते ३१ तस्यधर्मक्रियादेविब्रह्मचर्याचन्यायतः ॥ व्रतोपनयनंचैवद्विजोयेनोपपद्यते ३२ गुरुदैवतपूजार्थं
स्वाध्यायाभ्यसनात्मकः ॥ देहिभिर्धर्मपरमैश्चर्तव्योधर्मसंभवः ३३ ॥ उमोवाच ॥ भगवन्संशयोमेऽस्तितन्मेव्याख्यातुमर्हसि ॥ चातुर्वर्ण्यस्यधर्मंवैनैपुण्येनप्र
कीर्तय ३४ ॥ महेश्वरउवाच ॥ रहस्यश्रवणंधर्मोवेदव्रतनिषेवणम् ॥ अग्निकार्यंतथाधर्मोगुरुकार्यप्रसाधनम् ३५ भैक्षचर्यापरोधर्मोनित्ययज्ञोपवीतिता ॥
नित्यंस्वाध्यायिताधर्मोब्रह्मचर्याश्रमस्तथा ३६ गुरुणाचाभ्यनुज्ञातःसमावर्तेतवैद्विजः ॥ विंदेतानंतरंभार्यामनुरूपांयथाविधि ३७ शूद्रान्नवर्जनंधर्मस्तथास
त्पथसेवनम् ॥ धर्मोनित्योपवासित्वंब्रह्मचर्यंतथैवच ३८ आहिताग्निरधीयानोजुह्वानःसंयतेंद्रियः ॥ विघसाशीयताहारोगृहस्थःसत्यवाक्शुचिः ३९ अति
थिव्रतताधर्मोधर्मस्त्रेताग्निधारणम् ॥ इष्टीश्चपशुबंधांश्चविधिपूर्वंसमाचरेत् ४० यज्ञश्चपरमोधर्मस्तथाऽहिंसाचदेहिषु ॥ अपूर्वभोजनंधर्मोविघसाशित्वमेवच ४१ भुक्ते
परिजनेपश्चाद्भोजनंधर्मउच्यते ॥ ब्राह्मणस्यगृहस्थस्यश्रोत्रियस्यविशेषतः ४२ दंपत्योःसमशीलत्वंधर्मःस्याद्गृहमेधिनः ॥ गृह्याणांचैवदेवानांनित्यपुष्पबलिक्रिया
४३ नित्योपलेपनंधर्मस्तथानित्योपवासिता ॥ सुसंमृष्टोपलिप्तेचसाज्यधूमोभवेद्गृहे ४४ ॥ ॥ ॥ ॥

२६ पंचविधःअहिंसादिविशिष्टोगार्हस्थ्यधर्मादिःधर्मस्यपुण्यस्यसंभवोयोनिः २७ । २८ । २९ । ३० उपवासःइंद्रियजयः ३१ । ३२ । ३३ । ३४ । ३५ । ३६ । ३७ । ३८ । ३९ । ४० अपूर्वभोजनंपूर्वभोजनंप्रा
क्भोजनंतदभावःसकृद्भोजनमित्यर्थः ४१ । ४२ । ४३ । ४४ ॥ ॥ ॥

म. भा. टी.
४५ । ४६ निर्दिष्टः षड्भागः ४७ । ४८ । ४९ । ५० । ५१ आर्तहस्त इत्यार्तेप्रिय इत्यर्थः आर्द्रेति पाठे सजलेन हस्तेन ददाति ५२ । ५३ । ५४ । ५५ । ५६ सर्वप्रकारेणातिथ्यं सर्वातिथ्यं ५७ । ५८ । ५९ । ६०

एषद्विजजनेधर्मोगार्हस्थोलोकधारणः ॥ द्विजानांसतांनित्यंसदैवैषप्रवर्त्तते ४५ यस्तुक्षत्रगतोदेवि मयाधर्म उदीरितः ॥ तमहंतेप्रवक्ष्यामितन्मेगृणुसमाहिता ४६ क्षत्रियस्यस्मृतोधर्मःप्रजापालनमादितः ॥ निर्दिष्टफलभोक्ताहि राजाधर्मेणयुज्यते ४७ प्रजापाल्यतेयोहिधर्मेणमनुजाधिपः ॥ तस्यधर्मार्जितालोकाः प्रजापालनसंचिताः ४८ तस्यराज्ञःपरोधर्मोदमःस्वाध्यायएवच ॥ अग्निहोत्रपरिस्पंदोदानाध्ययनमेवच ४९ यज्ञोपवीतभरणंयज्ञोधर्मक्रियास्तथा ॥ भृ त्यानांभरणंधर्मःकृतेकर्मण्यमोघता ५० सम्यग्दण्डस्थितिर्धर्मोधर्मोवेदकृतक्रियाः ॥ व्यवहारस्थितिर्धर्मःसत्यवाक्यरतिस्तथा ५१ आर्तहस्तप्रदोराजाप्रेत्येहमही यते ॥ गोब्राह्मणार्थेविक्रांतःसंग्रामेनिधनंगतः ५२ अश्वमेधजितांल्लोकान्प्रोतित्रिदिवालये ५३ वैश्यस्यसततंधर्मःपाशुपाल्यंकृषिस्तथा ॥ अग्निहोत्रपरि स्पंदोदानाध्ययनमेवच ५४ वाणिज्यंसत्पथस्थानमातिथ्यंप्रशमोदमः ॥ विपणांस्वागतंत्यागोवैश्यधर्मःसनातनः ५५ तिलान्गंधान्रसांश्चैवविक्रीणीयान्नचै वहि ॥ वणिक्पथमुपासीनोवैश्यःसत्पथमाश्रितः ५६ सर्वातिथ्यंत्रिवर्गस्ययथाशक्तियथाहेतः ॥ शूद्रधर्मःपरोनित्यंशुश्रूपाच्छिजातिषु ५७ सशूद्रःसंचि ततपाःसत्यवादीजितेन्द्रियः ॥ शुश्रूषुरतिथिप्राप्तेतपःसंचिनुतेमहत् ५८ नित्यंसहिशुभाचारोदेवताद्विजपूजकः ॥ शूद्राधर्मफलैर्दृष्टेसंप्रयुज्येतबुद्धिमान् ५९ एतत्तेसर्वमाख्यातंचातुर्वर्ण्यस्यशोभने ॥ एकैकस्यहशुभगेकिमन्यच्छ्रोतुमिच्छसि ६० ॥ उमोवाच ॥ उक्तस्त्वयापृथग्धर्मश्चातुर्वर्ण्येहितःशुभः ॥ सर्वव्यापी तुयोधर्मोभगवंस्तद्ब्रूहिमे ६१ ॥ महेश्वरउवाच ॥ ब्राह्मणालोकसारेणसृष्टाधात्रागुणार्थिना ॥ लोकांस्तारयितुंकृत्स्नान्मर्त्यंषुक्षितिदेवताः ६२ तेषामपिप्रव क्ष्यामिधर्मैकमैफलोदयम् ॥ ब्राह्मणेषुहियोधर्मःसधर्मःपरमोमतः ६३ इमेतेलोकधर्मार्थेत्रयःसृष्टाःस्वयंभुवा ॥ पृथिव्यांसजनेनित्यंसृष्टांस्तान्प्रिमेगृणु ६४ वेदोक्तःपरमोधर्मःस्मृतिशास्त्रगतोपरः ॥ शिष्टाचीर्णोपरःप्रोक्तस्त्रयोधर्माःसनातनाः ६५ त्रैविद्योब्राह्मणोविद्वान्नचाध्ययनजीवकः ॥ त्रिकर्मात्रिपरिक्रांतोमे त्रयेषस्मृतोद्विजः ६६ षडिमानितुकर्माणिप्रोवाचभुवनेश्वरः ॥ त्र्यर्थेब्राह्मणानांवैगृणुधर्मान्सनातनान् ६७ यजनंयाजनंचैवतथादानप्रतिग्रहो ॥ अध्या पनंचाध्ययनंषट्कर्माधर्मभाग्द्विजः ६८ नित्यंस्वाध्यायिताधर्मोधर्मोयज्ञःसनातनः ॥ दानंप्रशस्यतेचास्ययथाशक्तियथाविधि ६९ शमस्तूपरमोधर्मः प्रदत्तस्तुसुनित्यशः ॥ गृहस्थानांविशुद्धानांधर्मस्यनिचयोमहान् ७० पंचयज्ञविशुद्धात्मासत्यवागनसूयकः ॥ दाताब्राह्मणसत्कर्तासुसंमृष्टनिवेशनः ७१ अमानीचसदाजिह्मःस्निग्धवाणीप्रदस्तथा ॥ अतिथ्यभ्यागतरतिःशेषान्नकृतभोजनः ७२ ॥ ॥ ॥

६१ । ६२ । ६३ त्रयोधर्माःसर्जनेसर्जनकाले ६४ । ६५ त्रिकर्मादानाध्ययनयजनकर्मा त्रीन्कामक्रोधलोभान्परिक्रांतःपरित्यज्यगतः ६६ । ६७ । ६८ । ६९ । ७० । ७१ अजिह्म इति च्छेदः ७२

७३ । ७४ । ७५ । ७६ । ७७ । ७८ । ७९ । ८० । ८१ । ८२ । ८३ । ८४ । ८५ । ८६ । ८७ । ८८ कूटीचकबहूदकौत्रिदंडिनौएकोगृहेवसतिअपरस्तीर्थान्यटति इतरौएकदंडिनो तयोराद्यः

पाद्यमर्घ्यंयथान्यायमासनंशयनंतथा ॥ दीपंप्रतिश्रयंचैवयोददातिसधार्मिकः ७३ प्रातरुत्थायचाचम्यभोजनेनोपमंत्र्यच ॥ सत्कृत्यानुव्रजेद्यस्तुतस्यधर्मः सनातनः ७४ सर्वातिथ्यंत्रिवर्गस्ययथाशक्तिनिशानिशम् ॥ शूद्रधर्मःसमाख्यातस्त्रिवर्गपरिचारणम् ७५ प्रवृत्तिलक्षणोधर्मोगृहस्थेषुविधीयते ॥ तमहंवर्तयिष्यामिसर्वभूतहितंशुभम् ७६ दातव्यमसकृच्छक्त्यायष्टव्यमसकृत्तथा ॥ पुष्टिकर्मविधानंचकर्तव्यंभूतिमिच्छता ७७ धर्मेणार्थःसमाहार्योधर्मलब्धंत्रिधाधनम् ॥ कर्तव्यंधर्मपरमंमानवेनप्रयत्नतः ७८ एकेनांशेनधर्मार्थौकर्तव्यौभूतिमिच्छता ॥ एकेनांशेनकामार्थएकमंशंविवर्धयेत् ७९ निवृत्तिलक्षणस्त्वन्योधर्मोमोक्षायतिष्ठति ॥ तस्यवृत्तिंप्रवक्ष्यामिश्रृणुमेदेवितत्त्वतः ८० सर्वभूतदयाधर्मोनचैकग्रामवासिता ॥ आशापाशविमोक्षश्चशस्यतेमोक्षकांक्षिणाम् ८१ नकुप्यांनोदकेसंगोनवाससिनचासने ॥ नत्रिदंडेनशयनेनाग्नौनशरणालये ८२ अध्यात्मगतिचित्तोयस्तन्मनास्तत्परायणः ॥ युक्तोयोगंप्रतिसदाप्रतिसंख्यानमेवच ८३ वृक्षमूलपरोनित्यंशून्यागारनिवेशनः ॥ नदीपुलिनशायीचनदीतीररतिश्चयः ८४ विमुक्तःसर्वसंगेषुस्नेहबंधेषुचद्विजः ॥ आत्मन्येवात्मनोभावंसमासज्जेतवैद्विजः ८५ स्थाणुभूतोनिराहारोमोक्षदृष्टेनकर्मणा ॥ परिव्रजतियोयुक्तस्तस्यधर्मःसनातनः ८६ नचैकत्रसमासक्तोनचैकग्रामगोचरः ॥ मुक्तोह्यटतिनिर्मुक्तोनचैकपुलिनेशयः ८७ एषमोक्षविदांधर्मोवेदोक्तःसत्पथःसताम् ॥ योमार्गमनुयातीमंपदंतस्यचविद्यते ८८ चतुर्विधाभिक्षवस्तेकुटीचकबहूदकौ ॥ हंसःपरमहंसश्चयोयःपश्चात्सउत्तमः ८९ अतःपरतरंनास्तिनावरंनतिरोऽग्रतः ॥ अदुःखमसुखंसौम्यमजरामरमव्ययम् ९० ॥ उमोवाच ॥ ॥ गार्हस्थ्योमोक्षधर्मश्चसज्जनाचरितस्त्वया ॥ भाषितोजीवलोकस्यमार्गःश्रेयस्करोमहान् ९१ ऋषिधर्मंतुधर्मज्ञश्रोतुमिच्छाम्यतःपरम् ॥ स्पृहाभवतिमेनित्यंतपोवननिवासिषु ९२ आज्यधूमोद्भवोगंधोरुणद्धीवतपोवनम् ॥ तंदृष्ट्वामेमनःप्रीतंमहेश्वरसदाभवेत् ९३ एतन्मेसंशयंदेवमुनिधर्मकृतंविभो ॥ सर्वधर्मार्थतत्त्वज्ञदेवदेववदस्वमे ॥ निखिलेनमयापृष्टंमहादेवयथातथम् ९४ ॥ ॥ श्रीभगवानुवाच ॥ ॥ हंततेऽहंप्रवक्ष्यामिमुनिधर्ममनुत्तमम् ॥ यंकृत्वामुनयोयांतिसिद्धिंस्वतपसाशुभे ९५ फेनपानामृषीणांयोधर्मोधर्मविदांसताम् ॥ तन्मेशृणुमहाभागेधर्मज्ञेधर्ममादितः ९६ उंच्छंतिसततंयेतेब्राह्म्यंफेनोत्करंशुभम् ॥ अमृतंब्रह्मणापीतमध्वरेप्रसृतंदिवि ९७ एषतेषांविशुद्धानांफेनपानांतपोधने ॥ धर्मचर्याकृतोमार्गोवालखिल्यगणैःशृणु ९८ ॥

आश्रमधर्मनियतःपरोनिस्त्रैगुण्यइतितेषांभेदः ८९ अतःपारमहंस्येनात्माधिगमात्परंश्रेष्ठंनास्तिनापिअवरादिसर्वस्यात्रैवांतर्भूतत्वात् ९० । ९१ । ९२ । ९३ । ९४ मुनयःसंन्यासिनः ९५ । ९६ ब्राह्म्यंब्रह्मसजातीयसंबंधिफेनोत्करमब्राह्मसमूहंउंच्छंत्यल्पशआददतेतदिदममृतं ब्रह्मणासाधकावस्थायांपीतमध्वरेदृष्ट्यादिद्वारायज्ञांगरूपेणदिविदिव्यभोगात्मनाचप्रसृतम् ९७ मार्गउक्तइतिशेषः ९८ ॥

९९ । १०० स्वेस्वेधर्मइतिशेषः १ । २ चक्रचराःचक्रवच्चरंतिवासरहिताइत्यर्थः ३ उंच्छंत्यर्थात्सोमकिरणान् संप्रक्षालाःसम्यक्पात्रादिकंप्रक्षालयंतिनतुश्वोऽर्थेकिंचित्स्थापयंति ४ । ५ । ६ । ७
८ धर्मरात्रिर्धर्मसत्रंतेनसम्यगासनंसमासनं धर्मचक्रंसनातनमितिगौडाः ९ । १० । ११ । १२ । १३ । १४ । १५ ॥ इति अनुशासनपर्वणिनीलकंठीये भारतभावदीपेएकचत्वारिंशदधिकशततमो

वालखिल्यास्तपःसिद्धामुनयःसूर्यमंडले ॥ उंच्छेतिष्ठन्तिधर्मज्ञाःशाकुनींवृत्तिमास्थिताः ९९ मृगनिर्मोकवसनाश्चीरवल्कलवाससः ॥ निर्द्वंद्वाःसत्पथंप्राप्तावा
लखिल्यास्तपोधनाः १०० अंगुष्ठपर्वमात्रायेभूत्वास्वेस्वेव्यवस्थिताः ॥ तपश्चरणमीहंतेतेषांधर्मफलंमहत् १ तेसुरैःसमतांयांतिसुरकार्यार्थसिद्धये ॥ द्योतयं
तिदिशःसर्वास्तपसादग्धकिल्बिषाः २ येत्वन्येशुद्धमनसोदयाधर्मपरायणाः ॥ संतश्चक्रचराःपुण्याःसोमलोकचराश्चये ३ पितृलोकसमीपस्थास्तउंच्छंतियथा
विधि ॥ संप्रक्षालाश्मकुट्टाश्चदंतोलूखलिकाश्चते ४ सोमपानांचदेवानामूष्मपाणांतथैवच ॥ उंच्छंतियेसमीपस्थाःसदारानियतेन्द्रियाः ५ तेषामग्निपरिस्पंदः
पितृणांचार्चनंतथा ॥ यज्ञानांचैवपंचानांयजनंधर्मउच्यते ६ एषचक्रचरैर्देविदेवलोकचरैर्द्विजैः ॥ ऋषिधर्मःसदाचीर्णोयोऽन्यस्तमपिमेशृणु ७ सर्वेष्वेवर्षिधर्मे
षुज्ञेयोऽऽत्मासंयतेंद्रियैः ॥ कामक्रोधौततःपश्चाज्जेतव्यावितिमेमतिः ८ अग्निहोत्रपरिस्पंदोधर्मरात्रिसमासनम् ॥ सोमयज्ञाभ्यनुज्ञानंपंचमीयज्ञदक्षिणा ९
नित्यंयज्ञक्रियाधर्मःपितृदेवार्चनेरतिः ॥ सर्वातिथ्यंचकर्तव्यमन्नेनोंच्छार्जितेनवै ११० निवृत्तिरुपभोगेषुगोरसानांशमेरतिः ॥ स्थंडिलेशयनेयोगःशाकपर्णनि
षेवणम् ११ फलमूलाशनंवायुरापःशैवलभक्षणम् ॥ ऋषीणांनियमाह्येतैर्जयंत्यजितांगतिम् १२ विधूमेसन्नमुसलेव्यंगारेभुक्तवज्जने ॥ अतीतपात्रसंचारेका
लेविगतभिक्षुके १३ अतिथिंकांक्षमाणोवैशेषान्नकृतभोजनः ॥ सत्यधर्मरतःशांतोमुनिधर्मेणयुज्यते १४ नस्तंभीनचमानीस्यान्नाप्रसन्नोनविस्मितः ॥ मित्रा
मित्रसमोमैत्रोयःसधर्मविदुत्तमः १५ ॥ ॥ इतिश्रीमहाभारते अनुशासनपर्वणि आनुशासनिकेपर्वणिदानधर्मेएकचत्वारिंशदधिकशततमोऽध्यायः ॥ १४१ ॥
॥ उमोवाच ॥ ॥ देशेषुरमणीयेषुनदीनांनिर्झरेषुच ॥ स्रवंतीनांनिकुंजेषुपर्वतेषुवनेषुच १ देशेषुचपवित्रेषुफलवत्सुसमाहिताः ॥ मूलवत्सुचमेध्येषुवसंति
नियतव्रताः २ तेषामपिविधिंपुण्यंश्रोतुमिच्छामिशंकर ॥ वानप्रस्थेषुदेवेशस्वशरीरोपजीविषु ३ ॥ ॥ महेश्वरउवाच ॥ ॥ वानप्रस्थेषुयोधर्मस्तंमेशृणु
समाहिता ॥ श्रुत्वाचैकमनादेविधर्मबुद्धिपराभव ४ संसिद्धैर्नियमैःसद्भिर्वनवासमुपागतैः ॥ वानप्रस्थैरिदंकर्मकर्तव्यंशृणुयादृशम् ५ त्रिकालमभिषेकंचपि
तृदेवार्चनंतथा ॥ अग्निहोत्रपरिस्पंदइष्टिहोमविधिस्तथा ६ नीवारग्रहणंचैवफलमूलनिषेवणम् ॥ इंगुदैरंडतैलानांस्नेहार्थेचनिषेवणम् ७ योगचर्याकृतैःसिद्धैः
कामक्रोधविवर्जितैः ॥ वीरशय्यामुपासद्भिर्वीरस्थानोपसेविभिः ८ युक्तैर्योगवहैःसद्भिर्ग्रीष्मेपंचतपैस्तथा ॥ मंडूकयोगनियतैर्यथान्यायंनिषेविभिः ९ ॥

ऽध्यायः ॥ १४१ ॥ ॥ ॥ देशेष्विति १ । २ स्वशरीरमेवोपजीवंतिनतुभृत्यादि स्वयंदासाइत्यर्थः ३ । ४ । ५ । ६ । ७ वीरशय्यांवीरासनं वीरस्थानंमहारण्यंभीरुभि
रप्रवेश्यं ८ मंडूकयोगोहठशास्त्रप्रसिद्धः ९ ॥ ॥ ॥ ॥ ॥ ॥

वीरासनंसदोपवेशनं शीतंवर्षास्वासारशायी तोयंहेमंतेजलवासी अग्निर्ग्रीष्मेपंचाग्निमध्यस्थः एवंशीततोयाग्नियोगः १० । ११ । १२ । १३ । १४ । १५ । १६ । १७ । १८ । १९ । २० सिद्धिवादेषुज्ञान गोष्ठीषु । संसिद्धाःसंपन्नाः तेकदाचित्स्वैरिणः कदाचिद्दारसंयुक्ताः २१ तत्रस्वैरिणांमौंज्यंकषायश्चकारणंज्ञापकं दारसंयुक्तानांरात्रिर्वासेकारणं नस्वैरिणामिवतेषांयथेष्टविहारोऽस्तीत्यर्थः २२

वीरासनरतैर्नित्यंस्थंडिलेशयनंतथा ॥ शीततोयाग्नियोगश्चचर्तव्योधर्मबुद्धिभिः १० अब्भक्षैर्वायुभक्षैश्चशैवलोत्तरभोजनैः ॥ अश्मकुट्टैस्तथादांतैःसंप्रक्षालैस्तथापरैः ११ चीरवल्कलसंवीतैर्मृगचर्मनिवासिभिः ॥ कार्यायात्रायथाकालंयथाधर्मंयथाविधि १२ वननित्यैर्वनचरैर्वनस्थैर्वनगोचरैः ॥ वनंगुरुमिवासाद्य वस्तव्यंवनजीविभिः १३ तेषांहोमक्रियाधर्मःपंचयज्ञनिषेवणम् ॥ भागंचपंचयज्ञस्यवेदोक्तस्यानुपालनम् १४ अष्टमीयज्ञपरताचातुर्मास्यनिषेवणम् ॥ पौर्णमासादयोयज्ञानित्ययज्ञस्तथैवच १५ विमुक्तादारसंयोगैर्विमुक्ताःसर्वसंकरैः ॥ विमुक्ताःसर्वपापैश्चचरंतिमुनयोवने १६ स्रुग्भांडपरमानित्यंत्रेताग्निशरणाःसदा ॥ संतःसत्पथनित्यायेतेयांतिपरमांगतिम् १७ ब्रह्मलोकंमहापुण्यंसोमलोकंचशाश्वतम् ॥ गच्छंतिमुनयःसिद्धाःसत्यधर्मव्यपाश्रयाः १८ एषधर्मोमयादेविवानप्रस्थाश्रितःशुभः ॥ विस्तरेणाथसंपन्नोयथास्थूलमुदाहृतः १९ ॥ उमोवाच ॥ भगवन्सर्वभूतेशसर्वभूतनमस्कृत ॥ योधर्मोमुनिसंगस्यसिद्धिवादेषुतंवद २० सिद्धिवादेषुसंसिद्धास्तथावननिवासिनः ॥ स्वैरिणोदारसंयुक्तास्तेषांधर्मःकथंस्मृतः २१ ॥ महेश्वरउवाच ॥ स्वैरिणस्तपसादेविसर्वेदारविहारिणः ॥ तेषांमौण्ड्यंकषायश्चवासेरात्रिश्चकारणम् २२ त्रिकालमभिषेकश्चहोत्रंत्वृषिकृतंमहत् ॥ समाधिसत्पथस्थानंयथोद्दिष्टनिषेवणम् २३ येचतेपूर्वकथिताधर्मास्तेवनवासिनाम् ॥ यदिसेवंतिधर्मास्तानाप्नुवंतितपःफलम् २४ येचदंपतिधर्माणःस्वदारनियतेन्द्रियाः ॥ चरंतिविधिदृष्टंतदृतुकालाभिगामिनः २५ तेषामृषिकृतोधर्मोधर्मिणामुपपद्यते ॥ नकामकारात्कामोऽन्यःसंसेव्योधर्मदर्शिभिः २६ सर्वभूतेषुयःसम्यग्ददात्यभयदक्षिणाम् ॥ हिंसादोषविमुक्ताऽऽत्मासवैधर्मेणयुज्यते २७ सर्वभूतानुकंपीयःसर्वभूतार्जवव्रतः ॥ सर्वभूतात्मभूतश्चसवैधर्मेणयुज्यते २८ सर्ववेदेषुवास्नानंसर्वभूतेषुचार्जवम् ॥ उभेएतेसमेस्यातामार्जवंवाविशिष्यते २९ आर्जवंधर्ममित्याहुरधर्मोजिह्मउच्यते ॥ आर्जवेनेहसंयुक्तोनरोधर्मेणयुज्यते ३० आर्जवेतुरतोनित्यंवसत्यमरसन्निधौ ॥ तस्मादार्जवयुक्तःस्याद्यइच्छेद्धर्ममात्मनः ३१ क्षांतोदांतोजितक्रोधोधर्मभूतोविहिंसकः ॥ धर्मेरतमनानित्यंनरोधर्मेणयुज्यते ३२ व्यपेततंद्रिर्धर्मात्माशक्त्यासत्पथमाश्रितः ॥ चारित्रपरमोबुद्धोब्रह्मभूयायकल्पते ३३ ॥ उमोवाच ॥ आश्रमाभिरतादेवतापसायेतपोधनाः ॥ दीप्तिमंतःकयाचैवचर्ययाऽथभवंतिते ३४ राजानोराजपुत्राश्चनिर्धनायेमहाधनाः ॥ कर्मणाकेनभगवन्प्राप्नुवंतिमहाफलम् ३५ नित्यंस्थानमुपागम्यदिव्यचंदनभूषिताः ॥ केनवाकर्मणादेवभवंतिवनगोचराः ३६ ॥

त्रिकालमभिषेकउभयेषां दारवतामृषिकृतंहोत्रंवन्यांबुफलादिनाहोमः एवंयथायोग्यंधर्मसंबंधऊह्यः २३ । २४ । २५ । २६ । २७ । २८ । २९ । ३० । ३१ । ३२ । ३३ । ३४ । ३५ । ३६

३७ । ३८ । ३९ । ४० । ४१ । ४२ । ४३ 'मरुर्नागिरिधन्वनोः' इतिमेदिनी मरुसाधनंमेरुसाधनमितिपर्यायः जलाहारमपित्यक्त्वेत्यर्थः ४४ शुद्धमिति । आसनंविनोपविश्येत्यर्थः ४५ । ४६ । ४७

एतन्मेसंशयंदेवत्तपश्चर्याऽऽश्रितंशुभम् ॥ शंससर्वमशेषेणत्र्यक्षत्रिपुरनाशन ३७ ॥ महेश्वरउवाच ॥ उपवासव्रतैर्दान्ताह्यहिंस्राः सत्यवादिनः ॥ संसिद्धाःप्रेत्य गंधर्वैःसहमोदंत्यनामयाः ३८ मंडूकयोगशयनोयथान्यायंयथाविधि ॥ दीक्षांचरतिधर्मात्मासनागैःसहमोदते ३९ शष्पंमृगमुखोच्छिष्टंयोमृगैःसहभक्षति ॥ दीक्षितोवैमुदायुक्तःसगच्छत्यमरावतीम् ४० शैवालंशीर्णपर्णंवातद्व्रतीयोनिषेवते ॥ शीतयोगवहोनित्यंसगच्छेत्परमांगतिम् ४१ वायुभक्षोऽम्बुभक्षोवाफलमूलाशनोऽपिवा ॥ यक्षेष्वैश्वर्यमाधायमोदतेऽप्सरसांगणैः ४२ अग्नियोगवहोग्रीष्मेविधिदृष्टेनकर्मणा ॥ चीर्त्वाद्वादशवर्षाणिराजाभवतिपार्थिवः ४३ आहारनियमंकृत्वामुनिर्द्वादशवार्षिकम् ॥ मरुंसंसाध्ययत्नेनराजाभवतिपार्थिवः ४४ स्थंडिलेशुद्धमाकाशंपरिगृह्यसमंततः ॥ प्रविश्यचमुदायुक्तोदीक्षांद्वादशवार्षिकीम् ४५ देहंचानशनेत्यक्त्वासस्वर्गेसुखमेधते ॥ स्थंडिलस्यफलान्याहुर्यानानिशयनानिच ४६ गृहाणिचमहार्हाणिचंद्रशुभ्राणिभामिनि ॥ आत्मानमुपजीवन्योनियतोनियताशनः ४७ देहंवाऽनशनेत्यक्त्वासस्वर्गंसमुपाश्नुते ॥ आत्मानमुपजीवन्योदीक्षांद्वादशवार्षिकीम् ४८ त्यक्त्वामहार्णवेदेहंवारुणंलोकमश्नुते ॥ आत्मानमुपजीवन्योदीक्षांद्वादशवार्षिकीम् ४९ अश्मनाचरणौभित्त्वागुह्यकेषुसमोदते ॥ साधयित्वात्मनाऽऽत्मानंनिर्द्वंद्वोनिष्परिग्रहः ५० चीर्त्वाद्वादशवर्षाणिदीक्षामेतांमनोगताम् ॥ स्वर्गलोकमवाप्नोतिदेवैश्चसहमोदते ५१ आत्मानमुपजीवन्योदीक्षांद्वादशवार्षिकीम् ॥ हुत्वाऽग्नौदेहमुत्सृज्यवह्निलोकेमहीयते ५२ यस्तुदेवियथान्यायंदीक्षितोनियतोद्विजः ॥ आत्मन्यात्मानमाधायनिर्ममोधर्मलालसः ५३ चीर्त्वाद्वादशवर्षाणिदीक्षामेतांमनोगताम् ॥ अरणीसहितंस्कंधेबद्ध्वागच्छत्यनावृतः ५४ वीराध्वानगतोनित्यंवीरासनरतस्तथा ॥ वीरस्थायीचसततंसवीरगतिमाप्नुयात् ५५ सशक्रलोकगोनित्यंसर्वकामपुरस्कृतः ॥ दिव्यपुष्पसमाकीर्णोदिव्यचंदनभूषितः ५६ सुखंवसतिधर्मात्मादिविदेवगणैःसह ॥ वीरलोकगतोनित्यंवीरयोगसहःसदा ५७ सत्वस्थःसर्वमुत्सृज्यदीक्षितोनियतःशुचिः ॥ वीराध्वानंप्रपद्येद्यस्तस्यलोकाःसनातनाः ५८ कामगेनविमानेनसवैचरतिच्छंदतः ॥ शक्रलोकगतःश्रीमान्मोदतेचनिरामयः ५९ इतिश्री॰ अनु॰ आनु॰ दानधर्मेउमामहेश्वरसंवादे द्विचत्वारिंशदधिकशततमोऽध्यायः ॥ १४२ ॥ ॥ उमोवाच ॥ भगवन्भगनेत्रघ्नपूष्णोदंतनिपातन ॥ दक्षक्रतुहरत्र्यक्षसंशयोमेमहानयम् १ चातुर्वर्ण्यंभगवतापूर्वंसृष्टंस्वयंभुवा ॥ केनकर्मविपाकेनवैश्योगच्छतिशूद्रताम् २ वैश्योवाक्षत्रियःकेनद्विजोवाक्षत्रियोभवेत् ॥ प्रतिलोमःकथंदेवशक्योधर्मोनिवर्तितुम् ३ ॥ ॥ ॥ ॥

४८ । ४९ । ५० । ५१ । ५२ । ५३ अरणीसहितमग्निंस्कंधेतरुमकांडेबध्वाविलाप्यतरावग्निंविसृज्येत्यर्थः ५४ वीरोदेहत्यागोत्सुकः ५५ । ५६ । ५७ । ५८ । ५९ ॥ इति अनुशासनपर्वणिनीलकंठीये भारतभावदीपेद्विचत्वारिंशदधिकशततमोऽध्यायः ॥ १४२ ॥ ॥ भगवन्निति १ । २ । ३ ॥ ॥ ॥

४ ।५ । ६ । ७ । ८ । ९ । १० । ११ । १२ । १३ । १४ । १५ । १६ १७ । १८ । १९ । २० ।२१ । २२ । २३ कुंडेपाकपात्रेअश्नातीतिकुंडाशी २४ । २५

केनवाकर्मणाविप्रःशूद्रयोनौप्रजायते ॥ क्षत्रियःशूद्रतामेतिकेनवाकर्मणाविभो ४ एतन्मेसंशयंदेववदभूतपतेऽनघ ॥ त्रयोवर्णाःप्रकृत्येहकथंब्राह्मण्यमाप्नुयुः ५
॥महेश्वरउवाच ॥ ब्राह्मण्यंदेविदुष्प्रापंनिसर्गाद्ब्राह्मणःशुभे ॥ क्षत्रियोवैश्यशूद्रौवानिसर्गादितिमेमतिः ६ कर्मणादुष्कृतेनेहस्थानाद्भ्रश्यतिवैद्विजः ॥ ज्येष्ठंवर्ण
मनुप्राप्यतस्माद्रक्षेतवैद्विजः ७ स्थितोब्राह्मणधर्मेणब्राह्मण्यमुपजीवति ॥ क्षत्रियोवाऽथवैश्योवाब्रह्मभूयंसगच्छति ८ यस्तुविप्रत्वमुत्सृज्यक्षात्रंधर्मंनिषेवते ॥
ब्राह्मण्यात्सपरिभ्रष्टःक्षत्रयोनौप्रजायते ९ वैश्यकर्मचयोविप्रोलोभमोहव्यपाश्रयः ॥ ब्राह्मण्यंदुर्लभंप्राप्यकरोत्यल्पमतिःसदा १० सद्विजोवैश्यतामेतिवैश्योवाशू
द्रतामियात् ॥ स्वधर्मात्प्रच्युतोविप्रस्ततःशूद्रत्वमाप्नुते ११ तत्रासौनिरयंप्राप्तोवर्णभ्रष्टोबहिष्कृतः ॥ ब्रह्मलोकात्परिभ्रष्टःशूद्रःसमुपजायते १२ क्षत्रियोवामहा
भागेवैश्योवाधर्मचारिणि ॥ स्वानिकर्माण्यपाहायशूद्रकर्मनिषेवते १३ स्वस्थानात्सपरिभ्रष्टोवर्णसंकरतांगतः ॥ ब्राह्मणःक्षत्रियोवैश्यःशूद्रत्वंयातितादृशः १४
यस्तुशुद्धःस्वधर्मेणज्ञानविज्ञानवाञ्शुचिः ॥ धर्मज्ञोधर्मनिरतःसधर्मफलमश्नुते १५ इदंचैवापरंदेविब्रह्मणासमुदाहृतम् ॥ अध्यात्मंनैष्ठिकंसद्भिर्धर्मकामैर्निषे
व्यते १६ उग्रान्नंगर्हितंदेविगणान्नंश्राद्धसूतकम् ॥ दुष्टान्नंनैवभोक्तव्यंशूद्रान्नंनैवकर्हिचित् १७ शूद्रान्नंगर्हितंदेविसदादेवैर्महात्मभिः ॥ पितामहमुखोत्सृ
ष्टंप्रमाणमितिमेमतिः १८ शूद्रान्नेनावशेषेणजठरेयोम्रियेद्द्विजः ॥ आहिताग्निस्तथायज्वासशूद्रगतिभाग्भवेत् १९ तेनशूद्रान्नशेषेणब्रह्मस्थानादपाकृतः ॥
ब्राह्मणःशूद्रतामेतिनास्तितत्रविचारणा २० यस्यान्नेनावशेषेणजठरेयोम्रियेद्द्विजः ॥ तांतांयोनिंव्रजेद्विप्रोयस्यान्नमुपजीवति २१ ब्राह्मणत्वंशुभंप्राप्यदुर्लभं
योऽवमन्यते ॥ अभोज्यान्नानिचाश्नातिसद्विजत्वात्पतेतवै २२ सुरापोब्रह्महाक्षुद्रश्चोरोभग्नव्रतोऽशुचिः ॥ स्वाध्यायवर्जितःपापोलुब्धोनैकृतिकःशठः २३
अव्रतीवृषलीभर्ताकुंडाशीसोमविक्रयी ॥ निहीनसेवीविप्रोहिपततिब्रह्मयोनितः २४ गुरुतल्पीगुरुद्रोहीगुरुकुत्सारतिश्चयः ॥ ब्रह्मविच्चापिपततिब्राह्मणोब्रह्मयो
नितः २५ एभिस्तुकर्मभिर्देविशुभैराचरितैस्तथा ॥ शूद्रोब्राह्मणतांयातिवैश्यःक्षत्रियतांव्रजेत् २६ शूद्रकर्माणिसर्वाणियथान्यायंयथाविधि ॥ शुश्रूषांपरिचर्यांच
ज्येष्ठवर्णेप्रयत्नतः २७ कुर्यादविमनाःशूद्रःसततंसत्पथेस्थितः ॥ देवद्विजातिसत्कर्तासर्वातिथ्यकृतव्रतः २८ ऋतुकालाभिगामीचनियतोनियताशनः ॥ चो
क्षश्चोक्षजनान्वेषीशेषान्नकृतभोजनः २९ वृथामांसंनभुंजीतशूद्रोवैश्यत्वमृच्छति ॥ ऋतवागनहंवादीनिर्द्वंद्वःशमकोविदः ३० यजतेनित्ययज्ञैश्चस्वाध्यायपरमः
शुचिः ॥ दांतोब्राह्मणसत्कर्तासर्ववर्णबुभूषकः ३१ गृहस्थव्रतमातिष्ठन्द्विकालकृतभोजनः ॥ शेषाशीविजिताहारोनिष्कामोनिरहंवदः ३२ ॥

२६ । २७ । २८ । २९ । । ३० । ३१ । ३२ ॥ ॥ ॥ ॥ ॥ ॥

अग्निहोत्रमुपासंश्चजुह्वानश्चयथाविधि ॥ सर्वातिथ्यमुपातिष्ठन्शेषान्नकृतभोजनः ३३ त्रेताग्निमंत्रविहितोवैश्योभवतिवैद्विजः ॥ सवैश्यःक्षत्रियकुलेशुचौ
महतिजायते ३४ सवैश्यःक्षत्रियोजातोजन्मप्रभृतिसंस्कृतः ॥ उपनीतोव्रतपरोद्विजोभवतिसत्कृतः ३५ ददातियजतेयज्ञैःसमृद्धैराप्तदाक्षिणैः ॥ अधीत्य
स्वर्गमन्विच्छंस्त्रेताग्निशरणःसदा ३६ आर्तहस्तप्रदोनित्यंप्रजाधर्मेणपालयन् ॥ सत्यःसत्यानिकुरुतेनित्यंयःसुखदर्शनः ३७ धर्मदंडोननिर्दंडोधर्मकार्या
नुशासकः ॥ यंत्रितःकार्यकरणैःषड्भागकृतलक्षणः ३८ ग्राम्यधर्मान्नसेवेतस्वच्छंदेनार्थकोविदः ॥ ऋतुकालेतुधर्मात्मापत्नीमुपशयेत्सदा ३९ सदोपवासीनिय
तःस्वाध्यायनिरतःशुचिः ॥ बर्हिष्कांतरितेनित्यंशयानोऽग्निगृहेसदा ४० सर्वातिथ्यंत्रिवर्गस्यकुर्वाणःसुमनाःसदा ॥ शूद्राणांचान्नकामानांनित्यंसिद्धमिति
ब्रुवन् ४१ अर्थाद्वायदिवाकामान्नकिंचिदुपलक्षयेत् ॥ पितृदेवातिथिकृतेसाधनंकुरुतेचयः ४२ स्ववेश्मनियथान्यायमुपास्तेभैक्ष्यमेवच ॥ त्रिकालमग्निहोत्रं
चजुह्वानोवैयथाविधि ४३ गोब्राह्मणहितार्थायरणेचाभिमुखोहतः ॥ त्रेताग्निमंत्रपूतात्मासमाविश्यद्विजोभवेत् ४४ ज्ञानविज्ञानसंपन्नःसंस्कृतोवेदपारगः ॥ विप्रो
भवतिधर्मात्माक्षत्रियःस्वेनकर्मणा ४५ एतैःकर्मफलैर्देविन्यूनजातिकुलोद्भवः ॥ शूद्रोप्यागमसंपन्नोद्विजोभवतिसंस्कृतः ४६ ब्राह्मणोवाप्यसद्वृत्तःसर्वसंकरभो
जनः ॥ ब्राह्मण्यंससमुत्सृज्यशूद्रोभवतितादृशः ४७ कर्मभिःशुचिभिर्देविशुद्धात्माविजितेन्द्रियः ॥ शूद्रोऽपिद्विजवत्सेव्यइतिब्रह्माऽब्रवीत्स्वयम् ४८ स्वभावः
कर्मचशुभंयत्रशूद्रेऽपितिष्ठति ॥ विशिष्टःसद्विजातेर्वैविज्ञेयइतिमेमतिः ४९ नयोनिर्नापिसंस्कारोनश्रुतंनचसंततिः ॥ कारणानिद्विजत्वस्यवृत्तमेवतुकारणम्
५० सर्वोऽयंब्राह्मणोलोकेवृत्तेनतुविधीयते ॥ वृत्तेस्थितस्तुशूद्रोऽपिब्राह्मणत्वंनियच्छति ५१ ब्राह्मःस्वभावःसुश्रोणिसमःसर्वत्रमेमतिः ॥ निर्गुणंनिर्मलंब्रह्मय
त्रतिष्ठतिसद्विजः ५२ एतेयोनिफलादेविस्थानभागनिदर्शकाः ॥ स्वयंचवरदेनोक्ताब्रह्मणासृजताप्रजाः ५३ ब्राह्मणोऽपिमहत्क्षेत्रंलोकेचरतिपादवत् ॥ यत्तत्र
बीजंवपतिसाकृषिःप्रेत्यभाविनि ५४ विघसाशिनासदाभाव्यंसत्पथालंबिनातथा ॥ ब्राह्मंहिमार्गमाक्रम्यवर्तितव्यंबुभूषता ५५ संहिताध्यायिनाभाव्यंगृहेवैगृ
हमेधिना ॥ नित्यंस्वाध्यायिनाभाव्यंनचाध्ययनजीविना ५६ एवंभूतोहियोविप्रःसत्पथंसत्पथेस्थितः ॥ आहिताग्निरधीयानोब्रह्मभूयायकल्पते ५७ ब्राह्म
ण्यंदेविसंप्राप्यरक्षितव्यंयतात्मना ॥ योनिप्रतिग्रहादानैःकर्मभिश्चशुचिस्मिते ५८ एतत्तेगुह्यमाख्यातंयथाशूद्रोभवेद्द्विजः ॥ ब्राह्मणोवाच्युतोधर्माद्यथाशूद्रत्वमा
प्नुते ५९ ॥ इतिश्रीमहाभारते अनुशासनपर्वणि आनुशासनिकेपर्वणि दानधर्मेउमामहेश्वरसंवादेत्रिचत्वारिंशदधिकशततमोऽध्यायः ॥ १४३ ॥ ॥

भगवन्निति १ । २ । ३ । ४ सर्वेषामाश्रमाणांलिंगैर्विवर्जिताः ५ । ६ । ७ नसज्जंतिसक्तानभवंति प्राणातिपातादिंद्रियाणांविषयाभिमुख्यात् ८ । ९ । १० । ११ । १२ । १३ । १४ । १५ अक

॥ उमोवाच ॥ भगवन्सर्वभूतेशदेवासुरनमस्कृत ॥ धर्माधर्मौनृणांदेवब्रूहिमेसंशयंविभो १ कर्मणामनसावाचात्रिविधंहिनरःसदा ॥ बध्यतेबंधनैःपाशैर्मुच्यतेऽ
प्यथवापुनः २ केनशीलेनवृत्तेनकर्मणाकीदृशेनवा ॥ समाचारैर्गुणैःकैर्वास्वर्गंयांतीहमानवाः ३ ॥ महेश्वरउवाच ॥ देविधर्मार्थतत्त्वज्ञेधर्मनित्येदमेरते ॥ सर्वप्रा
णिहितःप्रश्नःश्रूयतांबुद्धिवर्धनः ४ सत्यधर्मरताःसंतःसर्वलिंगविवर्जिताः ॥ धर्मलब्धार्थभोक्तारस्तेनराःस्वर्गगामिनः ५ नाधर्मेणनधर्मेणबध्यंतेछिन्नसंशयाः ॥
प्रलयोत्पत्तितत्त्वज्ञाःसर्वज्ञाःसर्वदर्शिनः ६ वीतरागाविमुच्यंतेपुरुषाःकर्मबंधनैः ॥ कर्मणामनसावाचायेनहिंसंतिकिंचन ७ येनसज्जंतिकस्मिंश्चित्तेनबध्यंतिक
र्मभिः ॥ प्राणातिपाताद्विरताःशीलवंतोदयान्विताः ८ तुल्यद्वेष्यप्रियादांतामुच्यंतेकर्मबंधनैः ॥ सर्वभूतदयावंतोविश्वास्याःसर्वजंतुषु ९ त्यक्तहिंसासमाचारा
स्तेनराःस्वर्गगामिनः ॥ परस्वेनिर्ममानित्यंपरदारविवर्जकाः १० धर्मलब्धान्नभोक्तारस्तेनराःस्वर्गगामिनः ॥ मातृवत्स्वसृवच्चैवनित्यंदुहितृवच्चये ११ परदारे
षुवर्ततेतेनराःस्वर्गगामिनः ॥ स्तैन्यान्निवृत्ताःसततंसंतुष्टाःस्वधनेनच १२ स्वभाग्यान्युपजीवंतितेनराःस्वर्गगामिनः ॥ स्वदारनिरतायेचऋतुकालाभिगामिनः
१३ अग्राम्यसुखभोगाश्चतेनराःस्वर्गगामिनः ॥ परदारेषुयेनित्यंचरित्रावृतलोचनाः १४ यतेन्द्रियाःशीलपरास्तेनराःस्वर्गगामिनः ॥ एषदेवकृतोमार्गःसेवित
व्यःसदानरैः १५ अकषायकृतश्चैवमार्गःसेव्यःसदाबुधैः ॥ दानधर्मतपोयुक्तःशीलशौचदयात्मकः १६ वृत्त्यर्थंधर्महेतोर्वासेवितव्यःसदानरैः ॥ स्वर्गवासमभी
प्सद्भिर्नसेव्यस्त्वतउत्तरः १७ ॥ उमोवाच ॥ वाचातुबध्यतेयेनमुच्यतेऽप्यथवापुनः ॥ तानिकर्माणिमेदेववदभूतपतेऽनघ १८ ॥ महेश्वरउवाच ॥ आत्महेतोः
परार्थेवानर्महास्याश्रयात्तथा ॥ येमृषानवदंतीहतेनराःस्वर्गगामिनः १९ वृत्त्यर्थंधर्महेतोर्वाकामकारात्तथैवच ॥ अनृतंयेनभाषंतेतेनराःस्वर्गगामिनः २० श्लक्ष्णां
वाणींनिराबाधांमधुरांपापवर्जिताम् ॥ स्वागतेनाभिभाषंतेतेनराःस्वर्गगामिनः २१ परुषंयेनभाषंतेकटुकंनिष्ठुरंतथा ॥ अपैशुन्यरताःसंतस्तेनराःस्वर्गगामिनः
२२ पिशुनांनप्रभाषंतेमित्रभेदकरींगिरम् ॥ ऋतंमैत्रंतुभाषंतेतेनराःस्वर्गगामिनः २३ येवर्जयंतिपरुषंपरद्रोहंचमानवाः ॥ सर्वभूतसमादांतास्तेनराःस्वर्गगा
मिनः २४ शठप्रलापाद्विरताविरुद्धपरिवर्जकाः ॥ सौम्यप्रलापिनोनित्यंतेनराःस्वर्गगामिनः २५ नकोपाद्व्याहरंतेयेवाचंहृदयदारणीम् ॥ सांत्वंवदंतिक्रुद्धाऽ
पितेनराःस्वर्गगामिनः २६ एषवाणीकृतोदेविधर्मःसेव्यःसदानरैः ॥ शुभःसत्यगुणोनित्यंवर्जनीयोमृषाबुधैः २७ ॥ उमोवाच ॥ मनसाबध्यतेयेनकर्मणापु
रुषःसदा ॥ तन्मेब्रूहिमहाभागदेवदेवपिनाकधृक् २८ ॥ ॥ ॥ ॥ ॥ ॥

षायकृतःरागद्वेषाद्यभावार्थनिर्मितः १६ । १७ । १८ नर्मकौटिल्यंविनाखगादौसर्पभ्रमोत्पादनं । हास्यंतादृशमेवमात्रादिषुदोषारोपपूर्वकंगालनं १९।२० । २१ । २२ । २३ । २४ । २५ । २६ । २७ । २८

२९ । ३० नहिंसंत्यादानेनतत्स्वामिनंनपीडयंति ३१ । ३२ । ३३ । ३४ । ३५ । ३६ । ३७ । ३८।३९।४०। ४१ । ४२ । ४३ ।४४।४५।४६।४७।४८।४९।५०।५१।५२।५३।५४।५५।५६ । ५७। ५८

महेश्वरउवाच ॥ मानसेनेहधर्मेणसंयुक्ताःपुरुषाःसदा ॥ स्वर्गंगच्छंतिकल्याणितन्मेकीर्तयतःशृणु २९ दुष्प्रणीतेनमनसादुष्प्रणीततराकृतिः ॥ मनोबध्यति येनेहशृणुवाक्यंशुभानने ३० अरण्येविजनेन्यस्तंपरस्वंदृश्यतेयदा ॥ मनसाऽपिनहिंसंतितेनराःस्वर्गगामिनः ३१ ग्रामेगृहेवायेद्रव्यंपारक्यंविजनेस्थितम् ॥ नाभिनंदंतिवैनित्यंतेनराःस्वर्गगामिनः ३२ तथैवपरदारान्येकामवृत्तान्रहोगतान् ॥ मनसाऽपिनहिंसंतितेनराःस्वर्गगामिनः ३३ शत्रुंमित्रंचयेनित्यंतुल्ये नमनसानराः ॥ भजंतिमैत्राःसंगम्यतेनराःस्वर्गगामिनः ३४ श्रुतवंतोदयावंतःशुचयःसत्यसंगराः ॥ स्वैरर्थैःपरिसंतुष्टास्तेनराःस्वर्गगामिनः ३५ अवैराये त्वनायासामैत्रीचित्तरताःसदा ॥ सर्वभूतदयावंतस्तेनराःस्वर्गगामिनः ३६ श्रद्धावंतोदयावंतश्चोक्षाश्चोक्षजनप्रियाः ॥ धर्माधर्मविदोनित्यंतेनराःस्वर्गगामिनः ३७ शुभानामशुभानांचकर्मणांफलसंचये ॥ विपाकज्ञाश्चयेदेवितेनराःस्वर्गगामिनः ३८ न्यायोपेतागुणोपेतादेवद्विजपराःसदा ॥ समुत्थानमनुप्राप्तास्तेनराःस्वर्ग गामिनः ३९ शुभैःकर्मफलैर्देविमयैतेपरिकीर्तिताः ॥ स्वर्गमार्गपराभूयःकिंत्वंश्रोतुमिहेच्छसि ४० ॥ उमोवाच ॥ महान्मेसंशयःकश्चिन्मर्त्यान्प्रतिमहेश्वर ॥ तस्मात्त्वंनैपुणेनाद्यममव्याख्यातुमर्हसि ४१ केनायुर्लभतेदीर्घंकर्मणापुरुषःप्रभो ॥ तपसावाऽपिदेवेशकेनायुर्लभतेमहत् ४२ क्षीणायुःकेनभवतिकर्मणाभुवि मानवः ॥ विपाकंकर्मणांदेववक्तुमर्हस्यनिंदित ४३ अपरेचमहाभाग्यामंदभाग्यास्तथाऽपरे ॥ अकुलीनास्तथाचान्येकुलीनाश्चतथाऽपरे ४४ दुर्दर्शाःकेचिदाभां तिनराःकाष्ठमयाइव ॥ प्रियदर्शास्तथाचान्येदर्शनादेवमानवाः ४५ दुष्प्रज्ञाःकेचिदाभांतिकेचिदाभांतिपंडिताः ॥ महाप्राज्ञास्तथैवाऽन्येज्ञानविज्ञानभाविनः ४६ अल्पाबाधास्तथाकेचिन्महाबाधास्तथाऽपरे ॥ दृश्यंतेपुरुषादेवतन्मेव्याख्यातुमर्हसि ४७ ॥ महेश्वरउवाच ॥ हंततेऽहंप्रवक्ष्यामिदेविकर्मफलोदयम् ॥ मर्त्यलोकेनरःसर्वोयेनस्वफलमश्नुते ४८ प्राणातिपातेयोरौद्रोदंडहस्तोद्यतःसदा ॥ नित्यमुद्यतशस्त्रश्चहंतिभूतगणान्नरः ४९ निर्दयःसर्वभूतानांनित्यमु द्वेगकारकः ॥ अपिकीटपिपीलानामशरण्यःसुनिर्घृणः ५० एवंभूतोनरोदेविनिरयंप्रतिपद्यते ॥ विपरीतस्तुधर्मात्मारूपवानभिजायते ५१ पापेनकर्मणा देविबध्योहिंसारतिर्नरः ॥ अप्रियःसर्वभूतानांहीनायुरुपजायते ५२ निरयंयातिहिंसाऽऽत्माधातिस्वर्गमहिंसकः ॥ यातनांनिरयेरौद्रांसकृच्छ्रांलभतेनरः ५३ यःकश्चिन्निरयात्तस्मात्समुत्तरतिकर्हिचित् ॥ मानुष्यंलभतेचापिहीनायुस्तत्रजायते ५४ पापेनकर्मणादेविबद्धोहिंसारतिर्नरः ॥ अप्रियःसर्वभूतानांहीनायुरु पजायते ५५ यस्तुशुक्लाभिजातीयःप्राणिघातविवर्जकः ॥ निक्षिप्तशस्त्रोनिर्दंडोनहिंसतिकदाचन ५६ नघातयतिनोहंतिघ्नंतंनैवानुमोदते ॥ सर्वभूतेषुसस्ने होयथाऽऽत्मनितथाऽपरे ५७ ईदृशःपुरुषोत्कर्षोदेविदेवत्वमश्नुते ॥ उपपन्नान्सुखान्भोगानुपाश्नातिमुदायुतः ५८ ॥ ॥

५९ । ६० ॥ इति अनुशासनपर्वणिनीलकंठीये भारतभावदीपेचतुश्चत्वारिंशदधिकशततमोऽध्यायः ॥ १४४ ॥ किमिति १ । २ नैत्यकानिनित्यदेयानि किमिच्छसीतिब्रूह्यायदीप्सितंदीयतेतत्किमिच्छकं

अथचेन्मानुषेलोकेकदाचिदुपपद्यते ॥ तत्रदीर्घायुरुत्पन्नःसनरःसुखमेधते ५९ एषदीर्घायुषांमार्गःसुवृत्तानांसुकर्मिणाम् ॥ प्राणिहिंसाविमोक्षेणब्रह्मणासमु
दीरितः ६० ॥ इतिश्रीमहाभारतेअनुशासनपर्वणिआनुशासनिकेपर्वणिदानधर्मेउमामहेश्वरसंवादेचतुश्चत्वारिंशदधिकशततमोऽध्यायः ॥ १४४ ॥ ॥ उमोवाच ॥
किंशीलःकिंसमाचारःपुरुषःकैश्चकर्मभिः ॥ स्वर्गंसमभिपद्येतसंप्रदानेनकेनवा १ ॥ महेश्वरउवाच ॥ दाताब्राह्मणसत्कर्तादीनार्तकृपणादिषु ॥ भक्ष्यभोज्या
न्नपानानांवाससांचप्रदायकः २ प्रतिश्रयान्सभाःकूपान्प्रपाःपुष्करिणीस्तथा ॥ नैत्यकानिचसर्वाणिकिमिच्छकमतीवच ३ आसनंशयनंयानंगृहंरत्नंधनंतथा ॥
सस्यजातानिसर्वाणिगाःक्षेत्राण्यथयोषितः ४ सुप्रतीतमनानित्यंयःप्रयच्छतिमानवः ॥ एवंभूतोनरोदेविदेवलोकेऽभिजायते ५ तत्रोष्यसुचिरंकालंभुक्त्वाभो
गाननुत्तमान् ॥ सहाप्सरोभिर्मुदितोरमतेनंदनादिषु ६ तस्मात्स्वर्गाच्च्युतोलोकान्मानुषेषुप्रजायते ॥ महाभोगकुलेदेविधनधान्यसमन्वितः ७ तत्रकामगुणैः
सर्वैःसमुपेतोमुदायुतः ॥ महाभोगोमहाकोशोधनीभवतिमानवः ८ एतेदेविमहाभागाःप्राणिनोदानशीलिनः ॥ ब्रह्मणावैपुराप्रोक्ताःसर्वस्यप्रियदर्शनाः ९ अप
रेमानवादेविप्रदानकृपणाद्विजैः ॥ याचितानप्रयच्छंतिविद्यमानेऽप्यबुद्धयः १० दीनांधकृपणान्दृष्ट्वाभिक्षुकानतिथीनपि ॥ याच्यमानानिवर्तंतेजिह्वालोभ
समन्विताः ११ नधनानिनवासांसिनभोगान्नचकांचनम् ॥ नगावोनान्नविकृतिंप्रयच्छंतिकदाचन १२ अप्रवृत्ताश्चयेलुब्धानास्तिकादानवर्जिताः ॥ एवं
भूतानरादेविनिरयंयांत्यबुद्धयः १३ तेवैमनुष्यतांयांतियदाकालस्यपर्ययात् ॥ धनरिक्तेकुलेजन्मलभंतेस्वल्पबुद्धयः १४ क्षुत्पिपासापरीताश्चसर्वलोकबहि
ष्कृताः ॥ निराशाःसर्वभोगेभ्योजीवंत्यधर्मजीविकाम् १५ अल्पभोगकुलेजाताअल्पभोगरतानराः ॥ अनेनकर्मणादेविभवंत्यधनिनोनराः १६ अपरेस्तंभिनो
नित्यंमानिनःपापतोरताः ॥ आसनार्हस्ययेपीठंनप्रयच्छंत्यचेतसः १७ मार्गार्हस्यचयेमार्गंनयच्छंत्यल्पबुद्धयः ॥ पाद्यार्हस्यचयेपाद्यंनददत्यल्पबुद्धयः १८
अर्घार्हान्नचसत्कारैरर्चयंतियथाविधि ॥ अर्घ्यमाचमनीयंवानयच्छंत्यल्पबुद्धयः १९ गुरुंचाभिगतंप्रेम्णागुरुवन्नबुभूषते ॥ अभिमानप्रवृत्तेनलोभेनसमवस्थि
ताः २० संमान्यांश्चावमन्यंतेवृद्धान्परिभवंतिच ॥ एवंविधानरादेविसर्वेनिरयगामिनः २१ तेवैयदिनरास्तस्मान्निरयादुत्तरंतिवै ॥ वर्षपूगैस्ततोजन्मलभंते
कुत्सितेकुले २२ श्वपाकपुल्कसादीनांकुत्सितानामचेतसाम् ॥ कुलेषुतेप्रजायंतेगुरुवृद्धापचायिनः २३ नस्तंभीनचमानीयोदेवताद्विजपूजकः ॥ लोक
पूज्योनमस्कर्ताप्रश्रितोमधुरंवचः २४ सर्ववर्णप्रियकरःसर्वभूतहितःसदा ॥ अद्वेषोसुमुखःश्लक्ष्णःस्निग्धवाणीप्रदःसदः २५ ॥ ॥

 ३।४।५।६।७।८।९।१० अतिथीनदृष्ट्वातैर्याच्यमानाःसंतोनिवर्ततेनप्रयच्छंति ११।१२।१३।१४।१५।१६।१७।१८।१९।२०।२१।२२ गुरुवृद्धापचायिनःगुरूणांवृद्धानांचहीनत्वसंपादकाः २३ । २४ । २५

२६ गुरुवत्पितृवत् २७।२८।२९। ३० उदात्तं प्रशस्तं ३१ । ३२ । ३३ । ३४। ३५ । ३६ । ३७ । ३८ । ३९ ।४०।४१ ।४२ ऊहःसिद्धांतः अपोहःपूर्वपक्षः ४३ । ४४ । ४५

स्वागतेनैवसर्वेषांभूतानामविहिंसकः ॥ यथा०सत्क्रियापूर्वमर्चयन्नवतिष्ठति २६ मार्गार्हायददन्मार्गंगुरुंगुरुवदर्चयन् ॥ अतिथिप्रग्रहरतस्तथाऽभ्यागतपूजकः

॥१४६॥ २७ एवंभूतोनरोदेविस्वर्गतिंप्रतिपद्यते ॥ ततोमानुषतांप्राप्यविशिष्टकुलजोभवेत् २८ तत्रासौविपुलैर्भोगैःसर्वरत्नसमायुतः ॥ यथार्हदाताचार्हेषुधर्मचर्यापरो

भवेत् २९ संमतःसर्वभूतानांसर्वलोकनमस्कृतः ॥ स्वकर्मफलमाप्नोतिस्वयमेवनरःसदा ३० उदात्तकुलजातीयउदात्ताभिजनःसदा ॥ एषधर्मोमयाप्रोक्तो ॥१४५॥

विधात्रास्वयमीरितः ३१ यस्तुरौद्रसमाचारःसर्वसत्वभयंकरः ॥ हस्ताभ्यांयदिवापद्भ्यांरज्ज्वादंडेनवापुनः ३२ लोष्टैःस्तंभैरायुधैर्वाजंतून्बाधतिशोभने ॥

हिंसार्थंनिकृतिप्रज्ञःप्रोद्वेजयतिचैवह ३३ उपक्रामतिजंतूंश्चउद्वेगजननःसदा ॥ एवंशीलसमाचारोनिरयंप्रतिपद्यते ३४ सचेन्मनुष्यतांगच्छेद्यदिकालस्यपर्य

याव ॥ बह्वाबाधपरिक्लिष्टेजायतेसोऽधमेकुले ३५ लोकद्वेष्योऽधमःपुंसांस्वयंकर्मफलैःकृतैः ॥ एषदेविमनुष्येषुबोद्धव्योज्ञातिबंधुषु ३६ अपरःसर्वभूता

निदयावाननुपश्यति ॥ मैत्रदृष्टिःपितृसमोनिर्वैरोनियतेन्द्रियः ३७ नोद्वेजयतिभूतानिनविघातयतेतथा ॥ हस्तपादैःसुनियतैर्विश्वास्यःसर्वजंतुषु ३८ नर

ज्ज्वानचदंडेननलोष्टैर्नायुधेनच ॥ उद्वेजयतिभूतानिश्लक्ष्णकर्मादयापरः ३९ एवंशीलसमाचारःस्वर्गेसमुपजायते ॥ तत्रासौभवनेदिव्येमुदावसतिदेववत् ४०

सचेत्कर्मक्षयान्मर्त्योमनुष्येषूजायपते ॥ अल्पाबाधोनिरातंकःसजातःसुखमेधते ४१ सुखभागीनिरायासोनिरुद्वेगःसदानरः ॥ एषदेविसतांमार्गोबाधायत्र

नविद्यते ४२ ॥ उमोवाच ॥ इमेमनुष्यादृश्यंतेऊहापोहविशारदाः ॥ ज्ञानविज्ञानसंपन्नाःप्रज्ञावंतोऽर्थकोविदाः ४३ दुष्प्रज्ञाश्चापरेदेवज्ञानविज्ञानवर्जिताः ॥

केनकर्मविशेषेणप्रज्ञावान्पुरुषोभवेत् ४४ अल्पप्रज्ञोविरूपाक्षकथंभवतिमानवः ॥ एतन्मेसंशयंछिंधिसर्वधर्मविदांवर ४५ जात्यंधाश्चापरेदेवरोगार्ताश्चापरे

तथा ॥ नराःक्लीबाश्चदृश्यंतेकारणंब्रूहितत्रवै ४६ ॥ महेश्वरउवाच ॥ ब्राह्मणान्वेदविदुषःसिद्धान्धर्मविदस्तथा ॥परिपृच्छंत्यहरहःकुशलाःकुशलंतथा ४७ वर्जयं

तोऽशुभंकर्मसेवमानाःशुभंतथा ॥ लभंतेस्वर्गतिंनित्यमिहलोकेतथासुखम् ४८ सचेन्मानुषतांयातिमेधावीतत्रजायते ॥ श्रुतंप्रज्ञानुगंयस्यकल्याणमुपजा

यते ४९ परदारेषुयेचापिचक्षुर्दुष्टंप्रयुंजते ॥ तेनदुष्टस्वभावेनजात्यंधास्तेभवंतिह ५० मनसातुप्रदुष्टेननग्नांपश्यंतियेस्त्रियम् ॥ रोगार्तास्तेभवंतीहनरादुष्कृ

तकर्मिणः ५१ येतुमूढादुराचारावियोनौमैथुनेरताः ॥ पुरुषेषुसुदुष्प्रज्ञाःक्लीबत्वमुपयांतिते ५२ पशूंश्चयेघातयंतियेचैवगुरुतल्पगाः ॥ प्रकीर्णमैथुनायेचक्ली

बाजायंतितेनराः ५३ ॥ उमोवाच ॥ सावद्यंकिंतुवैकर्मनिरवद्यंतथैवच ॥ श्रेयःकुर्वन्नवाप्नोतिमानवोदेवसत्तम ५४ ॥ ॥ ॥

४६ । ४७ । ४८ । ४९ । ५० । ५१ । ५२ । ५३ । ५४ ॥ ॥ ॥ ॥

५५ । ५६ । ५७ । ५८ । ५९ । ६० । ६१ । ६२ । ६३ ६४ ॥ इतिअनुशासनपर्वणिनीलकंठीयेभारतभावदीपेपंचचत्वारिंशदधिकशततमोऽध्यायः १४५ ॥ ॥ एवमिति १ । २

॥ महेश्वरउवाच ॥ श्रेयांसंमार्गमन्विच्छन्सदायःपृच्छतिद्विजान् ॥ धर्मान्वेषीगुणाकांक्षीसस्वर्गंसमुपाश्नुते ५५ यदिमानुषतांदेविकदाचित्सनिगच्छति
मेधावीधारणायुक्तःप्रायस्तत्राभिजायते ५६ एषदेविसतांधर्मोमंतव्योभूतिकारकः ॥ नृणांहितार्थायमयातववैसमुदाहृतः ५७ ॥ उमोवाच ॥ अपरेस्वल्पवि
ज्ञानाधर्मविद्वेषिणोनराः ॥ ब्राह्मणान्वेदविदुषोनेच्छंतिपरिसर्पितुम् ५८ व्रतवंतोनराःकेचिच्छ्रद्धाधर्मपरायणाः ॥ अव्रताभ्रष्टनियमास्तथाऽन्येराक्षसोपमाः
५९ यज्वानश्चतथैवान्येनिर्होमाश्चतथाऽपरे ॥ केनकर्मविपाकेनभवंतीहवदस्वमे ६० ॥ महेश्वरउवाच ॥ आगमाल्लोकधर्माणांमर्यादाःसर्वनिर्मिताः ॥ प्रामाण्ये
नानुवर्तंतेदृश्यंतेचदृढव्रताः ६१ अधर्मंधर्ममित्याहुर्येचमोहवशंगताः ॥ अव्रतानष्टमर्यादास्तेप्रोक्ताब्रह्मराक्षसाः ६२ तेचेत्कालकृतोद्योगात्संभवंतीहमानुषाः ॥
निर्होमानिर्वषट्कारास्तेभवंतिनराधमाः ६३ एषदेविमयासर्वःसंशयच्छेदनायते ॥ कुशलाकुशलोनृणांव्याख्यातोधर्मसागरः ॥ ६४ ॥ इति श्रीमहाभारतेअनु
शासनपर्वणि आनुशास० दानधर्मेउमामहेश्वरसंवादेपंचचत्वारिंशदधिकशततमोऽध्यायः ॥ १४५ ॥ नारदउवाच ॥ एवमुक्त्वामहादेवःश्रोतुकामःस्वयंप्रभुः ॥
अनुकूलांप्रियांभार्यांपार्श्वस्थांसमभाषत १ ॥ महेश्वरउवाच ॥ परावरज्ञेधर्मज्ञेतपोवननिवासिनि ॥ साध्विसुभ्रुसुकेशांतेहिमवत्पर्वतात्मजे २ दक्षेशमदमोपेते
निर्ममेधर्मचारिणि ॥ पृच्छामित्वांवरारोहेपृष्टावदममेप्सितम् ३ सावित्रीब्रह्मणःसाध्वीकौशिकस्यशचीसती ॥ मार्कंडेयस्यधूमोर्णाऋद्धिर्वैश्रवणस्यच ४ वरुण
स्यतथागौरीसूर्यस्यचसुवर्चला ॥ रोहिणीशशिनःसाध्वीस्वाहाचैवविभावसोः ५ अदितिःकश्यपस्याथसर्वास्ताःपतिदेवताः ॥ पृष्टाश्चोपासिताश्चैवतास्त्वयादे
विनित्यशः ६ तेनत्वांपरिपृच्छामिधर्मज्ञेधर्मवादिनि ॥ स्त्रीधर्मंश्रोतुमिच्छामित्वयोदाहृतमादितः ७ सधर्मचारिणीमेत्वंसमशीलासमव्रता ॥ समानसारवीर्याच
तपस्तीव्रंकृतंचते ८ त्वयाह्युक्तोविशेषेणगुणवान्सभविष्यति ॥ लोकेचैवत्वयादेविप्रमाणत्वमुपैष्यति ९ स्त्रियश्चैवविशेषेणस्त्रीजनस्यगतिःपरा ॥ गौर्यांगच्छति
सुश्रोणिलोकेष्वेषागतिःसदा १० ममचार्धंशरीरस्यतवचार्धेननिर्मितम् ॥ सुरकार्यकरीचत्वंलोकसंतानकारिणी ११ तवसर्वःसुविदितःस्त्रीधर्मःशाश्वतःशुभे ॥
तस्मादशेषतोब्रूहिस्वधर्मंविस्तरेणमे १२ ॥ उमोवाच ॥ भगवन्सर्वभूतेशभूतभव्यभवोत्तम ॥ त्वत्प्रभावादियंदेववाक्चैवप्रतिभातिमे १३ इमास्तुनद्योदेवेशसर्वं
तीर्थोदकैर्युताः ॥ उपस्पर्शनहेतोस्त्वामुपयांतिसमीपतः १४ एताभिःसहसंमंत्र्यप्रवक्ष्याम्यनुपूर्वशः ॥ प्रभवन्योऽनहंवादीसवैपुरुषउच्यते १५ स्त्रीचभूतेशस
ततंस्त्रियमेवानुधावति ॥ मयासंमानिताश्चैवभविष्यंतिसरिद्वराः १६ एषासरस्वतीपुण्यानदीनामुत्तमानदी ॥ प्रथमासर्वसरितांनदीसागरगामिनी १७ ॥

३ । ४ । ५ । ६ । ७ । ८ गुणवान्सःस्त्रीधर्मः ९ गौर्यांभूमौगच्छत्यनादिपरंपरयाचलति १० । ११ । १२ । १३ । १४ । १५ । १६ । १७ ॥ ॥

विपाशाचविस्तातचचंद्रभागाइरावती ॥ शतद्रुर्देविकासिंधुःकौशिकीगौतमीतथा १८ तथादेवनदीचेयंसर्वतीर्थाभिसंभृता ॥ गगनाद्गांगतादेवीगंगासर्वसरि
द्वरा १९ इत्युक्तादेवदेवस्यपत्नीधर्मभृतांवरा ॥ स्मितपूर्वमथाभाष्यसर्वास्ताःसरितस्तथा २० अपृच्छद्देवमहिषीस्त्रीधर्मधर्मवत्सला ॥ स्त्रीधर्मकुशलास्तावे
गंगाद्याःसरितांवराः २१ ॥ उमोवाच ॥ ॥ अयंभगवताप्रोक्तःप्रश्नःस्त्रीधर्मसंश्रितः ॥ तंतुसंमंत्र्ययुष्माभिर्वक्तुमिच्छामिशंकरम् २२ नचैकसाध्यंपश्यामि
विज्ञानंभुविकस्यचित् ॥ दिविवासागरगमास्तेनवोमानयाम्यहम् २३ एवंसर्वाःसरिच्छ्रेष्ठाःपृष्टाःपुण्यतमाःशिवाः ॥ ततोदेवनदीगंगानियुक्ताप्रतिपूज्यच २४
बह्वीभिर्बुद्धिभिःस्फीतास्त्रीधर्मज्ञाशुचिस्मिता ॥ शैलराजसुतांदेवींपुण्यापापभयापहा २५ बुद्ध्याविनयसंपन्नासर्वधर्मविशारदा ॥ सस्मितंबहुबुद्ध्याढ्यागंगाव
चनमब्रवीत् २६ ॥ ॥ गंगोवाच ॥ ॥ धन्याऽस्म्यनुगृहीताऽस्मिदेविधर्मपरायणे ॥ यात्वंसर्वजगन्मान्यानदींमानयसेऽनघे २७ प्रभवन्पृच्छतेयोहिसंमा
नयतिवापुनः ॥ नूनंजनमदुष्टात्मापंडिताख्यांसगच्छति २८ ज्ञानविज्ञानसंपन्नानूहापोहविशारदान् ॥ प्रवक्तन्पृच्छतेयोऽन्यान्सवैनापदमृच्छति २९ अन्य
थाबहुबुद्ध्याढ्योवाक्यंवदतिसंसदि ॥ अन्यथैवह्यहंवादीदुर्बलंवदतेवचः ३० दिव्यज्ञानेदिविश्रेष्ठेदिव्यपुण्यैःसहोत्थिते ॥ त्वमेवार्हसिनोदेविस्त्रीधर्माननुभाषितुम्
३१ ततःसाऽऽराधितादेवीगंगयाबहुभिर्गुणैः॥ प्राहसर्वमशेषेणस्त्रीधर्मंसुरसुंदरी ३२॥ उमोवाच ॥ स्त्रीधर्मोमांप्रतियथाप्रतिभातियथाविधि ॥ तमहंकीर्त्तयिष्यामि
तथैवप्रश्रिताभव ३३ स्त्रीधर्मःपूर्वएवायंविवाहेबंधुभिःकृतः ॥ सहधर्मचरीभर्त्तुर्भवत्यग्निसमीपतः ३४ सुस्वभावासुवचनासुवृत्तासुखदर्शना ॥ अनन्यचित्तासु
मुखीभर्तुःसाधर्मचारिणी ३५ साभवेद्धर्मपरमासाभवेद्धर्मभागिनी ॥ देववत्सततंसाध्वीयाभर्त्तारंप्रपश्यति ३६ शुश्रूषांपरिचारंचदेववद्याकरोतिच ॥ नान्यभावाह्य
विमनाःसुव्रतासुखदर्शना ३७ पुत्रवक्त्रमिवाभीक्ष्णंभर्तुर्वदनमोक्षते ॥ यासाध्वीनियताहारासाभवेद्धर्मचारिणी ३८ श्रुत्वादंपतिधर्मंवैसहधर्मकृतंशुभम् ॥ याभवेद्धर्म
परमानारीभर्तृसमव्रता ३९ देववत्सततंसाध्वीभर्तारमनुपश्यति ॥ दंपत्योरेषवैधर्मःसहधर्मकृतःशुभः ४० शुश्रूषांपरिचारंचदेवतुल्यंप्रकुर्वती ॥ वश्याभावेनसुमनाः
सुव्रतासुखदर्शना ॥ अनन्यचित्तासुमुखीभर्तुःसाधर्मचारिणी ४१ परुषाण्यपिचोक्तायादृष्टादुष्टेनचक्षुषा ॥ सुप्रसन्नमुखीभर्तुर्यानारीसापतिव्रता ४२ नचंद्रसूर्यौनत
रुंपुंनाम्नायानिरीक्षते ॥ भर्तृवर्जंवरारोहासाभवेद्धर्मचारिणी ४३ दरिद्रंव्याधितंदीनमध्वनापरिकर्शितम् ॥ पतिंपुत्रमिवोपास्तेसानारीधर्मभागिनी ४४ यानारीप्रय
तादक्षायानारीपुत्रिणीभवेत् ॥ पतिप्रियापतिप्राणासानारीधर्मभागिनी ४५ शुश्रूषांपरिचर्यांचकरोत्यविमनाःसदा ॥ सुप्रतीताविनीताचसानारीधर्मभागिनी ४६

४० वश्याभावेनमंत्रादिनावशीकरणंविना ४१ । ४२ चंद्रसूर्यौतरुमपियापुरुषनामत्वान्ननिरीक्षतेकिमुनरंपशुंचेतिभावः ४३ । ४४ । ४५ । ४६ ॥ ॥

४७ सुसंमृष्टक्षयाशोधितगृहा ४८।४९।५०।५१।५२ लघुसत्वयाशीघ्रंमर्यादावबोधिन्याबुद्ध्या ५३।५४।५५।५६।५७।५८।५९।६०।६१ ॥ इतिअनु० नी०भारतभा० षट्चत्वारिंशदधिकशततमोऽध्यायः

नकामेषुनभोगेषुनैश्वर्येनसुखेतथा ॥ स्पृहायस्यायथापत्यौसानारीधर्मभागिनी ४७ कल्योत्थानरतिर्नित्यंगृहशुश्रूषणेरता ॥ सुसंमृष्टक्षयाचैवगोशकृत्कृतले
पना ४८ अग्निकार्यपरानित्यंसदापुष्पबलिप्रदा ॥ देवतातिथिभृत्यानांनिर्वाप्यपतिनासह ४९ शेषान्नमुपभुंजानायथान्याययंथाविधि ॥ तुष्टपुष्टजनानित्यंना
रीधर्मेणयुज्यते ५० श्वश्रूश्वशुरयोःपादौजोषयंतीगुणान्विता ॥ मातापितृपरानित्यंयानारीसातपोधना ५१ ब्राह्मणान्दुर्बलानाथान्दीनांधकृपणांस्तथा ॥
बिभर्त्यन्नेनयानारीसापतिव्रतभागिनी ५२ व्रतंचरतियानित्यंदुश्चरंलघुसत्वया ॥ पतिचित्तापतिहितासापतिव्रतभागिनी ५३ पुण्यमेतत्तपश्चैतत्स्वर्गश्चैषसना
तनः ॥ यानारीभर्तृपरमाभवेद्भर्तृव्रतासती ५४ पतिर्हिदेवोनारीणांपतिर्बंधुःपतिर्गतिः ॥ पत्यासमागतिर्नास्तिदैवतंवायथापतिः ५५ पतिप्रसादःस्वर्गोवा
तुल्योनार्यानवाभवेत् ॥ अहंस्वर्गंनहीच्छेयंत्वय्यप्रीतेमहेश्वरे ५६ यद्यकार्यमधर्मंवायदिवाप्राणनाशकम् ॥ पतिर्ब्रूयाद्दरिद्रोवाव्याधितोवाकथंचन ५७ आप
न्नोरिपुसंस्थोवाब्रह्मशापार्दितोपिवा ॥ आपद्धर्माननुप्रेक्ष्यतत्कार्यमविशंकया ५८ एषदेवमयाप्रोक्तःस्त्रीधर्मोवचनात्तव ॥ यात्वेवंभाविनीनारीसापतिव्रतभा
गिनी ५९ ॥ ॥ भीष्मउवाच ॥ ॥ इत्युक्तःसतुदेवेशःप्रतिपूज्यगिरेःसुताम् ॥ लोकान्विसर्जयामाससर्वैरनुचरैर्वृतान् ६० ततोययुर्भूतगणाःसरितश्च
यथागतम् ॥ गंधर्वाप्सरसश्चैवप्रणम्यशिरसाभवम् ॥ ६१ ॥ ॥ इतिश्रीमहाभारते अनुशासनपर्वणि आनुशासनिकेपर्वणिदानधर्मेउमामहेश्वरसंवादेस्त्रीधर्म
कथनेषट्चत्वारिंशदधिकशततमोऽध्यायः ॥ १४६ ॥ ॥ ऋषयऊचुः ॥ ॥ पिनाकिन्भगनेत्रघ्नसर्वलोकनमस्कृत ॥ माहात्म्यंवासुदेवस्यश्रोतुमिच्छामि
शंकर १ ॥ ॥ ईश्वरउवाच ॥ ॥ पितामहादपिवरःशाश्वतःपुरुषोहरिः ॥ कृष्णोजांबूनदाभासोव्यभ्रेसूर्यइवोदितः २ दशबाहुर्महातेजादेवतारिनिषूदनः ॥
श्रीवत्सांकोहृषीकेशःसर्वदैवतपूजितः ३ ब्रह्मातस्योदरभवस्तस्याहंचशिरोभवः ॥ शिरोरुहेभ्योज्योतींषिरोमभ्यश्चसुराऽसुराः ४ ऋषयोदेहसंभूतास्तस्यलो
काश्चशाश्वताः ॥ पितामहगृहंसाक्षात्सर्वदेवगृहंचसः ५ सोऽस्याःपृथिव्याःकृत्स्नायाःस्रष्टात्रिभुवनेश्वरः ॥ संहर्ताचैवभूतानांस्थावरस्यचरस्यच ६ सहिदेववरः
साक्षाद्देवनाथःपरंतपः ॥ सर्वज्ञःसर्वसंश्लिष्टःसर्वगःसर्वतोमुखः ७ परमात्माहृषीकेशःसर्वव्यापीमहेश्वरः ॥ नतस्मात्परमंभूतंत्रिषुलोकेषुकिंचन ८ सनातनोवैमधुहा
गोविंदइतिविश्रुतः ॥ ससर्वान्पार्थिवान्संख्येघातयिष्यतिमानदः ९ सुरकार्यार्थमुत्पन्नोमानुषंवपुरास्थितः ॥ नहिदेवगणाःशक्तास्त्रिविक्रमविनाकृताः १० भुवनेदेव
कार्याणिकर्तुंनायकवर्जिताः ॥ नायकःसर्वभूतानांसर्वदेवनमस्कृतः ११ एतस्यदेवनाथस्यदेवकार्यपरस्यच ॥ ब्रह्मभूतस्यसततंब्रह्मर्षिशरणस्यच १२ ॥

॥ १४६ ॥ पिनाकिन्निति। अस्मिन्नध्यायेयोहिमांद्रष्टुमिच्छेतेतिश्लोकद्वयेनब्रह्मविष्णुरुद्राणामैकात्म्यंदर्शितं यत्प्रागुपदर्शितंतद्देवाज्ञोपसंहृतमितिबोध्यं १।२।३।४।५।६।७।८।९।१०।११।१२

ब्रह्मावसतिगर्भस्थःशरीरेसुखसंस्थितः ॥ शर्वःसुखंसंश्रितश्चशरीरेसुखसंस्थितः १३ सर्वाःसुखंसंश्रिताश्चशरीरेतस्यदेवताः ५ सदेवःपुंडरीकाक्षःश्रीगर्भःश्री
सहोषितः १४ शार्ङ्गचक्रायुधःखड्गीसर्वनागरिपुध्वजः ॥ उत्तमेनसशीलेनदमेनचशमेनच १५ पराक्रमेणवीर्येणवपुषादर्शनेनच ॥ आरोहेणप्रमाणेनधैर्येणार्ज
वसंपदा १६ आनृशंस्येनरूपेणबलेनचसमन्वितः ॥ अस्त्रैःसमुदितःसर्वैर्दिव्यैरद्भुतदर्शनैः १७ योगमायःसहस्राक्षोनिरपायोमहामनाः ॥ वीरोमित्रजनश्ला
घीज्ञातिबंधुजनप्रियः १८ क्षमावांश्चानहंवादीब्रह्मण्योब्रह्मनायकः ॥ भयहर्ताभयार्तानांमित्राणांनंदिवर्धनः १९ शरण्यःसर्वभूतानांदीनानांपालनेरतः ॥ श्रु
तवानर्थसंपन्नःसर्वभूतनमस्कृतः २० समाश्रितानांवरदःशत्रूणामपिधर्मवित् ॥ नीतिज्ञोनीतिसंपन्नोब्रह्मवादीजितेंद्रियः २१ भवार्थमिहदेवानांबुद्ध्यापरमयायु
तः ॥ प्राजापत्येशुभेमार्गेमानवेधर्मसंस्कृते २२ समुत्पत्स्यतिगोविंदोमनोर्वंशेमहात्मनः ॥ अंगोनाममनोःपुत्रोअंतर्धामाततःपरः २३ अंतर्धाम्नोहविर्धामाप्र
जापतिरनिंदितः ॥ प्राचीनबर्हिर्भविताहविर्धाम्नःसुतोमहान् २४ तस्यप्रचेतःप्रमुखाभविष्यंतिदशात्मजाः ॥ प्राचेतसस्तथादक्षोभवितेहप्रजापतिः २५ दा
क्षायण्यास्तथाऽऽदित्योमनुरादित्यतस्तथा ॥ मनोश्चवंशजइलासुद्युम्नश्चभविष्यति २६ बुधात्पुरूरवाश्चापितस्मादायुर्भविष्यति ॥ नहुषोभवितातस्माद्यया
तिस्तस्यचात्मजः २७ यदुस्तस्मान्महासत्वःक्रोष्टातस्माद्भविष्यति ॥ क्रोष्टुश्चैवमहापुत्रोवृजिनीवान्भविष्यति २८ वृजिनीवतश्चभविताउषंगुरपराजितः ॥
उषंगोर्भवितापुत्रःशूरश्चित्ररथस्तथा २९ तस्यत्ववरजःपुत्रःशूरोनामभविष्यति ॥ तेषांविख्यातवीर्याणांचरित्रगुणशालिनाम् ३० यज्वनांसुविशुद्धानांवंशे
ब्राह्मणसंमते ॥ सशूरःक्षत्रियश्रेष्ठोमहावीर्योमहायशाः ॥ स्ववंशविस्तरकरंजनयिष्यतिमानदः ३१ वसुदेवइतिख्यातंपुत्रमानकदुंदुभिम् ॥ तस्यपुत्रश्चतुर्बा
हुर्वासुदेवोभविष्यति ३२ दाताब्राह्मणसत्कर्ताब्रह्मभूतोद्विजप्रियः ॥ राज्ञोमागधसंरुद्धान्मोक्षयिष्यतियादवः ३३ जरासंधंतुराजानंनिर्जित्यगिरिगह्वरे ॥ सर्व
पार्थिवरत्नाढ्योभविष्यतिसवीर्यवान् ३४ पृथिव्यामप्रतिहतोवीर्येणचभविष्यति ॥ विक्रमेणचसंपन्नःसर्वपार्थिवपार्थिवः ३५ शूरसेनेषुभूत्वासद्वारकायांवसन्प्रभुः ॥
पालयिष्यतिगांदेवींविजित्यनयवित्सदा ३६ तंभवंतःसमासाद्यवाङ्माल्यैरर्हणैर्वरैः ॥ अर्चयंतुयथान्यायंब्रह्माणमिवशाश्वतम् ३७ योहिमांद्रष्टुमिच्छेतब्रह्माणंच
पितामहम् ॥ द्रष्टव्यस्तेनभगवान्वासुदेवःप्रतापवान् ३८ दृष्टेतस्मिन्नहंदृष्टोनमेऽत्रास्तिविचारणा ॥ पितामहोवादेवेशइतिवित्ततपोधनाः ३९ सयस्यपुंडरीकाक्षः
प्रीतियुक्तोभविष्यति ॥ तस्यदेवगणःप्रीतोब्रह्मपूर्वोभविष्यति ४० यश्चतंमानवेलोकेसंश्रयिष्यतिकेशवम् ॥ तस्यकीर्तिर्जयश्चैवस्वर्गश्चैवभविष्यति ४१ धर्माणां
देशिकःसाक्षात्सभविष्यतिधर्मभाक् ॥धर्मवद्भिःसदेवेशोनमस्कार्यःसदोद्यतैः ४२धर्मएवपरोहिस्यात्तस्मिन्नभ्यर्चितेविभौ ॥ सहिदेवोमहातेजाःप्रजाहितचिकीर्षया ४३

४४ । ४८ अर्हितःपुष्पधूपादिनाऽर्चितः पूजितःवाचाचमहीकृतः ४६ अर्चितःमनसाध्यातः ४७ । ४८ । ४९ । ५० । ५१ । ५२ । ५३ । ५४ । तृणेन्द्रःतालद्रुमः ५५ । ५६ । ५७ । ५८ । ५९ । ६०

धर्मार्थपुरुषव्याघ्रऋषिकोटीःससर्जह ॥ ताःसृष्टास्तेनविभुनापर्वतेगंधमादने ४४ सनत्कुमारप्रमुखास्तिष्ठंतितपसाऽन्विताः ॥ तस्मात्सवाग्मीधर्मज्ञोनम
स्योद्विजपुंगवाः ४५ दिविश्रेष्ठोहिभगवान्हरिर्नारायणःप्रभुः ॥ वंदितोहिसवंदेतमानितोमानयीतच ॥ अर्हितश्चार्हयेन्नित्यंपूजितःप्रतिपूजयेत् ४६ दृष्टःप
श्येदहरहःसंश्रितःप्रतिसंश्रयेत् ॥ अर्चितश्चार्चयेन्नित्यंसदेवोद्विजसत्तमाः ४७ एतत्तस्यानवद्यस्यविष्णोर्वैपरमंव्रतम् ॥ आदिदेवस्यमहतःसज्जनाचरितंसदा
४८ भुवनेभ्यर्चितोनित्यंदेवैरपिसनातनः ॥ अभयेनानुरूपेणयुज्यंतेतमनुव्रताः ४९ कर्मणामनसावाचासनमस्योद्विजैःसदा ॥ यत्नवद्भिरुपस्थायद्रष्टव्योदे
वकीसुतः ५० एषवोऽभिहितोमार्गोमयावैमुनिसत्तमाः ॥ तंदृष्ट्वासर्वशोदेवंदृष्टाःस्युःसुरसत्तमाः ५१ महावराहंतंदेवंसर्वलोकपितामहम् ॥ अहंचैवनमस्या
मिनित्यमेवजगत्पतिम् ५२ तत्रचत्रितयंदृष्टंभविष्यतिनसंशयः ॥ समस्ताहिवयंदेवास्तस्यदेहेवसामहे ५३ तस्यचैवाग्रजोभ्रातासिताद्रिनिचयप्रभः ॥
हलीबलइतिख्यातोभविष्यतिधराधरः ५४ त्रिशिरास्तस्यदिव्यश्चशातकुंभमयोद्रुमः ॥ ध्वजस्तृणेन्द्रोदेवस्यभविष्यतिरथाश्रितः ५५ शिरोनागैर्महाभोगैः
परिकीर्णंमहात्मभिः ॥ भविष्यतिमहाबाहोःसर्वलोकेश्वरस्यच ५६ चिंतितानिसमेष्यंतिशस्त्राण्यस्त्राणिचैवह ॥ अनंतश्चसएवोक्तोभगवान्हरिरव्ययः ५७
समादिष्टश्चविबुधैर्दर्शयत्वमितिप्रभो ॥ सुपर्णोयस्यवीर्येणकश्यपस्यात्मजोबली ॥ अन्तंनैवाशकद्द्रष्टुंदेवस्यपरमात्मनः ५८ सचशेषोविचरतेपरयावैमुदा
युतः ॥ अंतर्वसतिभोगेनपरिरभ्यवसुंधराम् ५९ यएवविष्णुःसोऽनंतोभगवान्वसुधाधरः ॥ योरामःसहृषीकेशोयोऽच्युतःसधराधरः ६० तावुभौपुरुषव्या
घ्रौदिव्यौदिव्यपराक्रमौ ॥ द्रष्टव्यौमाननीयौचचक्रलांगलधारिणौ ६१ एषवोऽनुग्रहःप्रोक्तोमयापुण्यस्तपोधनाः ॥ यद्भवन्तोयदुश्रेष्ठंपूजयेयुःप्रयत्नतः ६२
॥ इति श्रीमहाभारते अनुशासनपर्वणि आनुशासनिके० दानधर्मे पुरुषमाहात्म्ये सप्तचत्वारिंशदधिकशततमोऽध्यायः ॥ १४७ ॥ ॥ नारदउवाच ॥
अथव्योम्निमहाञ्छब्दःसविद्युत्स्तनयित्नुमान् ॥ मेघैश्चगगनंनीलंसंरुद्धमभवद्घनैः १ प्रावृषीवचपर्जन्योववृषेनिर्मलंपयः ॥ तमश्चैवाभवद्घोरंदिशश्चनचका
शिरे २ ततोदेवगिरौतस्मिन्रम्येपुण्येसनातने ॥ नशर्वंभूतसंघंवाददृशुर्मुनयस्तदा ३ व्यभ्रंचगगनंसद्यःक्षणेनसमपद्यत ॥ तीर्थयात्रांततोविप्राजग्मुश्चान्ये
यथागतम् ४ तदद्भुतमचिंत्यंचदृष्ट्वातेविस्मिताऽभवन् ॥ शंकरस्योमयासार्धंसंवादंत्वत्कथाश्रयम् ५ सभवान्पुरुषव्याघ्रब्रह्मभूतःसनातनः ॥ यदर्थमनुशिष्टाः
स्मोगिरिपृष्ठेमहात्मना ६ द्वितीयंत्वद्भुतमिदंत्वत्तेजःकृतमद्यवै ॥ दृष्ट्वाचविस्मिताःकृष्णसाचनःस्मृतिरागता ७ एतत्तेदेवदेवस्यमाहात्म्यंकथितंप्रभो ॥ कपर्दि
नोगिरीशस्यमहाबाहोजनार्दन ८ ॥ ॥ ॥ ॥ ॥

६१ । ६२ ॥ इति अनु० नी० भा० सप्तचत्वारिंशदधिकशततमोऽध्यायः ॥ १४७ ॥ अथव्योम्नीति । कथोपसंहारार्थःस्पष्टार्थोऽध्यायः १ । २ । ३ । ४ । ५ । ६ । ७ । ८ ॥

॥१४९॥ इत्युक्तः सतदाकृष्णस्तपोवननिवासिभिः ॥ मानयामासतान्सर्वानृषीन्देवकिनंदनः ९ अथर्षयःसंप्रहृष्टाःपुनस्तेकृष्णमब्रुवन् ॥ पुनःपुनर्दर्शयास्मान्सदैवम
घुसूदन १० नहिनःसारतिःस्वर्गेयाचत्वद्दर्शनेविभो ॥ तद्दतंचमहाबाहोयदाहभगवान्भवः ११ एतत्तेसर्वमाख्यातंरहस्यमरिकर्शन ॥ त्वमेवह्यर्थतत्त्वज्ञःपृ ॥१४८॥
ष्टोऽस्मान्पृच्छसेयदा १२ तदस्माभिरिदंगुह्यंत्वत्प्रियार्थमुदाहृतम् ॥ नचतेऽविदितंकिंचित्त्रिषुलोकेषुविद्यते १३ जन्मचैवप्रसूतिश्चयच्चान्यत्कारणंविभो ॥
वयंतुबहुचापल्यादशक्तागुह्यधारणे १४ ततःस्थितेत्वयिविभोलघुत्वात्प्रलपामहे ॥ नहिकिंचित्तदाश्चर्यंयन्नवेत्तिभवानिह १५ दिविवाभुविवादेवसर्वंहिविदि
तंतव ॥ साधयामवयंकृष्णबुद्धिंपुष्टिमवाप्नुहि १६ पुत्रस्तेसदृशस्तातविशिष्टोवाभविष्यति ॥ महाप्रभावसंयुक्तोदीप्तिकीर्तिकरःप्रभुः १७ ॥ भीष्मउवाच ॥
ततःप्रणम्यदेवेशंयादवंपुरुषोत्तमम् ॥ प्रदक्षिणमुपावृत्यप्रजग्मुस्तेमहर्षयः १८ सोयंनारायणःश्रीमान्दीप्त्यापरमयायुतः ॥ व्रतंयथावत्तच्चीर्त्वाद्वारकांपुन
रागमत् १९ पूर्णेचदशमेमासिपुत्रोऽस्यपरमाद्भुतः ॥ रुक्मिण्यांसंमतोजज्ञेशूरोवंशधरःप्रभो २० सकामःसर्वभूतानांसर्वभावगतोनृप ॥ असुराणांसुराणांचच
रत्यन्तर्गतःसदा २१ सोऽयंपुरुषशार्दूलोमेघवर्णश्चतुर्भुजः ॥ संश्रितःपांडवान्प्रेम्णाभवंतश्चैनमाश्रिताः २२ कीर्तिर्लक्ष्मीर्धृतिश्चैवस्वर्गमार्गस्तथैवच ॥ यत्रै
षसंस्थितस्तत्रदेवोविष्णुस्त्रिविक्रमः २३ सेन्द्रादेवास्त्रयस्त्रिंशदेषनात्रविचारणा ॥ आदिदेवोमहादेवःसर्वभूतप्रतिश्रयः २४ अनादिनिधनोऽव्यक्तोमहात्माम
घुसूदनः ॥ अयंजातोमहातेजाःसुराणामर्थसिद्धये २५ सुदुस्तरार्थतत्त्वस्यवक्ताकर्ताचमाधवः ॥ तवपार्थजयःकृत्स्नस्तवकीर्तिस्तथाऽतुला २६ तवेयंपृ
थिवीदेवीकृत्स्नानारायणाऽऽश्रयात् ॥ अयंनाथस्तवाचिंत्योयस्यनारायणोगतिः २७ सभवांस्त्वमुपाध्वर्यूरणाग्नौहुतवान्नृपान् ॥ कृष्णस्रुवेणमहतायुगांता
ग्निसमेनवै २८ दुर्योधनश्चशोच्योऽसौसपुत्रभ्रातृबांधवः ॥ कृतवान्योऽबुधःक्रोधाद्धरिगांडीविविग्रहम् २९ दैतेयादानवेन्द्राश्चमहाकायामहाबलाः ॥ चक्रा
ग्नौक्षयमापन्नादावाग्नौशलभाइव ३० प्रतियोद्धुंनशक्योहिमानुषैरेषसंयुगे ॥ विहीनैःपुरुषव्याघ्रसत्त्वशक्तिबलादिभिः ३१ जयोयोगीयुगांताभःसव्यसाचीर
णाग्रगः ॥ तेजसाहतवान्सर्वंसुयोधनबलंनृप ३२ यत्तुगोवृषभांकेनमुनिभ्यःसमुदाहृतम् ॥ पुराणंहिमवत्पृष्ठेतन्मेनिगदतःशृणु ३३ यावत्तस्यभवेत्पुष्टिस्ते
जोदीप्तिःपराक्रमः ॥ प्रभावःसन्नतिर्जन्मकृष्णेतत्त्रिगुणंविभो ३४ कःशक्नोत्यन्यथाकर्तुंतद्यदिस्यात्तथाशृणु ॥ यत्रकृष्णोहिभगवांस्तत्रपुष्टिरनुत्तमा ३५ वयंत्विहा ॥१४९॥
ल्पमतयःपरतंत्राःसुविक्लवाः ॥ ज्ञानपूर्वंप्रपन्नाःस्मोमृत्योःपंथानमव्ययम् ३६ भवांश्चाप्यार्जवपरःपूर्वंकृत्वाप्रतिश्रयम् ॥ राजवृत्तंनलभतेप्रतिज्ञापालनेरतः ३७
अप्यैवात्मवधंलोकेराजंस्त्वंबहुमन्यसे ॥ नहिप्रतिज्ञायादत्तातांप्रहातुमरिंदम ३८ कालेनाऽयंजनःसर्वोनिहतोरणमूर्धनि ॥ वयंचकालेनहताःकालोहिपरमेश्वरः ३९

४० । ४१ । ४२ । ४३ । ४४ । ४५ । ४६ । ४७ । ४८ । ४९ । ५० । ५१ । ५२ । ५३ । ५४ । ५५ । ५६ । ५७ । ५८ । ५९ । ६० । ६१ । ६२ । ६३ । ६४ । ६५ । ६६

नहिकालेनकालज्ञःस्पृष्टःशोचितुमर्हसि ॥ कालोलोहितरक्ताक्षःकृष्णोदंडीसनातनः ४० तस्मात्कुंतीसुतज्ञातीन्नेहशोचितुमर्हसि ॥ व्यपेतमन्युर्नित्यंत्वंभवकौ
रवनंदन ४१ माधवस्यास्यमाहात्म्यंश्रुतंयत्कथितंमया ॥ तदेवतावत्पर्याप्तंसज्जनस्यनिदर्शनम् ४२ व्यासस्यवचनंश्रुत्वानारदस्यचधीमतः ॥ स्वयंचैवमहारा
जकृष्णस्यार्हत्तमस्यवै ४३ प्रभावश्चर्षिपूगस्यकथितःसुमहान्मया ॥ महेश्वरस्यसंवादंशैलपुत्र्याश्चभारत ४४ धारयिष्यतियश्चैनंमहापुरुषसंभवम् ॥ शृणुया
त्कथयेद्वायःसश्रेयोलभतेपरम् ४५ भवितारश्चतस्याथसर्वेकामायथेप्सिताः ॥ प्रेत्यस्वर्गेचलभतेनरोनास्त्यत्रसंशयः ४६ न्याय्यंश्रेयोऽभिकामेनप्रतिपत्तुंजना
र्दन ॥ एषएवाक्षयेविप्रैःस्तुतोराजन्जनार्दनः ४७ महेश्वरमुखोत्सृष्टायेचधर्मगुणाःस्मृताः ॥ तेत्वयामनसाधार्याःकुरुराजदिवानिशम् ४८ एवंतेवर्तमानस्य
सम्यग्दंडधरस्यच ॥ प्रजापालनदक्षस्यस्वर्गलोकोभविष्यति ४९ धर्मेणाऽपिसदाराजन्प्रजारक्षितुमर्हसि ॥ यस्तस्यविपुलोदंडःसम्यग्धर्मःसकीर्त्यते ५० य
एषकथितोराजन्मयासज्जनसन्निधौ ॥ शंकरस्योमयासार्धंसंवादोधर्मसंहितः ५१ श्रुत्वावाश्रोतुकामोवाप्यर्चयेद्वृषभध्वजम् ॥ विशुद्धेनेहभावेनयइच्छेद्भूतिमात्म
नः ५२ एषतस्याऽनवद्यस्यनारदस्यमहात्मनः ॥ संदेशोदेवपूजार्थंतंतथाकुरुपांडव ५३ एतदत्यद्भुतंवृत्तंपुण्येहिमवतिप्रभो ॥ वासुदेवस्यकौन्तेयस्थाणोश्चैव
स्वभावजम् ५४ दशवर्षसहस्राणिबदर्यामेषशाश्वतः ॥ तपश्चचारविपुलंसहगांडीवधन्वना ५५ त्रियुगौपुंडरीकाक्षौवासुदेवधनंजयौ ॥ विदितौनारदादेतौमम
व्यासाच्चपार्थिव ५६ बालएवमहाबाहुश्चकारकदनंमहत् ॥ कंसस्यपुंडरीकाक्षोज्ञातित्राणार्थकारणात् ५७ कर्मणामस्यकौन्तेयनांतंसंख्यातुमुत्सहे ॥ शाश्वतस्य
पुराणस्यपुरुषस्ययुधिष्ठिर ५८ ध्रुवंश्रेयःपरंतातभविष्यतितवोत्तमम् ॥ यस्यतेपुरुषव्याघ्रःसखाचाऽयंजनार्दनः ५९ दुर्योधनंतुशोचामिप्रेत्यलोकेऽपिदुर्मतिम् ॥
यत्कृतेपृथिवीसर्वाविनष्टासहयद्विपा ६० दुर्योधनापराधेनकर्णस्यशकुनेस्तथा ॥ दुःशासनचतुर्थानांकुरवोनिधनंगताः ६१ ॥ ॥ वैशंपायनउवाच ॥ ॥ एवं
संभाषमाणेतुगांगेयेपुरुषर्षभे ॥ तूष्णींबभूवकौरव्योमध्येतेषांमहात्मनाम् ६२ तच्छ्रुत्वाविस्मयंजग्मुर्धृतराष्ट्रादयोनृपाः ॥ संपूज्यमनसाकृष्णंसर्वेप्रांजलयोऽभ
वन् ६३ ऋषयश्चापितेसर्वेनारदप्रमुखास्तदा ॥ प्रतिगृह्यास्यनंदंततद्वाक्यंप्रतिपूज्यच ६४ इत्येतदखिलंसर्वैःपांडवोभ्रातृभिःसह ॥ श्रुतवान्सुमहाश्चर्यंपुण्यं
भीष्मानुशासनम् ६५ युधिष्ठिरस्तुगांगेयंविश्रांतंभूरिदक्षिणम् ॥ पुनरेवमहाबुद्धिःपर्यपृच्छन्महीपतिः ६६ ॥ ॥ इतिश्रीमहाभारते अनुशासनपर्वणि
आनुशासनिकेपर्वणि दानधर्मे महापुरुषप्रस्तावे अष्टचत्वारिंशदधिकशततमोऽध्यायः ॥ १४८ ॥ ॥ ॥ ॥

विश्वंविष्णुरित्यतःप्राक्तनोग्रंथःस्पष्टार्थः नामपदानामवयवार्थस्तुश्रीशंकराचार्यभगवत्पादीयभाष्यादेवावगंतव्यः । शूद्रःसुखमवाप्नुयादित्यनेनशूद्रस्याप्येतज्जपेऽधिकारोस्तिइतिदर्शितं शेषंसुगमम् १ । २
॥ वैशंपायनउवाच ॥ श्रुत्वाधर्मानशेषेणपावनानिचसर्वशः ॥ युधिष्ठिरःशांतनवंपुनरेवाभ्यभाषत १ ॥ युधिष्ठिरउवाच ॥ किमेकंदैवतंलोकेकिंवाप्येकंपराय
 णम् ॥ स्तुवंतःकंकमर्चंतःप्राप्नुयुर्मानवाःशुभम् २ कोधर्मःसर्वधर्माणांभवतःपरमोमतः ॥ किंजपन्मुच्यतेजन्तुर्जन्मसंसारबन्धनात् ३ ॥ भीष्मउवाच ॥ जगत्प्र
भुंदेवदेवमनन्तंपुरुषोत्तमम् ॥ स्तुवन्नामसहस्रेणपुरुषःसततोत्थितः ४ तमेवचार्चयन्नित्यंभक्त्यापुरुषमव्ययम् ॥ ध्यायंस्तुवन्नमस्यंश्चयजमानस्तमेवच ५ अना
दिनिधनंविष्णुंसर्वलोकमहेश्वरम् ॥ लोकाध्यक्षंस्तुवन्नित्यंसर्वदुःखातिगोभवेत् ६ ब्रह्मण्यंसर्वधर्मज्ञंलोकानांकीर्तिवर्धनम् ॥ लोकनाथंमहद्भूतंसर्वभूतभवोद्भवम् ७
एषमेसर्वधर्माणांधर्मोधिकतमोमतः ॥ यद्भक्त्यापुंडरीकाक्षंस्तवैरर्चेन्नरःसदा ८ परमंयोमहत्तेजःपरमंयोमहत्तपः ॥ परमंयोमहद्ब्रह्मपरमंयःपरायणम् ९ पवित्रा
णांपवित्रंयोमंगलानांचमंगलम् ॥ दैवतंदेवतानांचभूतानांयोऽव्ययःपिता १० यतःसर्वाणिभूतानिभवंत्यादियुगागमे ॥ यस्मिंश्चप्रलयंयांतिपुनरेवयुगक्षये ११
तस्यलोकप्रधानस्यजगन्नाथस्यभूपते ॥ विष्णोर्नामसहस्रंमेशृणुपापभयापहम् १२ यानिनामानिगौणानिविख्यातानिमहात्मनः ॥ ऋषिभिःपरिगीतानिता
निवक्ष्यामिभूतये १३ ओंविश्वंविष्णुर्वषट्कारोभूतभव्यभवत्प्रभुः ॥ भूतकृद्भूतभृद्भावोभूतात्माभूतभावनः १४ पूतात्मापरमात्माचमुक्तानांपरमागतिः ॥ अ
व्ययःपुरुषःसाक्षीक्षेत्रज्ञोऽक्षरएवच १५ योगोयोगविदांनेताप्रधानपुरुषेश्वरः ॥ नारसिंहवपुःश्रीमान्केशवःपुरुषोत्तमः १६ सर्वःशर्वःशिवःस्थाणुर्भूतादिर्निधिर
व्ययः ॥ संभवोभावनोभर्ताप्रभवःप्रभुरीश्वरः १७ स्वयंभूःशंभुरादित्यःपुष्कराक्षोमहास्वनः ॥ अनादिनिधनोधाताविधाताधातुरुत्तमः १८ अप्रमेयोहृषीकेशः
पद्मनाभोऽमरप्रभुः ॥ विश्वकर्मामनुस्त्वष्टास्थविष्ठःस्थविरोध्रुवः १९ अग्राह्यःशाश्वतःकृष्णोलोहिताक्षःप्रतर्दनः ॥ प्रभूतस्त्रिककुब्धामपवित्रंमंगलंपरम् २० ई
शानःप्राणदःप्राणोज्येष्ठःश्रेष्ठःप्रजापतिः ॥ हिरण्यगर्भोभूगर्भोमाधवोमधुसूदनः २१ ईश्वरोविक्रमीधन्वीमेधावीविक्रमःक्रमः ॥ अनुत्तमोदुराधर्षःकृतज्ञःकृतिरा
त्मवान् २२ सुरेशःशरणंशर्मविश्वरेताःप्रजाभवः ॥ अहःसंवत्सरोव्यालःप्रत्ययःसर्वदर्शनः २३ अजःसर्वेश्वरःसिद्धःसिद्धिःसर्वादिरच्युतः (१००) ॥ वृषाकपिरमे
यात्मासर्वयोगविनिःसृतः २४ वसुर्वसुमनाःसत्यःसमात्मासंमितःसमः ॥ अमोघःपुण्डरीकाक्षोवृषकर्मावृषाकृतिः २५ रुद्रोबहुशिराबभ्रुर्विश्वयोनिःशुचिश्रवाः ॥
अमृतःशाश्वतःस्थाणुर्वरारोहोमहातपाः २६ सर्वगःसर्वविद्भानुर्विष्वक्सेनोजनार्दनः ॥ वेदोवेदविदव्यंगोवेदांगोवेदवित्कविः २७ लोकाध्यक्षःसुराध्यक्षोधर्माध्य
क्षःकृताकृतः ॥ चतुरात्माचतुर्व्यूहश्चतुर्दंष्ट्रश्चतुर्भुजः २८ भ्राजिष्णुर्भोजनंभोक्तासहिष्णुर्जगदादिजः ॥ अनघोविजयोजेताविश्वयोनिःपुनर्वसुः २९ ॥

३ । ४ । ५ । ६ । ७ । ८ । ९ । १० । ११ । १२ । १३ । १४ । १५ । १६ । १७ । १८ । १९ । २० । २१ । २२ । २३ । २४ । २५ । २६ । २७ । २८ । २९ ॥

३० । ३१ । ३२ । ३३ । ३४ । ३५ । ३६ । ३७ । ३८ । ३९ । ४० । ४१ । ४२ । ४३ । ४४ । ४५ । ४६ । ४७ । ४८ । ४९ । ५० । ५१ । ५२ । ५३ । ५४ । ५५ । ५६ । ५७ । ५८ । ५९

उपेन्द्रोवामनःप्रांशुरमोघःशुचिरूर्जितः ॥ अतीन्द्रःसंग्रहःसर्गोधृतात्मानियमोयमः ३० वेद्योवैद्यःसदायोगीवीरहामाधवोमधुः ॥ अतीन्द्रियोमहामायोमहोत्साहो
महाबलः ३१ महाबुद्धिर्महावीर्योमहाशक्तिर्महाद्युतिः ॥ अनिर्देश्यवपुःश्रीमानमेयात्मामहाद्रिधृक् ३२ महेष्वासोमहीभर्ताश्रीनिवासःसतांगतिः॥ अनिरुद्धःसु
रानन्दोगोविन्दोगोविदांपतिः ३३ मरीचिर्दमनोहंसःसुपर्णोभुजगोत्तमः ॥ हिरण्यनाभःसुतपाःपद्मनाभःप्रजापतिः ३४ अमृत्युःसर्वदृक्सिंहः(२००)संधातासंधि
मान्स्थिरः ॥ अजोदुर्मर्षणःशास्ताविश्रुतात्मासुरारिहा ३५ गुरुर्गुरुतमोधामसत्यःसत्यपराक्रमः ॥ निमिषोऽनिमिषःस्रग्वीवाचस्पतिरुदारधीः ३६ अग्रणी
र्ग्रामणीःश्रीमान्न्यायोनेतासमीरणः ॥ सहस्रमूर्धाविश्वात्मासहस्राक्षःसहस्रपात् ३७ आवर्तनोनिवृत्तात्मासंवृतःसंप्रमर्दनः ॥ अहःसंवर्तकोवह्निरनिलोधरणीधरः
३८ सुप्रसादःप्रसन्नात्माविश्वधृग्विश्वभुग्विभुः ॥ सत्कर्तासत्कृतःसाधुर्जह्नुर्नारायणोनरः ३९ असंख्येयोऽप्रमेयात्माविशिष्टःशिष्टकृच्छुचिः ॥ सिद्धार्थःसिद्धसंक
ल्पःसिद्धिदःसिद्धिसाधनः ४० वृषाहीवृषभोविष्णुर्वृषपर्वावृषोदरः ॥ वर्धनोवर्धमानश्चविविक्तःश्रुतिसागरः ४१ सुभुजोदुर्धरोवाग्मीमहेन्द्रोवसुदोवसुः ॥ नैकरू
पोबृहद्रूपःशिपिविष्टःप्रकाशनः ४२ ओजस्तेजोद्युतिधरःप्रकाशात्माप्रतापनः ॥ ऋद्धःस्पष्टाक्षरोमंत्रश्चंद्रांशुर्भास्करद्युतिः ४३ अमृतांशूद्भवोभानुःशशबिंदुःसुरे
श्वरः ॥ औषधंजगतःसेतुःसत्यधर्मपराक्रमः ४४ भूतभव्यभवन्नाथःपवनःपावनोऽनलः॥ कामहाकामकृत्कान्तःकामःकामप्रदःप्रभुः ४५ युगादिकृ(३००)द्युगा
वर्तोनैकमायोमहाशनः ॥ अदृश्योऽव्यक्तरूपश्चसहस्रजिदनंतजित् ४६ इष्टोविशिष्टःशिष्टेष्टःशिखंडीनहुषोवृषः ॥ क्रोधहाक्रोधकृत्कर्ताविश्वबाहुर्महीधरः ४७
अच्युतःप्रथितःप्राणःप्राणदोवासवानुजः ॥ अपांनिधिरधिष्ठानमप्रमत्तःप्रतिष्ठितः ४८ स्कन्दःस्कन्दधरोधुर्योवरदोवायुवाहनः ॥ वासुदेवोबृहद्भानुरादिदेवःपुरंदरः
४९ अशोकस्तारणस्तारःशूरःशौरिर्जनेश्वरः ॥ अनुकूलःशतावर्तःपद्मीपद्मनिभेक्षणः ५० पद्मनाभोऽरविन्दाक्षःपद्मगर्भःशरीरभृत् ॥ महर्धिर्ऋद्धोवृद्धात्मामहा
क्षोगरुडध्वजः ५१ अतुलःशरभोभीमःसमयज्ञोहविर्हरिः ॥ सर्वलक्षणलक्षण्योलक्ष्मीवान्समितिंजयः ५२ विक्षरोरोहितोमार्गोहेतुर्दामोदरःसहः ॥ महीधरोमहा
भागोवेगवानमिताशनः ५३ उद्भवःक्षोभणोदेवःश्रीगर्भःपरमेश्वरः ॥ करणंकारणंकर्ताविकर्तागहनोगुहः ५४ व्यवसायोव्यवस्थानःसंस्थानःस्थानदोध्रुवः ॥ पर
र्धिःपरमस्पष्टस्तुष्टःपुष्टःशुभेक्षणः ५५ रामोविरामोविरजोमार्गोनेयोनयोऽनयः(४००) ॥ वीरःशक्तिमतांश्रेष्ठोधर्मोधर्मविदुत्तमः ५६ वैकुंठःपुरुषःप्राणःप्राणदः
प्रणवःपृथुः ॥ हिरण्यगर्भःशत्रुघ्नोव्याप्तोवायुरधोक्षजः ५७ ऋतुःसुदर्शनःकालःपरमेष्ठीपरिग्रहः ॥ उग्रःसंवत्सरोदक्षोविश्रामोविश्वदक्षिणः ५८ विस्तारःस्था
वरःस्थाणुःप्रमाणंबीजमव्ययम् ॥ अर्थोऽनर्थोमहाकोशोमहाभोगोमहाधनः ५९ ॥ ॥ ॥

अनिर्विण्णःस्थविष्ठोभूर्धर्मयूपोमहामखः ॥ नक्षत्रनेमिर्नक्षत्रीक्षमःक्षामःसमीहनः ६० यज्ञइज्योमहेज्यश्चक्रतुःसत्रंसतांगतिः ॥ सर्वदर्शीविमुक्तात्मासर्वज्ञोज्ञान
मुत्तमम् ६१ सुव्रतःसुमुखःसूक्ष्मःसुघोषःसुखदःसुहृत् ॥ मनोहरोजितक्रोधोवीरबाहुर्विदारणः ६२ स्वापनःस्ववशोव्यापीनैकात्मानैककर्मकृत् ॥ वत्सरोवत्स
लोवत्सीरत्नगर्भोधनेश्वरः ६३ धर्मगुब्धर्मकृद्धर्मीसदसत्क्षरमक्षरम् ॥ अविज्ञातासहस्रांशुर्विधाताकृतलक्षणः ६४ गभस्तिनेमिःसत्वस्थःसिंहोभूतमहेश्वरः ॥
आदिदेवोमहादेवोदेवेशोदेवभृद्गुरुः ६५ उत्तरोगोपतिर्गोप्ताज्ञानगम्यःपुरातनः ॥ शरीरभूतभृद्भोक्ता (५००) कपीन्द्रोभूरिदक्षिणः ६६ सोमपोऽमृ
तपःसोमःपुरुजित्पुरुसत्तमः ॥ विनयोजयःसत्यसंधोदाशार्हःसात्वतांपतिः ६७ जीवोविनयितासाक्षीमुकुन्दोऽमितविक्रमः ॥ अंभोनिधिरनंतात्मामहोदधिशयो
न्तकः ६८ अजोमहार्हःस्वाभाव्योजितामित्रःप्रमोदनः ॥ आनन्दोनन्दनोनन्दःसत्यधर्मात्रिविक्रमः ६९ महर्षिःकपिलाचार्यःकृतज्ञोमेदिनीपतिः ॥ त्रिपदस्त्रिद
शाध्यक्षोमहाशृंगःकृतांतकृत् ७० महावराहोगोविंदःसुषेणःकनकांगदी ॥ गुह्योगभीरोगहनोगुप्तश्चक्रगदाधरः ७१ वेधाःस्वांगोजितःकृष्णोदृढःसंकर्षणो
ऽच्युतः ॥ वरुणोवारुणोवृक्षःपुष्कराक्षोमहामनाः ७२ भगवान्भगहानंदीवनमालीहलायुधः ॥ आदित्योज्योतिरादित्यःसहिष्णुर्गतिसत्तमः ७३ सुधन्वाखं
डपरशुर्दारुणोद्रविणप्रदः ॥ दिवस्पृक्सर्वदृग्व्यासोवाचस्पतिरयोनिजः ७४ त्रिसामासामगःसामनिर्वाणंभेषजंभिषक् ॥ संन्यासकृच्छमःशांतोनिष्ठाशांतिः
परायणम् ७५ शुभांगःशांतिदःस्रष्टाकुमुदःकुवलेशयः ॥ गोहितोगोपतिर्गोप्तावृषभाक्षोवृषप्रियः ७६ अनिवर्तीनिवृत्तात्मासंक्षेप्ताक्षेमकृच्छिवः (६००)
॥ श्रीवत्सवक्षाःश्रीवासःश्रीपतिःश्रीमतांवरः ७७ श्रीदःश्रीशःश्रीनिवासःश्रीनिधिःश्रीविभावनः ॥ श्रीधरःश्रीकरःश्रेयःश्रीमाँल्लोकत्रयाश्रयः ७८ स्वक्षःस्वंगःशतानं
दोनंदिर्ज्योतिर्गणेश्वरः ॥ विजितात्माविधेयात्मासत्कीर्तिश्छिन्नसंशयः ७९ उदीर्णःसर्वतश्चक्षुरनीशःशाश्वतःस्थिरः ॥ भूशयोभूषणोभूतिर्विशोकःशोकनाशनः
८० अर्चिष्मानर्चितःकुंभोविशुद्धात्माविशोधनः ॥ अनिरुद्धोऽप्रतिरथःप्रद्युम्नोऽमितविक्रमः ८१ कालनेमिनिहावीरःशौरिःशूरजनेश्वरः ॥ त्रिलोकात्मात्रिलो
केशःकेशवःकेशिहाहरिः ८२ कामदेवःकामपालःकामीकांतःकृतागमः ॥ अनिर्देश्यवपुर्विष्णुर्वीरोऽनन्तोधनंजयः ८३ ब्रह्मण्योब्रह्मकृद्ब्रह्माब्रह्मब्रह्मविवर्धनः ॥ ब्रह्म
विद्ब्राह्मणोब्रह्मीब्रह्मज्ञोब्राह्मणप्रियः ८४ महाक्रमोमहाकर्मामहातेजामहोरगः ॥ महाक्रतुर्महायज्वामहायज्ञोमहाहविः ८५ स्तव्यःस्तवप्रियःस्तोत्रंस्तुतिस्तो
तारणप्रियः ॥ पूर्णःपूरयितापुण्यःपुण्यकीर्तिरनामयः ८६ मनोजवस्तीर्थकरोवसुरेतावसुप्रदः ॥ वसुप्रदोवासुदेवोवसुर्वसुमनाहविः ८७ सद्गतिःसत्कृतिः
(७००) सत्तासद्भूतिःसत्परायणः ॥ शूरसेनोयदुश्रेष्ठःसन्निवासःसुयामुनः ८८ ॥ ॥ ॥ ॥ ॥१५१॥

८९ । ९० । ९१ । ९२ । ९३ । ९४ । ९५ । ९६ । ९७ । ९८ । ९९ । १०० । १ । २ । ३ । ४ । ५ । ६ । ७ । ८ । ९ । १० । ११ । १२ । १३ । १४ । १५ । १६ । १७ । ११८

भूतावसोवासुदेवः सर्वासुनिलयोऽनलः ॥ दर्पहादर्पदोदृप्तोदुर्धरोथापराजितः ८९ विश्वमूर्तिर्महामूर्तिर्दीप्तमूर्तिरमूर्तिमान् ॥ अनेकमूर्तिरव्यक्तः शतमूर्तिः शतानन
९० एकोनैकः सवः कः किंयत्तत्पदमनुत्तमम् ॥ लोकबंधुर्लोकनाथोमाधवोभक्तवत्सलः ९१ सुवर्णवर्णोहेमांगोवरांगश्चंदनांगदी ॥ वीरहाविषमः शून्योघृताशीर
चलश्चलः ९२ अमानीमानदोमान्योलोकस्वामीत्रिलोकधृक् ॥ सुमेधामेधजोधन्यः सत्यमेधाधराधरः ९३ तेजोवृषोद्युतिधरः सर्वशस्त्रभृतांवरः ॥ प्रग्रहोनि
ग्रहोव्यग्रोनैकश्रृंगोगदाग्रजः ९४ चतुर्मूर्तिश्चतुर्बाहुश्चतुर्व्यूहश्चतुर्गतिः ॥ चतुरात्माचतुर्भावश्चतुर्वेदविदेकपात् ९५ समावर्तोनिवृत्तात्मादुर्जयोदुरतिक्रमः ॥
दुर्लभोदुर्गमोदुर्गोदुरावासोदुरारिहा ९६ शुभांगोलोकसारंगः सुतंतुस्तंतुवर्धनः ॥ इंद्रकर्मामहाकर्माकृतकर्माकृतागमः ९७ उद्भवः सुंदरः सुंदोरत्ननाभः सुलो
चनः ॥ अर्कोवाजसनः श्रृंगीजयंतः सर्वविज्जयी ९८ सुवर्णबिंदुर (८००) क्षोभ्यः सर्ववागीश्वरेश्वरः ॥ महाहृदोमहागर्तोमहाभूतोमहानिधिः ९९ कुमदः
कुन्दरः कुन्दः पर्जन्यः पावनोऽनिलः ॥ अमृताशोऽमृतवपुः सर्वज्ञः सर्वतोमुखः १०० सुलभः सुव्रतः सिद्धः शत्रुजिच्छत्रुतापनः ॥ न्यग्रोधोदुम्बरोश्वत्थश्चाणूरांध्रनिषू
दनः १ सहस्रार्चिः सप्तजिह्वः सप्तैधाः सप्तवाहनः ॥ अमूर्तिरनघोऽचिन्त्योभयकृद्भयनाशनः २ अणुर्बृहत्कृशः स्थूलोगुणभृन्निर्गुणोमहान् ॥ अधृतः स्वधृतः स्वा
स्यः प्राग्वंशोवंशवर्धनः ३ भारभृत्कथितोयोगीयोगीशः सर्वकामदः ॥ आश्रमः श्रमणः क्षामः सुपर्णोवायुवाहनः ४ धनुर्धरोधनुर्वेदोदण्डोदमयितादमः ॥ अपरा
जितः सर्वसहोनियंतानियमोयमः ५ सत्ववान्सात्विकः सत्यः सत्यधर्मपरायणः ॥ अभिप्रायः प्रियार्होर्हः प्रियकृत्प्रीतिवर्धनः ६ विहायसगतिर्ज्योतिः सुरुचिर्हुत
भुग्विभुः ॥ रविर्विरोचनः सूर्यः सविताररविलोचनः ७ अनन्तोहुतभुग्भोक्तासुखदोनैकदोग्रजः ॥ अनिर्विण्णः सदामर्षीलोकाधिष्ठानमद्भुतः ८ सनात्सना
तनतमः कपिलः कपिरव्ययः ॥ (९००) ॥ स्वस्तिदः स्वस्तिकृत्स्वस्तिस्वस्तिभुक्स्वस्तिदक्षिणः ९ अरौद्रः कुण्डलीचक्रीविक्रम्यूर्जितशासनः ॥ शब्दातिगः
शब्दसहः शिशिरः शर्वरीकरः ११० अक्रूरः पेशलोदक्षोदक्षिणः क्षमिणांवरः ॥ विद्वत्तमोवीतभयः पुण्यश्रवणकीर्तनः ११ उत्तारणोदुष्कृतिहापुण्योदुःस्वप्न
नाशनः ॥ वीरहारक्षणः सन्तोजीवनः पर्यवस्थितः १२ अनन्तरूपोऽनन्तश्रीर्जितमन्युर्भयापहः ॥ चतुरस्रोगभीरात्माविदिशोव्यादिशोदिशः १३ अना
दिर्भूर्भुवोलक्ष्मीः सुवीरोरुचिरांगदः ॥ जननोजनजन्मादिर्भीमोभीमपराक्रमः १४ आधारनिलयोधातापुष्पहासः प्रजागरः ॥ ऊर्ध्वगः सत्पथाचारः प्राणदः
प्रणवः पणः १५ प्रमाणंप्राणनिलयः प्राणभृत्प्राणजीवनः ॥ तत्त्वंतत्त्वविदेकात्माजन्ममृत्युजरातिगः १६ भूर्भुवः स्वस्तरुस्तारः सविताप्रपितामहः ॥ यज्ञो
यज्ञपतिर्यज्वायज्ञांगोयज्ञवाहनः १७ यज्ञभृद्यज्ञकृद्यज्ञीयज्ञभुग्यज्ञसाधनः ॥ यज्ञान्तकृद्यज्ञगुह्यमन्नमन्नादएवच ११८ ॥ ॥

आत्मयोनिःस्वयंजातोवैखानःसामगायनः ॥ देवकीनन्दनःस्रष्टाक्षितीशःपापनाशनः ११९ शंखभृन्नन्दकीचक्रीशार्ङ्गधन्वागदाधरः ॥ रथाङ्गपाणिरक्षोभ्यःसर्व
॥१९२॥ प्रहरणायुधः ॥ सर्वप्रहरणायुधओंनमइति १००० ॥ १२० ॥ इतीदंकीर्तनीयस्यकेशवस्यमहात्मनः ॥ नाम्नांसहस्रंदिव्यानामशेषेणप्रकीर्तितम् २१ यइदं अ०
शृणुयान्नित्यंयश्चापिपरिकीर्तयेत् ॥ नाशुभंप्राप्नुयात्किंचित्सोमुत्रेहचमानवः २२ वेदांतगोब्राह्मणःस्यात्क्षत्रियोविजयीभवेत् ॥ वैश्योधनसमृद्धःस्याच्छूद्रःसु ॥१२०॥
खमवाप्नुयात् २३ धर्मार्थीप्राप्नुयाद्धर्ममर्थार्थीचार्थमाप्नुयात् ॥ कामानवाप्नुयात्कामीप्रजार्थीप्राप्नुयात्प्रजाम् २४ भक्तिमान्यःसदोत्थायशुचिस्तद्गतमानसः ॥
सहस्रंवासुदेवस्यनाम्नामेतत्प्रकीर्तयेत् २५ यशःप्राप्नोतिविपुलंज्ञातिप्राधान्यमेवच ॥ अचलांश्रियमाप्नोतिश्रेयःप्राप्नोत्यनुत्तमम् २६ नभयंक्कचिदाप्नोतिवीर्यं
तेजश्चविंदति ॥ भवत्यरोगोद्युतिमान्बलरूपगुणान्वितः २७ रोगार्तोमुच्यतेरोगाद्बद्धोमुच्येतबन्धनात् ॥ भयान्मुच्येतभीतस्तुमुच्येतापन्नआपदः २८ दुर्गा
ण्यतितरत्याशुपुरुषःपुरुषोत्तमम् ॥ स्तुवन्नामसहस्रेणनित्यंभक्तिसमन्वितः २९ वासुदेवाश्रयोमर्त्योवासुदेवपरायणः ॥ सर्वपापविशुद्धात्मायातिब्रह्मसनातनम्
१३० नवासुदेवभक्तानामशुभंविद्यतेक्कचित् ॥ जन्ममृत्युजराव्याधिभयंनैवोपजायते ३१ इमंस्तवमधीयानःश्रद्धाभक्तिसमन्वितः ॥ युज्येतात्मसुखक्षांति
श्रीधृतिस्मृतिकीर्तिभिः ३२ नक्रोधोनचमात्सर्यंनलोभोनाशुभामतिः ॥ भवंतिकृतपुण्यानांभक्तानांपुरुषोत्तमे ३३ द्यौःसचन्द्रार्कनक्षत्राखंदिशोभूर्महोदधिः ॥
वासुदेवस्यवीर्येणविधृतानिमहात्मनः ३४ ससुरासुरगंधर्वंसयक्षोरगराक्षसम् ॥ जगद्वशेवर्ततेदंकृष्णस्यसचराचरम् ३५ इंद्रियाणिमनोबुद्धिःसत्वंतेजोबलंधृतिः
॥ वासुदेवात्मकान्याहुःक्षेत्रंक्षेत्रज्ञएवच ३६ सर्वागमानामाचारःप्रथमंपरिकल्प्यते ॥ आचारःप्रथमोधर्मोधर्मस्यप्रभुरच्युतः ३७ ऋषयःपितरोदेवामहाभूता
निधातवः ॥ जंगमाजंगमंचेदंजगन्नारायणोद्भवम् ३८ योगोज्ञानंतथासांख्यंविद्याःशिल्पादिकर्मच ॥ वेदाःशास्त्राणिविज्ञानमेतत्सर्वंजनार्दनात् ३९ एको
विष्णुर्महद्भूतंपृथग्भूतान्यनेकशः ॥ त्रीन्लोकान्व्याप्यभूतात्माभुङ्क्तेविश्वभुगव्ययः १४० इमंस्तवंभगवतोविष्णोर्व्यासेनकीर्तितम् ॥ पठेद्यइच्छेत्पुरुषःश्रेयःप्राप्तुं
सुखानिच १४१ विश्वेश्वरमजंदेवंजगतःप्रभवाप्ययम् ॥ भजंतियेपुष्कराक्षंनतेयांतिपराभवम् १४२ ॥ इतिश्रीम०शतसाहस्र्यांसंहितायांवैयासक्यांअनु
शासनपर्वणिआनुशास० दानधर्मेविष्णुसहस्रनामकथनेएकोनपंचाशदधिकशततमोऽध्यायः ॥ १४९ ॥ ॥ युधिष्ठिरउवाच ॥ पितामहमहाप्राज्ञसर्वशास्त्रवि
शारद ॥ किंजप्यंजपतोनित्यंभवेद्धर्मफलंमहत् १ प्रस्थानेवाप्रवेशेवाप्रवृत्तेवाऽपिकर्माणि ॥ दैवेवाश्राद्धकालेवाकिंजप्यंकर्मसाधनम् २ शांतिकंपौष्टिकंरक्षाशत्रु ॥१८२॥
घ्नंभयनाशनम् ॥ जप्यंयद्ब्रह्मसमितंतद्भवान्वक्तुमर्हति ३ ॥ ॥ ॥ ॥

॥ भीष्मउवाच ॥ व्यासप्रोक्तमिमंमंत्रंशृणुष्वैकमनानृप ॥ साविञ्याविहितंदिव्यंसद्यःपापविमोचनम् ४ शृणुमंत्रविधिंकृत्स्नंप्रोच्यमानंमयाऽनघ ॥ यंश्रुत्वापां
डवश्रेष्ठसर्वपापैःप्रमुच्यते ५ रात्रावहनिधर्मज्ञजपन्पापैर्नलिप्यते ॥ तत्तेऽहंसंप्रवक्ष्यामिशृणुष्वैकमनानृप ६ आयुष्मान्भवतेचैवयंश्रुत्वापार्थिवात्मज ॥ पुरुष
स्तुसुसिद्धार्थःप्रेत्यचेहचमोदते ७ सेवितंसततंराजन्पुराराजर्षिसत्तमैः ॥ क्षत्रधर्मपरैर्नित्यंसत्यव्रतपरायणैः ८ इदमाह्निकमव्यग्रंकुर्वद्भिर्नियतैःसदा ॥ नृपैर्भरत
शार्दूलप्राप्यतेश्रीरनुत्तमा ९ नमोवसिष्ठायमहाव्रतायपराशरंवेदनिधिंनमस्ये ॥ नमोस्त्वनंतायमहोरगायनमोऽस्तुसिद्धेभ्यइहाक्षयेभ्यः १० नमोस्त्वृषिभ्यःपरमं
परेषांदेवेषुदेवंवरदंवराणाम् ॥ सहस्रशीर्षायनमःशिवायसहस्रनामायजनार्दनाय ११ अजैकपादहिर्बुध्न्यःपिनाकीचापराजितः ॥ ऋतश्चपितृरूपश्चत्र्यंबकश्चमहे
श्वरः १२ वृषाकपिश्चशंभुश्चहवनोऽथेश्वरस्तथा ॥ एकादशैतेप्रथितारुद्रास्त्रिभुवनेश्वराः १३ शतमेतत्समाम्नातंशतरुद्रेमहात्मनाम् ॥ अंशोभगश्चमित्रश्चवरुणश्चजले
श्वरः १४ तथाधातार्यमाचैवजयंतोभास्करस्तथा ॥ त्वष्टापूषातथैवेन्द्रोद्वादशोविष्णुरुच्यते १५ इत्येतेद्वादशादित्याःकाश्यपेयाइतिश्रुतिः ॥ धरोध्रुवश्चसोम
श्चसावित्रोऽथानिलोऽनलः १६ प्रत्यूषश्चप्रभासश्चवसवोऽष्टौप्रकीर्तिताः ॥ नासत्यश्चापिदस्रश्चस्मृतौद्वावश्विनावपि १७ मार्तण्डस्यात्मजावेतौसंज्ञानासाविनि
र्गतौ ॥ अतःपरंप्रवक्ष्यामिलोकानांकर्मसाक्षिणः १८ अपियज्ञस्यवेत्तारोदत्तस्यसुकृतस्यच ॥ अदृश्याःसर्वभूतेषुपश्यंतित्रिदशेश्वराः १९ शुभाशुभानिकर्माणि
मृत्युःकालश्चसर्वशः ॥ विश्वेदेवाःपितृगणामूर्तिमंतस्तपोधनाः २० मुनयश्चैवसिद्धाश्चतपोमोक्षपरायणाः ॥ शुचिस्मिताःकीर्तयतांप्रयच्छंतिशुभंनृणाम् २१
प्रजापतिकृतानेतान्लोकान्दिव्येनतेजसा ॥ वसंतिसर्वलोकेषुप्रयताःसर्वकर्मसु २२ प्राणानामीश्वरानेतान्कीर्तयन्प्रयतोनरः ॥ धर्मार्थकामैर्विपुलैर्युज्यतेसहनि
त्यशः २३ लोकांश्चलभतेपुण्यान्विश्वेश्वरकृताञ्छुभान् ॥ एतेदेवास्त्रयस्त्रिंशत्सर्वभूतगणेश्वराः २४ नंदीश्वरोमहाकायोग्रामणीर्वृषभध्वजः ॥ ईश्वराःसर्वलोकानां
गणेश्वरविनायकाः २५ सौम्यारौद्रागणाश्चैवयोगभूतगणास्तथा ॥ ज्योतींषिसरितोव्योमसुपर्णःपतगेश्वरः २६ पृथिव्यांतपसासिद्धाःस्थावराश्चचराश्चह ॥
हिमवान्गिरयःसर्वेचत्वारश्चमहार्णवाः २७ भवस्यानुचराश्चैवहरतुल्यपराक्रमाः ॥ विष्णुर्देवोऽथजिष्णुश्चस्कंदश्चांबिकयासह २८ कीर्तयन्प्रयतःसर्वान्सर्वपापैः
प्रमुच्यते ॥ अतऊर्ध्वंप्रवक्ष्यामिमानवानृषिसत्तमान् २९ यवक्रीतश्चरैभ्यश्चअर्वावसुपरावसू ॥ औशिजश्चैवकक्षीवान्बलश्चांगिरसःसुतः ३० ऋषिर्मेधातिथेः
पुत्रःकण्वोबर्हिषदस्तथा ॥ ब्रह्मतेजोमयाःसर्वेकीर्तितालोकभावनाः ३१ लभंतेहिशुभंसर्वेरुद्रानलवसुप्रभाः ॥ भुविकृत्वाशुभंकर्ममोदंतेदिविदैवतैः ३२ ॥

॥१५३॥ महेन्द्रगुरवःसप्तप्राचींवैदिशमाश्रिताः ॥ प्रयतःकीर्तयेदेतान्शक्रलोकेमहीयते ३३ उन्मुचुःप्रमुचुश्चैवस्वस्त्यात्रेयश्चवीर्यवान् ॥ दृढव्यश्चोर्ध्वबाहुश्चतृणसोमां अ०
गिरास्तथा ३४ मित्रावरुणयोःपुत्रस्तथाऽगस्त्यःप्रतापवान् ॥ धर्मराजर्त्विजःसप्तदक्षिणांदिशमाश्रिताः ३५ दृढेयुश्चऋतेयुश्चपरिव्याधश्चकीर्तिमान् ॥ एक ॥१५०॥
तश्चद्वितश्चैवत्रितश्चादित्यसन्निभाः ३६ अत्रेःपुत्रश्चधर्मात्माऋषिःसारस्वतस्तथा ॥ वरुणस्यर्त्विजःसप्तपश्चिमांदिशमाश्रिताः ३७ अत्रिर्वसिष्ठोभगवान्क
श्यपश्चमहानृषिः ॥ गौतमश्चभरद्वाजोविश्वामित्रोऽथकौशिकः ३८ ऋचीकतनयश्चोग्रोजमदग्निःप्रतापवान् ॥ धनेश्वरस्यगुरवःसप्तैतेउत्तराश्रिताः ३९ अप
रेमुनयःसप्तदिक्षुसर्वास्वधिष्ठिताः ॥ कीर्तिस्वस्तिकरान्नृणांकीर्तितालोकभावनाः ४० धर्मःकामश्चकालश्चवसुर्वासुकिरेवच ॥ अनंतःकपिलश्चैवसप्तैतेधरणी
धराः ४१ रामोव्यासस्तथाद्रौणिरश्वत्थामाचलोमशः ॥ इत्येतेमुनयोदिव्याएकैकःसप्तसप्तधा ४२ शांतिस्वस्तिकरालोकेदिशांपालाःप्रकीर्तिताः ॥ यस्यांय
स्यांदिशिह्येतेतन्मुखःशरणंव्रजेत् ४३ स्रष्टारःसर्वभूतानांकीर्तितालोकपावनाः ॥ संवर्तोमेरुसावर्णोमार्कण्डेयश्चधार्मिकः ४४ सांख्ययोगौनारदश्चदुर्वासाश्चम
हानृषिः ॥ अत्यंततपसोदांतास्त्रिषुलोकेषुविश्रुताः ४५ अपरेरुद्रसंकाशाःकीर्तिताब्रह्मलौकिकाः ॥ अपुत्रोलभतेपुत्रंदरिद्रोलभतेधनम् ४६ तथाधर्मार्थकामे
षुसिद्धिंचलभतेनरः ॥ पृथुंवैन्यंनृपवरंपृथ्वीयस्याभवत्सुता ४७ प्रजापतिंसार्वभौमंकीर्तयेद्वसुधाधिपम् ॥ आदित्यवंशप्रभवंमहेन्द्रसमविक्रमम् ४८ पुरूर
वसमैलंचत्रिषुलोकेषुविश्रुतम् ॥ बुधस्यदयितंपुत्रंकीर्तयेद्वसुधाधिपम् ४९ त्रिलोकविश्रुतंवीरंभरतंचप्रकीर्तयेत् ॥ गवामयेनयज्ञेनयेनेष्टंवैकृतेयुगे ५० रंति
देवंमहादेवंकीर्तयेत्परमद्युतिम् ॥ विश्वजित्तपसोपेतंलक्षण्यंलोकपूजितम् ५१ तथाश्वेतंचराजर्षिंकीर्तयेत्परमद्युतिम् ॥ सगरस्यात्मजायेनप्लावितास्तारितास्तथा
५२ हुताशनसमानेतान्महारूपान्महौजसः ॥ उग्रकायान्महासत्वान्कीर्तयेत्कीर्तिवर्धनान् ५३ देवानृषिगणांश्चैवनृपांश्चजगतीश्वरान् ॥ सांख्यंयोगंचपरमंहव्यंक
व्यंतथैवच ५४ कीर्तितंपरमंब्रह्मसर्वश्रुतिपरायणम् ॥ मंगल्यंसर्वभूतानांपवित्रंबहुकीर्तितम् ५५ व्याधिप्रशमनंश्रेष्ठंपौष्टिकंसर्वकर्मणाम् ॥ प्रयतःकीर्तयेच्चैतान्कल्यं
सायंचभारत ५६ एतेवैयांतिवर्षंतिभांतिवांतिसृजंतिच ॥ एतेविनायकाःश्रेष्ठादक्षाःक्षांताजितेंद्रियाः ५७ नराणामशुभंसर्वंव्यपोहंतिप्रकीर्तिताः ॥ साक्षिभूतामहा
त्मानःपापस्यसुकृतस्यच ५८ एतान्वैकल्यमुत्थायकीर्तयन्शुभमश्नुते ॥ नाग्निचौरभयंतस्यनमार्गप्रतिरोधनम् ५९ एतान्कीर्तयतांनित्यंदुःस्वप्नोनश्यतेनृणाम् ॥
मुच्यतेसर्वपापेभ्यःस्वस्तिमांश्चगृहान्व्रजेत् ६० दीक्षाकालेषुसर्वेषुयःपठेन्नियतोद्विजः ॥ न्यायवानात्मनिरतःक्षांतोदांतोऽनसूयकः ६१ रोगार्तोव्याधियुक्तोवापठ
न्पापात्प्रमुच्यते ॥ वास्तुमध्येतुपठतःकुलेस्वस्त्ययनंभवेत् ॥ ६२ ॥ ॥ ॥ ॥ ॥ ॥१५३॥

६३ । ६४ । ६५ । ६६ । ६७ । ६८ । ६९ । ७० । ७१ । ७२ । ७३ । ७४ । ७५ । ७६ । ७७ । ७८ । ७९ । ८० । ८१ । ८२ ॥ इति अनुशासनपर्वणिनीलकंठीयेभारतभावदीपे

क्षेत्रमध्येतुपठतःसर्वंसस्यंप्ररोहति ॥ गच्छतःक्षेममध्वानंग्रामांतरगतःपठन् ६३ आत्मनश्चसुतानांचदाराणांचधनस्यच ॥ बीजानामोषधीनांचरक्षामेतां प्रयोजयेत् ६४ एतान्संग्रामकालेतुपठतःक्षत्रियस्यतु ॥ व्रजंतिरिपवोनाशंक्षेमंचपरिवर्तते ६५ एतान्दैवेचपित्र्येचपठतःपुरुषस्यहि ॥ भुंजतेपितरःक व्यंहव्यंचत्रिदिवौकसः ६६ नव्याधिश्वापदभयंनद्विपान्नहितस्कराव् ॥ कश्मलंलघुतांयातिपाप्मनाचप्रमुच्यते ६७ यानपात्रेचयानेचप्रवासेराजवेश्मनि ॥ परांसिद्धिमवाप्नोतिसावित्रींह्युत्तमांपठन् ६८ नचराजभयंतेषांनपिशाचान्नराक्षसात् ॥ नाग्न्यंबुपवनव्यालाद्भयंतस्योपजायते ६९ चतुर्णामपिवर्णानामाश्र मस्यविशेषतः ॥ करोतिसततंशांतिंसावित्रीमुत्तमांपठन् ७० नाग्निर्दहतिकाष्ठानिसावित्रीयत्रपठ्यते ॥ नतत्रबालोम्रियतेनचतिष्ठंतिपन्नगाः ७१ नतेषांविद्य तेदुःखंगच्छंतिपरमांगतिम् ॥ येशृण्वंतिमहद्ब्रह्मसावित्रीगुणकीर्तनम् ७२ गवांमध्येतुपठतोगावोऽस्यबहुवत्सलाः ॥ प्रस्थानेवाप्रवासेवासर्वावस्थांगतःप ठेत् ७३ जपतांजुह्वतांचैवनित्यंचप्रयतात्मनाम् ॥ ऋषीणांपरमंजप्यंगुह्यमेतन्नराधिप ७४ याथातथ्येनसिद्धस्यइतिहासंपुरातनम् ॥ पराशरमतंदिव्यंशक्रा यकथितंपुरा ७५ तदेतत्तेसमाख्यातंतथ्यंब्रह्मसनातनम् ॥ हृदयंसर्वभूतानांश्रुतिरेषासनातनी ७६ सोमादित्यान्वयाःसर्वेराघवाःकुरवस्तथा ॥ पठंतिशुच योनित्यंसावित्रींप्राणिनांगतिम् ७७ अभ्यासेनित्यंदेवानांसप्तर्षीणांध्रुवस्यच ॥ मोक्षणंसर्वकृच्छ्राणांमोचयत्यशुभात्सदा ७८ वृद्धैःकाश्यपगौतमप्रभृतिभिर्भृ ग्वंगिरोत्र्यादिभिःशुक्रागस्त्यबृहस्पतिप्रभृतिभिर्ब्रह्मर्षिभिःसेवितम् ॥ भारद्वाजमतंऋचीकतनयैःप्राप्तंवसिष्ठात्पुनःसावित्रीमधिगम्यशक्रवसुभिःकृत्स्नाजितादा नवाः ७९ योगोशतंकनकशृंगमयंददातिविप्रायवेदविदुषेचबहुश्रुताय ॥ दिव्यांचभारतकथांकथयेच्चनित्यंतुल्यंफलंभवतितस्यचतस्यचैव ८० धर्मोविवर्ध तिभृगोःपरिकीर्तनेनवीर्यंविवर्धतिवसिष्ठनमोनतेन ॥ संग्रामजिद्भवतिचैवरघुंनमस्यन्स्यादश्विनौचपरिकीर्तयतोनरोगः ८१ एषातेकथिताराजन्सावित्रीब्र ह्मशाश्वती ॥ विवक्षुरसियच्चान्यत्तत्तेवक्ष्यामिभारत ८२ ॥ इतिश्रीमहाभारतेअनुशासनप० आनुशासनिकेपर्वणिदानधर्मेसावित्रीव्रतोपाख्यानेपंचाशदधिकशत तमोऽध्यायः ॥ १५० ॥ ॥ युधिष्ठिरउवाच ॥ केपूज्याःकेनमस्कार्याःकथंवर्तेतकेषुच ॥ किमाचारःकीदृशेषुपितामहनरिष्यते १ ॥ भीष्मउवाच ॥ ब्राह्मणानांपरिभवःसादयेदपिदेवताः ॥ ब्राह्मणांस्तुनमस्कृत्ययुधिष्ठिरनरिष्यते २ तेपूज्यास्तेनमस्कार्यावर्तेथास्तेषुपुत्रवत् ॥ तेहिलोकानिमान्सर्वान्धारयं तिमनीषिणः ३ ब्राह्मणाःसर्वलोकानांमहांतोधर्मसेतवः ॥ धनत्यागाभिरामाश्चवाक्संयमरताश्चये ४ रमणीयाश्चभूतानांनिधानंचधृतव्रताः ॥ प्रणेतारश्चलो कानांशास्त्राणांचयशस्विनः ५ तपोयेषांधनंनित्यंवाक्चैवविपुलंबलम् ॥ प्रभवश्चैवधर्माणांधर्मज्ञाःसूक्ष्मदर्शिनः ६ ॥ ॥ ॥

पंचाशदधिकशततमोऽध्यायः ॥ १५० ॥ ॥ केइति १ । २ । ३ । ४ । ५ । ६ ॥ ॥ ॥ ॥

७ । ८ । ९ । १० । ११ । १२ । १३ । १४ । १५ । १६ । १७ । १८ । १९ । २० । २१ । २२ । २३ ॥ ॥ इतिअनुशासनपर्वणिनीलकंठीयेभारतभावदीपेएकपंचाशदधिकशततमोऽध्यायः ॥ १५१ ॥

 धर्मकामाःस्थिताधर्मेसुकृतैर्धर्मसेतवः ॥ यान्समाश्रित्यजीवंतिप्रजाःसर्वाश्चतुर्विधाः ७ पंथानःसर्वनेतारोयज्ञवाहाःसनातनाः ॥ पितृपैतामहींगुर्वीमुद्वहंतिधुरं
॥१५४॥ सदा ८ धुरियेनावसीदंतिविषयेसद्गवाइव ॥ पितृदेवातिथिमुखाहव्यकव्याग्रभोजिनः ९ भोजनादेवलोकांस्त्रींस्त्रायंतेमहतोभयात् ॥ दीपःसर्वस्यलोकस्यचक्षुश्च
क्षुष्मतामपि १० सर्वशिक्षाःश्रुतिधनानिपुणामोक्षदर्शिनः ॥ गतिज्ञाःसर्वभूतानामध्यात्मगतिचिंतकाः ११ आदिमध्यावसानानांज्ञातारश्छिन्नसंशयाः ॥ ॥१५१॥
परावरविशेषज्ञागंतारःपरमांगतिम् १२ विमुक्ताधूतपाप्मानोनिर्द्वंद्वानिष्परिग्रहाः ॥ मानार्हामानितानित्यंज्ञानविद्भिर्महात्मभिः १३ चंदनेमलपंकेचभोजनेऽभो
जनेसमाः ॥ समंयेषांदुकूलंचतथाक्षौमाजिनानिच १४ तिष्ठेयुरप्यभुंजानाबहूनिदिवसान्यपि ॥ शोषयेयुश्चगात्राणिस्वाध्यायैःसंयतेन्द्रियाः १५ अदैवंदैवतं
कुर्युर्दैवतंचाप्यदैवतम् ॥ लोकानन्यान्सृजेयुस्तेलोकपालांश्चकोपिताः १६ अपेयःसागरोयेषामपिशापान्महात्मनाम् ॥ येषांकोपाग्निरद्यापिदंडकेनोपशाम्यति
१७ देवानामपियेदेवाःकारणंकारणस्यच ॥ प्रमाणस्यप्रमाणंचकस्तानभिभवेद्बुधः १८ येषांवृद्धश्चबालश्चसर्वःसंमानमर्हति ॥ तपोविद्याविशेषात्तुमानयंति
परस्परम् १९ अविद्वान्ब्राह्मणोदेवःपात्रंवैपावनंमहत् ॥ विद्वान्भूयस्तरोदेवःपूर्णसागरसन्निभः २० अविद्वांश्चैवविद्वांश्चब्राह्मणोदैवतंमहत् ॥ प्रणीतश्चाप्रणी
तश्चयथाग्निर्दैवतंमहत् २१ श्मशानेह्यपितेजस्वीपावकोनैवदुष्यति ॥ हविर्यज्ञेचविधिवद्गृहएवातिशोभते २२ एवंयद्यप्यनिष्टेषुवर्ततेसर्वकर्मसु ॥ सर्वथाब्रा
ह्मणोमान्योदैवतंविद्धितत्परम् २३ ॥ इतिश्रीमहाभारतेअनुशासन० आनुशासनिकेपर्वणिदानधर्मेब्राह्मणप्रशंसायांएकपंचाशदधिकशततमोऽध्यायः ॥ १५१ ॥
॥ युधिष्ठिरउवाच ॥ कांतुब्राह्मणपूजायांव्युष्टिंदृष्ट्वाजनाधिप ॥ कंवाकर्मोदयंमत्वातानर्चसिमहामते १ ॥ भीष्मउवाच ॥ अत्राप्युदाहरंतीममितिहासंपु
रातनम् ॥ पवनस्यचसंवादमर्जुनस्यचभारत २ सहस्रभुजभृच्छ्रीमान्कार्तवीर्योऽभवत्प्रभुः ॥ अस्यलोकस्यसर्वस्यमाहिष्मत्यांमहाबलः ३ सतुरत्नाकरवतीं
सद्वीपांसागरांबराम् ॥ शशासपृथिवींसर्वांहैहयःसत्यविक्रमः ४ स्ववित्तंतेनदत्तंतुदत्तात्रेयायकारणे ॥ क्षत्रधर्मंपुरस्कृत्यविनयंश्रुतमेवच ५ आराधयामासच
तंकृतवीर्यात्मजोमुनिम् ॥ न्यमंत्रयतसंतुष्टोद्विजश्चैनंवरैस्त्रिभिः ६ सवरैश्छंदितस्तेननृपोवचनमब्रवीत् ॥ सहस्रबाहुर्भूयांवैचमूमध्येगृहेऽन्यथा ७ ममबा
हुसहस्रंतुपश्यंतांसैनिकारणे ॥ विक्रमेणमहींकृत्स्नांजयेयंसंशितव्रत ८ तांचधर्मेणसंप्राप्यपालयेयमतंद्रितः ॥ चतुर्थंतुवरंयाचेत्वामहंद्विजसत्तम ९ तंममा
नुग्रहंकृतेदातुमर्हस्यनिंदित ॥ अनुशासंतुमांसंतोमिथ्योद्वृत्तंत्वदाश्रयम् १० ॥ ॥ ॥ ॥

कांत्विति । व्युष्टिंसमृद्धिंफलंवा ' व्युष्टिःफलेसमृद्धौच 'इत्यमरः १ । २ । ३ । ४ । ५ । ६ । ७ । ८ । ९ । १० ॥ ॥ ॥

११ । १२ । १३ । १४ । १५ पूर्वोवाक्येब्रह्मोत्तरःब्राह्मणाधिक्यवचनंपूर्वपक्षः क्षत्रियाधिक्यंसिद्धांतइत्यर्थः । हेतुयुक्तौप्रजापालनेनहेतुनायुक्तौसहितौतौब्राह्मणक्षत्रियौ १६ ब्रह्मवेदोयज्ञोवाअध्यापनयजनार्थंएवउपधाव्छलंयेषांतेतथाक्षत्रियान्स्वादंतिउपजीवंति १७ । १८ । १९ गायन्त्यासरस्वत्याअसत्यंकथितं चर्मवाससःअजिनवस्त्रान् २० । २१ ब्रह्मोत्तरंसंतं २२ निशाचरीअंतर्हितासर

इत्युक्तःसद्विजःप्राहतथास्त्विवतिनराधिपम् ॥ एवंसमभवंस्तस्यवरास्तेदीप्ततेजसः ११ ततःसरथमास्थायज्वलनार्कसमद्युतिम् ॥ अब्रवीद्वीर्यसंमोहात्कोवाऽस्ति सदृशोमम १२ धैर्येवीर्येयशःशौर्येविक्रमेणौजसाऽपिवा ॥ तद्वाक्यांतेचांतरिक्षेवागुवाचाशरीरिणी १३ नत्वंमूढविजानीषेब्राह्मणंक्षत्रियाद्वरम् ॥ सहितोऽब्राह्मणेनेहक्षत्रियःशास्तिवैप्रजाः १४ ॥ अर्जुनउवाच ॥ कुर्यांभूतानितुष्टोहंक्रुद्धोनाशंतथानये ॥ कर्मणामनसावाचानमत्तोऽस्तिवरोद्विजः १५ पूर्वोब्रह्मोत्तरोवादोद्वितीयःक्षत्रियोत्तरः ॥ त्वयोक्तौहेतुयुक्तौतौविशेषस्तत्रदृश्यते १६ ब्राह्मणाःसंश्रिताःक्षत्रंनक्षत्रंब्राह्मणाश्रितम् ॥ श्रिताब्रह्मोपधाविप्राःखादंतिक्षत्रियान्भुवि १७ क्षत्रियेष्वाश्रितोधर्मःप्रजानांपरिपालनम् ॥ क्षत्राद्वृत्तिर्ब्राह्मणानांतैःकथंब्राह्मणोवरः १८ सर्वभूतप्रधानांस्तान्भैक्षवृत्तीनहंसदा ॥ आत्मसंभावितान्विप्रान्स्थापयाम्यात्मनोवशे १९ कथितंत्वनयाऽसत्यंगायत्र्याकन्ययादिवि ॥ विजेष्याम्यवशान्सर्वान्ब्राह्मणांश्चर्मवाससः २० नचमांच्यावयेद्राष्ट्रात्त्रिषुलोकेषुकश्चन ॥ देवोवामानुषोवापितस्माज्ज्येष्ठोद्विजादहम् २१ अद्यब्रह्मोत्तरंलोकंकरिष्येक्षत्रियोत्तरम् ॥ नहिमेसंयुगेकश्चित्सोढुमुत्सहतेबलम् २२ अर्जुनस्यवचःश्रुत्वावित्रस्ताभून्निशाचरी ॥ अथैनमंतरिक्षस्थस्ततोवायुरभाषत २३ त्यजैनंकलुषंभावंब्राह्मणेभ्योनमस्कुरु ॥ एतेषांकुर्वतःपापंराष्ट्रक्षोभोभविष्यति २४ अथवात्वांमहीपाल शमयिष्यंतिवैद्विजाः ॥ निरसिष्यंतितेराष्ट्राद्धतोत्साहामहाबलाः २५ तंराजाकस्त्वमित्याहततस्तंप्राहमारुतः ॥ वायुर्वैदेवदूतोऽस्मिहितंत्वांप्रब्रवीम्यहम् २६ ॥ ॥ अर्जुनउवाच ॥ ॥ अहोत्वयाऽद्यविप्रेषुभक्तिरागःप्रदर्शितः ॥ यादृशंपृथिवीभूतंतादृशंब्रूहिमेद्विजम् २७ वायोर्वासदृशंकिंचिद्ब्रूहित्वंब्राह्मणोत्तमम् ॥ अपांवैसदृशंवह्नेःसूर्यस्यनभसोऽपिवा २८ ॥ इतिश्रीमहाभारतेअनुशासनपर्वणि आनुशासनिकेपर्वणि दानधर्मेपवनार्जुनसंवादेब्राह्मणमाहात्म्येद्विपंचाशदधिकशततमोऽध्यायः ॥ १५२ ॥ ॥ वायुरुवाच ॥ शृणुमूढगुणान्कांश्चिद्ब्राह्मणानांमहात्मनाम् ॥ येत्वयाकीर्तिताराजंस्तेभ्योऽथब्राह्मणोवरः १ त्यक्त्वामहीत्वंभूमिस्तुस्पर्धयांगनृपस्यह ॥ नाशंजगामतांविप्रोव्यस्तंभयतकश्यपः २ अजेयाब्राह्मणाराजन्दिविचेहचनित्यदा ॥ अपिबत्तेजसाह्यापःस्वयमेवांगिराःपुरा ३ सताःपिबन्क्षीरमिवनातृप्यतमहामनाः ॥ अपूरयन्महौघेनमहींसर्वांचपार्थिव ४ तस्मिन्नहंचक्रुद्धेवैजगत्त्यक्त्वाततोगतः ॥ व्यतिष्ठमग्निहोत्रेचचिरमंगिरसोभयात् ५ अथ शप्तश्चभगवान्गौतमेनपुरंदरः ॥ अहल्यांकामयानोवैधर्मार्थंचनहिंसितः ६ तथासमुद्रोनृपतेपूर्णोमृष्टस्यवारिणः ॥ ब्राह्मणैरभिशप्तश्चबभूवलवणोदकः ७

स्वती यद्वानिशाचरीराक्षस्यपिविप्रस्ताऽभूत्किमुतान्येआस्तिकाइतिभावः २३ । २४ । २५ । २६ पृथिवीभूतंपृथिव्यात्मकंभूतं २७ । २८ ॥ इतिअनुशासनपर्वणिनैलकंठीये भारतभावदीपे द्विपंचाशदधिकशततमोऽध्यायः ॥ १५२ ॥ शृण्विति १ । २ । ३ । ४ अहंवायुः ५ । ६ । ७ ॥ ॥ ॥

कविरग्निः ८ महतःसगरपुत्रान् आसंतउपासंत सुवर्णधारिणाशोभनोब्राह्मणवर्णस्तस्यधारिणाधर्त्रोद्विजातिनाकपिलेन ९ । १० । ११ । १२ अग्निंब्राह्मणमित्यन्वयः १३ अनुभूतंप्रतिभूतं अनुपालकं पोषकं १४ । १५ ननुब्रह्मांडेजातत्वात्कथमण्डमजनयदित्यत्राह अंडेति । केचिदितितत्केत्यर्थः १६ दूषयतिद्रष्टव्यमिति । अजत्वादेवब्रह्मानअंडजातःअंडजत्ववचनंत्वस्यप्रकारांतरेणेत्याह स्मृतमिति आकाशंअव्याकृतं १७ आकाशजःपितामहःकिमाश्रयेणतिष्ठेदितिचेत्कश्चिद्ब्रूयात्तंप्रतिब्रूहि तदानींकिंचिद्भवेदिति । पितामहस्यनिरधिष्ठानत्वेसतितज्जमिदंसर्वंशून्यमेवस्यान्नाकिंचिद्भूयादित्यर्थः । ननु कोयंप्रजापतिपदेनोच्यतेअतआह अहंकारइतिप्रोक्तइति । प्रभुर्व्यापकःयतःसर्वतेजोगतःजलचंद्रन्यायेनकृत्स्नंचैतन्यज्योतिःप्राप्तः द्वितीयाश्रितेतिसमासः । अयंभावः सुषुप्तिसदृशादव्याकृताकाशादुत्थि

सुवर्णवर्णोनिर्धूमःसंगतोर्ध्वशिखःकविः ॥ क्रुद्धेनांगिरसाशप्तोगुणैरेतैर्विवर्जितः ८ महतश्चूर्णितान्पश्ययेहासंतमहोदधिम् ॥ सुवर्णधारिणानित्यमवशप्ताद्विजातिना ९ समोनत्वंद्विजातिभ्यःश्रेयोविद्धिनराधिप ॥ गर्भस्थान्ब्राह्मणान्सम्यङ्नमस्यतिकिलप्रभुः १० दंडकानांमहद्राज्यंब्राह्मणेनविनाशितम् ॥ तालजंघंमहाक्षत्रमौर्वेणैकेननाशितम् ११ त्वयाचविपुलंराज्यंबलंधर्मंश्रुतंतथा ॥ दत्तात्रेयप्रसादेनप्राप्तंपरमदुर्लभम् १२ आग्निंत्वंयजसेनित्यंकस्माद्ब्राह्मणमर्जुन ॥ सह्यसर्वस्यलोकस्यहव्यवाट्किंनवेत्सितम् १३ अथवाब्राह्मणश्रेष्ठमनुभूतानुपालकम् ॥ कर्तारंजीवलोकस्यकस्माज्ज्ञानन्विमुह्यसे १४ तथाप्रजापतिर्ब्रह्माअव्यक्तःप्रभुरव्ययः ॥ येनेदंनिखिलंविश्वंजनितंस्थावरंचरम् १५ अंडजातंतुब्रह्माणंकेचिदिच्छंत्यपंडिताः ॥ अंडाद्भिन्नाद्बभुःशैलादिशोंभःपृथिवीदिवम् १६ द्रष्टव्यंनैतदेवंहिकथंजायेदजोहिसः ॥ स्मृतमाकाशमंडंतुतस्माज्जातःपितामहः १७ तिष्ठेत्कथमितिब्रूहिनर्किंचिद्धितदाभवेत् ॥ अहंकारइतिप्रोक्तःसर्वतेजोगतःप्रभुः १८ नास्त्यंडमस्तितुब्रह्मासराजालोकभावनः ॥ इत्युक्तःसतदातूष्णीमभूद्वायुस्ततोऽब्रवीत् १९ ॥ इतिश्रीमहाभारतेअनुशासनपर्वणिआनुशासनिकेपर्वणिदानधर्मेपवनार्जुनसंवादेत्रिपंचाशदधिकशततमोऽध्यायः ॥ १५३ ॥ ॥ वायुरुवाच ॥ इमांभूमिंद्विजातिभ्योदित्सुर्वैदक्षिणांपुरा ॥ अंगोनामनृपोराजंस्ततश्चिंतांमहीययौ १ धारिणींसर्वभूतानामयंप्राप्यवरोनृपः ॥ कथमिच्छतिमांदातुंद्विजेभ्योब्रह्मणःसुताम् २ साऽहंत्यक्त्वागमिष्यामिभूमित्वंब्रह्मणःपदम् ॥ अयंसराष्ट्रोनृपतिर्माभूदितिततोऽगमत् ३ ततस्तांकश्यपोदृष्ट्वाव्रजंतींपृथिवींतदा ॥ प्रविवेशमहींसद्योमुक्त्वाऽऽत्मानंसमाहितः ४ ऋद्धासासर्वतोजज्ञेतृणौषधिसमन्विता ॥ धर्मोत्तरानष्टभयाभूमिरासीत्ततोनृप ५ एवंवर्षसहस्राणिदिव्यानिविपुलव्रतः ॥ त्रिंशतःकश्यपोराजन्भूमिरासीदतंद्रितः ६ ॥ ॥

तोऽहंकाररूपउपाधिस्तेनसाक्षीसर्वात्मनाऽवच्छिन्नःसोऽयमहंकारविशिष्टोब्रह्मव्योमादिकंकल्पितवान् । एवंशास्त्रानुभवाभ्यांजानातिसब्राह्मणोजगत्कर्तातेनतवसाम्यंसमुद्रेणतरंगस्येवकदाचिदपिनसंभवतीति १८ अतएवअंडंनास्ति रज्जूरगवत्कल्पनामात्रत्वात् कल्पकस्तुसब्रह्माब्राह्मणोस्तीत्युक्तं सराजाऽर्जुनइतिवायुनोक्तःसंस्तूष्णीमभूत्ततोवायुरब्रवीद्वक्ष्यमाणमर्थमितिशेषः १९ ॥ इतिअनुशासनपर्वणिनीलकंठीयेभारतभावदीपेत्रिपंचाशदधिकशततमोऽध्यायः ॥ १५३ ॥ ॥ इमामिति १ । २ भूमित्वंत्यक्त्वाब्रह्मणःपदंगमिष्यामीतिसंबंधः ३ आत्मानंदेहंत्यक्त्वानिर्जीवंमहीदेहंप्रविश्यसजीवंयोगबलेनकृतवान् ४ भूमिस्तुधर्मोत्तरास्वधर्मबलेनब्रह्मलोकंगत्वानष्टभयासीदित्यर्थः ५ कश्यपोभूमिर्भूत्वाऽभीदित्यन्वयः ६ ॥ ॥

७ । ८ । ९ । १० । ११ सोऽत्रिःसोमपिताउतथ्यमाहूयतांतस्मैददौ सोतथ्यमितिसंधिरार्षः । १२ । १३ । १४ । १५ देवोवरुणः तयाभद्रया । १६ । १७ । १८ । १९ । २० । २१ । २२

अथागम्यमहाराजनमस्कृत्यचकश्यपम् ॥ पृथिवीकाश्यपीजज्ञेसुतातस्यमहात्मनः ७ एषराजन्नीदृशोवैब्राह्मणःकश्यपोऽभवत् ॥ अन्यंप्रब्रूहिवात्वंचकश्यपात्क्ष
त्रियंवरम् ८ तूष्णींबभूवनृपतिःपवनस्त्वब्रवीत्पुनः ॥ शृणुराजन्नुतथ्यस्यजातस्यांगिरसेकुले ९ भद्रासोमस्यदुहितारूपेणपरमामता ॥ तस्यास्तुल्यंपतिंसो
मउतथ्यंसमपश्यत १० साचतीव्रंतपस्तेपेमहाभागायशस्विनी ॥ उतथ्यार्थेतुचार्वंगीपरंनियममास्थिता ११ ततआहूयसोतथ्यंददावत्रिर्यशस्विनीम् ॥ भा
र्यार्थेसचजग्राहविधिवद्भूरिदक्षिणः १२ तांत्वकामयतश्रीमान्वरुणःपूर्वमेवह ॥ सचागम्यवनप्रस्थंयमुनायांजहारताम् १३ जलेश्वरस्तुहृत्वातामनयत्स्वंपुरंप्र
ति ॥ परमाद्भुतसंकाशंषट्सहस्रशतह्रदम् १४ नहिरम्यतरंकिंचित्तस्मादन्यत्पुरोत्तमम् ॥ प्रासादैरप्सरोभिश्चदिव्यैःकामैश्चशोभितम् १५ तत्रदेवस्तयासार्धं
रेमेराजञ्जलेश्वरः ॥ अथाख्यातमुतथ्यायततःपत्न्यवमर्दनम् १६ तच्छ्रुत्वानारदात्सर्वमुतथ्योनारदंतदा ॥ प्रोवाचगच्छब्रूहित्वंवरुणंपरुषंवचः १७ मद्वा
क्यान्मुंचमेभार्यांकस्मात्तांहृतवानसि ॥ लोकपालोऽसिलोकानांनलोकस्यविलोपकः १८ सोमेनदत्ताभार्यामेत्वयाचापहृताऽद्यवै ॥ इत्युक्तोवचनात्तस्यनारदेन
जलेश्वरः १९ मुंचभार्यामुतथ्यस्यकस्मात्त्वंहृतवानसि ॥ इतिश्रुत्वावचस्तस्यसोऽथतंवरुणोऽब्रवीत् २० ममैषासुप्रियाभार्यानैनामुत्स्रष्टुमुत्सहे ॥ इत्युक्तोवरुणे
नाथनारदःप्राप्यतंमुनिम् ॥ उतथ्यमब्रवीद्वाक्यंनातिहृष्टमनाइव २१ गलेगृहीत्वाक्षिप्तोऽस्मिवरुणेनमहामुने ॥ नप्रयच्छतितेभार्यांयत्तेकार्यंकुरुष्वतत् २२
नारदस्यवचःश्रुत्वाक्रुद्धःप्राज्वलदंगिराः ॥ अपिबत्तेजसावारिविष्टभ्यसुमहातपाः २३ पीयमानेतुसर्वस्मिंस्तोयेऽपिसलिलेश्वरः ॥ सुहृद्भिर्भिक्षमाणोऽपिनै
वामुंचततांतदा २४ ततःक्रुद्धोऽब्रवीद्भूमिमुतथ्योब्राह्मणोत्तमः ॥ दर्शयस्वस्थलंभद्रेषट्सहस्रशतह्रदम् २५ ततस्तदीरिणंजातंसमुद्रस्यावसर्पतः ॥ तस्मा
द्देशान्नदींचैवप्रोवाचासौद्विजोत्तमः २६ अदृश्यागच्छभीरुत्वंसरस्वतिमरुन्प्रति ॥ अपुण्यएषभवतुदेशस्त्यक्तस्त्वयाशुभे २७ तस्मिन्संशोषितेदेशेभद्रामा
दायवारिपः ॥ आददाच्छरणंगत्वाभार्यामांगिरसायवै २८ प्रतिगृह्यतुतांभार्यामुतथ्यःसुमनाऽभवत् ॥ मुमोचचजगद्दुःखाद्वरुणंचैवहैहय २९ ततःसलब्ध्वा
तांभार्यांवरुणंप्राहधर्मवित् ॥ उतथ्यःसुमहातेजायत्तच्छृणुनराधिप ३० मयैषातपसाप्राप्ताक्रोशतस्तेजलाधिप ॥ इत्युक्त्वातामुपादायस्वमेवभवनंययौ ३१
एषराजन्नीदृशोवैउतथ्योब्राह्मणर्षभः ॥ ब्रवीम्यहंब्रूहिवात्वमुतथ्यात्क्षत्रियंवरम् ३२ ॥ ॥ इतिश्रीमहाभारते अनुशासनपर्वणि आनुशासनिकेपर्वणि दानधर्मे
पवनार्जुनसंवादोनामचतुःपंचाशदधिकशततमोऽध्यायः ॥ १५४ ॥ ॥ ॥ ॥ ॥

२३ । २४ । २५ । २६ । २७ । २८ । जगद्वरुणंचदुःखान्मुमोचमोचयामास २९ । ३० । ३१ । ३२ ॥ इति अनुशासनपर्वणिनीलकंठीयेभारतभावदीपेचतुःपंचाशदधिकशततमोऽध्यायः ॥ १५४ ॥

इत्युक्तइति १ । २ । ३ । ४ । ५ । ६ । ७ । ८ । ९ । १० । ११ । १२ । १३ । १४ । १५ । १६ । १७ । १८ । १९ । २० । २१ । २२ । २३ । २४ । २५ । २६ ॥ इति अनुशासनपर्वणि

॥ भीष्मउवाच ॥ इत्युक्तःसनृपस्तूष्णीमभूद्वायुस्ततोऽब्रवीत् ॥ शृणुराजन्नगस्त्यस्यमाहात्म्यंब्राह्मणस्यह १ असुरैर्निर्जितादेवानिरुत्साहाश्चतेकृताः ॥ यज्ञाश्चै
षांहृताःसर्वेपितॄणांचस्वधास्तथा २ कर्मेज्यामानवानांचदानवैर्हैहयर्षभ ॥ भ्रष्टैश्वर्यास्ततोदेवाश्चेरुःपृथ्वीमितिश्रुतिः ३ ततःकदाचित्तेराजन्दीप्तमादित्य
वर्चसम् ॥ ददृशुस्तेजसायुक्तमगस्त्यंविपुलव्रतम् ४ अभिवाद्यतुतंदेवाःपृष्ट्वाकुशलमेवच ॥ इदमूचुर्महात्मानंवाक्यंकालेजनाधिप ५ दानवैर्युधिभग्नाःस्मतथै
श्वर्याच्चभ्रंशिताः ॥ तदस्मान्नोभयात्तीव्रात्त्राहित्वंमुनिपुंगव ६ इत्युक्तःसतदादेवैरगस्त्यःकुपितोऽभवत् ॥ प्रजज्वालचतेजस्वीकालाग्निरिवसंक्षये ७ तेनदीप्तांशु
जालेननिर्दग्धादानवास्तदा ॥ अंतरिक्षान्महाराजनिपेतुस्तेसहस्रशः ८ दह्यमानास्तुतेदैत्यास्तस्यागस्त्यस्यतेजसा ॥ उभौलोकौपरित्यज्यगताःकाष्ठांतुदक्षिणाम्
९ बलिस्तुयजतेयज्ञमश्वमेधंमहींगतः ॥ येऽन्येऽधःस्थामहीस्थाश्चतेनदग्धामहासुराः १० ततोलोकाःपुनःप्राप्ताःसुरैःशांतभयैर्नृप ॥ अथैनमब्रुवन्देवाभू
मिष्ठानसुरानजहि ११ इत्युक्तःप्राहदेवान्सनशक्तोऽस्मिमहीगतान् ॥ दग्धुंतपोहिक्षीयेन्मेनशक्ष्यामीतिपार्थिव १२ एवंदग्धाभगवतादानवाःस्वेनतेजसा ॥
अगस्त्येनतदाराजंस्तपसाभावितात्मना १३ ईदृशश्चाप्यगस्त्योहिकथितस्तेमयाऽनघ ॥ ब्रवीम्यहंब्रूहिवात्वमगस्त्यात्क्षत्रियंवरम् १४ ॥ भीष्मउवाच ॥
इत्युक्तःसतदातूष्णीमभूद्वायुस्ततोऽब्रवीत् ॥ शृणुराजन्वसिष्ठस्यमुख्यंकर्मयशस्विनः १५ आदित्याःसत्रमासंतसरोवैमानसंप्रति ॥ वसिष्ठंमनसागत्वाज्ञात्वात
त्तस्यगौरवम् १६ यजमानांस्तुतान्दृष्ट्वासर्वान्दीक्षानुकर्शितान् ॥ हंतुमैच्छंतशैलाभाःखलिनोनामदानवाः १७ अदूरात्तुततस्तेषांब्रह्मदत्तवरंसरः ॥ हताहतावै
तत्रैतेजीवंत्याप्लुत्यदानवाः १८ तेप्रगृह्यमहाघोरान्पर्वतान्परिघान्द्रुमान् ॥ विक्षोभयंतःसलिलमुत्थितंशतयोजनम् १९ अभ्यद्रवंतदेवांस्तेसहस्राणिदशैवहि ॥
ततस्तैरर्दितादेवाःशरणंवासवंययुः २० सचतैर्व्यथितःशक्रोवसिष्ठंशरणंययौ ॥ ततोऽभयंददौतेभ्योवसिष्ठोभगवानृषिः २१ तदातान्दुःखितान्ज्ञात्वाआनृशं
स्यपरोमुनिः ॥ अयत्नेनादहत्सर्वान्खलिनःस्वेनतेजसा २२ कैलासंप्रस्थितांचैवनदींगंगांमहातपाः ॥ आनयत्तत्सरोदिव्यंतयाभिन्नंचतत्सरः २३ सरोभिन्नंतया
नद्यासरयूःसाततोऽभवत् ॥ हताश्चखलिनोयत्रसदेशःखलिनोऽभवत् २४ एवंसेन्द्रावसिष्ठेनरक्षितास्त्रिदिवौकसः ॥ ब्रह्मदत्तवराश्चैवहतादैत्यामहात्मना २५ एत
त्कर्मवसिष्ठस्यकथितंहिमयाऽनघ ॥ ब्रवीम्यहंब्रूहिवात्वंवसिष्ठात्क्षत्रियंवरम् २६ ॥ इतिश्रीमहाभारते अनुशासनपर्वणि आनुशासनिकेपर्वणि दानधर्मे पवनार्जुनसं
वादेपंचपंचाशदधिकशततमोऽध्यायः ॥ १५५ ॥ ॥ भीष्मउवाच ॥ इत्युक्तस्त्वर्जुनस्तूष्णीमभूद्वायुस्तमब्रवीत् ॥ शृणुमेहैहयश्रेष्ठकर्मात्रेःसुमहात्मनः १ ॥ ॥१५६॥

नी० भा० पंचपंचाशदधिकशततमोऽध्यायः ॥ १५५ ॥ ॥ ॥ इत्युक्तइति १ ॥ ॥ ॥ ॥

२।३।४।५।६।७।८।९।१०।११।१२।१३।१४।१५।१६।१७।१८।१९।२०।२१ । २२ । २३ । २४।२५।२६।२७।२८।२९।३०

घोरेतमस्ययुध्यंतसहितादेवदानवाः ॥ अविध्यतशरैस्तत्रस्वर्भानुःसोमभास्करौ २ अथतेतमसाग्रस्तानिहन्यंतेस्मदानवैः ॥ देवान्नृपतिशार्दूलसहैवबलिभिस्तदा
३ असुरैर्वध्यमानास्तेक्षीणप्राणादिवौकसः ॥ अपश्यंततपस्यंतमत्रिंविप्रंतपोधनम् ४ अथैनमब्रुवन्देवाःशान्तक्रोधंजितेन्द्रियम् ॥ असुरैरिषुभिर्विद्धौचन्द्रादित्या
विमावुभौ ५ वयंवध्यामहेचापिशत्रुभिस्तमसाऽऽवृते ॥ नाधिगच्छामशांतिंचभयात्त्रायस्वनःप्रभो ६ ॥ अत्रिरुवाच ॥ ॥ कथंरक्षामिभवतस्तेब्रुवंश्चन्द्रमाभव ॥
तिमिरघ्नश्चसवितादस्युहंताचनोभव ७ एवमुक्तस्तदात्रिर्वैतमोनुदभवच्छशी ॥ अपश्यत्सौम्यभावाच्चसोमवत्प्रियदर्शनः ८ दृष्ट्वानातिप्रभंसोमंतथासूर्यंचपार्थिव ॥
प्रकाशमकरोदत्रिस्तपसास्वेनसंयुगे ९ जगद्वितिमिरंचापिप्रदीप्तमकरोत्तदा १० व्यजयच्छत्रुसंघांश्चदेवानांस्वेनतेजसा ॥ अत्रिणादह्यमानांस्तान्दृष्ट्वादेवामहा
सुरान् ११ पराक्रमैस्तेऽपितदाव्यघ्नन्नत्रिसुरक्षिताः ॥ उद्भासितश्चसवितादेवास्त्राताहतासुराः १२ अत्रिणात्वथसामर्थ्यंकृतमुत्तमतेजसा ॥ द्विजेनाग्निद्वितीयेन
जपताचर्मवाससा १३ फलभक्षेणराजर्षेपश्यकर्मात्रिणाकृतम् ॥ तस्यापिविस्तरेणोक्तंकर्मात्रेःसुमहात्मनः ॥ ब्रवीम्यहंब्रूहिवात्वमत्रितःक्षत्रियंवरम् १४ इत्युक्त
स्त्वर्जुनस्तूष्णीमभूद्वायुस्ततोब्रवीत् ॥ शृणुराजन्महत्कर्मच्यवनस्यमहात्मनः १५ अश्विनोःप्रतिसंश्रुत्यच्यवनःपाकशासनम् ॥ प्रोवाचसहितोदेवैःसोमपाव
श्विनौकुरु १६ ॥ इन्द्रउवाच ॥ ॥ अस्माभिर्निन्दितावेतौभवेतांसोमपौकथम् ॥ देवैर्नसंमितावेतौतस्मान्मैवंवदस्वनः १७ अश्विभ्यांसहनेच्छामःसोमंपातुं
महाव्रत ॥ यदन्यद्वक्ष्यसेविप्रतत्करिष्यामतेवचः १८ ॥ च्यवनउवाच ॥ ॥ पिबेतामश्विनौसोमंभवद्भिःसहिताविमौ ॥ उभावेतावपिसुरौसूर्यपुत्रौसुरेश्वर १९
क्रियतांमद्वचोदेवायथावैसमुदाहृतम् ॥ एतद्वःकुर्वतांश्रेयोभवेन्नैतदकुर्वताम् २० ॥ इन्द्रउवाच ॥ अश्विभ्यांसहसोमंवैनपास्यामिद्विजोत्तम ॥ पिबंत्वन्येयथा
कामंनाहंपातुमिहोत्सहे २१ ॥ च्यवनउवाच ॥ ॥ नचेत्करिष्यसिवचोमयोक्तंबलसूदन ॥ मयाप्रमथितःसद्यःसोमंपास्यसिवैमखे २२ ॥ वायुरुवाच ॥ ॥
ततःकर्मसमारब्धंहितायसहसाऽश्विनोः ॥ च्यवनेनततोमंत्रैरभिभूताःसुराऽभवन् २३ तत्तुकर्मसमारब्धंदृष्ट्वेन्द्रःक्रोधमूर्च्छितः ॥ उद्यम्यविपुलंशैलंच्यवनंसमुपाद्र
वत् २४ तथावज्रेणभगवानमर्षाकुललोचनः ॥ तमापतंतंदृष्ट्वैवच्यवनस्तपसान्वितः २५ अद्भिःसिक्त्वाऽस्तंभयत्तंसवज्रंसहपर्वतम् ॥ अथेन्द्रस्यमहाघोरंसोऽसृज
च्छत्रुमेवहि २६ मदंनामाहुतिमयंव्यादितास्यंमहामुनिः ॥ तस्यदंतसहस्रंतुबभूवशतयोजनम् २७ द्वियोजनशतास्तस्यदंष्ट्राःपरमदारुणाः ॥ हनुस्तस्याभवद्भूमा
वास्यंचास्यास्पृशद्दिवम् २८ जिह्वामूलेस्थितास्तस्यसर्वेदेवाःसवासवाः ॥ तिमेरास्यमनुप्राप्तायथामत्स्यामहार्णवे २९ तेसंमंत्र्यततोदेवामदस्यास्यसमीपगाः ॥
अब्रुवन्सहिताःशक्रंप्रणमास्मैद्विजातये ३० ॥ ॥ ॥

३१ । ३२ । ३३ । ३४ । ३५ ॥ ॥ इति अनुशासनपर्वणि नीलकंठीये भारतभावदीपे षट्पंचाशदधिकशततमोऽध्यायः ॥ १५६ ॥ ॥ ॥ ॥ तूष्णीमिति १ । २

॥१५७॥

अश्विभ्यांसहसोमंचपिबामविगतज्वराः ॥ ततःसम्प्रणतःशक्रश्चकारच्यवनस्यतत्‌ ३१ च्यवनःकृतवानेतावश्विनौसोमपायिनौ ॥ ततःप्रत्याहरत्कर्ममदंच
व्यभजन्मुनिः ३२ अक्षेषुमृगयायांचपानेस्त्रीषुचवीर्यवान्‌ ॥ एतैर्दोषैर्नरोराजन्क्षयंयातिनसंशयः ३३ तस्मादेतान्नरोनित्यंदूरतःपरिवर्जयेत्‌ ३४ एतत्ते
च्यवनस्यापिकर्मराजन्प्रकीर्तितम्‌ ॥ ब्रवीम्यहंब्रूहिवात्वंक्षत्रियंब्राह्मणाद्वरम्‌ ३५ ॥ इतिश्रीमहाभारतेअनुशासनपर्वणि आनुशास०दानधर्मेपवनार्जुनसंवा
देषट्पंचाशदधिकशततमोऽध्यायः ॥ १५६ ॥ ॥ भीष्मउवाच ॥ तूष्णीमासीदर्जुनस्तुपवनस्त्वब्रवीत्पुनः ॥ शृणुमेब्राह्मणेष्वेवमुख्यंकर्मजनाधिप १ मदस्या
स्यमनुप्राप्तायदासेन्द्रादिवौकसः ॥ तदैवच्यवनेनेहहृतातेषांवसुंधरा २ उभौलोकौहृतौमत्वातेदेवादुःखिताऽभवन्‌ ॥ शोकार्ताश्चमहात्मानंब्रह्माणंशरणंययुः
३ ॥ देवाऊचुः ॥ मदास्यव्यतिषिक्तानामस्माकंलोकपूजित ॥ च्यवनेनहृताभूमिःकपैश्चैवदिवंप्रभो ४ ॥ ब्रह्मोवाच ॥ गच्छध्वंशरणंविप्रानाशुसेन्द्रादिवौ
कसः ॥ प्रसाद्यतानुभौलोकाववाप्स्यथयथापुरा ५ तेययुःशरणंविप्रानूचुस्तेकाञ्जयामहे ॥ इत्युक्तास्तेद्विजान्प्राहुर्जयतेहकपानिति ६ भूगतान्हिविजे
तारोवयमित्यब्रुवन्द्विजाः ॥ ततःकर्मसमारब्धंब्राह्मणैःकपनाशनम्‌ ७ तच्छ्रुत्वाप्रेषितोदूतोब्राह्मणेभ्योधनीकपैः ॥ सचतान्ब्राह्मणानाहधनीकपवचोयथा ८
भवद्भिःसदृशाःसर्वेकपाःकिमिहवर्तते ॥ सर्वेवेदविदःप्राज्ञाःसर्वेचक्रतुयाजिनः ९ सर्वेसत्यव्रताश्चैवसर्वेतुल्यामहर्षिभिः ॥ श्रीश्चैवरमतेतेषुधारयंतिश्रियं
चते १० वृथादारान्नगच्छंतिवृथामांसंनभुंजते ॥ दीप्तमग्निंजुह्वतेचगुरूणांवचनेस्थिताः ११ सर्वेचनियतात्मानोबालानांसंविभागिनः ॥ उपे
त्यशनकैर्यांतिनसेवंतिरजस्वलाम्‌ ॥ स्वर्गतिंचैवगच्छंतितथैवशुभकर्मिणः १२ अभुक्तवत्सुनाश्नंतिगर्भिणीवृद्धकादिषु ॥ पूर्वाह्णेषुनदीव्यंतिदिवाचैवन
शेरते १३ एतैश्चान्यैश्चबहुभिर्गुणैर्युक्तान्कथंकपान्‌ ॥ विजेष्यथनिवर्तध्वंनिवृत्तानांसुखंहिवः १४ ॥ ब्राह्मणाऊचुः ॥ कपान्वयंविजेष्यामोयेदेवास्ते
वयंस्मृताः ॥ तस्माद्वध्याःकपाऽस्माकंधनिन्याहियथाऽऽगतम्‌ १५ धनीगत्वाकपानाहनवोविप्राःप्रियंकराः ॥ गृहीत्वाऽस्त्राण्यतोविप्रान्कपाःसर्वेस
माद्रवन्‌ १६ समुदग्रध्वजान्दृष्ट्वाकपान्सर्वेद्विजातयः ॥ व्यसृजञ्ज्वलितानग्नीन्कपानांप्राणनाशनान्‌ १७ ब्रह्मसृष्टाहव्यभुजःकपान्हत्वासनातनाः ॥
नभसीवयथाऽभ्राणिव्यराजंतनराधिप १८ हत्वावैदानवान्देवाःसर्वेसंभूयसंयुगे ॥ तेनाभ्यजानन्हितदाब्राह्मणैर्निहतान्कपान्‌ १९ अथागम्यमहातेजा
नारदोऽकथयद्विभो ॥ यथाहतामहाभागैस्तेजसाब्राह्मणैःकपाः २० ॥ ॥ ॥

॥१५७॥

३ कपैःअमुरविशेषैः दिवंचौः ४ । ५ । ६ । ७ धनीनामकोदतः ८ । ९ । १० । ११ । १२ । १३ । १४ । १५ । १६ । १७ । १८ । १९ । २०

२१ । २२ । २३ । २४ । २५ । २६ । २७ ॥ इतिश्रीमहाभारतेअनुशासनपर्वणिनीलकंठीयेभारतभावदीपेसप्तपंचाशदधिकशततमोऽध्यायः ॥ १५७ ॥ ॥ ब्राह्मणानिति । कर्मोदयंफलोदयम् १
२ । ३ नचेति । दुःखितस्यदिनंमहद्भवतीत्यर्थः ४ । ५ । ६ । ७ अस्यचाधइत्याकाशादेरुपर्युपरिअयमेवास्तीत्युक्तम् ८ अर्णवंनजंयानमित्यगाधत्वमपारत्वंचोक्तम् ९ कृतइति । ज्ञानंअकर्तव्यकोटेरपिउपस्था

नारदस्यवचःश्रुत्वाप्रीताःसर्वेदिवौकसः ॥ प्रशशंसुर्द्विजांश्चापिब्राह्मणांश्चयशस्विनः २१ तेषांतेजस्तथावीर्यंदेवानांववृधेततः ॥ अवाप्नुवंश्चामरत्वंत्रिषुलोकेषुपूजितम् २२ इत्युक्तवचनंवायुमर्जुनःप्रत्युवाचह ॥ प्रतिपूज्यमहाबाहोयत्तच्छृणुयुधिष्ठिर २३ ॥ अर्जुनउवाच ॥ जीवाम्यहंब्राह्मणार्थंसर्वथासततंप्रभो ॥ ब्रह्मण्योब्राह्मणेभ्यश्चप्रणमामिचनित्यशः २४ दत्तात्रेयप्रसादाच्चमयाप्राप्तमिदंबलम् ॥ लोकेचपरमाकीर्तिर्धर्मश्चाचरितोमहान् २५ अहोब्राह्मणकर्माणिमयामारुततत्त्वतः ॥ त्वयाप्रोक्तानिकात्स्न्र्येनश्रुतानिप्रयतेनच २६ ॥ वायुरुवाच ॥ ब्राह्मणान्क्षात्रधर्मेणपालयस्वेन्द्रियाणिच ॥ भृगुभ्यस्तेभयंघोरंतत्तुकालाद्भविष्यति २७ ॥ इतिश्रीमहाभारतेअनुशासनपर्वणिआनुशासनिकेपर्वणिदानधर्मेपवनार्जुनसंवादेसप्तपंचाशदधिकशततमोऽध्यायः ॥ १५७ ॥ ॥ ॥ ॥

॥ युधिष्ठिरउवाच ॥ ब्राह्मणानर्चसेराजन्सततंसंशितव्रतान् ॥ कंतुकर्मोदयंदृष्ट्वातानर्चसिजनाधिप १ कांवाब्राह्मणपूजायांव्युष्टिंदृष्ट्वामहाव्रत ॥ तानर्चसिमहाबाहोसर्वमेतद्वदस्वमे २ ॥ भीष्मउवाच ॥ एषतेकेशवःसर्वमाख्यास्यतिमहामतिः ॥ व्युष्टिंब्राह्मणपूजायांदृष्टव्युष्टिर्महाव्रतः ३ बलंश्रोत्रेवाङ्मनश्चक्षुषीचज्ञानंतथासविशुद्धंममाद्य ॥ देहन्यासोनातिचिरान्मतोमेनचातितूर्णंसविताद्ययाति ४ उक्ताधर्मायेपुराणेमहांतोराजन्विप्राणांक्षत्रियाणांविशांच ॥ तथाशूद्राणांधर्ममुपासतेचशेषंकृष्णादुपशिक्षस्वपार्थ ५ अहंह्येनंवेद्मितत्त्वेनकृष्णंयोऽयंहियच्चास्यबलंपुराणम् ॥ अमेयात्माकेशवःकौरवेन्द्रसोऽयंधर्मंवक्ष्यतिसंशयेषु ६ कृष्णःपृथ्वीमसृजत्खंदिवंचकृष्णस्यदेहान्मेदिनीसंबभूव ॥ वराहोऽयंभीमबलःपुराणःसपर्वतान्व्यसृजद्वैदिशश्च ७ अस्यचाधोऽथांतरिक्षंदिवंचदिशश्चतस्रोविदिशश्चतस्रः ॥ सृष्टिस्तथैवेयमनुप्रसूतासनिर्ममेविश्वमिदंपुराणम् ८ अस्यनाभ्यांपुष्करंसंप्रसूतंयत्रोत्पन्नःस्वयमेवामितौजाः ॥ येनाच्छिन्नंतत्तमःपार्थघोरंयत्तत्तिष्ठत्यर्णवंतर्जयानम् ९ कृतेयुगेधर्मआसीत्समग्रस्त्रेताकालेज्ञानमनुप्रपन्नः ॥ बलंत्वासीद्द्वापरेपार्थकृष्णःकलौत्वधर्मःक्षितिमेवाजगाम १० सएवपूर्वंनिजघानदैत्यान्सपूर्वदेवश्चबभूवसम्राट् ॥ सभूतानांभावनोभूतभव्यःसविश्वस्यास्यजगतश्चाभिगोप्ता ११ यदाधर्मोग्लातिवंशेसुराणांतदाकृष्णोजायतेमानुषेषु ॥ धर्मेस्थित्वासतुवैभावितात्मापरांश्चलोकानपरांश्चपाति १२ त्याज्यंत्यक्त्वाचासुराणांवधायकार्याकार्येकारणंचैवपार्थ ॥ कृतंकरिष्यत्क्रियतेचदेवोराहुंसोमंविद्धिचशक्रमेनम् १३ सविश्वकर्मासहिविश्वरूपःसविश्वभुग्विश्वसृग्विश्वजिच्च ॥ सशूलभृच्छोणितभृत्करालस्तंकर्मभिर्विदितंवैस्तुवंति १४ ॥

नात्रेतायांविवेकअसीत । द्वापरेतुद्वितीयकोटेःसाम्याद्बलंप्रधानमासीदधर्मः । कलौत्वधर्मएवबलवानितिभावः १० सएवपूर्वंदेवआदिदेवोदैत्यान्निजघानसएवसम्राड्बलिरूपीपूर्वदेवोदैत्योबभूव ११
ग्लातिग्लायति १२ एवमेनंराहुंसोमंशक्रंचविद्धि १३ शोणितभृच्छरीरी १४ ॥ ॥ ॥ ॥

रायःधनस्य पोषःपोषकः १५ । १६ महीसत्रंपृथिव्याश्छादनंमज्जनमितियावत् । 'सत्रंयज्ञेमहादानाच्छादनारण्यकैतवे'इतिमेदिनी १७ घोषार्थेगोवर्द्धनोद्धरणकाले घोषोंबुनादोवा दृष्टयर्थमित्यर्थः । प
शूनांगवांजीवानांचवाहनंजयप्रापकम् १८ सुराणांमित्रावरुणयोरेतःकुंभेससृज १९ विक्रांतैःपादविक्षेपैः त्रीणिभुवनानि २० देवानामात्मेतिशेषः २१ जुषंतिसेवंते २२ विधत्तेऽध्वरमित्यर्थात् त्रिनाभि

तंगंधर्वाणामप्सरसांचनित्यमुपतिष्ठंतेविबुधानांशतानि ॥ तंराक्षसाश्चपरिसंवदंतिरायस्पोषःसविजिगीषुरेकः १५ तमध्वरेशंसितारःस्तुवंतिरथंतरेसामगाश्च
स्तुवंति ॥ तंब्राह्मणाब्रह्ममंत्रैःस्तुवंतितस्मैहविरध्वर्यवःकल्पयंति १६ सपौराणींब्रह्मगुहांप्रविष्टोमहीसत्रंभारताग्रेददर्श ॥ सचैवगामुद्दधाराग्र्यकर्माविक्षोभ्यदै
त्यानुरगान्दानवांश्च १७ तंघोषार्थेगीर्भिरिंद्राःस्तुवंतिसचापीशोभारतैकःपशूनाम् ॥ तस्यभक्षान्विविधान्वेदयंतितमेवाजौवाहनंवेदयंति १८ तस्यांतरि
क्षंपृथिवीदिवंचसर्वंवशेतिष्ठतिशाश्वतस्य ॥ सकुंभेरेतःससृजेसुराणांयत्रोत्पन्नमृषिमाहुर्वसिष्ठम् १९ समातरिश्वाविभुरश्ववाजीसरश्मिवान्सविताचादिदेवः ॥
तेनासुराविजिताःसर्वएवतद्विक्रांतैर्विजितानीहत्रीणि २० सदेवानांमानुषाणांपितॄणांतमेवाहुर्यज्ञविदांवितानम् ॥ सएवकालंविभजन्नुदेतितस्योत्तरंदक्षिणंचा
यनेद्वे २१ तस्यैवोर्ध्वंतिर्यगधश्चरंतिगभस्तयोमेदिनींभासयंतः ॥ तंब्राह्मणावेदविदोजुषंतितस्यादित्योभामुपयुज्यभाति २२ समासिमास्यध्वरकृद्विधत्ते
तमध्वरेवेदविदःपठंति ॥ सएवोक्तश्चक्रमिदंत्रिनाभिसप्ताश्वयुक्तंवहतेवैत्रिधाम २३ महातेजाःसर्वगःसर्वसिंहःकृष्णोलोकान्धारयतेयथैकः ॥ हंसंतमोघ्नंचतमे
ववीरकृष्णंसदापार्थकर्तारमेही २४ सएकदाकक्षगतोमहात्मातुष्टोविभुःखांडवेधूमकेतुः ॥ सराक्षसानुरगांश्चावजित्यसर्वत्रगःसर्वमग्नौजुहोति २५ सएवपार्थाय
श्वेतमश्वंप्रायच्छत्सएवाश्वानथसर्वांश्चकार ॥ सबंधुरस्तस्यरथस्त्रिचक्रस्त्रिवृच्छिराश्चतुरश्वस्त्रिनाभिः २६ सविहायोव्यदधात्पंचनाभिःसनिर्ममेगांदिवमंतरि
क्षम् ॥ सोरण्यानिव्यसृजत्पर्वतांश्चहृषीकेशोऽमितदीप्ताग्नितेजाः २७ अलंघयद्वैसरितोजिघांसन्शक्रंवज्रंप्रहरंतंनिरास ॥ समहेन्द्रःस्तूयतेवैमहाध्वरेविप्रैरेको
ऋक्सहस्रैःपुराणैः २८ दुर्वासावैतेननान्येनशक्योगृहेराजन्वासयितुंमहौजाः ॥ तमेवाहुर्ऋषिमेकंपुराणंसविश्वकृद्विदधात्यात्मभावान् २९ वेदांश्चयोवेदयतेऽधि
देवोविधींश्चयश्चाश्रयतेपुराणान् ॥ कामेवेदेलौकिकेयत्फलंचविष्वक्सेनःसर्वमेतत्प्रतीहि ३० ज्योतींषिशुक्लानिहिसर्वलोकेत्रयोलोकालोकपालास्त्रयश्च ॥ त्रयो
ऽग्नयोव्याहृतयश्चतिस्रःसर्वेदेवादेवकीपुत्रएव ३१ सवत्सरःसऋतुःसोर्धमासःसोऽहोरात्रःसकलावैसकाष्ठाः ॥ मात्रामुहूर्ताश्चलवाःक्षणाश्चविष्वक्सेनःसर्वमेत
त्प्रतीहि ३२ चंद्रादित्यौग्रहनक्षत्रताराःसर्वाणिदर्शान्यथपौर्णमासम् ॥ नक्षत्रयोगाऋतवश्चपार्थविष्वक्सेनात्सर्वमेतत्प्रसूतम् ३३ ॥ ॥

शीतोष्णवृष्टिकालगर्भं चक्रंसंवत्सरं त्रिधामेतिवर्षवातोष्णप्रकारम् २३ हंसंसूर्यम् २४ । २५ बंधुरस्तस्यसंसाररथस्ययोक्ता त्रिचक्रःसत्वरजस्तमोमयः । त्रिवृच्छिराःऊर्ध्वमध्याधोगतिफलः चतुरश्वःकालादृष्टे
श्वरेच्छास्वसंकल्पाश्चत्वारोऽश्वायस्य त्रिनाभिःशुक्लंकृष्णंशुक्लकृष्णंचेतित्रिविधकर्मगर्भः २६ पंचनाभिःपंचभूतानांनाभिराश्रयइत्यर्थः २७ निरासपराभूतवान् २८।२९ विधीनग्निहोत्रादीन् ३०।३१।३२।३३

३४ । ३५ वेद्यंवेदप्रतिपाद्यं वेद्यंज्ञेयं ३६ । ३७ । ३८ अनिरुद्धमहंकारं ३९ पंचधापंचप्रकारंदेवासुरमनुष्यश्वापदतिर्यग्रूपेण पंचजनाःपंचभूतानि तैरुपपन्नंत्रिर्वाससिसृक्षुराज्ञापयतीतिपूर्वेणान्वयः

रुद्रादित्यावसवोऽथाश्विनौचसाध्याश्चविश्वेमरुतांगणाश्च ॥ प्रजापतिर्देवमातादितिश्चसर्वेकृष्णाद्दपयश्चैवसप्त ३४ वायुर्भूत्वाविक्षिपतेचविश्वमग्निर्भूत्वा
दहतेविश्वरूपः ॥ आपोभूत्वामज्जयतेचसर्वंब्रह्माभूत्वासृजतेविश्वसंघान् ३५ वेद्यंचयद्वेदयतेचवेद्यंविधिश्चयश्चाश्रयतेविधेयम् ॥ धर्मेचवेदेचबलेचसर्वंचराचरंकेशवंत्वं
प्रतीहि ३६ ज्योतिर्भूतःपरमोऽसौपुरस्तात्प्रकाशतेयत्प्रभयाविश्वरूपः ॥ अपःसृष्ट्वासर्वभूतात्मयोनिःपुराऽकरोत्सर्वमेवाथविश्वम् ३७ ऋतूनुत्पातान्विविधा
न्यद्भुतानिमेघान्विद्युत्सर्वमैरावतंच ॥ सर्वंकृष्णात्स्थावरंजंगमंचविश्वात्मानंविष्णुमेनंप्रतीहि ३८ विश्वावासंनिर्गुणंवासुदेवंसंकर्षणंजीवभूतंवदंति ॥ ततःप्रद्यु
म्नमनिरुद्धंचतुर्थमाज्ञापयत्यात्मयोनिर्महात्मा ३९ सपंचधापंचजनोपपन्नंसंचोदयन्विश्वमिदंसिसृक्षुः ॥ ततश्चकारावनिमारुतौचखंज्योतिरंभश्चतथैवपार्थ ४०
सस्थावरंजंगमंचैवमेतच्चतुर्विधंलोकमिमंचकृत्वा ॥ ततोभूमिंव्यदधात्पंचबीजांद्यौःपृथिव्यांधास्यतिभूरिवारि ४१ तेनविश्वंकृतमेतद्धिराजन्सजीवयत्यात्मनैवा
त्मयोनिः ॥ ततोदेवानसुरान्मानवांश्चलोकानृषींश्चापिपितॄन्प्रजाश्च ॥ समासेनविविधवत्प्राणिलोकान्सर्वान्सदाभूतपतिःसिसृक्षुः ४२ शुभाशुभंस्थावरंजंग
मंचविष्वक्सेनात्सर्वमेतत्प्रतीहि ॥ यद्वर्ततेयच्चभविष्यतीहसर्वंह्येतत्केशवंत्वंप्रतीहि ४३ मृत्युश्चैवप्राणिनामंतकालेसाक्षात्कृष्णःशाश्वतोधर्मवाहः ॥ भूतंच
यच्चेहनविद्मकिंचिद्विष्वक्सेनात्सर्वमेतत्प्रतीहि ४४ यत्प्रशस्तंचलोकेषुपुण्यंयच्चशुभाशुभम् ॥ तत्सर्वंकेशवोऽचिन्त्योविपरीतमतःपरम् ४५ एतादृशःकेशवो
ऽतश्चभूयोनारायणःपरमश्चाव्ययश्च ॥ मध्याद्यंतस्यजगतस्तस्थुषश्चबुभूषतांप्रभवश्चाव्ययश्च ४६ ॥ इतिश्रीमहाभारतेअनुशासनपर्वणिआनुशास० दानधर्मे
महापुरुषमहात्म्येअष्टपंचाशदधिकशततमोऽध्यायः ॥ १५८ ॥ ॥ युधिष्ठिरउवाच ॥ ब्रूहिब्राह्मणपूजायांव्युष्टिंत्वंमधुसूदन ॥ वेत्तात्वमस्यचार्थस्यवेदत्वां
हिपितामहः १ ॥ वासुदेवउवाच ॥ शृणुष्वावहितोराजन्द्विजानांभरतर्षभ ॥ यथातत्त्वेनवदतोगुणान्वैकुरुसत्तम २ द्वारवत्यांसमासीनंपुरामांकुरुनन्दन ॥
प्रद्युम्नःपरिपप्रच्छब्राह्मणैःपरिकोपितः ३ किंफलंब्राह्मणेष्वस्तिपूजायांमधुसूदन ॥ ईश्वरत्वंकुतस्तेषामिहेवचपरत्रच ४ सदाद्विजातीन्संपूज्यकिंफलंतत्रमान
द ॥ एतद्ब्रूहिस्फुटंसर्वंसुमहान्संशयोऽत्रमे ५ इत्युक्तेवचनेतस्मिन्प्रद्युम्नेनतथात्वहम् ॥ प्रत्यब्रुवंमहाराजयत्तच्छृणुसमाहितः ६ व्युष्टिंब्राह्मणपूजायांरौक्मि
णेयनिबोधमे ॥ एतेहिसोमराजानईश्वराःसुखदुःखयोः ७ अस्मिन्लोकेरौक्मिणेयतथाऽमुष्मिंश्चपुत्रक ॥ ब्राह्मणप्रमुखंसौम्यंनमेऽत्रास्तिविचारणा ८

४० चतुर्विधंजरायुजादि पंचबीजांचतुर्विधभूतग्रामःकर्मचतेषांबीजभूतो ४१ । ४२ । ४३ । ४४ अतःकेशवाद्यत्परंकल्प्यतेतद्विपरीतंअसन्मार्गइत्यर्थः ४५ । ४६ ॥ ॥ इतिअनुशासनपर्वणि
नीलकंठीयेभारतभावदीपे अष्टपंचाशदधिकशततमोऽध्यायः ॥ १५८ ॥ ॥ ब्रूहीति १ । २ । ३ । ४ । ५ । ६ । ७ सौम्यंकल्याणम् ८ ॥ ॥ ॥

॥१५९॥ ब्राह्मणप्रतिपूजायामायुःकीर्तिर्यशोबलम् ॥ लोकालोकेश्वराश्चैवसर्वेब्राह्मणपूजकाः ९ त्रिवर्गेचापवर्गेचयशःश्रीरोगशांतिषु ॥ देवतापितृपूजासुसंतोष्याश्चैवनो अ०
द्विजाः १० तत्कथंवैनाद्रियेयमीश्वरोऽस्मीतिपुत्रक ॥ मातेमन्युर्महाबाहोभवत्वत्रद्विजान्प्रति ११ ब्राह्मणाहिमहद्भूतमस्मिन्लोकेपरत्रच ॥ भस्मकुर्युर्जगदिदं १५९
क्रुद्धाःप्रत्यक्षदर्शिनः १२ अन्यानपिसृजेयुश्चलोकान्लोकेश्वरांस्तथा ॥ कथंतेषुनवर्तेरन्सम्यग्ज्ञानात्सुतेजसः १३ अवसन्मद्गृहेतातब्राह्मणोहरिपिंगलः ॥ चीर
वासाबिल्वदंडीदीर्घश्मश्रुःकृशोमहान् १४ दीर्घेभ्यश्चमनुषेभ्यःप्रमाणादधिकोभुवि ॥ सस्वैरंचरतेलोकान्येदिव्यायेचमानुषाः १५ इमांगाथांगायमानश्चत्वरेषुस
भासुच ॥ दुर्वाससंवासयेत्कोब्राह्मणंसत्कृतंगृहे १६ रोषणःसर्वभूतानांसूक्ष्मेऽप्यपकृतेकृते ॥ परिभाषांचमेश्रुत्वाकोऽनुदद्यात्प्रतिश्रयम् १७ योमांकश्चिद्वासयी
तनसमांकोपयेदिति ॥ यस्मान्नाद्रियतेकश्चित्ततोऽहंसमवासयम् १८ ससंभुंक्तेसहस्राणांबहूनामन्नमेकदा ॥ एकदासोऽल्पकंभुंक्तेनचैवैतिपुनर्गृहान् १९ अक
स्माच्चप्रहसतितथाऽकस्मात्प्ररोदिति ॥ नचास्यवयसातुल्यःपृथिव्यामभवत्तदा २० अथस्वावसथंगत्वासशय्यास्तरणानिच ॥ कन्याश्चालंकृतादग्ध्वाततोव्य
पगतःपुनः २१ अथमामब्रवीद्भूयःसमुनिःसंशितव्रतः ॥ कृष्णपायसमिच्छामिभोक्तुमित्येवसत्वरः २२ तदैवतुमयातस्यचित्तज्ञेनगृहेजनः ॥ सर्वाण्यन्नानिपा
नानिभक्ष्याश्चोच्चावचास्तथा २३ भवंतुसत्कृतानीहपूर्वमेवप्रचोदितः ॥ ततोऽहंज्वलमानंवैपायसंप्रत्यवेदयम् २४ तंभुक्त्वैवसतुक्षिप्रंततोवचनमब्रवीत् ॥ क्षिप्र
मंगानिलिंपस्वपायसेनेतिसस्मह २५ अविमृश्यैवचततःकृतवानस्मितत्तथा ॥ तेनोच्छिष्टेनगात्राणिशिरश्चैवाभ्यमृक्षयम् २६ सददर्शतदाभ्याशेमातरंतेशुभा
ननाम् ॥ तामपिस्मयमानांसपायसेनाभ्यलेपयम् २७ मुनिःपायसदिग्धांगींरथेतूर्णमयोजयत् ॥ तमारुह्यरथंचैवनिर्ययौसगृहान्मम २८ अग्निवर्णोज्वलन्धी
मान्सद्विजोरथधुर्यवत् ॥ प्रतोदेनातुदद्बालांरुक्मिणींममपश्यतः २९ नचमेस्तोकमप्यासीद्दुःखमीर्ष्याकृतंतदा ॥ तथासराजमार्गेणमहतानिर्ययौबहिः ३०
तद्दृष्ट्वामहदाश्चर्यंदाशार्हाजातमन्यवः ॥ तत्राजल्पन्मिथःकेचित्समाभाष्यपरस्परम् ३१ ब्राह्मणाएवजायेरन्नान्योवर्णःकथंचन ॥ कोह्येनंरथमास्थायजीवेदन्यः
पुमानिह ३२ आशीविषविषंतीक्ष्णंततस्तीक्ष्णतरोद्विजः ॥ ब्रह्माशीविषदग्धस्यनास्तिकश्चिच्चिकित्सकः ३३ तस्मिन्व्रजतिदुर्धर्षेप्रास्खलद्रुक्मिणीपथि ॥
तन्नामर्षयतश्रीमांस्ततस्तूर्णमचोदयत् ३४ ततःपरमसंक्रुद्धोरथात्प्रस्कंद्यसद्विजः ॥ पदातिरुत्पथेनैवप्राद्रवद्दक्षिणामुखः ३५ तमुत्पथेनधावंतमन्वधावद्द्विजो
त्तमम् ॥ तथैवपायसादिग्धःप्रसीदभगवन्निति ३६ ततोविलोक्यतेजस्वीब्राह्मणोमामुवाचह ॥ जितःक्रोधस्त्वयाकृष्णप्रकृत्यैवमहाभुज ३७ नतेऽपराधमिहवैदृष्ट ॥१५९॥
वानस्मिसुव्रत ॥ प्रीतोऽस्मितवगोविंदवृणुकामान्यथेप्सितान् ३८ प्रसन्नस्यचमेतातपश्यव्युष्टिंयथाविधि ॥ यावदेवमनुष्याणामन्नेभावोभविष्यति ३९ ॥

४० । ४१ । ४२ । ४३ । ४४ । ४५ । ४६ । ४७ । ४८ । ४९ । ५० । ५१ । ५२ । ५३ । ५४ । ५५ । ५६ ॥ इति अनु० नी० भा० एकोनषष्ट्यधिकशततमोऽध्यायः ॥ १५९ ॥ दुर्वाससइति अत्रत्रिपुरदाहः

यथैवान्नेतथातेषांत्वयिभावोभविष्यति ॥ यावच्चपुण्यालोकेषुत्वयिकीर्तिर्भविष्यति ४० त्रिषुलोकेषुतावच्चवैशिष्ट्यंप्रतिपत्स्यसे ॥ सुप्रियःसर्वलोकस्यभविष्यसिज नार्दन ४१ यत्तेभिन्नंचदग्धंचयच्चकिंचिद्विनाशितम् ॥ सर्वंतथैवद्रष्टाऽसिविशिष्टंवाजनार्दन ४२ यावदेतत्प्रलिप्तंतेगात्रेषुमधुसूदन ॥ अतोमृत्युभयंनास्तियाव दिच्छसिचाच्युत ४३ नतुपादतलेलिप्तेकस्मात्तेपुत्रकाद्यवै ॥ नैतन्मेप्रियमित्येवंसमांप्रीतोऽब्रवीत्तदा ४४ इत्युक्तोऽहंशरीरंस्वंददर्शश्रीसमायुतम् ॥ रुक्मिणीं चाब्रवीत्प्रीतःसर्वस्त्रीणांवरंयशः ४५ कीर्तिंचानुत्तमांलोकेसमवाप्स्यसिशोभने ॥ नत्वांजरावारोगोवावैवर्ण्यंचापिभाविनि ४६ स्प्रक्ष्यंतिपुण्यगंधाचकृष्णमाराध यिष्यसि ॥ षोडशानांसहस्राणांवधूनांकेशवस्यह ४७ वरिष्ठाचसलोक्याचकेशवस्यभविष्यसि ॥ तवमातरमित्युक्त्वाततोमांपुनरब्रवीत् ४८ प्रस्थितःसुमहाते जादुर्वासाऽग्निरिवज्वलन् ॥ एषैवतेबुद्धिरस्तुब्राह्मणान्प्रतिकेशव ४९ इत्युक्त्वासतदापुत्रतत्रैवांतरधीयत ॥ तस्मिन्नंतर्हितेचाहमुपांशुव्रतमाचरम् ५० यत्किंचि द्ब्राह्मणोब्रूयात्सर्वंकुर्यामितिप्रभो ॥ एतद्व्रतमहंकृत्वामात्रातेसहपुत्रक ५१ ततःपरमहृष्टात्माप्राविशंगृहमेवच ॥ प्रविष्टमात्रश्चगृहेसर्वंपश्यामितन्नवम् ५२ यद्भि न्नंयच्चवैदग्धंतेनविप्रेणपुत्रक ॥ ततोऽहंविस्मयंप्राप्तःसर्वंदृष्ट्वानवंदृढम् ५३ अपूजयंचमनसारौक्मिणेयसदाद्विजान् ॥ इत्यहंरौक्मिणेयस्यपृच्छतोभरतर्षभ ५४ माहात्म्यंद्विजमुख्यस्यसर्वमाख्यातवांस्तदा ॥ तथात्वमपिकौन्तेयब्राह्मणान्सततंप्रभो ५५ पूजयस्वमहाभागान्वाग्भिर्दानैश्चनित्यदा ॥ एवंव्युष्टिमहंप्राप्तोब्राह्म णस्यप्रसादजाम् ॥ यच्चमामाहभीष्मोऽयंतत्सत्यंभरतर्षभ ५६ ॥ इतिश्रीमहाभारते अनुशासनपर्वणि आनुशासनिकेपर्वणि दानधर्मे दुर्वासोभिक्षानाम एको नषष्ट्यधिकशततमोऽध्यायः ॥ १५९ ॥ ॥ ॥ ॥ युधिष्ठिरउवाच ॥ ॥ दुर्वाससःप्रसादात्तेयत्तदामधुसूदन ॥ अवाप्तमिहविज्ञानंतन्मेव्या ख्यातुमर्हसि १ महाभाग्यंचयत्तस्यनामानिचमहात्मनः ॥ तत्त्वतोज्ञातुमिच्छामिसर्वंमतिमतांवर २ ॥ ॥ वासुदेवउवाच ॥ ॥ हंततेकीर्तयिष्यामिनम स्कृत्यकपर्दिने ॥ यदवाप्तंमयाराजञ्छ्रेयोयच्चार्जितंयशः ३ प्रयतःप्रातरुत्थाययदधीयेविशांपते ॥ प्रांजलिःशतरुद्रीयंतन्मेनिगदतःशृणु ४ प्रजापतिस्तत्स सृजेतपसोऽन्तेमहातपाः ॥ शंकरस्त्वसृजत्तातप्रजाःस्थावरजंगमाः ५ नास्तिकिंचित्परंभूतंमहादेवाद्विशांपते ॥ इहत्रिष्वपिलोकेषुभूतानांप्रभवोहिसः ६ नचै वोत्सहतेस्थातुंकश्चिदग्रेमहात्मनः ॥ नहिभूतंसमंतेनत्रिषुलोकेषुविद्यते ७ गंधेनापिहिसंग्रामेतस्यक्रुद्धस्यशत्रवः ॥ विसंज्ञाहतभूयिष्ठावेपंतेचपतंतिच ८ घोरं चनिनदंतस्यपर्जन्यनिनदोपमम् ॥ श्रुत्वाविशीर्येद्धृदयंदेवानामपिसंयुगे ९ ॥ ॥ ॥ ॥

श्रद्धाग्रहितानांनिदार्थः । उपासकानांस्थूलसूक्ष्मकारणदेहत्रयरूपाणांतिसृणांपुरांदाहेनसंसारानर्थनिवृत्तिर्महादेवस्यत्रिपुरहंतुःप्रसादाद्भवतीतिप्रदर्शनार्थश्च १ । २ । ३ । ४ । ५ । ६ । ७ । ८ । ९

म.भा.टी० ॥१६०॥

१० । ११ । १२ । १३ । १४ । १५ । १६ । १७ । १८ । १९ । २० । २१ । २२ । २३ २४ । २५ । २६ । २७ । २८ । २९ । ३० । ३१ तेचैवेति । एवमध्यात्मंत्रिपुरदाहेऽपिसंसारात्म
कःसूक्ष्मःप्रपंचोयावदेहपातंबाधितानुवृत्त्याऽनुवर्ततएव । तेबालंहिरण्यगर्भाख्यंसूक्ष्मसमष्टिरूपंपुरदग्धुरंकगतंजीवन्मुक्तप्रतीतिगोचरंजिज्ञासमानाउमाब्रह्मविद्यामयाकृत्स्नबाधकेनेऽप्ययंकोऽर्वाशिष्टइत्यब्रवीत्

यांश्चघोरेणरूपेणपश्येत्क्रुद्धःपिनाकधृत् ॥ नसुरानासुरालोकेनगंधर्वानपन्नगाः १० कुपितेसुखमेधंतेतस्मिन्नपिगुहागताः ॥ प्रजापतेश्चदक्षस्ययजतोविततेक्रतौ
११ विव्याधकुपितोयज्ञंनिर्भयस्तुभवस्तदा ॥ धनुषाबाणमुत्सृज्यसघोषंविननादच १२ तेनशर्मकुतःशांतिंविषादंलेभिरेसुराः ॥ विद्धेचसहसायज्ञेकुपितेचमहे
श्वरे १३ तेनज्यातलघोषेणसर्वेलोकाःसमाकुलाः ॥ बभूवुरवशाःपार्थविषेदुश्चसुरासुराः १४ आपश्चुक्षुभिरेचैवचकंपेचवसुंधरा ॥ व्यद्रवन्गिरयश्चापिद्यौः
पफालचसर्वशः १५ अंधेनतमसालोकाःप्रावृतानचकाशिरे ॥ प्रणष्टाज्योतिषांभाश्चसहसूर्येणभारत १६ भृशंभीतास्ततःशांतिंचक्रुःस्वस्त्ययनानिच ॥ ऋष
यःसर्वभूतानामात्मनश्चहितैषिणः १७ ततःसोऽभ्यद्रवद्देवान्रुद्रोरौद्रपराक्रमः ॥ भगस्यनयनेक्रुद्धःप्रहारेणव्यशातयत् १८ पूषणंचाभिदुद्रावपादेनचरुषान्वितः ॥
पुरोडाशंभक्षयतोदशनान्वैव्यशातयत् १९ ततःप्रणेमुर्देवास्तेवेपमानाःस्मशंकरम् ॥ पुनश्चसंदधेरुद्रोदीप्तंसुनिशितंशरम् २० रुद्रस्यविक्रमंदृष्ट्वाभीतादेवाःस
हर्षिभिः ॥ ततःप्रसादयामासुःशर्वंतेविबुधोत्तमाः २१ जेपुश्चशतरुद्रीयंदेवाःकृत्वाऽञ्जलिंतदा ॥ संस्तूयमानस्त्रिदशैःप्रससादमहेश्वरः २२ रुद्रस्यभागंयज्ञेचविशि
ष्टंतेत्वकल्पयन् ॥ भयेनत्रिदशाराजञ्छरणंचप्रपेदिरे २३ तेनचैवहितुष्टेनसयज्ञःसंधितोऽभवत् ॥ यद्यच्चापहृतंतत्रतत्तथैवान्वजीवयत् २४ असुराणांपुराण्या
संस्त्रीणिवीर्यवतांदिवि ॥ आयसंराजतंचैवसौवर्णमपिचापरम् २५ नाशकत्तानिमघवाजेतुंसर्वायुधैरपि ॥ अथसर्वेऽमरारुद्रंजग्मुःशरणमर्दिताः २६ ततऊचुर्म
हात्मानोदेवाःसर्वेसमागताः ॥ रुद्ररौद्राभविष्यंतिपशवःसर्वकर्मसु २७ जहिदैत्यान्सहपुरैर्लोकांस्त्रायस्वमानद ॥ सतथोक्तस्तथेत्युक्त्वाकृत्वाविष्णुंशरोत्तमम् २८
शल्यमग्निंतथाकृत्वापुंखंवैवस्वतंयमम् ॥ वेदान्कृत्वाधनुःसर्वान्ज्यांचसावित्रिमुत्तमाम् २९ ब्रह्माणंसारथिंकृत्वाविनियुज्यचसर्वशः ॥ त्रिपर्वणात्रिशल्येनतेन
तानिबिभेदसः ३० शरेणादित्यवर्णेनकालाग्निसमतेजसा ॥ तेसुराःसपुरास्तत्रदग्धारुद्रेणभारत ३१ तंचैवांकगतंदृष्ट्वाबालंपंचशिखंपुनः ॥ उमाजिज्ञासमानावै
कोऽयमित्यब्रवीत्तदा ३२ असूयतश्चशक्रस्यवज्रेणप्रहरिष्यतः ॥ सवज्रंस्तंभयामासतंबाहुंपरिघोपमम् ३३ नसंबुबुधिरेचैवदेवास्तंभुवनेश्वरम् ॥ सप्रजापतयःसर्वे
तस्मिन्मुमुहुरीश्वरे ३४ ततोध्यात्वाचभगवान्ब्रह्मातममितौजसम् ॥ अयंश्रेष्ठइतिज्ञात्वाववंदेतमुमापतिम् ३५ ततःप्रसादयामासुरुमांरुद्रंचतेसुराः ॥ बभूवसतदा
बाहुर्बलहंतुर्यथापुरा ३६ सचापिब्राह्मणोभूत्वादुर्वासानामवीर्यवान् ॥ द्वारवत्यांममगृहेचिरंकालमुपावसन् ३७ ॥ ॥

छ्रवर्ती । तत्रमहादेवस्तस्यप्रत्यगनन्यत्वादनुत्तरमेवोत्तरंददौ । अतएवतंसूक्ष्मसमष्टिंकइतिवेदेवदंति । प्रजापतिर्वैकइति । तस्यनामैवकइतिप्रतिष्ठितं एवंसर्वत्राख्यानतात्पर्यंज्ञेयम् । तथाशक्रबाहुस्तं
भाख्यायिकयात्रिपुरघ्नंबाहुकृतंकर्मनस्पृशतीतिदर्शितम् ३२ । ३३ । ३४ । ३५ ३६ । ३७ ॥ ॥ ॥

३८ । ३९ । ४० । ४१ । ४२ एकधाब्रह्मरूपेण । द्विधाब्रह्मभेदेन । बहुधेत्यादिप्रपंचरूपेण ४३ । ४४ ॥ इति अनुशासनपर्वणिनीलकंठीयेभारतभावदीपेषष्ट्यधिकशततमोऽध्यायः ॥ १६० ॥

विप्रकारान्प्रयुंक्तेस्मसुबहून्ममवेश्मनि ॥ तानुदारतयाचाहंचक्षमेचातिदुःसहान् ३८ सवैरुद्रःसचशिवःसोऽग्निःसर्वःससर्वजित् ॥ सचैवेन्द्रश्चवायुश्चसोश्विनौ
सचविद्युतः ३९ सचंद्रमाःसचेशानःससूर्योवरुणश्चसः ॥ सकालःसोन्तकोमृत्युःसयमोरात्र्यहानिच ४० मासार्धमासाऋतवःसंध्येसंवत्सरश्चसः ॥ सधातास
विधाताचविश्वकर्मासर्ववित् ४१ नक्षत्राणिग्रहाश्चैवदिशोऽथप्रदिशस्तथा ॥ विश्वमूर्तिरमेयात्माभगवान्परमद्युतिः ४२ एकधाचद्विधाचैवबहुधाचसएव
हि ॥ शतधासहस्रधाचैवतथाशतसहस्रधा ४३ ईदृशःसमहादेवोभूयश्चभगवानतः ॥ नहिशक्यागुणावक्तुमपिवर्षशतैरपि ४४ ॥ इतिश्रीमहाभारतेअनु
शासनपर्वणि आनुशासनिकेपर्वणिदानधर्मेईश्वरप्रशंसानामषष्ट्यधिकशततमोऽध्यायः ॥ १६० ॥ ॥ वासुदेवउवाच ॥ युधिष्ठिरमहाबाहोमहाभाग्यंमहा
त्मनः ॥ रुद्रायबहुरूपायबहुनाम्नेनिबोधमे १ वदंत्यग्निंमहादेवंतथास्थाणुंमहेश्वरम् ॥ एकाक्षंत्र्यंबकंचैवविश्वरूपंशिवंतथा २ द्वेतनूतस्यदेवस्यवेदज्ञाब्राह्मणा
विदुः ॥ घोरामन्यांशिवामन्यांतेतनूबहुधापुनः ३ उग्राघोरातनुर्याऽस्यसोऽग्निर्विद्युत्सभास्करः ॥ शिवासौम्याचयात्वस्यधर्मस्त्वापोऽथचंद्रमाः ४ आत्म
नोर्धंतुतस्याग्निःसोमोऽर्धंपुनरुच्यते ॥ ब्रह्मचर्यंचरत्येकाशिवाचास्यतनुस्तथा ५ याऽस्यघोरतमामूर्तिर्जगत्संहरतेतथा ॥ ईश्वरत्वान्महत्त्वाच्चमहेश्वरइति
स्मृतः ६ यन्निर्दहतियत्तीक्ष्णोयदुग्रोयत्प्रतापवान् ॥ मांसशोणितमज्जादोयत्ततोरुद्रउच्यते ७ देवानांसुमहान्यच्चयच्चास्यविषयोमहान् ॥ यच्चविश्वंमहत्पातिम
हादेवस्ततःस्मृतः ८ धूम्ररूपंचयत्तस्यधूर्जटीत्यतउच्यते ॥ समेधयतियन्नित्यंसर्वान्वैसर्वकर्मभिः ९ मनुष्यान्शिवमन्विच्छंस्तस्मादेषशिवःस्मृतः ॥ दहत्यू
र्ध्वंस्थितोयच्चप्राणानृणांस्थिरश्चयत् १० स्थिरलिंगश्चयन्नित्यंतस्मात्स्थाणुरितिस्मृतः ॥ यदस्यबहुधारूपंभूतंभव्यंभवत्तथा ११ स्थावरंजंगमंचैवबहुरूपस्ततः
स्मृतः ॥ विश्वेदेवाश्चयत्तस्मिन्विश्वरूपस्ततःस्मृतः १२ सहस्राक्षोऽयुताक्षोवासर्वतोक्षिमयोऽपिवा ॥ चक्षुषःप्रभवेत्तेजोनास्त्यंतोऽथास्यचक्षुषाम् १३ सर्व
थायत्पशून्पातितैश्चयद्रमतेसह ॥ तेषामधिपतिर्यच्चतस्मात्पशुपतिःस्मृतः १४ नित्येनब्रह्मचर्येणलिंगमस्ययदास्थितम् ॥ महयत्यस्यलोकश्चप्रियंह्येतन्महा
त्मनः १५ विग्रहंपूजयेद्योवैलिंगंवाऽपिमहात्मनः ॥ लिंगंपूजयितानित्यंमहतींश्रियमश्नुते १६ ऋषयश्चापिदेवाश्चगंधर्वाप्सरसस्तथा ॥ लिंगमेवार्चयंति
स्मयत्तदूर्ध्वंसमास्थितम् १७ पूज्यमानेततस्तस्मिन्मोदतेसमहेश्वरः ॥ सुखंददातिप्रीतात्माभक्तानांभक्तवत्सलः १८ एषएवश्मशानेषुदेवोवसतिनिर्दहन् ॥
यजंतेयेजनास्तत्रवीरस्थाननिषेविणः १९ विषयस्थःशरीरेषुसमृत्युःप्राणिनामिह ॥ सचवायुःशरीरेषुप्राणापानशरीरिणाम् २० तस्यघोराणिरूपाणिदीप्तानि
चबहूनिच ॥ लोकेयान्यस्यपूज्यंतेविप्रास्तानिविदुर्बुधाः २१ ॥ ॥ ॥ ॥

युधिष्ठिरेति १ । २ । ३ । ४ । ५ । ६ । ७ । ८ । ९ । १० । ११ । १२ । १३ । १४ । १५ । १६ । १७ । १८ । १९ । २० । २१ ॥ ॥

२२ । २३ । २४ । २५ । २६ । २७ । २८ ॥ इति अनुशासनपर्वणि नीलकंठीये भारतभावदीपे एकषष्ट्यधिकशततमोऽध्यायः ॥ १६१ ॥ ॥ ॥ ॥ इत्युक्तवतीति १ श्रुतिप्र त्यक्षयोःकिंबलवदितिप्रश्नः २ । ३ दृष्टमिति । अनंतंक्वचित्श्रुत्यपेक्षयाप्रत्यक्षंप्रबलंक्वचित्प्रत्यक्षापेक्षयाश्रुतिरित्यर्थः ४ केचित्प्रत्यक्षंप्रबलंमत्वाहैतुकास्तार्किकाःपरमाण्वादीन्प्रज्ञयानित्यत्वा दिगुणयुक्तान्कल्पयंतःसत्यमबाधितंवाङ्मनसातीतंवस्तुनास्तीत्येवनिश्चयंकुर्वंति । परैर्नैदिकैरुपालब्धाःसंतस्तत्रसंशयंकुर्वंति ५ अथेत्यादिसार्धः यदित्वमपिएकमसंहतंब्रह्मकारणंकथं भवेदितिसंशयवानसितर्हिदीर्घकालसेवनादिनाऽयमर्थोयुक्तेनयोगेनवेदितुंशक्यः ६ । ७ एतस्यसत्यवस्तुनःहेतूनामंतं सर्वसंशयोच्छेदेसतिकल्पनासंज्ञाहेतवोनिवर्तंते ८ संशयच्छेद

नामधेयानिदेवेषुबहून्यस्ययथार्थवत् ॥ निरुच्यंतेमहत्त्वाच्चविभुत्वात्कर्मभिस्तथा २२ वेदेचास्यविदुर्विप्राःशतरुद्रीयमुत्तमम् ॥ व्यासेनोक्तंचयच्चापिउपस्था नंमहात्मनः २३ प्रदातासर्वलोकानांविश्वंचाप्युच्यतेमहत् ॥ ज्येष्ठभूतंवदंत्येनंब्राह्मणाऋषयोऽपरे २४ प्रथमोह्येषदेवानांमुखादग्निमजीजनत् ॥ ग्रहैर्बहुवि धैःप्राणान्संरुद्धानुत्सृजत्यपि २५ विमुंचतिनपुण्यात्माशरण्यःशरणागतान् ॥ आयुरारोग्यमैश्वर्यंवित्तंकामांश्चपुष्कलान् २६ सददातिमनुष्येभ्यःसएवाक्षि पतेपुनः ॥ शक्रादिषुचदेवेषुतस्यैश्वर्यमिहोच्यते २७ सएवव्यापृतोनित्यंत्रैलोक्यस्यशुभाशुभे ॥ ऐश्वर्याच्चैवकामानामीश्वरःपुनरुच्यते २८ महेश्वरश्च लोकानांमहतामीश्वरश्चसः ॥ बहुभिर्विविधैरूपैर्विश्वंव्याप्तमिदंजगत् ॥ तस्यदेवस्ययद्वक्त्रंसमुद्रेवडवामुखम् २९ ॥ इति श्रीमहाभारते अनुशासनपर्व णिआनुशास०दानधर्मेमहेश्वरमाहात्म्यंनामएकषष्ट्यधिकशततमोऽध्यायः ॥ १६१ ॥ ॥ ॥ ॥ वैशंपायनउवाच ॥ इत्युक्तवतिवाक्येतुकृष्णे देवकिनंदने ॥ भीष्मंशांतनवंभूयःपर्यपृच्छद्युधिष्ठिरः १ निर्णयेवामहाबुद्धेसर्वधर्मविदांवर ॥ प्रत्यक्षमागमोवेतिकिंतयोःकरणंभवेत् २ ॥ भीष्मउवाच ॥ नास्त्यत्रसंशयःकश्चिदितिमेवर्ततेमतिः ॥ शृणुवक्ष्यामितेप्राज्ञसम्यक्त्वंमेऽनुपृच्छसि ३ संशयःसुगमस्तत्रदुर्गमस्तस्यनिर्णयः ॥ दृष्टंश्रुतमनंतंहियत्रसं शयदर्शनम् ४ प्रत्यक्षंकारणंदृष्ट्वाहैतुकाःप्राज्ञमानिनः ॥ नास्तीत्येवंव्यवस्यंतिसत्यंसंशयमेवच ५ तदयुक्तंव्यवस्यंतिबालाःपंडितमानिनः ॥ अथचेन्म न्यसेचैकंकारणंकिंभवेदिति ६ शक्यंदीर्घेणकालेनयुक्तेनातंद्रितेनच ॥ प्राणयात्रामनेकांचकल्पमानेनभारत ७ तत्परेणैवनान्येनशक्यंह्येतस्यदर्शनम् ॥ हेतूनामंतमासाद्यविपुलंज्ञानमुत्तमम् ८ ज्योतिःसर्वस्यलोकस्यविपुलंप्रतिपद्यते ॥ नत्वेवगमनंराजन्हेतुतोगमनंतथा ॥ अग्राह्यमनिबद्धंचवाचासंपरिवर्ज येत् ९ ॥ युधिष्ठिरउवाच ॥ प्रत्यक्षंलोकतःसिद्धिर्लोकश्चागमपूर्वकः ॥ शिष्टाचारोबहुविधस्तन्मेब्रूहिपितामह १० ॥ ॥

श्चयदाज्योतिःप्रत्यक्चैतन्यंविपुलमनंतंप्रतिपद्यतेतदैवभवतिहेतुतस्तर्काद्यद्गस्त्वधिगमनंतदधिगमनंनभवति । तर्केणापिहिशून्यप्रधानपरमाणवःकारणत्वेनप्रतिपाद्यंतेतच्चअग्राह्यम् । यतःयद्वाचावेदेना निबद्धंअप्रतिपादितंतद्वर्जयेदितिन्यायईक्षतेर्नाशब्दमितिप्रतिपादनात् एतेनसर्वप्रमाणापेक्षयाश्रुतेर्बलीयस्त्वंसिद्धम् ९ प्रत्यक्षमिति । लोकतःसिद्धिरनुमानं आगमपूर्वःशिष्टाचारश्चेतिप्रमाणानिएते षांमध्येकिंप्रबलमितिप्रश्नार्थः १० ॥ ॥ ॥ ॥ ॥

शिष्टाचारस्यदुरात्मभिरुच्छेदितत्वाद्वेदएवमुख्यप्रमाणं । प्रत्यक्षानुमानयोर्व्यभिचारित्वेनाविश्वसनीयत्वादित्याह धर्मस्येत्यादिना ११ वृत्तंशिष्टाचारः १२ भिंदंतिवृत्तं तेषुप्रत्यक्षानुमानाचारेषु
१३ अतृप्यंतोनित्यंसोत्कंठाः आगमजन्याःबुद्धयोयेषांतेएवपरंश्रेष्ठंप्रमाणमित्यन्वयः १४ । १५ नेति वृत्तंप्रत्यक्षदृष्टंशीलं। आचारः शौचादिः । कारणंवेदः । त्रयंमिलित्वाएकोधर्मःसधर्मःसा
धनीयइत्यर्थः स्वाध्यायकर्मवेदरक्षार्थमाचारांतर्गतमेवज्ञेयम् १६ । १७ वेदइति । प्रमाणभेदात्प्रमेयैर्धर्मैरपित्रिभिर्भवितव्यम् १८ कथमेकोधर्मस्त्रितयप्रतिपाद्यइत्याशंक्याह धर्मस्येति । हेराजन्यद्ये

॥ भीष्मउवाच ॥ धर्मस्यह्रियमाणस्यबलवद्भिर्दुरात्मभिः ॥ संस्थायत्नैरपिकृतःकालेनप्रतिभिद्यते ११ अधर्मोधर्मरूपेणतृणैःकूपइवावृतः ॥ ततस्तैर्भिद्यते वृत्तंशृणुचैवयुधिष्ठिर १२ अवृत्तायेतुभिंदंतिश्रुतित्यागपरायणाः ॥ धर्मविद्वेषिणोमंदाइत्युक्तस्तेषुसंशयः १३ अतृप्यंतस्तुसाधूनांयएवागमबुद्धयः ॥ परमित्येवसंतुष्टास्तानुपास्स्वचपृच्छच १४ कामार्थौपृष्ठतःकृत्वालोभमोहानुसारिणौ ॥ धर्मइत्येवसंबुद्धस्तानुपास्स्वचपृच्छच १५ नतेषांभिद्यतेवृत्तंयज्ञाःस्वाध्यायकर्मच ॥ आचारःकारणंचैवधर्मश्चैकस्त्रयंपुनः १६ ॥ युधिष्ठिरउवाच ॥ पुनरेवहिमेबुद्धिःसंशयेपरिमुह्यति ॥ अपारेमार्गमाणस्यपरंतीरमपश्यतः १७ वेदःप्रत्यक्षमाचारःप्रमाणंतत्त्रयंयदि ॥ पृथक्त्वंलभ्यतेचैषांधर्मश्चैकस्त्रयंकथम् १८ ॥ भीष्मउवाच ॥ धर्मस्यह्रियमाणस्यबलवद्भिर्दुरात्मभिः ॥ यद्येवंमन्यसेराजंस्त्रिधाधर्मविचारणा १९ एकएवेतिजानीहित्रिधाधर्मस्यदर्शनम् ॥ पृथक्त्वेचनमेबुद्धिस्त्रयाणामपिवैतथा २० उक्तोमार्गस्त्रयाणांचतत्तथैवसमाचर ॥ जिज्ञासानतुकर्तव्याधर्मस्यपरितर्कणात् २१ सदैवभरतश्रेष्ठमातेऽभूदत्रसंशयः ॥ अंधोजडइवाशंकीयद्ब्रवीमितदाचर २२ अहिंसासत्यमक्रोधोदानमेतच्चतुष्टयम् ॥ अजातशत्रोसेवस्वधर्मएषसनातनः २३ ब्राह्मणेषुचवृत्तिर्यापितृपैतामहोचिता ॥ तामन्वेहिमहाबाहोधर्मस्यैतेहिदेशिकाः २४ प्रमाणमप्रमाणंवैयःकुर्यादबुधोजनः ॥ नसप्रमाणतामर्होविवादजननोहिसः २५ ब्राह्मणानेवसेवस्वसत्कृत्यबहुमन्यच ॥ एतेष्वेवत्विमेलोकाःकृत्स्नाइतिनिबोधतान् २६ ॥ युधिष्ठिरउवाच ॥ येचधर्मममसूयंतेयेचैनंपर्युपासते ॥ ब्रवीतुमेभवानेतत्क्वतेगच्छंतितादृशाः २७ ॥ ॥ भीष्मउवाच ॥ ॥ रजसातमसाचैवसमवस्तीर्णचेतसः ॥ नरकंप्रतिपद्यंतेधर्मविद्वेषिणोजनाः २८ येतुधर्ममहाराजसततंपर्युपासते ॥ सत्यार्जवपराःसंतस्तेवैस्वर्गभुजोनराः २९ धर्मएवगतिस्तेषामाचार्योपासनाद्भवेत् ॥ देवलोकंप्रपद्यंतेयेधर्मंपर्युपासते ३० मनुष्यायदिवादेवाःशरीरमुपताप्यवै ॥ धर्मिणःसुखमेधंतेलोभद्वेषविवर्जिताः ३१ प्रथमंब्रह्मणःपुत्रंधर्ममाहुर्मनीषिणः ॥ धर्मिणःपर्युपासंतेफलंपक्वमिवाशयः ३२ ॥ ॥ ॥ ॥ १

वंधर्मत्रयंमन्यसेतन्नेतिशेषः । किंतुह्रियमाणस्यैकस्यैवधर्मस्यत्रिधात्रिप्रकाराविचारणा एकएवप्रमाणत्रयसंवादेनपरीक्षणीयइत्यर्थः १९ त्रिधेत्यस्यव्याख्यानं एकएवेति त्रयाणांप्रमाणानांपृथक्त्वे
प्रत्येकंस्वातंत्र्येणधर्मप्रतिपादकत्वेममबुद्धिर्नच २० उक्तइति । प्रत्यक्षस्यातींद्रियेधर्मेप्रमाणाभावात् अचारस्यचप्रध्वंसित्वात् त्रयाणांप्रमाणानांमध्येपरिशेषाद्यउक्तोवेदेसएवमार्गः नतुपरितर्कणाद्ध
र्मस्यविचारःकर्तव्यइत्यर्थः २१ अत्रवेदे अशंकीशंकाशून्यः २२ । २३ । २४ । २५ । २६ । २७ । २८ । २९ । ३० । ३१ अशयोभोक्तुर्मनः ३२ ॥ ॥

कीदृशाः किंलक्षणाः किंकर्माणश्च ३३ । ३४ सर्गमुत्सर्गम ३५ पंचानांदेवपितृभूतातिथिकुटुंबानां ३६ । ३७ चक्रधरस्यभुजंगस्यबहुग्रामाधिपतेर्वा । 'भवेच्चक्रधरोविष्णोभुजंगेग्रामजालिनि' इतिवि

॥ युधिष्ठिरउवाच ॥ असतांकीदृशंरूपंसाधवःकिंचकुर्वते ॥ ब्रवीतुमेभवानेतत्संतोऽसंतश्चकीदृशाः ३३ ॥ भीष्मउवाच ॥ दुराचाराश्चदुर्धर्षादुर्मुखाश्चाप्य
साधवः ॥ साधवःशीलसंपन्नाःशिष्टाचारस्यलक्षणम् ३४ राजमार्गेगवांमध्येधान्यमध्येचधर्मिणः ॥ नोपसेवंतिराजेन्द्रसर्गंमूत्रपुरीषयोः ३५ पंचानामशनंद
त्वाशेषमश्नन्तिसाधवः ॥ नजल्पंतिचभुंजानानिद्रांत्यार्द्रपाणयः ३६ चित्रभानुमनड्वाहंदेवंगोष्ठंचतुष्पथम् ॥ ब्राह्मणंधार्मिकंचैत्यंयेकुर्वंतिप्रदक्षिणम् ३७ वृ
द्धानांभारतप्तानांस्त्रीणांचक्रधरस्यच ॥ ब्राह्मणानांगवांराज्ञांपंथानंददतेचये ३८ अतिथीनांचसर्वेषांप्रेष्याणांस्वजनस्यच ॥ तथाशरणकामानांगोप्तास्या
त्स्वागतप्रदः ३९ सायंप्रातर्मनुष्याणामशनंदेवनिर्मितम् ॥ नांतराभोजनंदृष्टमुपवासविधिर्हिसः ४० होमकालेयथावह्निःकालमेवप्रतीक्षते ॥ ऋतुकालेतथा
नारीऋतुमेवप्रतीक्षते ४१ नान्यदागच्छतेयस्तुब्रह्मचर्यंचतत्स्मृतम् ॥ अमृतंब्राह्मणागावइत्येतत्त्रयमेकतः ४२ तस्माद्गोब्राह्मणंनित्यमर्चयेतयथाविधि ॥ य
जुषासंस्कृतंमांसमुपभुंजन्नदुष्यति ॥ पृष्ठमांसंवृथामांसंपुत्रमांसंचतत्समम् ४३ स्वदेशेपरदेशेवाप्यतिथिंनोपवासयेत् ॥ कर्मवैसफलंकृत्वागुरूणांप्रतिपादयेत्
४४ गुरुभ्यस्त्वासनंदेयमभिवाद्याभिपूज्यच ॥ गुरुमभ्यर्च्यवर्धंतेआयुषायशसाश्रिया ४५ वृद्धान्नाभिभवेज्जातुनचैतान्प्रेषयेदिति ॥ नासीनःस्यात्स्थिते
ष्वेवमायुरस्यनरिष्यते ४६ ननग्नामीक्षतेनारींननग्नान्पुरुषानपि ॥ मैथुनंसततंगुप्तमाहारंचसमाचरेत् ४७ तीर्थानांगुरवस्तीर्थंचोक्षाणांहृदयंशुचि ॥ द
र्शनानांपरंज्ञानंसंतोषःपरमंसुखम् ४८ सायंप्रातश्चवृद्धानांशृणुयात्पुष्कलागिरः ॥ श्रुतमाप्नोतिहिनरःसततंवृद्धसेवया ४९ स्वाध्यायेभोजनेचैवदक्षिणंपा
णिमुद्धरेत् ॥ यच्छेद्वाङ्मनसीनित्यमिन्द्रियाणितथैवच ५० संस्कृतंपायसंनित्यंयवागूंकृसरंहविः ॥ अष्टकाःपितृदैवत्याग्रहाणामभिपूजनम् ५१ श्मश्रुकर्म
णिमंगल्यंक्षुतानामभिनंदनम् ॥ व्याधितानांचसर्वेषामायुषामभिनंदनम् ५२ नजातुत्वमितिब्रूयादापन्नोपिमहत्तरम् ॥ त्वंकारोवावधोवेतिविद्वत्सुनविशिष्य
ते ५३ अवराणांसमानानांशिष्याणांचसमाचरेत् ॥ पापमाचक्षतेनित्यंहृदयंपापकर्मिणः ५४ ज्ञानपूर्वंकृतंकर्मच्छादयंतेह्यसाधवः ॥ ज्ञानपूर्वंविनश्यंतिगू
हमानामहाजने ५५ नमांमनुष्याःपश्यंतिनमांपश्यंतिदेवताः ॥ पापेनाभिहितःपापःपापमेवाभिजायते ५६ यथावार्धुषिकोवृद्धिंदिनभेदेप्रतीक्षते ॥ धर्मेण
पिहितंपापंधर्ममेवाभिवर्धयेत् ५७ यथालवणमंभोभिराप्लुतंप्रविलीयते ॥ प्रायश्चित्तहतंपापंतथासद्यःप्रणश्यति ५८ तस्मात्पापंनगूहेतगूहमानंविवर्धयेत् ॥
कृत्वातत्साधुष्वाख्येयंतेतत्प्रशमयंत्युत ५९ ॥ ॥ ॥ ॥ ॥

श्वलोचनः ३८ । ३९ । ४० । ४१ । ४२ । ४३ कर्माध्ययनंप्रतिपादयेत् दक्षिणामितिशेषः ४४ । ४५ । ४६ । ४७ । ४८ । ४९ दक्षिणंपाणिमुद्धरेद्यज्ञोपवीतीभवेत् ५० अभिपूजनंपायसादिभिः ५१ मंगल्यंमंगल
वचनं अभिनंदनंशतंजीवेतिवचनेनसुखोत्पादनंच कुर्यादितिशेषः ५२ । ५३ समाचरेदभिनंदनं पापकर्मिणःस्वंहृदयंपापिष्ठमित्याचक्षते कर्मणैवतेषांहृदयंज्ञायतइत्यर्थः ५४ । ५५ । ५६ । ५७ । ५८ । ५९

६० । ६१ धर्मध्वजिकस्तत्प्रकाशकः ६२ पारक्यंपरलोकहितम् ६३ ॥ इतिअनुशासनपर्वणि नीलकंठीये भारतभावदीपेद्विषष्ट्यधिकशततमोऽध्यायः ॥ १६२ ॥ ॥ नाभागधेयइति १
२ कृतोयत्नोऽफलोयेषांतिकृतयत्नाफलाः ३ भवेत्समर्थःस्यात् ४ आयशतैःउपायशतैः सुखीधनेन ५ । ६ । ७ । ८ । ९ । १० । ११ । १२ । १३ प्रसवःप्रसव

आशयासंचितंद्रव्यंकालेनैवोपभुज्यते ॥ अन्येचैतत्प्रपद्यन्तेवियोगेतस्यदेहिनः ६० मानसंसर्वभूतानांधर्ममाहुर्मनीषिणः ॥ तस्मात्सर्वाणिभूतानिधर्ममेवसमासते ६१ एकएवचरेद्धर्मनधर्मध्वजिकोभवेत् ॥ धर्मवाणिजकाह्येतेयेधर्ममुपभुंजते ६२ अर्चेद्देवानदंभेनसेवेतामाययागुरून् ॥ निधिंनिदध्यात्पारक्यंयात्रार्थंदानशब्दितम् ६३ ॥ इति श्रीमहाभारते अनुशासनपर्वणि आनुशासनिकेपर्वणि दानधर्मे धर्मप्रमाणकथने द्विषष्ट्यधिकशततमोऽध्यायः ॥ १६२ ॥ ॥
॥ युधिष्ठिरउवाच ॥ नाभागधेयःप्राप्नोतिधनंसुबलवानपि ॥ भागधेयान्वितस्त्वर्थान्कृशोबालश्चविन्दति १ नालाभकालेलभतेप्रयत्नेऽपिकृतेसति ॥ लाभकालेऽप्रयत्नेनलभतेविपुलंधनम् २ कृतयत्नाफलाश्चैवदृश्यन्तेशतशोनराः ॥ अयत्नेनैधमानाश्चदृश्यन्तेबहवोजनाः ३ यदियत्नोभवेन्मर्त्यःससर्वंफलमाप्नुयात् ॥ नालभ्यंचोपलभ्येतनृणांभरतसत्तम ४ प्रयत्नंकृतवन्तोऽपिदृश्यन्तेह्यफलानराः ॥ मार्गन्नायशतैरर्थानमार्गश्चापरःसुखी ५ अकार्यमसकृत्कृत्वादृश्यन्तेह्यधनानराः ॥ धनयुक्ताःस्वकर्मस्थादृश्यन्तेचापरेऽधनाः ६ अधीत्यनीतिशास्त्राणिनीतियुक्तोनदृश्यते ॥ अनभिज्ञश्चसाचिव्यंगमितःकेनहेतुना ७ विद्यायुक्तोह्यविद्यश्चधनवान्दुर्मतिस्तथा ॥ यदिविद्यामुपाश्रित्यनरःसुखमवाप्नुयात् ८ नविद्वान्विद्ययाहीनंवृत्त्यर्थमुपसंश्रयेत् ॥ यथापिपासांजयतिपुरुषःप्राप्यवैजलम् ९ इष्टार्थोविद्ययाह्येवनविद्यांप्रजहेन्नरः ॥ नाप्राप्तकालोम्रियतेविद्धःशरशतैरपि ॥ तृणाग्रेणापिसंस्पृष्टःप्राप्तकालोनजीवति १० ॥ भीष्मउवाच ॥ ईहमानःसमारंभान्यदिनासादयेद्धनम् ॥ उग्रंतपःसमारोहेन्नह्यनुप्तंप्ररोहति ११ दानेनभोगीभवतिमेधावीवृद्धसेवया ॥ अहिंसयाचदीर्घायुरितिप्राहुर्मनीषिणः १२ तस्माद्दद्यान्नयाचेतपूजयेद्धार्मिकानपि ॥ सुभाषीप्रियकृच्छान्तःसर्वसत्वाविहिंसकः १३ यदाप्रमाणंप्रसवःस्वभावश्चसुखासुखे ॥ दंशकीटपिपीलानांस्थिरोभवयुधिष्ठिर १४ ॥ इतिश्रीमहाभारतेअनुशासनपर्वणि आनुशास० दानधर्मेधर्मप्रशंसायांत्रिषष्ट्यधिकशततमोऽध्यायः ॥ १६३ ॥ ॥ भीष्मउवाच ॥ कार्यतेयच्चक्रियतेसच्चासच्चकृताकृतम् ॥ तत्राश्वसीतसत्कृत्वाअसत्कृत्वानविश्वसेत् १ कालएवसर्वकालेनिग्रहानुग्रहौददत् ॥ बुद्धिमाविश्यभूतानांधर्माधर्मौप्रवर्तते २ यदात्वस्यभवेद्बुद्धिर्धर्मार्थस्यप्रदर्शनात् ॥ तदाश्वसीतधर्मात्मादृढबुद्धिर्नविश्वसेत् ३ एतावन्मात्रमेतद्धिभूतानांप्राज्ञलक्षणम् ॥ कालयुक्तोप्युभयविच्छेषंयुक्तंसमाचरेत् ४ ॥

कारणंकर्मैव दंशादीनांसुखाधायाःप्रमाणंनियामकंएवंस्वस्यापिज्ञात्वास्थिरोऽचंचलोभव १४ ॥ इति अनुशासनपर्वणि नीलकंठीये भारतभावदीपे त्रिषष्ट्यधिकशततमोऽध्यायः ॥ १६३ ॥ ॥
कार्यतइति १ प्रवर्ततेप्रवर्तयति २ धर्मार्थस्यधर्मफलस्यप्रदर्शनात् यदाधर्मएवश्रेयस्करइतिबुद्धिर्भवेत्तदाऽयंधर्मात्माधर्मचित्तःधर्मेआश्वसीतविश्वासंकुर्वीत अदृढबुद्धिस्तुनविश्वसेद्धर्मफले ३ एतावद्धर्मैविश्वासवत्त्वं उभयवित्कर्तव्याकर्तव्यवित् ४ ॥ ॥ ॥

राजसामलिनाः ५ धर्मःकदाऽप्यधर्मोनभवेदित्याह नहीति । अधर्मतयादुःखहेतुतया ६ । ७ एतौविशुद्धताऽधर्मास्पर्शौ ८ नयेद्धर्ममितिशेषः धर्मेणधर्मानुष्ठानार्थमितरैरुच्यमानःप्रेर्यमाणःसन्सर्वलो
कभयच्छलेतेषांप्रतारणेप्रवर्तते । यद्वा स्वंनिस्तारंस्वयमेवाचरेदित्याह नत्विति । नयेतउर्ध्वमितिशेषः किंतुधर्मभयलोकभययोश्छलेछलनेनिवृत्तिनिमित्तंधर्मेणहेतुनाअर्थात्प्राज्ञेनउच्यमानएवनरऊर्ध्वंग
च्छतीतिशेषः । शूद्रोऽहमित्यादिवदक्षितिशेषपूरणेनयोज्यम ९ अपरेसाधवोनोपदधतिनच्छलंकुर्वंतियथाधिकारंधर्मंकुर्वंतिनच्छलमित्यर्थः तस्मात्प्रवर्तनासर्वाऽप्यर्थैवेतिभावः १० विशेषेणेतियुग्मं
सर्वेषांप्राणिनांपुरुषाणांवापांचभौतिकत्वेप्रत्यक्षेऽपिविशेषकरणमिदंपवित्रमिदमपवित्रमितिव्यवस्थापनंलोकधर्मेशास्त्रीयधर्मेचनिमित्तेसतिकृतम । पशुपामरपंडितानांयथापुनर्विहितेनैतेएकत्वंप्राकृतंगच्छेयु
रितिशास्त्रेणधर्मानियमःकृतइत्यर्थः ११ । १२ अत्रशंकते अध्रुवइति । लोकस्यधर्मस्यचकार्यकारणभावात्कार्यस्याध्रुवत्वंकारणस्यध्रुवत्वंचनयुक्तंतंतुनाशमंतरेणपटनाशायोगादित्यर्थः । उत्तरमाह ।

यथाह्युपस्थितैश्वर्याःप्रजायन्तेनराजसाः ॥ एवमेवात्मनात्मानंपूजयन्तीहधार्मिकाः ५ नह्यधर्मतयाधर्मंदद्यात्कालःकथंचन ॥ तस्माद्विशुद्धमात्मानंजानीयाद्धर्म
चारिणम् ६ स्प्रष्टुमप्यसमर्थोहिज्वलंतमिवपावकम् ॥ अधर्मःसन्ततोधर्मंकालेनपरिरक्षितम् ७ कार्यावेतौहिधर्मेणधर्मोहिविजयावहः ॥ त्रयाणामपिलोकानामा
लोकःकारणंभवेत् ८ नतुकश्चिन्नयेत्प्राज्ञोगृहीत्वैवकरेनरम् ॥ उच्यमानस्तुधर्मेणधर्मलोकभयच्छले ९ शूद्रोऽहंनाधिकारोमेचातुराश्रम्यसेवने ॥ इतिविज्ञानम
परेनात्मन्युपदधत्युत १० विशेषेणचवक्ष्यामिचातुर्वर्ण्यस्यलिंगतः ॥ पंचभूतशरीराणांसर्वेषांसदृशात्मनाम् ११ लोकधर्मेचधर्मेचविशेषकरणंकृतम् ॥ यथैकत्वं
पुनर्यान्तिप्राणिनस्तत्रविस्तरः १२ अध्रुवोहिकथंलोकःस्मृतोधर्मःकथंध्रुवः ॥ यत्रकालोध्रुवस्तातत्रधर्मःसनातनः १३ सर्वेषांतुल्यदेहानांसर्वेषांसदृशात्मनाम् ॥
कालोधर्मेणसंयुक्तःशेषएवस्वयंगुरुः १४ एवंसतिनदोषोऽस्तिभूतानांधर्मसेवने ॥ तिर्यग्योनावपिसतांलोकएवमतोगुरुः १५ ॥ इतिश्रीमहाभारतेअनुशास०
दानधर्मे धर्मप्रशंसायांचतुःषष्ट्यधिकशततमोऽध्यायः ॥ १६४ ॥ ॥ वैशंपायनउवाच ॥ ॥ शरतल्पगतंभीष्मंपाण्डवोऽथकुरूद्वहः ॥ युधिष्ठिरोहितंप्रेप्सुर
पृच्छत्कल्मषापहम् १ ॥ युधिष्ठिरउवाच ॥ ॥ किंश्रेयःपुरुषस्येहकिंकुर्वन्सुखमेधते ॥ विपाप्मासभवेत्केनकिंवाकल्मषनाशनम् २ ॥ वैशंपायनउवाच ॥
तस्मैशुश्रूषमाणायभूयःशान्तनवस्तदा ॥ दैवंवंशंयथान्यायमाचष्टपुरुषर्षभ ३ ॥ भीष्मउवाच ॥ ॥ अयंदैवतवंशोवैऋषिवंशसमन्वितः ॥ त्रिसंध्यंपठितःपुत्र
कल्मषापहरःपरः ४ यदह्नाकुरुतेपापमिन्द्रियैःपुरुषश्चरन् ॥ बुद्धिपूर्वमबुद्धिर्वारात्रौयच्चापिसंध्ययोः ५ ॥ ॥

कालःसंकल्पः निष्कामधर्मएवध्रुवस्तत्फलंनतुसकामइत्यर्थः १३ सर्वेषामिति । धर्मसंयुक्तःसंकल्पएवशेषःशिष्यतेनान्यः । सचकथमुदेष्यतीत्यत्राह स्वयंगुरुरिति । धर्मबलात्स्वयमेवसउदेतिनशिक्ष
येदित्यर्थः १४ एवमिति । यदाभूतानांप्राक्कर्मैवतत्रतत्रसुखदुःखसाधनेप्रवर्तकमतोधर्मसेवनेकर्मफलभोगेअसमंजसेऽपिभूतानांदोषोनास्ति । यतः तिर्यग्योनावपिसतांविद्यमानानांभूतानांसदसत्प्रवृत्तौ
पूर्वकर्मानुसाराल्लोकएवगुरुर्दृष्टः । विधिनियंत्रितोलोकदृष्टांतेनैवसाधून्यसाधुनिवाकर्माणिप्रवर्तंतेइत्यर्थः १५ ॥ इतिअनु० नी०भारतभा० चतुःषष्ट्यधिकशततमोऽध्यायः ॥ १६४ ॥ ॥
॥ ॥ ॥ शरतल्पगतमित्यध्यायद्वयंस्पष्टार्थम् १ । २ । ३ । ४ । ५ ॥ ॥ ॥ ॥

६।७।८।९।१०।११।१२।१३।१४।१५।१६।१७।१८।१९।२०।२१।२२।२३।२४।२५।२६।२७।२८।२९।३०।३१।३२।३३।३४।३५

मुच्यतेसर्वपापेभ्यःकीर्तयन्वैशुचिःसदा ॥ नांधोनबधिरःकालेकुरुतेस्वस्तिमान्सदा ६ तिर्यग्योनिंनगच्छेन्ननरकंसंकराणिच ॥ नचदुःखभयंतस्यमरणे
सनमुह्यति ७ देवासुरगुरुर्देवःसर्वभूतनमस्कृतः ॥ अचिंत्योऽथाप्यनिर्देश्यःसर्वप्राणोह्ययोनिजः ८ पितामहोजगन्नाथःसावित्रीब्रह्मणःसती ॥ वेदभूरथ
कर्ताचविष्णुर्नारायणःप्रभुः ९ उमापतिर्विरूपाक्षःस्कंदःसेनापतिस्तथा ॥ विशाखोहुतभुग्वायुश्चंद्रसूर्यौप्रभाकरौ १० शक्रःशचीपतिर्देवोयमोधूमो
र्णयासह ॥ वरुणःसहगौर्याचसहऋद्ध्याधनेश्वरः ११ सौम्यागौःसुरभिर्देवीविश्रवाश्चमहानृषिः ॥ संकल्पःसागरोगंगास्त्रवंत्योऽथमरुद्गणः १२ वाल
खिल्यास्तपःसिद्धाःकृष्णद्वैपायनस्तथा ॥ नारदःपर्वतश्चैवविश्वावसुर्हहाहुहूः १३ तुंबुरुश्चित्रसेनश्चदेवदूतश्चविश्रुतः ॥ देवकन्यामहाभागादिव्या
श्चाप्सरसांगणाः १४ उर्वशीमेनकारंभामिश्रकेशीह्यलंबुषा ॥ विश्वाचीचघृताचीचपंचचूडातिलोत्तमा १५ आदित्यावसवोरुद्राःसाश्विनःपितरोऽपिच ॥
धर्मःश्रुतंतपोदीक्षाव्यवसायःपितामहः १६ शर्वर्योदिवसाश्चैवमारीचःकश्यपस्तथा ॥ शुक्रोबृहस्पतिर्भौमोबुधोराहुःशनैश्चरः १७ नक्षत्राण्यृतवश्चैवमासाः
पक्षाःसवत्सराः ॥ वैनतेयाःसमुद्राश्चकद्रुजाःपन्नगास्तथा १८ शतद्रुश्चविपाशाचचंद्रभागासरस्वती ॥ सिंधुश्चदेविकाचैवप्रभासंपुष्कराणिच १९ गंगामहा
नदीवेणाकावेरीनर्मदातथा ॥ कुलंपुनाविशल्याचकरतोयांबुवाहिनी २० सरयूर्गंडकीचैवलोहितश्चमहानदः ॥ ताम्रारुणावेत्रवतीपर्णाशागौतमीतथा २१
गोदावरीचवेण्याचकृष्णवेणातथाऽद्रिजा ॥ दृषद्वतीचकावेरीचक्षुर्मंदाकिनीतथा २२ प्रयागंचप्रभासंचपुण्यंनैमिषमेवच ॥ तच्चविश्वेश्वरस्थानंयत्रतद्विमलं
सरः २३ पुण्यतीर्थंसुसलिलंकुरुक्षेत्रंप्रकीर्तितम् ॥ सिंधूत्तमंतपोदानंजंबूमार्गमथापिच २४ हिरण्वतीवितस्ताचतथाप्लक्षवतीनदी ॥ वेदस्मृतिर्वेदवतीमा
लवाथाश्ववत्यपि २५ भूमिभागास्तथापुण्यागंगाद्वारमथापिच ॥ ऋषिकुल्यास्तथामेध्यानद्यःसिंधुवहास्तथा २६ चर्मण्वतीनदीपुण्याकौशिकीयमुना
तथा ॥ नदीभीमरथीचैवबाहुदाचमहानदी २७ माहेन्द्रवाणीत्रिदिवानीलिकाचसरस्वती ॥ नंदाचापरनंदाचतथातीर्थमहाह्रदः २८ गयाऽथफल्गुतीर्थं
चधर्मारण्यंसुरैर्वृतम् ॥ तथादेवनदीपुण्यासरश्चब्रह्मनिर्मितम् २९ पुण्यंत्रिलोकविख्यातंसर्वपापहरंशिवम् ॥ हिमवान्पर्वतश्चैवदिव्यौषधिसमन्वितः ३०
विंध्योधातुविचित्रांगस्तीर्थवानौषधान्वितः ॥ मेरुर्महेन्द्रोमलयःश्वेतश्चरजतावृतः ३१ शृंगवान्मंदरोनीलोनिषधोदर्दुरस्तथा ॥ चित्रकूटोऽजनाभश्चपर्वतो
गंधमादनः ३२ पुण्यःसोमगिरिश्चैवतथैवान्येमहीधराः ॥ दिशश्चविदिशश्चैवक्षितिःसर्वेमहीरुहाः ३३ विश्वेदेवानभश्चैवनक्षत्राणिग्रहास्तथा ॥ पांतुनः
सततंदेवाःकीर्तिताऽकीर्तितामया ३४ कीर्तयानोनरोह्येतान्मुच्यतेसर्वकिल्बिषैः ॥ स्तुवंश्चप्रतिनंदंश्चमुच्यतेसर्वतोभयात् ३५ ॥ ॥

सर्वसंकरपापेभ्योदेवतास्तवनंदकः ॥ देवतानंतरंविप्रांस्तपःसिद्धांस्तपोधिकान् ३६ कीर्तितान्कीर्तयिष्यामिसर्वपापप्रमोचनान् ॥ यवक्रीतोऽथरैभ्यश्चकक्षीवानौ
शिजस्तथा ३७ भृग्वंगिरास्तथाकण्वोमेधातिथिरथप्रभुः ॥ बर्हीचगुणसंपन्नःप्राचींदिशमुपाश्रिताः ३८ भद्रांदिशंमहाभागाउल्मुचुःप्रमुचुस्तथा ॥ मुमुचुश्चम
हाभागःस्वस्त्यात्रेयश्चवीर्यवान् ३९ मित्रावरुणयोःपुत्रस्तथाऽगस्त्यःप्रतापवान् ॥ दृढायुश्चोर्ध्वबाहुश्चविश्रुतावृषिसत्तमौ ४० पश्चिमांदिशमाश्रित्ययएधंतेनि
बोधतान् ॥ उषंगुःसहसोदर्यैःपरिव्याधश्चवीर्यवान् ४१ ऋषिर्दीर्घतमाश्चैवगौतमःकाश्यपस्तथा ॥ एकतश्चद्वितश्चैवत्रितश्चैवमहानृषिः ४२ अत्रेःपुत्रश्चधर्मा
त्मातथासारस्वतःप्रभुः ॥ उत्तरांदिशमाश्रित्ययएधंतेनिबोधतान् ४३ अत्रिर्वसिष्ठःशक्तिश्चपाराशर्यश्चवीर्यवान् ॥ विश्वामित्रोभरद्वाजोजमदग्निस्तथैवच ४४
ऋचीकपुत्रोरामश्चऋषिरौद्दालकिस्तथा ॥ श्वेतकेतुःकोहलश्चविपुलोदेवलस्तथा ४५ देवशर्माचधौम्यश्चहस्तिकाश्यपएवच ॥ लोमशोनाचिकेतश्चलोमहर्षणएव
च ४५ ऋषिरुग्रश्रवाश्चैवभार्गवश्च्यवनस्तथा ॥ एषवैसमवायश्चऋषिदेवसमन्वितः ४७ आद्यःप्रकीर्तितोराजन्सर्वपापप्रमोचनः ॥ नृगोययातिर्नहुषोयदुःपूरुश्च
वीर्यवान् ४८ धुन्धुमारोदिलीपश्चसगरश्चप्रतापवान् ॥ कृशाश्वोयौवनाश्वश्चचित्राश्वःसत्यवांस्तथा ४९ दुष्यंतोभरतश्चैवचक्रवर्तीमहायशाः ॥ पवनोजनकश्चैवत
थादृष्टरथोनृपः ५० रघुर्नरवरश्चैवतथादशरथोनृपः ॥ रामोराक्षसहावीरःशशबिंदुर्भगीरथः ५१ हरिश्चंद्रोमरुत्तश्चतथादृढरथोनृपः ॥ महोदर्योह्यलर्कश्चऐल
श्चैवनराधिपः ५२ करन्धमोनरश्रेष्ठःकध्मोरश्चनराधिपः ॥ दक्षोम्बरीषःकुकुरोरैवतश्चमहायशाः ५३ कुरुःसंवरणश्चैवमांधातासत्यविक्रमः ॥ मुचुकुंदश्चराजर्षिर्ज
न्हुर्जाह्नविसेवितः ५४ आदिराजःपृथुर्वैन्योमित्रभानुःप्रियंकरः ॥ त्रसद्दस्युस्तथाराजाश्वेतोराजर्षिसत्तमः ५५ महाभिषश्चविख्यातोनिमीराजातथाऽष्टकः ॥
आयुःक्षुपश्चराजर्षिःकक्षेयुश्चनराधिपः ५६ प्रतर्दनोदिवोदासःसुदासःकोसलेश्वरः ॥ ऐलोनलश्चराजर्षिर्मनुश्चैवप्रजापतिः ५७ हविध्रश्चपृषध्रश्चप्रतीपःशांतनु
स्तथा ॥ अजःप्राचीनबर्हिश्चतथेक्ष्वाकुर्महायशाः ५८ अनरण्योनरपतिर्जानुजंघस्तथैवच ॥ कक्षसेनश्चराजर्षिर्येचान्येचानुकीर्तिताः ५९ कल्यमुत्थाययोनित्यं
संध्येद्वेऽस्तमयोदये ॥ पठेच्छुचिरनावृत्तःसधर्मफलभाग्भवेत् ६० देवादेवर्षयश्चैवस्तुताराजर्षयस्तथा ॥ पुष्टिमायुर्यशःस्वर्गंविधास्यंतिममेश्वराः ६१ मावि
घ्नंमाचमेपापंमाचमेपरिपंथिनः ॥ ध्रुवोजयोमेनित्यःस्यात्परत्रचशुभागतिः ६२ ॥ इतिश्रीमहाभारते अनुशासनपर्वणि आनुशासनिकेपर्वणि दानधर्मेवंशानुकीर्तनं
नामपंचषष्ट्यधिकशततमोऽध्यायः ॥ १६५ ॥ ॥ जनमेजयउवाच ॥ शरतल्पगतेभीष्मेकौरवाणांधुरंधरे ॥ शयानेवीरशयनेपांडवैःसमुपस्थिते १ ॥

२।३।४।५।६।७।८।९।१०।११।१२।१३।१४।१५।१६।१७ ॥ ॥ इति अनुशासनपर्वणि नी० भा० भा० षट्षष्ट्यधिकशततमोऽध्यायः ॥ १६६ ॥ ॥

युधिष्ठिरोमहाप्राज्ञोममपूर्वपितामहः ॥ धर्माणामागमंश्रुत्वाविदित्वासर्वसंशयान् २ दानानांचविधिंश्रुत्वाच्छिन्नधर्मार्थसंशयः ॥ यदन्यदकरोद्धिप्रतन्मेशंसितु
मर्हसि ३ ॥ ॥ वैशंपायनउवाच ॥ ॥ अभून्मुहूर्तंस्तिमितंसर्वंतद्राजमंडलम् ॥ तूष्णींभूतेततस्तस्मिन्पटेचित्रमिवार्पितम् ४ मुहूर्तमिवचध्यात्वाव्या
सःसत्यवतीसुतः ॥ नृपंशयानंगांगेयमिदमाहवचस्तदा ५ राजन्प्रकृतिमापन्नःकुरुराजोयुधिष्ठिरः ॥ सहितोभ्रातृभिःसर्वैःपार्थिवैश्चानुयायिभिः ६ उपास्ते
त्वांनरव्याघ्रसहकृष्णेनधीमता ॥ तमिमंपुरयानायसमनुज्ञातुमर्हसि ७ एवमुक्तोभगवताव्यासेनपृथिवीपतिः ॥ युधिष्ठिरंसहामात्यमनुजज्ञेनदीसुतः ८ उवा
चचैनंमधुरंनृपंशांतनवोनृपः ॥ प्रविशस्वपुरींराजन्व्येतुतेमानसोज्वरः ९ यजस्वविविधैर्यज्ञैर्बह्वन्नैःस्वाप्तदक्षिणैः ॥ ययातिरिवराजेन्द्रश्रद्धादमपुरःसरः १० क्षत्र
धर्मरतःपार्थपितृन्देवांश्चतर्पय ॥ श्रेयसायोक्ष्यसेचैवव्येतुतेमानसोज्वरः ११ रंजयस्वप्रजाःसर्वाःप्रकृतीःपरिसांत्वय ॥ सुहृदःफलसत्कारैरर्चयस्वयथार्हतः १२
अनुत्वांतातजीवंतुमित्राणिसुहृदस्तथा ॥ चैत्यस्थानेस्थितंवृक्षंफलवंतमिवद्विजाः १३ आगंतव्यंचभवतासमयेममपार्थिव ॥ विनिवृत्तेदिनकरेप्रवृत्तेचोत्तरा
यणे १४ तथेत्युक्त्वाचकौन्तेयःसोऽभिवाद्यपितामहम् ॥ प्रययौसपरीवारोनगरंनागसाह्वयम् १५ धृतराष्ट्रंपुरस्कृत्यगांधारींचपतिव्रताम् ॥ सहतैर्ऋषिभिः
सर्वैर्भ्रातृभिःकेशवेनच १६ पौरजानपदैश्चैवमंत्रिवृद्धैश्चपार्थिव ॥ प्रविवेशकुरुश्रेष्ठःपुरंवारणसाह्वयम् १७ ॥ इतिश्रीमहाभारते अनुशासनपर्वणि आनुशासनि
केपर्वणि दानधर्मे भीष्मानुज्ञायांषट्षष्ट्यधिकशततमोऽध्यायः ॥ १६६ ॥ ॥ समाप्तमानुशासनिकंपर्व ॥ ॥ अथभीष्मस्वर्गारोहणपर्व ॥ ॥
वैशंपायनउवाच ॥ ततःकुंतीसुतोराजापौरजानपदंजनम् ॥ पूजयित्वायथान्यायमनुजज्ञेगृहान्प्रति १ सांत्वयामासनारीश्चहतवीराहतेश्वराः ॥ विपुलैरर्थदानैः
सतदापांडुसुतोनृपः २ सोऽभिषिक्तोमहाप्राज्ञःप्राप्यराज्यंयुधिष्ठिरः ॥ अवस्थाप्यनरश्रेष्ठःसर्वाःस्वप्रकृतीस्तथा ३ द्विजेभ्योगुणमुख्येभ्योनैगमेभ्यश्चसर्वशः ॥
प्रतिगृह्याशिषोमुख्यास्तथाधर्मभृतांवरः ४ उषित्वाशर्वरीःश्रीमान्पंचाशन्नगरोत्तमे ॥ समयंकौरवाग्र्यस्यसस्मारपुरुषर्षभः ५ सनिर्ययौगजपुराद्याजकैःपरिवा
रितः ॥ दृष्ट्वानिवृत्तमादित्यंप्रवृत्तंचोत्तरायणम् ६ घृतंमाल्यंचगंधांश्चक्षौमाणिचयुधिष्ठिरः ॥ चंदनागुरुमुख्यानितथाकालीयकान्यपि ७ प्रस्थाप्यपूर्वंकौन्ते
योभीष्मसंस्करणायवै ॥ माल्यानिचवरार्हाणिरत्नानिविविधानिच ८ धृतराष्ट्रंपुरस्कृत्यगांधारींचयशस्विनीम् ॥ मातरंचपृथांधीमान्भ्रातॄंश्चपुरुषर्षभान् ९
जनार्दनेनानुगतोविदुरेणचधीमता ॥ युयुत्सुनाचकौरव्योयुयुधानेनवाविभो १० ॥ ॥ ॥ ॥

तत्रइति १। २।३।४।५।६।७ ।८।९।१० ॥ ॥ ॥ ॥

भीष्मस्याग्नीनिति तेनतस्यापिपत्नीआसीत् यद्वा संस्कारकानग्नीन् ११ ।१२। १३ । १४। १५ ।१६ । १७ । १८ । १९ । २०। २१ ।२२ ।२३ । २४।२५ । २६ । २७ मायोऽयमिति सौम्यश्चांद्रः
 महताराजभोगेनपारिबर्हेणसंवृतः ॥ स्तूयमानोमहातेजाभीष्मस्याग्नीननुव्रजन् ११ निश्चक्रामपुरात्तस्माद्यथादेवपतिस्तथा ॥ आससादकुरुक्षेत्रेततःशांतन
वंनृपः १२ उपास्यमानंव्यासेनपाराशर्येणधीमता ॥ नारदेनचराजर्षेदेवलेनासितेनच १३ हतशिष्टैर्नृपैश्चान्यैर्नानादेशसमागतैः ॥ रक्षिभिश्चमहात्मानंर
क्ष्यमाणंसमंततः १४ शयानंवीरशयनेददर्शनृपतिस्ततः ॥ ततोरथादवातीर्यभ्रातृभिःसहधर्मराट् १५ अभिवाद्याथकौन्तेयःपितामहमरिंदमम् ॥ द्वैपायना
दीन्विप्रांश्चतैश्चप्रत्यभिनंदितः १६ ऋत्विग्भिर्ब्रह्मकल्पैश्चभ्रातृभिःसहधर्मजः ॥ आसाद्यशरतल्पस्थमृषिभिःपरिवारितम् १७ अब्रवीद्भरतश्रेष्ठंधर्मराजोयुधि
ष्ठिरः ॥ भ्रातृभिःसहकौरव्यःशयानंनिम्नगासुतम् १८ युधिष्ठिरोऽहंनृपतेनमस्तेजान्हवीसुत ॥ शृणोषिचेन्महाबाहोब्रूहिकिंकरवाणिते १९ प्राप्तोऽस्मिम
मयेराजन्नग्नीनादायतेविभो ॥ आचार्यान्ब्राह्मणांश्चैवऋत्विजोभ्रातरश्चमे २० पुत्रश्चतेमहातेजाधृतराष्ट्रोजनेश्वरः ॥ उपस्थितःसहामात्योवासुदेवश्चवीर्यवान्
२१ हतशिष्टाश्चराजानःसर्वेचकुरुजांगलाः ॥ तान्पश्यनरशार्दूलरुमुन्मीलयलोचने २२ यच्चेहकिंचित्कर्तव्यंतत्सर्वंप्रापितंमया ॥ यथोक्तंभवताकालेसर्वमेव
चतत्कृतम् २३ ॥ ॥ वैशंपायनउवाच ॥ ॥ एवमुक्तस्तुगांगेयःकुंतीपुत्रेणधीमता ॥ ददर्शभारतान्सर्वान्स्थितान्संपरिवार्यह २४ ततश्चतंबलीभो
ष्मःप्रगृह्यविपुलंभुजम् ॥ उद्यन्मेघस्वरोवाग्मीकालेवचनमब्रवीत् २५ दिष्ट्याप्राप्तोऽसिकौन्तेयसहामात्योयुधिष्ठिर ॥ परिवृत्तोहिभगवान्सहस्रांशुर्दिवाकरः २६
अष्टपंचाशतंराञ्यःशयानस्याद्यमेगताः ॥ शरेषुनिशिताग्रेषुयथावर्षशतंतथा २७ माघोऽयंसमनुप्राप्तोमासःसौम्योयुधिष्ठिर ॥ त्रिभागशेषःपक्षोऽयंशुक्लोभवि
तुमर्हति २८ एवमुक्त्वातुगांगेयोधर्मपुत्रंयुधिष्ठिरम् ॥ धृतराष्ट्रमथामंत्र्यकालेवचनमब्रवीत् २९ ॥ भीष्मउवाच ॥ राजन्विदितधर्मोऽसिसुनिर्णीतार्थसं
शयः ॥ बहुश्रुताहितेविप्राबहवःपर्युपासिताः ३० वेदशास्त्राणिसर्वाणिधर्मांश्चमनुजेश्वर ॥ वेदांश्चचतुरःसर्वान्निखिलेनानुबुद्ध्यसे ३१ नशोचितव्यंकौरव्यभ
वितव्यंहितत्तथा ॥ श्रुतंदेवरहस्यंतेकृष्णद्वैपायनादपि ३२ यथापांडोःसुताराजंस्तथैवतवधर्मतः ॥ तान्पालयस्थितोधर्मेगुरुशुश्रूषणेरतान् ३३ धर्मराजो
हिशुद्धात्मानिदेशेस्थास्यतेतव ॥ आनृशंस्यपरंह्येनंजानामिगुरुवत्सलम् ३४ तवपुत्रादुरात्मानःक्रोधलोभपरायणाः ॥ ईर्ष्याभिभूतादुर्वृत्तास्तान्नशोचितुमर्हसि
३५ ॥ ॥ वैशंपायनउवाच ॥ ॥ एतावदुक्त्वावचनंधृतराष्ट्रंमनीषिणम् ॥ वासुदेवंमहाबाहुमभ्यभाषतकौरवः ३६ ॥ ॥ भीष्मउवाच ॥ ॥ भग
वन्देवदेवेशसुरासुरनमस्कृत ॥ त्रिविक्रमनमस्तुभ्यंशंखचक्रगदाधर ३७ ॥ ॥ ॥

मासस्यचतुर्भागकरणेमार्धसप्ततिर्भागत्वात् अष्टम्यर्धस्यानतीतत्वेनप्रथमभागस्यविद्यमानत्वात्त्रिभागशेषोभवितुमर्हतीत्यर्थः तेनाद्याष्टमीत्यर्थः २८ । २९ । ३० । ३१ । ३२ । ३३ । ३४ । ३५ । ३६ । ३७

३८ । ३९ । ४० । ४१ । ४२ । ४३ । ४४ । ४५ । ४६ । ४७ । ४८ । ४९ । ५० । ५१ । ५२ ॥ इति अनुशासनपर्वणिनीलकंठीयेभारतभावदीपेसप्तषष्ट्यधिकशततमोऽध्यायः ॥ १६७ ॥ एवमु

वासुदेवोहिरण्यात्मापुरुषःसविताविराट् ॥ जीवभूतोऽनुरूपस्त्वंपरमात्मासनातनः ३८ त्रायस्वपुंडरीकाक्षपुरुषोत्तमनित्यशः ॥ अनुजानीहिमांकृष्णवैकुंठ
पुरुषोत्तम ३९ रक्ष्याश्चतेपांडवेयाभवान्येषांपरायणम् ॥ उक्तवानस्मिदुर्बुद्धिंमन्दंदुर्योधनंतदा ४० यतःकृष्णस्ततोधर्मोयतोधर्मस्ततोजयः ॥ वासुदेवेन
तीर्थेनपुत्रसंशाम्यपांडवैः ४१ संधानस्यपरःकालस्तवेतिचपुनःपुनः ॥ नचमेतद्वचोमूढःकृतवान्ससुमन्दधीः ॥ घातयित्वेहपृथिवींततःसनिधनंगतः ४२
त्वांतुजानाम्यहंदेवंपुराणमृषिसत्तमम् ॥ नरेणसहितंदेवबदर्यांसुचिरोषितम् ४३ तथामेनारदःप्रहव्यासश्चसुमहातपाः ॥ नरनारायणावेतौसंभूतौमनुजेष्विति
४४ समांत्वमनुजानीहिकृष्णमोक्ष्येकलेवरम् ॥ त्वयाहंसमनुज्ञातोगच्छेयंपरमांगतिम् ४५ ॥ वासुदेवउवाच ॥ अनुजानामिभीष्मत्वांवसून्प्राप्नुहिपार्थिव ॥
नतेऽस्तिवृजिनंकिंचिदिहलोकेमहाद्युते ४६ पितृभक्तोऽसिराजर्षेमार्कंडेयइवापरः ॥ तेनमृत्युस्तववशेस्थितोभृत्यइवानतः ४७ ॥ वैशंपायनउवाच ॥ एव
मुक्तस्तुगांगेयःपांडवानिदमब्रवीत् ॥ धृतराष्ट्रमुखांश्चापिसर्वांश्चसुहृदस्तथा ४८ प्राणानुत्स्रष्टुमिच्छामितत्रानुज्ञातुमर्हथ ॥ सत्येषुयतितव्यंवःसत्यंहिपरमंब
लम् ४९ आनृशंस्यपरैर्भाव्यंसदैवनियतात्मभिः ॥ ब्रह्मण्यैर्धर्मशीलैश्चतपोनित्यैश्चभारताः ५० इत्युक्त्वासुहृदःसर्वान्संपरिष्वज्यचैवह ॥ पुनरेवाब्रवीद्धी
मान्युधिष्ठिरमिदंवचः ५१ ब्राह्मणाश्चैवतेनित्यंप्राज्ञाश्चैवविशेषतः ॥ आचार्याऋत्विजश्चैवपूजनीयाजनाधिप ५२ ॥ इतिश्रीमहाभारतेअनुशासनपर्वणिभी
ष्मस्वर्गारोहणपर्वणिदानधर्मेसप्तषष्ट्यधिकशततमोऽध्यायः ॥ १६७ ॥ ॥ ॥ वैशंपायनउवाच ॥ एवमुक्त्वाकुरून्सर्वान्भीष्मःशांतनवस्तदा ॥ तूष्णीं
बभूवकौरव्यःसमुहूर्तमरिंदम १ धारयामासचात्मानंधारणासुयथाक्रमम् ॥ तस्योर्ध्वमगमन्प्राणाःसन्निरुद्धामहात्मनः २ इदमाश्चर्यमासीच्चमध्येतेषांमहात्म
नाम् ॥ सहितैर्ऋषिभिःसर्वैस्तदाव्यासादिभिःप्रभो ३ यद्यन्मुंचतिगात्रंहिसशांतनुसुतस्तदा ॥ तत्तद्विशल्यंभवतियोगयुक्तस्यतस्यवै ४ क्षणेनप्रेक्षतांतेषांविश
ल्यःसोऽभवत्तदा ॥ तद्दृष्ट्वाविस्मिताःसर्वेवासुदेवपुरोगमाः ५ सहतैर्मुनिभिःसर्वैस्तदाव्यासादिभिर्नृप ॥ सन्निरुद्धस्तुतेनात्मासर्वेष्वायतनेषुच ६ जगामभि
त्वामूर्धानंदिवमभ्युत्पपातह ॥ देवदुंदुभिनादश्चपुष्पवर्षैःसहाभवत् ७ सिद्धाब्रह्मर्षयश्चैवसाधुसाध्वितिहर्षिताः ॥ महोल्केवचभीष्मस्यमूर्धदेशाज्जनाधिप ८
निःसृत्याकाशमाविश्यक्षणेनांतरधीयत ॥ एवंसराजशार्दूलनृपःशांतनवस्तदा ९ समयुज्यतकालेनभरतानांकुलोद्वहः ॥ ततस्त्वादायदारूणिगंधांश्चविविधान्बहून् १०

क्त्वेति १ धारणासुआधारादिषुस्थानेषुयथाक्रमंमूलाधारात्स्वाधिष्ठानं ततोमणिपूरंततोऽनाहतं ततोविशुद्धिंततआज्ञामेवंक्रमेणमनःसहितंवायुंनिरुंधन्मूर्धपर्यंनीतवानित्यर्थः २ । ३ यद्यदिति । प्राणेनमुक्तं
गात्रंप्रशिथिलावयवसंयोगंसन्मन्नमपिशरंधारयितुमक्षममभूदतस्तत्तदंगंविशल्यमभूदित्यर्थः ४ । ५ आत्माप्राणसंयुक्तंमनः ६ । ७ । ८ । ९ । १० ॥ ॥ ॥

२९ । १२ । १३ उष्णीषेकिरीटशिरोवेष्टे 'उष्णीषंतुशिरोवेष्टेकिरीटेलक्षणांतरे' इतिमेदिनी १४ । १५ । १६ । १७ । १८ । १९ । २० । २१ । २२ । २३ । २४ । २५ । २६ । २७ । २८

चितांचक्रुर्महात्मानःपांडवाविदुरस्तथा ॥ युयुत्सुश्चापिकौरव्यंप्रेक्षकास्त्वितरेऽभवन् ११ युधिष्ठिरश्चगांगेयंविदुरश्चमहामतिः ॥ छादयामासतुरुभौक्षौमैर्मा
ल्यैश्चकौरवम् १२ धारयामासतस्याथयुयुत्सुश्छत्रमुत्तमम् ॥ चामरव्यजनेशुभ्रेभीमसेनार्जुनावुभौ १३ उष्णीषेपरिगृह्णीतांमाद्रीपुत्रावुभौतथा ॥ स्त्रियः
कौरवनाथस्यभीष्मंकुरुकुलोद्वहम् १४ तालवृंतान्युपादायपर्यवीजंतसर्वशः ॥ ततोऽस्यविधिवच्चक्रुःपितृमेधंमहात्मनः १५ यजनंबहुशश्चाग्नौजगुःसामानि
सामगाः ॥ ततश्चंदनकाष्ठैश्चतथाकालीयकैरपि १६ कालागुरुप्रभृतिभिर्गंधैश्चोच्चावचैस्तथा ॥ समवच्छाद्यगांगेयंसंप्रज्वाल्यहुताशनम् १७ अपसव्यमकु
र्वंतधृतराष्ट्रमुखाश्चिताम् ॥ संस्कृत्यचकुरुश्रेष्ठंगांगेयंकुरुसत्तमाः १८ जग्मुर्भागीरथींपुण्यामृषिजुष्टांकुरूद्वहाः ॥ अनुगम्यमानाव्यासेननारदेनासितेनच १९
कृष्णेनभरतस्त्रीभिर्येचपौराःसमागताः ॥ उदकंचक्रिरेचैवगांगेयस्यमहात्मनः २० विधिवत्क्षत्रियश्रेष्ठाःसचसर्वोजनस्तदा ॥ ततोभागीरथीदेवीतनयस्यो
दकेकृते २१ उत्थायसलिलात्तस्माद्रुदतीशोकविह्वला ॥ परिदेवयतीतत्रकौरवानभ्यगाषत २२ निबोधतयथावृत्तमुच्यमानंमयाऽनघाः ॥ राजवृत्तेनसं
पन्नःप्रज्ञयाभिजनेनच २३ सत्कर्ताकुरुवृद्धानांपितृभक्तोमहाव्रतः ॥ जामदग्न्येनरामेणयःपुरानपराजितः २४ दिव्यैरस्त्रैर्महावीर्यःसहतोऽद्यशिखंडिना ॥
अश्मसारमयंनूनंहृदयंममपार्थिवाः २५ अपश्यंत्याःप्रियंपुत्रंयन्नदीर्यतिमेऽद्यवै ॥ समेतंपार्थिवंक्षत्रंकाशिपुर्यांस्वयंवरे २६ विजित्यैकरथेनैवकन्याश्चायंजहा
रह ॥ यस्यनास्तिबलेतुल्यःपृथिव्यामपिकश्चन २७ हतंशिखंडिनाश्रुत्वानविदीर्येतयन्मनः ॥ जामदग्न्यःकुरुक्षेत्रेयुधियेनमहात्मना २८ पीडितोनातिय
त्नेनसहतोऽद्यशिखंडिना ॥ एवंविधंबहुतदाविलपंतींमहानदीम् २९ आश्वासयामासतदागंगांदामोदरोविभुः ॥ समाश्वसिहिभद्रेत्वंमाशुचःशुभदर्शने ३०
गतःसपरमंलोकंतवपुत्रोनसंशयः ॥ वसुरेषमहातेजाःशापदोषेणशोभने ३१ मानुषत्वमनुप्राप्तोनैनंशोचितुमर्हसि ॥ सएषक्षत्रधर्मेणअयुध्यतरणाजिरे ३२
धनंजयेननिहतोनैषदेविशिखंडिना ॥ भीष्मंहिकुरुशार्दूलयुद्यतेषुंमहारणे ३३ नशक्तःसंयुगेहंतुंसाक्षादपिशतक्रतुः ॥ स्वच्छंदतस्तवसुतोगतःस्वर्गंशुभा
नने ३४ नशक्ताविनिहंतुंहिरणेतंसर्वदेवताः ॥ तस्मान्मात्वंसरिच्छ्रेष्ठेशोचस्वकुरुनंदनम् ॥ वसूनेषगतोदेविपुत्रस्तेविज्वराभव ३५ ॥ वैशंपायनउवाच ॥
इत्युक्तासातुकृष्णेनव्यासेनतुसरिद्वरा ॥ त्यक्त्वाशोकंमहाराजस्वंवार्यवततारह ३६ ॥ ॥ ॥

२९ । ३० मरणजंशोकमपनयतिवसुरेषइति देवस्यमानुषत्वंनरकतुल्यमतोऽयंहीनस्थानादुत्तमंलोकंगतोनशोच्यइत्यर्थः ३१ नीचहस्तेनमरणजातंशोकंदूरीकरोतिसएषइति ३२ अर्जुनमपिशप्स्यतीति
शंकयाऽऽह[illegible]त्याह भीष्मंहीति ३३ । ३४ । ३५ । ३६ ॥ ॥ ॥ ॥ ॥

३७ गोपालंभूम्निवेदेशिवमुपनिषदिब्रह्मविल्लक्ष्मणार्यंतर्केधीरेशमिश्रान्फणिपतिभणितौपोलगंगाधरार्यम् ॥ भाट्टेनारायणंयोगुरुमकृततत्तंदक्षिणामूर्त्युंपास्तौश्रौतेचिंतामणिंचव्यभजतसमहाभारवेदानथ

सत्कृत्यतेतांसरितिंततःकृष्णमुखास्तप ॥ अनुज्ञातास्तयासर्वेन्यवर्तंतजनाधिपाः ३७ ॥ इति श्रीमहाभारते शतसाहस्र्यां संहितायां वैयासिक्यां अनुशासनपर्वणि भीष्मस्वर्गारोहणपर्वणि दानधर्मे भीष्मयुधिष्ठिरसंवादे भीष्ममुक्तिर्नामअष्टषष्ट्यधिकशततमोऽध्यायः ॥ १६८ ॥ ॥ ॥ ॥ ॥
॥ इति अनुशासनपर्व समाप्तम् ॥ अतःपरमाश्वमेधिकंपर्वभविष्यति ॥ तस्यायमाद्यःश्लोकः ॥ वैशंपायनउवाच ॥ कृतोदकंतुराजानंधृतराष्ट्रंयुधिष्ठिरः ॥ पुरस्कृत्यमहाबाहुरुत्ततारकुलेंद्रियः ॥ १ ॥ ॥ ॥ ॥

र्मान ॥ १ ॥ इति श्रीमत्पदवाक्यप्रमाणमर्यादाधुरंधरचतुर्धरवंशावतंसश्रीगोविंदसूरिसूनोर्नीलकंठस्यकृतौभारतभावदीपेअनुशासनपर्वणिअष्टषष्ट्यधिकशततमोऽध्यायः ॥ १६८ ॥ ॥

॥ अस्मिन्पर्वण्यादिपर्वोक्ताध्यायश्लोकपर्वसंख्यावैषम्यं दृश्यते तत्पूर्ववदेवेतिज्ञेयम् ॥

॥ इति श्रीमहाभारते अनुशासनपर्व समाप्तम् ॥

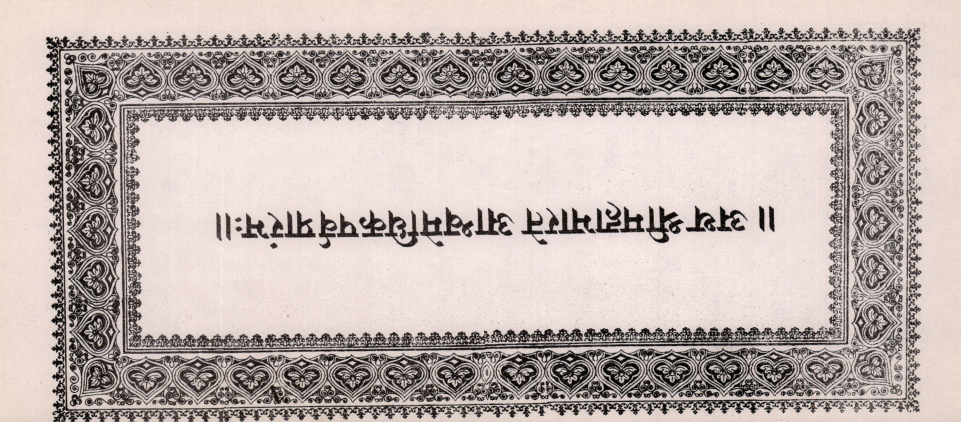

॥ अथ श्रीमहाभारते आश्वमेधिकपर्व प्रारंभः ॥

आश्वमेधिकपर्व १४
सैन्य.
वीराः
श्यामकर्ण.
यज्ञ.
ऋ.

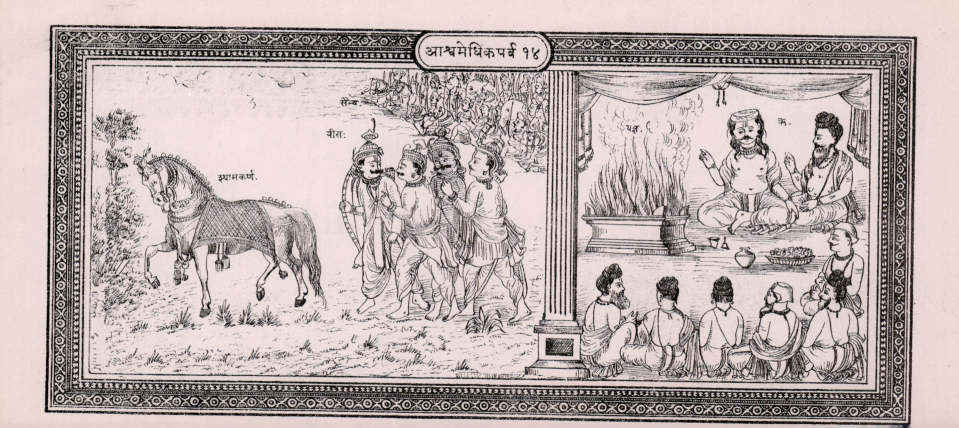

॥ महाभारतम् ॥

आश्वमेधिकपर्व ।

–१४–

विषयानुक्रमणिका ।

अ० विषयः पृष्ठम्

(१) अश्वमेधपर्व

१ भीष्मायोदकं दत्वोत्तीर्य शोकेन पतितं कृष्णप्रेरितेन भीमेनाश्वासितं युधिष्ठिरं प्रति धृतराष्ट्रस्य विलापवाक्यम् १

२ 'अतीव मनसा शोकः' (२) इत्यादिनाऽऽश्वासयन्तं श्रीकृष्णं प्रति युधिष्ठिरे 'गोविन्द मयि या प्रीतिः' (१०) इत्याद्युक्त्वा 'यदि मामनुजानीयात' (१२)इत्यादिना वनं गन्तुमनुज्ञां प्रार्थयति तं सान्त्वयन्व्यासः 'अकृता ते मतिस्तात' (१५) इत्याद्युवाच ... १

३ 'युधिष्ठिर तव प्रज्ञा' (१) इत्यादिना पुरुषस्येश्वराधीनत्वं प्रतिपाद्य पापनिवृत्त्यर्थमश्वमेधेन यजस्वेति व्यासेनोक्तं श्रुत्वा युधिष्ठिरः कोशाद्यभावमूलकं स्वासामर्थ्यं प्रकटयति स्म। युधिष्ठिरोक्तं श्रुतवता व्यासेन 'मरुत्तयज्ञे ब्राह्मणैरुत्सृष्टं द्रव्यं हिमालये बहु वर्तते तदानय तत्पर्याप्तं भविष्यति' (२१) इति कथितं श्रुत्वा 'कथं यज्ञे मरुत्तस्य' (२२) इति युधिष्ठिरेण पृष्टः स तत्कथयितुं प्रतिजज्ञे १

४ मरुत्तकथां कथयेति युधिष्ठिरेणानुयुक्तो व्यासः मरुत्तोपाख्यानं कथयन् मनुप्रभृतिवंशपरंपरायामुत्पन्नं करंधमपुत्रमविक्षितं संवर्ण्य तत्पुत्रेण मरुत्तेन मेरुशिखरे कृतं यज्ञं स्वर्णमयीं तत्सामग्रीं च कथयति स्म २

५ 'कथंवीर्यः समभवत' (१) इत्यादिना राजवीर्यविषयकं यज्ञविषयकं च प्रश्नं कुर्वति युधिष्ठिरे तदुत्तरं वदन्व्यासः करंधमं तत्पुत्रमविक्षितं च संवर्ण्य तत्पुत्रं मरुत्तं वर्णयंस्तत्कर्माण्याचख्यौ। स्पर्धयेन्द्रेण 'मरुत्तं याज्यमपि त्यज' इति प्रेरितो बृहस्पतिस्त्यक्तुं प्रतिजज्ञे। तेनेन्द्रो हृष्टः सन् गुरुं प्रशस्य स्वभवनं ययौ ... २

६ व्यासो बृहस्पतिमरुत्तसंवाद-

रूपमितिहासं व्याजहार। मरु-
त्तेन यज्ञार्थं याचितो बृहस्पति-
र्यदा तं प्रत्याचचक्षे तदा व्रीडि-
तो गच्छन्स मध्येमार्गं संगतेन
नारदेन पृष्टो बृहस्पतिवृत्तमुक्त्वा
'गुरुणा प्रत्याख्यातो जीवितुं
नोत्सहे' (१६) इत्युवाच। आंगि-
रसं संवर्तं गच्छ स त्वां याज-
यिष्यति' (१८-१९) इति नारद
उपदिदेश। तच्छ्रुत्वा मरुत्तस्तस्य
स्थितिं पप्रच्छ। ततो वाराण-
स्यामुन्मत्तवेषेण शिवदर्शनार्थं च-
ङ्क्रमीति। त्वं वाराणसीद्वारि कु-
णपं निधेहि तं दृष्ट्वा यो निवर्तेत तं
संवर्तं बुध्द्वा शरणं गच्छ, तेन
तवाहं केनाख्यातः इति पृष्टस्त्वं
नारदस्त्वामाख्यायाग्निं प्रविवे-
शेति ब्रूहीत्याह नारदः। मरुत्तो
वाराणसीं गत्वा नारदोपदिष्टे-
नोपायेन संवर्तं ज्ञात्वा तत्पृष्ठतो
गच्छंस्तेन कृतान् पांसुवर्षणादीन
प्रकारान्सहमानो यदा न निववृते
तदा संवर्तः परावृत्य वटच्छाया-
यां निविवेश ३

७ 'कथमस्मि त्वया ज्ञातः' (१)
इत्यादिके संवर्तप्रश्ने नारदोपदि-
ष्टमुत्तरमभ्यधान्मरुत्तः। तच्छ्रु-
त्वा तेन 'बृहस्पत्यनुज्ञामन्तरा
नाहं त्वां याजयिष्यामि तं गत्वाऽ-
नुज्ञां प्रार्थय' (१२) इत्युक्तो मरुत्तः
पूर्ववृत्तं निवेद्य नाहं तं गच्छामी-
त्युवाच। 'मया याज्यमानं त्वां
बृहस्पतिपुरंदरौ द्विष्यातां कथं मे
बुद्धिस्थैर्यं भविष्यति' (२०) इति
संवर्तेनाक्षिप्तो मरुत्तो 'याव-
त्तपेत्सहस्रांशुः' (२२) इत्यादिश-
पथपूर्वकं सङ्गत्यागाभावं प्रति-
जज्ञे तेन सन्तुष्टः संवर्तो 'गम-
यिष्यामि शक्रेण समताम्' (२७)
इत्याद्युवाच ४

८ 'गिरेर्हिमवतः पृष्ठे' (१) इत्या-
दिना तपस्यन्तं महादेवमाख्याय
सुवर्णप्राप्तये तमाराधयितुं 'तस्मै
भगवते कृत्वा' (१२) इत्यारभ्य
'तत्सुवर्णमवाप्स्यसि' (३३) इत्य-
न्तं महादेवस्तोत्रमुपदिश्य सुव-
र्णानयनार्थं ते नरा गच्छन्तु इत्या-
ह संवर्तो मरुत्तम्। मरुत्तसंवर्तो-
पदिष्टस्तोत्रपाठेनातुलं धनं सं-
पाद्यातिमानुषं यज्ञसंविधिं चक्रे।
तां समृद्धिं दृष्ट्वा सन्तप्तं बृहस्पतिं
प्रतीन्द्र आगत्योवाच ... ४

९ 'इन्द्रबृहस्पत्योः संवदतोर्बृह-
स्पतिना 'सर्वोपायैर्मघवन्संनि-
यच्छ संवर्तं वा पार्थिवं वा मरु-
त्तम्' (७) इत्युक्त इन्द्रो मरुत्तं
प्रति 'अय बृहस्पतिस्त्वां याज-
यिष्यति तथाऽमरं च करिष्यति'
(८) इत्यभिधातुमग्निं प्रेषयति स्म।
इन्द्राज्ञयागतोऽग्निर्मरुत्तेन प्रत्या-
ख्यात इन्द्रमागत्य मरुत्तकथितं
न्यवेदयत्। तच्छ्रुतवतेन्द्रेण पुन-
र्गच्छ मत्सन्देशं यदि स न करि-
ष्यति तदा तं वज्रेण प्रहरिष्या-
मि' (२४) इत्युक्तोऽग्निः 'गन्धर्व-
राजो गच्छत्वहं राज्ञो बिभेमि'
(२५) इत्युक्त्वा च्यवननिदर्शनेन
ब्राह्मणतेजः प्रशशंस ... ४

१० 'एवमेतद्ब्रह्मबलं गरीयः' (१)
इत्युक्त्वेन्द्रेण प्रेषितो गन्धर्वो
धृतराष्ट्रो मरुत्तं प्रत्यागत्य 'बृह-
स्पतिं याजकं त्वं वृणीष्व' (५)
इत्यादिकमिन्द्रसन्देशं कथयन्म-
रुत्तेन प्रत्याख्यातो 'घोरो नादः
श्रूयतां वासवस्य' (८) इत्याद्युवा-
च। नदतो वासवस्य नादं श्रुत्वा
मरुत्तेन प्रार्थितः संवर्तो 'भयं
शक्राद्व्येतु ते राजसिंह' (१२) इ-
त्यादिनाऽऽश्वास्यान्यं वरं वृणी-
ष्वेत्युवाच। 'साक्षादिन्द्र आग-
त्य मम यज्ञे हविर्गृह्णातु' (१८)
इत्यादिकं वरं प्रार्थयति मरुत्ते
संवर्तेनाहूत इन्द्रो मरुत्तेन स-

त्कृतः। संवर्ताशयेन्द्रेण सभादिनिर्माणे आज्ञप्ता देवाः सर्वं चक्रुः। इन्द्रादयः सर्वे देवाः सोमपानं विधाय राज्ञानुज्ञाताः प्रत्ययुः। युधिष्ठिरः 'ततो राजा जातरूपस्य राशीन्' (३४) इत्यादिकं व्यासवाक्यं श्रुत्वा हृष्टः संस्तेन वित्तेन यष्टुममात्यैर्मन्त्रयामास ... ६

११ व्यासेन बोधितमपि हतज्ञातिबांधवत्वान्निर्विण्णं युधिष्ठिरं सान्त्वयन्वासुदेवः 'सर्वं जिह्मं मृत्युपदम्' (४) इत्यादिना शरीरस्थशत्रुजयमुपदिशन्निन्द्रवृत्रयोर्युद्धं वृत्रग्रहणमोहितेन वसिष्ठोपदेशेन निर्मोहेणेन्द्रेण कृतमदृश्य वज्रेण वृत्रहननं च कथयति स्म ७

१२ 'द्विविधो जायते व्याधिः' (१) इत्यादिना शारीरमानसे दुःखे निरूप्यैतदवधि यज्जातं द्रोणादिभिर्युद्धपर्यन्तं तत्सर्वं विस्मृत्य प्रसक्तं मनसा सह युद्धं कुर्विंत्युपदिदेश वासुदेवः... ... ७

१३ 'न बाह्यं द्रव्यमुत्सृज्य' (१) इत्यादिना मनोजयोपायं कामत्यागमुपदिशंस्तद्विषये पुराविद्गीताः 'नाहं शक्योऽनुपायेन' (१२) इत्याद्या गाथा अभिधाय निष्कामानश्वमेधादीन्यज्ञान् कुर्वित्यादिदेश... ... ... ८

१४ वासुदेवोपदेशेनाश्वस्तो युधिष्ठिरः शोकं परित्यज्य व्यासादीनात्मकर्तव्यनिवेदनपूर्वकमनुनयति स्म। ते च युधिष्ठिरं कृष्णधनंजयौ चानुज्ञाप्यान्तर्दधिरे। युधिष्ठिरश्च भीष्मादीनामौर्ध्वदेहिकं विधाय धृतराष्ट्रं पुरस्कृत्य हस्तिनापुरं जगाम... .. ८

१५ 'पाण्डवैर्यैर्जिते राष्ट्रे वासुदेवधनञ्जयौ किं चक्रतुः' (१) इति जनमेजयप्रश्ने वासुदेवार्जुनयोः कार्यमभिदधाति स्म वैशम्पायनः। वासुदेवोऽर्जुनं प्रति 'विजितेयं धरा कृत्स्ना' (१२) इत्याद्युक्त्वा द्वारकां गन्तुमनुज्ञामयाचत। अर्जुनस्तु दुःखादनुजज्ञे... ... ९

---

(२) अनुगीतापर्व–

१६ सभायां वसतोः केशवार्जुनयोः का कथाऽवर्तत इति जनमेजयप्रश्ने वैशम्पायनस्योत्तरम्। सभां पश्यन्नर्जुनः कञ्चिद्रमणीयं सभोद्देशमागत्य 'विदितं मे महाबाहो संग्रामे समुपस्थिते। माहात्म्यं देवकीमातस्तच्च ते रूपमैश्वरम्' (५) इत्यादिना पूर्वं युद्धारम्भे भवता यदुक्तं तत्सर्वं मे नष्टं कौतूहलं तु तच्छ्रवणेऽस्ति इत्याद्युवाच। श्रीकृष्णस्तु तं प्रति 'न च शक्यं पुनर्वक्तुम्' (११) इत्याद्याख्याय 'कश्चिद्ब्राह्मणो ब्रह्मलोकादागतोऽस्माभिः सत्कारपूर्वकं पृष्टो यदाह तत्कथयामि' (१५) इत्याद्याह स्म। अस्माभिः पृष्टो ब्राह्मणो 'मोक्षधर्ममाश्रित्य यदपृच्छस्तत्कथयामि' (१७) इति प्रतिज्ञाय काश्यपसिद्धसंवादरूपमितिहासं कथयन्काश्यपं प्रति सिद्धेन कथितं स्वसिद्धिप्राप्तौ साधनादिकमाचष्ट ९

१७ काश्यपः सिद्धस्य पादावुपसंगृह्य कथं शरीरं च्यवते इत्यादीन्सप्त प्रश्नांश्चकार। क्रमेणोत्तराणि वदन् सिद्धः 'कथं शरीरं च्यवते' इत्यस्योत्तरम् 'आयुः कीर्तिकराणीह' (६) इत्यादिनाभिधायान्ते 'उपपत्तिं तु वक्ष्यामि गर्भस्याहमतः परम्' (४२) इत्यनेन 'कथं चैवोपपद्यते' इति द्वितीयप्रश्नस्योत्तरमाख्यातुं प्रतिजज्ञे १०

१८ 'शुभानामशुभानां च' (१)

इत्यादिना पूर्वकृतशुभाशुभकर्मपरीतस्य गर्भप्रवेशादिकं प्रतिपाद्य ‘ शरीरग्रहणं चास्य केन पूर्वं प्रकल्पितम् ’ (२४) इति संशयं ‘ शरीरमात्मनः कृत्वा ’ (२५) इत्यादिना निवर्तयामास ब्राह्मणः ११

१९ ‘ यः स्यादेकायने लीनः ’ (१) इत्यादिना संसारतरणोपायमुपदिशन् ‘अतः परं प्रवक्ष्यामि’(१५) इत्यादिना योगशास्त्रं, योगसाधनानि, चोपादिशति स्म ब्राह्मणः। ‘ भुक्तं भुक्तमिदं कोष्ठे ’ (३९) इत्यादिषु शिष्यप्रश्नेषु ‘ यथा स्वकोष्ठे प्रक्षिप्य’ (४५) इत्यादिनोत्तरमभिधाय ‘ इदं सर्वरहस्यं ते’ (५२) इत्यादिनोपसंहृत्य शिष्यं विसृज्य स्वयमप्यगच्छद्ब्राह्मणः। श्रीवासुदेवोऽर्जुनं प्रत्येतदभिधाय ‘ कच्चिदेतत्त्वया पार्थ श्रुतमेकाग्रचेतसा ’ (५५) इत्याद्युवाच... ... ... १२

२० ‘ भुक्तामिदं कोष्ठे ’ इति प्रश्नोत्तरं विवृण्वन् वासुदेवो दम्पत्योः संवादरूपमितिहासं व्याजहार। ‘ कं नु लोकं गमिष्यामि ’ (३) इत्यादिके ब्राह्मणीप्रश्ने ‘ सुभगे नाभ्यसूयामि ’ (५) इत्यादिनोत्तरमभ्यधाद्ब्राह्मणः १४

२१ पूर्वोक्तोत्तरविषये दशहोतृविधानं कथयन् ब्राह्मणो मनसः प्राग्वागुत्पत्तिमभ्यधात्। ‘ कस्माद्वागभवत्पूर्वं कस्मात्पश्चान्मनोऽभवत् ’ (१०) इति ब्राह्मणीप्रश्ने ब्राह्मणो वाङ्मसोर्भूतात्मनश्च संवादं कथयन्नुत्तरमभ्यधात्। ‘अनुत्पन्नेषु वाक्येषु ’ (२४) इत्यादिके ब्राह्मणीप्रश्ने ब्राह्मणस्तदुत्तरं वदन् वाङ्मनसयोरुभयोरपि विशिष्टत्वमविशेषादाह... ... ... १५

२२ एतद्विषये ‘ अत्राप्युदाहरन्तीमम् ’ (१) इत्यादिना सप्तहोतॄणां विधानकथनपूर्वकं ब्राह्मणो ब्राह्मण्याः ‘ सूक्ष्मेऽवकाशे सन्तस्ते’ (४) इति प्रश्नोत्तरं कथयन् घ्राणादीनां सप्तानामितरेतरकार्यकारित्वाभावं प्रतिपाद्य घ्राणादीनां मनोधीनत्वं मनसोऽप्यर्थप्रकाशकत्वं घ्राणाद्यधीनमितीन्द्रियमनःसंवादेतिहासमुखेनाह स्म... १६

२३ ‘ अत्राप्युदाहरन्तीमम् ’ (१) इत्यादिना पञ्चहोतॄणां विधानं कथयन् ‘ स्वभावात्सप्त होतारः ’ (३) इति ब्राह्मण्याक्षिप्तो ब्राह्मणः स्वस्वश्रैष्ठ्यविषये विवदतां प्राणादीनां पञ्चानां ब्रह्मणा सह संवादं कथयन्ब्रह्मोक्तं सर्वेषामन्योन्याश्रयत्वेन समं प्राधान्यमाह स्म १७

२४ अत्र ब्राह्मणकथितो नारददेवमतसंवादः, तत्र ‘ सञ्जायमानस्य जन्तोः प्राणादीनां पञ्चानां मध्ये कः पूर्वं प्रवर्तते ’ (२) इति देवमतप्रश्ने येनायं सृज्यते जन्तुस्ततोऽन्यः पूर्वमेति तम् ’ इत्याद्युत्तरं वदन्नारदः ‘ केनायं सृज्यते जन्तुः’ (४) इति देवमतेन पृष्टः ‘सङ्कल्पाज्जायते हर्षः’ (५) इत्याद्याह स्म १८

२५ पुनः ‘अत्राप्युदाहरन्तीमम्’ (१) इत्यादिना चातुर्होत्रविधानकथनं प्रतिज्ञाय ‘ करणं कर्म कर्ता च मोक्ष इत्येव भाविनि’ (३) इत्यादिना तत्सर्वं कथयित्वाऽन्ते यज्ञानायेन्द्रियजयो यस्मिञ्ज्ञाते सामानि गायन्ति तं नारायणं विद्धीत्याह ब्राह्मणः ... १९

२६ ‘ एकः शास्ता न द्वितीयोऽस्ति शास्ता’(१)इत्यादिना नारायणस्वरूपं तस्यैव गुरुत्वेन शास्तृत्वं चाख्याय गुरुकथितमेकमेवोपदेशमात्मबुद्ध्या यथायथं गृह्णन्तीत्येतद्वि-

षये पन्नगदेवर्षिप्रभृतीनां ब्रह्मोपदेशाख्यानं कथयति स्म ब्राह्मणः २०

२७ ब्रह्मणोऽसङ्गत्वं प्रतिप्रादयितुं 'सङ्कल्पदंशमशकम्' (१) इत्यादिविशेषणविशिष्टं वनं प्रविष्टोऽस्मीति वदन् ब्राह्मणः 'क तद्वनं महाप्राज्ञ' (३) इत्यादिना ब्राह्मण्या पृष्टो 'नैतदस्ति पृथग्भावः' (४) इत्यादिनोत्तराण्यभिधाय 'एतदेवेदृशं पुण्यम्' (२४) इत्यादिनोपसञ्जहार २०

२८ 'गन्धान्न जिघ्रामि रसान्न वेद्मि' (१) इत्यादिना विदुषः स्वस्य कर्तृत्वाभावात्कृतेनापि कर्मणा बन्धो नास्तीति प्रतिपाद्य तद्विषयेऽध्वर्युयतिसंवादं व्याजहार ब्राह्मणः २१

२९ इन्द्रियजय एव महच्छौर्यमिति प्रतिपादयितुं कार्तवीर्यसमुद्रसंवादमब्रवीद्ब्राह्मणः । कदाचित्समुद्रतीरे विचरन्कार्तवीर्यः समुद्रं प्रति बाणान्ववर्ष । तदा समुद्रेण 'मा मुञ्च नाराचान्' (४) इति प्रार्थितः संग्रामे मत्सदृशं वीरं कथयेत्युवाच । समुद्रेण कथितं जामदग्न्यं राममागत्य प्रतिकूलान्याचरतस्तस्य बाहुसहस्रच्छेदनपूर्वकं पराभवं चकार रामः । एवं क्षत्रियान्वारंवारं निघ्नन्तं रामं प्रत्येकविंशतितमे युद्धे ऋचीकमुखास्तत्पितर आगत्य निवारयामासुः २२

३० हिंसाया अकर्तव्यत्वे अलर्कस्येतिहासं कथयामासुर्जामदग्न्यपितरः । अलर्को महीं जित्वा सूक्ष्मं विचारं कुर्वन्निन्द्रियाणि जिगीषुर्मनःप्रभृतिषु बाणान् युञ्जंस्तैः 'नेमे बाणास्तरिष्यन्ति मामलर्क कथञ्चन । तवैव मर्म भेत्स्यन्ति भिन्नमर्मा मरिष्यसि' (७) इत्यादिना प्रत्याख्यातस्तपश्चर्यां कृत्वा योगाख्येन बाणेनेन्द्रियाणि जित्वा सिद्धिमवाप । एवं पितृभिर्बोधितो रामस्तपश्चचार २२

३१ हृदयबन्धहेतुभूतं गुणत्रयं मुमुक्षुणा हेयमिति 'त्रयो वै रिपवः' (१) इत्यादिना प्रतिपाद्य 'अत्र गाथाः कीर्तयन्ति' (४) इत्यादिनाऽम्बरीषकथिता 'भूयिष्ठं विजिता दोषाः' (७) इत्यादिका गाथा अभ्यभाषत ब्राह्मणः ... २३

३२ पूर्वोक्ताम्बरीषगीतायां लोभनिकृन्तनमुक्तं तद्विषये ब्राह्मण—जनकसंवादरूपमितिहासं कथयति स्म ब्राह्मणो ब्राह्मणीं प्रति । कस्मिंश्चिदपराधे 'विषये मे न वस्तव्यं' (२) इति जनकेनोक्तः कश्चिद्ब्राह्मणस्तं प्रति 'आचक्ष्व विषयं राजन्' (३) इत्युवाच । तच्छ्रुतवतो जनकस्य 'पितृपैतामहे राज्ये वश्ये जनपदे सति । विषयं नाधिगच्छामि विचिन्वन्पृथिवीमहम्' (८) इत्याद्युक्तिं तथा प्रश्नमुखेन 'अन्तवन्त्य इहावस्थाः' (१५) इति वाक्यं च श्रुत्वा सन्तुष्टो ब्राह्मणः 'त्वज्जिज्ञासार्थमद्येह विद्धि मां धर्ममागतम्' (२५) इत्याद्युवाच २३

३३ 'नाहं तथा भीरु चरामि लोके' (१) इत्यादिना स्वस्य सर्वात्मकत्वादिकमभिधाय 'तस्मात्ते सुभगे नास्ति' (८) इत्याद्युपदिदेश २४

३४ 'नेदमल्पात्मना शक्यं वेदितुं नाकृतात्मना' (१) इत्यादिनाऽऽक्षेपपूर्वकं येनैषा मतिर्लभ्यते तमुपायं वदेति ब्राह्मणीप्रश्ने 'अरणीं ब्राह्मणीं विद्धि' (३) इत्यादिना ज्ञानाग्न्युत्पत्तिसाधनं कथयति स्म ब्राह्मणः । 'यदिदं ब्रह्मणो लिङ्गम्' (४) इत्यादिके पुनर्ब्राह्मणी-

महाभारते—

प्रश्ने 'अलिङ्गो निर्गुणश्चैव' (५) इत्यादिनोत्तरमाह ब्राह्मणः । 'तत्-स्तु तस्या ब्राह्मण्याः' (१०) इत्यादिकां भगवदुक्तिं श्रुत्वाऽर्जुनः 'क नु सा ब्राह्मणी' (११) इत्याद्य-पृच्छत् । भगवांश्च 'मनो मे ब्राह्मणीं विद्धि बुद्धिं मे विद्धि ब्राह्मणीम् । क्षेत्रज्ञ इति यश्चोक्तः सोऽहमेव धनञ्जय' (१२) इत्यादिदेश २४

३५ 'ब्रह्म यत्परमं ज्ञेयं तन्मे ठया-ख्यातुमर्हसि' (१) इत्यर्जुनप्रश्ने श्रीकृष्णो गुरुशिष्यसंवादकथन-मुखेनोत्तरमाचचक्षे. 'कुतश्चाहं कुत-श्च त्वम्' (७) इत्यादिषु शिष्यप्रश्ने-ष्वपि गुरुः 'ब्रह्मणोक्तमिदं सर्वमृषि-प्रवरसेवितम्' इत्यारभ्य 'जहाति मृत्युजन्मनी' (२२) इत्यन्तेनो-पदिश्य 'प्रवक्ष्येऽहम्' (२४) इत्या-दिना प्रजापतिभरद्वाजादैः 'कथं कर्म क्रियात् साधु' (२९) इत्यादि-

पृष्टो ब्रह्मा यदुवाच तदभिधास्ये इति प्रतिजज्ञे । प्रजापत्यादिभिः पृष्टो ब्रह्मा 'सत्याद्भूतानि जातानि' (३२) इत्यादिनाऽध्यायशेषेण सर्वप्रश्नानामुत्तराण्यभिधाय पञ्च-विंशतितत्त्वान्यभिदधाति स्म २५

३६ 'तद्व्यक्तमनुद्रिक्तम्' (१) इत्या-दि उक्तान्येव तत्त्वानि विवृण्व-न्ब्रह्मा 'तमसो मिथुनं सर्वं सर्वस्य मिथुनं रजः' (६) इत्यादि-ना गुणानां मिथुनान्याख्याय 'सं-मोहोऽज्ञानमत्यागः' (१२) इत्यादि-ना तमसो गुणादिकं द्यवृणोत् २६

३७ 'रजोऽहं वः प्रवक्ष्यामि' (१) इ-त्यादिनाऽध्यायेन रजसो विवर-णमकरोद्ब्रह्मा २७

३८ 'अतः परं प्रवक्ष्यामि'(१)इत्या-दिनाऽध्यायेन सत्त्वगुणं विवृणुते स्म ब्रह्मा... ... ... २८

३९ 'नैव शक्या गुणा वक्तुम्' (१) इत्याद्यध्यायेन गुणानामन्यो-न्याश्रयत्वमुद्रेकादिताराम्येण ग-त्यादिकं 'तमः शूद्रे रजः क्षत्रे ब्राह्मणे सत्त्वमुच्यते' (१२) इत्या-दिना शूद्रादिषु तमआदि सर्वं स्थावरादिष्वपि तत्सर्वं तथा दानादीनामपि गुणभेदेन त्रैविध्यं प्रतिपाद्य 'यत्किञ्चिदिह लोके ऽ-स्मिन्' (२१) इत्यादिना सर्वस्य गुणत्रयव्याप्तत्वं कथयति स्म ब्रह्मा... ... ... २८

४० 'अव्यक्तात्पूर्वमुत्पन्नम्' (१) इ-त्यादिनाऽध्यायेनाऽव्यक्तान्महत्त्व-स्योत्पत्तिं तत्स्वरूपं चाभ्यधाद्ब्र-ह्मा... ... ... २८

४१ 'य उत्पन्नो महान्पूर्वम्' (१) इ-त्यादिना महतोऽहङ्कारोत्पत्तिं तत्स्वरूपादिकं चाह स्म ब्रह्मा २८

४२ 'अहङ्कारात्प्रसूतानि' (१) इत्या-दिनाऽध्यायेनाहङ्कारात्पञ्चभूतो-त्पत्त्यादिकमेकादशेन्द्रियाणामुत्प-त्तिं चाख्याय तेषामध्यात्माधि-भूताधिदैवतादीन्यभिधाय तज्ज-येन ब्रह्मप्राप्तिं प्राप्तब्रह्मभावस्य स-र्ववस्तुतुल्यत्वं चाभ्यधाद्ब्रह्मा......२९

४३ प्राप्तब्रह्मभावस्येश्वरत्वं समर्थ-यितुं 'मनुष्याणां तु राजन्यः' (१) इत्यारभ्य 'ब्राह्मणा धर्मसेतवः' (१७) इत्यन्तेन विभूतीराख्याय 'अत ऊर्ध्वं प्रवक्ष्यामि' (२०) इ-त्यादिना नियतं धर्मलक्षणमुक्त्वा 'गुणानां ग्रहणम्' (२८) इत्यादिना प्राणादीन्द्रियैर्गन्धादिगुणग्रहण-माख्याय 'अलिङ्गग्रहणः' (३६) इत्यादिनेन्द्रियाग्राह्यो नित्यः क्षे-त्रज्ञः इत्याद्यादिदेश ब्रह्मा...... ३१

४४ 'यदादिमध्यपर्यन्तम्' (१) इत्या-दिना जन्मादियुक्तं ग्राह्यं कर्म-साध्यं च निरूप्य ' सर्वे क्षयान्ता

आश्वमेधिकपर्वविषयानुक्रमणिका ।
७

निचयाः' (९) इत्यादिना सर्व-
स्यान्तवत्त्वं ज्ञानस्यानन्तत्वं च प्र-
तिपाद्य ज्ञानेन सर्वपापमुक्तत्वम-
भ्यधाद्ब्रह्मा... ... ... ३२
४५ 'बुद्धिसारं मनःस्तम्भम्' (१)
इत्यादिना कालचक्रं निरूप्य
तन्निवृत्त्युपायमाख्यास्यन् गृह-
स्थादींश्चतुर आश्रमाननुक्रम्य
'संस्कारैः संस्कृतः'(१५) इत्यादि-
ना गृहस्थधर्मानाचष्ट ब्रह्मा... ३३
४६ 'एवमेतेन मार्गेण' (१) इत्या-
दिना ब्रह्मचर्यधर्मान् 'एवं युक्तो
जयेत्स्वर्गम्' (१७) इत्यादिना वा-
नप्रस्थधर्मान् 'गृहस्थो ब्रह्मचारी
च' (१८) इत्यादिना संन्यासिध-
र्मांश्चादिदेश ब्रह्मा... .... ३४
४७ 'संन्यासं तप इत्याहुः' (१) इ-
त्यादिना संन्यासिधर्माननूद्य 'अ-
व्यक्तयोनिप्रभवः' (१२) इत्यादि-
ना रूपकेण ब्रह्मवृक्षं प्रदर्श्य ज्ञाना-
सिना तच्छेदनान्मुच्यते इत्याह
ब्रह्मा... ... ...३५
४८ 'केचिद्ब्रह्ममयं वृक्षम्' (१)इत्या-
दिनोक्तमेवोपदेशं पुनरनुवदति
स्म ब्रह्मा... ... ...३५
४९ संशयमापन्नानामृषीणां 'को वा
स्विदिह धर्माणाम्' (१)इत्यादिना
ऽध्यायेन प्रश्नः ३६
५० 'हन्त वः संप्रवक्ष्यामि' (१)
इत्यादिना ज्ञानमार्गस्यैव श्रैष्ठ्यम-
भिदधानो हिंसापराणां नरक-
प्राप्तिं सकामकर्मकारिणां जन्मा-
दिमत्त्वं चाभिधाय 'अतः
परं प्रवक्ष्यामि' (७) इत्यादिना स-
त्त्वक्षेत्रज्ञयोः संयोगवियोगौ प्रति-
पाद्य 'यथाध्वानमपाथेयः' (१९)
इत्यादिना कर्मणां फलप्राप्तौ सं-
देहमुद्भाव्य 'यथार्णवं महाघोरम्'
(२६) इत्यादिना संसारसमुद्रत-
रणसाधनत्वेन गुरुरूपनौकाश्रय-
णं प्रतिपाद्य 'यन्नैव गन्धि नो र-
स्यम्' (३०) इत्यादिना ज्ञेयस्वरू-
पं निरूपयन् महदाद्याकाशान्ता-
नां स्वरूपगुणादिकं संवर्ण्य पुरु-
षस्य सर्वेभ्यः परत्वादिकमभ्यधा-
द्ब्रह्मा... ... ...३६
५१ 'भूतानामथ पञ्चानाम्' (१) इ-
त्यादिना क्षेत्रज्ञपर्यंतरूपत्वं मनसोऽ
भिधाय मनो नियम्येन्द्रियाश्वादि-
युतं ब्रह्मरथं 'अव्यक्तादि विशेषा-
न्तम्' (७) इत्यादिना ब्रह्मवनं तत्र
क्षेत्रविदः सञ्चारं चाख्याय ब्रह्म-
ज्ञाने सति त्रसादीनां सर्वेषां लयं
प्रदर्श्य 'प्रजापतिरिदं सर्वम्'
(१४) इत्यादिनेन्द्रियमनसामैका-
ग्र्यरूपेण तपसा देवादीनां प्रजा-
पतिकर्तृकं सर्जनम् 'ध्यानयोगेन
शुद्धेन' (२२)इत्यादिना प्रसन्नान्तः-
करणस्य सुखोपचयप्राप्त्यादिकं
च प्रतिपाद्य 'एतद्वः सर्वमाख्या-
तम्' (४०) इत्यादिनोपसंहृत्य गु-
रुः 'इत्युक्तास्ते तु मुनयः' (४१) इ-
त्यादिना ब्रह्मणोपदिष्टं कृतवतां
मुनीनां लोकप्राप्तिमभिधाय स्व-
शिष्यमपि 'त्वमप्येतदाचर' (४२)
इत्युपादिशति स्म । एतत्कथयन्तं
वासुदेवं प्रति 'को न्वसौ ब्राह्मणः'
(४५) इति पप्रच्छार्जुनः। वासुदेव-
स्तु 'अहं गुरुर्महाबाहो !' (४६) इ-
त्याद्युक्त्वा 'यदि तव मयि श्रद्धा
तर्हि मदुक्तं सम्यगाचर मोक्षं
प्राप्स्यसि' (४७-४८) इत्यभिधा-
येदमेव गीतारूपेण मया प्रागुप-
दिष्टमिति प्रतिपाद्य 'द्वारकां गन्तु-
मिच्छामि' (५०) इत्युक्ते अर्जुनस्तु
हस्तिनापुरं गत्वा युधिष्ठिरानुज्ञया
गन्तुमर्हसीत्यब्रवीत्... ... ...३८

॥ इति अनुगीता समाप्ता ॥

५२ स्वाज्ञया दारुकेण योजितं र-
थमारुह्य कृष्णार्जुनौ हस्तिनापुर-
मागत्य धृतराष्ट्रादीनभिवाद्यार्जु-
नगृहे निरुष्य प्रातर्युधिष्ठिरमाग-
त्य प्रीयमाणेन तेनानुज्ञातौ निषे-

दतुः। ततोऽर्जुनप्रार्थितस्य युधि-
ष्ठिरस्याज्ञया द्वारकां गन्तुं प्रस्थि-
तः श्रीकृष्णोऽनुयातान् विदुरा-
दीन्निवर्त्य सुभद्रासहितो जगाम
... ... ३९
५३ पथि गच्छन् श्रीकृष्णो मध्ये
मीलितेनोत्तंकेन 'कच्चिच्छौरे त्व-
या गत्वा कुरुपाण्डवसद्म तत्।
कृतं सौभ्रात्रमचलम्' (१०) इत्या-
दि पृष्टः 'कृतो यत्नो मया पूर्वम्'
(१५) इत्याद्युवाच। तच्छ्रुत्वा
क्रोधेन शापं दातुं प्रवृत्तमुत्तङ्कं
प्रति 'शृणु मे विस्तरेणेदम्' (२३)
इत्याद्याह स्म श्रीकृष्णः... ... ४०
५४ 'ब्रूहि केशव तत्त्वेन' त्वमध्या-
त्ममनिन्दितम्। श्रुत्वा श्रेयोऽभि-
धास्यामि शापं वा ते जनार्दन'
(२) इत्युत्तङ्केनोक्तः श्रीकृष्णः 'त-
मो रजश्च सत्त्वं च विद्धि भावा-
न्मदाश्रयान्' (२) इत्यादिनाऽ-
ध्यात्मतत्त्वोपदेशमुपदिदेश... ४१
५५ 'अभिजानामि जगतः कर्तारं
त्वां जनार्दन' (१) इत्याद्युक्तो वि-
श्वरूपदर्शनार्थमुत्तङ्केन प्रार्थितो
भगवांस्तद्दर्शयामास। उत्तङ्कस्तु
तद्दृष्ट्वा भीतः सन् पूर्वरूपदर्शनं
प्रार्थयति स्म। ततः प्रसन्नेन भग-
वता वरं याचस्वेत्युक्तेनोत्तङ्केन
मरुदेशे जले याचिते विश्वरूपमुप-
संहृत्य यदा तव जलेच्छा भवे-
त्तदा मच्चिन्तनं कुर्वित्युक्त्वा द्वा-
रकामगाच्छ्रीकृष्णः। मरुदेशे भ्र-
मन्नुत्तङ्कस्तृषितः सन्नच्युतं सस्मार,
तदा कश्चिन्मातङ्ग आगत्य मत्तो
जलं गृहाणेति वदंस्तेन प्रत्याख्या-
तोऽन्तर्दधे। तत उत्तङ्कः कृष्णे-
नाहं वञ्चित इति यावद्विचार-
यति तावदाविर्भूतो विष्णुर्मात-
ङ्गहस्तेनोदकं दातुं तव न योग्य-
मिति तेनोक्तमिन्द्रवृत्तान्तमभि-
धाय यस्मिन्नहनि तवेच्छा भवे-
त्तस्मिन्नहनि जलपूर्णाः पयोधरा
भविष्यन्ति ते चोत्तङ्कमेघा इति
नाम्ना ख्याता भविष्यन्तीत्यभ्य-
धात्। तच्छ्रुत्वोत्तङ्कस्तुतोष .. ४१
५६ 'उत्तङ्कः केन तपसा' (१) इत्या-
दिके जनमेजयेन पृष्टे वैशम्पायन
उत्तङ्कस्य तप आदि कथयति स्म।
गौतमशिष्य उत्तङ्को बहून्यहानि
गुरुगृहे वासं कुर्वन्कदाचिद्वना-
त्काष्ठभारं शिरसा धृत्वा गृहमा-
गत्य यावत्काष्ठभारं त्यजति ता-
वत्काष्ठलग्नां धवलां स्वजटां दृष्ट्वा
स्वस्य जरां ज्ञात्वा विलपन्गुरुणा
गौतमेन गृहगमनार्थमनुज्ञातो 'गु-
र्वर्थं कं प्रयच्छामि' (२०) इत्युवा-
च। तुष्टेन गुरुणा 'दक्षिणा गुरु-
तोषो वै' (२१) इत्यनेन गुरुसंतो-
षमेव दक्षिणात्वेनाङ्गीकृत्य 'यदि
त्वं युवा भविष्यसि तदा मत्क-
न्यां पत्नीत्वेन ददामि' (२२-२३)
इत्युक्तो युवा भूत्वा तत्कन्यां प्र-
तिगृह्य गुरुदक्षिणार्थं प्रार्थितया
गुरुपत्न्याऽहल्यया 'सौदासप-
त्न्या विधृते कुण्डले आनय' (२९)
इत्युक्तस्ते आनेतुं सौदासं राक्षस-
भावापन्नं प्रति जगामोत्तङ्कः। अ-
हल्यातस्तद्वृत्तान्तं श्रुत्वा चिन्त-
यन्गौतमस्तया प्रार्थितस्तद्रक्षणं
प्रतिजज्ञे... ... . ४२
५७ सौदासं प्रति गत उत्तङ्कस्तेन
सहोक्तिप्रत्युक्त्यनन्तरं तत्पत्नीं
मदयन्तीं प्रत्यागत्य मणिकुण्डले
याचितवान्। सा च राज्ञोऽभि-
ज्ञानमानयेत्युवाच... ... .. ४२
५८ मदयन्तीवाक्यादुत्तङ्कः पुनरा-
गत्य सौदासात् 'न चैवैषा गतिः
क्षेम्या' (२) इति श्लोकरूपमभिज्ञा-
नमादाय तस्यै निवेदयति स्म। त-
दभिज्ञानं श्रुत्वा तया दत्ते कुण्ड-
ले गृहीत्वा पुनः सौदासमागत्य
तेन सहोक्तिप्रत्युक्त्यनन्तरं नि-
र्गतो मध्येमार्गं केनचित्पन्नगेन
कुण्डलहरणे विहिते नागलोकं

गन्तुं दण्डेन वल्मीकविदारणे प्रववृते । ब्राह्मणरूपेणेन्द्रेण बोधितो यदा न निववृते तदा तन्निश्चयं ज्ञात्वेन्द्रेण दण्डे वज्रास्त्रे योजिते झटिति सञ्जातेन मार्गेण नागलोकं गतो यदा कुण्डलप्राप्तौ निराशोऽभवत्तदा कश्चिदश्वस्तत्रागत्य 'धमस्वापानमेतन्मे' (४२) इत्युवाच । अश्ववाक्यात्तदपानं धमति तस्मिंस्तद्रोमकूपेभ्यो निर्गतेन धूमेन व्याकुलैर्नागैः सत्कारपूर्वकमर्पिते कुण्डले गृहीत्वा गुरुपत्न्यै निवेदयति स्म ।..... ४३

---

५९ 'उत्तङ्कस्य वरं दत्वा'(१) इत्यादिके जनमेजयप्रश्ने वैशम्पायनः श्रीकृष्णस्य द्वारकागमनादिकमभ्यधात ४४

६० युद्धवृत्तान्तज्ञानार्थं वसुदेवेन पृष्टः श्रीकृष्णोऽभिमन्युवधवर्जं सर्वं कथयति स्म ... ४४

६१ अभिमन्युवधं कथयेत्युक्त्वा मूर्च्छितायां सुभद्रायां दुःखितेन वसुदेवेन पृष्टः श्रीकृष्णोऽभिमन्युयुद्धकथनपूर्वकं तमभिधाय कुन्तीकृतं सुभद्राऽऽश्वासनमुत्तराऽऽश्वासनादिकं चाकथयत ... ४५

६२ वैशम्पायनो वसुदेवादिकृतमभिमन्युश्राद्धादिकर्माभिधाय व्यासेन कृतं कुन्त्या उत्तराया अर्जुनस्य चाश्वासनं धर्मराजं प्रत्यश्वमेधकरणाज्ञाकरणादिकं चाचष्ट ४६

६३ 'श्रुत्वैतद्वचनम्' (१) इत्यादिना व्यासवाक्यश्रवणोत्तरं युधिष्ठिरः किमकरोत्, मरुत्तेन मह्यां निक्षिप्तं धनं च कथमवापेति जनमेजयप्रश्ने वैशम्पायन उत्तरमाचख्यौ 'श्रुतं वो वचनं वीराः' (४) इत्यादिना युधिष्ठिरेण व्यासोपदिष्टमरुत्तनिहितधनानयनार्थं कथं कर्तव्यमिति भ्रातृषु पृष्टेषु सत्सु 'रोचते मे महाबाहो' (११) इत्यादिकं सोत्साहं भीमवाक्यं श्रुत्वा हृष्टे युधिष्ठिरेऽर्जुनादिभिरपि तथैवेत्युक्ते सर्वे पाण्डवाः सुमुहूर्ते स्वस्तिवाचनादिपुरःसरं ब्राह्मणादीन् प्रदक्षिणीकृत्य निर्ययुः ४६

६४ ससैन्येषु पाण्डवेषु निर्गतेषु तन्मध्ये विराजमानो युधिष्ठिरो द्रव्यदेशमागत्य समे शुभे देशे सेनाया निवेशं चकार । ततः सर्वे पाण्डवा ब्राह्मणाज्ञया जलमात्रं पीत्वा तां रात्रिं कुशसंस्तरेषूषुः ४७

६५ 'क्रियतामुपहारोऽद्य' (१) इत्यादिना ब्राह्मणैरुपदिष्टं रुद्रबलिदानादिविधिं कृत्वा तद्धनं खानयित्वा नानाविधानि पात्रादीनि धनानि च गृहीत्वा हस्तिनापुरमाजगाम युधिष्ठिरः ... ४७

६६ 'अश्वमेधदर्शनार्थं श्रीकृष्णादिषु हस्तिनापुरमागतेषु सत्सु प्रसूताया उत्तरायाः सकाशादश्वत्थामशस्त्रपीडितः शवभूतः परीक्षिज्जज्ञे । तत्र जनकोलाहलं श्रुत्वाऽन्तःपुरं प्रविष्टं श्रीकृष्णं प्रति कुन्ती 'वासुदेव महाबाहो' (१५) इत्यादिना भवता पूर्वप्रतिज्ञातमश्वत्थामहतस्यैतस्योज्जीवनं कुर्वित्याद्याह स्म । एवमुक्त्वा भूमौ पतितां तां प्रति कृष्ण आश्वासयामास ४७

६७ श्रीकृष्णं दृष्ट्वा सुभद्रा दुःखार्ता सती 'पुण्डरीकाक्ष पश्य त्वम्' (२) इत्याद्युवाच ४८

६८ सुभद्रावाक्यमङ्गीकृत्य परिक्षिज्जन्मगृहप्रविष्टं द्रौपद्या प्रदर्शितं श्रीकृष्णं प्रति 'पुण्डरीकाक्ष पश्यावाम्' (१२) इत्याद्युवाचोत्तरा ४८

६९ एवं विलप्य भूमौ पतित्वा पुनरुत्थाय स्वाङ्के पुत्रमारोप्य पुनर्विलपन्त्या उत्तराया विलाप-

वाक्यानि श्रुत्वा श्रीकृष्णोऽप उपस्पृश्य ब्रह्मास्त्रं प्रतिसंहृत्य परिक्षिज्जीवनार्थं प्रतिजज्ञे। तत्प्रभावाद्बालकः शनैः शनैः प्रास्पन्दत ४६

७० 'ब्रह्मास्त्रं तु यदा राजन्' (१) इत्यादिना परीक्षिज्जन्मवृत्तान्तमाख्याय मासजाते परिक्षिति रत्नान्यादायागतान्पाण्डवान्प्रति यदूनां प्रत्युद्गमनादिकमभ्यधाद्वैशम्पायनः ४६

---

७१ कृष्णेन प्रत्युद्गताः पाण्डवा हस्तिनापुरं प्रविश्य परिक्षिज्जीवनादिवृत्तान्तं श्रुत्वा श्रीकृष्णं पूजयामासुः। ततः केनचित्कालेनागतो व्यासो युधिष्ठिरेण 'भवत्प्रसादाद्भगवन्' (१३) इत्यादिना प्रार्थितोऽश्वमेधं कर्तुमनुजज्ञे। व्यासवाक्यादश्वमेधकरणे मतिं कृत्वा युधिष्ठिरेण 'देवकी सुप्रजा देवी' (१९) इत्यादिना प्रार्थितः श्रीकृष्णः 'यजस्व मदनुज्ञातः' (२५) इत्याद्युवाच ... ५०

७२ युधिष्ठिरेण यज्ञदीक्षाग्रहणार्थं प्रार्थितो व्यासः 'चैत्र्यां पौर्णमास्यां तव दीक्षा भविष्यति यज्ञसंभाराः सम्भ्रियन्ताम्' (४) इत्याद्युवाच। ततो युधिष्ठिरो यज्ञसम्भारानाहृत्याश्वरक्षणार्थमर्जुनं पुररक्षार्थं भीमं, नकुलं सहदेवं च कुटुम्बतन्त्रे न्ययोजयत् ५०

७३ दीक्षाकाले व्यासादयो युधिष्ठिरं दीक्षयित्वाऽश्वं मुमुचुः। तं रक्षितुमर्जुनः पौरादिभिराशास्यमानो विजयस्तत्पृष्ठतो निर्जगाम। अर्जुनस्य बहुभिर्जातानां युद्धानां मध्ये महान्ति युद्धानि वक्ष्यामीति प्रतिजज्ञे वैशम्पायनः ५१

७४ अश्वोद्देशेनार्जुनस्य त्रिगर्तैः सूर्यवर्मणा, धृतवर्मणा च सह जातं युद्धं वर्णयति स्म वैशम्पायनः ५१

७५ प्राग्ज्योतिषपुरं गतेऽश्वे तत्र भगदत्तपुत्रेण वज्रदत्तेन सहार्जुनस्य दारुणं युद्धमभूत ... ५२

७६ दिनत्रयपर्यन्तं प्रचलिते युद्धे चतुर्थेऽहनि क्रुद्धो वज्रदत्तोऽर्जुनमधिक्षिप्य गजारूढो युयुधे, अर्जुनश्च तदीयं गजं हत्वा तं पराजित्य चैत्र्यामश्वमेधार्थं त्वमागच्छेत्याज्ञापयति स्म ५२

७७ सैन्धवैः सह युद्धं कुर्वन्नर्जुनस्तद्बाणवृष्ट्या मोहं प्राप्तो देवर्ष्यादिभिर्वर्द्धिततेजाः पुनर्युयुधे ५३

७८ सैन्धवार्जुनयोर्युद्धे प्रवृत्तेऽर्जुनो 'युद्धे राजानो न हन्तव्याः किन्तु केवलं जेतव्याः' (९) इत्यादि युधिष्ठिरवाक्यं स्मृत्वा चिन्तयन्नर्जुनः सैन्धवान्प्रति 'श्रेयो वदामि युष्माकम्' (१०) इत्याद्युवाच। ते च तच्छ्रुत्वा क्रुद्धाः सन्तः पुनर्युयुधिरे। युद्धं निवारयितुं पौत्रं पुरस्कृत्यागताया दुःशलाया उक्तिप्रत्युक्त्यनन्तरमर्जुनेन विसर्जिता सा योधान्निवर्त्य स्वगृहं जगाम। अर्जुनोऽपि सैन्धवान् जित्वाऽश्वमनुययौ। अश्वश्चार्जुनसहितो मणिपूरपतेर्देशं जगाम ५३

७९ स्वपितरं प्रति विनयेनागतो बभ्रुवाहनः 'प्रक्रियेयं न ते युक्ता' (३) इत्यादिनाऽधिक्षिप्तो यदा चिन्तयति स्म तदा तदसहमानया महीं भित्त्वाऽऽगतया नागकन्ययोलूप्या प्रतिबोधितो युद्धं कुर्वन्नर्जुनबाणपीडितस्तं हृदये भित्त्वा निपात्य स्वयमपि पपात। तदा चित्राङ्गदा रणाजिरमागत्य निहतं पतिं ददर्श ५४

८० चित्रांगदा बहु विलप्य मूर्च्छिता पुनः संज्ञां लब्ध्वा तत्रोलूपीं दृष्ट्वा तां प्रति 'उलूपि पश्य भर्ता-

रम्' (३) इत्याचभिधाय भर्तारं
प्रति 'उत्तिष्ठ कुरुमुख्यस्य' (९)
इत्याद्युक्त्वा पुनरुरूपां प्रति 'उलू-
प्यपि साधु पश्येमम्' (१२) इत्याद्यु-
दीर्य पतिचरणसमीपे प्रायोपवे-
शनमकरोत् । लब्धसंज्ञो बभ्रु-
वाहनः पतिचरणानुशायिनीं मा-
तरं दृष्ट्वा विलप्योलूपीं प्रति 'पश्य
नागोत्तमसुते' (३१) इत्याद्यभि-
धाय प्रायोपवेशनं चकार । उलू-
पी स्मरणमात्रेण संनिहितं सञ्जी-
वनमणि गृहीत्वा बभ्रुवाहनं प्रति
'उत्तिष्ठ मा शुचः पुत्र' (४४) इत्या-
द्यभिधाय तस्मै सञ्जीवनं मणि-
मदात् । बभ्रुवाहनानिहितेन मणि-
ना हृदि स्पृष्टोर्जुनो लब्धसंज्ञो
बभ्रुवाहनमालिङ्ग्य 'किमिदं ल-
क्ष्यते सर्वम्' (५८) इति पप्रच्छ ।
एवं पृष्टः स उलूपी पृच्छयति-
त्यब्रवीत् ५५

८१ 'किमागमनकृत्यं ते' (१) इत्य-
र्जुनेनानुयुक्तोलूपी 'न मे त्वमप-
राद्धोऽसि' (५) इत्यादिना युद्धे-
ऽधर्मेण भीष्महननात्कुद्धानां वसु-
नां शापं स्वपितृप्रार्थितेभ्यः स्ते-
भ्यः शापमोचनप्रकारं चाभिधाय
तदनुरूपो मयायं यत्नो विहित
इत्याचाह स्म । एतच्छ्रुत्वार्जुनः
प्रीतः सन् 'सर्वं मे सुप्रियं देवि'
(२२) इत्युलूपीं प्रत्युक्त्वा 'चै-
द्यां पौर्णमास्यामश्वमेधं द्रष्टुं मा-
तृभ्यां सहागच्छ' (२४) इति बभ्रु-
वाहनमादिश्य भार्याभ्यामनुज्ञातः
प्रययौ ५६

८२ राजगृहपुरमागतेऽश्वे तदधि-
पतिना सहदेवपुत्रेण मेघसंधिना
सह युद्धं कुर्वन्नर्जुनस्तं पराजित्य
यज्ञार्थमागमनमादिशति स्म
... ... ५६

८३ मागधेनार्चितोर्जुनो दक्षिणां
दिशं गत्वा तत्र शिशुपालसुत-

शरभप्रभृतीञ्जित्वा सौराष्ट्रदेश-
मागतो द्वारवत्यासुग्रसेनादिभिः
सत्कृतो विचरन्गान्धारानग-
च्छत् ५७

८४ गान्धारदेशाधिपतिना शकु-
निपुत्रेण युद्धं कुर्वन्नर्जुनस्तं परा-
जित्य यज्ञार्थमागमनमादिशति
स्म ५७

८५ हस्तिनपुरमागन्तुं परावृत्तम-
श्वं चारमुखाच्छ्रुत्वा युधिष्ठि-
रेणाज्ञप्तो भीमो ब्राह्मणान् पुरस्कृ-
त्य प्राग्भैः शिल्पिभिरश्ववाट् ब्राह्म-
णानां राज्ञां च निवासयोग्यानि
गृहाणि च निर्माय राजामाकार-
णार्थं दूतान् प्रेषयामास । आगतानां
राज्ञां सत्काराथं मन्त्रपानादिप्रेष-
णार्थं दूतानादिश्य समागतान्मुनि-
गणान्सत्कर्तुं युधिष्ठिरः स्वयमेव
दभं परित्यज्य ययौ । 'तस्मिन्यज्ञे

प्रवृत्ते तु' (२७) इत्यादिना प्रवृत्ते
यज्ञे सम्भारादिकं वर्णयति स्म वै-
शम्पायन: ५८

८६ समागतान्राज्ञो दृष्ट्वा युधिष्ठि-
रेणाज्ञप्तो भीमः सर्वान् पूजया-
मास । अथ गोविन्दो वृष्णिभिः
सह बलदेवं पुरस्कृत्यागतो ध-
र्मेण सत्कारपूर्वकं कृतप्रश्नो दूत-
द्वारा श्रुतमर्जुनसन्देशं 'यथा चा-
त्ययिकं न स्यात्' (१६) इत्यादिकं
कथयति स्म ५८

८७ श्रीकृष्णवाक्यं श्रुतवता युधि-
ष्ठिरेण 'अयमर्जुनः किंनिमित्तम्
सदा सुखवार्जितः' (३) इति पृष्ट:
श्रीकृष्णोऽर्जुनस्य सदा दुःख-
भागित्वे सदाप्रवासित्वे च
हेतुभूतमनिष्टलक्षणं कथयति
स्म । एवं परस्परभाषणा-
दिके प्रचलिते तत्रागताह्वादर्जु-
नागमनं श्रुत्वोपयातैर्युधिष्ठिरादि-
भिः सह कर्णमुखाः 'दिष्ट्यासि

पार्थ कुशली' (१९) इत्यादिकानराणां वाचः शृण्वन्नर्जुनो यज्ञवाटं प्रविवेश। एतस्मिन्नेव काले मातृभ्यां सहितो बभ्रुवाहन आगत्य वृद्धाभिवादनपुरःसरं कुन्त्या गृहे प्रविवेश ५१

८८ द्रौपद्यादिभिः सत्कृते उलूपीचित्राङ्गदे कुन्तीगृह ऊषतुः बभ्रुवाहनश्च धृतराष्ट्रादीन्प्रत्युपतस्थे। ते च तं सम्मानयामासुः। तृतीये दिवसे व्यासेन 'दक्षिणात्रैगुण्यं कुरु, तेनाश्वमेधत्रयं भविष्यति' (१५) इत्युपदिष्टो यज्ञदीक्षां जग्राह युधिष्ठिरः। याजकाश्चोक्तं यज्ञक्रममस्खलितं कुर्वन्तो यूपादिकं कल्पयांचक्रुः। यूपे च त्रिशतीं पशूनां बबन्धुः ... ५१

८९ अश्वमालभ्य तस्य वपा मन्यान्यङ्गानि चाग्नौ हुत्वा यज्ञं समापयामासुः षोडशर्त्विजः। युधिष्ठिरोऽपि ब्राह्मणेभ्यो निष्काणि कोटिशो दत्वा व्यासादिभ्य ऋत्विग्भ्यो वसुन्धरां दक्षिणात्वेन ददौ। ततो व्यासवाक्याच्छ्रीकृष्णवाक्याच्च वसुन्धरामूल्यं त्रिगुणं हिरण्यं वितताार। ब्राह्मणाश्च मुदिताः सन्तः स्वान् स्वानालयान् जग्मुः। राजभ्योऽपि रत्नादीनि ददद्युधिष्ठिरो बभ्रुवाहनं विपुलेन वित्तेन सत्कृत्य प्रास्थापयत्। दुःशलापौत्रं च स्वराज्येऽभ्यषेचयत्। कृष्णादीन्वृष्णिवीरानपि सत्कारपूर्वकं विसर्जयति स्म। 'एवं बभूव यज्ञः सः' (३९) इत्यादिना यज्ञं प्रशशंस वैशम्पायनः ६०

९० 'पितामहस्य यज्ञे यत्किञ्चिदाश्चर्यमभूत्तत्कथय' (१) इति जनमेजयप्रश्ने वैशम्पायनस्तदाख्यातुमुपचक्रमे। अश्वमेधे निवृत्ते तत्र कश्चिन्नकुल आगत्य मनुष्यवाचा 'सक्तुप्रस्थेन वो नायम्' (७) इत्यादिनाऽधिचिक्षेप। तदा ब्राह्मणैः कृतप्रश्नः स सक्तुप्रस्थं विवरीतुमुञ्छवृत्तेराख्यायिकामाचख्यौ। कुरुक्षेत्रे निवसन्नुञ्छवृत्तिर्भार्यापुत्रस्नुषाभिः सहित उञ्छमप्यप्राप्नुवन्क्षुधापीडित एकदा यवप्रस्थं सम्पाद्य तस्य सक्तून् विधायाग्नौ हुत्वा यावद्यभजत तावदेकः कश्चिदतिथिराजगाम। तं दृष्ट्वा हृष्टास्ते सत्कारपूर्वकमेकं भागं तस्मै वितेरुः। तेनासन्तुष्टं तमालक्ष्य [illegible] .शः सर्वे[illegible]त्रस्वभागान्सन्तुष्टाः सन्तो ददुस्तदा सन्तुष्टेनातिथिरूपेण धर्मेण 'अहो दानं घुष्यते ते स्वर्गे स्वर्गनिवासिभिः' (८३) इत्यादिना तत्प्रशंसापूर्वकं दानं प्रशस्य 'आरोहत यथाकामम्' (१०६) इत्याद्युक्तो भार्यया पुत्रेण स्नुषया सह दिवं जगाम। तस्य सक्तुगन्धेनोदकक्लेदेन दिव्यपुष्पाविमर्देन च मम शरीरार्धं सुवर्णमयमभूत्। अपरमपि शरीरार्धं तथाविधं भूयादित्याशास्यात्रागतो नाहं तथाऽभूवमिति सक्तुप्रस्थेन वो नायमित्यब्रुवमित्युक्त्वा नकुलोऽन्तर्दधे ६१

---

९१ 'यज्ञे सक्ता नृपतयः' (१) इत्यादिना यज्ञकरणं फलप्रदर्शनेन स्तुत्वा स नकुलो युधिष्ठिरस्याश्वमेधं कस्माद्गर्हयामासेति जनमेजयेन पृष्टो वैशम्पायनः 'यज्ञस्य विधिमग्र्यं वै' (७) इत्यादिना तदुत्तरमाचष्ट। पुरा किलेन्द्रे यष्टुं प्रवृत्ते तत्रालभ्यमानेषु पशुषु दीनान्पपशून् दृष्ट्वा दयाविष्टा महर्षय इन्द्रमागत्य 'अपरिज्ञानमेतत्ते' (१३) इत्यादिना हिंसामाचिक्षिपुः।

तदसहमाने शक्रे विवादं निर्णेतुं तैरापृष्टो वसुः 'यथोपनीतैर्यष्टव्यम्' (२२) इत्यनेन हिंस्राहिंस्रयज्ञयोस्तुल्यत्वापादनरूपं वितथमुत्तरं ददद्रसातलं जगाम। इत्याख्याय वैशम्पायनः 'तस्मान्न वाच्यं ह्येकेन' (२४) इत्यादिनाऽहिंसाधर्मं प्रशंसन्दानरूपं धर्ममेव प्रशशंस ९३

९२ 'धर्मागतेन त्यागेन' (१) इत्यादिना सर्वयज्ञेषु परमो निश्चयः कथमिति जनमेजयेन पृष्टो वैशम्पायनोऽगस्त्येतिहासं कथयन्नुत्तरमाह स्म। द्वादशवार्षिकीं सत्रदीक्षां प्रविष्टेऽगस्त्ये महान्तोऽग्निकल्पा ऋषयस्तं यज्ञमुपातिष्ठन्त। एवंविधे यज्ञे प्रवृत्ते यदेन्द्रो न ववर्ष तदा कर्मान्तरे 'अगस्त्यो यजमानोऽसौ' (१३) इत्यादिकायां कथायां प्रवृत्तायां 'यदि द्वादशवर्षाणि' (१८) इत्यादिकामगस्त्योक्तिं तदनुरूपां स्थितिं च दृष्ट्वा 'प्रीताः स्म' (३०) इत्याद्युक्तवत्सु ऋषिषु पुरंदरो ववर्षागस्त्यं च प्रसादयामास। 'कोऽसौ नकुलरूपेण' (३९) इत्यादिके जनमेजयप्रश्ने वैशम्पायन उत्तरमाह स्म। पुरा किल जमदग्निः श्राद्धं सङ्कल्प्य समीपागतान् होमधेनुं दुग्ध्वा तद्दुग्धं दृढे भाण्डे स्थापयामास। तदा धर्मः क्रोधरूपेण प्रविश्य दुग्धं पीतवान्। एवमप्यक्रुद्धं मुनिं दृष्ट्वा क्रोधो ब्राह्मणरूपेणागत्य 'जितोऽस्मि' इत्याद्यभिधाय 'तपसो बिभेमि, (४६) इत्युवाच। जमदग्निना तु न त्वया मे किञ्चिदपकृतं येषामर्थे पयः सङ्कल्पितं तान् पितॄन्गच्छ' (४८) इत्युक्तः क्रोधः पितॄणामभिषङ्गान्नकुलत्वं प्राप्तः। पितॄन् प्रसाद्य तेभ्यः 'सक्तुप्रस्थनिदर्शनेन धर्मपुत्रमाक्षिपतः तव शापान्तो भविष्यति' (५०) इति शापान्तं लेभे। वैशम्पायन एतदाख्याय 'एवमेतत्तदा वृत्तम्'(५३) इत्यादिनोपसंजहार ९४

॥ इत्याश्वमेधिकपर्व

विषयानुक्रमणिका समाप्ता ॥

श्रीगणेशायनमः ॥ श्रीमद्गोपालमानम्यप्राचीनाचार्यवर्त्मना ॥ आश्वमेधिकभावार्थःश्रीकृष्णेनप्रकाश्यते ॥ १ ॥ आश्विस्तुत्यूर्ध्वयायाताष्टावक्रीयेषुसूत्रितम् ॥ सानत्सुजातेविष्टतंगीतायां
विपुलीकृतम् ॥ २ ॥ मोक्षधर्मेषुचपुनर्नानाख्यानोपबृंहणैः ॥ अतीवव्याकृतंप्रत्यगात्मतत्त्वमनाकुलम् ॥ ३ यज्जिज्ञासोदयायैवजपदानादयःस्मृताः ॥ आनुशासनिकेसम्यक्कित्तदोषवि
नाशकाः ॥ ४ ॥ यत्रप्रावण्यलाभायवैराग्योदयसिद्धये ॥ कुरुक्षयादिकोलोकवृत्तांतउपवर्णितः ॥ ५ ॥ तदेवस्पष्टमत्रोपसंहारव्यपदेशतः ॥ आत्मतत्त्वंविवृणुतेमुनिराख्यानकैस्त्रिभिः ६
आख्यानत्रयंचसंवर्त्तमरुत्तीयं । कृष्णधर्मसंवादः । कृष्णार्जुनसंवादश्च । तत्राद्येकाश्यांमृतस्यमुक्तिलिंगेनैवसूचयित्वेश्वराराधनादिनाधर्मेणैवधनंलब्ध्वाऽऽत्मशुद्धयेयष्टव्यमित्युक्तं । द्विती
येशास्त्रार्थसूत्रणं । तृतीयेतद्विवरणंचेति । तदूर्ध्वमुत्तंकोंच्छवृत्त्याद्याख्यानैर्ज्ञानोपयोगिगुरुशुश्रूषामाहात्म्यहिंसात्मकयज्ञनिंदादिचयथायथंतात्पर्यविषयतयाज्ञेयं तत्रायमाद्यःश्लोकः नारायणमिति ।

श्रीवेदव्यासायनमः ॥ नारायणंनमस्कृत्यनरंचैवनरोत्तमम् ॥ देवींसरस्वतींचैवततोजयमुदीरयेत् १ ॥ वैशंपायनउवाच ॥ कृतोदकंतुराजानंधृतराष्ट्रंयुधिष्ठिरः ॥
पुरस्कृत्यमहाबाहुरुत्तताराकुलेन्द्रियः २ उत्तीर्यतुमहाबाहुर्बाष्पव्याकुललोचनः ॥ पपाततीरेगंगायाव्याधविद्धइवद्विपः ३ तंसीदमानंजग्राहभीमःकृष्णेन
चोदितः ॥ मैवमित्यब्रवीच्चैनंकृष्णःपरबलार्दनः ४ तमार्त्तंपतितंभूमौश्वसंतंचपुनःपुनः ॥ ददृशुःपार्थिवाराजन्धर्मपुत्रंयुधिष्ठिरम् ५ तंदृष्ट्वादीनमनसंगतसत्त्वंनरे
श्वरम् ॥ भूयःशोकसमाविष्टाःपांडवाःसमुपाविशन् ६ राजातुधृतराष्ट्रश्चपुत्रशोकाभिपीडितः ॥ वाक्यमाहमहाबुद्धिःप्रज्ञाचक्षुर्नरेश्वरम् ७ उत्तिष्ठकुरुशार्दू
लकुरुकार्यमनन्तरम् ॥ क्षत्रधर्मेणकौन्तेयजितेयमवनीत्वया ८ भुंक्ष्वभोगान्भ्रातृभिश्चसुहृद्भिश्चमनोनुगान् ॥ शोचितव्यंनपश्यामित्वयाधर्मभृतांवर ९ शो
चितव्यंमयाचैवगांधार्याचमहीपते ॥ ययोःपुत्रशतंनष्टंस्वप्नलब्धंयथाधनम् १० अश्रुत्वाहितकामस्यविदुरस्यमहात्मनः ॥ वाक्यानिसुमहार्थानिपरितप्या
मिदुर्मतिः ११ उक्तवान्विदुरोयन्मांधर्मात्मादिव्यदर्शनः ॥ दुर्योधनापराधेनकुलंतेविनशिष्यति १२ स्वस्तिचेदिच्छसेराजन्कुलस्यकुरुमेवचः ॥ वध्य
तामेषदुष्टात्मामंदोराजासुयोधनः १३ कर्णश्चशकुनिश्चैवनैनंपश्यतुकर्हिचित् ॥ द्यूतसंपातमप्येषामप्रमादेनवारय १४ अभिषेचयराजानंधर्मात्मानंयुधिष्ठिरम् ॥
सपालयिष्यतिवशीधर्मेणपृथिवीमिमाम् १५ अथनेच्छसिराजानंकुन्तीपुत्रंयुधिष्ठिरम् ॥ मेढीभूतःस्वयंराज्यंप्रतिगृह्णीष्वपार्थिव १६ समंसर्वेषुभूतेषुवर्तमानंनरा
धिप ॥ अनुजीवंतुसर्वेत्वांज्ञातयोभ्रातृभिःसह १७ एवंब्रुवतिकौन्तेयविदुरेदीर्घदर्शिनि ॥ दुर्योधनमहंपापमन्ववर्त्तंवृथामतिः १८ ॥

अपोनाराइतिप्रोक्ताआपोवैनरसूनवः ॥ अयनंतस्यताःप्रोक्तंतेननारायणःस्मृतः’इतिस्मृतेः ‘आपःपुरुषवचसः’इतिश्रुतेश्चांभःप्रधानंभूतपंचकंनरेणांतर्यामिणासृष्टंनारं । ‘तत्सृष्ट्वातदेवानुप्राविशत्’इति
श्रुतेःस्रष्टाप्रवेष्टाचनारायणईश्वरःसएवप्रविश्योपाधिधर्मानभिमन्यमानोनरोजीवः । ताभ्यामुत्तमोनरोत्तमःकार्यकारणोपाधिद्वयनिर्मुक्तःपरमात्मा । एतत्त्रयंतत्स्वरूपप्रकाशिकांसरस्वतींदेवींचप्रणम्य
जयंमहाभारताख्यमितिहासंसर्वश्रुतिस्मृतिसारभूतमुदीरयेदितितस्यार्थः । एतेनतत्त्वमस्यादिवाक्यार्थोजीवब्रह्माभेदोग्रंथप्रतिपाद्योदर्शितः ॥ १ ॥ कृतोदकंतुराजानमिति उत्ततारगंगातइतिशेषः
२ । ३ । ४ । ५ । ६ । ७ । ८ । ९ । १० । ११ । १२ । १३ । १४ । १५ । १६ । १७ । १८ ॥ ॥

१९ । २० ॥ इत्याश्वमेधिकेपर्वणि नीलकंठीयेभारतभावदीपेप्रथमोऽध्यायः ॥ १ ॥ ॥ ॥ एवंशोकाक्रांतोवैराग्यमिच्छतीतिस्पष्टयतिएवमुक्तस्त्वित्यध्यायेन १ । २ । ३ । ४
५ । ६ । ७ । ८ । ९ । १० । ११ । १२ । १३ । १४ । १५ । १६ । १७ । १८ । १९ । २० ॥ इत्याश्वमेधिके पर्वणि नीलकंठीये भारतभावदीपे द्वितीयोऽध्यायः ॥ २ ॥ ॥

अश्रुत्वातस्यधीरस्यवाक्यानिमधुराण्यहम् ॥ फलंप्राप्यमहद्दुःखंनिमग्नःशोकसागरे १९ वृद्धौहितेऽद्यपितरौपश्यनौदुःखितौनृप ॥ नशोचितव्यंभवताप
श्यामीहजनाधिप ॥ २० ॥ ॥ इतिश्रीमहाभारतेआश्वमेधिके पर्वणि अश्वमेधिकेपर्वणिप्रथमोऽध्यायः ॥ १ ॥ वैशंपायनउवाच ॥ एवमुक्तस्तुराज्ञासधृत
राष्ट्रेणधीमता ॥ तूष्णींबभूवमेधावीतमुवाचाथकेशवः १ अतीवमनसाशोकःक्रियमाणोजनाधिप ॥ संतापयतिचैतस्यपूर्वप्रेतान्पितामहान् २ यजस्व
विविधैर्यज्ञैर्बहुभिःस्वाप्तदक्षिणैः ॥ देवांस्तर्पयसोमेनस्वधयाचपितृनपि ३ अतिथीनन्नपानेनकामैरन्यैरकिंचनान् ॥ विदितंवेदितव्यंतेकर्त्तव्यमपितेकृतम् ४
श्रुताश्चराजधर्मास्तेभीष्माद्भागीरथीसुतात् ॥ कृष्णद्वैपायनाच्चैवनारदाद्विदुरात्तथा ५ नेमामर्हसिमूढानांवृत्तिंत्वमनुवर्त्तितुम् ॥ पितृपैतामहंवृत्तमास्थायधुरमु
द्वह ६ युक्तंहियशसाक्षात्रंस्वर्गंप्राप्तुमसंशयम् ॥ नहिकश्चिद्धिशूराणांनिहतोऽत्रपराङ्मुखः ७ त्यजशोकंमहाराजभवितव्यंहितत्तथा ॥ नशक्यास्तेपुनर्द्रष्टुंत्व
यायेऽस्मिन्रणेहताः ८ एतावदुक्त्वागोविंदोधर्मराजंयुधिष्ठिरम् ॥ विररामममहातेजास्तमुवाचयुधिष्ठिरः ९ ॥ युधिष्ठिरउवाच ॥ गोविंदमयियाप्रीतिस्तव
साविदितामम ॥ सौहृदेनतथाप्रेम्णासदामय्यनुकंपसे १० प्रियंतुमेस्यात्सुमहत्कृतंचक्रगदाधर ॥ श्रीमन्प्रीतेनमनसासर्वयादवनंदन ११ यदिमामनु
जानीयाद्भवान्गन्तुंतपोवनम् ॥ नहिशांतिंप्रपश्यामिपातयित्वापितामहम् १२ कर्णंचपुरुषव्याघ्रंसंग्रामेष्वपलायिनम् ॥ कर्मणायेनमुच्येयमस्मात्क्रूरादरिं
दम १३ कर्मणातद्विधत्स्वेहयेनशुध्यतिमेमनः ॥ तमेवंवादिनंपार्थंव्यासःप्रोवाचधर्मवित् १४ सांत्वयन्सुमहातेजाःशुभंवचनमर्थवत् ॥ अकृतातेमतिस्ता
तपुनर्बाल्येनमुह्यसे १५ किमाकारावयंतातप्रलपामोमुहुर्मुहुः ॥ विदिताक्षत्रधर्मास्तेयेषांयुद्धेनजीविका १६ तथाप्रवृत्तोनृपतिर्नाधिबंधेनयुज्यसे ॥ मो
क्षधर्माश्चनिखिलायाथातथ्येनतेश्रुताः १७ असकृच्चापिसंदेहाश्छिन्नास्तेकामजामया ॥ अश्रद्दधानोदुर्मेधालुप्तस्मृतिरसिध्रुवम् १८ मैवंभवनतेयुक्तमिदमज्ञा
नमीदृशम् ॥ प्रायश्चित्तानिसर्वाणिविदितानिचतेऽनघ १९ राजधर्माश्चतेसर्वेदानधर्माश्चतेश्रुताः ॥ सकथंसर्वधर्मज्ञःसर्वागमविशारदः ॥ परिमुह्यसिभूय
स्त्वमज्ञानादिवभारत ॥ २० ॥ इतिश्रीमहाभारते आश्वमेधिकेपर्वणि अश्वमेधिकेपर्वणि द्वितीयोऽध्यायः ॥ २ ॥ ॥ व्यासउवाच ॥ युधिष्ठिरतवप्रज्ञान
सम्यगितिमेमतिः ॥ नहिकश्चित्स्वयंमर्त्यःस्ववशःकुरुतेक्रियाम् १ ईश्वरेणचयुक्तोऽयंसाध्वसाधुचमानवः ॥ करोतिपुरुषःकर्मतत्रकापरिदेवना २ आत्मा
नंमन्यसेचाथपापकर्माणमंततः ॥ शृणुतत्रयथापापमपकृष्येतभारत ३ ॥ ॥ ॥

॥ १ ॥ मौढ्यप्रयुक्ताद्वैराग्याच्छास्त्रीयकर्माचरणमेवश्रेयइत्युक्तंयुधिष्ठिरतवप्रज्ञेत्यादिना १ । २ । ३ ॥ ॥ ॥ ॥

४ । ५ । ६ । ७ । ८ । ९ । १० । ११ । १२ । १३ । १४ । १५ । १६ । १७ प्रतिनिधिमनुकल्पम् १८ । १९ । २० । २१ । २२ । २३ ॥ इत्याश्वमेधिकेप० नी० भा० तृतीयोऽध्यायः ॥ ३ ॥

तपोभिःक्रतुभिश्चैवदानेनचयुधिष्ठिर ॥ तरंतिनित्यंपुरुषायेस्मपापानिकुर्वते ४ यज्ञेनतपसाचैवदानेनचनराधिप ॥ पूयंतेनरशार्दूलनरादुष्कृतकारिणः
५ असुराश्चसुराश्चैवपुण्यहेतोर्मखक्रियाम् ॥ प्रयतंतेमहात्मानस्तस्माद्यज्ञाःपरायणम् ६ यज्ञैरेवमहात्मानोबभूवुरधिकाःसुराः ॥ ततोदेवाःक्रियावंतोदान
वानभ्यधर्षयन् ७ राजसूयाश्वमेधौचसर्वमेधंचभारत ॥ नरमेधंचनृपतेत्वमाहरयुधिष्ठिर ८ यजस्ववाजिमेधेनविधिवद्दक्षिणावता ॥ बहुकामान्नवित्तेनरामोदाशर
थिर्यथा ९ यथाचभरतोराजादौष्यंतिःपृथिवीपतिः ॥ शाकुंतलोमहावीर्यस्तवपूर्वपितामहः १० ॥ युधिष्ठिरउवाच ॥ असंशयंवाजिमेधःपावयेत्पृथिवीमपि ॥
अभिप्रायस्तुमेकश्चित्तंत्वंश्रोतुमिहार्हसि ११ इमंज्ञातिवधंकृत्वासुमहांतंद्विजोत्तम ॥ दानमल्पंनशक्नोमिदातुंवित्तंचनास्तिमे १२ नतुबालानिमान्दीनानुत्स
हेवसुयाचितुम् ॥ तथैवार्द्रव्रणान्कृच्छ्रेवर्त्तमानान्नृपात्मजान् १३ स्वयंविनाश्यपृथिवींयज्ञार्थेद्विजसत्तम ॥ करमाहारयिष्यामिकथंशोकपरायणः १४ दुर्यो
धनापराधेनवसुधावसुधाधिपाः ॥ प्रनष्टायोजयित्वाऽस्मानकीर्त्यामुनिसत्तम १५ दुर्योधनेनपृथिवीक्षयितावित्तकारणात् ॥ कोशश्चापिविशीर्णोऽसौधार्त्तरा
ष्ट्रस्यदुर्मतेः १६ पृथिवीदक्षिणाचात्रविधिःप्रथमकल्पितः ॥ विद्वद्भिःपरिदृष्टोयंशिष्टोविधिविपर्ययः १७ नचप्रतिनिधिंकर्त्तुंचिकीर्षामितपोधन ॥ अत्रमेभगवन्स
म्यक्साचिव्यंकर्त्तुमर्हसि १८ एवमुक्तस्तुपार्थेनकृष्णद्वैपायनस्तदा ॥ मुहूर्त्तमनुसंचिंत्यधर्मराजानमब्रवीत् १९ कोशश्चापिविशीर्णोऽयंपरिपूर्णोभविष्यति ॥
विद्यतेद्रविणंपार्थगिरौहिमवतिस्थितम् २० उत्सृष्टंब्राह्मणैर्यज्ञेमरुत्तस्यमहात्मनः ॥ तदानयस्वकौन्तेयपर्याप्तंतद्भविष्यति २१ ॥ युधिष्ठिरउवाच ॥ कथंयज्ञे
मरुत्तस्यद्रविणंतत्समाचितम् ॥ कस्मिंश्चकालेसनृपोबभूववदतांवर २२ ॥ व्यासउवाच ॥ यदिशुश्रूषसेपार्थशृणुकारंधमंनृपम् ॥ यस्मिन्कालेमहावीर्यःस
राजाऽऽसीन्महाधनः २३ ॥ इतिश्रीमहाभारते आश्वमेधिकेपर्वणि अश्वमेधिकेप० संवर्त्तमरुत्तीयेतृतीयोऽध्यायः ॥ ३ ॥ युधिष्ठिरउवाच ॥ शुश्रूषेतस्यधर्म
ज्ञराजर्षेःपरिकीर्त्तनम् ॥ द्वैपायनमरुत्तस्यकथांप्रब्रूहिमेऽनघ १ ॥ व्यासउवाच ॥ आसीत्कृतयुगेतातमनुर्दंडधरःप्रभुः ॥ तस्यपुत्रोमहाबाहुःप्रसंधिरिति
विश्रुतः २ प्रसंधेरभवत्पुत्रःक्षुपइत्यभिविश्रुतः ॥ क्षुपस्यपुत्रइक्ष्वाकुर्महीपालोऽभवत्प्रभुः ३ तस्यपुत्रशतंराजन्नासीत्परमधार्मिकम् ॥ तांस्तुसर्वान्महीपा
लानिक्ष्वाकुरकरोत्प्रभुः ४ तेषांज्येष्ठस्तुविंशोऽभूत्प्रतिमानंधनुष्मताम् ॥ विंशस्यपुत्रःकल्याणोविविंशोनामभारत ५ विविंशस्यसुताराजन्बभूवुर्दशपंचच ॥
सर्वेधनुषिविक्रांताब्राह्मण्याःसत्यवादिनः ६ दानधर्मरताःशांताःसततंप्रियवादिनः ॥ तेषांज्येष्ठःखनीनेत्रःसतान्सर्वानपीडयत् ७ ॥ ॥

शुश्रूषेइति १ मरुत्तयज्ञप्रशंसाप्रसंगात्तद्वंश्यान्स्तौति आसीत्कृतयुगइत्यादिना अध्यायद्वयेन अत्यंतमहांतोपिकर्मैवानुतिष्ठंतीतिकर्ममाहात्म्यख्यापनार्थम् २ । ३ । ४ । ५ । ६ । ७ ॥

८ । ९ । १० । ११ । १२ । १३ । १४ । १५ । १६ । १७ । १८ । १९ । २० । २१ । २२ । २३ । २४ । २५ । २६ । २७ । २८ ॥ इत्याश्वमेधिकेपर्वणिनीलकंठीयेभारतभावदीपेचतुर्थो
खनीनेत्रस्तुदिक्रांताजित्वाराज्यमकंटकम् ॥ नाशकद्रक्षितुंराज्यंनान्वरज्यंततंप्रजाः ८ तमपास्यचतद्राज्येतस्यपुत्रंसुवर्चसम् ॥ अभ्यषिंचंतराजेन्द्रमुदि
ताह्यभवंस्तदा ९ सपितुर्विक्रियांदृष्ट्वाराज्यान्निरसनंचतत् ॥ नियतोवर्त्तयामासप्रजाहितचिकीर्षया १० ब्रह्मण्यःसत्यवादीचशुचिःशमदमान्वितः ॥ प्रजा
स्तंचान्वरज्यंतधर्मनित्यंमनस्विनम् ११ तस्यधर्मप्रवृत्तस्यव्यशीर्यत्कोशवाहनम् ॥ तंक्षीणकोशंसामंताःसमंतात्पर्यपीडयन् १२ सपीड्यमानोबहुभिः
क्षीणकोशाश्ववाहनः ॥ आर्त्तिमार्च्छत्परांराजासहभृत्यैःपुरेणच १३ नचैनमभिहंतुंतेशक्नुवंतिबलक्षये ॥ सम्यग्वृत्तोहिराजासधर्मनित्योयुधिष्ठिर १४ यदा
तुपरमामार्तिंगतोऽसौसपुरोनृपः ॥ ततःप्रदध्मौसकरंप्रादुरासीत्ततोबलम् १५ ततस्तानजयत्सर्वान्प्रातिसीमान्नराधिपान् ॥ एतस्मात्कारणाद्राजन्विश्रुतःस
करंधमः १६ तस्यकारंधमःपुत्रस्त्रेतायुगमुखेऽभवत् ॥ इंद्रादनवरःश्रीमान्देवैरपिसुदुर्जयः १७ तस्यसर्वेमहीपालावर्त्तंतेस्मवशेतदा ॥ सहिसम्राडभूत्तेषांवृ
त्तेनचबलेनच १८ अविक्षिन्नामधर्मात्माशौर्येणेन्द्रसमोऽभवत् ॥ यज्ञशीलोधर्मरतिर्धृतिमान्संयतेन्द्रियः १९ तेजसाऽऽदित्यसदृशःक्षमयापृथिवीसमः ॥ बृह
स्पतिसमोबुद्ध्याहिमवानिवसुस्थिरः २० कर्मणामनसावाचादमेनप्रशमेनच ॥ मनांस्याराधयामासप्रजानांसमहीपतिः २१ यईजेहयमेधानांशतेनविधि
वत्प्रभुः ॥ याजयामासयंविद्वान्स्वयमेवांगिराःप्रभुः २२ तस्यपुत्रोऽतिचक्रामपितरंगुणवत्तया ॥ मरुत्तोनामधर्मज्ञश्चक्रवर्तीमहायशाः २३ नागायुतसम
प्राणःसाक्षाद्विष्णुरिवापरः ॥ सयक्ष्यमाणोधर्मात्माशातकुंभमयान्युत २४ कारयामासशुभ्राणिभाजनानिसहस्रशः ॥ मेरुंपर्वतमासाद्यहिमवत्पार्श्वउत्तरे २५
कांचनःसुमहान्पादस्तत्रकर्मचकारसः ॥ ततःकुंडानिपात्रीश्चपिठाराण्यासनानिच २६ चक्रुःसुवर्णकर्त्तारोयेषांसंख्यानविद्यते ॥ तस्यैवचसमीपेतुयज्ञवाटो
बभूवह २७ ईजेतत्रसधर्मात्माविधिवत्पृथिवीपतिः ॥ मरुत्तःसहितैःसर्वैःप्रजापालैर्नराधिपः २८ ॥ इतिश्रीमहाभारतेआश्वमेधिकेपर्वणिअश्वमेधिकेपर्वणि
संवर्त्तमरुत्तीयेचतुर्थोऽध्यायः ॥ ४ ॥ ॥ ॥ युधिष्ठिरउवाच ॥ कथंवीर्यःसमभवत्सराजावदतांवर ॥ कथंचजातरूपेणसमयुज्यतसद्द्विज १
क्वचतत्सांप्रतंद्रव्यंभगवन्नवतिष्ठते ॥ कथंचशक्यमस्माभिस्तदवाप्तुंतपोधन २ ॥ व्यासउवाच ॥ असुराश्चैवदेवाश्चदक्षस्यासन्प्रजापतेः ॥ अपत्यंबहुलं
तातसंस्पर्धंतपरस्परम् ३ तथैवांगिरसःपुत्रौव्रततुल्यौबभूवतुः ॥ बृहस्पतिर्बृहत्तेजाःसंवर्त्तश्चतपोधनः ४ तावतिस्पर्धिनौराजन्पृथगास्तांपरस्परम् ॥
बृहस्पतिःससंवर्तंबाधतेस्मपुनःपुनः ५ सबाध्यमानःसततंभ्रात्राज्येष्ठेनभारत ॥ अर्थानुत्सृज्यदिग्वासावनवासमरोचयत् ६ वासवोऽप्यसुरान्सर्वान्विजित्यच
निपात्यच ॥ इन्द्रत्वंप्राप्यलोकेषुततोवव्रेपुरोहितम् ७ ॥ ॥ ॥ ॥
ऽध्यायः ॥ ४ ॥ ॥ ॥ कथमिति १ । २ । ३ । ४ । ५ । ६ । ७ ॥ ॥ ॥ ॥

८ । ९ । १० । ११ । १२ । १३ । १४ । १५ । १६ । १७ । १८ । १९ । २० । २१ । २२ । २३ । २४ । २५ । २६ । २७ । २८ ॥ इत्याश्वमेधिकेपर्वणिनीलकंठीयेभारतभावदीपेपंचमो

पुत्रमंगिरसोज्येष्ठंविप्रज्येष्ठंबृहस्पतिम् ॥ याज्यस्त्वंगिरसः पूर्वमासीद्राजाकरंधमः ८ वीर्येणाप्रतिमोलोकेवृत्तेनचबलेनच ॥ शतक्रतुरिवौजस्वीधर्मात्मासंशि
तव्रतः ९ वाहनंयस्ययोधाश्चमित्राणिविविधानिच ॥ शयनानिचमुख्यानिमहार्हाणिचसर्वशः १० ध्यानादेवाभवद्राजन्मुखवातेनसर्वशः ॥ सगुणैःपा
र्थिवान्सर्वान्वशेचक्रेनराधिपः ११ संजीव्यकालमिष्टंचसशरीरोदिवंगतः ॥ बभूवतस्यपुत्रस्तुययातिरिवधर्मवित् १२ अविक्षिन्नामशत्रुजित्सवशेकृतवान्म
हीम् ॥ विक्रमेणगुणैश्चैवपितेवासीत्सपार्थिवः १३ तस्यवासवतुल्योऽभून्मरुत्तोनामवीर्यवान् ॥ पुत्रस्तमनुरक्ताऽभूत्पृथिवीसागरांबरा १४ स्पर्धतेसस्मस
ततंदेवराजेननित्यदा ॥ वासवोऽपिमरुत्तेनस्पर्धतेपांडुनंदन १५ शुचिःसगुणवानासीन्मरुत्तःपृथिवीपतिः ॥ यतमानोऽपियंशक्रोनविशेषयतिस्मह १६
सोऽशक्नुवन्विशेषायसमाहूयबृहस्पतिम् ॥ उवाचेदंवचोदेवैःसहितोहरिवाहनः १७ बृहस्पतेमरुत्तस्यमास्मकार्षीःकथंचन ॥ दैवंकर्माथपित्र्यंवाकर्ताऽसिमम
चेत्प्रियम् १८ अहंहित्रिषुलोकेषुसुराणांचबृहस्पते ॥ इंद्रत्वंप्राप्तवानेकोमरुत्तस्तुमहीपतिः १९ कथंह्यमर्त्यंब्रह्मंस्त्वंयाजयित्वासुराधिपम् ॥ याजयेर्मृत्युसंयु
क्तंमरुत्तमविशंकया २० मांवावृणीष्वभद्रंतेमरुत्तंवामहीपतिम् ॥ परित्यज्यमरुत्तंवायथाजोषंभजस्वमाम् २१ एवमुक्तःसकौरव्यदेवराज्ञाबृहस्पतिः ॥ मुहू
र्तमिवसंचिंत्यदेवराजानमब्रवीत् २२ त्वंभूतानामधिपतिस्त्वयिलोकाःप्रतिष्ठिताः ॥ नमुचेर्विश्वरूपस्यनिहंतात्वंबलस्यच २३ त्वमाजहर्थदेवानामेकोवी
रश्रियंपराम् ॥ त्वंबिभर्षिभुवंद्यांचसदैवबलसूदन २४ पौरोहित्यंकथंकृत्वातवदेवगणेश्वर ॥ याजयेयमहंमर्त्यंमरुत्तंपाकशासन २५ समाश्वसिहिदेवेन्द्रनाहंमर्त्यस्य
कर्हिचित् ॥ ग्रहीष्यामिस्रुवंयज्ञेशृणुचेदंवचोमम २६ हिरण्यरेतानोष्णःस्यात्परिवर्त्तेतमेदिनी ॥ भासंतुनरविःकुर्यान्नतुसत्यंचलेन्मयि २७ ॥ वैशंपायनउवाच ॥
बृहस्पतिवचःश्रुत्वाशक्रोविगतमत्सरः ॥ प्रशस्यैनंविवेशाथस्वमेवभवनंतदा २८ ॥ इतिश्रीमहाभारतेआश्वमेधिकेपर्वणिअश्व० संवर्त्तमरुत्तीयेपंचमोऽध्यायः ॥ ५॥
॥ व्यासउवाच ॥ अत्राप्युदाहरंतीममितिहासंपुरातनम् ॥ बृहस्पतेश्चसंवादंमरुत्तस्यचधीमतः १ देवराजस्यसमयंकृतमांगिरसेनह ॥ श्रुत्वामरुत्तोनृपतिर्यज्ञमा
हारयत्परम् २ संकल्प्यमनसायज्ञंकरंधमसुतात्मजः ॥ बृहस्पतिमुपागम्यवाग्मीवचनमब्रवीत् ३ भगवन्यन्मयापूर्वमभिगम्यतपोधन ॥ कृतोऽभिसंधिर्यज्ञस्यभव
तोवचनाद्गुरो ४ तमहंयष्टुमिच्छामिसंभाराःसंभृताश्चमे ॥ याज्योऽस्मिभवतःसाधोतत्प्राप्नुहिविधत्स्वच ५ ॥ बृहस्पतिरुवाच ॥ नकामयेयाजयितुंत्वामहंपृथिवी
पते ॥ वृतोऽस्मिदेवराजेनप्रतिज्ञातंचतस्यमे ६ ॥ मरुत्तउवाच ॥ पित्र्यमस्मितवक्षेत्रंबहुमन्येचतेभृशम् ॥ तवास्मियाज्यतांप्राप्तोभजमानंभजस्वमाम् ७

ऽध्यायः ॥ ५ ॥ ॥ संवर्त्तमरुत्तयोःसंयोगंकथयन्नारदमुखेनवाराणसीमाहात्म्यंसूचयति व्यासउवाचअत्राप्युदाहरंतीममित्यादिना १ । २ । ३ । ४ । ५ । ६ । ७ ॥

८ । ९ । १० । ११ । १२ । १३ । १४ । १५ । १६ । १७ । १८ । १९ । २० । २१ उन्मत्तवेषमिति अत्रकुणपदर्शनेनमहेश्वरदर्शनसिद्धिंदर्शयताकुणपस्यमहेश्वरप्रतिमात्वंसूचितं तथाचावि

॥ बृहस्पतिरुवाच ॥ अमर्त्यंयाजयित्वाऽहंयाजयिष्येकथंनरम् ॥ मरुत्तगच्छवामावानिवृत्तोऽस्म्यद्ययाजनात् ८ नत्वांयाजयिताऽस्म्यद्यवृणुयंत्वमिहेच्छसि ॥
उपाध्यायंमहाबाहोयस्तेयज्ञंकरिष्यति ९ ॥ व्यासउवाच ॥ एवमुक्तस्तुनृपतिर्मरुत्तोव्रीडितोऽभवत् ॥ प्रत्यागच्छन्सुसंविग्नोददर्शपथिनारदम् १० देव
र्षिणासमागम्यनारदेनसपार्थिवः ॥ विधिवत्प्रांजलिस्तस्थावथैनंनारदोऽब्रवीत् ११ राजर्षेनातिहृष्टोऽसिकच्चित्क्षेमंतवानघ ॥ क्वगतोऽसिकुतश्चेदमप्रीतिस्था
नमागतम् १२ श्रोतव्यंचेन्मयाराजन्ब्रूहिमेपार्थिवर्षभ ॥ व्यपनेष्यामितेमन्युंसर्वयत्नैर्नराधिप १३ एवमुक्तोमरुत्तःसनारदेनमहर्षिणा ॥ विप्रलंभमुपाध्या
यात्सर्वमेवन्यवेदयत् १४ ॥ मरुत्तउवाच ॥ गतोऽस्म्यंगिरसःपुत्रंदेवाचार्यंबृहस्पतिम् ॥ यज्ञार्थमृत्विजंद्रष्टुंसचमांनाभ्यनंदत १५ प्रत्याख्यातश्चतेनाहंजी
वितुंनाद्यकामये ॥ परित्यक्तश्चगुरुणादूषितश्चास्मिनारद १६ ॥ व्यासउवाच ॥ एवमुक्तस्तुराज्ञासनारदःप्रत्युवाचह ॥ आविक्षितंमहाराजवाचासंजीवय
न्निव १७ ॥ नारदउवाच ॥ राजन्नंगिरसःपुत्रःसंवर्त्तोनामधार्मिकः ॥ चंक्रमीतिदिशःसर्वादिग्वासामोहयन्प्रजाः १८ तंगच्छयदियाज्यंत्वांनवांछतिबृहस्प
तिः ॥ प्रसन्नस्त्वांमहातेजाःसंवर्त्तोयाजयिष्यति १९ ॥ मरुत्तउवाच ॥ संजीवितोऽहंभवतावाक्येनानेननारद ॥ पश्येयंक्वनुसंवर्त्तंशंसमेवदतांवर २०
कथंचतस्मैवर्त्तेयंकथंमांनपरित्यजेत् ॥ प्रत्याख्यातश्चतेनापिनाहंजीवितुमुत्सहे २१ ॥ नारदउवाच ॥ उन्मत्तवेषंबिभ्रत्सचंक्रमीतियथासुखम् ॥ वाराण
स्यांमहाराजदर्शनेप्सुर्महेश्वरम् २२ तस्याद्वारंसमासाद्यन्यसेथाःकुणपंक्वचित् ॥ तंदृष्ट्वायोनिवर्त्तेतसंवर्त्तःसमहीपते २३ तंपृष्ठतोऽनुगच्छेथायत्रगच्छेत्सवी
र्यवान् ॥ तमेकांतेसमासाद्यप्रांजलिःशरणंव्रजेः २४ पृच्छेत्त्वांयदिकेनाहंतवाख्यातइतिस्मह ॥ ब्रूयास्त्वंनारदेनेतिसंवर्त्तकथितोऽसिमे २५ सचेत्त्वामनुयुं
जीतममानुगमनेप्सया ॥ शंसेथावह्निमारूढंमामपित्वमशंकया २६ ॥ व्यासउवाच ॥ सतथेतिप्रतिश्रुत्यपूजयित्वाचनारदम् ॥ अभ्यनुज्ञायराजर्षिर्ययौवाराण
सींपुरीम् २७ तत्रगत्वायथोक्तंसपुर्याद्वारेमहायशाः ॥ कुणपंस्थापयामासनारदस्यवचःस्मरन् २८ यौगपद्येनविप्रश्चपुरीद्वारमथाविशत् ॥ ततःसकुपणंदृ
ष्ट्वासहसासंन्यवर्त्तत २९ सतंनिवृत्तमालक्ष्यप्रांजलिःपृष्ठतोऽन्वगात् ॥ आविक्षितोमहीपालःसंवर्तमुपशिक्षितुम् ३० सचतंविजनेदृष्ट्वापांसुभिःकर्दमेनच ॥
श्लेष्मणाचैवराजानंष्ठीवनैश्चसमाकिरत् ३१ सतथाबाध्यमानोऽपिसंवर्तेनमहीपतिः ॥ अन्वगादेवतमृषिंप्रांजलिःसंप्रसादयन् ३२ ॥

मुक्तंप्रकृत्य अत्रहिजंतोःप्राणेषूत्क्रममाणेषुरुद्रस्तारकंब्रह्मव्याचष्टेयेनासावमृतीभूत्वामोक्षीभवतीतिसिद्धः कुणपाभिमानिनोजीवस्यब्रह्मभावोऽपूर्वोज्ञापितः एवंचोपरिधारणाविधिवद्विधिरेवायमित्युपपा
दितमुत्तरयायाते २२ । २३ । २४ । २५ । २६ । २७ । २८ । २९ । ३० । ३१ । ३२ ॥ ॥ ॥ ॥

२३ ॥ इत्याश्वमेधिकेपर्वणिनीलकंठीये भारतभावदीपे षष्ठोऽध्यायः ॥ ६ ॥ ॥ कथमस्मीति १ । २ । ३ सत्रिणंकपटवेषच्छन्नं ४ । ५ । ६ । ७ । ८ । ९ । १० । ११ । १२ । १३

ततोनिवर्त्यसंवर्त्तःपरिश्रांतउपाविशत् ॥ शीतलच्छायमासाद्यन्यग्रोधंबहुशाखिनम् २३ ॥इतिश्रीमहाभारते आश्वमेधिकेपर्वणि अश्वमेधिकेपर्वणिसंवर्त्तमरुत्तीयेषष्ठोऽध्यायः ॥ ६ ॥ ॥ संवर्त्तउवाच ॥ कथमस्मित्वयाज्ञातःकेनवाकथितोऽस्मिते ॥ एतदाचक्ष्वमेतत्त्वमिच्छसेचेन्ममप्रियम् १ सत्यंतेब्रुवतःसर्वेसंपत्स्यंतेमनोरथाः ॥ मिथ्याचब्रुवतोमूर्धाशतधातेस्फुटिष्यति २ ॥ मरुत्तउवाच ॥ नारदेनभवान्मह्यमाख्यातोह्यटतापथि ॥ गुरुपुत्रोममेतित्वंततोमेप्रीतिरुत्तमा ३ ॥ संवर्त्तउवाच ॥ सत्यमेतद्भवानाहसमांजानातिसत्रिणम् ॥ कथयस्वतदेतन्मेक्कनुसंप्रतिनारदः ४ ॥ मरुत्तउवाच ॥ भवंतंकथयित्वातुममदेवर्षिसत्तमः ॥ ततोमामभ्यनुज्ञायप्रविष्टोहव्यवाहनम् ५ ॥ व्यासउवाच ॥ श्रुत्वातुपार्थिवस्यैतत्संवर्त्तःपरमुदंगतः ॥ एतावदहमप्येवंशक्नुयामितिसोऽब्रवीत् ६ ततोमरुत्तमुन्मत्तोवाचानिर्भर्त्सयन्निव ॥ रूक्षयाब्राह्मणोराजन्पुनःपुनरथाब्रवीत् ७ वातप्रधानेनमयास्वचित्तवशवर्त्तिना ॥ एवंविकृतरूपेणकथंयाजितुमिच्छसि ८ भ्राताममसमर्थश्चवासवेनचसंगतः ॥ वर्त्ततेयाजनेचैवतेनकर्माणिकारय ९ गार्हस्थ्यंचैवयाज्याश्चसर्वागृह्याश्चदेवताः ॥ पूर्वजेनममाक्षिप्तंशरीरंवर्जितंत्विदम् १० नाहंतेनाननुज्ञातस्त्वामाविक्षितकर्हिचित् ॥ याजयेयंकथंचिद्वैसहिपूज्यतमोमम ११ सत्वंबृहस्पतिंगच्छतमनुज्ञाप्यचाव्रज ॥ ततोऽहंयाजयिष्येत्वांयदियष्टुमिहेच्छसि १२ ॥ मरुत्तउवाच ॥ बृहस्पतिंगतःपूर्वमहंसंवर्त्ततच्छृणु ॥ नमांकामयतेयाज्यमसौवासवकाम्यया १३ अमरंयाज्यमासाद्ययाजयिष्येनमानुषम् ॥ शक्रेणप्रतिषिद्धोऽहंमरुत्तंमास्मयाजयेः १४ स्पर्धतेहिमयाविप्रसदाहिसतुपार्थिवः ॥ एवमस्त्वितिचाप्युक्तोभ्रात्रातेबलसूदनः १५ समामधिगतंप्रेम्णायाज्यत्वेनबुभूषति ॥ देवराजंसमाश्रित्यतद्विद्धिमुनिपुंगव १६ सोऽहमिच्छामिभवतासर्वस्वेनापियाजितुम् ॥ कामयेसमतिक्रांतुंवासवंत्वत्कृतैर्गुणैः १७ नहिमेवर्त्ततेबुद्धिर्गंतुंब्रह्मन्बृहस्पतिम् ॥ प्रत्याख्यातोहितेनास्मितथाऽनपकृतेसति १८ ॥ संवर्त्तउवाच ॥ चिकीर्षसियथाकामंसर्वमेतत्त्वयिध्रुवम् ॥ यदिसर्वानभिप्रायान्कर्त्ताऽसिममपार्थिव १९ याज्यमानंमयाहित्वांबृहस्पतिपुरंदरौ ॥ द्विषेतांसमभिक्रुद्धावेतदेकंसमर्थयेः २० स्थैर्यमत्रकथंमेस्यात्सत्वंनिःसंशयंकुरु ॥ कुपितस्त्वांनहीदानींभस्मकुर्यांसबांधवम् २१ ॥ मरुत्तउवाच ॥ यावत्तपेत्सहस्रांशुस्तिष्ठेरंश्चापिपर्वताः ॥ तावल्लोकान्नलभेयंत्यजेयंसंगतंयदि २२ माचापिशुभबुद्धित्वंलभेयमिहकर्हिचित् ॥ विषयैःसंगतंचास्तुत्यजेयंसंगतंयदि २३ ॥ संवर्त्तउवाच ॥ आविक्षितशुभाबुद्धिर्वर्त्ततांतवकर्मसु ॥ याजनंहिममाप्येवंवर्त्ततेहृदिपार्थिव २४ अभिधास्येचतेराजन्नक्षयंद्रव्यमुत्तमम् ॥ येनदेवान्सगंधर्वान्शक्रंचाभिभविष्यसि २५ नतुमेवर्त्ततेबुद्धिर्धनेयाज्येषुवापुनः ॥ विप्रियंतुकरिष्यामिभ्रातुश्चेन्द्रस्यचोभयोः २६

१४ । १५ । १६ । १७ । १८ । १९ । २० । २१ । २२ । २३ । २४ । २५ २६ ॥ ॥ ॥ ॥ ॥

२७ ॥ इत्याश्वमेधिकेपर्वणि नी॰ भा॰सप्तमोऽध्यायः ॥ ७ ॥ गिरेर्हिमवतइत्यष्टमेतस्मैभगवतेकृत्वानमइत्यादितत्सुवर्णमवाप्स्यसीत्यंतंसुवर्णकामस्यजप्यंस्तोत्रं तस्यसंवर्त्तऋषिः हिरण्यबाहु

॥ ४ ॥ गमयिष्यामिशक्रेणसमतामपितेध्रुवम् ॥ प्रियंचतेकरिष्यामिसत्यमेतद्ब्रवीमिते २७ ॥ इतिश्रीम॰आश्वमेधि॰प॰अश्व॰प॰ संवर्तमरुत्तीयेसप्तमोऽध्यायः ॥७॥
संवर्तउवाच ॥ गिरेर्हिमवतःपृष्ठेमुंजवान्नामपर्वतः ॥ तप्यतेयत्रभगवांस्तपोनित्यमुमापतिः १ वनस्पतीनांमूलेषुश्रृङ्गेषुविषमेषुच ॥ गुहासुशैलराजस्ययथाकामं
यथासुखम् २ उमासहायोभगवान्यत्रनित्यंमहेश्वरः ॥ आस्तेशूलीमहातेजानानाभूतगणावृतः ३ तत्ररुद्राश्चसाध्याश्चविश्वेऽथवसवस्तथा ॥ यमश्चवरुणश्चैवकु
बेरश्चसहानुगः ४ भूतानिचपिशाचाश्चनासत्यावपिचाश्विनौ ॥ गंधर्वाप्सरसश्चैवयक्षादेवर्षयस्तथा ५ आदित्यामरुतश्चैवयातुधानाश्चसर्वशः ॥ उपासंतेमहात्मा
नंबहुरूपमुमापतिम् ६ रमतेभगवांस्तत्रकुबेरानुचरैःसह ॥ विकृतैर्विकृताकारैःक्रीडद्भिःपृथिवीपते ७ श्रियाज्वलन्दृश्यतेवैबालादित्यसमद्युतिः ॥ नरूपंशक्य
तेतस्यसंस्थानंवाकदाचन ८ निर्देष्टुंप्राणिभिःकैश्चित्प्राकृतैर्मांसलोचनैः ॥ नोष्णंनशिशिरंतत्रनवायुर्नचभास्करः ९ नजराक्षुत्पिपासेवानमृत्युर्नभयंनृप ॥ तस्य
शैलस्यपार्श्वेषुसर्वेषुजयतांवर १० धातवोजातरूपस्यरश्मयःसवितुर्यथा ॥ रक्ष्यंतेतेकुबेरस्यसहायैरुद्यतायुधैः ११ चिकीर्षद्भिःप्रियंराजन्कुबेरस्यमहात्मनः ॥
तस्मैभगवतेकृत्वानमःशर्वायवेधसे १२ रुद्रायशितिकंठायपुरुषायसुवर्चसे ॥ कपर्दिनेकरालायहर्यक्षणेवरदायच १३ त्र्यक्षणेपूष्णोदंतभिदेवामनायशिवायच ॥
याम्यायाव्यक्तरूपायसद्वृत्तेशंकरायच १४ क्षेम्यायहरिकेशायस्थाणवेपुरुषायच ॥ हरिनेत्रायमुंडायकुद्धायोत्तरणायच १५ भास्करायसुतीर्थायदेवदेवायरंहसे ॥
उष्णीषिणेसुवक्त्रायसहस्राक्षायमीढुषे १६ गिरिशायप्रशांताययतयेचीरवाससे ॥ बिल्वदंडायसिद्धायसर्वदंडधरायच १७ मृगव्याधायमहतेधन्विनेऽथभवायच ॥
वरायसोमवक्त्रायसिद्धमंत्रायचक्षुषे १८ हिरण्यबाहवेराजन्नुग्रायपतयेदिशाम् ॥ लेलिहानायगोष्ठायसिद्धमंत्रायवृष्णये १९ पशूनांपतयेचैवभूतानांपतयेनमः ॥
वृषायमातृभक्तायसेनान्येमध्यमायच २० स्रुवहस्तायपतयेधन्विनेभार्गवायच ॥ अजायकृष्णनेत्रायविरूपाक्षायचैवह २१ तीक्ष्णदंष्ट्रायतीक्ष्णायवैश्वानरमुखा
यच ॥ महाद्युतयेऽनंगायसर्वायपतयेविशाम् २२ विलोहितायदीप्तायदीप्ताक्षायमहौजसे ॥ वसुरेतःसुवपुषेपृथवेकृत्तिवाससे २३ कपालमालिनेचैवसुवर्णमुकुटायच ॥
महादेवायकृष्णायत्र्यंबकायानघायच २४ क्रोधनायानृशंसायमृदवेबाहुशालिने ॥ दंडिनेतप्ततपसेतथैवाक्रूरकर्मणे २५ सहस्रशिरसेचैवसहस्रचरणायच ॥ नमः
स्वधास्वरूपायबहुरूपायदंष्ट्रिणे २६ पिनाकिनंमहादेवंमहायोगिनमव्ययम् ॥ त्रिशूलहस्तंवरदंत्र्यंबकंभुवनेश्वरम् २७ त्रिपुरघ्नंत्रिनयनंत्रिलोकेशंमहौजसम् ॥
प्रभवंसर्वभूतानांधारणंधरणीधरम् २८ ईशानंशंकरंसर्वंशिवंविश्वेश्वरंभवम् ॥ उमापतिंपशुपतिंविश्वरूपंमहेश्वरम् २९ ॥ ॥

रुद्रोदेवता अनुष्टुप्छंदः अत्रशतंनामानिचतुर्थ्यंतानि १ । २ । ३ । ४ । ५ । ६ । ७ । ८ । ९ । १० । ११ । १२ । १३ । १४ । १५ । १६ । १७।१८।१९।२०।२१।२२।२३।२४।२५।२६।२७।२८।२९

३० । ३१ । ३२ । ३३ । ३४ । ३५ । ३६ । ३७ । ३८ ॥ ॥ इत्याश्वमेधिकेपर्वणि नीलकंठीयेभारतभावदीपे अष्टमोऽध्यायः ॥ ८ ॥ कच्चिदिति १।२।३।४।५।६।७।८।९।१०।११ । १२ । १३ । १४

विरूपाक्षंदशभुजंदिव्यगोवृषभध्वजम् ॥ उग्रंस्थाणुंशिवंरौद्रंशर्वंगौरीशमीश्वरम् ३० शितिकंठमजंशुक्रंपृथुंपृथुहरंवरम् ॥ विश्वरूपंविरूपाक्षंबहुरूपमुमाप
तिम् ३१ प्रणम्यशिरसादेवमनंगांगहरंहरम् ॥ शरण्यंशरणंयाहिमहादेवंचतुर्मुखम् ३२ एवंकृत्वानमस्तस्मैमहादेवायरंहसे ॥ महात्मनेक्षितिपतेतत्सुवर्णमवा
प्स्यसि ३३ सुवर्णमाहरिष्यंतस्तत्रगच्छंतुतेनराः ॥ इत्युक्तःसवचस्तेनचक्रेकारंधमात्मजः ३४ ततोऽतिमानुषंसर्वंचक्रेयज्ञस्यसंविधिम् ॥ सौवर्णानिचभांडानि
संचकुस्तत्रशिल्पिनः ३५ बृहस्पतिस्तुतांश्रुत्वामरुत्तस्यमहीपतेः ॥ समृद्धिमतिदेवेभ्यःसंतापमकरोद्भृशम् ३६ सतप्यमानोवैवर्ण्यंकृशत्वंचागमत्परम् ॥ भवि
ष्यतिहिमेशत्रुःसंवर्तोवसुमानिति ३७ तंश्रुत्वाभृशसंतप्तंदेवराजोबृहस्पतिम् ॥ अधिगम्यामरवृतःप्रोवाचेदंवचस्तदा ३८ ॥ इतिश्रीमहाभारते आश्वमेधिकेप
र्वणिअश्वमेधिकेपर्वणिसंवर्त्तमरुत्तीये अष्टमोऽध्यायः ॥ ८ ॥ इंद्रउवाच ॥ कच्चित्सुखंस्वपिषित्वंबृहस्पतेकच्चिन्मनोज्ञाःपरिचारकास्ते ॥ कच्चिद्देवानांसुखका
मोऽसिविप्रकच्चिद्देवास्त्वांपरिपालयंति १ ॥ बृहस्पतिरुवाच ॥ सुखंशयेशयनेदेवराजतथामनोज्ञाःपरिचारकामे ॥ तथादेवानांसुखकामोऽस्मिनित्यंदेवाश्चमां
सुभृशंपालयंति २ ॥ ॥ इंद्रउवाच ॥ ॥ कुतोदुःखंमानसंदेहजंवापांडुर्विवर्णश्चकुतस्त्वमद्य ॥ आचक्ष्वमेब्राह्मणयावदेतान्निहन्मिसर्वांस्तवदुःखकर्तॄन् ३
॥ बृहस्पतिरुवाच ॥ ॥ मरुत्तमाहुर्मघवन्यक्ष्यमाणंमहायज्ञेनोत्तमदक्षिणेन ॥ संवर्त्तोयाजयतीतिमेश्रुतंतदिच्छामिनसतंयाजयेत ४ ॥ इंद्रउवाच ॥ ॥
सर्वान्कामाननुयातोऽसिविप्रयस्त्वंदेवानांमंत्रवित्सुपुरोधाः ॥ उभौचतेजरामृत्यूव्यतीतौकिंसंवर्त्तस्तवकर्त्ताऽद्यविप्र ५॥ बृहस्पतिरुवाच ॥ देवैःसहत्वमसुरान्संप्र
णुद्यजिघांससेचाप्युतसानुबंधान् ॥ यंयंसमृद्धंपश्यसितत्रतत्रदुःखंसपत्नेषुसमृद्धिभावः ६ अतोऽस्मिदेवेन्द्रविवर्णरूपःसपत्नोमेवर्धतेतन्निशम्य ॥ सर्वोपायैर्मघव
न्संनियच्छसंवर्तंवापार्थिवंवामरुत्तम् ७ ॥ ॥ इंद्रउवाच ॥ ॥ एहिगच्छप्रहितोजातवेदोबृहस्पतिंपरिदातुंमरुत्ते ॥ अयंवैत्वांयाजयिताबृहस्पतिस्तथा
ऽमरंचैवकरिष्यतीति ८ ॥ ॥ अग्निरुवाच ॥ ॥ अहंगच्छामिमघवन्दूतोऽद्यबृहस्पतिंपरिदातुंमरुत्ते ॥ वाचंसत्यांपुरुहूतस्यकर्तुंबृहस्पतेश्चापचितिंचि
कीर्षुः ९ ॥ ॥ व्यासउवाच ॥ ॥ ततःप्रायाद्धूमकेतुर्महात्माबलानिसर्वाणिवीरुधश्चाप्यमृद्नन् ॥ कामाद्धिमांतेपरिवर्त्तमानःकाष्ठातिगोमातरिश्वेवनर्दन्
१० ॥ मरुत्तउवाच ॥ आश्चर्यमद्यपश्यामिरूपिणंवह्निमागतम् ॥ आसनंसलिलंपाद्यंगांचोपानयवैमुने ११ ॥ अग्निरुवाच ॥ आसनंसलिलंपाद्यंप्रतिनंदामिते
ऽनघ ॥ इंद्रेणतुसमादिष्टंविद्धिमांदूतमागतम् १२ ॥ मरुत्तउवाच ॥ कच्चिच्छ्रीमान्देवराजःसुखीचकच्चिच्चास्मान्प्रीयतेधूमकेतो ॥ कच्चिद्देवाअस्यवशेयथावत्प्रब्रूहि
त्वंममकात्स्‍न्येंनदेव १३ ॥ अग्निरुवाच ॥ शक्रोभृशंसुसुखीपार्थिवेन्द्रप्रीतिंचेच्छत्यजरांवैत्वयासः ॥ देवाश्चसर्वेवशगास्तस्यराजन्संदेशंत्वंशृणुमेदेवराज्ञः १४

१५ । १६ । १७ । १८ । १९ । २० । २१ । २२ । २३ । २४ । २५ । २६ । २७ । २८ ब्रह्मविदांमहात्म्यंतदनुग्रहेणदेवा अपिदासाभवंतीतिनवमदशमयोरुक्तं तत्रनवमेनाहंदौर्बल्यादृत्रेण जितइतिवक्तुंस्वसामर्थ्यमिंद्रोवह्निंप्रतिवदति नगंडिकाकारयोगंकरेणुं नगंपर्वतंडीयंतेविहायसागच्छतीतिडीः पक्षी अल्पोडीडिंकामक्षिकामशकादिस्तस्या आकारेणयोगोस्यास्तीत्येवंरूपमणुंसूक्ष्मंकरेकुर्वे कृञश्छांदसंभौवादिकत्वं करेणेतिपाठेकरोमीत्यध्याहारः पाथोंधिकरेकर्त्तुमगस्त्यइवाहंपर्वतमपिमशकीकर्त्तुंसमर्थोऽस्मीत्यर्थः कुतस्तर्हित्वत्रस्त्वांनाराधितवानित्यतआह नचारिसोमंप्रपिबामिवन्हे

यदर्थंमांप्राहिणोस्त्वत्सकाशंबृहस्पतिंपरिदातुंमरुत्ते ॥ अयंगुरुर्याजयतांनृपत्वांमर्त्यसंतममरंत्वांकरोतु १५ ॥ मरुत्तउवाच ॥ संवर्तोऽयंयाजयितांद्विजोमां
बृहस्पतेरंजलिरेषतस्य ॥ नचैवासौयाजयित्वामहेन्द्रंमर्त्यसंतंयाजयन्नद्यशोभेत १६ ॥ अग्निरुवाच ॥ येवैलोकादेवलोकेमहांतःसंप्राप्स्यसेतान्देवराजप्रसा
दात् ॥ त्वांचेदसौयाजयेद्वैबृहस्पतिर्नूनंस्वर्गंत्वंजयेःकीर्तियुक्तः १७ तथालोकामानुषायेचदिव्याःप्रजापतेश्चापियेवैमहांतः ॥ तेतेजितादेवराज्यंचकृत्स्नंबृह
स्पतिर्याजयेच्चेन्नरेन्द्र १८ ॥ संवर्त्तउवाच ॥ मास्मैवत्वंपुनरागाःकथंचिद्बृहस्पतिंपरिदातुंमरुत्ते ॥ मात्वांधक्ष्येचक्षुषादारुणेनसंक्रुद्धोऽहंपावकत्वंनिबोध १९
॥ व्यासउवाच ॥ ततोदेवानगमद्धूमकेतुर्दाहाद्भीतोव्यथितोऽश्वत्थपर्णवत् ॥ तंवैदृष्ट्वाप्राहशक्रोमहात्माबृहस्पतेःसन्निधौहव्यवाहम् २० यस्त्वंगतःप्रहीतोजा
तवेदोबृहस्पतिंपरीदातुंमरुत्ते ॥ तत्किंप्राहसनृपोयक्ष्यमाणःकच्चिद्वचःप्रतिगृह्णातितच्च २१ ॥ अग्निरुवाच ॥ नतेवाचंरोचयतेमरुत्तोबृहस्पतेरंजलिंप्राहिणोत्सः ॥
संवर्तोमांयाजयितेत्युवाचपुनःपुनःसमयायाच्यमानः २२ उवाचेदंमानुषायेचदिव्याःप्रजापतेर्येचलोकामहांतः ॥ तांश्चेल्लभेयंसंविदंतेनकृत्वातथापिनेच्छेयमिति
प्रतीतः २३ ॥ इंद्रउवाच ॥ पुनर्गत्वापार्थिवंत्वंसमेत्यवाक्यंमदीयंप्रापयस्वार्थयुक्तम् ॥ पुनर्यद्युक्तोनकरिष्यतेवचस्त्वत्तोवज्रंसंप्रहर्त्तास्मितस्मै २४ ॥
॥ अग्निरुवाच ॥ गंधर्वराड्यात्वयंतत्रदूतोबिभेम्यहंवासवतत्रगंतुम् ॥ संरब्धोमामब्रवीत्तीक्ष्णरोषःसंवर्त्तोवाक्यंचरितब्रह्मचर्यः २५ यद्यागच्छेःपुनरेवंकथं
चिद्बृहस्पतिंपरिदातुंमरुत्तं ॥ दहेयंत्वांचक्षुषादारुणेनसंक्रुद्धइत्येतदवेहिशक्र २६ ॥ शक्रउवाच ॥ त्वमेवान्यान्दहसेजातवेदोनहित्वदन्योविद्यतेभस्मकर्त्ता ॥
त्वत्संस्पर्शात्सर्वलोकोबिभेतिअश्रद्धेयंवदसेहव्यवाह २७ ॥ अग्निरुवाच ॥ दिवंदेवेन्द्रपृथिवींचसर्वांसंवेष्टयेस्त्वंस्वबलेनैवशक्र ॥ एवंविधस्येहसतस्तवासौ
कथंवृत्रस्त्रिदिवंप्राग्जहार २८ ॥ इंद्रउवाच ॥ नगंडिकाकारयोगंकरेऽणुंनचारिसोमंप्रपिबामिवह्ने ॥ नक्षीणशक्तौप्रहरामिवज्रंकोमेसुखायप्रहरेतमर्त्यः २९

अरिसोमंशत्रुदत्तंसोमं । त्वयैवसकुतोननिर्जितइत्यतआह नक्षीणशक्तौप्रहरामिवज्रमित्यादिना । नशंडिकांजंगमोनोकरेणुरितिपाठेतुकरेणुर्हस्तीममऐरावतः शंडिकायुद्धंद्रविडभाषाप्रसिद्धेः
तांप्रतिजंगमोगतिशीलोनभवतीतिनोअस्ति ऐरावतवाहनस्यमेशत्रुजयईषत्करइत्यर्थः शंडिकाशब्दस्तालव्यादिरिहज्ञेयः इंद्रोहंनिरूपभंशंडिकानामितिमंत्रवर्णात् । दशमस्तूक्ततात्पर्यः
शेषमतिरोहितार्थम् २९ ॥ ॥ ॥ ॥ ॥ ॥

३० । ३१ । ३२ । ३३ । ३४ । ३५ । ३६ । ३७॥ इत्याश्वमेधिकेपर्वणिनीलकंठीयेभारतभावदीपे नवमोऽध्यायः ॥ ९ ॥ ॥ एवमिति १ । २ । ३ । ४ । ५ । ६ । ७ । ८ । ९ । १० । ११ । १२ । १३ । १४

प्रव्राजयेयंकालकेयान्पृथिव्यामपाकर्षन्दानवानंतरिक्षात् ॥ दिवःप्रह्लादमवसानमानयंकामेसुखायप्रहरेतमानवः ३० ॥ अग्निरुवाच ॥ यत्रशर्यातिंच्यवनो
याजयिष्यन्सहाश्विभ्यांसोममगृह्णादेकः ॥ तंत्वंकुद्धःप्रत्यषेधीःपुरस्ताच्छर्यातियज्ञंस्मरतंमहेन्द्र ३१ वज्रंगृहीत्वाचपुरंदरत्वंसंप्राहार्षीश्च्यवनस्यातिघोरम् ॥
सतेविप्रःसहवज्रेणबाहुमपागृह्णात्तपसाजातमन्युः ३२ ततोरोषात्सर्वतोघोररूपंसपत्नंतेजनयामासभूयः ॥ मदंनामासुरंविश्वरूपंयंत्वंदृष्ट्वाचक्षुषीसंन्यमीलः ३३
हनुरेकाजगतीस्थातथैकादिवंगतामहतोदानवस्य ॥ सहस्रंदंतानांशतयोजनानांसुतीक्ष्णानांघोररूपंबभूव ३४ वृत्ताःस्थूलारजतस्तंभवर्णादंष्ट्राश्चतस्रोद्वेशतेयोज
नानाम् ॥ सत्वांदंतान्विदशन्नभ्यधावज्जिघांसयाशूलमुद्यम्यघोरम् ३५ अपश्यस्त्वंततदाघोररूपंसर्वेत्वांददृशुर्दर्शनीयम् ॥ यस्माद्भीतःप्रांजलिस्त्वंमहर्षिमा
गच्छेथाःशरणंदानवघ्न ३६ क्षात्राद्बलाद्ब्रह्मबलंगरीयोनब्रह्मतःकिंचिदन्यद्गरीयः ॥ सोऽहंजानन्ब्रह्मतेजोयथावन्नसंवर्त्तंजेतुमिच्छामिशक्र ३७ ॥ इतिश्रीमहाभार
तेआश्वमेधिकेपर्वणिसंवर्त्तमरुत्तीयेनवमोऽध्यायः ॥ ९ ॥ ॥ इंद्रउवाच ॥ एवमेतद्ब्रह्मबलंगरीयोनब्राह्मणात्किंचिदन्यद्गरीयः ॥ आविक्षितस्यतुबलंनमृ
ष्येवज्रमस्मैप्रहरिष्यामिघोरम् १ धृतराष्ट्रप्रहितोगच्छमरुत्तंसंवर्त्तेनसंगतंतंवदस्व ॥ बृहस्पतिंत्वमुपशिक्षस्वराजन्वज्रंवातेप्रहरिष्यामिघोरम् २ ॥ व्यासउ
वाच ॥ ततोगत्वाधृतराष्ट्रोनरेन्द्रंप्रोवाचेदंवचनंवासवस्य ३ धृतराष्ट्रउवाच ॥ गंधर्वंमांधृतराष्ट्रंनिबोधत्वामागतंवक्तुकामंनरेन्द्र ॥ ऐन्द्रंवाक्यंशृणुमेराजसिंह
यत्प्राहलोकाधिपतिर्महात्मा ४ बृहस्पतिंयाजकंत्वंवृणीष्ववज्रंवातेप्रहरिष्यामिघोरम् ॥ वचश्चेदेतन्नकरिष्यसेमेप्राहैतदेतावदचिन्त्यकर्मा ५ ॥ मरुत्तउवा
च ॥ त्वंचैवैतद्वेत्थपुरंदरश्चविश्वेदेवावसवश्चाश्विनौच ॥ मित्रद्रोहेनिष्कृतिर्नास्तिलोकेमहत्पापंब्रह्महत्यासमंतत् ६ बृहस्पतिर्याजयतांमहेन्द्रंदेवश्रेष्ठंवज्रभृतांव
रिष्ठम् ॥ संवर्त्तोमांयाजयिताऽद्यराजन्नतेवाक्यंतस्यवारोचयामि ७ गंधर्वउवाच ॥ घोरोनादःश्रूयतांवासवस्यनभस्तलेगर्जतोराजसिंह ॥ व्यक्तंवज्रंमोक्ष्य
तेतेमहेन्द्रःक्षेमंराजंश्चिंत्यतामेषकालः ८ ॥ व्यासउवाच ॥ इत्येवमुक्तोधृतराष्ट्रेणराजन्श्रुत्वानादंनदतोवासवस्य ॥ तपोनित्यंधर्मविदांवरिष्ठंसंवर्त्तंतंज्ञापया
मासकार्यम् ९ ॥ मरुत्तउवाच ॥ इममात्मानंप्लवमानमारादध्वादूरंतेनदृश्यतेऽद्य ॥ प्रपद्येऽहंशर्मविप्रेंद्रत्वत्तःप्रयच्छतस्मादभयंविप्रमुख्य १० अयमाया
तिवैवज्रीदिशोविद्योतयन्दश ॥ अमानुषेणघोरेणसदस्यास्त्रासिताहिनः ११ ॥ संवर्त्तउवाच ॥ भयंशक्राद्व्येतुतेराजसिंहप्रणोत्स्येऽहंभयमेतत्सुघोरम् ॥
संस्तंभिन्याविद्ययाक्षिप्रमेवमाभैस्त्वमस्याभिभवात्प्रतीतः १२ अहंसंस्तंभयिष्यामिमाभैस्त्वंशक्रतोनृप ॥ सर्वेषामेवदेवानांक्षयितान्यायुधानिमे १३ दिशो
वज्रंव्रजतांवायुरेतुवर्षंभूत्वावर्षतांकाननेषु ॥ आपःप्लवंत्वंतरिक्षेवृथाचसौदामनीदृश्यतांमाऽपिभैस्त्वम् १४ ॥ ॥

वह्निर्देवस्त्रातुवासर्वतस्तेकामान्सर्वान्वर्षतुवासवोवा ॥ वज्रंतथास्थापयतांवधायमहाघोरंप्लवमानंजलौघैः १५ ॥ मरुत्तउवाच ॥ घोरःशब्दःश्रूयतेवैमहास्वनो
वज्रस्यैषसहितोमारुतेन ॥ आत्माहिमेप्रव्यथतेमुहुर्मुहुर्नमेस्वास्थ्यंजायतेचाद्यविप्र १६ ॥ संवर्त्तउवाच ॥ वज्रादुग्राद्व्येतुभयंतवाद्यवातोभूत्वाहन्मिनरेन्द्रव
ज्रम् ॥ भयंत्यक्त्वावरमन्यंवृणीष्वकंतेकामंमनसासाधयामि १७ ॥ मरुत्तउवाच ॥ इंद्रःसाक्षात्सहसाऽभ्येतुविप्रहविर्यज्ञेप्रतिगृह्णातुचैव ॥ स्वंस्वंधिष्ण्यंचैवजु
षंतुदेवाहुतंसोमंप्रतिगृह्णंतुचैव १८ ॥ संवर्त्तउवाच ॥ अयमिंद्रोहरिभिरायातिराजन्देवैःसर्वैस्त्वरितैःस्तूयमानः ॥ मंत्राहूतोयज्ञमिमंमयाऽद्यपश्यस्वैनंमंत्र
विस्रस्तकायम् १९ ततोदेवैःसहितोदेवराजोरथेयुक्त्वातान्हरीन्वाजिमुख्यान् ॥ आयाद्यज्ञमथराज्ञःपिपासुराविक्षितस्याप्रमेयस्यसोमम् २० तमायांतंसहि
तंदेवसंघैःप्रत्युद्ययौसपुरोधामरुत्तः ॥ चक्रेपूजांदेवराजायचाग्र्यांयथाशास्त्रंविधिवत्प्रीयमाणः २१ ॥ संवर्त्तउवाच ॥ स्वागतंतेपुरुहूतेहविद्वन्यज्ञोऽप्ययंसन्नि
हितेत्वयींद्र ॥ शोशुभ्यतेबलवृत्रघ्नभूयःपिबस्वसोमंसुतमुद्यतंमया २२ ॥ मरुत्तउवाच ॥ शिवेनमांपश्यनमश्चतेऽस्तुप्राप्तोयज्ञःसफलंजीवितंमे ॥ अयंयज्ञं
कुरुतेमेसुरेन्द्रबृहस्पतेरवरजोविप्रमुख्यः २३ ॥ इंद्रउवाच ॥ जानामितेगुरुमेनंतपोधनंबृहस्पतेरनुजंतिग्मतेजसम् ॥ यस्याह्वानादागतोऽहंनरेन्द्रप्रीतिर्मेऽद्य
त्वयिमन्युःप्रणष्टः २४ ॥ संवर्त्तउवाच ॥ यदिप्रीतस्त्वमसिवैदेवराजतस्मात्स्वयंशाधियज्ञेविधानम् ॥ स्वयंसर्वान्कुरुभागान्सुरेन्द्रजानात्वयंसर्वलोकश्चदेव
२५ ॥ व्यासउवाच ॥ एवमुक्तस्त्वांगिरसेनशक्रःसमादिदेशस्वयमेवदेवान् ॥ सभाःक्रियंतामावसथाश्चमुख्याःसहस्रशश्चित्रभूताःसमृद्धाः २६ क्लृप्ताःस्थू
णाःकुरुतारोहणानिगंधर्वाणामप्सरसांचशीघ्रम् ॥ यत्रनृत्येरन्नप्सरसःसमस्ताःस्वर्गोपमःक्रियतांयज्ञवाटः २७ इत्युक्तास्तेचक्रुराशुप्रतीतादिवौकसःशक्रवाक्या
न्नरेन्द्र ॥ ततोवाक्यंप्राहराजानमिंद्रःप्रीतोराजन्पूज्यमानोमरुत्तम् २८ एषत्वयाऽहमिहराजन्समेत्ययेचाप्यन्येतवपूर्वेनरेन्द्र ॥ सर्वाश्चान्यादेवताःप्रीयमाणाहवि
स्तुभ्यंप्रतिगृह्णंतुराजन् २९ आग्नेयंवैलोहितमालभंतांवैश्वदेवंबहुरूपंहिराजन् ॥ नीलंचोक्षाणंमेध्यमप्यालभंतांचलच्छिश्नंसंप्रदिष्टंद्विजाग्र्याः ३० ततोयज्ञो
ववृधेतस्यराजन्यत्रदेवाःस्वयमन्नानिजन्हुः ॥ यस्मिन्शक्रोब्राह्मणैःपूज्यमानःसदस्योऽभूद्धरिमान्देवराजः ३१ ततःसंवर्त्तश्चैत्यगतोमहात्मायथावह्निःप्रज्वलितो
द्वितीयः ॥ हवींष्युच्चैराह्वयन्देवसंघान्जुहावाग्नौमंत्रवत्सुप्रतीतः ३२ ततःपीत्वाबलभित्सोममग्र्यंयेचाप्यन्येसोमपादेवसंघाः ॥ सर्वेऽनुज्ञाताःप्रययुःपार्थिवे
नयथाजोषंतर्पिताःप्रीतिमंतः ३३ ततोराजाजातरूपस्यराशीन्पदेपदेकारयामासहृष्टः ॥ द्विजातिभ्योविसृजन्भूरिवित्तंरराजवित्तेशइवारिहंता ३४ ततोवित्तं
विविधंसन्निधाययथोत्साहंकारयित्वाचकोषम् ॥ अनुज्ञातोगुरुणासंनिवृत्त्यशशाससगामखिलांसागरांताम् ३५ ॥ ॥ ॥

३६ । ३७ ॥ इत्याश्वमेधिके पर्वणि नीलकंठीये भारतभावदीपे दशमोऽध्यायः ॥ १० ॥ ॥ इत्युक्तेनृपतौतस्मिन्नित्यध्यायत्रयंकृष्णयुधिष्ठिरसंवादोब्रह्मविद्यासूत्रं १ उपप्लुतंराहुग्रस्तम् २ । ३ ब्रह्मज्ञानैकनाश्यःशोकोपद्धोक्तिसहस्रेणवाक्रतुसहस्रेणवाननश्यतीत्यभिसंदधानोभगवान्वासुदेवउवाच सर्वंजिह्ममिति । जिह्मंकामादि मृत्युपदंसंसारप्रापकं आर्जवंशमादि ब्रह्मणःप दंमोक्षस्यप्रापकं ज्ञानविषयोहेयोपादेयतयाज्ञातव्योऽर्थः ४ शत्रुंनाशयितारमात्माज्ञानरूपं ५ तदेवाह अत्रतेइति । इंद्रस्यचिदात्मनःवृत्रेणकामादिधर्मिणाचिदचिद्ग्रंथिरूपेणाहंकारेण ६ पृथिवीस्थूलंशरीरं 'यच्छरीरंसापृथिवी'इतिश्रुतेः व्याप्तमात्मत्वेनगृहीतं गंधस्यविषयेप्रदेशेपिंडेहृतेसति ७ तेनदुर्गंधअनात्मभूतंविषयोब्रह्मांडंजातं एकदेशस्यात्मत्वेनपरिग्रहात् 'इदंसर्वं

एवंगुणःसंबभूवेहराजायस्यक्रतौतत्सुवर्णप्रभूतम् ॥ तत्त्वंसमादायनरेन्द्रवित्तंयजस्वदेवांस्तर्पयानोनिवापैः ३६ ॥ वैशंपायनउवाच ॥ ततोराजापांडवोहृष्टरूपःश्रुत्वावाक्यंसत्यवत्याःसुतस्य ॥ मनश्चक्रेतेनवित्तेनयष्टुंततोऽमात्यैर्मंत्रयामासभूयः ३७ ॥ इतिश्रीम० आश्वमेधिकेपर्वणिअश्व० संवर्त्तमरुत्तीयेदशमोऽध्यायः ॥१०॥
॥ वैशंपायनउवाच ॥ इत्युक्तेनृपतौतस्मिन्व्यासेनाद्भुतकर्मणा ॥ वासुदेवोमहातेजास्ततोवचनमाददे १ तंनृपंदीनमनसंनिहतज्ञातिबांधवम् ॥ उपप्लुतमिवादित्यंसधूममिवपावकम् २ ॥ निर्विण्णमनसंपार्थंज्ञात्वावृष्णिकुलोद्वहः ॥ आश्वासयन्धर्मसुतंप्रवक्तुमुपचक्रमे ३ ॥ वासुदेवउवाच ॥ सर्वंजिह्मंमृत्युपदमार्जवंब्रह्मणःपदम् ॥ एतावान्ज्ञानविषयःकिंप्रलापःकरिष्यति ४ नैवतेनिष्ठितंकर्मनैवतेशत्रवोजिताः ॥ कथंशत्रुंशरीरस्थमात्मनोनावबुध्यसे ५ अत्रतेवर्त्तयिष्यामियथाधर्मंयथाश्रुतम् ॥ इंद्रस्यसहवृत्रेणयथायुद्धमवर्तत ६ वृत्रेणपृथिवीव्याप्तापुराकिलनराधिप ॥ दृष्ट्वासपृथिवींव्याप्तांगंधस्यविषयेहृते ७ धराहरणदुर्गंधोविषयःसमपद्यत ॥ शतक्रतुश्चुकोपाथगंधस्यविषयेहृते ८ वृत्रस्यसततःक्रुद्धोवोरंवज्रमवासृजत् ॥ सवध्यमानोवज्रेणसुभृशंभूरितेजसा ९ विवेशसहसातोयंजग्राहविषयंततः ॥ अप्सुवृत्रगृहीतासुरसेचविषयेहृते १० शतक्रतुरतिक्रुद्धस्तत्रवज्रमवासृजत् ॥ सवध्यमानोवज्रेणतस्मिन्नमिततेजसा ११ विवेशसहसाज्योतिर्जग्राहविषयंततः ॥ व्याप्तेज्योतिषिवृत्रेणरूपेऽथविषयेहृते १२ शतक्रतुरतिक्रुद्धस्तत्रवज्रमवासृजत् ॥ सवध्यमानोवज्रेणतस्मिन्नमिततेजसा १३ विवेशसहसावायुंजग्राहविषयंततः ॥ व्याप्तेवायौतुवृत्रेणस्पर्शेऽथविषयेहृते १४ शतक्रतुरतिक्रुद्धस्तत्रवज्रमवासृजत् ॥ सवध्यमानोवज्रेणतस्मिन्नमिततेजसा १५ आकाशमभिदुद्रावजग्राहविषयंततः ॥ आकाशेवृत्रभूतेऽथशब्देचविषयेहृते १६ ॥ ॥ ॥

यदयमात्मा'इतिश्रुतेश्चिन्मात्रंसदप्येतदेतस्यदृष्ट्याऽनित्यत्वाद्याघ्रातमभूदित्यर्थः ८ वज्रंविवेकंवक्ष्यमाणं ९ तोयंकर्मसमवेतैःसोमाज्यपयःप्रभृतिभिर्बहुलैर्द्रव्यैश्चंद्रलोकेभोगायारब्धंशरीरं 'आपःपुरुषवचसः'इतिश्रुतेः मानुषाद्देहाद्व्युत्थापितोदिव्यंदेहमात्मत्वेनगृहीतवानित्यर्थः रसेदिव्यलोकेहृतेममतयागृहीते १० । ११ एवंस्थूलदेहद्वयाद्व्युत्थापितोज्योतिस्तैजसप्रपंचंविवेश ततस्तत्र किंचिद्रूपंदृश्यमात्मत्वेनजग्राहकिंचिन्ममतयाऽऽहृतवान् १२ । १३ वायुंसमष्टिलिंगं 'वायुरेवव्यष्टिर्वायुःसमष्टिः'इतिश्रुतेः ततस्तत्रप्रवेशरूपयातदुपास्त्याब्रह्मलोकेऽपिसंकल्पमात्रोत्थितेषुविषयेषु पूर्ववदात्मत्वेनात्मायत्तत्वेनचजग्राहेत्यर्थः स्पर्शेमानसविषयसंगे १४ । १५ द्विविधादपिसूक्ष्माद्व्युत्थापितआकाशमव्याकृतंसुषुप्त्याख्यंजाड्यं तेनशब्देशब्दादौविषयेहृतेगिलितेसति १६

१७ ततोऽभ्युत्थापितःशक्रंचिदात्मानमेवहृत्रोजग्राह चिदात्मैश्वर्याभिमानवानभूदित्यर्थः १८ रथोमायारूपोविग्रहस्तंतरत्यनेनतद्रथंतरमहंब्रह्मास्मीतिवाक्यं तेनवसिष्ठोगुरुस्तंप्रत्यबोधयत द्वैतदर्शननिषेधेन 'द्वितीयाद्वैभयंभवति'इतिश्रुतेः अतएवादृश्येनदृश्यशून्येन एवंद्विविधादपिकारणोपाधेर्व्युत्थापितःपरानंदंप्रतिष्ठांप्रापदित्यर्थः १९ । २० ॥ इत्याश्वमेधिकेपर्वणिनीलकंठीये भारतभावदीपेएकादशोध्यायः ॥ ११ ॥ वज्रशब्दोक्तंविवेकंदर्शयति स्थूलसूक्ष्मदेहयोर्वैधर्म्यप्रदर्शनेनद्विविधोहीत्यादिना परस्परमिति । सत्वादिगुणजंसूक्ष्मंलिंगंतद्रहितस्यनस्थूलंशरीरमस्तिनचैतद्विनातेषामुपलंभस्थानमस्तीत्यर्थः १ । २ शीतोष्णेकफपित्ते वायुर्वातः तेषांसाम्येस्वास्थ्यं वैषम्येव्याधिर्भवतीत्यर्थः ३ उष्णेनेति । शीतोष्णयोरन्यतराधिक्यजंदोषमितरवर्धकेनौषधादिनाऽपनयेदित्यर्थः

शतक्रतुरभिक्रुद्धस्तत्रवज्रमवासृजत् ॥ सवध्यमानोवज्रेणतस्मिन्नमिततेजसा १७ विवेशसहसाशक्रंजग्राहविषयंततः ॥ तस्यवृत्राभिगृहीतस्यमोहःसमभवन्महान् १८
रथंतरेणतंतातवसिष्ठःप्रत्यबोधयत् ॥ ततोवृत्रंशरीरस्थंजघानभरतर्षभ ॥ शतक्रतुरदृश्येनवज्रेणेतीहनःश्रुतम् १९ इदंधर्म्यंरहस्यंवैशक्रेणोक्तंमहर्षिषु ॥ ऋषिभिश्चममप्रोक्तंतन्निबोधजनाधिप २० ॥ इतिश्रीम० आश्व० प० अ० प० कृष्णधर्मसंवादेएकादशोऽध्यायः ॥ ११ ॥ वासुदेवउवाच ॥ द्विविधोजायतेव्याधिः शारीरोमानसस्तथा ॥ परस्परंतयोर्जन्मनिर्द्वन्द्वंनोपपद्यते १ शरीरेजायतेव्याधिःशारीरःसनिगद्यते ॥ मानसेजायतेव्याधिर्मानसस्तुनिगद्यते २ शीतोष्णेचैव वायुश्चगुणाराजन्शरीरजाः ॥ तेषांगुणानांसाम्यंचेत्तदाहुःस्वस्थलक्षणम् ३ उष्णेनबाध्यतेशीतंशीतेनोष्णंचबाध्यते ॥ सत्वंरजस्तमश्चेतित्रयआत्मगुणाःस्मृताः ४ तेषांगुणानांसाम्यंचेत्तदाहुःस्वस्थलक्षणम् ॥ तेषामन्यतमोत्सेकेविधानमुपदिश्यते ५ हर्षेणबाध्यतेशोकोहर्षःशोकेनबाध्यते ॥ कश्चिद्दुःखेवर्तमानःसुखस्यस्मर्तुमिच्छति ॥ कश्चित्सुखेवर्त्तमानोदुःखस्यस्मर्तुमिच्छति ६ सत्वंनदुःखीदुःखस्यनसुखीसुसुखस्यच ॥ स्मर्तुमिच्छसिकौन्तेयकिमन्यद्दुःखविभ्रमात् ७ अथवाते स्वभावोऽयंयेनपार्थावकृष्यसे ॥ दृष्ट्वासभागतांकृष्णामेकवस्त्रांरजस्वलाम् ॥ मिषतांपांडवेयानांनतस्यस्मर्तुमिच्छसि ८ प्रव्राजनंचनगरादजिनैश्चविवासनम् ॥ महारण्यनिवासश्चनतस्यस्मर्तुमिच्छसि ९ जटासुरात्परिक्लेशश्चित्रसेनेनचाहवः ॥ सैन्धवाच्चपरिक्लेशोनतस्यस्मर्तुमिच्छसि १० पुनरज्ञातचर्यायांकीचकेनपदावधः ॥ याज्ञसेन्यास्तथापार्थनतस्यस्मर्तुमिच्छसि ११ यच्चतेद्रोणभीष्माभ्यांयुद्धमासीदरिंदम ॥ मनसैकेनयोद्धव्यंतत्तेयुद्धमुपस्थितम् १२ तस्मादभ्युपगंतव्यंयुद्धायभरतर्षभ ॥ परमव्यक्तरूपस्यपारंयुक्त्यास्वकर्मभिः १३ यत्रनैवशरैःकार्यंनभृत्यैर्नचबंधुभिः ॥ आत्मनैकेनयोद्धव्यंतत्तेयुद्धमुपस्थितम् १४

सत्वमिति । आत्मगुणाः लिंगधर्माः ४ साम्यंसुप्तिप्रलययोः सत्वरजःकार्ययोःविधानमुपायः ५ हर्षशोकयोःपरस्परबाधकत्वमुक्त्वातमस्तयोर्बाधकंताभ्यांबाध्यतेचेत्याह कश्चिदिति । दुःखकालेप्यतीतंसुखंस्मृत्वाऽप्यतीवव्याकुलीभवतिनतुतदेवविवेकेनतितिक्षते एवंसुखकालेप्यतीतंपुत्रमरणादिदुःखंस्मृत्वासिद्धमपिसुखंनाशयतीतिभावः ६ सइति । त्वंतुउक्तविधद्विविधव्याधिहीनःनसुखंदुःखंवास्मर्तुमिच्छसिनेच्छेरित्यर्थः किंतुदुःखविभ्रमावयदन्यदकाममशोकंब्रह्मतदेवस्मर्तुमनुसंधातुमिच्छसिइच्छेरित्यर्थः ७ अथवेति । अयंदुःखित्वादिः तत्स्वभावस्यापितवशोकोनयुक्तोतीतत्वाद्दुःखस्येतिभावः ८ । ९ । १० । ११ मनसाऽहंकारेण १२ अभ्युपगंतव्यमभिमुखीभवितव्यं अव्यक्तरूपस्यमायामात्रस्यमनसःपरंपारंब्रह्मयुक्त्यायोगेनकर्मभिश्चशोधकैःप्राप्नुहीतिशेषः मनोनाशेननिःशोकोभविष्यसीत्यर्थः १३ । १४

तस्मिन्मनसिकांदुःखबहुलामवस्थांएतन्मनसोमायामात्रत्वम् १५ आगतिमुत्पत्तिंगतिंप्रलयं मायामात्रत्वेनज्ञात्वासुखंवर्त्तस्वेत्यर्थः १६ ॥ इत्याश्वमेधिकेपर्वणिनीलकंठीये भारतभावदीपेद्वादशोऽध्यायः ॥ १२ ॥ ॥ ननुकामत्यागेनैवमनोजेतव्यमतोयत्पूर्वमयायदिमामनुजानीयाद्भवान्गंतुंतपोवनमितिराज्यत्यागःप्रार्थितःसएवतर्हियुक्तस्तत्रकथंशाधिराज्यंयथोचितमितिवदसीत्याशंक्याह नबाह्यमिति । नबाह्यस्यराज्यादेरर्थस्यत्यागात्त्यागीभवति किंतुशारीरंलिंगशरीरोत्थंकामादिकंत्यक्त्वैव सिद्धिर्मोक्षः नवेतिशुष्कवैराग्यवतोविवेकशून्यस्यसिद्ध्यभावंसूचयति १. बाह्येति । शृद्ध्यतःसक्तस्ययोधर्मःसोऽधर्मएव यत्सुखंतदुःखमेव मौढ्यस्यानपायात् अतस्तद्द्विषतामेवास्तु तुच्छमित्यर्थः २ द्व्यक्षरइति । ममत्वंसंसारहेतुः तदभावोब्रह्मप्राप्तिहेतुरित्यर्थः ३ ब्रह्ममृत्युनिःसंगत्वससंगत्वे आत्मनिचित्ते एकस्मिन्वस्तुनिबहूनांममत्वंचेत्तेयुद्ध्यंतएव ४ एवंनिर्ममोप्यदसमाप्ताधिकारश्चित्तस्वाभाव्यादस्मदादिवद्युद्ध्यन्नपिनेतरवल्लिप्यतइत्याह अविनाशइति । अस्यजगतःसत्त्वस्यसत्तायाःअविनाशोऽधिष्ठानसत्तानतिरिक्तत्वान्नाशाभावः नियतोनिश्चितोयदि जगतोबाध्यत्वंजानन्स्वप्रकृतपापेनेवसर्वभूतशरीरोच्छेदंकुर्वन्नपिअहिंसामहिंसकत्वमेवप्रतिपद्यते इत्वाऽपिसइमान्लोकान्नह

तस्मिन्ननिर्जितयुद्धेकामवस्थांगमिष्यसि ॥ एतज्ज्ञात्वातुकौन्तेयकृतकृत्योभविष्यसि १५ एतांबुद्धिंविनिश्चित्यभूतानामागतिंगतिम् ॥ पितृपैतामहेवृत्तेशाधिराज्यंयथोचितम् १६ ॥ इतिश्रीमहाभारतेआश्वमेधिकेपर्वणिअश्वमेधिकेपर्वणिकृष्णधर्मसंवादेद्वादशोऽध्यायः ॥ १२ ॥ वासुदेवउवाच ॥ नबाह्यंद्रव्यमुत्सृज्यसिद्धिर्भवतिभारत ॥ शारीरंद्रव्यमुत्सृज्यसिद्धिर्भवतिवानवा १ बाह्यद्रव्यविमुक्तस्यशारीरेषुचगृद्ध्यतः ॥ योधर्मोयत्सुखंचैवद्विषतामस्तुतत्तथा २ द्व्यक्षरस्तुभवेन्मृत्युस्त्र्यक्षरंब्रह्मशाश्वतम् ॥ ममेतिचभवेन्मृत्युर्नममेतिचशाश्वतम् ३ ब्रह्ममृत्यूततोराजन्नात्मन्येवव्यवस्थितौ ॥ अदृश्यमानौभूतानियोधयेतामसंशयम् ४ अविनाशोऽस्यसत्त्वस्यनियतोयदिभारत ॥ भित्त्वाशरीरंभूतानामहिंसांप्रतिपद्यते ५ लब्ध्वाहिपृथिवींकृत्स्नांसहस्थावरजंगमाम् ॥ ममत्वंयस्यनैवस्यात्किंतयासकरिष्यति ६ अथवावसतःपार्थवनेवन्येनजीवतः ॥ ममतायस्यद्रव्येषुमृत्योरास्येसवर्त्तते ७ बाह्यांतराणांशत्रूणांस्वभावंपश्यभारत ॥ यन्नपश्यतितद्भूतंमुच्यतेसमहाभयात् ८ कामात्मानंनप्रशंसंतिलोकेनेहाकामाकाचिदस्तिप्रवृत्तिः ॥ सर्वेकामामनसोंगप्रभूतायान्पंडितःसंहरतेविचिंत्य ९ भूयोभूयोजन्मनोऽभ्यासयोगाद्योगीयोगंसारमार्गंविचिंत्य ॥ दानंचवेदाध्ययनंतपश्चकाम्यानिकर्माणिचवैदिकानि १० ॥ ॥

न्तिनानिबध्यतइत्यर्थः ५ लब्ध्वाहीति । स्वप्नोपलब्धधनेष्विवबुद्धस्यममत्वाभावःस्वतःसिद्धइत्यर्थः ६ । ७ बाह्यांतराणामिति । स्वभावमात्ममायामात्रत्वलक्षणंतत्त्वंपश्यध्यानेनसाक्षात्कुरु 'तेध्यानयोगानुगताअपश्यन्देवात्मशक्तिंस्वगुणैर्निगूढाम्' इतिश्रुतेः एवंदृष्ट्वाचयद्यतःतत्तमपिस्वभावंभूतमनादिंनपश्यति मायामपिबाधित्वाचिन्मात्रेणरूपेणयोऽवतिष्ठतेसमहाभयात्संसारान्मुच्यतइत्यर्थः ८ नन्वैश्वर्यमेववरंकिमुर्मुक्षुसमेनमोक्षेणेत्यतआह कामात्मानमिति । अथयत्रान्यत्पश्यतितदल्पमितिश्रुतेरैश्वर्यमपितुच्छमेवातोनप्रशंसंतिसंतः मनसःकामोदयस्ततःनष्टचित्तस्वतोदुःखमतोमनएवानिरोद्धव्यमित्यर्थः ९ एतच्चानेकजन्मसाध्यमित्याह भूयोभूयइति । विच्छिद्यविच्छिद्योत्तरोत्तरभूमिलाभरूपंजन्मयस्यसःभूयोभूयोजन्मातस्मादेवाभ्यासयोगाच्छुद्धचित्तःसन्सारमार्गंमोक्षमार्गंविचिंत्यकामान्संहरतइतिपूर्वेणान्वयः कोसावित्याह दानंचेति १० ॥ ॥ ॥

योदानादिध्यानयोगांतान्कामेनकामपूर्वकंनारभतेयद्यञ्चायंकामयतेसधर्मोनेतिविदित्वेतिसंबंधः फलितमाह योधर्मोनियमस्तस्यमूलमिति । तस्यकामस्ययोनियमोनिग्रहःसधर्मःसचमूलंमोक्षबीजम् ११ काम
स्यदुरुच्छेद्यत्वंकामोक्तिभिरेवाह अत्रगाथाइत्यादिना । अनुपायेननिर्ममत्वंयोगाभ्यासश्चकामजयोपायउक्तस्तद्व्यतिरेकेणेत्यर्थः १२ योमामिति । प्रहरणेत्रागादीन्द्रियसाध्येजपादिशास्त्रे प्रादुर्भवाम्यहमे
वसर्वोत्कृष्टोजपादिकर्त्तेत्यभिमानरूपेणाविर्भवामितेनजपादिकंविफलंकरोमीत्यर्थः द्वितीयेयोमामितिश्लोकेप्रहरणेमनसि श्मशानवैराग्यन्यायेनजितोमयाकामइतिनिश्चित्यप्रयततेसंन्यासादिकंकरोति तस्य
मनस्येवपुनरहंप्रादुर्भवामि यदाहुरभियुक्ताः 'प्रमादिनोवहिश्चित्ताःपिशुनाःकलहोत्सुकाः ॥ संन्यासिनोऽपिदृश्यंतेदेवसंदूषिताशयाः'इति १३ योयज्ञैःकामंजिघांसति तस्यचेतसियथाधर्मात्माजंग
मेषूत्तमयोनावुदाररूपेणाविर्भवति तद्वत्तस्यचेतसिअहंदंभादिरूपेणाविर्भवामि १४ स्थावरेष्वनभिव्यक्तरूपेणभूतात्माजीवः धर्मात्म्येत्यत्रापिपठंतिकेचित् यायजूकापेक्षयात्वेदवेदांतसाधनेष्वल्पाकामा

व्रतंयज्ञान्नियमान्ध्यानयोगान्कामेनयोनारभतेविदित्वा ॥ यद्यच्चायंकामयतेसधर्मोनयोधर्मोनियमस्तस्यमूलम् ११ अत्रगाथाःकामगीताःकीर्त्तयंतिपुराविदः ॥
शृणुसंकीर्त्यमानास्ताअखिलेनयुधिष्ठिर ॥ नाहंशक्योऽनुपायेनहंतुंभूतेनकेनचित् १२ योमांप्रयततेहंतुंज्ञात्वाप्रहरणेबलम् ॥ तस्यतस्मिन्प्रहरणेपुनःप्रादुर्भ
वाम्यहम् १३ योमांप्रयततेहंतुंयज्ञैर्विविधदक्षिणैः ॥ जंगमेष्विवधर्मात्मापुनःप्रादुर्भवाम्यहम् १४ योमांप्रयततेनित्यंवेदैर्वेदांतसाधनैः ॥ स्थावरेष्विवभूता
त्मातस्यप्रादुर्भवाम्यहम् १५ योमांप्रयततेहंतुंधृत्यासत्यपराक्रमः ॥ भावोभवामितस्याहंसचमांनावबुध्यते १६ योमांप्रयततेहंतुंतपसासंशितव्रतः ॥ तत
स्तमसितस्याथपुनःप्रादुर्भवाम्यहम् १७ योमांप्रयततेहंतुंमोक्षमास्थायपंडितः ॥ तस्यमोक्षरतिस्थस्यनृत्यामिचहसामिच ॥ अवध्यःसर्वभूतानामहमेकःस
नातनः १८ तस्मात्त्वमपितंकामंयज्ञैर्विविधदक्षिणैः ॥ धर्मंकुरुमहाराजतत्रतेसभविष्यति १९ यजस्ववाजिमेधेनविधिवद्दक्षिणावता ॥ अन्यैश्चविविधैर्यज्ञैःस
मृद्धैराप्तदक्षिणैः २० मातेव्यथाऽस्तुनिहतान्बंधून्वीक्ष्यपुनःपुनः ॥ नशक्यास्तेपुनर्द्रष्टुंयेहताऽस्मिन्रणाजिरे २१ सत्वमिष्ट्वामहायज्ञैःसमृद्धैराप्तदक्षिणैः ॥
कीर्तिंलोकेपरांप्राप्यगतिमग्र्यांगमिष्यसि २२ ॥ इति०आश्व०अश्व० कृष्णधर्मसंवादेत्रयोदशोऽध्यायः ॥ १३ ॥ वैशंपायनउवाच ॥ एवंबहुविधैर्वाक्यैर्मुनिभि
स्तैस्तपोधनैः ॥ समाश्वस्यतराजर्षिर्हतबंधुर्युधिष्ठिरः १ सोऽनुनीतोभगवताविष्टरश्रवसास्वयम् ॥ द्वैपायनेनकृष्णेनदेवस्थानेनवाविभुः २ नारदेनाथभीमे
ननकुलेनचपार्थिव ॥ कृष्णयासहदेवेनविजयेनचधीमता ३ अन्यैश्चपुरुषव्याघ्रैर्ब्राह्मणैःशास्त्रदृष्टिभिः ॥ व्यजहाच्छोकजंदुःखंसंतापंचैवमानसम् ४

भिव्यक्तिरित्यर्थः १५ धृत्यासंग्रामे विपदिचधैर्यतः भावश्चित्तंधैर्यबलेनैवलोकद्वयंजेष्यामीत्यभिमानत्वंतंकरोमीत्यर्थः सचेममेवाभिमानंकामत्वेनबंधकत्वेननावबुध्यते १६ तपसायोगबलेन तत्रापियोगोपस
र्गरूपेणमधुमत्याद्यैश्वर्यभूमिषुस्पृहारूपेणाविर्भवामि १७ मोक्षमास्थाय नित्यमुक्तमात्मानमज्ञात्वामोक्षार्थंयस्तपआदिकरोतितमज्ञंप्राप्यनृत्यामिचहसामिचेत्यर्थः १८ तस्मादिति । यस्मान्निर्ममत्वपूर्वक
योगाभ्यासमंतरेणाऽन्यःकामजयोपायोनास्ति निर्ममत्वंचयज्ञादिजन्यांचित्तशुद्धिंविनानसंभवति तस्मान्निष्कामानयज्ञादीननुतिष्ठतस्तेतवश्रेयःसिद्धिरितिशेषः १९ । २० । २१ । २२ ॥ इत्या० नी० भा०
त्रयोदशोऽध्यायः ॥ १३ ॥ ॥ आख्यायिकामनुसरत्यध्यायद्वयेन एवंबहुविधैर्वाक्यैरित्यादिना १ । २ । ३ । ४ ॥ ॥ ॥

कृत्वाऽर्थतपुनरितिमासिकादीनिप्रेतकार्याणि पूर्वकृतानामेवानुवादोवा ५ । ६ । ७ । ८ । ९ । १० । ११ । १२ । १३ । १४ । १५ । १६ । १७ ॥ इत्याश्वमेधिकेपर्वणि नीलकंठीये भारत

अर्चयामासदेवांश्चब्राह्मणांश्चयुधिष्ठिरः ॥ कृत्वाऽथप्रेतकार्याणिबंधूनांसपुनर्नृपः ॥ अन्वशासच्चधर्मात्मापृथिवींसागरांबराम् ५ प्रशांतचेताःकौरव्यःस्वराज्यं
प्राप्यकेवलम् ॥ व्यासंचनारदंचैवतांश्चान्यानब्रवीन्नृपः ६ आश्वासितोऽहंप्राग्वृद्धैर्भवद्भिर्मुनिपुंगवैः ॥ नसूक्ष्ममपिमेकिंचिद्व्यलीकमिहविद्यते ७ अर्थश्चसु
महान्प्राप्तोयेनयक्ष्यामिदेवताः ॥ पुरस्कृत्याद्यभवतःसमानेष्यामहेमखम् ८ हिमवंतंत्वयागुप्तागमिष्यामःपितामह ॥ बह्वाश्चर्योहिदेशःसश्रूयतेद्विजसत्तम
९ तथाभगवताचित्रंकल्याणंबहुभाषितम् ॥ देवर्षिणानारदेनदेवस्थानेनचैवह १० नाभागधेयःपुरुषःकश्चिदेवंविधान्गुरून् ॥ लभतेव्यसनंप्राप्यसुहृदःसाधुसं
मतान् ११ एवमुक्तास्तुतेराज्ञासर्वएवमहर्षयः ॥ अभ्यनुज्ञाप्यराजानंतथोभौकृष्णफाल्गुनौ १२ पश्यतामेवसर्वेषांतत्रैवादर्शनंययुः ॥ ततोधर्मसुतोराजा
तत्रैवोपाविशत्प्रभुः १३ एवंनातिमहान्कालःसतेषांसंन्यवर्तत ॥ कुर्वतांशौचकार्याणिभीष्मस्यनिधनेतदा १४ महादानानिविप्रेभ्योददतामौर्ध्वदेहिकम् ॥
भीष्मकर्णपुरोगाणांकुरूणांकुरुसत्तम १५ सहितोधृतराष्ट्रेणसददावौर्ध्वदेहिकम् ॥ ततोदत्वाबहुधनंविप्रेभ्यःपांडवर्षभः १६ धृतराष्ट्रंपुरस्कृत्यविवेशगजसा
ह्वयम् ॥ ससमाश्वास्यपितरंप्रज्ञाचक्षुषमीश्वरम् ॥ अन्वशाद्वैसधर्मात्मापृथिवींभ्रातृभिःसह १७॥ इतिश्री० आश्वमेधिकेपर्वणि अश्वमेधिकेपर्वणिचतुर्दशोऽध्यायः
॥ १४ ॥ ॥ जनमेजयउवाच ॥ विजितेपांडवेयैस्तुप्रशांतेचद्विजोत्तम ॥ राष्ट्रेकिंचक्रतुर्वीरौवासुदेवधनंजयौ १ ॥ वैशंपायनउवाच ॥ विजितेपांडवैराज
न्प्रशांतेचविशांपते ॥ राष्ट्रेबभूवतुर्हृष्टौवासुदेवधनंजयौ २ विजह्रातेमुदायुक्तौदिविदेवेश्वराविव ॥ तौवनेषुविचित्रेषुपर्वतेषुससानुषु ३ तीर्थेषुचैवपुण्येषुपल्व
लेषुनदीषुच ॥ चंक्रम्यमाणौसंहृष्टावश्विनाविवनंदने ४ इंद्रप्रस्थेमहात्मानौरेमतुःकृष्णपांडवौ ॥ प्रविश्यतांसभांरम्यांविजह्रातेचभारत ५ तत्रयुद्धकथाश्चित्राः
परिक्लेशांश्चपार्थिव ॥ कथायोगेकथायोगेकथयामासतुःसदा ६ ऋषीणांदेवतानांचवंशांस्तावाहतुःसदा ॥ प्रीयमाणौमहात्मानौपुराणावृषिसत्तमौ ७ मधुरा
स्तुकथाश्चित्राश्चित्रार्थपदनिश्चयाः ॥ निश्चयज्ञःसपार्थायकथयामासकेशवः ८ पुत्रशोकाभिसंतप्तंज्ञातीनांचसहस्रशः ॥ कथाभिःशमयामासपार्थंशौरिर्जनार्द
नः ९ सतमाश्वास्यविधिवद्विज्ञानज्ञोमहातपाः ॥ अपहृत्यात्मनोभारंविशश्रामेवसात्वतः १० ततःकथांतेगोविन्दोगुडाकेशमुवाचह ॥ सांत्वयन्श्लक्ष्णयावा
चाहेतुयुक्तमिदंवचः ११ ॥ ॥ वासुदेवउवाच ॥ ॥ विजितेयंधराकृत्स्नासव्यसाचिन्परंतप ॥ त्वद्बाहुबलमाश्रित्यराज्ञाधर्मसुतेनह १२असपत्नांमहींभुंक्ते
धर्मराजोयुधिष्ठिरः ॥ भीमसेनानुभावेनयमयोश्चनरोत्तम १३ धर्मेणराज्ञाधर्मज्ञप्राप्तंराज्यमकंटकम् ॥ धर्मेणनिहतःसंख्येसचराजासुयोधनः १४

भावदीपे चतुर्दशोऽध्यायः ॥ १४ ॥ ॥ ॥ विजितेइति १ । २ । ३ । ४ । ५ । ६ । ७ । ८ । ९ । १० । ११ । १२ । १३ । १४ ॥ ॥ ॥

१५ । १६ । १७ । १८ । १९ । २० । २१ । २२ । २३ । २४। २५।२६।२७।२८।२९ । ३० । ३१ । ३२ । ३३ । ३४ । ३५ ॥ इत्याश्वमेधिकेपर्वणि नीलकंठीये भारतभावदीपेपंचदशोऽध्यायः॥१५॥

अधर्मरुचयोलुब्धाःसदाचाप्रियवादिनः ॥ धार्तराष्ट्रादुरात्मानःसानुबंधानिपातिताः १५ प्रशांतामखिलांपार्थपृथिवींपृथिवीपतिः ॥ भुंक्तेधर्मसुतोराजात्वया
॥ ९ ॥ गुप्तःकुरूद्वह १६ रमेचाहंत्वयासार्धमरण्येष्वपिपांडव ॥ किमुयत्रजनोऽयंवैपृथाचामित्रकर्षण १७ यत्रधर्मसुतोराजायत्रभीमोमहाबलः ॥ यत्रमाद्रवतीपुत्रौर
तिस्तत्रपरामम १८ तथैवस्वर्गकल्पेषुसभोद्देशेषुकौरव ॥ रमणीयेषुपुण्येषुसहितस्यत्वयाऽनघ १९ कालोमहांस्त्वतीतोमेशूरसूनुमपश्यतः ॥ बलदेवंचकौरव्य ॥ १६ ॥
तथाऽन्यान्वृष्णिपुंगवान् २० सोऽहंगंतुमभीप्सामिपुरींद्वारावतींप्रति ॥ रोचतांगमनंमह्यंतवाऽपिपुरुषर्षभ २१ उक्तोबहुविधंराजातत्रतत्रयुधिष्ठिरः ॥ सहभी
ष्मेणयद्युक्तमस्माभिःशोककारिते २२ शिष्टोयुधिष्ठिरोऽस्माभिःशास्तासन्नपिपांडवः ॥ तेनतत्तुवचःसम्यग्गृहीतंसुमहात्मना २३ धर्मपुत्रेहिधर्मज्ञेकृतज्ञेसत्यवा
दिनि ॥ सत्यंधर्मोमतिश्चाग्र्यास्थितिश्चसततंस्थिरा २४ तत्रगत्वामहात्मानंयदितेरोचतेऽर्जुन ॥ अस्मद्गमनसंयुक्तंवचोब्रूहिजनाधिपम् २५ नहितस्याप्रियंकु
र्यांप्राणत्यागेऽप्युपस्थिते ॥ कुतोगंतुंमहाबाहोपुरींद्वारावतींप्रति २६ सर्वंत्विदमहंपार्थत्वत्प्रीतिहितकाम्यया ॥ ब्रवीमिसत्यंकौरव्यनमिथ्यैतत्कथंचन २७ प्र
योजनंचनिर्वृत्तमिहवासेममार्जुन ॥ धार्त्तराष्ट्रोहतोराजासबलःसपदानुगः २८ पृथिवीचवशेतातधर्मपुत्रस्यधीमतः ॥ स्थितासमुद्रवलयासशैलवनकानना २९
चितारत्नैर्बहुविधैःकुरुराजस्यपांडव ॥ धर्मेणराजाधर्मज्ञःपातुसर्वांवसुंधराम् ३० उपास्यमानोबहुभिःसिद्धैश्चापिमहात्मभिः ॥ स्तूयमानश्चसततंबंदिभिर्भरत
र्षभ ३१ तंमयासहगत्वाद्यराजानंकुरुवर्धनम् ॥ आपृच्छकुरुशार्दूलगमनंद्वारकांप्रति ३२ इदंशरीरंवसुयच्चमेगृहेनिवेदितंपार्थसदायुधिष्ठिरे ॥ प्रियश्चमान्यश्च
हिमेयुधिष्ठिरःसदाकुरूणामधिपोमहामतिः ३३ प्रयोजनंचापिनिवासकारणेनविद्यतेमेत्वदृतेनृपात्मज ॥ स्थिताहिपृथ्वीतवपार्थशासनेगुरोःसुवृत्तस्ययुधिष्ठिर
स्यच ३४ इतीदमुक्तःसतदामहात्मनाजनार्दनेनामितविक्रमोऽर्जुनः ॥ तथेतिदुःखादिववाक्यमैरयज्जनार्दनंसंप्रतिपूज्यपार्थिव ३५ ॥ इतिश्रीमहाभारतेआश्व
मेधिकेपर्वणिअश्वमेधिकेपर्वणिपंचदशोऽध्यायः ॥ १५ ॥ ॥ ॥ ॥ समाप्तंचअश्वमेधिकपर्व ॥ अथानुगीतापर्व ॥ जनमेजयउवाच ॥ सभायांवसतो
स्तत्रनिहत्यारीन्महात्मनोः ॥ केशवार्जुनयोःकानुकथासमभवद्द्विज १ ॥ वैशंपायनउवाच ॥ कृष्णेनसहितःपार्थःस्वंराज्यंप्राप्यकेवलम् ॥ तस्यांसभायांदिव्या
यांविजहारमुदायुतः २ तत्रकंचित्सभोद्देशंस्वर्गोद्देशसमंनृप ॥ यदृच्छयातौमुदितौजग्मतुःस्वजनावृतौ ३ ततःप्रतीतःकृष्णेनसहितःपांडवोऽर्जुनः ॥ निरीक्ष्य
तांसभांरम्यामिदंवचनमब्रवीत् ४ विदितंमेमहाबाहोसंग्रामेसमुपस्थिते ॥ माहात्म्यंदेवकीमातस्तच्चतेरूपमैश्वरम् ५ यत्तद्भगवताप्रोक्तंपुराकेशवसौहृदात् ॥
तत्सर्वंपुरुषव्याघ्रनष्टंमेव्यग्रचेतसः ६ ममकौतूहलंत्वस्तितेष्वर्थेषुपुनःपुनः ॥ भवांस्तुद्वारकांगंतानचिरादिवमाधव ७ ॥ ॥

सभायामिति १ । २ । ३ । ४ । ५ । ६ । ७ ॥ ॥ ॥ ॥

८ । ९ । १० । ११ । १२ । १३ । १४ । १५ । १६ षोडशेसभायामित्यादिनाप्रस्तुयानुगीतामारभते मोक्षधर्ममित्यादिना । भूतानामेवनस्वस्य विभोपरमात्मन् १७ । १८ आगतागमं प्राप्तशास्त्ररहस्यंऊहापोहकुशलमित्यर्थः १९ गतागतेमरणसंसरणेविषये ज्ञानंशास्त्रानुमानजं विज्ञानंयोगजंप्रत्यक्षं अस्यैवव्याख्यानंलोकतत्त्वेतिसार्धेन २० जातीजन्म २१ मुक्तवन्नित्यमुक्त

॥ वैशंपायनउवाच ॥ एवमुक्तस्तुतंकृष्णःफाल्गुनंप्रत्यभाषत ॥ परिष्वज्यमहातेजावचनंवदतांवरः ८ ॥ वासुदेवउवाच ॥ श्रावितस्त्वंमयागुह्यंज्ञापितश्चसनातनम् ॥ धर्मंस्वरूपिणंपार्थसर्वलोकांश्चशाश्वतान् ९ अबुद्ध्यानाग्रहीर्यस्त्वंतन्मेसुमहदप्रियम् ॥ नचसाऽद्यपुनर्भूयःस्मृतिर्मेसंभविष्यति १० नूनमश्रद्दधानोऽसिदुर्मेधाह्यसिपांडव ॥ नचशक्यंपुनर्वक्तुमशेषेणधनंजय ११ सहिधर्मःसुपर्याप्तोब्रह्मणःपदवेदने ॥ नशक्यंतन्मयाभूयस्तथावक्तुमशेषतः १२ परंहिब्रह्मकथितंयोगयुक्तेनतन्मया ॥ इतिहासंतुवक्ष्यामितस्मिन्नर्थेपुरातनम् १३ यथातांबुद्धिमास्थायगतिमग्र्यांगमिष्यसि ॥ शृणुधर्मभृतांश्रेष्ठगदितंसर्वमेवमे १४ आगच्छद्ब्राह्मणःकश्चित्स्वर्गलोकादरिंदम ॥ ब्रह्मलोकाच्चदुर्धर्षःसोऽस्माभिःपूजितोऽभवत् १५ अस्माभिःपरिपृष्टश्चयदाहभरतर्षभ ॥ दिव्येनविधिनापार्थतच्छृणुष्वाविचारयन् १६ ॥ ब्राह्मणउवाच ॥ मोक्षधर्मंसमाश्रित्यकृष्णयन्मामपृच्छथाः ॥ भूतानामनुकंपार्थंयन्मोहच्छेदनंविभो १७ तत्तेऽहंसंप्रवक्ष्यामियथावन्मधुसूदन ॥ शृणुष्वावहितोभूत्वागदतोममभाधव १८ कश्चिद्विप्रस्तपोयुक्तःकाश्यपोधर्मवित्तमः ॥ आससाददद्विजंकंचिद्धर्माणामागतागमम् १९ गतागतेसुबहुशोज्ञानविज्ञानपारगम् ॥ लोकतत्त्वार्थकुशलंज्ञातारंसुखदुःखयोः २० जातीमरणतत्त्वज्ञंकोविदंपापपुण्ययोः ॥ द्रष्टारमुच्चनीचानांकर्मभिर्देहिनांगतिम् २१ चरंतंमुक्तवत्सिद्धंप्रशांतंसंयतेंद्रियम् ॥ दीप्यमानंश्रियाब्राह्म्याक्रममाणंचसर्वशः २२ अंतर्धानगतिज्ञंचश्रुत्वातत्त्वेनकाश्यपः ॥ तथैवांतर्हितैःसिद्धैर्यातंचक्रधरैःसह २३ संभाषमाणमेकांतेसमासीनंचतैःसह ॥ यदृच्छयाचगच्छंतमसक्तंपवनंयथा २४ तंसमासाद्यमेधावीसतदाद्विजसत्तमः ॥ चरणौधर्मकामोऽस्यतपस्वीसुसमाहितः ॥ प्रतिपेदेयथान्यायंदृष्ट्वातन्महदद्भुतम् २५ विस्मितश्चाद्भुतंदृष्ट्वाकाश्यपस्तंद्विजोत्तमम् ॥ परिचारेणमहतागुरुंतंपर्यतोषयत् २६ उपपन्नंचतत्सर्वंश्रुतचारित्रसंयुतम् ॥ भावेनातोषयच्चैनंगुरुवृत्त्यापरंतपः २७ तस्मैतुष्टःसशिष्यायप्रसन्नोवाक्यमब्रवीत् ॥ सिद्धिंपरामभिप्रेक्ष्यशृणुमत्तोजनार्दन २८ ॥ सिद्धउवाच ॥ विविधैःकर्मभिस्तातपुण्ययोगैश्चकेवलैः ॥ गच्छंतीहगतिंमर्त्यादेवलोकेचसंस्थितम् २९ नक्वचित्सुखमत्यंतंनक्वचिच्छाश्वतीस्थितिः ॥ स्थानाच्चमहतोभ्रंशोदुःखलब्धात्पुनःपुनः ३० अशुभागतयःप्राप्ताःकष्टामेपापसेवनात् ॥ काममन्युपरीतेनतृष्णयामोहितेनच ३१ पुनःपुनश्चमरणंजन्मचैवपुनःपुनः ॥ आहाराविविधाभुक्ताःपीतानानाविधाःस्तनाः ३२ मातरोविविधादृष्टाःपितरश्चपृथग्विधाः ॥ सुखानिचविचित्राणिदुःखानिचमयाऽनघ ३३ ॥

स्यापिसूषाबंधाभिप्रायंवत्करणम् २२।२३ । २४ । २५ । २६ । २७ । २८ अन्यत्रधर्मादन्यत्राधर्मादित्यात्मनोधर्माद्यतीतत्वाद्धर्माधर्मावेवफलतोनिंदतिवैराग्याय विविधैरित्यादिना २९।३०।३१।३२।३३

३४ । ३५ । ३६ । ३७ ततःकदाचिदितिनिर्वेदाख्यवैराग्यदौर्लभ्यमुक्तं निराकाराश्रितेनासंप्रज्ञातसमाधिसमधिगम्यब्रह्मभावाश्रितेन लोक्यतइतिलोकोद्वंतंतत्तंत्रंतज्जंदुःखं इमंमार्गमनुभूयज्ञात्वा अनुष्ठि
तः अनुष्ठाऽनुष्ठानमभ्यासःसंजातोऽस्यसोऽनुष्ठितः ततोऽनुष्ठानादइयंपूर्वोक्ताअंतर्धानादिशक्तिर्ज्ञानविज्ञानादिरूपा आत्मनःमनसः 'मनसोहिप्रसादेनहंतिकर्मशुभाशुभम् ॥ प्रसन्नात्मनिसस्थि
त्वासुखमक्षय्यमश्नुते' इतिश्रुतेः ३८।३९ विद्याफलमपुनरावृत्तिःसर्वज्ञत्वंचाह नाहमित्यादिना । आसिद्धेःआमोक्षात् आप्रजासृष्टेः आत्मनः अपिशब्दाल्लोकानांचगतीरालोकयामीसन्त्रयः
४० इतःपरंसत्यलोकं परतरंकैवल्यं यदिमयास्यभूपपारमेष्ठ्यमितियोगिनामिच्छयासद्योवाक्रमिकंवाकैवल्यमस्तीतिस्मरणात् ४१ । ४२ । ४३ । ४४ । ४५ बहुमन्येभृशंपूजये अहमं

प्रियैर्विवासोबहुशःसंवासश्चप्रियैःसह ॥ धननाशश्चसंप्राप्तोलब्ध्वादुःखेनतद्धनम् ३४ अवमानाःसुकष्टाश्चराजतःस्वजनात्तथा ॥ शारीरामानसावापिवेदना
भृशदारुणाः ३५ प्राप्ताविमाननाश्चोग्रावधबंधाश्चदारुणाः ॥ पतनंनिरयेचैवयातनाश्चयमक्षये ३६ जरारोगाश्चसततंव्यसनानिचभूरिशः ॥ लोकेऽस्मिन्न
नुभूतानिद्वंद्वजानिभृशंमया ३७ ततःकदाचिन्निर्वेदान्निराकाराश्रितेनच ॥ लोकतंत्रंपरित्यक्तंदुःखार्तेनभृशंमया ३८ लोकेऽस्मिन्ननुभूयाहमिमंमार्गमनुष्ठितः ॥
ततःसिद्धिरियंप्राप्ताप्रसादादात्मनोमया ३९ नाहंपुनरिहागंतालोकानालोकयाम्यहम् ॥ आसिद्धेराप्रजासर्गादात्मनोऽपिगतीःशुभाः ४० उपलब्धाद्विजश्रे
ष्ठतथेयंसिद्धिरुत्तमा ॥ इतःपरंगमिष्यामिततःपरतरंपुनः ४१ ब्रह्मणःपदमव्यक्तंमातेऽभूदत्रसंशयः ॥ नाहंपुनरिहागंतामर्त्यलोकंपरंतप ४२ प्रीतोऽस्मितते
महाप्राज्ञब्रूहिकिंकरवाणिते ॥ यदीप्सुरुपपन्नस्त्वंतस्यकालोऽयमागतः ४३ अभिजानेचतदहंयदर्थंमामुपागतः ॥ अचिरात्तुगमिष्यामितेनाहंत्वामचूचुदम्
४४ भृशंप्रीतोऽस्मिभवतश्चारित्रेणविचक्षण ॥ परिपृच्छस्वकुशलंभाषेयंयत्तवेप्सितम् ४५ बहुमन्येचतेबुद्धिंभृशंसंपूजयामिच ॥ येनाहंभवताबुद्धोमेधावी
ह्यसिकाश्यप ४६ ॥ इतिश्रीमहाभारतेआश्वमेधिकेपर्वणिअनुगीतापर्वणिषोडशोऽध्यायः ॥ १६ ॥ ॥ ॥ वासुदेवउवाच ॥ ततस्तस्योपसं
गृह्यपादौप्रश्नान्सुदुर्वचान् ॥ पप्रच्छतांश्चधर्मान्सप्राहधर्मभृतांवरः १ ॥ काश्यपउवाच ॥ कथंशरीरंच्यवतेकथंचैवोपपद्यते ॥ कथंकष्टाच्चसंसारात्संसरन्परि
मुच्यते २ आत्माचप्रकृतिंमुक्त्वातच्छरीरंविमुंचति ॥ शरीरतश्चनिर्मुक्तःकथमन्यत्प्रपद्यते ३ कथंशुभाशुभेचायंकर्मणीस्वकृतेनरः ॥ उपभुंक्तेक्ववाकर्मवि
देहस्यावतिष्ठते ४ ॥ ब्राह्मणउवाच ॥ एवंसंचोदितःसिद्धःप्रश्नांस्तान्प्रत्यभाषत ॥ आनुपूर्व्येणवार्ष्णेयतन्मेनिगदतःशृणु ५ ॥ ॥

तर्धानगतोऽपियतस्त्वयाज्ञातः ४६ ॥ इत्याश्वमेधिकेपर्वणि नीलकंठीये भारतभावदीपेषोडशोऽध्यायः ॥ १६ ॥ ॥ ततइति १ एवंनित्यानित्यविवेकवैराग्यादयःशिष्यगुणाज्ञानविज्ञानाद
योगुरुगुणाश्चोक्ताः ततःपुनःपुनश्चमरणंजन्मचैवपुनःपुनरित्युक्तं तयोःप्राप्तिप्रकारौपृच्छति कथमिति । नाहंपुनरिहागंतेत्युक्तंतस्यापिप्रकारंपृच्छति कथंकष्टाच्चेति २ इतःपरंगमिष्यामिततःपरतरं
पुनरित्युक्तंतत्रापिपृच्छति आत्माचेति । आत्माजीवः प्रकृतिंमूलाविद्यां तच्छरीरंतज्जंस्थूलपिंडंमुक्त्वाकथंपरंप्राप्नोतीत्यर्थः शरीरात्परस्मात्कथमन्यद्परतरंब्रह्मप्रपद्यतइतिपंचमःप्रश्नः ३ कथं
शुभाशुभेइति एवंभूतस्यजीवतःकथंकर्मफलभोगइतिषष्ठः । विदेहस्यसंसारबीजभूतंकर्मक्वातिष्ठतीतिसप्तमः ४ । ५ ॥ ॥ ॥

तत्रआद्यस्यप्रश्नस्याद्येनाध्यायेनोत्तरं ततोद्वितीयस्यद्वितीयेन शेषाणांतृतीयेन सिद्धउवाच आयुःकीर्तिकराणीहेत्यादिना ६ । ७ । ८ । ९ । १० वेगंबलमूत्रादीनां ११ रसाभियुक्तंपरिणामेबहु रसकरंरसबाहुल्यस्याजीर्णहेतुत्वात् १२ अपिवाअथवा विपरीतानि व्यवस्यतिकरोति तेननीरुजोऽपिम्रियतइत्यर्थः १३ । १४ । १५ । १६ क्षरात्जडच्छरीरात् १७ जातीजन्म १८ गर्भसंक्रम

सिद्धउवाच ॥ आयुःकीर्तिकराणीहयानिकृत्यानिसेवते ॥ शरीरग्रहणेयस्मिंस्तेषुक्षीणेषुसर्वशः ६ आयुःक्षयपरीतात्माविपरीतानिसेवते ॥ बुद्धिर्व्यावर्ततेचास्य विनाशेप्रत्युपस्थिते ७ सत्त्वंबलंचकालंचविदित्वाचात्मनस्तथा ॥ अतिवेलमुपाश्नातिस्वविरुद्धान्यनात्मवान् ८ यदायमतिकष्टानिसर्वाण्युपनिषेवते ॥ अत्यर्थमपिवाभुंक्तेनवाभुंक्तेकदाचन ९ दुष्टान्नामिषपानंचयदन्योन्यविरोधिच ॥ गुरुचाप्यमितंभुंक्तेनातिजीर्णेदिवापुनः १० व्यायाममतिमात्रंचव्यवायंचोपसेवते ॥ सततंकर्मलोभाद्वाप्राप्तंवेगंविधारयेत् ११ रसाभियुक्तमन्नंवादिवास्वप्नंचसेवते ॥ अपक्वानागतेकालेस्वयंदोषान्प्रकोपयेत् १२ स्वदोषकोपनाद्रोगंलभतेमरणांतिकम् ॥ अपिवोद्बन्धनादीनिपरीतानिव्यवस्यति १३ तस्यतैःकारणैर्जंतोःशरीरंच्यवतेतदा ॥ जीवितंप्रोच्यमानंतद्यथावदुपधारय १४ ऊष्माप्रकुपितःकायेतीव्रवायुसमीरितः ॥ शरीरमनुपर्येत्यसर्वान्प्राणान्रुणद्धिवै १५ अत्यर्थंबलवानूष्माशरीरेपरिकोपितः ॥ भिनत्तिजीवस्थानानिमर्माणिविद्धितत्त्वतः १६ ततःसवेदनःसद्योजीवःप्रच्यवतेक्षरात् ॥ शरीरंत्यजतेजंतुश्छिद्यमानेषुमर्मसु १७ वेदनाभिःपरीतात्मातद्विद्धिद्विजसत्तम ॥ जातीमरणसंविग्नाःसततंसर्वजंतवः १८ दृश्यंतेसंत्यजंतश्चशरीराणिद्विजर्षभ ॥ गर्भसंक्रमणेचापिमर्मणामतिसर्पणे १९ तादृशीमेवलभतेवेदनांमानवःपुनः ॥ भिन्नसंधिरथक्लेदमद्भिःसलभतेनरः २० यथापंचसुभूतेषुसंभूतत्वंनियच्छति ॥ शैत्यात्प्रकुपितःकायेतीव्रवायुसमीरितः २१ यःपंचसुभूतेषुप्राणापानेव्यवस्थितः ॥ सगच्छत्यूर्ध्वगोवायुःकृच्छ्रान्मुक्त्वाशरीरिणः २२ शरीरंचजहात्येवंनिरुच्छ्वासश्चदृश्यते ॥ सनिरूष्मानिरुच्छ्वासोनिःश्रीकोहतचेतनः २३ ब्रह्मणासंपरित्यक्तोमृतइत्युच्यतेनरः ॥ स्रोतोभिर्यैर्विजानातिइंद्रियार्थान्शरीरभृत् २४ तैरेवनविजानातिप्राणानाहारसंभवान् ॥ तत्रैवकुरुतेकायेयःसजीवःसनातनः २५ तथायद्यद्भवेद्युक्तंसन्निपातेक्वचित्क्वचित् ॥ तत्तन्मर्मविजानीहिशास्त्रदृष्टंहितत्तथा २६ तेषुमर्मसुभिन्नेषुततःससमुदीरयन् ॥ आविश्यहृदयंजंतोःसत्त्वंचाशुरुणद्धिवै ॥ ततःसचेतनोजंतुर्नाभिजानातिकिंचन २७ तमसासंवृतज्ञानःसंवृतेष्वेवमर्मसु ॥ सजीवोनिरधिष्ठानश्चाल्यतेमातरिश्वना २८ ततःसतंमहोच्छ्वासंभृशमुच्छ्वस्यदारुणम् ॥ निष्क्रामन्कंपयत्याशुतच्छरीरमचेतनम् २९ सजीवःप्रच्युतःकायात्कर्मभिःस्वैःसमावृतः ॥ अभितःस्वैःशुभैःपुण्यैःपापैर्वाऽप्युपपद्यते ३० ब्राह्मणाज्ञानसंपन्नायथावच्छ्रुतनिश्चयाः ॥ इतरंकृतपुण्यंवातंविजानंतिलक्षणैः ३१ यथांधकारेखद्योतंलीयमानंततस्ततः ॥ चक्षुष्मंतःप्रपश्यंतितथाचज्ञानचक्षुषः ३२ ॥ ॥

णेपारलौकिकदेहत्यागेनैहिकगर्भस्थदेहप्रवेशे १९ अद्भिःक्लेदंजलेनवैक्लव्यम् २० संभूतत्वंसंहतत्त्वं नियच्छतिनाशयति यथाभूतानिपृथग्भवंतीत्यर्थः तीव्रेणवायुनाऽन्येनसमीरितःप्राणापानस्थानेव्यवस्थितोयोवायुरित्युत्तरेणसंबंधः २१ । २२ । २३ स्रोतोभिरिंद्रियैः २४ । २५ । २६ । २७ । २८ । २९ । ३० । ३१ । ३२ ॥ ॥ ॥

३३ । ३४ । ३५ । ३६ । ३७ । ३८ । ३९ । ४० । ४१ । ४२ ॥ ॥ इत्याश्वमेधिकेपर्वणिनीलकंठीये भारतभावदीपे सप्तदशोऽध्यायः ॥ १७ ॥ ॥ ॥ शुभानामिति। क्षेत्रंक्षेत्रं देहंदेहंप्राप्यप्राप्यासाद्यासाद्यपच्यंतेफलंप्रयच्छंति १ चित्तशुद्ध्यशुद्धितारतम्येनाल्पादपिपुण्यात्पापाद्वाफलंबह्वस्तीत्याहसार्धेन यथेति। फलीवृक्षः २ पुरोधायेति । तस्मान्मनएवप्रधानंनकर्मेतिभावः ३ यथाकर्मेति । मन्युरविद्यासंकल्पोवा तच्चापितत्रापिप्रश्ने ४ तदाह शुक्रमिति ५ क्षेत्रंप्राप्तस्यनरस्यतात्त्विकंरूपमाह सौक्ष्म्यादिति । ब्राह्मणोब्रह्मवित् तस्मात्तच्छाश्वतंब्रह्मज्ञात्वाकाममी

पश्यंत्येवंविधंसिद्धाजीवंदिव्येनचक्षुषा ॥ च्यवंतंजायमानंचयोनिंचानुप्रवेशितम् ३३ तस्यस्थानानिदृष्टानित्रिविधानीहशास्त्रतः ॥ कर्मभूमिरियंभूमिर्यत्र
तिष्ठंतिजंतवः ३४ ततःशुभाशुभंकृत्वालभंतेसर्वदेहिनः ॥ इहैवोच्चावचान्भोगान्प्राप्नुवंतिस्वकर्मभिः ३५ इहैवाशुभकर्माणःकर्मभिर्निरयंगताः ॥ अवाग्गति
रियंकष्टायत्रपच्यंतिमानवाः ॥ तस्मात्सुदुर्लभोमोक्षोरक्ष्यश्चात्माततोभृशम् ३६ ऊर्ध्वंतुजंतवोगत्वायेषुस्थानेष्ववस्थिताः ॥ कीर्त्यमानानितानीहतत्त्वतः
संनिबोधमे ३७ तच्छ्रुत्वानैष्ठिकींबुद्धिंबुद्ध्येथाःकर्मनिश्चयम् ॥ ताराऋपाणिसर्वाणियच्चैतच्चंद्रमंडलम् ३८ यच्चविभ्राजतेलोकेस्वभासासूर्यमंडलम् ॥ स्था
नान्येतानिजानीहिजनानांपुण्यकर्मणाम् ३९ कर्मक्षयाच्चतेसर्वेच्यवंतेवैपुनःपुनः ॥ तत्रापिचविशेषोऽस्तिदिविनीचोच्चमध्यमः ४० नचतत्रापिसंतोषोदृष्ट्वा
दीप्ततरांश्रियम् ॥ इत्येतागतयःसर्वाःपृथक्तेसमुदीरिताः ४१ उपपत्तिंतुवक्ष्यामिगर्भस्याहमतःपरम् ॥ तथातन्मेनिगदतःशृणुष्वावहितोद्विज ४२ ॥ इति
श्रीमहाभारते आश्वमेधिकेपर्वणि अनुगीतापर्वणि सप्तदशोऽध्यायः ॥ १७ ॥ ॥ ब्राह्मणउवाच ॥ ॥ शुभानामशुभानांचनेहनाशोऽस्तिकर्मणाम् ॥ प्रा
प्यप्राप्यानुपच्यंतेक्षेत्रंक्षेत्रंतथातथा १ यथाप्रसूयमानस्तुफलीदद्यात्फलंबहु ॥ तथास्याद्विपुलंपुण्यंशुद्धेनमनसाकृतम् २ पापंचापितथैवस्यात्पापेनमन
साकृतम् ॥ पुरोधायमनोहीदंकर्मण्यात्माप्रवर्तते ३ यथाकर्मसमाविष्टःकाममन्युसमावृतः ॥ नरोगर्भंप्रविशतितच्चापिशृणुचोत्तरम् ४ शुक्रंशोणितसंसृष्टं
स्त्रियागर्भाशयंगतम् ॥ क्षेत्रंकर्मजमाप्नोतिशुभंवायदिवाऽशुभम् ५ सौक्ष्म्यादव्यक्तभावाच्चनचक्कचनसज्जति ॥ संप्राप्यब्राह्मणःकामंतस्मात्तद्ब्रह्मशाश्वतम् ६
तद्बीजंसर्वभूतानांतेनजीवंतिजंतवः ॥ सजीवःसर्वगात्राणिगर्भस्याविश्यभागशः ७ दधातिचेतसासद्यःप्राणस्थानेष्ववस्थितः ॥ ततःस्पंदयतेऽङ्गानिसगर्भ
श्चेतनान्वितः ८ यथालोहस्यनिःस्यंदोनिषिक्तोबिंबनिग्रहम् ॥ उपैतितद्वज्जानीहिगर्भेजीवप्रवेशनम् ९ ॥ ॥ ॥

प्सितंप्राप्यासंगोभवतीत्यर्थः ६ तद्बीजंब्रह्मैवकारणं तेनेति । 'एतस्यैवानंदस्यान्यानिभूतानिमात्रामुपजीवंति' इतिश्रुतेः सब्रह्मैवसन्जीवःचेतसाउपाधिभूतेनप्राणस्थानेषुइंद्रियगोलकेषुदधातिधार यतेअभिमानमित्यर्थः इत्युत्तरश्लोकार्धेनसहान्वयः ७ ततोधारणात् ८ ननुकथंसूक्ष्मोऽपिदेहंव्याप्नुयादव्यक्तोवाऽव्यक्तिमसंगोवासंगमित्याशंक्यत्रिभिःपरिहरति यथालोहस्येत्यादिभिः । यथास्वर्णद्रवः स्वल्पोऽपिकृत्स्नांताम्रप्रतिमांस्वर्णमयीमिवकरोत्येवंगर्भेजीवप्रवेशनं शरीरेसूक्ष्मस्यापिचैतन्यस्यव्याप्तिरित्याद्यस्यपरिहारःयथैवबिंबंमृदयोपलिप्तमित्यादिश्रुत्यनुसारी ९ ॥ ॥

यथास्वयमव्यक्तोऽपिवह्निःकाष्ठलोहाद्युपाधावेवाभिव्यज्यतेएवंगर्भेजीवोपपादनं देहेचैतन्यस्याभिव्यक्तिरितिद्वितीयस्यपरिहारः अरणीषुचाग्निरित्यादिश्रुत्यनुसारी १० तृतीयस्यपरिहारमाह यथाचेति । शरणेगृहे शरीराणिस्थूलसूक्ष्मकारणानि ११ दीपवदसंगायाअपिचेतनायादुःखादिसंप्रतीतौहेतुमाह यद्यच्चेति । यथाप्रकाशः अतदाकारोऽप्यंगुल्याद्युपाधिनाऋजुवक्राद्याकारइवप्रतीयतेएवंकर्मज दुःखप्रकाशिकायांचितिदुःखाकारतेवभातिवस्तुतस्तुनास्ति । 'असंगोह्ययंपुरुषः'इतिश्रुतेः अवस्थांतरगतस्यदुःखस्यावस्थांतरेऽनुवृत्त्यदर्शनाच्चेतिभावः १२ ततउपभोगात् १३ कथंकष्टाच्चसंसारान्मु च्यतइत्यस्योत्तरमाह तत्रकर्मेत्यादिना । जातीषुयोनिषु १४ । १५ संयमश्चित्तैकाग्र्यं १६ । १७ । १८ । १९ । २० यश्चयोगीति । सर्पदंशोविषविद्याविदमिवकर्मसंगःप्रतीयमानोऽपियोगिनं

लोहपिंडंयथावह्निःप्रविश्यह्यतितापयेत् ॥ तथात्वमपिजानीहिगर्भेजीवोपपादनम् १० यथाचदीपःशरणेदीप्यमानःप्रकाशते ॥ एवमेवशरीराणिप्रकाशयति चेतना ११ यद्यच्चकुरुतेकर्मशुभंवायदिवाऽशुभम् ॥ पूर्वदेहकृतंसर्वमवश्यमुपभुज्यते १२ ततस्तुक्षीयतेचैवपुनश्चान्यत्प्रचीयते ॥ यावत्तन्मोक्षयोगस्थंधर्मं नैवावबुद्ध्यते १३ तत्रकर्मप्रवक्ष्यामिसुखीभवतियेनवै ॥ आवर्तमानोजातीषुयथाऽन्योन्यासुसत्तम १४ दानंव्रतंब्रह्मचर्यंयथोक्तंब्रह्मधारणम् ॥ दमःप्रशांत ताचैवभूतानांचानुकंपनम् १५ संयमश्चानृशंस्यंचपरस्वादानवर्जनम् ॥ व्यलीकानामकरणंभूतानांमनसाभुवि १६ मातापित्रोश्चशुश्रूषादेवताऽतिथिपूज नम् ॥ गुरुपूजाघृणाशौचंनित्यमिंद्रियसंयमः १७ प्रवर्तनंशुभानांचतत्सतांवृत्तमुच्यते ॥ ततोधर्मःप्रभवतियःप्रजाःपातिशाश्वताः १८ एवंसत्सुसदापश्ये त्तत्राप्येषाध्रुवास्थितिः ॥ आचारोधर्ममाचष्टेयस्मिन्शांताव्यवस्थिताः १९ तेषुतत्कर्मनिक्षिप्तंयःसधर्मःसनातनः ॥ यस्तंसमभिपद्येतनसदुर्गतिमाप्नुयात् २० अतोनियम्यतेलोकःप्रच्यवन्धर्मवर्त्मसु ॥ यश्चयोगीचमुक्तश्चसएतेभ्योविशिष्यते २१ वर्तमानस्यधर्मेणशुभंयत्रयथातथा ॥ संसारतारणंह्यस्यकालेनमहताभ वेत् २२ एवंपूर्वकृतंकर्मनित्यंजंतुःप्रपद्यते ॥ सर्वंतत्कारणंयेनविकृतोऽयमिहागतः २३ शरीरग्रहणंचास्यकेनपूर्वंप्रकल्पितम् ॥ इत्येवंसंशयोलोकेतच्चव क्ष्याम्यतःपरम् २४ शरीरमात्मनःकृत्वासर्वलोकपितामहः ॥ त्रैलोक्यमसृजद्ब्रह्माकृत्स्नंस्थावरजंगमम् २५ ततःप्रधानमसृजत्प्रकृतिंसशरीरिणाम् ॥ यया सर्वमिदंव्याप्तंयांलोकेपरमांविदुः २६ इदंतत्क्षरमित्युक्तंपरंत्वमृतमक्षरम् ॥ त्रयाणांमिथुनंसर्वमेकैकस्यपृथक्पृथक् २७ ॥ ॥

नबाधते योगीइतरेभ्यःश्रेष्ठइत्यर्थः यतोयोग्यतोमुक्तः चस्त्वर्थे परौचशब्दौहेत्ववधारणार्थौ यस्तुयोगीसहियोगबलान्मुक्तएवेत्यर्थः २१ कर्मिणांविलंबेनमुक्तिरित्याह वर्तमानस्येति २२ एवमिति । अयमात्माब्रह्मसन्विकृतः जीवत्वंप्राप्तः २३ । २४ ननुस्वतंत्राएवबहवश्चेतनाःनब्रह्मविकाराइत्याशंक्यशरीरमात्मनइत्यादिनापौर्विकीश्रुतिरित्यंतैःश्लोकैःप्रत्याचष्टेसर्वलोकःकार्यसमष्टिस्तस्याःपितामा याशबलंब्रह्म पितामहःशुद्धंततआत्मनःशुद्धस्यशरीरमव्याकृताकाशं । आकाशशरीरंब्रह्मेतिश्रुतेः । मायांकृत्वाउत्पाद्य । 'तस्मादव्यक्तमुत्पन्नंत्रिगुणंद्विजसत्तम'इत्यितदुत्पत्तिस्मृतेः नोव्योमापरोयदितिस्थ्छेःप्राक्तदभावश्रुतेश्चकृत्स्नंसूत्रात्मकंत्रैलोक्यं २५ ततःप्रधानंसर्वेषुकार्येषुप्रधीयमानंतेजोबन्नात्मकंजीवानांप्रकृतिमभिव्यक्तिस्थानंदेहाद्याकारंययाप्रकृत्या २६ क्षरं जडंअक्षरंतदवच्छिन्नंचैतन्यंजीवेशभावाक्रांतं त्रयाणांक्षराक्षरशुद्धानांमध्येमिथुनंक्षराक्षरंसर्वंप्रतिपुरुषंपृथक्पृथगस्तितत्तन्मुक्तौतत्तत्कल्पितंतद्रज्जुसर्पवद्बाध्यतइत्यर्थः २७ ॥ ॥

उक्तोर्थःश्रौतएवेत्याह असृजदिति । पूर्वदृष्टः सृष्टेःप्राक् । 'सदेवसोम्येदमग्रआसीदेकमेवाद्वितीयं'इतिश्रुतौदृष्टः सर्वभूतानिवियदादीनि स्थावराणिचाज्जंगमानि ऐतदात्म्यमितिश्रुतेःप्रत्यगात्मैवसर्वदृश्यरूपेणभातीत्यर्थः २८ एवंश्रुतिबलेनचेतनभेदंनिरस्यब्रह्मविकारस्यजीवस्यविकारत्वांनित्यंचेत्कृतंसाधनैरित्याशंक्यतदनित्यत्वमाह तस्यकालेति । तस्यशरीरग्रहणस्यकालेत्यनेनांतवत्त्वंपरिवृत्तिसुरनरतिर्यगादिदेहेषुभ्रमणं २९ यथाऽत्रेति अत्रसंसारस्यांतवत्त्वेविषये वदेत्तद्वदहंजातिस्मरोयत्प्रवक्ष्यामीत्यध्याहृत्ययोज्यम् ३० । ३१ । ३२ चेतनात्वस्तुदेहेषुसममेकं ३३ ऐकात्म्यदृष्ट्यानिर्विद्यतइत्यर्थः स्पष्टार्थमन्यत् ३४ । ३५ ॥ ॥ इत्याश्वमेधिकेपर्वणि नीलकंठीये भारतभावदीपेऽष्टादशोऽध्यायः ॥ १८ ॥ ॥ शरीरस्यनाशोत्पत्ति

असृजत्सर्वभूतानिपूर्वदृष्टःप्रजापतिः ॥ स्थावराणिचभूतानिइत्येषापौर्विकीश्रुतिः २८ तस्यकालपरीमाणमकरोत्सपितामहः ॥ भूतेषुपरिवृत्तिंचपुनरावृत्तिमेवच २९ यथाऽत्रकश्चिन्मेधावीदृष्टात्मापूर्वजन्मनि ॥ यत्प्रवक्ष्यामितत्सर्वंयथावदुपपद्यते ३० सुखदुःखेयथासम्यगनित्येयःप्रपश्यति ॥ कायंचामेध्यसंघातंविनाशंकर्मसंहितम् ३१ यच्चकिंचित्सुखंतच्चदुःखंसर्वमितिस्मरन् ॥ संसारसागरंघोरंतरिष्यतिसुदुस्तरम् ३२ जातीमरणरोगैश्चसमाविष्टःप्रधानवित् ॥ चेतनावत्सुचैतन्यंसर्वभूतेषुपश्यति ३३ निर्विद्यतेततःकृत्स्नंमार्गमाणःपरंपदम् ॥ तस्योपदेशंवक्ष्यामियाथातथ्येनसत्तम ३४ शाश्वतस्याव्ययस्याथयदस्यज्ञानमुत्तमम् ॥ प्रोच्यमानंमयाविप्रनिबोधेदमशेषतः ३५ ॥ इति श्रीमहाभारते आश्वमेधिकेपर्वणि अनुगीतापर्वणि अष्टादशोऽध्यायः ॥ १८ ॥ ॥

॥ ब्राह्मणउवाच ॥ यःस्यादेकायनेलीनस्तूष्णींकिंचिदचिंतयन् ॥ पूर्वंपूर्वंपरित्यज्यसतीर्णोबंधनाद्भवेत् १ सर्वमित्रःसर्वसहःशमेरक्तोजितेन्द्रियः ॥ व्यपेतभयमन्युश्चआत्मवान्मुच्यतेनरः २ आत्मवत्सर्वभूतेषुयश्चरेन्नियतःशुचिः ॥ अमानीनिरभीमानःसर्वतोमुक्तएवसः ३ जीवितंमरणंचोभेसुखदुःखेतथैवच ॥ लाभालाभेप्रियद्वेष्येयःसमःसचमुच्यते ४ नकस्यचित्स्पृहयतेनाऽवजानातिकिंचन ॥ निर्द्वंद्वोवीतरागात्मासर्वथामुक्तएवसः ५ अनमित्रश्चनिर्बंधुरनपत्यश्चयःक्वचित् ॥ त्यक्तधर्मार्थकामश्चनिराकांक्षीचमुच्यते ६ नैवधर्मीनचाधर्मीपूर्वोपचितहायकः ॥ धातुक्षयप्रशांतात्मानिर्द्वंद्वःसविमुच्यते ७ अकर्मवान्विकांक्षश्चपश्येज्जगदशाश्वतम् ॥ अश्वत्थसदृशंनित्यंजन्ममृत्युजरायुतम् ८ वैराग्यबुद्धिःसततमात्मदोषव्यपेक्षकः ॥ आत्मबंधविनिर्मोक्षंसकरोत्यचिरादिव ९

प्रकारावुक्त्वापूर्वोपक्रांतंततोमुक्तिप्रकारंप्रपंचयति यःस्यादिति । तद्यथासर्वासामपांसमुद्रएकायनमित्यादिश्रुत्युक्तप्रकारेणसर्वलयाधिष्ठानंब्रह्मएकायनंतस्मिन्लीनःसयथासैन्धवखिल्यउदकेप्रास्तउदकमेवानुविलीयेतइतिश्रुत्युक्तरीत्याऐक्यंप्राप्तः तूष्णीमहमेवेदंसर्वोऽस्मीत्यभिमानमप्यकुर्वन् किंचिदचिन्तयन्नित्यनेनास्मीत्यपिवारयति पूर्वंपूर्वंस्थूलसूक्ष्मकारणेषुपरित्यज्योत्तरस्मिन्नुत्तरस्मिन्प्रविलाप्य १ सर्वमित्रःअद्रोही सर्वसहःक्षमी शमेचित्तनिग्रहेभयंयोगात्सिद्धौकर्मसंन्यासिनःकर्मब्रह्मोभयभ्रष्टताप्रयुक्तं मन्युरियताऽपिकालेननयोगःसिद्धइतिदैन्यंतत्रद्वेषोवा आत्मवान्जितचित्तः २ । ३ । ४ । ५ अनमित्रःशत्रुहीनः ६ ज्ञानफलमाह नैवेति । धर्माधर्मशून्यः पूर्वोपचितंप्रारब्धकर्मतस्यहायकोयापकः धातुक्षयेणशरीरारंभकभूतविनाशेनैवप्रशांतःप्रसंतसमुच्छिन्नआत्माचित्तंयस्यसः अतएवनिर्द्वन्द्वोऽद्वैतः । 'यत्रत्वस्यसर्वमात्मैवाभूत्तत्केनकंपश्येत्'इतिश्रुतेः ७ अकर्मवान्संन्यासी ८ । ९ ॥ ॥ ॥ ॥

अगंधमित्यादिहीनत्वात्‌ चिन्मात्रम् १० पंचभूतगुणैर्हीनमितिस्थूलनिरासः अमूर्तिमदितिसूक्ष्मस्य अहेतुकमितिकारणस्य अतएवाऽगुणं गुणभोक्तृपूर्वैस्त्रिभीरूपैः गुणाविषयादयः ११ । १२
एवंध्यानजसंस्कारैर्बाह्यसंस्कारानश्यंति तज्जःसंस्कारोऽन्यसंस्कारप्रतिबंधीतियोगसूत्रादित्याह सर्वसंस्कारेति १३ । १४ अतःपरंप्रवक्ष्यामीतिसंक्षेपोक्त्यनंतरंविस्तरेणवक्ष्यामि युंजतोध्या
यतःसिद्धमाविध्यकभ्रांतिनिवृत्तौस्वतःसिद्धंनतुकीटभ्रमरन्यायेनध्यानसाध्यम् १५ यैर्द्वारैश्चित्तनिग्रहोपायैःआत्मानंचित्तमात्मनिदेहेधारयन्नंतर्मुखंकुर्वन् नित्यमाद्यंतशून्यंवस्तुपश्यतितानिनिबोधेति
पूर्वेणान्वयः १६ संहृत्यस्वस्वविषयेभ्यःप्रत्यावर्त्य आत्मनिक्षेत्रज्ञे एतच्चतपआख्यस्वधर्मानुष्ठानेनशुद्धेचेतस्येवभवतीत्याह तीव्रमिति १७ एतदेवान्वयव्यतिरेकाभ्यांद्रढयति तपस्वीत्या
दिना १८ । १९ । २० यथाहीति । यथास्वप्नेस्थूलदेहासंगेनस्थितःसन्कंचिदहृष्टचरंपुरुषंपश्यति उत्थेवाऽनिरुद्धं प्रबुद्धश्चपुनस्तंदृष्ट्वासोऽयमितिप्रत्यभिजानाति तथाऽऽत्मानवि

अगन्धमरसस्पर्शमशब्दमपरिग्रहम् ॥ अरूपमनभिज्ञेयंदृष्ट्वाऽऽत्मानंविमुच्यते १० पंचभूतगुणैर्हीनममूर्तिमदहेतुकम् ॥ अगुणंगुणभोक्तारंयःपश्यतिसमुच्यते
११ विहायसर्वसंकल्पान्बुद्ध्याशारीरमानसान् ॥ शनैर्निर्वाणमाप्नोतिनिरिंधनइवाऽनलः १२ सर्वसंस्कारनिर्मुक्तोनिर्द्वंद्वोनिष्परिग्रहः॥ तपसाइंद्रियग्रामंयश्चरेन्मुक्त
एवसः १३ विमुक्तःसर्वसंस्कारैस्ततोब्रह्मसनातनम् ॥ परमाप्नोतिसंशांतमचलंनित्यमक्षरम् १४ अतःपरंप्रवक्ष्यामियोगशास्त्रमनुत्तमम् ॥ युंजतःसिद्धमात्मानं
यथापश्यंतियोगिनः १५ तस्योपदेशंवक्ष्यामियथावत्तन्निबोधमे ॥ यैर्द्वारैश्चारयन्नित्यंपश्यत्यात्मानमात्मनि १६ इंद्रियाणितुसंहृत्यमनआत्मनिधारयेत् ॥
तीव्रंतप्त्वातपःपूर्वंमोक्षयोगंसमाचरेत् १७ तपस्वीसततंयुक्तोयोगशास्त्रमथाचरेत् ॥ मनीषीमनसाविप्रःपश्यन्नात्मानमात्मनि १८ सचेच्छक्नोत्ययंसाधुर्योक्तु
मात्मानमात्मनि ॥ ततएकांतशीलःसपश्यत्यात्मानमात्मनि १९ संयतःसततंयुक्तआत्मवान्विजितेन्द्रियः ॥ तथायआत्मनाऽऽत्मानंसंप्रयुक्तःप्रपश्यति २० य
थाहिपुरुषःस्वप्नेदृष्ट्वापश्यत्यसाविती ॥ तथारूपमिवात्मानंसाधुयुक्तःप्रपश्यति २१ इषीकांचयथामुंजात्कश्चिन्निष्कृष्यदर्शयेत् ॥ योगीनिष्कृष्यचात्मानंतथाप
श्यतिदेहतः २२ मुंजंशरीरमित्याहुरिषीकामात्मनिश्रिताम् ॥ एतन्निदर्शनंप्रोक्तंयोगविद्भिरनुत्तमम् २३ यदाहियुक्तमात्मानंसम्यक्पश्यतिदेहभृत् ॥ नत
स्येहेश्वरःकश्चित्त्रैलोक्यस्यापियःप्रभुः २४ अन्यान्याश्चैवतनवोयथेष्टंप्रतिपद्यते ॥ विनिवृत्त्यजरांमृत्युंनशोचतिनहृष्यति २५ देवानामपिदेवत्वंयुक्तःकारय
तेवशी ॥ ब्रह्मचाव्ययमाप्नोतिहित्वादेहमशाश्वतम् २६ ॥ ॥ ॥

स्वरूपंसमाधौदृष्ट्वाव्युत्थानेऽपिविश्वमात्मत्वेनैवपश्यतीत्यर्थः २१ तंस्वाच्छरीरात्पृथक्‌हेन्मुंजादिवेषीकांधैर्येणेतिदेहासंगेश्रौतंदृष्टांतमाह इषीकामिति २२ दृष्टांतंदार्ष्टांतिकेयोजयति मुंजमिति । आत्मनि
श्रितांमायांजगदाकारेणभासमानामितिशेषः २३ यतोऽयंसबाह्याभ्यंतरंप्रत्यगनन्यत्वेनवीक्षतेऽतएवचानन्याधिपतिरयमित्याह यदाहीति २४ सएकधाभवतित्रिधाभवतीत्यादिकायव्यूहकरणं ।
'नतस्यरोगोनजरानमृत्युः' 'सर्वस्यवशीसर्वस्येशानः'इत्यादिश्रुतिप्रसिद्धंयोगफलमाह अन्यान्याइति । अन्यान्यादेवगंधर्वमनुष्याद्याः तनवस्तनूः कामरूपीभवतीत्यर्थः २५ विदेहकैवल्यावधिक
मेवैश्वर्यमित्याह ब्रह्मचेति २६ ॥ ॥ ॥ ॥ ॥

२७ विनश्येतिविदेहमुक्तस्यनक्लेशाःसंतीत्युक्तंतत्कैमुतिकन्यायेनद्रढयितुंसदेहमुक्तस्यापितेनसंतीत्याह दुःखशोकइत्यादिना २८ । २९ । ३० अन्यान्याश्चेतिपूर्वोक्तस्यविवरणं देहानिति । भुंजानेनयोगैश्वर्यमितिशेषः निर्वेदोयोगाद्वैराग्यंनकर्तव्यमित्यर्थः ३१ वस्तुतस्तुयोगजसंस्कारप्राबल्याद्योगिनोभोगेच्छैवनभवतीत्याह सम्यगिति । असम्यग्योगिविषयैवभोगेच्छोक्तिरितिभावः ३२ एकांतशीलःएकंब्रह्मअम्यतेप्राप्यतेऽनेनेतिएकांतोध्यानंतच्छीलः । 'ततस्तुतंपश्यतिनिष्कलंध्यायमानः'इतिश्रुतेः दृष्टपूर्वांदिशं दृष्टंश्रुतिःप्रामाण्यंप्रत्यनपेक्षत्वात्वेदांतश्रवणपूर्विकांदिशमुपदेशंचिंत्ययुक्त्याऽपिपर्यालोच्य । श्रोतव्योमंतव्यइतिश्रुतेः यस्मिन्पुरेदेहे ३३ आवसथेमूलाधाराद्यन्यतमस्मिंश्चक्रे ३४ तदेवकृत्स्नंसर्वात्मकंयदापश्यतितदाऽस्यबाह्यतःप्रत्यग्रूपादन्यत्नकिंचनाऽस्तियत्रास्यमनःसज्जेत्अतोनिर्वासनत्वान्मुच्यतइत्यर्थः ३५ उपसंहरतिसन्नियम्येति । कायमभिदेहस्याभितोबहिरंतरंमध्येचकृत्स्नंपरिपूर्णंब्रह्मैवचिंतयेदित्यर्थः ३६ अस्ययोगस्यसाधनान्याह

विनश्यत्सुचभूतेषुनभयंतस्यजायते ॥ क्लिश्यमानेषुभूतेषुनसक्लिश्यतिकेनचित् २७ दुःखशोकमयैर्घोरैःसंगस्नेहसमुद्भवैः ॥ नविचाल्यतियुक्तात्मानिस्पृहःशांतमानसः २८ नैनंशस्त्राणिविध्यंतेनमृत्युश्चास्यविद्यते ॥ नातःसुखतरंकिंचिल्लोकेक्वचनदृश्यते २९ सम्यग्युक्त्वासआत्मानमात्मन्येवप्रतिष्ठते ॥ विनिवृत्तजरादुःखःसुखंस्वपितिचापिसः ३० देहान्यथेष्टमभ्येतिहित्वेमांमानुषींतनुम् ॥ निर्वेदस्तुनकर्तव्योभुंजानेनकथंचन ३१ सम्यग्युक्तोयदाऽऽत्मानमात्मन्येवप्रपश्यति ॥ तदैवनस्पृहयतेसाक्षादपिशतक्रतोः ३२ योगमेकांतशीलस्तुयथाविन्दतितच्छृणु ॥ दृष्टपूर्वांदिशंचिन्त्ययस्मिन्संनिवसेत्पुरे ३३ पुरस्याभ्यन्तरेतस्यमनःस्थाप्यंनबाह्यतः ॥ पुरस्याभ्यन्तरेतिष्ठन्यस्मिन्नावसथेवसेत् ॥ तस्मिन्नावसथेधार्यंसबाह्याभ्यंतरंमनः ३४ प्रचिन्त्यावसथेकृत्स्नंयस्मिन्कालेसपश्यति ॥ तस्मिन्कालेमनश्चास्यनचकिंचिसबाह्यतः ३५ सन्नियम्येन्द्रियग्रामंनिर्घोषेनिर्जनेवने ॥ कायमभ्यंतरंकृत्स्नमेकाग्रःपरिचिन्तयेत् ३६ दन्तांस्तालुचजिह्वांचगलंग्रीवांतथैवच ॥ हृदयंचिंतयेच्चापितथाहृदयबंधनम् ३७ इत्युक्तःसमयाशिष्योमेधावीमधुसूदन ॥ पप्रच्छपुनरेवेमंमोक्षधर्मंसुदुर्वचम् ३८ भुक्तंभुक्तमिदंकोष्ठेकथमन्नंविपच्यते ॥ कथंरसत्वंव्रजतिशोणितत्वंकथंपुनः ३९ तथामांसंचमेदश्चस्नाय्वस्थीनिचयोषिति ॥ कथमेतानिसर्वाणिशरीराणिशरीरिणाम् ४० वर्धंतेवर्धमानस्यवर्धतेचकथंबलम् ॥ निरोधानांनिगमनंमलानांचपृथक्पृथक् ४१ ॥ ॥ ॥ ॥

दंतानित्यादि । दंतान्दन्तैरवखंड्यावखंड्यगृह्यमाणानाहारांश्चिंतयेत् । आहारशुद्धौसत्वशुद्धिःसत्वशुद्धौध्रुवास्मृतिःस्मृतिलंभेसर्वग्रंथीनांविप्रमोक्षइत्याहारशुद्धेर्मोक्षहेतुत्वश्रुतेः तथातालुआधारं जिह्वांतत्राधेयां यथोक्तमीश्वरप्रोक्ते 'लंबिकोर्ध्वस्थितेगर्तेरसनांविपरीतगाम् । संयोजयेत्प्रयत्नेनमुद्रासाखेचरीमता' इतिदत्तात्रेयः । 'अंतःकपालविवरेजिव्हांव्यावृत्त्यचार्पयेत् । भ्रूमध्यदृष्टिरप्येषामुद्राभवतिखेचरी'इति भ्रुवोर्मध्येप्राणमावेश्यप्राणापानौसमौकृत्वानासाभ्यंतरचारिणाविति चैतदेवोक्तंगलंजिह्वामूलादधोभागः ग्रीवातदधःकंठनालंताभ्यां कंठकूपस्ततोऽप्यधःस्थितोलक्ष्यते तत्रधारणासद्यःफलायस्मादभ्यसनीयायोगेविश्वासोत्पत्त्यर्थं तथाचसूत्रम् । कंठकूपेक्षुत्पिपासानिवृत्तिरिति । भाष्यमपिआसामेकस्याःफलंयावन्नानुभवतितावद्योगधर्मेनश्रद्धत्तेइति हृदयंहृदयायतनं ब्रह्महृदयबंधनंशतंचैकाचहृदयस्यनाड्यइतिश्रूयमाणंनाडीमार्गंतत्सहोकमस्युपयोगि ३७ मेधावीदंतादिशब्दैःपारोक्ष्येणोक्तमर्थंज्ञातवान् ३८ पंचस्वर्थेष्वाद्यंविवृत्यपृच्छतित्रिभिः भुक्तंभुक्तमिति ३९ । ४० । ४१

द्वितीयमर्द्धेन कुतोवेति । तृतीयंयोगानुपकारित्वादपृष्ट्वाचतुर्थमेवपृच्छति कंचेति ४२ पंचमंपृच्छति जीवइति । कथंजीवोनाडीमार्गैःसूक्ष्मंकलेवरंवहतिकिंवर्णोवातेनाडीमार्गास्तैश्चकीदृशंपुनर्वपुःप्रा
प्यमितिप्रश्नार्थः एतेषांमध्येआद्ययोर्विवरणार्थाब्राह्मणगीता इतरयोर्गुरुशिष्यसंवादःप्राधान्येन अन्यत्तुतत्रतत्रोपसर्जनत्वेनप्रतिपाद्यतइतिविभागः ४३ । ४४ कोष्ठेधान्यगृहेभांडंगृहोपस्करं
निक्षिप्तंयथागृहंप्रविष्टोविविच्यजानाति ४५ एवंस्वकायेदेहांतर्मनःप्रक्षिप्याऽनिश्चलैरनिश्चरद्भिर्द्वारैरिंद्रियैः । सर्वद्वाराणिसंयम्यमनोहृदिनिरुध्यचेतिस्मृतेस्त्वयायत्पृष्टंतद्वस्तुयोगवलेनज्ञेयमि
त्यर्थः ४६ एतदेवोपपादयति एवमिति । प्रधानवित्प्रकृतिवित्सर्वविकारविद्भवतिविकाराणांप्रकृतेरनन्यत्वादिति ४७।४८ चक्षुराद्यग्राह्यस्यामूर्त्तस्यरूपंसर्वतःपाणिपादांतइत्यादिलक्षणम् ४९

कुतोवाऽयंप्रश्वसितिउच्छ्वसित्यपिवापुनः ॥ कंचदेशमधिष्ठायतिष्ठत्यात्माऽयमात्मनि ४२ जीवःकथंवहतिचचेष्टमानःकलेवरम् ॥ किंवर्णंकीदृशंचैवनिवेशयतिवै
पुनः ४३ याथातथ्येनभगवन्वक्तुमर्हसिमेऽनघ ॥ इतिसंपरिपृष्टोऽहंतेनविप्रेणमाधव ४४ प्रत्यब्रुवंमहाबाहोयथाश्रुतमरिंदम ॥ यथास्वकोष्ठेप्रक्षिप्यभांडंभांड
मनाभवेत् ४५ तथास्वकायेप्रक्षिप्यमनोद्वारैरनिश्चलैः ॥ आत्मानंतत्रमार्गेतप्रमादंपरिवर्जयेत् ४६ एवंसततमुद्युक्तःप्रीतात्मानचिरादिव ॥ आसादयतितद्ब्रह्म
यद्दृष्ट्वास्यात्प्रधानवित् ४७ नत्वसौचक्षुषाग्राह्योनचसर्वैरपीन्द्रियैः ॥ मनसैवप्रदीपेनमहानात्माप्रदृश्यते ४८ सर्वतःपाणिपादांतःसर्वतोऽक्षिशिरोमुखः ॥
सर्वतःश्रुतिमाँल्लोकेसर्वमावृत्यतिष्ठति ४९ जीवोनिष्क्रांतमात्मानंशरीरात्संप्रपश्यति ॥ सतमुत्सृज्यदेहेस्वंधारयन्ब्रह्मकेवलम् ५० आत्मानमालोकयतिमनसा
प्रहसन्निव ॥ तदेवमाश्रयंकृत्वामोक्षंयातिततोमयि ५१ इदंसर्वरहस्यंतेमयाप्रोक्तंद्विजोत्तम ॥ आपृच्छेसाधयिष्यामिगच्छविप्रयथासुखम् ५२ इत्युक्तःसत
दाकृष्णमयाशिष्योमहातपाः ॥ अगच्छतयथाकामंब्राह्मणःसंशितव्रतः ५३ ॥ वासुदेवउवाच ॥ इत्युक्त्वासतदावाक्यंमांपार्थद्विजसत्तमः ॥ मोक्षधर्माश्रितः
सम्यक्तत्रैवांतरधीयत ५४ कच्चिदेतत्त्वयापार्थश्रुतमेकाग्रचेतसा ॥ तदापिहिरथस्थस्त्वंश्रुतवानेतदेवहि ५५ नैतत्पार्थसुविज्ञेयंव्यामिश्रेणेतिमेमतिः ॥ नरेणा
कृतसंज्ञेनविशुद्धेनांतरात्मना ५६ सुरहस्यमिदंप्रोक्तंदेवानांभरतर्षभ ॥ कच्चिन्नेदंश्रुतंपार्थमनुष्येणेहकर्हिचित् ५७ नह्येतच्छ्रोतुमर्होऽन्योमनुष्यस्त्वामृतेऽनघ ॥
नैतदद्यसुविज्ञेयंव्यामिश्रेणांतरात्मना ५८ क्रियावद्भिर्हिकौन्तेयदेवलोकःसमावृतः ॥ नचैतदिष्टंदेवानांमर्त्यरूपनिवर्तनम् ५९ पराहिसागतिःपार्थयत्तद्ब्रह्मसना
तनम् ॥ यत्रामृतत्वंप्राप्नोतित्यक्त्वादेहंसदासुखी ६० इमंधर्मंसमास्थाययेऽपिस्युःपापयोनयः ॥ स्त्रियोवैश्यास्तथाशूद्रास्तेऽपियांतिपरांगतिम् ६१ ॥ ॥

तदेवजीवस्यस्वात्मभूतदेहाद्वनिष्क्रांतंपृथग्भूतंमुंजेषीकावत्पश्यतिसंप्रज्ञाते । तंसर्वतइत्युक्तलक्षणंकारणंउत्सृज्यप्रविलाप्य देहेस्वंस्वरूपंधारयन्मनोनिरुद्धन्केवलंनिर्गुणंब्रह्मपश्यति । सएवंविद्वा
नस्माच्छरीरभेदादूर्ध्वमुत्क्रम्यामुष्मिन्स्वर्गेलोकेसर्वान्कामानाप्त्वाऽमृतःसमभवदितिदेहाभिमानकृतंभेदंत्यक्त्वा ऊर्ध्वंकारणब्रह्मभावंप्राप्तं तत्रैवसर्वकामभुग्भूत्वाऽमृताख्यंकैवल्यमश्नुतइतिश्रवणात् ५०
प्रहसन्निवअहोव्यर्थैवमरीचिकोदकतुल्येनसंसारेणाहंभ्रामितइतिविस्मयेनेतिभावः तदेवं तत्ब्रह्म एवंउक्तरीत्या ५१ । ५२ । ५३ । ५४ । ५५ व्यामिश्रेणव्यग्रेण अकृतसंज्ञेनअज्ञा
तांतरात्मसंप्रदायेन ५६ । ५७ । ५८ । ५९ । ६० इमंधर्ममात्मदर्शनाख्यम् ६१ ॥ ॥ ॥

६२ । ६३ । ६४ लोकसारंधनादि असारवततृणादिवत यःपरित्यज्यतेविवेकादिनापरित्यागवान्क्रियते उपायैःशमादिभिः ६५ षण्मासानिति । 'षड्भिर्मासैस्तुयुक्तस्यनित्ययुक्तस्यदेहिनः ॥ आनंदःपरमोगुह्यःसम्यग्योगःप्रवर्त्तते' इतिमैत्रायणीश्रुतेः । सुखसाध्यत्वादादरणीयोयोगइत्यर्थः ६६ ॥ इत्याश्वमेधिकेपर्वणि नीलकंठीये भारतभावदीपे ऊनविंशोऽध्यायः ॥ १९ ॥ भुक्तंभुक्तमिदंकोष्ठेइत्यादिनाकृतस्यप्रश्नस्यउत्तरं 'अहंवैश्वानरोभूत्वाप्राणिनांदेहमाश्रितः ॥ प्राणापानसमायुक्तःपचाम्यन्नंचतुर्विधं'इतिगीतोक्तमेवविवृणोति अत्रापीत्यादिना । अत्रप्रश्नेविषयेइतिहासमपीतिसंबंधः १ । २ कर्मअग्निहोत्रादिकंन्यस्तंयेनतं कीनाशंकर्कशंमयिनिरनुक्रोशं अविचक्षणंममअनन्यगतिकत्वमजानंतम् ३ । ४ । ५ प्राप्तंदीक्षाव्रतादिकं अतएवदृश्यंलोकैःस्थू

किंपुनर्ब्राह्मणाःपार्थक्षत्रियावाबहुश्रुताः ॥ स्वधर्मरतयोनित्यंब्रह्मलोकपरायणाः ६२ हेतुमच्चैतदुद्दिष्टमुपायाश्चास्यसाधने ॥ सिद्धिंफलंचमोक्षश्चदुःखस्यचविनिर्णयः ६३ नातःपरंसुखंत्वन्यत्किंचित्स्याद्भरतर्षभ ॥ बुद्धिमान्श्रद्दधानश्चपराक्रांतश्चपांडव ६४ यःपरित्यज्यतेमर्त्योलोकसारमसारवत् ॥ एतैरुपायैःसक्षिप्रंपरांगतिमवाप्नुते ६५ एतावदेववक्तव्यंनातोभूयोऽस्तिकिंचन ॥ षण्मासान्नित्ययुक्तस्ययोगःपार्थप्रवर्त्तते ६६ ॥ इतिश्रीमहाभारते आश्वमेधिके पर्वणिअनुगीतापर्वणिऊनविंशोऽध्यायः ॥ १९ ॥ ॥ वासुदेवउवाच ॥ अत्राप्युदाहरन्तीममितिहासंपुरातनम् ॥ दंपत्योःपार्थसंवादोयोऽभवद्भरतर्षभ १ ब्राह्मणीब्राह्मणंकंचिज्ज्ञानविज्ञानपारगम् ॥ दृष्ट्वाविविक्तआसीनंभार्याभर्त्तारमब्रवीत् २ कंनुलोकंगमिष्यामित्वामहंपतिमाश्रिता ॥ न्यस्तकर्माणमासीनंकीनाशमविचक्षणम् ३ भार्याःपतिकृताँल्लोकानाप्नुवंतीतिनःश्रुतम् ॥ त्वामहंपतिमासाद्यकांगमिष्यामिवैगतिम् ४ एवमुक्तःसशांतात्मातामुवाचहसन्निव । सुभगेनाभ्यसूयामिवाक्यस्यास्यतवाऽनघे ५ ग्राह्यंदृश्यंचसत्यंवायदिदंकर्मविद्यते ॥ एतदेवव्यवस्यंतिकर्मकर्मेतिकर्मिणः ६ मोहमेवनियच्छंतिकर्मणांज्ञानवार्जिताः ॥ नैष्कर्म्यंनचलोकेऽस्मिन्मुहूर्त्तमपिलभ्यते ७ कर्मणामनसावाचाशुभंवायदिवाऽशुभम् ॥ जन्मादिमूर्त्तिभेदांतंकर्मभूतेषुवर्त्तते ८ रक्षोभिर्वध्यमानेषुदृश्यद्रव्येषुवर्त्मसु ॥ आत्मस्थमात्मनातेभ्योदृष्टमायतनंमया ९ यत्रतद्ब्रह्मनिर्द्वन्द्वंयत्रसोमःसहाग्निना ॥ व्यवायंकुरुतेनित्यंधीरोभूतानिधारयन् १० यत्रब्रह्मादयोयुक्तास्तदक्षरमुपासते ॥ विद्वांसःसुव्रताःयत्रशांतात्मानोजितेन्द्रियाः ११ घ्राणेननतदाघ्रेयंनास्वाद्यंचैवजिह्वया ॥ स्पर्शनेननतदस्पृश्यंमनसात्ववगम्यते १२ चक्षुषामविषह्यंचयत्किंचिच्छ्रवणात्परम् ॥ अगंधमरसस्पर्शमरूपाशब्दलक्षणम् १३ यतःप्रवर्त्ततेतंत्रंयत्रचप्रतितिष्ठति ॥ प्राणोऽपानःसमानश्चव्यानश्चोदानएवच १४ ॥

लत्वाद्द्रष्टुंयोग्यम् ६ कर्मणाशरीरायासेन ७ जन्मादिजन्मस्थितिभंगं मूर्तिभेदोयोनिनानात्वम् ८ दृश्यानिसोमाज्यादीनिद्रव्याणियेषु वर्त्मसुकर्ममार्गेषु रक्षोभिर्दुर्जनैर्वध्यमानेषुनाश्यमानेषुसत्सु तेभ्योविरक्तेनमयेतिशेषः आयतनंभ्रूघ्राणमध्यस्थमविमुक्ताख्यं ९ सोमःइडा अग्निःपिंगलावरणानासीसंज्ञे । सोऽविमुक्तेप्रतिष्ठितः सोविमुक्तःकस्मिन्प्रतिष्ठितइतिवरणायांचनास्यांमध्येप्रतिष्ठितइत्यादिभ्रुवोर्घ्राणस्यचयःसंधिरितिजाबालश्रुतिप्रसिद्धेः व्यवायंसंचारं धीरोबुद्धिप्रेरकोभूतानिधारयन्वायुः १० । ११ ननतदाघ्रेयं तदक्षरम् १२ । १३ तंत्रंसृष्ट्यादिव्यापारः एतदेवाह प्राणोऽपामइत्यादिना १४ ॥ ॥ ॥ ॥

प्राणापानयोःप्रवृत्तिरेवसृष्टिःप्रवेशएवप्रलयश्चेतिभावः । समानेति । नाभिमंडलस्थःसमानः कृत्स्नदेहव्यापीव्यानः १५ तस्मिन्अपानसहितेप्राणेलीनेभ्रूघ्राणमध्येनिरुद्धेसति 'उदानःसर्वसंधिस्थः'
इतिवचनात्शंकुभिश्चर्मेवउदानेनप्राणापानावायतौयस्मात्कृतौतस्मात्अनुक्रांतेउदानेशयानंपुरुषंप्राणापानौनमुंचतः विमुंचतइतिपाठेशयानमित्यस्यमृतमित्यर्थः १६ प्राणानामिति । यतःप्राणा
नामायतत्वमुदानाधीनमतस्तमुदानमुत्कर्षेणआनयतिचेष्टयतेप्राणानितिनिर्वचनात्प्रचक्षते । यस्मात्प्राणानांजीवोपाधीनांएकस्मिन्उदानेऽन्तर्भावस्तस्मात् तपःप्राणजयाख्यंभ्रुवोर्मध्येप्राणमावे
श्यत्येवंरूपं । आलोचनंवाआत्मनस्तद्देहादिव्यतिरिक्तत्वस्य ब्रह्मवादिनोमद्गतंमयिमनश्चालकेगतंनिष्ठांप्राप्तं परात्मप्रापकंव्यवस्यंतिनिश्चिन्वंतीत्यर्थः १७ मद्गतमित्यत्रमच्छब्दार्थं
वैश्वानरंदर्शयति तेषामिति । तेषांमध्येसमानस्थानेनाभिमंडले अंतरातस्यापिमध्ये १८ प्राणघ्रेयघ्राघ्रादयःसप्तसप्तकरणविषयकर्तृरूपाः १९ । २० । २१ । २२ तेषां

ततएवप्रवर्त्तन्तेतदेवप्रविशन्तिच ॥ समानव्यानयोर्मध्येप्राणापानौविचेरतुः १५ तस्मिन्लीनेप्रलीयेतसमानोव्यानएवच ॥ अपानप्राणयोर्मध्येउ
दानोव्याप्यतिष्ठति ॥ तस्माच्छयानंपुरुषंप्राणापानौनमुंचतः १६ प्राणानामायतत्वेनतमुदानंप्रचक्षते ॥ तस्मात्तपोव्यवस्यंतिमद्गतंब्रह्मवादिनः
१७ तेषामन्योन्यभक्षाणांसर्वेषांदेहचारिणाम् ॥ अग्निर्वैश्वानरोमध्येसप्तधादीप्यतेऽन्तरा १८ घ्राणंजिह्वाचचक्षुश्चत्वक्चश्रोत्रंचपंचमम् ॥ मनोबु
द्धिश्चसप्तैताजिह्वावैश्वानरार्चिषः १९ घ्रेयंदृश्यंचपेयंचस्पृश्यंश्रव्यंतथैवच ॥ मंतव्यमथबोद्धव्यंताःसप्तसमिधोमम २० घ्राताभक्षयिताद्रष्टास्प्रष्टा
श्रोताचपंचमः ॥ मन्ताबोद्धाचसप्तैतेभवंतिपरमर्त्विजः २१ घ्रेयेपेयेचदृश्येचस्पृश्येश्रव्येतथैवच ॥ मन्तव्येऽप्यथबोद्धव्येसुभगेपश्यसर्वदा २२ ह
वींष्यग्निषुहोतारःसप्तधासप्तसप्तसु ॥ सम्यक्प्रक्षिप्यविद्वांसोजनयंतिस्वयोनिषु २३ पृथिवीवायुराकाशमापोज्योतिश्चपंचमम् ॥ मनोबुद्धिश्चसप्तैता
योनिरित्येवशब्दिताः २४ हविर्भूतागुणाःसर्वेप्रविशंत्यग्निजंगुणम् ॥ अन्तर्वासमुषित्वाचजायन्तेस्वासुयोनिषु २५ तत्रैवचनिरुध्यन्तेप्रलयेभूतभाव
ने ॥ ततःसंजायतेगंधस्ततःसंजायतेरसः २६ ततःसंजायतेरूपंततःस्पर्शोऽभिजायते ॥ ततःसंजायतेशब्दःसंशयस्तत्रजायते ॥ ततःसंजाय
तेनिष्ठाजन्मैतत्सप्तधाविदुः २७ ॥ ॥ ॥ ॥ ॥

मध्येअग्निषुघ्राणाद्यभिमानिदेवतासु हवींषिघ्रेयादीनि होतारोविषयाणामाह्वातारस्तत्कल्पकाइत्यर्थः 'अमुमावहामुमावहेत्यावाहयतितदेवहोतुर्होतृत्वं' इतिश्रौतनिर्वचनात् । घ्राताऽ
हमित्यादयोऽभिमानाः तान्सर्वान्प्रक्षिप्य गुणागुणेषुवर्त्तंतइतिमत्वायेनसज्जंते तेविद्वांसोब्रह्मीभूताः जनयंतिपृथिव्यादीन्वक्ष्यमाणान् स्वयोनिषुस्वंब्रह्मतदेवयोनिर्येषांतेषुअग्निषु २३
पृथिव्यादयोऽपिसंघातापन्नाः योनिश्चैतन्याभिव्यक्तिस्थानम् २४ हविर्भूतगुणाःघ्रेयादयोविषयाः अग्निजंगुणंगंधादिज्ञानरूपांधीवृत्तिंप्रविशंति अंतर्वासमितिगुणमुलंतं सावृत्तिश्चसंस्कारात्म
नाचेतसिउषित्वास्वासुयोनिषुघ्राणादिषुजायते दृष्टंरूपादिकंसुषुप्त्यादौवासनारूपेणचित्तेस्थितंपुनर्जागरेउत्पद्यतइत्यर्थः २५ एतदेवाह तत्रैवअंतरेव । ततःअंतरएव २६ संशयःसंशयात्मकंमनः
निष्ठानिश्चयात्मिकाबुद्धिः २७ ॥ ॥ ॥ ॥

॥ ९६ ॥ अ०

अनेनेति । अनेनप्रकारेणरूपादिग्रहतत्संस्कारपरंपरयाप्रगृहीतंघ्राणादीनांरूपंपुरातनैर्ऋषिभिः वेदादितिशेषः त्रिभिर्मानमेयमातृभिः पूर्णंब्रह्मतस्यआहुतिराह्वानम् 'आहुतयोवैनामैतायदाहुतय एताभिर्वैदेवान्यजमानोऽह्वयति'इतिश्रुतेः तत्रयैस्तैः उपाधिभूतैर्दर्पणैरिवब्रह्मप्रज्ञापकैरित्यर्थः आपूर्णाःसर्वेलोकाइतिशेषः तेचत्रयःतेजसास्वात्मज्योतिषापूर्यंतितेनैवसत्तावंतोभवंतीत्यर्थः एवंदृष्टिसृ ष्टिरनेनश्लोकेनसूचिता २८ ॥ इत्याश्वमेधिके पर्वणि नीलकंठीये भारतभावदीपे विंशोऽध्यायः ॥ २० ॥ ॥ पूर्वत्रघ्राणाद्युपाधिर्भूतात्माघ्राताऽहमित्याद्यभिमानवान्घ्रेयादीन्प्रकल्प्यघ्राणादींस्तर्प यतीत्युक्तम् । इदानींप्राणेभ्योदेवादेवेभ्योलोकाइतिश्रुत्यनुसारादिन्द्रियाण्येवस्वकल्पितेषुदेवेषुदेवद्वारास्वकल्पिताल्लोकांस्तर्पयंतीत्युक्त्याभूतात्मनिकल्पकत्वंनास्त्यपितुजडस्यैवतदितितद्विविनक्ति अत्रा पीति । अत्रदृष्टिसृष्टिप्रकारेविवेचनीये १ श्रोत्रमिति । अथातोविभूतयोऽस्यपुरुषस्यतस्यवाचासृष्टौपृथिवीचाग्निश्चेत्याद्यैतरेयकेश्रोत्रेणसृष्टादिशश्चचंद्रमाश्चेतिवचनात्श्रोत्रंसर्वैःशब्दैःसहाप्येतीतिकौषी तकिवचनाच्चदिगाद्यात्मकेसूत्रात्मनिसविषयाणिश्रोत्रादीनिप्रविलापयेदित्यर्थः २ । ३ । ४ । ५ चित्तमिति । एतत्प्रविलापनंस्रुवस्थानीयेनचित्तेनैवकर्तव्यंनवायुनिरोधादिनाहठेन । मनसैवेन्द्रि यग्रामंविनियम्येतिगीतावचोक्तेः वित्तंसंस्काराःपुण्यपापेवा यथास्रुवेणाज्यमग्नौहुत्वास्रुवमग्निदक्षिणार्थेविसंचत्यजंतिएवंमनसासविषयाणींद्रियाणिकारणेप्रविलाप्यमनःकारणंसुकृतदुष्कृतेचत्यजेदितिरूपक

अनेनैवप्रकारेणप्रगृहीतंपुरातनैः ॥ पूर्णाहुतिभिरापूर्णास्त्रिभिःपूर्यंतितेजसा २८ ॥ इतिश्रीम० आश्वमेधिकेपर्वणि अनु० प० ब्रह्मगीतासुविंशोऽध्यायः ॥ २० ॥

॥ ब्राह्मणउवाच ॥ अत्राप्युदाहरंतीममितिहासंपुरातनम् ॥ निबोधदशहोतॄणांविधानमथयादृशम् १ श्रोत्रंत्वक्चक्षुषीजिव्हानासिकाचरणौकरौ ॥ उपस्थं वायुरितिवाहोतॄणिदशभामिनि २ शब्दस्पर्शौरूपरसौगंधोवाक्यंक्रियागतिः ॥ रेतोमूत्रपुरीषाणांत्यागोदशहवींषिच ३ दिशोवायूरविश्चंद्रःपृथ्व्यग्नीविष्णुरे वच ॥ इंद्रःप्रजापतिर्मित्रमग्नयोदशभामिनि ४ दशेन्द्रियाणिहोतॄणिहवींषिदशभाविनि ॥ विषयानामसमिधोहूयन्तेतुदशाग्निषु ५ चित्तंस्रुवश्चवित्तंचपवित्रंज्ञा नमुत्तमम् ॥ सुविभक्तमिदंसर्वंजगदासीदितिश्रुतम् ६ सर्वमेवाथविज्ञेयंचित्तंज्ञानमवेक्षते ॥ रेतःशरीरभृत्काये विज्ञातातुशरीरभृत् ७ शरीरभृद्गार्हपत्यस्तस्मा दन्यःप्रणीयते ॥ मनश्चाहवनीयस्तुतस्मिन्प्रक्षिप्यतेहविः ८ ततोवाचस्पतिर्जज्ञेतंमनःपर्यवेक्षते ॥ रूपंभवतिवैवर्णंसमनुद्रवतेमनः ९ ॥ ॥

॥ २१ ॥

द्वाराप्रपंचितंएवंकृतेयदवशिष्यतेतदाह पवित्रंज्ञानमुत्तममिति । पवित्रंअसंगं उत्तमंचरमम् । नातःपरतरंकिंचिदस्ति'पुरुषान्नपरंकिंचित्'इतिश्रुतेः सुविभक्तंज्ञानात्पृथग्भूतं इदंचित्तादिशब्दाद्यंतम् ६ सर्वमिति । अथेतिपक्षांतरे विज्ञेयंसर्वंचित्तमेवेतिसंबंधः ज्ञानंतुतत्प्रकाशकमवेक्षतएवकेवलंनसज्जतइत्यर्थः । नन्वेवंकथंसुविभक्तानामपिज्ञानज्ञेयानामविभागप्रत्ययइत्याशंक्यतप्तायःपिंडवत्सान्निध्यमात्रादित्याह रेतइत्यादिना । रेतोजन्येशरीरेऽभिमानवान्तस्यकायेषाट्कौशिकेविज्ञाताजीवःसूक्ष्मशरीरभृत्लिंगाभिमानीअस्ति ७ सोऽपिशरीरभृद्गार्हपत्यःहृदयं हृदयंगार्हपत्यइतिगृहपतेःक्षेत्रज्ञस्यायंदेशइतिव्युत्पन्न गार्हपत्यशब्देनहृदयशब्दस्यसामानाधिकरण्यश्रुतेः । तस्माद्धृदयादन्योमनआख्यः 'हृदयंनिरभिद्यतहृदयान्मनोमनसश्चंद्रमाः'इतिश्रुतेः । आहवनीयोमनआयतनंतच्चमुखमेव 'आस्यमाहवनीयः' इतिश्रुतेः हविःतेजोबन्नात्मकमदनीयम् । 'अन्नमयंहिसोम्यमनआपोमयःप्राणस्तेजोमयीवाक्'इतिश्रुतेर्हविषस्तेजोंशोजाठरंतेजःप्राप्यसद्योवाग्रूपेणपरिणमते ८ ततोवाचस्पतिःवेदःप्रथमंजज्ञेमनःपार्थिवंतद नंतरंजज्ञे अतोमनोमयःसूत्रात्मावाचमवेक्षतेसिसृक्षुःसन् 'योब्रह्माणंविदधातिपूर्वंयोवैवेदांश्चप्रहिणोतितस्मै । तंहदेवमात्मबुद्धिप्रकाशंमुमुक्षुर्वैशरणमहंप्रपद्ये' । 'मनसावाचंमिथुनंसमभवत्'इतिश्रुतेः । तत इत्यनुषज्यते मनोऽनंतरंरूपंभवतिरूप्यतेस्पर्शेनैवप्रथतेइतिरूपंप्राणवायुद्रव्यमुत्पद्यते । अन्नापेक्षयाअपांजाड्यप्राधान्येनचिरपाकित्वान्तच्चरूपंवैवर्णंवर्णोनीलपीतादिस्तद्रहितं स्वार्थेतद्धितः तद्रूपंकर्तृम नःप्रतिसमनुद्रवति विपरीतंवा 'रुद्धेचित्तेऽनिलोरुद्धोरुद्धंरुद्धेनिलेमनः'इत्युक्तेः ९ ॥ ॥ ॥ ॥

अत्र 'मनएवपूर्वरूपंवागुत्तररूपंमनसावाइषितावाग्वहति'इतिश्रुतिंलौकिकमनुभवंचानुरुध्यशंकते कस्मादिति १० विज्ञानयोगेनप्रमाणेन मतिःप्राणःसमुन्नीतासुषुप्तोउद्रिक्तासतीविषयान्कुतोनाध्यगच्छत्
कोवैतांप्रतिबाधतेसुषुप्तौकोवाप्राणस्यज्ञानशक्तिमपहरतीत्यर्थः ११ स्वल्पत्वात्केनेत्यस्योत्तरमादावाह तामपानइति । अपानवशगःप्राणोनसुषुप्तौमनोलयाल्लीयते अपानंतुस्ववशेकृत्वासमाधौमनो
लयेसतिलीयतएवेत्यर्थः । तस्मात्पतिभावाद्धेतोःप्रेषतिनयति तांगतिमितितांप्राणाख्यांगतिमनसोगतिंबहिर्गमनसाधनंप्राहुः नहिवायुबलेनानुन्मीलितेनयनेमनोवृत्तिर्ध्रुवमंडलपर्यंतंगंतुंसमर्था तांम
तिमित्यपपाठः १२ कस्मादित्यस्योत्तरमाख्यायिकामुखेनाह प्रश्नंत्वित्यादिना । समाह्वयंसम्यक्सुखंआह्वयंतेविजिगीषवोऽस्मिन्नितिसमाह्वयःसंवादस्तम् १३ भूतात्मानंजीवम् १४ तन्म
तेमनःश्रैष्ठ्यमनुभवसिद्धं वाचोमतेदृष्टादृष्टेष्टफलोपायोमयैवबोद्धुंशक्यइतिस्वस्यैवश्रैष्ठ्यम् १५ द्वयोर्विषयविभागेनसाम्यमापादयन्मनआरुग्णोब्राह्मणउवाच स्थावरंबाह्येन्द्रियग्राह्यं जंगममतींद्रियंस्वर्गा

॥ ब्राह्मण्युवाच ॥ कस्माद्वागभवत्पूर्वंकस्मात्पश्चान्मनोऽभवत् ॥ मनसाचिंतितंवाक्यंयदासमभिपद्यते १० केनविज्ञानयोगेनमतिश्चित्तंसमा
स्थिता ॥ समुन्नीतानाध्यगच्छत्कोवैतांप्रतिबाधते ११ ॥ ब्राह्मणउवाच ॥ तामपानःपतिर्भूत्वातस्मात्प्रेषत्यपानताम् ॥ तांगतिंमनसःप्राहु
र्मनस्तस्मादपेक्षते १२ प्रश्नंतुवाङ्मनसोर्मांयस्मात्त्वमनुपृच्छसि ॥ तस्मात्तेवर्तयिष्यामितयोरेवसमाह्वयम् १३ उभेवाङ्मनसीगत्वाभूतात्मानमपृ
च्छताम् ॥ आवयोःश्रेष्ठमाचक्ष्वच्छिंधिनौसंशयंविभो १४ मनइत्येवभगवांस्तदाप्राहसरस्वतीम् ॥ अहंवैकामधुक्तुभ्यमितितंप्राहवागथ १५ ब्राह्म
णउवाच ॥ स्थावरंजंगमंचैवविद्ध्युभेमनसीमम ॥ स्थावरंमत्सकाशेवैजंगमंविषयेतव १६ यस्तुतेविषयंगच्छेन्मंत्रोवर्णःस्वरोऽपिवा ॥ तन्मनो
जंगमंनामतस्मादसिगरीयसी १७ यस्मादपिसमाधिस्तेस्वयमभ्येत्यशोभने ॥ तस्मादुच्छ्वासमासाद्यप्रवक्ष्यामिसरस्वति १८ प्राणापानांतरे
देवीवाग्वैनित्यंस्मतिष्ठति ॥ प्रेर्यमाणामहाभागेविनाप्राणमपानती ॥ प्रजापतिमुपाधावत्प्रसीदभगवन्निति १९ ततःप्राणःप्रादुरभूद्वाचमाप्यायय
न्पुनः ॥ यस्मादुच्छ्वासमासाद्यनवाग्वदतिकर्हिचित् २० घोषिणीजातनिर्घोषानित्यमेवप्रवर्तते ॥ तयोरपिचघोषिण्यानिर्घोषैवगरीयसी २१

दि १६ यद्यपिस्वर्गादिकमपिमनसोविषयस्तथापिवाचमेवद्वारीकृत्यतस्यतथात्वमस्त्यतोवागेवगरीयसीत्याह यस्त्विति । मंत्रादिप्रकाशितंविषयंगच्छन्मनोऽपिजंगमंभवतीत्यर्थः १७ समाधिःकाम
धुगस्मीतिस्वपक्षपुष्टिःतेनाहंमूर्छितइवास्मियस्मात्तस्मादुच्छ्वासमासाद्येतियोजना १८ तथापिमनोवृत्तिविशेषयोःप्राणापानयोरंतरेवत्रागस्ति 'स्वपितिवाप्राणेतदावाक्भवतिप्राणस्तदावाचंरेलिह' इति
श्रुतेरित्याह प्राणापानेति । रेलिहलेढि अपानती प्राणेनअनाप्यायितासतीतारमंद्रत्वादिभावंव्युत्सृज्यात्यंतंनीचैस्तराभवतीत्यर्थः १९ व्यतिरेकमुक्त्वान्वयमाह ततइति । 'तस्मादप्राणन्ननपानन्वाचम
भिव्याहरति'इतिश्रुतेर्यस्मादेवंतस्मादुच्छ्वासंप्राणव्यापारमासाद्यनवाग्वदति २० घोषिणीस्थूलघोषवती । जातःनिर्घोषोघोषाभावोयस्याःसाअघोषेतियावत् । तयोर्घोषिणीप्राणाप्यायनमपेक्षतेतद्विना
विच्छिद्यते निर्घोषातुहंसमंत्ररूपासर्वास्वप्यवस्थासुप्रवर्त्ततइतिगरीयसी २१ ॥ ॥ ॥ ॥

घोषिण्यपिगुर्वीत्याह गौरिवेति । 'वाचंधेनुमुपासीततस्याश्चत्वारःस्तनाःस्वाहाकारःस्वधाकारोहंतकारोवषट्कारः'इतिश्रुतेः स्तनैस्तत्तत्कर्मफलरूपंरसंअर्थान रसमितिसमानाधिकरणेद्वितीये प्रस्र
वति ब्रह्मवादिनीउपनिषद्वाक्तुशाश्वतंमोक्षंस्यंदतेप्रस्रवति सततंनित्यसिद्धम् २२ दिव्यंदेवताद्याकर्षणादि अदिव्यंव्यवहारादिसामर्थ्यं तदुभयरूपोयःप्रभावस्तेनएतयोःवाङ्मनसयोः २३
व्याजहारस्त्रस्यत्वात्तिलाभार्थंकिंनुतत्त्वंविशेषेणआजहारआहृतवती २४ 'आत्माबुद्ध्यासमेत्यार्थान्मनोयुंक्तेविवक्षया ॥ मनःकायाग्निमाहंतिसप्रेरयतिमारुतं'इतिशिक्षोक्तेर्मनःप्रवर्त्तिताःप्राणाद्याएव
वाचंनिर्वर्त्तयंतीत्याह प्राणेनेति । श्रांतोहिविवक्षुर्बाह्यंवायुमाचामतिसपुनर्नाभिस्थानेप्राणापानग्रंथ्याधारेअपानेनसहैक्यंप्राप्यमनसामनोभिहतकायाग्निप्रेरितऊर्ध्वमुत्प्लुत्यउरःकंठशिरःस्थानेष्वभिघातंप्राप्यमंद्र
मध्यमतारभेदेनध्वनिमुत्पाद्याधस्तान्मुखबिलमेत्यताल्वादिस्थानानुरोधीमंद्रध्वनिधर्मवतोवर्णानभिव्यज्यवेगवत्त्वस्वाभाव्याद्बहिःप्रस्थितःश्रोत्रस्थानानिसंस्कृत्यवर्णाननुभाव्यवेगक्षयेपुनःसमानस्थानमेवपूर्व
वत्प्रतिपद्यतेसोऽयमर्थःश्रीभागवतेऽप्युक्तः । 'सएषजीवोविवरप्रसूतिःप्राणेनघोषेणगुहांप्रविष्टः ॥ मनोमयंसूक्ष्ममुपेत्यरूपंमात्रास्वरोवर्णइतिस्थविष्ठः'इति २५ इत्येवेत्थमेवपूर्ववाणीस्वोत्पत्तिप्रका

गौरिवप्रस्रवत्यर्थान्रसमुत्तमशालिनी ॥ सततंस्यंदतेह्येषाशाश्वतंब्रह्मवादिनी २२ दिव्यादिव्यप्रभावेनभारतीगौःशुचिस्मिते ॥ एतयोरंतरंपश्यसूक्ष्मयोःस्यं
दमानयोः २३ ॥ ब्राह्मण्युवाच ॥ अनुत्पन्नेषुवाक्येषुचोद्यमानाविवक्षया ॥ किंनुपूर्वंतदादेवीव्याजहारसरस्वती २४ ॥ ब्राह्मणउवाच ॥ ॥ प्राणेनयासंभ
वतेशरीरेप्राणादपानंप्रतिपद्यतेच ॥ उदानभूताचविसृज्यदेहंव्यानेनसर्वंदिवमावृणोति २५ ततःसमानेप्रतितिष्ठतीहइत्येवपूर्वंप्रजजल्पवाणी ॥ तस्मान्मनः
स्थावरत्वाद्विशिष्टंतथादेवीजंगमत्वाद्विशिष्टा २६ ॥ इतिश्रीमहाभारते आश्वमेधिकेपर्वणि अनुगीतापर्वणि ब्राह्मणगीतासुएकविंशोऽध्यायः ॥ २१ ॥
॥ ब्राह्मणउवाच ॥ अत्राप्युदाहरंतीममितिहासंपुरातनम् ॥ सुभगेसप्तहोतॄणांविधानमिहयादृशम् १ प्राणश्चक्षुश्चजिह्वाचत्वक्श्रोत्रंचैवपंचमम् ॥ मनोबुद्धिश्चस
प्तैतेहोतारःपृथगाश्रिताः २ सूक्ष्मेवकाशेतिष्ठंतोनपश्यंतीतरेतरम् ॥ एतान्वैसप्तहोतॄंस्त्वंस्वभावाद्विद्धिशोभने ३ ॥ ब्राह्मण्युवाच ॥ सूक्ष्मेऽवकाशेसंतस्ते
कथंनान्योन्यदर्शिनः ॥ कथंस्वभावाभगवन्नेतदाचक्ष्वमेप्रभो ४ ॥ ॥ ॥ ॥

रंप्रजजल्पवाचःप्राणाधीनत्वमपिवाचःप्रभावादेवविदितमित्यर्थः । यत्रसोमःसहाग्निनेत्युक्तौसोमाग्नीइडापिंगलाधिपतीमनोवाक्शब्दाभ्यामुपसंहरति तस्मादिति । 'किमर्थावयमध्येष्यामहेकिमर्थावयंयक्ष्या
महे । वाचिहिप्राणंजुहुमःप्राणोवाऽवयोर्वैवप्रभवःसएवाप्ययः'इतिश्रुतेः । यथास्थंडिलस्थोवह्निर्वायुनास्थालीस्थोवायुश्चवह्निनासमिध्यते अन्यतरनाशेचद्वयोरपिनाशः । एवंस्वर्गाद्यर्थवादैर्म
नःसंधुक्ष्यतेततोवागादीन्व्यापारयति तत्रवाचःप्रवर्त्तकस्यवायोर्निरोधेमनोरोधेवावाङ्निरुध्यतेतावतैवसंसारादर्शनरूपेष्टार्थसिद्धौकिंयज्ञादिनाश्रुतौतुवाक्शब्देनतत्कारणंमनोज्ञेयं एवंचवाङ्मनसयोः मत्स्ये
कंपुरुषार्थहेतुत्वाद्विशिष्टत्वमविशिष्टम् २६ ॥ इत्याश्वमेधिकेपर्वणिनीलकंठीये भारतभावदीपेएकविंशोऽध्यायः ॥ २१ ॥ इदानींपूर्वोक्तघ्राणादिसप्तकस्याऽन्वयव्यतिरेकाभ्यामितरेतरकार्यकारित्वंनास्ती
त्युक्त्वा बुद्धिमनस्यंतर्भाव्येतरेषांपंचानांमनोधीनत्वंमनसोऽपिव्यावहारिकार्थप्रकाशकत्वमितराधीनमितींद्रियमनःसंवादेनतेषामन्योन्याव्यतिरेकमुक्त्वा पूर्वोक्तमेवान्यतरजयेनोभयजयफलंसिध्यतीतिप्रतिपाद
नार्थोऽयंसप्तहोत्राध्यायआरभ्यते अत्रापीति । अत्रवाङ्मनसयोःसमप्राधान्येविवेचनीये १ । २ । ३ । ४ ॥ ॥

५ । ६ । ७ । ८ । ९ । १० । ११ । १२ । १३ । १४ । १५ । १६ । १७ । १८ । १९ । २० । २१ । २२ दुर्बलीयसामस्माकंनियमाबलवंतःश्रेष्ठाः अनियमाअपराधीनाः २३ । २४ । २५
२६ । २७ अगारंहार्दाकाशंसुषुप्तौमोक्षेचप्रविश्य । 'यएषोन्तर्हृदयआकाशस्तस्मिन्शेते''त्रिपादस्यामृतंदिवि'इतिश्रुतिभ्यां अद्वारमिवबाह्येन्द्रियवर्जितमिव स्वप्नसंप्रज्ञातयोरिवव्युत्थानेऽपींद्रियाणां

॥ ब्राह्मणउवाच ॥ गुणाज्ञानमविज्ञानंगुणज्ञानमभिज्ञता ॥ परस्परंगुणानेतेनाभिजानंतिकर्हिचित् ५ जिह्वाचक्षुस्तथाश्रोत्रंवाङ्मनोबुद्धिरेवच ॥ नगंधा
नधिगच्छंतिघ्राणस्तानधिगच्छति ६ घ्राणंचक्षुस्तथाश्रोत्रंवाङ्मनोबुद्धिरेवच ॥ नरसानधिगच्छंतिजिह्वातानधिगच्छति ७ घ्राणंजिह्वातथाश्रोत्रंवाङ्मनोबु
द्धिरेवच ॥ नरूपाण्यधिगच्छंतिचक्षुस्तान्यधिगच्छति ८ घ्राणंजिह्वाततश्चक्षुःश्रोत्रंबुद्धिर्मनस्तथा ॥ नस्पर्शानधिगच्छंतित्वक्चतानधिगच्छति ९ घ्राणंजिह्वा
चचक्षुश्चवाङ्मनोबुद्धिरेवच ॥ नशब्दानधिगच्छंतिश्रोत्रंतानधिगच्छति १० घ्राणंजिह्वाचचक्षुश्चत्वक्श्रोत्रंबुद्धिरेवच ॥ संशयंनाधिगच्छंतिमनस्तमधिगच्छ
ति ११ घ्राणंजिह्वाचचक्षुश्चत्वक्श्रोत्रंमनएवच ॥ ननिष्ठामधिगच्छंतिबुद्धिस्तमधिगच्छति १२ अत्राप्युदाहरंतीममितिहासंपुरातनम् ॥ इन्द्रियाणांचसंवादंम
नसश्चैवभामिनि १३ ॥ मनउवाच ॥ नाघ्रातिमामृतेघ्राणंरसंजिह्वानवेत्तिच ॥ रूपंचक्षुर्नगृह्णातित्वक्स्पर्शंनावबुध्यते १४ नश्रोत्रंबुध्यतेशब्दंमयाहीनंकथंचन ॥
प्रवरंसर्वभूतानामहमस्मिसनातनम् १५ अगाराणीवशून्यानिशांतार्चिषइवाग्नयः ॥ इन्द्रियाणिनभासन्तेमयाहीनानिनित्यशः १६ काष्ठानीवार्द्रशुष्काणियतमा
नैरपीन्द्रियैः ॥ गुणार्थान्नाधिगच्छंतिमामृतेसर्वजंतवः १७ ॥ इन्द्रियाण्यूचुः ॥ ॥ एवमेतद्भवेत्सत्यंयथैतन्मन्यतेभवान् ॥ ऋतेस्मानस्मदर्थांस्त्वंभोगान्भुंक्तेभवा
न्यदि १८ यद्यस्मासुप्रलीनेषुतर्पणंप्राणधारणम् ॥ भोगान्भुंक्तेभवान्सत्यंयथैतन्मन्यतेतथा १९ अथवाऽस्मासुलीनेषुतिष्ठत्सुविषयेषुच ॥ यदिसंकल्पमात्रेण
भुंक्तेभोगान्यथार्थवत् २० अथचेन्मन्यसेसिद्धिमस्मदर्थेषुनित्यदा ॥ घ्राणेनरूपमादत्स्वरसमादत्स्वचक्षुषा २१ श्रोत्रेणगंधानादत्स्वस्पर्शानादत्स्वजिह्वया ॥
त्वचाचशब्दमादत्स्वबुद्ध्यास्पर्शमथापिच २२ बलवंतोह्यनियमानियमादुर्बलीयसाम् ॥ भोगानपूर्वानादत्स्वनोच्छिष्टंभोक्तुमर्हति २३ यथाहिशिष्यःशास्तारं
श्रुत्यर्थमभिधावति ॥ ततःश्रुतमुपादायश्रुत्यर्थमुपतिष्ठति २४ विषयानेवमस्माभिर्दर्शितानभिमन्यसे ॥ अनागतानतीतांश्चस्वप्नेजागरणेतथा २५ वैमनस्यं
गतानांचजंतूनामल्पचेतसाम् ॥ अस्मदर्थेकृतेकार्येदृश्यतेप्राणधारणम् २६ बहूनपिहिसंकल्पान्मत्वास्वप्नानुपास्यच ॥ बुभुक्षयापीड्यमानोविषयानेवधाव
ति २७ अगारमद्वारमिवप्रविश्यसंकल्पभोगान्विषयैर्निबद्धान् ॥ प्राणक्षयेशांतिमुपैतिनित्यंदारुक्षयेऽग्निर्ज्वलितोयथैव २८ ॥ ॥

वासनामात्ररूपत्वेऽपिभ्रान्तिसिद्धंस्थौल्यमपेक्ष्यइवशब्दः संकल्पजान्भोगान्विषयैर्निबद्धान्विषयवासनानुविद्धान्भुक्त्वाप्राणक्षयेमनःप्रक्षयेसुषुप्तावसंप्रज्ञातेवाशांतिमुपैति । एवंदंतानित्यादिश्लोकेसू
त्रितमाहारशुद्धेःसत्वशुद्धिहेतुत्वंतदर्धादितः एवंस्वस्याकर्तृत्वभावनयाऽन्नमश्नतः सिध्यतिशुद्धाचित्तस्यत्वयमेवबोधप्रकारइत्युक्तम् २८ ॥ ॥ ॥ ॥

२९. ॥ इत्याश्वमेधिकेपर्वणि नीलकंठीये भारतभावदीपे द्वाविंशोऽध्यायः ॥ २२ ॥ ॥ तालुजिह्वांचेत्यत्रसूत्रितमर्थंव्याकरोत्यध्यायद्वयेन अत्रापीति। अत्रप्राणक्षयेवक्तव्ये तत्रछांदोग्येप्राणाग्नि
होत्रविद्यायांप्राणापानव्यानोदानसमानाःक्रमेणाधिलोकंद्युभूमिदिगाकाशविद्युद्रूपाःसमाम्नाताः तेषांप्राणापानावन्योन्याधीनौ पूरकेरेचकेवाक्रियमाणेअपानक्रियानिरोधात् । अपानेचविरेच्यमा
नेप्राणगतिनिरोधात् । पार्ष्णिभागेनसंपीड्ययोनिमाकुंचयेद्दृढमित्यादिप्रकारेणमूलबंधनतयोरेकीकृतयोरूर्ध्वागतिर्भवति । तदेतत्प्राणापानयोरुदानाधीनत्वंप्रागेवोक्तं अपानप्राणयोर्मध्येउदानो
व्याप्यतिष्ठतीति । एवंद्युभुवोःपर्जन्ययज्ञद्वारापरस्पराश्रितयोरपिआकाशाश्रितत्वम् । तथानाभिदेशमात्रवर्तीसमानःसर्वांगव्यापिनोव्यानस्यवशेऽस्ति । व्यानोऽपिसर्वसंधिव्यापिन्युदानेसमु

कामंतुनःस्वेषुगुणेषुसंगःकामंचनान्योन्यगुणोपलब्धिः ॥ अस्मान्विनानास्तितपोपलब्धिस्तावद्दतेस्वांनभजेत्प्रहर्षः २९ ॥ इति श्रीमहाभारते आश्वमेधिकेपर्वणि
अनुगीतापर्वणि ब्राह्मणगीतासुद्वाविंशोऽध्यायः ॥ २२ ॥ ॥ ब्राह्मणउवाच ॥ अत्राप्युदाहरंतीममितिहासंपुरातनम् ॥ सुभगेपंचहोतॄणांविधानमि
हयादृशम् १ प्राणापानावुदानश्चसमानोव्यानएवच ॥ पंचहोतॄंस्तथैतान्वैपरंभावंविदुर्बुधाः २ ॥ ब्राह्मण्युवाच ॥ स्वभावात्सप्तहोतारइतिमेपूर्विकाम
तिः ॥ यथावैपंचहोतारःपरोभावस्तदुच्यताम् ३ ॥ ब्राह्मणउवाच ॥ प्राणेनसंभृतोवायुरपानोजायतेततः ॥ अपानेसंभृतोवायुस्ततोव्यानःप्रवर्त्तते ४ व्याने
नसंभृतोवायुस्ततोदानःप्रवर्त्तते ॥ उदानेसंभृतोवायुःसमानोनामजायते ५ तेपृच्छंतपुरासंतःपूर्वजातंपितामहम् ॥ योनःश्रेष्ठस्तमाचक्ष्वसनःश्रेष्ठोभविष्यति
६ ॥ ब्रह्मोवाच ॥ यस्मिन्प्रलीनेप्रलयंव्रजंतिसर्वेप्राणाःप्राणभृतांशरीरे ॥ यस्मिन्प्रचीर्णेचपुनश्चरंतिसवैश्रेष्ठोगच्छतयत्रकामः ७ ॥ प्राणउवाच ॥ मयि
प्रलीनेप्रलयंव्रजंतिसर्वेप्राणाःप्राणभृतांशरीरे ॥ मयिप्रचीर्णेचपुनश्चरंतिश्रेष्ठोह्यहंपश्यतमांप्रलीनम् ८ ॥ ब्राह्मणउवाच ॥ प्राणःप्रालीयततःपुनश्चप्रचचा
रह ॥ समानश्चाप्युदानश्चवचोऽब्रूतांपुनःशुभे ९ नत्वंसर्वमिदंव्याप्यतिष्ठसीहयथावयम् ॥ नत्वंश्रेष्ठोहिनःप्राणअपानोहिवशेतव ॥ प्रचचारपुनःप्राणस्त
मपानोऽभ्यभाषत १० ॥ अपानउवाच ॥ मयिप्रलीनेप्रलयंव्रजन्तिसर्वेप्राणाःप्राणभृतांशरीरे ॥ मयिप्रचीर्णेचपुनश्चरंतिश्रेष्ठोह्यहंपश्यतमांप्रलीनम् ११
॥ ब्राह्मणउवाच ॥ व्यानश्चतमुदानश्चभाषमाणमथोचतुः ॥ अपाननत्वंश्रेष्ठोऽसिप्राणोहिवशगस्तव १२ ॥ ॥

च्चत्वादुच्चलतितद्व्याप्यत्वात्समानोप्युच्चलति । एवंविद्युद्दिगाश्रितादिक्चआकाशाश्रिता । इदमेवसर्वेषामुदानाधीनत्वंश्रुत्यातद्यथासुहयपड्वीशशंकून्सखीदे दितिदृष्टांतेनोपपादितम् । उदानोऽ
पिभ्रूघ्राणसंधौनिरुध्यतेयदातदातत्स्थोब्रह्मणिद्युभूम्यादिसहितआकाशोनिरुध्यते । एवंचतस्यामवस्थायांसर्वप्रपंचविलयाद्योमीकृतकृत्योभवतीतिप्रघट्टकतात्पर्यं । तत्रैवंसतित्रेधाभावनाप्रवर्त्तते
प्राणायस्वाहेत्यादिभिर्मंत्रैःप्राणाग्निहोत्रंकुर्वन्ननेनावदानेनसर्वंद्युप्रभृतितृप्यतीतिभावनयाशुद्धचित्तोभवत्यन्नदोषैश्चनलिप्यतेइत्येकःप्रकारः । चपलंमनःपूर्वोक्तखेचरीमुद्रयाहठयोगेननिरोद्धव्यमितिद्विती
यः । अनुपदोक्तःकृत्स्नप्रपंचविलयस्तृतीयः एतेषामधिकारिभेदाद्व्यवस्था । एवंसर्वाऽपिविद्याधिदेवाधिभूताध्यात्मभेदेनत्रिविधाधिकारभेदाज्ज्ञेया १ । २ । ३ । ४ । ५ । ६ । ७ अक्षरार्थः
स्पष्टएव । पंचानामप्येषामेकस्यापिनिरन्वयोच्छेदेसर्वेषामुच्छेदोभवतीतिसर्वेषांप्रत्येकंमयिप्रलीनेप्रलयंव्रजंतीत्युक्तिःसंगच्छते ८ । ९ । १० । ११ । १२ ॥ ॥ ॥

१३ । १४ । १५ । १६ । १७ । १८ । १९ । २० । एवमेषांसत्यपिप्रत्येकंश्रैष्ठ्येस्वातंत्र्याभावाच्छ्रैष्ठ्यमप्यस्तीत्याशयेनाह सर्वेश्रेष्ठानवाश्रेष्ठाइति २१ । २२ वस्तुतस्तुमनोमात्रत्वमेवप्राणाना मित्याह एकएवममैवात्मेति २३ आख्यायिकातात्पर्यंतुयथाएकएवप्राणोध्यात्ममुपाधिभेदात्पंचधाभूतोऽन्योन्यस्माद्व्यावर्त्ततेएवंपरमात्माप्यौपाधिकमनेकधाभावंप्राप्यमिथोहर्षविषादभोक्तृभोग्यभावंभजत इति तस्मादैकात्म्यबुद्ध्यासर्वैःसर्वत्रानुकंपाकार्येत्युपसंहरति धारयध्वंपरस्परमिति २४ ॥ इत्याश्वमेधिकेपर्वणि नीलकंठीये भारतभावदीपे त्रयोविंशोऽध्यायः ॥ २३ ॥ ॥ उक्तमैकात्म्यम ध्यारोपापवादाभ्यांप्रपंचयति अत्रेति १ जंतोःसमष्टिव्यष्टिशरीरिणः २ येननिमित्तेनकारणेन ततोनिमित्तादन्योऽपि तंतत्प्रति पूर्वंप्राक्निमित्तत्वेनएति किंतद्द्वयं प्राणद्वंद्वंचकिंतिर्यङ्मनुष्यादि

अपानःप्रचचाराथव्यानस्तंपुनरब्रवीत् ॥ श्रेष्ठोऽहमस्मिसर्वेषांश्रूयतांयेनहेतुना १३ मयिप्रलीनेप्रलयंव्रजंतिसर्वेप्राणाःप्राणभृतांशरीरे ॥ मयिप्रचीर्णेचपुनश्चरंति श्रेष्ठोह्यहंपश्यतमांप्रलीनम् १४ ॥ ब्राह्मणउवाच ॥ प्रालीयतततोव्यानःपुनश्चप्रचचारह ॥ प्राणापानावुदानश्चसमानश्चतमब्रुवन् १५ नत्वंश्रेष्ठोऽसिनोव्यानस मानस्तुवशेतव ॥ प्रचचारपुनर्व्यानःसमानःपुनरब्रवीत् ॥ श्रेष्ठोऽहमस्मिसर्वेषांश्रूयतांयेनहेतुना १६ मयिप्रलीनेप्रलयंव्रजंतिसर्वेप्राणाःप्राणभृतांशरीरे ॥ मयिप्र चीर्णेचपुनश्चरंतिश्रेष्ठोह्यहंपश्यतमांप्रलीनम् १७ समानःप्रचचाराथउदानस्तमुवाचह ॥ श्रेष्ठोऽहमस्मिसर्वेषांश्रूयतांयेनहेतुना १८ मयिप्रलीनेप्रलयंव्रजंतिसर्वेप्रा णाःप्राणभृतांशरीरे ॥ मयिप्रचीर्णेचपुनश्चरंतिश्रेष्ठोह्यहंपश्यतमांप्रलीनम् १९ ततःप्रालीयतोदानःपुनश्चप्रचचारह ॥ प्राणापानौसमानश्चव्यानश्चैवतमब्रुवन् ॥ उदाननत्वंश्रेष्ठोऽसिव्यानएववशेतव २० ॥ ब्राह्मणउवाच ॥ ततस्तानब्रवीद्ब्रह्मासमवेतान्प्रजापतिः ॥ सर्वेश्रेष्ठानवाश्रेष्ठाःसर्वेचान्योन्यधर्मिणः २१ सर्वेस्वविष येश्रेष्ठाःसर्वेचान्योन्यधर्मिणः ॥ इतितानब्रवीत्सर्वान्समवेतान्प्रजापतिः २२ एकःस्थिरश्चास्थिरश्चविशेषात्पंचवायवः ॥ एकएवममैवात्माबहुधाप्युपचीयते २३ परस्परस्यसुहृदोभावयंतःपरस्परम् ॥ स्वस्तिव्रजतभद्रंवोधारयध्वंपरस्परम् २४ ॥ इतिश्रीमहाभारतेआश्वमेधिकेपर्वणि अनुगीतापर्वणिब्राह्मणगीतासुत्रयोविं शोऽध्यायः ॥ २३ ॥ ॥ ब्राह्मणउवाच ॥ ॥ अत्राप्युदाहरंतीममितिहासंपुरातनम् ॥ नारदस्यचसंवादमृषेर्देवमतस्यच १ ॥ देवमतउवाच ॥ जन्तोःसंजा यमानस्यकिंनुपूर्वंप्रवर्तते ॥ प्राणोऽपानःसमानोवाव्यानोवोदानएवच २ ॥ नारदउवाच ॥ येनायंसृज्यतेजंतुस्ततोऽन्यःपूर्वमेतितम् ॥ प्राणद्वन्द्वंहिविज्ञेयंतिर्य गूर्ध्वमधश्चयत् ३ ॥ देवमतउवाच ॥ केनायंसृज्यतेजंतुःकश्चान्यःपूर्वमेतितम् ॥ प्राणद्वन्द्वंचमेब्रूहितिर्यगूर्ध्वमधश्चयत् ४ ॥ नारदउवाच ॥ संकल्पाज्जायतेहर्षः शब्दादपिचजायते ॥ रसात्संजायतेचापिरूपादपिचजायते ५ ॥ ॥ ॥

ऊर्ध्वंदेवादिअधःपश्वादि एतेषांरूपंचयत्तद्विज्ञेयम् । यद्वातिर्यगित्यादिनाविभुत्वमेवोच्यते ३ । ४ उत्तरं संकल्पाज्जायतेहर्षइति हर्षःआनंदःसएवसंकल्पाज्जंतुरित्यनुकृष्यते जंतुरूपेणाविर्भवतीत्य र्थः । 'आनंदाद्ध्येवखल्विमानिभूतानिजायंते । सोऽकामयतबहुस्यांप्रजायेयेति सच्चत्यच्चाभवत्'इत्यादिश्रुतिभ्यःआनंदमात्रंब्रह्मैवमाययाईक्षणपूर्वकंब्रह्मांडपिंडाकारत्वंप्राप्नोति । रविरिवसूर्यकांतद्वारा वन्हिप्रदीपाकारत्वमितिभावः । शब्दादपिचजायते वैदिकशब्दपूर्विकाऽपिप्रलयाग्निदग्धभौतिकसृष्टिःप्रजापतिद्वाराजायते एतइतिवैप्रजापतिर्देवानसृजतेत्यादिश्रुतेस्तक्षकदग्धोवटइवकाश्यपमंत्रादित्यर्थः । रसाद्रूपातत्तद्विषयवासनातः इदंचपर्जन्यवदीश्वरस्यसाधारणेऽपिकारणत्वेबीजवदसाधारणंज्ञेयम् ५ ॥ ॥ ॥

शुक्रंअदृष्टं शोणितंरागादि वासनामिश्रमदृष्टमवष्टभ्यप्राणोलिंगात्माप्रवर्ततेसृष्टुं तेनप्राणेनविकृतेजन्माद्यपक्षयांतान्विकारान्प्रापितेशुक्रेसवासनकर्मजेदेहेअपानोमृत्युश्चरमभावविकारोनाशाख्यःप्रवर्त्तते ६ एवंसतिपुनस्तस्मिन्जन्मन्युपचितात्शुक्रात्रसाच्चयथोक्ताज्जायते एतद्रूपंउदानस्यब्रह्मणःआरोपितंरूपमित्यर्थः । किंतदतआह हर्षोमिथुनमंतरेति । मिथुनमुक्तरूपंकारणंकार्यंचअंतरातयोर्मध्येहर्षोव्या प्यतिष्ठतीत्यर्थः । 'तेयदंतरातद्ब्रह्म'इतिश्रुतेः तेनामरूपे ७ प्रवृत्तिमूलात्कामात्शुक्रमदृष्टंअदृष्टाच्चरजःप्रवृत्तिरितिकामकर्मणीप्रवाहेणवर्त्तेतेइत्यर्थः । एतयोर्मूलंसमानव्यानौताभ्यांतदात्मकेविद्युदभ्रेश्च लक्ष्यते। ततश्चदृष्टानुश्रविकविषयंविज्ञानंकामप्रवृत्त्योर्बीजमित्यर्थः तथाचाहुः । जानातीच्छतिप्रयततइति ८ प्राणापानाविति । इदमेवकामप्रवृत्त्याख्यंद्वन्द्वंप्राणापानावेवजीवोपाधिभूतौऊर्ध्वाधोमार्गं गच्छतोनतुजीवः । 'घटोनीयेतनाकाशंतद्वज्जीवोनभोपमः'इतिश्रुतेः विभोश्चिद्रूपस्यजीवस्याकाशवद्गत्ययोगात् समानव्यानौउक्तरीत्यादृष्टंश्रुतंचतावुभौतिर्यगनूर्ध्वंअब्रह्म अतत्प्रापकत्वात्अतएवद्वन्द्व त्वंद्वन्द्वंद्वैतंतद्भावइतिउच्यतेवेदे ९ ननुसर्वंदृष्टंश्रुतंचतिर्यग्द्वन्द्वंनेत्याह अग्निर्वाइति । अग्निःपरमात्मा तस्यैवदेवस्यशासनंआज्ञा । 'निःश्वसितमेतद्यदृग्वेदः'इतिश्रुतेः । 'श्रुतिस्मृतीममैवाज्ञे'इतिस्मृतेश्चतदा ज्ञारूपोवेदः इदंसर्वंयदयमात्मासर्वंखल्विदंब्रह्मेत्यादिरैकात्म्यंप्रतिपादयतीत्यर्थः । तस्यचदेवस्यज्ञानंबुद्धिसमन्वितंचपरमधीवृत्तियुक्तंततएववेदाज्जायतइत्यर्थः १० तदेवाह तस्येति । यथाधूमभस्म

शुक्राच्छोणितसंसृष्टात्पूर्वंप्राणःप्रवर्तते ॥ प्राणेनविकृतेशुक्रेततोऽपानःप्रवर्तते ६ शुक्रात्संजायतेचापिरसादपिचजायते ॥ एतद्रूपमुदानस्यहर्षोमिथुनमं तरा ७ कामात्संजायतेशुक्रंशुक्रात्संजायतेरजः ॥ समानव्यानजनितेसामान्येशुक्रशोणिते ८ प्राणापानाविदंद्वन्द्वमवाक्चोर्ध्वंचगच्छतः ॥ व्यानःसमानश्चैवो भौतिर्यग्द्वन्द्वत्वमुच्यते ९ अग्निर्वैदेवताःसर्वाइतिदेवस्यशासनम् ॥ संजायतेब्राह्मणस्यज्ञानंबुद्धिसमन्वितम् १० तस्यधूमस्तमोरूपंरजोभस्मसुतेजसः ॥ सर्वंसंजायतेतस्ययत्रप्रक्षिप्यतेहविः ११ सत्वात्समानोव्यानश्चइतियज्ञविदोविदुः ॥ प्राणापानावाज्यभागौतयोर्मध्येहुताशनः १२ एतद्रूपमुदानस्यपरमंब्राह्म णाविदुः ॥ निर्द्वन्द्वमितियत्त्वेतत्तन्मेनिगदतःशृणु १३ अहोरात्रमिदंद्वन्द्वंतयोर्मध्येहुताशनः ॥ एतद्रूपमुदानस्यपरमंब्राह्मणाविदुः १४ सच्चासच्चैवतद्द्वन्द्वंतयोर्म ध्येहुताशनः ॥ एतद्रूपमुदानस्यपरमंब्राह्मणाविदुः १५ ॥ ॥ ॥

नीअग्निरूपवहिर्भूतंएवंतमोरजसीलयविक्षेपहेतुतयाचिद्रूपाद्बहिर्भूतेइत्यर्थः सर्वमिति तस्यतस्मात्यत्राऽग्नौमुख्येभोक्तरिद्धविर्भोग्यंतस्मात्सर्वंसंजायते इदंसर्वमित्याद्युदाहृतश्रुतेरित्यर्थः ११ सत्वादिति । यज्ञोजीवब्रह्मणोःसंगतिकारणरूपोयोगःसमानव्यानाख्यंसर्वंदृष्टंश्रुतंचबुद्धिसत्त्वादेवभवतीतियोगिनामनुभवसिद्धमित्यर्थः अयंभावः । वेदेश्येनज्योतिष्टोमदहरोपासनादीनितमोरजःसत्वप्रधानपुरुषयो ग्यानिवर्त्ततेतेषुतेषुयज्ञविदांसात्विकमेवसाधनंबहुमतंनेतरदिति । प्राणापानाविति यथाऽग्निराज्यभागाभ्यामुद्दीप्यतेएवंपूर्वोपाधिप्रविलापनरूपप्राणापानजयेनउदानाख्यंपरंब्रह्मभ्रूमध्येदृष्ट्वाप्रकाशतइत्य र्थः एवंचकेनायंसृज्यतइत्यस्योत्तरंसंकल्पादिति कश्चान्यइत्यस्य तन्मूलभूतेकामकर्मणी प्राणद्वंद्वंचसात्विकंतद्द्वयंसमानव्यानाख्यं तिर्यगित्यादेरुत्तरंहर्षोमिथुनमन्तरेतिचव्यक्तम् १२ । १३ अहो रात्रंविद्याविद्ये सुप्तिजागरौ उत्पत्तिप्रलयौवा १४ सत्कार्यंअसत्कारणं हुताशनःहुतेप्रविलापितेकार्यकारणे अश्नातिनिरन्वयंनिगिलतिनतुराहुवत्पुनरुद्गिरतीतिहुताशनः शुद्धंब्रह्म । उदानस्यउ त्कर्षेणआनयतिचेष्टयतीत्युदानः परमआनंदः । 'कोह्येवान्यात्कःप्राण्यात् यदेषआकशआनंदोनस्यात्'इतिश्रुतेः १५ ॥ ॥ ॥

ऊर्ध्वमिति । ततऊर्ध्वंब्रह्मयेनहेतुनासंकल्पाख्येनसमानोव्यानश्चभवतिव्यानेनसर्वांदिवमाहणोतिततःसमानेभतितिष्ठतीत्युक्तेः कारणंकार्यंचभवति तेनैवहेतुनाकर्मव्यस्यतेविस्तार्यते तस्मात्संकल्पोनिरा द्धव्यः । 'निःसंकल्पस्ततस्थस्तिष्ठेदेवतन्मोक्षलक्षणम्'इतिश्रुतेरितिभावः । ननुसुषुप्तावपिनिःसंकल्पतास्तीत्यतआह तृतीयमिति । तृतीयमूर्ध्वं तुशब्दःसमानवैलक्षण्यार्थः समानेनउपलक्षणेन व्यवस्यतेनिश्चीयतेशास्त्रयेवचंद्रः सौषुप्तात्कारणभावात्तद्विलक्षणमित्यर्थः तथाचश्रुतिः । 'द्वैतस्याग्रहणंतुल्यमुभयोःप्राज्ञतुर्ययोः । बीजनिद्रायुतःप्राज्ञःसातुतुर्येनविद्यते'इति १६ निश्चयफल माह शांतीति । व्यानंचकारात्समानंसनातनंब्रह्मचएतत्त्रयंएकंशांतिशब्दार्थः । कार्यकारणशुद्धानांसैन्धवघनन्यायेनैक्यंमुक्तिर्नित्वाद्ययोर्निरोधमात्रंसांख्याभिमतमित्यर्थः १७ ॥ इत्याश्वमेधिकेपर्वणि नीलकंठीये भारतभावदीपे चतुर्विंशोऽध्यायः ॥ २४ ॥ ॥ एवमुपदेशप्राधान्येनब्रह्माद्वैतमुक्त्वाउपपत्तिप्राधान्येनतत्प्रसाधयितुमध्यायांतरमारभते अत्रापीति । अत्रउदानस्वरूपेविवे क्तव्ये चातुर्होत्रविधानंइतिहासनाम तस्यविधानमपूर्वतयाज्ञापनम् १ शब्दतोज्ञातस्यपुनर्विधानमनुष्ठानप्रकारम् २ भाविनिविशुद्धभाववतिहेबुद्धे ३ हेतूनामितिघ्राणादयोयद्यपिदशसप्त होत्रोरुक्तास्तथाऽप्येतेषांकःकस्यहेतुरितितत्रनोक्तमत्रतुयुक्तिबलेनतत्साधनमधिकमुच्यतइतिविशेषइतिभावः । तत्रगंधाद्यनुभवेप्रीत्यप्रीतिविषादाःसत्वरजस्तमोगुणकार्यभूताउत्पद्यंते तेयद्यात्मधर्माःस्युर्नत

ऊर्ध्वंसमानोव्यानश्चव्यस्यतेकर्मतेनतत ॥ तृतीयंतुसमानेनपुनरेवव्यवस्यते १६ शांत्यर्थंव्यानमेकंचशांतिर्ब्रह्मसनातनम् ॥ एतद्रूपमुदानस्यपरमंब्रा ह्मणाविदुः १७ ॥ इति श्रीमहाभारते आश्वमेधिकेपर्वणि अनुगीतापर्वणि ब्राह्मणगीतासुचतुर्विंशोऽध्यायः ॥ २४ ॥ ॥ ब्राह्मणउवाच ॥ अत्राप्युदाहरंतीममितिहासंपुरातनम् ॥ चातुर्होत्रविधानस्यविधानमिहयादृशम् १ तस्यसर्वस्यविधिवद्विधानमुपदिश्यते ॥ शृणुमेगदतोभद्रेरहस्यमिदम द्भुतम् २ करणंकर्मकर्त्ताचमोक्षइत्येवभाविनि ॥ चत्वारएतेहोतारोयैरिदंजगदावृतम् ३ हेतूनांसाधनंचैवंशृणुसर्वमशेषतः ॥ घ्राणंजिह्वाचचक्षुश्च त्वक्चश्रोत्रंचपंचमम् ॥ मनोबुद्धिश्चसप्तैतेविज्ञेयागुणहेतवः ४ गंधोरसश्चरूपंचशब्दःस्पर्शश्चपंचमः ॥ मंतव्यमथबोद्धव्यंसप्तैतेकर्महेतवः ५ घ्राताभक्षयिताद्रष्टावक्ताश्रोताचपंचमः ॥ मंताबोद्धाचसप्तैतेविज्ञेयाःकर्तृहेतवः ६ स्वगुणंभक्षयन्त्येतेगुणवन्तःशुभाशुभम् ॥ अहंचनिर्गुणोऽनं तःसप्तैतेमोक्षहेतवः ७ ॥ ॥ ॥ ॥

र्हितत्स्वरूपोच्छेदंविनातस्यतद्वियोगआत्यंतिकोयुज्यते धर्मस्यैवरूपसामान्येन । यदिप्रकृतेस्तर्हिसाऽप्यात्मसमसत्वाचेत विभुनोर्द्वयोर्वियोगायोगात्पुरुषस्यचालुप्तदृग्रूपत्वादवश्यंभोगस्यप्राप्तेरनिर्मोक्ष एव । तस्माद्रज्जूरगतुल्याप्रकृतिस्तत्कार्यंचसर्वंतादृशमेवदृष्टिसमसमयोत्पन्नक्षणिकमित्याशयेनाह घ्राणमिति । गुणाअविद्यासैवहेतुर्येषांतेगुणहेतवः घ्राणादिकंसप्तदशकस्यलिंगस्योपलक्षणम् ४ गंधा दयोऽपिगुणहेतुत्वमत्यजंतएवकर्महेतवःकर्मजाअपिभवंति स्थूलंसर्वंकर्मणएवफलमित्यर्थः ५ कर्मकर्तैवतत्फलभोक्तृरूपेणघ्रात्रादिरूपोभवतीतिघ्रात्रादयःकर्तृहेतवः । एतेनाकर्तुर्भोक्तृत्वंवांछन्सां ख्योनिरस्तः । भोक्तृत्वस्यापिभोगकर्तृरूपत्वात् ६ एतेषामभेदमाह स्वगुणमिति । एतेघ्रात्रादयःगुणऔपाधिकंरूपंघ्राणादितद्वंतस्तत्साधनाःसंतःस्वगुणंगंधादिकंभक्षयंतिभुंजते अयंभावः यथा आकाशःकर्णशष्कुलीरूपमुपाधिंप्राप्यश्रोत्रभावंगतस्तेनैवस्वगुणंशब्दंप्रकाशयति एवंघ्रात्रादयोऽपि । 'अथयोवेदेदंजिघ्राणीतिसआत्मागंधायघ्राणं'इतिश्रुतेः स्वोपादानकघ्राणादिमंतःस्वोपादानकमे वशब्दादिकंभुंजते । तथाचप्रयोगः मेयमातारौएकोपादानकौभास्यभासकत्वात्शब्दश्रोत्रवदित्यात्माद्वैतसाधकःसूचितोभवति । किंतन्मेयमात्रोर्गुणरूपयोरुपादानंतत्राह अहंचनिर्गुणोऽनंतइति । अस्मदर्थएवघ्राणादिगुणरहितोगंधघ्रातृत्वादिपरिच्छेदरहितस्तयोरुपादानमित्यर्थः । एवं'पृथिवीहोता द्यौरध्वर्युः रुद्रोऽग्नीत् बृहस्पतिरुपवक्ता'इतिचहोतृमंत्रोव्याख्यातः तथाहि । पृथिवीशब्दोक्तं

घ्राणादिकमतींद्रियत्वसामान्याद्धोतृप्रकाश्यदेवतातुल्यंहोतृशब्देनोक्तं । मुखसाधनतयाघुशब्दोक्तंगंधादिकंदृष्टार्थत्वसामान्यादध्वर्युकर्तृकनिर्वापावघातादितुल्यमध्वर्युशब्देनोक्तं । लब्धैरलब्धैश्चगं धादिभीरोध्यमानोरोद्यमानोवारुद्रशब्दोक्तोघ्रात्रादिःकामाग्नींधकत्वसामान्यादग्नीच्छब्देनोक्तः । कारणब्रह्मणोऽप्यधिष्ठानत्वेनपालकत्वाद्बृहस्पतिशब्दोक्तोनिर्गुणःसाक्षिमात्ररूपत्वादुपवक्तानमुख्यो वक्ता एतदुपद्रष्टृत्वादेरप्युपलक्षणं तेनसर्गादौईक्षणस्याप्ययंकर्त्तानभवति । एवंचित्तिःस्रुगित्यादयोदशहोत्रादिमंत्राअपिव्याख्येयाः विस्तरभयात्तुनेहव्याख्यायंते चित्तिचित्तादिःसर्वोऽप्या त्मनएवव्यूहोदशहोत्रादिशब्दानामात्ममात्रवाचकत्वस्य'आत्मन्नात्मन्नित्यामंत्रयत तस्मैदशमंहूतःप्रत्यशृणोत् सदशहूतोऽभवत् दशहूतोहवैनामैषः तंवाएतंदशहुतंसंतं दशहोतेत्याचक्षते परोक्षेण'इतिश्रवणात् । आमंत्रणमनुसंधानं प्रतिश्रवणमुपवक्तुःसाक्षात्कारइतिदिक् । कथंतर्हिनिर्गुणस्यानंतस्यप्रतिपत्तिरितितत्राह सप्तैतेमोक्षहेतवइति । इंद्रियाणांविषयाणांचग्रहातिग्रहसंज्ञक बंधरूपत्वात्तेषांवियोगेशब्दशष्कुल्यभावेनभसःस्वतन्मात्रत्ववदात्मनोनिरुपाधेर्भेदकाभावाच्चिन्मात्ररूपेणावस्थिताएतेअव्यवहिताघ्रात्रादयएवमोक्षहेतवःस्युः घ्रातृत्वाद्यभिमानत्यागोमोक्षइत्यर्थः ७ तत्त्व विदांतुनभक्षणमस्तीत्याह विदुषामिति । स्वंस्वंस्थानंघ्राणादीनामधिष्ठानमविद्यादि । 'गुणागुणेषुवर्त्तंतइतिमत्वानसज्जते'इत्युक्तेः घ्राणादयएवघ्रेयादिषुवर्त्ततेनत्वात्मेतिजानतांनघ्रातृत्वाद्यभिमा नकृतोबंधोऽस्तीत्यर्थः ८ अदन्निति । अविद्वानितिच्छेदः अन्नानिघ्रेयादीनि अदन्भोक्तृत्वाभिमानंकुर्वन् भोग्येममत्वेनममतयोपपद्यतेयुज्यतेततश्चनश्यतीत्यर्थः । अत्र'केवलाघोभवतिकेवला

विदुषांबुध्यमानानांस्वंस्वंस्थानंयथाविधि ॥ गुणास्तेदेवताभूताःसततंभुंजतेहविः ८ अदन्नन्नान्यथोऽविद्वान्ममत्वेनोपपद्यते ॥ आत्मार्थंपाचयन्नन्नंमम
त्वेनोपहन्यते ९ अभक्ष्यभक्षणंचैवमद्यपानंचहंतितम् ॥ सचान्नंहंतितंचान्नंसहत्वाहन्यतेपुनः १० हंताह्यन्नमिदंविद्वान्पुनर्जनयतीश्वरः ॥ नचा
न्नाज्जायतेतस्मिन्सूक्ष्मोनामव्यतिक्रमः ११ मनसागम्यतेयच्चयच्चवाचानिगद्यते ॥ श्रोत्रेणश्रूयतेयच्चचक्षुषायच्चदृश्यते १२ स्पर्शेनस्पृश्यतेयच्चघ्राणे
नघ्रायतेचयत् ॥ मनःषष्ठानिसंयम्यहवींष्येतानिसर्वशः १३ गुणवत्पावकोमह्यंदीप्यतेऽन्तःशरीरगः ॥ योगयज्ञःप्रवृत्तोमेज्ञानवह्निप्रदोद्भवः ॥
प्राणस्तोत्रोऽपानशस्त्रःसर्वत्यागसुदक्षिणः १४ कर्त्ताऽनुमंताब्रह्मात्माहोताऽध्वर्युःकृतस्तुतिः ॥ ऋतंप्रशास्तातच्छस्त्रमपवर्गोस्यदक्षिणा १५ ऋच
श्चाप्यत्रशंसंतिनारायणविदोजनाः ॥ नारायणायदेवाययदविंदन्पशून्पुरा १६ ॥ ॥ ॥

दी'इतिश्रौतंदृष्टांतमाह आत्मार्थेइति ९ एकाकीमिष्टभुक्केवलपापरूपएवभवतियस्मादतःसचान्नंहंतिनाशयति तंचान्नंहंतिमृत्युपरंपरया सहत्वाऽन्नंहन्यतेऽन्नेन १० यइदंविद्वान्अन्नंहंताअन्नंभोक्ता अन्नोपलक्षितस्यकृत्स्नप्रपंचस्यात्मनिप्रविलापयितेत्यर्थः । सईश्वरएवसन्पुनरन्नादेर्जनकोभवति । 'यस्यानुवित्तःप्रतिबुद्धआत्मायस्मिन्संदेहेगहनेप्रविष्टः ॥ सविश्वकृत्सहिविश्वस्यकर्त्ता तस्य लोकःसउलोकएव'इतिश्रुतेः । नचेति 'नकर्मणालिप्यतेपापकेन'इतिश्रुतेः सर्वभोगभुजोऽपिविदुषोनभोगकृतोलेपोऽस्तीत्यर्थः ११ अन्नशब्दार्थमाह मनसेत्यादिना १२ मंतव्यादीनांहो मोमनआदिनिग्रहणैवेत्यर्थः १३ होमाधिष्ठानंगुणवत्पावकःकारणंब्रह्म मह्यंमम योगंयज्ञत्वेनस्तौति योगेति । ज्ञानमेववन्हिःसर्वकर्मदाहकत्वात्तत्प्रदउद्भवोयस्ययोगयज्ञस्यसतथा प्राणःस्तोत्रं अपा नःशस्त्रं । अपानसत्रइत्यपपाठः । सर्वत्यागसुदक्षिणःसर्वत्यागेनैवसुतरांदक्षिणःफलजननसमर्थः १४ कर्त्ताऽहंकारः अनुमंतामनः आत्माबुद्धिः एतत्त्रयंब्रह्मैवसत्क्रमेणहोत्रध्वर्यूद्गातृरूपयोगिन इत्यर्थः । प्रशास्तातच्छस्त्रंप्रशास्तुःशंसनं ऋतंसत्यवचनमेवेत्यर्थः । अपवर्गःकैवल्यं १५ ऋचःतपआसीद्गृहपतिरित्याद्याः चकारात्तस्यैवंविदुषोयज्ञस्यात्मायजमानःश्रद्धापत्नीशरीरमिध्ममुरो वेदिरित्यादिब्राह्मणंच शंसंतियोगयज्ञेप्रमाणत्वेनकथयंतितैत्तिरीयादयः । नारायणविदःवेदविदआत्मविदोवा । नारायणायआत्मप्राप्त्यर्थंयत्यदापशूनिंद्रियाणिअविंदन् वश्यत्वेनप्राप्तवंतः १६

तत्रतदासामानिगायंतिआत्मलाभेनहृष्टाःसंतः तत्रचाहुर्निदर्शनंतैत्तिरीयाः 'एतत्सामगायन्नास्तेहा ३ बुहा ३ बुहा ३ बु अहमन्नमहमन्नमहमन्न'इत्यादि यज्ञानायपशुंजयोयस्मिन्ज्ञातेसामानिगायंतितं
नारायणंदेवंनिबोधजानीहि ॥ १७ ॥ इत्याश्वमेधिकेनीलकंठीयेभारतभावदीपे पंचविंशोऽध्यायः ॥ २५ ॥ नारायणस्वरूपमेवकथयति एकइत्यादिना । प्रवणादित्रनीचादिव । प्रणवादिस्यपपाठः
१ अंतर्यामिरूपेण तस्यशास्तृत्वमुक्त्वागुरुबंधुरूपेणापितदाह एकोगुरुरितिद्वाभ्यां द्विष्टाःद्वेषवंतः २ । ३ सएवशास्योऽपीत्याह एकःश्रोतेतिद्वाभ्यां अत्रएकस्मिन्नपिशास्तरिशास्यताबुद्धिभेदेन
४ । ५ । ६ देवाश्चऋषयश्चेतिद्वंद्वः ७ प्राद्रवन्प्रतिपेदिरे दिशोबहून्मार्गान् ८ आत्मनःस्वस्य उपदेशंओमित्येकाक्षरंब्रह्मेतिवाक्यंतस्यअर्थं प्रद्रवमाणानांतात्पर्येणानुसरतांतेषांमध्येसर्पाणांप्रणवो

तत्रसामानिगायंतितत्रचाहुर्निदर्शनम् ॥ देवंनारायणंभीरुसर्वात्मानंनिबोधतम् ॥ १७ ॥ इतिश्रीमहाभारतेआश्वमेधिकेपर्वणि अनुगीतापर्वणि ब्राह्मणगीतासुपंच
विंशोऽध्यायः ॥ २५ ॥ ब्राह्मणउवाच ॥ एकःशास्तानद्वितीयोऽस्तिशास्तायोहृच्छयस्तमहमनुब्रवीमि ॥ तेनैवयुक्तःप्रवणादिवोदकंयथानियुक्तोऽस्मितथा
वहामि १ एकोगुरुर्नास्तिततोद्वितीयोयोहृच्छयस्तमहमनुब्रवीमि ॥ तेनानुशिष्टागुरुणासदैवलोकेद्विष्टाःपन्नगाःसर्वएव २ एकोबंधुर्नास्तिततोद्वितीयोयोहृच्छ
यस्तमहमनुब्रवीमि ॥ तेनानुशिष्टाबांधवाबंधुमंतःसप्तर्षयःपार्थदिविप्रभांति ३ एकःश्रोतानास्तिततोद्वितीयोयोहृच्छयस्तमहमनुब्रवीमि ॥ तस्मिन्गुरौगुरुवा
संनिरुष्यशक्रोगतःसर्वलोकामरत्वम् ४ एकोद्वेष्टानास्तिततोद्वितीयोयोहृच्छयस्तमहमनुब्रवीमि ॥ तेनानुशिष्टागुरुणासदैवलोकेद्विष्टाःपन्नगाःसर्वएव ५ अत्राप्युदाह
रंतीममितिहासंपुरातनम् ॥ प्रजापतौपन्नगानांदेवर्षीणांचसंविदम् ६ देवर्षयश्चनागाश्चाप्यसुराश्चप्रजापतिम् ॥ पर्यपृच्छन्नुपासीनाःश्रेयोनःप्रोच्यतामिति ७ तेषां
प्रोवाचभगवान्श्रेयःसमनुपृच्छताम् ॥ ओमित्येकाक्षरंब्रह्मतेश्रुत्वाप्राद्रवन्दिशः ८ तेषांप्रद्रवमाणानामुपदेशार्थमात्मनः ॥ सर्पाणांदंशनेभावःप्रवृत्तःपूर्वमेवतु ९
असुराणांप्रवृत्तस्तुदंभभावःस्वभावजः ॥ दानंदेवाव्यवसितादममेवमहर्षयः १० एकंशास्तारमासाद्यशब्देनैकेनसंस्कृताः ॥ नानान्यवसिताःसर्वेसर्पदेवर्षिदानवाः
११ शृणोत्ययंप्रोच्यमानंगृह्णातिचयथातथम् ॥ पृच्छतस्तस्ततोभूयोगुरुरन्योनविद्यते १२ तस्यचानुमतेकर्मततःपश्चात्प्रवर्त्तते ॥ गुरुर्बोद्धाचश्रोताचद्वेष्टाचहृ
दिनिःसृतः १३ पापेनविचरन्लोकेपापचारीभवत्ययम् ॥ शुभेनविचरन्लोकेशुभचारीभवत्युतम् १४ कामचारीतुकामेनयइंद्रियसुखेरतः ॥ ब्रह्मचारीसदैवैषयइंद्रियजये
रतः १५ अपेतव्रतकर्मातुकेवलंब्रह्मणिस्थितः ॥ ब्रह्मभूतश्चरँल्लोकेब्रह्मचारीभवत्ययम् १६ ब्रह्मैवसमिधस्तस्यब्रह्माग्निर्ब्रह्मसंभवः ॥ आपोब्रह्मगुरुर्ब्रह्मसब्रह्मणिसमाहितः १७

च्चारणेमुखस्यउन्मीलननिमीलनयोरेवदृष्टिंकृत्वास्वीयस्वभावानुकूलंमुखोन्मीलननिमीलनसाध्यंदंशनमेवश्रेयइतिमन्वानानाम् ९ एवमसुराणामोष्ठचालनमात्रेदत्तदृष्टीनांदंभेजपाद्यभिनयप्रदर्शनरूपेभावोनिश्चयः
प्रवृत्तः । देवास्तुलोकेप्रार्थितंओमित्यनुजानंतीतिबुध्वादानंश्रेयइतिनिश्चिताः । महर्षयस्तुओमित्यस्योच्चारणेओष्ठप्रवृत्त्युपसंहारंदृष्ट्वासर्वप्रवृत्त्युपसंहाररूपंदमंश्रेयोमेनिरे १० । ११ तस्मात्स्वय
मेवस्वस्यगुरुरित्याह । शृणोतीति । पृच्छतःशिष्यान्प्रतितच्छ्रुतंगृहीतंचभूयःश्रावयतिग्राहयतीतिचविपरिणामेनानुषज्ज्ययोज्यं यएवंविधःअतोऽन्योगुरुर्नविद्यतेइतिसंबंधः १२ अयमेवस्वसंस्कारवशा
त्पापचर्यादिरूपोभवतीत्याह । गुरुरित्यादिना १३ । १४ । १५ । १६ तत्रमुख्यब्रह्मचारिणआश्रमधर्मलोपेऽपिनदोषइत्याह ब्रह्मैवसमिधइति ॥ १७ ॥ ॥ ॥

क्षेत्रज्ञेनतत्त्वदर्शिना अनुदर्शिताः अनुदर्शनंकारिताः अनुशिष्टाइत्यर्थः ॥ १८ ॥ इत्याश्वमेधिकेपर्वणिनीलकंठीये भारतभावदीपे षड्विंशोध्यायः ॥ २६ ॥ ॥ ॥ ननुपापचर्यादिस्वभावएवात्मात हिंकिंब्रह्मचर्येणेत्याशंक्यात्मनोऽसंगत्वंप्रतिपादयितुंवनाध्यायमारभते संकल्पेति। अध्वानमतीत्यतन्महादुर्गंवनंप्रविष्टोऽस्मीत्यन्वयः १ विषयोविशेषेणबंधकःएकेनैवात्येतव्योनपुत्रधनादिसहायवतेत्ये वंरूपोऽध्वासंसारमार्गस्तंविषयैकात्ययाध्वानं वनंब्रह्म किंस्विद्वनंकउसवृक्षआसेतिश्रुतौवनवृक्षशब्दयोर्ब्रह्मदेहादिवाचित्वदर्शनात् २ वनोक्त्यैवाक्षिप्तावृक्षादयोऽपिपृच्छ्यंते केइति ३ षट्सुप्रश्नेषु आद्यस्योत्तरं नैतदिति। ततःपृथक्भावोऽस्तीतिथत्एतन्न ततोऽन्यत्किंचित्सुखमस्तीतियत्एतन्नेतियोजना सत्तासुखंचसर्वंब्राह्ममेवकार्येषुदृश्यतेनतत्रतद्द्वयंपृथगस्तीत्यर्थः। ननुब्रह्मैवकार्याकारमभून्नेत्याह नैतदिति। ततःअपृथक्अभेदेनभावःवियदादिपदार्थोऽस्तीतियत्एतन्न। ब्रह्मजगतोर्नमृद्धवदद्धेतुहेतुमद्भावोऽपितुशुक्तिरजतवदित्यतस्तयोर्भेदएवनिषिध्यतेनत्वभेदोविधीयते। नहिरजतंशुक्तेरतिरिक्त मस्ति : नापितयासमानसत्ताकंयेनतदभिन्नंस्यादितिभावः। तथाततोवनादन्यत्स्वर्गादिदुःखतारकंकर्मास्तीतियत्एतन्न। आत्यंतिकदुःखनिवृत्तीप्सुनाश्रमेणापिसंसारमार्गमतीत्यतद्वनंप्रवेष्टव्यमितिभावः

एतदेवेदृशंसूक्ष्मंब्रह्मचर्यंविदुर्बुधाः ॥ विदित्वाचान्वपद्यंतक्षेत्रज्ञेनानुदर्शिताः १८ ॥ इतिश्रीम० आश्वमे० अनुगी० ब्राह्मणगीतासु षड्विंशोध्यायः ॥ २६ ॥
॥ ब्राह्मणउवाच ॥ संकल्पदंशमशकंशोकहर्षहिमातपम् ॥ मोहान्धकारतिमिरंलोभव्याधिसरीसृपम् १ विषयैकात्ययाध्वानंकामक्रोधविरोधकम् ॥ तदतीत्यमहा दुर्गंप्रविष्टोऽस्मिमहद्वनम् २ ॥ ब्राह्मण्युवाच ॥ क्वतद्वनंमहाप्राज्ञकेवृक्षाःसरितश्चकाः ॥ गिरयःपर्वताश्चैवकियत्यध्वनितद्वनम् ३ ॥ ब्राह्मणउवाच ॥ नैतदस्ति पृथक्भावःकिंचिदन्यत्ततःसुखम् ॥ नैतदस्त्यपृथग्भावःकिंचिद्दुःखतरंततः ४ तस्माद्ध्रस्वतरंनास्तिनततोस्तिमहत्तरम् ॥ नास्तितस्मात्सूक्ष्मतरंनास्त्यन्य त्तत्समंसुखम् ५ नतत्राविश्यशोचंतिनप्रहृष्यंतिचद्विजाः ॥ नचबिभ्यतिकेषांचित्तेभ्योबिभ्यतिकेचन ६ तस्मिन्वनेसप्तमहाद्रुमाश्चफलानिसप्तऽतिथयश्चसप्त ॥ सप्ताश्रमाःसप्तसमाधयश्चदीक्षाश्चसप्तैतदरण्यरूपम् ७ पंचवर्णानिदिव्यानिपुष्पाणिचफलानिच ॥ सृजन्तःपादपास्तत्रव्याप्यतिष्ठन्तितद्वनम् ८ सुवर्णानिद्विवर्णा निपुष्पाणिचफलानिच ॥ सृजंतःपादपास्तत्रव्याप्यतिष्ठंतितद्वनम् ९ सुरभीणिद्विवर्णानिपुष्पाणिचफलानिच ॥ सृजंतःपादपास्तत्रव्याप्यतिष्ठंतितद्वनम् १०

४। ५ केषांचित्पंचम्यर्थेषष्ठी ६ ब्रह्मवनंब्रह्मसवृक्षआसीदितिवनवृक्षयोर्मुख्यामुख्यब्रह्मभावदृष्टेस्तयोरधिष्ठानाध्यस्तभावंविवक्षन्नाह तस्मिन्वनेइति। एतदरण्यरूपमितिच। अत्रमहदहंकारपंचत न्मात्राणिसप्तद्रुमास्तैस्तत्संघातरूपोदेहोलक्ष्यते। तस्यकारणंफलशब्दोदितंयागाद्यपूर्वं। तस्यापिकारणंदेवतारूपातिथिप्रीतिसाधनत्वादतिथिशब्दोक्तायागक्रिया। तस्याःकारणमाश्रमशब्दोदितः क्रियाश्रयःकर्त्ता। अस्यापिकारणंसमाधयः सम्यगाधीयंतेकर्मस्त्वभिनिवेश्यंतेजनायैस्तेतथाभूताःरागादयः। तेषांमूलंधर्मांतरपरिग्रहलक्षणादीक्षादेहादिधर्मस्वीकाररूपोऽध्यासः। एवंदेहपूर्वको ध्यासस्तत्पूर्वकाश्चरागादिदेहांताएवमिदंचक्रमनिशमावर्त्तमानमात्मसत्तयास्फूर्जदपिनात्मातद्धर्मैरनुरज्यतेइत्यर्थः ७ पंचवर्णानिशब्दादिभेदात्पंचरूपाणि। पुष्पाणिशब्दाद्यनुभवाः। फलानितज्जाः प्रीत्यादयः। पादपामनांसि जीवभेदाद्वृत्तिभेदाद्वाबहुवचनं ८ सुवर्णानिश्वेतपीतादिशोभनवर्णवंति। द्विवर्णानिसुखदुःखोभयहेतुत्वाद्द्विरूपाणि। पादपाश्चक्षूंषि इंद्रियान्तरेष्वप्येतत्तुल्यं ९ सुरभी णिस्वर्गादीनि द्विवर्णस्वंतत्राप्यविशिष्टं पादपाःयज्ञादयः ॥ १० ॥ ॥ ॥ ॥ ॥ ॥ ॥

सुरभीण्येकवर्णानि सुखेकरूपाणि पादपाःध्यानादयः ११ वहूनिअतीतानागतवर्तमानानि अव्यक्तवर्णानि वर्णःस्वरूपम् । मूढानांमनोरथमात्राणि । योगिनांतुसंकल्पात्प्रागव्यक्तवर्णानि महा
वृक्षौबुद्धिमनसी १२ वह्निरात्मा सुमनाइत्यत्रमनःशब्देनबुद्धिमनसीस्रुक्स्रुवस्थानीयेइंद्रियाणिसमिधश्चहौम्यम् । 'यदापंचावतिष्ठंतेज्ञानानिमनसासह ॥ बुद्धिश्चनविचेष्टतितामाहुःपरमांगतिम्' इति
श्रुतेः सर्वेषांप्रविलापनंहोमः तेभ्योमनआदिभ्योहुतेभ्यःसप्तमोक्षाःमुक्तिः अपादानबहुत्वस्यमोक्षेऽप्युपचारात्मोक्षाइतिबहुत्वं ननुमुक्तस्यदीक्षाख्योऽध्यासोऽस्तिनवानांत्यः ज्ञानसमकालमेवदेहपा
तापत्तेः । आद्येअध्यासवतउक्तक्रमेणदेहांतरोत्पत्तिरनिवार्येत्याशंक्याह फलंतिदीक्षाइति । मुक्तानांदीक्षाःफलंत्येवनतुदेहान्तरमारभन्ते कुतएतत् यतोगुणाःफलानि विदुषःसत्यपिदेहादिप्रति
भासेकर्तृत्वाभिनिवेशाभावाद्दानादिनोत्पन्नमप्यपूर्वंनदेहांतरारंभकम् । अतएवगुणभूतान्येवापूर्वाणि । क्वतर्हितेषामुपयोगः अतिथयःफलाशाः अतिथयोदेवताएवफलाशाःईश्वरस्येवतेषांपरार्थैव
क्रियानस्वार्थेत्यर्थः तथाचश्रुतिः । 'तस्यपुत्रादायमुपयंतिसुहृदःसाधुकृत्यांद्विषंतःपापकृत्यामिति । तदाविद्वान्पुण्यपापेविधूय'इत्यादिः १३ महर्षयइंद्रियाधिष्ठातारोदेवाः अन्यत्तेभ्योवि

सुरभीण्येकवर्णानिपुष्पाणिचफलानिच ॥ सृजंतःपादपास्तत्रव्याप्यतिष्ठंतितद्वनम् ११ बहून्यव्यक्तवर्णानिपुष्पाणिचफलानिच ॥ विसृजंतौमहावृक्षौतद्वनं
व्याप्यतिष्ठतः १२ एकोवह्निःसुमनाब्राह्मणोत्रपंचेन्द्रियाणिसमिधश्चात्रसंति ॥ तेभ्योमोक्षाःसप्तफलंतिदीक्षागुणाःफलान्यतिथयःफलाशाः १३ आतिथ्यंप्र
तिगृह्णंतितत्रतत्रमहर्षयः ॥ अर्चितेषुप्रलीनेषुतेष्वन्यद्रोचतेवनम् १४ प्रज्ञावृक्षंमोक्षफलंशांतिच्छायासमन्वितम् ॥ ज्ञानाश्रयंतृप्तितोयमंतःक्षेत्रज्ञभास्करम्
१५ येऽधिगच्छंतितंसंतस्तेषांनास्तिभयंपुनः ॥ ऊर्ध्वंचाधश्चतिर्यक्चतस्यनांतोऽधिगम्यते १६ सप्तस्त्रियस्तत्रवसंतिसद्यस्त्ववाङ्मुखाभानुमत्योजनित्र्यः ॥ ऊर्ध्वं
रसानाददतेप्रजाभ्यःसर्वान्यथासत्यमनित्यताच १७ तत्रैवप्रतितिष्ठंतिपुनस्तत्रोपयंतिच ॥ सप्तसप्तर्षयःसिद्धावसिष्ठप्रमुखैःसह १८ यशोवर्चोभगश्चैवविजयः
सिद्धतेजसः ॥ एतमेवानुवर्तंतेसप्तज्योतींषिभास्करम् १९ गिरयःपर्वताश्चैववसंतितत्रसमासतः ॥ नद्यश्चसरितोवारिवहंत्योब्रह्मसंभवम् २० नदीनांसंगमश्चैववैता
नेसमुपह्वरे ॥ स्वात्मतृप्तायतोयांतिसाक्षाद्देवपितामहम् २१ कृशाशाःसुव्रताशाश्चतपसादग्धकिल्बिषाः ॥ आत्मन्यात्मानमाविश्यब्रह्माणंसमुपासते २२

लक्षणं द्वैतदर्शनाभावात् रोचतेदीप्यते १४ प्रज्ञासाक्षात्कारः ज्ञानंआगमाचार्योपदेशजम् १५ भयाभावेहेतुमाह ऊर्ध्वमिति । तस्यप्रज्ञावृक्षस्य सर्वस्यचिन्मात्रत्वंपश्यन्भेददर्शनाभावान्नबि
भेतीत्यर्थः । 'द्वितीयाद्वैभयंभवति'इतिश्रुतेः १६ जीवन्मुक्तस्यैश्वर्यमाह सप्तस्त्रियइति । तत्रवृक्षाधिगंतरि स्त्रियोघ्राणादिवृत्तयः सद्योजनित्र्यइत्यस्यसंकल्पसिद्धाइत्यर्थः । संकल्पादेवास्यपितरः
समुत्तिष्ठंति'इतिश्रुतेः अवाङ्मुखाःपुरुषंवशीकर्तुमशक्तत्वेनलज्जिताः भानुमत्यश्चिज्ज्योतिर्मयाःप्रजाभ्यऊर्ध्वंउत्कृष्टंयथास्यात्तथा सर्वान्रसान्विषयजाह्लादान् आददतेभुंजते ऊर्ध्वत्वमेवाहदृष्टांतेन
यथासत्यमनित्यताचेति । नित्यानित्ययोर्यावदंतरंतावद्बुद्धमूढसुखयोरित्यर्थः १७ प्राणावाऋषयइतिश्रुतेःसप्तर्षीणामिंद्रियाणांलयोदयस्थानंविद्वानेवेत्याह तत्रैवेति । तत्रोपयंतिततउद्यंति यःकश्चिद्भू
तोभावीवर्तमानोवावसिष्ठोतिशयेनवसुमान् १८ यशोयशस्वी वर्चोदीप्तिस्तद्वानित्यादि तेसर्वेएतंभास्करंक्षेत्रज्ञंभास्करंअनुवर्त्ततइत्यर्थः १९ 'यस्तुसर्वाणिभूतान्यात्मन्येवानुपश्यति'इत्यस्याःश्रुते
रर्थंसंक्षिपति गिरयइत्यादिना २० वितानोयोगयज्ञविस्तारस्तस्येदंस्थानंवैतानंहार्दाकाशः समुपह्वरेअत्यंतगूढे २१ केयांतीत्यतआह कृशाशाइति २२ ॥ ॥

अरण्यंप्राप्यमभिप्रेत्यशमंशंसंतीतियेजना शममपिशममेव विश्चारण्यविदःविद्यैकप्राप्यब्रह्मविदः यथाधीरंबुद्धिगतिमनतिक्रम्येत्यर्थः २३ विदित्वाशास्त्रतोज्ञात्वाअनुतिष्ठंतिशमादिपराभवंति । 'तमेवधीरोविज्ञायप्रज्ञांकुर्वीतब्राह्मणः' । 'एवंवित्‌शांतोदांतउपरतस्तितिक्षुःसमाहितोभूत्वाऽत्मन्येवात्मानंपश्येत्'इत्यादिश्रुतिभ्योनशुष्कज्ञानात्कृतकृत्यतेत्यर्थः २४ ॥ इत्याश्वमेधिकेपर्वणि नील कंठीये भारतभावदीपे सप्तविंशतितमोऽध्यायः ॥ २७ ॥ ॥ ॥ एकोवन्हिरितिश्लोकेविदुषांकर्तृत्त्वाभिमानाभावात्कृतेनापिकर्मणाबंधोनास्तीत्युक्तंतद्विवृणोति गंधानित्यादिना । नि वृत्तक्षेत्रस्वाम्यस्यक्षेत्रिकस्यक्षेत्रवृद्धिह्रासाभ्यांदृश्यमानाभ्यामपिनहर्षविषादौभवतएवंविविक्तात्मदर्शिनोगुणकृतैःकर्मभिर्नसंगोऽस्तीत्यर्थः १ आर्थानितिस्वभावोबुद्ध्यादीनां तत्रदृष्टांतः कामेति । यथाकामद्वेषयोरुद्भवाभावेऽपिजंतूनांदेहान्प्राणापानौप्रवेश्यप्रवेशयितर्यननुसंदधानेऽपिसुषुप्त्यादौस्वभावादेवप्राणापानौस्वकार्यंअन्नपाकादिकुरुतः एवंबुद्ध्यादिरपिजाग्रत्स्वप्नयोःस्वभावादेवअर्थेषुकामा दिमान्भवतिनत्वहमित्यर्थः २ तेभ्यश्चेति । बाह्यघ्राणघ्रेयादिभ्योऽन्यान्स्वाप्नान्वासनामयान्घ्राणघ्रेयादीन् स्वरूपसाम्येप्येतेषामन्यत्वमेकत्रानुभूतस्थसुखादेरन्यत्राप्रसंगाज्ज्ञेयं तेषुस्वाप्नेषुनित्यांनुग

शममप्यत्रशंसंतिविद्यारण्यविदोजनाः ॥ तदारण्यमभिप्रेत्ययथाधीरमजायत २३ एतदेवेदृशंपुण्यमरण्यंब्राह्मणाविदुः ॥ विदित्वाचानुतिष्ठंतिक्षेत्रज्ञेनानुदर्शिना २४ ॥ इति श्रीमहाभारते आश्वमेधिकेपर्वणि अनुगीतापर्वणि ब्राह्मणगीतासुसप्तविंशतितमोऽध्यायः ॥ २७ ॥ ॥ ॥ ॥ ब्राह्मणउवाच ॥ गन्धान्नजिघ्रामिरसान्नवेद्मिरूपंनपश्यामिनचस्पृशामि ॥ नचापिशब्दान्विविधान्शृणोमिनचापिसंकल्पमुपैमिकंचित १ अर्थानिष्टान्कामयतेस्वभावःसर्वान्द्वेष्या न्प्रद्विषतेस्वभावः ॥ कामद्वेषानुद्भवतःस्वभावात्प्राणापानौजंतुदेहान्निवेश्य २ तेभ्यश्चान्यांस्तेषुनित्यांश्चभावान्भूतात्मानंलक्षयेरन्शरीरे ॥ तस्मिंस्तिष्ठन्नास्मिसक्तः कथंचित्कामक्रोधाभ्यांजरयामृत्युनाच ३ अकामयानस्यचसर्वकामानविद्विषाणस्यचसर्वदोषान् ॥ नमेस्वभावेषुभवंतिलेपास्तोयस्यबिंदोरिवपुष्करेषु ४ नित्यस्य चैतस्यभवंतिनित्यानिरीक्ष्यमाणस्यबहुस्वभावः ॥ नसज्जतेकर्मसुभोगजालंदिवीवसूर्यस्यमयूखजालम् ५ अत्राप्युदाहरंतीममितिहासंपुरातनम् ॥ अध्वर्युयतिसंवादं तंनिबोधयशस्विनि ६ प्रोक्ष्यमाणंपशुंदृष्ट्वायज्ञकर्मण्यथाऽब्रवीत् ॥ यतिरध्वर्युमासीनोहिंसेयमितिकुत्सयन् ७ तमध्वर्युःप्रत्युवाचनायंछागोविनश्यति ॥ श्रेयसायो क्ष्यतेजन्तुर्यदिश्रुतिरियंतथा ८ योह्यस्यपार्थिवोभागःपृथिवींसगमिष्यति ॥ यदस्यवारिजंकिंचिदपस्तत्संप्रवेक्ष्यति ९ ॥ ॥

तानधिष्ठानगतान्भावान्तइमेसत्याःकामाइत्यादिश्रुतिप्रसिद्धान्तेभ्योन्यान् तेभ्योऽप्यन्यंभूतात्मानंशरीरेयोगिनोलक्षयेरन् घ्राणादिदेवताभ्योऽप्यांतरमात्मानंजानंतःकथंबाह्यैर्घ्राणादिधर्मैर्लिप्येर न्नित्यर्थः । एतदेवस्पष्टयति तस्मिन्भूतात्मनितिष्ठन्सक्तोनास्मि । 'असंगोह्ययंपुरुषः'इतिश्रुतेः ३ । ४ एतस्यप्रतीचोज्ञातस्यसत्याःकामाइतिशेषः । 'सत्यकामःसत्यसंकल्पः'इतिश्रुतेः निरीक्ष्यमाणस्यदृश्यरूपस्यभोगजालंबहूनांघ्रात्रादीनांस्वभावभूतंसद्विदुषिनसज्जतेसक्तंभवति कर्मसुक्रियमाणेष्वपिसत्स्वितिशेषः ५ अत्रात्मनोऽसंगत्वे ६ । ७ श्रुतिः'पशुर्वैनीयमानःसमृत्युंप्रापश्य त्सदेवान्नान्वकामयतैतुंतंदेवा अब्रुवन्नेहिस्वर्गंवैत्वालोकंगमिष्यामइतिसतथेत्यब्रवीत्'इत्यादिः ८ योहीति । हिशब्देनन्सूर्यंतेचक्षुः वातंप्राणः द्यांपृष्ठं अंतरिक्षमात्मा अंगैर्यज्ञं पृथिवीं्शरीरैः'इतिश्रौतींप्रसिद्धिंद्योतयति ९ ॥ ॥ ॥ ॥ ॥ ॥

आगमे 'अग्नीषोमीयंपशुमालभेत' इत्यादौ विधिस्पृष्टे निषेधानवकाशात्नहिंस्यात्सर्वाभूतानीतिशास्त्रंकामकृतहिंसाविषयमित्यर्थः १० । ११ । १२ 'अन्वेनंमाताऽमन्यतामनुपिताऽनुभ्राताऽसगर्भ्योऽनुसखासयूथ्यः' इतिमंत्रलिंगात्पशोर्मात्राद्यनुमतिरपेक्षितानचसासंभवतितदभावेचहिंसादोषःस्यादेवेत्यर्थः १३ स्वयोनिषुसूर्यंचक्षुर्गमयतादातंप्राणमन्ववसृजतादितिलिंगात् १४ । १५ अहिंसाऽप्यशक्यप्रतिज्ञासूक्ष्महिंसायाअपरिहार्यत्वात्तथाऽपिदृष्टबीभत्सांहिंसांत्यजेदेवेत्याहद्वाभ्यां अहिंसेति १६ । १७ । १८ 'उपपातकमभ्यस्तंमहापातकतांव्रजेत्' इतिस्मृतेःसूक्ष्मापिहिंसाऽभ्यासाद्बहुलीभूयबाधेतैवेत्याशयेनाध्वर्युराह भूमेरिति । नानुपहत्यभूतानिभोगःसंभवतीतिन्यायाज्जीवतोऽपरिहार्यैवहिंसेत्यर्थः १९ । २० किंकथंत्वंमन्यसेहिंसामितिशेषः २१ यतिरहिंसाप्रकारमसं

सूर्यंचक्षुर्दिशःश्रोत्रंप्राणोस्यदिवमेवच ॥ आगमेवर्त्तमानस्यनमेदोषोऽस्तिकश्चन १० ॥ यतिरुवाच ॥ प्राणैर्वियोगेछागस्ययदिश्रेयःप्रपश्यसि ॥ छागार्थेवर्त्ततेयज्ञोभवतःकिंप्रयोजनम् ११ अत्रत्वांमन्यतांभ्रातापितामातासखेतिच ॥ मंत्रयस्वैनमुन्नीयपरवंतंविशेषतः १२ एवमेवानुमन्येरंस्तान्भवान्द्रष्टुमर्हति ॥ तेषामनुमतंश्रुत्वाशक्याकर्त्तुंविचारणा १३ प्राणाअप्यस्यच्छागस्यप्रापितास्तेस्वयोनिषु ॥ शरीरंकेवलंशिष्टंनिश्चेष्टमितिमेमतिः १४ इंधनस्यतुतुल्येनशरीरेणविचेतसा ॥ हिंसानिर्वेष्टुकामानामिंधनंपशुसंज्ञितम् १५ अहिंसासर्वधर्माणामितिवृद्धानुशासनम् ॥ यदहिंस्रंभवेत्कर्मतत्कार्यमितिविद्महे १६ अहिंसेतिप्रतिज्ञेयंयदिवक्ष्याम्यतःपरम् ॥ शक्यंबहुविधंकर्तुंभवताकार्यदूषणम् १७ अहिंसासर्वभूतानांनित्यमस्मासुरोचते ॥ प्रत्यक्षतःसाधयामोनपरोक्षमुपास्महे १८ ॥ अध्वर्युरुवाच ॥ भूमेर्गंधगुणान्भुंक्षेपिबस्यापोमयान्रसान् ॥ ज्योतिषांपश्यसेरूपंस्पृशस्यनिलजान्गुणान् १९ शृणोष्याकाशजान्शब्दान्मनसामन्यसेमतिम् ॥ सर्वाण्येतानिभूतानिप्राणाइतिचमन्यसे २० प्राणादानेनिवृत्तोऽसिहिंसायांवर्त्ततेभवान् ॥ नास्तिचेष्टाविनाहिंसांकिंवात्वंमन्यसेद्विज २१ ॥ यतिरुवाच ॥ अक्षरंचक्षरंचैवद्वैधीभावोऽयमात्मनः ॥ अक्षरंतत्रसद्भावःस्वभावःक्षरउच्यते २२ प्राणोजिह्वामनःसत्त्वंसद्भावोरजसासह ॥ भावैरेतैर्विमुक्तस्यनिर्द्वंद्वस्यनिराशिषः २३ समस्यसर्वभूतेषुनिर्ममस्यजितात्मनः ॥ समंतात्परिमुक्तस्यनभयंविद्यतेक्वचित् २४ ॥ अध्वर्युरुवाच ॥ सद्भिरेवेहसंवासःकार्योमतिमतांवर ॥ भवतोहिमतंश्रुत्वाप्रतिभातिमतिर्मम २५ भगवन्भगवद्बुद्ध्याप्रतिपन्नोब्रवीम्यहम् ॥ व्रतंमंत्रकृतंकर्तुर्नापराधोऽस्तिमेद्विज २६ ॥ ब्राह्मणउवाच ॥ उपपत्त्यायतिस्तूष्णींवर्त्तमानस्ततःपरम् ॥ अध्वर्युरपिनिर्मोहःप्रचचारमहामखे २७ एवमेतादृशंमोक्षंसुसूक्ष्मंब्राह्मणाविदुः ॥ विदित्वाचानुतिष्ठंतिक्षेत्रज्ञेनार्थदर्शिना २८ ॥ इतिश्रीमहाभारते आश्वमेधिकेप० अनुगीताप० ब्राह्मणगीतासुअष्टाविंशोऽध्यायः ॥ २८ ॥ ॥

गितामाह सद्भावःसद्रूपंस्वभावःसुतरामभावःकालत्रयेऽप्यसत्त्वं २२ प्राणादिव्यवहारस्तुरजसामाययासहस्थितःसद्भावएव भ्रांतिविशिष्टंसदेवव्यवहाररूपमित्यर्थः एतैःप्राणादिभिर्मुक्तस्यातएवनिर्द्वंद्वस्य ज्ञानेनद्वैतकल्पकभ्रांतिबाधात् २३ भयंप्रेत्यखादंतितेचतानितिशास्त्रोक्तं २४ त्वदुपदेशादहमपिमंत्रकृतंकुर्वन्नदुष्येइत्याह सद्भिरित्यादिना २५ । २६ । २७ । २८ ॥ इत्याश्वमेधिकेपर्वणिनीलकंठीये भारतभावदीपे अष्टाविंशतितमोऽध्यायः ॥ २८ ॥ ॥ ॥ ॥ ॥

इंद्रियजयएवमहच्छौर्यमित्युपोद्घातयत्यध्यायेन अत्रापीति १ । २ । ३ । ४ । ५ । ६ । ७ । ८ । ९ । १० । ११ । १२ । १३ । १४ । १५ । १६ । १७ एकविंशतिमेधांते मेधो युद्ध

 ॥ ब्राह्मणउवाच ॥ अत्राप्युदाहरंतीममितिहासंपुरातनम् ॥ कार्त्तवीर्यस्यसंवादंसमुद्रस्यचभाविनि १ कार्त्तवीर्यार्जुनोनामराजाबाहुसहस्रवान् ॥ येनसागरपर्यंता
धनुषानिर्जितामही २ सकदाचित्समुद्रांतेविचरन्बलदर्पितः ॥ अवाकिरन्शरशतैःसमुद्रमितिनःश्रुतम् ३ तंसमुद्रोनमस्कृत्यकृतांजलिरुवाचह ॥ मामुंचवीरनारा
चान्ब्रूहिकिंकरवाणिते ४ मदाश्रयाणिभूतानित्वद्विसृष्टैर्महेषुभिः ॥ वध्यन्तेराजशार्दूलतेभ्योदेह्यभयंविभो ५ ॥ अर्जुनउवाच ॥ मत्समोयदिसंग्रामेशरासनधरः
क्वचित् ॥ विद्यतेतंसमाचक्ष्वयःसमासीतमांमृधे ६ ॥ समुद्रउवाच ॥ महर्षिर्जमदग्निस्तेयदिराजन्परिश्रुतः ॥ तस्यपुत्रस्तवातिथ्यंयथावत्कर्तुमर्हति ७ ततः
सराजाप्रययौक्रोधेनमहतावृतः ॥ सतमाश्रममागम्यराममेवान्वपद्यत ८ सरामप्रतिकूलानिचकारसहबंधुभिः ॥ आयासंजनयामासरामस्यचमहात्मनः ९ ततस्ते
जःप्रजज्वालरामस्यामिततेजसः ॥ प्रदहन्रिपुसैन्यानितदाकमललोचने १० ततःपरशुमादायसतंबाहुसहस्रिणम् ॥ चिच्छेदसहसारामोबहुशाखमिवद्रुमम् ११
तंहतंपतितंदृष्ट्वासमेताःसर्वबांधवाः ॥ असीनादायशक्तीश्चभार्गवंपर्यधावयन् १२ रामोऽपिधनुरादायरथमारुह्यसत्वरः ॥ विसृजन्शरवर्षाणिव्यधमत्पार्थिवंबलम्
१३ ततस्तुक्षत्रियाःकेचिज्जामदग्न्यभयार्दिताः ॥ विविशुर्गिरिदुर्गाणिमृगाःसिंहार्दिताइव १४ तेषांस्वविहितंकर्मतद्भयान्नानुतिष्ठताम् ॥ प्रजावृषलतांप्राप्ताब्राह्म
णानामदर्शनात् १५ एवंतेद्रविडाभीराःपुंड्राश्चशबरैःसह ॥ वृषलत्वंपरिगताव्युत्थानात्क्षत्रधर्मिणः १६ ततश्चहतवीरासुक्षत्रियासुपुनःपुनः ॥ द्विजैरुत्पादितं
क्षत्रंजामदग्न्योन्यकृंतत १७ एकविंशतिमेधांतेरामंवागशरीरिणी ॥ दिव्याप्रोवाचमधुरासर्वलोकपरिश्रुता १८ रामरामनिवर्त्तस्वकंगुणंतातपश्यसि ॥ क्षत्रबंधू
निमान्प्राणैर्विप्रयोज्यपुनःपुनः १९ तथैवतंमहात्मानमृचीकप्रमुखास्तदा ॥ पितामहामहाभागनिवर्त्तस्वेत्यथाब्रुवन् २० पितुर्वधममृष्यंस्तुरामःप्रोवाचता
नृषीन् ॥ नार्हंतीहभवंतोमांनिवारयितुमित्युत २१ ॥ पितरऊचुः ॥ नार्हसेक्षत्रबंधूंस्त्वंनिहंतुंजयतांवर ॥ नेहयुक्तंत्वयाहंतुंब्राह्मणेनसतान्नृपान् २२ ॥ इतिश्री
महाभारते आश्वमेधिकेपर्वणिअनुगीतापर्वणि ब्राह्मणगीतासुएकोनत्रिंशोऽध्यायः ॥ २९ ॥ ॥ पितरऊचुः ॥ अत्राप्युदाहरंतीममितिहासंपुरातनम् ॥ श्रुत्वा
चतत्तथाकार्यंभवताद्विजसत्तम १ अलर्कोनामराजार्षिरभवत्सुमहातपाः ॥ धर्मज्ञःसत्यवादीचमहात्मासुदृढव्रतः २ ससागरांतांधनुषाविनिर्जित्यमहीमिमाम् ॥
कृत्वासुदुष्करंकर्ममनःसूक्ष्मेसमादधे ३ स्थितस्यवृक्षमूलेषुतस्यचिंताबभूवह ॥ उत्सृज्यसुमहत्कर्मसूक्ष्मंप्रतिमहामते ४ ॥ ॥

यज्ञः 'यज्ञोवैमेधः'इतिश्रुतेः । यान्येवसंग्रामनामानितानियज्ञनामानीतिनैरुक्तवचनाद्युद्धस्यैवनाममेधइति १८ । १९ । २० । २१ । २२ ॥ इत्याश्वमेधिकेपर्वणिनीलकंठीये भारतभावदीपे
एकोनत्रिंशोऽध्यायः ॥ २९ ॥ ॥ अत्रहिंसायाअकार्यत्वे १ । २ सूक्ष्मेविचारे ३ कर्मशत्रुजयादिउत्सृज्यसूक्ष्मंब्रह्मप्रतिपत्तुंचिंताबभूवेतिसंबंधः ४ ॥ ॥

अन्यत्रबाह्यशत्रुभ्यःइतिशेषः शत्रुभिरिंद्रियवैरिभिः ५ चिकीर्षतिविक्षेप्तुविच्छतीत्यर्थः मनःप्रतिहठयोगेनवायुनिरोधादिनाजेष्यामीत्यर्थः ६ नेमेइति । हठयोगेमृत्युरवश्यंसंभवतीतिभावः ७ । ८

॥ अलर्कउवाच ॥ मनसोमेबलंजातंमनोजित्वाध्रुवोजयः ॥ अन्यत्रबाणान्धास्यामिशत्रुभिःपरिवारितः ५ यदिदंचापलात्कर्मसर्वान्मर्त्यांश्चिकीर्षति ॥ मनःप्रति
सुतीक्ष्णाग्रानहंमोक्ष्यामिसायकान् ६ ॥ मनउवाच ॥ नेमेबाणास्तरिष्यंतिमामलर्ककथंचन ॥ तवैवमर्मभेत्स्यंतिभिन्नमर्मामरिष्यसि ७ अन्यान्बाणान्समीक्षस्व
यैस्त्वंमांसूदयिष्यसि ॥ तच्छ्रुत्वाऽप्यविचिंत्याथततोवचनमब्रवीत् ८ ॥ अलर्कउवाच ॥ आघ्रायसुबहून्गंधांस्तानेवप्रतिगृध्यति ॥ तस्माद्घ्राणंप्रतिशरान्
प्रतिमोक्ष्याम्यहंशितान् ९ ॥ घ्राणउवाच ॥ नेमेबाणास्तरिष्यंतिमामलर्ककथंचन ॥ तवैवमर्मभेत्स्यंतिभिन्नमर्मामरिष्यसि १० अन्यान्बाणान्समीक्षस्वयैस्त्वं
मांसूदयिष्यसि ॥ तच्छ्रुत्वासविचिंत्याथततोवचनमब्रवीत् ११ ॥ अलर्कउवाच ॥ इयंस्वादून्रसान्भुक्त्वातानेवप्रतिगृध्यति ॥ तस्माज्जिह्वांप्रतिशरान्प्रति
मोक्ष्याम्यहंशितान् १२ ॥ जिह्वोवाच ॥ नेमेबाणास्तरिष्यंतिमामलर्ककथंचन ॥ तवैवमर्मभेत्स्यन्तिभिन्नमर्मामरिष्यसि १३ अन्यान्बाणान्समीक्षस्वयैस्त्वंमां
सूदयिष्यसि ॥ तच्छ्रुत्वासविचिंत्याथततोवचनमब्रवीत् १४ ॥ अलर्कउवाच ॥ स्पृष्ट्वात्वग्विविधान्स्पर्शांस्तानेवप्रतिगृध्यति ॥ तस्मात्त्वचंपाटयिष्येविविधैःकंक
पत्रिभिः १५ ॥ त्वगुवाच ॥ नेमेबाणास्तरिष्यंतिमामलर्ककथंचन ॥ तवैवमर्मभेत्स्यंतिभिन्नमर्मामरिष्यसि १६ अन्यान्बाणान्समीक्षस्वयैस्त्वंमांसूदयिष्य
सि ॥ तच्छ्रुत्वासविचिंत्याथततोवचनमब्रवीत् १७ ॥ अलर्कउवाच ॥ श्रुत्वातुविविधान्शब्दांस्तानेवप्रतिगृध्यति ॥ तस्माच्छ्रोत्रंप्रतिशरान्प्रतिमुंचाम्यहंशि
तान् १८ ॥ श्रोत्रमुवाच ॥ नेमेबाणास्तरिष्यंतिमामलर्ककथंचन ॥ तवैवमर्मभेत्स्यंतिततोहास्यसिजीवितम् १९ अन्यान्बाणान्समिक्षस्वयैस्त्वंमांसूदयिष्य
सि ॥ तच्छ्रुत्वासविचिंत्याथततोवचनमब्रवीत् २० ॥ अलर्कउवाच ॥ दृष्ट्वारूपाणिबहुशस्तान्येवप्रतिगृध्यति ॥ तस्माच्चक्षुर्हनिष्यामिनिशितैःसायकैरहम् २१
॥ चक्षुरुवाच ॥ नेमेबाणास्तरिष्यंतिमामलर्ककथंचन ॥तवैवमर्मभेत्स्यंतिभिन्नमर्मामरिष्यसि २२ अन्यान्बाणान्समीक्षस्वयैस्त्वंमांसूदयिष्यसि ॥ तच्छ्रुत्वासवि
चिंत्याथततोवचनमब्रवीत् २३ ॥ अलर्कउवाच ॥ इयंनिष्ठाबहुविधाप्रज्ञयात्वध्यवस्यति ॥ तस्माद्बुद्धिंप्रतिशरान्प्रतिमोक्ष्याम्यहंशितान् २४ ॥ बुद्धिरुवाच ॥
नेमेबाणास्तरिष्यंतिमामलर्ककथंचन ॥ तवैवमर्मभेत्स्यंतिभिन्नमर्मामरिष्यसि ॥ अन्यान्बाणान्समीक्षस्वयैस्त्वंमांसूदयिष्यसि २५ ॥ ब्राह्मणउवाच ॥
ततोऽलर्कस्तपोघोरंतत्रैवास्थायदुष्करम् ॥ नाध्यगच्छत्परंशक्त्याबाणमेतेषुसप्तसु २६ सुसमाहितचेतास्तुसततोऽचिंतयत्प्रभुः ॥ सविचिंत्यचिरंकालमलर्को
द्विजसत्तम २७ नाध्यगच्छत्परंश्रेयोयोगान्मतिमतांवरः ॥ सएकाग्रंमनःकृत्वानिश्चलोयोगमास्थितः २८ ॥ ॥ ॥

९ । १० । ११ । १२ । १३ । १४ । १५ । १६ । १७ । १८ । १९ । २० । २१ । २२ । २३ । २४ एवंघ्राणादीनांहठेननिग्रहेतत्तदिंद्रियविकलोऽवसीदत्येवनतुकृतकृत्योभवतीत्यर्थः २५ तप
आलोचनम् २६ । २७ योगाद्राजयोगात् चित्तमात्रनिग्रहरूपात्एकाग्रं द्रष्टृदृश्योपरक्तंचित्तंसर्वार्थं तदभावेस्वरूपमात्रनिष्ठंत्वेकाग्रम् २८ ॥ ॥ ॥

आत्मानंपरंब्रह्म २९ । ३० । ३१ अनुजानीहिअस्मदुपदेशमनुसाक्षात्कुरुयोगबलेन ३२ । ३३ ॥ इतिश्रीमहाभारते आश्वमेधिकेपर्वणि नीलकंठीये भारतभावदीपे त्रिंशोऽध्यायः ॥ ३० ॥ ॥
दंतांस्तालुचेतिश्लोकोक्तंहृदयाख्यंब्रह्मप्रतिपाद्यहृदयबंधनाख्यंगुणत्रयंमुमुक्षूणांहेयमाह त्रयइत्यादिना गुणाइतिशेषः । गुणतःवृत्तिभेदात् इष्टप्राप्तिनिश्चयेयत्सुखंतत्प्रहर्षः इष्टप्राप्तौयत्तत्प्रीतिः इष्टभोगेय

इंद्रियाणिजघानाशुबाणेनैकेनवीर्यवान् ॥ योगेनात्मानमाविश्यसिद्धिंपरमिकांगतः २९ विस्मितश्चापिराजर्षिरिमांगाथांजगादह ॥ अहोकष्टंयदस्माभिःसर्वं
बाह्यमनुष्ठितम् ३० भोगतृष्णासमायुक्तैःपूर्वंराज्यमुपासितम् ॥ इतिपश्चान्मयाज्ञातंयोगान्नास्तिपरंसुखम् ३१ इतित्वमनुजानीहिराममाक्षत्रियान्जहि ॥
तपोघोरमुपातिष्ठततःश्रेयोऽभिपत्स्यसे ३२ इत्युक्तःसतपोघोरंजामदग्न्यःपितामहैः ॥ आस्थितःसुमहाभागोययौसिद्धिंचदुर्गमाम् ३३ ॥ इति श्रीमहाभारते
आश्वमेधिके पर्वणि अनुगीतापर्वणि ब्राह्मणगीतासु त्रिंशोऽध्यायः ॥ ३० ॥ ॥ ब्राह्मणउवाच ॥ त्रयोवैरिपवोलोकेनवधागुणतःस्मृताः ॥ प्रहर्षःप्रीतिरानं
दस्त्रयस्तेसात्विकागुणाः १ तृष्णाक्रोधोऽभिसंरंभोराजसास्तेगुणाःस्मृताः ॥ श्रमस्तंद्राचमोहश्चत्रयस्तेतामसागुणाः २ एतान्निकृत्त्यधृतिमान्बाणसंघैरतंद्रितः ॥
जेतुंपरानुत्सहतेप्रशांतात्माजितेन्द्रियः ३ अत्रगाथाःकीर्त्तयंतिपुराकल्पविदोजनाः ॥ अंबरीषेणयागीताराज्ञापूर्वंप्रशाम्यता ४ समुदीर्णेषुदोषेषुबाध्यमानेषुसा
धुषु ॥ जग्राहतरसाराज्यमंबरीषोमहायशाः ५ सनिगृह्यात्मनोदोषान्साधून्समभिपूज्यच ॥ जगाममहतींसिद्धिंगाथाश्चेमाजगादह ६ भूयिष्ठंविजितादोषानि
हताःसर्वशत्रवः ॥ एकोदोषोवरिष्ठश्चवध्यःसनहतोमया ७ यत्प्रयुक्तोजंतुरयंवैतृष्ण्यंनाधिगच्छति ॥ तृष्णार्त्तइहनिम्नानिधावमानोनबुध्यते ८ अकार्यमपियेनेह
प्रयुक्तःसेवतेनरः ॥ तंलोभमसिभिस्तीक्ष्णैर्निकृंततंनिकृंतत ९ लोभाद्धिजायतेतृष्णाततश्चिंताप्रवर्त्तते ॥ सलिप्समानोलभतेभूयिष्ठंराजसान्गुणान् ॥ तदवाप्तौ
तुलभतेभूयिष्ठंतामसान्गुणान् १० सतैर्गुणैःसंहतदेहबंधनःपुनःपुनर्जायतिकर्मचेहते ॥ जन्मक्षयेभिन्नविकीर्णदेहोमृत्युंपुनर्गच्छतिजन्मनैव ११ तस्मादेतं
सम्यगवेक्ष्यलोभंनिगृह्यधृत्याऽऽत्मनिराज्यमिच्छेत् ॥ एतद्राज्यंनान्यदस्तीहराज्यमात्मैवराजाविदितोयथावत् १२ इतिराज्ञाऽम्बरीषेणगाथागीतायशस्विना ॥
अधिराज्यंपुरस्कृत्यलोभमेकंनिकृंतता १३ ॥ इतिश्रीमहाभारते आश्वमेधिकेपर्वणि अनुगीतापर्वणि ब्राह्मणगीतासु एकत्रिंशोऽध्यायः ॥ ३१ ॥ ॥ ब्रा
ह्मणउवाच ॥ अत्राप्युदाहरंतीममितिहासंपुरातनम् ॥ ब्राह्मणस्यचसंवादंजनकस्यचभाविनि १ ब्राह्मणंजनकोराजाऽऽसन्नंकस्मिंश्चिदागसि ॥ विषयेमेनवस्तव्यमि
तिशिष्टयर्थमब्रवीत् २ इत्युक्तःप्रत्युवाचाथब्राह्मणोराजसत्तमम् ॥ आचक्ष्वविषयंराजन्यावांस्तववशेस्थितः ३ ॥ ॥ ॥

त्तत्आनंदः १ अभिसंरंभोद्वेषाभिनिवेशः २ निकृत्त्यच्छित्वा बाणसंघैःशमादिभिः ३ । ४ दोषेषुरागादिषु साधुषुशमादिषु ५ । ६ । ७ निम्नानिनीचकर्माणि ८ । ९ । १० । ११ राज्यं
आप्नोतिस्वाराज्यमितिश्रुतंस्वाराज्याख्यंपरमानंदम् १२ । १३ ॥ इत्याअश्वमेधिकेपर्वणि नी० भारतभाव० एकत्रिंशोऽध्यायः ॥ ३१ ॥ ॥ ममेतिद्व्यक्षरोमृत्युरित्युक्तंतत्रममतायाविषयएवनास्ती
तिजनकब्राह्मणसंवादेनाहात्रापीत्यादिना । अत्रलोभेनिकृंतनीये १ । २ । ३ ॥ ॥ ॥ ॥

४ । ५ । ६ । ७ पित्रिति । त्रिषयंविशेषेणसिनोतिबध्नातितंबंधकंममतास्पदंनाधिगच्छामितिविचिन्वन्अन्वेषमाणोऽपि अयंभावः । पृथिवीमिथिलाप्रजोपलक्षितंराज्यंशरीरसुखादिकंसर्वंअव
स्थांतरेषुव्यभिचरन्नात्मसंबंधितामश्नुते । यथानीलपीतलोहितोपाधिषुसंचरन्स्फटिकोनीलादिवर्जितस्तद्वत् । तस्माद्विचारतोदृश्यत्वादिनास्वप्रवन्मिथ्यात्वाद्व्यभिचारित्वाच्चनात्मातैःसंबध्यतइति
८ । ९ । १० आत्माऽपिदेहोऽपीतिभाष्यः वस्तुतस्त्वयमपिममात्मानभवतीतिसंबंधः अयमितिसाभासोऽहंकारःसर्वेषामात्मत्वेनप्रसिद्धोममात्मास्वरूपंनभवतिमुकुरमुखवदाभासत्वात् ।

सोऽन्यस्यविषयेराज्ञोवस्तुमिच्छाम्यहंविभो ॥ वचस्तेकर्तुमिच्छामियथाशास्त्रंमहीपते ४ इत्युक्तस्तुतदाराजाब्राह्मणेनयशस्विना ॥ मुहुरुष्णंविनिःश्वस्यनकिं
चित्प्रत्यभाषत ५ तमासीनंध्यायमानंराजानममितौजसम् ॥ कश्मलंसहसाऽगच्छद्भानुमंतमिवग्रहः ६ समाश्वास्यततोराजाविगतेकश्मलेतदा ॥ ततोमुहू
र्त्तादिवतंब्राह्मणंवाक्यमब्रवीत् ७ ॥ जनकउवाच ॥ पितृपैतामहेराज्येवश्येजनपदेसति ॥ विषयंनाधिगच्छामिविचिन्वन्पृथिवीमहम् ८ नाध्यगच्छंयदापृथ्व्यां
मिथिलामार्गितामया ॥ नाध्यगच्छंयदातस्यांस्वप्रजामार्गितामया ९ नाध्यगच्छंयदातस्यांतदामेकश्मलोऽभवत् ॥ ततोमेकश्मलस्यांतेमतिःपुनरुपस्थिता
१० तदानविषयंमन्येसर्वोवाविषयोमम ॥ आत्माऽपिचायंनममसर्वावापृथिवीमम ११ यथाममतथाऽन्येषामितिमन्येद्विजोत्तम ॥ उष्यतांयावदुत्साहोभुज्य
तांयावदुष्यते १२ ब्राह्मणउवाच ॥ पितृपैतामहेराज्येवश्येजनपदेसति ॥ ब्रूहिकांमतिमास्थायममत्वंवर्जितंत्वया १३ कांवैबुद्धिंसमाश्रित्यसर्वोवैविषयस्तव ॥
नावैपिविषयंयेनसर्वोवाविषयस्तव १४ ॥ जनकउवाच ॥ अंतवंत्यइहावस्थाविदिताःसर्वकर्मसु ॥ नाध्यगच्छमहंबुद्ध्याममेदमितियद्भवेत् १५ कस्येदमितिकस्य
स्वमितिवेदवचस्तथा ॥ नाध्यगच्छमहंबुद्ध्याममेदमितियद्भवेत् १६ एतांबुद्धिंसमाश्रित्यममत्वंवर्जितंमया ॥ शृणुबुद्धिंचयांज्ञात्वासर्वत्रविषयोमम १७ नाह
मात्मार्थमिच्छामिगंधान्घ्राणगतानपि ॥ तस्मान्मेनिर्जिताभूमिर्वशेतिष्ठतिनित्यदा १८ नाहमात्मार्थमिच्छामिरसानास्येऽपिवर्ततः ॥ आपोमेनिर्जितास्त
स्माद्वशेतिष्ठंतिनित्यदा १९ नाहमात्मार्थमिच्छामिरूपंज्योतिश्चचक्षुषः ॥ तस्मान्मेनिर्जितंज्योतिर्वशेतिष्ठतिनित्यदा २० नाहमात्मार्थमिच्छामिस्पर्शा
स्त्वचिगताश्चये ॥ तस्मान्मेनिर्जितोवायुर्वशेतिष्ठतिनित्यदा २१ नाहमात्मार्थमिच्छामिशब्दान्श्रोत्रगतानपि ॥ तस्मान्मेनिर्जिताःशब्दावशेतिष्ठंतिनित्यदा
२२ नाहमात्मार्थमिच्छामिमनोनित्यंमनोन्तरे ॥ मनोमेनिर्जितंतस्माद्वशेतिष्ठतिनित्यदा २३ ॥ ॥

सर्वावापृथिवीसर्वंदृश्यंममात्मामदनन्यत्वात्मुकुरमुखवदेव ११ अयमेवन्यायोब्रह्मादिपुत्रिकांतेष्वित्याह यथेति । मायामनइंद्रियत्वदर्पणेषुहिप्रतिबिंबितोब्रह्मदृश्यआत्माईशसूत्रविराडात्मनादृश्योनात्माच
भवतिनवस्तुतइत्यर्थः १२ । १३ । १४ आढ्यत्वदरिद्रत्वादयोऽवस्थाः १५ कस्येदमितिनकस्यचिदित्यर्थः अत्र'माग्रधःकस्यस्विद्धनम्'इतिश्रुतिंप्रमाणयति कस्यस्वमिति १६
आढ्यत्वादेरंतवत्त्वाद्धनादिषुममतामयात्यक्तेत्याह एतामिति । देवाद्यर्थमेवविषयिगृहीतस्येवममगंधादीनामिच्छानात्मभोगार्थमतोभूम्यादयएवममवशेतिष्ठंतिनत्वहंतेषामित्याह शृण्वित्यादिना १७ । १८
१९ । २० । २१ । २२ । २३ ॥ ॥ ॥ ॥

२४ । २५ । त्वमस्येति । अस्यचक्रस्यआत्माऽपिचायंनममसर्वावापृथिवीममेत्येवंरूपस्यधीसाधनकलापस्यब्रह्मलाभस्यब्रह्मलाभहेतोः दुर्वारस्यानैकांतिकस्य अनिवर्तिनःआत्यंतिकस्य सत्वनेमिना सत्वगुणरूपेणावरणेनचक्रधारास्थानीयेननिरुद्धस्य प्रवर्त्तकोमुख्यानुष्ठाता २६ ॥ इत्याश्वमेधिकेपर्वणि नीलकंठीये भारतभावदीपे द्वात्रिंशोऽध्यायः ॥ ३२ ॥ ॥ ॥ समाप्ताब्रह्मविद्यासाधनाऽथजीवन्मुक्तयवस्थामाह नाहमित्यादिना । तथेतियथादेहात्मवादिनः १ पश्यसेकर्मव्यतिहारेतङ् त्वद्रष्टारंमांत्वंस्ववृत्त्यायथासंगिनंपश्यसितथानाहमस्मीत्यर्थः । आत्मनःसर्वात्मत्वंसर्वस्यचात्ममात्रत्वंज्ञानफलंप्रतिपादयतिसार्द्धेन मयेति २ । ३ आप्नोतिस्वाराज्यमित्यादिश्रुत्यर्थंसंगृह्णाति राज्यमिति ४ एकःपंथाःज्ञानरूपोनान्यःब्राह्मणानांब्रह्मविदाम् ५।

देवेभ्यश्चपितृभ्यश्चभूतेभ्योऽतिथिभिःसह ॥ इत्यर्थैसर्वएवेतिसमारंभाभवंतिवै २४ ततःप्रहस्यजनकंब्राह्मणःपुनरब्रवीत् ॥ त्वज्जिज्ञासार्थमद्येहविद्धिमांधर्ममागतम्
२५ त्वमस्यब्रह्मलाभस्यदुर्वारस्यानिवर्त्तिनः ॥ सत्त्वनेमिनिरुद्धस्यचक्रस्यैकःप्रवर्त्तकः २६ ॥ इतिश्रीमहाभारतेआश्वमेधिकेपर्वणिअनुगीतापर्वणिब्राह्मणगीतासुद्वा
त्रिंशोऽध्यायः ॥ ३२ ॥ ब्राह्मणउवाच ॥ नाहंतथाभीरुचरामिलोकेयथात्वंमांतर्जयसेस्वबुद्ध्या ॥ विप्रोऽस्मिमुक्तोस्मिवनेचरोऽस्मिगृहस्थधर्माव्रतवांस्तथाऽस्मि
१ नाहमस्मियथामांत्वंपश्यसेचशुभाशुभे ॥ मयाव्याप्तमिदंसर्वंयत्किंचिज्जगतीगतम् २ येकेचिज्जंतवोलोकेजंगमाःस्थावराश्चह ॥ तेषांमामंतकंविद्धिदारूणामिव
पावकम् ३ राज्यंपृथिव्यांसर्वस्यामथवाऽपित्रिविष्टपे ॥ तथाबुद्धिरियंवेत्तिबुद्धिरेवधनंमम ४ एकःपंथाब्राह्मणानांयेनगच्छन्तितद्विदः ॥ गृहेषुवनवासेषुगुरुवासेषुभि
क्षुषु ५ लिंगैर्बहुभिरव्यग्रैरेकाबुद्धिरुपास्यते ॥ नानालिंगाश्रमस्थानांयेषांबुद्धिःशमात्मिका ६ तेभावमेकमायांतिसरितःसागरंयथा ॥ बुद्ध्याऽयंगम्यतेमार्गःश
रीरेणनगम्यते ॥ आद्यंतवन्तिकर्माणिशरीरंकर्मबंधनम् ७ तस्मात्तेसुभगेनास्तिपरलोककृतंभयम् ॥ तद्भावभावनिरतामामैवात्मानमेष्यसि ८ ॥ इतिश्रीमहाभा
रतेआश्वमेधिकेपर्वणिअनुगीतापर्वणिब्राह्मणगीतासुत्रयस्त्रिंशोऽध्यायः ॥ ३३ ॥ ब्राह्मण्युवाच ॥ नेदमल्पात्मनाशक्यंवेदितुंनाकृतात्मना ॥ बहुचाल्पंचसं
क्षिप्तंविप्लुतंचमतंमम ॥ १ उपायंतंममब्रूहियेनैषालभ्यतेमतिः ॥ तन्मन्येकारणंत्वत्तोयतएषाप्रवर्त्तते २ ॥ ब्राह्मणउवाच ॥ अरणींब्राह्मणींविद्धिगुरुरस्योत्तरार
णिः ॥ तपःश्रुतेऽभिमथ्नीतोज्ञानाग्निर्जायतेततः ३ ॥ ब्राह्मण्युवाच ॥ यदिदंब्रह्मणोलिंगंक्षेत्रज्ञइतिसंज्ञितम् ॥ ग्रहीतुंयेनयच्छक्यंलक्षणंतस्यतत्क्नु ४

६ । ७ सुभगेईश्वरि शरीरत्वंधनिर्मुक्तत्वात् परलोकःअनात्मलोकः तद्भावोमदात्मभावस्तस्यभावोभावना ॥ ८ ॥ इत्याश्वमेधिकेपर्वणि नीलकंठीये भारतभावदीपेत्रयस्त्रिंशोऽध्यायः ॥ ३३ ॥ ॥ ॥ ॥ उक्तमर्थमाक्षिपति नेदमिति १ मन्येजानीयाम् २ ब्राह्मणींबुद्धिम् तपःमनननिदिध्यासनात्मकमालोचनं श्रुतंवेदांतश्रवणं'आत्मावाअरे द्रष्टव्यःश्रोतव्योमंतव्योनिदिध्यासितव्यः'इत्यात्मदर्शनानुवादेनश्रवणादिविधानात् ३ आक्षेपपूर्वकंज्ञेयस्वरूपमाह यदिदमित्यादिना । यदिदमपरोक्षंक्षेत्रज्ञइतिसंज्ञितंजीवाख्यंससंगरूपंतद्ब्रह्मणोऽसंग स्यलिंगंस्वरूपमितियत्तत्क्नु । नकथंचनजीवस्यब्रह्मभावःसंभवतीत्यर्थः । अत्रोपपत्तिमाह ग्रहीतुमिति । यद्येननिग्रहीतुंशक्यंतन्निग्राह्यंतस्यनिग्रहीतुर्लक्षणंस्वरूपंइतिक्नुदृष्टंनकापीत्यर्थः । आत्मानमंतरोयमयतीतिजीवेश्वयोर्नियम्यनियामकत्वश्रवणात्भृत्यभर्त्रोरिवनतयोरभेदसंभावनापीतिभावः ४ ॥ ॥ ॥ ॥ ॥

॥ २४ ॥

उत्तरमाहाऽलिंगइति । योऽयंक्षेत्रज्ञउक्तःसलिंगमेवंरूपइतिनिर्देशयोग्यंस्वरूपंतद्रहितः यतोनिर्गुणः अस्यसगुणत्वंसालिंगत्वंचविनेवकारणंभ्रांत्यैवभातिनसत्यंविद्यतइत्यर्थः । भ्रान्त्यपगमेनतदधिगमेउपाय मेववक्ष्यामि नवेति चित्तशुद्ध्यभावे ५ सम्यगुपायोदृष्टश्च पूर्वोक्ताःश्रवणादयस्तैर्भ्रमरैरूपरिभ्रमद्भिरधःस्थमगृहीतमपिसुरभिद्रव्यंलक्ष्यते । एवंश्रवणादिभिरात्मालक्षणाद्वारेणलक्ष्यतइत्यर्थः कोऽसावुपायः कर्मबुद्धिः कर्मशोधिताबुद्धिःकर्मबुद्धिः कर्मभिरशोधितायांबुद्धौश्रवणाद्यभ्याससहस्रेणापिनगम्यतइतिभावः । अबुद्धित्वादुक्तविधबुद्धिराहित्यात्मूढाअसंगमपिक्षेत्रज्ञंज्ञानलिंगैर्बुद्ध्यादिभिराश्रितंसंगिनमिवमन्यन्ते तद्वस्तुउपायेनश्रवणादिजन्ययाबुद्ध्यालक्ष्यतइतिसंबन्धः ६ नेदंब्रह्मज्ञानंविधिनिषेधप्रधानं अहेयानुपादेयप्रत्यगात्मविषयत्वात् तथात्वेवास्वरूपनाशानित्यत्वेदुरपन्हवेस्याताम् । अपितुरज्जुदर्शनदशमत्वश्रवणाभ्यांसर्पादशमत्वयोरिवबुद्ध्यावाक्येनवाऽविद्याध्यारोपितकार्यकारणप्रपंचस्यनिराकरणसापेक्षमित्याह इदंकार्यमिति । मोक्षेष्विति बहुवचनंमुक्त्युपादानभूतबुद्ध्यादितत्त्वभेदात् ७ तेचयावन्तःपंचसप्तएकादशत्रयोदशवातेषांप्रत्येकंवृत्तिभेदाच्छतशःसहस्रशोवाकल्पनीयाइत्याह यावंतइति । अव्यक्तान्मायाविद्यादिरूपान् व्यक्तरूपान्शब्दादीन् उपेयप्रतिपत्त्यर्था उपायाअव्यवस्थिताइतिन्यायेनशिष्यबोधार्थंमन्दमध्यमोत्तमाधिकारिभेदेनव्यष्टिमात्रकल्पनयावासमष्टिव्यष्टिद्वयकल्पनयावासमष्टिमात्रकल्पनयावातत्त्वार्थयोरभेदंप्रत्याययन्नात्रवस्तुसंतोऽनात्मपदार्थाःसंति येन

॥ ब्राह्मणउवाच ॥ अलिंगोनिर्गुणश्चैवकारणंनास्यलक्ष्यते ॥ उपायमेववक्ष्यामियेनगृह्येतवानवा ५ सम्यगुपायोदृष्टश्चभ्रमरैरिवलक्ष्यते ॥ कर्मबुद्धिरबुद्धित्वाज्ज्ञानलिंगैरिवाश्रितम् ६ इदंकार्यमिदंनेतिनमोक्षेषूपदिश्यते ॥ पश्यतःशृण्वतोबुद्धिरात्मनोयेषुजायते ७ यावंतइहशक्येरंस्तावंतोंऽशान्प्रकल्पयेत् ॥ अव्यक्तान्व्यक्तरूपांश्चशतशोऽथसहस्रशः ८ सर्वान्नानार्थयुक्तांश्चसर्वान्प्रत्यक्षहेतुकान् ॥ यतःपरंनविद्येततोऽभ्यासेभविष्यति ९ ॥ श्रीभगवानुवाच ॥ ततस्तुतस्याब्राह्मण्यामतिःक्षेत्रज्ञसंक्षये ॥ क्षेत्रज्ञानेनपरतःक्षेत्रज्ञेभ्यःप्रवर्त्तते १० ॥ अर्जुनउवाच ॥ क्वनुसाब्राह्मणीकृष्णक्वचासौब्राह्मणर्षभः ॥ याभ्यांसिद्धिरियंप्राप्तातावुभौवदमेऽच्युत ११ ॥ श्रीभगवानुवाच ॥ मनोमेब्राम्हणंविद्धिबुद्धिंमेविद्धिब्राम्हणीम् ॥ क्षेत्रज्ञइतियश्चोक्तःसोहमेवधनंजय १२ इतिश्रीमहाभारतेआश्वमेधिकेपर्वणि अनुगीतापर्वणि ब्राम्हणगीतासुचतुस्त्रिंशोऽध्यायः ॥ ३४ ॥ अर्जुनउवाच ॥ ब्रम्हयत्परमंज्ञेयंतन्मेव्याख्यातुमर्हसि ॥ भवतोहिप्रसादेनसूक्ष्मेमेरमतेमतिः १ ॥

मोक्षापादानानितार्किकादिवत्संख्ययापरिच्छिद्येरन्नित्यर्थः ८ ततइतिप्रथमार्थेतसिः यतःपरमन्यन्नास्तितद्वस्तुभविष्यत्यधिकारी अभ्यासेशमाद्यभ्यासेपुष्कलेसति अत्रकण्ठगतविस्मृतचामीकरवद्ब्रह्मप्राप्तिभवनंनोत्पाद्यत्वेनानित्यत्वापत्तेः ब्रह्मैवसन्ब्रह्माप्येतितत्त्वमसीत्यादिवाक्येभ्यः सिद्धवद्ब्रह्मभावश्रवणादित्यर्थः ९ क्षेत्रज्ञसंक्षयेजीवस्यपरमात्मनिप्रविलापने क्षेत्रज्ञानेनैवक्षेत्रज्ञात्परंज्ञायतइत्याह क्षेत्रेति । क्षेत्रज्ञएवोपाधिविलयाद्ब्रह्मैवास्तीत्यर्थः १० । ११ मनोमेचित्प्रतिबिंबगर्भमनोजीवइत्यर्थः मनोमुक्तःक्षेत्रज्ञोऽहमेवब्रह्मैवेत्यर्थः १२ इत्याश्वमेधिकेपर्वणिनीलकंठीये भारतभावदीपे चतुस्त्रिंशोऽध्यायः ॥ ३४ ॥ ॥ पूर्वाध्यायांते'मनोमेब्राह्मणंविद्धिबुद्धिंमेविद्धिब्राह्मणीम् ॥ क्षेत्रज्ञइतियश्चोक्तःसोहमेवधनंजय'इतिमनोबुद्ध्योर्ब्रह्मवित्त्वेनतदुपलक्षितसकलकरणप्रकाश्यमर्थजातंब्रह्मेत्युक्तंयश्चतयोःसाक्षीसचिदात्माऽहमितिचदर्शितम् । तत्रप्रपंचःसाक्षीचेत्युभयमपिपरंब्रह्मउततयोरन्यतरद्यत्परंब्रह्मतन्मेवदेत्यर्जुनउवाच ब्रह्मयदिति । आद्येपक्षेसप्रपंचंब्रह्मज्ञेयंद्वितीयेनिष्प्रपंचमिति तत्रसूक्ष्मेनिष्प्रपंचएवमेमनोरमतइतिस्वतुष्टिंकथयति । तेन'सतांहिसंदेहपदेषुवस्तुषुप्रमाणमंतःकरणस्यप्रवृत्तयः'इतिन्यायेननिष्प्रपंचमेवशास्त्रार्थइतिज्ञापयति १ ॥ ॥

९

मोक्षसंयुक्तं यस्मिन्श्रुतेसद्योमुक्तिरेवलभ्यतइत्यर्थः २। ३ ब्रूयांपृच्छामि ४ । ५ । ६ अहंत्वमितिशास्यशासनकर्त्रोर्जीवेश्वरयोःप्रश्नः । यच्चताभ्यांपरमन्यत्सत्यमबाधितंवस्तुतदपिब्रूहि ।
भूतानिवियदादीनि स्थावरादीनिभौतिकानि ७ भूतान्युभयविधानि किंपरमवसानंयस्यतत्तत्किंतेषांलयस्थानमित्यर्थः । किंसत्यमबाधितफलंकर्म तपःक्रियारूपंकायिकादिभेदेनत्रिविधं गुणाःसत्त्वा
दयःकिंस्वरूपाइत्यर्थः ८ सुखंमुख्यं प्रश्नान्वक्तुमर्हसीतिसंबन्धः ९ कश्चकोऽपि १० । ११ । १२ । १३ । १४ स्ववाक्येश्रद्धोत्पादनार्थमाख्यायिकामुखेनोत्तरयति ब्रह्मणेति । इदं
त्वयापृष्टंवेदविद्यांसमाश्रित्याऽऽश्रित्यनतुस्वकल्पनां तत्त्वभूतस्याबाधितस्यार्थस्यभावनंविचारोयस्मिन्तत् १५ ज्ञानंपरंब्रह्मविषयमुत्तमम् । तथातपःसन्यासाख्यमुत्तमम् । ज्ञानतत्त्वंज्ञानस्यतत्त्वंया

॥ वासुदेवउवाच ॥ अत्राप्युदाहरंतीममितिहासंपुरातनम् ॥ संवादंमोक्षसंयुक्तंशिष्यस्यगुरुणासह २ कश्चिद्ब्राम्हणमासीनमाचार्यंसंशितव्रतम् ॥ शिष्यः
पप्रच्छमेधावीकिंस्विच्छ्रेयःपरंतप ३ भगवंतंप्रपन्नोऽहंनिःश्रेयसपरायणः ॥ याचेत्वांशिरसाविप्रयद्ब्रूयांब्रूहितन्मम ४ तमेवंवादिनंपार्थशिष्यंगुरुरुवाचह ॥
सर्वंतुतेप्रवक्ष्यामियत्रवैसंशयोद्विज ५ इत्युक्तःसकुरुश्रेष्ठगुरुणागुरुवत्सलः ॥ प्रांजलिःपरिपप्रच्छयत्तःशृणुमहामते ६ ॥ शिष्यउवाच ॥ कुतश्चाहंकुतश्च
त्वंतत्सत्यंब्रूहियत्परम् ॥ कुतोजातानिभूतानिस्थावराणिचराणिच ७ केनजीवंतिभूतानितेषामायुश्चकिंपरम् ॥ किंसत्यंकिंतपोविप्रकेगुणाःसद्भिरीरिताः
८ केपंथानःशिवाश्चस्युःकिंसुखंकिंचदुष्कृतम् ॥ एतान्मेभगवन्प्रश्नान्याथातथ्येनसुव्रत ९ वक्तुमर्हसिविप्रर्षेयथावदिहतत्त्वतः ॥ त्वदन्यःकश्चनप्रश्नाने
तान्वक्तुमिहार्हति १० ब्रूहिधर्मविदांश्रेष्ठपरंकौतूहलंमम ॥ मोक्षधर्मार्थकुशलोभवाँल्लोकेषुगीयते ११ सर्वसंशयसंछेत्तात्वदन्योनचविद्यते ॥ संसारभीरवश्चै
वमोक्षकामास्तथावयम् १२ ॥ वासुदेवउवाच ॥ तस्मैसंप्रतिपन्नाययथावत्परिपृच्छते ॥ शिष्यायगुणयुक्तायशांतायप्रियवर्त्तिने १३ छायाभूतायदांता
ययततेब्रह्मचारिणे ॥ तान्प्रश्नानब्रवीत्पार्थमेधावीसधृतव्रतः ॥ गुरुःकुरुकुलश्रेष्ठसम्यक्सर्वानरिंदम १४ ॥ गुरुरुवाच ॥ ब्रह्मणोक्तमिदंसर्वमृषिप्रवरसेवि
तम् ॥ वेदविद्यांसमाश्रित्यतत्त्वभूतार्थभावनम् १५ ज्ञानंत्वेवपरंविद्मःसंन्यासंतपउत्तमम् ॥ यस्तुवेदनिराबाधंज्ञानतत्त्वंविनिश्चयात् ॥ सर्वभूतस्थमात्मा
नंससर्वगतिरिष्यते १६ योविद्वान्सहसंवासंविवासंचैवपश्यति ॥ तथैवैकत्वनानात्वेसदुःखात्परिमुच्यते १७ योनकामयतेकिंचिन्नकिंचिदभिमन्यते ॥
इहलोकस्थएवैषब्रह्मभूयायकल्पते १८ प्रधानगुणतत्त्वज्ञःसर्वभूतविधानवित् ॥ निर्ममोनिरहंकारोमुच्यतेनात्रसंशयः १९

थार्थ्यम् । घटादितत्त्वज्ञानव्यावृत्तयेनिराबाधमितिनिर्गतःआसमंतात्बाधोयस्मात् । तद्धिब्रह्मज्ञानबाध्यंनतथैतदित्यर्थः । यश्चएतत्सर्वंसर्वभूतस्थंचआत्मानंसंप्रज्ञाताबस्थायांवेदससर्वगतिःसर्वकामभा
ग्भवति । ‘तेषांसर्वेषुलोकेषुकामचारोभवति’इतिश्रुतेः । सार्धश्लोकोवाक्यम् १६ सहसंवासंचिज्जडयोरेकलोलीभावंसंप्रज्ञाते । विवासंतयोःपृथक्त्वंशुद्धत्वंपदार्थदर्शने । एकत्वंईश्वरादभेदंतस्यैव ।
नानात्वंतयोर्भिन्नत्वंव्यवहारे १७ नकामयतइतिममकाराभावः । नाभिमन्यतइत्यभिमानोऽहंकारस्तदभावः । तयोःसतोर्जीवन्नेवमुच्यतेइत्यर्थः १८ प्रधानंमाया गुणाःसत्त्वादयः तेषांतत्त्वं
कल्पितत्वस्वरूपंयाथात्म्यम् । सर्वभूतानांविधानंविधीयतेउत्पाद्यतेऽनेनेतिकारणंतदुभयज्ञोमुच्यते १९ ॥ ॥ ॥

अव्यक्तमज्ञानंतदेवबीजप्रभवोमूलमंकुरश्चयस्य । बुद्धिर्महत्तत्त्वंतदेवस्कंधायस्य । अहंकारोविटपाःपल्लवायस्य । इंद्रियाण्येवअंकुराअनर्थवल्लीपूर्वरूपभूताःकोटरेषुच्छिद्रेषुयस्य २० महाभूतानिविय
दादीनिविशेषस्तिलकःपुष्पकोरकस्थानीयोयस्य । विशेषाःस्थूलकार्याणितान्येवप्रतिशाखाउपशाखास्तद्वान् । पर्णमुत्पद्यपतनशीलःसंकल्पः । पुष्पंकर्म । फलंसुखादि २१ एतद्बीजभूतंब्रह्म
ज्ञात्वा तत्त्वानिअव्यक्तादीनिज्ञानेनच्छित्त्वेतितेषामज्ञानकार्यत्वंरज्जूरगवदुक्तं । जहातिसजति । सार्धश्लोकः । एतेनऊर्ध्वमूलार्थःस्मारितः २२ भूतेति । भूरादयआदिपदार्थास्तेषामर्थातानांनिश्चयः
स्वरूपावधारणंयस्मिन्तं पुराकल्पंबहुकर्तृकमन्वाख्यानम् २३ पदंपदनीयमधिगंतव्यं संसिद्धाःमुक्ताः २४ पुराकल्पमेवाह उपगम्येति २५ मार्गान्कर्मगतीःपरिक्रम्यपुनःपुनर्गत्वा २६ । २७,२८

अव्यक्तबीजप्रभवोबुद्धिस्कंधमयोमहान् ॥ महाहंकारविटपइन्द्रियांकुरकोटरः २० महाभूतविशेषश्चविशेषप्रतिशाखवान् ॥ सदापर्णःसदापुष्पःसदाशुभफलो
दयः २१ आजीवःसर्वभूतानांब्रह्मबीजःसनातनः ॥ एतज्ज्ञात्वाचतत्त्वानिज्ञानेनपरमासिना ॥ छित्वाचामरतांप्राप्यजहातिमृत्युजन्मनी २२ भूतभव्यभ
विष्यादिधर्मकामार्थनिश्चयम् ॥ सिद्धसंघपरिज्ञातंपुराकल्पंसनातनम् २३ प्रवक्ष्येहंमहाप्राज्ञपदमुत्तममद्यते ॥ बुद्ध्वायदिहसंसिद्धाभवंतीहमनीषिणः २४ उप
गम्यर्षयःपूर्वंजिज्ञासंतःपरस्परम् ॥ प्रजापतिभरद्वाजौगौतमोभार्गवस्तथा २५ वसिष्ठःकश्यपश्चैवविश्वामित्रोऽत्रिरेवच ॥ मार्गान्सर्वान्परिक्रम्यपरिश्रांताः
स्वकर्मभिः २६ ऋषिमांगिरसंवृद्धंपुरस्कृत्यतुतेद्विजाः ॥ ददृशुर्ब्रह्मभवनेब्रह्माणंवीतकल्मषम् २७ तंप्रणम्यमहात्मानंसुखासीनंमहर्षयः ॥ पप्रच्छुर्विनयोपेता
नैःश्रेयसमिदंपरम् २८ कथंकर्मक्रियात्साधुकथंमुच्येतकिल्बिषात् ॥ केनोमार्गाःशिवाश्चस्युःकिंसत्यंकिंचदुष्कृतम् २९ कौचोभौकर्मणांमार्गौप्राप्नुयुर्दक्षिणोत्तरौ ॥
प्रलयंचापवर्गंचभूतानांप्रभवाप्ययौ ३० इत्युक्तःसमुनिश्रेष्ठैर्यदाहप्रपितामहः ॥ तत्तेऽहंसंप्रवक्ष्यामिश्रृणुशिष्ययथागमम् ३१ ॥ ब्रम्होवाच ॥ सत्याद्भूतानिजाता
निस्थावराणिचराणिच ॥ तपसातानिजीवंतिइतितद्वित्तसुव्रताः ३२ स्वांयोनिंसमतिक्रम्यवर्त्ततेस्वेनकर्मणा ॥ सत्यंहिगुणसंयुक्तंनियतंपंचलक्षणम् ३३ ब्र
ह्मसत्यंतपःसत्यंसत्यंचैवप्रजापतिः ॥ सत्याद्भूतानिजातानिसत्यंभूतमयंजगत् ३४ तस्मात्सत्यमयाविप्रानित्यंयोगपरायणाः ॥ अतीतक्रोधसंतापनियताधर्मसे
विनः ३५ अन्योन्यनियतान्वैद्यान्धर्मसेतुप्रवर्त्तकान् ॥ तानहंसंप्रवक्ष्यामिशाश्वतान्लोकभावनान् ३६ चातुर्विद्यंतथावर्णांश्चातुराश्रमिकान्पृथक् ॥ ध
र्ममेकंचतुष्पादंनित्यमाहुर्मनीषिणः ३७ । ॥ ॥ ॥

क्रियात्कुर्वीत केनोऽस्माकम् २९ प्रलयोदैनंदिनादिर्भूतलयः । अपवर्गःआत्यंतिकोभूतोच्छेदोमोक्षाख्यः । प्रभवाप्ययौजन्ममृत्यू ३० यथागमंवेदानुसारि ३१ सत्यात्त्रैकालिकबाधरहिताद्ब्र
ह्मणः भूतान्यव्यक्तादीनिस्थावराणिवियदादीनिचराणिजरायुजादीनि । एतेनकुतश्चाहमितिश्लोकोक्तप्रश्नानामुत्तरमुक्तम् । तपसाकर्मणाजीवन्तिइतिहेतोर्द्विजाः स्वांयोनिंब्रह्मसमतिक्रम्यध्यानच्यु
ताः विक्षेपावस्थांप्राप्यस्वकर्मणावर्त्ततइतिसार्द्धःश्लोकः ३२ किंसत्यमित्यस्योत्तरमाह सत्यमिति । गुणसंयुक्तमित्यनेननिर्गुणंसत्यमेकमेवतत्रभेदहेतोर्गुणस्यैवाभावादितिदर्शितम् ३३ ब्रह्मईश्वरः
तपोधर्मः प्रजापतिर्जीवः भूतानिखादीनि जगज्जरायुजादि एतत्व्यावहारिकंगुणमयंसत्यपंचकम् ३४ यस्मात्तस्मात्सत्यमयाःसत्यप्रधानाःधर्मसेविनोभवंति ३५ अन्योन्यनियतान्परस्परभयेनधर्मा
तिक्रमशून्यान् वैद्यान्विद्यावतः तान्विप्रान्प्रतीतिशेषः ३६ चतस्रोधर्मार्थकाममोक्षप्रदाविद्याश्चतुर्विद्यास्ताएवचातुर्विद्यम् । तच्चप्रतिवर्णंप्रत्याश्रमंचपृथक्प्रवक्ष्यामीत्यनुषज्जते ३७ ॥

३८ गदंतःभोप्रवक्तारः मयावक्ष्यमाणंपंथानंनिबोधत तेनचपथापरंपदंनिबोधत ३९ आत्मानमधिकृत्यप्रवृत्तमाश्रममध्यात्मंसंन्यासंपरंपदमाहुरितिपूर्वेणान्वयः ४० ज्योतिरादिकंविश्वंतावत्पश्य
ति यावदध्यात्मंसंन्यासपूर्वकमात्मदर्शनंनोपैतिनलभते ४१ । ४२ । ४३ श्रद्धाआस्तिक्यबुद्धिःसैवधर्मस्यमुख्यंलक्षणंज्ञापकं श्रद्धाहीनंसर्वंव्यर्थमित्यर्थः । देवयानाःदेवयानमार्गप्राप्त्युपायाः ४४
एतेषामन्यतमंधर्मंयःपृथग्भिन्नमेकमेवाध्यास्तेदृढमाश्रयतिसःकालात्क्रमेणचित्तशुद्धिपरिपाकेसतिभूतानांप्रभवाप्ययांस्वनिष्ठांत्रितिसदैवनिमेषोन्मेषमात्रेकालेऽनवरतंपश्यति एतेनदृष्टिरेवसृष्टिरित्युक्तंभव
ति ४५ हेतुनायुक्त्या विषयस्थानिबुद्धिगोचराणिबुद्धिस्थानि ४६ । ४७ विशेषाःशब्दादयोविशेषगुणाः एकाचेतिपुरुषग्रहणम् ४८ । ४९ सर्वलोकान्समश्नुतेसार्वात्म्यंलभते । 'यएवं
वेदाहंब्रह्मास्मीतिसइदंसर्वंभवति'इतिश्रुतेः ५० ॥ इत्याश्वमेधिकेपर्वणिनीलकंठीये भारतभावदीपे पंचत्रिंशोऽध्यायः ॥ ३५ ॥ ॥ उक्तान्येवतत्त्वानिविवरीतुमुत्तरोग्रंथआरभ्यते तदिति । तद

पंथानंवःप्रवक्ष्यामिशिवंक्षेमकरंद्विजाः ॥ नियतंब्रह्मभावायगतंपूर्वैर्मनीषिभिः ३८ गदंतस्तंमयाऽद्येहपंथानंदुर्विदंपरम् ॥ निबोधतमहाभागानिखिलेनपरंपदम्
३९ ब्रह्मचारिकमेवाहुराश्रमंप्रथमंपदम् ॥ गार्हस्थ्यंतुद्वितीयंस्याद्वानप्रस्थमतःपरम् ॥ ततःपरंतुविज्ञेयमध्यात्मंपरमंपदम् ४० ज्योतिराकाशमादित्योवायुरिं
द्रःप्रजापतिः ॥ नोपैतियावदध्यात्मंतावदेतान्नपश्यति ४१ तस्योपायंप्रवक्ष्यामिपुरस्तात्तंनिबोधत ॥ फलमूलानिलभुजांमुनीनांवसतांवने ४२ वानप्रस्थं
द्विजातीनांत्रयाणामुपदिश्यते ॥ सर्वेषामेववर्णानांगार्हस्थ्यंतद्विधीयते ४३ श्रद्धालक्षणमित्येवंधर्मंधीराःप्रचक्षते ॥ इत्येवंदेवयानावःपंथानःपरिकीर्तिताः ॥
सद्भिरध्यासिताधीरैःकर्मभिर्धर्मसेतवः ४४ एतेषांपृथगध्यास्तेयोधर्मंसंशितव्रतः ॥ कालात्पश्यतिभूतानांसदैवप्रभवाप्ययौ ४५ अतस्तत्त्वानिवक्ष्यामिया
थातथ्येनहेतुना ॥ विषयस्थानिसर्वाणिवर्त्तमानानिभागशः ४६ महानात्मातथाऽव्यक्तमहंकारस्तथैवच ॥ इंद्रियाणिदशैकंचमहाभूतानिपंचच ४७ विशेषाः
पंचभूतानामितिसर्गःसनातनः ॥ चतुर्विंशतिरेकाचतत्त्वसंख्याप्रकीर्त्तिता ४८ तत्वानामथयोवेदसर्वेषांप्रभवाप्ययौ ॥ सधीरःसर्वभूतेषुनमोहमधिगच्छति ४९
तत्त्वानियोवेदयतेयथातथंगुणांश्चसर्वानखिलाश्चदेवताः ॥ विधूतपाप्माप्रविमुच्यबंधनंससर्वलोकानमलान्समश्नुते ५० ॥ इति श्रीमहाभारतेआश्वमेधिके पर्वणि
अनुगीतापर्वणि गुरुशिष्यसंवादेपंचत्रिंशोऽध्यायः ॥ ३५ ॥ ॥ ब्रह्मोवाच ॥ तदव्यक्तमनुद्रिक्तंसर्वव्यापिध्रुवंस्थिरम् ॥ नवद्वारंपुरंविद्यात्त्रिगुणंपंचधा
तुकम् १ एकादशपरिक्षेपंमनोव्याकरणात्मकम् ॥ बुद्धिस्वामिकमित्येतत्परमेकादशंभवेत् २ ॥ ॥ ॥ ॥

तत्रतेषुतत्त्वेषुव्याख्यातेषुमध्येअनुद्रिक्तंत्रिगुणमव्यक्तंविद्यात्साम्योपेतंगुणत्रयमव्यक्तपदार्थः तच्चसर्वकार्यव्यापि । ध्रुवमविनाशि । स्थिरमचंचलंनिरारंभमितियावत् । तदेवाव्यक्तमनुद्रिक्तंमत्पंच
धातुकंभूतपंचकंनवद्वारंपुरंचविद्यात्तेषांतत्कार्यत्वात् । पंचखादीनि नवतुभोक्तारंप्रतिविषयप्रवेशद्वाराणि । पंचश्रोत्रादीनिमनोबुद्धिप्राणोभिमानाख्योहंकारश्च पुरंशरीरम् १ परितःक्षिप्यते
विषयभोगवासनयाजीवात्मायैस्तेपरिक्षेपाइन्द्रियाणि । मनसैवव्याकरणंव्यक्तीभावोयेषांतेसंकल्पयोनयोविषयास्तदात्मकंपुरं बुद्धिस्वामिकंचपुरं एतदेवपुरंपरंब्रह्म तत्राध्यस्तत्वात् एकादशं
इन्द्रियंमनस्तन्मात्रंच नकेवलंभोग्यमेवमनःकल्पितमपितुभोक्ताभोग्यंभोगोपकरणंचसर्वंमनोमात्रमित्यर्थः 'तद्वाइदंमनस्येवपरमंप्रतिष्ठितंयदिदंकिंच'इतिश्रुतेः २ ॥ ॥

स्रोतांसि चित्तनद्याः प्रवाहाः त्रीणि शुक्लंहिंसाशून्यधर्मप्रावण्यं । कृष्णंहिंसाप्रावण्यं । शुक्लकृष्णंहिंसायुक्तप्रवृत्तिधर्मप्रावण्यंचेति । एतानियस्मिन्चित्तेविद्यमानानितिष्ठभिःप्रनाडीभिःसंस्कार रूपाभिस्त्रिगुणात्मिकाभिराप्याय्यंतेपूर्यंतेताश्चतथैवपुनःपुनर्वर्धंते ३ तत्रत्रीन्गुणानव्यक्तावयवभूतान्व्याख्याति तमइत्यादि । अन्योन्यमिथुनत्वंदंपतीवदेककार्योत्पादनं । अन्योन्योपजीवित्वं बीजांकुरवत् ४ अन्योन्याश्रयत्वंत्रिदंडविष्टंभवत् । अन्योन्यानुवर्तित्वंप्रधानगुणभावेनराजभृत्यवत् । अन्योन्यव्यतिषक्तत्वंतेजोवन्नवत् । त्रिगुणागुणत्रयमयाःपंचधातवःपंचमहाभूतानिभौतिका निचेत्यर्थः ५ मिथुनंमथ्नातीतियोगादभिभावकंतमसउद्रेकेसत्वंनश्यतिसत्वस्योद्रेकेतमः । एवंरजसउद्रेकेसत्वंनिवर्त्ततेसत्वस्योद्रेकेरजइतिज्ञेयं । रजस्तमसोस्तुपरस्परोद्दीपकत्वान्नान्योन्यमभिभाव कत्वंभवतीतितन्मिथुनद्वयंनोक्तम् ६ नियम्यतेकर्मकर्त्तरिप्रयोगः तिरोधीयतेइत्यर्थः । रजसस्तिरोधानेतुतमोनप्रवर्त्ततेऽपितुसत्वमेव । अप्रवृत्तिर्हितमसःकार्यंनप्रवृत्तिनिरोधइत्यर्थः ७ नैशे

त्रीणिस्रोतांसियान्यस्मिन्नाप्याय्यन्तेपुनःपुनः ॥ प्रनाड्यस्तिस्रएवैताःप्रवर्त्तन्तेगुणात्मिकाः ३ तमोरजस्तथासत्वंगुणानेतान्प्रचक्षते ॥ अन्योन्यमिथुनाःसर्वेतथा ऽन्योन्यानुजीविनः ४ अन्योन्यापाश्रयाश्चापितथाऽन्योन्यानुवर्त्तिनः ॥ अन्योन्यव्यतिषक्ताश्चत्रिगुणाःपंचधातवः ५ तमसोमिथुनंसत्वंसत्वस्यमिथुनंरजः ॥ रजसश्चापिसत्वंस्यात्सत्वस्यमिथुनंतमः ६ नियम्यतेतमोयत्ररजस्तत्रप्रवर्त्तते ॥ नियम्यतेरजोयत्रसत्वंतत्रप्रवर्त्तते ७ नैशात्मकंतमोविद्यात्त्रिगुणंमोहसंज्ञितम् ॥ अधर्मलक्षणंचैवनियतंपापकर्मसु ॥ तामसंरूपमेतत्तुदृश्यतेचापिसंगतम् ८ प्रकृत्यात्मकमेवाहूरजःपर्यायकारकम् ॥ प्रवृत्तंसर्वभूतेषुदृश्यमुत्पत्तिलक्षणम् ९ प्रकाशं सर्वभूतेषुलाघवंश्रद्दधानता ॥ सात्विकंरूपमेवंतुलाघवंसाधुसंमितम् १० एतेषांगुणतत्त्वानिवक्ष्यंतेतत्त्वहेतुभिः ॥ समासव्यासयुक्तानितत्वतस्तानिबोधत ११ संमो होज्ञानमत्यागःकर्मणामविनिर्णयः ॥ स्वप्नःस्तंभोभयंलोभःस्वतःसुकृतदूषणम् १२ अस्मृतिश्चाविपाकश्चनास्तिक्यंभिन्नवृत्तिता ॥ निर्विशेषत्वमंधत्वंजघन्य गुणवृत्तिता १३ अकृतेकृतमानित्वमज्ञानेज्ञानमानिता ॥ अमैत्रीविकृताभावोह्यश्रद्धामूढभावना १४ अनार्जवमसंज्ञत्वंकर्मपापमचेतना ॥ गुरुत्वंसन्नभावत्व मवशित्वमवाग्गतिः १५ सर्वएतेगुणावृत्तास्तामसाःसंप्रकीर्तिताः ॥ येचान्येविहिताभावालोकेऽस्मिन्भावसंज्ञिताः १६ तत्रतत्रनियम्यंतेसर्वेतेतामसागुणाः ॥ परिवादकथानित्यंदेवब्राह्मणवैदिकी १७ अत्यागश्चाभिमानश्चमोहोमन्युस्तथाऽक्षमा ॥ मत्सरश्चैवभूतेषुतामसंवृत्तमिष्यते १८ वृथारंभाहियेकेचिद्वृथादानानि यानिच ॥ वृथाभक्षणमित्येतत्तामसंवृत्तमिष्यते १९ अतिवादोऽतितिक्षाचमात्सर्यमभिमानिता ॥ अश्रद्दधानताचैवतामसंवृत्तमिष्यते २०

ति । नैशात्मकमंधकाररूपं त्रिगुणमितीतरयोरपिविशेषणंत्रयाणामन्योन्यव्यतिषक्तत्वस्योक्तत्वात् ८ पर्यायोवैपरीत्यं ९ लाघवंधर्मज्ञानादिरूपंसौष्ठवं १० गुणतत्त्वानिकार्यस्वरूपाणि ११ स्वप्नोनिद्रा । स्तंभोगर्वः १२ भिन्नवृत्तिताशीलभंगः । निर्विशेषत्वंयुक्तायुक्तपरीक्षायाअभावः । अंधत्वंसर्वेषांकरणानामयथावत्प्रतिपत्तिः । जघन्यगुणश्चांडालादिधर्मोहिंस्र त्वाशुचित्वादिः । विकृतस्यविविधक्रियारूपस्याभावोऽप्रवृत्तिः १३ । १४ अचेतनाअबोधः । गुरुत्वमालस्यादिनागात्राणांजडत्वं । सन्नभावत्वंनष्टभक्तित्वंदेवादिषु । अवशित्वमजितेंद्रिय त्वं । अवाग्गतिर्नीचकर्मानुरागः । १५ । १६ । नियम्यंतेनियमेनोपतिष्ठंते देवब्राह्मणवैदिकीदेवादिविषयिणी देवब्राह्मणनिंदिकाइतिपाठेस्पष्टोऽर्थः १७ अक्षमेतिच्छेदः १८ । १९ । २०

२१ । २२ । २३ । २४ अवांक्स्रोतसःअधोगमनार्हाश्चित्तप्रवाहोयेषांतेतथा २५ उत्कर्षमारोहक्रमं उद्रेकंपुण्याविर्भावं २६ अन्यथाप्रतिपन्नास्तयक्स्थावरादयानप्राप्ताः । ब्राह्मणानाब्रा
ह्मणैः कर्मणःअग्निहोत्राद्यर्थविरुद्धाःहिंसिताःसंतोवैदिकेनसंस्कारेणोर्ध्वमायांति । ततश्च्युताश्चब्राह्मणादिजातिलब्ध्वायतमानाइत्यादिद्वयोःसंबंधः २७ । २८ एतदेवस्पष्टयति अन्यथेति २९
चूचुकाःस्वलद्गिरः ३० शूद्रेति । वैश्यादियोनिप्राप्तौक्रोधादयस्तामसगुणास्तमोगुणस्रोतस्यायांति तेभ्यआत्मानंरक्षेदित्यर्थः ३१ कामेषुरूपाद्यर्थेषुअभिष्वंगआसक्तिः ३२ अविद्यास्मितारागद्वेषाभिनिवेशाःपंचक्लेशाअत्रतमआदिशब्दैरभिधीयंतेतेषुतामिस्रश्चतुर्थःक्रोधसंज्ञितोनतुद्वेषइत्यर्थः । एवमंधतामिस्रोऽपिनाभिनिवेशःकिंतुमरणमेव । तामिस्रःक्रोधउच्यतइतिपुनर्वचनंपरपरिभाषितार्थ

एवंविधाश्चयेकेचिल्लोकेऽस्मिन्पापकर्मिणः ॥ मनुष्याभिन्नमर्यादास्तेसर्वेतामसाःस्मृताः २१ तेषांयोनीःप्रवक्ष्यामिनियताःपापकर्मिणाम् ॥ अवाङ्निरयभा
वायेतिर्यङ्निरयगामिनः २२ स्थावराणिचभूतानिपशवोवाहनानिच ॥ क्रव्यादादंदशूकाश्चकृमिकीटविहंगमाः २३ अंडजाजंतवश्चैवसर्वेचापिचतुष्पदाः ॥
उन्मत्ताबधिरामूकायेचान्येपापरोगिणः २४ मग्नास्तमसिदुर्वृत्ताःस्वकर्मकृतलक्षणाः ॥ अवाक्स्रोतसइत्येतेमग्नास्तमसितामसाः २५ तेषामुत्कर्षमुद्रेकंवक्ष्याम्य
हमतःपरम् ॥ यथातेसुकृताँल्लोकाँल्लभन्तेपुण्यकर्मिणः २६ अन्यथाप्रतिपन्नास्तुविवृद्धायेचकर्मणः ॥ स्वकर्मनिरतानांचब्राह्मणानांशुभैषिणाम् २७ संस्कारेणोर्ध्व
मायांतियतमानाःसलोकताम् ॥ स्वर्गंगच्छंतिदेवानामित्येषावैदिकीश्रुतिः २८ अन्यथाप्रतिपन्नास्तेविबुद्धाःस्वेषुकर्मसु ॥ पुनरावृत्तिधर्माणस्तेभवंतीहमानुषाः
२९ पापयोनिंसमापन्नाश्चंडालामूकचूचुकाः ॥ वर्णान्पर्यायशश्चापिप्राप्नुवंत्युत्तरोत्तरम् ३० शूद्रयोनिमतिक्रम्ययेचान्येतामसागुणाः ॥ स्रोतोमध्येसमागम्यवर्त्तंते
तामसेगुणे ३१ अभिष्वंगस्तुकामेषुमहामोहइतिस्मृतः ॥ ऋषयोमुनयोदेवामुह्यंत्यत्रसुखेप्सवः ३२ तमोमोहोमहामोहस्तामिस्रःक्रोधसंज्ञितः ॥ मरणंत्वंध
तामिस्रस्तामिस्रःक्रोधउच्यते ३३ वर्णतोगुणतश्चैवयोनितश्चैवतत्त्वतः ॥ सर्वमेतत्तमोविप्राःकीर्त्तितंवोयथाविधि ३४ कोन्वेतद्बुध्यतेसाधुकोन्वेतत्साधुपश्यति ॥
अतत्त्वेतत्त्वदर्शीयस्तमसस्तत्त्वलक्षणम् ३५ तमोगुणाबहुविधाःप्रकीर्त्तितायथावदुक्तंचतमःपरावरम् ॥ नरोहियोवेदगुणानिमान्सदासतामसैःसर्वगुणैःप्रमुच्यते
३६ इतिश्रीमहाभारते आश्वमेधिकेपर्वणि अनुगीतापर्वणि गुरुशिष्यसंवादे षट्त्रिंशोऽध्यायः ॥ ३६ ॥ ॥ ब्रह्मोवाच ॥ रजोऽहंवःप्रवक्ष्यामियाथातथ्ये
नसत्तमाः ॥ निबोधतमहाभागागुणवृत्तंचराजसम् १ संतापोरूपमायासःसुखदुःखेहिमातपौ ॥ ऐश्वर्यंविग्रहःसंधिर्हेतुवादोऽरतिःक्षमा २ ॥

निराकरणार्थं । तामिस्रांधतामिस्रपदाभ्यांक्रोधमरणेएवग्राह्येनतुराजसौद्वेषाभिनिवेशावित्यर्थः ३३ तदेवाह वर्णतइति । एतत्तमआदिशब्दितमविद्यादिकंसर्वंतमएवज्ञेयं नतुतत्ररजोंऽशोऽस्ति ।
तत्रयथाअविद्याअतस्मिंस्तद्बुद्धिरूपविपर्ययाख्यंतमः एवंतत्प्रभवाअस्मितादयोऽपितमएव तत्राप्यनात्मनिमहत्तत्त्वेऽस्मीत्यात्मबुद्धेःसत्त्वात् । एवंरागोप्यप्रियेप्रियत्वाध्यासः । क्रोधःशांतिप्रती
चिअभिज्वलनाध्यासः । एवममृतेनित्येमरिष्यामीतिबुद्धिरित्येते । वर्णतःस्वरूपतः पाकतइतिपाठेफलतोगुणतोविपर्ययत्वतोयोनितस्तामसत्वतश्चतमएव ३४ एतद्दुर्बोधमित्युक्तिपूर्वकं
सामान्यतस्तमसोलक्षणमाह कइति ३५ तमोविकारागुणास्तमोगुणाः ३६ ॥ इत्याश्वमेधिकेपर्वणि नीलकंठीये भारतभावदीपे षट्त्रिंशोऽध्यायः ॥ ३६ ॥ रजोऽहमिति १ । २

३ । ४ उग्रंनिष्ठुरं दारुणंहिंस्रत्वं ५ परिभाषणंधिक्कृत्यभाषणम ६ व्यूहोव्यवहाररचनाकौशलम् ७ शरणेषुरक्षितृषु ८ अप्रत्ययोऽविश्वासः ९ । १० । ११ परितापःस्वजनवैकल्यनि मित्तोदाहः पाठांतरेपरिवादःसर्वनिंदा १२।१३।१४।१५ अवाक्स्वर्गादधःभूमेरुपरिस्रोतःप्रवाहोयेषांतेतथा १६ प्रेत्यभाविकंजन्मांतरीयंकुशलम् १७ । १८ ॥ इत्याश्वमेधिकेपर्वणिनीलकंठी

बलंशौर्यंमदोरोषोव्यायामकलहावपि ॥ ईर्ष्येप्सापिशुनंयुद्धंममत्वंपरिपालनम् ३ वधबंधपरिक्लेशाःक्रयोविक्रयएवच ॥ निकृन्तच्छिन्धिभिन्धीतिपरवर्मावकर्त्तनम्
४ उग्रंदारुणमाक्रोशःपरच्छिद्रानुशासनम् ॥ लोकचिंतानुचिंताचमत्सरःपरिपालनम् ५ मृषावादोमृषादानंविकल्पःपरिभाषणम् ॥ निंदास्तुतिःप्रशंसाचप्रता
पःपरिधर्षणम् ६ परिचर्याऽनुशुश्रूषासेवातृष्णाव्यपाश्रयः ॥ व्यूहोनयःप्रमादश्चपरिवादःपरिग्रहः ७ संस्कारायेचलोकेषुप्रवर्ततेपृथक्पृथक् ॥ नृषुनारीषुभूते
षुद्रव्येषुशरणेषुच ८ संतापोऽप्रत्ययश्चैवव्रतानिनियमाश्चये ॥ आशीर्युक्तानिकर्माणिपौर्त्तानिविविधानिच ९ स्वाहाकारोनमस्कारःस्वधाकारोवषट्क्रिया ॥ या
जनाध्यापनेचोभेयजनाध्ययनेअपि १० दानंप्रतिग्रहश्चैवप्रायश्चित्तानिमंगलम् ॥ इदंमेस्यादिदंमेस्यात्स्नेहोगुणसमुद्भवः ११ अभिद्रोहस्तथामायानिकृतिर्मानएव
वच ॥ स्तैन्यंहिंसाजुगुप्साचपरितापःप्रजागरः १२ दंभोदर्पोऽथरागश्चभक्तिःप्रीतिःप्रमोदनम् ॥ द्यूतंचजनवादश्चसंबंधाःस्त्रीकृताश्चये १३ नृत्यवादित्रगीतानां
प्रसंगायेचकेचन ॥ सर्वएतेगुणाविप्राराजसाःसंप्रकीर्तिताः १४ भूतभव्यभविष्याणांभावानांभुविभावनाः ॥ त्रिवर्गनिरतानित्यंधर्मोऽर्थःकामइत्यपि १५ काम
वृत्ताःप्रमोदंतेसर्वकामसमृद्धिभिः ॥ अर्वाक्स्रोतसइत्येतेमनुष्यारजसावृताः १६ अस्मिँल्लोकेप्रमोदंतेजायमानाःपुनःपुनः ॥ प्रेत्यभाविकमीहंतेऐहलौकिकमेवच ॥
ददतिप्रतिगृह्णंतितर्पयंत्यथजुह्वति १७ रजोगुणावोबहुधाऽनुकीर्तितायथावदुक्तंगुणवृत्तमेवच ॥ नरोऽपियोवेदगुणानिमान्सदासराजसैःसर्वगुणैर्विमुच्यते १८ ॥
इतिश्रीमहाभारतेआश्वमेधिकेपर्वणिअनुगीतापर्वणिगुरुशिष्यसंवादेसप्तत्रिंशोऽध्यायः ॥ ३७ ॥ ॥ ब्रह्मोवाच ॥ अतःपरंप्रवक्ष्यामितृतीयंगुणमुत्तमम् ॥ सर्व
भूतहितंलोकेसतांधर्ममनिंदितम् १ आनंदःप्रीतिरुद्रेकःप्राकाश्यंसुखमेवच ॥ अकार्पण्यमसंरंभःसंतोषःश्रद्दधानता २ क्षमाधृतिरहिंसाचसमतासत्यमार्जवम् ॥
अक्रोधश्चानसूयाचशौचंदाक्ष्यंपराक्रमः ३ मुधाज्ञानंमुधावृत्तंमुधासेवामुधाश्रमः ॥ एवंयोयुक्तधर्मःस्यात्सोऽमुत्रात्यंतमश्नुते ४ निर्ममोनिरहंकारोनिराशीःसर्वतः
समः ॥ अकामभूतइत्येवसतांधर्मःसनातनः ५ विश्रंभोह्रीस्तितिक्षाचत्यागःशौचमतंद्रिता ॥ आनृशंस्यमसंमोहोदयाभूतेष्वपैशुनम् ६ हर्षस्तुष्टिर्विस्मयश्च
विनयःसाधुवृत्तिता ॥ शांतिकर्मणिशुद्धिश्चशुभाबुद्धिर्विमोचनम् ७ उपेक्षाब्रह्मचर्यंचपरित्यागश्चसर्वशः ॥ निर्ममत्वमनाशीष्ट्वमपरिक्षतधर्मता ८ ॥

येभारतभावदीपेसप्तत्रिंशोऽध्यायः ॥ ३७ ॥ ॥ ॥ ॥ अतइति १ उद्रेकउन्नतिः असंरंभोनिर्भयत्वं २ । ३ मुधेति । शास्त्रीयज्ञानादेर्वैयर्थ्यंज्ञात्वायुक्तधर्मोयोगिधर्मा
योमवतिसोऽमुत्रात्मनिअत्यंतंअविनाशिपदमश्नुते ४ । ५ । ६ हर्षःपुत्रजन्मादिजंसुखं तुष्टिरलंबुद्धिः शांतिकर्मणिमुक्त्युपायेशुद्धिःआर्जवेनप्रवृत्तिः ७ उपेक्षाऔदासीन्यम ८

९ दानादीनांवैयर्थ्यंजानंतोयेब्रह्मयोनिस्थाःवेदकारणेब्रह्मणिनिष्ठावंतस्तएवंसाधुदर्शिनोनान्ये १० पापानिकर्माणिराजसतामसानि तनूःशरीराणि कुर्वतेयोगबलेनानेकशरीरस्रष्टारोभवंति ११ ईशित्वादिकमणिमादीनामप्युपलक्षणं मनसःमनःविकुर्वतेअनेकाकारंकुर्वंति नतुनिगृह्णंतीत्यर्थः १२ ऊर्ध्वस्रोतसऊर्ध्वगमनपराःप्रकृत्याभोगजसंस्कारेणपुनर्भोगार्थंचित्तंविकुर्वतःनानाकारेणपरिणामयंतः भजंतेस्वयंप्राप्नुवंति । विभजंतिसंकल्पितमन्येभ्योऽपिप्रयच्छंतिसार्धः १३ । १४ । १५ ॥ इत्याश्वमेधिके पर्वणि नीलकंठीये भारतभावदीपे अष्टत्रिंशोऽध्यायः ॥ ३८ ॥ ॥ ॥ ॥ ॥ नैवेति । अविच्छिन्नान्यपृथग्भूतानिइदंसात्विकमिदंराजसमिदंतामसंकार्यमितिव्यपदेशस्तुतत्तद्गुणप्राधान्यमात्रादित्यर्थः १ । २ यावदिति । कियदपिविवृद्धंसत्वंतमसैवनियम्यतेऽतोनियम्यनियामकयोस्तयोःसाम्यंभवतीत्यर्थः । एवंप्रवर्त्तनात्मकंरजोमोहप्रकाशात्मकाभ्यांतमःसत्वाभ्यामुद्रिक्तंसत्तेउभेरूणद्धि ३ संहत्यमिश्रीभूययात्रांव्यवहारंकुर्वतेयतःसंघचारिणःसंहतस्वभावाश्चरंतिएवंविधाअपिहेत्वहेतुभिर्वर्तंते वैषम्येणेतिशेषः ४ एतदेवाह उद्रेकेति । उद्रेकःउद्बोधकसामग्रीसत्वेयदाधिक्यंतदभावेअन्यूनंव्यतिरिक्तमनधिकंचसर्वशः सर्वेषांरूपंसमानंभवतीत्यर्थः ५ व्यतिरिक्तमधिकंयत्रश्वशूकरादौतिर्यग्भावंचाधिक्यंगतंप्राप्तम् ६ । ७ । ८ सत्वमिंद्रियाणांयोनिःसाचवैकारिकीवैकारिकाहंकारसंबंधिनी प्रकाशिकाइंद्रियद्वाराशब्दादीनामितिशेषः धर्मोधर्महेतुः विधीयतेशास्त्रेप्रकाश्यते ९ । १० । ११ ॥ ॥ ॥ ॥

मुधादानंमुधायज्ञोमुधाधीतंमुधाव्रतम् ॥ मुधाप्रतिग्रहश्चैवमुधाधर्मोमुधातपः ९ एवंव्रतास्तुयेकेचिल्लोकेऽस्मिन्सत्वसंश्रयाः ॥ ब्राह्मणाब्रह्मयोनिस्थास्तेधीराःसाधुदर्शिनः १० हित्वासर्वाणिपापानिनिःशोकाह्यथमानवाः ॥ दिवंप्राप्यतुतेधीराःकुर्वतेवैततस्तनूः ११ ईशित्वंचवशित्वंचलघुत्वंमनसश्चते ॥ विकुर्वतेमहात्मानोदेवास्त्रिदिवगाइव १२ ऊर्ध्वस्रोतसइत्येतेदेवावैकारिकाःस्मृताः ॥ विकुर्वतःप्रकृत्यावैदिवंप्राप्तास्ततस्ततः १३ यद्यदिच्छंतितत्सर्वंभजन्तेविभजंतिच इत्येतत्सात्विकंवृत्तंकथितंवोद्विजर्षभाः ॥ एतद्विज्ञायलभतेविधिवद्यद्यदिच्छति १४ प्रकीर्त्तिताःसत्वगुणाविशेषतोयथावदुक्तंगुणवृत्तमेवच ॥ नरस्तुयोवेदगुणानिमान्सदागुणान्सभुंक्तेनगुणैःसयुज्यते १५ ॥ इति श्रीमहाभारतेआश्वमेधिकेपर्वणिअनुगीताप० गुरुशिष्यसंवादे अष्टत्रिंशोऽध्यायः ॥ ३८ ॥

॥ ब्रह्मोवाच ॥ नैवशक्यागुणावक्तुंपृथक्त्वेनैवसर्वशः ॥ अविच्छिन्नानिदृश्यंतेरजःसत्वंतमस्तथा १ अन्योन्यमथरज्यंतेह्यन्योन्यंचार्थजीविनः ॥ अन्योन्यमाश्रयाःसर्वेतथाऽन्योन्यानुवर्त्तिनः २ यावत्सत्वंरजस्तावद्वर्त्ततेनात्रसंशयः ॥ यावत्तमश्चसत्वंचरजस्तावदिहोच्यते ३ संहत्यकुर्वतेयात्रांसहिताःसंघचारिणः ॥ संघातवृत्तयोह्येतेवर्तन्तेहेत्वहेतुभिः ४ उद्रेकव्यतिरिक्तानांतेषामन्योन्यवर्तिनाम् ॥ वक्ष्यतेतद्यथाऽन्यूनंव्यतिरिक्तंचसर्वशः ५ व्यतिरिक्तंतमोयत्रतिर्यग्भावगतंभवेत् ॥ अल्पंतत्ररजोज्ञेयंसत्वमल्पतरंतथा ६ उद्रिक्तंचरजोयत्रमध्यस्रोतोगतंभवेत् ॥ अल्पंतत्रतमोज्ञेयंसत्वमल्पतरंतथा ७ उद्रिक्तंचयदासत्वमूर्ध्वस्रोतोगतंभवेत् ॥ अल्पंतत्रतमोज्ञेयंरजश्चाल्पतरंतथा ८ सत्वंवैकारिकीयोनिरिंद्रियाणांप्रकाशिका ॥ नहिसत्वात्परोधर्मःकश्चिदन्योविधीयते ९ ऊर्ध्वंगच्छंतिसत्वस्थामध्येतिष्ठंतिराजसाः ॥ जघन्यगुणसंयुक्तायांत्यधस्तामसाजनाः १० तमःशूद्रेरजःक्षत्रेब्राह्मणेसत्वमुत्तमम् ॥ इत्येवंत्रिषुवर्णेषुविवर्त्तन्तेगुणास्त्रयः ११ ॥ ॥

दूरादिति तामसेशूद्रेऽपिरजःसत्वयोर्दर्शनाद्गुणाःसंघचारिणएवमन्यत्र १२ स्वतःप्रकाशकस्याप्यादित्यादेस्तमोरजःकार्यभयसंतापहेतुत्वात्तत्रापित्रिगुणोद्दीपकत्वंवर्त्ततइत्यर्थः । कुत्सितंकर्मचरंतितेकुच राश्चोराः १३ । १४ तत्स्वरूपमपित्रिगुणात्मकमित्याह प्राकाश्यमिति १५ नतदस्तिपृथिव्यांचेत्यादिश्लोकस्यायंप्रपंचः एवमित्यादि १६ स्थावराणामतिमूढत्वाच्चतमस्तिर्यग्भावमाधि क्यंगतंदृश्यते । राजसाःरमणीयत्वकटुम्लत्वादयःविवर्त्ततेकालेनद्रव्यांतरयोगेनपाकादिनावा । सात्त्विकस्तुस्नेहःवह्न्यादेरुद्दीपकत्वेनप्रकाशकत्वात् १७ । १८ । १९ । २० । २१

दूरादपिहिदृश्यंतेसहिताःसंघचारिणः ॥ तमःसत्वंरजश्चैवपृथक्त्वेनानुशुश्रुम १२ दृष्ट्वात्वादित्यमुद्यंतंकुचराणांभयंभवेत् ॥ अध्वगाःपरितप्येयुरुष्णतोदुःखभा गिनः १३ आदित्यःसत्वमुद्रिक्तंकुचरास्तुतथातमः ॥ परितापोऽध्वगानांचरजसोगुणउच्यते १४ प्राकाश्यंसत्वमादित्यःसंतापोरजसोगुणः ॥ उपप्लवस्तु विज्ञेयस्तामसस्तस्यपर्वसु १५ एवंज्योतिष्षुसर्वेषुनिवर्त्ततेगुणास्त्रयः ॥ पर्यायेणचवर्त्ततेतत्रतत्रतथातथा १६ स्थावरेषुतुभावेषुतिर्यग्भावगतंतमः ॥ राजसा स्तुविवर्त्ततेस्नेहभावस्तुसात्विकः १७ अहस्त्रिधातुविज्ञेयंत्रिधारात्रिर्विधीयते ॥ मासार्धमासवर्षाणिऋतवःसंधयस्तथा १८ त्रिधादानानिदीयंतेत्रिधायज्ञःप्र वर्त्तते ॥ त्रिधालोकास्त्रिधादेवास्त्रिधाविद्यास्त्रिधागतिः १९ भूतंभव्यंभविष्यंचधर्मोर्थःकामएवच ॥ प्राणापानावुदानश्चाप्येतएवत्रयोगुणाः २० पर्यायेणप्र वर्त्ततेतत्रतत्रतथातथा ॥ यत्किंचिदिहलोकेऽस्मिन्सर्वमेतत्त्रयोगुणाः २१ त्रयोगुणाःप्रवर्त्ततेह्यव्यक्तानित्यमेवतु ॥ सत्वंरजस्तमश्चैवगुणसर्गःसनातनः २२ तमोऽव्यक्तंशिवंधामरजोयोनिःसनातनः ॥ प्रकृतिर्विकारःप्रलयःप्रधानंप्रभवाप्ययौ २३ अनुद्रिक्तमनूनंवाप्यकंपमचलंध्रुवम् ॥ सदसच्चैवतत्सर्वमव्यक्तंत्रिगुणं स्मृतम् ॥ ज्ञेयानिनामधेयानिनरैरध्यात्मचिंतकैः २४ अव्यक्तनामानिगुणांश्चतत्त्वतोयोवेदसर्वाणिगतीश्चकेवलाः ॥ विमुक्तदेहःप्रविभागतत्त्ववित्समुच्यतेसर्व गुणैर्निरामयः २५ ॥ इतिश्रीमहाभारतेआश्वमेधिकेप० अनुगीतापर्वणिगुरुशिष्यसंवादेऊनचत्वारिंशोऽध्यायः ॥ ३९ ॥ ॥ ब्रह्मोवाच ॥ अव्यक्तात्पूर्व मुत्पन्नोमहानात्मामहामतिः ॥ आदिर्गुणानांसर्वेषांप्रथमःसर्गउच्यते १ महानात्मामतिर्विष्णुर्जिष्णुःशंभुश्चवीर्यवान् ॥ बुद्धिःप्रज्ञोपलब्धिश्चतथाख्यातिर्धृतिः स्मृतिः २ पर्यायवाचकैःशब्दैर्महानात्माविभाव्यते ॥ तंजानन्ब्राह्मणोविद्वान्प्रमोहंनाधिगच्छति ३ सर्वतःपाणिपादश्चसर्वतोक्षिशिरोमुखः ॥ सर्वतःश्रुति माँल्लोकेसर्वंव्याप्यसतिष्ठती ४ महाप्रभावःपुरुषःसर्वस्यहृदिनिश्चितः ॥ अणिमालघिमाप्राप्तिरीशानोज्योतिरव्ययः ५ ॥ ॥

२२ । २३ तमआदीनिद्राविंशतिरव्यक्तस्यनामधेयानि २४ । २५ ॥ इत्याश्वमेधिकेपर्वणि नीलकंठीये भारतभावदीपे ऊनचत्वारिंशोऽध्यायः ॥ ३९ ॥ ॥ एवंचतुर्भिरध्यायै र्व्यस्तसमस्तगुणनिरूपणद्वारातत्साम्यावस्थारूपमव्यक्तंप्रपंचितम् । इदानींमहत्तत्त्वंनिरूपयति अव्यक्तादित्यध्यायेन गुणानांगुणकार्याणाम् १ । २ । ३ सर्वतइतिगीतासुयज्ज्ञेयमुक्तंतन्महाना त्मैवेतिव्यनक्तिमुख्यंतुज्ञेयमव्यक्तात्परमेवेतिज्ञापयितुम् ४ । ५ ॥ ॥ ॥ ॥

अयमेवदहराद्युपासकानामुपास्यइत्याह तत्रेत्यादिना । तत्रमहत्यात्मनिलोकाअतीताऽनागतावर्त्तमानाश्चसंति । 'यच्चास्येहास्तियच्चनास्तिसर्वंतदत्रगत्वाविंदते' इतिश्रुतेः सद्भावनिरताश्चयेतेमह त्त्वमुपयांतीतितृतीयेनान्वयः ६ । ७ । ८ । ९ । १० । ११ । १२ । १३ ॥ इत्याअश्वमेधिकेपर्वणि नीलकंठीये भारतभावदीपे चत्वारिंशोऽध्यायः ॥ ४० ॥ ॥ कार्यस्यकार णादनन्यत्वंवदन्महांतमेवाहंकारतामापन्नंविवृणोति यइति १ भूतादिरितितस्यैवाहंकारस्यतामसस्यान्वर्थासंज्ञा वैकारिकइतिविकारान्महतोजातइतिव्युत्पत्तेस्तस्यैवनाम सचतेजसः प्रवृत्त्यात्मक स्यरजसोविकारः । चेतनाधीयतेऽस्मिन्निति चेतनाधातुश्चेतनः पुरुषइत्यर्थः । प्रजानांसर्गोयस्मादतःप्रजासर्गत्वात्प्रजापतिरप्ययमेव २ देवानामिंद्रियाणांश्रोत्रादीनांमनसश्चप्रभवउत्पत्तिस्थानम् ।

तत्रबुद्धिविदोलोकाःसद्भावनिरताश्चये ॥ ध्यानिनोनित्ययोगाश्चसत्यसंधाजितेन्द्रियाः ६ ज्ञानवंतश्चयेकेचिदलुब्धाजितमन्यवः ॥ प्रसन्नमनसोधीरानिर्ममा निरहंकृताः ७ विमुक्ताःसर्वएवैतेमहत्त्वमुपयांत्युत ॥ आत्मनोमहतोवेदयःपुण्यांगतिमुत्तमाम् ८ अहंकारात्प्रसूतानिमहाभूतानिपंचवै ॥ पृथिवीवायुराकाश मापोज्योतिश्चपंचमम् ९ तेषुभूतानियुज्यंतेमहाभूतेषुपंचसु ॥ तेशब्दस्पर्शरूपेषुरसगंधक्रियासुच १० महाभूतविनाशान्तेप्रलयेप्रत्युपस्थिते ॥ सर्वप्राणभृतांधीरामहदुत्पद्यतेभयम् ११ सधीरःसर्वलोकेषुनमोहमधिगच्छति ॥ विष्णुरेवादिसर्गेषुस्वयंभूर्भवतिप्रभुः १२ एवंहियोवेदगुहाशयंप्रभुंपरंपुराणंपुरुषं विश्वरूपम् ॥ हिरण्मयंबुद्धिमतांपरांगतिंसबुद्धिमान्बुद्धिमतीत्यतिष्ठती १३ ॥ इतिश्रीमहाभारते आश्वमेधिकेपर्वणि अनुगीतापर्वणि गुरुशिष्यसंवादेचत्वारिंशो ऽध्यायः ॥ ४० ॥ ॥ ब्रह्मोवाच ॥ यउत्पन्नोमहान्पूर्वमहंकारःसउच्यते ॥ अहमित्येवसंभूतोद्वितीयःसर्गउच्यते १ अहंकारश्चभूतादिर्वैकारिकइ तिस्मृतः ॥ तेजसश्चेतनाधातुःप्रजासर्गःप्रजापतिः २ देवानांप्रभवोदेवोमनसश्चत्रिलोककृत् ॥ अहमित्येवतत्सर्वमभिमंतासउच्यते ३ अध्यात्मज्ञानतृप्तानां मुनीनांभावितात्मनाम् ॥ स्वाध्यायक्रतुसिद्धानामेषलोकःसनातनः ४ अहंकारेणाहरतोगुणानिमान्भूतादिरेवंसृजतेसभूतकृत् ॥ वैकारिकःसर्वमिदंविचेष्टते स्वतेजसारंजयतेजगत्तथा ५ ॥ इतिश्रीमहाभारते आश्वमेधिकेपर्वणि अनुगीतापर्वणि गुरुशिष्यसंवादेएकचत्वारिंशोऽध्यायः ॥ ४१ ॥ ॥ ब्रह्मोवाच ॥ अहंकारात्प्रसूतानिमहाभूतानिपंचवै ॥ पृथिवीवायुराकाशमापोज्योतिश्चपंचमम् १ तेषुभूतानिमुह्यंतिमहाभूतेषुपंचसु ॥ शब्दस्पर्शनरूपेषुरसगंधक्रिया सुच २ महाभूतविनाशांतेप्रलयेप्रत्युपस्थिते ॥ सर्वप्राणभृतांधीरामहदभ्युद्यतेभयम् ३ ॥ ॥ ॥

स्वयमपिदेवोदीव्यन्क्रीडन्त्रिलोककृत् । अहमितियोऽभिमन्यतेसोऽहंकारः ३ एषःसमष्टिरूपोऽनिरुद्धाख्यःसर्वेषांसिद्धानांलोकःप्राप्यंस्थानम् ४ अहंकारेणत्रिगुणमयेनगुणान्शब्दादीन्आहर तोभोक्तुमिच्छतःपुरुषस्यभूतादिस्तामसोऽहंकारःसृजतेभूतानिव्योमादीन्यतएवसभूतकृत् । वैकारिकःसर्वाणींद्रियाणिसृष्ट्वातैर्दर्शनस्पर्शनादिकांक्रियांकरोति । तैजसःकर्मेंद्रियाणिपंचप्राणांश्चसृष्ट्वा तद्द्वारासर्वंभोक्तृवर्गंरंजयतीति ५ ॥ इत्याश्वमेधिके पर्वणि नीलकंठीये भारतभावदीपे एकचत्वारिंशोऽध्यायः ॥ ४१ ॥ ॥ ॥ अहंकारात्तामसात् पृथिव्यादीनांपाठक्रमोनविवक्षितः १ एतेषुयेशब्दादयःसंतितेषुनिमित्तभूतेषुभूतानिमानुषादीनिमुह्यंति तेप्रसिद्धाःयोगिनोऽपिमुह्यंतीत्यध्याहृत्ययोज्यम् २ महाभूतानांदेहाकाराणांविनाशोमरणंतदंतेभयंनारकम् । तथाप्रलयेचदैनंदि नादौप्रत्युपस्थितेदाहशोषादिजंमहत्प्राणभृतांप्राणिमांभयम् ३ ॥ ॥ ॥ ॥

तत्रमरणस्यसर्वप्रत्यक्षत्वात्तदुपेक्ष्यप्रलयमाह यदिति । उत्तरोत्तरंअनुलोमंआकाशवाय्वग्निसलिलपृथिवीक्रमेण ४ ततइति । द्विविधानिभूतानिस्थूलानिसूक्ष्माणिचतत्रयैर्योगबलेनसूक्ष्मेषुस्थूलानांप्रविलापनंकृतंतेतन्मात्रशरीराःसंतोनस्थूलेषुभूतेषुनश्यत्सुविनश्यंतीत्यर्थः ५ ननुकोशनाशेकोशकारइवस्थूलनाशेसूक्ष्माणिकथंननश्यंतीत्याशंक्याह शब्दइति । शब्दादयोविषयाः क्रियाश्चतद्ग्रहणरूपाः करणनित्याःकरणात्मनामनोमात्रेणरूपेणनित्याः अविनाशिन्यः । कारणनित्याइतिपाठेपिकारणंदहराकाशाख्यंसोपाधिब्रह्मतद्रूपेणनित्याः मोहसंज्ञिताःस्थूलाअनित्याअनृतत्वात् । 'तइमेसत्याः कामाअनृतापिधानाः'इतिश्रुतिर्हिसूक्ष्माणांसत्यत्वंतत्पिधायकानांस्थूलानामनृतत्वंचाह । तस्माद्युक्तमुक्तंधीरानलीयंतेकदाचनेति ६ अनित्यानांलक्षणमाहसार्द्धेन लोभेति । लोभोलब्धुमिच्छातस्य प्रजनं प्रजाफललोभपूर्वकंकर्मेत्यर्थः तस्मात्संभुताः । संयुक्ताइतिपाठेकर्मबद्धाः निर्विशेषाः सर्वेषांपांचभौतिकत्वाविशेषात् । अकिंचनाःनास्तिकिंचनवस्तुसत्यायासुताः रज्जूरग

यद्यस्माज्जायतेभूतंतत्रतत्प्रविलीयते ॥ लीयंतेप्रतिलोमानिजायंतेचोत्तरोत्तरम् ४ ततःप्रलीनेसर्वस्मिन्भूतेस्थावरजंगमे ॥ स्मृतिमंतस्तदाधीरानलीयंतेकदाचन ५ शब्दःस्पर्शस्तथारूपंरसोगंधश्चपंचमः ॥ क्रियाःकरणनित्याःस्युरनित्यामोहसंज्ञिताः ६ लोभप्रजनसंभूतानिर्विशेषाह्यकिंचनाः ॥ मांसशोणितसंघाताअन्योन्यस्योपजीविनः ७ बहिरात्मानइत्येतेदीनाःकृपणजीविनः ॥ प्राणापानावुदानश्चसमानोव्यानएवच ८ अंतरात्मनिचाप्येतेनियताःपंचवायवः ॥ वाङ्मनोबुद्धिभिःसार्द्धमिदमष्टात्मकंजगत् ९ त्वग्घ्राणश्रोत्रचक्षूंषिरसनावाक्संयताः ॥ विशुद्धंचमनोयस्यबुद्धिश्चाव्यभिचारिणी १० अष्टौयस्याग्नयोह्येतेनदहंतेमनःसदा ॥ सतद्ब्रह्मशुभंयातितस्माद्भूयोनविद्यते ११ एकादशचयान्याहुरिंद्रियाणिविशेषतः ॥ अहंकारात्प्रसूतानितानिवक्ष्याम्यहंद्विजाः १२ श्रोत्रंत्वक्चक्षुषीजिह्वानासिकाचैवपंचमी ॥ पादौपायुरुपस्थश्चहस्तौवाग्दशमीभवेत् १३ इंद्रियग्रामइत्येषुमनएकादशंभवेत् ॥ एतंग्रामंजयेत्पूर्वंततोब्रह्मप्रकाशते १४ बुद्धींद्रियाणिपंचाहुःपंचकर्मेंद्रियाणिच ॥ श्रोत्रादीन्यपिपंचाहुर्बुद्धियुक्तानितत्त्वतः १५ अविशेषाणिचान्यानिकर्मयुक्तानियानितु ॥ उभयत्रमनोज्ञेयंबुद्धिस्तुद्वादशीभवेत् १६ इत्युक्तानींद्रियाण्येतान्येकादशयथाक्रमम् ॥ मन्यंतेकृतमित्येवंविदित्वातानिपंडिताः १७ ॥ ॥ ॥

वत्तुच्छाइत्यर्थः । अन्योन्येतुजीवोजीवस्यजीवनमित्यर्थान्नश्वराः ७ बहिरात्मानःस्थूलशरीराणि । दीनाःक्षुधाद्युपद्रुताः । कृपणजीविनः बाह्यसाधनजीवनाः । नित्यानियावन्मोक्षस्थायीनिभूतान्याहसार्धेन प्राणेति ८ अंतरात्माचितिच्छायायुक्तोऽहंकाराख्योजीवः प्राणादिपंचकंवाङ्मनोबुद्धित्रयंचेत्यष्टावुपाधित्वेननियतानियमेनसंबद्धाः एतदष्टकात्मकंजगत् अयंभावः 'मनसाह्येवपश्यतिमनसाशृणोति'इत्यादिश्रुतेःचक्षुःश्रोत्रात्मकंमनएवसर्वकरणरूपं । करणानांचप्राणेभ्योदेवादेवेभ्योलोकाइतिचक्षुरादिभ्यःसूर्यादीनां तेभ्योरूपादीनांचोत्पत्तिश्रवणेन सर्वहेतुतयासर्वात्मकत्वादेतावन्मात्रंजगदितियुक्तमेवोक्तमष्टात्मकंजगदिति ९ । १० त्वगादयएतेयंनदहंतिसविद्वान्ब्रह्मयातियस्मादन्यद्भूयोऽधिकतरंनास्ति ११ एतदेवविस्तरेणप्रपंचयति एकादशेत्यादिना १२ । १३ । १४ । १५ उभयत्रउभयेष्वपिइंद्रियेषुमनोनुगतमितिशेषः १६ मन्यंतेकृतकृत्याभवंतीत्यर्थः १७ ॥ ॥ ॥ ॥

सर्वसर्वाणींद्रियाणिप्रत्येकंविविधानि भूतमाकाशादि इंद्रियमध्यात्मं भूतगुणःशब्दादिरधिभूतं इंद्रियानुग्राहिकादेवतादिगादिरधिदैवंसर्वत्रज्ञेयं १८ । १९ । २० । २१ । २२ त्रिष्व

अतःपरंप्रवक्ष्यामिसर्वंविविधमिंद्रियम् ॥ आकाशंप्रथमंभूतंश्रोत्रमध्यात्ममुच्यते १८ अधिभूतंतथाशब्दोदिशस्तत्राधिदैवतम् ॥ द्वितीयंमारुतोभूतंत्वगध्या
त्मंचविश्रुता १९ स्प्रष्टव्यमधिभूतंचविद्युत्तत्राधिदैवतम् ॥ तृतीयंज्योतिरित्याहुश्चक्षुरध्यात्ममुच्यते २० अधिभूतंततोरूपंसूर्यस्तत्राधिदैवतम् ॥ चतुर्थमापो
विज्ञेयंजिह्वाचाध्यात्ममुच्यते २१ अधिभूतंरसश्चात्रसोमस्तत्राधिदैवतम् ॥ पृथिवीपंचमंभूतंघ्राणश्चाध्यात्ममुच्यते २२ अधिभूतंतथागंधोवायुस्तत्राधिदैव
तम् ॥ एषुपंचसुभूतेषुत्रिषुयश्चविधिःस्मृतः २३ अतःपरंप्रवक्ष्यामिसर्वंविविधमिंद्रियम् ॥ पादावध्यात्ममित्याहुर्ब्राह्मणास्तत्त्वदर्शिनः २४ अधिभूतंतुगंतव्यं
विष्णुस्तत्राधिदैवतम् ॥ अवाग्गतिरपानश्चपायुरध्यात्ममुच्यते २५ अधिभूतंविसर्गश्चमित्रस्तत्राधिदैवतम् ॥ प्रजनःसर्वभूतानामुपस्थोऽध्यात्ममुच्यते २६
अधिभूतंतथाशुक्रंदैवतंचप्रजापतिः ॥ हस्तावध्यात्ममित्याहुरध्यात्मविदुषोजनाः २७ अधिभूतंचकर्माणिशक्रस्तत्राधिदैवतम् ॥ वैश्वदेवीततःपूर्वावागध्यात्म
मिहोच्यते २८ वक्तव्यमधिभूतंचवह्निस्तत्राधिदैवतम् ॥ अध्यात्मंमनइत्याहुःपंचभूतात्मचारकम् २९ अधिभूतंचसंकल्पश्चंद्रमाश्चाधिदैवतम् ॥ अहंकारस्त
थाध्यात्मंसर्वसंसारकारकम् ३० अभिमानोधिभूतंचरुद्रस्तत्राधिदैवतम् ॥ अध्यात्मंबुद्धिरित्याहुःषडिंद्रियविचारिणी ३१ अधिभूतंतुमंतव्यंब्रह्मातत्राधिदैव
तम् ॥ त्रीणिस्थानानिभूतानांचतुर्थंनोपपद्यते ३२ स्थलमापस्तथाकाशंजन्मचापिचतुर्विधम् ॥ अंडजोद्भिज्जसंस्वेदजरायुजमथापिच ३३ चतुर्धाजन्मइ
त्येतद्भूतग्रामस्यलक्ष्यते ॥ अपराण्यथभूतानिखेचराणितथैवच ३४ अंडजानिविजानीयात्सर्वांश्चैवसरीसृपान् ॥ स्वेदजाःकृमयःप्रोक्ताजंतवश्चयथाक्रमम् ३५
जन्मद्वितीयमित्येतज्जघन्यतरमुच्यते ॥ भित्त्वातुपृथिवींयानिजायंतेकालपर्ययात् ३६ उद्भिज्जानिचतान्याहुर्भूतानिद्विजसत्तमाः ॥ द्विपादबहुपादानिति
र्यग्गतिमतीनिच ३७ जरायुजानिभूतानिविकृतान्यपिसत्तमाः ॥ द्विविधाखलुविज्ञेयाब्रह्मयोनिःसनातनी ३८ तपःकर्मचयत्पुण्यमित्येषविदुषांनयः ॥ विविधं
कर्मविज्ञेयमिज्यादानंचतन्मखे ३९ जातस्याध्ययनंपुण्यमितिवृद्धानुशासनम् ॥ एतद्योवेत्तिविधिवद्युक्तःसस्याद्द्विजर्षभाः ४० विमुक्तःसर्वपापेभ्यइतिचैवनि
बोधत ॥ आकाशंप्रथमंभूतंश्रोत्रमध्यात्ममुच्यते ४१ अधिभूतंतथाशब्दोदिशश्चात्राधिदैवतम् ॥ द्वितीयंमारुतंभूतंत्वगध्यात्मंचविश्रुतम् ४२ स्प्रष्टव्यम
धिभूतंतुविद्युत्तत्राधिदैवतम् ॥ तृतीयंज्योतिरित्याहुश्चक्षुरध्यात्ममिष्यते ४३ अधिभूतंततोरूपंसूर्यस्तत्राधिदैवतम् ॥ चतुर्थमापोविज्ञेयंजिह्वाचाध्यात्ममिष्य
ते ४४ चंद्रोऽधिभूतंविज्ञेयमापस्तत्राधिदैवतम् ॥ यथावदध्यात्मविधिरेषवःकीर्तितोमया ४५ ॥ ॥ ॥

ध्यात्माधिभूताधिदैवेषु २३ सर्वकर्मेंद्रियं २४ । २५ । २६ । २७ । २८ । २९ । ३० । ३१ । ३२ । ३३ अपराणिअनुत्कृष्टानि ३४ । ३५ । ३६ । ३७ ब्रह्मयोनिःब्रह्मो
पलब्धिस्थानं ब्राह्मणजन्मेत्यर्थः ३८ तत्रकर्त्तव्यमाह तपइति ३९ वेत्तिआपरोक्ष्येण ४० । ४१ । ४२ । ४३ । ४४ । ४५ ॥ ॥ ॥

इंद्रियाणीति । संधायभूतादीनिइंद्रियेभ्योऽतिरिक्तानिनसंतीत्यनुसंधायतानिसर्वाणिमनसासंप्रधारयेन्मनोमात्रेणावतिष्ठेत ४६ क्षीणेइति । यद्येतानिमनोमात्रविलसितानिनस्युस्तर्हिस्वप्नसंप्रज्ञातयोर्नप्रतीयेरन् अतःक्षीणंमनःकृतंचेन्निर्विकल्पेसुखमनुभवतःपुंसोजन्मसुखंसंसारसुखंपुत्रकलत्रपरिष्वंगजंनइष्यतेनइष्टंभवति । ज्ञानेनात्मानुभवेनसंपन्नंसंयुक्तंसत्वंबुद्धिर्येषांतेषांज्ञानसंपन्नसत्वानाम् ४७ अतइति । मनसइतिशेषः सूक्ष्मभावकरींसूक्ष्मत्वकरींनिवृत्तिंवक्ष्यामि मृदुनाछंदतः दारुणेनदृढयोगेन सर्वभूतेषुब्राह्मणादिषुकर्त्तुंयोग्यामितिशेषः ४८ गुणाःशौर्यौदार्यविद्वत्वतपस्वित्वादयोदर्पहेतुत्वाद्गुणाइवयस्मिन्वृत्तेतद्गुणागुणं अतएवअनासंगमहंकर्त्तामयेदमार्जितमित्यभिमानशून्यं एकचर्यएकांतवासः अनंतरंनिरस्तसमस्तभेदमविच्छिन्नंवा ब्रह्ममयंब्राह्मणजातिप्रधानं । एकपदंसर्वसुखगर्भं ४९ ५० । ५१ इंद्रियनिरोधंकुर्वताकृत्स्नंब्रह्मांडंत्यक्तमित्यर्थः अध्यात्माग्निर्विज्ञानं ५२ यथेति । अग्निसादृश्याद्विज्ञानेऽप्यग्निपदप्रयोगःप्रकाशकत्वसामान्यादितिभावः ५३ प्रसन्नात्मानिर्मलचित्तः आत्मनःस्वस्य हृदियदाभूतानिपश्यतिसंप्रज्ञातावस्थायाम् । नित्यंबहिर्मुखमनसइयमेवांतर्मुखत्वावस्थेत्याह तदति । यदैवंभवतितदाऽयंस्वयंज्योतिर्भवति अतीतानागतव्यवहितादिदर्शनेसूर्यादि

ज्ञानमस्यहिधर्मज्ञाःप्राप्तंज्ञानवतामिह ॥ इंद्रियाणींद्रियार्थाश्चमहाभूतानिपंचच ॥ सर्वाण्येतानिसंधायमनसासंप्रधारयेत् ४६ क्षीणेमनसिसर्वस्मिन्नजन्मसुखमिष्यते ॥ ज्ञानसंपन्नसत्वानांतत्सुखंविदुषांमतम् ४७ अतःपरंप्रवक्ष्यामिसूक्ष्मभावकरींशिवाम् ॥ निवृत्तिंसर्वभूतेषुमृदुनादारुणेनच ४८ गुणागुणमनासंगमेकचर्यमनंतरम् ॥ एतद्ब्रह्ममयंवृत्तमाहुरेकपदंसुखम् ४९ विद्वान्कूर्मइवांगानिकामान्संहृत्यसर्वशः ॥ विरजाःसर्वतोमुक्तोयोनरःससुखीसदा ५० कामानात्मनिसंयम्यक्षीणतृष्णःसमाहितः ॥ सर्वभूतसुहृन्मित्रोब्रह्मभूयायकल्पते ५१ इंद्रियाणांनिरोधेनसर्वेषांविषयैषिणाम् ॥ मुनेर्जनपदत्यागादध्यात्माग्निःसमिध्यते ५२ यथाग्निरिंधनैरिद्धोमहाज्योतिःप्रकाशते ॥ तथेंद्रियनिरोधेनमहानात्माप्रकाशते ५३ यदापश्यतिभूतानिप्रसन्नात्माऽऽत्मनोहृदि ॥ स्वयंज्योतिस्तदासूक्ष्मात्सूक्ष्मंप्राप्नोत्यनुत्तमम् ५४ अग्नीरूपंपयःस्रोतोवायुःस्पर्शनमेवच ॥ महीपंकधरंघोरमाकाशःश्रवणंतथा ५५ रोगशोकसमाविष्टंपंचस्रोतःसमावृतम् ॥ पंचभूतसमायुक्तंनवद्वारंद्विदैवतम् ५६ रजस्वलमथादृश्यंत्रिगुणंचत्रिधातुकम् ॥ संसर्गाभिरतंमूढंशरीरमितिधारणा ५७ ॥ ॥ ॥ ॥ ॥

ज्योतिषामभावात । तदासूक्ष्मात्दहार्दाद्ब्रह्मणोऽपेक्षयासूक्ष्मंपरंज्योतिःप्राप्नोति ५४ यन्निग्रहानिग्रहाभ्यांमुक्तिसंसारौतन्नित्यंशरीरमुक्तंअथतस्यापिनियामकंनित्यंशरीरमाह अग्निरिति । अत्रयद्रूपंकृष्णंगौरंवातदग्निः । स्रोतःप्रवाहः । तेनद्रवंलोहितादिकंग्राह्यं । तत्पयःजलं । स्पर्शनंवातः । यत्तुपंककाष्ठादिस्थानीयघनमांसास्थ्यादिधरमिदंतद्महो । घोरंबीभत्सं । आकाशएवश्रवणरूपेणयत्रतत्तथा ५५ पंचस्रोतांसिइंद्रियगोलकानि । नवद्वारंद्वेकर्णयोर्द्वेचक्षुषोर्द्वेनासिकयोरेकंमुखमधोद्वेचेति । द्वेजीवपरमेश्वरौदैवतेयत्र ५६ अदृश्यममंगलत्वात् । त्रिगुणंपरेषांदृष्टमात्रंतत्सुखदुःखमोहोत्पादकं । त्रिधातुकंवातपित्तकफमयं । संसर्गाभिरतमन्नादिसंगेनैवअभिरमतेनान्यथा । संशयाभिरुतमितिपाठेसंशयोद्घोषकं विनाशबीजमित्यर्थः । मूढंअचेतनं । एवंविधंशरीरमितिधारणानिश्चयः । अत्रशरीरेशब्दादीनांदर्शनात्तदाश्रयाणामाकाशादीनांसत्वमनुमेयमित्यर्थः ५७ ॥ ॥

दुश्चरं दुःसमाधेयं व्याध्याद्याक्रांतं चेत् सत्वं बुद्धि एतदेव बाल्याद्यवस्थापन्नं कालः नतु कालो नाम षष्ठः पदार्थः कश्चिदस्ति ५८ महार्णवं महार्णवसमं घोरं एतदेव निमित्तभूतं सत्सृष्टिसंहारबोधानां हेतुर्भवति ५९ इंद्रियाणां निरोधेन इदं शरीरं त्यजन् सतः नित्यं विद्यमानानपि कामादींस्त्यजति ६० एते स्थूलदेहरूपाः प्रकाशप्रवृत्तिमोहनिमित्तत्वेन त्रिगुणाः निर्जिताः योगबलेनातिक्रामिताः परं ब्राह्मम् ६१ । ६२ मनसि हृदयपुंडरीके आत्मनि शरीरे ६३ एकधा त्वंपदार्थसाक्षात्कारेण बहुधा वैश्वरूप्येण ६४ रूपाणि स्वशरीराणि शतशः पश्यति दीपाद्दीपशतं यथा सद्यः प्रवर्त्तते एवं योगिसंकल्पमात्रादनेकानि शरीराणि प्रव

दुश्चरं सर्वलोकेऽस्मिन्सत्वं प्रतिसमाश्रितम् ॥ एतदेव हि लोकेऽस्मिन्कालचक्रं प्रवर्त्तते ५८ एतन्महार्णवं घोरमगाधं मोहसंज्ञितम् ॥ विक्षिपेत्संक्षिपेच्चैव बोधयेत्सामरं जगत् ५९ कामं क्रोधं भयं लोभमभिद्रोहमथानृतम् ॥ इंद्रियाणां निरोधेन स वस्त्यजति दुस्त्यजान् ६० यस्यैते निर्जिता लोके त्रिगुणाः पंच धातवः ॥ व्योम्नि तस्य परं स्थानमानंत्यमथ लभ्यते ६१ पंचेंद्रियमहाकूलां मनोवेगमहोदकाम् ॥ नदीं मोहह्रदां तीर्त्वा कामक्रोधावुभौ जयेत् ६२ स सर्वदोषनिर्मुक्तस्ततः पश्यति तत्परम् ॥ मनो मनसि संधाय पश्यन्नात्मानमात्मनि ६३ सर्ववित्सर्वभूतेषु विंदत्यात्मानमात्मनि ॥ एकधा बहुधा चैव विकुर्वाणस्ततस्ततः ६४ ध्रुवं पश्यति रूपाणि दीपाद्दीपशतं यथा ॥ स वै विष्णुश्च मित्रश्च वरुणोऽग्निः प्रजापतिः ६५ स हि धाता विधाता च स प्रभुः सर्वतोमुखः ॥ हृदयं सर्वभूतानां महानात्मा प्रकाशते ६६ तं विप्रसंघाश्च सुरासुराश्च यक्षाः पिशाचाः पितरो वयांसि ॥ रक्षोगणा भूतगणाश्च सर्वे महर्षयश्चैव सदा स्तुवंति ६७ ॥ इति श्रीमहाभारते आश्वमेधिके पर्वणि अनुगीतापर्वणि गुरुशिष्यसंवादे द्विचत्वारिंशोऽध्यायः ॥ ४२ ॥ ॥ ॥ ॥ ब्रह्मोवाच ॥ मनुष्याणां तु राजन्यः क्षत्रियो मध्यमो गुणः ॥ कुंजरो वाहनानां च सिंहश्चारण्यवासिनाम् १ अविः पशूनां सर्वेषामहिस्तु बिलवासिनाम् ॥ गवां गोवृषभश्चैव स्त्रीणां पुरुष एव च २ न्यग्रोधो जंबुवृक्षश्च पिप्पलः शाल्मलिस्तथा ॥ शिंशपा मेषशृंगश्च तथा कीचकवेणवः ३ एते द्रुमाणां राजानो लोकेऽस्मिन्नात्र संशयः ॥ हिमवान्पारियात्रश्च सह्यो विंध्यस्त्रिकूटवान् ॥ ४ श्वेतो नीलश्च भासश्च कोष्ठवांश्चैव पर्वतः ॥ गुरुस्कंधो महेंद्रश्च माल्यवान्पर्वतस्तथा ५ एते पर्वतराजानो गणानां मरुतस्तथा ॥ सूर्यो ग्रहाणामधिपो नक्षत्राणां च चंद्रमाः ६ यमः पितॄणामधिपः सरितामथ सागरः ॥ अंभसां वरुणो राजा मरुतामिंद्र उच्यते ७ अर्कोऽधिपतिरुष्णानां ज्योतिषामिंदुरुच्यते ॥ अग्निर्भूतपतिर्नित्यं ब्राह्मणानां बृहस्पतिः ८ ओषधीनां पतिः सोमो विष्णुर्बलवतां वरः ॥ त्वष्टाऽधिराजो रूपाणां पशूनामीश्वरः शिवः ९ दीक्षितानां तथा यज्ञो देवानां मघवा तथा ॥ दिशामुदीची विप्राणां सोमो राजा प्रतापवान् १० कुबेरः सर्वरत्नानां देवतानां पुरंदरः ॥ एष भूताधिपः सर्गः प्रजानां च प्रजापतिः ११ ॥ ॥

र्त्तंते स एकधा भवति त्रिधा भवतीत्यादिश्रुतेः प्रदीपवदावेश इति न्यायाच्च ६५ कथमेवं योगिनः सामर्थ्यमुदेतीत्याशंक्य तस्यैवेश्वरत्वान्नैवमित्याह सहीति । अतएव चानन्याधिपतिरिति न्यायश्चात्रानुसंधेयः ६६ । ६७ ॥ इत्याश्वमेधिके पर्वणि नीलकंठीये भारतभावदीपे द्विचत्वारिंशोऽध्यायः ॥ ४२ ॥ ॥ ॥ अस्यैवानन्याधिपतेर्योगिनः ईश्वरत्वसमर्थनार्थं विभूतीराह मनुष्याणामित्यादिना ब्राह्मणा धर्मसेतव इत्यंतेन । मध्यमो गुणः रजोगुणप्रधानः १ । २ । ३ । ४ । ५ । ६ । ७ । ८ । ९ । १० । ११ ॥ ॥

१.२ ईश्वरत्वंऐश्वर्यंनरादीनांहरिरेवेत्यर्थः १.३ । १.४ भगदेवाःकामुकास्तैरनुयातानामनुसृतानांस्त्रीणांसर्वासांमध्येमाहेश्वरीवामलोचनेतिसंबंधः १.५ रतीनांप्रीतिसुखानां वसुमत्यःधनवसःध
नलाभगर्वितंयत्प्रीतिसुखंतदेवमहदित्यर्थः १.६ । १.७ । १.८ । १.९ । २० एवंविद्वान्विश्वैश्वर्यंप्राप्नोतीत्युक्तं इदानींविद्वत्त्वप्राप्तिसाधनान्याह अहिंसेति २१. शब्दलक्षणमित्यादयोदृष्टांताः २२
भारतीपरकीयाविद्यास्वरव्यंजनसंस्कारवतीशब्देनैवलक्ष्यते २३ विधेयमाह मनसइति । इदंकर्त्तव्यंनवेत्यादिर्विचारश्चितानयामनोनामकंतत्त्वंलक्ष्यते चिंताऽपिबुद्ध्यापरीक्ष्यते व्यवस्यतिनिश्चिनो
ति २४ एतदेवाह बुद्धिर्हीति । व्यवसायेनइदमित्थमेवेतिनिश्चयेन मनसश्चित्तस्य ध्यानंलोकतःशास्त्रतोवाऽनुभूतस्यविषयस्यपुनःपुनरुद्बोधकेसत्यसतिवायत्स्फुरणंतच्चित्तस्यलक्षणं । एवंमनोबुद्धिचित्तानां

सर्वेषामेवभूतानामहंब्रह्ममयोमहान् ॥ भूतंपरतरंमत्तोविष्णोर्वाऽपिनविद्यते १२ राजाधिराजःसर्वेषांविष्णुर्ब्रह्ममयोमहान् ॥ ईश्वरत्वंविजानीध्वंकर्त्तारमकृतंह
रिम् १३ नरकिन्नरयक्षाणांगंधर्वोरगरक्षसाम् ॥ देवदानवनागानांसर्वेषामीश्वरोहिसः १४ भगदेवानुयातानांसर्वासांवामलोचना ॥ माहेश्वरीमहादेवीप्रोच्य
तेपार्वतीहिसा १५ उमांदेवींविजानीध्वंनारीणामुत्तमांशुभाम् ॥ रतीनांवसुमत्यस्तुस्त्रीणामप्सरसस्तथा १६ धर्मकामाश्चराजानोब्राह्मणाधर्मसेतवः ॥ तस्मा
द्राजाद्विजातीनांप्रयतेतस्मरक्षणे १७ राज्ञांहिविषयेयेषामवसीदंतिसाधवः ॥ हीनास्तेस्वगुणैःसर्वैःप्रेत्यचोन्मार्गगामिनः १८ राज्ञांहिविषयेयेषांसाधवःपरिरक्षि
ताः ॥ तेऽस्मिँल्लोकेप्रमोदंतेसुखंप्रेत्यचभुंजते १९ प्राप्नुवंतिमहात्मानइतिवित्तद्विजर्षभाः ॥ अतऊर्ध्वंप्रवक्ष्यामिनियतंधर्मलक्षणम् २० अहिंसापरमोधर्मो
हिंसाचाधर्मलक्षणा ॥ प्रकाशलक्षणादेवामनुष्याःकर्मलक्षणाः २१ शब्दलक्षणमाकाशंवायुस्तुस्पर्शलक्षणः ॥ ज्योतिषांलक्षणंरूपमापश्चरसलक्षणाः २२
धारिणीसर्वभूतानांपृथिवीगंधलक्षणा ॥ स्वरव्यंजनसंस्काराभारतीशब्दलक्षणा २३ मनसोलक्षणंचिंताचिंतोक्ताबुद्धिलक्षणा ॥ मनसाचिंतितानर्थान्बुद्ध्याचे
हव्यवस्यति २४ बुद्धिर्हिव्यवसायेनलक्ष्यतेनात्रसंशयः ॥ लक्षणंमनसोध्यानमव्यक्तंसाधुलक्षणम् २५ प्रवृत्तिलक्षणोयोगोज्ञानंसंन्यासलक्षणम् ॥ तस्मा
ज्ज्ञानंपुरस्कृत्यसंन्यसेदिहबुद्धिमान् २६ संन्यासीज्ञानसंयुक्तःप्राप्नोतिपरमांगतिम् ॥ अतीतोद्वंद्वमभ्येतितमोमृत्युजरातिगः २७ धर्मलक्षणसंयुक्तमुक्तंवोविधि
वन्मया ॥ गुणानांग्रहणंसम्यग्वक्ष्याम्यहमतःपरम् २८ पार्थिवोयस्तुगंधोवैघ्राणेनहिसगृह्यते ॥ घ्राणस्थश्चतथावायुर्गंधज्ञानेविधीयते २९ अपांधातूरसो
नित्यंजिह्वयासतुगृह्यते ॥ जिह्वास्थश्चतथासोमोरसज्ञानेविधीयते ३० ज्योतिषश्चगुणोरूपंचक्षुषातच्चगृह्यते ॥ चक्षुःस्थश्चसदाऽऽदित्योरूपज्ञानेविधीयते ३१
वायव्यस्तुसदास्पर्शस्त्वचाप्रज्ञायतेचसः ॥ त्वक्स्थश्चैवसदावायुःस्पर्शनेसविधीयते ३२ ॥ ॥ ॥

व्यक्तानिलक्षणान्युक्तानि । साध्नोतीतिसाधुःपुरुषस्तस्यलक्षणमव्यक्तंनकेनचिदसौव्यज्यतेऽपितुस्वयंप्रकाशइत्यर्थः २५ एवंमनआदिभ्योविवेचितस्यपुरुषस्याधिगमोपायमाहकर्मनिंदापूर्वकं प्रवृत्तीति ।
योगःकर्माणि २६ द्वंद्वंमानापमानादि अतीतोऽतिक्रांतः २७ गुणानांभूतेंद्रियादीनांधर्मस्वरूपंलक्षणानिसंयुक्तंसंयोगाश्चतेषांसमाहारोऽधर्मलक्षणसंयुक्तं । धर्मःसुषिरत्वादिकं लक्षणंशब्दादिकं सं
युक्तमन्योन्यव्यतिषक्तत्वं इदानींतेषांग्रहणंकयादेवतयाऽनुगृहीतेनकेनकरणेनकोवागुणोगृह्यतेइतिवक्ष्यते २८ पार्थिवइति विधीयतेअनुग्रहंकार्यते २९ धातुःसारःरसरूपः ३० । ३१ । ३२ ॥

३३ । मनसइति । यथातेजोगुणोरूपंस्वाश्रयसहितंसूर्यानुगृहीतेनचक्षुषागृह्यतेएवंमनोगुणश्चितास्वाश्रयसहिताचेतनाधातुनाजीवेनानुगृहीतयाप्रज्ञयाप्रकृष्टज्ञस्याधीवृत्तिविशेषेणगृह्यते । मनोज्ञानेइतिगुणगु
णिनोर्मनश्चित्तयोरभेदाभिप्रायेणोक्तं ३४ एवंबुद्धिरध्यवसायेनस्वरूपेणगृह्यते । एवंमहान्ज्ञानेनशुद्धसत्वरूपेणैवगृह्यतेनतुकारणांतरेणइंद्रियवद् । तत्रहेतुःनिश्चित्यग्रहणादिति । यथारूपदर्शनेनका
 र्येणचक्षुरिंद्रियमस्तीतिज्ञायतेनतुगृह्यतेऽतींद्रियत्वाद् । एवंबुद्धिमहांतौइदमित्थमेवेतिअस्मीतिचैवंरूपेणनिश्चयेनलिंगेनैवतयोःस्वरूपंव्यक्तंवस्तुतस्त्वव्यक्तमेवइंद्रियत्ववदतींद्रियत्वाद् ३५ एवंबुद्धेश्चक्षुर्व अ०
दतींद्रियत्वंसूर्यवत्स्वप्रकाशत्वंचोक्तंयस्तुनांगृह्णातितमाह अलिंगेति । लिंगद्वाराग्रहणंबुध्यादेरुक्तंक्षेत्रज्ञस्यतुनतथास्वयंज्योतिष्ट्वादित्यर्थः । ज्ञानलक्षणउपलब्धिमात्रस्वरूपःनतूपलब्धिर्लिंगःअलिंगत्वाद्
३६ क्षेत्रज्ञपदमपिक्षेत्रोपलब्धिमात्रवाचिनतुतदुपलब्धृवाचीत्याह अव्यक्तमिति । अव्यक्तमुद्दिष्टमुपक्रांतंक्षेत्रंतथागुणानांकार्यरूपाणामुत्पत्तिप्रलयंचप्रभवाप्ययमितिसमाहारः । अहंसाक्षी लीनः ॥४४॥

आकाशस्यगुणोह्येषश्रोत्रेणचसगृह्यते ॥ श्रोत्रस्थाश्चदिशःसर्वाःशब्दज्ञानेप्रकीर्तिताः ३३ मनसश्चगुणश्चिताप्रज्ञयासतुगृह्यते ॥ हृदिस्थश्चेतनोधातुर्मनोज्ञाने
विधीयते ३४ बुद्धिरध्यवसायेनज्ञानेनचमहांस्तथा ॥ निश्चित्यग्रहणाद्व्यक्तमव्यक्तंनात्रसंशयः ३५ अलिंगग्रहणोनित्यःक्षेत्रज्ञोनिर्गुणात्मकः ॥ तस्मादलिंगः
क्षेत्रज्ञःकेवलंज्ञानलक्षणः ३६ अव्यक्तंक्षेत्रमुद्दिष्टंगुणानांप्रभवाप्ययम् ॥ सदापश्याम्यहंलीनोविजानामिशृणोमिच ३७ पुरुषस्तद्विजानीतेतस्मात्क्षेत्रज्ञउ
च्यते ॥ गुणवृत्तंतथावृत्तंक्षेत्रज्ञःपरिपश्यति ३८ आदिमध्यावसानांतंसृज्यमानमचेतनम् ॥ नगुणाविदुरात्मानंसृज्यमानाःपुनःपुनः ३९ नसत्यंविंदतेक
श्चित्क्षेत्रज्ञस्त्वेवविंदति ॥ गुणानांगुणभूतानांयत्परंपरमंमहत् ४० तस्माद्गुणांश्चसत्वंचपरित्यज्येहधर्मवित् ॥ क्षीणदोषोगुणातीतःक्षेत्रज्ञंप्रविशत्यथ ४१ नि
र्द्वन्द्वोनिर्नमस्कारोनिःस्वाहाकारएवच ॥ अचलश्चानिकेतश्चक्षेत्रज्ञःसपरोविभुः ४२ ॥ इतिश्री० आ० अनु० गुरुशिष्यसंवादेत्रिचत्वारिंशोऽध्यायः ॥ ४३ ॥
॥ ब्रह्मोवाच ॥ यदादिमध्यपर्यंतंग्रहणोपायमेवच ॥ नामलक्षणसंयुक्तंसर्वंवक्ष्यामितत्त्वतः १ अहःपूर्वंततोरात्रिर्मासाःशुक्लादयःस्मृताः ॥ श्रवणादीनिऋ
क्षाणिऋतवःशिशिरादयः २ भूमिरादिस्तुगंधानांरसानामापएवच ॥ रूपाणांज्योतिरादित्यःस्पर्शानांवायुरुच्यते ३ शब्दस्यादिस्तथाकाशमेषभूतकृतोगुणः ॥
अतःपरंप्रवक्ष्यामिभूतानामादिमुत्तमम् ४ आदित्योज्योतिषामादिरग्निर्भूतादिरुच्यते ॥ सावित्रीसर्वविद्यानांदेवतानांप्रजापतिः ५ ॥ ॥

स्वाध्यस्तेनकर्त्राच्छादितत्वादग्राह्यः । क्षेत्रलिंगस्थमितिपाठेक्षेत्रलिंगेस्थूलसूक्ष्मशरीरेस्थितंगुणानांसत्वादीनामुत्पत्त्यादिनाज्ञेयमव्यक्तंलीनमप्यहंपश्यामि ३७ गुणवृत्तंप्रकाशप्रवृत्तिमोहादि ३८
तदेवआदिमध्यावसानांतमुत्पत्त्यादिनाबद्धम् । अंतशब्दोबद्धत्ववाची अतिअदिबंधनेइत्यस्यरूपम् । सृज्यमानंचगुणवृत्तमेव सृज्यमानाइति । परिणामिनःकूटस्थंनपश्यंत्यपितुकूटस्थएवतान्प्रका
शयतीत्यर्थः ३९ सत्यमात्मानं गुणभूतानांभोग्यानां पंचम्यर्थेषष्ठी तेभ्योयत्परंसत्यमितिसंबंधः ४० गुणान्दृश्यान् सत्वंबुद्धिंदर्शनेकरणभूताम् परित्यज्य क्षेत्रज्ञंपरमात्मानंविशति ४१
४२ ॥ इत्याश्वमेधिके पर्वणि नीलकंठीये भारतभावदीपे त्रिचत्वारिंशोऽध्यायः ॥ ४३ ॥ ॥ ॥ क्षेत्रज्ञप्रवेशरूपस्यमोक्षस्यनित्यत्वंचवक्तुंयज्जन्मादिमत्तदनित्यंकर्मप्राप्यंचेतितत्सर्व
मनुक्रामति यदादीति । आदिमध्यपर्यंतंजन्मादिमत् ग्रहणेउपायोऽस्यस्यतत्ग्रहणोपायंकर्मसाध्यं तत्सर्वंवक्ष्यामि १ । २ । ३ । ४ अग्निर्जाठररूपीभूतानां जरायुजांडजानांऊष्मरू ॥ ३२ ॥
पी प्रस्वेदवृष्टिहेतुतयास्वेदजोद्भिज्जानाम् ५ ॥ ॥ ॥

सिंहावलोकनेनसावित्रींव्याचष्टेउपासनार्थम् नियतंजप्यंब्राह्मणक्षत्रियादिम्लेच्छांतानांतत्सर्वंसावित्रीपदवाच्यम ६ सर्गःसृष्ट्यादिकालः ७ हुतमग्नौब्राह्मणेवादेवतोद्देशेनदत्तं सर्पोवासुकिः ८ ९ । १० । ११ । १२ । १३ सरोदपानानांसरसांकूपादीनांच संधिरार्षः १४ ईश्वरःरुद्रः १५ । १६ । १७ । १८ १९ । २० । २१ । २२ ॥ ॥ इत्याश्वमेधिके पर्वणि नीलकंठीये भारतभावदीपे चतुश्चत्वारिंशोऽध्यायः ॥ ४४ ॥ ॥ ॥ ॥ ॥ अध्यायद्वयेनज्ञानोपायान्धर्मान्विवक्षुरज्ञानांकालचक्राधी

ओंकारःसर्ववेदानांवचसांप्राणएवच ॥ यदस्मिन्नियतंलोकेसर्वंसावित्रिरुच्यते ६ गायत्रीच्छंदसामादिःप्रजानांसर्गउच्यते ॥ गावश्चतुष्पदामादिर्मनुष्याणांद्वि जातयः ७ श्येनःपतत्रिणामादिर्यज्ञानांहुतमुत्तमम् ॥ सरीसृपाणांसर्वेषांज्येष्ठःसर्पोद्विजोत्तमाः ८ कृतमादिर्युगानांचसर्वेषांनात्रसंशयः ॥ हिरण्यंसर्वरत्ना नामोषधीनांयवास्तथा ९ सर्वेषांभक्ष्यभोज्यानामन्नंपरममुच्यते ॥ द्रवाणांचैवसर्वेषांपेयानामापउत्तमाः १० स्थावराणांतुभूतानांसर्वेषामविशेषतः ॥ ब्रह्मक्षेत्रं सदापुण्यंप्लक्षःप्रथमतःस्मृतः ११ अहंप्रजापतीनांचसर्वेषांनात्रसंशयः ॥ ममविष्णुरचिंत्यात्मास्वयंभूरितिसस्मृतः १२ पर्वतानांमहामेरुःसर्वेषामग्रजःस्मृतः ॥ दिशांचप्रदिशांचोर्ध्वदिक्पूर्वाप्रथमातथा १३ तथात्रिपथगागंगानदीनामग्रजास्मृता ॥ तथासरोदपानानांसर्वेषांसागरोऽग्रजः १४ देवदानवभूतानांपिशाचो रगरक्षसाम् ॥ नरकिन्नरयक्षाणांसर्वेषामीश्वरःप्रभुः १५ आदिर्विश्वस्यजगतोविष्णुर्ब्रह्ममयोमहान् ॥ भूतंपरतरंयस्मात्त्रैलोक्येनेहविद्यते १६ आश्रमाणांचसर्वे षांगार्हस्थ्यंनात्रसंशयः ॥ लोकानामादिरव्यक्तंसर्वस्यांतस्तदेवच १७ अहान्यस्तमयांतानिउदयांताचशर्वरी ॥ सुखस्यांतःसदादुःखंदुःखस्यांतःसदासुखम् १८ सर्वेक्षयांतानिचयाःपतनांताःसमुच्छ्रयाः ॥ संयोगाश्चवियोगांतामरणांतंचजीवितम् १९ सर्वंकृतंविनाशांतंजातस्यमरणंध्रुवम् ॥ अशाश्वतंहिलोकेऽस्मिन्स दास्थावरजंगमम् २० इष्टंदत्तंतपोऽधीतंव्रतानिनियमाश्चये ॥ सर्वमेतद्विनाशांतंज्ञानस्यांतोनविद्यते २१ तस्माज्ज्ञानेनशुद्धेनप्रशांतात्माजितेंद्रियः ॥ निर्म मोनिरहंकारोमुच्यतेसर्वपाप्मभिः २२ ॥ इति श्रीमहाभारते आश्वमेधिकेपर्वणि अनुगीतापर्वणि गुरुशिष्यसंवादे चतुश्चत्वारिंशोऽध्यायः ॥ ४४ ॥

॥ ब्रह्मोवाच ॥ बुद्धिसारंमनस्तंभमिंद्रियग्रामबंधनम् ॥ महाभूतपरिस्कंधंनिवेशपरिवेशनम् १ जराशोकसमाविष्टंव्याधिव्यसनसंभवम् ॥ देशकालविचारीदंश्रम व्यायामनिःस्वनम् २ अहोरात्रपरिक्षेपंशीतोष्णपरिमंडलम् ॥ सुखदुःखांतसंश्लेषंक्षुत्पिपासावकीलकम् ३ ॥ ॥ ॥

नत्वंदर्शयति बुद्धीत्यादिना । अत्रनूतनत्वपुराणत्वादिवदतीतत्वानागतत्वादिरपिद्रव्यस्यैवधर्मइत्यतीतानागतादिव्यवहारहेतुर्द्रव्यमेवनतुकालोनामषष्ठःपदार्थस्तदर्थमेष्टव्यइतिमन्वानोदेहरूपंद्रव्यमेवकालचक्र त्वेनवर्णयति बुद्धिसारमित्यादिविशेषणयुक्तंकालचक्रंप्रवर्त्ततइतिनवमेनान्वयः बुद्धिरेवसारउपादेयांशोयस्मिन् । मनस्तंभंमनसास्तंभेनेवधृतं । महाभूतपरिस्कंधंपंचभूतसमूहात्मकं 'स्कंधः स्यान्नृपतौवंशेसांपरायसमूहयोः'इतिमेदिनी । निवेशपरिवेशनंरूप्येवयत्रनेमिवदावरणभूता १ संभवउत्पत्तिस्थानं । देशकालाभ्यांविचरतितथाश्रमःखेदःव्यायामस्तद्धेतुर्गमनादिः २ परिक्षे पश्चालकः । परिमंडलंपरिवेषः । अंतसंश्लेषःसंधिः । अवकीलकाःअंतःप्रविष्टाःशंकवः ३ ॥ ॥ ॥ ॥ ॥

छायातपौमेघसंतापौविलेखावुत्खातारौयत्रतत्छायातपविलेखं । निमेषमात्रेणउन्मेषमात्रेणचविह्वलंव्याकुलंघोरंबीभत्संमोहजलंअश्रु शोकव्याप्तमित्यर्थः । वर्त्तमानंसदागति । अचेतनंजडम् ४ मासादिनाकालेनपरिमितं । विषमंकदाचिन्मनुष्याकारंकदाचित्पश्वाकारंकदाचिदन्याकारमिति । लोकेषुऊर्ध्वमध्याधोगतेषुसंचरःसंचरणंयस्य । तमोनियमपंकं तमोगुणेनयोनियमः कर्मज्ञानयो र्निरोधःसएवपंकवन्मालिन्याख्यपापहेतुर्यस्मिन् । रजोवेगप्रवर्त्तकंतमःसत्वसंमिश्रस्यरजसोवेगःविहितनिषिद्धकर्मसुप्रवर्त्तकोयत्र ५ अहंकारोदर्पः सत्वाहंकारेतिपाठेबुद्ध्यहंकाराभ्यांचेतितमित्यर्थः । गुणैःसत्वादिभिःसंजातंवर्त्तनमवस्थानंयस्य पाठांतरेमंडलंसंघातः अरतयःइष्टालाभजाःपरितापाःतान्येवग्रहणानीकानिबंधपट्टिकासमूहोयत्र शोकःसंहारोमृत्युदुःखंताभ्यामेववर्त्तनंजीवनंयस्य ६ लोभः

छायातपविलेखंचनिमेषोन्मेषविह्वलम् ॥ घोरमोहजलाकीर्णंवर्त्तमानमचेतनम् ४ मासार्धमासगणितंविषमंलोकसंचरम् ॥ तमोनियमपंकंचरजोवेगप्रवर्त्तकम् ५ महाहंकारदीप्तंचगुणसंजातवर्त्तनम् ॥ अरतिग्रहणानीकंशोकसंहारवर्त्तनम् ६ क्रियाकारणसंयुक्तंरागविस्तारमायतम् ॥ लोभेप्सापरिविक्षोभंविचित्राज्ञानसंभवम् ७ भयमोहपरीवारंभूतसंमोहकारकम् ॥ आनंदप्रीतिचारंचकामक्रोधपरिग्रहम् ८ महदादिविशेषांतमसक्तंप्रभवाव्ययम् ॥ मनोजवंमनःकांतंकालचक्रंप्रवर्त्तते ९ एतद्द्वंद्वसमायुक्तंकालचक्रमचेतनम् ॥ विसृजेत्संक्षिपेच्चापिबोधयेत्सामरंजगत् १० कालचक्रप्रवृत्तिंचनिवृत्तिंचैवतत्त्वतः ॥ यस्तुवेदनरोनित्यंनसभूतेषुमुह्यति ११ विमुक्तःसर्वसंस्कारैःसर्वद्वंद्वविवर्जितः ॥ विमुक्तःसर्वपापेभ्यःप्राप्नोतिपरमांगतिम् १२ गृहस्थोब्रह्मचारीचवानप्रस्थोऽथभिक्षुकः ॥ चत्वारआश्रमाःप्रोक्ताःसर्वेगार्हस्थ्यमूलकाः १३ यःकश्चिदिहलोकेऽस्मिन्नागमःपरिकीर्तितः ॥ तस्यांतगमनंश्रेयःकीर्तिरेषासनातनी १४ संस्कारैःसंस्कृतःपूर्वंयथावच्चरितव्रतः ॥ जातौगुणविशिष्टायांसमावर्त्तेततत्त्ववित् १५ स्वदारनिरतोनित्यंशिष्टाचारोजितेंद्रियः ॥ पंचभिश्चमहायज्ञैःश्रद्दधानोयजेदिह १६ देवताऽतिथिशिष्टाशीनिरतोवेदकर्मसु इज्याप्रदानयुक्तश्चयथाशक्तियथासुखम् १७ नपाणिपादचपलोननेत्रचपलोमुनिः ॥ नचवागंगचपलइतिशिष्टस्यगोचरः १८ नित्यंयज्ञोपवीतीस्याच्छुक्लवासाःशुचिव्रतः ॥ नियतोयमदानाभ्यांसदाशिष्टैश्चसंविशेत् १९ जितशिश्नोदरोमैत्रःशिष्टाचारसमन्वितः ॥ वैणवींधारयेद्यष्टिंसोदकंचकमंडलुम् २० अधीत्याध्यापनंकुर्यात्तथायजनयाजने ॥ दानंप्रतिग्रहंवापिषड्गुणांवृत्तिमाचरेत् २१ त्रीणिकर्माणिजानीतब्राह्मणानांतुजीविका ॥ याजनाध्यापनेचोभेशुद्धाच्चापिप्रतिग्रहः २२ अथशेषाणिचान्यानित्रीणिकर्माणियानितु ॥ दानमध्ययनंयज्ञोधर्मयुक्तानितानितु २३ तेष्वप्रमादंकुर्वीतत्रिषुकर्मसुधर्मवित् ॥ दांतोमैत्रःक्षमायुक्तःसर्वभूतसमोमुनिः २४

ईप्सातृष्णातेएवपरिविक्षोभोनिम्नोन्नतदेशस्थानीयश्चक्रस्यास्फालनहेतुर्यत्र । विचित्रंत्रिगुणात्मकत्वात्तच्चतदज्ञानंमायाततःसंभवउत्पत्तिर्यस्य ७ आनंदप्रीतिचारंबाह्यसुखासक्त्याचरतीतितथा ८ विशेषाःस्थूलापिंडादयः । असक्तंक्वचिदपिक्षणमनिरुद्धं । प्रभवतिसंसरत्यनेनतत्प्रभवंतच्चतदव्ययंचेति अव्ययंसंसारकारणमित्यर्थः ९ द्वंद्वानिमानापमानादीनितन्मयंदेहेंद्रियादिसंघातचक्रंरजस्तमःसत्वप्रधानंसत्सृष्टिसंहारतत्त्वज्ञानानांहेतुर्भवति १० प्रवृत्तिप्रवृत्तिहेतुं निवृत्तिनिवृत्तिहेतुं वेद विदित्वाहानोपादानकृन्नमुह्यति ११ । १२ । १३ आगमःविधिनिषेधशास्त्रम् १४ । १५ । १६ । १७ गोचरःविषयोलक्षणमितियावत् १८ संविदइतिपाठेकुर्यादितिशेषः १९ । २० पाठांतरेआप्लवनंव्रतसमाप्तिस्नानंसमावर्त्तनाख्यं वृत्तिवर्त्तनम् २१ । २२ । २३ । २४

२५ ॥ इत्याश्वमेधिके पर्वणि नीलकंठीये भारतभावदीपे पंचचत्वारिंशोऽध्यायः ॥ ४५ ॥ ॥ एवमेतेनमार्गेणेत्यादिरध्यायोनिगदव्याख्यातः १।२।३।४।५।६।७।८।९।१०

सर्वमेतद्यथाशक्तिविप्रोनिर्वर्त्तयन्शुचिः ॥ एवंयुक्तोजयेत्स्वर्गंगृहस्थःसंशितव्रतः २५ ॥ इति श्रीमहाभारते आश्वमेधिके पर्वणि अनुगीतापर्वणि गुरुशिष्य
संवादेपंचचत्वारिंशोऽध्यायः ॥ ४५ ॥ ॥ ॥ ब्रह्मोवाच ॥ एवमेतेनमार्गेणपूर्वोक्तेनयथाविधि ॥ अधीतवान्यथाशक्तितथैवब्रह्मचर्यवान् १ स्व
धर्मनिरतोविद्वान्सर्वेन्द्रिययतोमुनिः ॥ गुरोःप्रियहितेयुक्तःसत्यधर्मपरःशुचिः २ गुरुणासमनुज्ञातोभुंजीतान्नमकुत्सयन् ॥ हविष्यभैक्ष्यभुक्चापिस्थानासनवि
हारवान् ३ द्विकालमग्निंजुह्वानःशुचिर्भूत्वासमाहितः ॥ धारयीतसदादंडंबैल्वंपालाशमेववा ४ क्षौमंकार्पासिकंचापिमृगाजिनमथापिवा ॥ सर्वंकाषायरक्तंवावा
सोवाऽपिद्विजस्यह ५ मेखलाचभवेन्मौंजीजटीनित्योदकस्तथा ॥ यज्ञोपवीतीस्वाध्यायीअलुब्धोनियतव्रतः ६ पूताभिश्चतथैवाद्भिःसदादैवततर्पणम् ॥ भा
वेननियतःकुर्वन्ब्रह्मचारीप्रशस्यते ७ एवंयुक्तोजयेल्लोकान्वानप्रस्थोजितेन्द्रियः ॥ नसंसरतिजातीषुपरमंस्थानमाश्रितः ८ संस्कृतःसर्वसंस्कारैस्तथैवब्रह्मच
र्यवान् ॥ ग्रामान्निष्क्रम्यचारण्येमुनिःप्रव्रजितोवसेत् ९ चर्मवल्कलसंवासीसायंप्रातरुपस्पृशेत् ॥ आरण्यगोचरोनित्यंनग्रामंप्रविशेत्पुनः १० अर्चयन्नतिथी
न्कालेदद्याच्चापिप्रतिश्रयम् ॥ फलपत्रावरैर्मूलैःश्यामाकेनचवर्तयन् ११ प्रवृत्तमुदकंवायुंसर्वंवानेयमाश्रयेत् ॥ प्राश्नीयादानुपूर्व्येणयथादीक्षमतंद्रितः १२ स
मूलफलभिक्षाभिरर्चेदतिथिमागतम् ॥ यद्भक्ष्यंस्यात्ततोदद्याद्भिक्षांनित्यमतंद्रितः १३ देवताऽतिथिपूर्वंचसदाप्राश्नीतवाग्यतः ॥ अस्पर्धितमनाश्चैवलघ्वा
शीदेवताश्रयः १४ दांतोमैत्रःक्षमायुक्तःकेशान्श्मश्रुचधारयन् ॥ जुह्वन्स्वाध्यायशीलश्चसत्यधर्मपरायणः १५ शुचिदेहःसदादक्षोवननित्यःसमाहितः ॥ एवं
युक्तोजयेत्स्वर्गंवानप्रस्थोजितेन्द्रियः १६ गृहस्थोब्रह्मचारीचवानप्रस्थोऽथवापुनः ॥ यइच्छेन्मोक्षमास्थातुमुत्तमांवृत्तिमाश्रयेत् १७ अभयंसर्वभूतेभ्योदत्वा
नैष्कर्म्यमाचरेत् ॥ सर्वभूतसुखोमैत्रःसर्वेन्द्रिययतोमुनिः १८ अयाचितमसंकॢप्तमुपपन्नंयदृच्छया ॥ कृत्वाप्राह्णेचरेद्भैक्ष्यंविधूमेभुक्तवज्जने १९ वृत्तेशरावसंपाते
भैक्ष्यंलिप्सेतमोक्षवित् ॥ लाभेनचनहृष्येतनालाभेविमनाभवेत् ॥ नचातिभिक्षांभिक्षेतकेवलंप्राणयात्रिकः २० यात्रार्थीकालमाकांक्षंश्चरेद्भैक्ष्यंसमाहितः ॥ ला
भंसाधारणंनेच्छेन्नभुंजीताभिपूजितः २१ अभिपूजितलाभाद्धिविजुगुप्सेतभिक्षुकः ॥ भुक्तान्यन्नानितिक्तानिकषायकटुकानिच २२ नास्वादयीतभुंजानोरसां
श्चमधुरांस्तथा ॥ यात्रामात्रंचभुंजीतकेवलंप्राणधारणम् २३ असंरोधेनभूतानांवृत्तिंलिप्सेतमोक्षवित् ॥ नचान्यमन्नंलिप्सेतभिक्षमाणःकथंचन २४ नसन्निका
शयेद्धर्मंविविक्तेचारजाश्चरेत् ॥ शून्यागारमरण्यंवावृक्षमूलंनदींतथा २५ प्रतिश्रयार्थंसेवेतपार्वतींवापुनर्गुहाम् ॥ ग्रामैकरात्रिकोग्रीष्मेवर्षास्वेकत्रवावसेत् २६

११। १२ ।१३। १४ । १५ ।१६।१७। १८ ।१९ ।२०।२१।२२।२३।२४।२५।२६ ॥ ॥ ॥

॥ ३४ ॥ अध्वासूर्येणनिर्दिष्टःकीटवच्चचरेन्महीम् ॥ दयार्थंचैवभूतानांसमीक्ष्यपृथिवींचरेत् २७ संचयांश्चनकुर्वीतस्नेहवासंचवर्जयेत ॥ पूताभिरद्भिर्नित्यंवैकार्यंकुर्वीतमो अ०
क्षवित् २८ उपस्पृशेदुद्धृताभिरद्भिश्चपुरुषःसदा ॥ अहिंसाब्रह्मचर्यंचसत्यमार्जवमेवच २९ अक्रोधश्चानसूयाचदमोनित्यमपैशुनम् ॥ अष्टस्वेतेषुयुक्तःस्या
द्व्रतेषुनियतेन्द्रियः ३० अपापमशठंवृत्तमजिह्मंनित्यमाचरेत् ॥ जोषयेतसदाभोज्यंग्रासमागतमस्पृहः ३१ यात्रामात्रंचभुंजीतकेवलंप्राणयात्रिकम् ॥ धर्म ॥ ४६ ॥
लब्धमथाश्नीयान्नकाममनुवर्त्तयेत् ३२ ग्रासादाच्छादनादन्यन्नगृह्णीयात्कथंचन ॥ यावदाहारयेत्तावत्प्रतिगृह्णीतनाधिकम् ३३ परेभ्योनप्रतिग्राह्यंनचदेयंकदाच
न ॥ दैन्यभावाच्चभूतानांसंविभज्यसदाबुधः ३४ नाददीतपरस्वानिनगृह्णीयादयाचितः ॥ नकिंचिद्विषयंभुक्त्वास्पृहयेत्तस्यवैपुनः ३५ मृदमापस्तथान्नानि
पत्रपुष्पफलानिच ॥ असंवृतानिगृह्णीयात्प्रवृत्तानिचकार्यवान् ३६ नशिल्पजीविकांजीवेद्धिरण्यंनोतकामयेत् ॥ नद्वेष्टानोपदेष्टाचभवेच्चनिरुपस्कृतः ३७
श्रद्धापूतानिभुंजीतनिमित्तानिचवर्जयेत् ॥ सुधावृत्तिरसक्तश्चसर्वभूतैरसंविदम् ३८ आशीर्युक्तानिसर्वाणिहिंसायुक्तानियानिच ॥ लोकसंग्रहधर्मंचनैवकुर्यान्न
कारयेत् ३९ सर्वभावानतिक्रम्यलघुमात्रःपरिव्रजेत् ॥ समःसर्वेषुभूतेषुस्थावरेषुचरेषुच ४० परंनोद्वेजयेत्कंचिन्नचकस्यचिदुद्विजेत् ॥ विश्वास्यःसर्वभूतानाम
ग्र्योमोक्षविदुच्यते ४१ अनागतंचनध्यायेन्नातीतमनुचिंतयेत् ॥ वर्त्तमानमुपेक्षेतकालाकांक्षीसमाहितः ४२ नचक्षुषानमनसानवाचादूषयेत्क्वचित् ॥ नप्र
त्यक्षंपरोक्षंवाकिंचिद्दुष्टंसमाचरेत् ४३ इन्द्रियाण्युपसंहृत्यकूर्मोंगानीवसर्वशः ॥ क्षीणेन्द्रियमनोबुद्धिर्निरीहःसर्वतत्त्ववित् ४४ निर्द्वन्द्वोनिर्नमस्कारोनिःस्वाहा
कारएवच ॥ निर्ममोनिरहंकारोनिर्योगक्षेमआत्मवान् ४५ निराशीर्निर्गुणःशांतोनिरासक्तोनिराश्रयः ॥ आत्मसंगीचतत्त्वज्ञोमुच्यतेनात्रसंशयः ४६ अ
पादपाणिपृष्ठंतदशिरस्कमनूदरम् ॥ प्रहीणगुणकर्माणंकेवलंविमलंस्थिरम् ४७ अगंधमरसस्पर्शमरूपाशब्दमेवच ॥ अनुगम्यमनासक्तममांसमपिचैवयत् ४८
निश्चितमव्ययंदिव्यंगृहस्थमपिसर्वदा ॥ सर्वभूतस्थमात्मानंयेपश्यंतिनतेमृताः ४९ नतत्रक्रमतेबुद्धिर्नेन्द्रियाणिनदेवताः ॥ वेदायज्ञाश्चलोकाश्चनतपोनव्रता
निच ५० यत्रज्ञानवतांप्राप्तिरलिंगग्रहणास्मृता ॥ तस्मादलिंगधर्मज्ञोधर्मतत्त्वमुपाचरेत् ५१ गृहधर्माश्रितोविद्वान्विज्ञानचरितंचरेत् ॥ अमूढोमूढरूपेण
चरेद्धर्ममदूषयन् ५२ यथैनमवमन्येरन्परेसततमेवहि ॥ तथावृत्तश्चरेच्छांतःसतांधर्मानकुत्सयन् ५३ यएवंवृत्तसंपन्नःसमुनिःश्रेष्ठउच्यते ॥ इन्द्रियाणींद्रिया
र्थाश्चमहाभूतानिपंचच ५४ मनोबुद्धिरहंकारमव्यक्तंपुरुषंतथा ॥ एतत्सर्वंप्रसंख्याययथावत्तत्त्वनिश्चयात ५५ ततःस्वर्गमवाप्नोतिविमुक्तःसर्वबंधनैः ॥ ए
तावदंतवेलायांपरिसंख्यायतत्त्ववित् ५६ ध्यायेदेकांतमास्थायमुच्यतेऽथनिराश्रयः ॥ निर्मुक्तःसर्वसंगेभ्योवायुराकाशगोयथा ५७ ॥ ॥ ॥ ३४ ॥

५८ ॥ इत्याश्वमेधिके पर्वणि नीलकंठीये भारतभावदीपे षट्चत्वारिंशोऽध्यायः ॥ ४६ ॥ ॥ संन्यासमित्यध्यायेऽपिमुच्यतेनात्रसंशयइत्यंतोग्रंथःपूर्वमेवगतार्थः १ । २ । ३ । ४
५ । ६ । ७ । ८ । ९ । १० । ११ । १२ । १३ । १४ । १५ द्वाविमावितिति । पक्षिणौजीवेश्वरौसंक्षिप्येतेययोस्तौसंक्षेपौतयोरुपाधीबुद्धिमायेतोअचेतनौ । सखायावितिपाठेतुअचेतनौप्रति
बिंबत्वेनदृश्यौयस्तुताभ्यांप्रतिबिंबरूपाभ्यामन्यःबिंबस्थानीयःसचेतनामात्रशरीरोपिचेतनावानित्युच्यते साक्ष्यसंसर्गात्साक्षीतिवत् १६ अचेतनइति । अचेतनइवाहंधीगम्योदृश्योजीवइतियावत् सत्व

क्षीणकोशोनिरातंकस्तथेदंप्राप्नुयात्परम् ५८ ॥ इतिश्रीमहाभारते आश्वमेधिकेपर्वणि अनुगीतापर्वणि गुरुशिष्यसंवादेषट्चत्वारिंशोऽध्यायः ॥ ४६ ॥ ॥
॥ ब्रह्मोवाच ॥ संन्यासंतपइत्याहुर्वृद्धानिश्चितवादिनः ॥ ब्राह्मणाब्रह्मयोनिस्थाज्ञानंब्रह्मपरंविदुः १ अतिदूरात्मकंब्रह्मवेदविद्याव्यपाश्रयम् ॥ निर्द्वंद्वंनि
र्गुणंनित्यमचिंत्यगुणमुत्तमम् २ ज्ञानेनतपसाचैवधीराःपश्यंतितत्परम् ॥ निर्णिक्तमनसःपूताव्युत्क्रांतरजसोऽमलाः ३ तपसाक्षेममध्वानंगच्छंतिपरमेश्व
रम् ॥ संन्यासनिरतानित्यंयेचब्रह्मविदोजनाः ४ तपःप्रदीपइत्याहुराचारोधर्मसाधकः ॥ ज्ञानंवैपरमंविद्यात्संन्यासंतपउत्तमम् ५ यस्तुवेदनिराबाधंज्ञानं
तत्त्वविनिश्चयात् ॥ सर्वभूतस्थमात्मानंससर्वगतिरिष्यते ६ योविद्वान्सहवासंचविवासंचैवपश्यति ॥ तथैवैकत्वनानात्वेसदुःखात्प्रतिमुच्यते ७ योनकामय
तेकिंचिन्नकिंचिदवमन्यते ॥ इहलोकस्थएवैषब्रह्मभूयायकल्पते ८ प्रधानगुणतत्त्वज्ञःसर्वभूतप्रधानवित् ॥ निर्ममोनिरहंकारोमुच्यतेनात्रसंशयः ९ निर्द्वंद्वो
निर्नमस्कारोनिःस्वधाकारएवच ॥ निर्गुणंनित्यमद्वंद्वंप्रशमेनैवगच्छति १० हित्वागुणमयंसर्वंकर्मजंतुःशुभाशुभम् ॥ उभेसत्यानृतेहित्वामुच्यतेनात्रसंशयः ११
अव्यक्तयोनिप्रभवोबुद्धिस्कंधमयोमहान् ॥ महाहंकारविटपइंद्रियांकुरकोटरः १२ महाभूतविशालश्चविशेषप्रतिशाखिनः ॥ सदापत्रःसदापुष्पःशुभाशुभफलो
दयः १३ आजीव्यःसर्वभूतानांब्रह्मवृक्षःसनातनः ॥ एनंछित्त्वाचभित्त्वाचतत्त्वज्ञानासिनाबुधः १४ हित्वासंगमयान्पाशान्मृत्युजन्मजरोदयान् ॥ निर्ममो
निरहंकारोमुच्यतेनात्रसंशयः १५ द्वाविमौपक्षिणौनित्यौसंक्षेपौचाप्यचेतनौ ॥ एताभ्यांतुपरोयोन्यश्चेतनावान्सउच्यते १६ अचेतनःसत्वसंख्याविमुक्तःसत्वात्परं
चेतयतेन्तरात्मा ॥ सक्षेत्रवित्सर्वसंख्यातबुद्धिर्गुणातिगोमुच्यतेसर्वपापैः १७ ॥ इतिश्री०आश्वमेधिकेप०अनुगीताप०गुरुशिष्यसंवादेसप्तचत्वारिंशोऽध्यायः ॥४७॥
॥ ब्रह्मोवाच ॥ केचिद्ब्रह्ममयंवृक्षंकेचिद्ब्रह्मवनंमहत् ॥ केचित्तुब्रह्मचाव्यक्तंकेचित्परमनामयम् ॥ मन्यन्तेसर्वमप्येतदव्यक्तप्रभवाव्ययम् १ ॥ ॥

संख्याविमुक्तःसत्वानिप्राणिनःसंख्यायंतेपृथक्त्वेनगण्यंतेयैस्तेदेहाद्युपाधयस्तैर्विमुक्तःसन्सत्त्वात्बुद्धेःपरंयद्वस्तुयच्चचेतयते बुद्ध्यादीन्अचेतनानपिचैतन्ययुक्तान्कुरुतेसएवक्षेत्रज्ञसंज्ञोऽन्तरात्मा । कोऽसौ
सर्वसंख्यातबुद्धिःसर्वाःसंख्याताःबुद्धयोयेन सर्वासांबुद्धीनांसाक्षित्वेनसंख्यातापरिच्छेदकइत्यर्थः । सएवगुणगुंफितःसन्सर्वैर्दोषैर्युज्यते गुणातिगस्तुतैर्मुच्यतइति १७ ॥ इत्याश्वमेधिके पर्वणि
नीलकंठीये भारतभावदीपे सप्तचत्वारिंशोऽध्यायः ॥ ४७ ॥ ॥ ॥ एवंससाधनांब्रह्मविद्यांसमाप्यशिष्यबुद्धिपरीक्षार्थंव्यामिश्रैर्वाक्यैस्तामेवानुवदति केचिदित्यादिना ।
केचित्सप्रपंचंब्रह्मेतिवदंतोवृक्षंसंसारंब्रह्ममयंब्रह्मणोविकारमाहुः ब्रह्मैवजगदाकारेणपरिणमतेइति । 'तदात्मानंस्वयमकुरुत सच्चत्यच्चाभवत् आत्मकृतेःपरिणामात्'इत्यादिश्रुतयः स्मृतयश्च ।

केचित्परंवस्तुअनामर्यनिर्विकारं तत्रजगत्स्वप्नवत्कल्पितं । ' मयदास्वपितितदैनंवाक्सर्वैर्नामभिःसहाप्येतिचक्षुःसर्वैरूपैःसहाप्येतिसयदाप्रतिबुध्येताथैतस्मादात्मनःसर्वेप्राणायथायतनंविप्रतिष्ठंतेप्राणेभ्योदेवादेवेभ्योलोकाः ' इतिसुप्तिप्रबोधयोर्नामरूपात्मकस्यात्मन्येवलयोदयौश्रूयेते । मायामात्रंतुकात्स्न्येंनआत्मनिचैवंविचित्राश्चहीतिस्मर्यतेच । एवंश्रौतंमतद्वयमुक्त्वासांख्यमतमाह मन्यंतइति १ तत्रप्रथमपक्षे उपासकानांआप्रायणादितिन्यायेनअंत्यप्रत्ययस्यावश्यकत्वमाह उच्छ्वासमात्रंतावन्मात्रकालं समोनिर्विशेषःसर्वोवा समशब्दस्यसर्वपर्यायत्वात् । ' सइदंसर्वंभवति ' इतिश्रुतेश्च । आत्मानंहार्दब्रह्मसंगम्यउपास्य अमृतत्वायकल्पतेब्रह्मलोकप्राप्तिद्वारेत्यर्थः २ द्वितीयपक्षेअंतकालादन्यत्रापिक्षणिकनिर्विकल्पसाक्षात्कारान्मुच्यतइत्याह निमेषेति । विदुषांप्राप्तिप्राप्यंकैवल्यम् ३ तृतीयपक्षेऽपि मनोनिरोधेन मुच्यतइत्याह प्राणायामैरितिद्वाभ्यां । प्राणाःइंद्रियाणिबुद्धिमनःसहितानिद्वादशतेआयम्यंतेनिगृह्यंतेयैस्तैःप्राणायामैःयमनियमादिभिः तेचयमनियमासनप्राणायामप्रत्याहारधारणाध्यानसमाधयस्तर्कवैराग्याभ्यांसहदशवामैत्रीकरुणामुदितोपेक्षाभिःसहद्वादशवा । यमाः पंचनियमाःपंचप्राणायामादयःषट्मैत्र्यादयश्चतस्रस्तर्कोवैराग्यंचेतिद्वाविंशतिर्वा संयम्यनिरोध्य पुनःपुनरितियावज्जीवमेवंकार्यं नतुसकृत्प्रयत्नेनात्रसिद्धिरस्तीतिदर्शितम् । चतुर्विंशात् अव्यक्तात्परमन्यंपंचविंशंपुरुषंलभते ४ यद्यदिच्छतितदपिलभतेयोगसामर्थ्यात् । प्रसन्नात्माविशुद्धसत्वः यदातुअव्यक्तात् अव्यक्तं

उच्छ्वासमात्रमपिचेद्योन्तकालेसमोभवेत् ॥ आत्मानमुपसंगम्यसोऽमृतत्वायकल्पते २ निमेषमात्रमपिचेत्संयम्यात्मानमात्मनि ॥ गच्छत्यात्मप्रसादेनविदुषांप्राप्तिमव्ययाम् ३ प्राणायामैरथप्राणान्संयम्यसपुनःपुनः ॥ दशद्वादशभिर्वापिचतुर्विंशात्परंततः ४ एवंपूर्वंप्रसन्नात्मालभतेयद्यदिच्छति ॥ अव्यक्तात्सत्वमुद्रिक्तममृतत्वायकल्पते ५ सत्वात्परतरंनान्यत्प्रशंसंतीहतद्विदः ॥ अनुमानाद्विजानीमःपुरुषंसत्वसंश्रयम् ६ नशक्यमन्यथागंतुंपुरुषंद्विजसत्तमाः ॥ क्षमाधृतिरहिंसाचसमतासत्यमार्जवम् ॥ ज्ञानंत्यागोऽथसंन्यासःसात्विकंवृत्तमिष्यते ७ एतेनैवानुमानेनमन्यन्तेवैमनीषिणः ॥ सत्वंचपुरुषश्चैवतत्रनास्तिविचारणा ८ आहुरेकेचविद्वांसोयेज्ञानपरिनिष्ठिताः ॥ क्षेत्रज्ञसत्वयोरैक्यमित्येतन्नोपपद्यते ९ पृथग्भूतंततःसत्वमित्येतदविचारितम् ॥ पृथग्भावश्चविज्ञेयःसहजश्चापितत्त्वतः १०

प्राप्यसत्वंसत्वगुणःउद्रिक्तंउत्कृष्टतरंभवतिपुरुषमात्राकारंभवतितदाऽमृतत्वायकल्पते । पूर्णंशतसहस्रंचतिष्ठंत्यव्यक्तचिन्तकाःइत्यव्यक्तमात्रनिष्ठानांस्वर्गकालावधिस्मरणात् । चतुर्विंशादव्यक्तात्परमितिवासंबंधः ५ धर्मज्ञानवैराग्यैश्वर्यादीनांआत्मप्राप्तिसाधनानांसत्वोत्कर्षलभ्यत्वात्सत्वमेवस्तौतिसार्धेन सत्वादिति । सत्वसंश्रयंतंपुरुषं अन्यथासत्वासंश्रयइतिगंतुंनशक्यमितियोजना ६ वृत्तंपरिपाकः ७ पुरुषवत्स्वच्छत्वात्पुरुषोपकारित्वाच्चसत्वंपुरुषादभिन्नमितिमन्यंतेतार्किकाः अतएवतेआत्मनिसत्वधर्मान्कर्तृत्वादीन्वास्तवान्मन्यन्तेइत्याह एतेनेतिद्वाभ्यां । तत्रापिमन्यंतेप्रातीतिकंएकत्वंसांख्यादयः तार्किकास्तुतदेववास्तवमित्याहुरितिविवेकः ८ एतद्दूषयति आहुरिति ९ सांख्यंप्रत्याह पृथगिति । यदिसत्वंततःपुरुषात्पृथक् अन्यत् भूतंनित्यनिर्वृत्तंचस्यात्तर्हिमुक्तमप्यात्मानंनजह्यात् भूतत्वेतस्यनिरन्वयनाशायोगात् । तस्मादनिर्मोक्षप्रसक्तेःइदंमतमविचारितं । एकत्वपक्षोपिप्रत्युक्तएव । कर्तृत्वादेर्वास्तवत्वेधर्मिनाशमन्तरेणानिवृत्तेर्नैरात्म्यमनिर्मोक्षोवाप्रसज्येतइतिभावः । सिद्धांतमाह पृथग्भावश्चविज्ञेयःसहजश्चापितत्त्वतः । सत्वपुरुषयोः समुद्रतरंगयोरिवशब्दतःप्रतीतिश्चपृथग्भावोऽस्ति सत्वंचसमुद्रेतरंगइवपुरुषेसहजम् । एवंचविलीनसंस्कारे ॥१९॥
वमुक्तसत्वस्यपुनरुत्पत्त्ययोगान्नानिर्मोक्षइतिकल्पितभेदेनसंसारयात्रानिर्वाहः अकल्पिताभेदेनमोक्षोपपत्तिरित्यर्थः १० ॥ ॥ ॥ ॥ ॥

एवमपिसत्वपुरुषयोरेकजात्यापत्तेर्जडाजडविभागोनस्यादित्वाशंक्याह तथैवेति । नयःयुक्तिः । तपइतिपाठेआलोचनपूर्वकोनिश्चयः । यथाउदुंबरफलोदरेवाऽस्यान्यस्यप्रवेशायोगात्तद्वय वएवमशकदेहस्ततोविजातीयःसन्नाविर्भवति । एवंचिद्विलासएवसत्वंततःपृथग्भूयजडत्वेनाविर्भवतीत्यर्थः ११ सत्वपुरुषयोःसंबंधेदृष्टांतः पर्णेइति । असंगत्वात्पुरुषःसत्वधर्मैर्नलिप्यतेतत्रलेपप्रती तिस्त्वाध्यासिकीतिभावः १२ उक्तंविद्यतेयेषुतेउक्तवंतःउक्तमर्थंसम्यगवधृतवंतइत्यर्थः । सहजस्यापिसत्वस्यपुरुषासंसर्गित्वंदुर्घटंब्रह्मणश्चवचनंनमिथ्येतितर्कश्रद्धाभ्यामुभयतोनिरुद्धत्वात्संशय मापन्नाः १३ ॥ इत्याश्वमेधिकेपर्वणि नीलकंठीये भारतभावदीपे अष्टचत्वारिंशोऽध्यायः ॥ ४८ ॥ ॥ एवंसंदिहानाःप्रथमंवेदशास्त्रेषुमतभेदंदर्शयंति कोवेति । निवृत्तिधर्मोवाप्रवृत्तिधर्मोवाऽनुष्ठेयः नकर्मणेति कुर्वन्नेवेहकर्माणीत्युभयविधश्रुतिदर्शनान्मुह्यामहेइतिभावः १ ऊर्ध्वंदेहात् देहनाशादूर्ध्वमपिआत्माऽस्तीत्येकेवदंतीतिसंबंधः नैतदितिलोकायताः सर्वंसंशयितमितिस्याद्वादिनः

तथैवैकत्वनानात्वमिष्यतेविदुषांनयः ॥ मशकोदुंबरेचैक्यंपृथक्त्वमपिदृश्यते ११ मत्स्योयथाऽन्यःस्यादप्सुसंप्रयोगस्तथातयोः ॥ संबंधस्तोयबिंदूनांपर्णेकोक नदस्यच १२ ॥ गुरुरुवाच॥ इत्युक्तवंतस्तेविप्रास्तदालोकपितामहम् ॥ पुनःसंशयमापन्नाःपप्रच्छुर्मुनिसत्तमाः १३ ॥ इतिश्रीम० आश्व० प० अनु० गुरुशिष्यसं वादे अष्टचत्वारिंशोऽध्यायः ॥ ४८ ॥ ऋषयऊचुः॥ कोवास्विदिहधर्माणामनुष्ठेयतमोमतः ॥ व्याहतामिवपश्यामोधर्मस्यविविधांगतिम् १ ऊर्ध्वंदेहाद्वदंत्येकेनै तदस्तीतिचापरे ॥ केचित्संशयितंसर्वंनिःसंशयमथापरे २ अनित्यंनित्यमित्येकेनास्त्यस्तीत्यपिचापरे ॥ एकरूपंद्विधेत्येकेव्यामिश्रमितिचापरे ३ मन्यन्तेब्राह्मणा एवब्रह्मज्ञास्तत्त्वदर्शिनः ॥ एकमेकेपृथक्चान्येबहुत्वमितिचापरे ४ देशकालावुभौकेचिन्नैतदस्तीतिचापरे ॥ जटाजिनधराश्चान्येमुंडाःकेचिदसंवृताः ५ अस्नानं केचिदिच्छंतिस्नानमप्यपरेजनाः ॥ मन्यंतेब्राह्मणादेवाब्रह्मज्ञास्तत्त्वदर्शिनः ६ आहारंकेचिदिच्छंतिकेचिच्चानशनेरताः ॥ कर्मकेचित्प्रशंसंतिप्रशांतिंचापरेजनाः ७ केचिन्मोक्षंप्रशंसंतिकेचिद्भोगान्पृथग्विधान् ॥ धनानिकेचिदिच्छंतिनिर्धनत्वमथापरे ॥ उपास्यसाधनंत्वेकेनैतदस्तीतिचापरे ८ अहिंसानिरताश्चान्येके चिद्धिंसापरायणाः ॥ पुण्येनयशसाचान्येनैतदस्तीतिचापरे ९ सद्भावनिरताश्चान्येकेचित्संशयितेस्थिताः ॥ दुःखादन्येसुखादन्येध्यानमित्यपरेजनाः १०

सप्तभंगीनयज्ञाः निःसंशयमितिप्रातिस्त्रिकंसर्वंतैर्थिकाः २ अनित्यंसर्वंसृष्टिप्रलययुक्तमितितार्किकादयः । नित्यंप्रवाहनित्यमितिमीमांसकाः । नास्तीतिशून्यवादिनः । अस्तिपरंतुक्षणिकमिति सौगताः । एकरूपंविज्ञानमेवद्विधाइदमर्थाकारमहमर्थाकारमितियोगाचाराः । व्यामिश्रंभिन्नमभिन्नंचेत्युडुलोमाः ३ एकेब्रह्मज्ञाःशास्त्रज्ञाःतत्त्वदर्शिनोऽपरोक्षज्ञानवंतःब्राह्मणास्तुब्रह्मैवैकमस्तीतिमन्यंते सगुणोपासकाः । पृथक्असाधारणानिकर्माण्येवकारणानीत्यन्येमीमांसकाः । बहुत्वमपिकारणानांप्राहुःपरमाणुवादिनः ४ देशकालावितिज्योतिर्विदः । एतत्द्वयंसर्वंकालत्रयेऽपिनास्तिस्वप्नराज्य वच्चिद्विलासमात्रमितिवृद्धाः ५ अस्नानंनैष्ठिकब्रह्मचर्यं स्नानंगार्हस्थ्यम् ६ । ७ साधनंध्यानादिकमुपास्यकृत्वाऽपिनैतदस्तीतिपश्चात्सर्वमपवदंति तथाचश्रुतिः 'ननिरोधोनचोत्पत्तिर्नबद्धोन चसाधकः । नमुमुक्षुर्नवैमुक्तइत्येषापरमार्थता' इति ८ पुण्येनपुण्यार्थमेवयतेतेत्यन्ये । एतत्पुण्यंनास्त्येवेत्यन्येलोकायताः ९ संशयितेकृतमस्तिनवेतिसंदिग्धेपथिदुःखात्दुःखनिवृत्त्यर्थंसुखात्सुखप्राप्त्यर्थं ध्यानंकर्तव्यं निष्काममेवेत्यपरे १० ॥ ॥ ॥ ॥

११ ज्ञानंसंन्यासंसंन्यासैकप्राप्यं भूतचिंतकाःवस्तुतत्त्वविचारकाः स्वभावंसाधनपौष्कल्यं साधनपौष्कल्यस्वाभाव्यादेवज्ञानमुत्पद्यतेआश्रमांतरेऽपिनसंन्यासमात्रेणेत्याहुः १२ । १३ । १४ अविहिताअशिक्षिता आख्यातंत्वयेतिशेषः १५ मुख्यंप्रष्टव्यमाह अतःपरमिति १६ । १७ ॥ इत्याश्वमेधिकेपर्वणि नीलकंठीयेभारतभावदीपे एकोनपंचाशत्तमोऽध्यायः ॥ ४९ ॥ पृष्टेष्वेतेषुपत्सेषुच द्धेयमुपादेयंचतत्संक्षेपेणाह हंतवइति १ । २ । ३ । ४ । ५ । ६ । ७ । ८ विषयविषयिभावोघटचक्षुषोरिवनकेवलंप्रकाश्यप्रकाशकभावःअपितुभोज्यभोक्तृभावोऽप्यस्तीत्याह व्याख्यातमिति सार्धेन । उदुंबरवत्सत्त्वंस्वात्मानंभोक्तारंचनवेत्तिभोक्तातुमशकवदुभयंवेत्तीत्यर्थः योविजानीतेसक्षेत्रज्ञइत्युत्तरेणान्वयः ९ सत्वपुरुषयोःसंबंधस्याध्यासिकत्वमाह नित्यमिति । नित्यंसर्वदासत्वंद्वन्द्वैःसुख

यज्ञमित्यपरेविप्राःप्रदानमितिचापरे ॥ तपस्त्वन्येप्रशंसंतिस्वाध्यायमपरेजनाः ११ ज्ञानंसंन्यासमित्येकेस्वभावंभूतचिंतकाः ॥ सर्वमेकेप्रशंसंतिनसर्वमितिचापरे १२ एवंव्युत्थापितेधर्मेबहुधाविप्रबोधिते ॥ निश्चयंनाधिगच्छामःसंमूढाःसुरसत्तम १३ इदंश्रेयइदंश्रेयइत्येवंव्युत्थितोजनः ॥ योहियस्मिन्रतोधर्मेसतंपूजयतेसदा १४ तेननोऽविहिताप्रज्ञामनश्चबहुलीकृतम् ॥ एतदाख्यातमिच्छामःश्रेयःकिमितिसत्तम १५ अतःपरंतुयद्गुह्यंतद्भवान्वक्तुमर्हति ॥ सत्वक्षेत्रज्ञयोश्चापि संबंधःकेनहेतुना १६ एवमुक्तःसतैर्विप्रैर्भगवाँल्लोकभावनः ॥ तेभ्यःशशंसधर्मात्मायाथातथ्येनबुद्धिमान् १७ ॥ इतिश्रीमहाभारते आश्वमेधिकेपर्वणि अनुगीतापर्वणि गुरुशिष्यसंवादेएकोनपंचाशत्तमोऽध्यायः ॥ ४९ ॥ ॥ ब्रह्मोवाच ॥ हंतवःसंप्रवक्ष्यामियन्मांपृच्छथसत्तमाः ॥ गुरुणाशिष्यमासाद्ययदुक्तंतन्निबोधत १ समस्तमिहतच्छ्रुत्वासम्यगेवावधार्यताम् ॥ अहिंसासर्वभूतानामेतत्कृत्यतमंमतम् २ एतत्पदमनुद्विग्नंवरिष्ठंधर्मलक्षणम् ॥ ज्ञानंनिःश्रेयइत्याहुर्वृद्धानिश्चितदर्शिनः ३ तस्माज्ज्ञानेनशुद्धेनमुच्यतेसर्वकिल्बिषैः ॥ हिंसापराश्चयेकेचिद्येचनास्तिकवृत्तयः ॥ लोभमोहसमायुक्तास्तेवैनिरयगामिनः ४ आशीर्युक्तानिकर्माणिकुर्वतेयेत्वतंद्रिताः ॥ तेऽस्मिन्लोकेप्रमोदन्तेजायमानाःपुनःपुनः ५ कुर्वतेयेतुकर्माणिश्रद्दधानाविपश्चितः ॥ अनाशीर्योगसंयुक्तास्तेधीराःसाधुदर्शिनः ६ अतःपरंप्रवक्ष्यामिसत्वक्षेत्रज्ञयोर्यथा ॥ संयोगोविप्रयोगश्चतन्निबोधतसत्तमाः ७ विषयोविषयित्वंचसंबंधोऽयमिहोच्यते ॥ विषयीपुरुषोनित्यंसत्वंचविषयःस्मृतः ८ व्याख्यातंपूर्वकल्पेनमशकोदुंबरंयथा ॥ भुज्यमानंनजानीतेनित्यंसत्वमचेतनम् ॥ यस्त्वेवंतंविजानीतेयोभुंक्तेयश्चभुज्यते ९ नित्यंद्वंद्वसमायुक्तंसत्वमाहुर्मनीषिणः ॥ निर्द्वन्द्वोनिष्कलोनित्यःक्षेत्रज्ञोनिर्गुणात्मकः १० समंसंज्ञानुगश्चैवससर्वत्रव्यवस्थितः ॥ उपभुंक्तेसदासत्वमपःपुष्करपर्णवत् ११ ॥

दुःखादिपरिणामैर्युक्तंगुणात्मकत्वात्सुखदुःखमोहात्मकंसंहतंचतद्विपरीतत्वादनिर्द्वंद्वःनित्यःनिष्कलोनिर्गुणश्चपुरुषःअतस्तयोर्विषमस्वभावत्वान्नजतुकाष्ठादिवत्संबंधोयुज्यते यथोक्तम् । 'निःसंगस्यससंगेनकूटस्थस्यविकारिणा ॥ आत्मनोऽनात्मनायोगोवास्तवोनोपपद्यते'इति १० कथंतर्हितयोर्विषयविषयिभावसंबंधउक्तइत्याह सममिति । यथासर्वत्रस्वप्नमायेन्द्रजालरज्जूरगादावध्यस्तंअधिष्ठानेनसमंतुल्यंतदाकारकमित्यर्थः अधिष्ठानंचाध्यस्तसंज्ञानुगतंतत्रस्वकीयसत्तास्फूर्त्तिसमर्पकतयातदीयांसंज्ञामनुसरदृश्यतेतथासत्वंपुरुषेणसमंसत्वसंज्ञानुगतःपुरुषःउपभुंक्तेतत्रदृष्टांतः अपइति । यथापुष्करपर्णमद्भिरसंसक्तमपिअपोभुंक्तेताभिस्तस्याप्यायनात् एवंसत्वेनावृतःपुरुषःसत्वसमानत्वंगतःसत्वधर्मान्आत्मन्यभिमन्वानःसत्वंभुंक्ते । तथाचैवकूटस्थविकारिणोरपिपुंप्रकृत्योराध्यासिकःसंबन्धउपपादितोभवति ११ ॥

प्रकारांतरेणदृष्टांतंविवृणोति सर्वैरिति १२ समत्वमुपपादयति एवमिति । सर्पेणरज्जुरिवसत्वेनअसंयुक्तोऽपिपुरुषःसइतिनिश्चितमेव । तथापिसत्वंपुरुषश्चउभयंमिलित्वाद्रव्यमात्रंसत्वमात्रम भूत् । यथारज्जुभुजंगौमिलित्वाभुजंगमात्रंभवतितद्वत् इतिनिश्चयःइदमेवतत्त्वंकल्पनांतरंतुभ्रांतिमात्रमितिभावः १३ इदमेवद्वयोःसत्वमात्रत्वमनुसृत्यसत्वमेवात्मेतिमन्यमानाबौद्धाःपुरुषमपलपंति तत्प्राह यथेति । सत्वंपुरुषश्चेत्युभयंयथाद्रव्यमात्रमभूत्तथाद्रव्यं इदमर्थःकर्त्ताहमर्थःतयोःसंयोगोदर्शनंचेतिकृत्स्नात्रिपुटयपिद्रव्यमभूदित्यर्थः । कुतस्तर्हिद्रव्यात्पुरुषस्यपृथक्त्वमतआह प्रदीपेति । यथादीपेनैवदीपमन्यंचजानंतिएवंसत्वस्यपरिणामविशेषेणविद्याख्येनसत्वंपुरुषंचपृथक्जानीयादित्यर्थः १४ द्रव्यंतैलं गुणोवर्त्तिः १५ दार्ष्टांतिकमाह व्यक्तइति । यथातैलवर्त्तिभ्यामवष्टब्धो दीपआत्मानंभवनाकाशंचव्याप्नोतितदभावेतुस्वयमेवांतर्धीयतेनतुभवनाकाशः । एवंकर्मावष्टब्धःसत्वगुणश्चरमवृत्तिरूपोऽभिव्यक्तःसन्स्वंचपुरुषंचपृथगवभासयति । कर्मोपरमेतुस्वयमेवांतर्धीयतेपुरुष

सर्वैरपिगुणैर्विद्वान्व्यतिषक्तोनलिप्यते ॥ जलबिंदुर्यथालोलःपद्मिनीपत्रसंस्थितः १२ एवमेवाप्यसंयुक्तःपुरुषःस्यान्नसंशयः ॥ द्रव्यमात्रमभूत्सत्वंपुरुष स्येतिनिश्चयः १३ यथाद्रव्यंचकर्त्ताचसंयोगोप्यनयोस्तथा ॥ यथाप्रदीपमादायकश्चित्तमसिगच्छति ॥ तथासत्वप्रदीपेनगच्छंतिपरमैषिणः १४ याव द्द्रव्यंगुणस्तावत्प्रदीपःसंप्रकाशते ॥ क्षीणेद्रव्येगुणेज्योतिरंतर्धानायगच्छति १५ व्यक्तःसत्वगुणस्त्वेवंपुरुषोऽव्यक्तइष्यते ॥ एतद्विप्राविजानीतहंतभूयोब्रवी मिवः १६ सहस्रेणापिदुर्मेधानबुद्धिमधिगच्छति ॥ चतुर्थेनाप्यथांशेनबुद्धिमान्सुखमेधते १७ एवंधर्मस्यविज्ञेयंसंसाधनमुपायतः ॥ उपायज्ञोहिमेधा वीसुखमत्यंतमश्नुते १८ यथाऽध्वानमपाथेयःप्रपन्नोमनुजःक्वचित् ॥ क्लेशेनयातिमहताविनश्येदंतराऽपिच १९ तथाकर्मसुविज्ञेयंफलंभवतिवानवा ॥ पुरु षस्यात्मनिःश्रेयःशुभाशुभनिदर्शनम् २० यथाचदीर्घमध्वानंपद्भ्यामेवप्रपद्यते ॥ अदृष्टपूर्वंसहसातत्त्वदर्शनवर्जितः २१ तमेवचयथाऽध्वानंरथेनेहाशुगामि ना ॥ गच्छत्यश्वप्रयुक्तेनतथाबुद्धिमतांगतिः २२ ऊर्ध्वंपर्वतमारुह्यनान्ववेक्षेतभूतलम् ॥ रथेनरथिनंपश्यत्क्लिश्यमानमचेतनम् २३ यावद्रथपथस्तावद्रथे नसतुगच्छति ॥ क्षीणेरथपदेविद्वान्रथमुत्सृज्यगच्छति २४ एवंगच्छतिमेधावीतत्त्वयोगविधानवित् ॥ परिज्ञायगुणज्ञश्चउत्तरादुत्तरोत्तरम् ॥ २५ यथार्णवं महाघोरमप्लवःसंप्रगाहते ॥ बाहुभ्यामेवसंमोहाद्वधंवांछत्यसंशयम् २६ नावाचापियथाप्राज्ञोविभागज्ञःस्वरित्रया ॥ अश्रांतःसलिलेगच्छेच्छीघ्रंसंतरतेह्रदम् २७ तीर्णोगच्छेत्परंपारंनावमुत्सृज्यनिर्ममः ॥ व्याख्यातंपूर्वकल्पेनयथारथपदातिनोः २८ ॥ ॥ ॥

स्त्वव्यक्तःसमाधिसुषुप्तिसुखसाक्षीकेवलइष्यते १६ । १७ । १८ । १९ कर्मसुज्ञानसाधनेषु आत्मनिचित्ते श्रेयोविषयेशुभाशुभदृष्टांतः पूर्णेपुण्यपापेयःपूर्णंयोगमाप्नोतिअल्पपुण्यस्त्वंतरा म्रियतेइतिभावः २० यथाचेति । शास्त्ररथेनैवसंसाराध्वाऽतिलंघनीयइतिभावः २१ ।२२ ऊर्ध्वमिति । परंपदमारूढःशास्त्रमपित्याज्यमितिभावः २३ यावदिति चित्तशुद्धिपर्यंतंविधिशास्त्र कैंकर्यंततस्तुयोगतत्त्वंजानन्नुत्तरोत्तरंहंसंपरमहंसंवाऽऽश्रमंसम्यगवबुध्यगच्छेदित्यर्थः २४ । २५ आचार्यरूपांनावंश्रयेदित्याहत्रिभिः यथेति २६ स्वरित्रयाशोभनान्यरित्राणिकेनिपातनानियस्यां तया २७ तीर्णइति ।समाप्ततत्वनिदिध्यासनार्थीगुरुमपित्यजेदितिभावः । तावद्गुरुंसेवेतयावद्योगारूढोनभवतिरथमिवपर्वतारूढइतिपूर्वदृष्टांतंस्मारयति व्याख्यातमिति । पदातिदृष्टांतोऽपिगुर्वभावे मार्गप्राप्तिरेवंनभवतीत्यत्रबोध्यः २८ ॥ ॥ ॥ ॥ ॥ ॥ ॥ ॥

:३

स्नेहादिति । नात्यंतंगुरावेवस्थेयंसतिध्यानयोग्यत्वेइतिभावः २९ नावमिति । कर्माधिकारिणायोगोयोगाधिकारिणाचकर्मनानुष्ठातुंयुक्तमितिभावः ३० कर्मकृतंकर्मफलंचित्रंनानाविधंविषयस्थंपृथ
क्पृथक् एकमेवकर्मगृहस्थस्यश्लाघ्यंपरिव्राजकस्यपातित्यहेतुः । एवंव्यतिरेकोऽपिज्ञेयः विषयआश्रमस्तत्स्थं एतान्कर्तॄन् ३१ एवंज्ञानसाधनान्युक्त्वाज्ञेयमाह यदिति । गंधिगंधवत्
रस्यंरसवत् ३२ गुणःकार्यं महद्रूपंयत्प्रधानभूतंप्रधानकार्यंतस्यापिगुणोऽहंकारः ३३ महाभूतकृतोनियदादिरूपत्वेनकल्पितः तेषांगुणास्तुविषयाःशब्दादयएव ३४ बीजधर्मत्वंकारणत्वं
प्रसवात्मकत्वंकार्यरूपत्वं । जीवेतिपाठेऽपिजीवतोधान्यादेरेवधर्मोबीजत्वंनतुभर्जितधान्यादेरितिसएवार्थः । यद्यपितेषांमतेअव्यक्तस्यबीजत्वमेवास्तिननुकार्यत्वंतथाऽप्यद्वैतश्रुतिविरोधात्तदुपेक्ष्यमिति

स्नेहात्संमोहमापन्नोनाविदाशोयथातथा ॥ ममत्वेनाभिभूतःसंस्तत्रैवपरिवर्त्तते २९ नावंनशक्यमारुह्यस्थलेविपरिवर्त्तितुम् ॥ तथैवरथमारुह्यनाप्सुचर्याविधी
यते ३० एवंकर्मकृतंचित्रंविषयस्थंपृथक्पृथक् ॥ यथाकर्मकृतंलोकेतथैतानुपपद्यते ३१ यन्नैवगंधिनोरस्यंनरूपस्पर्शशब्दवत् ॥ मन्यंतेमुनयोबुद्ध्यातत्प्रधानं
प्रचक्षते ३२ तत्रप्रधानमव्यक्तमव्यक्तस्यगुणोमहान् ॥ महत्प्रधानभूतस्यगुणोऽहंकारएवच ३३ अहंकारात्तुसंभूतोमहाभूतकृतोगुणः ॥ पृथक्त्वेनहिभूता
नांविषयावैगुणाःस्मृताः ३४ बीजधर्मंतथाऽव्यक्तंप्रसवात्मकमेवच ॥ बीजधर्मामहानात्माप्रसवश्चेतिनःश्रुतम् ३५ बीजधर्मस्त्वहंकारःप्रसवश्चपुनःपुनः ॥
बीजप्रसवधर्माणिमहाभूतानिपंचवै ३६ बीजधर्मिणइत्याहुःप्रसवंचप्रकुर्वते ॥ विशेषाःपंचभूतानांतेषांचित्तंविशेषणम् ३७ तत्रैकगुणमाकाशंद्विगुणोवायुरुच्य
ते ॥ त्रिगुणंज्योतिरित्याहुरापश्चापिचतुर्गुणाः ३८ पृथ्वीपंचगुणाज्ञेयाचरस्थावरसंकुला ॥ सर्वभूतकरीदेवीशुभाशुभनिदर्शिनी ३९ शब्दःस्पर्शस्तथारूपं
रसोगंधश्चपंचमः ॥ एतेपंचगुणाभूमेर्विज्ञेयाद्विजसत्तमाः ४० पार्थिवश्चसदागंधोगंधश्चबहुधास्मृतः ॥ तस्यगंधस्यवक्ष्यामिविस्तरेणबहून्गुणान् ४१ इष्टश्चा
निष्टगंधश्चमधुरोम्लःकटुस्तथा ॥ निर्हारीसंहतःस्निग्धोरूक्षोविशदएवच ४२ एवंदशविधोज्ञेयःपार्थिवोगंधइत्युत ॥ शब्दःस्पर्शस्तथारूपंद्रवश्चापांगुणाःस्मृताः
४३ रसज्ञानंतुवक्ष्यामिरसस्तुबहुधास्मृतः ॥ मधुरोऽम्लःकटुस्तिक्तःकषायोलवणस्तथा ४४ एवंषड्विधविस्तारोरसोवारिमयःस्मृतः ॥ शब्दःस्पर्शस्तथारूपं
त्रिगुणंज्योतिरुच्यते ४५ ज्योतिषश्चगुणोरूपंरूपंचबहुधास्मृतम् ॥ शुक्लंकृष्णंतथारक्तंनीलंपीतारुणंतथा ४६ ह्रस्वंदीर्घंकृशंस्थूलंचतुरस्रंतुवृत्तवत् ॥ एवंद्वा
दशविस्तारंतजसोरूपमुच्यते ४७ विज्ञेयंब्राह्मणैर्वृद्धैर्धर्मज्ञैःसत्यवादिभिः ॥ शब्दस्पर्शौचविज्ञेयौद्विगुणोवायुरुच्यते ४८ ॥ ॥

भावः ३५ पुनःपुनरितिदृष्टिसृष्टिरुक्ता ३६ बीजधर्मिणइतितामेवोपपादयति विशेषाःशब्दादयःप्रसवंप्रकुर्वतेभोगकालेकार्यरूपेणोपस्थिताअपिसंस्काररूपेणकालांतरेभोगंदातुंकारणात्मनाऽवति
ष्ठंते । अतएतेकारणरूपाश्चकार्यंसर्वदाकुर्वंति । पूर्वेषांमृद्घटन्यायेनकार्यकारणभावःविशेषाणांतुबीजांकुरन्यायेनेतिभेदः । तेषांविशेषाणामपिविशेषणंव्यावर्त्तकंचित्तमेव चित्तएवविशेषाःसर्वे
संतिनबहिरित्यर्थः ३७ तत्रैकगुणामित्यादिग्रंथोव्याख्यातोमोक्षधर्मेषुस्पष्टार्थश्च ३८ । ३९ । ४० । ४१ । ४२ । ४३ । ४४ । ४५ । ४६ ।४७। ४८ ॥

४९ । ५० । ५१ । ५२ । ५३ । ५४ । ५५ । ५६ ॥ ॥ इत्याश्वमेधिके पर्वणि नीलकंठीये भारतभावदीपे पंचाशत्तमोऽध्यायः ॥ ५० ॥
विशेषाः पंचभूतानामित्यत्रसूत्रितांसकलशास्त्ररहस्यभूतांदृष्टिसृष्टिंप्रपंचयति भूतानामित्यादिना । नियमेसंहारेविसर्गेउत्पत्तौचभूतानांमनएवेश्वरंसमर्थंयथातथावक्ष्यतइतिशेषः । भूतात्मास्थिति कालेऽपिमनएवभूतानामात्मास्वरूपंकनकमिवकुंडलादेः १ अधिष्ठातानिमित्तकारणमपिकुलालादिस्थानीयंमनएव । क्षेत्रज्ञोजीवोऽपिमनएव । एवंमनसऐश्वर्यंबुद्धिर्विवेकजाप्रज्ञैवा चष्टे स्वप्रतीतिग्राह्यंमनसऐश्वर्यमित्यर्थः २ मनसऐश्वर्ययोगैकगम्यमितितदधिगमार्थंयोगमाह इंद्रियाणीति । मनःकर्तृयुंक्तेप्रयुंक्ते । आत्मेंद्रियमनोयुक्तंभोक्तेतिश्रुतिंव्याचष्टे इंद्रि

वायोश्चापिगुणःस्पर्शःस्पर्शश्चबहुधास्मृतः ॥ रूक्षःशीतस्तथैवोष्णःस्निग्धोविशदएवच ४९ कठिणश्चिक्कणःश्लक्ष्णःपिच्छिलोदारुणोमृदुः ॥ एवंद्वादश विस्तारोवायव्योगुणउच्यते ५० विधिवद्ब्राह्मणैःसिद्धैर्धर्मज्ञैस्तत्त्वदर्शिभिः ५१ तत्रैकगुणमाकाशंशब्दइत्येवचस्मृतः ॥ तस्यशब्दस्यवक्ष्यामिविस्त रेणबहून्गुणान् ५२ षड्जर्षभःसगांधारोमध्यमःपंचमस्तथा ॥ अतःपरंतुविज्ञेयोनिषादोधैवतस्तथा ॥ इष्टश्चानिष्टशब्दश्चसंहतःप्रविभागवान् ५३ एवंदशविधोज्ञेयःशब्दआकाशसंभवः ॥ आकाशमुत्तमंभूतमहंकारस्ततःपरः ५४ अहंकारात्पराबुद्धिर्बुद्धेरात्माततःपरः ॥ तस्मात्तुपरमव्यक्तम व्यक्तात्पुरुषःपरः ५५ परापरज्ञोभूतानांविधिज्ञःसर्वकर्मणाम् ॥ सर्वभूतात्मभूतात्मागच्छत्यात्मानमव्ययम् ५६ ॥ इति श्रीमहाभारते आश्वमेधि केपर्वणि अनुगीतापर्वणि गुरुशिष्यसंवादेपंचाशत्तमोऽध्यायः ॥ ५० ॥ ॥ ॥ ब्रह्मोवाच ॥ भूतानामथपंचानांयथैषामीश्वरंमनः ॥ नियमेचविसर्गेचभूतात्मामनएवच १ अधिष्ठातामनोनित्यंभूतानांमहतांतथा ॥ बुद्धिरैश्वर्यमाचष्टेक्षेत्रज्ञश्चसउच्यते २ इन्द्रियाणिमनोयुंक्तेसदश्वानिवसा रथिः ॥ इन्द्रियाणिमनोबुद्धिःक्षेत्रज्ञेयुज्यतेसदा ३ महदश्वसमायुक्तंबुद्धिसंयमनंरथम् ॥ समारुह्यसभूतात्मासमंतात्परिधावति ४ इन्द्रियग्रामसंयुक्तो मनःसारथिरेवच ॥ बुद्धिसंयमनोनित्यंमहान्ब्रह्ममयोरथः ५ एवंयोवेत्तिविद्वान्वैसदाब्रह्ममयंरथम् ॥ सधीरःसर्वभूतेषुनमोहमधिगच्छति ६ अव्य क्तादिविशेषांतंसहस्थावरजंगमम् ॥ सूर्यचंद्रप्रभालोकंग्रहनक्षत्रमंडितम् ७ नदीपर्वतजालैश्चसर्वतःपरिभूषितम् ॥ विविधाभिस्तथाचाद्भिःसततंसमलं कृतम् ८ आजीवंसर्वभूतानांसर्वप्राणभृतांगतिः ॥ एतद्ब्रह्मवनंनित्यंतस्मिंश्चरतिक्षेत्रवित् ९ ॥ ॥ ॥

याणीति । आत्मपदस्यप्रतिपदंबुद्धिपदं भोक्तेत्यस्यप्रतिपदंक्षेत्रज्ञइति ३ महांतंइंद्रियाश्वास्तैःसमायुक्तं । बुद्ध्यासारथिभूतयासंयमनंनिग्रहोयस्यतं । रथंब्रह्ममयंकारणविकारभूतंशरीररथं । भूतात्मादेहाभिमानी सर्वतःसुखलिप्सुर्धावति ४ अयमेवरथंइंद्रियग्रामेणवशीकृतेनसंयुक्तःसम्यक्समाहितः । मनसाचसारथिनासंयुक्तः बुद्धिसंयमनः बुद्धिप्रतोदश्चेन्महान्भवति । बहिर्मु खानींद्रियबुद्धिमनांसिआत्मनोजीवत्वमापादयंतिअंतर्मुखानित्वस्यब्रह्ममयत्वंआविष्कुर्वंतीत्यर्थः ५ एवंनिग्राह्यत्वेनयोवेत्तिवेद धीरोध्यानशीलः ६ अव्यक्ताद्यात्मकेब्रह्मवनेऽस्मिन्नेवमनःसंचरती त्याह अव्यक्तेतित्रिभिः ७ । ८ । ९ ॥ ॥ ॥ ॥ ॥ ॥

अस्मिँल्लोकेआत्मलोके अग्रेनिमेषमात्रेणस्थावरादिकंबाह्यंसर्वंलीयते । नेत्रनिमीलनमात्रेणभूतानिप्रलीयंते दृष्टिसृष्ट्यधिकारादित्यर्थः । तदनंतरंभूतकृताःगुणाःशब्दादयोलीयंते । नेत्रवत् श्रोत्रादीनामपिगुरूक्तयुक्त्यानिमीलनेकृतेसतीत्यर्थः । गुणेभ्यःलीनेभ्योनंतरंपंचभूतानिसूक्ष्मदेहारंभकाणिप्रलीयंते । स्थूलानांप्रत्याहारेणैवसंहृतत्वात् । एषदेहद्वयरूपोभूतसमुच्छ्रयइतिपंच भूतानीत्यस्यव्याख्या भूतानांलयेतुनिर्विशेषचिन्मात्रेणैवरूपेणावतिष्ठतइत्यर्थः । सार्द्धश्लोकः १० देवादयःस्वाप्नदेवादिवत्स्वभावतएवउत्पन्नाःनयज्ञादिनानापिब्रह्मादिनेत्याह देवाइति ११ विश्वसृजोमरीच्यादयोऽपिभौतिकत्वाद्भूतलयेलीयंतेइत्याह एतइतिसार्द्धेन १२ विश्वसृग्भ्यःस्थूलभूतेभ्यःपरंमहाभूताःसूक्ष्मभूतानि तेभ्योऽपिपरांगतिंमुक्तोगच्छेत् । पाठांतरेभूतानांयोविश्वसृक्विराट्सःस्वोपादानभूतानिमहाभूतानिप्रतिगच्छतीतिसएवार्थः १३ मनसश्चेंद्रियाणांचऐकाग्र्यंपरमंतपइत्युक्तलक्षणतपोबलेनसर्वंमनसैवसृज्यतइत्याह प्रजापतिरित्यादिना १४ तपसःसंकल्पस्यआनुपूर्व्येणक्रमेण समाहिताः समाधियुक्ताः १५ । १६ दुरापंइंद्रपदादि दुराम्नायंवेदादि दुराधर्षंवह्न्यादि दुरन्वयंअसमाधेयंमहाप्रलयादि १७ । १८ । १९ । २० । २१ । २२ । सुखोपचयं लौकिकानांसुखानामुपचयोवृद्धिर्यस्मात्तंसुखोपचयं अखंडमानंदं 'एतस्यैवानंदस्यान्यानिभूतानिमात्रामुपजीवंति' इतिश्रुतिप्रसिद्धम् २३ उपागम्यपरावृत्य पूर्णध्यानयोगमप्राप्ययेम्रियंतेतेप्रकृतिलीनाभवंतीति २४ समसंज्ञांगतःस्वयमव्यक्तत्वंप्राप्यइत्यर्थः २५ यःकारणत्वंप्राप्तःसर्वंसृजतितमेवनिष्कलंक्षेत्रज्ञंईश्वरमितिविद्यात् २६ चित्तंसम्यग्ज्ञानं चितीसंज्ञानइत्यस्माद्भावेनिष्ठा चित्तान्मनसाहेतुनाउपागम्यप्राप्यसंयतःसततंआसीत ततश्चयच्चित्तस्तन्मयोभवति कीटकभृंगन्यायेनयद्रूपंभावयतितदेवायंभवतीत्यर्थः । मनइतिपाठेयच्चित्तंतदेवईश्वरस्तद्धान्यंदातुंसमर्थइत्यर्थः २७ ॥

लोकेऽस्मिन्यानिसत्वानित्रसानिस्थावराणिच ॥ तान्येवाग्रेप्रलीयंतेपश्चाद्भूतकृतागुणाः ॥ गुणेभ्यःपंचभूतानिएषभूतसमुच्छ्रयः १० देवामनुष्यागंधर्वाःपिशाचासुर
राक्षसाः ॥ सर्वेस्वभावतःसृष्टानक्रियाभ्योनकारणात् ११ एतेविश्वसृजोविप्राजायंतीहपुनःपुनः ॥ तेभ्यःप्रसूतास्तेष्वेवमहाभूतेषुपंचसु ॥ प्रलीयंतेयथाकलमूर्मयः
सागरेयथा १२ विश्वसृग्भ्यस्तुभूतेभ्योमहाभूतास्तुसर्वशः ॥ भूतेभ्यश्चापिपंचभ्योमुक्तोगच्छेत्परांगतिम् १३ प्रजापतिरिदंसर्वंमनसैवासृजत्प्रभुः ॥ तथैवदेवा
नृषयस्तपसाप्रतिपेदिरे १४ तपसश्चानुपूर्व्येणफलमूलाशिनस्तथा ॥ त्रैलोक्यंतपसासिद्धाःपश्यंतीहसमाहिताः १५ औषधान्यगदादीनिनानाविद्याश्चसर्वशः ॥
तपसैवप्रसिद्ध्यंतितपोमूलंहिसाधनम् १६ यद्दुरापंदुराम्नायंदुराधर्षंदुरन्वयम् ॥ तत्सर्वंतपसासाध्यंतपोहिदुरतिक्रमम् १७ सुरापोब्रह्महास्तेयीभ्रूणहागुरुतल्पगः ॥
तपसैवसुतप्तेनमुच्यतेकिल्बिषात्ततः १८ मनुष्याःपितरोदेवाःपशवोमृगपक्षिणः ॥ यानिचान्यानिभूतानित्रसानिस्थावराणिच १९ तपःपरायणानित्यंसिद्ध्यंते
तपसासदा ॥ तथैवतपसादेवामहामायादिवंगताः २० आशीर्युक्तानिकर्माणिकुर्वतेयेत्वतंद्रिताः ॥ अहंकारसमायुक्तास्तेसकाशेप्रजापतेः २१ ध्यानयोगेनशुद्धेन
निर्ममानिरहंकृताः ॥ आप्नुवंतिमहात्मानोमहांतंलोकमुत्तमम् २२ ध्यानयोगमुपागम्यप्रसन्नमतयःसदा ॥ सुखोपचयमव्यक्तंप्रविशंत्यात्मवित्तमाः २३ ध्यानयो
गादुपागम्यनिर्ममानिरहंकृताः ॥ अव्यक्तंप्रविशंतीहमहतांलोकमुत्तमम् २४ अव्यक्तादेवसंभूतःसमसंज्ञांगतःपुनः ॥ तमोरजोभ्यांनिर्मुक्तःसत्वमास्थायकेवलम् २५
निर्मुक्तःसर्वपापेभ्यःसर्वंसृजतिनिष्कलम् ॥ क्षेत्रज्ञइतितंविद्याद्यस्तंवेदसवेदवित् २६ चित्तंचित्तादुपागम्यमुनिरासीतसंयतः ॥ यच्चित्तस्तन्मयोवश्यंगुह्यमेतत्सनातनम् २७

तत्रहानार्थमाहाव्यक्तादीति । यत्किंचिन्मदीयत्वेनकल्पितंतत्सर्वमविद्याअतोनिष्कलमात्मानमेवध्यायेदित्यर्थः २८ । २९ । ३० षोडशात्मकःपंचमहाभूतानिएकादशविकाराश्चतदात्मकः तमेवषोडशात्मकंपुरुषंविद्याग्रसते तदेवचग्राह्यंउपादेयं अमृतंदेवतादिशेषंअश्नंतितेऽमृताशिनस्तेषां । आशिताशितमितिपाठेतृप्तानामपितृप्तिकरम् ३१ । ३२ शश्वदक्षरंसर्वदाअपचयहीनं वश्यात्माजितचित्तः असंश्लिष्टंअसंगम् ३३ अपूर्वमानांतरानवगतं अकृतंअकृत्रिमं अविचारणंकूटस्थम् । अपराजितमितिपाठांतरेस्पष्टोऽर्थः । अमृताशनं ईश्वरग्रासस्तुरीयइतिश्रुतेः ईश्वरस्यापिसंह

अव्यक्तादिविशेषांतमविद्यालक्षणंस्मृतम् ॥ निबोधततथाहीदंगुणैर्लक्षणमित्युत २८ द्व्यक्षरस्तुभवेन्मृत्युस्त्र्यक्षरंब्रह्मशाश्वतम् ॥ ममेतिचभवेन्मृत्युर्नममेतिच
शाश्वतम् २९ कर्मकेचित्प्रशंसंतिमंदबुद्धिरतानराः ॥ येतुवृद्धामहात्मानोनप्रशंसंतिकर्मते ३० कर्मणाजायतेजंतुर्मूर्तिमान्षोडशात्मकः ॥ पुरुषंग्रसतेविद्यात
द्ग्राह्यममृताशिनाम् ३१ तस्मात्कर्मसुनिःस्नेहायेकेचित्पारदर्शिनः ॥ विद्यामयोऽयंपुरुषोनतुकर्ममयःस्मृतः ३२ यएवममृतंनित्यमग्राह्यंशश्वदक्षरम् ॥ वश्या
त्मानमसंश्लिष्टंयोवेदनमृतोभवेत् ३३ अपूर्वमकृतंनित्यंयएनमविचारिणम् ॥ यएवंविंदेदात्मानमग्राह्यममृताशनम् ॥ अग्राह्योऽमृतोभवतिसएभिःकारणैर्ध्रुवः
३४ आयोज्यसर्वसंस्कारान्संयम्यात्मानमात्मनि ॥ सतद्ब्रह्मशुभंवेत्तियस्माद्भूयोनविद्यते ३५ प्रसादेचैवसत्वस्यप्रसादंसमवाप्नुयात् ॥ लक्षणंहिप्रसादस्ययथा
स्यात्स्वप्नदर्शनम् ३६ गतिरेषातुमुक्तानांयेज्ञानपरिनिष्ठिताः ॥ प्रवृत्तयश्चयाःसर्वाःपश्यंतिपरिणामजाः ३७ एषागतिर्विरक्तानामेषधर्मःसनातनः ॥ एषाज्ञा
नवतांप्राप्तिरेतद्वृत्तमनिंदितम् ३८ समेनसर्वभूतेषुनिस्पृहेणनिराशिषा ॥ शक्त्यागतिरियंगंतुंसर्वत्रसमदर्शिना ३९ एतद्वःसर्वमाख्यातंमयाविप्रर्षिसत्तमाः ॥ एवमा
चरतक्षिप्रंततःसिद्धिमवाप्स्यथ ४० ॥ गुरुरुवाच ॥ इत्युक्तास्तेतुमुनयोगुरुणाब्रह्मणातथा ॥ कृतवंतोमहात्मानस्ततोलोकमवाप्नुवन् ४१ त्वमप्येतन्महाभागम
योक्तंब्रह्मणोवचः ॥ सम्यगाचरशुद्धात्मंस्ततःसिद्धिमवाप्स्यसि ४२ ॥ वासुदेवउवाच ॥ इत्युक्तःसतदाशिष्योगुरुणाधर्ममुत्तमम् ॥ चकारसर्वंकौन्तेयततोमोक्षमवाप्त
वान् ४३ कृतकृत्यश्चसतदाशिष्यःकुरुकुलोद्वह ॥ तत्पदंसमनुप्राप्तोयत्रगत्वानशोचति ४४ ॥ अर्जुनउवाच ॥ कोन्वसौब्राह्मणःकृष्णकश्चशिष्योजनार्दन ॥ श्रोत
व्यंचेन्मयैतद्वैतत्त्वमाचक्ष्वमेविभो ४५ ॥ वासुदेवउवाच ॥ अहंगुरुर्महाबाहोमनःशिष्यंचविद्धिमे ॥ त्वत्प्रीत्यागुह्यमेतच्चकथितंतेधनंजय ४६ मयिचेदस्तितेप्री
तिर्नित्यंकुरुकुलोद्वह ॥ अध्यात्ममेतच्छ्रुत्वात्वंसम्यगाचरसुव्रत ४७ ततस्त्वंसम्यगाचीर्णेधर्मेऽस्मिन्नरिकर्षण ॥ सर्वपापविनिर्मुक्तोमोक्षंप्राप्स्यसिकेवलम् ४८

र्तारंएभिर्वक्ष्यमाणैःसार्द्धः ३४ चेतसःसंस्कारामैत्र्यादयस्तान्आयोज्यदृढान्कृत्वा आत्मानंचित्तमात्मनिहृदयपुंडरीकेसंयम्यनिरुध्य ३५ प्रसादेनैर्मल्येप्रसादंशान्तिं चित्तप्रसादस्यलक्षणंतु यथास्वप्नेदेहासंगेनावस्थानमस्तितथायदायोगयुक्त्याचित्तंबहिःसंज्ञाशून्यमंतःप्रचारिभवतितदेवप्रसादचिन्हम् ३६ एषाप्रसादरूपागतिर्मार्गः प्रवर्त्ततेताःप्रवृत्तयःत्रैकालिकाःपदार्थास्तान्परिणामजान् अतीताननागतांश्चात्रपश्यंतियोगिनः ३७ । ३८ । ३९ । ४० । ४१ । ४२ । ४३ । ४४ । ४५ अहमिति । अहंक्षेत्रज्ञोगुरुःमनोमदीयंमयाबोधनीयं एतेनआत्मनोगुरुरात्मैवेत्युक्तंभवति ४६ सम्यगाचर यमनियमादिनिष्ठोभव ४७ केवलमितिक्रममुक्तिव्यावृत्तिः ४८ ॥ ॥ ॥ ॥

प्रागुक्तंस्मारयतिअस्यचतस्यचएकवाक्यतांकारयितुं पूर्वमिति ४९ कथामनुसंधत्ते मयात्वित्यादिना ५० । ५१ । ५२ ॥ इत्याश्वमेधिकेपर्वणिनीलकंठीयेभारतभावदीपेएकपंचाशत्तमोऽध्यायः ॥ ५१ ॥

पूर्वमप्येतदेवोक्तंयुद्धकालउपस्थिते ॥ मयातवमहाबाहोतस्मादत्रमनःकुरु ४९ मयातुभरतश्रेष्ठचिरदृष्टःपिताप्रभुः ॥ तमहंद्रष्टुमिच्छामिसंमतेतवफाल्गुन ५०
॥ वैशंपायनउवाच ॥ इत्युक्तवचनंकृष्णंप्रत्युवाचधनंजयः ॥ गच्छावोनगरंकृष्णगजसाह्वयमद्यवै ५१ समेत्यतत्रराजानंधर्मात्मानंयुधिष्ठिरम् ॥ समनुज्ञाप्य
राजानंस्वांपुरींयातुमर्हसि ५२ ॥ इतिश्रीमहाभारते आश्वमेधिकेपर्वणि अनुगीतापर्वणि गुरुशिष्यसंवादे एकपंचाशत्तमोऽध्यायः ॥ ५१ ॥ ॥ गुरुशिष्य
संवादःसमाप्तः ॥ ॥ वैशंपायनउवाच ॥ ततोऽभ्यनोदयत्कृष्णोयुज्यतामितिदारुकम् ॥ मुहूर्तादिवचाचष्टयुक्तमित्येवदारुकः १ तथैवचानुयात्रादिचोद
यामासपांडवः ॥ सज्जयध्वंप्रयास्यामोनगरंगजसाह्वयम् २ इत्युक्ताःसैनिकास्तेतुसज्जीभूताविशांपते ॥ आचख्युःसज्जमित्येवंपार्थायामिततेजसे ३ ततस्तौरथमा
स्थायप्रयातौकृष्णपांडवौ ॥ विकुर्वाणौकथाश्चित्राःप्रीयमाणौविशांपते ४ रथस्थंतुमहातेजावासुदेवंधनंजयः ॥ पुनरेवाब्रवीद्वाक्यमिदंभरतसत्तम ५ त्वत्प्रसादाज्ज
यःप्राप्तोराज्ञावृष्णिकुलोद्वह ॥ निहताःशत्रवश्चापिप्राप्तंराज्यमकंटकम् ६ नाथवंतश्चभवतापांडवामधुसूदन ॥ भवंतंप्लवमासाद्यतीर्णाःस्मकुरुसागरम् ७ विश्व
कर्मन्नमस्तेऽस्तुविश्वात्मन्विश्वसत्तम ॥ तथात्वामभिजानामियथाचाहंभवान्मतः ८ त्वत्तेजःसंभवोनित्यंभूतात्मामधुसूदन ॥ रतिःक्रीडामयीतुभ्यंमायातेरोदसी
विभो ९ त्वयिसर्वमिदंविश्वंयदिदंस्थाणुजंगमम् ॥ त्वंहिसर्वंविकुरुषेभूतग्रामंचतुर्विधम् १० पृथिवींचांतरिक्षंचद्यांचैवमधुसूदन ॥ हसितंतेऽमलाज्योत्स्नाऋतव
श्चेंद्रियाणिते ११ प्राणोवायुःसततगःक्रोधोमृत्युःसनातनः ॥ प्रसादेचापिपद्माश्रीर्नित्यंत्वयिमहामते १२ रतिस्तुष्टिर्धृतिःक्षांतिर्मतिःकांतिश्चराचरम् ॥
त्वमेवेहयुगांतेषुनिधनंप्रोच्यसेऽनघ १३ सुदीर्घेणापिकालेननतेशक्यागुणामया ॥ आत्माचपरमात्माचनमस्तेनलिनेक्षण १४ विदितोमेसुदुर्धर्षनारदाद्देवला
त्तथा ॥ कृष्णद्वैपायनाच्चैवतथाकुरुपितामहात् १५ त्वयिसर्वंसमासक्तंत्वमेवैकोजनेश्वरः ॥ यच्चानुग्रहसंयुक्तमेतदुक्तंत्वयानघ १६ एतत्सर्वमहंसम्यगाचरिष्ये
जनार्दन ॥ इदंचाद्भुतमत्यंतंकृतमस्मत्प्रियेप्सया १७ यत्पापोनिहतःसंख्येकौरव्योधृतराष्ट्रजः ॥ त्वयादग्धंहितत्सैन्यंमयाविजितमाहवे १८ भवतातत्कृतंकर्म
येनावाप्तोजयोमया ॥ दुर्योधनस्यसंग्रामेतवबुद्धिपराक्रमैः १९ कर्णस्यचवधोपायोयथावत्संप्रदर्शितः ॥ सैंधवस्यचपापस्यभूरिश्रवसएवच २० अहंचप्रीयमा
णेनत्वयादेवकिनंदन ॥ यदुक्तस्तत्करिष्यामिनहिमेऽत्रविचारणा २१ राजानंचसमासाद्यधर्मात्मानंयुधिष्ठिरम् ॥ चोदयिष्यामिधर्मज्ञगमनार्थंतवाऽनघ २२

ततइति । रथइति रथमितिचार्थद्वयेऽपिशेषः १ । २ । ३ । ४ । ५ । ६ । ७ विश्वकर्मन्नित्यादिनास्वबोधमाविष्करोति ८ रतिःरमणंक्रीडामयीसर्गस्थित्यंतलीलारूपा तुभ्यंतव रोदसीद्यावापृथिवी

र्चितंहिममैतत्तेद्वारकागमनंप्रभो ॥ अचिरादेवद्रष्टात्वंमातुलंमेजनार्दन २३ बलदेवंचदुर्धर्षंतथाऽन्यान्वृष्णिपुंगवान् ॥ एवंसंभाषमाणौतौप्राप्तौवारणसाह्वयम्
२४ तथाविविशतुश्चोभौसंप्रहृष्टनराकुलम् ॥ तौगत्वाधृतराष्ट्रस्यगृहंशक्रगृहोपमम् २५ ददृशातेमहाराजधृतराष्ट्रंजनेश्वरम् ॥ विदुरंचमहाबुद्धिंराजानंचयुधि
ष्ठिरम् २६ भीमसेनंचतुर्धर्षंमाद्रीपुत्रौचपांडवौ ॥ धृतराष्ट्रमुपासीनंयुयुत्सुंचापराजितम् २७ गांधारींचमहाप्रज्ञांपृथांकृष्णांचभामिनीम् ॥ सुभद्राद्याश्चताः
सर्वाभरतानांस्त्रियस्तथा २८ ददृशातेस्त्रियःसर्वागांधारीपरिचारिकाः ॥ ततःसमेत्यराजानंधृतराष्ट्रमरिंदमौ २९ निवेद्यनामधेयेस्वेतस्यपादावगृह्णताम् ॥ गां
धार्याश्चपृथायाश्चधर्मराजस्यचैवहि ३० भीमस्यचमहात्मानौतथापादावगृह्णताम् ॥ क्षत्तारंचापिसंगृह्यपृष्ट्वाकुशलमव्ययम् ३१ तैःसार्धंनृपतिंवृद्धंततस्तौपर्युपा
सताम् ॥ ततोनिशिमहाराजोधृतराष्ट्रःकुरूद्वहान् ३२ जनार्दनंचमेधावीव्यसर्जयतवैगृहान् ॥ तेऽनुज्ञातानृपतिनाययुःस्वंस्वंनिवेशनम् ३३ धनंजयगृहानेवययौ
कृष्णस्तुवीर्यवान् ॥ तत्रार्चितोयथान्यायंसर्वकामैरुपस्थितः ३४ कृष्णःसुष्वापमेधावीधनंजयसहायवान् ॥ प्रभातायांतुशर्वर्यांकृत्वापौर्वाह्णिकींक्रियाम् ३५
धर्मराजस्यभवनंजग्मतुःपरमार्चितौ ॥ यत्रास्तेससहामात्योधर्मराजोमहाबलः ३६ तौप्रविश्यमहात्मानौतद्गृहंपरमार्चितम् ॥ धर्मराजंददृशतुर्देवराजमिवा
श्विनौ ३७ समासाद्यतुराजानंवार्ष्णेयकुरुपुंगवौ ॥ निषीदतुरनुज्ञातौप्रीयमाणेनतेनतौ ३८ ततःसराजामेधावीविवक्षूप्रेक्ष्यतावुभौ ॥ प्रोवाचवदतांश्रेष्ठोवचनं
राजसत्तमः ३९ ॥ युधिष्ठिरउवाच ॥ ॥ विवक्षूहियुवांमन्येवीरौयदुकुरूद्वहौ ॥ ब्रूतकर्त्ताऽस्मिसर्वंवांनचिरान्माविचार्यताम् ४० इत्युक्तःफाल्गुनस्तत्रधर्मरा
जानमब्रवीत् ॥ विनीतवदुपागम्यवाक्यंवाक्यविशारदः ४१ अयंचिरोषितोराजन्वासुदेवःप्रतापवान् ॥ भवंतंसमनुज्ञाप्यपितरंद्रष्टुमिच्छति ४२ सगच्छेदभ्य
नुज्ञातोभवतायदिमन्यसे ॥ आनर्त्तनगरींवीरस्तदनुज्ञातुमर्हसि ४३ ॥ युधिष्ठिरउवाच ॥ पुंडरीकाक्षभद्रंतेगच्छत्वंमधुसूदन ॥ पुरींद्वारवतीमद्यद्रष्टुंशूरसुतं
प्रभो ४४ रोचतेमेमहाबाहोगमनंतवकेशव ॥ मातुलश्चिरदृष्टोमेत्वयादेवीचदेवकी ४५ समेत्यमातुलंगत्वाबलदेवंचमानद ॥ पूजयेथामहाप्राज्ञमद्वाक्येनयथा
र्हतः ४६ स्मरेथाश्चापिमांनित्यंभीमंचबलिनांवरम् ॥ फाल्गुनंसहदेवंचनकुलंचैवमानद ४७ आनर्त्तानवलोक्यत्वंपितरंचमहाभुज ॥ वृष्णींश्चपुनरागच्छेर्हय
मेधेममानघ ४८ सगच्छरत्नान्यादायविविधानिवसूनिच ॥ यच्चाप्यन्यन्मनोज्ञंतेतदप्यादत्स्वसात्वत ४९ इयंचवसुधाकृत्स्नाप्रसादात्तवकेशव ॥ अस्मानुपगता
१४ वीरनिहताश्चापिशत्रवः ५० एवंब्रुवतिकौरव्येधर्मराजेयुधिष्ठिरे ॥ वासुदेवोवरःपुंसामिदंवचनमब्रवीत् ५१ तवैवरत्नानिधनंचकेवलंधरातुकृत्स्नातुमहाभुजाद्यवै ॥
यदस्तिचान्यद्द्रविणंगृहेममत्वमेवतस्येश्वरनित्यमीश्वरः ५२ ॥ ॥ ॥ ॥

५३ । ५४ । ५५ । ५६ । ५७ । ५८ ॥ इत्याश्वमेधिकेपर्वणि नीलकंठीये भारतभावदीपे द्विपंचाशत्तमोऽध्यायः ॥ ५२ ॥ तथाप्रयांतंवार्ष्णेयमित्यादिग्रंथःपूर्वोक्तात्मूपनिषत्सुविद्याफलंविश्वरूपदर्शनंविद्यासाधनंगुरोराराधनंचेतिद्वयमिहोक्तंविवरीतुंउत्तंकोपाख्यानव्याजेनप्रवर्त्तते ततउपरिष्टादश्वमेधव्याजेनकर्मणामप्यारादुपकारकत्वंविद्यायामुच्यतइतिसंगतिः १ । २।३ । ४ । ५ । ६ । ७

॥ ४० ॥ तथेत्यथोक्तःप्रतिपूजितस्तदागदाग्रजोधर्मसुतेनवीर्यवान् ॥ पितृष्वसारंत्ववदद्यथाविधिसंपूजितश्चाप्यगमत्प्रदक्षिणम् ५३ तयाससम्यक्प्रतिनंदितस्ततस्तथैवस

वैर्विदुरादिभिस्तथा ॥ विनिर्ययौनागपुराद्गदाग्रजोरथेनदिव्येनचतुर्भुजःस्वयम् ५४ रथेसुभद्रामधिरोप्यभाविनींयुधिष्ठिरस्यानुमतेजनार्दनः ॥ पितृष्वसुश्चा ॥ ५३ ॥

पितथामहाभुजोविनिर्ययौपौरजनाभिसंवृतः ५५ तमन्वयाद्वानरवर्यकेतनःससात्यकिर्माद्रवतीसुतावपि ॥ अगाधबुद्धिर्विदुरश्चमाधवंस्वयंचभीमोगजराजवि

क्रमः ५६ निवर्त्तयित्वाकुरुराष्ट्रवर्धनांस्ततःससर्वान्विदुरंचवीर्यवान् ॥ जनार्दनोदारुकमाहसत्वरःप्रचोदयाश्वानितिसात्यकिंतथा ५७ ततोययौशत्रुगणप्रमर्दनः

शिनिप्रवीरानुगतोजनार्दनः ॥ यथानिहत्यारिगणंशतक्रतुर्दिवंतथाऽऽनर्त्तपुरींप्रतापवान् ५८ ॥ इतिश्रीमहाभारतेआश्वमेधिके पर्वणिअनुगीतापर्वणि कृष्ण

प्रयाणेद्विपंचाशत्तमोऽध्यायः ॥ ५२ ॥ वैशंपायनउवाच ॥ तथाप्रयांतंवार्ष्णेयंद्वारकांभरतर्षभाः ॥ परिष्वज्यन्यवर्त्तंतसानुयात्राःपरंतपाः १ पुनःपुनश्च

वार्ष्णेयंपर्यष्वजतफाल्गुनः ॥ आचक्षुर्विषयाच्चैनंसददर्शपुनःपुनः २ कृच्छ्रेणैवतुतांपार्थोगोविंदेविनिवेशिताम् ॥ संजहारततोदृष्टिंकृष्णश्चाप्यपराजितः ३ तस्य

प्रयाणेयान्यासन्निमित्तानिमहात्मनः ॥ बहून्यद्भुतरूपाणितानिमेगदतःशृणु ४ वायुर्वेगेनमहतारथस्यपुरतोववौ ॥ कुर्वन्निःशर्करंमार्गंविरजस्कमकंटकम् ५

ववर्षवासवश्चैवतोयंशुचिसुगंधिच ॥ दिव्यानिचैवपुष्पाणिपुरतःशार्ङ्गधन्वनः ६ सप्रयातोमहाबाहुःसमेषुमरुधन्वसु ॥ ददर्शाथमुनिश्रेष्ठमुत्तंकममितौजसम् ७

सतंसंपूज्यतेजस्वीमुनिंपृथुललोचनः ॥ पूजितस्तेनचतदापर्यपृच्छदनामयम् ८ सपृष्टःकुशलंतेनसंपूज्यमधुसूदनम् ॥ उत्तंकोब्राह्मणश्रेष्ठस्ततःपप्रच्छमाधवम् ९

कच्चिच्छौरेत्वयागत्वाकुरुपांडवसद्मतत् ॥ कृतंसौभ्रात्रमचलंतन्मेव्याख्यातुमर्हसि १० अपिसंधायतान्वीरानुपावृत्तोऽसिकेशव ॥ संबंधिनःस्वदयितान्सततं

वृष्णिपुंगव ११ कच्चित्पांडुसुताःपंचधृतराष्ट्रस्यचात्मजाः ॥ लोकेषुविहरिष्यंतित्वयासहपरंतप १२ स्वराष्ट्रेतेचराजानःकच्चित्प्राप्स्यंतिवैसुखम् ॥ कौरवेषु

प्रशांतेषुत्वयानाथेनकेशव १३ यामेसंभावनातातत्वयिनित्यमवर्त्तत ॥ अपिसासफलातातकृतातेभरतान्प्रति १४ ॥ श्रीभगवानुवाच ॥ कृतोयत्नोमयापूर्वं

सौशाम्येकौरवान्प्रति ॥ नाशक्यंतयदासाम्येतेस्थापयितुमंजसा १५ ततस्तेनिधनंप्राप्ताःसर्वेससुतबांधवाः ॥ नदिष्टमप्यतिक्रांतुंशक्यंबुद्ध्याबलेनवा १६ महर्षेवि

दितंभूयःसर्वमेतत्तवानघ ॥ तेऽत्यक्रामन्मतिंमह्यंभीष्मस्यविदुरस्यच १७ ततोयमक्षयंजग्मुःसमासाद्येतरेतरम् ॥ पंचैवपांडवाःशिष्टाहतामित्राहतात्मजाः १८

॥ ४० ॥

८ । ९ । १० । ११ । १२ । १३ । १४ सौशाम्येकौरवस्ये १५ । १६ । १७ । १८ ॥ ॥

१९ । २० । २१ । [illegible] २२ [illegible] २३ [illegible] इत्याश्वमेधिकपर्वणि नैलकंठीये भारतभावदीपे त्रिपंचाशो

धार्त्तराष्ट्राश्चनिहताःसर्वेससुतबांधवाः ॥ इत्युक्तवचनेकृष्णेभृशंक्रोधसमन्वितः ॥ उत्तंकइत्युवाचैनंरोषादुत्फुल्ललोचनः १९ ॥ उत्तंकउवाच ॥ यस्माच्छक्तेन
तेकृष्णनत्राताःकुरुपुंगवाः ॥ संबंधिनःप्रियास्तस्माच्छप्स्येहंत्वामसंशयम् २० नचतेप्रसभंयस्मात्तेनिगृह्यनिवारिताः ॥ तस्मान्मन्युपरीतस्त्वांशप्स्यामिमधु
सूदन २१ त्वयाशक्तेनहिसतामिथ्याचारेणमाधव ॥ तेपरीताःकुरुश्रेष्ठानश्यंतःसमुपेक्षिताः २२ ॥ वासुदेवउवाच ॥ शृणुमेविस्तरेणेदंयद्वक्ष्येभृगुनंद
न ॥ गृहाणानुनयंचापितपस्वीह्यसिभार्गव २३ श्रुत्वाचमेतदध्यात्मंमुंचेथाःशापमद्यवै ॥ नचमांतपसाल्पेनशक्तोऽभिभवितुंपुमान् २४ नचतेतपसोनाश
मिच्छामितपतांवर ॥ तपस्तेसुमहद्दीप्तंगुरवश्चापितोषिताः २५ कौमारंब्रह्मचर्यंतेजानामिद्विजसत्तम ॥ दुःखार्जितस्यतपसस्तस्मान्नेच्छामितेऽव्ययम् २६
॥ इतिश्रीमहाभारतेआश्वमेधिकेपर्वणिअनुगीतापर्वणि उत्तंकोपाख्यानेकृष्णोत्तंकसमागमेत्रिपंचाशत्तमोऽध्यायः ॥ ५३ ॥ उत्तंकउवाच ॥ ब्रूहिकेशवतत्त्वे
नत्वमध्यात्ममनिंदितम् ॥ श्रुत्वाश्रेयोऽभिधास्यामिशापंवातेजनार्दन १ ॥ वासुदेवउवाच ॥ तमोरजश्चसत्त्वंचविद्धिभावान्मदाश्रयान् ॥ तथारुद्रान्वसूंश्चा
पिविद्धिमत्प्रभवान्द्विज २ मयिसर्वाणिभूतानिसर्वभूतेषुचाप्यहम् ॥ स्थितइत्यभिजानीहिमातेऽभूदत्रसंशयः ३ तथादैत्यगणान्सर्वान्यक्षगंधर्वराक्षसान् ॥
नागानप्सरसश्चैवविद्धिमत्प्रभवान्द्विज ४ सदसच्चैवयत्प्राहुरव्यक्तंव्यक्तमेवच ॥ अक्षरंचक्षरंचैवसर्वमेतन्मदात्मकम् ५ येचाश्रमेषुवैधर्माश्चतुर्धाविदितामुने ॥
वैदिकानिचसर्वाणिविद्धिसर्वंमदात्मकम् ६ असच्चसदसच्चैवयद्विश्वंसदसत्परम् ॥ मत्तःपरतरंनास्तिदेवदेवात्सनातनात् ७ ओंकारप्रमुखान्वेदान्विद्धिमांत्वं
भृगूद्वह ॥ यूपंसोमंचरुंहोमंत्रिदशाप्यायनंमखे ८ होतारमपिहव्यंचविद्धिमांभृगुनंदन ॥ अध्वर्युःकल्पकश्चापिहविःपरमसंस्कृतम् ९ उद्गाताचापिमांस्तौ
तिगीतघोषैर्महाध्वरे ॥ प्रायश्चित्तेषुमांब्रह्मन्शांतिमंगलवाचकाः १० स्तुवंतिविश्वकर्माणंसततंद्विजसत्तम ॥ ममविद्धिसुतंधर्ममग्रजंद्विजसत्तम ११ मानसंद
यितंविप्रसर्वभूतदयात्मकम् ॥ तत्राहंवर्त्तमानैश्चनिवृत्तैश्चैवमानवैः १२ बह्वीःसंसरमाणोवैयोनीर्वर्त्तामिसत्तम ॥ धर्मसंरक्षणार्थायधर्मसंस्थापनायच १३
तैस्तैर्वेषैश्चरूपैश्चत्रिषुलोकेषुभार्गव ॥ अहंविष्णुरहंब्रह्माशक्रोऽथप्रभवाप्ययः १४ भूतग्रामस्यसर्वस्यस्रष्टासंहारएवच ॥ अधर्मेवर्त्तमानानांसर्वेषामहमच्युतः
१५ धर्मस्यसेतुंबध्नामिचलितेचलितेयुगे ॥ तास्तायोनीःप्रविश्याहंप्रजानांहितकाम्यया १६ यदात्वहंदेवयोनौवर्त्तामिभृगुनंदन ॥ तदाऽहंदेववत्सर्वमाचरा
मिनसंशयः १७ यदागंधर्वयोनौवावर्त्तामिभृगुनंदन ॥ तदागंधर्ववत्सर्वमाचरामिनसंशयः १८ ॥ ॥ ॥

मोऽध्यायः॥ ५३ ॥ ब्रूहीति १ । २ । ३ । ४ । ५।६ असच्छशशृंगादि सदसत्घटादि सदसत्परमव्यक्तं एतत्त्रयमपितत्त्वतःमत्तःपरंनास्तीत्यर्थः ७।८।९। १०।११।१२।१३ ।१४।१५।१६।१७। १८

म.भा.टी०

१९ । २० । २१ अधर्मेणेतिच्छेदः २२ । २३ ॥ इत्या० नी० भा० चतुष्पंचाशत्तमोऽध्यायः ॥ ५४ ॥ यद्भगवतास्वस्यविश्वरूपत्वमुक्तंतदेवद्रष्टुमिच्छन्नुत्तंकउवाच अभिजानामीत्यादिना १ । २ । ३ । ४ । ५ । ६ । ७
नागयोनौयदाचैवतदावर्त्तामिनागवत् ॥ यक्षराक्षसयोन्योस्तुयथावद्विचराम्यहम् १९ मानुष्येवर्त्तमानेतुकृपणंयाचितामया ॥ नचतेजातसंमोहावचोऽगृह्णंत
॥ ४१ ॥ मोहिताः २० भयंचमहदुद्दिश्यत्रासिताःकुरवोमया ॥ क्रुद्धेनभूत्वातुपुनर्यथावदनुदर्शिताः २१ तेऽधर्मेणेहसंयुक्ताःपरीताःकालधर्मणा ॥ धर्मेणनिहतायुद्धेग
ताःस्वर्गंनसंशयः २२ लोकेषुपांडवाश्चैवगताःख्यातिंद्विजोत्तम ॥ एतत्तेसर्वमाख्यातंयन्मांत्वंपरिपृच्छसि २३ ॥ इतिश्रीम० आश्व० अनु० उत्तंकोपाख्याने ॥५५॥
कृष्णवाक्येचतुष्पंचाशत्तमोऽध्यायः ॥ ५४ ॥ उत्तंकउवाच ॥ अभिजानामिजगतःकर्त्तारंत्वांजनार्दन ॥ नूनंभवत्प्रसादोऽयमितिमेनास्तिसंशयः १ चित्तंच
सुप्रसन्नंमेत्वद्भावगतमच्युत ॥ विनिवृत्तंचमेशापादितिविद्धिपरंतप २ यदित्वनुग्रहंकंचित्त्वत्तोऽर्हामिजनार्दन ॥ द्रष्टुमिच्छामितेरूपमैश्वरंतन्निदर्शय ३ ॥ वैशं
पायनउवाच ॥ ततःसतस्मैप्रीतात्मादर्शयामासतद्वपुः ॥ शाश्वतंवैष्णवंधीमान्ददृशेयद्धनंजयः ४ सददर्शमहात्मानंविश्वरूपंमहाभुजम् ॥ सहस्रसूर्यप्रतिमं
दीप्तिमत्पावकोपमम् ५ सर्वमाकाशमावृत्यतिष्ठंतंसर्वतोमुखम् ॥ तद्दृष्ट्वापरमंरूपंविष्णोर्वैष्णवमद्भुतम् ॥ विस्मयंचययौविप्रस्तंदृष्ट्वापरमेश्वरम् ६ ॥ उत्तंक
उवाच ॥ विश्वकर्मन्नमस्तेस्तुविश्वात्मन्विश्वसंभव ॥ पद्भ्यांतेपृथिवीव्याप्ताशिरसाचावृतंनभः ७ द्यावापृथिव्योर्यन्मध्यंजठरेणतवावृतम् ॥ भुजाभ्यामावृ
ताश्चाशास्त्वमिदंसर्वमच्युत ८ संहरस्वपुनर्देवरूपमक्षय्यमुत्तमम् ॥ पुनस्त्वांस्वेनरूपेणद्रष्टुमिच्छामिशाश्वतम् ९ ॥ वैशंपायनउवाच ॥ तमुवाचप्रसन्ना
त्मागोविंदोजनमेजय ॥ वरंवृणीष्वेतितदातमुत्तंकोऽब्रवीदिदम् १० पर्याप्तएषएवाद्यवरस्त्वत्तोमहाद्युते ॥ यत्तेरूपमिदंकृष्णपश्यामिपुरुषोत्तम ११ तमब्रवी
त्पुनःकृष्णोमात्वमत्रविचारय ॥ अवश्यमेतत्कर्त्तव्यममोघंदर्शनंमम १२ ॥ उत्तंकउवाच ॥ अवश्यंकरणीयंचयद्येतन्मन्यसेविभो ॥ तोयमिच्छामियत्रेष्टंमरुष्वे
तद्धिदुर्लभम् १३ ततःसंहृत्यतत्तेजःप्रोवाचोत्तंकमीश्वरः ॥ एष्टव्येसतिचिंत्योऽहमित्युक्काद्वारकांययौ १४ ततःकदाचिद्भगवानुत्तंकस्तोयकांक्षया ॥ तृषितः
परिचक्राममरौसस्मारचाच्युतम् १५ ततोदिग्वाससंधीमान्मातंगंमलपंकिनम् ॥ अपश्यतमरौतस्मिन्श्वयूथपरिवारितम् १६ भीषणंबद्धनिस्त्रिंशंबाणका
र्मुकधारिणम् ॥ तस्याऽधःस्रोतसोऽपश्यद्वारिभूरिद्विजोत्तमः १७ स्मरन्नेवचतंप्राहमातंगःप्रहसन्निव ॥ एह्युत्तंकप्रतीच्छस्वमत्तोवारिभृगूद्वह १८ कृपाहिमे
सुमहतीत्वांदृष्ट्वातृट्समाश्रितम् ॥ इत्युक्तस्तेनसमुनिस्तत्तोयंनाभ्यनंदत १९ चिक्षेपचसतंधीमान्वाग्भिरुग्राभिरच्युतम् ॥ पुनःपुनश्चमातंगःपिबस्वेतितम
ब्रवीत् २० नचापिबत्ससक्रोधःक्षुभितेनांतरात्मना ॥ सतथानिश्चयात्तेनप्रत्याख्यातोमहात्मना २१ ॥ ॥ ॥ ॥ ॥ ४१ ॥
८ । ९ । १० । ११ । १२ । १३ एष्टव्येजलेऽपेक्षितेसति १४ । १५ मातंगंचांडालविशेषं १६ अधःपाददेशेस्रोतसोइंद्रियाद्वारीतिसंबंधः तस्यसमीपेअधःस्रोतसोभोगवत्याइतिवा १७ । १८ । १९ चिक्षेपानिंदितवान्
अस्मत्संरक्षणं २० । २१ ॥ ॥

॥ प्रलब्धं वंचितं ॥ २३ । २४ । २५ । २६ । २७ । २८ । २९ । ३० । ३१ । ३२ । ३३ । ३४ । ३५ । ३६ । ३७ ॥ इत्याश्वमेधिकेपर्वणिनीलकंठीयेभारतभावदीपेपंचपंचाशत्तमोऽध्यायः

श्वभिःसहमहाराजतत्रैवांतरधीयत ॥ उत्तंकस्तंतथादृष्ट्वाततोव्रीडितमानसः २२ मेनेप्रलब्धमात्मानंकृष्णेनामित्रघातिना ॥ अथतेनैवमार्गेणशंखचक्रगदाधरः २३ आजगाममहाबुद्धिरुत्तंकश्चैनमब्रवीत् ॥ नयुक्तंतादृशंपातुंत्वयापुरुषसत्तम २४ सलिलंविप्रमुख्येभ्योमातंगस्रोतसाविभो ॥ इत्युक्तवचनंतंतुमहाबुद्धिर्जनार्दनः २५ उत्तंकंश्लक्ष्णयावाचासांत्वयन्निदमब्रवीत् ॥ यादृशेनेहरूपेणयोग्यंदातुंधृतेनवै २६ तादृशंखलुतेदत्तंयच्चत्वंनाववुध्यथाः ॥ मयात्वदर्थमुक्तोवैवज्रपाणिःपुरंदरः २७ उत्तंकायामृतंदेहितोयरूपमितिप्रभुः ॥ समामुवाचदेवेन्द्रोनमर्त्योऽमर्त्यतांव्रजेत् २८ अन्यमस्मैवरंदेहीत्यसकृद्भृगुनंदन ॥ अमृतंदेयमित्येवमयोक्तःसशचीपतिः २९ समांप्रसाद्यदेवेन्द्रःपुनरेवेदमब्रवीत् ॥ यदिदेयमवश्यंवैमातंगोऽहंमहामते ३० भूत्वाऽमृतंप्रदास्यामिभार्गवायमहात्मने ॥ यद्येवंप्रतिगृह्णातिभार्गवोऽमृतमद्यवै ३१ प्रदातुमेषगच्छामिभार्गवस्यामृतंविभो ॥ प्रत्याख्यातस्त्वहंतेनदास्यामिनकथंचन ३२ सतथासमयंकृत्वातेनरूपेणवासवः ॥ उपस्थितस्त्वयाचापिप्रत्याख्यातोऽमृतंददत् ३३ चांडालरूपीभगवान्सुमहांस्तेव्यतिक्रमः ॥ यत्तुशक्यंमयाकर्तुंभूयएवतवेप्सितम् ३४ तोयेप्सांतवदुर्धर्षांकरिष्येसफलामहम् ॥ येष्वहःसुचतेब्रह्मन्सलिलेप्साभविष्यति ३५ तदामरौभविष्यंतिजलपूर्णाःपयोधराः ॥ रसवच्चप्रदास्यंतितोयंतेभृगुनंदन ३६ उत्तंकमेघाइत्युक्ताःख्यातिंयास्यंतिचापिते ॥ इत्युक्तःप्रीतिमान्विप्रःकृष्णेनसबभूवह ॥ अद्याप्युत्तंकमेघाश्चमरौवर्षंतिभारत ३७ ॥ इतिश्रीमहाभारते आश्वमेधिकेपर्वणि अनुगीतापर्वणि उत्तंकोपाख्याने पंचपंचाशत्तमोऽध्यायः ॥ ५५ ॥ जनमेजयउवाच ॥ उत्तंकःकेनतपसासंयुक्तोवैमहामनाः ॥ यःशापंदातुकामोऽभूद्विष्णवेप्रभविष्णवे १ ॥ वैशंपायनउवाच ॥ उत्तंकोमहतायुक्तस्तपसाजनमेजय ॥ गुरुभक्तःसतेजस्वीनान्यत्किंचिदपूजयत् २ सर्वेषामृषिपुत्राणामेषआसीन्मनोरथः ॥ औत्तंकींगुरुवृत्तिंवैप्राप्नुयामेतिभारत ॥ गौतमस्यतुशिष्याणांबहूनांजनमेजय ३ उत्तंकेऽभ्यधिकाप्रीतिःस्नेहश्चैवाभवत्तदा ॥ सतस्यदमशौचाभ्यांविक्रांतेनचकर्मणा ४ सम्यक्चैवोपचारेणगौतमःप्रीतिमानभूत् ॥ अथशिष्यसहस्राणिसमनुज्ञातवानृषिः ५ उत्तंकंपरयाप्रीत्यानाभ्यनुज्ञातुमैच्छत ॥ तंक्रमेणजरातातप्रतिपेदेमहामुनिम् ६ नचान्वबुद्ध्यततदासमुनिर्गुरुवत्सलः ॥ ततःकदाचिद्राजेन्द्रकाष्ठान्यानयितुंययौ ७ उत्तंकःकाष्ठभारंचमहांतंसमुपानयत् ॥ सतद्भाराभिभूतात्माकाष्ठभारमरिंदम ८ निचिक्षेपक्षितौराजन्परिश्रांतोबुभुक्षितः ॥ तस्यकाष्ठेविलग्नाभूज्जटारूप्यसमप्रभा ९ ततःकाष्ठैःसहतदापपातधरणीतले ॥ ततःसभारनिष्पिष्टःक्षुधाविष्टश्चभारत १० दृष्ट्वातांवयसोऽवस्थांरुरोदार्त्तस्वरस्तदा ॥ ततोगुरुसुतातस्यपद्मपत्रनिभानना ११

॥ ५६ ॥ ॥ उत्तंकइति ॥ १ । २ । ३ । ४ । ५ । ६ । ७ । ८ निचिक्षेपेत्यत्रनिष्पिपेषेतिपाठेऽपिसएवार्थः ९ निष्पिष्टःचूर्णीभूतइव १० । ११ ॥ ॥

१२ । १३ । १४ । १५ अभ्यनुजानिथाःअभ्यनुजानीथाःअभ्यनुज्ञातवानसि अडभावोहस्वस्त्वंचार्षम १६ । १७ । १८ । १९ । २० । २१ । २२ । २३ । २४ । २५ । २६ । २७ । २८

जग्राहाश्रूणिसुश्रोणीकरेणपृथुलोचना ॥ पितुर्नियोगाद्धर्मज्ञाशिरसाऽवनतातदा १२ तस्यानिपेततुर्दग्धौकरौतैरश्रुबिंदुभिः ॥ नहितानश्रुपातांस्तुशक्ताधार
यितुंमही १३ गौतमस्त्वब्रवीद्विप्रमुत्तंकंप्रीतमानसः ॥ कस्मात्तातत्वाद्येहशोकोत्तरमिदंमनः १४ सस्वैरंब्रूहिविप्रर्षेश्रोतुमिच्छामितस्त्वतः ॥ उत्तंकउवाच
भवद्गतेनमनसाभवत्प्रियचिकीर्षया ॥ भवद्भक्तिगतेनेहभवद्भावानुगेनच १५ जरेयंनावबुद्धामेनाभिज्ञातंसुखंचमे ॥ शतवर्षोषितंमांहिनत्वमभ्यनुजानिथाः १६
भवतात्वभ्यनुज्ञाताःशिष्याःप्रत्यवराममम ॥ उपपन्नाद्विजश्रेष्ठशतशोऽथसहस्रशः १७ ॥ गौतमउवाच ॥ त्वत्प्रीतियुक्तेनमयागुरुशुश्रूषयातव ॥ व्यतिक्रामन्महा
कालेनावबुद्धोद्विजर्षभ १८ किंत्वद्ययदितेश्रद्धागमनंप्रतिभार्गव ॥ अनुज्ञांप्रतिगृह्यत्वंस्वगृहान्गच्छमाचिरम् १९ ॥ उत्तंकउवाच ॥ गुर्वर्थंकंप्रयच्छामिब्रूहित्वंद्वि
जसत्तम ॥ तमुपाहृत्यगच्छेयमनुज्ञातस्त्वयाविभो २० ॥ गौतमउवाच ॥ दक्षिणापरितोषोवैगुरूणांसद्भिरुच्यते ॥ तवह्याचरतोब्रह्मंस्तुष्टोऽहंवैनसंशयः २१
इत्थंचपरितुष्टंमांविजानीहिभृगूद्वह ॥ युवाषोडशवर्षोहियदद्यभविताभवान् २२ ददानिपत्नींकन्यांचस्वांतेदुहितरंद्विज ॥ एतामृतेऽङ्गनानान्यात्वत्तेजोऽर्हतिसे
वितुम् २३ ततस्तांप्रतिजग्राहयुवाभूत्वायशस्विनीम् ॥ गुरुणाचाभ्यनुज्ञातोगुरुपत्नीमथाऽब्रवीत् २४ कंभवत्यैप्रयच्छामिगुर्वर्थेविनियुंक्ष्वमाम् ॥ प्रियंहितंच
कांक्षामिप्राणैरपिधनैरपि २५ यद्दुर्लभंहिलोकेऽस्मिन्रत्नमत्यद्भुतंमहत् ॥ तदानयेयंतपसानहिमेऽत्रास्तिसंशयः २६ ॥ अहल्योवाच ॥ परितुष्टाऽस्मितेविप्र
नित्यंभक्त्यातवानघ ॥ पर्याप्तमेतद्भद्रंतेगच्छतातयथेप्सितम् २७ ॥ वैशंपायनउवाच ॥ उत्तंकस्तुमहाराजपुनरेवाब्रवीद्वचः ॥ आज्ञापयस्वमांमातःकर्त्तव्यंचतव
प्रियम् २८ ॥ अहल्योवाच ॥ सौदासपत्न्याविधृतेदिव्येयेमणिकुंडले ॥ तेसमानयभद्रंतेगुर्वर्थःसुकृतोभवेत् २९ सतथेतिप्रतिश्रुत्यजगामजनमेजय ॥ गु
रुपत्नीप्रियार्थंवैतेसमानयितुंतदा ३० सजगामततःशीघ्रमुत्तंकोब्राह्मणर्षभः ॥ सौदासंपुरुषादंवैभिक्षितुंमणिकुंडले ३१ गौतमस्त्वब्रवीत्पत्नीमुत्तंकोनाद्यदृश्यते ॥
इतिपृष्टातमाचष्टकुंडलार्थेगतंचसा ३२ ततःप्रोवाचपत्नींसनतेसम्यगिदंकृतम् ॥ शप्तःसपार्थिवोनूनंब्राह्मणंतंवधिष्यति ३३ ॥ अहल्योवाच ॥ अजानंत्यानियुक्तः
सभगवन्ब्राह्मणोमया ॥ भवत्प्रसादान्नभयंकिंचित्तस्यभविष्यति ३४ इत्युक्तःप्राहतांपत्नीमेवमस्त्वितिगौतमः ॥ उत्तंकोऽपिवनेशून्येराजानंतंददर्शह ३५
॥ इतिश्रीमहाभारतेआश्वमेधिकेपर्वणि अनुगीतापर्वणि उत्तंकोपाख्याने कुंडलाहरणे षट्पंचाशत्तमोऽध्यायः ॥ ५६ ॥ ॥ वैशंपायनउवाच ॥ सतंदृष्ट्वातथा
भूतंराजानंघोरदर्शनम् ॥ दीर्घश्मश्रुधरंनॄणांशोणितेनसमुक्षितम् १ चकारनव्यथांविप्रोराजात्वेनमथाब्रवीत् ॥ प्रत्युत्थायमहातेजाभयकर्त्तायमोपमः २ ॥

२९ । ३० । ३१ । ३२ । ३३ । ३४ । ३५ ॥ इत्याश्वमेधिकेपर्वणि नीलकंठीये भारतभावदीपे षट्पंचाशत्तमोऽध्यायः ॥ ५६ ॥ ॥ सतमिति १ । २ ॥ ॥

३।४।५।६।७।८।९।।१०।११।१२।१३।१४।१५।१६।१७।१८।१९।२०।२१।।२२।२३ छिद्रेष्वेतेष्विमेइतिपूर्वान्वयि नागानांनागैःह्रियेतइतिसंबंधः२४। २५।२६।२७।२८

दिष्ट्यात्वमसिकल्याणषष्ठेकालेममांतिकम् ॥ भक्ष्यंमृगयमाणस्यसंप्राप्तोद्विजसत्तम ३ ॥ उत्तंकउवाच ॥ राजन्गुर्वर्थिनंविद्धिचरंतंमामिहागतम् ॥ नचगु
र्वर्थमुद्युक्तंहिंस्यमाहुर्मनीषिणः ४ ॥ राजोवाच ॥ षष्ठेकालेममाहारोविहितोद्विजसत्तम ॥ नशक्यस्त्वंसमुत्स्रष्टुंक्षुधितेनमयाऽद्यवै ५ ॥ उत्तंकउवाच ॥
एवमस्तुमहाराजसमयःक्रियतांतुमे ॥ गुर्वर्थमभिनिर्वर्त्यपुनरेष्यामितेवशम् ६ संश्रुतश्चमयायोऽर्थोगुरवेराजसत्तम ॥ त्वदधीनःसराजेन्द्रतंत्वांभिक्षेनरेश्वर ७
ददासिविप्रमुख्येभ्यस्त्वंहिरत्नानिनित्यदा ॥ दाताचत्वंनरव्याघ्रपात्रभूतःक्षिताविह ॥ पात्रंप्रतिग्रहेचापिविद्धिमांनृपसत्तम ८ उपाहृत्यगुरोरर्थंत्वदायत्त
मरिंदम ॥ समयेनेहराजेन्द्रपुनरेष्यामितेवशम् ९ सत्यंतेप्रतिजानामिनात्रमिथ्याकथंचन ॥ अनृतंनोक्तपूर्वंमेस्वैरेष्वपिकुतोऽन्यथा १० ॥ सौदासउवाच ॥
यदिमत्तस्त्वायत्तोगुर्वर्थःकृतएवमः ॥ यदिचास्मिप्रतिग्राह्यःसांप्रतंतद्ब्रवस्वमे ११ ॥ उत्तंकउवाच ॥ प्रतिग्राह्योमतोमेत्वंसदैवपुरुषर्षभ ॥ सोऽहंत्वामनुसं
प्राप्तोभिक्षितुंमणिकुंडले १२ ॥ सौदासउवाच ॥ पत्न्यास्तेममविप्रर्षेउचितेमणिकुंडले ॥ वरयार्थंत्वमन्यंवैतंतेदास्यामिसुव्रत १३ ॥ उत्तंकउवाच ॥
अलंतेव्यपदेशेनप्रमाणायदितेवयम् ॥ प्रयच्छकुंडलेमह्यंसत्यवाग्भवपार्थिव १४ ॥ वैशंपायनउवाच ॥ इत्युक्तस्त्वब्रवीद्राजातमुत्तंकंपुनर्वचः ॥ गच्छम
द्वचनाद्देवींब्रूहिदेहीतिसत्तम १५ सैवमुक्तात्वयानूनंमद्वाक्येनशुचिव्रता ॥ प्रदास्यतिद्विजश्रेष्ठकुंडलेतेनसंशयः १६ ॥ उत्तंकउवाच ॥ क्वपत्नीभवतःश
क्यामयाद्रष्टुंनरेश्वर ॥ स्वयंवापिभवान्पत्नींकिमर्थंनोपसर्पति १७ ॥ सौदासउवाच ॥ तांद्रक्ष्यतिभवानद्यकस्मिंश्चिद्वननिर्झरे ॥ षष्ठेकालेनहिमयासाश
क्याद्रष्टुमद्यवै १८ ॥ वैशंपायनउवाच ॥ ॥ उत्तंकस्तुतथोक्तःसजगामभरतर्षभ ॥ मदयंतींचदृष्ट्वासज्ञापयत्स्वप्रयोजनम् १९ सौदासवचनंश्रुत्वाततः
सापृथुलोचना ॥ प्रत्युवाचमहाबुद्धिमुत्तंकंजनमेजय २० एवमेतन्महाब्रह्मन्नानृतंवदसेनघ ॥ अभिज्ञानंतुकिंचित्त्वंसमानयितुमर्हसि २१ इमेहिदिव्येमणिकुं
डलेमेदेवाश्चयक्षाश्चमहर्षयश्च ॥ तैस्तैरुपायैरपहर्तुकामाश्छिद्रेषुनित्यंपरितर्कयंति २२ निक्षिप्तमेतद्भुविपन्नगास्तुरत्नंसमासाद्यपरामृशेयुः ॥ यक्षास्तथोच्छिष्ट
धृतंसुराश्चनिद्रावशाद्वापरिधर्षयेयुः २३ छिद्रेष्वेतेष्विमेनित्यंह्रियेतेद्विजसत्तम ॥ देवराक्षसनागानामप्रमत्तेनधार्यते २४ स्यन्देतेहिदिवारुक्मंरात्रौचद्विजस
त्तम ॥ नक्तंनक्षत्रताराणांप्रभामाक्षिप्यवर्त्ततः २५ एतेह्यामुच्यभगवन्क्षुत्पिपासाभयंकुतः ॥ विषाग्निश्वापदेभ्यश्चभयंजातुनविद्यते २६ ह्रस्वेनचैतेआमुक्त
भवतोह्रस्वकेतदा ॥ अनुरूपेणचामुक्तेजायेतेतत्प्रमाणके २७ एवंविधेममैतेवैकुंडलेपरमार्चिते ॥ त्रिषुलोकेषुविज्ञातेतदभिज्ञानमानय २८ ॥ इतिश्रीम०
१५ आश्व० अनुगीतापर्वणिउत्तंकोपाख्यानेसप्तपंचाशत्तमोऽध्यायः ॥ ५७ ॥ ॥ ॥ ॥ ॥

॥ इत्याश्व० पर्वणिनीलकंठीयेभारतभावदीपे सप्तपंचाशत्तमोऽध्यायः ॥ ५७ ॥ ॥ ॥ ॥ ॥ ॥

समित्रेति । मित्रसहःसौदासः अभिज्ञानंश्लोकरूपंज्ञापकम् १. तदेवाह नचेति । एषारक्षोयोनिरूपा अन्याइतोमुक्तिरूपा अतोममइतोगतेर्मुक्त्यर्थंप्रयच्छदेहि मणिमयेकुंडले २।३।४।५।६।७।८

वैशंपायनउवाच ॥ समित्रसहमासाद्यअभिज्ञानमयाचत ॥ तस्मैददावभिज्ञानंसचेक्ष्वाकुवरस्तदा १ ॥ सौदासउवाच ॥ नचैवैषागतिःक्षेम्यानचान्याविद्यतेग
तिः ॥ एतन्मेमतमाज्ञायप्रयच्छमणिकुंडले २ इत्युक्तस्तामुत्तंकस्तुभर्तुर्वाक्यमथाब्रवीत् ॥ श्रुत्वाचसातदाप्रादात्ततस्तेमणिकुंडले ३ अवाप्यकुंडलेतेतुराजानं
पुनरब्रवीत् ॥ किमेतद्गुह्यवचनंश्रोतुमिच्छामिपार्थिव ४ ॥ सौदासउवाच ॥ प्रजानिसर्गाद्विप्रान्वैक्षत्रियाःपूजयंतिह ॥ विप्रेभ्यश्चापिबहवोदोषाःप्रादुर्भवंतिवै ५
सोहंद्विजेभ्यःप्रणतोविप्राद्दोषमवाप्तवान् ॥ गतिमन्यांनपश्यामिमदयंतीसहायवान् ६ नचान्यामपिपश्यामिगतिंगतिमतांवर ॥ स्वर्गद्वारस्यगमनेस्थानेचेह
द्विजोत्तम ७ नहिराज्ञाविशेषेणविरुद्धेनद्विजातिभिः ॥ शक्यंहिलोकेस्थातुंवैप्रेत्यवासुखमेधितुम् ८ तदिष्टेतेमयादत्तेएतेस्वेमणिकुंडले ॥ यःकृतस्तेऽद्यसम
यःसफलंतंकुरुष्वमे ९ ॥ उत्तंकउवाच ॥ राजंस्तथेहकर्तास्मिपुनरेष्यामितेवशम् ॥ प्रश्नंचकंचित्प्रष्टुंत्वांनिवृत्तोऽस्मिपरंतप १० ॥ सौदासउवाच ॥ ब्रूहि
विप्रयथाकामंप्रतिवक्ताऽस्मितेवचः ॥ छेत्ताऽस्मिसंशयंतेऽद्यनमेऽत्रास्तिविचारणा ११ ॥ उत्तंकउवाच ॥ प्राहुर्वाक्संयतंविप्रंधर्मनैपुणदर्शिनः ॥ मित्रेषुयश्च
विषमःस्तेनइत्येवतंविदुः १२ सभवान्मित्रतामद्यसंप्राप्तोममपार्थिव ॥ समेबुद्धिंप्रयच्छस्वसंमतांपुरुषर्षभ १३ अवाप्तार्थोऽहमद्येहभवांश्चपुरुषादकः ॥ भवत्स
काशमागंतुंक्षमंममनवेतिवै १४ ॥ सौदासउवाच ॥ क्षमंचेदिहवक्तव्यंतवद्विजवरोत्तम ॥ मत्समीपंद्विजश्रेष्ठनागंतव्यंकथंचन १५ एवंतवप्रपश्यामिश्रेयोभृगु
कुलोद्वह ॥ आगच्छतोहितेविप्रभवेन्मृत्युर्नसंशयः १६ ॥ वैशंपायनउवाच ॥ इत्युक्तःसतदाराज्ञाक्षमंबुद्धिमताहितम् ॥ अनुज्ञाप्यसराजानमहल्यांप्रतिज
ग्मिवान् १७ गृहीत्वाकुंडलेदिव्येगुरुपत्न्याःप्रियंकरः ॥ जवेनमहताप्रायाद्गौतमस्याश्रमंप्रति १८ यथातयोरक्षणंचमदयंत्याऽभिभाषितम् ॥ तथातेकुंडलेबद्ध्वा
तदाकृष्णाजिनेऽनयत् १९ सकस्मिंश्चित्क्षुधाविष्टःफलभारसमन्वितम् ॥ बिल्वंददर्शविप्रर्षिरारुरोहचतंततः २० शाखामासज्ज्यतस्यैवकृष्णाजिनमरिंदम ॥
पातयामासबिल्वानितदासद्विजपुंगवः २१ अथपातयमानस्यबिल्वापहृतचक्षुषः ॥ न्यपतंस्तानिबिल्वानितस्मिन्नेवाजिनेविभो २२ यस्मिंस्तेकुंडलेबद्धेत
दाद्विजवरेणवै ॥ बिल्वप्रहारैस्तस्याथव्यशीर्यद्बंधनंततः २३ सकुंडलंतदजिनंपपातसहसातरोः ॥ विशीर्णबंधनेतस्मिन्गतेकृष्णाजिनेमहीम् २४ अपश्यद्भुजगःक
श्चित्तेतत्रमणिकुंडले ॥ ऐरावतकुलोद्भूतःशीघ्रोभूत्वातदाहिसः २५ विदश्यास्येनवल्मीकंविवेशाथसकुंडले ॥ ह्रियमाणेतुदृष्ट्वासकुंडलेभुजगेनह २६ पपातवृक्षा
त्सोद्विग्नोदुःखात्परमकोपनः ॥ सदंडकाष्ठमादायवल्मीकमखनत्तदा २७ अहानित्रिंशदव्यग्रःपंचचान्यानिभारत ॥ क्रोधामर्षाभिसंतप्तस्तदाब्राह्मणसत्तमः २८

९।१०।११।१२।१३।१४।१५।१६।१७।१८।१९।२० शाखांशाखायां २१।२२।२३।२४।२५ आस्येनकुंडलेविदश्यधृत्वावल्मीकंविवेशेतिसंबंधः २६।२७।२८

२९ । ३० । ३१ । ३२ । ३३ । ३४ । ३५ । ३६ । ३७ । ३८ । ३९ । ४० । ४१ । ४२ । ४३ । ४४ । ४५ । ४६ । ४७ । ४८ धम्यतेाधम्यमानस्य ४९ । ५० । ५१ । ५२ । ५३ । ५४।५५।५६।५७।५८

तस्यवेगमसह्यंतमसहंतीवसुंधरा ॥ दंडकाष्ठाभिनुन्नांगीचचालभृशमाकुला २९ ततःखनतएवाथविप्रर्षेर्धरणीतलम् ॥ नागलोकस्यपंथानंकर्तुकामस्यनिश्चयात्
३० रथेनहरियुक्तेनतंदेशमुपजग्मिवान् ॥ वज्रपाणिर्महातेजास्तंददर्शद्विजोत्तमम् ३१ ॥ वैशंपायनउवाच ॥ सतुतंब्राह्मणोभूत्वातस्यदुःखेनदुखितः ॥ उत्तं
कमब्रवीद्वाक्यंनैतच्छक्यंत्वयेतिवै ३२ इतोहिनागलोकोवैयोजनानिसहस्रशः ॥ नदंडकाष्ठसाध्यंचमन्येकार्यमिदंतव ३३ ॥ उत्तंकउवाच ॥ नागलोकेयदिब्र
ह्मन्नशक्येकुंडलेमया ॥ प्राणांप्राणान्विमोक्ष्यामिपश्यतस्तेद्विजोत्तम ३४ ॥ वैशंपायनउवाच ॥ यदासनाशकत्तस्यनिश्चयंकर्तुमन्यथा ॥ वज्रपाणिस्तदा
दंडंवज्रास्त्रेणयुयोजह ३५ ततोवज्रप्रहारैस्तैर्दार्यमाणावसुंधरा ॥ नागलोकस्यपंथानमकरोज्जनमेजय ३६ सतेनमार्गेणतदानागलोकंविवेशह ॥ ददर्शनाग
लोकंचयोजनानिसहस्रशः ३७ प्राकारनिचयैर्दिव्यैर्मणिमुक्तास्वलंकृतैः ॥ उपपन्नंमहाभागशातकुंभमयैस्तथा ३८ वापीःस्फटिकसोपानानदीश्चविमलोद
काः ॥ ददर्शवृक्षांश्चबहून्नानाद्विजगुणायुतान् ३९ तस्यलोकस्यचद्वारंसददर्शभृगूद्वहः ॥ पंचयोजनविस्तारमायतंशतयोजनम् ४० नागलोकमुत्तंकस्तुप्रे
क्ष्यदीनोऽभवत्तदा ॥ निराशश्चाभवत्तत्रकुंडलाहरणेपुनः ४१ तत्रप्रोवाचतुरगस्तंकृष्णश्वेतवालधिः ॥ ताम्रास्यनेत्रःकौरव्यप्रज्वलन्निवतेजसा ४२ धमस्वा
पानमेतन्मेततस्त्वंविप्रलप्स्यसे ॥ ऐरावतसुतेनेहतवानीतेहिकुंडले ४३ माजुगुप्सांकृथाःपुत्रत्वमत्रार्थेकथंचन ॥ त्वयैतद्धिसमाचीर्णंगौतमस्याश्रमेतदा ४४
॥ उत्तंकउववाच ॥ कथंभवंतंजानीयामुपाध्यायाश्रमंप्रति ॥ यन्मयाचीर्णपूर्वंहिश्रोतुमिच्छामितद्ध्यहम् ४५ ॥ अश्वउवाच ॥ गुरोर्गुरुंमांजानीहिज्वलनं
जातवेदसम् ॥ त्वयाह्यहंसदाविप्रगुरोरर्थेऽभिपूजितः ४६ विधिवत्सततंविप्रशुचिनाभृगुनंदन ॥ तस्माच्छ्रेयोविधास्यामितवैवंकुरुमाचिरम् ४७ इत्युक्तस्तुतथाऽ
कार्षीदुत्तंकश्चित्रभानुना ॥ घृतार्चिःप्रीतिमांश्चापिप्रजज्वालदिधक्षया ४८ ततोऽस्यरोमकूपेभ्योधम्यतस्तत्रभारत ॥ घनःप्रादुरभूद्धूमोनागलोकभयावहः ४९
तेनधूमेनमहतावर्धमानेनभारत ॥ नागलोकेमहाराजनप्राज्ञायतकिंचन ५० हाहाकृतमभूत्सर्वमैरावतनिवेशनम् ॥ वासुकिप्रमुखानांचनागानांजनमेजय ५१
नप्राकाशंतवेश्मानिधूमरुद्धानिभारत ॥ नीहारसंवृतानीववनानिगिरयस्तथा ५२ तेधूमरक्तनयनावह्नितेजोभितापिताः ॥ आजग्मुर्निश्चयंज्ञातुंभार्गवस्यमहा
त्मनः ५३ श्रुत्वाचनिश्चयंतस्यमहर्षेरतितेजसः ॥ संभ्रांतनयनाःसर्वेपूजांचक्रुर्यथाविधि ५४ सर्वेप्रांजलयोनागावृद्धबालपुरोगमाः ॥ शिरोभिःप्रणिपत्योचुः
प्रसीदभगवन्निति ५५ प्रसाद्यब्राह्मणंतेतुपाद्यमर्घ्यंनिवेद्यच ॥ प्रायच्छन्कुंडलेदिव्येपन्नगाःपरमार्चिते ५६ ततःसपूजितोनागैस्तदोत्तंकःप्रतापवान् ॥ अग्निंप्र
दक्षिणंकृत्वाजगामगुरुसद्मतत् ५७ सगत्वात्वरितोराजन्गौतमस्यनिवेशनम् ॥ प्रायच्छत्तत्कुंडलेदिव्येगुरुपत्न्यास्तदाऽनघ ५८ ॥ ॥

५९ । ६० एवंमिति । गुरुभक्तेषुदेवाअप्यनुग्रहंकुर्वंतीतिभावः ६१ ॥ ॥ इतिश्रीमहाभारते आश्वमेधिकेपर्वणि नीलकंठीये भारतभावदीपे अष्टपंचाशत्तमोऽध्यायः ॥ ५८ ॥ ॥ उत्तंकस्येति॥ १
२ । ३ महेउत्सवे ४ । ५ । ६ दिवाभूतःदिवसवत्प्रकाशबहुलःदिवाकारतुल्यइतियावत् ७ । ८ । ९ प्रमत्ताःक्रीडाद्यासक्त्यानवहिताःमत्ताःमद्यादिनासंमत्ताहृष्टाः क्ष्वेडितंकूर्दनमुत्कृष्टमन्योन्यमाकर्षणं

वासुकिप्रमुखानांचनागानांजनमेजय ॥ सर्वेशशंसगुरवेयथावद्विजसत्तमः ५९ एवंमहात्मनातेनत्रीन्लोकान्जनमेजय ॥ परिक्रम्याहृतेदिव्येततस्तेमणिकुंडले
६० एवंप्रभावःसमुनिरुत्तंकोभरतर्षभ ॥ परेणतपसायुक्तोयन्मांत्वंपरिपृच्छसि ६१ ॥ इतिश्रीमहाभारते आश्वमेधिकेपर्वणि अनुगीतापर्वणि उत्तंकोपाख्याने
अष्टपंचाशत्तमोऽध्यायः ॥ ५८ ॥ जनमेजयउवाच ॥ उत्तंकस्यवरंदत्वागोविंदोद्विजसत्तम ॥ अतऊर्ध्वंमहाबाहुःकिंचकारमहायशाः १ ॥ वैशंपायनउवाच ॥
उत्तंकायवरंदत्वाप्रायात्सात्यकिनासह ॥ द्वारकामेवगोविंदःशीघ्रवेगैर्महाहयैः २ सरांसिसरितश्चैववनानिचगिरींस्तथा ॥ अतिक्रम्याससादाथरम्यांद्वारवतींपु
रीम् ३ वर्त्तमानेमहाराजमहेरैवतकस्यच ॥ उपायात्पुंडरीकाक्षोयुयुधानानुगस्तदा ४ अलंकृतस्तुसगिरिर्नानारूपैर्विचित्रितैः ॥ बभौरत्नमयैःकोशैःसंवृतःपु
रुषर्षभ ५ कांचनस्रग्भिरग्र्याभिःसुमनोभिस्तथैवच ॥ वासोभिश्चमहाशैलःकल्पवृक्षैस्तथैवच ६ दीपवृक्षैश्चसौवर्णैरभीक्ष्णमुपशोभितः ॥ गुहानिर्झरदेशेषुदिवा
भूतोबभूवह ७ पताकाभिर्विचित्राभिःसघंटाभिःसमंततः ॥ पुंभिःस्त्रीभिश्चसंघुष्टःप्रगीतइवचाभवत् ८ अतीवप्रेक्षणीयोऽभून्मेरुर्मुनिगणैरिव ॥ मत्तानांहृष्टरू
पाणांस्त्रीणांपुंसांचभारत ९ गायतांपर्वतेंद्रस्यदिवस्पृग्गिवनिःस्वनः ॥ प्रमत्तमत्तसंमत्तक्ष्वेडितोत्कृष्टसंकुलः १० तथाकिलकिलाशब्दैर्भूधरोभून्मनोहरः ॥ विप
णापणवान्रम्योभक्ष्यभोज्यविहारवान् ११ वस्त्रमाल्योत्करयुतोवीणावेणुमृदंगवान् ॥ सुरामैरेयमिश्रेणभक्ष्यभोज्येनचैवह १२ दीनांधकृपणादिभ्योदीयमानेनचा
निशम् ॥ बभौपरमकल्याणोमहस्तस्यमहागिरेः १३ पुण्यावसथवान्वीरपुण्यकृद्भिर्निषेवितः ॥ विहारोवृष्णिवीराणांमहेरैवतकस्यह १४ सनगोवेश्मसंकीर्णोदे
वलोकइवाबभौ ॥ तदाचकृष्णसान्निध्यमासाद्यभरतर्षभ १५ शक्रसद्मप्रतीकाशोबभूवसहिशैलराट् ॥ ततःसंपूज्यमानःसविवेशभवनंशुभम् १६ गोविंदःसात्यकि
श्चैवजगामभवनंस्वकम् ॥ विवेशचप्रहृष्टात्माचिरकालप्रवासतः १७ कृत्वानसुकरंकर्मदानवेष्विववासवः ॥ उपयांतंतुवार्ष्णेयंभोजवृष्ण्यंधकास्तथा १८ अभ्यग
च्छन्महात्मानंदेवाइवशतक्रतुम् ॥ सतानभ्यर्च्यमेधावीपृष्ट्वाचकुशलंतदा ॥ अभ्यवादयतप्रीतःपितरंमातरंतदा १९ ताभ्यांससंपरिष्वक्तःसांत्वितश्चमहाभुजः ॥
उपोपविष्टैःसर्वैस्तैर्वृष्णिभिःपरिवारितः २० सविश्रांतोमहातेजाःकृतपादावनेजनः ॥ कथयामासतत्सर्वंपृष्टःपित्रामहाहवम् २१ ॥ इतिश्रीम० आश्वमेधिकेपर्वणि
अनुगीतापर्वणि कृष्णस्यद्वारकाप्रवेशेऊनषष्टितमोऽध्यायः॥ ५९॥ वसुदेवउवाच ॥ श्रुतवानस्मिवार्ष्णेयसंग्रामंपरमाद्भुतम् ॥ नराणांवदतांपुत्रकथोद्घातेषुनित्यशः १

तैःसंकुलःतच्छब्दैराकुलोनिःस्वनःअभूदितिशेषः १० । ११ । १२ । १३ । १४ । १५ । १६ । १७ । १८ । १९ । २० । २१ ॥ इत्याश्वमेधिकेपर्वणि नीलकंठीये भारतभावदीपे ऊनषष्टितमो
ऽध्यायः ॥ ५९ ॥ ॥ ॥ श्रुतवानस्मिवार्ष्णेयेति १ ॥ ॥ ॥ ॥

१।२।४ पित्रामातुरंतिके इत्युक्तःपुंडरीकाक्षः संग्रामेनत्कुरुवीराणांनिधनंयथावच्छशंसेत्यन्वयः ५।६।७।८।९।१०।११।१२।१३।१४।१५।१६।१७।१८।१९।२०।२१

त्वंतुप्रत्यक्षदर्शीचरूपज्ञश्चमहाभुजः ॥ तस्मात्प्रब्रूहिसंग्रामंयाथातथ्येनमेऽनघ २ यथातदभवद्युद्धंपांडवानांमहात्मनाम् ॥ भीष्मकर्णकृपद्रोणशल्यादिभिरनुत्तमम्
३ अन्येषांक्षत्रियाणांचकृतास्त्राणामनेकशः ॥ नानावेषाकृतिमतांनानादेशनिवासिनाम् ४ ॥ वैशंपायनउवाच ॥ इत्युक्तःपुंडरीकाक्षःपित्रामातुस्तदंतिके ॥
शशंसकुरुवीराणांसंग्रामेनिधनंयथा ५ ॥ वासुदेवउवाच ॥ अत्यद्भुतानिकर्माणिक्षत्रियाणांमहात्मनाम् ॥ बहुलत्वान्नसंख्यातुंशक्यान्यब्दशतैरपि ६ प्राधान्यत
स्तुगदतःसमासेनैवमेशृणु ॥ कर्माणिपृथिवीशानांयथावदमरद्युते ७ भीष्मःसेनापतिरभूदेकादशचमूपतिः ॥ कौरव्यःकौरवेन्द्राणांदेवानामिववासवः ८ शिखंडी
पांडुपुत्राणांनेतासप्तचमूपतिः ॥ बभूवरक्षितोधीमान्श्रीमतासव्यसाचिना ९ तेषांतदभवद्युद्धंदशाहानिमहात्मनाम् ॥ कुरूणांपांडवानांचसुमहल्लोमहर्षणम् १०
ततःशिखंडीगाङ्गेयंयुध्यमानंमहाहवे ॥ जघानबहुभिर्बाणैःसहगांडीवधन्वना ११ अकरोत्सततःकालंशरतल्पगतोमुनिः ॥ अयनंदक्षिणंहित्वासंप्राप्तेचोत्तरायणे
१२ ततःसेनापतिरभूद्द्रोणोऽस्त्रविदुषांवरः ॥ प्रवीरःकौरवेन्द्रस्यकाव्योदैत्यपतेरिव १३ अक्षौहिणीभिःशिष्टाभिर्नवभिर्द्विजसत्तमः ॥ संवृतःसमरश्लाघीगुप्तःकृ
पवृषादिभिः १४ धृष्टद्युम्नस्त्वभून्नेतापांडवानांमहास्त्रवित् ॥ गुप्तोभीमेनमेधावीमित्रेणवरुणोयथा १५ सचसेनापरिवृतोद्रोणप्रेप्सुर्महामनाः ॥ पितुर्निकारा
न्संस्मृत्यरणेकर्माकरोन्महत् १६ तस्मिंस्तेपृथिवीपालाद्रोणपार्षतसंगरे ॥ नानादिगागतावीराःप्रायशोनिधनंगताः १७ दिनानिपंचतद्युद्धमभूत्परमदारुणम् ॥
ततोद्रोणःपरिश्रांतोधृष्टद्युम्नवशंगतः १८ ततःसेनापतिरभूत्कर्णोदौर्योधनेबले ॥ अक्षौहिणीभिःशिष्टाभिर्वृतःपंचभिराहवे १९ तिस्रस्तुपांडुपुत्राणांचम्वोबी
भत्सुपालिताः ॥ हतप्रवीरभूयिष्ठाबभूवुःसमवस्थिताः २० ततःपार्थंसमासाद्यपतंगइवपावकम् ॥ पंचत्वमगमत्सौतिर्द्वितीयेऽहनिदारुणः २१ हतेकर्णेतु
कौरव्यानिरुत्साहाहतौजसः ॥ अक्षौहिणीभिस्तिसृभिर्मद्रेशंपर्यवारयन् २२ हतवाहनभूयिष्ठाःपांडवास्तुयुधिष्ठिरम् ॥ अक्षौहिण्यानिरुत्साहाःशिष्टयापर्यवारयन्
२३ अवधीन्मद्रराजानंकुरुराजोयुधिष्ठिरः ॥ तस्मिंस्तदार्धदिवसेकृत्वाकर्मसुदुष्करम् २४ हतेशल्येतुशकुनिंसहदेवोमहामनाः ॥ आहर्तारंकलेस्तस्यजवानामितवि
क्रमः २५ निहतेशकुनौराजाधार्तराष्ट्रःसुदुर्मनाः ॥ अपाक्रामद्गदापाणिर्हतभूयिष्ठसैनिकः २६ तमन्वधावत्संक्रुद्धोभीमसेनःप्रतापवान् ॥ ह्रदेद्वैपायनेचापिसलिल
स्थंददर्शतम् २७ हतशिष्टेनसैन्येनसमंतात्पर्यवार्यतम् ॥ अथोपविविशुर्हृष्टाह्रदस्थंपंचपांडवाः २८ विगाह्यसलिलंत्वाशुवाग्बाणैर्भृशविक्षतः ॥ उत्थायसगदा
पाणिर्युद्धायसमुपस्थितः २९ ततःसनिहतोराजाधार्तराष्ट्रोमहारणे ॥ भीमसेनेनविक्रम्यपश्यतांपृथिवीक्षिताम् ३० ततस्तत्पांडवंसैन्यंप्रसुप्तंशिबिरेनिशि ॥
निहतंद्रोणपुत्रेणपितुर्वधममृष्यता ३१ ॥ ॥ ॥ ॥

२२।२३।२४।२५।२६।२७।२८।२९।३०।३१ ॥ ॥ ॥ ॥ ॥

हतपुत्राहतबलाहतमित्रामयासह ॥ युयुधानसहायेनपंचशिष्टास्तुपांडवाः ३२ सहैवकृपभोजाभ्यांद्रौणिर्युद्धादमुच्यत ॥ युयुत्सुश्चापिकौरव्योमुक्तःपांडवसंश्र अ०
॥ ४५ ॥ यात् ३३ निहतेकौरवेंद्रेतुसानुबंधेसुयोधने ॥ विदुरःसंजयश्चैवधर्मराजमुपस्थितौ ३४ एवंतदभवद्युद्धमहान्यष्टादशप्रभो ॥ यत्रतेपृथिवीपालानिहताःस्वर्गमा
वसन् ३५ ॥ वैशंपायनउवाच ॥ शृण्वतांतुमहाराजकथांतांलोमहर्षणाम् ॥ दुःखशोकपरिक्लेशाद्वृष्णीनामभवंस्तदा ३६ ॥ इतिश्रीमहाभारतेआश्वमेधिकेपर्व ॥ ६१ ॥
णिअनुगीतापर्वणि वासुदेववाक्येषष्टितमोऽध्यायः ॥ ६० ॥ ॥ वैशंपायनउवाच ॥ कथयन्नेवतुतदावासुदेवःप्रतापवान् ॥ महाभारतयुद्धंतत्कथांतेपितु
रग्रतः १ अभिमन्योर्वधंवीरःसोत्यक्रान्महामतिः ॥ अप्रियंवसुदेवस्यमाभूदितिमहामतिः २ मादौहित्रवधंश्रुत्वावसुदेवोमहात्ययम् ३ दुःखशोकाभिसंतप्तो
भवेदितिमहामतिः ॥ सुभद्रातुतमुत्क्रांतमात्मजस्यवधंरणे ४ आचक्ष्वकृष्णसौभद्रवधमित्यपतद्भुवि ॥ तामपश्यन्निपतितांवसुदेवःक्षितौतदा ५ दृष्ट्वैवचपपातो
र्व्यांसोऽपिदुःखेनमूर्छितः ॥ ततःसदौहित्रवधदुःखशोकसमाहतः ६ वसुदेवोमहाराजकृष्णंवाक्यमथाब्रवीत् ॥ ननुत्वंपुंडरीकाक्षसत्यवाग्भुविविश्रुतः ७ यद्दौ
हित्रवधंमेऽद्यनख्यापयसिशत्रुहन् ॥ तद्भागिनेयनिधनंतत्त्वेनाचक्ष्वमेप्रभो ८ सदृशाक्षस्तवकथंशत्रुभिर्निहतोरणे ॥ दुर्मरंबतवार्ष्णेयकालेऽप्राप्तेनृभिःसह ९
यत्रमेहृदयंदुःखाच्छतधानविदीर्यते ॥ किमब्रवीत्त्वांसंग्रामेसुभद्रांमातरंप्रति १० मांचापिपुंडरीकाक्षचपलाक्षःप्रियोमम ॥ आहवंपृष्ठतःकृत्वाकच्चिन्ननिहतः
परैः ११ कच्चिन्मुखंनगोविंदतेनाजौविकृतंकृतम् ॥ सहिकृष्णमहातेजाःश्लाघन्निवममाग्रतः १२ बालभावेनविनयमात्मनोऽकथयत्प्रभुः ॥ कच्चिन्ननिकृतो
बालोद्रोणकर्णकृपादिभिः १३ धरण्यांनिहतःशेतेतन्ममाचक्ष्वकेशव ॥ सहिद्रोणंचभीष्मंचकर्णंचबलिनांवरम् १४ स्पर्धतेस्मरणेनित्यंदुहितुःपुत्रकोमम ॥ एवंवि
धंबहुतदाविलपंतंसुदुःखितम् १५ पितरंदुःखिततरोगोविंदोवाक्यमब्रवीत् ॥ नतेनविकृतंवक्त्रंकृतंसंग्राममूर्धनि १६ नपृष्ठतःकृतश्चापिसंग्रामस्तेनदुस्तरः ॥
निहत्यपृथिवीपालान्सहस्रशतसंघशः १७ खेदितोद्रोणकर्णाभ्यांदौःशासनिवशंगतः ॥ एकोह्येकेनसततंयुध्यमानोयदिप्रभो १८ नसशक्येतसंग्रामेनिहंतुम
पिवज्रिणा ॥ समाहूतेचसंग्रामात्पार्थेसंशप्तकैस्तदा १९ पर्यवार्यतसंक्रुद्धैःसद्रोणादिभिराहवे ॥ ततःशत्रुवधंकृत्वासुमहांतंरणेपितः २० दौहित्रस्तववार्ष्णेय
दौःशासनिवशंगतः ॥ नूनंचसगतःस्वर्गंजहिशोकंमहामते २१ नहिव्यसनमासाद्यसीदंतिकृतबुद्धयः ॥ द्रोणकर्णप्रभृतयोयेनप्रतिसमासिताः २२ रणेमहें
द्रप्रतिमाःसकथंनाप्नुयाद्दिवम् ॥ सशोकंजहिदुर्धर्षमाचमन्युवशंगमः २३ शस्त्रपूतांहिसगतिंगतःपरपुरंजयः ॥ तस्मिंस्तुनिहतेवीरेसुभद्रेयंस्वसामम २४ ॥

२५।२६ ।२७ । २८ । २९ । ३० ।३१ । ३२ । ३३ । ३४ । ३५ । ३६ । ३७ । ३८ । ३९ । ४० । ४१ । ४२ ॥ इत्याश्वमेधिकेपर्वणिनीलकंठीये भारतभावदीपे एकषष्टितमोऽध्यायः ॥ ६१ ॥ ॥

दुःखार्ताथोसुतंप्राप्यकुररीवननादह ॥ द्रौपदीचसमासाद्यपर्यपृच्छतदुःखिता २५ आर्येक्वदारकाःसर्वेद्रष्टुमिच्छामितानहम् ॥ अस्यास्तुवचनंश्रुत्वासर्वास्ताः
कुरुयोषितः २६ भुजाभ्यांपरिगृह्यैनांचुक्रुशुःपरमार्त्तवत् २७ उत्तरांचाब्रवीद्भद्रेभर्त्तासक्वनुतेगतः ॥ क्षिप्रमागमनंमह्यंतस्यत्वंवेदयस्वह २८ ननुनामाद्यवैराटि
श्रुत्वाममगिरंसदा ॥ भवनान्निष्पतत्याशुकस्मान्नाभ्येतितेपतिः २९ अभिमन्योकुशलिनोमातुलास्तेमहारथाः ॥ कुशलंचाब्रुवन्सर्वेत्वांयुयुत्सुमिहागतम् ३०
आचक्ष्वमेऽद्यसंग्रामंयथापूर्वमरिंदम ॥ कस्मादेवंविलपतींनाद्येहप्रतिभाषसे ३१ एवमादितुवार्ष्णेय्यास्तस्यास्तत्परिदेवितम् ॥ श्रुत्वापृथासुदुःखार्त्ताशनैर्वाक्यम
थाब्रवीत् ३२ सुभद्रेवासुदेवेनतथासात्यकिनारणे ॥ पित्राचलालितोबालःसहतःकालधर्मणा ३३ ईदृशोमर्त्यधर्मोऽयंमाशुचोयदुनंदिनि ॥ पुत्रोहितवदुर्धर्षःसंप्राप्तः
परमांगतिम् ३४ कुलेमहतिजाताऽसिक्षत्रियाणांमहात्मनाम् ॥ माशुचःचपलाक्षित्वंपद्मपत्रनिभेक्षणे ३५उत्तरांत्वमवेक्षस्वगुर्विणींमाशुचःशुभे ॥ पुत्रमेषाहितस्याशु
जनयिष्यतिभाविनी ३६ एवमाश्वासयित्वैनांकुंतीयदुकुलोद्वह ॥ विहायशोकंदुर्धर्षंश्राद्धमस्यह्यकल्पयत् ३७ समनुज्ञाप्यधर्मज्ञंराजानंभीममेवच ॥ यमौयमो
पमौचैवददौदानान्यनेकशः ३८ ततःप्रदायबह्वीर्गाब्राह्मणाययदूद्वह ॥ समाहृष्यतुवार्ष्णेयीवैराटीमब्रवीदिदम् ३९ वैराटिनेहसंतापस्त्वयाकार्योह्यनिंदिते ॥ भर्त्ता
रंप्रतिसुश्रोणिगर्भस्थंरक्षवैशिशुम् ४० एवमुक्त्वाततःकुंतीविरराममहाद्युते ॥ तामनुज्ञाप्यचैवेमांसुभद्रांसमुपानयम् ४१एवंसनिधनंप्राप्तोदौहित्रस्तवमानद ॥ संता
पंत्यजदुर्धर्षमाचशोकेमनःकृथाः ४२ इतिश्रीम० आश्व० अनुगीतापर्वणिवसुदेवसांत्वनेएकषष्टितमोऽध्यायः ॥६१॥ ॥ वैशंपायनउवाच ॥ एतच्छ्रुत्वातुपुत्र
स्यवचःशूरात्मजस्तदा ॥ विहायशोकंधर्मात्माददौश्राद्धमनुत्तमम् १ तथैववासुदेवश्चस्वस्रीयस्यमहात्मनः ॥ दयितस्यपितुर्नित्यमकरोदौर्ध्वदेहिकम् २
षष्टिंशतसहस्राणिब्राह्मणानांमहौजसाम् ॥ विधिवद्भोजयामासभोज्यंसर्वगुणान्वितम् ३ आच्छाद्यचमहाबाहुर्धनतृष्णामपानुदत् ॥ ब्राह्मणानांतदाकृष्णस्तद
भूल्लोमहर्षणम् ४ सुवर्णंचैवगाश्चैवशयनाच्छादनानिच ॥ दीयमानंतदाविप्रावर्धतामितिचाब्रुवन् ५ वासुदेवोऽथदाशार्होबलदेवःससात्यकिः ॥ अभिम
न्योस्तदाश्राद्धमकुर्वन्सत्यकस्तदा ६ अतीवदुःखसंतप्तानशमंचोपलेभिरे ॥ तथैवपांडवावीरानगरेनागसाह्वये ७ नोपागच्छंतवैशांतिमभिमन्युविनाकृताः ॥
सुबहूनिचराजेन्द्रदिवसानिविराटजा ८ नाभुंक्तपतिदुःखार्त्तातदभूत्करुणंमहत् ॥ कुक्षिस्थएवतस्याऽथगर्भोवैसंप्रलीयत ९ आजगामततोव्यासोज्ञात्वादिव्येन
२६ चक्षुषा ॥ समागम्याब्रवीद्धीमान्पृथांपृथुललोचनाम् १० उत्तरांचमहातेजाःशोकःसंत्यज्यतामयम् ॥ भविष्यतिमहातेजाःपुत्रस्तवयशस्विनि ११

एतच्छ्रुत्वेति १ । २ । ३ । ४ । ५ । ६ । ७ । ८ । ९ । १० । ११ ॥ ॥ ॥ ॥ ॥ ॥ ॥

१२ । १३ । १४ । १५ । १६ । १७ । १८ । १९ । २० । २१ ॥ इत्याश्व०प०नी०भा० द्विषष्टितमोऽध्यायः ॥ ६२ ॥ प्रासंगिकींकथांसमाप्यपरमप्रकृतमश्वमेधमनुवर्त्तयतिजनमेजयप्रश्नमुखेन श्रुत्वै

प्रभावाद्वासुदेवस्यममव्याहरणादपि ॥ पांडवानामयंचांतेपालयिष्यतिमेदिनीम् १२ धनंजयंचसंप्रेक्ष्यधर्मराजस्यशृण्वतः ॥ व्यासोवाक्यमुवाचेदंहर्षयन्निवभारत
१३ पौत्रस्तवमहाभागोजनिष्यतिमहामनाः ॥ पृथ्वींसागरपर्यंतांपालयिष्यतिधर्मतः १४ तस्माच्छोकंकुरुश्रेष्ठजहित्वमरिकर्शन ॥ विचार्यमत्रनहितेसत्यमेतद्भवि
ष्यति १५ यच्चापिवृष्णिवीरेणकृष्णेनकुरुनंदन ॥ पुरोक्तंतत्तथाभाविमातेऽत्रास्तुविचारणा १६ विबुधानांगतोलोकानक्षयानात्मनिर्जितान् ॥ नसशोच्यस्त्वया
वीरोनचान्यैःकुरुभिस्तथा १७ एवंपितामहेनोक्तोधर्मात्मासधनंजयः ॥ त्यक्त्वाशोकंमहाराजहृष्टरूपोऽभवत्तदा १८ पितापितवधर्मज्ञगर्भेतस्मिन्महामते ॥ अव
र्धतयथाकामंशुक्लपक्षेयथाशशी १९ ततःसंचोदयामासव्यासोधर्मात्मजंनृपम् ॥ अश्वमेधंप्रतितदाततःसोन्तर्हितोभवत् २० धर्मराजोऽपिमेधावीश्रुत्वाव्यासस्यत
द्वचः ॥ वित्तस्यानयनेतातचकारगमनेमतिम् २१ इतिश्रीमहाभारतेआश्वमेधिकेपर्वणि अनुगीतापर्वणिवसुदेवसांत्वने द्विषष्टितमोऽध्यायः ॥ ६२ ॥ जनमेजय
उवाच ॥ श्रुत्वैतद्वचनंब्रह्मन्व्यासेनोक्तंमहात्मना ॥ अश्वमेधंप्रतितदाकिंभूयःप्रचकारह १ रत्नंचयन्मरुत्तेननिहितंवसुधातले ॥ तदवापकथंचेतितन्मेब्रूहिद्विजो
त्तम २ ॥ वैशंपायनउवाच ॥ श्रुत्वाद्वैपायनवचोधर्मराजोयुधिष्ठिरः ॥ भ्रातॄन्सर्वान्समानाय्यकालेवचनमब्रवीत् ३ अर्जुनंभीमसेनंचमाद्रीपुत्रौयमावपि ॥ श्रुतं
वोवचनंवीराःसौहृदाद्यन्महात्मना ४ कुरूणांहितकामेनप्रोक्तंकृष्णेनधीमता ॥ तपोवृद्धेनमहतासुहृदांभूतिमिच्छता ५ गुरुणाधर्मशीलेनव्यासेनाद्भुतकर्मणा ॥
भीष्मेणचमहाप्राज्ञगोविंदेनचधीमता ६ संस्मृत्यतदहंसम्यक्कर्तुमिच्छामिपांडवाः ॥ आयत्यांचतदात्वेचसर्वेषांतद्धिनोहितम् ७ अनुबंधेचकल्याणंयद्वचोब्रह्मवा
दिनः ॥ इयंहिवसुधासर्वाक्षीणरत्नाकुरूद्वहाः ८ तच्चाचष्टतदाव्यासोमरुत्तस्यधनंनृपाः ॥ यद्येतद्वोबहुमतंमन्यध्वंवाक्षमंयदि ९ तथायथाहधर्मेणकथंवाभीमम
न्यसे ॥ इत्युक्तवाक्येनृपतौतदाकुरुकुलोद्वह १० भीमसेनोनृपश्रेष्ठंप्रांजलिर्वाक्यमब्रवीत् ॥ रोचतेमेमहाबाहोयदिदंभाषितंत्वया ११ व्यासाख्यातस्यवित्तस्यस
मुपानयनंप्रति ॥ यदितत्प्राप्नुयामेहधनमाविक्षितंप्रभो १२ कृतमेवमहाराजभवेदितिमतिर्मम ॥ तेवयंप्रणिपातेनगिरीशस्यमहात्मनः १३ तदानयामभद्रंतेसम
भ्यर्च्यकपर्दिनम् ॥ तद्वित्तंदेवदेवेशंतस्यैवानुचरांश्चतान् १४ प्रसाद्यार्थमवाप्स्यामोनूनंवाग्बुद्धिकर्मभिः ॥ रक्षंतेयेचतद्द्रव्यंकिन्नरारौद्रदर्शनाः १५ तेचवश्याभविष्यं
तिप्रसन्नेवृषभध्वजे ॥ श्रुत्वैवंवदतस्तस्यवाक्यंभीमस्यभारत १६ प्रीतोधर्मात्मजोराजाबभूवातीवभारत ॥ अर्जुनप्रमुखाश्चापितथेत्येवाब्रुवन्वचः १७ कृत्वातुपांडवाः
सर्वेरत्नाहरणनिश्चयम् ॥ सेनामाज्ञापयामासुर्नक्षत्रेऽहनिचध्रुवे १८ ॥ ॥ ॥

तद्वचनंब्रह्मन्नित्यादिना १ । २ । ३ । ४ । ५ । ६ । ७ । ८ । ९ । १० । ११ आविक्षितमविक्षितःपुत्रआविक्षितोमरुत्तस्तस्येदमाविक्षितं १२ । १३ । १४ । १५ । १६ । १७ ध्रुवेनक्षत्रेरोहिण्यामुत्तरा
त्रयेच अहनिवारेध्रुवेर्गविवारेउत्तरार्केऽमृतसिद्धियोगेइत्यर्थः १८ ॥ ॥ ॥ ॥

१९ । २० । २१ । २२ । २३ मूलेवंशस्याद्ये कुलेधृतराष्ट्रसमीपेइत्यर्थः २४ ॥ इत्याश्वमेधिकेपर्वणि नीलकंठीये भारतभावदीपे त्रिषष्टितमोऽध्यायः ॥ ६३ ॥ ततस्तेइति १ । २ । ३ । ४ । ५

ततोययुःपांडुसुताब्राह्मणान्स्वस्तिवाच्यच ॥ अर्चयित्वासुरश्रेष्ठंपूर्वमेवमहेश्वरम् १९ मोदकैःपायसेनाथमांसापूपैस्तथैवच ॥ आशास्यचमहात्मानंप्रययुर्मुदिताभृशम् २० तेषांप्रयास्यतांतत्रमंगलानिशुभान्यथ ॥ प्राहुःप्रहृष्टमनसोद्विजाग्र्यानागराश्चते २१ ततःप्रदक्षिणीकृत्यशिरोभिःप्रणिपत्यच ॥ ब्राह्मणानग्निसहितान्प्रययुःपांडुनंदनाः २२ समनुज्ञाप्यराजानंपुत्रशोकसमाहतम् ॥ धृतराष्ट्रंसभार्यंवैपृथांचपृथुलोचनाम् २३ मूलेनिक्षिप्यकौरव्यंयुयुत्सुंधृतराष्ट्रजम् ॥ संपूज्यमानाःपौरैश्चब्राह्मणैश्चमनीषिभिः २४ ॥ इतिश्रीमहाभारते आश्वमेधिकेपर्वणि अनुगीतापर्वणि द्रव्यानयनोपक्रमे त्रिषष्टितमोऽध्यायः ॥ ६३ ॥

॥ वैशंपायनउवाच ॥ ततस्तेप्रययुर्हृष्टाःप्रहृष्टनरवाहनाः ॥ रथघोषेणमहतापूरयंतोवसुंधराम् १ संस्तूयमानाःस्तुतिभिःसूतमागधबंदिभिः ॥ स्वेनसैन्येनसंवीतायथाऽऽदित्याःस्वरश्मिभिः २ पांडुरेणातपत्रेणध्रियमाणेनमूर्धनि ॥ बभौयुधिष्ठिरस्तत्रपौर्णमास्यामिवोडुराट् ३ जयाशिषःप्रहृष्टानांनराणांपथिपांडवः ॥ प्रत्यगृह्णाद्यथान्यायंयथावत्पुरुषर्षभः ४ तथैवसैनिकाराजन्राजानमनुयांतिये ॥ तेषांहलहलाशब्दोदिवंस्तब्ध्वाव्यतिष्ठत ५ सरांसिसरितश्चैववनान्युपवनानिच ॥ अत्यक्रामन्महाराजोगिरिंचाप्यन्वपद्यत ६ तस्मिन्देशेचराजेन्द्रयत्रतद्द्रव्यमुत्तमम् ॥ चक्रेनिवेशनंराजापांडवःसहसैनिकैः ॥ शिवेदेशेसमेचैवतदाभरतसत्तम ७ अग्रतोब्राह्मणान्कृत्वातपोविद्यादमान्वितान् ॥ पुरोहितंचकौरव्यवेदवेदांगपारगम् ॥ आग्निवेश्यंचराजानोब्राह्मणाःसपुरोधसः ८ कृत्वाशांतिंयथान्यायंसर्वशःपर्यवारयन् ॥ कृत्वातुमध्येराजानममात्यांश्चयथाविधि ९ षट्पदंनवसंख्यानंनिवेशंचक्रिरेद्विजाः ॥ मत्तानांवारणेन्द्राणांनिवेशंचयथाविधि १० कारयित्वासराजेन्द्रोब्राह्मणानिदमब्रवीत् ॥ अस्मिन्कार्येद्विजश्रेष्ठानक्षत्रेदिवसेशुभे ११ यथाभवंतोमन्यंतेकर्तुमर्हथतत्तथा ॥ ननःकालात्ययोवैस्यादिहैवपरिलंबताम् १२ इतिनिश्चित्यविप्रेन्द्राःक्रियतांयदनंतरम् ॥ श्रुत्वैतद्वचनंराज्ञोब्राह्मणाःसपुरोधसः ॥ इदमूचुर्वचोहृष्टाधर्मराजप्रियेप्सवः १३ अद्यैवनक्षत्रमहश्चपुण्यंयतामहेश्रेष्ठतमक्रियासु ॥ अंभोभिरद्येहवसामराजन्नुपोष्यतांचापिभवद्भिरद्य १४ श्रुत्वातुतेषांद्विजसत्तमानांकृतोपवासारजनींनरेन्द्राः ॥ ऊषुःप्रतीताःकुशसंस्तरेषुयथाध्वरेषुप्रज्वलिताहुताशाः १५ ततोनिशासाव्यगमन्महात्मनांसंशृण्वतांविप्रसमीरितागिरः ॥ ततःप्रभातेविमलेद्विजर्षभावचोऽब्रुवन्धर्मसुतंनराधिपम् १६ ॥ इतिश्रीमहाभारते आश्वमेधिकेपर्वणि अनुगीतापर्वणि द्रव्यानयनोपक्रमे चतुःषष्टितमोऽध्यायः ॥ ६४ ॥ ॥ ॥ ॥

६ । ७ आग्निवेश्यंधौम्यम् ८ । ९ षट्पदंषट्पदानिपदनीयानिराजमार्गाःयत्र । एकोदक्षिणोत्तरस्तस्योभयतोद्वौताहशावेव । एवंपूर्वपश्चिमेएकःतस्योभयतोऽपिद्वावेवेतिषड्राजमार्गाः । संख्यानानिसंस्थानानिनवखंडानीतियावत् । षट्पथंनवसंस्थानमितिप्राचीनपाठःस्पष्टार्थः १० । ११ । १२ । १३ । १४ । १५ । १६ ॥ इत्याश्वमे० नी० भा० चतुःषष्टितमोऽध्यायः ॥ ६४ ॥ ॥

क्रियतामिति १ । २ । ३ । ४ । ५ । ६ । ७ । ८ । ९ । १० । ११ । १२ । १३ पात्रीःमहांतिओदनोद्धरणपात्राणि करकाअल्पघटाः १४ भृंगाराणिगडुकान् वर्धमानकान्शरावाणि १५ करपुटःकर संपुटकारंद्विदलभाजनंउष्ट्रादिवाह्यं'संदूख'इतिप्रसिद्धम् १६ नद्धंउष्ट्रादीनामुपरिबद्धं तुलार्द्धंयत्रपुरुषस्यार्धमातिउभयतोमिलित्वातुलामात्रंभारःवाहनंभारस्येतिशेषः १७ । १८ । १९ षोडशाष्टावितिय

॥ ब्राह्मणाऊचुः ॥ क्रियतामुपहारोद्यत्र्यंबकस्यमहात्मनः ॥ दत्वोपहारंनृपतेततःस्वार्थंयतामहे १ श्रुत्वातुवचनंतेषांब्राह्मणानांयुधिष्ठिरः ॥ गिरीशस्ययथान्या
यमुपहारमुपाहरत् २ आज्येनतर्पयित्वाऽग्निंविधिवत्संस्कृतेनच ॥ मंत्रसिद्धंचरुंकृत्वापुरोधाःसययौतदा ३ सगृहीत्वासुमनसोमंत्रपूताजनाधिप ॥ मोदकैःपाय
सेनाथमांसैश्चोपाहरद्बलिम् ४ सुमनोभिश्चचित्राभिर्लाजैरुच्चावचैरपि ॥ सर्वंस्विष्टतमंकृत्वाविधिवद्वेदपारगः ५ किंकराणांततःपश्चाच्चकारबलिमुत्तमम् ॥ यक्षेन्द्राय
कुबेरायमणिभद्रायचैवह ६ तथाऽन्येषांचयक्षाणांभूतानांपतयश्चये ॥ कृसरेणचमांसेननिवापैस्तिलसंयुतैः ७ ओदनंकुंभशःकृत्वापुरोधाःसमुपाहरत् ॥ ब्राह्मणे
भ्यःसहस्राणिगवांदत्वातुभूमिपः ८ नक्तंचराणांभूतानांव्यादिदेशबलिंतदा ॥ धूपगंधनिरुद्धंतत्सुमनोभिश्चसंवृतम् ९ शुशुभेस्थानमत्यर्थंदेवदेवस्यपार्थिव ॥
कृत्वापूजांतुरुद्रस्यगणानांचैवसर्वशः १० ययौव्यासंपुरस्कृत्यनृपोरत्ननिधिंप्रति ॥ पूजयित्वाधनाध्यक्षंप्रणिपत्याभिवाद्यच ११ सुमनोभिर्विचित्राभिरपूपैःकृस
रेणच ॥ शंखादींश्चनिधीन्सर्वान्निधिपालांश्चसर्वशः १२ अर्चयित्वाद्विजाग्र्यान्सस्वस्तिवाच्यचवीर्यवान् ॥ तेषांपुण्याहघोषेणतेजसासमवस्थितः १३ प्रीति
मान्सकुरुश्रेष्ठःखानयामासतद्धनम् ॥ ततःपात्रीःसकरकाबहुरूपामनोरमा १४ भृंगाराणिकटाहानिकलशान्वर्धमानकान् ॥ बहूनिचविचित्राणिभाजनानिस
हस्रशः १५ उद्धारयामासतदाधर्मराजोयुधिष्ठिरः ॥ तेषांरक्षणमप्यासीन्महान्करपुटस्तथा १६ नद्धंचभाजनंराजंस्तुलार्धमभवन्नृप ॥ वाहनंपांडुपुत्रस्यतत्रा
सीत्तुविशांपते १७ षष्टिरुष्ट्रसहस्राणिशतानिद्विगुणाहयाः ॥ वारणाश्चमहाराजसहस्रशतसंमिताः १८ शकटानिरथाश्चैवतावदेवकरेणवः ॥ खराणांपुरुषाणांचप
रिसंख्यानविद्यते १९ एतद्वित्तंतदभवद्यदुद्दध्रेयुधिष्ठिरः ॥ षोडशाष्टौचतुर्विंशत्सहस्रंभारलक्षणम् २० एतेष्वादायतद्द्रव्यंपुनरभ्यर्च्यपांडवः ॥ महादेवंप्रतिययौ
पुरंनागाह्वयंप्रति २१ द्वैपायनाभ्यनुज्ञातःपुरस्कृत्यपुरोहितम् ॥ गोयुतेगोयुतेचैवन्यवसत्पुरुषर्षभः २२ सापुराभिमुखाराजन्नुवाहमहतीचमूः ॥ कच्छ्राद्द्रविण
भारार्त्ताहर्षयंतीकुरूद्वहान् २३ ॥ इतिश्रीमहाभारते अश्वमेधिकेपर्वणि अनुगीतापर्वणिद्रव्यानयने पंचषष्टितमोऽध्यायः ॥ ६५ ॥ वैशंपायनउवाच ॥ एत
स्मिन्नेवकालेतुवासुदेवोऽपिवीर्यवान् ॥ उपायाद्वृष्णिभिःसार्धंपुरंवारणसाह्वयम् १ समयंवाजिमेधस्यविदित्वापुरुषर्षभः ॥ यथोक्तोधर्मपुत्रेणप्रव्रजन्स्वपुरींप्रति २

थायोग्यम् । उष्ट्रस्यभारोऽष्टौसहस्रंसुवर्णाः । शकटस्यषोडश । गजस्यचतुर्विंशतिरित्येवंभारलक्षणं । एवंहयखरमनुष्याणांयथासंभवंयोज्यम् २० । २१ गोयुतेगोयुते भाराक्रांतवाहनत्वात्गव्यूतौगव्यूतौ । प्रत्यहंक्रोशद्वयप्रमाणमित्यर्थः २२ । २३ ॥ इत्याश्वमेधिकेपर्वणिनीलकंठीयेभारतभावदीपेपंचषष्टितमोऽध्यायः ॥ ६५ ॥ एतस्मिन्निति १ । २ ॥ ॥ ॥ ॥

२ । ४ क्षत्रियाःस्त्रियः ५ । ६ । ७ । ८ । ९ । १० । ११ । १२ । १३ । १४ । १५ । १६ । १७ । १८ । १९ । २० । २१ । २२ मातुलस्यअभिमन्युमातुलस्यकृष्णस्यतत्तु

रौक्मिणेयेनसहितोयुयुधानेनचैवह ॥ चारुदेष्णेनसांबेनगदेनकृतवर्मणा ३ सारणेनचवीरेणनिशठेनोल्मुकेनच ॥ बलदेवंपुरस्कृत्यसुभद्रासहितस्तदा ४ द्रौप
दीमुत्तरांचैवपृथांचाप्यवलोककः ॥ समाश्वासयितुंचापिक्षत्रियानिहतेश्वराः ५ तानागतान्समीक्ष्यैवधृतराष्ट्रोमहीपतिः ॥ प्रत्युज्जग्राहधर्मात्मायथान्यायंविदुरश्चमहामनाः
६ तत्रैवन्यवसत्कृष्णःस्वर्चितःपुरुषोत्तमः ॥ विदुरेणमहातेजास्तथैवचयुयुत्सुना ७ वसत्सुवृष्णिवीरेषुतत्राथजनमेजय ॥ जज्ञेतवपिताराजन्परिक्षित्परवी
रहा ८ सतुराजामहाराजब्रह्मास्त्रेणावपीडितः ॥ शवोबभूवनिश्चेष्टोहर्षशोकविवर्धनः ९ हृष्टानांसिंहनादेनजनानांतत्रनिःस्वनः ॥ प्रविश्यप्रदिशःसर्वाःपुन
रेवव्युपारमत् १० ततःसोऽतित्वरःकृष्णोविवेशांतःपुरंतदा ॥ युयुधानद्वितीयोवैव्यथितेन्द्रियमानसः ११ ततस्त्वरितमायांतींददर्शस्वांपितृष्वसाम् ॥ क्रोशं
तीमभिधावेतिवासुदेवंपुनःपुनः १२ पृष्ठतोद्रौपदींचैवसुभद्रांचयशस्विनीम् ॥ सविक्रोशंसकरुणंबांधवानांस्त्रियोनृप १३ ततःकृष्णंसमासाद्यकुंतीभोजसुता
तदा ॥ प्रोवाचराजशार्दूलबाष्पगद्गदयागिरा १४ वासुदेवमहाबाहोसुप्रजादेवकीत्वया ॥ त्वंनोगतिःप्रतिष्ठाचत्वदायत्तमिदंकुलम् १५ यदुप्रवीरयोऽयंतेस्वस्री
यस्यात्मजःप्रभो ॥ अश्वत्थाम्नाहतोजातस्तमुज्जीवयकेशव १६ त्वयाह्येतत्प्रतिज्ञातमैषीकेयदुनंदन ॥ अहंसंजीवयिष्यामिमृतंजातमितिप्रभो १७ सोऽयं
जातोमृतस्तातपश्यैनंपुरुषर्षभ ॥ उत्तरांचसुभद्रांचद्रौपदींमांचमाधव १८ धर्मपुत्रंचभीमंचफाल्गुनंनकुलंतथा ॥ सहदेवंचदुर्धर्षसर्वान्नस्त्रातुमर्हसि १९ अ
स्मिन्प्राणाःसमायत्ताःपांडवानांममैवच ॥ पांडोश्चपिंडोदाशार्हतथैवश्वशुरस्यमे २० अभिमन्योश्चभद्रंतेप्रियस्यसदृशस्यच ॥ प्रियमुत्पादयाद्यत्वंप्रेतस्यापिजना
र्दन २१ उत्तराहिपुरोक्तंवैकथयत्यरिसूदन ॥ अभिमन्योर्वचःकृष्णप्रियत्वात्तन्नसंशयः २२ अब्रवीत्किलदाशार्हवैराटीमार्जुनिस्तदा ॥ मातुलस्यकुलंभद्रेतवपुत्रो
गमिष्यति २३ गत्वावृष्ण्यंधककुलंधनुर्वेदंग्रहीष्यति ॥ अस्त्राणिचविचित्राणिनीतिशास्त्रंचकेवलम् २४ इत्येतत्प्रणयात्तातसौभद्रःपरवीरहा ॥ कथयामासदुर्ध
र्षस्तथाचैतन्नसंशयः २५ तास्त्वांवयंप्रणम्येहयाचामोमधुसूदन ॥ कुलस्यास्यहितार्थंतंकुरुकल्याणमुत्तमम् २६ एवमुक्त्वातुवार्ष्णेयंपृथापृथुललोचना ॥
उच्छ्रित्यबाहूदुःखार्तास्ताश्चान्याःप्रापतन्भुवि २७ अब्रुवंश्चमहाराजसर्वाःसास्राविलेक्षणाः ॥ स्वस्रीयोवासुदेवस्यमृतोजातइतिप्रभो २८ एवमुक्तेततःकुंतींप
र्यगृह्णाज्जनार्दनः ॥ भूमौनिपतितांचैनांसांत्वयामासभारत २९ ॥ इतिश्रीमहा० आश्व० पर्वणि अनु० परिक्षिज्जन्मकथने षट्षष्टितमोऽध्यायः ॥ ६६ ॥ ॥
॥ वैशंपायनउवाच ॥ उत्थितायांपृथायांतुसुभद्राभ्रातरंतदा ॥ दृष्ट्वाचुक्रोशदुःखार्तावचनंचेदमब्रवीत् १ ॥ ॥

ल्यपराक्रमस्तदधीनश्चेत्यर्थः २३ । २४ । २५ । २६ । २७ । २८ । २९ ॥ इत्याश्वमेधिकेपर्वणिनीलकंठीयेभारतभावदीपेषट्षष्टितमोऽध्यायः ॥ ६६ ॥ ॥ ॥ ॥ उत्थितामिति १

२ । ३ । ४ । ५ । ६ । ७ । ८ । ९ । १० । ११ । १२ । १३ । १४ । १५ । १६ । १७ । १८ । १९ ॥ इत्याश्वमेधिकेपर्वणि नीलकंठीये भारतभावदीपे सप्तषष्टितमोऽध्यायः ॥ ६७ ॥ एवमुक्तइति
पुंडरीकाक्षपश्यत्वंपौत्रंपार्थस्यधीमतः ॥ परिक्षीणेषुकुरुषुपरिक्षीणंगतायुषम् २ इषीकाद्रोणपुत्रेणभीमसेनार्थमुद्यता ॥ सोत्तरायांनिपतिताविजयेमयिचैवह ३
सेयंविदीर्णहृदयेमयितिष्ठतिकेशव ॥ यन्नपश्यामिदुर्धर्षसहपुत्रंतुतंप्रभो ४ किंनुवक्ष्यतिधर्मात्माधर्मराजोयुधिष्ठिरः ॥ भीमसेनार्जुनौचापिमाद्रवत्याःसुतौचतौ
५ श्रुत्वाऽभिमन्योस्तनयंजातंचमृतमेवच ॥ मुषिताइववार्ष्णेयद्रोणपुत्रेणपांडवाः ६ अभिमन्युःप्रियःकृष्णभ्रातॄणांनात्रसंशयः ॥ तेश्रुत्वाकिंनुवक्ष्यंतिद्रो
णपुत्रास्त्रनिर्जिताः ७ भविताऽतःपरंदुःखंकिंतदन्यज्जनार्दन ॥ अभिमन्योःसुतात्कृष्णमृताज्जातादरिंदम ८ साऽहंप्रसादयेकृष्णत्वामद्यशिरसानता ॥ पृथेयं
द्रौपदीचैवताःपश्यपुरुषोत्तम ९ यदाद्रोणसुतोगर्भान्पांडूनांहंतिमाधव ॥ तदाकिलत्वयाद्रौणिःक्रुद्धेनोक्तोऽरिमर्दन १० अकामंत्वांकरिष्यामिब्रह्मबंधोनराध
म ॥ अहंसंजीवयिष्यामिकिरीटितनयात्मजम् ११ इत्येतद्वचनंश्रुत्वाजानानाऽहंबलंतव ॥ प्रसादयेत्वांदुर्धर्षजीवतामभिमन्युजः १२ यद्येतत्त्वंप्रतिश्रुत्यन
करोषिवचःशुभम् ॥ सकलंवृष्णिशार्दूलमृतांमामवधारय १३ अभिमन्योःसुतोवीरनसंजीवतियद्ययम् ॥ जीवतित्वयिदुर्धर्षकिंकरिष्याम्यहंत्वया १४ सं
जीवयैनंदुर्धर्षमृतंत्वमभिमन्युजम् ॥ सदृशाक्षसुतंवीरसस्यंवर्षन्निवांबुदः १५ त्वंहिकेशवधर्मात्मासत्यवान्सत्यविक्रमः ॥ सतांवाचमृतांकर्तुमर्हसित्वमरिंदम
१६ इच्छन्नपिहिलोकांस्त्रीन्जीवयेथामृतानिमान् ॥ किंपुनर्दयितंजातंस्वस्रीयस्यात्मजंमृतम् १७ प्रभावज्ञाऽस्मितेकृष्णतस्मात्त्वांयाचयाम्यहम् ॥ कुरुष्व
पांडुपुत्राणामिमंपरमनुग्रहम् १८ स्वसेतिवामहाबाहोहतपुत्रेतिवापुनः ॥ प्रपन्नामामियंचेतिदयांकर्तुमिहार्हसि १९ ॥ इतिश्रीमहाभारते आश्वमेधिकेपर्वणि
अनुगीतापर्वणि सुभद्रावाक्ये सप्तषष्टितमोऽध्यायः ॥ ६७ ॥ ॥ वैशंपायनउवाच ॥ एवमुक्तस्तुराजेन्द्रकेशिहादुःखमूर्छितः ॥ तथेतिव्याजहारोच्चैर्ह्लादयन्नि
वतंजनम् १ वाक्येनैतेनहितदातंजनंपुरुषर्षभः ॥ ह्लादयामाससविभुर्घर्मार्तंसलिलैरिव २ ततःसप्राविशत्तूर्णंजन्मवेश्मपितुस्तव ॥ अर्चितंपुरुषव्याघ्रसितै
र्माल्यैर्यथाविधि ३ अपांकुंभैःसुपूर्णैश्चविन्यस्तैःसर्वतोदिशम् ॥ घृतेनतिंदुकालातैःसर्षपैश्चमहाभुज ४ अस्त्रैश्चविमलैर्न्यस्तैःपावकैश्चसमंततः ॥ वृद्धाभिश्चा
पिरामाभिःपरिचारार्थमावृतम् ५ दक्षैश्चपरितोधीरभिषग्भिःकुशलैस्तथा ॥ ददर्शचसतेजस्वीरक्षोघ्नान्यपिसर्वशः ६ द्रव्याणिस्थापितानिस्मविधिवत्कुशलै
र्जनैः ॥ तथायुक्तंचतद्दृष्ट्वाजन्मवेश्मपितुस्तव ७ हृष्टोऽभवद्धृषीकेशःसाधुसाध्वितिचाब्रवीत् ॥ तथाब्रुवतिवार्ष्णेयेप्रहृष्टवदनेतदा ८ द्रौपदीत्वरितागत्वावै
राटींवाक्यमब्रवीत् ॥ अयमायातितेभद्रेश्वशुरोमधुसूदनः ९ पुराणर्षिरचिंत्यात्मासमीपमपराजितः ॥ साऽपिबाष्पकलांवाचंनिगृह्याश्रूणिचैवह १० सु
संवीताऽभवद्देवीदेववत्कृष्णमीयुषी ॥ सातथादूयमानेनहृदयेनतपस्विनी ११ ॥ ॥ ॥
१ । २ । ३ घृतेनसिक्तैरिनिशेषः ४ । ५ । ६ । ७ । ८ । ९ । १० । ११ ॥ ॥ ॥ ॥

१२ । १३ । १४ । १५ । १६ । १७ । १८ । १९ । २० । २१ । २२ । २३ । २४ ॥ इत्याश्वमेधिकेपर्वणिनीलकंठीयेभारतभावदीपे अष्टषष्टितमोऽध्यायः ॥ ६८ ॥ ॥ सैवमिति

दृष्ट्वागोविंदमायांतंकृपणंपर्यदेवयत् ॥ पुंडरीकाक्षपश्यावांबालेनहिविनाकृतौ ॥ अभिमन्युंचमांचैवहतौतुल्यंजनार्दन १२ वार्ष्णेयमधुहन्वीरशिरसात्वांप्रसाद
ये ॥ द्रोणपुत्रास्त्रनिर्दग्धंजीवयैनंममात्मजम् १३ यदिस्मधर्मराज्ञावाभीमसेनेनवापुनः ॥ त्वयावापुंडरीकाक्षवाक्यमुक्तमिदंभवेत् १४ अजानतीमिषीकेयंजनि
त्रींहंत्वितिप्रभो ॥ अहमेवविनष्टास्यांनैतदेवंगतेभवेत् १५ गर्भस्थस्यास्यबालस्यब्रह्मास्त्रेणनिपातनम् ॥ कृत्वानृशंस्यंदुर्बुद्धिर्द्रौणिःकिंफलमश्नुते १६ सात्वां
प्रसाद्यशिरसायाचेशत्रुनिबर्हणम् ॥ प्राणांस्त्यक्ष्यामिगोविंदनाऽयंसंजीवतेयदि १७ अस्मिन्हिबहवःसाधोयेममासन्मनोरथाः ॥ तेद्रोणपुत्रेणहताःकिंनुजीवा
मिकेशव १८ आसीन्मममतिःकृष्णपुत्रोत्संगाजनार्दन ॥ अभिवादयिष्येहृष्टेतितदिदंवितथीकृतम् १९ चपलाक्षस्यदायादेमृतेऽस्मिन्पुरुषर्षभ ॥ विफला
मेकृताःकृष्णहृदिसर्वेमनोरथाः २० चपलाक्षःकिलातीवप्रियस्तेमधुसूदन ॥ सुतंपश्यत्वमस्यैनंब्रह्मास्त्रेणनिपातितम् २१ कृतघ्नोऽयंनृशंसोऽयंयथाऽस्यज
नकस्तथा ॥ यःपांडवींश्रियंत्यक्त्वागतोऽद्ययमसादनम् २२ मयाचैतत्प्रतिज्ञातंरणमूर्धनिकेशव ॥ अभिमन्यौहतेवीरत्वामेष्याम्यचिरादिति २३ तच्चनाक
रवंकृष्णनृशंसाजीवितप्रिया ॥ इदानींमांगतांतत्रकिंनुवक्ष्यतिफाल्गुनिः २४ ॥ इतिश्रीमहाभारतेआश्वमेधिकेपर्वणि अनुगीतापर्वणि उत्तरावाक्येअष्टषष्टित
मोऽध्यायः ॥ ६८ ॥ ॥ वैशंपायनउवाच ॥ सैवंविलप्यकरुणंसोन्मादेवतपस्विनी ॥ उत्तरान्यपतद्भूमौकृपणापुत्रगृद्धिनी १ तांतुदृष्ट्वानिपतितांहतपुत्र
परिच्छदाम् ॥ चुक्रोशकुंतीदुःखार्तासर्वाश्चभरतस्त्रियः २ मुहूर्तमिवराजेन्द्रपांडवानांनिवेशनम् ॥ अप्रेक्षणीयमभवदार्तस्वनविनादितम् ३ सामुहूर्तंचराजेन्द्रपुत्रशो
काऽभिपीडिता ॥ कश्मलाभिहतावीरवैराटीत्वभवत्तदा ४ प्रतिलभ्यतुसासंज्ञामुत्तराभरतर्षभ ॥ अंकमारोप्यतंपुत्रमिदंवचनमब्रवीत् ५ धर्मज्ञस्यसुतःसत्व
मधर्मंनावबुध्यसे ॥ यस्त्वंवृष्णिप्रवीरस्यकुरुषेनाभिवादनम् ६ पुत्रगत्वाममवचोब्रूयास्त्वंपितरंत्विदम् ॥ दुर्मरंप्राणिनांवीरकालेप्राप्तेकथंचन ७ याऽहंत्वयाविनाऽ
द्येहपत्यापुत्रेणचैवह ॥ मर्तव्येसतिजीवामिहतस्वस्तिरकिंचना ८ अथवाधर्मराज्ञाऽहमनुज्ञातामहाभुज ॥ भक्षयिष्येविषंघोरंप्रवेक्ष्येवाहुताशनम् ९ अथवादुर्मरंतात
यदिदंमेसहस्रधा ॥ पतिपुत्रविहीनायाहृदयंनविदीर्यते १० उत्तिष्ठपुत्रपश्येमांदुःखितांप्रपितामहीम् ॥ आर्तामुपप्लुतांदीनांनिमग्नांशोकसागरे ११ आर्यांचपश्यपांचा
लींसात्वतींचतपस्विनीम् ॥ मांचपश्यसुदुःखार्तांव्याधविद्धांमृगीमिव १२ उत्तिष्ठपश्यवदनंलोकनाथस्यधीमतः ॥ पुंडरीकपलाशाक्षंपुरेवचपलेक्षणम् १३ एवंविप्रल
१७ पंतींतुदृष्ट्वानिपतितांपुनः ॥ उत्तरांतांस्त्रियःसर्वाःपुनरुत्थापयंस्ततः १४ उत्थायचपुनर्धैर्यात्तदामत्स्यपतेःसुता ॥ प्रांजलिःपुंडरीकाक्षंभूमावेवाभ्यवादयत् १५

१ । २ । ३ । ४ । ५ । ६ । ७ । ८ । ९ । १० । ११ । १२ पुरायथाचपलेक्षणमभिमन्युमहंपश्यामितथापुंडरीकपलाशाक्षंकृष्णंपश्येतिसंबंधः १३ । १४ । १५ ॥ ॥

१६ । १७ । १८ । १९ । २० । २१ ॥ इत्याश्वमेधिकेपर्वणि नीलकंठीये भारतभावदीपे ऊनसप्ततितमोऽध्यायः ॥ ६९ ॥ ॥ ॥ ब्रह्मास्त्रमिति १ । २ । ३ । ४ वाचयामासुः

॥ ४९ ॥ श्रुत्वासतस्याविपुलंविलापंपुरुषर्षभः ॥ उपस्पृश्यततःकृष्णोब्रह्मास्त्रंप्रत्यसंहरत् १६ प्रतिजज्ञेचदाशार्हस्तस्यजीवितमच्युतः ॥ अब्रवीच्चविशुद्धात्मासर्वंविश्राव अ०
यन्जगत् १७ नब्रवीम्युत्तरेमिथ्यासत्यमेतद्भविष्यति ॥ एषसंजीवयाम्येनंपश्यतांसर्वदेहिनाम् १८ नोक्तपूर्वंमयामिथ्यास्वैरेष्वपिकदाचन ॥ नचयुद्धात्परा
वृत्तस्तथासंजीवतामयम् १९ यथामेदयितोधर्मोब्राह्मणश्चविशेषतः ॥ अभिमन्योःसुतोजातोमृतोजीवत्वयंतथा २० यथाऽहंनाभिजानामिविजयेतुकदाचन ॥ ॥ ७० ॥
विरोधंतेनसत्येनमृतोजीवत्वयंशिशुः २१ यथासत्यंचधर्मश्चमयिनित्यंप्रतिष्ठितौ ॥ तथामृतःशिशुरयंजीवतादभिमन्युजः २२ यथाकंसश्चकेशीचधर्मेणनिहतौ
मया ॥ तेनसत्येनबालोयंपुनःसंजीवतामयम् २३ इत्युक्तोवासुदेवेनसबालोभरतर्षभ ॥ शनैःशनैर्महाराजप्रास्पंदतसचेतनः २४ ॥ इतिश्रीम० आश्व०पर्व
णिअनुगीतापर्वणिपरीक्षित्संजीवनेऊनसप्ततितमोऽध्यायः ॥ ६९ ॥ वैशंपायनउवाच ॥ ब्रह्मास्त्रंतुयदाराजन्कृष्णेनप्रतिसंहृतम् ॥ तदातद्वेश्मत्वत्पित्रातेजसा
ऽभिविदीपितम् १ ततोरक्षांसिसर्वाणिनेशुस्त्यक्त्वागृहंतुतत् ॥ अंतरिक्षेचवागासीत्साधुकेशवसाध्विति २ तदस्त्रंज्वलितंचापिपितामहमगात्तदा ॥ ततःप्रा
णान्पुनर्लेभेपितातवनरेश्वर ३ व्यचेष्टतचबालोऽसौयथोत्साहंयथाबलम् ॥ बभूवुर्मुदिताराजंस्ततस्ताभरतस्त्रियः ४ ब्राह्मणावाचयामासुर्गोविन्दस्यैवशासनात् ॥
ततस्तामुदिताःसर्वाःप्रशशंसुर्जनार्दनम् ५ स्त्रियोभरतसिंहानांनावंलब्ध्वेवपारगाः ॥ कुंतीद्रुपदपुत्रीचसुभद्राचोत्तरातथा ६ स्त्रियश्चान्यान्नृसिंहानांबभूवुर्हृष्ट
मानसाः ॥ तत्रमल्लानटाश्चैवग्रंथिकाःसौख्यशायिकाः ७ सूतमागधसंघाश्चाप्यस्तुवंस्तंजनार्दनम् ॥ कुरुवंशस्तवाख्याभिराशीर्भिर्भरतर्षभ ८ उत्थायतुय
थाकालमुत्तरायदुनंदनम् ॥ अभ्यवादयतप्रीतासहपुत्रेणभारत ९ तस्यकृष्णोददौहृष्टोबहुरत्नंविशेषतः ॥ तथाऽन्येवृष्णिशार्दूलानामचास्याकरोत्प्रभुः १०
पितुस्तवमहाराजसत्यसंधोजनार्दनः ॥ परिक्षीणेकुलेयस्माज्जातोयमभिमन्युजः ११ परिक्षिदितिनामास्यभवत्वित्यब्रवीत्तदा ॥ सोऽवर्धतयथाकालंपितात
वजनाधिप १२ मनःप्रह्लादनश्चासीत्सर्वलोकस्यभारत ॥ मासजातस्तुतेवीरपितामवतिभारत १३ अथाजग्मुःसुबहुलंरत्नमादायपांडवाः ॥ तान्समीपग
तान्श्रुत्वानिर्ययुर्वृष्णिपुंगवाः १४ अलंचक्रुश्चमाल्यौघैःपुरुषानागसाह्वयम् ॥ पताकाभिर्विचित्राभिर्ध्वजैश्चविविधैरपि १५ वेश्मानिसमलंचक्रुःपौराश्चापिज
नेश्वर ॥ देवतायतनानांचपूजाःसुविविधास्तथा १६ संदिदेशाथविदुरःपांडुपुत्रप्रियेप्सया ॥ राजमार्गाश्चतत्रासन्सुमनोभिरलंकृताः १७ ॥

स्वस्तीतिशेषः ५ । ६ ग्रंथिकाःदैवज्ञाः 'ग्रंथिकस्तुकरीरेस्याद्दैवज्ञेगुग्गुलुद्रुमे'इतिविश्वलोचनः। सुखावहंसौख्यंशयनमितिपृच्छंतितेसौख्यशायनिकाः । पृच्छतौसुस्नातादिभ्यइतिठक्अनुशतिकादिः ७
कुरुवंशस्यस्तवमाचक्षतेताभिःकुरुवंशस्तवाख्याभिः ८ । ९ । १० । ११ । १२ । १३ । १४ । १५ । १६ । १७ ॥ ॥ ॥

१८ । १९ । २० । २१ ॥ इत्याश्वमेधिके पर्वणि नीलकंठीये भारतभावदीपे सप्ततितमोऽध्यायः ॥ ७० ॥ ॥ ॥ ॥ तान्समीपगतानिति १ । २ । ३ द्यावापृथिव्योःसंबं

शुशुभेतत्पुरंचापिसमुद्रौघनिभस्वनम् ॥ नर्तकैश्चापिनृत्यद्भिर्गायकानांचनिःस्वनैः १८ आसीद्वैश्रवणस्येवनिवासस्तत्पुरंतदा ॥ बंदिभिश्चनरैराजन्स्त्रीसहायैश्चसर्वशः १९ तत्रतत्रविविक्तेषुसमंतादुपशोभितम् ॥ पताकाधूयमानाश्चसमंतान्मातरिश्वना २० अदर्शयन्निवतदाकुरून्वैदक्षिणोत्तरान् ॥ अघोषयंस्तदाचापिपुरुषाराजधूर्गताः ॥ सर्वरात्रविहारोऽद्यरत्नाभरणलक्षणः २१ ॥ इति श्रीमहाभारते आश्वमेधिकेपर्वणि अनुगीतापर्वणि पांडवागमने सप्ततितमोऽध्यायः ॥ ७० ॥ ॥ ॥ वैशंपायनउवाच ॥ तान्समीपगतान्श्रुत्वापांडवान्शत्रुकर्शनः ॥ वासुदेवःसहामात्यःप्रययौससुहृद्गणः १ तेसमेत्ययथान्यायंप्रत्युद्याताददिदृक्षया ॥ तेसमेत्ययथाधर्मंपांडवावृष्णिभिःसह २ विविशुःसहिताराजन्पुरंवारणसाह्वयम् ॥ महतस्तस्यसैन्यस्यखुरनेमिस्वनेनह ३ द्यावापृथिव्योःखंचैवसर्वमासीत्समावृतम् ॥ तेकोशानग्रतःकृत्वाविविशुःस्वपुरंतदा ४ पांडवाःप्रीतमनसःसामात्याःससुहृद्गणाः ॥ तेसमेत्ययथान्यायंधृतराष्ट्रंजनाधिपम् ५ कीर्तयंतःस्वनामानितस्यपादौववंदिरे ॥ धृतराष्ट्रादनुचतेगांधारींसुबलात्मजाम् ६ कुंतींचराजशार्दूलतदाभरतसत्तम ॥ विदुरंपूजयित्वाचवैश्यापुत्रंसमेत्यच ७ पूज्यमानाःस्मतेवीराव्यरोचंतविशांपते ॥ ततस्तत्परमाश्चर्यंविचित्रंमहदद्भुतम् ८ शुश्रुवुस्तेतदावीराःपितुस्तेजन्मभारत ॥ तदुपश्रुत्यतत्कर्मवासुदेवस्यधीमतः ९ पूजार्हंपूजयामासुःकृष्णंदेवकिनंदनम् ॥ ततःकतिपयाहस्यव्यासःसत्यवतीसुतः १० आजगाममहातेजानगरंनागसाह्वयम् ॥ तस्यसर्वेयथान्यायंपूजांचक्रुःकुरूद्वहाः ११ सहवृष्ण्यंधकव्याघ्रैरुपासांचक्रिरेतदा ॥ तत्रनानाविधाकाराःकथाःसमभिकीर्त्यवै १२ युधिष्ठिरोधर्मसुतोव्यासंवचनमब्रवीत् ॥ भवत्प्रसादाद्भगवन्यदिदंरत्नमाहृतम् १३ उपयोक्तुंतदिच्छामिवाजिमेधेमहाक्रतौ ॥ तमनुज्ञातुमिच्छामिभवतामुनिसत्तम ॥ त्वदधीनावयंसर्वेकृष्णस्यचमहात्मनः १४ ॥ व्यासउवाच ॥ अनुजानामिराजंस्त्वांक्रियतांयदनंतरम् ॥ यजस्ववाजिमेधेनविधिवद्दक्षिणावता १५ अश्वमेधोहिराजेन्द्रपावनःसर्वपाप्मनाम् ॥ तेनेष्ट्वात्वंविपाप्मावैभवितानात्रसंशयः १६ ॥ वैशंपायनउवाच ॥ इत्युक्तःसतुधर्मात्माकुरुराजोयुधिष्ठिरः ॥ अश्वमेधस्यकौरव्यचकाराहरणेमतिम् १७ समनुज्ञाप्यतत्सर्वंकृष्णद्वैपायनंनृपः ॥ वासुदेवमथाभ्येत्यवाग्मीवचनमब्रवीत् १८ देवकीसुप्रजादेवीत्वयापुरुषसत्तम ॥ यद्ब्रूयांत्वांमहाबाहोतत्कृथास्त्वमिहाच्युत १९ त्वत्प्रभावार्जितान्भोगानश्नीमयदुनंदन ॥ पराक्रमेणबुद्ध्याचत्वयेयंनिर्जितामही २० दीक्षयस्वत्वमात्मानंत्वंहिनःपरमोगुरुः ॥ त्वयीष्टवतिदाशार्हविपाप्माभविताह्यहम् २१ त्वंहियज्ञोऽक्षरःसर्वस्त्वंधर्मस्त्वंप्रजापतिः ॥ त्वंगतिःसर्वभूतानामितिमेनिश्चितामतिः २२ ॥

भिवमाकाशमवकाशयितियावत् ४ । ५ । ६ वैश्यापुत्रंयुयुत्सुम् ७ । ८ । ९ । १० । ११ । १२ । १३ । १४ । १५ पावनःनाशकः १६ । १७ । १८ । १९ । २० । २१ । २२

२३ । २४ । २५ । २६ ॥ इत्याश्वमेधिके पर्वणि नीलकंठीये भारतभावदीपे एकसप्ततितमोऽध्यायः ॥ ७१ ॥ ॥ ॥ ॥ एवमुक्तइति १ । २ । ३ । ४ । ५ । ६ । ७ । ८ । ९

॥ वासुदेवउवाच ॥ त्वमेवैतन्महाबाहोवक्तुमर्हस्यरिंदम ॥ त्वंगतिःसर्वभूतानामितिमेनिश्चितामतिः २३ त्वंचाद्यकुरुवीराणांधर्मेणहिविराजसे ॥ गुणीभूताः
स्मतेराजंस्त्वंनोराजागुरुर्मतः २४ यजस्वमदनुज्ञातःप्राप्यएषक्रतुस्त्वया ॥ युनक्तुनोभवान्कार्येयत्रवांछसिभारत २५ सत्यंतेप्रतिजानामिसर्वंकर्तास्मितेऽ
नघ ॥ भीमसेनार्जुनौचैवतथामाद्रवतीसुतौ ॥ इष्टवंतोभविष्यंतित्वयीष्टवतिपार्थिवे २६ ॥ इतिश्रीमहाभारतेआश्वमेधिकेपर्वणिअनुगीतापर्वणिकृष्णव्यासा
नुज्ञायांएकसप्ततितमोऽध्यायः ॥ ७१ ॥ वैशंपायनउवाच ॥ एवमुक्तस्तुकृष्णेनधर्मपुत्रोयुधिष्ठिरः ॥ व्यासमामंत्र्यमेधावीततोवचनमब्रवीत् १ यदाकालं
भवान्वेत्तिहयमेधस्यतत्त्वतः ॥ दीक्षयस्वतदामांत्वंत्वय्यायत्तोहिमेक्रतुः २ ॥ व्यासउवाच ॥ अहंपैलोऽथकौन्तेययाज्ञवल्क्यस्तथैवच ॥ विधानंयद्यथाकालं
तत्कर्तारोनसंशयः ३ चैत्र्यांहिपौर्णमास्यांतुतवदीक्षाभविष्यति ॥ संभाराःसंभ्रियंतांचयज्ञार्थंपुरुषर्षभ ४ अश्वविद्याविदश्चैवसूताविप्राश्चतद्विदः ॥ मेध्यम
श्वंपरीक्षंतांतवयज्ञार्थसिद्धये ५ तमुत्सृजयथाशास्त्रंपृथिवींसागरांबराम् ॥ सपर्येतुयशोदीप्तंतवपार्थिवदर्शयन् ६ ॥ वैशंपायनउवाच ॥ इत्युक्तःसतथेत्युक्त्वा
पांडवःपृथिवीपतिः ॥ चकारसर्वंराजेन्द्रयथोक्तंब्रह्मवादिना ७ संभाराश्चैवराजेन्द्रसर्वेसंकल्पिताऽभवन् ॥ ससंभारान्समाहृत्यनृपोधर्मसुतस्तदा ८ न्यवेदयदमे
यात्माकृष्णद्वैपायनायवै ॥ ततोऽब्रवीन्महातेजाव्यासोधर्मात्मजंनृपम् ९ यथाकालंयथायोगंसज्जाःस्मतवदीक्षणे ॥ स्फ्यश्चकूर्चश्चसौवर्णोयच्चान्यदपिकौरव
१० तत्रयोग्यंभवेत्किंचित्रौक्मंतत्क्रियतामिति ॥ अश्वश्चोत्सृज्यतामद्यपृथ्व्यामथयथाक्रमम् ॥ सुगुप्तंचरतांचापियथाशास्त्रंयथाविधि ११ ॥ युधिष्ठिरउ
वाच ॥ अयमश्वोयथाब्रह्मन्नुत्सृष्टःपृथिवीमिमाम् ॥ चरिष्यतियथाकामंतत्रवैसंविधीयताम् १२ पृथिवींपर्यटन्तंहितुरगंकामचारिणम् ॥ कःपालयेदितिमुनेत
द्भवान्वक्तुमर्हति १३ ॥ वैशंपायनउवाच ॥ इत्युक्तःसतुराजेन्द्रकृष्णद्वैपायनोऽब्रवीत् ॥ भीमसेनादवरजःश्रेष्ठःसर्वधनुष्मताम् १४ जिष्णुःसहिष्णुर्धृष्णुश्च
सएनंपालयिष्यति ॥ शक्तःसहिमहींजेतुंनिवातकवचांतकः १५ तस्मिन्ह्यस्त्राणिदिव्यानिदिव्यंसंहननंतथा ॥ दिव्यंधनुश्चेषुधीचसएनमनुयास्यति १६
सहिधर्मार्थकुशलःसर्वविद्याविशारदः ॥ यथाशास्त्रंनृपश्रेष्ठचारयिष्यतितेहयम् १७ राजपुत्रोमहाबाहुःश्यामोराजीवलोचनः ॥ अभिमन्योःपितावीरःसएनं
पालयिष्यति १८ भीमसेनोऽपितेजस्वीकौन्तेयोऽमितविक्रमः ॥ समर्थोरक्षितुंराष्ट्रंनकुलश्चविशांपते १९ सहदेवस्तुकौरव्यसमाधास्यतिबुद्धिमान् ॥ कुटुंबतं
त्रंविधिवत्सर्वमेवमहायशाः २० तत्तुसर्वंयथान्यायमुक्तःकुरुकुलोद्वहः ॥ चकारफाल्गुनंचापिसंदिदेशहयंप्रति २१ ॥ ॥ ॥ ॥ ७० ॥

स्फ्यः काष्ठखड्गः सचात्रसौवर्णः कूर्चआसनार्थंकुशमुष्टिः सोऽप्यत्रसौवर्णः १० सुगुप्तंसुरक्षितंयथास्यात्तथा ११ । १२ । १३ । १४ । १५ । १६ । १७ । १८ । १९ । २० । २१

२२ । २३ । २४ । २५ । २६ ॥ इतिश्रीमहाभारते आश्वमेधिकेपर्वणि नीलकंठीये भारतभावदीपे द्विसप्ततितमोऽध्यायः ॥ ७२ ॥ ॥ दीक्षेति १ पशुबंधानश्वमेधस्यारंभणीयरूपान् २ । ३

॥ युधिष्ठिरउवाच ॥ एह्यर्जुनत्वयावीरहयोऽयंपरिपाल्यताम् ॥ त्वमर्होरक्षितुंह्येनंनान्यःकश्चनमानवः २२ येचापित्वांमहाबाहोप्रत्युद्यांतिनराधिपाः ॥ तैर्विग्र
होयथानस्यात्तथाकार्यंत्वयाऽनघ २३ आख्यातव्यश्चभवतायज्ञोऽयंममसर्वशः ॥ पार्थिवेभ्योमहाबाहोसमयेगम्यतामिति २४ ॥ वैशंपायनउवाच ॥ एव
मुक्त्वासधर्मात्माभ्रातरंसव्यसाचिनम् ॥ भीमंचनकुलंचैवपुरगुप्तौसमादधत् २५ कुटुंबतंत्रेचतदासहदेवंयुधांपतिम् ॥ अनुमान्यमहीपालंधृतराष्ट्रंयुधिष्ठिरः २६
॥ इतिश्रीम० आ० प० अनु यज्ञसामग्रीसंपादने द्विसप्ततितमोऽध्यायः ॥ ७२ ॥ वैशंपायनउवाच ॥ दीक्षाकालेतुसंप्राप्तेततस्तेसुमहर्त्विजः ॥ विधिवद्दी
क्षयामासुरश्वमेधायपार्थिवम् १ कृत्वासपशुबंधांश्चदीक्षितःपांडुनंदनः ॥ धर्मराजोमहातेजाःसहर्त्विग्भिर्व्यरोचत २ हयश्चहयमेधार्थंस्वयंसब्रह्मवादिना ॥
उत्सृष्टःशास्त्रविधिनाव्यासेनामिततेजसा ३ सराजाधर्मराड्राजन्दीक्षितोविबभौतदा ॥ हेममालीरुक्मकंठःप्रदीप्तइवपावकः ४ कृष्णाजिनीदंडपाणिःक्षौमवा
साःसधर्मजः ॥ विबभौद्युतिमान्भूयःप्रजापतिरिवाध्वरे ५ तथैवास्यर्त्विजःसर्वेतुल्यवेषाविशांपते ॥ बभूवुरर्जुनश्चापिप्रदीप्तइवपावकः ६ श्वेताश्वःकृष्णसारं
तंससाराश्वंधनंजयः ॥ विधिवत्पृथिवीपालधर्मराजस्यशासनात् ७ विक्षिपन्गांडिवंराजन्बद्धगोधांगुलित्रवान् ॥ तमश्वंपृथिवीपालमुदायुक्तःससारच ८ आ
कुमारंतदाराजन्नागमत्तत्पुरंविभो ॥ द्रष्टुकामंकुरुश्रेष्ठंप्रयास्यंतंधनंजयम् ९ तेषामन्योन्यसंमर्दादूष्मेवसमजायत ॥ दिदृक्षूणांहयंतंचतंचैवहयसारिणम् १०
ततःशब्दोमहाराजदिशःखंप्रतिपूरयन् ॥ बभूवप्रेक्षतांनृणांकुंतीपुत्रंधनंजयम् ११ एषगच्छतिकौन्तेयस्तुरगश्चैवदीप्तमान् ॥ यमन्वेतिमहाबाहुःसंस्पृशन्धनुरुत्तमम् १२
एवंशुश्राववदतांगिरोजिष्णुरुदारधीः ॥ स्वस्तितेऽस्तुव्रजारिष्टंपुनश्चैहीतिभारत १३ अथापरेमनुष्येन्द्रपुरुषावाक्यमब्रुवन् ॥ नैनंपश्यामसंमर्देधनुरेतत्प्रदृश्यते १४
एतद्धिभीमनिर्ह्रादंविश्रुतंगांडिवंधनुः ॥ स्वस्तिगच्छत्वरिष्टोवैपंथानमकुतोभयम् १५ निवृत्तमेनंद्रक्ष्यामःपुनरेष्यतिचध्रुवम् ॥ एवमाद्यामनुष्याणांस्त्रीणांचभर
तर्षभ १६ शुश्रावमधुरावाचःपुनःपुनरुदारधीः ॥ याज्ञवल्क्यस्यशिष्यश्चकुशलोयज्ञकर्मणि १७ प्रायात्पार्थेनसहितःशांत्यर्थंवेदपारगः ॥ ब्राह्मणाश्चमहीपा
लबहवोवेदपारगाः १८ अनुजग्मुर्महात्मानंक्षत्रियाश्चविशांपते ॥ विधिवत्पृथिवीपालधर्मराजस्यशासनात् १९ पांडवैःपृथिवीमश्वोनिर्जितामस्त्रतेजसा ॥
चचारसमहाराजयथादेशंचसत्तम २० तत्रयुद्धानिवृत्तानियान्यासन्पांडवस्यह ॥ तानिवक्ष्यामितेवीरविचित्राणिमहांतिच २१ सहयःपृथिवींराजन्प्रदक्षिण
मवर्तत ॥ ससारोत्तरतःपूर्वंतन्निबोधमहीपते २२ अवमृद्नन्सराष्ट्राणिपार्थिवानांहयोत्तमः ॥ शनैस्तदापरिययौश्वेताश्वश्चमहारथः २३ ॥ ॥

४ । ५ । ६ । ७ । ८ । ९ । १० । ११ । १२ । १३ । १४ । १५ । १६ शिष्यःसोमश्रवाः १७ । १८ । १९ । २० । २१ । २२ । २३ ॥ ॥ ॥

म.भा.टी॰ ॥ ५१ ॥

२४ । २५ । २६ । २७ यानितूभयतइति क्षुद्राणितुउपेक्षितानीत्यर्थः २८ ॥ ॥ इत्याश्वमेधिकेपर्वणि नीलकंठीये भारतभावदीपे त्रिसप्ततितमोऽध्यायः ॥ ७३ ॥ ॥ त्रिगर्त्तैरिति । महारथत्वे

तत्रसंगणनानास्तिराज्ञामयुतशस्तदा ॥ येऽयुद्ध्यंतमहाराजक्षत्रियाहतबांधवाः २४ किरातायवनाराजन्बहवोऽसिधनुर्धराः ॥ म्लेच्छाश्चान्येबहुविधाः पूर्वंयेनिकृतारणे २५ आर्याश्चपृथिवीपालाःप्रहृष्टनरवाहनाः ॥ समीयुःपांडुपुत्रेणबहवोयुद्धदुर्मदाः २६ एवंवृत्तानियुद्धानितत्रतत्रमहीपते ॥ अर्जुनस्यमहीपालैर्नानादेशसमागतैः २७ यानितूभयतोराजन्प्रतप्तानिमहांतिच ॥ तानियुद्धानिवक्ष्यामिकौन्तेयस्यतवाऽनघ २८ ॥ इतिश्रीमहाभारते आश्वमेधिकेपर्वणि अनुगीतापर्वणि अश्वानुसरणे त्रिसप्ततितमोऽध्यायः ॥ ७३ ॥ ॥ वैशंपायनउवाच ॥ त्रिगर्त्तैरभवद्युद्धंकृतवैरैःकिरीटिनः ॥ महारथसमाज्ञातैर्हतानांपुत्रनप्तृभिः १ तेसमाज्ञायसंप्राप्तंयज्ञियंतुरगोत्तमम् ॥ विषयांतंततोवीरादंशिताःपर्यवारयन् २ रथिनोबद्धतूणीराःसदश्वैःसमलंकृतैः ॥ परिवार्यहयंराजन्ग्रहीतुंसंप्रचक्रमुः ३ ततःकिरीटीसंचिन्त्यतेषांतत्रचिकीर्षितम् ॥ वारयामासतान्वीरान्सांत्वपूर्वमरिंदमः ४ तदनादृत्यतेसर्वेशरैरभ्यहनंस्तदा ॥ तमोरजोभ्यांसंछन्नांस्तान्किरीटीन्यवारयत् ५ तानब्रवीत्ततोजिष्णुःप्रहसन्निवभारत ॥ निवर्त्तध्वमधर्मज्ञाःश्रेयोजीवितमेवच ६ सहिवीरःप्रयास्यन्वैधर्मराजेनवारितः ॥ हतबांधवानतेपार्थहंतव्याःपार्थिवाइति ७ सतदातद्वचःश्रुत्वाधर्मराजस्यधीमतः ॥ तान्निवर्त्तध्वमित्याहनन्यवर्तंतचापिते ८ ततस्त्रिगर्त्तराजानंसूर्यवर्माणमाहवे ॥ विचित्यशरजालेनप्रजहासधनंजयः ९ ततस्तेरथघोषेणरथनेमिस्वनेनच ॥ पूरयंतोदिशःसर्वाधनंजयमुपाद्रवन् १० सूर्यवर्माततःपार्थेशराणांनतपर्वणाम् ॥ शतान्यमुंचद्राजेंद्रलघ्वस्त्रमभिदर्शयन् ११ तथैवान्येमहेष्वासायेचतस्यानुयायिनः ॥ मुमुचुःशरवर्षाणिधनंजयवधैषिणः १२ सतान्ज्यामुखनिर्मुक्तैर्बहुभिःसुबहूञ्शरान् ॥ चिच्छेदपांडवोराजंस्तेभूमौन्यपतंस्तदा १३ केतुवर्मातुतेजस्वीतस्यैवावरजोयुवा ॥ युयुधेभ्रातुरर्थायपांडवेनयशस्विना १४ तमापतंतंसंप्रेक्ष्यकेतुवर्माणमाहवे ॥ अभ्यघ्नन्निशितैर्बाणैर्बीभत्सुःपरवीरहा १५ केतुवर्मण्यभिहतेधृतवर्मामहारथः ॥ रथेनाशुसमुत्पत्यशरैर्जिष्णुमवाकिरत् १६ तस्यतांशीघ्रतामीक्ष्यतुतोषातीववीर्यवान् ॥ गुडाकेशोमहातेजाबालस्यधृतवर्मणः १७ नसंदधानंददृशेनाददानंचतंतदा ॥ किरंतमेवसशरान्ददृशेपाकशासनिः १८ सतुतंपूजयामासधृतवर्माणमाहवे ॥ मनसातुमुहूर्त्तंवैरणेसमभिहर्षयन् १९ तंपन्नगमिवक्रुद्धंकुरुवीरःस्मयन्निव ॥ प्रीतिपूर्वंमहाबाहुःप्राणैर्नव्यपरोपयत् २० सतथारक्ष्यमाणोवैपार्थेनामिततेजसा ॥ धृतवर्माशरंदीप्तंमुमोचविजयेतदा २१ सतेनविजयस्तूर्णमासीद्विद्धःकरेभृशम् ॥ मुमोचगांडिवंमोहात्तत्पपाताथभूतले २२ ॥ ॥ ॥ ॥ ॥

नसम्यगाज्ञातैःपांडवीयैर्हतानांपुत्रनप्तृभिस्त्रिगर्त्तैः १ । २ । ३ । ४ । ५ । ६ । ७ । ८ । ९ । १० । ११ । १२ । १३ । १४ । १५ । १६ । १७ । १८ । १९ । २० । २१ । २२ ॥ ॥

२३ । २४ । २५ । २६ । २७ । २८ । २९ । ३० । ३१ । ३२ । ३३ । ३४ ॥ इत्याश्वमेधिकेपर्वणिनी० भा० चतुःसप्ततितमोऽध्यायः ॥ ७४ ॥ प्राग्ज्योतिषतिस्पष्टार्थोऽध्यायः १ । २।३।४।५ । ६।७

धनुषःपततस्तस्यसव्यसाचिकराद्विभो ॥ बभूवसदृशंरूपंशक्रचापस्यभारत २३ तस्मिन्निपतितेदिव्येमहाधनुषिपार्थिवः ॥ जहाससस्वनंहासंधृतवर्मामहाह
वे २४ ततोरोषार्दितोजिष्णुःप्रमृज्यरुधिरंकरात् ॥ धनुरादत्ततद्दिव्यंशरवर्षैर्ववर्षच २५ ततोहलहलाशब्दोदिवस्पृगभवत्तदा ॥ नानाविधानांभूतानांतत्क
र्माणिप्रशंसताम् २६ ततःसंप्रेक्ष्यसंक्रुद्धंकालांतकयमोपमम् ॥ जिष्णुंत्रैगर्तकायोधाःपरितःपर्यवारयन् २७ अभिसृत्यपरीप्सार्थंततस्तेधृतवर्मणः ॥ परिव
व्रुर्गुडाकेशंतत्राक्रुध्यद्धनंजयः २८ ततोयोधान्जघानाशुतेषांसदशचाष्टच ॥ महेन्द्रवज्रप्रतिमैरायसैर्बहुभिःशरैः २९ तान्संप्रभग्नान्सम्प्रेक्ष्यत्वरमाणोधनंजयः ॥
शरैराशीविषाकारैर्जघानस्वनवद्धसन् ३० तेभग्नमनसःसर्वेत्रैगर्तकमहारथाः ॥ दिशोऽभिदुद्रुवूराजन्धनंजयशरार्दिताः ३१ तमूचुःपुरुषव्याघ्रंसंशप्तकनिषूद
नम् ॥ तवाऽस्मकिंकराःसर्वेसर्वेवैवशगास्तव ३२ आज्ञापयस्वनःपार्थप्रह्वान्प्रेष्यानवस्थितान् ॥ करिष्यामःप्रियंसर्वेतवकौरवनंदन ३३ एतदाज्ञायवचनंस
र्वांस्तानब्रवीत्तदा ॥ जीवितंरक्षतनृपाःशासनंप्रतिगृह्यताम् ३४ ॥ इति श्रीमहाभारते आश्वमेधिकेपर्वणि अनुगीतापर्वणित्रिगर्तपराभवेचतुःसप्ततितमोऽ
ध्यायः ॥ ७४ ॥ ॥ वैशंपायनउवाच ॥ प्राग्ज्योतिषमथाभ्येत्यव्यचरत्सहयोत्तमः ॥ भगदत्तात्मजस्तत्रनिर्ययौरणकर्कशः १ सहयंपांडुपुत्रस्य
विषयांतमुपागतम् ॥ युयुधेभरतश्रेष्ठवज्रदत्तोमहीपतिः २ सोऽभिनिर्यायनगराद्भगदत्तसुतोनृपः ॥ अश्वमायांतमुन्मथ्यनगराभिमुखोययौ ३ तमालक्ष्यमहा
बाहुःकुरूणामृषभस्तदा ॥ गांडीवंविक्षिपंस्तूर्णंसहसासमुपाद्रवत् ४ ततोगांडीवनिर्मुक्तैरिषुभिर्मोहितोनृपः ॥ हयमुत्सृज्यतंवीरस्ततःपार्थमुपाद्रवत् ५ पुनःप्र
विश्यनगरंदंशितःसनृपोत्तमः ॥ आरुह्यनागप्रवरंनिर्ययौरणकर्कशः ६ पांडुरेणातपत्रेणध्रियमाणेनमूर्धनि ॥ दोधूयताचामरेणश्वेतेनचमहारथः ७ ततःपार्थं
समासाद्यपांडवानांमहारथम् ॥ आह्वयामासबीभत्सुंबाल्यान्मोहाच्चसंयुगे ८ सवारणंनगप्रख्यंप्रभिन्नकरटामुखम् ॥ प्रेषयामाससंक्रुद्धःश्वेताश्वंप्रतिपार्थिवः ९
विक्षरंतंमहामेघंपरवारणवारणम् ॥ शास्त्रवत्कल्पितंसंख्येत्रिवशंयुद्धदुर्मदम् १० प्रचोद्यमानःसगजस्तेनराज्ञामहाबलः ॥ तदांकुशेनविबभावुत्पतिष्यन्निवांब
रम् ११ तमापतंतंसंप्रेक्ष्यक्रुद्धोराजन्धनंजयः ॥ भूमिष्ठोवारणगतंयोधयामासभारत १२ वज्रदत्तस्ततःक्रुद्धोमुमोचाशुधनंजये ॥ तोमरानग्निसंकाशान्शल
भानिववेगितान् १३ अर्जुनस्तानसंप्राप्तान्गांडीवप्रभवैःशरैः ॥ द्विधात्रिधाचचिच्छेदखएवखगमैस्तदा १४ सतान्दृष्ट्वातथाछिन्नांस्तोमरान्भगदत्तजः ॥ इषू
नसक्तांस्त्वरितःप्राहिणोत्पांडवंप्रति १५ ततोऽर्जुनस्तूर्णतरंरुक्मपुंखानजिह्मगान् ॥ प्रेषयामाससंक्रुद्धोभगदत्तात्मजंप्रति १६ सतैर्विद्धोमहातेजावज्रदत्तोमहा
मृधे ॥ भृशाहतःपपातोर्व्यांनत्वेनमजहात्स्मृतिः १७ ॥ ॥ ॥ ॥

८ । ९ । १० । ११ । १२ । १३ । १४ । १५ । १६ । १७ ॥ ॥ ॥ ॥ ॥ ॥ ॥

१८ । । १९ । २० ॥ इति श्रीमहाभारतेअश्वमेधिकेपर्वणि नीलकंठीये भारतभावदीपे पंचसप्ततितमोऽध्यायः ॥ ७५ ॥ ॥ ॥ ॥ एवमिति १ । २ । ३ । ४ । ५ । ६

ततःसपुनरुत्सृज्यवारणप्रवरंरणे ॥ अव्यग्रःप्रेषयामासजयार्थीविजयंप्रति १८ तस्मैबाणांस्ततोजिष्णुर्निर्मुक्ताशीविषोपमान् ॥ प्रेषयामाससंक्रुद्धोज्वलितज्व
 लनोपमान् १९ सतैर्विद्धोमहानागोविस्रवन्रुधिरंबभौ ॥ गैरिकाक्तमिवांभोद्रिर्बहुप्रस्रवणंतदा २० ॥ ॥ इतिश्रीमहाभारते आश्वमेधिकेपर्वणि अनुगीताप
र्वणि वज्रदत्तयुद्धे पंचसप्ततितमोऽध्यायः ॥ ७५ ॥ ॥ वैशंपायनउवाच ॥ ॥ एवंत्रिरात्रमभवत्तद्युद्धंभरतर्षभ ॥ अर्जुनस्यनरेन्द्रेणवृत्रेणेवशतक्रतोः १
ततश्चतुर्थेदिवसेवज्रदत्तोमहाबलः ॥ जहाससस्वनंहासंवाक्यंचेदमथाब्रवीत् २ अर्जुनार्जुनतिष्ठस्वनमेजीवन्विमोक्ष्यसे ॥ त्वांनिहत्यकरिष्यामिपितुस्तोयंयथा
विधि ३ त्वयावृद्धोममपिताभगदत्तःपितुःसखा ॥ हतोवृद्धोममपिताशिशुंमामद्ययोधय ४ इत्येवमुक्त्वासंक्रुद्धोवज्रदत्तोनराधिपः ॥ प्रेषयामासकौरव्यवारणं
पांडवंप्रति ५ संप्रेष्यमाणोनागेन्द्रोवज्रदत्तेनधीमता ॥ उत्पतिष्यन्निवाकाशमभिदुद्रावपांडवम् ६ अग्रहस्तसुमुक्तेनसीकरेणसनागराट् ॥ समौक्षतगुडाकेशं
शैलंनीलमिवांबुदः ७ सतेनप्रेषितोराज्ञामेघवद्विनदन्मुहुः ॥ मुखाडंबरसंहादैरभ्यद्रवतफाल्गुनम् ८ सनृत्यन्निवनागेन्द्रोवज्रदत्तप्रचोदितः ॥ आससादद्रुतं
राजन्कौरवाणांमहारथम् ९ तमायांतमथालक्ष्यवज्रदत्तस्यवारणम् ॥ गांडीवमाश्रित्यबलीनव्यकंपतशत्रुहा १० चुक्रोधबलवच्चापिपांडवस्तस्यभूपतेः ॥
कार्यविघ्नमनुस्मृत्यपूर्ववैरंचभारत ११ ततस्तंवारणंक्रुद्धःशरजालेनपांडवः ॥ निवारयामासतदावेलेवमकरालयम् १२ सनागप्रवरःश्रीमानर्जुनेननिवारितः ॥
तस्थौशरैर्विनुन्नांगःश्वाविच्छललितोयथा १३ निवारितंगजंदृष्ट्वाभगदत्तसुतोनृपः ॥ उत्ससर्जशितान्बाणानर्जुनेक्रोधमूर्छितः १४ अर्जुनस्तुमहाबाहुःशरैररि
निघातिभिः ॥ वारयामासतान्बाणांस्तदद्भुतमिवाभवत् १५ ततःपुनरभिक्रुद्धोराजाप्राग्ज्योतिषाधिपः ॥ प्रेषयामासनागेन्द्रंबलवत्पर्वतोपमम् १६ तमापतंतं
संप्रेक्ष्यबलवत्पाकशासनिः ॥ नाराचमग्निसंकाशंप्राहिणोद्वारणंप्रति १७ सतेनवारणोराजन्मर्मस्वभिहतोभृशम् ॥ पपातसहसाभूमौवज्ररुग्णइवाचलः १८
सपतन्शुशुभेनागोधनंजयशराहतः ॥ विशन्निवमहाशैलोमहींवज्रप्रपीडितः १९ तस्मिन्निपतितेनागेवज्रदत्तस्यपांडवः ॥ तंनभेतव्यमित्याहततोभूमिगतंनृपम्
२० अब्रवीद्धिमहातेजाःप्रस्थितंमांयुधिष्ठिरः ॥ राजानस्तेनहंतव्याधनंजयकथंचन २१ सर्वमेतन्नरव्याघ्रभवत्येतावताकृतम् ॥ योधाश्चापिनहंतव्याधनंज
यरणेत्वया २२ वक्तव्याश्चापिराजानःसर्वैसहसुहृज्जनैः ॥ युधिष्ठिरस्याश्वमेधोभवद्भिरनुभूयताम् २३ इतिभ्रातृवचःश्रुत्वानहन्मित्वांनराधिप ॥ उत्तिष्ठनभयं
तेऽस्तिस्वस्तिमान्गच्छपार्थिव २४ आगच्छेथामहाराजपरांचैत्रीमुपस्थिताम् ॥ तदाऽश्वमेधोभविताधर्मराजस्यधीमतः २५ ॥ ॥

७ । ८ । ९ । १० । ११ । १२ शललितःशलाकामोतः १३ । १४ । १५ । १६ । १७ । १८ । १९ । २० । २१ । २२ । २३ । २४ । २५ ॥ ॥

२६ ॥ इत्याश्वमेधिके पर्वणि नीलकंठीये भारतभावदीपे षट्सप्ततितमोऽध्यायः ॥ ७६ ॥ ॥ १ । २ । ३ । ४ । ५ । ६ । ७ । ८ । ९ । १० । ११ । १२ । १३ । १४ । १५ विकीर्यंस
उल्काः सूर्यजाग्निरेताभिश्चविकीर्यमाणाभिःकैलासादीनांवेपथुःसप्तर्ष्यादीनांश्वासश्चाभवत् । ताएवशशांचंद्रस्यंविनिर्भिद्यशशिनोमंडलंप्रतिपरितःअपतन्निति त्रयाणांसंबंधः १६ । १७ ततःखात्तुइतिपाठेचंद्रमंड

एवमुक्तःसराजातुभगदत्तात्मजस्तदा ॥ तथेत्येवाब्रवीद्वाक्यंपांडवेनाभिनिर्जितः २६ ॥ ॥ इतिश्रीमहाभारते अश्वमेधिकेपर्वणि अनुगीतापर्वणिवज्रदत्तपराजये
षट्सप्ततितमोऽध्यायः॥ ७६ ॥ ॥ वैशंपायनउवाच ॥ ॥ सैन्धवैरभवद्युद्धंततस्तस्यकिरीटिनः ॥ हतशेषैर्महाराजहतानांचसुतैरपि १ तेऽवतीर्णमुपश्रुत्यवि
षयंश्वेतवाहनम् ॥ प्रत्युद्ययुरमृष्यंतोराजानःपांडवर्षभम् २ अश्वंचतंपरामृश्यविषयांतेविषोपमाः ॥ नभयंचक्रिरेपार्थाद्भीमसेनादनंतरात् ३ तेऽविदूराद्धनुष्पा
णिंयज्ञियस्यहयस्यच ॥ बीभत्सुंप्रत्यपद्यंतपदातिनमवस्थितम् ४ ततस्तेतंमहावीर्याराजानःपर्यवारयन् ॥ जिगीषंतोनरव्याघ्रंपूर्वंविनिकृतायुधि ५ तेनामा
न्यपिगोत्राणिकर्माणिविविधानिच ॥ कीर्त्तयंतस्तदापार्थंशरवर्षैरवाकिरन् ६ तेकिरंतःशरव्रातान्वारणप्रतिवारणान् ॥ रणेजयमभीप्संतःकौन्तेयंपर्यवारयन् ७
तेसमीक्ष्यचतंकृष्णमुग्रकर्माणमाहवे ॥ सर्वेयुयुधिरेवीरारथस्थास्तंपदातिनम् ८ तेतमाजघ्निरेवीरंनिवातकवचांतकम् ॥ संशप्तकनिहंतारंहंतारंसैन्धवस्यच ९
ततोरथसहस्रेणहयानामयुतेनच ॥ कोष्ठकीकृत्यबीभत्सुंप्रहृष्टमनसोऽभवन् १० तंस्मरंतोवधंवीराःसिंधुराजस्यचाहवे ॥ जयद्रथस्यकौरव्यसमरेसव्यसाचिना
११ ततःपर्जन्यवत्सर्वेशरवृष्टीरवासृजन् ॥ तैःकीर्णःशुशुभेपार्थोरविर्मेघांतरेयथा १२ सशरैःसमवच्छन्नश्चकाशेपांडवर्षभः ॥ पंजरांतरसंचारीशकुंतइवभारत
१३ ततोहाहाकृतंसर्वंकौन्तेयेशरपीडिते ॥ त्रैलोक्यमभवद्राजन्रविरासीच्चनिष्प्रभः १४ ततोववौमहाराजमारुतोलोमहर्षणः ॥ राहुरग्रसदादित्यंयुगपत्सोममे
वच १५ उल्काश्चजघ्निरेसूर्यंविकीर्यंत्यःसमंततः ॥ वेपथुश्चाभवद्राजन्कैलासस्यमहागिरेः १६ मुमुचुःश्वासमत्युष्णंदुःखशोकसमन्विताः ॥ सप्तर्षयोजातभ
यास्तथादेवर्षयोऽपिच १७ शशंचाशुविनिर्भिद्यमंडलंशशिनोऽपतन् ॥ विपरीतादिशश्चापिसर्वाधूमाकुलास्तथा १८ रासभारुणसंकाशाधनुष्मंतःसविद्युतः ॥
आवृत्यगगनंमेघामुमुचुर्मांसशोणितम् १९ एवमासीत्तदावीरेशरवर्षेणसंवृते ॥ फाल्गुनेभरतश्रेष्ठतदद्भुतमिवाभवत् २० तस्यतेनावकीर्णस्यशरजालेनसर्वतः ॥
मोहात्पपातगांडीवमावापश्चकरादपि २१ तस्मिन्मोहमनुप्राप्तेशरजालंमहत्तदा ॥ सैंधवामुमुचुस्तूर्णंगतसत्त्वेमहारथे २२ ततोमोहसमापन्नंज्ञात्वापार्थंदिवौ
कसः ॥ सर्वेवित्रस्तमनसस्तस्यशांतिकृतोऽभवन् २३ ततोदेवर्षयःसर्वेतथासप्तर्षयोऽपिच ॥ ब्रह्मर्षयश्चविजयंजेपुःपार्थस्यधीमतः २४ ततःप्रदीपितेदेवैः
पार्थतेजसिपार्थिव ॥ तस्थावचलवद्धीमान्संग्रामेपरमास्त्रवित् २५ ॥ ॥ ॥ ॥

लादूर्ध्वदेशात्पतिता उल्कातद्भित्वाऽधोऽपतन्नित्यर्थः १८ रासभवर्णश्चारुणश्चतयोर्मिश्रीभावोरासभारुणोवर्णविशेषः १९ । २० आवापोहस्तावापः २१ । २२ । २३ । २४ । २५ ॥ ॥

२६ । २७ । २८ । २९ । ३० । ३१ । ३२ ॥ इतिश्रीमहाभारते आश्वमेधिकेपर्वणि नीलकंठीये भारतभावदीपे सप्तसप्ततितमोऽध्यायः ॥ ७७ ॥ ॥ ततोगांडीवभृदिति १ । २ । ३ । ४ । ५

विचकर्षधनुर्दिव्यंततःकौरवनंदनः ॥ यंत्रस्येवेहशब्दोऽभून्महांस्तस्यपुनःपुनः २६ ततःसशरवर्षाणिप्रत्यमित्रान्प्रतिप्रभुः ॥ ववर्षधनुषापार्थोवर्षाणीवपुरंदरः
२७ ततस्तेसैन्धवायोधाःसर्वएवसराजकाः ॥ नादृश्यन्तशरैःकीर्णाःशलभैरिवपादपाः २८ तस्यशब्देनवित्रेसुर्भयार्त्ताश्चविदुद्रुवुः ॥ मुमुचुश्चाश्रुशोकार्त्ताःशुशुचु
श्चापिसैंधवाः २९ तांस्तुसर्वान्नरव्याघ्रःसैन्धवान्व्यचरद्बली ॥ अलातचक्रवद्राजन्शरजालैःसमार्पयत् ३० तदिंद्रजालप्रतिमंबाणजालममित्रहा ॥ विसृज्य
दिक्षुसर्वासुमहेंद्रइववज्रभृत् ३१ मेघजालनिभंसैन्यंविदार्यशरवृष्टिभिः ॥ विबभौकौरवश्रेष्ठःशरदीवदिवाकरः ३२ ॥ इतिश्रीमहाभारते आश्वमेधिकेपर्वणि अनुगी
तापर्वणि अश्वानुसरणे सप्तसप्ततितमोऽध्यायः ॥ ७७ ॥ ॥ वैशंपायनउवाच ॥ ततोगांडीवभृच्छूरोयुद्धायसमुपस्थितः ॥ विबभौयुधिदुर्धर्षोहिमानचलो
यथा १ ततस्तेसैन्धवायोधाःपुनरेवव्यवस्थिताः ॥ व्यमुंचंतसुसंरब्धाःशरवर्षाणिभारत २ तान्प्रहस्यमहाबाहुःपुनरेवव्यवस्थितान् ॥ ततःप्रोवाचकौन्तेयोमुमू
र्षून्श्लक्ष्णयागिरा ॥ युध्यध्वंपरयाशक्त्यायतध्वंविजयेमम ३ कुरुध्वंसर्वकार्याणिमहद्वोभयमागतम् ॥ एषयोत्स्यामिसर्वांस्तुनिवार्यशरवागुराम् ४ तिष्ठध्वंयु
द्धमनसोदर्पंशमयितास्मिवः ॥ एतावदुक्त्वाकौरव्योरोषाद्गांडीवभृत्तदा ५ ततोऽथवचनंस्मृत्वाभ्रातुर्ज्येष्ठस्यभारत ॥ नहंतव्यारणेतातक्षत्रियाविजिगीषवः ६
जेतव्याश्चेतियत्प्रोक्तंधर्मराज्ञामहात्मना ॥ चिंतयामाससतदाफाल्गुनःपुरुषर्षभ ७ इत्युक्तोऽहंनरेन्द्रेणनहंतव्यान्नृपाइति ॥ कथंतन्नमृषेदंस्याद्धर्मराजवचःशुभम् ८
नहन्येरंश्चराजानोराज्ञश्चाज्ञाकृताभवेत् ॥ इतिसंचिंत्यसतदाफाल्गुनःपुरुषर्षभः ९ प्रोवाचवाक्यंधर्मज्ञःसैंधवान्युद्धदुर्मदान् ॥ श्रेयोवदामियुष्माकंनहिंसेयमवस्थि
तान् १० यश्चवक्ष्यतिसंग्रामेतवास्मीतिपराजितः ॥ एतच्छ्रुत्वावचोमह्यंकुरुध्वंहितमात्मनः ११ ततोऽन्यथाकृच्छ्रगताभविष्यथमयाऽर्दिताः ॥ एवमुक्त्वातुता
न्वीरान्युयुधेकुरुपुंगवः १२ अर्जुनोऽतीवसंकुद्धःसंक्रुद्धैर्विजिगीषुभिः ॥ शतंशतसहस्राणिशराणांनतपर्वणाम् १३ मुमुचुःसैंधवाराजंस्तदागांडीवधन्वनि ॥
शरानापततःकूरानाशीविषविषोपमान् १४ चिच्छेदनिशितैर्बाणैरंतरासधनंजयः ॥ छित्वातुतानाशुचैवकंकपत्रान्शिलाशितान् १५ एकैकमेषांसमरेबिभेद
निशितैःशरैः ॥ ततःप्रासांश्चशक्तीश्चपुनरेवधनंजयम् १६ जयद्रथंहतंस्मृत्वाचिक्षुपुःसैंधवान्नृपाः ॥ तेषांकिरीटीसंकल्पंमोघंचक्रेमहाबलः १७ सर्वांस्तानंतराछित्वा
तदाचुक्रोशपांडवः ॥ तथैवापततांतेषांयोधानांजयगृद्धिनाम् १८ शिरांसिपातयामासभल्लैःसन्नतपर्वभिः ॥ तेषांप्रद्रवतांचापिपुनरेवाभिधावताम् १९ निवर्त्त
तांचशब्दोभूत्पूर्णस्येवमहोदधेः ॥ तेवध्यमानास्तुतदापार्थेनामिततेजसा २० यथाप्राणंयथोत्साहंयोधयामासुरर्जुनम् ॥ ततस्तेफाल्गुनेनाजौशरैःसन्नतपर्वभिः
२१ कृताविसंज्ञाभूयिष्ठाःक्लांतवाहनसैनिकाः ॥ तांस्तुसर्वान्परिग्लानान्विदित्वाधृतराष्ट्रजा २२ ॥ ॥ ॥ ॥

६ । ७ । ८ । ९ । १० । ११ । १२ १३ । १४ । १५ । १६ । १७ । १८ । १९ । २० । २१ । २२ ॥ ॥ ॥ ॥

२३ । २४ । २५ । २६ । २७ । २८ । २९ । ३० । ३१ । ३२ । ३३ । ३४ । ३५ । ३६ । ३७ । ३८ । ३९ । ४० । ४१ । ४२ । ४३ । ४४ । ४५ । ४६ । ४७ । ४८ । ४९ ॥ इत्याश्वमेधिके

दुःशलाबालमादायनप्तारंप्रययौतदा ॥ सुरथस्यसुतंवीरंरथेनाथागमत्तदा २३ शांत्यर्थंसर्वयोधानामभ्यगच्छतपांडवम् ॥ साधनंजयमासाद्यरुरोदार्त्तस्वरंतदा
२४ धनंजयोऽपितांदृष्ट्वाधनुर्विससृजेप्रभुः ॥ समुत्सृज्यधनुःपार्थोविधिवद्भगिनींतदा २५ प्राहकिंकरवाणीतिसाचतंप्रत्युवाचह ॥ एषतेभरतश्रेष्ठस्वस्रीयस्या
त्मजःशिशुः २६ अभिवादयतेपार्थतंपश्यपुरुषर्षभ ॥ इत्युक्तस्तस्यपितरंसपप्रच्छार्जुनस्तथा २७ क्वासावितिततोराजन्दुःशलावाक्यमब्रवीत् ॥ पितृशो
काभिसंतप्तोविषादार्तोऽस्यवैपिता २८ पंचत्वमगमद्वीरोयथातन्मेनिशामय ॥ सपूर्वंपितरंश्रुत्वाहतंयुद्धेत्वयाऽनघ २९ त्वामागतंचसंश्रुत्ययुद्धायहयसारि
णम् ॥ पितुश्चमृत्युदुःखार्त्तोजहात्प्राणान्धनंजय ३० प्राप्तोबीभत्सुरित्येवनामश्रुत्वैवतेऽनघ ॥ विषादार्त्तःपपातोर्व्यांममारचममात्मजः ३१ तंदृष्ट्वापति
तंतत्रततस्तस्यात्मजंप्रभो ॥ गृहीत्वासमनुप्राप्तात्वामद्यशरणैषिणी ३२ इत्युक्त्वाऽऽर्त्तस्वरंसातुमुमोचधृतराष्ट्रजा ॥ दीनादीनंस्थितंपार्थमब्रवीच्चाप्यधोमुखम्
३३ स्वसारंसमवेक्षस्वस्वस्रीयात्मजमेवच ॥ कर्तुमर्हसिधर्मज्ञदयांकुरुकुलोद्वह ३४ विस्मृत्यकुरुराजानंतंचमंदंजयद्रथम् ॥ अभिमन्योर्यथाजातःपरिक्षित्प
रवीरहा ३५ तथाऽयंसुरथाज्जातोममपौत्रोमहाभुजः ॥ तमादायनरव्याघ्रसंप्राप्तास्मितवांतिकम् ३६ शमार्थंसर्वयोधानांशृणुचेदंवचोमम ॥ आगतोयंम
हाबाहोतस्यमंदस्यपुत्रकः ३७ प्रसादमस्यबालस्यतस्मात्त्वंकर्तुमर्हसि ॥ एषप्रसाद्यशिरसाप्रशमार्थमरिंदम ३८ याचतेत्वांमहाबाहोशमंगच्छधनंजय ॥ बाल
स्यहतबंधोश्चपार्थकिंचिदजानतः ३९ प्रसादंकुरुधर्मज्ञमामन्युवशमन्वगाः ॥ तमनार्यंनृशंसंचविस्मृत्यास्यपितामहम् ४० आगस्कारिणमत्यर्थंप्रसादंकर्तुम
र्हसि ॥ एवंब्रुवत्यांकरुणंदुःशलायांधनंजयः ४१ संस्मृत्यदेवींगांधारींधृतराष्ट्रंचपार्थिवम् ॥ उवाचदुःखशोकार्त्तःक्षत्रधर्मंव्यगर्हयत् ४२ यत्कृते
बांधवाःसर्वेमयानीतायमक्षयम् ॥ इत्युक्त्वाबहुसांत्वादिप्रसादमकरोज्जयः ४३ परिष्वज्यचतांप्रीतोविससर्जगृहान्प्रति ४४ दुःशलाचापितान्योधान्निवार्यमहतो
रणात् ॥ संपूज्यपार्थंप्रययौगृहानेवशुभानना ४५ एवंनिर्जित्यतान्वीरान्सैन्धवान्सधनंजयः ॥ अन्वधावतधावंतंहयंकामविचारिणम् ४६ ततोमृगमिवाकाशेयथा
देवःपिनाकधृक् ॥ ससारतंतथावीरोविधिवद्यज्ञियंहयम् ४७ सचवाजीयथेष्टेनतांस्तान्देशान्यथाक्रमम् ॥ विचचारयथाकामंकर्मपार्थस्यवर्धयन् ४८ क्रमेणसहय
स्त्वेवंविचरन्पुरुषर्षभ ॥ मणिपूरपतेर्देशमुपायात्सहपांडवः ४९ ॥ इतिश्रीमहाभारतेआश्वमेधिके पर्वणि अनुगीतापर्वणि सैंधवपराजये अष्टसप्ततितमोऽध्यायः
॥ ७८ ॥ वैशंपायनउवाच ॥ श्रुत्वातुनृपतिःप्राप्तंपितरंबभ्रुवाहनः ॥ निर्ययौविनयेनाथब्राह्मणार्थपुरःसरः १ मणिपूरेश्वरंत्वेवमुपयातंधनंजयः ॥ नाभ्यनंद
त्समेधावीक्षत्रधर्ममनुस्मरन् २ ॥ ॥ ॥ ॥ ॥

पर्वणि नीलकंठीये भारतभावदीपे अष्टसप्ततितमोऽध्यायः ॥ ७८ ॥ ॥ श्रुत्वेति १ । २ ॥ ॥ ॥

॥ ६४ ॥ उवाचचसधर्मात्मासमन्युःफाल्गुनस्तदा ॥ प्रक्रियेयंनतेयुक्ताबहिस्त्वंक्षत्रधर्मतः ३ संरक्ष्यमाणंतुरगंयौधिष्ठिरमुपागतम् ॥ यज्ञियंविषयांतेमांनायोत्सीःकिं अ०
नुपुत्रक ४ धिक्त्वामस्तुसुदुर्बुद्धिंक्षत्रधर्मबहिष्कृतम् ॥ योमांयुद्धायसंप्राप्तंसाम्नैवप्रत्यगृह्णथाः ५ नत्वयापुरुषार्थोहिकश्चिदस्तीहजीवता ॥ यस्त्वंस्त्रीवद्य
थाप्राप्तंमांसाम्नाप्रत्यगृह्णथाः ६ यद्यहंन्यस्तशस्त्रस्त्वामागच्छेयंसुदुर्मते ॥ प्रक्रियेयंभवेद्युक्तातावत्तवनराधम ७ तमेवमुक्तंभर्त्रातुविदित्वापन्नगात्मजा ॥ अमृ ॥ ७९ ॥
ष्यमाणाभित्त्वोर्वीमुलूपीसमुपागमत् ८ साददर्शततःपुत्रंविमृशंतमधोमुखम् ॥ संतर्ज्यमानमसकृत्पित्रायुद्धार्थिनाप्रभो ९ ततःसाचारुसर्वांगीसमुपेत्योरगा
त्मजा ॥ उलूपीमाहवचनंधर्म्यंधर्मविशारदम् १० उलूपींमांनिबोधत्वंमातरंपन्नगात्मजाम् ॥ कुरुष्ववचनंपुत्रधर्मस्तेभवितापरः ११ युध्यस्वैनंकुरुश्रेष्ठंपि
तरंयुद्धदुर्मदम् ॥ एवमेषहितेप्रीतोभविष्यतिनसंशयः १२ एवंदुर्मर्षितोराजासमात्राबभ्रुवाहनः ॥ मनश्चक्रेमहातेजायुद्धायभरतर्षभ १३ सन्नह्यकांचनंव
र्मशिरस्त्राणंचभानुमत् ॥ तूणीरशतसंबाधमारुरोहरथोत्तमम् १४ सर्वोपकरणोपेतंयुक्तमश्वैर्मनोजवैः ॥ सचक्रोपस्करंश्रीमान्हेमभांडपरिष्कृतम् १५ परमा
र्चितमुच्छ्रित्यध्वजंसिंहंहिरण्मयम् ॥ प्रययौपार्थमुद्दिश्यसराजाबभ्रुवाहनः १६ ततोऽभ्येत्यहयंवीरोयज्ञियंपार्थरक्षितम् ॥ ग्राहयामासपुरुषैर्हयशिक्षाविशार
दैः १७ गृहीतंवाजिनंदृष्ट्वाप्रीतात्मासधनंजयः ॥ पुत्रंरथस्थंभूमिष्ठःसंन्यवारयदाहवे १८ सतत्रराजातंवीरंशरसंघैरनेकशः ॥ अर्दयामासनिशितैराशीविषविषो
पमैः १९ तयोःसमभवद्युद्धंपितुःपुत्रस्यचातुलम् ॥ देवासुररणप्रख्यमुभयोःप्रीयमाणयोः २० किरीटिनंप्रविव्याधशरेणानतपर्वणा ॥ जत्रुदेशेनरव्याघ्रंप्रहसन्बभ्रु
वाहनः २१ सोऽभ्यगात्सहपुंखेनवल्मीकमिवपन्नगः ॥ विनिर्भिद्यचकौन्तेयंप्रविवेशमहीतलम् २२ सगाढवेदनोधीमानालंब्यधनुरुत्तमम् ॥ दिव्यंतेजःसमावि
श्यप्रमीतइवसोऽभवत् २३ ससंज्ञामुपलभ्याथप्रशस्यपुरुषर्षभः ॥ पुत्रंशक्रात्मजोवाक्यमिदमाहमहाद्युतिः २४ साधुसाधुमहाबाहोवत्सचित्रांगदात्मज ॥ सदृ
शंकर्मतेदृष्ट्वाप्रीतिमानस्मिपुत्रक २५ विमुंचाम्येषतेबाणान्पुत्रयुद्धेस्थिरोभव ॥ इत्येवमुक्त्वानाराचैरभ्यवर्षदमित्रहा २६ तान्सगांडीवनिर्मुक्तान्वज्राशनिसमप्रभान् ॥
नाराचानच्छिनद्राजाभल्लैःसर्वांस्त्रिधाद्विधा २७ तस्यपार्थःशरैर्दिव्यैर्ध्वजंहेमपरिष्कृतम् ॥ सुवर्णतालप्रतिमंक्षुरेणापाहरद्रथात् २८ हयांश्चास्यमहाकायान्महावेगा
नरिंदम ॥ चकारराजन्निर्जीवान्प्रहसन्निवपांडवः २९ सरथादवतीर्याथराजापरमकोपनः ॥ पदातिःपितरंक्रुद्धोयोधयामासपांडवम् ३० संप्रीयमाणःपार्थानामृषभः
पुत्रविक्रमात् ॥ नात्यर्थंपीडयामासपुत्रंवज्रधरात्मजः ३१ समन्यमानोविमुखंपितरंबभ्रुवाहनः ॥ शरैराशीविषाकारैःपुनरेवार्दयद्बली ३२ ॥

संबंधः २४ चित्रांगदाचित्रवाहनदुहिताऽर्जुनस्यद्वितीयापत्नी २५ । २६ । २७ । २८ । २९ । ३० । ३१ । ३२ ॥ ॥ ॥ ॥

३३ । ३४ । ३५ । ३६ । ३७ । ३८ पतिमर्जुनं ३९ ॥ इत्याश्वमेधिकेपर्वणि नीलकंठीये भारतभावदीपे ऊनाशीतितमोऽध्यायः ॥ ७९ ॥ ततइति १ । २ । ३ । ४ । ५ । ६ । ७ । ८ । ९

ततःसबाल्यात्पितरंविव्याधहृदिपत्रिणा ॥ निशितेनसुपुंखेनबलवद्बभ्रुवाहनः ३३ विवेशपांडवंराजन्मर्ममभित्त्वातिदुःखकृत् ॥ सतेनातिभृशंविद्धःपुत्रेणकुरुनंद
नः ३४ महींजगाममोहार्त्तस्ततोराजन्धनंजयः ॥ तस्मिन्निपतितेवीरेकौरवाणांधुरंधरे ३५ सोऽपिमोहंजगामाथततश्चित्रांगदासुतः ॥ व्यायम्यसंयुगेराजा
दृष्ट्वाचपितरंहतम् ३६ पूर्वमेवसबाणौघैर्गाढविद्धोर्जुनेनह ॥ पपातसोपिधरणीमालिंग्यरणमूर्द्धनि ३७ भर्तारंनिहतंदृष्ट्वापुत्रंचपतितंभुवि ॥ चित्रांगदापरित्रस्ता
प्रविवेशरणाजिरे ३८ शोकसंतप्तहृदयारुदतीवेपतीभृशम् ॥ मणिपूरपतेर्मातादर्शनिहतंपतिम् ३९ ॥ इतिश्री० आश्व० अनुगीतापर्वणि अर्जुनबभ्रुवाहनयुद्धे
ऊनाशीतितमोऽध्यायः ॥ ७९ ॥ ॥ वैशंपायनउवाच ॥ ततोबहुतरंभीरुर्विलप्यकमलेक्षणा ॥ मुमोहदुःखसंतप्तापपातचमहीतले १ प्रतिलभ्यचसासंज्ञांदे
वीदिव्यवपुर्धरा ॥ उलुपींपन्नगसुतांदृष्ट्वेदंवाक्यमब्रवीत् २ ऊलुपिपश्यभर्तारंशयानंनिहतंरणे ॥ त्वत्कृतेममपुत्रेणबाणेनसमितिंजयम् ३ ननुत्वमार्यधर्मज्ञाननु
चासिपतिव्रता ॥ यत्त्वत्कृतेऽयंपतितःपतिस्तेनिहतोरणे ४ किंतुसर्वापराधोयंयदितेऽद्यधनंजयः ॥ क्षमस्वयाच्यमानावैजीवयस्वधनंजयम् ५ ननुत्वमार्यध
र्मज्ञात्रैलोक्यविदिताशुभे ॥ यद्घातयित्वापुत्रेणभर्त्तारंनानुशोचसि ६ नाहंशोचामितनयंहतंपन्नगनंदिनि ॥ पतिमेवतुशोचामियस्यातिथ्यमिदंकृतम् ७ इत्यु
क्त्वासातदादेवीमुलूपींपन्नगात्मजाम् ॥ भर्त्तारमभिगम्येदमित्युवाचयशस्विनी ८ उत्तिष्ठकुरुमुख्यस्यप्रियमुख्यममप्रिय ॥ अयमश्वोमहाबाहोमयातेपरिमोक्षि
तः ९ ननुत्वयानामविभोधर्मराजस्ययज्ञियः ॥ अयमश्वोनुसर्त्तव्यःसशेषेकिंमहीतले १० त्वयिप्राणाममायत्ताःकुरूणांकुरुनंदन ॥ सकस्मात्प्राणदोऽन्येषां
प्राणान्संत्यक्तवानसि ११ उलूपिसाधुपश्येमंपतिंनिपतितंभुवि ॥ पुत्रंचेमंसमुत्साद्यघातयित्वानशोचसि १२ कामंस्वपितुबालोयंभूमौमृत्युवशंगतः ॥ लोहि
ताक्षोगुडाकेशोविजयःसाधुजीवतु १३ नापराधोऽस्तिसुभगेनराणांबहुभार्यता ॥ प्रमदानांभवत्येषमातेऽभूद्बुद्धिरीदृशी १४ सख्यंचैतत्कृतंधात्राशश्वदव्ययमे
वतु ॥ सख्यंसमभिजानीहिसत्यंसंगतमस्तुते १५ पुत्रेणघातयित्वैनंपतिंयदिनमेऽद्यवै ॥ जीवंतंदर्शयस्यद्यपरित्यक्ष्यामिजीवितम् १६ साऽहंदुःखान्वितादे
विपतिपुत्रविनाकृता ॥ इहैवप्रायमासिष्येप्रेक्षंत्यास्तेनसंशयः १७ इत्युक्त्वापन्नगसुतांसपत्नीचैत्रवाहनी ॥ ततःप्रायमुपासीनातूष्णीमासीज्जनाधिप १८ ॥ वै
शंपायनउवाच ॥ ततोविलप्यविरताभर्तुःपादौप्रगृह्यसा ॥ उपविष्टाभवद्दीनासोच्छ्वासंपुत्रमीक्षती १९ ततःसंज्ञांपुनर्लब्ध्वासराजाबभ्रुवाहनः ॥ मातरंताम
थालोक्यरणभूमावथाब्रवीत् २० इतोदुःखतरंकिंनुयन्मेमातासुखैधिता ॥ भूमौनिपतितंवीरमनुशेतेमृतंपतिम् २१ निहंतारंरणेऽरीणांसर्वशस्त्रभृतांवरम् ॥
मयाविनिहतंसंख्येप्रेक्षतेदुर्मरंबत २२ ॥ ॥ ॥ ॥

१० । ११ । १२ । १३ । १४ । १५ । १६ । १७ । १८ । १९ । २० । २१ । २२ ॥ ॥ ॥ ॥

अहोऽस्याहृदयंदेव्यादृढंयन्नविदीर्यते ॥ व्यूढोरस्कंमहाबाहुंप्रेक्षंत्यानिहतंपतिम् २३ दुर्मरंपुरुषेणेहमन्येह्यध्वन्यनागते ॥ यत्रनाहंनमेमाताविप्रयुज्येतजी
वितात् २४ हाहाधिक्कुरुवीरस्यसन्नाहंकांचनंभुवि ॥ अपविद्धंहतस्येहमयापुत्रेणपश्यत २५ भोभोपश्यतमेवीरंपितरंब्राह्मणाभुवि ॥ शयानंवीरशयनेमयापु
त्रेणपातितम् २६ ब्राह्मणाःकुरुमुख्यस्ययेमुक्ताहयसारिणः ॥ कुर्वंतिशांतिंकामस्यरणेयोऽयंमयाहतः २७ व्यादिशंतुचकिंविप्राःप्रायश्चित्तमिहाद्यमे ॥ आनृ
शंसस्यपापस्यपितृहंतूरणाजिरे २८ दुश्चराद्वादशसमाहत्वापितरमद्यवै ॥ ममेहसुनृशंसस्यसंवीतस्यास्यचर्मणा २९ शिरःकपालेचास्यैवभुंजतःपितुरद्यमे ॥
प्रायश्चित्तंहिनास्त्यन्यद्धत्वाऽद्यपितरंमम ३० पश्यनागोत्तमसुतेभर्तारंनिहतंमया ॥ कृतंप्रियंमयातेऽद्यनिहत्यसमरेऽर्जुनम् ३१ सोऽहमद्यगमिष्यामिगतिंपि
तृनिषेविताम् ॥ नशक्नोम्यात्मनाऽऽत्मानमहंधारयितुंशुभे ३२ सात्वंमयिमृतेमातस्तथागांडीवधन्वनि ॥ भवप्रीतिमतीदेविसत्येनात्मानमालभे ३३ इत्युक्त्वा
सततोराजादुःखशोकसमाहतः ॥ उपस्पृश्यमहाराजदुःखाद्वचनमब्रवीत् ३४ शृण्वंतुसर्वभूतानिस्थावराणिचराणिच ॥ त्वंचमातर्यथासत्यंब्रवीमिभुजगोत्तमे
३५ यदिनोत्तिष्ठतिजयःपितामेनरसत्तमः ॥ अस्मिन्नेवरणोद्देशेशोषयिष्येकलेवरम् ३६ नहिमेपितरंहत्वानिष्कृतिर्विद्यतेक्वचित् ॥ नरकंप्रतिपत्स्यामिध्रुवंगुरु
वधार्दितः ३७ वीरंहिक्षत्रियंहत्वागोशतेनप्रमुच्यते ॥ पितरंतुनिहत्यैवंदुर्लभानिष्कृतिर्मम ३८ एषएकोमहातेजाःपांडुपुत्रोधनंजयः ॥ पिताचममधर्मात्मा
तस्यमेनिष्कृतिःकुतः ३९ इत्येवमुक्त्वानृपतेधनंजयसुतोनृपः ॥ उपस्पृश्याभवत्तूष्णींप्रायोपेतोमहामतिः ४० ॥ वैशंपायनउवाच ॥ प्रायोपविष्टेनृपतौमणि
पूरेश्वरेतदा ॥ पितृशोकसमाविष्टेसहमात्रापरंतप ४१ उलूपीचिंतयामासतदासंजीवनंमणिम् ॥ सचोपातिष्ठततदापन्नगानांपरायणम् ४२ तंगृहीत्वातुकौरव्य
नागराजपतेःसुता ॥ मनःप्रह्लादनींवाचंसैनिकानामथाब्रवीत् ४३ उत्तिष्ठमाशुचःपुत्रनैवजिष्णुस्त्वयाजितः ॥ अजेयःपुरुषैरेषतथादेवैःसवासवैः ४४ मयातुमो
हनीनाममायैषासंप्रदर्शिता ॥ प्रियार्थंपुरुषेंद्रस्यपितुस्तेऽद्ययशस्विनः ४५ जिज्ञासुर्ह्येषपुत्रस्यबलस्यतवकौरव ॥ संग्रामेयुध्यतोराजन्नागतःपरवीरहा ४६
तस्मादसिमयापुत्रयुद्धायपरिचोदितः ॥ मापापमात्मनःपुत्रशंकेथाह्यण्वपिप्रभो ४७ ऋषिरेषमहानात्मापुराणःशाश्वतोऽक्षरः ॥ नैनंशक्तोहिसंग्रामेजेतुंशक्रो
पिपुत्रक ४८ अयंतुमेमणिर्दिव्यःसमानीतोविशांपते ॥ मृतान्मृतान्पन्नगेन्द्रान्योजीवयतिनित्यदा ४९ एनमस्योरसित्वंचस्थापयस्वपितुःप्रभो ॥ संजीवितं
तदापार्थंसत्वंद्रष्टासिपांडवम् ५० इत्युक्तःस्थापयामासतस्योरसिमणिंतदा ॥ पार्थस्यामिततेजाःसपितुःस्नेहादपापकृत् ५१ तस्मिन्न्यस्तेमणौवीरोजिष्णुरु
ज्जीवितःप्रभुः ॥ चिरसुप्तइवोत्तस्थौमृष्टलोहितलोचनः ५२ तमुत्थितंमहात्मानंलब्धसंज्ञंमनस्विनम् ॥ समीक्ष्यपितरंस्वस्थंववंदेबभ्रुवाहनः ५३ उत्थिते
पुरुषव्याघ्रेपुनर्लक्ष्मीवतिप्रभो ॥ दिव्याःसुमनसःपुण्याववृषेपाकशासनः ५४ ॥ ॥ ॥ ॥

५५ । ५६ । ५७ । ५८ । ५९ । ६० । ६१ ॥ इत्याश्वमेधिकेपर्वणिनीलकंठीये भारतभावदीपे अशीतितमोऽध्यायः ॥ ८० ॥ ॥ ॥ ॥ ॥ ॥ किमागमनेतिस्पष्टार्थः

अनाहतादुंदुभयोविनेदुर्मेघनिःस्वनाः ॥ साधुसाध्विति चाकाशेबभूवसुमहान्स्वनः ५५ उत्थायचमहाबाहुःपर्याश्वस्तोधनंजयः ॥ बभ्रुवाहनमालिंग्यसमाजि
घ्रतमूर्धनि ५६ ददर्शचापिदूरेऽस्यमातरंशोककर्शिताम् ॥ उलूप्यासहतिष्ठंतींततोऽपृच्छद्धनंजयः ५७ किमिदंलक्ष्यतेसर्वंशोकविस्मयहर्षवत् ॥ रणाजि
रममित्रघ्नयदिजानासिशंसमे ५८ जननीचकिमर्थंतेरणभूमिमुपागता ॥ नागेन्द्रदुहिताचेयमुलूपीकिमिहागता ५९ जानाम्यहमिदंयुद्धंत्वयामद्वचनात्कृतम् ॥
स्त्रीणामागमनेहेतुमहमिच्छामिवेदितुम् ६० तमुवाचतथापृष्टोमणिपूरपतिस्तदा ॥ प्रसाद्यशिरसाविद्वानुलूपीपृच्छ्यतामियम् ६१ ॥ इतिश्रीमहाभारते आ
श्वमेधिकेपर्वणि अनुगीतापर्वणि अश्वानुसरणेअर्जुनप्रत्युज्जीवने अशीतितमोऽध्यायः ॥ ८० ॥ ॥ अर्जुनउवाच ॥ किमागमनकृत्यंतेकौरव्यकुलनंदिनि ॥
मणिपूरपतेर्मातुस्तथैवचरणाजिरे १ कच्चित्कुशलकामासिराज्ञोस्यभुजगात्मजे ॥ ममवाचपलापांगिकच्चित्त्वंशुभमिच्छसि २ कच्चित्तेपृथुलश्रोणिनाप्रियंप्रियद
र्शने ॥ अकार्षमहमज्ञानादयंवाबभ्रुवाहनः ३ कच्चिन्नुराजपुत्रीतेसपत्नीचैत्रवाहनी ॥ चित्रांगदावरारोहानापराध्यतिकिंचन ४ तमुवाचोरगपतेर्दुहिताप्रहसन्नि
व ॥ नमेत्वमपराद्धोसिनहिमेबभ्रुवाहनः ५ नजनित्रीतथाऽस्येयंममयाप्रेष्यवत्स्थिता ॥ श्रूयतांयद्यथाचेदंमयासर्वंविचेष्टितम् ६ नमेकोपस्त्वयाकार्यःशिरसात्वां
प्रसादये ॥ त्वत्प्रियार्थंहिकौरव्यकृतमेतन्मयाविभो ७ यत्तच्छृणुमहाबाहोनिखिलेनधनंजय ॥ महाभारतयुद्धेयत्त्वयाशांतनवोनृपः ८ अधर्मेणहतःपार्थतस्यैषा
निष्कृतिःकृता ॥ नहिभीष्मस्त्वयावीरयुध्यमानोहिपातितः ९ शिखंडिनातुसंयुक्तस्तमाश्रित्यहतस्त्वया ॥ तस्यशांतिमकृत्वात्वंत्यजेथायदिजीवितम् १०
कर्मणातेनपापेनपतेथानिरयेध्रुवम् ॥ एषातुविहिताशांतिःपुत्राद्यांप्राप्तवानसि ॥ वसुभिर्वसुधापालगंगयाचमहामते ११ पुराहिश्रुतमेतत्तेवसुभिःकथितंमया ॥
गंगायास्तीरमाश्रित्यहतेशांतनवेनृप १२ आप्लुत्यदेवावसवःसमेत्यचमहानदीम् ॥ इदमूचुर्वचोघोरंभागीरथ्यामतेतदा १३ एषशांतनवोभीष्मोनिहतःसव्यसा
चिना ॥ अयुद्ध्यमानःसंग्रामेसंसक्तोऽन्येनभाविनि ॥ तदनेनानुषंगेणवयमद्यधनंजयम् १४ शापेनयोजयामेतितथास्त्विवतिचसाऽब्रवीत् ॥ तदहंपितुरावेद्यप्र
विश्यव्यथितेन्द्रिया १५ अभवंसचतच्छ्रुत्वाविषादमगमत्परम् ॥ पितातुमेवसूनगत्वात्वदर्थेसमयाचत १६ पुनःपुनःप्रसाद्यैतांस्तएनमिदमब्रुवन् ॥ पुत्रस्त
स्यमहाभागमणिपूरेश्वरोयुवा १७ सएनंरणमध्यस्थःशरैःपातयिताभुवि ॥ एवंकृतेसनागेन्द्रमुक्तशापोभविष्यति १८ गच्छेतिवसुभिश्चोक्तोममचेदंशशंससः ॥
तच्छ्रुत्वात्वंमयातस्माच्छापादसिविमोक्षितः १९ नहित्वांदेवराजोऽपिसमरेषुपराजयेत् ॥ आत्मापुत्रःस्मृतस्तस्मात्तेनेहासिपराजितः २० ॥ ॥

म.भा.टी०

२१ । २२ । २३ । २४ । २५ । २६ । २७ । २८ । २९ । ३० । ३१।३२ ॥ इत्याश्वमेधिकेपर्वणिनीलकंठीये भारतभावदीपे एकाशीतितमोऽध्यायः ॥ ८१ ॥ सत्विति १ । २ । ३ । ४ । ५ । ६

नहिदोषोममममतःकथंवामन्यसेविभो ॥ इत्येवमुक्तोविजयःप्रसन्नात्माऽब्रवीदिदम् २१ सर्वंमेसुप्रियंदेवियदेतत्कृतवत्यसि ॥ इत्युक्त्वासोऽब्रवीत्पुत्रंमणिपूरपतिंजयः

२२ चित्रांगदायाःशृण्वन्त्याःकौरव्यदुहितुस्तदा ॥ युधिष्ठिरस्याश्वमेधःपरिचैत्रींभविष्यति २३ तत्रागच्छेःसहामात्योमातृभ्यांसहितोनृप २४ इत्येवमुक्तःपार्थे

नसराजाबभ्रुवाहनः ॥ उवाचपितरंधीमानिदमस्नाविलेक्षणः २५ उपयास्यामिधर्मज्ञभवतःशासनादहम् ॥ अश्वमेधेमहायज्ञेद्विजातिपरिवेषकः २६ ममत्वनु

ग्रहार्थायप्रविशस्वपुरंस्वकम् ॥ भार्याभ्यांसहधर्मज्ञमाभूत्तेत्रविचारणा २७ उषित्वेहनिशामेकांसुखंस्वभवनेप्रभो ॥ पुनरश्वानुगमनंकर्त्ताऽसिजयतांवर २८ इत्यु
क्तःसतुपुत्रेणतदावानरकेतनः ॥ स्मयन्प्रोवाचकौन्तेयस्तदाचित्रांगदासुतम् २९ विदितंतेमहाबाहोयथादीक्षांचराम्यहम् ॥ नसतावत्प्रवेक्ष्यामिपुरंतेपृथुलोचन
३० यथाकामंव्रजत्येषयज्ञियाश्वोनरर्षभ ॥ स्वस्तितेऽस्तुगमिष्यामिनस्थानंविद्यतेमम ३१ सतत्रविधिवत्तेनपूजितःपाकशासनिः ॥ भार्याभ्यामभ्यनुज्ञातःप्रायाद्भ
रतसत्तमः ३२ ॥ इतिश्रीमहाभारतेआश्वमेधिकेपर्वणिअनुगीतापर्वणिअश्वानुसरणेएकाशीतितमोऽध्यायः ॥ ८१ ॥ वैशंपायनउवाच ॥ सतुवाजीसमुद्रांतां
पर्येत्यवसुधामिमाम् ॥ निवृत्तोभिमुखोराजन्येनवारणसाह्वयम् १ अनुगच्छंश्वतुरगंनिवृत्तोऽथकिरीटभृत् ॥ यदृच्छयासमापेदेपुरंराजगृहंतदा २ तमभ्याशग
तंदृष्ट्वासहदेवात्मजःप्रभो ॥ क्षत्रधर्मेस्थितोवीरःसमरायाजुहावह ३ ततःपुरात्सनिष्क्रम्यरथीधन्वीशरीतली ॥ मेघसंधिःपदातिंतंधनंजयमुपाद्रवत् ४ आसा
द्यचमहातेजामेघसंधिर्धनंजयम् ॥ बालभावान्महाराजप्रोवाचेदंनकौशलात् ५ किमयंचार्यतेवाजीस्त्रीमध्यइवभारत ॥ हयमेनंहरिष्यामिप्रयतस्वविमोक्षणे ६
अदत्ताऽनुनयोयुद्धेयदित्वंपितृभिर्मम ॥ करिष्यामितवातिथ्यंप्रहरप्रहरामिच ७ इत्युक्तःप्रत्युवाचैनंप्रहसन्निवपांडवः ॥ विघ्नकर्त्तामयावार्यइतिमेव्रतमाहितम् ८
भ्रात्राज्येष्ठेननृपतेतवाऽपिविदितंध्रुवम् ॥ प्रहरस्वयथाशक्तिनमन्युर्विद्यतेमम ९ इत्युक्तःप्राहरत्पूर्वंपांडवंमगधेश्वरः ॥ किरन्शरसहस्राणिवर्षाणीवसहस्रदृक् १० ततोगां
डीवभृच्छूरोगांडीवप्रहितैःशरैः ॥ चकारमोघांस्तान्बाणान्सयत्नान्भरतर्षभ ११ समोघंतस्यबाणौघंकृत्वावानरकेतनः ॥ शरान्मुमोचज्वलितान्दीप्तास्यानिवपन्नगान्
१२ ध्वजेपताकादंडेषुरथेयंत्रेहयेषुच ॥ अन्येषुचरथांगेषुनशरीरेनसारथौ १३ संरक्ष्यमाणःपार्थेनशरीरेसव्यसाचिना ॥ मन्यमानःस्ववीर्यंतन्मागधःप्राहिणोच्छरान्
१४ ततोगांडीवधन्वातुमागधेनभृशाहतः ॥ बभौवसंतसमयेपलाशःपुष्पितोयथा १५ अवध्यमानःसोऽभ्यघ्नन्मागधःपांडवर्षभम् ॥ तेनतस्थौसकौरव्यलोकवी
रस्यदर्शने १६ सव्यसाचीतुसंक्रुद्धोविकृष्यबलवद्धनुः ॥ हयांश्वकारनिर्जीवान्सारथेश्वशिरोहरत् १७ धनुश्चास्यमहच्चित्रंक्षुरेणप्रचकर्त्तह ॥ हस्तावापंपताकां
चध्वजंचास्यन्यपातयत् १८ ॥ ॥ ॥ ॥

अदत्तानुनयःअशिक्षितः ७ । ८ । ९ । १० । ११ । १२ । १३ । १४ । १५ । १६ । १७ । १८ ॥ ॥

१९ गृध्रवाजितैः गृध्रपक्षयुतैः २० । २१ । २२ । २३ । २४ । २५ । २६ । २७ । २८ । २९ । ३० ॥ ॥ इत्याश्वमेधिकेपर्वणि नीलकंठीये भारतभावदीपे ब्र्यशी

सराजाव्यथितोव्यश्वोविधनुर्हतसारथिः ॥ गदामादायकौंतेयमभिदुद्राववेगवान् १९ तस्यापततएवाशुगदांहेमपरिष्कृताम् ॥ शरैश्चकर्तबहुधाबहुभिर्गृध्रवा
जितैः २० सागदाशकलीभूताविशीर्णमणिबंधना ॥ व्यालीविमुच्यमानेवपपातधरणीतले २१ विरथंविधनुष्कंचगदयापरिवर्जितम् ॥ सांत्वपूर्वमिदंवाक्यमब्र
वीत्कपिकेतनः २२ पर्याप्तःक्षत्रधर्मोऽयंदर्शितःपुत्रगम्यताम् ॥ बह्वेतत्समरेकर्मतवबालस्यपार्थिव २३ युधिष्ठिरस्यसंदेशोनहंतव्यानृपाइति ॥ तेनजीवसि
राजंस्त्वमपराद्धोऽपिमेरणे २४ इतिमत्वातदात्मानंप्रत्यादिष्टंस्ममागधः ॥ तथ्यमित्यभिगम्यैनंप्रांजलिःप्रत्यपूजयत् २५ पराजितोऽस्मिभद्रंतेनाहंयोद्धुमिहो
त्सहे ॥ यद्यत्कृत्यंमयातेऽद्यतद्ब्रूहिकृतमेवतु २६ तमर्जुनःसमाश्वास्यपुनरेवेदमब्रवीत् ॥ आगंतव्यंपरांचैत्रीमश्वमेधेनृपस्यनः २७ इत्युक्तःसतथेत्युक्त्वापूज
यामासतंहयम् ॥ फाल्गुनंचयुधिश्रेष्ठंविधिवत्सहदेवजः २८ ततोयथेष्टमगमत्पुनरेवसकेसरी ॥ ततःसमुद्रतीरेणवंगान्पुंड्रान्सकोसलान् २९ तत्रतत्रचभूरीणि
म्लेच्छसैन्यान्यनेकशः ॥ विजिग्येधनुषाराजन्गांडीवेनधनंजयः ३० ॥ इतिश्रीमहाभारते आश्वमेधिकेपर्वणि अनुगीतापर्वणि अश्वानुसरणे मागधपराजये
द्व्यशीतितमोऽध्यायः ॥ ८२ ॥ ॥ वैशंपायनउवाच ॥ मागधेनार्चितोराजन्पांडवःश्वेतवाहनः ॥ दक्षिणांदिशमास्थायचारयामासतंहयम् १ ततःसपुनरा
वर्त्यहयःकामचरोबली ॥ आससादपुरींरम्यांचेदीनांशुक्तिसाह्वयाम् २ शरभेणार्चितस्तत्रशिशुपालसुतेनसः ॥ युद्धपूर्वंतदातेनपूजयाचमहाबलः ३ ततोऽर्चि
तोययौराजंस्तदासतुरगोत्तमः ॥ काशीनंगान्कोसलांश्चकिरातानथतंगणान् ४ पूजांतत्रयथान्यायंप्रतिगृह्यधनंजयः ॥ पुनरावृत्त्यकौंतेयोदशार्णानगमत्तदा ५
तत्रचित्रांगदोनामबलवानरिमर्दनः ॥ तेनयुद्धमभूत्तस्यविजयस्यातिभैरवम् ६ तंचापिवशमानीयकिरीटीपुरुषर्षभः ॥ निषादराज्ञोविषयमेकलव्यस्यजग्मिवान्
७ एकलव्यसुतश्चैनंयुद्धेनजगृहेतदा ॥ तत्रचक्रेनिषादैःससंग्रामंलोमहर्षणम् ८ ततस्तमपिकौन्तेयःसमरेष्वपराजितः ॥ जिगाययुधिदुर्धर्षोयज्ञविघ्नार्थमागतम्
९ सतंजित्वामहाराजनैषादिंपाकशासनिः ॥ अर्चितःप्रययौभूयोदक्षिणंसलिलार्णवम् १० तत्रापिद्रविडैरांध्रैरौद्रैर्माहिषकैरपि ॥ तथाकोल्लगिरेयैश्चयुद्धमासी
त्किरीटिनः ११ तांश्चापिविजयोजित्वानातितीव्रेणकर्मणा ॥ तुरंगमवशेनाथसुराष्ट्रानभितोययौ १२ गोकर्णमथचासाद्यप्रभासमपिजग्मिवान् ॥ ततोद्वारवतीं
रम्यांवृष्णिवीराभिपालिताम् १३ आससादहयःश्रीमान्कुरुराजस्ययज्ञियः ॥ तमुन्मथ्यहयश्रेष्ठंयादवानांकुमारकाः १४ प्रययुस्तांस्तदाराजन्नुग्रसेनोन्यवारयत् ॥
ततःपुराद्विनिष्क्रम्यवृष्ण्यंधकपतिस्तदा १५ सहितोवासुदेवेनमातुलेनकिरीटिनः ॥ तौसमेत्यकुरुश्रेष्ठंविधिवत्प्रीतिपूर्वकम् १६ ॥

तितमोऽध्यायः ॥ ८२ ॥ ॥ ॥ मागधेनेति ॥ १ । २ । ३ । ४ । ५ । ६ । ७ । ८ । ९ । १० । ११ । १२ १३ । १४ । १५ । १६

१७।१८।१९। २०। इत्याश्वमेधिके पर्वणि नीलकंठीये भारतभावदीपे त्र्यशीतितमोऽध्यायः ॥ ८३ ॥ शकुनेस्तनयइतिस्पष्टार्थः १।२।३।४।५।६। ७।८।९।१०

परयाभारतश्रेष्ठंपूजयासमवस्थितौ ॥ ततस्ताभ्यामनुज्ञातोययौयेनहयोगतः १७ ततःसपश्चिमंदेशंसमुद्रस्यतदाहयः ॥ क्रमेणव्यचरत्स्फीतंततःपंचनदंययौ
१८ तस्मादपिसकौरव्यगंधारविषयंहयः ॥ विचचारयथाकामंकौन्तेयानुगतस्तदा १९ ततोगांधारराजेनयुद्धमासीत्किरीटिनः ॥ घोरंशकुनिपुत्रेणपूर्ववै
रानुसारिणा २० ॥ इतिश्रीमहाभारते आश्वमेधिकेपर्वणि अनुगीतापर्वणि अश्वानुसरणे त्र्यशीतितमोऽध्यायः ॥ ८३ ॥ ॥ वैशंपायनउवाच ॥ शकुनेस्त
नयोवीरोगांधाराणांमहारथः ॥ प्रत्युद्ययौगुडाकेशंसैन्येनमहतावृतः १ हस्त्यश्वरथयुक्तेनपताकाध्वजमालिना ॥ अमृष्यमाणास्तेयोधानृपस्यशकुनेर्वधम् २
अभ्ययुःसहिताःपार्थंप्रगृहीतशरासनाः ॥ सतानुवाचधर्मात्माबीभत्सुरपराजितः ३ युधिष्ठिरस्यवचनंनचतेजगृहुर्हितम् ॥ वार्यमाणाऽपिपार्थेनसान्त्वपूर्वममर्षि
ताः ४ परिवार्यहयंजग्मुस्ततश्चुक्रोधपांडवः ॥ ततःशिरांसिदीप्ताग्रैस्तेषांचिच्छेदपांडवः ५ क्षुरैर्गांडीवनिर्मुक्तैर्नातियत्नादिवार्जुनः ॥ तेवध्यमानाःपार्थेनहयमुत्सृ
ज्यसंभ्रमात् ६ न्यवर्त्तंतमहाराजशरवर्षार्दिताभृशम् ॥ निरुध्यमानस्तैश्चापिगांधारैःपांडुनंदनः ७ आदिश्यादिश्यतेजस्वीशिरांस्येषांन्यपातयत् ॥ वध्यमानेषु
तेष्वाजौगांधारेषुसमंततः ८ सराजाशकुनेःपुत्रःपांडवंप्रत्यवारयत् ॥ तंयुध्यमानंराजानंक्षत्रधर्मेव्यवस्थितम् ९ पार्थोऽब्रवीन्नमेवध्याराजानोराजशासनात् ॥
अलंयुद्धेनतेवीरनतेस्त्वद्यपराजयः १० इत्युक्तस्तदनादृत्यवाक्यमज्ञानमोहितः ॥ सशक्रसमकर्माणंसमवाकिरदाशुगैः ११ तस्यपार्थःशिरस्त्राणमर्धचंद्रेणपत्रिणा
अपाहरदमेयात्माजयद्रथशिरोयथा १२ तंदृष्ट्वाविस्मयंजग्मुर्गांधाराःसर्वएवते ॥ इच्छतातेननहतोराजेत्यपिचतंविदुः १३ गांधारराजपुत्रस्तुपलायनकृतक्षणः
॥ ययौतैरेवसहितस्त्रस्तैःक्षुद्रमृगैरिव १४ तेषांतुतरसापार्थस्तत्रैवपरिधावताम् ॥ प्रजहारोत्तमांगानिभल्लैःसन्नतपर्वभिः १५ उच्छ्रितांस्तुभुजान्केचिन्नाबुध्यंतशरै
र्हृतान् ॥ शरैर्गांडीवनिर्मुक्तैःपृथुभिःपार्थचोदितैः १६ संभ्रांतनरनागाश्वमपतद्विद्रुतंबलम् ॥ हतविध्वस्तभूयिष्ठमावर्त्ततमुहुर्मुहुः १७ नाभ्यदृश्यंतवीरस्यके
चिदग्रेऽग्र्यकर्मणः ॥ रिपवःपात्यमानावैयेसहेयुर्धनंजयम् १८ ततोगांधारराजस्यमंत्रिवृद्धपुरःसरा ॥ जननीनिर्ययौभीतापुरस्कृत्यार्घमुत्तमम् १९ सान्यवा
रयदव्यग्रातंपुत्रंयुद्धदुर्मदम् ॥ प्रसादयामासचतंजिष्णुमक्लिष्टकारिणम् २० तांपूजयित्वाबीभत्सुःप्रसादमकरोत्प्रभुः ॥ शकुनेश्चापितनयंसांत्वयन्निदमब्रवीत्
२१ नमेप्रियंमहाबाहोयत्तेबुद्धिरियंकृता ॥ प्रतियोद्धुममित्रघ्नभ्रातैवत्वंममानघ २२ गांधारींमातरंस्मृत्वाधृतराष्ट्रकृतेनच ॥ तेनजीवसिराजंस्त्वंनिहतास्त्वनुगा
स्तव २३ मैवंभूःशाम्यतांवैरंमातेऽभूद्बुद्धिरीदृशी ॥ गच्छेथास्त्वंपरांचैत्रीमश्वमेधेनृपस्यनः २४ ॥ इतिश्रीमहाभारते आश्वमेधिकेपर्वणि अनुगीतापर्वणि
अश्वानुसरणे शकुनिपुत्रपराजये चतुरशीतितमोऽध्यायः ॥ ८४ ॥ ॥ ॥ ॥

११।१२।१३।१४।१५।१६।१७।१८।१९।२०।२१।२२।२३।२४।इत्याश्वमेधिके पर्वणि नीलकंठीये भारतभावदीपे चतुरशीतितमोऽध्यायः ॥ ८४ ॥

इत्युक्त्वेति १।२।३ इष्टंनक्षत्रंपुष्यं ४।५।६।७।८ प्रस्थाप्यंतुप्रस्थापयंतु स्वार्थेणिच् प्रतिष्ठंत्वित्यर्थः ९।१०।११।१२।१३।१४।१५।१६।१७।१८।१९।२०।२१।२२।२३।२४।२५। २६ । २७ । २८ । २९ । ३०

॥ वैशंपायनउवाच ॥ इत्युक्तानुययौपार्थोहयंकामविहारिणम् ॥ न्यवर्ततततोवाजीयेननागाह्वयंपुरम् १ तंनिवृत्तंतुशुश्रावचारेणैवयुधिष्ठिरः ॥ श्रुत्वार्जुनंकुशलिनंसचहृष्टमनाऽभवत् २ विजयस्यचतत्कर्मगांधारविषयेतदा ॥ श्रुत्वाचान्येषुदेशेषुससुप्रीतोऽभवत्तदा ३ एतस्मिन्नेवकालेतुद्वादशींमाघमासिकीम् ॥ इष्टंगृहीत्वानक्षत्रंधर्मराजोयुधिष्ठिरः ४ समानीयमहातेजाःसर्वान्भ्रातॄन्महीपतिः ॥ भीमंचनकुलंचैवसहदेवंचकौरव ५ प्रोवाचेदंवचःकालेतदाधर्मभृतांवरः ॥ आमंत्र्यवदतांश्रेष्ठोभीमंप्रहरतांवरम् ६ आयातिभीमसेनासौसहाश्वेनतवानुजः ॥ यथामेपुरुषाःप्राहुर्येधनंजयसारिणः ७ उपस्थितश्चकालोऽयमभितोवर्त्ततेहयः ॥ माघीचपौर्णमासीयंमासःशेषोवृकोदर ८ तत्प्रस्थाप्यंतुविद्वांसोब्राह्मणावेदपारगाः ॥ वाजिमेधार्थसिद्ध्यर्थंदेशंपश्यंतुयज्ञियम् ९ इत्युक्तःसतुतच्चक्रेभीमोनृपतिशासनम् ॥ हृष्टःश्रुत्वागुडाकेशमायांतंपुरुषर्षभम् १० ततोययौभीमसेनःप्राज्ञैःस्थपतिभिःसह ॥ ब्राह्मणानग्रतःकृत्वाकुशलान्यज्ञकर्मणि ११ तंसशालचयंश्रीमत्सप्रतोलीसुघट्टितम् ॥ मापयामासकौरव्योयज्ञवाटंयथाविधि १२ प्रासादशतसंबाधंमणिप्रवरकुट्टिमम् ॥ कारयामासविधिवद्धेमरत्नविभूषितम् १३ स्तंभान्कनकचित्रांश्चतोरणानिबृहंतिच ॥ यज्ञायतनदेशेषुदत्वाशुद्धंचकांचनम् १४ अंतःपुराणांराज्ञांचनानादेशसमीयुषाम् ॥ कारयामासधर्मात्मातत्रतत्रयथाविधि १५ ब्राह्मणानांचवेश्मानिनानादेशसमीयुषाम् ॥ कारयामासकौन्तेयोविधिवत्तान्यनेकशः १६ तथासंप्रेषयामासदूतान्नृपतिशासनात् ॥ भीमसेनोमहाबाहोराज्ञामक्लिष्टकर्मणाम् १७ तेप्रियार्थंकुरुपतेराययुर्नृपसत्तम ॥ रत्नान्यनेकान्यादायस्त्रियोऽश्वानायुधानिच १८ तेषांनिर्विशतांतेषुशिबिरेषुमहात्मनाम् ॥ नर्दतःसागरस्येवदिवस्पृगभवत्स्वनः १९ तेषामभ्यागतानांचसराजाकुरुवर्धनः ॥ व्यादिदेशान्नपानानिशय्याश्चाप्यतिमानुषाः २०
वाहनानांचविविधाशालाःशालीक्षुगोरसैः ॥ उपेताभरतश्रेष्ठोव्यादिदेशसधर्मराट् २१ तथातस्मिन्महायज्ञेधर्मराजस्यधीमतः ॥ समाजग्मुर्मुनिगणाबहवोब्रह्मवादिनः २२ येचद्विजातिप्रवरास्तत्रासन्पृथिवीपते ॥ समाजग्मुःसशिष्यांस्तान्प्रतिजग्राहकौरवः २३ सर्वांश्चताननुययौयावदावसथान्प्रति ॥ स्वयमेवमहातेजादंभंत्यक्त्वायुधिष्ठिरः २४ ततःकृत्वास्थपतयःशिल्पिनोऽन्येचयेतदा ॥ कृत्स्नंयज्ञविधिंराज्ञेधर्मज्ञायन्यवेदयन् २५ तच्छ्रुत्वाधर्मराजस्तुकृतंसर्वमतंद्रितः ॥ हृष्टरूपोऽभवद्राजासहभ्रातृभिरादृतः २६ ॥ वैशंपायनउवाच ॥ तस्मिन्यज्ञेप्रवृत्तेतुवाग्मिनोहेतुवादिनः ॥ हेतुवादान्बहूनाहुःपरस्परजिगीषवः
२० २७ ददृशुस्तंनृपतयोयज्ञस्यविधिमुत्तमम् ॥ देवेंद्रस्येवविहितंभीमसेनेनभारत २८ ददृशुस्तोरणान्यत्रशातकुंभमयानिते ॥ शय्यासनविहारांश्चसुबहून्रत्नसंचयान् २९ घटान्पात्रीःकटाहानिकलशान्वर्धमानकान् ॥ नहिकिंचिदसौवर्णमपश्यन्वसुधाधिपाः ३० ॥ ॥

॥ ५८ ॥ यूपांश्चशास्त्रपठितान्दारवान्हेमभूषितान् ॥ उपकॢप्तान्यथाकालंविधिवद्भूरिवर्चसः ३१ स्थलजाजलजायेचपशवःकेचनप्रभो ॥ सर्वानेवसमानीतानपश्यंस्तत्रते अ०
नृपाः ३२ गाश्चैवमहिषीश्चैवतथावृद्धस्त्रियोऽपिच ॥ औदकानिचसत्वानिश्वापदानिवयांसिच ३३ जरायुजांडजातानिस्वेदजान्युद्भिदानिच ॥ पर्वतानूप
जातानिभूतानिददृशुश्चते ३४ एवंप्रमुदितंसर्वंपशुगोधनधान्यतः ॥ यज्ञवाटंनृपादृष्ट्वापरंविस्मयमागताः ३५ ब्राह्मणानांविशांचैवबहुमृष्टान्नमृद्धिमत् ॥ पूर्णे ॥८६॥
शतसहस्रेतुविप्राणांतत्रभुंजताम् ३६ दुंदुभिर्मेघनिर्घोषोमुहुर्मुहुरताड्यत ॥ विननादासकृच्चापिदिवसेदिवसेगते ३७ एवंसववृतेयज्ञोधर्मराजस्यधीमतः ॥
अन्नस्यसुबहून्राजन्नुत्सर्गान्पर्वतोपमान् ३८ दधिकुल्याश्चददृशुःसर्पिषश्चह्रदान्जनाः ॥ जंबुद्वीपोहिसकलोनानाजनपदायुतः ३९ राजन्नदृश्यतैकस्थोराज्ञस्त
स्यमहामखे ॥ तत्रजातिसहस्राणिपुरुषाणांततस्ततः ४० गृहीत्वाभाजनान्जग्मुर्बहूनिभरतर्षभ ॥ स्रग्विणश्चापितेसर्वेसुमृष्टमणिकुंडलाः ४१ पर्यवेषन्द्विजा
तींस्तान्शतशोऽथसहस्रशः ॥ विविधान्यन्नपानानिपुरुषायेऽनुयायिनः ॥ तेवैनृपोपभोज्यानिब्राह्मणानांददुश्चह ४२ ॥ इतिश्रीमहाभारते आश्वमेधिके
पर्वणि अनुगीतापर्वणि अश्वमेधारंभेपंचाशीतितमोऽध्यायः ॥ ८५ ॥ वैशंपायनउवाच ॥ समागतान्वेदविदोराज्ञश्चपृथिवीश्वरान् ॥ दृष्ट्वायुधिष्ठिरोराजाभीम
सेनमभाषत १ उपयातानरव्याघ्रायएतेपृथिवीश्वराः ॥ एतेषांक्रियतांपूजापूजार्हाहिनराधिपाः २ इत्युक्तःसतथाचक्रेनरेन्द्रेणयशस्विना ॥ भीमसेनोमहाते
जायमाभ्यांसहपांडवः ३ अथाभ्यगच्छद्गोविंदोवृष्णिभिःसहधर्मजम् ॥ बलदेवंपुरस्कृत्यसर्वप्राणभृतांवरः ४ युयुधानेनसहितःप्रद्युम्नेनगदेनच ॥ निशठेनाथसांबे
नतथैवकृतवर्मणा ५ तेषामपिपरांपूजांचक्रेभीमोमहारथः ॥ विविशुस्तेचवेश्मानिरत्नवंतिचसर्वशः ६ युधिष्ठिरसमीपेतुकथांतेमधुसूदनः ॥ अर्जुनंकथयामासबहु
संग्रामकर्षितम् ७ सतंपप्रच्छकौन्तेयःपुनःपुनररिंदमम् ॥ धर्मजःशक्रजंजिष्णुंसमाचष्टजगत्पतिः ८ आगमद्द्वारकावासीममाप्तःपुरुषोनृप ॥ योऽद्राक्षीत्पांडवश्रे
ष्ठंबहुसंग्रामकर्षितम् ९ समीपेचमहाबाहुमाचष्टचममप्रभो ॥ कुरुकार्याणिकौन्तेयहयमेधार्थसिद्धये १० इत्युक्तःप्रत्युवाचैनंधर्मराजोयुधिष्ठिरः ॥ दिष्ट्यासकुशली
जिष्णुरुपायातिचमाधव ११ यदिदंसंदिदेशास्मिन्पांडवानांबलाग्रणीः ॥ तदाज्ञातुमिहेच्छामिभवतायदुनंदन १२ इत्युक्तोधर्मराजेनवृष्ण्यंधकपतिस्तदा ॥
प्रोवाचेदंवचोवाग्मीधर्मात्मानंयुधिष्ठिरम् १३ इदमाहमहाराजपार्थवाक्यंस्मरन्नरः ॥ वाच्योयुधिष्ठिरःकृष्णकालेवाक्यमिदंमम १४ आगमिष्यंतिराजानःसर्वेवै
कौरवर्षभ ॥ प्राप्तानांमहतांपूजाकार्याह्येतत्क्षमंहिनः १५ इत्येतद्वचनाद्राजाविज्ञाप्योमममानद ॥ यथाचात्ययिकंनस्याद्यदर्घाहरणेभवत् १६ ॥ ॥

१७ । १८ । १९ । २०।२१ ॥ इत्याश्वमेधिकेपर्वणि नीलकंठीये भारतभावदीपे षडशीतितमोऽध्यायः ॥ ८६ ॥ ॥ श्रुतमिति १ । २ । ३ । ४ । ५ । ६ । भोजराजन्यानांवर्धनः ७

कर्तुमर्हतितद्राजाभवांश्चाप्यनुमन्यताम् ॥ राजद्वेषान्नश्येयुरिमाराजन्पुनःप्रजाः १७ इदमन्यच्चकौंतेयवचःसपुरुषोऽब्रवीत् ॥ धनंजयस्यनृपतेतन्मेनिगदतः
शृणु १८ उपयास्यतियज्ञंनोमणिपूरपतिर्नृपः ॥ पुत्रोममहातेजादयितोबभ्रुवाहनः १९ तंभवान्मदपेक्षार्थेविधिवत्प्रतिपूजयेत् ॥ सतुभक्तोऽनुरक्तश्चममनि
त्यमितिप्रभो २० इत्येतद्वचनंश्रुत्वाधर्मराजोयुधिष्ठिरः ॥ अभिनंद्यास्यतद्वाक्यमिदंवचनमब्रवीत् २१ ॥ इतिश्रीमहाभारते आश्वमेधिकेपर्वणि अनुगीताप
र्वणि अश्वमेधारंभे षडशीतितमोऽध्यायः ॥ ८६ ॥ ॥ युधिष्ठिरउवाच ॥ श्रुतंप्रियमिदंकृष्णयत्त्वमर्हसिभाषितुम् ॥ तन्मेऽमृतरसंपुण्यंमनोह्लादयतिप्रभो
१ बहूनिकिलयुद्धानिविजयस्यनराधिपैः ॥ पुनरासन्हृषीकेशतत्रतत्रचमेश्रुतम् २ किंनिमित्तंसनित्यंहिपार्थःसुखविवर्जितः ॥ अतीवविजयोधीमन्नितिमेदूय
तेमनः ३ संचिंतयामिकौंतेयंरहोजिष्णुंजनार्दन ॥ अतीवदुःखभागीससततंपांडुनंदनः ४ किंनुतस्यशरीरेऽस्तिसर्वलक्षणपूजिते ॥ अनिष्टंलक्षणंकृष्णयेनदुःखा
न्युपाश्नुते ५ अतीवासुखभोगीससततंकुंतिनंदनः ॥ नहिपश्यामिबीभत्सोर्निंद्यंगात्रेषुकिंचन ॥ श्रोतव्यंचेन्मयैतद्वैतन्मेव्याख्यातुमर्हसि ६ इत्युक्तःसहृषीके
शोध्यात्वासुमहदुत्तरम् ॥ राजानंभोजराजन्यवर्धनोविष्णुरब्रवीत् ७ नह्यस्यनृपतेकिंचित्संश्लिष्टमुपलक्षये ॥ ऋतेपुरुषसिंहस्यपिंडिकेस्याधिकेयतः ८ सताभ्यां
पुरुषव्याघ्रोनित्यमध्वसुवर्त्तते ॥ नचान्यदनुपश्यामियेनासौदुःखभाजनम् ९ इत्युक्तःपुरुषश्रेष्ठस्तदाकृष्णेनधीमता ॥ प्रोवाचवृष्णिशार्दुलमेवमेतदितिप्रभो १०
कृष्णातुद्रौपदीकृष्णंतिर्यक्सासूयमैक्षत ॥ प्रतिजग्राहतस्यास्तंप्रणयंचापिकेशिहा ११ सख्युःसखाहृषीकेशःसाक्षादिवधनंजयः ॥ तत्रभीमादयस्तेतुकुरवोयाज
काश्चये १२ रेमुःश्रुत्वाविचित्रांतांधनंजयकथांशुभाम् ॥ तेषांकथयतामेवपुरुषोर्जुनसंकथाः १३ उपायाद्वचनाहूतोविजयस्यमहात्मनः ॥ सोऽभिगम्यकुरुश्रेष्ठं
नमस्कृत्यचबुद्धिमान् १४ उपायातंनरव्याघ्रंफाल्गुनंप्रत्यवेदयत् ॥ तच्छ्रुत्वानृपतिस्तस्यहर्षबाष्पाकुलेक्षणः १५ प्रियाख्याननिमित्तंवैददौबहुधनंतदा ॥ ततो
द्वितीयेदिवसेमहान्शब्दोव्यवर्धत १६ आगच्छतिनरव्याघ्रेकौरवाणांधुरंधरे ॥ ततोरेणुःसमद्भूतोविबभौतस्यवाजिनः १७ अभितोवर्त्तमानस्ययथोच्चैःश्रवस
स्तथा ॥ तत्रहर्षकरीर्वाचोनराणांशुश्रुवेऽर्जुनः १८ दिष्ट्याऽसिपार्थकुशलीधन्योराजायुधिष्ठिरः ॥ कोऽन्योहिपृथिवींकृत्स्नांजित्वाहियुधिपार्थिवान् १९ चार
यित्वाहयश्रेष्ठमुपागच्छेद्दतेर्जुनात् ॥ येव्यतीतामहात्मानोराजानःसगरादयः २० तेषामपीदृशंकर्मनकदाचनशुश्रुम ॥ नैतदन्येकरिष्यंतिभविष्यावसुधाधिपाः
२१ यत्त्वंकुरुकुलश्रेष्ठदुष्करंकृतवानसि ॥ इत्येवंवदतांतेषांपुंसांकर्णसुखागिरः २२ ॥ ॥ ॥ ॥ ॥

संश्लिष्टमविविक्तं संहृष्टमितिपाठेऽपिअतिपुष्टत्वादितरलोपादविविक्तत्वंभवतितद्रहितं पिंडिकेजानुनोरधस्थःपश्चाद्भागीयोमांसलःपिंडिका तेउभेअस्याधिकेस्वदेशादधोभागपर्यंतंबहुलमालंबमाने पाठांतरे
कायतःशरीरात्अनिअतिप्रमाणे ८ । ९ । १० । ११ । १२ । १३ । १४ । १५ । १६ । १७ । १८ । १९ । २० । २१ । २२ ॥ ॥ ॥ ॥

म.भा.टी० ॥ २३ । २४ । २५ । २६ ।२७ । २८ ॥ इत्याश्वमेधिकेपर्वणि नीलकंठीये भारतभावदीपे सप्ताशीतितमोऽध्यायः ॥ ८७ ॥ ॥ तप्रविश्येति १ । २ । ३ । ४ । ५ । ६ । ७ । ८ अश्व० १४

श्रृण्वन्विवेशधर्मात्माफाल्गुनोयज्ञसंस्तरम् ॥ ततोराजासहामात्यःकृष्णश्चयदुनंदनः २३ धृतराष्ट्रंपुरस्कृत्यतंप्रत्युद्ययतुस्तदा ॥ सोऽभिवाद्यपितुःपादौधर्म
॥ ५१ ॥ राजस्यधीमतः २४ भीमादींश्चापिसंपूज्यपर्यष्वजतकेशवम् ॥ तैःसमेत्यार्चितस्तांश्चप्रत्यर्च्याथयथाविधि २५ विशश्राममहाबाहुस्तीरंलब्ध्वेवपारगः ॥ एत अ०
स्मिन्नेवकालेतुसराजाबभ्रुवाहनः २६ मातृभ्यांसहितोधीमान्कुरूनेवजगामह ॥ तत्रवृद्धान्यथावत्सकुरूनन्यांश्चपार्थिवान् २७ अभिवाद्यमहाबाहुस्तैश्चापि ॥ ८८ ॥
प्रतिनंदितः ॥ प्रविवेशपितामह्याःकुंत्याभवनमुत्तमम् २८ ॥ इतिश्रीमहाभारते आश्वमेधिकेपर्वणि अनुगीतापर्वणि अर्जुनप्रत्यागमने सप्ताशीतितमोऽध्यायः
॥ ८७ ॥ वैशंपायनउवाच ॥ सप्रविश्यमहाबाहुःपांडवानांनिवेशनम् ॥ पितामहीमभ्यवंदत्साम्नापरमवल्गुना १ ततश्चित्रांगदादेवीकौरव्यस्यात्मजाऽपि
च ॥ पृथांकृष्णांचसहितेविनयेनोपजग्मतुः ॥ २ सुभद्रांचयथान्यायंयाश्चान्याःकुरुयोषितः ॥ ददौकुंतीततस्ताभ्यांरत्नानिविविधानिच ३ द्रौपदीचसुभद्रा
चयाश्चाप्यन्यायदुस्त्रियः ॥ ऊषतुस्तत्रतेदेव्यौमहार्हशयनासने ४ सुपूजितेस्वयंकुंत्यापार्थस्यहितकाम्यया ॥ सचराजामहातेजाःपूजितोबभ्रुवाहनः ५
धृतराष्ट्रंमहीपालमुपतस्थेयथाविधि ॥ युधिष्ठिरंचराजानंभीमादींश्चापिपांडवान् ६ उपागम्यमहातेजाविनयेनाभ्यवादयत् ॥ सतैःप्रेम्णापरिष्वक्तःपूजितश्चय
थाविधि ७ धनंचास्मैददुर्भूरिप्रीयमाणामहारथाः ॥ तथैवचमहीपालःकृष्णंचक्रगदाधरम् ८ प्रद्युम्नइवगोविंदंविनयेनोपतस्थिवान् ॥ तस्मैकृष्णोददौराज्ञेमहा
र्हमतिपूजितम् ९ रथंहेमपरिष्कारंदिव्याश्वयुजमुत्तमम् ॥ धर्मराजश्चभीमश्चफाल्गुनश्चयमौतथा १० पृथक्पृथक्चतेचैनंमानार्थाभ्यामयोजयन् ॥ ततस्तृ
तीयेदिवसेसत्यवत्यात्मजोमुनिः ११ युधिष्ठिरंसमभ्येत्यवाग्मीवचनमब्रवीत् ॥ अद्यप्रभृतिकौंतेययजस्वसमयोहिते ॥ मुहूर्त्तोयज्ञियःप्राप्तश्चोदयंतीहयाजकाः १२
अहीनोनामराजेंद्रक्रतुस्तेयंचकल्पताम् ॥ बहुत्वात्कांचनाख्यस्यख्यातोबहुसुवर्णकः १३ एवमत्रमहाराजदक्षिणांत्रिगुणांकुरु ॥ त्रित्वंव्रजतुतेराजन्ब्राह्मणाह्यत्र
कारणम् १४ त्रीनश्वमेधानत्रत्वंसंप्राप्यबहुदक्षिणान् ॥ ज्ञातिवध्याकृतंपापंप्रहास्यसिनराधिप १५ पवित्रंपरमंचैतत्पावनंचैतदुत्तमम् ॥ यदश्वमेधावभृथं
प्राप्स्यसेकुरुनंदन १६ इत्युक्तःसतुतेजस्वीव्यासेनामितबुद्धिना ॥ दीक्षांविवेशधर्मात्मावाजिमेधाप्तयेततः १७ ततोयज्ञंमहाबाहुर्वाजिमेधंमहाक्रतुम् ॥ बह्व
न्नदक्षिणंराजासर्वकामगुणान्वितम् १८ तत्रवेदविदोराजंश्चक्रुःकर्माणियाजकाः ॥ परिक्रमंतःसर्वज्ञाविधिवत्साधुशिक्षितम् १९ नतेषांस्खलितंकिंचिदासी
च्चाप्यकृतंतथा ॥ क्रममुक्तंचयुक्तंचचक्रुस्तत्रद्विजर्षभाः २० ॥ ॥ ॥ ॥ ॥ ॥ ॥ ५१ ॥

९ । १० । ११ : १२ अहीनःअन्हांसोमयागानांबहुनांसमूहोऽहीनः नहीनः द्रव्यादिनाइतिवा । १३ । १४ । १५ । १६ । १७ । १८ । १९ । २० ॥ ॥

आभिषवःसोमवल्याःकंडनं २१ सोमंसोमवल्लीरसं सवनानिप्रातःसवनादीनि २२ । २३ । २४ संस्तरेइष्टकानांचयनाख्येस्थंडिलरचने २५ । २६ वर्णिनःपलाशकाष्ठमयाः २७ । २८ । २९

कृत्वाप्रवर्ग्यंधर्माख्यंयथावद्द्विजसत्तमाः ॥ चक्रुस्तेविधिवद्राजंस्तथैवाभिषवंद्विजाः २० अभिषूयततोराजन्सोमंसोमपसत्तमाः ॥ सवनान्यानुपूर्व्येणचक्रुः
शास्त्रानुसारिणः २२ नतत्रकृपणःकश्चिन्नदरिद्रोबभूवह ॥ क्षुधितोदुःखितोवाऽपिप्राकृतोवाऽपिमानवः २३ भोजनंभोजनार्थिभ्योदापयामासशत्रुहा ॥ भीमसे
नोमहातेजाःसततंराजशासनात् २४ संस्तरेकुशलाश्चापिसर्वकार्याणियाजकाः ॥ दिवसेदिवसेचक्रुर्यथाशास्त्रानुदर्शनात् २५ नाषडंगविदत्रासीत्सदस्यस्तस्य
धीमतः ॥ नाव्रतोनानुपाध्यायोनचवादाविचक्षणः २६ ततोयूपोच्छ्रयेप्राप्तेषड्बैल्वान्भरतर्षभ ॥ खादिरान्बिल्वसमितांस्तावतःसर्ववर्णिनः २७ देवदा
रुमयौद्वौतुयूपौकुरुपतेर्मखे ॥ श्लेष्मातकमयंचैकंयाजकाःसमकल्पयन् २८ शोभार्थंचापरान्यूपान्कांचनान्भरतर्षभ ॥ सभीमःकारयामासधर्मराजस्यशास
नात् २९ तेव्यराजंतराजर्षेर्वासोभिरुपशोभिताः ॥ महेंद्रानुगतादेवायथासप्तर्षिभिर्दिवि ३० इष्टकाःकांचनीश्चात्रचयनार्थंकृताऽभवन् ॥ शुशुभेचयनंतत्रद
क्षस्येवप्रजापतेः ३१ चतुश्चित्यश्चतस्यासीदष्टादशकरात्मकः ॥ सरुक्मपक्षोनिचितस्त्रिकोणोगरुडाकृतिः ३२ ततोनियुक्ताःपशवोयथाशास्त्रंमनीषिभिः ॥
तंतंदेवंसमुद्दिश्यपक्षिणःपशवश्चये ३३ ऋषभाःशास्त्रपठितास्तथाजलचराश्चये ॥ सर्वास्तानभ्ययुंजंस्तेतत्राग्निचयकर्मणि ३४ यूपेषुनियताचासीत्पशूनांत्रि
शतीतथा ॥ अश्वरत्नोत्तरायज्ञेकौन्तेयस्यमहात्मनः ३५ सयज्ञःशुशुभेतस्यसाक्षाद्देवर्षिसंकुलः ॥ गंधर्वगणसंगीतःप्रनृत्तोप्सरसांगणैः ३६ सकिंपुरुषसंकीर्णःकिन्न
रैश्चोपशोभितः ॥ सिद्धविप्रनिवासैश्चसमंतादभिसंवृतः ३७ तस्मिन्सदसिनित्यास्तुव्यासशिष्याद्विजर्षभाः ॥ सर्वशास्त्रप्रणेतारःकुशलायज्ञसंस्तरे ३८ नारदश्च
बभूवात्रतुंबुरुश्चमहाद्युतिः ॥ विश्वावसुश्चित्रसेनस्तथाऽन्येगीतकोविदाः ३९ गंधर्वागीतकुशलानृत्येषुचविशारदाः ॥ रमयंतिस्मतान्विप्रान्यज्ञकर्मांतरेषुवै
४० ॥ इतिश्रीम० आश्वमे० अनुगी० अश्वमेधारंभे अष्टाशीतितमोऽध्यायः ॥ ८८ ॥ वैशंपायनउवाच ॥ श्रपयित्वापशूनन्यान्विधिवद्द्विजसत्तमाः ॥ तंतुरं
गंयथाशास्त्रमालभंतद्विजातयः १ ततःसंश्रप्यतुरगंविधिवद्याजकास्तदा ॥ उपसंवेशयन्राजंस्ततस्तांद्रुपदात्मजाम् २ कलाभिस्तिसृभीराजन्यथाविधिमन
स्विनीम् ॥ उद्धृत्यतुवपांतस्ययथाशास्त्रंद्विजातयः ३ श्रपयामासुरव्यग्राविधिवद्भरतर्षभ ॥ तंवपाधूमगंधंतुधर्मराजःसहानुजैः ४ उपाजिघ्रद्यथाशास्त्रंसर्वपापा
पहंतदा ॥ शिष्टान्यंगानियान्यासंस्तस्याश्वस्यनराधिप ५ तान्यग्नौजुहुवुर्धीराःसमस्ताःषोडशर्त्विजः ॥ संस्थाप्यैवंतस्यराज्ञस्तंयज्ञंशक्रतेजसः ६

३० । ३१ । ३२ । ३३ । ३४ । ३५ । ३६ । ३७ । ३८ । ३९ ॥ इत्याश्वमेधिके पर्वणि नीलकंठीये भारतभावदीपे अष्टाशीतितमोऽध्यायः ॥ ८८ ॥ श्रपयित्वेति १ संज्ञप्येतिपाठेहिंसित्वातुरगं तस्य समीपेतिसृभिःकलाभिःकलनाभिःमंत्रद्रव्यश्रद्धाख्याभिरुपेतांद्रौपदीमुपसंवेशयन् सार्धःश्लोकः २ । ३ । ४ अंगानिहृदयजिह्वावक्षआदीनि ५ संस्थाप्यसमाप्य ६ ॥ ॥

तुशब्दश्चार्थोऋत्विगंतरंसमुच्चिनोति तेनसर्वेभ्योवसुंधरांददावित्यर्थः ७।८।९।१०।११।१२।१३।१४।१५।१६।१७।१८।१९।२०।२१।२२।२३।२४

व्यासःसशिष्योभगवान्वर्धयामासतंनृपम् ॥ ततोयुधिष्ठिरःप्रादाद्ब्राह्मणेभ्योयथाविधि ७ कोटीःसहस्रंनिष्काणांव्यासायतुवसुंधराम् ॥ प्रतिगृह्यधरांराजन्
व्यासःसत्यवतीसुतः ८ अब्रवीद्भरतश्रेष्ठंधर्मराजंयुधिष्ठिरम् ॥ वसुधाभवतस्त्वेषासंन्यस्ताराजसत्तम ९ निष्क्रयोदीयतांमह्यंब्राह्मणाहिधनार्थिनः ॥ युधिष्ठि
रस्तुतान्विप्रान्प्रत्युवाचमहामनाः १० भ्रातृभिःसहितोधीमान्मध्येराज्ञांमहात्मनाम् ॥ अश्वमेधेमहायज्ञेपृथिवीदक्षिणास्मृता ११ अर्जुनेनजिताचेयमृ
त्विग्भ्यःप्रापितामया ॥ वनंप्रवेक्ष्येविप्राग्र्याविभजध्वंमहीमिमाम् १२ चतुर्धापृथिवींकृत्वाचातुर्होत्रप्रमाणतः ॥ नाहमादातुमिच्छामिब्रह्मस्वंद्विजसत्तमाः
१३ इदंनित्यंमनोविप्राभ्रातृणांचैवमेसदा ॥ इत्युक्तवतितस्मिंस्तुभ्रातरोद्रौपदीचसा १४ एवमेतदितिप्राहुस्तदभूल्लोमहर्षणम् ॥ ततोन्तरिक्षेवागासीत्सा
धुसाध्वितिभारत १५ तथैवद्विजसंघानांशंसतांविबभौस्वनः ॥ द्वैपायनस्तथाकृष्णःपुनरेवयुधिष्ठिरम् १६ प्रोवाचमध्येविप्राणामिदंसंपूजयन्मुनिः ॥
दत्तैषाभवतामह्यंतांतेप्रतिददाम्यहम् १७ हिरण्यंदीयतामेभ्योब्राह्मणेभ्योधराऽस्तुते ॥ ततोऽब्रवीद्वासुदेवोधर्मराजंयुधिष्ठिरम् १८ यथाहभगवान्व्यास
स्तथात्वंकर्तुमर्हसि ॥ इत्युक्तःसकुरुश्रेष्ठःप्रीतात्माभ्रातृभिःसह १९ कोटिकोटिकृतांप्रादाद्दक्षिणांत्रिगुणांक्रतोः ॥ नकरिष्यतितल्लोकेकश्चिदन्योनरा
धिपः २० यत्कृतंकुरुराजेनमरुत्तस्यानुकुर्वता ॥ प्रतिगृह्यतुतद्रत्नंकृष्णद्वैपायनोमुनिः २१ ऋत्विग्भ्यःप्रददौविद्वांश्चतुर्धाव्यभजंश्चते ॥ धरण्यानि
ष्क्रयंदत्वातद्धिरण्यंयुधिष्ठिरः २२ धूतपापोजितस्वर्गोमुमुदेभ्रातृभिःसह ॥ ऋत्विजस्तमपर्यंतंसुवर्णनिचयंतथा २३ व्यभजंतद्विजातिभ्योयथोत्साहं
यथासुखम् ॥ यज्ञवाटेचयत्किंचिद्धिरण्यंसविभूषणम् २४ तोरणानिचयूपांश्चघटान्पात्रीस्तथेष्टकाः ॥ युधिष्ठिराभ्यनुज्ञाताःसर्वंतद्व्यभजन्द्विजाः २५
अनंतरंद्विजातिभ्यःक्षत्रियाजह्रिरेवसु ॥ तथाविट्शूद्रसंघाश्चतथाऽन्येम्लेच्छजातयः २६ ततस्तेब्राह्मणाःसर्वेमुदिताजग्मुरालयान् ॥ तर्पितावसुनातेनध
र्मराजेनधीमता २७ स्वमंशंभगवान्व्यासःकुंत्यैसाक्षाद्धिमानतः ॥ प्रददौतस्यमहतोहिरण्यस्यमहाद्युतिः २८ श्वशुरात्प्रीतिदायंतंप्राप्यसाप्रीतमानसा ॥
चकारपुण्यकंतेनसुमहत्संघशःपृथा २९ गत्वात्ववभृथंराजाविपाप्माभ्रातृभिःसह ॥ सभाज्यमानःशुशुभेमहेंद्रस्त्रिदशैरिव ३० पांडवाश्चमहीपालैःसमेतैरभि
संवृताः ॥ अशोभंतमहाराजग्रहास्तारागणैरिव ३१ राजभ्योऽपिततःप्रादाद्रत्नानिविविधानिच ॥ गजानश्वानलंकारान्स्त्रियोवासांसिकांचनम् ३२ तद्धनौघ
मपर्यंतंपार्थःपार्थिवमंडले ॥ विसृजन्शुशुभेराजन्यथावैश्रवणस्तथा ३३ आनीयचतथावीरंराजानंबभ्रुवाहनम् ॥ प्रदायविपुलंवित्तंगृहान्प्रास्थापयत्तदा ३४

२५ अनंतरंद्विजातिभ्यःविप्रेषुगृहीत्वानिवृत्तेषुशिष्टात् क्षत्रियादयोगृहीतवंतइत्यर्थः २६।२७।२८।२९।३०।३१।३२।३३।३४ ॥ ॥ ॥

३५ । ३६ । ३७ । ३८ । मैरेयंवृक्षजंमद्यं ३९ । ४० खांडवरागःपिप्पलीशुंठीयुक्तोमुद्गयूषःखांडवः सएवशर्करायुक्तोरागःखांडवः ४१ । ४२ । ४३ । ४४ ॥ इत्याश्वमेधिके पर्वणि नीलकंठीये

दुःशलायाश्चतंपौत्रंबालकंभरतर्षभ ॥ स्वराज्येऽथपितुर्धीमान्स्वसुःप्रीत्यान्यवेशयत् ३५ नृपतींश्चैवतान्सर्वान्सुविभक्तान्सुपूजितान् ॥ प्रस्थापयामासवशी
कुरुराजोयुधिष्ठिरः ३६ गोविंदंचमहात्मानंबलदेवंमहाबलम् ॥ तथाऽन्यान्वृष्णिवीरांश्चप्रद्युम्नाद्यान्सहस्रशः ३७ पूजयित्वामहाराजयथाविधिमहाद्युतिः ॥
भ्रातृभिःसहितोराजाप्रास्थापयदरिंदमः ३८ एवंबभूवयज्ञःसधर्मराजस्यधीमतः ॥ बह्वन्नधनरत्नौघःसुरामैरेयसागरः ३९ सर्पिःपंकाह्रदायत्रबभूवुश्चान्नपर्वताः ॥
रसालाकर्दमानद्योबभूवुर्भरतर्षभ ४० भक्ष्यखांडवरागाणांक्रियातांभुज्यतांतथा ॥ पशूनांवध्यतांचैवनान्तंददृशिरेजनाः ४१ मत्तप्रमत्तमुदितंसुप्रीतयुवतीजनम् ॥
मृदंगशंखनादैश्चमनोरममभूत्तदा ४२ दीयतांभुज्यतांचेष्टंदिवारात्रमवारितम् ॥ तंमहोत्सवसंकाशंहृष्टपुष्टजनाकुलम् ४३ कथयंतिस्मपुरुषानानादेशनिवा
सिनः ॥ वर्षित्वाधनधाराभिःकामैरत्नैरसैस्तथा ॥ विपाप्माभरतश्रेष्ठःकृतार्थःप्राविशत्पुरम् ४४ ॥ इतिश्रीमहाभारते आश्वमेधिकेपर्वणि अनुगीतापर्वणि अश्व
मेधसमाप्तौ ऊननवतितमोऽध्यायः ॥ ८९ ॥ ॥ जनमेजयउवाच ॥ पितामहस्यमेयज्ञेधर्मराजस्यधीमतः ॥ यदाश्चर्यमभूत्किंचित्तद्भवान्वक्तुमर्हति १
॥ वैशंपायनउवाच ॥ श्रूयतांराजशार्दूलमहदाश्चर्यमुत्तमम् ॥ अश्वमेधमहायज्ञेनिवृत्तेयदभूत्प्रभो २ तर्पितेषुद्विजाग्र्येषुज्ञातिसंबंधिबंधुषु ॥ दीनांधकृपणेवाऽ
पितदाभरतसत्तम ३ घुष्यमाणेमहादानेदिक्षुसर्वासुभारत ॥ पतत्सुपुष्पवर्षेषुधर्मराजस्यमूर्धनि ४ नीलाक्षस्तत्रनकुलोरुक्मपार्श्वस्तदानघ ॥ वज्राशनिसमं
नादममुंचद्वसुधाधिप ५ सकृदुत्सृज्यतन्नादंत्रासयानोमृगद्विजान् ॥ मानुषंवचनंप्राहधृष्टोबिलशयोमहान् ६ सक्तुप्रस्थेनवोनायंयज्ञस्तुल्योनराधिपाः ॥ उंछवृ
त्तेर्वदान्यस्यकुरुक्षेत्रनिवासिनः ७ तस्यतद्वचनंश्रुत्वानकुलस्यविशांपते ॥ विस्मयंपरमंजग्मुःसर्वेतेब्राह्मणर्षभाः ८ ततःसमेत्यनकुलंपर्यपृच्छन्ततेद्विजाः ॥
कुतस्त्वंसमनुप्राप्तोयज्ञंसाधुसमागमम् ९ किंबलंपरमंतुभ्यंकिंश्रुतंकिंपरायणम् ॥ कथंभवंतंविद्यामयोनोयज्ञंविगर्हसे १० अविलुप्यागमंकृत्स्नंविविधैर्यज्ञियैःकृ
तम् ॥ यथागमंयथान्यायंकर्तव्यंचतथाकृतम् ११ पूजार्हाःपूजिताश्चात्रविधिवच्छास्त्रदर्शनात् ॥ मंत्राहुतिहुतश्चाग्निर्दत्तंदेयममत्सरम् १२ तुष्टाद्विजातय
श्चात्रदानैर्बहुविधैरपि ॥ क्षत्रियाश्चसुयुद्धेनश्राद्धैश्चापिपितामहाः १३ पालनेनविशस्तुष्टाःकामैस्तुष्टावरस्त्रियः ॥ अनुक्रोशैस्तथाशूद्रादानशेषैःपृथक्जनाः
१४ ज्ञातिसंबंधिनस्तुष्टाःशौचेनचनृपस्यनः ॥ देवाहविर्भिःपुण्यैश्चरक्षणैःशरणागताः १५ ॥ ॥ ॥

२१ भारतभावदीपे एकोननवतितमो ध्यायः ॥ ८९ ॥ ॥ ॥ ॥ ॥ ॥ पितामहस्येत्यादिग्रंथतात्पर्यंक्लेशार्जितंन्यायतःश्रद्धयासत्पात्रेऽर्पितंअश्वमेधादप्यधिकमितिक्रोधजयश्चसर्व
थाकर्त्तव्यइति १ । २ । ३ । ४ । ५ । ६ । । ७ । ८ । ९ । १० । ११ । १२ । १३ । १४ । १५ ॥ ॥

१६ । १७ । १८ । १९। २० । २१ ॥ ममेदंयत्रेतिशेषः २२ ।२३ कापोतिःकपोतवदेकैकंकणमादचेसकापोतिः २४ । २५ । २६ । २७ । २८ । २९ उंछंकणशआदानंकर्तुमि

यदत्रतथ्यंतद्रूहिसत्यंसत्यंद्विजातिषु ॥ यथाश्रुतंयथादृष्टंपृष्टोब्राह्मणकाम्यया १६ श्रद्धेयवाक्यःप्राज्ञस्त्वंदिव्यंरूपंबिभर्षिच ॥ समागतश्चविप्रैस्त्वंतद्भवान्वक्तुम
र्हति १७ इतिपृष्टोद्विजैस्तैःसप्रहसन्नकुलोऽब्रवीत् ॥ नैषामृषामयावाणीप्रोक्तादर्पेणवाद्विजाः १८ यन्मयोक्तमिदंवाक्यंयुष्माभिश्चाप्युपश्रुतम् ॥ सक्तुप्रस्थेनवो
नायंयज्ञस्तुल्योद्विजर्षभाः १९ इत्यवश्यंमयैतद्वोवक्तव्यंद्विजसत्तमाः ॥ श्रृणुताव्यग्रमनसःशंसतोमेयथातथम् २० अनुभूतंचदृष्टंचयन्मयाऽद्भुतमुत्तमम् ॥
उंछवृत्तेर्वदान्यस्यकुरुक्षेत्रनिवासिनः २१ स्वर्गंयेनद्विजाःप्राप्तःसभार्यःससुतस्नुषः ॥ यथाचार्धंशरीरस्यममेदंकांचनीकृतम् २२ ॥ नकुलउवाच ॥ हंतवोवर्त्त
यिष्यामिदानस्यफलमुत्तमम् ॥ न्यायलब्धस्यसूक्ष्मस्यविप्रदत्तस्ययद्विजाः २३ धर्मक्षेत्रेकुरुक्षेत्रेधर्मज्ञैर्बहुभिर्वृते ॥ उंछवृत्तिर्द्विजःकश्चित्कापोतिरभवत्तदा २४
सभार्यःसहपुत्रेणसस्नुषस्तपसिस्थितः ॥ बभूवशुक्लवृत्तःसधर्मात्मानियतेंद्रियः २५ षष्ठेकालेसदाविप्रोभुंक्तेतैःसहसुव्रतः ॥ षष्ठेकालेकदाचित्तुतस्याहारोनविद्यते
२६ भुंक्तेऽन्यस्मिन्कदाचित्सषष्ठेकालेद्विजोत्तमः ॥ कदाचिद्धर्मिणस्तस्यदुर्भिक्षेसतिदारुणे २७ नाविद्यततदाविप्राःसंचयस्तन्निबोधत ॥ क्षीणौषधिसमावेशे
द्रव्यहीनोऽभवत्तदा २८ कालेकालेऽस्यसंप्राप्तेनैवविद्येतभोजनम् ॥ क्षुधापरिगताःसर्वेप्रातिष्ठंततदातुते २९ उंछंतदाशुक्लपक्षेमध्यंतपतिभास्करे ॥ उष्णार्तश्च
क्षुधार्तश्चविप्रस्तपसिसंस्थितः ३० उंछमप्राप्तवानेवब्राह्मणःक्षुच्छ्रमान्वितः ॥ सतथैवक्षुधाविष्टःसार्धंपरिजनेनह ३१ क्षपयामासतंकालंकृच्छ्रप्राणोद्विजोत्तमः ॥
अथषष्ठेगतेकालेयवप्रस्थमुपार्जयन् ३२ यवप्रस्थंतुतंसक्तूनकुर्वंततपस्विनः ॥ कृतजप्याह्निकास्तेतुहुत्वाचाग्निंयथाविधि ३३ कुडवंकुडवंसर्वेव्यभजंततपस्विनः ॥
अथागच्छद्विजःकश्चिदतिथिर्भुंजतांतदा ३४ तेतंदृष्ट्वाऽतिथिंप्राप्तंप्रहृष्टमनसोभवन् ॥ तेऽभिवाद्यसुखप्रश्नंपृष्ट्वातमतिथिंतदा ३५ विशुद्धमनसोदांताःश्रद्धादमस
मन्विताः ॥ अनसूयवोविक्रोधाःसाधवोवीतमत्सरा ३६ त्यक्तमानमदक्रोधाधर्मज्ञाद्विजसत्तमाः ॥ सब्रह्मचर्यंगोत्रंतेतस्यख्यात्वापरस्परम् ३७ कुटींप्रवेशया
मासुःक्षुधार्तमतिथिंतदा ॥ इदमर्घ्यंचपाद्यंचबृसीचेयंतवाऽनघ ३८ शुचयःसक्तवश्चेमेनियमोपार्जिताःप्रभो ॥ प्रतिगृह्णीष्वभद्रंतेमयादत्ताद्विजर्षभ ३९ इत्युक्तः
प्रतिगृह्याथसक्तूनांकुडवंद्विजः ॥ भक्षयामासराजेंद्रनचतुष्टिंजगामसः ४० सउंछवृत्तिस्तंप्रेक्ष्यक्षुधापरिगतंद्विजम् ॥ आहारंचिंतयामासकथंतुष्टोभवेदिति ४१
तस्यभार्याऽब्रवीद्वाक्यंमद्भागोदीयतामिति ॥ गच्छत्वेषयथाकामंपरितुष्टोद्विजोत्तमः ४२ इतिब्रुवंतींतांसाध्वींभार्यांसद्विजसत्तमः ॥ क्षुधापरिगतंज्ञात्वातान्स
क्तून्नाभ्यनंदत ४३ आत्मानुमानतोविद्वान्सतुविप्रर्षभस्तदा ॥ जानन्वृद्धांक्षुधार्त्तांचश्रांतांग्लानांतपस्विनीम् ४४ ॥ ॥

तिशेषः शुक्लस्यज्येष्ठस्यपक्षे ३० । ३१ । ३२ । ३३ । ३४ । ३५ । ३६ । ३७ । ३८ । ३९ । ४० । ४१ । ४२ । ४३ । ४४ ॥ ॥ ॥

४५ । ४६ । ४७ । ४८ । ४९ । ५० । ५१ । ५२ । ५३ । ५४ । ५५ । ५६ । ५७ । ५८ । ५९ । ६० । ६१ । ६२ । ६३ । ६४ । ६५ । ६६ । ६७ । ६८ । ६९ । ७० । ७१ । ७२ । ७३

त्वगस्थिभूतांवेपंतींततोभार्यामुवाचह ॥ अपिकीटपतंगानांमृगाणांचैवशोभने ४५ स्त्रियोरक्ष्याश्चपोष्याश्चनत्वेवंवक्तुमर्हसि ॥ अनुकंप्योनरःपत्न्यापुष्टोरक्षि
तएवच ४६ प्रपतेद्यशसोदीप्तात्सचलोकान्नचाप्नुयात् ॥ धर्मकामार्थकार्याणिशुश्रूषाकुलसंततिः ४७ दारेष्वधीनोधर्मश्चपितॄणामात्मनस्तथा ॥ नवेत्तिक
र्मतोभार्यारक्षणेयोक्षमःपुमान् ४८ अयशोमहदाप्नोतिनरकांश्चैवगच्छति ॥ इत्युक्तासाततःप्राहधर्मार्थौनौसमौद्विज ४९ सक्तुप्रस्थचतुर्भागंगृहाणेमंप्रसीद
मे ॥ सत्यंरतिश्चधर्मश्चस्वर्गश्चगुणनिर्जितः ५० स्त्रीणांपतिसमाधीनंकांक्षितंचद्विजर्षभ ॥ ऋतुर्मातुःपितुर्बीजंदैवतंपरमंपतिः ५१ भर्तुःप्रसादान्नारीणांर
तिपुत्रफलंतथा ॥ पालनाद्धिपतिस्त्वंमेभर्ताऽसिभरणाच्चमे ५२ पुत्रप्रदानाद्वरदस्तस्मात्सक्तून्प्रयच्छमे ॥ जरापरिगतोवृद्धःक्षुधार्तोदुर्बलोभृशम् ५३ उप
वासपरिश्रांतोयदात्वमपिकर्शितः ॥ इत्युक्तःसतयासक्तून्प्रगृह्येदंवचोऽब्रवीत् ५४ द्विजसक्तूनिमान्भूयःप्रतिगृह्णीष्वसत्तम ॥ सतान्प्रगृह्यभुक्त्वाचनतुष्टिमग
मद्द्विजः ॥ तमुंछवृत्तिरालक्ष्यततश्चिंतापरोऽभवत् ५५ ॥ पुत्रउवाच ॥ सक्तूनिमान्प्रगृह्यत्वंदेहिविप्रायसत्तम ॥ इत्येवसुकृतंमन्येतस्मादेतत्करोम्यहम्
५६ भवान्हिपरिपाल्योमेसर्वदैवप्रयत्नतः ॥ साधूनांकांक्षितंयस्मात्पितुर्वृद्धस्यपालनम् ५७ पुत्रार्थोविहितोह्येषवार्धकेपरिपालनम् ॥ श्रुतिरेषाहिविप्रर्षे
त्रिषुलोकेषुशाश्वती ५८ प्राणधारणमात्रेणशक्यंकर्तुंतपस्त्वया ॥ प्राणोहिपरमोधर्मःस्थितोदेहेषुदेहिनाम् ५९ ॥ पितोवाच ॥ अपिवर्षसहस्रीत्वंबालएव
मतोमम ॥ उत्पाद्यपुत्रंहिपिताकृतकृत्योभवेत्सुतात् ६० बालानांक्षुद्बलवतीजानाम्येतदहंप्रभो ॥ वृद्धोऽहंधारयिष्यामित्वंबलीभवपुत्रक ६१ जीर्णेनवयसा
पुत्रनमांक्षुद्बाधतेऽपिच ॥ दीर्घकालंतपस्तप्तंनमेमरणतोभयम् ६२ ॥ पुत्रउवाच ॥ अपत्यमस्मितेपुंसस्त्राणात्पुत्रइतिस्मृतः ॥ आत्मापुत्रःस्मृतस्तस्मात्त्रा
ह्यात्मानमिहात्मना ६३ ॥ पितोवाच ॥ रूपेणसदृशस्त्वंमेशीलेनचदमेनच ॥ परीक्षितश्चबहुधासक्तूनादद्मितेसुत ६४ इत्युक्त्वाऽऽदायतान्सक्तून्प्रीतात्मा
द्विजसत्तमः ॥ प्रहसन्निवविप्रायसतस्मैप्रददौतदा ६५ भुक्त्वातानपिसक्तून्सनैवतुष्टोबभूवह ॥ उंछवृत्तिस्तुधर्मात्माव्रीडामनुजगामह ६६ तंवैवधूःस्थिता
साध्वीब्राह्मणप्रियकाम्यया ॥ सक्तूनादायसंहृष्टाश्वशुरंवाक्यमब्रवीत् ६७ संतानात्तवसंतानंममविप्रभविष्यति ॥ सक्तूनिमानतिथयेगृहीत्वासंप्रयच्छमे ६८
तवप्रसादान्निर्वृत्तामममलोकाःकिलाक्षयाः ॥ पुत्रेणतानवाप्नोतियत्रगत्वानशोचति ६९ धर्माद्याहियथात्रेतावह्निस्त्रेतातथैवच ॥ तथैवपुत्रपौत्राणांस्वर्गस्त्रेताकि
लाक्षयः ७० पितॄन्नृणात्तारयतिपुत्रइत्यनुशुश्रुम ॥ पुत्रपौत्रैश्चनियतंसाधुलोकानुपाश्नुते ७१ ॥ श्वशुरउवाच ॥ वातातपविशीर्णांगीत्वांविवर्णांनिरीक्ष्यवै ॥
कर्शितांसुव्रताचारेक्षुधाविह्वलचेतसम् ७२ कथंसक्तून्ग्रहीष्यामिभूत्वाधर्मोपघातकः ॥ कल्याणवृत्तेकल्याणिनैवंत्वंवक्तुमर्हसि ७३ ॥ ॥

म.भा.टी० । ७४ । ७५ । ७६ । ७७ अवेक्ष्यापालनीया चिंत्यापरीक्षणीया ७८ । ७९ हेवरश्रेष्ठे महाभागे त्वांधर्मभृतांश्येगणयित्वासक्तून्ब्रह्णीष्यापीतयन्वयः ८० । ८१ । ८२ । ८३ । ८४ । ८५ । ८६ अध्या० १४

॥ ६२ ॥ पष्ठेकालव्रतवर्तीशौचशीलतपोन्विताम् ॥ कृच्छ्रवृत्तिनिराहारांद्रक्ष्यामित्वांकथंशुभे ७४ बालाक्षुधार्त्तानारीचरस्यात्वंसततंमया ॥ उपवासपरिश्रांतार्त्तं हिबांधवनंदिनी ७५ ॥ स्नुषोवाच ॥ गुरोर्ममगुरुस्त्वंवैयतोदैवतदैवतम् ॥ देवातिदेवस्तस्मात्वंसक्तूनादत्स्वमेप्रभो ७६ देहःप्राणश्चधर्मश्चशुश्रूषार्थमिदं अ० गुरोः ॥ तववप्रसादेनलोकान्प्राप्स्यामहेशुभान् ७७ अवेक्ष्येतिकृत्वाह्मदृढभक्तेतिवाद्विज ॥ चिंत्याममेयमितिवासक्तूनादातुमर्हसि ७८ ॥ श्वशुरउवाच ॥ ॥ ९० ॥ अनेननित्यसाध्वीवंशीलवृत्तेनशोभसे ॥ यात्वंधर्मव्रतोपेतागुरुवृत्तिमवेक्षसे ७९ तस्मात्सक्तून्प्रब्रह्णीष्यामिवधुनार्हसिवंचनाम् ॥ गणयित्वामहाभागेत्वांहिधर्म भृतांवरे ८० इत्युक्तानुपादायसक्तून्प्रादाद्विजातये ॥ ततस्तुष्टोभवद्विप्रस्तस्यसाधोर्महात्मनः ८१ प्रीतात्मासुतुतंवाक्यमिदमाहद्विजर्षभम् ॥ वाग्मी तद्वाद्विजश्रेष्ठोधर्मःपुरुषविग्रहः ८२ शुद्धेनतवदानेनन्यायोपात्तेनधर्मतः ॥ यथाशक्तिविसृष्टेनप्रीतोस्मिद्विजसत्तम ॥ अहोदानंघुष्यतेतेस्वर्गेस्वर्गनिवा सिभिः ८३ गगनात्पुष्पवर्षश्चपश्येदंपतितंभुवि ॥ सुरर्षिदेवगंधर्वाश्चेदेवपुरस्सराः ८४ स्तुवंतोदेवदूताश्चस्थितादानेनविस्मिताः ॥ ब्रह्मर्षयोविमानस्था ब्रह्मलोकचराश्चये ८५ कांक्षंतेदर्शनंतुभ्यंदिवंव्रजद्विजर्षभ ॥ पितृलोकगताःसर्वेतारिताःपितरस्त्वया ८६ अनागताश्चबहवःसुबहूनियुगान्युत ॥ ब्रह्मचर्ये णदानेनयज्ञेनतपसातथा ८७ अमंकरेणधर्मेणतस्माद्द्रच्छदिवंद्विज ॥ श्रद्धयापरयायस्त्वंतपश्चरसिसुव्रत ८८ तस्मादेवाश्वदानेनप्रीताब्राह्मणसत्तम ॥ स र्वमेतद्द्विजस्मात्तेदत्तंशुद्धेनचेतसा ८९ कृच्छ्रकालेततःस्वर्गोविजितःकर्मणात्वया ॥ क्षुधानिर्णुदतिप्रज्ञांधर्मबुद्धिंव्यपोहति ९० क्षुधापरिगतज्ञानोधृतिंत्यज तिचैवह ॥ बुभुक्षांजयतेयस्तुसस्वर्गंजयतेभुवम् ९१ यदादानरुचिःस्यादेतदाधर्मान्नसीदति ॥ अनवेक्ष्यसुतस्नेहंकलत्रस्नेहमेवच ९२ धर्ममेवगुरुंज्ञात्वातृष्णान् गणितात्वया ॥ द्रव्यागमोच्छनःसूक्ष्मःपात्रेदानंततःपरम् ९३ कालेपरतरोदानाच्छ्रद्धाचैवततःपरा ॥ स्वर्गद्वारंसुसूक्ष्मंहिनैर्मोहान्नदृश्यते ९४ स्वर्गागेलं लोभबीजरागगुरुंदुरासदम् ॥ तंतुप्रश्यंतिपुरुषाजितक्रोधाजितेंद्रियाः ९५ ब्राह्मणास्तपसायुक्तायथाशक्तिप्रदायिनः ॥ सहस्रशक्तिश्चशतंशतशक्तिर्दशा पिच ९६ तद्यादद्प्रयःशक्त्यासवैतुल्यफलाःस्मृताः ॥ रंतिदेवोहिनृपतिरपःप्रादादकिंचनः ९७ शुद्धेनमनसाविप्रनाकपृष्ठंततोगतः ॥ नधर्मःप्रीयते तदानेंत्तेमहाफले ९८ न्यायलब्धेयथासूक्ष्मैःश्रद्धापूतेःसतुष्यति ॥ गोप्रदानसहस्राणिद्विजेभ्योदद्यागोनृपः ९९ एकांद्वासपारक्यांनरकंसमपद्यत ॥ आत्ममांसप्रदानेनशिबिरौशीनरोनृपः १०० ॥ ॥ ॥ ॥ ॥ ६२ ॥

। ८७ । ८८ । ८९ । ९० । ९१ । ९२ । ९३ । ९४ । ९५ । ९६ । ९७ । ९८ । ९९ । १००

१ ।२।३।४।५।६।७।८।९।१०।११। १२ ।१३। १४ । १५ ।१६।१७। १८ ।१९ ।२० ॥ इत्याश्वमे० नीलकंठीये भारतभावदीपे नवतितमोऽध्यायः ॥ ९० ॥

प्राप्यपुण्यकृतांलोकान्मोदतेदिविसुव्रतः ॥ विभवोननृणांपुण्यंस्वशक्त्यास्वार्जितंसताम् १०१ नयज्ञैर्विविधैर्विप्रयथान्यायेनसंचितैः ॥ क्रोधाद्दानफलंहंतिलो
भात्स्वर्गंनगच्छति २ न्यायवृत्तिर्हितपसादानवित्स्वर्गमश्नुते ॥ नराजसूयैर्बहुभिरिष्ट्वापिपुलदक्षिणैः ३ नचाश्वमेधैर्बहुभिःफलंसममिदंतव ॥ सक्तुप्रस्थेनवि
जितोब्रह्मलोकस्त्वयाऽक्षयः ४ विरजोब्रह्मसदनंगच्छविप्रयथासुखम् ॥ सर्वेषांवोद्विजश्रेष्ठदिव्यंयानमुपस्थितम् ५ आरोहतयथाकामंधर्मोऽस्मिद्विजपश्यमाम् ॥
तारितोहित्वयादेहोलोकेकीर्त्तिःस्थिराचते ६ सभार्यःसहपुत्रश्चसस्नुषश्चदिवंव्रज ॥ इत्युक्तवाक्येधर्मेतुयानमारुह्यसद्विजः ७ सदारःससुतश्चैवसस्नुषश्चदिवंगतः ॥
तस्मिन्विप्रेगतेस्वर्गंससुतेसस्नुषेतदा ८ भार्याचतुर्थेधर्मज्ञेततोऽहंनिःसृतोबिलात् ॥ ततस्तुसक्तुगंधेनक्लेदेनसलिलस्यच ९ दिव्यपुष्पविमर्दाच्चसाधोर्दानलवै
श्चतैः ॥ विप्रस्यतपसातस्यशिरोमेकांचनीकृतम् ॥ ११० तस्यसत्याभिसंधस्यसक्तुदानेनचैवह ॥ शरीरार्धंचमेविप्राःशातकुंभमयंकृतम् ११ पश्यतेमंसुविपुलं
तपसातस्यधीमतः ॥ कथमेवंविधंस्याद्वैपार्श्वमन्यदितिद्विजाः १२ तपोवनानियज्ञांश्चहृष्टोऽभ्येमिपुनःपुनः ॥ यज्ञंत्वहमिमंश्रुत्वाकुरुराजस्यधीमतः १३ आश
यापरयाप्राप्तोनचाहंकांचनीकृतः ॥ ततोमयोक्तंतद्वाक्यंप्रहस्यब्राह्मणर्षभाः १४ सक्तुप्रस्थेनयज्ञोऽयंसंमितोनेतिसर्वथा ॥ सक्तुप्रस्थलवैस्तैर्हितदाऽहंकांच
नीकृतः १५ नहियज्ञोमहानेषसदृशस्तैर्मतोमम ॥ इत्युक्त्वानकुलःसर्वान्यज्ञेद्विजवरांस्तदा १६ जगामादर्शनंतेषांविप्रास्तेचययुर्गृहान् १७ ॥ वैशंपायनउवाच ॥
एतत्तेसर्वमाख्यातंमयापरपुरंजय ॥ यदाश्चर्यमभूत्तत्रवाजिमेधेमहाक्रतौ १८ नविस्मयस्तेनृपतेयज्ञेकार्यःकथंचन ॥ ऋषिकोटिसहस्राणितपोभिर्येदिवंगताः १९
अद्रोहःसर्वभूतेषुसंतोषःशीलमार्जवम् ॥ तपोदमश्चसत्यंचप्रदानंचेतिसंमितम् १२० ॥ इतिश्रीमहाभारते आश्वमेधिके पर्वणि अनुगीतापर्वणि नकुलाख्याने
नवतितमोऽध्यायः ॥ ९० ॥ जनमेजयउवाच ॥ यज्ञेसक्तानृपतयस्तपःसक्तामहर्षयः ॥ शांतिव्यवस्थिताविप्राःशमेदमइतिप्रभो १ तस्माद्यज्ञफलैस्तुल्यंनकिं
चिदिहदृश्यते ॥ इतिमेवर्त्ततेबुद्धिस्तथाचैतदसंशयम् २ यज्ञैरिष्ट्वातुबहवोराजानोद्विजसत्तमाः ॥ इहकीर्तिंपरांप्राप्यप्रेत्यस्वर्गमवाप्नुयुः ३ देवराजःसहस्राक्षःक्रतु
भिर्भूरिदक्षिणैः ॥ देवराज्यंमहातेजाःप्राप्तदानखिलंविभुः ४ यदायुधिष्ठिरोराजाभीमार्जुनपुरःसरः ॥ सदृशोदेवराजेनसमृद्ध्याविक्रमेणच ५ अथकस्मात्सनकुलो
गर्हयामासतंक्रतुम् ॥ अश्वमेधंमहायज्ञंराज्ञस्तस्यमहात्मनः ६ ॥ वैशंपायनउवाच ॥ यज्ञस्यविधिमग्र्यंवैफलंचापिनराधिप ॥ गदतःशृणुमेराजन्यथावदिहभारत
७ पुराशक्रस्ययजतःसर्वऊचुर्महर्षयः ॥ ऋत्विक्षुकर्मव्यग्रेषुवित्ततेयज्ञकर्मणि ८ हूयमानेतथावह्नौहोत्रेगुणसमन्विते ॥ देवेष्वाहूयमानेषुस्थितेषुपरमर्षिषु ९

यज्ञेसक्तानृपतयइत्यध्यायोहिंसामिश्रस्यधर्मस्यनिंदार्थं १ । २ । ३ । ४ । ५ । ६ । ७ । ८ । ९ ॥ ॥ ॥ ॥

१० । ११ । १२ । १३ । १४ । १५ त्रिवर्षपरमोषितैःपुराणैः १६ । १७ । १८ । १९ । २० । रसैःपयोघृतादिभिः २१ । २२ वितथंहिंसाहिंसयोःकृत्वोस्तुल्यत्वापादनादनृतं २३ । २४ । २५

 सुप्रतीतैस्तथाविप्रैःस्वागमैःसुस्वरैर्नृप ॥ अश्रांतैश्चापिलघुभिरध्वर्युवृषभैस्तथा १० आलंभसमयेतस्मिन्गृहीतेषुपशुष्वथ ॥ महर्षयोमहाराजबभूवुःकृपया
न्विताः ११ ततोदीनान्पशून्दृष्ट्वाऋषयस्तेतपोधनाः ॥ ऊचुःशक्रंसमागम्यनायंयज्ञविधिःशुभः १२ अपरिज्ञानमेतत्तेमहांतंधर्ममिच्छतः ॥ नहियज्ञेपशुगणा
विधिदृष्टाःपुरंदर १३ धर्मोपघातकस्त्वेषसमारंभस्तवप्रभो ॥ नायंधर्मकृतोयज्ञोनहिंसाधर्मउच्यते १४ आगमेनैवतेयज्ञंकुर्वंतुयदिचेच्छसि १५ विधिदृष्टेन
यज्ञेनधर्मस्तेसुमहान्भवेत् ॥ यजबीजैःसहस्राक्षत्रिवर्षपरमोषितैः १६ एषधर्मोमहान्शक्रमहागुणफलोदयः ॥ शतक्रतुस्तुतद्वाक्यमृषिभिस्तत्त्वदर्शिभिः १७
उक्तंनप्रतिजग्राहमानान्मोहवशंगतः ॥ तेषांविवादःसुमहान्शक्रयज्ञेतपस्विनाम् १८ जंगमैःस्थावरैर्वाऽपियष्टव्यमितिभारत ॥ तेतुखिन्नाविवादेनऋषयस्त
त्त्वदर्शिनः १९ तदासंधायशक्रेणपप्रच्छुर्नृपतिंवसुम् ॥ धर्मसंशयमापन्नान्सत्यंब्रूहिमहामते २० महाभागकथंयज्ञेष्वागमोनृपसत्तम ॥ यष्टव्यंपशुभिर्मुख्यैरथो
बीजैरसैरिति २१ तच्छ्रुत्वातुवसुस्तेषामविचार्यबलाबलम् ॥ यथोपनीतैर्यष्टव्यमितिप्रोवाचपार्थिवः २२ एवमुक्त्वासनृपतिःप्रविवेशरसातलम् ॥ उक्त्वाथवि
तथंप्रश्नंचेदीनामीश्वरःप्रभुः २३ तस्मान्नवाच्यंह्येकेनबहुज्ञेनापिसंशये ॥ प्रजापतिमपाहायस्वयंभुवमृतेप्रभुम् २४ तेनदत्तानिदानानिपापेनाशुद्धबुद्धिना ॥
तानिसर्वाण्यनादृत्यनश्यंतिविपुलान्यपि २५ तस्याधर्मप्रवृत्तस्यहिंसकस्यदुरात्मनः ॥ दानेनकीर्तिर्भवतिनप्रेत्येहचदुर्मतेः २६ अन्यायोपगतंद्रव्यमभीक्ष्णं
योह्यपंडितः ॥ धर्माभिशंकीयजतेनसधर्मफलंलभेत् २७ धर्मवैतंसिकोयस्तुपापात्मापुरुषाधमः ॥ ददातिदानंविप्रेभ्योलोकविश्वासकारणम् २८ पापेनकर्मणावि
प्रोधनंप्राप्यनिरंकुशः ॥ रागमोहान्वितःसोऽन्तेकलुषांगतिमश्नुते २९ अपिसंचयबुद्धिर्हिलोभमोहवशंगतः ॥ उद्वेजयतिभूतानिपापेनाशुद्धबुद्धिना ३० एवंल
ब्ध्वाधनंमोहाद्योहिदद्याद्यजेतवा ॥ नतस्यसफलंप्रेत्यभुंक्तेपापधनागमात् ३१ उंछंमूलंफलंशाकमुदपात्रंतपोधनाः ॥ दानंविभवतोदत्वानराःस्वर्यांतिधार्मिकाः
३२ एषधर्मोमहायोगोदानंभूतदयातथा ॥ ब्रह्मचर्यंतथासत्यमनुक्रोशोधृतिःक्षमा ३३ सनातनस्यधर्मस्यमूलमेतत्सनातनम् ॥ श्रूयंतेहिपुरावृत्ताविश्वामित्रा
दयोनृपाः ३४ विश्वामित्रोऽसितश्चैवजनकश्चमहीपतिः ॥ कक्षसेनार्ष्टिषेणौचसिंधुद्वीपश्चपार्थिवः ३५ एतेचान्येचबहवःसिद्धिंपरमिकांगताः ॥ नृपाःसत्यैश्च
दानैश्चन्यायलब्धैस्तपोधनाः ३६ ब्राह्मणाःक्षत्रियावैश्याःशूद्रायेचाश्रितास्तपः ॥ दानधर्माग्निनाशुद्धास्तेस्वर्गंयांतिभारत ३७ ॥ इति श्रीमहाभारते आश्व
मेधिके पर्वणि अनुगीतापर्वणि हिंसामिश्रधर्मनिंदायामेकनवतितमोऽध्यायः ॥ ९१ ॥ ॥ ॥ ॥ ॥

२६ । २७ । २८ । २९ ३० । ३१ । ३२ । ३३ । ३४ । ३५ । ३६ । ३७ ॥ इत्याश्वमेधिके पर्वणि नीलकंठीये भारतभावदीपे एकनवतितमोऽध्यायः ॥ ९१ ॥ ॥ ॥

धर्मागतेनेत्यध्यायः सर्वसाधनहीनाअपिमहांतोयज्ञंनिर्वर्त्तयंत्येवेतिवक्तुमारभ्यते १ । २ । ३ । ४ । ५ मरीचिपाश्चंद्रमरीचिपानमात्रतृप्ताः ६ परिपृष्टंचेदेवगृह्णंतिनान्यथातेपरिपृष्टिकाः । पाठान्तरेपरिपृच्छिकाअपितएव । प्रसंख्यानास्तत्त्वकालमात्रसंग्रहाः । अप्रक्षालाइतिपाठेशेषहीनाः ७ । ८ । ९ । १० । ११ । १२ । १३ । १४ । १५

॥ जनमेजयउवाच ॥ धर्मागतेनत्यागेनभगवन्स्वर्गमस्तिचेत् ॥ एतन्मेसर्वमाचक्ष्वकुशलोह्यसिभाषितुम् १ तस्योञ्छवृत्तेर्यद्वृत्तंसक्तुदानेफलंमहत् ॥ कथितंतु ममब्रह्मंस्तथ्यमेतदसंशयम् २ कथंहिसर्वयज्ञेषुनिश्चयःपरमोभवत् ॥ एतदर्हसिमेवक्तुंनिखिलेनद्विजर्षभ ३ ॥ वैशंपायनउवाच ॥ अत्राप्युदाहरंतीममिति हासंपुरातनम् ॥ अगस्त्यस्यमहायज्ञेपुरावृत्तमरिंदम ४ पुराऽगस्त्योमहातेजादीक्षांद्वादशवार्षिकीम् ॥ प्रविवेशमहाराजसर्वभूतहितेरतः ५ तत्राग्निकल्पाहो तारआसन्सत्रेमहात्मनः ॥ मूलाहाराःफलाहाराःसाश्मकुट्टामरीचिपाः ६ परिपृष्टिकावैघसिकाःप्रसंख्यानास्तथैवच ॥ यतयोभिक्षवश्चात्रबभूवुःपर्यवस्थिताः ७ सर्वेप्रत्यक्षधर्माणोजितक्रोधाजितेंद्रियाः ॥ दमेस्थितताश्चसर्वेतेहिंसादंभविवर्जिताः ८ वृत्तेशुद्धेस्थितानित्यमिंद्रियैश्चाप्यबाधिताः ॥ उपातिष्ठंततंयज्ञंयजंतस्ते महर्षयः ९ यथाशक्त्याभगवतातदन्नंसमुपार्जितम् ॥ तस्मिन्सत्रेतुयद्वृत्तंयद्योग्यंचतदाऽभवत् १० तथाह्यनेकैर्मुनिभिर्महांतःक्रतवःकृताः॥ एवंविधेत्वगस्त्यस्यवर्तमाने तथाऽध्वरे ॥ नववर्षसहस्राक्षस्तदाभरतसत्तम ११ ततःकर्मांतरेराजन्नगस्त्यस्यमहात्मनः ॥ कथेयमभिनिर्वृत्तामुनीनांभावितात्मनाम् १२ अगस्त्योयजमानोऽ सौददात्यन्नंविमत्सरः ॥ नचवर्षतिपर्जन्यःकथमन्नंभविष्यति १३ सत्रंचेदंमहद्विप्रामुनेर्द्वादशवार्षिकम् ॥ नवर्षिष्यतिदेवश्चवर्षाण्येतानिद्वादश १४ एतद्भ वंतःसंचिंत्यमहर्षेरस्यधीमतः ॥ अगस्त्यस्यापितपसःकर्त्तुमर्हंत्यनुग्रहम् १५ इत्येवमुक्तेवचनेततोऽगस्त्यःप्रतापवान् १६ प्रोवाचवाक्यंसतदाप्रसाद्यशिरसामु नीन् ॥ यदिद्वादशवर्षाणिनवर्षिष्यतिवासवः १७ चिंतायज्ञंकरिष्यामिविधिरेषसनातनः ॥ यदिद्वादशवर्षाणिनवर्षिष्यतिवासवः १८ स्पर्शयज्ञंकरिष्यामिवि धिरेषसनातनः ॥ यदिद्वादशवर्षाणिनवर्षिष्यतिवासवः १९ ध्येयात्मनाहरिष्यामियज्ञानेतान्यतव्रतः ॥ बीजयज्ञोमयाऽयंवैबहुवर्षसमाचितः २० बीजै र्हितंकरिष्यामिनात्रविघ्नोभविष्यति ॥ नेदंशक्यंवृथाकर्त्तुंममसत्रंकथंचन २१ वर्षिष्यतीहवादेवोनवावर्षंभविष्यति ॥ अथवाभ्यर्थनामिंद्रोनकरिष्यतिकामतः २२ स्वयमिंद्रोभविष्यामिजीवयिष्यामिचप्रजाः ॥ योयदाहारजातश्चसतथैवभविष्यति २३ विशेषंचैवकर्त्ताऽस्मिपुनःपुनरतीवहि ॥ अद्येहस्वर्णमभ्येतुयच्चान्यद्वसु किंचन २४ त्रिषुलोकेषुयच्चास्तितदिहागम्यतांस्वयम् ॥ दिव्याश्चाप्सरसांसंघागंधर्वाश्चसकिन्नराः २५ ॥ ॥ ॥

१६ । १७ चिंतायज्ञंमानसंयज्ञंसंकल्पमात्रेणैवदेवानृषींश्चतर्पयिष्यामीत्यर्थः १८ स्पर्शयज्ञंउपाहृतद्रव्यस्यव्ययमकृत्वातत्स्पर्शेनैवतांस्तर्पयिष्यामिएवंदृष्टियज्ञोऽपिज्ञेयः १९ सिद्धद्रव्याभावेध्या नमात्रेणद्रव्याण्याहरिष्यामीत्याह ध्येयेति । पाठांतरेऽप्यायामेनशरीरक्लेशेन २० । २१ ध्येयात्मनेत्यस्यप्रपंचोऽथवेत्यादिः २२ । २३ । २४ । २५ ॥ ॥

२६ । २७ । २८ । २९ । ३० । ३१ । ३२ । ३३ । ३४ । ३५ । ३६ । ३७ । ३८ कोऽसावित्यादिशेषकथाक्रोधजयस्योत्कर्षवर्णनार्था ३९ । ४० । ४१

विश्वावसुश्चयेचान्येतेऽप्युपासंतुमेमखम् ॥ उत्तरेभ्यःकुरुभ्यश्चयत्किंचिद्वसुविद्यते २६ सर्वंतदिहयज्ञेषुस्वयमेवोपतिष्ठतु ॥ स्वर्गःस्वर्गसदश्चैवधर्मश्चस्वयमेवतु
२७ इत्युक्तेसर्वमेवैतदभवत्तपसामुनेः ॥ तस्यदीप्ताग्निमहसस्त्वगस्त्यस्यातितेजसः २८ ततस्तेमुनयोहृष्टाददृशुस्तपसोबलम् ॥ विस्मितावचनंप्राहुरिदंसर्वंम
हार्थवत् २९ ॥ ऋषयऊचुः ॥ प्रीताःस्मतववाक्येननत्विच्छामस्तपोव्ययम् ॥ तैरेवयज्ञैस्तुष्टाःस्मन्यायेनेच्छामहेवयम् ३० यज्ञंदीक्षांतथाहोमान्यच्चान्य
न्मृगयामहे ॥ न्यायेनोपार्जिताहाराःस्वकर्माभिरतावयम् ३१ वेदांश्चब्रह्मचर्येणन्यायतःप्रार्थयामहे ॥ न्यायेनोत्तरकालंचगृहेभ्योनिःसृतावयम् ३२ धर्मदृष्टै
र्विधिद्वारैस्तपस्तप्स्यामहेवयम् ॥ भवतःसम्यगिष्टातुबुद्धिर्हिंसाविवर्जिता ३३ एतामहिंसांयज्ञेषुब्रूयास्त्वंसततंप्रभो ॥ प्रीतास्ततोभविष्यामोवयंतुद्विजसत्तम ३४
विसर्जिताःसमाप्तौचसत्रादस्माद्व्रजामहे ॥ तथाकथयतांतेषांदेवराजःपुरंदरः ३५ ववर्षसुमहातेजादृष्ट्वातस्यतपोबलम् ॥ आसमाप्तेश्चयज्ञस्यतस्यामितपराक्र
मः ३६ निकामवर्षीपर्जन्योबभूवजनमेजय ॥ प्रसादयामासचतमगस्त्यंत्रिदशेश्वरः ॥ स्वयमभ्येत्यराजर्षेपुरस्कृत्यबृहस्पतिम् ३७ ततोयज्ञसमाप्तौतान्विस
सर्जमहामुनीन् ॥ अगस्त्यःपरमप्रीतःपूजयित्वायथाविधि ३८ ॥ जनमेजयउवाच ॥ कोऽसौनकुलरूपेणशिरसाकांचनेनवै ॥ प्राहमानुषवद्वाचमेतत्पृष्टोवद
स्वमे ३९ ॥ वैशंपायनउवाच ॥ एतत्पूर्वंनपृष्टोऽहंनचास्माभिःप्रभाषितम् ॥ श्रूयतांनकुलोयोऽसौयथावाक्तस्यमानुषी ४० श्राद्धंसंकल्पयामासजमदग्निःपु
राकिल ॥ होमधेनुस्तमागाच्चस्वयमेवदुदोहताम् ४१ तत्पयःस्थापयामासनवेभांडेदृढेशुचौ ॥ तच्चक्रोधस्वरूपेणपिठरंधर्मआविशत् ४२ जिज्ञासुस्तमृषिश्रेष्ठं
किंकुर्याद्विप्रियेकृते ॥ इतिसंचिंत्यधर्मःसधर्षयामासतत्पयः ४३ तमाज्ञायमुनिःक्रोधंनैवास्यसचुकोपह ॥ सतुक्रोधस्ततोराजन्ब्राह्मणींमूर्त्तिमास्थितः ॥ जिते
तस्मिन्भृगुश्रेष्ठमभ्यभाषदमर्षणः ४४ जितोऽस्मीतिभृगुश्रेष्ठभृगवोह्यतिरोषणाः ॥ लोकेमिथ्याप्रवादोऽयंयत्त्वयाऽस्मिविनिर्जितः ४५ वशेस्थितोऽहंत्वय्यद्य
क्षमावतिमहात्मनि ॥ बिभेमितपसःसाधोप्रसादंकुरुमेप्रभो ४६ ॥ जमदग्निरुवाच ॥ साक्षाद्दृष्टोऽसिमेक्रोधगच्छत्वंविगतज्वरः ॥ नत्वयाऽपकृतंमेऽद्यनचमेम
न्युरस्तिवै ४७ यान्समुद्दिश्यसंकल्पःपयसोऽस्यकृतोमया ॥ पितरस्तेमहाभागास्तेभ्योबुद्ध्यस्वगम्यताम् ४८ इत्युक्तोजातसंत्रासस्तत्रैवांतरधीयत ॥ पितॄ
णामभिषंगाच्चनकुलत्वमुपागतः ४९ सतान्प्रसादयामासशापस्यांतोभवेदिति ॥ तैश्चाप्युक्तःक्षिपन्धर्मंशापस्यांतमवाप्स्यसि ५० तैश्चोक्तोयज्ञियान्देशान्ध
र्मारण्यंतथैवच ॥ जुगुप्समानोधावन्सतंयज्ञंसमुपासदत् ५१ धर्मपुत्रमथाक्षिप्यसक्तुप्रस्थेनतेनसः ॥ मुक्तःशापात्ततःक्रोधोधर्मोह्यासीद्युधिष्ठिरः ५२ ॥

पिठरंपात्रंधर्मआविशत्तत्पयःपीतवानित्यर्थः ४२ । ४३ । ४४ रोषणत्वमेवमिथ्यारोषस्यजितत्वात्ख्या ४५ । ४६ । ४७ । ४८ । ४९ । ५० । ५१ । ५२ ॥ ॥

५३ ॥ इत्याश्वमेधिकेपर्वणि नीलकंठीये भारतभावदीपे द्विनवतितमोऽध्यायः ॥ ९२ ॥ ॥ ॥ ॥ ॥

एवमेतत्तदावृत्तंयज्ञंतस्यमहात्मनः ॥ पश्यतांचापिनस्तत्रनकुलोऽन्तर्हितस्तदा ५३ ॥ ॥ इति श्रीमहाभारते शतसाहस्र्यां संहितायां वैयासिक्यां आश्व मेधिके पर्वणि अनुगीतापर्वणि नकुलोपाख्याने द्विनवतितमोऽध्यायः ॥ ९२ ॥ ॥ ॥ ॥ समाप्तमनुगीतापर्वाश्वमेधिकंच ॥ ॥ ॥ ॥ अतः परमाश्रमवासिकंपर्वभविष्यति तस्यायमाद्यःश्लोकः ॥ प्राप्यराज्यंनरव्याघ्राःपांडवामेपितामहाः ॥ कथमासन्महाभागाधृतराष्ट्रेमहात्मनि ॥ १ ॥ अस्मिन्पर्वण्यभिवृत्तांताः ॥ व्यासवाक्यं । संवर्तमरुत्तीयं । अनुगीता । वासुदेवागमनं । ब्राह्मणगीता । गुरुशिष्यसंवादः । उत्तंकोपाख्यानं । द्वारकाप्रवेशः । पांडवप्रयाणं । निधिलाभः । परिक्षिज्जन्म । स्त्रीविलापः । बालसंजीवनं । सुवर्णानयनं । अश्वपरीक्षा । हयरक्षणं । बभ्रुवाहनविजयः । अश्वमेधयज्ञः । नकुलोपाख्यानं ॥

॥ अस्मिन्नपिपर्वणि व्यासोक्ताध्यायश्लोकसंख्यान्यूनाधिक्यंचेल्लिपिकरप्रमादादेवज्ञेयम् ॥

॥ इति श्रीमहाभारते आश्वमेधिकं पर्व समाप्तम् ॥

॥ अथ श्रीमहाभारते आश्रमवासिकपर्वप्रारंभः ॥

आश्रम वासिक पर्व.१५
कुंती.
धृतराष्ट्र
गांधारी.
विदुर.
पांडव.

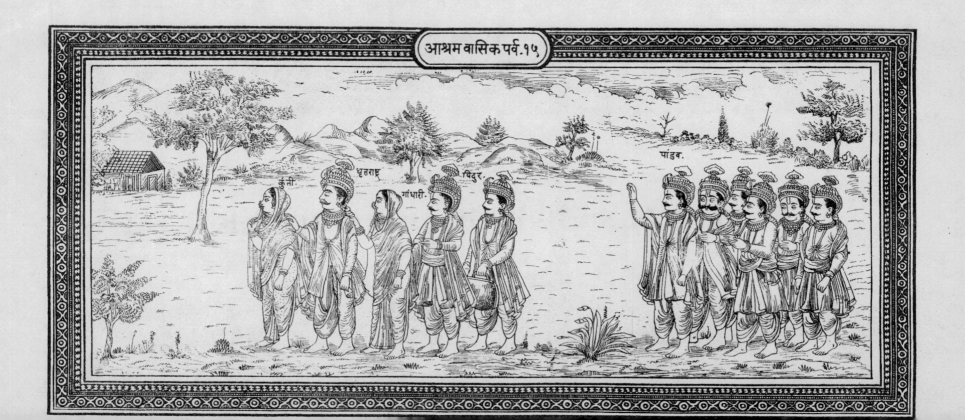

॥ महाभारतम् ॥

आश्रमवासिकपर्व ।

-१५-

विषयानुक्रमणिका ।

अ०	विषयः	पृष्ठम्
	(१) आश्रमवासपर्व	
१	"प्राप्य राज्यं महात्मानः पाण्डवा मे पितामहाः । कथमासन्महाराज्ञि धृतराष्ट्रे महात्मनि ॥" (१) इत्यादिके जनमेजयप्रश्ने तदुत्तरं वदन्वैशम्पायनः पाण्डवानां पृथ्वीपालनादिकं धृतराष्ट्राय राजभोग्यद्रव्यदानादिकं कुन्त्यादिकर्तृकं गान्धारीपर्युपासनं च कथयति स्म । ...	१
२	एवं संपूजितो राजा' (१) इत्यादिना युधिष्ठिरादिकर्तृकं धृतराष्ट्रपर्युपासनं,तेन तत्सन्तोषं, पाण्डवानां तदनुकूलवृत्त्या वर्तनं चाभ्यधाद्वैशम्पायनः ...	१
३	सुहृन्मध्ये भीमस्य वाहुशब्दं परुषाणि वचनानि च श्रुत्वा निर्विण्णो धृतराष्ट्रः सुहृदः समानीय तान्प्रति "विदितं भवतामेतत्" (१६) इत्याद्यभिधाय युधिष्ठिरं प्रति "भद्रं ते यादवीमातः" (३०) इत्याद्याख्याय वनगमनमथाचत। "न मां प्रीणयते राजन्" (४१) इत्यादिकं युधिष्ठिरानुनयं श्रुत्वा पुनः "तापस्ये मे मनस्तात" (५६) इति तमुक्त्वा सञ्जयादीन् प्रति च 'ग्लायते मे मनो हीदम्' (६०) इत्यभिधाय मोहं जगाम। तं च युधिष्ठिरः पाणिना पस्पर्श। युधिष्ठिरेण "यस्य नागसहस्रेण" (६३) इत्यादिनाऽनुनयपूर्वकं भोजनार्थं प्रेरितो धृतराष्ट्रो यावदङ्गीकरोति तावद्व्यास आगत्य तमवोचत्	२
४	"युधिष्ठिर महाबाहो" (१) इत्यादिना व्यासकथितं धृतराष्ट्रस्य वनगमनमङ्गीकृत्याहारं कृत्वाऽऽश्रमं गच्छेत्युवाच युधिष्ठिरो धृतराष्ट्रं प्रति	३

महाभारते-

५ युधिष्ठिराभ्यनुज्ञातो धृतराष्ट्रो गृहं गत्वाऽऽहारं कृत्वा विदुरादिषु सर्वेषु शृण्वत्सु युधिष्ठिरं पृष्ठे पाणिना संस्पृश्य " अप्रमादस्त्वया कार्यः " (८) इत्यादिना राजनीतिमुपदिदेश ... ३

६ धृतराष्ट्रेण युधिष्ठिरं प्रति राजनीतिकथनम् ... ४

७ धृतराष्ट्रेण युधिष्ठिरं प्रति राजनीतिकथनम् ... ५

८ " एवमेतत्करिष्यामि " (१) इत्यादिना युधिष्ठिरेणाङ्गीकृते गान्धार्या गृहं प्रविश्य तया पृष्टो ' व्यासाद्यनुज्ञातो गन्तास्मि ' इत्युक्त्वा सर्वासां प्रकृतीनां सान्निध्यमिच्छामि तथा पुत्राणां प्रेतभावानुगं वसु च दातुमिच्छामीति निश्चित्य युधिष्ठिरमाज्ञापयति स्म । युधिष्ठिरेणानीते सर्वस्मिन्, ब्राह्मणादिषु सर्वेषु सन्नि-

हितेषु प्रार्थनापूर्वकं " अरण्यगमने बुद्धिर्गान्धारीसहितस्य मे " (१७) इत्याद्यूवाच धृतराष्ट्र, तच्छ्रुत्वा शोकाक्रान्तेषु सर्वेषु पुनरुवाच सः ... ५

९ " शान्तनुः पालयामास " (१) इत्यादिना पुनर्याचिताः प्रकृतयो बाष्पव्याकुलाः परस्परं वीक्षां चक्रे ... ६

१० धृतराष्ट्रवाक्यश्रवणेन मोहितांस्तूर्णीभूतान् सर्वान्प्रति वनगमनार्थमनुज्ञां याचति धृतराष्ट्रे सर्वेरुत्तरं दातुं यो बहुवचः साम्बो नाम ब्राह्मणो " यथा वदसि राजेन्द्र " (१४) इत्यादिना धर्मराजपर्यन्तानां प्रजापालनशीलिमविगुणमुपपाद्य युद्धादिना जातस्य क्षयस्य दैवकृतत्वं प्रतिपाद्य तमनुज्ञाप्य पाण्डवान्प्रशास्य ' मानसं दुःखमपनीय कार्याणि

कुरुष्व ' इत्याह । तद्वचनं श्रुत्वा धृतराष्ट्रोऽभिपूज्य सर्वाः प्रकृती-र्विसर्जयामास ... ६

११ मृतोद्देशेन श्राद्धदानं कर्तुं द्रव्ययाचनार्थं धृतराष्ट्रेण प्रेषितस्य विदुरस्य वाक्यमनुमोदमाने युधिष्ठिरे क्रुद्धो भीमो ' वयं भीष्मस्य दास्यामः ' (१६) इत्यादिकं वाक्यमुवाच ... ७

१२ " भीम ज्येष्ठो गुरुर्मे त्वम् " (१) इत्यादिकं भीमं प्रत्यर्जुनस्योक्तिं श्रुत्वा युधिष्ठिरो विदुरं प्रति ' यावादिच्छसि दातुं तावद्ददामि मत्कोशादिति बहु परिक्लिष्टो भीमो यन्मात्सर्यं करोति तन्मनसि नानेयं ममार्जुनस्य च गृहे यद्रिक्तं तस्य सर्वस्य किंबहुना मच्छरीरस्य च स्वामी भवानिति च मद्वचनाद्धृतराष्ट्रं ब्रूहि ' (१३) इत्युवाच ... ७

१३ युधिष्ठिरसंदेशं विदुरेण कथितं श्रुत्वा धृतराष्ट्रस्तमभिनन्द्य कार्तिक्यां दानानि चक्रे ... ७

१४ प्रीतो धृतराष्ट्रो भीष्माद्युद्देशेन दानानि विधाय पुत्रपौत्राणामात्मनो गान्धार्याश्चौर्ध्वदेहिकं दत्वा दानानि दद्यदा परिश्रान्तो बभूव तदा युधिष्ठिरो दानयज्ञं निवर्तयति स्म ... ८

१५ कार्तिक्यामार्षिं कृत्वाऽग्निहोत्रं पुरस्कृत्य गान्धार्या सहितो वधूजनैः परिवृतो धृतराष्ट्रो वनं गन्तुं भवनाद्विनिर्जगाम, तदा कौरवस्त्रीणामार्तनादो बभूव, युधिष्ठिरादयश्चानुययुः ... ८

१६ नगराद्धर्मानद्वारेण निर्गतो धृतराष्ट्रो जनौघान्, कृपं, युयुत्सुं च निवर्त्य विदुरेण सञ्जयेन च सह जगाम । धृतराष्ट्राज्ञया निवृत्तो युधिष्ठिरः कुन्तीं प्रति

‘ अहं राजानमन्विष्ये ’ (७) इत्याद्युवाच। तच्छ्रुत्वा ‘ सहदेवे महाराज ’ (१०) इत्याद्युक्तवतीं तां प्रति युधिष्ठिरः ‘ किमिदं ते व्यवसितम् ’ (१९) इत्यादिना विदुलापुत्रसंवादाख्यायिकाकथनपूर्वकमस्मान्प्रोत्साह्यैतावत्कारयित्वेदानीं कथं गच्छसीत्याद्युवाच। ‘ यदा राज्यमिदम् ’ (२१) इत्याद्युक्तवन्तं भीमं सुभद्रया सहानुगच्छन्तीं द्रौपदीं रुदतः पुत्रांश्च केवलमीक्षमाणा कुन्ती वनवासकृतनिश्चया जगामैव। एवमप्यनुयातान्पुत्रान्प्रत्यब्रवीत् ८

१७ ‘ एवमेतन्महाबाहो ’ (१) इत्यादिना विदुलापुत्रसंवादकथनादिना कृतस्य प्रोत्साहनस्य कारणं प्रदर्श्य ‘ नाहं राज्यफलं पुत्राः ’ (१९) इत्यादिना स्वस्य वैराग्यं प्रदर्शयति स्म कुन्ती ९

१८ कुन्तीवाक्यं श्रुत्वा पाण्डवेषु निवृत्तेषु धृतराष्ट्रानुज्ञातया गान्धार्या बोधितायामप्यनिवृत्तायां कुन्त्यां पाण्डवेषु पुरं प्रविष्टेषु गच्छन्धृतराष्ट्रो भागीरथीतीरे प्रथमं निवासमकरोत् ... ९

१९ द्वितीयेऽहनि सर्वमाह्निकं निर्वर्त्य भागीरथीतीरान्निर्गत्य कुरुक्षेत्रे व्यासाश्रममागत्य व्यासानुमत्या केकयराजेन शतयूपेनारण्यकं विधिं प्रत्युपदिष्टो गान्धार्या सहितो धृतराष्ट्रस्तपश्चचार १०

२० धृतराष्ट्रं प्रति नारदपर्वतदेवलादिष्वृषिष्वागतेषु नारदः सहस्रचित्यप्रभृतीनां राज्ञां तपश्चर्यया स्वर्गगमनं तत्प्रसङ्गेन धृतराष्ट्रादीनां सामान्यतो गतिं कथयन् शतयूपप्रश्नानुरोधेन वर्षत्रयावधिकथनपूर्वकं धृतराष्ट्रस्य कुबेरलोकगमरूपां विशेषतो गतिं कथयति स्म १०

२१ धृतराष्ट्रे वनं गते पाण्डवेषु पौरजनेषु च शोचत्सु ब्राह्मणेषु च ‘ कथं नु राजा वृद्धः सः ’ (३) इत्यादि तर्कपूर्वकं शोचत्सु सत्सु हतान् वीरान् संस्मृत्य नातिप्रमनसोऽपि पाण्डवाः परीक्षितं दृष्ट्वा प्राणान् धारयन्ति स्मेत्याह वैशम्पायनः ११

२२ कुन्त्यादिस्मरणपूर्वकं शोचन्युधिष्ठिरः सहदेवेन द्रौपद्या चानुज्ञातो धृतराष्ट्रादिदिदृक्षया वनं गन्तुमुद्यतः सेनापत्यादीनादिश्य नगराद्बहिः पञ्च दिनानि न्यवसत् १२

२३ ततो निर्गतो युधिष्ठिरो नगररक्षणार्थं युयुत्सुं धौम्यसहितं नियोज्य यमुनामुत्तीर्य धृतराष्ट्रस्याश्रमं जगाम १२

२४ तत्र धृतराष्ट्रादीनपश्यन्तो युधिष्ठिरादयस्तत्रत्यैस्तापसैः कथितेन पथा यमुनां प्रति स्नानार्थं गतान् द्रष्टुं पादचारिणो गत्वा कुन्त्याद्यभिवादनानन्तरं तैः सह पुनराश्रममाजग्मुः ... २७

२५ पाण्डवैः सह धृतराष्ट्रे स्थिते पाण्डवान्द्रष्टुमागतैस्तापसैः ‘ कतमो युधिष्ठिरः कतमौ भीमार्जुनौ ’ इत्यादि पृष्टः सञ्जयो ‘ य एष जाम्बूनदशुद्धगौरः ’ (५) इत्यादिना तत्तत्स्वरूपकथनपूर्वकं सर्वानाचख्यौ। तान्बुद्ध्वा गतेषु तापसेषु धृतराष्ट्रः सर्वान्प्रति कुशलं पप्रच्छ ... १२

२६ ‘ युधिष्ठिर महाबाहो ’ (१) इत्यादिना धृतराष्ट्रस्य कुशलप्रश्नानन्तरं युधिष्ठिरः ‘ कच्चित्ते वर्धते राजन् ’ (११) इत्यादिना कुशलं पृच्छन् ‘ क चासौ विदुरो राजन्नेमं पश्यामहे वयम् ’ (१५) इति पप्रच्छ। धृतराष्ट्रे विदुरस्य

स्थितिं कथयति तत्कथितलक्षणै-
र्युतं तमालक्ष्य तत्पृष्ठतो गच्छन्यु-
धिष्ठिर एकान्ते वृक्षमूलमाश्रित्य
तस्याग्रे ‘ युधिष्ठिरोऽहमस्मि ’
(२४) इत्युक्त्वा तस्थौ । ततः
सोऽपि स्वाग्रवर्तिनं युधिष्ठिरं
दृष्ट्वा योगधारणया तच्छरीरं
प्रविश्य स्थूलं शरीरं तत्याज
विदुरः । युधिष्ठिरोऽपि तत्प्रवेशे-
नात्मानं बलवन्तं बुद्ध्वा मृतं
तच्छरीरं संस्कर्तुमुद्यतोऽशरीरि-
ण्या वाण्या निवारितो धृतराष्ट्र-
मागत्य तस्मै तद्वृत्तं कथयति स्म ।
ततस्तेन दत्तं फलमूलादि भुक्त्वा
तत्रैव सर्वे पाण्डवा न्यवसन् १३
२७ विचित्रा धर्मार्थलक्षणाः कथाः
कथयन्तः पाण्डवाः कुन्तीमभि-
तस्तस्यां रात्र्यां सुषुपुः । उत्थितो
युधिष्ठिरः प्रातराह्निकं विधाया-
श्रमं पश्यन् ब्राह्मणेभ्यो धनं
वितीर्य कृताह्निकं धृतराष्ट्रं मात्रा-
दींश्च दृष्ट्वा तदनुज्ञात उपविवेश ।
एवं भीमादयोऽप्युपविविशुः ।
एवं सर्वेषूपविष्टेषु शतयूपप्रभृतयो
महर्षयः सशिष्यो व्यासश्च समा-
जग्मुः १३
२८ व्यासाज्ञया पाण्डवेषु समुप-
विष्टेषु सत्यवतीपुत्रो व्यासो
“ धृतराष्ट्र महाबाहो ” (२)
इत्याद्यभिधाय विदुरस्य युधि-
ष्ठिरशरीरप्रवेशादिकं व्याख्याय
‘ त्वां चापि श्रेयसा योक्ष्ये ’ (२३)
इत्याद्युक्त्वा ‘ न कृतं यैः पुरा कै-
श्चित’ (२४) इत्याद्युवाच ... १४

(२) पुत्रदर्शनपर्व

२९ ‘ वनवासं गते विप्र ’ (१)
इत्यादिना व्यासेन प्रतिज्ञात-
माश्चर्यप्रदर्शनं कथय, तथा युधि-
ष्ठिरस्य कति दिनानि वने निवा-
सः इत्यादिके जनमेजयप्रश्ने वैश-
म्पायनः ‘तेऽनुज्ञातास्तदा राजन्’
(६) इत्यादिनोत्तरं कथयति
स्म । नारदपर्वतप्रभृतिष्वागतेषु
पाण्डवसहिते धृतराष्ट्रे स्थिते
गान्धारीप्रभृतिषु च स्त्रीषु स्थितासु
धार्मिकं विषयं पुरस्कृत्य प्रवृ-
त्तासु कथासु तदन्ते व्यासो
‘ विदितं मम राजेन्द्र ’ (१६)
इत्याद्यभिधाय संशयच्छेदनार्थ-
मागतोऽस्मि, देवगन्धर्वादयो म-
त्तपसो वीर्यं पश्यन्तु, कं ते कामं
प्रददामि, ब्रूहि इत्युवाच । व्यास-
वाक्यं श्रुत्वा धृतराष्ट्रो ‘ ब्रह्म-
कल्पैर्भवद्भिर्यत् ’ (२५) इत्या-
दिना मम परलोकभयं नास्ती-
त्युक्त्वा दुर्योधनापनयनेन हतान्
सर्वाननुस्मृत्य ‘ न शान्तिमधि-
गच्छामि ’ (३३) इत्याद्युवाच ।
एतच्छ्रवणेनोद्बुद्धशोका गान्धार्य-
पि ‘ षोडशेमानि वर्षाणि ’ (३८)
इत्यादिना धृतराष्ट्रस्थितिं प्रदर्श्य
‘ तपसा सर्वान् लोकान् स्रष्टुं स-
मर्थस्य तव लोकान्तरगतान् पु-
त्रादीन् राज्ञो दर्शयितुं किं दुःश-
कम् ? ’ (४०) इत्याद्युवाच । तच्छ्रु-
त्वा प्रच्छन्नजातं पुत्रं कर्णं स्मर-
न्ती कुन्ती व्यासेनानुज्ञाता प्रवक्तु-
मुपचक्रमे १४
३० ‘ भगवन्श्वशुरो मेऽसि ’ (१) इ-
त्यादिना दुर्वासोवरदानप्रभृति
कर्णविसर्जनान्तं कन्यावस्थासंबं-
धि वृत्तमनूद्य कर्णदर्शनं प्रार्थयति
स्म कुन्ती । व्यासः ‘साधु सर्वमिदं
भाव्यम् ’ (२०) इत्यादिना तां
समाश्वासयति स्म १५
३१ ‘भद्रे द्रक्ष्यसि गान्धारि ! पुत्रान्
भ्रातृन्सखींस्तथा । वध्वश्च पतिभिः
सार्धं निशि सुप्तोत्थिता इव । कर्णं
द्रक्ष्यति कुन्ती च सौभद्रं चापि
यादवी । द्रौपदी पञ्च पुत्रांश्च(१-२)
इत्याद्यभिधाय ‘ अवतेरुस्ततः
सर्वे ’ (५) इत्यादिनांशाव-

तरणमभिधाय सर्वे भवन्तो भागीरथीं गच्छन्त्विति व्यासेनाज्ञप्ताः सर्वे गङ्गातीरं गत्वा सायंकालपर्यन्तं तत्र निवासं चक्रुः १६

३२ ' ततो निशायां प्राप्तायां ' (१) पाण्डवैः सहितो धृतराष्ट्रः सर्वस्त्रीसहिता गान्धारी, इतरपौरजानपदाश्च व्याससंनिधमाजग्मुः । व्यासश्च गङ्गाजलमवगाह्य सर्वानाह्वयति स्म । व्यासेनाहूता भीष्मद्रोणपुरोगमा विराटपुत्रादयः कर्णदुर्योधनादयोऽन्ये च राजानो राजपुत्राश्च स्वस्ववेषादिसहिता निर्वैराः सन्तः समुत्तस्थुः । तता व्यासदत्तदिव्यदृष्टिर्धृतराष्ट्रो गान्धारी चान्ये जनाश्च तान् दृष्ट्वाऽऽश्चर्यवन्तो मुमुदिरे ... १६

३३ निर्गतास्ते परस्परं सङ्गम्य मुदिताः सन्तो रात्रौ यथेच्छं विहृत्यान्योन्यमामन्त्र्य व्यासेन विसर्जिताः स्वस्वलोकं जग्मुः । जलस्थितस्य व्यासस्याज्ञया मृतपतिकाः स्त्रियो जान्हवीजलमवगाह्य पतिलोकं जग्मुः ... १७

३४ एतच्छ्रुत्वा हृष्टेन जनमेजयेन 'कथं नु त्यक्तदेहानां पुनस्तद्रूपदर्शनम्' (२) इति पृष्टो वैशम्पायनः ' अविप्रणाशः सर्वेषाम्' (४) इत्यादिनाऽध्यायशेषेण तदुत्तरं कथयति स्म १७

३५ ' अदृष्ट्वा तु नृपः पुत्रान् ' (१) इत्यादिना विदुरस्तपोबलात्सिद्धिं प्राप्तो धृतराष्ट्रश्च व्यासप्रसादादिति वैशम्पायनेनोक्ते जनमेजयो 'व्यासो यदि मम पितरं दर्शयेत्तर्हि तव वचनं श्रद्धेयं जानीयाम्' इत्युवाच । इत्युक्तवाञ्जनमेजयो व्यासेन प्रदर्शितं परिक्षितं दृष्ट्वाऽवभृथस्नानं विधाय ' ऋषिर्द्वैपायनो यत्र ' (१२) इत्यास्तीकवाक्यं श्रुत्वा वैशम्पायनं संपूज्य वनवासकथावशेषं पप्रच्छ १८

३६ 'पुत्रान्पौत्रान्दृष्ट्वा धृतराष्ट्रः किमकरोत् युधिष्ठिरश्च किमकरोत्' इति जनमेजयप्रश्ने वैशम्पायनस्तदुत्तरमाचख्यौ । आश्रममागतो धृतराष्ट्रो युधिष्ठिरविसर्जनार्थं व्यासेन प्रेरितो युधिष्ठिरं प्रति 'अजातशत्रो भद्रं ते' (१४) इत्याद्यब्रवीत् । युधिष्ठिरश्च ' न मामर्हसि धर्मज्ञ परित्यक्तुम्' (२३) इत्याद्युवाच । गान्धार्या च गम्यतामित्युक्तः कुन्तीं प्रति ' विसर्जयति मां राजा ' (२८) इत्याद्यवादीत् । सहदेवेन युधिष्ठिरं प्रति 'नोत्सहेऽहं परित्यक्तुं मातरं भरतर्षभ' (३७) इत्याद्युक्तं श्रुतवत्या कुन्त्या 'गम्यतां पुत्र मैवं त्वं' (४०) इत्यादिना बोधिते तस्मिन्गन्तुमुद्यतेन युधिष्ठिरेणाभिवादनपुरःसरमनुज्ञां याचितो धृतराष्ट्रः सर्वालिङ्गनपूर्वकं सान्त्वयन्ननुजज्ञे । तथैव गान्धारीकुन्तीभ्यामनुज्ञातो युधिष्ठिरो भ्रातृभिर्द्रौपदीप्रभृतिभिर्योषिद्भिश्च सह हास्तिनपुरं जगाम १८

(३) नारदागमनपर्व

३७ निवृत्तेषु पाण्डवेषु वर्षद्वयानन्तरमागतो नारदो युधिष्ठिरेण सत्कारपूर्वकं धृतराष्ट्रवृत्तान्तं पृष्टः 'स्थिरीभूय महाराज शृणु वृत्तं यथातथम्' (९) इत्यभिधाय तं कथयति स्म । भवत्सु निवृत्तेषु गङ्गाद्वारं गतो धृतराष्ट्रो गान्धारीकुन्तीसञ्जयैः सहितस्तपस्यन् कदाचिद्गङ्गायामाप्लुत्य निवृत्तोऽग्रे दावाग्निना दह्यमाने वने निराहारतया ततो निर्गन्तुमसमर्थः

सञ्जयं प्रति 'दावाग्निरहितं प्रदेशं गच्छ' इत्यनुज्ञाप्य सञ्जयोपदेशेनेन्द्रियग्रामं निरुद्ध्य च काष्ठोपमः स्थितो दावाग्निना दग्धोऽभूत्। तमनु गान्धारी कुन्ती च दग्धे बभूवतुः। सञ्जयश्च ततो निर्गतो हिमालयं जगाम। एतद्वृत्तं श्रुत्वा युधिष्ठिरादिष्वाक्रोशपूर्वकं रुदत्सु महान् स्वन आसीत्। तस्मिन्मुहूर्तान्निवृत्ते सति धर्मराजो नारदमब्रवीत ... १९

३८ 'तथा महात्मनस्तस्य' (१)
इत्यादिकं युधिष्ठिरस्य विलापवाक्यम् २०

३९ 'नासौ वृथाग्निना दग्धः' (१)
इत्यादिना वनं गच्छता धृतराष्ट्रेणोत्सर्गेष्टिं कारयित्वोत्सृष्टा अग्नयो याजकैर्वने परित्यक्तास्त एव दावरूपेण वनं दहन्तस्तं देहुरित्याद्यभिधाय नारदेनोदकदानादि कर्तुं प्रेरितो युधिष्ठिरो गङ्गाद्वारे नरान् संप्रेष्य द्वादशेऽहानि गङ्गातीरे श्राद्धादीनि विधाय नगरं प्रविवेश। नारदश्च युधिष्ठिरमाश्वास्य यथेप्सितं देशं जगाम २१

॥ इत्याश्रमवासपर्वविषयानुक्रमणिका समाप्ता ॥

श्रीगणेशायनमः ॥ श्रीनारायणलक्ष्मणौततपदंधीरेशगंगाधरौगोपालंचनिधायचेतसिशिवंचिंतामणिंचाददत ॥ पर्वस्वाश्रमवासिकादिषुचतुर्ष्वारभ्यतेभारतेपूर्वाचार्यमतानुगेनविदुषाभावप्रदीपोद्भुतः ॥
१ ॥ पूर्वत्रअंगोपांगसहिताब्रह्मविद्यासमापिता तत्रसर्वभोगत्यागपूर्वकंशमाद्युपसंपत्तिर्वनवासिनामेवभवतीतिधृतराष्ट्राद्याचारप्रदर्शनेनसूचयंस्ततोऽधिगंतव्यंजगज्जीवेश्वरतत्त्वंचाश्चर्यप्रदर्शनव्याजेनप

श्रीगणेशायनमः ॥ श्रीवेदव्यासायनमः ॥ नारायणंनमस्कृत्यनरंचैवनरोत्तमम् ॥ देवींसरस्वतींचैवततोजयमुदीरयेत् ॥ जनमेजयउवाच ॥ प्राप्यराज्यंमहा
त्मानःपांडवामेपितामहाः ॥ कथमासन्महाराज्ञिधृतराष्ट्रेमहात्मनि १ सतुराजाहतामात्योहतपुत्रोनिराश्रयः ॥ कथमासीद्धतैश्वर्योगांधारीचयशस्विनी २
कियंतंचैवकालंतेममपूर्वपितामहाः ॥ स्थिताराज्यंमहात्मानस्तन्मेव्याख्यातुमर्हसि ३ ॥ वैशंपायनउवाच ॥ प्राप्यराज्यंमहात्मानःपांडवाहतशत्रवः ॥ धृ
तराष्ट्रंपुरस्कृत्यपृथिवींपर्यपालयन् ४ धृतराष्ट्रमुपातिष्ठद्विदुरःसंजयस्तथा ॥ वैश्यापुत्रश्चमेधावीयुयुत्सुःकुरुसत्तम ५ पांडवाःसर्वकार्याणिसंपृच्छंतिस्मतंनृपम् ॥
चक्रुस्तेनाभ्यनुज्ञातावर्षाणिदशपंचच ६ सदाहिगत्वातेवीराःपर्युपासंततंनृपम् ॥ पादाभिवादनंकृत्वाधर्मराजमतेस्थिताः ७ तेमूर्ध्निसमुपाघ्राताःसर्वकार्याणि
चक्रिरे ॥ कुंतिभोजसुताचैवगांधारीमन्ववर्तत ८ द्रौपदीचसुभद्राचयाश्चान्याःपांडवस्त्रियः ॥ समांवृत्तिमवर्तंततयोःश्वश्र्वोर्यथाविधि ९ शयनानिमहार्हा
णिवासांस्याभरणानिच ॥ राजार्हाणिचसर्वाणिभक्ष्यभोज्यान्यनेकशः १० युधिष्ठिरोमहाराजधृतराष्ट्रेऽभ्युपाहरत् ॥ तथैवकुंतीगांधार्यांगुरुवृत्तिमवर्तत ११
विदुरःसंजयश्चैवयुयुत्सुश्चैवकौरव ॥ उपासतेस्मतंवृद्धंहतपुत्रंजनाधिपम् १२ स्यालोद्रोणस्ययश्चासीद्दयितोब्राह्मणोमहान् ॥ सचतस्मिन्महेष्वासःकृपःसम
भवत्तदा १३ व्यासश्चभगवान्नित्यमासांचक्रेनृपेणह ॥ कथाःकुर्वन्पुराणर्षिर्देवर्षिपितृरक्षसाम् १४ धर्मयुक्तानिकार्याणिव्यवहारान्वितानिच ॥ धृतरा
ष्ट्राभ्यनुज्ञातोविदुरस्तान्यकारयत् १५ सामंतेभ्यःप्रियाण्यस्यकार्याणिसुबहून्यपि ॥ प्राप्यतेऽर्थैःसुलघुभिःसुनयाद्विदुरस्यवै १६ अकरोद्बंधमोक्षंचवध्यानां
मोक्षणंतथा ॥ नचधर्मसुतोराजाकदाचित्किंचिदब्रवीत् १७ विहारयात्रासुपुनःकुरुराजोयुधिष्ठिरः ॥ सर्वान्कामान्महातेजाःप्रददावंबिकासुते १८ आरा
लिकाःसूपकारारागखांडविकास्तथा ॥ उपातिष्ठंतराजानंधृतराष्ट्रंयथापुरा १९ वासांसिचमहार्हाणिमाल्यानिविविधानिच ॥ उपाजह्रुर्यथान्यायंधृतराष्ट्रस्य
पांडवाः २० मैरेयमत्स्यमांसानिपानकानिमधूनिच ॥ चित्रान्भक्ष्यविकारांश्चचक्रुस्तस्ययथापुरा २१ येचापिपृथिवीपालाःसमाजग्मुस्ततस्ततः ॥ उपा
तिष्ठंततेसर्वेकौरवेन्द्रंयथापुरा २२ कुंतीचद्रौपदीचैवसात्वतीचयशस्विनी ॥ उलूपीनागकन्याचदेवीचित्रांगदातथा २३ धृष्टकेतोश्चभगिनीजरासंधसुता
तथा ॥ एताश्चान्याश्चबह्व्योवैयोषितःपुरुषर्षभ २४ ॥ ॥ ॥ ॥

तिपादयिष्यन्नुत्तरग्रंथमारभते प्राप्यराज्यंमहात्मानइति १।२।३।४ उपातिष्ठदाराधितवान् ५।६।७।८।९।१०।११।१२ तस्मिन्धृतराष्ट्रेपमभवत्तन्निकटेअभवत् १३।१४।१५।१६।१७।१८ आरालिकाःअरया
शस्त्रविशेषेणलूनंछिन्नंशाकादिआरालुतत्संस्कुर्वंतितेआरालिकाःशाकविशेषकर्तारः । रागखांडवंपिप्पलीशुंठीशर्करोपेतोमुद्गयूषस्तत्कर्तारोरागखांडविकाः १९ । २० । २१ । २२ । २३ । २४

२५ अन्वशादनुशिक्षितवान् २६ । २७ ॥ इतिआश्रमवासिकेपर्वणिनीलकंठीयेभारतभावदीपे प्रथमोऽध्यायः ॥ १ ॥ एवमिति १ । २ । ३ । ४ पितृत्वेषुपितामहः प्रमीतोयेषुतेषुस्वपाहेषु ५

किंकराःपर्युपातिष्ठन्सर्वाःसुबलजांतथा ॥ यथापुत्रवियुक्तोऽयंनकिंचिद्दुःखमाप्नुयात् २५ इतितानन्वशाद्भ्रातॄन्नित्यमेवयुधिष्ठिरः ॥ एवंतेधर्मराजस्यश्रुत्वावचन
॥ १ ॥ मर्थवत् २६ सविशेषमवर्ततभीममेकंतदाविना ॥ नहितत्तस्यवीरस्यहृदयादपसर्पति ॥ धृतराष्ट्रस्यदुर्बुद्ध्यायद्वृत्तंद्यूतकारितम् २७ ॥ इतिश्रीमहाभारतेआश्रमवा अ०
सिकेपर्वणिआश्रमवासपर्वणिप्रथमोऽध्यायः ॥ १ ॥ ॥ वैशंपायनउवाच ॥ एवंसंपूजितोराजापांडवैरंबिकासुतः ॥ विजहारयथापूर्वमृषिभिःपर्युपासितः ॥ २ ॥
१ ब्रह्मदेयाग्रहारांश्चप्रददौसकुरूद्वहः ॥ तच्चकुंतीसुतोराजासर्वमेवान्वपद्यत २ आनृशंस्यपरोराजाप्रीयमाणोयुधिष्ठिरः ॥ उवाचसतदाभ्रातॄनमात्यांश्चमही
पतिः ३ मयाचैवभवद्भिश्चमान्यएषनराधिपः ॥ निदेशेधृतराष्ट्रस्ययस्तिष्ठतिसमेसुहृत् ४ विपरीतश्चमेशत्रुर्नियम्यश्चभवेन्नरः ॥ पितृवृत्तेषुचाहःसुपुत्राणांश्राद्धक
र्मणि ५ सुहृदांचैवसर्वेषांयावदस्यचिकीर्षितम् ॥ ततःसराजाकौरव्योधृतराष्ट्रोमहामनाः ६ ब्राह्मणेभ्योयथार्हेभ्योददौवित्तान्यनेकशः ॥ धर्मराजश्चभीमश्चसव्य
साचीयमावपि ७ तत्सर्वमन्ववर्तन्ततस्यप्रियचिकीर्षया ॥ कथंनुराजावृद्धःसपुत्रपौत्रवधार्दितः ८ शोकमस्मत्कृतंप्राप्यनम्रियेतेतिचिंत्यते ॥ यावद्धिकुरुवीरस्य
जीवत्पुत्रस्यवैसुखम् ९ बभूवतदवाप्नोतिभोगांश्चेतिव्यवस्थिताः ॥ ततस्तेसहिताःपंचभ्रातरःपांडुनंदनाः १० यथाशीलाःसमातस्थुर्धृतराष्ट्रस्यशासने ॥ धृत
राष्ट्रश्चतान्सर्वान्विनीतान्नियमेस्थितान् ११ शिष्यवृत्तिंसमापन्नान्गुरुवत्प्रत्यपद्यत ॥ गांधारीचैवपुत्राणांविविधैःश्राद्धकर्मभिः १२ आनृण्यमगमत्कामान्विप्रे
भ्यःप्रतिपाद्यसा ॥ एवंधर्मभृतांश्रेष्ठोधर्मराजोयुधिष्ठिरः १३ भ्रातृभिःसहितोधीमान्पूजयामासतंनृपम् ॥ वैशंपायनउवाच ॥ सराजासुमहातेजावृद्धःकुरुकुलो
द्वहः १४ नददर्शतदाकिंचिदप्रियंपांडुनंदने ॥ वर्तमानेषुसद्वृत्तिंपांडवेषुमहात्मसु १५ प्रीतिमानभवद्राजाधृतराष्ट्रोऽम्बिकासुतः ॥ सौबलेयीचगांधारीपुत्रशोकम
पास्यतम् १६ सदैवप्रीतिमत्यासीत्तनयेषुनिजेष्विव ॥ प्रियाण्येवतुकौरव्योनाप्रियाणिकुरूद्वहः १७ वैचित्रवीर्येनृपतौसमाचरतवीर्यवान् ॥ यद्यद्ब्रूतेचकिंचि
त्सधृतराष्ट्रोजनाधिपः १८ गुरुवालघुवाकार्यंगांधारीचतपस्विनी ॥ तंसराजामहाराजपांडवानांधुरंधरः १९ पूजयित्वावचस्तत्तदकार्षीत्परवीरहा ॥ तेनतस्या
भवत्प्रीतोवृत्तेनसनराधिपः २० अन्वतप्यतसंस्मृत्यपुत्रंतंमंदचेतसम् ॥ सदाचप्रातरुत्थायकृतजप्यःशुचिर्नृपः २१ आशास्तेपांडुपुत्राणांसमरेष्वपराजयम् ॥
ब्राह्मणान्स्वस्तिवाच्याथहुत्वाचैवहुताशनम् २२ आयूंषिपांडुपुत्राणामाशंसतनराधिपः ॥ नतांप्रीतिंपरामापपुत्रेभ्यःसकुरूद्वहः २३ यांप्रीतिंपांडुपुत्रेभ्यःसदा
वापनराधिपः ॥ ब्राह्मणानांयथावृत्तःक्षत्रियाणांयथाविधः २४ तथाविट्शूद्रसंघानामभवत्सप्रियस्तदा ॥ यच्चकिंचित्तदापापंधृतराष्ट्रसुतैःकृतम् २५ अकृत्वाहृ
दितत्पापंतंनृपंसोऽन्ववर्तत ॥ यश्चकश्चिन्नरःकिंचिदप्रियंवाऽम्बिकासुते २६ ॥ ॥ ॥ ॥ ॥ १ ॥

६ । ७ । ८ । ९ । १० । ११ । १२ । १३ । १४ । १५ । १६ । १७ । १८ । १९ । २० । २१ । २२ । २३ । २४ । २५ । २६ ॥ ॥

२७ । २८ । २९ । ३० ॥ इतिआश्रमपर्वणिनीलकंठीयेभारतभावदीपेद्वितीयोऽध्यायः ॥ २ ॥ ॥ ॥ ॥ युधिष्ठिरस्येति १ । २ । ३ । ४ । ५ । ६ । ७ । ८ । ९ । १० । ११

कुरुतेद्वेष्यतामेतिसकौन्तेयस्यधीमतः ॥ नराज्ञोधृतराष्ट्रस्यनचदुर्योधनस्यवै २७ उवाचदुष्कृतंकश्चिद्युधिष्ठिरभयान्नरः ॥ धृत्यातुष्टोनरेन्द्रःसगांधारीविदुरस्तथा
२८ शौचेनचाजातशत्रोर्नतुभीमस्यशत्रुहन् ॥ अन्ववर्ततभीमोऽपिनिश्चितोधर्मजंनृपम् २९ धृतराष्ट्रंचसंप्रेक्ष्यसदाभवतिदुर्मनाः ॥ राजानमनुवर्तंतंधर्मपुत्रममि
त्रहा ॥ अन्ववर्ततकौरव्योहृदयेनपराङ्मुखः ३० ॥ इतिश्रीमहाभारते आश्रमवासिकेपर्वणि आश्रमवासपर्वणिद्वितीयोऽध्यायः ॥ २ ॥ ॥ वैशंपायनउवाच ॥
युधिष्ठिरस्यनृपतेर्दुर्योधनपितुस्तदा ॥ नांतरंददृशूराज्येपुरुषाःप्रणयंप्रति १ यदातुकौरवोराजापुत्रंसस्मारदुर्मतिम् ॥ तदाभीमंहृदाराजन्नपध्यातिसपार्थिवः २
तथैवभीमसेनोऽपिधृतराष्ट्रंजनाधिपम् ॥ नामर्षयतराजेन्द्रसदैवदुष्टवद्धृदा ३ अप्रकाशान्यप्रियाणिचकारास्यवृकोदरः ॥ आज्ञांप्रत्याहरच्चापिकृतकैःपुरुषैःसदा ४
स्मरन्दुर्मंत्रितंतस्यवृत्तान्यप्यस्यकानिचित् ॥ अथभीमःसुहृन्मध्येबाहुशब्दंतथाऽकरोत् ५ संश्रवेधृतराष्ट्रस्यगांधार्याश्चाप्यमर्षणः ॥ स्मृत्वादुर्योधनंशत्रुंकर्णं
दुःशासनावपि ६ प्रोवाचेदंसुसंरब्धोभीमःसपरुषंवचः ॥ अंधस्यनृपतेःपुत्रामयापरिघबाहुना ७ नीतालोकममुंसर्वेनानाशस्त्रास्त्रयोधिनः ॥ इमौतौपरिघप्र
ख्यौभुजौममदुरासदौ ८ ययोरंतरमासाद्यधार्तराष्ट्राःक्षयंगताः ॥ ताविमौचंदनेनाक्तौचंदनार्हौचमेभुजौ ९ याभ्यांदुर्योधनोनीतःक्षयंससुतबांधवः ॥ एताश्चा
न्याश्चविविधाःशल्यभूतानराधिपः १० वृकोदरस्यतावाचःश्रुत्वानिर्वेदमागमत् ॥ साचबुद्धिमतीदेवीकालपर्यायवेदिनी ११ गांधारीसर्वधर्मज्ञातान्यलीकानिशु
श्रुवे ॥ ततःपंचदशेवर्षेसमतीतेनराधिपः १२ राजानिर्वेदमापेदेभीमवाग्बाणपीडितः ॥ नान्वबुध्यतत्तद्राजाकुंतीपुत्रोयुधिष्ठिरः १३ श्वेताश्वोवाऽथकुंतीवाद्रौ
पदीवायशस्विनी ॥ माद्रीपुत्रौचधर्मज्ञौचित्तंतस्यान्ववर्तताम् १४ राज्ञस्तुचित्तंरक्षंतोनोचतुःकिंचिदप्रियम् ॥ ततःसमानयामासधृतराष्ट्रःसुहृज्जनम् १५
बाष्पसंदिग्धमत्यर्थमिदमाहचतान्भृशम् ॥ धृतराष्ट्रउवाच ॥ विदितंभवतामेतद्यथावृत्तःकुरुक्षयः १६ ममापराधात्तत्सर्वमनुज्ञातंचकौरवैः ॥ योऽहंदुष्टमतिंमं
दोज्ञातीनांभयवर्धनम् १७ दुर्योधनंकौरवाणामाधिपत्येऽभ्यषेचयम् ॥ यच्चाहंवासुदेवस्यनाश्रौषंवाक्यमर्थवत् १८ वध्यतांसाध्वयंपापःसामात्यइतिदुर्मतिः ॥
पुत्रस्नेहाभिभूतस्तुहितमुक्तोमनीषिभिः १९ विदुरेणाथभीष्मेणद्रोणेनचकृपेणच ॥ पदेपदेभगवताव्यासेनचमहात्मना २० संजयेनाथगांधार्यातदिदंतप्यतेच
माम् ॥ यच्चाहंपांडुपुत्रेषुगुणवत्सुमहात्मसु २१ नदत्तवान्श्रियंदीप्तांपितृपैतामहीमिमाम् ॥ विनाशंपश्यमानोहिसर्वराज्ञांगदाग्रजः २२ एतच्छ्रेयस्तुपरमममन्य
तजनार्दनः ॥ सोऽहमेतान्यलीकानिनिवृत्तान्यात्मनस्तदा २३ हृदयेशल्यभूतानिधारयामिसहस्रशः ॥ विशेषतस्तुपश्यामिवर्षेपंचदशेऽद्यवै २४ अस्यपापस्य
शुद्ध्यर्थंनियतोऽस्मिसुदुर्मतिः ॥ चतुर्थेनियतेकालेकदाचिदपिचाष्टमे २५ ॥ ॥ ॥ ॥

१२ । १३ । १४ । १५ । १६ । १७ १८ । १९ । २० । २१ । २२ । २३ । २४ । २५ ॥ ॥ ॥ ॥

॥ २ ॥ तृष्णाविनयनंभुंजेगांधारीवेदतन्मम ॥ करोत्याहारमितिमांसर्वःपरिजनःसदा २६ युधिष्ठिरभयादेतिभृशंतप्यतिपांडवः ॥ भूमौशयेजप्यपरोदर्भेष्वजिनसंवृतः २७
नियमव्यपदेशेनगांधारीचयशस्विनी ॥ हतंशतंतुपुत्राणांययोर्युद्धेऽपलायिनाम् २८ नानुतप्यामितच्चाहंक्षत्रधर्मंहितेविदुः ॥ इत्युक्त्वाधर्मराजानमभ्यभाषतकौरवः अ०
२९ भद्रंतेयादवीमातर्वचश्चेदंनिबोधमे ॥ सुखमस्म्युषितःपुत्रत्वयासुपरिपालितः ३० महादानानिदत्तानिश्राद्धानिचपुनःपुनः ॥ प्रकृष्टंचमयापुत्रपुण्यंचीर्णंयथाब १
लम् ३१ गांधारीहतपुत्रेयंधैर्येणोदीक्षतेचमाम् ॥ द्रौपद्याह्यपकर्तारस्तवचैश्वर्यहारिणः ३२ समतीतानृशंसास्तेस्वधर्मेणहतायुधि ॥ नतेषुप्रतिकर्तव्यंपश्यामिकुरुनं
दन ३३ सर्वेशस्त्रभृतांल्लोकान्गतास्तेऽभिमुखंहताः ॥ आत्मनस्तुहितंपुण्यंप्रतिकर्तव्यमद्यवै ३४ गांधार्याश्चैवराजेन्द्रतदनुज्ञातुमर्हसि ॥ त्वंतुशस्त्रभृतांश्रेष्ठःसत
तंधर्मवत्सलः ३५ राजागुरुःप्राणभृतांतस्मादेतद्ब्रवीम्यहम् ॥ अनुज्ञातस्त्वयावीरसंश्रयेयंवनान्यहम् ३६ चीरवल्कलभृद्राजन्गांधार्यासहितोऽनया ॥ तवा
शिषःप्रयुंजानोभविष्यामिवनेचरः ३७ उचितंनःकुलेतातसर्वेषांभरतर्षभ ॥ पुत्रेष्वैश्वर्यमाधायवयसोन्तेवनंनृप ३८ तत्राहंवायुभक्षोवानिराहारोऽपिवावसन् ॥
पत्न्यासहानयावीरचरिष्यामितपःपरम् ३९ त्वंचापिफलभाक्तातपसःपार्थिवोह्यसि ॥ फलभाजोहिराजानःकल्याणस्येतरस्यवा ४० ॥ युधिष्ठिरउवाच ॥
नमांप्रीणयतेराज्यंत्वय्येवंदुःखितेनृप ॥ धिङ्ममास्तुसुदुर्बुद्धिंराज्यसक्तंप्रमादिनम् ४१ योऽहंभवंतंदुःखार्तमुपवासकृशंभृशम् ॥ जिताहारंक्षितिशयंनविंदेभ्रा
तृभिःसह ४२ अहोऽस्मिवंचितोमूढोभवतागूढबुद्धिना ॥ विश्वासयित्वापूर्वंमांयदिदंदुःखमश्नुथाः ४३ किंमेराज्येनभोगैर्वाकिंयज्ञैःकिंसुखेनवा ॥ यस्यमेत्वं
महीपालदुःखान्येतान्यवाप्तवान् ४४ पीडितंचापिजानामिराज्यमात्मानमेवच ॥ अनेनवचसातुभ्यंदुःखितस्यजनेश्वर ४५ भवान्पिताभवान्माताभवान्नःपरमो
गुरुः ॥ भवताविप्रहीणावैक्कनुतिष्ठामहेवयम् ४६ औरसोभवतःपुत्रोयुयुत्सुर्नृपसत्तम ॥ अस्तुराजामहाराजयमन्यंमन्यसेभवान् ४७ अहंवनंगमिष्यामिभवान्
राज्यंप्रशास्तु ॥ नमामयशसादग्धंभूयस्त्वंदग्धुमर्हसि ४८ नाहंराजाभवान्राजाभवतःपरवानहम् ॥ कथंगुरुंत्वांधर्मज्ञमनुज्ञातुमिहोत्सहे ४९ नमन्युर्हृदि
नःकश्चित्सुयोधनकृतेऽनघ ॥ भवितव्यंतथातद्धिवयंचान्येचमोहिताः ५० वयंपुत्राहिभवतोयथादुर्योधनादयः ॥ गांधारीचैवकुंतीचनिर्विशेषेमतेमम ५१
समांत्वंयदिराजेन्द्रपरित्यज्यगमिष्यसि ॥ पृष्ठतस्त्वनुयास्यामिसत्यमात्मानमालभे ५२ इयंहिवसुसंपूर्णामहीसागरमेखला ॥ भवताविप्रहीणस्यनमेप्रीतिक
रीभवेत् ५३ भवदीयमिदंसर्वंशिरसात्वांप्रसादये ॥ त्वदधीनाःस्मराजेन्द्रव्येतुतेमानसोज्वरः ५४ भवितव्यमनुप्राप्तोमन्येत्वंवसुधाधिप ॥ दिष्ट्याशुश्रूषमा
णस्त्वांमोक्षिष्येमनसोज्वरम् ५५ ॥ धृतराष्ट्रउवाच ॥ तापस्येमेमनस्तातवर्ततेकुरुनंदन ॥ उचितंचकुलेऽस्माकमरण्यगमनंप्रभो ५६ ॥ ॥ ॥ २ ॥

५७ । ५८ । ५९ । ६० । ६१ । ६२ । ६३ । ६४ । ६५ । ६६ । ६७ । ६८ । ६९ । ७० । ७१ । ७२ । ७३ । ७४ । ७५ । ७६ । ७७ । ७८ । ७९ । ८० । ८१ । ८२ । ८३ । ८४ । ८५

चिरमस्म्युषितःपुत्रचिरंशुश्रूषितस्त्वया ॥ वृद्धंमामप्यनुज्ञातुमर्हसित्वंनराधिप ५७ ॥ वैशंपायनउवाच ॥ इत्युक्त्वाधर्मराजानंवेपमानंकृतांजलिम् ॥ उवा
चवचनंराजाधृतराष्ट्रोऽम्बिकासुतः ५८ संजयंचमहात्मानंकृपंचापिमहारथम् ॥ अनुनेतुमिहेच्छामिभवद्भिर्वसुधाधिपम् ५९ ग्लायतेमेमनोहीदंमुखंचपरिशुष्य
ति ॥ वयसाचप्रकृष्टेनवाग्व्यायामेनचैवह ६० इत्युक्त्वासतुधर्मात्मावृद्धोराजाकुरूद्वहः ॥ गांधारींशिश्रियेधीमान्सहसैवगतासुवत् ६१ तंतुदृष्ट्वासमासीनं
विसंज्ञमिवकौरवम् ॥ आर्तिराजाऽगमत्तीव्रांकौन्तेयःपरवीरहा ६२ ॥ युधिष्ठिरउवाच ॥ यस्यनागसहस्रेणशतसंख्येनवैबलम् ॥ सोऽयंनारींव्यपाश्रित्यशेते
राजागतासुवत् ६३ आयसीप्रतिमायेनभीमसेनस्यसापुरा ॥ चूर्णीकृताबलवतासोऽबलामाश्रितःस्त्रियम् ६४ धिगस्तुमामधर्मज्ञंधिग्बुद्धिंधिक्चमेश्रुतम् ॥ य
त्कृतेपृथिवीपालःशेतेऽयमतथोचितः ६५ अहमप्युपवत्स्यामियथैवायंगुरुर्मम ॥ यदिराजानभुंक्तेऽयंगांधारीचयशस्विनी ६६ ॥ वैशंपायनउवाच ॥ ततो
स्यपाणिनाराजन्जलशीतेनपांडवः ॥ उरोमुखंचशनकैःपर्यमार्जतधर्मवित् ६७ तेनरत्नौषधिमतापुण्येनचसुगंधिना ॥ पाणिस्पर्शेनराज्ञःसराजासंज्ञामवापह ६८
॥ धृतराष्ट्रउवाच ॥ स्पृशमांपाणिनाभूयःपरिष्वजचपांडव ॥ जीवामीवातिसंस्पर्शात्तवराजीवलोचन ६९ मूर्धानंचतवाघ्रातुमिच्छामिमनुजाधिप ॥ पा
णिभ्यांहिपरिस्पृष्टुंप्रीणनंहिमहन्मम ७० अष्टमोह्यद्यकालोऽयमाहारस्यकृतस्यमे ॥ येनाहंकुरुशार्दूलशक्नोमिनविचेष्टितुम् ७१ व्यायामश्चायमत्यर्थंकृत
स्त्वामभियाचता ॥ ततोग्लानमनास्तातनष्टसंज्ञइवाभवम् ७२ तवामृतरसप्रख्यंहस्तस्पर्शमिमंप्रभो ॥ लब्ध्वासंजीवितोऽस्मीतिमन्येकुरुकुलोद्वह ७३
॥ वैशंपायनउवाच ॥ एवमुक्तस्तुकौन्तेयःपित्राज्येष्ठेनभारत ॥ पस्पर्शसर्वगात्रेषुसौहार्दात्तंशनैस्तदा ७४ उपलभ्यततःप्राणान्धृतराष्ट्रोमहीपतिः ॥ बाहुभ्यां
संपरिष्वज्यमूर्ध्न्याजिघ्रतपांडवम् ७५ विदुरादयश्चतेसर्वेरुरुदुर्दुःखिताभृशम् ॥ अतिदुःखात्तुराजानंनोचुःकिंचनपांडवम् ७६ गांधारीत्वेवधर्मज्ञामनसोद्वह
तीभृशम् ॥ दुःखान्यधारयद्राजन्मैवमित्येवचाब्रवीत् ७७ इतरास्तुस्त्रियःसर्वाःकुंत्यासहसुदुःखिताः ॥ नेत्रैरागतविक्लेदैःपरिवार्यस्थिताऽभवन् ७८ अथाब्रवी
त्पुनर्वाक्यंधृतराष्ट्रोयुधिष्ठिरम् ॥ अनुजानीहिमांराजंस्तापस्येभरतर्षभ ७९ ग्लायतेमेमनस्तातभूयोभूयःप्रजल्पतः ॥ नमामतःपरंपुत्रपरिक्लेष्टुमिहार्हसि ८०
तस्मिंस्तुकौरवेन्द्रेतंतथाब्रुवतिपांडवम् ॥ सर्वेषामेवयोधानामार्तनादोमहानभूत् ८१ दृष्ट्वाकृशंविवर्णंचराजानमतथोचितम् ॥ उपवासपरिश्रांतंत्वगस्थिपरिवा
रणम् ८२ धर्मपुत्रःस्वपितरंपरिष्वज्यमहाप्रभुम् ॥ शोकजंबाष्पमुत्सृज्यपुनर्वचनमब्रवीत् ८३ नकामयेनरश्रेष्ठजीवितंपृथिवींतथा ॥ यथातवप्रियंराजंश्चि
कीर्षामिपरंतप ८४ यदिचाहमनुग्राह्योभवतोदयितोऽपिवा ॥ क्रियतांतावदाहारस्ततोवेत्स्याम्यहंपरम् ८५ ॥ ॥

१ दिवसेद्वावाहारकालौ अनेनक्रमेणभुक्त्वाचत्वारिदिनानिगतानि ।

८६ । ८७ ॥ इतिआश्र०नी०भा०तृतीयोऽध्यायः ॥ ३ ॥ युधिष्ठिरेति १ । २ । ३ । ४ । ५ । ६ । ७ अहमिति । पौत्रोऽपिआत्मावैपुत्रनामासीतिपुत्राभिन्नत्वात्पुत्रएवाहंतेतव । राजातुमेममपितागुरुश्च

ततोऽब्रवीन्महातेजाधृतराष्ट्रोयुधिष्ठिरम् ॥ अनुज्ञातस्त्वयापुत्रभुंजीयामितिकामये ८६ इतिब्रुवतिराजेन्द्रेधृतराष्ट्रेयुधिष्ठिरम् ॥ ऋषिःसत्यवतीपुत्रोव्यासो
ऽभ्येत्यवचोऽब्रवीत् ॥ ८७ ॥ इतिश्रीमहाभारतेआश्रमवासिकेपर्वणिआश्रमवासप०धृतराष्ट्रनिर्वेदेतृतीयोऽध्यायः ॥ ३ ॥ ॥ व्यासउवाच ॥ युधिष्ठि
रमहाबाहोयथाऽऽहकुरुनंदनः ॥ धृतराष्ट्रोमहातेजास्तत्कुरुष्वाविचारयन् १ अयंहिवृद्धोनृपतिर्हतपुत्रोविशेषतः ॥ नेदंकृच्छ्रंचिरतरंसहेदितिमतिर्मम २
गांधारीचमहाभागाप्राज्ञाकरुणवेदिनी ॥ पुत्रशोकंमहाराजधैर्येणोद्वहतेभृशम् ३ अहमप्येतदेवत्वांब्रवीमिकुरुमेवचः ॥ अनुज्ञांलभतांराजामावृथेहमरिष्य
ति ४ राजर्षीणांपुराणानामनुयातुगतिंनृपः ॥ राजर्षीणांहिसर्वेषामंतेवनमुपाश्रयः ५ ॥ वैशंपायनउवाच ॥ ॥ इत्युक्तःसतदाराजाव्यासेनाद्भुतकर्मणा ॥
प्रत्युवाचमहातेजाधर्मराजोमहामुनिम् ६ भगवानेवनोमान्योभगवानेवनोगुरुः ॥ भगवानस्यराज्यस्यकुलस्यचपरायणम् ७ अहंतेपुत्रोभगवन्पिताराजागुरुश्चमे ॥
निर्देशवर्तीचपितुःपुत्रोभवतिधर्मतः ८ ॥ वैशंपायनउवाच ॥ इत्युक्तःसतुतंप्राहव्यासोवेदविदांवरः ॥ युधिष्ठिरंमहातेजाःपुनरेवमहाकविः ९ एवमेतन्म
हाबाहोयथावदसिभारत ॥ राजाऽयंवृद्धतांप्राप्तःप्रमाणेपरमेस्थितः १० सोऽयंमयाभ्यनुज्ञातस्त्वयाचपृथिवीपतिः ॥ करोतुस्वमभिप्रायंमाऽस्यविघ्नकरोभव
११ एषएवपरोधर्मोराजर्षीणांयुधिष्ठिर ॥ समरेवाभवेन्मृत्युर्वनेवाविधिपूर्वकम् १२ पित्रातुतवराजेन्द्रपांडुनापृथिवीक्षिता ॥ शिष्यवृत्तेनराजाऽयंगुरुव
त्पर्युपासितः १३ क्रतुभिर्दक्षिणावद्भीरत्नपर्वतशोभितैः ॥ महद्भिरिष्टंगौर्भुक्ताप्रजाश्चपरिपालिताः १४ पुत्रसंस्थंचविपुलंराज्यंविप्रोषितेत्वयि ॥ त्रयोदश
समाभुक्तंदत्तंचविविधंवसु १५ त्वयाचायंनरव्याघ्रगुरुशुश्रूषयाऽनघ ॥ आराधितःसभृत्येनगांधारीचयशस्विनी १६ अनुजानीहिपितरंसमयोऽस्यतपोविधौ ॥
नमन्युर्विद्यतेचास्यसुसूक्ष्मोऽपियुधिष्ठिर १७ ॥ वैशंपायनउवाच ॥ एतावदुक्त्वावचनमनुमान्यचपार्थिवम् ॥ तथाऽस्त्वितिचतेनोक्तःकौन्तेयेनययौवनम् १८
गतेभगवतिव्यासेराजापांडुसुतस्तदा ॥ प्रोवाचपितरंवृद्धंमंदंमंदमिवानतः १९ यदाहभगवान्व्यासोयच्चापिभवतोमतम् ॥ यथाऽऽहचमहेष्वासःकृपोविदुर
एवच २० युयुत्सुःसंजयश्चैवतत्कर्ताऽस्म्यहमंजसा ॥ सर्वएवहिमान्यामेकुलस्यहिहितैषिणः २१ इदंतुयाचेनृपतेत्वामहंशिरसानतः ॥ क्रियतांतावदाहारस्त
तोगच्छाश्रमंप्रति २२ ॥ इतिश्रीमहाभारतेआश्रमवासिकेप०आश्रमवासपर्वणिव्यासानुज्ञायांचतुर्थोऽध्यायः ॥ ४ ॥ ॥ वैशंपायनउवाच ॥ ततोराज्ञाऽभ्य
नुज्ञातोधृतराष्ट्रःप्रतापवान् ॥ ययौस्वभवनंराजागांधार्याऽनुगतस्तदा १ मंदप्राणगतिर्धीमान्कृच्छ्रादिवसमुद्वहन् ॥ पदातिःसमहीपालोजीर्णोगजपतिर्यथा २ ॥ ४ ॥

८ । ९ परमेप्रमाणे उपनिषत्सम्मते १० । ११ । १२ । १३ । १४ । १५ । १६ तपोविधौतपःकरणे १७ । १८ । १९ । २० । २१ । २२ ॥ इति आ०नी०भा०भा०चतुर्थोऽध्यायः ॥ ४ ॥ ततइति १ । २

३।४ अभुंक्तभुक्तवती ५।६।७ अष्टांगेस्वाम्यमात्यादियुते ८।९ । १० । ११ । १२ । १३ कर्मसुपुण्यान्जन्मनाचपुण्यान्अमात्यांश्चारयेथाइत्युत्तरेणान्वयः १४।१५ अट्टादुर्गोपरिभागेसंचारस्था

तमन्वगच्छद्विदुरोविद्वान्सूतश्चसंजयः ॥ सचापिपरमेष्वासःकृपःशारद्वतस्तथा २ सप्रविश्यगृहंराजन्कृतपूर्वाह्णिकक्रियः ॥ तर्पयित्वाद्विजश्रेष्ठानाहारमकरोत्तदा
३ गांधारीचैवधर्मज्ञाकुंत्यासहमनस्विनी ॥ वधूभिरुपचारेणपूजिताऽभुंक्तभारत ५ कृताहारंकृताहाराःसर्वेतेविदुरादयः ॥ पांडवाश्चकुरुश्रेष्ठमुपातिष्ठंततंनृपम् ६
ततोऽब्रवीन्महाराजकुंतीपुत्रमुपह्वरे ॥ निषण्णंपाणिनापृष्ठेसंस्पृशन्नंबिकासुतः ७ अप्रमादस्त्वयाकार्यःसर्वथाकुरुनंदन ॥ अष्टांगेराजशार्दूलराज्यधर्मपुरस्कृते ८
तत्तुशक्यंमहाराजरक्षितुंपांडुनंदन ॥ राज्यंधर्मेणकौंतेयविद्वानसिनिबोधतत् ९ विद्यावृद्धान्सदैवत्वमुपासीथायुधिष्ठिर॥ शृणुयास्तेचयद्ब्रूयुःकुर्याश्चैवाविचारयन् १०
प्रातरुत्थायतान्राजन्पूजयित्वायथाविधि ॥ कृत्यकालेसमुत्पन्नेपृच्छेथाःकार्यमात्मनः ११ तेतुसंमानिताराजंस्त्वयाकार्यार्हितार्थिना ॥ प्रवक्ष्यंतिहितंतातस
र्वथातवभारत १२ इंद्रियाणिचसर्वाणिवाजिवत्परिपालय ॥ हितायैवभविष्यंतिरक्षितंद्रविणंयथा १३ अमात्यानुपधातीतान्पितृपैतामहान्शुचीन् ॥ दांता
न्कर्मसुपुण्यांश्चपुण्यान्सर्वेषुयोजयेः १४ चारयेथाश्चसततंचारैरविदितःपरैः ॥ परीक्षितैर्बहुविधैःस्वराष्ट्रप्रतिवासिभिः १५ पुरंचतेसुगुप्तंस्याद्दृढप्राकारतोरणम्
॥ अट्टाट्टालकसंबाधंषट्पदंसर्वतोदिशम् १६ तस्यद्वाराणिसर्वाणिपर्याप्तानिबृहंतिच ॥ सर्वतःसुविभक्तानियंत्रैरारक्षितानिच १७ पुरुषैरलमर्थस्तैर्विदितैः
कुलशीलतः ॥ आत्माचरक्ष्यःसततंभोजनादिषुभारत १८ विहाराहारकालेषुमाल्यशय्यासनेषुच ॥ स्त्रियश्चतेसुगुप्ताःस्युर्वृद्धैराप्तैरधिष्ठिताः १९ शीलवद्भिः
कुलीनैश्चविद्वद्भिश्चयुधिष्ठिर ॥ मंत्रिणश्चैवकुर्वीथाद्विजान्विद्याविशारदान् २० विनीतांश्चकुलीनांश्चधर्मार्थकुशलानृजून् ॥ तैःसार्धमंत्रयेथास्त्वंनात्यर्थंबहुभिः
सह २१ समस्तैरपिचव्यस्तैर्व्यपदेशेनकेनचित् ॥ सुसंवृतंमंत्रगृहंस्थलंचारुह्यमंत्रयेः २२ अरण्येनिःशलाकेवानचरात्रौकथंचन ॥ वानराःपक्षिणश्चैवयेमनु
ष्यानुसारिणः २३ सर्वेमंत्रगृहेवर्ज्यायेचापिजडपंगवः ॥ मंत्रभेदेहियेदोषाभवंतिपृथिवीक्षिताम् २४ नतेशक्याःसमाधातुंकथंचिदितिमेमतिः ॥ दोषांश्च
मंत्रभेदस्यब्रूयास्त्वंमंत्रिमंडले २५ अभेदेचगुणाराजन्पुनःपुनररिंदम ॥ पौरजानपदानांचशौचाशौचेयुधिष्ठिर २६ यथास्याद्विदितंराजंस्तथाकार्यंकुरूद्वह ॥
व्यवहारश्चतेराजन्नित्यमाप्तैरधिष्ठितः २७ योज्यस्तुष्टैर्हितैराजन्नित्यंचारैरनुष्ठितः ॥ परिमाणंविदित्वाचदंडंदंड्येषुभारत २८ प्रणयेयुर्यथान्यायंपुरुषास्तेयुधिष्ठिर
॥ आदानरुचयश्चैवपरदाराभिमर्शिनः २९ उग्रदंडप्रधानाश्चमिथ्याव्याहारिणस्तथा ॥ आक्रोष्टारश्चलुब्धाश्चहर्तारःसाहसप्रियाः ३० सभाविहारभेत्तारोवर्णानां
चप्रदूषकाः ॥ हिरण्यदंड्यावध्याश्चकर्तव्यादेशकालतः ३१ ॥ ॥ ॥ ॥

नानि षट्पदंषड्भिःपदैःपदनीयैःस्थानैर्युक्तं तेनसप्तप्राकारमितिगम्यते तत्रसप्तमस्यांतःपुरत्वात्षडेवान्येषांपदनीयानिस्थानानि १६ । १७।१८।१९।२०।२१।२२ निःशिलाकेअतृणे सतृणेह्यासन्नःपरचारोज्ञातुम
शक्यइति २३.२४।२५। २६ । २७ परिमाणंदंड्यधनस्यापराधस्यच २८ आदानरुचयःउत्कोचोपजीविनश्चौरावा २९ । ३० हिरण्यदंड्यावध्याःपूर्वोक्ताःसर्वेदेशकालानुरोधेनदंड्यावावध्यावेतिज्ञेयं ३१

३२ प्रदोषोरजनीमुखंदूतादीनांदर्शनकालः ३३ तेभ्यःश्रुतानामर्थानांनिर्णयेअपरत्रात्रः ३४।३५।३६।३७।३८।३९।४० गवादिवदाहारमात्रवेतनाःविष्टिगृहीतानामप्याहारमात्रंदेयमित्यर्थः । व्यवहारिणःका
रुशिल्पिप्रभृतयः ४१।४२।४३ ॥ इतिआश्रमवासिकेपर्वणीनीलकंठीये भारतभावदीपे पंचमोऽध्यायः ॥ ५ ॥ ॥ मंडलानिअरिर्मित्रमित्यादीनिउदासीनादन्योमध्यमोद्वयोरपिइष्टाकांक्षी १ चतुर्णांशत्रुपक्षेजा
तानांशत्रुःशत्रुमित्रंउभयोर्जयार्थीपराजयार्थीचेति २ यथेच्छकंपरैर्भेद्यत्वमभेद्यत्वंचभवतितस्माद्वहितस्तिष्ठेत्यथाभेदोनभवेदिति ३ द्वादशचत्वारःशत्रुजाताःषट्आततायिनः । मित्रममित्रमित्रंचेतिषष्टिर्गुणाः

प्रातरेवहिपश्येथायेकुर्युर्व्ययकर्मते ॥ अलंकारमथोभोज्यमतऊर्ध्वंसमाचरेः ३२ पश्येथाश्वततोयोधान्सदात्वंप्रतिहर्षयन् ॥ दूतानांचचराणांचप्रदोषस्तेसदाभ
वेत् ३३ सदाचापररात्रांतेभवेत्कार्यार्थनिर्णयः ॥ मध्यरात्रेविहारस्तेमध्याह्नेचसदाभवेत् ३४ सर्वेत्वौपयिकाःकालाःकार्याणांभरतर्षभ ॥ तथैवालंकृतःकालेतिष्ठे
थाभूरिदक्षिण ३५ चक्रवत्तातकार्याणांपर्यायोदृश्यतेसदा ॥ कोशस्यनिचयेयत्नंकुर्वीथान्यायतःसदा ३६ विविधस्यमहाराजविपरीतंविवर्जयेः ॥ चारैर्विदित्वा
शत्रूंश्चयेराज्ञामंतरैषिणः ३७ तानाप्तैःपुरुषैर्दूराद्घातयेथानराधिप ॥ कर्मदृष्ट्वाऽथभृत्यांस्त्वंवरयेथाःकुरूद्वह ३८ कारयेथाश्चकर्माणियुक्तायुक्तैरधिष्ठितैः ॥ से
नाप्रणेताचभवेत्तवतातदृढव्रतः ३९ शूरःक्लेशसहश्चैवहितोभक्तश्चपूरुषः ॥ सर्वेजनपदाश्चैवतवकर्माणिपांडव ४० गोवद्रासभवच्चैवकुर्युर्येव्यवहारिणः ॥ स्वरंध्रं
परंध्रंचस्वेषुचैवपरेषुच ४१ उपलक्षयितव्यंतेनित्यमेवयुधिष्ठिर ॥ देशजाश्चैवपुरुषाविक्रांताःस्वेषुकर्मसु ४२ यात्राभिरनुरूपाभिरनुग्राह्याहितास्त्वया ॥ गुणा
र्थिनांगुणःकार्योविदुषावैजनाधिप ॥ अविचार्याश्चतेतेस्युरचलाइवनित्यशः ४३ ॥ इतिश्रीमहाभारतेआश्रमवासिकेपर्वणिआश्रमवास० धृतराष्ट्रोपदेशेपंचमोऽ
ध्यायः ॥५॥ ॥ धृतराष्ट्रउवाच ॥ मंडलानिचबुध्येथाःपरेषामात्मनस्तथा ॥ उदासीनगणानांचमध्यस्थानांचभारत १ चतुर्णांशत्रुजातानांसर्वेषामाततायिनाम् ॥
मित्रंचामित्रमित्रंचबोद्धव्यंतेऽरिकर्शन २ तथाऽमात्याजनपदादुर्गाणिविविधानिच ॥ बलानिचकुरुश्रेष्ठभवत्येषांयथेच्छकम् ३ तेचद्वादशकौन्तेयराज्ञांवैविष
यात्मकाः ॥ मंत्रिप्रधानाश्चगुणाःषष्टिर्द्वादशचप्रभो ४ एतन्मंडलमित्याहुराचार्यानीतिकोविदाः ॥ अत्रषाड्गुण्यमायत्तंयुधिष्ठिरनिबोधतत ५ वृद्धिक्षयौच
विज्ञेयौस्थानंचकुरुसत्तम ॥ द्विसप्तत्यांमहाबाहोततःषाड्गुण्यजागुणाः ६ यदास्वपक्षोबलवान्परपक्षस्तथाऽबलः ॥ विगृह्यशत्रून्कौन्तेयजेयःक्षितिपतिस्तदा
७ यदापरेचबलिनःस्वपक्षश्चैवदुर्बलः ॥ सार्धविद्वांस्तदाक्षीणःपरैःसंधिसमाश्रयेत् ८ द्रव्याणांसंचयश्चैवकर्तव्यःसुमहांस्तथा ॥ यदासमर्थोयानायनचिरेणेव
भारत ९ तदासर्वंविधेयंस्यात्स्थानेनसविचारयेत् ॥ भूमिरल्पफलादेयाविपरीतस्यभारत १० हिरण्यंकुप्यभूयिष्ठंमित्रंक्षीणमथोबलम् ॥ विपरीतान्निगृह्णीया
त्स्वयंसंधिविशारदः ११ संध्यर्थंराजपुत्रंवालिप्सेथाभरतर्षभ ॥ विपरीतंनतच्छ्रेयःपुत्रकस्यांचिदापदि १२ ॥ ॥

कृष्यादीन्यष्टौसंधानकर्माणि बालादयोविंशतिरसंधेयाः । नास्तिक्यादयश्चतुर्दशदोषाः । मंत्रादीन्यष्टादशतीर्थानीति । एतेषुकेचिद्धानार्थंज्ञातव्याःकेचिदुपादानार्थं ४ षाड्गुण्यादयःप्रागेवव्याख्याताः
५ । ६।७।८।९। १०।११ संध्यर्थमितिसार्धः यःसंधिंकरोतितस्यपुत्रंस्वनिकटेस्थापयेदित्यर्थः । तदकरणेमहत्यापदायांतु कदाचित्तस्यामप्यागतायामोक्षेतत्परिहारेयत्नोऽपिकर्तव्यः १२

दीनानंधर्बाधरादीनविभावयेत्पूजयेत १.३ युगपद्वैतिकुर्यादितिचशेषः १.४ । १.५ तेनहिंसितर्माजगीषुरितिशेषः १६ नान्वेष्टव्यानोच्छेदनीयाः १.७ वैतसींवृत्तिप्रबलेष्वितिशेषः एनंत्वां १.८।१.९ असंभवेउपायां तरस्य मुख्येनशरीरेणैवयुद्धार्यानिष्पतेत एवंशरीरमोक्षणेमुक्तिःशूरस्यस्यादित्यर्थः २० ॥ इतिआश्रम०नी०भारतभा०षष्ठोऽध्यायः ॥६॥ ॥ ॥ संधीति । प्रबलप्रतियोगिकौदुर्बलप्रतियोगिकौचेति द्वियोनीसंधिविग्रहौ १. स्थित्वास्थिरोभूत्वा द्वैविध्यंबलाबलंज्ञात्वाशत्रुंपर्युपास्वेतिभावः । स्मरेज्जयोपायंविचारयेत्नत्वकस्मात्प्रयायात् २ विपरीतमतुष्टपुष्टबलंप्रयायादित्यर्थः ३ स्मरेदित्युक्तंविस्पष्टयति व्यस

तस्याःप्रमोक्षेयत्नंचकुर्याःसोपायमंत्रवित् ॥ प्रकृतीनांचराजेन्द्रराजादीनान्विभावयेत् १३ क्रमेणयुगपत्सर्वंव्यवसायंमहाबलः ॥ पीडनंस्तंभनंचैवकोशभंगस्तथैवच १४ कार्ययत्नेनशत्रूणांस्वराज्यंरक्षताऽस्वयम् ॥ नचहिंस्योऽभ्युपगतःसामंतोवृद्धिमिच्छता १५ कौन्तेयतंनहिंसेत्सयोमहींविजिगीषते ॥ गणानांभेदनेयोगमीप्से थाःसहमंत्रिभिः १६ साधुसंग्रहणाच्चैवपापनिग्रहणात्तथा ॥ दुर्बलाश्चैवसततंनान्वेष्टव्याबलीयसा १७ तिष्ठेथाराजशार्दूलवैतसींवृत्तिमास्थितः ॥ यद्येनमभियाया च्चबलवान्दुर्बलंनृपः १८ सामादिभिरुपायैस्तंक्रमेणविनिवर्तयेः ॥ अशक्नुवंश्चयुद्धायनिष्पतेत्सहमंत्रिभिः १९ कोशेनपौरैर्दंडेनयेचास्यप्रियकारिणः ॥ असंभवेतुस र्वस्ययथामुख्येननिष्पतेत ॥ क्रमेणानेनमुक्तिःस्याच्छरीरमितिकेवलम् २० ॥ ॥ इतिश्रीमहाभारतेआश्रमवासिकेप० आश्रमवा०धृतराष्ट्रोपदेशेषष्ठोऽ ध्यायः ॥ ६ ॥ ॥ धृतराष्ट्रउवाच ॥ ॥ संधिविग्रहमप्यत्रपश्येथाराजसत्तम ॥ द्वियोनिंविविधोपायंबहुकल्पंयुधिष्ठिर १ कौरव्यपर्युपासीथाःस्थि त्वाद्वैविध्यमात्मनः ॥ तुष्टपुष्टबलःशत्रुरात्मवानितिचस्मरेत् २ पर्युपासनकालेतुविपरीतंविधीयते ॥ आमर्दकालेराजेन्द्रव्यपसर्पेत्ततःपरम् ३ व्यसनंभेदनंचैवशत्रू णांकारयेत्ततः ॥ कर्षणंभीषणंचैवयुद्धेचैवबलक्षयम् ४ प्रयास्यमानोनृपतिस्त्रिविधांपरिचिंतयेत् ॥ आत्मनश्चैवशत्रोश्चशक्तिंशास्त्रविशारदः ५ उत्साहप्रभुशक्तिभ्यां मंत्रशक्त्याचभारत ॥ उपपन्नोनृपोयायाद्विपरीतंचवर्जयेत् ६ आददीतबलंराजामौलंमित्रबलंतथा ॥ अटवीबलंभृतंचैवतथाश्रेणीबलंप्रभो ७ तत्रमित्रबलंराज न्मौलंचैवविशिष्यते ॥ श्रेणीबलंभृतंचैवतुल्येएवेतिमेमतिः ८ तथाचारबलंचैवपरस्परसमंनृप ॥ विज्ञेयंबहुकालेषुराज्ञाकालउपस्थिते ९ आपदश्चापिबोद्धव्याबहुरू पानराधिप ॥ भवंतिराज्ञाकौरव्ययास्ताःपृथगतःशृणु १० विकल्पाबहुधाराजन्नापदांपाण्डुनंदन ॥ सामादिभिरुपन्यस्यगणयेत्ताकृपःसदा ११ यात्रांगच्छेद्बलैर्युक्तो राजासद्भिःपरंतप ॥ युक्तश्चदेशकालाभ्यांबलैरात्मगुणैस्तथा १२ हृष्टपुष्टबलोगच्छेद्राजावृद्ध्युदयेरतः ॥ अकृशश्चाप्यथोयायादनृतावपिपांडव १३ तूणा श्मानंवाजिरथप्रवाहांध्वजद्रुमैःसंवृतकूलरोधसम् ॥ पदातिनागैर्बहुकर्दमांनदींसपत्नमाशेनृपतिःप्रयोजयेत् १४ अथोपपत्त्याशकटंपद्मवज्रंचभारत ॥ उशनावेदय च्छास्त्रंतत्रैतद्विहितंविभो १५ चारयित्वापरबलंकृत्वास्वबलदर्शनम् ॥ स्वभूमौयोजयेद्युद्धंपरभूमौतथैवच १६ बलंप्रसादयेद्राजानिक्षिपेद्बलिनोनरान् ॥ ज्ञात्वास्व विषयंतत्रसामादिभिरुपक्रमेत् १७ सर्वथैवमहाराजशरीरंधारयेदिह ॥ प्रेत्यचेहचकर्तव्यमात्मनिःश्रेयसंपरम् १८ ॥ ॥

नमिति ४ त्रिविधांशक्तिं ५ तामेवाहउत्साहेति ६ मौलंधनबलं ७ । ८ । ९ । १.० विकल्पाईतिप्रभृतयः तानुपन्यस्यगणयेन्नतुगोपयित्वाऽवहेलयेत् १.१ । १.२ अनृतावकालेऽपिशिशिरादौ १३ । १.४ शक टादयोव्यूहविशेषाः १.५ । १.६ । १.७ । १.८ ॥ ॥ ॥

१९ । २० । २१ । २२ । २३ ॥ इति आश्रमवा० नी० भा सप्तमोऽध्यायः ॥ ७ ॥ एवमिति १ । २ । ३ । ४ । ५ । ६ । ७ । ८ । ९ । १० । ११ । १२ । १३ । १४ । १५ । १६ । १७ । १८

एवमेतन्महाराजराजासम्यक्समाचरन् ॥ प्रेत्यस्वर्गमवाप्नोतिप्रजाधर्मेणपालयन् १९ एवंत्वयाकुरुश्रेष्ठवर्तितव्यंप्रजाहितम् ॥ उभयोर्लोकयोस्तातप्राप्तयेनित्य
मेवहि २० भीष्मेणसर्वमुक्तोऽसिकृष्णेनविदुरेणच ॥ मयाऽप्यवश्यंवक्तव्यंप्रीत्यातेनृपसत्तम २१ एतत्सर्वंयथान्यायंकुर्वीथाभूरिदक्षिण ॥ प्रियस्तथाप्रजानांत्वं
स्वर्गेसुखमवाप्स्यसि २२ अश्वमेधसहस्रेणयोयजेत्पृथिवीपतिः ॥ पालयेद्वापिधर्मेणप्रजास्तुल्यंफलंलभेत् २३ इतिश्रीमहाभारतेआश्रमवासि० आश्रम० धृत
राष्ट्रोपसंवादेसप्तमोऽध्यायः ॥ ७ ॥ ॥ ॥ ॥ युधिष्ठिरउवाच ॥ एवमेतत्करिष्यामियथाऽऽत्थपृथिवीपते ॥ भूयश्चैवानुशास्योऽहंभवतापार्थिवर्षभ
१ भीष्मेस्वर्गमनुप्राप्तेगतेचमधुसूदने ॥ विदुरेसंजयेचैवकोऽन्योमांवक्तुमर्हति २ यत्तुमामनुशास्तीहभवानद्यहितेस्थितः ॥ कर्ताऽस्मितन्महीपालनिर्वृतोभ
वपार्थिव ३ ॥ वैशंपायनउवाच ॥ एवमुक्तःसराजर्षिर्धर्मराजेनधीमता ॥ कौन्तेयंसमनुज्ञातुमियेषभरतर्षभ ४ पुत्रसंशाम्यतांतावन्ममापिबलवान्श्रमः ॥
इत्युक्त्वाप्राविशद्राजागांधार्याभवनंतदा ५ तमासनगतंदेवीगांधारीधर्मचारिणी ॥ उवाचकालेकालज्ञाप्रजापतिसमंपतिम् ६ अनुज्ञातःस्वयंतेनव्यासेनत्वंमहर्षिणा
॥ युधिष्ठिरस्यानुमतेकदाऽरण्यंगमिष्यसि ७ ॥ धृतराष्ट्रउवाच ॥ गांधार्यहमनुज्ञातःस्वयंपित्रामहात्मना ॥ युधिष्ठिरस्यानुमतेगंताऽस्मिनचिराद्वनम् ८ अहं
हितावत्सर्वेषांतेषांदुर्द्यूतदेविनाम् ॥ पुत्राणांदातुमिच्छामिप्रेतभावानुगंवसु ९ सर्वप्रकृतिसान्निध्यंकारयित्वास्ववेश्मनि ॥ वैशंपायनउवाच ॥ इत्युक्त्वाधर्मराजा
यप्रेषयामासवैतदा १० सचतद्वचनात्सर्वंसमानिन्येमहीपतिः ॥ ततःप्रतीतमनसोब्राह्मणाःकुरुजांगलाः ११ क्षत्रियाश्चैववैश्याश्चशूद्राश्चैवसमाययुः ॥ ततो
निष्क्रम्यनृपतिस्तस्मादंतःपुरात्तदा १२ ददृशेतंजनंसर्वंसर्वाश्चप्रकृतीस्तथा ॥ समवेतांश्चतान्सर्वान्पौरान्जानपदांस्तथा १३ तानागतानभिप्रेक्ष्यसमस्तंचसु
हृज्जनम् ॥ ब्राह्मणांश्चमहीपालनानादेशसमागतान् १४ उवाचमतिमान्राजाधृतराष्ट्रोऽम्बिकासुतः ॥ भवंतःकुरवश्चैवचिरकालंसहोषिताः १५ परस्पर
स्यसुहृदःपरस्परहितेरताः ॥ यदिदानीमहंब्रूयामस्मिन्कालउपस्थिते १६ तथाभवद्भिःकर्तव्यमविचार्यवचोमम ॥ अरण्यगमनेबुद्धिर्गान्धारीसहितस्यमे १७
व्यासस्यानुमतेराज्ञस्तथाकुंतीसुतस्यमे ॥ भवंतोऽप्यनुजानंतुमाचवोऽभूद्विचारणा १८ अस्माकंभवतांचैवयेयंप्रीतिर्हिशाश्वती ॥ नचसाऽन्येषुदेशेषुराज्ञामि
तिमतिर्मम १९ शांतोऽस्मिवयसाऽनेनतथापुत्रविनाकृतः ॥ उपवासकृशश्चास्मिगांधारीसहितोऽनघाः २० युधिष्ठिरगतेराज्येप्राप्तश्चास्मिसुखंमहत् ॥ मन्ये
दुर्योधनैश्वर्याद्विशिष्टमितिसत्तमाः २१ ममचांधस्यवृद्धस्यहतपुत्रस्यकागतिः ॥ ऋतेवनंमहाभागास्तन्मानुज्ञातुमर्हथ २२ तस्यतद्वचनंश्रुत्वासर्वेतेकुरुजां
गलाः ॥ बाष्पसंदिग्धयावाचारुरुदुर्भरतर्षभ २३ ॥ ॥ ॥ ॥

१९ । २० । २१ । २२ । २३ ॥ ॥ ॥

२४ ॥ इतिआश्रमवासिकेप० नीलकंठीयेभारतभावदीपेअष्टमोऽध्यायः ॥ ८ ॥ ॥ शांतनुरिति १ । २ । ३ । ४ । ५ । ६ । ७ । ८ । ९ । १० । ११ । १२ । १३ । १४ । १५ अन्येनमृत्ये

तानविब्रुवतःकिंचित्सर्वान्शोकपरायणान् ॥ पुनरेवमहातेजाधृतराष्ट्रोऽब्रवीदिदम् २४ ॥ इतिश्रीमहाभारतेआश्रमवासिकेपर्वणिआश्रमवासपर्वणिधृतराष्ट्रकृत
वनगमनप्रार्थनेअष्टमोऽध्यायः ॥ ८ ॥ ॥ धृतराष्ट्रउवाच ॥ शांतनुःपालयामासयथावद्वसुधामिमाम् ॥ तथाविचित्रवीर्यश्चभीष्मेणपरिपालितः १ पालया
मासनस्तातोविदितार्थोनसंशयः ॥ यथाचपांडुर्भ्राताभेदयितोभवतामभूत् २ सचापिपालयामासयथावत्तच्चवेत्थह ॥ मयाचभवतांसम्यक्शुश्रूषायाकृताऽनघाः ३
असम्यग्वामहाभागास्तत्क्षंतव्यमतंद्रितैः ॥ यदादुर्योधनेनेदंभुक्तंराज्यमकंटकम् ४ अपितत्रनवोमंदोदुर्बुद्धिरपराद्धवान् ॥ तस्यापराधाद्दुर्बुद्धेरभिमानान्म
होक्षिताम् ५ विमर्दःसुमहानासीदनयात्स्वकृतादथ ॥ तन्मयासाधुवाऽपीदंयदिवाऽसाधुवैकृतम् ६ तद्वोहृदिनकर्तव्यंमयाबद्धोऽयमंजलिः ॥ वृद्धोऽयंहतपु
त्रोऽयंदुःखितोऽयंनराधिपः ७ पूर्वराज्ञांचपुत्रोऽयमितिकृत्वाऽनुजानथ ॥ इयंचकृपणावृद्धाहतपुत्रातपस्विनी ८ गांधारीपुत्रशोकार्तायुष्मान्याचतिवैमया ॥
हतपुत्राविमौवृद्धौविदित्वादुःखितौतथा ९ अनुजानीतभद्रंवोव्रजावशरणंचवः ॥ अयंचकौरवोराजाकुंतीपुत्रोयुधिष्ठिरः १० सर्वैर्भवद्भिर्द्रष्टव्यःसमेषुविषमेषुच ॥
नजातुविषमंचैवगमिष्यतिकदाचन ११ चत्वारःसचिवायस्यभ्रातरोविपुलौजसः ॥ लोकपालसमाह्येतेसर्वधर्मार्थदर्शिनः १२ ब्रह्मेवभगवानेषसर्वभूतजगत्पतिः ॥
युधिष्ठिरोमहातेजाभवतःपालयिष्यति १३ अवश्यमेववक्तव्यमितिकृत्वाब्रवीमिवः ॥ एषन्यासोमयादत्तःसर्वेषांवोयुधिष्ठिरः १४ भवंतोऽस्यचवीरस्यन्यासभूताः
कृतामया ॥ यदेवतैःकृतंकिंचिद्व्यलीकंवःसुतैर्मम १५ यदन्येनमदीयेनतदनुज्ञातुमर्हथ ॥ भवद्भिर्नहिमेमन्युःकृतपूर्वःकथंचन १६ अत्यंतगुरुभक्तानामेषोऽञ्जलि
रिदंनमः ॥ तेषामस्थिरबुद्धीनांलुब्धानांकामचारिणाम् १७ कृतेयाचेऽद्यवःसर्वान्गांधारीसहितोऽनघाः ॥ इत्युक्तास्तेनतेसर्वेपौरजानपदाजनाः ॥ नोचुर्बाष्प
कलाःकिंचिद्वीक्षांचक्रुःपरस्परम् १८ ॥ इतिश्रीमहाभारतेआश्रमवासिकेपर्वणिआश्रमवासपर्वणिधृतराष्ट्रप्रार्थनेनवमोऽध्यायः ॥ ९ ॥ ॥ वैशंपायनउवाच ॥
एवमुक्तास्तुतेतेनपौरजानपदाजनाः ॥ वृद्धेनराज्ञाकौरव्यनष्टसंज्ञाइवाभवन् १ तूष्णींभूतांस्ततस्तांस्तुबाष्पकंठान्महीपतिः ॥ धृतराष्ट्रोमहीपालःपुनरेवाभ्य
भाषत २ वृद्धंचहतपुत्रंचधर्मपत्न्यासहानया ॥ विलपंतंबहुविधंकृपणंचैवसत्तमाः ३ पित्रास्वयमनुज्ञातंकृष्णद्वैपायनेनवै ॥ वनवासायधर्मज्ञाधर्मज्ञेननृपे
णह ४ सोहंपुनःपुनश्चैवशिरसाऽवनतोऽनघाः ॥ गांधार्यासहितंतन्मांसमनुज्ञातुमर्हथ ५ ॥ वैशंपायनउवाच ॥ तच्छ्रुत्वाकुरुराजस्यवाक्यानिकरुणानिते ॥
रुरुदुःसर्वशोराजन्समेताःकुरुजांगलाः ६ उत्तरीयैःकरैश्चापिसंछाद्यवदनानिते ॥ रुरुदुःशोकसंतप्तामुहूर्तंपितृमातृवत् ७ हृदयैःशून्यभूतैस्तेधृतराष्ट्रप्रवासजम् ॥
दुःखंसंधारयंतोहिनष्टसंज्ञाइवाभवन् ८ ॥ ॥ ॥ ॥ ॥

न अनुज्ञातुंसंतु १६ । १७ १८ ॥ इतिआश्रमवासिके० नीलकंठीयेभारतभावदीपेनवमोऽध्यायः ॥ ९ ॥ ॥ एवमिति १ । २ । ३ । ४ । ५ । ६ । ७ । ८ ॥ ॥ ॥

तेविनीयतमायासंधृतराष्ट्रवियोगजम् ॥ शनैःशनैस्तदाऽन्योन्यमब्रुवन्संमतान्युत ९ ततःसंधायतेसर्वेवाक्यान्यथसमासतः ॥ एकस्मिन्ब्राह्मणेराजन्निवेश्यो
चुर्नराधिपम् १० ततःस्वाचरणोविप्रःसंमतोऽर्थविशारदः ॥ सांबाख्योबह्वृचोराजन्वक्तुंसमुपचक्रमे ११ अनुमान्यमहाराजंतत्सदःसंप्रसाद्यच ॥ विप्रःप्रग
ल्भोमेधावीसराजानमुवाचह १२ राजन्वाक्यंजनस्यास्यमयिसर्वंसमर्पितम् ॥ वक्ष्यामितदहंवीरतज्जुषस्वनराधिप १३ यथावदसिराजेन्द्रसर्वमेतत्तथाविभो ॥
नात्रमिथ्यावचःकिंचित्सुहृत्त्वंनःपरस्परम् १४ नजात्वस्यचवंशस्यराज्ञांकश्चित्कदाचन ॥ राजाऽऽसीद्यःप्रजापालःप्रजानामप्रियोऽभवत् १५ पितृवद्भ्रातृवच्चै
वभवंतःपालयंतिनः ॥ नचदुर्योधनःकिंचिदयुक्तंकृतवान्नृपः १६ यथाब्रवीतिधर्मात्मामुनिःसत्यवतीसुतः ॥ तथाकुरुमहाराजसहिनःपरमोगुरुः १७ त्य
क्तावयंतुभवतादुःखशोकपरायणाः ॥ भविष्यामश्चिरंराजन्भवद्गुणशतैर्युताः १८ यथाशांतनुनागुप्ताराज्ञाचित्रांगदेनच ॥ भीष्मवीर्योपगूढेनपित्रातवचपार्थि
व १९ भवद्बुद्धीक्षणाच्चैवपांडुनापृथिवीक्षिता ॥ तथादुर्योधनेनापिराज्ञासुपरिपालिताः २० नस्वल्पमपिपुत्रस्तेव्यलीकंकृतवान्नृप ॥ पितरीवसुविश्वस्ता
स्तस्मिन्नपिनराधिपे २१ वयसास्मयथासम्यग्भवतोविदितंतथा ॥ तथावर्षसहस्राणिकुंतीपुत्रेणधीमता २२ पाल्यमानाधृतिमतासुखंविंदामहेनृप ॥ रा
जर्षीणांपुराणानांभवतांपुण्यकर्मणाम् २३ कुरुसंवरणादीनांभरतस्यचधीमतः ॥ वृत्तंसमनुयात्येषधर्मात्माभूरिदक्षिणः २४ नात्रवाच्यंमहाराजसुसूक्ष्ममपि
विद्यते ॥ उषिताःस्मसुखंनित्यंभवतापरिपालिताः २५ सुसूक्ष्मंचव्यलीकंतेसपुत्रस्यनविद्यते ॥ यत्तुज्ञातिविमर्देऽस्मिन्नात्थदुर्योधनंप्रति २६ भवंतमनु
नेष्यामितत्रापिकुरुनंदन ॥ ॥ ब्राह्मणउवाच ॥ नतद्दुर्योधनकृतंनचतद्भवताकृतम् २७ नकर्णसौबलाभ्यांचकुरवोयत्क्षयंगताः ॥ दैवंतत्तुविजानीमोयन्न
शक्यंप्रबाधितुम् २८ दैवंपुरुषकारेणनशक्यमपिबाधितुम् ॥ अक्षौहिण्योमहाराजदशाष्टौचसमागताः २९ अष्टादशाहेनहताःकुरुभिर्योधपुंगवैः ॥ भीष्म
द्रोणकृपाद्यैश्चकर्णेनचमहात्मना ३० युयुधानेनवीरेणधृष्टद्युम्नेनचैवह ॥ चतुर्भिःपांडुपुत्रैश्चभीमार्जुनयमैस्तथा ३१ नचक्षयोऽयंनृपतेऋतेदैवबलादभूत् ॥
अवश्यमेवसंग्रामेक्षत्रियेणविशेषतः ३२ कर्तव्यंनिधनंकालेमर्तव्यंक्षत्रबंधुना ॥ तैरियंपुरुषव्याघ्रैर्विद्याबाहुबलान्वितैः ३३ पृथिवीनिहतासर्वासहयासरथद्वि
पा ॥ नसराज्ञांवधेसूनुःकारणंतेमहात्मनाम् ३४ नभवान्नचतेभृत्यानकर्णोनचसौबलः ॥ यद्विशस्ताःकुरुश्रेष्ठराजानश्चसहस्रशः ३५ सर्वंदैवकृतंविद्धिको
ऽत्रकिंवक्तुमर्हति ॥ गुरुर्मतोभवानस्यकृत्स्नस्यजगतःप्रभुः ३६ धर्मात्मानमतस्तुभ्यमनुजानीमहेसुतम् ॥ लभतांवीरलोकंससहायोनराधिपः ३७ द्विजाग्र्यैः
समनुज्ञातस्त्रिदिवेमोदतांसुखम् ॥ प्राप्स्यतेचभवान्पुण्यंधर्मेचपरमांस्थितिम् ३८ ॥ ॥ ॥ ॥

दृष्टिप्रदानमपिअस्मदवेक्षार्थंपांडवेष्वस्माकंसमर्पणम् ३९ । ४० । ४१ । ४२ । ४३ । ४४ । ४५ । ४६ । ४७ । ४८ । ४९ । ५० । ५१ । ५२ । ५३ ॥ इतिआश्रमवासिकेप० नीलकंठीयेभारत

वेदधर्मंचकृत्स्नेनसम्यक्त्वंभवसुव्रतः ॥ दृष्टिप्रदानमपितेपांडवान्प्रतिनोवृथा ३९ समर्थास्त्रिदिवस्यापिपालनेकिंपुनःक्षितेः ॥ अनुवत्स्यँतिवाधीमन्समेषुविषमेषुच ४० प्रजाःकुरुकुलश्रेष्ठपांडवान्शीलभूषणान् ॥ ब्रह्मदेयाग्रहारांश्चपारिबर्हांश्चपार्थिवः ४१ पूर्वराजाभिपन्नांश्चपालयत्येवपांडवः ॥ दीर्घदर्शीमृदुर्दान्तःसदावैश्रवणोयथा ४२ अक्षुद्रसचिवश्चायंकुंतीपुत्रोमहामनाः ॥ अथमित्रेदयावांश्चशुचिश्चभरतर्षभः ४३ ऋजुपश्यतिमेधावीपुत्रवत्पालितःसदा ॥ विप्रियंचजनस्यास्यसंसर्गाद्धर्मजस्यवै ४४ नकरिष्यंतिराजर्षेतथाभीमार्जुनादयः ॥ मंदामृदुषुकौरव्यतीक्ष्णेष्वाशीविषोपमाः ४५ वीर्यवंतोमहात्मानःपौराणांचहितेरताः ॥ नकुंतीनचपांचालीनचोलूपीनसात्वती ४६ अस्मिन्जनेकरिष्यंतिप्रतिकूलानिकर्हिचित् ॥ भवत्कृतमिमंस्नेहंयुधिष्ठिरविवर्धितम् ४७ नपृष्ठतःकरिष्यंतिपौराजानपदाजनाः ॥ अधर्मिष्ठानपिसतःकुंतीपुत्रामहारथाः ४८ मानवान्पालयिष्यंतिभूत्वाधर्मपरायणाः ॥ सराजन्मानसंदुःखमपनीययुधिष्ठिरात् ४९ कुरुकार्याणिधर्म्याणिनमस्तेपुरुषर्षभ ॥ वैशंपायनउवाच ॥ तस्यतद्वचनंधर्म्यमनुमान्यगुणोत्तरम् ५० साधुसाध्वितिसर्वःसजनःप्रतिगृहीतवान् ॥ धृतराष्ट्रश्चतद्वाक्यमभिपूज्यपुनःपुनः ५१ विसर्जयामासतदाप्रकृतीस्तुशनैःशनैः ॥ सतैःसंपूजितोराजाशिवेनावेक्षितस्तथा ५२ प्रांजलिःपूजयामासतंजनंभरतर्षभ ॥ ततोविवेशभवनंगांधार्यासहितोनिजम् ॥ व्युष्टायांचैवशर्वर्यांयच्चकारनिबोधतत् ५३ ॥ इतिश्रीमहाभारतेआश्र० आश्रमवासप० प्रकृतिसांत्वनेदशमोऽध्यायः ॥ १० ॥ वैशंपायनउवाच ॥ ततोरजन्यांव्युष्टायांधृतराष्ट्रोऽम्बिकासुतः ॥ विदुरंप्रेषयामासयुधिष्ठिरनिवेशनम् १ सगत्वाराजवचनादुवाचाच्युतमीश्वरम् ॥ युधिष्ठिरंमहातेजाःसर्वबुद्धिमतांवरः २ धृतराष्ट्रोमहाराजोवनवासायदीक्षितः ॥ गमिष्यतिवनंराजन्नागतांकार्तिकीमिमाम् ३ सत्वांकुरुकुलश्रेष्ठकिंचिदर्थमभीप्सति ॥ श्राद्धमिच्छतिदातुंसगांगेयस्यमहात्मनः ४ द्रोणस्यसोमदत्तस्यबाह्लीकस्यचधीमतः ॥ पुत्राणांचैवसर्वेषांयेचान्येसुहृदोहताः ५ यदिचाप्यनुजानीषेसैन्धवापसदस्यच ॥ एतच्छ्रुत्वातुवचनंविदुरस्ययुधिष्ठिरः ६ हृष्टःसंपूजयामासगुडाकेशश्चपांडवः ॥ नचभीमोदृढक्रोधस्तद्वचोजगृहेतदा ७ विदुरस्यमहातेजादुर्योधनकृतंस्मरन् ॥ अभिप्रायंविदित्वातुभीमसेनस्यफाल्गुनः ८ किरीटीकिंचिदानम्यतमुवाचनरर्षभम् ॥ भीमराजापितावृद्धोवनवासायदीक्षितः ९ दातुमिच्छतिसर्वेषांसुहृदामौर्ध्वदेहिकम् ॥ भवतानिर्जितंवित्तंदातुमिच्छतिकौरवः १० भीष्मादीनांमहाबाहोतदनुज्ञातुमर्हसि ॥ दिष्ट्यात्वद्यमहाबाहोधृतराष्ट्रःप्रयाचते ११ याचितोयःपुराऽस्माभिःपश्यकालस्यपर्ययम् ॥ योऽसौपृथिव्याःकृत्स्नायाभर्ताभूत्वानराधिपः १२ परैर्विनिहतामात्योवनंगन्तुमभीप्सति ॥ मातेऽन्यत्पुरुषव्याघ्रदानाद्भवतुदर्शनम् १३ ॥ ॥ ॥ ॥ ॥

भावदीपेदशमोऽध्यायः ॥ १० ॥ ॥ ततइति १ । २ । ३ किंचिदर्थं किंचित्कार्यंकर्तुंत्वामभीप्सतिद्रष्टुमितिशेषः तदेवाह श्राद्धमिति ४ । ५ । ६ । ७ । ८ । ९ । १० । ११ । १२ । १३

१४ । १५ । १६ । १७ । १८ । १९ कुतोहेतोर्वैरंविस्मृत्यअसिजीवसि २० । २१ । २२ । २३ । २४ । २५ ॥ इतिआश्रमवासिकेपर्वणिनीलकंठीयेभारतभावदीपे एकादशोऽध्यायः ॥ ११ ॥

अयशस्यमतोऽन्यत्स्यादधर्मश्चमहाभुज ॥ राजानमुपशिक्षस्वज्येष्ठंभ्रातरमीश्वरम् १४ अर्हस्त्वमपिदातुंवैनादातुंभरतर्षभ ॥ एवंब्रुवाणंबीभत्सुंधर्मराजोऽप्य
पूजयत् १५ भीमसेनस्तुसक्रोधःप्रोवाचेदंवचस्तदा ॥ वयंभीष्मस्यदास्यामःप्रेतकार्येतुफाल्गुन १६ सोमदत्तस्यनृपतेर्भूरिश्रवसएवच ॥ बाह्लीकस्यचराजर्षे
र्द्रोणस्यचमहात्मनः १७ अन्येषांचैवसर्वेषांकुंतीकर्णायदास्यति ॥ श्राद्धानिपुरुषव्याघ्रमाप्रादात्कौरवोनृपः १८ इतिमेवर्ततेबुद्धिर्मानोनिन्दन्तुशत्रवः ॥ कष्टा
त्कष्टतरंयांतुसर्वेदुर्योधनादयः १९ यैरियंपृथिवीकृत्स्नाघातिताकुलपांसनैः ॥ कुतस्त्वमसिविस्मृत्यवैरंद्वादशवार्षिकम् २० अज्ञातवासंगहनंद्रौपदीशोकवर्ध
नम् ॥ क्वतदाधृतराष्ट्रस्यस्नेहोऽस्मद्गोचरोगतः २१ कृष्णाजिनोपसंवीतोहृताभरणभूषणः ॥ सार्द्धंपांचालपुत्र्यात्वंराजानमुपजग्मिवान् २२ क्वतदाद्रोणभी
ष्मौतौसोमदत्तोऽपिवाऽभवत् ॥ यत्रत्रयोदशसमावनेवन्येनजीवथ २३ नतदात्वांपिताज्येष्ठःपितृत्वेनाभिवीक्षते ॥ किंतेतद्विस्मृतंपार्थयदेषकुलपांसनः २४
दुर्बुद्धिर्विदुरंप्राहद्यूतेकिंजितमित्युत ॥ तमेवंवादिनंराजाकुंतीपुत्रोयुधिष्ठिरः ॥ उवाचवचनंधीमान्जोषमास्वेतिभर्त्सयन् २५ ॥ इतिश्रीमहाभारतेआश्रमवा
सिकेआश्रमवासपर्वणिएकादशोऽध्यायः ॥ ११ ॥ ॥ अर्जुनउवाच ॥ भीमज्येष्ठोगुरुर्मेत्वंनातोऽन्यद्वक्तुमुत्सहे ॥ धृतराष्ट्रस्तुराजर्षिःसर्वथामानम
र्हति १ नस्मरंत्यपराद्धानिस्मरंतिसुकृतान्यपि ॥ असंभिन्नार्यमर्यादाःसाधवःपुरुषोत्तमाः २ इतितस्यवचःश्रुत्वाफाल्गुनस्यमहात्मनः ॥ विदुरंप्राहधर्मा
त्माकुंतीपुत्रोयुधिष्ठिरः ३ इदंमद्वचनात्क्षत्तःकौरवंब्रूहिपार्थिवम् ॥ यावदिच्छतिपुत्राणांश्राद्धंतावद्ददाम्यहम् ४ भीष्मादीनांचसर्वेषांसुहृदामुपकारिणाम् ॥
ममकोशादितिविभोमाभूद्भीमःसुदुर्मनाः ५ ॥ वैशंपायनउवाच ॥ इत्युक्ताधर्मराजस्तमर्जुनंप्रत्यपूजयत् ॥ भीमसेनःकटाक्षेणवीक्षांचक्रेधनंजयम् ६ ततः
सविदुरंधीमान्वाक्यमाहयुधिष्ठिरः ॥ भीमसेनेनकोपंसनृपतिःकर्तुमर्हति ७ परिक्लिष्टोहिभीमोऽपिहिमवृष्ट्यातपादिभिः ॥ दुःखैर्बहुविधैर्धीमानरण्येविदितं
तव ८ किंतुमद्वचनाद्ब्रूहिराजानंभरतर्षभ ॥ यद्यदिच्छसियावच्चगृह्यतांमद्गृहादिति ९ यन्मात्सर्यमयंभीमःकरोतिभृशदुःखितः ॥ नतन्मनसिकर्तव्यमिति
वाच्यःसपार्थिवः १० यन्ममास्तिधनंकिंचिदर्जुनस्यचवेश्मनि ॥ तस्यस्वामीमहाराजइतिवाच्यःसपार्थिवः ११ ददातुराजाविप्रेभ्योयथेष्टंक्रियतांव्ययः ॥
पुत्राणांसुहृदांचैवगच्छत्वानृण्यमद्यसः १२ इदंचापिशरीरंमेतवायत्तंजनाधिप ॥ धनानिचेतिविद्धित्वंनमेतत्रास्तिसंशयः १३ ॥ इतिश्रीमहाभारतेआश्रम
वासिकेपर्वणिआश्रमवासपर्वणि युधिष्ठिरानुमोदने द्वादशोऽध्यायः ॥ १२ ॥ ॥ ॥ ॥ ॥ ॥

भीमेति १ । २ । ३ । ४ । ५ । ६ । ७ । ८ । ९ । १० । ११ । १२ । १३ ॥ इतिआश्रमवासिकेपर्वणिनीलकंठीयेभारतभावदीपेद्वादशोऽध्यायः ॥ १२ ॥ ॥ ॥

एवमिति १।२।३।४।५।६।७।८।९।१०।११।१२।१३।१४।१५ ॥ इतिआश्रमवा०नी०भारतभावदीपेत्रयोदशोऽध्यायः ॥ १३ ॥ ॥ विदुरेणेति १।२

॥ वैशंपायनउवाच ॥ एवमुक्तस्तुराज्ञासविदुरोबुद्धिसत्तमः ॥ धृतराष्ट्रमुपेत्यैवंवाक्यमाहमहार्थवत् १ उक्तोयुधिष्ठिरोराजाभवद्वचनमादितः ॥ सचसंश्रुत्यवाक्यंते
प्रशशंसमहाद्युतिः २ बीभत्सुश्चमहातेजानिवेदयतितेगृहान् ॥ वसुतस्यगृहेयच्चप्राणानपिचकेवलान् ३ धर्मराजश्चपुत्रस्तेराज्यंप्राणान्धनानिच ॥ अनुजानाति
राजर्षेयच्चान्यदपिकिंचन ४ भीमस्त्वसर्वदुःखानिसंस्मृत्यबहुलान्युत ॥ कृच्छ्रादिवमहाबाहुरनुजज्ञेविनिःश्वसन् ५ सराजन्धर्मशीलेनराज्ञाबीभत्सुनातथा ॥
अनुनीतोमहाबाहुःसौहृदेस्थापितोऽपिच ६ नचमन्युस्त्वयाकार्यइतित्वांप्राहधर्मराट् ॥ संस्मृत्यभीमस्तद्वैरंयदन्यायवदाचरत् ७ एवंप्रायोहिधर्मोऽयंक्षत्रिया
णांनराधिप ॥ युद्धेक्षत्रियधर्मेचनिरतोऽयंवृकोदरः ८ वृकोदरकृतेचाहमर्जुनश्चपुनःपुनः ॥ प्रसीदयाचेनृपतेभवान्प्रभुरिहास्तियत् ९ तद्ददातुभवान्वित्तंयाव
दिच्छसिपार्थिव ॥ त्वमीश्वरोऽस्यराज्यस्यप्राणानामपिभारत १० ब्रह्मदेयाग्रहारांश्चपुत्राणामौर्ध्वदेहिकम् ॥ इतोरत्नानिगाश्चैवदासीदासमजाविकम् ११ आन
यित्वाकुरुश्रेष्ठोब्राह्मणेभ्यःप्रयच्छतु ॥ दीनांधकृपणेभ्यश्चतत्रतत्रनृपाज्ञया १२ बह्वन्नरसपानाढ्याःसभाविदुरकारय ॥ गवांनिपानान्यन्यच्चविविधंपुण्यकंकुरु
१३ इतिमामब्रवीद्राजापार्थश्चैवधनंजयः ॥ यदत्रानंतरंकार्यंतद्भवान्वक्तुमर्हति १४ इत्युक्तेविदुरेणाथधृतराष्ट्रोऽभिनंद्यतान् ॥ मनश्चक्रेमहादानेकार्तिक्यांजनमे
जय १५ ॥ इतिश्रीमहाभारतेआश्रमवासिकेपर्वणिआश्रमवासपर्वणिविदुरवाक्येत्रयोदशोऽध्यायः ॥ १३ ॥ ॥ वैशंपायनउवाच ॥ विदुरेणैवमुक्तस्तु
धृतराष्ट्रोजनाधिपः ॥ प्रीतिमानभवद्राजन्राज्ञोजिष्णोश्चकर्मणि १ ततोऽभिरूपान्भीष्मायब्राह्मणानृषिसत्तमान् ॥ पुत्रार्थेसुहृदश्चैवससमीक्ष्यसहस्रशः २ कारयि
त्वाऽन्नपानानियानान्याच्छादनानिच ॥ सुवर्णमणिरत्नानिदासीदासमजाविकम् ३ कंबलानिचरत्नानिग्रामान्क्षेत्रंतथाधनम् ॥ सालंकारान्गजानश्वान्कन्या
श्चैववरस्त्रियः ४ उद्दिश्योद्दिश्यसर्वेभ्योददौसनृपसत्तमः ॥ द्रोणंसंकीर्त्यभीष्मंचसोमदत्तंचबाह्लिकम् ५ दुर्योधनंचराजानंपुत्रांश्चैवपृथक्पृथक् ॥ जयद्रथपुरोगांश्चसु
हृदश्चापिसर्वशः ६ सश्राद्धयज्ञोववृतेबहुशोधनदक्षिणः ॥ अनेकधनरत्नौघोयुधिष्ठिरमतेतदा ७ अनिशंयत्रपुरुषागणकालेखकास्तदा ॥ युधिष्ठिरस्यवचनादपृच्छंत
स्मतंनृपम् ८ आज्ञापयकिमेतेभ्यःप्रदायंदीयतामिति ॥ तदुपस्थितमेवात्रवचनांतेददुस्तदा ९ शतदेयेदशशतंसहस्रेचायुतंतथा ॥ दीयतेवचनाद्राज्ञःकुंतीपुत्रस्यधी
मतः १० एवंसवसुधाराभिर्वर्षमाणोनृपांबुदः ॥ तर्पयामासविप्रांस्तान्वर्षन्सस्यमिवांबुदः ११ ततोऽनंतरमेवात्रसर्ववर्णान्महामते ॥ अन्नपानरसौघेणप्लावयामासपा
र्थिवः १२ सवस्त्रधनरत्नौघोमृदंगनिनदोमहान् ॥ गवाश्वमकरावर्तोनानारत्नमहाकरः १३ ग्रामाग्रहारद्वीपाढ्योमणिहेमजलार्णवः ॥ जगत्संप्लावयामास
धृतराष्ट्रोडुपोद्धतः १४ ॥ ॥ ॥ ॥

३।४।५।६।७।८।९।१०।११।१२।१३।१४ ॥ ॥ ॥

१५ । १६ । १७ । १८ ॥ इतिआश्रमवा०नी०भारतभा०चतुर्दशोऽध्यायः ॥ १४ ॥ ॥ तदनेनप्रबंधेनप्रव्रजिष्यतांकुटुंबानुमतिःपितृतर्पणंचावश्यकंतदन्यनराकरणेप्रव्रज्याफलानिष्पत्तिरितिचप्रद
र्श्यधृतराष्ट्रप्रव्रज्यांवर्णयति ततःप्रभातेइत्यादिना १ इष्टिं उदवसनीयाख्याम् १ । २ । ३ । ४ । ५ । ६ । ७ । ८ कुंतीगांधारीमनयदितिशेषः किंभूताअर्थाद्गांधार्याइस्तंस्कंधासक्तमुद्वहंती ९ । १०

एवंसपुत्रपौत्राणांपितृणामात्मनस्तथा ॥ गांधार्याश्चमहाराजप्रददावौर्ध्वदेहिकम् १५ परिश्रांतोयदाऽऽसीत्सददद्दानान्यनेकशः ॥ निवर्तयामासतदादानयज्ञं
नराधिपः १६ एवंसराजाकौरव्यश्चक्रेदानमहाक्रतुम् ॥ नटनर्तकलास्याढ्यंबह्वन्नरसदक्षिणम् १७ दशाहमेवंदानानिदत्त्वाराजाऽम्बिकासुतः ॥ बभूवपुत्रपौत्रा
णामनृणोभरतर्षभ १८ ॥ इतिश्रीमहाभारतेआश्रमवासिकेपर्वणिआश्रमवा०दानयज्ञेचतुर्दशोऽध्यायः ॥ १४ ॥ ॥ ॥ वैशंपायनउवाच ॥ ततः
प्रभातेराजासधृतराष्ट्रोऽम्बिकासुतः ॥ आहूयपांडवान्वीरान्वनवासेकृतक्षणः १ गांधारीसहितोधीमानभ्यनंदद्यथाविधि ॥ कार्तिक्यांकारयित्वेष्टिंब्राह्मणैर्वेदपा
रगैः २ अग्निहोत्रंपुरस्कृत्यवल्कलाजिनसंवृतः ॥ वधूजनवृतोराजानिर्ययौभवनात्ततः ३ ततःस्त्रियःकौरवपांडवानांयाश्चापराःकौरवराजवंश्याः ॥ तासांनादः
प्रादुरासीत्तदानींवैचित्रवीर्येनृपतौप्रयाते ४ ततोलाजैःसुमनोभिश्चराजाविचित्राभिस्तद्गृहंपूजयित्वा ॥ संपूज्यार्थैर्भृत्यवर्गंचसर्वंततःसमुत्सृज्ययौनरेन्द्रः ५
ततोराजाप्रांजलिर्वेपमानोयुधिष्ठिरःसस्वरंबाष्पकंठः ॥ विमुच्योच्चैर्महानादंहिसाधोक्वयास्यसीत्यपतत्तातभूमौ ६ तथाऽर्जुनस्तीव्रदुःखाभितप्तोमुहुर्मुहुर्निः
श्वसन्भारताग्र्यः ॥ युधिष्ठिरंमैवमित्येवमुक्त्वानिगृह्याथोदीनवत्सीदमानः ७ वृकोदरःफाल्गुनश्चैववीरौमाद्रीपुत्रौविदुरःसंजयश्च ॥ वैश्यापुत्रःसहितोगौ
तमेनधौम्योविप्राश्चान्वयुर्बाष्पकंठाः ८ कुंतीगांधारींबद्धनेत्रांव्रजंतींस्कंधासक्तंहस्तमथोद्वहंती ॥ राजागांधार्याःस्कंधदेशेऽवसज्यपाणिंययौधृतराष्ट्रःप्रतीतः ९
तथाकृष्णाद्रौपदीसात्वतीचबालापत्याचोत्तराकौरवीच ॥ चित्रांगदायाश्चकाचित्स्त्रियोन्याःसार्धंराज्ञाप्रस्थितास्तावधूभिः १० तासांनादोरुदतीनांतदाऽऽसी
द्राजन्दुःखात्कुररीणामिवोच्चैः ॥ ततोनिष्पेतुर्ब्राह्मणक्षत्रियाणांविट्शूद्राणांचैवभार्याःसमंतात् ११ तन्निर्याणेदुःखितःपौरवर्गोगजाह्वयेवैबभूवराजन् ॥
यथापूर्वंगच्छतांपांडवानांद्यूतेराजन्कौरवाणांसभायाः १२ यानापश्यंश्चंद्रमसंनसूर्यंरामाःकदाचिदपितस्मिन्नरेन्द्रे ॥ महावनंगच्छतिकौरवेन्द्रेशोकेनार्ताराज
मार्गंप्रपेदुः १३ ॥ इतिश्रीमहाभारतेआश्र०आश्रमवासपर्वणिधृतराष्ट्रनिर्याणेपंचदशोऽध्यायः ॥ १५ ॥ ॥ वैशंपायनउवाच ॥ ततःप्रासादहर्म्ये
षुवसुधायांचपार्थिव ॥ नारीणांचनराणांचनिःस्वनःसुमहानभूत् १ सराजाराजमार्गेणनृनारीसंकुलेनच ॥ कथंचिन्निर्ययौधीमान्वेपमानःकृतांजलिः २ सवर्द्ध
मानद्वारेणनिर्ययौगजसाह्वयात् ॥ विसर्जयामासचतंजनौघंसमुहुर्मुहुः ३ वनंगंतुंचविदुरोराज्ञासहकृतक्षणः ॥ संजयश्चमहामात्रःसूतोगावल्गणिस्तथा ४ कृपंनि
वर्तयामासयुयुत्सुंचमहारथम् ॥ धृतराष्ट्रोमहीपालःपरिदाप्ययुधिष्ठिरे ५ निवृत्तेपौरवर्गेचराजासांतःपुरस्तदा ॥ धृतराष्ट्राभ्यनुज्ञातोनिवर्तितुमियेषह ६

११ । १२ । १३ ॥ इतिआश्रमपर्वणिनीलकंठीयेभारतभावदीपे पंचदशोऽध्यायः ॥ १५ ॥ ॥ ततइति १ । २ । ३ । ४ । ५ । ६ ॥ ॥ ॥

७ । ८ । ९ माप्रसादं अप्रसादमितिच्छेदः १० । ११ । १२ । १३ । १४ । १५ श्वश्रूश्वशुरयोः ज्येष्ठत्वाद्धृतराष्ट्रः पांडोः पितृसमस्तेन कुंत्याः सश्वशुर इति १६ । १७ । १८ । १९ पुरोधतान् पुरा

सोऽब्रवीन्मातरंकुंतींवनंतमनुजग्मुषीम् ॥ अहंराजानमन्विष्येभवतीविनिवर्ततताम् ७ वधूपरिवृताराज्ञिनगरंगंतुमर्हसि ॥ राजायात्वेषधर्मात्मातापस्येकृतनिश्चयः ८ इत्युक्ताधर्मराजेनबाष्पव्याकुललोचना ॥ जगामैवतदाकुंतीगांधारींपरिगृह्यह ९ ॥ कुंत्युवाच ॥ सहदेवेमहाराजमाऽप्रसादंकृथाःक्वचित् ॥ एषमामनुरक्तोहि राजंस्त्वांचैवसर्वदा १० कर्णंस्मरेथाःसततंसंग्रामेष्वपलायिनम् ॥ अवकीर्णोहिसमरेवीरोदुष्प्रज्ञयातदा ११ आयसंहृदयंनूनंमंदायाममपुत्रक ॥ यत्सूर्यजमप श्यंत्याःशतधानविदीर्यते १२ एवंगतेतुकिंशक्यंमयाकर्तुमरिंदम ॥ ममदोषोऽयमत्यर्थंख्यापितोयन्नसूर्यजः १३ तन्निमित्तंमहाबाहोदानंदद्यास्त्वमुत्तमम् ॥ स देवभ्रातृभिःसार्धंसूर्यजस्यारिदर्मन १४ द्रौपद्याश्चप्रियेनित्यंस्थातव्यमरिकर्शन ॥ भीमसेनोऽर्जुनश्चैवनकुलश्चकुरूद्वह १५ समाधेयास्त्वयाराजंस्त्वय्यद्यकु लधूर्गता ॥ श्वश्रूश्वशुरयोःपादान्शुश्रूषंतीवनेत्वहम् ॥ गांधारीसहितावत्स्येतापसीमलपंकिनी १६ ॥ वैशंपायनउवाच ॥ एवमुक्तःसधर्मात्माभ्रातृभिः सहितोवशी ॥ विषादमगमद्धीमान्नचाकिंचिदुवाचह १७ मुहूर्तमिवतुध्यात्वाधर्मराजोयुधिष्ठिरः ॥ उवाचमातरंदीनश्चिंताशोकपरायणः १८ किमिदंतेव्यवसि तंनैवंत्वंवक्तुमर्हसि ॥ नत्वामभ्यनुजानामिप्रसादंकर्तुमर्हसि १९ पुरोद्यतान्पुराह्यस्मानुत्साह्यप्रियदर्शने ॥ विदुलायावचोभिस्त्वंनास्मान्संत्यक्तुमर्हसि २० निहत्यपृथिवीपालान्राज्यंप्राप्तमिदंमया ॥ तवप्रज्ञामुपश्रुत्यवासुदेवान्नरर्षभात् २१ क्वसाबुद्धिरियंचाद्यभवत्यायच्छ्रुतंमया ॥ क्षत्रधर्मेस्थितिंचोक्तातस्याश्च्य वितुमिच्छसि २२ अस्मानुत्सृज्यराज्यंचस्नुषाहीनायशस्विनि ॥ कथंवत्स्यसिदुर्गेषुवनेष्वद्यप्रसीदमे २३ इतिबाष्पकलावाचःकुंतीपुत्रस्यशृण्वती ॥ साज गमाश्रुपूर्णाक्षीभीमस्तामिदमब्रवीत् २४ यदाराज्यमिदंकुंतिभोक्तव्यंपुत्रनिर्जितम् ॥ प्राप्तव्याराजधर्माश्चतदेयंतेकुतोमतिः २५ किंवयंकारिताःपूर्वंभवत्यापृथिवीक्ष यम् ॥ कस्यहेतोःपरित्यज्यवनंगंतुमभीप्ससि २६ वनाच्चापिकिमानीताभवत्याबालकावयम् ॥ दुःखशोकसमाविष्टौमाद्रीपुत्राविमौतथा २७ प्रसीदमात र्मागास्त्वंवनमद्ययशस्विनि ॥ श्रियंयौधिष्ठिरींमातर्भुंक्ष्वतावद्बलार्जिताम् २८ इतिसानिश्चितैवाशुवनवासायभाविनी ॥ लालप्यतांबहुविधंपुत्राणांनाकरोद्वचः २९ द्रौपदीचान्वयाच्छ्वश्रूंविषण्णवदनातदा ॥ वनवासायगच्छंतींरुदतीभद्रयासह ३० सापुत्रान्रुदतःसर्वान्मुहुर्मुहुरवेक्षती ॥ जगामैवमहाप्राज्ञावनायकृत निश्चया ३१ अन्वयुःपांडवास्तांतुसभृत्यांतःपुरास्तथा ॥ ततःप्रमृज्यसाऽश्रूणिपुत्रान्वचनमब्रवीत् ३२ इतिश्रीमहाभारतेआश्रमवासिकेपर्वणिआश्रमपर्वणि कुंतीवनप्रस्थानेषोडशोऽध्यायः ॥ १६ ॥ ॥ ॥ ॥ ॥ ॥

हि र्गंतुमुद्यतान् विदुलायावचोभिः उत्साह्य उत्साहयुक्तान्कृत्वा २० । २१ । २२ । २३ । २४ । २५ । २६ । २७ । २८ । २९ भद्रया सुभद्रया ३० । ३१ । ३२ इतिआ० नी०भा०षोडशोऽध्यायः ॥१६॥

एवमेतदिति कुंत्यास्त्विति ततोभागीरथीतीरइतिचत्रयःस्पष्टार्थाअध्यायाः १ । २ । ३ । ४ । ५ । ६ । ७ । ८ । ९ । १० । ११ । १२ । १३ । १४ । १५ । १६ । १७ । १८ । १९ । २० । २१

॥ कुन्त्युवाच ॥ एवमेतन्महाबाहोयथावदसिपांडव ॥ कृतमुद्धर्षणंपूर्वंमयावःसीदतांनृपाः १ द्यूतापहृतराज्यानांपतितानांसुखादपि ॥ ज्ञातिभिःपरिभूतानांकृ
तमुद्धर्षणंमया २ कथंपांडोर्ननश्येतसंततिःपुरुषर्षभाः ॥ यशश्ववोननश्येतइतिचोद्धर्षणंकृतम् ३ यूयमिंद्रसमाःसर्वेदेवतुल्यपराक्रमाः ॥ मापरेषांमुखप्रेक्षाःस्थेत्ये
वंतत्कृतंमया ४ कथंधर्मभृतांश्रेष्ठोराजात्वंवासवोपमः ॥ पुनर्वनेनदुःखीस्याइतिचोद्धर्षणंकृतम् ५ नागायुतसमप्राणःख्यातविक्रमपौरुषः ॥ नायंभीमोऽ
त्ययंगच्छेदितिचोद्धर्षणंकृतम् ६ भीमसेनादवरजस्तथाऽयंवासवोपमः ॥ विजयोनावसीदेतइतिचोद्धर्षणंकृतम् ७ नकुलःसहदेवश्चतथेमौगुरुवर्तिनौ ॥ क्षुधा
कथंनसीदेतामितिचोद्धर्षणंकृतम् ८ इयंचबृहतीश्यामातथाऽत्यायतलोचना ॥ वृथासभातलेक्लिष्टामाभूदितिचतत्कृतम् ९ प्रेक्षतामेववोभीमवेपंतींकदलीमिव
॥ स्त्रीधर्मिणीमरिष्टांगींतथाद्यूतपराजिताम् १० दुःशासनोयदामौर्ख्याद्दासीवत्पर्यकर्षत ॥ तदैवविदितंमह्यंपराभूतमिदंकुलम् ११ निषण्णाःकुरवश्चैवतदामे
श्वशुरादयः ॥ सादैवंनाथमिच्छंतीव्यलपत्कुररीयथा १२ केशपक्षेपरामृष्टापापेनहतबुद्धिना ॥ यदादुःशासनेनैषातदामुह्याम्यहंनृपाः १३ युष्मत्तेजोविवृद्ध्य
र्थंमयाह्युद्धर्षणंकृतम् ॥ तदानींविदुलावाक्यैरितितद्वित्तपुत्रकाः १४ कथंनराजवंशोऽयंनश्येत्प्राप्यसुतान्मम ॥ पांडोरितिमयापुत्रास्तस्मादुद्धर्षणंकृतम् १५
नतस्यपुत्राःपौत्रावाक्षतवंशस्यपार्थिव ॥ लभंतेसुकृताँल्लोकान्यस्माद्वंशःप्रणश्यति १६ भुक्तंराज्यफलंपुत्राभर्तुर्मेविपुलंपुरा ॥ महादानानिदत्तानिपीतःसोमोय
थाविधि १७ नाहमात्मफलार्थंवैवासुदेवमचूचुदम् ॥ विदुलायाःप्रलापैस्तैःपालनार्थंचतत्कृतम् १८ नाहंराज्यफलंपुत्राःकामयेपुत्रनिर्जितम् ॥ पतिलोकान
हंपुण्यान्कामयेतपसाविभो १९ श्वश्रूश्वशुरयोःकृत्वाशुश्रूषांवनवासिनोः ॥ तपसाशोषयिष्यामियुधिष्ठिरकलेवरम् २० निवर्तस्वकुरुश्रेष्ठभीमसेनादिभिःसह ॥
धर्मेतेधीयतांबुद्धिर्मनस्तुमहदस्तुच २१ ॥ इतिश्रीमहाभारतेआश्रमवासिकेपर्वणि आश्रमवासपर्वणि कुंतीवाक्येसप्तदशोऽध्यायः ॥ १७ ॥ ॥ ॥
वैशंपायनउवाच ॥ कुंत्यास्तुवचनंश्रुत्वापांडवाराजसत्तम ॥ व्रीडिताःसंन्यवर्तंतपांचाल्यासहितानघाः १ ततःशब्दोमहानेवसर्वेषामभवत्तदा ॥ अंतःपुराणांरुदतांदृ
ष्ट्वाकुंतींतथागताम् २ प्रदक्षिणमथावृत्त्यराजानंपांडवास्तदा ॥ अभिवाद्यन्यवर्तंतपृथांतामनिवर्त्यवै ३ ततोऽब्रवीन्महातेजाधृतराष्ट्रोऽम्बिकासुतः ॥ गांधारीं
विदुरंचैवसमाभाष्यावगृह्यच ४ युधिष्ठिरस्यजननीदेवीसाधुनिवर्त्यताम् ॥ यथायुधिष्ठिरःप्राहतत्सर्वंसत्यमेवहि ५ पुत्रैश्वर्यंमहदिदमपास्यचमहाफलम् ॥ कानु
गच्छेद्वनंदुर्गंपुत्रानुत्सृज्यमूढवत् ६ राज्यस्थयातपस्तप्तुंकर्तुंदानव्रतंमहत् ॥ अनयाशक्यमेवाद्यश्रूयतांचवचोमम ७ ॥ ॥

८।९।१०।११।१२।१३।१४।१५।१६।१७।१८।१९।२०।२१।२२।२३।२४।२५ ॥ इतिआश्र०पर्वणि नीलकंठीयेभारतभावदीपेअष्टादशोऽध्यायः ॥ १८ ॥

गांधारिपरितुष्टोऽस्मिवध्वाःशुश्रूषणेनवै ॥ तस्मात्त्वमेनांधर्मज्ञेसमनुज्ञातुमर्हसि ८ इत्युक्तासौबलेयीतुराज्ञाकुंतीमुवाचह ॥ तत्सर्वंराजवचनंस्वंचवाक्यंविशेषवत्
९ नचसावनवासायदेवीकृतमतिंतदा ॥ शक्नोत्युपावर्तयितुंकुंतींधर्मपरांसतीम् १० तस्यास्तांतुस्थितिंज्ञात्वाव्यवसायंकुरुस्त्रियः ॥ निवृत्तांश्चकुरुश्रेष्ठान्दृष्ट्वाप्र
रुरुदुस्तदा ११ उपावृत्तेषुपार्थेषुसर्वास्वेववधूषुच ॥ ययौराजामहाप्राज्ञोधृतराष्ट्रोवनंतदा १२ पांडवाश्चातिदीनास्तेदुःखशोकपरायणाः ॥ यानैःस्त्रीसहिताःसर्वे
पुरंप्रविविशुस्तदा १३ तदहृष्टमनानंदंगतोत्सवमिवाभवत् ॥ नगरंहास्तिनपुरंसस्त्रीवृद्धकुमारकम् १४ सर्वेचासन्निरुत्साहाःपांडवाजातमन्यवः ॥ कुंत्याहीनाःसु
दुःखार्तावत्साइवविनाकृताः १५ धृतराष्ट्रस्तुतेनाह्नागत्वासुमहदंतरम् ॥ ततोभागीरथीतीरेनिवासमकरोत्प्रभुः १६ प्रादुष्कृतायथान्यायमग्नयोवेदपारगैः ॥ व्यरा
जंतद्विजश्रेष्ठैस्तत्रतत्रतपोवने १७ प्रादुष्कृताग्निरभवत्सचवृद्धोनराधिपः ॥ सराजाऽग्नीन्पर्युपास्यहुत्वाचविधिवत्तदा १८ संध्यागतंसहस्रांशुमुपातिष्ठतभारत ॥
विदुरःसंजयश्चैवराज्ञःशय्यांकुशैस्ततः १९ चक्रतुःकुरुवीरस्यगांधार्याश्चाविदूरतः ॥ गांधार्याःसन्निकर्षेतुनिषसादकुशेसुखम् २० युधिष्ठिरस्यजननीकुंतीसाधुव्रते
स्थिता ॥ तेषांसंश्रवणेचापिनिषेदुर्विदुरादयः २१ याजकाश्चयथोद्देशंद्विजायेचानुयायिनः ॥ प्राधीतद्विजमुख्यासासंप्रज्वलितपावका २२ बभूवतेषांरजनीब्रा
ह्मीवप्रीतिवर्धिनी ॥ ततोरात्र्यांव्यतीतायांकृतपूर्वाह्णिकक्रियाः २३ हुत्वाग्निंविधिवत्सर्वेप्रययुस्तेयथाक्रमम् ॥ उदङ्मुखानिरीक्षंतउपवासपरायणाः २४ सते
षामतिदुःखोऽभून्निवासःप्रथमेऽहनि ॥ शोचतांशोचमानानांपौरजानपदैर्जनैः २५ ॥ इतिश्रीमहाभारतेआश्रमवासिकेपर्वणिआश्रमवासपर्वणिअष्टादशोऽध्यायः
॥ १८ ॥ ॥ वैशंपायनउवाच ॥ ततोभागीरथीतीरेमेध्येपुण्यजनोचिते ॥ निवासमकरोद्राजाविदुरस्यमतेस्थितः १ तत्रैनंपर्युपातिष्ठन्ब्राह्मणावनवासिनः ॥
क्षत्रविट्शूद्रसंघाश्चबहवोभरतर्षभ २ सतैःपरिवृतोराजाकथाभिःपरिनंद्यतान् ॥ अनुजज्ञेसशिष्यान्वैविधिवत्प्रतिपूज्यच ३ सायाह्नेसमहीपालस्ततोगंगामुपेत्य
च ॥ चकारविधिवच्छौचंगांधारीचयशस्विनी ४ तेनैवान्येपृथक्सर्वेतीर्थेष्वाप्लुत्यभारत ॥ चक्रुःसर्वाःक्रियास्तत्रपुरुषाविदुरादयः ५ कृतशौचंततोवृद्धंश्वशुरंकुं
तिभोजजा ॥ गांधारींचपृथाराजन्गंगातीरमुपानयत् ६ राज्ञस्तुयाजकैस्तत्रकृतोवेदीपरिस्तरः ॥ जुहावतत्रवह्निंसनृपतिःसत्यसंगरः ७ ततोभागीरथीतीरात्कु
रुक्षेत्रंजगामसः ॥ सानुगोनृपतिर्वृद्धोनियतःसंयतेंद्रियः ८ तत्राश्रमपदंधीमानभिगम्यसपार्थिवः ॥ आससादाथराजर्षिंशतयूपंमनीषिणम् ९ सहिराजामहा
नासीत्केकयेषुपरंतपः ॥ स्वपुत्रंमनुजैश्वर्येनिवेश्यवनमाविशत् १० तेनासौसहितोराजाययौव्यासाश्रमंप्रति ॥ तत्रैनंविधिवद्राजाप्रत्यगृह्णात्कुरूद्वहः ११

ततइति १।२।३।४।५।६।७।८।९।१०।११ ॥ ॥ ॥ ॥

॥ इति आश्रमवासिके नीलकंठीये भारतभावदीपे एकोनविंशोऽध्यायः ॥ १९ ॥

सदीक्षांतत्रसंप्राप्यराजाकौरवनन्दनः ॥ शतयूपाश्रमेतस्मिन्निवासमकरोत्तदा १२ तस्मैवैविधिराङ्गेराजाऽऽचर्ख्यौमहामतिः ॥ आरण्यकंमहाराजव्यासस्या नुमतेतदा १३ एवंसतपसाराजन्धृतराष्ट्रोमहामनाः ॥ योजयामासचात्मानांश्चाप्यनुचरांस्तदा १४ तथैवदेवीगांधारीवल्कलाजिनधारिणी ॥ कुंत्यासहम हाराजसमानव्रतचारिणी १५ कर्मणामनसावाचाचक्षुषाचैवतेनृप ॥ सन्नियम्येंद्रियग्रामास्थितेपरमतपः १६ त्वगस्थिभूतःपरिशुष्कमांसोजटाजिनीवल्क लसंवृतांगः ॥ सपार्थिवस्तत्रतपश्चारमहर्षिवत्तीव्रमपेतमोहः १७ क्षत्ताधर्मार्थविद्यबुद्धिःसंजयस्तंनृपतिंसदारम् ॥ उपाचरद्बोरतपोजितात्माताः शोवल्कलचीरवासाः १८ ॥ इतिश्रीमहाभारतेआश्रमवासिकेपर्वणिआश्रम०शतयूपाश्रमनिवासेएकोनविंशोऽध्यायः ॥ १९ ॥ वैशंपायनउवाच ॥ ततस्तत्र मुनिश्रेष्ठाराजानंद्रष्टुमभ्ययुः ॥ नारदःपर्वतश्चैवदेवलश्चमहातपाः १ द्वैपायनःसशिष्यश्चसिद्धाश्चान्येमनीषिणः २ शतयूपश्वराजर्षिवृद्धःपरमधार्मिकः २ ते षांकुंतीमहाराजपूजांचक्रेयथाविधि ॥ तेचापितुतुषुस्तस्यास्तापसाःपरिचर्यया ३ तत्रधर्म्याःकथास्तातचक्रुस्तेपरमर्षयः ॥ रमयंतोमहात्मानंधृतराष्ट्रंजना धिपम् ४ कथांतरेतुकस्मिंश्चिद्देवर्षिर्नारदस्ततः ॥ कथामिमामकथयत्सर्वंप्रत्यक्षदर्शिवान् ५ ॥ नारदउवाच ॥ केकयाधिपतिःश्रीमान्राजाऽऽसीत्कुतोभयः ॥ सहस्रचित्यइत्युक्तःशतयूपपिताहमः ६ सपुत्रेराज्यमास्थाप्यज्येष्ठेपरमधार्मिके ॥ सहस्रचित्योधर्मात्मापविवेशवनन्नृपः ७ सगत्वातपसःपारंदीप्तस्यवसुधाधि पः ॥ पुरंदरस्यसंस्थानंप्रतिपेदेमहाद्युतिः ८ दृष्टपूर्वःसबहुशोराजन्संपततामया ॥ महेंद्रसदनेराजातपसादग्धकिल्बिषः ९ तथाशैलयोराजाभगदत्तपिताम हः ॥ तपोबलेनैवनृपोमहेंद्रसदनंगतः १० तथाऽष्टघोराजाऽऽसीद्राजन्वज्रधरोपमः ॥ सचापितपसालेभेनाकपृष्ठमितोगतः ११ अस्मिन्नरण्येनृपतेमांधातुर पिचात्मजः ॥ पुरुकुत्सोनृपःसिद्धिंमहर्तीमिसमवाप्तवान् १२ भार्यासमभवद्रस्यनर्मदासरितांवरा ॥ सोऽस्मिन्नरण्येनृपतिस्तपस्तप्त्वादिवंगतः १३ शशलो माचराजासीद्राजन्परमधार्मिकः ॥ सम्यगस्मिन्वनेत्वात्वतोदिवमवाप्तवान् १४ द्वैपायनप्रसादाच्चत्वमपीदंतपोवनम् ॥ राजन्नवाप्यदुष्प्रापांगतिमिद्यांग मिष्यसि १५ त्वंचापिराजशार्दूलतपोऽन्तेश्रियावृतः ॥ गांधारीसहितोगंतागतिंतेषांमहात्मनाम् १६ पांडुःस्मरतिनित्यंबलहेतुःसमीपगः ॥ त्वांसदै वमहाराजश्रेयसास्वयंयोक्ष्यति १७ तवशुश्रूषयाचैवगांधार्याश्चभयश्विनी ॥ भर्तुःसलोकतामेषागमिष्यतिवधूस्तव १८ युधिष्ठिरस्यजननीसहिधर्मःसनातनः ॥ वयमेतत्प्रपश्यामोनृपतेदिव्यचक्षुषा १९ प्रवेक्ष्यतिमहात्मानंविदुरोयुधिष्ठिरम् ॥ संजयस्तदनुध्यानादितःस्वर्गंवाप्स्यति २० ॥ वैशंपायनउवाच ॥ एतच्छ्रुत्वाकौरवेन्द्रोमहात्मासाधेपत्न्याप्रीतिमान्संबभूव ॥ विद्वान्वाक्यंनारदस्यप्रशस्यचक्रेपूजांचातुलांनारदाय २१

२२ । २३ । २४ । २५ । २६ । २७ । २८ । २९ । ३० । ३१ । ३२ । ३३ ऋषिपुत्रोव्यासपुत्रः ३४।३५।३६।३७।३८ ॥ इति आश्रमवासिकेपर्वणिनीलकंठीयेभारतभावदीपेविंशोऽध्यायः ॥ २० ॥

ततःसर्वेनारदंविप्रसंघाःसंपूजयामासुरतीवराजन् ॥ राज्ञःप्रीत्याधृतराष्ट्रस्यतेवैपुनःपुनःसंप्रहृष्टास्तदानीम् २२ ॥ वैशंपायनउवाच ॥ नारदस्यतुतद्वाक्यं
शशंसुर्द्विजसत्तमाः ॥ शतयूपस्तुराजर्षिर्नारदंवाक्यमब्रवीत् २३ अहोभगवताश्रद्धाकुरुराजस्यवर्धिता ॥ सर्वस्यचजनस्यास्यममचैवमहाद्युते २४ अस्ति
काचिद्विवक्षातुतांमेनिगदतःशृणु ॥ धृतराष्ट्रंप्रतिनृपंदेवर्षेलोकपूजित २५ सर्ववृत्तांततत्त्वज्ञोभवान्दिव्येनचक्षुषा ॥ युक्तःपश्यसिविप्रर्षेगतिर्याविविधान्नृ
णाम् २६ उक्तवान्नृपतीनांत्वंमहेन्द्रस्यसलोकताम् ॥ नत्वस्यनृपतेर्लोकाःकथितास्तेमहामुने २७ स्थानमप्यस्यनृपतेःश्रोतुमिच्छाम्यहंविभो ॥ त्वत्तःकीदृक्क
दाचेतितन्ममाख्याहितत्त्वतः २८ इत्युक्तोनारदस्तेनवाक्यंसर्वमनोनुगम् ॥ व्याजहारसभामध्येदिव्यदर्शीमहातपाः २९ ॥ नारदउवाच ॥ यदृच्छयाश
क्रसदोगत्वाशक्रंशचीपतिम् ॥ दृष्टवानस्मिराजर्षेतत्रपांडुंनराधिपम् ३० तत्रेयंधृतराष्ट्रस्यकथासमभवन्नृप ॥ तपसोदुष्करस्यास्ययदयंतपतेनृपः ३१ त
त्राहमिदमश्रौषंशक्रस्यवदतःस्वयम् ॥ वर्षाणित्रीणिशिष्टानिराज्ञोस्यपरमायुषः ३२ ततःकुबेरभवनंगांधारीसहितोनृपः ॥ प्रयाताधृतराष्ट्रोऽयंराजराजाभिस
त्कृतः ३३ कामगेनविमानेनदिव्याभरणभूषितः ॥ ऋषिपुत्रोमहाभागस्तपसादग्धकिल्बिषः ३४ संचरिष्यतिलोकांश्चदेवगंधर्वरक्षसाम् ॥ स्वच्छंदेनेतिध
र्मात्मायन्मांत्वमनुपृच्छसि ३५ देवगुह्यमिदंप्रीत्यामयावःकथितंमहत् ॥ भवंतोहिश्रुतधनास्तपसादग्धकिल्बिषाः ३६ ॥ वैशंपायनउवाच ॥ इतितेतस्य
तच्छ्रुत्वादेवर्षेर्मधुरंवचः ॥ सर्वेसुमनसःप्रीताबभूवुःसचपार्थिवः ३७ एवंकथाभिरन्वास्यधृतराष्ट्रंमनीषिणः ॥ विप्रजग्मुर्यथाकामंतेसिद्धगतिमास्थिताः ३८
॥ इतिश्रीमहाभारतेआश्रमवासिकेपर्वणिआश्रमवासपर्वणिनारदवाक्येविंशोऽध्यायः ॥२० ॥ ॥ वैशंपायनउवाच ॥ वनंगतेकौरवेन्द्रेदुःखशोकसमन्विताः ॥
बभूवुःपांडवाराजन्मातृशोकेनचान्विताः १ तथापौरजनःसर्वःशोचन्नास्तेजनाधिपम् ॥ कुर्वाणाश्चकथास्तत्रब्राह्मणानृपतिंप्रति २ कथंनुराजावृद्धःसवनेव
सतिनिर्जने ॥ गांधारीचमहाभागासाचकुंतीपृथाकथम् ३ सुखार्हःसहिराजर्षिरसुखीतद्वनंमहत् ॥ किमवस्थःसमासाद्यप्रज्ञाचक्षुर्हतात्मजः ४ सुदुष्करंकृ
तवतीकुंतीपुत्रानपश्यती ॥ राज्यश्रियंपरित्यज्यवनंसासमरोचयत् ५ विदुरःकिमवस्थश्चभ्रातुःशुश्रूषुरात्मवान् ॥ सचगावल्गणिर्धीमान्भर्तृपिंडानुपालकः
६ आकुमारंचपौरास्तेचिंताशोकसमाहताः ॥ तत्रतत्रकथाश्चक्रुःसमासाद्यपरस्परम् ७ पांडवाश्चैवतेसर्वेभृशंशोकपरायणाः ॥ शोचंतोमातरंवृद्धामूषुर्नाति
चिरंपुरे ८ तथैववृद्धंपितरंहतपुत्रंजनेश्वरम् ॥ गांधारींचमहाभागांविदुरंचमहामतिम् ९ नैषांबभूवसंप्रीतिस्तान्विचिंतयतांतदा ॥ नराज्येनचनारीषुनवे
दाध्ययनेषुच १० परंनिर्वेदमगमंश्चिंतयंतोनराधिपम् ॥ तंचज्ञातिवधंघोरंसंस्मरंतःपुनःपुनः ११ ॥ ॥ ॥

वनमिति १ । २ । ३ । ४ । ५ । ६ । ७ । ८ । ९ । १० । ११ ॥ ॥ ॥ ॥

१२ । १३ । १४ । १५।१६ ॥ इतिआश्रमवासपर्वणिनीलकंठीये भारतभावदीपे एकविंशतितमोऽध्यायः ॥ २१ ॥ ॥ ॥ एवमिति १ । २ । ३ । ४ । ५ । ६ । ७ । ८ । ९

॥ ११ ॥ अभिमन्योश्चबालस्यविनाशंरणमूर्धनि ॥ कर्णस्यचमहाबाहोसंग्रामेष्वपलायिनः १२ तथैवद्रौपदेयानामन्येषांसुहृदामपि ॥ बधंसंस्मृत्यतेवीरानातिप्रमन अ०
सोऽभवन् १३ हतप्रवीरांपृथिवींहतरत्नांचभारत ॥ सदैवचिंतयंतस्तेनशर्मचोपलेभिरे १४ द्रौपदीहतपुत्राचसुभद्राचैवभाविनी ॥ नातिप्रीतियुतेदेव्यौत
दास्तामप्रहृष्टवत् १५ वैराटयास्तनयंदृष्ट्वापितरंतेपरिक्षितम् ॥ धारयंतिस्मतेप्राणांस्तत्रपूर्वपितामहाः १६ ॥ इतिश्रीमहाभारतेआश्रमवासि० आश्रमवा० ॥२२॥
एकविंशतितमोऽध्यायः ॥ २१ ॥ ॥ वैशंपायनउवाच ॥ एवंतेपुरुषव्याघ्राःपांडवामातृनंदनाः ॥ स्मरंतोमातरंवीराबभूवुर्भृशदुःखिताः १ येराजकार्येषु
पुराव्यासक्तानित्यशोऽभवन् ॥ तेराजकार्याणितदानाकार्षुःसर्वतःपुरे २ प्रविष्टाइवशोकेननाभ्यनंदंतकिंचन ॥ संभाष्यमाणाअपितेनकिंचित्प्रत्यपूजयन् ३
तेस्मवीरादुराधर्षागांभीर्येसागरोपमाः ॥ शोकोपहतविज्ञानानष्टसंज्ञाइवाभवन् ४ अचिंतयंश्चजननींततस्तेपांडुनंदनाः ॥ कथंनुवृद्धमिथुनंवहत्यतिकृशा
पृथा ५ कथंचसमहीपालोहतपुत्रोनिराश्रयः ॥ पत्न्यासहवसत्येकोवनेश्वापदसेविते ६ साचदेवीमहाभागागांधारीहतबांधवा ॥ पतिमंधंकथंवृद्धमन्वेतिविज
नेवने ७ एवंतेषांकथयतामौत्सुक्यमभवत्तदा ॥ गमनेचाभवद्बुद्धिर्धृतराष्ट्रदिदृक्षया ८ सहदेवस्तुराजानंप्रणिपत्येदमब्रवीत् ॥ अहोमेभवतोदृष्टंहृदयंगमनं
प्रति ९ नहित्वांगौरवेणाहमशकंवक्तुमंजसा ॥ गमनंप्रतिराजेन्द्रतदिदंसमुपस्थितम् १० दिष्ट्याद्रक्ष्यामितांकुंतींवर्तयंतींतपस्विनीम् ॥ जटिलांतापसींवृद्धां
कुशकाशपरिक्षताम् ११ प्रासादहर्म्यसंवृद्धामत्यंतसुखभागिनीम् ॥ कदातुजननींश्रांतांद्रक्ष्यामिभृशदुःखिताम् १२ अनित्याःखलुमर्त्यानांगतयोभरतर्षभ ॥
कुंतीराजसुतायत्रवसत्यसुखितावने १३ सहदेववचःश्रुत्वाद्रौपदीयोषितांवरा ॥ उवाचदेवीराजानमभिपूज्याभिनंद्यच १४ कदाद्रक्ष्यामितांदेवींयदिजीवति
सापृथा ॥ जीवंत्याह्यद्यमेप्रीतिर्भविष्यतिजनाधिप १५ एषातेऽस्तुमतिर्नित्यंधर्मेतेरमतांमनः ॥ योऽद्यत्वमस्मान्राजेन्द्रश्रेयसायोजयिष्यसि १६ अग्रपाद
स्थितंचेमंविद्धिराजन्वधूजनम् ॥ कांक्षंतंदर्शनंकुंत्यागांधार्याःश्वशुरस्यच १७ इत्युक्तःसनृपोदेव्याद्रौपद्याभरतर्षभ ॥ सेनाध्यक्षान्समानाय्यसर्वानिदमुवा
चह १८ निर्यातयतमेसेनांप्रभूतरथकुंजराम् ॥ द्रक्ष्यामिवनसंस्थंचधृतराष्ट्रंमहीपतिम् १९ स्त्र्यध्यक्षांश्चाब्रवीद्राजायानानिविविधानिमे ॥ सज्जीक्रियंतांस
र्वाणिशिबिकाश्चसहस्रशः २० शकटापणवेशाश्चकोशःशिल्पिनएवच ॥ निर्यातुकोषपालाश्चकुरुक्षेत्राश्रमंप्रति २१ यश्चपौरजनःकश्चिद्द्रष्टुमिच्छतिपार्थिवम् ॥
अनावृतःसुविहितःसचयातुसुरक्षितः २२ सूदाःपौरोगवाश्चैवसर्वेचैवमहानसम् ॥ विविधंभक्ष्यभोज्यंचशकटैरुह्यतांमम २३ ॥ ॥ ॥ ११ ॥

१० । ११ । १२ ।१३।१४ । १५ । १६ अग्रपादस्थितंप्रयाणार्थंपुरस्कृतेनैवपादेनस्थितंअत्यंतमुत्सुकमित्यर्थः १७ । १८ । १९ । २० । २१ । २२ । २३

प्रयाणंघुष्यतांचैवंश्वोभूतइतिमाचिरम् ॥ क्रियतांपथिचाप्यद्यवेश्मानिविविधानिच २४ एवमाज्ञाप्यराजासभ्रातृभिःसहपांडवः ॥ श्वोभूतेनिर्ययौराजनूसस्त्री वृद्धपुरःसरः २५ सबहिर्दिवसानेवजनौघंपरिपालयन् ॥ न्यवसन्नृपतिःपंचततोऽगच्छद्वनंप्रति २६ ॥ इतिश्रीमहाभारतेआश्रमवासिके० आश्रमवासपर्वणियुधिष्ठिरयात्रायांद्वाविंशोऽध्यायः ॥ २२ ॥ ॥ ॥ ॥ वैशंपायनउवाच ॥ आज्ञापयामासततःसेनांभरतसत्तमः ॥ अर्जुनप्रमुखैर्गुप्तांलोकपालोपमैर्नरैः १ योगोयोगइतिप्रीत्याततःशब्दोमहानभूत् ॥ क्रोशतांसादिनांतत्रयुज्यतांयुज्यतामिति २ केचिद्यानैर्नराजग्मुःकेचिदश्वैर्महाजवैः ॥ कांचनैश्चरथैःकेचिज्ज्वलितज्वलनोपमैः ३ गजेन्द्रैश्चतथैवान्येकेचिदुष्ट्रैर्नराधिप ॥ पदातिनस्तथैवान्येनखरप्रासयोधिनः ४ पौरजानपदाश्चैवयानैर्बहुविधैस्तथा ॥ अन्वयुःकुरुराजानंधृतराष्ट्रंदिदृक्षवः ५ सचापिराजवचनादाचार्योगौतमःकृपः ॥ सेनामादायसेनानीःप्रययावाश्रमंप्रति ६ ततोद्विजैःपरिवृतःकुरुराजोयुधिष्ठिरः ॥ संस्तूयमानोबहुभिःसूतमागधबंदिभिः ७ पांडुरेणातपत्रेणध्रियमाणेनमूर्धनि ॥ रथानीकेनमहतानिर्जगामकुरूद्वहः ८ गजैश्चाचलसंकाशैर्भीमकर्मावृकोदरः ॥ सज्जयंत्रायुधोपेतैःप्रययौपवनात्मजः ९ माद्रीपुत्रावपितथाहयारोहौसुसंवृत्तौ ॥ जग्मतुःशीघ्रगमनौसन्नद्धकवचध्वजौ १० अर्जुनश्चमहातेजारथेनादित्यवर्चसा ॥ वशीश्वेतैर्हयैर्युक्तैर्दिव्येनान्वगमन्नृपम् ११ द्रौपदीप्रमुखाश्चापिस्त्रीसंघाःशिबिकायुताः ॥ स्त्र्यध्यक्षगुप्ताःप्रययुर्विसृजंतोऽमितंवसु १२ समृद्धरथहस्त्यश्वंवेणुवीणानुनादितम् ॥ शुशुभेपांडवंसैन्यंतत्तदाभरतर्षभ १३ नदीतीरेषुरम्येषुसरःसुचविशांपते ॥ वासान्कृत्वाक्रमेणाथजग्मुस्तेकुरुपुंगवाः १४ युयुत्सुश्चमहातेजाधौम्यश्चैवपुरोहितः ॥ युधिष्ठिरस्यवचनात्पुरगुप्तिंप्रचक्रतुः १५ ततोयुधिष्ठिरोराजाकुरुक्षेत्रमवातरत् ॥ क्रमेणोत्तीर्ययमुनांनदींपरमपावनीम् १६ सददर्शाश्रमंदूराद्राजर्षेस्तस्यधीमतः ॥ शतयूपस्यकौरव्यधृतराष्ट्रस्यचैवह १७ ततःप्रमुदितःसर्वोजनस्तद्वनमंजसा ॥ विवेशसुमहानादैरापूर्यभरतर्षभ १८ ॥ ॥ इतिश्रीमहाभारतेआश्रमवासिकेपर्वणिआश्रमवासपर्वणिधृतराष्ट्राश्रमगमनेत्रयोविंशोऽध्यायः ॥ २३ ॥ वैशंपायनउवाच ॥ ततस्तेपांडवादूरादवतीर्यपदातयः ॥ अभिजग्मुर्नरपतेराश्रमंविनयानताः १ सचयोधजनःसर्वोयेचराष्ट्रनिवासिनः ॥ स्त्रियश्चकुरुमुख्यानांपद्भिरेवान्वयुस्तदा २ आश्रमंतेततोजग्मुर्धृतराष्ट्रस्यपांडवाः ॥ शून्यंमृगगणाकीर्णंकदलीवनशोभितम् ३ ततस्तत्रसमाजग्मुस्तापसानियतव्रताः ॥ पांडवानागतान्द्रष्टुंकौतूहलसमन्विताः ४ तानपृच्छत्ततोराजाक्वासौकौरववंशभृत् ॥ पिताज्येष्ठोगतोऽस्माकमितिबाष्पपरिप्लुतः ५ तेतमूचुस्ततोवाक्यंयमुनामवगाहितुम् ॥ पुष्पाणामुदकुंभस्यचार्थेगतइतिप्रभो ६

६ । ७ । ८ । ९ । १० । ११ । १२ । १३ । १४ । १५ । १६ । १७ । १८ ॥ इतिआश्रमवासपर्वणिनीलकंठीयेभारतभावदीपेत्रयोविंशोऽध्यायः ॥ २३ ॥ ततइति १ । २ । ३ । ४ । ५ । ६

॥ ७ । ८ । ९ । १० । ११ । १२ । १३ । १४ । १५ । १६ । १७ । १८ । १९ । २० ॥ इतिआश्रमवा० नीलकंठीयेभारतभावदीपेचतुर्विंशोऽध्यायः ॥ २४ ॥ ॥ ॥ सतैरिति १ । २ ॥

तैराख्यातेनमार्गेणततस्तेजग्मुरंजसा ॥ ददृशुश्चाविदूरेतान्सर्वानथपदातयः ७ ततस्तेसत्वराजग्मुःपितुर्दर्शनकांक्षिणः ॥ सहदेवस्तुवेगेनप्राधावद्यत्रसापृथा ८
सुस्वरंरुरुदेधीमान्मातुःपादावुपस्पृशन् ॥ साचबाष्पाकुलमुखीददर्शदयितंसुतम् ९ बाहुभ्यांसंपरिष्वज्यसमुन्नाम्यचपुत्रकम् ॥ गांधार्याःकथयामाससहदेव
मुपस्थितम् १० अनंतरंचराजानंभीमसेनमथार्जुनम् ॥ नकुलंचपृथादृष्ट्वात्वरमाणोपचक्रमे ११ साह्यग्रेगच्छतितयोर्दंपत्योर्हतपुत्रयोः ॥ कर्षंतीतौततस्ते
तांदृष्ट्वासन्यपतन्भुवि १२ राजातान्स्वरयोगेनस्पर्शेनचमहामनाः ॥ प्रत्यभिज्ञायमेधावीसमाश्वासयतप्रभुः १३ ततस्तेबाष्पमुत्सृज्यगांधारीसहितंनृपम् ॥
उपतस्थुर्महात्मानोमातरंचयथाविधि १४ सर्वेषांतोयकलशाञ्जगृहुस्तेस्वयंतदा ॥ पांडवालब्धसंज्ञास्तेमात्राचाश्वासिताःपुनः १५ तथानार्योनृसिंहानांसोऽ
वरोधजनस्तदा ॥ पौरजानपदाश्चैवददृशुस्तंजनाधिपम् १६ निवेदयामासतदाजनंतन्नामगोत्रतः ॥ युधिष्ठिरोनरपतिःसचैनंप्रत्यपूजयत् १७ सतैःपरिवृतो
मेनेहर्षबाष्पाविलेक्षणः ॥ राजाऽऽत्मानंगृहगतंपुरेवगजसाह्वये १८ अभिवादितोवधूभिश्चकृष्णाद्याभिःसपार्थिवः ॥ गांधार्यासहितोधीमान्कुंत्याचप्रत्यनंदत
१९ ततश्चाश्रममागच्छत्सिद्धचारणसेवितम् ॥ दिदृक्षुभिःसमाकीर्णंनभस्तारागणैरिव २० ॥ इतिश्रीमहाभारतेआश्रमवासि० आश्रमवा० युधिष्ठिरादिधृतराष्ट्र
समागमेचतुर्विंशोऽध्यायः ॥ २४ ॥ ॥ वैशंपायनउवाच ॥ सतैःसहनरव्याघ्रैर्भ्रातृभिर्भरतर्षभ ॥ राजारुचिरपद्माक्षैरासांचक्रेतदाऽऽश्रमे १ तापसै
श्चमहाभागैर्नानादेशसमागतैः ॥ द्रष्टुंकुरुपतेःपुत्रान्पांडवान्पृथुवक्षसः २ तेऽब्रुवन्ज्ञातुमिच्छामःकतमोऽत्रयुधिष्ठिरः ॥ भीमार्जुनौयमौचैवद्रौपदीचयशस्विनी
३ तानाचख्यौतदासूतःसर्वांस्तानभिनामतः ॥ संजयोद्रौपदींचैवसर्वाश्चान्याःकुरुस्त्रियः ४ ॥ संजयउवाच ॥ यएषजांबूनदशुद्धगौरतनुर्महासिंहइवप्रवृद्धः
॥ प्रचंडघोणःपृथुदीर्घनेत्रस्ताम्रायताक्षःकुरुराजएषः ५ अयंपुनर्मत्तगजेन्द्रगामीप्रतप्तचामीकरशुद्धगौरः ॥ पृथ्वायतांसःपृथुदीर्घबाहुर्वृकोदरःपश्यत
पश्यतेमम् ६ यस्त्वेषपार्श्वेऽस्यमहाधनुष्मान्श्यामोयुवावारणयूथपाभः ॥ सिंहोन्नतांसोगजखेलगामीपद्मायताक्षोऽर्जुनएषवीरः ७ कुंतीसमीपेपुरुषोत्तमौतु
यमाविमौविष्णुमहेंद्रकल्पौ ॥ मनुष्यलोकेसकलेसमोऽस्तिययोर्नरूपेनबलेनशीले ८ इयंपुनःपद्मदलायताक्षीमध्यंवयःकिंचिदिवस्पृशंती ॥ नीलोत्पलाभासुर
देवतेवकृष्णास्थितामूर्तिमतीवलक्ष्मीः ९ अस्यास्तुपार्श्वेकनकोत्तमाभायैषाप्रभामूर्तिमतीवसौमी ॥ मध्येस्थितासाभगिनीद्विजाग्र्याश्चक्रायुधस्याप्रतिमस्यतस्य
१० इयंचजांबूनदशुद्धगौरीपार्थस्यभार्याभुजगेन्द्रकन्या ॥ चित्रांगदाचैवनरेन्द्रकन्यायैषासवर्णाऽऽर्द्रमधूकपुष्पैः ११ इयंस्वसाराजचमूपतेश्चप्रवृद्धनीलोत्पलदाम
वर्णा ॥ पस्पर्धकृष्णेनसदानृपोयोवृकोदरस्यैषपरिग्रहोऽग्र्यः १२ ॥ ॥ ॥ ॥

३ । ४ । ५ । ६ । ७ । ८ । ९ । १० सवर्णासमानजातीयापांड्यकन्याआर्द्रमधूकपुष्पैरुपलक्षिता ११ यःकृष्णेनपस्पर्द्धेतस्यशाल्यस्य परिग्रहोभार्या १२ ॥ ॥

१३ आमक्षमहीतलेसमीपभूमौ १४ । १५ सीमंतमात्रेणउपलक्षितानत्वलंकारादिनावाहशाःशिरोरुहाःकेशायासांताःसीमंतशिरोरुहाः अमीमंतेतिपाठोयुक्तः १६ ब्राह्मण्येत्यादिपादः संबोधनंपरि

इयंचराज्ञोमगधाधिपस्यसुताजरासंधइतिश्रुतस्य ॥ यवीयसोमाद्रवतीसुतस्यभार्यामताचंपकदामगौरी १३ इंदीवरश्यामतनुःस्थितातुयैषाऽपरासन्नमहीतले
च ॥ भार्यामतामाद्रवतीसुतस्यज्येष्ठस्यसेयंकमलायताक्षी १४ इयंतुनिष्टप्तसुवर्णगौरीराज्ञोविराटस्यसुतासपुत्रा ॥ भार्याभिमन्योर्निहतोरणेयोद्रोणादिभि
स्तैर्विरथोरथस्थैः १५ एतास्तुसीमंतशिरोरुहायाःशुक्लोत्तरीयानरराजपत्न्यः ॥ राज्ञोऽस्यवृद्धस्यपरंशताख्याःस्नुषाननृवीराहतपुत्रनाथाः १६ एतायथामु
ख्यमुदाहृतावोब्राह्मण्यभावादजुबुद्धिसत्वाः ॥ सर्वाभवद्भिःपरिपृच्छ्यमानानरेन्द्रपत्न्यःसुविशुद्धसत्वाः १७ ॥ वैशंपायनउवाच ॥ एवंसराजाकुरुवृद्धवर्यः
समागतस्तैर्नरदेवपुत्रैः ॥ पप्रच्छसर्वंकुशलंतदानींगतेषुसर्वेष्वथतापसेषु १८ योधेषुवाऽप्याश्रममंडलंतंमुक्त्वानिविष्टेषुविमुच्यपत्रम् ॥ स्त्रीवृद्धबालेचसुसंनि
विष्टेयथार्हतस्तान्कुशलान्यपृच्छत् १९ ॥ इतिश्रीमहाभारतेआश्रमवासिकेपर्वणिआश्रमवासपर्वणिऋषीन्प्रतियुधिष्ठिरादिकथनेपंचविंशोऽध्यायः ॥ २५ ॥
॥ धृतराष्ट्रउवाच ॥ युधिष्ठिरमहाबाहोकच्चित्त्वंकुशलीह्यसि ॥ सहितोभ्रातृभिःसर्वैःपौरजानपदैस्तथा १ येचत्वामनुजीवंतिकच्चित्तेऽपिनिरामयाः ॥ सचिवाभृ
त्यवर्गाश्चगुरवश्चैवतेनृप २ कच्चित्तेऽपिनिरातंकावसंतिविषयेतव ॥ कच्चिद्वर्तसिपौराणींवृत्तिंराजर्षिसेविताम् ३ कच्चिन्न्यायाननुच्छिद्यकोशस्तेऽभिप्रपूर्यते ॥
अरिमध्यस्थमित्रेषुवर्तसेचानुरूपतः ४ ब्राह्मणानग्रहारैर्वायथावदनुपश्यसि ॥ कच्चित्तेपरितुष्यंतिशीलेनभरतर्षभ ५ शत्रवोऽपिकुतःपौराभृत्यावास्वजनोऽ
पिवा ॥ कच्चिद्यजसिराजेन्द्रश्रद्धावान्पितृदेवताः ६ अतिथीनन्नपानेनकच्चिदर्चसिभारत ॥ कच्चिन्नयपथेविप्राःस्वकर्मनिरतास्तव ७ क्षत्रियावैश्यवर्गावा
शूद्रावाऽपिकुटुंबिनः ॥ कच्चित्स्त्रीबालवृद्धंतेनशोचतिनयाचते ८ जामयःपूजिताःकच्चित्तवगेहेनरर्षभ ॥ कच्चिद्राजर्षिवंशोऽयंत्वामासाद्यमहीपतिम् ९ यथो
चितंमहाराजयशसानावसीदति ॥ वैशंपायनउवाच ॥ इत्येवंवादिनंतंसन्यायवित्प्रत्यभाषत १० कुशलप्रश्नसंयुक्तंकुशलोवाक्यकर्मणि ॥ युधिष्ठिरउवाच ॥
कच्चित्तेवर्धतेराजंस्तपोदमशमश्चते ११ अपिमेजननीचेयंशुश्रूषुर्विगतक्लमा ॥ अथास्याःसफलोराजन्वनवासोभविष्यति १२ इयंचमाताज्येष्ठामेशीतवाताध्व
कर्शिता ॥ घोरेणतपसायुक्तादेवीकच्चिन्नशोचति १३ हतान्पुत्रान्महावीर्यान्क्षत्रधर्मपरायणान् ॥ नापध्यायतिवाकच्चिदस्मान्पापकृतःसदा १४ क्वचासौविदु
रोराजन्नेमंपश्यामहेवयम् ॥ संजयःकुशलीचायंकच्चिन्नुतपसिस्थिरः १५ ॥ वैशंपायनउवाच ॥ इत्युक्तःप्रत्युवाचेदंधृतराष्ट्रोजनाधिपम् ॥ कुशलीविदुरःपुत्र
तपोघोरंसमाश्रितः १६ वायुभक्षोनिराहारःकृशोधमनिसंततः ॥ कदाचिद्दृश्यतेविप्रैःशून्येऽस्मिन्काननेक्वचित् १७ ॥ ॥

पृच्छ्यमानाः कथयतोमत्तोवेदितव्याइतिशेषः १७ । १८ पत्रंवाहनम् १९ ॥ इतिआश्रमवासिकेप०नीलकंठीयेभारतभावदीपेपंचविंशोऽध्यायः ॥ २५ ॥ ॥ ॥ युधिष्ठिरेति १ । २
३ । ४ । ५ । ६ । ७ । ८ जामयः सौभाग्यवत्यः ९ । १० । ११ । १२ । १३ । १४ । १५ । १६ । १७ ॥ ॥ ॥

वीटापाषाणकवलः १८ । १९ । २० । २१ । २२ । २३ विदुरस्यश्रवेविदुरेगृण्वतिसति राजाधृतराष्ट्रस्तंयुधिष्ठिरंप्रत्यभ्यपूजयत्स्तुतवान् (राजायुधिष्ठिरःतंविदुरमितिवा) २४ ततःसइति दृष्टिंदृष्ट्यापवनंपवनेनचसंयोज्यतत्रैवस्वयंमंकृत्वास्वशरीरात्प्राणेंद्रियाणिनिष्कास्यतदीयप्राणैरिंद्रियैश्चसहएकत्वंप्राप्यस्वशरीरंत्यक्तवान् । यथाघटांतरस्थंजलंघटांतरेसिच्यतेतद्वदिदंद्रष्टव्यं । प्राणसं

इत्येवंब्रुवतस्तस्यजटीवीटामुखःकृशः ॥ दिग्वासामलदिग्धांगोवनरेणुसमुक्षितः १८ दूरादालक्षितःक्षत्तातत्राख्यातोमहीपतेः ॥ निवर्तमानःसहसाराजन्दृष्ट्वा
ऽश्रमंप्रति १९ तमन्वधावन्नृपतिरेकएवयुधिष्ठिरः ॥ प्रविशंतंवनंघोरंलक्ष्यालक्ष्यंक्वचित्क्वचित् २० भोभोविदुरराजाऽहंदयितस्तेयुधिष्ठिरः ॥ इतिब्रुवन्नरपतिस्तं
यत्नादभ्यधावत २१ ततोविविक्तएकांतेतस्थौबुद्धिमतांवरः ॥ विदुरोवृक्षमाश्रित्यकंचित्तत्रवनांतरे २२ तंराजाक्षीणभूयिष्ठमाकृतीमात्रसूचितम् ॥ अभिजज्ञे
महाबुद्धिंमहाबुद्धिर्युधिष्ठिरः २३ युधिष्ठिरोऽहमस्मीतिवाक्यमुक्त्वाऽग्रतःस्थितः ॥ विदुरस्यश्रवेराजातंचप्रत्यभ्यपूजयत् २४ ततःसोऽनिमिषोभूत्वाराजानंतमु
दैक्षत ॥ संयोज्यविदुरस्तस्मिन्दृष्टिंदृष्ट्यासमाहितः २५ विवेशविदुरोधीमान्गात्रैर्गात्राणिचैवह ॥ प्राणान्प्राणेषुचदधदिंद्रियाणींद्रियेषुच २६ सयोगबलमा
स्थायविवेशनृपतेस्तनुम् ॥ विदुरोधर्मराजस्यतेजसाप्रज्वलन्निव २७ विदुरस्यशरीरंतुतथैवस्तब्धलोचनम् ॥ वृक्षाश्रितंतदाराजाददर्शगतचेतनम् २८ बल
वंतंतथाऽऽत्मानंमेनेबहुगुणंतदा ॥ धर्मराजोमहातेजास्तच्चसस्मारपांडवः २९ पौराणमात्मनःसर्वंविद्यावान्सविशांपते ॥ योगधर्मंमहातेजाव्यासेनकथितंयथा ३०
धर्मराजश्चतत्रैवसंचस्कारयिषुस्तदा ॥ दग्धुकामोऽभवद्विद्वानथवागभ्यभाषत ३१ भोभोराजन्नदग्धव्यमेतद्विदुरसंज्ञकम् ॥ कलेवरमिहैवंतेधर्मएषसनातनः ३२
लोकाःसांतानिकानामभविष्यंत्यस्यभारत ॥ यतिधर्ममवाप्तोऽसौनैषशोच्यःपरंतप ३३ इत्युक्तोधर्मराजःसविनिवृत्त्यततःपुनः ॥ राज्ञोवैचित्रवीर्यस्यतत्सर्वंप्रत्य
वेदयत् ३४ ततःसराजाद्युतिमान्सचसर्वोजनस्तदा ॥ भीमसेनादयश्चैवपरंविस्मयमागताः ३५ तच्छ्रुत्वाप्रीतिमान्राजाभूत्वाधर्मजमब्रवीत् ॥ आपोमूलंफलंचैव
ममेदंप्रतिगृह्यताम् ३६ यदर्थोहिनरोराजंस्तदर्थोऽस्यातिथिःस्मृतः ॥ इत्युक्तःसतथेत्येवंप्राहधर्मात्मजोनृपम् ३७ फलंमूलंचबुभुजेराज्ञादत्तंसहानुजः ॥ ततस्ते
वृक्षमूलेषुकृतवासपरिग्रहाः ॥ तांरात्रिमवसन्सर्वेफलमूलजलाशनाः ३८ ॥ इतिश्रीमहाभारतेआश्र०आश्र०प०विदुरनिर्याणेषड्विंशोऽध्यायः ॥ २६ ॥ ॥
वैशंपायनउवाच ॥ ततस्तुराजन्नेतेषामाश्रमेपुण्यकर्मणाम् ॥ शिवानक्षत्रसंपन्नासाव्यतीयायशर्वरी १ ततस्तत्रकथाश्चासंस्तेषांधर्मार्थलक्षणाः ॥ विचित्रपदसंचारा ना
नाश्रुतिभिरन्विताः २ पांडवास्त्वभितोमातुर्धरण्यांसुषुपुस्तदा ॥ उत्सृज्यतुमहार्हाणिशयनानिनराधिप ३ यदाहारोभवद्राजाधृतराष्ट्रोमहामनाः ॥ तदाहारान्नृवीरा
स्तेन्यवसंस्तांनिशांतदा ४ व्यतीतायांतुशर्वर्यांकृतपौर्वाह्णिकक्रियः ॥ भ्रातृभिःसहितोराजाददर्शाश्रममंडलम् ५ ॥ ॥ ॥

धानेनैवेंद्रियाणांगात्राणांचसंधानंभवतिनतदर्थंपृथग्यत्नोऽपेक्षितः २५ । २६ । २७ । २८ तच्चस्वस्यविदुरस्यएकस्यैवधर्मस्यांशाज्जातत्वंसस्मार २९ योगधर्मंसस्मारेत्यनुषज्यते ३० संचस्कार
यिषुःसंस्कारंलंभयितुमिच्छुः ३१ । ३२ लोकाइति यतिधर्मोदाहाद्ययोग्यत्वं एतेनशूद्रयोनौजातानामपियतिधर्मोऽस्तीतिदर्शितम् ३३ । ३४ । ३५ । ३६ । ३७ । ३८ ॥ इतिआश्रमवासिके०
नीलकंठीयेभारतभावदीपेषड्विंशोऽध्यायः ॥ २६ ॥ ॥ ततइति १ । २ । ३ । ४ । ५ ॥ ॥ ॥ ॥

६ । ७ मुनिगणस्यमुनिगणेन तावैदिक्योलौकिक्यश्च ८ मृगयूथादिभिरलंकृतमाश्रमम् ९ । १० । ११ औदुंबरान्कलशान् १२ प्रवेणीःकुथाःप्रवेणीःस्त्रीकुथावेण्योः इतिमेदिनी १३ । १४ । १५

सांतःपुरपरीवारःसभृत्यःसपुरोहितः ॥ यथासुखंयथोद्देशंधृतराष्ट्राभ्यनुज्ञया ६ ददर्शतत्रवेदीश्चसंप्रज्वलितपावकाः ॥ कृताभिषेकैर्मुनिभिर्हुताग्निभिरुपस्थिताः ७ वानेयपुष्पनिकरैराज्यधूमोद्गमैरपि ॥ ब्राह्मेणवपुषायुक्तायुक्तामुनिगणस्यताः ८ मृगयूथैरनुद्विग्नैस्तत्रतत्रसमाश्रितैः ॥ अशंकितैःपक्षिगणैःप्रगीतैरिवचप्रभो ९ केकाभिर्नीलकंठानांदात्यूहानांचकूजितैः ॥ कोकिलानांकुहुरवैःसुखैःश्रुतिमनोहरैः १० प्राधीतद्विजघोषैश्चक्वचित्क्वचिदलंकृतम् ॥ फलमूलसमाहारैर्महद्भिश्चोपशोभितम् ११ ततःसराजाप्रददौतापसार्थमुपाहृतान् ॥ कलशान्कांचनान्राजंस्तथैवौदुंबरानपि १२ अजिनानिप्रवेणीश्चस्रुक्स्रुवंचमहीपतिः ॥ कमंडलूंश्चस्थालीश्चपिठराणिचभारत १३ भाजनानिचलौहानिपात्रीश्चविविधानृप ॥ यद्यदिच्छतियावच्चयच्चान्यदपिभाजनम् १४ एवंसराजाधर्मात्मापरीत्याश्रममंडलम् ॥ वसुविश्राण्यतत्सर्वंपुनरायान्महीपतिः १५ कृताह्निकंचराजानंधृतराष्ट्रंमहीपतिम् ॥ ददर्शासीनमव्यग्रंगांधारीसहितंतदा १६ मातरंचाविदूरस्थांशिष्यवत्प्रणतांस्थिताम् ॥ कुंतींददर्शधर्मात्माशिष्टाचारसमन्विताम् १७ सतमभ्यर्च्यराजानंनामसंश्राव्यचात्मनः ॥ निषीदेत्यभ्यनुज्ञातोबृस्यामुपविवेशह १८ भीमसेनादयश्चैवपांडवाभरतर्षभ ॥ अभिवाद्योपसंगृह्यनिषेदुःपार्थिवाज्ञया १९ सतैःपरिवृतोराजाशुशुभेऽतीवकौरवः ॥ बिभ्रद्ब्राह्मींश्रियंदीप्तांदेवैरिवबृहस्पतिः २० तथातेषूपविष्टेषुसमाजग्मुर्महर्षयः ॥ शतयूपप्रभृतयःकुरुक्षेत्रनिवासिनः २१ व्यासश्चभगवान्विप्रोदेवर्षिगणसेवितः ॥ वृतःशिष्यैर्महातेजादर्शयामासपार्थिवम् २२ ततःसराजाकौरव्यःकुंतीपुत्रश्चवीर्यवान् ॥ भीमसेनादयश्चैवप्रत्युत्थायाभ्यवादयन् २३ समागतस्ततोव्यासःशतयूपादिभिर्वृतः ॥ धृतराष्ट्रंमहीपालमास्यतामित्यभाषत २४ वरंतुविष्टरंकौश्यंकृष्णाजिनकुशोत्तरम् ॥ प्रतिपेदेतदाव्यासस्तदर्थमुपकल्पितम् २५ तेचसर्वेद्विजश्रेष्ठाविष्टरेषुसमंततः ॥ द्वैपायनाभ्यनुज्ञातानिषेदुर्विपुलौजसः २६ ॥ इतिश्रीमहाभारतेआश्रमवासिके० आश्रमवास० व्यासागमनेसप्तविंशोऽध्यायः ॥ २७ ॥ ॥ वैशंपायनउवाच ॥ ततःसमुपविष्टेषुपांडवेषुमहात्मसु ॥ व्यासःसत्यवतीपुत्रइदंवचनमब्रवीत् १ धृतराष्ट्रमहाबाहोकच्चित्तेवर्ततेतपः ॥ कच्चिन्मनस्तेप्रीणातिवनवासेनराधिप २ कच्चिद्धृदिनतेशोकोराजन्पुत्रविनाशजः ॥ कच्चिज्ज्ञानानिसर्वाणिसुप्रसन्नानितेऽनघ ३ कच्चिद्बुद्धिंदृढांकृत्वाचरस्यारण्यकंविधिम् ॥ कच्चिद्वधूश्चगांधारीनशोकेनाभिभूयते ४ महाप्रज्ञाबुद्धिमतीदेवीधर्मार्थदर्शिनी ॥ आगमापायतत्त्वज्ञाकच्चिदेषानशोचति ५ कच्चित्कुंतीचराजंस्त्वांशुश्रूषत्यनहंकृता ॥ यापरित्यज्यस्वंपुत्रंगुरुशुश्रूषणेरता ६ कच्चिद्धर्मसुतोराजात्वयाप्रत्यभिनंदितः ॥ भीमार्जुनयमाश्चैवकच्चिदेतेऽपिसांत्विताः ७ कच्चिन्नंदसिदृष्ट्वैतान्कच्चित्तेनिर्मलंमनः ॥ कच्चिच्चशुद्धभावोऽसिजातज्ञानोनराधिप ८ ॥

१६ । १७ । १८ । १९ । २० । २१ । २२ । २३ । २४ । २५ । २६ ॥ इतिआश्रमवासिकेपर्वणिनीलकंठीयेभारतभावदीपे सप्तविंशोऽध्यायः ॥ २७ ॥ ततःसमुपविष्टेष्विति ॥ १ । २ । ३ । ४ । ५ । ६ । ७ । ८

९ स्ववशेऽतिमुलभत्वंस्पष्टम् १० । ११ । १२ । १३ । १४ । १५ । १६ । १७ । १८ । १९ । २० । २१ । २२ । २३ । २४ । २५ ॥ इतिआश्रमवासिकेनीलकंठीयेभारतभावदीपेअष्टाविंशोऽ

॥ १४ ॥ एतद्धित्रितयंश्रेष्ठंसर्वभूतेषुभारत ॥ निर्वैरतामहाराजसत्यमक्रोधएवच ९ कच्चित्तेनचमोहोऽस्तिवनवासेनभारत ॥ स्ववशेवन्यमन्नंवाउपवासोऽपिवाभवेत् १० अ०
विदितंचापिराजेन्द्रविदुरस्यमहात्मनः ॥ गमनंविधिनाऽनेनधर्मस्यसुमहात्मनः ११ मांडव्यशापाद्धिसवैधर्मोविदुरतांगतः ॥ महाबुद्धिर्महायोगीमहात्मासुम ॥२९॥
हामनाः १२ बृहस्पतिर्वादेवेषुशुक्रोवाऽप्यसुरेषुच ॥ नतथाबुद्धिसंपन्नोयथासपुरुषर्षभः १३ तपोबलव्ययंकृत्वासुचिरात्संभृतंतदा ॥ मांडव्येनर्षिणाधर्मोह्य
भिभूतःसनातनः १४ नियोगाद्ब्रह्मणःपूर्वंमयास्वेनबलेनच ॥ वैचित्रवीर्यकेक्षेत्रेजातःससुमहामतिः १५ भ्रातातवमहाराजदेवदेवःसनातनः ॥ धारणान्मन
साध्यानाद्यंधर्मंकवयोविदुः १६ सत्येनसंवर्धयतियोदमेनशमेनच ॥ अहिंसयाचदानेनतप्यमानःसनातनः १७ येनयोगबलाज्जातःकुरुराजोयुधिष्ठिरः ॥ धर्म
इत्येषनृपतेप्राज्ञेनामितबुद्धिना १८ यथावह्निर्यथावायुर्यथापःपृथिवीयथा ॥ यथाऽऽकाशंतथाधर्मइहचामुत्रचास्थितः १९ सर्वगश्चैवराजेन्द्रसर्वंव्याप्यचराच
रम् ॥ दृश्यतेदेवदेवैःससिद्धैर्निर्मुक्तकल्मषैः २० योहिधर्मःसविदुरोविदुरोयःसपांडवः ॥ सएषराजन्दृश्यस्तेपांडवःप्रेष्यवत्स्थितः २१ प्रविष्टःसमहात्मानं
भ्रातातेबुद्धिसत्तमः ॥ दृष्ट्वामहात्माकौन्तेयंमहायोगबलान्वितः २२ त्वांचापिश्रेयसायोक्ष्येनचिराद्भरतर्षभ ॥ संशयच्छेदनार्थायप्राप्तंमांविद्धिपुत्रक २३ नकृ
तंयैःपुराकैश्चित्कर्मलोकेमहर्षिभिः ॥ आश्चर्यभूतंतपसःफलंतद्दर्शयामिवः २४ किमिच्छसिमहीपालमत्तःप्राप्तुमभीप्सितम् ॥ द्रष्टुंस्प्रष्टुमथश्रोतुंतत्कर्ताऽस्मि
तवानघ २५ ॥ इतिश्रीमहाभारतेआश्रमवासिकेपर्वणिआश्रमवासपर्वणिव्यासवाक्येअष्टाविंशोऽध्यायः ॥ २८ ॥ ॥ समाप्तंचाश्रमवासपर्व ॥ ॥ अथपुत्रद
र्शनपर्व ॥ ॥ जनमेजयउवाच ॥ वनवासंगतेविप्रधृतराष्ट्रेमहीपतौ ॥ सभार्येनृपशार्दूलवध्वाकुंत्यासमन्विते १ विदुरेचापिसंसिद्धेधर्मराजंव्यपाश्रिते ॥
वसत्सुपांडुपुत्रेषुसर्वेष्वाश्रममंडले २ यत्तदाश्चर्यमितिवैकरिष्यामीत्युवाचह ॥ व्यासःपरमतेजस्वीमहर्षिस्तद्वदस्वमे ३ वनवासेचकौरव्यःकियंतंकालमच्युतः ॥
युधिष्ठिरोनरपतिर्न्यवसत्सजनस्तदा ४ किमाहाराश्चतेतत्रससैन्यान्यवसन्प्रभो ॥ सांतःपुरामहात्मानइतितद्ब्रूहिमेऽनघ ५ ॥ वैशंपायनउवाच ॥ तेऽनुज्ञाता
स्तदाराजन्कुरुराजेनपांडवाः ॥ विविधान्यन्नपानानिविश्राम्यानुभवंतिते ६ मासमेकंविजन्हुस्तेससैन्यांतःपुरावने ॥ अथतत्रागमद्व्यासोयथोक्तंतेमयाऽनघ
७ तथाचतेषांसर्वेषांकथाभिर्नृपसन्निधौ ॥ व्यासमन्वास्यतांराजन्नाजग्मुर्मुनयोऽपरे ८ नारदःपर्वतश्चैवदेवलश्चमहातपाः ॥ विश्वावसुस्तुंबुरुश्चचित्रसेनश्चभार ॥ १४ ॥
त ९ तेषामपियथान्यायंपूजांचक्रेमहातपाः ॥ धृतराष्ट्राभ्यनुज्ञातःकुरुराजोयुधिष्ठिरः १० ॥ ॥ ॥

ध्यायः ॥ २८ ॥ ॥ ॥ वनवासमिति १ । २ । ३ । ४ । ५ विश्राम्यविश्रांतिंप्राप्य ६ । ७ । ८ । ९ । १० ॥ ॥

बर्हिणेषुपक्षिबर्हजवस्त्रिकामयेषु ११ । १२ । १३ । १४ । १५ । १६ । १७ । १८ । १० संज्ञया:मृतानांसत्वमस्तिनवा सत्वमपिपिंडादेर्षटीभूतस्येवपूर्वरूपमुपमृद्याद्युपमृद्यवा उपमर्देसोऽयंदशरथःस्वर्गस्थो

निषेदुस्तेततःसर्वेपूजांप्राप्ययुधिष्ठिरात् ॥ आसनेषुचपुण्येषुबर्हिणेषुवरेषुच ११ तेषुतत्रोपविष्टेषुसतुराजामहामतिः ॥ पांडुपुत्रैःपरिवृतोनिषसादकुरूद्वह १२
गांधारीचैवकुंतीचद्रौपदीसात्वतीतथा ॥ स्त्रियश्चान्यास्तथान्याभिःसहोपविविशुस्ततः १३ तेषांतत्रकथादिव्याधर्मिष्ठाश्चाभवन्नृप ॥ ऋषीणांचपुराणानांदेवा
सुरविमिश्रिताः १४ ततःकथांतेव्यासस्तंप्रज्ञाचक्षुषमीश्वरम् ॥ प्रोवाचवदतांश्रेष्ठःपुनरेवसतद्वचः १५ प्रीयमाणोमहातेजाःसर्ववेदविदांवरः ॥ विदितंमम
राजेंद्रयत्तेहृदिविवक्षितम् १६ दह्यमानस्यशोकेनतवपुत्रकृतेनवै ॥ गांधार्याश्चैवयद्दुःखंहृदितिष्ठतिनित्यदा १७ कुंत्याश्चयन्महाराजद्रौपद्याश्चहृदिस्थितम् ॥
यच्चधारयतेतीव्रंदुःखंपुत्रविनाशजम् १८ सुभद्राकृष्णभगिनीतच्चापिविदितंमम ॥ श्रुत्वासमागममिमंसर्वेषांवस्ततोनृप १९ संशयच्छेदनार्थायप्राप्तःकौरवनंदन ॥
इमेचदेवगंधर्वाःसर्वेचेममहर्षयः २० पश्यंतुतपसोवीर्यमद्यमेचिरसंभृतम् ॥ तदुच्यतांमहाप्राज्ञकंकामंप्रददामिते २१ प्रवणोऽस्मिवरंदातुंपश्यमेतपसःफलम् ॥
एवमुक्तःसराजेन्द्रोव्यासेनामितबुद्धिना २२ मुहूर्तमिवसंचिंत्यवचनायोपचक्रमे ॥ धन्योऽस्म्यनुगृहीतश्चसफलंजीवितंचमे २३ यन्मेसमागमोऽद्येहभवद्भिः
सहसाधुभिः ॥ अद्यचाप्यवगच्छामिगतिमिष्टामिहात्मनः २४ ब्रह्मकल्पैर्भवद्भिर्यत्समेतोऽहंतपोधनाः ॥ दर्शनादेवभवतांपूतोऽहंनात्रसंशयः २५ विद्यतेन
भयंचापिपरलोकान्ममानघाः ॥ किंतुतस्यसुदुर्बुद्धेर्मंदस्यापनयैर्भृशम् २६ दूयतेमेमनोनित्यंस्मरतःपुत्रगृद्धिनः ॥ अपापाःपांडवायेननिकृताःपापबुद्धिना २७
घातिताःपृथिवीयेनसहयाससनरद्विपा ॥ राजानश्चमहात्मानोनानाजनपदेश्वराः २८ आगम्यममपुत्रार्थेसर्वेमृत्युवशंगताः ॥ येतेपितॄंश्चदारांश्चप्राणांश्चमनसःप्रियान्
२९ परित्यज्यगताःशूराःप्रेतराजनिवेशनम् ॥ कानुतेषांगतिर्ब्रह्मन्मित्रार्थेयेहतामृधे ३० तथैवपुत्रपौत्राणांममयेनिहतायुधि ॥ दूयतेमेमनोऽभीक्ष्णंघातयि
त्वामहाबलम् ३१ भीष्मंशांतनवंवृद्धंद्रोणंचद्विजसत्तमम् ॥ ममपुत्रेणमूढेनपापेनाकृतबुद्धिना ३२ क्षयंनीतंकुलंदीप्तंपृथिवीराज्यमिच्छता ॥ एतत्सर्वमनु
स्मृत्यदह्यमानोदिवानिशम् ३३ नशांतिमधिगच्छामिदुःखशोकसमाहतः ॥ इतिमेचिंतयानस्यपितःशांतिर्नविद्यते ३४ ॥ वैशंपायनउवाच ॥ तच्छ्रुत्वा
विविधंतस्यराजर्षेःपरिदेवितम् ॥ पुनर्नवीकृतःशोकोगांधार्याजनमेजय ३५ कुंत्याद्रुपदपुत्र्याश्चसुभद्रायास्तथैवच ॥ तासांचवरनारीणांवधूनांकौरवस्यह ३६
पुत्रशोकसमाविष्टागांधारीत्विदमब्रवीत् ॥ श्वशुरंबद्धनयनादेवीप्रांजलिरुत्थिता ३७ षोडशेमानिवर्षाणिगतानिमुनिपुंगव ॥ अस्यराज्ञोहतान्पुत्रान्शोचतोन
शमोविभो ३८ पुत्रशोकसमाविष्टोनिःश्वसन्ह्येषभूमिपः ॥ नशेतेवसतीःसर्वाधृतराष्ट्रोमहामुने ३९ ॥ ॥

मर्मापनेतिमत्स्यभिज्ञानुपपत्तिः । अनुपमर्देभस्मीभावस्यप्रत्यक्षदर्शनंनोपपद्यतइत्यादयस्तेषांछेदनायेत्यर्थः २० । २१ । २२ । २३ ।२४।२५।२६ । २७ । २८।२९।३०।३१।३२।३३।३४।३५।३६।३७।३८।३९

॥ २९ ॥

४०।४१।४२ । ४३ । ४४ । ४५ । ४६ आरंभेणशोकोद्यमेनमामुपास्तेभार्याशतंरोदनंकुर्वन्मामेवपरितापयतिष्ठतीत्यर्थः 'आरंभउद्यमेदर्पेत्वरायांवधेऽपिच'इतिविश्वएवात्रग्राह्यः ४७ । ४८ । ४९

॥ ३० ॥

लोकानन्यान्समर्थोऽसिस्रष्टुंसर्वांस्तपोबलात् ॥ किमुलोकांतरगतान्राज्ञोदर्शयितुंसुतान् ४० इयंचद्रौपदीकृष्णाहतज्ञातिसुताभृशम् ॥ शोचत्यतीवसर्वासांस्नु
षाणांदयितास्नुषा ४१ तथाकृष्णस्यभगिनीसुभद्राभद्रभाषिणी ॥ सौभद्रवधसंतप्ताभृशंशोचतिभाविनी ४२ इयंचभूरिश्रवसोभार्यापरमसंमता ॥ भर्तृव्यस
नशोकार्ताभृशंशोचतिभाविनी ४३ यस्यास्तुश्वशुरोधीमान्बाह्लिकःसकुरूद्वहः ॥ निहतःसोमदत्तश्चपित्रासहमहारणे ४४ श्रीमतोऽस्यमहाबुद्धेःसंग्रामेष्वपला
यिनः ॥ पुत्रस्यतेपुत्रशतंनिहतंयद्रणाजिरे ४५ तस्यभार्याशतमिदंदुःखशोकसमाहतम् ॥ पुनःपुनर्वर्धयानंशोकंराज्ञोममैवच ४६ तेनारंभेणमहतामामुपास्ते
महामुने ॥ येचशूरामहात्मानःश्वशुरामेमहारथाः ४७ सोमदत्तप्रभृतयःकानुतेषांगतिःप्रभो ॥ तवप्रसादाद्भगवन्विशोकोऽयंमहीपतिः ४८ यथास्याद्भविता
चाहंकुंतीचेयंवधूस्तव ॥ इत्युक्तवत्यांगांधार्यांकुंतीव्रतकृशानना ४९ प्रच्छन्नजातंपुत्रंतंसस्मारादित्यसन्निभम् ॥ तामृषिर्वरदोव्यासोदूरश्रवणदर्शनः ५० अप
श्यद्दुःखितांदेवींमातरंसव्यसाचिनः ॥ तामुवाचततोव्यासोयत्तेकार्यंविवक्षितम् ५१ तद्ब्रूहित्वंमहाभागेयत्तेमनसिवर्तते ॥ श्वशुरायततःकुंतीप्रणम्यशिरसातदा
॥ उवाचवाक्यंसव्रीडाविवृण्वानापुरातनम् ५२ ॥ ॥ इतिश्रीमहाभारतेआश्रमवासिकेपर्वणि पुत्रदर्शनपर्वणि धृतराष्ट्रादिकृतप्रार्थने एकोनत्रिंशोऽध्यायः ॥ २९
॥ ॥ कुंत्युवाच ॥ भगवन्श्वशुरोमेऽसिदैवतस्यापिदैवतम् ॥ समेदेवातिदेवस्त्वंशृणुसत्यांगिरंमम १ तपस्वीकोपनोविप्रोदुर्वासानाममेपितुः ॥ भिक्षा
मुपागतोभोक्तुंतमहंपर्यतोषयम् २ शौचेनत्वागसस्त्यागैःशुद्धेनमनसातथा ॥ कोपस्थानेष्वपिमहत्स्वकुप्यन्नकदाचन ३ सप्रीतोवरदोमेऽभूत्कृतकृत्योमहामुनिः ॥
अवश्यंतेगृहीतव्यमितिमांसोऽब्रवीद्वचः ४ ततःशापभयाद्विप्रमवोचंपुनरेवतम् ॥ एवमस्त्वितिचप्राहपुनरेवसमेद्विजः ५ धर्मस्यजननीभद्रेभवित्रीत्वंशुभा
नने ॥ वशेस्थास्यंतितेदेवायांस्त्वमावाहयिष्यसि ६ इत्युक्त्वाऽन्तर्हितोविप्रस्ततोऽहंविस्मिताऽभवम् ॥ नचसर्वास्ववस्थासुस्मृतिर्मेविप्रणश्यति ७ अथह
र्म्यतलस्थाऽहंरविमुद्यंतमीक्षती ॥ संस्मृत्यतदृषेर्वाक्यंस्पृहयंतीदिवानिशम् ८ स्थिताऽहंबालभावेनतत्रदोषमबुध्यती ॥ अथदेवःसहस्रांशुर्मत्समीपगतोऽभ
वत् ९ द्विधाकृत्वाऽऽत्मनोदेहंभूमौचगमनेऽपिच ॥ ततापलोकानेकेनद्वितीयेनागमत्समाम् १० समामुवाचवेपंतींवरंमत्तोवृणीष्वह ॥ गम्यतामितितंचाहंप्र
णम्यशिरसाऽवदम् ११ समामुवाचतिग्मांशुर्वृथाऽऽह्वानंनमेक्षमम् ॥ धक्ष्यामित्वांचविप्रंचयेनदत्तोवरस्तव १२ तमहंरक्षतीविप्रंशापादनपकारिणम् ॥ पुत्रो
मेत्वत्समोदेवभवेदितिततोऽब्रुवम् १३ ततोमांतेजसाऽविश्यमोहयित्वाचभानुमान् ॥ उवाचभवितापुत्रस्तवेत्यभ्यगमद्दिवम् १४ ॥ ॥

५० । ५१ । ५२ । ५३ ॥ इतिआश्रमवासिकेप०नीलकंठीयेभारतभावदीपेएकोनत्रिंशोऽध्यायः ॥ २९ ॥ भगवन्निति १ । २ आगसस्त्यागैरपराधत्यागैः ३।४।५।६।७।८।९।१०।११। १२ । १३ । १४

१५ । १६ । १७ । १८ । १९ । २० । २१ संघर्षेणरत्या २२ । २३ । २४ ॥ इतिआश्र०नी०भा०त्रिंशत्तमोऽध्यायः ॥ ३० ॥ भद्रेद्रक्ष्यसीति १ । २ । ३ । ४ । ५ । ६ । ७ । ८ । ९

ततोऽहमंतर्भवनेपितुर्वृत्तांतरक्षिणी ॥ गूढोत्पन्नंसुतंबालंजलेकर्णमवासृजम् १५ नूनंतस्यैवदेवस्यप्रसादात्पुनरेवतु ॥ कन्याऽहमभवंविप्रयथाप्राहसमामृषिः
१६ समयामूढयापुत्रोज्ञायमानोऽप्युपेक्षितः ॥ तन्मांदहतिविप्रर्षेयथासुविदितंतव १७ यदिपापमपापंवायदेतद्विवृतंमया ॥ तंद्रष्टुमिच्छामिभगवन्व्यपने
तुंत्वमर्हसि १८ यच्चास्यराज्ञोविदितंहृदिस्थंभवतोऽनघ ॥ तंचायंलभतांकाममद्यैवमुनिसत्तम १९ इत्युक्तःप्रत्युवाचेदंव्यासोवेदविदांवरः ॥ साधुसर्वमिदं
भाव्यमेवमेतद्यथाऽऽत्थमाम् २० अपराधश्चतेनास्तिकन्याभावंगताह्यसि ॥ देवाश्चैश्वर्यवंतोवैशरीराण्याविशंतिवै २१ संतिदेवनिकायाश्चसंकल्पाज्जनयंतिये ॥
वाचादृष्ट्यातथास्पर्शात्संघर्षेणेतिपंचधा २२ मनुष्यधर्मोदैवेनधर्मेणहिनदुष्यति ॥ इतिकुंतिविजानीहिव्येतुतेमानसोज्वरः २३ सर्वंबलवतांपथ्यंसर्वंबलवतांशु
चि ॥ सर्वंबलवतांधर्मःसर्वंबलवतांस्वकम् २४ ॥ इतिश्रीमहाभारतेआश्रमवासिकेपर्वणिव्यासकुंतीसंवादेत्रिंशत्तमोऽध्यायः ॥ ३० ॥ ॥ व्यासउवाच ॥
भद्रेद्रक्ष्यसिगांधारिपुत्रान्भ्रातॄन्सखींस्तथा ॥ वधूश्चपतिभिःसार्धंनिशिसुप्तोत्थिताइव १ कर्णंद्रक्ष्यतिकुंतीचसौभद्रंचापियादवी ॥ द्रौपदीपंचपुत्रांश्चपितॄ
न्भ्रातॄंस्तथैवच २ पूर्वमेवैषहृदयेव्यवसायोऽभवन्मम ॥ यदाऽस्मिचोदितोराज्ञाभवत्यापृथयैवच ३ नतेशोच्यामहात्मानःसर्वएवनरर्षभाः ॥ क्षत्रधर्मपराः
संतस्तथाहिनिधनंगताः ४ भवितव्यमवश्यंतत्सुरकार्यमनिंदिते ॥ अवतेरुस्ततःसर्वेदेवभागामहीतलम् ५ गंधर्वाप्सरसश्चैवपिशाचागुह्यराक्षसाः ॥ तथा
पुण्यजनाश्चैवसिद्धादेवर्षयोऽपिच ६ देवाश्चदानवाश्चैवतथादेवर्षयोऽमलाः ॥ तएतेनिधनंप्राप्ताःकुरुक्षेत्रेरणाजिरे ७ गंधर्वराजोयोधीमान्धृतराष्ट्रइतिश्रुतः ॥
सएवमानुषेलोकेधृतराष्ट्रःपतिस्तव ८ पांडुंमरुद्गणाद्विद्धिविशिष्टतमगच्युतम् ॥ धर्मस्यांशोऽभवत्क्षत्ताराजाचैवयुधिष्ठिरः ९ कलिंदुर्योधनंविद्धिशकुनिंद्वा
परंतथा ॥ दुःशासनादीन्विद्धित्वंराक्षसाञ्शुभदर्शने १० मरुद्गणाद्भीमसेनंबलवंतमरिंदमम् ॥ विद्धित्वंतुनरमृषिमिमंपार्थंधनंजयम् ११ नारायणंहृषीके
शमश्विनौयमजौतथा ॥ यःसवैपार्थाद्भुद्भूतःसंहर्षजननस्तथा १२ यश्चपाण्डवदायादोहतःषड्भिर्महारथैः ॥ ससोमइहसौभद्रोयोगादेवाभवद्द्विधा १३ द्विधा
कृत्वाऽऽत्मनोदेहमादित्यंतपतांवरम् ॥ लोकांश्चतापयानंवैविद्धिकर्णंचशोभने १४ द्रौपद्यासहसंभूतंधृष्टद्युम्नंचपावकात् ॥ अग्नेर्भागंशुभंविद्धिराक्षसंतुशिखंडि
नम् १५ द्रोणंबृहस्पतेर्भागंविद्धिद्रौणिंचरुद्रजम् ॥ भीष्मंचविद्धिगांगेयंवसुंमानुषतांगतम् १६ एवमेतेमहाप्रज्ञेदेवामानुष्यमेत्यहि ॥ ततःपुनर्गताःस्व
६ र्गंकृतेकर्मणिशोभने १७ यच्चवैहृदिसर्वेषांदुःखमेतच्चिरंस्थितम् ॥ तदद्यव्यपनेष्यामिपरलोककृताद्भयात् १८ ॥ ॥

१९ । २० । २१ । २२ । २३ । २४ । २५ ॥ इतिआश्रमवा-नी०भारतभा०एकत्रिंशोऽध्यायः ॥ ३१ ॥ ॥ ॥ ॥ ततोनिशायामित्यस्मिन्नध्यायद्वयेमृतानांपुनर्दर्शनमुक्तं तेनते
षांसत्वमस्तीतिस्पष्टमुक्तं । अतोमृतानांसत्वमस्तिनवेतिसंशयःपरास्तः । अथभस्मीभूतानांकथंप्रत्यक्षेणदर्शनं । स्वप्नवदितिचेद्व्यासस्यैन्द्रजालिकत्वापत्त्यासंशयोच्छेदकत्वानुपपत्तिः । अथदेवताभा
वंगतानांतेषांपुनर्भीष्मादिभावेनयोगबलादभिव्यक्तिर्भवति । तर्हिभस्मीभूतस्यदेहस्यपुनरुदयायोगात्तत्सदृशैर्देहांतरैरुपेतानामेवतेषांदर्शनमितिवाच्यं । तथापिदेहांतरेममायंभर्तेतिबुद्धिमतीनांस्त्रीणांभ्रां
तिरेव । पूर्वदेहनाशस्यदृढतरस्मरणात् । अस्मरणेपुनःस्वप्नतुल्यतेतितुल्यं । अत्रब्रूमः हार्दविद्यांप्रकृत्यश्रूयते 'तइमेसत्याःकामाअनृतापिधानाः'इति । तस्माद्दहराकाशंप्रकृत्यएतत्सत्यंब्रह्मपुर
मस्मिन्सर्वेकामाःसमाहिताइति । तथायोयोह्यस्येतःप्रैतिनतमिहदर्शनायोपलभतेइत्युपक्रम्ययेचास्येहजीवायेचप्रेतायच्चान्यदिच्छन्नलभतेसर्वंतदत्रगत्वाविंदतइत्यादि । सत्यंब्रह्मपुरंहृदंबरमित्यर्थः समस्तः

सर्वेभवंतोगच्छंतुनदींभागीरथींप्रति ॥ तत्रद्रक्ष्यथतान्सर्वान्येहताऽस्मिन्रणाजिरे १९ ॥ वैशंपायनउवाच ॥ इतिव्यासस्यवचनंश्रुत्वासर्वोजनस्तदा ॥ महतासिंह
नादेनगंगामभिमुखोययौ२० धृतराष्ट्रश्चसामात्यःप्रययौसहपांडवैः ॥ सहितोमुनिशार्दूलैर्गन्धर्वैश्चसमागतैः २१ ततोगंगांसमासाद्यक्रमेणसजनार्णवः ॥ निवासम
करोत्सर्वोयथाप्रीतियथासुखम् २२ राजाचपांडवैःसार्धमिष्टेदेशेसहानुगः ॥ निवासमकरोद्धीमान्सस्त्रीवृद्धपुरःसरः २३ जगामतदहश्चापितेषांवर्षशतंयथा ॥
निशांप्रतीक्षमाणानांदिदृक्षूणांमृतान्नृपान् २४ अथपुण्यंगिरिवरमस्तमभ्यगमद्रविः ॥ ततःकृताभिषेकास्तेनैशंकर्मसमाचरन् २५ ॥ इतिश्रीमहाभारतेआश्रम
वासि० पुत्रदर्शनप० गंगातीरगमनेएकत्रिंशोऽध्यायः ॥ ३१ ॥ ॥ वैशंपायनउवाच ॥ ततोनिशायांप्राप्तायांकृतसायाह्निकक्रियाः ॥ व्यासमभ्यगमन्सर्वेयेतत्रा
सन्समागताः १ धृतराष्ट्रस्तुधर्मात्मापांडवैःसहितस्तदा ॥ शुचिरेकमनासार्धमृषिभिस्तैरुपाविशत् २ गांधार्यासहनार्यस्तुसहिताःसमुपाविशन् ॥ पौर
जानपदश्चापिजनःसर्वोयथावयः ३ ततोव्यासोमहातेजाःपुण्यंभागीरथीजलम् ॥ अवगाह्यजुहावाथसर्वाँल्लोकान्महामुनिः ४ पांडवानांचयेयोधाःकौरवाणांचस
वेशः ॥ राजानश्चमहाभागानानादेशनिवासिनः ५ ततःसुतुमुलःशब्दोजलांतेजनमेजय ॥ प्रादुरासीद्यथापूर्वंकुरुपांडवसेनयोः ६ ततस्तेपार्थिवाःसर्वेभीष्मद्रोणपु
रोगमाः ॥ ससैन्याःसलिलात्तस्मात्समुत्तस्थुःसहस्रशः ७ विराटद्रुपदौचैवसहपुत्रौससैनिकौ ॥ द्रौपदेयाश्चसौभद्रोराक्षसश्चघटोत्कचः ८ कर्णदुर्योधनौचै
वशकुनिश्चमहारथः ॥ दुःशासनादयश्चैवधार्तराष्ट्रामहाबलाः ९ जारासंधिर्भगदत्तोजलसंधश्चवीर्यवान् ॥ भूरिश्रवाःशलःशल्योवृषसेनश्चसानुजः १० लक्ष्मणो
राजपुत्रश्चधृष्टद्युम्नस्यचात्मजाः ॥ शिखंडिपुत्राःसर्वेचधृष्टकेतुश्चसानुजः ११ अचलोवृषकश्चैवराक्षसश्चाप्यलायुधः ॥ बाह्लिकःसोमदत्तश्चचेकितानश्चपार्थिवः १२

सदासन्नेवास्त्यतएवतत्रमुनयःपश्यंत्यतीतादिकं । मिथ्याब्रह्मपुरंशरीरममुनासत्यपुरंछादितंसर्पेणस्रगिवेत्यमुष्यविलयेसत्यंपुरंप्रकाशते । तस्मादविद्याप्रत्युपस्थापितमपारमार्थिकंजैवंरूपंकर्तृभोक्तृरागद्वेषा
द्यनेकानर्थकलुषितंतद्विपरीतमपहतपाप्मत्वादिविशिष्टंपारमेश्वरंरूपंविद्ययाप्रतिपद्यतेसर्पादिविलयनेरज्ज्वादिवदितिभाष्याच्च । ब्राह्मलौकिकाएवसत्याभीष्मादयोऽनृतैर्जन्मादिभिर्भावविकारैराविर्भूयतिरो
भूताःसंतोमहर्षिविद्ययाविर्भूयरूप्यादिभिश्चयाथात्म्येनगृहीताःसंतस्ताभिःसहरेमिरेइतियुक्तमुत्पश्यामः । विशेषस्त्वस्मत्कृतेवेदांतकतकेदहराधिकरणेद्रष्टव्यः अक्षरार्थस्तुस्पष्टएव १ । २ । ३ । ४
५ । ६ । ७ । ८ । ९ । १० । ११ । १२ ॥ ॥ ॥ ॥

१३। १४। १५। १६। १७। १८। १९। २०। २१। ॥ इतिआश्रमवासिकेपर्वणिनीलकंठीयेभारतभावदीपे द्वात्रिंशोऽध्यायः ॥ ३२ ॥ ततइति १। २। ३। ४।५। ६। ७। ८। ९। १०। ११।

एतेचान्येचबहवोबहुत्वाद्येनकीर्तिताः ॥ सर्वेभासुरदेहास्तेसमुत्तस्थुर्जलात्ततः १३ यस्यवीरस्ययोवेषोयोध्वजोयच्चवाहनम् ॥ तेनतेनव्यदृश्यंतसमुपेतान
राधिपाः १४ दिव्यांबरधराःसर्वेसर्वेभ्राजिष्णुकुंडलाः ॥ निर्वैरानिरहंकाराविगतक्रोधमत्सराः १५ गंधर्वैरुपगीयंतःस्तूयमानाश्चबंदिभिः ॥ दिव्यमाल्यांबर
धरावृताश्चाप्सरसांगणैः १६ धृतराष्ट्रस्यचतदादिव्यंचक्षुर्नराधिप ॥ मुनिःसत्यवतीपुत्रःप्रीतःप्रादात्तपोबलात् १७ दिव्यज्ञानबलोपेतागांधारीचयशस्विनी ॥
ददर्शपुत्रांस्तान्सर्वान्येचान्येऽपिमृधेहताः १८ तदद्भुतमचिंत्यंचसुमहल्लोमहर्षणम् ॥ विस्मितःसजनःसर्वोददर्शानिमिषेक्षणः १९ तदुत्सवमहोदग्रंहृष्टनारी
नराकुलम् ॥ आश्चर्यभूतंददृशेचित्रंपटगतंयथा २० धृतराष्ट्रस्तुतान्सर्वान्पश्यन्दिव्येनचक्षुषा ॥ मुमुदेभरतश्रेष्ठप्रसादात्तस्यवैमुनेः २१ ॥ इतिश्रीमहा
भारतेआश्रमवासि० पुत्रदर्शनपर्वणि भीष्मादिदर्शनेद्वात्रिंशोऽध्यायः ॥ ३२ ॥ ॥ वैशंपायनउवाच ॥ ततस्तेपुरुषश्रेष्ठाःसमाजग्मुःपरस्परम् ॥ विगत
क्रोधमात्सर्याःसर्वेविगतकल्मषाः १ विधिंपरममास्थायब्रह्मर्षिविहितंशुभम् ॥ संहृष्टमनसःसर्वेदेवलोकइवामराः २ पुत्रःपित्राचमात्राचभार्याश्चपतिभिःसह ॥
भ्रात्राभ्रातासखाचैवसख्याराजन्समागताः ३ पांडवास्तुमहेष्वासंकर्णंसौभद्रमेवच ॥ संप्रहर्षात्समाजग्मुर्द्रौपदेयांश्चसर्वशः ४ ततस्तेप्रीयमाणावैकर्णेनसहपां
डवाः ॥ समेत्यपृथिवीपालसौहृद्येचस्थिताऽभवन् ५ परस्परंसमागम्ययोधास्तेभरतर्षभ ॥ मुनेःप्रसादात्तेह्येवंक्षत्रियानष्टमन्यवः ६ असौहृदंपरित्यज्यसौहृ
देपर्यवस्थिताः ॥ एवंसमागताःसर्वेगुरुभिर्बांधवैःसह ७ पुत्रैश्चपुरुषव्याघ्राःकुरवोऽन्येचपार्थिवाः ॥ तांरात्रिमखिलामेवंविहृत्यप्रीतमानसाः ८ मेनिरेपरितो
षेणनृपाःस्वर्गसदोयथा ॥ नात्रशोकोभयंत्रासोनारतिर्नायशोऽभवत् ९ परस्परंसमागम्ययोधानांभरतर्षभ ॥ समागतास्ताःपितृभिर्भ्रातृभिःपतिभिःसुतैः १०
मुदंपरमिकांप्राप्यनार्योदुःखमथात्यजन् ॥ एकांरात्रिंविहृत्यैवतेवीरास्ताश्चयोषितः ११ आमंत्र्यान्योन्यमाश्लिष्यततोजग्मुर्यथागतम् ॥ ततोविसर्जयामासलो
कांस्तान्मुनिपुंगवः १२ क्षणेनांतर्हिताश्चैवप्रेक्षतामेवतेऽभवन् ॥ अवगाह्यमहात्मानःपुण्यांभागीरथींनदीम् १३ सरथाःसध्वजाश्चैवस्वानिवेश्मानिभेजिरे ॥
देवलोकंययुःकेचित्केचिद्ब्रह्मसदस्तथा १४ केचिच्चवारुणंलोकंकेचित्कौबेरमाप्नुवन् ॥ ततोवैवस्वतंलोकंकेचिच्चैवाप्नुवन्नृपाः १५ राक्षसानांपिशाचानांकेचिच्चा
प्युत्तरान्कुरून् ॥ विचित्रगतयःसर्वेयानवाप्यामरैःसह १६ आजग्मुस्तेमहात्मानःसवाहाःसपदानुगाः ॥ गतेषुतेषुसर्वेषुसलिलस्थोमहामुनिः १७ धर्मशीलो
महातेजाःकुरूणांहितकृत्तथा ॥ ततःप्रोवाचताःसर्वाःक्षत्रियानिहतेश्वराः १८ यायाःपतिकृतान्लोकानिच्छंतिपरमस्त्रियः ॥ ताजाह्नवीजलंक्षिप्रमवगाहंत्वतं
द्रिताः १९ ततस्तस्यवचःश्रुत्वाश्रद्दधानावरांगनाः ॥ श्वशुरंसमनुज्ञाप्यविविशुर्जाह्नवीजलम् २० ॥ ॥ ॥

१२। १३। १४। १५। १६। १७। १८। १९। २० ॥ ॥ ॥

२१ । २२ । २३ । २४ । २५ । २६ । २७ । २८ । २९ । ३० । ३१ ॥ इतिआश्रमवा०नीलकंठीयेभारतभाव०त्रयस्त्रिंशोऽध्यायः ॥ ३३ ॥ पूर्वाध्यायद्वयोक्तमेवार्थंप्रश्नोत्तराभ्यांनिरूपयतिएतच्छ्रुत्वेत्यादिना १ कथंनुत्यक्ताभस्मीभूतायेदेहास्तेषांतद्रूपेणैवपूर्वरूपेणैवदर्शनंकथमित्यर्थः २ । ३ अवीतियुग्मं सर्वेषांदेवासुरमनुष्याणांकर्माणिकुर्वतांकर्मणांभोगमंतरेणकदाचिदपिविप्रणाशोनास्ति । यथास्वप्नेशुभाशुभैःकर्मभिःशुभमशुभंवास्वाप्नंदेहंप्राप्यतद्द्वाराकर्मफलंसुखदुःखादिकंभुक्त्वाकर्मोपरतौसत्यांतंदेहंसंहरति । जाग्रद्देहस्तुतदानीमविकृतएवतिष्ठति । एवंकर्मजेषुमानुषादिदेहेषुनश्यत्स्वपिहार्दाकाशस्थाःपित्रादिदेहाअविनष्टाएवसंति । 'अतएवाथयइहात्मानमनुविद्यव्रजंत्येतांश्चसत्यान्कामांस्तेषांसर्वेषुलोकेषुकामचारोभवति सयदिपितृलोककामोभवतिसंकल्पादेवास्यपितरःसमुत्तिष्ठंतितेनपितृलोकेनसंपन्नोमहीयते'इतिश्रुतिःसत्यानांपित्रादीनामुत्थानंदर्शयति ४ तदेतदाह महाभूतानीति । भूतानांप्राणिनामधिपतेरीश्वरस्यसंश्रयान्महाभूतान्यस्मदादिशरीरापेक्षयाऽ

विमुक्तामानुषैर्देहैस्ततस्ताभर्तृभिःसह ॥ समाजग्मुस्तदासाध्व्यःसर्वाएवविशांपते २१ एवंक्रमेणसर्वास्ताःशीलवत्यःपतिव्रताः ॥ प्रविश्यक्षत्रियामुक्ताजग्मुर्भर्तृसलोकताम् २२ दिव्यरूपसमायुक्तादिव्याभरणभूषिताः ॥ दिव्यमाल्यांबरधरायथाऽऽसांपतयस्तथा २३ ताःशीलगुणसंपन्नाविमानस्थागतक्लमाः ॥ सर्वाःसर्वगुणोपेताःस्वस्थानंप्रतिपेदिरे २४ यस्ययस्यतुयःकामस्तस्मिन्कालेबभूवह ॥ तंतंविसृष्टवान्व्यासोवरदोधर्मवत्सलः २५ तच्छुत्वानरदेवानांपुनरागमनंनराः ॥ जहृषुर्मुदिताश्चासन्नानादेशगताअपि २६ प्रियैःसमागमंतेषांयःसम्यक्शृणुयान्नरः ॥ प्रियाणिलभतेनित्यमिहचप्रेत्यचैवसः २७ इष्टबांधवसंयोगमनायासमनामयम् ॥ यश्चैतच्छ्रावयेद्विद्वान्विदुषोधर्मवित्तमः २८ सयशःप्राप्नुयाल्लोकेपरत्रचशुभांगतिम् ॥ स्वाध्याययुक्तामनुजास्तपोयुक्ताश्चभारत २९ साध्वाचारादमोपेतादाननिर्धूतकल्मषाः ॥ ऋजवःशुचयःशांताहिंसाऽनृतविवर्जिताः ३० आस्तिकाःश्रद्दधानाश्चधृतिमंतश्चमानवाः ॥ श्रुत्वाऽऽश्चर्यमिदंपर्वह्यवाप्स्यंतिपरांगतिम् ३१ ॥ इतिश्रीमहाभारतेआश्रमवासिकेपर्वणि पुत्रदर्शनपर्वणिस्त्रीणांस्वस्वपतिलोकगमनेत्रयस्त्रिंशोऽध्यायः ३३ ॥ ॥ सौतिरुवाच ॥ एतच्छ्रुत्वानृपोविद्वान्हृष्टोऽभूज्जनमेजयः ॥ पितामहानांसर्वेषांगमनागमनंतदा १ अब्रवीच्चमुदायुक्तःपुनरागमनंप्रति ॥ कथंनुत्यक्तदेहानांपुनस्तद्रूपदर्शनम् २ इत्युक्तःसद्विजश्रेष्ठोव्यासशिष्यःप्रतापवान् ॥ प्रोवाचवदतांश्रेष्ठस्तंनृपंजनमेजयम् ३ ॥ वैशंपायनउवाच ॥ अविप्रणाशःसर्वेषांकर्मणामितिनिश्चयः ॥ कर्मजानिशरीराणितथैवाकृतयोनृप ४ महाभूतानिनित्यानिभूताधिपतिसंश्रयात् ॥ तेषांचनित्यसंवासोनविनाशोवियुज्यताम् ५ अनायासकृतंकर्मसत्यःश्रेष्ठःफलागमः ॥ आत्माचैभिःसमायुक्तःसुखदुःखमुपाश्नुते ६ ॥ ॥ ॥

विनाशित्वादियोगान्महाभूतानिहार्दाकाशस्थाःपित्रादयस्तस्यैवसंबंधान्नित्यानि । कर्मजानितुभूतानिकर्मक्षयेविलीयंतेइतिभावः । तेषांचमहाभूतानांनित्यानांशरीराणामनित्यैःशरीरैःसहसंवासस्तादात्म्येनावस्थानंसंसारदशायामस्ति । वियुज्यतामनित्यानांनाशेतैःसहवियुज्यमानानांतेषांनित्यानांविनाशोन । 'नास्यजरयैतज्जीर्यतिनवधेनास्यहन्यतएतत्सत्यंब्रह्मपुरं'इतिश्रुतेः तस्मात्कर्मजानांनाशेऽप्यकर्मजानांहार्दाकाशस्थानांपित्रादिदेहानामविनाशात्पुनस्तद्रूपेणतेषांदर्शनंयुक्तमेव ५ कथमेतदवाप्यतेइत्यतआह अनायासेति । प्रवृत्तिरूपंकर्मआयासकृतंतद्विपरीतंतुनिवृत्तिरूपंकर्मानायासकृतम् । तस्मादयंसत्यःश्रेष्ठश्चोक्तविधःफलागमोभवति एभिरायासयुक्तैःकर्मभिः ६ ॥ ॥ ॥ ॥

तर्हि कर्मसंबंधादात्मानश्यतिनेत्याह अविनाश्यइति । यद्यपिदुःखयोगआत्मनोऽस्तितथापिक्षेत्रज्ञआत्मानैर्दुःखैर्विनाश्यएवाऽविकार्यएवाऽसंगत्वाद्बंधस्यचाध्यासिकत्वात् । अत्रदृष्टांतमाह भूतानामिति । यथा ऽसौभूतानामस्मदादिशरीराणांआत्मकआत्मनःप्रतिकृतिर्दर्पणादौप्रतिबिंबोदर्पणधर्मान्मलिनत्वादीननुकुर्वाणोऽपितन्नाशान्नश्यति नवियुज्यतइत्यस्यननश्यतीत्यर्थः एवंक्षेत्रक्षेत्रज्ञयोगेऽपिद्रष्टव्यं ७ याव त्कर्मदेहारंभकमस्तितावत्तस्यदेहस्यस्वरूपतातत्रात्मत्वाध्यासइत्यर्थः । कर्मक्षयेतुदेहांतरेआत्मत्वाध्यासोभवतीत्याह क्षीणेति ८ येनानाभावाभूतेन्द्रियादयोभिन्नाःपदार्थाःशरीरंप्राप्यैकत्वंदेवदत्तोऽहंमनु ष्यपुत्रइतिदेहादितादात्म्यंसंहताःसंप्राप्तास्तेएवभावादेहादीनामात्मनःपृथक्त्वंविजानतांयोगिनांनित्याभवंति । अज्ञानिनांयेअनित्याभावास्तएवज्ञानिनांनित्यात्मरूपाभवंतीत्यर्थः ९ संज्ञपनंमारणं तदा हिसूर्यंतेचक्षुः वातंप्राणइत्यादयोमंत्राःपठ्यंते ततोलिंगाद्गम्यतेयच्छरीरिणांप्राणाइंद्रियाणिनित्यंनिश्चितंनित्यंसर्वदालोकांतरेगताइति । तेनसर्वःशरीरीविभुरेवास्तिनतूपाधिपरिच्छिन्नःपरिच्छिन्नत्वाभिमा नस्त्वस्याविद्यकइतिभावः १० नत्वतुज्ञानेऽधिकाराभावात्सोपासनकर्मप्राप्यंदेवयानमार्गमेवाश्रयस्वेत्याह अहमिति । तेतवयोग्याइतिशेषः ११ यत्रकालेत्वयायज्ञआहृतःकृतस्तत्रतदैवदेवास्तव

अविनाश्यस्तथायुक्तःक्षेत्रज्ञइतिनिश्चयः ॥ भूतानामात्मकोभावोयथाऽसौनवियुज्यते ७ यावन्नक्षीयतेकर्मतावत्तस्यस्वरूपता ॥ क्षीणकर्मानरोलोकेरूपान्यत्वं नियच्छति ८ नानाभावस्तथैकत्वंशरीरंप्राप्यसंहताः ॥ भवंतितेतथानित्याःपृथग्भावंविजानताम् ९ अश्वमेधश्रुतिश्चेयमश्वसंज्ञपनंप्रति ॥ लोकांतरगतानि त्यंप्राणानित्यंशरीरिणाम् १० अहंहितंवदाम्येतत्प्रियंचेत्तवपार्थिव ॥ देवयानाहिपंथानःश्रुतास्तेयज्ञसंस्तरे ११ आहुतोयत्रयज्ञस्तेतत्रदेवाहितास्तव ॥ यदा समन्वितादेवाःपशूनांगमनेश्वराः १२ गतिमंतश्चतेनेष्टानान्येनित्याभवंत्युत ॥ नित्येऽस्मिन्पंचकेवर्गेनित्येचात्मनिपूरुषः १३ अस्यनानासमायोगंयःपश्यति वृथामतिः ॥ वियोगेशोचतेऽत्यर्थंसबालइतिमेमतिः १४ वियोगेदोषदर्शीयःसंयोगंसविसर्जयेत् ॥ असंगेसंगमोनास्तिदुःखंभुविवियोगजम् १५ परापरज्ञस्त्वप रेणाभिमानादुदीरितः ॥ अपरज्ञःपरांबुद्धिंज्ञात्वामोहाद्विमुच्यते १६ अदर्शनादापतितःपुनश्चादर्शनंगतः ॥ नाहंतंवेद्मिनासौमांनचमेऽस्तिविरागता १७

हिताःसखायोजाताः । यदैवंतदैवदेवाःपशूनांजीवानांगमनेतत्तल्लोकप्राप्तावीश्वरानिग्रहानुग्रहकराः १२ यस्मादेवंतस्मान्नित्याजीवादेवानिष्ठागतिमंतोभवंतिनान्येअयजमानाः । एवंसार्धेनकर्मनि ष्ठामुक्त्वाज्ञाननिष्ठामाहसार्धेन नित्येइति । पांचभौतिकोदेववर्गःसर्वोऽपिनित्यःपुरुषश्चतद्द्रष्टानित्यः १३ उभयोरपिनित्ययोःसतोर्योऽस्यनानायोगमनेकदेहसंबंधंपश्यतिसवृथामतिर्वियोगेपितृपुत्रादिनाशेशो चतिमौढ्यात् । उक्तरीत्यानदेहोनश्यतिनाप्यात्मेतिनिर्निमित्तस्तेषांशोकइतिभावः १४ यदिस्त्र्यादिनाशाद्दुःखंपश्यतितर्हिस्त्र्यादीनांपरिग्रहएवनकर्तव्यः नहिवंध्यायाःपुत्रशोकार्तिरस्तिवस्तुतस्त्वसंगेआत्म निवियोगजंदुःखंवास्त्र्यादिसंगमोवानास्तीत्याह असंगइति १५ परेति । अपरस्तूक्तविधांज्ञाननिष्ठामप्राप्तस्तुपरापरज्ञोनित्यविभागमात्रज्ञः अभिमानाद्देहादितादात्म्याद्दुपासनाबलेनोदीरितउत्क्षिप्तः । अपरज्ञःसगुणब्रह्मविद्भूत्वापश्चात्परांबुद्धिंनिर्विशेषवस्तुज्ञानंप्राप्यमोहान्मूलाज्ञानाद्विमुच्यते १६ मुक्तस्यलक्षणमाह अदर्शनादिति । कर्मकर्तुरभावाददर्शनंप्रत्यक्चैतन्यंतस्मादापतितस्तत्रैवचलीनोऽतस्तंमुक्त महंनवेद्मि अगोचरत्वात् । असौचमांनवेत्ति करणाभावात् । तर्हित्वमपिताहक्कुतोनभवसीत्याह नचमेऽस्तिविरागतेति । परंवैराग्यमेवमुख्यंमोक्षसाधनमित्यर्थः १७ ॥ ■

येनेति । मनसाकृतंपापंमानसतापेनैवानुभूयते एवंशरीरेणकृतंशरीरेणोपतापेनेतिकायवाङ्मनसांचापलंत्यक्त्वावायुनिरोधंकुर्यादितिसार्धश्लोकार्थः १.८ ॥ ॥ इतिआश्रमपर्वणिनीलकंठीयेभारतभावदीपे चतुस्त्रिंशोऽध्यायः ॥ ३४ ॥ अदृष्ट्वेति ॥ १. सधृतराष्ट्रोराजाविदुरश्चसिद्धियाविति द्वयोःसंबंधः तत्रापिविदुरस्तपोबलाद्धृतराष्ट्रोव्यासंसमासाद्येतिसंबंधः २ । ३ । ४ । ५ । ६ । ७ । ८ ज्ञापया

येनयेनशरीरेणकरोत्ययमनीश्वरः ॥ तेनतेनशरीरेणतदवश्यमुपाश्नुते ॥ मानसंमनसाऽप्नोतिशरीरंचशरीरवान् १८ ॥ ॥ इति श्रीम० आश्रमवा० पुत्रदर्शनपर्वणिजनमेजयंप्रतिवैशंपायनवाक्येचतुस्त्रिंशोऽध्यायः ॥ ३४ ॥ वैशंपायनउवाच ॥ अदृष्ट्वातुनृपःपुत्रान्दर्शनंप्रतिलब्धवान् ॥ ऋषेःप्रसादात्पुत्राणांस्वरूपाणांकुरूद्वह १ सराजाराजधर्मांश्चब्रह्मोपनिषदंतथा ॥ अवाप्तवान्नरश्रेष्ठोबुद्धिनिश्चयमेवच २ विदुरश्चमहाप्राज्ञोययौसिद्धिंतपोबलात् ॥ धृतराष्ट्रःसमासाद्यव्यासंचैवतपस्विनम् ३ ॥ जनमेजयउवाच ॥ ममापिवरदोव्यासोदर्शयेत्पितरंयदि ॥ तद्रूपवेषवयसंश्रद्दध्यांसर्वमेवते ४ प्रियंमेस्यात्कृतार्थश्चस्यामहंकृतनिश्चयः ॥ प्रसादादृषिमुख्यस्यममकामःसमृध्यताम् ५ ॥ ॥ सौतिरुवाच ॥ इत्युक्तवचनेतस्मिन्नृपेव्यासःप्रतापवान् ॥ प्रसादमकरोद्धीमानानयच्चपरिक्षितम् ६ ततस्तद्रूपवयसमागतंनृपतिंदिवः ॥ श्रीमंतंपितरंराजाददर्शजनमेजयः ७ शमीकंचमहात्मानंपुत्रंतंचास्यशृंगिणम् ॥ अमात्यायेबभूवुश्चराज्ञस्तांश्चददर्शह ८ ततःसोऽवभृथेराजामुदितोजनमेजयः ॥ पितरंस्नापयामासस्वयंसस्नौचपार्थिवः ९ स्नात्वासनृपतिर्विप्रमास्तीकमिदमब्रवीत् ॥ यायावरकुलोत्पन्नंजरत्कारुसुतंतदा १० आस्तीकविविधाश्चर्योयज्ञोऽयमितिमेमतिः ॥ यदद्यायंपिताप्राप्तोममशोकप्रणाशनः ११ ॥ ॥ आस्तीकउवाच ॥ ॥ ऋषिर्द्वैपायनोयत्रपुराणस्तपसोनिधिः ॥ यज्ञेकुरुकुलश्रेष्ठतस्यलोकावुभौजितौ १२ श्रुतंविचित्रमाख्यानंत्वयापांडवनंदन ॥ सर्पाश्चभस्मसान्नीतागतश्चपदवींपितुः १३ कथंचित्तक्षकोमुक्तःसत्यत्वात्तवपार्थिव ॥ ऋषयःपूजिताःसर्वेगतिर्दृष्टामहात्मनः १४ प्राप्तःसुविपुलोधर्मःश्रुत्वापापविनाशनम् ॥ विमुक्तोहृदयग्रंथिरुदारजनदर्शनात् १५ येचपक्षधराधर्मेसद्वृत्तरुचयश्चये ॥ यान्दृष्ट्वाहीयतेपापंतेभ्यःकार्यानमस्क्रिया १६ ॥ ॥ सौतिरुवाच ॥ ॥ एतच्छ्रुत्वाद्विजश्रेष्ठात्सराजाजनमेजयः ॥ पूजयामासतमृषिमनुमान्यपुनःपुनः १७ पप्रच्छतमृषिंचापिवैशंपायनमच्युतम् ॥ कथावशेषंधर्मज्ञोवनवासस्यसत्तम १८ ॥ ॥ इतिश्रीमहाभारतेआश्रमवा० पुत्रदर्शनप० जनमेजयस्यस्वपितृदर्शनेपंचत्रिंशोऽध्यायः ॥ ३५ ॥ ॥ जनमेजयउवाच ॥ ॥ दृष्ट्वापुत्रांस्तथापौत्रान्सानुबंधाञ्जनाधिपः ॥ धृतराष्ट्रःकिमकरोद्राजाचैवयुधिष्ठिरः १ ॥ वैशंपायनउवाच ॥ तद्दृष्ट्वामहदाश्चर्यंपुत्राणांदर्शनंनृप ॥ वीतशोकःसराजर्षिःपुनराश्रममागमत् २ इतरस्तुजनःसर्वस्तेचैवपरमर्षयः ॥ प्रतिजग्मुर्यथाकामंधृतराष्ट्राभ्यनुज्ञया ३ पांडवास्तुमहात्मानोलघुभूयिष्ठसैनिकाः ॥ पुनर्जग्मुर्महात्मानंसदारास्तंमहीपतिम् ४ तमाश्रमपदंधीमान्ब्रह्मर्षिर्लोकपूजितः ॥ मुनिःसत्यवतीपुत्रोधृतराष्ट्रमभाषत ५

मासआलोचितवान् स्नापयामासेतिपाठःस्पष्टः ९ । १० । ११ । १२ । १३ । १४ पापविनाशनंइतिहासमितिशेषः १५ पक्षधराःपक्षस्थापकाः १६ । १७ । १८ ॥ इतिआश्रमवा०नी०भा० पंचत्रिंशोऽध्यायः ॥ ३५ ॥ ॥ ॥ दृष्ट्वेति १ । २ । ३ । ४ आश्रमपदमाश्रमंप्राप्तं ५ ॥ ॥ ॥

५ । ६ । ७ । ८ । ९ । १० । ११ बहवःप्रत्यर्थिनःप्रार्थयानाःशत्रवोयत्रतत १२ । १३ । १४ नाथेनत्वया १५ । १६ । १७ । १८ । १९ । २० । २१ । २२ । २३ अन्विष्यसेविष्ये

धृतराष्ट्रमहाबाहोश्शृणुकौरवनंदन ॥ श्रुतंतेज्ञानवृद्धानामृषीणांपुण्यकर्मणाम् ६ श्रद्धाऽभिजनवृद्धानांवेदवेदांगवेदिनाम् ॥ धर्मज्ञानांपुराणानांवदतांविविधाः
कथाः ७ मास्मशोकेमनःकार्षीर्दिष्टेनव्यथतेबुधः ॥ श्रुतंदेवरहस्यंतेनारदाद्देवदर्शनात् ८ गतास्तेक्षत्रधर्मेणशस्त्रपूतांगतिंशुभाम् ॥ यथादृष्टास्त्वयापुत्रास्तथा
कामविहारिणः ९ युधिष्ठिरःस्वयंधीमान्भवंतमनुरुध्यते ॥ सहितोभ्रातृभिःसर्वैःसदारःससुहृज्जनः १० विसर्जयैनंयात्वेषस्वराज्यमनुशासताम् ॥ मासःसमधि
कस्तेषामतीतोवसतांवने ११ एतद्धिनित्यंयत्नेनपदंरक्ष्यंनराधिप ॥ बहुप्रत्यर्थिकंह्येतद्राज्यंनामकुरूद्वह १२ इत्युक्तःकौरवोराजाव्यासेनातुलतेजसा ॥ युधि
ष्ठिरमथाहूयवाग्मीवचनमब्रवीत् १३ अजातशत्रोभद्रंतेश्शृणुमेभ्रातृभिःसह ॥ त्वत्प्रसादान्महीपालशोकोनास्मान्प्रबाधते १४ रमेचाहंत्वयापुत्रपुरेवगजसाह्वये ॥
नाथेनानुगतोविद्वन्प्रियेषुपरिवर्तिना १५ प्राप्तंपुत्रफलंत्वत्तःप्रीतिर्मेपरमात्वयि ॥ नमेमन्युर्महाबाहोगम्यतांपुत्रमाचिरम् १६ भवंतंचेहसंप्रेक्ष्यतपोमेपरिहीयते ॥
तपोयुक्तंशरीरंचत्वांदृष्ट्वाधारितंपुनः १७ मातरौतेतथैवेमेशीर्णपर्णकृताशने ॥ ममतुल्यव्रतेपुत्रनचिरंवर्तयिष्यतः १८ दुर्योधनप्रभृतयोदृष्टालोकांतरंगताः ॥
व्यासस्यतपसोवीर्याद्भवतश्चसमागमात् १९ प्रयोजनंचनिर्वृत्तंजीवितस्यममानघ ॥ उग्रंतपःसमास्थास्येत्वमनुज्ञातुमर्हसि २० त्वय्यद्यपिंडःकीर्तिश्चकुलंचेदंप्र
तिष्ठितम् ॥ श्वोवाऽद्यवामहाबाहोगम्यतांपुत्रमाचिरम् २१ राजनीतिःसुबहुशःश्रुतातेभरतर्षभ ॥ संदेष्टव्यंनपश्यामिकृतंमेभवताविभो २२ ॥ वैशंपायनउवाच ॥
इत्युक्तवचनंतंतुनृपोराजानमब्रवीत् ॥ नमामर्हसिधर्मज्ञपरित्यक्तुमनागसम् २३ कामंगच्छंतुमेसर्वेभ्रातरोऽनुचरास्तथा ॥ भवंतमहमन्विष्येमातरौचयतव्रतः
२४ तमुवाचाथगांधारीमैवंपुत्रशृणुष्वच ॥ त्वय्यधीनंकुरुकुलंपिंडश्चश्वशुरस्यमे २५ गम्यतांपुत्रपर्याप्तमेतावत्पूजितावयम् ॥ राजायदाहतत्कार्यंत्वयापुत्रपि
तुर्वचः २६ ॥ वैशंपायनउवाच ॥ इत्युक्तःसतुगांधार्याकुंतीमिदमभाषत ॥ स्नेहबाष्पाकुलेनेत्रेप्रमृज्यरुदतींवचः २७ विसर्जयतिमांराजागांधारीचयश
स्विनी ॥ भवत्यांबद्धचित्तस्तुकथंयास्यामिदुःखितः २८ नचोत्सहेतपोविघ्नंकर्तुंतेधर्मचारिणि ॥ तपसोहिपरंनास्तितपसाविंदतेमहत् २९ ममापिनतथाराज्ञि
राज्येबुद्धिर्यथापुरा ॥ तपस्येवानुरक्तंमेमनःसर्वात्मनातथा ३० शून्येयंचमहीकृत्स्नानमेप्रीतिकरीशुभे ॥ बांधवानःपरिक्षीणाबलंनोनयथापुरा ३१ पंचालाःसुभृ
शंक्षीणाःकथामात्रावशेषिताः ॥ नतेषांकुलकर्तारंकंचित्पश्याम्यहंशुभे ३२ सर्वेहिभस्मसान्नीतास्तेद्रोणेनरणाजिरे ॥ अवशिष्टाश्चनिहताद्रोणपुत्रेणवैनिशि ३३ चेद
यश्चैवमत्स्याश्चदृष्टपूर्वास्तथैवनः ॥ केवलंवृष्णिचक्रंचवासुदेवपरिग्रहात् ३४ यद्दृष्ट्वास्थातुमिच्छामिधर्मार्थंनार्थहेतुतः ॥ शिवेनपश्यनःसर्वान्दुर्लभंतवदर्शनम् ३५

२४ । २५ । २६ २७ । २८ । २९ । ३० । ३१ । ३२ । ३३ । ३४ । ३५ ॥ ॥ ॥ ॥

३६ । ३७ । ३८ । ३९ । ४० शिष्टमायुरितिशेषः ४१ । ४२ । ४३ । ४४ । ४५ । ४६ । ४७ । ४८ नृपंप्रदक्षिणंचक्रुः निवारणेस्तनपानादितिशेषः ४९ । ५० । ५१ । ५२ । ५३ ॥ इति

अविघ्नंचराजाहितीव्रंचारप्स्यतेतपः ॥ एतच्छ्रुत्वामहाबाहुःसहदेवोयुधांपतिः ३६ युधिष्ठिरमुवाचेदंबाष्पव्याकुललोचनः ॥ नोत्सहेऽहंपरित्यक्तुंमातरंभरत
र्षभ ३७ प्रतियातुभवान्क्षिप्रंतपस्तप्स्याम्यहंविभो ॥ इहैवशोषयिष्यामितपसेदंकलेवरम् ३८ पादशुश्रूषणेरक्तोराज्ञोमात्रोस्तथाऽनयोः ॥ तमुवाचततःकुंती
परिष्वज्यमहाभुजम् ३९ गम्यतांपुत्रमैवंत्वंवोचःकुरुवचोमम ॥ आगमावःशिवाःसंतुस्वस्थाभवतपुत्रकाः ४० उपरोधोभवेदेवमस्माकंतपसःकृते ॥ त्व
त्स्नेहपाशबद्धाचहीयेयंतपसःपरात् ४१ तस्मात्पुत्रकगच्छत्वंशिष्टमल्पंचनःप्रभो ॥ एवंसंस्तंभितंवाक्यैःकुंत्याबहुविधैर्मनः ४२ सहदेवस्यराजेन्द्रराज्ञश्चैवविशे
षतः ॥ तेमात्रासमनुज्ञाताराज्ञाचकुरुपुंगवाः ४३ अभिवाद्यकुरुश्रेष्ठमामंत्रयितुमारभन् ॥ युधिष्ठिरउवाच ॥ राज्यंप्रतिगमिष्यामःशिवेनप्रतिनंदिताः ४४
अनुज्ञातास्त्वयाराजन्गमिष्यामोविकल्मषाः ॥ एवमुक्तःसराजर्षिर्धर्मराज्ञामहात्मना ४५ अनुजज्ञेसकौरव्यमभिनंद्ययुधिष्ठिरम् ॥ भीमंचबलिनांश्रेष्ठंसांत्व
यामासपार्थिवः ४६ सचास्यसम्यङ्मेधावीप्रत्यपद्यतवीर्यवान् ॥ अर्जुनंचसमाश्लिष्ययमौचपुरुषर्षभौ ४७ अनुजज्ञेसकौरव्यःपरिष्वज्याभिनंद्यच ॥ गांधा
र्याचाभ्यनुज्ञाताःकृतपादाभिवादनाः ४८ जनन्यासमुपाघ्राताःपरिष्वक्ताश्चतेनृपम् ॥ चक्रुःप्रदक्षिणंसर्वेवत्साइवनिवारणे ४९ पुनःपुनर्निरीक्षंतःप्रचक्रुस्तेप्र
दक्षिणम् ॥ द्रौपदीप्रमुखाश्चैवसर्वाःकौरवयोषितः ५० न्यायतःश्वशुरेवृत्तिंप्रयुज्यप्रययुस्ततः ॥ श्वश्रूभ्यांसमनुज्ञाताःपरिष्वज्याभिनंदिताः ५१ संदिष्टाश्चे
तिकर्तव्यंप्रययुर्भर्तृभिःसह ॥ ततःप्रजज्ञेनिनदःसूतानांयुज्यतामिति ५२ उष्ट्राणांक्रोशतांचापिहयानांहेषतामपि ॥ ततोयुधिष्ठिरोराजासदारःसहसैनिकः ॥
नगरंहास्तिनपुरंपुनरायात्सबांधवः ५३ ॥ ॥ इतिश्रीमहाभारतेआश्रमवासिकेपर्वणि पुत्रदर्शनपर्वणियुधिष्ठिरप्रत्यागमेषट्त्रिंशोऽध्यायः ॥ ३६ ॥ ॥
॥ समाप्तंचेदंपुत्रदर्शनपर्व ॥ ॥ अथनारदागमनपर्व ॥ वैशंपायनउवाच ॥ द्विवर्षोपनिवृत्तेषुपांडवेषुयदृच्छया ॥ देवर्षिर्नारदोराजन्नाजगामयुधिष्ठिरम् १
तमभ्यर्च्यमहाबाहुःकुरुराजोयुधिष्ठिरः ॥ आसीनंपरिविश्वस्तंप्रोवाचवदतांवरः २ चिरात्तुनानुपश्यामिभगवंतमुपस्थितम् ॥ कच्चित्तेकुशलंविप्रशुभंवाप्रत्युप
स्थितम् ३ केदेशाःपरिदृष्टास्तेकिंचकार्यंकरोमिते ॥ तद्ब्रूहिद्विजमुख्यस्त्वंत्वंह्यस्माकंपरागतिः ४ ॥ नारदउवाच ॥ चिरदृष्टोऽसिमेत्स्येवमागतोऽहंतपोवनात् ॥
परिदृष्टानितीर्थानिगंगाचैवमयानृप ५ ॥ युधिष्ठिरउवाच ॥ वदंतिपुरुषामेऽद्यगंगातीरनिवासिनः ॥ धृतराष्ट्रंमहात्मानमास्थितंपरमंतपः ६ अपिदृष्टस्त्वयात
त्रकुशलीसकुरूद्वहः ॥ गांधारीचपृथाचैवसूतपुत्रश्चसंजयः ७ कथंचवर्ततेचाद्यपितामममसपार्थिवः ॥ श्रोतुमिच्छामिभगवन्यदिदृष्टस्त्वयानृपः ८

आश्र०पर्वणि नीलकंठीयेभारतभावदीपेषट्त्रिंशोऽध्यायः ॥ ३६ ॥ ॥ ॥ द्विवर्षोपेति १ । २ । ३ । ४ मेमयातिऽचिरंदृष्टोऽसीत्यर्थः ५ । ६ । ७ । ८

९ । १० । ११ । १२ । १३ । १४ दृश्यतोऽदृश्यतइतिपश्यन्तमपश्यंतंचानादृत्येत्यर्थः नियमेनसान्निध्याभावात् १५।१६ । १७ । १८ । १९ । २० । २१ । २२ । २३ । २४ । २५ । २६

॥ नारदउवाच ॥ स्थिरीभूयमहाराजशृणुवृत्तंयथातथम् ॥ यथाश्रुतंचदृष्टंचमयातस्मिंस्तपोवने ९ वनवासनिवृत्तेषुभवत्सुकुरुनंदन ॥ कुरुक्षेत्रात्पितातुभ्यंगं
गाद्वारंययौनृप १० गांधार्यासहितोधीमान्वध्वाकुंत्यासमन्वितः ॥ संजयेनचसूतेनसाग्निहोत्रःसयाजकः ११ आतस्थेसतपस्तीव्रंपितातवतपोधनः ॥ वीटां
मुखेसमाधायवायुभक्षोऽभवन्मुनिः १२ वनेसमुनिभिःसर्वैःपूज्यमानोमहातपाः ॥ त्वगस्थिमात्रशेषःसषण्मासानभवन्नृपः १३ गांधारीतुजलाहारीकुंतीमासो
पवासिनी ॥ संजयःषष्ठभुक्तेनवर्तयामासभारत १४ अग्नींस्तुयाजकास्तत्रजुहुवुर्विधिवत्प्रभो ॥ दृश्यतोऽदृश्यतश्चैववनेतस्मिन्नृपस्यवै १५ अनिकेतोऽथराजासबभू
ववनगोचरः ॥ तेचापिसहितेदेव्यौसंजयश्चतमन्वयुः १६ संजयोनृपतेर्नेतासमेषुविषमेषुच ॥ गांधार्याश्चपृथाचैवचक्षुरासीदनिंदिता १७ ततःकदाचिद्गंगा
याःकच्छेसनृपसत्तमः ॥ गंगायामाप्लुतोधीमानाश्रमाभिमुखोऽभवत् १८ अथवायुःसमुद्भूतोदावाग्निरभवन्महान् ॥ ददाहतद्वनंसर्वंपरिगृह्यसमंततः १९
दह्यत्सुमृगयूथेषुद्विजिह्वेषुसमंततः ॥ वराहाणांचयूथेषुसंश्रयत्सुजलाशयान् २० समाविद्धेवनेतस्मिन्प्राप्तेव्यसनउत्तमे ॥ निराहारतयाराजन्मंदप्राणविचेष्टितः २१
असमर्थोऽपसरणेसुकृशेमातरौचते ॥ ततःसनृपतिर्दृष्ट्वावह्निमायांतमंतिकात् २२ इदमाहततःसूतंसंजयंजयतांवरः ॥ गच्छसंजययत्राग्निर्नत्वांदहतिकर्हि
चित् २३ वयमत्राग्निनायुक्तागमिष्यामःपरांगतिम् ॥ तमुवाचकिलोद्विग्नःसंजयोवदतांवरः २४ राजन्मृत्युरनिष्टोऽयंभवितातेवृथाग्निना ॥ नचोपायंप्रप
श्यामिमोक्षणेजातवेदसः २५ यदत्रानंतरंकार्यंतद्भवान्वक्तुमर्हति ॥ इत्युक्तःसंजयेनेदंपुनराहसपार्थिवः २६ नैषमृत्युरनिष्टोनोनिःसृतानांगृहात्स्वयम् ॥ ज
लमग्निस्तथावायुरथवाऽपिविकर्षणम् २७ तापसानांप्रशस्यंतेगच्छसंजयमाचिरम् ॥ इत्युक्त्वासंजयंराजासमाधायमनस्तथा २८ प्राङ्मुखःसहगांधार्याकुं
त्याचोपाविशत्तदा ॥ संजयस्तंतथादृष्ट्वाप्रदक्षिणमथाकरोत् २९ उवाचचैनंमेधावीयुंक्ष्वात्मानमितिप्रभो ॥ ऋषिपुत्रोमनीषीसराजाचक्रेऽस्यतद्वचः ३० स
न्निरुध्येंद्रियग्राममासीत्काष्ठोपमस्तदा ॥ गांधारीचमहाभागाजननीचपृथातव ३१ दावाग्निनासमायुक्तेसचराजापितातव ॥ संजयस्तुमहामात्रस्तस्माद्दावाद
मुच्यत ३२ गंगाकूलेमयादृष्टस्तापसैःपरिवारितः ॥ सतानामंत्र्यतेजस्वीनिवेद्यैतच्चसर्वशः ३३ प्रययौसंजयोधीमान्हिमवंतंमहीधरम् ॥ एवंसनिधनं
प्राप्तःकुरुराजोमहामनाः ३४ गांधारीचपृथाचैवजनन्यौतेविशांपते ॥ यदृच्छयाऽनुव्रजतामयाराज्ञःकलेवरम् ३५ ॥ ॥

विकर्षणमनशनं २७ । २८ । २९ ऋषिपुत्रोव्यासपुत्रइतियोगसामर्थ्यंसूचितं ३० । ३१ । ३२ । ३३ । ३४ । ३५ ॥ ॥ ॥

॥ २० ॥ तयोश्चदेव्योरुभयोर्मयादृष्टानिभारत ॥ ततस्तपोवनेतस्मिन्समाजग्मुस्तपोधनाः ३६ श्रुत्वाराज्ञस्तदानिष्ठांनत्वशोचन्गतीश्चते ॥ तत्राश्रौषमहंसर्वमेतत्पुरु अ०
षसत्तम ३७ यथाचनृपतिर्दग्धोदेव्यौतेचेतिपांडव ॥ नशोचितव्यंराजेन्द्रस्वतःसपृथिवीपतिः ३८ प्राप्तवानग्निसंयोगंगांधारीजननीचते ॥ वैशंपायनउवाच ॥ ॥३८॥
एतच्छ्रुत्वाचसर्वेषांपांडवानांमहात्मनाम् ३९ निर्याणंधृतराष्ट्रस्यशोकःसमभवन्महान् ॥ अंतःपुराणांचतदामहानार्तस्वरोऽभवत् ४० पौराणांचमहाराजश्रुत्वा
राज्ञस्तदागतिम् ॥ अहोधिगितिराजातुविक्रुश्यभृशदुःखितः ४१ उर्ध्वबाहुःस्मरन्मातुःप्ररुरोदयुधिष्ठिरः ॥ भीमसेनपुरोगाश्चभ्रातरःसर्वएवते ४२ अंतःपुरेषु
चतदासुमहान्रुदितस्वनः ॥ प्रादुरासीन्महाराजपृथांश्रुत्वातथागताम् ४३ तंचवृद्धंतथादग्धंहतपुत्रंनराधिपम् ॥ अन्वशोचंततेसर्वेगांधारींचतपस्विनीम् ४४
तस्मिन्नुपरतेशब्देमुहूर्तादिवभारत ॥ निगृह्यबाष्पंधैर्येणधर्मराजोऽब्रवीदिदम् ४५ ॥ इतिश्रीमहाभारतेआश्रमवासिकेपर्वणिनारदागमपर्वणिदावाग्निनाधृतराष्ट्रादि
दाहेसप्तत्रिंशोऽध्यायः ॥ ३७ ॥ ॥ युधिष्ठिरउवाच ॥ तथामहात्मनस्तस्यतपस्युग्रेचवर्ततः ॥ अनाथस्येवचवनेतिष्ठत्स्वस्मासुबंधुषु १ दुर्विज्ञेया
गतिर्ब्रह्मन्पुरुषाणांमतिर्मम ॥ यत्रवैचित्रवीर्योऽसौदग्धएवंवनाग्निना २ यस्यपुत्रशतंश्रीमदभवद्बाहुशालिनः ॥ नागायुतबलोराजासदग्धोहिदवाग्निना ३
यंपुरापर्यवीजंततालवृंतैर्वरस्त्रियः ॥ तंगृध्राःपर्यवीजंतदावाग्निपरिकालितम् ४ सूतमागधसंघैश्चशयानोयःप्रबोध्यते ॥ धरण्यांसनृपःशेतेपापस्यममकर्मभिः
५ नचशोचामिगांधारींहतपुत्रांयशस्विनीम् ॥ पतिलोकमनुप्राप्तांतथाभर्तृव्रतेस्थिताम् ६ पृथामेवचशोचामियापुत्रैश्वर्यमृद्धिमत् ॥ उत्सृज्यसुमहद्दीप्तंव
नवासमरोचयत् ७ धिग्राज्यमिदमस्माकंधिग्बलंधिक्पराक्रमम् ॥ क्षत्रधर्मंचधिग्यस्मान्मृताजीवामहेवयम् ८ सुसूक्ष्माकिलकालस्यगतिर्द्विजवरोत्तम ॥
यत्समुत्सृज्यराज्यंसावनवासमरोचयत् ९ युधिष्ठिरस्यजननीभीमस्यविजयस्यच ॥ अनाथवत्कथंदग्धाइतिमुह्यामिचिंतयन् १० वृथासंतर्पितोवह्निःखांडवे
सव्यसाचिना ॥ उपकारमजानन्सकृतघ्नइतिमेमतिः ११ यत्रादहत्सभगवान्मातरंसव्यसाचिनः ॥ कृत्वायोब्राह्मणच्छद्मभिक्षार्थीसमुपागतः १२ धिगग्निंधि
क्पार्थस्यविश्रुतांसत्यसंधताम् ॥ इदंकष्टतरंचान्यद्भगवन्प्रतिभातिमे १३ वृथाग्निनासमायोगोयद्भूत्पृथिवीपतेः ॥ तथातपस्विनस्तस्यराजर्षेःकौरव
स्यह १४ कथमेवंविधोमृत्युःप्रशास्यपृथिवीमिमाम् ॥ तिष्ठत्सुमंत्रपूतेषुतस्याग्निषुमहावने १५ वृथाग्निनासमायुक्तोनिष्ठांप्राप्तःपितामम ॥ मन्येपृ ॥ २० ॥
थावेपमानाकृशाधमनिसंतता १६ ॥ ॥ ॥ ॥ ॥

१७ । १८ । १९ । २० । २१ ॥ इतिआश्रमवासिकपर्वणिनीलकंठीयेभारतभावदीपे अष्टत्रिंशोऽध्यायः ॥ ३८ ॥ ॥ नासाविति १ । २ । ३ । ४ । ५ । ६ । ७ । ८ । ९ । १० । ११

हातातधर्मराजेतिसमाक्रंदन्महाभये ॥ भीमपर्याप्नुहिभयादितिचैवाभिवाशति १७ समंततःपरिक्षिप्तामाताभून्मेदवाग्निना ॥ सहदेवःप्रियस्तस्याःपुत्रेभ्योऽधि कएवतु १८ नचैनांमोक्षयामासवीरोमाद्रवतीसुतः ॥ तच्छुत्वारुरुदुःसर्वेसमालिंग्यपरस्परम् १९ पांडवाःपंचदुःखार्ताभूतानीवयुगक्षये ॥ तेषांतुपुरुषेन्द्रा णांरुदतांरुदितस्वनः २० प्रासादाभोगसंरुद्धेअन्वरौत्सीत्सरोदसी २१ ॥ इतिश्रीम० आश्रमवा० नारदागम० युधिष्ठिरविलापेअष्टत्रिंशोऽध्यायः ॥ ३८ ॥

॥ नारदउवाच ॥ नासौवृथाग्निनादग्धोयथातत्रश्रुतंमया ॥ वैचित्रवीर्योनृपतिस्तत्तेवक्ष्यामिसुव्रत १ वनंप्रविशताऽनेनवायुभक्षेणधीमता ॥ अग्नयःकारयि त्वेष्टिमुत्सृष्टाइतिनःश्रुतम् २ याजकास्तुततस्तस्यतानग्नीन्निर्जनेवने ॥ समुत्सृज्ययथाकामंजग्मुर्भरतसत्तम ३ सविवृद्धस्तदावह्निर्वनेतस्मिन्नभूत्किल ॥ ते नतद्वनमादीप्तमितितेतापसाऽब्रुवन् ४ सराजाजाह्नवीतीरेयथातेकथितंमया ॥ तेनाग्निनासमायुक्तःस्वेनैवभरतर्षभ ५ एवमावेदयामासुर्मुनयस्तेममानघ ॥ येतेभागीरथीतीरेमयादृष्टायुधिष्ठिर ६ एवंस्वेनाग्निनाराजासमायुक्तोमहीपते ॥ माशोचिथास्त्वंनृपतिंगतःसपरमांगतिम् ७ गुरुशुश्रूषयाचैवजननीतेजना धिप ॥ प्राप्तासुमहतींसिद्धिमितिमेनात्रसंशयः ८ कर्तुमर्हसिराजेन्द्रतेषांत्वमुदकक्रियाम् ॥ भ्रातृभिःसहितःसर्वैरेतदत्रविधीयताम् ९ ॥ वैशंपायनउवाच ॥ ततःसपृथिवीपालःपांडवानांधुरंधरः ॥ निर्ययौसहसोदर्यैःसदारश्चनरर्षभः १० पौरजानपदाश्चैवराजभक्तिपुरस्कृताः ॥ गंगांप्रजग्मुरभितोवाससै केनसंवृताः ११ ततोऽवगाह्यसलिलेसर्वेतेनरपुंगवाः ॥ युयुत्सुमग्रतःकृत्वाददुस्तोयंमहात्मने १२ गांधार्याश्चपृथायाश्चविधिवन्नामगोत्रतः ॥ शौचंनि वर्तयंतस्तेतत्रोषुर्नगराद्बहिः १३ प्रेषयामाससनरान्विधिज्ञानाप्तकारिणः ॥ गंगाद्वारंनरश्रेष्ठोयत्रदग्धोऽभवन्नृपः १४ तत्रैवतेषांकुल्यानिगंगाद्वारेऽन्व शात्तदा ॥ कर्तव्यानीतिपुरुषान्दत्तदेयान्महीपतिः १५ द्वादशेऽहनितेभ्यःसकृतशौचोनराधिपः ॥ ददौश्राद्धानिविधिवद्दक्षिणावंतिपांडवः १६ धृतरा ष्ट्रंसमुद्दिश्यददौसपृथिवीपतिः ॥ सुवर्णंरजतंगाश्चशय्याश्चसुमहाधनाः १७ गांधार्याश्चैवतेजस्वीपृथायाश्चपृथक्पृथक् ॥ संकीर्त्यनामनीराजाददौदान मनुत्तमम् १८ योयदिच्छतियावच्चतावत्सलभतेनरः ॥ शयनंभोजनंयानंमणिरत्नमथोधनम् १९ यानमाच्छादनंभोगान्दासीश्चसमलंकृताः ॥ ददौराजासमु द्दिश्यतयोर्मात्रोर्महीपतिः २० ततःसपृथिवीपालोदत्वाश्राद्धान्यनेकशः ॥ प्रविवेशपुरंराजानगरंवारणाह्वयम् २१ तेचापिराजवचनात्पुरुषायेगताऽभवन् संकल्प्यतेषांकुल्यानिपुनःप्रत्यागमंस्ततः २२ ॥ ॥ ॥ ॥

१२ । १३ । १४ । १५ । १६ । १७ । १८ । १९ । २० । २१ संकल्प्यएकीकृत्य कुल्यामिअस्थीनि 'कुल्यंस्यात्कीकसेऽपिच' इतिमेदिनी । प्रत्यागमन्गंगामितिशेषः २२ ॥

संयोज्यगंगयेतिशेषः २३ । २४ । २५ । २६ । २७ ॥ इति श्रीमत्पदवाक्यप्रमाणमर्यादाधुरंधरचतुर्धरवंशावतंसश्रीगोविंदसूरिसूनोर्नीलकंठस्यकृतौ भारतभावदीपे आश्रमवासिकापर्वप्रकाशेऊनचत्वारिंशोऽध्यायः ॥ ३९ ॥ ॥ ॥ ॥ ॥

॥ २१ ॥ माल्यैर्गंधैश्चविविधैरर्चयित्वायथाविधि ॥ कुल्यानितेषांसंयोज्यतदाचख्युर्महीपतेः २३ समाश्वास्यतुराजानंधर्मात्मानंयुधिष्ठिरम् ॥ नारदोऽप्यगमद्राजन्परमर्षिर्यथेप्सितम् २४ एवंवर्षाण्यतीतानिधृतराष्ट्रस्यधीमतः ॥ वनवासेतथात्रीणिनगरेदशपंचच २५ हतपुत्रस्यसंग्रामेदानानिददतःसदा ॥ ज्ञातिसंबंधिमित्राणांभ्रातॄणांस्वजनस्यच २६ युधिष्ठिरस्तुनृपतिर्नातिप्रीतमनास्तदा ॥ धारयामासतद्राज्यंनिहतज्ञातिबांधवः २७ ॥ इतिश्रीमहाभारतेआश्रमवासिकेपर्वणिनारदागमनपर्वणिश्राद्धदानेऊनचत्वारिंशोऽध्यायः ॥ ३९ ॥ ॥ ॥ ॥ समाप्तंनारदागमनपर्व आश्रमवासिकंचपर्वसमाप्तम् ॥ अस्यानंतरंमौसलपर्व तस्यायमाद्यःश्लोकः ॥ ॥ वैशंपायनउवाच ॥ षट्त्रिंशेत्वथसंप्राप्तेवर्षेकौरवनंदनः ॥ ददर्शविपरीतानिनिमित्तानियुधिष्ठिरः १ ॥

॥ अस्मिन्पर्वणिव्यासोक्ताध्यायश्लोकसंख्यान्यूनाधिक्यंचपूर्ववद्बोद्धव्यम् ॥

॥ इति श्रीमहाभारते आश्रमवासिकपर्व समाप्तम् ॥

अथ श्रीमहाभारतेमौसलपर्वप्रारंभः

मौसल पर्व. १६
ऋषि.
स्त्रीवेष सांब.
यादव कुमार.
यादवी.

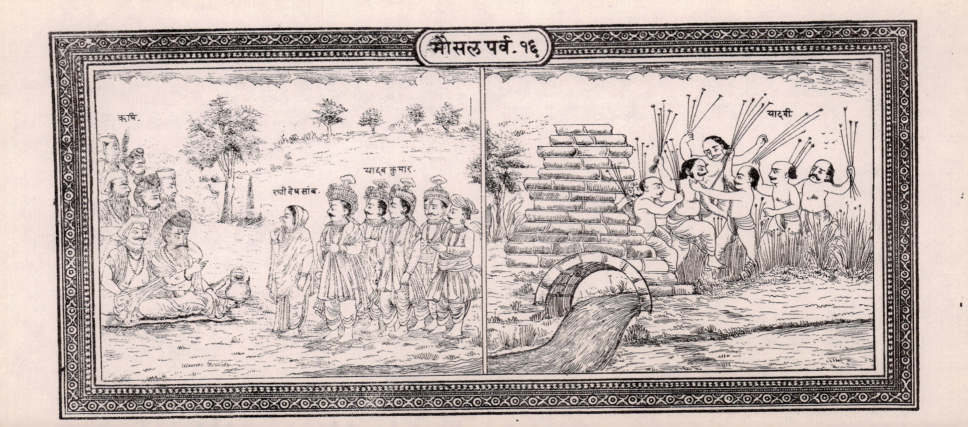

॥ महाभारतम् ॥

मौसलपर्व ।

-१६-

विषयानुक्रमणिका ।

अ०	विषयः	पृष्ठम्
१	राज्यप्राप्त्यनन्तरं षट्त्रिंशत्तमे वर्षे सनिर्घातवाय्वादीनि दुर्निमित्तान्यालोच्य चिन्तयन्युधिष्ठिरो मौसले रामकृष्णरहितानां वृष्णीनां कदनं रामकृष्णयोर्निधनं च श्रुत्वा भ्रातृनानीय 'किं करिष्यामः' (८) इत्यवादीत् । ततः सर्वे दुःखशोकसमन्विताः समुपाविशन् 'कथं विनष्टा भगवन्' (१२) इत्यादिके जनमेजयप्रश्ने 'षट्त्रिंशेऽथ ततो वर्षे' (१३) इत्यादिनोत्तरमभिधाय 'केनानुशप्तास्ते वीराः' (१४) इत्यादिके पुनर्जनमेजयप्रश्ने 'विश्वामित्रं च कण्वं च' (१५) इत्यादिना तदुत्तरमभिदधद्वैशम्पायनो यदुकुमारकृतं विश्वामित्राद्युपहासं तद्दत्तं शापं मुसलस्य चूर्णीकरणपूर्वकं समुद्रे प्रक्षेपं सुरापानवर्जनविषये घोषणं च कथयति स्म...	...१
२	द्वारकायां नानोत्पातप्रादुर्भावः। तद्दर्शनात्कृष्णेन गान्धारीशापदानानुस्मरणेन तस्य सत्यताचिकीर्षया भटैः सर्ववृष्ण्यादीनां तीर्थयात्रोद्घोषणम्...	...१
३	काल्याः स्त्रिया द्वारकाधावनादिषु दुर्निमित्तेषु प्रादुर्भूतेषु कृष्णस्य चक्रादिषु च दिवं गतेषु वृष्ण्यन्धकादयो भक्ष्यभोज्यादिसंग्रहपूर्वकं निर्गत्य प्रभासे न्यवसन् । तत्र कालपरीतास्ते मद्यपानं विधाय मत्ता बभूवुः । तदा प्रथमं सात्यकिकृतवर्मणोः परस्परमर्माण्युद्घाटयतोः सात्यकिना कृतवर्मणि हते क्षुब्धेषु सर्वेषु सात्यकिप्रभृतीनां नाशोऽवशिष्टान् निघ्नन्तं केशवं बभ्रुदारुकौ 'रामस्य पदमान्विच्छ तत्र गच्छाम यत्र सः' (४७)	...२
४	बभ्रुदारुकसहितः कृष्णो राममन्विच्छन्वृक्षमूले स्थितं चिन्तयन्तं तमेकान्ते दृष्ट्वा अर्जुनानयनार्थं दारुकमादिश्य मदा-	

स्तमाश्वास्य दिवं जगाम श्रीकृष्णः ३

५ दारुकमुखेन वृष्णीनां निधनं श्रुत्वा निर्गतोऽर्जुनोद्वारकामेत्य निरानन्दां तां दृष्ट्वा शोचन्कृष्णस्त्रीभिराक्रोशपूर्वकं परिवारितो मूर्च्छितः सत्यभामादिभिराश्वास्यासने उपवेशितस्ता आश्वास्य मातुलं द्रष्टुमभ्यगात्... ३

६ अर्जुनः शयानं वसुदेवं दृष्ट्वा तत्पादौ जग्राह । वसुदेवश्च तं मूर्ध्न्युपाघ्राय बहु विलप्य श्रीकृष्णोक्तं कथयित्वा 'यदुक्तं पार्थ कृष्णेन' (२८) इत्याद्युवाच ३.

७ अर्जुनो दुःखितं वसुदेवं प्रति 'नाहं वृष्णिप्रवीरेण' (२) इत्यादिना वृष्णिदारा बालान्वृद्धांश्चेन्द्रप्रस्थं नेष्यामीत्युक्त्वा दारुकं प्रति 'अमात्यान्-द्रष्टुमिच्छामि' (६) इत्यभिधाय सुधर्माख्यां यादवीं सभां प्रविष्टस्तत्रागतानमात्यादीन् प्रति यानादिसज्जीकरणमादिश्य 'अयं वो राजा वज्र इन्द्रप्रस्थे भविष्यति, इतः सप्तमे दिवसे समुद्र इमां पुरीं प्लावयिष्यत्यतो बहिर्वत्स्यामः' इत्याज्ञापयामास । अर्जुनादिष्टैस्तैः सर्वस्मिन्सज्जीकृते श्वोभूते वसुदेवेनोत्सृष्टेषु प्राणेषु तस्यानु चतसृषु तत्स्त्रीष्वन्वारूढासु सर्वं तदौर्ध्वदेहिकं विधाय वृष्णीनां कदनस्थानमागत्य केशागमनं प्रतीक्षस्वेति बलरामं प्रत्युक्त्वा द्वारकामेत्यार्जुनागमनपर्यन्तं स्त्रियो रक्षणीया इति पितरमभिधाय रामसंनिधावागतो नागरूपेण समुद्रं प्रविष्टं तं दृष्ट्वा चिन्तयन्नेकान्ते इन्द्रियादिनिरोधनपूर्वकं शयितो जराख्यव्याधेन मृगबुद्ध्या पादे विद्धः वरामयोः शरीरे संस्कृत्य सर्वेषामन्येषां दाहादि विधाय वृष्णिवीराणां स्त्रियः षोडश सहस्रं श्रीकृष्णभार्या वज्रपुरःसरा गृहीत्वाऽर्जुनो निर्जगाम । सर्वेष्वेवं निर्गतेषु समुद्रेण प्लावितायां द्वारकायां निर्गतोऽर्जुनः पञ्चनदे निवासमकरोत्, तत्र लुब्धेषु दस्युप्रायेषु गोपेषु वृष्णिस्त्रियो हर्तुं प्रवृत्तेषु तैर्युद्धं कुर्वत्यर्जुने स्वबाणक्षयादिके जातेऽपि धनुष्कोट्या तान् प्रहरत्यपि ते तमनादृत्य वृष्णिस्त्रिय आहृत्य जग्मुः । ततोऽर्जुनो दैवमित्युक्त्वा हृतशेषाः स्त्रिय आदाय कुरुक्षेत्रमवातरत् । ततो मार्तिकावते कृतवर्मतनयं सरस्वत्यां सात्यकितनयं निवेश्येन्द्रप्रस्थे वज्राय राज्यं ददौ । रुक्मिण्यादयोऽग्निं सत्यभामादयश्च वनं प्रविविशुः । ततोऽर्जुनो व्यासाश्रममागत्य तं ददर्श... ... ४

८ आगत्याभिवादनं कुर्वन्निर्विण्णमानसोऽर्जुनो 'नख-केश-दशा-कुम्भवारिणा किं समुक्षितः' (.५) इत्यादिना व्यासेन पृष्टः कृष्णादीनां निधनादिकं गोपकृतं स्वपराभवं बाणक्षयादिकं चाख्याय 'उपदेष्टुं मम श्रेयो भवानर्हति सत्तम' (२५) इत्युवाच । 'ब्रह्मशापविनिर्दग्धाः' (२६) इत्यादिना व्यासेनोपदिष्टोऽर्जुनो हास्तिनापुरमागत्य युधिष्ठिराय सर्वं वृत्तं शशंस... ... ५

मौसलपर्वणो विषयानुक्रमणिका समाप्ता ।

श्रीगणेशायनमः ॥ एतस्मादिपर्वणिसूत्रितानांधर्मार्थकाममोक्षाणांमध्येसभावनयोर्यज्ञमल्पधृतिगुरुसत्तीर्थसेवनादिनाधर्मःप्रतिपादितः । विराटाद्यष्टकेसेवानीतिहिंसानृतकुलक्षयादिनार्थःशोकप्रदोनि रूपितः । द्वादशेऽर्थफलभूतःकामःसोपसर्गोनिरुपद्रवंचमोक्षपदंनिरूपितं । त्रयोदशादित्रयेमोक्षहेतून्दानविद्यावनवासांश्चनिरूप्यषोडशेधृतराष्ट्रवद्धनमनाश्रित्यकेवलमर्थकामसक्तास्तेमदिरादिकलहेनव्य

श्रीगणेशायनमः ॥ श्रीवेदव्यासायनमः ॥ नारायणंनमस्कृत्यनरंचैवनरोत्तमम् ॥ देवींसरस्वतींचैवततोजयमुदीरयेत् ॥ १ ॥ वैशंपायनउवाच ॥ षट्त्रिंशेत्व
र्षसंप्राप्तेवर्षेकौरवनंदनः ॥ ददर्शविपरीतानिनिमित्तानियुधिष्ठिरः ॥ ववुर्वाताश्चनिर्घातारूक्षाःशर्करवर्षिणः ॥ अपसव्यानिशकुनामंडलानिप्रचक्रिरे २ प्रत्यगू
हुर्महानद्योदिशोनीहारसंवृताः ॥ उल्काश्चांगारवर्षिण्यःप्रापतन्गगनाद्भुवि ३ आदित्योरजसाराजन्समवच्छन्नमंडलः ॥ विरश्मिरुदयेनित्यंकबंधैःसमदृश्य
त ४ परिवेषाश्चदृश्यंतेदारुणाश्चंद्रसूर्ययोः ॥ त्रिवर्णाःश्यामरूक्षांतास्तथाभस्मारुणप्रभाः ५ एतेचान्येचबहवउत्पाताभयशंसिनः ॥ दृश्यंतेबहवोराजन्हृद
योद्वेगकारकाः ६ कस्यचित्त्वथकालस्यकुरुराजोयुधिष्ठिरः ॥ शुश्राववृष्णिचक्रस्यमौसलेकदनंकृतम् ७ विमुक्तंवासुदेवंचश्रुत्वारामंचपांडवः ॥ समानीया
ब्रवीद्भ्रातॄन्किंकरिष्यामइत्युत ८ परस्परंसमासाद्यब्रह्मदंडबलात्कृतान् ॥ वृष्णीन्विनष्टांस्तेश्रुत्वाव्यथिताःपांडवाभवन् ९ निधनंवासुदेवस्यसमुद्रस्येवशोष
णम् ॥ वीरानश्रद्दधुस्तस्यविनाशंशार्ङ्गधन्वनः १० मौसलंतेसमाश्रित्यदुःखशोकसमन्विताः ॥ विषण्णाहतसंकल्पाःपांडवाःसमुपाविशन् ११ ॥ जन
मेजयउवाच ॥ कथंविनष्टाभगवन्नंधकावृष्णिभिःसह ॥ पश्यतोवासुदेवस्यभोजाश्चैवमहारथाः १२ ॥ वैशंपायनउवाच ॥ षट्त्रिंशेऽथततोवर्षेवृष्णीनामन
योमहान् ॥ अन्योन्यंमुसलैस्तेतुनिजघ्नुःकालचोदिताः १३ ॥ जनमेजयउवाच ॥ केनानुशप्तास्तेवीराःक्षयंवृष्ण्यंधकागताः ॥ भोजाश्चद्विजवर्यत्वंविस्त
रेणवदस्वमे १४ ॥ वैशंपायनउवाच ॥ विश्वामित्रंचकण्वंचनारदंचतपोधनम् ॥ सारणप्रमुखावीरादद्दृशुर्द्वारकांगतान् १५ तेतान्सांबंपुरस्कृत्यभूषयित्वास्त्रि
यंयथा ॥ अब्रुवन्नुपसंगम्यदैवदंडनिपीडिताः १६ इयंस्त्रीपुत्रकामस्यबभ्रोरमिततेजसः ॥ ऋषयःसाधुजानीतकिमियंजनयिष्यति १७ इत्युक्तास्तेतदाराज
न्विप्रलंभप्रधर्षिताः ॥ प्रत्यब्रुवंस्तान्मुनयोयत्तच्छृणुनराधिप १८ वृष्ण्यंधकविनाशायमुसलंघोरमायसम् ॥ वासुदेवस्यदायादःसांबोऽयंजनयिष्यति १९ ये
नयूयंसुदुर्वृत्तानृशंसाजातमन्यवः ॥ उच्छेत्तारःकुलंकृत्स्नमृतेरामजनार्दनौ २० समुद्रंयास्यतिश्रीमांस्त्यक्त्वादेहंहलायुधः ॥ जराकृष्णंमहात्मानंशयानं
भुविभेत्स्यति २१ इत्यब्रुवंततेराजन्प्रलब्धास्तैर्दुरात्मभिः ॥ मुनयःक्रोधरक्ताक्षाःसमीक्ष्याथपरस्परम् २२ ॥ ॥ ॥

सनेनविनश्यंतीतिप्रतिपाद्यते । सप्तदशेनिष्कामधर्मस्यफलंगृहादेस्त्यागोऽष्टादशेतत्पूर्विकास्वर्गप्राप्तिश्चनिरूपयिष्यते। तत्रराज्यप्राप्त्यनंतरंषट्त्रिंशत्तमेवर्षेसर्वनाशसूचकानुत्पातानाहवैशंपायनः षट्त्रिंशइति
१ । २ । ३ । ४ । ५ । ६ । ७ । ८ भवनअभवन् ९ । १० मौसलंमुसलकृतंकदनंसमाश्रित्यमनसिधृत्वा ११ । १२ मुसलैरेरकाख्यैर्मुसलकणैः १३ । १४ । १५ । १६ । १७ । १८
१९ । २० जरानामाकश्चित्कैवर्तः २१ । २२ ॥ ॥ ॥ ॥ ॥ ॥

म.भा.टी॰ अभ्ययुर्मनसाऽस्माभिर्दत्तःशापस्त्वयाक्षंतव्यइति २३ । २४ । २५ । किंकरोयमदूतस्तत्तुल्यम् २६ । २७ । २८ । २९ । ३० स्वयंकृत्वास्वयंकर्ता ३१ ॥ इतिभारतेमौसलपर्वणिनीलकंठीयेभारत मौ॰ १६

भावदीपेप्रथमोऽध्यायः ॥ १ ॥ ॥ एवमिति । कालःकपोतोलूकादिरूपेण १ सएवकचित्करालादिरूपोऽदृश्यतकचिन्नआवेक्ष्यपरिक्रामन्नितिशेषः २ सर्वभूतानामत्ययोनाशोयस्मात् ३ । ४ अ॰

॥ १ ॥ तथोत्क्रामुनयस्तेतुततःकेशवमभ्ययुः ॥ अथाब्रवीत्तदावृष्णीन्श्रुत्वैवंमधुसूदनः २३ अंतज्ञोमतिमांस्तस्यभवितव्यंतथेतितान् ॥ एवमुक्त्वाहृषीकेशःप्रविवेश
पुरंतदा २४ कृतांतमन्यथानैच्छत्कर्तुंसजगतःप्रभुः ॥ श्वोभूतेऽथततःसांबोमुसलंतदसूतवै २५ येनवृष्ण्यंधककुलेपुरुषाभस्मसात्कृताः ॥ वृष्ण्यंधकविना ॥२॥
शायकिंकरप्रतिमंमहत् २६ असूतशापजंघोरंतच्चराज्ञेन्यवेदयन् ॥ विषण्णरूपस्तद्राजासूक्ष्मंचूर्णमकारयत् २७ तच्चूर्णंसागरेचापिप्राक्षिपन्पुरुषान्नृप ॥
अघोषयंश्चनगरेवचनादाहुकस्यते २८ जनार्दनस्यरामस्यबभ्रोश्चैवमहात्मनः ॥ अद्यप्रभृतिसर्वेषुवृष्ण्यंधककुलेष्विह २९ सुरासवोनकर्तव्यःसर्वैर्नगरवासि
भिः ॥ यश्चनोविदितंकुर्यात्पेयंकश्चिन्नरःक्वचित् ३० जीवन्सशूलमारोहेत्स्वयंकृत्वासबांधवः ॥ ततोराजभयात्सर्वेनियमंचक्रिरेतदा ॥ नराःशासनमाज्ञायरा
मस्याक्लिष्टकर्मणः ३१ ॥ इतिश्रीमहाभारतेमौसलपर्वणिमुसलोत्पत्तौप्रथमोऽध्यायः ॥ १ ॥ ॥ ॥ वैशंपायनउवाच ॥ एवंप्रयतमानानांवृष्णीना
मंधकैःसह ॥ कालोगृहाणिसर्वेषांपरिचक्रामनित्यशः १ करालोविकटोमुंडःपुरुषःकृष्णपिंगलः ॥ गृहाण्यावेक्ष्यवृष्णीनांनादृश्यतक्वचित्क्वचित् २ तमघ्नं
स्तमहेष्वासाःशरैःशतसहस्रशः ॥ नचाशक्यतवेद्धुंससर्वभूतात्ययस्तदा ३ उत्पेदिरेमहावातादारुणाश्चदिनेदिने ॥ वृष्ण्यंधकविनाशायबहवोलोमहर्षणाः ४
विवृद्धमूषिकारथ्याविभिन्नमणिकास्तथा ॥ केशानखाश्चसुप्तानामद्यंतेमूषिकैर्निशि ५ चीचीकूचीतिवाशंतिसारिकावृष्णिवेश्मसु ॥ नोपशाम्यतिशब्दश्चस
दिवारात्रमेवहि ६ अन्वकुर्वन्नुलूकानांसारसाविरुतंतथा ॥ अजाःशिवानांविरुतमन्वकुर्वतभारत ७ पांडुरारक्तपादाश्चविहगाःकालचोदिताः ॥ वृष्ण्यंधका
नांगेहेषुकपोताव्यचरंस्तदा ८ व्यजायंतखरागोषुकरभाऽश्वतरीषुच ॥ शुनीष्वपिबिडालाश्चमूषिकानकुलीषुच ९ नापत्रपंतपापानिकुर्वंतोवृष्णयस्तदा ॥
प्राद्विषन्ब्राह्मणांश्चापिपितॄन्देवांस्तथैवच १० गुरूंश्चाप्यवमन्यंतेनतुरामजनार्दनौ ॥ पत्न्यःपतीनुच्चरंतपत्नीश्चपतयस्तथा ११ विभावसुःप्रज्वलितोवामंविप
रिवर्तते ॥ नीललोहितमंजिष्ठाविसृजन्नर्चिषःपृथक् १२ उदयास्तमनेनित्यंपुर्यांतस्यांदिवाकरः ॥ व्यदृश्यतासकृत्पुंभिःकबंधैःपरिवारितः १३ महानसेषुसिद्धे
षुसंस्कृतेऽतीवभारत ॥ आहार्यमाणेकृमयोव्यदृश्यंतसहस्रशः १४ पुण्याहेवाच्यमानेतुजपत्सुचमहात्मसु ॥ अभिधावंतःश्रूयंतेनचादृश्यतकश्चन १५ परस्परंच
नक्षत्रंहन्यमानंपुनःपुनः ॥ ग्रहैरपश्यन्सर्वेतेनात्मनस्तुकथंचन १६ नदंतंपांचजन्यंचवृष्ण्यंधकनिवेशने ॥ समंतात्पर्यवाशंतरासभादारुणस्वराः १७ ॥ ॥ १ ॥

मणिकामृत्पात्राणि ५ । ६ । ७ । ८ । ९ । व्युच्चरंतवंचितवत्यः ११ । १२ । १३ आहार्यमाणेअन्ने १४ । १५ परेति । स्वनक्षत्रादर्शनमपिस्वमृत्युसूचकमित्यर्थः १६ । १७ ॥ ॥

एवमिति । त्रयोदशदिवसः कृष्णपक्षोभूदित्यर्थः १८ एवंसत्यग्रिमपक्षेद्दद्याभाव्यंतत्रजातंमत्वा तंकालितिथिःक्षीणातत्रग्रहणंचजातमित्याह चतुर्दशीति १९ । २० । २१ । २२ । २३ । २४

एवंपश्यन्हृषीकेशःसंप्राप्तंकालपर्ययम् ॥ त्रयोदश्याममावास्यांतान्दृष्ट्वाप्राब्रवीदिदम् १८ चतुर्दशीपंचदशीकृतेयंराहुणापुनः ॥ प्राप्तेवैभारतेयुद्धेप्राप्ताचाद्यक्षयायनः १९ विमृशन्नेवकालंतंपरिचिंत्यजनार्दनः ॥ मेनेप्राप्तंसषट्त्रिंशंवर्षेवैकेशिसूदनः २० पुत्रशोकाभिसंतप्तागांधारीहतबांधवा ॥ यदनुव्याजहारार्त्ता तदिदंसमुपागमत् २१ इदंचतदनुप्राप्तमब्रवीद्युधिष्ठिरः ॥ पुराव्यूढेष्वनीकेषुदृष्ट्वोत्पातान्सुदारुणान् २२ इत्युक्त्वावासुदेवस्तुचिकीर्षुःसत्यमेवतत् ॥ आज्ञापयामासतदातीर्थयात्रामरिंदमः २३ अघोषयंतपुरुषास्तत्रकेशवशासनात् ॥ तीर्थयात्रासमुद्रेवःकार्येतिपुरुषर्षभाः २४ ॥ इतिश्रीमहाभारतेमौ० उत्पातदर्शनेद्वितीयोऽध्यायः ॥ २ ॥ वैशंपायनउवाच ॥ कालीस्त्रीपांडुरैर्दंतैःप्रविश्यहसतीनिशि ॥ स्त्रियःस्वप्नेषुमुष्णंतीद्वारकांपरिधावति १ अग्निहोत्रनिकेतेषुवास्तुमध्येषुवेश्मसु ॥ वृष्ण्यंधकानखादंतस्वप्नेगृध्राभयानकाः २ अलंकाराश्चच्छत्रंचध्वजाश्चकवचानिच ॥ ह्रियमाणान्यदृश्यंतरक्षोभिःसुभयानकैः ३ तच्चाग्निदत्तंकृष्णस्यवज्रनाभमयोमयम् ॥ दिवमाचक्रमेचक्रंवृष्णीनांपश्यतांतदा ४ युक्तंरथंदिव्यमादित्यवर्णंहयाहरन्पश्यतोदारुकस्य ॥ तेसागरस्योपरिष्टादवर्तन्मनोजवाश्चतुरोवाजिमुख्याः ५ तालःसुपर्णश्चमहाध्वजौतौसुपूजितौरामजनार्दनाभ्याम् ॥ उच्चैर्जह्रुरप्सरसोदिवानिशंवाचश्चोचुर्गम्यतांतीर्थयात्राम् ६ ततोजिगमिषंतस्तेवृष्ण्यंधकमहारथाः ॥ सांतःपुरास्तदातीर्थयात्रामैच्छन्नरर्षभाः ७ ततोभोज्यंचभक्ष्यंचपेयंचांधकवृष्णयः ॥ बहुनानाविधंचक्रुर्मद्यंमांसमनेकशः ८ ततःसैनिकवर्गाश्चनिर्ययुर्नगराद्बहिः ॥ यानैरश्वैर्गजैश्चैवश्रीमंतस्तिग्मतेजसः ९ ततःप्रभासेन्यवसन्यथोद्दिष्टंयथागृहम् ॥ प्रभूतभक्ष्यपेयास्तेसदारायादवास्तदा १० निविष्टांस्तान्निशम्याथसमुद्रांतेसयोगवित् ॥ जगामामंत्र्यतान्वीरानुद्धवोर्थविशारदः ११ तंप्रस्थितंमहात्मानमभिवाद्यकृतांजलिम् ॥ जानन्विनाशंवृष्णीनांनैच्छद्वारयितुंहरिः १२ ततःकालपरीतास्तेवृष्ण्यंधकमहारथाः ॥ अपश्यन्नुद्धवंयांतंतेजसाऽऽवृत्यरोदसी १३ ब्राह्मणार्थेषुयत्सिद्धमन्नंतेषांमहात्मनाम् ॥ तद्वानरेभ्यःप्रददुःसुरागंधसमन्वितम् १४ ततस्तूर्यशताकीर्णंनटनर्तकसंकुलम् ॥ अवर्ततमहापानंप्रभासेतिग्मतेजसाम् १५ कृष्णस्यसन्निधौरामःसहितःकृतवर्मणा ॥ अपिबद्युयुधानश्चगदोबभ्रुस्तथैवच १६ ततःपरिषदोमध्येयुयुधानोमदोत्कटः ॥ अब्रवीत्कृतवर्माणमवहास्यावमन्यच १७ कःक्षत्रियोहन्यमानःसुप्तान्हन्यान्मृतानिव ॥ तन्नमृष्यंतिहार्दिक्ययादवायत्त्वयाकृतम् १८ इत्युक्तेयुयुधानेनपूजयामासतद्वचः ॥ प्रद्युम्नोरथिनांश्रेष्ठोहार्दिक्यमवमन्यच १९

इतिमौसलपर्वणिनीलकंठीये भारतभावदीपे द्वितीयोऽध्यायः ॥ २ ॥ ॥ ॥ ॥ कालीति । मुष्णंतीस्त्रीणांमंगलसूत्रादिकंचोरयंती १ । २ । ३ । ४ । ५ । । ३९ । ८ । ९ १० निशम्यदृष्ट्वा अर्थविशारदोमोक्षपंडितः ११ । १२ । १३ ब्राह्मणार्थेष्विति । ब्राह्मणार्थद्रव्यस्यान्यत्रविनियोजनमायुःक्षयकरमित्यर्थः १४ । १५ । १ । १७ । १८ । १९ ॥ ॥ ॥

२० । २१ । २२ । २३ । २४ । २५ । २६ । २७ । २८ । २९ । ३० । ३१ । ३२ । ३३ । ३४ । ३५ । ३६ । ३७ । ३८ । ३९ विघस्ताडनंतदनर्हान् तोदादिकाद्विधेरिगुपधलक्षणःकस्ततोऽर्हार्थेय

॥ २ ॥ ततःपरमसंक्रुद्धःकृतवर्माणमब्रवीत् ॥ निर्दिशन्निवसावज्ञंतदासव्येनपाणिना २० भूरिश्रवाश्छिन्नबाहुर्युद्धेप्रायगतस्त्वया ॥ वधेनसुनृशंसेनकथंवीरेणपातितः अ०
२१ इतितस्यवचःश्रुत्वाकेशवःपरवीरहा ॥ तिर्यक्सरोषयादृष्ट्यावीक्षांचक्रेसमन्युमान् २२ मणिःस्यमंतकश्चैवयःससत्राजितोऽभवत् ॥ तांकथांश्रावयामाससा
त्यकिर्मधुसूदनम् २३ तच्छ्रुत्वाकेशवस्यांकमगमद्रुदतीतदा ॥ सत्यभामाप्रकुपिताकोपयंतीजनार्दनम् २४ ततउत्थायसक्रोधःसात्यकिर्वाक्यमब्रवीत् ॥ पं ॥ ३ ॥
चानांद्रौपदेयानांधृष्टद्युम्नशिखंडिनोः २५ एषगच्छामिपदवींसत्येनचतथाशपे ॥ सौप्तिकेयेचनिहताःसुप्तायेनदुरात्मना २६ द्रोणपुत्रसहायेनपापेनकृतवर्म
णा ॥ समाप्तमायुरस्याद्ययशश्चैवसुमध्यमे २७ इत्येवमुक्त्वाखड्गेनकेशवस्यसमीपतः ॥ अभिद्रुत्यशिरःक्रुद्धश्चिच्छेदकृतवर्मणः २८ तथाऽन्यानपिनिघ्नंतंयुयु
धानंसमंततः ॥ अभ्यधावद्धृषीकेशोविनिवारयितुंतदा २९ एकीभूतास्ततःसर्वेकालपर्यायचोदिताः ॥ भोजांधकामहाराजशैनेयंपर्यवारयन् ३० तान्दृष्ट्वाप
ततस्तूर्णमभिक्रुद्धान्जनार्दनः ॥ नचुक्रोधमहातेजाजानन्कालस्यपर्ययम् ३१ तेतुपानमदाविष्टाश्चोदिताःकालधर्मणा ॥ युयुधानमथाभ्यघ्नन्नुच्छिष्टैर्भाजनै
स्तदा ३२ हन्यमानेतुशैनेयेक्रुद्धोरुक्मिणिनंदनः ॥ तदनंतरमागच्छन्मोक्षयिष्यन्शिनेःसुतम् ३३ सभोजैःसहसंयुक्तःसात्यकिश्चांधकैःसह ॥ व्यायच्छमा
नौतौवीरौबाहुद्रविणशालिनौ ३४ बहुत्वान्निहतौतत्रउभौकृष्णस्यपश्यतः ॥ हतंदृष्ट्वाचशैनेयंपुत्रंचयदुनंदनः ३५ एरकाणांततोमुष्टिंकोपाज्जग्राहकेशवः ॥
तदभून्मुसलंघोरंवज्रकल्पमयोमयम् ३६ जघानकृष्णस्तांस्तेनयेयेप्रमुखतोऽभवन् ॥ ततोऽन्धकाश्चभोजाश्चशैनेयावृष्णयस्तथा ३७ जघ्नुरन्योन्यमाक्रंदेमु
सलैःकालचोदिताः ॥ यस्तेषामेरकांकश्चिज्जग्राहकुपितोनृप ३८ वज्रभूतेवसाराजन्नदृश्यततदाविभो ॥ तृणंचमुसलीभूतमपितत्रव्यदृश्यत ३९ ब्रह्मदंडकृतं
सर्वमितितद्विद्धिपार्थिव ॥ अविध्यान्विध्यतेराजन्प्रक्षिपंतिस्मयत्तृणम् ४० तद्वज्रभूतंमुसलंव्यदृश्यततदादृढम् ॥ अवधीत्पितरंपुत्रःपितापुत्रंचभारत ४१
मत्ताःपरिपतंतिस्मयोधयंतःपरस्परम् ॥ पतंगाइवचाग्नौतेनिपेतुःकुकुरांधकाः ४२ नासीत्पलायनेबुद्धिर्वध्यमानस्यकस्यचित् ॥ तत्रापश्यन्महाबाहुर्जान
न्कालस्यपर्ययम् ४३ मुसलंसमवष्टभ्यतस्थौसमधुसूदनः ॥ सांबंचनिहतंदृष्ट्वाचारुदेष्णंचमाधवः ४४ प्रद्युम्नंचानिरुद्धंचततश्चुक्रोधभारत ॥ गदंवीक्ष्यश
यानंचभृशंकोपसमन्वितः ४५ सनिःशेषंतदाचक्रेशार्ङ्गचक्रगदाधरः ॥ तंनिघ्नंतंमहातेजाबभ्रुःपरपुरंजयः ४६ दारुकश्चैवदाशार्हमूचतुर्यन्निबोधतत् ॥ भगव
न्निहताःसर्वेत्वयाभूयिष्ठशोनराः ॥ रामस्यपदमन्विच्छतत्रगच्छामयत्रसः ४७ ॥ इतिश्रीमहाभारतेमौसलपर्वणिकृतवर्मादीनांपरस्परहननेतृतीयोऽध्यायः ॥ ३ ॥

तद्विध्यविध्वा ४० । ४१ । ४२ तत्रयन्मुसलमपश्यत्तदेवावष्टभ्यतस्थावित्यन्वयः ४३ । ४४ । ४५ । ४६ । ४७ ॥ इतिमौसलपर्वणिनी० भा० तृतीयोऽध्यायः ॥ ३ ॥ ॥ ॥ ॥ २ ॥

तनदति । पतंतःशीघ्रंमच्छंतः १ । २ । ३ । ४ । ५ कूटलोहमुद्गरेयुक्तंवद्धंमुसलंब्राह्मणशप्तंबभ्रुंस्वयमेवनिपत्याग्रधीत महत्यादिसार्धःश्लोकः ६ । ७ । ८ । ९ । १० ११ । १२ । १३ । १४ । १५

॥ वैशंपायनउवाच ॥ ततोययुर्दारुकःकेशवश्चबभ्रुश्चरामस्यपदंपतंतः ॥ अथापश्यन्राममनंतवीर्यंवृक्षेस्थितंचिंतयानंविविक्ते १ ततःसमासाद्यमहानुभावं
कृष्णस्तदादारुकमन्वशासत् ॥ गत्वाकुरून्सर्वमिमंमहांतंपार्थायशंसस्ववधंयदूनाम् २ ततोऽर्जुनःक्षिप्रमिहोपयातुश्रुत्वामृतान्यादवान्ब्रह्मशापात् ॥ इत्येवमुक्तः
सययौरथेनकुरूंस्तदादारुकोनष्टचेताः ३ ततोगतेदारुकेकेशवोऽथदृष्ट्वांतिकेबभ्रुमुवाचवाक्यम् ॥ स्त्रियोभवान्रक्षितुंयातुशीघ्रंनैताहिंस्युर्दस्यवोवित्तलोभात ४
सप्रस्थितःकेशवेनानुशिष्टोमदातुरोज्ञातिवधार्दितश्च ॥ तंविश्रांतंसन्निधौकेशवस्यदुरंतमेकंसहसैवबभ्रुम् ५ ब्रह्मानुशप्तमवधीन्महद्वैकूटेयुक्तंमुसलंलुब्धकस्य ॥
ततोदृष्ट्वाभिहतंबभ्रुमाहकृष्णोऽग्रजंभ्रातरमुग्रतेजाः ६ इहैवत्वंमांप्रतीक्षस्वरामयावत्स्त्रियोज्ञातिवशाःकरोमि ॥ ततःपुरींद्वारवतींप्रविश्यजनार्दनःपितरंप्राहवाक्यम्
७ स्त्रियोभवान्रक्षतुनःसमग्राधनंजयस्यागमनंप्रतीक्षन् ॥ रामोवनांतेप्रतिपालयन्मामास्तेऽद्याहंतेनसमागमिष्ये ८ दृष्टंमयेदंनिधनंयदूनांराज्ञांचपूर्वंकुरुपुंगवा
नाम् ॥ नाहंविनायदुभिर्यादवानांपुरीमिमामशकंद्रष्टुमद्य ९ तपश्चरिष्यामिनिबोधतन्मेरामेणसार्धंवनमभ्युपेत्य ॥ इतीदमुक्त्वाशिरसाचपादौसंस्पृश्यकृष्णस्त्व
रितोजगाम १० ततोमहान्निनदःप्रादुरासीत्सस्त्रीकुमारस्यपुरस्यतस्य ॥ अथाब्रवीत्केशवःसन्निवर्त्यशब्दंश्रुत्वायोषितांक्रोशतीनाम् ११ पुरीमिमामेष्यतिस
व्यसाचीसवोदुःखान्मोचयितानराग्र्यः ॥ ततोगत्वाकेशवस्तंददर्शरामंवनेस्थितमेकंविविक्ते १२ अथापश्यद्योगयुक्तस्यतस्यनागंमुखान्निश्चरंतंमहांतम् ॥ श्वेतंय
यौसततःप्रेक्ष्यमाणोमहार्णवंयेनमहानुभावः १३ सहस्रशीर्षःपर्वताभोगवर्ष्मारक्ताननःस्वांतनुंतांविमुच्य ॥ सम्यक्चतंसागरःप्रत्यगृह्णान्नागादिव्याःसरितश्चैवपुण्याः
१४ कर्कोटकोवासुकिस्तक्षकश्चपृथुश्रवाअरुणःकुंजरश्च ॥ मिश्रीशंखःकुमुदःपुंडरीकस्तथानागोधृतराष्ट्रोमहात्मा १५ ह्रादःक्राथःशितिकंठोग्रतेजास्तथानागौ
चक्रमंदातिषंडौ ॥ नागश्रेष्ठोदुर्मुखश्चांबरीषःस्वयंराजावरुणश्चापिराजन् १६ प्रत्युद्गम्यस्वागतेनाभ्यनंदंस्तेपूजयंश्चार्घ्यपाद्यक्रियाभिः ॥ ततोगतेभ्रातरिवासुदेवो
जानन्सर्वागतयोदिव्यदृष्टिः १७ वनेशून्येविचरंश्चिंतयानोभूमौचाथसंविवेशाग्र्यतेजाः ॥ सर्वंतेनप्राक्तदावित्तमासीद्गांधार्यायद्वाक्यमुक्तःसपूर्वम् १८ दुर्वाससापा
यसोच्छिष्टलिप्तेयच्चाप्युक्तंतच्चसस्मारवाक्यम् ॥ संचिंतयन्नंधकवृष्णिनाशंकुरुक्षयंचैवमहानुभावः १९ मेनेततःसंक्रमणस्यकालंततश्चकारेन्द्रियसन्निरोधम् ॥ तथा
चलोकत्रयपालनार्थमात्रेयवाक्यप्रतिपालनाय २० देवोऽपिसन्देहविमोक्षहेतोर्निर्णीतमैच्छत्सकलार्थतत्त्ववित् ॥ ससन्निरुद्धेंद्रियवाङ्मनास्तुशिश्येमहायोगमु
पेत्यकृष्णः २१ जराऽथतंदेशमुपाजगामलुब्धस्तदानींमृगलिप्सुरुग्रः ॥ सकेशवंयोगयुक्तंशयानंमृगासक्तोलुब्धकःसायकेन २२ ॥ ॥

१६ । १७ । १८ । १९ । २० । २१ । २२ ॥ ॥ ॥ ॥ ॥ ॥

॥ ३ ॥ जराऽविध्यत्पादतलेत्वरावांस्तंचाभितस्तज्जिघृक्षुर्जगाम ॥ अथापश्यत्पुरुषंयोगयुक्तंपीतांबरंलुब्धकोऽनेकबाहुम् २३ मत्वाऽऽत्मानंत्वपराद्धंसतस्यपादौजरा अ०

जगृहेशंकितात्मा ॥ आश्वासयंस्तंमहात्मातदानींगच्छन्नूर्ध्वंरोदसीव्याप्यलक्ष्म्या २४ दिवंप्राप्तंवासवोऽथाश्विनौचरुद्रादित्यावसवश्चाथविश्वे ॥ प्रत्युद्ययुर्मुनयश्चा

पिसिद्धागंधर्वमुख्याश्चसहाप्सरोभिः २५ ततोराजन्भगवानुग्रतेजानारायणःप्रभवश्चाव्ययश्च ॥ योगाचार्योरोदसीव्याप्यलक्ष्म्यास्थानंप्रापस्वंमहात्माऽप्रमेयम् २६ ॥ ६ ॥

ततोदेवैर्ऋषिभिश्चापिकृष्णःसमागतश्चारणैश्चैवराजन् ॥ गंधर्वाग्र्यैरप्सरोभिर्वराभिःसिद्धैःसाध्यैश्चानतैःपूज्यमानः २७ तंवैदेवाःप्रत्यनंदंतराजन्मुनिश्रेष्ठावाग्भि

रानर्चुरीशम् ॥ तंगंधर्वाश्चापितस्थुःस्तुवंतःप्रीत्याचैनंपुरुहूतोऽभ्यनंदत् २८ ॥ इतिश्रीमहाभारतेमौसलपर्वणिश्रीकृष्णस्यस्वलोकगमनेचतुर्थोऽध्यायः ॥ ४ ॥

॥ वैशंपायनउवाच ॥ दारुकोऽपिकुरून्गत्वादृष्ट्वापार्थान्महारथान् ॥ आचष्टमौसलेवृष्णीनन्योन्येनोपसंहृतान् १ श्रुत्वाविनष्टान्वार्ष्णेयान्सभोजांधककौकु

रान् ॥ पांडवाःशोकसंतप्तावित्रस्तमनसोऽभवन् २ ततोऽर्जुनस्तानामंत्र्यकेशवस्यप्रियःसखा ॥ प्रययौमातुलंद्रष्टुंनेदमस्तीतिचाब्रवीत् ३ सवृष्णिनिलयंगत्वा

दारुकेणसहप्रभो ॥ ददर्शद्वारकांवीरोमृतनाथामिवस्त्रियम् ४ याःस्मतालोकनाथेननाथवंत्यःपुराऽभवन् ॥ तास्त्वनाथास्तदानाथंपार्थंदृष्ट्वाविचुक्रुशुः ५

षोडशस्त्रीसहस्राणिवासुदेवपरिग्रहः ॥ तासामासीन्महान्नादोदृष्ट्वैवार्जुनमागतम् ६ तास्तुदृष्ट्वैवकौरव्योबाष्पेणापिहितेक्षणः ॥ हीनाःकृष्णेनपुत्रैश्चनाशकत्सोऽभि

वीक्षितुम् ७ सतांवृष्ण्यंधकजलांहयमीनांरथोडुपाम् ॥ वादित्ररथघोषौघांवेश्मतीर्थमहाह्रदाम् ८ रत्नशैवलसंघातांवज्रप्राकारमालिनीम् ॥ रथ्यास्रोतोजलाव

र्तांचत्वरस्तिमितह्रदाम् ९ रामकृष्णमहाग्राहांद्वारकांसरितंतदा ॥ कालपाशग्रहांभीमांनदींवैतरणीमिव १० ददर्शवासविर्धीमान्विहीनांवृष्णिपुंगवैः ॥ गत

श्रियंनिरानंदांपद्मिनींशिशिरेयथा ११ तांदृष्ट्वाद्वारकांपार्थस्ताश्चकृष्णस्ययोषितः ॥ सस्वनंबाष्पमुत्सृज्यनिपपातमहीतले १२ सात्राजितीततःसत्यारुक्मिणी

चविशांपते ॥ अभिपत्यप्ररुरुदुःपरिवार्यधनंजयम् १३ ततस्तंकांचनेपीठेसमुत्थाप्योपवेश्यच ॥ अब्रुवंत्योमहात्मानंपरिवार्योपतस्थिरे १४ ततःसंस्तूयगोविं

दंकथयित्वाचपांडवः ॥ आश्वास्यताःस्त्रियश्चापिमातुलंद्रष्टुमभ्यगात् १५ ॥ इतिश्रीमहाभारते मौसलपर्वणिअर्जुनागमेपंचमोऽध्यायः ॥ ५ ॥ ॥ वैशंपा

यनउवाच ॥ तंशयानंमहात्मानंवीरमानकदुंदुभिम् ॥ पुत्रशोकेनसंतप्तंददर्शकुरुपुंगवः १ तस्याश्रुपरिपूर्णाक्षोव्यूढोरस्कोमहाभुजः ॥ आर्तस्यार्ततरःपार्थःपादौ

जग्राहभारत २ तस्यमूर्धानमाघ्रातुमियेषानकदुंदुभिः ॥ स्वस्त्रीयस्यमहाबाहुर्नशशाकचशत्रुहन् ३ ॥ ॥ ॥ ॥ ॥ ३ ॥

४ । ५ शिष्यौप्रद्युम्नसात्यकी ६ । ७।८।९।१०।११ काशिराजंपाण्डूकं १२ एतद्वंशक्षयंअनयात्त्वबालानामपराधात्सत्यपिसामर्थ्येउपेक्षाकरणमनयस्तस्माद्वा सामर्थ्यमेवाह त्वमिति १३ । १४ । १५ । १६
१७ । १८ । १९ । २० योऽहमिति नरनारायणयोर्जीवपरमात्मनोर्व्यतिहारेणभगवताऽभेदउक्तस्तंज्ञात्वाऽनुवदन्नपिवसुदेवोनशोकंमुंचतीत्याश्चर्यंभगवन्मायाबलमितिभावः २१ । २२ । २३ । २४

समालिंग्यार्जुनंवृद्धःसभुजाभ्यांमहाभुजः ॥ रुदन्पुत्रान्स्मरन्सर्वान्विललापसुविह्वलः ४ भ्रातॄन्पुत्रांश्चपौत्रांश्चदौहित्रान्ससखीनपि ॥ वसुदेवउवाच ॥ यैर्जि
ताभूमिपालाश्चदैत्याश्चशतशोऽर्जुन ५ तान्दृष्ट्वानेहपश्यामिजीवाम्यर्जुनदुर्मरः ॥ यौतावर्जुनशिष्यौतेप्रियौबहुमतौसदा ६ तयोरपनयात्पार्थवृष्णयोनिधनंग
ताः ॥ यौतौवृष्णिप्रवीराणांद्वावेवातिरथौमतौ ७ प्रद्युम्नोयुयुधानश्चकथयन्कत्थसेचयौ ॥ तौसदाकुरुशार्दूलकृष्णस्यप्रियभाजनौ ८ तावुभौवृष्णिनाशस्यमु
खमास्तांधनंजय ॥ नतुगर्हामिशैनेयंहार्दिक्यंचाहमर्जुन ९ अक्रूरंरौक्मिणेयंचशापोह्यवात्रकारणम् ॥ केशिनंयस्तुकंसंचविक्रम्यजगतःप्रभुः १० विदेहावकरो
त्पार्थचैद्यंचबलगर्वितम् ॥ नैषादिमेकलव्यंचचक्रेकालिंगमागधान् ११ गांधारान्काशिराजंचमरुभूमौचपार्थिवान् ॥ प्राच्यांश्चदाक्षिणात्यांश्चपार्वतीयांस्तथानृ
पान् १२ सोऽभ्युपेक्षितवानेतमनयान्मधुसूदनः ॥ त्वंहितंनारदश्चैवमुनयश्चसनातनम् १३ गोविंदमनघंदेवमभिजानीध्वमच्युतम् ॥ प्रत्यपश्यच्चसविभुर्ज्ञातिक्ष
यमधोक्षजः १४ समुपेक्षितवान्नित्यंस्वयंसममपुत्रकः ॥ गांधार्यावचनंयत्तदृषीणांचपरंतप १५ तन्नूनमन्यथाकर्तुंनैच्छत्सजगतःप्रभुः ॥ प्रत्यक्षंभवतश्चापितवपौ
त्रःपरंतप १६ अश्वत्थाम्नाहतश्चापिजीवितस्तस्यतेजसा ॥ इमांस्तुनैच्छत्स्वान्ज्ञातीन्रक्षितुंचसखातव १७ ततःपुत्रांश्चपौत्रांश्चभ्रातॄनथसखींस्तथा ॥ शया
नान्निहतान्दृष्ट्वाततोमामब्रवीदिदम् १८ संप्राप्तोऽद्यायमस्यांतःकुलस्यभरतर्षभ ॥ आगमिष्यतिबीभत्सुरिमांद्वारवतींपुरीम् १९ आख्येयंतस्ययद्वृत्तंवृष्णीनां
वैशसंमहत् ॥ सतुश्रुत्वामहातेजायदूनांनिधनंप्रभो २० आगंताक्षिप्रमेवेहनमेऽत्रास्तिविचारणा ॥ योऽहंतमर्जुनंविद्धियोऽर्जुनःसोऽहमेवतु २१ यद्ब्रूयात्तत्तथा
कार्यमितिबुद्ध्यस्वभारत ॥ सस्त्रीषुप्राप्तकालासुपांडवोबालकेषुच २२ प्रतिपत्स्यतिबीभत्सुर्भवतश्चौर्ध्वदेहिकम् ॥ इमांचनगरींसद्यःप्रतियातेधनंजये २३
प्राकाराट्टालकोपेतांसमुद्रःप्लावयिष्यति ॥ अहंदेशेतुकस्मिंश्चित्पुण्येनियममास्थितः २४ कालंकर्तासत्यएवरामेणसहधीमता ॥ एवमुक्त्वाहृषीकेशोमामचिंत्य
पराक्रमः २५ हित्वामांबालकैःसार्धंदिशंकामप्यगात्प्रभुः ॥ सोहंतौचमहात्मानौचिंतयन्भ्रातरौतव २६ घोरंज्ञातिवधंचैवनभुंजेशोककर्शितः ॥ नभोक्षेनचजिवि
ष्येदिष्ट्याप्राप्तोऽसिपांडव २७ यदुक्तंपार्थकृष्णेनतत्सर्वमखिलंकुरु ॥ एतत्तेपार्थराज्यंचस्त्रियोरत्नानिचैवहि ॥ इष्टान्प्राणानहंहीमांस्त्यक्ष्यामिरिपुसूदन २८
इतिश्रीमहाभारतेमौसलपर्वणिअर्जुनवसुदेवसंवादेषष्ठोऽध्यायः ॥ ६ ॥ वैशंपायनउवाच ॥ एवमुक्तःसबीभत्सुर्मातुलेनपरंतप ॥ दुर्मनादीनवदनोवसुदेवमुवाचह १

कालंमृत्युमात्मनःकर्ताकरिष्यामि सत्यइत्यनेनमद्वाक्येसंशयोनकर्तव्यइत्युक्तम् २५ । २६ । २७ । २८ ॥ इतिमौसलपर्वणिनीलकंठीयेभारतभावदीपेषष्ठोऽध्यायः ॥ ६ ॥ ॥ एवमिति १

नाहंवृष्णिप्रवीरेणबंधुभिश्चैवमातुल ॥ विहीनांपृथिवींद्रष्टुंशक्ष्यामीहकथंचन २ राजाचभीमसेनश्चसहदेवश्चपांडवः ॥ नकुलोयाज्ञसेनीचषडेकमनसोवयम् ३
राज्ञःसंक्रमणंचापिकालोऽयंवर्ततेध्रुवम् ॥ तमिमंविद्धिसंप्राप्तंकालंकालविदांवर ४ सर्वथावृष्णिदारास्तुबालंवृद्धंतथैवच ॥ नयिष्येपरिगृह्याहमिंद्रप्रस्थमरिंदम ५
इत्युक्त्वादारुकमिदंवाक्यमाहधनंजयः ॥ अमात्यान्वृष्णिवीराणांद्रष्टुमिच्छामिमाचिरम् ६ इत्येवमुक्त्वावचनंसुधर्मांयादवींसभाम् ॥ प्रविवेशार्जुनःशूरःशोचमानो
महारथान् ७ तमासनगतंतत्रसर्वाःप्रकृतयस्तथा ॥ ब्राह्मणानैगमास्तत्रपरिवार्योपतस्थिरे ८ तान्दीनमनसःसर्वान्विमूढान्गतचेतसः ॥ उवाचेदंवचःकाले
पार्थोदीनतरस्तथा ९ शक्रप्रस्थमहंनेष्येवृष्ण्यंधकजनंस्वयम् ॥ इदंतुनगरंसर्वंसमुद्रःप्लावयिष्यति १० सज्जीकुरुतयानानिरत्नानिविविधानिच ॥ वज्रोऽयंभवतांरा
जाशक्रप्रस्थेभविष्यति ११ सप्तमेदिवसेचैववरवौविमलउद्गते ॥ बहिर्वत्स्यामहेसर्वेसज्जीभवतमाचिरम् १२ इत्युक्तास्तेनतेसर्वेपार्थेनाक्लिष्टकर्मणा॥ सज्जमाशुततश्चक्रुः
स्वसिद्ध्यर्थंसमुत्सुकाः १३ तांरात्रिमवसत्पार्थःकेशवस्यनिवेशने ॥ महताशोकमोहेनसहसाऽभिपरिप्लुतः १४ श्वोभूतेऽथततःशौरिर्वसुदेवःप्रतापवान् ॥ युक्त्वा
ऽऽत्मानंमहातेजाजगामगतिमुत्तमाम् १५ ततःशब्दोमहानासीद्वसुदेवनिवेशने ॥ दारुणःक्रोशतीनांचरुदतीनांचयोषिताम् १६ प्रकीर्णमूर्धजाःसर्वा
विमुक्ताभरणस्रजः ॥ उरांसिपाणिभिर्घ्नन्त्योव्यलपन्करुणंस्त्रियः १७ तंदेवकीचभद्राचरोहिणीमदिरातथा ॥ अन्वारोहंतचतदाभर्तारंयोषितांवराः १८ ततः
शौरिंनृयुक्तेनबहुमूल्येनभारत ॥ यानेनमहतापार्थोबहिर्निष्क्रामयत्तदा १९ तमन्वयुस्तत्रतत्रदुःखशोकसमन्विताः ॥ द्वारकावासिनःसर्वेपौरजानपदाहिताः
२० तस्याश्वमेधिकंछत्रंदीप्यमानाश्चपावकाः ॥ पुरस्तात्तस्ययानस्ययाजकाश्चततोययुः २१ अनुजग्मुश्चतंवीरंदेव्यस्तावैस्वलंकृताः ॥ स्त्रीसहस्रैःपरिवृतावध्रू
भिश्चसहस्रशः २२ यस्तुदेशःप्रियस्तस्यजीवतोऽभून्महात्मनः ॥ तत्रैनमुपसंकल्प्यपितृमेधंप्रचक्रिरे २३ तंचिताग्निगतंवीरंशूरपुत्रंवरांगनाः ॥ ततोऽन्वारुरुहुः
पत्न्यश्चतस्रःपतिलोकगाः २४ तंवैचतसृभिःस्त्रीभिरन्वितंपांडुनंदनः ॥ अदाहयच्चंदनैश्चगन्धैरुच्चावचैरपि २५ ततःप्रादुरभूच्छब्दःसमिद्धस्यविभावसोः ॥ साम
गानांचनिर्घोषोनराणांरुदतामपि २६ ततोवज्रप्रधानास्तेवृष्ण्यंधककुमारकाः ॥ सर्वेचैवोदकंचक्रुःस्त्रियश्चैवमहात्मनः २७ अलुप्तधर्मस्तंधर्मंकारयित्वासफाल्गुनः
॥ जगामवृष्णयोयत्रविनष्टाभरतर्षभ २८ सतान्दृष्ट्वानिपतितान्कदनेभृशदुःखितः ॥ बभूवातीवकौरव्यःप्राप्तकालंचकारह २९ यथाप्रधानतश्चैवचक्रेसर्वास्तथा
क्रियाः ॥ येहताब्रह्मशापेनमुसलैरेरकोद्भवैः ३० ततःशरीरेरामस्यवासुदेवस्यचोभयोः ॥ अन्विष्यदाहयामासपुरुषैराप्तकारिभिः ३१ सतेषांविधिवत्कृत्वा ॥ ४ ॥
प्रेतकार्याणिपांडवः ॥ सप्तमेदिवसेप्रायाद्रथमारुह्यसत्वरः ३२ ॥ ॥ ॥ ॥

३३ । ३४ । ३५ । ३६ । ३७ । ३८ । ३९।४० । ४१ । ४२ । ४३ ४४ । ४५।४६।४७।४८।४९ ।५० । ५१ । ५२ । ५३ । ५४ । ५५ । ५६ । ५७ । ५८ । ५९ । ६० । ६१ । ६२ । ६३ । ६४ । ६५

अश्वयुक्तैरथैश्चापिगोखरोष्ट्रयुतैरपि ॥ स्त्रियस्तावृष्णिवीराणांरुदत्यःशोककर्शिताः ३३ अनुजग्मुर्महात्मानंपांडुपुत्रंधनंजयम् ॥ भृत्याश्चांधकवृष्णीनांसादिनो
रथिनश्चये ३४ वीरहीनंवृद्धबालंपौरजानपदास्तथा ॥ ययुस्तेपरिवार्याथकलत्रंपार्थशासनात् ३५ कुंजरैश्चगजारोहाययुःशैलनिभैस्तथा ॥ सपादरक्षैःसंयुक्ताः
सांतरायुधिकाययुः ३६ पुत्राश्चांधकवृष्णीनांसर्वेपार्थमनुव्रताः ॥ ब्राह्मणाःक्षत्रियावैश्याःशूद्राश्चैवमहाधनाः ३७ दशषट्चसहस्राणिवासुदेवावरोधनम् ॥
पुरस्कृत्यययुर्वज्रंपौत्रंकृष्णस्यधीमतः ३८ बहूनिचसहस्राणिप्रयुतान्यर्बुदानिच ॥ भोजवृष्ण्यंधकस्त्रीणांहतनाथानिनिर्ययुः ३९ तत्सागरसमप्रख्यंवृष्णि
चक्रंमहर्धिमत् ॥ उवाहरथिनांश्रेष्ठःपार्थःपरपुरंजयः ४० निर्यातेतुजनेतस्मिन्सागरोमकरालयः ॥ द्वारकांरत्नसम्पूर्णांजलेनाप्लावयत्तदा ४१ यद्यद्धिपुरुष
व्याघ्रोभूमेस्तस्याव्यमुंचत ॥ तत्तत्संप्लावयामाससलिलेनससागरः ४२ तदद्भुतमभिप्रेक्ष्यद्वारकावासिनोजनाः ॥ तूर्णात्तूर्णतरंजग्मुरहोदैवमितिब्रुवन् ४३
काननेषुचरम्येषुपर्वतेषुनदीषुच ॥ निवसन्नानयामासवृष्णिदारान्धनंजयः ४४ सपंचनदमासाद्यधीमानतिसमृद्धिमत् ॥ देशेगोपशुधान्याढ्येनिवासमक
रोत्प्रभुः ४५ ततोलोभःसमभवद्दस्यूनांनिहतेश्वराः ॥ दृष्ट्वास्त्रियोनीयमानाःपार्थेनैकेनभारत ४६ ततस्तेपापकर्माणोलोभोपहतचेतसः ॥ आभीरामंत्र
यामासुःसामात्याःशुभदर्शनाः ४७ अयमेकोऽर्जुनोधन्वीवृद्धबालंहतेश्वरम् ॥ नयत्यस्मानतिक्रम्ययोधाश्चेमेहतौजसः ४८ ततोयष्टिप्रहरणादस्यवस्तेसह
स्रशः ॥ अभ्यधावंतवृष्णीनांतंजनंलोप्त्रहारिणः ४९ महतासिंहनादेनत्रासयंतःपृथग्जनम् ॥ अभिपेतुर्वधार्थंतेकालपर्यायचोदिताः ५० ततोनिवृत्तःकौन्तेयःस
हसासपदानुगः ॥ उवाचतान्महाबाहुरर्जुनःप्रहसन्निव ५१ निवर्तध्वमधर्मज्ञायदिजीवितुमिच्छथ ॥ इदानींशरनिर्भिन्नाःशोचध्वंनिहतामया ५२ तथोक्तास्तेन
वीरेणकदर्थिकृत्यतद्वचः ॥ अभिपेतुर्जनंमूढावार्यमाणाःपुनःपुनः ५३ ततोऽर्जुनोधनुर्दिव्यंगांडीवमजरंमहत् ॥ आरोपयितुमारेभेयत्नादिवकथंचन ५४ चकार
सज्यंकृच्छ्रेणसंभ्रमेतुमुलेमति ॥ चिंतयामासशस्त्राणिनचसस्मारतान्यपि ५५ वैकृत्यंतन्महद्दृष्ट्वाभुजवीर्येतथायुधि ॥ दिव्यानांचमहास्त्राणांविनाशाद्व्रीडितोऽभ
वत् ५६ वृष्णियोधाश्चतेसर्वेगजाश्वरथयोधिनः ॥ नशेकुरावर्तयितुंह्रियमाणंचतंजनम् ५७ कलत्रस्यबहुत्वाद्धिसंपतत्सुततस्ततः ॥ प्रयत्नमकरोत्पार्थोजनस्य
परिरक्षणे ५८ मिषतांसर्वयोधानांततस्ताःप्रमदोत्तमाः ॥ समंततोऽवकृष्यंतकामाच्चान्याःप्रवव्रजुः ५९ ततोगांडीवनिर्मुक्तैःशरैःपार्थोधनंजयः ॥ जघानदस्यू
न्सोद्वेगोवृष्णिभृत्यैःसहस्रशः ६० क्षणेनतस्यतेराजन्क्षयंजग्मुरजिह्मगाः ॥ अक्षयाहिपुराभूत्वाक्षीणाःक्षतजभोजनाः ६१ सशरक्षयमासाद्यदुःखशोकसमा
हतः ॥ धनुष्कोट्यातदादस्यूनवधीत्पाकशासनिः ६२ प्रेक्षतस्त्वेवपार्थस्यवृष्ण्यंधकवरस्त्रियः ॥ जग्मुरादायतेम्लेच्छाःसमंताज्जनमेजय ६३ धनंजयस्तुदैवं
तन्मनसाऽचिंतयत्प्रभुः ॥ दुःखशोकसमाविष्टोनिःश्वासपरमोऽभवत् ६४ अस्त्राणांचप्रणाशेनबाहुवीर्यस्यसंशयात् ॥ धनुषश्चाविधेयत्वाच्छराणांसंक्षयेणच ६५

६६ । ६७ । ६८ । ६९ । ७०।७१।७२।७३।७४।७५।७६ ॥ इतिमौ०नी०भा०सप्तमोऽध्यायः ॥ ७ ॥ प्रविशन्निति १।२।३।४ नखोदकंकेशोदकंवस्त्रप्रांतोदशातदुदकंकुंभमुखोदकंच आवीरजानारीरजस्व
लातस्यारजःप्रस्रवकालेदिनत्रयादर्वागनुगमनंतस्यांमैथुनंब्राह्मणस्यवधोयुद्धेपराजयश्चेतिसप्तभिर्निमित्तैःपुरुषोभ्रष्टश्रीर्भवति ५ प्रभिन्नंपराजितंत्वांकदाचिदपिनजानामि ६।७।८।९ हतंमृतंमारितंवंतइत्यर्थः १०

बभूवविमनाःपार्थोदैवमित्यनुचिन्तयन् ॥ न्यवर्तततोराजन्नेदमस्तीतिचाब्रवीत् ६६ ततःशेषंसमादायकलत्रस्यमहामतिः ॥ हतभूयिष्ठरत्नस्यकुरुक्षेत्रम
वातरत् ६७ एवंकलत्रमानीयवृष्णीनांहृतशेषितम् ॥ न्यवेशयतकौरव्यस्तत्रतत्रधनंजयः ६८ हार्दिक्यतनयंपार्थोनगरंमार्तिकावतम् ॥ भोजराजकलत्रंच
हृतशेषंनरोत्तमः ६९ ततोवृद्धांश्चबालांश्चस्त्रियश्चादायपांडवः ॥ वीरैर्विहीनान्सर्वांस्तान्शक्रप्रस्थेन्यवेशयत् ७० यौयुधानिंसरस्वत्यांपुत्रंसात्यकिनःप्रियम् ॥
न्यवेशयतधर्मात्माबृद्धबालपुरस्कृतम् ७१ इंद्रप्रस्थेददौराज्यंवज्रायपरवीरहा ॥ वज्रेणाक्रूरदारास्तुवार्यमाणाःप्रवव्रजुः ७२ रुक्मिणीत्वथगांधारीशैब्याहैम
वतीत्यपि ॥ देवीजांबवतीचैवविविशुर्जातवेदसम् ७३ सत्यभामातथैवान्यादेव्यःकृष्णस्यसंमताः ॥ वनंप्रविविशुराजंस्तापस्येकृतनिश्चयाः ७४ द्वारकावा
सिनोयेतुपुरुषाःपार्थमभ्ययुः ॥ यथार्हंसंविभज्यैनान्वज्रेपर्यददज्जयः ७५ सतत्कृत्वाप्राप्तकालंबाष्पेणापिहितोऽर्जुनः ॥ कृष्णद्वैपायनंव्यासंददर्शासीनमाश्रमे
७६ ॥ इतिश्रीमहाभारते मौसलपर्वणिवृष्णिकलत्राद्यानयने सप्तमोऽध्यायः ॥ ७ ॥ ॥ वैशंपायनउवाच ॥ प्रविशन्नर्जुनोराजन्नाश्रमंसत्यवादिनः ॥ दद
र्शासीनमेकांतेमुनिंसत्यवतीसुतम् १ सतमासाद्यधर्मज्ञमुपतस्थेमहाव्रतम् ॥ अर्जुनोऽस्मीतिनामास्मैनिवेद्याभ्यवदत्ततः २ स्वागतंतेऽस्त्वितिप्राहमुनिःसत्य
वतीसुतः ॥ आस्यतामितिहोवाचप्रसन्नात्मामहामुनिः ३ तमप्रतीतमनसंनिःश्वसंतंपुनःपुनः ॥ निर्विण्णमनसंदृष्ट्वापार्थंव्यासोऽब्रवीदिदम् ४ नखकेशदशा
कुंभवारिणाकिंसमुक्षितः ॥ आवीरजानुगमनंब्राह्मणोवाहतस्त्वया ५ युद्धेपराजितोवाऽसिगतश्रीरिवलक्ष्यसे ॥ नत्वांप्रभिन्नंजानामिकिमिदंभरतर्षभ ६ श्रोत
व्यंचेन्मयापार्थक्षिप्रमाख्यातुमर्हसि ॥ ॥ अर्जुनउवाच ॥ यःसमेघवपुःश्रीमान्बृहत्पंकजलोचनः ७ सकृष्णःसहरामेणत्यक्त्वादेहंदिवंगतः ॥ मौसलेवृष्णि
वीराणांविनाशोब्रह्मशापजः ८ बभूववीरांतकरःप्रभासेलोमहर्षणः ॥ एतेशूरामहात्मानःसिंहदर्पामहाबलाः ९ भोजवृष्ण्यंधकाब्रह्मन्नन्योन्यंतैर्हतंयुधि ॥ गदा
परिघशक्तीनांसहाःपरिघबाहवः १० तएरकाभिर्निहताःपश्यकालस्यपर्ययम् ॥ हतंपंचशतंतेषांसहस्रंबाहुशालिनाम् ११ निधनंसमनुप्राप्तंसमासाद्येतरे
तरम् ॥ पुनःपुनर्नमृष्यामिविनाशममितौजसाम् १२ चिंतयानोयदूनांचकृष्णस्यचयशस्विनः ॥ शोषणंसागरस्येवपर्वतस्येवचालनम् १३ नभसःपतनं
चैवशैत्यमग्नेस्तथैवच ॥ अश्रद्धेयमहंमन्येविनाशंशार्ङ्गधन्वनः १४ नचेहस्थातुमिच्छामिलोकेकृष्णविनाकृतः ॥ इतःकष्टतरंचान्यच्छृणुतद्वैतपोधन १५
मनोमेदीर्यतेयेनचिंतयानस्यवैमुहुः ॥ पश्यतोवृष्णिदाराश्चममब्रह्मन्सहस्रशः १६ ॥ ॥ ॥

पंचशतंसहस्रंसहस्रगुणितंपंचलक्षाणीत्यर्थः ११ नकेवलंहतंताडितमपितुनिधनंप्राप्तमित्यर्थः १२ । १३ । १४ । १५ पश्यतःअनादरेषष्ठी मांपश्यंतमनादृत्येत्यर्थः १६ ॥ ॥

१७ । १८ पुरुषश्चेति इदमेवरूपंचतुर्भुजंनित्यमर्जुनदृग्गोचरमस्तिअतएवविश्वरूपदर्शनानंतरमुक्तं 'तेनैवरूपेणचतुर्भुजेनसहस्रबाहोभवविश्वमूर्ते'इति । अन्यथाद्विभुजेनेत्यवक्ष्यत्चतुर्भुजेनेतिनावक्ष्यच
१९ । २० । २१ । २२ । २३ । २४ । २५ । २६ । २७ । २८ । २९ । ३० । ३१ बुद्धिरुपस्थितकार्यावधारणं तेजःप्रागल्भ्यं प्रतिपत्तिरनागतावेक्षणं ३२ भवंतिउत्पद्यंते भवकालेषु

आभीरैरनुसृत्याजौहृताःपंचनदालयैः ॥ धनुरादायतत्राहंनाशकंतस्यपूरणे १७ यथापुराचमेवीर्यंभुजयोर्नतथाऽभवत् ॥ अस्त्राणिमेप्रनष्टानिविविधानिमहामुने १८ शराश्चक्षयमापन्नाःक्षणेनैवसमंततः ॥ पुरुषश्चाप्रमेयात्माशंखचक्रगदाधरः १९ चतुर्भुजःपीतवासाःश्यामःपद्मदलेक्षणः ॥ यश्चयातिपुरस्तान्मेरथस्यसुमहाद्युतिः २० प्रदहन्रिपुसैन्यानिनपश्याम्यहमच्युतम् ॥ येनपूर्वंप्रदग्धानिशत्रुसैन्यानितेजसा २१ शरैर्गांडीवनिर्मुक्तैरहंपश्चाच्चनाशयम् ॥ तमपश्यन्विषीदामिघूर्णामीवचसत्तम २२ परिनिर्विण्णचेताश्चशांतिंनोपलभेपिच ॥ विनाजनार्दनंवीरंनाहंजीवितुमुत्सहे २३ श्रुत्वैवहिगतंविष्णुंममापिमुमुहुर्दिशः ॥ प्रनष्टज्ञातिवीर्यस्यशून्यस्यपरिधावतः २४ उपदेष्टुंममश्रेयोभवानर्हतिसत्तम ॥ व्यासउवाच ॥ ब्रह्मशापविनिर्दग्धावृष्ण्यंधकमहारथाः २५ विनष्टाःकुरुशार्दूलनतान्शोचितुमर्हसि ॥ भवितव्यंतथातच्चदिष्टमेतन्महात्मनाम् २६ उपेक्षितंचकृष्णेनशक्तेनापिव्यपोहितुम् ॥ त्रैलोक्यमपिगोविंदःकृत्स्नंस्थावरजंगमम् २७ प्रसहेदन्यथाकर्तुंकुतःशापंमहात्मनाम् ॥ रथस्यपुरतोयातियःसचक्रगदाधरः २८ तवस्नेहात्पुराणर्षिर्वासुदेवश्चतुर्भुजः ॥ कृत्वाभारावतरणंपृथिव्याःपृथुलोचनः २९ मोक्षयित्वातनुंप्राप्तःकृष्णःस्वस्थानमुत्तमम् ॥ त्वयाऽपीहमहत्कर्मदेवानांपुरुषर्षभ ३० कृतंभीमसहायेनयमाभ्यांचमहाभुज ॥ कृतकृत्यांश्चवोमन्येसंसिद्धान्कुरुपुंगव ३१ गमनंप्राप्तकालंवइदंश्रेयस्करंविभो ॥ एवंबुद्धिश्चतेजश्चप्रतिपत्तिश्चभारत ३२ भवंतिभवकालेषुविपद्यंतेविपर्यये ॥ कालमूलमिदंसर्वंजगद्बीजंधनंजय ३३ कालएवसमादत्तेपुनरेवयदृच्छया ॥ सएवबलवान्भूत्वापुनर्भवतिदुर्बलः ३४ सएवेशश्चभूत्वेहपरैराज्ञाप्यतेपुनः ॥ कृतकृत्यानिचास्त्राणिगतान्यद्ययथागतम् ३५ पुनरेष्यंतितेहस्तेयदाकालोभविष्यति ॥ कालोगंतुंगतिंमुख्यांभवतामपिभारत ३६ एतच्छ्रेयोहिवोमन्येपरमंभरतर्षभ ॥ वैशंपायनउवाच ॥ एतद्वचनमाज्ञायव्याससस्यामिततेजसः ३७ अनुज्ञातोययौपार्थोनगरंनागसाह्वयम् ॥ प्रविश्यचपुरींवीरःसमासाद्ययुधिष्ठिरम् ॥ आचष्टतद्यथावृत्तंवृष्ण्यंधककुलंप्रति ३८ इतिश्रीमहाभारतेशतसाहस्र्यांसंहितायांवैयासक्यांमौसलपर्वणि व्यासार्जुनसंवादेअष्टमोऽध्यायः ॥ ८ ॥ मौसलंपर्वसमाप्तम् ॥ अस्यानंतरंमहाप्रस्थानिकंपर्वभविष्यति ॥ तस्यायमाद्यःश्लोकः ॥ जनमेजयउवाच ॥ एवंवृष्ण्यंधककुलेश्रुत्वामौसलमाहवम् ॥ पांडवाःकिमकुर्वंततथाकृष्णेदिवंगते ॥ १ ॥ ॥ ॥

ऐश्वर्यावाप्तिसमयेषु विपर्ययेविनाशकालेर्तिपद्यंतेविनश्यंति कालःईश्वरः जगद्बीजंवियदादिपंचकं ३३ समादत्तेसंहरति यदाभूतानामपिसंहारोभवतिकियांस्तत्रभौतिकानांनाशइतितदर्थंशोकोऽनुचितइतिभावः यएवबलवान्सएवदुर्बलोभवत्येवंविपर्ययोऽपिकालमूलोज्ञेयः ३४ कृतेति । भवंतोऽपिअस्त्रवत्कृतकृत्याइतिभावः ३५ पुनर्युगांतरे मुख्यांगतिंस्वर्गंगंतुं ३६ एतत्प्रस्थानंश्रेयः ३७ । ३८ ॥
इतिश्रीमत्पदवाक्यप्रमाणमर्यादाधुरंधरचतुर्धरवंशावतंसगोविंदसूरिसूनोर्नीलकंठस्यकृतौभारतभावदीपे मौसलपर्वणिअष्टमोऽध्यायः ॥ ८ ॥ ॥ ॥ ॥

॥ इति श्रीमहाभारते मौसलपर्व समाप्तम् ॥

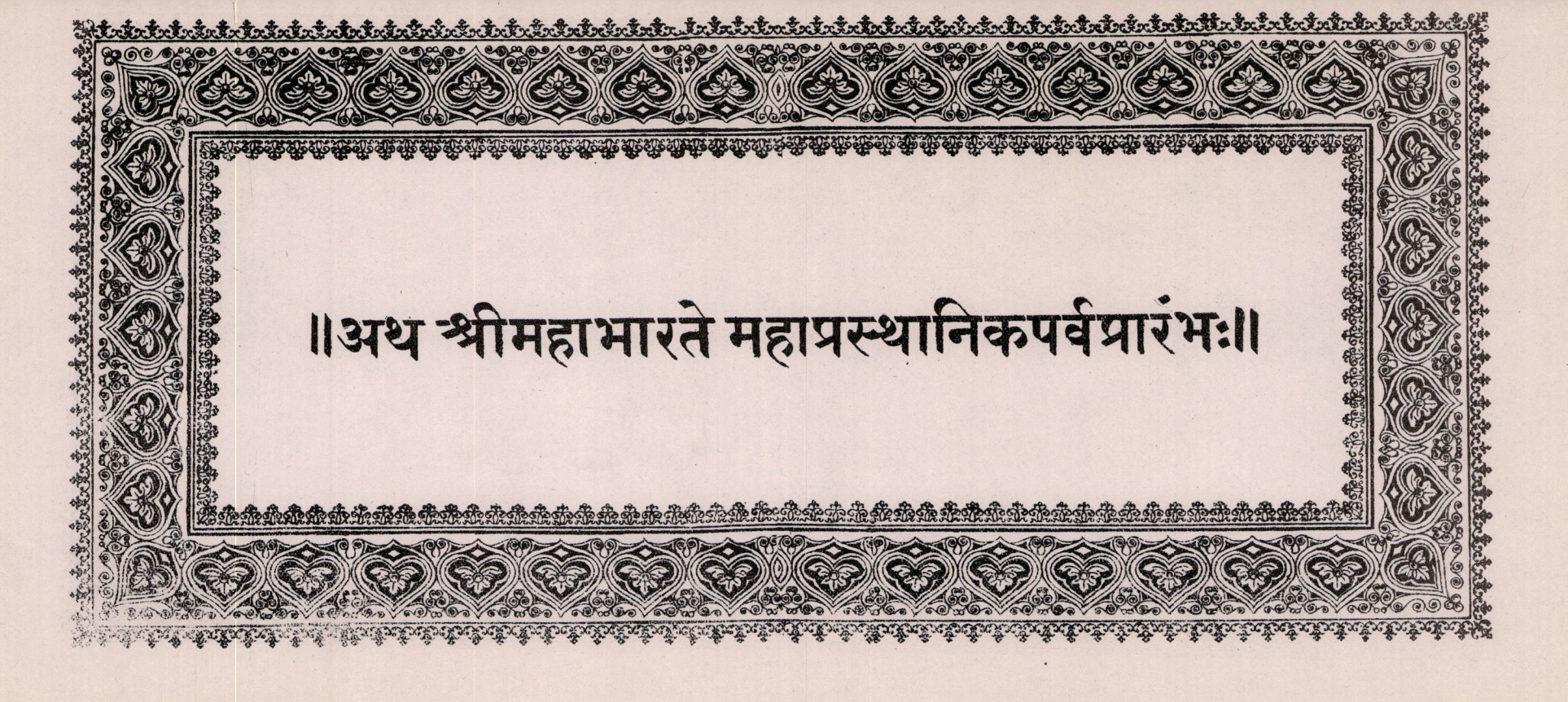

॥अथ श्रीमहाभारते महाप्रस्थानिकपर्व प्रारंभः॥

महाप्रस्थानपर्व. १७
पांडव.

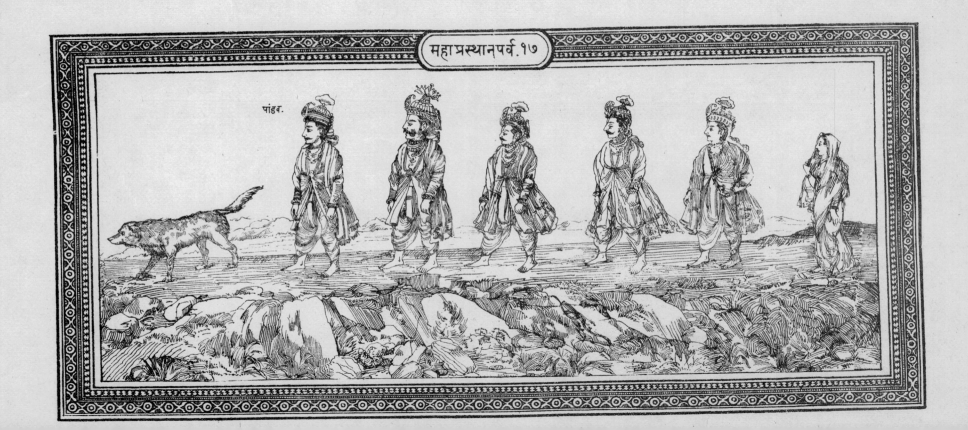

॥ महाभारतम् ॥

महाप्रस्थानिकपर्व ।

–१७–

विषयानुक्रमणिका ।

अ० विषयः पृष्ठम्

महाप्रस्थानिकपर्व १–७

१ पूर्वं मौसले हतेषु वृष्ण्यन्धकेषु दिवं गते च भगवति श्रीकृष्णे पण्डुपुत्राः किमकुर्वतेति जनमेजयप्रश्ने वैशम्पायनस्योत्तरम् । युधिष्ठिरो महाप्रस्थानगमनं निश्चित्य भ्रातृभिर्द्रौपद्या च सह स्वर्गं जगमिषू राज्यभारं युयुत्सौ निक्षिप्यार्जुनानुमत्या परीक्षितं चाभिषिच्य सुभद्रां प्रति ‘एष पुत्रस्य पुत्रस्ते कुरुराजो भविष्यति । यदूनां परिशोषश्च’ (८) इत्याद्यादिश्य श्रीकृष्णप्रभृतीनामुदकदानपूर्वकं श्राद्धानि कृत्वा परीक्षितं शिष्यत्वेन कृपाचार्याय ददौ। ततः कृच्छ्रात्पौरानुमतिसंपादनेन वल्कलधारणादि कृत्वोत्सर्गेष्टिपूर्वकमग्नीनुत्सृज्य भ्रातृभिर्द्रौपद्या शुना च सह प्रस्थितो लौहित्यं सलिलार्णवं ययौ । तत्र पुरुषविग्रहमग्निं दृष्ट्वा तदाज्ञयाऽर्जुनेनाक्षय्येषुधिसहिते गाण्डीवे वरुणोद्देशेनार्णवे त्यक्ते दक्षिणामुखा निर्गताः पृथिवीं प्रदक्षिणीकृत्योत्तरां दिशं पाण्डवा ययुः ... १

२ उदीच्यां दिशि हिमालयं प्राप्य तमप्यतिक्रामत्सु तेषु प्रथमं भूमौ पतितां द्रौपदीं दृष्ट्वा भीमेन पतनकारणं पृष्टो युधिष्ठिरोऽर्जुने तस्या विशेषेण पक्षपातं कारणत्वेनोवाच । एवं क्रमेण सहदेवादिषु पतत्सु भीमप्रश्नानुरोधेन तत्तत्पतनकारणान्यभिदधानो युधिष्ठिरो भीमपतनानन्तरमेकेन शुना सहाग्रे जगाम १

३ शुना सह गच्छन्तं युधिष्ठिरं स्वर्गं नेतुं रथेन सहागतं रथमारोहेत्युक्तवन्तं चेन्द्रं प्रति 'न विना भ्रातृभिः स्वर्गमिच्छे गन्तुं सुरेश्वर' (३) इत्याद्युवाच युधिष्ठिरः। ततः 'मानुषं देहं त्यक्त्वा स्वर्गं गतान्भ्रातृंस्त्वमनेनैव शरीरेण तत्र गतो द्रक्ष्यासि' इत्याह शक्रः। शुना सह स्वर्गं जिगमिषोर्युधिष्ठिरस्येन्द्रेण सहोक्तिप्रत्युक्त्योः प्रचलितयोः शुना विना रथारोहणमरोचयमानस्य युधिष्ठिरस्य निश्चयं दृष्ट्वा सुप्रसन्नः साक्षाद्धर्मो निजस्वरूपप्रकाशनेन युधिष्ठिरं प्रशस्य 'अभिजातोऽसि राजेन्द्र पितुर्वृत्तेन मेधया । अनुक्रोशेन चानेन' (१८) इत्याद्युवाच। ततो धर्मादयो युधिष्ठिरं रथमारोप्य स्वैः स्वैर्विमानैर्युधिष्ठिरोऽपि स्वर्गं गतो नारदेन स्तुतो तत्र भीमादिभ्रातॄणामदर्शनाद्देवानामन्त्र्य 'यत्र मे भ्रातरो द्रौपदी च गतास्तत्रैव गन्तुमिच्छामि' इत्याद्यब्रवीत् ... २

महाप्रस्थानिकपर्वणो विषयानुक्रमणिका समाप्ता ॥ शुभं भवतु ॥

॥ श्रीगणेशायनमः ॥ ॥ कृतकृत्यानांदुःसहःउग्रदुःखग्रस्तानांमहाप्रस्थानादिनोपायेनदेहत्यागोयुक्तइतिपांडवाचारेणप्रदर्शयन्महाप्रस्थानिकंपर्वारभते । प्रसंगाच्चस्वर्गतिहेतून्गुणान्स्वर्गप्रतिबंधकांश्च
दोषान्दर्शयतिसंक्षेपेण एवंवृष्ण्यंधककुलेइत्यादिना १ प्रस्थानेस्वर्गगंतुंगृहाभिःसरणे २ पाशंतत्कृतमाकर्षमरणमितियावत् तदहंमन्येअंगीकरोमित्वमप्येतद्द्रष्टुमालोचितुं ३ कालःकालइतिनि

॥ श्रीगणेशायनमः ॥ ॥ श्रीवेदव्यासायनमः ॥ ॥ नारायणंनमस्कृत्यनरंचैवनरोत्तमम् ॥ देवींसरस्वतींचैवततोजयमुदीरयेत् १ ॥ जनमेजयउवाच ॥
एवंवृष्ण्यंधककुलेश्रुत्वामौसलमाहवम् ॥ पांडवाःकिमकुर्वततथाकृष्णेदिवंगते १ ॥ वैशंपायनउवाच ॥ श्रुत्वैवंकौरवोराजावृष्णीनांकदनंमहत् ॥ प्रस्थानेमति
माधायवाक्यमर्जुनमब्रवीत् २ कालःपचतिभूतानिसर्वाण्येवमहामते ॥ कालपाशमहंमन्येत्वमपिद्रष्टुमर्हसि ३ इत्युक्तःसतुकौंतेयःकालःकालइतिब्रुवन् ॥ अ
न्वपद्यततद्वाक्यंभ्रातुर्ज्येष्ठस्यधीमतः ४ अर्जुनस्यमतंज्ञात्वाभीमसेनोयमौतथा ॥ अन्वपद्यंततद्वाक्यंयदुक्तंसव्यसाचिना ५ ततोयुयुत्सुमानाय्यप्रव्रजन्धर्म
काम्यया ॥ राज्यंपरिददौसर्वंवैश्यापुत्रेयुधिष्ठिरः ६ अभिषिच्यस्वराज्येचराजानंचपरिक्षितम् ॥ दुःखार्तश्चाब्रवीद्राजासुभद्रांपांडवाग्रजः ७ एषपुत्रस्यपुत्रस्ते
कुरुराजोभविष्यति ॥ यदूनांपरिशेषश्चवज्रोराजाकृतश्चह ८ परिक्षिद्धास्तिनपुरेशक्रप्रस्थेचयादवः ॥ वज्रोराजात्वयारक्ष्योमाचाधर्मेमनःकृथाः ९ इत्युक्त्वाधर्म
राजःसवासुदेवस्यधीमतः ॥ मातुलस्यचवृद्धस्यरामादीनांतथैवच १० भ्रातृभिःसहधर्मात्माकृत्वोदकमतंद्रितः ॥ श्राद्धान्युद्दिश्यसर्वेषांचकारविधिवत्तदा ११
द्वैपायनंनारदंचमार्कण्डेयंतपोधनम् ॥ भारद्वाजंयाज्ञवल्क्यंहरिमुद्दिश्ययत्नवान् १२ अभोजयत्स्वादुभोज्यंकीर्तयित्वाचशार्ङ्गिणम् ॥ ददौरत्नानिवासांसिग्रामा
नश्वान्रथांस्तथा १३ स्त्रियश्चद्विजमुख्येभ्यस्तदाशतसहस्रशः ॥ कृपमभ्यर्च्यचगुरुमथपौरपुरस्कृतम् १४ शिष्यंपरिक्षितंतस्मैददौभरतसत्तमः ॥ ततस्तुप्रकृ
तीःसर्वाःसमानाय्ययुधिष्ठिरः १५ सर्वमाचष्टराजर्षिश्चिकीर्षितमथात्मनः ॥ तेश्रुत्वैववचस्तस्यपौरजानपदाजनाः १६ भृशमुद्विग्नमनसोनाभ्यनन्दन्ततद्वचः ॥
नैवंकर्तव्यमितितेतदोचुस्तंजनाधिपम् १७ नचराजातथाऽकार्षीत्कालपर्यायधर्मवित् ॥ ततोऽनुमान्यधर्मात्मापौरजानपदंजनम् १८ गमनायमतिंचक्रेभ्रातर
श्चास्यतेतदा ॥ ततःसराजाकौरव्योधर्मपुत्रोयुधिष्ठिरः १९ उत्सृज्याभरणान्यंगाज्जगृहेवल्कलान्युत ॥ भीमार्जुनयमाश्चैवद्रौपदीचयशस्विनी २० तथैवजगृहुः
सर्वेवल्कलानिनराधिप ॥ विधिवत्कारयित्वेष्टिंनैष्ठिकींभरतर्षभ २१ समुत्सृज्याप्सुसर्वेऽग्नीन्प्रतस्थुर्नरपुंगवाः ॥ ततःप्ररुरुदुःसर्वाःस्त्रियोदृष्ट्वानरोत्तमान् २२ प्रस्थि
तान्द्रौपदीषष्ठान्पुराद्यूतजितान्यथा ॥ हर्षोऽभवच्चसर्वेषांभ्रातॄणांगमनंप्रति २३ युधिष्ठिरमतंज्ञात्वावृष्णिक्षयमवेक्ष्यच ॥ भ्रातरःपंचकृष्णाचषष्ठीश्वाचैवसप्तमः २४

त्यार्थेद्विरुक्तं अपरिहार्यःकालोमृत्युःसोऽद्यैवास्तुकिंचिरेणेत्याशयः ४।५ धर्मकाम्ययाव्रजन्नुद्वेगेनपरिददौतदधीनंकृतवान्तस्याभिषेकेऽनधिकारात् ६ स्वराज्येहास्तिनपुरे ७।८ अधर्मेपरि
क्षिद्वज्रयोर्बालयोररक्षणजेमहाप्रस्थानमियंमाकुर्यादितिभावः ९। १० । ११।१२ । १३ स्त्रियःदासीः १४।१५। ।१६।१७ अनुमान्याऽनुमतिप्रदंकृत्वा १८।१९। २० नैष्ठिकींपार्य
तिकींउत्सर्गेष्टिमित्यर्थः २१ आत्मन्यग्नीन्समारोप्याप्स्वग्नीनुत्सृज्येतिज्ञेयम् २२।२३। २४ ॥ ॥ ॥ ॥

२५ । २६ । २७ अन्यायुर्धिष्ठिरादीनांभार्याःश्रुतसोमादीनांमातरः २८ । २९ । ३० । ३१ । ३२ लौहित्यमुदयाचलप्रांतस्थंसमुद्रं ३३ । ३४ । ३५ । ३६ । ३७ । ३८ अंननगांडीवेन अर्थः

आत्मनासप्तमोराजानिर्ययौगजसाह्वयात् ॥ पौरैरनुगतोदूरंसर्वैरंतःपुरैस्तथा २५ नचैनमशकत्कश्चिन्निवर्तस्वेतिभाषितुम् ॥ न्यवर्तन्ततततःसर्वेनरानगरवासिनः
२६ कृपप्रभृतयश्चैवयुयुत्सुंपर्यवारयन् ॥ विवेशगंगांकौरव्यउलूपीभुजगात्मजा २७ चित्रांगदाययौचापिमणिपूरपुरंप्रति ॥ शिष्टाःपरिक्षितंत्वन्यामातरःप
र्यवारयन् २८ पांडवाश्चमहात्मानोद्रौपदीचयशस्विनी ॥ कृतोपवासाःकौरव्यप्रययुःप्राङ्मुखास्ततः २९ योगयुक्तामहात्मानस्त्यागधर्ममुपेयुषः ॥ अभि
जग्मुर्बहून्देशान्सरितःसागरांस्तथा ३० युधिष्ठिरोययावग्रेभीमस्तुतदनंतरम् ॥ अर्जुनस्तस्यचान्वेवयमौचापियथाक्रमम् ३१ पृष्ठतस्तुवरारोहाश्यामापद्मद
लेक्षणा ॥ द्रौपदीयोषितांश्रेष्ठाययौभरतसत्तम ३२ श्वाचैवानुययावेकःप्रस्थितान्पांडवान्वनम् ॥ क्रमेणतेययुर्वीरालौहित्यंसलिलार्णवम् ३३ गांडीवंतुधनु
र्दिव्यंनमुमोचधनंजयः ॥ रत्नलोभान्महाराजतेचाक्षय्येमहेषुधी ३४ अग्निंतेददृशुस्तत्रस्थितंशैलमिवाग्रतः ॥ मार्गमावृत्यतिष्ठंतंसाक्षात्पुरुषविग्रहम् ३५
ततोदेवःससप्तार्चिःपांडवानिदमब्रवीत् ॥ भोभोपांडुसुतावीराःपावकंमांनिबोधत ३६ युधिष्ठिरमहाबाहोभीमसेनपरंतप ॥ अर्जुनाश्विसुतौवीरौनिबोधतवचोम
म ३७ अहमग्निःकुरुश्रेष्ठामयादग्धंचखांडवम् ॥ अर्जुनस्यप्रभावेणतथानारायणस्यच ३८ अयंवःफाल्गुनोभ्रातागांडीवंपरमायुधम् ॥ परित्यज्यवनेयातुनाने
नार्थोऽस्तिकश्चन ३९ चक्ररत्नंतुयत्कृष्णेस्थितमासीन्महात्मनि ॥ गतंतच्चपुनर्हस्तेकालेनैष्यतितस्यह ४० वरुणादाहृतंपूर्वंमयैतत्पार्थकारणात् ॥ गांडीवंध
नुषांश्रेष्ठंवरुणायैवदीयताम् ४१ ततस्तेभ्रातरःसर्वेधनंजयमचोदयन् ॥ सजलेप्राक्षिपत्तैतत्तथाऽक्षय्येमहेषुधी ४२ ततोऽग्निर्भरतश्रेष्ठतत्रैवांतरधीयत ॥ ययुश्च
पांडवावीरास्ततस्तेदक्षिणामुखाः ४३ ततस्तेतूत्तरेणैवतीरेणलवणांभसः ॥ जग्मुर्भरतशार्दूलदिशंदक्षिणपश्चिमाम् ४४ ततःपुनःसमावृत्ताःपश्चिमांदिशमेवते
॥ ददृशुर्द्वारकांचापिसागरेणपरिप्लुताम् ४५ उदीचींपुनरावृत्त्याययुर्भरतसत्तमाः ॥ प्रादक्षिण्यंचिकीर्षंतःपृथिव्यायोगधर्मिणः ४६ इतिश्रीमहाभारतेमहाप्रस्था
निकेपर्वणिप्रथमोऽध्यायः ॥ १ ॥ वैशंपायनउवाच ॥ ततस्तेनियतात्मानउदीचींदिशमास्थिताः ॥ ददृशुर्योगयुक्ताश्चहिमवंतंमहागिरिम् १ तंचाप्यतिक्रमं
तस्तेददृशुर्वालुकार्णवम् ॥ अवैक्षंतमहाशैलंमेरुंशिखरिणांवरम् २ तेषांतुगच्छतांशीघ्रंसर्वेषांयोगधर्मिणाम् ॥ याज्ञसेनीभ्रष्टयोगानिपपातमहीतले ३ तांतु
प्रपतितांदृष्ट्वाभीमसेनोमहाबलः ॥ उवाचधर्मराजानंयाज्ञसेनीमवेक्ष्यह ४ नाधर्मश्चरितःकश्चिद्राजपुत्र्यापरंतप ॥ कारणंकिंनुतद्ब्रूहियत्कृष्णापतिताभुवि ५ ॥

प्रयोजनं ३९ कालेनावतारांतरे ४० । ४१ । ४२ । ४३ । ४४ । ४५ । ४६ इतिमहाप्रस्थानिकेपर्वणिनीलकंठीयेभारतभावदीपेप्रथमोऽध्यायः ॥ १ ॥ ॥ ॥ ततइति । ततोदिक्त्र
यप्रादक्षिणीकरणानंतरं योगयुक्ताःसमाहितमनसः १ । २ भ्रष्टयोगाध्यानात्स्खलितमानसा ३ । ४ । ५ ॥ ॥ ॥

प्रक्षेति । तुल्येषु वैषम्येण पूजा न कार्येति भावः ६ अनवेक्ष्य स्वर्गान्तरायरूपस्नेहो मा भूदिति भावः ७ । ८ । ९ आत्मान इति । प्राज्ञत्वाभिमानोऽपि पतनहेतुरिति भावः १० । ११ । १२ । १३ । १४ । १५ रूपेणेति । रूपगर्वान्नकुलः पपातेत्यर्थः १६ । १७ । १८ । १९ । २० एकाह्नेति । शौर्यगर्वादर्जुनोऽपि मिथ्याप्रतिज्ञत्वाच्च पपातेत्यर्थः २१ । २२ । २३ । २४ अत्यशनाद्बलगर्वाच्च भीमसेनः पपातेत्याह

॥ युधिष्ठिर उवाच ॥ पक्षपातो महानस्या विशेषेण धनंजये ॥ तस्यैतत्फलमद्यैषा भुंक्ते पुरुषसत्तम ६ ॥ वैशंपायन उवाच ॥ एवमुक्त्वाऽनवेक्ष्यैनां ययौ भरतसत्तमः ॥ समाधाय मनो धीमान्धर्मात्मा पुरुषर्षभः ७ सहदेवस्ततो विद्वान्निपपात महीतले ॥ तं चापि पतितं दृष्ट्वा भीमो राजानमब्रवीत् ८ योऽयमस्मासु सर्वेषु शुश्रूषुरनहंकृतः ॥ सोऽयं माद्रवतीपुत्रः कस्मान्निपतितो भुवि ९ ॥ युधिष्ठिर उवाच ॥ आत्मनः सदृशं प्राज्ञं नैषोऽमन्यत कंचन ॥ तेन दोषेण पतितस्तस्मादेष नृपात्मजः १० ॥ वैशंपायन उवाच ॥ इत्युक्त्वा तं समुत्सृज्य सहदेवं ययौ तदा ॥ भ्रातृभिः सह कौन्तेयः शुना चैव युधिष्ठिरः ११ कृष्णां निपतितां दृष्ट्वा सहदेवं च पांडवम् ॥ आर्तो बंधुप्रियः शूरो नकुलो निपपात ह १२ तस्मिन्निपतिते वीरे नकुले चारुदर्शने ॥ पुनरेव तदा भीमो राजानमिदमब्रवीत् १३ योऽयमक्षतधर्मात्मा भ्राता वचनकारकः ॥ रूपेणाप्रतिमो लोके नकुलः पतितो भुवि १४ इत्युक्तो भीमसेनेन प्रत्युवाच युधिष्ठिरः ॥ नकुलं प्रति धर्मात्मा सर्वबुद्धिमतां वरः १५ रूपेण मत्समो नास्ति कश्चिदित्यस्य दर्शनम् ॥ अधिकश्चाहमेवैक इत्यस्य मनसि स्थितम् १६ नकुलः पतितस्तस्मादागच्छ त्वं वृकोदर ॥ यस्य यद्विहितं वीर सोऽवश्यं तदुपाश्नुते १७ तांस्तु प्रपतितान्दृष्ट्वा पांडवः श्वेतवाहनः ॥ पपात शोकसंतप्तस्ततोऽनु परवीरहा १८ तस्मिंस्तु पुरुषव्याघ्रे पतिते शक्रतेजसि ॥ म्रियमाणे दुराधर्षे भीमो राजानमब्रवीत् १९ अनृतं न स्मराम्यस्य स्वैरेष्वपि महात्मनः ॥ अथ कस्य विकारोऽयं येनायं पतितो भुवि २० ॥ युधिष्ठिर उवाच ॥ एकाह्ना निर्दहेयं वै शत्रूनित्यर्जुनोऽब्रवीत् ॥ न च तत्कृतवानेष शूरमानी ततोऽपतत् २१ अवमेने धनुर्ग्राहानेष सर्वांश्च फाल्गुनः ॥ तथा चैतन्न तु तथा कर्तव्यं भूतिमिच्छता २२ ॥ वैशंपायन उवाच ॥ इत्युक्त्वा प्रस्थितो राजा भीमोऽथ निपपात ह ॥ पतितश्चाब्रवीद्भीमो धर्मराजं युधिष्ठिरम् २३ भो भो राजन्नवेक्षस्व पतितोऽहं प्रियस्तव ॥ किंनिमित्तं च पतनं ब्रूहि मे यदि वेत्थ ह २४ ॥ युधिष्ठिर उवाच ॥ अतिभुक्तं च भवता प्राणेन च विकत्थसे ॥ अनवेक्ष्य परं पार्थ तेनासि पतितः क्षितौ २५ इत्युक्त्वा तं महाबाहुर्जगामानवलोकयन् ॥ श्वाऽप्येकोऽनुययौ यस्ते बहुशः कीर्तितो मया २६ ॥ इति श्रीमहाभारते महाप्रस्थानिके पर्वणि द्रौपद्यादिपतने द्वितीयोऽध्यायः ॥ २ ॥ वैशंपायन उवाच ॥ ततः संनादयञ्छक्रो दिवं भूमिं च सर्वशः ॥ रथेनोपययौ पार्थमारोहेत्यब्रवीच्च तम् १ स भ्रातॄन्पतितान्दृष्ट्वा धर्मराजो युधिष्ठिरः ॥ अब्रवीच्छोकसंतप्तः सहस्राक्षमिदं वच २ भ्रातरः पतिता मेऽत्र गच्छेयुस्ते मया सह ॥ न विना भ्रातृभिः स्वर्गमिच्छे गंतुं सुरेश्वर ३ ॥ ॥ ॥ ॥ ॥ ॥ ॥ ॥

निभुक्तमिति २५ । २६ । ॥ इति महाप्रस्थानिके पर्वणि नैलकंठीये भारतभावदीपे द्वितीयोऽध्यायः ॥ २ ॥ ततः संनादयन्नित्यस्य बांधवभोज्यैव लक्ष्मीः श्रेयसी न स्वमात्रभोज्येति तात्पर्यम् १ । २ । ३

४ । ५ । ६ । अयंश्वेत्यादेर्नीचतरमपिमंनिहितंप्रथमंस्वसुखविभागेनसंभावयेत्वश्वात्त्वयंतञ्जोक्तव्यमितितात्पर्यं ७ नात्रेति । अस्पृश्यस्यसंगत्यागेनृशंसंनिर्दयत्वंनास्ति ८ । ९ श्ववतामशुचित्वाद्धिष्ण्यंस्थानं

॥ २ ॥ सुकुमारीसुखार्हाचराजपुत्रीपुरंदर ॥ साऽस्माभिःसहगच्छेततद्भवाननुमन्यताम् ४॥शक्रउवाच ॥ भ्रातॄन्द्रक्ष्यसिस्वर्गेत्वमग्रतस्त्रिदिवंगतान् ॥ कृष्णयासहितान्सर्वा
न्माशुचोभरतर्षभ ५ निक्षिप्यमानुषंदेहंगतास्तेभरतर्षभ ॥ अनेनत्वंशरीरेणस्वर्गंगंतानसंशयः ६ ॥ युधिष्ठिरउवाच ॥ अयंश्वाभूतभव्येशभक्तोमांनित्यमेवह ॥
सगच्छेतमयासार्धमानृशंस्याहिमेमतिः ७ ॥ शक्रउवाच ॥ अमर्त्यत्वंमत्समत्वंचराजन्श्रियंकृत्स्नांमहतींचैवसिद्धिम् ॥ संप्राप्तोऽद्यस्वर्गसुखानिचत्वंत्यजश्वा
नंनात्रनृशंसमस्ति ८ ॥ युधिष्ठिरउवाच ॥ अनार्यमार्येणमहस्रनेत्रशक्यंकर्तुंदुष्करमेतदार्य ॥ मामेश्रियासंगमनंतयाऽस्तुयस्याःकृतेभक्तजनंत्यजेयम् ९ ॥ इंद्रउ
वाच ॥ स्वर्गेलोकेश्ववतांनास्तिधिष्ण्यमिष्टापूर्तंक्रोधवशाहरंति ॥ ततोविचार्यक्रियतांधर्मराजत्यजश्वानंनात्रनृशंसमस्ति १० ॥ युधिष्ठिरउवाच ॥ ॥ भक्तत्यागं
प्राहुरत्यंतपापंतुल्यंलोकेब्रह्मवध्याकृतेन ॥ तस्मान्नाहंजातुकथंचनाद्यत्यक्ष्याम्येनंस्वसुखार्थीमहेंद्र ११ भीतंभक्तंनान्यदस्तीतिचार्तंप्राप्तंक्षीणंरक्षणेप्राणलिप्सुम् ॥
प्राणत्यागादप्यहंनैवमोक्तुंयतेयंवैनित्यमेतद्व्रतंमे १२ ॥ इंद्रउवाच ॥ शुनादृष्टंक्रोधवशाहरंतियद्दत्तमिष्टंविवृतमथोहुतंच ॥ तस्माच्छुनस्त्यागमिमंकुरुष्वशुनस्त्या
गात्प्राप्स्यसेदेवलोकम् १३ त्यक्त्वाभ्रातॄन्दयितांचापिकृष्णांप्राप्तोलोकःकर्मणास्वेनवीर ॥ श्वानंचैनंनत्यजसेकथंनुत्यागंकृत्स्नंचास्थितोमुह्यसेऽद्य १४ ॥ युधि
ष्ठिरउवाच ॥ नविद्यतेसंधिरथापिविग्रहोमृतैर्मर्त्यैरितिलोकेषुनिष्ठा ॥ नतेमयाजीवयितुंहिशक्यास्ततस्त्यागस्तेषुकृतोनजीवताम् १५ भीतिप्रदानंशरणागतस्यस्त्रि
यावधोब्राह्मणस्वापहारः ॥ मित्रद्रोहस्तानिचत्वारिशक्रभक्तत्यागश्चैवसमोमतोमे १६ ॥ वैशंपायनउवाच ॥ तद्धर्मराजस्यवचोनिशम्यधर्मस्वरूपीभगवानुवाच ॥
युधिष्ठिरंप्रीतियुक्तोनरेन्द्रंश्लक्ष्णैर्वाक्यैःसंस्तवसंप्रयुक्तैः १७ ॥ धर्मराजउवाच ॥ अभिजातोऽसिराजेंद्रपितुर्वृत्तेनमेधया ॥ अनुक्रोशेनचानेनसर्वभूतेषुभारत १८
पुराद्वैतवनेचासिमयापुत्रपरीक्षितः ॥ पानीयार्थेपराक्रांतायत्रतेभ्रातरोहताः १९ भीमार्जुनौपरित्यज्ययत्रत्वंभ्रातरावुभौ ॥ मात्रोःसाम्यमभीप्सन्वैनकुलंजीवमि
च्छसि २० अयंश्वाभक्तइत्येवंत्यक्तोदेवरथस्त्वया ॥ तस्मात्स्वर्गेनतेतुल्यःकश्चिदस्तिनराधिप २१ अतस्तवाक्षयालोकाःस्वशरीरेणभारत ॥ प्राप्तोऽसिभरतश्रेष्ठ
दिव्यांगतिमनुत्तमाम् २२ ॥ वैशंपायनउवाच ॥ ततोधर्मश्चशक्रश्चमरुतश्चाश्विनावपि ॥ देवादेवर्षयश्चैवरथमारोप्यपांडवम् २३ प्रययुःस्वैर्विमानैस्तेसिद्धाःकाम
विहारिणः ॥ सर्वेविरजसःपुण्याःपुण्यवाग्बुद्धिकर्मिणः २४ ॥ ॥ ॥ ॥ ॥ ॥ ॥

स्वर्गेनास्तिक्रोधवशानामदेवगणाअशुचेरिष्टापूर्तफलंघ्नंति १० । ११ । १२ । १३ । १४ । १५ । १६ । १७ अभिजातोऽसिकुलीनोऽसि पितुःपांडोः १८ । १९ । २० । २१
। २२ । २३ । २४ ॥ ॥ ॥ ॥ ॥ ॥ ॥ ॥

२५ निकाय्यस्थोनिवासस्थः २६ वाक्यमेवाह येऽपीति समुपस्थिताःस्मृतिविषयाःसंति २७ । २८ । २९ यद्देवभ्रातृणांस्थानंतदेवप्राप्तुमिच्छामि ३० । ३१ । ३२ । ३३ । ३४ । ३५ । ३६ ३७ । ३८ ॥ ॥ इतिमहाप्रस्थानिके पर्वणि नीलकंठीयेभारतभावदीपे तृतीयोऽध्यायः ॥ ३ ॥ ॥ ॥ ॥ ॥ ॥ ॥ ॥ ॥ ॥ ॥

सतंरथंसमास्थायराजाकुरुकुलोद्वहः ॥ ऊर्ध्वमाचक्रमेशीघ्रंतेजसाऽऽवृत्यरोदसी २५ ततोदेवनिकाय्यस्थोनारदःसर्वलोकवित् ॥ उवाचोच्चैस्तदावाक्यंबृहदश्वोबृहत्तपाः २६ येऽपिराजर्षयःसर्वेतेचापिसमुपस्थिताः ॥ कीर्तिंप्रच्छाद्यतेषांवैकुरुराजोऽधितिष्ठति २७ लोकानावृत्ययशसातेजसावृत्तसंपदा ॥ स्वशरीरेणसंप्राप्तंनान्यंशुश्रुमपांडवात् २८ तेजांसियानिदृष्टानिभूमिष्ठेनत्वयाविभो ॥ वेश्मानिभुविदेवानांपश्यामूनिसहस्रशः २९ नारदस्यवचःश्रुत्वाराजावचनमब्रवीत् ॥ देवानामंत्र्यधर्मात्मास्वपक्षांश्चैवपार्थिवान् ३० शुभंवायदिवापापंभ्रातृणांस्थानमद्यमे ॥ तदेवप्राप्तुमिच्छामिलोकानन्यान्नकामये ३१ राज्ञस्तुवचनंश्रुत्वादेवराजःपुरंदरः ॥ आनृशंस्यसमायुक्तंप्रत्युवाचयुधिष्ठिरम् ३२ स्थानेऽस्मिन्वसराजेन्द्रकर्मभिर्निर्जितेशुभैः ॥ किंत्वंमानुष्यकंस्नेहमद्यापिपरिकर्षसि ३३ सिद्धिंप्राप्तोऽसिपरमांयथानान्यःपुमान्क्वचित् ॥ नैवतेभ्रातरःस्थानंसंप्राप्ताःकुरुनंदन ३४ अद्यापिमानुषोभावःस्पृशतेत्वांनराधिप ॥ स्वर्गोऽयंपश्यदेवर्षीन्सिद्धांश्चत्रिदिवालयान् ३५ युधिष्ठिरस्तुदेवेन्द्रमेवंवादिनमीश्वरम् ॥ पुनरेवाब्रवीद्धीमानिदंवचनमर्थवत् ३६ तैर्विनानोत्सहेवस्तुमिहदैत्यनिबर्हण ॥ गंतुमिच्छामितत्राहंयत्रतेभ्रातरोगताः ३७ यत्रसाबृहतीश्यामाबुद्धिसत्त्वगुणान्विता ॥ द्रौपदीयोषितःश्रेष्ठायत्रचैवगतामम ३८ ॥ इतिश्रीमहाभारतेशतसाहस्र्यांसंहितायांवैयासक्यांमहाप्रस्थानिकेपर्वणियुधिष्ठिरस्वर्गारोहेतृतीयोऽध्यायः ॥ ३ ॥ ॥ महाप्रस्थानिकंपर्वसमाप्तम् ॥ अतःपरंस्वर्गारोहणपर्व ॥ तस्यायमाद्यःश्लोकः ॥ जनमेजयउवाच ॥ स्वर्गंत्रिविष्टपंप्राप्यममपूर्वपितामहाः ॥ पांडवाधार्तराष्ट्राश्चकानिस्थानानिभेजिरे १ ॥ ॥

॥ अत्र व्यासोक्ताध्यायश्लोकसंख्यान्यूनाधिक्यं लिपिकरप्रमादादिना तद्बोध्यम् ॥

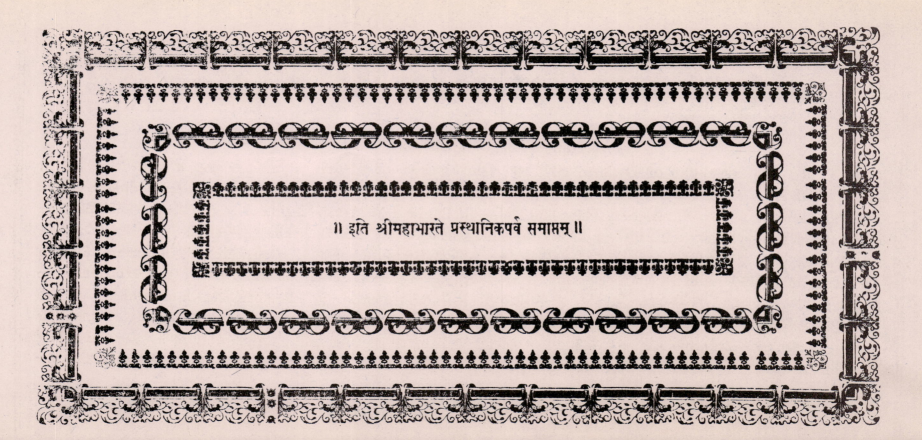

॥ इति श्रीमहाभारते प्रस्थानिकपर्व समाप्तम् ॥

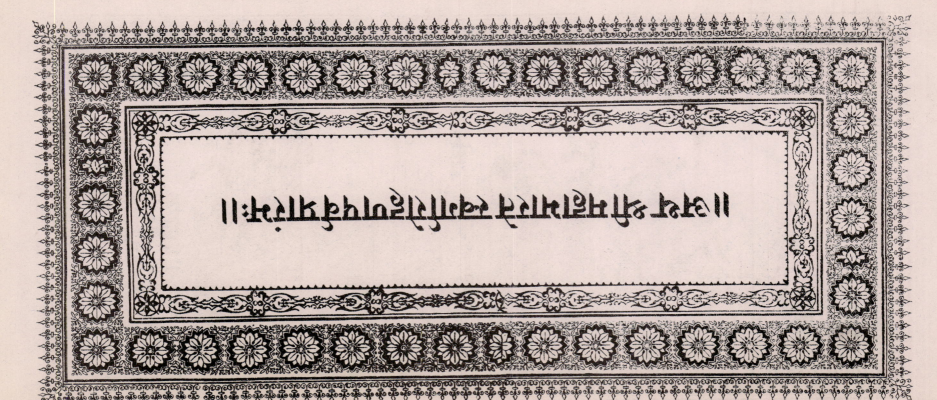

॥ अथ श्री महाभारते स्वर्गारोहणपर्व प्रारंभः ॥

स्वर्गारोहण पर्व १८
यम यातना.
धर्म नरक दर्शन.

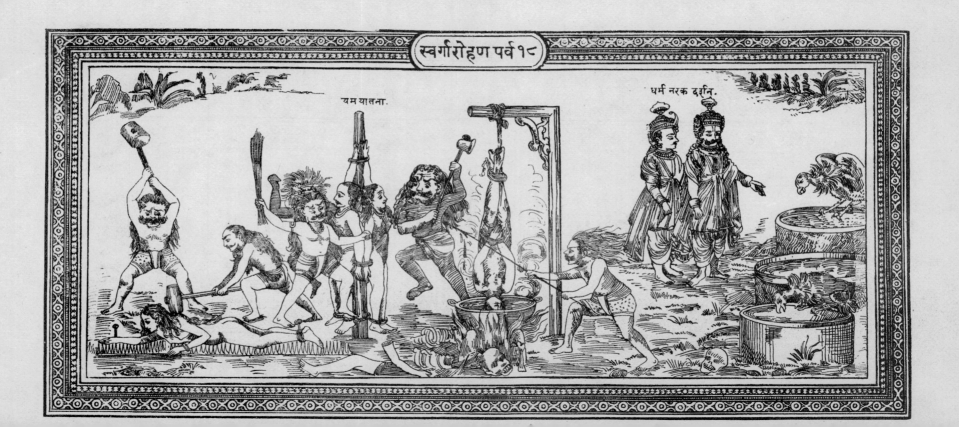

॥ महाभारतम् ॥

स्वर्गारोहणपर्व

-१८-

विषयानुक्रमणिका ।

अ॰ विषयः पृष्ठम्

१ 'स्वर्गं गत्वा पाण्डवा धार्तरा-
ष्ट्राश्च कानि स्थानानि भेजिरे'
इति जनमेजयेन पृष्टो वैशम्पायनः
'स्वर्गं प्राप्य युधिष्ठिरादयो यद-
कुर्वत तच्छृणु' इत्युवाच। स्वर्गं
गतो युधिष्ठिरो 'दुर्योधनं श्रिया
जुष्टं दृष्ट्वा नाहमनेन सह वस्तुमि-
च्छामि किंतु यत्र मम भ्रातर-
स्तिष्ठन्ति तत्र यातुम्' इति
वदन्नुपदिशन्तं महामुनिं नारदं
प्रति भ्रातृणां कर्णधृष्टद्युम्नादी-
नां च के लोका इत्याद्य-
पृच्छत्। १

२ स्वर्गे कर्णादिबन्धुजनानपश्यता
युधिष्ठिरेण देवान्प्रति यत्र कुत्रापि
बन्धुजनैः सहैव स्वस्य निवा-
सेच्छानिवेदनम्। देवैर्युधिष्ठि-
राय बन्धुजनप्रदर्शनं चोदितेन
देवदूतेन तस्य नरकप्रदेशप्राप-
णम्। दुर्दर्शनरकदर्शनासहि-
ष्णुतया दूतेन सह प्रतिनिवर्त-
मानेन युधिष्ठिरेण श्रुतपूर्वकण्ठ-
ध्वनिश्रवणम्। ततो युधिष्ठिर-
पृष्टैस्तैस्तं प्रति स्वेषां कर्णभीमा-
दित्वकथनम्। ततस्तेन दूतं प्रति
इन्द्रे स्वस्य तत्समीपं प्रत्यनागम-
नचोदना। दूतेनेन्द्रे युधिष्ठिर-
चिकीर्षितनिवेदनम्। ... १

३ दूतवाक्यं श्रुत्वा इन्द्रप्रभृतयो
देवाः युधिष्ठिरमाजग्मुः। तत
इन्द्रो 'युधिष्ठिर महाबाहो'
इत्यादिना त्वया सिद्धिः प्राप्ता
तवाक्षया लोकाः, तव व्याजेन
नरको दर्शितः, एहि भ्रातॄन् स्वप-
क्ष्यांश्च स्वस्थानस्थान् पश्य, स्वर्ग-
गामाप्लुतस्य तव मानुषो भावो
गमिष्यति इत्याद्यवदत्। इन्द्रो-
क्त्यनन्तरं साक्षाद्धर्मेण 'भो भो
राजन् महाप्राज्ञ' इत्यादिना 'द्वैत-
वने प्रश्नद्वारा प्रथमा परीक्षा
तव, द्वितीया च स्वर्गगमनकाले
श्वरूपधारिणा कृता, तृतीया
चेयम्' इत्युक्त्वा 'न च ते भ्रातरः
पार्थ नरकार्हा विशांपते' इत्या-

द्दिना बोधितो युधिष्ठिरो गंगा-
मवगाह्य दिव्यवपुर्भूत्वा धर्मेण
सहितो महर्षिभिः स्तूयमानो
निर्वैरो यत्र दुर्योधनादयः स्वानि
स्थानानि भेजिरे तत्र जगाम ...२
४ सभायां गतो युधिष्ठिरोऽर्जुनेन
सेव्यमानं गोविन्दं, द्वादशादित्य-
सहितं कर्णं, मरुद्गणसहितं भीमं,
अश्विभ्यां सहितौ नकुलसह-
देवौ, द्रौपदीं च कमलमालिनीं
स्वर्गमाक्रम्य तिष्ठन्तीं च ददर्श ।
दृष्ट्वा च तेन पृष्ट इन्द्रः 'श्रीरेषा
द्रौपदीरूपा त्वदर्थे मानुषं गता ।
अयोनिजा' इत्यादिना प्रत्येकं
सर्वान् व्याजहार । ... ३
५ भीष्मद्रोणौ महात्मानौ इत्या-
दिना भीष्मादीनामनुक्तानाम-
न्येषां च स्वर्गे कियन्तं कालं
स्थितिराहोस्वित्तेषां तत्र शाश्वतं
स्थानं कर्मणामन्ते वा कां गतिं
प्राप्ता इति जनमेजयप्रश्ने व्या-
सेनानुज्ञातो वैशम्पायनस्तत्प्र-
श्नमभिनन्द्य कर्मणामन्ते स्वैः
स्वैरंशिभिस्तादात्म्यं प्राप्तुं यो-
ग्यान् भीष्मादीन् 'वसू-
नेव महातेजाः' इत्यादिनाऽऽ-
ख्याय एतत्ते सर्वमाख्यातं
इत्यादिना कौरवपाण्डवचरित-
कथनमुपसंजहार । सौतिः
शौनकादीन्प्रति 'एतच्छ्रुत्वा
द्विजश्रेष्ठाः' इत्यादिना वैशम्पा-
यनकथितामेतां कथां श्रुतवतो
जनमेजयस्य यज्ञसमाप्तिपूर्वकं
तक्षशिलातो हस्तिनापुरगमनमा-
ख्याय 'एतत्ते सर्वमाख्यातम्'
इत्यादिनोपसंहृत्य महाभारत
श्रवणपठनानां फलानि प्रातः पठ-
नयोग्यं भारतसारसंग्रहं 'माता-
पितृसहस्राणि' इत्यादि श्लोक-
चतुष्टयात्मकं भारतसावित्रीरूपं
चाख्याय तन्माहात्म्यं व्याजहार ३

अथ हरिवंशोक्तमहाभारतश्रवणमाहात्म्याध्यायस्य विषयानुक्रमः ।

'भगवन् केन विधिना' इत्यादिना केन
विधिना श्रोतव्यं, किं फलं, के च देवाः
पूज्याः, पर्वाणि पर्वाणि समाप्ते च किं देयं,
वाचकः कीदृशः इति पप्रच्छ जनमेजयः ।
'शृणु राजन् विधिमिमम्' इत्यादिना श्रवण-
विधिं कथयन् वैशम्पायनः 'अत्र रुद्रास्तथा
साध्याः' इत्यादिना भारतस्था देवताः,
श्रवणानन्तरं देयानि महादानानि, तथा
गवादीनां दानानि चाख्याय 'सत्यार्जव-
रतो दान्तः' इत्यादिना वाचकस्य लक्ष-
णान्यभ्यधात् । 'पारणं प्रथमं प्राप्य' इत्या-
दिना दशपर्यन्तानां पारणानां प्रत्येकं फला-
नि, प्राप्यांल्लोकांश्चाख्याय वाचकस्य गुरुव-
त्पूजनं, तस्मै हस्त्यश्वादिदानानि तस्य देव-
वत्पूजनं चाचष्ट । प्रतिपर्वसमाप्तौ भोज्य-
विशेषेण ब्राह्मणभोजनं वाचकपूजनादिकं
सर्वसमाप्तौ क्षौमवस्त्रवेष्टितस्य भारतस्य
पूजनं, वाचकपूजनं, ब्राह्मणभोजनादिकं स-
सुवर्णपुस्तकदानादिकं चाकथयद्वैशम्पा-
यनः । 'इत्येष विधिरुद्दिष्टः' इत्यादिना उप-
संहृत्य महाभारतप्रशंसापूर्वकं तच्छ्रवण-
फलादिकं च श्रद्धोत्पादनार्थं पुनर्व्याजहार
वैशम्पायन इत्योम् ॥ श्रीकृष्णार्पणमस्तु ॥
शुभं भवतु । भारतीजयतु ॥

श्रीगणेशायनमः ॥ ॥ पूर्वस्मिन्पर्वणिधर्मस्यफलभूतास्त्यागानृशंस्यादयोयुधिष्ठिरदृष्टांतेनदर्शिताः इदानींतस्यमुख्यंफलंदर्शयितुंस्वर्गारोहणपर्वारभते स्वर्गंत्रिविष्टपमिति यथामुष्यस्यांसख्यायामल्प
संख्याऽन्तर्भवतिएवंत्रीणिविष्टपानिभुवनानिफलोत्कर्षवशाद्यत्रांतर्भवंतितादृशमपिस्वर्गंप्राप्य 'विष्टपंभुवनंजगत्' इत्यमरः १ । २ । ३ । ४ । ५ ततइति । स्वर्गेऽप्यमर्षोदुस्त्यजइतिसंस्का

॥ श्रीगणेशायनमः ॥ ॥ नारायणंनमस्कृत्यनरंचैवनरोत्तमम् ॥ देवींसरस्वतींचैवततोजयमुदीरयेत् १ ॥ जनमेजयउवाच ॥ स्वर्गंत्रिविष्टपंप्राप्यममपूर्वपि
तामहाः ॥ पांडवाधार्तराष्ट्राश्चकानिस्थानानिभेजिरे १ एतदिच्छाम्यहंश्रोतुंसर्वविज्ञासिमेमतः ॥ महर्षिणाऽभ्यनुज्ञातोव्यासेनाद्भुतकर्मणा २ ॥ वैशंपायनउवाच
॥ स्वर्गंत्रिविष्टपंप्राप्यतवपूर्वपितामहाः ॥ युधिष्ठिरप्रभृतयोयदकुर्वंततच्छृणु ३ स्वर्गंत्रिविष्टपंप्राप्यधर्मराजोयुधिष्ठिरः ॥ दुर्योधनंश्रियाजुष्टंददर्शासीनमासने ४
भ्राजमानमिवादित्यंवीरलक्ष्म्याऽभिसंवृतम् ॥ देवैर्भ्राजिष्णुभिःसाध्यैःसहितंपुण्यकर्मभिः ५ ततोयुधिष्ठिरोदृष्ट्वादुर्योधनममर्षितः ॥ सहसासन्निवृत्तोऽभूच्छ्रियं
दृष्ट्वासुयोधने ६ ब्रुवन्नुच्चैर्वचस्तान्वैनाहंदुर्योधनेनवै ॥ सहितःकामयेलोकाँल्लुब्धेनादीर्घदर्शिना ७ यत्कृतेपृथिवीसर्वासुहृदोबांधवास्तथा ॥ हताऽस्माभिःप्रसह्या
जौक्लिष्टैःपूर्वंमहावने ८ द्रौपदीचसभामध्येपांचालीधर्मचारिणी ॥ पर्याकृष्टाऽनवद्यांगीपत्नीनोगुरुसन्निधौ ९ अस्तिदेवानमेकामःसुयोधनमुदीक्षितुम् ॥ तत्रा
हंगंतुमिच्छामियत्रतेभ्रातरोमम १० नैवमित्यब्रवीत्तंतुनारदःप्रहसन्निव ॥ स्वर्गेनिवासेराजेंद्रविरुद्धंचापिनश्यति ११ युधिष्ठिरमहाबाहोमैवंवोचःकथंचन ॥ दु
र्योधनंप्रतिनृपंशृणुचेदंवचोमम १२ एषदुर्योधनोराजापूज्यतेत्रिदशैःसह ॥ सद्भिश्चराजप्रवरैर्यइमेस्वर्गवासिनः १३ वीरलोकगतिंप्राप्तायुद्धेहुत्वाऽऽत्मनस्तनुम् ॥
यूयंसर्वेसुरसमायेनयुद्धेसमासिताः १४ सएषक्षत्रधर्मेणस्थानमेतदवाप्तवान् ॥ भयेमहतियोऽभीतोबभूवपृथिवीपतिः १५ नतन्मनसिकर्तव्यंपुत्रयद्द्यूतकारि
तम् ॥ द्रौपद्याश्चपरिक्लेशंनचिंतयितुमर्हसि १६ येचान्येऽपिपरिक्लेशायुष्माकंज्ञातिकारिताः ॥ संग्रामेष्वथवाऽन्यत्रनतान्संस्मर्तुमर्हसि १७ समागच्छयथा
न्यायंराज्ञादुर्योधनेनवै ॥ स्वर्गोऽयंनेहवैराणिभवंतिमनुजाधिप १८ नारदेनैवमुक्तस्तुकुरुराजोयुधिष्ठिरः ॥ भ्रातृन्पप्रच्छमेधावीवाक्यमेतदुवाचह १९ यदिदुर्योध
नस्यैतेवीरलोकाःसनातनाः ॥ अधर्मज्ञस्यपापस्यपृथिवीसुहृदद्रुहः २० यत्कृतेपृथिवीनष्टासहयासनरद्विपा ॥ वयंचमन्युनादग्धावैरंप्रतिचिकीर्षवः २१ येतेवीरामा
हात्मानोभ्रातरोमेमहाव्रताः ॥ सत्यप्रतिज्ञालोकस्यशूरावैसत्यवादिनः २२ तेषामिदानींकेलोकाद्रष्टुमिच्छामितानहम् ॥ कर्णंचैवमहात्मानंकौन्तेयंसत्यसंगरम् २३
धृष्टद्युम्नंसात्यकिंचधृष्टद्युम्नस्यचात्मजान् ॥ येचशस्त्रैर्वधंप्राप्ताःक्षत्रधर्मेणपार्थिवाः २४ क्वनुतेपार्थिवाब्रह्मन्नैतान्पश्यामिनारद ॥ विराटद्रुपदौचैवधृष्टकेतुमुखांश्चतान् २५

राणांप्राबल्यमुक्तं ६ । ७ हताःअस्माभिः संधिरार्षः ८ । ९ । १० विरुद्धंवैरादिकंनश्यतिअंतर्धीयते ११ । १२ । १३ । १४ अभीतइतिच्छेदः १५ । १६ । १७ । १८ । १९
सुहृदद्रुहइत्यदंतःशब्दः २० । २१ । २२ । २३ । २४ । २५ ॥ ॥ ॥ ॥

२६ ॥ इतिस्वर्गारोहणपर्वणि नीलकंठीये भारतभावदीपे प्रथमोऽध्यायः ॥ १ ॥ ॥ ॥ नेहेति ॥ १ । २ । ३ । ४ । ५ । ६ । ७ । ८ । ९ । १० । ११ । १२ । १३ । १४
शिखंडिनंचपांचाल्यंद्रौपदेयांश्चसर्वशः ॥ अभिमन्युंचदुर्धर्षंद्रष्टुमिच्छामिनारद २६ ॥ इतिश्रीमहाभारतेस्वर्गारोहणपर्वणिस्वर्गेनारदयुधिष्ठिरसंवादेप्रथमोऽध्यायः ॥ १ ॥
॥ १ ॥ ॥ युधिष्ठिरउवाच ॥ नेहपश्यामिविबुधाराधेयममितौजसम् ॥ भ्रातरौचमहात्मानौयुधामन्यूत्तमौजसौ १ जुहुवुर्येशरीराणिरणवह्नौमहारथाः ॥ राजानोराज
पुत्राश्चयेमदर्थेहतारणे २ क्वतेमहारथाःसर्वेशार्दूलसमविक्रमाः ॥ तैरप्ययंजितोलोकःकच्चित्पुरुषसत्तमैः ३ यदिलोकानिमान्प्राप्तास्तेचसर्वेमहारथाः ॥ स्थितं
वित्तहिमांदेवाःसहितंतैर्महात्मभिः ४ कच्चिन्नतैरवाप्तोऽयंनृपैर्लोकोऽक्षयःशुभः ॥ नतैरहंविनारंस्येभ्रातृभिर्ज्ञातिभिस्तथा ५ मातुर्हिवचनंश्रुत्वातदासलिलकर्मणि ॥
कर्णस्यक्रियतांतोयमितितप्यामितेनवै ६ इदंचपरितप्यामिपुनःपुनरहंसुराः ॥ यन्मातुःसदृशौपादौतस्याहममितात्मनः ७ दृष्ट्वैवतौनानुगतःकर्णंपरबला
र्दनम् ॥ नह्यस्मान्कर्णसहितान्जयेच्छक्रोऽपिसंयुगे ८ तमहंयत्रतत्रस्थंद्रष्टुमिच्छामिसूर्यजम् ॥ अविज्ञातोमयायोऽसौघातितःसव्यसाचिना ९ भीमंचभीम
विक्रांतंप्राणेभ्योऽपिप्रियंमम ॥ अर्जुनंचेंद्रसंकाशंयमौचैवयमोपमौ १० द्रष्टुमिच्छामितांचाहंपांचालींधर्मचारिणीम् ॥ नचेहस्थातुमिच्छामिसत्यमेवंब्रवीमिवः
११ किंमेभ्रातृविहीनस्यस्वर्गेणसुरसत्तमाः ॥ यत्रतेममसस्वर्गोनायंस्वर्गोमतोमम १२ ॥ ॥ देवाऊचुः ॥ ॥ यदिवैतत्रतेश्रद्धागम्यतांपुत्रमाचिरम् ॥ प्रियेहि
तववर्तामोदेवराजस्यशासनात् १३ ॥ ॥ वैशंपायनउवाच ॥ ॥ इत्युक्त्वातंततोदेवादेवदूतमुपादिशन् ॥ युधिष्ठिरस्यसुहृदोदर्शयेतिपरंतप १४ ततःकुंती
सुतोराजादेवदूतश्चजग्मतुः ॥ सहितौराजशार्दूलयत्रतेपुरुषर्षभाः १५ अग्रतोदेवदूतश्चययौराजाचपृष्ठतः ॥ पंथानमशुभंदुर्गंसेवितंपापकर्मभिः १६ तम
सासंवृतंघोरंकेशशैवलशाद्वलम् ॥ युक्तंपापकृतांगंधैर्मांसशोणितकर्दमम् १७ दंशोत्पातकभल्लूकमक्षिकामशकावृतम् ॥ इतश्चेतश्चकुणपैःसमंतात्परिवारि
तम् १८ अस्थिकेशसमाकीर्णंकृमिकीटसमाकुलम् ॥ ज्वलनेनप्रदीप्तेनसमंतात्परिवेष्टितम् १९ अयोमुखैश्चकाकाद्यैर्गृध्रैश्चसमभिद्रुतम् ॥ सूचीमुखैस्तथाप्रे
तैर्विंध्यशैलोपमैर्वृतम् २० मेदोरुधिरयुक्तैश्चच्छिन्नबाहूरुपाणिभिः ॥ निकृत्तोदरपादैश्चतत्रतत्रप्रवेरितैः २१ सतत्कुणपदुर्गंधमशिवंलोमहर्षणम् ॥ जगामरा
जाधर्मात्मामध्येबहुविचिंतयन् २२ ददर्शोष्णोदकैःपूर्णांनदींचापिसुदुर्गमाम् ॥ असिपत्रवनंचैवनिशितंक्षुरसंवृतम् २३ करंभवालुकास्तप्ताआयसीश्चशिलाः
पृथक् ॥ लोहकुंभीश्चतैलस्यक्वाथ्यमानाःसमन्ततः २४ कूटशाल्मलिकंचापिदुःस्पर्शंतीक्ष्णकंटकम् ॥ ददर्शचापिकौन्तेयोयातनाःपापकर्मिणाम् २५ सतं
दुर्गंधमालक्ष्यदेवदूतमुवाचह ॥ कियदध्वानमस्माभिर्गंतव्यमिममीदृशम् २६ ॥ ॥ ॥ ॥ ॥

१५ । १६ । १७ । १८ । १९ । २० प्रवेरितैरितस्ततःपातितैः २१ । २२ । २३ करंभवालुकाःश्वेतसूक्ष्मवालुकाःभ्राष्ट्रवालुकाइत्यर्थः २४ । २५ । २६ ॥ ॥ ॥

२७।२८।२९। ३० ।३१।३२।३३।३४।३५।३६।३७।३८।३९।४०।४१।४२।४३ ४४ ४५

क्कचतेभ्रातरोमह्यंतन्ममाख्यातुमर्हसि ॥ देशोऽयंकश्चदेवानामेतदिच्छामिवेदितुम् २७ ससन्निवृत्तेश्रुत्वाधर्मराजस्यभाषितम् ॥ देवदूतोऽब्रवीच्चैनमेतावद्गमनं
तव २८ निवर्तितव्योहिमयातथाऽस्म्युक्तोदिवौकसैः ॥ यदिश्रांतोऽसिराजेन्द्रत्वमथागंतुमर्हसि २९ युधिष्ठिरस्तुनिर्विण्णस्तेनगंधेनमूर्छितः ॥ निवर्तनेधृतम
नाःपर्यावर्तंतभारत ३० ससंनिवृत्तोधर्मात्मादुःखशोकसमाहतः ॥ शुश्रावतत्रवदतांदीनावाचःसमन्ततः ३१ भोभोधर्मजराजर्षेपुण्याभिजनपांडव ॥ अनुग्रहार्थ
मस्माकंतिष्ठतावन्मुहूर्तकम् ३२ आयातित्वयिदुर्धर्षेवातिपुण्यःसमीरणः ॥ तवगंधानुगस्तातयेनास्मान्सुखमागमत् ३३ तेवयंपार्थदीर्घस्यकालस्यपुरुष
र्षभ ॥ सुखमासादयिष्यामस्त्वांदृष्ट्वाराजसत्तम ३४ संतिष्ठस्वमहाबाहोमुहूर्तमपिभारत ॥ त्वयितिष्ठतिकौरव्ययातनास्मान्नबाधते ३५ एवंबहुविधावाचःकृप
णावेदनावताम् ॥ तस्मिन्देशेसशुश्रावसमंताद्वदतांनृप ३६ तेषांतुवचनंश्रुत्वादयावान्दीनभाषिणाम् ॥ अहोकृच्छ्रमितिप्राहतस्थौसचयुधिष्ठिरः ३७ सता
गिरःपुरस्ताद्वैश्रुतपूर्वाःपुनःपुनः ॥ ग्लानानांदुःखितानांचनाभ्यजानतपांडवः ३८ अबुध्यमानस्तावाचोधर्मपुत्रोयुधिष्ठिरः ॥ उवाचकेभवन्तोवैकिमर्थमिह
तिष्ठथ ३९ इत्युक्तास्तेततःसर्वेसमंतादवभाषिरे ॥ कर्णोऽहंभीमसेनोहमर्जुनोहमितिप्रभो ४० नकुलःसहदेवोऽहंधृष्टद्युम्नोहमित्युत ॥ द्रौपदीद्रौपदेयाश्चइत्येवंते
विचुक्रुशुः ४१ तावाचःसतदाश्रुत्वातद्देशसदृशीर्नृप ॥ ततोविमम्रशेराजाकिंत्विदंदैवकारितम् ४२ किंनुतत्कलुषंकर्मकृतमेभिर्महात्मभिः ॥ कर्णेनद्रौपदेयैर्वापां
चाल्यावासुमध्यया ४३ यइमेपापगंधेऽस्मिन्देशेसंतिसुदारुणे ॥ नाहंजानामिसर्वेषांदुष्कृतंपुण्यकर्मणाम् ४४ किंकृत्वाधृतराष्ट्रस्यपुत्रोराजासुयोधनः ॥ तथा
श्रियायुतःपापैःसहसर्वैःपदानुगैः ४५ महेन्द्रइवलक्ष्मीवानास्तेपरमपूजितः ॥ कस्येदानींविकारोऽयंयइमेनरकंगताः ४६ सर्वधर्मविदःशूराःसत्यागमपरायणाः ॥
क्षत्रधर्मरताःसंतोयज्वानोभूरिदक्षिणाः ४७ किंनुसुप्तोऽस्मिजागर्मिचेतयामिनचेतये ॥ अहोचित्तविकारोऽयंस्याद्वामेचित्तविभ्रमः ४८ एवंबहुविधंराजाविम
मर्शयुधिष्ठिरः ॥ दुःखशोकसमाविष्टश्चिंताव्याकुलितेन्द्रियः ४९ क्रोधमाहारयच्चैवतीव्रंधर्मसुतोनृपः ॥ देवांश्चगर्हयामासधर्मंचैवयुधिष्ठिरः ५० सतीव्रगंधसंत
प्तोदेवदूतमुवाचह ॥ गम्यतांतत्रयेषांत्वंदूतस्तेषामुपांतिकम् ५१ नह्यहंतत्रयास्यामिस्थितोऽस्मीतिनिवेद्यताम् ॥ मत्संश्रयादिमेदूनाःसुखिनोभ्रातरोहिमे
५२ इत्युक्तःसतदादूतःपांडुपुत्रेणधीमता ॥ जगामतत्रयत्रास्तेदेवराजःशतक्रतुः ५३ निवेदयामासचतद्धर्मराजचिकीर्षितम् ॥ यथोक्तंधर्मपुत्रेणसर्वमेवजना
धिप ५४ ॥ इतिश्रीमहाभारतेस्वर्गारोहणपर्वणियुधिष्ठिरनरकदर्शनेद्वितीयोऽध्यायः ॥ २ ॥ ॥ ॥

दूनाःखिन्नाः ५२ । ५३ । ५४ ॥ इतिस्वर्गारोहणपर्वणिनीलकंठीयेभारतभावदीपेद्वितीयोऽध्यायः ॥ २ ॥ ॥ ॥

स्थितइति १ । २ । ३ । ४ । ५ । ६ । ७ । ८ । ९ । १० । ११ । १२ शत्रूणांस्वर्गोभ्रातॄणांनरकइतियुधिष्ठिरस्यईर्ष्याविषादावपनयति यइति १३ । १४ हतःकुंजरइतिअश्वत्थामवधेद्रोणउपचीर्णोवंचितः

वैशंपायनउवाच ॥ स्थितेमुहूर्तंपार्थेतुधर्मराजेयुधिष्ठिरे ॥ आजग्मुस्तत्रकौरव्यदेवाःशक्रपुरोगमाः १ सचविग्रहवान्धर्मोराजानंप्रसमीक्षितुम् ॥ तत्राजगाम
यत्रासौकुरुराजोयुधिष्ठिरः २ तेषुभासुरदेहेषुपुण्याभिजनकर्मसु ॥ समागतेषुदेवेषुव्यगमत्तत्तमोनृप ३ नादृश्यंतचतास्तत्रयातनाःपापकर्मिणाम् ॥ नदीवै
तरणीचैवकूटशाल्मलिनासह ४ लोहकुंभ्यःशिलाश्चैवनादृश्यंतभयानकाः ॥ विकृतानिशरीराणियानितत्रसमंततः ५ ददर्शराजाकौरव्यस्तान्यदृश्यानिचा
भवन् ॥ ततोवायुःसुखस्पर्शःपुण्यगंधवहःशुचिः ६ ववौदेवसमीपस्थःशीतलोतीवभारत ॥ मरुतःसहशक्रेणवसवश्चाश्विनौसह ७ साध्यारुद्रास्तथाऽऽदित्या
येचान्येऽपिदिवौकसः ॥ सर्वेतत्रसमाजग्मुःसिद्धाश्चपरमर्षयः ८ यत्रराजामहातेजाधर्मपुत्रःस्थितोऽभवत् ॥ ततःशक्रःसुरपतिःश्रियापरमयायुतः ९ युधिष्ठि
रमुवाचेदंसांत्वपूर्वमिदंवचः ॥ युधिष्ठिरमहाबाहोलोकाश्चाप्यक्षयास्तव १० एह्येहिपुरुषव्याघ्रकृतमेतावताविभो ॥ सिद्धिःप्राप्तामहाबाहोलोकाश्चाप्यक्षया
स्तव ११ नचमन्युस्त्वयाकार्यःशृणुचेदंवचोमम ॥ अवश्यंनरकस्तातद्रष्टव्यःसर्वराजभिः १२ शुभानामशुभानांचद्वौराशीपुरुषर्षभ ॥ यःपूर्वंसुकृतंभुंक्तेप
श्चान्निरयमेवसः १३ पूर्वंनरकभाग्यस्तुपश्चात्स्वर्गमुपैतिसः ॥ भूयिष्ठंपापकर्मायःसपूर्वंस्वर्गमश्नुते १४ तेनत्वमेवंगमितोमयाश्रेयोर्थिनानृप ॥ व्याजेनहित्व
याद्रोणउपचीर्णःसुतंप्रति १५ व्याजेनैवततोराजन्दर्शितोनरकस्तव ॥ यथैवत्वंतथाभीमस्तथापार्थोयमौतथा १६ द्रौपदीचतथाकृष्णाव्याजेननरकंगताः ॥
आगच्छनरशार्दूलमुक्तास्तेचैवकल्मषात् १७ स्वपक्ष्याश्चैवयेतुभ्यंपार्थिवानिहतारणे ॥ सर्वेस्वर्गमनुप्राप्तास्तान्पश्यभरतर्षभ १८ कर्णश्चैवमहेष्वासःसर्वशस्त्र
भृतांवरः ॥ सगतःपरमांसिद्धिंयदर्थेपरितप्यसे १९ तंपश्यपुरुषव्याघ्रमादित्यतनयंविभो ॥ स्वस्थानस्थंमहाबाहोजहिशोकंनरर्षभ २० भ्रातॄंश्चान्यांस्त
थापश्यस्वपक्ष्यांश्चैवपार्थिवान् ॥ स्वंस्वंस्थानमनुप्राप्तान्व्येतुतेमानसोज्वरः २१ कृच्छ्रंपूर्वंचानुभूयइतःप्रभृतिकौरव ॥ विहरस्वमयासार्धंगतशोकोनिराम
यः २२ कर्मणांतातपुण्यानांजितानांतपसास्वयम् ॥ दानानांचमहाबाहोफलंप्राप्नुहिपार्थिव २३ अद्यत्वांदेवगंधर्वादिव्याश्चाप्सरसोदिवि ॥ उपसेवंतु
कल्याणंविरजोम्बरभूषणाः २४ राजसूयजितॉंल्लोकानश्वमेधाभिवर्धितान् ॥ प्राप्नुहित्वंमहाबाहोतपसश्चमहाफलम् २५ उपर्युपरिराज्ञांहितवलोकायुधि
ष्ठिर ॥ हरिश्चंद्रसमाःपार्थयेषुत्वंविहरिष्यसि २६ मांधातायत्रराजार्षिर्यत्रराजाभगीरथः ॥ दौष्यन्तिर्यत्रभरतस्तत्रत्वंविहरिष्यसि २७ एषादेवनदीपुण्यापार्थत्रै
लोक्यपावनी ॥ आकाशगंगाराजेन्द्रतत्राप्लुत्यगमिष्यसि २८ ॥ ॥ ॥ ॥

गजवाचीशब्दोमनुष्यपरत्वेनज्ञापितइत्युपचारच्छलेनेत्यर्थः १५ । १६ । १७ तुभ्यंतव १८ । १९ । २० । २१ । २२ । २३ । २४ अभिवर्धितानश्वमेधबलेनऋद्धिंप्रापितान् २५ । २६ । २७ । २८

२९ । ३० । ३१ जिज्ञासापरीक्षा ३२ । ३३ स्वर्गाधिरोहणेद्रौपद्यासहसोदर्येषुविनष्टेषुसत्सु श्वरूपधारिणाशुनकरूपिणा द्रौपद्याइतिपंचमीपाठेतामारभ्येत्यर्थः ३४ । ३५ । ३६ । ३७ । ३८।३९

अत्रस्नातस्यभावस्तेमानुषोविगमिष्यति ॥ गतशोकोनिरायासोमुक्तवैरोभविष्यसि २९ एवंब्रुवतिदेवेंद्रेकौरवेंद्रंयुधिष्ठिरम् ॥ धर्मोविग्रहवान्साक्षादुवाचसुतमात्मनः ३० भोभोराजन्महाप्राज्ञप्रीतोऽस्मितवपुत्रक ॥ मद्भक्त्यासत्यवाक्यैश्चक्षमयाचदमेनच ३१ एषातृतीयाजिज्ञासातवराजन्कृतामया ॥ नशक्यसेचालयितुंस्वभावात्पार्थहेतुतः ३२ पूर्वपरीक्षितोहित्वंप्रश्नाद्द्वैतवनेमया ॥ अरणीसहितस्यार्थेतच्चनिस्तीर्णवानसि ३३ सोदर्येषुविनष्टेषुद्रौपद्यातत्रभारत ॥ श्वरूपधारिणातत्रपुनस्त्वंमेपरीक्षितः ३४ इदंतृतीयंभ्रातॄणामर्थेयत्स्थातुमिच्छसि ॥ विशुद्धोऽसिमहाभागसुखीविगतकल्मषः ३५ नचतेभ्रातरःपार्थनरकार्हाविशांपते ॥ मायैषादेवराजेनमहेंद्रेणप्रयोजिता ३६ अवश्यंनरकास्तातद्रष्टव्याःसर्वराजभिः ॥ ततस्त्वयाप्राप्तमिदंमुहूर्तंदुःखमुत्तमम् ३७ नसव्यसाचीभीमोवायमौवापुरुषर्षभौ ॥ कर्णोवासत्यवाक्शूरोनरकार्हाश्चिरंनृप ३८ नकृष्णाराजपुत्रीचनरकार्हाकथंचन ॥ एह्येहिभरतश्रेष्ठपश्यगंगांत्रिलोकगाम् ३९ एवमुक्तःसराजर्षिस्तवपूर्वपितामहः ॥ जगामसहधर्मेणसर्वैश्चत्रिदिवालयैः ४० गंगांदेवनदींपुण्यांपावनीमृषिसंस्तुताम् ॥ अवगाह्यततोराजातनुंतत्याजमानुषीम् ४१ ततोदिव्यवपुर्भूत्वाधर्मराजोयुधिष्ठिरः ॥ निर्वैरोगतसंतापोजलेतस्मिन्समाप्लुतः ४२ ततोययौवृतोदेवैःकुरुराजोयुधिष्ठिरः ॥ धर्मेणसहितोधीमान्स्तूयमानोमहर्षिभिः ४३ यत्रतेपुरुषव्याघ्राःशूराविगतमन्यवः ॥ पांडवाधार्तराष्ट्राश्चस्वानिस्थानानिभेजिरे ४४ ॥ इतिश्रीमहाभारतेस्वर्गारोहणपर्वणियुधिष्ठिरतनुत्यागेतृतीयोऽध्यायः ॥ ३ ॥

॥ वैशंपायनउवाच ॥ ततोयुधिष्ठिरोराजादेवैःसर्षिमरुद्गणैः ॥ स्तूयमानोययौतत्रयत्रतेकुरुपुंगवाः १ ददर्शतत्रगोविंदंब्राह्मेणवपुषान्वितम् ॥ तेनैवदृष्टपूर्वेणसादृश्येनैवसूचितम् २ दीप्यमानंस्ववपुषादिव्यैरस्त्रैरुपस्थितम् ॥ चक्रप्रभृतिभिर्घोरैर्दिव्यैःपुरुषविग्रहैः ३ उपास्यमानंवीरेणफाल्गुनेनसुवर्चसा ॥ तथास्वरूपंकौन्तेयोददर्शमधुसूदनम् ४ तावुभौपुरुषव्याघ्रौसमुद्वीक्ष्ययुधिष्ठिरम् ॥ यथावत्प्रतिपेदातेपूजयादेवपूजितौ ५ अपरस्मिन्नथोद्देशेकर्णंशस्त्रभृतांवरम् ॥ द्वादशादित्यसहितंददर्शकुरुनंदनः ६ अथापरस्मिन्नुद्देशेमरुद्गणवृतंविभुम् ॥ भीमसेनमथापश्यत्तेनैववपुषाऽन्वितम् ७ श्रियापरमयायुक्तंसिद्धिंपरमिकांगतम् ८ अश्विनोस्तुतथास्थानेदीप्यमानौस्वतेजसा ॥ नकुलंसहदेवंचददर्शकुरुनंदनः ९ तथाददर्शपांचालींकमलोत्पलमालिनीम् ॥ वपुषास्वर्गमाक्रम्यतिष्ठंतीमर्कवर्चसम् १० अखिलंसहसाराजाप्रष्टुमैच्छद्युधिष्ठिरः ॥ ततोऽस्यभगवानिंद्रःकथयामासदेवराट् ११ ॥ ॥ ॥

४० । ४१ । ४२ यत्रतेपांडवास्तत्रदेवैःसहययावितिद्वयोःसंबन्धः ४३ । ४४ ॥ इतिस्वर्गारोहणपर्वणिनीलकंठीयेभारतभावदीपेतृतीयोऽध्यायः ॥ ३ ॥ ॥ ततइति १ ब्राह्मेणब्रह्मणाआराध्येन २ उपस्थितंसेवितमस्त्रैः ३ । ४ । ५ । ६ । ७ । ८ । ९ । १० । ११ ॥ ॥ ॥ ॥ ॥ ॥

मानुषंमानुषभावम् १२ । १३ । १४ । १५ । १६ । १७ । १८ । १९ । २० । २१ । २२ । २३ ॥ इतिस्वर्गारोहणपर्वणिनीलकंठीये भारतभावदीपे चतुर्थोऽध्यायः ॥ ४ ॥ पूर्वस्मिन्नध्यायेयो योयोयस्ययस्यदेवस्यांशःसस्वर्गगत्वातत्रस्यतस्यांशिनःसान्निध्यंप्रापेत्युक्तंतत्रसंशयः किमेतेअंशाःकांडरुहाणांवृक्षाणामंशाइवपृथक्संसारित्वंमाप्ताउततेष्वेवांशिषुलीयंते । आद्येकर्मजदेहपरंपरायास्तत्त्वज्ञान मंतरेणोच्छेदायोगात्तेषांनित्यसंसारित्वमस्मदादिवत्स्यात् द्वितीयेमानुष्यभावेतैःकृतानांकर्मणांनाशापत्तिरितिसंदिहानोजनमेजयःपृच्छति भीष्मद्रोणावितिं १ । २ । ३ । ४ तेअंतेकांगतिंपुण्यभोगांतेअंशि

श्रीरेषाद्रौपदीरूपात्वदर्थेमानुषंगता ॥ अयोनिजालोककांतापुण्यगंधायुधिष्ठिर १२ रत्यर्थंभवतांह्येषानिर्मिताशूलपाणिना ॥ द्रुपदस्यकुलेजाताभवद्भिश्चोपजीविता
१३ एतेपंचमहाभागागंधर्वाःपावकप्रभाः ॥ द्रौपद्यास्तनयाराजन्युष्माकममितौजसः १४ पश्यगंधर्वराजानंधृतराष्ट्रंमनीषिणम् ॥ एनंचत्वंविजानीहिभ्रातरंपूर्व
जंपितुः १५ अयंतेपूर्वजोभ्राताकौंतेयःपावकद्युतिः ॥ सूतपुत्राग्रजःश्रेष्ठोराधेयइतिविश्रुतः १६ आदित्यसहितोयातिपश्यैनंपुरुषर्षभम् ॥ साध्यानामथदेवानांवि
श्वेषांमरुतामपि १७ गणेषुपश्यराजेंद्रवृष्ण्यंधकमहारथान् ॥ सात्यकिप्रमुखान्वीरान्भोजांश्चैवमहाबलान् १८ सोमेनसहितंपश्यसौभद्रमपराजितम् ॥ अभिमन्युं
महेष्वासंनिशाकरसमद्युतिम् १९ एषपांडुर्महेष्वासःकुंत्यामाद्र्याचसंगतः ॥ विमानेनसदाऽभ्येतिपितातवममांतिकम् २० वसुभिःसहितंपश्यभीष्मंशांतनवंनृपम् ॥
द्रोणंबृहस्पतेःपार्श्वेगुरुमेनंनिशामय २१ एतेचान्येमहीपालायोधास्तवचपांडव ॥ गंधर्वसहितायांतियक्षपुण्यजनैस्तथा २२ गुह्यकानांगतिंचापिकेचित्प्राप्तानरा
धिपाः ॥ त्यक्त्वादेहंजितःस्वर्गःपुण्यवाग्बुद्धिकर्मभिः २३ ॥ इतिश्रीम० स्वर्गारोहणपर्वणिद्रौपद्यादिस्वस्वस्थानगमनेचतुर्थोऽध्यायः ॥ ४ ॥ ॥ जनमेजयउ
वाच ॥ भीष्मद्रोणौमहात्मानौधृतराष्ट्रश्चपार्थिवः ॥ विराटद्रुपदौचोभौशंखश्चैवोत्तरस्तथा १ धृष्टकेतुर्जयत्सेनोराजाचैवससत्यजित् ॥ दुर्योधनसुताश्चैवशकुनिश्चै
वसौबलः २ कर्णपुत्राश्चविक्रांताराजाचैवजयद्रथः ॥ घटोत्कचादयश्चैवयेचान्येनानुकीर्तिताः ३ येचान्येकीर्तितावीराराजानोदीप्तमूर्तयः ॥ स्वर्गेकालंकियंतंतेतस्थु
स्तदपिशंसमे ४ अहोस्विच्छाश्वतंस्थानंतेषांतत्रद्विजोत्तम ॥ अंतेवाकर्मणांकांतेगतिंप्राप्तानरर्षभाः ५ एतदिच्छाम्यहंश्रोतुंप्रोच्यमानंद्विजोत्तम ॥ तपसाहिप्रदीप्तेन
सर्वंत्वमनुपश्यसि ६ ॥ सौतिरुवाच ॥ इत्युक्तःसतुविप्रर्षिरनुज्ञातोमहात्मना ॥ व्यासेनतस्यनृपतेराख्यातुमुपचक्रमे ७ ॥ वैशंपायनउवाच ॥ नशक्यंकर्मणामंते
सर्वेणमनुजाधिप ॥ प्रकृतिंकिंनुसम्यक्तेपृच्छैषासंप्रयोजिता ८ ॥ ॥ ॥ ॥ ॥

नामहऐक्यंवासालोक्यंवाशाश्वतंप्राप्नुवंतिउतभूमावन्ततरंतीतिप्रश्नः ५ । ६ । ७ अत्रोत्तरमाह नशक्यमिति । कर्मणामंतेसर्वेणप्रकृतिंप्रतिगंतुंनशक्यमित्यध्याहृत्ययोज्यं यदिसर्वोऽपिजंतुःप्रारब्धकर्मांतेस्वांप्रकृतिंगच्छेत्त र्हिसर्वेऽपिमुक्ताःस्युःसंसारश्चादिमान्भवेत्ततश्चकृतहानाकृताभ्यागमप्रसंगोविधिप्रतिषेधशास्त्रानर्थक्यंच । तस्मात्केचिदेवकर्मणामंतेस्वांप्रकृतिंभजंतेनसर्वेइतिकिंतर्हियेप्रकृतिंनप्राप्तास्तानुद्दिश्यतेत्वये षापृच्छासम्यक्प्रयोजिता ८ ॥ ॥ ॥ ॥ ॥ ॥

तत्रकांश्चित्स्वर्गप्रापककर्मणामंतेस्वैःस्वैरंशिभिस्तादात्म्यंप्राप्तुंयोग्यान् योगजदृष्ट्यापश्यन्परिगणयतिमृण्वित्यादिना । अर्थादितरेस्वर्गगताअपिपुनश्च्यवंतेएतेतुउत्तरामुत्तरामूर्ध्वोर्ध्वक्रमेणगतिंप्राप्यअंतेब्रह्म णासहमुच्यंते तेनदेवत्वप्रापकयेकर्माणियज्ञदानतपआदीनिकर्तव्यान्येवनचोक्तदोषइतिसर्वमनवद्यं ९। १०।११।१२।१३ ।१४ । १५ १६। १७ ।१८ ।१९। २०।२१।२२।२३

श्रृणुगुह्यमिदंराजन्देवानांभरतर्षभ ॥ यदुवाचमहातेजादिव्यचक्षुःप्रतापवान् ९ मुनिःपुराणःकौरव्यपाराशर्योमहाव्रतः ॥ अगाधबुद्धिःसर्वज्ञोगतिज्ञःसर्वकर्म णाम् १० तेनोक्तंकर्मणामंतेप्रविशंतिस्विकांतनुम् ॥ वसूनेवमहातेजाभीष्मःप्रापमहाद्युतिः ११ अष्टावेवहिदृश्यंतेवसवोभरतर्षभ ॥ बृहस्पतिंविवेशाथद्रो णोह्यंगिरसांवरम् १२ कृतवर्मातुहार्दिक्यःप्रविवेशमरुद्गणान् ॥ सनत्कुमारंप्रद्युम्नःप्रविवेशयथागतम् १३ धृतराष्ट्रोधनेशस्यलोकान्प्रापदुरासदान् ॥ धृतराष्ट्रेण सहितागांधारीचयशस्विनी १४ पत्नीभ्यांसहितःपांडुर्महेन्द्रसदनंययौ ॥ विराटद्रुपदौचोभौधृष्टकेतुश्चपार्थिवः १५ निशठाक्रूरसांबाश्चभानुःकंपोविदूरथः ॥ भूरिश्रवाःशलश्चैवभूरिश्चपृथिवीपतिः १६ कंसश्चैवोग्रसेनश्चवसुदेवस्तथैवच ॥ उत्तरश्चसहभ्रात्राशंखेननरपुंगवः १७ विश्वेषांदेवतानांतेविविशुर्नरसत्तमाः ॥ वर्चानाममहातेजाःसोमपुत्रःप्रतापवान् १८ सोऽभिमन्युर्नृसिंहस्यफाल्गुनस्यसुतोऽभवत् ॥ सयुद्ध्वाक्षत्रधर्मेणयथानान्यःपुमान्क्वचित् १९ विवेशसोमंधर्मा त्माकर्मणोऽन्तेमहारथः ॥ आविवेशरविंकर्णोनिहतःपुरुषर्षभ २० द्वापरंशकुनिःप्राप्यधृष्टद्युम्नस्तुपावकम् ॥ धृतराष्ट्रात्मजाःसर्वेयातुधानाबलोत्कटाः २१ ऋद्धिमंतोमहात्मानःशस्त्रपूतादिवंगताः ॥ धर्ममेवाविशत्क्षत्ताराजाचैवयुधिष्ठिरः २२ अनंतोभगवान्देवःप्रविवेशरसातलम् ॥ पितामहनियोगाद्धियोयोगाद्गा मधारयत् २३ यःसनारायणोनामदेवदेवःसनातनः ॥ तस्यांशोवासुदेवस्तुकर्मणोऽन्तेविवेशह २४ षोडशस्त्रीसहस्राणिवासुदेवपरिग्रहः ॥ अमज्जंस्ताःसरस्व त्यांकालेनजनमेजय २५ तत्रत्यक्त्वाशरीराणिदिवमारुरुहुःपुनः ॥ ताश्चैवाप्सरसोभूत्वावासुदेवमुपाविशन् २६ हतास्तस्मिन्महायुद्धेयेवीरास्तुमहारथाः ॥ घटोत्कचादयश्चैवदेवान्यक्षांश्चभेजिरे २७ दुर्योधनसहायाश्चराक्षसाःपरिकीर्तिताः ॥ प्राप्तास्तेक्रमशोराजन्सर्वेलोकाननुत्तमान् २८ भवनंचमहेन्द्रस्यकुबेरस्य चधीमतः ॥ वरुणस्यतथालोकान्विविशुःपुरुषर्षभाः २९ एतत्तेसर्वमाख्यातंविस्तरेणमहाद्युते ॥ कुरूणांचरितंकृत्स्नंपांडवानांचभारत ३० ॥ सौतिरुवाच ॥ एतच्छ्रुत्वाद्विजश्रेष्ठाःसराजाजनमेजयः ॥ विस्मितोऽभवदत्यर्थंयज्ञकर्मांतरेष्वथ ३१ ततःसमापयामासुःकर्मतत्तस्ययाजकाः ॥ आस्तीकश्चाभवत्प्रीतःपरि मोक्ष्यभुजंगमान् ३२ ततोद्विजातीन्सर्वांस्तान्दक्षिणाभिरतोषयत् ॥ पूजिताश्चापितेराज्ञाततोजग्मुर्यथागतम् ३३ विसर्जयित्वाविप्रांस्तान्राजाऽपिजनमे जयः ॥ ततस्तक्षशिलायाःसपुनरायाद्गजाह्वयम् ३४ एतत्तेसर्वमाख्यातंवैशंपायनकीर्तितम् ॥ व्यासाज्ञयासमाज्ञातंसर्पसत्रेनृपस्यहि ३५ ॥

२४। २५।२६। २७ । २८। २९।३० एवंपांडवानांकथांसमाप्यजनमेजयस्ययज्ञेवैशंपायनएतांकथामुक्तवानितिप्रकृतमनुसंदधानःसौतिरुवाच एतच्छ्रुत्वेत्यादि ३१ । ३२ । ३३ । ३४ समाज्ञातंमयामूतेनव्यासाज्ञयावैशंपायनेनकीर्तितंच ३५ ॥ ॥ ॥ ॥ ॥ ॥

३६ विधिज्ञेनदैवज्ञेन अतींद्रियेणेन्द्रियाण्यतिक्रांतेन योगबलादेवसर्वदर्शनसिद्धेरित्याह तपसेति । भावितात्मनाशोधितचित्तेन ३७ सर्वेषांतृतीयांतानांनिर्मितमित्यनेनान्वयः अन्येषामपिकीर्तिंप्रथयतेति संबंधः ३८ । ३९ ब्रह्मभूयायमोक्षायकल्पतेतत्रोक्तसाधनानुष्ठानक्रमेण ४० । ४१ अंततोनिकटे ४२ अह्नेति । महाभारतस्याऽल्पमपिपश्चिमायांसंध्यायांपठ्यतेचेदोह्नकृतंपापंनश्यतिएवंप्रातःसंध्यायां रात्रिकृतमित्यर्थः ४३ । ४४ निरुक्तंनामनिर्वचनं ४५ । ४६ । ४७ । ४८ । ४९ धर्मेचेति । चकारचतुष्टयादधर्मादिचतुष्टयमप्यत्रोक्तंहानार्थमितिबोध्यं ५० । ५१ । ५२ अनागतोऽनागंतु

पुण्योयमितिहासाख्यःपवित्रंचेदमुत्तमम् ॥ कृष्णेनमुनिनाविप्रनिर्मितंसत्यवादिना ३६ सर्वज्ञेनविधिज्ञेनधर्मज्ञानवतासता ॥ अतींद्रियेणशुचिनातपसाभावितात्मना ३७ ऐश्वर्येवर्तताचैवसांख्ययोगवतातथा ॥ नैकतंत्रविबुद्धेनदृष्ट्वादिव्येनचक्षुषा ३८ कीर्तिंप्रथयतालोकेपांडवानांमहात्मनाम् ॥ अन्येषांक्षत्रियाणांचभूरिद्रविणतेजसाम् ३९ यश्चेदंश्रावयेद्विद्वान्सदापर्वणिपर्वणि ॥ धूतपाप्माजितस्वर्गोब्रह्मभूयायकल्पते ४० कार्ष्णंवेदमिमंसर्वंशृणुयाद्यःसमाहितः ॥ ब्रह्महत्यादिपापानांकोटिस्तस्यविनश्यति ४१ यश्चेदंश्रावयेच्छ्राद्धेब्राह्मणान्पादमंततः ॥ अक्षय्यमन्नपानंवैपितॄंस्तस्योपतिष्ठते ४२ अह्नायदेनःकुरुतेइंद्रियैर्मनसाऽपिवा ॥ महाभारतमाख्यायपश्चात्संध्यांप्रमुच्यते ४३ यद्रात्रौकुरुतेपापंब्राह्मणःस्त्रीगणैर्वृतः ॥ महाभारतमाख्यायपूर्वांसंध्यांप्रमुच्यते ४४ महत्वाद्भारवत्त्वाच्चमहाभारतमुच्यते ॥ निरुक्तमस्ययोवेदसर्वपापैःप्रमुच्यते ४५ अष्टादशपुराणानिधर्मशास्त्राणिसर्वशः ॥ वेदाःसांगास्तथैकत्रभारतंचैकतःस्थितम् ४६ श्रूयतांसिंहनादोऽयमृषेस्तस्यमहात्मनः ॥ अष्टादशपुराणानांकर्तुर्वेदमहोदधेः ४७ त्रिभिर्वर्षैरिदंपूर्णंकृष्णद्वैपायनःप्रभुः ॥ अखिलंभारतंचेदंचकारभगवान्मुनिः ४८ आकर्ण्यभक्त्यासततंजयाख्यंभारतंमहत् ॥ श्रीश्चकीर्तिस्तथाविद्याभवंतिसहिताःसदा ४९ धर्मेचार्थेचकामेचमोक्षेचभरतर्षभ ॥ यदिहास्तितदन्यत्रयन्नेहास्तिनकुत्रचित् ५० जयोनामेतिहासोऽयंश्रोतव्योमोक्षमिच्छता ॥ ब्राह्मणेनचराज्ञाचगर्भिण्याचैवयोषिता ५१ स्वर्गकामोलभेत्स्वर्गंजयकामोलभेज्जयम् ॥ गर्भिणीलभतेपुत्रंकन्यांवाबहुभागिनीम् ५२ अनागतश्चमोक्षश्चकृष्णद्वैपायनःप्रभुः ॥ संदर्भंभारतस्यास्यकृतवान्धर्मकाम्यया ५३ षष्टिंशतसहस्राणिचकारान्यांससंहिताम् ॥ त्रिंशच्छतसहस्राणिदेवलोकेप्रतिष्ठितम् ५४ पित्र्येपंचदशंज्ञेयंयक्षलोकेचतुर्दश ॥ एकंशतसहस्रंतुमानुषेषुप्रभाषितम् ५५ नारदोश्रावयद्देवानसितोदेवलःपितॄन् ॥ रक्षोयक्षान्शुकोमर्त्यान्वैशंपायनएवतु ५६ इतिहासमिमंपुण्यंमहार्थंवेदसंमितम् ॥ व्यासोक्तंश्रूयतेयेनकृत्वाब्राह्मणमग्रतः ५७ सनरःसर्वकामांश्चकीर्तिंप्राप्येहशौनक ॥ गच्छेत्परमिकांसिद्धिमत्रमेनास्तिसंशयः ५८ ॥ ॥

कोनित्यसिद्धइतियावत् । एवंविधोयोमोक्षःकैवल्यंतदेवस्वरूपंयस्यसमोक्षः । यद्वामाक्तुमिच्छन् मुचोकर्मकस्यगुणोवेतिसनिगुणोऽभ्यासलोपश्चमुमुक्षुरित्यर्थः लोकहितइतिभावः ५३ अन्यांवेदषतुष्टयसंहिताभ्यःपृथग्भूतांतदर्थवर्तीं ५४ । ५५ । ५६ श्रूयतेयेनयःशृणोतीत्यर्थः उभयत्रविभक्तिव्यत्ययआर्षः ५७ । ५८ ॥ ॥ ॥

भारताध्ययनादितिसार्धश्लोकः   योव्यासइमांसंहितांशुकंपुत्रमध्यापयत्तस्य अधीयतोभारताख्यमितिहासंस्मरतःस्मृत्वाचग्रंथरूपेणप्रणयतःभक्त्यापरयाश्रद्धयाचव्यासएवपूज्यस्तस्यवाक्यंप्रमाणमेवेत्यास्तिक्य
बुध्यायेनपुंसाइदंश्राव्यतेसपुण्यात्पुण्यकरादपिपादंश्लोकपादंग्रंथपादंवाभारतस्याध्ययनात्परमिकांसिद्धिंगच्छेदितिपूर्वेणान्वयः   व्यासेश्रद्धांबद्धाभारतमध्येतव्यमित्यर्थः ५९ संध्यायांभारतंपठनीयमि

भारताध्ययनात्पुण्यादपिपादमधीयतः ॥ श्रद्धयापरयाभक्त्याश्राव्यतेचापियेनतु ॥ यइमांसंहितांपुण्यांपुत्रमध्यापयच्छुकम् ५९ मातापितृसहस्राणिपुत्रदारश
तानिच ॥ संसारेष्वनुभूतानियांतियास्यंतिचापरे ६० हर्षस्थानसहस्राणिभयस्थानशतानिच ॥ दिवसेदिवसेमूढमाविशंतिनपंडितम् ६१ ऊर्ध्वबाहुर्विरौम्ये
षनचकश्चिच्छृणोतिमे ॥ धर्मादर्थश्चकामश्चसकिमर्थंनसेव्यते ६२ नजातुकामान्नभयान्नलोभाद्धर्मंत्यजेज्जीवितस्यापिहेतोः ॥ नित्योधर्मःसुखदुःखेत्वनित्ये
जीवोनित्योहेतुरस्यत्वनित्यः ६३ इमांभारतसावित्रींप्रातरुत्थाययःपठेत् ॥ सभारतफलंप्राप्यपरंब्रह्माधिगच्छति ६४ यथासमुद्रोभगवान्यथाहिहिमवान्गिरिः ॥
ख्यातावुभौरत्ननिधीतथाभारतमुच्यते ६५ कार्ष्णंवेदमिमंविद्वान्श्रावयित्वार्थमश्नुते ॥ इदंभारतमाख्यानंयःपठेत्सुसमाहितः ॥ सगच्छेत्परमांसिद्धिमि
तिमेनास्तिसंशयः ६६ द्वैपायनोष्ठपुटनिःसृतमप्रमेयंपुण्यंपवित्रमथपापहरंशिवंच ॥ योभारतंसमधिगच्छतिवाच्यमानंकिंतस्यपुष्करजलैरभिषेचनेन ६७
योगोशतंकनकशृंगमयंददातिविप्रायवेदविदुषेसुबहुश्रुताय ॥ पुण्यांचभारतकथांसततंशृणोतितुल्यंफलंभवतितस्यचतस्यचैव ६८ ॥ इतिश्रीमहाभारतेशतसा
हस्र्यांसंहितायांवैयासिक्यांस्वर्गारोहणपर्वणि पंचमोऽध्यायः ॥ ५ ॥ ॥ समाप्तंस्वर्गारोहणपर्व ॥ ॥ इतिमहाभारतंसमाप्तम् ॥ ॥ जनमेजयउवाच ॥
भगवन्केनविधिनाश्रोतव्यंभारतंबुधैः ॥ फलंकिंकेचदेवाश्चपूज्यावैपारणेष्विह १ देयंसमाप्तेभगवन्किंचपर्वणिपर्वणि ॥ वाचकःकीदृशश्चात्रएष्टव्यस्तद्ब्रवीहिमे २
॥ वैशंपायनउवाच ॥ शृणुराजन्विधिमिमंफलंयच्चापिभारतात् ॥ श्रुताद्भवतिराजेन्द्रयत्त्वंमामनुपृच्छसि ३ दिविदेवामहीपालक्रीडार्थमवनिंगताः ॥
कृत्वाकार्यमिदंचैवततश्चदिवमागताः ४ हंतयत्तेप्रवक्ष्यामितच्छृणुष्वसमाहितः ॥ ऋषीणांदेवतानांचसंभवंवसुधातले ५ अत्ररुद्रास्तथासाध्याविश्वेदेवाश्चशा
श्वताः ॥ आदित्याश्चाश्विनौदेवौलोकपालामहर्षयः ६ गुह्यकाश्चसगंधर्वानागाविद्याधरास्तथा ॥ सिद्धाधर्मःस्वयंभूश्चमुनिःकात्यायनोवरः ७ गिरयःसागरा
नद्यस्तथैवाप्सरसांगणाः ॥ ग्रहाःसंवत्सराश्चैवअयनान्यृतवस्तथा ८ स्थावरंजंगमंचैवजगत्सर्वंसुरासुरम् ॥ भारतेभरतश्रेष्ठएकस्थमिहदृश्यते ९ ॥

त्युक्तंतत्रपठनयोग्यंभारतसारसंग्रहंचतुःश्लोकीरूपमाहमातेति ६० । ६१ । ६२ । ६३ । ६४ । ६५ । ६६ । ६७ । ६८ इतिश्रीमत्पदवाक्यप्रमाणमर्यादाधुरंधरचतु
र्धरवंशावतंसगोविंदसूरिसूनोः नीलकंठस्यकृतौभारतभावदीपेस्वर्गारोहणपर्वणि पंचमोऽध्यायः ॥ ५ ॥ ॥ ॥ ॥ ॥ ॥ भगवन्नित्यादिःफला
ध्यायोव्यासेनहरिवंशान्तेउक्तःअत्रश्रोतृप्ररोचनार्थमुक्तइतिज्ञेयं १ । २ । ३ । ४ । ५ । ६ । ७ । ८ । ९ ॥ ॥

तेषांश्रुत्वाप्रतिष्ठानंनामकर्मानुकीर्तनात् ॥ कृत्वापिपातकंघोरंसद्योमुच्येतमानवः १० इतिहासमिमंश्रुत्वायथावदनुपूर्वशः ॥ संयतात्माशुचिर्भूत्वापारंगत्वाचभारते
११ तेषांश्राद्धानिदेयानिश्रुत्वाभारतभारतम् ॥ ब्राह्मणेभ्योयथाशक्त्याशक्त्याचभरतर्षभ १२ महादानानिदेयानिरत्नानिविविधानिच ॥ गावःकांस्योपदोहाश्चक
न्याश्चैवस्वलंकृताः १३ सर्वकामगुणोपेतायानानिविविधानिच ॥ भवनानिविचित्राणिभूमिर्वासांसिकांचनम् १४ वाहनानिचदेयानिहयामत्ताश्चवारणाः ॥ शयनं
शिबिकाश्चैवस्यंदनाश्चस्वलंकृताः १५ यद्यद्गृहेवरंकिंचिद्यद्यदस्तिमहद्वसु ॥ तत्तद्देयंद्विजातिभ्यआत्मादाराश्चसूनवः १६ श्रद्धयापरयायुक्तंक्रमशस्तस्यपारगः ॥
शक्तितःसुमनाहृष्टःशुश्रूषुरविकल्पकः १७ सत्यार्जवरतोदांतःशुचिःशौचसमन्वितः ॥ श्रद्दधानोजितक्रोधोयथासिध्यतितच्छृणु १८ शुचिःशीलान्विताचारः
शुक्लवासाजितेन्द्रियः ॥ संस्कृतःसर्वशास्त्रज्ञःश्रद्दधानोऽनसूयकः १९ रूपवान्सुभगोदांतःसत्यवादीजितेन्द्रियः ॥ दानमानगृहीतश्चकार्योभवतिवाचकः २० अ
विलंबमनायस्तमद्रुतंधीरमूर्जितम् ॥ असंसक्ताक्षरपदंस्वरभावसमन्वितम् २१ त्रिषष्टिवर्णसंयुक्तमष्टस्थानसमीरितम् ॥ वाचयेद्वाचकःस्वस्थःस्वासीनःसुस
माहितः २२ नारायणंनमस्कृत्यनरंचैवनरोत्तमम् ॥ देवींसरस्वतींचैवततोजयमुदीरयेत् २३ ईदृशाद्वाचकाद्राजन्श्रुत्वाभारतभारतम् ॥ नियमस्थःशुचिः
श्रोताशृण्वन्सफलमश्नुते २४ पारणंप्रथमंप्राप्यद्विजान्कामैश्चतर्पयन् ॥ आग्निष्टोमस्ययज्ञस्यफलंवैलभतेनरः २५ अप्सरोगणसंकीर्णंविमानंलभतेमहत् ॥
प्रहृष्टःसतुदेवैश्चदिवंयातिसमाहितः २६ द्वितीयंपारणंप्राप्यसोऽतिरात्रफलंलभेत् ॥ सर्वरत्नमयंदिव्यंविमानमधिरोहति २७ दिव्यमाल्यांबरधरोदिव्यगंधवि
भूषितः ॥ दिव्यांगदधरोनित्यंदेवलोकेमहीयते २८ तृतीयंपारणंप्राप्यद्वादशाहफलंलभेत् ॥ वसत्यमरसंकाशोवर्षाण्ययुतशोदिवि २९ चतुर्थेवाजपे
यस्यपंचमेद्विगुणंफलम् ॥ उदितादित्यसंकाशंज्वलंतमनलोपमम् ३० विमानंविबुधैःसार्धमारुह्यादिविगच्छति ॥ वर्षायुतानिभवनेशक्रस्यदिविमोदते ३१
षष्ठेद्विगुणमस्तीतिसप्तमेत्रिगुणंफलम् ॥ कैलासशिखराकारंवैदूर्यमणिवेदिकम् ३२ परिक्षिप्तंचबहुधामणिविद्रुमभूषितम् ॥ विमानंसमधिष्ठायकामगंसा
प्सरोगणम् ३३ सर्वाँल्लोकान्विचरतेद्वितीयइवभास्करः ॥ अष्टमेराजसूयस्यपारणेलभतेफलम् ३४ चंद्रोदयनिभंरम्यंविमानमधिरोहति ॥ चंद्ररश्मि
प्रतीकाशैर्हयैर्युक्तंमनोजवैः ३५ सेव्यमानोवरस्त्रीणांचंद्रात्कांततरैर्मुखैः ॥ मेखलानांनिनादेननूपुराणांचनिःस्वनैः ३६ अंकेपरमनारीणांसुखसुप्तोविबुध्यते ॥
नवमेक्रतुराजस्यवाजिमेधस्यभारत ३७ कांचनस्तंभनिर्यूहवैदूर्यकृतवेदिकम् ॥ जांबूनदमयैर्दिव्यैर्गवाक्षैःसर्वतोवृतम् ३८ सेवितंचाप्सरःसंघैर्गंधर्वैर्दि
विचारिभिः ॥ विमानंसमधिष्ठायश्रियापरमयाज्वलन् ३९ ॥ ॥ ॥ ॥

४० । ४१ । ४२ । ४३ । ४४ । ४५ । ४६ । ४७ । ४८ । ४९ । ५० । ५१ । ५२ । ५३ । ५४ । ५५ । ५६ । ५७ । ५८ । ५९ । ६० । ६१ । ६२ । ६३

दिव्यमाल्यांबरधरोदिव्यचंदनभूषितः ॥ मोदतेदैवतैःसार्धंदिविदेवइवापरः ४० दशमंपारणंप्राप्यद्विजातीनभिवंद्यच ॥ किंकिणीजालनिर्घोषंपताकाध्वजशो
भितम् ४१ रत्नवेदिकसंबाधंवैडूर्यमणितोरणम् ॥ हेमजालपरिक्षिप्तंप्रवालवलभीमुखम् ४२ गंधर्वैर्गीतकुशलैरप्सरोभिश्चशोभितम् ॥ विमानंसुकृतावासं
सुखेनैवोपपद्यते ४३ मुकुटेनाग्निवर्णेनजांबूनदविभूषिणा ॥ दिव्यचंदनदिग्धांगोदिव्यमाल्यविभूषितः ४३ दिव्यान्लोकान्विचरतिदिव्यैर्भोगैःसमन्वितः ॥
विबुधानांप्रसादेनश्रियापरमयायुतः ४५ अथवर्षगणानेवंस्वर्गलोकेमहीयते ॥ ततोगंधर्वसहितःसहस्राण्येकविंशतिम् ४६ पुरंदरपुरेरम्येशक्रेणसहमोदते ॥
दिव्ययानविमानेषुलोकेषुविविधेषुच ४७ दिव्यनारीगणाकीर्णोनिवसत्यमरोयथा ॥ ततःसूर्यस्यभवनेचंद्रस्यभवनेतथा ४८ शिवस्यभवनेराजन्विष्णोर्याति
सलोकताम् ॥ एवमेतन्महाराजनात्रकार्याविचारणा ४९ श्रद्दधानेनवैभाव्यमेवमाहगुरुर्मम ॥ वाचकस्यतुदातव्यंमनसायद्यदिच्छति ५० हस्त्यश्वरथ
यानानिवाहनानिविशेषतः ॥ कटकेकुंडलेचैवब्रह्मसूत्रंतथापरम् ५१ वस्त्रंचैवविचित्रंचगंधंचैवविशेषतः ॥ देववत्पूजयेत्तंतुविष्णुलोकमवाप्नुयात् ५२ अतः
परंप्रवक्ष्यामियानिदेयानिभारते ॥ वाच्यमानेतुविप्रेभ्योराजन्पर्वणिपर्वणि ५३ जातिंदेशंचसत्यंचमाहात्म्यंभरतर्षभ ॥ धर्मवृत्तिंचविज्ञायक्षत्रियाणांनराधि
प ५४ स्वस्तिवाच्यद्विजानादौततःकार्येप्रवर्तिते ॥ समाप्तेपर्वणिततःस्वशक्त्यापूजयेद्द्विजान् ५५ आदौतुवाचकंचैववस्त्रगंधसमन्वितम् ॥ विधिवद्भोज
येद्राजन्मधुपायसमुत्तमम् ५६ ततोमूलफलप्रायंपायसंमधुसर्पिषा ॥ आस्तीकेभोजयेद्राजन्दद्याच्चैवगुडौदनम् ५७ अपूपैश्चैवपूपैश्चमोदकैश्चसमन्वितम् ॥
सभापर्वणिराजेन्द्रहविष्यंभोजयेद्द्विजान् ५८ आरण्यकेमूलफलैस्तर्पयेत्तुद्विजोत्तमान् ॥ अरणीपर्वचासाद्यजलकुंभान्प्रदापयेत् ५९ तर्पणानिचमुख्यानिवन्यमूलफला
निच ॥ सर्वकामगुणोपेतंविप्रेभ्योन्नंप्रदापयेत् ६० विराटपर्वणितथावासांसिविविधानिच ॥ उद्योगेभरतश्रेष्ठसर्वकामगुणान्वितम् ६१ भोजनंभोजयेद्वि
प्रान्गंधमाल्यैरलंकृतान् ॥ भीष्मपर्वणिराजेन्द्रदत्वायानमनुत्तमम् ६२ ततःसर्वगुणोपेतमन्नंदद्यात्सुसंस्कृतम् ॥ द्रोणपर्वणिविप्रेभ्योभोजनंपरमार्चितम् ६३
शराश्चदेयाराजेन्द्रचापान्यसिवरास्तथा ॥ कर्णपर्वण्यपितथाभोजनंसार्वकामिकम् ६४ विप्रेभ्यःसंस्कृतंसम्यग्दद्यात्संयतमानसः ॥ शल्यपर्वणिराजेन्द्रमो
दकैःसगुडौदनैः ६५ अपूपैस्तर्पणैश्चैवसर्वमन्नंप्रदापयेत् ॥ गदापर्वण्यपितथामुद्गमिश्रंप्रदापयेत् ६६ स्त्रीपर्वणितथारत्नैस्तर्पयेत्तुद्विजोत्तमान् ॥ घृतौदनं
पुरस्तात्त्वऐषीकेदापयेत्पुनः ६७ ततःसर्वगुणोपेतमन्नंदद्यात्सुसंस्कृतम् ॥ शांतिपर्वण्यपितथाहविष्यंभोजयेद्द्विजान् ६८ ॥ ॥

६४ । ६५ । ६६ । ६७ । ६८ ॥ ॥ ॥ ॥ ॥

आश्वमेधिकमासाद्यभोजनंसार्वकामिकम् ॥ तथाश्रमनिवासेतुहविष्यंभोजयेद्विजान् ६९ मौसलेसार्वगुणिकंगंधमाल्यानुलेपनम् ॥ महाप्रस्थानिकेतद्वत्स
र्वकामगुणान्वितम् ७० स्वर्गपर्वण्यपितथाहविष्यंभोजयेद्विजान् ॥ हरिवंशसमाप्तौतुसहस्रंभोजयेद्विजान् ७१ गामेकांनिष्कसंयुक्तांब्राह्मणायनिवेदयेत् ॥
तदर्धेनापिदातव्यादरिद्रेणापिपार्थिव ७२ प्रतिपर्वसमाप्तौतुपुस्तकंवैविचक्षणः ॥ सुवर्णेनचसंयुक्तंवाचकायनिवेदयेत् ७३ हरिवंशेपर्वणिचपायसंतत्रभोज
येत् ॥ पारणेपारणेराजन्यथावद्भरतर्षभ ७४ समाप्यसर्वाःप्रयतःसंहिताःशास्त्रकोविदः ॥ शुभेदेशेनिवेश्याथक्षौमवस्त्राभिसंवृताः ७५ शुक्लांबरधरःस्रग्वी
शुचिर्भूत्वास्वलंकृतः ॥ अर्चयेतयथान्यायंगंधमाल्यैःपृथक्पृथक् ७६ संहितापुस्तकान्राजन्प्रयतःसुसमाहितः ॥ भक्ष्यैर्माल्यैश्चपेयैश्चकामैश्चविविधैःशुभैः
७७ हिरण्यंचसुवर्णंचदक्षिणामथदापयेत् ॥ सर्वत्रत्रिपलंस्वर्णंदातव्यंप्रयतात्मना ७८ तदर्धपादशेषंवावित्तशाठ्यविवर्जितम् ॥ यद्यदेवात्मनोभीष्टंतत्तद्देयंद्वि
जातये ७९ सर्वथातोषयेद्भक्त्यावाचकंगुरुमात्मनः ॥ देवताःकीर्तयेत्सर्वानरनारायणौतथा ८० ततोगंधैश्चमाल्यैश्चस्वलंकृत्यद्विजोत्तमान् ॥ तर्पयेद्विवि
धैःकामैर्दानैश्चोच्चावचैस्तथा ८१ अतिरात्रस्ययज्ञस्यफलंप्राप्नोतिमानवः ॥ प्राप्नुयाच्चक्रतुफलंतथापर्वणिपर्वणि ८२ वाचकोभरतश्रेष्ठव्यक्ताक्षरपदस्वरः ॥
भविष्यंश्रावयेद्विद्वान्भारतंभरतर्षभ ८३ भुक्तवत्सुद्विजेन्द्रेषुयथावत्संप्रदापयेत् ॥ वाचकंभरतश्रेष्ठभोजयित्वास्वलंकृतम् ८४ वाचकेपरितुष्टेतुशुभाप्रीतिरनु
त्तमा ॥ ब्राह्मणेषुतुतुष्टेषुप्रसन्नाःसर्वदेवताः ८५ ततोहिवरणंकार्यंद्विजानांभरतर्षभ ॥ सर्वकामैर्यथान्यायंसाधुभिश्चपृथग्विधैः ८६ इत्येषविधिरुद्दिष्टोम
यातेद्विपदांवर ॥ श्रद्दधानेनवैभाव्यंयन्मांत्वंपरिपृच्छसि ८७ भारतश्रवणेराजन्पारणेचनृपोत्तम ॥ सदायत्नवताभाव्यंश्रेयस्तुपरमिच्छता ८८ भारतंशृ
णुयान्नित्यंभारतंपरिकीर्तयेत् ॥ भारतंभवनेयस्यतस्यहस्तगतोजयः ८९ भारतंपरमंपुण्यंभारतेविविधाःकथाः ॥ भारतंसेव्यतेदेवैर्भारतंपरमंपदम् ९० भा
रतंसर्वशास्त्राणामुत्तमंभरतर्षभ॥ भारतात्प्राप्यतेमोक्षस्तत्त्वमेतद्ब्रवीमितव ९१ महाभारतमाख्यानंक्षितिंगांचसरस्वतीम्॥ ब्राह्मणान्केशवंचैवकीर्तयन्नावसीदति ९२
वेदेरामायणेपुण्येभारतेभरतर्षभ ॥ आदौचांतेचमध्येचहरिःसर्वत्रगीयते ९३ यत्रविष्णुकथादिव्याःश्रुतयश्चसनातनाः ॥ तच्छ्रोतव्यंमनुष्येणपरंपदमिहेच्छता ९४
एतत्पवित्रंपरममेतद्धर्मनिदर्शनम् ॥ एतत्सर्वगुणोपेतंश्रोतव्यंभूतिमिच्छता ९५ कायिकंवाचिकंचैवमनसासमुपार्जितम् ॥ तत्सर्वंनाशमायातितमःसूर्योदये
यथा ९६ अष्टादशपुराणानांश्रवणाद्यत्फलंभवेत् ॥ तत्फलंसमवाप्नोतिवैष्णवोनात्रसंशयः ९७ स्त्रियश्चपुरुषाश्चैववैष्णवंपदमाप्नुयुः ॥ स्त्रीभिश्चपुत्रकामा
भिःश्रोतव्यंवैष्णवंयशः ९८ ॥ ॥ ॥ ॥

९९ । १०० । १ । २ । ३ । ४ । ५ ६ ॥ ॥ ॥ इतिस्वर्गारोहणपर्वणि फलविध्यध्यायः समाप्तः ॥ ॥ ॥ ॥ ॥ ॥ ॥ ॥

दक्षिणाचात्रदेयावैनिष्कपंचसुवर्णकम् ॥ वाचकाययथाशक्त्यायथोक्तंफलमिच्छता ९९ स्वर्णशृंगींचकपिलांसवत्सांवस्त्रसंवृताम् ॥ वाचकाय चदद्याद्धिआत्मनःश्रेयइच्छता ॥ १०० ॥ अलंकारंप्रदद्याच्चपाण्योश्चभरतर्षभ ॥ कर्णस्याभरणंदद्याद्धनंचैवविशेषतः १ भूमिदानंसमादद्याद्वाच कायनराधिप ॥ भूमिदानसमंदानंनभूतंनभविष्यति २ शृणोतिश्रावयेद्वापिसततंचैवयोनरः ॥ सर्वपापविनिर्मुक्तोवैष्णवंपदमाप्नुयात् ३ पितॄनुद्धरतेसर्वानेका दशसमुद्भवान् ॥ आत्मानंससुतंचैवस्त्रियंचभरतर्षभ ४ दशांशश्चैवहोमोऽपिकर्तव्योऽत्रनराधिप ॥ इदंमयातवाग्रेचप्रोक्तंसर्वंनरर्षभ ५ ॥ ॥
॥ इतिश्रीमहाभारतेशतसाहस्र्यांसंहितायांवैयासक्यांहरिवंशोक्तभारतश्रवणविधावध्यायः ॥ ॥ इतिस्वर्गारोहणपर्वसमाप्तम् ॥ ॥ ॥ ॥ ॥

॥ अस्मिन्पर्वणि ध्यायोक्ताध्यायश्लोकसंख्यान्यूनाधिक्यंचलेखकप्रमादादिनाबोध्यम ॥

॥ इति श्रीमहाभारते स्वर्गारोहणपर्व समाप्तम् ॥

॥ इति श्रीमहाभारतं सटीकं समाप्तम् ॥